前　言

由最高人民法院主办，国家法官学院、中国应用法学研究所、人民法院出版社联合承办的全国法院第三十一届学术讨论会自 2019 年 4 月 18 日下发征文通知后，得到全国各级法院广大法官和社会各界人士的积极响应。截至 2019 年 9 月 1 日，本届学术讨论组织委员会（以下简称组委会）办公室共收到各高级人民法院、新疆生产建设兵团分院以及解放军军事法院推荐的优秀参评论文 1729 篇，法院系统外的作者包括高等院校学生、教师及社会各界人士的参评论文 92 篇。

为了确保评审的水平和质量，组委会组成了由资深法官、法学教授等专家在内的“全国法院第三十一届学术讨论会论文评选委员会”，实行匿名评审、独立评审、同行评审、同题（类）择优选拔制度，分 14 个小组对参评论文进行了认真评审。同时，为了保证学术论文的评选质量，组委会办公室对每一篇推荐获奖的论文均利用专门的检测软件进行了原创性检查，从文字复制的数量和性质两个方面综合进行了甄别，对复制情节较轻的论文作降等处理，对确定为抄袭、一稿多投或重复发表的论文取消获奖资格。经过严格、细致、科学、公正的评审和原创性审查，共评选出一等奖论文 19 篇，二等奖论文 131 篇，三等奖论文 167 篇，优秀奖论文 259 篇。

限于篇幅，我们将获得一、二等奖的部分论文结集出版，定名为《司法体制综合配套改革中重大风险防范与化解》。本书选编的获奖论文涉及司法风险防控、审判组织、审判管理、法院队伍建设、智慧法院建设、多元化纠纷解决机制改革、立案登记、行政诉讼、刑事诉讼、民事诉讼与执行等内容。

论文集坚持以习近平新时代中国特色社会主义思想为指导，深入贯彻习近平总书记关于全面依法治国的重要论述，确保全国法院学术讨论会工作坚持正确的政治方向。论文集突出强调了审判实践的特点，论文的作者大多来自审判实践一线，他们所提出和关注的问题大多带有明显的针对性和实践性，是人民法院应用法学研究成果的重要体现。论文的作者基本都拥有较好的法学学术背景和比较深厚的法学理论功底，因此在运用相关的法学理论和方法，分析和归纳实践中的具体问题时，得出的结论对审判实践会具有较强的理论指导作用。论文集所选的文章不仅代表了当前法院系统学术研究的水平，也反映出当前社会对法院工作涉及的热点和难点问题的关注，相信这对各级法院不断提升自身业务能力，更好地为社会、为百姓服务，能够起到积极的助推作用。

本论文集选编的论文所提出的观点、解决问题的思路，以及司法改革方面的政策建议，具有一定的创新和独到之处，对审判实践具有一定的参考价值。我们希望论文集的出版能够满足不同人群对司法实践不同环节的需求，能够为司法风险的防范与化解和司法体制综合配套改革以及各项审判工作提供更强有力的智力支持，推进国家治理体系和治理能力现代化。我们希望借助法学理论研究工具对司法实践进行深入的、有针对性的研究分析，不断发现问题，争取在司法理论上有所创新、有所发展，能够解决人民法院在国家法治建设中面临的具体问题，与时俱进，进而涌现出更多让人民满意的好法院、好法官。

全国法院学术讨论组织委员会办公室

二〇二〇年四月二十六日

目　录

上　册

一、综合篇

二、审判组织篇

三、审判管理篇

四、法院队伍建设篇

五、智慧法院建设篇

六、多元化纠纷解决机制改革篇

七、立案登记篇

一、综合篇

重大转型时期司法风险防控的发展进路

赵海永*

所谓司法风险，是指与司法案件紧密相关或者由司法案件引发的，危害社会稳定、冲击司法秩序、损害司法形象的可能性及相关因素的总和。长期以来，人民法院逐步形成了一套防控司法风险的制度体制。围绕新形势下如何建构新型司法风险防控模式进行研究，进而重构研究视角、理论框架和实践对策，非常有必要。

一、重大转型中司法风险防控面临的挑战

本轮司法体制改革推动法院特别是基层法院审判权运行出现重大变革，司法风险要素产生明显分化，法院防范化解司法风险的能力有所下降。

（一）表层分析：司法风险防控能力下降

1. 风险防控组织支持力度有所弱化。任何制度建设都需要有组织支持。司法责任制改革之前采用的是严密的科层制管理，司法责任制改革之后，推行扁平化管理方式，取消案件审批，风险防控特别是风险识别发现能力有所下降。准确识别评估案件司法风险是全方位建构司法风险意识的基础，也是规制司法风险的前提。[①] 法院风险防控与化解的前提是在综合各类信息的基础上实现风险发现。若信息不完备，或者信息传递渠道不通畅，那么“无论是实体公正还是程序公正，都是无法保证的”。[②] 风险与案件紧密关联，审判执行人员是最先发现风险的“触角”。然而风险并不配有标签或自

---

* 作者单位：山东省滨州市中级人民法院。

① 杜豫苏、何育凯：《风险管理：基于司法风险案件典型样本分析的理性考量》，载《西北大学学报》2012 年第 6 期。

② 方乐：《司法参与公共治理的方式、风险与规避——以公共政策司法为例》，载《浙江社会科学》2018 年第 1 期。

报家门，一些风险需要综合多个案件或多条线索进行综合研判才能准确判断识别。实施扁平化管理后，风险信息的识别、传导乃至预防、控制等决策信息，往往仅在合议庭成员内部闭环流动。是否会冲开闭环导向更高层次的管理层级，取决于闭环内的审理者而不是更高层级的审判组织，因而风险防控的组织支持力度有所减弱。

2. 风险防控流程阻滞。改革前的审签制虽不符合司法规律，但在风险信息发现、传导上确有一定优势。审签制下的每一层级的主管都会通过所辖层级与案件有关的材料掌握信息，这就为综合研判案件中隐含的风险信息提供了可能。一般而言，“不在场的情况下进行的活动不能被整合到科层式程序当中去”,[①] 司法责任制改革后，在彻底取消院庭长对非自己审理的案件的审批权的同时，也使得其对非自己审理的案件信息的掌控、过滤和研判等职能弱化。

3. 风险防控格局趋窄。司法责任制改革后，法官的风险防控意识理论上应当有所增强。但法官个体的风险防控意识往往是着眼于局部，缺乏宏观的、全局的观念和认知。一审可能会把矛盾交给二审，二审可能会采用发回重审的方式把矛盾再次交给一审，矛盾后推，风险拖大，实质上这是一种“风险再生产”。司法的类工业化发展，在带来司法工具理性成长的同时，也增加了司法风险。加之案多人少问题突出，法官更可能陷入疲于应付的状态，转移矛盾、后推风险情形会增多。案多人少亦会导致案件调解率下降，因而调解的化解风险和压力测试之功能也被弱化。

（二）深层分析：司法风险防控要素分化

1. 司法责任与风险责任分化。司法责任制改革的目标是通过构建“让审理者裁判，由裁判者负责”的审判体系，增强裁判亲历性和裁判者责任感，促进审判公正。风险防控的目标是发现、识别、控制与案件有关的妨害社会稳定、干扰审判秩序，影响司法形象乃至危及司法人员人身安全的风险。二者为两套体系，且一方面通过具体案件联结在一起，另一方面是各自具备承载信息发现、传导、分析、识别乃至责任评价等功能的系统。案件承办人员兼具有审判者角色和风险防控者角色。对于负责管理的人员来说，对非为自己承办的案件不具办案角色，但同时必须承担风险管理的角色。对于司法辅助人员，其承担的司法辅助职责相较于过去有较多扩展，风险防控职责如何确定亦应重新审视考量。

2. 案件质量与案件风险分化。案件质量与案件风险紧密相关。不应忽视的是，案件质量与案件风险呈分离趋势。一些案件的风险是其本身所具

① ［美］达玛什卡：《司法和国家权力的多种面孔——比较视野中的法律程序》，郑戈译，中国政法大学出版社2015年版，第71页。

有的风险，并非在案件审结后才会出现风险，而是在案件审理过程中就发生风险，这种提前化趋势表明风险与可预期的案件审理结果有关。类案司法处理长期以来形成一些惯例可能本身就蕴含质量问题。有的纠纷需要一系列案件接续审理才解决，程序前后衔接逐渐累加，单就某一案件来看可能存在稍许的不妥当问题，而稍许的不妥当之不断叠加会使得风险逐渐累积。可见，单纯依靠个案的质量源头治理难以适应案件风险高发趋势。

3. 质量标准与风险标准分化。风险案件的识别长期以来并未形成标准，实际上往往将案件质量标准混同为案件风险标准。审判质量是一种法律评价，关注对与错，风险评判是一种压力感知，关注利与害。是非和利害是两种不同的价值维度，尽管是非的判断和利害的权衡有的时候在结果上会趋向一致，但并非总是如此。①《最高人民法院关于落实司法责任制完善审判监督管理机制的意见（试行）》规定了院庭长可以实施监督管理权的“四类案件”，即涉及群体性纠纷，可能影响社会稳定的案件；疑难、复杂且在社会上有重大影响的案件；与本院或者上级法院的类案判决可能发生冲突的案件；有关单位或者个人反映法官有违法审判行为的案件。虽然四类案件只是监督标准，并非风险标准，但其中的涉群体性、影响社会和谐稳定、重大影响、冲突等关键词，已体现出有别于质量标准的倾向。目前，有的法院完善了风险案件的识别、发现程序，在案件流程关键节点设置了风险识别责任和程序，此可谓风险识别的专门化发展。

（三）关联分析：司法风险防控受多重影响

1. 内设机构改革的影响。从风险治理的需求角度看，跨部门整合是大势所趋。② 司法改革后特别是内设机构改革以来，法院内设机构大力度整合顺应了司法风险防控需求，为司法风险的集中统一防控奠定了组织基础。但改革的出发点为提高审判管理和行政事务管理的效能，似乎并未专门考虑到法院风险防控的职责部门问题，风险防控可能会面临一定挑战。

2. 智慧法院建设的影响。互联网时代的到来在重塑社会生活的同时，也在改变着法院的思维模式、行为方式和司法治理态势。法院系统正推进智慧法院建设，普遍建立大数据云平台，法院间实现互联互通，乃至与法学文献等数据库进行了关联，人工智能应用亦崭露头角，这些都为风险信息分析提供了科技支撑，必将改变司法风险的识别及应对方式。

二、重大转型后司法风险防控的发展进路

法院风险防控体制机制建设应当在继承优良传统、应对改革转型以及

---

① 林鸿潮：《社会稳定风险评估的法治批判与转型》，载《环球法律评论》2019 年第 1 期。

② 朱光磊：《政府职责体系构建中的六个重要关系》，载《中国机构改革与管理》2013 年第 6 期。

革除积弊、补齐短板的基础上，建立起一套符合司法规律和风险防控规律的体制机制。

1. 事前预防观视角下风险责任分配优化。司法权虽具有被动性，但对于司法风险却不能采用被动方式应对，而应该主动研判、积极预防。风险往往相续关联甚至循环往复，末端治理有时会相对成为前端治理。法院风险防控体系的建设，虽然应遵循司法规律，不能以风险防控为由干涉法官和审判组织的办案权力，但也要遵循风险与案件联结的基本规律，把风险识别、提示等责任进行系统性分配，让法官对裁判的正确性和妥当性负责，让司法辅助人员对所承担的事务性工作之风险负责，让庭长、院长就管辖范围的司法风险负管理性责任，最大限度地发挥案件承办人、审判组织、管理人员的风险识别、防控作用。

2. 机构改革基础上风险防控组织体系优化。基层法院信访部门在内设机构改革中已经合并至立案庭或者其他部门，可以考虑由现在承担信访化解职能的部门负责总体风险防控，审判、法警、宣传、监察等内设机构履行相应的专抓职责，并应向总抓部门报送司法风险情况。法院组织结构中纵横之间的“连线”与“接口”很多，采用设置领导小组、专班等形式来完成协调、分工与整合。此类非正式安排的司法风险防控组织体系虽有效，但不利于风险防控集中领导和长远发展。非正式的风险防控组织体系应当依附融合于正式的风险防控组织体系，保持整体集中统一。内部关系是风险防控组织体系之关键，影响着风险防控组织的运行效率。在风险多发叠加的环境中，风险防控组织应当最大限度地调动内部民主参与的力量，采取民主集中制原则，汇集群体智慧，实现群策群力。而运用互联网、即时通讯工具作为载体，建构虚拟的组织平台，将更有利于实现这一预期。

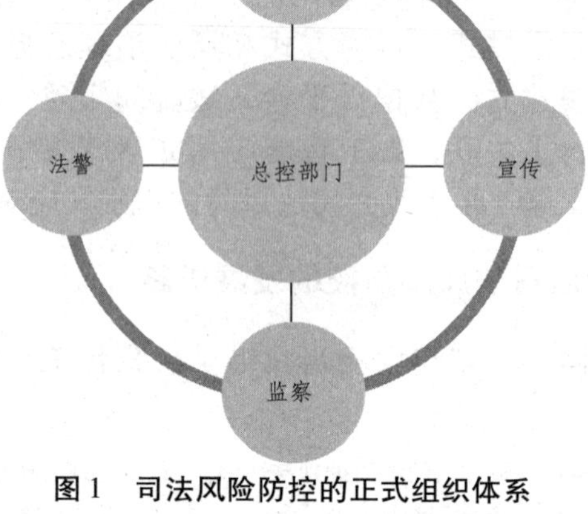

图1 司法风险防控的正式组织体系

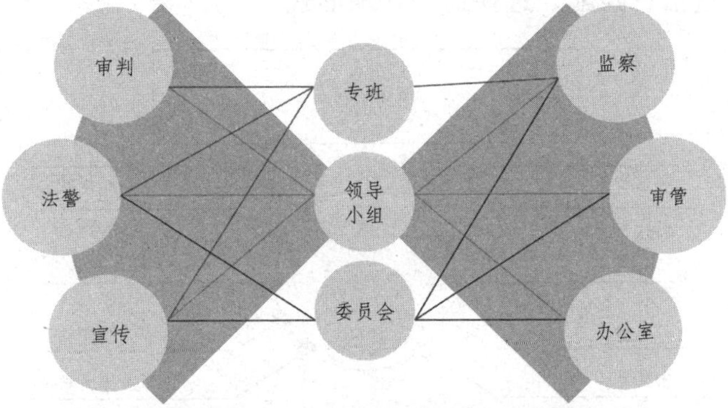

图 2　司法风险防控的非正式组织体系

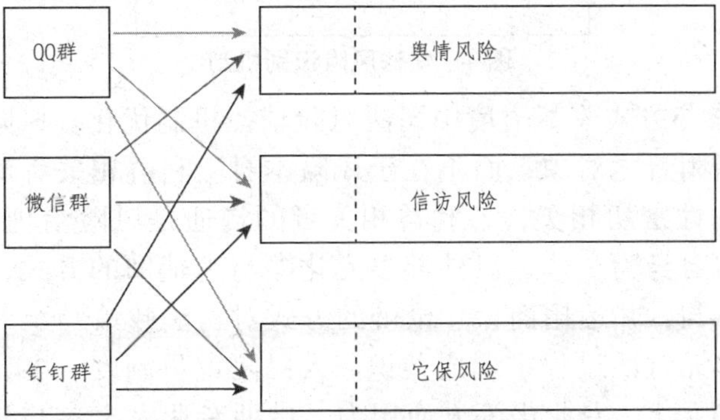

图 3　司法风险防控的虚拟组织体系

3. 智慧法院支撑下的司法风险识别机制优化。司法风险防控的客观视角，是指同特定类型案件、特定类型当事人、特定时空域相伴随的客观实在，着重考察风险来源、风险因素、风险暴露等信息的客观度量。司法风险防控的主观视角，则主要关注法官、司法管理者主观层面风险决策，也即司法主体在面临风险时会在风险识别、评估、防控中加入主体自身特征。认知科学是可以将两类视角统一的研究框架。认知科学对心理学、人工智能、逻辑和认识论等加以综合，将认知主体视为信息加工的系统，通过与客观环境信息的动态交互，感知输入的变换、约简、加工、存储和使用全过程。[①] 认知科学与“智慧法院”建设相互支撑基础上，应建立有别于案件质量问题识别标准的案件风险识别标准，在风险标准确立后建构案件风险分析模型，对起诉状、答辩状、证据材料、关联案件信息乃至应用法学文献资料进行分析；应建立法官、合议庭、审判团队、专业法官会议司法决策、司法行为分析系统，分析审判主体防控司法风险的能力和类型趋向。

① 杨炳儒：《基于内在认知机理的知识发现理论》，国防工业出版社 2009 年版，第 152 页。

进而则可通过信息匹配，选择适当处理形式。

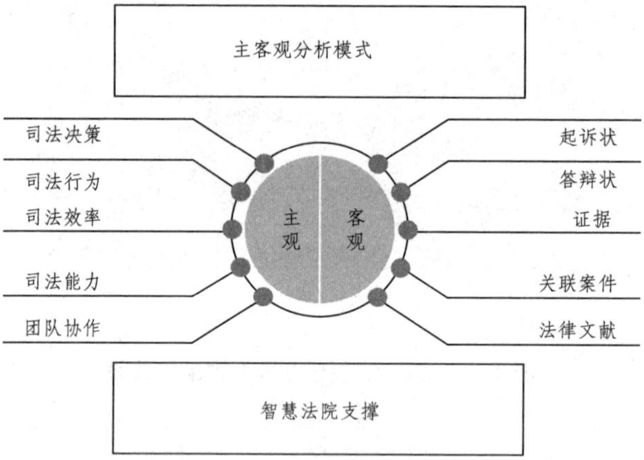

图4　司法风险识别机制

4. 公众参与方式改革语境中司法风险辅控机制优化。风险的严重性往往在于风险所附着之对象，而不在于风险本身。利益相关者对风险的感知与风险的建构性密切相关，各利益相关者的沟通是风险治理的必要前提。法院应采取以自身为主体、以外部多元化参与为辅助的方式，进一步扩大司法的社会参与，并运用商谈、论辩的方式对司法政策乃至判决的结论予以论证，在多元对话过程中形成共识。人民陪审员制度、多元化纠纷化解制度，可在多元化、专业化等方面用力，借助专业人士参与化解纠纷，吸收专业意见形成共识、促进矛盾解决。司法公开、代表委员监督、媒介监督、研修学者等制度，可以按照打造司法会客厅、司法公开课堂的愿景进行改造，增进法院、法官与各方的互动，以期促进司法主体对多元意见汇聚、商谈、吸纳，实现司法政策与司法裁判的正确性和妥当性。

结　语

司法风险的应对与防控成为新时代法院必须面对的课题。只有正确认识、处理司法风险与司法权运行的关系，建立司法风险应对机制和方案，正确发现、识别、化解与防范司法风险，才能展现出良法善治，确立司法权威。这不仅仅是司法机关必须要思考的问题，更是相关行政机关、媒体和社会大众应考虑的问题，如此方能构建更为合理的司法权运行模式和司法秩序，最终推进社会治理发展。

审判权力运行风险防控体系的探索与构建

——以S市法院的实践为分析样本

顾 全* 俞小海**

引 言

深化司法体制综合配套改革，全面落实司法责任制，是党的十九大提出的重大改革任务。从司法体制改革到司法体制综合配套改革，更加强调改革的系统性、整体性与协同性，同时也对改革提出了更高的要求。最高人民法院周强院长指出："司法责任制，对于人民法院来说，就是建立'让审理者裁判、由裁判者负责'的新型审判权力运行机制。"① 新型审判权力运行机制的建立，既需要在处理好放权和监督二者关系的基础上对以往审判权力运行机制进行体系性、结构性优化，也需要转型升级适应新型审判权力运行规律的审判监督管理模式。在这一变动的过程中，审判权责落实、审判监督管理、法律适用统一、权责主体廉政等方面隐藏的风险日益增大。如果不从理论上对这些风险予以系统性梳理，并从整体上探索构建审判权力运行风险防控的制度机制，则可能会影响审判权力运行的实效，并最终对全面落实司法责任制产生消极的反面作用。因此，有必要对这一全新的命题展开分析研究。

一、逻辑起点：审判权力运行中的风险点分析

（一）审判权责不实的风险

理论界一般认为，"裁判者负责中的'负责'有两层含义：一是裁判者对案件实体裁判的作出享有最终裁决权，二是裁判者对独立作出的实体裁

* 作者单位：上海市高级人民法院。

** 作者单位：上海市高级人民法院。

① 周强：《全面落实司法责任制切实提升审判质效和司法公信力》，载《人民司法》2019年第19期。

判结果承担对应的审判责任。”① 虽然我国对审判权力作了制度性规定，但是一方面，由于缺乏系统的梳理和更深层次的细化，加上各制度文件规定的审判权责清单存在一定程度的交叉重合，导致实践中行使审判权的主体对于具有什么样的审判权力并不是十分清楚，对于与审判权力相对应的审判责任的认识也停留在一个较为浅层的意识上，由此审判责任在一定程度上悬在半空。另一方面，“责任界定与责任追究制度的合理设定与实施，是形塑权力运行机制的关键要素。”② 尽管最高人民法院出台的多个司法责任制意见对于审判责任认定和追究作了原则性规定，但是因为缺乏配套的细化措施，导致故意枉法裁判、重大过失造成的错案与一般性工作差错、办案瑕疵、合理主观认识差异导致的错误难以区分。

（二）监督管理真空的风险

“在人民法院的发展历程中，审判管理与审判相伴而生，有审判就有管理。”③ 司法体制改革以落实司法责任制为核心，“此种司法责任机制，是以确认司法权是判断权和裁决权为前提，同时确认作为判断权行使条件的司法亲历性，确认审理与裁决的统一性、权力行使与责任承担的统一性。这种司法逻辑，与办事和决定相分离以及上命下从的行政逻辑有根本区别。”④ 因此，落实司法责任制的必然要求是通过改变审判权力运行的传统模式、建立新型的审判监督管理模式。但是，放权后作为审判监督管理主体的院、庭长可能面临两种境地：一是不敢管、不愿管。院庭长在没有参审案件的情况下，行使监督管理权往往存在顾虑，担心违背“让审理者裁判”要求，也担心因行使监管权不当承担相应司法责任。二是不善管。裁判文书签发制度改革，客观上使得院庭长失去了个案监管的抓手，新的手段和方式尚未完全建立。最高人民法院明确院庭长可以行使个案监督权的“四类案件”，因识别机制和启动机制不明确，效果也不甚明显。

（三）法律适用不统一的风险

“从人民法院定案方式看，虽然各法院的具体实践有很大差异，但都有一个共同特征：‘多主体、层级化、复合式’。”⑤ 新型审判权力运行机制的建立，消解了审判权力运行中的“多主体、层级化、复合式”特征及其弊端，但是一方面，放权后法官的权力比以往更大，自由裁量权也更大；另一方面，新型审判权力运行机制并未从根本上改变我国审判权力运行“多

① 重庆市高级人民法院课题组：《审判管理制度转型研究》，载《中国法学》2014 年第 4 期。
② 龙宗智：《审判管理：功效、局限及界限把握》，载《法学研究》2011 年第 4 期。
③ 江必新：《国家权力科学管理视阈下的审判管理》，载《法律适用》2017 年第 5 期。
④ 龙宗智、孙海龙：《加强和改善审判监督管理》，载《现代法学》2019 年第 2 期。
⑤ 顾培东：《人民法院内部审判运行机制的构建》，载《法学研究》2011 年第 4 期。

主体、层级化、复合式”的基本框架（主要是“四类案件”和重大疑难复杂个案），而是对多主体、层级化、复合式这种逻辑的重新梳理、矫正，实现多主体、多层级在遵循司法规律、按照法定程序对案件裁判予以复合式评价。在尚未理顺之前，法官对自由裁量权的把握尺度不一、对法律规范理解存在个体差异等客观因素，无疑会增大类案不同判的潜在风险。

（四）权责主体廉政的风险

新型审判权力运行机制的导向之一就是放权给法官，通过放权，真的做到“让审理者裁判”。但是，“如果配套改革缺位，法官权力增大，其腐败几率就可能增大。”①

二、防控基础：审判权力运行机制构成要素的确定

应当看到，审判权力运行中的风险并非自建立新型审判权力运行机制后产生，而是在新型审判权力运行机制建立以前就已存在，只不过尚未凸显而已。从这个角度上说，我国顶层设计中关于审判权力运行的制度规定，虽然目的并非着眼于防控审判权力运行中的风险，但是客观上对于防控审判权力运行的风险确实具有积极意义。因此，有必要对我国顶层设计关于审判权力运行的制度设计作一梳理，并在此基础上明确审判权力运行机制的构成要素，从而为审判权力运行风险防控体系的构建提供基本依据。

（一）审判权力运行机制的历史沿革及构成要素演变

1. 关于审判权力运行机制认识的不断深化。我国关于审判权力运行制度的相关规定，主要体现在中央有关文件和最高人民法院颁布的五个“五年改革纲要”中。“一五改革纲要”并未明确提出“审判权运行”或“审判权力运行”的概念。②“二五改革纲要”首次出现了“审判权运行”的概念。“二五改革纲要”在基本任务和目标中指出：“改革和加强人民法院内部监督和接受外部监督的各项制度，完善对审判权、执行权、管理权运行的监督机制，保持司法廉洁。”“三五改革纲要”进一步提出“改革和完善人民法院司法职权运行机制”，但主要着眼于优化审判业务部门、综合管理部门以及上下级法院之间的职权配置、职权机构、组织体系等方面，是一种侧重于审判管理的视角。“实现审判运行合理化，所要求的不仅仅是审判

---

① 龙宗智：《审判管理：功效、局限及界限把握》，载《法学研究》2011 年第 4 期。

② 1999 年 10 月 20 日，时任最高人民法院副院长祝铭山在关于《人民法院五年改革纲要》的说明中指出：“要确保办案质量，提高工作效率，推行审判长和独任审判员选任制度，建立一种既能充分发挥审判长主导作用，又能集中合议庭集体智慧的审判组织运行机制是十分重要的。”审判组织运行机制可以说是审判权力运行这一概念的雏形。

管理的改善与加强，更富有本质意义的是审判运行机制的构建。"① 经过不断探索，真正意义上的审判权力运行机制这一概念，产生于2013年10月最高人民法院印发的《关于审判权运行机制改革的试点方案》。党的十八届三中、四中全会的两个"决定"使用的名称则是"司法权力运行机制"。2014年6月6日，中央深改委审议通过的《上海市司法改革试点工作方案》中也沿用了"司法权力运行机制"的表述。"四五改革纲要"明确提出"健全审判权力运行机制"，"五五改革纲要"进一步提出"健全以司法责任制为核心的审判权力运行体系"。

由此可以看出，从"一五改革纲要"到"五五改革纲要"，我国对审判权力运行机制的认识经历了一个从无到有、逐步深化的过程。伴随着"审判权运行""司法职权运行机制""审判权运行机制""审判权力运行机制""审判权力运行体系"等概念的不断演变，审判权力运行机制的内容也日益丰富（见表1）。

表1　　五个五年改革纲要关于审判权力运行机制的相关规定

	项目	一五纲要（1999年10月20日）	二五纲要（2005年10月26日）	三五纲要（2009年3月17日）	四五纲要（2015年2月4日）	五五纲要（2019年2月27日）
1	法官及合议庭权责	强化合议庭和法官职责。审判长和独任法官依审判职责签发裁判文书	强化合议庭和独任法官的审判职责。合议庭、独任法官负责制	完善合议庭制度。加强合议庭和主审法官的职责。完善人民陪审员制度	健全主审法官、合议庭办案机制。改革裁判文书签发机制	强化独任庭、合议庭的组织地位。审判团队建设。案件分配机制
2	审委会权责	讨论少数重大、疑难、复杂案件的法律适用问题，总结审判经验，指导审判工作	改革成员结构、审理案件的程序、方式、表决机制。健全办事机构	完善讨论案件的范围和程序，规范职责和管理工作。落实检察长列席审委会的规定	强化宏观指导职能。先行过滤机制，规范案件范围。决议事项督办、回复和公示制度。委员履职考评和公示机制	强化宏观指导职能。拟讨论案件审核、筛选机制。事务公开。决定及其理由在裁判文书中公开。列席人员范围和工作程序

① 顾培东：《人民法院内部审判运行机制的构建》，载《法学研究》2011年第4期。

续上表

	项目	一五纲要（1999年10月20日）	二五纲要（2005年10月26日）	三五纲要（2009年3月17日）	四五纲要（2015年2月4日）	五五纲要（2019年2月27日）
3	院庭长权责	参加合议庭担任审判长审理案件。不得个人改变合议庭的决定	参加合议庭审理案件。明确其审判管理职责和政务管理职责，探索建立新型管理模式	院庭长的“一岗双责”制度，一手抓审判、一手抓队伍	院庭长担任审判长参加合议庭审理案件。明确其审判管理职责。内部督导机制	院庭长办案常态化机制，合理确定办案工作量。办案情况内部公示、定期通报等机制
4	审判监督	加强上下级法院审判监督。纪律、社会、法律、新闻监督。规范与当事人、律师的关系	建立审判质效评估体系。法官考评制度。人大、政协、新闻媒体监督。落实检察长列席审委会制度	加强上、下级法院的监督指导工作机制。接受党委、人大、检察机关、新闻舆论监督	明确院庭长审判监督职责。主审法官会议、专业法官会议机制。入卷存档、全程留痕	明确院庭长的权力清单和监督管理职责。全程留痕。审判监督管理制度体系
5	审判管理	建立案件审理流程管理制度，由专门机构对立案、送达、开庭、结案等不同审理阶段进行跟踪管理	健全审判流程管理制度。随机分案制度。案件审判、审判管理、政务管理、人事管理协调。案件指导制度	制定案件质量评查标准和审判流程管理办法。规范审判管理部门职能和工作程序	健全审判管理制度。强化审判流程节点管控，改善案件质量评估工作	审判流程标准化建设。将各个节点的流程标准、岗位指引等嵌入信息化办案平台
6	职业保障	未涉及	人事管理制度	对非法干预办案的责任追究制度。违法过问案件的备案登记报告制度。人身安全保障、任职保障	内部人员过问案件的记录、责任追究制度。规范与当事人、律师等的交往行为	履行法定职责保护、受侵害救济保障和不实举报澄清机制。人身意外伤害保障制度。审判绩效考核办法
7	法官惩戒	严肃查处各种利用审判职权违法违纪的行为	建立健全符合法官职业特点的法官惩戒制度	健全责任追究制度和领导干部失职责任追究制度。审务督察制度。强化惩戒措施。构建责任体系	评价机制、问责机制、惩戒机制、退出机制与保障机制有效衔接	设立法官惩戒委员会。健全与纪检监察机关的工作衔接机制，保障当事法官权利

2. 审判权力运行机制构成要素的体系性争议。尽管我国对审判权力运行机制的认识日益深化，但是，关于审判权力运行机制到底包括哪些构成要素依然存在不同的认识。从理论层面来看，有学者在论述法院内部运行机制改革的具体举措时从赋予法官独立办案的权限，明确院庭长的角色，明确审委会的职责三个方面展开。[①] 有学者认为，审判权运行机制改革所要解决的主要问题是如何恰当配置人民法院内部各主体、各层级的职权，合理确定各主体、各层级在审判活动中的地位与作用。[②]

从改革实践来看，一方面，从"一五改革纲要"到"五五改革纲要"，在对与审判权力运行相关的制度体系安排上，不尽相同。比如，"一五改革纲要"将建立审判长、独任审判员的审查、考核、选任制度放在"建立符合审判工作规律的审判组织形式"项下的"强化合议庭和法官职责"，"二五改革纲要"则将改革法官考评制度放在"改革和完善人民法院内部监督与接受外部监督的制度"；"二五改革纲要"将"法官惩戒制度"放在"改革和完善人民法院内部监督与接受外部监督的制度"，"三五改革纲要"则放在"加强人民法院队伍建设"；"一五改革纲要""二五改革纲要""三五改革纲要"均将人民陪审员制度放在"审判组织"中，而"四五改革纲要"则放在"健全审判权力运行机制"项下作为与合议庭办案机制相并列的一项改革任务，"五五改革纲要"则将人民陪审员的内容放在"健全人民法院人员分类管理和职业保障制度体系"项下；关于随机分案，"二五改革纲要""四五改革纲要"和"五五改革纲要"分别放在审判流程管理、优化人民法院内部职权配置、健全审判权力运行机制中。另一方面，《关于审判权运行机制改革的试点方案》《上海市司法改革试点工作方案》以及"四五改革纲要""五五改革纲要"等明确提出"审判权力运行机制"的改革文件，关于审判权力运行机制的构成要素也不尽相同（见图1）。

① 陈卫东：《司法机关依法独立行使职权研究》，载《中国法学》2014年第2期。

② 方乐：《审判权内部运行机制改革的制度资源与模式选择》，载《法学》2015年第3期。

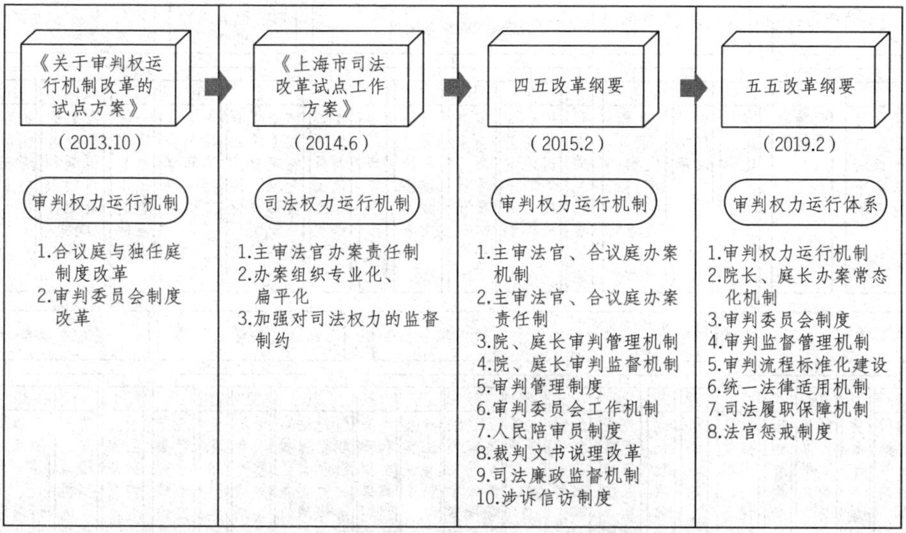

图 1　官方文件关于审判权力运行机制构成要素的不同认识

（二）审判权力运行机制构成要素的规范确定

理论和实践关于审判权力运行机制构成要素的不同认识，导致了审判权力运行相关制度机制的各行其是，呈现碎片化倾向，各项改革举措之间的整体性、耦合性、配套性不强，推进力度也不平衡，在一定程度上遮蔽了对审判权力运行风险的整体认识。尽管如此，上述关于审判权力运行机制的相关规定，为我们找寻其中的共性规律并进而确定审判权力运行机制的构成要素提供了丰富的素材。我们以此为基础，结合新一轮司法体制综合配套改革的精神，将审判权力运行机制的构成要素确定为10个方面36个细项。这10个方面分别是：（1）独任庭、合议庭；（2）机构组织运行；（3）审委会制度；（4）配套工作机制；（5）院庭长办案常态化；（6）审判监督管理机制；（7）审判流程标准化建设；（8）法律适用统一机制；（9）司法履职保障；（10）法官惩戒制度。10个方面、36个细项之间相互衔接、彼此配套，构成审判权力运行机制的基本要素，这些基本要素，既是审判权力运行过程中可能的风险源，也是审判权力运行风险防控体系构建的切入点和着力点（见图2）。

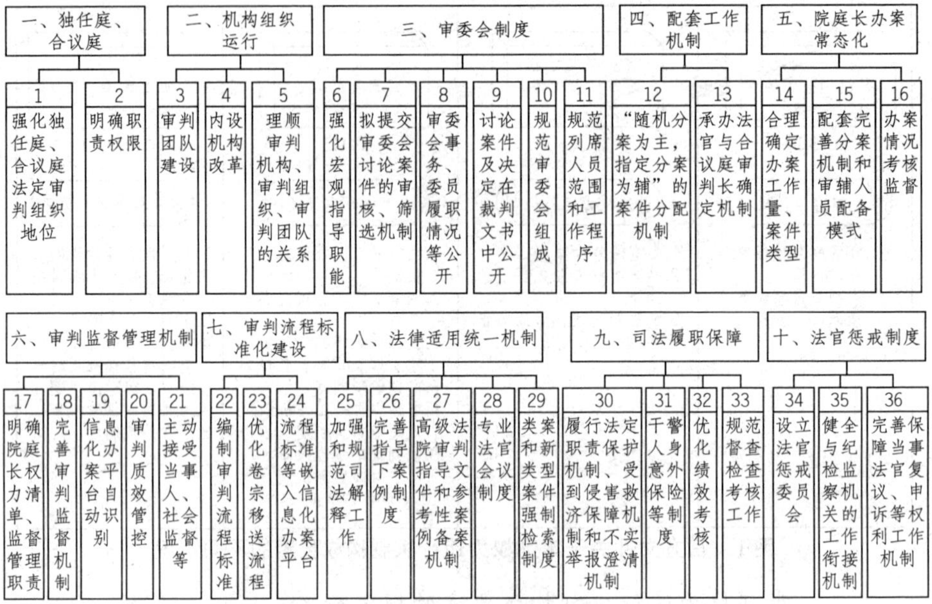

图 2　审判权力运行机制的构成要素（10 个方面 36 个细项）

三、具体构建：“3 +3 +3” 审判权力运行风险防控体系模型

根据对审判权力运行机制构成要素 10 个方面、36 个细项的分类施策，我们设定了 “3 +3 +3” 审判权力运行风险防控体系模型。

（一）“3”：构建审判权力运行风险防控体系的三条思路

1. 从微观管理到系统防控。“司法改革是一项系统工程，牵扯到诸多的因素，这些因素相互交叉、错综复杂，共同作用于司法改革。”① 审判权运行也是一个复杂的系统工程，针对某个主体、某个环节或者个案的单兵作战模式已经无法适应新形势下风险防控的要求。必须着眼于审判权运行涉及各个领域、所有环节、全部流程，立足于审判工作的综合指导、裁判标准的统一、审判质效的监管、案外干扰的排除等宏观视角，打造配套完善、衔接到位与系统集成的风险防控体系。

2. 从结果干预到过程管控。“传统的案件审批监管，直接作用于法官裁判权本身。”② 这是一种对审判权力运行结果层面的风险管控，属于事后防控，与司法规律不符。“尊重司法规律，要求审判机关尊重案件的审判及其

① 陈卫东：《改革开放四十年中国司法改革回顾与展望》，载《中外法学》2018 年第 6 期。

② 李少平：《正确处理放权与监督　坚定不移全面落实司法责任制》，载《人民法院报》2018 年 3 月 28 日第 5 版。

管理的规律，特别是要遵循司法的亲历性、判断性和程序约束性。”① 结果由过程而来，审判权力运行的风险防控，既要着眼于结果，更要着眼于整个过程，通过事前、事中、事后的全方位防控和程序性约束，才可以真正防患于未然。

3. 从单向制约到双向制约。在传统多主体、多层级、复合式的审判权力运行机制下，审判权的行使受到审判管理权、监督权的单向制约。“正常化或常规化的判断和阶层式的监控变得特别明显，个人处于具体、严格的考察之下。”② 这种单向制约是审判权力运行过程中的风险源。审判权力运行的风险防控，必须以制度化手段约束审判监督管理权，以信息化手段实现审判权行使、监督管理、外部不当干预等全程留痕，并配套确立审判权行使的保障机制，使审判权能“反制”审判监督管理权，推动实现审判权和审判监督管理权由单向制约到双向互动转变。

（二）“3+3”：三大基础性长效机制+三个配套实施项目

三大基础性长效机制分别是权责清单机制、权力监督机制、权力保障机制。“从我国法院的司法实践来看，审判权内部运行机制所存在的制度性问题，首先是因内部审判主体职责的不明晰进而容易造成案件处理过程与结果的不确定性，导致审判权力运行秩序的失范甚至混乱。”③ 因此，我们将权责清单机制作为审判权力运行风险防控的首要考虑因素，它主要是针对审判权运行中各类主体的权责不清、权责不一、责任不明等问题，明晰权责行使边界。权力监督机制，主要着眼于构建信息化、标准化、规范化的审判监督管理新机制。权力保障机制，主要着眼于为法官依法独立公正行使审判权提供坚实有力的制度保障。三大基础性长效机制分别对应的三个配套实施项目，各基础性长效机制、各配套实施项目之间有机联系，相互促进、相互补充，形成了审判权力运行风险防控的完整闭环（见图3）。

---

① 陈光中、龙宗智：《关于深化司法改革若干问题的思考》，载《中国法学》2013年第4期。

② ［英］安东尼·吉登斯：《社会理论与现代社会学》，文军、赵勇译，社会科学文献出版社2003年版，第171页。

③ 方乐：《审判权内部运行机制改革的制度资源与模式选择》，载《法学》2015年第3期。

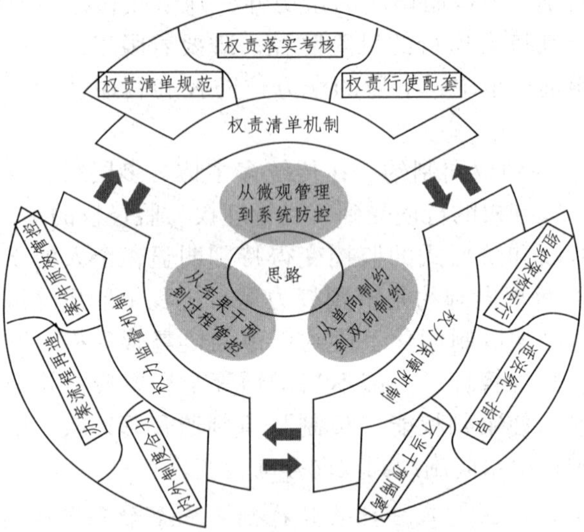

图3 “3+3+3”审判权力运行风险防控体系

四、实践检验：基于S市法院经验为样本的应用前景展望

S市是中央确定的司法体制综合配套改革试点地区。两年来，S市法院在巩固前一轮审判权力运行机制改革成效的基础上，紧扣审判权力运行机制构成要素和风险防控体系，以规范审判主体权责、监督审判权力运行全流程、保障审判权依法独立公正行使为主线，以制度化、系统化、信息化、常态化为导向，系统集成权责清单、权力监督、运行保障三大基础性长效机制，不断夯实权责明晰统一、监督保障有序的审判权力运行体系（见图4）。S市法院对审判权力运行风险防控体系的全景式实践，既是该体系实际应用的一个鲜活样本，其各项具体举措本身也是该体系内容的进一步细化，由此而形成的可复制、可推广的制度经验，具有较为广阔的应用前景。

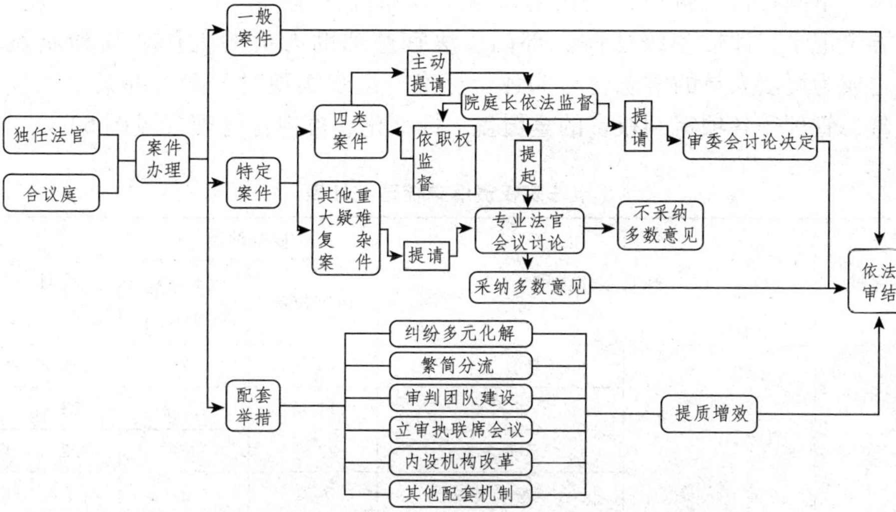

图4　风险防控体系下S市法院审判权力运行流程图

（一）权责清单机制及其风险防控

针对司法责任制落实的实际需求，S市法院着力完善落实权责清单机制，将审判权责行使与日常办案、监督、考核全面无缝对接，明晰审判权运行边界和责任，并通过将权责清单内嵌信息化系统进行深度运用和科学配套保障，努力实现权责行使、管理、评价的科学规范、智能高效（见图5）。

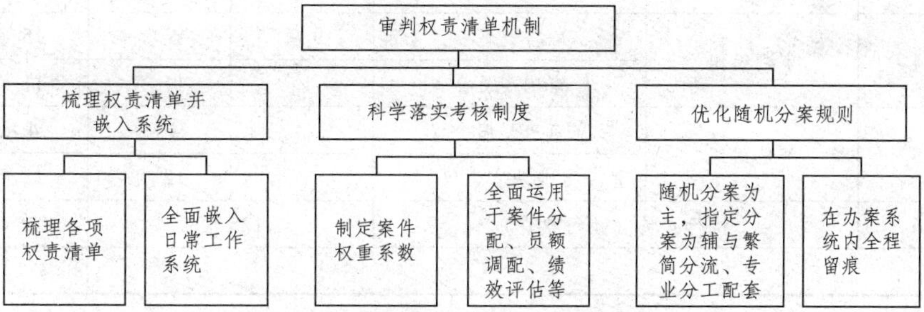

图5　S市法院权责清单机制模型

1. 梳理完善权责清单制度，明确权责内容边界标准。在规范和引导S市法院建立健全权责清单机制的基础上，进一步梳理出中央、最高人民法院、S市高院有关文件中涉及的各项权责清单300余项（其中，审判权责130余项、审判管理监督权责110余项、执行权责120余项），涵盖审判人员、法官助理、书记员、合议庭、审委会等各类主体和审判组织，覆盖分案、办案、执行、监督、管理全流程，明晰了放权后各类人员、审判组织权责行使的界限（见表2）。依托要素自动抽取等现代化技术手段，将梳理出的权责清单全面嵌入S市法院全流程网上办案、案件质效评估、法官业绩档案、审判执行监督预警分析等日常工作系统，[①] 贯穿事前、事中、事后，全方位记录、评估各级法院、部门、法官及辅助人员的工作业绩和质效，使之成为司法人员的常态化行为评价标准，逐步实现对分案、办案、执行、监督、管理等各项审判权责的全覆盖、标准化、可视化管理（见图6）。

表2　　S市法院权责清单梳理统计表

序号	权责主体类别		权责种类		合计
			审判权责	审判监督管理权责	
1	审判人员	独任法官	19项	/	19项
		审判长	11项	12项	23项
		承办法官	22项	/	22项
		合议庭其他成员	7项	/	7项
		院长	10项	34项	44项
		庭长	10项	31项	41项
		审判团队负责人	/	14项	14项
2	审判辅助人员	法官助理	19项	/	19项
		书记员	13项	/	13项
3	司法行政人员	司法行政人员	4项	/	4项
		司法警察	4项	/	4项
4	审判组织	合议庭	9项	6项	15项
		审判委员会	/	11项	11项
5	其他组织	立审执联席会议	/	4项	4项
		专业法官会议	/	12项	12项
6	执行人员（执行权责）		125项		125项
合计					377项

① 近两年，S市法院审判权责清单细化分解出的300余项质效指标、考核标准、工作流程或风险提示点，系统嵌入转化率达96%。

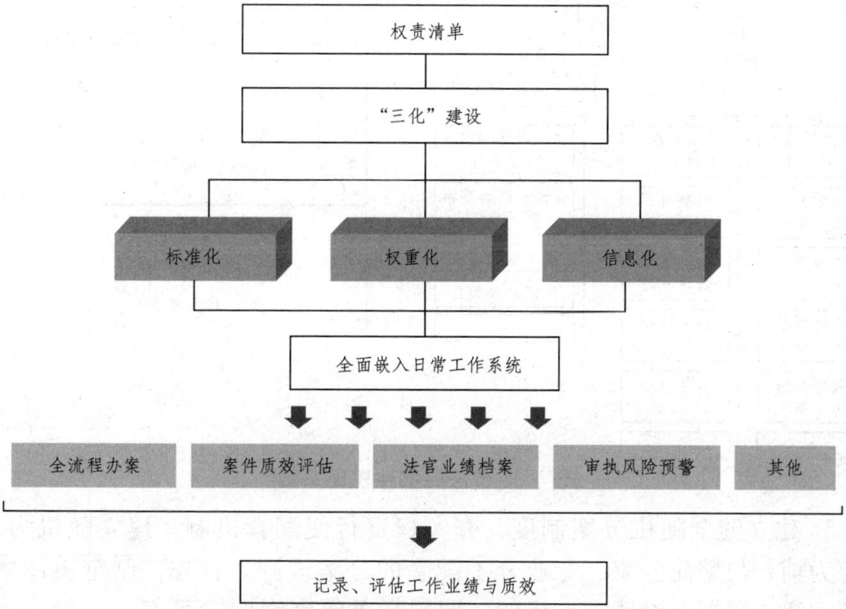

图6 S市法院权责清单嵌入日常工作系统情况

2. 科学制定案件权重系数，健全权责落实考核机制。“法官绩效考评体系是贯穿司法改革‘主体工程’和‘综合配套’的关键环节。”① 在厘清权责的基础上，S市高级人民法院通过科学制定案件权重系数，将权责清单权重化，科学考评权责落实情况。案件权重系数是S市法院通过选取近年来海量案件数据进行大数据分析，采集影响审判工作量的各项因子和专家意见，采用固定系数 + 浮动系数等模式，为不同案由设置权重形成的完整体系，通过对不同类型的案件赋予不同的权重系数，综合考虑各种不确定因素，对某类案件的审理在全部案件审理中的相对复杂程度进行量化处理，实现审判工作量的科学测算及不同案件工作量的换算比较，从而较为真实客观准确地反映法官的权责运行绩效和工作成效（见图7）。目前，S市法院903个案件权重系数已经覆盖全部三级案由，全面应用于案件分配、员额调配、绩效评估等工作。基本建成覆盖全市23家法院、263个内设机构和8000多名工作人员德能勤绩廉等全面信息，客观公开可视的一体化信息化考核平台，法官和辅助人员季度、年度绩效考核常态化，专业等级晋升等全部实现绩效量化考核。

① 陈敏光：《综合配套改革背景下的法官绩效考评体系的完善》，载《法律适用》2018年第19期。

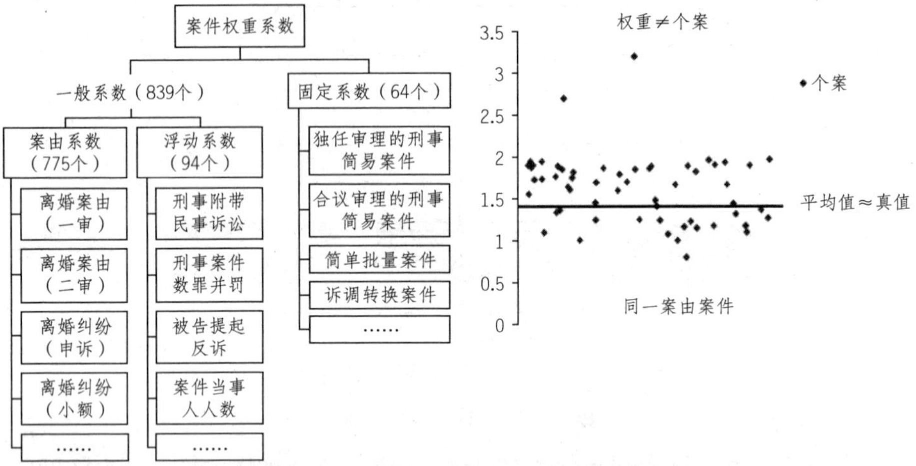

图7　S市法院案件权重系数

3. 建立健全随机分案制度，夯实权责行使配套机制。建立随机为主，指定为辅，与繁简分流、专业分工配套的分案规则。首先，制定案件繁简分流方案。根据诉讼请求、标的、刑罚轻重等因素明确简案、一般案件和繁案的识别要素及标准，通过办案系统自动识别和人工辅助的方式实施；其次，根据本院各庭和审判团队的繁简分流目标和审判专业分工，实施大中小三种随机分配模式①；最后，确属重大案件，需指定主审法官的，按指定分案规则分配，并在办案系统内全程留痕（见图8）。

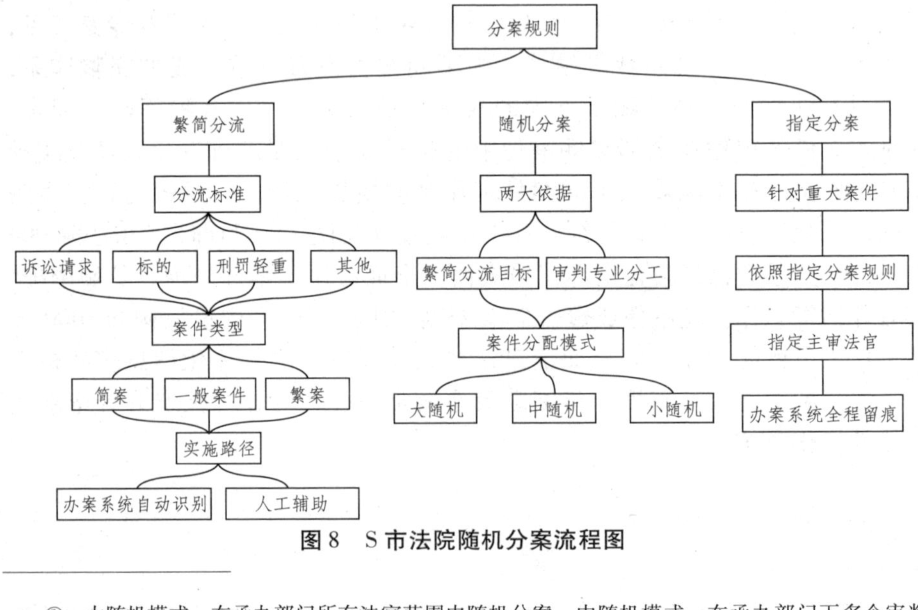

图8　S市法院随机分案流程图

① 大随机模式：在承办部门所有法官范围内随机分案；中随机模式：在承办部门下多个审判团队范围内随机分案；小随机模式：在承办部门下特定的审判团队范围内随机分案。

（二）权力保障机制及其风险防控

针对法官依法独立办案对组织机构、智力支持、自由裁量权规范、不当干预隔离等多重需要，S市法院建立完善权力保障机制，构建符合审判权力运行实际需要的组织架构、司法智库支持平台和法官权益保护机制，保障审判权规范运行（见图9）。

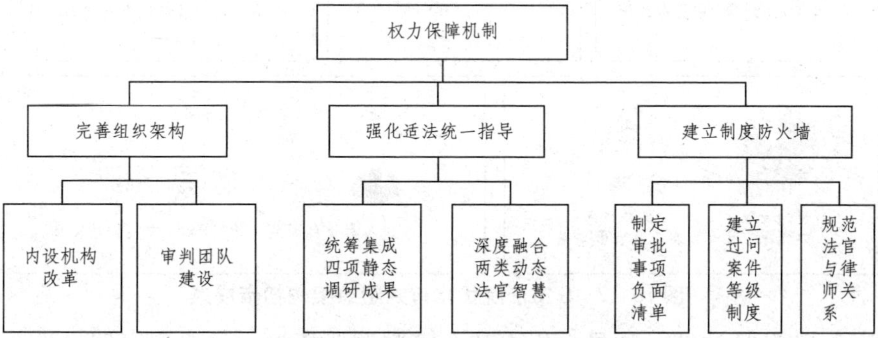

图9　S市法院权力保障机制模型

1. 完善审判组织架构。根据专业化、扁平化要求稳步推进内设机构改革和审判团队建设，S市全市基层法院按照“7+3+1+X”模式设置常规内设机构和金融、知产、未成年人与家事审判等集中管辖特色审判庭，并形成以速裁团队、普通办案团队，重大复杂案件机动团队为骨干，集约化辅助团队为补充的新型审判团队配置模式，推动形成分工协作、岗额适配、精简高效的新型审判组织构架运行格局（见图10）。为进一步应对案多人少矛盾和专业化审判的要求，S市法院还建立审判组织架构的配套机制，严格按照以责定岗原则实施员额制管理，通过案件权重系数科学测算审判工作量，在全市法院统一建立以量定额的员额动态调整机制，将编制、员额等资源向办案任务重的基层法院和部门倾斜，最大程度夯实新型审判组织架构的基础，为保障审判权力运行、防范审判权力运行风险提供坚实的组织、人力保障。

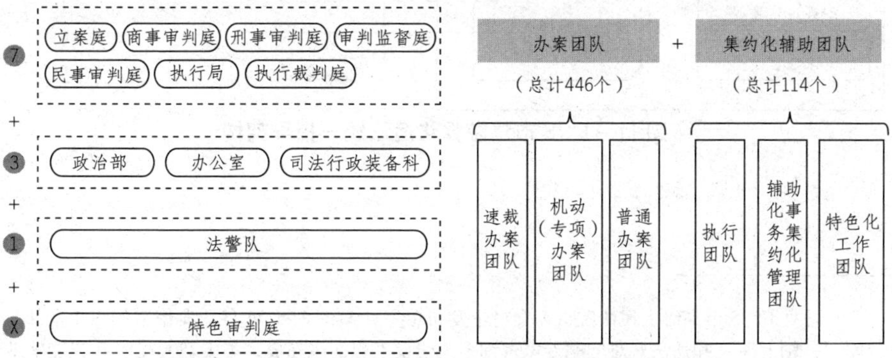

图10－1　S市法院内设机构和审判团队配置情况

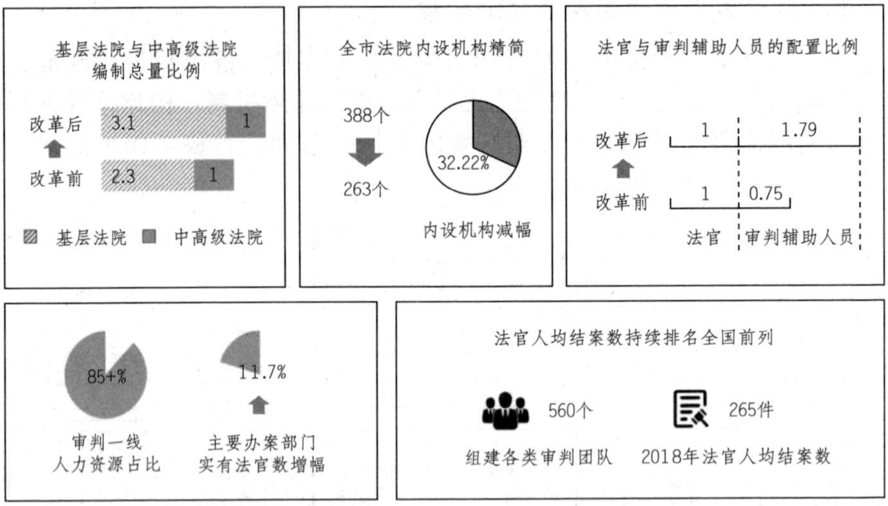

图 10－2 S 市法院优化审判组织架构初步成效

2. 强化适法统一指导。集中整合审判调研资源，将典型案例指导、司法课题研究与类案裁判规则、证据标准指引统筹集成，将条线适法意见、专家法官意见与适法疑难问题专家咨询支持系统深度融合，通过 S 市司法智库平台和智能辅助办案系统，为全市法官提供一体化、智能化的业务支持和规范指引，促进适法统一（见图 11）。①

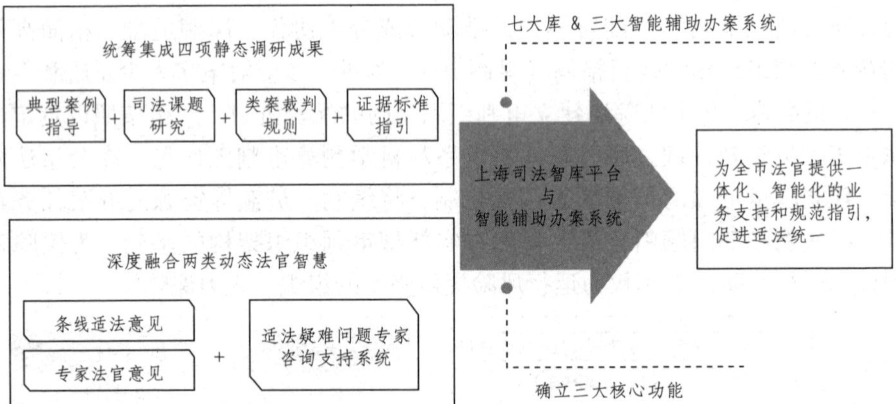

图 11－1 S 市法院强化适法统一指导架构

① 近两年，S 市高级人民法院审委会讨论发布参考性案例 8 批 74 件，典型案例 300 余件；司法智库“一轴七库”和适法疑难问题专家咨询系统建设工程初步完成，类案裁判指引和智能辅助办案系统开发已覆盖刑事所有常涉罪名及 57% 的民商事、行政案件。

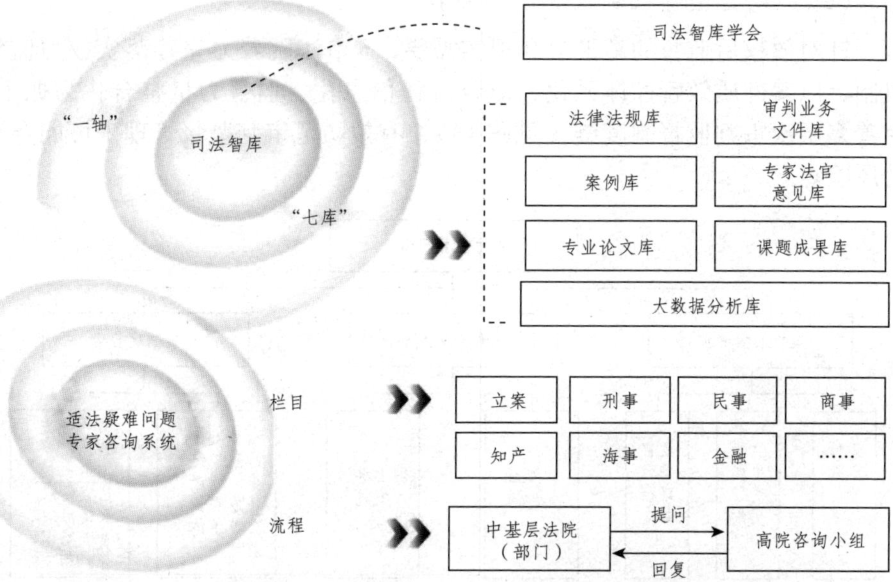

图 11－2　司法智库"一轴七库"和适法疑难问题专家咨询系统

3. 建立制度防火墙。制定审批事项负面清单，严格执行领导干部干预案件和内部人员过问案件登记制度，进一步规范法官与律师关系，保护法官依法履职，不断夯实"让审理者裁判，由裁判者负责"的配套保障机制（见图 12）。近两年，S 市法院法官权益保障委员会处置 200 多起侵害法官权益事件。

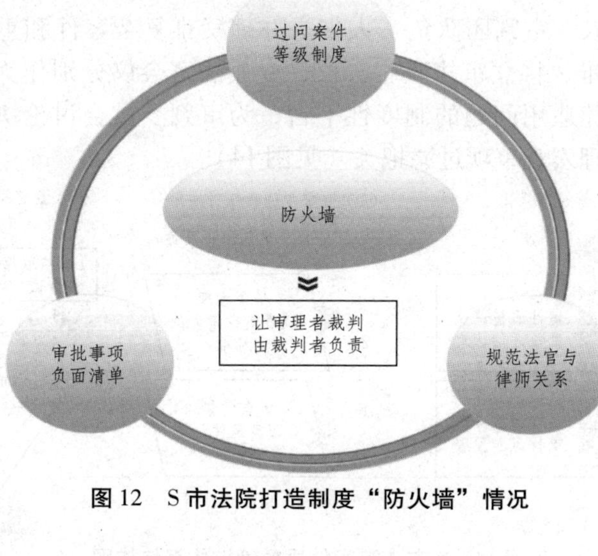

图 12　S 市法院打造制度"防火墙"情况

（三）权力监督机制及其风险防控

针对放权后监督的新形势和现实需要，S市法院着力完善落实权力监督机制，以案件质效管控体系化、监督流程信息化、监督力量整合化为抓手，完善多层次审判监督制度链（见图13），有效防范审判监督管理中可能存在的风险点。

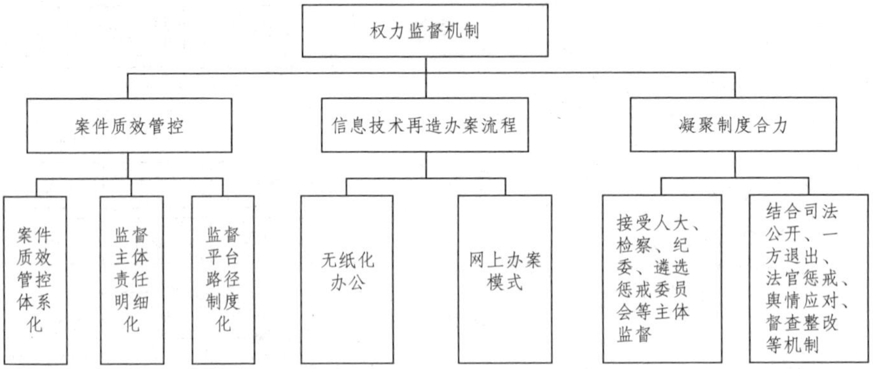

图13 S市法院权力监督机制模型

1. 打造案件质效管控体系。一是将审级监督、个案监督与案件质量评查、责任评估认定相结合，上诉法院对改判发回案件进行分析讲评、认定案件瑕疵责任，原审审委会对瑕疵责任案件进行研判，认定案件差错责任、评估违法审判责任；二是将审判质效管控、审务督查与法官绩效考评、审执风险预警相结合，审判质效指标全市法院按季度、年度实施合理区间统一管控、实时预警，院、庭、个人分级考核；三是明确监督责任主体和路径，细化院庭长、审判团队负责人带头办理疑难复杂案件和重点监督“四类案件”的标准，将立审执联席会议、专业法官会议分别作为监督案件程序性事项和法律适用问题的制度性平台，为审判委员会讨论决定少数重大案件和审判管理宏观事项过滤把关（见图14）。

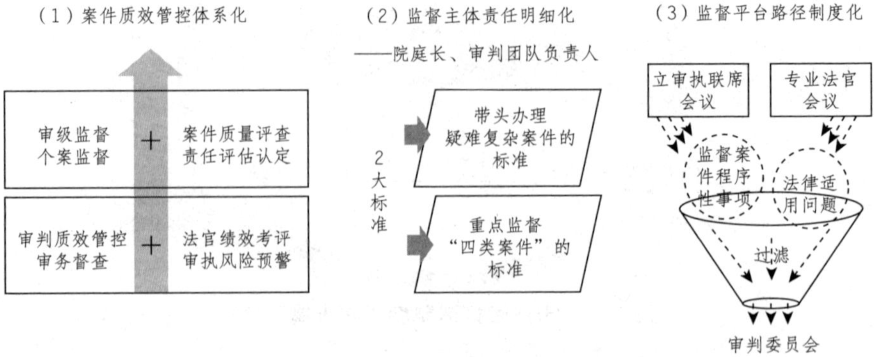

图14 S市法院案件质效管控体系结构图

2. 利用信息技术再造办案流程。不断升级硬件建设，并大力推进诉讼电子卷宗随案同步生成和全程网上政务管理、办公办文，依托全流程办案、案件质效评估、法官业绩档案、审执风险预警等日常工作系统的建设完善，建立覆盖审执办案、政务管理、绩效考核、风险提示的信息化工作流程标准和规范（图 15）；积极开展“移动微法院”试点工作，推广刑事办案辅助系统的庭审应用，提高办案质量；探索民商事案件全流程网上办案，对符合条件的案件实施网上立案、电子送达、远程庭审、在线调解、网络拍卖，提高办案效率。

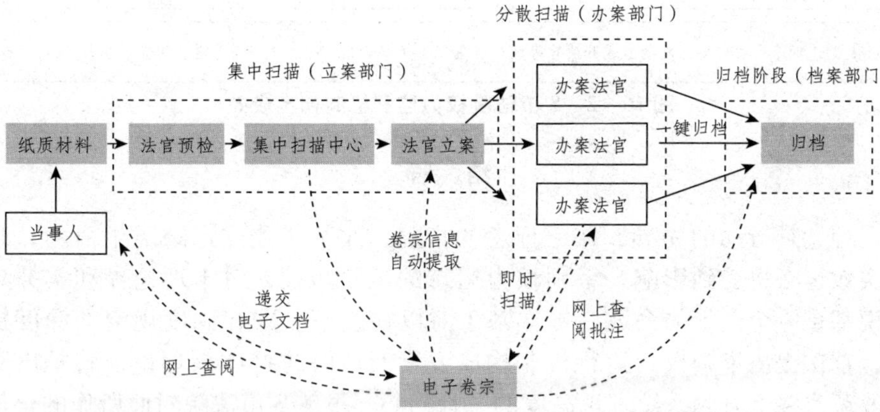

图 15　S 市法院电子卷宗随案同步生成应用流程

3. 凝聚监督制度合力。将自觉接受检察、人大、遴选惩戒委员会、纪委及社会多渠道监督与司法公开、一方退出、法官惩戒、舆情应对、督查整改等工作机制相结合，推动形成依法有序、全程覆盖、内外结合的审判权力监督格局（见图 16）。

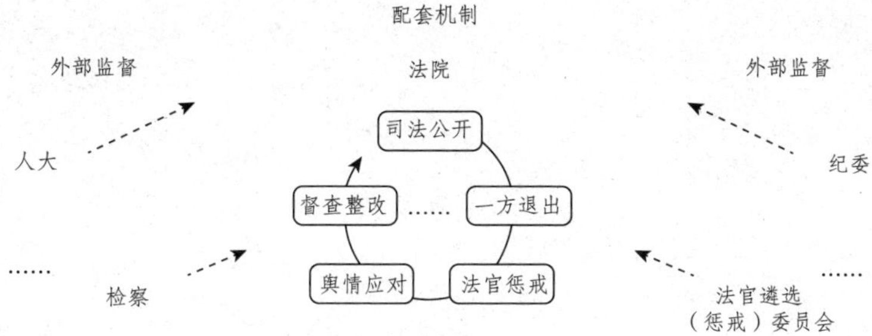

图 16－1　S 市法院审判权力内外监督格局

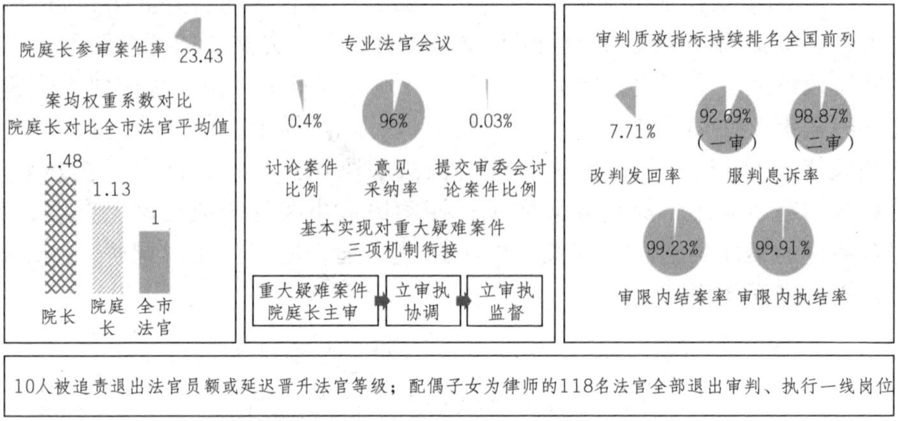

图 16－2　S 市法院权力监督机制初步成效

结　语

理念是行动的先导，缺乏理念的指引，改革实践注定缺乏生命力，改革实效也必将受到影响。审判权力运行的风险防控，对于理论界和实务界来说都是一个全新的命题。本文基于对以往改革实践和制度规定的深度梳理，首次提出审判权力运行机制构成要素及风险防控体系理论，就是出于将改革实践上升到系统理论高度的一种初心。虽然 S 市法院对此所作的全景式实践充分证明审判权力运行风险防控体系具有较强的生命力和广阔的应用前景，但我们也承认，审判权力运行风险防控理论和体系仍不够成熟，需结合改革实践不断调整补充、深化完善。但我们也相信，作为司法责任制改革的重要内容，对于审判权力运行机制的这种研究，是具有理论和现实意义的，也必将为新时代全面深化司法体制综合配套改革提供有益的智识资源。

法院集团类案件审理中的风险及防控机制建构

——以 C 市 G 法院近三年集团类案件审理情况为样本

徐永红* 黄珊珊**

引 言

近年来，随着社会发展，经济活动的多元化和复杂化，转型发展时期政府对宏观经济的调整以及民众对司法裁判的关注以及维权意识的提升，进入人民法院诉讼案件数量急速增加并一直保持高位运行的态势。就笔者所在的地处某省会城市的经济发达区域的某基层法院（以下简称 G 法院）来看，近年来案件数量的增长尤为明显，民事一审类案件的数量从 2016 年的 1 万余件增长到 2018 年 2 万件以上，2016 年至 2019 年上半年，民事一审类案件总数达 57401 件。

在解决这类纠纷的过程中，G 法院发现其中存在诸多问题以及引发了一系列司法裁判及社会风险，需要进一步构建和完善现有的案件处理模式，建立集团类案件处理和风险防控的新机制。

一、画像：研究样本的选择及审理特征

本文所称的集团类案件，是指进入法院案件中，原告或者被告一方在五人以上，存在共同的事实问题或法律问题，请求或者抗辩属同一类，诉讼标的属同一种类的案件。实际上这类案件是由一件一件的单个案件组成，每一件案件都是独立存在的。这类案件往往具有一方当事人众多的特征，不同的当事人个体针对某一具体共性事件起诉至法院，存在“部分案件的当事人之间具有一定的意思联络、部分案件的当事人之间不具有意思联络”的复杂情形，并且不同当事人之间针对同一案件事实可能存在不同的诉求。

从 G 法院 2016 年至 2019 年民事案件来看，一方当事人相同且在五件以

* 作者单位：四川省成都高新技术产业开发区人民法院。

** 作者单位：四川省成都高新技术产业开发区人民法院。

上的案件，一类是不特定多数人的原告个人起诉特定的同一被告公司，这类情况多出现在商品房预售合同纠纷、房屋租赁合同纠纷等与房地产行业相关案件中，另一类是特定原告公司起诉不特定多数人的被告个人，这类情况多出现在物业服务合同纠纷、金融借款合同纠纷等与个人征信程度相关案件中。经粗略统计，以 G 法院为例，这类案件合计 33755 件，占整个民事类诉讼案件的比例高达 58.8%（如图 1）。

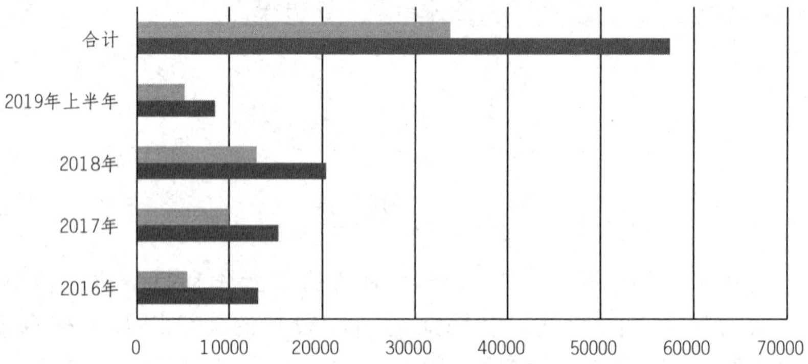

	2016年	2017年	2018年	2019年上半年	合计
■ 集团类案件总数	5536	9989	12990	5240	33755
■ 民事一审案件总数	13155	15359	20385	8502	57401

图 1　2016—2019 年上半年集团案件数量对比（单位：件）

从表象上看，存在多数主体就基本相同的事实提起同一类型的诉讼，极易与“群体性纠纷”相联系，同时也的确存在引发“群体性事件”的隐患。

（一）案件数量持续高位

从 G 法院 2016 年至 2019 年集团类案件受理及审理的情况来看，2016 年集团类案件共计 5536 件，2017 年集团类案件共计 9989 件，2018 年集团类案件共计 12990 件，2019 年上半年集团类案件共计 5240 件（如图 2）。集团类案件的绝对数量在 2016—2018 年均呈现出持续上涨态势，2019 年由于 G 法院管辖权的调整导致总体案件数量的下降，但上半年的集团类案件也达到了 5000 件以上，案件数量持续处于高位的情况依然存在。

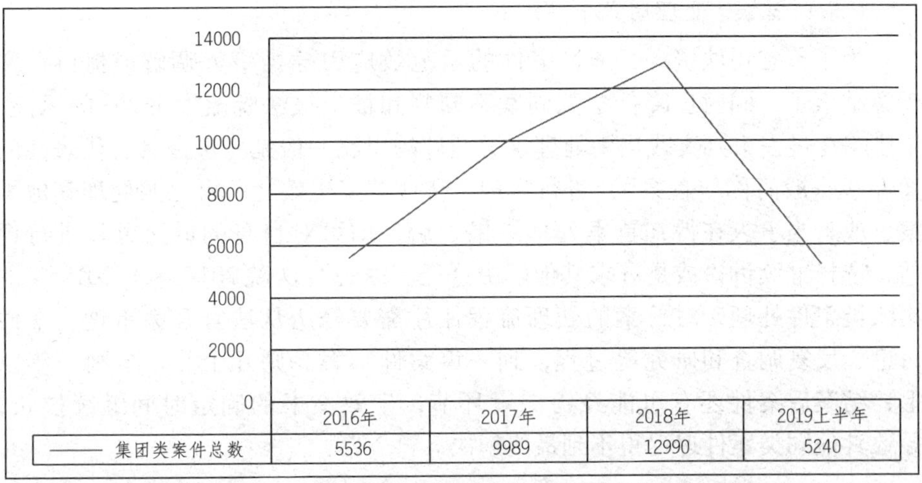

图2　2016—2019 年上半年集团类案件数量（单位：件）

（二）案件平均持续审理天数较长

G 法院 2016 年集团类案件的平均持续审理天数为 117 天，2017 年为 120 天，2018 年为 110 天（如图 3），平均持续审理天数均较长，其中 2017 年的某承揽合同纠纷平均持续审理天数长达 542 天，集团类案件的平均持续审理天数将直接影响法院整体案件的审理效率。但是，2019 年上半年 G 法院集团类案件的平均持续审理天数为 59 天，案件审理的效率有了大幅度提升，这与 2019 年 G 法院集团类案件采取了一项新的审理举措，即要素式的审理方式有关，该举措的实施及进一步完善将在后文进行详细论述。

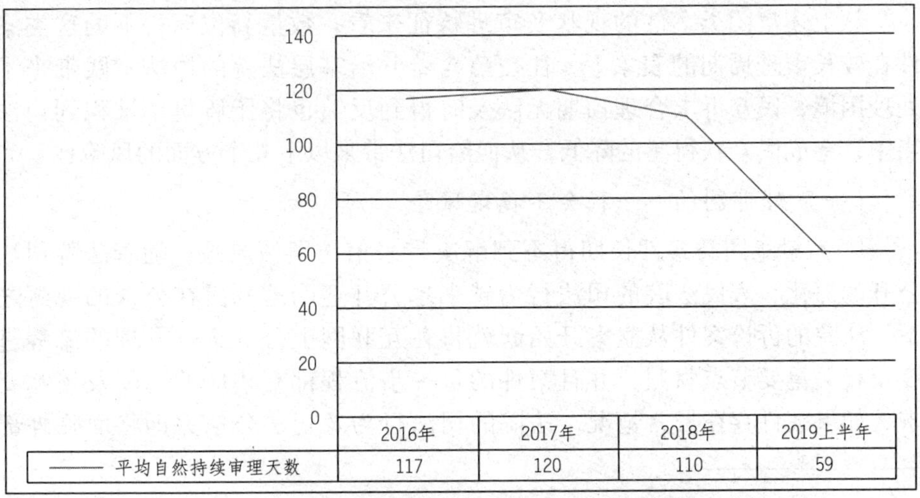

图3　2016—2019 年上半年集团类案件平均自然审理天数（单位：天）

（三）首案[①]处理时间较长

为了节省司法资源，通过案件的示范效应引导当事人调解或撤诉，实现案结事了，同时也降低法院同案不同判和被上级法院改发案件[②]的风险，G法院在过去审判实践当中处理这类案件的思路一般是先选择具有代表性的案件（一般简称“首案”）进行审理，待该首案生效之后再比照处理其他类案，或者当事人在得知首案处理结果之后，即可对自身的诉讼风险进行评估，选择继续诉讼或是寻求其他解决途径。纵观G法院2016年至2019年的集团类案件处理，对首案的处理流程往往需要经历从法官开庭审理、案件讨论、反复调查和研究等过程，到一审案件结案少则几个月，多则一年以上，结案后案件还有可能经历二审环节，生效文书的确定时间继续拉长，导致其他同类案件迟迟得不到最终解决。

二、问题凸显：现行集团类案件处理模式带来的司法风险

集团类案件的产生往往与社会经济的大环境变化相关联，如房地产类集团纠纷的爆发就与一定时期内房地产行业的高速发展或是迅速降温有关，部分行业在高速发展给地方经济带来高额红利的同时，由于政府政策性的调整和变化，往往会滋生部分游走在法律红线边缘的行为，当政策红利逐渐消退，暗藏的矛盾纠纷便会暴露出来，引发诉讼行为，最终将矛盾集中向司法。司法是维护社会公平正义的最后一道防线，当民众的诉求通过协商处理的渠道不能得到有效解决的时候，最终都会汇集到法院，寻求司法公平正义的保障。

从上述集团类案件的现状及审理特征来看，数量高位运行下的这类案件在较长审理周期的表象下，往往蕴含着并给基层法院的司法实践带来了处理困境，民众诉求合理预期无法及时得到反馈也将矛盾集中堆积到司法当中，造成民众获得感的降低，从而给司法带来以下几个方面的风险：

（一）外部制约——社会不稳定风险

1. 大量集团类案件长期得不到解决带来信访舆情风险。随着法院司法公开的深化，人民法院的司法行为越来越公开透明地暴露在公众的视野之下，法院的诉讼案件从立案开始起就将在互联网上公开案件办理的流程进度及相关重要节点材料，并且案件的每一步流程都有相应的时间及规范要求，如果案件存在异常情况，法院的司法行为及司法公信力即将面临外部

① 集团类诉讼案件中立案时间最早的案件，若集团类诉讼中某个案件当事人的诉求和主张的事实理由特别具有代表性，则以该案为首案处理。

② 指一审法院的判决上诉到二审法院后，被二审法院审理后进行改判或发回重审。

公众的监督，公众的诉求进入法院如果在合理预期内不能得到及时解决，就有可能引发社会不稳定风险。

以G法院2016年开始受理的某集团类诉讼案件为例，这批集团类案件涉及某商业楼盘的售后返租行为，其中包含商品房预售、装饰装修、房屋租赁等多种法律关系，涉及维权业主群体上千人，这些案件陆续进入法院审理，部分业主共同委托了诉讼代理人、有的没有委托诉讼代理人，不同的业主、不同的代理人选择的诉讼方向也不同，造成进入法院的案件案由不同、诉讼请求不同。按照传统的集团类案件处理原则，G法院确定了“首案”进行审理，但是由于这批集团类案件的法律关系较为复杂，当事人诉求反复变化、案件处理难度较大，社会影响较大，“首案”在较长时间内没有得到及时处理，造成了其他大量业主的诉讼在较长的时间内不能得到解决，多次引发当事人通过“信访”途径进行维权。

2. 迟来的正义导致法院司法公信力的下降。在特定情况下，即使司法裁判的结果是公正的，如果没有在合理的时间区间内作出裁判，当事人诉讼时间成本的增加将会导致其对自身合法权利保障的效果和感受降低，令当事人对法院最终司法裁判的信服程度降低，人民群众通过司法的途径解决纠纷的获得感将会降低，从而选择通过其他极端途径进行维权的概率将会增大。因此，法官等待首案处理结果的过程，往往需要对其他当事人的情绪进行充分的疏导和耐心的解释，这往往也是对司法资源的耗费，而这种耗费实际上并没有从根源上解决问题，稍有不慎，反而会引发对抗情绪，增加案件的处理难度。

（二）内部管理——案件处理周期加长带来的审限管理风险

为了保障司法正义的及时性，在法院内部，有一道避免法官拖延办案的“红线”，那就是审限制度。民事审限制度也是《民事诉讼法》规定的审限长短、起算、延长、扣除、惩戒等一系列制度的统称。[①] 1991年《民事诉讼法》首次以立法的形式规定了民事审限制度。2000年《最高人民法院关于严格执行案件审理期限制度的若干规定》对于一审普通程序审理民事案件的时间上限作出规定。2007年《民事诉讼法》的第一次修正又取消了上述审理时间的上限。此后2012年修正的《民事诉讼法》、2015年出台的《最高人民法院关于适用〈中华人民共和国民事诉讼法〉的解释》都沿用了前述关于一审民事案件审理期限的规定，没有多作说明与修改。为了法院的管理，各级法院内部都会出台相关司法文件或管理规章对案件审限进行细化规定，并与法官的工作业绩评价相关联，以G法院所在的S省为例，

---

① 江伟主编：《民事诉讼法》，高等教育出版社2007年版，第289页。

2014 年出台的《关于全省法院案件审限管理的规定（试行）》，明确了扣除审限的期限、次数及监管权限，同时，在司法责任制改革的背景下，该省高级人民法院 2015 年又发布了《关于审判人员拖延办案责任追究的暂行规定》，强调审判人员故意拖延办案、或因重大过失延误办案造成严重后果的，应当追究相应的责任。

因此，为了便于法院对案件的管理，每一个案件进入法院正式立案之后，在案件系统中就会开始自动计算其审理的天数，就犹如案件审理的倒计时。上述集团类案件在其他案件等待首案进行处理的过程中，往往会存在不可预期的时间延误，给案件的审限管理带来不确定的压力。如上述举例的 2016 年某集团类案件，立案时间较早但还不能审结的案件，持续审理时间长达两年以上，虽然中间存在合法的扣除审限的理由，但是在客观上也对法官的案件办理质效存在影响。

（三）案件裁判——同案不同判的实体处理带来的职业风险

1. 同一法官处理集团案件下的时间博弈。基于法律面前人人平等的要求，以及司法公正具象到公众的具体感官上，同类案件的司法裁判尺度应当同一，同案同判或者说是类案同判的要求也是逐步建立案例指导制度的核心要义。适用到基层法院集团类案件的裁判中，由于案件数量大，诉讼情况复杂，如果法官不等首案的处理结果，按照严格的审限管理流程和自己的办案思路，将案件审结，那么一旦出现首案的审理思路与上级法院的不同，就会出现同案不同判的情况，法官也会面临案件被改判或是发回重审，不仅法官的审判质效受到影响，案件来回反复不决也会受到公众的质疑。因此，等或不等，是法官在案件审理周期和等待最终处理意见之间的博弈，都会给法院司法裁判和法官的职业生涯带来风险。

2. 不同法官处理集团案件下的事实博弈。另外，若集团类案件的数量较大，一类案件可能分别在不同法官的手中进行处理，不同的法官在处理同一类集团类诉讼案件的过程中，可能会因为在庭审过程中当事人双方诉辩意见的不同，在各方基本事实真相的博弈中，法官对重要事实的理解和把控可能会有差异，导致案件事实固定不相同，从而导致裁判依据不一致，最终可能出现因同一事件导致的集团类诉讼案件处理结果出现不同的情况。在司法责任制改革的背景下，法官将面临同案不同判的审查风险和案件终身责任的职业风险。

三、破解重构：建立集团类案件审理风险防控新机制

党的十九大报告进一步强调保障和改善民生，要抓住人民群众最关心最直接最现实的利益问题，使人民群众获得感、幸福感、安全感更加充实、

更有保障、更可持续。这对于司法工作提出了更高要求，人民对美好生活的需要也给司法工作提出了更高的标准。按照通常G法院“首案+类案”的集团案件处理方式，难免带来上述一系列外部及内部的风险，给法院处理案件带来被动，要破解这样的困局，应当重新围绕集团类案件的特征和风险的防控来建立新的立体化的案件处理模型。

集团类案件的审理，应当建立起一整套完善的案件处理流程，通过程序和制度的保障使案件处理从源头上加以管控，避免人为因素的干扰，具体来讲，既是从审理机制的重建到审理模式的优化、再到审理要素的细化，全面构筑集团类案件审理风险防控的立体模型，通过严格的事前案件审理流程设定，规范案件流程通道和审结时限，使人民群众及时获得司法的反馈，缩减司法成本以及不必要的资源耗费，使人民群众增强司法获得感。

（一）审理机制的重建

1. 判前评估——将案件对行政管理的冲击提前纳入管理和预判。集团类案件的审理，尤其是涉及民生领域的集团类案件的爆发，往往与政府政策风险相关，当法官在单纯运用法律进行司法判断的时候，往往不能从根本上解决问题，无法做到“案结事了”，通常会出现的情况是，一件案件从法理的角度可以很容易得出判断和结论，但是这样的结论确实不符合“情理”，如果法官机械办案的话，就有可能会引发更大的社会矛盾，导致最终的判决结果与现行行政管理政策和需求相冲突，甚至难以实际执行。因此，集团类案件出现后，如果涉及某些行政管理部门及行政管理的相关政策，应提前将其纳入预判，通过召开单位间联席会议，发函沟通等多种方式进行加强协调。如涉及房地产类集团案件，往往会遇到行政监管上灰色地带甚至漏洞，涉及房管、规划等相关政府职能部门，法官需要提前了解行政管理的规则和思路，为依法审判案件并促进房地产市场的规范管理提供帮助。但是这项判前评估的机制，也需要建立一套完整的可操作性的制度规范，明确哪类案件在出现哪些情况时应当通过何种途径向哪些部分或是哪些人员建立连接，形成可操作性的制度规范后真正落地实施。

2. 向上延伸——提前统一裁判标准和尺度。法律面前人人平等是我国宪法的基本原则，相似情况相似对待或者同案同判是司法公正的基本要求。[①] 因此，集团类案件裁判标准和尺度的统一是尤为重要的。我国目前实行的是两审终审制的审级制度，一个案件经过相邻两个级别人民法院审理后，上级法院所作判决对争议的实体权利义务产生拘束力。这就意味着，案件经过基层法院的一审程序审理后，当事人针对判决有权在15日内行使

---

① 陈杭平：《统一的正义——美国联邦上诉审及其启示》，中国法制出版社2016年版，第3页。

上诉权。针对裁定在10日内可以行使上诉权，上一级人民法院对未生效的裁判进行审理。在G法院的审判实践中，集团类案件首案的处理往往都会经历二审的程序才能最终生效，如果一审法院的法官在案件处理过程中与上级法院在裁判标准和尺度的把握上不能统一，案件审理和反复拖延的时间将会加长。故笔者建议在集团类案件首案的处理中，二审法院可以首案为基础形成统一裁判的标准和尺度下发基层法院，加强对下级法院类案处理的指导。这并非是对“两审终审”的突破，而是作为对全局把握更准确、拥有更多司法裁判经验的审判监督者对下级法院进行的业务指导，避免下级法院在案件处理过程中“一叶障目”、片面认识，增加诉讼的周期和当事人的诉累，有利于保护当事人权利和保障裁判的效率。

3. 平行覆盖——建立关联案件检索并进行协作性处理。“对于纠纷性质相同、基本案情相同、法律责任或危害（违约）后果相当的案件，处理结果要类似或相同，以确保适用法律统一。这既是司法公正的应有之义，也是人民群众公平正义观念的基本要求。”① 司法统一，归根结底意味着法律共同体对法律的解释适用达成共识。不仅上下级法院的司法裁判尺度要统一，同一审级法院之间对于同类型案件的裁判尺度也应当统一。在某一类集团类诉讼案件爆发时，极有可能在不同管辖区域的其他法院存在类似的纠纷，司法责任制改革后，在保障法院办案主体地位的同时，如何最大程度地实现类案类判、统一裁判尺度也成为实践中的热点。2017年8月1日，最高人民法院印发了《最高人民法院司法责任制实施意见（试行）》，明确了承办法院在审理案件时，应当进行类案检索，目的就是要进一步统一裁判尺度。那么，在集团类案件的处理过程中，所涉及的人数更多，司法裁判的辐射和影响力更大，更需要严格和谨慎地进行关联案件检索，如果在同一时期、不同区域发生的案件，案情和法律关系基本相同，又没有之前生效的裁判可供参考时，则需要建立跨区域法院和法官之间的联动协调机制，共同商讨协调处理同类型案件，建立协作性的案件处理模式，整合涉案区域不同法院法官的审理经验、知识技能等，避免为了基本相同的案件事实而反复重复研究，更有利于资源整合和统一司法裁判的标准和尺度。

（二）审理模式的优化

上述关于集团类案件的审理机制构想，是立足于整个法院及法院与外部机关之间关系的协同处理机制，在同一法院内部，对集团类案件的审理，也应在目前单纯从首案到类案审理模式的基础上，进一步进行优化完善，主要有以下几个方面的构想：

---

① 胡云腾：《司法的规则是正确适用法律》，载《法制日报》2013年9月18日第9版。

一是预判案件数量规模，统一牵头处理部门。集团类案件的产生，往往与市场经济形势的变化或是某一政策性行为的调整相关联，某一具有集团类案件倾向的案件进入法院之后，应当提前预判案件的数量规模，并由法院一个部门统一牵头处理，如果案件涉及不同的案由分别由不同的审判部门进行处理，则有可能带来部门之间协调的内耗，处理的周期将会加长。

二是集中优势法官力量，集中保障案件处理。集团类诉讼的案件，最好能由具有相应审判工作经验的法官统一处理，更有利于统一裁判的尺度和思路，但是当案件数量达到一定的规模，集中由一名法官审理，案件数量可能会超出法官能够承担的案件量负荷，这样就需要在固定合理工作量的情况下，指定适当数量的法官团队，集中保障集团类案件的处理。同时，在处理首案的同时也应当有序推进其他案件的审理流程，通过建立“首案责任制”等方式严格缩限首案的处理时间，以保障裁判尺度统一确定之后能够在最短的时间内集中处理类案。

三是全力整合审判资源，保障案件有序处理。在集中审理部门，集中审理法官的情况下，还应当全力整合法院的审判资源，如配备相应的法官助理和书记员团队，明确法官与司法辅助人员在案件审判流程中的分工，并通过专业法官会议、大数据分析及类案检索系统等为法官裁判案件提供智力支撑，在具体的案件处理过程中为法官办案提供有力保障。

（三）审理要素的细化

2014 年 12 月，最高人民法院发布《关于进一步加强新形势下人民法庭工作的若干意见》，要求探索在小额诉讼和其他适宜的简易案件中，使用表格式、令状式、要素式等简易文书，加快审理进程。2016 年 7 月，最高人民法院印发的《民事诉讼文书样式》，强调文书说理应当繁简得当，并要求简易、小额、无争议案件探索适用要素式、令状式和表格式裁判文书。全国各地法院据此开始探索要素式审判改革试点。①

G 法院地处我国西部地区国家中心城市，自 2019 年开展以审判为中心的民事庭审优质化工作以来，根据实际制定了进一步推进民事庭审优质化改革的实施方案，通过健全以审判为中心、简案快审、难案精审的相关机制，针对重点、多发案件类型完善了要素式审理模式，并在集团类案件审理中运用要素式审理方式，初现成效，如前文所述，2019 年 G 法院集团类案件平均持续审理天数大幅缩减，处理效率大幅提高。因此，法院应针对重点、多发案件类型进一步扩展和完善要素式审理模式的推广应用，针对不同类型案由的集团类诉讼，如劳动争议、道路交通、买卖合同、保险合

① 林遥：《民商事类型化案件要素式审判机制研究》，载《法律适用》2018 年第 15 期。

同、建工合同、商品房买卖等分别制定审理要素表进行要素式审理，实现审理集团类案件的庭前程序更实、庭审水平更高、审判效率更快、法官职能作用更好、公正高效地审理案件，具体应用方式为：

1. 庭前准备充分化。确定进行要素式审理的案件，庭前的准备工作应十分充足，要在庭审中集中查明案件的重要事实，提高庭审效率，必须在庭前做好充分的准备。承办法官在收到案件时即仔细阅卷，根据原告诉称内容及已提交的相关材料判断本案需查明的要素事实，并在要素表上进行勾选；法官助理在发送应诉材料时将法官勾选好的要素表发给原、被告，监督和引导原、被告双方按照法官裁判的要点和思路进行要素核对，并在庭前反馈给法官，以便于法官庭审中及时固定相关要素事实，为裁判做好准备。

2. 审理过程快捷化。集团类案件由于数量较大，原、被告至少一方相同，法律关系和基本的事实也相同，可以在开庭时对属于同一代理人的案件合并审理，更能节省司法资源和提高案件处理效率。在庭审中，法官根据原、被告对无争议以及争议要素的反馈，尽量精简需查明的要素事实，简化不必要的内容，对于与需查明认定的要素无关的事实及问题基本“不查、不问”，对与案件要素无关的证据不予当庭举证、质证，当事人可以对合并审理的案件集中合并进行举证和发表辩论意见，尽量缩短庭审时间、节省法官精力。法官在开庭时围绕审理要素和争议焦点集中开展调查、辩论，提高法官当庭认证、裁判率。对这类已经核对了要素的集团类案件如在庭审中没有特殊情况发生，一般应当经过一次庭审即当庭进行宣判。

3. 裁判文书模板化。集团类案件裁判文书应当在符合裁判文书基本要素的前提下进行简化制作，统一制定要素式裁判文书模板，对同一类集团案件采用相同的文书模板。适时推行表格式裁判文书、令状式文书。判决书对事实的陈述系要素式罗列，而说理部分则是格式化说理，尽量缩短法官庭后制作判决书和当事人等待领取判决书的时间。

结　语

由于基层法院中集团类案件的占比数量较大，其审理的效果直接关系到法院民商事审判的整体效果，处理的及时性和裁判的统一性、权威性，也直接关系到民众对法院司法公信力的认知，为了防控基层法院在集团案件审理过程中所面临的种种风险，采取更加集约化的、要素化的高效处理，更有利于集团类案件的有效处理，本文中所构想的风险防控方式还需要在实践中进一步完善和改进，不断调整和优化，法院要素式审判方式也要在集团类案件的处理中继续总结和提炼有益的经验和做法，并推广到其他案件的处理中，从而推进民事诉讼庭审方式向着以审判为中心的庭审优质化方向发展，促进民商事案件处理效能的提升，促进基层法院集团类案件的有效化解。

审判风险的分析、评价与控制机制研究

伍红梅*

引　言

当前，我国正处于经济发展转型期、深化改革攻坚期、社会矛盾叠加期，经济社会面临的环境更加复杂严峻，不确定性更加凸显，各种新的社会矛盾以诉讼的形式进入法院。同时，随着我国社会主要矛盾发生历史性变化，人民群众不仅对民主、法治、公平、正义、安全、环境的需求更加迫切，而且对司法工作质效和公信力期待越来越高，迫切要求我们解决好人民群众反映强烈的突出问题，积极预防和有效化解审判中可能出现的主要风险点，加强风险识别、风险评估和风险控制，防范审判质量、效率、效果风险，维护当事人、法官及其他诉讼参与人合法权益、提高司法公信力。

一、审判风险的构成要件及类型划分

（一）审判风险的概念

1. 风险定义及风险分析模型。风险，即遭受损失、伤害、不利或毁灭的可能性。通俗地讲，风险就是发生不幸事件的概率。换句话说，风险是指一个事件产生我们所不希望的后果的可能性，风险是某一特定危险情况发生的可能性和后果的组合。① 进行风险分析，目的是回答下列三个主要问题：②

问题1：会发生什么问题？为了回答这一问题，我们必须识别出可能会对我们希望保护的对象造成伤害的潜在危险事件。我们要保护的可能是人、动

---

* 作者单位：上海市高级人民法院。

① 百度百科，风险词条，载 https：//baike. baidu. com/item/风险/2833020？fr = aladdin，最后访问时间：2019 年 7 月 4 日。

② ［挪威］马文·拉桑德：《风险评估理论、方法与应用》，刘一骝译，清华大学出版社 2013 年版，第 4 ~ 5 页。

物、环境、基础设施、文化遗产等，也可能是我们的声誉、信息与数据等。

问题2：发生问题的可能性有多大？这个问题的答案可能是一段定性的推述，也可能是一个概率或频率。为了确定问题1识别出的危险事件发生的可能性，我们一般需要进行因果分析，识别出可能导致危险事件的根本原因。

问题3：后果是什么？对于每一个危险事件，我们都必须识别出潜在的伤害以及对于问题1中提及资产的负面影响。绝大多数系统都会安装安全栅，防止或者缓解伤害，资产是否会受到伤害将取决于这些安全栅在危险事件发生时能不能发挥应有的作用。对上述3个问题的回答即是风险分析的过程，可以用风险领结图表示。这幅图描述了不同的危险或者威胁可能会导致危险事件的发生，这些危险事件又可能会产生不同的后果。在危险/威胁与危险事件之间，我们可以部署各种安全栅。同时，安全栅也可以置于危险事件与后果之间。

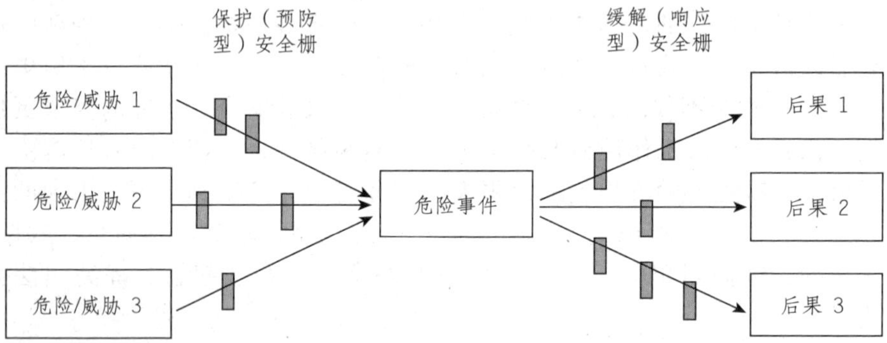

图1　风险分析领结模型图

2. 审判风险的内涵。目前，司法理论与实务界对审判风险没有一个达成共识的界定。根据上述对风险的定义以及风险分析的模型，笔者认为，审判风险即在审判过程中或审判结束后，尽管采取了监督管理等安全举措，仍然发生错案、虚假诉讼、虽无错案但当事人对裁判不满报复法官、舆论负面评价等危险事件，从而对当事人、第三人、法官等权益或国家利益、社会公共利益、司法公信力等造成损害的可能性。损害的后果包括人身、财产、司法公信力等损失。在审判危险事件中，错案是对当事人造成损害最重要且频率发生次数最多的事件。

（二）审判风险的类型划分

1. 按照主体分

（1）法官面临的风险。法官面临的风险主要包括因司法能力、廉政、负面舆情、投诉信访、内外部干预等导致错判而承担司法责任，以及当事人侵害法官权益事件造成法官人身、财产等权益受侵害的风险。从侵害法官权益类型来看，主要包括案件当事人或他人为发泄不满、打击报复，对法院工作人员实施了侮辱、诽谤、威胁、殴打、损坏财物、干扰正常生活等不同类型的侵害行为，或者同时实施上述多种侵害行为，侵犯了法院工作人员的人身权、名誉权、隐私权与财产权等。

（2）当事人面临的风险。主要是指因错案导致当事人合法权益受损的风险。错案是审判风险中最经常发生、最容易导致损害后果发生的事件。错案风险主要包括认定案件基本事实错误、适用法律错误、严重违反法定程序造成的当事人合法权益受损的风险。错案分为差错案件和违法审判案件，差错案件分为一般差错和重大差错案件，违法审判案件包括故意违反法律法规、过失违反法律法规造成严重后果的案件。

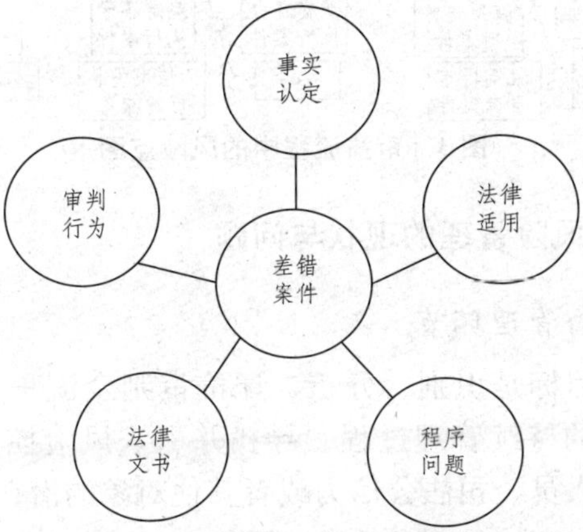

图2　差错案件分类示意图

（3）法院面临的风险。主要是指因裁判错误、内外部干预、负面舆情、司法廉政问题或裁判的社会效果不佳等造成司法公信力受损的风险。

2. 按照流程分

（1）分案环节的风险。主要是指违反随机分案为主，指定分案为辅的原则，将非重大疑难复杂案件指定给某位法官，可能隐藏的司法腐败问题。

（2）审判环节的风险。主要包括违反法定程序变更审判组织、变更审判程序、超期审理案件，应经过审委会讨论的案件未经过审委会讨论，司法作风问题、法官形象不中立，文书说理不充分，司法腐败、司法能力不高等可能造成错判或审判质效不佳的后果。

（3）执行环节的风险。主要包括超期执行、违规解除查封、扣押、冻结，违规进行司法拍卖，终结本次执行程序结案不合规等造成被执行人权益受损的风险。

（4）其他环节风险。指可能贯穿于立审执全流程或在人事方面的风险，包括信访举报投诉风险、负面舆情风险、重点岗位未交流风险、出国出境异常风险、考勤异常风险、个人收入申报不实风险等。

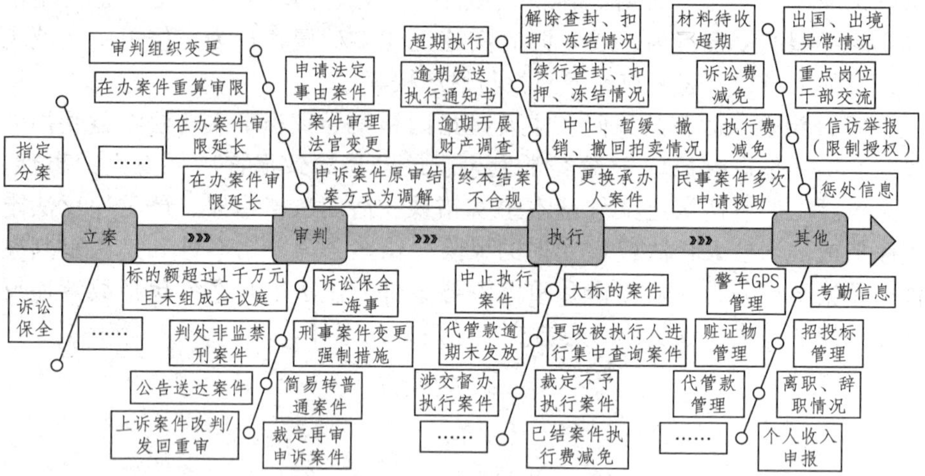

图3　审执流程中的风险点图

二、我国审判风险管理的现状与问题

（一）审判风险管理环节

审判风险管理目标是识别、分析、评价审判全流程当中或者与审判行为相关的潜在危险的持续管理过程，寻找并引入风险控制手段消除或者至少减轻这些危险对人员、司法公信力或者其他对象的潜在伤害。

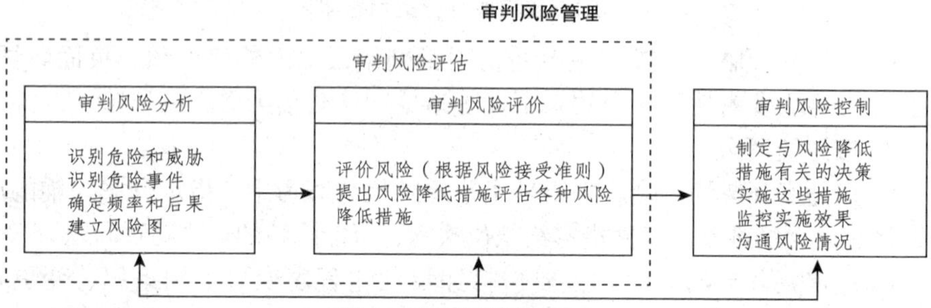

图4　审判风险管理图

（二）我国审判风险管理现状

近年来，我国在审判风险管理方面作了积极探索，在建立健全风险分析、评价、控制机制方面取得了一定成效。

一是在风险的管理主体方面，既有院庭长、审判团队负责人、审委会、审管办、审监庭等内部风险管理主体，也包括检察院、人大、政协、媒体、当事人等外部监督主体。

二是在危险和危险事件的识别方面，既有传统的识别方法，也有信息化的识别方法，如上海法院建立了审判执行监督预警分析系统，河北石家庄中院研发“四类案件”监管平台，对危险点实时、智能化的识别。

三是在危险事件的频率、原因、后果分析方面，主要集中在审判质效评估指标反映错案的频率、比例上，院庭长质效讲评时对错案的分析，以及舆情系统对负面舆情的发生、发展的监控，缺乏对原因、后果的系统分析。

四是在对风险的等级评估上，上海法院的审判执行监督预警分析系统根据算法，综合各种风险因素，进行红、橙、黄三级预警。

五是在风险控制方面，针对错案采取的风险降低措施比较全面，覆盖了从立案、审判到执行各环节，涵盖了内设机构改革、加强内部审判监督、加强培训、推进司法公开、防止外部干预、多元化纠纷解决、辅助事务外包等各方面降低错案风险的措施。

（三）我国审判风险管理的问题

1. 审判风险的系统性管理方面还有待进一步提升。目前，审判风险管理缺乏对风险分析、评价、控制方面整体、系统的规划，风险防控制度分散在立、审、执各环节，没有形成专门的关于审判风险管理的制度规范；风险管理的主体泛化、多元，涉及立案庭、审管办、审监庭、业务庭、审委会、维权办、法宣处等组织机构，风险管理职权分散，没有形成统一专门的风险管理主体。

2. 审判风险的分级管理方面还有待进一步提升。目前，尽管部分法院如上海法院审判执行监督预警分析系统中内嵌了分级管理，以红、橙、黄标志风险，但是其对风险等级的划分依据过于简单，仅对危险事故发生的后果进行三级划分，没有考虑到危险事件的发生概率可能性，运用风险矩阵等现代风险分级评估方法进行评估，评估对象没有覆盖与审判执行有关的所有风险，主要集中于可能造成错案的风险评估。

3. 审判风险的信息化管理方面还有待进一步提升。目前，部分法院如上海、河北实行了信息化风险管理，但是该系统与部分系统还没联通，比如审判执行监督预警分析系统没有与专业法官会议系统、审委会会议系统、舆情智能分析系统、人大代表政协委员联络沟通平台等对接，同时与外部系统如公安人口信息系统等外部系统对接、信息共享。

三、构建审判风险管理机制的理论基础与总体思路

（一）理论基础

1. 坚持系统性管理风险的思维。审判风险的管理不是单个机制的建立与完善，而是各种机制的优化与创新，不是某个方面的单项推进，而是各方面各层次的系统推进。审判风险的管理应围绕审判风险的分析、评价与控制这三个方面，构建风险管理各环节的制度链，注重制度之间的系统性、

整体性、配套性与协同性，既要包括宏观、中观、微观方面，也要贯穿从立案、审判到执行全过程，还要包括内部、外部风险管理，从而形成一个有机整体，实现制度聚合与系统集成效果。

2. 坚持全流程管理风险的思维。风险管理制度的设计，既要贯穿从立案、审判到执行全过程，也要涵盖事前、事中、事后全程管理。比如审判风险管理既包括立案、审判、执行各阶段危险的识别，也包括立案环节的随机分案，审判环节的随机组成合议庭、院庭长监督管理"四类案件"，审判结束后的判后答疑、二审纠错、司法救助、解决执行难等降低危险事件的安全栅措施。

3. 坚持分级管理风险的思维。为了预估风险大小，风险评估人员需要将有可能发生危害的严重程度与危害的发生概率结合在一起进行预估，将危害的发生概率（可能性）与危害的严重程度（严重性）为坐标轴来对这一方法进行展示，给事故发生的可能性赋值 a，给事故的严重性赋值 b，二者的乘积作为风险值 c，形成风险矩阵。当完成危险源的风险预估，判断出风险矩阵的数值后，相对应一般应进行风险分级管控，使用分层次控制或预防的手段，来制定风险控制措施，风险分级管控的基本原则是：风险越大，管控级别越高；上级负责管控的风险，下级必须负责管控，并逐级落实具体措施。

4. 坚持信息化管理风险的思维。在风险管理的过程中，要找准信息化应用的发力点，建立和优化风险管理系统或审判执行监督预警分析系统。一是提升风险的信息化、自动化和智能化管理。优化业务规则设定、流程细化、风险识别和预警、阻断控制等方面措施，提高信息系统的风险识别、预警能力，实现风险识别、评估、分析、报告、处置、评价、改进、结果发布等工作的流程化、信息化、自动化和智能化。二是推进风险管理系统与业务系统的衔接。通过推进风险管理系统与审判业务系统，以及关联审判业务系统之间的衔接、控制，形成整体业务链条，真正意义上实现审判业务与风险管理的联动、制约。三是系统中内嵌国际通行的风险评估方法。系统内置故障树、事件树、贝叶斯网络等风险评估方法，根据不同对象选择相应评估方法，评估结果自动生成。

（二）总体思路

1. 构筑层次分明、权责清晰的风险管理组织架构。从微观层面看，审判风险管理需要在法院内部构建一个层级清晰，职责分明的风险管理组织架构。风险管理组织架构的搭建应贯彻"三道防线"[①] 理念，将监管主体及

---

① "三道防线"理论来自《中央企业全面风险管理指引》第十条，企业开展全面风险管理工作应与其他管理工作紧密结合，把风险管理的各项要求融入企业管理和业务流程中。具备条件的企业可建立风险管理三道防线，即各有关职能部门和业务单位为第一道防线；风险管理职能部门和董事会下设的风险管理委员会为第二道防线；内部审计部门和董事会下设的审计委员会为第三道防线。

其职责分为三个层级，决策机构（如审判委员会或党组会）负责审议和批准审判风险管理规划、相关制度、活动报告等，是审判风险管理规划和制度审议的决策者。管理部门（审判风险管理委员会）具体负责风险管理政策及操作流程、提出风险管理组织机构设置及其职责方案等管理工作。执行管理职责的管理人员，为风险管理的直接责任承担者。从宏观层面看，不同级别的法院风险管理部门之间的协调统筹工作需要在省一级法院内部设立统筹机构，从省级层面对下辖法院的审判风险管理整体情况进行系统性观测、调研与调控。对于特别重大审判风险，需由省委政法委牵头公检法司各相关部门成立临时风险管控组，必要时由中央政法委牵头公安部、最高人民检察院、司法部等成立风险管控组，协调处理后果特别严重，严重影响司法公信力的审判危险事故。

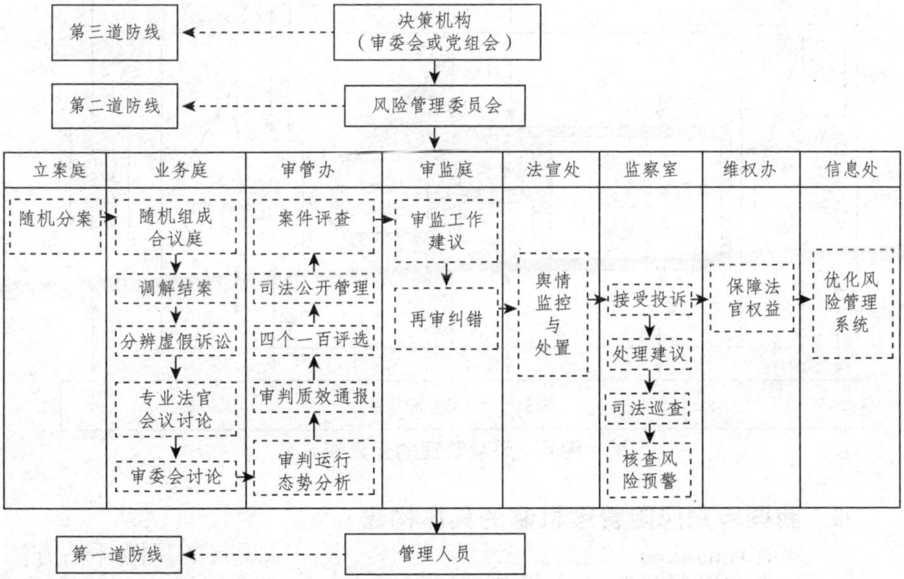

图5 “三道防线”风险管理组织架构图

2. 建立风险分析、评价、控制机制。从前文可知，风险管理包含三个元素：风险分析、风险评价和风险控制。因此，构建风险管理机制包括建立风险分析、评价、控制三方面机制。

（1）建立风险分析机制。风险分析包括对风险频率、后果的定性与定量分析。

（2）建立风险评价机制。风险评价即评价研究对象的风险状况图，将其与风险接受准则和（或）安全政策进行比较的过程，识别其他的风险降低措施并进行建档。风险评价过程的主要步骤包括：一是根据风险接受准则评价风险。①风险分析中确定的风险是否能够被相关的风险接受准则所接受？②相比类似系统和活动中的风险，该风险是否可以接受？二是推荐并评价可能的风险降低措施。①有哪些相关的风险降低措施？②每一项措施分别会降低多少风险？①

（3）建立风险控制机制。主要有两类降低风险的措施：①预防型措施，目的是降低危险事件的频率，这些措施也被称为主动措施或者频率降低措施。②缓解型措施，目的是避免或减轻潜在危险事件的后果，这些措施也被称为被动措施或者后果减轻措施。一般来说，应该优先采取频率降低措施，然后再考虑后果减轻措施。

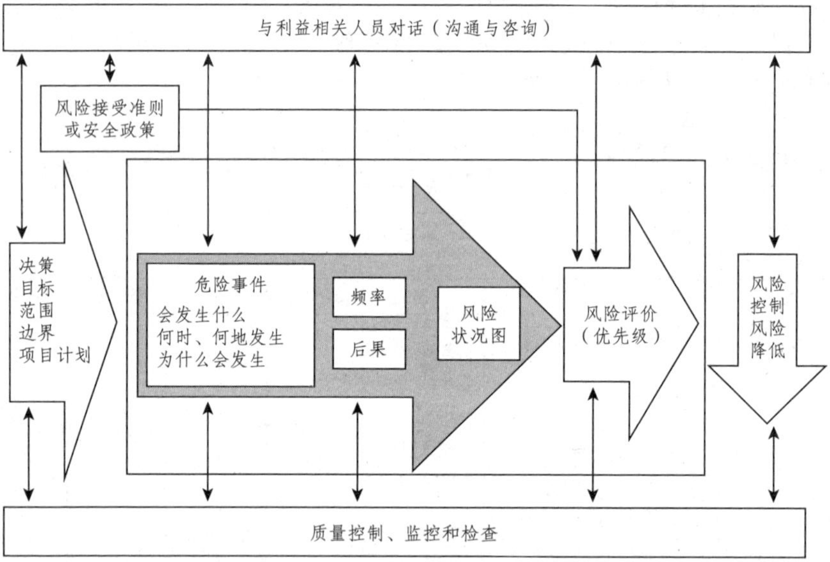

图6　风险管理的元素图

四、我国审判风险管理机制的具体构建

（一）建立审判风险的分析机制

1. 审判危险和危险事件的识别。审判危险是指在审判过程中，可能会造成损害的不安全源头，所谓不安全源头，可能是一种资产，也可能是某种情况或者状态。审判危险事件是指，包括错判，法官廉政问题，负面舆情，当事人因不满裁判报复法官，虚假诉讼等，对当事人、法官、第三人或司法公信力造成损害。危险是一种潜伏状态，未来可能会以某种形式表现出来，对系统或者环境造成损害。在上海法院的审判执行监督预警分析系统中，将审判危险转化为预警指标嵌入到系统中，做到实时、全程监督

① ［挪威］马文·拉桑德：《风险评估理论、方法与应用》，刘一骝译，清华大学出版社2013年版，第100页。

预警。目前该系统的危险预警点主要是分析法院或法官的危险因素，缺乏对当事人和社会舆情危险因素的分析。笔者在此基础上增加，希望以后能纳入该系统中（以下以民商事案件审判危险分析为例）。

（1）建立显性比对预警指标。显性预警，主要通过对应比对和识别比对两种方法，发现法官行使审判权力偏离轨道时，及时预警。例如，新的审判权运行机制要求分案环节实行以随机分案为主，以指定分案为辅，对此，需要对于没有随机分案的案件，识别后亮起红灯，自动预警，实现案件实行随机分案，指定分案为特例。

（2）建立隐性分析预警指标。采取智能比对的方法，通过对危险点之间的隐蔽关联进行建模、梳理分析、总结算法，对可能存在问题的审执案件根据风险情况实行预警。隐性危险预警点包括指定分案、未采纳专业法官会议意见、206系统偏离度、缺席审判、投诉、审理过快/过慢、律师法官关系池等。例如，一个法官一年内承办同一律所同一律师的案件过多，系统通过数据分析的方法及时发现，就可以亮起红灯、发出预警。又例如，采取智能比对方法，可以对上海法院所有法官庭审是否规范进行实时监督，发现有不规范的情况，同样会亮起红灯，并实时抓拍、保存证据，克服了以前依靠少数监察员去现场检查存在的“监督力量不足、监督难以到位”等局限性。

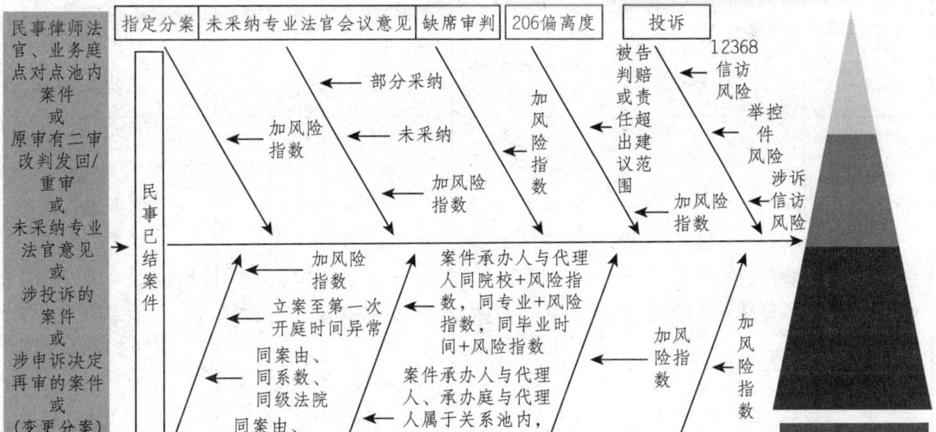

图7　民商事审判隐性风险预警模型图

（3）初步危险分析。初步危险分析（PHA）可以用于在早期识别危险和危险事故，其目标包括：识别需要保护的对象、识别可能会发生的危险事件、确定每一个危险事件的主要原因、确定每一个危险事件可能发生的频率、确定每一个危险事件的严重程度、识别每一个危险事件相关的防护措施、评估与每一个危险事件有关的风险、确定风险的最重要来源（对各种风险影响因子进行排序）。本文对某区法院错判、法律文书瑕疵、虚假诉讼、涉法负面舆情等危险及危险事件的原因、后果、风险等级、降低风险的措施进行了分析，形成了 PHA 工作表，为后期阶段消除、缓解或者控制这些危险提供了基础材料。

表 1　审判风险分析——PHA 工作表

PHA编号	系统元素或行为	危险或威胁	危险事件（内容、地点、时间）	原因（触发事件）	后果（伤害了什么）	风险			风险降低措施
						频率	后果	RPN	
1	刑事审判行为	故意违反法律法规	因事实认定错误导致错误判决	案情疑难复杂，零口供等侦查机关证据不足	人身自由受到损害	1	5	5	运用刑事智能辅助办案系统 实行类案强制检索制度
2	民事审判行为	人为错误	因法律适用错误导致错误判决	法律存在空白 法官业务水平有待提高	财产受到损失	2	3	6	专业法官会议或审委会讨论 加强法官业务培训
3	裁判文书	失误和疏忽	文书名称、案号、诉讼参与信息、判决主文瑕疵	案多人少的压力增加，忙中出错 法官对裁判文书的制作不够重视	司法公信力受到负面影响	4	1	4	及时收回裁判文书并重新制作 制作裁定书予以补正
4	当事人虚假诉讼行为	积极虚构和消极隐瞒	因虚假诉讼影响公正裁决	当事人为追求非法利益虚假诉讼 法官未能发现虚假诉讼	妨害了司法秩序侵害了国家利益、社会公共利益或者案外人的合法权益破坏社会诚信	2	4	8	健全虚假诉讼的发现机制 构建对虚假诉讼当事人的惩戒机制
5	涉法负面舆情	相关舆情突发成舆论热点	针对法院、法官等进行批评或持否定态度且有较强影响力、倾向性的意见和言论	敏感案件 审判工作瑕疵 不良司法作风，包括工作方法简单、语言不文明、行为不规范等	损害法官名誉权 损害司法公信力	2	3	6	建立网络舆情分级预警处置机制 建立网络舆情联动协作处置机制

（二）建立审判风险的评价机制

审判风险评价可以选择风险矩阵评价法（LS），对风险进行定性、定量评价，根据评价结果按从严从高的原则判定评价级别。其基本原理是根据危险源辨识确定的发生事故后果的严重程度与事故发生的可能性乘积确定风险的大小。即将可能性（或频率等级）L的大小和后果S的严重程度分别用表明相对差距的数值来表示，然后用两者的乘积反映风险程度R的大小，即R = LS。①

1. 审判事故发生的可能性或频率等级（L）判断准则。在大多数情况下仅仅使用频率对事故进行分级也就足够了，在定义频率级别的时候通常会让后一个级别中的频率比前一个级别高出10倍。根据这种方法，级别的编号可以近似为对数刻度。

表2　　　　频率等级表

频率等级		
等级	频率（每年）	描述
5. 相当平常	1 ~ 10	预计事情会经常发生
4. 有时发生	0.1 ~ 1	事件现在发生了，以后碰到也很正常
3. 可能发生	10 – 3 ~ 10 – 1	稀有事件，人的一生中可能会碰到
2. 很少发生	10 – 5 ~ 10 – 3	非常稀有的事件，在同类的工作也不见得碰到过
1. 非常罕见	10 – 5 ~ 0	几乎不可能发生的事情

2. 审判危险事件后果严重性（S）判别准则。事故的后果还可以根据其严重度分成不同的等级。在对审判活动进行风险评估的时候，需要根据具体情况进行分级。与频率分级类似，在定义严重度类别的时候，一般也会让后一个级别的严重程度比前一个级别高出10倍。因此严重程度的编号也是对数刻度。

表3　　　　后果分级表

按照严重程度对后果分级			
级别	后果类型		
	人	财产	司法公信力
5. 灾难性	多人严重伤亡	1000万元以上	重大国际影响
4. 重大损失	一人死亡	500万元以上	全国影响

① 《风险分级管控管理制度》，载微信公众号，最后访问时间：2019年7月8日。

续上表

按照严重程度对后果分级			
3. 严重破坏	永久性致残、长期住院治疗	100 万元以上	省内影响
2. 破坏	医护治疗和损失受伤	50 万元以上	地区影响
1. 轻微破坏	轻微受伤、烦躁和干扰	5 万元以上	周边范围影响

3. 建立审判风险矩阵表。根据风险矩阵评价法（LS），我们将审判风险按照其严重程度和可能性的乘积，所得数值反映其风险度和风险等级，最后用红、橙、黄、绿表示，如风险值处于 20～25 之间，其风险度为极其危险，风险等级为重大风险，用红色表示，这种风险为不可接受的风险，应该予以规避或采取措施降低风险；风险值处于15～16 之间，其风险度为高度危险，风险等级为较大风险，用橙色表示，这种风险同样为不可接受的风险，应该予以规避或采取措施降低风险；风险值处于 9～12 之间，其风险度为显著危险，风险等级为一般风险，用黄色表示，这种风险同样为可容忍的风险，应该采取措施降低风险；风险值处于 4～8 之间，其风险度为轻度危险，风险等级为低风险，用蓝色表示，这种风险同样为可接受的风险，应该采取措施降低风险；风险值处于 < 4 之间，其风险度为稍有危险，风险等级为低风险，用蓝色表示，这种风险同样为可接受的风险，应该采取措施降低风险。以某位法官为例，对其一个案件进行全流程的分析后，可对其审判的风险度进行测量，经测量该法官的该案件危重大风险，详见表 8。

表 4　　风险等级判定准则（R 值）

风险值	风险度	风险等级	颜色
20～25	极其危险	重大风险	红
15～16	高度危险	较大风险	橙
9～12	显著危险	一般风险	黄
4—8	轻度危险	低风险	蓝
<4	稍有危险		

表5 **风险矩阵表**

风险等级		后果严重性				
		1 轻微破坏	2 破坏	3 严重破坏	4 重大损失	5 灾难性
可能性（概率）	1 非常罕见	1 稍有危险	2 稍有危险	3 稍有危险	4 轻度危险	5 轻度危险
	2 很少发生	2 稍有危险	4 轻度危险	6 轻度危险	8 轻度危险	10 显著危险
	3 可能发生	3 稍有危险	6 轻度危险	9 显著危险	12 显著危险	15 高度危险
	4 有时发生	4 轻度危险	8 轻度危险	12 显著危险	16 高度危险	20 极其危险
	5 相当平常	5 轻度危险	10 显著危险	15 高度危险	20 极其危险	25 极其危险
图例：低风险　一般风险　较大风险　重大风险						

表6 **对某位法官的某一案件的审判风险测量表**

风险点					
立案至首次开庭	过快		1 一般	0	0
	过慢		1 一般	1	1
审限	过快		1 一般	0	0
	过慢		1 一般	1	1
指定分案			1 一般	1	1
律师、法官、业务庭点对点	律师法官点对点	关系很紧密	3 很严重	1	3
		关系较紧密	2 严重	0	0
		关系一般紧密	1 一般	0	0
	律所法官点对点	关系很紧密	3 很严重	0	0
		关系较紧密	2 严重	1	2
		关系一般紧密	1 严重	0	0
	承办人与原告或被告代理（曾为同一院校且同一专业）或（曾为同一院校且同一毕业时间的）		2 严重	0	0
	承办人与原告或被告代理曾为同一院校且同一专业且同毕业时间的		3 很严重	1	3
结案标的超过1000万元未组成合议庭			3 很严重	0	0
未采纳专业法官会议意见	部分采纳		2 严重	0	0
	不采纳		3 很严重	1	3
偏离度	严重偏离		3 很严重	1	3
	偏离度较大		2 严重	0	0
	一般偏离		1 一般	0	0

续上表

风险点				
二审改判/发回	实体瑕疵：事实不清、认定事实错误、错误适用法律	3 很严重	0	0
	实体瑕疵：证据不足 程序瑕疵、新证据	2 严重	2	2
	二审平衡	1 一般	0	0
原审申诉案件且结案方式为“裁定或决定：本院决定再审”“裁定或决定：提起再审”“裁定或决定：指令再审”		3 很严重	1	3
缺席审判		2 严重	0	0
投诉	12368 涉诉信访	3 很严重	1	3
	纪检涉诉信访（检控件）	3 很严重	0	0
	涉诉信访	3 很严重	0	0
总计				25
重大风险				20～25
较大风险				15～16
一般风险				9～12
低风险				<8

（三）建立审判风险的控制机制

1. 建立科学分级、严密有效的审判风险管控机制。根据风险点分级确定管控层级为四级，分别为中央或省委政法委、本院审委会或党组会、风险管理委员会、业务庭及职能部门管理人员。（1）A 级 \ 1 级 \ 红色：属于重大风险，由省委政法委牵头公、检、法、司各相关部门成立临时风险管控组，必要时由中央政法委牵头公安部、最高人民检察院、司法部等成立风险管控组，管控风险，应立即整改，只有当风险降至可接受后，才能开始或继续工作；（2）B 级 \ 2 级 \ 橙色：属于较大风险，由本院风险管理委员提交审委会或党组会讨论决议；（3）C 级 \ 3 级 \ 黄色：属于一般风险，风险管理委员会进行管理；（4）D 级 \ 4 级 \ 蓝色：属于低风险，由业务庭的庭长、审判团队负责人及相关职能部门的管理人员齐抓共管。

2. 构建规范系统、集约高效的全流程风险控制体系。进一步优化审判执行监督预警分析系统，优化完善风险点指标，增设负面舆情、特殊当事人、虚假诉讼等风险点；将该系统与随机分案系统、全流程办案系统、质效评估系统、法官业绩档案系统、重大敏感案件智能预警系统、全媒体舆情智能管理系统、司法公开平台等深度融合，从上述系统自动抓取相关数据到审判执行监督预警分析系统，实现对风险的智能化、自动化、实时化、全流程预警；在系统中嵌入国际通行的PHA、HAZOP、SWIFT、故障树分析法、贝叶斯网络、马尔科夫方法、佩特里网、事件树分析法、安全栅分析法等、风险矩阵等风险分析工具和风险评估工具，为制定风险控制措施提供科学依据。

3. 建立系统集成审判权力运行、权力监督、责任追究和权益保障机制的审判权力运行体系。建立审判权、审判管理权责清单机制，将审判权责清单与日常办案、监督、考核无缝对接，明晰审判权运行边界和责任；通过司法智库平台[①]和智能辅助办案系统，为法官提供一体化、智能化的业务支持和规范指引，促进适法统一，降低适法风险；内部以案件质效管控体系化，院庭长、审判团队负责人等监督主体责任明细化，专业法官会议、审委会等监督平台路径制度化为抓手，完善多层次审判监督制度链，外部凝聚制度合力，将自觉接受检察、人大、遴选惩戒委员会、纪委及社会多渠道监督与司法公开、一方退出、法官惩戒、舆情应对、督查整改等工作机制相结合，形成依法有序、全程覆盖、内外结合的审判权力监督格局；完善与国家监察体制改革相配套的法官惩戒制度，区分案件差错和违法审判，明确惩戒主体、惩戒事由、惩戒程序、惩戒机构等，有效规范司法行为、防止司法腐败、防范错案风险；完善法官履职权益保障相关立法，建立司法处罚体系，以司法处罚覆盖除犯罪以外的侵害法官权益行为，形成与公安机关良好的应急管理和惩处衔接机制；[②] 建立高素质法官队伍培养机制，提高法官的证据审查能力、政策把握能力、法律适用能力、社会沟通能力，提升审判队伍的凝聚力、战斗力。

---

① 司法智库平台将典型案例指导、类案裁判规则、证据标准指引统筹集成，将条线适法意见、专家法官意见与适法疑难问题专家咨询支持系统深度融合。

② 余韬：《侵害法官履职权益行为惩处渠道的审视与完善——以S市148个法官履职权益保障案件为样本》，载《司法体制综合配套改革与刑事审判问题研究（上）》，人民法院出版社2019年版，第179页。

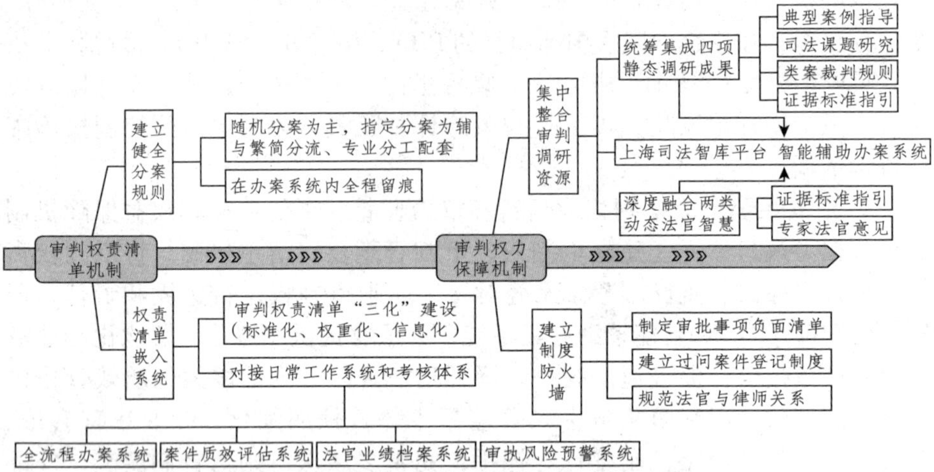

图8　审判权责清单及审判权力保障机制图

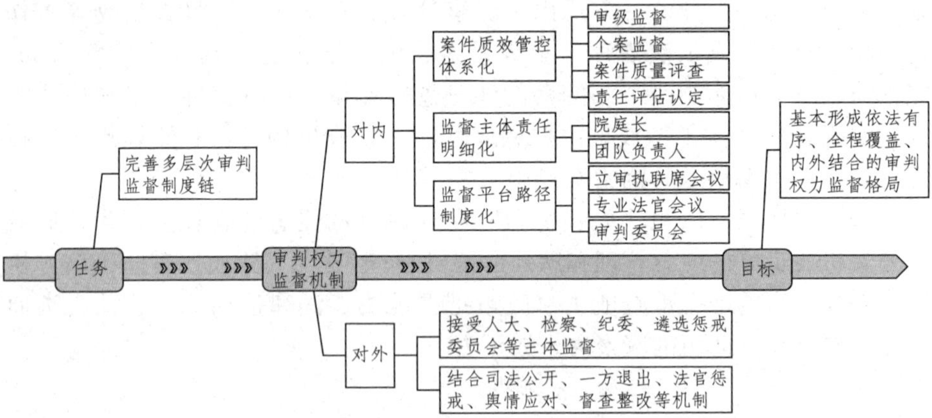

图9　审判权力监督机制图

4. 建立系统集成员额机构组织、多元纠纷化解、辅助事务集约的司法资源配置体系。面对案多人少矛盾可能导致的审判质效下降的风险，一方面严格按照以责定岗原则实施员额制管理，通过案件权重系数科学测算审判工作量，建立"以量定额"的员额动态调整机制，将编制、员额等资源向办案任务重的基层法院和部门倾斜。另一方面，根据专业化、扁平化要求稳步推进内设机构改革和审判团队建设，形成分工协作、岗额适配、精简高效的新型审判组织构架运行格局。针对案件量连续增长的趋势，对内按照繁简分流、专业分工等需要分类施策，完善诉调对接、小额速裁、简案快审、繁案精审、立审执协调、刑民交叉衔接、重大群体性案件示范判决等机制；对外加强与行政机关、行业协会、法律志愿者、仲裁机构、人民调解和商事调解等组织的合作衔接，探索创新行政争议实质性化解、商事争端一站式解决、判后答疑、第三方参与信访矛盾化解、司法救助联动等机制，推动涉诉矛盾的立体化和实质性化解，逐步形成纵向覆盖诉前、中、后端，横向跨专业领域的多元纠纷解决格局。为进一步提高有限审判资源的使用效率，推动审判执行辅助性事务集约化管理、社会化外包，努力形成审判辅助事务合理化切分、集约化管理、社会化外包的格局。

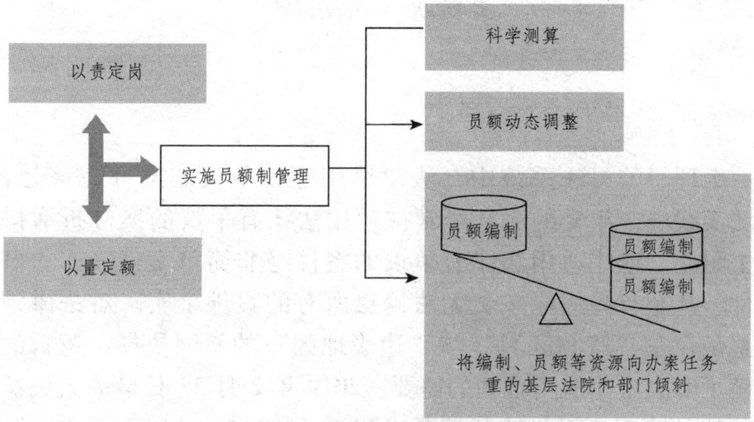

图 10　员额动态调整机制图

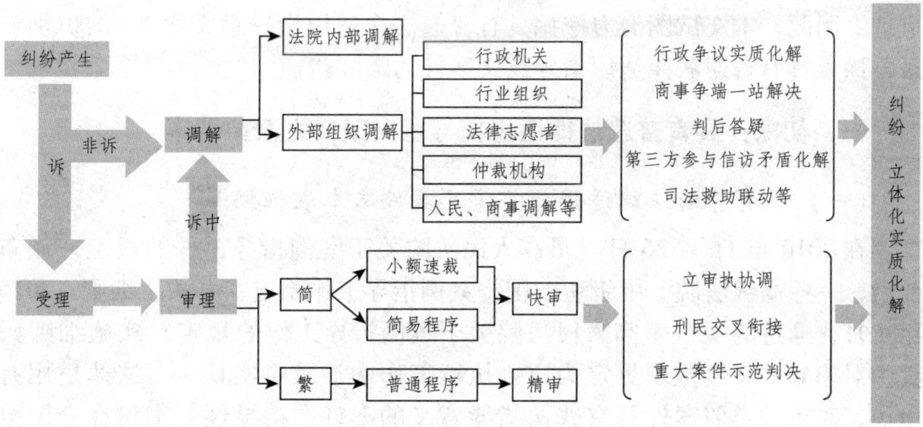

图 11　纠纷立体化实质化解图

案件何以具有普遍法律适用指导意义：要素识别与瞄准路径

袁斯潮* 陆银清**

在一个理想的司法系统中，法律适用存在争议的案件应该是很少的。但在司法实践中，年轻的法官经常被适用法律有争议的案件折磨得心烦意乱、失去耐心。这些适用法律有争议的案件绝非简单案件，亦非事实认定困难案件，甚至有些法律条文无法涵摄所有的案件事实。对法律条文涵义的解释总是存在“核心区域”与“边缘地区”的不同抉择，逻辑的进路总是很难满足解决法律适用难题的需要。2019 年 2 月 27 日最高人民法院发布的《人民法院第五个五年改革纲要（2019—2023）》（以下简称“五五改革纲要”）提出，推动将具有普遍法律适用指导意义的案件交由较高层级法院审理。因此，本文试图努力挖掘具有普遍法律适用指导意义案件①的识别要素，探索具有普遍法律适用指导意义案件的瞄准路径。

一、初探：具有普遍法律适用指导意义案件之表象要素

（一）具有普遍法律适用指导意义案件文本表征描摹

在 2010 年 11 月 26 日《最高人民法院关于案例指导工作的规定》颁布前后，一些高级法院、中级法院围绕案例指导工作制定了办法、细则。2015 年 4 月，通过的《〈最高人民法院关于案例指导工作的规定〉实施细则》，其中对指导性案例范围界定为审判执行工作中涉及事实认定、法律适用有争议，对审理类似案件具有普遍指导意义的案件。指导性是案例在全国范围具有普遍法律适用指导意义，而且已经发生法律效力的案件。在人民法院“五五改革纲要”中，具有普遍法律适用指导意义案件则是案件审理之初的特称，其案件并未生效，可以是在全省甚至全市范围具有普遍法律适用指导意义的案件，以便统一类似案件的法律适用。因此，在考察具有普遍法律适用

---

* 作者单位：湖南省岳阳市云溪区人民法院。

** 作者单位：湖南省怀化市中级人民法院。

① 此处案件是指法院正在审理过程中未作出判决、不具有终局性意义的案件，不同于已经发生法律效力、具有终局性意义的案例。

指导意义案件范围识别特征时，可以指导性相关文件作为脚本。由此可归纳具有普遍法律适用指导意义案件的范围大致有：（1）社会广泛关注，影响重大，对法律适用有示范意义；（2）法律规定比较原则或者法律规定存在冲突；（3）可能与上级法院判决产生冲突的案件；（4）可能多发的新类型案件，适用新法律法规的；（5）分管领导认为敏感性高的案件，可能引发公众负面评价的案件；（6）体现新司法理念、运用新司法方法进行裁判的案件。

（二）具有普遍法律适用指导意义案件经验表征描摹

笔者通过对Y市Y基层法院50名法官的多样实证考察，对具有普遍法律适用指导意义案件的主要司法实践表征描述如下。

1. 法律模糊。法官1：二十多年工作里，面对案件涉及法律条文规定不明确、法律规定模糊或者法律规定较原则、不具有操作性，容易造成法律适用困难。一部分法律模糊案件可以借鉴其他地区法院类似判决中的法律适用，但是仍有部分不能解决，此时法律适用需要借助相关法律理念和原则进行阐述，明确适用的上限或下限，在经过庭审形成预判后会及时跟上级法院沟通联系作出裁判。

2. 标准不一。法官2：面对案情模糊、法律适用两可的疑难案件，由于缺乏明确法律规则的指导，往往寻求上级公布的相关案例，但是上级法院的几个部门公示的案例有时存在差别，造成法官难以适从。

3. 补充法律。法官3：由于案件涉及法律规定是空白的，此时需要法官运用智慧进行具有前瞻性的法律补充。由于上级与基层法官对法律的理解不同，对相关理论选取的不同，可能出现判决结果不一，造成此类案件改发率尤高，同类不同判现象突出。此类案件的统一法律适用对于解决分歧、指导司法实务具有一定意义。

4. 事实解释。法官4：实务中的案情纷繁复杂，而最终裁判所认定的事实并非原生态的事实，通常需要对案件事实进行梳理、归纳及合理解释，使之符合法律构成要件。由于案件对事实解释不一样就会符合不同法律构成要件，对相互纠缠的案件抓住要点解释事实具有指导意义。

5. 结果失衡。法官5：审理的案件中，存在这样一种极少的特殊情形，即依据案件事实适用法律产生的结果，有可能导致结果失衡，显失公平。如我在审理恶意透支信用卡犯罪定罪量刑中，由于刑档设置不合理导致处刑相比盗窃罪较重。这种结果的失衡与法律严格的规定限制让法官不得不寻求帮助，从而探寻符合朴素公平正义理念的判决结果。

6. 悖于常识。法官6：案件的审理，不能简单地适用法律规定，还应考虑社会效果、社会的接受程度。我们需要对案件进行预判，若案件适用法律悖于常识，裁判结果对当事人和社会冲击程度是考虑的重心。如果预判社会效果不好，我会尽量寻求调解结案。

下图1综合反映了Y法院50名法官对具有普遍法律适用指导意义案件认知情况。

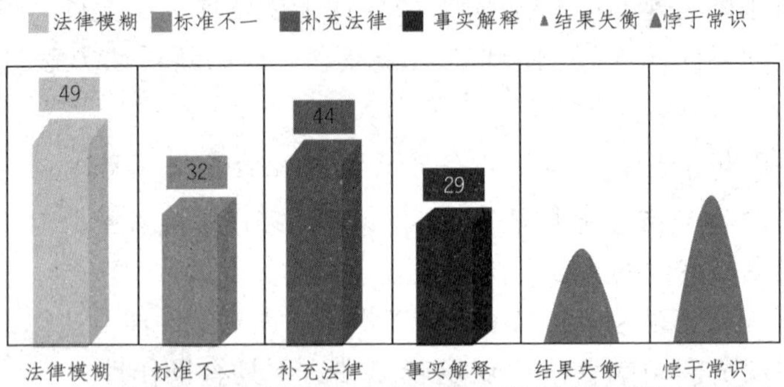

图1 Y法院中具有普遍法律适用指导意义案件主要经验表征分布图

（三）具有普遍法律适用指导意义案件实践特征描摹

1. 同案不同判的同类案件。某甲上班途中遭遇机动车交通事故，属于第三人侵权，该公司为员工都购买了相关保险。《第八次全国民事商事审判工作会议（民事部分）纪要》已经明确劳动者在第三人侵权和工伤保险竞合时可以获得“双赔”原则，但是“双赔”范围不明确。一种意见认为对于误工费、停工留薪期工资、护理费、交通补助费、残疾器具费等属于此范围。另一种意见则认为上述属于一次赔偿范围。双方争议很大。

2. 改发率高的相同案件。某村组得一笔土地征收补偿款，外嫁女户籍未转出，外嫁女要求参与此项补偿款的分配。在一审法院拒绝后，二审法院采用成员权理论改判其享有相应份额。一审法院依据此理论审理后，二审法院以判决份额难以执行改判分配数额。根据二审法院最新判决显示，认为此类诉请不属于法院管辖范围，应驳回起诉。

3. 不服判息诉的难办案件。某丙在某工厂工作10年，现工厂面临改制要求裁员，某丙等8名员工属于被裁人员之列，加之补偿标准问题成为整个争议旋涡，该8名工人在不服劳动仲裁后诉至法院。此类案件法律关系复杂，因法律适用的问题极可能引发上访问题，法院处理此类矛盾难度大。

以上实例，审判权运行过程中逐步消解其中法律适用的疑难问题，暂时可让部分案件法律争议尘埃落定，但一旦结果不为社会接受，案件法律适用的反复性必然凸显。从基层视角，具有普遍法律适用指导意义案件识别与发现可从审判权运行结果中寻找。由于其法律争议较大，或是法律关系有争议、法律根据有争议、法律标准有争议、法律术语规定精神有争议抑或新类型法律适用有争议,[①] 我们可以看到，同案不同判案件、改发率高的相同案件甚至不服判息诉的案件是由法律适用疑难引起的实践表象，都蕴藏着法律适用难题。

二、溯源：具有普遍法律适用指导意义案件目的分析

法律的不确定、指引的有限性和法律可争辩性决定了疑难案件的存在。[②] 具有普遍法律适用指导意义案件虽然从概念上疑似隶属于疑难案件范围，但其只是内容上均有适用法律的疑难，单其本质上并未背离案件本身具备的可指导类似案件法律适用的精义。

（一）基于法理逻辑与体系平衡的内在探源

在司法改革背景下，员额法官审判自主判断权相应增加，对法律条款的理解与适用可能存有差异，法律适用统一即严格规则适用存在挑战。具有普遍法律适用指导意义案件法理逻辑在于这是一种可能进行的法律审，通过不断凸显具有法律发展意义的案例，并对下级法院与上级判例保持一致构成良性压力。个案请示制度可能导致的不可靠和社会裁判统一性要求是具有普遍法律适用指导意义案件演化的两大关键因素。其改革的目标就被定义为让下级法院审判与上级法院保持一致。或者可以说，构建此种案例提级审理制度恰恰是两者在裁判上保持一致性不够的具象。其制度的核心构想在于裁判认同，消解了个案请示的被动性,[③] 避免了个案请示制度具有的事先性特点而遭受的攻击。相反，法院将具有普遍法律适用指导意义案件提级审理，将个案请示制度进行诉讼化改造，可提高裁判的可接受性。

但是应该看到，具有普遍法律适用指导意义案件的规范能替代个案请示制度的生存空间，其和个案请示制度适用位序上的同一性与功能侧重的差异性，造成适用的困扰。个案请示制度与具有法律适用指导意义案件两者关注对象具有一定的共同性，即法律适用疑难案件。两者的功能也具有一定的共通性，都请求上级法院提出处理疑难案件的裁判方向或结果。但是个案请示制度违背“谁审理、谁裁判”的直接原则，缺乏明确的法律规定。在改革的进程中，通过适当方式对它们之间的关系进行平衡，即替代个案请示制度，具有普遍法律适用指导意义案件肩负起相关职责，如此重建制度的平衡性。

（二）基于社会效果与利益衡量的现实动因

司法实践中绝大多数常规案件，立法者已衡量取舍各种可能结果，法

---

① 胡云腾：《谈谈在司法责任制下如何保证法律统一适用》，载《中国审判》2016 年第 9 期。

② 孙海波：《不存在疑难案件?》，载《法制与社会发展》2017 年第 4 期。

③ 侯学宾：《司法批复衰落的制度竞争逻辑》，载《法商研究》2016 年第 3 期。

官只需严格依法裁判就能得出妥当的结论。具有普遍法律适用指导意义案件之所以提倡，其直接动因为多元社会价值逐渐被注入少量案件，案件法律适用不再是静态的逻辑推演，判决的合法性与社会妥当性之间张力由此形成。具有普遍法律适用指导意义案件由于“事实”与“规范”掺入不确定因素，不再是规范意义的法律适用，唯有将“公共政策”纳入此类案件的裁判考量中，再分配纠纷利益，[①] 在合法化前提下进行合理性构建。

具有普遍法律适用指导意义案件打破已有裁判思维，重新规范裁判进路，从而确立新的规则。法官裁判唯有从利益衡量出发，才能达到法律效果和社会效果相统一。[②] 不可避免，“社会效果”是司法裁判确立新规则的目标取向，这是其目的正当性基础。司法过程是利益表达与博弈的制度空间，利益衡量的方法是对各种利益进行评判与取舍，贯穿法官裁判全过程，[③] 就此类待决案件的法律适用过程而言，法官借助直接援引公共政策、创制或变通裁判规则、变换解释方法抑或策略性运用程序等司法技术适时地将政策蕴涵的价值、利益与时事等因素“运送”进裁判，对利益关系进行比较、权衡、取舍，最终选择出需要保护的更重要的利益，作出合理裁判结果，在实现法官自由裁量权与利益衡量的良性互动中，提高司法裁判的灵活性和妥当性。

（三）基于统一法律适用与司法治理的价值目标

法院的裁判活动实际就是对法律渊源适用的过程，即将立法所确定的规则——法律渊源予以现实化的过程。具有普遍法律适用指导意义案件与指导性案例都是一种事前的统一法律适应机制。可以看到，从评价时间、案件效力和程序结果上分析，两者是存有差异的。主要表现在：具有普遍法律适用指导意义的案件是判决生效前的、不具有援引效力的、具有提级审理的案件；指导性案例则是判决生效后、是一种准法律渊源、必须裁判援引的案例。在指导意义上，两者都是法官在裁判过程中运用自由裁量权将司法实践中出现新事物或行为纳入法律概念外延或者规范解释适用规则，[④] 可为将来处理类似案件发挥指引。在统一裁判标准的司法实践当中，指导性案例具有抽象性与一般性的特征。而具有普遍法律适用指导意义案件具有个案指导的特殊性、针对性等特征，这种为个案审判而提供更具有

① 方乐：《司法参与公共治理的方式、风险与规避——以公共政策司法为例》，载《浙江社会科学》2018 年第 1 期。

② 河南省高级人民法院（2015）豫法民二终字第 237 号。

③ 陈毅群、李赏识：《司法裁判中利益衡量方法运用之规范进路——以民事疑难案件的处理为思考维度》，载《海峡法学》2016 年第 2 期。

④ 李森：《刑事案例指导制度研究》，东南大学博士研究生论文 2016 年，第 73 页。

精准指导意义的“类案”，更能发挥个案在区域审理示范性作用，进而保障统一法律适用功能落地。

表 1　　指导性案例与具有普遍法律适用指导意义案件的相关比较

<table>
<tr><th>类别
名称</th><th>机制</th><th>功效</th><th>评价时间</th><th>案件效力</th><th>程序结果</th><th>联系</th></tr>
<tr><td>指导性案例</td><td rowspan="2">事前统一法律适用机制</td><td rowspan="2">指引类似裁判、参与社会治理</td><td>判决生效后</td><td>准法律渊源</td><td>裁判指引</td><td rowspan="2">具有普遍法律适用指导意义案件可能成为指导性案例</td></tr>
<tr><td>具有普遍法律适用指导意义案件</td><td>判决生效前</td><td>非法律渊源</td><td>提级审理</td></tr>
</table>

司法对个案的公正审判，承担起法律秩序的社会治理功能，具有普遍法律适用指导意义案件在法律的统一适用上具有保障作用。客观展示案例所具有的普遍法律适用风险及适用困境，建构案件具有的司法风险评估（是否具有普遍法律适用指导意义）与规避机制（提级审理），从而在整体上提升具有普遍法律适用指导意义案件参与公共治理的能力与实效。

三、辨理：具有普遍法律适用指导意义案件构成要素

案件普遍性的要旨在于案件事实描述性陈述具有可普遍化特性，如构成要素一样承载了描述性要素而享有可普遍化特性。如“这是一个盗窃案件”，法官评价案件的同时，又包含此案件行为人窃取他人财物转为自己所有等事实性描述信息。正如我们判断“甲具有普遍法律适用指导意义”，就意味着甲具有一些可描述的特征。

（一）从社会裂痕弥合到公共问题植入

司法裁判在稳定与运动之间不断弥补案件所造成的裂痕，然而裂痕有时因公共因素的渗入而变得难以弥合。公共因素在案件中的地位会因种种原因被无限扩大，当公共因素逐步扩大到足以掩盖案件事实要素成为案件的焦点，与之相对应的法律关系也难以如期被发现。由于案件事实的认知与法律的认知对接是裁判规则的要义所在，而案件综合要素的增加必然牵涉对案件事实认知的变化，从而影响法官对相关法律认知的对接。此时案件公共问题产生的同时必然也增加案件法律适用一般普遍性意义。为更好识别此类案件的公共问题，法官可在审查时建立一系列识别规则，笔者结合于欢案分析如下：

11 个具有黑社会组织性质的人员前往于母公司暴力催收高利贷债务。在长达 6 个多小时的时间里，于母与于欢两人受到其非法拘禁以及暴力威胁，于母还受到猥亵之辱。相关人员报警后，警察对众人的不法侵害行为处置不当，于欢情急中拿刀自卫，致一人重伤后死亡，两人重伤，一人轻伤。

为准确辨别案件所涉问题是否具有公共性，法官可以从上述案件中挖掘一些特征：特征 1：案件牵涉公共权力运行中出现的效率、质量和公信力等问题；特征 2：案件牵涉法律功能实现，法律规则及规则背后的价值诉求、感情诉求如何统一问题；特征 3：案件牵涉严重扰乱公众生活、出行等公共秩序问题；特征 4：案件牵涉公众面对人格尊严、生命安全时如何自处，行为方式及边界模糊或与法律相向，从而发生共情效应：（1）行为的方式是什么？何种情形下适用？（2）行为的界限在哪？法律的边界在哪？两者是否相向？特征 5：案件牵涉国防安全等问题。在上述因素引导下，法官对案件中相关特征是否客观存在进行查证，从而保障案件公共问题识别的准确性。

综上，公共问题存在的特征如表 2 所示：

表 2　**案件公共性特征综述**

公共问题认定	特征：1. 公共权力运行问题 2. 法律功能实现问题 3. 公共秩序等问题 4. 生命安全等问题 5. 国防安全等问题 结果：肯定：案件具有普遍法律适用指导意义 否定：案件不一定具有普遍法律适用指导意义

（二）从道德话语表达到法理情互动共融

案例：王某、张某婚后未生育，求子心切，找来卵子并“借腹”代孕生了对龙凤胎。而后孩子父亲张某突然罹患疾病离世。公婆和儿媳之间爆发争夺孩子监护权的诉讼“大战”。一审把孩子“判”给了爷爷奶奶，而二审“改判”给毫无血缘关系的“妈妈”王某。

案例中，案件诉求的表达具有道德化。法官对该案的审理让代孕行为第一次接受法律评判。法官用更易接受、更合理、更本质的“分娩者为母”伦理观破除“血缘说”中香火延续、传宗接代的伦理观。传统社会中当事人惯于从道德层面进行思索论辩。法律语言的精确性将社会复杂的问题量化为“权利—义务”后进行分析与判断。[①] 道德的模糊论辩与司法的精确回应由此对立。法官对道德问题的精确回答的前提是规范适用者用法律的标准评价道德行为，从中挑选出具有法律意义的事实行为，挑选的方法与思维决定法律适用的走向，从而让案件充满着法律适用的指导意义。

“案件事实”与“道德话语表达”分别用字母 F、N 分别表示，普遍法律适用指导意义案件 V 所规定的案件事实 F 满足了道德话语表达 N。此种情形下的 V =〈F，N〉。若“代孕生子归属谁”这一“案件事实”（F）与“子女的父母应该选择分娩说”这一“道德话语表达”（N）之间存在价值判断，而且是应得到肯定法的正价值。当然这并不对社会生活所有道德表达的案件事实进行评价，其中“道德表达”是社会共同体的、普遍性的共同需求，随着案件事实、道德表达内容的变化而不断变化。当然不同的案件事实（f1，f2，f3…），行为的类型、行为特征、行为结果。道德话语表达（n1，n2，n3…），如道德的内容是什么？道德层次（当事人、当事人近亲属、社会大众），道德的类型（情感方面、精神方面、安全方面）[②]。通过筛选、组合，初步得出不同〈F，N〉价值关系类型。具体来说，可进行类型化描述：

1. 通过几个必备的构成要素，“勾勒”某一具有普遍法律适用指导意义案件中道德话语表达类型。用“道德话语表达”（N）的几个特征（n1，n2，n3…）来描述、刻画某一类型（N = n1 ∩ n2 ∩ … ∩ nn）。案例中列举了 n1：代孕子祖父母的监护权，n2：代孕子“母亲”王某的监护权，n3：代孕子生母的监护权，n4：代孕子未成年人的情感需求，n5：代孕子祖父母和“母亲”的情感需求，n6：社会大众的情感需求，从道德层次和类型共六个要素描述出这一案件类型。

2. 通过列举某一道德类型中几种典型、核心的道德诉求，举例式地表达这一类型。无血缘关系监护权中不同主体的情感需求（n1），无继承关系继承中不同主体的精神需求[③]（n2），无利害关系中正当行为造成伤害中不同主体的安全需求[④]（n3），这三种典型行为刻画了一种来自利益或价值需求，不为既有道德规范所调整的某一类行为类型。由于每一个被列举的典型道德类型（n1、n2、n3）都具有某些共同的特征，所以当 Nn 也具有这些特征时，也应被归为类型 N。

① 孙笑侠：《法律人之治》，中国政法大学出版社 2005 年版，第 55 页。

② 刘睿、张继成：《立法评价方法初探——立法过程中价值评价的理性分析》，载《法制与社会发展》2018 年第 6 期。

③ 参见（2001）沪民一终字第 621 号民事判决书。

④ 参见（2018）冀 02 民终 2730 号民事判决书。

(三)从“家族相似交叉”到“后果权衡选择”

司法实践中必然出现法官价值选择下的类推适用。将维特根斯坦的“家族理论”运用到裁判过程中，具体的个案之间不可能是完全相同的，而只是按照“家族相似”原则归属到某个案件类别中。[①] 由于存在案件相似交叉重叠、标准模糊、倒果为因的认定过程，某些案件某些特征方面构成总体上或细节上“家族相似”，都难以让法官“发现”法律。

法律方法是让法律适应社会发展的重要手段，法官用逻辑、正面推理和目的性延伸、反向推理及目的性限缩等重要工具进行法律漏洞填补。[②] 而这种具有补救功能手段的运用，法官可以明确案件事实可以为哪个或哪些规范所包含，以及哪个或哪些规范与当下案件事实之间关系最为紧密，[③] 符合制度地调整立法与司法之间的复杂关系，案例裁判由此就具有法律适用意义。

价值选择可让法官在“发现”法律关系时找准直观判断事务的“图像化”，这在很大程度上依据法官的自由裁量，因此对于类推中比较点的选择成为法官价值判断的“阵地”。若类推中价值的选择在法律框架内运行则争议不大，关键是对那些法律进行补充的、前瞻性的价值判断则是难以把握的，这往往让案件重新焕发出新的生命力。同时，正是经由案件类推适用的特殊处理后，逐渐缓慢形成某些具体的一般原则，从中发现或确定归纳得以实现案件和经验事实中共同的特征和属性，从而由特殊性归纳出一般性。正如此，特殊的案件法律适用的构建才具有法律适用意义。

四、构建：具有普遍法律适用指导案件的瞄准路径

具有普遍法律适用指导意义案件及时发现审判疑难问题，以识别机制为基础，亦识别方法和价值判断原则为依托，以具体适用规则为约束，方能保障具有普遍法律适用指导意义案件融入审判实践中。

(一)前提条件：“法官+合议庭+院庭长+当事人”的识别责任

恪守具有普遍法律适用指导意义案件的多层次主体识别发现的准则，持续转变“法官、合议庭、院庭长”观念，确保在审判活动、审判管理、审判研究等各项工作中识别发现案件。新型审判团队合理界定法官、法官助理与书记员的工作职责，当前改革的重心是推进“谁裁判谁负责”，这一要求的落实必然促进法官与合议庭在普遍法律适用指导意义案件面前意识

① 刘风景：《司法案件间“家族相似”理论述评》，载《法律方法》第16卷，第136页。
② 葛洪义：《法律方法与法律思维》，法律出版社2007年版，第400页。
③ 周赟：《于不确定处寻确定：论司法的本质是自由裁断》，载《苏州大学学报》2017年第1期。

的觉醒，充分把握好此类案件的提级审理制度功效。

内设机构的改革，传统庭室之间壁垒被打破，刑、民、商事、行政等大的审判业务庭范围内随机分案、依法审判成为可能，知识面的拓宽与流变，不同专业合议庭的知识链接，进一步触发法官、合议庭在此类案件的发现与处理。院庭长相对较高水平的逐级把关，让普遍法律适用指导意义案件逐步缩小，调动裁判此类案件的经验与智慧，足可作为承办法官理解司法亲历性的借鉴。当事人作为诉讼参与人，仍可提交先前裁判案例的证据材料，证明待决案件不具有法律适用指导意义，为法官逐步确认与辨别待决案件是否具有普遍法律适用指导意义打下基础。

（二）必要条件：具有普遍法律适用指导案件识别具体方法

1. 路径一——反向排除模式。对于待决案件，建立健全类案指引制度。对于待决疑难案件、难办案件首先寻找类似案件的裁判规则及裁判思路，强制法官、合议庭成员的检索责任。如图2，通过检索指导性案例及公报案例中“裁判要点”及“相关法条”，第一次对待决案件进行排除，在降低识别错误风险的同时极大范围缩小具有普遍法律适用指导意义案件。其次利用“公共问题”“道德话语表达”“家族相似”等要素式进行反向排除，法官可利用“经验法则”对剩余案件进行判断普遍法律适用指导意义大小，从而排除使用概率极小、数量极少的不具有普遍性的案件，逆向识别普遍法律适用指导意义案件。

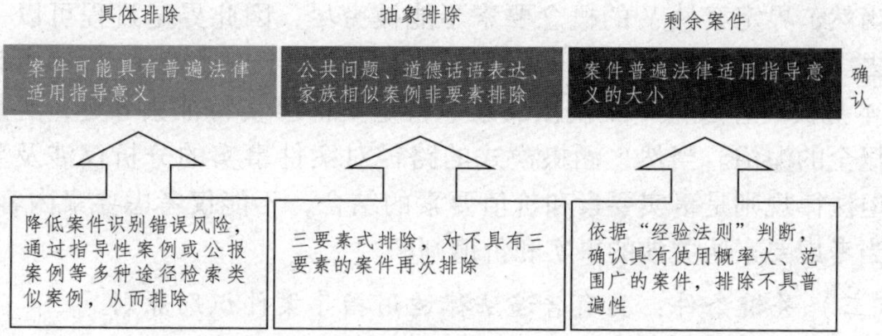

图2　具有普遍法律适用指导意义案件反向识别方法

2. 路径二——涵摄识别模式。如何判断待决案件是否具有公共问题、道德话语表达、家族相似等三要素，可以采取以下步骤：

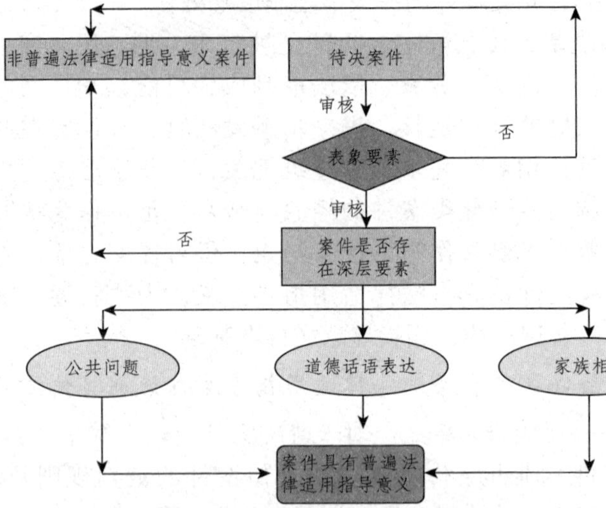

图3 具有普遍法律适用指导意义案件识别路径

（1）具有普遍法律适用指导意义案件V，V有必要事实特征为A，有某些特征即“要件事实”a1、a2、a3。

（2）列举待决案件F具有事实特征B，有某些特征即“案件事实”具有a1、c4、e5或a2、c4、e5或a3、c4、e5等要素。

（3）对事实A和B进行比较比对，由于A与B具有共同之处a1或a2或a3，所以待决案件F涵摄在具有普遍法律适用指导意义案件V之下。

当然，界定案件V的概念要素不能被穷尽，因此界定过程可以一直持续下去。虽然涵摄模式存在一些缺陷，但是相较于论述模式，① 笔者认为案件V本身极具开放性，仅仅依靠某一特定案件事实特征去界定，更加陷入以偏概全的泥沼。当然，涵摄模式的路径对案件事实的分析仅涉及事实要素，但法律规则是事实要素和价值要素的结合，不能仅考虑要素内容本身，而应当考虑要素所关涉的事实和价值判断。

（三）关键条件：具有普遍法律适用指导案件识别原则

如前文所述，对不同案件事实（f1、f2、f3……）、要素内容（a1、a2、a3……）进行筛选、组合过程包含着价值判断，同样可以得出“案件事实”F类型与“要素内容”A不同的价值关系序列｛F，A｝，根据“两利相权取其重以促进之”，② 具体来说，在具有普遍法律适用指导意义案件中对案件事实所涉价值关系的比较和评价可以遵循以下几个原则：

1. 若案件事实内容确定，则优先选择更具普遍性的要素内容。在案件

① 黄泽敏：《案件事实的归属论证》，载《法学研究》2017年第5期。

② 张继成：《法律价值推理的方法及其公理》，载《东岳论丛》2005年第1期。

是否具有普遍法律适用指导意义过程中，就是对其要素内容进行衡量、排序的问题。例如，前文提到的无利害关系中不同主体安全需求中，“无利害关系的第三人追赶交通肇事逃逸者致其死亡”这一案件事实确定的情况下，逃逸者死亡的近亲属安全需求这一道德表达与社会大众安全需求相比，后者是一种更具有普遍性的“要素内容”，体现出了更大的价值。

2. 优先选择更符合法律体系承认的客观评价标准的价值关系。很多具有普遍法律适用指导意义的案件往往突出表现对某一客观价值标准的体现和贯彻。在识别过程中，法官对某些概念、案件事实归纳也依据这一标准而实施。这时，作为未被评价的案件事实，法官就会以此衡量最符合这一标准的案件事实与要素内容关系。如前文中无继承关系继承中不同主体的精神需求，就是出于公序良俗这一原则评价标准而驳回第三者的继承请求权。

3. 优先选择能够与其他价值兼容并存的价值关系。一个案件往往不止体现一种价值关系。如果案件所涉价值关系彼此之间具有更强的包容性，能够在一种行为情境中协调并存，这就意味着该待决案件能够满足更多种类的要素内容，更具普遍性与指导性，有更大的正价值。

实践中，以上三原则往往被同时使用，三者之间有时是一种调适过程。法官也会秉承一条或几条原则评价标准，对案件所涉价值关系进行调适、校准。

（四）制度前提：具有普遍法律适用指导案件识别规则设计

1. 明确案件范围。针对之前已经因为案件具有普遍法律适用意义，现在法律修改或者政策发生改变的情况下，是否可以再次定之为普遍法律适用指导案件？英国最高法院的判例制度表明其判例的变迁兼顾法律变迁的不可避免性，并非墨守成规，一成不变，其刑事案件变迁的可能性甚至宽于民事、行政案件。美国最高法院虽不变更判例，但该院改变先前见解情形，并非罕见。[①] 因此，笔者认为，具有普遍法律适用指导案件范围可以针对已经审理过的类似案件再次审理。

2. 明确适用对象及启动方式。管辖程序改变的发动由法官主导，接下来的问题是，法官内部透过何种机制以决定是否进行普遍法律适用指导案件的审理。第一，承办案件以外的法官可否作为发动的申请人？如可以，时间为何时？第二，于承办案件的合议庭中，是否应给予持不同意见法官至少于判决宣示前发动的权利？从目前来看，承审法院的合议庭法官可以发动。而对于承办合议庭之外的持不同意见的法官，因尚未判决，一切都

① State Oil Co. V. Khan, 522 U. S. 3, 20 (1997).

在未定之数，其他法官既未参加审理程序，自应尊重合议庭决定。从保护少数意见的角度出发，该程序的发动，应特别赋予合议庭中持不同意见法官发动此项程序的权利。最后，为避免审理该案的程序虚设、功效不彰，可以借鉴诉讼制度，赋予法官之外的人发动的权利，应无不妥，可以赋予上级法院院长和同级检察院检察长发动的权利。无论是案件承办法官，或是其他非承办案件的法官，相关意见的沟通与表达，究竟是以个别法官为单位，抑或是以庭室为单位，抑或是以法院为单位？笔者认为从意见呈现的多元化，以及对法庭功能定位的不同，或许应以法院名义，而非以各庭室或者法官个人为单位。

3. 设置决定作出的程序。为强调公平正义，加以基于案件数量的考虑，有关该案审理程序法官的组成，不宜采用固定任期，而应视个案归属而采取抽签方式组成。因为当法庭组成可能越不确定时，越能促使法官审理该案时，以整体法院的立场而非以个人好恶制作裁判文书。[①] 对于该案的正式决定，原则上由审理该案法院组成法官过半数决定即可。同时，在保障当事人实体权利处分的前提下，从更有利于当事人实际利益实现的角度出发，应该考虑赋予当事人律师代理、指定辩护、专家证人以及言词辩论等权利。

结　语

普遍法律适用指导案件是法院根据形势变化和结合案件实际情况而对普通案件作出审级调整的产物，其目的主要是能够使案件处理的结果更加符合国法、人情和提升法院公信力，其内在正当性决定了产生和发展的合理性。虽然普遍法律适用指导案件在理论上逐步被接受，但法院对此可以动而不可妄动，应在主导适用普通案件审理的前提下合理启动普遍法律适用指导案件，以使二者形成统一合理的案件分类，从而在宏观上实现政治效果、社会效果和法律效果的统一。

（本文获一等奖）

① Michael Abramowicz, En Banc Revisited, 100 COLUM. L. Rev. 160, 162 (2000).

让公正听得见：法官庭审语言的规范路径研究

——“逻辑语篇—目的语境—策略语用”之融合

孙　盈[*]　姜　源[**]

庭审，即法庭审判，指法官主持诉讼双方为解决案件纠纷而开展的言语交际。[①] 法官在庭审过程中实施的言语行为，不仅是推动庭审有序进行的基本工具，更是传递司法公平正义的直接载体。在当前庭审网络直播全面开展的背景下，法官在法庭内的一言一行向社会实时公开，从原先的密闭空间一下子推到全社会的眼前，庭审传播力呈指数型增长。每一次庭审都是一堂法治公开课，法官在庭审中的每一句言语表达都将直接影响人民群众对公平正义的切身感受。在网络直播急剧扩大庭审受众范围的情况下，规范法官庭审语言、加强司法语言建设，已成为提升司法公信力、回应社会公正需求的重要课题。掌握专业的语言能力，让人民群众听得进、听得懂、听得信，已成为摆在每名法官面前的必修课。

最高人民法院先后出台《人民法院法庭规则》《法官职业道德基本准则》《法官行为规范》和《人民法院文明用语基本规范》，要求法官善听慎言，用语平等、中立，避免倾向性语言、随意打断、“冷硬横推”等。但庭审语言是法官与诉讼参与人的交互式活动，不仅是法律问题，还涉及语言学、心理学、社会学等多方面问题，精确的法律条文往往难以概括实践中灵活多样、复杂多变的真实情况。本文采取法学和语言学的交叉视角，以期对法官庭审语言提出规范路径。

一、问题的提出：为何研究规范路径而不是规范

在庭审网络公开背景下，司法与社会的交互方式发生深刻变化。法官司法行为的规制亦应相应调整，适应新的要求。下述刑事、民事案件法官

---

* 作者单位：北京市第二中级人民法院。

** 作者单位：北京市第二中级人民法院。

① 张丽萍、刘蔚铭：《论法官在审判中立中的困境——来自庭审言语交际的证据》，载《语言文字应用》2006 年第 4 期。

庭审用语失范现象、问题及原因反映出，当前对法官庭审语言的研究不能局限于传统的静态规范，而应重回方法论本身，寻找新的解决路径。

（一）社会负面舆论反映的法官语言失范

近日，三则刑事案件法官庭审用语的负面新闻引发舆论热议，反映以下法官用语失范现象：

1. 不当说而说。在“海门计算机案”庭审中，法官反复明示或暗示被告人认罪，引发社会广泛关注。舆论认为，法官以明显带有倾向性的语言教训、指责被告人，逼其认罪，属于预设有罪、未审先判。

2. 当说而未说。在“女律师当庭怒吼男法官”的交通肇事罪庭审中，辩护律师不服从法官指挥、多次用语不当，甚至怒吼法官“听得懂就听，听不懂就不讲人话”。部分舆论认为，法官面对律师不当言辞，未能有效实施庭审驾驭语言，导致庭审失序。

3. 当说而多说。在“法官批律师水平不够”的贩卖毒品案庭审中，法官因时间原因打断律师发言、提醒发言简明，本属于正当驾驭庭审的行为，但却不慎多说，对律师发表人身攻击等不当评论。事件发酵后，舆论普遍指责法官未做到客观公正。

（二）现行规范体系参照下的法官语言问题

上述法官用语失范现象背后的深层次问题是现行规范与庭审实践的脱离。现行规范规定法官庭审语言以严格程序推进、平等对待当事人为原则，对法官说什么、怎么说提出规范性倡议和避免性指示，并在提问、打断及语言评论等方面提出禁止性要求。

表 1 法官庭审语言规范要求

规范名称	原则要求	说什么	怎么说	禁止说
人民法院法庭规则	按法定程序推进，平等对待诉讼各方［第十六条］	对违反法庭纪律的人处警告、训诫［第十九条第一款］		
法官职业道德基本准则	平等对待当事人和其他诉讼参与人，不偏袒或歧视任何一方［第十三条］		1. 语言文明、态度平和［第二十四条］ 2. 避免盛气凌人、“冷硬横推”等不良作风［第二十二条］	

续上表

规范名称	原则要求	说什么	怎么说	禁止说
法官行为规范	1. 平等对待各方当事人［第二条］ 2. 规范庭审言行，树立良好形象［第二十六条］	1. 根据案情和审理需要，公平、合理地分配诉讼各方在庭审中的陈述及辩论时间［第三十一条］ 2. 当事人、代理人、辩护人发表意见重复或与案件无关的，要适当提醒制止，不得以生硬言辞进行指责［第三十一条］ 3. 当事人情绪激动，在法庭上喊冤或者鸣不平：（一）重申当事人必须遵守法庭纪律，法庭将会依法给其陈述时间；（二）当事人不听劝阻的，应当及时制止［第三十三条］ 4. 诉讼各方发生争执或者进行人身攻击：（一）及时制止，并对各方进行批评教育，不得偏袒一方；（二）告诫各方必须围绕案件依序陈述［第三十四条］	1. 礼貌示意当事人及其他诉讼参加人发言［第三十条］ 2. 避免“冷硬横推”等不良作风［第五条］	1. 不得随意发表有损生效裁判严肃性和权威性的言论［第六条］ 2. 不得与诉讼各方随意打招呼，不得与一方有特别亲密的言行［第二十九条］ 3. 不与诉讼中的任何一方有亲近的表示；不得用带有倾向性的语言进行提问，不得与当事人及其他诉讼参加人争吵［第三十条］ 4. 不得随意打断当事人、代理人、辩护人等的陈述［第三十一条］
人民法院文明用语基本规范			1. 称谓恰当、语言得体、语气平和、态度公允［基本要求三］ 2. 使用规范的法律用语，根据不同对象的实际情况，必要时应当把法律语言转换成符合法律规定的群众语言［基本要求四］	避免盛气凌人、语言生硬、态度粗暴，严禁使用伤害群众感情、可能激化矛盾的语言，防止因用语不当对司法公信力产生不良影响［基本要求五］

以上述规范为坐标，笔者以“中国庭审公开网”10件民事案件庭审视

频为分析样本，[①] 发现法官庭审用语在以下方面与规范脱节：

1. 程序告知省略导致指挥失据。在样本庭审中，仅1场按照规范要求全面宣布了法庭纪律、当事人权利义务和庭审各环节要求。其余的均存在部分省略甚至完全省略的情况。因法官未告知发言规则，随后法官对当事人抢话、发言不相关等频频制止的行为，对普通当事人显得不明就里。

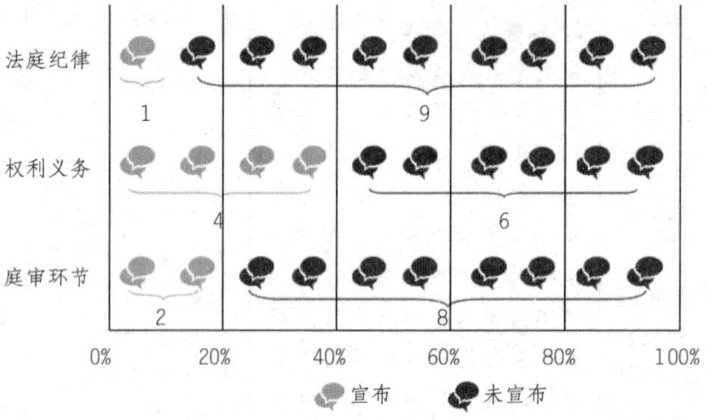

图1　程序告知情况

2. 话轮分配不均有悖平等原则。话轮是会话的一个结构单位，指一个会话参与者的一次说话机会或在一次说话机会里所说的全部话语。[②] 从图2看，法官对原、被告的话轮分配明显不均，仅有2场话轮分配相当，给庭审观摩者有悖平等原则的感受。

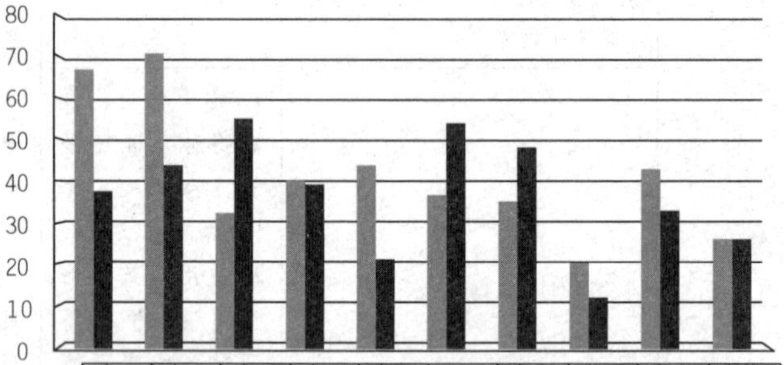

	案一	案二	案三	案四	案五	案六	案七	案八	案九	案十
■原告	67	71	32	40	44	37	35	20	43	26
■被告	38	44	55	39	21	54	48	12	33	26

图2　话轮分配图

3. 强制打断频繁中立体现不足。从下图看，法官打断对话的数量远超过被打断数量，且67%的打断为强制打断。从观摩效果看，法官打断方式

① 2019年6月7日，笔者登录“中国庭审公开网”，在“热点排行”页面选择“合同、无因管理、不当得利纠纷”“物权纠纷”“婚姻家庭、继承纠纷”“与公司、证券、保险、票据等有关的纠纷”及“侵权纠纷”5类案由中各2件开庭时间约1小时的案件形成样本。

② 赵洪芳：《法庭话语、权力与策略研究》，中国政法大学2009年博士学位论文。

生硬、态度不耐烦，有不让当事人说话的嫌疑，公正性易受质疑。

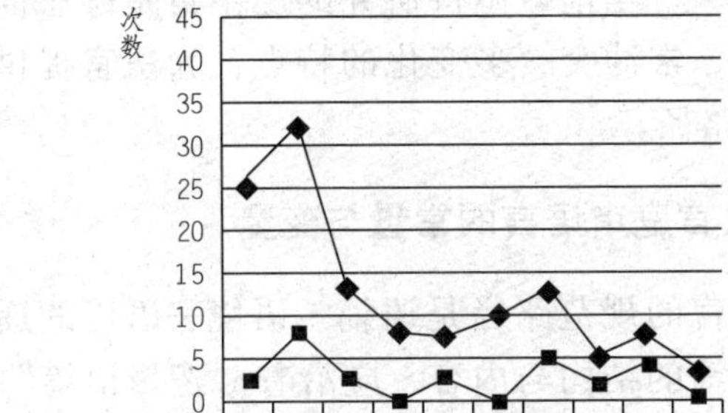

	案一	案二	案三	案四	案五	案六	案七	案八	案九	案十
法官打断	25	31	13	8	7	10	12	5	8	3
法官被打断	3	8	3	0	3	0	5	2	4	1

图 3　法官（被）打断情况

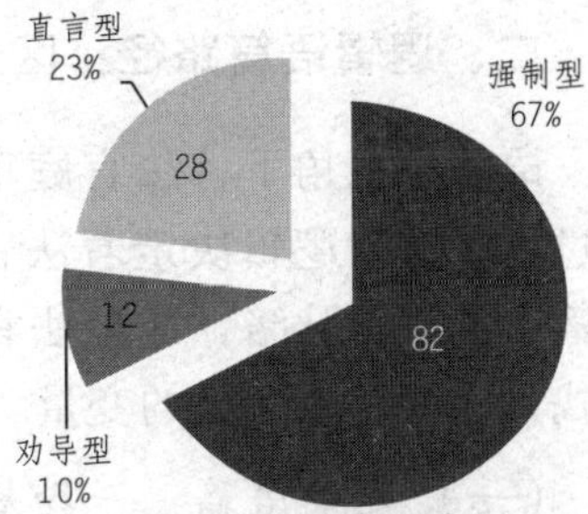

图 4　打断方式

4. 主观评论不当易致矛盾激化。样本庭审中，有 4 场法官使用了对当事人、案件主观性、情绪化评论语言，违反禁止性规定。在 1 起案件中，法官甚至与当事人为此发生矛盾，导致庭审中断。

（三）法官庭审语言失范的原因剖析

由本溯源，法官庭审语言失范主要由以下原因导致：

1. 静态规范参照难以适用于动态庭审语境。现有法官庭审语言规范是一个静态的标准体系。在原则性层面，现行规范对法官中立、平等的要求实际是对法官庭审状态的整体静态描述。在说什么、怎么说、禁止说具体层面，亦是对法官在特定时点庭审用语的静态要求。但是，庭审是动态活动，语境因不同诉讼参与人及庭审进程而相应变化。静态的规范要求无法在动态的庭审语境中给法官提供可操作的语言指引。

2. 理想的合作模型无法反映现实冲突常态。庭审是法官了解案件事实和争议焦点的过程。在理想状态下，法官期待诉讼参与人全面配合，以最佳方式、用最简洁语言呈现法官需要的充足信息。但在现实庭审中，这种理想模式几乎不存在。诉讼参与人由于诉求目的不一，直接对话时往往采用对抗性用语，不和是常态；而在与法官的交流中，一旦涉及案件实体，就会有意识地选用对其有利的语用策略，不再进行配合。

3. 朴素会话意识难以适应复杂的策略需要。庭审语言与普通话语不同，在语言特征、法律术语、逻辑方式等方面均有特殊性。现行规范并未针对其特殊性提供不同场景下的司法语用策略指引。绝大多数法官在任职时亦未受过专业语言训练，只能凭借经验自我探索。常规庭审尚可应对，但对突发、冲突、复杂的庭审语境，法官若不掌握一定的司法语言技巧，仅凭朴素的会话意识往往难以应对，语言失范自然难以避免。

小结：在庭审网络公开的要求下，静态规范与庭审实践的脱离以及因此产生的语言失范现象被突然放大。当前，亟待研究的已不再是静态的语言规范，而是要围绕庭审重互动、常冲突、多变化的特点，为法官提供能够有效应对不确定性的确定规范路径。

二、逻辑语篇路径：区分法官庭审语言的常量与变量

语言学视角下，法官庭审语言的规范路径是语篇—语境—语用的递进式过程。法律逻辑决定着法官语篇的结构与内容，应沿着“逻辑语篇”即语篇中的逻辑脉络，区分法官庭审语言的确定因素和不确定因素，从而准确找到需要重点解决的变量。

（一）庭审语篇：一场基于语用—辩证的法律论证

语篇指语言的连续体，即语言话段构成的整体。[①] 语言是思维的载体。语篇中句与句、段与段的关系反映说话者的思维逻辑。庭审中法官与诉讼参与人对话形成的语篇整体，本质上是法律论证过程，旨在通过审理程序论证裁判需要依据的大、小前提，进而推理裁判结果。

1. 现代庭审模式的语用—辩证转向。现代庭审模式是传统职权主义与当事人主义的结合，即在法官主持下基于诉讼参与人的论证性辩论实现法律推理。[②] 因此，现代庭审向语用—辩证理论转向，即以语用—辩证方法作为法庭论证性辩论的基础。语用性在于强调论辩中语言和语境因素的作用，辩证性在于强调法律规范适用的证立。二者结合的实质是将语言学与法律论证理论相结合，使言说准则糅合进规范准则。[③]

2. 语用—辩证的推理形式——法律会话推理。会话推理由格莱斯首次提出，指在话语交际过程中，会话参与者评估对方的交际意图，并对对方话语作出回应的推理过程。[④] 语用—辩证的庭审论证模式以法官与诉讼参与人之间的问答形式进行，该推理形式被称为法律会话推理，指将法律推理融入庭审问答，通过主体间的合意，在特定语境下建构出实现理解的公共知识背景。[⑤]

法律会话推理采双重推理结构：一是形式推理即“法律规则 + 案件事实 = 裁判结论”。二是语用推理即“问 + 答 = 合意”。二者相结合，旨在将

---

① 杜金榜：《法律语言学》，上海外语教育出版社2004年版，第137页。

② ［荷］伊芙琳·T·菲特丽丝：《法律论证原理——司法裁决之证立理论概览》，张其山等译，商务印书馆2005年版，第170页。

③ 同注②，第172页。

④ John J. Gumperz，Discourse Strategies，Cambridge Press 1982，p. 56.

⑤ 齐建英：《论一般法律会话含义推理及其有效性》，载《法学论坛》2016年第2期。

法官的推理与诉讼参与人的推理通过言语交往形成互助合力，共同推动形成裁判结果。语言的作用，一是通过对话在双方达成理解的基础上建构大、小前提，二是通过对话实现从前提到结论的推导过程。换言之，法律会话推理是在参与中表达、在对话中建构、在理解中推导的“语言互助式”推理方式。

3. 法律会话推理相应的法官庭审语言特征。法律会话推理的本质要求决定法官庭审语言的下列特征：①

特征	特征内涵
机构性	法官庭审语言是司法机关履行审判职能的机构话语，具有制度性、专业性、权力性、程式性等特征
逻辑性	法官庭审语言反映法官确定法律规则是否适用于案件事实的法律论证过程，是论证逻辑的语言载体
主体间性	法律会话推理通过多个推理主体之间互相对话、论辩实现，法官庭审语言的施话者与受话者之间是相互影响的关系，具有主体间性，有别于传统职权主义的主客间性
语境依赖性	语境是使用语言的环境。言语活动在语境中进行并受语境制约。法官庭审语言的形成及理解均依赖于庭审中的动态情境，有别于裁判说理语言的抽象命题属性
恰当性	主体间性和语境依赖性决定了法官庭审语言是个性化的过程，其正确性不在于真值性即无对错之分，而在于恰当性即基于语境因素是否可接受

（二）法官庭审语言的逻辑常量

语篇的逻辑脉络有助于区分其中的确定因素和不确定因素，即常量与变量。常量是法官庭审语篇中为实现法律会话推理、进行法律论证必须紧紧围绕的逻辑因素。从法律会话推理的逻辑结构分析，这类固有因素包括案件争点、推理规则和程序规则。

1. 案件争议焦点。公诉人与被告人、原告与被告之间基于诉辩意见形成的案件争议焦点，是庭审所要解决的问题，也是后续法律发现及事实发现的基点。庭审中法官应当归纳、固定争点，并告知诉讼参与人围绕争点发表意见。

2. 法律推理规则。司法三段论的涵摄是各庭审主体采用的主要推理形式，既体现在对法律适用的辩论，亦体现在基于证据规则及证明责任对事实认定的辩论。庭审应紧紧围绕从大、小前提到裁判结果的逻辑线索，诉

---

① 参见张斌峰等：《法律推理新探——语用学与语用逻辑的视角》，中国政法大学出版社2014年版，第285页。于素春：《法庭言语研究》，北京大学出版社2010年版，第77页。

讼参与人发言偏离时，法官应及时释明其遵循推理规则。

3. 辩论程序规则。庭审本质上是司法批评性论辩程序，应当遵循诉讼程序规则及一般辩论规则。前者指诉讼法中的各项制度，后者指发言对等、先后有序、主题相关等通常论辩规则。法官在开庭伊始应当全面宣布法庭纪律、当事人权利义务及庭审各环节要求，在庭审过程中严格遵循程序规则，并对诉讼参与人违反规则的行为及时制止、释明其按规则发言。

（三）法官庭审语言的语境变量

语境是言语交际的环境，分为文化语境和情景语境。前者指说话人生活于其中的社会文化背景；后者指言语行为发生时的具体情境。[①] 庭审语境是法庭文化语境和情景语境构成的复杂系统，以情景语境中的人际因素为核心内容。[②] 法官庭审语言的不确定性主要源于对话双方人际交往的不确定，具体有两方面：

1. 法官的角色不确定。角色是社会成员在社会中所处的位置。法官的庭审语言与其在庭审中的角色密切相关，法官的角色影响和制约着其话语选择。[③] 然而，庭审中法官“一人多角”，其角色在庭审的不同阶段、不同语境中是动态变化的，无法事先确定。根据语言学者总结，法官的庭审角色具体包括：[④]

法官庭审角色	具体职能
组织者	法官是庭审的主持者，具有诉讼指挥权及推进程序的职责。该身份贯穿于诉讼始终，主要通过程序性指令语言实现
倾听者	法官在庭审中持中立地位，以听取双方意见为主，不应主动介入当事人关于事实查明和法律发现的论辩。此时其庭审语言以程序性语言和提问为主，旨在引出回答
调查者	当事人提供的证据不能证明案件事实时，法官具有补充性的事实调查权力，可以主动询问事实。该角色从时间顺序上看处于倾听者角色之后，即发生在当事人陈述和举证质证之后。此时其庭审语言以实体性语言为主，除提问外，可能会出现断言、评论等主观性语言
引导者	对于诉讼各方的分歧，法官负有引导其尽可能增进共识、减少争议的职责。该身份主要体现在调解阶段，在其他阶段也偶尔体现，通过劝导性、解释性语言实现

① 索振羽：《语用学教程》，北京大学出版社2014年版，第17～21页。

② 廖美珍：《话语语用研究新进展》，外语教学与研究出版社2014年版，第131～134页。

③ 江玲：《再现与重构：社会转型期庭审话语中的法官身份构建》，中国政法大学出版社2014年版，第65页。

④ ［德］罗尔夫·施蒂尔纳：《当事人主导与法官权限——辩论主义与效率冲突中的诉讼指标与实质阐明》，周翠译，载《清华法学》2011年第5期。

2. 受话者的配合程度不确定。庭审是否顺利取决于案件本身的复杂程度以及诉讼参与人是否配合。前者可以通过庭前准备解决，而后者则主要考验法官临场应对。前述发生社会负面舆论的三个庭审事件均体现了诉讼参与人对法官要求不配合、迫使法官不得不通过非常规的强制语言要求对方配合。

受话者的配合程度表现为对法官提问的反馈程度。其答话分为应答与应对，前者指答为所问，后者指答非所问，二者体现了配合程度的差异。语言学者将法官与受话者的问答称为相邻对，并根据受话者答话程度总结出庭审主要的相邻对结构，[①] 包括：

O—R 型，一问一答；

O—R—F 型，一问一答一后续行为；

O—R—Fi + r—Fii 型，连续跟进后续问答；

O—R—Fi + r—Fii—Fii—Fiv 型，连续跟进后续问答；

O—R—Qn—Rn 型，答非所问情况下连续重复问答。

注：Q 表示法官问话，R 表示受话者答话，F 表示后续行为，Fi + r 表示对答话的重复，Fii 表示对 Fi + r 的回答。

上述语言结构反映出因受话者不配合导致的法官庭审语言的复杂程度。

小结：在“逻辑语篇”路径上，让法官庭审语言的不确定性转向相对确定性，核心就是基于法律会话推理的逻辑脉络，区分常量与变量，在紧抓逻辑常量的基础上，控制语境变量。

三、目的语境路径：如何让法官庭审语言的变量可控

如前所述，语境的核心变量是人际因素，而目的对人际关系具有实质影响，决定对话者的话语选择。解决法官庭审语言的变量控制问题，重点在于管理“目的语境”，即对庭审语境中不同主体的目的关系进行调整。

（一）言语行为理论下的目的原则

语言学上的言语行为理论及目的原则有助于分析庭审中语境与目的之间的关系。

1. 言语行为理论的内涵。奥斯汀认为，语言是以言行事的言语行为。一个言语行为又具体包括三种行为：说话行为、施事行为和取效行为。前两者指语言的形式和内容，后者指语言产生的影响。[②] 庭审是法官及诉讼参与人实施的无数个言语行为组成的系统。

---

① 廖美珍：《法庭问答及其互动研究》，法律出版社 2003 年版，第 38 页、第 168 ~ 170 页。

② 刘红婴：《法律语言学》，高等教育出版社 2018 年版，第 32 页。

2. 言语行为的目的原则。目的是支配主体行为、预先设定且以观念形式存在的一种理想结果。[①] 言语行为的取效性反映出以目的取向。目的原则指言语行为均有目的，目的是描述、分析、解释言语行为的轴心。[②] 言语行为的目的有层次之分，分为交流目的与超交流目的。前者指取效行为所要直接实现的目的。后者指统辖交流目的的上一层级目的。前者是实现后者的手段。

（二）目的对法官言语行为的影响

从上述理论看，庭审中法官言语行为受到所处角色目的以及受话者目的的双重制约。

1. 法官言语行为受角色目的制约。法官的言语行为应当与行为时所处角色的交际目的相一致。在庭审中，法官的超交流目的是在有限时间内找到大、小前提以公正裁判。围绕这一总目的，法官在庭审不同阶段扮演“组织—倾听—调查—引导”等不同角色，相应形成了“推进程序—理清事实—找到法规—解决纠纷”等交流目的。评价法官的言语行为是否恰当，应当审查该行为是否符合言语行为发生语境下法官所处角色的交流目的及作出裁判的超交流目的。

2. 法官言语行为受对话者目的制约。法官言语行为是互动话语，在受对方“干扰”的情况下追求和实现目的。[③] 法官与诉讼参与人在庭审中有各自的目的，二者对话的过程本质上是目的互动过程。法官与诉讼参与人之间目的关系的一致、中立或冲突，决定了受话者配合程度从合作、倾向合作到不合作的不同，进而决定了对话双方言语行为的具体选择。

法官与诉讼参与人目的关系类型	合作程度	语言表现
目的一致	合作	遵循合作原则
目的中立	倾向合作（但不保证）	倾向接近合作原则
目的冲突	不合作	违背合作原则 （拒绝回答、答非所问、沉默）

（三）目的管理导向下控制法官庭审语言的变量

根据上述分析，法官将庭审语言的不确定性控制在可控范围，就需要对自身行为与所处角色之间的目的关系以及自身与诉讼参与人之间的目的

① 夏甄陶：《关于目的的哲学》，中国人民大学出版社 2011 年版，第 38 页。

② 廖美珍：《话语语用研究新进展》，外语教学与研究出版社 2014 年版，第 7 页。

③ 同注②，第 129 页。

关系进行管理。具体应做到以下方面：

1. 树立角色意识。法官根据庭审实际情况分别扮演着“组织—倾听—调查—引导”等不同角色。针对法官角色不确定的变量，法官在庭审中应当树立角色意识，注意庭审中不同角色的变换，并有意识地实施与所处角色交际目的相一致的言语行为，从而使语言与角色目的保持一致。

2. 建立交互共识。针对受话者配合程度不确定的变量，法官在庭审中应当注意建立与诉讼参与人的交互共识，即个体之间通过交互活动在价值体系上形成重叠面进而达成的共识。① 法官在庭审互动中应尽可能与诉讼参与人达成目的共识，进而增进合作。目的共识具体包括：一是公正审判的共同追求；二是司法程序的共同遵守；三是庭审语言的可理解性，使当事人“听得懂”；四是庭审语言的可接受性，使当事人“听得进”。

3. 最大化的中立。当诉讼双方持针锋相对的目的时，法官应当尽最大努力保持目的中立，即与诉讼双方的目的保持等距。目的中立是法官在庭审中获得诉讼双方配合、有序推进庭审的最有效途径。目的中立在法官言语行为上表现为用语客观、不偏不倚、不含倾向性。

4. 控制冲突范围。庭审中法官与部分诉讼参与人在一定语境下不可避免存在目的冲突，例如法官希望节约时间而当事人希望充分陈述，法官希望获得答案而当事人答非所问，法官希望作出裁判而当事人不希望败诉等。这些目的冲突引起的当事人不合作才是庭审中最难以掌控的真正变量。法官应当意识到这些目的冲突的客观存在，控制其范围，避免人为制造冲突，并注意应对方式。

小结：在“目的语境”路径上，控制法官庭审语言的语境变量，核心在于调整法官与所处角色及与受话者之间的目的关系，从而增进合作，并将目的冲突控制在最小范围内。

四、策略语用路径：目的冲突下法官的庭审用语策略

语用指语言用来交际的方式。② 对话者通过选择具体语用策略实现交际目的。针对庭审中不可避免的目的冲突，法官应从“策略语用”入手，选择有利于化解冲突的具体用语方式。

（一）礼貌与不礼貌的庭审选择

庭审是既有合作又充满对抗的语言交际场域。在目的冲突情况下，礼貌与不礼貌均是法官可选择的语用策略。二者无质的区别，只有度的不同。

---

① 秦子忠：《交互共识理念——达成共识的困境与出路》，载《上海交通大学学报（哲学社会科学版）》2017 年第 6 期。

② 索振羽：《语用学教程》，北京大学出版社 2014 年版，第 12 页。

1. 司法礼仪与生活礼仪的本质区别。对等、自愿、礼貌是日常会话的礼仪，但在法庭会话中，由于法官庭审语言的机构性，日常会话礼仪并不总是必要。法官作为诉讼指挥者，与诉讼参与人的地位天然不对等，有权强制诉讼参与人在不自愿的情况下发言或终止发言，并有权拒绝回应诉讼参与人提出的问题，甚至有权出于特定情境和目的采取不礼貌的言语策略。这决定了不能以对等、自愿、礼貌为核心的日常礼仪作为衡量法官庭审语言的礼仪标准，应当承认司法礼仪在特定语境下具有不对等、强制性、不合礼貌性的特殊属性。

2. 法官礼貌与不礼貌的策略选择。礼貌是人类社会行为的普遍现象。"礼貌面子说"认为礼貌是行为人为满足面子需求所采取的理性行为。"礼貌规范说"认为礼貌是与道德、伦理相联系的社会规范。而从语言学的角度看，礼貌只是交际者为实现特定交际目的而实施的语用策略。[①] 法官言语行为被特定庭审交际目的驱动。在一些庭审情境中，礼貌策略能够避免冲突、推动庭审顺利进行；而在另一些情境下，不礼貌策略才有助于维护庭审秩序、实现定分止争。法官选择不礼貌策略，应当以适度的方式进行。

（二）目的冲突下法官选择不礼貌策略的基本原则——合作原则

为化解庭审语境中的目的冲突，法官选择必要的不礼貌策略应以合作原则作为基本原则。格莱斯提出合作原则，认为言语交流是相互合作的过程，在此过程中所有人应当有合作的努力、共同的目的和彼此接受的取向。[②] 具体包括四项准则：

准则名称	准则含义
量的准则	诉讼参与人应提供所需的信息量，且不要提供多余的信息
质的准则	诉讼参与人应提供真实信息，不提供缺乏足够证据的信息
关联准则	诉讼参与人的语言应与问题相关，尽量不说或少说庭审无关的语言
方式准则	诉讼参与人的语言应清晰、准确、简洁、有序，避免模糊、歧义、拐弯抹角

当存在目的冲突时，诉讼参与人的言语交流就会违反上述准则。此时，法官可以上述准则为具体参照尺度，通过实施必要的不礼貌策略，在量、质、关联和方式等方面控制诉讼参与人的答话，从而使诉讼参与人回到合作方向。

① 江玲：《再现与重构：社会转型期庭审话语中的法官身份构建》，中国政法大学出版社 2014 年版，第 169 页。

② Grice H. P, Logic and Conversation, In Syntax and Semantics3: Speech Acts, Morgan & Cole 1975, p. 275.

（三）目的冲突下法官不礼貌策略的具体应用方法

从语言学上看，话题控制、话轮分配、话语打断及元语评论等是应对不合作的常用策略方法。[①] 法官在庭审会话中应当注意以恰当的方式灵活采取语用策略。

1. 话题控制。话题是谈话的内容。[②] 话题控制体现在四个方面：一是话题的提出，说话者就某事发起谈话；二是话题的保持，听话者顺应说话者将话题继续下去；三是话题转换，说话者不继续此前的话题，启动新的话题；四是话题的结束，说话者停止对话题的交谈。法官在庭审中对话题的提出、保持、转换、结束具有控制权力，可通过控制话题，聚焦争议问题、提高庭审效率。举例如下：

法官：你知道你弟弟在做六合彩诈骗，是吗？

被告人：我一开始不清楚，他说去报码，我没有注意这个。

法官：你知道他在报码，是吗？

被告人：我也是后来才知道什么报码，但我没有去问这个。

法官：谁跟你讲的？

被告人：嗯？

法官：谁跟你讲的？

被告人：我有时候回家，偶尔听得的，但没注意。

2. 话轮分配。法官对话轮分配具有决定权。诉讼参与人一般不能自行启动话轮，只有在法官的允许和指挥下才能获得话轮。因此，当庭审中出现诉讼参与人不合作时，法官可通过重新分配话轮、变更发言人的方式推动庭审进程。[③] 需要注意的是，这仅是法官在特定语境下的语用策略。从整个庭审看，法官仍应保证诉讼各方话轮。举例如下：

法官：下面这个问题需要被告明确一下，原告的车属于105标准范围的哪一类车？

环保局：属于轻型小轿车。

法官：还有一个问题被告补充陈述一下。这个机动车检验之前是否需要取得尾气合格证？

环保局：沉默。

法官：这个问题原告清楚吗？

原告：法官，这个问题我来回答一下。

3. 话语打断。话语打断指在前一说话者话轮结束前，另一方没等按会

---

① 廖美珍：《法庭问答及其互动研究》，法律出版社2003年版，第38、172页。

② 吕万英：《法庭话语权力研究》，中国社会科学出版社2011年版，第122页。

③ 夏丹：《目的原则视角中的民事法官庭审话语》，载《湖北社会科学》2012年第6期。

话规则分配给他话轮，就为取得发言权而争抢话轮的现象。① 话语打断是法官实施诉讼指挥权的必要体现，但应注意方式方法。法官打断诉讼参与人的发言应以必要为限，只有当诉讼参与人违反合作原则，出于控制庭审进程、提高庭审效率、尽快获取信息等需要时才能实施。② 同时，法官应注意打断方式。按照与被打断者沟通程度从强到弱区分，打断方式分为劝导型、直言型和强制型。③ 法官应优先选择劝导方式，避免强制方式。举例如下：

法官：原告对被告提交的发票什么意见？

原告：我想问个问题，刚才的那个合同▲④

法官：▼请你先回答一下对发票的意见。

原告：呃，这个这个，我想问一下刚才合同签字是谁▲

法官：▼你提出的这个问题法庭已经注意到了，会让你问的，请先回答一下对发票的质证意见。

4. 元语评论。诉讼双方的问答语言和法官的主持语言，是庭审中两种不同层面的语言。前者被称为对象语言，后者被称为元语言。⑤ 法官用元语言谈论、分析、解释对象语言的过程，被称为元语评论，方式包括总结、回答、劝说及斥责等。法官使用元语评论，对庭审交际既可能起到积极作用，亦可能起到负面影响，损害法官的中立性，因此必须慎重，应以必要性为原则，并注意用语客观，避免使用劝说、斥责等主观性用语。举例如下：

被告证人：你指哪个灰场？那灰场好几个啊？

原告：好几个？那你一个一个回答好吧。

被告证人：我怎么一一回答？

原告：几个灰场你认为都是污染源？

被告证人：你，你现在告的是地矿公司。

法官：原告，刚才你针对证人的问题偏题了，请你针对本案争议的地矿公司这个污染，对证人发问。

小结：在“策略语用”路径上，为应对因目的冲突而产生的诉讼参与人不合作现象，法官应灵活采取语用策略，并注意方式方法，使庭审重回合作轨道。

---

① 夏丹：《目的原则视角中的民事法官庭审话语》，载《湖北社会科学》2012 年第 6 期。

② 廖美珍、龚进军：《法庭话语打断现象与性别研究》，载《当代修辞学》2015 年第 1 期。

③ 谈耀文：《法庭庭审会话中的面子“打断”现象探析》，载《岳阳职业技术学院学报》2017 年第 5 期。

④ 在语言学上，说话被打断用“▲”标示；打断用“▼”标示。

⑤ 张丽萍、刘蔚铭：《论法官在审判中立中的困境——来自庭审言语交际的证据》，载《语言文字应用》2006 年第 4 期。

五、法官庭审语言规范完善建议

基于上述理论分析，笔者就完善法官庭审语言建议如下：

（一）建立动态规范路径指引

针对本文前述的法官庭审语言失范现象及其背后庭审实践与静态规范脱离的深层次问题，对法官庭审语言的规范不能停留于制定书面规范条文，而应建立适应庭审语境动态变化、可供法官实践操作的“逻辑语篇—目的语境—策略语用”递进式路径指引。

1. 紧抓语篇逻辑主线，实现高效庭审。第一，庭审伊始全面宣布法庭纪律、权利义务及庭审各环节要求，充分告知程序规则。第二，适时总结案件争点，并按照推理规则、程序规则严格推进庭审程序。第三，对诉讼参与人的偏离型发言及时制止，并引导其回到逻辑主线。

2. 主动顺应语境目的，控制庭审变量。第一，根据庭审不同阶段法官角色变化及时调整庭审用语，顺应角色目的要求。第二，注意观察诉讼参与人的目的需要，以令其听得懂、听得进、听得信的方式营造共识，变目的冲突为目的一致。第三，树立法官中立形象，均衡分配话轮数量，保障平等的话语权。第四，控制对抗冲突，缩小范围、疏导分歧，避免人为制造矛盾。

3. 灵活选择语用策略，注意方式方法。第一，针对目的冲突及由此产生的诉讼参与人不合作，灵活采取语用策略。第二，采取不礼貌策略，应以化解目的冲突、重回合作轨道为原则。第三，采取不礼貌策略应注意方式方法，避免强制频繁打断，优先选择劝导方式；评论用语应当客观，避免使用情绪化、人身性的评论语言。

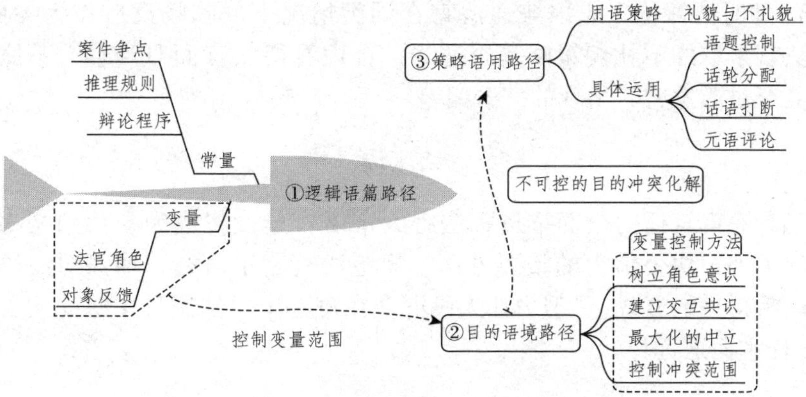

图5　法官庭审语言动态规范路径

（二）健全专项语言培训机制

法官庭审语言作为机构语言，不同于日常会话，必须通过专门培训习得知识技能。然而，当前对法官的培训主要围绕法律知识，专项语言培训空缺，亟待规范健全。具体应注意以下三点：

1. 加强整体模拟演练。虽然法官庭审语言在语篇—语境—语用各环节均有特定要求，但庭审是一个整体，三者不能割裂，故培训应以整体模拟演练为主。

2. 突出临场反应锻炼。庭审过程千变万化，培训内容设置上应突出特殊场景的模拟，培养法官临场应变能力。

3. 避免程式化训练。语言不可能存在固定的程式模板，不同法官因年龄、性格、阅历差异会有不同的语言风格，应避免程式化训练，给法官留有展现个人语言魅力的空间。

（三）形成科学庭审评查制度

法官庭审中的失范言行通过网络传播极大地损害司法公信力，只有通过“培训在前、监督在后”，才能有效推动法官庭审言行的规范化。当前案件评查主要针对纸质卷宗和裁判文书，尚需建立针对法官庭审言行的评查制度，以对法官庭审言行合理约束并提供制度保障。科学评价法官庭审语言应围绕三个方面：

1. 整体性评价。应从语境整体考察，分析说话时法官所处角色地位及诉讼参与人的配合程度，进而判断语言前后整体是否符合语境要求，不能只孤立看某一句话或某几句话。

2. 关联性评价。应从语篇逻辑考察，分析法官语言是否在与争点相关的事实发现、法律发现和程序推进范围之内。

3. 即时性评价。应以普通法官在同类情况下的临场反应作为参照系，评价法官采取的不礼貌策略是否适当，合理看待法官面对当事人不服从指挥、甚至过激发言时出现的言语偏差。

结　语

随着庭审直播的全面推进，法官庭审语言建设将成为与裁判文书同等重要的关涉司法公信力的重要方面。规范法官庭审言行，加强司法语言建设，以听得见的方式，“努力让人民群众在每一个司法案件中感受到公平正义”，任重而道远！

何以“求同”：矩阵范式下类案检索嵌入法官心证过程之检视与重构

——以某市300份法官问卷调查为分析样本

王晨安*

引言

同案同判，表现了法律适用上的平等，系正义的核心。① 2017年8月起施行的《最高人民法院司法责任制实施意见（试行）》（以下简称《实施意见》）第39条规定：“承办法官在审理案件时，均应依托办案平台、档案系统、中国裁判文书网、法信、智审等，对本院已审结或正在审理的类案和关联案件进行全面检索……”② 至此，确立了我国类案检索机制的雏形。《人民法院第五个五年改革纲要（2019—2023）》中明确要求：“完善类案和新类型案件强制检索报告工作机制。”③ 但学界对如何构造全国统一的类案检索机制之专门性研究成果不多。是故，本文致力于类案检索嵌入法官心证过程之路径优化，首先，通过调查问卷的方式，从类案检索受众群体和操作工具两个层面考察类案检索的运行现状；其次，检视类案检索机制所面临的“五重”桎梏；再次，构建四维矩阵范式，运用“检索人员—检索工具—检索流程—结果运用”的分析模型，从“操作者—显示器—处理器—输出值”四个维度对类案检索机制进行重构；最后，提出类案检索嵌入法官心证过程之优化路径。

一、类案检索机制之现实境遇

类案检索在上升为一种制度之前，系一种查找与目标案件相似案例的

* 作者单位：福建省厦门市思明区人民法院。

① ［德］考夫曼：《法律哲学》，刘幸义等译，法律出版社2004年版，第24页。

② 详见《最高人民法院司法责任制实施意见（试行）》第39～40条。

③ 详见《最高人民法院关于深化人民法院司法体制综合配套改革的意见——人民法院第五个五年改革纲要（2019—2023）》“主要任务”第26条。

操作行为，该行为的操作者可能是法官、律师、案件的当事人本身抑或其他公民，是网络时代赋予每一个公民的权利。本文所讨论的类案检索，定义为法院的工作人员以“待决案件”为需求，采用特定的方法在特定的检索工具中，检索出“类案”后形成检索报告并加以应用的制度。本文首先选取了三类在日常工作中使用类案检索有代表性的人群，即法官助理、年轻法官（35 周岁以下）及资深法官（35 周岁以上），通过实证研究的方式呈现目前法院系统类案检索的现实图景。

（一）运用“失灵”：类案检索之受众群体

本次调查共统计某市两级法院调查问卷 300 份，其中法官助理、年轻法官及资深法官各 100 份。[①] 问卷涵盖以下内容：（1）遇到何种情况，何种类型案件时，会主动进行类案检索；（2）通常在诉讼进行到哪个阶段时，使用类案检索工具；（3）对现有各大案例数据库的满意度；（4）若遇到律师或当事人将检索的类案提交法庭时，是否进行处理。

首先，类案检索的总使用频率高低反映了进行类案检索的实际需求分布情况。调查结果呈现以下特点：（1）对于疑难案件及新类型案件，三类人群一般均会进行检索；（2）对所有待决案件都进行检索的人群中，法官助理占比最高，主要原因系因其缺乏审判实践经验；（3）对待决案件均不进行检索的人群中，资深法官占比最高，其中主要原因有二：一方面系“经验主义”在主导审判，另一方面系因检索能力限制其使用类案检索工具的频率。

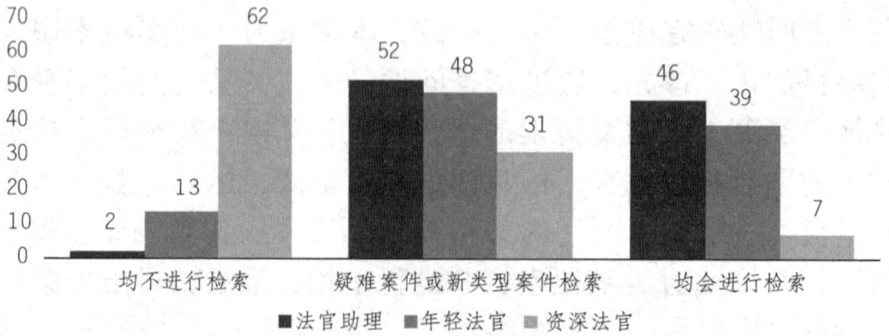

图 1　类案检索使用情况之案件类型分布

其次，各案例数据库之间不同的使用频率反映了现有案例数据库的影响力排名及不同用户群体验之良莠情况。在法官助理这一人群中，使用频率最高的是中国裁判文书网；在年轻法官中，使用频率最高的是法信；在资深法官中，使用频率最高的是本院办案系统和档案系统。囿于本次调查

① 本次问卷调查实际向三类人群分别发放问卷 102 份，共计发放 306 份，部分问卷因遗漏问题或勾选无效而废弃，收回有效问卷 300 份。

样本的数量有限性和地域性偏差，该调查结果并不能直接作为评价各检索工具优劣的评判标准。但不可否认的是，影响使用频率情况的主要因素，一方面与其案例数据来源的全面性和权威性有关，另一方面与其检索界面的便捷度及结果呈现的适配度有关。

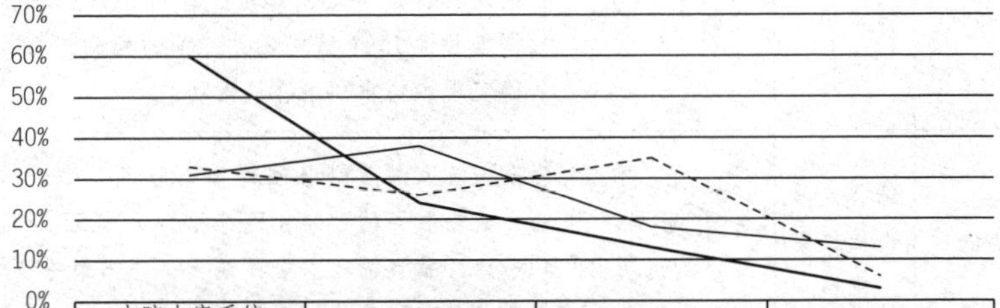

	本院办案系统及档案平台	中国裁判文书网	法信	其他数据库
—— 法官助理	31%	38%	18%	13%
----- 年轻法官	33%	26%	35%	6%
—— 资深法官	60%	24%	13%	3%

图2　类案检索使用情况之数据库分布

最后，对类案检索工具的总体满意度预示了类案检索机制发挥作用的未来空间。总体来看，资深法官对案例数据库不太满意；年轻法官对案例数据总体满意度一般；在法官助理中，对案例数据库总体比较满意。法官助理作为未来法官的主要储备来源，对类案检索的积极态度昭示着类案检索发挥功能的制度前景。

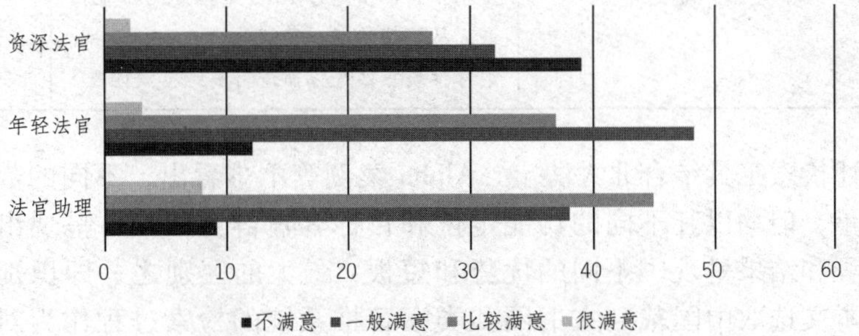

图3　类案检索工具之总体满意度情况

（二）功能"弱化"：类案检索之操作工具

除了传统的诸如百度等搜索引擎网站外，各大法律科技公司均如火如荼地投身到法律法规、案例数据库的研发当中。本文以《实施意见》中所明确要求的检索系统为主要研究对象，考察如下：

表1　　类案检索工具平台对比

平台名称	定位	适用范围	内容简介	上线时间
中国裁判文书网	专门文书检索平台	全国范围、内外网均可使用	全国四级法院裁判文书统一发布平台，全球最大的裁判文书资源库，可提供审判人员、当事人、律所、律师、法律依据等共计15个信息项关键词的检索，从而实现多信息项组合检索功能	2013年7月
法信	综合法律数据检索平台	全国范围，内外网均可使用	全国首家深度融合法律知识服务与案例大数据服务的数字化网络平台，有55个子库，是目前我国规模最大、体系最全、覆盖最广的法律知识导航体系	2016年3月
智审①	智能辅助办案平台	河北、浙江等地，内网使用	最高人民法院委托河北高院研发智审系统，将案件卷宗内容文档化、在案件审理阶段实现电子卷宗识别、利用，实现司法文书辅助生成、关联及类似案件查找及推送	2017年4月
类案智能推送系统②	专门类案检索平台	全国范围，内网使用	由中国司法大数据研究院联合中国电科共同研制开发。提供类案推送服务。目前已覆盖全部1330个案由，通过机器自动学习构建出超过10万个维度的特征体系，从案情特征、争议焦点、法律适用、案件性质等四个方面进行多维类案匹配	2018年1月

上述检索工具结合北大法宝、Alpha案例等不难看出，不同的数据库虽各有侧重，但均以其不同的功能定位和目标客户群为依托，呈现出各自在搜索过程和结果呈现中不同的优势和短板，最大的区别之一即识别过程的不同，本文选取中国裁判文书网和类案智推系统的检索过程作为对比，结果更为直观。

① 参见《重磅！2017年中国法院信息化大事记发布》，载“智慧法院进行时”微信公众号。

② 中国电科：《类案智能推送系统上线，为“智慧法院”建设保驾护航》，载http://www.yidianzixun.com/article/0I5Y6bvt，最后访问时间：2019年5月30日。

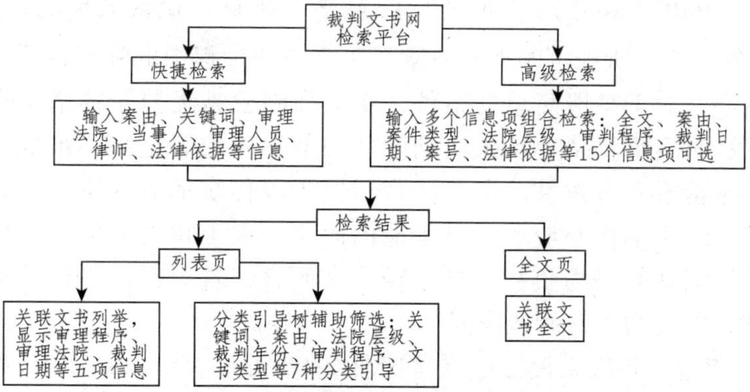

图4　中国裁判文书网检索流程图①

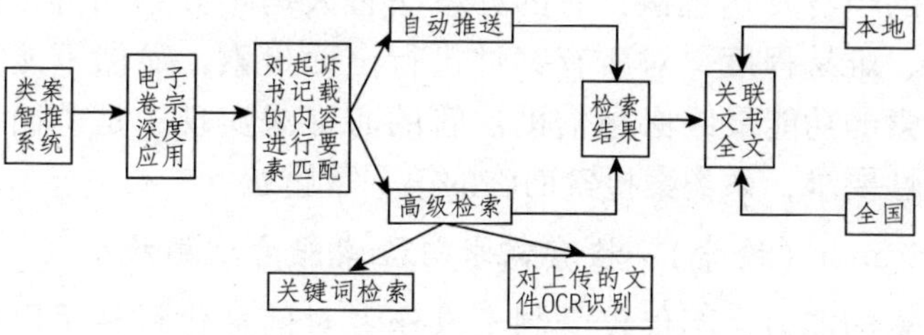

图5　类案智推系统检索流程图②

中国裁判文书网的检索是以操作者主动检索为启动方式，类案智推系统则增加了自动推送的启动方式；在结果呈现上，中国裁判文书网区分列表页和全文页，便于进一步筛选，而类案智推系统结果显示仅为文书全文，区分是否本地文书。在百花齐放的检索工具市场下，不仅没有凸显类案检索的效率优势，反而让操作者有无所适从之感。

二、类案检索机制之制约因素

类案检索的实践情况不理想，与类案检索在制度层面的规定缺位、错位密切相关。《实施意见》的规定构成了类案检索机制的雏形，各地方法院在《实施意见》的基础上，出台了更具操作性的实施细则。相较于《实施意见》，实施细则主要特点体现在：一是对所有待决案件全面开展关联案件强制检索，部分待决案件开展类案强制检索；二是对检索报告区分繁简；三是明确了强制检索的情形；四是明确了检索后拟作出的裁判结果与类案裁判尺度不一致的处理规则等。但现有的类案检索机制仍然受到一定程度的制约。

① 笔者根据中国裁判文书网整理。

② 钟明亮：《类案检索机制研究——以类案识别技术在审判中的应用为视角》，载《黑龙江省政法管理干部学院学报》2019 年第 1 期。

（一）Start（启动）：“自发”检索与“强制”检索之尴尬

《实施意见》所规定的类案检索系法官心证过程中的强制性活动。但拷问法官内心，对于案情简单的案件，要求强制检索无异于徒增工作负担亦流于形式；对案情复杂、从未遇到的新类型案件或者把握不准的案件，法官则对类案检索有自发性。资深法官习惯于以传统的方式进行审判，对信息化技术的应用不得心应手，对于他们而言，人工智能非但不能提高办案效率，可能因强制成为负担；对年轻法官而言，若对案件不区分类型强制类案检索，亦徒增工作量造成困扰。

2018 年地方各级人民法院受理案件 2800 万件，审执结 2516.8 万件，[①] 以全国 12 万名员额法官计算，人均受理案件 233 件，审结 210 件。在北上广深及各省的经济发达地区，有的办案法官人均年办案四五百件，若不区分案件类型、难易程度，对所有案件进行全面检索，显然不能提高办案效率。类案检索的功能最终必须借助法官的心证来实现，是遵循法官的主观意愿或是硬性要求，系类案检索面临的第一重尴尬。

（二）Search（检索）：检索需求与检索能力之尴尬

类案检索的能力，不仅仅受制于操作者对信息化科技手段的接受度和适应能力，同时受制于操作者的工作时间和精力是否充裕。对于承办法官而言，由于待决案件数量多，办案压力大，同时受到案件审限的约束，即使对类案检索确有实际需要时，可能囿于检索能力的缺失，转而求助于经验主义或者其他法官的意见，进而大大削弱了类案检索机制的实际使用频率，不利于类案检索机制运行效果的体现。

综上，类案检索机制应当以法官的实际需求为出发点，辅之以与需求相匹配的检索能力，集合检索需求和检索能力于一身的操作者，方能使类案检索这匹马车走得稳而远。

（三）Specificate（分类）：甄别同案与差异之尴尬

类案本身，系一个语意模糊的概念。同类，是一个外延不周延的范畴。正如“世界上不存在两片完全相同的树叶”，世界上亦不存在两个完全相同的案件。[②] 不可否认，案件事实都由一些基本的事实要素构成，包括何事、何时、何地、何情、何故、何物、何人这七种基本事实要素。[③] 对两个案件最终作出相同的评价，是因为二者的构成要件相似。[④] 其中符合多少程度的

① 数据来源于《2019 年最高人民法院工作报告》。

② 毕玉谦：《论庭审过程中法官的心证公开》，载《法律适用》2017 年第 7 期。

③ 何家弘：《司法证明同一论》，载《中国刑事法杂志》2001 年第 1 期。

④ ［德］卡尔·拉伦兹：《法学方法论》，陈爱娥译，商务印书馆 2003 年版，第 258 页。

事实要素可以被视为类似案件？每个事实要素在该案中所占的权重几何，均会影响是否可以作为类案的判断。是故，回归某一个待决案件，其他已生效案件是否能够作为与之契合的类案被检索出来并加以运用，一方面有赖于检索工具的标签化，更重要的是倚仗承办法官的心证过程。

（四）Result（结果）：检索目的与检索效果之尴尬

探求法官发起类案检索的动因，无异于两种情况下的内心驱动：第一种情况，承办法官内心对案件已有一定的判断，希望通过类案检索的结果，加强内心确幸，印证自己的判断，使得自己的判决结果得到类案判决的支持；第二种情况，遇到新类型的案件，承办法官对案件判断毫无头绪，没有思路，希望借助类案的指导为自己拓展思路。

但实际操作类案检索后，第一种情况下，法官检索得到的类案判决结果可能与自己的判断南辕北辙，是直接套用类案的裁判结果还是应当坚持自己的判断？第二种情况下，法官在浩如烟海的案例中找到的类案存在互相矛盾的裁判结果，承办人不知如何适从。

（五）Apply（运用）：何去与何从的尴尬

根据《实施意见》之规定，法官在类案检索后应当制作类案检索报告，并区分情况进行处理。但对于类案检索的结果究竟如何运用，留下了较大不确定的空间：其一，类案检索报告的效力。类案检索报告，只是作为法官提交专业法官会议或者审委会讨论的内参资料，抑或应当作为档案材料附随入卷，将对承办法官产生不同的心理羁束。其二，对同案不同判的处理原则。《实施意见》仅规定了在裁判尺度一致或不一致时的处理，但实践中，可能出现待判案件与类案判例在定性和定量两个层面的不一致，情形不局限于裁判尺度的问题。另外，当发现的类案判例之间裁判存在互相矛盾时，是应当遵照案例等级的高低径行接受案例等级高的结果，还是以印证承办法官内心的结果进行取舍，亦尚存争议。[①] 其三，对于律师或当事人提交的类案处理结果与承办法官对待决案件作出的裁判结果不一致时，法官是否有回应的义务。案件的当事人或者代理律师将类案案例提交法庭时，其检索必然有一定倾向性和片面性，是否需要加以回应抑或选择视而不见，对我国的司法公信力将造成直接的影响。

三、类案检索机制之四维矩阵分析

要让类案检索机制的美好图景落进现实，若没有一套合理的规程加以指引，将导致法官增加不必要的办案时间成本，甚至干扰裁判思路，在追

① 崔剑平：《同案不同判原因及对策研究》，载《东方法学》2012 年第 4 期。

求统一裁判效果反方向上呈现类案干扰的负面效应。类案检索机制的建立，离不开四个关键因素的管控：即操作人员、检索工具、检索流程和结果运用。在这四个方向上进行科学控制，才能实现类案检索机制的制度价值。

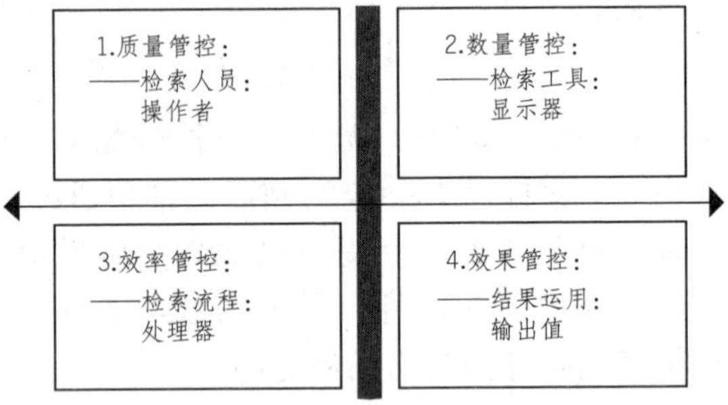

图6　类案检索机制四维管控图

（一）操作者：需求与能力的平衡

由谁来负责类案检索之操作，直接决定了类案检索的质量。若操作者仅有检索的需求，但缺乏检索的技能，势必导致检索的结果大打折扣；反之，若操作者仅有检索的技能，没有检索的需求，检索结果可能驴唇不对马嘴。本文通过简化不同人员的需求、能力等情况进行评级，综合分析三者中负责类案检索的最优选择。

表2　类案检索操作者对比

人员类别	检索需求	检索能力	对案情了解程度	检索精力/时间
法官	高	低	高	低
法官助理	中	中	中	中
审管办	低	高	低	高

若由承办法官来负责类案检索的操作，虽然有较高的检索需求，但缺乏充裕的时间精力，且相较其他人员检索能力欠佳；若由审管办工作人员负责，虽然有比较充裕的检索时间并有较高的检索技能，但受制于对具体案情的了解程度不足及缺乏案件责任制的约束，检索效果亦不容乐观。相较于上述两者，法官助理作为目前草拟文书的主力军，具有类案检索的正向激励，同时对案情具备一定的了解程度，具备与承办法官及时进行案情和法律适用问题沟通反馈的便利条件，同时能力居中，应当成为目前类案检索最适宜的操作者。

（二）显示器：效力级与关联度的糅合

类案检索工具之智能化程度，直接决定了检索呈现的类案数量。类案检索后得到的案例精准度不高，未能直接契合承办法官的实际需求，是类案检索机制满意度不高的核心原因。这与各个案例数据库索引的标签化程度高度相关。有些检索平台，缺乏精准细化的检索标签或智能化程度不高，导致检索结果数量庞大，部分案例来源不明、层级不清，各数据库之间亦不进行共享，导致检索结果杂乱无章。检索工具的优化，应当主攻两个方向：一是对操作界面的优化，即从专业复杂到简单易行；二是对结果呈现的优化，即从海量无序到一目了然。

（三）运行器：映射与筛选的衔接

类案检索的操作流程，直接决定了类案检索工作的效率。在前述调查问卷中，有关于调查对象通常在何时执行类案检索动作的调查。结果显示，目前绝大多数检索操作系在庭审活动结束后至最终裁判前的时间段执行，少数会在庭前准备阶段就进行检索。诚然，随着关于案件事实调查的深入，法官可能在作出裁判前多次地执行类案检索动作，但以庭审为界，庭前和庭后的类案检索应当适当有所区别。

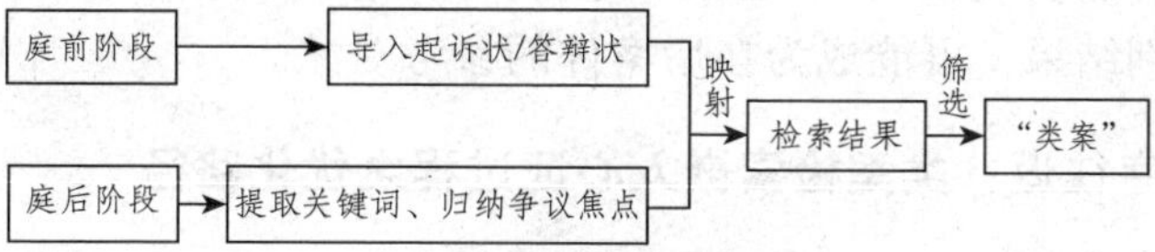

图7　类案检索操作基本范式

在目前的人工智能环境下，“有多少人工，才有多少智能”。在庭前，通常法官对于案件的了解程度还在最原始的状态，此时可以先通过直接导入起诉状等电子材料，映射出匹配的案件。庭后，随着法官心证的不断发展，法官对某一特定案件可能得出不同的争议焦点和关键词，需要法官将需求告诉法官助理，通过法官助理操作后得出映射后的案件。类案检索工具是以大量标签化、类型化的法律数据为支撑。检索工具的智能优化，结合操作者输入匹配度高、区别性强、限缩性好的检索内容后，形成真正有参考价值的“类案”。

（四）输出值：一致与分歧的处理

类案检索的结果运用，直接决定了类案检索机制的效果。若类案检索的结果，仅限于参考性，对最终裁判结果不具有任何强制约束力，类案检索机制必然被“束之高阁”。我国类案检索机制的“案例”并不能因为“先例”而否定“后案”，所有的检索活动依然应当在法官心证过程下进行。对于检索结果的运用，亦应当区分情况处理。

1. 高度一致型结果。虽然法律执业者存有个体差异，然而正是这些隐藏在个体之中的同质的思维方式和推理方式，特定的知识技能与执业经验成为法律职业共同体存在的基础。[①] 法官对于待决案件与类案在事实认定和法律适用上高度一致，该一致性观点毋庸置疑成为待决案件裁判结果。

2. 各执一词型结果。对于法官裁判结果与类案检索的裁判不一致之具体情形可能有很多种：可能在认定事实方面，亦可能在法律适用方面存在差异，可能在定量或定性上的区别，可能形成新的裁判尺度抑或改变已生效的裁判尺度。无论差异的原因几何，承办法官均应当制作类案检索报告。

3. 相互矛盾型结果。存在相互矛盾的类案时，无异于对承办法官造成最大的困扰。此时，类案的效力等级划分则凸显出其重要性。承办法官应当区别情况进行处理：若“先例”可以形成多数意见且效力层级较高，不一致的类案系独树一帜或屈指可数，可以比照“高度一致”结果进行处理；若在同一效力等级的“先例”之间相互矛盾且意见分散，则应当比照“各执一词”的结果进行处理。

4. 无类案参考型结果。随着新类型案件的不断涌现，对待决案件经过检索之后，可能发现没有“类案”可以作为裁判的参照物。此时，承办法官作出的裁判结果，可能成为在后案件的参考对象。

四、有序往返：类案检索嵌入心证过程之优化路径

类案检索机制的运行，本质上需要依赖承办法官的推理演绎，只是通过信息化技术将比对过程缩短。如何检索才能达到最优的效果？其中有两个关键环节，即“析出类似案件”和“析出裁判规则”。法官作出裁判，是一个心证不断发展的过程。[②] 类案检索嵌入法官心证是一个双向的过程。因此，如何在待决案件和类似案件之间有序往返，成为优化制度的必由之路。

分析待决案件──→寻找相关法律──→发现成文法空白──→
寻找类案──→检索以确定类案──→
演绎推理形成判决──→类比检验判决

图 8　类案检索嵌入法官心证过程图

（一）待决案件→类似案件：类案检索之识别技术

司法裁判是“判案法官审理本案过程中，在查明案件事实的前提下，通过一系列专业思维活动完成‘找法’，决定处理案件应适用的法律规范”

① 夏锦文：《法律职业化：一种怎样的法律职业样式——以司法现代化为视角的考察》，载《法学家》2006 年第 6 期。张海燕、赵贵龙：《论法律职业共同体的培育路径——以法官和律师关系为视角》，载《法律适用》2013 年第 11 期。

② 毕玉谦：《论庭审过程中法官的心证公开》，载《法律适用》2017 年第 7 期。

的过程。① 类案检索，应当首先将案例进行标签化处理并建立统一的平台以供检索，进而通过一定的步骤进行检索操作，以最终圈定具有参考价值的“类案”。

1. 类案的判断要素。类案的判断要素，决定了对检索工具中的所有案件进行标签化处理的技术方式。主要有两方面：一方面，是对基本案情的判断，应当重视识别“要件事实”。② 另一方面，是对法律适用的判断，应当从裁判所依据的“相关法条”和“关键词”两部分进行标签化，基本可以标识出类案的法律适用问题。

2. 建立统一的检索平台。目前的各检索平台之间并未统一检索口径且案例池资源并不共享，案例更新速度和扩容亦存在先后时间差。为了收集齐全的类案，需要检索人转换多个平台进行检索，结果又会出现重复，大大增加了检索人的工作量。真正的信息化，应当提高使用者的工作效率，而不是让使用者成为技术的奴隶。因此，建立统一的类案检索平台势在必行，该检索平台应当建立最大样本量的案例池并作为唯一的官方指定检索平台，兼具权威性、便捷性和科学性。

3. 类案识别的步骤。类案识别的过程性目标，一是将法官的心证映射至类案检索平台；二是不断地限缩类案的样本量，最终圈定的类案池应当是有限的类案数量。内在逻辑是通过“类比—演绎”模式，寻找并确定与待决案件类似的案例。其基本识别步骤如下图：

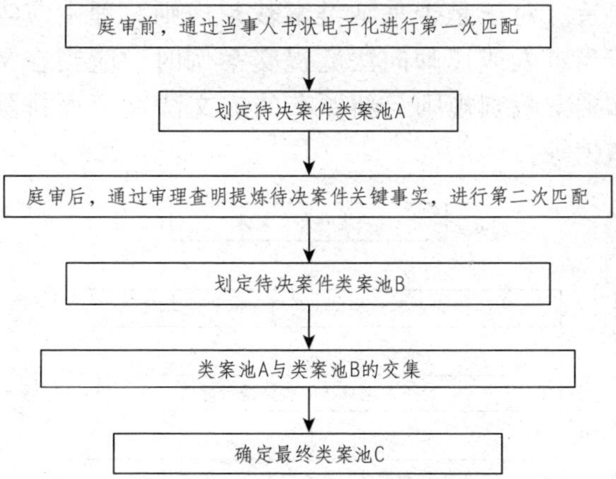

图 9 “待决案件→类似案件”图

① 董皞：《判例解释之变迁与重构——中国判例解释发展与构建之路》，中国政法大学出版社 2015 年版，第 323 页。

② 要件事实，指与法律三段论中大前提的构成要件相对应的事实。参见王利明：《法学方法论》，中国人民大学出版社 2012 年版，第 199 页。

（二）类似案件→待决案件：类案检索之适用规则

在选定了类案范围后，类案的应用亦需要相应的规则。其中，包括析出类案的裁判规则，确定类案的适用效力及最终确定待决案件裁判结果三个关键因素。

1. 先决条件：效力排序。通过检索确定了类案池 C 后，从结果呈现的角度，应当对案例按照一定规则的进行排序。目前，首先，应当明确设定类案的效力等级（图 9），赋予上位案例优于下位案例的约束力；其次，在同一等级的案例中，按照与待决案件的相似度进行排序。

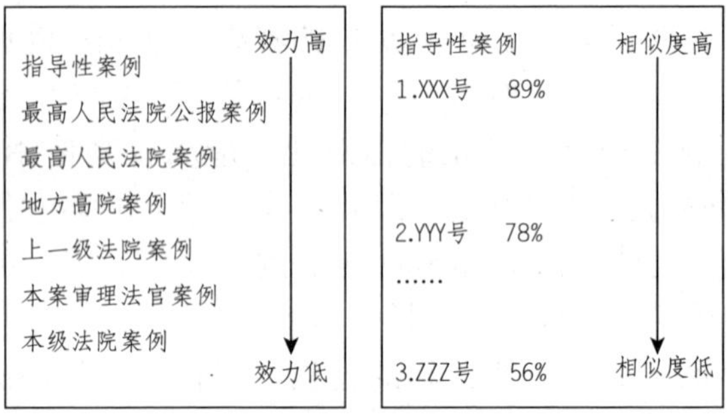

图 10 类案检索结果显示图

2. 析出规则：高度匹配。在确定了类案池 C 之后，应当将类案池 C 中的有限案例与待决案件一一进行重要性判断，并根据判断结果最终析出待决案件的裁判要旨。对于是否采纳类案裁判规则，理由应当在检索报告中进行说明。对于当事人或律师向法庭提交案例时，应当在文书中有强制回应的义务，例如类案裁判规则与新颁布的成文法冲突而排除适用或案例已被合法改判或撤销等。

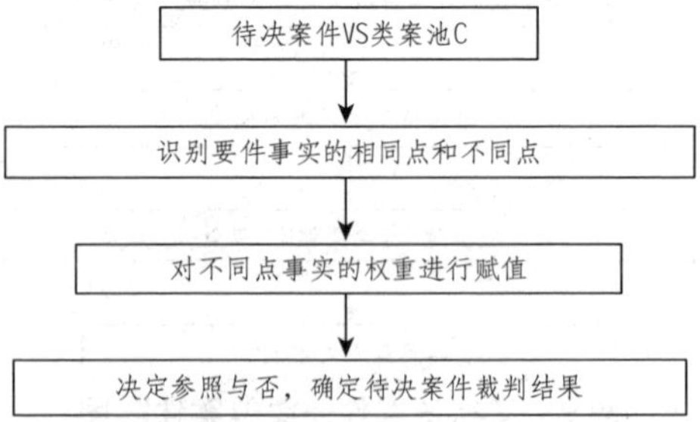

图 11 "类似案件→待决案件"图

3. 应用配置：强制报告。统一的类案检索报告，可以将类案检索的结果以最优化的形式呈现出来以供法官或审委会分情况进一步处理。本文所指的统一的类案检索报告，并非不分案件具体情况的硬性要求。对于需要提交专业法官会议研究或审委会讨论的案件，应当严格按照规范的格式提交详尽且一目了然的类案检索报告，同时制作案例目录并附上类案原文；对于在类案检索结果高度一致的情况下，法官可以在类案检索报告范本的基础上进行适当简化，将检索到的类案打印并附卷备查。

结 语

正义的实现，是两种趋势的妥协：一种趋势是将每一个案件都当作某一类案件中的一个，另一种趋势是认为每一个案件都是独一无二的。[①] 类案检索机制，以其求同的价值基础及无可替代的制度功能，为推进司法责任制改革提供了有效的路径。类案索通过嵌入法官心证的过程演绎，对检索人员—检索工具—检索流程—结果运用四个维度进行重构以真正实现其价值。

① ［美］本杰明·N·卡多佐：《法律的成长——法律科学的悖论》，董炯、彭冰译，中国法制出版社2002年版，第88～89页。

法官释法的逻辑与维度：同案不同判质疑的破局路径

——以知假买假请求惩罚性赔偿金案例为视角

刘燕槟* 钟健东**

引 言

近年来，随着司法公开不断深入，同案不同判问题也逐渐进入公众视野，对法官释法的透明度、规范度提出了更高的要求。为此，最高人民法院发布了《关于加强和规范裁判文书释法说理的指导意见》（以下简称《指导意见》），为法官适用法律说理提供了方法指引。然而，最高人民法院尚未对裁判辅助论据适用规则、法律解释方法运用规则、参照类案判例商谈程序等问题作出明确指引，下级法院法官在针对同案不同判质疑进行释法时缺乏明确指引。因此，亟待从法官释法的逻辑与维度，寻求同案不同判质疑之破局路径。

本文所称同案不同判①，是指相同或相似案件所获裁判结果不一致。本文所称法官释法②，是指法官综合运用多种方法阐明裁判结论的形成过程和正当性理由，实现事理、法理、情理的有机统一。本文以同案不同判之类型划分为起点，对法官释法的现状与困境展开深入研究，力求探讨防范化解同案不同判质疑之破局路径。

一、先决问题：同案不同判之类型划分

依据对相似案件的识别、对法律文本的解释、对法律漏洞的填补的差

---

* 作者单位：广东省广州市中级人民法院。

** 作者单位：广东省广州市中级人民法院。

① 官方文件并无同案不同判的统一定义。相关概念有“类案同判”（详见《最高人民法院关于加强建设智慧法院的意见》）、“与本院同类生效案件裁判尺度不一致”〔详见《最高人民法院司法责任制实施意见（试行）》〕。

② 官方文件并无“法官释法”的统一定义。此处定义系参照《最高人民法院关于加强和规范裁判文书释法说理的指导意见》的规定。

异，同案不同判可划分为三种类型。由于知假买假请求惩罚性赔偿金案例社会关注度高、案件数量多、覆盖地区广、法律适用及辅助性法源的援引多样化，对于同案不同判类型及法官释法情况的分析具有典型意义，故下文选取此类案例为样本展开分析。

（一）推理思维差异型同案不同判

该类型是指因普通社会公众与法官之间、法官与法官之间的逻辑推理思维存在差异而导致对相同或相似案件的识别产生分歧。

一是因法官之间逻辑涵摄差异而导致的同案不同判。成文法国家的法官通常是运用演绎推理的方式思考，借助逻辑涵摄将案件事实归属一法规范的构成要件之下。由于案件事实是思想加工处理后的结果，处理过程并已包含法的判断，[①] 法官之间对生活事实的剪裁和加工不同，故对相同或相似案件的识别可能存在差异。

二是因普通社会公众与法官之间推理方式差异而导致的同案不同判。普通社会公众大多运用类比推理的方式思考。但判例法上的类比推理是一个充满了技术性的法律推理过程，[②] 由于普通社会公众缺乏专业的案例区分技术，导致在辨别相同或相似案件时容易忽略部分事实。比如购买者主张应参照指导案例 23 号[③]，而法官基于购买者短时间内重复购买、分别起诉的事实，认为待决案件与指导案例 23 号并不完全类似。

（二）法律解释差异型同案不同判

该类型是指因解释对象的选择、解释方法的选择及运用具有多样性，导致产生同案不同判问题。

一是因解释对象（法律规范及其要件特征）的选择差异而导致的同案不同判。比如有的法官认为应适用《食品安全法》第一百四十八条第二款的规定，并对消费者的概念进行解释；有的法官认为应对上述条款中不符合食品安全标准的概念进行解释；有的法官认为不应适用上述条款，而应适用《消费者权益保护法》第五十五条第一款的规定。

二是因解释方法的选择及运用差异而导致的同案不同判。法官采用不同解释方法会得出不同结论，即使采用同一解释方法也可能得出不同结论。比如有的法官采用文义解释、目的解释方法，驳回十倍赔偿请求；有的采用文义解释、体系解释、目的解释方法，支持十倍赔偿请求；有的采用目

① ［德］卡尔·拉伦茨：《法学方法论》，陈爱娥译，商务印书馆 2003 年版，第 33 页、第 161 页。

② 邹碧华：《要件审判九步法》，法律出版社 2010 年版，第 33 页。

③ 指导案例 23 号的裁判要点：消费者购买到不符合食品安全标准的食品，要求销售者或者生产者依照《食品安全法》规定支付价款十倍赔偿金或者依照法律规定的其他赔偿标准赔偿的，不论其购买时是否明知食品不符合安全标准，人民法院都应予支持。

的解释方法，仅支持三倍赔偿。

（三）漏洞填补差异型同案不同判

该类型是指民事案件中因法官对法律漏洞的认定与填补的差异而导致的同案不同判。比如在持知假买假者属于消费者这一观点的前提下，若消费者在短时间内重复购买、分别起诉该如何处理，当前并无明确法律规定。有的法官认为属于法律漏洞，并依据诚实信用和公序良俗原则及《食品安全法》的立法目的，将多次购买行为认定为一次消费行为；有的法官将第一次购买行为认定为消费行为，其他购买行为按照买卖合同基础法律关系处理；有的法官则不认为属于法律漏洞，认为消费者分次进行诉讼并不违反法律规定。

二、实践检视：同案不同判质疑之释法现状

笔者在裁判文书网随机抽取了100则知假买假请求惩罚性赔偿金案例，深入剖析法官释法现状，发现法官在应对“同案不同判”质疑时存在以下问题。

（一）对裁判辅助论据的引用缺失与单一

《指导意见》第十三条对法官可以用于论证裁判理由的论据进行了规范。当前法官在裁判文书中引用辅助论据呈现出以下特点：

第一，辅助论据引用缺失。有的法官仅简单论述“从《消费者权益保护法》《食品安全法》的立法本意和宗旨来看，其目的在于保护消费关系中处于弱势地位的自然人，调整的范围也限于个人生活需要”，但从何处探寻“立法本意和宗旨”难以为当事人所知。有的案件系二审改判案件，但二审法院仅引用《食品安全法》之规定，而对于一审法院关于知假买假行为“与《食品安全法》的法律价值和立法精神不符”等裁判理由未重点回应。在100则案例中，并未发现引用立法说明等立法材料的裁判文书。

第二，辅助论据引用单一。引用的辅助性法源以来自最高人民法院的论据为主。比如有的引用了最高人民法院发布的指导性案例的裁判要点；有的虽然引用了高级法院、中级法院统一法律适用的文件内容，但并未指明出处。在100则案例中，引用指导性案例的占5%，引用其他论据（含隐性引用本院或上级法院的会议纪要、实施意见、通知、解答等统一法律适用的文件）的占16%（详见图1）。

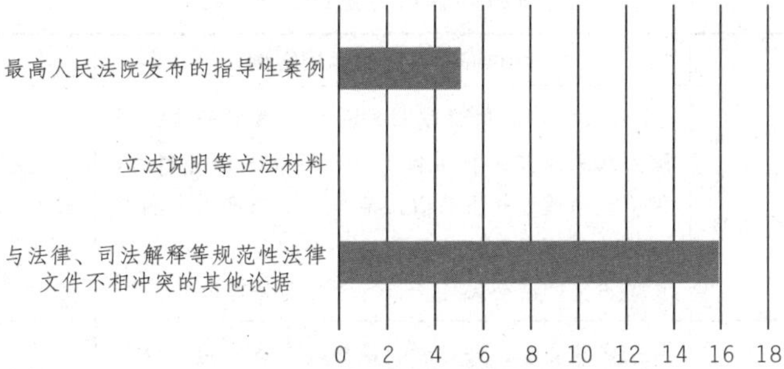

图1　法官对裁判理由论据的引用情况

（二）对法律解释方法的选择运用失范

《指导意见》第七条明确了法官适用法律和阐明法律含义的说理要求，与法律解释密切相关。司法实践主要运用以下几种解释方法：文义解释、历史解释、目的解释、体系解释。[①] 当前法官对法律解释方法的选择与运用呈现出以下特点：

第一，没有运用法律解释方法阐明争议问题。表现为仅指出法律规定并称案件事实符合或不符合法律规定的构成要件，但未阐明知假买假者是否具有消费者身份这一争议问题。在100则案例中，有90则属于法律解释差异型“同案不同判”。其中，13.33%的裁判文书没有运用法律解释方法对前述身份认定问题进行说理。

第二，对法律解释方法的选择与运用问题。在90则法律解释差异型同案不同判案例中，针对知假买假者是否具有消费者身份的问题，86.67%的裁判文书运用了文义解释方法，46.67%运用了目的解释方法，12.22%运用了体系解释方法，没有运用历史解释方法的裁判文书（详见图2）。值得注意的是，同样运用目的解释可能得出不同的结论（详见表1）。

图2　法官对法律解释方法的选择与运用情况

① 胡仕浩、刘树德：《裁判文书释法说理：类型划分与重点聚焦——〈关于加强和规范裁判文书释法说理的指导意见〉的理解与适用（中）》，载《人民司法》2018年第28期。

表 1　　法官对目的解释方法的运用情况

案号	目的解释方法的运用案例	结论
江苏省盐城市中级人民法院（2017）苏09民终4495号民事判决书	《食品安全法》的立法目的是保证食品安全，保障公众身体健康和生命安全，禁止制假售行为，但不鼓励通过知假买假而牟利……当事人牟利的目的已非常明显，如果判决支持该诉求，必然助长了不良的社会风气，该行为应为法律所禁止	驳回十倍赔偿的请求
成都高新技术产业开发区人民法院（2016）川0191民初4398号民事判决书	从平衡消费者、经营者、销售者各方利益，以及追求最优社会层面考虑……合理的惩罚梯度是形成法律有效调节社会生活的必要条件，不加区分地进行相同惩罚将导致惩罚的无效率，同时淡化法律惩罚的核心和重点	支持三倍赔偿之法律责任
山东省青岛中级人民法院（2019）鲁02民终263号民事判决书	法律规定成功的打假者有权主张惩罚性赔偿金，表明法律鼓励打假，打假是好事，打一次假是好事，打十次假不可能变成坏事……每一起消费者针对经营者经营不符合食品安全标准的食品的行为提起的诉讼，都会或多或少促使经营者更加重视食品安全，促使消费者更加关注食品安全，进而使法律的规定得到进一步的落实	支持十倍赔偿的请求

（三）对参照案例主张的回应问题

随着裁判文书公开不断深化，当事人在追求诉讼利益最大化的动因之下运用案例论证和强化诉讼主张的现象正悄然兴起。然而，法官对此的回应有以下特点：

第一，回应意愿较低。在100则案例中，有17则的当事人主张参照案例，且以提交上级法院、相同法院、相同当事人或者关联案件的案例居多，而法官对此予以回应的仅占17.64%。即使对此回应的裁判文书，也往往以“案与案之间案情有所不同，因而法律适用会有所区别”“并非指导性案例”等简单回应居多。笔者对G市两级法院共52名法官进行了访谈，针对是否应当回应当事人参照案例的主张，37名法官（71.15%）认为要视情况而定，并非必须回应；15名法官（28.85%）表示应当回应，其中4名法官（7.70%）认为应当详细阐述，其他法官（21.15%）认为只需简单回应。

第二，回应规则问题。司法实践中，当事人提出参考案例主张后，往往面临两种情况。一是当事人在法庭调查中将案例作为证据提交，而法官认为相关案例不属于民事证据并向当事人释明，当事人遂不再将案例作为证据提交，法官在后续程序一般不再就相关案例听取各方当事人的意见。另一种是当事人将案例作为法律适用的参考材料提交给法庭，法官在法庭辩论阶段归纳争议焦点时虽已提出争议的法律适用问题，但未明确提出案例的参考价值问题，对方当事人简单以不适用案例回应或者不对案例的参考价值发表意见。

三、追根溯源："同案不同判"质疑之释法困境

"同案不同判"质疑的化解有赖于法官对裁判结论的形成过程和正当性进行充分、规范的释明。然而，当前法官释法的透明化、规范化程度不高，这既有裁判辅助论据的适用规则不明、法律解释方法的选择运用失范的因素，也有参照类案判例的商谈程序缺失的因素。

（一）裁判辅助论据的适用规则问题

虽然《指导意见》第十三条列举了一系列辅助论据，并设置了兜底条款，但在司法实践中，法官较少引用辅助论据，即使引用时也更倾向于选择来自最高人民法院的论据，而较少使用立法说明等立法材料和其他论据。

一是因为"立法材料"公开有限、内涵模糊。立法说明是法律草案说明的一种通用提法，是立法活动中形成的重要法律文件。[①] 立法过程中形成的记录、文件资料等以及参与立法者出版的书籍都成为历史解释的依据。[②] 然而，立法草案说明、立法过程中形成的记录、文件资料虽是公认的立法材料，但并非都向社会公开。此外，参与立法者的书籍文献是否属于立法材料，目前存在争议。有观点认为，参与立法者的个人意见，不能作为审理的法律依据。[③] 且考虑到参与立法者书籍文献数量较多，法官为避免解读错误，极少引用此类材料。

二是辅助论据的外延、适用条件、说理效果不清。有学者指出，兜底条款中的其他论据的范围很广，在实务中大量存在，比如部门规章、会议纪要等，只要不与法律、司法解释等规范性法律文件相冲突，就可以在裁判中用来说理，以提高裁判结论的正当性和可接受性。[④] 由此看来，似乎各地法院为统一法律适用出台的文件，甚至是法院系统以外单位的文件，比如用于论证社会效果的实证分析报告，都可以作为辅助论据引用。然而，目前对于辅助论据的外延、适用条件、说理效果均并无明确规范。在对法律法规具体条文存在多种理解和认识时，法官为确保符合"在专业认知范

---

① 胡仕浩、刘树德：《裁判文书释法说理：规范支撑与技术增效——〈关于加强和规范裁判文书释法说理的指导意见〉的理解与适用（下）》，载《人民司法》2018 年第 31 期。

② 胡仕浩、刘树德：《裁判文书释法说理：类型划分与重点聚焦——〈关于加强和规范裁判文书释法说理的指导意见〉的理解与适用（中）》，载《人民司法》2018 年第 28 期。

③ 详见江苏省高级人民法院（2018）苏民申 353 号民事裁定书。

④ 胡仕浩、刘树德：《裁判文书释法说理：规范支撑与技术增效——〈关于加强和规范裁判文书释法说理的指导意见〉的理解与适用（下）》，载《人民司法》2018 年第 31 期。

围内能够予以合理说明"[①] 的要求，避免案件被认定为错案，更倾向于不引用辅助论据，或者仅运用来自最高人民法院的论据。

（二）法律解释方法的选择运用问题

虽然《指导意见》第七条明确了法官适用法律和阐明法律含义的说理要求，但裁判文书中未运用法律解释方法阐明争议问题，或者对法律解释方法的选择与运用失范的现象时有发生。

一是因为法律解释方法的价值未得到充分重视。当前，学者对法律解释考虑的因素或方法有不同的称谓与分类，而《指导意见》亦未明确法律解释方法及其运用规则。在"同案不同判"难以避免的情形之下，法官为兼顾依法裁判与个案正义两大目标，往往以形式推理为表象掩盖实质推理的真相，表现为仅指出法律规定并称案情符合或不符合法律规定的构成要件，但对于不确定概念的具体化及法律规范的选择适用不进行阐明。这就导致了法官似乎已经在裁判文书中进行说理，但社会公众仍对裁判结果的形成过程产生怀疑，法律解释方法在化解"同案不同判"质疑中的作用未得到充分发挥。

二是因为法律解释方法的运用规则未得到规范。大多数法官均重视文义解释，但对其他法律解释方法的选择运用则呈现出较大差异。有学者指出，目前在食品领域的知假买假案件中，相关法律法规的态度明确，即支持食品领域因食品质量问题产生的"知假买假人"的索赔权利，该价值判断应被贯彻在案件的适用中。在制定者已经进行过价值判断和利益衡量的前提下，司法者不能进行二次的价值判断和利益衡量，否则将会架空法条和制定者。[②] 然而，由于法律解释方法的运用规则空白，实践中，法官仍较少运用历史解释方法，更倾向于目的解释方法，考量法律规范所要达到的效果，使之适应社会需求。即使是认为知假买假者属于消费者的法官，也鲜有使用历史解释方法。

（三）参照类案商谈程序问题

对于当事人提出参照案例的主张，部分法官呈现出回应意愿较低、回应规则混乱的问题。

在访谈中，当问及为何不愿意对当事人提交的判例进行充分回应时，在认为无需详细回应的48名法官中主要有三种观点：（1）我国并非判例法国家，若案例并非指导性案例，不必回应（占79.17%）；（2）大多数当事

---

① 《最高人民法院关于完善人民法院司法责任制的若干意见》第二十八条规定。

② 曹明哲：《"以小博大型"消费索赔模式之辨——兼论消费诉讼领域的司法裁判方法》，载《法律适用》2017年第14期。

人所提交案例并非类案，参考价值不大（占 60.42%）；（3）即使属于类案，但因缺乏参考类案的规则，难以予以详细回应（占 22.92%）。换言之，主要原因有以下两点：

一是因为案例相关度的区分准则空白。在案例相关度的区分准则仍属空白，当事人提交的案例范围较广、参考价值不明晰的情况下，法官往往不愿意阐明对相关案例的真实观点，化解“同案不同判”质疑的意愿有待提高。二是因为案例参考价值的商谈程序缺失。由于大陆法系国家不奉行遵循先例原则，法官既无须在其判决中适用、识别和推翻先前判例，又无须对以前的判例作长篇大论的论述，当事人无论在法庭审理中、还是裁判文书中均无从得知法官是否参考其提供的案例。

四、励精图治：同案不同判质疑之破局路径

应对同案不同判质疑，既需要转危为机的高招，更需要防范风险的先手。因此，亟待从细化裁判辅助论据的适用规则、规范法律解释方法的运用规则、构建参照判例的商谈程序等多维度着力。

（一）细化裁判辅助论据的适用规则

由于裁判辅助论据的适用规则不明，法官较少引用辅助论据，即使引用时也倾向于选择最高人民法院的论据，而较少使用立法说明等论据，不利于同案不同判质疑的化解，亟待明确裁判辅助论据的适用规则。

首先，明确裁判辅助论据的具体范围。一是明确立法材料包括立法草案说明、立法过程中形成的记录、文件资料、法工委编撰出版的法律释义等以及立法者的书籍文献，并对立法、司法机关认可的“立法材料”在统一渠道予以公布。法律的制定或修正，应附详细立法理由，会议记录若能择要整理刊行，对于法律解释适用，当有重大助益。[①] 实践中，由法工委编撰出版的权威法律释义包含有大量立法信息，对法院裁判时理解立法原意、明确法律的具体含义具有重要意义。[②] 对于立法材料在统一渠道予以公布，有助于法官探寻立法目的、合理使用立法材料，避免法官因甄别困难而选择弃之不用。

二是将本院或上级法院统一法律适用的文件以及相关实证分析报告等材料纳入裁判辅助论据范围。一方面，明确能够将各地统一法律适用的文件作为辅助论据引用，既有利于提升适用法律的透明度，减少因地区差异而引起的“同案不同判”质疑，也有利于把游离于目前规范性文件监督体

---

① 王泽鉴：《民法思维：请求权基础理论体系》，北京大学出版社 2009 年版，第 179 页。

② 许聪：《法律释义司法应用的实证研究》，载《西南政法大学学报》2017 年 12 月。

系并且实质上影响公民权利和义务的文件纳入监督的范围。[①] 另一方面，对社会因素及其后果的考量，很可能会影响到法官就法律问题作出的判断，但它们属于法的发现的过程，在法的证立的层面上，法官还需对实际上作出的判断进行合理化以证明其是“正确的”。[②] 考虑到法官审理案件的时限、法官的社会学知识局限等问题，法官也并非一定要直接进行社会实证研究，他可以借助社会学的研究成果。[③] 法官若在运用目的解释时考虑社会效果的实证分析并予以披露，有利于提升法官释法的合理性和客观性，化解“同案不同判”质疑。

其次，明确裁判辅助论据的适用条件及说理效果等级。按照裁判辅助论据的说理效果，可区分优先顺位如下（详见表2）：

表2　**裁判辅助论据的说理效果顺位**

效果等级	裁判辅助论据类型
顺位一	最高人民法院发布的指导性案例，在待决案件的基本案情和法律适用方面与其相类似时应当参照
顺位二	最高人民法院发布的非司法解释类审判业务规范性文件
顺位三	立法说明等立法材料以及其他采取历史解释、体系解释方法时使用的材料
顺位四	统一法律适用的文件（本院或上级法院的会议纪要、实施意见、通知、解答等）
顺位五	公理、情理、经验法则、交易习惯、民间规约、职业伦理；采取比较法解释时使用的材料；法理及通行学术观点；与法律、司法解释等规范性法律文件不相冲突的其他论据

（二）规范法律解释方法的运用规则

由于法律解释方法的选择运用失范，裁判文书中没有运用法律解释方法阐明争议问题，或者对法律解释方法的选择与运用混乱的现象时有出现。为有效化解“同案不同判”质疑，亟待对法律解释方法的运用规则予以规范。

首先，明确法律解释方法包括文义解释、历史解释、目的解释、体系解释等典型方法。对法律规范的选择、法律含义的理解存有争议的，法官应当综合运用法律解释方法进行阐明，以发挥法律解释方法在化解“同案不同判”质疑中的重要价值。

其次，关于法律解释方法的位阶问题，虽然理论界众说纷纭，但普遍

① 黄金荣：《“规范性文件”的法律界定及其效力》，载《法学》2014年第7期。
② 雷磊：《反思司法裁判中的后果考量》，载《法学家》2019年第4期。
③ 王利明：《法律解释学》，中国人民大学出版社2016年第2版，第297页。

认为法官不可以任意选择一种解释方法以支持其论点。[①] 由于当前司法实践中存在过度使用目的解释方法，而忽略体系解释、历史解释方法的倾向，因此需要通过明确运用规则以达成各项法律解释方法相互补足、共同协力的效果。

笔者认为，第一，应明确运用规则如下：（1）依据文义解释方法确定解释的范围；（2）在采用文义解释方法有多种解释结果存在的可能性时，应运用体系解释和历史解释方法，以探求法律规范意旨：①在使用体系解释、历史解释方法仍不能澄清法律规范上的疑义时，应运用目的解释方法进一步探寻法律规范意旨；②在使用体系解释、历史解释方法已初步澄清法律规范上的疑义时，应运用目的解释方法加以检验、确定。如运用目的解释方法所探寻得的解释结果与之相悖的，应考虑立法的时间、社会变迁的程度等因素作出选择（详见图3）。[②] 值得注意的是，历史解释与体系解释具有一定的联系，[③] 在实践中两者之间极少发生解释结果的冲突，无需强调二者之间的位阶关系。

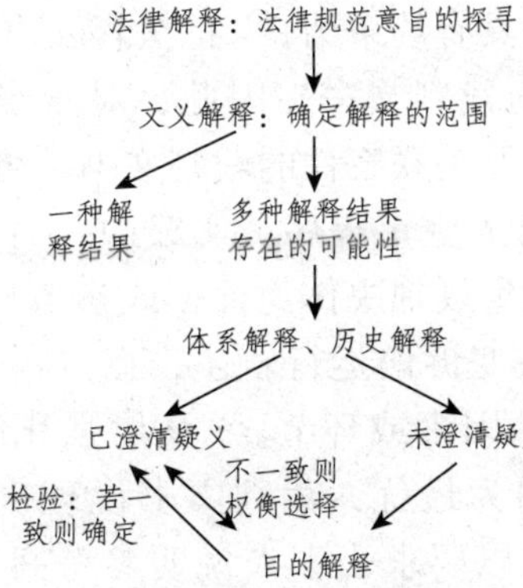

图3 法律解释方法运用规则示意图

第二，当运用目的解释方法所探寻得的解释结果与采用体系解释、历史解释相悖时，推动法官对主流价值观的识别与衡量趋向统一，是减少同案不同判的重要途径。然而，当前不同法院的法官之间缺乏理性互动平台，亟待构建法院系统内部裁判意见交流平台，为法官及时探讨同案不同判问题，理性修正法律适用观点提供支持。具体可在当前类案智能推送等平台的基础上，配套提供裁判意见交互功能。法官可以就平台推送的案例及裁

① 王泽鉴：《民法思维：请求权基础理论体系》，北京大学出版社2009年版，第189~190页；梁慧星：《民法解释学》，法律出版社2015年第4版，第247~248页。

② 王泽鉴：《民法思维：请求权基础理论体系》，北京大学出版社2009年版，第189~190页；梁慧星：《民法解释学》，法律出版社2015年第4版，第247~248页。

③ 王利明：《法律解释学》，中国人民大学出版社2016年第2版，第254页。

判文书是否属于类案进行评分，添加标签，发表对裁判理由及结果的意见。法官之间可以将意见进行展示、点赞或反对，促进法官对法律解释方法，尤其是目的解释方法的运用趋向统一，以推动不同区域间“同案不同判”问题的有效化解。

（三）构建参照类案的商谈程序

由于参照类案案例的商谈程序缺失，对于当事人提出的参照案例主张，法官呈现出回应意愿较低、回应规则混乱的问题，故亟待构建参照类案的商谈程序，并通过指引、考核、评查等机制予以保障，以搭建法官与当事人沟通的桥梁，化解“同案不同判”质疑。

一是为当事人提供诉讼指引服务。在当事人提交案例时，法官应通过诉讼指引告知书等方式向当事人释明，案例并非我国的法律渊源，如需提供案例供法院参考，应提供相关度较高的案例，并提交说明案例与待决案件的异同及参考理由的书面材料。关于案例相关度的界定问题，由于上级法院在先判决对下级法院处理同类案件具有约束力，同一法院的在先判决对其以后的同类案件判决具有约束力，[①] 且法官在审理案件时一般还会参考相同当事人或关联案件的裁判文书，因此，对于当事人提交的相同法院、上级法院、相同当事人以及关联案件的裁判文书，可认定为相关度较高。

二是将“讲案例”融入庭审程序。实践中，当事人时常向法院提出遵循案例的要求，并将类案生效判决作为证据或参考材料向法院提供。[②] 案例的运用在一定程度上会改变诉讼运行轨迹，在“讲事实”“讲法律”的同时，增加了“讲案例”的因素或环节。[③] 从增强化解质疑的效果的角度来看，以法官在庭审中释明为最优，裁判文书说理次之，判后答疑为最后。在庭审中，首先，法官可以要求当事人说明参考案例的理由，并在交换案例的基础上对相对方所提交案例的参考价值发表意见。其次，法官可以通过释明不参照案例的理由或者援引当事人提交的案例，促使当事人明确争议焦点、调整诉讼预期、增加和解意愿，填平法官与普通社会公众对“相同或相似案件”认识之间的鸿沟。即使在多个案例的裁判结果不一致时，诉讼主体也能够在不同案例中进行比较，并据此权衡选择自己的诉讼行为。案例对引导当事人自觉服判亦会起到重要作用。[④] 反之，如果法官仅在裁判文书中、甚至在判后答疑时才回应当事人，可能导致来自法官的“突袭性裁判”，降低当事人对裁判结果的接受程度。

---

① 北京三中院课题组：《论我国司法裁判中的判例遵循》，载《法律适用》2018 年第 8 期。
② 北京三中院课题组：《论我国司法裁判中的判例遵循》，载《法律适用》2018 年第 8 期。
③ 顾培东：《判例自发性运用现象的生成与效应》，载《法学研究》2018 年第 2 期。
④ 顾培东：《判例自发性运用现象的生成与效应》，载《法学研究》2018 年第 2 期。

三是将“讲案例”回归到法律适用的商谈与论证。除指导性案例外，法官最终参照的并非案例，而是案例中对法律适用及法律含义的理解。因此，法官应引导当事人将“讲案例”回归到法律适用的商谈与论证。交谈合理性在于强调最终解释结论是某种合理而客观的过程或程序的结果，强调法律传统、法律职业共同体等因素对解释活动的制约作用，强调解释者对其解释的判断的理由作出说明和展示的责任。① 具体而言，在推理思维差异型“同案不同判”情形，法官应着重提示当事人待决案件与案例的差异；在法律解释差异型“同案不同判”情形，法官应引导当事人提出历史解释方法所需的立法材料、目的解释方法所需的实证分析报告等材料，并进行充分的辨法析理；在漏洞填补差异型“同案不同判”情形，法官应引导当事人对法律漏洞的认定、对类推的适用、习惯的确认、法律原则的运用、立法目的的查明进行充分商谈，以辨明方法运用的可取性。

结　语

法律解释是使法律语言从模糊走向明确的必经之路。通过构建一套可言说、可交流、可检验的规则选择与法律论证机制，有助于维护法的安定性，提升法律适用的科学性与客观性，增强裁判结果的可预期性，从而有效防范化解同案不同判质疑，切实提升司法公信力。

① 张志铭：《法律解释原理》（下），载《国家检察官学院学报》2008 年第 2 期。

尊让与规治：厘定司法介入“学术自治”的边界与深度

——基于136份学位授予纠纷行政裁判文书的分析

黄文利* 李 婷**

学位授予行政诉讼中的司法审查，是通过司法促进高校治理法治化的重要途径。最高人民法院发布的第38号指导性案例原型田某诉北京科技大学案，首次打开了我国高校行政诉讼之门，39号指导性案例首次提出了“学术自治”。本文拟以已公开的136份行政裁判文书和38号、39号指导性案例为研究基础，试图构建学位纠纷司法审查的基本框架。

一、裁判理由：司法介入学术自治的边界模糊

笔者于2019年8月30日在中国裁判文书网以“学位授予”为关键词搜索得到行政裁判文书172份，去掉无关的和重复上传的文书外，得到有效文书样本136份，其中判决书94份，裁定书42份，38号、39号指导性案例的判决书原文已包含在内。

（一）程序审查中的违法评价

1. 以程序审查为重心的裁判理由。高校纠纷在中国实践中逐渐形成重点审查程序和形式要件的基本态势。[①] 由于学位授予的程序缺乏明确的法律规定，大量判决中运用了正当程序原则，为了表述简便，本文中将明显程序违法和违反正当程序统称为“程序违法”。在94份学位授予纠纷判决书中，有21份高校败诉案件判决书（已经过删选去除一、二审重复案件），其中二审判决书13份，一审判决书8份。高校败诉的裁判理由分为三类：事实依据不足、适用法律错误、程序违法。其中，有的兼有两种或三种理由（见表1）。

---

* 作者单位：湖北省武汉市硚口区人民法院。

** 作者单位：湖北省武汉市硚口区人民法院。

① 周慧蕾：《再论大学自治权与学生权利的司法平衡——从我国司法实践切入》，载《法治研究》2018年第6期。

表 1　　高校败诉案件的主要裁判理由

序　号	事实依据不足	适用法律错误	程序违法（包括违反正当程序）	份数
1	√	√	√	3
2	√		√	6
3	√	√		1
4			√	5
5		√		3
6	√			3
合　计	13	7	14	21

2. 程序违法的两个阶段和七种事由。14 份程序违法判决书中，违法情节出现在两个行为阶段：（1）前置程序阶段；（2）评审程序阶段，主要有七类事由（见表 2），未依法送达和未听取陈述、申辩这两种情节出现频次最高。

表 2　　程序违法的两个阶段和七种事由

<table>
<tr><th>行为阶段</th><th>份数</th><th rowspan="8"></th><th>程序违法的情节</th><th>出现次数</th></tr>
<tr><td rowspan="3">①事实依据行为程序违法</td><td rowspan="3">4 件</td><td>①未送达或未书面送达</td><td>8</td></tr>
<tr><td>②未听取或未充分听取陈述、申辩</td><td>12</td></tr>
<tr><td>③未告知权利和救济途径</td><td>6</td></tr>
<tr><td rowspan="4">②学位评审过程程序违法</td><td rowspan="4">10 件</td><td>④学位评审过程不完整</td><td>2</td></tr>
<tr><td>⑤决定未盖章</td><td>2</td></tr>
<tr><td>⑥先决定后表决</td><td>1</td></tr>
<tr><td>⑦其他</td><td>1</td></tr>
</table>

3. 同类程序问题违法评价的类型化分析。除了高校败诉的案件之外，高校胜诉的案件中也存在着大量关于程序问题的判断，故在胜诉文书中选择了有同类程序问题的作比较。

（1）程序瑕疵与程序违法之分歧。表 3 中，对同样程序缺陷是否属于可治愈的程序瑕疵有不同意见。杨某与吉林师范大学案中，法院认为虽未书面送达决定但已在网站公布，属轻微程序瑕疵，但另两个案例中未送达被认定为程序违法。李某与华南理工大学案一审判决认为，虽在学位评审中未听取陈述、申辩，但在申诉程序中对该问题已补救，该案二审改判撤销决定，理由是不听取陈述、申辩，无法判断论文造假与博士学位撤销的关联性。

表3　　程序缺陷违法评价的类型

类别	案　　件	程序缺陷	违法评价
送达	杨某与吉林师范大学案〔(2015) 四行终字第12号〕	处分决定未书面送达，但在学校网站公布	轻微程序瑕疵
	张某某与江西中医药大学案〔(2014) 湾行初字第3号〕	未送达书面处理决定	程序违法
	张某与新疆医科大学案〔(2018) 新01行终208号〕	没有证据证明决定已送达	程序违法
陈述、申辩	李某与华南理工大学案〔(2017) 粤7101行初938号〕	未听取陈述及申辩，在事后申诉程序中听取了陈述、申辩	轻微程序瑕疵
	高某某与苏州大学应用技术学院案〔(2017) 苏0582行初56号〕	未听取陈述、申辩	程序违法
	于某某与北京大学案〔(2017) 京01行终277号〕	仅调查小组约谈一次，未提示可能导致学位被撤销的风险	违反正当程序
	栗某与中国海洋大学案〔(2017) 鲁0212行初91号〕	调查阶段仅允许原告提供了一份说明	违反正当程序

（2）程序违法对事实依据之影响。在同样存在未听取陈述、申辩的案件中，有的仅对程序违法进行评判，但不认为程序违法对事实产生影响。有的则认为听取陈述、申辩是事实调查的必经程序，未听取陈述、申辩将导致事实依据不足（见表4）。

表4　　程序违法对事实依据的影响

案　件	程序违法的情形	对事实依据的评判	结　论
高某某与苏州大学应用技术学院案〔(2017) 苏0582行初56号〕	没有履行对原告的告知义务 未听取陈述申辩	被告以受到留校察看处分为由拒绝授予学士学位事实清楚，依据充分	程序违法，事实依据充分

续上表

案　件	程序违法的情形	对事实依据的评判	结　论
张某与新疆医科大学案〔(2018) 新01行终208号〕	未听取陈述、申辩	留校察看处分不符合法定程序，据此取消学位授予资格决定的事实依据不足	
徐某某与华中农业大学案〔(2017) 鄂01行终27号〕	未送达处分决定并告知申诉权，但能证明原告已知晓因作弊受警告处分	《处分决定》程序违法，认定原告受警告处分不符合学士学位条件事实根据不足	
孙某某与运城学院案〔(2018) 晋08行终16号〕	对选修课不合格不记录、不通知，剥夺陈述和申辩权利	未按照正当程序记载考核结果，剥夺了陈述、申辩权，据此不授予学位事实依据不足	程序违法，事实依据不充分
王某某与广东第二师范学院案〔(2016) 粤7101行初2515号〕	未说明根据和理由、听取陈述及申辩 没有送达决定	作出学位决定没有事实依据	
李某与华南理工大学案〔(2017) 粤71行终2130号〕	没有听取陈述及申辩 没有说明事实根据和理由及拟作决定	论文专业性强，不听取陈述和申辩，无法判断论文造假与博士学位撤销的关联性	

(3) 程序违法对实体判断之干预。章某与沈阳航空航天大学案中①，法院认为教务处“先决定后表决”的行为，无法保证学位评审委员会在表决时能自由表达其意志，将“先决定后表决”的影响从程序违法延伸到学位评审的实体判断。

(二) 校规审查中的学术自治范围

在136份裁判文书中涉及作出学位授予或撤销决定依据的校规的处理分三种：(1) 合法性评价；(2) 选择适用；(3) 概念解释。

1. 学位授予要件中的学术自治范畴。如果将学位授予要件区分为品行要件和学术要件，对品行要件的审查思路有三种：(1) 属学术自治，不予审查；(2) 不属学术自治，合法性审查；(3) 不属学术自治，合法性、合理性审查。对学术要件的审查思路有两种：(1) 属学术自治，予以尊重；(2) 属学术自治，合目的性审查后予以尊重（见表5）。

---

① （案例）详见辽宁省沈阳市中级人民法院（2017）辽01行终335号行政判决书。

表 5　　高校校规学位授予要件中的学术自治范畴

类型	案　件	校　规	裁判理由	结论	审查思路
品行要件	张某某与北京科技大学天津学院案〔(2015)宝行初字第0089号〕	有留校察看处分记录的，属于不授予学士学位情形	不违反《学位条例》授予学士学位的原则性规定，高校对学生评价有自主决定权，应受司法的尊重	不违反上位法	属于学术自治，予以尊重
	田某诉北京科技大学案（指导性案例38号）	凡考试作弊的学生一律按退学处理、取消学籍	与《普通高等学校学生管理规定》第二十九条的法定退学条件相抵触	与上位法抵触	不属学术自治，合法性审查
	高某某与苏州大学应用技术学院案〔(2017)苏0582行初56号〕	有下列情形之一不授予学士学位：……3. 曾受记过及以下处分，经师生评议无明显悔改表现者	细化了“不遵守法律、校规校纪不授予学士学位”的规定，不违反上位法，充分体现不同程度违纪的不同后果，具有合理性	不违反上位法	不属学术自治，合法性、合理性审查
	王某某与华南农业大学案〔(2018)粤71行终297号〕	有下列情况之一不授予学士学位：（一）受记过以上（含记过）处分者	没有上位法依据。对情节以及悔改表现等不加区别，一律认定“品行不端”的合理性值得商榷	无上位法依据	
学术要件	何某某诉华中科技大学案（指导性案例39号）	达到下述水平，可授予学士学位：……（四）通过全国大学英语四级统考	在学术自治范围内，高校有权自主确定教学质量。不违反上位法规定	不违反上位法	属于学术自治，予以尊重
	蒋某某诉湘南学院案〔(2014)郴苏行初字第3号〕	下列条件可授予学士学位：6. 普通话水平测试达到学院要求（师范类、医学类达到二乙）	根据《语言文字法》第十九条、《湖南省实施〈语言文字法〉办法》第十八条，普通话二级乙等以上是获得师范类学士学位应掌握的基本技能	不违反上位法	属于学术自治，合目的性审查后予以尊重

2. 校规选择适用中的处理原则。在校规的选择与适用中，不同的案件采取了不同的处理原则。在汪某诉巢湖学院案中，法院认为适用原校规违背了平等原则，应适用有利于相对人的新校规。谢某某诉北京大学案中，法院认为不能一味采取有利于相对人的解释原则，应基于上位法保护的价值目的，适用不利于相对人的新校规（见表6）。

表 6　　对校规选择适用的处理原则

案　件	校　规	裁判理由	原则
汪某与巢湖学院案〔(2015) 合行终字第00087号〕	虽获准毕业，在校期间累计有五门或五门以上课程经过补考才及格者，不授予学士学位	原告2014年毕业时，巢湖学院的《细则》删除了旧《细则》中“累计有五门或五门以上课程经过补考才及格者，不授予学士学位”的规定。仍然以旧的规定为由不授予学士学位违背平等的法律基本原则	有利于相对人原则
谢某某与北京电影学院案〔(2018)京01行终614号〕	2015年版《学术不端处理办法》规定，检测文字总的复制百分比在30%（含）以上者……一年后重新申请学位。2016年版办法对相似比超过60%直接取消学位授予资格。上诉人抄袭著作相似比达66.4%，但该行为发生在2015年	将2015年版办法扩大适用到抄袭著作诚然对上诉人有利，其可以获得重新申请学位的机会。然而作为上位法的《学位论文作假行为处理办法》的目的是规范学位论文管理，推进建立良好学风。制定2016年版办法时对此修订。直接取消学位申请资格，非明显不当	符合上位法目的原则

3. 校规解释中的解释主体。对于不明确概念，有的尊重校方解释，有的却由法院进行了司法的解释。武某某与西安石油大学案中，法院认为补考成绩属于“重修”或“初修”，应尊重高校的学术自治权。秦某诉青岛大学案中，法院将“悔改表现”解释为受到留校察看处分之后没有继续出现类似行为（见表7）。

表 7　　对校规中不明确概念的解释

案　件	校　规	裁判理由	结　论
武某某与西安石油大学案〔(2018)陕71行终82号〕	不授予学士学位情况包括重修课程（环节）总学分高于40学分	原告认为其补考的28.5分不应计算在重修学分中。《实施细则》对补考学分是属于重修还是初修性质未作明确界定，但对其界定和解释均属于大学学术自治范畴，司法不应过多予以干预	尊重校方解释权
秦某诉青岛大学案〔(2016)鲁02行终273号〕	不予授予学士学位情况包括：因违纪受“记过”以上处分后无悔改表现者	本案中，被上诉人在校期间确因考试作弊受学校“留校察看”处分，但之后并没有再受到类似处分，不能证明被上诉人“无悔改表现”，不适用上述不予授予学士学位的规定	由司法机关作出解释

二、裁判结果：司法介入学术自治的深度参差

《行政诉讼法》并未真正确立诉讼类型制度，各种判决类型直接承载着权利救济的使命。[①] 21 份高校败诉判决中，撤销判决 3 份，确认违法判决 2 份，撤销、重作判决 9 份，确认违法、补救判决 2 份，履行法定职责判决 5 份，存在三个方面的争议。

（一）撤销判决与确认违法判决的选择适用

确认违法判决是不宜撤销或者判决履行职责时作出的，具有补充性、替代性。[②]《行政诉讼法》第七十四条确立了确认违法判决适用的具体条件。确认违法的理由可区分为没有撤销必要和无法撤销两种。表 8 中，武某某与西安石油大学案、李某与西安外事学院案均是高校未发出不授予学位的书面决定，但实际上作出了不符合学位授予条件的实体判断，这种情况仅是无可撤销的对象。因无撤销必要性而确认违法的仅有李某与华南理工大学案一审判决书（该案二审改判撤销决定），其认为虽在学位评定中未充分听取陈述、申辩，但事后申诉程序中予以了补救，该案二审对此观点予以否定，并改判撤销决定（见表 8）。因无撤销必要的确认违法判决不能使学生获得学位目的得以实现，应谨慎适用。

表 8　　判决确认违法的理由与结果

<table>
<tr><th colspan="2">类　型</th><th>案　件</th><th>裁判理由</th><th>判决结果</th></tr>
<tr><td rowspan="3">无法撤销</td><td>无可撤销内容</td><td>栗某与中国海洋大学案〔（2017）鲁 0212 行初 91 号〕</td><td>判决前被告已经自行撤销《撤销学位决定》</td><td>确认《撤销学位决定》违法</td></tr>
<tr><td rowspan="2">无可撤销对象</td><td>武某某与西安石油大学案〔（2018）陕 71 行终 82 号〕</td><td>被告未颁发学位证也未出具书面不授予学位决定违反正当程序</td><td>确认不颁发学士学位证书行为违法；60 日内召集学位评定委员会对学位授予条件重新审查</td></tr>
<tr><td>李某与西安外事学院案〔（2017）陕 71 行终 580 号〕</td><td>对不向原告颁发学位证书未作出书面决定</td><td>确认不颁发学位证书违法；60 日内召集学位委员会重新对授予学位条件评审</td></tr>
<tr><td>无撤销必要</td><td></td><td>李某与华南理工大学案〔（2018）粤 7101 行初 938 号〕</td><td>学位评定中未听取原告陈述、申辩，但事后申诉中听取了陈述、申辩，故无撤销必要</td><td>确认《撤销博士学位决定》程序违法</td></tr>
</table>

① 王贵松：《论我国行政诉讼确认判决的定位》，载《政治与法律》2018 年第 9 期。

② 梁凤云：《新行政诉讼法讲义》，人民法院出版社 2015 年版，第 448 页。

（二）有履行内容判决的明晰程度

履行法定职责判决大多数情况下履行事项与重作判决、补救判决表述基本相同，三者功能并无实质区别，故将以上都视为有履行内容的判决来一同分析。另外，实践中已经出现了“撤销＋履行实体义务（颁发学位证或授予学位）”这种新的判决类型，以下将重作判决、补救判决、履行法定职责判决共16份一并视为“有履行内容的判决”进行分析（见表9）。

表9　　有履行内容的判决

序号	案　件	履行内容	类型
1	王某某与广东第二师范学院案〔（2016）粤7101行初2515号〕	对原告学位申请重新作出回复	程序判决
2	王某某与华南农业大学案〔（2018）粤71行终297号〕	对是否颁发学位重新审查	请求贴合型程序判决
3	武某某与西安石油大学案〔（2018）陕71行终82号〕	召集学位评定委员会对是否具备学位授予条件重新审查	
4	章某与沈阳航空航天大学案〔（2017）辽01行终335号〕	对授予学位重新审查处理	
5	李某与西安外事学院案〔（2017）陕71行终580号〕	召集学位委员会重新对授予学位条件评审	
6	田某与北京科技大学案（38号指导性案例）	组织有关院、系及学位评定委员会对学士学位资格进行审核	
7	徐某某与华中农业大学案〔（2017）鄂01行终27号〕	作出是否授予学士学位决定	
8	秦某与青岛大学案〔（2016）鲁02行终273号〕	对是否授予学位重新组织学位委员会审议	
9	刘某某与中山大学案〔（2015）穗天法行初字第669号〕	重新作出授予学位的决定	
10	马某某与广东海洋大学案〔（2017）粤0891行初184号〕	对原告的学士学位资格进行重新审核	
11	张某某与江西中医药大学案〔（2014）湾行初字第3号〕	召集学位评定委员会对原告硕士学位资格进行审核	
12	高某某与苏州大学应用技术学院案〔（2017）苏0582行初56号〕	重新组织审核是否授予原告学位	
13	汪某与巢湖学院案〔（2015）合行终字第00087号〕	重新作出是否授予学位的决定	
14	汪某与巢湖学院案〔（2015）巢行初字第00022号〕	授予原告学士学位	实体履行判决
15	孙某某与运城学院案〔（2018）晋08行终16号〕	颁发学位证书	
16	杨某某与济南大学案〔（2011）济行终字第29号〕	履行颁发学士学位的法定职责	

有履行内容的判决其履行事项明晰度存在三个递进层次：（1）程序判决，即抽象的答复判决；（2）请求贴合型程序判决，回应原告诉请明确履行职责的内容、期限、方式等；（3）实体履行判决。一般案件采取诉讼请求贴合型程序判决，但表9中出现了三例直接判令高校颁发学位证、授予学位的实体履行判决（见表9的案例14、15、16）。其中，汪某与巢湖学院之间存在两次诉讼，第一次诉讼（案例13）法院判令撤销、重作，之后被告再次以不同规范性文件为理由认为汪某所修学分不符合毕业要件重新作出不授予学位的决定，第二次诉讼（案例14）法院判令撤销决定并直接授予汪某学位，案例14不仅考虑了裁量余地，还充分给予了校方首次判断权行使机会。而在孙某某诉运城学院案（案例15）中，被告不授予学位的理由为一门选修课无成绩记载，诉讼中查明该门课程考核方式为提交课程笔记，原告提交了笔记，法院认定孙某某符合学位授予要件。杨某某诉济南大学案（案例16）中，法院调取的《学业成绩表》记载其课程和毕业论文均合格，校方未提供其学术水平不符合学士学位授予条件的证据，故认定杨某某符合授予学位条件。案例15、16是根据争点事实固定来认定原告符合学位授予条件。以上体现了“回应争点”和“尊重行政首次判断权”两种思路。为了防止实体履行判决的适用对学术争议判断权形成过分干预，有必要对实体履行判决的适用范围进一步剖析。

三、问题源流：学术权力与行政权力的二元治理

学位授予纠纷裁判标准的争议根源在于学位授予评价行为中蕴含着学术权力和行政权力共同运行的现象。

（一）权力结构：学术权力与行政权力的交织

在权力结构上，高校中包括学位授予在内的活动方方面面受到高校组织结构中学术权力与行政权力二元治理结构的影响。学位授予纠纷的根源是学术权力和行政权力的制衡机构不足。高校职能包括学生教学管理的行政性事务和学术研究与评价专业性事务。在高校内部治理中，学术权力和行政权力是相应的两项最基本权力，学术权力运行方式具有自主性、松散性，行政权力运行方式具有科层性、强制性。[①] 在学术权力与行政权力的二元治理结构上衍生出学位评审过程二阶段性、学位要件双重性、校规规范混合性的特征。

---

① 董云川、罗志敏：《学术与行政的关系：以高校治理事务为中心》，载《重庆高教研究》2016年第4期。

（二）制度结构：学术评价与行政管理的行为延续性

在制度结构上，作为学位授予评价事实根据的行政管理中的违纪处分行为与学位授予行为具有延续性。有学者将高校对学生惩戒区分为学术性惩戒和非学术性惩戒，身份性惩戒与非身份性惩戒，身份性惩戒影响在学关系的变化。[①] 只有当违纪处分达到一定程度时，才能纳入司法救济范围。由于违纪处分具有负担性，应当有明确的裁量基准。学位授予行为在实践中有的案件作为行政许可对待，有的案件作为行政确认对待。学位授予行为具有授益性，又由于涉及司法机关无能力评价的专业知识领域，“司法机关不能代替学术委员会的专业判断”[②]，因此其裁量余地大于违纪处分行为。基于学位评审过程的二阶段性特征，对于学位授予行为的整体性审查实际上包含了两种不同的判断基准。

（三）规范结构：学位授予要件的评价标准不明确

在规范结构上，学者徐靖认为：“法规范授权的管理行为属行政行为。是否授予学位以及评价标准高低是学术自主权判断行为。”[③] 但实践中并非如此绝对，对于学术标准，有的案件中法院直接在两种不同的学术成绩要件中对校规进行选择适用，有的案件认为行政管理中的违纪处分中的学术不端属于强专业领域问题不予审查。朱芒教授将高校的校规区分为“介入性”规范和“自主性”规范。[④]“自主性”规范和“介入性”规范在个案中往往是难以区分的。学者张亮将学位授予要件分为品行要件、毕业要件、学术要件。[⑤]《学位条例暂行办法》第三条规定了符合毕业条件是学位授予的前置性要件，但毕业要件既包含学术要求，也包含品行要求。关键问题不仅是如何对校规中的学位授予要件进行分类，还要比较如何分类便于司法审查评价。

（四）裁判规则：游离于指导性案例外的裁判规则未确立

最高人民法院发布了38号、39号指导性案例，但游离于指导性案例要旨之外的“其他地带”问题和“混合要件”的裁判规则尚未确立。“其他地带”是指不影响在学关系的开除学籍以下的违纪处分行为作为限制要件的情形，“混合要件”是指学术不端等既包括学业能力也包括学术伦理的混合事项。此外，已发布的指导性案例对判决履行内容明确程度问题未有涉及。

---

① 魏海深：《司法权介入高校内部治理的类型与强度》，载《河北法学》2018年第12期。

② 江必新：《法律行为效力：公法与私法之异同》，载《法律适用》2019年第3期。

③ 徐靖：《高校校规：司法适用的正当性与适用原则》，载《中国法学》2017年第5期。

④ 朱芒：《高校校规的法律属性研究》，载《中国法学》2018年第4期。

⑤ 张亮：《高校学位授予要件之区分审查论——对指导性案例39号的质疑与反思》，载《行政法论丛（第19卷）》，法律出版社2016年版，第225页。

（五）解题思路：确立司法介入学术自治的分析框架

学位授予须在我国国家学位制度的制度传统下运行，不能免除其合法化要求。能促进自治行为获得合法化的评价标准存在两个维度：（1）意识形态的维度；（2）仪式的维度。仪式的维度指向学术评价活动的程序公开与程序正当和权利有所救济。社会学家涂尔干指出，仪式加强了个人和他人所在群体的联结。意思表示是法律行为的核心要素。“学术自由并非毫无边界，其必须恪守学术固有规则与学术自由内在界限：（1）遵循学术研究被承认的普遍规则；（2）防止权力滥用。”[①] 审理这类案件的重点、难点在于如何既遵守学术活动普遍内在界限，同时防止学术权力和行政权力滥用，应从权力结构、制度结构、规范结构、裁判思维四个方面建立司法介入学术自治的整体分析框架（见图1）。

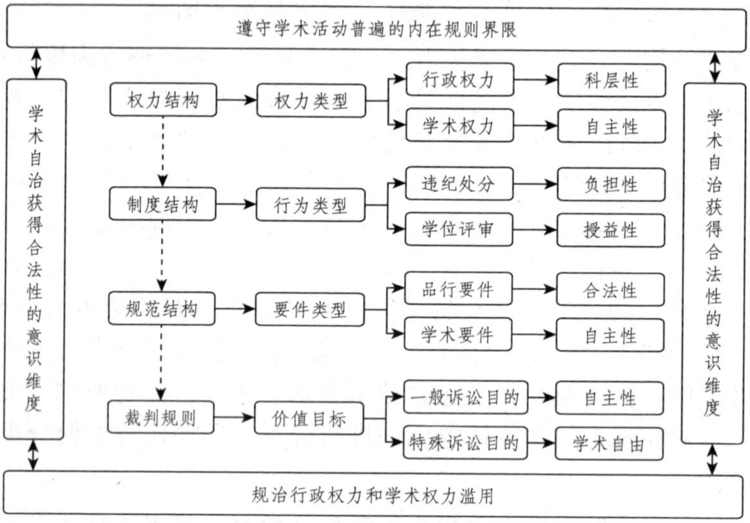

图1　司法介入学术自治的整体分析框架

四、路径指引：厘定司法介入学术自治的边界和深度

仅秉持学术尊让的谦抑化裁判路径并不能使学术评价获得真正自由，应当准确厘定司法审查介入学术自治的边界和深度。

① 姚荣：《重申学术自由的内在与外在界限》，载《高校教育管理》2019年第2期。

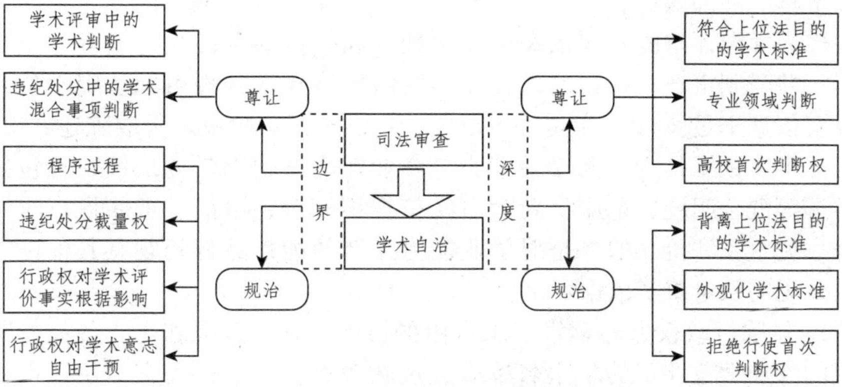

图2　司法介入学术自治的边界与深度

（一）司法与学术自治的边界：确定合法性审查范围及原则

1. 明确不可治愈程序违法的范围。“获得公平听证权”是正当程序原则的核心要旨，这一权利以陈述、申辩为重心，而又进一步向程序的四周延伸。对于行政程序瑕疵，一般认为，“行政行为证据确凿，适用法律法规正确，仅有轻微程序瑕疵，对原告权利不产生实际影响的，可以判决确认违法。”① 有的学者将行政诉讼中的轻微程序违法比照刑事诉讼中的“瑕疵证据”，即“技术性缺陷”，例如明显的、轻微的程序内容的笔误。② 在日本，行政行为瑕疵治愈指通过追加、补充所欠缺的要件使瑕疵消除。③ 陈述、申辩内容作为事实调查依据会对事实认定造成影响，其作用并非仅是形式上的，未听取陈述、申辩不属于可以通过消除影响来治愈的瑕疵。对于送达问题，对学生作出行政处分和不授予学位决定不坚持书面送达，不仅难以具有“仪式上”的正式性，还会影响学生重大权利，给学生后续主张权利带来证据上的障碍。

2. 明确程序对事实依据的影响。基于学位评审的二阶段性，对未充分听取陈述、申辩是否影响决定作出的事实依据需要根据该事由出现的行为阶段和行为类型区分。（1）前置程序阶段：如果在违纪处分或课程成绩评定等前置性程序中存在严重程序瑕疵，其作为学位评价的事实根据基础将会动摇，应待程序违法纠正后重新作出学位评定。从权利救济必要性来看，就开除学籍以下的违纪处分，例如警告、记过、留校察看，以及相关学业能力评价，例如留级等，这些决定均不影响在学关系，独立来看往往会被

---

① 姜明安：《行政法与行政诉讼法》，北京大学出版社2015年版，第517页。

② 吴敏：《论行政诉讼中的“程序轻微违法”——基于与“程序瑕疵”的区分》，载《福建行政学院学报》2018年第5期。

③ ［日］盐野宏：《行政法》，杨建顺译，法律出版社1999年版，第116～117页。

视为不具有外部效力，所引发的纠纷会被法院拒绝受理。因此，在学位纠纷中作为学位评审的事实依据的违纪处分和其他前置性决定的程序正当性应当一并受到审查，存在严重程序问题的应该在裁判理由中认定学位评审的事实依据不足。（2）学位评审阶段：在学位评审阶段未听取陈述、申辩，须区分事实依据是否涉及学业能力，学业能力既包括学业成绩，也包括学术不端等混合问题，都应认定为事实依据不充分，以促进重新评审时结合申辩意见重新评价，如果是对学业能力无涉的纯粹品行问题有其他证据证实的，无需认定事实依据不足。

3. 排除行政权力对学术意志自由的影响。在实践操作上，各高校院系提交的参加学位评审的学生名单应经过教务处审核，再提交学位评审委员会。尽管教务处本身主要承担教学行政管理工作，由于学位授予程序过程的交互性，导致教务处的行政管理意识容易向学术评审过程中渗透。在“先决定后表决”的程序颠倒的情形下，由于教务处在先公开了其对于学位授予的实质意见，无法排除学位评审委员会没有对学生的学业能力作出实质性判断而简单附和了教务处意见的可能性。在裁判理由中对于程序颠倒的情形对学术意志表达产生干预的可能性应当明确指出并予以纠正，排除其影响，督促撤销与重作决定时学术评价机构不应当仅仅是重新“走流程”，同时高校还应当防止同类问题再次发生。

4. 确立校规类型化的司法审查原则及例外。（1）以学位授予要件类型化为基础的区分审查原则。笔者赞同将校规的事项类型初步区分为学术要件和品行要件，并根据两种不同性质要件确立不同的审查原则。对于不同性质规范的审查原则，一种观点是严格区分授益性和负担性内容，负担性规范只要没有上位法依据的即为不合法。[①] 另一种认为还应结合上位法的目的审查。[②]《学位条例》第二条对于思想政治要件没有具体规定，导致一些案件的裁判观点认为，将违纪处分等非学术性评价纳入学位授予限制性要件中，属于无上位法依据且增加了相对人的负担。另一种观点认为思想政治要件当然涵盖了道德品行评价。2003 年《国务院学位委员会关于对〈中华人民共和国学位条例〉等有关法规、规定解释的复函》（以下简称《复函》）明确了条例中的学位要件涵盖了道德品行的要求。但是《学位条例》《复函》均未对开除学籍以下违纪处分作为学位要件的评价标准具体规范。有的学者对国内 35 所高校进行调查，其中有 26 所高校规定了开除以下的处分不授予学位。学位制度起源于中世纪教师行会，功能类似于职业准入制

---

① 余军、张文：《行政规范性文件司法审查权的实效性考察》，载《法学研究》2016 年第 2 期。

② 俞祺：《规范性文件的权威性与司法审查的不同层次》，载《行政法学研究》2016 年第 6 期。

度，故需要规范一定道德和学术伦理要求。[①] 因此，校规中将品行标准纳入学位授予要件符合《学位条例》的基本原则及学位制度的功能。关于司法介入高校事务的类型划分，德国存在“二分法”和“重要权利”二种学说，[②]“二分法”说将“基础关系”即涉及入学、开除、不授予学位等影响身份关系改变的纳入司法审查，将其他“管理关系”排除司法审查之外。“重要权利”说认为凡涉及学生重要利益的都可介入司法审查。耿宝建法官认为，我国行政诉讼实践中两种理论存在交叉运用。[③] 笔者认为，如果不与学位授予相联结，开除以下违纪处分不改变在学关系，相关纠纷将被法院拒之门外。例如，梅某与北京邮电大学案[④]，一、二审法院均认为留级属内部事项，不属于行政诉讼受案范围裁定驳回起诉。只有将开除以下处分作为学位授予的品行要件才能进入司法审查范围。（2）品行要件审查：合比例原则及学术混合因素例外。对开除学籍以下的违纪作为限制授予学位要件的，有多起案例裁判观点对校规出现了“合理性”评价。在表 5 中，王某某与华南农业大学案中认为校规对考试作弊情节及悔改表现不加区分，不具有合理性，高某某与苏州大学技术应用学院案中认为校规对不同程度违纪的不同后果进行区分具有合理性。以上两案违纪处分都在开除以下，违纪处分是不授予学位的事实依据。由于比例原则比合理性原则更具有包容性，对这类问题审理须结合比例原则综合考量处分目的正当性，处分手段适当性、必要性和违纪行为与后果之间的均衡性。[⑤] 学术混合因素例外是指混合型品行要件中，对于涉及学术专业领域经验性知识的部分问题，仅审查其是否符合规范目的而不再审查合理性。（3）学术要件审查：合目的原则及学术标准外观化例外。对于学术要件，一般仅审查其是否符合上位法的规范目的，保持司法对学术的尊让。但面对“学术标准外观化”的现象，例如虽然争议的学位授予要件是课程成绩，但考核方式为提交课堂笔记，这种学术标准已经外观化，不再依赖于学术知识群体的复杂判断和专业经验知识。外观化的学术问题已经失去了学术尊让的目的性，应属于学术尊让的排外事项，从而纳入司法审查的范围。

（二）司法介入学术自治的深度：确定判决类型适用的标准

课以义务判决具有实质解决争议的功能。行政诉讼司法解释纳入了课

---

① 于志刚：《学位授予的学术标准与品行标准——以因违纪处分剥夺学位资格的诉讼争点为切入点》，载《政法论坛》2016 年第 5 期。

② 韩兵：《德国司法审查学校学生管理纠纷的理论与实践》，载《河北法学》2010 年第 2 期。

③ 耿宝建：《高校行政案件中的司法谦抑与自制》，载《行政法学研究》2013 年第 1 期。

④ （案例）详见北京市第一中级人民法院（2017）京 01 行终 541 号行政裁定书。

⑤ 对行政行为进行合比例审查包括目的正当性及手段适当性、必要性、均衡性。参见刘权：《行政判决中比例原则的适用》，载《中国法学》2019 年第 3 期。

以义务判决，规定了作出实体履行判决的条件，但明确了“尚需调查或裁量”的适用重作判决，体现了尊重行政机关首次判断权的原则。“首次判断权指对行政法律关系进行调整时，一般先由行政机关而非法院进行判断。”[①]在《行政诉讼法》第七十二条中的拒绝履行包含了“不予答复”和“拒绝履行”两种情形，此处的“拒绝”包括了“程序拒绝”和“实体拒绝”，在因实体问题拒绝的情形下往往被告败诉理由与撤销、确认违法判决的理由存在重合。因此，重作判决、补救判决、履行法定职责判决的功能有所混同。实体判决是否妥当应结合行政诉讼司法解释以及“行政判断余地”和“裁判时机成熟”理论共同衡量。《德国联邦行政法院法》第113条第1款提出“裁判时机成熟”理论，在事实清楚且无专业经验知识判断余地的情形下，才能作出课以义务判决。德国学者毛雷尔指出：“对于法院不能权衡的领域，只能审查该领域界限是否得到遵守。”[②] 同时，在这类案件中，即使双方争议焦点事实经过审理查明认定，还需要考虑高校是否是基于已固定的事实行使了首次判断权，仅固定争点事实而直接作出实体履行判决阻断了学位评审委员会根据审理确认的事实基础行使首次判断权。但是，在汪某与巢湖学院第二次诉讼案（表9案例14）中，法院第一次判决撤销、重作时，已给予了校方在已经过审理固定的事实基础上首次判断的机会，此后校方在无新的事实情况下变更理由，再次错误援引校规作出不授予学位的决定，应视为放弃了首次判断权，且争议的学术标准仅为学分计算，并没有裁量余地，在学术评价标准已充分外观化，学术机构屡次不行使判断权的情况下，不作出实体履行判决会使学生升学、择业遥遥无期。

当实体履行判决的裁判时机不成熟时应作出诉讼请求贴合型程序判决，只有裁判时机成熟时才能作出实体履行判决。检测实体履行判决的成熟度应根据以下三个要件判断：（1）事实依据已经固定；（2）在事实固定基础上行使了首次判断权，或给予行使首次判断权的机会而不行使；（3）作出实体性判断的学术评价标准已经充分“外观化”。笔者将之归纳为“实体履行判决适用成熟度三要件检测法”，即事实固定要件—经过首判要件—标准外观化要件。图3结合表9的案例14汪某与巢湖学院第二次诉讼案的案情展示上述三要件的判断过程（见图3）。

---

① 王天华：《行政诉讼的构造：日本行政诉讼法研究》，法律出版社2011年版，第195页。

② ［德］哈特·毛雷尔：《行政法学总论》，高家伟译，法律出版社2000年版，第134页。

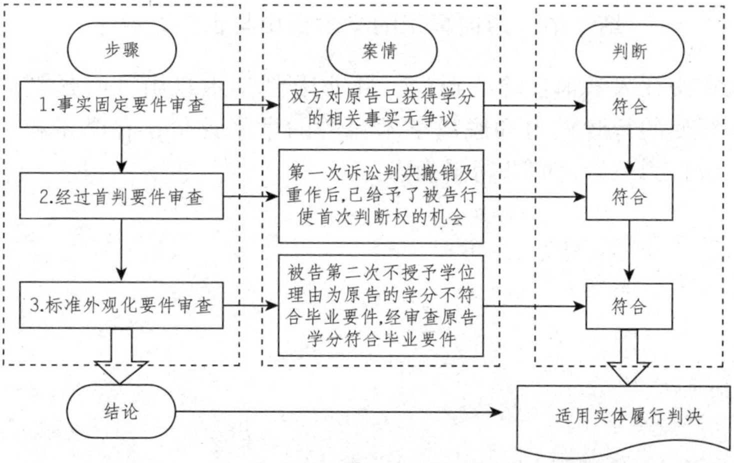

图3 "实体履行判决适用三要件检测法"流程图

归结：在以程序审查为中心的学位授予纠纷中，剥离行政权力对学术评价的影响是一个逐步递进的过程，为此本文拟定了学位授予纠纷裁判思维导图（见图4）

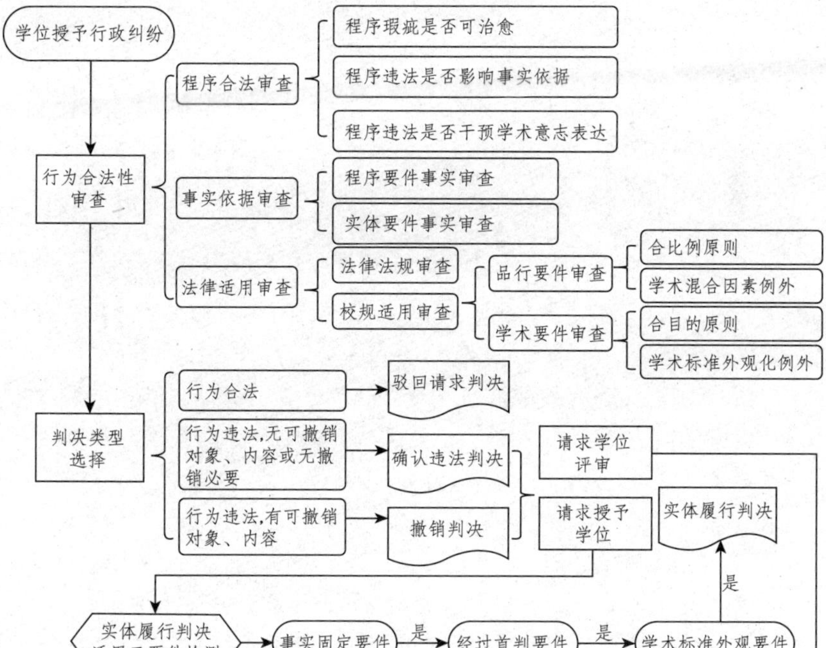

图4 学位授予纠纷裁判思维导图

结　语　通向真正的学术自由与自治之路

司法审查介入学术自治的目的，并非限制学术自由，而是剥离假学术之名不当行使的行政权力和脱离学术目的的学术评价，在学术权力、学生权利、行政权力三者之间获得平衡点。

司法政策个案实施的困境与出路

——以最高人民法院政策性文件的实施为例

余　韬*

引　言

司法政策是指国家司法机关为了实现一定的目的而采取的具体的、积极的司法策略和措施。[①] 一方面，司法政策可以指引法官在个案审判中更好地适用法律，缓解稳定的法律与变化的社会生活之间的矛盾；另一方面，司法政策属于国家公共政策的组成部分，由其在司法领域体现和落实国家的治理策略。《最高人民法院关于深化人民法院司法体制综合配套改革的意见——人民法院第五个五年改革纲要（2019—2023）》（以下简称《五五改革纲要》）明确提出，要“完善推动社会主义核心价值观深度融入审判执行工作的配套机制，确保人民法院的司法解释、司法政策、裁判规则发挥价值引领功能”。我国的司法政策集中体现于各级法院特别是最高人民法院制定的政策性文件，这些文件虽然不属于正式法源，但在事实上可以对法院的个案裁判产生重大影响，也应当在具体案件中得到实施。笔者以最高人民法院司法政策性文件为例，尝试对司法政策在个案中的实施情况、实施机理进行探究，进而对如何优化司法政策在个案中的实施、促使其价值有效发挥提出科学建议。

一、实践检视：最高人民法院司法政策性文件的个案实施困境

最高人民法院在我国法院系统内有最高审级和最高权威性，是司法政策性文件的主要制定者。广义的司法政策性文件包括司法解释以及各类规范性文件，但狭义的范围则仅包括内容较为抽象、集中体现法院某一领域内政策导向的文件（如《最高人民法院关于充分发挥审判职能作用为企业

---

* 作者单位：上海市浦东新区人民法院。

① 江必新：《构建和谐社会与司法政策的调整》，载《人民论坛》2005 年第 11 期。

家创新创业营造良好法治环境的通知》），因其形式上不采用类似法律条文式的表述而明显区别于司法解释和裁判规则性文件（如最高人民法院与其他国家机关联合制定的《关于办理"套路贷"刑事案件的若干问题的意见》）。本文所研究的最高人民法院司法政策性文件采用狭义的概念。

《人民法院报》自2010年开始评选年度十大司法政策，至2019年共发布了90个最高人民法院年度司法政策，[①] 按照司法解释文件、裁判规则性文件和狭义的司法政策性文件的分类，其中共有12个典型的司法政策性文件（见表1）。以下将以这些典型司法政策为例，检视其在个案审判中的实施情况。

表1　《人民法院报》发布的典型司法政策性文件情况

文件名称	文号	内容概要
《最高人民法院关于充分发挥审判职能作用为企业家创新创业营造良好法治环境的通知》	法〔2018〕1号	强调保护企业家合法权益的重大意义，提出慎用刑事法律、澄清新型政企关系、增强知识产权保护的整体效能、明确商事审判服务实体经济的重点、纠正涉企业家产权冤错案件、重视企业家正当诉求
《最高人民法院关于深入学习贯彻习近平生态文明思想为新时代生态环境保护提供司法服务和保障的意见》	法发〔2018〕7号	强调环境资源审判工作须始终坚持以习近平生态文明思想为指导，发挥司法对于污染防治和生态安全保护、经济高质量发展和生态文明体制改革的服务和保障作用，用最严格的制度和最严密的法治保护生态环境
《最高人民法院关于为实施乡村振兴战略提供司法服务和保障的意见》	法发〔2018〕19号	加强农民权益和农村环境资源保护，满足农民日益增长的美好生活需要；弘扬社会主义核心价值观，促进文明和谐平安乡村建设；建立健全科学的乡村治理体系，推动乡村治理体系和治理能力现代化
《最高人民法院关于为京津冀协同发展提供司法服务和保障的意见》	法发〔2016〕5号	强调应充分认识京津冀协同发展战略的重大意义，准确把握司法服务和保障的基本要求；依法履行人民法院审判职能，促进京津冀地区创新、协调、绿色、开放、共享发展，提升司法服务保障的能力和水平
《最高人民法院关于为长江经济带发展提供司法服务和保障的意见》	法发〔2016〕8号	增强为长江经济带发展国家战略提供司法服务和保障的责任感与使命感；充分发挥审判职能作用，为长江经济带发展提供公正高效的司法服务和保障；创新司法体制机制，最大限度实现司法资源的优化配置

① 包括最高人民法院与其他国家机关共同发布的政策文件。

续上表

文件名称	文号	内容概要
《最高人民法院关于充分发挥审判职能作用为推进生态文明建设与绿色发展提供司法服务和保障的意见》	法发〔2016〕12号	以新发展理念统筹推进环境资源审判工作。将环境资源案件分为涉环境污染防治和生态保护案件、涉自然资源开发利用案件、涉气候变化应对案件等，并明确了各类案件的审判重点、审理原则和司法政策
《最高人民法院关于人民法院进一步深化多元化纠纷解决机制改革的意见》	法发〔2016〕14号	总结人民法院推动多元化纠纷解决机制改革发展的历史经验，明确进一步深化多元化纠纷解决机制主要目标和基本原则、健全诉调对接制度、创新诉调对接程序、促进多元化纠纷解决机制发展等提出了系统的指导意见
《最高人民法院关于人民法院为"一带一路"建设提供司法服务和保障的若干意见》	法发〔2015〕9号	充分发挥审判职能作用，提升"一带一路"建设的国际公信力；建立完善工作机制，为"一带一路"建设营造良好的法治环境；加强工作指导、组织保障和信息化建设，不断提高司法服务和保障"一带一路"建设的能力与不平
《最高人民法院关于全面加强环境资源审判工作为推进生态文明建设提供有力司法保障的意见》	法发〔2014〕11号	环境资源审判工作的指导思想、基本原则和目标任务；充分发挥环境资源审判职能作用；大力推进环境民事公益诉讼；有序推进环境资源司法体制改革
《最高人民法院关于切实践行司法为民大力加强公正司法不断提高司法公信力的若干意见》	法发〔2013〕9号	明确新时期人民法院的工作主线，突出了切实践行司法为民宗旨，大力加强公正司法，不断提高司法公信力等三个方面的内容
《最高人民法院关于加强司法建议工作的意见》	法〔2012〕74号	各级人民法院充分认识司法建议工作是依法延伸审判职能的重要途径；明确提出司法建议要坚持必要性、针对性、规范性和时效性原则；要求建立司法建议工作科学规范的管理机制
《最高人民法院关于为加快经济发展方式转变提供司法保障和服务的若干意见》	法发〔2010〕18号	妥善审理与经济结构调整相关案件，保障和服务经济结构优化和调整。妥善审理消费者权益纠纷案件、城乡结构调整中引发的各类纠纷案件、服务领域的各类纠纷案件、金融纠纷案件、劳动争议和社会保险案件等

（一）司法政策性文件的个案实施方式

最高人民法院司法政策性文件在我国司法实践中具有重要价值，通过司法政策性文件设定阶段性司法目标、解释法律上的不确定概念、指导法官进行价值判断和利益衡量，从而保障法官正确裁判案件、促进法律适用统一。然而，其价值的体现必须依赖于司法政策性文件的有效实施。

1. 自身设定的实施逻辑。最高人民法院司法政策性文件大多以通知的形式向各高级法院印发，并在通知中要求贯彻执行，或者直接在文件中提出要求。如《最高人民法院印发〈关于为实施乡村振兴战略提供司法服务和保障的意见〉的通知》要求各高级人民法院："请结合实际认真贯彻执行。执行中有何问题，请及时报告我院。"《最高人民法院关于人民法院进一步深化多元化纠纷解决机制改革的意见》规定："高级人民法院要明确专门机构，制定落实方案，掌握工作情况，积极开展本辖区多元化纠纷解决机制改革示范法院的评选工作。"

2. 文件实施的样本考察。《最高人民法院关于充分发挥审判职能作用为企业家创新创业营造良好法治环境的通知》（法〔2018〕1号）（以下简称《通知》）是最高人民法院促进民营经济发展、保护企业家创新创业方面的重要文件，这里以该文件在S市及P区法院的实施为样本，对此类文件的个案实施方式进行框架性考察。

最高人民法院于2017年12月29日发布《通知》之后，S市高级人民法院迅速行动，以《关于转发〈最高人民法院关于充分发挥审判职能作用为企业家创新创业营造良好法治环境的通知〉的通知》的形式，将文件转发辖区法院，并在通知中提出"辖区各法院要认真学习，切实落实有关要求"。2018年3月3日，S市高级法院发布了《关于充分发挥审判职能作用为企业家创新创业营造良好法治环境的实施意见》（以下简称《实施意见》），同时要求各辖区法院"认真抓好贯彻落实"。2018年4月9日，S市P区人民法院召开由全院中层以上干部参加的"党组中心组（扩大）会议"，传达《通知》及高级人民法院《实施意见》内容，并就本院落实相关文件的具体举措进行分工部署。2018年4月期间，P区法院各业务庭及综合部门陆续召开部门会议，由部门负责人组织法官、法官助理、书记员和其他工作人员学习相关文件并提出贯彻要求。2019年2月，S市高级人民法院发出通知，要求辖区各法院就相关文件落实和营商环境建设情况向高级人民法院作出书面报告。

3. 小结：从上述发布司法政策性文件相关通知的表述和具体文件的落实方式上看，最高人民法院是直接向全国各高级人民法院提出了贯彻落实的要求。各地高级法院也按照几乎相同的路径，以文件转发、制定实施细则等方式，将政策文件继续向下级法院传递。而在各级法院内部，则主要是通过“院长—庭长—法官”逐步推进并予以监督，最终在法院的日常工作和个案审判中得到实施。

（二）司法政策性文件个案实施效果评估

案件审判是法院的第一要务，是法院作为司法机关的基本职责，司法政策性文件在个案审判中的落实情况，很大程度上决定了司法政策的真实效果，有必要对此作进一步评估。

1. 裁判文书网的检索情况。笔者以前述12个最高人民法院典型司法政策性文件的名称为关键词，在全国范围内检索明确提及这些文件的裁判文书。从检索结果来看（见表2），相对于全国每年数千万件案件，上述典型政策性文件在个案诉讼中被当事人或法官直接引用的数量很少，被法官明确引用作为说理或裁判依据的更是凤毛麟角。

表2　司法政策性文件被裁判文书提及的情况

序号	文件名称	明确提及的文书数量（件）	作为说理或裁判依据的数量（件）
1	《最高人民法院关于充分发挥审判职能作用为企业家创新创业营造良好法治环境的通知》	159	9
2	《最高人民法院关于为实施乡村振兴战略提供司法服务和保障的意见》	46	0
3	《最高人民法院关于加强司法建议工作的意见》	16	0
4	《最高人民法院关于为加快经济发展方式转变提供司法保障和服务的若干意见》	0	0
5	《最高人民法院关于全面加强环境资源审判工作为推进生态文明建设提供有力司法保障的意见》	9	9
6	《最高人民法院关于切实践行司法为民大力加强公正司法不断提高司法公信力的若干意见》	8	1
7	《最高人民法院关于为京津冀协同发展提高司法服务和保障的意见》	6	0
8	《最高人民法院关于人民法院进一步深化多元化纠纷解决机制改革的意见》①	1818	1735
9	表1中所列的其他4个文件	0	0

① 本意见第38条规定：“当事人自行和解而申请撤诉的，免交案件受理费。当事人接受法院委托调解的，人民法院可以适当减免诉讼费用。”检索出的裁判文书绝大多数是适用该规定减免诉讼费。

2. 关于法官对文件的知晓及落实意愿的调查。针对法官对司法政策性文件内容的知晓度以及在个案裁判中落实文件精神的意愿，笔者对S市三级法院共计约50名法官进行了问卷调查，结果如图1、图2所示：

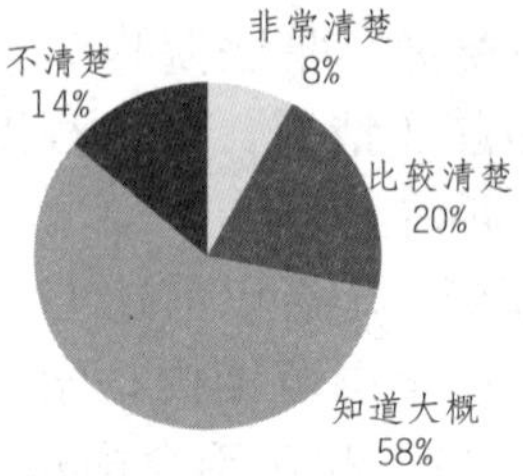

图1 您对最高人民法院出台的司法政策性文件的具体内容是否清楚

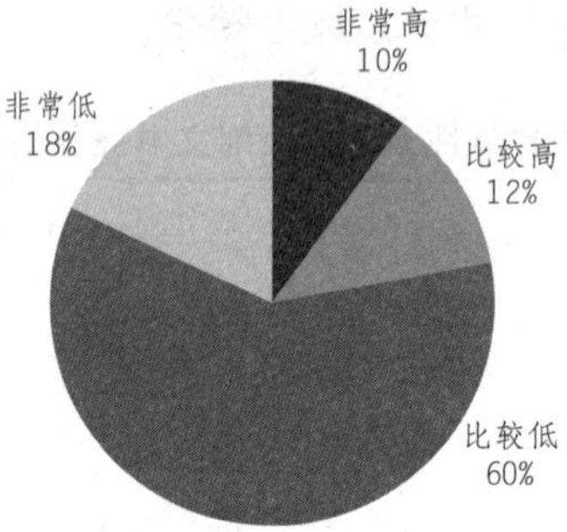

图2 您在办案中参照政策文件进行裁判或说理的积极性如何

从问卷数据情况来看，一线法官对各类司法政策性文件内容非常清楚和比较清楚的占比仅有约四分之一，大部分是略有所知。与此相关联的，在裁判中参照落实政策文件要求的积极性也总体较低。

3. 关于个案审判中政策落实的法官访谈。为避免单纯数据统计的可能偏差，同时为了解文件的隐形实施情况，笔者还与多位长期从事一线审判工作的资深法官进行了访谈，以下意见具有代表性：

法官A：政策文件的实施主要是法院综合部门的事，与一线法官关系不大。

法官B：对于变通案件，按照法律规定、司法解释规定加自由裁量即可解决，需要运用政策文件的情况很少。对于疑难复杂案件，政策文件的内容并不具体。

法官C：相对于不能作为裁判依据的政策文件，我更关注二审法院的倾向性意见和类案判决，这才是直接决定判决是否被改判、考核指标是否受影响的关键因素。

通过上述访谈可以得出一个初步的结论，即基于裁判依据和绩效考评等理由，个案裁判中法官主动落实最高人民法院司法政策性文件的积极性并不高，实践中也较少有参考文件作出裁判的情况。

（三）问题：司法政策性文件在个案裁判中的引领作用有时没有得到有效发挥

随着社会主义法制的不断完善，法院可以主要依照法律作出个案裁判，但司法政策仍然有其不可忽视的地位。司法政策的性质和特点，要求法官在裁判中对司法政策的适用力问题慎重对待，有条件地将之作为填补法律漏洞的一种资源。[①] 从最高人民法院司法政策性文件的实施情况来看，司法政策对个案裁判的引领作用有时没有得到充分发挥。

二、机理归纳：司法政策在个案裁判中实施渠道的理性思辨

一般认为，理性是指人类具备的一种思维能力和判断能力，反映了人类能够认识事物本身规律和必然性的一种智慧。[②] 在法律领域特别是司法领域，它通常以逻辑理性、价值理性和实践理性三种形式出现。本文应用这一理论框架，对司法政策在个案裁判中的作用机理进行归纳，以便进一步找出解决问题的科学路径。

（一）逻辑理性：借用裁判规则实现对个案的精准规范

基于法律的逻辑性要求，法官作出裁判的基本方法是逻辑的三段论方法，即完整的法条构成大前提，将具体的案件事实归属法条构成要件则是小前提，再推导出结论。[③] 逻辑理性是法律秩序的基础，是确定性、可预见性、有序性、一致性的法价值的体现。[④] 司法政策并不是法律规范的逻辑延续，其最大的特点是灵活性和易变性，这恰恰与逻辑理性所追求的稳定性和可预见性相背离。那么，这是否意味着司法政策与个案裁判中的逻辑理性存在根本性的冲突呢？当然不是。事实上，裁判的逻辑理性也为司法政策的个案适用提供了畅通的渠道。

从国家层面来看，政策对法律本身的影响巨大。“与其说是社会发展中一直存在着法律适应政策的需要不断进行调整的趋向，不如说是法律根据政策所暗示的国家发展方向而相应出台及改进。”[⑤] 与之类似，在司法领域也存在着司法政策和裁判规则的密切互动。根据《最高人民法院关于规范上下级人民法院审判业务关系的若干意见》，最高人民法院可以通过制定司

---

① 参见袁明圣：《公共政策在司法裁判中的定位与适用》，载《法律科学》2005 年第 1 期。

② 张晓芒、余奎：《法律论证中的逻辑理性》，载《政法论丛》2010 年第 5 期。

③ 参见［德］卡尔·拉伦茨：《法学方法论》，陈爱娥译，商务印书馆 2003 年版，第 150 页。

④ ［美］卡多佐：《法律的成长——法律科学的悖论》，董炯等译，中国法制出版社 2002 年版，第 5 页。

⑤ 方洁：《论行政法的不成文法源》，载《公法研究》2002 年第 1 期。

法解释或者规范性文件、发布指导性案例、召开审判业务会议等形式，对地方各级法院审判业务工作进行指导。各高级法院、中级法院也可以通过审判业务文件、总结审判经验等方式对下级法院审判工作进行指导。这种指导大部分都是通过明确的裁判规则进行的，在审级监督和绩效评估等机制的保障下，在个案裁判中发挥了非常有力的规范作用。在这一逻辑下，司法政策不仅直接对法官的个案裁判作出指引，通过符合政策要求的裁判在个案中得到落实，而且打通了另一条间接的个案实施路径，即以政策指导、引领最高人民法院的司法解释、规则性文件、审判业务会议纪要等裁判规则的制定，利用此类裁判规则顺畅的个案执行路径，确保司法政策的精神和原则在个案中被有效落实。

（二）价值理性：参照司法政策提升个案的政治效果和社会效果

逻辑理性是司法裁判的基础，但如果只站在逻辑理性的“房间”内停滞不前，把法官看作是输入法律和事实、输出判决的“自动售货机”，则很容易陷入教条主义的泥潭。“判决不是法律的精准复写，司法也不是逻辑三段论的简单运作，事实和法律都因为人的因素而变得复杂和多元。”① 在个案裁判中适用法律，对特定的法益和行为作出评判，总是无法避免地包含着价值因素。② 这一过程中，法官主要运用了价值理性，即“思考、追求思想或行为的价值正当性或价值上的合理性”。③ 如前所述，司法政策仅具有准约束力，更多的是通过对法官的价值判断进行指导和影响，促使法官在坚持逻辑理性、追求裁判法律效果的同时，运用价值理性提升个案的政治效果和社会效果。

第一，指引正确的政治方向。“尽管国家意志大多数已经通过立法的形式上升为国家法律，但滞后性是法律与生俱来的属性。”④ 司法政策由于其特有的灵活性，就成了党和国家的意志、目标转化为司法意志的重要方式。在司法政策的指引下，法官能够更好地树立正确的价值观，把个案审判与国家的大政方针、中心工作结合起来，确保个案裁判实现良好的政治效果。

第二，指引恰当的法律解释。法律条文的抽象性、概括性及法律语言自身的特点，决定了法官需要在个案裁判中对法律的含义进行解释。然而，这并不是一个简单的逻辑推理的过程，秉承不同的价值标准、依照不同的解释方法，完全可能得出不同甚至相反的结果。这时，司法政策就构成了法官在个案中解释法律的重要基础和依据。在司法政策的指引下，将更多

---

① 邹碧华：《审判要件九步法》，法律出版社 2014 年版，第 163 页。

② 参见［德］魏德士：《法理学》，丁晓春、吴越译，法律出版社 2005 年版，第 52 页。

③ 王洪：《司法判决与法律推理》，时事出版社 2002 年版，第 48 页。

④ 李大勇：《司法政策论要——基于行政诉讼的考察》，载《现代法学》2014 年第 5 期。

的社会需求、社会价值和社会变化纳入个案裁判的考虑范围，从而更好地实现社会福祉。

第三，指引科学的利益衡量。受经济体制转型、社会迅速发展和区域不平衡等因素影响，制度空白在我国社会生活中仍然存在，部分利益冲突缺乏有效的法律规则加以调整。出台司法政策正是法院解决这一问题的重要方式，即凭借其灵活性，及时地提出利益调整和分配的基本方向，指引法官在个案中对不同利益进行更加科学的衡量，“使得矛盾对立中有了缓冲余地和协商空间，减少当事人之间以及社会纠纷的发生”，[①] 促进社会向更加协调、稳定的方向发展。

（三）实践理性：以打造传统和明确预期提升司法政策个案实施的内在动力

一般认为，实践理性是指人类关于自身与世界的关系“应如何”和“人应当怎么做”问题的观念掌握，是主体对未来实践活动的过程和结果作出的超前反映或观念预演。[②] 实践理性包括两个方面的内容：首先，人具有从事正当行为的欲望、愿望和能力。其次，存在一个评价人的行为正当与否的公共的普遍的标准。[③] 实践理性要求法官在个案裁判中按照符合司法目的、遵循个案审判的评价标准。

具体到司法实践中，这种目的和标准会有不同层次的体现：既包括较高层次的实现法治的目标和公正、高效、平衡的标准，也包括较低层次的完成审判任务的目标以及审判绩效评估的标准。事实上，这种较低层次的实践理性在司法政策的个案实施方面影响更加直接。多数情况下，法官的实践理性使其在历史传统的回眸、现实约束力的评估以及未来评价的预判中循环往复。第一，在历史回溯方面，法官的实践理性主要体现为对既有案例的参照和效仿。案例凝结着前人的司法知识和智慧，法官会学习和传承司法经验，从案例中寻找对司法政策的个案实施策略。第二，在现实约束力评估方面，主要是法官在面对司法政策个案实施时的直接的、外在的驱动力。在当前的司法流程下，集中表现为法院内部的工作要求或更加规范的审判监督。第三，在未来预判方面，对法官影响最明显的应当是审级监督以及相关联的审判责任追究。如果法官预判其在个案裁判中没有落实司法政策要求或错误落实会导致二审改判或再审程序启动，必然会对司法政策的个案实施产生重大影响。

---

① 李大勇：《司法政策论要——基于行政诉讼的考察》，载《现代法学》2014 年第 5 期。

② 别祖云、刘丹：《实践理性的合理化》，载《探索》2003 年第 4 期。

③ 葛洪义：《法与实践理性》，中国政法大学出版社 2002 年版，第 94 ~ 95 页。

三、路径完善：推动司法政策个案实施的方向和保障

为促使司法政策更加科学地发挥规范指导作用，有必要结合实践检视和机理归纳的结果，对传统个案实施策略进行改革完善。

（一）矫正法官关于政策落实与服务大局关系的认识

从“结构—功能”主义的视角来看，作为一个局部的法院系统，只有在社会主义事业这个整体中才能得到有效的认知。[①] 作为国家治理体系的重要组成部分，法院必须把服务大局、服务中心工作作为自己的重要职责。当然，由于法律本身就是党和国家意志的集中体现，所以法院和法官服务大局的主要方式就是严格依照法律对个案作出公正裁判。但需要注意的是，客观条件持续变化而法律相对稳定，司法机关在更多时候只能通过调整司法政策来实现或接近目标。[②] 为此，要改让法官充分认识到在个案裁判中落实司法政策是服务大局的必然要求，并从坚持正确政治方向的高度加以把握。

（二）追求法官的价值取向与司法政策的实时同步

任何一项裁判的作出，都是法官运用价值理性，结合自身的价值判断选择并适用法律的过程。但这种带有浓厚主观性的个案裁判是否符合立法和公共政策的内在要求，则很大程度上取决于法官自身的价值取向。为此，有必要将司法政策个案实施的重点之一放在对法官个人价值观的养成和引导上。一方面，加强对法官理解和掌握司法政策内容的培训。如前所述，法官对政策文件内容的不熟悉掣肘司法政策在个案中的落实，通过对法官进行必要的司法政策性文件内容的培训，促使法官了解、掌握司法政策的具体要求及其出台背景，按照政策的引导去解释和适用法律，提高处理相关疑难复杂案件的能力；另一方面，促使法官形成应用司法政策引领裁判的行动自觉。司法政策是用集体的价值理性来代替个人的价值理性，司法政策蕴含着丰富的集体智慧，能够较好地消弭法律滞后性带来的制度空白和利益冲突。需要引导法官认识到司法政策对个案裁判的支撑价值，形成自觉参照司法政策的裁判习惯。

（三）明晰司法政策个案实施的基本方法

如前所述，司法政策内容更加原则抽象，并不直接作用于个案裁判的逻辑理性，而是主要通过引领、指导法官适用法律来实现其个案实施。结合司法政策在价值理性和实践理性中的作用机理，我们应当以逻辑理性为

---

① 参见喻中：《服务大局的司法：一个基于功能理论的解释》，载《法学论坛》2012 年第 5 期。

② 参见江必新：《构建和谐社会与司法政策的调整》，载《人民论坛》2005 年第 11 期。

基础，发展并明确法官在个案中落实司法政策的方法：第一，效果验证。在实施确定法律、查明事实和推导结论的三段式推理之后，如果得出了确定和唯一的结论，为避免机械司法，法官应当将结论带入司法政策中加以验证，确保裁判符合政治效果和社会效果的要求。第二，价值选择。受到法律解释方法等因素影响，实践中法官可能会面对各不相同但又都符合逻辑的适法结果，此时司法政策的导向应当成为选择的重要标准，完成“价值正当性和强度的比较、权衡和取舍”。[①] 第三，规则续造。法官不能拒绝裁判。在面对不断变化的社会实践所产生的法律空白时，法官应当在法律的原则和逻辑之下，根据司法政策的指引，从“是否有利于法治国家的建构、是否有利于国家中心工作的推进、是否有利于社会安定团结”[②] 的角度创制出新的评价规则。

（四）实现司法政策参考效力向规范效力的转化

司法政策不直接参与个案裁判的法律适用，但个案裁判中法官的逻辑理性为司法政策留下了一条间接的通向规范效力的渠道。改变思维模式，将司法政策的参考效力转变为规范效力是司法政策的良性运行之道。“司法政策只有与法律规范形成有效的良性循环，才会发挥其最大的价值，规则之治才能达到真正的和谐、稳定。”[③] 司法政策大多是借由其灵活、便捷的优势，针对特定时期、特定目标而制定的司法工作导向，在发挥其“应急”效应之外，应当在实践检验的基础上，经过法定程序，将司法政策的精神和要求转化为法律、司法解释乃至最高人民法院裁判规则等比较详细而稳定的规范。

（五）构建司法政策个案实施的良性循环

对法官的实践理性的考察表明，面对司法政策的个案实施，只有当这一行为能够推动自身的目标实现、提升裁判的外在评价、减少可能的责任追究时，才能有效激发法官继续做好这一工作的积极性。为此，建议从审判管理、审级监督和案例参考等方面入手，努力形成司法政策个案实施的自我增强循环。其一，利用合理的审判管理渠道督促司法政策的个案实施。《最高人民法院关于完善人民法院司法责任制的若干意见》规定，对涉众、疑难复杂且影响重大的案件，相关审判管理主体可以要求法官报告案件进展和评议结果。此类案件审判中落实司法政策的情况同样应纳入案件审判的管理和监督。其二，对不落实或错误落实的个案审判实施审级监督。案

---

① 李可：《法学方法与现代司法》，知识产权出版社 2014 年版，第 69 页。

② 参见江必新：《正确认识司法与政治的关系》，载《求是》2009 年第 24 期。

③ 袁兵喜：《效力与效果：司法政策的中国语境》，载《江西社会科学》2014 年第 8 期。

件裁判是否会受到上级法院的否定性评价，是法官在个案审判中最关注的因素之一。上级法院将案件裁判明显偏离司法政策要求作为适用法律错误的明显征兆，将有力地促进司法政策的个案实施。其三，及时发现落实司法政策良好的个案裁判，特别是明确参照政策或对相关参照请求给予充分回应的裁判，将其作为典型案例予以表彰和发布，可以给法官形成良好的示范和激励。

结　语

司法政策正是法官在具体案件中衡量不同社会利益并作出选择的重要参考，并以此引领司法体系各项功能的有效发挥。在我国社会主义法治建设和司法体制改革持续推进的背景下，基于实践检视和机理归纳的个案实施路径才能使司法政策在具体的司法实践中发挥更大作用。

二、审判组织篇

基层法院审判委员会讨论案件范围的检视与廓清

——以基层法院审判委员会的职能厘定为主线

陈瑛洁*

引　言

审判委员会作为我国人民法院独有的组织机构，在总结审判经验、指导审判工作、保障法院审判质量方面发挥了重要的作用。讨论案件是审判委员会职能运行的起点，也是司法改革进程中审判委员会制度完善的焦点。本文综合考量基层法院所在地区经济发展水平、案件体量、法院人数等因素选取了七家样本法院作为研究对象，通过对审委会讨论案件范围的实践操作进行研究，在实证考察、剖析原因的基础上，以厘定基层法院审委会的职能为主线，以期进一步明确基层法院审委会讨论案件的范围。

表 1　样本法院基本情况

样本法院	所在省市及地区	地区	法院基本情况
A 法院	北京市	经济发达地区	在编 976 人，年收案量 15 万件
B 法院	上海市	经济发达地区	在编 487 人，年收案量 6.5 万件
C 法院	江苏省南京市	较发达地区	在编 216 人，年收案量 3.2 万件
D 法院	四川省成都市	较发达地区	在编 391 人，年收案量 2.9 万件
E 法院	山西省太原市	发展中地区	在编 107 人，年收案量 1.3 万件
F 法院	云南省昭通市	欠发达地区	在编 132 人，年收案量 0.8 万件
G 法院	青海省西宁市	欠发达地区	在编 99 人，年收案量 0.5 万件

* 作者单位：北京市朝阳区人民法院。

一、现实之困：样本法院审委会讨论案件的实证考察

调查发现，2019 年 8 月 1 日之前，各法院划定审委会讨论案件范围的主要依据为《最高人民法院关于改革和完善人民法院审判委员会制度的实施意见》，同时，部分法院会按照该院所在省（市）的高级法院要求，将部分案件类型纳入审委会讨论案件范围。2019 年 8 月 2 日，最高人民法院发布了《关于健全和完善人民法院审判委员会工作机制的意见》（以下简称《意见》），对于审委会讨论决定的案件范围作出了新的规定，成为全国各级法院审委会讨论案件范围确定的最新依据。

通过对不同法院审委会讨论案件的情况整理分析，发现基层法院审委会讨论案件现状呈现如下特点：

一是讨论案件范围地域化。不同法院对于审委会讨论案件的职能发挥及具体运转需求不同，[①] 各法院在划定审委会讨论案件范围时纳入考量的现实因素存在差异，且不同法院根据法律规定进行所在地化解释的能力与空间并不一致。[②] 总体而言，基层法院审委会讨论案件的范围大小与该院所在地区的经济发展水平呈现一定负相关关系，即经济发达地区法院审委会讨论案件范围较小，经济欠发达地区讨论案件范围相对较大。司法能力偏弱的基层法院，合议庭有时会将可上可不上的案件交由审委会讨论，以分担个案的裁判责任。

二是两类案件类型一致化。尽管法律、司法解释规定了审委会讨论案件的多种情形，但在实践操作中，拟提起再审及督办关注案件是仅有的两类样本法院均提交讨论的情形。这反映出，一方面，各法院对于审委会基于专业性和权威性评定生效案件质量的角色定位看法一致；另一方面，对于受到各级各类单位督办关注案件，各个法院均倾向于依托审委会进行妥善处理。

三是讨论案件范围泛化。哪些案件属于疑难、复杂、重大案件，哪些案件能进入审委会，在实践中较难分辨。[③] 例如，A 法院所在的 B 市高级法院要求 B 市各基层法院将长期未结案划入审委会讨论案件的范围，部分法院将申请司法救助的案件纳入审委会讨论案件的范围。这两类案件纳入审委会讨论案件范围并无明确的法律依据。

---

① 左卫民、王海萍等：《审判委员会制度改革实证研究》，北京大学出版社 2018 年版，第 81 页。

② 方乐：《审判委员会制度改革的类型化方案》，载《法学》2018 年第 4 期。

③ 冯之东：《审判委员会制度与司法责任制》，载《上海政法学院（法治论丛）》2016 年第 31 卷第 2 期。

二、理论之基：基层法院审委会讨论案件职能的厘定

审委会讨论决定案件的本质为审委会作为审判组织承担案件审判的职责，基层法院的何种案件需由审委会裁判而非独任法官或合议庭审判，这从根本上取决于基层法院审委会的职能定位。

（一）本位：基层法院审委会承担审判职能

1. 审判案件而非提供咨询。根据法律规定，审委会是法院的最高审判组织，负有审判案件的基本职能，这也是划定审委会讨论案件范围的首要依托。有关审判的诸多重大事务需要在合议制权力运行机制之外，通过民主集中的方式予以有效解决。[①] 审判职能决定了审委会具有讨论案件后拍板定案的权力和职责。有无决策断案权成为审委会与主审法官会议的根本差别。

2. 由微观职能引出宏观职能而非宏观职能决定微观职能。从四级人民法院的职能分工而言，基层法院的主要职能为解决纠纷。基层法院审委会作为基层法院的法定审判组织，自然也承担通过审判案件解决纠纷的职能，微观审判职能则为基层法院审委会的基本职责。从近年来司法改革的趋势看，“强化审委会总结审判经验、统一法律适用、研究讨论审判工作重大事项的宏观指导职能”[②] 是最高人民法院明确的审委会制度改革的基本方向。[③] 基层法院审委会需辩证地处理宏观指导职能及微观审判职能之间的关系。

审委会的微观审判职能与宏观指导职能并非割裂地存在，两者之间存在多处关联。一方面，宏观职能的发挥依托于微观个案讨论。例如，统一法律适用作为一种类案指导方式，反复适用与特定类型化案件的一般性规则之形成依赖于个案的审理、讨论和决定。监督、管理与指导审判工作也可能从个案讨论切入。另一方面，微观审判职能的发挥可引出宏观职能的实现。例如，一个疑难案件经审委会讨论决定后就应该对审判工作具有指导、示范作用，之后如遇类似案件即可参照其作出判决。

当前，总体限缩审委会讨论案件范围的倾向意见在理论界与实务界基本达成一致，关于处理审委会微观和宏观功能的关系界定讨论案件范围，笔者认为，应当单向操作，即依托微观职能实现宏观职能，而排除以宏观职能入手划定可促进宏观职能实现的个案，以避免讨论案件范围的扩张。举例而言，近年来，司法改革进程中，受到“还权”于法官及合议庭的潜

---

① 董敏：《审判委员会制度的正当性与合理性思考——从民主集中制的视角出发》，载《法制与社会》2012 年第 2 期。

② 《人民法院第五个五年改革纲要》第 23 条。

③ 最高人民法院司法改革领导小组办公室：《〈最高人民法院关于全面深化人民法院改革的意见〉读本》，人民法院出版社 2015 年版，第 171 页。

在影响，裁判尺度不统一的问题愈发突出。如以统一裁判尺度为由，倒推将裁判标准不统一的案件均纳入审委会讨论案件范围，则必然引起审委会讨论案件范围的无序和失范。相反，审委会讨论的疑难、复杂个案如涉及裁判标准的统一或确立，则在审委会发挥个案裁判功能后有必要及时总结审判经验，为后续案件审理提供参考。

图 1　处理微观和宏观功能界定讨论案件范围的逻辑示意

3. 与主审法官会议并行而非主审法官会议前置。主审法官会议作为完善司法责任制改革的重要配套举措，是为法官审理案件准确适用法律提供指导和参考、促进裁判规则及标准统一、总结审判经验、完善审判管理的重要制度，其职能定位与审委会存在交叉。根据《最高人民法院关于完善人民法院主审法官会议工作机制的指导意见（试行）》（以下简称《指导意见》）第四条的规定，主审法官会议讨论案件的范围与审委会讨论案件的范围存在多处重合。如何处理两者之间的关系，最高人民法院在发布《指导意见》时，已通过答记者问的形式给出了解答，基层法院的主审法官会议应突出因地制宜，不宜一刀切地硬性规定其为审委会讨论案件的前置程序。①

以下从两个层面及六个向度分析、分置主审法官会议及审委会讨论案件范围：在微观职能方面，主审法官会议的功能之一即为过滤审委会研讨案件，② 基于有无审判权的根本差异，审委会讨论的案件需以形成裁判结果为目的，合议庭存在争议或法律适用疑惑需咨询的案件，应由主审法官会议分担；基于专业性的考量，主审法官会议的组成人员一般均为某领域的资深法官，而审委会委员则为主管或擅长不同领域，且《意见》第 6 条已明确基层法院审委会不召开专业委员会会议，涉及某一领域内法律适用疑难的案件先由主审法官会议讨论为宜；基于主审法官会议为法官办案咨询机制的性质，合议庭内部分歧较大，无法形成多数意见时，可以将案件提交主审法官会议讨论，必要时再提请是审委会讨论。③ 在宏观职能方面，统一法律适用、总结审判经验、完善审判管理为主审法官会议及审委会均具

① 《健全完善主审法官会议机制　提升司法裁判质量——最高人民法院司改办负责人答记者问》，载 https://www.pkulaw.com/lawexplanation/a5a380b78bd9481514e29c4b64ecb3fabdfb.html，于 2019 年 6 月 25 日访问。

② 梁桂平：《论专业法官会议的功能定位及运行模式》，载《法律适用》2016 年第 8 期。

③ 胡仕浩：《关于全面落实司法责任制综合配套改革的若干思考》，载《中国应用法学》2019 年第 4 期。

备的职能，此前论述，不将出于宏观职能发挥的案件纳入审委会讨论范围，该类案件可由主审法官会议承接。

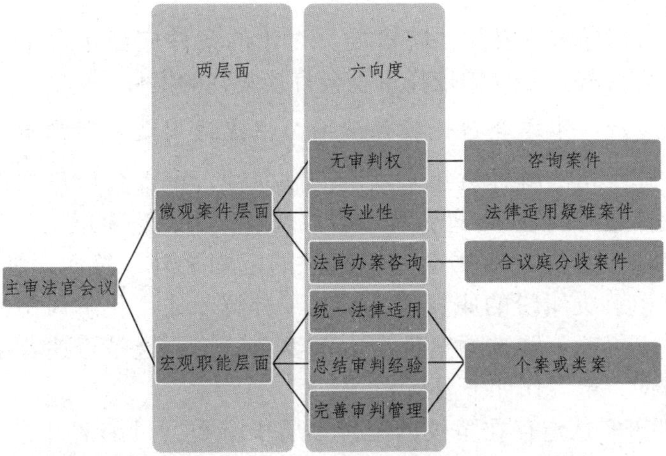

图2　“两层面六向度”分析主审法官会议分流案件

（二）特质：审委会是法院内部最高决策机构

1. 司法改革前，审委会审判职能与法院行政管理职能交叉。长期以来，没有行政职务的法官都存在认为自己在法院院长、副院长、庭长及副庭长的领导下工作的惯性思维，在一些比较重要的问题方面，即使是审判业务，都习惯于向领导请示汇报。有疑难或争议且经庭长、主管副院长考量后仍未解决的案件，会最后上报院长进入审委会讨论。①

2. 司法改革后，审委会作为院庭长行使审判管理监督权的载体。院长认为本院已经发生法律效力的判决、裁定、调解书需要再审而提交审委会讨论决定，即为院长行使审判监督权的一种类型。司改进程中落实司法责任制，让法官独立审判，并非让“法官独裁”，疑难、复杂，尤其是社会影响重大的案件，任凭法官自由决断，而不经过复核把关则容易出错，交由审委会评议、讨论决断仍有必要性。② 院庭长对“四类案件”③ 审理过程或评析结果提出异议，必须依托主审法官会议、审委会等平台提出。审委会

① 苏力：《论法院的审判职能与行政管理》，载《中外法学》1999年第5期（总第65期）。

② 张文显、陈卫东、李贵方、宋朝武、宋英辉等：《专家：法官独立审判不是让“法官独裁”由审理者裁判　由裁判者负责》，载《贵州法学》2014年第4期。

③ 《最高人民法院关于完善人民法院司法责任制的若干意见》第24条规定：对于有下列情形之一的案件，院长、副院长、庭长有权要求独任法官或者合议庭报告案件进展和评议结果：（1）涉及群体性纠纷，可能影响社会稳定的；（2）疑难、复杂且在社会上有重大影响的；（3）与本院或者上级法院的类案判决可能发生冲突的；（4）有关单位或者个人反映法官有违法审判行为的。院长、副院长、庭长对上述案件的审理过程或者评议结果有异议的，不得直接改变合议庭的意见，但可以决定将案件提交专业法官会议、审判委员会进行讨论。

已成为院庭长行使审判监督管理权的载体，因此，院庭长在监督“四类案件”过程中，提交审委会讨论的案件自然应当进入研究审委会讨论案件的视野。

总之，在现阶段，基层法院审委会讨论的案件应当包含审判管理者行使审判监督管理权，并且需依托审委会直接裁判的案件。

（三）厘清：审委会讨论案件范围为法律适用之实际需要

根据法律及司法解释近年来规定的倾向性，审委会讨论案件范围被限定于讨论法律适用问题。[①] 理论界的多数观点认为，法律适用不存在疑难或争议的案件应当排除在审委会讨论案件的范围之外，然而，纵观实践中，基层法院承担解决纠纷的职责之下，基于分解矛盾、化解风险的考量，将法律适用并不复杂、疑难的案件交由审委会讨论，这是否违背了审委会制度改革的方向，笔者作如下分析：

1. 案件事实认定存在争议的案件不属于审委会讨论案件的范围。法律适用问题，包括案件的定性、责任分担以及其他法律适用问题。笔者认为，以上规定为审委会制度改革过程中针对“审”“判”分离、违反言辞证据、非亲历性等流弊的改进，旨在于明确合议庭审查证据、查明案件事实的职责，实现“让审理者裁判、由裁判者负责”。因此，进入审委会讨论案件必须为案件事实依据充分查明、法律适用尚不明确、统一或是案情本身、拟作出判决结果符合提交审委会讨论案件的条件的案件。

2. 涉及结果裁量的案件应纳入审委会讨论案件的范围。如著名罗马法学家塞尔苏斯所说，认识法律不意味着抠法律字眼，而是把握法律的意义和效果。当今，我们对于公平正义的裁判的评价标准为“实现最佳的法律效果、政治效果、社会效果”，考量适用法律后引起的结果是法律适用本身的组成部分，换言之，结果裁量属于法律适用的范畴。

其一，结果裁量决定法律解释的方向。有时，法官面临的可能并非仅为一个严格将法律规范适用于具体案件事实的过程，更为重要的是能否取得为社会所认同的裁判结果。[②] 实践中，受到社会舆论高度关注的案件本身案情、争议可能并不复杂，案件类型常规而在法律上没有问题，但由于裁判结果会受到社会的期待，在法律解释多样的情况下，如何解释法律以实现良好的法律效果和社会效果，属于法律适用应纳入考虑的因素。

其二，司法的政治过程决定审委会讨论的范围超出法律适用。政治对司法的影响是制度性的，审委会讨论案件，要考虑案件的政治影响和社会

---

① 最新发布的《人民法院组织法》及《人民法院第五个五年改革纲要》中均有此规定。

② 刘峥：《司法裁判中的法律效果与社会效果》，载《人民法院报》2018 年 1 月 8 日第 2 版。

效果。[1] 实践中表面看起来适用法律无争议但可能引发矛盾、上访、舆情的案件提交审委会讨论，审委会讨论过程中，法律规则仅为考量因素之一，在不同案件中，审委会可能基于当事人、媒体、信访、稳定等各项因素，采取不同的策略。因此，审委会讨论决定督办案件及信访案件符合法院实际，不应认定为审委会讨论案件范围的扩张。

基于上述分析，笔者认为，从实践需要的角度考虑，基层法院审委会讨论案件范围为法律适用内涵的外延应包括法律适用和结果裁量。案情清楚但处理结果可能违反自然法，靠法条主义无法解决需进行政治性判断和政策性考量的结果难办案件[2]也应纳入审委会讨论案件范围。

三、探索之路：廓清基层法院审委会讨论案件范围的实现路径

《意见》第 8 条和第 9 条对于审委会讨论决定案件的范围作出了规定，拟提起再审、拟宣告无罪、拟轻判案件、抗诉案件、指令再审、发回重审等案件相对具有可辨识度，但各个法院在解释“敏感”“重大、疑难、复杂”“新类型”等类型案件的内涵及外延上仍具有一定的不确定性，有必要结合对基层法院审委会功能定位，对基层法院审委会讨论案件的范围予以界定。

（一）构成：法官或合议庭提交、院庭长提请审委会讨论案件

董必武在担任最高人民法院院长时说明，审委会讨论重大、疑难案件，分为两种情况：一种是由合议庭审查案情，如遇重大、疑难的案件，经审判庭再经院长，提交审委会讨论；另一种是院长发现本院审理的案件在认定事实上有出入或适用法律上有错误，可提交审委会讨论。[3] 这指明审委会讨论案件范围的两种产生方式，一为合议庭提交案件，二为院长提交案件，仍基本符合当前的司法实践。具体而言，基于提交案件主体的不同，审委会讨论案件范围分为以下两种：

1. “难办案件”：法官或合议庭提交审委会讨论决定。与常规案件相比，“敏感案件”“重大、疑难、复杂案件”“新类型案件”被统称为“难办案件”，具体可分为“事实难办案件”“法律难办案件”“影响难办案件”“关系难办案件”。[4] “事实难办案件”指事实认定困难的案件，由前所述，

---

① 李雨峰：《司法过程的政治约束——我国基层人民法院审判委员会运行研究》，载《法学家》2015 年第 1 期。

② 苏力：《法条主义、民意与难办案件》，载《中外法学》2009 年第 1 期。

③ 董必武：《在军事检察院检察长、军事法院院长会议上的讲话（1957 年 3 月 18 日）》，载《董必武法学文集》，法律出版社 2001 年版，第 389 页。

④ 侯猛：《案件请示制度合理的一面——从最高人民法院角度展开的思考》，载《法学》2010 年第 8 期。

其不属于审委会讨论案件的范围。“法律难办案件”指法律适用有争议或是无可适用的法律条文，也包括事实和法条之间难以建立有效联系的案件。“影响难办案件”是指政治和社会影响较大的案件。“关系难办案件”是指利害关系复杂的案件。“影响难办案件”和“关系难办案件”常常界限不甚明显，两者构成前述讨论涉及结果裁量的“结果难办”案件。合议庭在审理案件过程中，认为案件属于“法律难办案件”“结果难办案件”需提交审委会讨论决定的，由其提出申请。根据上一章节的论述，基于专业性的考量，“法律难办案件”宜首先由主审法官会议讨论，必要时提交审委会作出裁判。“结果难办案件”涉及结果裁量，应由审委会讨论决定、审慎裁判。

2. “四类案件”：院庭长提交审委会讨论决定。《意见》第 10 条规定，法官或合议庭未提出申请，院长认为案件有必要的，可以提请审委会讨论决定。除上述院长发现本院已经发生法律效力的判决、裁定、调解书有错误，应当再审，可提交审委会讨论外，在落实司法责任制的背景下，院庭长对“四类案件”可以开展事中监督，也可将该“四类案件”提交审委会讨论决定。

（二）标准：引入 PESTEL 分析模型对审委会讨论范围细化

当前审委会讨论案件范围不明确、不统一的一大原因就在于重大、疑难、复杂等情形认定标准的阙如。重大、疑难、复杂案件既有质的规定性，又有其灵活性，但是它并不是一个不可捉摸的范围。[①] 以上三类情形均涉及各项因素的考量，应首先统一考量因素。前述，涉及结果裁量的案件应纳入基层法院审委会讨论案件范围，除法律因素外，还需将影响结果裁量的其他因素纳入考量。可借用分析大环境的 PESTEL 分析模型[②]，从政治、社会、经济、技术、环境、法律六个因素入手，对于“法律难办”及“结果难办”两类“难办案件”进行细化，使其更加具体化、更有操作性。

---

① 周士敏：《试谈提高审判委员会讨论案件的质量问题》，载《政法论坛（中国政法大学学报）》1988 年第 2 期。

② PESTEL 分析模型是一种针对研究对象进行宏观分析的有效工具，PESTEL 分别代表政治、经济、社会、技术、环境和法律因素，该模型不仅能够分析外部大环境，而且能够识别一切研究对象有影响作用的力量。

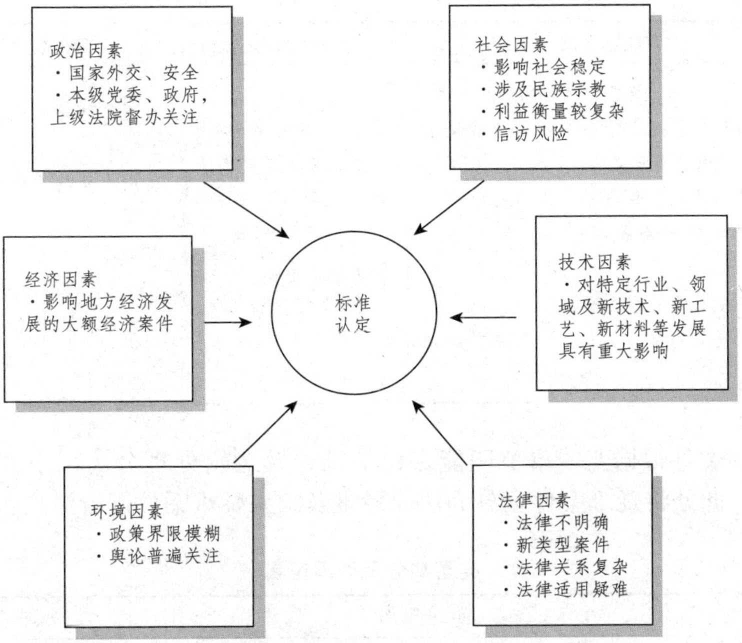

图 3　PESTEL 分析模型明确“难办案件”认定标准

结合对审委会职能的界定，联系上述标准，笔者认为“难办案件”分别包含的情形如表 2 所示：

表 2　难办案件的具体认定标准

法律难办	1. 新类型案件；2. 法律不明确；3. 法律适用疑难；4. 法律关系复杂
结果难办	1. 国家外交、安全；2. 影响地方经济发展的大额经济案件；3. 影响社会稳定案件；4. 舆论普遍关注；5. 涉及民族宗教案件；6. 对特定行业、领域及新技术、新工艺、新材料等发展具有重大影响；7. 督办关注；8. 信访风险；9. 利益衡量较复杂；10. 政策界限模糊

（三）界分：审委会、主审法官会议、“四类案件”的关系

上一章节在理论层面就审委会讨论决定案件范围、主审法官会议讨论案件范围及院庭长监督“四类案件”发生重叠时的处理原则作出指引，此处结合《意见》规定审委会应当讨论决定的案件及《指导意见》规定的主审法官会议具体案件类型、《最高人民法院关于完善人民法院司法责任制的若干意见》规定的“四类案件”（表 3），就案件类型的界分及衔接关系进行详细梳理。

表 3　　主审法官会议、审委会、“四类案件”类型列举

主审法官会议	审判委员会	“四类案件”
1. 新类型、疑难、复杂、社会影响重大的 2. 裁判规则、尺度有待统一或在法律适用方面具有普遍指导意义的 3. 拟作出的裁判结果与本院或者上级人民法院同类生效案件裁判规则、尺度不一致的 4. 合议庭成员意见分歧较大的 5. 持少数意见的承办法官认为需要提请讨论的	1. 涉及国家安全、外交、社会稳定等敏感案件 2. 重大、疑难、复杂案件 3. 法律规则不明的新类型案件	1. 涉及群体性纠纷，可能影响社会稳定的 2. 疑难、复杂且在社会上有重大影响的 3. 与本院或者上级法院的类案判决可能发生冲突的 4. 有关单位或者个人反映法官有违法审判行为的

上述案件根据上一章节职能定位的结论及逻辑处理分为以下四种类型（表 4），此处将疑难案件区分为法律疑难及结果疑难案件进行讨论：

表 4　　类型划分及处理逻辑

类型	提交主体	情形	处理逻辑
Ⅰ	院庭长	1. 涉群体纠纷，可能影响社会稳定的 2. 疑难复杂且在社会上有重大影响的	院庭长将其提交审委会裁判
Ⅱ	院庭长	1. 与本院或上级法院的类案判决可能发生冲突的 2. 有关单位或者个人反映法官有违法审判行为的	院庭长将其提交主审法官会议讨论
Ⅲ	法官或合议庭	1. 重大、结果难办、复杂案件、社会影响重大案件 2. 敏感案件	法官或合议庭直接提交审委会裁判
Ⅳ	法官或合议庭	1. 新类型案件 2. 法律难办案件 3. 裁判规则、尺度有待统一或在法律适用方面具有普遍指导意义的 4. 拟作出的裁判结果与本院或者上级人民法院同类生效案件裁判规则、尺度不一致的 5. 合议庭成员意见分歧较大的 6. 持少数意见的承办法官认为需要提请讨论的	法官或合议庭先提交主审法官会议讨论

Ⅰ类案件为院庭长监督的两类案件，该两类案件属于审委会讨论的重大、疑难、复杂、敏感案件，院庭长适宜将其交由审委会直接裁判。

Ⅱ类案件为院庭长监督的其他两类案件，可能产生类案冲突属于审委会统一法律适用之宏观职能范畴，法官违法裁判的情况下，院庭长可依托主审法官会议进行监督，故将其交由主审法官会议讨论。院庭长可根据审判监督管理权限要求法官或合议庭根据主审法官会议讨论的案件进行复议，经复议为采纳主审法官多数意见的，院庭长按规定将案件提交审委会决定。①

Ⅲ和Ⅳ类案件区分的理论基点为，主审法官会议分流审委会宏观职能依托的讨论案件及法律疑难案件，该两类案件涉及主审法官会议与审委会衔接时，亦按照《指导意见》第九条处理：

Ⅲ类案件即为审委会应当讨论案件情形，法官或合议庭可直接申请提交审委会作出裁判，此时，如申请未得到核准，法官或合议庭视情况决定是否需将案件提交主审法官会议讨论，如不需要则直接作出裁判。

Ⅳ类案件为除结果疑难、复杂、社会影响重大之外的主审法官会议讨论案件范围。

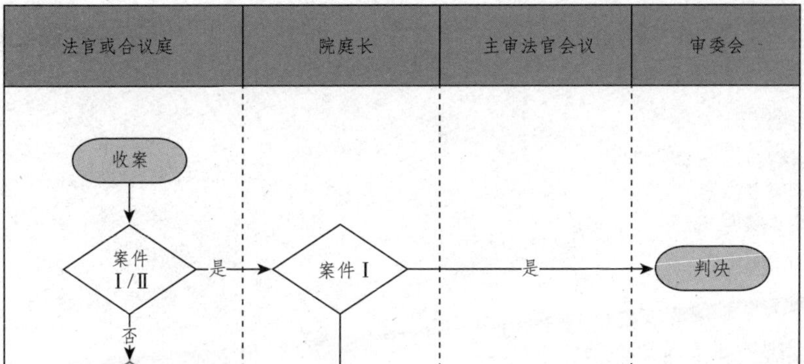

图4 四种类型案件处理逻辑判断示意流程图

① 《最高人民法院关于健全完善人民法院主审法官会议工作机制的指导意见（试行）》第九条。

结　语

在一定时期内，审委会研究、讨论、决定案件仍然是基层法院审理案件的一种不可或缺的形式，这是由基层法院的外部环境和内部条件共同决定的，并符合我国目前的基本国情。本文以厘定基层法院审委会职能为主线，通过明确审委会讨论案件范围，理顺与审委会存在职能及案件范围交叉的主审法官会议及院庭长监督的“四类案件”之间的关系，提供了审委会案件确定的实现路径，为审委会发挥集体智慧保证案件得到公正、妥善处理创造了前提条件。本文之研究立足于当下，期望能够裨益于审委会制度改革。

（本文获一等奖）

参审制下法官指引机制的重塑

——以司法三段论为路径

张晓行[*]　蒋利龙[**]

引　言

如陪审员参审时得不到正确的法官指引，其认定案件事实的独立性和有效性将得不到保障。本文以司法三段论为法官指引的推理路径，以陪审员对案件事实认定的独立性和有效性作为检验法官指引正当性的标准，通过考察《人民陪审员法》实施以来司法实践的现状和困境，在分析其背后原因的基础上，从法官指引内容、指引程序和保障机制等方面构建起符合司法实践、具有可操作性的法官指引机制。

一、问题：法官指引机制的困境分析

有效的法官指引是陪审员独立并有效认定案件事实的重要保障，随着《人民陪审员法》的公布实施，法官指引机制越来越受到重视，但实施中出现的问题也应当引起我们的注意。

（一）法官指引机制运行的实然状态

2018 年 4 月 27 日，《人民陪审员法》公布实施，为了解法官指引机制的适用情况，本文从北京市、江苏省、湖北省、福建省、四川省、黑龙江省、广西壮族自治区中分别选取一个法院，并从每个法院中随机抽取 30 件陪审员参加合议的案件卷宗，共计 210 件案件进行实证分析。又从该六个法院中随机抽取共计 70 名法官、70 名陪审员进行了调查问卷。汇总成以下三个图表：

---

* 作者单位：黑龙江省牡丹江市中级人民法院。

** 作者单位：黑龙江省牡丹江市中级人民法院。

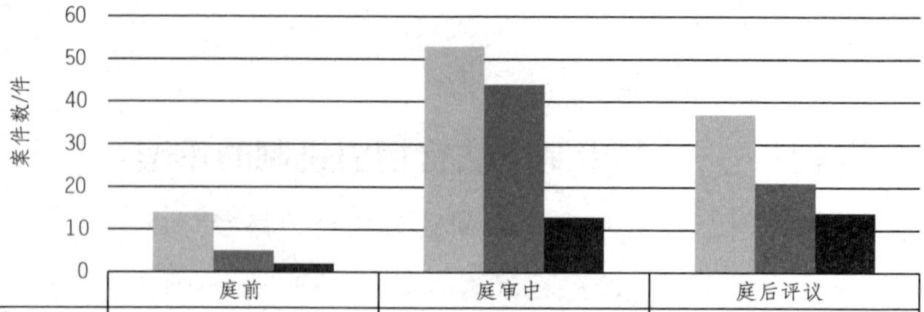

	庭前	庭审中	庭后评议
一般性指引	14	53	37
证据规则类指引	5	44	21
法律规范类指引	2	13	14

图 1　案件审理不同阶段存在三种不同类型指引内容的案件数①

表 1　　**法官指引问卷调查统计表**

问卷调查统计表（对象：70 名法官）				
审理阶段	调查内容	人数统计（人）		
		是	否	不清楚
庭前阅卷	陪审员庭前阅卷是否应强制	21	6	43
	阅卷时，法官是否应告知陪审员有关阅卷的一般性指引	18	3	49
	陪审员阅卷接触事实，是否应指引法律规范大前提	23	8	39
庭审中	法官是否应告知陪审员有关庭审的一般性指引内容	33	9	28
	确定事实争点，法官是否应向陪审员指引法律规范大前提	24	21	25
	证据认定环节，法官是否应向陪审员指引证据规则	38	19	13
庭后评议	法官是否应告知陪审员有关评议的一般性指引内容	50	8	12
	评议证据时，法官是否应向陪审员指引证据规则	44	13	13
	评议案件事实，法官是否应指引法律规范大前提	39	16	15
保障、惩罚	是否应建立法官指引机制的保障程序和惩罚机制	31	14	25

通过图 1、表 1 的数据分析看出，在庭审前的程序中，通过对选取 210 件卷宗阅卷笔录或庭前会议笔录，了解到陪审员在庭前阅卷的情况较少，法官进行庭前指引的适用率低。在庭审中，通过查阅选取案件的庭审笔录和对法官进行调查问卷，从总体上可以看出法官对陪审员在庭审环节多进行了一般性指引和证据规则类指引，很少进行法律规范类指引。在庭后评议阶段，查阅卷宗中合议笔录和表 1 中法官反馈，虽然《人民陪审员法》

① 一般性指引主要包括审理程序的流程及程序性规则，以及陪审员的权利和义务；证据规则类指引主要包括除证据证明力大小、证据关联性之外的证据规则；法律规范类指引是指案件事实（S）所适用的法律规范（T）。

已规定审判长需在合议庭评议案件阶段向陪审员进行指引，但法官指引机制在庭后评议阶段的适用率依然较低，证据规则和法律规范类指引的适用率更低。

表2　　法官指引电话访问统计表

<table>
<tr><td colspan="7">电话访问统计表（对象：70名陪审员）</td></tr>
<tr><td>访问内容</td><td colspan="6">各项效果人数统计</td></tr>
<tr><td>庭前阅卷效果</td><td colspan="2">主动阅卷20人</td><td colspan="2">被动阅卷7人</td><td colspan="2">无阅卷43人</td></tr>
<tr><td rowspan="3">一般性指引效果</td><td rowspan="9">阅卷时指引</td><td>经常指引5人</td><td rowspan="9">庭审时指引</td><td>经常指引18人</td><td rowspan="9">庭后合议指引</td><td>经常指引15人</td></tr>
<tr><td>偶尔指引7人</td><td>偶尔指引21人</td><td>偶尔指引20人</td></tr>
<tr><td>不指引15人</td><td>不指引31人</td><td>不指引35人</td></tr>
<tr><td rowspan="3">证据规则指引效果</td><td>经常指引2人</td><td>经常指引13人</td><td>经常指引11人</td></tr>
<tr><td>偶尔指引3人</td><td>偶尔指引19人</td><td>偶尔指引12人</td></tr>
<tr><td>不指引22人</td><td>不指引38人</td><td>不指引47人</td></tr>
<tr><td rowspan="3">法律规范指引效果</td><td>经常指引2人</td><td>经常指引10人</td><td>经常指引8人</td></tr>
<tr><td>偶尔指引2人</td><td>偶尔指引14人</td><td>偶尔指引13人</td></tr>
<tr><td>不指引23人</td><td>不指引46人</td><td>不指引49人</td></tr>
<tr><td rowspan="3">陪审员发问或发表意见效果</td><td rowspan="3">确定事实争点发表意见</td><td>经常10人</td><td rowspan="3">法庭调查发问</td><td>经常18人</td><td rowspan="3">庭后评议发表意见</td><td>经常14人</td></tr>
<tr><td>偶尔15人</td><td>偶尔21人</td><td>偶尔16人</td></tr>
<tr><td>不发表45人</td><td>不发表31人</td><td>不发表40人</td></tr>
</table>

对选取的70名陪审员进行电话访问及表1中70名法官调查问卷，对比分析发现以下问题：一是《人民陪审员法》无规定庭前阅卷指引，但多数法官认为阅卷时陪审员会接触案件事实，应对陪审员进行指引；二是虽然《人民陪审员法》规定了在合议庭评议案件阶段法官需要对陪审员进行指引，但由于法官对何时指引、如何指引把握不准，导致指引机制实施效果不佳；三是虽然《人民陪审员法》未规定庭审前和庭审中需要法官指引，但多数法官认为为了更好地发挥陪审员参审制的作用，应对其予以指引，但却不知如何指引；四是《人民陪审员法》虽未明确规定法官指引的保障和惩罚机制，但多数法官认为应当建立保障和指引机制。

（二）法官不当指引的类型化分析

通过对现行指引机制运行状态的实证考察，法官对指引内容理解不同及指引能力的差异，导致司法实践中存在多种类型的不当指引。

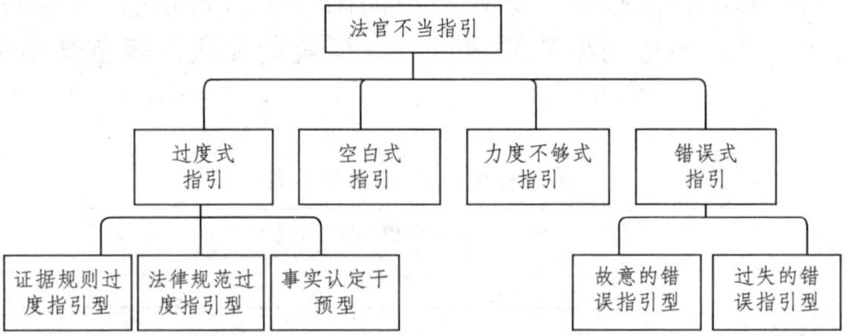

图2　法官不当指引的类型图

1. “空白式”指引。该类情形表现为在审理程序中法官应向陪审员进行指引却不予指引的行为，其实质属于司法不作为。“空白式”指引虽然最大程度上保障了陪审员独立认定案件事实以及对案件的独立判断，但其存在明显的弊端，主要表现：一是陪审员因无法正确掌握与案件事实相关的证据规则，以及司法三段论中推理大前提（T）的法律规范，导致陪审员容易出现认定证据和事实错误，发挥不了其认定案件事实的优势；二是当陪审员对案件的判断屡次发生错误后便会产生心理负担，受怕错心理的影响，陪审员提不出自己的意见，只会在形式上参加庭审、合议，在评议笔录上签字，产生陪而不审、合而不议的顽疾。

2. “力度不够式”指引。此类情形，法官在审判程序中对指引内容和运用存在一定程度的欠缺，在指引的具体实践上处于拿捏不准的状态，于是其通常做法为擅长什么便指引什么。根据指引内容及指引程序的容易程度进行选择指引，对陪审员权利、义务以及程序规则类的一般性指引较为容易，所以指引较多；对于有关证据规则类的指引及涉及法律规范类的指引，因专业性强、可操作性弱，指引较少。

3. “力度过度式”指引。此类情形主要是指在审理程序中，法官对不应向陪审员进行指引的内容进行了指引，出现妨碍陪审员独立、有效认定事实的司法状态。其表现为以下三种情形：

一是证据规则过度指引型。此种情形下，法官对于证据规则的把控具有较为全面的认知，其在向陪审员进行证据规则的有关指引时，忽略了陪审员对案件事实认定的独立性。陪审员进行案件事实认定的优势便是陪审员所拥有的社会生活阅历和生活经验，由于陪审员对于证据的证明力大小以及证据的关联性认知能力更强，其认定案件事实能更贴近于社会生活。如果法官过度干预陪审员对于证据的认定，很容易干扰陪审员独立认定案件事实。

二是法律规范过度指引型。此情形，由于法官对于何时需要指引、如何指引的技术操作把握不到位，便索性将与案件有关的所有法律规范都进行指引。该种类型的指引虽不妨碍陪审员独立认定案件事实，但因为陪审员并不具有分析和甄别案件事实应适用的法律规范的能力，陪审员不能有效认定案件事实，其便不能独立发表自己的意见或者发表意见易出错，最终结果还是会滑向“陪而不审”“合而不议”。

三是事实认定干预型。此情形，法官对于案件事实的认定有了一定的认知，为了统一案件事实的认定，而过度干预陪审员独立认定案件事实的司法状态。[①] 司法实践中典型行为如：有些陪审员对案件事实无法独立提出意见而求助于法官，或者有些法官不遵守合议流程，将法官对案件事实认定结果在案件评议前提前告知陪审员，最终达到统一案件事实认定的结果。

4. “错误式”指引。此类情形主要表现为在审理程序中法官将错误的内容向陪审员进行指引的司法状态。因指引内容的错误，陪审员认定案件事实时往往产生错误认定。根据指引法官主观上的故意和过失，表现为以下两种情形：

一是故意的错误指引型。该情形中，法官明知正确的指引内容，但因持特定目的而故意将错误的指引内容向陪审员进行指引的司法状态。司法实践中典型行为如：庭后评议案件事实时，本应由陪审员先发表意见，法官却错误指引成先由法官发言，后由陪审员发言，不仅破坏了陪审员认定案件事实的独立性，也影响了陪审员认定案件事实的有效性。

二是过失的错误指引型，该种情形，法官因为专业能力的缺失或法官有能力进行指引因过失而将错误的指引内容向陪审员进行指引的司法状态。司法实践中典型行为如：原告以错误的法律规范主张权利，法官因专业能力有限未能发现该法律规范是错误的，进而将错误法律规范向陪审员进行指引，陪审员因错误的法律规范导致认定案件事实错误，该案最终被认定为错案。

二、探析：法官指引机制困境的归因检视

健全的法官指引机制需要在陪审员认定案件事实的独立性与有效性之间寻找平衡。但在缺少指引机制土壤的背景下，立法规定的操作性不强、诉讼模式的不匹配、指引技术的难把握、主客体间配合不当，影响了指引机制的实施效果。

---

① 李昌林：《从制度上保证陪审员真正享有刑事裁判权——论陪审员制度的完善》，载《现代法学》2007 年第 1 期。

（一）文化传统因素：缺乏法官指引机制的历史土壤

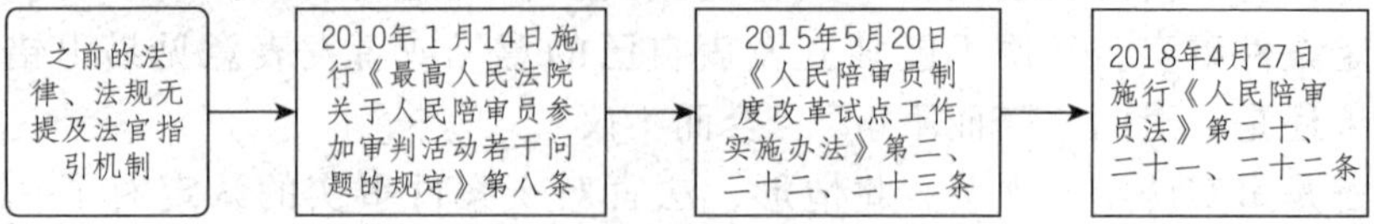

图3　我国法官指引机制的发展历程

我国人民陪审制设立已有几十年的历史，从法官指引机制的发展历程上看，设立陪审制早期，理论界和司法实践界更多关注的是陪审制优缺点及存废问题，并未关注法官指引机制，导致我国未形成有关法官指引机制的文化传统土壤。直到2010年1月14日施行《最高人民法院关于陪审员参加审判活动若干问题的规定》（以下简称《规定》），法官指引才首次被提起。2015年5月20日，《人民陪审员制度改革试点工作实施办法》（以下简称《试点办法》）开始对法官指引机制进行试点，最终于2018年4月27日《人民陪审员法》实施正式确立法官指引机制（见表3）。

表3　**有关法官指引机制的规定条款及内容**

有关指引机制的规定条款	指引内容	指引时机
《规定》第八条	案件涉及的相关法律、审查判断证据的有关规则	合议庭评议案件
《试点方案》第二十一条	与事实认定有关的证据资格、证据规则、诉讼程序等问题及注意事项	合议庭评议案件
《人民陪审员法》第二十条	涉及的事实认定、证据规则、法律规定等事项及应当注意的问题	审判长应当履行与案件审判相关的指引、提示义务，合议庭评议案件

正因为我国无法官指引机制的文化土壤和历史传统，导致法院在建立健全法官指引机制时没有经验可以借鉴，指引内容、指引程序以及保障程序还需要以“摸着石头过河”的方式探索与完善。目前，有些法院还没有开始施行法官指引机制，有些法院虽已实施但仍不知何时指引、如何指引、指引什么内容。

（二）立法因素：法律规定的概括性导致指引的操作性不强

《人民陪审员法》对法官指引进行概括性规定，导致法官指引无制度可循，不具有可操作性。

1. 法官指引内容的概括性。《人民陪审员法》规定指引的内容为“对本案中涉及的事实认定、证据规则、法律规定等事项”予以必要性的指引，但该条款只进行概括性的表述，并没有提供具体的行为准则，实际操作中法官很难分清什么内容是必要的、什么内容不必要。法官对指引内容的理解完全依赖于法官的职业素养和能力。

2. 法官指引保障程序的概括性。《人民陪审员法》规定审判长有负责指引的义务，但不得妨碍陪审员对案件的独立判断。该条款只是概括性规定审判长的义务，并未就指引机制的保障程序作具体规定。表现为：一是为保障陪审员充分了解案情，陪审员需在庭审前阅卷，但法律对此未进行强制性规定；二是法官指引对法官和陪审员而言既是权利又是义务，但法律对此未予以明确，由此产生的不当指引如何救济以及如何惩戒无相应规定；三是接受指引是陪审员的义务，要求指引是陪审员的权利，当陪审员拒绝接受指引义务时，或要求指引的权利被侵害时，现有指引机制对此未予以保障；四是为保障法官指引机制落到实处，应采取书面指引还是口头方式指引，法律未明确规定。[①]

（三）技术因素：不确定的指引时机与方式影响指引效果

法官指引机制涉及的专业程度复杂烦琐，指引的技术要求也是非常严格，尤其是何时需要指引以及如何指引的技术操作不易掌控。对于有关陪审员权利义务以及程序性规定的一般性指引，因为该指引内容涉及的技术要求不高，所以审判长容易也愿意指引；对于证据类以及法律规范类的指引内容，法官自己都很难掌控，导致有的法官在向陪审员指引时抱着“与其处理不好不如不作处理”的心理，对陪审员不予指引。这就解释了为什么《人民陪审员法》虽规定在合议评议案件阶段需对陪审员予以指引，但现实中却存在大量的庭后合议评议笔录中没有记载指引内容的现象，庭审前以及庭审程序中的指引更加难以落实。

（四）主体因素：主客体配合不当阻碍指引正常进行

指引机制的主体因素包括法官因素和陪审员因素，二者之间需要双向互动，法官的指引效果和陪审员的接受程度决定着指引过程的完成与否。

1. 法官因素。法官是指引机制的主体，指引行为不当的决定性因素在于法官。法官指引不当主要来源法官自身两个方面的原因：一是法官不具备或不完全具备熟练掌握并运用指引机制的技术与专业能力，技术与专业能力上的不足也就导致法官指引的有心而无力，进而体现在审判流程上要么选择性指引，要么不指引，陪审员接受不到法官的正确指引，久而久之又回到了“陪而不审”“审而不议”的起点。[②] 二是法官存在不想适用或错误适用指引机制的心理。法官不想适用指引机制多数是认为该机制增加了

---

① 夏丹：《庭审实质化视角下民事庭审话语叙事研究》，载《法学评论》2017 年第 6 期。

② 姚宝华：《论陪审员制度的功能定位》，载《法律适用》2017 年第 11 期。

法官工作量，法官错误适用指引机制源于其抱有一定的非法目的。

2. 陪审员因素。陪审员对法官指引机制的态度影响着指引机制的有效程度。陪审员接受指引的效果越好，则指引效果越好；出现法官不当指引时，陪审员监督得越好，则指引的不当影响也就越少。接受法官指引既是陪审员的权利又是义务，但我国法律并无约束陪审员的强制机制和惩罚机制，案件审理的质量好坏对陪审员不产生影响，加之陪审员与工作单位的劳资关系影响着参审时间，以及陪审员参审案件的补助标准较低，导致陪审员为避免麻烦而不主动要求指引，在一定程度也影响着法官指引机制的实质化效果。①

三、出路：以司法三段论为推理路径的法官指引机制之构建

案件审理的本质为司法三段论的具体适用，法官指引机制的设立是为了更好得到案件事实即司法三段论中的小前提（S），而该小前提的获得必须建立法律规范大前提（T）之下、陪审员认定案件事实有效性和独立性的基础上。故本文主张以司法三段论为逻辑推理路径构建法官指引机制，并将指引机制植入审判流程的全过程，真正实现陪审员认定案件事实的独立性与有效性的有机统一。

（一）理性思辨：司法三段论架起法官指引机制的桥梁

法官指引机制掌控着陪审员认定案件事实有效性与独立性的方向，指引机制的构建需要以司法三段论为基础，将机制内容和程序植入到案件的具体审理过程中，并于司法三段的逻辑推理过程中检验陪审员认定案件事实有效性和独立性的有机统一程度，具体逻辑路径如图 4 所示。

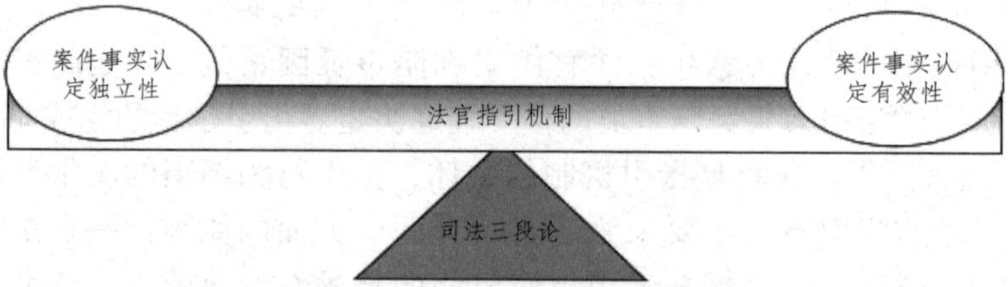

图 4　法官指引机制的逻辑路径

1. 司法三段论是检验法官指引正当性的逻辑推理过程。任何案件的审理过程其实就是遵循司法三段论进行裁判的逻辑推理过程，陪审员认定的案件事实属小前提（S），法官向陪审员指引的法律规范属大前提（T），能

---

① 韩红俊：《事实问题与法律问题的区分——以人民陪审员制度改革为出发点》，载《人民司法》2017 年第 4 期。

否正确推出结论取决于三段论中两个回溯式涵摄的完成情况：其一是案件事实与法律规范之间的往复涵摄，其二是主张事实、证据与经验法则之间的往复涵摄。[①] 而两个涵摄都需要法官进行指引，指引的两个核心分别为：一是法律规范的指引，二是证据规则的指引。[②]

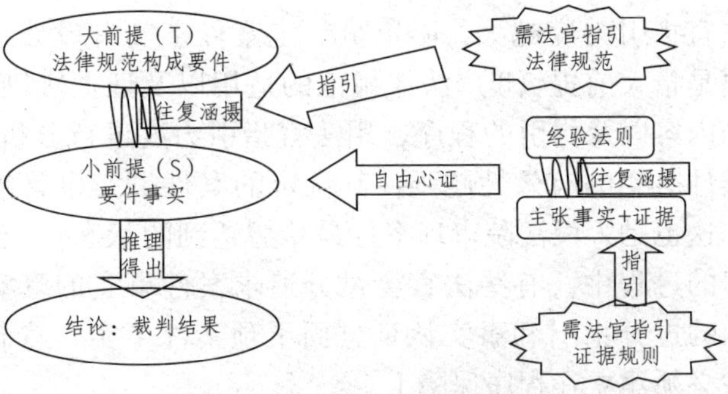

图5　司法三段论逻辑推理过程

陪审员对于案件事实的认定，最理想状态就是陪审员先要知晓案件所应当适用的法律规范的构成要件，并在该法律规范的构成要件之下，根据证据规则进行认定案件事实，发挥陪审员认定案件事实方面不弱于法官的优势。[③] 此时，法官应当做的就是告知适用于案件的法律规范的构成要件，使陪审员正确认定案件事实的方向；告知陪审员除证据证明力大小、证据关联性之外的证据规则，正确认定案件事实。因此，欲检验法官指引是否正当，就应当将法官指引的内容和程序放置于司法三段论的逻辑推理过程中进行认定，检验法官是否将法律规范大前提予以指引，指引是否正确、是否与案件事实相适应；以及法官是否将证据规则进行指引，指引的证据规则是否适当。

2. 法官指引正当性的价值标尺是认定事实独立性和有效性。陪审员认定案件事实的独立性与有效性是既矛盾又统一的。过于强调陪审员对案件事实认定的独立性，则会削弱陪审员认定案件事实的有效性，而过于强调陪审员对案件事实认定的有效性，则会干扰陪审员认定案件事实的独立性，错误的法官指引则会加大独立性与有效性的矛盾。因此，正确的法官指引需实现独立性和有效性的有机统一，而衔接独立性与有效性之间关系的媒介是法官指引的力度大小。

---

① 王利明：《我国案例指导制度若干问题研究》，载《法学》2012 年第 1 期。

② 张文显：《法治与国家治理现代化》，载《中国法学》2014 年第 4 期。

③ 廖永安、刘方勇：《社会转型背景下陪审员制度改革路径探析》，载《中国法学》2016 年第 6 期。

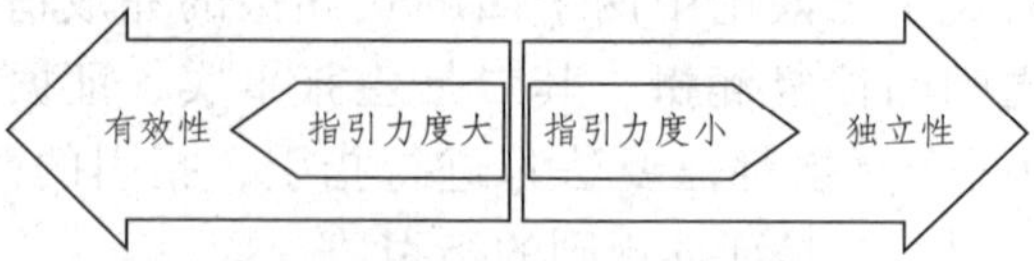

图6　法官指引力度与认定事实有效性和独立性的关系图

向左：法官指引力度越大，陪审员认定案件事实有效性越强。法官指引的内容主要是指大前提（T）法律规范的适用以及证据规则方面的指引。将法官指引的内容以及指引的程序，用法官指引力度进行分析。可以得出，陪审员认定案件事实的有效性越强，其认定的案件事实也就越能接近真正的案件事实，这也是人民法院审理案件最希望达到的状态。① 正因如此，在法官进行指引的过程中，有些法官会过分追求案件事实的真实还原度，在证据规则方面的过分指引和事实认定方面干预案件事实。然而，案件事实认定的有效性必须建立在程序保障上。

向右：法官指引力度越小，陪审员认定案件事实独立性越有保障。我国法律规定法官有义务向陪审员进行指引就是为了保证陪审员认定案件事实的有效性。但是，《试点办法》和《人民陪审员法》多次强调，法官在向陪审员进行指引的过程中，不得妨碍陪审员独立认定案件事实。可见，法官在向陪审员进行指引时，不能越过案件事实认定的独立性这道红线。法官指引力度越小，则法官破坏陪审员认定案件事实的独立性越小，该独立性也就越有保障。指引力度小会导致指引不到位，指引越不到位，则指引的效果越弱，甚至出现空白指引。

（二）机制设计：植入于审理过程的法官指引机制之构建

陪审员认定案件事实的进路是：（1）在基础法律规范构成要件下接触案件事实——（2）诉辩主张与构成要件对应分析——（3）争点下的争议事实证明——（4）得出要件事实。② 其中，第（1）项法官应指引基础法律规范构成要件，第（3）项法官需将证明责任及证据规则向陪审员指引。按照司法三段论的逻辑推理路径将法官指引机制植入到案件审理的庭前阅卷、庭审中、庭后评议三个阶段，具体操作设计如下：

1. 庭前阅卷的法官指引。阅卷前的法官一般指引。进行阅卷前，法官应当告知陪审员有关阅卷时一般性的指引内容，即与阅卷有关的陪审员权利和义务、阅卷流程以及其他应注意事项。阅卷流程包括何时阅卷、如何阅卷、阅卷的先后顺序，以及阅卷笔录如何制作等问题；权利义务包括陪审员和指引法官的权利和义务，以及应注意的事项。并应明确阅卷需在开

① 刘峥：《我国人民陪审员制度改革的再思考》，载《法律适用》2015年第12期。

② 高翔：《陪审员参审民事案件中事实问题与法律问题的区分》，载《法律科学》2018年第3期。

庭前 3 日进行，阅卷和法官指引是法官和陪审员的双向权利和义务。

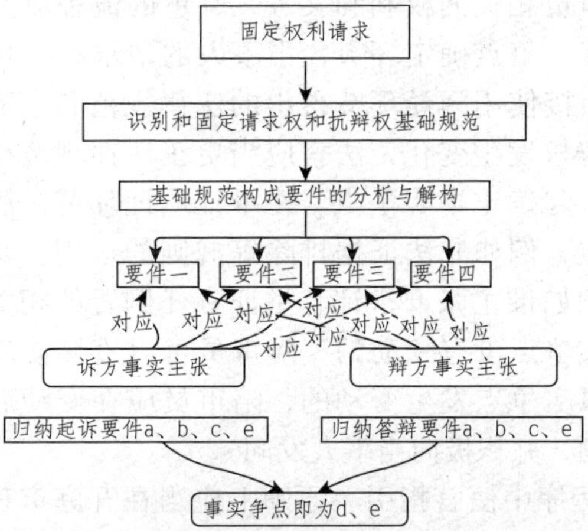

图 7　固定法律规范构成要件及事实争点的流程图

阅卷中的法官指引。对于案件事实，根据司法三段论的逻辑推理过程，法官应当根据诉辩双方的请求权基础和抗辩权基础寻找、厘清和固定基础法律规范构成要件，陪审员在该大前提下（T）进行阅卷，将基础法律规范构成要件与当事人诉讼主张事实和抗辩主张事实进行检索对比及分析，这样做既可以避免陪审员对案件事实认定"先入为主"，又能保证案件事实认定的正确方向。对于证据，因为有些证据未经质证和排除，陪审员查阅证据很容易导致"先入为主"，所以法官应指引陪审员对于双方当事人未质证的证据，也未经非法排除规则排除的证据，陪审员应当不审阅，对于双方当事人无争议、满足可采性的证据，陪审员则可以审阅。① 最后，陪审员在审判长指导下，按照事实类、证据类、法律依据类、主张立场类等文书制作要点制作阅卷笔录。这样既能保证陪审员了解或熟悉粗略的案件事实，也能保证其在开庭询问环节、合议评议环节更敢于发表和坚持自己的意见，可以在程序设定上改善"陪而不审""合而不议"的问题。②

阅卷后的法官指引。陪审员阅卷是为开庭时事实争点的确定以及法庭调查环节的发问而做准备的，陪审员应当在诉辩双方主张的事实要件进行对比，有争议的事实要件即为事实争点，开庭的举证质证以及法庭调查，需围绕该事实争点进行展开。陪审员需要做的便是在法官指引下确定事实争点以及制定其在法庭调查阶段想要发问的问题提纲，以便在庭审中更好地实质性参与案件审理。

2. 庭审程序中法官指引。一般开庭审理过程大致可以分为当庭陈述、

① 姚宝华：《论人民陪审员制度的功能定位》，载《法律适用》2017 年第 11 期。

② 步洋洋：《中国式陪审制度的溯源与重构》，载《中国刑事法杂志》2018 年第 5 期。

争点确定、举证质证、法庭调查及法庭辩论等环节。开庭审理前，审判长应当提前告知陪审员相关的权利和义务、庭审的流程以及相应的程序性规定。对于当庭陈述、争点确定环节，当事人的请求权和抗辩权未发生变更的，陪审员可以直接使用阅卷环节得出的法律规范和事实争点，如果当事人的请求权和抗辩权发生变化，法官应当更正法律规范构成要件，并在该要件下与陪审员一起确定事实争点。在举证质证环节，法官首先要做的是证据可采性的确定，例如非法证据排除等规则的运用，其次则是证明责任的分配及转移，例如谁主张谁举证、举证责任倒置的相关规定。在法庭调查环节，如果事实争点没有变动的，陪审员可以直接使用阅卷环节确定的发问提纲，如果事实争点发生变动的，陪审员应在变动后的事实争点前提下确定发问的问题，并积极向当事人发问。

3. 庭后合议程序中法官指引。原则上应当在开庭审理完毕后当即组织合议庭进行案件的合议与评议，这样可以保证陪审员认定案件事实的有效性。在庭后合议进行前，审判长应就陪审员的权利和义务，庭审后合议评议阶段的具体流程、程序规定以及应注意的事项，向陪审员进行告知。其后，审判长应当将案情，即诉辩当事人的请求权和抗辩权主张、事实主张及证据向陪审员进行宣读和介绍，再将固定的基础法律规范的构成要件予以指引。之后进行证据认定，宣读证明名称及证明内容，证据可采性的确定，以及证明责任的分配，陪审员在该前提下评议证据。最后进行案件事实评议，在基础法律规范构成要件的大前提下，将确定的案件事实，围绕和结合事实争点，按照陪审员先发言，法官后发言，审判长最终发言的规则进行事实认定的发言，最后得出案件要件事实。

4. 法官指引的保障程序。首先，应建立陪审员庭前阅卷和法官指引的强制适用机制。陪审员庭前不阅卷，便不能了解案件基本情况，开庭时往往被动接受当事人的事实及证据主张，庭审调查询问及证据认定缺少针对性，进而影响庭审效果和陪审员认定案件事实有效性的效果。另外，法官指引机制不强制适用，案件质量好坏对陪审员无任何影响。因此，有必要设置陪审员强制阅卷机制和强制指引机制，才能保证陪审员认定案件事实有效性和独立性，达到庭审实质化的必然要求。其次，法官指引应当以书面指引方式为主，并辅之以通俗易懂的口头方式。法官指引是否落到实处，仅靠法官主动自觉进行是无法保证的，最好的方式就是以笔录形式体现出法官确实进行了指引，[①] 故法官指引应当以书面方式进行，当遇到法官认为陪审员理解可能存在困难或者陪审员要求法官进行口头方式指引时，法官

① 郑旭、徐文静：《大合议庭法官指示制度研究》，载《黑龙江省政法管理干部学院学报》2019 年第 4 期。

应当以通俗易懂的语言向陪审员进行指引。最后，应当建立法官不当指引的救济程序和惩罚机制。救济程序应包括事中救济和事后救济。对于事中救济程序，是指未解案之前，当陪审员发现法官存在不当指引的行为时，应当赋予陪审员要求法官重新指引以及消除之前不当指引影响的权利。对于事后救济程序，即案件已经审结，发现法官指引行为不当的，应当赋予陪审员提请对法官不当指引行为评估的权利，如果不当指引对案件的事实认定没有实质影响，则坚持原判决；如果不当指引对事实认定具有实质性影响，应当撤销原判，进行重审。[①] 惩罚机制应对陪审员和法官都适用，陪审员不接受指引或不配合指引的，应纳入陪审员考核办法；法官故意不指引或者其不当指引对案件有实质影响的，应纳入法官考核机制中，这样才能保证法官指引机制的有效实施。

结　语

建立健全的法官指引机制可以保障陪审员有效且独立认定案件事实，不仅使得陪审员更愿意也更积极地发挥其在案件事实认定方面的优势，而且还可以提升陪审员制度公信度和司法公信力，保障公正司法、民主司法。文章以司法三段论为法官指引机制的推理路径，初步构建起庭审前、庭审中、庭审后的指引机制以及保障机制，以期为我国法官指引机制的构建与完善提供参考，起到抛砖引玉的效果。

（本文获一等奖）

① 唐力：《“法官释法”：陪审员认定事实的制度保障》，载《比较法研究》2017 年第 6 期。

陪审实质化：法官指引理性思辨与规则建构

——以“争点主线指引规则”之实证推演为视角

吴 玲* 殷 蔚**

引 言

人民陪审员参审是公众参与司法的一大重要途径。陪审实质化改革的核心在于保障人民陪审员参审的亲历性，关键在于发挥人民陪审员事实认定的职能。然而，民事诉讼领域事实与法律交错尤为凸显，分离实践备受争议。以审判实践之角度观之，法官指引作用的发挥对破解分离难题更具现实意义。我国虽以立法形式确定了审判长指引义务，但个案审理中法官指引应遵循的规则路径仍需经过理性思辨与实践探索。本文拟从民商事审判实践出发，为保障人民陪审员实质参审提供一种可行的方案：构建“争点主线指引规则”，在此基础上完成体系化、规范化的案件审理全流程指引之实证推演。

一、提出问题：法官指引之规则缺失与司法需求

（一）文本解读：体系化、规范化操作指南尚未形成

自 2015 年起，为期 3 年的陪审改革试点工作为人民陪审员实质参审进行了广泛且有益的实践探索，也为相关的立法工作奠定了基础。2018 年 4 月 27 日颁布的《人民陪审员法》第二十条规定：“审判长应当履行与案件审判相关的指引、提示义务，但不得妨碍人民陪审员对案件的独立判断。合议庭评议案件，审判长应当对本案中涉及的事实认定、证据规则、法律规定等事项及应当注意的问题，向人民陪审员进行必要的解释和说明。”该条文虽明确了审判长对人民陪审员的指引、提示义务，但对于指引、提示的内容、节点、范围、界限等并没有完全涉及。并且条文仅指出了合议庭

* 作者单位：江苏省连云港市赣榆区人民法院。
** 作者单位：江苏省连云港市赣榆区人民法院。

评议阶段审判长的解释说明义务，却未涵盖案件审理的其他阶段。2019 年 4 月 24 日发布的《最高人民法院关于适用〈中华人民共和国人民陪审员法〉若干问题的解释》（以下简称《人民陪审员法司法解释》）对法官指引义务进行了部分扩展与补充，包括第八条庭前告知相关权利、义务，第九条庭前制作事实问题清单以及第十条对庭审围绕争议焦点发问进行提示等方面。个案审理中法官指引之实际操作指南仍然有待实践探索，法官指引之体系化、规范化规则路径尚未形成。

（二）样本考察：个案审理法官指引之司法需求与制约因素

1. 样本选取与研究方法：基于 300 件陪审案件的实证考察。“要穿过经验事实的迷雾，研究者首先应当平心静气地做一个观察者和思考者，而不是贸然做出价值判断。”① 为了解民事陪审案件审理之实际样态及法官指引之现实困难，笔者将目光聚焦 L 市 G 区法院。该法院系东部沿海城市 L 市年均收结案数量最高、人案矛盾最为凸显的基层法院。2017 年审结民事陪审案件 1207 件，2018 年 1089 件，2019 年 1～7 月 446 件，案件数量大、类型多元。为保证样本选取的代表性，笔者综合考虑结案时间、案件类型及承办法官等因素，采用系统抽样的方法抽取了样本法院 2017 年 1 月 1 日至 2019 年 7 月 30 日之间以判决方式结案的 300 件民事陪审案件，重点考察了庭审笔录、合议庭评议笔录等材料。同时，为全方位、多角度对样本案件进行考察，剖析问题成因，笔者在进行抽样调查后，对样本反映问题进行了有针对性的问卷调查及实际访谈，以充分探知人民陪审员及法官的真实态度以及隐含在案件背后的信息。②

2. 整理与分析：法官指引之司法需求与制约因素。（1）司法需求：精细化审理要求与陪审实质化改革目标，陪审案件精细化审理要求指向体系化指引。抽样陪审案件呈现以下两个共性特征：①案件审理周期长：据统计，样本案件平均审理天数高达 175 天，审限届满前 10 日内结案的案件数高达 143 件，占案件总数的 47.67%（见图表 1）；②疑难复杂案件占比较高：因案情复杂变更适用程序的案件达 151 件，因争议较大变更的 25 件，上述两类案件占比高达 58.67%（见图表 2）。总体而言，样本案件办理耗时长、难度较大，案件审理质效及提升精细化审理水平有待提高。陪审实质化改革目标指向规范化指引。人民陪审员实质参审不足的现象一定程度上反映了作为案件审理主导者的法官未能提供有效指引、提示，陪审实质

① 陈瑞华：《论法学研究方法》，法律出版社 2017 年版，第 113 页。

② 为充分探知人民陪审员及法官的真实态度，笔者对样本法院从事民商事审判的 39 名法官及 20 名人民陪审员展开了问卷调查及实际访谈。作为抽样调查之补充，问卷及访谈调查结果在下文中仅截取部分展示，以说明问题成因。

化改革任重道远。实质参审不足体现在：①参审准备不充分：庭前准备缺席，人民陪审员参与庭前会议或证据交换的案件仅 3 件；②参审职责与内容不明确：法庭审理“存在感”微弱，鲜有庭审笔录记载人民陪审员发问内容；合议庭评议“底气不足”，仅陈述“同意”二字的案件竟高达 181 件，如仅说明“事实清楚、证据充分”等简单同意的达 48 件，阐明理由的 71 件，仅占比 23.67%，其中，对全部争议问题逐一发表意见的仅 5 件，其余 66 件仅针对部分问题（如图表 3）；③意见发表针对性与说理性不强：针对争议事实说理的共 34 件，争议证据评价的 12 件，法律适用及诉讼程序等专业问题的 18 件（如图表 4）。

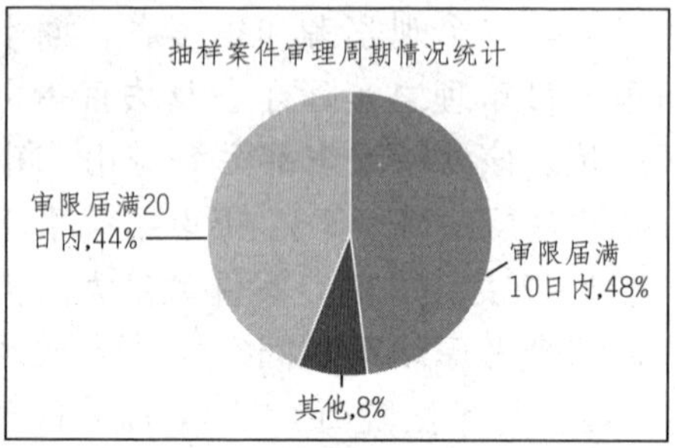

图表 1

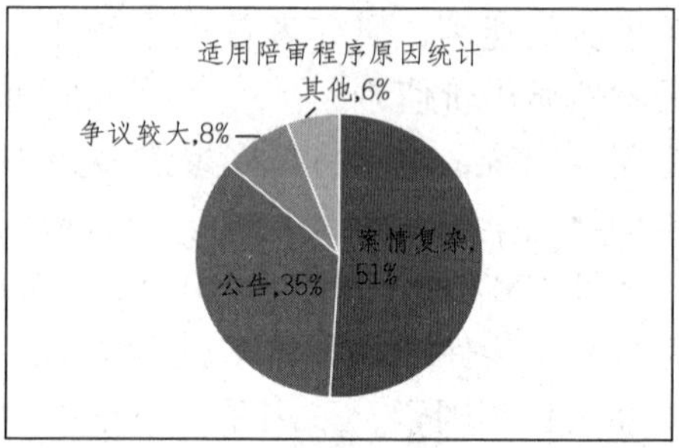

图表 2

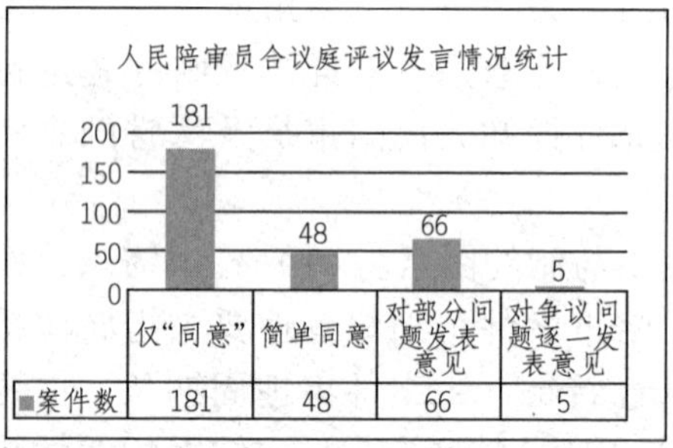

图表 3

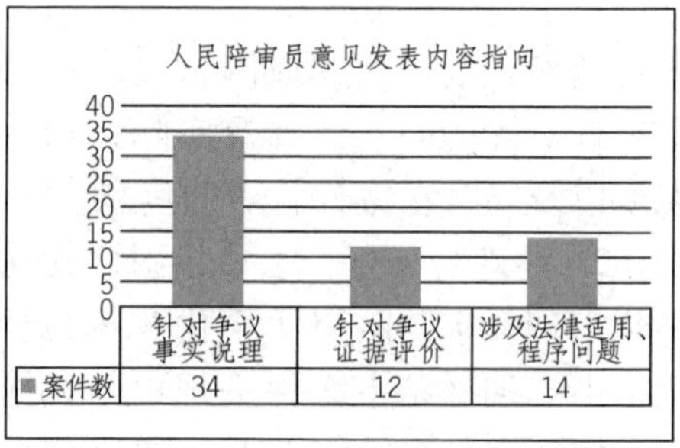

图表 4

（2）制约因素：争点归纳技术薄弱与庭审驾驭能力不均，争点归纳技术薄弱制约体系化指引。争点的整理与归纳决定了案件审理的重心与方向，争点归纳技术参差不齐，导致了审理方向与重点不明晰，最终影响指引实效。具体表现在：①争点归纳节点滞后：虽进行了争点归纳的案件在被告应诉或提交书面答辩的案件中占比超过八成，但初次争点归纳的时间基本集中在庭审阶段，占案件总数的 36.33%，而庭前准备阶段仅 3 件，合议庭评议阶段竟有 24 件（如图表 5）；②争点归纳不准确：争点遗漏、重复时有发生，例如有 3 件案件采用了“原告诉讼请求是否成立”的笼统归纳；③争点协商、调整不到位：审理中及时调整争点的为 7 件，与当事人进行争点协商仅为 3 件。庭审驾驭能力不均衡制约规范化指引。个案审理中法官指引之制约因素还包括庭审驾驭能力的不均衡：①法庭审理不集中：案件多次开庭情况普遍，2 次及以上开庭的占比达 52.33%。②证据审查不到位：证据展示与交换占据庭审大量时间，当庭认证的案件虽达 81 件，但以笼统模糊认证居多。例如，仅阐述“对无争议证据予以认证，对有争议证据将在庭后综合认证”的达 58 件，通过法庭小结及时对无争议事实与证据进行归纳的仅 2 件（见图表 6）。③合议庭评议作用未得到充分发挥：承办法官首先发言后其余简单附和的案件高达 82 件，内容直接复述判决书的甚至有 27 件，而审判长归纳争议事实与证据，组织引导发言的案件仅 16 件，仅占样本案件的 5.33%。

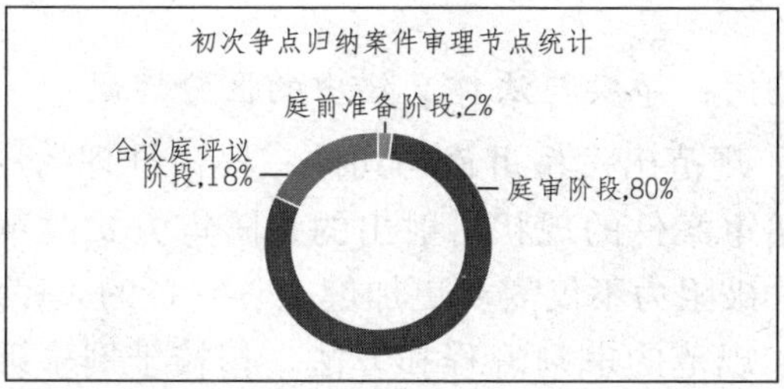

图表 5

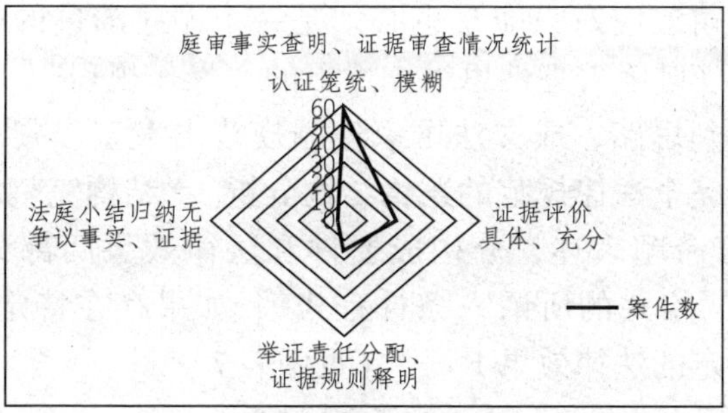

图表 6

3. 总结与反思：个案审理中法官指引困境之检讨。通过上文抽样调查，结合问卷调查与实际访谈，笔者总结个案审理中法官指引之实践面临诸多困难的原因在于：

（1）制度设计层面：体系化制度规则尚未形成。如上文分析指出，法官指引的制度设计并未完善，仍存在运行范围狭窄、救济途径缺失等突出问题。同时，法官指引制度的细化必须依赖于人民陪审员制度改革之保障。有别于域外国家法官指示制度有着较为成熟、完备的制度设计和实践基础，如美国陪审团指示制度，而植根于我国人民陪审员制度土壤的法官指引制度，体系化制度规则的形成仍需经历长时间的理论与实践探索。

（2）实践运行层面：法官指引实践基础薄弱。①从指引主体来看，法官整体素质及能力有待提高。指引义务对法官要求颇高，既要清晰把握案件审理脉络，又要熟练掌握指引技术。②从指引对象来看，人民陪审员参审职能及价值定位不准。问卷调查显示，人民陪审员事实认定能力受法律知识、证据规则等因素限制[①]。③从指引内容来看，参审范围即事实问题难以划定。访谈发现，绝大多数法官认为实践中法律问题与事实问题无法准确区分，法官指引难度大、耗费精力。[②] ④从指引实效来看，依赖精细化审理的法官指引在人案矛盾凸显之现状下能否得到有效运行并不乐观。笔者认为，为确保实质参审效果，发挥法官指引作用，有必要合理限定民事陪审程序适用范围及类型，为逐步推进陪审方式改革奠定基础。

二、厘清思路：一种解题的可能——法官指引规则建构

（一）理性追问：事实与法律交错中的区分迷思

1. 路径依赖：规范出发型诉讼与司法三段论推理的局限。人民陪审员实质参审民商事陪审案件的现状折射出的是陪审方式改革理想照进司法现实的层层阻力。冲破阻力不仅需要更加健全、完备的人民陪审员制度保障，也需要更加精准、规范的审判流程和方法。相较于刑事诉讼领域，民事诉讼领域事实与法律问题的交错，导致个案审理分离操作难度极大，陪审方式改革目标下的司法应对只能是也必须是一个循序渐进的过程。但审判实践的需要一直急切呼唤着理性思维支撑下的“操作规程”。不同于普通法国家事实出发型裁判思路，成文法国家遵循规范出发型裁判思路。这种裁判思路的基石在于完全法律规范的逻辑结构分析。“结构完整的法律规范（完全规范）以假言命题表述，分构成要件和法律效果两部分，基本结构是‘如果……那么’格式的所谓‘条件程式’：如果存在特定的构成要件 M，那么就会出现特定的法律效果 R。”[③]（见图表7）

完整法律规范逻辑结构图示

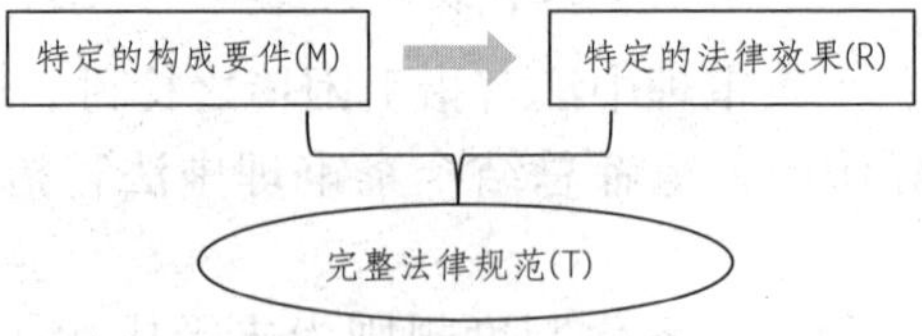

图表7

① 笔者对20名人民陪审员发放问卷，收回有效问卷20份。对于问题：“你认为事实认定方面最困难部分是什么?”的回答结果为：A. 证据审查（25%）B. 诉讼规则（30%）C. 法律知识（20%）D. 逻辑推理（25%）。

② 笔者与部分法官进行了实际访谈。关于事实问题与法律问题之分离，访谈显示，大部分法官认为事实问题与法律问题无法准确区分。有法官表示，指引实践最大困难来自事实问题与法律问题难以区分。

③ 朱庆育：《民法总论（第二版）》，北京大学出版社2016年版，第46页。

成文法传统框架下的规范出发型裁判思路引导着法官遵循司法三段论之演绎推理方式，即以完整的法律规范为大前提，以特定的构成要件为小前提，以法律规范所确定的特定法效果为结论。① （如图表8）规范出发型裁判思路与司法三段论论证方法为案件审理者框定了一个思维框架，在这一较成熟的框架内，审理者需要对法律规范精准拆解，对案件事实抽丝剥茧，将目光在二者之间不断往返流转。

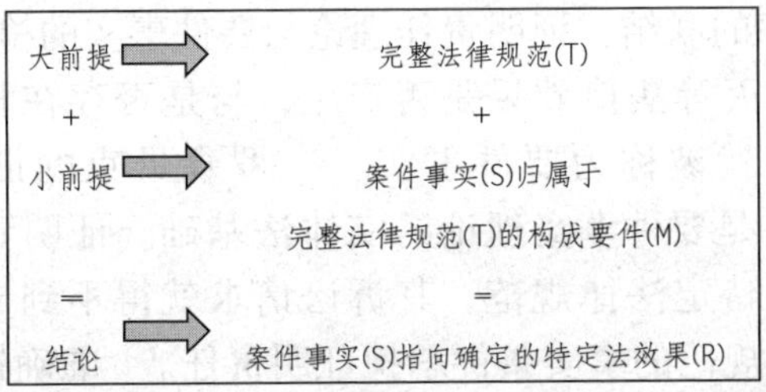

图表8

2. 思维转型：事实出发导向与证明责任法裁判思维路径。司法三段论适用的前提在于作为小前提的案件事实明晰，然而，面对愈发复杂的陪审案件，当小前提的案件事实难以确定时，司法三段论模式则显得力不从心。事实认定与法律适用之间绝不是简单的指向关系，是一种复杂的逻辑关系，更包含着价值判断和选择。走出当前的困境，需要弥补以司法三段论为核心的法律形式主义的路径依赖。普通法的实用主义哲学及法律现实主义思维范式给了我们另一种启示：重视逻辑演绎，也要重视社会需求，面向现实与结果。正如霍姆斯所说，不存在一劳永逸的判断方法，一项判断仅仅体现特定群体在特定时空条件下的偏好。② “法律现实主义重构了法律的确定性命题，一个直接的理论后果是促进了法学研究从规则中心向事实中心的转向。”③ 以事实为中心的研究方法为疑难复杂案件裁判思维进路的研究提供了一种方向——向前看，注重实践与工具，强调应对当下及未来的问题。④

综上，科学的法官指引规则与路径伴随着案件审理的过程，隐含着法官裁判思维路径的导向。因此，我们需要摸索的是一种思维模型的突破与思维范式的转型，需要寻求的是一种与复杂陪审案件相匹配的裁判思维路

---

① ［德］卡尔·拉伦茨：《法学方法论》，陈爱娥译，商务印书馆2013年版，第150页。

② ［美］奥利弗·温德尔·霍姆斯：《法律的道路》，李俊晔译，中国法制出版社2018年版，第37页。

③ 王彬：《法律现实主义视野下的司法决策——以美国法学为中心的考察》，载《法学论坛》2018年第5期。

④ ［美］理查德·波斯纳：《超越法律》，苏力译，北京大学出版社2016年版，第3页。

径。证明责任法裁判思维相较司法三段论裁判思维路径在复杂民事陪审案件审理中更具现实意义的启发，可以将其表述为“确定诉讼标的→寻找法律→寻找具体的事实要件→寻找事实证明（对案件事实焦点的证明）→形成裁判结果。”① 这种思维路径的核心在于要件事实的识别、检索与证明，能够更好地回应当前民事陪审案件审理的司法需求。

（二）解题思路：要件事实检索与事实问题的争点化呈现

1. 实体与程序的联结：证明责任理论与要件事实的检索。“实体法权利的发生、妨碍、消灭等法律效果是否产生，与是否存在相应的具体事实紧密相关，这些事实就被称为要件事实。”② 罗森贝克的证明责任理论又称“不适用规范说”，是要件事实理论的实体法基础。证明责任理论的基本原则在于如果不适用特定法律规范，其诉讼请求就得不到支持的当事人，应当对拟适用的法律规范的事实条件承担证明责任。③ 准确锁定法律规范的构成要件，检索案件事实中归属于构成要件的事实是法官进行事实认定、法律适用的必经之路。要件事实的检索方法应当是识别诉讼标的→寻找法律条文→寻找法律要件→确定要件事实。若无法确定实体法条文，应借助民法解释学方法探求立法目的，仍无法确定的，则根据个案中诉讼法层面的因素确定。④ 要件事实的检索，实则构成证明责任法裁判思维的基础步骤。那么，具体案件中要件事实如何确定，下面，笔者以一则简单案例设例说明（如图表 9 所示）：

【简要案情及问题】

原告 A 向被告 B 订购机器，双方签订了买卖合同。原告支付货款后，被告到期未交付。原告起诉要求被告赔偿违约损失。

本案中，要件事实如何确定？

---

① 程春华：《裁判思维与证明方法》，法律出版社 2016 年版，第 79 页。

② 许可：《民事审判方法——要件事实引论》，法律出版社 2009 年版，第 40 页。

③ ［德］罗森贝克：《证明责任论——以德国民法典和民事诉讼法典为基础撰写》（第四版），庄敬华译，中国法制出版社 2002 年版，第 12 页。

④ 邹碧华、许可、王阁、雷继平、林海权：《民商事审判方法》，法律出版社 2016 年版，第 11 页。

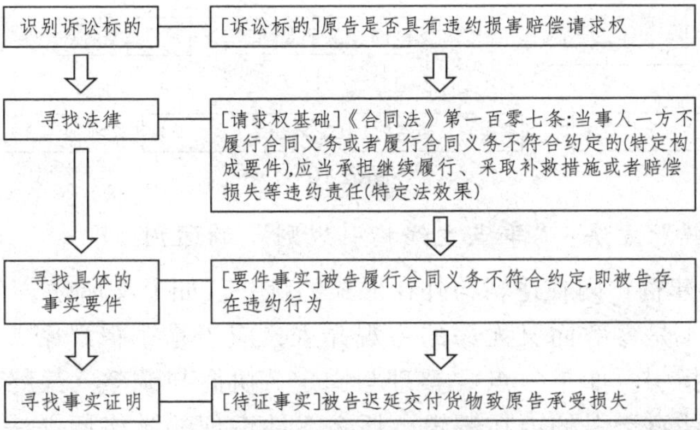

图表9

2. 过程与方法的统一：争点归纳技术与事实问题的争点化。准确检索要件事实，以要件事实作为指引，提炼案件事实中的实质争点，是陪审案件审理层次混乱、脉络不明困境的一种有效思路。那么，如何在法律意义上的要件事实指引下确定事实问题？笔者认为，在复杂案件审理过程中，事实争点可以实现事实问题聚焦的功能。围绕事实争点进行事实问题的审理将帮助事实认定者厘清思路，找准审理方向，防止思维无序、混乱导致的事实认定偏差和错误。掌握争点归纳技术，准确提炼与确定事实争点，对案件审理的逻辑性与清晰度将大有裨益。

"争点之范围涵盖了当事人在诉讼标的、法律适用、事实与证据上的争执焦点，各争点间并呈相互关联状态。"① 争点之间也呈现一定的逻辑关系，即"在诉讼标的争点—法律争点—事实争点—证据争点之渐次展现的逻辑背后，各争点间亦存在一种相互渗透、相互补充、相互影响的关系"。② 需要强调的是，本文所指的诉讼标的争点应作广义理解。法律争点则是指涉及法律评价，具有法律意义的争点。而事实争点应理解为狭义的事实争议问题。通过对事实问题的最终提炼，指引人民陪审员将审理的重心集中，并指向相应的证据争点。在案件审理之初，根据当事人主张及诉辩意见，对诉讼标的争点及法律争点形成预判尤为重要，只有正确的预判方向，才能保证事实争点归纳与确定的准确，最终根据事实争点指向正确的证据争点。通过检索要件事实，确定事实争点即人民陪审员需要审理的事实问题，进行证据审查与认定的指引。最终，以此为基础进行事实认定（如图表10）。

① 邱联恭：《争点整理方法论》，台湾地区三民书局2001年版，第79页。

② 黄湧：《民事审判争点归纳》，法律出版社2016年版，第21页。

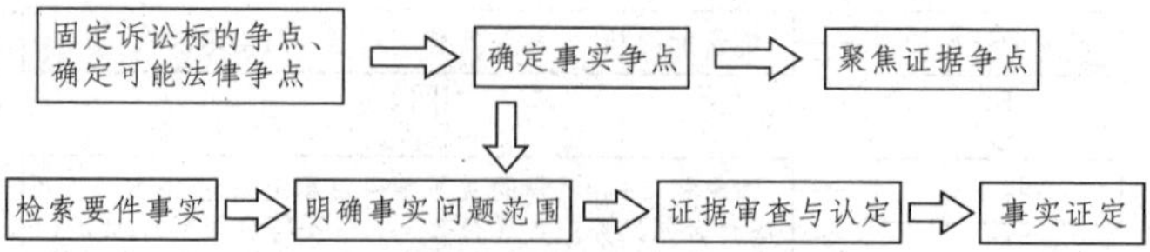

图表 10

（三）解题方法："争点主线指引规则"的运用

1. 规则建构：内在逻辑与外在形式的统一。如上文所述，个案审理中，法官指引绝不是零散而又无序的主观介入，应当是逻辑严密、完整且有序的实践理性指引。如果争点"整理与固定—协商与调整—最终确定"主线脉络构成了法官指引的内在逻辑，那么案件审理的脉络便是法官指引的外在线索。争点主线与审理脉络相契合，二者有机融合。依托审理过程，以审前准备—法庭审理—合议庭评议为时间线索，与争点主线脉络相融合，有助于理清法官指引的复杂头绪。争点整理的逻辑顺序与以庭审为中心的审判流程相结合，二者并非简单一一对应的关系。"争点主线指引规则"实则是要求法官在审判流程的每一环节都遵循争点主线的内在逻辑，为人民陪审员参与事实认定提供合理、有效的指引。

2. 规则演示：画一张思维导图

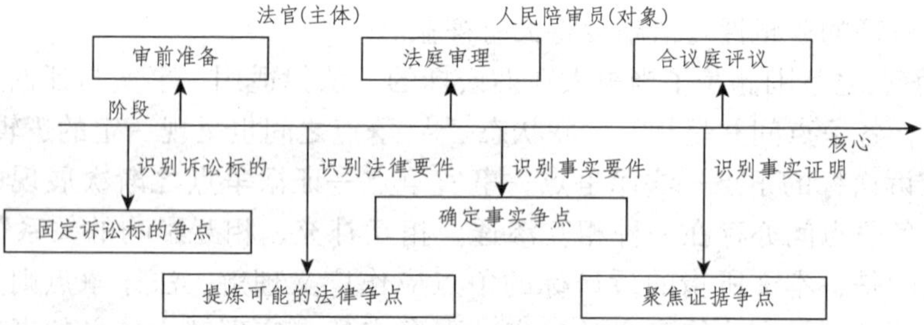

图表 11

三、实验探索：争点主线指引规则下法官指引之实证推演

（一）实验设计：陪审范围限定及模式选择

法官指引的根本目的在于为人民陪审员实质参审提供司法保障，核心在于划定人民陪审员参审的范围与内容，即确定人民陪审员参审的事实问题。必须注意的是，即使作最低限度概念区分，仍存在混合问题。法官指引的事实问题包括判断某一事实或行为是否存在以及行为人特定的主观意

愿及心理状态等。① 对于难以区分的情况，《人民陪审员法司法解释》第九条作出回应：事实认定问题和法律适用问题难以区分的，视为事实认定问题。

当前，人民陪审员参审职权运行模式为同职同权与分职分权并行模式。《人民陪审员法》将分职分权模式限定在七人合议庭案件，更加符合循序渐进的陪审方式改革现实要求。为此，笔者在分职分权模式的基础上进行相关的实验设计，建立全流程、体系化的法官指引，为民事诉讼法律问题与事实问题分离实践操作难提供现实指引与操作指南（如下图所示）。

图表 12

实验设计（争点主线指引规则实证推演）		
实验目的	1. 提升人民陪审员案件审理的亲历性、保障公众参与司法的实现，提升人民陪审员事实认定能力 2. 为民事诉讼陪审案件事实问题与法律问题分离实践操作难提供现实指引与操作指南	
实验对象	职业法官（审判长）+人民陪审员	
实验路径	案件类型	部分案件类型初步试验，稳步推进；公益诉讼案件、涉及征地拆迁、生态环境保护，食品药品安全及社会影响重大的案件等（《人民陪审员法》第十六条）
	陪审模式	“3 名法官 +4 名人民陪审员”7 人合议庭模式（《人民陪审员法》第十六条）
	审判流程	审前准备 + 法庭审理 + 合议庭评议（事实认定部分）
实验特点	1. 建立全流程法官指引规则，实现体系化、具体化指引 2. 遵循民事诉讼争点审理主线，实现实质化、规范化指引	

（二）实验流程：争点主线指引规则下案件审理全流程指引

1. 审前准备指引（争点整理固定）：庭前阅卷 + 证据交换

（1）前提：审前准备程序保障——争点整理与固定。“从我国的庭审构造来看，审前准备程序的目标在于明确当事人争议的焦点，以便庭审有的放矢，围绕争点展开证据调查，提高诉讼效率。”②《最高人民法院关于适用〈中华人民共和国民事诉讼法〉的解释》（以下简称《民事诉讼法司法解释》）第二百二十四条至二百二十六条对审前准备方式、庭前会议及争议焦点归纳等审前准备工作进行了详细的规定。庭前争点的整理与归纳将有利

① 高翔：《陪审员参审民事案件中事实问题与法律问题的区分》，载《法律科学（西北政法大学学报）》2018 年第 3 期。

② 段文波：《庭审中心视域下的民事审前准备程序研究》，载《中国法学》2017 年第 6 期。

于实现复杂陪审案件的集中审理。同时，通过法官指引，将复杂案情以便于人民陪审员进行判断的形式呈现出来。换言之，无论多么复杂的案件，都必须被整理还原到若干相对单纯的争执焦点上，且对这些争点有可能只需作出“是”或“否”的简单判断。①

（2）中心：争点初步固定——庭前阅卷、证据交换指引。在立案审查至庭前准备阶段，应当侧重对诉讼标的争点的识别与固定。识别与确定诉讼标的争点，是固定法律争点、事实争点、证据争点的重要前提。通过庭前阅卷，对诉讼请求的初步审查，明确诉讼请求，确定诉讼标的争点，形成初步判断。审判长应当制作书面阅卷笔录，向人民陪审员提供案件基本情况、诉讼程序、庭审规则等内容，提示案件可能涉及的法律关系，固定诉讼标的争点，归纳可能的法律、事实与证据争点，为人民陪审员庭前阅卷提供指引与提示（如图表 13 所示）。对案情复杂、争议较大的案件，应进行庭前证据交换或召开庭前会议，集中对证据进行审查，排除无关联证据和非法证据，完成争点的初步固定。

图表 13　　　　庭前阅卷笔录模板（民事陪审案件）

阅卷时间		阅卷人	
原告		被告	
案由			
合议庭成员			
原告诉讼请求（及主张事实）	原告诉称，……		
被告答辩意见（及主张事实）	被告辩称，……		
原告提交证据目录	1. ……；2. ……；3. ……；……		
被告提交证据目录	1. ……；2. ……；3. ……；……		
无争议事实、证据			
争议事实及证据			
初步争点归纳	……		
可能适用的法律规定	……		

2. 法庭审理指引（争点集中审理）：证据审查 + 事实查明

（1）前提：庭审程序调整——打通法庭调查、辩论环节。法庭调查与法庭辩论阶段的分立，弱化了庭审程序中的言词辩论，也割裂了事实与法

① 王亚新：《民事诉讼准备程序研究（之一）》，载《中外法学》2002 年第 2 期。

律问题的关系，导致许多案件在争点模糊的情况下审查了许多没有必要审查的证据。[①]《民事诉讼法司法解释》第二百三十条规定："人民法院根据案件具体情况并征得当事人同意，可以将法庭调查和法庭辩论合并进行。"一方面，法官整体争点归纳的能力不平均，对争议焦点的归纳存在争点模糊不明、争点顺序不合理、争点归纳错误等问题；另一方面，受制于法庭调查与法庭辩论的分立，法庭调查将时间精力集中于大量证据的展示与质证，法庭辩论阶段难以发挥有效作用，对事实争点、证据争点等内容的辩论少之又少。因此，打通法庭调查与法庭辩论阶段，根据案件审理情况灵活变通，让法律争点、事实争点、证据争点越辩越明，让复杂案情浮出水面。

（2）中心：争点集中审理——证据审查＋事实查明指引。①证据审查指引：庭审证据规则、证明责任释明。通过庭前准备环节进入法庭审理的证据应当尽量确保无关联信息的进入，将相关证据集中在法庭展示和审查。庭审中对事实争点所呈现的事实问题集中审查的前提是人民陪审员对证据规则的把握。随着庭审当庭举证、质证的进行，法官对人民陪审员证据审查的指引往往伴随着证明责任的释明。笔者认为，庭审证据审查指引应当注重庭审中的口头指引，通过向当事人进行举证责任分配及法律后果的释明，进一步对人民陪审员进行证明责任的提示与指引。②事实查明指引：初步事实问题清单。为方便人民陪审员庭审阶段有针对性地进行发问及证据审查，需要制作初步事实问题清单。根据《人民陪审员法司法解释》第九条规定，七人合议庭开庭前，应当制作事实认定问题清单。初步事实问题清单重点在于为人民陪审员提供庭审事实查明的指引，对事实问题的罗列需要突出重点与方向，引导人民陪审员发挥生活经验与智慧参与事实问题的查明。因此，依据庭前归纳的争点可对陪审员作如下指引（如图表 14）：

图表 14　　初步事实问题清单模板（法庭审理用）

<table>
<tr><th>事实争点</th><th>事实问题</th></tr>
<tr><td rowspan="3">事实争点 A</td><td>事实问题 A1</td></tr>
<tr><td>事实问题 A2</td></tr>
<tr><td>……</td></tr>
<tr><td rowspan="3">事实争点 B</td><td>事实问题 B1</td></tr>
<tr><td>事实问题 B2</td></tr>
<tr><td>……</td></tr>
<tr><td>……</td><td>……</td></tr>
</table>

① 章武生：《我国民事案件开庭审理程序与方式之检讨与重塑》，载《中国法学》2015 年第 2 期。

（3）辅助：心证适度公开——强化争点释明与协商。强化庭审事实查明功能，确保举证、质证在庭上，促进当庭认证。庭审过程中，对争点的释明至关重要，能够避免裁判突袭情况的产生。举证责任分配以及证明力的指引在庭审中往往伴随着法官对争点的释明。此外，随着庭审的不断深入，法官与当事人进行争点协商，可以适时恢复法庭调查或休庭讨论，不断调整争点。同时，推广法庭小结，对法官与人民陪审员心证适度公开，争点的最终明晰以及事实的认定具有非常重要的作用。

3. 合议庭评议指引（争点最终确定）：证据评价 + 事实认定

（1）前提：科学、完备的合议规则——发言、表决。①人民陪审员发言优先，确保发言独立完整。为了避免人民陪审员简单同意，防止法官首先发言带来的意见干扰和影响，赋予人民陪审员先行发表意见的权利。②事实认定权利平等，遵循简单多数原则。根据《人民陪审员法》第二十三条的规定，人民陪审员同合议庭其他组成人员意见分歧的，应当将其意见写入笔录；合议庭组成人员意见有重大分歧的，人民陪审员或者法官可以要求合议庭将案件提请院长决定是否提交审判委员会讨论决定。③合议笔录真实完整，人民陪审员签字确认。对合议庭评议笔录中载明的事项必须确保人民陪审员本人签字确认，避免代签现象的产生。

（2）中心：争点最终确定——证据评价 + 事实认定指引。①证据评价指引：证据列表。过滤无争议证据，对争议证据进行汇总，制作证据列表（如图表 15），通过书面指引辅助人民陪审员进行证据评价。书面证据列表的制作有利于真正发挥人民陪审员证据审查与认定的职能，使证据评价环节更加规范、有序。这里需要注意的是，在进行证据列表书面指引之前，需要以口头指引方式阐明民事诉讼高度盖然性的证明标准。②事实认定指引：最终事实问题清单。在合议庭评议前，法官根据庭审举证、质证的情况，最终调整并确定案件的争点，将指引人民陪审员参与法庭审理阶段的初步事实问题清单予以修改、调整，根据事实争点确定最终事实问题清单。不同于初步事实问题清单，最终事实问题清单应当对事实问题一一准确罗列，并要求人民陪审员对每一选项（“是”或“否”）作出明确选择（如图表 16）。

图表 15　　　　证据列表模板（合议庭评议）

提交主体	序号	争议证据	证明对象	是否达到证明标准（选择是或否）
原告	1	证据 A		是（ ）否（ ）
	2	证据 B		是（ ）否（ ）
	3	证据 C		是（ ）否（ ）
	……	……	……	……
被告	1	证据 D		是（ ）否（ ）
	2	证据 E		是（ ）否（ ）
	……	……	……	……

图表 16　　　　最终事实问题清单模板（合议庭评议用）

序号	事实问题（待证事实）	判断（选择是或否）
1	事实问题 a	是（ ）否（ ）
2	事实问题 b	是（ ）否（ ）
3	事实问题 c	是（ ）否（ ）
4	事实问题 d	是（ ）否（ ）
……	……	……

4. 实验流程演示："争点主线指引规则"之实证推演

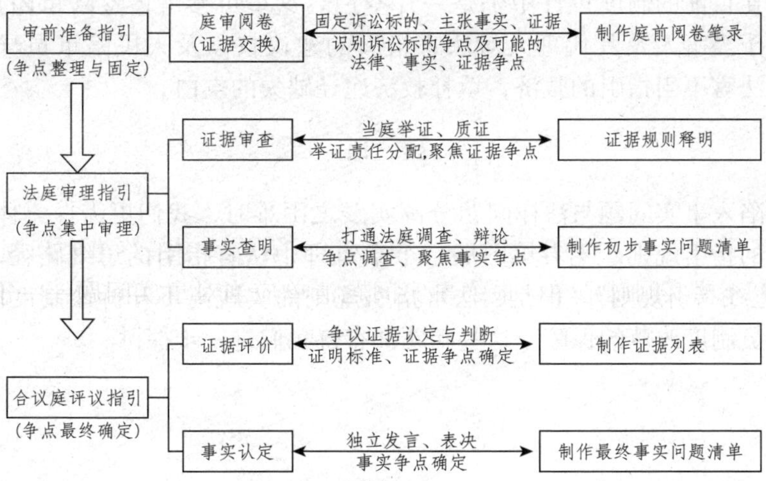

图表 17

（三）实验规则：科学指引之保障

1. 强制指引——全流程指引的立法及程序保障。我国《人民陪审员法》及司法解释并未对法官指引义务进行全面、具体的规定。我国立法虽规定了法官指引这一强制义务，但并未进行详细的制度设计，法官指引仍是一片亟待开发的领域。人民陪审员实质参审有赖于法官的全面指引，对于法官指引义务的规定应全面、翔实，包括法官指引的节点、内容、方式、责任等。

2. 规范指引——指引形式法定与全程留痕。规范化的指引应当以书面指引形式为主，以口头指引形式为补充。书面指引包括上文提出的庭前阅卷笔录、初步及最终事实问题清单、证据列表，口头指引指在案件审理各阶段对法律知识、诉讼程序以及证据规则的指引与提示。必须强调的是，口头指引、提示的内容亦须明确记载于庭审笔录及合议庭评议笔录中，确保指引全程留痕，防止不当指引及过度指引的发生。

3. 有效指引——审判长强制指引与参审法官协助义务。立法虽明确了审判长的指引、提示义务，笔者认为，指引义务的主体可进行适度的扩大。合议庭其他参审法官应对审判长指引义务予以协助。提高指引的科学性，避免审判长指引不当或过度指引的发生。在不干预人民陪审员独立发表意见的前提下，提高人民陪审员对法官指引的接受度，需要发挥人民陪审员职前培训的作用，将重心放在职业伦理道德教育，强调参审职责与目标，并针对相关法律程序、证据规则进行初步培训。

4. 不当指引救济——当事人建议权及人民陪审员异议权。法官未依据法律规定进行指引或指引不当，导致人民陪审员事实认定出现错误或偏差的救济在目前的制度设计中仍是一片空白。这里可参考借鉴陪审团指示制度，赋予当事人及其代理人对法官指引的建议权以及人民陪审员异议权，实现对法官不当指引的救济，填补救济途径缺失的空白。

结　语

在陷入事实问题与法律问题分离实践之困难时，我们更需探索体系化、规范化的指引规则。笔者试图展示个案审理中法官指引的思维路径，构建“争点主线指引规则”。但是，法官指引规则的实践离不开诉讼制度以及人民陪审员制度改革的保障，这些问题都有待我们进一步探讨。

各擅其长：陪审制七人合议庭法官指引的二元模式构建

——以个案核心事实与边际事实的差异性考量为视角

梅　宇[*]　王睿涵[**]

引　言

2018 年 4 月 27 日起施行的《人民陪审员法》，针对裁判权在法官与陪审员之间的配置问题，保留传统三人合议庭共享模式的同时，在七人合议庭中采取事实审与法律审相分离的新参审模式，① 旨在更好发挥大众化陪审员朴素价值、平民视角和群体智识在事实认定上的优势。

法官指引制度是陪审员事实认定实质发挥作用的决定性因素，现行立法对其规定较为粗疏，司法实务则较多关注指引程序之推进，未尝立足指引内容本身来探索法官指引模式。个案边际事实作为影响裁判者事实认定的辅助事实，与涵摄于特定法律规范的核心事实之内容蕴涵、裁判影响、认定方式并不相同，陪审员认定此二者的积极性、独立性、发散性亦显殊异。案件事实问题这一核心指引内容，决定指引程序、厘定指引范围并影响指引效果。有鉴于此，本文法官指引模式之探索以个案核心事实与边际事实的差异性考量为切入点。

一、检视：事实审与法律审相分离之实务研判

2015 年，《人民陪审员制度改革试点工作实施办法》提出区分事实审与法律审之命题；2018 年，《人民陪审员法》在法律层面将事实审与法律审相

---

* 作者单位：北京市门头沟区人民法院。

** 作者单位：北京市门头沟区人民法院。

① 根据《人民陪审员法》第二十一条和第二十二条，人民陪审判审员参加三人合议庭案件时，对事实认定和法律适用发表意见并表决；参加七人合议庭审判案件时，对事实认定和法律适用发表意见，但仅对事实认定进行表决。亦即，只有先对事实问题与法律问题予以区分，才能让七人合议庭中人民陪审员仅就事实问题进行表决。法官指引制度作为区分事实问题与法律问题的配套制度，对其之探讨亦应限定于七人合议制语境。

分离限定于七人合议庭语境之下。

（一）样本分析：合议笔录显示的陪审员事实认定问题

笔者所在的 B 市 M 区法院作为陪审制度改革试点单位之一，自 2015 年 6 月至 2019 年 6 月共适用“3 名法官 +4 名陪审员”合议庭审理案件 22 件，以该 22 件案件的 23 份合议笔录（其中一起案件共合议 2 次）为研究样本，梳理问题如下：

1. 界分不清——事实认定与法律适用区分形式化、混同评议并表决。依据试点改革方案和《人民陪审员法》，七人合议庭中的陪审员对事实认定和法律适用发表意见，仅对事实认定参与表决。研读评议笔录后发现，11 例案件的合议庭对事实问题和法律问题一同发表意见后一同表决，未予明确区分；6 例案件的合议庭先作形式性区分再笼统打包表决；5 例案件的审判长采用事实清单方式请陪审员就事实问题进行表决。

2. 程序不明——合议庭缺乏逻辑、高效的法官指引规则。《人民陪审员法》明确了法官对陪审员进行指引的义务。通常情况下，合议庭对案件客观事实至裁判事实的评议认定过程中，法官会向陪审员阐释相关专业术语、证据规则和法律依据。但样本表明，法官指引呈现出“不提问不指引”“亦评议亦指引”“指引与认定混同”等问题，导致事实评议认定过程拖沓、低效。

3. 关注不一——法官与陪审员对事实组成部分的关注度各异。与案件有关的社会背景、前因后果、传统文化、民情风俗等边际事实与核心事实共同组成案件事实全貌。样本中，法官将案件事实认定锁定于核心要件事实，而陪审员对边际事实的提及、评议、考量更积极主动。对此，法官多先释明生活事实与法律事实之区别，继以此非要件事实作回应，合议庭成员对核心事实与边际事实的重要性存在认知偏差。

4. 参与不深——陪审员对案件事实认定复述性同意旧弊未改。研究样本中，参与合议的陪审员共 49 位。同时对案件证据与案件事实进行推导、分析、评议的陪审员占比 14.28%，切实就案件事实交换意见、相互说服的陪审员占比 18.36%，简单同意承办法官意见的高达 59.18%，其余 4 位均复述承办人意见。

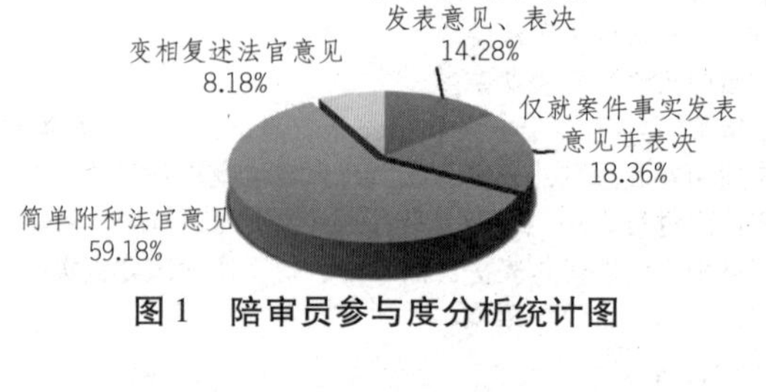

图 1　陪审员参与度分析统计图

（二）问卷访谈：探寻影响事实审效果之因素

指引内容、范围、方式是法官指引的构成要素，依据法律规范锁定的核心事实和与案件发生有关的社会背景、前因后果、传统文化、民情风俗等边际事实，[①] 是明晰法官指引范围及方式的重要前提。为进一步了解人民陪审员对案件审理的关注焦点和需求，笔者与样本合议笔录中简单附和法官意见中的9名陪审员进行访谈，并向16名法官发放问卷调查，整理结果如下。

1. 陪审员不掌握证据规则且关注边际事实易被指偏离。一方面，独立评价证据困难致事实认定乏力。陪审员均认同证据对事实认定至关重要，但其不掌握辨别、评估各项证据的具体方法。当有效证据规则指引不充分时，陪审员无法确知自身观点有无证据支持，故而选择缄默。访谈中，仅有1名陪审员认为凭借自身社会阅历和生活经验能够对证据内容进行评价。另一方面，关注边际事实被指偏离评议内容。面对专业性愈发显著的矛盾纠纷，即使明晰了证据规则亦对案件核心事实认定助益有限，故而陪审员会本能地转向自身擅长的领域，运用自身生活经验和常规认识关注并考察前因后果、风俗民情等边际事实。但承办法官通常会指法律对该部分事实不作评价，故而不予关注，损伤了陪审员事实认定的积极性。

2. 法官从简心理和畏难心理并存。在法官指引方面，B市M区法院制定了《关于事实审与法律审分离陪审模式案件审理的操作规程》，但实际运行中仍存阻力。其一，根据操作规程，审判长应制作案件事实问题清单，以便陪审员对事实问题作是或否的回答，但事实问题清单应怎样列、列什么，未有可操作性依据，加之结案任务的日益增长，法官对案件事实问题清单制作不乏从简、从粗之心理。其二，在一定程度上，陪审员对边际事实的青睐可以巩固或修正初始裁判结果，但核心要件事实认定仍为整个裁判的基石，合议庭仍应聚焦于核心事实；此外，陪审员往往易将客观事实等同于边际事实，以致发言内容过于发散，对此法官应于何时、以何方式予以规范、引导，没有明确的规定。

二、解构：求索指引对象与指引内容的内在特质

对陪审员倾向性关注边际事实引发指引范围不确定、指引方式匮乏这一新难题，针对性探求陪审员认知规律、案件事实组成部分各自认定过程，以及二者之间的关联，是破解难题的不二法门。

---

① 参见何能高：《坚守公平正义底线　提升司法审判能力　让热点案件成为全民共享的法治公开课》，载《人民法院报》2017年4月6日第1版。

（一）对象向度：人民陪审员更易聚焦于边际事实

1. 西方认知行为实验证明陪审员表现出事实认定优势。随着20世纪中后期行为科学和认知科学的发展，一些心理学家运用实验、观察等自然科学研究方法分析陪审员行为。证明受过法律专业思维训练的法官在案件事实判断上显示出专业特长，但法律专业知识及经验在一定程度上成为综合判断力的制约，陪审员作为来自社会各阶层各行业的普通民众，具有更广阔的社会阅历和生活经验，对于某些日常事实、生活细节具有特别观察力，易与法官形成认知互补。[①]

2. 我国实验调研表明陪审员倾向于关注案件边际事实。我国陪审制改革过程中，多方主体通过实验、调研等方式对七人制合议庭下的认知行为进行实证调研。[②] 表明陪审员认定案件核心事实能力欠缺，倾向于关注案件中的日常性、道德性、情感性事实。一方面，鉴于陪审员的智识结构，即使法官对专业术语、证据规则和诉讼模式等予以阐释，仍较难激发起认定核心事实的积极性和自信心。另一方面，陪审员丰富各异的生活体验、人生信念，甚至难以言说的敏锐直觉，在陪审过程中转化为对生活性、细节性事实的捕捉和搜集优势，弥补了法官在长期职业思维中钝化的部分感知力。

（二）内容向度：边际事实并非必然经过法律规范之传导

1. 边际事实和核心事实与法律规范的差异性关系。诉讼实践中，无论是三段论涵摄模式下的裁判者，抑或逆三段论事实认定思维、类比式事实认定思维下的裁判者，其眼光总是往返流转于案件事实与规范事实之间。[③] 实质上，此种往返指向案件核心事实的认定，唯有通过查找、对照并解读法律规范，才能精准锁定个案核心事实。但对富含道德性、伦理性、风俗性个案边际事实的识别与认定，并非必然通过法律规范的传导，更依赖于经验法则。遵从司法技术理性并对个案边际事实予以充分的考量，才能使司法裁判结果与社会情势、民意诉求更相契合。

---

① 吴旭阳：《陪审员决策的特性和偏差研究——行为实验的视角》，厦门大学出版社2017年版，第222～234页；高通：《美国陪审员认知机制研究》，载《比较法研究》2018年第6期。

② 樊传明：《陪审员是好的事实认定者吗？——对〈人民陪审员法〉中职能设定的反思与推进》，载《华东政法大学学报》2018年第5期；陈卫东、陆而启：《打开陪审团暗箱：事实认定的法庭结构理论分析》，载《江苏行政学院学报》2010年第5期。

③ 雍琦：《法律逻辑学》，法律出版社2006年版，第193页。

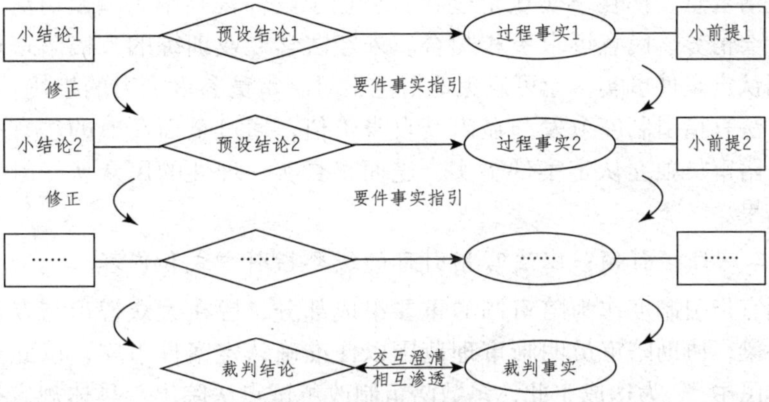

图2　往返式事实认定思维过程图示

2. 对核心事实和边际事实之指引应各有侧重。从指引对象维度看，相较于案件核心事实，人民陪审员在捕捉案件边际事实方面更具优势；从指引内容维度看，边际事实虽然遵循与核心事实相同的事实认定规律，但其在一定意义上超脱于专业法律规范之外，认定主体启动自身日常知识、生活经验、朴素信念即可作出认定，同时应注意，陪审员易对边际事实的识别与认定过于发散、且易不当使用情感或偏见为判定。[①] 故而，对指引对象与指引内容对照分析后可得如下启示：在核心事实认定中，法官指引应侧重于对法律规范、专业术语、证据能力等的解释说明；在边际事实认定中，法官指引则可侧重于对认定范围的引导规范。

三、思辨：多维度探求法官指引的价值内涵与适用遵循

（一）理论溯源：外在价值与内在价值相互独立并相辅相成

陪审制度的价值可以分为内在参审参评的民主价值和外在定分止争的工具价值。[②] 我国人民陪审员制度改革首先指向的是司法民主这一核心内在价值。《人民陪审员法》通过随机抽取等方式放宽陪审员选任入口，意在使更广泛的普通民众介入司法，确保充分吸纳民众意志的裁判结果尽可能体现大多数人民的意志。

从司法逻辑看，人民陪审员通过认定案件事实的方式参与到司法裁决中，其本质是将裁判权在人民陪审员与法官之间予以配置。[③] 意在将人民群

① 李茜：《陪审员事实认定的障碍突破——兼论陪审员事实审对罪刑体系之修正构想》，载《山东审判》第35卷，第13～25页。

② 刘知行、刘峥：《人民陪审制度二元结构的理论基础和实践运行》，载《中国司法鉴定》2019年第2期。

③ 施鹏鹏：《陪审制研究》，中国人民大学出版社2008年版，第40～43页。

众的生活智慧发挥在事实认定过程、呈现于案件裁判结果，使司法裁判结果与社会情势、民意诉求更相契合。未经法学专业训练的人民陪审员与法官共同认定案件事实，无可避免地衍生出对陪审员参审能力的担忧。[①] 此情境下，法官指引制度愈发凸显出其自身价值，通过全面高效的法官指引帮助人民陪审员独立认定案件事实，进而将真实、理性的民众认知融入司法裁判结果。

（二）目标引领：以法官指引目的统率指引方式和内容

法官指引制度作为陪审制的重要组成部分，旨在大众智识与专业知识搭建桥梁，协助陪审员明晰审理范围以便准确认定案件事实，以此充分实现司法民主。[②] 为达成于此，多数陪审制改革试点法院出台具体规定指导事实认定，法官指引制度在这些规定中或众或寡均有提及。以省级法院为单位梳理后发现，涉法官指引相关规定多集中于指引程序保障；法官指引内容在该部分规定以及后续《人民陪审员法》及其司法解释中仍稍显不足。

辩证地看，指引内容与指引程序是本质与表现的关系，法官指引内容决定和调试指引程序，指引程序是指引内容的触发和展示，二者相辅相成、不可偏废。“何为案件事实问题”作为法官指引内容的核心，现有规定涉其少之甚少。何时启动法官指引，如何有效表达以增强陪审员的消化能力，如何规制陪审员发散、无度地关注非核心事实，这些仍属空白地带。有鉴于此，本文的制度构建以核心事实与边际事实的差异性考量为切入点。

（三）机理剖析：案件事实认定的层次和解构

根据《人民陪审员法》第十六条，适用七人合议庭的案件多为疑难复杂、影响重大。此类案件往往因时间跨度长、事项涉及广、介入因素多而具有证据繁多、案情烦冗的特点，案件事实的整理与认定成为法官和陪审员要解决的难题之一。存在事实与认定事实之间必然有一种联系，若没有任何东西结合二者，则事实认定就成为完全任意的了，[③] 即人民陪审员和法官对案件事实真伪之认定以证据规则为基础。同时，事实认定遵循从客观事实、待证事实、证据事实、认知事实到裁判事实的演进规律。[④]

---

① 樊传明：《陪审员是好的事实认定者吗？——对〈人民陪审员法〉中职能设定的反思与推进》，载《华东政法大学学报》2018 年第 5 期。

② 周欣、陈建新、聂玉磊：《论法官指示制度之构建——兼论〈最高人民法院关于人民陪审员参加审判活动若干问题的规定〉第 8 条之适用》，载《现代法学》2011 年第 2 期。

③ 卞建林：《证据法学》，中国政法大学出版社 2002 年版，第 239 页。

④ 杨贝：《论案件事实的层次与建构》，载《法制与社会发展》2019 年第 3 期；尹洪阳：《事实认定过程中的证据叙事分析》，载《中国政法大学学报》2018 年第 2 期。

	事实状态	客观事实	待证事实	证据事实	认知事实	裁判事实
陈述主体	所有人	当事人	法律人为主	法官和陪审员	法官和陪审员
构建方式	发生	叙述	证明	对照	论证
评判基准	存在上的客观性	语义上的客观性	形而上学的客观性	经验上的客观性	逻辑上的客观性

图 3　案件事实的层次和整理过程

依上文，人民陪审员更倾向于关注案件边际事实。边际事实已成为影响司法裁判结果和裁判效果的重要因素，这将在适用七人合议庭的疑难复杂、影响重大案件中表现得尤为明显。边际事实的延展性和开放性决定了其在不同类型案件、同一类型个案中或有或无、或众或寡。（1）边际事实之识别：①从实际效用看，边际事实应为非定性事实、属定量事实；②从存在方式看，多叠合于案件酌定考量因素中，最初出现于辩护意见和答辩意见聚焦于减轻、抵销其责任的该部分事实中。（2）边际事实之认定：先甄别是否存在边际事实，从边际事实的内涵可知其多存于涉乡村、涉亲熟、涉生命健康的各类型复杂案件中，事实清楚、法律关系简单的案件通常不存在边际事实；再分析认定边际事实的必要性：①查看逻辑推理与经验判断是否矛盾，将往返于事实、法律之间获得的法律评价与个人经验相对照，以核验责任承担是否合理，当答案是否定时则需考察边际事实；②运用逆向思维检视裁判结果之实质公正性，依凭经验和直觉判断案件的责任承担情况，进而审视案件的全部事实，认定对责任定量有重要影响的边际事实，终而作出一个法、理、情相谐的裁判结果。

（四）经验参酌：域外法官指引制度之考察

要言之，在普通法国家，美国法官指引制度体系最为成熟，体系完备的证据法不仅推进了陪审团实现独立的事实审，还巩固了陪审团制度的地位。[①] 大陆法系国家采取问题清单模式区分事实问题和法律问题，问题列表制度最早出现在 1796 年颁布的《法国犯罪与刑罚法典》中。法国、俄罗斯等国家同时规定，在特殊情况下，审判长可基于准确定性和良心的需要，向法庭和参审员提出一些移送案件裁定书所未涉及的特殊问题或辅助问题。[②]《最高人民法院关于适用〈中华人民共和国人民陪审员法〉若干问题的解释》将问题清单制度吸纳为事实审中法官指引的具体方式，但对清单具体内容、形成方式等未予涉及。不可否认，我国对域外事实问题清单的

① Randolph N. Jonakait，The American Jury System，Yale University Press，New Haven and London，2003，pp. 198 – 217；任蓉：《英美陪审团审判制度机理与实效研究》，中国社会科学出版社 2010 年版。

② 林庆郎：《法国人民参与审判之理论与实务》，台湾地区元照出版社 2018 年版。

研究停留在立法介绍的层面，尚未触及其运行实效的考察。[①] 对我国法官指引制度下问题清单的设定，可在借鉴域外设计、提炼试点经验的基础上合理探索。

表 1　　两大法系代表国家法官指引主要要素

事项	英美法系	大陆法系	
	美国	法国	日本
启动主体	法官、陪审员、当事人	法官为主	仅明确属法官职权
指引阶段	庭前初步指示、案件结束后的指示，贯穿诉讼全过程	庭审结束后制作事实问题清单	庭前准备过程中制作问题清单，贯穿诉讼过程
指引范围	职业道德、涉及法律规定	以事实认定为主	限于实体法和程序法问题
指引方式	未明确采特定形式，但要求照顾陪审员知识结构	语言通俗易懂	易于理解的方式、语言
指引效力	具有强制性	未予明确	具有强制性
指引救济	法官不作为、进行错误指示，当事人有异议权	未予明确	未予明确救济途径，但有集体决定程序保障

四、探索：七人合议庭下法官指引的二元模式构建[②]

事实审与法律审能否有效实施、陪审员能否聚焦事实认定，关键在于法官是否认真履行指引、提示义务，学界和实务界对此已达成共识。[③]

（一）指引遵循：普通指引与个案指引均应秉持的原则

1. 态度中立原则——保障陪审员独立判断。法官履行指引义务时，首先应秉持中立原则。避免在指引方式和指引语言中掺杂个人态度，确保陪审员自行独立判断事实问题。在指引时间上，应在使用、依据该指引内容进行事实认定之前即作出有效指示。“边指引边认定”“先认定后纠正”等指引模式较难在适度指引与保障陪审员独立之间取得平衡，更会导致陪审员在认定事实过程中失去依据、毫无章法而缄口附和。

2. 用语简易原则——消除陪审员的知识障碍。大众化、平民化陪审员并未接受法律专业知识学习，法学理论、专业术语亦脱离公众话语之外。

---

① 陈学权：《人民陪审员制度改革中事实审与法律审分离的再思考》，载《法律适用》2018年第9期。

② 法官或者法院职能部门对陪审员有关司法礼仪和基本审判程序规定的解释说明不在本文讨论范围内。

③ 参见《陪审案件事实问题与法律问题区分的规则与程序》，载《人民法院报》2018年12月12日第6版。

采用简明、平实、通俗的语言进行详细解释，有助于陪审员准确理解法官所作的指示。

3. 书面指引原则——督促法官指引及时全面且前后一致。法官应当及时作出指引，不得遗漏重要指示、不得有意暗示、也不得前后不一，各阶段的法官指引均应以书面材料定格。书面留痕方式可以督促法官严格按照相关规范进行指引，同时也是法官证明自己充分履行指引义务之证明。

（二）指引模式：核心事实与边际事实的针对性二元指引

英美法系的法官指示制度与大陆法系的事实问题清单均已被我国司法解释所吸纳，可在考量核心事实与边际事实差异性的基础上充分借鉴有益经验，构建我国法官指引的二元模式。

1. 核心事实指引与边际事实指引之共性。核心事实与边际事实作为案件事实的有机组成部分，均应遵循证据裁判原则和直接言辞原则。因此，在指引内容上，法官应对证据资格和证明力、证明责任以及证明标准等通用型规则予以充分的解释和说明。在指引阶段上，为确保事实认定中证据先行，法官应在庭前准备会议中即就证据规则作出指引；在庭审过程中，法官可通过其对庭审过程的掌控，引导陪审员就核心要件事实和前因后果、民情风俗、案件背景等辅助边际事实向当事人发问。允许陪审员从各自独特角度进行的提问，有可能对法官也起到一定的启发作用。同时，在整个案件的审理过程中，陪审员均可随时主动向法官征询核心事实与边际事实相关问题，法官应为陪审员事实认定提供全程性的指引服务。

2. 核心事实之“法官指示 + 封闭式问题清单”指引模式。核心事实与法律规范的往返性、渗透性决定了核心事实相关指引内容、载体和阶段有所侧重，体现出鲜明的强制性和格式性。

指引内容：侧重法律规范。核心事实是实体法律规范下的要件事实，是实体法规定的“法律格式化”的认识，故而法官应对核心事实判断的相关法律规定进行翔实解释。以于欢案为例，如采用七人合议庭进行审理，法官应从指控的犯罪构成要件入手，向陪审员解释故意伤害致人死亡的法律规定，即：有伤人故意、伤人行为、产生人员死亡的后果、伤人行为与死亡后果具备因果关系，向陪审员逐一解释各规范事实的法律内涵和判断标准。

指引载体：封闭式问题清单。案件要件事实囊括在法律规范之中，在相对的视角下，其类型、数量是有可期的、有限的，故可采用疑问式“封闭式问题清单”准确、全面、逐个列明个案核心事实，帮助陪审员梳理脉络、整理案情，并由其作出是或者否的回答。

指引阶段：集中于庭前准备阶段和评议阶段。凡案件必有核心事实，如图2所示，对疑难复杂案件核心事实的判断体现出动态性和调试性，法官在庭前准备阶段、庭审中、庭审后等各阶段掌握的案件信息并不相同，对适用法律规范和规范事实的判断也不尽一致，所对应案件初步争点、庭审提纲、封闭式问题清单中载明的核心事实亦有所变化。因此，法官可在庭前准备会议时对核心事实认定涉及的相关实体法律规定、证据规则向陪审员进行解释说明，并根据初步的争议焦点列出事实问题清单；合议庭评议前，再根据庭审固定的争议焦点，确定评议事实问题清单，由陪审员进行独立判断。

表2　　事实清单列表图例

<table>
<tr><th>序号</th><th>核心事实</th><th>是</th><th>否</th><th>关联方式</th><th>边际事实</th></tr>
<tr><td rowspan="4">1</td><td rowspan="4">（法官填写）
×××××?</td><td rowspan="4"></td><td rowspan="4"></td><td>前因后果</td><td>（陪审员填写）</td></tr>
<tr><td>社会背景</td><td></td></tr>
<tr><td>传统文化</td><td></td></tr>
<tr><td>风俗民情</td><td></td></tr>
<tr><td rowspan="4">2</td><td rowspan="4">（法官填写）
×××××?</td><td rowspan="4"></td><td rowspan="4"></td><td>前因后果</td><td></td></tr>
<tr><td>社会背景</td><td></td></tr>
<tr><td>传统文化</td><td></td></tr>
<tr><td>风俗民情</td><td></td></tr>
<tr><td colspan="4"></td><td>其他</td><td></td></tr>
</table>

3. 边际事实之“法官指示+开放式问题清单”指引模式。法官对边际事实的指引，旨在激发陪审员以“常识、常理、常情”认定边际事实的主动性和自信心。

指引内容：锁定边际事实的内涵与外延。与核心事实不同，边际事实通常远离法律规范，是饱含生活性、道德性、论理性的“自在”事实。一方面，法官应向陪审员阐明边际事实的主要类型、识别和认定标准，以及其与核心案件的关系，便于陪审员了解边际事实运行机制，激发其关注、收集边际事实。另一方面，鉴于陪审员欠缺法律知识，易受到惯性偏见预设、类似生活实例、感性情绪泛滥的干扰，对此亦应予适当提醒，最大程度消解陪审员个体先验预设的认知偏差，规范其识别、认定边际事实。

指引载体：开放式问题清单。个案中，边际事实存在与否、存在数量均不相同且不确定，而陪审员对边际事实有更敏锐的捕捉力，故应给予陪审员认定边际事实的自由空间，即“本案除上述已列事实问题，您还关注到哪些事实对案件处理有影响”“受害人的过错行为应当减轻被告人多大程度责任”等开放式的边际事实问题清单。

指引阶段：贯穿陪审全过程。鉴于陪审员对边际事实的本能性关注，为规范边际事实的采集与认定，法官应注意对边际事实基本概念及认定标准的全程性指引。在庭前准备会议重点阐明边际事实的采集、识别规则，便于陪审员在庭审阶段中有针对性地发问、收集边际事实；庭审阶段，法官对陪审员的提问可适时以法律释明的方式进行指引；合议庭评议之前，着重提示陪审员边际事实的定量特性，待作答完核心事实问题清单后再行对边际事实问题进行认定。

指引规范：厘定边际事实相关指引范围。并非所有非核心事实的客观事实都是个案边际事实。通常，边际事实独立存在于核心事实，但对其之运用和考察又以核心事实为基础。从时间维度看，边际事实发生、存在于核心事实之前，是一种/多种行为、风俗或心理状态等；从逻辑维度看，边际事实与核心事实呈现出高黏合度的关联性，以因果关系最为典型。因此，应将边际事实限定于与核心事实具备关联性，其对证实或否定核心事实起到补强作用。对此，在陪审员参与案件审理之初即应予明确。

（三）核心事实与边际事实指引之归流

对核心事实与边际事实分而论之的目的是准确认定案件事实全貌。故而，基于各自特征对核心事实和边际事实分别作出认定后，再通过二者之间的逻辑关系相互校核，检验全部事实认定过程是否连贯有效、互为佐证，同时可检验在法官认为法律适用有争议或无可适用的法条，或事实和法条之间难以建立有效联系时，裁判的正当性和结果的合理性。具体到列明方式，核心事实与边际事实应分而列之，对指向某一具体核心事实的边际事实，可列于该核心事实之后；对非指向特定核心事实的边际事实，可列于清单之末，以使核心事实与边际事实的关系性直观明了，便于二者对照核验。

余 论

司法改革的道路，是漫长而艰辛的。人民陪审员制度是司法民主的重要制度设计，在民主的视野下，只有让民众广泛参与的司法才是进步的或符合正义的。[①] 当人民陪审员行使裁决的权利范围符合其自身智识结构和认知能力时，才能切实改变陪而不审现象，并使他们在司法程序的核心领域代表公众发出决定性的声音。

---

① 李拥军：《我国人民陪审制度的现实困境与出路——基于陪审复兴背后的思考》，载《法学》2012 年第 4 期。

独任庭与合议庭转换的机制构建与选择适用标准

——以中级人民法院民事二审案件适用独任制为切入点

陈　琨*

最高人民法院印发的《人民法院第五个五年改革纲要（2019—2023)》，将“探索推动扩大独任制适用范围”作为民事诉讼制度改革的重要举措。2019年7月19日召开的政法领域改革推进会也将“探索扩大独任制审理的适用范围，将独任制与简易程序适当分离，并扩大适用至简单二审案件”列入下一步改革规划。关于在二审程序①中适用独任制，理论和实务界均有呼声和需求，② 最高人民法院也拟在部分地区开展相关试点。③ 一旦试点启动，审判组织④如何根据不同情形切换，如何在此过程中充分保障当事人程序选择权，就成为亟待解决的问题。

基于以上背景，鉴于最高人民法院诉讼制度改革试点即将实施，本文

---

* 作者单位：北京市大兴区人民法院。

① 为行文简洁，下文将“第二审程序”简称为“二审案件”或“二审”，“独任庭与合议庭”简称为“审判组织”。另外，本文所指第二审民事案件仅包括中级法院审理的第二审民商事案件，所探讨的审判组织转换情况也仅限于中级人民法院层面，文中提到的一审均指基层法院第一审。

② 关于如何扩大独任制适用范围，理论界和实务界已有不少研究成果。有关独任制的学术专著有赵旻：《民事审判独任制研究》，华中科技大学出版社2014年版，相关代表性文章有张晋红、赵虎：《民事诉讼独任制适用范围研究》，载《广东社会科学》2004年第4期；荣明潇：《二审民事案件适用独任制审理的理性逻辑与进路探索》，载《法律适用》2017年第9期；吴从周：《独任或合议：第二审审级制度的一个反思》，载姜世明、许政贤主编：《两岸民事法学会通之道》，台湾地区元照出版公司2015年版。实务界有代表性的调研报告有最高人民法院政治部、江苏省高级人民法院：《关于审判组织改革问题的调研报告》，载《审判研究》（第1辑），法律出版社2004年版；广东省深圳市中级人民法院：《扩大独任制适用范围研究》（最高人民法院2017—2018司法改革专项调研课题，编号SPCJR2018008）。

③ 2019年8月27日，最高人民法院召开专家论证会，就《关于推进民事诉讼制度综合改革试点的实施办法（征求意见稿)》征求专家学者意见。与会专家们高度赞赏以上办法“一审以独任制为主、合议制为辅，二审以合议制为主、独任制为辅”的改革方向。

④ 关于法定审判组织形式，2018年修订的《人民法院组织法》第二十九条第一款表述为：“人民法院审理案件，由合议庭或者法官一人独任审理。”为简洁起见，本文按照惯例，将法官一人独任审理的审判组织简称为独任庭。

对二审适用独任制的必要性不再赘述，而直接立足二审适用独任制后可能产生的有关审判组织转换的系列问题，结合当前民事诉讼制度改革趋势、司法实践和比较考察，就如何科学构建相关机制提出分析和建议，以期对推动相关改革有所助益。

一、问题梗阻：现行规则和模式下二审审判组织转换的隐忧

我国当前相关法律尚无明文直接规定审判组织转换情形。[①] 审判组织转换仅在一审简易程序向普通程序转换时发生。根据《民事诉讼法》第一百六十九条、第一百七十四条，二审法院对上诉案件，应组成合议庭。如果探索在二审中适用独任制，审判组织的转换模式是否可以参照一审相关规定？如果借鉴适用，是否需要补充完善？对此，本节以一审简易程序向普通程序的转换为研究对象，通过梳理相关规定和实践操作，探寻二审审判组织转换的现行制度基础和实践困境。

（一）现有规则下审判组织转换的制度短板

1. 一审独任庭向合议庭转换呈现明显职权主义色彩，弱化当事人程序选择权。关于一审独任庭向合议庭的转换，即简易程序向普通程序的切换，分别规定于《民事诉讼法》《最高人民法院关于适用〈中华人民共和国民事诉讼法〉的解释》《最高人民法院关于适用简易程序审理民事案件的若干规定》《最高人民法院关于经济纠纷案件适用简易程序开庭审理的若干规定》《最高人民法院关于民商事案件烦简分流和调解速裁操作规程（试行）》，包括法院依职权转换（表1）和当事人申请转换（表2）两种情形。主要呈现如下特点：

一是法院强主导，法院可在审限届满前的任何阶段转换审判组织；当事人仅能在开庭前提出转换请求。法院依职权转换只需判定“案情复杂”或“不宜适用简易程序”即可，“复杂”或“不宜”标准由法官自由裁量；当事人相关请求则需经法院审查。二是当事人程序选择权弱化，法院依职权转换审判组织时，当事人无异议权；当事人提出转换审判组织请求的，必须经法院审查。三是转换程序简化，审判程序转换以裁定形式作出，转换后的审判组织组成人员和相关事项以书面形式通知双方当事人，但对于程序转换前后审判行为效力的问题，没有直接涉及，仅对依当事人申请进行审判组织转换时的部分审判程序衔接问题作出规定。

---

① 本文所称“审判组织转换”，是指审判组织形式的转换，如独任制向合议庭的转换，不包括变更审判组织成员的情形。

表 1　　法院依职权将独任庭转换为合议庭

序号	法律规范	条文内容	转换阶段	转换情形	转换形式	当事人权利
1	《民事诉讼法》	**第一百六十三条**　人民法院在审理过程中，发现案件不宜适用简易程序的，裁定转为普通程序。	审理中	案件复杂	裁定	未规定
2	《最高人民法院关于适用〈中华人民共和国民事诉讼法〉的解释》（法释〔2015〕5号）	**第二百五十八条**　适用简易程序审理的案件，审理期限到期后，双方当事人同意继续适用简易程序的，由本院院长批准，可以延长审理期限。延长后的审理期限累计不得超过六个月。 人民法院发现案情复杂，需要转为普通程序审理的，应当在审理期限届满前作出裁定并将合议庭组成人员及相关事项书面通知双方当事人。 案件转为普通程序审理的，审理期限自人民法院立案之日计算。	审限届满前	案件复杂	裁定	未规定
		第二百八十条　因当事人申请增加或者变更诉讼请求、提出反诉、追加当事人等，致使案件不符合小额诉讼案件条件的，应当适用简易程序的其他规定审理。 前款规定案件，应当适用普通程序审理的，裁定转为普通程序。 适用简易程序的其他规定或者普通程序审理前，双方当事人已确认的事实，可以不再进行举证、质证。	审理中	不符合小额程序或简易程序适用条件	裁定	未规定
3	《最高人民法院关于适用简易程序审理民事案件的若干规定》（法释〔2003〕15号）	**第一条**　基层人民法院根据《中华人民共和国民事诉讼法》第一百四十二条规定审理简单的民事案件，适用本规定，但有下列情形之一的案件除外： （一）起诉时被告下落不明的； （二）发回重审的； （三）共同诉讼中一方或者双方当事人人数众多的； （四）法律规定应当适用特别程序、审判监督程序、督促程序、公示催告程序和企业法人破产还债程序的； （五）人民法院认为不宜适用简易程序进行审理的。	开庭前	法定情形以及法院认为不适宜	未规定	未规定

续上表

序号	法律规范	条文内容	转换阶段	转换情形	转换形式	当事人权利
3	《最高人民法院关于适用简易程序审理民事案件的若干规定》（法释〔2003〕15号）	**第八条第一项** 人民法院按照原告提供的被告的送达地址或者其他联系方式无法通知被告应诉的，应当按以下情况分别处理： （一）原告提供了被告准确的送达地址，但人民法院无法向被告直接送达或者留置送达应诉通知书的，应当将案件转入普通程序审理；	开庭前	送达失败	未规定	未规定
		第二十六条 审判人员在审理过程中发现案情复杂需要转为普通程序的，应当在审限届满前及时作出决定，并书面通知当事人。	审限届满前	案情复杂	决定 未规定	
4	《最高人民法院关于经济纠纷案件适用简易程序开庭审理的若干规定》（法发〔1993〕35号）	3. 原告到庭请求解决纠纷，被告在本地的，可以用书面、电话、请基层组织工作人员捎信等简便方式传唤另一方当事人到庭。被告口头答辩的，记入笔录，可以当即审理；被告要求书面答辩的，可以征求其所需答辩期限的意见，但最长不得超过15天。 经询问双方当事人或者被告答辩后，发现双方争议较大，案情重大、复杂的，转入普通程序进行审理。	审理中	争议较大、案情重大、复杂	未规定	未规定
5	《最高人民法院关于民商事案件繁简分流和调解速裁操作规程（试行）》（法发〔2017〕14号）	**第五条** 程序分流后，尚未进入调解或审理程序时，承办部门和法官认为程序分流不当的，应当及时提出，不得自行将案件退回或移送。 程序分流员认为异议成立的，可以将案件收回并重新分配。	诉前	承办部门和法官认为分流不当	由案件分流员决定	未规定
		第六条 在调解或审理中，由于出现或发现新情况，承办部门和法官决定转换程序的，向程序分流员备案。已经转换过一次程序的案件，原则上不得再次转换。	调解或审理中	出现或发现新情况，承办部门和法官决定转换程序	向分流员备案	未规定

表 2　　因当事人申请将独任庭转换为合议庭

序号	法律规范	条文内容	转换阶段	转换情形	转换形式	法院权利
1	《最高人民法院关于适用〈中华人民共和国民事诉讼法〉的解释》（法释〔2015〕5号）	**第二百六十九条**　当事人就案件适用简易程序提出异议，人民法院经审查，异议成立的，裁定转为普通程序；异议不成立的，口头告知当事人，并记入笔录。 转为普通程序的，人民法院应当将合议庭组成人员及相关事项以书面形式通知双方当事人。 转为普通程序前，双方当事人已确认的事实，可以不再进行举证、质证。	开庭前	当事人异议	裁定	审查权
2	《最高人民法院关于适用简易程序审理民事案件的若干规定》（法释〔2003〕15号）	**第三条**　当事人就适用简易程序提出异议，人民法院认为异议成立的，或者人民法院在审理过程中发现不宜适用简易程序的，应当将案件转入普通程序审理。	开庭前	当事人异议	未规定	审查权
		第十三条　当事人一方或者双方就适用简易程序提出异议后，人民法院应当进行审查，并按下列情形分别处理： （一）异议成立的，应当将案件转入普通程序审理，并将合议庭的组成人员及相关事项以书面形式通知双方当事人； （二）异议不成立的，口头告知双方当事人，并将上述内容记入笔录。 转入普通程序审理的民事案件的审理期限自人民法院立案的次日起开始计算。	审理前准备阶段	当事人异议	未规定	审查权

2. 并不存在合议庭向独任庭转换的情形，当事人在开庭前可合议适用独任庭。根据《民事诉讼法》《最高人民法院关于适用〈中华人民共和国民事诉讼法〉的解释》《最高人民法院关于适用简易程序审理民事案件的若干规定》（表3），我国并不存在严格意义上合议庭向独任庭转换的情形，但在法院组成合议庭审理案件前，当事人可通过合意选择，直接导致原本适用合议庭的案件由独任庭审理。这种情况下审判组织的“转换”，实际上是开庭前当事人对程序的“选择”行为，需要注意的是，通常情况下当事人约定适用和一致同意的情况下，可选择适用简易程序，但在简易程序因审限届满需要转为普通程序时，当事人如果同意继续适用简易程序，需要法院院长批准。

表 3　　开庭前当事人合意选择适用独任庭的情形

<table>
<tr><th>序号</th><th>法律规范</th><th>条文内容</th><th>转换阶段</th><th>转换情形</th><th>转换形式</th><th>当事人权利</th><th>法院权利</th></tr>
<tr><td>1</td><td>《民事诉讼法》</td><td>第一百五十七条　基层人民法院和它派出的法庭审理事实清楚、权利义务关系明确、争议不大的简单的民事案件，适用本章规定。
基层人民法院和它派出的法庭审理前款规定以外的民事案件，当事人双方也可以约定适用简易程序。</td><td>开庭前</td><td>双方约定</td><td>未规定</td><td>当事人选择权</td><td>无</td></tr>
<tr><td rowspan="3">2</td><td rowspan="3">《最高人民法院关于适用〈中华人民共和国民事诉讼法〉的解释》（法释〔2015〕5号）</td><td>第二百五十八条第一款　适用简易程序审理的案件，审理期限到期后，双方当事人同意继续适用简单程序的，由本院院长批准，可以延长审理期限。延长后的审理期限累计不得超过六个月。</td><td>审限届满前</td><td>双方同意</td><td>未规定</td><td>当事人选择权</td><td>院长批准</td></tr>
<tr><td>第二百六十条　已经按照普通程序审理的案件，在开庭后不得转为简易程序审理。</td><td>不得转换</td><td>无</td><td>无</td><td>无</td><td>绝对否决权</td></tr>
<tr><td colspan="6">第二百六十四条　当事人双方根据民事诉讼法第一百五十七条第二款规定约定适用简易程序的，应当在开庭前提出。口头提出的，记入笔录，由双方当事人签名或者捺印确认。
本解释第二百五十七条规定的案件，当事人约定适用简易程序的，人民法院不予准许。</td></tr>
<tr><td>3</td><td>《最高人民法院关于适用简易程序审理民事案件的若干规定》（法释〔2003〕15号）</td><td>第二条　基层人民法院适用第一审普通程序审理的民事案件，当事人各方自愿选择适用简易程序，经人民法院审查同意的，可以适当简易程序进行审理。
人民法院不得违反当事人自愿原则，将普通程序转为简易程序。</td><td>开庭前</td><td>双方自愿选择</td><td>未规定</td><td>当事人选择权</td><td>审查权</td></tr>
</table>

（二）现有模式下审判组织转换的特点

基于审判程序切换而导致的审判组织转换，因制度上缺乏更完备的保障，而在实践中呈现特点如下：一是切换向度单一。简易程序向普通程序转换为主，普通程序向简易程序转换几乎不存在。立法机关的解释是，整个社会的司法资源有限，对依法应适用简易程序的民事案件约定适用普通程序会增加司法资源的负担。[①] 二是随意性较强。因缺乏客观标准和操作程序，审判组织转换通常由法官自由裁量，且大部分转换原因来源于审限压力。三是限制当事人程序权利。现行立法虽赋予当事人异议权，但由于缺乏程序性规定，异议权行使空间有限。

（三）审判组织转换制度缺失下的改革试点隐患

从制度特点和审级功能看，若允许二审适用独任制，照搬一审审判组织转换模式不仅可能会水土不服，同时还需要解决以下问题：一是审判组织的选择适用标准。由于法院职能定位差异，适用于一审审判组织转换的标准是否可直接适用于二审？如果案情复杂在一审立案期间未必呈现，但到上诉阶段，复杂与否已经相对明朗。一审关于不宜适用简易程序的标准，不宜机械照搬。二是当事人的审判组织选择权。上诉案件当事人的对抗往往更强烈，此时，期待双方当事人基于正当目的而在审判组织选择上达成一致，难度更大。是否还有必要赋予当事人对审判组织适用的选择权和异议权？三是审判组织转换导致的程序衔接问题。对于审判组织转换前已经进行的审判行为，是否对转换后的审判组织产生效力？在独任庭转合议庭的情形下，如何兼顾合议庭亲历性和审判程序的稳定性？

二、理论体系：二审审判组织转换的价值取向和选择顺位

本文认为，以上问题的根本原因在于对二审审级功能的片面了解，因此难以理解审判组织转换的理论前提，对此下文从四个层次构建审判组织转换的理论体系，指导相应制度设计，推动实现审判组织转换与整个二审诉讼制度的协调融合：第一层次厘清二审价值定位，为独任制的适用提供正当前提；第二层次在前基础上根据诉讼经济和促进诉讼的现实需求，证明审判组织转换的必要；第三层次解决审判组织转换中当事人诉讼权利的保障问题，第四层次解决审判组织转换可能引发的程序不安风险。

（一）二审审级功能对审判组织转换之限制

通常观点认为，中级人民法院通过对大量上诉案件的第二审，实现依法纠错和统一法律适用的功能。[②] 因此，出于维护司法公信，实现裁判公正等理由，排除二审适用独任制。但实践中二审大量存在无需开庭的简单案

① 全国人大常委会法制工作委员会民法室：《中华人民共和国民事诉讼法：条文说明 · 立法理由及相关规定》，北京大学出版社 2012 年版，第 261 页。

② 我国四级法院的职能应符合如下定位：基层法院的主要职能是分流案件，解决纠纷；中级人民法院的主要职能是依法纠错，定分止争；高级法院的主要职能是再审监督，审判指导；最高人民法院的主要职能是制定规则，统一法制。参见何帆：《论上下级法院的职权配置——以四级法院职能定位为视角》，载《法律适用》2012 年第 8 期。

件或部分程序性裁定的上诉案件，更倾向于对当事人诉权的救济，这是二审程序被多数人忽视的另一个价值功能。基于理论和实践的双重考量，二审审级功能应当包括程序性救济和法律监督纠错两大方面。在面对简单案件或简单案件的程序性救济时，适用独任庭审理符合繁简分流的内在规律。而在面对相对复杂案件或履行监督指导职能的情况下，为实现二审法律监督，统一法律适用的价值功能，仍应当排除独任庭适用。合议为主、独任为辅应是基于二审价值定位而确定的审判组织适用基本原则。

（二）费用相当性原则对审判组织转换之指引

费用相当性原则，又称成本相当性原则，通常用以指导司法资源配置，指“当事人利用诉讼程序或由法官运作审判制度过程中，不应使法院（国家）或当事人（人民个人）遭受期待不可能之浪费或利益牺牲”。[①] 因为整个社会的司法资源有限，除个案当事人外，还有成千上万的人正在或即将利用法院，[②] 制度设计就是要谋求诉讼经济、促进诉讼，即应尽可能致力于节省劳力、时间或费用，这是民事诉讼法上的一项基本要求。[③] 审判组织转换正是为了实现司法资源的最优配置和司法效益的最大化，例如将无需开庭、程序性上诉案件或简单上诉案件等简单案件交由独任庭审理，就是费用相当性原则在审判组织转换中的良好体现。

（三）程序选择权对审判组织转换之影响

程序选择权，指“为满足当事人的个性化的利益需要，由当事人权衡并作出相应的选择而设计的制度，主要通过当事人之间在充分权衡其实体利益和程序利益的基础上所达成的合意来实现。”[④] 其法理基础在于，为保障程序主体权、贯彻程序主体性原则，应承认当事人参与形成、发现以及使用“法”的主体，赋予其程序法上的处分权，[⑤] 有益于克服诉讼规则的僵化倾向，防止适用程序不当造成的损害，[⑥] 充分保障当事人对诉讼程序与结果形成的参与权。因此，民事程序制度的创设、扩充和运作，必须兼顾程

---

① 邱联恭：《司法之现代化与程序法》，台湾地区三民书局 1992 年版，第 272 页。

② 全国人大常委会法制工作委员会民法室：《中华人民共和国民事诉讼法：条文说明·立法理由及相关规定》，北京大学出版社 2012 年版，第 162 页。

③ 邱联恭：《口述民事诉讼法讲义（2015 年笔记版）》，台湾地区元照出版有限公司 2015 年版，第 97 页。

④ 全国人大常委会法制工作委员会民法室：《中华人民共和国民事诉讼法：条文说明·立法理由及相关规定》，北京大学出版社 2012 年版，第 261 页。

⑤ 邱联恭：《口述民事诉讼法讲义（2015 年笔记版）》，台湾地区元照出版有限公司 2015 年版，第 104 页。

⑥ 邱联恭：《程序选择权之法理——着重阐述其理论基础并准以展望新世纪之民事程序法学》，载《民事诉讼法之研讨（四）》，台湾地区三民书局 1993 年版，第 547 页。

序关系人的实体利益和程序利益。

（四）程序安定性对审判组织转换之启示

程序安定性是诉讼程序上的基本要求，即诉讼过程中“前面已作之行为，系后面行为之基础，而后面之行为系以前面行为有效作前提”。否则，如果前行为效力突然中断，将极大浪费已投入的司法资源，同时导致当事人对程序的不信赖。因此，在没有特殊情况时，程序上已经作出的行为均应当维持其效力，只有这样，才能使当事人对司法过程寄予信赖，促进实现诉讼中的公平正义。具体到审判组织转换中，就是要在独任庭与合议庭的转换中最大限度维持诉讼的安定性，减少因程序衔接、行为效力不明导致的诉讼迟延和积累。

三、兼顾平衡：独任庭与合议庭转换机制的构建

基于上述理论体系，本文认为二审审判组织转换机制的构建应先确立相关基本原则，在确保二审审判组织转换不偏离诉讼基本理论框架的前提下，结合一审审判组织转换相关规定，分不同阶段展开制度设计（见图1），具体内容包括转换前提、原则、启动、禁止、救济等方面，同时还需要构建相关的配套举措。

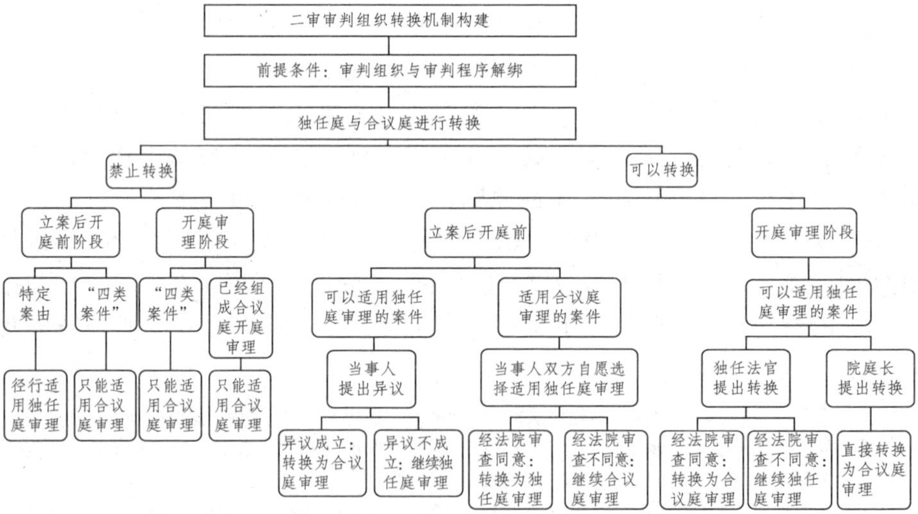

图1　二审审判组织转换机制构建基本思路导图

（一）基本原则

1. 促进实质公正。立足二审审级职能，为避免出现对司法公信和公正的质疑，二审审判组织适用应坚持“以合议庭为主，以独任庭为例外”，对于独任制的适用标准应严格限制并强化监督。例如，德国的二审程序，在

控诉类案件中,[①] 列举适用独任庭审理的情形和导致独任庭将案件提交合议庭的情形,[②] 还规定了“独任庭的准备裁判”机制，使没有按照规定采用独任制审理的二审案件通过法院指派独任法官的方式进行。[③] 在抗告类案件中,[④] 如果被声明不服的裁判是由独任法官作出的，抗告法院可以指定一名独任法官裁判，如果案件具有不适用独任制审理的情形，则提交抗告法院后按照法院组织法确定审判组织组成形式。[⑤] 而我国台湾地区则倾向限制二审独任制的适用，并明确规定在二审阶段，适用程序错误的小额程序上诉案件，当事人可以约定由二审法院独任法官适用小额程序继续审理。[⑥]

2. 诉讼经济和促进诉讼。坚持费用相当性原则，确保案件重要性与司法投入、诉讼耗费基本相当，这种相当性的判断，应充分考虑法院在审判中的主导地位和经验优势，体现在审判组织转换过程中，就是要设置相应的审批程序，防止出现审判组织相互推诿、循环转换等低效现象。例如在德国，二审案件审判组织的转换需要经过合议庭审核同意（见图2），同时二审法院可以直接根据法定事由以裁定方式将合议庭转换为独任庭，独任庭向合议庭转换则要听取双方当事人意见，最后由合议庭裁定决定。整个审判组织转换过程均以裁定形式解决程序中的争议，且所有裁定一律不能提起上诉。换言之，在程序转换过程中，法官的自由裁量权拥有绝对的地位。而在我国台湾地区，地方法院如对法定合议制适用案由以外的案件适用合议庭审理，不仅需要经过庭长审核，还需报请院长核定，并征询相关法官意见（见图3）。

---

① 控诉是上诉的一种形式，主要针对一审所作的终局判决。

② 详见《德国民事诉讼法》第526条。

③ 详见《德国民事诉讼法》第527条。

④ 抗告是对附属裁判、本案中的裁定和决定不服而提起的独立的上诉手段，抗告程序较控诉程序更为简便。

⑤ 详见《德国民事诉讼法》第568条。

⑥ 详见我国台湾地区“民事诉讼法”第436条之26。

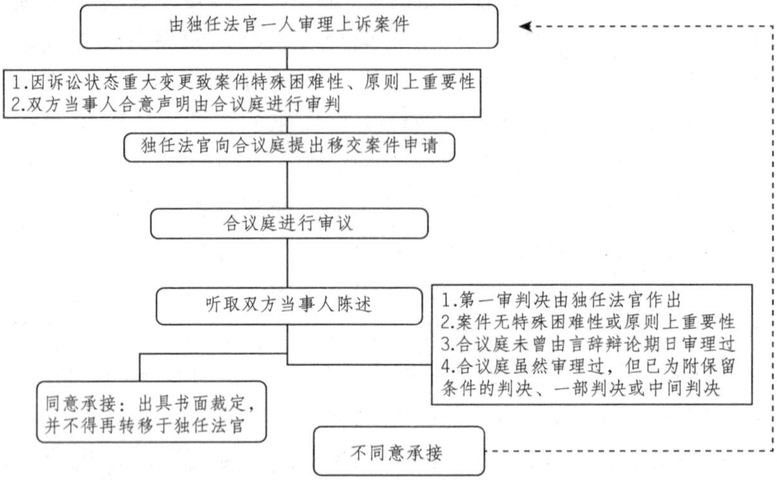

图 2　德国二审法院审理上诉案件的独任庭与合议庭转移承接机制

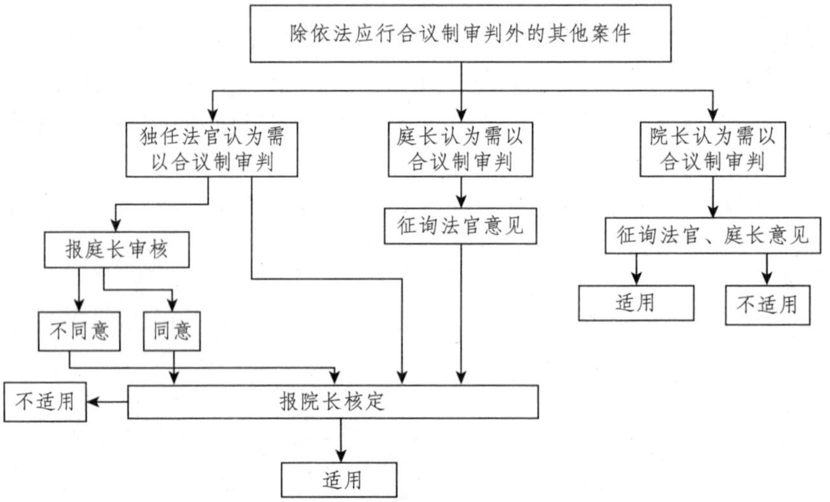

图 3　通常情况下我国台湾地区法院独任庭向合议庭转换的一般流程

3. 程序利益保护。根据程序选择权理论，在当事人与法院形成的民事诉讼法律关系中，应赋予其程序上的权利，以制衡法院诉讼指挥权，即明确当事人对审判组织转换的申请权、异议权和救济权。例如，《德国民事诉讼法》规定在二审阶段，原、被告应当在诉状中表明“是否有不能将案件交付独任法官的原因”。[①] 在独任庭转换为合议庭的情况下，赋予当事人合意选择的权利。当事人合意将案件移送合议庭审理时，有权在合议庭面前

① 详见《德国民事诉讼法》第 253 条、第 277 条、第 520 条、第 521 条。

陈述案件应当适用合议制审理的理由。[①]

4. 系统集成配套。基于程序安定性的考虑，审判组织转换应注意审判组织相应审判程序、审判组织转换程序衔接、与一审相关制度的对接、当事人选择权的激励和制约机制等因素，尤其是前审判行为对后审判行为的效力问题。例如，在我国台湾地区，简易程序变更为普通程序时，通常仍由原独任法官继续审理案件；[②] 普通程序转换为简易程序时，则由原独任法官或者合议庭中的受命法官按照简易程序继续审理案件。[③]

（二）二审禁止审判组织转换的一般情形

即基于二审审级功能，在任何阶段都不允许审判组织转换的情形，主要包括：

1. 立案后、开庭前径行由独任庭审理的情形。即在二审分案阶段可确定直接适用独任庭的案由，主要指以程序性审查事项为审理对象的二审案件。此类案件多为程序性事项审查，大部分不涉及当事人实体权利，也有较为明确的审查标准和规范化审查流程，审理难度不大，实际发改率小，实践中通常由承办法官一人进行书面审理并作出决定。因此，本文认为此类案件可在分案时径行由独任庭审理。

拟制条文一：中级人民法院对下列上诉案件，由法官一人独任审理：

（一）当事人上诉缺乏具体请求和理由或者上诉请求明显不能成立的；

（二）当事人提出上诉且没有提出新事实、新证据、新理由的民事案件；

（三）针对不予受理、管辖权异议和驳回起诉裁定的上诉案件；

（四）原判决认定事实清楚，适用法律错误或者计算错误的；

（五）原判决严重违反法定程序，需要发回重审的。

2. 开庭阶段只能由合议庭审理的情形。分为两种情况：一是司法责任

---

① 姜世明：《民事程序法制发展》，台湾地区元照出版公司2003年版，第54~60页。

② 如我国台湾地区“民事诉讼法”第427条、第435条等规定，法院可以依申请或以职权，以裁定方式将简易程序改为普通程序，由原法官继续审理。

③ 1999年我国台湾地区“同一地方法院适用简易程序审理实践事务分配办法”第4条：通常诉讼事因诉之变更或一部分撤回，致其诉之全部属于“民事诉讼法”第427条第1项或第2项之范围者，承办法官应以裁定改用简易程序，并将该通常诉讼事件报结后改为简易事件，由原法官或受命法官依简易程序继续审理。

制改革确定的“四类案件”,[①] 此类案件往往涉及多方因素，本身就属于需要强化审判监督管理的范畴，由合议庭审理更符合司法规律。因此，不论在案件审理的任何阶段，一旦涉及“四类案件”，应当适用合议庭，且绝对不允许转换为独任庭审理。二是已经组成合议庭进行审理的案件。经案件繁简分流，已经组成合议庭进行审理的案件原则上可以认定为“繁案”，从审判组织分配的内在规律看，已经不适宜转换为独任庭审理。此外，基于司法权威性和程序完整性，这种情况下再由当事人合意选择适用独任庭不仅会导致诉讼拖延，也起不到提速增效作用。

（三）二审可以进行审判组织转换的具体情形

即基于特定案由或处于特定阶段的案件，经人民法院审查决定或当事人合意申请，可以转换审判组织的情形，主要包括：

1. 立案后、开庭前审判组织形式的选择适用

（1）可以适用独任庭的情况。即分案阶段根据案件繁简分流标准，经由法院审查排除“四类案件”因素后，可以由独任庭审理的相对简单的案件。目前，多地中级人民法院已经探索对二审案件和再审申请审查案件进行繁简分流，对于简单案件适用快审程序，并取得较好成效。而二审快审程序的基本价值取向与独任制在本质上相吻合，因此，本文认为二审适用独任制的情形可以参照适用二审快审相关案由。

至于具体案由，以 B 省为例，该省高院于 2018 年印发民事速裁快审案件审理工作规定，其中将“一审采用速裁方式审结的民事案件、裁定不予受理、裁定驳回起诉及管辖权异议的上诉案件、其他案件事实清楚、权利义务关系明确，当事人提出上诉且没有提出新事实、新证据、新理由的民事案件”列入二审快审案由。此类快审案件在实践中的运行状况以 B 省某中院为样本，总体呈现以下情况：

---

① 《最高人民法院关于完善人民法院司法责任制的若干意见》规定“四类案件”包括：（1）涉及群体性纠纷，可能影响社会稳定的；（2）疑难、复杂且在社会上有重大影响的；（3）与本院或者上级法院的类案判决可能发生冲突的；（4）有关单位或者个人反映法官有违法审判行为的。最高人民法院司改办相关负责人认为，结合实践，下列案件一般应当作为“四类案件”重点监督：（1）一方当事人人数众多，可能引发集团诉讼、连锁诉讼的案件；（2）审理结果可能对相关区域发展、行业经营、群体利益等造成重大影响，可能引发重大群体性事件的案件；（3）涉及政治安全、国家利益、民族宗教、社会稳定等因素的案件；（4）重大职务犯罪案件；（5）可能判处死刑、拟作出无罪判决或免予刑事处罚、拟在法定刑以下判处刑罚的案件；（6）重大集团诉讼、系列案件；（7）有重大影响的涉外、涉港澳台案件；（8）检察机关抗诉、提出检察建议的案件；（9）法律适用规则不明确，疑难复杂的新类型案件；（10）拟作出裁判与本院已作出的或上级法院的类案判决可能发生冲突的，或者拟形成新的裁判规则或尺度的案件。参见《中国应用法学》2019 年第 4 期。

表 4　　2014—2018 年 B 省某中院二审民事快审案件审理基本情况

年份	收案数	结案数	改判数	改判率（%）	发回数	发回率（%）	调解数	调解率（%）	撤诉数	撤诉率（%）	开庭数	开庭率（%）	当庭裁判数	当庭裁判率（%）	平均审理时间
2014	5112	4908	117	2.38	94	1.92	705	14.36	489	9.96	2169	44.19	513	10.45	22
2015	3460	3723	155	4.16	22	0.59	533	14.32	317	8.51	2334	62.69	438	11.76	31
2016	6504	6497	476	7.33	55	0.85	691	10.64	668	10.28	5052	77.76	901	13.87	24
2017	7268	7274	449	6.17	138	1.9	1068	14.68	804	11.05	4689	64.46	3108	42.73	22
2018	7239	7240	450	6.22	95	1.31	1043	14.41	832	11.49	5851	71.82	2956	36.28	28

注：2014 年至 2018 年，该院快审庭共受理二审案件 29583 件，结案 29642 件（含旧存案件），平均改判率为 5.56%，发回率为 1.37%，调解率为 13.63%，撤诉率为 10.5%，开庭率为 67.80%。主要涉及的类型包括劳动争议、机动车交通事故责任纠纷、买卖合同纠纷、借款合同纠纷、民间借贷纠纷、物业服务合同纠纷、劳务合同纠纷、供用水电热力合同纠纷。

该院繁简分流的主要标准包括：综合案件事实认定、法律适用难度、案件平均审理时间以及当事人需求等，具体案由主要包括以下几类：

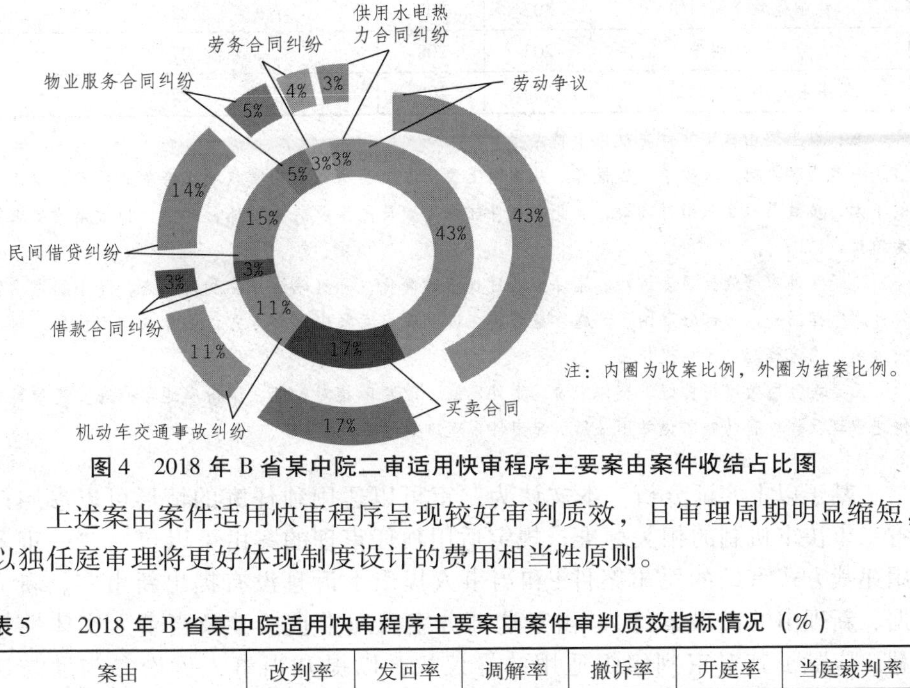

图 4　2018 年 B 省某中院二审适用快审程序主要案由案件收结占比图

上述案由案件适用快审程序呈现较好审判质效，且审理周期明显缩短，以独任庭审理将更好体现制度设计的费用相当性原则。

表 5　　2018 年 B 省某中院适用快审程序主要案由案件审判质效指标情况（%）

案由	改判率	发回率	调解率	撤诉率	开庭率	当庭裁判率
劳动争议	4.18	0.34	16.81	7.95	66.72	37.03
买卖合同	7.58	2.33	16.72	13.41	66.38	32.36
机动车交通事故纠纷	10.22	0.59	6.67	13.33	62.81	21.93
借款合同纠纷	7.18	3.31	11.05	21.55	76.24	38.67

续上表

案由	改判率	发回率	调解率	撤诉率	开庭率	当庭裁判率
民间借贷纠纷	8.84	4.36	18.83	16.30	64.52	35.25
物业服务合同纠纷	7.62	0.66	11.92	16.89	67.55	32.45
劳务合同纠纷	5.77	0.48	9.13	17.31	63.94	37.50
供用水电热力合同纠纷	4.50	0.50	13.00	6.00	58.50	41.00

表6　2018年B省某中院二审适用快审程序主要案由案件收结情况及审理时间

案由	收案数	结案数	平均审理时间
劳动争议	2622	2617	24
买卖合同	1031	1029	28
机动车交通事故纠纷	674	675	31
借款合同纠纷	181	181	29
民间借贷纠纷	872	871	32
物业服务合同纠纷	302	302	25
劳务合同纠纷	202	208	27
供用水电热力合同纠纷	200	200	22

注：以上案由二审案件呈现以下特点：

一是当事人对效率要求不断提升。从案由上看，以上类型纠纷通常权利义务关系明确、争议标的不大，多数具有金钱给付内容，而此类案件往往又涉及民生及弱势群体，对于诉讼效率的要求更为迫切。

二是案件审理周期显著缩短。案件审理过程相对简化，开庭率维持在稳定状态，除个别案由案件开庭率偏高外，大部分案由不开庭数量维持在近五成，实践中审理方式以阅卷或询问优先，对有效加速诉讼流程起到了积极作用。

三是案件质效维持良好。整体来看，案件发回、改判率相对较低，调撤率逐年升高，简单案件快速审理及合议庭功能弱化并不必然引起案件审理质效的下降。

基于以上实证分析，本文认为二审可以适用独任庭的情形可以参照该省二审快审机制的相关标准，规定适用独任审理的案由可以包括“一审采用速裁方式审结的民事案件[①]和当事人提出上诉且没有提出新事实、新证据、新理由的民事案件”。由于这部分案由通常直接涉及当事人实体性权利，应赋予其对审判组织适用的异议权，以提升当事人诉讼参与度与认同感。

拟制条文二：中级人民法院对下列不服地方人民法院判决的上诉案件，可以由法官一人独任审理：

---

① 具体案由见拟制条文二内容。

（一）家事类纠纷、相邻关系纠纷、消费者权益保护类纠纷、机动车交通事故责任纠纷、劳务纠纷、物业服务合同纠纷、供用水、电、气、热力纠纷、信用卡纠纷、金融借款合同纠纷、诉讼标的额在50万元以下的买卖合同纠纷、诉讼标的额在50万元以下的民间借贷纠纷等案件事实清楚、权利义务关系明确、当事人争议不大的纠纷；

（二）被告下落不明需公告送达，但属因欠费欠款引发的、原告同一的物业供暖纠纷、信用卡纠纷、金融借款合同纠纷，或者被告同一的系列性劳务合同纠纷等普通程序的案件；

（三）委派调解不成，但事实清楚、权利义务关系明确、当事人争议不大适宜速裁的民事案件；

当事人一方或双方对前款（一）至（三）适用独任庭审理提出异议的，应于二审开庭前书面提出异议申请，经人民法院审查，并按下列情形分别处理：

（一）异议成立的，应当裁定将案件移交合议庭进行审理，并将合议庭组成人员及相关事项以书面形式通知当事人，原独任法官继续参与案件审理；

（二）异议不成立的，口头告知双方当事人，并将上述内容记入笔录。

对根据本条第一款第（一）项作出的裁定不能提起上诉。

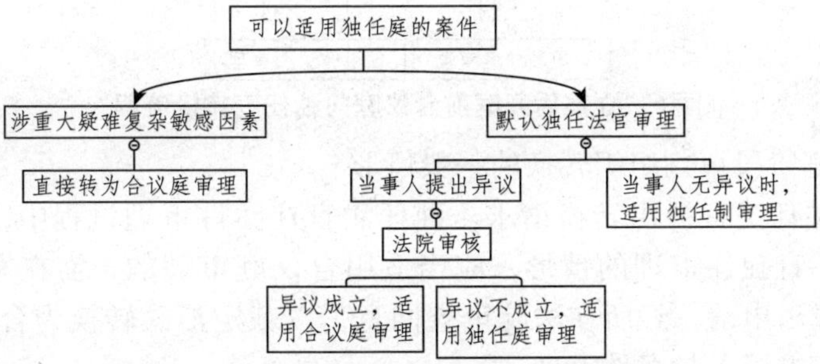

图5　立案后开庭前独任庭向合议庭转换流程

（2）转换适用独任庭的情况。除以上应当适用和可以适用独任庭审理的案由外，本应适用合议庭审理的案件可以在一定条件下转换为独任庭审理。我国法律在一审程序规定了开庭前普通程序向简易程序转换的情形，主要依据是当事人合意约定，充分体现了当事人程序选择权。笔者认为二审程序也可以适度借鉴这一做法，但应注意：

一是合议庭向独任庭的转换只能在开庭前进行。如前文所述，开庭后，不论从司法资源优化配置、确保程序完整性还是保障当事人诉讼权益看，都不宜再将已经组成合议庭审理的案件再交由独任庭审理。二是必须经过法院审查。为确保司法公正和维护审级功能，防止当事人虚假诉讼等情况，这类情形下的审判组织转换应当经法院审查。例如案情虽然简单，但涉及社会重大利益的，法院可以驳回当事人申请审判组织转换的申请，仍以合议庭审理。三是当事人必须一致同意。当事人行使程序选择权适用审判组织形式必须以双方共同约定为前提，仅原告或者被告一方不得选择适用。

拟制条文三：中级人民法院适用合议庭审理的案件，当事人双方自愿选择适用独任制审理的，应于案件开庭前向人民法院书面申明理由，并按下列情形分别处理：

（一）经人民法院审查同意的，裁定变更审判组织形式，以书面形式通知双方当事人，由原合议庭承办法官独任审理案件。

（二）经人民法院审查不同意的，口头告知双方当事人，并将上述理由记入笔录。

人民法院不得违反当事人自愿原则，将二审案件审判组织由合议庭变更为独任庭。

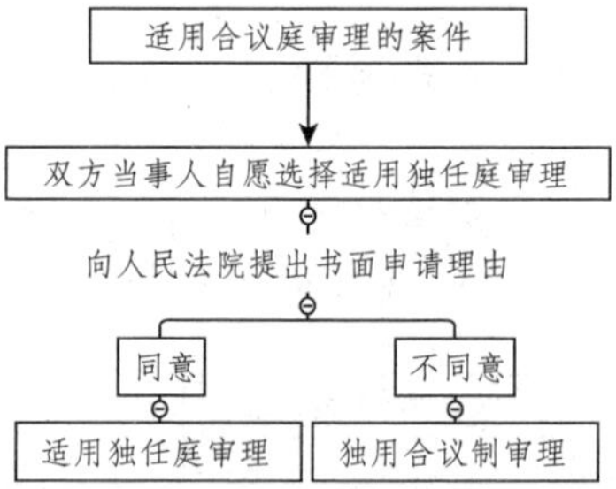

图6　立案后开庭前合议庭向独任庭转换流程

2. 开庭阶段审判组织转换的一般情形

（1）独任法官提出转换请求。独任法官在案件审理过程中，发现案件确实存在不宜独任审理的情形，应当适用合议庭审理的，需在案件审理期限届满前提出申请，经所在法院审查同意，以裁定形式转换为合议庭审理，原独任法官继续参与案件审理。

在审判组织与审判程序解绑的前提下，独任庭向合议庭转换，实际上对当事人诉讼权益保障更有力，当事人的程序性权益并不会因为审判组织转换而受到损害，这种情况下法院只需按照合议庭审理程序通知当事人即可，当事人对合议庭成员可以根据法定事由提出回避申请，但对审判组织转换的决定不能提出异议。

拟制条文四：中级人民法院适用独任庭审理的上诉案件在审理中，独任法官认为案件存在下列情形，应当适用合议庭审理的，经法院审查同意，应于审理期限届满前裁定将案件移交合议庭进行审理，并将合议庭组成人员及相关事项以书面形式通知双方当事人，原独任法官继续参加案件审理：

（一）当事人提出新事实或新理由；

（二）发回重审后又上诉的案件；
（三）当事人来信来访或者存在信访隐患；
（四）一方当事人以公告方式传唤，或在一审期间缺席审理的；
（五）新类型案件；
（六）其他涉及重大疑难复杂敏感因素的情形。
根据前款第（一）至（六）项变更审判组织的裁定不能提起上诉。

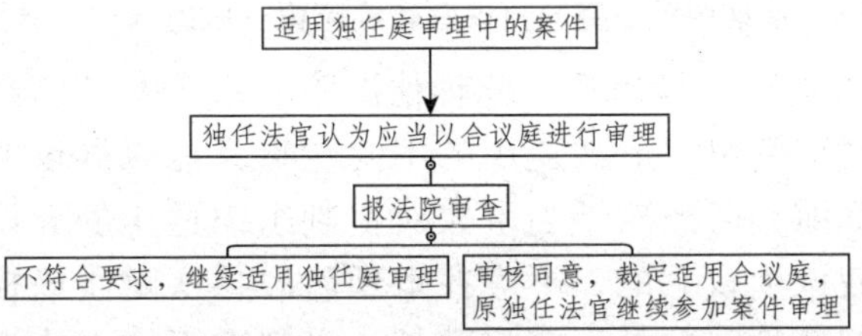

图7　审理中独任庭向合议庭转换流程（独任法官提出转换）

（2）院庭长基于审判监督管理职责进行转换。司法责任制改革提出强化院庭长审判监督管理职责，根据改革精神，院庭长对“四类案件”的审理进行事前监督和事中监督，而“四类案件”又属于上文所述绝对适用合议制的范畴。因此院庭长基于审判监督管理职责发现独任审理案件出现“四类案件”情况时，可以要求转换审判组织形式。需要特别注意的是，为防止院庭长滥用审判监督管理权，对于院庭长提起的审判组织变更的是由应仅限于与其权力相对应的“四类案件”，不宜扩大到其他情形。

院庭长在分案时发现属于“四类案件”的，径行决定适用合议庭审理。审理中发现的，则以裁定方式转换审判组织形式，原独任法官继续参与审理案件，必要时院庭长应直接参与案件审理。由于“四类案件”性质决定了这类案件只能以合议制进行审理，故本文认为此种情况不宜赋予当事人审判组织形式的选择权。

拟制条文五：中级人民法院适用独任庭审理的上诉案件在审理中，院庭长发现存在下列情形，人民法院应当作出裁定，将案件移交合议庭进行审理，并将合议庭组成人员及相关事项以书面形式通知双方当事人，原独任法官继续参加案件审理，必要时院庭长应参与案件审理：
（一）涉及群体性纠纷，可能影响社会稳定的；
（二）疑难、复杂且在社会上有重大影响的；
（三）与本院或者上级法院的类案判决可能发生冲突的；
（四）有关单位或者个人反映法官有违法审判行为的。
根据前款第（一）至（四）项变更审判组织的裁定不能提起上诉。

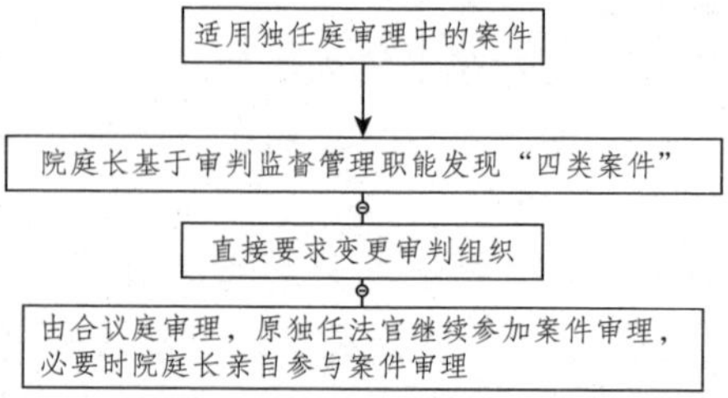

图 8　审理中独任庭向合议庭转换流程（院庭长提出转换）

（3）当事人提出转换申请。此种情况下，由于案件已经由独任庭进行审理，当事人对审判组织形式适用的不同意见只能以异议的方式提出，而在立案后、开庭前，已经赋予当事人对审判组织适用的异议权，当事人在开庭前怠于行使该项权利的，不应在审理阶段再次赋予该权利，否则将影响诉讼程序的规范性。此外，在院庭长、审判组织均不认为审理中的案件应当适用合议庭审理的情况下，仅依据当事人对的异议，将其转换为合议庭审理，也会增加司法资源的负担。因此，审理阶段不宜赋予当事人对审判组织形式适用的异议权。

（四）需要完善的配套机制

构建二审审判组织转换机制，不仅涉及该项制度本身的具体安排，还对相关机制产生影响，需要秉持系统集成思维，健全相关配套机制，确保制度设计落地见效。例如，严格二审法官的选任机制，确保二审独任法官具有较高专业素养，能够公正高效处理案件；完善诉讼收费制度，减半收取二审适用独任制时收取的诉讼费用，激励当事人选择适用；简化独任制适用程序，使司法资源与程序相匹配，最大限度发挥制度的效率优势；完善案件评查机制，设计对应二审简单案件审理的权重设置和考核标准等。

四、结语

推进在第二审程序中适用独任制，必须认真构建独任庭与合议庭的转换机制和选择适用标准。这一机制的构建，必须坚持以人民为中心的发展思想，坚持司法公正和诉讼效率相结合、保障当事人程序选择权与全面提升司法效能相结合。只有这样，才有利于推动在第二审程序中构建繁简分流、轻重分离、快慢分道的诉讼机制，健全完善顺应时代进步和科技发展的民事诉讼制度体系。

新型审判团队运行与管理的方法论建构

——以风险防控为视角

鲁跃晗*

引 言

随着以法官员额制、司法责任制等为典型抓手的司法体制改革不断深化，改革的成效逐渐显现。传统的司法权运行结构被打破，以审判团队为基本单元的架构得以确立。人民法院内设机构改革不仅压缩了审判管理层级，也使得审判团队在司法工作中的主体地位得以凸显，审判团队建设问题亦随之而来。如何构建与改革相适应的团队运行模式和管理模式，如何最大化地发挥出审判团队的效能，以及如何防范与化解其在运行过程中可能遇到的阻力与风险等，成为继续深化司法改革的关键问题，亦考验着审判团队自身的智慧。

一、审视：对新型审判团队的结构性分析

改革之后的新型审判团队作为基本的办案单元和自我管理单元，与以往的审判团队存在诸多不同。要建构审判团队管理方法论，必须建立在对其组织结构的分析基础之上。

（一）由单一到多元：审判团队的类型呈现多元化

员额制改革打破了传统的“一审一书”（一审判员一书记员）的单一办案模式，以员额法官为中心的审判团队构成呈现出多元化的特点。以人数、专业、特色、结构等因素为依据，审判团队主要被分为以下几种类型：一是按专业划分，主要类型有立案速裁团队、刑事团队、民事团队、行政团队、执行团队等。二是以人数来划分，可简单分为大团队（>3 人）和小团

* 作者单位：北京市密云区人民法院。

队（≤3 人）两种。[①] 三是以团队所具特色区分，可划分为高效型、专家型、大要案型等类型。[②] 四是以团队的组成结构划分，可分为独任审判团队、合议审判团队、复合型审判团队等。

表 1　　新型审判团队的多元化分类

分类依据	专业	特色	结构	人数
团队类型	立案速裁团队、刑事团队、民事团队、商事团队、行政团队、知产团队、执行团队、未审团队	高效型、专家型、大要案型、院庭长型	独任审判团队、合议审判团队、复合型审判团队	小团队 大团队

（二）由分散到集约：审判团队的履职模式发生变更

司法权运行过程中，可将具体事项类分化为判断性事务（裁判事务）和非判断性事务（辅助性事务）。司法事务二分法基础上，流程和分工变得容易确定。从效率上考虑，团队运行中的流程设计、职责分工、指标联岗等方法被广泛运用，一些相对固定和明确的重复性事务被分配给专门的人。一个案件从受理到结案，被分置入不同的工序，实现有机的流转。分段集约机制改变了以往一人包案到底的模式，使司法过程从分散的独立性衍变为集约的循环性。流程分工的日益精细化，使得跨团队的合作需求成为常态，亦推动了一些辅助性事务实现外包。

（三）由科层到扁平：审判团队的组织结构发生变化

内设机构改革之前，审判团队依附于多而全的审判庭，基本上是独立的"小堡垒"，内部和外部都表现为一种指挥控制式的科层结构。科层式的团队结构，既有精确、有纪律的一面，也存在着效率不高等弊端。员额制改革和内设机构改革之后，审判执行庭（室）数大幅缩减，法院整体的管理链条缩短，管理架构呈现出扁平化态势。无论是对内还是对外，审判团队所面临的关系都跟以往明显不同。

（四）由封闭到开放：审判团队的工作组合模式发生变革

与传统的办案单元相比，新型审判团队更具开放性，表现出编制混合、[③] 身份混合、内外混合、人机混合的新特点。从实践中来看，一些法院

① 所谓大团队和小团队的二分法，成员数量并不是绝对的。普遍的组建方式为"1+1+1"，即 1 名员额法官、1 名法官助理、1 名书记员。该种 3 人团队是多数基层法院实施独任制的标准配置，多被作为小团队看待。相比于此，还有一些"1+1+2""1+2+N""N+N+N"等团队构成，并将大于 3 人的团队视作大团队。

② 参见《北京法院已组建 1839 个多样化新型审判团队》，载 http://legal.people.com.cn/n1/2018/0816/c42510-30232919.html，访问日期：2019 年 6 月 7 日。

③ 身份类型主要有中央政法编、事业编、聘用制、劳务派遣、人民调解员等。

将部分辅助性事务进行分离，以购买社会服务的方式解决了大量的重复性工作。此类司法事务承接人的工作质量与司法质量、效率和效果有着极高的相关性，其基本成为审判团队的一个有机的组成部分。人工智能背景下的智慧法院建设，将人工智能产品引入司法判断场域，[①] 也使得审判团队更具复合性，审判团队的工作组合模式发生重大变化。

二、理念：加强审判团队管理的实践与理论遵循

新型审判团队运行中的阻力与风险需要通过加强审判团队的自身建设来应对，并通过理念的科学确立和指引，逐步建立起自洽的管理策略和运行模式。本部分主要阐释审判团队运行与管理所应遵循的理念（图 1）。

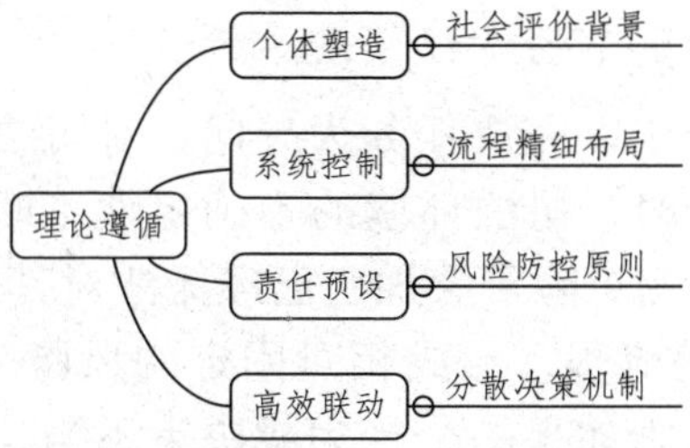

图 1　审判团队管理的理论遵循

（一）社会评价背景下的个体塑造

从心理学上讲，每个人都有被众人予以赞美的热切愿望。“人们甚至需要选择自己的社会认同和群体成员资格，并在这个过程中掌控自我，改变形象。”[②] 审判团队作为一个整体，其社会性评价与其成员的自我期许不仅需要产生共振，更需要机制的支撑。突出个人的思维模式不再适应新型团队的运转需求。当下对审判团队根本性的挑战不仅来自案件所处背景信息的复杂性，同样来自成员个体风险感知的不断生成以及职业预期和发展路径的不确定性。如能有效参与团队运行并收到正向的反馈，将有助于塑造团队成员个体社会适应心理，满足其自我实现的需要。[③]

---

① 当下比较受关注的司法智慧产品的应用有北京法院的“睿法官”系统，江西法院的“法官 e 助理”等。“睿法官”系统能够实现对文书、卷宗信息的自动识别与要素提取，具有智能关联和推送相似案例、刑事案件量刑裁判辅助分析、智能文书编写等功能。参见《北京市高级人民法院“睿法官”系统》，载 http：//www. legaldaily. com. cn/zt/content/2018 – 06/19/content_ 7572357. htm。访问日期：2019 年 6 月 9 日。

② ［德］乌尔里希·贝克：《风险社会：新的现代性之路》，张文杰、何博闻译，译林出版社 2018 年版，第 167 页。

③ 马斯洛需求层次理论认为，自我实现的需要是人最高层次的需要，指的是能够发挥个人的能力到最大程度，完成与自己的能力相称的事情的需要。

（二）流程精细布局下的系统控制

在系统理论视角下呈现为分离的流程节点，实际上是审判团队整体工作的组成部分。司法流程的设计应当科学化、精细化，并具备一定的灵活性，以便于进行目标责任分解。故步自封的流程会扼杀创新，丧失应对不确定性的有机反应能力。所以，既要有专门化的分工，同时在责任分工范围上还应有所重叠，以保证团队运转的有机性。每个成员的目标和对大背景的了解都是有局限性的，应对错综复杂局面的团队成员必须全面了解团队境况和总体目标，如此方能对可能的风险作出评估，并明白该如何与队友进行互动。所有的成员都应该对整个团队的目标共同负责，并且清楚为了履行责任应该做什么，以突破个体的有限理性。

（三）风险防控原则下的责任预设

司法人员往往习惯于以完成任务为导向，对司法责任点和司法过程风险点认知不足。与此同时，司法环境的不确定性不断增多，渎职风险、违纪风险、错判风险、泄密风险等叠加，已经无法对其进行精准的事前规划。应当从监控结论到监控流程，形成相对固定的风险分析与责任承担体系。每个团队成员都应当明晰如果一个行为或决策不当，将要承担什么样的责任，诸如法律责任、道德责任、经济责任等等，以促使其在行动前自觉进行风险预判，提高对不确定性的掌控。

（四）分散决策机制下的高效联动

既往的行动逻辑植根于科层式的指挥管理模式中，司法责任制改革将权力管理扁平化，司法行为的逻辑遵循发生了巨大的变革。团队成员应当被赋予更多的事项决策权。“大部分人都希望拥有决定权。假如人们能在某种程度上控制他们所做的事情以及团队的前进方向，那么他们更愿意加入这个团队。”① 团队长也应当更专注于集体智慧的整合，形塑多元主体间的互动协作体系。分散性行使权力背景下，各种因素的彼此依赖度更高，对协同的价值追求更为迫切。应当秉持系统论的理念，提升团队跨界、跨域的合作，实现各个子单元相互协调的、同步的整体平衡。

三、路径：新型审判团队管理方法论的构建

大数据、人工智能等新技术给审判团队的运行和管理带来了机遇和挑战。审判团队的建设与管理必须积极拥抱新技术，创新团队的组织形态，并预设具有前瞻性的运行理念，从而适应快速变化的社会环境。本部分从

① 参见［美］罗杰·费希尔、艾伦·夏普：《横向领导力》，刘清山译，北京联合出版公司2015年版，第24页。

角色设定、目标分解、联动协同、升级能力、构建文化五个核心层面递进式提出新型审判团队管理方法论（图2）。

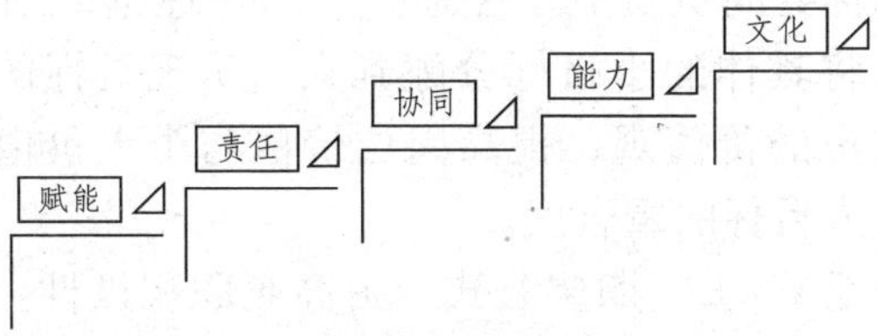

图2　审判团队管理方法论图示

（一）赋能：角色设定，精进团队执行力

1. 员额法官角色的重新设定。员额法官不应再局限于做好自己的事，还要扮演好团队管理者、指挥者、协调者的角色。作为团队的中心，员额法官应当具备驾驭流程和分工的管理能力。要善于掌握团队成员的状态，塑造自己激励他人行动的权威特征。要在面临一个陌生的局面而陷入混乱的情势时，给团队注入清晰的思想。员额法官还应使自己带有一种明确性，善于为团队指明方向，清除团队成员行动上的犹豫不决。从权责一致角度上看，还应当赋予员额法官对团队事务的管理权、团队成员的考核权、团队资源的配置权等。

2. 借鉴“FFS理论”优化资源配置和人力分工。“FFS理论”是日本组织心理学家小林惠智创造的一种“能够充分发挥下属强项，从而提高团队业绩”[①] 的性格分析模型。“FFS理论”的核心理念就是通过五种因素和压力（Five Factors & Stress）来分析人的性格，并据此将团队成员予以灵活组合，发挥出每个人独特的强项，提高团队综合战斗力。也就是说，要结合团队成员或可具有的凝聚性、接纳性、逻辑性、扩展性及适应性特质，优化内部分工，在人员分类管理改革的基础上，实现“帕累托最优”，并进一步深化对同类人员的差异化管理与指导。犹如一个有机体一样，为保证审判团队的有机高效运转，需要同质与异质、主动与被动、理性与感性、机械与创新的恰当结合。

（二）责任：目标分解，形塑司法责任制的微观载体

目标管理（Management by Objective，MBO）的方法为现代管理实践所广泛采用。该种方法着眼于对目标的分解，主张将一个组织的总目标转变成各组织单元的分目标。笔者认为，应当以此为镜鉴，建立起审判团队运行的目标管理法则，激发团队高效能。具体方法如下：

---

① 参见［日］堀之内克彦：《10人以下小团队管理手册》，程雨枫译，北京联合出版公司2017年版，第161页。

1. 化整为零，提高团队目标与个人目标重合度。明确审判团队的总目标，由团队所有成员参与制定目标的分解方案，对总目标进行客观公正的分解，并确立总目标共同负责制。在通过“FFS 理论”对团队成员作出分析评价的基础上，将具体的小目标分配到人，实现目标的精准对接。应当尽力把握每一个成员的价值观，提高岗位价值与个人价值的匹配度，进而扩大团队目标与个人目标的重合度。

2. 运用“$M=\sum V\times E$”期望公式，提高履职积极性。著名心理学家和行为科学家维克托·弗鲁姆认为：“一个人对目标的把握越大，估计达到目标的概率越高，激发起的动力越强烈，积极性也就越大。”[①] 鉴于此，员额法官有责任了解团队成员的个人价值需求，根据成员特质对工作流程进行最优化设计，并对其实现目标的可能性进行测度，采取差别化的激励手段提高队员的积极性（表 2）。

表 2　　期望公式的运用方法

期望公式：$M=\sum V\times E$			
因子	M	V	E
涵义	强度，激发人内部潜力的强度	效价，指达到目标对于满足个人需要的价值	期望值，即能够达到目标的主观概念
团队长职责	激发成员力量 调动成员的积极性	了解成员个性化的价值需求，优化流程设计和职责分工	对实现目标的可能性进行测度，采取差别化的激励手段

3. 设计《核心流程目标分配表》，实现精准目标管理。明晰的流程节点加上责任约束下的目标设定，能够有效地挤压审判团队司法过程的风险，并为科学的绩效考核设计打下基础。以执行实施的流程规范为例，[②]《核心流程目标分配表》可以设计如下表 3：

① 此为维克托·弗鲁姆于 1964 年提出的期望理论（Expectancy theory）的核心思想。参见 https：//baike. baidu. com/item/%E6%9C%9F%E6%9C%9B%E7%90%86%E8%AE%BA/856525？fr = aladdin，访问日期：2019 年 6 月 18 日。

② 笔者在执行局工作多年，执行实施工作的流程节点多达 30 余个。限于篇幅，笔者选择 10 个集约性比较强、责任节点要求比较明确的流程要素设计成核心流程目标分配表，以此说明该种方法的运用。

表3　　执行实施团队核心流程目标分配表

序号		要素	分解事项	任务要求	岗位责任
执行前准备工作	1	信息检查与修改	1. 核查申请标的额、执行依据、当事人信息 2. 法人或其他组织工商信息、法定代表人信息查询与添加	收案当日	身份校验不通过的，立即进行身份信息查询及录入，并在录入后的第二日进行网络查询操作
	2	发出执行通知责令报告财产传唤被执行人	1. 所有新收案件在系统制作执行通知书、报告财产令及财产申报表、传票 2. 立案后10日内发出执行通知书	立案后10日内	由专人将执行通知书、传票、报告财产令在系统制作，打印入卷、发送被执行人
网络查控	3	网络查询	经过“总对总”系统，做“全类别”查询	立案之日起5日内启动	由专人负责网络查询
	4	网络冻结	网络冻结银行、证券、财付通账户等	自反馈之日起2日内	由专人负责网络冻结
	5	网络扣划	网络扣划银行存款、财付通存款等	自冻结之日起30日内完成扣划	由专人负责网络扣划，并将扣划结果及时交给负责案款发还的团队成员
	6	线下查控财产	银行存款、证券、基金、到期债权、收入、车辆、住房公积金等需要现场查扣的，及时进行线下查扣	有效财产线索反馈日期的30日内	1. 由专人负责制作文书，交专人办理。需要通过事项委托办理的，交给专人负责 2. 线下扣划存款、公积金、收入的，将扣划结果交给负责案款发还的团队成员
	7	外出查找被执行人及其财产	根据案件情况调查被执行人的公积金、收益类保险、收入、居住地、生活居住、劳动就业、所在单位、金融理财产品、股权、债权、股息及红利等	终结本次执行程序结案前	1. 外出查找被执行人及查控财产由专人负责 2. 照片、视频、调查笔录的模块录入，由专人负责
惩戒措施	8	纳入失信限制消费	将符合条件的被执行人纳入失信、限制高消费。将文书交由院长签发，并送达被执行人	视情况	各惩戒措施的具体操作由专人负责

续上表

序号		要素	分解事项	任务要求	岗位责任
事项委托	9	事项委托	部分事项需赴异地办理的，可以委托相关异地法院代为办理	根据案件实际情况，及时做	1. 事项委托由专人负责 2. 要跟进结果的反馈，将查控情况录入查封扣押表、将反馈材料入卷，并拍照上传至“执行过程视频”模块
案款收发	10	案款收发	1. 案款进入案款系统之日起5日内，认领案款 2. 具备发放条件之日起一个月内发放 3. 不能及时发放的，说明理由并经执行局局长或主管院领导审批	案款到账之日起30日内发还	案款收发交专人负责

（三）协同：高度联动，加强团队协作力

上下同欲者胜。① 应当将团队打造成为一个精神共同体，谋求其凝聚力和向心力，建立起共同的精神信仰与紧密的情感连接。为此，审判团队应处理好内外两个关系，外部关系包括与其他团队、审判庭、外包承接商等的关系，内部关系则包括团队成员的互相协同及“横向领导”的运用。

1. 内部协同：自主性下“相对占优”的结合。一是使团队的生态系统成为各“相对占优”的结合。“应当充分考虑团队成员的办案能力、知识结构、年龄经历、办案专长等因素，充分发挥每一个团队成员的能力和优势，增强团队成员之间的合作性和契合度。”② 从制度上搭建审判团队子单元之间协作的链条，将每一个成员的作用发挥到最优，并努力消除各成员间的“空隙”，形成“1+1>2”的良性格局。二是决策权的分散性赋予。员额法官是团队的中心，但管理团队应以团队成员的“能量值”为导向，并将部分司法事务计划、决策、行动、风险预警的权力（或职责）赋予团队成员。挖掘“人员分类管理”改革的效能，避免以部分“强势人物”的尺度来衡量团队的成效。三是团队成员之间既需要步调协调一致，也应当实施自我调整。应创造条件让团队中的所有个体都能够进行关键性的思考，避免简单生硬的执行命令，确保无司法判断属性的事务性工作能够在相对自主决策的环境中有效运转。

① 出自《孙子兵法》。

② 马渊杰：《司法责任制下审判团队的制度功能及改革路径》，载《法律适用》2016年第11期。

2. 外部协同：基于分化的高级一体化。在发挥审判团队中枢作用的同时，增进与其他团队或个人之间的跨界、跨域协同，是防控未知风险的重要方面。以强制执行为例，一个复杂的执行现场，不仅需要数个执行团队的紧密联合，更需要与公安、医疗、消防、施工等专业人员协调一致，夯实资源整合机制，从而争取法律效果和社会效果的统一。鉴于此，可从以下两个方面着力：其一，要厘清并塑造审判团队与外部承接人之间的分界线与彼此之间的关系，加强沟通渠道和信息共享机制建设，营造互信氛围，形成多层次的优势互补。其二，要在关联主体之间建构司法事务的“共同认知”，形成以“联合意见”为载体的审判团队“自发智能”。明辨司法场域内的要素及其内在连接点，增强司法过程风险与结果风险的系统性反馈与控制。

3. 横向领导：激励团队成员“参与式”决策权的发挥。团队成员在各自的分工领域各具专业性，也具有较他人更强的工作力，优势的发挥能够一定程度上影响他人。多数成员虽无职权，但其影响他人的能力实质上具有“侧面”领导的特征。按照美国管理学家罗杰·费希尔的“横向领导”理论，为图求高质量的团队合作，“你无须拥有高于同事的权力”，[①] 每一个团队成员都可以通过“参与式”决定和引导贡献自己的力量。具体操作可借助横向领导方法的三个步骤进行辅助，如下图示：

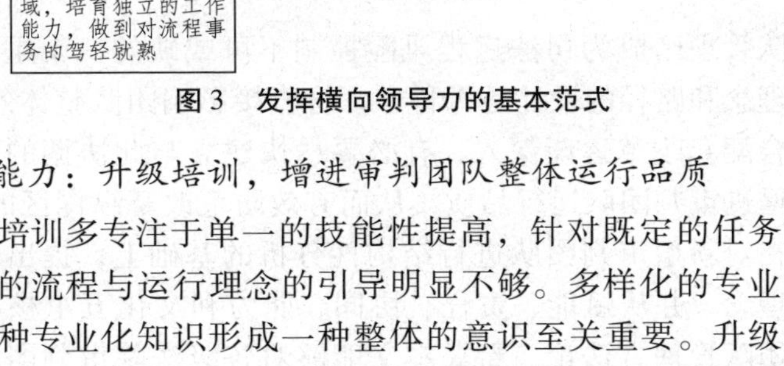

图3　发挥横向领导力的基本范式

（四）能力：升级培训，增进审判团队整体运行品质

既往的培训多专注于单一的技能性提高，针对既定的任务和目标，对团队整体性的流程与运行理念的引导明显不够。多样化的专业能力是必需的，而把各种专业化知识形成一种整体的意识至关重要。升级培训可从以下两个方面着手：其一，以审判团队整体作为培训的基本单元。既往的培训模式多聚焦于个体专业能力的提升，极少对团队的整体性予以关注。审

---

① 参见［美］罗杰·费希尔、艾伦·夏普：《横向领导力》，刘清山译，北京联合出版公司2015年版，第14～32页。

判团队运行中的风险防控需要全体成员的共同参与，应将整个团队作为培训单元，并据此设计培训方案。其二，设计多学科的培训课程体系。除了司法职业技能培训之外，未来的培训课程要更多地注入管理学、心理学、组织行为学、风险控制理论等内容，建构起各学科相融贯的知识体系。

（五）文化：稳定生态，提升团队成员归属感

作为一个微型的组织体，审判团队的文化建设对其良性运转模式的形塑具有不可忽视的作用。笔者认为，应当聚焦于稳定感、信任感、归属感、协作感和责任感等五个着力点，打造圆融的团队文化生态。

1. 稳定团队生态。不稳定性会给延续习惯和承袭传统带来困难，且不易使管理方法成型，同时也会限缩团队成员对团队的忠诚度。新型审判团队组建之后，应当给予其一段生长期，并在经过科学有机的再调控之后，使团队组成保持基本的稳定。

2. 营造归属感。马斯洛需求层次理论认为，人都有一种归属于一个群体的感情需要，也即人都有潜在的情感和归属的需要。归属感有助于团队成员价值感、责任心、忠诚度的生成，也有助于团队整体心智模式的形成。团队长应当发挥领导力，通过描绘愿景、规划路线、增强信念、加强沟通等综合性方略，打造一个团队成员都想要归属其中的团队。

3. 培育文化正能量。高尚的人性需要鼓励和激发，奉行什么样的文化，决定了其责任心的程度。“文化具有规范人的行为的作用”，① 对于团队合作精神的培育和团队成员人格的塑造都具有特殊的功能。要培育协作文化，为团队确立共同的信念、共同的追求、共同的行为准则。要建构信任文化，引导团队成员达致相互尊重、互动分享、坦诚开放的工作氛围。

结　语

审判团队管理已成为司法过程风险控制不可或缺的一个重要内容。审判团队管理理念和路径的设计是否科学，将直接影响团队整体效能的发挥。司法体制综合配套改革逐渐深入，有必要尽快建立与此协调的审判团队管理机制，以增进审判团队运行品质，从而有效防范改革纵深区的各种风险。为此，本文在对新型审判团队进行结构性分析的基础上，提出了审判团队管理遵循的理念，并从赋能、责任、协同、能力和文化五个核心层面初步提出了审判团队管理方法论。希冀本文能够对各级法院审判团队管理机制的建立有所裨益。

① 杨耕：《文化的作用是什么》，载《光明日报》2015年10月14日第13版。

论扁平化审判团队综合配套改革优化管理路径

——基于团队管理的实证研究

陈平狮[*] 杨璐屹[**]

经过三年多的实践积累，我国审判团队已逐步进入改革深化阶段。虽然扁平化管理趋势使得审判庭存在必要性受到冲击，但是与庭务管理相比，扁平化管理根基未深。进一步而言，其在框架搭建、思想理念、现实基础及管理机制上仍处于摸索阶段，不具备独立运行及广泛推广的条件。因此，审判庭和审判团队并存在一定程度上倚重传统管理方式仍然是当下不得已又不得不为的矛盾选择，据此而产生的管理脱节等问题直接影响着审判团队效用的发挥。如何基于现实条件快速构建行之有效又符合扁平化管理特征的团队管理体系，填补审判团队管理理论的空白，较为理想地发挥审判团队在提速增效上的作用成为司法审判亟待解决之要。

立足于当下新形势新问题，团队扁平化管理如果另起炉灶必然独木难支。因此，只有将其与已推行的员额制、司法责任制等多项改革合而构思，从综合配套改革的有关方面切入，吸纳择选符合司改规律和现实条件的实践经验，优化搭建有别于传统庭务管理的模式方为妥帖之举。本文评析与审判团队管理对应的思想、机制、权限、人才等多个维度短板，从实操层面融合员额制、司法责任制等制度的思想精要，对既有人力资源优化配置、组成方式折中适用、组织更替位阶排序、团队责任分工分解和成员差异化养成等配套管理举措进行探讨和改良，以期能够以最小化资源投入和时间成本构建立行立用地发挥司改红利的扁平化管理体系，进一步推动综合配套改革的稳步向前发展。

一、问题检视：中基层法院审判团队扁平化管理模式实证分析

本文以×市两级法院审判团队扁平化管理改革实践的实证统计数据分

---

* 作者单位：福建省厦门市中级人民法院。

** 作者单位：福建省厦门市中级人民法院。

析为研究样本，[①] 通过实证分析对比挖掘审判团队数据的显著差异的具有代表性的数据，进一步考究其映射出的管理浅表问题。

（一）不同人员工作量增幅对比：倒挂严重

为保证对比的严谨性，选取同一个审判庭中不同类型的人员工作情况进行对比。[②] 7 位法官中 5 位结案数据明显上升，两位略微下降，但是总量上仍保持大幅上升趋势，平均增长率为 24.83%。

表 1　员额法官扁平化管理后数据对比

		法官 1	法官 2	法官 3	法官 4	法官 5	法官 6	法官 7
新型团队成立前	2017 年结案	110	134	120	91	215	228	154
新型团队成立后	2018 年结案	181	199	178	99	194	220	180
增长率		64.55%	45.51%	48.33%	8.79%	-9.77%	-3.51%	16.88%

从运行审判团队后，虽然有新人加入团队，但绝大部分的书记员工作量上涨幅度显著，涨幅最大的超过 400%。与之正相关的归档率变化不大，但是趋势向好。

表 2　书记员扁平化管理后案件数据对比表

书记员个人归档情况	2018 年度				2017 年度				2016 年度			
	案件总数	已结未归数	已归件数	归档率	案件总数	已结未归数	已归件数	归档率	案件总数	已结未归数	已归件数	归档率
书记员 1	161	55	106	65.84%	114	42	72	63.16%	—	—	—	—
书记员 2	404	103	301	74.50%	69	20	49	71.01%	—	—	—	—
书记员 3	291	132	159	54.64%	55	15	40	72.73%	—	—	—	—
书记员 4	334	91	243	72.75%	86	10	76	88.37%	—	—	—	—
书记员 5	353	130	223	63.17%	298	68	230	77.18%	117	77	40	34.19%

对比以往"一审一书"（一审判员一书记员）的配对模式，审判团队配置到位确能使法官能够腾出手来处理案件的核心工作，起到提速增效的效果。但是法官与书记员的结案数据增幅倒挂严重，法官对于审判团队工作

---

① 下文实证分析中数据除特别标注外，均引自×市两级法院的审判管理系统，引用数据时间段为 2015 年 1 月 1 日至 2018 年 12 月 31 日。

② 已剔除非正常原因波动数据，数据选取审判团队常态化运作后的 2017 年及 2018 年进行对比研究。

掣肘较为明显。若不能让智识性事务高速度运作或是合理分担，则审判团队运作的效果不大，且当下多数法院采取的大量购买社会服务及投入聘用制人员反而使辅助人员队伍管理更加困难。

（二）不同资历员额法官工作成效对比：能力分化

由于领导人不同将对团队的整体产生深刻影响，根据前文中法官结案数据绘制如下增长率曲线图及拟合曲线进行修正，以减少个别样本对增长率的过度影响。

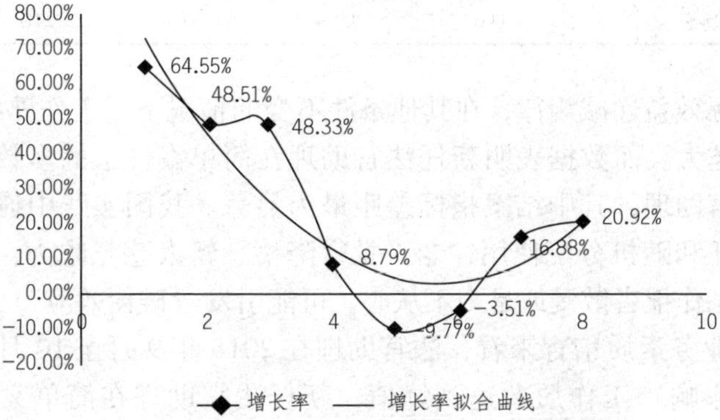

图1　员额法官工作成效横向对比曲线图

员额法官专业水平已经大体相当，但是团队成果表现出非正态分布差异较不合理。结合前文分析，个体非审判能力掣肘已经一目了然。对于员额法官能力的评价应置于审判团队之中把非审判因素接纳，否则沿用传统考核指标将会打击团队积极性，逐步带偏团队运作模式。

进一步来看，图中增幅较大的3位法官平均年纪为44.8岁，优于后几位法官平均年纪48.25岁。年轻法官对于审判团队协作采取更为开放的姿态，且与审判辅助人员情感联系更为紧密，在团队合作中沟通效果更好，因此即便在审判资历较浅的情况下，表现仍然更为优异。

（三）不同来源法官助理工作成效对比：旧不敌新

由于法官助理的能力素质不一，本文选取了基层法院A[①]的法官助理并按两类来源进行对比。[②]

① 基层法院A2017年形成了法官助理与书记员配对的9个诉调团队，法官助理的作用可较好地独立分析。

② 数据来源于该基层法院审判管理系统及手工统计汇总表，引用数据时间段为2017年9月至2019年4月。

时间阶段	法官助理类型	人数	收案数（新收）/月/人	撤诉案件数/月/人	撤诉案件占比	形成调查报告案件数/月/人	撰写裁判文书数量/月/人
2017. 9 ~ 2018. 4	新任	7	46. 84	10. 66	22. 76%	17. 66	6. 45
2018. 5 ~ 2018. 9	助审转任	1	17. 80	7. 80	43. 82%	5. 60	1. 00
	新任	7	51. 11	23. 60	46. 17%	22. 26	7. 69
2018. 10 ~ 2019. 4	助审转任	2	27. 86	11. 29	40. 52%	9. 57	0. 43
	新任	7	41. 65	18. 04	43. 31%	28. 10	6. 61

根据边际效益递减规律，在其他条件不变的情况下，工作熟练程度越高，则价值产出越大。而数据表明新任法官助理在简单案件上的多数指标均优于助审转任法官助理，其中结案指标差距最为显著。我国实践中通常将法官助理无差别转任和随机分配使用，老人觉得降格、新人感觉吃力，致使外部评价法官助理工作拖沓散漫或是力不从心，可能引发“破窗效应”。

从人员业务素质培育来看，法官助理在2018年9月至10月（基本可排除年底清案影响）工作质效达到峰值，新任法官助理在简单案件上工作最大负荷值和工作熟练程度平台期大约出现在一年的时间节点上，可为新任法官助理的培养提供时间节点参考。

（四）不同职责法官助理工作成效对比：差异明显

根据木桶效应，法官助理在审判团队中起到的是承上启下的桥梁和案件审判实质辅助的作用。本文根据法官助理①工作内容不同抽取了不同审判团队的样本进行对比。②

① 第一类，专职法官助理，专门从事助理工作。第二类，兼职法官助理，以书记员及法官助理双重身份参与案件全过程办理。第三类，法官助理担任书记员。

② 数据系从不同民事审判部门资历相同的法官助理中抽取，并用权重系数对案件难易等情况进行数据校正。权重系数的有关数据引自《关于实施案件权重系数的指导意见》和《福建法院案件权重系数值表（试行）（第一版）》。

表 3　　职责不同的法官助理案件数据对比表

2018 年度	法官助理分类					
	组 1		组 2		组 3	
	法官助理任书记员		法官助理兼任书记员		法官助理	
	L	G	Z	J	Y	R
参与案件的收案数	212	206	205	211	370	310
收案权重调整	1887.55	1837.87	1764.1	1871.12	3320.24	2759.57
参与案件的结案数	210	207	207	207	345	301
结案权重调整	1902.6	1845.29	1788.28	1842.65	3098.12	2802.92
案件平均审理天数	73.21	63.21	55.19	69.2	66.82	62.6

通过对比权重系数调整后的数据可以发现组 1 的结果略优于组 2，职责交叉时法官助理履职成效较弱。

而当组 3 的法官助理从烦琐的事务性工作解脱出来后，平均收结案数量都明显优于前两组，参与案件的两项增幅较为令人满意。因此，对法官助理的作用发挥应该考虑是否合理分工和定位为前提。

	组 3 对比组 1	组 3 对比组 2
收案数	62.68%	63.46%
收案权重调整结果	63.20%	67.25%
结案数	54.92%	56.04%
结案权重调整结果	57.45%	62.52%

（五）案件审判效率对比：不提反滞

程序性事务的工作效率是团队审判效率的牛鼻子，以基层法院 H 的民事审判庭[①]为样本，从案件平均审理时长折射出工作效率：

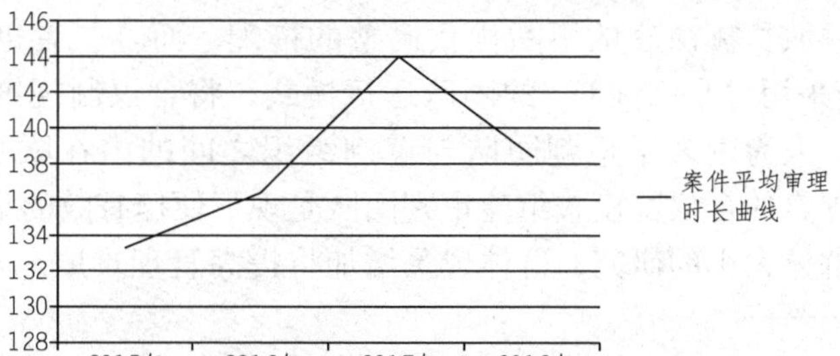

图 2　民事审判庭案件平均审理时长趋势图

① H 法院从 2016 年开始实行审判团队制度，民事审判业务庭的审判团队负责普通案件审判。

从平均案件审理时长来看，团队管理监督优势并没有体现，程序性事务集约处理效应输出效果较弱，该组数据趋势也同该地中级人民相似。该市法院审判团队组建时间基本在2017年后，在磨合期效率下降也是意料之内。团队成熟需要符合管理学组织理论有关的客观规律，若动辄重组，团队不可避免地长期处于组建初期，最终影响对审判团队效用的客观评价。

二、路径探讨：中级、基层法院审判团队扁平化管理人本内核的管理体系路径改良

扁平化管理需要遵循司法改革的基本规律和法律的基本原则。当下，比较稳妥的办法是认真总结实践的成功经验，反思既有问题及不周延之处，对现实条件进行改良。

（一）确立司法公平公正的核心价值

司法公平公正包括了实体公正和程序公正，二者共同构成司法改革成功与否最首要的判断标准。审判团队的管理体系应是以实现法律思维及公众思维认知一致的司法公平公正核心价值为基础建立起来的架构，才能与尊重司法体制改革规律、员额制及司法责任制在理论层面上更恰当和充分的融合。

在具体操作上，审判团队管理是一个系统工程，必然是集合了管理学、法学、统计学、人力资源管理、心理学等等多种学科内容的应用集大成。因此，扁平化管理应该秉持为我所用的原则，以司法公平公正为核心理论基础及逻辑起点推进审判团队管理的孕育和发展，对各理论在吸纳和细节规划层面上加以鉴别和选择，以达到管理体系形神兼备的效果。

（二）配置分级优化、幅宽限制选择

审判团队最先面临的就是人力资源配置的问题，一定要着眼于团队的"内卷化"[①] 而差异配置。

1. 中级法院审判团队优化配置路径。合议庭的设置已是在现实条件下的相同专业领域员额法官的不断优化调整的搭配，而且二者也具有天然的契合性。"若采用'1+1+1'的团队运行模式，将合议制规则置于团队运行管理之外，人为割裂了审判团队与审判组织之间的内在联系。"[②] 因此，参照以相对固定的合议庭模式组建审判团队是现下便捷有效的举措。

根据对群体大小的研究，群体成员增加将提高管理难度，其中，"人数

---

① 内卷化，是指系统在外部扩张条件受到严格限定的条件下，内部不断精细化和复杂化的过程。郭继强：《"内卷化"概念新理解》，载《社会学研究》2007年第3期。

② 伍涛、丁少芃、张春城：《中级法院审判团队正规化标准化建设》，载《人民司法（应用）》2019年第19期。

少于5人的群体成员参与较高，人数多于7人的群体容易分裂成小群体”，[①]团队负责人与审判长的沟通内耗将增加。按照有限幅度原则，一个团队内没有必要设置两个或两个以上的合议庭。有学者建议可以有3人以上法官组成团队，[②]以灵活应对角色缺位的问题。该种设计的合理性在于形成了分为独任庭、合为合议庭的工作格局，但在以合议庭为主的中级人民法院适用有限。人员临时缺位并不是工作常态，如此设计反而增加了合议庭的交叉构建的难度。故审判团队法官人数仍以3人固定搭配为宜，在审判辅助人员有限的情况下，配备辅助人员数最好控制在4人以内；即便按照理想比例测算，审判团队总人数不得多于9人。整体团队人员结构形成沙漏状，可先形成书记员同员额法官的固定搭配，并让专业化水平较高的法官助理同时服务于整个团队。

2. 基层法院审判团队优化配置路径。占基层法院80%的简单案件具有程序事务多、智识性工作少的特点，也就决定了需“完善不同层级法院审判辅助人员的配备模式和标准”。[③]结合前文分析数据，在简单案件审判中可以采用1+N+M模式（N大于等于2人，M大于N），以最低配法官数、中配法官助理数、高配书记员数来平衡团队效率和人力制约两者的关系。

普通案件的审判核心是事实认定、法律适用等实质性工作。基层法院基本是1名法官和人民陪审员组成合议庭，法官对于事实认定以外的权力较为集中且自由裁量权过大。建议选取专业程度较强的法官助理组成团队，采用合作式模式，在团队内部建立良性辅助和牵制手段。对于必须适用法官三人以上合议的复杂疑难案件，法官助理发挥的作用较为有限，可直接将1+N+N的团队进行组合或组建3+1+3配置的审判团队，发挥法官助理辅助事务集约化推进功能。

（三）组织结构双模块管理机制适用

审判团队的组成方式和寿命都是外部对于团队管理的强势制度介入，也是团队方开始自转的刚性外部条件。

1. 组成方式的修正适用——建立相对随机+多因素名单库。团队组成应建立在灵活高效精干的原则上，基于风险防范角度加以改良。可以尝试采用“相对随机+多元因素名单库”的办法，即形成不同审判领域并辅以法官管理风格、审判风格、人员资历等多种因素为参考的新型团队人员名库，定期根据人员名库的数据进行优化选择搭配。此种模式能够克服全员随机和审判庭内有限随机的弊端，并不会影响案件审判的专业性，又能实现公平与效率的中位取值。

---

① 李武、席酉民、成思危：《群体决策过程组织研究述评》，载《管理科学学报》2002年第4期。

② 赵瑞罡：《司法改革背景下合议制度研究》，法律出版社2018年版，第156页。

③ 引自《人民法院第五个五年改革纲要（2019—2023）》。

2. 卡兹曲线理论拓展适用——组织更替的排序位阶。卡兹曲线[1]研究表明，组织的最佳年龄区为1.5~5年，成就最高；而0~1.5年期间，成员间处于磨合期，成就一般；超过5年就会出现组织老化，需通过人员更替获得新动力。[2] 而人员流动间隔应大于2年，该期限是适应环境变化的下限。[3] 此研究对于审判团队寿命和更替提供重要参考。审判团队重组应该以适应性和稳定性为构建原则，确定更换频率以保持稳定性，必要时可以按照团队成熟程度和外部效益进行排位顺序，组织更新，以保障审判团队的适应性。

（四）运行多元化配套机制构建

审判团队作为人的集合体，应重视并引导个体与团队管理的双向作用发挥，从选人、育人、用人、管人方面建立机制制度约束，促使团队管理能实现“长、常”地人合、事合、权合的运行闭环。

1. 探索学科交叉融合的审判团队负责人培养体系。在1+N+N团队的负责人由独任法官担任的争议不大，而3+N+N团队的负责人则与审判长的身份未必重合。团队负责人承载了价值引领[4]、行政事务管理、辅助人员分配、培养新人和养成法官等功能附加，故进行推荐或考察择贤居之较为稳妥，不论是实践中直接任命和选任都是可以参考的方法。

当下员额法官的管理本领不足的情况较为普遍，提高培训管理技能成为首要切入点。建立较为完善教育培训体系，除五五改革纲要中的扩展内容外，也应重点引入其他有关学科的内容，全面提升法官管理水平和管理效果，为审判团队负责人的竞争选任提供基础。

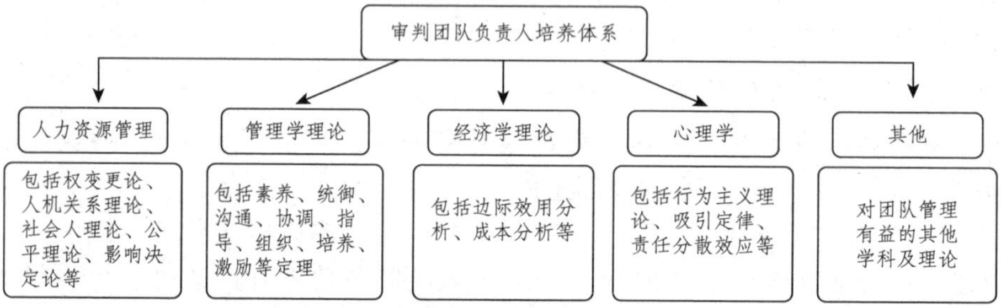

图3 审判团队负责人培养体系

① 美国学者卡兹对组织寿命通过大量调查统计后建立了企业组织寿命学说，并绘制了卡兹曲线。该曲线涉及组织寿命长短、组织内协调及获得成就的三个因素，从保持组织活力的角度，确定组织最佳年龄及流动下限时间，对于组织管理具有重要参考意义。

② 孙和义：《领导者人气的最佳选择——从“卡兹曲线”引发的思考》，载《决策借鉴》2000年第4期。

③ 参见百度百科 http://baike.so.com/doc/119239-125910.html，最后访问时间：2019年8月20日。

④ 何帆：《“审判团队”会替代审判庭么?》，载 http://chuansongme.com/n/733115143273，访问日期：2019年6月20日。

2. 形成法官助理渐进式培训方式。法官助理队伍设置准入门槛应是助理培养的前置关口，也是培训的初级阶段。对于新入职人员，只能任命为书记员并经过缓冲考察期确定合格后，方能进入法官助理梯队。

在培训中级阶段，着重强化其调解、资料收集、证据整理、当事人应对等能力，更为适宜先在简单案件中进行磨砺，业务培训及轮岗承担普通案件的时间下限为1年。

进入培训高级阶段，法官助理处理普通案件时的培养模式宜采取带教制，逐步迈入合作制培养模式。培育方式上需注重利用法官助理分类管理的序列等级做好激励，使得法理能力同其序列等级相称，不断深化培训高级阶段的内核和作用时效。

3. 建立四位一体的团队分工及责任分解清单。因法官及书记员的职责已经基本固定，为建立行之有效的事责统一、职能和谐的团队，需进一步梳理团队负责人及法官助理的职责范围，形成负责人、法官、法官助理和书记员四位一体的职能分工和责任分解清单。

赋予团队负责人管理权限的讨论实质上就是“实行法院司法行政事务管理权和审判权的相对分离”① 的具体化，但是此种赋权应以新型审判运行机制为分界线和高压线，最终服务于彻底落实“让审理者裁判”的改革措施，起码应该具有表4所列举的职能才能较好地发挥管理作用。

表4　　团队负责人工作职责清单

职责大类	具体细化
团队管理	包括工作规划、任务目标确定、人员管理调度考核、团队分工、工作流程衔接及人员培训教育等工作
审判流程管理	对案件排期、开庭、归档、文书公开等事务性工作进行管理；对案件合议、文书撰写签发、提请审委会审议等工作进行督促和跟踪
辅助性工作管理	集约分配、管理辅助人员送达、打印、装订、盖章、移卷等辅助工作
行政事务管理	协调、管理、分配团队内行政事务，协助院庭长落实本院各项部署工作等
审判质效监督	组织统筹协调大要、疑难案件的投入；针对抓好收结案等关键指标；协助团队绩效考核等
其他事务	负责团队外部协调、应急事项处置及其他团队内统筹、协调、管理、监督工作

根据最高人民法院在《人民法院法官助理管理办法（征求意见稿）》中

① 引自《人民法院第四个五年改革纲要（2014—2018）》。

列明的法官助理的职责，[①] 可根据职责的性质和对外影响两个方面进行分工及责任派解，将法官助理在法官指导下开展智识性审判活动的共同责任和个人责任区分开来，以人定职、以事定责（见表5）。

表5　　法官助理工作职责及责任承担分解表

职责分类	影响范围	职责内容	承担原则
知识性含量较高	内部交流沟通	（1）（9）（11）	法官享有决定权，因此法官承担责任
	对外产生影响	（2）（3）（6）（7）（8）	由于此部分工作决定权在法官，而法官助理的实施且会直接对外产生影响，因此决定有误的责任由法官承担，实施有误的则由法官助理负责，法官负有监督职责
知识性含量较低	对外产生影响	（4）（5）	实践中此部分工作由法官助理实施，法官介入较少，因此法官助理应承担责任，法官负有监督职责
不明确		（10）（12）	待定

对于程序性、事务性的工作第一顺位交由书记员处理，确需法官助理承担书记员之责时，法官助理与书记员工作宜以个案进行划分，工作内容相对独立，责任由经办人员承担，法官负有监督检查之责。

4. 设置“达标+涨幅”的团队管理考评指标体系。团队管理的必须发挥绩效考核的指挥棒作用，更需要制定以审判团队为主体的考核方式。此种考核需要建立科学的评价体系，如福建等地区已经进行了案件量化的有益尝试，在此基础上可根据案件类型不同和个案特殊情况进一步调整案件量化指数，确定换算标准，对团队评价进行数值测算对比。

团队考核上，可仿制企业管理的方式充分运用激励理论，设置“达标+涨幅”的指标体系。即根据法官办案的平均值按法官助理数进行加成，加成数量可根据法官助理案件增幅和法官增幅的平均值幅度取值，进而确定一个合理的基础值，体现人员配置应该倒逼案件审判工作量的要求；再根据团队处于磨合期或成熟期采用不同的系数确定达标值，涨幅度大小作为考核团队管理好坏的衡量依据，对于考核位列前茅的团队绩效待人员补充

① 法官助理具体职责为：（1）审查诉讼材料，提出诉讼争执要点，归纳、摘录证据；（2）庭前组织交换证据；（3）代表法官主持庭前调解，达成调解协议的，须经法官审核确认；（4）办理承担法律援助义务的律师担任辩护人或者指定法定代理人代为诉讼的有关事宜；（5）接待案件当事人、代理人、辩护人的来访和查阅案卷材料；（6）依法调查、收集、核对有关证据；（7）办理委托鉴定、评估、审计等事宜；（8）协助法官采取诉讼保全措施；（9）准备与案件审理相关的参考性资料；（10）办理案件管理的有关事务；（11）根据法官的授意草拟法律文书；（12）完成法官交办的其他与审判业务相关的辅助性工作。

时予以优先分配，发挥管理价值导向的作用，将团队差异合理地拉开拉大，形成管好多得、多劳多得的分配格局。

结 语

不论是学界还是实践界均缺乏对于扁平化团队管理的研究，与审判团队之于管理的迫切需求对比，构成了论文立题的基础。审判团队管理的复杂性、多因性决定了其是管理学、法学、统计学、司改规律在审判工作中的运用集大成，其发展必然要经历从空白到齐备、从简单到复杂、由实践到机制的嬗变过程。本文确立司法公平公正的大方向和衡量标准，吸收借鉴管理学组织设计中的能够实现实体公正和程序公正的有关原则并辅以各项交叉学科理论评估影响，对配置、运行和组织进行有针对性的架构设计。采用改良办法从外部框架构建和内部运行机制两个路径进行探讨，设置“扁平化管理、人员分类管理及司法责任制”切面契合、“审判事务、审判辅助事务与行政事务”分集权合理、“配置、组织、运行”运作流畅的三个一体化的运行机制。但囿于现实基础和发展需要，具有中国特色的审判团队管理模式需在改革实践、理论探究和建章立制的同步推进基础上逐步累积而成，并且通过配套改革的继续深化实践带动其理论支点和设计原则的循环验证和不断完善。但只有在现实语境下去反复梳理、归纳、优化经验做法，并进行大胆的创设和创新，才能使先天不足的扁平化管理和综合配套改革在不断拔高的层面上进行更好地配置和结合，形成现实条件制约下的具有普遍复制和推广使用之可能的机制和制度，实现在案多人少的背景下效率和公平公正同等输出的应用效果，使得司法改革中特色的扁平化管理更加形神兼备，更加具有中国道路自信的张力。

如何集思广益：法官会议讨论规则的优化路径

——以商谈理论为分析视角

谢春晖* 张剑文**

引 言

关于法官会议的论著主要集中于如下主题：一是探讨法官会议的职能定位；二是理顺法官会议与审委会的程序衔接；三是从人员选定、召集程序、发言顺序等环节全方位构建议事规则。上述论著很好地从组织视角回应了法官如何“集思”，但甚少从行为视角去解决讨论什么、怎样讨论的问题，应以讨论规则对讨论行为的规范为径，实现自由、充分、实质的讨论，才能产生智慧融合的“广益”效果。法官会议的根本定位是议事指导，而非决策断案。① 其作用不应限于对某种裁判意见进行观点加持，更要提供论证支撑，增强结论的可接受性。但从运行实践来看，评议不专、发言不畅、交流不深痼疾仍存，集体讨论有从“论述题”异化为“简答题”、甚至是“选择题”之忧。本文试图将商谈理论嵌入讨论过程，围绕论题解构与聚焦、发言规则完善、论辩环节设计等关键问题，探究讨论规则的优化路径，最大限度发挥议事指导功能，提高法院防范化解同案异判风险的能力水平。

一、现状管窥：法官会议讨论规则的实证考察

2018 年 11 月，最高人民法院出台《关于健全完善人民法院主审法官会议工作机制的指导意见（试行）》（以下简称《指导意见》），对法官会议的职能定位、发言顺序等问题作出指引，但对讨论规则未予细化。现从制度

* 作者单位：广东省广州市越秀区人民法院。

** 作者单位：广东省广州市白云区人民法院。

① 主审法官会议是与专业法官会议、法官联席会议，审判者联席会议类似的工作机制，没必要强求名称统一，故本文对此类会议工作机制不再细分，统称法官会议。参见《健全完善主审法官会议机制提升司法裁判质量——最高人民法院司改办负责人答记者问》，载 http：//www. court. gov. cn/zixun－xiangqing－137061. html，最后访问时间：2019 年 6 月 1 日。

设计、运行境遇、法官认同等方面检视各地法官会议的讨论实践。

（一）制度比较：基于五家法院现行规则的审视

按照东中西地理划分，笔者选取建制较早、运行成熟的五家法院进行制度比较，了解各地讨论规则的探索实践（表1）。

表1　　五家法院讨论规则比较

	讨论范围	材料准备	发言顺序	发言要求	意见输出
广东高院	1. 合议庭重大分歧 2. 类案可能冲突 3. 关联案件需统一尺度 4. 存在其他需要讨论情形	1. 简要案情 2. 法律适用问题 3. 合议庭意见 4. 其他问题	1. 承办法官 2. 合议庭成员 3. 参会人员 4. 主持人 5. 表决意见	1. 秉持独立、公正和客观 2. 充分说明理由 3. 提出相应法律依据	1. 主持人归纳总结 2. 必要时组织表决
深圳中院	1. 提交审委会讨论案件 2. 特定结果案件 3. 特定情形案件 4. 法律适用类案件 5. 院庭领导认为应提交案件 6. 与审判执行管理有关事项	1. 争议焦点 2. 合议庭意见 3. 指导案例 4. 学术实务观点 5. 类案参考	1. 承办法官 2. 参会人员询问 3. 所在合议庭审判长 4. 其他法官 5. 其他审判长 6. 庭长 7. 副院长 8. 主持人归纳	围绕焦点深入展开探讨	1. 不进行表决 2. 主持人归纳总结 3. 会议纪要定期公示
河南高院	1. 合议庭较大分歧 2. 疑难复杂案件 3. 类案冲突案件 4. 涉不同领域重大敏感案件 5. 其他需要提交讨论案件	相关材料	1. 承办法官 2. 合议庭成员 3. 参会人员按法官等级和资历由低到高 4. 主持人 5. 归纳意见	充分讨论争议问题	主持人归纳总结
郑州中院	1. 合议庭较大分歧 2. 疑难复杂案件 3. 类案冲突案件 4. 涉群体性纠纷 5. 院领导决定提交讨论案件 6. 提交审委会讨论案件	1. 审理报告 2. 合议庭意见	1. 承办法官 2. 合议庭成员 3. 参会人员 4. 主持人归纳	1. 可提出原则性、方向性意见 2. 可提出需注意事项	主持人归纳总结

续上表

	讨论范围	材料准备	发言顺序	发言要求	意见输出
陕西高院	1. 涉及群体性纠纷 2. 类案裁判可能冲突 3. 疑难复杂案件 4. 反映存在违法行为	相关材料	1. 承办法官 2. 参会人员 3. 归纳意见	1. 独立公正、不受干扰 2. 明确发表意见 3. 充分说明理由 4. 提出依据	1. 不进行表决 2. 主持人归纳总结 3. 发布参阅案例或总结裁判规则

1. 议题清单界定不明。五家法院主要从案件类型去界定讨论范围，未能从事实问题和法律问题的区分角度去明确案件中哪些议题可交付讨论，导致实践中既出现纠缠于事实问题的低效讨论，也出现参会法官以“相关问题由合议庭把握”为由拒绝发言或在假定某种事实存在下发表意见的无效讨论，制约会议议事指导功能的发挥。

2. 材料准备指引欠缺。深圳中院要求承办法官会前准备指导案例、学术实务观点等五类材料，其余法院仅要求准备合议庭意见、审理报告或相关材料。相关材料指向不明，无法指引承办法官提供全面的决策辅助信息，影响参会法官多角度判断纠纷实质、开展针对性讨论，更遑论兼顾案件现实背景、司法风险防范等现实问题。

3. 发言规则简单粗放。一是发言层次简单。五家法院仅规定发言顺序，未涉及如何保障交流机会、如何拓展论辩层次，容易导致“抢先发言”的强势意见和“观望发言”的消极意见同步出现，影响讨论充分性。二是言辞规范缺失。除广东高院和陕西高院在原则立场、事实理由等方面提出简单发言要求外，其余三家法院并未对发言依据、方式及限制作出指引，可能使部分参会法官疏于发言准备，或发表无法律依据的个人见解，降低其意见的参考价值。三是发言礼仪缺位。五家法院均未对参会法官的言谈举止进行约束，容易发生发言打断、言语压制与攻击等情况。

4. 意见输出指引阙如。五家法院均要求总结归纳法官会议意见，但也仅提出裁判规则、会议纪要等总结方式，未明确总结内容应包含哪些要素，导致实践中出现“同意合议庭意见 + 裁判结论”的简单总结，未能实现集体智慧的规则转化。应将法官的思考论证过程予以提炼，阐释内在法理，才能帮助其他法官理解裁判背后的理论逻辑和现实考量，提高参考适用的准确性。

（二）运行评价：基于50份法官会议记录的分析

笔者选取G市中院民商事审判部门2018年的50份法官会议记录作为样本，分析发现法官会议运行中仍存在一定程度的形式化倾向（图1）。

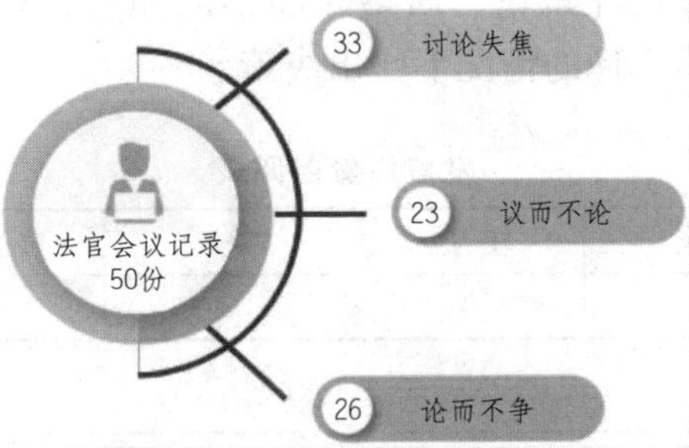

图 1　法官会议记录问题构成图

1. 讨论失焦现象明显。33 份会议记录将议题概括为“某某的诉讼请求能否支持”“某某是否应当承担责任”，并未将议题解构为法律适用问题，导致讨论焦点离散，部分法官仅从“保护债权人利益”“充分考虑群体诉求”“信访压力大”的角度提出意见，偏离以法律思维解决法律问题的论证逻辑。同时，多数会议记录中以“同意合议庭意见 + 判决内容”的方式输出讨论结果，未总结法律适用意见，有代替审理者裁判之嫌。

2. 议而不论情况常存。23 份会议记录存在参会法官以“同意合议庭多数/少数意见”或复述合议庭意见的形式发表意见，未陈述法律依据和事实理由。其中 6 份会议记录出现部分参会法官未发表任何个人意见，仅对参会集体形成的不同观点进行表决。多数年轻法官在资深法官发言后附和。虽然就提升讨论效率而言，相同理由不应重复，但发言者的思考理应独立、慎断，不断拓宽论证视角，为合议庭提供更多的理据支持。

3. 论而不争屡屡出现。从交流内容来看，大部分讨论仅集中于对案件事实的询问与回应，在议题的论证过程中较少出现观点交锋。从发言方式看，26 份记录存在独白式发言，参会者既未相互进行观点质疑，亦未在听取他人观点后，补强发言理据。从主持人引导来看，仅有 9 份记录显示主持人归纳争点并询问各方有无补充意见，而所有记录中主持人均未通过主动发问、分配论证责任等方式引导各方辩论。

（三）问卷分析：基于 30 位参会法官心理的描摹

笔者随机向 G 市中院 30 位参会法官发出调查问卷，分发言质量、讨论质效、运行效果三部分了解其参会体验，现将有关情况分析如下：

1. 发言质量自评较差。73% 的受访者未满意自身的发言质量（表 2）。关于为何发言质量不理想（图 2），多数受访者选择“发言自由受限”“观点陈述不充分”。对于发言自由受限的原因（图 3），受访者表示“发言曾被打断”“受到观点压制”等。问及为何“观点陈述不充分”，多数受访者提出“交流修正机会不足”（图 4）。可见，发言自由受限、意见陈述不充分制约了发言质量的提升。自由发言是参会法官真诚、全面表达观点的前提，而观点只有通过相互辩论、质疑才能不断完善、补强，使参会集体在比较、评估所有可用选择的情况下作出决策。

表 2　　发言质量自评表　　（单位：人）

满意程度	满意	较满意	一般	较不满意	不满意
人数	4	4	8	6	8

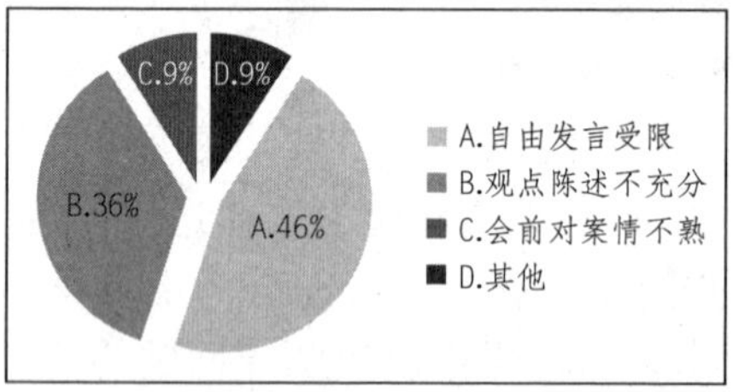

图 2　发言质量不理想原因构成图

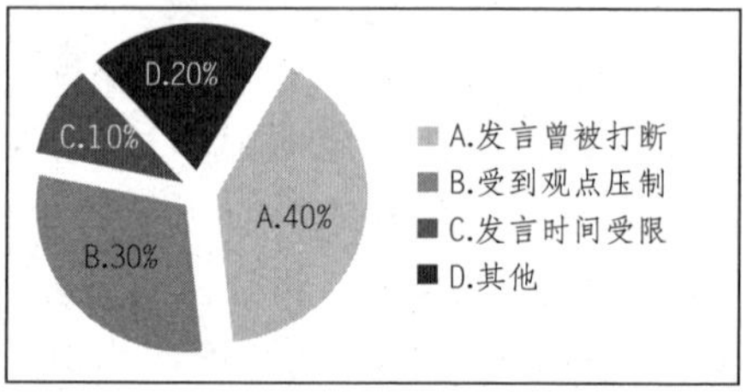

图 3　发言自由受限原因图

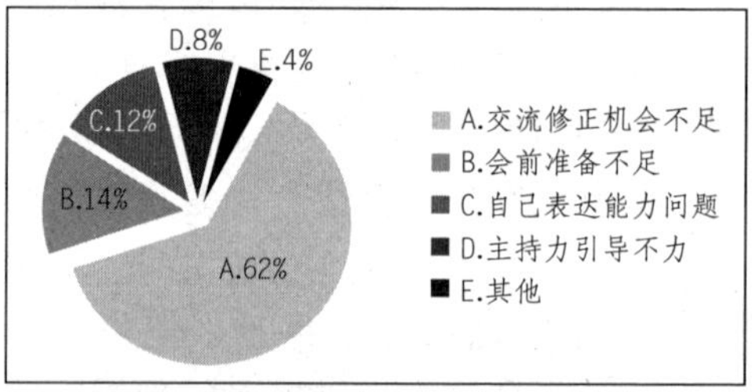

图 4　观点陈述不充分原因构成图

2. 讨论质效尚待提高。90% 的受访者认为现行法官会议的讨论质效仍存在提升空间。对于哪些环节可加强（图 5），受访者主要选择“材料准备”和“观点辩论”。问及哪些材料准备不足，受访者较多提出“判例情况”“类案及关联案件审理情况”。对于如何加强辩论环节（图 6），41% 的受访者选择“建立辩论规则”、29% 的受访者选择“明确辩论焦点”。可见，多数参会法官希望将讨论视域由个案事实扩展为类案情况，并期望通过优化辩论规则，拓宽论辩纵深层次，满足类案参考需求。

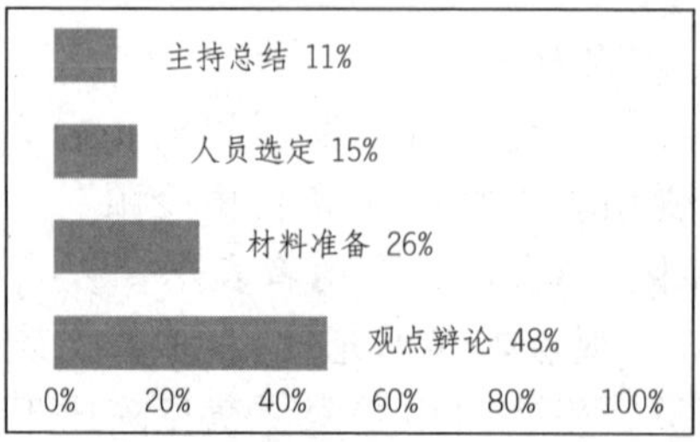

图 5　哪些讨论环节可加强

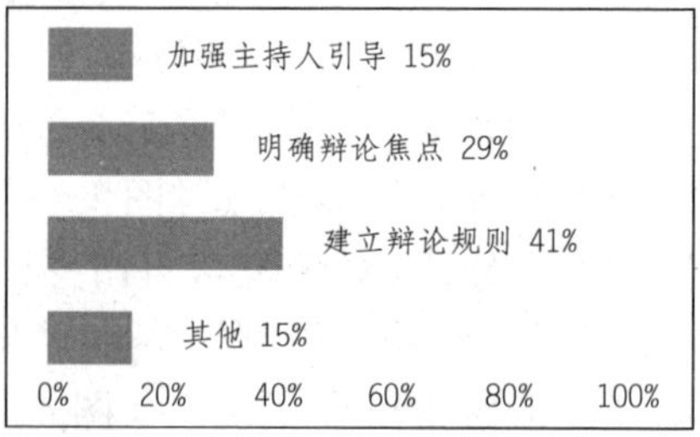

图 6　加强辩论措施建议统计

3. 运行效果不如预期。在遇到法律适用疑难时，73% 的受访者倾向私下咨询，只有 27% 的受访者倾向将案件提交法官会议讨论。同时，法官会议不同职能出现评价分化，个案咨询效果大大优于类案参考效果（表 3）。对于制约个案咨询作用的原因（图 7），受访者主要提出“未能得到事实认定方面的帮助”“未能提供充分的论证支持”。可见，为认定案件事实提供指导，仍是多数法官的“上会”预期。考察影响类案参考效果的因素（图 8），41% 的受访者选择“未能整理成规则指引”、23% 的受访者选择“意见仅有参考效力”。如何在满足个案咨询之余延伸对类案的指引效应，关乎法官会议统一裁判尺度职能的实现。

表 3　　　　法官会议职能效果评价图

类别	个案咨询效果				类案指引效果			
评价效果	满意	较满意	一般	不满意	满意	较满意	一般	不满意
总计	7	11	10	2	3	5	12	10

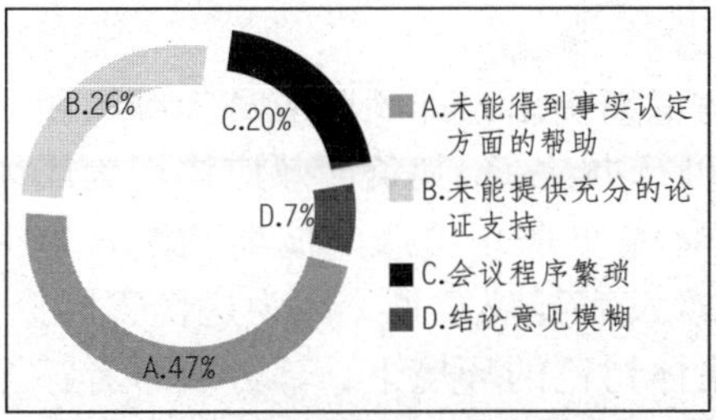

图 7　制约个案咨询作用原因图

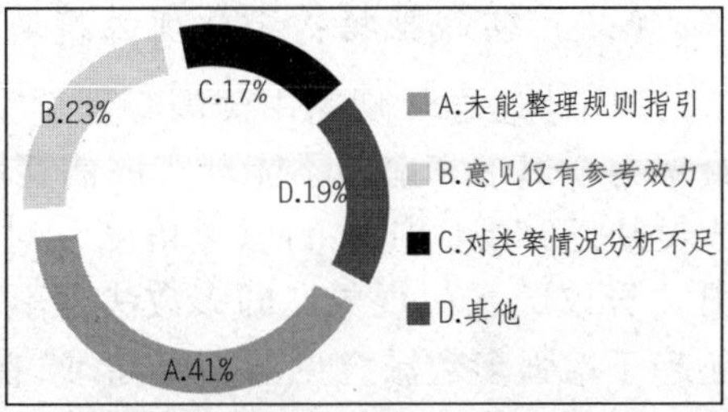

图 8　制约类案参考作用原因图

二、原因剖析：法官会议意见的“供给侧”之忧

法官会议的制度价值在于供给满足个案需求和类案指引的理性意见，需从功能定位、讨论制约、决策模式方面反思破解，才能避免其异化为办案风险的稀释机制，回归寻求共识的理性过程。

（一）功能背反：参考属性制约适法统一

同案异判是司法责任制改革中的潜在风险，法官会议的适法统一职责缘此而生，能否取得实效关键仍在于讨论意见是否得到法官的充分理解、认可和自觉服从。根据《指导意见》第一条和第八条，法官会议是为法官准确适用法律提供咨询参考意见的工作机制，其意见没有强制约束力，这与其适法统一功能显然存在一定程度的背反与制约。在意见对峙时，难免出现排斥异议、以权压议、强行表决等情况。《指导意见》虽规定院庭长能够要求合议庭复议，且将未采纳法官会议多数意见的案件提交审委会讨论，但审委会决定仅具个案效力，未能保证在类案审理中，同样的价值偏见和认知偏差得以修正。只有优化讨论规则，确保论辩自由度和充分性，才能吸收有益意见、消解矛盾分歧，增大裁判共识的最大公约数。

（二）外热内冷：法律适用受困事实认定

从前文问卷可见，法官会议作为制度热点却遭到法官冷遇，表明其议事指导能力仍有不足。从会议记录来看，围绕事实问题展开的交流占据大量篇幅，降低讨论效率，因事实问题而中止讨论的情况亦不鲜见，部分参会者以“事实问题由合议庭把握”为由拒绝发表意见，未回应合议庭的咨询需求。虽然法官会议并不对案件事实负责，但疑难、复杂案件多数面临法律适用分歧与事实认定争议的交缠。法条的选择乃至于必要的具体化，必须考量被判断的案件事实。[①] 一概回避事实问题，显然会削弱合议庭的“外脑”作用。为提升讨论质效，一方面，应细化准备材料要求，为讨论提供充分事实信息支持；另一方面，案件事实赖以形成的本体基础是主体间的共识，[②] 故讨论过程也应围绕法律规范的构成要件，对案件事实进行归属论证，[③] 并从举证责任分配等程序法或证据法事项去指导合议庭开展事实调查。[④]

（三）实践抵牾：个体理性遭遇团体迷思

“团体迷思”现象由美国心理学家詹尼斯提出，即团队成员为维护团队凝聚力、追求和谐而不能现实评估其他可行办法。[⑤] 其负面效应体现为团体成员缺乏客观、独立的思考角度，对团体意见照单全收。波斯纳法官也提出“异议厌恶”现象，即多数法官不喜欢发表异议意见，因为这伤害同僚，还趋于增强多数派意见的重要性。[⑥] 在集体讨论的环境下，部分发言者甚至未来得及消化事实信息，其思考空间即已受到各种观点冲击挤压，导致在“事实与规范之间往返”的思维轨迹发生偏移，即使看法不同，出于情面或对群体意志的盲从，部分参会者尤其是年轻法官也倾向于自我压制，甚至转为自我否定和怀疑，导致个体理性隐没，产生思考简单化、理由同质化倾向。应确保发言者有独立、无强制的发言空间，引导、鼓励观点之间的指正和质疑。

三、破解思路：商谈视域下的讨论规则优化

法官会议实质是法官之间寻求共识的商谈机制，其讨论规则的完善要

① ［德］卡尔·拉伦茨：《法学方法论》，陈爱娥译，商务印书馆2015年版，第256页。

② 舒国滢：《法学方法论》，中国政法大学出版社2018年版，第217页。

③ 黄泽铭：《案件事实的归属论证》，载《法学研究》2017年第5期。

④ 何帆：《专业法官会议不能是高级法官的俱乐部》，载“法影斑斓”公众号。

⑤ ［美］桑斯坦：《信息乌托邦：众人如何生产知识》，法律出版社2009年版，第52页。

⑥ ［美］理查德·波斯纳：《法官如何思考》，北京大学出版社2009年版，第30页。

以自由、充分、实质化讨论为目标：一是通过言辞规则维护讨论自由度；二是通过论辩规则保障讨论实质化；三是构建商谈场域实现讨论充分化，让不同的观点在碰撞交锋中检视修正，最大限度凝为共识（图9）。

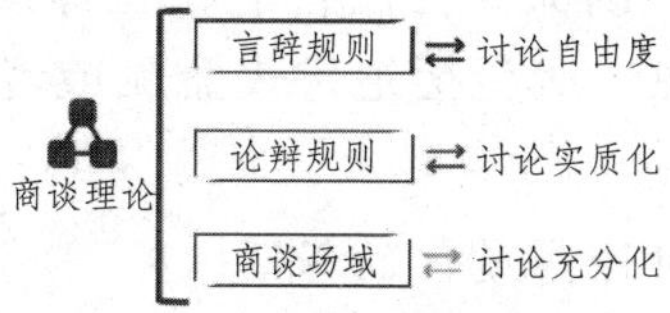

图9　讨论规则理论支撑图

（一）理论镜鉴：共识形成的商谈视域

哈贝马斯认为，为解决事实与规范的内在张力，判决必须同时满足自洽性和合理的可接受性，前者要求判决在现行法律秩序之内自洽地作出；后者要求判决在相关法律问题上得到合理论证，从而所有参与者都能将其作为合理的东西加以接受。[①] 这种合理的可接受性是通过所有人的共识加以确定的，不仅与论据质量相连接，而且同论辩过程结构相连接。[②] 哈贝马斯进而把共识的形成基础转向商谈式的程序视域，主张参与主体通过平等、自由的交往（言语沟通）行为，在协商，沟通、对话的环境中达成对法律正当性的共识，增强裁判的可接受性。上述理论与法官会议统一裁判尺度的目标高度契合，可为完善讨论规则提供镜鉴。

（二）言辞规则：讨论自由化的前提

在寻求共识的商谈过程中，哈贝马斯提出了两个前提条件：一是理想商谈情境；二是沟通有效性要求。

理想商谈情境需要满足如下条件：任何言说者均可参加论辩，可质疑任何主张、提出任何主张、表达其态度、愿望和需求，不受论辩内或论辩外的阻碍而导致其无法行使上述权利。[③] 质言之，即要求言说者自由、平等、无强制地参与发言。商谈式的法官会议中，参会者面临的情景压力主要源于行政化的心理强制和资历不等产生的权威暗示，需畅顺表达机会、构建去行政化论辩环境，确保其观点得以独立、充分地阐述，活跃理性思维的碰撞过程。

沟通有效性应符合：一是言语者在规范语境中为他的行为或规范本身

① ［德］哈贝马斯：《在事实与规范之间——关于法律和民主法治国的商谈理论》，三联书店2014年版，第245页。

② ［德］哈贝马斯：《在事实与规范之间——关于法律和民主法治国的商谈理论》，三联书店2014年版，第277页。

③ ［荷］菲特丽丝：《法律论证原理》，张其山等译，商务印书馆2005年版，第62页。

所提出的正确性要求；二是言语者为表达其主观经历所提出的真诚性要求；三是言语者在表达命题时所提出的真实性要求。[①] 上述条件可借鉴为法官会议的言辞规则，即从言辞方式规范性、言辞态度真诚性、言辞表达真实性三个向度提出发言要求，确保参会法官能相互尊重、换位反思，结合案件事实和法律规定阐述意见，避免拒绝发表意见或者仅作出同意或不同意他人意见的情况。

（三）论辩规则：讨论实质化的保障

讨论实质化是指不同观点展开对话论辩，在沟通过程中互相澄清、检验与修正。阿列克西在哈贝马斯理论基础上提出了法律论辩的基本规则。包括内部证成和外部证成。

内部证成是指法律判断能够从为了证立而引述的前提中逻辑地推导出来，主要规则包括：（1）法律判断必须至少从一个普遍性的规范连同其他命题逻辑地推导出来（可普遍化要求）。（2）需要尽可能多地展开逻辑推导步骤，以使某些表达达到无人再争论的程度（连贯性要求）。[②] 据此，会议意见要经得起逻辑检验，则需要从公众认可的无争议的法律规范或原则出发去构建论证前提，同时要对推理链条层层解构，从中梳理分歧点，再进行多元视角和分化价值的沟通、调和。

外部证成旨在解决推理前提的正确性问题。对此，阿列克西列举了解释准则、经验论证、法教义学论证等规则，实质是运用法学方法去寻找前提正确性的理由。同时，阿列克西对解释方法的优位性和参与者的论证义务提出要求，包括："那些表达受法律文义或立法者意图之约束的论述具有优位，除非能够提出合理理由说明其他论述被赋予优位""谁想偏离某个判例，则承受论证负担"等。[③] 在法官会议讨论中，应鼓励发言人充分运用法律解释方法、经验法则、法学理论、学术观点、案例作为论据，增强结论的可接受性。同时，不同论据之间具有一定的优先关系，要推翻这种优先关系，须遵循论证负担规则，[④] 即要求有足够强的理由证成相反结论。

（四）商谈场域：讨论充分化的拓展

商谈场域应围绕法律证立的思维路径逐层展开，针对分歧点进行不同观点的质疑、说服。法官裁判思维主要有"顺推型"与"逆推型"，前者从

---

① ［德］哈贝马斯：《交往行为理论》，曹卫东译，上海人民出版社 2004 年版，第 292 页。

② ［德］罗伯特·阿列克西：《法律论证理论》，舒国滢译，中国法制出版社 2003 年版，第 274 页。

③ ［德］罗伯特·阿列克西：《法律论证理论》，舒国滢译，中国法制出版社 2003 年版，第 371～372 页。

④ A. Peczenik, On Law and Reason, K. A. Publishers, 1989, p. 321.

规范和事实的两端出发，运用法律解释方法、事实评价方法构建法律适用的大、小前提，再根据前提内涵或外延的涵摄关系推导结论；后者则着眼于判决的社会效果，先在内心形成初步结论，再回溯至法律、事实维度去寻找理由。法律和事实的联结过程涉及司法认知和司法评价，法官个人价值取向渗透其中，构成同案异判的风险点。因此，为增强裁判的可接受性，讨论过程应实现顺推思维与逆推思维的双向联动，一方面，将议题的证立步骤解构，重点围绕法律解释的正当性、事实认定方法的恰当性梳理讨论要点，进行多维度、多层次的观点交锋，使讨论拨云见日、越辩越明。另一方面，要考量裁判的现实导向，评估裁判可能引发的风险性问题，据此进行观点反思与修正。

四、路径构建：法官会议六步讨论法

结合商谈理论要求，应从信息供给、议题梳理、发言环节等六个步骤构建法官会议的讨论规则（图 10）。

图 10　法官会议六步讨论流程图

（一）信息供给：个体整理与集体补充相互支持

信息准备是提高决策质效的基础，会前，承办法官应向主持人发送审理报告，内容包括：待讨论的议题、与议题相关的案情简介、诉辩意见、合议庭意见、类案以及关联案件的审理情况，同时说明所涉法律问题有无类案裁判依据，如有，应当提交案例名称、来源以及裁判意见。主持人审查后，将除合议庭意见以外的内容发送给参会法官，参会法官对案件事实有疑问或有补充的，应向承办法官反馈，提高信息交互质量。

为促使会前阅案，会议过程中不再要求合议庭介绍案情。但主持人应再次询问参会法官对案件事实是否清楚，如前期介绍不详，应由合议庭补充，熟悉该类案件情况的参会法官也可以对该类案件的背景、关联案件的查明情况进行补充介绍。

（二）议题梳理：议题解构与问题转化双轮驱动

议题解构是定位讨论焦点、梳理讨论逻辑的关键，展示了裁判规则形成的法理脉络。在案件事实固定后，主持人应从规范和事实两个维度，依据内部证成逻辑对议题的推理步骤拆分梳理：从规范角度而言，应包括法律规范的选择适用、规范的构成要件理解等；从事实角度而言，应包括相关事实有哪些法律属性、能否纳入要件事实的归属论证等，由此细化商谈场域，向参会者阐明讨论焦点。以最高人民法院民二庭法官会议纪要第六条[①]为例，分析如下（图 11）：

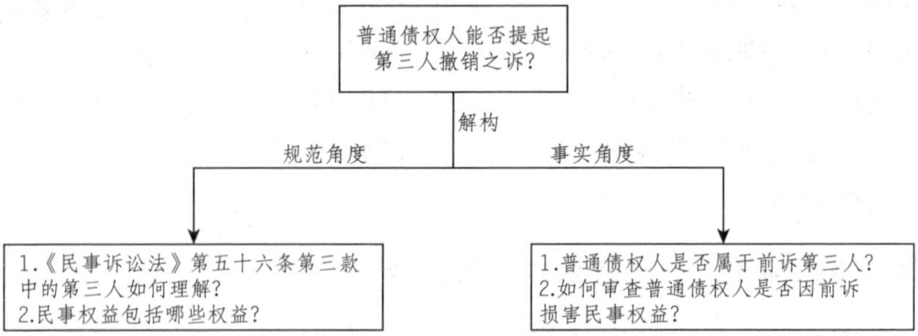

图 11　议题解构示例图

实践中，议题的解构与证成过程往往涉及事实前提的认定，有必要根据问题性质去界定议题清单，明确发言责任。考量法官会议的议事指导定位，对于事实问题，也应尽量转化为一般化的法律适用问题予以解答，避免类型化事实在不同案件中产生定性冲突，影响裁判统一。因此，与法律评价有关的事实认定问题应交付讨论，包括：一是对事实是否符合法律用语的标准判断，实际涉及法律用语的具体化解释，如购车是否用于家庭日常生活；二是与事实认定有关的证明规则问题，[②] 实质属于对证据法的理解与适用；三是对事实认定的心证指引，当事人提供的证据是否形成优势，是否达到证明标准，属法官心证，由审判的亲历者把握。但为保证心证评价的最大努力和善意，法官会议可从事实审查方法角度为合议庭提供指引。例如，虽不评议现金交易是否实际发生，但可以评议在同类案件背景下，应从哪些方面判断有无现金交易。

（三）自由发言：意见交换与归纳分歧衔接开展

在参会法官表示清楚案件事实、讨论焦点后，进入自由发言阶段。

为营造理想商谈环境，借鉴哈贝马斯的沟通有效性理论，主持人应向参会者宣读如下言辞规则：一是要求言辞规范化，要运用法律思维、法律语言进行案件分析，遵循法律的解释规则、事实的认定规则提出意见，不得单纯从个人价值立场和经验推测出发，陈述无实质根据的理由。二是要

---

① 邹碧华：《要件审判九步法》，法律出版社 2014 年版，第 146 页。

② 贺小荣主编：《最高人民法院民事审判第二庭法官会议纪要》，人民法院出版社 2019 年版，第 2 页。

求发言者真诚地接受异议，习惯角色互换，站在对方的立场检验观点的合理性。不得以对方的办案经验、社会阅历、理解认知能力为由，质疑其观点。除主持人外，任何人不得打断其他人发言。三是要求介绍人真实、客观、全面地介绍案件事实，熟悉案件所涉专业领域的法官也要如实介绍相关知识，不得随意对不熟悉的领域发表见解。

发言过程中，应按照资历由低到高的顺序，独立发表意见。参会者不得拒绝陈述意见或仅作同意他人的简单表态，同意他人意见的，要分析事实和法律依据。为避免合议庭意见对其他参会法官先入为主，合议庭成员应在其他人员后，主持人之前发言，主持人最后发言。发言结束后，达成一致意见的，主持人可直接归纳成结论；存在意见分歧的，主持人按照法律推理的逻辑步骤逐个归纳分歧点，要求各方围绕分歧点进行二次辩论，不再重复无争议意见或与分歧点无关的意见，没有新理由的，也可以直接发表结论，不必发表重复意见。

（四）交叉论辩：观点交锋与论证负担同频共振

围绕分歧点，主持人应鼓励参会法官自由询问对方关于法律发现和事实定性的依据、就对方的论证逻辑是否符合连贯性、可普遍化要求提出质疑，也可以指定持不同观点的代表相互就对方观点进行评析，促进争辩各方联结信息和扩大论据，[①] 据此进行意见、理由的反思、修正。在此过程中，主持人应要求各方同时思考不同观点的可行部分和合理内容是否可以融合吸收，作为个案裁判的共同考量因素，若可兼容，应探讨如何调整适用条件，形成共识性意见。

在意见争持不下时，借鉴商谈理论的论辩规则，主持人应根据双方论据的优位性，确定论证负担规则：一是超越法律的文义或立法意图进行法律解释的，属对解释方法优位性的突破，发言人必须说明理由。二是以公平正义等原则、理念而非具体法律规范作为论证前提的，由于原则的适用方式是衡量，[②] 应补强法律渊源支持，并对利益衡量理由进行充分说明。三是提出的裁判意见和以往案例不同的，发言人应对案件是否有新的实践情况、上级法院指导意见以及以往案例的效果导向等方面承担充分论证义务。

（五）检视修正：个案事实与类案情况往返顾盼

法律解释是有强烈现实导向的法律活动。[③] 正如波斯纳所言，法官需平

---

① ［美］约翰·罗尔斯：《正义论》，何怀宏译，中国社会科学出版社2001年版，第316页。

② 王夏昊：《法律规则与法律原则的抵触之解决——以阿列克西的理论为线索》，中国政法大学出版社2009年版，第73～84页。

③ 舒国滢：《法学方法论》，中国政法大学出版社2018年版，第217页

衡个案特定的和系统的两类后果,[①] 即兼顾考虑个案正义以及对类案的影响。为增强结论的可接受性,论辩结束后,主持人应询问承办法官讨论过程是否充分考虑了案件事实和当事人诉求,如有遗漏,应由承办法官提出,并由参会法官发表补充意见。如存在类案或关联案件,主持人应介绍同类或关联案件的总量、资金规模、影响地域、对象群体特征等情况,要求综合评估类案行为性质及社会影响,注意统一裁判尺度,做好不稳定情况的防范和稳控工作。如相关法律问题存在有关案例,应要求参会法官关注先前判决是否导致新事实、新问题、新争议出现,通过上诉情况、再审申请情况对类案裁判效果进行可视化评估。结合个案事实和类案情景再次进行观点检视与修正,最后发表陈述意见。

(六) 意见输出:司法智库与裁判统一职能弥合

以“同意合议庭意见+判决内容”的方式输出讨论结果,未回应议题所涉的法律适用问题,无法实现法官共识的规则转化,也容易导致思考不足、从众表决的“伪意见”产生。应根据议题的可普遍化程度决定会议意见的输出方式:(1) 对于裁判规则、尺度有待统一或者相关法律适用方面对类案具有普遍指导意义的议题,包括对法律规范的理解以及对类型化事实的定性,如法官会议达成一致意见或压倒性多数意见,应以会议纪要形式整理成裁判指引,扩大对类案审理的示范效应。如意见分歧大或合议庭复议后不同意法官会议意见,应提交审委会讨论解决。(2) 对于个案属性较强而类案指引尚未成熟的议题,可通过是否同意合议庭多数意见的方式输出结果,法官会议存在分歧的,应要求合议庭成员针对不同意见反映的问题,结合个案特殊事实,加强裁判文书的释法说理。(3) 因事实问题而导致未能得出法律适用意见的,应就如何围绕实体法规范开展事实审查、分配举证责任、证据法的理解与适用等问题,为合议庭审查事实提供建议,真正发挥司法智库作用。

在以纪要方式输出裁判意见时,要加强对法律适用的过程指引,不仅应提炼裁判规则,也要阐释法理,一般应包括:相关法条的解读、对案件事实的归属定性,必要时也应阐明裁判过程的现实考量,避免类案在参照过程中出现法律解释、事实认定、举证责任分配等不一致,产生裁判尺度偏离风险。

结 语

在司法责任制改革的推动下,法官会议要炼好议事指导的内功,必须着眼讨论本身,让言者平等自由、论者循规引据,从个案事实与类案情景的反

① R. A. Posner: Law, Pragmatism and Democracy, H. U. Press, 2003, p. 59.

复顾盼去拓宽论辩纵深，修正、凝聚裁判共识，使法官理性商谈的“集思”过程，达到融合智慧的“广益”效果，筑牢同案异判风险防线。同时，本文对议题清单、言辞规则、论证规则的建构思考，也可适用于合议庭、审委会的讨论过程，为实现讨论充分化、实质化提供路径。

三、审判管理篇

院庭长监督管理“四类案件”边界清单与运行机制完善

——以法院的可视化管理为视角

姜 欣* 李振凡**

引 言

院庭长监督管理个案经历了从“控制审判权”到“尊重审判规律”的演变，从而确定了“让审理者裁判，由裁判者负责”的司法改革要求，但实践中出现了院庭长放任不管或院庭长全部监管的价值异化现象。笔者以法院的可视化管理为视角①，通过汇总13家样本法院院庭长监督管理案件情况②，并结合《最高人民法院关于落实司法责任制完善审判监督管理机制的意见（试行）》（以下简称《实施意见》）中规定的院庭长监管“四类案件”。③ 试图在落实司法责任制背景下，探寻院庭长监督管理的司法实践现状。认真研究司法责任制背景下独任法官、合议庭办案主体责任，与院庭

---

* 作者单位：天津市武清区人民法院。

** 作者单位：北京市第四中级人民法院。

① 邹碧华提出的法院内部的可视化管理通过客观事实、观察误差、认知误差、沟通误差，将司法改革中问题浮出水面，实现法院权力界限的可视化，权力运行过程的可视化，群众评价、法官评价、司法改革评价的可视化。详见邹碧华：《法院的可视化管理》，法律出版社2017年版。笔者致敬邹碧华院长对司法改革作出的突出贡献。

② 笔者通过中国知识资源总库（CNKI）、法信等数据库及人民法院报、法制日报等官方网站，以“法院”“审判监督管理”“四类案件”等为关键词进行检索，从中选出在全国范围内率先开展院庭长监督管理个案的13家法院。本章中引用的数据均为数据库或官方网站中宣传、报道的公开数据，可能存在一定数据误差。

③ 四类案件具体包括：（1）涉及群体性纠纷，可能影响社会稳定的；（2）疑难、复杂且在社会上有重大影响的；（3）与本院或者上级法院的类案判决可能发生冲突的；（4）有关单位或者个人反映法官有违法审判行为的。详见《2015年9月21日，最高人民法院关于完善人民法院司法责任制的若干意见》，载http：//130.39.3.102/lib/zyfl.，最后访问时间：2019年6月26日。

长监督管理职责的关系以及各自的边界。列出院庭长在监管活动中的权责清单、权力行使程序和方式。总体上平衡院庭长审判监督管理困境与员额法官审判权责模糊问题，确保新型审判权力运行机制的健康有序发展。①

一、样本扫描：院庭长监督管理“四类案件”的实践反馈

司法责任制改革后，以法官的亲历性与独立性为代表的法官个体本位②与以我国宪法为依据的以结果为中心人民法院依法独立行使审判权的法院整体本位共同成为人民法院建构与运行的脉络走向。③ 实际上审判结果并非以法官个人名义对世，而是令法官背后代表的人民法院为判决背书。为反映出院庭长监督管理“四类案件”制度在司法实践中的实然状态，笔者以全国13家法院为样本，对其制度运行实践效能进行实证分析。发现该制度在实践运行中存在诸多困难，与制度设计价值预期发生偏离。

（一）检视：院庭长监督管理四类案件样本分析

笔者选取的13家法院，均是《实施意见》颁布后率先开展工作的法院，也均在院庭长监督管理方面取得了一定的经验。通过对比13家法院，笔者总结出“六化”特点。

1. “四类案件”监督管理范围的机械化。样本法院在对院庭长监督管理“四类案件”范围的探索上存在机械化，13家样本法院中的9家均照搬《实施意见》所确定的范围，另外4家均作扩大或者缩小解释；但13家法院均未将该范围从抽象转变为具体。例如，群体性案件如何界定，疑难、复杂案件如何与具体审判领域相结合，类案冲突案件情形如何固定，违法审判案件含义如何明确等。

2. “四类案件”识别主体的局限化。《实施意见》规定立案部门、承办法官、审判长、审判管理机构、监察部门均为“四类案件”的识别主体。样本法院基本按照《实施意见》的规定，将上述主体纳入“四类案件”识别主体的范围。虽然上述识别主体基本涵盖案件流转、审理、裁判等所有法院内部管理部门，但并未将与案件具有直接关系的案件当事人纳入范围内，亦未将与法院对接的人大代表、政协委员纳入识别范围之内。

---

① 蒋惠岭：《法院独立与法官独立之辩：一个中式命题的终结》，载《法律科学》2015年第1期。

② 朱孝清：《司法的亲历性》，载《中外法学》2015年第4期。

③ 顾培东：《法官个体本位抑或法院整体本位——我国法院建构与运行的基本模式选择》，载《法学研究》2019年第1期。

表 1　　四类案件范围及识别主体

法院名称	四类案件范围	识别主体
H 高院①	四类案件	立案部门、业务庭室、承办法官、分管领导、监察部门、新闻宣传部门
L 法院	四类案件	立案庭、承办法官、其他部门、院庭长
S 法院	对重大敏感案件	立案庭庭长
B 法院	发改案件	庭长
SS 法院	四类案件	立案庭和院庭长
N 高院	四类案件	立案庭、承办法官、监察部门
C 中院	四类案件	立案庭、业务庭室、承办法官、分管领导、监察部门
J 法院	四类案件	立案庭、承办法官、其他部门、院庭长
A 法院	四类案件	员额法官
K 中院	上级法院及党委、人大督办的；当事人信访投诉或媒体炒作，院领导关注的；四类案件	员额法官
Q 法院	四类案件	立案庭、承办法官；监察部门可能需要监管的案件
T 中院	四类案件	立案庭、院庭长
CS 中院	四类案件	立案庭、业务庭室、承办法官、分管领导、监察部门、新闻宣传部门

3. “四类案件”启动程序的随意化。《实施意见》规定承办法官在发现属于“四类案件”范围的，应当主动向庭长、主管院长报告；审判长认为属于“四类案件”范围的，应当提醒承办法官主动纳入监督管理；审判管理机构、监察部门等发现属于“四类案件”范围的，应当及时报告院长。样本法院对于“四类案件”监督管理的启动程序也是采用主动报告的形式，主观性较为明显。司法实践中，承办法官的审判经验、能力等有所差别，由于缺乏客观量化的约束，可能会造成“四类案件”在启动程序上的随意性。

4. “四类案件”监管阶段的缺失化。《实施意见》对于“四类案件”的规定内容本身就涵盖了案件立案—审理—裁判—审结的全部阶段，故对于“四类案件”的监管也应相应地包含事前、事中、事后等监管时点。但 13 家样本法院均缺乏对“四类案件”整体性、全阶段的监督。

① 为方便行文与阅读美观，此处将高级人民法院与中级人民法院分别缩写为“高院”“中院”，下同。

表 2 **启动及监管阶段**

法院名称	启动程序	监管阶段
H 高院	无	审理、合议
L 法院	立案庭主要负责对群体性案件进行识别，承办法官重点识别疑难、复杂案件和类案冲突案件，其他部门（如纪检部门、监察部门、信访部门）重点发现举报法官违法审判的案件。院庭长发现属于“四类案件”需要进行监管的，有权随时决定启动监督程序	全部阶段
S 法院	无	审理阶段
B 法院	主动监督	审理阶段
SS 法院	无	无
N 高院	无	审理阶段
C 中院	案件标注	审理阶段
J 法院	主动汇报	立案、审理、执行、监察
A 法院	主动汇报	审理阶段
K 中院	主动汇报	庭审阶段
Q 法院	主动提请	审理阶段
T 中院	主动提请	审理阶段
CS 中院	主动提请	审理阶段

5.“四类案件”监管方式的无序化。《实施意见》虽规定立案部门、承办法官、审判长、审判管理机构、监察部门均为“四类案件”的识别主体。但由于各主体所接触的案件阶段、业务分工、职能分配存在差异，不可能将全部的“四类案件”都作为监管对象。但 13 家样本法院均未对各主体所针对的监管重点予以区分，亦未分别规定庭长、主管院长、院长的审查权限及相关的审定程序。

6. 就监管责任方面 13 家样本法院均没有明确规定，如果院庭长未对“四类案件”实施监督管理或不当实施监督管理，是否需要承担责任，需要承担哪些责任，如何承担责任，致使监管效果大打折扣。

表 3 **监管方式及监管责任**

法院名称	监督方式	监管责任
H 高院	采取查阅卷宗、旁听庭审、要求独任法官或合议庭在规定期限内报告案件进展和评议结果	无
L 法院	静默化监管方式，规范报告进展情况和评议结果的时间和方式，规范提交讨论的范围和时限	无

续上表

法院名称	监督方式	监管责任
S 法院	旁听庭审或调看庭审录像视频	无
B 法院	评查	无
SS 法院	标注	无
N 高院	采取查阅卷宗、旁听庭审、审核审理报告、要求独任法官或者合议庭在规定期限内报告案件进展和评议结果等方式	无
C 中院	采取查阅卷宗、旁听庭审或调取庭审视频资料、查看案件流程情况	无
J 法院	提前介入查阅卷宗、听取汇报、制定预案、旁听庭审	建立监督管理台账，强化责任追究
A 法院	网上监管	无
K 中院	案件报备和抽查	纳入绩效考核
Q 法院	查阅卷宗、旁听庭审、审核审理报告、要求独任法官或者合议庭在规定期限内报告案件进展和评议结果	无
T 中院	程序约束	主体责任
CS 中院	查阅卷宗、旁听庭审、要求独任法官或合议庭在规定期限内报告案件进展和评议结果	无

（二）追因：样本法院院庭长监督管理“四类案件”困境成因

从上述样本法院数据分析来看，院庭长审判管理监督的预期效果并不明显，大多数法院处于探索阶段，样本法院院庭长监督管理“四类案件”的边界顾虑颇多。笔者认为存在以下原因：

1. 缺乏具体范围认定标准导致不知如何确定。由于缺乏相关对“四类案件”范围规范指引，各地法院在厘定“四类案件”的内涵和外延上处于无章可循的尴尬境地。各地法院均是结合各地审判实际和案件的具体情况进行规定，导致实务上监管范围的不统一，亦无法很好完成监管范围从抽象到具体的转变。

2. 缺乏完备的识别及启动机制导致不知如何启动。从程序法治的角度看，案件的审理应当主动接受程序内主体即当事人及其代理人的监督，因为当事人及其代理人的监督是正面效果最好、负面效果最小、经济成本最低的监督。然而，《实施意见》并没有将当事人及其代理人作为识别“四类案件”的主体，亦没有赋予其对于“四类案件”的表达权，致使相应的识别机制不够完备。此外也没有将人大代表、政协委员列为识别主体。其次，《实施意见》中采用“应当”表述，主观性较为明显，缺乏客观量化的参考标准。总体缺乏完备的识别及启动机制导致“不知如何启动”。

3. 缺乏细化的监管机制导致“不知如何监管”。院庭长对“四类案件”的监管应当是一种全过程、系统性的监管，需要一个细化完备的监管机制予以支撑。然而无论从监管方式、监管阶段、监管程序，直至最后监管责任的承担，均缺乏系统、细致的机制规定，致使司法实践中“不知如何监管”。

二、价值导向：法院可视化管理在院庭长监督管理“四类案件”中的运用

（一）法院可视化管理的引入

克服当前院庭长监督管理“四类案件”的流弊，需要引入合适的工具进行指导。笔者认为，借助法院可视化管理的工作模式可以有效解决院庭长监督管理“四类案件”的模糊性问题，降低院庭长监督管理“四类案件”的风险。法院的可视化管理是深化司法改革，改进原有的行政化管理模式“服从性”“不透明”“非确定性”弊端，实现权力范围界限化、权力行使程序化、考评模式清晰化的过程。① 当前法院的可视化管理主要包括建立“走动式管理方法”、② 落实信息技术保障系统、数据化管理系统、群众投诉分流系统、多元分析系统、结果公示系统。具体是通过岗位职责要求、工作完成标准、工作流程要求、检查手段、价值导向提升工作质效。

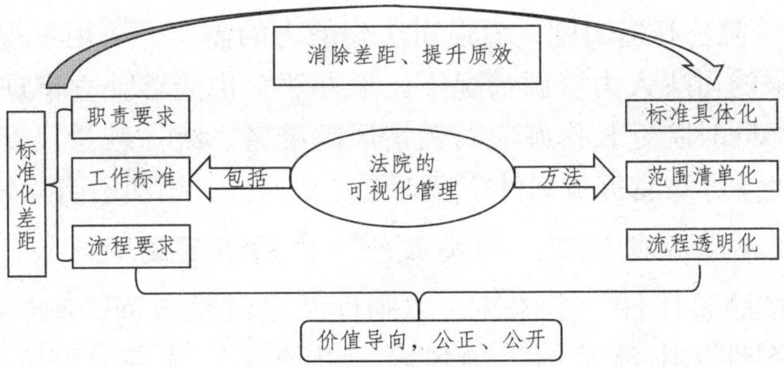

图1 可视化管理流程图

（二）引入法院可视化管理的价值分析

引入法院可视化管理的价值在于通过院庭长监督管理实现良性司法生态，③ 并且通过高品质的裁判文书达到社会效果、法律效果与政治效果的统一。④

① 邹碧华：《法院的可视化管理》，法律出版社2017年版，第4页。

② 走动式管理是20世纪下半叶西方管理界盛行的方法，主要以提倡实地调查、从现场发现问题。参见邹碧华：《法院的可视化管理》，法律出版社2017年版，第8页。

③ 顾培东：《当代中国司法生态及其改善》，载《法学研究》2016年第2期。

④ 江必新：《审判管理与审判规律抉微》，载《法学杂志》2011年第5期。

1. 统筹平衡公正与效率，培养系统性的流程化管理意识。司法活动具备一定的张力，这种张力来源于法律专业知识与道德、政治、经济等融合作用的结果，法官必须保证案件的审理。司法活动的张力满足社会的需要，回应社会的变化，推动社会的发展。[①] 构建可视化管理为院庭长监督管理“四类案件”在有限的司法资源、扩张的司法需求、多元的管理需求之间探索出一条新的路径，即实现透明化、公开化的流程化管理，兼顾效率与公平。既能发挥院庭长统筹协作、法院整体本位的作用，也能最大限度地限制行政权滥用。院庭长在监督管理“四类案件”中引入可视化管理，在案件启动、识别、决策、实施、监管与追责方面全流程可视化，提升法院的审判管理质效。同时，兼顾司法公正与司法为民。

2. 有助于建立规范性操作指引，形成完整的监管流程。司法过于独立而缺乏权衡，容易丧失司法正当性。[②] 法官不能拒绝裁判是当代司法制度的重要标志，司法的任务就是弥合矛盾和冲突，并试图在社会纷争出现时定分止争。[③] 院庭长与员额法官之间在行政上处于管理与被管理的关系。院庭长无权插手个案办理是司法改革的重中之重，院庭长监督管理权限的模糊，更容易混淆管理、监督、决策之间的关系，令司法改革人浮于事。因此，引入法院可视化管理，从工作标准到工作要求再到工作流程上进行细化分割，能够有效地建立一套运转规范、行为透明、公正高效的管理监督体系。从而形成一套具备可操作性的可复制和通用的监管流程。

3. 提升法院公开透明度，增强司法公信力的需要。采用可视化管理。使得法院在有限的司法人力资源情况下，承办法官也能够独立审理案件办好核心审判业务。同时院庭长作好应对舆情风险准备、统一裁量尺度、落实管理的职责，辅助承办法官完成案件审理工作，从而提升司法透明与公信力。

（三）院庭长监督管理“四类案件”中的不可视风险

下文将按照整体性、个体性、原则性及系统性方面，阐述院庭长监督管理“四类案件”中涉及的 7 项风险，以便在后续启动院庭长监督管理“四类案件”中进行有效应对。

1. 识别与启动阶段监督管理的风险。（1）价值导向差异。院庭长监督管理工作的价值导向是在审判工作中形成信赖关系，突出组织整体性。由于在整体价值导向中，识别个案的标准与程序不同，以及个案识别人自身的差异。对于在案件识别中产生的分歧，会在一定程度上影响院庭长监督管理“四类案件”的价值体现。（2）管理目标与计划的差异。传统的管理

---

① 杨凯：《审判管理理论体系的法理架构与体制机制创新》，载《中国法学》2014 年第 3 期。

② 孔祥承：《法官责任制逻辑之重构》，载《学术交流》2018 年第 2 期。

③ 龙宗智：《审判管理：功效、局限、及界限把握》，载《法学研究》2011 年第 4 期。

方式采用命令式的管理方式，将个体意志转化成全员意志，并将意志贯穿进整体工作中，但是在院庭长监督管理“四类案件”中，有时并不能完全保证院庭长的个人管理理念与承办法官个案审理思路相一致。（3）计划落实风险。启动院庭长监督管理个案以期达到一个目标效果本身具备未知性。如果案件中存在着隐性的风险，易存在案情信息不对称的情况，当事人可能会利用信息不对称的漏洞来寻求案件有利于其的解决方法。可能会导致在启动阶段法院院庭长监督管理计划落空。

2. 监督管理阶段风险。（1）有限理性风险。院庭长由于个人素质、知识、能力的差别，可能会作出错误的管理。例如，对于一些新类型案件，院庭长以及承办人能力有限，经验不足，应对风险及有效管理上可能会出现差错。（2）反馈沟通滞后风险。院庭长监督管理具备滞后性，不能及时进行有效监督。受制于“四类案件”的本身的特殊性，以及法院案件审限的确定性，院庭长意见反馈与案件处理存在时间差，出现沟通滞后的风险。（3）观点差异风险。在进行院庭长监督管理过程中，院庭长管理意见与承办人意见相悖，就存在承办人因为被管理的地位，而放弃个人观点，迎合院庭长管理，这种风险更容易出现在“四类案件”的监督管理过程中。（4）泄密风险。院庭长监督管理四类案件属于内部监督范畴，不应对其进行流程公开。但是由于涉及院庭长监督管理的案件案情复杂，容易引发舆情风险，且当事人缺乏对于法院审判目标的认同，并且根据原被告双方利益矛盾性的特点，更需要审判辅助人员、员额法官、院庭长具备高度的保密意识。

三、构建清单：三个维度科学识别院庭长监督管理“四类案件”

在院庭长监督管理四类案件中引入可视化的思路，将院庭长监督管理“四类案件”的路径分为识别——启动——审定——监督管理“四步法”，并试图以通过这四个方面来分解监管机制，详细阐述院庭长监督管理“四类案件”的具体流程。

（一）两个方面科学构建“四类案件”的正面及负面清单

引入法院可视化管理，构建院庭长监督管理四类案件清单制度必须坚持司法规律性，从司法活动本身的中立性、被动性、程序性特点入手，明确院庭长具备边界意识并且不得随意干涉案件具体情况，坚持突出重点原则，结合具体案件的矛盾，重点管理具体案例。必须严格限定四类案件的范围，具体到个案中，不得随意扩大。虽然通过权力清单的方式，列举院庭长对“四类案件”应履行的监督管理事项，难以避免的会存在无法穷尽、列举不明、职权交叉等情形。但笔者认为，如果没有权力清单，那么实践中会因缺乏最基础的职责依据，使得更为细化的建构标准无从下手。

1. 范围的正面清单：细化院庭长监督管理“四类案件”的范围。第一，涉及群体性纠纷，可能影响社会稳定的案件。[①] 主要包括：

（1）在案件审理时可能引发群体性事件、审理结果对区域发展、行业经营、群体利益造成重大影响，案件事前、事中、事后易引发群体事件。

（2）一方当事人人数众多，系连锁诉讼及集团诉讼的。

（3）员额法官认为案件会引发群体性事件、舆情关注事件。

（4）涉及国家外交政策、国防安全、民族宗教的影响社会稳定的案件。

第二，疑难、复杂且在社会上有重大影响的案件。主要包括：

（1）刑事领域：危害政治安全、国家安全的公共安全犯罪案件；非法集资、非法吸收公众存款、传销等涉众经济犯罪案件；涉黑涉恶案件；涉及恐怖活动案件；贪污受贿等职务犯罪案件；可能被宣告无罪或者定罪免予刑事处罚的刑事案件；法定刑以下判处刑罚的刑事案件；可能被判处无期徒刑、死刑的刑事案件；金融领域犯罪、食品药品管理领域、污染环境犯罪案件。

（2）民事领域：集团诉讼、重大民商事案件；破产清算类案件；涉及招商引资影响营商环境的民事案件。

（3）行政领域：拟判处行政机关败诉案件；涉及拆迁征地补偿的案件；涉及历史遗留问题、政策问题的案件；存在法律关系的交叉和竞合的案件；行政协议案件。

（4）执行领域：执行争议案件、长期执行未结案件；当事人申请或法院依职权不予执行的仲裁裁决、公正债权文书的案件；被执行人是特殊主体案件；终结本次执行案件。

（5）其他案件：涉及港澳台案件；人大代表、政协委员履行监督管理职责的案件；符合最高人民法院贯彻落实“三同步原则”规定的案件。上级法院明确要求层报的案件；合议庭认为需要启动监督管理程序的重大、疑难、复杂、新类型案件。

第三，与本院或者上级法院的类案判决可能发生冲突的。主要包括：与本院或者上级法院已经生效的判决、裁定发生冲突的案件；与本院正在审理的其他案件系类案，需要统一裁量标准的案件；检察院抗诉、或者拟定改判或者发回重审的案件。

第四，有关单位或者个人反映法官有违法审判行为的。主要包括：通过信访、举报、投诉等渠道发现有办理人情案、关系案、金钱案嫌疑案件；渎职失职犯罪案件；案件审理关乎司法廉洁、司法公信力案件；举报人实

① 褚俊杰：《论我国司法公开制度及其完善路径——以人民法院为视角》，载《法制与社会》2014 年第 6 期。

名反映法官超审限、久调不决、久拖不结的案件。

2. 权力的负面清单：院庭长监督管理“四类案件”的禁止性行为。院庭长不得超越法定职权范围与法定权限。不得擅自干预合议庭行使审判权；不得超越权限或分管部门，过问案件情况或者审判进展；不得在案件审理中为当事人请托、打招呼；除本人参与审委会、专业法官会议外，院庭长不得超越权限对案件提出倾向性意见或者具体要求；院庭长不得对未参加审判监督管理的案件进行审判签发。违反规定或者超越授权分管的范围行使审判监督管理权，违反规定对案件进行批示或者提出处理意见；违规变更审限，违反规定变更承办法官、审判长、合议庭成员；直接改变合议庭或者承办法官案件裁判结论的。

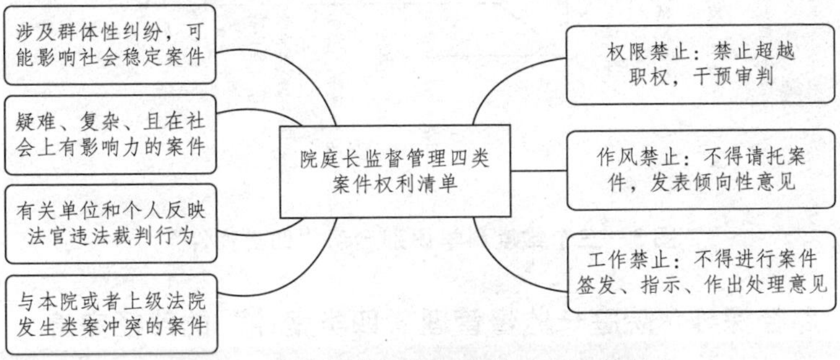

图2　院庭长监督管理案件正负面清单

（二）“三个维度”科学识别启动院庭长监督管理“四类案件”

院庭长监督管理“四类案件”不能穷尽列举，但同时也不是所有的案件均需进行院庭长监督管理的。那么，构建一种通过与核心距离远近的方式来确定院庭长监督管理“四类案件”的范围具备一定的可操作性，故可试图通过三个维度进行构建，以距离三维中心越远的案件，越需要进行院庭长监督管理。具体而言：

1. 第一维度基于院庭长监督管理“四类案件”清单确定X轴。案件具备的清单因素越多，越说明案件需要进行监督管理的可能性越大。

2. 第二维度基于案件的难点，确定Y轴。院庭长监督管理的必要性，以长期未结案件、多次延期案件、合议庭不同意见、合议庭成员调换、法律条文变化等因素确定案件难点，如果案件越复杂疑难，越需要进行院庭长监督管理。

3. 第三个维度以案件不可量化的因素为标准确定Z轴。案件不可量化的因素越多，审理期间反诉、追加被告人、追加事实、审理期间出现的舆情风险、政策变更、形势变更等不可量因素。例如民事案件追加第三人，增加诉讼请求、反诉、行政案件涉及群体诉讼、刑事案件涉及追加被告等不可量化因素。不可量化因素越多，案件越需要进行院庭长监督管理。

简单来说，设 X 为四类案件清单数，Y 为案件难点，Z 为不可量因素，R 为计算出来的院庭长监督管理综合数据，即如果 $X+Y+Z-R$ 的值越大，说明院庭长越应该进行监督管理。

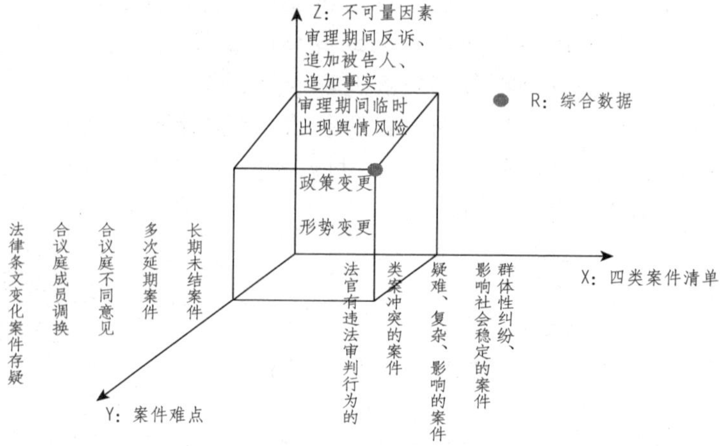

图 3　三个维度科学识别启动“四类案件”

四、路径探寻：院庭长监督管理“四类案件”的路径完善

（一）“三类主体”启动院庭长监督管理“四类案件”

不同的启动主体所拥有的识别任务不同。笔者认为有以下几种启动主体分工负责识别案件，最终由院庭长决定是否进行监督管理。

1. 内部启动主体

（1）立案庭。立案庭作为启动案件审判程序的第一道关卡，承载着立案、审核的重要职责，可以初步认定当事人状态、案情难易程度的重要部门。故可以负责对群体性纠纷进行甄别，并在法院网上管理平台进行标注，提醒承办法官，该案件可能属于院庭长监督管理的案件。

（2）承办法官。承办法官一方面通过查阅卷宗，对立案庭标注的群体性案件进行判断，决定是否启动院庭长监督管理程序。另一方面，负责对承办案件进行全面审查，判断案件是否属于疑难、复杂、类案冲突案件，审核后认为属于“四类案件”的，层报庭长、主管院长、院长提请监督管理。

（3）内部监察部门。人民法院内部监察部门在日常接受举报、信访的过程中，发现承办法官承办案件属于法官违法案件的，初步审查后，上报部门负责人。

（4）研究室、信访办等综合部门。研究室等综合部门在新闻宣传及舆情监督过程中，发现本院正在审理的案件属于引发舆情风险及社会普遍关

注的案件，应及时通知业务庭庭长决定是否启动管理监督程序。

2. 外部启动主体

（1）当事人及其代理人、辩护人在案件审理过程中认为属于“四类案件”范围需要院庭长进行监督管理的，可以向承办法官或监察部门提出建议。

（2）人大代表、政协委员等在工作中发现案件需要监管的，要求审判管理部门启动监督管理程序。

（3）外部新闻部门。新闻舆情部门在检测网络舆情过程中，发现案件涉及重大舆情，具备舆情风险的，可以通知对接审判管理部门，建议提请院庭长启动监督管理程序。

（4）外部监察部门。外部监察部门在受理举报案件及职务犯罪类案件中，发现案件涉及人民法院正在审理的案件，可以及时函告人民法院，及时配合监察部门办理案件，并建议提请院庭长启动监督管理程序。

3. 决定主体

院庭长在日常管理工作中，发现案件属于“四类案件”需要进行监督管理的，可主动启动案件监督管理。

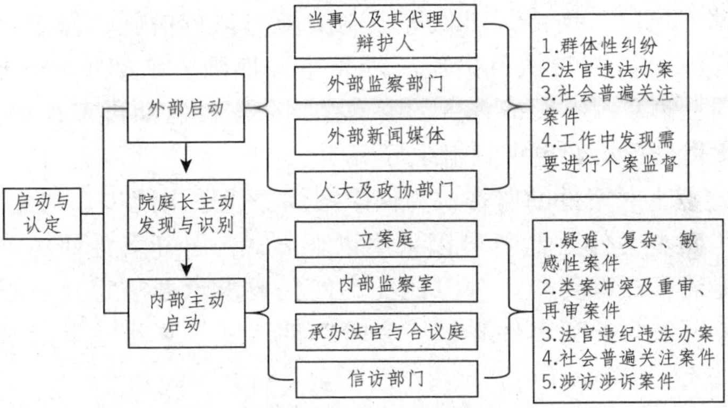

图4　启动与认定图

（二）三个环节审定院庭长监督管理“四类案件”

明确三个环节的审定程序，分别规定庭长、主管院长、院长的审查权限，业务庭庭长审查后认为属于自己监管范围的，直接决定进入监管程序；认为不属于自己监管范围的，层报分管院长、院长决定；分管副院长可以决定由自己监管、指令业务庭庭长监管或报请院长监管；院长可以直接决定由自己行使监管权，或指令分管院长进行监管。

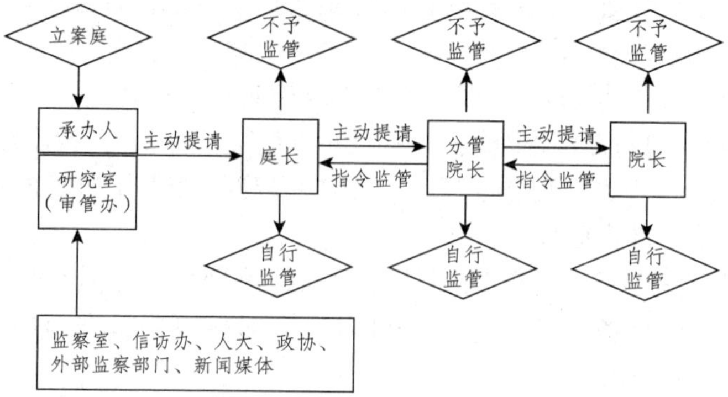

图5　三个审定环节

（三）点线面三个层次确定院庭长监督管理“四类案件”内容①

1. 在整体层面上的监督管理权。主要是指配置审判资源的权力，主要包括合议庭内部之间分工、整体审判工作安排部署、结合投诉、信访线索，对审判人员作风开展调查监督。

2. 在条线层面上的程序性事项审批。第一，法律授权类程序性审批。主要有管辖、拘留、拘传、罚款等强制措施与执行措施；保全、查封、扣押、冻结等诉讼措施与执行措施。延长审理期限、延期审理、中止审理、回避等事项；第二，签发搜查令、腾退令、公告、启动再审程序等；第三，包括调整案件分配、变更审判组织等事项。

3. 在定点上对案件的监督。为保障案件法律适用统一，加强案件监管，院庭长对“四类案件”监督可以采用以下方式：召开案件研讨会、专业法官会议、提请召开审委会。对“四类案件”要求承办法官及时报告案件进展，院庭长可采取查阅案件卷宗、旁听案件审理、调阅庭审录像及审核审理报告等。

① 王琳：《司法责任制，让司法责任回归司法》，载《法治与社会》2015年第11期。

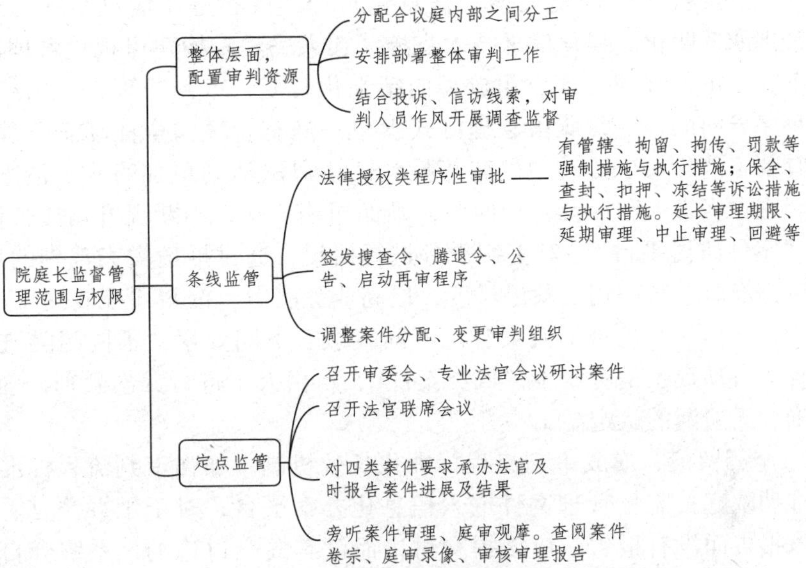

图 6　院庭长监督管理内容

4. 流程化处理。院庭长对四类案件监督管理，可能会存在院庭长与承办法官意见分歧的情况。院庭长在听取独任法官或者合议庭报告案件的审理过程与或者评议结果后有异议的，不得直接改变独任法官与合议庭意见，可以要求独任法官与合议庭复核一次，独任法官或者合议庭不复核的，院庭长可以提请法官会议讨论，独任法官或者合议庭决定是否采纳专业法官会议的意见。院庭长认为需要提交审判委员会讨论的，提请院长决定。

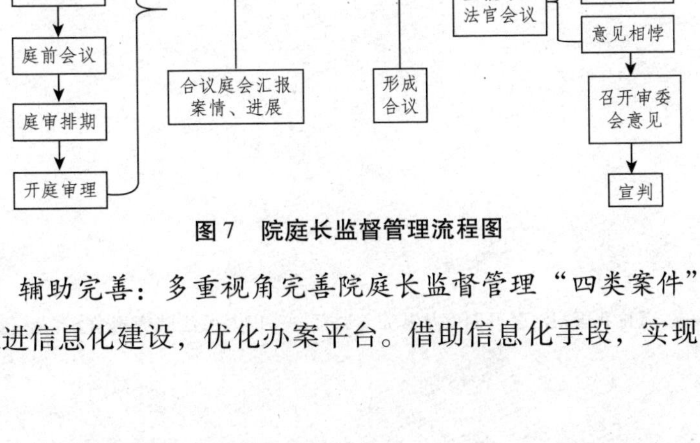

图 7　院庭长监督管理流程图

（四）辅助完善：多重视角完善院庭长监督管理“四类案件”机制

1. 推进信息化建设，优化办案平台。借助信息化手段，实现监管责任的有形化。可视化管理是典型的信息化管理，核心是让信息实现可视化，实现管理的透明化。强化信息技术支撑，在人民法院构建可视化管理模式，有利于促使审判管理方式由粗放型向精细化转变，审判管理方式由结果导向到程序导向的转变，队伍管理方式由单一静态管理向全面动态管理的转变；有利于消除司法活动中的暗箱操作，让司法活动更加直观、清晰、全面地展现在当事人和社会公众面前，确保司法公正，不断提升司法公信力。建立"案件研讨平台"，对审判事务进行研讨，通过推送类案裁判的形式，交流审判经验、统一司法裁量尺度，提高业务能力。按照"互联网＋人工"的方式，在信息系统对不同案件、不同审级、不同要素、不同门类进行分别筛查，自动提示是否属于"四类案件"，再由人工进行二次甄别，确保得到准确、无遗漏的认定。

2. 全程留痕，形成审判流程标准化长效机制。加强审判流程标准化建设，推动院庭长监督管理案件嵌入信息化办案平台，对于承办法官、合议庭应该报告而没有报告、应该提交讨论而没有提交讨论的，系统会自动冻结文书签发和结案审判流程的进行，承办人无法签发文书和报结案件。切实提升审判流程标准化、规范化水平。无论监管、报告进展情况和评议结果，还是提交讨论，系统都能够自动记录操作过程和痕迹，随案永久保存。

结　语

院庭长监督管理"四类案件"，既要保持司法的公正性原则，亦应注意司法改革的立法原意。[①] 在综合把握我国现阶段司法责任制改革的基本要求下，将院庭长监督管理工作纳入法院审理特殊类型案件的程序之中，慎重把握院庭长监督管理权，从严掌握院庭长监督管理的职责门槛，从而真正地实现司法活动在阳光下运行，进而让案件得到实质性解决，让人民群众在每一件案件中感受到公平正义。

（本文获一等奖）

① 褚俊杰：《论我国司法公开制度及其完善路径——以人民法院为视角》，载《法制与社会》2014 年第 6 期。

理念重塑、权责重整、模式重构：院庭长监督管理“四类案件”对策探究

——以S法院综合配套改革实践为样本

刘新平* 赵国军**

引 言

十八届三中全会以来的这轮以司法责任制为核心的司法体制改革，力度之大、范围之广、影响之深远前所未有。随着司法责任制改革纵深推进，审判权运行机制呈现深刻变化，如何正确处理充分放权与有效监督、科学管理的关系，“已经成为影响改革行稳致远的关键所在”。① 切实解决“不愿放权、不敢监督、不善管理”的难题，有效防范化解“四类案件”重大风险，这是各级法院特别是基层法院院长、庭长必须破解的一道“压轴”考题。本文选取沿海某省某市S法院实践样态作为分析样本，聚焦“四类案件”监管中面临的“四化四难”现实困境，从“认识偏差、权责落差、现实反差、定位误差”等四个维度深刻剖析困境成因，围绕“理念重塑、权责重整、模式重构”三个面向，紧扣“四类案件”的发现识别、监管模式和监管程序等重点难点，提出“三重三强化”的解决新方案，着力为院庭长破解“四类案件”监管困境提供有益思路。

一、管案与管人新考验：“四类案件”的监管困境

本文通过电话访问、会议座谈、问卷调查、数据统计②以及文本检索等

---

* 作者单位：福建省厦门市思明区人民法院。

** 作者单位：福建省厦门市思明区人民法院。

① 参见《2019年4月16日周强同志在政法领导干部专题研讨班上的报告讲话》，载《人民司法》2019年第19期。

② 对全院62名普通员额法官进行问卷调查，收回有效问卷60份。对28位院庭长（院长、副院长、审委会专职委员、庭长、副庭长）进行问卷调查，收回有效问卷28份。本文如无特别说明，图中所列数据均来源于F省法院审判信息系统。

实证调研方法，客观呈现S法院院庭长审判监督管理现状。

（一）窥斑见豹：案件质效风险上升引发的放权隐忧

作为F省第二批司法体制改革试点法院，S法院于2016年8月正式启动司法改革，2017年9月基本完成基础性改革任务。从统计数据看，2015～2018年，S法院审判结案数维持在年均2.18万件左右（见图1）。但发改案件数与发改率从2018年以前的平稳运行转变为急速上升态势（见图2）。同时期，S法院的信访件数亦从2017年开始呈现较大幅度上升的趋势；申请再审案件数也步入快速上升通道，仅2019年上半年申请数就已超过2018年全年总数（见图3）。诚然，短期的数据并不能说明全部问题，但这足以放大院庭长对“放权”的负面评价。正如一位工作20多年的老庭长在座谈中坦言：“在新机制还未健全完善的情况下，院庭长贸然放权很不放心。”

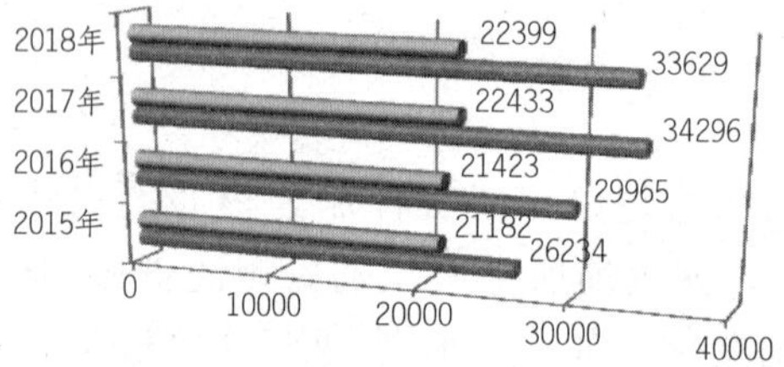

图1　2015—2018年S法院结案情况

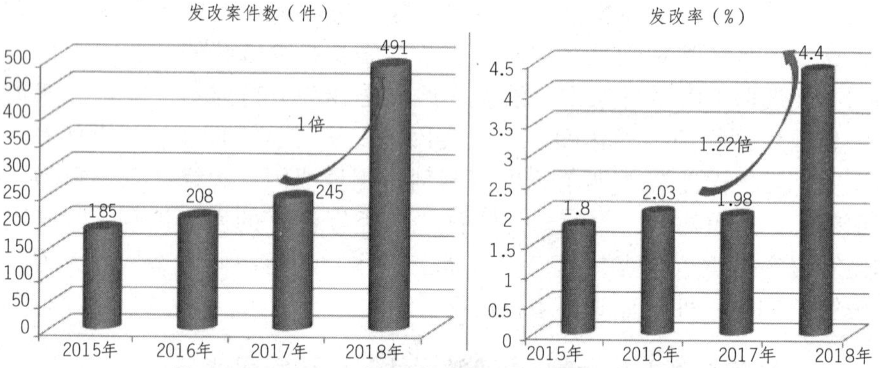

图2　2015—2018年S法院发改案件和发改率情况

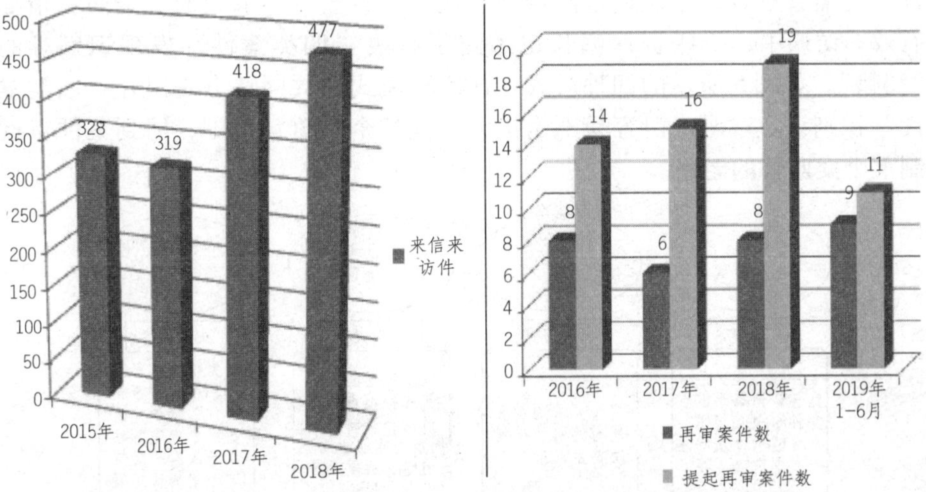

图3 2015—2019年1~6月S法院来信来访和申请再审情况

（二）现状检视："四类案件"的监管痛点

1. 弱化：特定个案的办案质量难把关。"一五"改革纲要出台后，在全国法院推行审判长和独任审判员选任制度，通过考试等竞争方式从具有法官职称的人中间选出业务能力强的人担任审判长和独任审判员，独任审判员可以独自签发裁判文书，审判长在一定范围内也具有裁判文书签发权，起到把关案件质量的第一承重墙作用。员额制改革后，虽然经过遴选会淘汰部分能力不足的法官，但对于办案时间短、经验欠缺的助理审判员以及较长时间脱离办案一线的审判员入额的员额法官，既可以独任审理案件，也可以担任审判长，与两位人民陪审员组成合议庭审理案件。若陪审作用发挥不充分的话，那么所谓合议庭将变成事实上的独任庭（见图4）。对于办理以重大疑难复杂案件为代表的"四类案件"，政治、法律和社会风险必然加大。

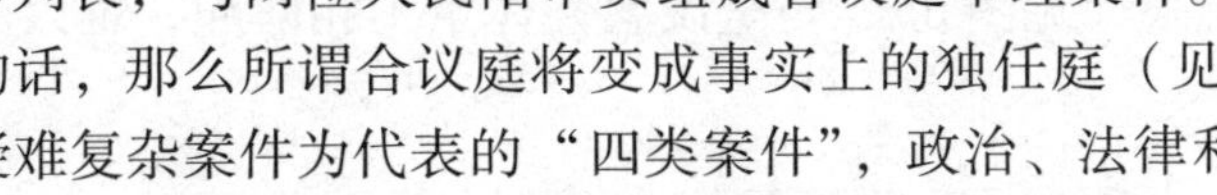

图4 S法院2016~2018年适用普通程序以及人民陪审员陪审情况

2. 泛化：特定个案监督的范围难把握。《最高人民法院关于完善人民法院司法责任制的若干意见》（以下简称《完善司法责任制若干意见》）第二十四条规定事中监督的案件类型仅为"四类案件"，院庭长亦表示"四类案件”是监管重点，但监管范围难于掌握，导致监管不够及时、全面和精准有效。访谈中，一些资深庭长也透露了解决“四类案件”发现识别难的“秘籍”，如图5所示的四种模式。这四种模式的共同特点是避开“四类案件”识别认定难题，但容易不当扩大院庭长个案监督范围，回到案件审批制下个案监督的老路。

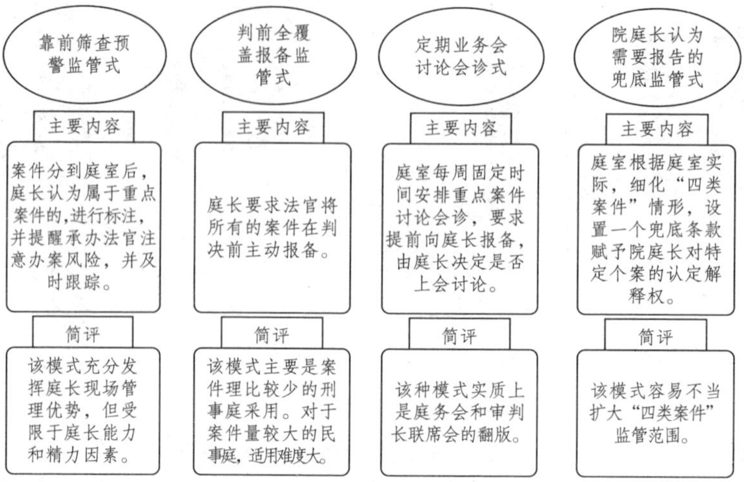

图5　四种模式说明图

3. 异化：特定个案监督的新平台功能难发挥。访谈中，院庭长和普通法官普遍表示从庭务会、审判长联席会讨论模式转变到专业法官会议咨询、指导模式，依托专业法官会议新平台履行监管职责还不适应。从S区法院10个专业法官会议2017年成立以来的运行情况看，召开会议次数较少、讨论案件数量有限（见图6），与全院案件体量不相匹配，难以满足院庭长个案监督需要。

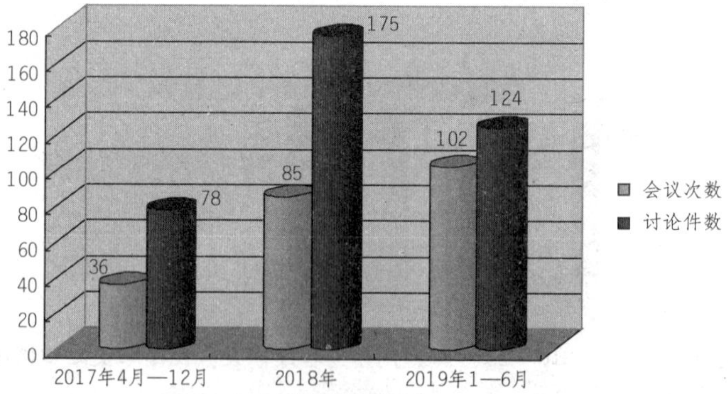

图6　S法院专业法官会议运行情况

4. 非实质化：特定个案监督与院庭长办案冲突难平衡。司法改革后，利益重整导致人员流动性变大,[①] 院庭长政务、人事管理难度突显。在全面从严治党战略布局下，对院长、庭长的党建党务要求较之以往更加严格，这些会牵扯院长、庭长大量精力。特别是员额制改革后，院庭长办案职责空前强化，办案数量有硬指标（见图7)。在工作时间常量的情况下，为了办案达标，院长、庭长特定个案监督与院庭长办案出现了如图8所示的冲突。

图7　　S法院2018年院庭长办案情况

	办案比例	承办案件结案数	担任审判长结案数	总数	人均数
院长	全院法官人均的5%	8	1	9	9
副院长、专委（6人）	分管部门法官人均的30%	764	117	882	147
庭长（9人）	本部门法官人均的50%	1843	608	2498	277
副庭长（12人）	本部门法官人均的100%	3219	287	3761	313
备注：2018年全院结案数：33629件，员额法官：90人；人均结案数：373件					

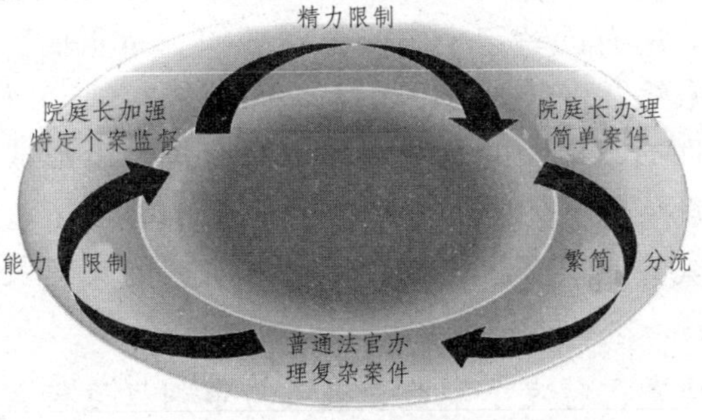

图8　院庭长监督与办案的恶性循环图

二、理论与实践再思考："四类案件"监管困境的原因剖析

院庭长"四类案件"的监管困境，需从思想认识、法理依据和实践样态多个维度进行深刻反思，方能为解决难题提供有益思路。

（一）认识偏差：特定个案监管与司法责任制不统一

有法官认为院庭长监督就是干预法官依法独立行使审判权，排斥监督管理，不主动报告"四类案件"；有院庭长认为法官办案责任自负，不履行或怠于履行监督管理职责，这些认识失之偏颇。根据我国《宪法》和《人

① 2015年以来，S区法院累计招录的辅助人员任职满一年的不足30%，2016年至2018年，招录人员的离职率高达58%，甚至出现历经一个月招聘而报到次日即申请辞职的现象，管理培训速录人员的成本高、难度大。

民法院组织法》明确规定，独立行使审判权的主体是人民法院而非法官个体，法官审判责任和院庭长监督管理责任同样是司法责任制的应有含义，对法官在审的特定个案监督管理具有正当性。首先，审判权并不具有天然的纯洁性，需要接受监督制约。其次，审判权行使具有裁量性和分散性等特性。法官自由裁量权会受其个体差异性、知识局限性、价值观多元性以及外部环境压力的影响，加之审判权行权主体分散在不同审判机构、不同独任法官、合议庭或者审判委员会（以下简称审委会）等审判组织，可能导致司法理念、审理思路、裁判标准的差异性，需要通过审判监督统一裁判尺度、把关案件质量。最后，"四类案件"的特殊性决定了法官需要接受监督指导，否则对外难以独立承担这类案件的政治、法律以及社会责任。

（二）权责落差：特定个案监管责任与权力配给不匹配

首先，从责任角度而言，根据《人民法院组织法》《法官法》之规定，院庭长具有多重职务身份，对特定个案进行监督是承担政治责任、法律责任和监督管理责任的复合责任，只能加强，不得推卸和削弱。其次，从权力角度而言，运行多年的院庭长定案权被废除，分案权被限制，审委会讨论案件范围限缩，旧有的特定个案监督管理的"承重墙"被打掉。两相比较，院庭长权力限缩，责任加大；相反，普通法官的定案权"还原"，但却难以独立承担"四类案件"的复合责任，原有机制下形成的权责平衡被打破。于是，在权责清单不甚明晰、新监管机制不够健全、新平衡尚未形成的转型阶段，院庭长谨慎有序放权，或者采取如前文提及的变通做法进行监督成为较好选择。

（三）现实反差：特定个案监管模式与审判权运行新机制不相融

回看历史，早在"一五"改革纲要中就对案件审批制开出"还权"于法官与合议庭的"药方"，明确要求院庭长不再签发非由自己审理案件的裁判文书。遗憾的是，由于改革过于激进，不符合当时的司法实际，缺乏相关制度配套，这项改革很快夭折了。[①]"二五"改革纲要之后，院庭长审判监督职能逐步强化。院庭长审判监督管理机制发展至今，已深度融入整个法院的权力运行体系，形成了一套制度体系、操作流程和行为规范。无论是法院领导层抑或是一线法官都对这一机制存在某种程度的"路径依赖"。[②]在新的审判权运行机制下，审判权实践运行中存在诸多不适。其一，原有的院庭长审批案件、审委会讨论案件、审判长联席会、庭（室）业务会等

① 高一飞、赵毅城：《院庭长审判监督管理机制的当前改革》，载《湖南社会科学》2018年第6期。

② 龙宗智：《审判管理：功效、局限及界限把握》，载《法学研究》2011年第4期。

把关案件质量的工作机制被废除或削弱。其二，案件汇报审批制被废除，院庭长难以及时、精准发现识别“四类案件”，进而指定合适的审判长，或调整其他合议庭成员进行审理。其三，由于特定个案监督程序不健全，院庭长难以衔接专业法官会议和审委会等平台，充分发挥其监督指导功能。最后，合议庭“独任化”倾向、审判长“虚化”等老问题，以及专业法官会议成员参会不积极、发言质量不高等新情况，相互交织，制约合议庭发挥办理“四类案件”的主导性和基础性作用。这些问题的根源在于资源配置不够优化、审判业绩考评不尽合理，权责利不尽一致，影响司法责任制的落实。

（四）定位误差：特定个案监督与院庭长办案不协调

2017年5月试行的《最高人民法院关于加强各级人民法院院庭长办理案件工作的意见（试行）》文件，一改以往对院庭长办案形式以及办案数量的要求，首次明确规定院庭长四种办案形式以及办案数量的硬标准（见图9）。但院庭长作为业务型领导法官，[①] 不仅肩负审判职责，还要承担审判监督管理以及行政管理等多重职责。“在多方面条件的制约之下，司法改革与司法操作只能寻求一种相对合理，而不能脱离环境与条件去追求一种理性原则和理想状态”。[②] 因此，院庭长担任审判长加入合议庭直接办理“四类案件”，不仅彰显办案的示范引领作用，而且体现履行个案监督责任的要求。同时，还可解决前文图9所示的冲突。

三、集成与融合新思路：“四类案件”监管困境的对策建议

新一轮司法体制改革从顶层设计上厘清了院庭长“四类案件”监管的总方向，但我国的司法体制改革有其独特的背景，改革设计者除了要考虑改革的目标方向须符合法理合理性之外，还必须考虑改革的策略和步骤，注意改革的渐进性和阶段性，[③] 特别是改革的系统性、整体性和协同性。

---

① 参见左卫民、全亮、黄翀、王禄生、张洪松：《中基层法院法官任用机制研究》，北京大学出版社2014年版，第11页。

② 龙宗智：《论司法改革中的相对合理主义》，载《中国社会科学》1999年第2期。

③ 万毅、杨春林：《论院庭长的审判监督权》，载《思想战线》2016年第4期。

改革文本/文件	具体内容
《人民法院第一个五年改革纲要》（1999–2003年）	· 首次提出要强化合议庭和法官职能，推行院长、副院长和庭长、副庭长参加合议庭担任审判长审理案件的做法
《人民法院第二个五年改革纲要》（2004–2008年）	· 明解院庭长应当参加合议庭审理案件
《最高人民法院关于增强司法能力、提高司法水平的若干意见》（2005年）	· 要求确定院庭长每年直接参加合议庭办案数量的硬指标
《最高人民法院关于完善院长、副院长、庭长、副庭长参加合议庭审理案件制度的若干意见》（2007年）	· 1.规定院庭长除参加审委会审理案件以外，每年都应当参加合议庭审理“疑难、复杂、重大案件；新类型案件；在法律适用方面具有普遍意义的案件；认为应当由自己参加合议审理的案件”等四类案件，或担任独任法官审理一定数量案件，办理案件应当起到示范作用。2.具体数量标准由体级法院根据实际情况确定，中基层法院办案数理标准要向高级法院备案。
↓	
《最高人民法院关于加强各级人民法院院庭长办理案件工作的意见（试行）》（2017年）	· 1.办案形式包括独任审理案件、参加合议庭作为承办法官审理案件、参加合议庭担任审判长或作为合议庭成员以与审理案件，不得以听取汇报、书面审查、审批案件等方式代替办案。2.基层人民法院的庭长每年办案量应当达到本部门法官平均办案量的50%~70%。基层人民法院院长办案量应当达到本院法官平均办理量的5%~10%，其他入额院领导应当达到本院法官居平均办案量的30%~40%。3.主持或参加专业法官会议、审判委员会、协调督办重大敏感案件、接待来访、指挥执行等事务，不能以此充抵办案数量。

图9　院庭长办案相关改革文件

（一）理念重塑：强化制约和保障审判权运行的监管导向

1. 以审判权为核心：突出法官主体地位。应祛除案件审批制下因“审批依赖”而推卸责任，明确合议庭与独任法官对案件质量管理的首要职责，以及对“四类案件”的主动报告义务。指定合适审判长审理重点案件，完善合议庭成员监督制约、业绩考评机制以及责任追究机制，发挥好合议庭把关案件质量第一“承重墙”作用。院庭长作为业务型领导法官，应具有与其法官级别相匹配的专业能力，从后台“审批”把关转变为前台“审案”示范，引领法官群体“术业有专攻”。

2. 以指导制约为保障：聚焦程序性监管。院庭长审判监督权“不直接作用于案件的事实认定和法律适用，而是在不侵蚀裁判独立性的前提下实施的程序性约束、调配和引导”，[①] 旨在于通过程序性监督对裁判者进行提示、咨询以及制约。因此，院庭长监管内容应从实体化审批把关转向程序化制约，监管方式应由随意性、私密性转变到平台化、公开化，做到“监督有平台、监督必留痕”，防止因监督管理不当干预依法独立行使审判权。

3. 以风险防控为目标：着力关键节点管理。院庭长对案件的全流程、

① 李承运：《司法责任制下院庭长审判管理监督权的如何转型》，载《人民法院报》2017年5月22日。

全节点管理必须转向关键节点管理，防范化解司法领域的重大风险。重点控制立案的审查节点、案件移送（包括法院内部庭室以及两级法院之间）、案件排期、开庭审理、宣判、结案、文书上网等关键环节，防止成为网络舆情以及社会稳定风险引爆点。要加强对案件审限变更的重点监控，防范通过程序控制实现非法利益。

4. 以信息化为引领：融合智能要素管理。着眼规范高效，积极推动信息化、人工智能技术与审判管理工作的深度融合，革新审判监督管理模式。通过类案自动推送软件和智能辅助办案系统服务保障法官统一裁判尺度，保障案件质量。借力案件流程管理软件和审判综合管理系统，对案件程序节点自动化监控和精准化分析。依托司法大数据，为审判绩效考评和审判资源配置提供重要参考。

（二）权责重整：强化权责明晰、权责利相一致的监管原则

1. 明权：从实体性监督转向程序性监督。新的审判权运行机制要求院庭长应由逐案审批的实体性监督，转变为特定个案的程序性监督以及宏观审判管理。因此，院庭长审判监督管理职权内容需体现这一深刻变化，应重构为三项核心职权：审判事务决策权、统一裁判标准审判监督权和综合审判管理权（见图10）。（1）审判事务决策权。“管案不管人，案件是管不好的，只有注重对人的管理，提升对人的管理效能才能最终管理好案件。”[①]审判事务决策权是第一位职权，主要包括审判资源配置、程序性事项审批以及审判绩效考评等职权。（2）统一裁判标准审判监督权。院庭长审判监督权本质上属于程序性监督权，包括针对特定个案报告事项的审核权，并根据审核结果决定是否提交专业法官会议和审委会讨论的程序启动权。（3）综合性审判管理权。院庭长审判管理职责具有综合性审判管理职责的特征，其核心应当是实现个案信息、类案信息、整体审判信息等案件信息对称。[②]院庭长通过授权审判管理办公室（以下简称审管办），借助信息化技术对“四类案件”诉讼流程的重要部位和关键节点进行有效监管，主要包括审限管理、程序控制等职权。

---

① 江必新：《国家权力科学管理视阈下的审判管理》，2016年9月在全国法院审判管理培训班的授课整理。

② 赵瑞罡：《关于院庭长审判监督管理机制重构的思考》，载《人民法院报》2016年7月20日。

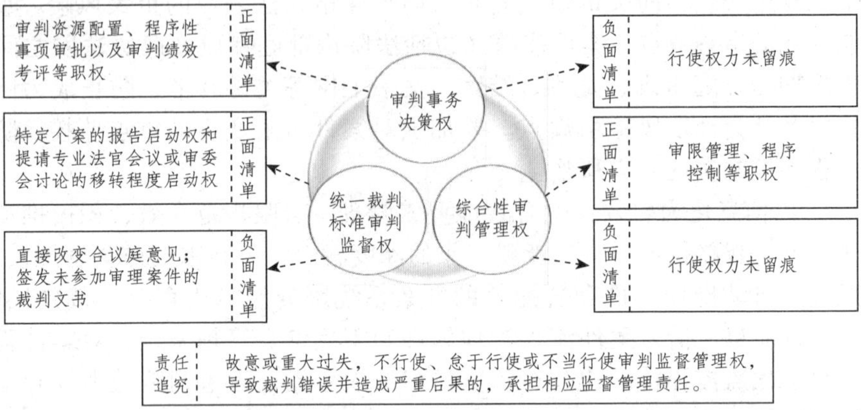

图 10　院庭长审判监督管理中主要职权清单

2. 定责：从监督管理责任到办案责任。（1）院庭长责任。院庭长负责审判监督管理，既是法官必须服从的权力，更是院庭长必须履行的法定职责。因故意或重大过失，不履行、怠于履行或者不当履行职责，导致裁判错误并造成严重后果的，依照有关规定承担违法监督管理责任。（2）独任法官或合议庭责任。对经认定属于“四类案件”，不按照程序报告案件进展和评议结果，导致裁判错误并造成严重后果的，应追究审判主体的相应违法审判责任。办理“四类案件”较一般案件更容易出现错误，在司法责任的结果导向下，很可能会承担相应责任，或产生荣誉负担，这无疑会削弱法官办案积极性。不能仅从案件结果，更应结合其行为，才能追究相应责任。

3. 考核激励：从科学考评到结果运用。（1）科学考评院庭长及普通法官的个人业绩。合议庭成员、专业法官会议参会法官、审委会委员评议、讨论案件应计入工作量，并根据其在案件审理中的地位和作用，按照权重折抵办案数。（2）注重个人业绩考评结果的应用，将监管效果、审判业绩与法官等级晋升、审判业务专家评选、评优评先、绩效奖金档次紧密挂钩。这有利于正向激励院庭长对“四类案件”的监管，也有利于增强法官参加合议庭、担任审判长或承办法官的办理案件以及参加专业法官会议和审委会讨论案件的积极性。

（三）模式重构：强化监管有效、运转有序的监管路径

1. 前提：构建“法官 + 专业法官会议 + 院庭长”的三阶识别模式[①]。对于“四类案件”识别难题，现有的立案庭初步排查、业务庭重点排查以

① 三阶识别模式并非必须经过三个阶段去识别，对于重大疑难复杂案件以及类案冲突等案件的识别，可以适用三阶识别模式。对于其他类型案件的识别，可以直接由院庭长审查认决定。

及纪检监察、效能、投诉等归口管理部门综合排查，各有优势，但也有短板（见图11）。特别是，重大疑难复杂识别难度大。毕竟案件是否重大疑难复杂，与其说是一种客观标准，不如说是一种主观感受。尽管立案及分案阶段难以确定案件难易程度，但法官在办理案件过程中却能清晰地认识到案件的性质。[1] 因此，应强化法官主动发现报告“四类案件”的主体性，充分发挥专业法官会议的群体决策优势以及院庭长的资历能力，构建“以法官发现报告为主、专业法官会议讨论认定以及院庭长审查决定为补充”的识别模式。

图11　“四类案件”发现路径比较

名称	主体	主要案件类型	优点	缺点
初步排查	立案庭	群体性、新类型、涉特殊主体、发回重审及再审案件	早发现、早处置	发现准确度不高
重点排查	业务庭分管副院长、庭长	各类型案件	现场管理优势	受院庭长精力和能力限制
综合排查	纪检监察、信访、效能投放归口管理部门	涉嫌违法违纪审判案件，包括信访投诉、检察建议、人大关注和上级督办案件	及时调整承办法官	法官容易抵触

（1）第一阶：法官主动发现报告。《完善司法责任制若干意见》第二十四条对“四类案件”之规定较为原则和抽象，应结合当事人特殊性、裁判结果冲突性、案件疑难复杂性以及司法廉洁干扰性等基本特征，对“四类案件”的认定标准进行完善细化，方便院庭长和法官“对号入座”“各取所需”（详见附件）。实务中，基于双方立场的差异性以及监管的可操作性，建议从院庭长监督视角转变为法官寻求办案指导角度，梳理出“四类案件”的认定指引（见图12）。独任法官或合议庭在审理案件过程中，发现案件疑似“四类案件”，主动向院庭长报告，并填写《专业法官会议上会审批表》，提请专业法官会议讨论。

图12　四类案件认定指引

案件类型	认定维度	具体认定指引
群体性纠纷案件	当事人特殊性	法官收到案件后，当事人数量众多（一般为10人以上）或涉特殊主体的，根据诉求，判断可能会影响稳定的

① 姚明平、胡胜：《院庭长办案制度定位与运行模式重构——基于对C市部分法院院庭长办案情况的实证分析》，载《山东法官培训学院学报》2017年第6期。

续上表

案件类型	认定维度	具体认定指引
疑难复杂案件	裁判复杂性	通过阅卷和证据交换或者已经开庭的，发现案件法律关系复杂、争议焦点3个以上、证据采信标准存疑、法律适用困难、当事人利益难以衡平的
类案冲突案件	裁判结果冲突性	通过强制检索，发现与上级法院判决、本院已判决同类型案件有冲突的案件、与类案处理规则有冲突的案件
违法审判案件	司法廉洁性	案件处理中，收到当事人信访投诉的，可能会影响案件公正裁判的；或者当事人提出回避申请的

（2）第二阶：专业法官会议讨论认定。会议秘书应在登记受理上会申请之日起2日内呈报庭长审核，庭长应在3日内审批决定是否召开专业法官会议。如决定召开，会议秘书要在3日内确定会议召开日期及参加人员，并报庭长决定。如决定不召开，应以书面形式说明理由。专业法官会议对是否属于“四类案件”（实体）、是否转为普通程序（程序）等关键事项为法官办案和院庭长监督管理提供咨询和指导意见。通过该机制，实现监管平台化和公开化，防止院庭长不当扩大“四类案件”监管范围。

（3）第三阶：院庭长审查决定。原则上，院庭长按照分管的工作范围对“四类案件”予以审查决定。但根据案件特点、监督需要以及工作量饱和度等因素，院长和分管副院长可以按照层级进行授权。实践中，院领导对法院的组织领导主要是通过对中层干部的管理来完成的。作为代表院领导意志的庭长因其就近和现场管理优势，成为审查决定“四类案件”的主要力量。但对于涉及跨部门协调、资源调动难度大、特别重大敏感以及涉及违法审判的重点案件，要由分管副院长或院长进行审查决定。对于法官主动报告的案件是否纳入“四类案件”监管范围，院庭长须在专业法官会议讨论认定后的2日内审查决定。（见图13）“四类案件”原则上需采用普通程序审理。如需指定审判长或者调整承办法官等其他合议庭成员，院庭长应在审查决定之日起3日内确定。

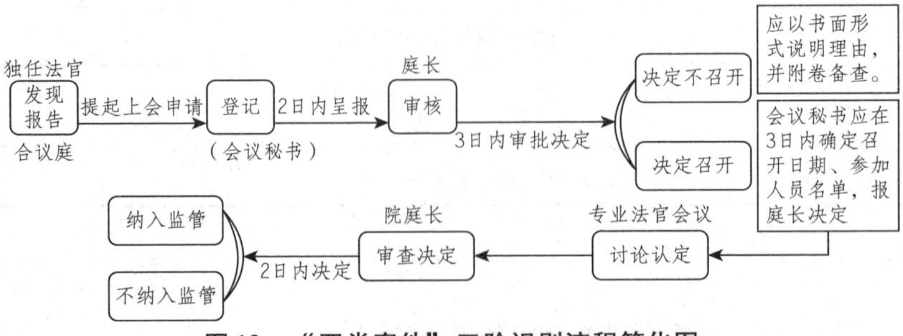

图13 “四类案件”三阶识别流程简化图

2. 关键：构建院庭长“办案+监督”的复合监管模式。（1）“院庭长合议庭”直接监管模式。院庭长直接加入合议庭并担任审判长，或者调整原合议庭成员，直接担任承办法官或审判长，组成合议庭审理案件。该合议庭的优势在于通过合议庭内部的监督制约，将院庭长办案与履行审判监督职责有机融合。具体保障措施如下：

一要完善院庭长办案形式和办案数量、质量的规定。办案形式上，仅保留院庭长担任审判长参加合议庭审理案件的形式，其他形式应予以取消。办案数量方面，应放在院庭长整体工作量中设定办案底线指标，必须扣除院庭长行政角色扮演和特殊司法角色扮演的工作量。[①] 办案质量方面，主要办理“四类案件”，尤其是重大疑难复杂案件。二要完善分案规则。建议院庭长不参与普通法官的初次同步随机分案，实行指定分案。这一做法既保证了随机分案的公正性和高效性，也兼顾了指定分案的灵活性和精准性。通过把合适的案件分配给合适的法官审理，实现人力资源管理意义上的“能级对应”。[②]

（2）“合适审判长合议庭”间接监管模式。合议庭是保证特定个案办案质量的重要审判组织，发挥着第一“承重墙”的重要作用。因此，一方面，院庭长必须有效行使审判事务决策权，确保合议庭代表法院行使好审判权。院庭长可以根据法官审理专长、办案经验以及案件特点等因素，指定合适的审判长人选，并决定是否变更承办法官，组建适合办理“四类案件”的合议庭。另一方面，院庭长根据事中监督需要，通过对“四类案件”的启动报告、建议移转和会议讨论程序，以及查阅卷宗、旁听庭审、查看案件流程情况等其他方式，履行好办案监督指导职责。

3. 核心：创设“规范化+智能化”的监管流程。（1）监管流程与审判管理系统的信息化集成。依托大数据、云计算、人工智能等新技术，建立智能化、一体化审判监督管理平台。一是强化对“四类案件”的标准化识别、标签化处理、节点化控制，研发提醒催办、风险警示、权限限制、类案智推、格式文书自动生成、智能语音识别以及智能统计等系统功能，提升监管的规范化、透明化和智能化水平。二是动态监控院庭长程序性事项审批权，做到节点可查、进程可期、全程可溯，强化对院庭长监督管理的再监督，防止院庭长通过延宕程序性事项的审批周期、掣肘法官办案，偏离甚至侵蚀公正高效的价值目标。

（2）监管流程与审判权运行的程序性融合。一是启动报告程序。根据

---

① 李江蓉：《检视三重复合身份下院、庭长入额与办案》，载《人民司法（应用）》2017年第19期。

② 谢刚炬、蔡秀、于燕燕：《人民法院随机分案机制改革路径探究——以五家中基层法院的改革实践为视角》，载《法院改革与民商事审判问题研究——全国法院第29届学术讨论会获奖论文集（上）》，人民法院出版社2018年版，第195～196页。

监督需要，院庭长可以随时开启监管程序。但为了防止干扰审判权运行，院庭长应于程序启动前3日应向合议庭发出《“四类案件”督办单》。报告内容包括审理进度和计划、评议结果以及案件基本事实和认定依据等。院庭长可以选择在案件审理的关键环节和重要风险节点，听取合议庭报告。合议庭在收到督办通知后3个工作日内以书面形式向院庭长报告。二是建议移转程序。院庭长在收到书面报告起3个工作日内对报告事项予以审核反馈。若认为报告事项中存在程序性瑕疵需要补正的，院庭长可以直接责令指正。若对报告事项的实体性评议结果有异议的，院庭长可以根据案件需要，决定合议庭按照程序提交专业法官会议或审委会讨论。三是会议讨论程序。合议庭收到督办要求后，应及时提请上会讨论程序，并提交《专业法官会议审批表》、案件审理报告以及“类案”及“关联案”检索报告。会议秘书在登记受理后3个工作日内拟定会议召开日期及参加人员名单，报庭长决定。跨部门专业法官会议需由庭长报分管副院长决定，由审管办牵头召集。专业法官会议一般采取每周一次的定期例会形式，需紧急讨论的案件由分管副院长或院长临时召集。为充分发挥专业法官会议咨询和指导功能，并保障会议及时召开，仅规定参会人员的最低数量（3人以上）即可。“有约束力的程序可以尽量排除社会影响力和身份差异等因素影响，为观点的碰撞提供良好的平台。”[①] 会议实行民主原则，案件承办法官首先发言，合议庭其他成员补充相关意见，其他参会人员逐个发言。主持人最后发表意见并归纳总结会议讨论研判结果。会议讨论过程要规范记录，全程留痕，归入副卷备查。上会讨论后，合议庭经复议仍无法形成一致或多数意见的，提交审委会讨论决定。四是闭合监管程序。审委会讨论决定后，合议庭必须在1个月内根据审委会讨论形成的多数或一致意见，制作裁判文书。审管办负责跟踪督促审委会决定的落实情况，并及时向院长报告。（见图14）

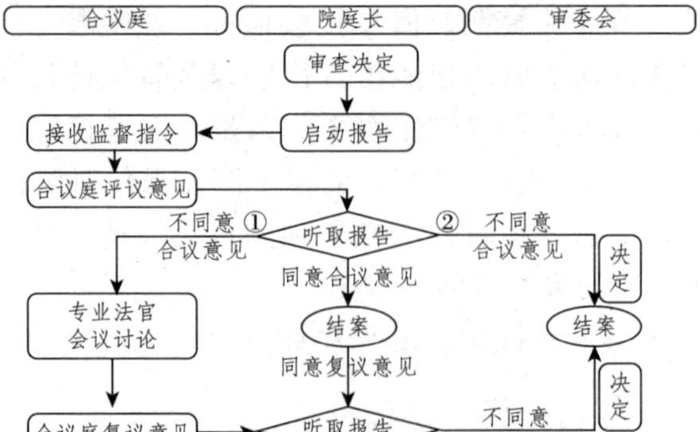

图14　“四类案件”监督管理流程简图

① 参见季卫东：《法治秩序的建构》，商务印书馆2015年版，第47页

结　语

习近平总书记强调，当今中国面临百年未有之大变局，要坚持底线思维，增强忧患意识，提高防控能力，着力防范化解重大风险。[①] 办好“四类案件”是法院防范化解重大风险的关键之举，意义重大。履行好“四类案件”的监管职责是院庭长必须承载的重大政治责任、法律责任和社会责任。当前，深化司法责任制改革过程中出现的“四化四难”监管困境，集中反映了一定程度上认识偏差、权责落差、现实反差以及定位误差等深层次原因，亟待通过综合配套改革的方法去化解。本文主要从理念重塑、权责重整和模式重塑等三个面向进行路径探索：聚焦“四类案件”的识别认定难题，构建“法官＋专业法官会议＋院庭长”的三阶识别模式；着眼“四类案件”质量把关难，打造院庭长“办案＋监督”的复合监管模式；针对“四类案件”监管流程缺位问题，创设“规范化＋智能化”监管流程。在此基础上，我们结合基层法院实际情况，草拟“四类案件”监管管理的操作规定，以尽绵薄之力。藉此，希冀院庭长在放权和监督之间寻获最佳契合点，法官在受指导和被制约中求取最大公约数，审判权运行与院庭长监督管理相融相成，以最小冲突获得最大效益。

---

① 习近平：《着力防范化解重大风险》，载《理论导报》2019 年第 1 期。

从宏观指导到微观挖潜：民商事审判流程运行精细管理模式构建

——基于审判权运行可度量模型的分析

钟秋玲[*] 王培松[**]

审判流程是审判工作的基本单元，审判流程管理是否高效直接影响审判工作是否顺畅并最终关涉司改初衷的实现。审判流程管理不应仅是领导者的“责任”，审判流程的每位成员都应是流程管理的深度参与者，即“管理的本质就是管理者的自我管理”。正如《最高人民法院关于深化人民法院司法体制综合配套改革的意见——人民法院第五个五年改革纲要（2019—2023)》（以下简称《五五改革纲要》）提出加强审判流程标准化建设，旨在为每位审判团队成员提供标准化指引。然而，如何建设标准化审判流程？当前制约审判流程高效运行的主要问题是什么？针对上述问题，考虑到基层法院在法院体系扮演的重要角色，而民商事案件在基层法院的占比较大，本文选择以一审民商事案件为视角进行研究分析，[①]旨在帮助更多团队及成员树立流程管理意识，实现审判流程从传统的凭经验管理向更为精细的量化管理转变，以期对审判团队流程管理有所借鉴与启发。

一、实践困境：民商事审判流程运行现状实证分析

随着立案登记制与员额制改革的施行，组建以审判团队作为办案单元，普遍面临一定周期内结案数量激增、结案周期压缩及司法需求不断提高的难题与挑战。审判团队的管理经验在大体量案件管理和人员分类管理交织下“捉襟见肘，参差不齐”、流程审限预警缺失导致案件“扣审”“延审”

* 作者单位：北京市丰台区人民法院。

** 作者单位：北京市丰台区人民法院。

① 笔者所在的B省F区法院的民商事审判庭基本组建了审判团队作为办案的基本单元，审判团队模式多样，但基本离不开三类人员的配合，即法官、法官助理和书记员。本文的民商事审判流程运行主要基于最基础的民商事审判团队即以法官—法官助理—书记员三类人员配合为视角展开本文论证研究。

问题不时出现等，面临微观层面民商事审判流程运行质效不高的现状。

（一）审判流程缺乏标准量化指导，流程管理主要依靠个人经验

传统的民商事审判流程管理模式偏向于小作坊模式，即审判团队成员互相之间更多是通过口头交流，较少借助管理工具对审判流程进行度量解构并进行精细化管理。这种模式在人员和案件相对较少时能取得一定效果，但随着审判流程人员衔接增多、案件数量激增及流转周期压缩的情况下，传统模式暴露出了越来越多的弊端。如依靠人工核验案件的进展情况，耗时长且随意性较大，缺乏对案件流程进展的可视化呈现；各审判流程审限缺失，致使审判流程审限预警缺失引发长期未结案；各个流程的时间成本与实际不匹配导致案件质量下降等。上述问题造成流程管理效率不高，直接影响审判团队的办案质效。

（二）审判流程管理两级分化严重，优秀经验未能辐射传播

审判团队之间管理风格差异较大，且呈现两级分化的特点。笔者经过走访调研发现，少数优秀的审判团队管理意识较强，通常会根据团队负责人的经验构建相应的审判管理规范和章程。如B省H区法院某全国模范法官、B省审判业务专家在十年前就已经开始探索高效的审判管理流程，并带领庭室取得了优异的成绩。在案件数量普遍激增、人员衔接配合频繁下，对现有审判流程管理经验进行总结归纳提炼，并引入精细化管理体系为更多审判团队提供管理指导，是提高现有审判管理团队效率的关键举措之一。

（三）总结反馈机制缺失，流程运行陷入低效循环

笔者调研了B省F区法院20多个民商事审判团队的运行现状，发现其中90%以上的团队没有定期总结反馈机制，大多数团队及成员都忽略了总结反馈及规划机制的重要性，使得审判流程运行陷入了“工作效率低下→案件将超审限→所有工作时间用来‘赶审限’→没有时间总结归纳→工作效率低下”的恶性循环中。显然，总结反馈机制的缺少，阻碍了审判流程效率的提升。

二、现有方案分析及精益管理理论的引入

（一）现有解决方案分析

1. 信息化建设重形式轻应用，用户体验有待提高。《五五改革纲要》提出建设现代化智慧法院应用体系。笔者所在的B省法院研发的“智慧云”系统，实现网上办公规范流程审批，建立智能检索平台与研判系统、“睿法官”辅助办案，信息化工具实现了审判流程办公的便利化、智能化。但在信息化建设过程中亦存在重形式轻应用，缺乏与多个系统的深度融合，导

致系统过载，信息化平台面临实际使用率不高的困境。

2. 引入外部力量辅助结案，范围及程度受限。为缓解案多人少的审判压力，B省法院尝试引入外部力量，如将审判辅助事务外包，构建多元纠纷解决机制，引入律师、行业调解等外部力量来分流案件，组建速裁团队实现案件快慢分道。上述尝试一定程度上缓解了审判压力，但也受介入范围及程度的局限，因此在外部资源给予有限情况下，审判团队内部运行、审判流程管理潜力挖掘较为紧迫且关键。

3. 以心理疏导机制回应法官工作饱和效果有限。为缓解审判团队工作压力，B省各法院尝试建立定期心理辅导机制，增设解压室、瑜伽室等拓展团队成员的娱乐、休闲活动。上述机制一定程度上让团队成员释放压力以"轻装上阵"，但若未从源头上解决审判团队运行中制约其提升整体效率的问题，所谓的减负、减压也只是浅层的、阶段性的。

综上，现有方案更多是从宏观层面化解法院人案矛盾突出下的效率提升问题，缺乏在微观层面对审判流程暴露出的问题给出具体的对策指引。在外部资源供给有限的情况下，审判流程效率的挖潜与优化仍有较大的提升空间。

（二）业务流程管理理论的引入

解决审判流程微观层面的运行问题，需要合适理论工具的指引。笔者认为，审判流程管理可以管理理论中的业务流程管理理论（Business Process Management，BPM）。如图1所示，业务流程管理理论是一个持续改进关键流程的管理过程，是包括识别审判团队运行流程关键信息、管理运行流程、持续改进现有流程以及开发新流程等环节在内的持续性过程。①

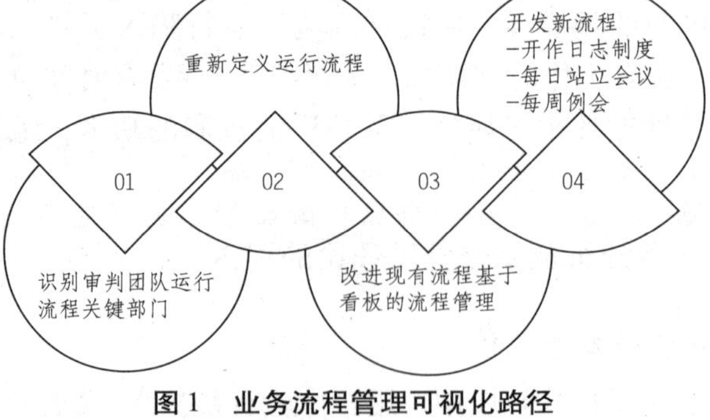

图1　业务流程管理可视化路径

业务流程管理理论是管理学的一个经典理论，在多年的实践中取得了

① ［美］金佰利·华生·赫姆希尔、克里斯汀·尼森·布莱德利：《精益六西格玛创新实践之道——高效业务流程改进实战指南》，刘东、黄泱等译，机械工业出版社2018年版，第135页。

许多优异成绩。例如，软件公司 IBM 运用业务流程管理理论重新制定了精细、标准化的开发流程，将以团队负责人为核心的传统开发模式升级成所有成员参与的敏捷开发模式，在成功应对互联网高潮带来大量业务的同时节省了超过 30 亿美元的研发成本。[①] 笔者认为，法院目前人案矛盾突出的现状与 IBM 当年所处困境相似，引入业务流程管理理论，可以有效的解决当前的困境，具体思路如下：

1. 识别审判流程关键问题，帮助团队成员提高流程管理意识。审判流程管理的必要性被团队及成员忽略，审判流程自身运行亦面临难以度量、流程审限缺失导致审理过程预警不力、总结反馈机制缺失致使流程陷入低效循环。有效地识别上述问题有助于审判团队成员培养管理意识，提高审判流程运行效率。

2. 定义与度量审判流程，为审判流程管理提供量化基础。本文尝试构建审判权运行可度量模型，通过案件难易度、专业度、紧急度以及工作量四个维度对审判流程进行量化解构，为后续流程的改进与优化提供数据及理论支持。

3. 改进现有审判流程，辅助审判团队提高运行效率。本文尝试引入看板管理可视化工具，通过流程可视化、关键信息展示、紧急度预警、流程协作管理等方法改善流程微观层面运行不畅的问题，提高审判流程运行效率。

4. 开发新流程，建立完善的审判流程规范。本文尝试引入工作日志机制、例会制度、预警机制、总结反馈与规划机制，并在此基础上，建立完善的审判流程规范，为案件流程的持续改进与优化提供可行性路径。

三、审判权运行可度量模型的构建

（一）审判权运行的四个维度

针对审判流程管理难以量化的问题，本文引入了审判权运行可度量模型。本文选取了与案件审理密切相关的四个维度，即案件难易度、事务专业度、紧急度及工作量。其中，难易程度系对案件繁简分流的考量系数，难度越高的，投入的时间越多；专业程度基于“定人定责”解决人员分类问题，即将流程事务设定核心审判事务由法官负责，非核心事务由辅助人员负责；紧急程度基于“定时”，确定流程节点完成时间，衡量流程事务的优先序；关于工作量维度，考虑到影响工作量的因素既包括如个人能力、身体、心理素质等难以量化因素，还包括可量化因素主要表现为工作时间，

① 参见谢明志：《敏捷思维：移动互联网和大数据时代 IT 企业转型、升级与再造之道》，机械工业出版社 2015 年版，第 12 页。

对于不可量化的，暂不在本文的研究范围内，本文主要选取工作时长作为工作量的量化指标。

（二）四个维度的度量

1. 难易程度的度量。对于案件难易程度的度量，《B省法院法官办案业绩评价办法》将难易程度分为固定系数和浮动系数，对案件难易程度进行了度量。本文参照该办法，定义案件难易程度的计算公式如下：

$$C = A1 \times A2 \times A3 + \sum F_i$$

其中，C为案件的难易程度，A1为案件类型固定系数，A2为简易和普通程序，A3为串案固定系数，西格玛 $\sum F_i$ 为已发生的浮动系数的求和，浮动系数如涉重大敏感、涉外等（案件难易系数表详见附件1）。

为了更为直观地说明上述难易程度计算公式，以基层法院审理的一审民事普通程序案件为例，若无其他事件发生，其难易程度为：1×1.5×1=1.5。此时若发现当事人涉外浮动系数为0.1，且当事人提出管辖权异议浮动系数为0.3，难易程度变为：1.5+（0.1+0.3）=1.9。

2. 专业程度的度量。从社会分工的角度而言，专业人才独立负责专业事务符合公平、效率的原则，对审判权与裁判权进行解析，区分必须由法官行使的权限与可由辅助人员代行的权限，界以将审判事务区分为审判职与辅助职是实现法院人员分类改革的目标。[①] 本文设置专业程度主要考虑该审判事务与核心审判的距离，将距离远近区分为核心审判事务（7~10分）、次核心辅助事务（4~6分）、低判断程序性事务（0~3分）[②]。为了对专业程度进行度量，笔者梳理了民商事案件审判流程及其相应岗位流程标准并设定相关负责人，如图2所示：

① 傅郁林：《以职能权责界定为基础的审判人员分类改革》，载《现代法学》2015年第4期。

② 为了便于对专业程度进行度量，笔者对审判事务进行了赋值，分值区间从0分到10分，分值越高表明该事务越接近核心审判权。

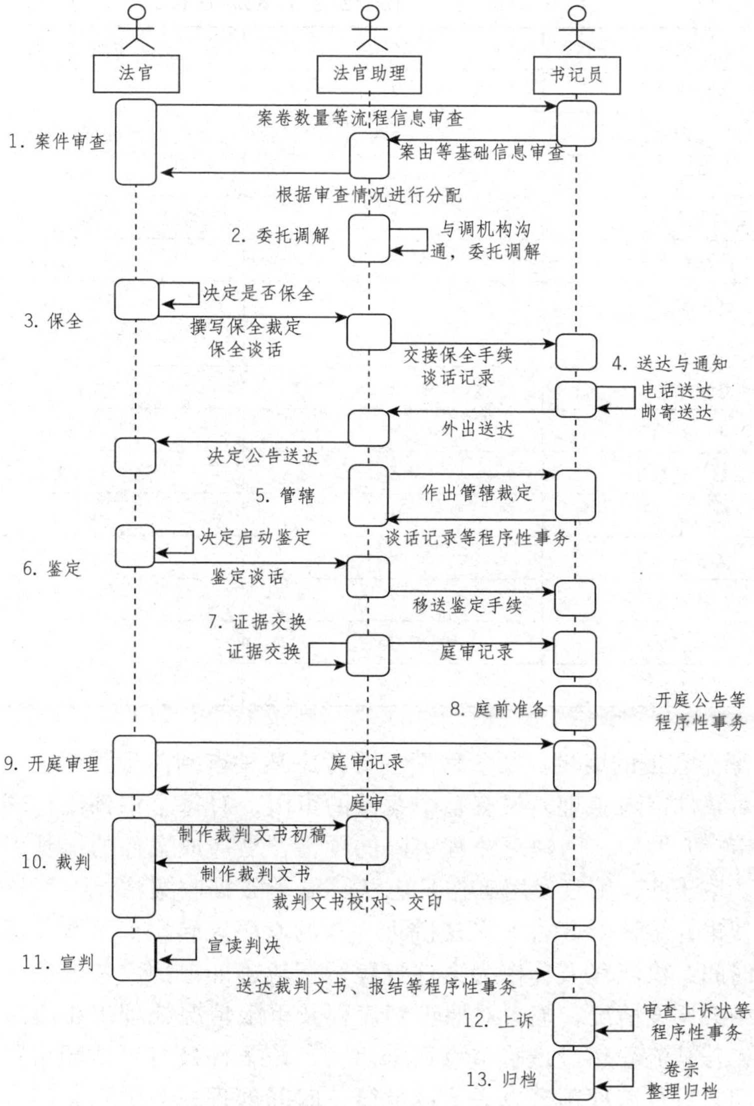

图2　民商事案件审判流程图及人员分工

通过对民商事案件流程的分析整理，笔者对案件流程对应的专业程度进行了赋值，并设定流程主要负责人。具体赋值如表1所示：

表 1　　　　民商事案件审判流程专业度赋值表

案件流程	专业程度	主要负责人
案件审查	7	法官
委托调解	5	法官助理
保全	7	法官
送达	3	书记员
处理管辖	6	法官助理
证据交换	6	法官助理
鉴定	7	法官
庭前准备	2	书记员
开庭审理	9	法官
文书起草	8	法官、法官助理
裁判定稿	10	法官
文书校对	4	法官助理
结案	2	书记员
上诉移转	3	书记员
卷宗归档	2	书记员

3. 紧急程度的度量。紧急程度主要考虑某一审判流程距离收案时间的远近。对案件审限管理，仅有整个案件的审限，对每个审判流程的审限未进行规定。实践中，因缺乏流程审限的预警，易造成案件的拖延引发长期未结案。鉴于此，笔者使用工作日志法、电子数据收集法、人工核算统计等方法搜集并统计了 B 省 F 区法院近一年的有序流转民商事案件流程的平均审理时间，供流程人员作为案件流程运行轨迹的参照。考虑到案件有序流转及结案调度情况，笔者对照审判流程及审限情况梳理出相应阶段的最晚节点，若某流程超过最晚节点还未启动，该案件极有可能超审限，此时对审判团队进行流程预警以提示成员第一时间处理。考虑到案件审理过程中有不计入审限内的如公告、鉴定等事项，笔者将审判流程分为一般流程和特殊流程，并分别按照简易程序和普通程序计算出各自的平均节点和最晚节点如表 2、表 3 所示：

表 2　　民商事案件审判流程节点情况表

案件流程	简易最晚节点（天）	简易平均节点（天）	普通最晚节点（天）	普通平均节点（天）
案件审查	59	3	73	7
委托调解	62	7	76	10
送达	68	15	106	30
证据交换	73	28	136	50
庭前准备	78	40	146	80
开庭审理	85	45	156	95
文书起草	88	55	176	110
文书校对	89	57	179	115
宣判结案	90	58	180	116

表 3　　民商事案件特殊程序①节点情况表

案件流程	简易最晚节点（天）	简易平均节点（天）	普通最晚节点（天）	普通平均节点（天）
保全	25	15	25	15
公告送达	157	153	157	153
管辖异议	120	100	120	100
鉴定	120	80	120	80
上诉移转	33	20	33	20

在此基础上，本文采取分段函数的方式定义紧急程度的公式如下：

$$E=\begin{cases}10*sigmoid[3*(D_{平均}-D)/D_{平均}], D<D_{平均}\\10*sigmoid[5*(D-D_{平均})/(D_{最晚}-D_{平均})], D\geqslant D_{平均}\end{cases}$$

其中，E 为紧急程度指标，D、$D_{平均}$、$D_{最晚}$ 分别表示流程实际时间节点、流程平均节点以及流程最晚节点。*sigmoid* 函数是自然科学中的常用函数，其计算公式为 $sigmoid(x)=1/(1+e^{-x})$。该函数特点是在零点时变化较快，也就是说当流程耗时接近平均耗时时，紧急程度将会加速变大，提醒审判团队提高对该案件的关注度。

为直观说明上述公式，本文以简易程序中的委托调解流程为例。该流程最晚节点和平均节点分别为 62 天和 7 天，从接收案件到超过最晚节点 5

① 保全、公告送达、管辖异议、鉴定及上诉移转等特殊程序节点不计入在法定审限内，起算与计入案件审限内的时间节点起算不一致，故笔者进行区分计算，其中上述程序的时间节点并不区分简易、普通程序，二者取值一致，对于最大耗时，笔者根据相应程序的时间要求进行统计而来。

天案件的紧急程度变化如图 3 所示。当实际节点为 0 天，紧急程度接近于 0；当实际节点等于平均节点（7 天）时，紧急程度等于 5；当实际节点超过 20 天，紧急程度超过 8，表示审判团队需要提高注意力；时间节点越接近最晚节点，紧急程度越高，越需要成员第一时间处理。

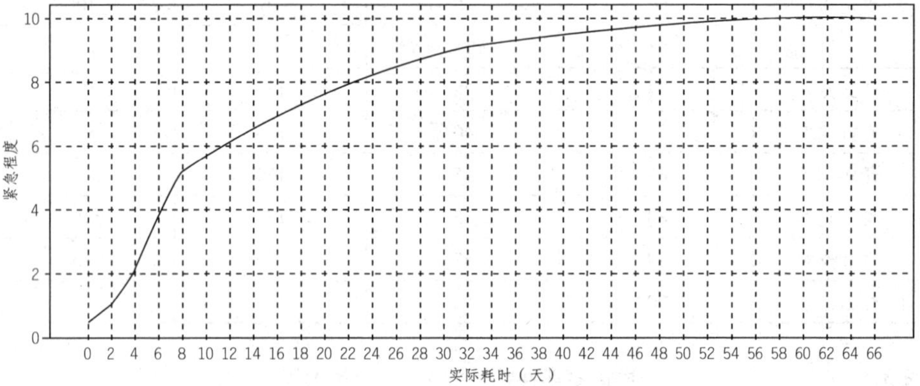

图 3　民商事案件紧急程度变化曲线图

4. 工作量的度量。工作量在本文主要指团队成员在相应流程事务所花费的工作时间。考虑到工作时间与案件难易程度、个人能力、团队的办案效率有直接关系，本文将工作量维度设置为基准工作量和动态工作量。对于基准工作量，笔者选择 B 省 F 区法院审理的一审民事简易程序且无其他特殊事件的案件作为统计目标，这类案件的特点是其难易程度值为 $1 \times 1 \times 1 = 1$，可以作为本文工作量度量的基准线。本文根据以下方法获取这类案件各个流程用时的基准工作量：（1）工作日志法。通过搜集、跟踪 B 省 F 区法院 10 个民商事审判团队近 6 个月的工作日志，每天记录各个成员的工作内容与工作用时，作为测算各类人员完成案件各个阶段基准用时的依据；（2）德尔菲法[①]。由法官、法官助理及书记员组成三个小组，要求每类人员对其经手的流程的平均耗时问题逐轮发表意见，经过收集意见、向小组成员反馈信息然后重复进行，直到每个小组成员不再改变自己的意见为止。通过上述方法获得案件各个阶段耗时的基础数据后，计算三类数据的算术平均值作为三类人员不同阶段的基准统计值，如表 4 所示：

① 德尔菲法，又称专家会议预测法，是一种主观预测方法。它以书面形式背对背地分轮征求和汇总专家意见，通过中间人或协调员把第一轮预测过程中专家们各自提出的意见集中起来加以归纳后反馈给他们。

表4 三类人员案件流程基准工作时长统计表

案件流程	法官基准工作量（小时）	法官助理基准工作量（小时）	书记员基准工作量（小时）	三类人员流程时间总计（小时）
案件审查	0.4	0.6	0	1
委托调解	0	1.5	0.5	2
送达	0	0.3	1	1.3
处理管辖	0.5	1.5	0.5	2.5
庭前谈话	1.5	2.5	2	6
诉讼保全	1	2	1.5	4.5
证据交换	1	2.5	2	5.5
受理鉴定	2.5	2	1.5	6
庭前准备	0.5	0.5	1	2
开庭审理	2	0	2.5	4.5
文书草拟	2	3	0	5
文书校对	0	1.5	1	2.5
宣判结案	0.2	0	0.5	0.7
上诉移转	0	0	2	2
卷宗归档	0	0	1.5	1.5
每类人员所有流程用时总计	11.6	17.9	17.5	47

动态工作量系在基准工作量基础上，根据案件难易程度的变化情况及效率系数动态调整审判团队的工作量，其计算公式如下：

$W_{动态} = \alpha C W_{基准}$

其中，$W_{动态}$、$W_{基准}$ 表示该案件流程对于该类审判人员的动态工作量和基准工作量；C 表示该案件的难易程度；α 为审判团队效率系数，该系数可根据审判团队上一年度结案量进行估算：$\alpha = Case_{平均}/Case_A$，其中 $Case_{平均}$ 为上一年度民商事审判团队的平均结案数量，$Case_A$ 为审判团队 A 上一年度结案量，α 越小表明该审判团队效率越高。

以基层法院审理的一审知产普通程序案件为例，若 A 审判团队效率系数为0.8，且无其他事件发生，其难易程度为：1.25×1.5×1=1.875，此时法官在开庭审理流程上的工作量为：0.8×2×1.875=3 小时。而对于基层法院该类案件 B 审判团队，该审判团队效率系数为1.2，难易程度不变，此时该团队法官在开庭审理流程上的工作量为：1.2×2×1.875=4.5 小时。由此可以看出 A、B 审判团队在审判效率的差距，B 团队可以从改进相应审判流程具体花费的工作时间出发，局部优化相应流程所投入精力，提高流程管理效率。

笔者提出建构审判权运行可度量模型旨在将案件流程进行量化分析，为精细管理提供数据支撑。目前，数据样本范围有限，精确度有待提高。当然，该模型是一种比较理论化场景下的设计，应用到实际，还需进一步完善和充实。笔者认为，审判权运行可度量模型的建构更多是提供度量审判流程的思路和方向，对于模型的不足之处有待于采集更大规模的数据样本，设置更精确的统计方式及维度，借助其他人力、物力，对标实践场景来不断校对、优化，以实现该模型为审判流程的精细管理服务。

四、基于审判权运行可度量模型的审判精细管理

（一）审判管理流程的改进与优化

1. 基于看板的案件可视化流程管理。发现问题是解决问题的出发点，只有让问题显现，才会带来解决问题的动力。① 针对团队成员不掌握流程信息、流程预警缺乏可视致使流程拖延的问题，本文使用看板管理工具②对所有案件所处的流程进行可视化。如图 4 所示，每个关键流程对应一个看板栏，不同案件可以根据其进展情况拖动至相应看板栏中，在看板栏里显示负责人、流程审限、预计完成时间等关键流程信息，在看板管理上，当某一流程结束时该流程负责人将任务拖动至下一流程中并提醒该流程负责人员启动该流程任务，实现流程之间的顺畅衔接。为使流程审限突出标注，笔者根据流程审限的不同紧急度使用不同颜色进行标示，白色、浅蓝色和红色分布对应一般、较紧急和紧急程度。对紧急程度高的事务，提示团队成员第一时间处理。通过看板管理工具，实现了对所有案件流程进展的可视化与实时预警，提升流程运行效率。

---

① 邹碧华：《法院的可视化管理》，法律出版社 2017 年版，第 79 页。

② 看板管理亦称“看板方式”，主要应用于工业企业的工序管理中，系以卡片为凭证，定时定点交货的管理制度。“看板”是一种类似通知单的卡片，主要传递零部件名称、生产力、生产时间、生产方法、运送量、运送时间、运送目的等方面的信息和指令。本文将看板管理引入案件的审判流程中，每一流程对应一个看板栏，上一流程结束后直接进入下一流程，传递审判流程运行的“定时、定人、定责”等信息，实现流程运行的可视化。

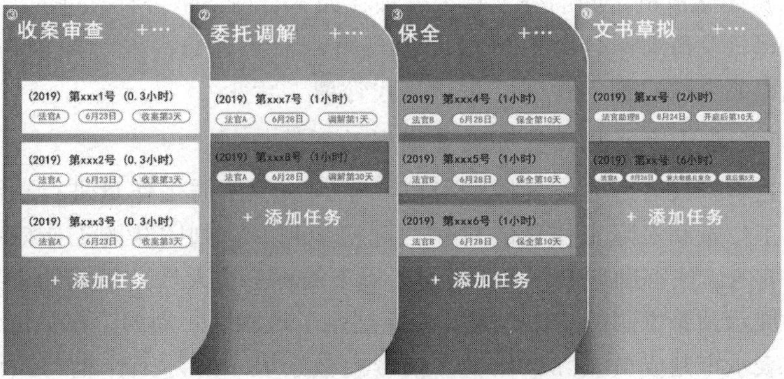

图4 案件流程及关键信息看板可视图

2. 建立工作日志机制。工作日志机制的建立是改进优化现有流程的关键，工作日志既能使各成员对工作事项进行合理安排，也便于团队或庭室掌握团队、庭室工作，并合理分配案件资源。对于流程日志还可为审判流程持续优化提供数据支持。可以将审判日志系统嵌入到流程工作平台，利用大数据自动提取成员工作时间，减少统计工作量耗时。团队可在每周例会及每日站立会议对案件流程耗时进行反馈总结，分析案件耗时超期的原因并加以改进，提高个人及团队工作效率。

3. 建立每日站立会议及每周例会制度。在管理学上，传统的泰勒管理强调监管，防止人员使“诡计”，而“丰田模式管理”与其最大差别在于信任员工，授权员工实现自我参与管理。① 同样，审判流程的管理需依托团队成员对审判流程的深度参与，鼓励成员强化沟通与反馈，对流程出现的问题及时反馈并研讨解决，为审判流程持续优化提供智力支持。鉴于此，笔者提出建立每日站立会议和每周例会制度。

每日站立会议作为团队成员早上的第一项工作，通常每位成员耗时2分钟左右，需要团队成员回答三个问题：

（1）昨天你完成了哪些工作？

（2）今天你将完成哪些工作？

（3）完成你的目标是否存在问题？

每周例会制度通常在周一上午九点进行，耗时20分钟左右，审判团队需对上周工作进行系统的统计，并对以下工作进行总结与归纳：

（1）团队成员在各个案件流程上所花费的工作时间是否合理，如不合理，是否有改进的方案？

---

① 参见［美］杰弗瑞·莱克：《丰田模式——精益制造的14项管理原则》，李芳龄译，机械工业出版社2019年版，第157页。

（2）团队成员之间的分工是否合理，如不合理，是否有改进的方案？

在每日及每周例会上成员深度参与审判流程运行总结、反馈与优化，实现流程成员从“被动管理”向“自我管理”转变。

（二）基于审判权运行可度量模型的预警机制

通过审判权运行可度量模型可以对审判流程所需工作量进行预测，通过预计工作量和实际工作量的对比，可初步判断审判团队的工作效率。本文以法官A、法官助理B、书记员C（以下简称三类人员）组成的审判团队为例，展示预警机制的工作方式。表5展示了该团队一周的工作量记录，表中数字表示审判成员实际工作量，括号内数字表示实际工作量与预计工作量的差距，其中“+”表示实际工作量比预计工作量多；“-”表示实际工作量比预计少。工作量预警主要涉及三个方面：

第一，三类人员在某审判流程中花费的实际工作量总和是否超过预期。如表5所示，在案件××1开庭中，三类人员实际总工作量为8.5小时，超过预期4小时，此时，需由相关人员及团队负责人对流程进展情况进行关注并查明超出原因，以期改进。

第二，三类人员在某审判流程上的工作分配是否合理。不合理的工作分配容易导致“助理型”法官和“法官型”助理的人员管理问题出现。前者主要表现为法官事必躬亲，法官助理基本没有发挥空间，造成人力资源的浪费；后者主要表现为助理在鉴定、保全、裁判文书撰写等核心审判业务上负担过重，由于其审判经验的缺乏，容易造成案件审理质量的下降。例如，表5中，××3案件裁判文书撰写虽然总工作量符合预期，但法官助理工作量明显过高，此时需提醒团队负责人统筹协调，在充分利用人力资源的同时保证案件审判质量。

第三，三类人员一周总工作量应基本一致。审判团队成员之间分工不合理容易导致成员之间忙闲不均，即部分成员承担大部分工作，工作压力过大；其他成员则过于闲散，工作时间不能得到充分利用，造成人力资源的极大浪费。如表5所示，法官助理一周总工作量为32小时，而书记员仅为20小时，此时应该进行预警，审判团队负责人需根据实际情况调整团队成员下一周期的工作量，以免因工作量分配不均掣肘审判流程的顺畅运行。

表5 **案件流程工作量统计表**

案件流程	法官工作量	法官助理工作量	书记员工作量	流程总工作量
案件xx1：开庭前准备	0.5（0）	0.5（0）	0.5（-0.5）	1.5（-0.5）
案件xx1：开庭	4（+2）	0（0）	4.5（+2）	8.5（+4）
……	……	……	……	……

续上表

案件流程	法官工作量	法官助理工作量	书记员工作量	流程总工作量
案件 xx3：裁判文书撰写	0.5（-1.5）	4.5（+1.5）	0（0）	5（0）
成员总工作量	27（0）	32（+5）	20（-7）	79（-2）

（三）建立审判团队运行工作规划机制

1. 基于背包动态规划算法的规划辅助决策算法。为帮助审判团队更好的规划一周工作，本文尝试引入背包问题[①]辅助审判团队进行任务选择决策。在案件审判的工作场景下，本文将背包问题描述为：在一个工作周期内，审判工作人员应如何分配工作量，才能完成更多更紧急的任务。本文选择一周作为审判工作人员的一个工作周期，在该周期内，审判工作人员的有效工作时间为 27 小时。[②] 本文使用背包动态规划算法解决上述审判背包问题，通过该算法，分别为团队中的每一位成员筛选了本周需要完成的工作。

例如，法官 A 目前共负责 50 个案件流程任务，部分案件所对应的工作任务及其紧急程度、所需工作量如表 6 所示。

表 6　案件任务紧急程度及工作量统计表

案件任务	紧急程度	所需工作量
案件 1－庭前会议	4	2
案件 2－庭内调解	3	0.5
（此处省略 46 个任务）	……	……
案件 99－启动鉴定、保全	3	3
案件 100－制作裁判文书	5	4

通过动态规划算法，本文筛选出了其中 15 个案件流程作为本周需要完成的工作，此时，法官 A 的工作时间得到了充分的利用，且紧急程度高的案件能够优先得到解决，避免了因为规划安排问题造成的案件延期。

2. 建立审判团队运行工作规划表。在审判背包动态规划的基础上，审判团队可根据筛选出的最优审判任务制作审判团队运行工作规划表。如表 7

---

① 背包问题是由 Merkel 和 Hellman 提出的经典组合优化的问题，常运用于运筹学、应用数学等领域，其问题可以描述为：给定一组物品，每种物品都有自己的重量和价格，在限定的总重量内，如何选择，才能使得物品的总价格最高。

② 李季红、马凤岗：《员额制法官工作饱和度模型的建构——基于“人、案、时”三维视角的实证分析》，载《中国应用法学》2018 年第 3 期。笔者主要参考了该论文中测算法官平均每日工作时间方式，估算法官平均每日有效工作时间为 5.4 小时，一周有效工作时间即为 5.4 × 5 = 27 小时。

所示，审判团队运行工作规划表清晰展示了审判团队成员本周预计完成的工作，审判团队成员只需按工作规划表完成相应任务，即可保证审判工作的高效运行。若审判运行中出现突发状况，审判团队可以在每日站立会议中及时作出调整，使得工作规划更灵活可行。

表7　**审判团队一周工作规划表**

人员	周一	周二	周三	周四	周五
法官A	案件XX1：开庭 案件XX60：案件审查 案件XX3：合议案件	案件XX2：阅卷 案件XX3：裁判文书撰写 案件XX4：开庭	案件XX20：裁判文书撰写	案件XX20：裁判文书撰写	案件XX5：合议案件 案件XX65：审查 每周例会
助理B	案件XX1：庭前准备 案件XX60：委托调解 案件XX15：证据交换	案件XX9：裁判文书撰写（初稿） 案件XX6：保全谈话	案件XX9：裁判文书撰写（初稿）	案件XX12、13：证据交换	案件XX25：管辖谈话及裁定 每周例会
书记员C	案件XX1：开庭 案件XX15：记录 案件XX3：合议记录	案件XX10：送达 案件XX4：开庭 案件XX6：记录	案件XX15、16、17：归档 案件XX30：送达	案件X12、13：记录 案件XX21、22、23：归档	案件XX5及25：记录 案件XX9及20：文书校对 每周例会

结　语

审判流程运行质效微观层面仍存在较大的挖潜空间。笔者在审判一线工作，对微观层面审判流程衔接、流转、优化问题一直萦绕于心，本文仅是抛砖引玉，希望更多的人关注到流程管理的必要性和重要性。审判流程管理不应仅是领导者们的“责任”，审判流程的每位成员都应是流程精细管理的深度参与者，即“最好的管理应是流程的每位成员的自我管理”。本文旨在帮助更多团队及成员能够树立流程管理的意识，并期望更多的流程管理的经验和制度能够提炼、广为复制并形成辐射效应，同时，笔者提出构建审判流程度量模型，旨在实现审判流程从传统的主要依靠经验管理向更为精细的量化管理转变，审判团队可结合各自实际不断进行校正和优化该模型及基于该模型的流程管理，最终提炼出适合法院体系的，适合审判流程的精细化管理。

激变与回归：简案快审视野下新型绩效考核模式的重构及应用

——从基层法院速裁团队工作量测算切入

胡许晴*

引 言

随着司法改革的不断深入，团队化办案模式已普遍形成，设计符合审判权运行规律和司法职业特点的审判团队绩效考评机制，是推进政法队伍革命化、正规化、专业化、职业化建设的重要举措。繁简分流机制的运行与推进，让简案速裁成为一种新型办案模式。团队办案的常态化使绩效考核面临考核对象多元化、考核方法更新化、考核机制科学化等一系列新问题和新挑战。据此，笔者以基层法院速裁团队配置及工作量测算为视角，推动法官及办案团队业绩和质效考评去不合理、不必要考评指标，力图构建以团队绩效考评为审判管理核心内容的普适性新型考核机制。①

一、改革脉络：穿越历史看司法考核的机制演变

最高人民法院从《人民法院第二个五年改革纲要》（2004—2008）开始在全国法院推进审判质效机制及考核管理体系的建立与健全，连续20年都将审判质效评估考核作为重点改革内容，内容要求的逐步演变体现了绩效机制改革从单一性、平面性向体系化、立体化、科学化发展完善的进程，从关注案件本身逐步拓展到以法官为中心的人文演进，既体现了中国法治的重要进步，也反映出这项改革任务的艰巨性和持续性。

---

* 作者单位：广东省深圳市福田区人民法院。

① 张朝阳、黄源泉：《论绩效管理视角下基层法官业绩考评机制的困境与出路》，载胡云腾主编：《法院改革与民商事审判问题研究——全国法院第29届学术讨论会获奖论文集（上）》，人民法院出版社2018年版。

表 1　　历次改革涉及司法考核及简案速裁的重要文件和任务

改革文件及阶段	是否提及考核机制	是否提及简案速裁	相关改革任务
人民法院第一个五年改革纲要（1999—2003）	无	无	第6条规定："……建立符合审判工作特点和规律的审判管理机制：健全各项监督机制，保障司法人员的公正、廉洁。"
人民法院第二个五年改革纲要（2004—2008）	第41条："建立科学、统一的审判质量和效率评估体系。在确保法官依法独立判案的前提下，确立科学的评估标准，完善评估机制。" 第42条："改革法官考评制度和人民法院其他工作人员考核制度，发挥法官考评委员会的作用。根据法官职业特点和不同审判业务岗位的具体要求，科学设计考评项目，完善考评方法，统一法官绩效考评的标准和程序，并对法官考评结果进行合理利用。建立人民法院其他工作的评价机制。"	第6条规定："继续探索民事诉讼程序的简化形式，在民事简易程序的基础上建立速裁程序制度，规范小额债务案件的组织机构、运行程序、审判方式、裁判文书样式等。" 第30条规定："……在考虑案件类型、难易程度等因素的前提下建立和完善随机分案制度。"	2008年1月最高人民法院发布了《关于开展案件质量评估工作的指导意见（试行）》
人民法院第三个五年改革纲要（2009—2013）	第8条规定："……研究制定符合审判工作的案件质量评查标准和适用于全国一级法院的统一的审判流程管理办法。" 第21条规定："建立健全以案件审判质量和效率考核为主要内容的审判质量效率监督控制体系，以法官、法官助理、书记员和其他行政人员的绩效和分类管理为主要内容的岗位目标考核管理体系。"	第29条规定："建立健全司法为民长效机制。……探索推行远程立案、网上立案查询、巡回审判、速裁法庭、远程审理等便民利民措施。"	

续上表

改革文件及阶段	是否提及考核机制	是否提及简案速裁	相关改革任务
人民法院第四个五年改革纲要（2014—2018）	第21条规定："完善案件质量评估体系。建立科学合理的案件质量评估体系。废止违反司法规律的考评指标和措施，取消任何形式的排名排序做法。强化法定期限内立案和正常审限内结案，建立长期未结案通报机制，坚决停止人为控制收结案的错误做法。" 第51条规定："完善法官业绩评价体系。建立科学合理、客观公正、符合规律的法官业绩评价机制，完善评价标准，将评价结果作为法官等级晋升、择优遴选的重要依据。"	第21条规定："健全轻微刑事案件快速办理机制。在立法机关的授权和监督下，有序推进刑事案件速裁程序改革。"	
人民法院第五个五年改革纲要（2019—2023）	第27条规定："强化司法履职保障机制。……研究制定科学合理、简便易行的审判绩效考核办法。进一步规范督查检查考核工作，清理取消不合理、不必要的考评指标，切实为基层减负、为干警减压。"	第41条规定："推进民事诉讼制度改革。……进一步完善案件繁简分流机制，健全完善立体化、多元化、精细化的诉讼程序，推进案件繁简分流、轻重分离、快慢分道。优化司法确认程序适用。……进一步简化简易程序，完善简易程序与普通程序的转换适用机制。……探索构建适应互联网时代需求的新型管辖规则、诉讼规则，推动审判方式、诉讼制度与互联网技术深度融合。"	

从上表可知，速裁程序制度的建立及改革几乎与审判绩效考核改革同步。随着办案模式的不断完善，法官办案已从“单挑式”逐步演变为“多

承式”,[①] 工作量测算基准也发生了明显的参数变化，尤其是繁简分流后速裁团队的建立，办案模式的集约化和简易快捷使单案平均办理时间大幅缩减，总体效率大幅提高，都将彻底打破法官工作量测算的传统模式及考核方式。

二、现实检视：速裁团队工作量核定及测算困境

（一）直观印象：速裁团队配置及任务量考核现状微视

本文选取全国不同地区较具地域代表性的10家法院作为研究样本，通过对比各法院建立速裁团队后人力资源配比模式及办案任务量核定等情况，大致判断当前速裁团队构架配置及工作任务量的基本现状，并在此基础上透析速裁团队当前工作量测算的常用办法及对绩效考核的影响。

表2　　10家样本法院速裁团队人力资源配置模式及任务量对比表

法院名称	速裁类型	团队配置比例模式	2019年预定速裁任务量	其他
1. S市F区法院（东南部）	民商事速裁庭	N+N→N*（1审+2助+1书） 审判员19名，其中具有1≤x≤5年审判经验的9名，具有5<x≤10年审判经验的6名，具有x>10年审判经验的4名	“1审+2助+1书”任务量： 1. 民商系列案1200宗； 2. 民商个案400宗	1. 已建立诉前联调机制 2. 设专门市内送达人员，有一定科技助力 3. 建立繁简分流负面清单 4. 普案团队（1市1助1书）年任务量约180宗
	刑事简案&速裁团队	N+N→N*（1审+2助+1书） 审判员3名，其中具有1≤x≤5年审判经验的1名，具有5<x≤10年审判经验的1名，具有x>10年审判经验的1名	“1审+2助+1书”任务量840宗	1. 设专门市内外勤人员 2. 普案团队（1审1助1书）年任务量约150宗

① “单挑式”指在N+1人员架构下，一名书记员或助理需承担多名法官的法庭记录及相关审判流程工作，法官需承担案件自立案到结案及后续执行移交等大部分工作的模式；“多承式”是指在1+N或者N+N人员架构下，法官主要承担庭前阅卷、庭审、合议、裁判等核心工作，其他程序性工作由书记员承担，法律事务辅助性工作如文书起草等由助理承担的模式。

续上表

法院名称	速裁类型	团队配置比例模式	2019年预定速裁任务量	其他
1. C市W区法院（西南部）	民商事速裁庭	N+N→N*（1审+1助+1书） 审判员12名，其中具有1≤x≤5年审判经验的7名，具有5<x≤10年审判经验的3名，具有x>10年审判经验的2名	“1审+1助+1书”任务量750宗	1. 设速裁本辖区送达组 2. 普案团队（1审1助1书）年任务量300宗
	刑事（探索速裁分流）	N+N→N*（1审+1助+1书） 审判员4名，尚未形成专门速裁团队，正探索刑事繁简分流		团队（1审1助1书）年任务量280宗
3. Y市J区法院（中南部）	民商事速裁庭	N+N→N*（1审+1助+1书） 审判员3名，其中具有1≤x≤5年审判经验的1名，具有5<x≤10年审判经验的1名，具有x>10年审判经验的1名	“1审+1助+1书”任务量300宗	1. 已建立诉前调解团队 2. 设本辖区送达组 3. 普案团队（1审1书）年任务量约150宗
	刑事（无速裁团队）	\	\	
4. L市Z区法院（西南部）	民商事速裁团队	1+N→1审+1助+1书+1送达 审判员1名，具有5<x≤10年审判经验	“1审+1助+1书+1送达”任务量900宗	1. 已建立诉调对接 2. 科技助力少 3. 普案团队（1审1助1书）名任务量约300宗
	刑事（无速裁团队）	\	\	暂未进行刑事繁简分流，团队（1审1助1书）年任务量约250宗

续上表

法院名称	速裁类型	团队配置比例模式	2019年预定速裁任务量	其他
5. Z市S区法院（中部）	民商事速裁团队	N+N→N*（1审+1/3助+1书） 审判员3名，其中具有1≤x≤5年审判经验的1名，具有5<x≤10年审判经验的2名	"1审+1/3助+1书"任务量500宗	1. 基本无科技助力 2. 普案团队（1审助理1书）年任务量110宗
	刑事（无速裁团队）	\	\	
6. F市G区法院（东部）	民商事速裁组	N+N→N*（1审+1助+1书） 审判员2名，其中具有1≤x≤5年审判经验的1名，具有5<x≤10年审判经验的1名，分成两组，共同承担全部民商事速裁案件	由立案庭内设速裁组，无明确任务量，需要承担除普案以外的全部民商事速裁案件	1. 自主筛选简单案件进行速裁，其他案件分流给普案团队 2. 无其他科技助力
	刑事（无速裁团队）	\	\	
7. Y市G区法院（东部）	民商事速裁组	N+N→（1审+1书）+（1审+2助+2书） 审判员2名，其中具有1≤x≤5年审判经验的1名，具有5<x≤10年审判经验的1名，分成两个组，共同承担全部民商事速裁案件	无明确任务量，需要承担除普案以外的全部民商事速裁案件	1. 已建立比较明细的简案分流标准 2. 科技助力少
	刑事（无速裁团队）	\	\	

续上表

法院名称	速裁类型	团队配置比例模式	2019年预定速裁任务量	其他
8. G市L区法院（南部）	民商事速裁庭	$N+N \to N^{*}$（1审+1助+1书或1审+2书） 审判员7名，其中具有$1 \leq x \leq 5$年审判经验的4名，具有$5 < x \leq 10$年审判经验的3名	（1审+1助+1书或1审+2书）任务量300宗	1. 配置速裁送达组2人 2. 无其他科技助力 3. 少数民族地区法院
	刑事（无速裁团队）	\	\	
9. B市P区法院（东北部）	民商事诉讼前端调解速裁团队	$N+N \to N^{*}$（1审+1助+1书或1审+2书）+2调解员 审判员6名，其中具有$1 \leq x \leq 5$年审判经验的3名，具有$5 < x \leq 10$年审判经验的3名	无明确任务量，需要承担除普案以外的全部民商事速裁案件	1. 已建立多元调解与速裁机制 2. 配置本辖区外送组 3. 有一定科技助力 4. 上一年度结案约1100宗
	刑事（探索速裁分流）			
10. X自治州H县法院（中部）	无速裁团队	\	\	少数民族地区法院
备注	“1/3助”是指三名审判员共用一名助理			

根据表2可知，10家样本法院中除1家因案件总量少及资源条件限制等因素尚未建立速裁团队，其他9家法院均建立了民商事速裁庭或团队，且基本采用以法官为中心的“N+N审判团队”配置模式，即相对定额的法官配置对应变量比例的助理及书记员。工作量测算与人力资源配置密不可分，脱离人力资源配置研究工作量测算没有实际意义。换言之，我们对速裁团队工作量做科学测算必须充分考虑对应司法资源配置对完成工作量的影响，否则容易失真。调查可知，目前已设置速裁团队的法院，主要有以下三种人员配置模式：一审一助或一书、一审一助一书、一审二助一书

（二）运行结界：几种工作量测算方式的局限求证

目前各种版本的“工作量测算法”存在标准单一、方法机械等问题，

更没有强调法官工作量上限及处理方式。[①] 尤其是对速裁团队工作量测算及绩效考核多处于“摸着石头过河”的探索阶段，未形成模式化机制，究其原因主要有两个方面：客观上，办案效率受案件难易程度、人员配置、办案能力、科技助力介入及购买司法服务程度等因素的影响，各地法院智能化、信息科技化运用水平和程度不同，一些地区确实存在智能化应用困难，测算变量难以统一；主观上，采用何种方法对工作量进行测算完全由各法院自主决定，且当前一些测算方法过程复杂、科学性有待论证，难以得到推广适用。

1. 以案件数量为基数的工作量测算窠臼。（1）预估式评定。区间估值法是传统的法官工作量测算方法的主要代表之一，多数法院会采用征求办案法官意见的预估式办法确定案件任务数，如表 2 中有 5 家法院采用了该方法核定办案任务量，即先由法官根据自身工作情况以及法院每年的收案数、人员数及增量趋势进行工作量预估预报，再根据置信系数[②]和均衡性原则，确定一个相对合适的任务数值。该做法优点在于既体现民主，又能总体趋于适当；缺点在于受法官自身压力反弹及认知感受与工作能力的影响较大，存在准确度偏差较大和基础数值失真等问题，且任务量调整机制滞后，易陷入持续笼统预估的循环之中，不利于深入整合办案资源和激发办案潜力。（2）拿来式参考。部分法院仍“以计件考核法”为基础，待其他同类法院制定好案件考核任务数，根据本院情况简要修改后直接适用，该做法看似简单易行，实则存在被动适应和改革惰性，不利于长远适用和改革创新。

2. 法官饱和工作量的测算局限。目前较为常见的改革尝试是法官饱和工作量测算，但影响法官实际工作量的权重因素难以在测算中全部涵盖，比如有学者在测算建模研究中大致将法官办案的耗时事项列为“庭前准备—阅卷—提审—调查核证—庭审—合议—汇报—文书制作—信访”等 10 项，再根据估算上述 10 项的平均用时进行加权计算个案工作用时作为基础权重，为尽可能避免测算误差过大，又提出增设附带民事权值和适用普通程序权值等特殊权值。[③] 上述测算方法具有一定科学合理性，但局限性也较为明显，一是对流程节点的取样不够精准细化，直接导致测算结果的误差较大；二是未考虑团队办案这一重要因素，单独对法官工作量饱和度进行测算不能客观反映团队办案量的饱和值，在法官配置法官助理及书记员的人员架构下，法官的不少工作已由助理及书记员分担，分担值需要共同测算，否则容易得出“伪饱和值”。如何精准测算饱和值，最大限度地接近

---

① 蒋惠岭：《为法官“减负”的十大改革措施》，载《法制日报》2018 年 9 月 20 日。

② 遵从一定概率分布的某项误差对应于所给的置信概率的误差限 e 与标准差 δ 之比，叫做置信系数 K，则 K = e/δ。

③ 吴涛、江明：《法官工作饱和度测算模型的建构及运用》，载《法律适用》2018 年第 17 期。

“实饱和值”，正是本文研究的重点之一。

3. 工作量机械加权的测算缺陷。权重系数法的研究和实践成果最多，如上海法院等已在实践中进行了相关探索和应用，① 其案件权重系数测算采取“2 +4”模式。以案由和审理程序 2 项为基础，以庭审时间、笔录字数、审理天数、法律文书字数 4 项要素为计算依据，通过比较不同类型案件审理中这四项要素与全部案件审理中四项要素的占比程度，区分不同类型案件的基础系数，根据刑事附带民事诉讼、反诉、审计鉴定评估、涉少案件的庭外延伸工作等工作量增加的情况，在基本系数基础上增加浮动系数。② 该方法测算难度大，可复制可推广性较低，且易出现被考核对象为迎合要素值需求而人为增加笔录、文书字数及审理天数等情形，导致测算功能异化。另外，从办案团队构建来看，以“法官为中心”的办案团队由人组成，由于人的动态因素，如职业态度、职业技能、健康因素、学习培训耗时情况、休假因素、家庭状况等会影响办案量的完成度；③ 从案件当事人角度而言，其对案件结果的接受度差异会导致不同的行为反应，如是否服判息诉、上诉、信访等也会影响办案量的完成。若仅从案件本身考虑，采用机械加权方式测算工作量，存在不符合科学测算规律的缺陷，既不能适应案件的动态化实际，也不能充分合理的设计工作任务量。

三、辩证思维：测算方法共性化与参数变量个性化

让实践完善理论，而非屈就理论。笔者认为不必苛求各法院测算变量的一致性，而应提供一种具有共性的可行性测算方法，即以测算方法共性化适应参数变量个性化，采用分解要素测定工作实际的“时间研究”方法，④ 变法官工作饱和值测算为团队办案节点分解耗时测算和办案承受量峰值测算，同时运用基础权重与弹性权重相结合的测算思路，使权重理论更契合我国司法实务之客观规律和实践需求，构建简便易行且具普适性的工作量测算及考核模式，进而实现团队最佳工作状态下的最优办案质效。

（一）内在逻辑：速裁案件节点耗时分解测算

1. 工作量测算构思的提出。案件具有按审判流程节点步步推进的共性。

---

① 马凤岗：《法官员额制背景下法官饱和工作量的测算——基于“法官中心”视角的实证分析》，载天津法院网 http：//tjfy. chinacourt. org/article/detail/2017/06/id/2902779. shtml，最后访问时间：2019 年 4 月 6 日。

② 《上海法院首创案件权重系数测算法官工作量》，载《东方早报》2015 年 5 月 9 日。

③ 张澎、姜金良：《法官员额制的测算与配置》，载贺荣主编：《尊重司法规律与刑事法律适用研究（上）——全国法院第二十七届学术讨论会获奖论文集》，人民法院出版社 2016 年版，第 255 页。

④ 黄海锭：《美国州法院法官工作量评估方法》，载《人民法院报》2017 年 3 月 24 日。

本文在梳理速裁案件基本节点和弹性节点的基础上，设简易速裁单案办理的全程用时为T，案件的每个基本流程节点耗时为t，将单个简案的办理流程进行分解，则呈现t1、t2、t3……tn；对于部分案件可能出现的程序节点称之为“弹性节点”，将弹性节点总耗时设为H，每个弹性节点耗时则为h1、h2、h3……hn。

如下表3，用公式表示为：$T=\sum(t1+t2+t3+\cdots\cdots+tn)+H$，$H=\sum(h1\times A\%+h2\times B\%+h3\times C\%\cdots\cdots+hn\times N\%)$。设法官在单个简案中耗时为Tf，则民商事速裁法官$Tf=\sum(t2+t6+t8+t10)+(h1\times A\%+h7\times G\%)$，刑事速裁法官$Tf=\sum(t2+t6+t8+t10)+h5\times G\%$。表3呈现的是速裁案件节点耗时分解，各法院可根据本院案件实际情况增减相关流程节点或调整节点耗时，测算出适合本院法官及团队的工作任务量，以达到测算方法的普适性功能。

表3　　节点耗时分解测算表（以普遍情况下民商事和刑事速裁为样本）

民商事简案速裁节点耗时（单案计）			刑事简案速裁节点耗时（单案计）		
节点内容	工作承担人	平均耗时T（时）	节点内容	工作承担人	平均耗时T（时）
收案、登记及整理	助理或书记员	t1	收案、登记及整理	助理或书记员	t1
庭前阅卷	法官	t2	庭前阅卷	法官	t2
开庭排期及改期	助理或书记员	t3	开庭排期及改期	助理或书记员	t3
庭前准备（电话沟通、传票等材料制作与送达）	助理或书记员	t4	庭前准备（电话沟通、提押票、传票等材料制作与送达）	助理或书记员	t4
开庭笔录准备及庭审直播准备等	书记员	t5	开庭笔录准备及庭审直播准备等	书记员	t5
开庭审理	法官及书记员	t6	开庭审理	法官及书记员	t6
文书草拟	法官助理	t7	文书草拟	法官助理	t7
（合议）文书修改完善	法官	t8	（合议）文书修改完善	法官	t8
文书校对	助理或书记员	t9	文书校对	助理或书记员	t9
案件有关情况的审核、沟通及汇报	法官	t10	案件有关情况的审核、沟通及汇报	法官	t10
文书上传及印制盖章	助理或书记员	t11	文书上传及印制盖章	书记员	t11
宣判及文书送达	法官及书记员	t12	宣判及文书送达	法官及书记员	t12
系统报结案	助理或书记员	t13	系统报结案	助理或书记员	t13
裁判文书上网处理	助理或书记员	t14	裁判文书上网处理	助理或书记员	t14

续上表

<table>
<tr><td colspan="4">民商事简案速裁节点耗时（单案计）</td><td colspan="4">刑事简案速裁节点耗时（单案计）</td></tr>
<tr><td colspan="2">节点内容</td><td>工作承担人</td><td>平均耗时 T（时）</td><td colspan="2">节点内容</td><td>工作承担人</td><td>平均耗时 T（时）</td></tr>
<tr><td rowspan="7">其他弹性耗时</td><td>庭前会议准备、开展及调解</td><td>法官及书记员</td><td>h1</td><td rowspan="2">执行移送</td><td>刑罚执行手续制作及移送</td><td>助理及书记员</td><td>t15</td></tr>
<tr><td>程序变更处理</td><td>助理或书记员</td><td>h2</td><td>罚没执行</td><td>助理或书记员</td><td>t16</td></tr>
<tr><td>办理财产保全及鉴定</td><td>助理或书记员</td><td>h3</td><td rowspan="5">其他弹性耗时</td><td>程序变更处理</td><td>助理或书记员</td><td>h1</td></tr>
<tr><td>上诉材料送达、整理、扫描及移送</td><td>助理或书记员</td><td>h4</td><td>上诉材料送达、整理、扫描及移送</td><td>助理或书记员</td><td>h2</td></tr>
<tr><td>办理退费相关手续</td><td>助理或书记员</td><td>h5</td><td>办理罚金相关手续</td><td>助理或书记员</td><td>h3</td></tr>
<tr><td>强制执行准备及移送</td><td>助理或书记员</td><td>h6</td><td>办理取保、释放等</td><td>助理或书记员</td><td>h4</td></tr>
<tr><td>信访接待及其他未尽事项</td><td>法官</td><td>h7</td><td>信访接待及其他未尽事项</td><td>法官</td><td>h5</td></tr>
<tr><td rowspan="2">归档</td><td>归档前检查并完善材料，录入生效时间</td><td>助理或书记员</td><td>t15</td><td rowspan="2">归档</td><td>归档前检查并完善材料，录入生效时间</td><td>助理、或书记员</td><td>t17</td></tr>
<tr><td>制作归档表，扫描装订或移送扫描装订及归档</td><td>助理及书记员</td><td>t16</td><td>制作归档表，扫描装订或移送扫描装订及归档</td><td>助理及书记员</td><td>t18</td></tr>
<tr><td colspan="3">耗时合计</td><td>T</td><td colspan="3">耗时合计</td><td>T</td></tr>
<tr><td>备注</td><td colspan="7">1. 庭前会议及调解约占比 A%；2. 简案需变更程序约占比 B%；3. 简案财产保全及鉴定办理约占比 C%；4. 简案上诉约占比 D%；5. 需办理诉讼退费约占比 E%；6. 强制执行约占比 F%；7. 信访接待及其他未尽事项约占比 G%</td></tr>
</table>

2. 调查分析及数据建模。本文将抽样统计与个案研究相结合，运用比较法对样本速裁法官及团队近 2 年的结案数及效率进行对比，找出各类别速裁案件的耗时系数和耗时归因。针对法官、助理及书记员在速裁团队中的职能与作用，笔者在调查问卷中分别设计了不同类型板块，其中刑事速裁调查问卷共发出 10 份、收回 6 份，回收率为 60%；民商事速裁调查问卷共发出 30 份、收回 25 份，回收率为 83.3%。另外，笔者通过当面或微信沟通等方式对速裁法官访谈共 16 人次，对助理及书记员访谈共 21 人次。

表4　9家法院民商事速裁法官、助理及书记员问卷调查反馈统计分析表

问卷编号	法官								助理	书记员	助力分担	单案平均总耗时（小时）	年度办案总耗时（小时）	团队办案年度人均耗时（小时）	法院
	2017年结案数	2018年结案数	平均结案数	简案难度再细分比例			简→繁变更比例	办理单案平均自耗时（小时）	办理单案平均自耗时（小时）	办理单案平均自耗时（小时）	办理单案分担耗时（小时）				
				极简	中简	简偏难									
问卷1	414	430	422	9%	62%	29%	17%	4.2	（2助）6.1	3.1	1	14.4	6076.8	1519.2	F区法院个案速裁
问卷2	423	442	432.5	13%	64%	23%	15%	3.9	（2助）6	2.9	1.1	13.9	6011.8	1502.9	
问卷3	415	456	435.5	12%	62%	26%	16%	4	（2助）5.9	3	1	13.9	6053.5	1513.4	
问卷4	—	—	—	—	—	—	—	—	—	—	—	—	—	—	
问卷5	420	434	427	10%	60%	30%	18%	4.2	（2助）6	3	1.1	14.3	6106.1	1526.5	
问卷6	420	468	447.5	15%	65%	20%	12%	3.9	（2助）5.8	2.8	1.1	13.6	6086	1521.5	
问卷7	—	745	745	30%	60%	10%	10%	2.1	2.2	2.2	0.6	7.1	5218.5	1739.5	W区法院
问卷8	—	762	762	35%	55%	10%	7%	2.1	2.1	2.1	0.6	6.9	5257.8	1752.6	
问卷9	—	755	755	33%	60%	7%	5%	2	2.3	2.1	0.5	6.9	5209.5	1736.5	
问卷10	—	—	—	—	—	—	—	—	—	—	—	—	—	—	
问卷11	—	749	749	32%	59%	9%	8%	2.2	2.1	2.2	0.5	7	5243	1747.7	
问卷12	—	770	770	36%	55%	9%	6%	2	2.1	2.1	0.6	6.8	5242.8	1747.6	
问卷13	—	314	314	25%	61%	14%	10%	5.2	4.6	4.6	0.2	14.6	4584.4	1528.1	J县法院
问卷14	—	293	293	22%	60%	18%	12%	5.4	4.5	4.8	0.3	15	4395	1465.5	
问卷15	—	298	298	23%	62%	15%	11%	5.3	4.7	4.8	0.25	15.05	4484.9	1494.9	
问卷16	—	921	921	50%	40%	10%	5%	1.8	2	1.9	0.6	6.3	5802.3	1450.6	Z区法院
问卷17	—	512	512	41%	50%	9%	4%	3.3	（1/3助）	3.2	—	8	4096	1758	S区法院
问卷18	—	498	498	38%	55%	7%	3%	3.5	（1/3助）	3.1	—	8.1	4033.8	1729	
问卷19	—	503	503	40%	53%	7%	2%	3.4	（1/3助）	3.2	—	8.1	4074.3	1746.4	
问卷20	—	—	—	—	—	—	—	—	—	—	—	—	—	—	F市G区法院
问卷21	674	705	689.5	53%	44%	3%	—	2	2.2	2.3	—	6.5	4481.8	1493.9	
问卷22	—	718	718	70%	26%	4%	—	1.9	—	2.4	—	4.3	3087.4	1543.7	Y市G区法院
问卷23	—	727	727	34%	58%	8%	5%	2.1	（2助）4.5	（2书）4.4	—	11.5	8360.5	1672.1	
问卷24	278	321	299.5	25%	60%	15%	10%	5	5.1	4.9	0.3	15.3	4582.4	1527.5	L区法院
问卷25	—	312	312	30%	55%	15%	9%	5.1	—	（2书）10	0.2	15.3	4773.6	1591.2	
问卷26	—	—	—	—	—	—	—	—	—	—	—	—	—	—	
问卷27	285	334	309.5	28%	60%	12%	7%	4.9	5	5.1	0.25	15.25	4712.3	1570.8	
问卷28	1003	1247	1125	60%	36%	4%	—	1.8	1.8	1.9	1.5	7	7875	1575	P区法院
问卷29	1012	1230	1121	58%	38%	4%	1%	2	—	4	1.5	7.5	8407.5	1681.5	
问卷30	—	—	—	—	—	—	—	—	—	—	—	—	—	—	
备注	1. 笔者通过书面、电子邮件、微信文件等方式向9个基层法院的30个速裁团队法官发出调查问卷，分别由团队法官、助理及书记员根据调查问卷的不同板块进行填写反馈，共收回25份有效问卷。2. 部分法院从2018年开始设立速裁，故2017年速裁团队结案数空缺。3. 部分案件进入速裁后发现案情比较复杂，不宜适用速裁，需及时转换分流到普案团队，故设“简→繁　变更比例”栏。4. 因部分法院采用2助或2书配置，故对同类双人/多人的单案耗时进行累加。5. 部分法院具有速裁送达助力、信息化科技助力、外包服务助力等分担单案耗时，需另计，故设“助力分担耗时”栏。6. 为计算需要，按四舍五入规则保留数值小数点后一位															

经上述调研，分析总结得出：一是简案难易程度对节点耗时的影响。9家法院中各同一法院速裁团队之间的年度总耗时比基本均衡，但结案量不同，受案件难度比重影响较大。据此，可设置几种常见情形的折算，比如经法官调解撤诉的案件无需折算，经调解员调解撤诉的案件以2∶1比例折算，未经法院调解按撤诉处理或者当事人自行撤诉的案件以5∶1比例折算，5件以上以同一标准结案的系列案以3∶1比例折算等，以便在有效耗时比均衡的情况下拉近因案件难度系数不同导致的结案量差距，降低对考核基数之影响。二是团队分工对节点耗时的影响。简案速裁中因单项工作难度相对较低，流程节点中很多工作可集中处理，助理和书记员的分工存在较大重叠，速裁团队多选择“助理与书记员综合性分工”模式，即二者可互为A&B角色，按照流程节点进行较为均衡的分配。在系列案速裁团队多采用内部分案“一跟到底”模式，若为“二助一书”配置，一般分为程序助理、跟案助理和书记员。可见，助理与书记员的单案节点耗时比基本均衡，且该均衡度可由法官把握并适时调整。三是客观因素及助力对节点耗时的影响。60%以上的被访问对象认为审判流程中最耗时环节为送达，对于所在地流动人口多的法院，送达地址难以确定或拒收情况普遍存在，公告导致案件延期，难以达到速裁的预期效果。而当事人主要为常住本地人的部分法院，送达难度则明显降低。此外，部分法院在智慧建设方面已取得阶段性成效，如S市F区法院建立的“融·智·慧”平台，运用信息科技化助力节约了审判节点耗时，在提升简案速裁审判效率方面效果显著，使速裁团队能够承担更多案件量。四是漏斗式繁简分流运用对节点耗时的影响。部分法院采用诉调对接和诉前联调等方式对当事人双方地址和能否到庭进行前期摸排与确认，以便进入速裁程序后能有效送达并如期开庭，节约了送达等时间。若法官在审理阶段发现已进入速裁但不宜适用速裁程序的案件，可通过二次分流及时变更由普案法官审理，以确保速裁案件节点耗时的总体均衡性。

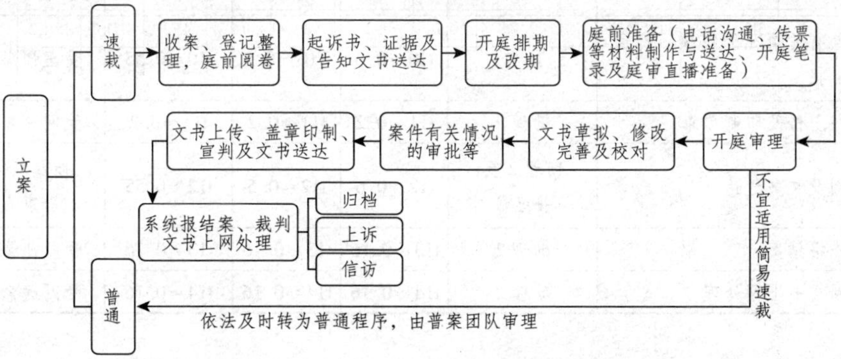

图1　速裁案件审判流程基础节点简图

笔者进一步选取S市F区法院2个“民商事个案速裁团队”（一审二助一书）作为标本，对不同速裁团队（非系列案）工作节点耗时数据及弹性参数值建模，通过核算速裁团队法官、助理及书记员办理单案的各流程节点耗时数据，取平均值作为该院个案速裁审判耗时比标本，并运用标准差及离散系数验证均值合理性，以最大限度地降低幅度值对工作量测算研究的影响。

表5　　S市F区法院民商事X、Y速裁团队个案节点耗时对比表

节点内容	工作承担人	X团队内平均耗时（时）	Y团队内平均耗时（时）	二团队单案节点平均耗时（时）	其他
收案、登记及整理	助理1	t1≈0.16	t1≈0.16	t1≈0.16	
庭前阅卷	法官	t2≈0.5	t2≈0.45	t2≈0.475	受案情影响
开庭排期及改期	助理1	t3≈0.16	t3≈0.16	t3≈0.16	受其他团队排期影响
庭前准备（电话沟通、传票等材料制作与送达）	助理1	t4≈1	t4≈1.1	t4≈1.05	涉及双方当事人
开庭笔录及庭审直播准备	书记员	t5≈0.5	t5≈0.45	t5≈0.475	受能力及案情影响
开庭审理	法官及书记员	t6≈1	T6≈1.1	t6≈1.05	受庭审实际情况影响
文书草拟	助理2	t7≈1.5	T7≈1.4	t7≈1.45	受能力及案情影响
（合议）文书修改完善	法官	T8≈1	T8≈1.1	t8≈1.05	受能力及案情影响
文书校对	助理2及书记员	t9≈0.4	T9≈0.4	t9≈0.4	受工作态度影响
案件有关情况的审核、沟通及汇报	法官	t10≈0.6	T10≈0.5	t10≈0.55	受案情影响
文书上传及印制盖章	助理2	t11≈0.2	t11≈0.2	t11≈0.2	受网速影响
宣判及文书送达	助理2及书记员	t12≈0.6	t12≈0.5	t12≈0.55	涉及双方当事人
系统报结案	助理2	t13≈0.16	t13≈0.16	t13≈0.16	受网速影响
裁判文书上网处理	助理2	t14≈0.16	t14≈0.16	t14≈0.16	受网速影响

续上表

节点内容		工作承担人	X团队内平均耗时（时）	Y团队内平均耗时（时）	二团队单案节点平均耗时（时）	其他
其他弹性耗时	庭前会议准备及开展、调解等	法官及书记员	h1≈1	h1≈1	h1≈1	受案情影响
	程序变更处理	助理2	h2≈0.2	h2≈0.2	h2≈0.2	受案情影响
	财产保全及鉴定办理	助理2	h3≈2.5	h3≈2.4	h3≈2.45	受案情影响
	上诉材料送达、整理、扫描及移送	助理1	h4≈3	h4≈3	h4≈3	涉及双方当事人
	办理退费相关手续	书记员	h5≈0.3	h5≈0.25	h5≈0.275	受案情影响
	强制执行准备及移送	助理2及书记中	h6≈1	h6≈0.9	h6≈0.95	受案情影响
	信访接待及其他未尽事项	法官	h7≈0.5	h7≈0.6	h7≈0.55	受案情影响
归档	归档前检查并完善材料、录入生效时间	助理1	t15≈2.1	t15≈2	t15≈2.05	
	制作归档表、扫描装订或移送扫描装订及归档	助理1及书记员	t16≈0.2	t16≈0.2	t16≈0.2	
单案耗时合计			T1≈14.15	T2≈14.50	T≈14.325	
备注	X团队：1. 庭前会议及调解约占比20%；2. 简案需变更程序约占比25%；3. 简案财产保全及鉴定办理约占比25%；4. 简案上诉约占比12%；5. 需办理诉讼退费约占比45%；6. 强制执行约占比32%；7. 信访接待及其他未尽事项约占比20%					
	Y团队：1. 庭前会议及调解约占比22%；2. 简案需变更程序约占比30%；3. 简案财产保全及鉴定办理约占比28%；4. 简案上诉约占比10%；5. 需办理诉讼退费约占比48%；6. 强制执行约占比30%；7. 信访接待及其他未尽事项约占比17%					
	说明：以上节点耗时为该团队人员耗时，相关助力耗时已扣除					

（二）运行形态：速裁团队办案承受量峰值测算

1. 团队年度合理办案时间。法官年合理办案时间，一年365天52周，扣除119个法定休息日后（双休日共104天，法定节假日15天，重叠计一次），法定工作日为246天。最高人民法院规定，法官每3年必须进行1次不少于1个月的续职培训，平均每年10天；按照干部培训有关规定，每个干部每年脱产培训不少于5个工作日；法官每年享受5~15天公休假，平均每人每年10天；法官每周参加政治学习、业务讨论及学习、法制宣讲等共约半天，一年累计25天。以此推算，法官一年正常工作时间约为200天，每天以7小时实际工作时间（午餐及午休时间已扣除）计算，全年共计约1400小时办案时间（最大化的有效工作时间，尚未扣除法官每年参加各种会议、学术调研、病假、事假等时间)。[①] 助理及书记员的年合理办案时间，每周参加各类学习、会议、法律宣传活动等共约半天，一年累积25天；平均每人每年享受5天公休假；病假、事假等放宽时间每年扣除5天。以上述办法推算，助理及书记员一年正常工作时间约为211天，全年共计约1477小时办案时间。

2. 测算公式及论证过程。设法官年办案承受量峰值为R1，年度总工作时为Tz，法官单案办理时间为Tf，以公式表示为：R1 = Tz/Tf。

以F区法院为例，根据上表5可知，X速裁法官Tf = 3.4小时[②]，办案承受量峰值为1400 ÷ 3.4 = 412宗（尾数均四舍五入）；同理，Y速裁法官Tf = 3.472小时[③]，办案承受量峰值为1400 ÷ 3.472 = 403宗，则该院民商事个案（非系列案）速裁法官承受量峰值可取上述平均值（412 + 403） ÷ 2 = 408宗。

法官办案量能否接近或达到峰值，较大程度取决于助理及书记员的配置、工作能力和负责程度。故此，除法官需要承担的工作外，设助理及书记员的办案承受量峰值为R2，年度总工作时为Tz，助理单案办理时间为TL，书记员单案办理时间为Ts，以公式表示为：R2 = Tz/（TL + Ts）×人数。

以F区法院为例，根据上表5可知，在“一审二助一书”配置中，X团队助理1的TL1 = 3.98小时[④]，助理2的TL2 = 3.415小时[⑤]，书记员Ts = 3.355小时[⑥]，则X团队助理及书记员的办案承受量峰值为1477 ÷（3.98 + 3.415 + 3.355）×3 = 412宗（尾数均四舍五入）；同理，Y团队助理1的TL1 = 3.92小时，助理2的TL2 = 3.85小时，书记员Ts = 3.26小时，则Y团队助理及书记员的办案承受量峰值为1477 ÷（3.92 + 3.85 + 3.26）×3 = 401宗，则该院民商事个案速裁二助一书模式的办案量承受峰值可取上述平均值（412 + 401） ÷ 2 = 407宗。

综上，F区法院X、Y速裁团队法官与助理及书记员的办案承受量峰值

---

① 深圳市福田区人民法院课题组：《法官员额制度改革背景下法院人力资源优化配置研究》，2016年6月。该课题组成员为陈新哲、戴龙宁、张桃勇、李轶娟、祝娟平、张敏、胡超、张泽、赵明升、黄直、宿潇鹏等。

② Tf = Σ（t2 + t6 + t8 + t10 + h1 × A% + h7 × G%） = 0.5 + 1 + 1 + 0.6 + 1 × 20% + 0.5 × 20% = 3.4小时。

③ Tf = Σ（t2 + t6 + t8 + t10 + h1 × A% + h7 × G%） = 0.45 + 1.1 + 1.1 + 0.5 + 1 × 22% + 0.6 × 17% = 3.472小时。

④ TL1 = Σ（t1 + t3 + t4 + t15 + t16 + h4 × D%） = 0.16 + 0.16 + 1 + 2.1 + 0.2 + 3 × 12% = 3.98小时。

⑤ TL2 = Σ（t7 + t9 + t11 + t12 + t13 + t14 + h2 × B% + h3 × C% + h6 × F%） = 1.5 + 0.4 + 0.2 + 0.16 + 0.16 + 0.2 × 25% + 2.5 × 25% + 1 × 32% = 3.415小时。

⑥ Ts = Σ（t5 + t6 + t9 + t12 + t16） + （h1 × A% + h5 × E% + h6 × F%） = 0.5 + 1 + 0.4 + 0.6 + 0.2 + 1 × 20% + 0.3 × 45% + 1 × 32% = 3.355小时。

基本一致，且助理及书记员的工作量可由法官根据工作实际需要进行适时调整，避免分工失衡，以达到团队办案绩效之最佳状态。

（三）律动平衡：边际效益评定与上限升格模式

团队办案模式中，当法官办案承受量峰值高于助理及书记员的办案承受量峰值时，若差距较小，即简案差量 X＜50 宗，则以法官承受量峰值为年度任务量基数，可通过挖掘助理及书记员的工作潜力，争取补齐差距以完成办案量；若差距较大，即简案差量50≤X≤100宗，则通过双向平衡方式，取法官与助理及书记员办案承受量峰值的平均值设置为团队年度办案量较为适当；若差距很大，即简案差量 X＞100 宗，则采取增配对应助理和书记员的办法解决，可称之为边际效益内的“增员添量”。反之同理，当法官办案承受量峰值低于助理及书记员的办案承受量峰值时，若差距较小，即简案差量X＜50宗，则以助理及书记员办案承受量峰值为年度任务量基数，可通过挖掘法官的工作潜力，争取补齐差距以完成办案量；若差距较大，即简案差量 50≤X≤100 宗，则通过双向平衡方式，取承受量峰值的平均值设置为团队年度办案量较为适当；若差距很大，即简案差量 X＞100 宗，则可以法官办案承受量峰值为团队年度任务量，并启动团队内部配置调整，如保员（减员）分流减量，[①] 同时通过另行增配办案团队来应对呈现上升趋势的案件量，可称之为达到边际效益后的“上限升格”。

法官与助理及书记员配比的边际效益需要对团队工作任务承担上限进行评估，其中反映法官承受上限的主要特征：一是法官每日有效工作时间超过 8 小时的天数累计超过 60 天；二是法官办案量已达到可承受峰值，且助理、外包服务、科技助力等均难以参与分担。在“以法官为中心”的审判团队配置中，应对案件量持续增长的方式不是无限制增配助理及书记员，因法官具有承受上限，超越上限值，即使增配助理也无法代替法官办理其承受峰值以上的案件，反而导致辅助性人力资源的浪费。面对案件量的持续增长，应及时进行增幅预估和团队当前工作量测算，当达到临界上限时，需启动增加办案团队等方式解决。

四、模式转型：新型绩效考核模式的优化重构

任何价值的提出都是为解决和挑战实践中出现的反面现象，研究价值应当将研究对象客观化，从价值的反面切入进行研究，才能得出科学的结

① 保员（减员）分流减量：是指在民商事简单个案速裁中，若助理及书记员办案承受量峰值超过法官办案承受量 100 宗以上，说明可能存在助理或书记员超员配置，触发了团队配置的边际效益，可根据实际情况保留或减少助理及书记员配置，同时将超峰值办案量分流出来。

论。[①] 工作任务量核定及完成度是绩效考核的核心内容，而办案绩效与审判管理和人员配套密不可分，绩效管理的战略统一是使个人及团队绩效与组织的战略目标保持一致的持续性过程。[②] 团队式新型绩效考核模式构建需转换设计思路，需回归审判本质，应当清理不合理的指标，让司法"良心活儿"[③] 的考核趋向科学与良性。

（一）逆向设计：以弹性激励参数去非合理性考核指标

绩效由业绩和质效两大部分组成，二者缺一不可，不仅要确保任务量如期完成，更要保障案件质量的提升。绩效考核结果的多元化应用决定了其对评先评优、薪酬奖励、休假、等级评定、上级遴选、职务晋升、岗位交流等均有直接影响。[④] 可见，科学合理、简便易行、公平公正的绩效考核模式对考核部门和被考核对象都尤为重要。根据审判系统现用的监控指标，主要有如下 12 项：一审判决案件改判发回重审率、生效案件改判发回重审率、法定审限内结案率、18 个月以上长期未结案诉讼案件比重、收结案比重、民事一审服判息诉率、调解率、撤诉率、再审启动率、信访投诉率、结案均衡度、裁判文书上网率。据此，笔者结合速裁案件的审判特点，归纳以下两组具象化考核参数：(1) 基准参数，(2) 激励参数。

1. 基准考核参数标准化设计。在法律规定范围内将客观可控性指标设定为基准考核参数指标更为适当，具体应包括"法定审限内结案率、结案均衡度、独任审判率、当庭宣判率、裁判文书上网率、再审启动率"六项，其中"法定审限内结案率"是最核心考核指标。根据工作量测算核定全年基本结案任务数后，办案团队在法定期限内的结案情况是年度绩效考核的最重要基数，同时为确保全年均衡结案，综合考虑法院全年收案量曲线、法定假期布局等因素，可将年度基本结案指标的完成按季度进行分解，即第一、二、三、四季度应分别完成年度基本结案指标的 20%、25%、25%、30%（如下表 6）。对于各季度或全年未完成核定结案任务指标的法官，在年度考核时可适用"一票否决制"，[⑤] 取消年度评先评优资格。其他四项基准考核指标可设置目标

① 陈瑞华：《论法学研究方法》，法律出版社 2017 年版，第 43 页。

② ［美］赫尔曼·阿吉斯：《绩效管理（第 3 版）》，刘昕等译，中国人民大学出版社 2013 年版，第 4 页。

③ 蒋惠岭：《为法官"减负"的十大改革措施》，载《法制日报》2018 年 9 月 20 日。

④ 参见杨斌、王启亮、黄丽：《改革纵深：法官考评机制向审判权运行规律的回归——兼论绩效管理与司法管理的理性融合》，载贺荣主编：《深化司法改革与行政审判实践研究（上）——全国法院第 28 届学术讨论会获奖论文集》，人民法院出版社 2017 年版，第 463 页。

⑤ "一票否决制"：绩效考核评先评优中以下三项可适用一票否决，即"未完成各季度或全年基本结案任务指标""因廉洁纪律作风问题被通报批评及以上处分""因迟到、早退、缺勤以及未按规定请休假等问题被通报批评及以上处分"，其中第一项经研究给予豁免的除外。

合格率，达到及高于合格率不扣减考核分，低于合格率则对应减分。

2. 弹性激励参数人性化重塑。与基础参数相对应的是激励参数，“案件改判发回重审率、18 个月以上长期未结案诉讼案件比重、服判息诉率（对应“上诉率”）、调解率、撤诉率、信访投诉率”等指标受司法场域中当事人诉权、上诉权、上级法院裁判及案件本身复杂程度等综合因素影响，一审法官对其变量可控性明显降低。比如，部分法院诉前联调和诉调对接机制的引入与实践，使很多案件在进入审判之前就已被上述机制进行调解筛查与过滤，再进入审判阶段的案件调撤率必然下降，在此基础上若将调撤率作为考核法官的基准参数指标，显然不妥。在严格保障当事人诉权及上诉权的前提下，若将上述六项列入基准考核参数中，对法官而言是一种强人所难，且在一定程度上与司法规律不符，但作为激励参数指标则可收到更好的办案质效（如下表 6），设定“发改重审率、长期未结案比率、信访投诉率”上限值，在承办人能够说明正当原因的情况下，低于上限值的按幅度范围对应加分，无上述三项情形的可加对应项目满分，高于上限值但经核实非因法官及团队非正常因素造成的，则不计入考核；结合当前司法公开要求，可将庭审直播率纳入激励考核范畴，设定“服判息诉率、调解率、撤诉率、庭审直播率”下限值，高于下限值的按幅度范围对应加分，上述四项达 100% 的可加对应项目满分，低于下限值但经核实非因法官及团队非正常因素造成的，则不计入考核。让办案团队在被激励的情况下努力达到或超越上述激励参数指标正负值，有效避免因强求达标而导致考核功能异化现象。

表 6　　速裁法官年度结案任务完成绩效评分表

基础项目	分项	目标率	达标分值	激励项目	分项	实际完成率
四季度完成结案任务量均衡度	第一季度	20%	20	超额完成任务比	第一季度	>20%
	第二季度	25%	25		第二季度	>25%
	第三季度	25%	25		第三季度	>25%
	第四季度	30%	30		第四季度	>30%
基准考核参数指标	法定审限内结案率	100%	50	弹性激励参数指标	案件改判发回重审率	≤2%
	独任审判率	70%	15		18 个月以上长期未结案比重	≤1%
	当庭宣判率	60%	15		服判息诉率	≥90%
	符合规定的裁判文书上网率	90%	10		调撤率	≥30%
					信访投诉率	≤2%
	再审启动率	0	10		庭审直播率	≥50%

续上表

备注：1. 各季度达标则可得对应季度满分，考虑第一季度受春节等因素影响，若第一季度基本结案任务数因客观原因未能完成，第二季度超额部分可补充平衡第一季度任务数。2. 基准考核指标达到目标率则可得对应项目满分，前四个项目每低1个百分点则对应减1分，再审启动率每高1个百分点则对应减5分。每项分值加减界限为10分	备注：1. 季度超额完成任务数的，每超5个百分点则对应加1分，若将超额部分用于补齐上一季度的未完成部分的，则该部分不加分。2. 服判息诉率和调撤率每高1个百分点则对应加1分。3. 发改率和信访投诉率每低1个百分点则对应加1分。4. 庭审直播率每高5个百分点则加1分。5. 长期未结案比重为0的，则加1分；0 < a≤1%，则得0分。每项分值加减界限为10分

只有惩戒，没有激励或者惩戒有余，激励不足的考核机制是不健全、不科学的。在办案条件和能力基本不变的情况下，法官办案量若超过承受峰值，意味着法官需要延长日常工作时间或者放弃休假，比如工作日经常加班或周末加班。根据为干警减负的人性化设计理念，提倡在工作日规定时间内高质效完成工作任务，而不是靠加班加点来超负荷工作。若在收案量较大的季度或时段，法官延长办公时间或放弃年休假等假期福利，主动承担超任务数的办案量，进而超额完成既定工作任务量的，应根据法官及团队超额完成任务比进行相应奖励，让干警在绩效考核中拥有获得感和职业尊荣感，[①] 进而更好地实现审判质效，这亦是科学良性绩效考核的本质意图。

（二）特定情势：考核任务量核减与豁免机制配套

团队年度基本结案工作量核定后，原则上不予变更，但应考虑全年特定情势的不可避免，根据实际情况准许申请核减基本任务量和考核豁免，为特定情势下的绩效考核设置出口，充分体现考核的人性化与灵活性。

各法院在实践中对特定情势下的考核排除虽有推行，但既不全面、也不规范，缺乏标准化规制。新型绩效考核模式构建有必要对该部分配套机制进行补足与完善，其中梳理符合考核任务量核减及豁免的情势是前提，确定核减比例是基础，经分析归纳，主要有以下几种情形：一是处于孕期、哺乳期的法官，可分别按照对应期内基本任务数的50%、30%比例进行核减；二是确因疾病连续请病假15天以上的法官，可核减其获准假期内对应的任务数；三是因参与国家、省、市重点课题调研或法院重大改革建设任务，确需占用审判时间的法官，可根据具体耗时情况进行对应期间任务量核减；四是调至审判一线办案的初任法官及新遴选的员额法官，可设定3个月过渡期，期内不设硬性结案指标；五是正在休产假的法官，不设定基本

① 刘斌一：《从法官“离职”现象看法官员额制改革的制度逻辑》，载《法学》2015年第10期。

结案指标。上述前三项为核减情势，后两项为豁免情势。考核任务量核减及豁免按程序提出申请，经核实符合条件的，可由院考核部门负责人批准后实行。

（三）实证演练：F区法院速裁团队绩效考核之微观成像

设F区法院速裁（个案）团队法官17名、助理34名、书记员17名，各速裁团队年度基本结案任务数为400宗，由考核部门根据《速裁法官年度结案任务完成绩效评分表》（表6）设定的考核指标，对法官及团队办案绩效进行分值计算，如下表7：

表7　　民商事速裁（个案）团队年度办案绩效考核演绎表

被考核对象	各季度实际结案数（宗）				基准考核参数指标					激励考核参数指标						总得分
法官	一季度	二季度	三季度	四季度	法定审限内结案率	独任审判率	当庭审判率	符合规定的裁判文书上网率	再审启动率	案件改判发回重审率	18个月以上长期未结案比重	服判息诉率	调撤率	信访投诉率	庭审直播率	
法官1	71	115	103	130	100%	66%	62%	95%	0	1%	0	94%	32%	1%	55%	207
法官2	80	116	105	129	100%	70%	66%	99%	0	1%	0	92%	25%	0	43%	211
法官3	74	105	113	123	100%	72%	61%	100%	0	0	0	95%	33%	0	39%	214
法官4	79	120	106	129	100%	68%	68%	98%	0	2%	0	92%	35%	0	49%	213
法官5	72	108	101	132	100%	75%	70%	89%	0	0	0	89%	29%	1%	51%	206
法官6	68	118	103	128	99%	69%	58%	93%	0	0	1%	92%	30%	0	53%	214
法官7	83	115	111	133	100%	70%	63%	96%	0	2%	0	91%	32%	0	58%	214
法官8	78	109	119	126	100%	73%	67%	94%	0	0	0	90%	19%	0	60%	212
法官9	80	125	119	132	100%	78%	56%	98%	0	2%	0	92%	27%	0	48%	211
法官10	79	126	125	138	100%	80%	60%	94%	0	1%	0	91%	32%	1%	56%	215
法官11	—	78	72	125	100%	73%	59%	97%	0	0	0	93%	25%	0	52%	208
法官12	78	110	56	68	100%	74%	62%	99%	0	1%	0	90%	22%	0	51%	209
法官13	—	35	101	129	100%	69%	60%	95%	0	0	0	92%	32%	0	55%	195
法官14	—	31	110	132	100%	76%	61%	98%	0	0	0	90%	24%	0	59%	196
法官15	—	30	106	129	100%	77%	56%	100%	0	0	0	91%	28%	1%	50%	189
法官16	—	29	100	135	100%	72%	59%	97%	0	1%	0	93%	26%	0	53%	193
法官17	—	32	103	132	100%	73%	61%	100%	0	0%	0	88%	30%	0	51%	193
备注	1. 法官11为哺乳期，其第二、三季度按季度基本任务×（1－30%）计算，则为70宗，法官12为孕期，第三、四季度按季度基本任务数×（1－50%）计算，则分别为50宗、60宗。2. 法官13至17为当年第二季度任命的初任法官和入额法官，自规定到岗之日起3个月内无硬件考核任务，此期间所结案件为超额完成任务数，其任命前按原职务要求考核。3. 第二季度结案超出任务数部分可调补第一季度未完成结案任务数部分。4. 以业绩和质效作为年度考核评判的最重要标准，去除资历或其他非考核因素影响															

在以业绩为考核核心的基础上，采用职务分层与同职务分序列考核模式，对考核内容及分值占比进行合理设计如下：

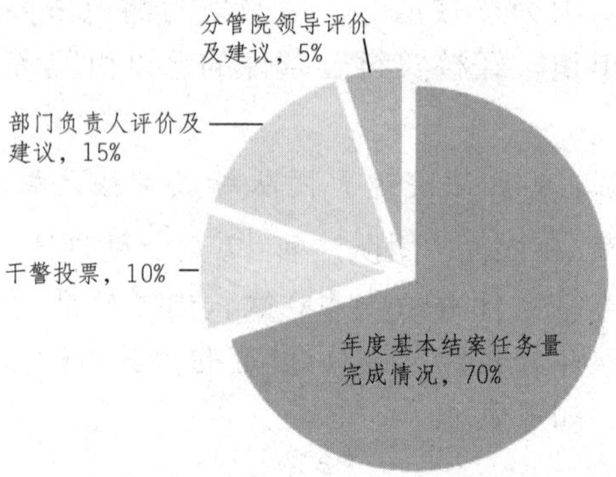

图 2　法官绩效考核评定分值比重图

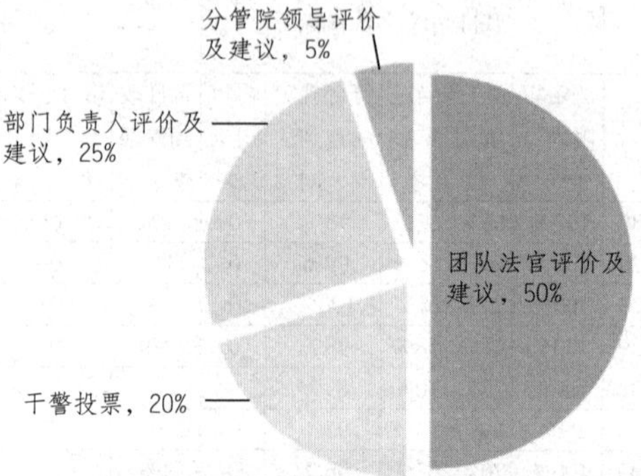

图 3　助理及书记员绩效考核评定分值比重图

按照既定考核规则，F 区法院速裁团队绩效考核流程呈现如下：

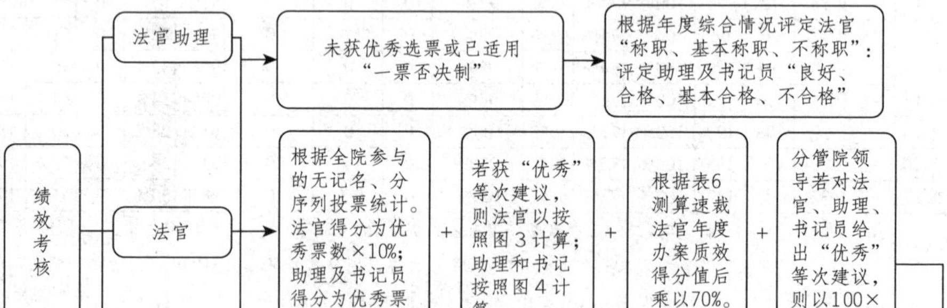

图 4　年度绩效考核基本流程图

上述考核模式是以法官及团队业绩和质效为中心的考核机制，具有考核指标设定的客观合理性、考核方法的可操作性及分序列考核的全面公平性等突出特点，在F区法院的实践中得到了法官及团队的认同，既有效破除了考评目标错位和考核结果失衡等运行困局，也直接推动了该院近三年办案绩效质的飞跃，收结案量均据全国前列。该考核模式还设定当法官评定为优秀时，同等条件下其团队助理和书记员应优先考虑评定为优秀或先进，以激发助理及书记员的工作积极性和职业归属感，降低人员流失度，增强司法辅助队伍稳定性。

结　语

笔者尝试为我国当前司法实践中存在困惑的工作量测算与考核机制提供一种新思路与参考方法，期待在法院系统内部形成更为科学的良性考核机制体系，以看得见的方式呈现法官工作量及绩效，切实提升对法官及团队的工作认可度和辛勤关注度，让考核更具人文关怀，不再偏离司法规律，既发挥其监督促进作用，又符合现代法治精神，以公正合理的绩效考核模式促进法官在审判执行工作中更好地践行公平正义，为保障法官职业尊荣和实现法治进步发挥正面的推动作用。

论司法改革背景下法院奖励的困境与出路

——以S省法院奖励工作实践为例展开

黄训迪[*] 朱曼曼[**]

引 言

韩非子云：国家必有文武，官治必有赏罚。赏与罚的辩证统一已成不辩自明之理。法院队伍建设亦离不开奖励与惩戒的二元辩证。然而，司法改革推进至今，仅就法院队伍建设而言，法官惩戒随着《关于建立法官、检察官惩戒制度的意见（试行）》等配套制度的相继落地而占据核心位置。与之相比，新修订的《法官法》及最高人民法院发布的“五五改革纲要”，均未对法院的奖励工作进行规划。[①] 司法改革过程中，法院奖励应当怎样顺应潮流，体现价值？新时代下法院工作应该如何开展？这些问题紧迫而又充满现实意义。为找出问题答案，笔者对S省基层法院干警发放了调查问卷，开展抽样调查，收到了积极反馈。[②] 本文将从本次调查结果出发，以实证视角重新考察法院奖励工作，找到问题根源，并探索解决之道。

一、现状透视：法院奖励的困境概览

（一）吸引不足：对法院奖励的三低评价

法院奖励的根本目的是通过对法院工作人员的突出成绩进行表扬，从而树立良好的工作导向，提升工作积极性，最大限度地挖掘潜在能力。[③] 因

---

* 作者单位：上海市奉贤区人民法院。

** 作者单位：上海市奉贤区人民法院。

① 学界对法院奖励工作的讨论十分缺乏，截至2019年9月1日，中国知网搜索“法院奖励”仅有2条信息，暂无论文专题讨论。详见中国知网 https：//kns. cnki. net/kns/brief/default_ result. aspx，最后访问时间：2019年9月1日。

② 共向S省各基层法院通过电子邮件、微信应用、纸质邮寄等方式送达调查问卷600余份，共回收514份，其中法官138份，法官助理126份、书记员66份、司法行政人员64份、司法警察120份。

③ 对于法院奖励除能够提升工作质效外，还具有完善司法责任制等功效，本文主要以提升干警认可度和获得感为主要立足点。参见王飞：《论法官考评机制的职业化构建》，载《法治社会》2016年第1期；李晟：《法官奖惩：制度的逻辑与定位》，载《法律适用》2017年第7期。

此奖励相对人对奖励的切身感受就成为了核心指标。经调查发现，S 省各基层法院干警对奖励的态度较为消极，呈现“评价一般”“需求一般”“期望一般”的局面。

1. 评价一般——整体评价呈消极态势。在全部 514 名被调查干警中，表示当前法院奖励“很有激励作用”的共 66 人，占总数的 12.9%；表示“效果一般”的共 321 人，占总数的 62.5%；表示“没有激励作用”的共 127 人，占总数的 24.6%。易言之，对法院奖励抱积极态度的干警仅 1 成左右，可见干警普遍对法院奖励现状并不满意。

2. 需求一般——需求评价下滑趋势明显。为能够准确掌握受访干警对奖励的直观感受，在总体评价后追加“您对法院奖励的态度如何?”一问。该问反馈结果为：表示“会积极争取”的共 153 人，占总数的 29.8%；表示“不会积极争取，得到也不错”的共 324 人，占总数的 63%；表示“无所谓”的共 37 人，占总数的 7.2%。结合前些年 S 省开展的调研活动中的相关数据，法院干警对于奖励工作的需求下降。

3. 期望一般——干警预期发生偏向转移。在对法院奖励工作存在的问题按照严重程度由大到小排序时，有 168 人将“获奖难度太大，性价比不高”排在第二位，在第二顺位选择中高居第一。[①] 而在走访阶段，部分受访干警表示“获奖收益较小，有吃力不讨好的感觉”；“想要入额或者升职，奖励一大堆意义不大，不如埋头办案子，把绩效考核搞上去”。持此类观点的干警不在少数。可见，由于奖励效果不彰，干警对奖励的预期开始向质效数据、日常表现等方面转移。

（二）操作失衡——法院奖励范围的金字塔形固化

对于法院奖励自身的公平性问题，反映最为突出的问题是“奖励人选确定不科学”。奖励流程公平性决定了奖励的实际效果，可谓奖励工作的“生命线”，提升干警对奖励公平性的评价已是迫在眉睫。

虽然从奖项设置上看，法院奖励的区分度较大，但是从参评奖项的要求上看，法院奖励在推荐范围、人选确定等方面都存在大量重叠（见表 1），换句话说，大部分参评条件都是通用的，使得奖励范围越往上越狭窄，形成两个明显的金字塔形结构。一方面，部分奖项需要以之前的奖项作为前提，部分干警通过在基层获奖，层层向上申报，最终获得大量奖项，形成“倒金字塔形结构”（见图 1）；另一方面，虽然部分奖项没有前后关联，但因标准相近，为扩大奖励面，人为限制了一人多次获奖的可能性，大部分

① 该选题为排序题，对“奖励价值不高”“获奖难度太大，性价比不高”“奖励标准不合理”“奖励人选确定不科学”四个选项按照严重程度进行排序，为更加符合实际，设定为不定项排序，故选项总和小于被调查总人数，非调查失误，后文亦同。

干警需要在此标准体系下经过层层筛选，然后分配大部分奖励，实为按资排辈的扩大化，形成了获奖人员的“正金字塔形结构”（见图2）。两种金字塔形结构都造成了奖励路径单一化和奖励范围的狭窄。

表1　　法官奖励要求表

奖励名称	奖励要求	奖励依据
全国优秀法官	1. 政治素质过硬，认真学习领会习近平新时代中国特色社会主义思想和党的十九大精神，忠于党、忠于祖国、忠于人民、忠于法律，具有强烈的政治责任感和职业使命感。 2. 践行邹碧华精神，热爱司法审判事业，工作能力强，业务水平高，审判质量优，工作绩效在全省法院名列前茅，事迹突出、贡献显著。 3. 作风形象好，恪守法官职业道德和法官行为规范，具有良好的社会公德、职业道德、家庭美德、个人品德，无重大过失和违法违纪情况。 4. 曾荣立个人一等功或被评为“S省法院优秀法官”及同等荣誉。	S省法院《关于开展2018年全国优秀法院、全国优秀法官、全国法院办案标兵评选推荐工作的通知》
全国办案标兵	1. 办案效率高，奖励期内结案数在全省法院本条线名列前茅，无超审限、执限案件；或审理、执行的大案、要案和疑难复杂案件较多，在本条线有较大影响力和公认度。 2. 案件质量优、效果好，实体裁判、审判程序公正，办理精品案件较多，办案权重系数、民商事调解案件申请执行率、实际执行率等较高，案件改判发回瑕疵率、申诉率、调解案件申请执行率等较低。 3. 坚持司法为民，恪守法官职业道德和行为规范，所办案件法律效果和社会效果好，获得过本院办案能手称号，奖励期内工作业绩突出。 4. 近三年来，无错案、过失和违纪违法情况。	《关于开展2017—2018年度S省法院办案标兵评选工作的通知》
S省法院一等功	1. 政治立场坚定，宗旨意识强，严守政治纪律、组织纪律和政治规矩，牢固树立并自觉践行社会主义核心价值观和社会主义法治理念，忠于国家和法律，热爱司法事业，忠实履行职责。 2. 综合素质高，业务能力强，工作作风好，勤勉敬业、奉献实干，在本职岗位上业绩优异，为保障法院工作顺利开展作出突出贡献，群众认可度高。 3. 恪守法官职业道德和行为规范，清正廉洁、严于自律，自觉遵守“五个严禁”等廉政纪律，社会形象好，近五年来无重大过失和违法、违纪情况。	《关于开展2018年度S省法院年度奖励工作有关事项的通知》

续上表

奖励名称	奖励要求	奖励依据
S省法院邹碧华式好法官	1. 要有忠诚于党、一心为民的坚定立场和信念。 2. 要有信仰法治、公正司法的专业素养和能力。 3. 要有敢于担当、勇于创新的昂扬激情和斗志。 4. 要有乐于奉献、清廉正派的职业操守和作风。	《关于推荐2018年度S省法院“邹碧华式的领导干部”“邹碧华式的好法官、好干部”候选对象的补充通知》

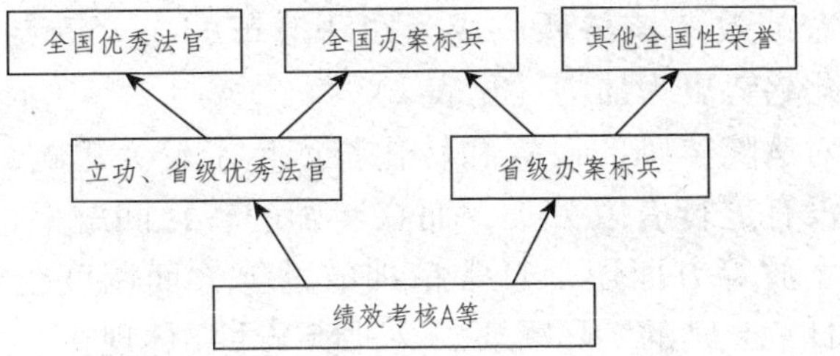

图1　递进情况下法官奖励层级图①

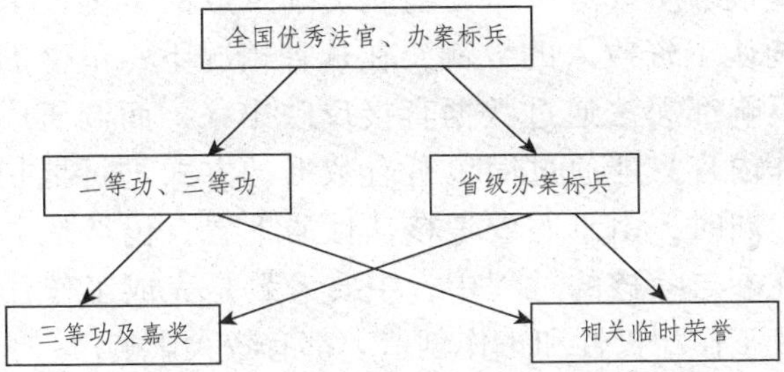

图2　排除情况下法官奖励层级图②

① 根据《S省法院关于2018年全国优秀法院等评选推荐工作的通知》，S省法院系统将获得一等功、省级优秀法官作为参评全国优秀法官的必要条件；将省级办案标兵及立功等作为参评全国办案标兵的必要条件，存在高级奖项包含低级奖项，造成赢者通吃情况可能。

② 根据《关于开展2018年度S省法院年度奖励工作有关事项的通知》等可以看出，相当一部分奖项之间不存在互为必要的关系，但是为了能够让更多人获得相关奖励，奖励的获得者之间进行了必要的区分，形成了奖项的分层，最优者获得一等功及参评优秀法官的资格，以此类推。

二、问题解析：法官奖励困境的四大成因

（一）结构原因：禁止性规范与激励性规范的重视差异

现实中法院奖励的诸多问题，与法院奖励在法院管理体系中的地位息息相关。从制度层面的角度看，2017 年修订的《法官法》将法官考核、法官奖励、法官惩戒分别规定在第八、十、十一章，而在 2019 年 4 月 23 日通过的《法官法》修订案中，法官的考核、奖励、惩戒被合并成为一章，关于奖励的篇幅也降低至 2 条，与之相比考核、惩戒的规定条数均增加至 6 条，法官奖励的指导性在整个法官管理体系中逐渐下降。在 2018 年最高人民法院公布的“五五改革纲要”中，并未对法院奖励制定具体改革目标和发展规划，而在法官权益保障一条中则对法官履职保障和法官考核标准进行了规定。随着绩效考核与惩戒成为司法改革的一大重点，此消彼长间，法院奖励边缘化趋势更为加剧（见表 2）。

这种取向对法院奖励的设置和转化都产生了较大影响，法院奖励在奖项设置上一直没有进行有效分类，而在奖励的转化问题上，无论是法官职级晋升、奖金发放等方面还是日常精神鼓励等方面制度更新都较为迟缓，难以满足法官日常激励的实际需要。这种情况主要体现在三个方面：

1. 以绩效考核取代奖励评价。在物质奖励的场合，为数不少的法院在指定规范时，直接以质效考核作为物质奖励发放的依据，干警根据自身工作量的多少来确认工资收入的数额，在这种情况下，干警的工作方法、工作态度、群众反响都无法通过数据直接反映出来，而调研成果、法治宣传成果等额外工作内容只能通过简单折合数据的方式进行抵扣，难以反映干警工作的全貌。同时，由于质效考核从性质上看，仍然是一种规范性的评价机制，干警在参与考核的过程中，主要考量是完成工作任务和避免工作失误，对于提升工作积极性和工作创造力都有较大影响。

2. 以增加临时奖励的方式取代奖励体系的修正。如果想要解决奖励体系重合度过高、奖励面过窄的问题，较为理想的方式是对现有的奖励体系进行重新定义和修正，但实际上大部分法院在察觉了法院奖励的上述弊端后，往往是通过增加临时奖励，提高获奖人数的简单方式扩大受奖面，而这种努力由于临时性奖励的评选标准缺乏区分度，很快便又纳入到旧有的奖励体系范围内，受奖面扩大作用有限。

表 2　　法院奖惩相关文件一览表

	法官奖励	法官惩戒
《中共中央关于全面深化改革若干重大问题的决定》	未涉及	第 33 条：让审理者裁判、由裁判者负责。
《中共中央关于全面推进依法治国若干重大问题的决定》	未涉及	第四点第三小点：明确各类司法人员工作职责、工作流程、工作标准，实行办案质量终身负责制和错案责任倒查问责制，确保案件处理经得起法律和历史检验
最高人民法院法院工作报告	未涉及	1. 2017 年最高人民法院工作报告：实行法官对办案质量终身负责，设立法官惩戒委员会，强化错案责任追究。 2. 2018 年最高人民法院工作报告：法官对办案质量终身负责，充分激发广大法官的工作积极性和责任感。
专项规定	制度未更新	《最高人民法院、最高人民检察院关于建立法官、检察官惩戒制度的意见（试行）》

（二）制度原因：制度割裂造成的奖励渠道堵塞

在调查中可以发现干警对法院奖励的不满意与奖励需求无法满足有着必然关联。究其原因，在于财务管理、队伍管理、编制管理等多项规定在单独制定过程中对奖励效果考虑不够，人为堵塞了奖励渠道，下面就干警意向最高的奖金、升职、休假、进修四方面进行说明：

1. 奖金、现金奖励——缺乏财政出口。根据现行的《S 省机关公务员基本工资、津贴补贴、奖金等收入项目的正面清单》，法院对奖励进行表彰时必须严格按照该清单罗列的项目发放奖金，未包含在党群系统表彰项目 61 项及行政系统表彰项目 30 项的奖励均不准发放奖金。而法院系统可发放奖金的项目仅每两年评选一次的 S 省法院优秀法官和 S 省法院办案标兵。即两年内仅有几名干警代表可以获得奖金，其他的奖金奖励措施处于长期缺位状态。

2. 入额、升职加分——转化空间狭窄。综合考察入额、升职活动的相关规定和通知可以发现，不少此类活动对奖励转化的标准较为狭窄，不少需要通过长时间努力获得的荣誉均未列入加分范围内，使得部分法院奖励仅具有“宣传性质”而其应有的“激励性质”则明显不足。如《S 省法院关于晋升二级高级法官评定办法》《S 省法院关于晋升三级高级法官推荐通知》中都明确将嘉奖等常规奖励、破解执行难先进个人等临时奖励排除在法院规范之外，使通过认真工作获得上述奖项的法官在奖励转化方面大打折扣，工作积极性也受到较大影响。又如在法官助理入额方面，根据《S 省法官助理遴选初任法官工作实施方案》，法院奖励转化而成的加分被归入 20 分的平时分（100 分制），且排于带教法官评价、政治部评价、院党组评价、季度考核之后，属于额外加分，对于入额竞争局面改善较为有限。部分干警在走访中即表示“依靠奖励加分性价比太低，不如努力工作获得法官、领导认可加分较多”。而根据加分范围，仅省级立功、省级办案标兵、全国级或省级二等奖以上调研奖励才可转化加分，范围较为狭窄（见表3）。而且在实际评定过程中，依照主办单位实际落实情况，有部分全国级、省级奖励被排除，进一步加剧了奖励转化加分的困难（见表4）。

表3　　**S省法官助理入额考核加分项目表**

类别	加分项目	所加分值
立功获奖类	立省法院系统一等功	3
	立省法院系统二等功	2
	立省法院系统三等功	1
	获“邹碧华式的好法官。好干部”称号	
	获省法院“法官助理办案标兵称号”	0.5
业务能力类	在协助法官办案过程中，草拟的裁判文书或撰写的裁判案例在《最高人民法院公报》上公布	1
	在协助法官办案过程中，草拟的裁判文书或撰写的裁判案例获全国级二等奖以上奖励	
	在协助法官办案过程中，草拟的裁判文书或撰写的裁判案例获全国级三等奖	0.5
	在协助法官办案过程中，草拟的裁判文书或撰写的裁判案例获省市级二等奖以上奖励	
调研能力	本人署名的调研论文获全国二等奖以上奖励	1
	本人署名的调研论文获全国三等奖	0.5
	本人署名的调研论文获省市级二等奖以上奖励	

表4　　**S省法官助理入额考核奖励加分转化情况列举①**

奖项名称	主办单位	是否获得加分
全国“执行论坛”征文活动三等奖	最高人民法院执行局	是
全国法院D杯论文征文比赛三等奖	人民法院报社、D市人民法院	否
S省调研课题优秀奖	S省高级人民法院	否
S省“破解执行难”先进个人	S省高级人民法院	否

① 该表为部分干警参评情况的简单列举，相同类型奖项已删除，由于S省调研奖项均设优秀奖、鼓励奖二类，优秀奖即为省级最高奖项，特此说明。

3. 休假增加——缺乏制度延伸。当前法院关于工作人员休假的依据主要来源于《公务员法》第八十二条，其规定："公务员执行国家规定的工时制度，按照国家规定享受休假。公务员在法定工作日之外加班的，应当给予相应的补休，不能补休的按照国家规定给予补助。"包括《公务员法》及2004年发布的《人民法院奖励暂行规定》均未对奖励折抵或者增加法院工作人员休假时长进行规定，S省法院严格依据该规定，奖励转化休假的情况鲜有发生。

4. 进修学习——奖励倾斜缺失。法院培训工作是以单个文件的形式进行发布的，因此缺乏较为统一的奖励转化平台。而在实践中，法院奖励并未作为一个重要参考项目受到培训工作的重视。《S省在职研究生教育管理规定》就在职学习采取统一态度，仅同意"攻读硕士和博士学历、学位期间，撰写硕士论文可一次性享受5天公休，撰写博士论文可一次性享受10天公休"，未对奖励是否可以转化相应的学习便利作出规定，与部分院校要求在职学员停产学习若干时间形成矛盾。又如《国家法官学院与香港城市大学联合培养法学博士招生简章》等通知对报考干警条件限制较少，亦未对获奖干警予以倾斜，相关奖项对进修学习机会的争取影响极为有限。

（三）资源原因：需求旺盛与奖励资源匮乏的价值冲突

想要提升满意度就需要对法院奖励工作投入更多资源，正如上文所述，从表象上看财务管理、队伍管理、编制管理等多项规定的确限制了奖励资源的获取，而从本质上看，是由于法院整体资源有限，而奖励在没有独立资源保障的情况下，又不能有效调配干警需求，为其找到合适出口，进而量变为尖锐矛盾。此类矛盾在奖励工作中并不少见，此处以预算、职位资源两组矛盾举例说明：

1. 法院奖励与预算资源的矛盾。随着预算制度改革，当前大部分法院缺乏对干警进行物质奖励的预算出口，[①] 仅有工会财政可以支出奖励费用，然而工会支出一方面无法提供如此众多的奖励费用，另一方面也无法将所有奖励内容包含在内，从而形成物质奖励的真空。[②] 大多数时候制度并未完全堵死对优秀人员的物质奖励通道，而是变得更为严格，然而，由于预算资源的整体匮乏，大多数法院都选择不进行尝试。以S省法院为例，该省高院制定的《法院奖励规范办法》中规定，立功受奖确定后，由各获奖法官所在法院根据自身财政情况进行物质奖励，对奖励标准、奖励时间均不予规定，为各法院通过申报对个别优秀人员进行奖励提供了空间，但是由于

---

① 王亚新：《司法成本与司法效率——中国法院的财政保障与法官激励》，载《法学家》2014年第4期。

② 胡志斌：《论我国法官奖励制度的缺陷与重构》，载《湖南警察学院学报》2012年第4期。

基层法院缺乏物质奖励的预算资源，该省大多数法院都不约而同地暂停发放物质奖励，形成了物质奖励的缺位局面。

2. 法院奖励与职位资源之间的矛盾。法官奖励与法官晋升直接挂钩是最好的激励手段，然而，由于法院编制数量、岗位数量与人数之间存在较大缺口，干警待奖励数量远大于岗位供应量。这种职位资源的匮乏直接影响到了法院奖励自身的认可度与操作难易度。在无法迅速扩大职数的情况下，未能兼顾横向空间与纵向时间之间的调和成为法院奖励在职位需求上矛盾尖锐的主要原因。若想要化解这个矛盾，应当从人才培养的整体规划上入手，将干警的奖励实时体现在人才培养的计划和流程中，以妥善公平的排名缓和矛盾。

三、进路探究：完善法官奖励机制的路径选择

（一）环环相扣：建立多元化的法官奖励体系

现行《法官法》《人民法院组织法》给法官奖励制度改革预留了大量空间。因此，应当在制度建设上完善法院制度建设体系，增加明确的奖励指引，形成“制度大环”；在奖励转化上，拓宽奖励转化渠道，建立奖励基金等保障机制，形成“转化中环”；在实际操作上，通过设立不同的奖励谱系，拉开奖励针对的人群范围，形成“操作小环”。三环互相支持，环环相扣，从而实现多元化法官奖励新体系的构建（见图3）。

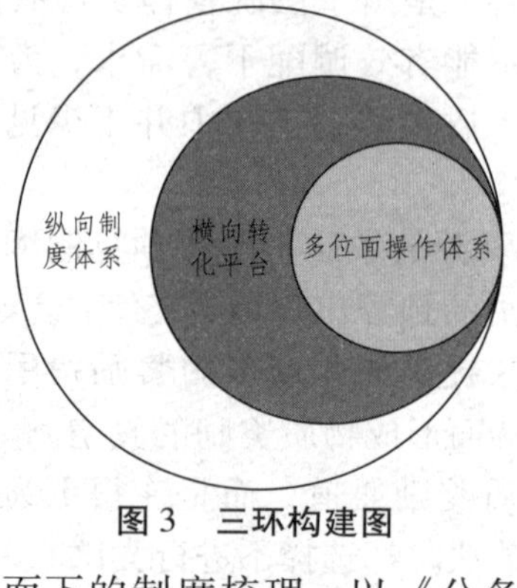

图3　三环构建图

1. 制度大环：从上而下的制度梳理。以《公务员管理规定》为总纲，修订完善《人民法院奖励规定》，敦促各级法院形成与之配套的法院奖励细则和办法，形成“法律奖励总纲—法院奖励总则—省级法院实施办法—各法院实施细则”的制度体系，明确奖励内容、奖励标准、奖励对象、奖励转化形式等重要问题，并允许各级法院依据自身特点进行创新，以制度形式将法院奖励的发展方向固定下来，作为引领。

2. 转化中环：横向统一的系统平台。奖励转化是法院奖励的核心问题，

其作为体系的最重要一环，需要各级法院在纵向上构建制度体系的同时，加强横向联系，打通转化阻碍。就奖金发放、人事晋升、培训进修等重点问题与财政、组织、人事等各部门形成奖励保障平台，建立独立的奖励基金、获奖人员培养计划、获奖干警培训项目等保障机制，提升法院奖励在物质奖励、发展奖励上的力度和效力。

3. 操作小环：点面结合的增幅扩容。以往各奖励之间无法形成泾渭分明的奖励体系，正是因为奖励标准之间存在大量重合，使得奖励之间的横向分离并不理想，反而逐步衍生成单一的纵向层级关系。在构建多元化奖励体系的前提下，对不同主体，按照不同评奖方式产生的奖项也要突出各自重点，进一步挖掘各级法官协会、人民法院报、各级人民法院团委等组织潜力，设立独立的评奖体系，形成“全国法官协会奖”“全国法院十佳青年”“全国法院高光法官”等奖励项目。有必要根据奖项设置的目的，对奖励标准进行细化，例如对奖励青年法官的“全国法官十佳青年”进行标准设置时，应当侧重于对参评青年法官在网络传播、信息化技术使用、审判方式创新方面进行着重考查（见图4）。

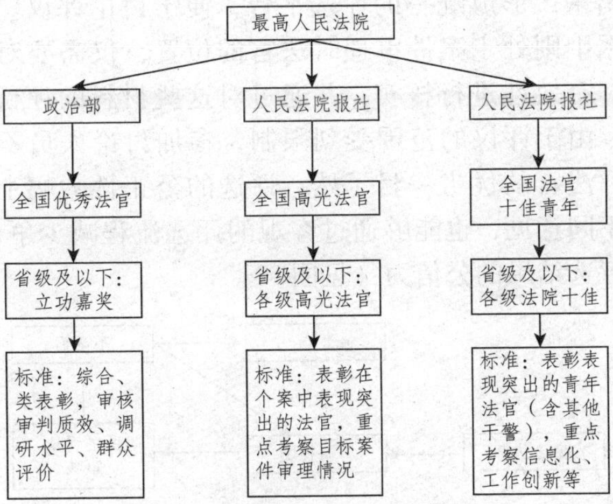

图4　多元化法院奖励示意图

（二）正本清源：构建“主观提供，客观审核”的评审机制

经过本文考察可以发现，以往的评奖流程之所以在公平性、合理性方面易听到群众的不同声音主要是因为评选信息不对称造成的。一方面，奖励评选流程是被动启动的，候选人的资料在民主评议时受到评选组织方准备工作的影响，存在偏向或不够全面的问题，使得对评选结果持有不同意见的干警产生“还有资料没有提供”“组织方有意偏袒”等质疑性想法；另一方面，获奖人选推送和确定在民主讨论的场合，由于缺乏有效客观的资料进行支持，使得不同支持者之间难以在同一讨论平台上进行比较和讨论，

形成“公说公有理，婆说婆有理”的局面，进而使得评选结果总是受到部分干警的非议。为了能够解决评奖流程公平性的问题，建议从评选的理念入手，参照审判程序，形成主观提供，客观审核的评选方法，以实现群众反响的统一。在评选开始时，由有参选意向的干警上交评选材料，并对这些材料的真实性、客观性、有效性进行承诺。由于这些主观提供的材料决定了评选结果对自己是否有利，因此参选法官在主观上必定会积极准备，以展现自己最好的一面，从而保障了参选材料的全面性和丰富性。在评选环节，通过参评法官竞争性的现场展示，向现场参加讨论的人员全面展示自身优势。参加讨论的人员只需要根据参评法官提交的材料和现场表现客观地对其优劣势进行讨论和排序，择优推选人选即可。

在这个体系中，参评干警类似案件审理中负有举证责任的当事人，评选依据的材料都是其自身提供的，并要对材料的真实性、客观性、全面性负责，如果因材料造假、材料全面性不足等原因没能获选，由其自身承担落选后果。由于评选组织方对这种主观提供的材料只负有收集、整理、移交的责任，因此可以最大限度避免对评选公正性的质疑，并将所有参评人员的信息展现出来，形成统一的评选平台，便于讨论评议。而参加讨论的人员在这个体系中则处于案件审理时法官的位置，仅需要对参评干警提供材料的真实性、有效性进行核实，并通过对这些材料的评价，选出最终推荐或获奖人员。由于评议的范围受到限制，参加讨论人员不能额外补充材料或信息，参评法官的优劣一目了然，评选的公正性大幅上升，即使在评议过程中存在不同意见，也能够通过客观的评选流程减少争议，避免非议，从而全面提升评选结果的公信力（见图5）。

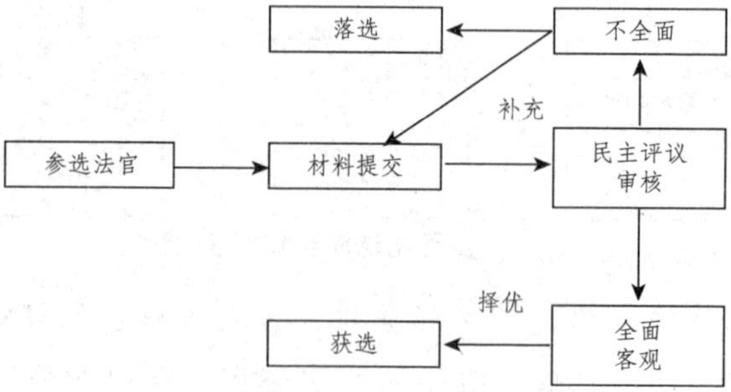

图5　主观提供客观审核流程示意图

（三）形成合力：构建多平台的奖励转化机制

法院奖励的基本原理是通过拉开先进人员与其他人员之间在物质取得、社会评价、上升空间等方面的差距，以实现“强者愈强，弱者紧追”的目的。因此，为了能够实现奖励的最终目的，鼓励全体干警加强自我学习，提升业务能力，有必要对奖励转化机制进行明确规定，形成“财政平台保障、组织平台规划、宣传平台跟进”的多平台转化机制，增强获奖者的获得感和荣誉感，促进法院队伍整体的提高。

1. 财政平台保障：设立专项奖励基金。提升奖励效果，物质奖励必不可少。为了避免滥设奖项套取资金等相关问题，建议在设立奖项之初就以专案的方式提交上级部门同时设立奖励专项基金，按照评选时间间隔确定奖励预算，形成财政平台统筹，避免物质奖励落空对法官队伍的激励产生不利后果。

2. 组织平台策划：制定人才发展计划。在物质奖励与精神奖励之外，政治部等组织部门应当对获奖人员制定专门的发展计划，将奖励融合进人才选拔工作，形成统一的“选拔—培养—任用”平台，以体现选贤用能的基本宗旨。根据奖项的侧重，将获奖法官的相关特点进行备案，并通过人才储备、优先推荐、专项培训等工作补齐短板、提升能力、加速成长；建立获奖人员任用储备库，使获奖人员踏上选人用人快车道，不仅通过评奖发现人才、开拓上升渠道，同时激励其他法官努力办案，形成良性的竞争机制，提升法院队伍的整理水平。

3. 宣传平台跟进：内外宣传深度融合。在以往的宣传工作中，对获奖人员的宣传采用内宣手法较多，形式不够生动，范围不够宽阔。建议设立专门的获奖宣传平台或栏目，采取内宣部门收集材料、组织采访、联系沟通，外宣部门策划布局、拓展渠道、润色加工的方式，通过网络等多种媒体对获奖人员事迹进行综合报道。同时，通过宣传平台储存事迹材料，便于在其他宣传中取用，在宣传上形成多方合力的局面，加强法院奖励的示范引领作用（见图6）。

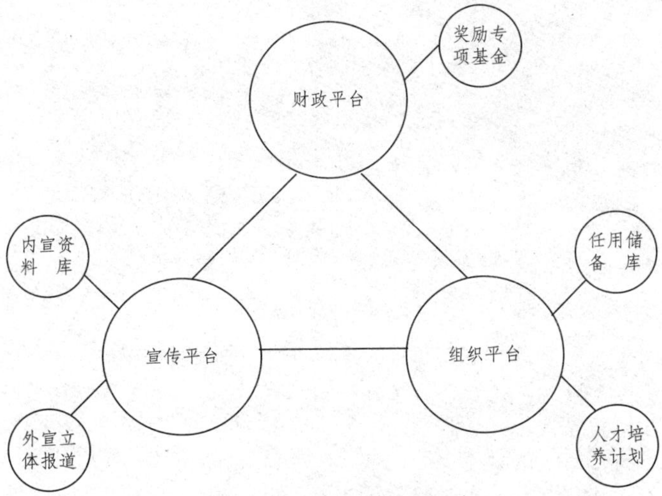

图6　多平台奖励示意图

结　语

有赏有罚，奖惩分明，是司法责任制的应有之义。近年来，司法改革重规制轻奖励趋势日益明显。然而，法院的管理并非用制度的框架即可压塑成形。如今，法院奖励满意度不高的主要原因在于关注不足、协调不畅、制度不彰，因此唯有从制度重构做起，完善评选程序，丰富奖励转化项目，让更多的干警能够在辛苦工作中体会到满足感和获得感。

法官业绩考评结果运用失灵的困境审视与完善

李小贵* 何伦波**

引 言

法官业绩考评是贯穿于司法改革“主体工程”和“综合配套”的重要环节，是人事管理和审判管理中不可或缺的核心职能。① 司法体制综合配套改革正在全面深化，完善法官业绩考评制度是全面推进司法责任制及相关制度改革的一个重要前提。② 业绩考评结果能否得到合理、科学的运用，不仅关乎法官业绩考评机制效用的发挥，更关乎法官工作的积极性。有效促进业绩考评结果的运用，才能切实发挥业绩考评制度“指挥棒”作用。法官业绩考评结果的运用问题，虽然《法官法》和中共中央办公厅、中央政法委、最高人民法院印发的多份重要文件均已作出明确规定，但实践操作中仍然存在不少问题。如何实现考评结果与工资调整、绩效奖金发放、法官等级调整、评优评先、员额退出等制度的有序有效挂钩，切实发挥法官业绩考评制度的作用，成为亟须研究解决的问题。

通过实践考察发现，当前法官业绩考评存在“考用分离”问题，考评结果的运用出现了失灵现象，导致法官业绩考评结果不能得到充分运用。

一、业绩考评结果运用失灵的原因分析

通过深入研究后发现，法官业绩考评结果的运用之所以“失灵”，归结起来主要是考评理念滞后、体系不合理、程序不规范、结果不反馈等原因造成的。

---

* 作者单位：湖南省郴州市永兴县人民法院。

** 作者单位：湖南省郴州市永兴县人民法院。

① 陈敏光：《综合配套改革背景下法官绩效考评体系的完善》，载《法律适用》2018 年第 19 期。

② 罗书臻：《周强在全国高级法院院长座谈会上强调 认真贯彻落实全国司法体制改革推进会精神 坚定不移全面推进人民法院司法体制改革》，载《人民法院报》2016 年 7 月 21 日。张子瑜：《论我国法官业绩评价制度的完善》，中央党校 2018 年硕士学位论文。

（一）理念滞后，重考评轻管理

从管理学的角度看，当前法院系统业绩考评结果运用不好，其深层次的原因是重业绩考评而轻业绩管理的思维定式导致的。业绩考评关注的是考评结果，而业绩管理既关注结果也看重过程，既重视法官业绩的测算和评定，更重视法官职业能力提升和法院整体发展。从根本上讲，我们不应该把业绩考评简单地视作一种计量业绩的工具，而应把它视为加强司法管理、促进法官发展的管理机制。“业绩考评的终极目的在于提升法官职业能力和司法公信力，通过对法官进行科学考评，形成一种正向的激励导向。”①因此，不能为了考评而考评，要坚持目标导向开展业绩考评，重业绩考评轻业绩管理的考评理念亟待更正，法官业绩考评要由绩效考评向绩效管理转变，并朝着绩效治理②的方向努力。

（二）体系不合理，重结果轻过程

当前，各地法院对法官进行业绩考评的指标，多数是沿用最高人民法院 2011 年下发的《关于开展案件质量评估工作的指导意见》中设定的大部分指标以及质量评估指标体系中的评价方法。因其中部分考评指标未能充分反映法官的职业特质而饱受诟病。③ 也因评价体系长期不作调整，致使法官业绩考评工作难以跟上执法办案形势变化。④ 以结果为导向的业绩考评，忽视了对审判过程的评价，导致业绩考评不够科学。忽视法官职业特点的考评指标体系，在一定程度上挫伤了法官办案积极性，导致法官业绩考评机制的正向激励功能难以实现，影响了法官产出的司法产品质量。同时，过度量化的考评，可能会削减法官的奉献精神。

对现代法治国家而言，审判公开已成为司法权的基本特性，审判公开的核心就是审判过程和审判结果的公开，即裁判文书公开、审判流程公开和庭审公开（庭审直播）。据研究显示，当前法院对审判流程的评价存在考评机制缺失的问题，⑤ 导致整个考评体系不太合理。

庭审若出了问题，司法案件的公平公正和司法裁判的公信力必然会受到社会公众的质疑。庭审作为司法审判的核心环节，直接体现法官的司法能力和水平，只有加强对庭审质量的监督监管，才能让司法真正经得起检验，但

---

① 冯海玲等：《论分类管理视角下法官评价体系的重构：以法官塑造为着力点的分析》，载《山东审判》2014 年第 5 期。

② 朱景鹏、朱镇明：《绩效治理：趋势、内涵与挑战》，载我国台湾地区《公共治理（季刊）》第 2 卷第 3 期。

③ 陈光中、龙宗智：《关于深化司法改革若干问题的思考》，载《中国法学》2013 年第 4 期；王舒：《历史视角下的我国法官管理制度改革》，载《法律适用》2016 年第 2 期。

④ 谢亮、张子谕：《论人民法院法官业绩评价的完善》，载《法律适用》2018 年第 7 期。

⑤ 谢亮、张子谕：《论人民法院法官业绩评价的完善》，载《法律适用》2018 年第 7 期。

是目前在考评体系中，对庭审的考评只注重数量，质量评价是缺位的。

自裁判文书公开常态化以来，裁判文书质量取得了前所未有的提升，但也多次出现因裁判文书存在明显低级错误而引发严重社会负面舆情的情况。漏洞百出的裁判文书引发的负面舆情，消解了裁判文书的严肃性，严重损害了司法公信，务必引起高度重视。“七错”裁判文书反映出了个别法官工作作风不严谨、工作态度不端正、职业能力有所欠缺等问题，更暴露出了裁判文书管理和评价制度有缺位的问题。

综上所述，随着时代的发展以及司法改革的不断深化，原有的考评指标体系中有部分指标已不能适应新时代法官业绩考评的需要，亟须完善法官业绩考评指标体系，以适应时代发展。

（三）考评程序不规范，减损结果权威

《法官法》虽然规定了考评委员会作为法官业绩考评机构，考评委员会由 5 人至 9 人组成，考评委员会主任由本院院长担任，但却未对考评机构组织、人员组成作出具体规定，需要在司法管理实践中进一步探索、完善。因此，实践中各地法院的做法不一（见表 1）。透过表 1 并结合其他调查结果[①]可以看出：当前，考评主体的名称不统一、不规范；考评主体组成人员主要集中在院领导及业务庭、政治部门、审判管理部门、研究部门、监察部门负责人范围内，几乎没有普通法官或者法官代表参加。因此，法官业绩考评委员要有一定比例的普通法官代表担任，要让受评对象对考评有发言权，业绩考评才能取得更广泛的认同。

表 1　　业绩考评主体设置的地方实践[②]

法院层级	法院名称	考核主体名称	考核主体成员
高级人民法院	北京市高级人民法院	考评委员会	由办公室、政治部、研究室、审管办、教育培训部门、新闻宣传部门和法官所在业务庭组成，由审管办具体负责考核工作。
	四川省高级人民法院	院绩效考核领导小组	由审管委、审管办、办公室、政治部、研究室、法警队、行装处、监察室、机关党办等部门组成，下设绩效办。
	西藏自治区高级人民法院	考核工作领导小组	由院领导和政工人事、纪检监察、审判管理、综合办公、财务后勤等部门负责人组成，下设考核办。

① 郑博涵：《回溯与破局：基层法院法官绩效考评指标体系构建——以 KPI 为视角的实证分析》，载《辽宁公安司法管理干部学院学报》2019 年第 4 期。

② 上海市第一中级人民法院课题组：《审判绩效考核与管理问题研究》，载《中国应用法学》2019 年第 3 期。

续上表

法院层级	法院名称	考核主体名称	考核主体成员
中级人民法院	南京市中级人民法院	法官考评委员会	由院长、副院长、审判委员会专职委员、其他院领导及非领导职务的员额法官代表组成，下设法官考评办公室。
	重庆市第一中级人民法院	院绩效考核委员会	由立案庭、研究室、审管办、干部处、办公室、行装处、监察室、法警支队、宣教处、党办等职能部门组成，下设考核办公室。
	深圳市中级人民法院	院考核领导小组	由院领导和职能部门领导组成，没有法官和法官助理代表参与。
	日喀则市中级人民法院	机关年度绩效考核领导小组	由党组成员、审判委员会专职委员、政工人事、纪检监察、审判管理、行政装备、维稳综治、办公室等部门负责人组成。政工人事部门设置专职考核办公室。
基层人民法院	上海市闵行区人民法院	业绩考评委员会	由院长、党组其他成员组成，其中院长任主任、党组其他领导为组员，下设考评办公室。

新修订的《法官法》第四十三条明确规定：考核结果以书面形式通知法官本人。法官对考核结果如果有异议，可以申请复核。法律虽赋予了法官在对考评结果不服时享有申请复核的救济权力，但现实中由于法官业绩考评救济体系尚未有效运行，复核难问题不同程度存在（见表2）。因为考评救济体系不够健全，法官业绩考评机制中的考评复核程序被虚置，导致法官受损的权利得不到有效救济，法官权益难以得到有效保障。

表2　　业绩考评复核难现象及情况列举①

序号	典型样态	举例
1	不反馈考评结果	X省Y县法院的考评结果就不对外公布，只将被评为优秀等次人员的名单进行公布，若对评优结果不服的才能到考评部门去查看详细成绩。
2	未规定权利救济途径	H省C市中院规定："法官审判业绩得分经决定后予以公布"。并未规定应将考评结果书面通知法官本人以及对成绩有异议的应当如何复核等情况。
3	答复复核申请不规范	对设有复核程序的法院，据有调查显示，有57%的基层人民法院对于法官对业绩考评结果提出的异议，只采用口头的方式答复复核申请人。

① 规定见《H省C市中级法院法官审判业绩评价实施方案（试行）》第3章第12条第（3）项；调查数据来自郑博涵：《回溯与破局：基层法院法官绩效考评指标体系构建—以KPI为视角的实证分析》，载《辽宁公安司法管理干部学院学报》2019年第4期。

（四）考评结果不反馈，阻碍双向沟通

考评结果反馈环节是绩效管理中的核心环节，其质量“很大程度上决定了绩效考核之有效性及整体水平，重要程度甚至超过绩效考核本身”。[①]但遗憾的是，在当前的法官业绩考评实践中，“考评结果反馈”这一核心环节可能被忽略甚至刻意回避。亦即考核评价结果一旦运用于法官等级晋升、绩效奖金发放及评优评先等，绩效考核即宣告结束，并无双向反馈环节。这就使得通过考评帮助法官查找不足，寻求改进提升的目的落空。

二、法官业绩考评结果运用的完善路径

要想让法官业绩考评机制能够有效落地，就要坚持“考用结合、以用促考”的理念，完善法官业绩考评结果运用机制，强化考评结果的运用，让法官业绩考评由“软指标”变成“硬杠杆”。

（一）完善考评体系，提升考评权威

要让考评更全面、更科学，考核内容及其指标的设置是关键。按照“法官绩效考核应当包括办案数量、办案质量、办案效率和办案效果等基本内容”以及业绩考评“应当紧紧围绕办案质量和效率进行考核”的规定，结合前文所述，承载审判程序公正的庭审、审判流程和实体公正的裁判文书，理应纳入考评体系。因此，法官业绩考评体系应当包含办案数量、办案质量、办案效率、办案流程、办案效果等内容。再结合法官业绩考评的终极目标是“促进司法公正和提升司法公信力”，故在指标设置上应该突出办案质量、办案效率、办案流程等指标，纠正以前考评忽视审判过程的弊端，并按照中央“考核要简便、易行”的要求，紧密结合审判实际和司法规律，取消不合理指标。

对于办案数量的考评，应当根据每个法院的总收案数量划定基本办案任务作为红线，[②]并结合“贡献度”模式进行，即采用“底线办案数量+结案贡献度”对办案数量进行考评，才能“限制唯办案数量的考评导向，实现法官业绩评价机制的科学运行”。对办案质量的考评，应当着重从案件质量、庭审质量、裁判文书质量等方面进行考评。对于办案效率的考评，应以法定审限内结案率、平均结案时长等指标为主对法官办案的效率进行考评。通过考评对利用延审、扣审等手段拖延办案的行为进行否定性评价，强化办案业绩考评的效率导向。对于办案流程的考评，主要是为了保障当前法院系统司法公开工作顺利开展，为社会公众提供高质量的司法公开服

① 冯海燕：《高效科研团队创新能力绩效考核管理研究》，载《科研管理》2015年第1期。

② 王静：《法官业绩评价机制的目的、问题与完善》，载《人民司法》2019年第16期。

务。因此，对办案流程的考评应集中在庭审公开、裁判文书公开、审判流程公开等内容上。办案效果考评是对法官办案所产生的综合效果的情况进行评价。对于办案效果的考评，应当将没有实际效果的考评指标进行剔除，进一步优化指标体系。同时，对当事人的信访、投诉、申诉等行为的评价，只对确实有错的案件进行否定性评价，不因当事人的任一行为而对法官进行否定性评价，有效避免对法官积极性的打击，将对法官权益的保障落实到业绩办案业绩考评中。结合上述论述，本文设计了一套业绩考评的参考指标体系（详见图1）。

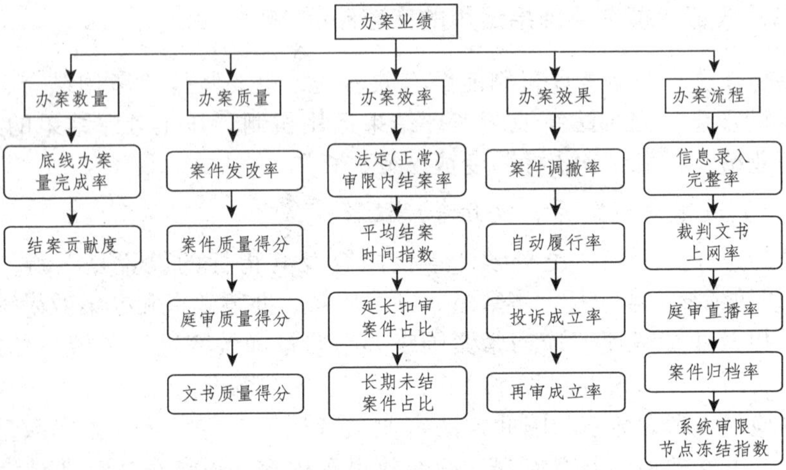

图1　法官业绩考评指标体系

（二）规范考评流程，保障程序公平

考评方式的公平是所有考评一致的逻辑起点，公平理论称其为“程序公平”。所以，业绩考评过程的公平性和考评结果的公正性一样重要。因此，若考评流程不规范将会直接影响考评工作的具体成效。据研究表明，人们不但关心考评结果是否公正，也非常关心考评过程是否公平，只有当受评者认为考评程序是公平的时候，他们才会相信考评结果是公正的。[①] 程序公平方能支撑结果公正，结果公正才能彰显制度权威。因此，要规范法官业绩考评程序，用公平的考评过程强力支撑客观真实的考评结果应用，彰显考评结果的严肃性和公正性，推动考评结果有效运用。虽然《法官法》对法官考评制度进行了原则性规定，但未就考评委员会的具体组成人员、考评流程等若干重要问题进行明确具体的规定。为此，本文对法官业绩的考评程序进行了细化，设计了如下考评流程（见图2）。

① 孙伟、黄培伦：《公平理论研究述评》，载《科技管理研究》2004年第4期。

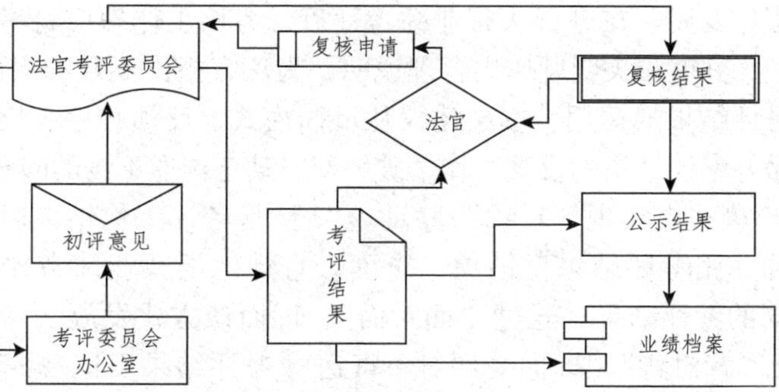

图2　法官业绩考评程序

1. 完善考评主体。按规定，法院应当设立考评委员会负责法官业绩考评事宜，考评委员会由5人~9人组成，院长任主任。在考评委员会的人员组成中法官代表数量（普通法官数量）不应低于30%。同时，应在考评委员会下设考评办公室，负责法官办案质效的数据收集统计汇总、处理复议等日常性事务。

2. 完善考评流程。对于考评流程，未见相关明确规定。法官业绩考评应当以年度考评为原则。年初，考评委员会办公室拟定《法官业绩考评办法（征求意见稿）》，面向全体员额法官征求意见，汇总意见后，交由考评委员会讨论研究，并最终制定出台《法官业绩考评办法》。年底，考评委员会办公室按照本院制定的《考评办法》将收集的考评数据进行汇总、分析，并提出初步考评意见，报考评委员会审定，评定结果等次。考评结果作出后，考评委员会应当予以公布，并以书面形式反馈给法官本人。同时，接受法官的复核申请，并对法官提出的异议进行复核。对法官业绩按优秀、合格、基本合格和不合格四个等次作出考评结论，制作《法官业绩档案》，放入法官个人组织人事档案中，同时抄送相关部门，作为法官个人调整法官等级、工资以及法官奖惩、免职、降职、辞退的重要依据。

3. 健全复核制度。业绩考评与法官的奖惩去留、选任晋升息息相关，且《法官法》明确规定法官享有复核权，健全法官考评复核程序势在必行。[①] 对业绩考评结果有异议的，法官可在收到考评结果书面通知之日起3个工作日内直接向本院法官考评委员会申请复核1次，考评委员会针对法官提出的异议进行复核后，在收到复核申请之日起7个工作日内作出复核决定，并书面通知法官本人。如结果经复核确有错误的，应当予以更正并撤销原考核结论，并对最终考评结论进行再次公示，载入业绩档案。

（三）完善结果反馈机制，畅通双向动态沟通

通过业绩考评进行司法管理只是目的之一，最终目的是促进法官成长和

① 杨甜甜等：《法官业绩考评的实践考察和合理构建》，载《边缘法学论坛》2018年第2期。

推动法院工作发展。在进行法官业绩考评后，考核主体理应将考核结果向法官进行反馈，并就相关问题作出合理说明，为法官指出不足和提出改进建议，进而推动考评结果的运用。本文建议从反馈模式、反馈程序、反馈内容三个重要环节做好考评结果的反馈工作，破解双向动态沟通不畅的问题。

1. 反馈模式上实现“1+2”联动。“1”是考评工作结束后，为每位法官单独制作一张考评结果反馈单，全面、直观地反映业绩考评情况。“2”是根据不同的考评结果，通过“面对面”，即面谈方式发放《考评结果反馈单》；以及“背对背”，即向受评对象寄送《考评结果反馈单》两种形式进行反馈。在进行“面对面”反馈时，可由考评委员会以一对一的形式直接向法官进行反馈，或者由考评委员会委托法官所在业务庭室或者审判团队，由庭长或者团队长进行一对一反馈。

2. 反馈程序上实现“2+1”互动。“2”是考评结果反馈单由法官考评委员会办公室拟定初步反馈意见后报法官考评委员会研究讨论等两个环节后才能最终确定。“1”是一份整改措施。法官收到考评结果反馈单后，要针对自己存在的问题，制定一份整改措施，并上报法官考评委员会备案，同时将改进措施载入业绩档案表中。

3. 反馈内容上实现“1+2”促动。“1”是向受评对象反馈其办案业绩的同时，还应为法官提供一份本单位或本市、本省同类别被考评法官综合数据，让其有个对照。“2”是既反馈考评结果又反馈改进建议。为法官建立“业绩档案”已有明确规定，即业绩考评结束后，应当将业绩考评结果记入法官个人业绩档案。为此，本文设计了《法官业绩考评档案表》（见表3），作为向法官反馈考核结果的书面载体和适用考评结果时的书面依据。考评委员会对受评法官进行考评结果反馈时，在对成绩进行肯定的同时，要结合考评结果进行针对性分析，帮助法官查找不足，并提出改进建议。通过反馈考评结果，使法官能够真实准确地掌握自己业绩考评的真实情况，进而树立正确的工作导向，正向激励法官。同时，通过对部分存在比较严重问题的法官进行提醒谈话或戒勉谈话的方式，促使法官提高自身素质。

表3　　法官业绩考评档案表

法官基本信息	姓名	性别	出生年月	法官等级	考核时间

续上表

<table>
<tr><td rowspan="21">法官业绩考评情况记载</td><td colspan="3">指标及权重</td><td rowspan="2">合计得分</td></tr>
<tr><td>二级指标及权重</td><td>三级指标及权重</td><td>得分</td></tr>
<tr><td rowspan="2">办案数量
（15%）</td><td>底线办案量完成率（10%）</td><td></td><td rowspan="6"></td></tr>
<tr><td>结案贡献度（5%）</td><td></td></tr>
<tr><td rowspan="4">办案质量
（30%）</td><td>案件发改率（10%）</td><td></td></tr>
<tr><td>案件质量评查得分（10%）</td><td></td></tr>
<tr><td>庭审质量评查得分（5%）</td><td></td></tr>
<tr><td>文书质量评查得分（5%）</td><td></td></tr>
<tr><td rowspan="4">办案效率
（20%）</td><td>法定期限内结案率（5%）</td><td></td><td rowspan="4"></td></tr>
<tr><td>平均结案时间指数（5%）</td><td></td></tr>
<tr><td>延长、扣审未结案件比（5%）</td><td></td></tr>
<tr><td>长期未结案件比（5%）</td><td></td></tr>
<tr><td rowspan="5">办案流程
（15%）</td><td>信息录入完整率（3%）</td><td></td><td rowspan="5"></td></tr>
<tr><td>案件归档率（3%）</td><td></td></tr>
<tr><td>裁判文书上网率（3%）</td><td></td></tr>
<tr><td>庭审直播率（3%）</td><td></td></tr>
<tr><td>审限节点冻结指数（3%）</td><td></td></tr>
<tr><td rowspan="4">办案效果
（20%）</td><td>调解率（5%）</td><td></td><td rowspan="4"></td></tr>
<tr><td>自动履行率（5%）</td><td></td></tr>
<tr><td>投诉成立率（5%）</td><td></td></tr>
<tr><td>再审成立率（5%）</td><td></td></tr>
<tr><td></td><td>总计</td><td>100%</td><td></td><td></td></tr>
<tr><td rowspan="2">考评结果反馈</td><td>存在的主要问题</td><td colspan="3"></td></tr>
<tr><td>改进措施</td><td colspan="3"></td></tr>
<tr><td>考评结果应用</td><td colspan="4">□工资调整；□绩效资金发放；□法官等级调整；□评优评先；□法官遴选；□教育培训；□退出员额；□职务调整</td></tr>
<tr><td>备注</td><td colspan="4"></td></tr>
</table>

（四）完善结果运用机制，科学运用考评结果

考评结果如何运用，是决定业绩考评工作效果的重要因素。如何建立起法官业绩考评结果与工资调整、绩效奖金发放、评优评先、法官等级调整、法官遴选、员额退出、教育培训等项目直接挂钩机制，以此对法官办案形成激励和倒逼，已是时下最为紧迫需要解决的现实问题。那么，应该如何科学利用考评结果呢？本文建议通过将业绩考评结果与法官待遇、职业发展相挂钩，形成完整的法官业绩考评结果应用体系（见图3），切实发挥出业绩考评机制的“指挥棒”和“风向标”作用。

1. 完善考评结果报送制度。经本院法官考评委员会核定后，将法官业绩评价结果及时送组织人事部门，为充分了解干部情况、研究审判资源配置方案提供依据；及时报送纪检监察部门，为强化监督执纪提供参考；及时报送法官遴选委员会、法官惩戒委员会，用于法官员额的遴选、退出、惩戒。

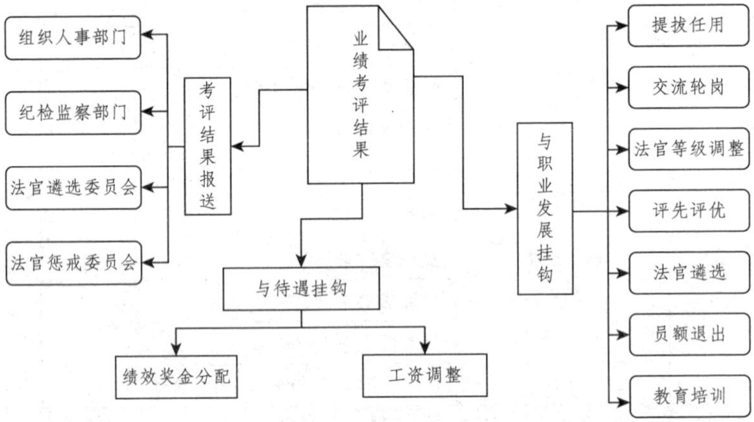

图3 法官业绩考评结果运用体系

2. 健全考评结果与法官待遇挂钩制度。将法官业绩考评结果与绩效奖金分配和工资调整进行直接挂钩（见表4）。

表4 业绩考评结果与法官待遇挂钩制度

序号	挂钩项目	具体内容
1	绩效奖金分配	将绩效考核奖金划分为一、二、三、四等，对应的考评结果为优秀、合格、基本合格和不合格等次，考核优秀的发放全年绩效奖金的120%，合格的发放100%，基本合格的发放80%，不合格的发放40%（即只发基础性部分，不发奖励性部分）。
2	工资调整	考评结果为“不合格”，当年不计算工资晋级晋档年限；考评结果为“合格”以上等次，则正常晋升工资档次。

3. 健全考评结果与法官职业发展挂钩制度。业绩考评有没有效果，能不能推动工作，要落实到具体的工作中。因此，将业绩考评结果与职业发展相互挂钩，就要真正把“凭业绩用干部”落到实处，努力做到“有为就有位，无为就无位”。为此，本文构建了考评结果运用与法官职业发展相挂钩的“七必看”路径（见表5）。

表5 **法官职业发展“七必看”制度**

序号	挂钩项目	具体内容
1	提拔任用	在法官任职副庭长、庭长、审委会委员、副院长、院长时，审查近三年的业绩考评结果，凡是业绩考评不是“优秀”等次，实行“一票否决”。
2	交流轮岗	考评结果“优秀”的，优先安排到重要岗位培养锻炼；对考评结果“不合格”，调整岗位任职。
3	等级调整	考评结果“不合格”的，则当年不计算晋升法官等级年限；连续二年“不合格”的报请法官惩戒委员会进行法官等级降级处理；连续二年考评为“优秀”的，纳入“差额晋升”人选。
4	评优评先	考评结果“不合格”等次的法官，当年评先评优实行“一票否决”；考评结果只为“基本合格”等次法官，年终综合考评不得评定为“优”。
5	法官遴选	遴选法官时，将“连续二年考评结果为优秀等次”作为参加遴选的前置条件。
6	员额退出	当年考评结果“不合格”则列入“重点关注人员”；连续三年业绩考评“不合格”，则报请法官惩戒委员会启动员额退出程序。
7	教育培训	考评结果连续二年以上“优秀”，纳入优秀人才培养范围，优先安排到先进发达地区学习培训；考评结果“不合格”，进行有针对性、有“触动性”的专门培训（培训期间停发绩效奖金）。

结 语

当前，对法官业绩考评制度的研究已进入精细化和实践操作层面。考评结果的运用是业绩考评机制中的关键环节，直接关乎该制度能否落地见效。在当前全面深化改革的背景下，法官业绩考评已成为值得我们认真关注的问题。本文从实践出发，剖析法官考评结果运用“失灵”的现象，着重探讨如何矫正法官业绩考评制度的“失灵”问题，以期能对上级决策和司法管理实践有所裨益。

（本文获一等奖）

以案定额：基于案件权值法测定员额法官人案配比

李志增* 赵洪印** 王 楠***

引 言

“员额法官多少才够用?”针对这个问题，不能就问题论问题，首要是考察问题背后的司法大环境。[①] 伴随员额制改革的全面落实，一方面促使法官队伍更加专业化、精英化，确立了员额才能办案的规则；而另一方面，部分具有审判资格的人由于未达到入额条件并未成为员额，面对案件数量日益上升的情况，此消彼长，势必会加重法官的工作负担。面对长久的超负荷运转，不利于法官的身心健康。因此，科学配置员额法官数量，有效应对司法需求，成为亟待回应的一项司法课题。最高人民法院早年出台的指导意见侧重于从体制、辖区人员数量、审判数量等方面确定员额法官人数，但是，在具体落实层面缺乏明确的操作规则。有鉴于此，采取统计学的方法，通过衡量案件权值系数这一变量，再乘以法院的受案数量，可以得出法院在处理案件时所付出的工作总量，再通过与法官工作饱和度对比分析，得出所需要的法官数量，从而科学确定员额法官的人案配比。[②]

一、现状检视：人案配比失衡数据观察

当前司法实务工作中法官所面临的人案配比压力，已经大大超过其工作饱和度。从人力资源管理的角度来看，长期处于饱和状态下工作，会使人产生“职业倦怠”。[③] 一方面，从宏观来看，法院整体的受案量随着社会经济的发展水涨船高，另一方面，内部法官资源的不合理配置又进一步加

* 作者单位：河南省郑州市中级人民法院。
** 作者单位：河南省郑州市中原区人民法院。
*** 作者单位：河南省郑州市中原区人民法院。

① 何帆：《法官多少才够用》，载《人民法院报》2013 年 6 月 7 日。

② 贾俊平、何晓群、金勇进：《统计学》，中国人民大学出版社 2009 年版，第 34 页。

③ 孙红：《变态心理学理论与应用系列丛书——职业倦怠》，人民卫生出版社 2009 年版，第 25 页。

剧了人案配比失衡。

（一）整体失衡：司法任务量与员额法官配比失衡

以H省为例，2016年至2018年全省法院共受理各类案件分别为134万件、178万件、191万件，年均增幅21%；同时，H省法官人数三年内基本保持不变，稳定在8000人以内，人均受案数分别为167件、222件、238件，年均增幅达21%（见图1）。许多基层法院法官人均办案数更是远超过平均值。尤其是员额制改革之后，只有员额法官才能办案，许多之前具有办案资格的审判员由于不具备入额条件没有入额，而案件量又逐年上升，此消彼长，法官办案压力与日俱增。

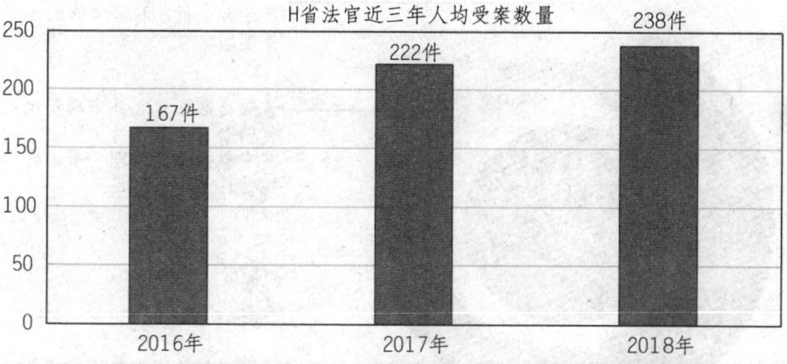

图1 H省全省法院法官近三年人均受案量变化

以Z区法院为例，近三年受理各类案件分别为8768件、11906件、14172件，但法官编制却一直维持在57人左右，除却部分借调、离职离岗等特殊因素人员，实际投入审判一线的员额法官只有45人左右，人均结案超300件，以如此司法资源配置去匹配逐年攀升的案件体量，着实捉襟见肘（见图2）。

以上数据一方面说明了法院在解决社会矛盾方面的作用日益突出，“有矛盾找法院”已成为越来越多的人解决纠纷的第一选择，不过从另一方面也凸显出群众对非诉讼纠纷解决途径的不信任，加剧了法院内部人力资源配置与如今司法需求现实之间的矛盾。

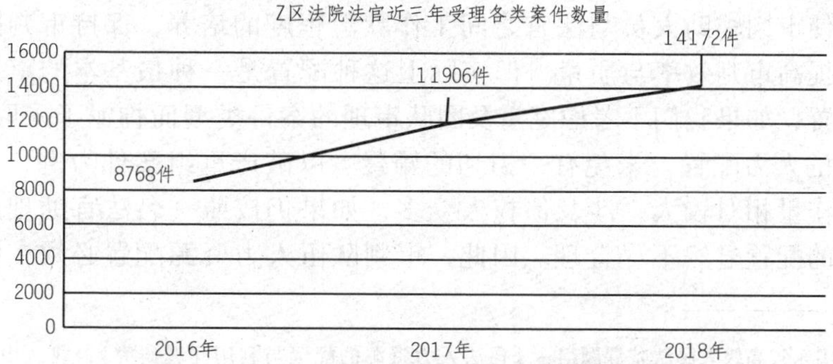

图2 Z区法院法官近三年受理各类案件量变化

（二）结构失衡：业务部门与综合部门人员配比失调

法院内部综合部门与审判部门之间人员配比失衡也是制约法院司法人力资源功能发挥的一个重要影响因素。近年来，随着司法环境的改变以及社会管理模式的创新，法院主动融入社会综合治理体系，发挥司法服务社会的作用变得越来越重要。这项工作需要相当比例的人员参与实施，导致综合部门的人员队伍越来越庞大，而在法院总体编制确定的情况下，这种作法势必会减少一线办案人员的力量，变相增加了一线法官的实际工作负担。

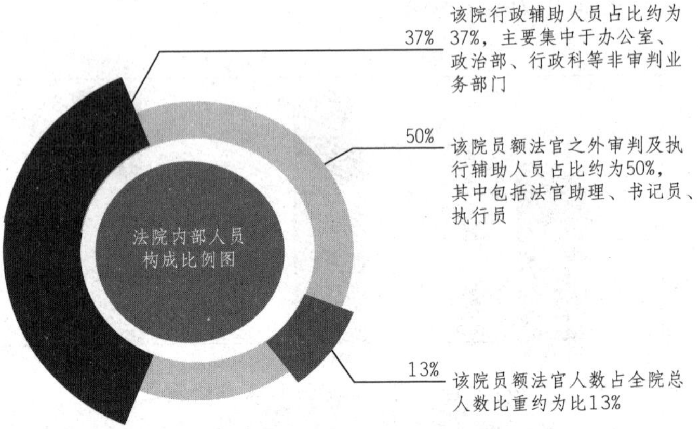

图3　Z区法院内部各类人员所占比重

如图3所示，Z区法院内部员额法官人数仅占全院总人数的13%，非审判部门行政人员比例竟达到37%，几乎三分之一多的人力资源被配置到办公室、纪检监察、财务、后勤等部门，非业务部门人员配置过多必会占用一线的司法资源，在一定程度上影响审判功能的发挥。①

（三）内部失衡：审判团队之间配比不均

目前各地法院普遍的审判团队配置是“1+1+1”，即一名员额法官配备一名法官助理加一名书记员。这种配置总体来讲是一种比较均衡的配置，有利于使审判辅助人员与法官之间工作默契程度的培养，保持审判团队的稳定，提高审判效率与质量。但实际上这种配置是一种最基本的审判团队人员配置，如果我们不考虑庭室及团队审理的案件类型而拘泥于采取“1+1+1”的人力配置，未免有一刀切的嫌疑。以破产重组案件为例，该类型案件工作量相对较大，涉及债权人众多，如果仍按照一名法官助理加一名书记员的配置显然不尽合理。因此，审判队伍人力资源配置必须在调研总

---

① 山东省高级人民法院课题组：《司法人力资源的配置与利用问题研究》，载《山东审判》2013年第2期。

结各团队工作量及受案类型的基础上，制定灵活的人力资源配比方案。[①]

二、深度剥析：人案配比失衡原因考量

（一）司法体制改革的各项配套机制尚不完善

各项司改举措尚未完全落地，保障机制未完全建立。司改综合配套体制改革虽在有条不紊的推进，《法官法》也进行了新的修改，但法官各项职业保障尚未完全建立。法官仍面临一定程度上的职业风险，这种风险既有来自外部当事人的风险，如缠绕访、甚至恐吓、威胁法官；也有内部体制上的桎梏，来自上级的各种司法干预，干扰独立办案。另一方面，是法院内部绩效激励机制不够科学。[②] 法官绩效考核仍参照公务员进行，办案数量及质量在绩效考核因素中所占比重较小，相反，职级及工作年限影响比重却相当大。另外，面对如今法官们经常超出法定工作时间的工作模式，相应的加班补助制度并未建立，一定程度上挫伤了法官的积极性，很容易使法官形成一种懈怠疲乏的心态。

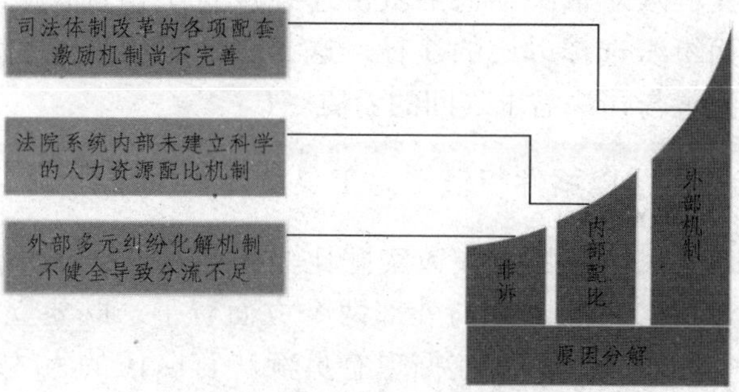

图4　人案配比失衡原因分解图

（二）法院系统内部未建立科学的人力资源配比机制

一是目前的中央政法编制沿用的依旧是旧标准，需要跟随情况的变化适时作出对编制作出调整。在美国，法官的编制数量都是通过立法或其他形式予以固定，并可在网站公开查到，包括其在编及空编情况，且无论是联邦法院还是州法院，每位法官至少配备两名法官助理，且程序性工作统一交给书记官办公室处理。而在我国，不仅一名法官配备一名书记员还未严格落实，甚至存在两三名法官共用一个书记员的现象，同时法官还要承担会务、信访等大量非审判工作，审判工作必受干扰。二是以案定额制度

① 重庆市渝中区法院：《人员分类背景下法官助理配置思考》，载重庆法院网2019年6月20日访问。

② 李瑞卫、管言明：《基层司法行政机关人力资源配置与利用的思考》，载《中国司法》2014年第2期。

尚未完全建立，未能在充分调研的基础上根据辖区内各个法院、各个团队受案量多寡以及案件类型的不同科学分配员额人数及审判辅助力量，导致人力资源配置效率低下。如行政案件年均受案数量较少，民商事案件人均受案数量较多，一般的民间借贷纠纷当事人少，工作量小，而破产重组纠纷涉及债权债务关系复杂，当事人人数较多，但二者在团队配置上却是相同的，如此配备必然会导致人力资源配置与司法需求之间的不相匹配问题。

（三）外部多元纠纷化解机制不健全导致分流不足

近年来，随着依法治国的不断深入，人民群众的法律意识不断增强，“遇事找法院”也成为群众之间发生纠纷时的第一选择，由于我国并不具备像美国一样发达的 ADR 纠纷解决机制和诉辩交易制度，导致大量纠纷如洪水暴发般涌入法院。① 法律观念的养成固然是社会进步的体现，但从另一个角度来讲，也折射出除非诉纠纷解决机制尚未健全，对各种纠纷的拦截分流作用不明显，抑或是非诉纠纷解决方式所产生的结果其权威性不被当事人认可。以仲裁为例，其一裁终局的制度设计固然提高了纠纷的处理效率，但另一方面也让群众对裁决结果的救济途径产生了担忧，顾及对裁决结果不服无法救济而纷纷选择诉讼的途径，这都在一定程度上加剧了法院内部法官人力资源配置与司法需求之间的矛盾。②

三、修正优化：以案件权值法为工具测定人案配比

为有效破解人民法院目前在人案配比失衡与司法需求不断增长方面所面临的突出矛盾，必须从内部与外部两个方面着手，既要立足于现状，从法院内部自身实际出发，不断挖掘现有员额法官队伍的人才潜力，做好内部设计工作；又要从外部入手，依托信息化及多元化解力量等各方力量，充分协调利用各种资源优势，通过内外结合的方式，最大限度的克服法院在人力资源配置方面的难题，实现人力资源配置与司法需求之间的动态平衡。本文选取 Z 区法院速裁中心 3 名员额法官的办案工作量为案件权值法分析及验证的基础。

---

① 据有关司法统计分析，美国约有 80% 的民商事案件通过 ADR 非诉讼纠纷解决机制进行化解，90% 的刑事案件通过诉辩交易得以快速处理。

② 龙飞：《论国家治理视角下我国多元化纠纷解决机制的建设》，载《法律适用》2015 年第 7 期。

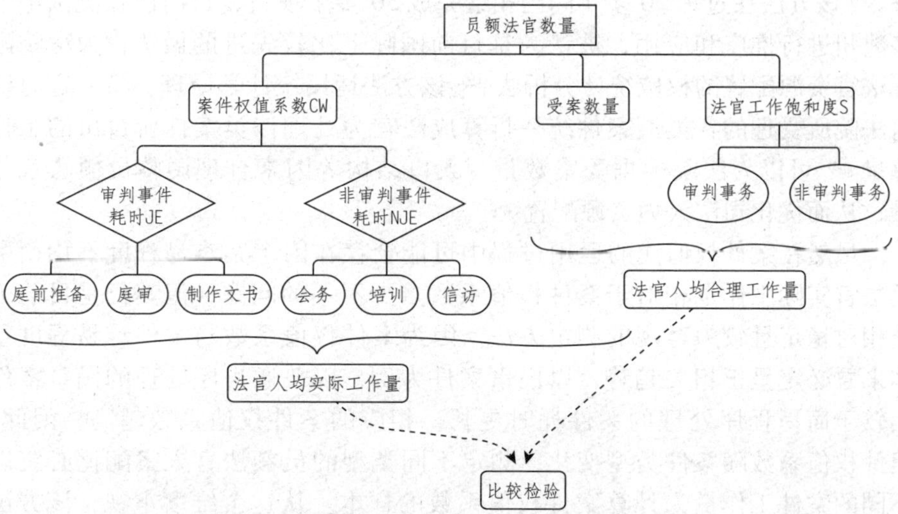

图5　案件权值法代入运用、对比检验结构图

（一）案件权值法之必要性分析

目前人案配比问题随着人案矛盾的加剧有进一步失衡的趋势，在各种替代性纠纷解决措施（ADR）尚不完备的前提下，从人民法院内部员额法官配比入手，通过科学的排列组合，使法官效能得以最大程度地发挥显得至关重要。而以往测定员额法官人案配比只是将各种影响因素进行简单罗列，并未达到科学配置法官数量、解决人案配比失衡的目的。而该方法以定量分析为基础，从个案平均耗费工作量为切入点，运用案件权值法界定法官实际工作量，推行以量定额。

目前在一定地区范围内各个法院之间员额法官人均受案量存在严重的不平衡现象。Z区法院2018年人均受案量为300多件，相邻的G区法院人均受案量却超过1000件，相差如此悬殊。因此，有必要结合该地区范围内整体员额法官人数、整体受案数量，科学界定员额法官年度人均受案数量，并以此为依据在该地区各个院之间相互调配员额数量；审判团队也是如此，根据团队所审理的案件类型的不同，在各个团队之间灵活调配审判辅助人员，实现人案配比动态平衡，合理测算员额法官的人案配比。① 而案件权值法的运用，为上述问题的解决提供了更加科学、合理的人员配比方案。

（二）案件权值法之可行性分析

案件权值法是美国州法院国家评估中心所依据的加权案件工作量评估

① 王韶华、姜立恒、关永生、许小兰、陈涛、王俊霞、周杰：《人案动态配置　去存减增并举——河南高院关于应对案件数量激增的调研报告》，载《人民法院报》2016年12月29日。

法。[①] 该方法在过去20多年间已相继完成50多个项目，目前已在美国绝大多数州进行推广和应用，被认为是目前国际上比较先进的做法，为法院配置法官资源配置的权威统计分析法。[②] 该方法运用统计学原理，将一定时期内法院所受理的各类型案件统一折算成法官为处理该类案件所付出的工作总量。[③] 可以为法院根据受案数量、人口结构等因素合理调整员额法官数量，从而优化司法人力资源配置。

虽然在案件权值法的运用过程中可能会存在因个案难易程度不均衡引发法官实际工作量相对于案件权值系数多少不一的问题，但其仍是目前为止相对稳定且较为客观的测定方法。因为案件权值系数与案件难易程度整体来看必定呈正相关趋势，以民事案件为例，以普通程序处理的民事案件相较于简易程序处理的案件耗时更长，相应的案件权值系数越高，因此，案件权值系数随案件类型变化，测定不同类型的员额法官人案配比必定以不同的案件工作量为计算案件权值系数的样本。从这个维度审视，该方法不失为一种客观、合理计算方法。

（三）运用与检验：案件权值法的代入

科学的人案配比基本公式可表述为：

$$\text{所需员额法官人数}=\frac{\text{司法任务工作总量}}{\text{员额法官工作饱和度}}=\frac{\text{案件权值系数}\times\text{受案量}}{\text{员额法官工作饱和度}}$$

根据该公式，如果计算出所需员额法官数量 > 目前员额数量，说明存在司法需求过剩现象，反之则存在司法需求不足情况。[④] 该公式中有以下几种变量（Variable）：一定时期内平均受案量（Average Number of Cases Receive），即一定时期内受理的各类型案件数量；案件权值系数（Case Weight），即审理各类不同案件所使用的平均工作时间；用于司法审判时间（Average - Time），即法官处理的各类事务中用于审判业务的时间。

1. 设定合理工作量：确定法官的工作饱和度。由于最终运用案件权值法进行代入计算所确定的员额法官的人均工作量需要与现实中员额法官所承担的实际工作量进行对比分析，因此，首先要确定一个参照系数作为员额法官合理工作量的饱和值，与最终测算的实际工作量进行对比分析，进而验证出案件权值法系科学测定人案配比的有效方法。

法官工作饱和度是指法官在一定时间内所能投入审判工作的最大承受

---

① 黄海锭：《法官员额科学计算的域外经验及启示》，载《人民法院报》2016年4月29日。

② 《美国路易斯安那州2014年司法工作模型负荷评估报告》，载 http：//ncsc. contentdm. oclc. org/cdm/singleitem/collection，最后访问时间：2019年6月28日。

③ 李季红、马凤岗：《员额制下法官工作饱和度模型的构建——基于“人、案、时”三维视角的实证分析》，载《中国应用法学》2018年第3期。

④ 黄海锭：《美国州法院法官工作量评估办法》，载《人民法院报》2017年3月24日。

度，影响法官工作饱和度的因素很多，有法官自身的身心状态这一内在因素，也有各种非审判事务的介入这一外在因素。但本文仍然采用员额法官日均正常7小时工作时间作为员额法官的工作饱和时间，剔除了上述一切非审判事务因素的干扰。之所以如此设定，主要基于如下考虑："举重以明轻"，如果以员额法官每日最长工作时间为饱和度基础，法官将工作时间全部用于审判事务，最后得出的合理工作总量仍然超出采用案件权值法计算出的实际工作量，那么证明案件权值法是一种科学有效的测算方法，可以测算出目前人案配比失衡的实际现状，并确定出科学的员额法官人案配置比。

2. 测算实际工作量：案件权值法的操作流程。在计算案件权值系数时，涉及到时间计算法，即将每一类案件中的各种程序称之为"事件（Case Event）"，并将其相应权值系数转化为时间，用时间的长短来测算不同类型案件所需的整体工作量。为此，需要计算出以下几个变量：案件类型（Case Type）；事件（Case Event）；事件频率（Event Frequency）。①

案件权值系数用CW表示；各类事件用CE表示，该类事件中又可分为审判事件（Juridical Even）及非审判事件（Non Juridical Even）两类；事件频率用EF表示。案件权值系数可用公示表示为：

$$CW = \sum[(CE) * (EF)] = \sum[(JE) * (NJE)]$$

下面，将对CW变量进行逐一分析。

首先，确定各类事件所耗费的工作时间。与审判相关的事件主要统计庭前阅卷、庭审开庭、制作裁判文书三项；非审判相关的事件主要包括信访、会务、管理、培训等事项，统一计入一项。在此，用管理学上的工作日志法详细记录并分析各项工作事件的耗费时长及发生频次，以5分钟为一个周期，由法官随时记录各类事件。该方法虽然繁琐，但可靠性强，准确率高。

本文拟选取Z区法院的速裁中心为样本进行实践检验，选取速裁中心所办理的速裁案件为切入点，该类案件事情清楚，法律关系比较简单，双方当事人争议不大。在案件类别上，选取民间借贷类案件和合同类案件，所占比重分别为55%和26%，因此，选取该两类案件较能全面地反映出速裁中心所审理的案件类型，计算出的各类案件权值系数比较接近整体平均水平。现将2019年3～5月三个月内Z区法院速裁中心三名员额法官所受理两类案件总体样本统计如下：

① 周三多：《管理学——原理与方法》，复旦大学出版社2018年版，第224页。

表 1 **样本统计分析表**

2019 年 3～5 月速裁中心 3 名员额法官两类案件受案数量						
月份	3 月		4 月		5 月	
类型 法官	民间借贷	合同	民间借贷	合同	民间借贷	合同
法官 A	65 件	21 件	57 件	18 件	52 件	28 件
法官 B	55 件	30 件	50 件	41 件	58 件	17 件
法官 C	40 件	43 件	51 件	33 件	52 件	42 件

表一反映出 2019 年 3～5 月份 Z 区法院速裁中心三位员额法官所受理的民间借贷纠纷、合同类两类案件整体数量。

经过三个月的统计分析，Z 区法院三位法官在上述两类案件中的各类事件耗时及频次统计分析如下：

表 2

法官 A 在 2019 年 3～5 月处理的两类纠纷中的各类事件平均耗时及事件频次表

案件类型（CT） 事件分类（CE）		民间借贷		合同	
		平均时长（m）	频次	平均时长（m）	频次
审判事件（JE）	阅卷	20	1	25	1
	开庭	35	0.82	40	0.75
	裁判文书	30	1	35	1
非审判事件（NJE）		15	0.15	15	0.15

注：平均时长即法官处理各类事件所耗费时长；频次即该类事件在样本中出现的次数

由表 2 可知，法官 A 处理民间借贷纠纷、合同纠纷案件所需平均时间分别为：

$$T1 = 20 * 1 + 35 * 0.82 + 30 * 1 + 15 * 0.15 = 80.95m$$

$$T2 = 25 * 1 + 40 * 0.75 + 35 * 1 + 15 * 0.15 = 92.25m$$

$$Ta1 = (T1 + T2) / 2 = 86.6m$$

该数据则为法官 A 实际上处理每起速裁案件所用的平均时长，按照 Z 区法院对速裁中心法官的月结案数须达到 120 件进行测算，则法官 A 三个月的实际工作时间为 T＝360 件＊86.6m＝31176m。

从法官工作饱和度（Saturation）上进行测算，2019 年 3 至 5 月去除节假日工作时间共计 62 天，按每天 7 小时审判工作时间计算，工作饱和度最高值为 S＝62d＊7h＊60m＝26040m。比较上述两项数据可知：法官 A 三个月的实际工作时间为 31176m，而法官工作饱和度为 26040m，可见，该法官实际承担了 1.2 个法官的工作量，已经超过了其合理的工作饱和度。

表 3

员额法官 B 在 2019 年 3～5 月处理的两类纠纷中的各类事件平均耗时及事件频次表

案件类型（CT）/ 事件分类（CE）		民间借贷		合同	
		平均时长（m）	频次	平均时长（m）	频次
审判事件（JE）	阅卷	20	1	30	1
	开庭	35	0.77	40	0.80
	裁判文书	30	1	35	1
非审判事件（NJE）		15	0.18	15	0.16

由表 3 可知，法官 B 处理民间借贷纠纷、合同纠纷案件所需平均时间分别为：

$$T1 = 20 * 1 + 35 * 0.77 + 30 * 1 + 15 * 0.15 = 79.2m$$

$$T2 = 30 * 1 + 40 * 0.80 + 35 * 1 + 15 * 0.16 = 99.4m$$

$$Ta2 = (T1 + T2) / 2 = 89.3m$$

该数据为法官 B 实际上处理每起速裁案件所用的平均时长，法官 B 三个月的实际工作时间为 T = 360 件 * 89.3m = 32148m，工作饱和度为 26040m。法官 B 三个月的实际工作时间为 32148m，而法官工作饱和度为 26040m，该法官实际承担 1.23 个法官的工作量，已超过饱和度。

表 4

员额法官 C 在 2019 年 3～5 月处理的两类纠纷中的各类事件平均耗时及事件频次表

案件类型（CT）/ 事件分类（CE）		民间借贷		合同	
		平均时长（m）	频次	平均时长（m）	频次
审判事件（JE）	阅卷	25	1	30	1
	开庭	25	0.74	35	0.76
	裁判文书	25	1	30	1
非审判事件（NJE）		15	0.15	15	0.15

由表 4 可知，法官 C 处理民间借贷纠纷、合同纠纷案件所需平均时间分别为：

$$T1 = 25 * 1 + 25 * 0.74 + 25 * 1 + 15 * 0.15 = 70.75m$$

$$T2 = 30 * 1 + 35 * 0.76 + 30 * 1 + 15 * 0.15 = 88.85m$$

$$Ta3 = (T1 + T2) / 2 = 79.8m$$

该数据为法官 C 实际上处理每起速裁案件所用的平均时长，按月结案数 120 件进行测算，则法官 C 三个月的实际工作时间为 T = 360 件 * 79.8m

=28728m，而法官工作饱和度（Saturation）26040m。比较两项数据可知：法官 C 三个月的实际工作时间为 28728m，而法官工作饱和度为 26040m，可见，该法官实际承担了 1.1 个法官的工作量，已经超过了工作饱和度。

将法官 A、B、C 处理两类案件的平均耗时相加再加权平均，即为速裁中心每位员额法官处理速裁类案件的案件权值系数。

CW = Ta1 + Ta2 + Ta3 = （86.6m + 89.3m + 79.8m）/3 = 85.23m。

3. 修正与优化人案配比：案件权值系数的实务检验。由前述计算可知，所选取的样本中速裁案件案均权值系数为 85.23m，即办理速裁案件需要耗费的平均时长为 85.23 分钟。

司法实际工作量：速裁中心 3～5 月的司法案件总量折合成所需要的实际工作量可表示为：

T = 平均案件权值系数 * 总任务数 = CW * 360 件 = 85.23m/件 * 360 件 = 30683m

司法合理工作量：速裁中心 3～5 月所有法官按工作饱和度基数计算合理限度工作量可表示为：

S = 62 天 * 7 小时 * 60m = 26040m

速裁中心法官目前人案配比现状：T/S = 1.18

由该公式分析可知，目前速裁中心每位员额法官所承受的实际工作量是法官饱和度的 1.18 倍，工作已经处于超饱和状态，人员配备并不能满足其司法需求，这也与目前该中心员额法官的实际工作状态相吻合。[①]

人案配比，从某种程度来讲，实际上就是构建人岗匹配度，需要三步走。第一步是“知岗”，即确定岗位所需要的专业知识和技能，进行详尽的工作分析；第二步是“知人”，确定具备该岗位合适素质的人；第三步即人岗匹配。具体在司法应用中，保证司法人力资源与岗位的司法需求相匹配，需要将法官的工作饱和度与该岗位所需要的实际工作量进行匹配，进而根据测算结果科学配置法官。

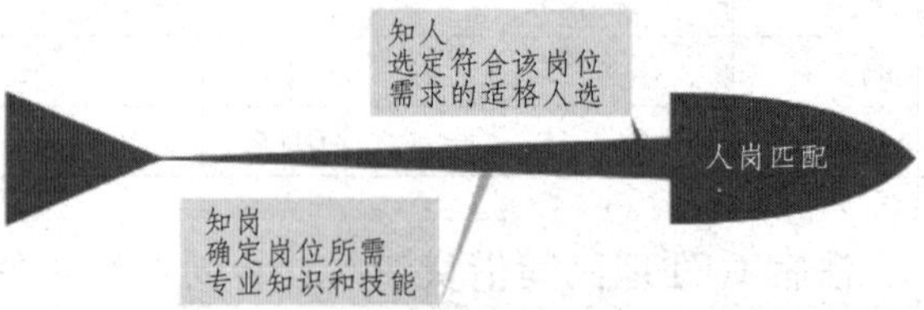

图 6　缓解人案配比内外部规制图

案件权值法在司法人力资源配置中的合理运用，总体来讲至少有三大直接或间接的积极作用：

---

① 吴涛、江明：《法官工作饱和度测算模型的构建及其应用》，载《法律适用》2018 年第 17 期。

（1）优化司法人力资源配比，提高配置效率。按工作量来配置员额法官数量，以统计学的方法合理计算员额法官的工作量和工作饱和度。如果根据公式测算出的法官数量多余某岗位现有的员额法官数量，则说明该岗位或者部门存在人力资源“浪费”的现象，应适当调配至其他业务部门，实现一定范围之内人案配比的平衡。

（2）强化员额法官机制保障，厘清司法职能。通过对案件权值系数的分析，科学测算员额法官的工作总量，进而与法官工作饱和度结合来确定员额法官的配置数量，有利于形成科学的法官考核、激励、晋升、推出机制。同时，科学测评标准的形成有助于进一步明确法官“专司审判”的法律定位，剥离如招商引资、会务接待等非审判业务。从源头建立科学的人案配比机制，激生出法官的内在动力。

（3）深化智慧法院建设，发掘数据潜质。当下智慧法院建设方兴未艾，从诉讼服务中心的建设，到审判流程管理系统的运用，再到人员绩效考核系统，都借助信息化的翅膀，正深刻改变法院的管理结构和管理方式。大数据之大，不仅仅在于海量的数据，还在于将海量数据进行深度融合运用。[①] 案件权值法的运用需要建立在丰富精准的数据基础之上，因此，借助司法大数据的支撑，打破法院内部部门之间的传统壁垒，将包括审判质效、人员管理等方面的数据加以整合，充分挖掘现有数据的深层次价值，逐步实现数据的深层次利用。

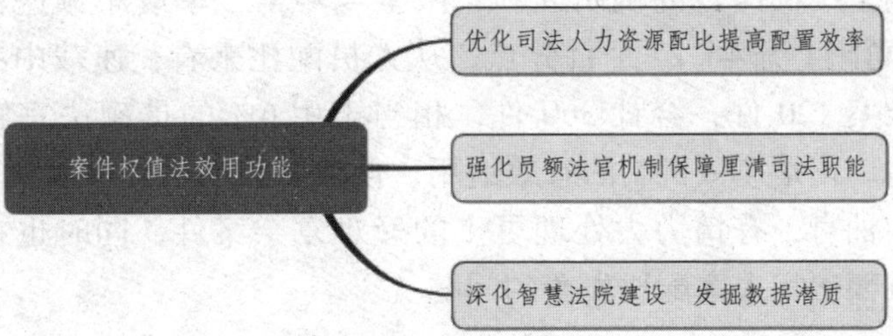

图7 案件权值法功能效应

四、四项维度：人案配比失衡的外部规制

以案定额法是一种从法院系统内部解决审判资源与司法需求之间矛盾的有效举措。但是，要最终从根本上解决法院系统目前所面临的人案压力，单靠系统内部的人员调配是远远不够的，需要内外结合，从编制配备、薪酬绩效保障、健全非诉纠纷解决渠道等入手，综合施策，方能有效解决司法需求与司法人力资源配置之间的矛盾。

① 高一飞、高建：《智慧法院的审判管理改革》，载《法律适用》2018年第1期。

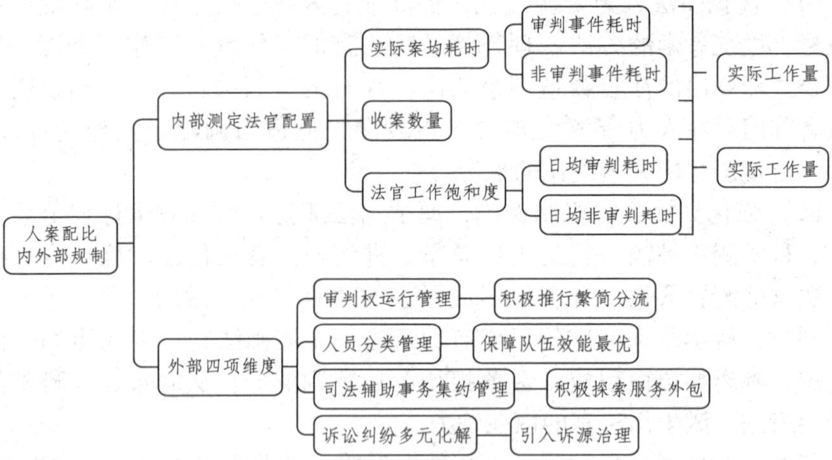

图8　人案配比内外部规制图

（一）审判权运行管理维度：积极推行繁简分流

《人民法院第五个五年改革纲要（2019—2023）》中明确提到："要推进案件繁简分流、轻重分离、快慢分道。"可以说，大力推行速裁程序、深入推进繁简分流，是解决目前法官人案配比失衡，提高法官人力资源配置效率的有效方式之一。以Z区法院为例，在员额法官人数保持不变甚至减少的情况下，截至今年第二季度结案率为92.5%，同比提升22个百分点，就是充分运用了小额速裁的机制红利，截至今年第二季度小额速裁适用率达64.39%，同比上升46.27个百分点；从人员配比来看，速裁中心3名员额法官月均结案120件，合计360件，相当于用6%的员额法官解决了全院12%的案件。正是速裁机制的有效适用，使大多数的法官得以从繁多的简单民事案件中抽身，有精力去处理更多的疑难复杂案件，同时也在一定程度上缓解了员额法官人案配比失衡的问题。

（二）人员分类管理机制维度：保障队伍效能最优

1. 完善编制动态调整机制。《人民法院第五个五年改革纲要（2019—2023）》中明确提到的"完善政法专项编制动态调整机制"是解决当前人民法院所面临的编制短缺一个行之有效的改革举措，基于人民法院司法辖区内人口数量及受案数量等的因素，在充分调研地区实际情况的基础上，合理确定法院内部政法编制数量，当案件量增加时，适当增加法院内部编制数量以回应司法需求，当案件量下降时，可适当将部分编制收回调整至其他案件数量较多的法院，以此来保证员额法官编制配置与司法需求之间的一种动态平衡。[①]

2. 保障审判辅助队伍稳定晋升机制。审判辅助队伍是员额制改革和审判权运行机制改革中不可或缺的一环，因此，充分发掘审判辅助队伍潜力对于解决员额法官人案配比失衡方面具有重要意义。[②] 目前审判辅助队伍面临两项最突出的问题，一是待遇普遍不高，二是队伍稳定性不够。要解决上述问题，可以从两方面入手，一方面要协调财政设立专项奖励基金，奖励业务素质优秀的书记员；另一方面，完善法官助理的配置模式和职能定位。为此，Z 区法院通过制定《聘用制书记员考核管理办法》等制度，以文件形式明确提升审判辅助人员工资待遇，激发队伍活力；同时，从全院 150 多名书记员中择优挑选出 10 名已经通过司法考试、素质优秀的书记员聘用为法官助理，激发了聘用制书记员的活力，为其提供了充足的上升的空间和广阔的发展前景，保持了审判辅助队伍的相对稳定性。

3. 健全司法行政队伍与审判队伍内部交流机制。司法行政人员主要集中于法院内部的综合管理部门，要在充分调研综合部门各岗位职责的情况下，科学合理的界定综合部门与审判部门的人员配比，保证司法办案力量向一线倾斜集中，避免忙闲不均的现象。为此，Z 区法院推行“职责清单”制度，通过清单明确各岗位职责，并将职责落实到个人，以岗定责、以事定人。

（三）司法辅助事务集约管理维度：积极探索服务外包

积极引进司法辅助事务社会化外包服务、推动辅助事务集约化管理。[③] 将法院日常工作中辅助审执事务所需各项辅助性工作进行社会化分包，在如今司法人力资源日趋紧张的背景下，是优化人力资源配置，满足司法需求的不二选择。[④] 近几年，全国各地法院纷纷就此展开探索，如上海徐汇法院推行的内部集约化分流、外部社会化外包，上海普陀法院实行辅助事务集约化、诉讼服务智能化等。

以 Z 区法院为例，该院自 2019 年 1 月引入第三方司法送达综合服务平台，通过电话联系、电子送达等多种送达方式，对法院的审执送达工作提供集约化、信息化服务，送达成功率达 80% 左右。目前该院 90% 以上的案件都通过该平台进行送达，案均送达周期为 6.49 天，成效明显。文书扫描

---

① 尹忠显：《合理配置和有效利用司法人力资源》，载《人民法院报》2013 年 9 月 8 日。

② 陈新哲：《优化法院人力资源配置，找准落实司法责任制的切入点》，载《人民法院报》2017 年 5 月 2 日。

③ 陈莉：《基于司改案例的审判辅助事务社会化的优化向度研究》，载《法律适用》2018 年第 21 期。

④ 谭中平、王慧群：《辅助事务集约化，有效破解人案难题》，载《人民法院报》2018 年 1 月 4 日。

工作也全部外包，通过以上两项举措，减轻了书记员司法辅助事务压力，极大提升了审判工作运行效率，提高了司法人力资源的配置使用效率。

（四）诉讼纠纷多元化解维度：引入诉源治理

积极转变审判权运行机制，发挥非诉渠道案件分流作用。[①] 创新发展新时代“枫桥经验”，积极发挥人民调解的作用，力争将矛盾化解在当地，化解在前端，推动诉源治理；同时，积极发挥行业协会的作用，加强与行业协会的沟通和指导，针对审判工作中所反映出的问题，及时与行业协会进行沟通，加强化解调处力度。通过以上非诉纠纷的化解途径，减少进入法院的纠纷数量，缓解司法人力资源配置与司法需求之间的矛盾。

结　语

案件权值法虽未达到绝对精准，但相比以往粗略简单的列举式估值，这种基于统计学和管理学交叉的测算方法有其不可比拟的优势，虽然计算过程及数据搜集略微复杂，但随着信息化建设的普及，对模型加以运用检验并适当修正，定会使该模型具备更高的精准度。因此，从这个角度来看，该方法具有较好的推广性与良好的适用前景。

一言以蔽之，解决员额法官人案配比失衡是一个关乎司法改革全局的系统性问题。从表面上看似乎是论证司法人力资源配置问题，但从深层次来讲，应该立足于整个司法改革的大环境、大趋势。从民商事角度上的繁简分流到刑法视野下的认罪认罚从宽，从法院系统内部的人员分类管理体制改革到外部的多元化纠纷解决机制的建设，无一不是为了满足人民群众日益高涨的司法需求。可以说只靠法院自身的力量是远远不够的，需要从系统性、全局性的角度考虑，大到顶层设计、小到做法创新，内到诉诸法院，外至多元化解，唯有加强系统性协调与建设，才能从根本上达到员额法官人力资源配置与司法需求量相配套的状态。

---

① 龙飞：《多元化纠纷解决机制立法的定位与路径思考——以四个地方条例的比较为视角》，载《华东政法大学学报》2018 年第 3 期。

智管模式：基层法院审判风险防控新路径

——以基层法院审管办职能定位为中心视角

朱　玲[*]　江　彬[**]　丁秋云[***]

引　言

《人民法院第五个五年改革纲要（2019—2023）》指出："准确把握审判权作为判断权的特征和中央事权属性，完善符合审判权力运行规律的配套监督和保障机制。"进一步明确审管办服务保障审判执行工作的职能定位。但由于审管办职能错位、审判管理理论体系尚未构建、审判管理智慧不足，不能有效地为人民法院服务和保障大局提供智慧支持。本文通过对F省Z市基层法院的调研，分析基层法院审管办运行存在的问题，通过对Z市M区法院审管办推行的"智管模式"实证分析，认为审管办是为人民法院服务和保障大局提供智慧支持的综合审判管理机构，通过探索明确价值定位、制度保障、数字驱动的"智管模式"，从根本上改变传统的审判管理机制，实现人民法院审判风险防控能力全面提升。

一、基层法院审管办职能定位之现状考察

为直观阐述基层法院审管办职能定位存在的问题，笔者对F省Z市12个基层法院进行调研，通过整理审判管理报告，分析基层法院内设机构改革后审管办实际运行情况：

（一）审管办机构运行情况

1. 机构设置。设立审管办拘囿于统计分析职能。人员结构单一，审判员以办案为工作重心，而统计分析工作以聘用制书记员负责为主。

---

* 作者单位：福建省闽侯县人民法院。
** 作者单位：福建省闽侯县人民法院。
*** 作者单位：福建省闽侯县人民法院。

表 1　　Z 市基层法院审管办机构设置情况

模式	改革后设置	工作职责	人数	人员构成
模式 1	办公室与审管办职能整合	数据统计、分析，审判公开管理，质效考评，电子卷宗管理，信息宣传、调研，院务工作报告等	6（负责审管事务 3 人）	审判员＋书记员
模式 2	诉讼服务中心部分职能与审管办整合	数据统计、分析，案件分流，审判公开管理，与上级法院对口交接工作等	3	审判员＋法官助理＋书记员
模式 3	技术科与审管办合并	技术支持，设备维护，数据统计分析，审判公开管理等	3	审判员＋书记员
模式 4	审管办	数据分析、统计，审判公开管理，与上级法院对口交接工作等	2	审判员＋书记员
模式 5	审监庭改为审管办	案件质量评查，发改案件管理，数据分析、统计，审判公开管理等	5	审判员＋法官助理＋书记员

2. 管理维度。审管通报内容可分为案件效率指标通报、案件质量指标通报、案件效果指标通报、以及司法公开数据通报四个部分，仅 M 区法院审管办对异常指标进行剖析，并提出相应的建议。审管办对于风险的提示和预判极少。

表 2　　Z 市基层法院审管办通报内容

审判通报内容	具体指标		基层法院完成情况
数据统计	总体概况	收结存情况、结案率、结收比、月存案工作量、员额法官人均结案数、长期未结诉讼案件情况	F 市所有基层法院
	效率指标	法定期限内立案率、一审简易程序适用率、当庭裁判率、法定（正常）审限内结案率、平均审理时间指数、延长审限未结比、结案均衡度、法官年人均结案数（件）	
	公正指标	立案变更率、一审案件陪审率、一审判决案件改判发回重审率（错误）、二审改判发回重审率（错误）、二审开庭审理率、对下级法院生效案件提起再审率、生效案件改判发回重审率、对下级法院生效案件再审改判发回重审率、再审审查询问（听证）率、司法赔偿率、裁判文书评分	
	效果指标	一审服判息诉率、调解率、撤诉率、裁判自动履行率、调解案件申请执行率、再审审查率、信访投诉率、公众满意度	

续上表

审判通报内容	具体指标		基层法院完成情况
数据统计	执行指标	有财产可供执行案件法定期限内结案率、终本案件合格率、执行信访办结率、执行案件结案率、平均执行时间指数、实际执行率、执行标的到位率	F市所有基层法院
	司法公开	电子卷宗随案生成率、裁判文书上网公开率、庭审直播率、审判流程公开	
异常指标分析	F省法院"四类"监测案件新收情况分析、各类型案件新收数激增情况分析		M区法院 G区法院
审判管理意见	查摆分析审判执行中存在的问题，并针对问题给出建议。		M区法院

3. 管理方式。"让审理者裁判，由裁判者负责"的司法责任制改革，改变了行政化的审判权运行架构，然而有些法院却将审管办误认为审判管理权干预审判权的新层级。院、庭长担心混同庭（室）微观管理与审管办中观管理的范围，[①] 出现不敢监管、不会监管的问题。一审判决案件发改率激增是法官为达结案目标最明显的表现。

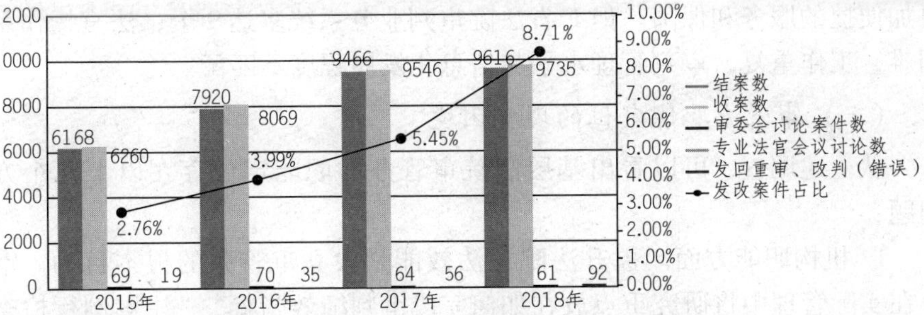

图1　2015—2018年M区法院发改案件情况

（二）M区法院审判人员对审管办运行情况调查分析

笔者对M区法院198名法官、法官助理及书记员发放调查问卷，回收有效问卷173份。反映出审判人员对审管办的运行情况认识存在以下特点：

① 钱锡清、凌淑蓉、李兴魁、沈烨：《基层法院审判管理办公室规范化运作三题——价值定位、机构编排及功能解构》，载《探索社会主义司法规律与完善民商事法律制度研究——全国法院第23届学术讨论会获奖论文集（上）》，人民法院出版社2011年版。

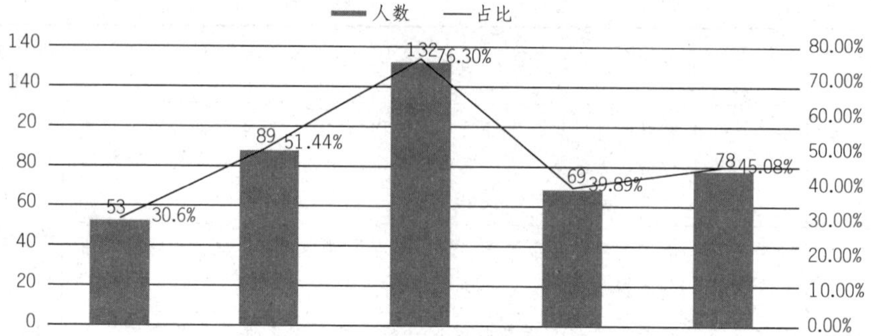

图2　审判人员认为审判管理存在的问题

1. 监管有余，服务不足。审判管理以完成上级法院考核指标为目标，忽视根据本院实际调研情况来调整审判管理走向。数据分析、案件评查结果并没有实际作用于类案推送、统一裁判尺度等方面，服务审判机制不健全。

2. 指标体系设计不尽合理。管理指标与审判规律相符合兼具动态性、客观性和激励性。但以结果为导向的评价体系、过于全面及没有重点量化考核式的绩效考评体系显失公平，法官内在自觉的管理积极性被打压。

3. 审判管理不智能。审判信息化的目的是为审判权依法独立行使提供更加便捷的服务和保障。但F省法院审判业务系统多达9个，法官操作系统困难，工作重复，审判管理水平与信息化发展程度不匹配。

（三）审管办职能定位的现实困境

从上述调查，可以看出基层法院审管办的职能定位存在以下几个方面问题：

1. 机构职能方面。提升法院司法效能是设立审管办的根本目的。审管办在实际管理中将研究重点放在如何完成审判绩效指标，“注重例行检查与定性分析，基本上可划入粗放型与经验型管理方式一类”,[①] 没有形成与司法体制改革相适应的综合型审判管理服务模式。

2. 管理机制方面。构建符合审判权力运行规律的配套监督和保障机制是新型审判管理实践需求。审管办制定指标时存在指标管理与调研职能倒置、单项指标与指标体系矛盾、评价体系与管理目标冲突三个方面的问题。现有的以流程节点管控、案件质量评查和绩效排名为主的审判管理方式，等有时与审判规律相违背。

3. 服务保障方面。实现司法正义必须要求同案同判。[②] 实践中审管办案

---

① 李卫国：《大数据与审判管理的科学化》，载《江汉大学学报》2018年第4期。

② 江勇等：《案例指导制度的理论与实践探索》，中国法制出版社2013年版，第209页。

例指导、数据分析研判两方面存在不足。审管办人员构成水平差异、信息化深度应用能力不强、审判管理理论研究不足，无法为完善新型审判管理理论体系提供智慧支持。

二、基层法院审管办职能定位之困境分析

造成基层法院审管办职能定位尴尬的主要源于理论指导不足、立法定位尴尬、客观条件制约三个方面。

（一）审判管理理论体系尚未成型

理论对实践具有重要指导作用，审判管理理论研究不足，导致审判管理方向不明。

1. 法理本源。目前理论界关于审判管理的概念学说体系主要有行为说、机制运行说、当事人诉权保护说等。[①] 无论哪种学说，探讨的基础都是审判管理要遵循审判规律，因此审判规律的理论构架是研究构建符合审判规律和特点的审判管理体系的法源问题。审判规律是指审判活动符合司法逻辑，规范审判活动说到底是规范法官队伍建设，重点在寻找提升法官队伍建设与相配套管理机制有机的连接点，不断发展和创新符合审判规律的审判管理理论。

2. 审判管理权与审判监督权运行问题。审判管理包括审判管理权和审判监督权，前者侧重案件管理制度，后者侧重法律程序制度。审判管理权与监督权运行方向呈现三种关系：一是行政型，与原有的行政层级制的管理制度密不可分。二是双向型，呈现权责交叉重叠的现象。三是互动型，即共同目标是为了实现审判权力良性运行，但互动容易造成相互渗透。

① 参见杨凯：《审判管理理论体系的法理构架与体制机制创新》，载《中国法学》2014 年第 3 期。

（二）定位尴尬

表 3　　有关审管办沿革与发展的规范性文件统计分析

时间	法规文件	条款（内容）	分析
2011.1.6	《最高人民法院关于加强人民法院审判管理工作的若干意见》	15. 加强审判管理，要充分发挥审判管理办公室协调、沟通的作用，使各部门的审判管理工作形成合力。在人民法院审判管理工作格局中，审判管理办公室是审判委员会、院长的参谋助手，是承上启下、连接各方的枢纽，是人民法院专事审判管理的综合审判业务部门。各高级、中级人民法院和有条件的基层人民法院，要设立审判管理办公室，基层人民法院也可以由审判监督庭承担审判管理的职能。	明确审判管理办公室的定位是"承上启下""枢纽"；基层法院审管职能可以由审监庭承担。
		16. 审判管理办公室主要承担审判委员会日常事务、审判流程管理、案件质量评查、审判运行态势分析、审判经验总结等审判管理职责。各级人民法院要围绕确保审判质量、提高审判效率、实现良好的审判效果的要求，科学合理地整合各部门的管理职责，切实发挥审判管理办公室和其他职能部门在人民法院审判管理工作中的整体合力。	明确审判管理办公室的五项基本职责。
2014.6.6	《最高人民法院关于新时期进一步加强人民法院审判管理工作的若干意见》	案件信息管理，案件质量评估、案件质量评查、审判流程管理、审判运行态势分析、审判绩效考核、审判委员会事务管理七项审判管理基本职能。	审判管理七项基本职能的基础上增加裁判文书上网管理和重大敏感案（事）件的督办工作。
2018.10.26	《中华人民共和国人民法院组织法》	第二十八条：人民法院根据工作需要，可以设必要的审判辅助机构和行政管理机构。	明确审管办为审判辅助机构。
2018.6.15 2019.1.11	《中央机构编制委员会办公室、最高人民法院关于积极推进省以下人民法院内设机构改革工作的通知》《最高人民法院2019年人民法院审判管理工作要点》	明确政法编制50人以上、内设机构总数在5个以上的基层人民法院普遍设置审判管理办公室，政法编制50人以下，内设机构总数不超过5个的基层人民法院，在设立综合办公室时要确保审判管理各项工作专人专岗。	明确审管办为法院内设机构之一。

续上表

时间	法规文件	条款（内容）	分析
2019. 1. 11	《最高人民法院2019年人民法院审判管理工作要点》	一、全力服务保障执法办案； 二、持续深入推进司法公开； 三、加强案件评查与特殊案件管理； 四、积极推进审判委员会制度改革； 五、提升审判管理信息化水平； 六、不断深化审判管理理论建设； 七、切实加强审判管理机构、队伍及能力建设	新时期人民法院审判管理要点指引，审管办工作方向和重点。

1. 概念抽象。根据审判管理改革实践经验总结，审判管理机构在性质上是审判委员会的办事机构，主要是协助审判委员会具体实施审判管理工作。①《最高人民法院关于加强人民法院审判管理工作的若干意见》将审管办定位为“审判管理办公室是审判委员会、院长的参谋助手，是承上启下、连接各方的枢纽，是人民法院专事审判管理的综合审判业务部门”。但承上启下，这是一个抽象的概念，缺乏具体操作指引。

2. 法律定位方面。根据2019年施行的《中华人民共和国人民法院组织法》（以下简称《人民法院组织法》）第二十八条“人民法院根据工作需要，可以设必要的审判辅助机构和行政管理机构”。明确审管办属于审判辅助机构。辅助一词源于《汉书·成帝纪》：“赖侍中史丹护太子家，辅助有力，上亦以先帝尤爱太子，故得无废。”意为从旁帮助、协助。可以推论立法的定义包含辅助审判业务部门提高审判质效。而辅助的定位让审管办在实践中发挥“指挥棒”的作用削弱。

3. 难以满足审判需求。《最高人民法院2019年人民法院审判管理工作要点》对新时期审管办的工作重点提出七大指引和要点，审判管理的外延不断地修正和扩充，让各级审管办的工作有了方向性。但该规定只是提纲式工作指引，各法院还需自行探索提升审判管理水平、推进司法公开的路径。审判管理的内涵和外延随着审判运行权力机制改革不断变化，擎领式的规定难以实现审管办为新时期法院的审判管理提供综合性服务保障的功能价值。

（三）客观因素制约

审管办作为司法改革的产物，必应受司法改革发展阶段的制约。

1. 司法体制综合配套机制不完善。司法体制综合配套改革，比如随机分案机制、专业法官会议制度、院庭长监督责任机制及信息化建设水平等

① 杨凯：《审判管理理论体系的法理构架与体制机制创新》，载《中国法学》2014年第3期。

相关机制还未真正发挥作用，客观上制约了审管办有效发挥保障和服务司法的功能。

2. 机构人员编制的约束。审管办服务保障的职能要求必须由具有丰富审判执行工作经验、信息技术应用、数据统计分析等专业技术人员或复合型人员构成。受法官员额制改革以及2019年施行的《人民法院组织法》关于优化四级法院职能定位和审级设置规定的影响，基层法院案多人少的矛盾更为突出。受机构编制稀缺、人员（暂定“浦”为“刚开始之意”）的约束，难以实现审管办人员结构优化。

3. 信息化建设未统筹推进。法院信息化建设是为了进一步解放和发展法院生产力，提高司法效能。为实现司法公开，建设智慧法院，四级法院在信息化平台建设方面不断创新与发展。但各平台不相容的系统操作方式、平台运行初期大量的数据核对问题，法官缺乏获得感。缺乏可视化管理，会导致法院工作状态看不见、评价标准看不见、管理水平看不见。[①]

三、基层法院审管办职能定位之实践思考

M区法院于2016年设立审管办，目前共有1名法官（党组成员任审管办主任）、1名法官助理和1名书记员构成。M区法院审管办创新“智管模式”，从全院案件流程管理、人员管理、信息技术应用等多维视角出发，将服务理念贯穿保护当事人诉权、促进各类审判人员发展、提升系统的实操性、促进审判管理理论发展的全过程，全面提升M区法院审判质效水平及审判风险防控能力。

（一）分色预警，明晰审判管理主体监管职责

审判管理与行政管理不同，更多强调的是依照法律和程序的管理。[②] 明晰审判管理主体责任，能有效监管各项审判活动运行得当。

1. 强化事先防范机制。防患于未然。建立收案风险评估报告机制，强化诉讼风险告知、矛盾摸底、纠纷排查，经过初步调查填写案件《风险评估报告》、类案要素式表格，通过分析研判，根据案件风险等级不同，制定风险预防机制，提醒不同层级领导关注。

2. 实行“四色”分流预警。对不同案件采用不同的策略和方式，是审判管理的基本原理。依据案件复杂程度、信访风险、送达情况等标准，将案件划分为“绿、蓝、红、橙”四色三类。依照《智能化案件流程管理办法》，推动诉调、速裁、专业审判团队无缝衔接、快速转换，实现案件繁简分流、轻重分离、快慢分道。

① 参见邹碧华：《法院的可视化管理》，法律出版社2017年版，第7页。

② 参见孙海龙、高翔：《深化审判管理若干问题的思考》，载《人民司法·应用》2011年第1期。

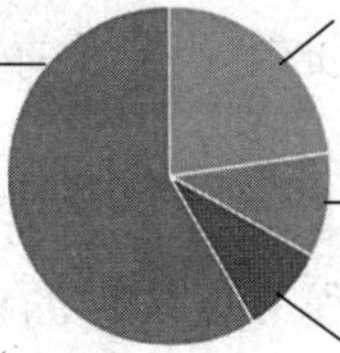

图3　案件分色图例

3. 明晰各类监管主体职责。构建权责一致的监督管理机制是确保审判权依法独立行使的现实所需。一是制定院庭长监管责任清单，将院庭长目标管理职责履行监管职责情况纳入绩效考核范围；二是建立审管与纪检部门案件异常情况信息互通、信访举报线索共享机制，定期开展审务督查，加强廉政风险防控。

（二）分级管理，保障审判权良性运转

审判权是法定权力，不受非法干预。设计审判管理机制的基础问题是充分考虑审判权依法独立行使与审判管理权的张力问题。

1. 制定审判权力清单。优化法院内部机构职能分工是审判管理的天然属性和表现形式。[①] 以法官为核心，按照审判职能划分审判核心事务与辅助事务，整合、优化专业审判团队，制定《审判人员权力运行清单》，明确各个环节、各类人员职责定位，落实法官办案主体责任制。

2. 界分辅助人员职责。通过审判管理明确内部职责的目的是提高司法效率。案多人少是制约司法效率提升的关键问题。通过与高校合作聘用法官助理，公开招录聘用制书记员，明确各审判环节、各类人员职责定位，下发工作指引、操作手册，通过精准分工，缓解法官办案压力。

3. 量化精细考评管理。“围绕审判并以法官为中心来确定审判管理的范围、内容，是现代管理学的基本要求。”[②] 完善以审判为中心的绩效考核制度，制定错案评查办法、审判权重系数办法、审判工作量化积分考评机制，切实将考核结果运用到激励约束环节，激发审判人员积极性。

（三）分类化解，实现审判管理智能化

司法公正体现在实体公正和程序公正两方面，“程序公正是看得见的公正”。[③] 各审判环节通过量化流程、可视管理、智能提示，降低和缩短时间管理成本，促进司法公正。

① 参见范明志：《优化法院内部职权配置的空间与向度》，载《法律适用》2012年第8期。

② 蒋涛、李如虎：《法院院长、庭长行驶审判管理权问题研究》，载《法律适用》2005年第5期。

③ 康宝奇、孙海龙、高伟：《法院审判工作量化管理研究——西安市两级法院审判工作管理指标体系的构建及其实践》，载《人民司法》2006年第2期。

1. 搭建可视化管理平台。将审判质效体系与管理动态相连接，获得有针对性的改进机会，提高审判质效。从诉前登记到归档细分为40个管理流程、108个工作节点和55个监管指标，配套11项管理制度，通过可视化监管平台，实现对工作要点、时限要求、流程标准、审执日志、审判动态的精准管理，科学研判和关键流程节点信息的提醒预警。

2. 实现一体化运行。实现审判信息在审判监督管理主体和审判主体之间信息对称，是现代审判管理的基础功能。推进电子卷宗随案同步生成及深度应用，通过智能审执辅助系统助力要素式审判及类案批量办理；集成裁判文书上网、庭审语音智能识别、电子签章系统等各类辅助审判系统，有效整合各环节信息。

3. 强化审判执行风险防控。"执行难"是影响社会公众对司法信赖感和满意度最大的障碍。要提高司法能力，必须强化审判到执行全流程的科学管理，提升司法水平。探索审判到执行分段管理，系统自动推送节点提醒。融合执行管理平台，优化智能查人、智能找物功能，实现审判到执行全程风险点可控可防。

四、基层法院审管办职能定位之路径构建

智管模式能从根本上改变传统审管办机构运行错位、管理机制与审判规律不相符、服务保障不智能的问题。基于以价值定位为基础、制度构建为保障、大数据技术为手段，构建为人民法院服务和保障大局提供智慧支持的综合型审判管理机构，更符合基层法院案多人少的实际情况。

（一）价值定位

准确的价值定位是审判管理机制设计与创新的关键，也是保障审管办正确职能定位的基础。

1. 坚持以人民为中心为基础价值。审判管理的核心价值是追求司法公正，保障当事人的诉权是核心价值的基础。审判管理的根本任务在于通过寻找最高效的方法、最科学的途径、最低的成本解决纠纷，[①] 审管办在探索提升审判管理方式时只有坚持以人民为中心，追求司法公正的价值，才能保障审判指引方向不出错。坚持实体公正和程序公正的底线思维，才能真正破除审判运行权力机制改革中遗留下来的行政化潜规则，以实现公平正义理论确保各项审判管理机制改革符合审判规律。保障当事人诉权最重要的就是司法公开，实现信息互通互动。目前全国法院已经在裁判文书公开、审判流程公开等方面保障当事人诉讼知情权，随着司法体制改革的深化，

① 参见白建军：《公正底线——形式司法公正性实证研究》，北京大学出版社2008年版，第365~369页。

司法公开的流程、范围应不断扩展和延伸。

2. 以健全司法责任制改革为根本目标。审管办是司法体制改革的产物，必然以健全司法责任制为核心的中国特色社会主义审判权力运行体系为根本目标。与司法责任制改革相背离的审判管理，难以保障审判权依法运行，甚至可能妨碍司法公正。司法改革及配套机制改革涉及多方面，因此要求审判管理从宏观层面要制定管理机制提高审判质效、预测研判总体走势、整体评估等方面。“管理就是设计和保持一种良好的环境，使人在群体里高效地完成既定目标。”① 在各审判业务部门出现权责不明、相互推诿的情况时，发挥协调作用建立良好的沟通渠道和协同式氛围，让全院形成整体合力。当发现审判管理制度存在盲区时，应主动跟进，及时补位。切实发挥预警功能，及时发现、跟踪、分析、研判制约审判质效提升的因素，为司法责任制改革顺利推进保驾护航。从微观层面来说，要为审判业务部门提供管理服务、技术需求支持、法官人员配备等方面，为保障依法独立行使审判权提供良好的内部氛围。

3. 以尊重司法规律为研究方向。审判管理价值的从属性、管理规则的执法性、管理方式的依附性、管理内容的复杂性、管理主体的多样性，要求审判管理理论及实践基础必须遵循司法规律。② 因此审判管理性质是规范审判活动应当遵循司法规律，审判管理的对象是审判活动，但审判活动涉及审判主体、审判质量、审判效率、考评机制等多维度。在审判主体方面，秉持服务法官、服务审判的价值导向，从主导型管理向自主型管理理念转变，在制定审管工作机制时，侧重发挥法官个体的积极性和创造性，由硬性的考核指标通报等方式，转向帮助法官发现问题、提升审判质效等柔性方式。在建立符合审判规律的评价机制方面，“同样情况同样对待”，③ 总结审判经验，探寻建立类案标准，为全院统一裁判尺度调研研究，并公布具有可操作性、参考意义的规则。

（二）机制保障

审判管理机制应从宏观层面的制度设计、微观层面的具体流程规定两方面着手。

1. 宏观层面：理顺各类监管主体权责。建立分级监督机制。完善权责统一、规范有序的司法权力运行体系，明确审管办职能管理，必须要明确法院内部各类监管主体的权责内容。F省法院提出以党组统一领导、审判委

---

① ［美］哈德罗·孔茨、梅茵茨·韦里克：《管理学》，马春光译，经济科学出版社1995年版，第2页。

② 参见范明志：《审判管理的属性定位》，载《人民法院报》2014年2月21日。

③ 刘作翔：《关于开展案例法哲学研究的几点思考》，载《法律适用》2012年第2期。

员会统筹管理为总要求，构建院长、庭长强化目标管理、审管办强化职能管理、审判团队强化结构管理、员额法官自主管理、政工部门强化考核管理、纪检监察部门强化督查管理的六位一体新型审判管理体系，[①] 较为完整地阐述了法院内部各审判管理主体责任。基层法院通过制定权力清单、规定院庭长监管职责，消除监管盲区，避免出现相互推诿的情形。

细分审判权力，清晰审判权与审判管理权边界。实践上审判权力和审判管理权的界限很难分清，不如反其道而行，通过细分审判权力，避免审判管理权的渗透。从审判主体看，根据审判职能不同主要可划分书记员、法官助理、法官三大类，从审判事务来看，可划分为事务性审判辅助工作、业务性审判辅助工作、审判核心事务。审管办通过人员的分类，细化不同人员可能面临的审判风险点，分别设计风险管理等级、应对办法、对应责任人，实现层层管控、责任不缺位、抵制风险入侵。

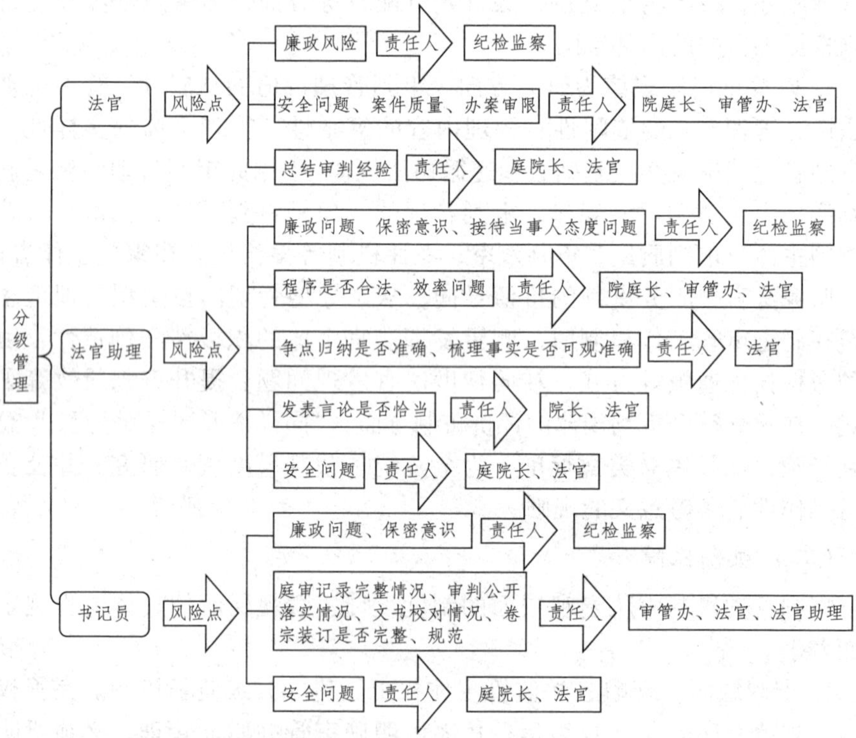

图4 分级管理列表

2. 微观层面：制定具体审判管理机制。案件分类预警，实现精准管理。基层法院案件类型多样化，依照民事案件、刑事案件、执行案件大类区分，

① 参见F省法院《坚持新思想指引，推进高质量发展》，载 http://rmfyb.chinacourt.org/paper/html/2018-08/29/content_142977.htm?div=-1，最后访问时间：2019年8月10日。

民事案件再向下细分商事案件、家事案件等类型。根据案件复杂程度、信访风险、送达情况划分不同的类别，可将案件划分简单案件、普通案件、公告案件、重点案件四类管理，并对应贴标标识。没有智能平台，可通过人工贴标，全程提醒法官案件的风险程度，法官认为案件复杂需提高风险等级，可增加标识，以显示案件的风险等级转化情况。有条件的，可以建立要素式智能分类平台，自动比对要素，自动分类，根据案件类型不同重点关注指标不同。不同案件管理重点不同，简易案件制定类案批量办理、裁判指引标准；普通案件是案件质量评查的重点，优秀裁判文书重点选评对象；重点案件制定风险防范预案、全程监管。根据不同案件类型的管理重点不同，审管办分别制定管理清单及干预性提示内容。

建立科学指标体系，激发法官内在动力。各单项指标不可避免地存在着片面性。[①] 应综合运用统计学、概率学等思维设立评价体系，以测算平均审理时间为例，根据案件难易程度、类型分别确定合理范围，才显公平。以 M 区法院为例，2015～2018 年适用普通程序审理民间借贷案件 2050 件，通过连续型随机变量分布函数计算，93～136 天为区间最大值，但根据司法特殊性，区间应扩大 20%，故合理区间应为 70～160 天。通过对比发现个案审理时间明显低于合理期间下限关注程序问题，审理时间明显高于合理期间上限关注效率问题。让管理者快速锁定目标案件，迅速发现风险点，以此为基础评价法官，更为公正与合理。

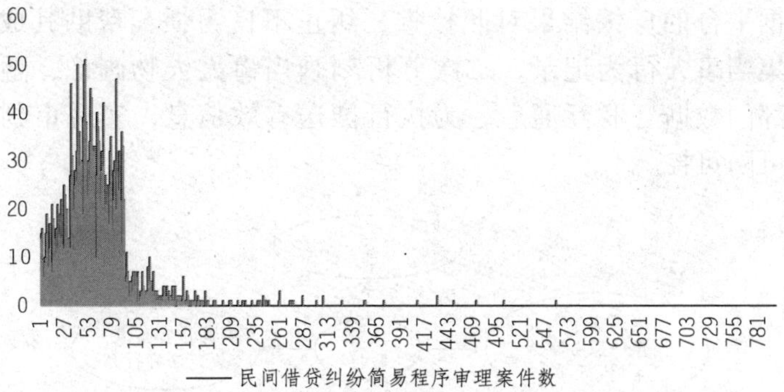

图 5　普通程序民间借贷纠纷案件审限合理区间函数分布图

3. 优化人员职级配置。根据《人民法院组织法》的规定，审管办是审判辅助机构，与办公室层级相同。审判管理原则上不适用强制性的命令规则。但要实现基层法院审管办职能有效发挥，创新符合本院实际情况的机制，需要对本院各项审判执行工作进行全方位的调研，在新的机制推行期间，必然会引起各方不满或不理解的声音。提高审管办主任的层级，由党

① 公丕祥：《能动司法与审判管理》，载《人民司法·应用》2010 年第 19 期。

组成员任审管办主任，人力物力上能得到更多的支持，使审判管理机制得以落实。

（三）数字驱动

基层法院大数据采集具有天然优势，通过建立大数据平台，对每个案件的所有节点全部采集，从而有效挖掘重点信息和关键节点。通过搭建智管平台，及时发现审判风险点，实现静默化、实时化、可视化的审判管理。

1. 智能分色，提升审判效率。平台依照分案的标准将案件的总览、节点、图表等可视化直观展示业务数据，案件依照个人到院级的纵向分析，本院和同级法院的横向比对，从审理周期、当事人构成等多维度动态分析。通过个案展示细化到具体案件的节点管控，对每个节点的办理期限进行预警和超期警示，直观发现审判风险点，提升审判风险防控能力。

2. 智能评案，提升审判质量。建立发改案件管理数据库。系统通过要素式的抓取文书内容比对一二审文书，筛选出疑似错案，由审管办牵头错案评查小组对案件进行评查后提交专业法官会议讨论、审委会认定，对于纠正错误裁判有积极的作用。通过数据二次分析，挖掘类案标准，确立合理的审判行为和审判结果区间，出现偏离合理区间的态势，系统能够实现智能化预警和处理。

3. 建立记录行为的大数据分析平台。通过大数据记录法官行为习惯，比如记录法官写文书用时并结合案件难易程度，分析法官的工作效率。行为者可根据平台的反馈结果对照检查、纠正不良习惯，帮助其成长。通过大数据收集当事人行为记录，二次分析刻画当事人人物画像，融合执行平台，在各部门数据互联互通后，为执行推送有效信息，实现审判到执行全程风险的可防可控。

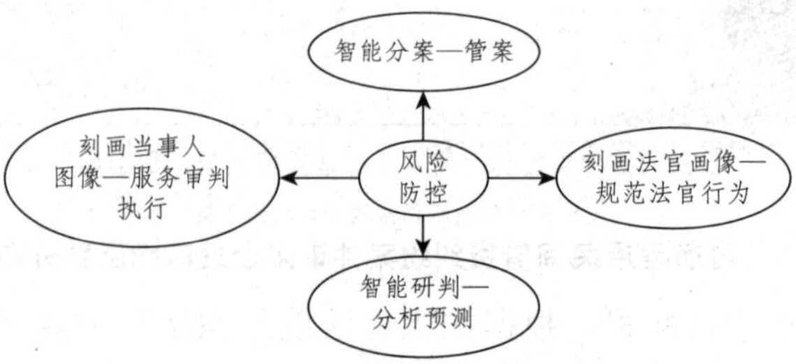

图6 智管平台设想

结 语

法院系统已进入系统性变革的新阶段，需要审判管理理念有新的发展，切实找准立足点和着力点，在更高站位、更深层次地推进司法体制改革，为人民法院服务和保障大局提供智慧支持。这是审管办存在的核心价值和意义。现行基层法院审管办职能定位转型面临缺乏理论支撑、技术支持等多重障碍。依照“智管模式”，通过理顺法院监管主体责任、建立符合审判规律的管理机制以及适合基层法院的集成监管平台，提高审判管理的智能化水平。通过详细的全方位的管理流程设计以及评价机制，激发法官内在动力，形成良性互动。在此基础上，进一步探寻和深化审判管理理论创新研究，真正能纠正和指导基层法院内部审判运行不符合审判规律的问题，不断推动司法体制改革，维护司法公正。

类案范本指引：法官指引制度实质化运行的实现

唐楠栋*

引 言

司法权本质上是判断权，① 审判权行使的关键是事实认定，而事实认定应在一定的程序规则和证据规则下进行，作为非法律专业的“平民法官”，陪审员并不具备专业的法律知识，如何使其将事实认定与法律规定联结起来，从而能够实质性地参与庭审活动是陪审制度改革的关键。为解决上述问题，2018 年 4 月 27 日通过的《人民陪审员法》第二十条②明确规定了陪审模式下的法官指引制度，即法官与陪审员共同组成合议庭审理案件时，审判长应当履行与案件审判相关的指引、提示义务，③ 旨在保障陪审员正确认定案件事实，充分参与庭审活动。但该条规定较为原则，缺乏可操作性。实践中，法官是否指引？怎么指引？指引效果如何？《人民陪审员法》实施一年有余，笔者试结合司法实践去观察该制度运行的实质效果，查找运行中存在的问题，并提出解决方案，有利于该新制度的不断完善。

一、未实质化运行：法官指引制度的现实运行图景

庭审笔录及合议庭笔录是法官指引制度运行的客观载体，但并非展示法官指引的所有内容，因此，选取两种笔录及两大主体的访谈作为主客观两个观察场景，来全面扫描该制度的运行实况。本文以 C 市 W 区的案件庭审笔录及合议庭笔录为研究样本，从《人民陪审员法》实施一年即 2018 年

---

* 作者单位：四川省成都市武侯区人民法院。

① 孙笑侠：《司法的特性》，法律出版社 2016 年版，第 3 页。

② 《人民陪审员法》第二十条规定：“审判长应当履行与案件审判相关的指引、提示义务，但不得妨碍人民陪审员对案件的独立判断。合议庭评议案件，审判长应当对本案中涉及的事实认定、证据规则、法律规定等事项及应当注意的问题，向人民陪审员进行必要的解释和说明。”

③ 参见陈琳、陈志龙：《能度超越与限度突围：陪审员职权改革语境下法官指引制度之构建》，载《海峡法学》2017 年第 2 期。

4月27日至2019年4月27日期间以普通程序审结①的3786件案件中随机抽取653件，对该653份庭审笔录及合议庭笔录进行逐一查阅和分析，并结合对46名一线员额法官及根据参审案件类型抽取的58名陪审员访谈实况进行记录、剖析，来检视法官指引制度运行实然样态。

需要说明的是，上述653件案件从案件类型上看，金融借款纠纷占14.09%、民间借贷纠纷占13.63%、买卖合同纠纷占11.03%、劳动争议纠纷等其他纠纷占61.25%。上述58名人民陪审员，从文化程度上看，大学专科学历占36.42%，大学本科学历占41.33%，硕士研究生学历以上的占22.25%；从专业特长上看，医疗卫生占3.45%，金融行业占1.72%，知识产权占1.72%，民族宗教1.72%，有法律知识人员占3.45%，其他占87.94%。

（一）观察角度一：是否指引及指引意愿

1. 是否指引。对随机抽取的653件案件的庭审笔录进行逐一查阅，笔录中记载有法官对陪审员进行指引的案件为64件，占比为9.8%，笔录中未记载法官对陪审员有指引的有589件，占比为90.2%。同时，对法官的访谈结果表明，有43.49%的法官未对人民陪审员进行指引。

2. 指引意愿。指引意愿与法官认为陪审员参加庭审的作用相关。对上述46名员额法官的访谈，表明65.22%的法官认为人民陪审员参审案件的主要作用在于缓解人案矛盾，仅有13.04%的法官认为有助于查明案件事实。同时，对上述58名人民陪审员的访谈结果显示，有5.17%的人民陪审员不清楚法官指引是什么，有74.14%希望得到法官指引，有20.69%认为无需法官指引（见图1）。

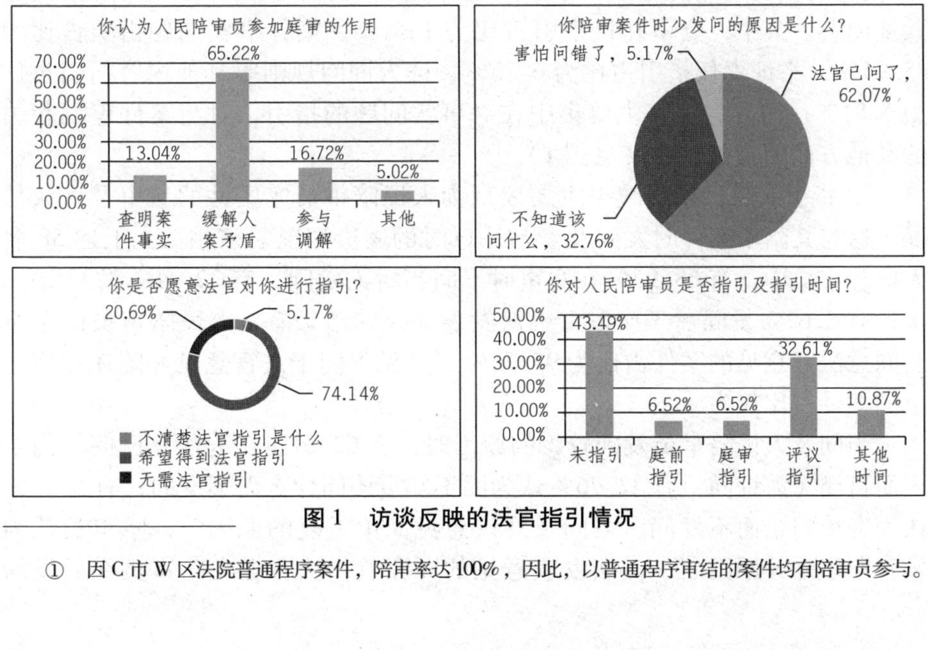

图1 访谈反映的法官指引情况

① 因C市W区法院普通程序案件，陪审率达100%，因此，以普通程序审结的案件均有陪审员参与。

（二）观察角度二：指引时间及指引方式

1. 指引时间。上述46名法官中有20名（占比43.49%）认为因没有必要对人民陪审员进行指引而未进行指引，3名（占比6.52%）认为应庭前进行指引，3名（占比为6.52%）认为应在庭审时进行指引，15名（占比32.61%）法官认为在休庭评议时进行指引更为合适，5名（占比10.87%）认为在其他时间进行指引更合适（见图1）。

2. 指引方式。对上述653份合议庭笔录进行逐一查阅，笔录中未进行指引的案件有354件，占比为54.21%，对指引内容描述准确的为183件，占比为28.02%，对指引内容描述不充分的为92件，占比为14.09%，对指引内容描述有歧义的为24件，占比为3.68%（见图2）。

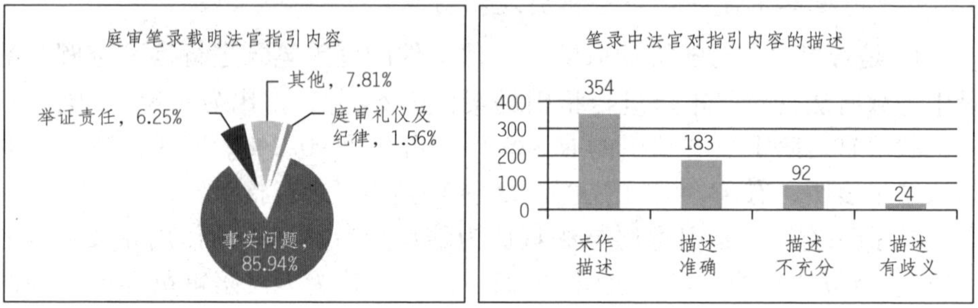

图2　笔录反映的法官指引情况

（三）观察角度三：指引内容及指引效果

1. 指引内容。对上述有法官指引的64份笔录进行分析，指引内容包括庭审纪律及礼仪、当事人陈述的事实、举证责任的分配及证人询问规则等其他内容。其中，庭审礼仪指引占比为1.56%，案件事实问题指引占比为85.94%，举证责任指引占比为6.25%，证人询问规则等其他内容指引占比为7.81%。可见，法官主要集中在对事实问题的指引，对与案件审判相关的其他方面的指引较少（见图1）。

2. 指引效果。指引效果主要表现为人民陪审员实质性的参审及评议情况，这与其陪审案件时发问及参与评议时的表决情况紧密相关。上述58名人民陪审员中，有68.97%在庭审时不向当事人发问，有22.41%发问1~3次，有8.62%发问在3次以上。从发表评议的结果看，人民陪审员简单重复同意法官意见的案件占比为95.76%，意见不同于法官意见并陈述相应理由的案件占比仅为4.24%。

当问及人民陪审员发问较少的原因时，有62.07%认为法官已问了当事人而自己无需询问，有32.76%认为因不知道该问什么而不发问，有5.17%认为害怕问错而不发问。当问及评议意见简单重复的原因时，陪审员认为发言顺序是其原因之一。从发表意见的顺序看，法官在先陪审员在后发问的案件占比为84.18%，陪审员发表评议在先法官发表意见在后的案件为占比为15.82%。

（四）观察结论：法官指引制度未得以实质化运行

通过上述观察，我们发现《人民陪审员法》实施一年以来，法官指引制度的运行效果如下：

1. 指引缺失比例高。从客观方面看，庭审笔录载明法官对人民陪审员进行指引的案件仅为9.8%，审判长指引适用比例极低。从对法官的访谈结果看，绝大多数法官认为人民陪审员参审案件的主要作用在于缓解人案矛盾，同时有20.69%人民陪审员也认为没有必要进行指引，因此，法官及人民陪审员指引或接受指引的意愿不高系指引缺失比例高的重要原因。在参审案件时，人民陪审员了解案情及与法律，其向法官询问是最高效的途径，法官指引的缺失，使原本就欠缺法律知识的人民陪审员难以融入案件的评审中，限制其发挥知民情及解民意的优势并根据经验和法律对事实认定出准确的判断。

2. 指引缺乏体系化。从笔录记载的指引内容看，虽然法官指引内容包括庭审纪律及礼仪、举证责任的分配及证人询问规则等内容，但所占比例非常小，85.94%的案件均集中在对事实问题的指引。可见，法官指引缺乏系统性。通过对法官及人民陪审员的访谈，得出其原因在于法官对“非法律专业人士”的人民陪审员参与案件事实认定及法律适用方面的能力存在担心，同时，在案多人少的矛盾下，有的法官认为对人民陪审员指引会增加工作量，影响办案效率。另外，人民陪审员自身也认为法官才是专业人士，基本是简单重复法官的意见，其参审的积极性不高。因此，多数法官并没有在庭前指引，更未制作包括庭审程序规定、事实问题清单及举证责任等具有体系化的指引范本，并进行系统性的指引。

3. 指引存在随意性。将两类笔录与对两大主体的访谈进行比较，我们发现有90.2%的庭审笔录未记载有法官指引的内容，而对法官的访谈统计仅有43.49%的法官未进行指引。两个数据存在差异性，即有部分案中法官进行了指引，但未记载入笔录的情况。通过访谈，我们进一步发现，除6.52%的案件法官在庭前进行指引及少量已指引但庭审笔录中未记载外，有部分案件法官指引陪审员的时间集中在休庭期间，对指引内容无法记入笔录。可见，法官指引时间存在随意性，休庭时等非正式的指引可能导致指引不及时，影响人民陪审员查明案件事实的时机。

4. 指引用语不规范。指引用语不规范主要表现在用语不准确，根据笔录载明对指引的内容描述来看，对指引内容描述准确占比仅为28.02%，存在描述不充分、描述容易引起歧义的情况。其原因主要在于对指引用语缺乏统一的标准和规范，且没有预先拟定的指引范本作为参考。同时，指引内容也受法官的性格、偏好、知识水平的影响，对指引的用语及方式也不同。

综上所述，上述四个法官指引制度运行情况表征，均映射出指引制度未得到实质化运行的状况。特别是反映法官指引效果的两个指标不佳，一是人民陪审员在庭审中向当事人发问的情况，二是人民陪审员评议案件时发表意见的情况。从上述两个指标看，人民陪审员在陪审案件时不向当事人发问的比例达到了68.97%，人民陪审员参加案件评议时，意见简单重复、同意法官意见的案件占比高达95.76%，可见，法官指引制度未得到实质化落实，法官指引的效果并不理想，人民陪审员实质性参审的作用并未得到有效发挥。

二、多重阻因：法官指引制度实质化运行的妨碍

通过对笔录及访谈分析，我们发现法官指引制度未得到实质化运行，其显而易见的原因为人民陪审员对法官专业性的过度依赖及对自身法律知识不足而不自信、法官对人民陪审员查明案件事实功能的忽视及对陪审员参审能力的不信任以及法律规定不明确缺乏可操作性等。但本文并不过多地讨论上述表层的原因，而是重点分析以下三个深层次的原因：

（一）指引时缺乏对“故事模型”的理解有碍实质化运行

人民陪审员参与案件审理，对案件事实或法律适用进行判定，并不像法官那样将裁判理由述之判决书中。陪审员如何决策？法官对陪审员进行指引，应当对决策过程予以足够的理解。从认知心理学[①]角度，“‘故事模型’提供的就是陪审员裁决的认知信息处理理论的一个范本”。[②] 其将认知视为信息加工或心理上的符号运算，即信息加工论。从这个角度，“陪审员事实推理由三部分构成：建构故事、认识法律、将法律适用于故事”[③]（详见图3），这三个部分作为一个整体，在陪审员事实推理过程中缺一不可。

---

① 认知心理学是西方在20世纪50年代中期兴起的一种研究人类的高级心理过程。

② 陈林林、张晓笑：《认知心理学视阈中的陪审团审判》，载《国家检察官学院学报》2013年第5期。

③ 参见 Cf. David Sklansky, Evidentiary Instructions and the Jury As Other, Stanford Law Review, March, 2013, P. 7.

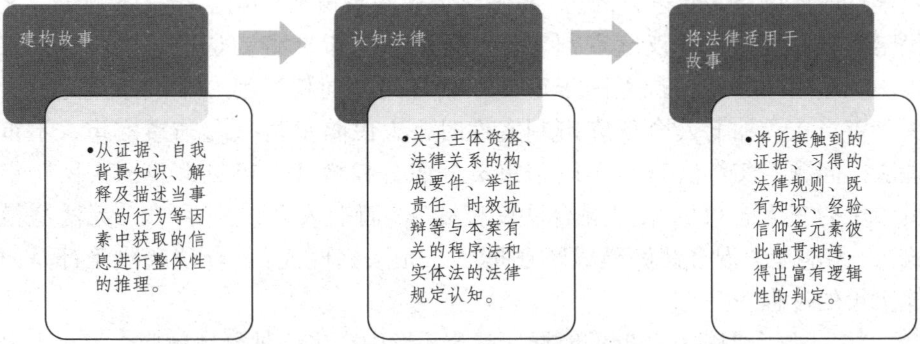

图3　陪审员事实推理过程图

"建构故事"阶段法官指引的忽视。"建构故事"是关键性认知因素。虽然"建构故事"更多的是依赖于庭审中原被告双方所出示的证据、双方当事人陈述、对证据的描述及当事人在庭审中的表情、言语、行为等信息，这些信息取决于陪审员庭审的亲历性。即便如此，在"建构故事"环节，陪审员对事实认定的证据规范、法律要素事实表的提炼等也不清楚，法官不清楚应对上述内容进行指引，有碍指引的实质化运行。

"法律认知"阶段法官指引的忽视。陪审员事实认定过程还离不开"法律认知"这个因素，对于非法律专业人士的人民陪审员，其经常与法官打交道，其对法律的认知除自身习得外，法官的指引是最直接最有效的方法。实践中，法官忽视陪审员"法律认知"因素，就法律规范对其解释、说明的行为得不到重视，直接影响指引的实质化运行。

"将法律适用于故事"阶段法官指引的忽视。人民陪审员的事实推理过程并非仅限于对获取信息的解读，其认知法律也并非仅是对其个人法律素养的提高，其对参审案件最终作出判定，还需要将法律适用于故事，即通过认知的元素式推理来重构案件经过，对照法官指引，将法律规定与案件事实一一对应，以确保涵射结论的准确性。法官缺乏对次过程的理解，指引意愿不高，有碍指引的实质化运行。

综述所述，陪审员事实推理的上述三部分均离不开法官的指引，法官缺乏对人民陪审员决策"故事模型"的理解，指引缺失、指引不完整及指引缺乏体系化，直接影响陪审员事实推理的过程，法官指引制度的功能不能实现，该制度本身的实质化运行无法有效展开。

（二）指引时忽视对合议庭团体决策的关注有碍实质化运行

从合议庭法庭结构来看，英美法系国家，在陪审团与职业法官共同组成的裁判庭里，形成陪审团只负责认定事实、法官负责适用法律的案件"二元法庭"裁判机制。日本法采取了法官与陪审员共同组成合议庭的"混合法庭"模式，裁判员既对法律适用进行判断，也对案件事实进行认定，对案件的评议是共同进行的。① 我国《人民陪审员法》第二十一条规定，人民陪审员参加三人合议庭审判案件，既要参与审理事实认定，也要参与审理法律适用问题，实行人民陪审员和法官同职同权。第二十二条规定，人民陪审员在参加七人合议庭审判案件时，人民陪审员只参与事实审，不审理法律问题，实行法官与人民陪审员分职分权模式。可见，我国人民陪审员参审的三人合议庭采“混合法庭模式”，而七人合议庭采“二元法庭模式”，无论是“混合法庭模式”还是“二元法庭模式”，合议庭决策都是团体决策的过程。

“当一群人聚集在一起的时候，就会无形中产生一种群体效应，人与人之间的心理极易相互传染，形成一种集体潜意识”，② 这表明团体决策易产生从众行为，即强调一致性而忽视决策质量问题。这与决策成员的一系列动机分不开，决策成员有意或无意的产生了或推卸责任或避免错误或权力威胁、奖励、情感及信任等多种动机（详见图4）。合议庭评议也不可避免地存在团体决策的上述弱点，正如有学者指出，“尽管是在实行合议制的前提下确定案件承办法官，案件的办理主体和责任主体为合议庭，承办法官只是扮演合议庭‘代理人’的角色”。③ 然而，根据我们对人民陪审员的访谈结果看，人民陪审员认为法官更专业，害怕表决错误是其简单同意法官观点的主要动机。

因团体决策成员的动机、意识、思想是产生从众行为的因素，结合前述结果，人民陪审员认为自己为非法律专业性的“外行”思想及部分法官对陪审员查明案件事实能力的怀疑，法官指引意愿不高，陪审员认为指引必要性不大，“培养”了陪审员有习惯听从法官意见的惰性。法官指引时忽视合议庭团体决策从众行为的弊端，法官不愿意指引及其评议顺序在先的做法，有碍法官指引制度实质化运行。

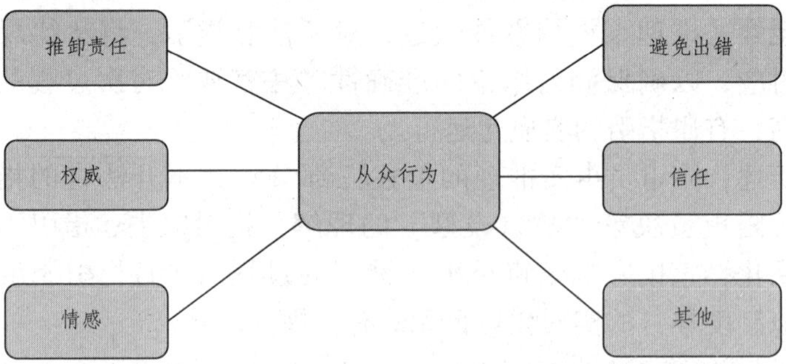

图4　合议庭团体决策中形成从众行为的因素图

① 参见周蒔文、黎建辉：《英美陪审制度的功能比较与借鉴》，载《法学论坛》2013年第7期。

② 安婧：《关于在诉讼活动中设立人民陪审团制度的思考》，载《河北法学》2012年第11期。

③ 左卫民、吴卫军：《形合实独：中国合议制度的困境和出路》，载《法制与社会发展》2002年第2期。

（三）指引时不完全符合“语用学合作原则”有碍实质化运行

由于法律语言的复杂性和专业术语的晦涩难懂，在英美法系国家，各巡回法院或州法院对陪审团都作出建议性的范本指示。“根据习惯做法，在审判过程中，法官先把给陪审团的指示写下来，再把写好的书面指示念给陪审团成员听。可是，这些事先写好的指示没有半点口语的味道，听的人往往不知所云。”① 然而过于口语化或者不规范的指引，如果违背“语用学合作原则”，② 可能导致歧义、矛盾或其他缺陷，进而影响人民陪审员正确决策。

“语用学合作原则包括数量准则、质量准则、相关准则以及方式准则，对任一准则的违背都会引起言外之意”，③ 若法官指引时，提供信息量不够或不完整（数量违反）、信息虚假或错误（质量违反）、信息不够简明晦涩难懂（方式违反）及信息与待证事实无关（关联性违反），则可能引起人民陪审员混淆、误解而导致其不能正确判定事实或法律问题。不同法官对陪审员可能作不同的指引，例如，有的法官法重视人民陪审员参审功能的发挥，则可能会比较中立、点到即止地对证据规则、法律规定进行指示，让陪审员充分思考，独立判定，实质性地参审案件。反之，如若法官不愿花更多的时间和精力向陪审员作讲解，或直接把判案意见告知陪审员，这样陪审员并没有独立进行判定，而是简单同意法官的观点，阻碍陪审功能发挥。可见，法官指引时用语没有符合“语用学合作原则”，指引没有相对统一标准和可操作的规范，极易导致法官指引效果不好，有碍指引的实质化运行。

《人民陪审员法》第二十条虽规定了法官的指引义务，但并不具有强制性，且只是原则上规定其内容为案件所涉的证据能力、证据规则、诉讼程序等，但尚未明确指引方式和言辞规则，相关制度也较粗疏不完整。由于缺乏可操作程序的指引范本，实践中存在指引缺失或指引不规范的情况，因此，制定符合“语用学合作原则”的指引范本很有实际意义。

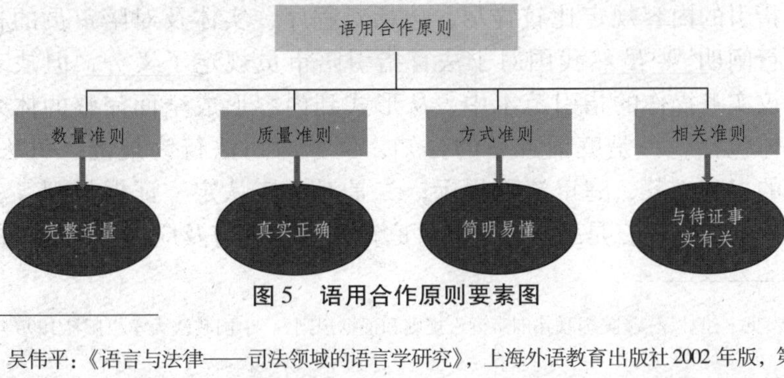

图5　语用合作原则要素图

① 吴伟平：《语言与法律——司法领域的语言学研究》，上海外语教育出版社2002年版，第44页。

② 参见章文君、程乐：《香港陪审团指示与语用学合作原则研究》，载《浙江师范大学学报》2012年第2期。

③ Grice H P.，Logic and Conversation，AcademicPress，1975，pp. 41～58.

三、制定类案指引范本：法官指引制度实质化运行的探索

《人民陪审员法》出台一年有余，法官指引制度实施效果并不理想，人民陪审员有效与庭审活动的期望并未完全实现。增强法官指引意识及陪审员参审意识、区分案件类型与陪审员类型实行“对口陪审”等是实现法官指引制度实质化运行的有效途径，但制定《审判长类案指引范本》是最为关键的路径。

（一）指引范本关注的一般要素：普适性问题提示

1. 指引时机提示。从域外的经验来看，法官指示几乎贯穿于审判的全过程。例如，《美国联邦刑事诉讼规则》第30条规定，法官在他认为适当的时候，在证明活动进行时即在庭审中或在此结束后即在陪审团退庭进行秘密评议之前，告知陪审团成员，他们对争执的事实作出裁决时所适用的法律原则。[①] 再如，《日本裁判员法》第6条第1款及第66条第1款规定，虽然日本的裁判员指示仅于“参与之评决阶段”，但“日本存在中间评议这一概念，即裁判员并不是在证据调查终结之后才开始进行评议，而是在审理的全过程，法官就寻找契机与裁判员进行合议”。[②] 我国《人民陪审员法》第二十条仅规定了指引、提示义务，并未规定指引时机，建议指引范本中包括全程指示，即法官在庭前准备、庭审中、审结束后的评议阶段进行全程指引。但应避免指引的随意性，各个阶段各有侧重的进行指引，在庭前准备阶段侧重于对庭审礼仪、庭审程序的提示，在庭审阶段侧重于对案件要素事实的提示，在评议阶段侧重于对法律争点等内容的提示。

2. 指引体系化关照。从域外的经验来看，法官指引制度在内容上较为完备，形成了可操作性的体系。美国的各巡回法院或州法院都作出建议性的范本指示，例如，第九巡回法庭的《美国民事陪审团法官指示手册》范本中对指引的内容规定比较详尽，包括对程序、实体及对陪审员的权利与义务进行阐明。[③] 虽然我国对于法官指引陪审员规定了义务，但缺乏体系性，建议实务操作的指引范本中，从形式到内容形成全面完整的体系化指引。具体包括，一是庭前准备的告知，例如对司法行为规范、司法礼仪、陪审员的权利义务、庭审流程提示；二是对事实认定、证据规则、法律规定等事项的指引；三是对法庭询问等庭审技术性内容及应注意问题的指引。

---

① 参见卞建林译：《美国联邦刑事诉讼规则和证据规则》，中国政法大学出版社1996年版，第79页。

② 陈雅玲：《日本裁判员制度之研究》，我国台湾地区台湾淡江大学2009年硕士学位论文。

③ 参见 Ninth Circuit Manual Of Model Jury Instructions Civil，载 http：//www. doc88. com/p -1126982790243. html，最后访问时间：2019年8月20日。

3. 指引限度提示。法官指引限度提示是指法官指引应有一个边界。例如，在美国“法官对陪审团的指示只能限定在法律范围内，法官指示不能侵犯陪审团的事实认定领域”。[①] 若指引不充分或用语存在歧义，人民陪审员很难对案件进行准确判断，若指引过度，容易导致法官直接把自己对案件认定意见或判案思路传递给人民陪审员，影响人民陪审员提出不同见解。因此，《人民陪审员法》第二十条规定，法官指引以不妨碍人民陪审员对案件的独立判断 为界，即为法官指引限度的规定。例如，法官可以对双方的举证责任、证明标准、证明责任分担进行引导和提示，但法官不能把自己对诉讼当事人一方或另一方的责任承担比例的意见向陪审员作出明确的告知，以避免妨害人民陪审员对当事人双方的责任大小作出独立判断。

（二）范本指引关注的核心要素：类案结构化要素事实表提示

类案结构化要素事实是该类型案件不同于其他类案件的核心要素事实。要素事实表，即要素事实清单，是法官以书面的格式清单方式针对每类案件所列举出来的事实清单，以告示陪审员事实问题和相关法律问题，是类案范本指引关注的核心问题。

1. 类案结构化要素事实表提示之必要。由于案件量大，要求法官对其审理的每个具体案件以格式化形式列出事实问题清单不太可行。同时，因为不同类型的案件在事实认定、证据规则、法律规定等方面不尽相同，亦不可能制定出一个适用于每个案件的统一范本，因此，有必要根据同一类案件的事实特征制定类案要素事实表，以帮助人民陪审员在庭审前较快地了解案情，在庭审中重点关注案件的争点事实，以及更好地引导陪审员对事实问题与法律问题进行区分，并对案件事实进行认定。

2. 类案结构化要素事实表提示之可行。虽然事实问题和法律问题在概念上难以区分，但司法实践中，可以按照类案裁判为标准，制作类案事实问题清单，即根据案件类型化的共性特点来编制类案的要素事实信息表。例如，离婚案件中，可制作包括结婚时间、子女情况、财产状况等属于共同性的案件基本要素事实表。因为每一类案件的法律关系主体、客体、法律构成要件均具有共同性，同时又区别于其他类案件，即每种案件类型可能涉及的要素事实基本是确定的且具有共同性，可以说，类案本身的客观存在使得由审判长在开庭前结合类案的共同要素事实，拟定待查的事实清单以要素式引导陪审员参与案件审理具有可操作性。当然，审判长在审理过程中也可以就个案中的具体问题及事实争点进行补充指引。

3. 类案结构化要素事实表之设计。类案审理清单的推广应用取决于要

① 司吉梅：《美国法官指示制度》，载《人民法院报》2018 年 4 月 27 日第 8 版。

素事实表的具体设计：一是清单包含的要素设置。审判长需对类案共同事实逐一细化并列明一般事实、必要事实及基本事实，并在清单结尾备注案件的争点事实；二是事实问题清单的表述。建议文字表述形式上采取填制的简洁形式；三是注意类案要素事实表清单制作模板的总括性。类案要素事实表的制作应尽可能多地列出每种案件类型涉及的要素事实表，合议庭可根据个案具体情况在审理中增减要素。以劳动争议类案件为例（见下表1），在《类案要素事实清单》中尽可能详细地列出劳动争议中涉及的包括入职时间、签订书面劳动合同时间及岗位等在内的审理要素，供个案选择适用。

表1　　　　类案结构化要素事实表实例

类案结构化要素事实表 （以劳动争议类案为例）	
一、入职时间：________；	二、签订书面劳动合同时间及期限：________；
三、工作岗位：________；	四、每月工资数及工资构成：________；
五、劳动关系解除时间：________；	六、是否参加社会保险及时间：________；
七、劳动者的工作年限：________；	八、离职时间及离职原因：________；
九、离职前十二个月平均工资：________；	十、合同约定的工时制度：________；
十一、加班事实：________；	十二、年休假情况：________；
十三、申请仲裁时间：________；	十四、仲裁请求及裁决结果：________；
十五、原告的诉讼请求：________；	十六、需要说明的其他事项：________。
以上事项中，双方有争议的为第　项、第　项的内容，其他事项双方无争议。	

（三）使用范本应当注意的事项

1. 据案适用：针对不同的诉请及争点。据案适用主要表现为针对不同案件的诉讼请求及争议焦点区分适用。具体而言，《审判长类案指引范本》是针对同一类型案件制定的统一范本，是适用于该类案件，针对该类案件需要查明的一般事实及基本事实的清单。但实践中，该类案件中具体个案涉及的诉讼请求、事实争点和法律争点等不尽相同，因此，法官在适用范本指引时，针对该具体个案的特殊情况进行要素增减，选择适用。

以劳动争议案件为例，若原告的诉讼请求是判令支付未签订劳动合同二倍工资，表中法官指引需要提示的要件为第一至四项要素，即入职时间、工作岗位、签订书面劳动合同情况、月工资数及工资构成。若原告的诉讼请求是判令支付解除劳动关系经济补偿金，表一中法官指引需要提示的要件为第一至四、五、八、九项要素。如果月工资标准这个要素系原被告的争议焦点，那么法官还将对月工资的判断标准及法律规定进行进一步指引。

2. 据人适用：针对不同的人民陪审员。据人适用主要表现为针对人民陪审员的知识构成及参审经验区分适用。具体而言，《审判长类案指引范本》是针对类型案件制定的统一范本，而非针对人民陪审员人员结构特征进行设计的，但如前所述，人民陪审员在文化程度、工作性质、专业能力等方面存在差异，因此，法官在适用类案范本指引时，应当充分考虑人民陪审员的背景知识、专业能力等因素，对范本要素进行选择性的指引。

例如，当从事法学教学研究的大学教授作为人民陪审员时，可以减少对举证责任、法律关系构成要件等法律规定方面的指引。同时，对经常参加陪审富有经验的人民陪审员与第一次参与陪审的新任陪审员在指引要素选择上也有所不同。对陪审经验丰富的人民陪审员，因其对庭审礼仪、庭审流程及发问时间等方面已非常熟悉，可以减少这方面的指引，而对缺乏陪审经验的新任陪审员而言，这是必不可少的指引内容。

结　语

法官指引制度是2018年《人民陪审员法》规定的一项新制度，需在司法实践中不断完善。本文以类案范本指引作为该制度实质化运行的有效途径，其有效性仍需实践的检验，我们将进一步对《审判长类案指引范本》使用中的不足加以改进，并陆续制定出适用于离婚纠纷、民间借贷纠纷、建设工程合同纠纷、破产纠纷等各类案件的指引范本，以充分发挥法官指引的效能，实现人民陪审员作为不穿法袍的“法官”实质性地参审案件的改革目的。

全生命周期视野下法院卷宗单轨制发展路径探析

——以PDCA模型为基础的电子卷宗闭环管理模式构建

陈公照[*]　王燕军[**]

引　言

卷宗之于法官，如鸟之翼、车之轮，善用可以助力法官办案提质增效，反之则导致审判执行难以推进，甚至危及法官个人职业安全。数字时代背景下传统的纸质卷宗已经难以适应司法信息化的要求，最高人民法院于2016年、2018年连续发布《关于全面推进人民法院电子卷宗随案同步生成和深度应用的指导意见》和《关于进一步加快推进电子卷宗随案同步生成和深度应用工作的通知》两份文件，旨在全面推进电子卷宗在案件办理、诉讼服务和司法管理中的深度应用，促进审判流程升级再造。然而，推行电子卷宗，对于法院而言，无论是在办案观念、办案方式方面，还是司法公开、审判监管等方面，不亚于一场深刻的"自我革命"，需要一个循序渐进的过程，更需要建立有效管理模式，使电子卷宗"有为而不妄为"。实证纸质卷宗和电子卷宗的管理风险，运用档案学中的文件生命周期理念①对卷宗管理模式进行改进，设计出以PDCA模型②为基础的电子卷宗单轨制闭环管理新模式。

一、路径选择："双轨制"和"单轨制"的制度博弈

档案学中，当纸质卷宗和电子卷宗都存在时，往往采取"双轨制"或

* 作者单位：福建省德化县人民法院。

** 作者单位：福建省晋江市人民法院。

① "文件生命周期"由美国档案学者菲利普·布鲁克斯于1940年首次提出，指文件从产生直至因丧失作用而被销毁或者因具有长远历史价值而被档案馆永久保存的整体运动过程。

② "PDCA"由美国质量管理专家休哈特首先提出，由戴明采纳、宣传、普及，所以又称戴明环。PDCA指将质量管理分为四个阶段，即计划（Plan）、执行（Do）、检查（Check）、处理（Act）。

“单轨制”的管理模式。“双轨制”指纸质卷宗与电子卷宗同步生成、流转、应用和管理；“单轨制”指仅以电子方式运行和保存电子文件的全流程。[①]实践中应当何去何从，需要对两种制度进行可行性和必要性评价。

（一）双轨制阻碍管理效能有效提升

1. 纸质卷宗管理风险依然存在。如前文所述，纸质卷宗存在着管理主体分散、流转节点多、制度缺失等风险，且在流转过程中极易被篡改，可信任度大打折扣。“双轨制”运行模式下，纸质卷宗要参与从立案、送达、审判、执行乃至上诉等环节的全过程流转，难以对其管理模式进行“刮骨疗毒”式的制度性变革，因此，很难对这些风险进行有效的堵塞和防控。这也是“双轨制”管理模式最大的弊端。

2. 在线办案观念转型依然困难。实行人员分类管理之后，进入员额序列的法官平均年龄在40周岁以上，部分法官不仅从行为上而且从精神上都高度依赖于纸质材料，对无纸化办案模式存在抵触情绪。如果采取“双轨制”管理模式，法官手上依旧拥有纸质卷宗，可以预见，很多法官还是会不自觉地拿起纸质材料进行办案，无形之中使得推行无纸化在线办案模式的难度进一步提高。

3. 诉讼环节司法成本依然较高。双轨制模式下，办案人员不仅需要对电子卷宗进行管理，也需要花费更多的时间、精力去管理纸质卷宗，工作量有增无减。案多人少形势下，这将让办案人员更加有心无力。

（二）单轨制契合智慧法院发展趋势

1. 契合电子卷宗管理目标要求。保持真实可靠完整可用的“四性”是世界各国对电子文件管理目标的共识。[②]最高人民法院指出，电子卷宗随案生成和深度应用要达到以下技术要求：编制电子卷宗目录，数据化电子文件，回填案件基本信息，实现全程网上阅卷，辅助生成法律文书，助力内部审判管理，实现卷宗自动归档等。要实现如此丰富的技术要求，必须以“单轨制”管理“去掉”纸质卷宗的运行空间，倒逼电子卷宗高标准、高质效运行。

2. 契合智慧法院建设使命初衷。智慧法院建设的初衷，在于加强职能监管、促进司法公开、提高司法效率。[③]单轨制电子卷宗管理更易于实现这一目标。首先，电子文件对于提高效率、降低成本的效益是显而易见的。

---

① 鲍志芳、马嘉悦：《基于单轨制、单套制、双轨制和双套制概念辨析之文件管理模式探讨》，载《档案学通讯》2018年第4期。

② 冯惠玲：《走向单轨制电子文件管理》，载《档案学研究》2019年第2期。

③ 胡昌明：《建设“智慧法院”配套司法体制改革的实践与展望》，载《中国应用法学》2019年第1期。

以京东集团为例，2018 年该集团共生成电子发票 15 亿张，如果这些发票全部以手工发票的形式开具，那么，需要专职员工 1 万人，而且还会严重拖延物流时间。[①] 其次，一个透明、负责任法院的中坚，就是记载着司法决策和行动的健全有效的卷宗管理，电子卷宗可以通过互联网、法院内网向当事人和合议庭成员、院庭长等审判监督管理主体同步公开，拓宽了公开深度。再者，电子卷宗是司法信息化的重要前提和基本主线，对推进审判体系和审判能力现代化愈加有积极作用。

3. 契合区块链时代档案管理态势。学界普遍认为，作为分布式数据存储、点对点传输、共识机制、加密算法等技术的集成应用，区块链的到来已经敲响无纸化社会的大门，[②] “电子单轨制”已经是无法阻挡的时代潮流，“双轨制”已经无法满足未来档案管理的需求，终将被时代所抛弃。

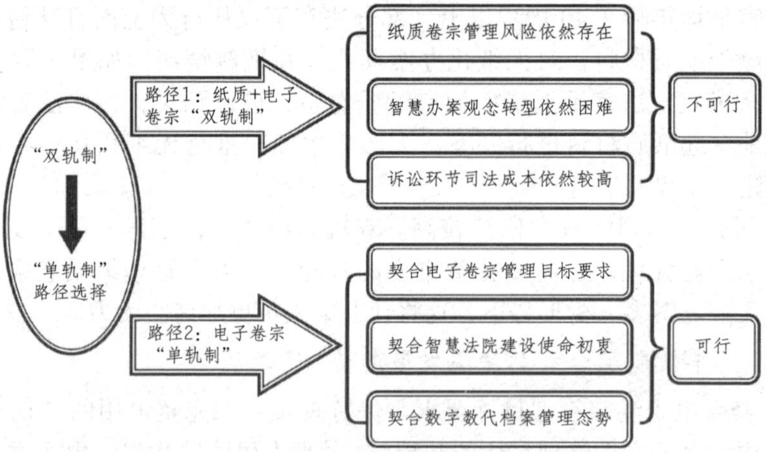

图 1 “双轨制”和“单轨制”制度对比分析

电子卷宗随案生成模式推行以来，法院实际上形成了纸质卷宗与电子卷宗双套双轨并行的卷宗利用模式。虽然实行电子卷宗“单轨制”比“双轨制”更符合顶层立法意图和未来司法实践（如图 1 所示），但考虑到目前法院信息化发展水平，一蹴而就强力推行“单轨制”难免引起法官的不适感。因此，建议采用以电子卷宗“单轨制”为主，同时，严把纸质卷宗源头和归档两个关键期的管理模式，也即推行“电子单轨制 + 纸电双套制”的管理模式。

---

① 刘梅玲、蔡磊、吴婧：《京东电子发票项目的建设与应用》，载《会计之友》2018 年第 12 期。

② Problems of the application of intelligent driver assistance systems on a single – track vehicles. V V Gaevskiy，A M Ivanov. IOP Conference Series：Materials Science and Engineering. 2018（1）.

二、路径借鉴："生命管理"和"闭环管理"的域外经验

"电子单轨制+纸电双套制"作为一项新型的卷宗管理模式，在设计理念上，可以参考国外档案学中普遍被认可的文件全生命周期管理原则；在管理制度上，可以参考国外较为成熟的PDCA管理模型。

(一) 域外档案管理经验：全生命周期理念的实践启示

文件全生命周期理论是在20世纪文件数量急剧增加的专业背景下提出的，是西方档案学的重要理论支柱。① 其基本内容是：(1) 文件从形成到销毁或永久保存，是一个完整的运动过程；(2) 由于文件价值形态的变化，这一完整过程可分为若干阶段；(3) 文件在每阶段因其特定的价值形态而与服务对象、保存场所和管理形式之间存在一种内在的对应关系。②

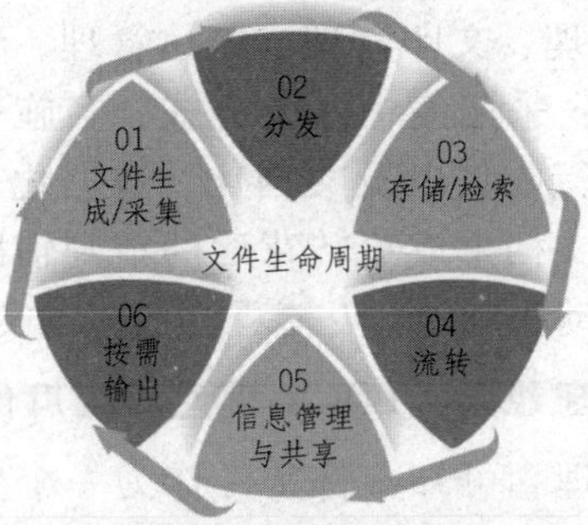

图2 文件全生命周期理念的表现形态示意图

该理论对推行电子卷宗"单轨制"管理有如下启示：

1. 观念启示：从管死卷宗到用活卷宗。卷宗的作用不仅仅是为了维护法院历史真实面貌，它作为法院内部最为规范化的知识资产，应该是可以供审判活动重复利用，从而实现提高司法核心竞争力、促进创新的目的。对于法院而言，仅仅把卷宗有序化地封存在档案库房中已不能满足需要，而把卷宗从采集、存储、共享利用到销毁的全生命周期管理体系才是卷宗管理的关键。

---

① Xia Chen：Discussion on the Reform of Archives Management System in Colleges and Universities from the Theory of Life Cycle of Records，2018 2nd International Conference on Education，Economics and Management Research（ICEEMR 2018）.

② 刘洪：《文件管理服务——基于RMSC和MoReq2010的比较研究》，载《档案学通讯》2018年第5期。

2. 思路启示：从分散管理到闭环管理。[①] 从生成周期看，生成时间贯穿于立案、审理、执行及其前后延伸的全部阶段；从流转周期看，电子卷宗一旦生成，便开始了高效流转、连续运动，且其运动规律也因个案程序、使用主体等而各异，甚至出现逆向运动。这个特点，向我们揭示了随案生成工作背后蕴藏的案件生命周期规律，要求我们从软件设计之初，就必须充分考虑为电子卷宗打造一个从生成、流转、应用直至归档或销毁的闭环生态系统，对随案生成及流转实施全生命周期管理。[②]

3. 管理启示：从人工管理到机构管理。对电子卷宗进行全生命周期管理，必须要有一个专门管理机构全程介入、统一管理，将原本相对分散的阶段式管理，变为对文件接收或形成、鉴定、加工、流转、利用、销毁或归档等所有阶段进行集约管理。以法院案卷的全生命周期管理机构（本文先称之为“电子文档中心”）为例，机构主要职能包括：软件开发、收文管理、扫描编目、印章管理、文印管理、送达管理、卷宗中间库、档案管理等；机构主要运行机制：采用集中办公方式，实施一站式、流水线协同作业方式，及时对文件进行收集以及文档化、数据化、结构化，使各参与主体随时可用。同时，将文档生成流转背后的审判辅助事务和审判核心事务一并纳入统筹管理，推动机制创新、流程再造，以实现全面信息化管理。

（二）域外质量管理经验：PDCA 模型的运用价值

由文件全生命周期理念可知，将文件作为一个生命体进行管理，就不能不考虑该生命体的过程质量。闭环管理是文件全生命周期理念的具体表现，其实质就是文件全生命周期内的 PDCA 质量管理，它强调质量是设计出来的、创造出来的，要保证文件质量，关键要抓好过程质量。[③] PDCA 模型作为闭环管理的具体抓手，运行模式如下：

① 闭环管理是综合闭环系统、管理的封闭原理、管理控制、信息系统等原理形成的一种管理方法。它把供—产—销管理过程作为一个闭环系统，并把该系统中的各项专业管理作为闭环子系统，使系统和子系统内的管理构成连续封闭和回路且使系统活动维持在一个平衡点上；面对变化的客观实际，进行灵敏、正确有力的信息反馈并作出相应变革，使矛盾和问题得到及时解决，决策、控制、反馈、再决策、再控制、再反馈……从而在循环积累中促进组织超越自我不断发展。

② 陈明、洪清波等：《电子卷宗科学管理与智能应用的路径研究——以文件管理为视角兼述泉州“139”管理模型》，福建省法院 2018 年重点调研课题，第 39 ~ 40 页。

③ 杨洁：《基于 PDCA 循环的内部控制有效性综合评价》，载《会计研究》2011 年第 4 期。

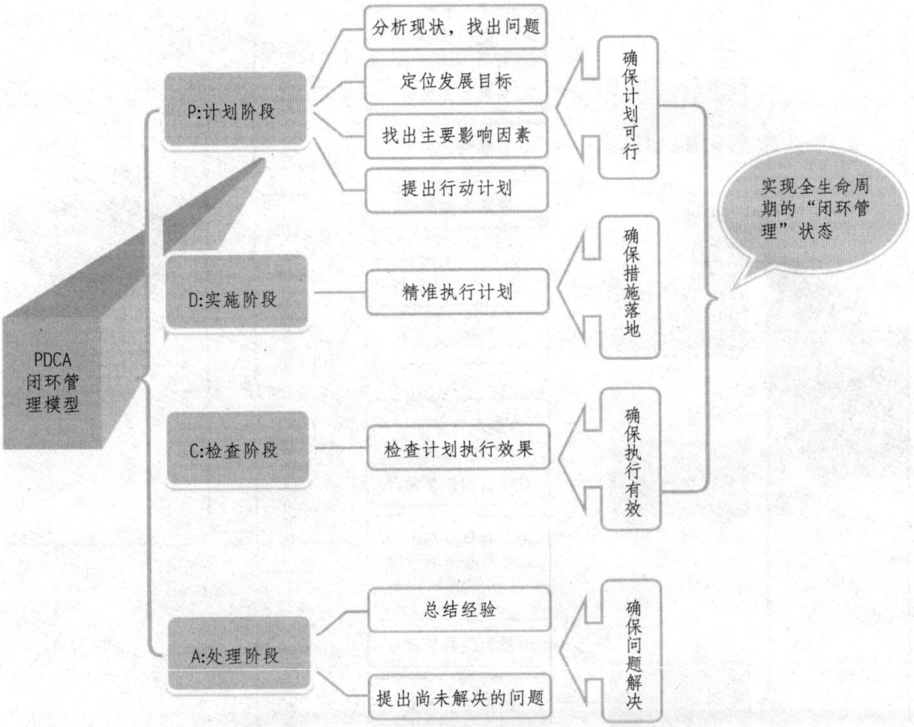

图3　PDCA 闭环管理模型示意图

如图所示，PDCA 模型将文件作为一个生命体进行管理，从设计到实施到检查再到处理形成了良性动态闭环系统：（1）策划阶段：在评估现状的基础上，拟定计划、设计系统、完善方案；（2）实施阶段：细化措施，强化执行力，完善沟通方法；（3）检查阶段：建立监管机制，找出执行过程中的潜在问题；（4）处置阶段：解决问题，并根据实际情况及时纠偏计划，再转入下一轮 PDCA。根据该模型设计的电子卷宗 PDCA 闭环管理模型如下图所示：

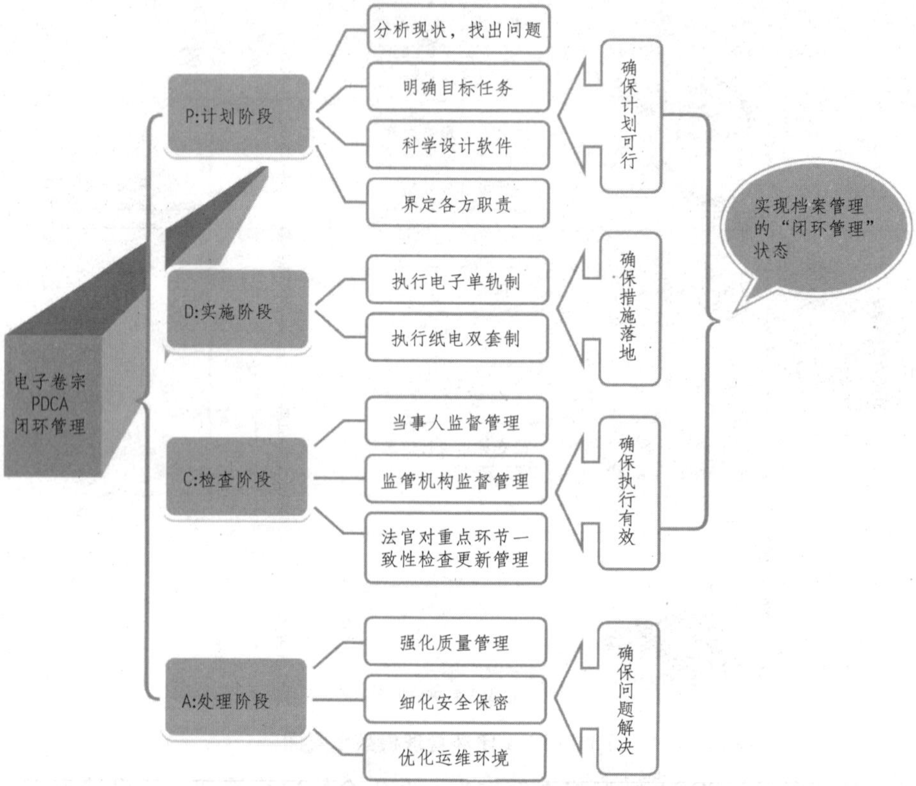

图4　电子卷宗 PDCA 闭环管理模型

根据 PDCA 模型，对电了卷宗进行闭环管理应当注意如下环节：（1）策划阶段：要明确电子卷宗闭环管理的目标任务、各参与主体的职责，并设计出科学有效的系统软件；（2）实施阶段：要区别对待，在推行“单轨制”时，对电子卷宗同步生成进行量化管理；在推行“双套制”时，对纸质卷宗同步流转进行严格限制，并全程对纸质卷宗集中管理；（3）检查阶段：要构建当事人外部监督管理、法院内部监督管理和法官对重点环节一致性检查更新管理等三位一体的监督管理机制；（4）处置阶段：要强化质量管理、细化安全保密、优化运维环境，有效防控风险，推动下一轮 PDCA 高效运转。

三、路径探索：构建电子卷宗全生命周期 PDCA 闭环管理模式

“电子卷宗 PDCA 闭环管理”这一提法在国内尚属新鲜，几无现成经验做法。基于全生命周期理念的启示和域外闭环管理相关经验，可以对“电子卷宗 PDCA 闭环管理”模式进行探索。

（一）策划（Plan）：科学设计电子卷宗闭环管理系统

电子卷宗运行的前提就是要设计一个行之有效的系统软件，同时，要明确系统设计的目标任务和各方职责。

1. 明确目标任务。推行电子卷宗闭环管理的目的有二：一是建立实时、完整、可信的电子卷宗，促进审判流程再造；二是将电子卷宗纳入规范化、制度化的管理轨道，降低其在运行过程中可能存在的管理风险。

2. 科学设计软件。“电子文件管理功能通过管理电子文件的系统实现，不同阶段的管理需求通过相应的管理功能实现，因此电子文件生命周期全程的管理和监控措施应该向前延伸到电子文件系统的设计之中。”① 与电子卷宗相关的审判业务软件深刻影响着电子卷宗管理水平：（1）微观方面：要强化对电子文件内容、背景和结构等元数据标准化管理，以保障文件真实可靠的技术方案；（2）中观方面：要优先对电子卷宗与审判业务、网上诉讼服务、司法公开等系统的数据实时对接进行技术改造，形成高效流转的闭环体系；（3）宏观方面：要对众多审判业务软件进行流程再造，改“案件流程信息”为“电子卷宗及文件”作为各软件互联互通的联系主线。

3. 界定各方职责。（1）立案窗口：将立案材料分类整理后移交至电子文档中心。（2）电子文档中心：材料收转；跟踪法庭使用情况；对电子卷宗集中编目和信息录入等。（3）送达组：将送达材料移送扫描编目。（4）业务庭：将诉讼材料同步制作成电子诉讼文件。

（二）实施（Do）：电子单轨制＋纸电双套制高效运行

电子卷宗闭环管理的核心要义就是对电子卷宗进行量化、标准化的节点管理，同时，对纸质卷宗进行集中统一管理。

1. 电子单轨制：电子卷宗同步生成与量化管理。（1）立案登记阶段。①当事人到立案窗口、以邮寄方式、通过跨域立案方式申请立案的，立案窗口作出立案审查意见当日将立案材料分类整理后移交至电子文档中心；②当事人网上申请立案的，在立案窗口确定立案后，电子文档中心根据材料内容进行编目入卷。

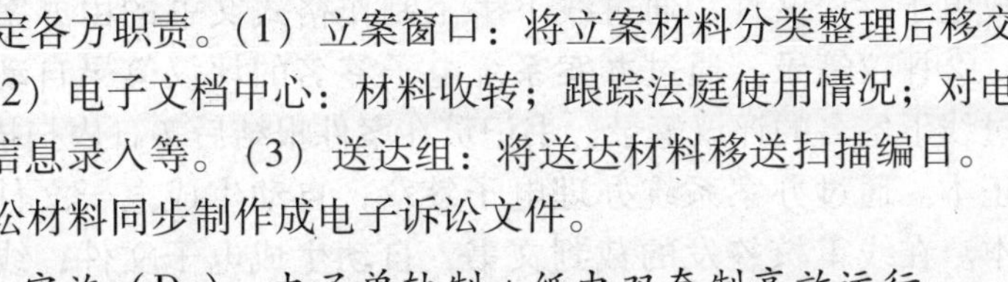

图5　立案阶段电子卷宗同步生成量化步骤示意图

① 冯惠玲、刘越男等：《电子文件管理教程》，中国人民大学出版社2017年版，第15页。

（2）审判执行阶段。①到院递交材料，办案人员应引导当事人到电子文档中心办理。②邮寄递交材料，统一由电子文档中心分流处理。③庭审新增材料，书记员应在开庭结束当天移交电子文档中心。④其他方式收集的材料，应在2日内移交电子文档中心集中扫描编目。

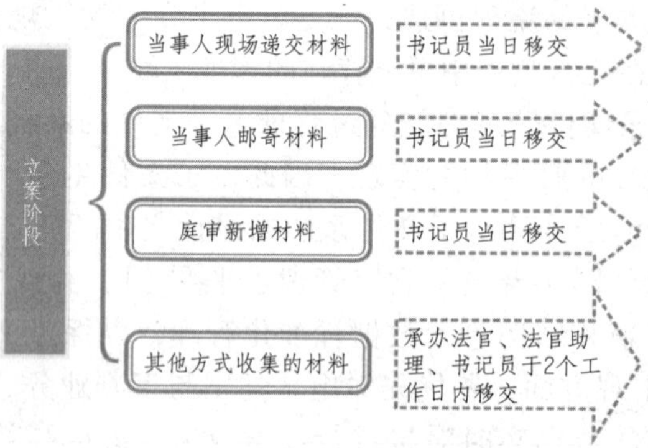

图6　审判执行阶段电子卷宗同步生成量化步骤示意图

（3）文书制作阶段。①格式文书。通过办案系统制作的格式文书完稿后自动生成电子诉讼文件，通过线下手工制作格式文书的由办案部门扫描编目入卷。②评议笔录。通过办案系统电子签名的评议笔录自动转成电子文件；通过线下签名的评议笔录，书记员在案件报结后2日内扫描编目。③裁判文书正本。通过办案系统办理电子签章，自动生成电子文件。④裁判文书拟稿本。在线审核签发的裁判文书，自动生成电子文件；线下人工审核签发的，由书记员扫描编目生成电子诉讼文件。

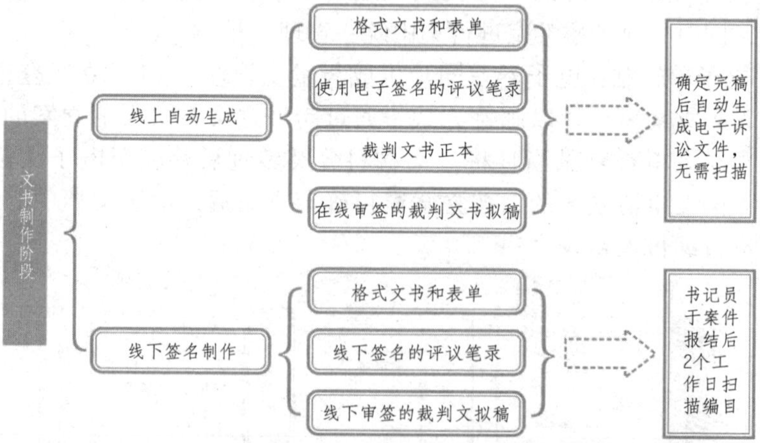

图7　文书制作阶段电子卷宗同步生成量化步骤示意图

（4）文书送达阶段。送达组先行检查送达材料是否已形成对应电子诉讼文件，尚未形成的，当日退回移送部门进行扫描编目后再进行送达。送达结束后，当天将送达回证、快递回执单等移送进行扫描编目，并将送达情况同步录入送达管理系统，承办法官可实时查看、跟踪、监督和确认。使用送达管理系统办理送达的，系统自动生成送达回执等文书，不再扫描。

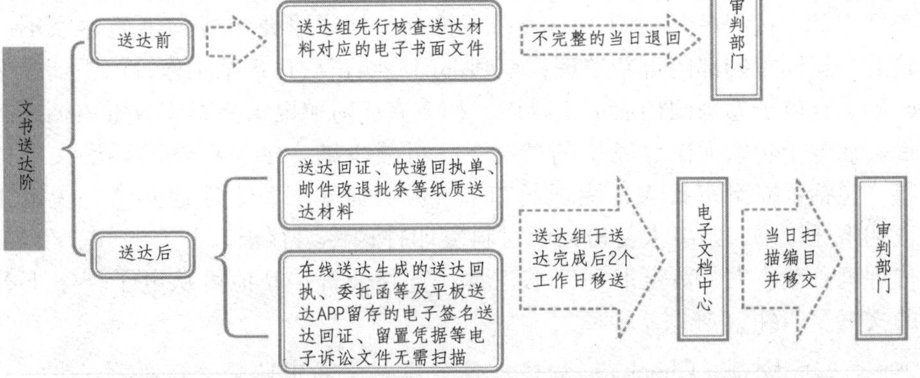

图8　文书送达阶段电子卷宗同步生成量化步骤示意图

2. 纸电双套制：纸质卷宗同步流转与集中管理。（1）卷宗中间柜集中分类管理。文件按其运行规律可划分为现行、半现行、非现行（销毁或归档）三个阶段。文件形成后、归档前的利用阶段，因其不改变文件内容、形式，称为半现行阶段。[①] 半现行阶段历来是文件管理的重点难点环节，对此，国内外一些机构采取以文件中心或档案中间库制度进行统一管理，取得一定成效。在电子文档中心设立“纸质卷宗中间柜”，从立案之后产生的所有纸质办案材料均收入中间柜。具体流程是：立案时，每个案件均自动生成一个唯一固定的二维码；立案材料交由电子文档中心扫描；将立案材料装入中间柜中与该二维码相匹配的卷宗盒之中；办案中产生的纸质材料经扫描后，均入柜保管，不再由办案人员保留；办案人员需借阅纸质材料的，须持案件二维码和本人有效证件，向中间柜管理员申请，由管理员持认证卡认证之后，方可借阅。

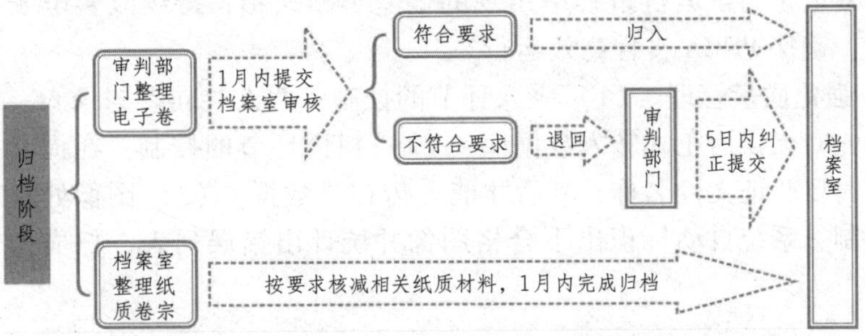

图9　双套制卷宗归档示意图

① 何嘉荪：《论电子文件的生命周期》，载《浙江大学学报（人文社会科学版）》2001年第4期。

（2）卷宗双套归档。推行“以电子档案为主，纸质档案为辅”的“双套制”归档方式，坚持同步数字化原则、全程管理原则和前置管理原则。[①]审判部门应在案件结案后1个月内完善电子卷宗材料，将电子卷转档案整理卷，并于案件生效后1个月内提交档案室审核归档。档案室确认电子卷宗符合规定的，按程序办理归档手续；不符合归档质量要求或与纸质卷宗不一致的，退回审判部门重新整理；审判部门应纠正后在5个工作日内重新提交归档。自电子卷宗归档后1个月内，档案室应对照电子档案完成纸质档案制作。在电子卷宗准确、完整的情况下，可减少纳入纸质档案的诉讼文书材料，包括：立案审批表；受理通知书、应诉通知书、举证通知书、指定举证期限通知书；当事人身份证明材料复印件；传票存根、开庭通知、公告；代理词；裁决书、裁定书等文书正本；宣判公告；其他可从电子档案下载的文书复印件。

（三）检查（Check）：构建三位一体电子卷宗监督管理机制

制度执行难免出现偏差，建立科学的监管机制尤为有必要。

1. 当事人监督管理。当事人网上查阅电子卷宗时，发现电子卷宗遗漏制作、编目错误或其他问题的，在线或者电话反馈，承办法官应当核对检查、及时整改。

2. 法院内部监督管理。审管办及电子文档中心负责电子卷宗随案同步生成工作的指导检查、监督管理；信息技术部门负责电子卷宗生成的研发和技术保障。同时，将电子卷宗同步生成工作纳入绩效考核，对逾期未移送扫描、逾期未扫描、逾期未移送归档等行为进行惩处。[②]

3. 承办人员对重点环节一致性检查更新。在首次送达、法庭审理、合议庭评议及制作结案文书前，法官助理或者书记员应对纸质卷宗与电子卷宗进行检查核对、补缺补漏，检查核对一致的予以明显标识。

（四）处置（Act）：及时堵塞卷宗管理风险漏洞

要对电子卷宗运行过程中出现的偏差不断纠错，持续改善电子卷宗运行环境，确保PDCA良性高效运行。

1. 强化质量管理。（1）录入环节的控制：两人共同参与录入，经计算机自动比对无误后正式转入数据库。（2）扫描环节的控制：在提交扫描图像数据时要验证文件名称，其后才能上传扫描数据。（3）图像处理环节的质量控制：系统自动标识出不合格图像并统计出错误列表，扫描人员再行修改。

---

① 刘选：《推行电子卷宗若干问题研判》，载《人民检察》2015年第24期。

② 刘红宇：《探索推进电子卷宗深度应用》，载《人民政协报》2019年4月11日。

2. 细化安全保密。采用区块链、水印加密等科技，确保电子卷宗原始性、真实性，确保系统、文件及元数据不可篡改，同时，建立“纸电”一致性的审核校验及科学管理机制。电子文档中心要安装至少4路摄像头，分辨率不得低于540线，保证24小时无死角红外监控。①

3. 优化运维环境。要不定期加强对计算机、扫描仪、打印机等设备管理和维护，提高其使用性能。同时，要建立起数据备份制度，数据光盘存放在安全的地方或异地备份。

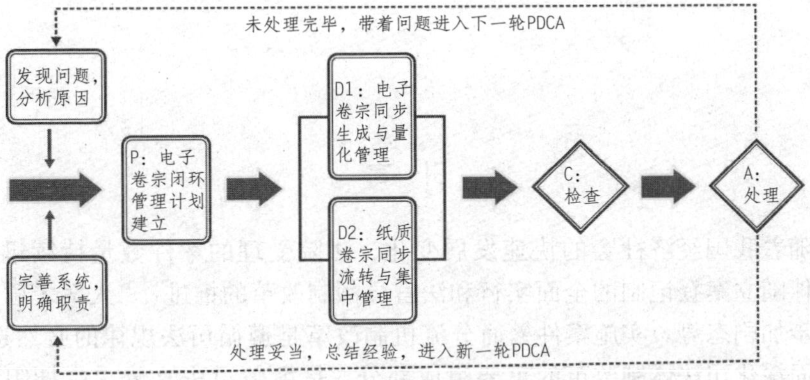

图10 电子卷宗PDCA闭环管理运行模式示意图

结 语

爱因斯坦说过：“科学是一种强有力的工具。怎样用它，全取决于人自己，而不取决于工具。”电子卷宗单轨制PDCA闭环管理机制是在我国大力推进司法体制综合配套改革和智慧法院建设背景下的一项重要举措，是对电子卷宗随案同步生成和深度应用的管理制度设计，这对于规范卷宗管理、再造审判流程、深化司法改革都颇有意义。尽管这项工作仍处于起步阶段，但天下难事必作于易，我们仍要大胆探索“电子单轨运行，纸电双套归档，全程闭环管理，在线高效办案”的模式，为我国全面推进电子卷宗随案同步生成和深度应用，进而为推动司法工作全面进入大数据时代提供参考、规划和思路。

① 王兆新：《浅议电子文件信息的安全与保密》，载《浙江档案》2004年第1期。

案件繁简分流智能化改造

——基于G市19个基层法院之实践考察

刘新生[*]　郭　敏[**]

引　言

随着我国经济社会的快速发展变化，法院受理的案件数量持续迅猛增长，伴随立案登记制的全面实行和法官员额制改革的推进，“人案矛盾”呈进一步加剧态势。实施案件繁简分流机制改革是遵循司法规律的必然选择，是全面深化司法体制改革的重要组成部分，是突破司法改革“中梗阻”的重要举措。[①] 2016年9月12日，最高人民法院发布并施行《关于进一步推进案件繁简分流优化司法资源配置的若干意见》（以下简称《繁简分流意见》）以来，地方各级法院积极推进案件繁简分流机制改革。透过G市19个基层法院的实践情况来看，案件繁简分流遇到一些阻碍改革深入推进的问题。直面实践中的困境，深入剖析原因，将案件繁简分流进行智能化改造，对优化司法资源、实现改革目的有举足轻重的意义。

一、实践考察：案件繁简分流的困境

G市共有19个基层法院，其中17个基层法院已经推行案件繁简分流。[②] 各法院采取以人工分流为主的模式，甄别案件繁简标准主要由人为把握，智能分流还难以实现，暴露出许多弊端。

（一）人工分流弊端频显

G市各基层法院有13个法院是在立案阶段进行案件繁简分流，4个法院在立案阶段第一次分流，审、执庭再二次分流。从图1可见，各基层法院

* 作者单位：江西省赣州市中级人民法院。

** 作者单位：江西省赣州市中级人民法院。

① 黄永维主编：《司法前沿问题十二讲》，人民法院出版社2017年版，第214页。

② 下文图1、图2、图3的统计数据均以此17个基层法院为基数。

主要采取人工方式进行案件繁简分流，智能分流占比很低。

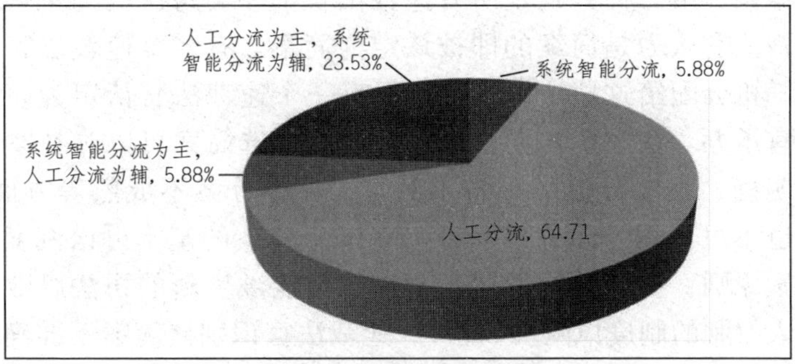

图1 案件繁简分流方式

图2显示，各基层法院案件繁简分流的方法有三种。第一种是由立案庭分流；第二种是立案庭作简单分流，再由速裁法官挑出简案，这是各基层法院采用最多的方法；第三种是由速裁法官挑选出简案。后两种方法其实都是由速裁团队掌握简案的最终认定权，以速裁团队挑选案件代替立案分流。

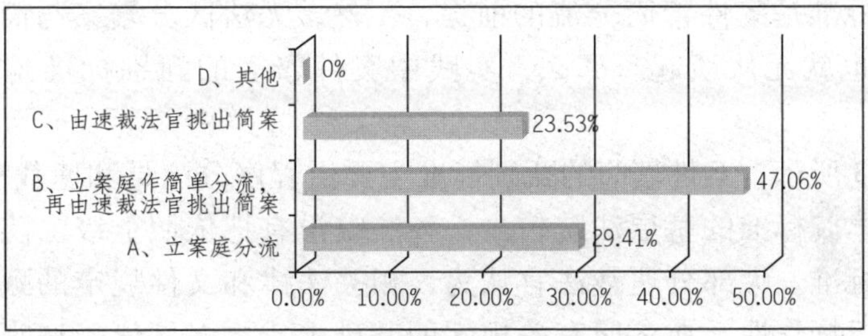

图2 案件繁简分流的方法

立案庭分流主要是由指派在立案庭的专职或兼职程序分流员负责分流。《最高人民法院关于民商事案件繁简分流和调解速裁操作规程（试行）》（以下简称《繁简分流和调解速裁规程》）要求人民法院应当指派专职或兼职程序分流员负责繁简分流工作。但因缺失可操作性强的案件繁简甄别标准和分流规则，各基层法院难以找出能快速准确完成各类案件繁简分流工作的人员，加上“人案矛盾”突出，存在难以抽调出人的客观困难，个别法院没有指派程序分流员负责案件繁简分流，有的法院为了在形式上落实上级文件，而指派聘用人员为程序分流员。从立案庭分流的实践情况看，程序员难以精确区分繁案与简案，进入快审程序的“简案”转为繁案的现象大量出现。

速裁团队挑选简案是G市各基层法院进行案件繁简分流的主要方法。据笔者调研得知，速裁团队挑选简案的方式主要有两种。第一种方式是每次派一名法官或助理挑选简案，各速裁团队轮流派人，挑选的简案由立案庭随机分配给各速裁法官承办，速裁团队结合各法官的存案量和收案量对分案进行微调。第二种方式是所有速裁法官都参与每次的简案挑选，只要有一名速裁法官认为是简案的即被认定为简案。有多个速裁法官认定为简案的案件随机分配给这些法官承办，只有一个速裁法官认定为简案的案件则由该法官承办。在改革初期，由速裁团队挑选简案可以弥补案件繁简甄别标准不明确、程序分流员配备不到位、智能分案不成熟等方面的不足。但其缺点也不可小视，此方式不符"立审分离"的基本诉讼制度要求，挑战随机分案原则，有悖诉讼程序正当性，可能滋生新的司法腐败点，存在损害当事人权利的制度风险。① 此外，速裁法官识别繁简案不准确的现象也时有发生。

总而言之，指派专职或兼职程序分流员负责案件繁简分流的实践效果不佳，以速裁团队挑选简案的方式所存在的缺点决定着其只能作为改革初期的权宜之计。要积极运用信息化科技手段，利用智能化实现精准、高效、公正的案件繁简分流。

（二）甄别标准主观性强

甄别标准是案件繁简分流的前提，不然，无法区分繁案与简案，案件繁简分流也就无从谈起。那么，实践中案件繁简的甄别标准是如何把握的呢？

如图 3 所示，案件繁简的甄别标准主要由程序分流员和速裁法官把握，明确规定本院标准的基层法院较少，各法院没有把依照上级法院规定作为唯一甄别标准。大部分速裁法官认为，相关法律和文件规定的甄别标准不明确、缺乏操作性，在参照有关规定的基础上，更多是依赖法官的业务能力、办案经验和业务偏好来甄别案件繁简。有的法院先以电话方式联系被告，只要联系不上的即排除在简案之外。可见，实践中缺乏科学规范操作性强的甄别标准，案件繁简甄别存在较大的主观性和随意性。

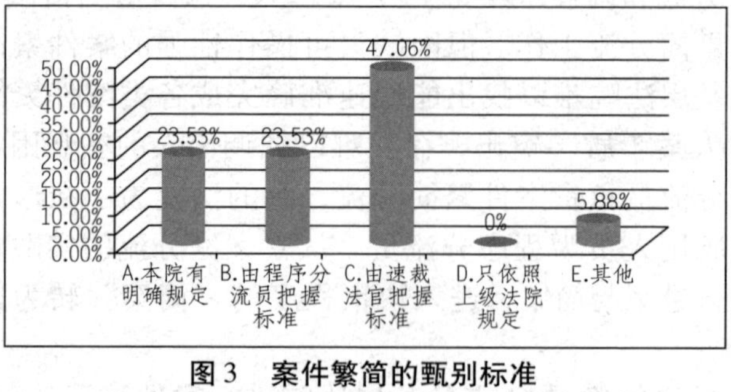

图 3　案件繁简的甄别标准

① 李少平主编：《〈最高人民法院关于进一步推进案件繁简分流优化司法资源配置的若干意见〉读本》，人民法院出版社 2016 年版，第 38 页。

随着改革的推进，案件繁简分流范围将不断扩大，审理简案的法官将大为增加，由人为把握甄别标准，容易导致标准难以统一，引起速裁团队之间的矛盾，留下权力寻租空间，最终影响案件繁简分流的效率和准确性。可见，科学规范的案件繁简甄别标准亟待建立。

（三）智能分流难以实现

建设中的智慧法院为打破司法供给失衡困局提供了可能。① 周强院长多次强调，“信息化建设和司法改革是人民法院的车之两轮、鸟之两翼”。人民法院“五五改革纲要”要求全面推进智慧法院建设，推动智能辅助等科技创新手段的深度运用，构建中国特色社会主义现代化智慧法院应用体系。智慧法院与智能化司法是实质等同的概念。② G市所在的J省高级法院对案件繁简分流有以智能分流为主，人工分流为辅的要求，但由于受甄别标准不明确、信息化技术水平不高等因素限制，G市各法院还难以实现智能分流，只能靠人工完成。

据笔者调研所知，全国许多法院关于案件繁简分流的文件有“探索智能分流”之类的规定，并已付诸探索实践。2018年6月北京法院开始试用“分调裁一体化平台”，通过在立案环节确认案件类别的繁简因素，采取将案件要素量化得分的形式按照约定规则判断出简案和繁案。③ 该平台通过人工在系统中勾选相应的事实要素来确认繁简因素，未能完全实现智能化。2018年8月江苏淮安中院上线的案件繁简智能识别应用软件，主要通过案由、标的、主体、审限、诉讼请求、诉状字数等要素甄别案件繁简。④ 存在识别要素过于简单的问题，比如民事一审案件选取“案由、标的、主体”3要素加以甄别，恐难以保证识别的精确性。这些法院的实践探索，已经迈出了案件繁简智能分流的步伐，但遗憾的是还无法完全实现智能分流。需进一步加强案件繁简分流智能辅助软件研发，建立案件繁简大数据库，确立与智能分流有机融合的案件繁简甄别标准，尽快实现案件繁简智能化分流。

---

① 高一飞、高建：《智慧法院的审判管理改革》，载《法律适用》2018年第1期。

② 汤维建：《“智慧法院”让司法更公正、更高效》，载《人民论坛》2017年第2期。

③ 《北京市高级人民法院分调裁一体化工作平台》，载法制网 http：//www.legaldaily.com.cn/zt/content/2018－06/19/content_7572362.htm，最后访问时间：2019年8月26日。

④ 江苏省淮安市中级人民法院院建立了“35434”案件繁简甄别标准系统，即针对民事一审案件，选取“案由、标的、主体”3要素；民事二审案件，选取“案由、标的、主体、审限、诉状字数”5要素；刑事二审案件，选取“罪名、主体、一审判处刑种、刑期”4要素；行政一审案件，选取“案由、主体、诉讼请求”3要素；行政二审案件，选取“案由、主体、一审程序类型、裁判方式”4要素，在立案阶段加以甄别。参见《江苏省淮安市中级人民法院——建立标准化流程化智能化分流机制　实现审执案件科学繁简分流》，载《人民法院报》2019年7月25日。

二、原因剖析：案件繁简智能分流的掣肘

人工智能（Artificial Intelligence，简称 AI）是企图在把握人类智能实质后，通过模拟人类智能机理做出与人类智能相似反应的类智能系统。[①] 人工智能的实现最主要依赖三个要素：算法、知识、数据。[②] 实践中，这三大要素的缺失和相关条件的不足成为制约案件繁简智能分流的主要因素。

（一）甄别标准操作性不强

在立案阶段进行繁简分流最有利于节约司法资源、保障当事人权利、提高司法效率和规范管理，是司法规律的内在要求。[③] 科学的甄别标准应在立案阶段即可准确、高效、公正的判断案件繁简。

最高人民法院的《繁简分流意见》没有具体规定案件繁简甄别标准，而是授权地方各级法院根据法律规定，结合当地实际科学制定简单案件与复杂案件的区分标准和分流规则。《繁简分流和调解速裁规程》只是选择了部分案由通过正面列举和反向排除列举的方式确立可以采用速裁方式审理的案件范围，并未涵盖所有案件的繁简分流标准，其中正面列举的情形也存在难以在立案阶段把握、操作性不强的问题。

三大诉讼法对适用简易程序、小额诉讼程序、速裁程序等的规定是我们判断简案的重要依据。从表 1 中看到，以反向排除方式列举的情形比较容易把握，但是正面列举或者正面概括的条件大都比较抽象。诸如“案件事实清楚、证据充分”[④] “事实清楚、权利义务关系明确、争议不大”等条件需要对案件进行一定的审理，至少得对当事人进行一定程度的询问才能判定。在立案阶段仅凭原告一方的诉讼主张和提供的证据材料难以判定。

---

① 钱大军：《司法人工智能的中国进程：功能替代与结构强化》，载《法学评论》2018 年第 5 期。

② 蔡自兴、蔡昱峰：《人工智能的大势、核心与机遇》，载《冶金自动化》2018 年第 2 期。

③ 《最高人民法院关于进一步推进案件繁简分流优化司法资源配置的若干意见》第二条提出：“推进立案环节案件的甄别分流。”

④ 有学者提出“‘事实清楚、证据确实充分’的限定语，主观色彩浓厚，缺乏客观性，无法作为标准使用。”参见王新清：《刑事裁判文书繁简分流问题研究》，载《法学家》2017 年第 5 期。

表 1　　三大诉讼法对简案标准的规定

法律类型	简案标准
《中华人民共和国刑事诉讼法》	第二百一十四条　基层人民法院管辖的案件，符合下列条件的，可以适用简易程序审判： （一）案件事实清楚、证据充分的； （二）被告人承认自己所犯罪行，对指控的犯罪事实没有异议的； （三）被告人对适用简易程序没有异议的。 人民检察院在提起公诉的时候，可以建议人民法院适用简易程序。 第二百一十五条　以反向排除的方式列举了不适用简易程序的情形。 第二百二十二条　基层人民法院管辖的可能判处三年有期徒刑以下刑罚的案件，案件事实清楚，证据确实、充分，被告人认罪认罚并同意适用速裁程序的，可以适用速裁程序，由审判员一人独任审判。 人民检察院在提起公诉的时候，可以建议人民法院适用速裁程序。 第二百二十三条　以反向排除的方式列举了不适用速裁程序的情形。
《中华人民共和国民事诉讼法》	第一百五十七条　基层人民法院和它派出的法庭审理事实清楚、权利义务关系明确、争议不大的简单的民事案件，适用本章规定。 基层人民法院和它派出的法庭审理前款规定以外的民事案件，当事人双方也可以约定适用简易程序。 第一百六十二条　基层人民法院和它派出的法庭审理符合本法第一百五十七条第一款规定的简单的民事案件，标的额为各省、自治区、直辖市上年度就业人员年平均工资百分之三十以下的，实行一审终审。
《最高人民法院关于适用〈中华人民共和国民事诉讼法〉的解释》法释〔2015〕5号	第二百五十六条　民事诉讼法第一百五十七条规定的简单民事案件中的事实清楚，是指当事人对争议的事实陈述基本一致，并能提供相应的证据，无须人民法院调查收集证据即可查明事实；权利义务关系明确是指能明确区分谁是责任的承担者，谁是权利的享有者；争议不大是指当事人对案件的是非、责任承担以及诉讼标的争执无原则分歧。 第二百五十七条　以反向排除的方式列举了不适用简易程序的情形。
《中华人民共和国行政诉讼法》	第八十二条　人民法院审理下列第一审行政案件，认为事实清楚、权利义务关系明确、争议不大的，可以适用简易程序： （一）被诉行政行为是依法当场作出的； （二）案件涉及款额二千元以下的； （三）属于政府信息公开案件的。 除前款规定以外的第一审行政案件，当事人各方同意适用简易程序的，可以适用简易程序。 发回重审、按照审判监督程序再审的案件不适用简易程序。

G市所在的J省高级法院出台的《“分调裁”实施细则》更为明确地规定了简案的范围，但许多标准也以“案件事实清楚、证据充分”“事实清楚、权利义务关系明确、争议不大”等为条件，依然存在抽象操作性不强的问题。据笔者调研得知，全国大部分法院关于案件繁简的甄别标准都一

定程度上存在操作性不强的问题。此外，有些法院并未明确制定案件繁简甄别标准，比如G市中级法院和各基层法院尚未明确制定本院标准。

人工智能通过模仿人类的思维、意识，使机器能够拥有人类的智能，[①]其本质是对人脑思维过程的模拟。如果我们人类都没有科学规范的案件繁简甄别标准，人工智能也就无法找到模拟的参照，案件繁简智能分流便成了无源之水，难以实现。

（二）智能分流探索不足

1. 智能系统开发滞后。2017年，国务院发布《新一代人工智能发展规划》，明确将“智慧法庭建设”作为我国人工智能发展规划的重点任务之一。[②] 相继，最高人民法院印发了《最高人民法院关于加快建设智慧法院的意见》等一系列文件，明确指出要推进司法大数据的开发运用，提升司法智能水平。在最高人民法院的积极推动下，北京、上海、浙江、江苏、广东、贵州等地推出了名称不同的人工智能法律系统或“智慧法院”建设计划。[③] 如北京法院的“睿法官”智能研判系统，上海法院的“206”刑事案件智能辅助办案系统，苏州法院的“智慧审判苏州模式”。[④] 但这些智能系统主要辅助于审判，对案件繁简分流几无涉及。2018年6月北京法院开始试用的“分调裁一体化平台”和2018年8月江苏淮安中院上线的案件繁简智能识别应用软件，是走在全国前列的案件繁简智能分流探索，但受制于技术水平等因素，未能完全实现智能分流。许多地方法院文件有“积极探索、实现智能分流”之类的规定，但受限于技术水平、经费不足等因素，对智能系统的开发严重滞后，全国尚无一家法院运行真正意义上的案件繁简分流智能系统。

2. 识别要素总结梳理不够。实践中，案件繁简分流普遍以人工分流模式为主，甄别案件繁简的标准主要由人为把握。各法院对总结梳理识别要素的统筹部署不够，程序分流员或者挑选案件的法官主要凭借经验来分流案件，对识别案件繁简的要素总结工作被忽视。笔者对部分法院的程序分流员和速裁团队的法官进行访谈得知，他们普遍认为没有顶层设计和统一部署，总结梳理识别要素难以开展，甚至有法官认为“梳理细化识别要素

---

① Yaser S. Abu – Mostafa，Malik Magdon – Ismail. Learning form data：a short course［M］. Chicago：AML – Book，2012：P. 1 – 5.

② 即“建设集审判、人员、数据应用、司法公开和动态监控于一体的智慧法庭数据平台，促进人工智能在证据收集、案例分析、法律文件阅读与分析中的应用，实现法院审判体系和审判能力智能化。”

③ 张保生：《人工智能法律系统：两个难题和一个悖论》，载《上海师范大学学报（哲学社会学版）》2018年第6期。

④ 左卫民：《关于法律人工智能在中国运用前景的若干思考》，载《清华法学》2018年第2期。

是把简单问题复杂化，徒劳无益”。

3. 未建立案件繁简数据库。智能机器学习经验性法律知识的路径主要是通过建立优质且海量的法律信息库，并对智能机器反复训练以降低错误率和偏离值。[①] 案件繁简分流机制改革近几年才在全国推行，案件繁简数据库存在历史性缺失。在以人工分流为主的模式下，案件繁简大数据库的重要性并未凸显，各法院尚未重视案件繁简大数据库的建设工作。目前，我国尚未建立智能机器得以学习的案件繁简分流大数据库。法院数据与公安、工商、税务、银行等部门机构的数据对接也并不通畅，智能系统通过大数据集成分析的条件不具备，比如通过与公安等部门机构的数据对接，精确分析锁定被告的送达地址以顺利完成送达等。

（三）智能分流制度缺失

最高人民法院发布的《繁简分流意见》《繁简分流和调解速裁规程》等文件没有探索智能分流的相关规定，而是规定指派专职或兼职程序分流员，主要依赖人工负责繁简分流。许多地方法院文件对智能分流的规定普遍停留在倡导探索的层面，没有具体制度设置。如G市所在的J省高级人民法院对案件繁简分流要求“智能分流为主，人工分流为辅”，但没有关于智能分流的具体制度规定。

案件繁简智能分流的顺利推进需要一系列制度保障，诸如对智能系统的开发运用、智能分流标准、案件繁简大数据、智能分流规则、当事人诉讼规范、审判团队设置等均需要完善的制度规制。然而，对这些智能分流的具体制度规则，无论是最高人民法院还是各地方法院均无设计。缺乏顶层的制度设计和地方法院的具体制度规制，各法院推行智能分流的动力不足，克服障碍不力，推进缓慢。

三、改造探索：案件繁简分流的智能化进路

对于人工智能而言，像“法律人那样思考”已经不再是一种愿景，更不是一种奢望。[②] 人民法院“五五改革”纲要提出：“要牢牢把握新一轮科技革命历史机遇，充分运用大数据、云计算、人工智能等现代科技手段破解改革难题、提升司法效能。”G市各基层法院普遍采取的人工分流方式暴露出分流不规范、随意性大、有失程序正当[③]等问题。司法的人工智能化可

---

① 周尚君、伍茜：《人工智能司法决策的可能与限度》，载《华东政法大学学报》2019年第1期。

② 左卫民：《关于法律人工智能在中国运用前景的若干思考》，载《清华法学》2018年第2期。

③ 有学者提出“各国风格各异、功能不同的简易程序都没有、也不能突破程序正当性的最低保障，只是为解释程序正当性原理提供了多元标准。”参见傅郁林：《繁简分流与程序保障》，载《法学研究》2003年第1期。

辅助司法理性的实现，克服司法过程人为的随意性，实现程序的规范和理性。[①] 为了满足正当程序要求，实现案件精准、高效、公正繁简分流，应努力实现智能分流。

（一）智能分流标准制定

面对数量巨大、类型多样的诉争案件，如何识别、区分其中的繁简程度，标准与方法乃是首先要解决的问题。[②] 案件的繁简具有相对性，因业务能力差异，有的法官认为是难案，在别的法官看来可能是简案；不同地区也有一定差别，比如一些在内陆地区属于新类型的案件，可能在沿海地区已是常见的简单案件。案件繁与简的判断需要综合考虑案件类型、送达难易程度、法官办案能力、相似案件裁判规则完备程度等因素，根据具体情况进行判断。[③] 要实现案件繁简智能分流，必须充分考量各种相关因素，确立与智能分流相融合的甄别标准。案件繁简智能分流的具体甄别标准应当授权各法院结合相关规定和当地实际来制定。各法院可以采取正面列举和反向排除的方式确立案件繁简甄别标准（见图4），尤其要注重标准的合法性、程序正当性、科学性、规范性和可操作性。

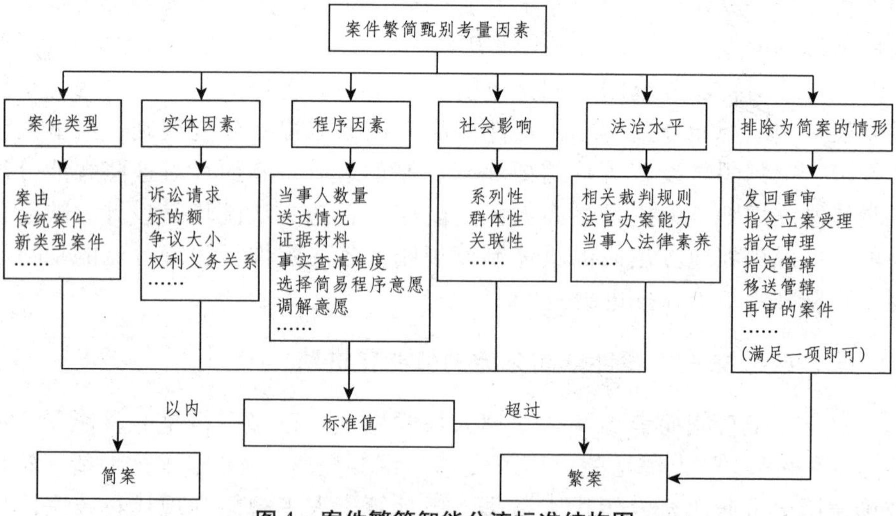

图4　案件繁简智能分流标准结构图

首先，以反向排除方式确立排除为简案的情形。各基层法院一方面得依据相关法律、司法解释及上级法院规定确立排除为简案的范围；另一方

① 原新利、续圆圆：《人工智能对司法领域的“正负”双重功能》，载《广西社会科学》2018年第10期。

② 黄祥青：《深入推进案件繁简分流制度的基本思路与方法》，载《人民法院报》2018年10月17日。

③ 邵新：《司法体制改革背景下繁简分流的法理论证》，载《法治现代化研究》2018年第4期。

面可以根据当地法治发展水平、本院案件特点、法官办案能力等因素确立一部分本院认为需要排除为简案的情形。

其次，以正面列举概括的方式确立案件繁简的甄别标准。案件繁简的甄别标准要综合考虑案件类型、实体因素、程序因素、社会影响和法治水平等因素。充分考量标准在立案阶段甄别繁案简案的可操作性。对各考量因素进行细化，通过智能系统赋予一定分值并合计各要素的总分，结合本院实际确立案件繁简分流的总分标准值，标准值以内的认定为简案，超过标准值的认定为繁案。

（二）智能分流模式构建

以实现精准、高效、公正的案件繁简智能分流为目标导向，笔者尝试通过智能识别甄别案件繁简的要素，对要素标签进行赋分，智能生成每个案件总得分，设定案件繁简的标准值，进而分流出繁案与简案。

1. 设置甄别分流要素标签。根据各法院制定的智能分流标准设置甄别案件繁简的要素标签，作为该院智能分流系统的基本参照。对每一类案件的事实进行类型化分析，结合办案经验，依照智能分流标准总结出甄别要素，将考量要素细分为各类指标，并将这一指标抽象为智能系统可以识别的标签。在探索初期，标签识别在技术上存在瓶颈，总结细化要素标签需要多方力量协助完成：一是专家学者和资深法官的深度参与。要有具备深厚法律功底的法学专家学者和具有丰富办案经验的资深法官加入到知识体系及要素标签的总结编制工作中，总结编制出分类科学、体系全面、分层深入、识别精确的要素标签。二是司法实务人员的大量投入。人工智能需要一个学习成长的过程，加上受制于技术瓶颈，要素标签的智能识别一开始效果往往不佳。需要具有法律专业知识和实务经验的人员对大量案例要素标签进行逐个、逐段、逐句、逐词的人工标注。三是司法人员的及时修正。法官或者法官助理及时对智能分流的精确性进行评价和反馈，智能系统根据反馈意见进行调整，逐渐完善要素标签体系，促进精确分流。

2. 构建要素标签赋分体系。和人脑相比，人工智能对数值和符号计算更加精确快速、稳定可靠。① 笔者认为，可以以类型化、模块化的方式把甄别案件繁简的要素标签设置在智能分流系统中，实现案件要素标签智能识别，智能系统对各要素标签按照预设分值规则进行赋分，自动计算案件各要素标签的总分进而判断案件的繁简。要素标签的赋分体系可参照表2设置（表中要素标签只是部分列举，要素标签等级与分值仅作为一种参照，各法院可结合本院实际总结更多要素标签、划分更多要素标签等级并自行设置

① 王禄生：《大数据与人工智能司法应用的话语冲突及其理论解读》，载《法学论坛》2018年第5期。

分值系数)。各法院结合本院案件特点和法官办案能力等实际情况设置划定案件繁简的总分标准值，运用智能系统将总分在标准值以内（低于等于）的案件识别为简案，总分超过标准值的案件识别为繁案。对于案件的要素标签有一项属于“排除为简案情形”的则直接识别为繁案。

表 2　　案件繁简甄别要素标签赋分体系

要素	标签	分值				排除为简案（满足一项即可）	得分
		1分	2分	3分	……		
案件类型	案由	简单	一般	复杂		特复杂、新类型	
	……						
实体因素	诉讼请求	简单	中	复杂		特复杂	
	标的额	小	中	大		特大	
	争议	小	中	大		特大	
	权利义务关系	明确	一般	不明确			
	……						
程序因素	当事人数量	少	中	多		特多	
	送达	易	一般	难			
	证据材料	充分	一般	不充分			
	事实查清难度	易	中	难		特难	
	选择简易程序意愿	强	中	弱			
	调解意愿	强	中	弱			
	……						
社会影响	系列性	小	中	大		特大	
	群体性	小	中	大		特大	
	关联性	小	中	大			
	……						
法治水平	相关裁判规则	完备	一般	不完备		极不完备	
	法官办案能力	强	中	弱			
	当事人法律素养	强	中	弱			
	……						
排除为简案的情形	发回重审、指令立案受理、指定审理、指定管辖、移送管辖、再审的案件……（满足一项即可）					定为繁案	
总计							

3. 建立案件繁简分流大数据库。大数据是人工智能实现的三大依赖要素之一。要建立完善全国统一的案件繁简大数据库帮助司法人工智能独立

发展。案件繁简大数据库集案例（包括案卷、庭审录音录像、裁判文书）、法律法规、司法解释、法律文件、法律图书期刊等为一体，对案例进行繁简分流归类。我们已经建立了电子卷宗随案生成制度，大量案件已制作电子卷宗，为建立案件繁简大数据库创造了基础条件。将法院的案例数据与法律法规司法解释、法律图书期刊等数据予以集成，建成法院内网使用的案件繁简大数据库。同时，实现法院数据库与公安、工商、税务、银行等部门机构的数据库对接，扩充案件繁简大数据库的集成性。使智能系统通过对多部门的数据综合分析完成送达、证据审查等工作，比如精确锁定被告的地址以完成送达，比对各部门机构的相关数据以审查当事人提供证据的真实性等，从而提升案件繁简智能分流的效率和精确度。

4. 研制集成化智能分流系统。加强案件繁简智能分流系统的研发，实现智能阅卷、智能与当事人联系，智能判断案件争议大小、事实查清难度、当事人调解意愿、送达难易程度等，增强案件繁简分流的系统集成。[①] 虽然，当前的信息技术已能通过对海量数据的挖掘和分析在数据处理方面实现类人类智慧的分析、判断和预测功能，[②] 但是，鉴于人工智能技术存在瓶颈、智能系统建设需投入大量的人力资源和资金成本等现实问题，应当由最高人民法院统筹投入资金，集中人才，建设全国统一的案件繁简智能分流系统，实现建设效益最大化，避免各地重复建设。

（三）智能分流辅助制度设计

前文论述的智能系统开发运用、智能分流标准、案件繁简大数据、智能分流规则和智能分流模式需最高人民法院和各地方法院予以制度确认与规制。此外，需要建立诸如当事人诉讼规范、会商机制、审判团队设置等方面的辅助制度，保障案件繁简智能分流的顺利推进。

1. 确立当事人诉讼规范。结合智能分流的需要和有利当事人诉讼原则，充分考量便民性，制定当事人参与诉讼的行为规范。当事人、律师在起诉、答辩和举证时，应按照案件繁简智能分流的要求提供各类诉讼材料与信息。当事人通过填写表格或在线选择的形式，对是否同意适用速裁程序审理、是否同意调解作出明确选择，确认送达地址和送达方式等信息。以便于智能系统识别案件信息，提升智能分流的效率和精确度。

2. 建立会商机制。由立案、审判和审判管理三部门组建会商机构。一是研究制定智能分流的相关制度，总结完善案件繁简智能识别要素标签和分流规则，会商解决繁简分流过程的疑难复杂问题，保障高效准确分流。

---

① 孙航：《优化资源配置　满足多元需求——人民法院繁简分流机制改革综述》，载《人民法院报》2019 年 3 月 7 日。

② 徐骏：《智慧法院的法理审思》，载《法学》2017 年第 3 期。

二是对智能系统无法判断繁简的案件进行分流。对于无法准确判断繁简的案件，智能系统自动标注推送给法官，由法官提交给会商机构研究处理，经会商机构研究决定如何分流。会商机构要分析智能系统无法判断案件繁简的原因并提出优化方案，及时完善智能分流的不足。

3. 审判团队设置制度。实现案件繁简智能分流后，繁简分流机制改革将往更深层次推进，所有案件将全面繁简分流。为满足审判需要，司法资源得重新整合。审判资源配置符合“帕累托最优”和“同素异构”原理，通过团队改革优化组合、挖掘潜力，可提升审判质效。[①] 结合法院内设机构改革，充分考量各法院实际，以人案科学配比为尺度，形成符合审判规律的繁案简案审判团队。以专门团队集中审理简案，专业团队精细审理繁案，通过集中化和专业化相结合的方式优化司法资源配置，达到“简案快审”“繁案精审”目标，全面提升审判质效。

结　语

我们正处在信息化大数据时代，人工智能正逐步参与到司法实践中，发挥日趋重要的作用。案件繁简分流智能化改造不是随波逐流，而是符合司法规律，契合司法实践需要的优化路径。探索初期，技术瓶颈将长时间制约案件繁简智能分流的精确性，需不断精细化要素标签、改进算法、完善司法大数据和相关制度以逐渐优化智能分流。常怀危机意识，克服片面技术理性主义，防范智能化的潜在风险。合理谨慎地推进案件繁简智能分流，实现精确、高效、公正的繁简分流，促进司法资源优化配置，实现更高层次的社会公平正义。

---

① 马渊杰：《司法责任制下审判团队的制度功能及改革路径》，载《法律适用》2016 年第 11 期。

从示范到常态：速裁案件庭审网络直播当庭宣判的发展路径

——以S市法院的改革实践为样本

胡志光[*] 黄振东[**]

引 言

2013年11月，最高人民法院颁布《关于推进司法公开三大平台建设的若干意见》，强调应当创新庭审公开的方式，以视频、音频、图文、微博等方式适时公开庭审过程。2016年最高人民法院《关于进一步推进案件繁简分流优化司法资源配置的若干意见》明确提出要促进当庭宣判。[①] 随着上述两个文件的颁布以及繁简分流改革的广泛开展，部分法院大力推行庭审网络直播当庭宣判活动，庭审网络直播案件数量大幅上升，中国庭审公开网自开通以来累计直播案件374万余件。[②] 然而庭审网络直播当庭宣判之路并不顺坦，存在较多风险。面对庭审网络直播的风险，部分法官存在畏难情绪，认为网络直播庭审增加了自己工作量，担心自己庭审驾驭能力不足，审判过程出错，造成负面影响而有抵触情绪。基于此，本文试图通过分析庭审网络直播当庭宣判不高的原因以期找到一条以庭审网络直播、当庭宣判提高司法公信的机制建设之路。

一、示范：全国法院庭审网络直播当庭宣判的实施现状

笔者以中国庭审公开网直播的庭审案件为研究对象，从区域分布、法院级别、案件审级、案件类型、案件影响等维度进行分析，勾勒出部分法院庭审网络直播当庭宣判示范性质较强，离常态化尚有较大差距。

---

* 作者单位：广东省深圳市中级人民法院。

** 作者单位：广东省深圳市中级人民法院。

① 即对于适用小额诉讼程序审理的民事案件、适用速裁程序审理的刑事案件，原则上应当当庭宣判。对于适用民事、刑事、行政简易程序审理的案件，一般应当当庭宣判。对于适用普通程序审理的民事、刑事、行政案件，逐步提高当庭宣判率。

② 中国庭审公开网2016年9月28日开通，数据统计至2019年6月25日19：00。

（一）占同期结案比例偏低

自中国庭审公开网开通以来，全国法院平均每年直播约 136 万件，[①] 而全国法院 2016 年结案约 2303 万件，2018 年结案约 2800 万件，庭审网络直播案件只占同期结案的 5% 左右。至 2019 年 6 月 25 日，庭审网络直播数量超过 1000 宗的中级人民法院只有 103 家，其中山东、天津、内蒙、新疆、西藏、陕西、湖南、海南、宁夏等九个省、市自治区没有一家中级人民法院直播案件数量超千宗，大量的基层人民法院直播案件数量只有几百宗（图 1）。

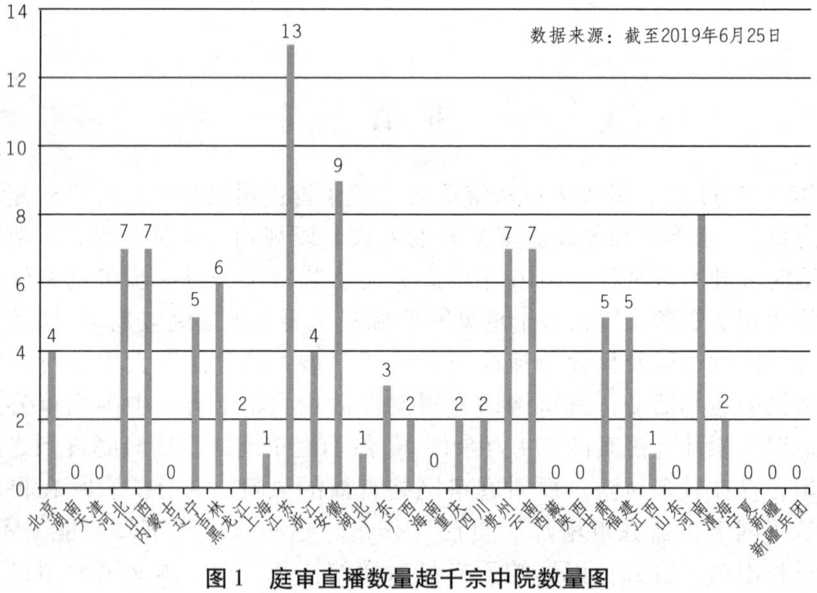

图 1　庭审直播数量超千宗中院数量图

（二）常态化开展地域不均

司法能力相对薄弱的中西部地区庭审网络直播案件相对较少，直播案件示范性质较为明显。直播量排名前三的均为司法能力较强的东部沿海地区，分别为江苏、浙江、安徽，已经从示范开始迈向常态化（图 2）。司法能力最强的最高人民法院直播的案件数量为 3000 多场，超过了所有高级人民法院，也远远超过了绝大部分中基层法院，已经趋于常态化（图 3）。

① 自 2016 年 9 月 28 日中国庭审公开网开通以来至 2019 年 6 月 25 日，33 个月全国四级法院共直播案件 374 万余宗，平均每月 11.3 万件，每年 136 万件。

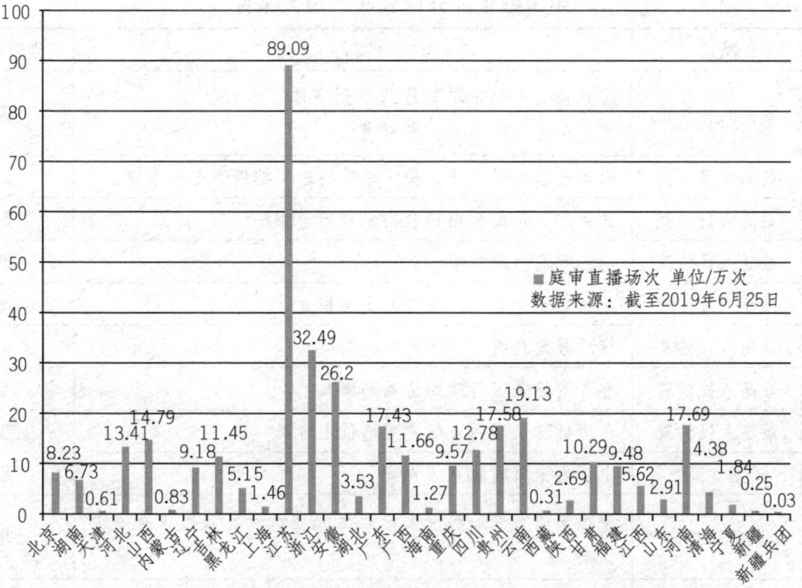

图 2　全国法院庭审直播场次统计柱状图（按地域划分）

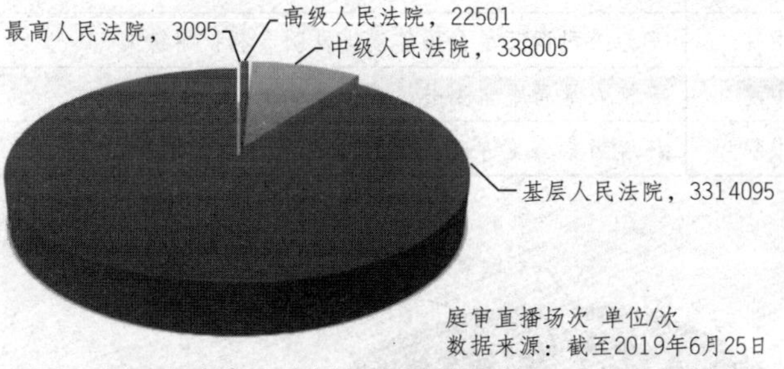

图 3　全国法院庭审直播场次统计饼状图（按审级划分）

（三）以常见简单案件为主

法官也是普通人，容易受大众思维的影响，不自觉地改变裁判思维。有的当事人或者“大 V”会借助舆论给法官施压，通过选择性的评论，误导公众给法官施压。因此为避免舆论干扰审判，人民法院直播的案件大多为日常的案情简单常见类型纠纷，重大案件偏少，公布的重大案件只有 14 宗（表 1）；以民事案件为主，行政案件偏少（图 4）。中国庭审公开网显示庭审网络直播前三的民事案件为合同纠纷、物权纠纷、婚姻家事继承纠纷（图 5），前三的刑事纠纷为侵犯财产罪、危害公共安全罪、侵犯公民人身权利、民主权利罪（图 6）。截至 2019 年 6 月 25 日，S 市两级法院上传的 31475 场庭审网络直播中，26172 场为事实清楚、权利义务明确、当事人争议不大的速裁案件。

表 1　　　　中国庭审公开网公布的重大案件

序号	法院	案件	当庭宣判
1	最高人民法院	原审被告人顾雏军等虚报注册资本、违规披露、不披露重要信息、挪用资金再审案	否
2	最高人民法院	原审被告人张文中诈骗、单位行贿、挪用资金再审案	是
3	最高人民法院	迪奥尔公司商标申请驳回复审行政纠纷	是
4	最高人民法院	商标争议行政纠纷	是
5	最高人民法院	聂树斌故意杀人、强奸妇女再审案	是
6	最高人民法院	海难救助纠纷	是
7	最高人民法院	乔丹商标争议行政纠纷系列案	否
8	最高人民法院	奇虎诉腾讯滥用市场支配地位上诉案	否
9	黑龙江高院	上诉人张雷雷故意杀人案	是
10	黑龙江高院	中粮集团有限公司与大庆旭生房地产开发公司侵害商标权案	是
11	白银中院	被告人高承勇抢劫、故意杀人、强奸、侮辱尸体附带民事诉讼案	是
12	深圳中院	华为公司诉三星公司等侵害发明专利权纠纷案	是
13	玉溪中院	云南农垦局原党委书记马克林受贿案	否
14	徐州中院	环境污染公益诉讼	是

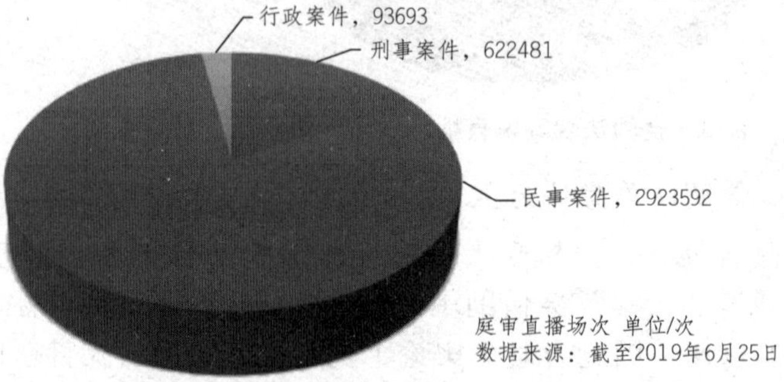

图 4　全国法院各类案件庭审直播场次

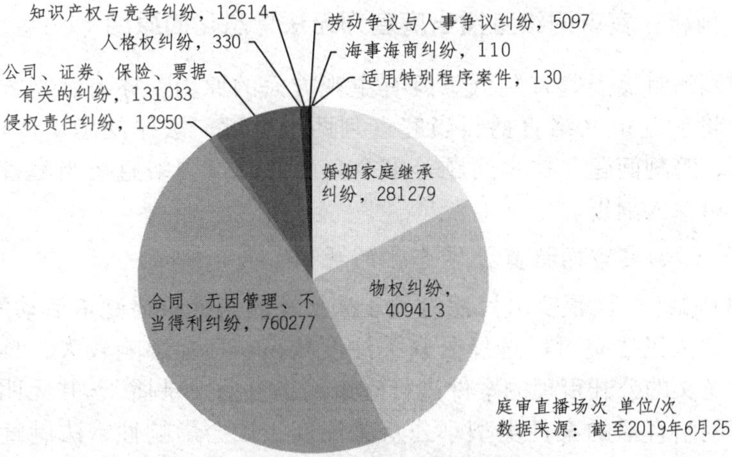

图5 全国法院民事案件庭审直播场次

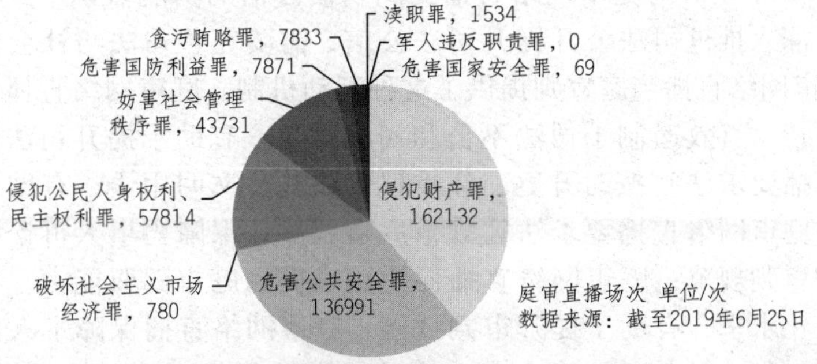

图6 全国法院刑事案件庭审直播场次

（四）观摩示范性庭审较多

笔者在百度以“法院观摩庭”搜索，共搜到242万条记录，以“法院示范庭”搜索，共搜到657万条记录。实践中，很多庭审网络直播当庭宣判的案件，尤其是被媒体预约庭审网络直播或者“法院开放日”“庭审进社区、工厂、校园”等特殊的庭审观摩庭，在开庭审理前，法官就已经事先拟好了判决书，这种事实上的书面审理模式有违直接言词审理原则。其实，当庭宣判不是审理的最终目的，其目的在于保证独立审判、公开审判、直接言词等审理原则的实现，这种先定后审式的当庭宣判严重背离了这项制度的初衷，也有违审判规律。

庭审直播当庭宣判可以增大法庭空间的开放性和透明度，满足人们观摩乃至参与法庭审理的愿望，增加司法运作的可视度和可信度，破除神秘感与畏惧感，以便提升司法公信力和民众的法治情怀。然而庭审直播当庭宣判以表演为主，尚无法常态化，制约了此项功能的发挥，反映中国法官缺乏足够自信，其中的原因需要作深入研究。

二、剖析：庭审网络直播当庭宣判无法常态化的原因

庭审网络直播当庭宣判低下既有主观方面的原因，亦有客观方面的原因。下文将从庭审网络直播、当庭宣判两个维度，法律问题、认识问题、观念问题、管理问题、技术问题等多个角度对庭审网络直播当庭宣判低下的原因予以深入剖析。

（一）影响庭审网络直播常态化的原因

1. 规则缺位。《最高人民法院关于人民法院直播录播庭审活动的规定》只是倡导“人民法院可以选择公众关注度较高、社会影响较大、具有法制宣传教育意义的公开审理的案件进行庭审网络直播、录播”，并无明确规定应当庭审网络直播的案件类型。公众关注度、社会影响性、法制宣传教育意义的判断标准过于主观化，法院庭审直播的选择权较大。

2. 认识不足。对庭审网络直播提高司法公信的功能认识不到位。有学者指出，深入推进司法公开提升司法公信，需要完善司法与社会的互动机制。[①] 庭审网络直播当庭宣判提供了这种互动机制。庭审网络直播让审判在阳光下进行，有效遏制了司法不公和司法腐败，有助于提升司法廉洁；庭审网络直播要求法官按时开庭、注重仪表仪礼、文明用语，有助于提升工作作风；庭审网络直播要求法官规范庭审程序，保障当事人诉讼权利，有助于促进审判规范；庭审网络直播促使法官提高庭审驾驭能力，必将提升庭审专业化水平，有助于提升审判技能；庭审网络直播保障了人民群众对人民法院工作的知情权、参与权、表达权和监督权，并且接受媒体监督，增强了媒体透明度，有助于提升司法民主和公开；有学者认为，法院要提升公信力，不能光靠说好话和喊口号，一定要推出让老百姓看得见、信得过的制度创新，而庭审网络直播就是其一。[②]

3. 功利选择。其一担心司法公正遭遇挑战。一些能言善辩的当事人容易赢得观众的“芳心”，一些声泪俱下的被告人较易博得观众的同情，有些老百姓法律素养不足，不能理性对待，庭审直播容易引发舆论审判。其二担心司法权威受到影响。庭审网络直播将审判放置在大众的放大镜下，部分法院担心法官庭审驾驭能力不足，庭审中言语不当，不能妥善处理突发事件而影响司法权威而对庭审网络直播持犹豫态度。

4. 技术落后。其一缺少技术规范。最高人民法院虽然要求对不宜公开内容进行技术处理，但是对于当事人、证人的个人信息如何技术处理并没有相关的操作规范和标准。其二科技法庭数量偏少。作为经济最发达地区

① 龙宗智：《影响司法公正及司法公信力的现实因素及其对策》，载《当代法学》2015年第3期。
② 何家弘、王燃：《法院庭审网络直播的实证研究》，载《法律科学》2015年第3期。

的S市中级人民法院只有五个可以庭审网络直播的科技法庭，科技法庭数量偏少影响了庭审直播常态化的推进。其三技术人才缺乏。庭审直播需要庭审直播技术操作人员和庭审视频技术处理人员，这两类专业技术人员的缺乏在一定程度上影响了庭审直播的质量和数量。

5. 隐私顾虑。涉及国家秘密、商业秘密、个人隐私、未成年人犯罪等依法不公开审理的案件，检察机关明确提出不进行庭审网络直播、录播并有正当理由的刑事案件，当事人明确提出不进行庭审网络直播、录播并有正当理由的民事、行政案件，以及其他不宜庭审网络直播、录播的案件都不宜庭审网络直播。

（二）影响当庭宣判常态化的原因

问卷调查[①]显示，法官认为影响当庭宣判主要有四大方面原因含十二个因素。图7“影响当庭宣判率的因素”（括弧中的比例是该原因在所有影响当庭宣判率的因素中的比例）：

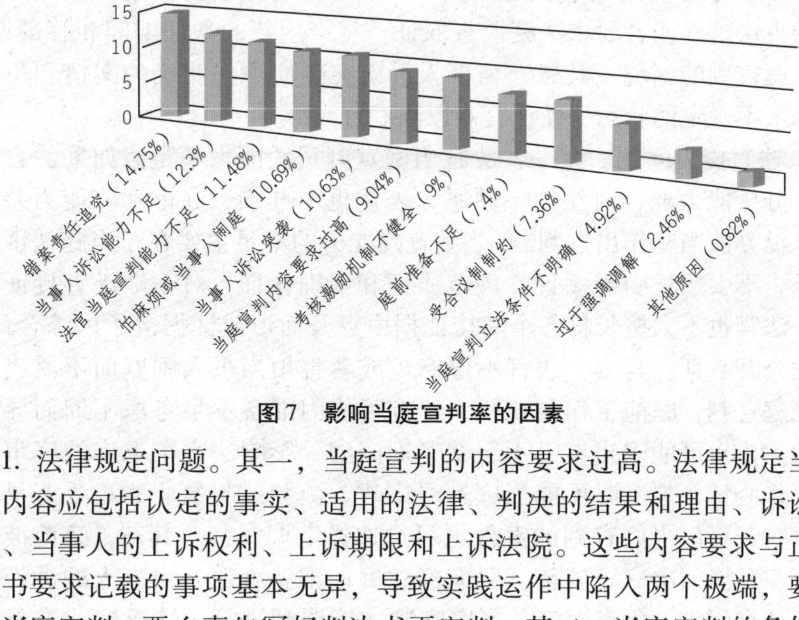

图7 影响当庭宣判率的因素

1. 法律规定问题。其一，当庭宣判的内容要求过高。法律规定当庭宣判的内容应包括认定的事实、适用的法律、判决的结果和理由、诉讼费的负担、当事人的上诉权利、上诉期限和上诉法院。这些内容要求与正式裁判文书要求记载的事项基本无异，导致实践运作中陷入两个极端，要么不轻易当庭宣判，要么事先写好判决书再宣判。其二，当庭宣判的条件立法规定不明确。《中华人民共和国民事诉讼法》第一百四十八条并没有对当庭宣判或定期宣判作出先后次序选择，对于判决的宣告方式交由法官自由裁量，什么是应当当庭宣判的案件，什么是不宜当庭宣判的案件均不是很明

① 参与问卷调查的104位法官均是S市基层法院从事速裁审判的法官，70%的法官从事审判工作的年限5年以上，56%的法官从事审判工作年限8年以上，37.5%的法官从事审判工作的年限10年以上。

确，无疑是适用当庭宣判的一大障碍。其三，错案责任终身追究使法官不敢当庭宣判。当庭宣判加大了错案责任追究风险系数，法官难免感觉压力山大。很多法官习惯于开完庭后花一定的时间思考案件的处理，在没有压力的情况下对案件事实的认定和法律条文的适用作一定的梳理。其四，合议制制约当庭宣判的开展。合议制下当庭宣判，中间需要休庭、合议，耗时较多，影响后续的庭审，并不利于提高司法效率，所以一般采用合议制审理的案件法官不愿意当庭宣判。

2. 审判管理问题。其一，考核和激励机制不健全。很多法官受质效评估体系的影响，对当庭宣判持观望态度，宁可选择定期宣判来增加调解的可能性，也不愿对事实清楚、证据确凿的案件当庭宣判。[①] 其二，过于强调调解而导致当庭宣判低下。现行的法官考核指标体系中，调解率是重要的考核指标，[②] 在考核指挥棒下，调解率越来越高，当庭宣判率低下在情理之中。

3. 诉辩双方的不配合问题。其一，当事人诉讼能力不足。在庭审中增加新的诉讼请求或者要求法庭调查取证，将产生新的举证期间和答辩期间，造成当庭宣判的困境。其二，当事人诉讼突袭使原先明确的案情和争议焦点又陷入不确定的状态，使法官难以当庭宣判。

4. 法官能力问题。其一，法官当庭宣判司法能力不足。如果法官记忆力差，分析能力弱，对法律不熟悉，表达也不准确，庭审驾驭能力差，他也同样没办法当庭作出宣判。[③] 当庭宣判能力的不足主要在于当庭认证能力的偏低，不太擅长引导举证、规范质证和准确认证。对于缺乏直接证据的案件，法官也不太擅长将各个间接证据由点及面形成证据链予以综合认证，并当庭公开心证。其二，法官不愿麻烦或者害怕当事人闹庭而不愿当庭宣判。当庭宣判，庭前工作量比较大，有可能因准备不足考虑不周而导致错案的发生，也可能因当事人不服裁判而闹庭，影响法官接下来的庭审和一天的工作心情，甚至有可能当庭遭受围攻、威胁或报复。为稳妥起见，很多法官对于可以当庭宣判的案件也尽量选择定期宣判。其三，庭前准备不足，事实不能一次庭审查清。只有经过庭前准备程序，当事人的诉讼请求固定、证据固定、争点固定，当庭宣判才能顺利进行。缺乏庭前准备或者庭前准备不足也是当庭宣判率低下的一个原因。

---

① 朱辉：《司法公开视野下的当庭宣判》，载《人民司法》2014 年第 11 期。

② 笔者所在高级人民法院要求调解率达标范围为 20% ~30%。

③ 张炜：《浅析当庭宣判的条件》，载《山东审判》2006 年第 6 期。

三、常态：S 市法院庭审网络直播当庭宣判改革经验

2018 年，S 市法院在速裁案件中强化“庭审网络直播当庭宣判”的要求，全市法院速裁案件庭审直播当庭宣判逐步走向常态化。各区法院共庭审网络直播 17386 场案件，其中 15406 场共 38548 宗民商事案件当庭宣判，全市速裁案件当庭宣判率为 61.03%，全市民商事案件当庭宣判率为 24%。

表 2　　2018 年 S 市法院“万场直播当庭宣判”活动当庭宣判率

序号	法院	当庭审判场次	当庭审判案件数	速裁案件当庭审判案	该院民商事结案数	当庭宣判案
1	Y 法院	239	845	68.48%	3706	22%
2	N 法院	858	6638	60.54%	24475	27%
3	L 法院	437	8896	72.72%	28493	31%
4	F 法院	463	8924	81.10%	49407	18%
5	H 法院	1363	1638	68.14%	7842	20%
6	Q 法院	428	698	69.30%	5698	12%
7	G 法院	3336	7486	51.15%	21453	34%
8	P 法院	65	291	77.60%	2346	12%
9	B 法院	6014	6614	83.50%	29360	22%
	总数	13203	42030	61.03%	172780	24%

（一）庭前充分准备机制

在开庭前，由法官助理固定双方当事人无争议的事实和证据；明确由法院依职权调取的证据范围；明确当事人争议焦点；庭审前要求当事人提交所有证据和答辩意见，告知当事人逾期提交证据的法律后果。

（二）案件分类筛选机制

将标的额不大、案情简单、争议不大的常见类型化案件纳入速裁快审系统，明确要求当庭宣判。当庭宣判案件集中在信用卡纠纷，知识产权权属、侵权纠纷，买卖合同纠纷，服务合同纠纷，[①] 借款合同纠纷，民间借贷纠纷，劳动争议纠纷等七大类案件，这七大类案件占当庭宣判案件总数的 92%（图 8）。当庭宣判案件诉讼标的在本省上年度就业人员年平均工资 30% 以下的有 27672 宗，占比 71%，诉讼标的 20 万元以下的案件占当庭宣判案件总数的 93%（图 9）。

---

① 主要有金融服务合同、物业服务合同、消费服务合同三类案件。

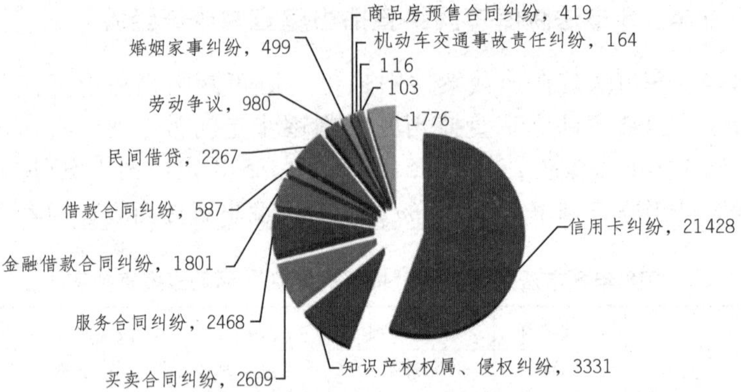

图8　各类型案件数量分布图

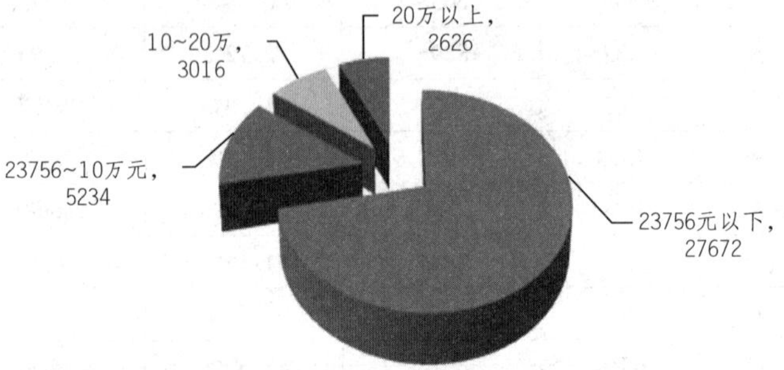

图9　标的分布图

（三）统一案件裁判标准

组织编写了十二类简单民商事案件的裁判标准和说理标准，实现简案实体裁判的标准化；推行类案检索制度，将检索结果纳入合议范围实现类案同判；实行示范诉讼方式。对于系列性或群体性案件，由业务庭择一进行示范判决，由速裁庭根据业务庭的示范判决对其他案件进行统一裁判。

（四）宣判内容容缺机制

对于小额诉讼案件、简易程序案件当庭宣判的内容作出区分。小额诉讼案件当庭出具令状式裁判文书。简易程序审理的案件法官宣布裁判结果，同时简要陈述认定的事实和裁判的理由。

（五）定量激励考核机制

一是评选法院的办案能手、业务能手要与当庭宣判率挂钩；二是每月定期通报每个法院庭审直播当庭宣判率；三是每月评比办案标兵，作为年底考核优秀的重要依据。

（六）智慧法院辅助机制

推行全流程网上办案，电子卷宗随案生成；简化裁判文书，程序性文书自动生成，裁判性文书辅助生成；全面推行语音转文字系统，以录音录像替代传统速录员记录；开发 E 键送达平台，法律文书通过系统自动发送邮政 EMS 系统，提高了送达效率。

通过改革，缩短了简单案件审理周期（60%的案件在 45 天内审结，图 10）、提升了诉讼效率、优化了司法资源、维护了司法权威、更好的保障当事人的合法权益，法官庭审驾驭能力得到提升，当事人服判息诉率进一步提升，当庭宣判上诉率仅为 2%（图 11）。S 市的改革实践充分证明，庭审网络直播当庭宣判提升司法公信力的道路是可行的。

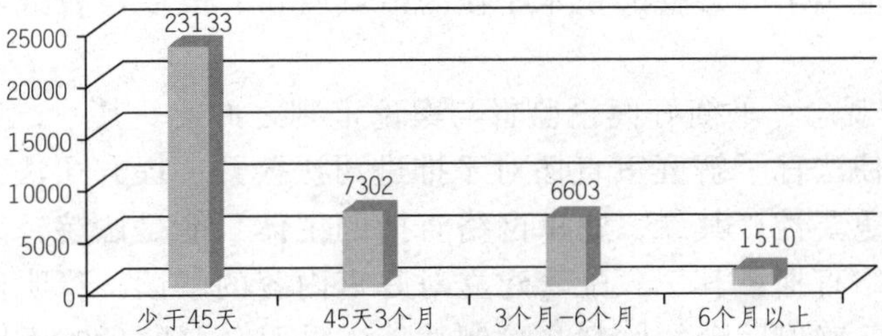

图 10　审理天数

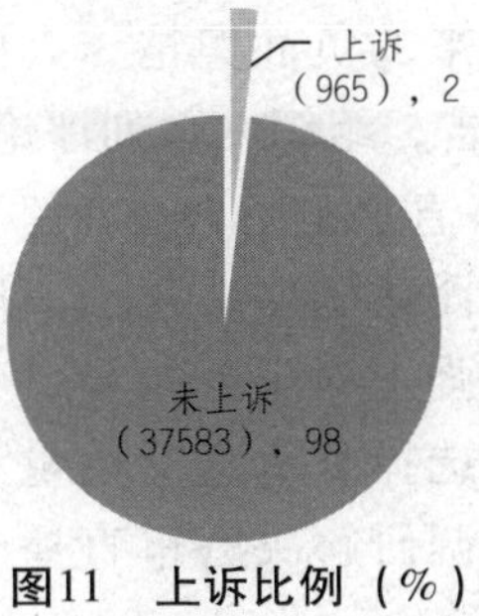

图11　上诉比例（%）

四、破解：庭审网络直播当庭宣判常态化的发展路径

庭审网络直播当庭宣判常态化需要从庭审网络直播、当庭宣判两个维度双管齐下，从制度建设、管理监管、激励追责、审判方式等多个角度采取有力措施，探索常态化的可行路径。

（一）庭审网络直播常态化的发展路径

推进庭审直播常态化需要完善制度、转变观念，加强监管、改进技术。这四个方面需要在实践中不断充实、完备，且缺一不可。

1. 完善制度：平衡保护公众知情权与当事人隐私权的冲突。其一，建立禁播规则。除了依法不公开审理的案件以及当事人申请不庭审网络直播的案件不直播外，还要坚持“两不选原则”：一是不选可能揭露、传授犯罪方法，渲染暴力犯罪的案件；二是不选直播对法庭秩序造成不利影响的案件。

其二，建立选播规则。全部直播既耗费巨大的人力、财力、物力，对有限的司法资源造成浪费，也存在与保护当事人隐私权和依法独立行使审判权的冲突。要妥善解决选择的常规性案件类型与公众对大要案的期待不符的矛盾，既要选择涉案当事人背景复杂、是非不易分辨的案件，也要选择案情虽然简单但具有法制教育意义的案件。

其三，建立权利保护规则。对于庭审网络直播的案件，法院应该事先告知当事人和其他诉讼参与人，如果当事人及证人、鉴定人等对直播有较大顾虑的，应当采取必要的技术手段隐匿其身份、改变声音或者对画面进行模糊处理。

2. 转变观念：平衡好舆论监督与舆论审判之冲突。其一，强化法官的责任意识，使法官了解庭审直播对于推进司法公开、提升司法公信、促进普法宣传的重要性；其二，庭审网络直播的主体只能是法院，禁止当事人自行庭审网络直播；其三，配套建立对庭审内容的解读、释明机制以引导舆论；其四，确保后台的监督与控制功能，采取必要的延时手段和应急措施及时切断不宜公开的内容或者言语侮辱、暴力反动等内容。其五，控制引导好网络庭审网络直播带来的负面舆情。人民法院应当及时发表澄清申明，必要时应向党委政府报告，组织一系列评论文章反驳网络谣言。

3. 加强监督：提升庭审直播的管理水平。其一，规范预告发布制度；其二，建立直播管理和风险评估制度；其三，加强甄选，确保直播案件的教育性、典型性；其四，加强上对下的指导，只要符合公开条件的，原则上全部庭审直播，减少人为选择庭审直播数量和案件的空间，推动庭审直播实现常态化；其五，及时调研解决庭审直播中出现的问题，实现庭审直播监督、管理的科学化、有效化。

4. 改进技术：提高庭审直播科技应用水平。其一，加强科技法庭改造力度。其二，加强科技应用培训。培训一线办案人员使其掌握科技法庭相关设备的使用方法和注意事项，能够及时消除影响声音视频效果的不良因素，保障庭审直播的音视频效果。其三，加强技术操作培训。对于法院的技术人员进行一定的技术操作培训，确保不宜公开的庭审直播内容经过技术处理后不被公开出去。

（二）当庭宣判常态化的发展路径

问卷调查显示法官认为提高当庭宣判率可采取的措施的力度见图 12 “提高当庭宣判率可采取的措施”。

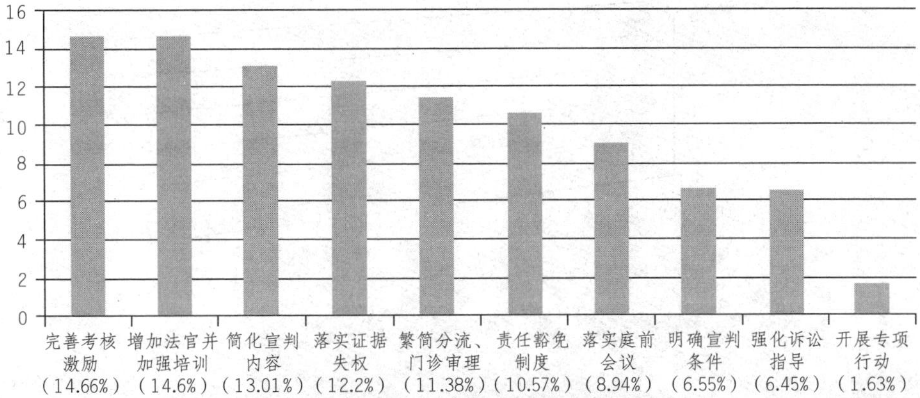

图 12　提高当庭宣判率可采取的措施

1. 标准：科学厘定当庭宣判的条件、类型、内容。（1）明确宣判条件：正面适用条件和反面禁止条件。当庭宣判的适用条件可作以下规定：第一，案件事实清楚，要件事实达到证明标准，没有事实上的障碍，足以形成内心确信；第二，法律规定明确，没有适用法律上的障碍，适用的法律依据不存在理解上的歧义；第三，合议庭结论基本一致，不存在重大分歧。

当庭宣判的禁止适用条件可作以下规定：第一，案情复杂，事实争议较大，疑点较多的；第二，涉及群体性纠纷、可能影响社会稳定的；第三，新类型法律适用不明确的案件；第四，与本院或者上级法院的类案判决可能发生冲突的；第五，反映法官有违法审判行为或者法官遇到干预过问情形的；第六，存在当事人情绪过激等其他不适宜当庭宣判的情形的。

（2）明确案件类型：类型化案件和小标的案件原则上当庭宣判。根据问卷调查以及近两年当庭宣判案件类型分析显示，S 市最适合当庭宣判的案件类型依次是民间借贷纠纷、信用卡纠纷、买卖合同纠纷、借款合同纠纷、金融借款合同纠纷、著作权权属侵权纠纷、劳动争议、机动车交通事故责任纠纷、服务合同纠纷、婚姻家事纠纷、商品房预售合同纠纷。这部分案件基本上属于事实清楚，法律规定明确，法官经常审理的案件，审判方式比较成熟，法官当庭宣判把握较大。这些案件按照标准化说理，采用令状式或要素式判决。另外，小标的案件，尤其是小额诉讼案件（S 市 70% 当庭宣判案件标的在小额诉讼标的以下）应当当庭宣判。

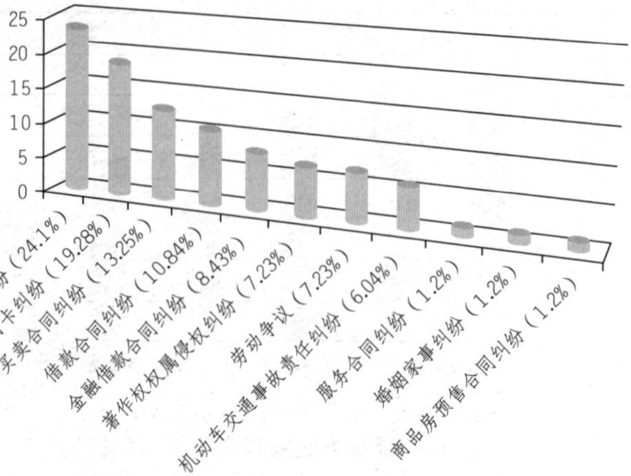

图 13　适合当庭宣判的案件类型

（3）简化宣判内容：简单案件和复杂案件区别对待。适用普通程序审理的案件一般较为复杂，标的也较大，对当事人生产生活影响较大，对社会也具有一定的教育引导作用，当庭宣判的内容应更加详尽和严谨。而对于简易程序审理的案件，法官可以简要陈述认定的事实和裁判的理由，说理可以罗列要点方式进行。

2. 规范：着力做好当庭宣判的调审衔接、庭前准备及标准说理。（1）规范调审衔接：建立“调解 + 诉讼”融合机制。立案法官根据案件类型、复杂程度、标的额大小等因素，判断纠纷是否适宜调解，采用要素式调解，尽可能引导当事人选择调解。调解阶段完成部分审前准备工作，例如前置送达、争议焦点固定与无争议事实记载、诉前保全、先行评估等，对于无法达成调解的案件作繁简分流识别，以实现简案速裁，繁案精审。

将调解不成但法律关系明确、事实争议不大的案件转入速裁程序，征得当事人同意放弃答辩期、举证期的，当日立案、当日开庭、当庭宣判，实现“24 小时止争”；对于不适宜速裁审理的案件，则立案后进入普通审理程序。根据案件的事实关系、难易程度、当事人意愿等因素将一部分简单纠纷通过诉前调解与速裁审理并当庭宣判的方式加以解决，达到案件繁简分流的效果。

（2）规范庭前程序：庭审实质化。合理的审前准备程序，在明确争点、固定证据和防止诉讼突袭方面有着极其重要的作用，有助于保证司法的公正和效率，对于当庭宣判大有裨益。规范庭前程序应当从诉讼指导、庭前会议、证据失权、集中审理等四管齐下，为最终的开庭审理作好准备，实现集中而充实的审理，并促成当庭宣判（图 14）。

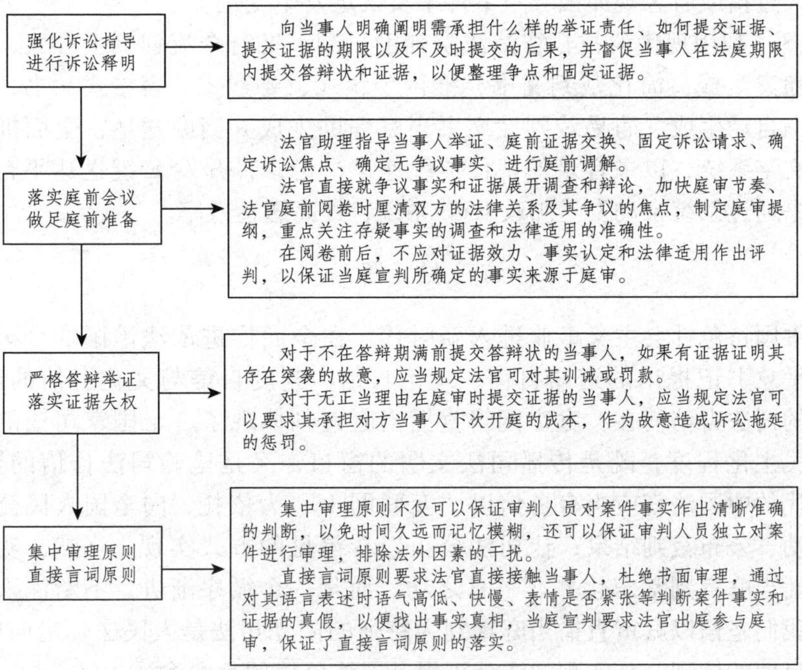

图 14　规范庭前程序流程图

（3）规范说理内容：类型化案件标准化说理。制定常见类型简单民商事案件的裁判标准和说理标准，实现事实认定、法律适用及裁判说理的标准化。比如S市法院制定了民间借贷、交通事故、金融借款、买卖合同、著作权权属侵权、商标权权属侵权、商品房预售合同、房屋租赁、追索劳动报酬、经济补偿金、申请撤销劳动仲裁裁决案件、申请撤销商事仲裁裁决等十二种类型的裁判标准和说理标准，内容包括请求权基础、基本要件事实、主要争点说理、庭审提纲、裁判文书模板等内容。

3. 保障：建立配套奖惩措施及辅助机制。（1）完善考核激励：物质精神双重奖励。当庭宣判审理难度增大，可以考虑适当增加0.2的难度系数，法官审理1宗案件等于结案1.2宗；当庭宣判能力作为评比办案能手、立功奖励的重要参考；当庭宣判案件节约了诉讼成本和司法成本，对于法官节约的社会资源可给予一定比例的奖励回报，以鼓励法官进一步提高司法效率，降低诉讼成本。

（2）建立责任豁免：清晰界定错案范围。对于法官不存在故意或重大过失导致事实认定错误或者法律适用错误的，不予追究责任。比如，对法律、司法解释具体条文的理解和认识不一致，在专业认知范围内能够予以合理说明；对案件基本事实的判断存在争议或者疑问，根据证据规则能够予以合理说明；因当事人不当放弃或部分放弃权利导致案件处理错误；因当事人过错或者客观原因导致案件事实认定发生变化。

(3) 利用现代科技：智慧法院辅助机制。推行全流程网上办案，电子卷宗随案生成；简化裁判文书，推行令状式、要素式、表格式文书，程序性文书自动生成，简易裁判性文书当庭辅助生成并当庭送达；全面推行语音转文字系统，以录音录像替代传统速录员记录；开发 E 键送达平台，法律文书通过系统自动发送邮政 EMS 系统，提高送达效率。

结语

中国特色社会主义事业进入新时代，在全面推进依法治国的今天，在习近平总书记提出的道路自信、理论自信、制度自信与文化自信的当下，中国的司法自信何在？庭审网络直播当庭宣判体现了一个国家司法的开放化和民主化程度，既是传播司法文明的窗口，又是检验司法自信的镜子。新时代的中国法官应当有自信以“互联网 +”为依托，向全国人民公开庭审活动、公布裁判结果，让司法公正以看得见的方式实现。当然，实现庭审直播当庭宣判常态化并非一日之功，而是一个循序渐进、不断深入的过程。我们坚信以庭审直播当庭宣判为特征的阳光司法是人民法院走向成熟、更加自信的体现，是实现司法公正提升司法公信的有力途径。

（本文获一等奖）

四、法院队伍建设篇

从律师和法学专家中公开选拔法官的现状检视与制度完善

马 巍*

引 言

为优化司法队伍结构，畅通法律职业间交流，2016 年中央印发了《从律师和法学专家中公开选拔立法工作者、法官、检察官办法》（以下简称《选拔办法》），鼓励法律人才应聘法官、检察官等职位。作为司法体制综合配套改革中完善法官选任机制的重要内容，该项工作在 2019 年《人民法院第五个五年改革纲要》中再次强调，① 并在新修订的《法官法》中以法律形式确立。然而在实践中，从绝对数量上看，与法官离职从事其他行业相比，② 在律师、法学专家中选拔法官似乎是逆流而动。③ 从法律职业共同体良性发展角度看，法院不应是法律职业人才的输送地，更应当成为聚集地。引导优秀法律职业人才回流应是大势所趋，打造法院人才高地是中国法治建设的必然选择。

一、现状审视：法官公开选拔制度的运行情况

以法官、检察官、律师、法学教授以及职业立法者、社会法律服务者

* 作者单位：北京市第二中级人民法院。

① 第 53 项提出进一步完善从律师、专家学者中公开选拔法官的工作机制。

② 据报道，2011 年至 2015 年，全国法院干警累计辞职 4438 人。周斌：《5 地法院回应法官离职原因复杂多样司法改革未出现法官离职潮》，载法制网 http：//www. legaldaily. com. cn/index/content/2016 - 07/26/content_ 6736709. htm？ node = 20908，最后访问时间：2019 年 5 月 31 日。

③ 据统计，全国 31 个省区市中目前仅有上海、广东、江苏、浙江、北京等地进行过 6 轮法官公开选拔。加上最高人民法院 2018 年底的一次尝试，7 次选拔共计划选拔 21 名法官。王文秋：《律师里选法官：理想很丰满，现实很骨感》，载新京报网 http：//www. bjnews. com. cn/inside/2019/03/30/562316. html，最后访问时间：2019 年 5 月 31 日。

等组成的法律职业共同体，是随着经济社会的历史性进步，在法治成为社会主要治理方式时逐步形成的。[①] 作为知识共同体、价值共同体，人才交互流动应当是行业可持续发展的常态。然而从律师和法学专家中公开选拔法官（以下简称法官公开选拔）制度运行的实际效果并不理想。

（一）全国法院开展法官公开选拔工作综述

法官公开选拔并不是一个崭新的命题。1999 年《人民法院五年改革纲要》（以下简称“一五改革纲要”）提出，要逐步建立“从律师和高层次的法律人才中选任法官的制度”。历经廿载，最高人民法院[②]以及北京、上海、广东等六地高级法院先后开启实践探索。纵观发展历程，法官公开选拔大致可以划分为三个阶段：

1. 试水期（1999 年至 2006 年）。“一五改革纲要”正式颁布前，1999 年最高人民法院首次在北京地区面向社会公开招考高级法官人选。紧接着第二年，再次面向全国（不包括西部十省、自治区、直辖市）公开招考。及至 2006 年，共有 22 名律师、学者通过选拔成为最高人民法院的法官。[③] 这一阶段主要由最高人民法院自顶层推进。

2. 冷静期（2006 年至 2014 年）。2005 年《最高人民法院第二个五年改革纲要》未提及“律师”，2009 年《人民法院第三个五年改革纲要》仅有 2 处，涉“改革和完善刑事审判制度”和“建立健全民意沟通表达机制”。这一阶段招录对象转为有基层工作经验的法官以及其他优秀法律人才，各地鲜有实践。[④] 从律师、学者中选拔法官通路暂时停滞。

3. 重启期（2014 年至今）。2013 年 12 月底，最高人民法院通过报刊媒体及官方微博向社会发出公告，公开选拔 5 名高层次审判人才，[⑤] 重启选拔工作。2014 年，上海作为司法改革试点，率先在全国法院中开启双向交流选拔律师法学专家担任法官。[⑥] 此后，《中共中央关于全面推进依法治国若

---

① 徐显明：《构建法律职业共同体》，载《人民日报》2014 年 9 月 23 日。

② 桂田田：《最高人民法院面向社会招聘局处级干部》，载中国网 http://legal. china. com. cn/2014-03/31/content_ 31954206. htm，最后访问时间：2019 年 5 月 31 日。

③ 王景亮：《律师走向政治——最高法院从律师中遴选法官所引发的一点思考》，载《2007 年第二届法律职业高层论坛暨构建和谐社会与法律服务体制改革研讨会论文集》。

④ 据报道，仅 2007 年，时银和朱云飞两名律师通过选拔担任中院副院长。《法官遴选日臻完善 安徽两名律师就任法院副院长》，载浙江在线 http://china. zjol. com. cn/05china/system/2007/11/05/008943940. shtml，最后访问时间：2019 年 5 月 24 日。

⑤ 孙莹：《最高法公开选拔五名高层次审判人员正式任职》，载中国法院网 https://www. chinacourt. org/article/detail/2014/05/id/1290342. shtml，最后访问时间：2019 年 6 月 9 日。

⑥ 姜泓冰：《上海司改开启双向交流》，载《人民日报》2015 年 7 月 22 日。

干重大问题的决定》[①]《人民法院第四个五年改革纲要》[②] 等文件明确提出，该制度重回顶层设计。2016 年中央下发《选拔办法》，标志着选拔工作走向规范化。

（二）2016 年以来全国法院公开选拔情况

《选拔办法》出台后，已经实施或者着手开展选拔工作的法院，除在政治素养、理论功底、职业资格等方面提出共性要求，在选拔程序上基本遵照公务员招录流程之外，还提出了一些特殊性规定。具体情况如下（见表 1）[③]：

表 1　从律师、法学专家中选拔法官工作开展情（2016 年至今）

地区	启动时间	完成时间	招录岗位及人数	任职条件	选拔方式	实际招录情况
最高人民法院	2018 年 12 月	2019 年 5 月	2 名从事专利等知识产权审判工作的高级法官。	1. 年龄一般不超过 45 周岁； 2. 参加选拔的律师和专利代理人应具有专利等知识产权诉讼、代理等相关实际从业经历 10 年以上； 3. 参加选拔的专家学者应任正高级专业技术职务或副高级专业技术职务 3 年以上，并从事专利等知识产权领域教学或者科研工作满 8 年。	专业评审 + 面谈 + 考察 + 法官遴选委员会审议	招录 2 名法学专家担任法官。
广东	2017 年 1 月	2017 年 6 月	中级人民法院（广州、深圳、铁路运输）5 人，基层法院（横琴区）1 人，职位设置为四级高级法官或一级法官。	1. 年龄不超过 45 周岁； 2. 律师应具有独立办案能力，实际执业 7 年以上，硕士、博士研究生可分别缩短 1 年、2 年执业年限； 3. 法学专家应具有讲师及以上职称，从事教学或者科研 7 年以上，硕士、博士研究生可分别缩短 1 年、2 年教学科研年限； 4. 党政机关人员应任职满 3 年的副科级以上、副处级以下职务，并从事相关法律工作满 5 年。	笔试 + 面试 + 专业评审	其中，深圳中院招录 1 名法官、1 名党政机关从事法律工作人员。

① 提出“建立从符合条件的律师、法学专家中招录立法工作者、法官、检察官制度”。

② 提出“完善将优秀律师、法律学者，以及在立法、检察、执法等部门任职的专业法律人才选任为法官的制度”。

③ 参见各法院选拔公告、职务报名审核公告、拟录用人选公示。截至 2019 年 8 月。

续上表

地区	启动时间	完成时间	招录岗位及人数	任职条件	选拔方式	实际招录情况
上海	2017年2月	2017年7月	三级高级法官1名、四级高级法官2名，三级高级法官拟于中级法院任职；四级高级法官拟于中级法院或市中心城区基层法院任职。	1. 具有本市户籍； 2. 律师年龄不超过50周岁，报名三级高级法官的在本市实际执业不少于11年；报名四级高级法官的在本市实际执业不少于9年； 3. 法学专家年龄不超过50周岁，报名选任三级高级法官的应从事法学教学或者科研9年以上；报名选任四级高级法官的应从事法学教学或者科研7年以上。	调查评估＋笔试＋面试＋考察	招录2名律师担任法官。
江苏	2018年9月	2019年8月	高级法院2名，中级法院3名（南京、扬州、徐州）、基层法院1名（鼓楼区），职位设置高级法院法官为四级高级法官，中级法院为一级法官，基层法院为二级法官。	1. 年龄不超过45周岁； 2. 律师应具有在江苏省内登记注册的执业证书，实际执业不少于7年。具有硕士研究生、博士研究生学历的可分别缩短一年、两年执业年限； 3. 法学专家应具有讲师（或相当于讲师）以上职称，从事法学教学或者科研7年以上，具有硕士研究生、博士研究生学历可分别缩短一年、两年工作年限。	笔试＋面试＋调查评估＋专业审查	高级法院2个岗位、扬州市中级法院1个岗位、徐州市中级法院1个岗位因实际报名人数未达到开考要求，予以取消。2019年8月23日公示招录2人，南京市中级法院和鼓楼区法院各1人。

续上表

地区	启动时间	完成时间	招录岗位及人数	任职条件	选拔方式	实际招录情况
浙江	2019年1月	暂无	中级法院四级高级法官4人（杭州、宁波、宁波海事各1人），基层法院一级法官（杭州互联网法院）1名。	1. 年龄不超过42周岁； 2. 律师报名四级高级法官的硕士研究生毕业实际执业8年以上，博士研究生毕业实际执业6年以上；报名一级法官的硕士研究生毕业实际执业7年以上，博士研究生毕业实际执业5年以上； 3. 法学专家报名四级高级法官的具有讲师（或相当于讲师）以上职称；硕士研究生毕业从事法学教学或者科研7年以上，博士研究生毕业从事法学教学或者科研5年以上。报名一级法官的具有讲师（或相当于讲师）以上职称；硕士研究生毕业从事法学教学或者科研6年以上，博士研究生毕业从事法学教学或者科研5年以上。	笔试＋面试＋专业评估＋专业审查	暂无
北京	2019年2月北京出台《北京市关于从律师和法学专家中公开选拔法官、检察官工作实施办法》	暂无	暂无	1. 律师实际执业不少于五年，从业声誉良好； 2. 法学专家具有副高级及以上职称，从事教学或者科研五年以上。根据工作需要，基层法院、选拔一级法官、二级法官，可以在符合中央有关要求的前提下，适当放宽职称条件。	考试＋考察考评＋专业评审。其中，具有10年以上执业经历的律师可以创新考试方式，副高级及以上职称的法学专家可以免予考试。	暂无

目前开展法官公开选拔工作的地区数量少，选人的标准在年龄、职业经历甚至户籍等方面存在差异，在专业方面的考察程序亦不尽相同。从结果上看，选拔的律师普遍具有律所合伙人身份，有的还具有公司法务、法院书记员等经历，选拔的法学专家普遍具有博士学位，并有高校、研究院任职经历，应当说是引进了数量有限的高端人才。

（三）公开选拔工作面临的困境

一是断点式推进。从1999年初试法官公开选拔到2001年发表《法律共同体宣言》，法律职业共同体在中国慢慢兴起。放眼20年时间跨度，工作推进动力和持续力不足。该项制度由最高人民法院推广，一开始未获得积极响应，直至四五改革阶段才重新被发掘，错失经验积累和实践积淀的机遇。从地域上看，零散分布在经济社会发展较发达的地区，缺乏成长土壤。

二是参与人数较少。从选拔情况上看，法官公开选拔工作在理想和现实间存在一定的差距。一方面，吸引的律师、法学专家数量有限，有的甚至无法达到招考人数比例以致于无法开考；[①] 另一方面，实际招录的人数较少，20年来全国范围选拔约50余人，优秀律师、法学专家对法官队伍建设的增益作用发挥不明显。

二、需求相背：法官公开选拔制度运行的制约因素

与英美法系国家具有从律师中选拔法官的历史传统不同，我国法官公开选拔制度是当前法官遴选制度的补充，而法官的社会地位和职业待遇还难以吸引优秀律师、法学专家进入其队伍中来。[②] 客观上看，目标招录的人不愿进入法官队伍，放宽招录条件以次充好又是法院不愿承受的被迫选择，以至于该制度被置于尴尬境地。

（一）内因：律师、法学专家改变职业的内在动力不足

公开选拔法官制度旨在选拔出优秀的律师、法学专家进入法官队伍。从经济学视角来看，这类群体在决策时至少存在六方面考量因素（见图1）。正是由于决策选择法官职业的优势小于或持平已有职业现状，导致当前公开选拔制度运行不畅。

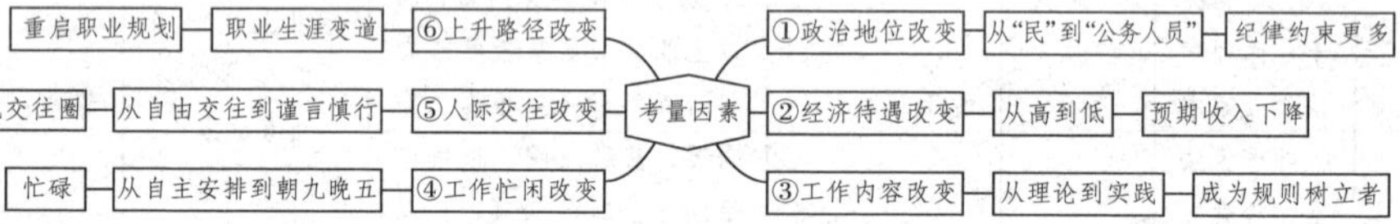

图1　六大考量因素

1. 政治地位的改变。律师作为自由职业者，法学专家作为高校教师或者研究人员，其从体制外或半体制外（事业编）进入法官队伍，实质上完成了身份的转换，跨入体制内成为公务员。从一个普通的公民到具有公职身份的法官，其言行举止受到更多的法律规范约束。虽然此前亦受制于行业内自律条款，但作为行使公权力的公务员，其受关注度和权力影响力已不能同日而语。就此方面，对部分具有政治理想的人具有一定吸引力，相

---

① 《江苏律师中选拔法官检察官遇冷多岗未能开考》，载新浪网 http：//jiangsu. sina. com. cn/news/general/2018 - 10 - 29/detail - ihnaivxq0748210. shtml，最后访问时间：2019年6月9日。

② 卢学英：《司法改革背景下法律职业共同体的构建》，吉林文史出版社2017年版，第318页。

反对无此方面需求的人则是一种束缚。

2. 经济待遇的改变。律师、法学专家向法官流动，收入上无疑是降低的。从目前招录情况看，选拔的律师一般为律所合伙人，能够负担团队运作等，属于社会上较高收入阶层。法学专家除了本职工作之外，还可以承担课题、从事兼职等，收入可提升空间较大。相比之下，法官作为公务员，实行“阳光工资”制度，工资档次受限并具有较强的预期性，虽然在司法改革中提高了职业保障，但增加的绩效奖金远远不及律师年终分红或法学专家业外收入。就此方面，法官职业处于劣势。

3. 工作内容的改变。从个人对社会的影响来看，法学专家是社会规则确立的研究者，律师是参与者，法官是制定者。律师代表一方当事人，以当事人利益为出发点提供法律服务。法学专家身处理论界，其改变社会的途径是间接的。法官代表国家权力居间裁判，其改变社会的作用是直接的。在理论上，法官应当具有更高社会地位。就此方面，法官职业略有优势。

4. 工作忙闲的改变。律师作为自己的雇主，可以自由决定工作量。法学专家可以在限定的时间内安排个人的研究或教学任务，工作相对自由。相比之下，在应对我国提前进入“诉讼社会”，各种矛盾纠纷涌向法院，[①]法官工作压力大、负担重。据不完全统计，[②] 大约47.78%的法官加班较多（每周5小时），18.68%的法官加班频繁（每周10小时甚至放弃周末），并且往往法院层级越低越忙就此方面，法官职业与其他职业吸引力持平。

5. 人际交往的改变。律师、法学专家因其工作属性，职业相对自由，个人生活受公权力约束较少。而法官因其具有独立性、中立性和相对消极性[③]的职业特征，工作和生活中与人交往需持审慎态度。业内行为上，法官不得随意在媒体上以职务身份发表言论；业外行为上，不能与利益关系方私下接触，不得从事授薪兼职等；竞业禁止上，其配偶子女从事法律职业、本人离职后受限制；出国出境上，其护照需要备案，因私出国需要审批等。相比于律师、法学专家，法官在工作和生活上的自由度上受到了更多的限制。

6. 上升路径的改变。对于律师、法学专家而言，重新选择职业相当于重启职业规划。在各自岗位上已经取得一定成就的律师、法学专家，必须放弃已经积累的人际关系和晋升资本，才能进入到法官等级序列中。由于法官的等级与待遇保障等密切相关，不同层级的法院所能提供的法官等级

---

① 张忠斌：《和而不同：律师与法官之间》，载孙佑海主编：《法律职业共同体行为规范研究》，中国法制出版社2018年版，第215页。

② 胡昌明：《中国法官职业保障研究》，中国社会科学出版社2019年版，第43～45页。

③ 卢学英：《司法改革背景下法律职业共同体的构建》，吉林文史出版社2017年版，第15页。

不尽相同。律师、法学专家选择不同层级的法院，对未来的晋升空间有相当大的影响。

（二）内因：法院选择律师、法学专家的驱动力不足

人民法院在锁定入围目标时，必须将那些有志并有能力在法院工作的法律人选拔出来。在再次职业选择中，人民法院将迎来“初始主动选择其他职业”“初始被动选择其他职业”“主动离开法官职业”等三类主体（见图2）。本文以“经济人”假设、“卡尔多·希克斯改善”和马斯洛需求理论为分析工具，确定每类主体的选拔特性，并评析法院选人用人的动力，发现仅有少部分人群符合法院目标选择。

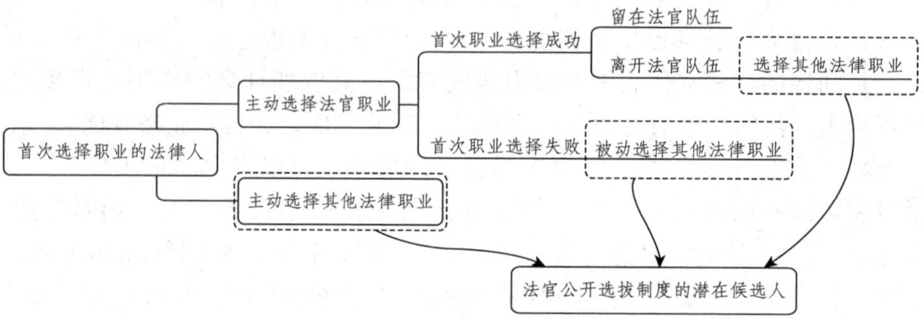

图2 公开选拔法官的潜在候选人

1. 初始主动选择其他职业的主体。此类主体初始执业偏好和职业选择并非法官，其择业异动事实上来自于个人效用判断的变化，而其驱动力只有两种可能：

一是其个人效用偏好及需求层次并未发生变化，但致使其作出初次选择和再次选择时的社会环境发生了变化，即法官职业本身优势随着时代的发展而增加，吸引了过去其无法吸引的社会群体。此类需求是法官职业社会地位提升的当然结果，优秀人才向法官群体流动是应然结果。这种需求是正面和值得鼓励的，但此类需求的增加更多的是法官职业整体优势提升的结果，对改善法官公开选拔制度本身的作用相对有限。故现阶段以法院提供更好的整体职业待遇的人选不宜纳入考察范围，法院在选拔时持消极态度。

二是社会环境并未发生足以改变个人决策的重大变化，但决策主体的个人效用偏好及需求层次发生变化。即当时未选择法官职业的群体，因个人偏好变化及基础需求满足，为了实现其新的需求而选择从事法官职业。以上海市第二中级人民法院从律师中选拔的法官商建刚为例，其职业转身

是对个人价值实现的重新定位，从利益追求型转变为纠纷终局解决型。[①] 此类在公平、正义等方面寻求价值实现的行为偏好与法院工作理念相配，法院在选拔时持期待和欢迎态度。

2. 初始被动选择其他职业的主体。此类主体其初始的执业偏好和职业选择与其再次进行选择时的偏好并未发生变化，系因各种客观原因未能在初次选择职业时按照其意愿成为法官，并将法官公开选拔制度作为其从事法官职业的第二次机会。对此类需求，因不涉及主观偏好及需求的变化，而仅是作为法官初始选拔制度的一种救济机制，以降低“一考定终身”制度可能带来的缺憾，并最大限度吸引有志于法官职业的法律人。从这个角度看，此类需求是有益的。以深圳市中级人民法院从律师中选拔的法官马学平为例，虽然毕业后先从事警察再转行律师，但其目标始终是当法官，几经周转终于实现职业梦想。[②] 面对这类主体，需确保法官公开选拔制度与法官的初始选拔制度在选拔标准上保持一致，避免出现逆向选择，即通过法官公开选拔制度使得本来不适合法官职业要求的人群成为法官。法院在选拔时持审慎态度。

3. 主动离开法官职业的主体。此类主体系主动离开法官职业成为律师和法律学者后，又希望通过法官公开选拔制度回归法院的群体。以上海市第一中级人民法院从律师中选拔的法官任文风[③]为例，其毕业后先在上海市第二中级人民法院任书记员，后在 4 家律师事务所任职，最终又回归法院。此类群体可能绝对数量较少，但反而可能会因其参与，对现有法官职业选择造成影响。此类群体作出先后矛盾的职业选择，可能是因为前后两次作出决策时所依据的社会环境或主观偏好发生变化，或是其在社会环境及法官职业地位未发生变化的情况下，仅将该制度作为替代法官内部职业晋升的方案，即取得相比于其他法官的特殊竞争优势。对于前一种可能，类似于前两类主体分析路径；对于后一种可能，其事实上是将法官公开选拔制度作为曲线实现晋升的工具，是一种无效的需求。法院在选拔时持审慎态度。

---

① 商建刚谈到：“做过律师现在过来做法官，往往我更在乎的是息讼服判，要把问题解决掉。”吴海平、刘岚：《放弃千万年薪他从律师变为法官》，载看看新闻 www. kankanews. com/a/2016 - 02 - 12/0037373422. shtml，最后访问时间：2019 年 6 月 25 日。

② 林润栋：《广东一知名律师转行当普通法官》，载新浪网 http：//k. sina. com. cn/article_2131593523_ 7f0d8933020009nun. html，最后访问时间：2019 年 6 月 25 日。

③ 《上海市向社会公开选任法官、检察官公示》，载上海市公务员局网 www. shacs. gov. cn/CivilServants/CivilServantsDetail/89bb96db - cc84 - 4da0 - a47b - f5d5070387c8，最后访问时间：2019 年 6 月 18 日。

（三）外因：法官公开选拔制度本土化配套机制不完善

从域外经验来看，德国在基础法学教育阶段，在校生即完成在法院、检察院、律所、行政部门的实习，成为法官还需要经历3～5年见习期；① 日本律师或法学教师因任职时间而异可以被任命担任不同级别的法官；② 美国律师协会对从律师中选拔法官发挥了积极的作用，③ 提出了密苏里计划。④ 将体制外的律师、法学专家吸纳进入体制内成为法官，需要与我国现阶段法学教育、公务员管理等制度做好衔接，但实践中配套尚未跟进。

1. 选拔的条件——受法学教育所限。与司法实务界大力推进司法改革相比，我国法学教育并没有同步跟进，虽然增加了法律诊所等实验类课程，但教育并未参与职业规划，导致校园培养与司法实践存在一定的脱节，影响日后职业流动。按照我国教育安排，法官职业定位不是所有法律职业当中最优的选择。法科学生毕业后在法官、律师、法学学者等职业中，根据择业环境随机选择，以至于法官职业并不天然具备吸引最优秀人才的地位。

2. 拟任的岗位——受惯性思维所限。我国法律职业共同体建设尚不充分，不同职业间的工作思维不同，导致选拔的律师或法学专家不一定能够很好适应岗位。在此基础上，如果缺少职业过渡期和适应期，律师、法学专家选择法官职业的机会成本较高，一旦职业预期与现实情况差距较大，再转回原有职业或转投其他职业须付出更多。另一方面，人民法院在招录人员的同时亦承担着岗位适配风险。双方在彼此选择时都存在顾虑和犹豫。

3. 选拔的方式——受行业发展所限。与中央规定的以考察方式为主的选拔方式有较大出入的是，目前各地均采取了笔试作为第一道考核程序。虽然笔试可以量化基本知识考察，但其固有的应试性可能导致一些适合的候选人被过滤出去，甚至因考试本身使得部分候选人望而却步。与英美法系具有较为强大的行业组织——律师协会不同，我国的律协、法学会在推进人才交流互换上的组织力不够强，没有形成完备的信息公示和人才储备机制，以至于现行规定的考察考评方式无法真正在实践中发挥有影响力的作用。

---

① 关毅：《德国法官的成长之路》，载《法律适用》2008年第5期。

② 日本规定，担任律师职务或大学法学教授、副教授3年以上的，可以被任命为简易法院法官；担任上述职务10年以上的，可以被任命为地方法院、家庭法院或高等法院的法官；担任上述职务20年以上的，可以被任命为最高法院法官。参见强世功：《法律职业良性互动：经验、理论与设计》，载《江苏行政学院学报》2012年第3期。

③ 秦晓峰：《美国律师协会倡导的法官制度及对我国的启示》，载《商业时代》2013年第6期。

④ 每当出现一个职位空缺（包括新设一个法官职位）时，司法提名委员会将提出3个以上的合格候选人，州长从中任命1名。司法提名委员会应当由以下8人组成：州最高法院首席大法官或者首席大法官指定的1名大法官，依照职权是委员会的成员，并是委员会的负责人，但没有表决权；由州长任命四名公民委员，其任期是交错的且不少于3年，既不是法官也不是律师；3名法律职业界成员任期也是交错且不少于3年。

三、相向而行：完善公开选拔法官制度的路径探析

从律师、法学专家中选拔法官是法律职业共同体建设中的另一块拼图，中央确立该项制度旨在加强法官队伍建设，更好地满足人民群众在公平、正义、法治等方面的新需求、新期待。为了让公开选拔法官在现实中更有“市场”，本文认为制度完善中可以重点把握以下方面：

（一）稳定律师、法学专家的职业预期

当前，我国正在进行司法改革，法官职业保障制度正在逐步完善，整体预期向好。但在改革过程中，也存在一些不确定因素，既要顺应改革大势，也要利用机遇为法官公开选拔制度创造有利条件。

1. 在政治地位上，公开选拔的律师、法学专家通过选拔进入公务员序列，但不宜直接设置领导岗位，否则对法院内部成长的法官将形成冲击。对于因工作需要担任法院担任领导职务的，可以选择组织调任的方式。

2. 在经济待遇上，法官作为公职人员，不能有超过级别待遇的收入，更不能有隐性收入。法官职业内部不应因其人才来源而在待遇上有所差异。对于选择从事法官职业的律师、法学专家，必须以接受当前薪资待遇持平或降低为前提。

3. 在工作内容上，从律师、法学专家到法官，是职业角色的转变，从“出谋划策”“纸上谈兵”到“真操实干”的定分止争，应然发挥其工作经验优势，故岗位设置上不宜跨度太大，还须更加突出专业性。比如，在知识产权、金融、破产等较为专业的领域，如果缺乏有实务经历的法官，可以目标招录此方向的律师；如果缺乏有研究能力的法官，可以目标招录法学专家。

4. 在工作忙闲上，虽然当前基层法院法官工作最为繁忙，但招录律师、法学专家的目的并不是缓解基层法院工作压力，并且从招录的人数上也远远不能满足此类需求，因此基层法院不宜公开选拔法官。

5. 在人际交往上，律师、法学专家转岗成为法官后，应当遵守法官职业规范的一切内容，与法院内部法官无异。但对于在试用期满后即离职的，对其竞业禁止可以稍作放宽，以降低其择业的机会成本，增加法官岗位的吸引力。比如，规定离职后不必在其所在法院终身禁止执业等。

6. 在上升路径上，作为具有丰富经历的跨职业人才，在法官按期晋升、择优选升的同等条件下，可以优先考虑。虽然为了增强对优秀律师、法学专家的吸引力，在招录岗位上可以设置较高级别，但选拔过程必须严格公正，选拔条件必须精准，以避免“逆向选择”错误导向。

（二）精准人民法院选拔人才的岗位需求

基于前述分析，人民法院所期待的最优选拔目标是胸怀法治梦想、在

初次职业选择中错失机会但在本职岗位中表现优秀的律师、法学专家。但现实情况可能更加复杂，在选拔中可以对目标人选具备素质的位阶进行筛选排序。

1. 在岗位上作出可以量化的突出实绩。选拔虽然以考察考评为主，但仍具有一些可量化的指标。比如，律师承办的大要案或者发表的实务文章数量，法学专家承办的课题研究或发表的理论文章数量，以及其在本单位的年度考评档次、普遍评价等。抽象来看，即是在横向上，与年龄相近、工作年限相同人员相比排位靠前。

2. 对职业变化有充分的认知和准备。对于前述六个方面的工作改变，拟任法官的律师、法学专家必须正视选择带来的变化，并以具备一定的经济能力为优选，以保证择业后的生活稳定性。

3. 认同法院文化并具备相同价值观。从律师、法学专家到法官，其社会地位应然提升，个人价值实现是更高层级的。选择法官职业应当是自愿的，而非生活所迫或者其他外力影响，并以建设中国特色社会主义法治为目标。

4. 对重返法院工作的人才审慎选择。公开选拔法官绝不是“抄近路”晋升的渠道。对于曾经在法院工作的人员，是否重新招录回法官队伍，必须经过更为严格的考察，在能力素质、工作业绩、主观意愿等方面，唯有更优者方能胜出。

（三）完善制度相关配套规范

在从招录对象和招录主体两方面同时发力的基础上，完善配套规定细节对于制度完善亦发挥着重要作用。

1. 限定招录级别。当前，司法改革正在积极推进法官逐级遴选制度，律师、法学专家的从业经验类似于具备基层工作经历，为了发挥其经验优势、减少繁琐的事务性工作干扰，建议在选拔时，岗位设置可以从中级人民法院起，并以高级人民法院、最高人民法院为主。

2. 区别招录条件。律师与法学专家的从业经历各具特色，岗位适配度不尽相同。建议在招录岗位设置上，可以将目标人选锁定在律师或者法学专家某一类，无须就某一岗位同时考察、考评两类主体。

3. 发挥协会力量。从目前实践上看，中国法学会和律师协会在法官公开选拔工作中作用发挥并不明显。建议由中国法学会和律师协会，在其网站上公布各地区选拔法官的公告信息，以减少信息不对称造成错失参选机会。同时，建立法官人才储备库，对有志成为法官的律师、法学专家相关信息及时采集，并在法院有人才需求的时候进行推荐。

4. 延长见习期限。好的律师未必适合做法官，未必会成为好的法官。[①] 律师、法学专家转岗后将经历一段适应期。目前，《选拔办法》规定了 1 年的试用期，但对于无法适应岗位的，将无法退回原有工作、生活状态。建议设置 1 ~ 3 年的见习期，在期间内解除法官职务的，竞业禁止不受限制，在期限外解除的，在一定程度上受限制。

5. 设置聘任期限。目前法官除无法胜任工作退出员额外，非因法定事由、法定程序不得调离法官岗位，基本实现了终身制。为了增强法官职业的吸引力，对于有意向从事法官工作但无终身计划的，建议设置聘任制法官席位，[②] 由律师、法学专家从事特定工作，比如速裁、调解、调研等，期满后免去法官职务，可以重新择业。

结　语

从律师、法学专家中选拔法官是推进法律职业共同体内人才流动的关键一招，它打通了体制内外、职业之间的制度壁垒。在执行过程中遇到瓶颈，解决之道关键在于如何引导和促成个体在决策中选择法官职业。这不仅有赖于法官职业整体社会地位的提升，也有赖于在制度设计中为目标选择群体提供更好地满足个人需求、实现自我价值的条件。从长远上看，法官公开选拔制度未来可期。

---

① 代晓：《论律师向法官的职业流动》，中国政法大学 2014 年硕士学位论文。

② 2016 年 11 月，深圳前海合作区人民法院发布选调公务员公告，根据《深圳市聘任制公务员管理办法》招录聘任制法官。

聘用制审判辅助人员离职从业限制制度构建

——以F市M县法院近十年数据为样本

林美雅* 陈菁菁** 陈 彬***

我国法律确立了公务员从业限制制度和劳动法领域的竞业限制制度，对公务员和劳动者离职后的从业行为予以规制。然而离职聘用制审判辅助人员从事关联营利活动一直处于失范状态，《最高人民法院关于审判人员在诉讼活动中执行回避制度若干问题的规定》第十四条明确规定非在编人员不适用离职回避制度，《中华人民共和国劳动合同法》（以下简称《劳动合同法》）的竞业限制条款也难以适用。司法实践中，离职聘用制辅助人员代理原任职法院案件能否适用离职回避制度存在争议，① 学界尚无关于聘用制审判辅助人员离职从业限制的理论研究。本文以F市M县法院2010年至2019年7月间的数据为样本，② 在分析问题的基础上，以法理思维和改革视角，探寻聘用制审判辅助人员离职从业限制制度构建的价值和路径，以期为司法改革实践和立法制度完善提供有益参考。

一、聘用制审判辅助人员离职从业现状考察

随着案件数量的激增、司法改革的推进，招录聘用制审判辅助人员成为法院破解案多人少矛盾、适应改革要求的必然选择。透过M县法院的样本来看，新形势下，聘用制辅助人员离职从业现象有增无减，法律职业转换问题不容乐观。

（一）不可或缺的群体：聘用制审判辅助人员

明确聘用制审判辅助人员的范围、特性以及离职从业情况，是研究离

* 作者单位：福建省福州市闽侯县人民法院。

** 作者单位：福建省福州市闽侯县人民法院。

*** 作者单位：福建省福州市闽侯县人民法院。

① 人民司法研究组：《聘用的书记员解聘后担任诉讼代理人，在原任职法院参加诉讼是否适用回避制度?》，载《人民司法（应用）》2007年第7期。

② 样本数据主要通过人事和司法行政装备部门办理合同订立、“五险一金”、发文任命等人员管理资料中获取。

职聘用制辅助人员从业限制的逻辑起点和论证依据。

1. 范围界定。人员分类管理制度改革将法院人员分为法官、审判辅助人员和司法行政人员，“司法行政人员从事的工作也是围绕办案这一中心工作展开的，从广义上讲，也是审判辅助人员”。[①] 鉴于聘用人员岗位变动和职责交叉，为最大范围涵盖研究对象，本文所指称的审判辅助人员，采取广义概念，即除法官以外的协助进行审判工作的人员，包括狭义的审判辅助人员和司法行政人员。

聘用制是相对中央政法专项编制和事业编制而言的，聘用制审判辅助人员是指法院编制外招录的，与法院存在用工关系，通过合同管理的审判辅助人员。[②] 聘用制辅助人员的用工方式主要包括：一是政府雇员，由辖区政府统一核定雇员编制人数，法院自主招录和管理，此类人员占比最大；二是劳务派遣，主要由劳务派遣公司按照法院要求招录人员并与聘用人员签订劳动合同，由法院进行日常管理；三是其他方式，包括法院在政府核定编制外自行招录和省级法院统一招录聘用制辅助人员。[③]（见表1）

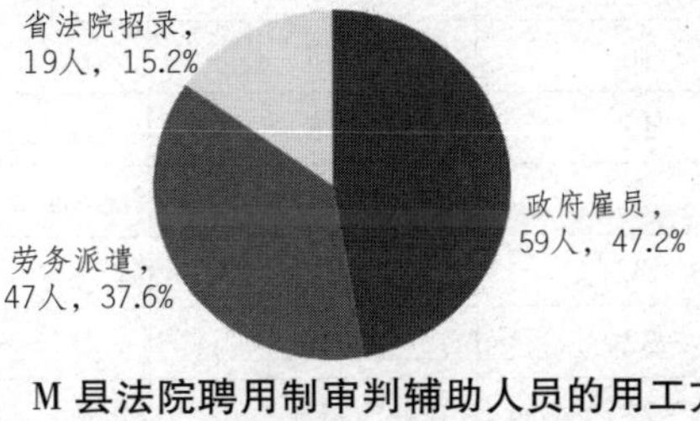

表1　M县法院聘用制审判辅助人员的用工方式

2. 身份特点。身份是识别个体差异、定位社会关系、适用行为准则的标识和依据。聘用制审判辅助人员的身份标签由合同工和审判辅助人员共同组成，与其他劳动者和在编审判辅助人员相比具有鲜明特征：一是职责权限上，代表国家在法官指导下从事审判辅助工作，在裁判文书署名等外在权力表现上并无二致，但因编制无法办理工作证、执行公务证，保全、查控、到监狱送达文书等部分公务活动受限；二是职业保障上，享有与审判辅助职责相匹配的工作条件、劳动报酬，但与在编审判辅助人员“同工不同酬”，有些活动、会议、培训无法参加，工资待遇也不对等；三是工作

① 《最高人民法院关于深入做好司法改革政策解读工作的通知》，载最高人民法院司法改革领导小组办公室：《党的十八大以来人民法院司法体制改革文件汇编》，人民法院出版社2018年版，第24页。

② 法律院校学生、实习律师到法院从事审判辅助实践，是基于学校、律协、司法局等管理单位人才培养的目的和安排，与法院未建立劳动关系，也不存在离职之说，因此，法律院校学生、实习律师实习结束后的回避问题不在本文讨论范围之内。

③ 最高人民法院司法改革领导小组办公室：《新时代深化司法体制综合配套改革前沿问题研究》，人民法院出版社2018年版，第261～262页。

稳定性上，司法职业的高标准、高强度与职业保障的低水平不相匹配，职业归属感和吸引力不足导致人员流动性较大。

3. 离职情况。为全面客观反映聘用制辅助人员的离职情况，特别是人员分类管理制度改革前后的变化情况，有必要对M县法院2010年至2019年7月间的数据进行统计。十年间，该院招录聘用人员193人，离职100人（见表2）。2015年司法改革后，招录和离职人数呈大幅增长态势，离职率超过50%，优秀人才流失现象依然大量存在。

据不完全统计，M县法院2010年以来离职从事律师执业10人，其中2015年改革后律师职业人数呈3倍增长。聘用制审判辅助人员在考取职业资格证书、获得一定的法院从业经历后大量流向律师事务所等更有吸引力的单位，一定程度上使得法院成为律师人才的培养输送基地。

表2　　M县法院2010年至2019年1~7月间聘用人员变动人数

年份	招录人数	离职人数	离职从事律师执业人员
2010	14	5	0
2011	16	5	0
2012	12	8	1
2013	8	3	0
2014	3	6	2
2015	32	10	0
2016	21	15	4
2017	27	14	2
2018	23	19	1
2019年1至7月	37	11	1
合计	193	100	10

（二）不受监管的环节：离职后的从业行为

从目前情况看，不论是制度设计还是管理实践，聘用制辅助人员离职后的从业行为一直处于真空状态，不受监管。

1. 法律规范的缺失。为维护司法公正，防止出现离职后从业中的违纪违法现象，我国建立了系统的法院在编工作人员离职回避规范体系。反观聘用制审判辅助人员，即便依据《中华人民共和国公务员法》（以下简称《公务员法》）管理，却仍然因为编制问题被排除在规制之外，直接导致实践中相关问题的处理无法可依、无章可循。

2. 司改政策的疏漏。2013年以来，中央出台了一系列政策文件，明确了聘用制审判辅助人员的招录、管理、待遇保障等重要问题。同时，司法改革加强了司法职业伦理建设，禁止离任司法人员担任原任职法院案件的诉讼代理人或辩护人。然而，改革的系统性、协调性不足，聘用制辅助人员权力运行特别是离职回避的配套措施并未同步跟进，相关制度设计阙如。

3. 契约管理的盲区。根据《劳动合同法》第二条规定，法院与聘用人员之间的关系依照订立的《劳动合同法》等法律确定，而契约化的内容往往忽略了离职后从业行为的规范。以M县法院为例，法院与聘用人员签订的劳动合同并未提及离职后的责任问题；劳务派遣中的劳动合同仅约定离职二年内不得从事与现岗位同类业务的工作。由于同类审判辅助业务的非竞争性，导致此类约定在实践中形同虚设，相应的竞业限制条款也难以“对号入座”。而伴随职业转换的利益冲突问题几乎未纳入合同范畴，离职聘用人员代理原任职法院案件的情况屡见不鲜，已成为司法实践中的公开秘密。

（三）不容忽视的后果：失范从业行为的负面效应

离职聘用人员从事与原工作业务关联营利活动，最主要的表现形式就是以律师身份代理原任职法院案件。因此，对离职聘用人员代理原任职法院案件问题的分析，可以反映聘用人员离职从业行为失范的负面效应。

1. 律师执业具有明显的地域性特征。经统计，F市M县法院8名离职聘用人员在F市从事律师执业，除朱某外，其余7人代理M县法院案件数占其代理基层一审案件数39%以上，最多的甚至高达90%（见表3），离职聘用人员的执业行为体现了明显的地缘特征。①

表3 **裁判文书网上M县法院聘用人员离职后代理案件情况**

序号	姓名	在职时间	执业时间	案件总数	基层法院案件数	M县法院案件数	M县法院案件占基层法院案件数比
1	黄某1	6年7个月	2012	265	179	71	39.7%
2	林某1	8年3个月	2014	236	153	139	90.8%
3	黄某2	13年7个月	2014	307	269	233	86.6%
4	刘某	1年11个月	2016	36	32	13	40.6%
5	林某2	1年2个月	2016	165	157	104	66.2%
6	朱某	1年8个月	2016	314	13	1	7.7%
7	陈某	7个月	2017	39	29	19	65.5%
8	吴某	6年	2018	11	6	5	83.3%

① 从事律师执业人数是登录M县法院所在省份的“法律服务网”“律师人员查询”栏目统计数据，代理案件情况是登录中国裁判文书网统计数据，二者统计数据时间均截至2019年8月28日。

在人情社会，曾经的法院工作经历不可避免地带来情缘效应，使得离职聘用人员在生存环境、竞争机会及纠纷决断中占据潜在优势。从执业之初，离职聘用人员执业范围就集中在原任职法院。原任职法院案源分配越多，与法院的联系越密切，在案件办理上获得的便利越多；而代理原任职法院案件的优势，又吸引聚集了更多的本地案源。如此“优势富集效应”，使得“纠纷主体在诉权行使上获得并不均衡的空间和实效，司法过程的不公在情理之中”。[①]

2. 法院审理存在同案不同办现象。离职聘用人员以律师身份担任原任职法院案件诉讼代理人或辩护人时，法院审理存在三种情况：一是正常进行诉讼程序，这是普遍情况。照常审理绝大多数是因为无人提及回避问题，一小部分是对方当事人提出异议（包括二审或再审申请）未得到法官支持。M 县法院 2019 年 2396 号民事决定书和“中国裁判文书网”上检索到的 8 份文书就是例证。[②] 二是同意当事人的回避申请，法院人员部分回避或全体回避；三是对当事人提出的异议，法官要求当事人更换诉讼代理人或辩护人，M 县法院曾经就有法官口头通知代理律师自行退出代理。同样是离职聘用人员代理原任职法院案件，却存在三种截然不同的处理结果，同案不同办现象不论对从事律师执业的聘用人员还是对当事人、法院工作人员而言都是不公平公正的。

3. 关联营利活动引发潜在廉洁风险。由于聘用制审判辅助人员离职后的从业行为未纳入监管，其到聘用过的法院开展法律服务，往往不被发现和规制。而一旦被发现就极易引起人民群众的猜疑和反感，轻则上诉、申请再审，浪费诉讼资源；重则投诉信访举报法官，给审判工作带来困扰。当然，关联营利活动多了，离职聘用人员利用法院工作经历的便利条件与原聘用法院的工作人员进行利益输送的潜在风险也会随之增大。

二、聘用制审判辅助人员离职从业限制的理论证成

聘用制审判辅助人员离职从业限制制度是司法秩序与职业自由、诉讼回避与离职回避、“出口”限制与“入口”需求之间冲突与协调的必然结果，具有正当性和必要性。

（一）价值考量：以司法秩序划定职业自由的边界

法的目的价值是法律制度建构的逻辑起点和理论基础，具有多元性和

---

① 胡亚球：《从情缘到法缘：对律师实行回避的几点思考》，载《厦门大学法律评论》2001 年第 2 期。

② 由于代理律师曾经的审判辅助人员身份未公开以及裁判文书网不要求上传决定书等原因，截至 2019 年 5 月 10 日，以“合同制书记员”“聘用制书记员”“回避”等关键词，在裁判文书网检索到符合条件的裁判文书只有 8 份。

时代性，需要根据不同的时空对不同的价值做出比较和选择。当维护司法公正的秩序价值与保护职业选择的自由价值共存于聘用人员离职从业这一特定领域，便产生了激烈的价值冲突：一方面，规制离职聘用人员从业行为主要出于防范利益冲突、维护司法公正廉洁的考虑，本质上是对司法秩序价值的维护；另一方面，对从业行为的规制必然限制离职聘用人员平等就业和选择职业的权利，是对劳动自由权的侵害。

面对无法兼顾相互冲突的价值，立法者应当将法益之间的权衡作为重点考虑因素，以“两善相权取其重”的标准进行取舍。[①] 为保护公共利益，可以对个人自由进行干预是普遍共识。职业自由与司法秩序价值之争的根源在于聘用人员个人利益与国家利益、社会利益之间的冲突。聘用人员代表国家从事审判辅助工作，熟悉法院工作流程，与办案法官曾是同事关系，其到曾聘用过的法院开展法律服务，将引起当事人对司法公正的合理怀疑，损害国家审判机关的公信权威。此外，为了追求个人利益的最大化，离职聘用人员往往进行不适当的宣传以增加关联营利活动的机会，不公平竞争扰乱了法律服务市场的正常秩序。因此，基于维护司法公正，保护国家利益和社会利益的考虑，应由法律明确规定离职聘用制审判辅助人员从业限制义务。

聘用制审判辅助人员离职从业限制制度是以保护国家利益、公共利益和维护司法公正廉洁秩序为立法宗旨，落脚点在于对离职从业行为的规制方式、规制范围及规制程度，但并不意味着停止对职业自由的追求和保护，制度设计上应充分考虑限制范围的合理性以及经济补偿等内容，以谋求各方主体利益的平衡。

（二）制度考量：以离职回避弥补诉讼回避的不足

诉讼回避和离职回避同属于司法回避制度，二者都是以公正审判为终极目标。对于离职聘用人员代理原任职法院案件而言，诉讼回避和离职回避只能择其一而用，而诉讼回避在适用对象、事由以及程序上均存在不足。

1. 法官回避而非诉讼代理人回避。诉讼回避的约束对象是法官等法院工作人员，当申请回避的对象是全体法官时，则属于法院的管辖变更问题。现行刑事诉讼法既没有“法院整体回避”的规定，也未建立当事人申请管辖异议的制度。[②] 离职聘用人员与原任职法院的全体法官都是同事关系，在刑事诉讼中是无法通过全体法官回避或者管辖变更达到公正审判目的的，即便民事诉讼和行政诉讼赋予管辖异议权，在离职聘用人员代理原任职法

---

① 参见张文显：《法理学》，高等教育出版社2012年版，第258页。

② 参见陈瑞华：《无偏私的裁判者——回避与变更管辖制度的反思性考察》，载《北大法律评论》2004年第6卷第1辑。

院案件如此普遍的情况下，逐案申请法院回避或者变更管辖也是不现实的。而离职回避通过限制聘用人员的执业行为和区域，可以弥补回避制度和管辖变更制度的不足。

2. 个案回避而非普遍回避。三大诉讼法在明文列举回避的法定事由外，还规定了一条“与本案有利害关系或其他关系，可能影响公正审理案件”的弹性事由。由于弹性事由的模糊性和不确定性，每个案件对足以达到“影响公正审判”程度的证明和认定不同，即便同一个离职聘用人员代理原任职法院案件，也可能出现截然不同的回避结果，且实践中极少适用诉讼回避。离职回避针对离职聘用制辅助人员这一特定群体从事关联营利活动的特定行为进行限制，并非针对个案，具有普适性和明确性，能够统一法律适用，预防同案不同判现象，真正实现看得见的正义。

3. 诉中回避而非诉前回避。诉讼回避的申请只能在合议庭组成、法庭审判开始后才可以提出，而离职回避通过事前监管，基本可以将利益冲突的情形解决在诉讼活动外。相较之下，离职回避在节约司法资源、提高诉讼效率、维护司法公信上的效果更为明显。

当同事关系只影响个别办案人员时，一般应当要求办案人员回避；当这种关系涉及全院人员时，就应当考虑更换代理人或辩护人。[①] 为实现社会整体效益提高和社会交易成本降低，解决离职聘用人员从业行为的利益冲突，应当以离职回避制度为主，诉讼回避制度为辅。

（三）现实考量：以从业限制防范队伍管理的风险

随着司法改革的推进，各地法院对聘用人员的需求日益增长，“招不来人、留不住人”的问题愈加突出。在放任离职从业行为的情况下，聘用人员的用人需求尚且难以满足，如若予以规制，必将持续加大供需矛盾，不利于聘用人员队伍的稳定和发展。在对 M 县法院的调查过程中，不少人表达了招不来优秀人才的担忧。

然而，离职聘用人员从业限制是防范队伍管理风险、深化司法改革的必然要求。一方面，离职聘用制辅助人员从业涉及诸多利益关系，从业限制既是对离职人员的约束，也是对在职人员的规范和保护。另一方面，与四五改革前相比，聘用人员数量比例大幅增长、岗位职责更加重要、职业保障日趋完善，与之对应的，职业道德准则和职业伦理要求更为严格。在新时代背景下，对聘用制辅助人员离职从业行为进行规制是从严管理队伍、健全司法权力监督制约机制、增强司法公信力的需要，从长远看必将促进聘用制审判辅助人员制度的完善和发展。

---

① 参见莫丹谊：《关于回避制度几个问题的探讨》，载《现代法学》1995 年第 4 期。

三、聘用制审判辅助人员离职从业限制的制度构建

从业限制是一把“双刃剑”，其制度构建既要考察合法性，也应考量合理性，既需要制定法律规范，也需要履行合同约定，才能真正实现最佳的法益平衡效果。

（一）基本原则

如前所述，离职聘用制辅助人员法律职业转换存在利益冲突，虽然防范利益冲突，维护司法公正廉洁受到法律优先保护，但是其他利益主张也应当兼顾。从业限制制度应当综合考量和平衡各方利益和正负效应，遵循比例原则，将离职聘用人员的从业行为限制在必要的限度内。一要符合妥当性要求，对离职聘用人员从业行为的法律规制必须确实达到防范利益冲突、维护司法公正廉洁的目的。二要符合必要性要求，对聘用人员离职从业应采取最少侵害的规制措施。三要符合均衡性要求，规制措施应在维护司法公正廉洁和促进个人自由流动之间取得平衡，不能“捡了芝麻、丢了西瓜”。[①]

（二）限制对象

尽管聘用制审判辅助人员的来源渠道、岗位职务不同，但承担的审判辅助职责并没有实质差别，法院工作经历所获得的信息、人脉等便利条件在离职后同样存在。因此，不论从事何种岗位，也不论是法院招录还是劳务派遣的聘用人员，只要离职从业行为侵害了国家和社会利益，就应当纳入从业限制的监管范围。

值得一提的是，在劳务派遣关系中存在劳务派遣单位、法院和聘用制辅助人员三方主体，法院与聘用制辅助人员之间形成的是用工关系，双方订立从业限制协议在适用《劳动合同法》上存在障碍。[②] 为有效规范劳务派遣的审判辅助人员从业限制问题，应当确立法院约定从业限制条款的主体资格，由法院、劳务派遣单位和聘用人员签订三方协议对从业限制内容进行约定。[③]

（三）限制范围

聘用人员离职从业限制的合理范围应以直接关联性、经常性、营利性

---

① 参见闫海：《我国旋转门条款的反思与重构》，载《法治研究》2010 年第 1 期。

② 参见喻术红、班小辉：《劳务派遣关系中的竞业限制问题研究》，载《华中科技大学学报（社会科学版）》2014 年第 28 卷第 3 期。

③ 参见刘敏、文介平：《专家解疑：劳务派遣工能否签订保密和竞业限制协议》，载《中国城乡金融报》，http：//news. hexun. com/2013 - 03 - 01/151614971. html，最后访问时间：2019 年 8 月 26 日。

“三性”为界定标准。直接关联性要求从业行为必须与原所从事的审判辅助工作相关，判断因素有两点：一是业务范围与诉讼活动相关，司法实践中与法院业务接触最多的是律师（包括法律服务工作者）职业；二是地域范围以原任职法院为限，这是因为聘用制辅助人员的人际关系和便利条件基本限于就职法院，受限范围具有合理性和可操作性，既减少了不必要的侵害，又符合大众预期。经常性要求从业行为必须与法院业务往来密切。聘用人员离职后到党政机关、企事业单位工作或自主创业，除从事代理业务外，其到原任职法院办理案件的机会极少，个别情况可以通过个案诉讼回避方式解决，并不会对司法公正造成直接的、实质性妨害。因此，不以代理诉讼业务为职业的人员不宜纳入限制范围。① 营利性特征则排除了离职聘用人员作为当事人的监护人或者近亲属参与诉讼的情况。

（四）限制期限

从业限制的合理期限即“冷却期”应当是消除原工作影响，维护司法公正所需要的时间。一般根据其任职的职务性质、在职时所具有的权威性与影响力、离职前所从事业务与离职后拟从事职业之间的关联度等因素来确定。② 由于法院工作的特殊性，法院在编工作人员的从业限制比一般公务员更为严苛，在原任职法院是终身禁业。聘用制辅助人员主要协助法官进行审判工作，在职期限多数不超过 5 年，其行使审判辅助权的影响力较小，像北京市第二中级人民法院限制其终身禁止代理原任职法院案件明显缺乏合理性。③

从前述聘用制审判辅助人员的身份特点可见，其离职两年后的影响力微乎其微。律师职业与审判辅助工作关联度最高，虽然不宜终身禁业，但为消除职业角色转换过快带来的情缘效应，对其参加原任职法院诉讼活动限制两年的“物理隔断”实属必要，其他关联营利活动可以通过合同约定不超过 2 年的从业限制期，区分对待既能与《公务员法》《劳动合同法》衔接，又能有效消解情缘对司法公信的影响。

（五）管理程序

当前从业限制的发展趋势是事后保护向事前监管拓展，法定义务向约

---

① 参见郝绍彬：《辞职法官从业限制困局及经济补偿制度的构建》，载贺荣主编：《尊重司法规律与刑事法律适用研究（上）——全国法院第 27 届学术讨论会获奖论文集》，人民法院出版社 2016 年版第 313 页。

② 参见史春林：《离职公务员的行为限制规定问题探讨》，载《理论探索》2017 年第 4 期。

③ 参见陈学芹：《北京二中院出台诉讼回避具体意见　工作人员离任后不得任本院诉讼代理人》，载《人民法院报》2009 年 11 月 16 日。

定义务转化。[①] 聘用人员离职从业不需要报告、审批和备案，监管的重点在于事前约定。法院在发布招聘公告、签订劳动合同或从业限制协议时，应当明确告知从业限制有关内容，离职时应签署从业限制承诺书。针对律师执业，法院应加强与司法行政机关、律师协会的沟通协作和信息共享，将限制期内从事律师执业的聘用人员进行公示，完善审判信息系统律师代理黑名单功能，从立案环节为利益冲突设置有效障碍，防止离职聘用人员限制期内进入诉讼程序。

除日常管理规定外，还应明确离职聘用制辅助人员退出代理的申请、审查与决定等操作程序。对方当事人或其他诉讼参与人提出异议，或者法院发现聘用制审判辅助人员担任原任职法院案件的代理人或者辩护人时，应当责令其停止相关诉讼代理或者辩护行为，并将停止诉讼代理的要求报送所属律师事务所后报律师协会或司法行政机关审查决定。在作出决定前，律师应暂停代理工作。[②]

（六）经济补偿

“国家基于保护国家利益和公共利益的理由，对个人拥有的既得权利予以剥夺和限制时，应给予补偿。”[③] 劳动就业权是宪法赋予公民的基本权利，从业限制以牺牲职业自由权乃至生存权为代价，将直接导致离职人员的就业机会和收入的减少。离职人员履行了从业限制义务，就有权获得影响生计的经济补偿。律师执业不受地域限制，要求律师退出原任职地区的法律服务市场，直接影响其业务拓展和职业发展，必将造成其经济收入减少及生活质量下降。为维护离职聘用人员的生存权，参照合理标准给予适当经济补偿，是落实从业限制制度的应有之义。

从业限制的经济补偿标准是聘用制审判辅助人员履行从业限制义务的核心对价，经济补偿数额应以不影响生活质量为总原则，以其在法院工作时的工资收入作为基本的计算依据，弥补聘用人员执业地区受限的损失。实践中，可以参考《关于审理劳动争议案件适用法律若干问题的解释（四）》所确立的规则进行操作，由法院在限制期限内按月支付经济补偿金，具体补偿标准为聘用人员离职前12个月平均月工资的30%，低于最低工资标准的，按照劳动合同履行地最低工资标准支付，以维持其应有的生活质量。

---

① 参见兰金莹：《中国离职竞业禁止法律制度的理论反思》，吉林大学2012年硕士学位论文。

② 参见王俊民：《论律师执业回避》，载《法学》1995年第11期。

③ 张梓太、吴卫星：《行政补偿理论分析》，载《法学》2003年第8期。

（七）违反责任

“制裁是由法律秩序所规定以促使实现立法者认为要有的一定的人的行为。”[①] 法律后果及责任追究的设计是违反从业限制的基本内容。

违反从业限制规定，主要从民事违约、行业处分、行政处罚三个方面追究责任。民事违约方面，主要参照《劳动合同法》的有关规定，法院停止支付从业限制经济补偿，要求支付违约金、继续履行从业限制义务。行业处分方面，以律师身份代理原任职法院案件的违规行为，律师协会依据有关规定给予训诫、警告或者通报批评；情节严重的，给予公开谴责、中止会员权利三个月以下的纪律处分。行政处罚方面，由工商、市场监管等部门依法没收违规从业所得，并根据情节轻重，处以违规从业所得一倍以上五倍以下罚款。律师违规执业的，由所属司法行政部门给予警告，可以处5000元以下的罚款；有违法所得的，没收违法所得；情节严重的，给予停止执业3个月以下的处罚。

结　语

“正义必须植根于信赖。当心地正直的人们转而认为法官有偏私时，信赖也便荡然无存了。”[②] 对聘用制审判辅助人员离职从业行为的法治检视和合理规制，实质上是防范法律职业流动过程中的利益冲突风险，确保司法公正廉洁免受怀疑。在全面深化改革、全面依法治国与全面从严治党一体推进的背景下，畅通法律职业共同体间自由流动的同时，应积极探索对离职聘用制审判辅助人员从业限制的顶层设计和制度安排，通过合法合理的法律约束，实现司法公正、平衡各方利益的法律功能。这既是新时代加强司法职业伦理建设、防范队伍管理风险的基本要求，也是完善司法权力监督制约机制和利益冲突回避制度的重要内容，有助于司法实践中相关问题的统一处理，有助于建立良性互动的法律职业共同体，对其他法律职业共同体身份转换引发利益冲突风险问题的研究也具有一定的借鉴意义。

---

① ［奥］凯尔森：《法与国家的一般理论》，沈宗灵译，中国大百科全书出版社1996年版，第54页。

② 英国的丹宁勋爵语，转引自［英］威廉·韦德：《行政法》，楚建译，中国大百科全书出版社1997年版，第117页。

“初任法官一般到基层人民法院任职”的法律意涵及制度实现

——《法官法》第十七条第一句评析

郭泽喆*

长期以来，我国施行初任法官“本院任职”，不同层级法院初任法官的职业发展机会存在落差，部分初任法官认为基层法院并非理想的任职去向。“本院任职”模式下高层级法院法官员额优先用于自产法官，下级法院法官选拔到上级法院存在壁垒，21世纪初便提出的法官逐级遴选制度难以真正落实。因法官职业缺乏内部流动性，特别是纵向流动性，无法实现人力资源优化配置，法官工作潜能和积极性难以充分激发。2019年4月23日新修订的《法官法》第十七条规定“初任法官一般到基层人民法院任职”，打破了“本院任职”旧有模式，新的法官初始任职制度雏形初现。该条规范的制度功用及内在价值亟待厘清，据此方可对之作出合乎立法意旨、填补法律漏洞的解释并加以实施。同时，有必要预判推行中面临的障碍，提出系统性解决方案，以防范制度异化风险。

一、抽丝剥茧：《法官法》第十七条第一句的法律漏洞

《法官法》第十七条第一句寥寥15字，但全句三个中心词（词组）均意涵丰富。如何界定初任法官，如何落实到基层法院任职，如何解释“一般”及与之相对的例外，皆有讨论空间。规范语义的模糊使得配置法官初始任职的“权力制约失去了规范依凭”，“在法外推定有了‘必要’和可能”，[①] 产生与立法计划和规范目标背离的可能。该条文存在法律漏洞，属于自始漏洞中的明知漏洞，[②] 呈现概念漏洞与规则漏洞相互交织的特点。[③]

---

* 作者单位：福建省厦门市思明区人民法院。

① 谢晖：《权力缺席与权力失约——当代中国的公法漏洞及其救济》，载《求是学刊》2001年第1期。

② 依立法者在立法时对法律欠缺是否已有认知的标准，可将自始漏洞分为明知漏洞与不明知漏洞。参见刘士国：《法律漏洞及其补充方法》，载《人大法律评论》2010年第1期。

③ 关于法律漏洞的分类可参见：黄建辉：《法律漏洞·类推适用》，中国台湾地区蔚理法律出版社1988年版，第31页、第52~58页。

（一）概念漏洞的来源："初任法官"外延的丰富性

"初任法官"与"再任法官"是一组相对概念，前者是指不具有法官身份的人被赋予法官身份，系增量法官来源；后者是指已经具有法官身份的人被赋予新的法官职务，系存量法官职务变动的结果。[①] 我国"初任法官"的演变与社会发展进程密切相关，在不同时期具有不同特点。21 世纪初，法律职业群体逐步形成，国家举办统一司法考试，《公务员法》实施后法院逢进必考，"书记员/法官助理（国家统一法律职业资格考试 + 公务员考试）一员额法官（法官遴选考试 + 人大常委会任命考试 + 国家法官学院培训）"这一"考训模式"成为我国法官的主要产生路径，[②] 这实际上是"大陆法系职业法官培养制度模式与传统的中华法系审判辅助职业制度模式的体制性结合"。[③] 同时，最高人民法院积极探索拓宽法官来源，早在《人民法院五年改革纲要》（法发〔1999〕28 号）就提出"从律师和高层次的法律人才中选任法官"，如今在新修订的《法官法》中成为正式法律制度。此外，法官、检察官任职交流传统，亦为增量法官渠道。[④] 梳理可知，当前我国法官来源以"考训模式"为主，"市场模式"为辅，兼有"职业互动""法检交流"模式。[⑤] 四十年来，我国"初任法官"经历了从二元差序到一元平权的历史沿革，[⑥] 内涵发生了重大变化，外延不断丰富拓展，然而新修订的《法官法》对文本中"初任法官"外延缺乏清晰界定，此种概念漏洞将导致理解分歧。

图 1　我国法官来源

---

① 参见左为民等：《中基层法院法官任用机制研究》，北京大学出版社 2014 年版，第 9 ~ 10 页。

② 苏永钦教授在《寻找共和国》一书中将初任法官的选任模式分为两种，一是通过职业资格考试加培训的方式养成的"考训模式"，二是从具有实务经验的律师中进行遴选的"市场模式"。我国从法官助理中培育初任法官属于"考训模式"。

③ 杨凯：《论审判辅助职业制度改革研究的进路》，载《南海法学》2017 年第 2 期。

④ 参见《最高人民法院、最高人民检察院关于法官、检察官相互调任不需参加调入方初任考试的通知》（法〔1996〕8 号）。

⑤ 笔者将占比最大的"考训模式"法官定义为狭义的初任法官，其与他种途径产生的法官并称为广义的初任法官，此种划分有助于理解《法官法》第十七条第一句及相关立法精神。

⑥ "二元"指助理审判员和审判员两种身份的法官并存；"差序"指助理审判员的裁判权力受限并一定程度上依附于院庭长或审判长。新修订的《法官法》实施后，仅存在审判员身份的法官，法官的裁判权力完整且平等。

表1　　我国“初任法官”立法沿革

<table>
<tr><th>时期</th><th>法律</th><th>条文</th><th>表述</th><th>特殊任职条件</th><th>选任方式</th><th>备注</th></tr>
<tr><td rowspan="2">1995年以前</td><td>1979年《人民法院组织法》</td><td>第三十四条、第三十七条</td><td rowspan="2">审判员和助理审判员</td><td>无</td><td rowspan="2">任免</td><td>助理审判员由司法行政机关任免</td></tr>
<tr><td>1983年修改《人民法院组织法》</td><td>第三十四条、第三十七条</td><td>必须具有法律专业知识</td><td rowspan="2">助理审判员由本级人民法官任免</td></tr>
<tr><td>1995年至2001年</td><td>1995年《法官法》</td><td>第十二条、四十六条</td><td>初任审判员、助理审判员</td><td>专科以上</td><td>公开考试、严格考核、择优提出人选</td></tr>
<tr><td rowspan="3">2001年至今</td><td>2001年修正《法官法》</td><td>第十二条、第五十一条</td><td rowspan="2">初任法官（狭义指审判员，广义则还包括助理审判员）</td><td>本科以上：通过国家统一司法考试</td><td>严格考核，择优提出人选</td><td rowspan="2">助理审判员由本院院长任免</td></tr>
<tr><td>2017年修正《法官法》</td><td>第十二条、第五十一条</td><td rowspan="2">本科以上：通过国家统一法律职业资格考试</td><td rowspan="2">考试、考核、择优提出人选</td></tr>
<tr><td>2019年修正《法官法》</td><td>第十二条、第十四条、第十六条、第十七条、第三十条、第六十六条</td><td>初任法官（仅指审判员，亦即员额法官）</td><td>法官序列不再包括助理审判员</td></tr>
</table>

（二）规则漏洞的成因：“到基层法院任职”方案存在多样性

初任法官本院产生和本院任职的模式下，书记员和法官助理在任职法院完成非法官到法官的身份转变，各级法院在法官选任上缺乏系统性交互。除了发生并非常态的职业流动，“考训模式”法官将在初始任职法院度过全部职业生涯。基层任职规则的设定意在改变上述状态，在初始任职环节便为法官职业注入流动性。现实中如何落实“到基层法院任职”，存在适用对象、任职形式、初任职级等细节变量，施行何种方案将对法官队伍建设和法院人力资源配置产生深远影响，这种法律规范对条件假定、行为模式和法律后果规定上的笼统和模糊属于规则（规范）漏洞。可以预见若不对此加以明确和统一，各地法院在实施过程中势必按照自己的理解，将各变量排列组合为各种方案，从而使该项制度丧失规范性和指引性。

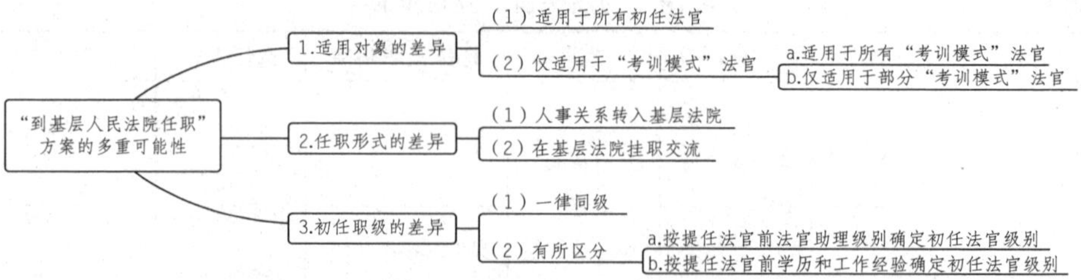

图2　"到基层法院任职"方案的多重可能性

(三)明知漏洞的线索:缓和规则刚性立法技术的运用

法律条文中"应当""可以"一类用语不仅充当语法意义上的助词,更表达了规范意义上的强制和明确程度。"一般"这一表述具有为规则打开口子的功能,对其作不同解释的本质在于,在何种层面上为规则开多大的口子。《法官法》第十七条第一句采用"一般"的表述,使"到基层法院任职"缺乏在强制程度上的明确立法取向,如何界定"一般"以及与之相对应的"例外"因此存有弹性空间。从当前各地实践来看,对该条文中"一般"一词至少存在两种符合文法逻辑且具有操作性的理解。

第一种理解:"一般"与"例外"的区分针对"考训模式"初任法官,"考训模式"初任法官入额前任职法院层级是决定"一般"或"例外"的因素。基层法院法官助理在本院入额本就占初任法官的绝大部分,已构成到基层任职的"一般"情形。高层级法院法官助理是否到基层法院入额是"例外",可灵活规定。①

第二种理解:"一般"与"例外"的区分针对所有初任法官,初任法官的类型是决定"一般"或"例外"的因素。不同类型初任法官的产生机理和任职目标不同,应当根据各自特点安排任职去向。"考训模式"法官均到基层法院任职是所谓的"一般"情形,② 其他类型初任法官则为"例外"。

引入"一般"这一缓和规则刚性的立法技术,表明立法者对该条规范的不完善早有认知,试图将问题留待经实践检验的法律解释或补充细则等其他途径加以解决,该条文漏洞属于自始漏洞中的明知漏洞。

---

① 如《广东省中、基层法院2019年法官入额遴选工作实施方案》规定:"基层法院遴选计划可区分面向本院和面向中级法院。""中级法院符合条件人员可同时报名在本院和基层法院入额,报名时应当选择审判类别,其中报名基层法院入额的,应注明具体报考法院及是否服从调剂。"

② 如2017年上海市遴选法官,入额初任法官将统一到基层法院任职。参见宋宁华:《上海首次从法官助理中遴选初任法官　入额者将到基层法院任职》,载搜狐网 http://www.sohu.com/a/169472873_420076,最后访问时间:2019年7月14日。甚至早在十几年前,北京、上海等地就开始尝试由高级法院招录初任法官然后派遣到基层法院任职。参见陈海光:《法官法实施的现实成效与远景展望》,载《中国人大》2006年第19期。

二、溯本求源：《法官法》第十七条第一句的功能和价值

初任法官基层任职是我国法官职业化建设迈向新阶段的选择，与上级法院法官逐级遴选、面向社会公开选拔法官等司法体制综合配套改革环环相扣、相得益彰，共同奠定了法官选任制度的基调。新修订的《法官法》施行之后，有必要探究第十七条第一句的立法意旨，厘清该条规范的功能和价值，为合理解释文本、填补法律漏洞、防范制度异化指明方向和路径。

（一）该条文在法官选任制度体系中的功能定位：确立法官岗位初次分配规则

成文法系统通过法律规范的功能分化及贯彻实施而“自我指涉”，[①] 法律条文有其特定规范目的，法官选任制度亦如是。顾名思义，法官选任由“选”和“任”两个环节组成。“选”控制增量，确定法官员额比例和数量的基础上，通过法官遴选程序把控法官质量，确保适当规模的优秀人才进入法官队伍，是法官职业精英化的制度保障。[②] “任”配置存量，通过初始任职制度将法官初次分配至特定岗位，再以逐级遴选制度将法官安排至更加合适的岗位以完成二次分配，从而系统性地实现四级法院法官人力资源的优化配置。《法官法》条文体系中，法官初始任职制度与法官逐级遴选制度同属规制配置存量法官之“任”的规范性质，二者各自管领法官任职的“源”与“流”。《法官法》第十七条第一句确立的法官初始任职制度规制“初任法官”的任职去向，起到对作为法院核心人力资源的法官进行岗位初次分配的作用。法官逐级遴选制度则关注“再任法官”之升任程序，其功能为从存量法官中择优进入高层级法院任职。两项制度均具有法官职业经验养成、法官队伍人才流动、法官独立性思维呵护等多重价值。[③]

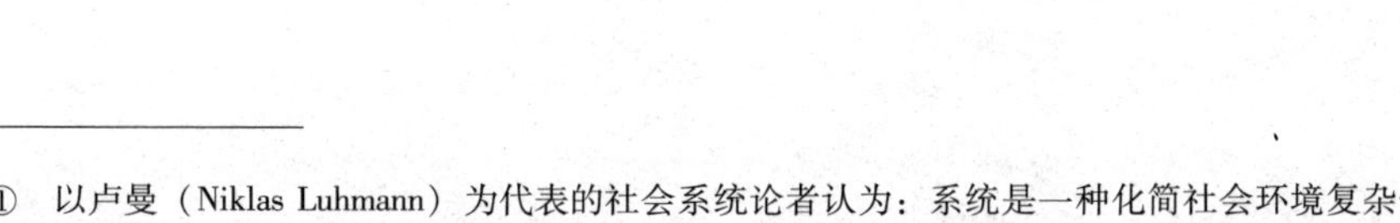

图 3　我国法官选任制度体系的结构和功能

---

① 以卢曼（Niklas Luhmann）为代表的社会系统论者认为：系统是一种化简社会环境复杂性的程序；法律与政治、宗教等均为各自自足的系统；系统由分化为不同功能的子系统作为组成要素，在彼此相互关联以及同环境的交往中进行“自我指涉”，由此得以确认自己的特殊性并发挥功能。

② 郭泽喆：《知识与事权双重面向的法官员额测算》，载《行政与法》2019 年第 8 期。

③ 吴广强：《法官逐级遴选之正当性思辨》，载《中国应用法学》2018 年第 5 期。

（二）到基层法院任职的制度功用：改善基层法官素质，促进职业发展机会平等，为逐级遴选奠定基础

司法改革后法官等级“套改”，法官等级与法官领导职务和职级序列仍存在对应关系，[①] 到哪一层级法院任职直接影响法官职务职级竞争中的机会多寡。“本院任职”模式下，高层级法院初始任职的法官在职业发展上有“起跑线”和“天花板”的双重优势。有志于通过“考训模式”在法官职业上有所作为者报考高层级法院是理性的选择，除非自身条件无法满足招考条件。这不可避免地导致人才高度集中到高层级法院，法院层级越低越无法吸引和留住人才，与中央始终强调的加强基层队伍建设目标背离。基层法院人员整体素质较低削弱法官逐级遴选的正当性——既然优秀人才已经通过初次分配集中到了高层级法院，又何须二次择优遴选？

笔者认为，公务员考试仅是取得公务员身份的资格考试，不能先决性地取代法官选任制度决定法官任职去向。“本院任职”模式客观上产生了公务员考试决定法官初始任职去向的后果，与应然产生悖反，有必要加以纠正。“本院任职”模式不具有选贤任能的制度科学性，造成初任法官职业发展机会不平等，抑制基层法院对高素质人才的吸纳，是法官逐级遴选长期无法有效落实的重要原因，其制度运行结果是不可预的。由“基层任职”取而代之，向基层输送“全血”初任法官，能够整体提升基层法官队伍素质。“到基层法院任职”还可实现职业发展机会平等，消除入职者功利性考入高层级法院以寻求本院任职的方式规避和架空法官逐级遴选的制度性诱惑，为推行法官逐级遴选制度扫清障碍。基层任职较之本院任职更能激发法官的积极性和进取心，对法官队伍活力的调动是根本性和突破性的。

（三）限缩初任法官外延的价值审思：遵循业务型普通法官成长规律，强化基层法院化解矛盾纠纷职能

左为民教授将我国法官分为三种类型：业务型普通法官（纯粹从事审判业务的审判员，或称无领导职务的法官）、业务型领导法官（正副庭长和副院长，或称有领导职务的法官）、政治型领导法官（特指院长）。[②] 从法官助理中选任的“考训模式”法官在类型上对应上述业务型普通法官，“业务

① 侯猛：《从〈公务员法〉看新修订的〈法官法〉——以法官管理制度为主线》，载《法律适用》2019 年第 9 期。

② 参见左为民等：《中基层法院法官任用机制研究》，北京大学出版社 2014 年版，第 11 ~ 12 页。

能力”是选任此类法官最重要的标准。[①] 时任最高人民法院政治部主任徐家新指出，可从六个方面把握做合格法官的基本要求：一是崇法护法的精神，二是司法为民的情怀，三是客观公允的立场，四是辨法析理的能力，五是丰富广博的阅历，六是谨言慎行的作风。[②] 可见，法官的业务能力寄托并展现于案件审理，审理案件是法官积淀业务能力的根本归依。“考训模式”法官在入职法院前通常没有法律职业经验，成为法官后是较彻底意义上的“初任”，尚不完全具备案件审理和纠纷解决能力，应通过大量审理案件强化锻炼。基层法院是司法大厦的基石、接近正义（Access to Justice）的主要纽带，在司法权参与国家治理的格局中处于基础性地位，[③] 其案件数量充足、类型多样、直接面对群众，是法官汲取裁判经验、涵养司法能力的肥沃土壤，到基层法院任职最有利于“考训模式”法官提升业务能力。

基层法院占四级法院数量的绝大多数，绝大多数一审案件由基层法院审理，长期以来基层法院处于“过载”状态。[④] 当前对四级法院功能定位、职权配置的配套改革中，基层法院化解矛盾纠纷的职能定位进一步强化，司法案件重心下沉的趋势更加明显。今后很长一段时期，案多人少仍将困扰基层法院，基层法院对法官数量和质量的需求只会增加不会减少。将年富力强且以办案为主责的“考训模式”法官整编输送至基层一线办案，有利于缓解人案矛盾，促使更多纠纷在基层化解。这些积累了基层经验的法官遴选至上级法院后，将“更加熟悉基层及下级法院情况，保证上级法院对下级法院审判指导与监督工作的准确性、可行性及权威性”，[⑤] 对强化上级法院审判监督职能、形成良性审级关系也有积极促进作用。

鉴于“职业互动”“法检交流”模式选任的法官通常具有深厚专业知识与丰富实务经验，基于同类素质不必重复考察、同质经验无需重复积累、高效发挥人力资源效用的考量，无须强制要求到基层法院任职。实践中可根据具体情况采取挂职锻炼、短期交流等方式，满足此类法官基层审判经验需求。

---

① “业务能力是指熟练运用法院特有的司法知识处理案件的能力。”“在法院内部，专司审判工作的普通法官的业务能力主要表现在庭审主持、文书制作、案件裁决等方面。”参见左为民等：《中基层法院法官任用机制研究》，北京大学出版社 2014 年版，第 47、85 页。而对业务型领导法官和政治型领导法官而言，管理能力、政治素养分别是所应具备的关键素质，其选任逻辑和程序迥异于业务型普通法官，彼此不产生程序和功能上的交叉。

② 该六项要求围绕如何更好地行使审判权展开，显然是针对业务型普通法官提出的。参见徐家新：《合格法官的基本要求》，载《人民法院报》2016 年 7 月 27 日。

③ 郭泽喆：《基层司法权功能的优化与重塑》，载《东南司法评论》2017 年第 10 辑。

④ 吴英姿：《法官角色与司法行为》，中国大百科全书出版社 2008 年版，第 293 页。

⑤ 张先明：《刘玲代表：初任法官都应先到基层任职》，载《人民法院报》2014 年 3 月 6 日。

三、进路展望：《法官法》第十七条第一句的实施困境及应对之策

至此可得出结论，《法官法》第十七条第一句当解释为：从法官助理中产生的“考训模式”初任法官一概到基层法院初始任职，其他类型初任法官作为例外可不受此限。按照帕累托改进理论，① 资源配置应当朝着组织利益总体得到改善的方向开展，方得以较少阻力地顺利推行。推行初任法官基层任职要兼顾宏观、中观、微观各个层面，使法院整体利益、法院个体利益、法官个人利益均不应因改革受损，而是有所增益。

（一）法院整体利益考量：弥补因基层初任减损的法官职业吸引力

部分潜在的入职者视基层法官为价值较低的职业选择，且不愿为遴选至上级法院付出成本和承担风险，在初任法官一概基层任职的制度约束下，可能放弃尝试成为法官。法院核心人力资源虽实现内部结构优化，却存在法官职业吸引力降低、法官质量堪忧的风险，从而背离“高素质法官队伍建设”的立法初衷。为防范上述风险，应考虑采取措施增加法官职业的吸引力。一般而言，影响职业吸引力的因素主要包括薪酬待遇、职业尊荣、工作强度、职业风险四个维度，前二者与职业吸引力正相关，后二者反之。

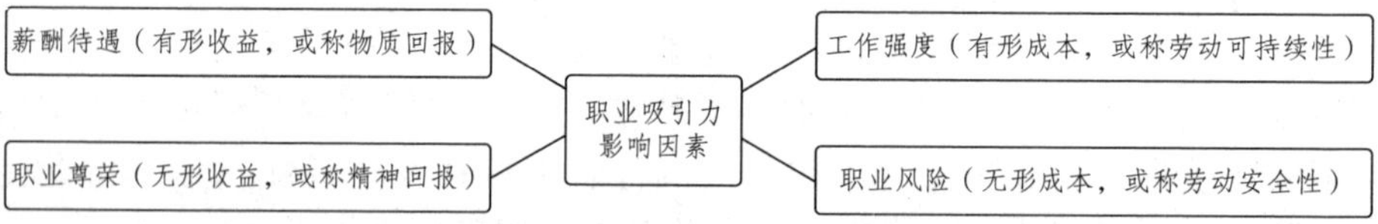

图4　职业吸引力影响因素

薪酬待遇方面，本轮司法改革通过提高法官待遇显著增加了法官职业的薪酬吸引力。职业尊荣方面，法官手握“生杀予夺”权力，肩负“分配正义”使命，是在自我实现②上具有独特优势的职业。本轮司法改革还通过单独职务序列管理，消弭法官在行政职务职级方面的相对劣势，并通过“让审理者裁判，由裁判者负责”改革，使法官尊荣进一步提高。职业风险方面，新修订的《法官法》以专章确认和固定了法官权益保障机构这一改革成果，明确规定设立法官权益保障委员会，法官权益保障工作已经有序开展起来。

目前较为棘手的是工作强度问题。法院特别是基层法院的工作强度过

① 帕累托改进是意大利经济学家维尔弗里多·帕累托提出的一种状态：通过适当的制度安排，至少能提高一部分人的福利或满足程度，而不会降低所有其他人的福利或满足程度。

② 马斯洛认为人的需求因区分层次而存在满足的次序，其中生理需求和安全需求属于基础性需求，爱和归属感、尊重、自我实现属层次较高的需求。法官具有受人尊敬、使命崇高的特点，十分适合作为满足尊重、自我实现等高层次需求的职业载体。

高，抑制了法院对人才的吸引力。对此，可考虑通过控制案件增量、合理分配存案，减轻法官特别是基层法官的负担，使工作强度不再成为法官职业吸引力的软肋。案件增量方面，可通过改革诉讼费收费标准、发展多元解纷机制等措施控制诉源，减少进入诉讼的纠纷数量，将案件规模控制在司法人力资源可承受范围之内。在存量案件的管理和应对上，加大中央政法专项编制和法官员额比例向基层法院倾斜力度，充分考虑法院之间层级差异、地区差异以及法院内部部门差异，采取"工作量均质化"[①] 方法科学配置法官员额，防止出现层级性、区域性、内部性忙闲不均。

（二）法院个体利益考量：基层初任下四级法院用人选才各得其所

法院因层级不同、区域不同，对法官任用制度的利益诉求存在差异，但最大限度吸纳优秀人才的渴望是相同的。推行初任法官基层任职，基层法院是直接受益者，却对高层级法院不利：一是自产法官流失，只能输送至基层"为他人做嫁衣裳"；二是法官助理流动性增加，容易出现"助理荒"；三是法官助理职业发展的"起跑线"和"天花板"优势不复存在，人才吸纳能力降低。对上述问题应有针对性地解决。首先，对高层级法院自产法官减员可通过法官逐级遴选补充，且遴选法官素质理论上通常会高于自产法官，于此实现帕累托改进为大概率。其次，在高层级法院无法及时补充招录法官助理时，从下级法院交流选调顺理成章。这为下级法院法官助理提供了到高层级法院工作学习的机会，推行起来应无障碍。

难点在于如何应对高层级法院对入职者的吸引力减损。欲找准症结并加以破解，首先有必要理清公务员招考与初任法官选任之间的关系。公务员招考中不同岗位设置的学历、工作经验、是否通过资格考试等要求不同，入职后上述因素又依法在法官选任中发挥作用。遗憾的是《法官法》的相关规定并未起到有效激励高素质人才进入法院特别是高层级法院的作用，主要表现为：一是学历因素转化为升任法官优势的边际作用不合理，[②] 二是入职前的工作经验基本无法转化为升任法官优势，[③] 三是通过资格考试的时间先后对升任法官没有影响。在"本院任职"模式下，学历、工作经验更占优势的入职者虽然无法将优势直接充分转化为升任法官的优势，但可通过考录高层级法院间接获得法官职业发展机会的优势。因此，"本院任职"

---

① 郭泽喆：《学科交叉视角下的法官员额测算》，载《司法改革论评》2016 年第 2 期。

② 与取得本科学历相比，取得硕士、博士学历通常各要多花费三年、七年的时间成本。然而《法官法》第十二条规定，在选任法官时硕士、博士相较于本科仅获得一年、两年的年限优势，这种制度设计没有体现对知识和人才的足够尊重。

③ 大多数法院从法官助理中选拔法官时有意淡化候选人的非法院工作经验因素，背后的逻辑是认为法院以外的工作经验对是否胜任法官影响甚微，而包括书记员及法官助理在内的法院工作经验才是成为合格法官的重要条件。

模式下一部分法律人才仅将高层级法院作为职业选择，而将基层法院排除在职业选择之外。一旦推行基层任职，上述优势变现渠道将被堵死，对高学历、工作经验丰富的法律人才而言，报考高层级法院已无法“曲线救国”，这部分潜在的入职者将会流失。

可考虑采取若干措施保持高层级法院对优秀法律人才的吸引力，确保其用人选才需求得到满足。一是设置更加科学的规则，使学历优势合理转化为升任法官优势。具体而言，规定升任法官前从事法律工作的年限为本科8年、硕士5年、博士1年。[①] 待法官职业稀缺性和吸引力提高，可在保持差额年限的基础上进一步整体延长年限。二是灵活解释“从事法律工作”，使工作经验合理转化为升任法官优势。具体而言，法院、检察院工作经历按1∶1折抵年限，其他法律工作经历（律师、法务、党政机关政策法规岗、法学教师等）按1∶0.5折抵年限，非法律工作经历不可折抵年限；若折抵后年限小于等于1的，则至少担任法官助理满一年方可升任法官。三是规定仅通过法律职业资格考试取得法律职业资格后的工作经验方可作为计算升任法官前的有效工作年限。四是科学设置公务员招考法官助理岗位条件。高层级法院岗位的学历、工作经验设置要与基层法院适当拉开差距，引导高素质人才报考前者。对设置高学历、须有工作经验条件的岗位，相应放宽考生年龄限制，避免不符合规律的年龄设置，防止优秀人才因年龄偏大无资格报考。

（三）法官个人利益考量：畅通基层初任法官职业发展通道

上级法院法官助理到基层法院入额，是推行初任法官基层任职制度过程中个体利益冲突最为剧烈的情形。一方面，到基层入额会降低职务职级的“起跑线”和“天花板”，丧失原本占优的职业发展平台，上级法院法官助理难以接受。另一方面，基层法院法官员额有限，自家尚且僧多粥少，上级法院还来挤占，基层法院法官助理不支持、不认同。

基层法院法官助理所担心的员额问题，可通过上级法院逐级遴选法官与下级法院选任初任法官同步协调推进解决。下级法院法官遴选至上级法院后，下级法院空出员额可用于上级法院法官助理入额，通过省或市一级统筹员额实现动态平衡。上下级法院法官助理纳入一个盘子选任法官，使得竞争更加充分，有利于筛选出更优秀的法官。选任合格法官还有赖于科学、合理、规范的初任法官遴选机制，从当前各地区法官遴选委员会的运行情况看，主要采取大规模面试、会议审议并票决的遴选方式，难以实质

① 通常本科毕业生约22岁，工作8年后约30岁，此时入额年龄并不算大。本、硕、博之间的工作年限差额对应获得学历的时间差额，方才能够改变现行制度下高学历者反遭“年龄歧视”的不合理状态。

发挥选任法官的专业把关作用，加强法官遴选机构的独立性、确保遴选委员会组成多元化、构建专业的遴选考核标准、打造规范的遴选程序迫在眉睫。①

结 语

《法官法》第十七条第一句旨在重构法官岗位初次分配制度，激活法官职业的内部纵向流动性，促使法院核心人力资源在动态中实现优化配置。"原则必须体现在而且也总是体现在具体的制度细节中"。② 欲实现立法初衷，应对以下规范细节加以澄清：第一，"考训模式"初任法官到基层法院任职即该条规范所称"一般"情形，其内部不应再区分不同情形，其他类型初任法官作为例外可不受此限；第二，"到基层法院任职"是指人事关系转入基层法院，不包括挂职锻炼、短期交流等变通方式；第三，初任法官职级可与经验、学历关联，但须与法院层级脱钩。推行该制度可能伴随法官职业吸引力减弱、高层级法院用人选才受阻、法官职业发展前景不明朗等副作用。可考虑通过控制案件增量和合理分配存案减轻法官特别是基层法官的负担，使工作强度不再成为选择法官职业的主要顾虑。可通过创设规则、解释规范使候选人的学历和工作经验等优势合理转化为升任法官优势，从而保持高层级法院的人才吸引力。基层法官职业发展前景向好本身就是对高层级法院法官助理到基层入额任职的补偿，通过省或市一级同步协调推进选任初任法官与法官逐级遴选，能够实现员额动态平衡。此外还应加紧完善初任法官遴选机制，全面畅通法官职业发展通道。唯有如此，方可防范新法施行的异化风险，实现重塑和优化法官选任制度的立法初衷，确保法官逐级遴选、公开选拔法官等司法体制综合配套改革顺利协同推进。

---

① 参见杨奕：《我国法官准入标准及选任机制研究——以新修订的〈法官法〉为研究背景》，载《法律适用》2019年第9期。

② 苏力：《法官遴选制度考察》，载《法学》2004年第3期。

数据之眼：法官员额比例的逻辑前提与修正完善

——基于政法编制、经济发展、案件数量、人口等数据的多维透视

余德厚* 李桂红** 秦少斌***

中央在改革之初就为地方推进法官员额制改革划定了红线。新修订的《人民法院组织法》《法官法》两部法律均将法官员额制改革成果通过法律的形式予以确定下来，明确了法官员额的主要确定方式及调配方式，为我们推动完善司法体制综合配套改革，细化法官员额制改革配套措施提供了法律依据。通过对不同层级法院辖区中央政法编制、案件数量、经济社会发展状况等数据统计分析及多维透视，建议由最高人民法院从全国层面司法人力资源调配的角度，建立“司法服务型编制配置模式”为主，“社会治理型编制配置模式”及“人才培养型编制配置模式”为辅的政法编制、员额比例配置模式实现全国范围内司法人力资源的优化配置。①

一、多维数据透视下法官员额制运行的实践考察

法官员额制改革试点过程中，第一批试点的上海法院将法官员额比例确定为33%，在后续的改革过程中，上海法院认为“现在33%的员额比例还要压缩，员额法官占30%就行了”② 是否可以得出员额比例设置越低，员额制改革就越成功的结论？这还需要数据和时间的检验。为此，笔者选取20个高级人民法院、20个中级人民法院、20个基层人民法院，对这些法院及辖区政法编制、案件数量、经济社会发展状况、人口数量等数据进行了统计分析，通过对这些数据的多维透视可以更为直观地找准法官员额制在实践运行中存在的问题。

---

* 作者单位：海南省高级人民法院。

** 作者单位：广东省深圳市中级人民法院。

*** 作者单位：广东省深圳市中级人民法院。

① 文中所涉20个高级人民法院、20个中级人民法院、20个基层人民法院所有数据均是通过互联网查找2018年法院工作报告以及政府工作报告等方式直接或通过测算获得。

② 《上海高院称33%员额比例不是少了，而是多了》，载《法制日报》2017年6月27日。

（一）宏观视角下省域间法官员额制运行的数据透视

中央将全国法院法官员额比例设置为39%，且赋予省级部门在省域范围内进行政法编制、法官员额的调配权力，既坚持顶层设计的制度红线也给基层改革探索赋权，符合我国改革实际。但因我国省域间的经济社会发展差距较大，仅是省域内的政法编制、员额比例动态调整，还不能适应法官员额制改革精细化完善的实践需求。为此，笔者选取北京等20个高级人民法院作为样本，对这20个高级人民法院辖区中央政法编制数、辖区常住人口数、政法编制等数据进行了统计分析。

1. 省域间法院法官呈忙闲不均状态。笔者统计了北京等20个高院辖区的政法编制、案件数量、人口数量等9个要素，并按照2018年辖区员额法官人均办案数由高到底的顺序对表格进行了排序。通过直观的数据观察，位于前5位的北京、浙江、上海、重庆及江苏法院辖区法院2018年员额法官人均办案数均超过300件，位于5~10位的广东、安徽、山东、福建、天津、贵州法院辖区则位于200~300件之间，而位于16~20位的河北、湖南、湖北、吉林、广西法院辖区员额法官办案数位于130~180件之间。湖北、吉林、广西等地法院员额法官人均办案数较少的不到北京、浙江、上海、重庆、江苏等地法院员额法官人均办案数的一半，从数据直观的视角看省域间法院法官忙闲不均的特征较为明显。

2. 省域间法院政法编制配比呈失衡状态。通过对不同法院辖区政法编制与辖区人口编制数比值的数据看，不同法院辖区政法编制配比呈现出较大的差异。以上海法院系统为例，其政法编制与每万人口比为3.71，而广东法院系统的政法编制与每万人口比仅为1.82不及上海的1/2，低于2.59平均值0.77个比值。进一步对比广东与天津、辽宁和吉林法院，广东2018年员额法官人均办案数分别比天津、辽宁和吉林法院多61件、85件、133件，但广东政法编制与每万人口比分别比天津、辽宁和吉林法院低1.67、1.42、1.34，直观地反映出省域间的政法编制配比差异较大，省域间法院政法编制配比呈一种失衡状态。

3. 法官办案数量与法院辖区面积呈负相关关系。通过辖区法官办案数及辖区面积与政法编制比的数据对比，可以发现辖区员额法官办案较多的北京、浙江、上海、江苏、广东等地辖区面积与政法编制比大概在6平方千米每人左右，反映出经济发达地区经济发展水平高，案件数量多，法官能够负责的辖区面积越小。而经济相对稍欠发达地区的省份如贵州、陕西、四川、吉林、广西等地法院辖区面积与政法编制比在20平方千米每人左右，反映出经济相对稍欠发达地区人口较少，经济交往少，案件数量少，法官能够负责的面积越大。也反向地推出考虑政法编制配置及法官员额设置时应考虑法官负载的司法面积，法官负载的司法面积越大法官用于调查取证以及执行花费在路途中的时间精力成本要多一些，其办理案件的数量自然就少一些。

（二）中观视角下中级人民法院法官员额制运行的数据透视

仅是对高院辖区中央政法编制、案件数量等要素进行统计分析或许还不足以全面细致地了解法官员额制的实际运行情况。为此，笔者选取了广州等10个副省级城市中级法院，并选取了商丘等10个地级市中级法院，对这20个中级法院中央政法编制数、法官员额数等相关数据进行了统计分析，通过对数据的直观分析可以更进一步了解法官员额制中观的运行情况。

1. 中级人民法院员额法官办案数量较为均衡。副省级城市的中级人民法院中广州中院、成都中院、杭州中院、深圳中院、沈阳中院等5个中级人民法院员额法官年均办案数量均突破200件，仅广州中院突破250件，而其他中级人民法院员额法官办案数大多在180件左右，如遵义中院199件，莆田中院197件，济南中院176件，武汉中院176件。也存在部分中院案件数较少的情况，如马鞍山中院、娄底中院、自贡中院及钦州中院法官年均办案数不超过100件，从数据直观显示中级人民法院法官办案数量整体较为均衡。

2. 中级人民法院法官员额比例配置较为均衡。大多数中级人民法院法官员额比例控制在39%以内，平均值为37.18%。仅有少部分中级人民法院法官员额比例突破了39%，诸如深圳中院，其法官员额比例达到49.16%，而深圳中院2018年收案62530件，位居全国中级法院第一，允许其设置近50%的员额比例符合实际工作需要。而员额比例最低的自贡中院法官员额比例则为29.63%，不到30%，其员额法官年均办案数量仅为80件，对其设置较低的法官员额比例亦符合其实际情况。

3. 中级人民法院中央政法编制配置较为均衡。案件数量较多的深圳中院、杭州中院、广州中院、成都中院、南京中院中央政法编制数量均在500名左右，案件数量较少的商丘中院、赤峰中院、遵义中院、娄底中院中央政法编制在200名左右，20个中级法院的中央政法编制平均值为307，法官员额比例平均值为37.18%。体现出中级法院作为高级法院与基层法院之间的一级法院，不论是在人均办案数量、政法编制配置以及法官员额比例设置方面都具有一定的均衡性。

（三）微观视角下基层法院法官员额制运行的数据透视

我国80%的法院是基层法院80%的案件在基层法院，对基层法院进行微观的数据分析，更有利于我们掌握法官员额制运行的实践情况。为此，笔者选取了深圳市福田区人民法院等10个副省级以上城市的城区法院，同时选取了浙江省青田县人民法院等10个远郊县人民法院。对这20个基层法院的中央政法编制、法官办案数等数据进行了统计分析，我们发现从微观层面法官员额制运行还有许多值得研究的问题。

1. 基层法院法官忙闲不均呈两极化失衡状态。深圳福田、重庆江北、广州越秀、杭州萧山、成都金牛、南京江宁、北京西城等基层法院2018年员额法官办案数均超过400件，广州市越秀区人民法院达到545件，重庆市江北区人民法院达到619件，深圳市福田区人民法院甚至达到949件。而案件数量较少的县法院，如四川蓬安、湖南安化、安徽休宁、黑龙江萝北等县法院案件数均在150件左右，河北省海兴县仅136件，广西全州法院仅88件不到深圳市福田区人民法院的十分之一。

2. 基层法院法官员额比例设置呈多样化特征。法官员额比例在省域内灵活调整在基层法院反映特别明显，基层法院法官员额比例的设置也呈现出多样化特征。在统计的20个基层法院中，深圳福田、杭州萧山、成都金牛、西安未央、江苏睢宁等五个基层法院员额比例均超过40%，南京市江宁区法院达到46.24%，成都市金牛区法院达到47.68%，西安市未央区法院达到52.02%，法官员额比例最高的深圳市福田区法院甚至达到74.9%。而其他大部分基层法院大多控制在39%以内，如重庆江北、上海浦东新区、天津滨海新区，一些案件数较少的基层法院则控制在35%以内，如山西平定、四川蓬安、河北海兴、重庆垫江法院。

3. 基层法院政法编制配置呈两极化特征。同样是基层法院，不同地域的基层法院人员编制呈现出两极化特征。上海浦东法院中央政法编制人数为905名，天津滨海法院为550名，广州越秀法院为411名。而部分法院政法编制则相对较少，如四川蓬安政法编制93名，安徽休宁71名，山西平定59名，河北海兴县55名，最少的黑龙江萝北51名仅为上海浦东新区人民法院人数的十八分之一。基层法院中央政法编制数量差异巨大，不同体量法院在法院管理、人员配置、人才培养上均有很大差别，需要司法改革予以关注。如重庆垫江法院政法编制117名，员额法官39人，其中60后法官21人，70后9人，80后9人，90后0人，70后、80后法官较少，其中院庭长25名占员额法官64.1%，普通法官14名占总数35.9%，存在一定的人才断档以及院庭长占法官总数比较大的现象。

4. 法官办案数与经济发展呈正相关关系。通过基层法院的微观视角，反映出法官办案数与经济发展正相关关系。以基层法院员额法官年均办案超过400件的深圳福田、重庆江北、广州越秀、杭州萧山、成都金牛、上海浦东、南京江宁、北京西城等8个基层法院为例，除成都市金牛区辖区人均GDP为8.74万元以外，其他法院辖区人均GDP均超过10万元，深圳福田为25.46万元、广州越秀为27.52万元，上海浦东为18.18万元，南京江宁为15.48万元，北京西城甚至达到35.38万元。而员额法官人均办案数量较少的四川蓬安、湖南安华、黑龙江萝北、河北海兴、广西全州等法院辖区人居GDP仅2万元左右仅为北京西城区的十八分之一。

二、多维视角下法官员额制运行的逻辑前提分析

在对60个不同层级法院辖区政法编制、经济发展状况、法官办案数量进行多维数据透视后，笔者认为法官员额制在宏观及微观层面均有细化、完善和调整的空间。

（一）多维视角下法官员额比例设置的实践分析

1. 宏观视角下员额比例顶层设计的科学性。根据最高人民法院的数据报告显示，全国法院2017年员额法官人均办案182件，2018年员额法官人均办案201件。[①] 通过统计的20个高级人民法院辖区2018年员额法官人均办案数为225件，与2018年全国法官人均办案数大体相当（其他非统计单位多为新疆、西藏西部边疆省份案件数量相对较少）。从省域范围看，仅北京、浙江、上海、重庆、江苏等五省市法院辖区员额法官年均办案超过300件，人案矛盾较为突出。四川、江西、湖北、湖南、吉林、广西等11省市员额法官年均办案数均低于200件，人案矛盾并不突出。可以印证从全国层面中央划定39%的员额比例具有较高的科学性，此外赋予省级部门省域范围内法官员额的动态调整权力又符合我国地区差异较大的实际情况。

2. 微观视角下员额比例基层实践探索的多样性。从中、基层法院的微观数据视角透视法官员额制运行的实践情况，则反映出不同区域中基法院特别是基层法院员额法官存在忙闲不均的特点。如深圳福田、重庆江北、杭州萧山法院员额法官年均办案超过400件，江北法院达到619件，福田法院甚至达到949件。为解决部分基层法院突出的人案矛盾，在法官员额比例设置方面各地法院采取了多样的员额比例设置标准，如金牛法院为47.68%，江宁法院为46.24%，西安未央法院为52.02%，江苏睢宁县法院为43.84%，深圳福田法院甚至接近75%，体现了地方法院为应对人案矛盾在法官员额比例设置的多样探索，亦符合实事求是的改革要求。

（二）数理逻辑视角下法官员额制运行的问题分析

从宏观层面，中央将法官员额比例确定为39%，微观层面赋予省、自治区、直辖市在省域范围内对政法编制、员额比例灵活调配的权力，既不跨越顶层设计制度红线，也给基层探索自主空间。但通过对60个不同层级法院及辖区政法编制、案件数量、经济发展水平等数据进行数理逻辑分析，

---

① 数据详见最高人民法院2017年、2018年工作报告。

笔者发现了研究法官员额制细化完善的逻辑前提等问题。

1. 如何科学合理测算员额法官年均办案饱和量。通过2018年人均办案数可以发现，同样是基层法院深圳市福田区法院员额法官年均办案达到949件，重庆江北、广州越秀、杭州萧山法院员额法官年均办案数均超过450件，而部分法院2018年人均办案数仅150件左右，广西全州县法院人均办案仅88件不及深圳福田法院十分之一。法官是否办案越多越好，没有上限？如美国、日本等国家法官年均办案1000～3000件？笔者认为法官并不是办案越多越好，法官办案应该有一个适当的饱和度，超过这个饱和度则应该增加法官员额及相应的政法编制，低于这个数则可以减少法官数及减少相应的政法编制数。因此，科学合理测算法官年均饱和量既是一个司法改革过程中法院内部人力资源调配的管理问题，也是一个数学统计分析的数理问题。

2. 如何科学合理核定法院中央政法编制。通过数据显示2008年到2018年10年间全国各级法院案件数增长2.4倍，中央政法编制没有增长而员额法官减少、法官员额比例降低，法官年均办案数是原来的4倍。在案件数持续增长法官员额减少及法官办案数不能无限制增长的情况下，既要坚持法官员额比例不突破制度红线，又要完成办案任务则需要科学合理核定法院的中央政法编制。

3. 如何在全国范围内进行法官员额比例及政法编制动态调整。通过比较20个高级人民法院辖区员额法官人均办案数，可以发现北京、浙江、上海、重庆、江苏法院辖区2018年员额法官均超过300件，无论在北京、浙江、上海、重庆、江苏法院系统内部如何调整法官员额始终无法解决法院的人案矛盾。因此，我们可以考虑尝试从员额法官年均办案数较少的广西、吉林、湖北、湖南、河北法院等法院调配员额法官及政法编制到北京、浙江、上海、重庆、江苏等地法院，实现全国范围内的员额法官及政法编制的动态调整切实解决这些地方的人案矛盾。

（三）逻辑视角下法官员额比例设置的前提条件分析

笔者认为要完善法官员额制及配套措施需要解决法官员额比例设置的逻辑前提的核心问题，即首先应该科学测定法官年均办案饱和度，进而根据案件数量测算所需要的员额法官数量，再进一步核算出所需中央政法编制数量，抑或在全国范围内总量控制的前提下，根据案件数测算所需员额法官数，进而测算各个法院所需的法官员额比例。

1. 科学合理测算员额法官年均办案饱和量。对于如何科学合理测算员额法官年均办案饱和量，并不是此篇论文研究的主要问题，但已有的相关研究成果可以值得借鉴参考。如广州市花都区法院经过测算法官年均办案数在150件左右较为合理，重庆市江津区法院经过测算派出法庭法官年均办案250件较为合理、民事审判庭170件较为合理、行政案件130件较为合理，广东省江门市中级人民法院经过测算认为员额法官办案极限为每年178件。[①] 基于不同地区不同层级法院法官办案需要负载的辖区面积不同，不同法院测算可能有所区别。虽然不同法院测算有所差别但结合员额法官年均办案数平均值225件等数据，笔者建议基层法院员额法官年均办案数确定在200～250件内的区间值较为合理。根据中级人民法院2018年年均办案158件的平均值，中级人民法院员额法官年均办案数确定在150～200件较为合理。

2. 科学合理核定区域间员额法官数量。在科学合理测算员额法官办案饱和量后，则可以根据案件数及法官年均办案区间值等因素科学合理测定法官员额数。[②] 当员额法官年均办案数超过250件时可以考虑增加法官员额数，当员额法官办案数少于200件时则可以考虑减少法官员额数。以重庆市高级人民法院为例该院辖区2018年审结案件83万件，根据员额法官年均办案极限值250件每人每年，则需要83万/250＝3320名员额法官，而该高级人民法院辖区仅2700名员额法官则缺口620员额法官。再以广西法院为例该院辖区2018年审结56万案件，根据员额法官办案最低值200件计算，则仅需要56万/200＝2800名员额法官，而广西法院系统有政法编制12813名，根据39%员额比例测算广西高院辖区有员额法官编制4997名，则广西高院辖区富余法官员额编制2191名、富余政法编制2191/0.39＝5617名，依此类推人均办案数不到200的吉林、湖北、湖南、河北等高院辖区员额法官数均有富余。当然也存在广西法院辖区法官负载司法面积较大办案时间精力成本较高的问题，因此，考虑政法编制配比及法官员额比例时，除考虑法官人均办案数以外还应考虑辖区面积与政法编制比等因素。

3. 科学合理核定各法院政法编制数量及法官员额比例。在科学合理测算法官年均办案区间值及法官员额数量后，则可以根据中央核定的39%的员额比例科学合理核定政法编制数量，或者根据实践的需要科学划定法官员额比例。以广州市越秀区法院为例该院2018年审结案件6.5万件，则根据测算该院至少需要6.5万件/250＝260名员额法官。根据员额法官占政法编制39%测算该院可以配置260/0.39＝667名政法编制，越秀区法院现有政法编制411名则该院尚可以增加256名政法编制。也可以通过调整该法院法官员额比例的方式合理确定法官员额，该院现有政法编制411名，需要员额法官260名，则该院可以将员额比例确定为260/411＝63.26%，超过的员额比例则

① 三个法院测算结果均是通过互联网查询该单位公众服务网获得。

② 屈向东：《以案定编与法官员额的模型测算》，载《现代法学》2016年第3期。

可以从办案数较少的基层法院调配保证全国范围内员额比例不超过39%。再以广西全州法院为例该院2018年审结案件4211件，根据测算最多需要4221/200=21名员额法官，根据39%的员额比例测算则该院可以配置21/0.39=54名政法编制，而该院现有政法编制122名，可以减少122-54=68名。以此类推员额法官年均办案数少于200件的法院政法编制可以适当调配给人案矛盾突出的法院。

三、法官员额制综合配套改革的修正完善

根据统计的数据可知基层法院员额法官忙闲不均呈两极分化的失衡状态，为应对部分中基层法院人案矛盾突出的现实问题，在考虑法院政法编制、经济发展水平、案件数量、人口数量以及法院人才梯队培养等综合性因素的前提下，笔者建议建立一种“司法服务型编制配置模式”为主，“社会治理型编制配置模式”及“人才培养型编制配置模式”为辅的司法人力资源调整模式，动态调整全国法院政法编制及法官员额比例合理调配全国法院司法人力资源。

（一）建立“司法服务型编制配置模式”为主的司法人力资源配置模式

建立“司法服务型编制配置”为主的司法人力资源配置模式，是指相应的编制、员额管理部门根据省域间、省域内地区、法院政法编制、案件数量、人口等因素合理调配政法编制及法官员额比例，实现政法编制、法官员额比例向人案矛盾突出的法院倾斜。满足人案矛盾突出法院当地人民群众的司法需求，给予人案矛盾突出的法院更强的司法服务能力。

1. 建立全国法院编制动态调整机制。（1）建立法院政法编制动态增长机制。省域范围内看，北京、浙江、上海、重庆、江苏等地法院人均办案已经超过300件，确有必要为这些法院适当增加编制。从基层法院层面看，深圳福田、重庆江北、广州越秀等法院法官办案超过400件以及那些员额法官年均办案超过300件的法院均可适当增加编制。相关部门可根据法院经济发展水平、案件数量、人口数量等因素建立法院政法编制动态增长机制。

（2）建立省域间政法编制的动态调整机制。而从省域层面看北京、浙江、上海、重庆、江苏、广东等7个省市的员额法官年均办案量超过250件已经超过员额法官年均办案饱和度，无论在省域范围内如何调整政法编制均难以解决人案矛盾。最高人民法院可以考虑从2018年员额法官人均办案量低于180件的河北、湖南、湖北、吉林、广西自治区等省域调配政法编制给人案矛盾突出的北京、上海、重庆、江苏、广东等省市。

（3）完善省域范围内政法编制动态调整机制。《人民法院组织法》《法

官法》均赋予了省级部门在省域范围内法官员额动态调整的权力，但部分省域未及时跟进相应配套措施，导致辖区内部分基层法院人案矛盾特别突出。以四川法院系统为例，成都市中级人民法院辖区院法官 2018 年人均办案 320 件，高于基层法院员额法官办案区间值最大值 70 件，成都市金牛区法院 2018 年法官人均办案 444 件，高于基层法院法官办案区间值最大值 194 件。四川省域范围内有必要建立和完善省域内编制动态调整机制为人案矛盾突出的成都法院系统适当调配增加编制。

2. 建立法官员额比例动态调整机制。（1）科学合理确定省域间的法官员额比例。在不考虑智慧法院建设、购买社会服务等措施因素作用下从人力资源调配角度，建议对人案矛盾突出的省域适当提高法官员额比例。辖区员额法官年均办案数超过 250 件的北京、浙江、上海、重庆、江苏、广东、安徽法院系统，可以考虑将这些省市的法官员额比例提高至 50%，相应的可以将法官人均办案数较少的河北、湖南、湖北、吉林、广西等地法院法官员额比例降至 30% 左右，实现全国范围法官员额比例不超过 39%。

（2）科学合理确定省域内法院的法官员额比例。虽然《人民法院组织法》《法官法》赋予了省级部门省域范围内的法官员额动态调整权力，但实际上该项措施在部分省市尚未落地。以重庆市江北区人民法院为例，重庆市高级人民法院为江北法院核定的法官员额比例为 39%，该院虽然有 222 名政法编制但员额比例被严格限制为 39%，因此，法官仅 87 名，以至于该院 2018 年员额法官人均办案量达到 619 件，虽然通过编制动态调整的方式给该院增加了部分编制，但仍不能实质上解决人案矛盾问题。

（3）完善省域范围内的法官员额比例动态调整机制。建议省级相关部门根据各法院近十年案件数量、经济发展状况、法官人均办案数量等数据，科学测算省内每个法院所需法官员额，合理确定法官员额比例。为人案矛盾突出的法院提高法官员额比例，合理降低办案数较少法院的法官员额比例，建立省域范围内法院的法官员额比例动态调整机制。

（二）建立“社会治理型编制配置模式”为辅的司法人力资源配置模式

建立“社会治理型编制配置模式”为辅的司法人力资源配置模式，是指艰苦边远地区因为社会治理的需要，需要给予偏远中基层法院更多的政法编制配备，以有效参与偏远地区社会治理。如偏远基层法院的人民法庭，人民法庭是人民司法审判的基层触角，人民法庭一方面要承担巡回审判等案件审判工作，另一方面，还要承担普法宣传等社会治理任务。在偏远中基层法院司法人力资源配置时不应简单依据办案数量、经济发展水平、人口数量等因素衡量，而应更多从国家社会治理角度予以考虑，因此，要充分考虑偏远中基层法院辖区司法面积与政法编制的配比，对比值较高的法院，虽然案件数较少也不应直接缩减政法编制或降低法官员额比例，甚至根据需要还应增设人民法庭增加政法编制。

（三）建立“人才培养型编制配置模式”为辅的司法人力资源配置模式

建立“人才培养型编制配置模式”是指偏远基层法院因在人才招录、培养方面不及经济发达地区有优势，可能存在人才断档及人才流失的问题，应给予偏远基层法院在政法编制及员额比例适当的照顾。建议相关部门在考虑政法编制配置及法官员额比例设置时不应简单从经济发展水平、案件数量及人口数量等因素考虑，还应考虑偏远基层法院人才梯次队伍培养的问题，给予偏远基层法院适当的政法编制、员额比例照顾，为偏远基层法院招录、培养司法人才提供成长成才的制度空间。

法官荣誉制度的完善

——以法官荣誉仪式的实践为视角

杨 韵* 刘远芳**

引 言

十八届四中全会以来，我国新一轮的司法体制改革逐步向纵深推进，最高人民法院于2015年发布《关于全面深化人民法院改革的意见》，这是“司法荣誉制度”第一次作为司法改革的重点内容被提及。[①] 法官荣誉制度属于司法荣誉制度的重点内容。法官荣誉制度的完善，不仅能够提高法官职业荣誉感与归属感，激发法官职业队伍内驱力，而且有利于提升司法公信力，增强法官群体凝聚力。法官荣誉制度需要通过荣誉仪式这种将各种具有象征司法荣誉意义的行为准则集合起来的程序化活动为载体，传达司法价值观念和文化寓意。然而目前我国关于法官荣誉制度的关注不足，对荣誉制度的仪式化更是被忽略，[②] 且因未出台对法官荣誉仪式的统一规范，导致各地法官荣誉仪式存在不统一、过于简单、部分法院退休仪式缺失等问题。为此，本文以法官荣誉仪式的实践为视角，[③] 立足需求，在借鉴域内外仪式的基础上，通过构建统一的法官荣誉仪式程序，使得荣誉更具有仪式感。

---

* 作者单位：江西省信丰县人民法院。

** 作者单位：江西省信丰县人民法院。

① 2015年2月26日，最高人民法院发布《最高人民法院关于全面深化人民法院改革的意见——人民法院第四个五年改革纲要（2014—2018）》（法发〔2015〕3号）。其中第61项改革内容强调：“要完善司法荣誉制度。明确授予法官、审判辅助人员不同类别荣誉的标准、条件和程序，提升法院人员的司法职业尊荣感和归属感。”

② 检索整个中国知网文献，我国涉及“法官荣誉制度”的论文仅有3篇；在中国知网检索“法官荣誉仪式”显示未搜索到相关文献。

③ 本文所称的荣誉仪式范围仅指法官就任、退休仪式。

一、现状调查：法官荣誉仪式的实证分析

我国的法官荣誉制度起步时期是改革开放之后，法官荣誉体系在司法改革过程中逐步形成，主要包含专业、职业、业绩等荣誉内容。[①] 对于法官荣誉制度的外在载体即法官荣誉仪式的实现，目前我国尚未形成统一的规范，各地在实践中的做法不一。为此，本文在“中国法院网”的“地方法院”板块，随机选取了全国 100 家各省、市、县（区）法院，进入其官网网站查询“仪式”“就职”“就任”“退休”等关键词，查看该样本法院 2015 年至今的相关宣传报道，[②] 对法官职业荣誉中法官就任、退休仪式的实践现状进行实证分析。

（一）样本说明

1. 样本法院层级分布情况：高级人民法院 6 家、中级人民法院 17 家、基层人民法院 77 家。

2. 样本法院地域分布情况：北京 2 家、天津 3 家、河北 2 家、山西 3 家、内蒙古 3 家、辽宁 4 家、吉林 4 家、黑龙江 8 家、上海 2 家、江苏 3 家、浙江 3 家、安徽 5 家、福建 3 家、江西 6 家、山东 4 家、河南 3 家、湖北 4 家、湖南 5 家、广东 3 家、广西 3 家、海南 2 家、重庆 2 家、四川 3 家、贵州 3 家、云南 3 家、陕西 4 家、甘肃 3 家、青海 3 家、宁夏 2 家、新疆 2 家。

（二）法官就任仪式的实践现状

最高人民法院于 2016 年 1 月 13 日首次为新任职法官举行宪法宣誓仪式。[③] 这起源于 2015 年 7 月 1 日，国家出台规范性法律文件要求国家工作人员就任时必须进行宪法宣誓，且该文件对宣誓人、宣誓誓词、宣誓仪式等内容进行了规范。[④] 自此，全国各地法院新任法官宪法宣誓仪式逐步开展。此前，我国法院初次担任或重新担任法官职务的人员主要依照《中华人民共和国法官宣誓规定（试行）》的规定。[⑤]

---

① 王霞：《论我国法官荣誉制度的建构进路》，载《江汉论坛》2017 年第 12 期。

② 报道的访问时间为 2019 年 7 月 8 至日 9 月 8 日。

③ 吕春荣：《最高人民法院首次举行新任法官宪法宣誓仪式誓词共 70 字》，载 http://www.chinanews.com/m/gn/2016/01-13/7715230.shtml，最后访问时间：2019 年 7 月 2 日。

④ 2015 年 7 月 1 日，第十二届全国人民代表大会常务委员会第十五次会议表决通过了《全国人民代表大会常务委员会关于实行宪法宣誓制度的决定》。

⑤ 2012 年 12 月 19 日，最高人民法院以法发〔2012〕27 号印发《中华人民共和国法官宣誓规定（试行）》。该规定共 10 条，自发布之日起施行。该规定明确初次担任或重新担任法官职务的人员，应当以公开宣告誓词的方式，对忠实执行宪法和法律，全心全意为人民服务，公正廉洁司法，自觉接受监督，作出郑重承诺。

表 1　　样本法院主要的法官就任仪式模式

名称	法官就任仪式模式	采取相同模式的样本法院
模式一	员额法官面向宪法或国旗宣誓	新疆维吾尔自治区博州中级人民法院、江西省赣州市中级人民法院、河北省廊坊市广阳区人民法院、河北省大厂回族自治县人民法院、黑龙江省北安市人民法院、安徽省固镇县人民法院、福建省福鼎市人民法院、广西壮族自治区隆安县人民法院、青海省湟源县人民法院、黑龙江省嫩江县人民法院、江西省信丰县人民法院、辽宁省兴城市人民法院、湖南省长沙市开福区人民法院（13 家）
模式二	员额法官面向宪法或国旗宣誓；院长作讲话提要求或者员额法官代表作表态发言	吉林省高级人民法院、黑龙江省高级人民法院、河南省洛阳市中级人民法院、重庆市第一中级人民法院、青海省西宁市中级人民法院、安徽省蚌埠市中级人民法院、上海海事法院、北京市朝阳区人民法院、吉林省辽源市西安区人民法院、江西省弋阳县人民法院、山东省宁阳县人民法院、湖南省溆浦县人民法院、四川省南部县人民法院、陕西省镇安县人民法院、甘肃省玉门市人民法院（15 家）
模式三	员额法官面向宪法或国旗宣誓；院长作讲话提要求或者员额法官代表作表态发言；邀请人大代表或者政协委员监督	广东省潮州市中级人民法院、辽宁省葫芦岛市中级人民法院、四川省成都市中级人民法院、云南省文山壮族苗族白治州中级人民法院、天津市和平区人民法院、江西省于都县人民法院、湖南省长沙市岳麓区人民法院、湖南省株洲市荷塘区人民法院、云南省曲靖市麒麟区人民法院、陕西省铜川市印台区人民法院、黑龙江省伊春市乌马河区人民法院、黑龙江省穆棱市人民法院、安徽省石台市人民法院、山东省茌平县人民法院、河南省洛阳市西工区人民法院、广西壮族白治区那坡县人民法院、江西省上栗县人民法院、内蒙古呼和浩特市玉泉区人民法院、福建省长汀县人民法院（19 家）
模式四	员额法官面向宪法或国旗宣誓；邀请人大代表或者政协委员监督。	宁夏回族自治区高级人民法院、山东省莱西市人民法院、重庆市垫江县人民法院、湖北省枣阳市人民法院、湖北省江陵县人民法院（5 家）
模式五	员额法官奏（唱）中华人民共和国国歌后，面向宪法或国旗宣誓	天津市宝坻区人民法院、山西省晋城市城区人民法院、内蒙古自治区伊金霍洛旗人民法院、上海市青浦区人民法院、江苏省东台市人民法院、陕西省宝鸡市金台区人民法院、安徽省黄山市黄山区人民法院（7 家）

续上表

名称	法官就任仪式模式	采取相同模式的样本法院
模式六	员额法官奏（唱）中华人民共和国国歌后，面向宪法或国旗宣誓；院长作讲话提要求或者员额法官代表作表态发言	天津海事法院、甘肃省景泰县人民法院、北京市海淀区人民法院、辽宁省瓦房店市人民法院、吉林省吉林市吕邑区人民法院、江苏省徐州市鼓楼区人民法院、陕西省泾阳县人民法院、新疆维吾尔自治区焉耆县人民法院、安徽省合肥市庐江县人民法院、湖南省湘西市花垣县人民法院（10家）
模式七	员额法官奏（唱）中华人民共和国国歌后，面向宪法或国旗宣誓；院长作讲话提要求或者员额法官代表作表态发言；邀请人大代表或者政协委员监督。	黑龙江省牡丹江市阳明区人民法院、山东省青岛市即墨区人民法院、内蒙古自治区固阳县人民法院、江苏省宜兴市人民法院、湖北省赤壁市人民法院（5家）
模式八	员额法官面向宪法或国旗宣誓；院长作讲话提要求或者员额法官代表作表态发言；由院长颁发《法官任命书》	海南省海口市中级人民法院、青海省海西蒙古族藏族自治州中级人民法院、山西省阳曲县人民法院、黑龙江省齐齐哈尔市建华区人民法院、吉林省松原市宁江区人民法院（5家）

由表1可见，因为法官就任仪式缺乏统一的仪式规范，各地方法院法官就任仪式模式多样，并不统一。且据统计，仅此100个样本法院就存在21种法官就任仪式模式。大部分法院就任仪式较为简单，45%的法院仅是举行一个内部的简单的宪法宣誓仪式。

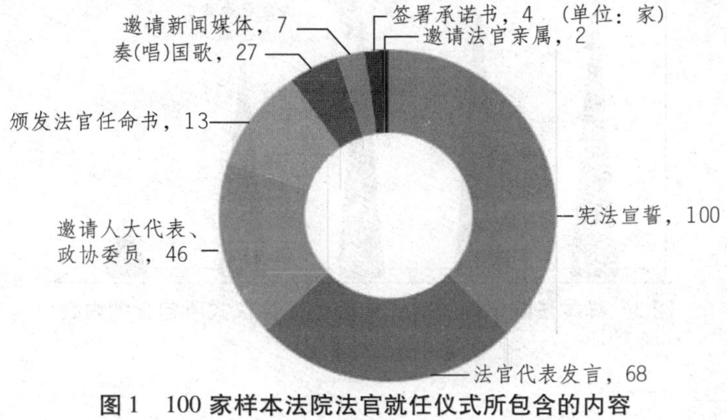

图1　100家样本法院法官就任仪式所包含的内容

由上可知，法官就任仪式模式虽然多样，但法官就任仪式内容存在相似性，主要集中在法官代表发言、邀请人大代表、政协委员等内容。部分法院增加了奏（唱）国歌、颁发法官证书、签署承诺书、邀请法官亲属、邀请新闻媒体等内容，为法官就任仪式丰富仪式程序和内容。

（三）法官退休仪式的实践现状

目前，我国尚未对法官退休仪式作统一规定，对在法院工作年限满30年的干警设置了“荣誉天平纪念章”这一制度。[①] 该制度的适用对象是为法院作出贡献的在编人员。

表2 样本法院法官（干警）退休仪式模式

名称	法官（干警）退休仪式模式	采取相同模式的样本法院
模式一	召开法官退休欢送会；班子成员、同事代表参加仪式；座谈。	山东省莱西市人民法院
模式二	召开法官（干警）退休欢送会；班子成员、同事代表参加仪式；座谈；拍照留念。	浙江省桐乡市人民法院、北京市朝阳区人民法院（2家）
模式三	召开法官（干警）退休欢送会或座谈会；班子成员、同事代表参加仪式；座谈；颁发“光荣退休”纪念杯或退休证或荣誉证书或授予“光荣退休”授带等；拍照留念。	浙江省嘉兴市中级人民法院、江西省于都县人民法院、江西省信丰县人民法院、黑龙江省伊春市乌马河区人民法院（4家）
模式四	召开法官（干警）退休欢送会或座谈会；班子成员、同事代表参加仪式；座谈；播放以退休同志工作场景为素材的纪念短片；拍照留念。	河南省洛阳市西工区人民法院、安徽省固镇县人民法院（2家）

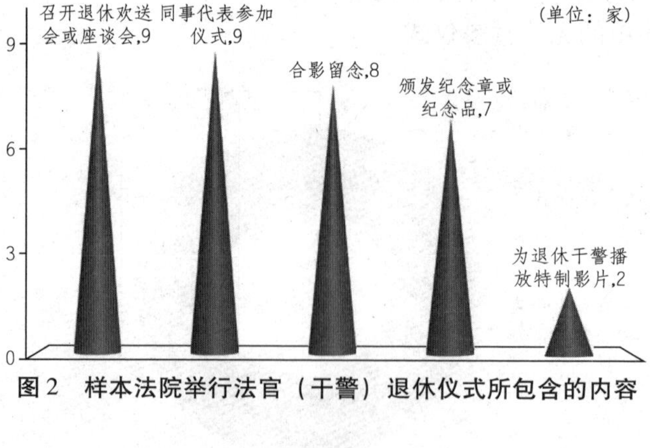

图2 样本法院举行法官（干警）退休仪式所包含的内容

① 《最高人民法院关于印发〈荣誉天平纪念章颁发办法〉的通知》（法发〔2012〕30号）。

由上可知，大部分法院存在法官退休仪式缺失现象，100 家样本法院中仅有 9 家法院会为退休法官或者干警举行法官（干警）退休仪式，该仪式并不是专门为退休法官举行的，且退休仪式模式不统一，包含的内容较为简单，参与仪式的人员为本院人员，举行退休仪式的法院大多会为退休法官（干警）颁发纪念章、纪念品。

（四）法官荣誉仪式民意调查

为了了解群众对举行法官荣誉仪式的意见与建议，如是否有必要举行法官荣誉仪式，认为有必要举行的原因是什么，如果举行法官荣誉仪式应当邀请谁参加？本文设计了调查问卷，通过网络发放回收，此次调查回收了共计 224 份调查问卷，答题人群分别为：法官 53 人，在法院任职人员 61 人，公众 110 人。

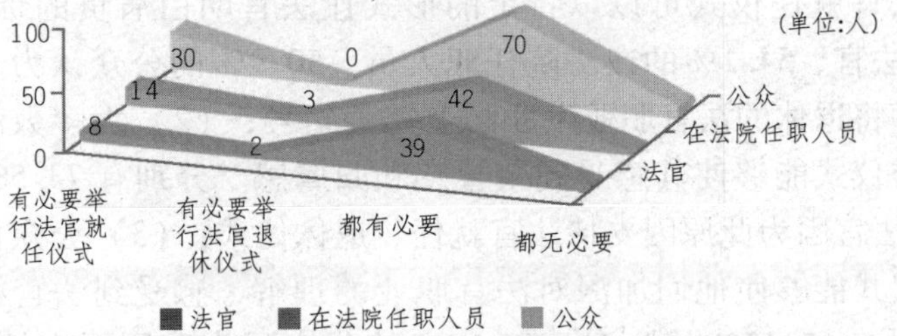

图 3　各类人员对举行法官荣誉仪式的意愿

由图 3 可见，大部分群众都认为举行法官荣誉仪式是必要的，支持率为 93.45%。其中接受调查的法官群体对举行法官就任、退休仪式的支持率分别为 92.45%、77.36%；接受调查的非法官群体对举行法官就任、退休仪式的支持率分别为 91.23%、67.25%。

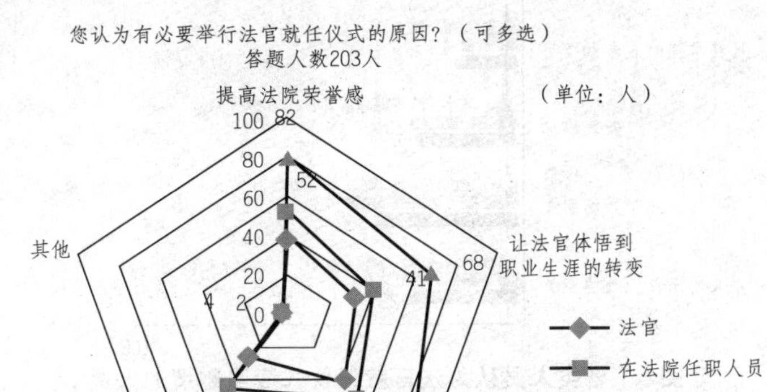

图 4　各类人员支持举行法官就任仪式的原因

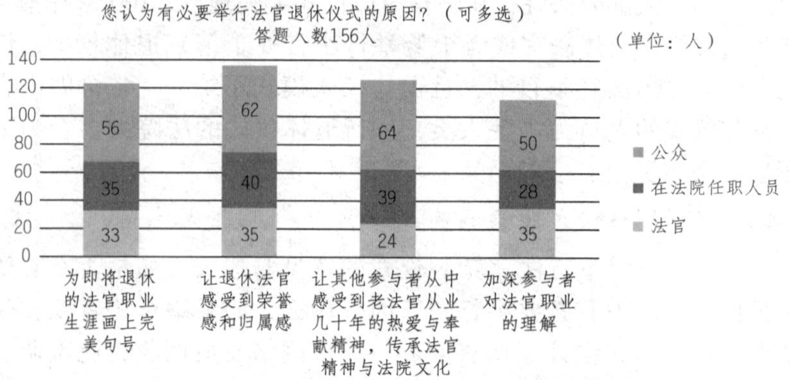

图5　各类人员支持举行法官退休仪式的原因

由图4、图5可知，（1）被调查的三个群体支持举行法官荣誉仪式的原因基本相似。81.13%的法官、88.52%的在法院任职人员、85.45%的公众认为举行法官就任仪式可以以特定的形式让法官明白肩负的责任与使命，62.26%的法官、54.1%的在法院任职人员、50.9%的公众认为举行退休仪式可以为即将退休的法官职业生涯画上完美句号；（2）大多数法官认为举行法官荣誉仪式能够使其感受到荣誉感和归属感。分别有73.58%的法官、66.04%的法官因为此原因支持法官就任、退休仪式；（3）公众们认为参加法官荣誉仪式能够使他们加深对法官职业的理解，感受到法官精神与法院文化。分别有65.45%的公众、58.18%的公众因为此原因支持法官就任、退休仪式。

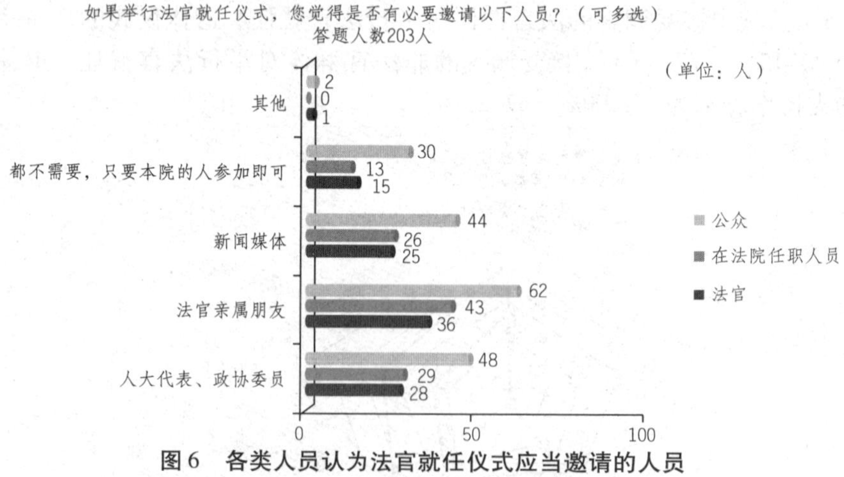

图6　各类人员认为法官就任仪式应当邀请的人员

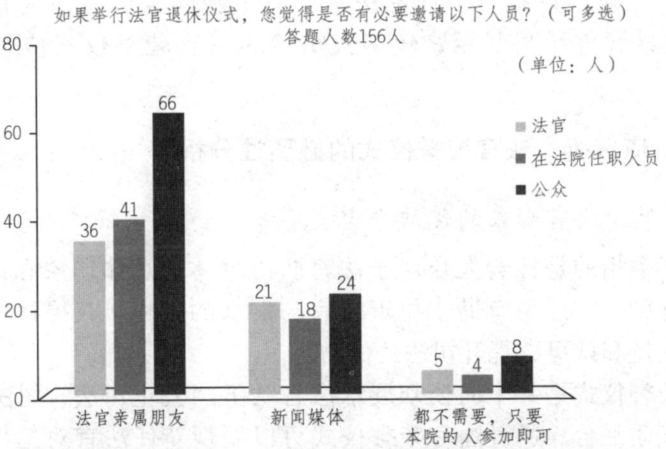

图7　各类人员认为法官退休仪式应当邀请的人员

由图6、图7可知，（1）法官亲属朋友参与法官荣誉仪式获得多数支持。三个群体认为应当邀请法官亲属的比例，在法官就任仪式中分别为法官70.59%、在法院任职人员70.49%、公众56.36%，在法官退休仪式中分别为法官67.92%、在法院任职人员67.21%、公众60%；（2）通过新闻媒体扩大荣誉仪式社会影响力的重要性被大众所认识到。在法官就任与退休仪式中分别获得46.8%和41.03%的支持；（3）人大代表、政协委员参与到法官就任仪式中得到多数认可，支持率为51.72%。

（五）小结

在对100个样本法院法官荣誉仪式实践现状及调查回收的224份调查问卷进行对比分析后，发现我国法官荣誉仪式的实践现状与群众的期望存在一些矛盾点，其主要表现在以下几个方面：

1. 司法实践中法官退休仪式的缺失与群众需求相矛盾。只有极少数的法院会为法官举行退休仪式，且该仪式不仅仅针对法官，但是通过问卷调查可以了解到大多数的被调查者认为应当举行法官退休仪式；

2. 司法实践中法院对邀请法官亲属朋友参与法官荣誉仪式的忽略与群众的热忱期待相矛盾。只有2个样本法院会邀请法官亲属参与到法官就任仪式中，[①] 但问卷调查结果显示无论是法官群体还是非法官群体，大部分都认为法官荣誉仪式应当邀请法官亲属朋友；

3. 司法实践中法院对邀请新闻媒体参与荣誉仪式中的重视程度与群众

---

① 100个样本法院中仅有湖北省高级人民法院、辽宁省抚顺市中级人民法院（2家）在法官就任仪式中邀请了法官亲属参与。

的支持率相矛盾。只有 7 个样本法院会邀请新闻媒体参与法官就任仪式中，[①] 但问卷调查结果显示，较多人员认为法官荣誉仪式应当邀请新闻媒体。

二、价值探析：法官荣誉仪式的必要性分析

（一）展示法官形象的优质平台

法官形象指的是社会大众对于法官队伍群体的总体印象和评价。树立并展现良好的法官形象有助于拉近法官与群众的距离，获得社会大众对法院工作的支持和认可，提升司法公信力。

法官荣誉仪式是一个向公众展示法官队伍“公正司法、司法为民”良好形象的优质平台。通过法官荣誉仪式可以展现新任法官对工作的热忱与期待，退休法官的奉献与坚守，传达法院文化与法官的职业信念和工作态度。参与者在参与法官荣誉仪式的同时能够感受到法官职业的神圣性，法律的权威性，加深其对法院工作的认识，有助于其进一步理解、认可和支持法院工作，进而提升司法公信力。在举办仪式的同时邀请新闻媒体共同参与，对仪式内容进行有效的宣传，能进一步扩大法官荣誉仪式的社会影响力，更好地发挥仪式的社会感染价值，改观社会评价，进而提升法院系统的公信力。

（二）增强法院队伍凝聚力的有力纽带

凝聚力，又称内聚力，是指团队与成员之间的相互吸引力，包含了团队对成员的吸引力和成员对团队的向心力。凝聚力的作用主要体现在使成员产生内驱动力以实现团队目标，维持团队的存在。

仪式是一种社会沟通的符号，参与者在参与仪式的互动过程中共享、理解仪式所包含的象征符号代表的意图和内涵，从而产生影响和感动，将自己与群体联系起来，达到群体认同。[②] 仪式作为一种可以拉近人与人之间关系的社会行为，能够让参与的成员产生集体记忆，进而激发参与者的身份融合和群体认同感。而身份融合和群体认同是个体对团队产生群体归属感的基础和前提。法官荣誉仪式通过特定的语言、动作等符号渲染出特殊的场景和氛围，参与者在这种气氛下产生的集体记忆极易激发法院干警的群体认同感和归属感，坚定干警职业信仰。同时，法院通过举行荣誉仪式

---

① 100 个样本法院中仅有江西省高级人民法院、海南省高级人民法院、黑龙江省佳木斯市中级人民法院、广东省深圳市中级人民法院、浙江省嘉兴市中级人民法院、福建省福州市鼓楼区人民法院、广东省珠海市香洲区人民法院（7 家）在法官就任仪式中邀请了新闻媒体参与。

② ［美］杰弗里·查尔斯·亚历山大：《社会表演理论在仪式和策略之间建立文化语用学模型（上）》，侯园园译，载《社会》2015 年第 3 期。

让干警切实地感受组织对个人的尊重和关怀，能够激发法院队伍的向心力，增强法院队伍的凝聚力，进而更好地传承法院队伍的优良传统。

（三）满足情感需求的重要方式

仪式的情感作用主要体现在通过仪式满足个体的情感需求，以获得更好的发展。马斯诺需求理论将人的需要分为了五个层次，据其研究表明在低等级的需求获得满足后，人自然就会开始追求高等级的需求。

法官在低等级需求得到满足后，自然也会追求更高等级的需求，法官荣誉制度的完善正是满足其追求社会、尊重等高等级需求的重要内容。如上文所述，法官荣誉仪式通过举行特定的仪式能够让法官直观地感受到职业荣誉感和组织归属感。对新任法官而言，感悟到自身社会角色的转变，所肩负的神圣职责和光荣使命，回悟初心，敬畏自身职业。对退休法官而言，通过举行退休仪式能够显示组织对其的尊崇，具有安慰作用，可以减少其心理落差，鼓励其继续关心法院工作，贡献智慧。

三、寻求突破：仪式的比较与借鉴

（一）中国古代的“礼”

“礼”在中国古代有着深刻而广泛的内涵，其既是国家的规章典制，也是人们从事社会活动的准则。作为礼仪之邦，古代的“礼”在中国已经非常成熟，甚至还设置礼部专门制定“礼”的制度和具体规程，并负责皇族登基、祭祀仪式等。

对于法官就任仪式具有一定借鉴意义的当属古代的成人礼。古代的成人礼指的是个体在基本掌握了生活必备的能力和知识，可以独自面对社会的时候，为祝贺其成年而特意举办的一种仪式。对于新任法官而言，步入法官职业的第一步，正是其作为法官职业生涯的“成人礼”。在古代，男子的成人礼被称作为冠礼，女子的被称作是笄礼。① 古代成人礼的整个仪式一般都是会在亲友的陪同下共同完成。

对于法官退休仪式而言，古代的致仕礼具有一定的借鉴意义。古代官员的致仕礼由来已久，最早可追溯到西汉时期，宣帝时太傅疏广、少傅疏受二人致仕时公卿、大夫、故友、乡人为其饯行送行。② 在唐朝为了显示对致仕官员的尊崇，会为致仕官吏设宴送行，尤其是对于家在外地，在任时享有很高的声望或者极有才能的高级官员致仕，皇帝和百官会在其回乡时，

---

① 杨巧：《道之以德，齐之以礼：传统社会的教化之道——中国古代思想政治教育仪式研究》，载《西北民族大学学报（哲学社会科学版）》2013 年第 4 期。

② ［汉］班固：《汉书·卷七十一·隽疏于薛平彭传第四十一》，［唐］颜师古注，中华书局出版社 1999 年版，第 2280 页。

在长安都城口外宴别、赋诗，为其送行。① 可见，我国自古以来对离任回乡的官员会设宴进行送行，以显示对其的尊崇，送别人员包括同事、故友、同乡等。

（二）公安民警及军队的仪式

我国公安机关和军队相较于法院有更为成熟的仪式制度，法官荣誉仪式可在借鉴其仪式基础上建立统一的规章制度，将荣誉仪式制度化。

为更好地规范公安民警荣誉仪式，公安机关于2017年印发《公安机关人民警察荣誉仪式规范（试行）》，该规范除了规定入警宣誓仪式、退休仪式，还对警衔仪式、表彰仪式及送别仪式等作出了具体规定。② 分析这一规范可知，公安民警在职业生涯中的重要节点和特殊时刻都已经在该规范中予以确定，荣誉仪式贯穿了民警从初任警官到退休的整个过程。

军队对授衔和颁发荣誉称号等仪式也有一定的程序，主要包括：（1）奏国歌并宣读晋衔命令、获得荣誉称号的名单等；（2）在《人民军队忠于党》乐曲声中颁发命令状、荣誉证书等；（3）军官领导祝贺晋衔、获得荣誉称号的人员；（4）在《中国人民解放军军歌》音乐中结束仪式。2019年7月31日，中央军委主席习近平向获得荣誉称号的个人及单位颁授奖章和证书、奖旗，授予荣誉称号仪式正是按照上述仪式程序。③

（三）域内外公职人员的仪式

我国古代法官一般是由行政官员兼任，没有设置专职法官，更没有法官荣誉仪式，所以严格意义上来说，法官荣誉仪式对我国来说是舶来品。域外法官荣誉仪式最早可以追溯到英国的宣誓制度。宣誓仪式在域内外部分地区的实践下进行了丰富完善，其中不乏可借鉴之处。

英王约翰于1215年宣誓遵守《英国大宪章》的宣誓行为被视为现代就职宣誓制度之渊源。但直至19世纪，英国的就职宣誓才有了专门的立法。④ 德国首次确认国家公职人员的就职宣誓制度则是在1919年其通过《魏玛宪法》之后。随后至今，希腊、意大利、新加坡等144个国家随之也在其宪

① 汪翔：《唐代官员致仕研究》，安徽大学2016年博士学位论文。

② 赵颖：《仪式锻造警察职业精神的可能与维度》，载《中国人民公安大学学报（社会科学版）》2017年第2期。

③ 汪欣蕊：《习近平向获得荣誉称号的个人颁授奖章和证书 向获得荣誉称号的单位颁授奖旗》，2019年7月31日，载https://article.xuexi.cn/articles/index.html?art_id=14605829389005521782&study_style_id=video_default&source=share&share_to=wx_single，最后访问时间：2019年8月11日。

④ 江雪松、蔡道通：《就职宣誓的仪式法理与国家治理现代化——以香港就职宣誓制度为例》，载《社会主义研究》2019年第1期。

法中对关于任职前忠于宪法宣誓作出了明确的规定。[①] 除了就职前的宪法宣誓活动外，部分国家和地区也有一些庆祝法官就职的其他活动，如美国部分州会在法官就任时，为让社区邻居知晓，在社区内举行一个庆祝得到法袍的活动，以示对法官的尊重。参加这一仪式的人员除了所在社区的法官和公众，还有当地州最高法院的法官。[②]

我国香港特别行政区政府在 1997 年 7 月 1 日回归时也举行了宣誓就职仪式，其中包含了立法会议员、各级法院法官及其他司法人员。[③] 我国澳门地区法官在入职时也会举行就职宣誓仪式，一般是在终审及中级法院大楼审判庭举行就职仪式。出席仪式嘉宾的主要包括了行政法务司司长、廉政专员、推荐法官的独立委员会委员、各级法院法官及检察官、相关部门领导等嘉宾出席就职仪式，共同见证法官就任新职。就职仪式分宣誓就职、签署就状、接受嘉宾祝贺、合照等阶段。[④]

（四）法官荣誉仪式的借鉴

由上文我国法官荣誉仪式的实证分析可知，我国现已构建了宪法宣誓制度，即在法官就任时需举行宪法宣誓仪式。但由于没有出台统一的仪式规范，导致各地法官就任仪式不统一、过于简单，部分法院退休仪式缺失。为解决上述问题，可借鉴公安民警的仪式制度，构建全国统一适用的法官荣誉仪式规范。同时，借鉴域内外的仪式，以丰富完善法官荣誉仪式程序和内容。在仪式程序上加入奏唱国歌、颁发证书、合照留念等，以显示仪式的严肃和庄重，让法官在仪式中感受到其肩负的责任和担当；在仪式内容上邀请亲友参与法官荣誉仪式，共同见证法官职业生涯的身份转变，分享新任法官的喜悦和自豪，体会退休法官告别法官职业的骄傲与荣光。

四、制度构建：法官荣誉仪式的统一规范

（一）构建统一的法官荣誉仪式

迄今为止，我国法院尚未制定统一的法官荣誉仪式规范。如前所述，构建统一性、规范化、常态化、突出法院系统特色的法官荣誉仪式，不仅可以使法官获得归属感，增强法院凝聚力，还可以展示法官的良好形象，

---

① 张锡：《专家：宪法宣誓制度应尽快确立具体规则》，2014 年 10 月 29 日，载 https://news.youth.cn/gn/201410/t20141029_5929992.htm，最后访问时间：2019 年 7 月 2 日。

② ［美］辛西娅·奥登：《美国法官的选任和选举制度》，2004 年 6 月 28 日，载 http://cdfy.chinacourt.gov.cn/article/detail/2004/06/id/551172.shtml，最后访问时间：2019 年 7 月 2 日。

③ 刘重来：《论公职人员“宣誓就职”制度》，载《重庆社会主义学院学报》2010 年第 3 期。

④ 终审法院院长办公室：《法官就职仪式》，2017 年 11 月 1 日，载 https://www.gcs.gov.mo/showCNNews.php?PageLang=C&DataUcn=118620，最后访问时间：2019 年 7 月 2 日。

让参与该仪式的群众理解法院文化。为使仪式发挥其应有的作用，可借鉴域内外各类仪式，在实践的过程中不断探索将其完美融合，最终构建一个规范统一的法官荣誉仪式。

1. 法官就任仪式。（1）仪式设计理念：①法官就任仪式是法官职业生涯的重要节点，是法官职业生涯的开启，标志着由普通公民转变为人民法官的身份转变，具有重要的过渡仪式价值；②以特定的仪式让法官感悟自己肩负的神圣职责和光荣使命，不断获得对自身职业的认同和理解，实现对自我职业的敬畏，增强荣誉感、归属感，激发队伍向心力；③举办隆重、庄严、简朴仪式，使此次活动的参与者体验感受法院文化与精神。

（2）仪式程序：

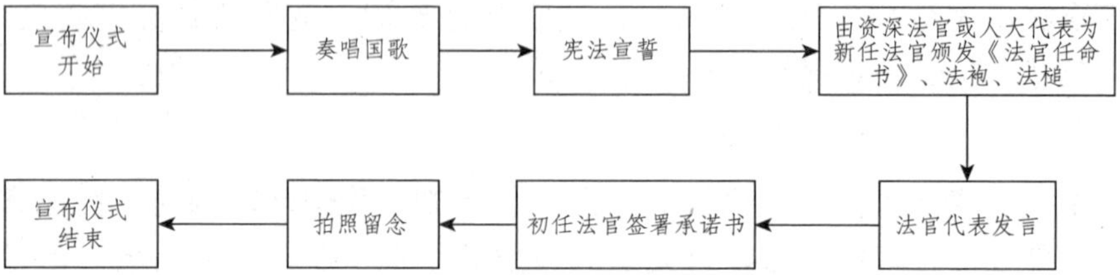

图8　法官就任仪式程序

①宣布仪式开始；

②奏唱国歌：国歌标志着国家精神，象征着民族情怀。法官就任仪式是一个正式的场合，在法官就任仪式上奏唱国歌，对于激发参与者的爱国报国情感、培养和践行社会主义核心价值观，具有重要意义；

③宪法宣誓：宪法是国家的根本大法，凝聚着社会共同体的基本共识和价值观，是我国社会主义法律体系的基础和基本规则，具有最高法律效力。在宣誓仪式中，誓词蕴含着价值观念和目标，并传递着宣誓者本人所需肩负的责任，同时宣誓人的宣誓能够让其确认内心、约束良心。让初任法官进行宪法宣誓就是让其切实感受到自身角色的转变，意识到法官的权力是由人民赋予的，思考在成为人民法官后所担负的重大的政治与社会责任；

④由资深法官或人大代表为新任法官颁发《法官任命书》、法袍、法槌：法官任命书，象征着人民赋予的权力与信任，蕴含着司法为民、公正司法的责任。通过就任仪式上颁发任命书的形式，主动接受人大监督，能够提升就任法官的责任意识、法律意识和人大意识，提醒其须肩负起人民的重托，谨慎地行使司法职权。法袍、法槌等司法礼仪器物，具有象征意

义，意味着不管是法院和还是法官都是我国宪法及法律的忠实捍卫者；[①]

⑤法官代表发言；

⑥初任法官签署承诺书：承诺书的签署，可以使就任法官通过看得见的仪式，对自己新的职业和身份进行认知，使其更明确法官身份的转变，感受法官的职责与使命，进而约束自身行为，以形成更为稳定的行为模式，保证更准确规范地履行好自身的职责与使命；

⑦拍照留念：拍照就是从某一特定时空中切下一个瞬间，是一种将个体生命与具有独特象征效果的地方或时刻相遇时具有特别意义的瞬间捕捉下来的重要方式。[②] 照片记录且凝固下对被拍摄者有着不同寻常意义的特殊时刻与节点，是具有历史意义的物品。拍照留念，将法官重要的人生时刻记录，使法官通过照片时刻铭记着当时的信念与感悟；

⑧宣布仪式结束。

2. 法官退休仪式。（1）仪式设计理念：①法官退休是法官职业生涯的重要节点，法官退休仪式旨在为即将退休的法官画上职业生涯的完美句号，既是一种致敬和怀念，也是见证和传承；②借助仪式的参与、互动，让退休法官能更切实地感受到职业荣誉感和归属感，让其他参与者从中感受到退休法官从业几十年的热爱和贡献、坚守和担当、信念和荣耀，加深其对法官职业的认识，塑造并展现法官队伍的良好形象，同时将法官精神和法院文化薪火相传。

（2）仪式程序：

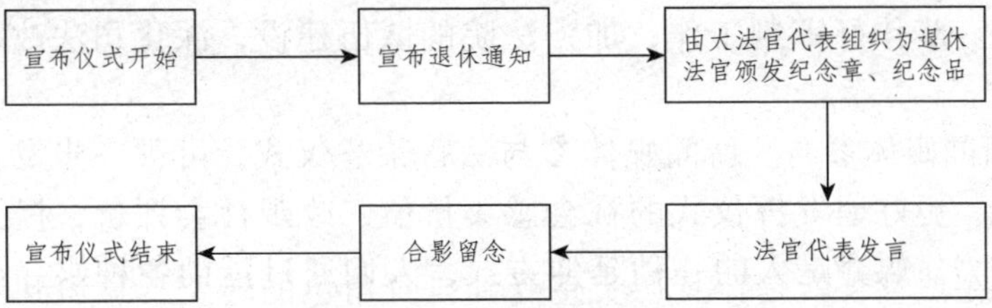

图9　退休仪式程序

①宣布仪式开始；

②宣读退休通知；

③由大法官代表组织为退休法官颁发纪念章、纪念品：向退休法官颁发纪念章可以使其通过声誉刺激、道德优越等提升其对法官职业的尊重和骄傲。同时通过法官退休仪式将司法荣誉的评选、表彰对外进行宣传，向

---

① 邓志伟：《符号学视角下的司法礼仪透视——法院文化的表达与实践》，载《河北法学》2014 年第 4 期。

② ［法］皮埃尔·布迪厄：《上帝的眼睛：摄影的哲学》，周舒译，吴琼、杜予主编，中国人民大学出版社 2005 年版，第 161 页。

社会大众展现法院法官公正司法的形象。纪念品是一种载体，发放一份可长期保存的纪念品给在职位上奋斗一生的法官，承载着组织对其的祝福与感谢。纪念品可以选择制作以退休法官为蓝本的纪念视频或纪念册，通过照片、视频、话语将主人公的工作历程、精神风貌和他们的贡献浓缩在一起，供退休法官自己纪念，供在任干警学习；

④法官代表发言：荣誉仪式具有忠诚、奉献的象征意义，参与者在参与仪式的过程中极易激发情绪，形成情感共鸣，并在共鸣的氛围下，达到信念的认同。[①] 退休法官人生阅历和工作经验丰富，他们了解、掌握的有关信息和长期积累的丰富思想与审判经验对在任干警有一定的启发作用。在任干警在参与仪式的过程中感悟前辈们的职业历程，用视觉化感知的形式将其保存为深刻的群体记忆，能够更加坚定自身的职业信仰，并最终将其化为外在行动，传承法院的优良传统，维护社会公平正义；

⑤合影留念；

⑥宣布仪式结束。

（二）构建多方参与的法官荣誉仪式

1. 人大代表、政协委员与党政机关参与。本文所称的党政机关是狭义上的党政机关——中国共产党机关和国家行政机关。[②] 政治性是一切国家机关和所有干部队伍的首要属性。[③] 邀请人大代表、政协委员与党政机关参与到法官荣誉仪式中，是一个加强法院与其他部门联络工作的重要方式，也是一个能够促进其他部门了解法院文化，支持法院工作的重要渠道。可督促法院进一步作好审判工作，加强法院的队伍建设，深化司法改革，维护司法公正。

2. 新闻媒体参与。新闻媒体参与法官荣誉仪式，可进一步发挥仪式的宣传功能，更好地发挥仪式的社会感染价值，改观社会评价，提升法院系统的公信力。媒介是人的一种延伸方式，人们通过借助各种媒介能够极大地扩大自己的活动范围。[④] 让新闻媒介参与到仪式中，借助媒介的宣传扩大法官荣誉仪式的影响范围，将仪式所蕴含的丰富思想和价值对外进行传播。通过媒介向群众讲述法官故事、展示法官形象、宣传法院文化和精神，能

---

① 王彤：《人民警察退休荣誉仪式研究》，载《公安学刊——浙江警察学院学报》2019 年第 1 期。

② 中共中央办公厅、国务院办公厅联合印发的《党政机关公文处理工作条例》（中办发〔2012〕14 号），第一条对党政机关进行了定义：为了适应中国共产党机关和国家行政机关（以下简称党政机关）工作需要，推进党政机关公文处理工作科学化、制度化、规范化，制定本条例。

③ 马骁：《行走的宪制：司法改革中的“党管政法”原则》，载《中国政法大学学报》2018 年第 5 期。

④ 陈旻祥：《“微平台”在公安院校思想政治教育中的应用研究》，载《中国公共安全（学术版）》2017 年第 3 期。

够有效宣传法院队伍正能量，营造出一个积极健康的舆论环境，进而提升群众对法院的评价。仪式化的行为能够将内在事物转变为外在事物，将主观世界的形象转变为社会真实。而参与和观看仪式极易激发参与者的情绪，获得同理感。①

3. 法官亲朋好友参与。法官作为仪式的主体，对其来说收到来自家庭成员（特别是配偶）、亲密朋友的支持与来自组织、领导和同事的支持是同等重要的。社会支持一般存在于工作和家庭两个情境之中：一般来说，来自于组织、领导、同事的支持属于工作类的社会支持，来自于家庭成员（特别是配偶）和亲密朋友的支持属于家庭类的社会支持。② 社会支持能够直接地向个体传达一种其被爱、被关注、被照顾的信息，而这种信息可以通过亲朋好友及同事参与个体的重要仪式让其真切感受到。邀请荣誉法官的亲朋好友共同参与到法官荣誉仪式中，旨在通过仪式这个特定情境的设置，特殊的氛围，与法官一同感悟了解法官行为准则、价值观念、精神追求，让家庭及亲朋好友更进一步的理解法官、支持法官，同时也让其更直观深入地感受到法院文化和法官精神。

结　语

在司法改革如火如荼进行的大背景下，法官荣誉制度的话题再次被提及，但我国学界关于法官荣誉制度的关注仍然不足，对荣誉制度的仪式化更是少有研究。本文在中国法院网随机选取了100家样本法院进行实证分析。同时，采用问卷调查的方式通过网络进行发放后，对回收的224份调查问卷进行汇总研究，并在域内外各类仪式基础上，对构建我国统一的法官荣誉仪式提出了些许建议。然而囿于自身条件的限制，可能构建的仪式不是很成熟，尤其是在司法实践的操作中还存在一些困难。笔者借此文抛砖引玉，期待引起社会更多关注，期盼能够尽早构建好我国的法官荣誉仪式，进一步完善我国法官荣誉制度。

---

① ［美］大卫·科泽：《仪式、政治与权力》，王海洲译，江苏人民出版社2015年版，第12页。

② 陈一笛、甘怡群：《和谐人格、社会支持、自我控制与工作—家庭冲突——基于职业群体的3种模型比较》，载《北京大学学报（自然科学版）》2018年第5期。

法官惩戒制度运行困境探析

——以27个省级法官惩戒委员会为研究对象

陈铭强[*] 黄晓莹[**]

引言

最高人民法院与最高人民检察院2016年10月联合颁布《关于建立法官、检察官惩戒制度的意见（试行）》〔以下简称《惩戒制度意见（试行）》〕，要求建立法官惩戒制度，相对原有的相关规定，该意见具有不少创新之举，其中设立专门的法官惩戒委员会，负责对员额法官涉嫌违法审判事宜进行专业审查把关，并作为追究其违法审判责任的前置条件，就是其中的重大改革措施。2019年4月23日，全国人大常委会对《法官法》进行修订，并于2019年10月1日起施行，将法官惩戒委员会的设立、职能、组成等正式写入法律。

本文拟以当前已经设立的27个省级的法官惩戒委员会①作为主要研究对象，以其机构设立与功能运行的现状为基础，对涉及法官惩戒委员会的现行相关的规范体系进行全面解构，并提出重新构建的相关完善建议。

一、微观考察：机构与功能视角下的法官惩戒委员会

笔者通过百度搜索的方式，查阅到当前共成立了27个省级法官惩戒委员会的信息及相关章程等。但从各地法官惩戒委员会公布的章程、设立方式、工作制度等情况来看，差异性明显。

1. 机构模式差别较大。主要表现为：（1）设立时间跨度长。从查询情况看，最早的法官惩戒委员会设立于2014年12月，最迟的2018年12月才

---

[*] 作者单位：广州海事法院。

[**] 作者单位：广州铁路运输法院。

① 笔者2019年5月1日通过百度搜索的方式，搜索结果显示全国共有27个省（自治区、直辖市）设立法官惩戒委员会的信息可在互联网上找到。云南、甘肃、河南、内蒙古等4省（自治区）未检索到相关信息。

成立，而2018年11月就有法官惩戒委员会进行了换届选举，但至今尚有4个省份没有设立。[①]（2）设立模式差异大。共有三种模式，有的属“4合1”[全称“法官、检察官惩戒（遴选）委员会”]，有的属“2合1”（即与检察官惩戒委员会合并成立，全称“法官检察官惩戒委员会”），有的则属单独成立（见图1）。（3）主任的人选来源多。《惩戒制度意见（试行）》规定，“从实践经验丰富、德高望重的资深法律界人士”推选法官惩戒委员会主任，但由于各省对此的理解不太一致，导致法官惩戒委员会主任的人选来源比较多，从互联网可以查询到的主任人选看，13名法官惩戒委员会主任来自于不同类型的七种单位（见图2）。

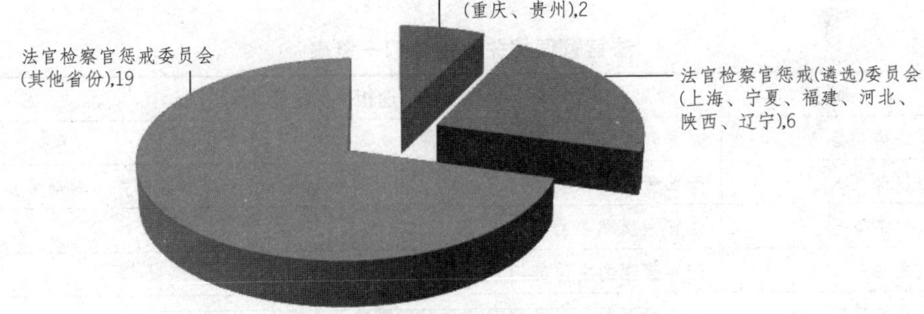

图1　法官惩戒委员会的三种模式

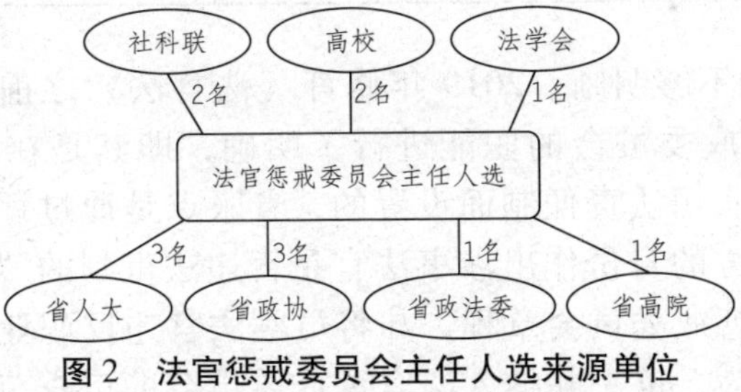

图2　法官惩戒委员会主任人选来源单位

2. 部分委员专业化有待加强。部分省级法官惩戒委员会的专门委员是从与管理法官有关部门（见表1）的分管领导之中产生，按“席位化”方式组成。如分管领导有工作变动，那么就由继任者继续担任。[②]专门委员从

① 已设立的27个法官惩戒委员会当中，上海市于2014年12月13日设立；安徽省于2018年12月26日设立；吉林省已于2018年11月2日完成换届工作。

② 如《广东省法官检察官惩戒委员会章程》第七条规定，惩戒委员会由7名专门委员、4名专家委员和8名法官检察官委员，共19人组成。省人大常委会、省人大内司委、省政法委、省纪委监委、省检察院、省高院、省司法厅等各推荐1名分管领导担任专门委员，并实行席位制，遇发生本章程第十二条规定情形的，由其推荐单位另选派同级别人员接任。省人大常委会选联工委、省政协联络委、省法学会、省律师协会等分别推荐人大代表、政协委员、法学专家、律师等各1名担任专家委员。从上述规定看，专门委员人数共7人，总数超过三分之一。

分管部门中产生，有利之处是容易集中资源，可以保证法官惩戒委员会的成立效率。不足之处是根据《惩戒制度的意见（试行）》规定，“经全体委员三分之二以上的多数通过”，才认定法官是否构成违法审判。那么，则意味着在针对是否构成违法审判的审议、表决中，并无专门委员和专家委员的分别，各委员在审议工作中的权力是完全相同的，但“部门领导不一定均具有较高法律素养进而能对法官办案中的行为作出准确判断”，[①] 而表决结果与涉事法官的履职密切相关，如果表决无法体现专业化，则会对法官惩戒委员会的权威造成较大的损害。专门委员则由法官、检察官、律师、资深法律学者等法律共同体成员组成专家库，随机从中抽取产生，这有利于其专业化建设。

表1　　　　法官管理相关职能部门一览表

部门	与法官管理相关的主要职能
政法委员会	领导和管理政法工作的职能部门
组织部	干部管理的职能部门（核定法官的职数（级）、干部档案审查、调动等）
人大常委会	法官法律职务的任免机关
人民法院	法官管理的主体部门
人民检察院	依法可以对法官涉嫌部分渎职犯罪进行侦查
人力与社会保障部门	核定法官工资、福利待遇等

3. 机构职能不够明晰。2019 年修订《法官法》之前，相关规范性文件已经对法官惩戒委员会的职能进行了明确，即其是在司法改革的背景下，基于落实法官司法责任制而设置的，着眼点是通过评判法官的履职行为，以独立第三方的身份作出涉事法官是否违法审判的“专业”意见。但个别省份的法官惩戒委员会章程，却将员额法官违反职业道德伦理或其他违法违纪相关行为，也一并纳入法官惩戒委员会的审查范围，超出了相关规范性文件的要求。如某省《法官、检察官惩戒委员会章程（试行）》第四条规定：“惩戒委员会负责对法官、检察官的下列情形审议提出惩戒意见：（一）违反办案纪律的；（二）案件裁判错误的；（三）违反司法伦理，造成不良后果的。”虽然并未在实际中予以施行，但也会损害法官惩戒制度的统一性和严肃性，误导了大众对法官惩戒制度的认识，一定程度上也影响了制度功能。

① 张炎、李珊：《法官惩戒制度的基础、核心和后盾》，载《人民司法（应用）》2018 年 4 月刊。

表 2　　法官惩戒委员会与法官遴选委员会的区别

	法官遴选委员会	法官惩戒委员会
功能	把好员额法官入口	评判法官履职行为
职责	从专业角度审议是否符合员额法官标准	从专业角度审议是否构成违法审判
评议对象	候任法官的综合能力	员额法官所审理的个案
议事规则	集体讨论、差额选举制	集体讨论、票决制

4. 制度衔接不够紧密。当前，国家纪检监察体制改革后，仍由检察机关负责侦查员额法官违法渎职裁判的刑事案件，而是否在查办员额法官渎职犯罪前，应先提交法官惩戒委员会予以审议的问题，有的认为应该作为前置程序，① 有的认为不应作为前置程序。② 在实际运行之中，也可能会存在冲突，如追诉员额法官涉嫌构成枉法裁判罪，那么被"枉法"的案件无疑具有"违法审判行为"，而追究员额法官履职行为，按中央办公厅、国务院办公厅印发的《保护司法人员依法履行法定职责的规定》第十四条规定，非经法官、检察官惩戒委员会审议不受错案责任追究"。法官是否构成枉法裁判罪，最后应由人民法院依法审理认定，"法院假如要作出无罪判决，就有可能与检察机关发生利益冲突"，③ 即如果人民法院判决涉事法官"无罪"，那么是否认定检察机关办"错案"呢？无论对法官涉嫌枉法裁判罪的案件审理结果如何，法院检察院都将面临巨大的压力。为此如何理顺法官惩戒委员会与司法机关、纪检监察部门的关系是重要的一步。

二、正本清源：文本中法官惩戒委员会的机构与功能分析

在规范文本设计之中，涉及法官惩戒委员会的机构、功能等，已经作出规定。只有回归文本，通过分析文本中的机构与功能，才能找到"制度困境"的原因。

（一）规范文本与内容

涉及法官惩戒委员会的现行规范性文件主要为关于司法责任制的纲要、规定等，按效力可以划分为法律、规范性文件以及政策性文件（详见表 3）。(1) 法律，新修订的《法官法》对法官惩戒委员会的职能、组建、审查方式、人员组成等内容进行了明确规定，这是设立法官惩戒委员会的直接法

---

① 参见肖征新：《法治视野下法官履职保障问题研究——以法官被诉渎职无罪案为样本》，载《第十届中国法学家论坛获论文报告会报告论文》（中国法学家论坛组委会），第 272 页。陈瑞华：《法院改革的中国经验》，载《政法论坛》2016 年第 4 期。

② 参见朱孝清：《司法改革中几个问题之我见》，载《人民检察》2016 年第 6 期。

③ 陈瑞华：《法院改革的中国经验》，载《政法论坛》2016 年第 4 期。

律依据。(2) 规范性文件，规范性文件比较明确地规定了法官惩戒委员会的职能、设立、动力等，是设立法官惩戒委员会的制度依据。(3) 政策性文件，政策性文件纲领式地宣示了法官惩戒委员会的设立规划，内容往往相对抽象，是设立法官惩戒委员会的政策依据。

表 3　　涉及法官惩戒委员会的规范及其内容

类别	发布主体	时间	文件	条款	规范分析
政策性文件	最高人民法院	2015.2.4	《关于全面深化人民法院改革的意见——人民法院第四个五年改革纲要（2014—2018)》（即“四五纲要”）	在国家和省一级分别设立由法官代表和社会有关人员参与的法官惩戒委员会，制定公开、公正的法官惩戒程序，既确保法官的违法违纪行为及时得到应有惩戒，又保障其辩解、举证、申请复议和申诉的权利	该纲要在“健全法官履行法定职责保护机制”中规定，是设立法官惩戒委员会的政策依据
	最高人民法院	2019.2.27	《关于深化人民法院司法体制综合配套改革的意见——人民法院第五个五年改革纲要（2019—2023)》（即“五五纲要”）	设立最高人民法院法官惩戒委员会，推动在省一级设立法官惩戒委员会。研究制定法官惩戒工作相关规定，健全与纪检监察机关的工作衔接机制，完善保障当事法官陈述、举证、辩解、异议、复议和申诉权利的工作机制	该纲要在“健全完善法官惩戒制度”中规定
规范性文件	中共中央办公厅、国务院办公厅	2016.7.21	《保护司法人员依法履行法定职责规定》	法官、检察官履行法定职责的行为，非经法官、检察官惩戒委员会审议不受错案责任追究。法官、检察官因违反党纪、审判检察纪律，治安及刑事法律，应当追究错案责任之外的其他责任的，依照相关规定办理	明确对法官、检察官履职行为进行错案责任追究时，规定将法官、检察官惩戒委员会审议作为前置程序

续上表

类别	发布主体	时间	文件	条款	规范分析
规范性文件	最高人民法院	2015.9.21	《最高人民法院关于完善人民法院司法责任制的若干意见》	人民法院监察部门经调查后，认为应当追究法官违法审判责任的，应当报请院长决定，并报送省（区、市）法官惩戒委员会审议。高级人民法院监察部门应当派员向法官惩戒委员会通报当事法官的违法审判事实及拟处理建议、依据，并就其违法审判行为和主观过错进行举证。当事法官有权进行陈述、举证、辩解、申请复议和申诉。法官惩戒委员会根据查明的事实和法律规定作出无责、免责或者给予惩戒处分的建议。法官惩戒委员会工作章程和惩戒程序另行制定	该意见在“违法审判责任追究程序”中规定了法官惩戒委员会的职权、法官惩戒的相关程序等
	最高人民法院、最高人民检察院	2016.10.12	《关于建立法官、检察官惩戒制度的意见（试行）》	在省（自治区、直辖市）一级设立法官、检察官惩戒委员会	该意见是设立法官惩戒委员会的直接依据
法律	中华人民共和国主席令第二十七号	2019.4.23	《法官法》	最高人民法院和省、自治区、直辖市设立法官惩戒委员会	以法律的形式赋予法官惩戒委员会地位

（二）机构与功能分析

从上述规定内容和规范文本分析，针对原有法官惩戒制度的问题，立法者在坚持党的领导前提之下，在追责程序中引入法官惩戒委员会这一独立第三方机构，将法官违法审判的认定交由法官惩戒委员会进行审议这一环节。笔者认为，分析法官惩戒委员会的机构与功能，应从其法定职责入手，以便理清“定位—机构—权力—人员”之间的联系，才能找准其权利与义务关系。

1. 定位：2016年7月28日，中央司改办负责人就有关《保护司法人员依法履行法定职责规定》的适用问题回答记者提问时，特别予以强调要把司法人员履职的错案责任追究与党纪责任、纪律责任追究进行区分，增设法官惩戒委员会提供专业意见的环节。① 由此可见，法官惩戒委员会是在法官错案责任追究程序之中才出现的，法官惩戒委员会对法官履职行为的审议，是贯彻错案责任倒查问责制的重要环节。

2. 机构：新修订的《法官法》第四十八条规定，“最高人民法院和省、自治区、直辖市设立”法官惩戒委员会，同时也规定其“日常工作由相关人民法院的内设职能部门承担”。从以上规定看是否意味着在人民法院内部设立法官惩戒委员会呢？答案当然是否定的，否则与法官惩戒委员会中立、独立、第三方的定位不相符。之所以这样规定，笔者认为，其意义在于将法官惩戒委员会的“审议工作”与“日常工作”作出区分（表4）。

表4　　法官惩戒委员会日常工作与审议工作的区别

	日常工作	审议工作
主要内容	1. 受理辖区各级人民法院提交的审议材料并予以初审，提出初步意见； 2. 向法官惩戒委员会报送相关材料； 3. 根据法官惩戒委员会的要求做好与相关法院的协调工作； 4. 将法官惩戒委员会的决定向相关法院及当事法官予以送达； 5. 及时反馈法官惩戒委员会决定的执行情况	1. 制定法官惩戒委员会的审议规则； 2. 收集法官惩戒委员会审议案件的相关材料； 3. 受理委员会或涉案法官的回避申请并提交法官惩戒委员会主任审核； 4 做好法官惩戒委员会审议案件的相关会务工作； 5. 记录涉案法官的辩解、说明； 6. 做好相关案件的归档工作； 7. 监督法官惩戒委员会决定的执行情况并及时报告

3. 职权：新修订的《法官法》规定法官惩戒委员会“负责从专业角度审查认定法官是否存在”违反审判职责的行为，提出专业审查意见，并以此作为法官惩戒的相关依据。因此，法官惩戒委员会的职权范围是明确的，即其专门负责对法官是否构成违法审判进行审查，而对法官伪造证据办假案、泄露国家秘密、贪污受贿等严重违纪违法行为则不属于法官惩戒委员会的审议范围，依旧由相关职权部门查处。新修订的《法官法》还规定“法官惩戒委员会提出审查意见后，人民法院依照有关规定作出是否予以惩戒的决定，并给予相应处理”。因此，法官惩戒委员会所作出的相关审查意见，是具有一定法律效力的。

4. 组成人员：法官惩戒委员会的职权配置，属于专门对法官履职行为作出判断，特别是针对“导致裁判结果错误”这一结果，涉事法官在主观上是否构成重大过失或故意进行审查并作出意见的行为，是十分专业的。所以，新修订的《法官法》才规定“法官代表不少于半数”这一要求，而

① 罗沙、陈菲：《加强司法人员履职保障　努力维护司法公正》，载《法制日报》2016年7月29日第1版。

为防止外界对法官惩戒过于“内部化、行政化、封闭化”的质疑，也引入其他法律共同体的有关方面代表和人员，以提高其公信力。

通过以上分析可知，法官惩戒委员会并非作出惩戒决定的惩戒主体，而是在法官错案责任追究的程序中，由其负责从专业角度评判法官办案行为，并提出法官是否构成违法审判的意见的第三方机构，其意见是职能部门作出相关法官惩戒决定的直接依据。

三、出路探究：按规范文本要求建构法官惩戒委员会

通过对法官惩戒委员会的运行状况以及机构与功能的分析，笔者认为，法官惩戒制度之所以陷入“运行困境”，主要原因是现阶段法官惩戒委员会太过抽象，而法官惩戒工作太过具体，要防止“改革中的法官惩戒委员会模式未必能真正实现法官惩戒制度的功能，反倒会产生不良的负面影响”，[①] 应按规范文本重构法官惩戒委员会。新修订的《法官法》对法官惩戒委员会的职能定位、设立、人员组成等已经作出了非常明确的规定，要保证法官惩戒委员会顺畅运作，应该在司法规律的指导下，做好“实体化”构建工作。

1. 组织进路：对法官惩戒委员会进行实体化改造。从27个省级法官惩戒委员会的现状看，各地认为设立省法官惩戒委员会，是由省司改组或省委政法委作为设立主体来设立的，成员则大部分由各行政群体的相关领导进行兼任。此类做法的好处，在于能够体现出所在地党委的高度重视，在短期看有利于高效设立机构，成效也非常明显。但长远来看，省司改组属在于党领导下推进本省的司法体制改革而成立的临时专门工作机构，省委政法委则属于党领导政法各项工作的部门，两者从性质上看，均属于党的专门工作机构，其本身的改革任务就十分繁重，基本无暇顾及法官惩戒委员会的运作。设立法官惩戒委员会，其目的是要解决好“错案责任追究制”中“外行人管内行人”的弊端，让第三方专业机构对法官履职行为进行专业判断，并根据审议结果提出专业的惩戒意见。笔者认为，由各省法学会，作为法官惩戒委员会的设立主体比较合适。因为法学会是政法战线的重要组成部分，也是在党领导下的人民团体、学术团体、群众团体，[②] 此有利于保证法官惩戒委员会的实体化运作，以实现机构与功能的有机统一。至于承担法官惩戒委员会“日常工作”的人民法院内设部门与法学会所设立的法官惩戒委员会的“审议机构”的关系问题，前者属于法官惩戒委员会的

---

① 侯学宾：《法官惩戒制度的中国特色》，载《法律适用》2017年第7期。

② 详见郭声琨在中国法学会第八次全国会员代表大会上的致辞，载《法制日报》2019年3月20日第1版。

"日常工作"办事机构，后者属于法官惩戒委员会"审议工作"的办事机构，两者是互相监督、相互制约、分工协作的关系，可通过具体的制度建构来明确两者的分工职能，这也将有利于保证法官惩戒程序的公正性，防止法官惩戒行政化、内部化。(见附件2)

2. 设置进路：按"判断权"模式设置的原则。在法官惩戒委员会与法官遴选委员会、检察官惩戒委员会是否应予合并设立的问题上，其设置的模式应取决于对法官惩戒制度和法官遴选制度的理解和把握，取决于对法官惩戒委员会与检察官惩戒委员会职权的界定，而不应取决于是否方便设立，或者不应单单取决于设立的效率，更应关注设立的效果。关于法官惩戒委员会与法官遴选委员会是否应当合并成立的问题。法官的惩戒与遴选，两者的标准、功能、程序、性质等均不相同，对法官惩戒委员会的委员与法官遴选委员会的委员的能力素质的要求是不相同的。法官惩戒委员会注重的是对法官的履职行为是否构成违法审判进行的一种判断，而法官遴选委员会则更注重对法官的任职资格的审核，所以前者是判断权，后者是审核权，两者的权力属性具有根本性的区别。因此，如果说让两者予以合并成立，那只是在制度创新初期的一种权宜之策，从长远看，两者应当要予以分开设立。关于检察官惩戒委员会与法官惩戒委员会是否应予合并设立的问题，在我国现行司法体制之下，检察机关和审判机关都定位于司法机关，对法官、检察官的相关法律条文规定具有很大的相似性，甚至从《惩戒制度意见（试行)》的发布看，都是以两院的名义共同颁布的。而且，从"惩戒对象具有同质性、有利于坚持惩戒标准一致性、有利于提升惩戒效率"出发，也应肯定合并建立法官、检察官惩戒委员会的做法。① 因此，从法官、检察官惩戒制度的性质以及其"判断权"属性的角度，将两者合并设立有一定的道理。综上所述，笔者认为，应将法官遴选委员会与法官惩戒委员会分开设立，以防止两者相互冲突；而法官、检察官惩戒委员会予以合并成立，则是可行的。

3. 组成进路：选任专业化委员。笔者认为，对新修订的《法官法》规定"有关方面代表"的理解，"有关方面"的范围应限定于监察委、检察机关等法院系统之外的直接执纪监督部门，同时应扩大"专业委员"的选择范围，以突出法官惩戒委员会的"专业性"，提升其公信力。对惩戒委员会主任这一关键人选，由法学专家来担任比较合适，或者可以明确规定，法学会会长应当就任法官惩戒委员会主任。②

4. 技术进路：对相关制度进行技术化衔接。当前，法官执纪监督主体

① 薛江武：《检察官惩戒委员会的设置与运行》，载《人民检察》2017年第1期。

② 这也完全符合"实践经验丰富、德高望重的资深法律界人士"这一原则要求。

主要包括纪检监察机关、检察机关、审判机关等，法官惩戒委员会的职能则涉及以上机关的纪检监察职能、法律监督职能、审判管理职能等。作为一个新生事物，还需要进一步做好以上各项现成制度的衔接工作，才能有利于其职能的充分发挥。“在改革进程中，对制度的信仰是制度设计的前提，只要坚信惩戒委员会的制度价值，建立起制度框架后在操作层面考虑周全，不断调试修补，制度运行必将趋向正轨。”①《最高人民法院关于完善人民法院司法责任制的若干意见》规定：“人民法院监察部门经调查后，认为应当追究法官违法审判责任的，应当报请院长决定，并报送省（区、市）法官惩戒委员会审议。”但在新修订《法官法》时，并没有将此衔接方式正式写入法律。因此，笔者有理由认为，凡是经法律明确授权，有权对法官涉嫌构成违法审判进行调查，并予以责任追究的相关主体，在追究法官违法审判责任时，均应先向法官惩戒委员会提出对相关法官的审判行为进行依法审议的要求，即应把经法官惩戒委员会的审议，作为对法官进行违法审判责任追究的必经前置程序，并依此来重构法官惩戒制度的具体运行程序（图3）。此做法有利于确保职能部门开展法官追责工作的准确性，有利于法官惩戒委员会功能的发挥，也有利于司法权威得到维护，以防止追究责任程序启动的随意性。

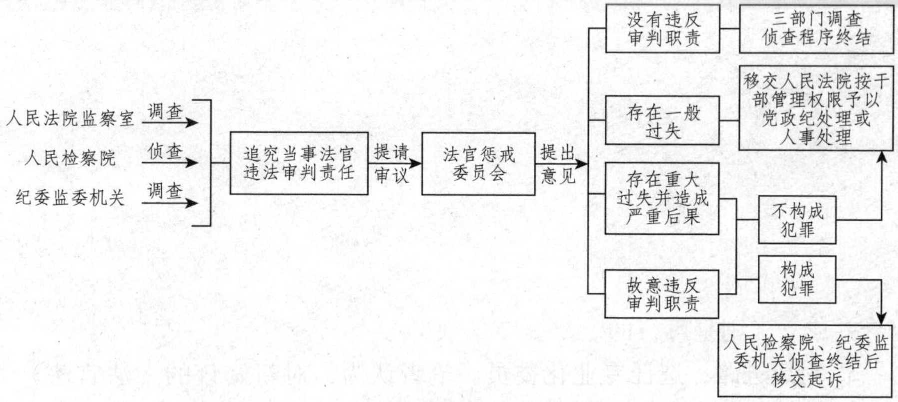

图3　法官惩戒制度运行程序图

结　语

党的十八大以来的司法体制改革，其最大的优势就是在党中央的直接领导下推进的，非常有利于各项改革任务的顺利推进。当前，我们正在按司法规律的要求、法官的职业特点的要求来建立法官惩戒制度。新修订的

① 葛琳：《检察官惩戒委员会的职能定位及其实现——兼论国家监察体制改革背景下司法责任追究的独立性》，载《法学评论（双月刊）》2018年第2期。

《法官法》将“设立法官惩戒委员会负责从专业角度提出法官是否构成违法审判的审查意见”写入法律，就是遵循司法规律的表现。虽然法官惩戒制度还在进一步的完善过程之中，法官惩戒制度应有的功能发挥不够全面，还需要经过实践的检验。正如有学者指出，制度层面改革要转化为司法实际效果，还有一个“时滞”问题，要缩短这一“时滞”则需要司法观念的转变。[①] 本文中，笔者试图对建立法官惩戒制度过程中存在的问题，从理清法官惩戒委员会的机构功能入手，提出制度完善的设想，但体制机制创新所涉及的配套措施是一个系统工程，本研究也无法穷尽当前实务界和理论界关注的难点。因此，我们在建构法官惩戒制度遇到的问题，都属于发展中不可避免的，法官惩戒制度既没有陷入“陷阱”，也未“失效”，随着法官惩戒委员定位更准确、职能更清晰、相关制度衔接更加紧密之后，现实中的问题将会得到有效解决。

① 季卫东：《法律职业的定位——日本改造权力结果的实践》，载《中国社会科学》1994 年第 2 期。

从局面经验到一般命题："法官型助理"制度的考察与反思

——兼论上级法院法官"三阶层"养成模式

叶　锋*

引　言

2018年12月,《最高人民法院关于进一步全面落实司法责任制的实施意见》(以下简称《全面落实司法责任制意见》)规定"探索下级法院法官到上级法院交流担任短期助理制度",这是首次以规范性文件形式规定下级法院法官担任上级法院法官助理制度,本文将这种法官与法官助理之间的身份倒置或角色交换的制度称为法官型助理制度。2019年2月,《最高人民法院关于深化人民法院司法体制综合配套改革的意见》(以下简称《五五改革纲要》)再次重申该制度。与普通型法官助理最大差别在于,法官型助理已具有下级法院员额法官的身份。自最高人民法院巡回法庭成立以来,探索从地方法院借调法官到法庭担任法官助理。从全国范围来看,这只是零星、个别的经验探索,未形成普遍性、规范化的制度实践。在改革进入综合配套阶段后,将这种具有特定适用范围的局部司法实践上升为一般制度设计,其目的为何?从《全面落实司法责任制意见》《五五改革纲要》文本表述来看,是为了"健全审判辅助人员配备机制""多渠道拓宽法官助理来源""加强法官助理培养",这仅仅从司法辅助层面进行考量,实际上是否止步于此?这看似是微小、不起眼的改革措施,与整个改革体系特别是法官选任制度相勾联:法官和法官助理在上下级法院之间形成角色互换;同时,它与法官逐级遴选"同向而行",形成下级法官自下而上的两种不同通道。这样一种新型制度如何规制其运行模式,能否自洽融入现有制度体系,是否具有旺盛的生命力,又会引发何种体系效应?本文将考察该制度的实践情况,揭示其所处体系位置以及与其他制度联动关系,分析制度场域中行动者的行为逻辑,并提出初步设计方案。

---

* 作者单位:上海市高级人民法院。

一、如何运行：我国和域外法官型助理制度的经验考察

最高人民法院巡回法庭从地方法院具有审判员身份的人员中选拔到法庭担任法官助理。从实践来看，这种法官型助理仅适用巡回法庭，地方法院并未出现这种制度模式。域外存在类似的制度，如德国学术助理和日本调查官制度。通过比照观察，探窥该制度的共同逻辑。

（一）本土实践：巡回法庭法官型助理制度运行情况

在法庭设立之初，人员配置有限，案多人少、事多人少矛盾突出。2017年上半年法庭人均办案量是最高人民法院本部（含刑庭）的两倍之多。此外，法庭还承担大量信访接待工作。为应对人案矛盾，法庭从地方法院引入法官型助理等大量辅助人员协助法官办案。

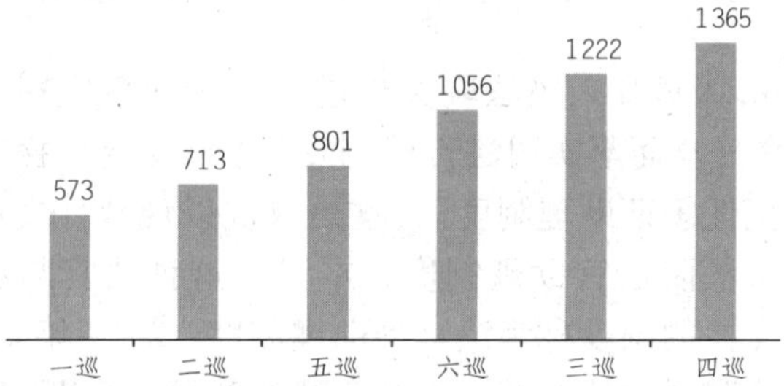

图1　2017年上半年各巡回法庭收案情况

表1　一、二巡设立头两年的案件受理量和信访接待量

一巡		二巡	
案件数量	信访数量	案件数量	信访数量
2236 件	接待来访群众 18454 人次	2325 件	接待来访当事人 47644 人次

1. 四级法院法官任职的显性条件和隐性资格。法官型助理从法官到法官助理是否是一种身份的倒退？这涉及四级法院法官选任资格的问题。现有观点几乎都认为四级法院职能定位趋同，导致四级法院法官任职资格同质化。虽然从招录简章等文本来看，选任标准是趋同的，但实践中越高层级法院的法官有更多隐性资格。从最高人民法院首批员额法官遴选来看，要求须具有审判员以上职称，或者任助审员且有8年以上法律工作经历。首批员额法官平均年龄47岁，平均法律工作经历22年。这样选任要求和结果高于地方法院。从这点来看，巡回法庭法官型助理并非是一种身份倒退，而是符合法官养成的一种循序渐进模式。

2. 法官型助理在法官助理多元体系中的位置。法庭法官助理来源广泛，具有多元化特点，主要有三种类型：一是法官型助理；二是从地方法院法官助理中选拔担任跟案助理；三是从高校引入在校生担任实习助理。在法

官型助理主导下，三类法官助理各司其职、分工负责。实习助理、跟案助理在法官型助理指导下，协助处理相关审判辅助事务。

3. 法官型助理的三重角色定位。法庭审判团队由1名主审法官、1名法官助理、1名书记员和若干实习助理、跟案助理组成。法官型助理在法庭具有三重角色：主审法官得力助手、裁判文书起草者和审判管理助推者。首先，案件随机分配到审判团队后，助理进行初步审核，重点审查案件材料是否齐全、审限有无特殊要求等情况，待确定后交由书记员办理送达手续。其次，梳理案情、归纳事实和法律争点，拿出初步审查意见。再次，由主审法官召集团队听取助理汇报，集体研究确定处理意见或审理方向。最后，拟出审查或审理报告，向合议庭汇报，讨论决定案件处理结果。①

4. 法官型助理的回避制度和去留问题。实行地域回避制度，“法官助理不办老家案”，原则上不得办理自己籍贯地、成长地和曾经工作地的案件。实行2年任期制，期限届满后原则上回到原法院。明确有法庭借调经历的，在参加最高人民法院遴选时，同等条件下优先考虑，并作为所在法院等级晋升、评优奖励的重要依据。

（二）域外法院实践：德国和日本的经验考察

由于司法差异，法官型助理在不同国家的制度设计有所差别。

1. 德国学术助理制度。学术助理仅适用德国联邦宪法法院和联邦最高法院。德国联邦最高法院有129名法官，年平均受理案件量约3500件，案件量虽不是很大，但判决富有极强学术性，要完成一份在论理上具有充分说服力的判决需要司法辅助人员协助。因此，引入包括学术助理在内的大量辅助人员。近十年来，联邦最高法院法官人数与全院职工总数比例保持在30%左右。

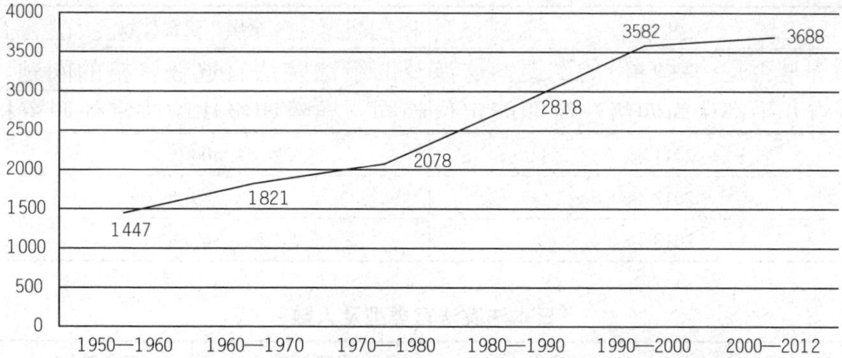

图2　德国联邦最高法院1950年至2012年年平均受理案件数量

① 武建华：《法官助理在巡回法庭的四个角色定位》，载《人民法院报》2019年1月10日第8版。

表 2 德国联邦最高法院法官人数和其他职员人数对比

年度	法官人数	总职员人数	比例
2007 年	126 人	408 人	30.8%
2010 年	128 人	414 人	30.8%
2013 年	129 人	417 人	30.9%

以下从学术助理的来源渠道、职责使命、职业前景三个方面进行考察。

来源渠道	德国联邦最高法院约有60位学术助理，大多来自16个州司法机关和联邦专利法院有资质的法官，平均年龄约32～38岁，实行3年任期制。各州地方法院或区法院法官可向最高院提出申请，经核准后担任学术助理。
职责使命	学术助理既没有法官职权，也不属于行政人员。主要职责是负责制作研究报告、整理判例学说和判前准备工作，并撰写裁判文书初稿等工作。学术助理对法官个人依附性较弱，并非专门为某一法官工作，而是作为整个法庭工作人员进行相关辅助工作。法官有权自主选择学术助理，并对其作出职务评价。
职业前景	联邦最高法院40%以上法官都是先担任学术助理，后被遴选到最高院担任法官。担任学术助理的经历，被列为法官未来升迁的重大考量因素。

2. 日本调查官。日本全国法院案件总量虽从2009年开始呈逐年下降的趋势，但仍保持高位运行。2012年日本最高裁判所仅有15名法官，共审理案件1.2万件，法官人均办案821件。为此，日本最高裁判所设置调查官等人员辅助法官办案。目前日本最高裁判所总人数1100人，与法官人数之比高达73:1。

表 3 2009 年至 2013 年日本法院案件受理总量

年份	全国法院案件数
2009 年	460 万
2010 年	432 万
2011 年	406 万
2012 年	380 万
2013 年	361 万

表 4 日本法院法官类型及人数

类别	法官	助理法官	简易法院法官
人数	1944 人	1000 人	806 人

以下从调查官的任职条件、数量限制、职责范围三个方面进行考察。

任职条件	规定最高裁判所法官由40周岁以上、学识渊博、有较高法律素养的人担任，但实际出任大法官大都在50岁甚至60岁之后。担任最高裁判所调查官，要求在下级法院担任法官满10年，具有丰富裁判经验和专业判断能力。从实践来看，年纪一般在35~40岁左右
员额限制	调查官制度初设时仅有6个员额，但从1989年到2014年，人数从29名增至38名。目前，设首席调查官1名，其下设3名上席调查官，调查官分属民事调查官室（19人）、行政调查官室（9人）和刑事调查官室（9人）
职责范围	案件诉至最高裁判所后，一般由书记官送至首席调查官处，首席调查官根据案件类型、难易程度等情况，再分配给各个调查官。调查官主要负责梳理案件争点、学说判例，撰写调查报告，并提出裁判建议。调查官并不专属于某一个法官，主要是为防止法官与调查官形成相对固定的"利益关联"

（三）法官型助理制度的共同逻辑

一项制度的生成有其特定背景，各国基于不同考量设立法官型助理制度，虽有差异，但也存在共同特征。

1. 适用场域主要在最高人民法院。这与最高人民法院在法院体系中所处地位密切相关。最高人民法院更加侧重发挥裁判引领作用，促进司法规则形成，实现国家法治的统一。在这种制度框架内，需要引入更多专业审判人才协助法官工作。同时，也与法官选任标准有关，法官任职标准存在等级差异。最高人民法院法官选任要求显著高于地方法院，下级法官在不满足最高人民法院法官任职条件的情况下，被引入从事辅助工作。

2. 案件结构决定功能定位。法官助理具有审判辅助和法官养成等功能。德国联邦最高法院案件量不多，学术助理制度侧重于法官养成功能，为未来法官培养提供平台；日本最高裁判所和我国巡回法庭案多人少突出，法官型助理更侧重于审判辅助功能，协助法官处理更多的纠纷。

3. 年龄结构和职责范围趋同。与最高人民法院法官的年龄结构相比，法官型助理一般是下级法院比较年轻的法官。德国学术助理、日本调查官年龄在30~40岁之间，巡回法庭情况类似。此外，法官型助理主要辅助法官从事核心审判事务如争点梳理、判决书撰写等，一般性辅助事务则交由其他人员处理。

二、为何推而广之：法官型助理制度的体系定位与功能价值

从《全面落实司法责任制意见》《五五改革纲要》表述来看，没有将法官型助理限定于最高人民法院，中院及以上法院同样适用，从而将应用于特殊场域的局部经验上升为一般的制度规范。本部分探究法官型助理制度价值，寻求在整个制度框架内的体系位置，把握制度的生成逻辑。

（一）引入法官型助理的初始动因：解决上级法院“法官助理荒”

由于法官逐级遴选制度的体系效应，导致上级法院法官助理配置不足、缺口较大，多渠道拓宽法官助理的来源成为亟待解决的现实问题。全国各地法院对此进行积极探索，从高校遴选学生担任实习助理，从高校引入教师担任法官助理，从社会招录聘任制助理。在此背景下，从下级法官中选拔法官助理，又开辟助理来源的另一渠道。从域外经验来看，德国联邦最高法院 129 名法官，引入 60 名法官型助理，占比 47.5%；日本最高裁判所法官 15 名，法官型助理 38 名，后者是前者的 2.5 倍。法官型助理的规模较大，有效发挥辅助办案职能。当前，我国并没有将法官型助理局限于最高人民法院，而是正在向高级、中级人民法院扩展。从目前四级法院案件规模显著差异的情况和审判力量向基层倾斜的司法政策来看，上级法院要引入一定比例的法官型助理，不具有现实性。可以预见，法官型助理将以零星方式分散于各个法院。这种制度趋势对解决“助理荒”有多大意义，需要等待实践检验。

（二）对初任法官基层任职制度的弥补功能：法官和法官助理“一上一下”的制度联动

初任法官到基层任职和法官型制度形成法官和助理“一上一下”的身份互换、角色更替。

1. 初任法官基层任职的制度效果：加剧基层法官助理入额难度，引发上级法官助理“逆向淘汰”效应。从目前改革效果来看，初任法官到基层任职注重自上而下的制度供给，忽视自下而上的实践反馈，可能带来一些负面效果。首先，虽有政策要求法官员额向基层、案件量大的法院倾斜，但各个法院法官员额相对固定，上级法官到基层入额并不会额外增加基层法官数量，只是挤占基层法官助理进入法官序列的员额数，进一步加剧基层法官助理入额的难度。其次，该制度引发更深层的影响，形成“逆向淘汰”效应。优秀人才不愿报考高中院担任法官助理，因为最终还是要到基层法院，导致上级法官助理的增量无法及时补给。而基层法院又不具有较大吸引力，导致优秀人才最终不愿到法院工作，出现“劣币驱逐良币”现象。

2. 引入法官型助理制度能否解决上述两个负面效果？其一，基层法官交流到上级法院，似乎腾出更多法官的员额数，基层法官助理有更多入额机会。但能否产生这样的效果，还要看制度如何设计，基层法官交流到上级法院其人事关系倘若还是保留在原有法院，则仍占用员额，而又因为其暂时流出，导致实际办案力量减少，案多人少矛盾更加突出。其二，法官型助理在一定程度可以弥补上级法院“助理荒”问题。但法官型助理和普通型法官助理职责毕竟有所不同，前者不能完全替代后者。倘若普通型助理缺口严重，法官型助理不得不填补其空白，则法官型助理将代行普通型助理的职能，这样是否有悖于制度设立初衷。

（三）对法官逐级遴选制度的补充功能：法官向上级流动的两重渠道

法官逐级遴选和法官到上级担任助理制度都是法官自下而上的流动渠道，但两者是完全不同的通道，形成一种制度上的“差序格局”。

1. 法官逐级遴选的制度效果：基层法官整体素质下降，制度处于空转状态。逐级遴选带来一个负面效果是，基层法院优秀骨干法官被选走，因为能够遴选上的法官大多是基层法院中优秀法官。而对这一负面效应的弥补方式是上级法官助理到基层入额，这相当于基层法院重新培养一名法官，“老法官走了，新法官来了”。中央政策虽然明确法官员额向基层倾斜，但在数量上进行补充的同时，却降低个体法官的综合素质，导致基层法院办案能力整体下降，变相加剧案多人少矛盾。同时，与逐级遴选制度相关的住房落户、子女教育、家属就业等配套措施尚不完善，下级法官缺乏遴选到上级法院的积极性，导致逐级遴选未普遍开展。①

2. 法官型助理制度能否有效回应法官逐级遴选可能的顾虑？其一，法官型助理只是暂时到上级交流，并非真正离开，且在上级法院交流期间，通过较高平台的学习锻炼，可以提升司法能力、拓宽审判视野，待其回归本院后，可带动提升法院整体素质。当然这只是理论设想，尚未考量法官型助理最终去留的问题。其二，实行法官逐级遴选，下级法官直接到上级担任法官，由于知识结构、司法能力、审判经验无法立即适应，设置法官型助理制度，提供一个缓冲期，让下级法官提前适应上级法院裁判要求和审判风格，以决定是否参加后续的逐级遴选。这似乎有助于间接推动逐级遴选顺利开展。

（四）法官型助理的衍生功能：开辟未来法官培养的可能路径

改革后，法官养成路径由“书记员——助理审判员——审判员”三阶段转变为“法官助理——员额法官”两阶段。从未行使判断权的法官助理能否一跃成为独司判断权的法官，是“法官助理——员额法官”二元路径的隐忧。② 引入法官型助理制度后，可适当改变这一格局，将法官型助理作为上级法院法官养成的一个非强制性的中间过渡阶段，形成“法官助理——法官型助理——员额法官”三元路径。具体而言，把基层法院当作

① 胡仕浩：《关于全面落实司法责任制综合配套改革的若干思考》，载《中国应用法学》2019年第4期。

② 高翔：《“程序养成型”基层法官养成机制的构建》，载《全国法院第29届学术讨论会获奖论文集》，人民法院出版社2018年版，第147页。

法官培养的基地，让上级法官助理到基层入额，交由基层培养。把基层法院培养好的法官，遴选至上级担任法官；还没培养好的，则交流到上级担任法官助理，在上级法院进行再培训。

三、热捧还是遇冷：法官型助理制度的行动者及其行为逻辑

一项制度能否具有持久的生命力，很大程度上取决于制度细节设计是否契合制度行动者的利益和诉求。

（一）作为输入单位的上级法院及其行为逻辑

一般而言，上级法院对于法官型助理制度持欢迎态度。目前，初任法官到基层任职制度虽然基本没有推进，但已经形成制度预期，许多优秀高校毕业生不愿报考中级以上法院，而推进法官型助理制度不仅可以部分缓解助理匮乏问题，而且作为特殊的法官助理，法官型助理的专业素质和司法经验一般优于普通型法官助理，能够更高效协助法官办案。其次，其与法官逐级遴选制度相比，还具有一个优势，即法官型助理并不占有上级法院编制。在逐级遴选情形，上级法院更广阔发展平台、更高职级等方面是下级法官参加遴选的主要考量因素。因此，上级法院在遴选完成后能否及时、适当地对遴选对象的需求给予回应，能否处理好遴选上来的法官与本院法官在职级晋升、职务任免方面的关系，十分重要。但在法官型助理制度下，这些问题都无需考虑。

（二）作为输出单位的下级法院及其行为逻辑

下级法院对于法官到上级法院交流担任助理，态度总体上是消极甚至是排斥的。因为地方法院特别是区域内同级法院之间面临不同程度的竞争，而法官流失将降低法院核心竞争力。虽然法官型助理只是暂时的交流，但同样会带来相应影响。初任法官基层任职制度在全国几乎没有推行，即使顺利推进，下级法院“收到的是新法官，放走的是老法官”，以老法官换新法官，对法院循序发展不利。目前，上级法院向下级法院输入人才的方式主要是选派干部到下级法院挂职锻炼，但挂职锻炼周期较短，而且主要是为了弥补基层工作经历，可以说是“身在心不在”。而现在又推行法官逐级遴选，变本加厉向上级法院输出审判人才，导致优秀人才“只上不下”的单向流动格局，出现“只出不进”的人才“贫血”现象。在没有相关制度强制要求的情况下，想要下级法院主动配合输送优秀人才并非易事。现在又增加向上级流动的法官型助理制度，增加短期内大规模向上级输送优秀法官的可能性，易造成人心浮动。因而部分基层法院在上级法院确定的遴选标准之外，在本院内部设置更高的报名标准，这实属无奈的消极对策。

（三）作为申请法官型助理的下级法官及其行为逻辑

对下级法官来说，交流到上级法院可能带来的效益有：到更高平台历练，开阔眼界、增长见识，提升审判业务水平；因交流经历，被上级法院遴选的几率也会增加，能够更好解决职务职级待遇、有更好发展空间等。此外，与直接遴选到上级担任法官的模式不同，到上级担任法官助理“可进可退”，还有选择空间和可能。部分有资格参加逐级遴选的法官由于担心专业能力、裁判思维还无法较快适应上级法院的审判要求，故通过担任法官助理的方式，作为一个适应期或者考察期，待期满后，根据实际情况，再行决定是否遴选到上级担任法官。另外，也有职业尊荣感等因素，由原本法官身份转为助理，虽是一种效益丧失，但到上级法院工作社会评价可能更高。

同时，到上级交流也面临一定成本。法官型助理制度兼具空间流动和层级流动的特性，面临区域环境的变化、法院层级的变化、职业身份的变化。特别是在地域辽阔的省域，跨级交流意味着打破现行工作和生活格局，适应新环境成本相对较高，在相关配套措施没有跟进的情况下，交流所带来的收益未必大于成本。此外，多数法官认为上下级法院在裁判思维等方面存在差异，交流至上级法院通常需要完成较大的角色转变。[①] 同时，还存在职业不确定性，交流虽是适应期，但毕竟是短期、临时的行为，缺乏相对稳定的预期。

四、向何处去：我国法官型助理制度的改革进路

一项制度的运行效果受外部环境和内在结构等变量因素的影响，只有寻求制度机制之间的衔接和均衡，才能确保有效运行。

（一）用好初任法官选任制度，为法官型助理营造良好制度环境

新《中华人民共和国法官法》（以下简称《法官法》）规定“初任法官一般到基层人民法院任职”，明确初任法官到基层任职的一般要求，要合理解释“一般—例外”规则。

1. 初任法官选任实行双轨制：基层入额和现级入额相结合。有原则就有例外。在设计例外规则时，既要严格执行初任法官到基层任职的一般性规则，避免无限制扩大例外而架空制度，同时又要合理认定例外类型，使其契合制度目的性考量。一方面，遵循司法改革中“老人老办法、新人新办法”基本路径，对该制度改革之前进入到中级以上法院的法官助理应当允许其选择在本院入额，对于改革之后招录的法官助理则按照新规执行。

---

① 胡秋玲等：《从粗放到系统：论法官逐级遴选机制之建构》，载《法治论坛》第44辑。

另一方面，对于特殊岗位或者专门法院法官助理开辟现级入额的路径。2018年最高人民法院《关于海事法院初任法官可以到其所属派出法庭任职的通知》明确海事法院法官助理遴选为初任法官后，除到基层法院外，也可以到其所属派出法庭任职。这为现级入额开辟了口子。应当将这一规则推广至其他专门法院。因为专门法院案件具有很强专业性，如果让专门法院法官助理一律到基层法院，而后备审判人才无法及时跟上，将导致专业化审判队伍断层，反之让其在现级法院入额有助于促进审判队伍有序衔接。

2. 基层入额采取双轨制：调动任职和交流任职相结合。《法官法》对初任法官到基层“任职”的方式没有明确规定。从文义来看，任职可以包括调动任职和交流任职。调动任职是指法官助理到基层入额，其组织人事关系也随之调至基层法院。交流任职则指组织人事关系仍然保留在原法院，在基层法院工作一定年限之后，结束交流任职回归原法院。原则上，初任法官基层任职应该以交流任职为主，以调动任职为补充。这也符合法官需要基层锻炼的制度初衷。

（二）根据四级法院职能定位，明确不同审级法官型助理的职能结构

当前我国正着力优化四级法院职能定位，逐步完成从“圆筒状”向“金字塔状”转型，推动形成基层法院分流案件、解决纠纷，中院依法纠错、定分止争，高院再审监督、审判指导，最高人民法院制定规则、统一法制的审级格局。法官型助理制度作为沟通上下级法院之间的制度工具，应当根据审级特征，明确不同审级法官型助理不同职能结构。法官型助理承载纠纷解决和规则治理双重职能。这两种职能配置不是固定的，而是随着法院层级提升而有所侧重。在级别越高的法院担任法官型助理，其职责越侧重于规则治理，协助法官处理更具规则意义的案件，而弱化一般性纠纷解决职能，后者主要交由普通型法官助理承担。

（三）与法官逐级遴选相配套，合理设置法官型助理交流标准

1. 实行双轨并行制。未来基层法官面临两个选择：一是通过逐级遴选到上级法院担任法官，二是到上级法官担任法官助理。两种制度应当设置不同的标准位阶，避免出现两种制度标准混淆、制度混用等问题。比如逐级遴选要求法官在基层任职满5年，倘若申请法官型助理的法官在基层担任法官3年，则其在上级法院担任法官型助理满2年之后，即获得逐级遴选资格。

2. 设置不同交流标准。从法官型助理制度来看，就宣示了上级法官的能力素质应高于下级法官这样的逻辑，层级越高的法院，法官素质应当越高。因此，针对不同层级设计梯度化的交流标准。

表 5　　　　交流标准表

法院	政治素养	审判能力	调研能力	学历层次	工作年限	年龄
中级人民法院	具有良好政治素质和道德品格	近两年来审判工作业绩良好	具有一定的与审判实际相结合的政策理论水平	法学学士及以上学位	在基层法院担任法官满2年以上	一般在35周岁以下
高级人民法院	具有良好政治素质和道德品格，政策理论水平良好，具有大局意识	专业能力突出，具有依法办理所在领域的疑难复杂案件的能力	具备一定的理论研究能力，在所在审判领域有相应的研究成果	法律硕士、法学硕士及以上学位	在下级法院担任法官满4年以上，具有2年以上基层工作经历	一般在40周岁以下
最高人民法院	政治素养高，具备一定的政治理论水平，能够深刻理解党和国家的政策理论	专业能力精湛，具有依法办理各类疑难复杂案件和处理各项审判事务的能力	较高的法律政策水平和调研能力，有相当数量的理论研究成果	法律硕士、法学硕士及以上学位	在下级担任法官满6年以上，具有交流岗位2年以上业务工作经历和2年以上基层工作经历	一般在45周岁以下

3. 促进与逐级遴选衔接。参加逐级遴选落选的法官，可以根据自身意愿申请到报考法院担任法官型助理，经报考法院根据相关标准和程序审查核准后，认为符合条件的，转为该院法官型助理。

（四）科学设置选拔程序，确保法官型助理选拔过程规范透明

1. 明确交流选拔方式。作为上级法院的后备人选，其选拔应该是一个完整、清晰、透明的过程，需要建立从前期摸底、发布公告、报名与资格审查到考核测评等一系列规范化交流机制。交流法院之间要做好统筹协调工作。同一级法院向下级法院的交流工作，应在时间、职位、人数等方面提前相互通气，协调好时间间隔、选拔人数，安排好整体的交流进度，避免频率过高或间隔过短影响下级法院正常工作。

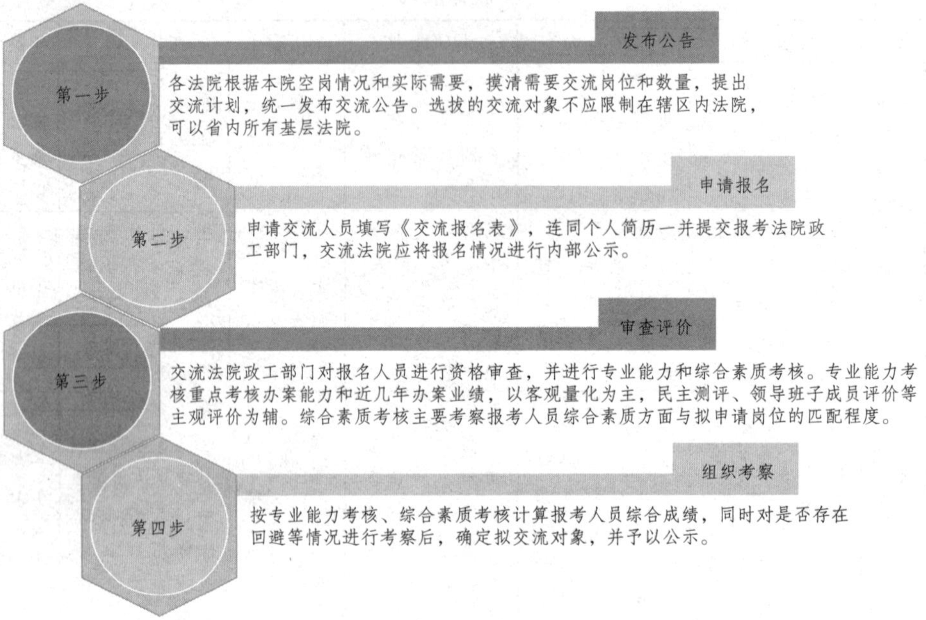

图3　选拔程序示意图

2. 选拔交流数量配置。法官员额应向人案矛盾突出地区和法院倾斜，法官型助理也应遵循这样路径。首先，对各级法院人案进行测算，核定应由法官助理处理事务的工作量，在此基础上区分低审判事务和高审判事务的工作量比，测量相应需要普通型助理和法官型助理的数量。通过工作量测算和法官缺口情况，合理确定法官型助理的数量。

3. 申请岗位范围限制。法官型助理作为上级法院法官的后备人选，应当突出其专业素养培养。申请岗位原则上应当限定于原来从事的审判领域，在特殊情况下可以跨界选择。

（五）明晰职业发展前景，完善法官型助理运行机制

1. 作为上级法官后备军。法官型助理制度设立，开辟了上级法院法官养成的新路径，经由法官型助理过渡到上级法院员额法官，形成“下级员额法官—上级法官型助理—上级员额法官”新模式。针对目前各地法官遴选委主要采取一年一次或两次的集中遴选方式，应当建立及时增补机制，实行常态化和机动性相结合的员额法官遴选方式。① 在常态化逐级遴选中，法官型助理在上级法院交流经历作为遴选的重要参考因素，在同等条件下

---

① 胡仕浩：《关于全面落实司法责任制综合配套改革的若干思考》，载《中国应用法学》2019年第4期。

具有法官型助理经验的优先录取。同时，探索建立从法官型助理中考察遴选上级法官机制，建立上级法官后备人才库，将法官型助理纳入人才库中。在需要及时增补员额，开展机动性逐级遴选时，可以考虑直接在符合条件的法官型助理中择优遴选。

2. 编入专业化审判团队。根据专业特长、审判经验等因素，将法官型助理编入特定的专业化审判团队，组建由法官、法官型助理、普通型助理、书记员以及其他必要的辅助人员组成的审判团队。另外，根据工作需要，法官型助理可以为多个审判团队服务。

3. 职责差异化配置。法官型助理高于现有所有类型的法官助理，要注重与一般法官助理职责的差异化配置。法官型助理职责是协助法官从事高审判核心事务和指导普通型法官助理从事低审判核心事务。具体而言，有权以自己名义独立行使如非诉、程序性案件的判断权，同时辅助法官撰写疑难复杂案件的裁判文书等。审判辅助事务则由在法官型助理的指导下，由普通型法官助理或书记员分享，其中重要性辅助事务由政法编的法官助理处理，一般性辅助事务由聘任制助理、实习助理或书记员完成，实行不同种类法官助理分级分类管理。

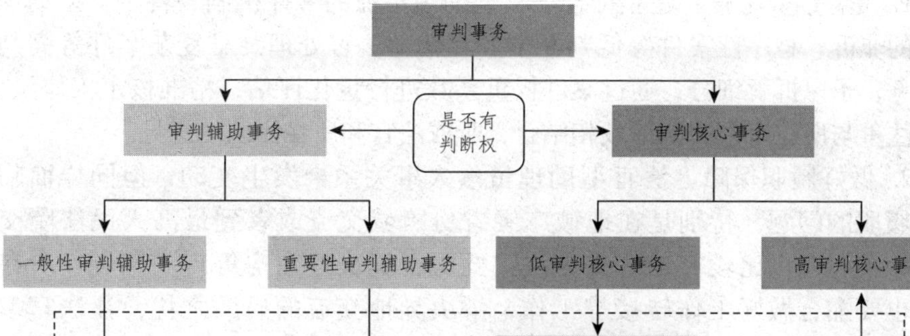

图4

4. 建立任职回避制度。“法官助理不办老家案”。为实现任职回避之目的，有两种制度选择：一是事务上的任职回避制度。下级法官可以申请到其所在上一级法官担任法官助理，但不得办理其所在法院的二审和再审等案件，这也是目前巡回法庭的做法。二是人事上的任职回避制度。实行跨域任职制度，下级法官不得交流至所在上一级法院担任法官助理，必须跨域任职。实行任职回避制度，主要原因在于法官型助理人事关系还保留在原有法院，后者掌握其人事变迁、职级晋升、绩效奖励等话语权。如果允许其办理来自所在法院的相关案件，因人事牵连、同事情谊等因素，可能影响案件公正审理。

表6

法官型助理任职回避制度		
制度选择一	事务上的任职回避制度	下级法官可以申请到其所在上一级法院担任法官助理，但不得办理其所在法院的二审和再审等案件。
制度选择二	人事上的任职回避制度	实行跨域任职制度，下级法官不得交流至所在上一级法院担任法官助理，必须跨域任职。

（六）完善配套措施，确保法官型助理制度顺畅运行

1. 完善绩效考核。建立符合法官型助理特征的考评机制，将法官型助理处理的非诉、程序性案件等低判断事务和辅助法官处理疑难复杂案件等高判断事务，予以拆解细分，通过案件权重系数进行量化评估，精准核定工作量。同时注重与所在审判团队绩效相结合，听取法官和所在团队的意见。

2. 做好履职保障。法官型助理虽然人事关系未发生变动，但同样面临异地履职的问题，特别是在地域广袤省份跨域交流或者到最高人民法院交流，相关问题也比较突出。交流法院要配合解决好住房等现实问题，所在法院也要配合做好工作转接等工作，解决异地交流的后顾之忧，让法官型助理安身安心。

结　语

法官型助理作为新型制度，除具有拓宽上级法院法官助理来源、促进四级法院人员交流、弥补法官逐级遴选和初任法官基层任职制度缺陷等功能外，还可能探索出一条上级法院法官培养新路径。可以改变“法官助理——员额法官”二元路径，将法官型助理作为上级法院法官养成的一个非强制性的中间过渡阶段。未来法官选任将形成以下三条路径：（1）上级法院法官助理——到基层法院入额——再到上级法院担任法官型助理——在上级法院入额；（2）基层法院法官助理——在基层法院入额——到上级担任法官型助理——在上级法院入额；（3）法官助理在基层法院入额——通过逐级遴选到上级担任法官。

深耕职业期许：聘用制书记员管理模式的实证图景与理想建构

——基于S市F区人民法院实践样本的考察

罗 婷*

“对司法事务进行合理分工，是法院内部机构及人员设置的一个重要前提，包括法官定员、法官助理配置等在内的多个司法改革措施，均涉及审判事务的分工及法官辅助人员配置的科学化问题”。①《最高人民法院关于深化人民法院司法体制综合配套改革的意见——人民法院第五个五年改革纲要（2019—2023）》（以下简称《五五纲要》）提出要确保人民法院各类人员职业分工明晰、职业前景明确、职业保障到位，各法院人员分类管理改革也正如火如荼深入开展。聘用制书记员②作为审判辅助重要力量，其管理体制问题被多次提上日程。

一、审视：不可或缺的聘用制书记员队伍

在司法体制综合配套改革的背景下，原本代行书记员职务的法官助理逐渐归位于案件审理事务。为了缓解人案矛盾，提升审判质效，招募聘用制书记员成为某种必然趋势。

（一）回顾：书记员管理体制的改革脉络

1. 萌芽布局：书记员单独序列的提出及制度细化。早在“一五改革”时期，法院建立专业化、职业化的队伍建设就已经初步开展。③ 最高人民法院前瞻性地预见到法院人员管理发生的转变，非审判性事务的剥离和辅助

* 作者单位：上海市奉贤区人民法院。

① 邹碧华：《审判事务的分工与法官辅助人员的配置探讨》，载《法律适用》2002年第12期。

② 不同于中央政法编制的书记员，聘用制书记员是由法院或者派遣单位与其签订劳动合同，不具有公务员身份的合同制员工。

③ 《人民法院五年改革纲要》（以下简称“一五改革”）第三十七条规定，建立书记员单独职务序列。在总结试点经验的基础上，最高人民法院会同有关部门在2000年制定人民法院书记员管理办法，在2001年后全面建立这项制度。

人员的分工精细化，为人员分类管理的改革做好铺垫。

2. 初步发展：书记员单独序列的规则细化。在“一五改革”的基础上，2003年中共中央组织部、国家人事部、最高人民法院发布《人民法院书记员管理办法（试行）》（以下简称《管理办法》），提出聘任制书记员这一概念，确定书记员的专用编制，对书记员的聘任和晋升作出具体规定。同时规定书记员的学历要求，将其与法官序列区分开。[①]

3. 改革转型：单独序列受阻，聘用制书记员队伍涌现。虽然“一五改革”和《管理办法》旨在推行单独序列的管理机制，“二五改革”和“三五改革”中也继续提出要推进人员分类管理，[②] 但是“禁止转任为法官、较低的薪酬和有限的职级晋升空间等设定降低了该岗位对社会的吸引力以及该队伍的稳定性。”[③] 面对不断凸显的矛盾，改革逐渐放缓并转变思路，聘任制公务员逐渐被各法院内部消化。[④]

4. 重点深化：全面推动专业化、职业化的聘用制书记员队伍建设。“四五改革”彻底改变了法院内部人员结构，原本的审、书“师徒型”转变为“法官助理——员额法官”的成长路径。为实现资源的科学配置，将法官从非审判事务中剥离出来，提高审判效率，大量购买社会服务成为重要方式，聘用制书记员逐渐成为主流的审判辅助人员。2017年《人民法院、人民检察院聘用制书记员管理制度改革方案（试行）》（以下简称《方案》）出台，具体细化了聘用制书记员招聘、管理和使用规定，“标志着司法人员分类管理改革的最后一块制度拼图已经完成”。[⑤]《五五纲要》明确了辅助人员的职业保障和待遇保障，注重从内部留住聘用制书记员，形成一支稳定的书记员队伍。[⑥]

---

① 详见《人民法院书记员管理办法（试行）》第一条、第二条、第七条和第十五条规定。

② 详见《人民法院第二个五年改革纲要（2004—2008）》第三十四条和《人民法院第三个五年改革纲要（2009—2013）》第十八条、第十九条规定。

③ 王禄生：《法院人员分类管理体制与机制转型研究》，载《比较法研究》2016年第1期。

④ 时任最高人民法院政治部主任徐家新在2013年12月9日召开的全国法院队伍建设工作会上指出：“要妥善解决聘任制书记员遗留问题，对已通过公务员考试和司法考试的聘任制书记员，应积极商组织人事部门按委任制公务员管理，业务能力突出的可经考核择优转任为法官；对工作不称职的聘任制书记员，要按照规定予以解聘。”参见网站：http：//www. legaldaily. com. cn/locality/content/2013/12/09/content_ 5139969. htm? node =56990，最后访问时间：2019年6月9日。

⑤ 李宗诚：《徐家新在全国法院聘用制书记员管理制度改革动员部署会上强调以改革为动力 优化人力配置 着力建设专业化职业化聘用制书记员队伍》，载《人民法院报》2017年5月26日第1版。

⑥ 详见《最高人民法院关于深化人民法院司法体制综合配套改革的意见——人民法院第五个五年改革纲要（2019—2023）》第52条、第55条和第56条规定。

（二）聘用制书记员对于法院工作不可或缺[①]

“现代化社会的发展方向就是社会治理、国家治理的正规化、专业化和职业化。司法作为国家治理的重要方面也同样要求应当越来越正规化、专业化和职业化”。[②] 顺应司法体制改革的要求，建立一套现代化的聘用制书记员管理制度，形成一支专业化、职业化的书记员队伍，对于缓解有限司法人力资源的现实困境以及保证案件审判的高效、公正有着重要作用。

1. 专业化：促进司法公开。法院作为国家审判机关，一言一行都是法律的践行者。审判流程的透明公开，书记员的业务能力直接经受人民群众的考验。对外聘用制书记员就代表法院的专业性，书记员队伍的专业化建设，应当与法官专业化建设共同发力，相辅相成，共同推动人民法院建设，促进司法公开透明。

2. 稳定化：提高司法审判运行效率。新一轮改革要实现法官的精英化建设，前提和基础是书记员的精英化建设，只有彻底将审判辅助事务完全交托给书记员，才能将法官从审判的外围事务中解脱。而形成精英化队伍的重要因素，就是形成稳定的法官—书记员队伍。

3. 职业化：落实司法责任制改革。自2007年以来，聘用制书记员的招聘、管理和使用不断规范化、标准化，人数也随着审判压力的连年剧增而不断壮大，并逐渐形成了一个相对固定的群体。特别是司法改革之后将人员分类管理改革作为重点举措，书记员与法官助理之间职责交叉的情况被打破，各自工作内容被精细划分，各司其职，与法官之间相互衔接形成一套良性审判运行机制，这对于落实司法责任制，建立权责明晰的司法权运行机制起到了重要作用。

二、反思：聘用制书记员管理体制的内忧外患

“进行聘用制书记员管理体制改革工作，旨在缓解法院案多人少矛盾，建设一支人员相对稳定、职业素养较高、本领过硬的书记员队伍”，[③] 进而提高审判质量，深化人员分类管理。要实现对聘用制书记员队伍高质量的管理，必须全面了解现阶段聘用制书记员制度存在的问题。

（一）内忧——法院无法回应聘用制书记员的职业期许

改革背景下聘用制书记员的法院内职业发展不清晰。要使改革方案落

① 参见严剑漪：《上海：十年耕耘改革辅助文员管理》，载《人民法院报》2018年1月20日。

② 张卫平：《为司法的专业化、职业化而奋斗!》，载杨凯：《法官助理和书记员职业技能教育培训指南》，北京大学出版社2016年版，序言。

③ 潘静、吕昕怡：《甘肃：以技能和保障激活队伍潜能》，载《人民法院报》2018年1月25日第4版。

到实处，取得实效，就要先抓住问题所在。下面从职业上升机制、技能培训、薪酬保障三个方面分析聘用制书记员现阶段面临的问题。

1. 职业上升机制不明确。聘用制书记员的职业上升通道没有打开。以S市为例，虽然现行文员等级评定制度将文员分为四个等级，但是等级晋升间隔周期较长，主要考核工作年限，[①] 且不像聘任制书记员可以通过司法考试转变为法官助理，没有打通向法院其他职位转变的渠道。

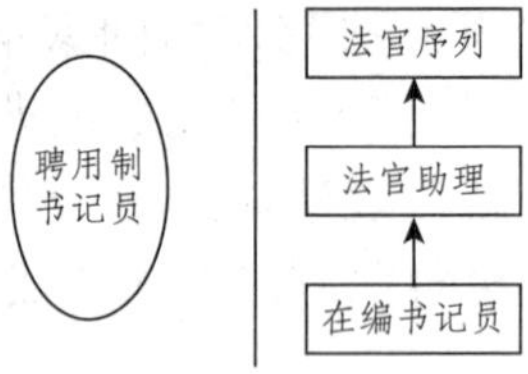

图表1　书记员职业上升机制

在针对S市F区法院的48名聘用制书记员做的一份“书记员职业发展情况”的问卷调查[②]（以下简称问卷1）中，绝大部分人对于晋升渠道表示不满意。

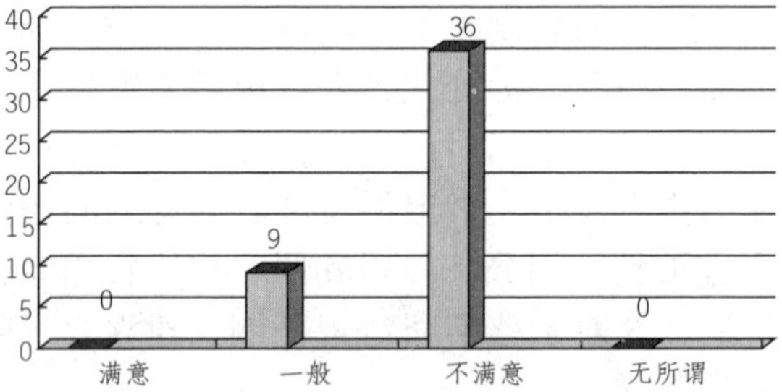

图表2　书记员职业晋升渠道满意程度

2. 技能培训体系不完备。大多数聘用制书记员进入法院便开始跟随法官从事案件审理的辅助工作，包括送达、庭审记录、文书校对、归档等。他们在招录时很多都没有法律知识背景或者从事过相关工作。据统计，现职45名S市F区文员中，通过司法考试的仅2人。他们工作前或者工作中缺乏系统的专业技能培训，容易陷入“盲人摸象”的窘境，工作起来事倍功半。

① 根据《上海市法院系统辅助文员岗位工作人员等级评定与晋升工作规定（试行）》，文员分为一级文员、二级文员、三级文员和四级文员，级别相差一级，技能工资相差50元。

② 该份调查问卷针对聘用制书记员的职业发展提出了20个相关问题，并分发给S市F区法院在职48名文员，其中回收45份问卷调查，并作出数据整理。

图表3　　S市F区法院2009年至2018年新招聘用制书记员专业情况

年度	2009	2010	2011	2012	2013	2014	2015	2016	2017	2018
法学专业	10	4	0	2	3	2	3	1	0	1
其他专业	13	4	0	0	2	0	12	11	12	3
法学专业占比	43.5%	50%	/	100%	60%	100%	20%	8%	0%	25%

3. 薪酬保障制度不完善。（1）同工不同酬：聘用制书记员只享有工资和能级岗位津贴，不享受法院公务员的奖金和福利政策。以S市F区法院为例，同年入职的法官助理（仍在从事书记员岗位工作）每年工资约是聘用制书记员的2.3倍。

图表4　　S市F区法院人员薪资构成

	工资	通讯费	各类津补贴	绩效考核奖	年终奖
法院公务员	√	√	√	√	√
聘用制书记员	√	×	×	×	√

（2）同酬不同工：同批次的书记员会因为所在业务庭（室）不同，工作内容有所区别，其工作难度、强度也不尽相同。以S市F区法院2018年为例，不同庭（室）的工作量差异较大。

图表5　　S市F区法院2018年各庭室结案数

庭（室）	立案庭（含诉调对接中心）	商事庭	民事庭	××法庭	××法庭	××法庭	刑事审判庭
结案数（件）	14525	3269	2650	2793	1505	1670	1233

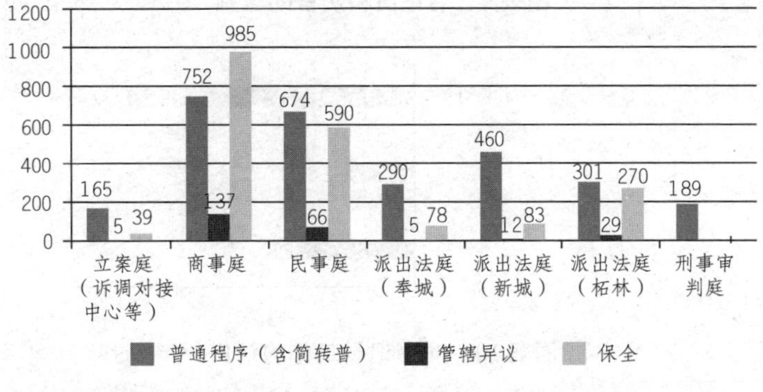

图表6　S市F区法院2018年各庭室案件流程统计

（注：因刑事案件不涉及民商事审判程序，故对其管辖异议和保全数据不作统计）

总体而言，聘用制书记员群体对于薪酬方面存在明显的心理落差，基本差距一倍左右。

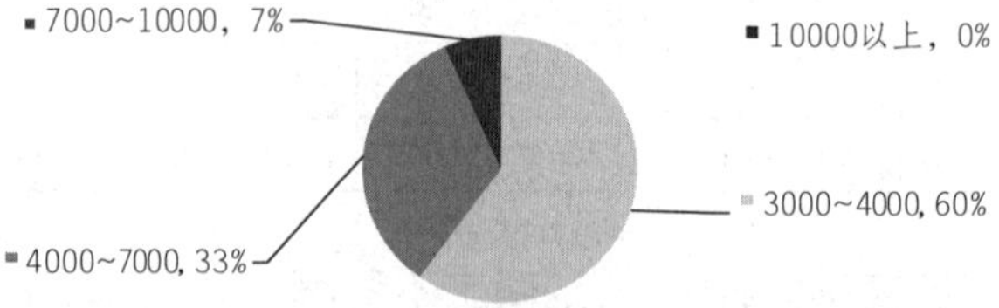

图表7　S市F区法院文员实际薪资（元/月）

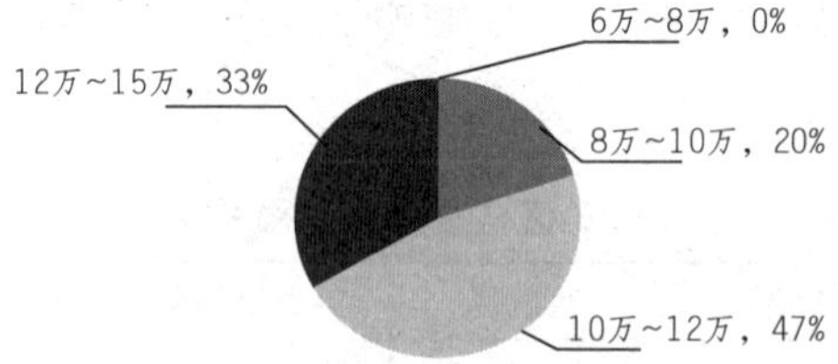

图表8　S市F区法院文员理想薪资（元/年）

（二）外患——聘用制书记员的职业认同感偏低

图表9~10均基于“您对法院书记员工作了解程度?”的问卷调查[①]（以下简称问卷2）部分数据分析。

1. 职业认知度不高。大多数人对于“聘用制书记员”（或者法院文员）这个词是陌生的，对于书记员的理解仅停留在一个词组的模糊概念，有一部分人甚至从未听过书记员这一职业。这一群体的存在感和价值感普遍偏低。

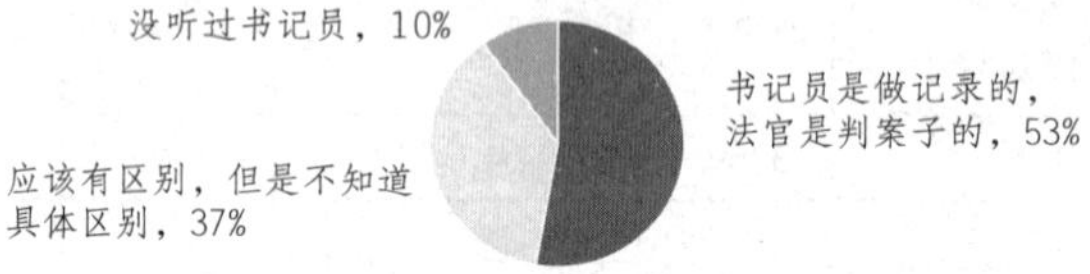

图表9　书记员和法官的区别

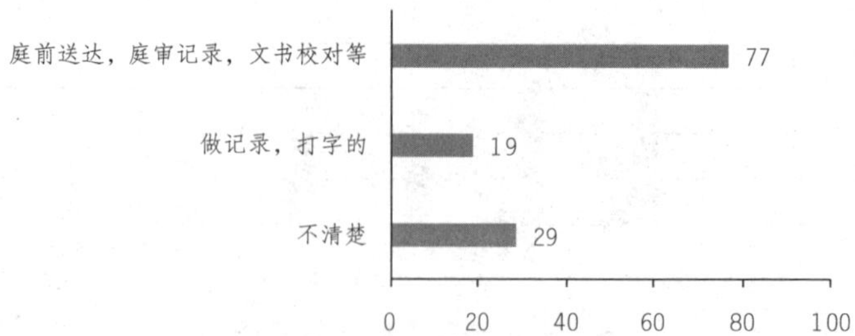

图表10　对书记员工作的认识

① 该份名为“您对法院书记员工作的了解程度”的调查问卷共10个相关问题，针对非法律专业人员随机发放，共回收了125份并作出数据分析，其中涉及人群年龄层：25周岁以下40.8%，25~40周岁46.4%，40周岁以上12.8%；从事非法律类职业的占比92.8%。

2. 工作能力不被认可。对于大多数进入法院的聘用制书记员，由于受到学历、专业的限制，法官只需要其完成对应的工作即可。图表 11 是对 25 名 S 市 F 区法院法官随机调查的结果。在大部分法官看来，虽然同为从事书记员事务，但是对于法官助理和聘用制书记员的要求仍会有所差异。

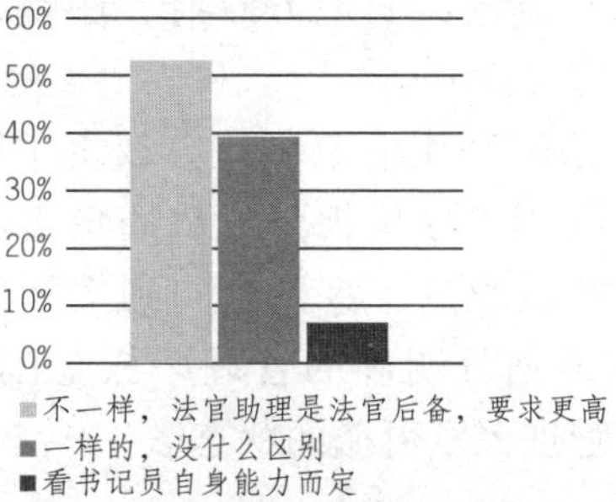

图表 11　对待书记员和法官助理的认识

3. 公务员与聘用制书记员分化两个团体。因为编制的原因，形成了天然的亲疏感，公务员与聘用制书记员自然分化为两个团体。因为处在编制外，部分聘用制书记员从心理上对法院有疏远感，感觉自己是“临时工”，无法产生归属感，这也就造就了一旦有机会到其他更稳定的单位或者考取公务员、事业单位，都会选择离开的现实局面。

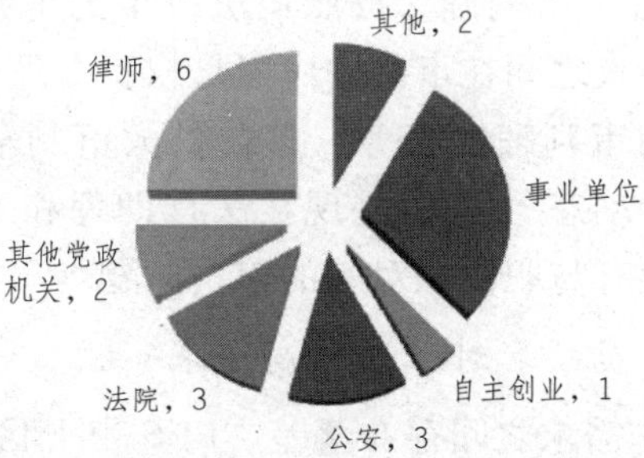

图表 12　S 市 F 区法院近 5 年离职文员去向统计

三、剖析：制约聘用制书记员队伍管理的深层原因

在上文分析聘用制书记员队伍管理面临的内外困境后，本文进一步剖析这些困境背后的深层原因。

（一）书记员管理制度常态性缺位

1. 法律规范处于真空状态。公务员有对应的《公务员法》，法官和检察官有相应的《法官法》《检察官法》及相关法律进行规范，书记员在任何一部法律或者行政规章中都无据可查，处在法律真空状态。再细细探究，涉及书记员的只言片语在《民事诉讼法》的第四十四条有关回避的规定，以及开庭审理阶段的部分程序方面，并没有直接对其权利义务方面出任何规定。专门涉及聘用制书记员的文件，全国性、最为针对性的是《方案》，这无疑肯定了聘用制书记员的重要地位，但是作为一个全国性的改革方案，仅作为一个指引框架，具体的细节如省级的名额比例、人员管理等仍需要各地区按照实际情况自行制定，而地方政府、法院、财政部门等各机构之间的协调也变成了长久的拉锯战。

2. 公务员局、人民法院和派遣单位三方权责不明晰。派遣单位是劳动合同相对方，法院是实际用工单位，公务员局负责组织招录工作。从聘用制书记员的资格审核、笔试面试、签订合同到实际到岗工作以及后续的人员档案管理问题，三方未划分明确的管理职权范围，容易导致互相推诿，间接造成聘用制书记员管理无章可循的状态。

（二）书记员配套管理细则的不合理

1. 缺乏对应的约束监督机制。在工作中既要自律，也要讲求他律。法院的工作需要严谨的工作态度，所以法院对于法官（法官、法官助理）队伍都有严格的惩戒监督机制，[①] 以保持对工作的高度谨慎，书记员也受到公务员法的制约以及院内规章的约束。而聘用制书记员没有与之对应的监督机制。

2. 审判团队权责分工不明确。按照司法改革的审判团队模式：法官—法官助理—书记员，各人之间在审判中应当是权责分明的，“将审判业务进一步区分为审判事务与审判辅助事务、日益扩大审判辅助事务的职权是在司法专业化驱使的一种动态”，[②] 但是现在法官助理和书记员之间并没有明确的权责划分，也就没有与职责相对应的追责问题。

（三）聘用制书记员缺乏对职业的高追求

1. 自我要求与工作需求之间存在落差。以S市F区法院48名聘用制书记员为样本分析，全部为本地户籍。就业选择主要原因是稳定，对工资及自我价值的实现没有过多追求。但是基于法院工作的特殊性，他们也有外在着装，法律专业素养，职业道德要求，需要掌握一定的庭审记录能力，甚至为完成工作而频繁加班等。自我追求偏低与法院要求偏高的价值落差相互冲击，一定程度上影响工作热情。

2. 现阶段社会上对于聘用制书记员的评价莫衷一是。在问卷2的调查显示，大部分人不清楚聘用制书记员这个岗位，外界对于在公职单位任职

---

① 2016年最高人民法院、最高人民检察院颁布《关于建立法官、检察官惩戒制度的意见（试行）》（法发〔2016〕24号）。

② 傅郁林：《以职能权责界定为基础的审判人员分类改革》，载《现代法学》2015年第4期。

的群体，其着眼点更多的还是编制问题。

基于外界对聘用制书记员群体工作内容和工作性质的模糊认识，其职业价值较难得到大众的认可。另外，据统计S市F区法院的文员中大学以上学历仅占64.6%，仅2名考取法律职业资格证书。在内外因共同作用下，容易造成聘用制书记员群体的自卑。长此以往有些书记员产生挫败感，甚至消极怠工的心态，反作用于工作，往往事倍功半，影响审判质效。

3. 人员分类改革背景下聘用制书记员职业前景不明朗。因为改革的推动，聘用制书记员的分工越来越细致，而大部分聘用制书记员的工作内容都不存在核心竞争力，具有易操作和复制性高的特点。信息技术的飞速发展加重了聘用制书记员职业的可替代性。在信息化和人工智能技术日新月异的今天，越来越多的机械性工作可能被计算机取代，聘用制书记员在法院的角色似乎变得无足轻重，面对无意义的重复劳动，无法找到个人职业价值。考虑到科技的广阔发展前景，以后智慧法院的建设力度加大，聘用制书记员需要重新考虑职业规划。

四、革新：聘用制书记员管理体制的优化路径

要实现聘用制书记员队伍管理的优化，就要让法院成为培养聘用制书记员法律专业能力的土壤，书记员在加强自身能力的同时也让法院不断提高审判能力，进而深化司法体制综合配套改革，实现聘用制书记员与法院整体建设之间相互成长，成为互相依靠的良性循环。

（一）理念建设：提升聘用制书记员队伍的职业尊荣感

1. 顶层设计突出聘用制书记员的职业地位。首先，在有关书记员的法律规范中（如《民事诉讼法》）应当明确代行书记员职务的聘用制书记员与书记员相同的法律地位，适用与其相同的法律规定，将聘用制书记员的职业地位在立法中体现出来。其次，针对各地聘用制书记员的实际情况和当地的经济发展水平，应当尽快制定地方性法规，从省级层面框定聘用制书记员的招考程序、招考标准、退出机制等；在部门规章层面上参照《管理办法》，建立相关聘用制书记员的管理办法，或者将聘用制书记员管理办法纳入书记员一行。具体到各级法院，应当根据自身情况，尽快出台地方性的部门规章，[1] 重点在招录细则、培训机制、薪资水平、福利待遇等方面作出细化。

2. 聘用制书记员职业司法理念的构建。司法，是守护社会公平正义的

---

[1] 如甘肃省高级人民法院的《全省法院公开招聘聘用制书记员工作实施方案》《全省法院公开招聘聘用制书记员面试工作实施方案》、上海市高级人民法院的《上海市法院系统辅助文员岗位工作人员等级评定与晋升工作规定（试行）》。

最后一道防线。法官被认为是践行法律公平正义的理性职业。我们应当"认识到司法审判辅助职业不仅仅是一种职业和工作，还是一种生活方式，更是一种思维方式。从业者应当学问多于机智，尊严多于一般的欢心，谨慎超乎自信"。[①] 作为法官背后不可或缺的辅助人员，书记员也应当认识到职业的崇高性，树立坚定的法律信仰，构建和完善自身司法理念，不断深刻对法律精神的理解，并将这种职业热情和对职业尊严的珍惜，转化为职业技能的提升，推动和保障法官司法公正，做到对每一份判决书负责。在对内建构职业司法理念的同时，也应做好司法对外公开。传统模式下，我们可以通过定期的"社会公众开放日"介绍聘用制书记员的工作内容、适度放开工作体验环节，将聘用制书记员纳入普法宣传的志愿队伍；在"互联网+"的信息化背景下，可以选择拍摄、绘图等多种形式，录制聘用制书记员专题宣传片或者电视电影节目，结合微信公众号、微博等网络载体进行正面宣传。[②]

（二）规则细化：确立聘用制书记员的主角身份

1. 细化等级序列，明确晋升通道。纵观世界各国法院的书记员管理制度，[③]"对书记员进行单独序列的职业管理，书记员不能向法官晋升过渡，突出书记员职业的独立性，已经成为世界各国法院书记员职业制度改革的发展趋势和潮流。"[④] 法官与书记员的晋升各行其道，分别形成一个闭环，是书记员单独序列，建立专业化、职业化队伍的必然要求。在这一前提下，为了书记员长久稳定地留在法院工作，必须形成一套切实可见、可行的上升机制，晋升机制的细化和完善要保证明确8~10年内的上升通道。可以参照法官的等级，将聘用制书记员分为"4级8等"的等级序列进行管理，每一级晋升规定最低年限两至三年，晋升级别也和绩效、工资挂钩，表现优异如连续三年考核优秀可以跨级晋升，激发书记员的工作积极性。

2. 统一行政管理，健全考评机制。本文认为，书记员的单独序列应着眼于人员行政管理上面。参照现行的公务员序列管理机制，应由政治部或者办公室统一管理口径，建立个人档案，并结合质效考评机制，让每一个聘用制书记员的工作有迹可查，既形成了一种隐形的约束，也体现了法院

① 杨凯：《法官助理和书记员职业技能教育培训指南》，北京大学出版社2016年版，第136页。

② 近日，江苏省高级人民法院在其微信公众号上发布的一首原创MV，以直观、明快的方式展示了书记员的工作日常，引发社会对书记员群体的关注。

③ 美国的法庭书记员是联邦法院的雇员，受法院管理，专门负责记录法庭诉讼程序；德国法院的书记员被列入司法公务员序列，依照《德国司法公务员法》管理，辅助法官完成司法工作，英国法院的书记官属于政府公务雇员，协助司法部门履行司法职能；日本法院书记官职业是一个单独职务序列，由法院统一管理，不能轮换到法官职业。

④ 杨凯：《法官助理和书记员职业技能教育培训指南》，北京大学出版社2016年版，第105页。

对聘用制书记员档案管理的重视。对聘用制书记员每个季度、每年的业绩（包括归档、开庭质量、文书校对差错等）进行考评，评出不同等级，并且归入个人档案，与个人绩效和晋升挂钩。而考评机制的建立也是激励聘用制书记员不断追求优秀，通过自己的努力工作获得晋升，以自己的职业为荣。若一年中连续三次季度考核均为A，且同年无C等，则当年年度考核应为优秀。

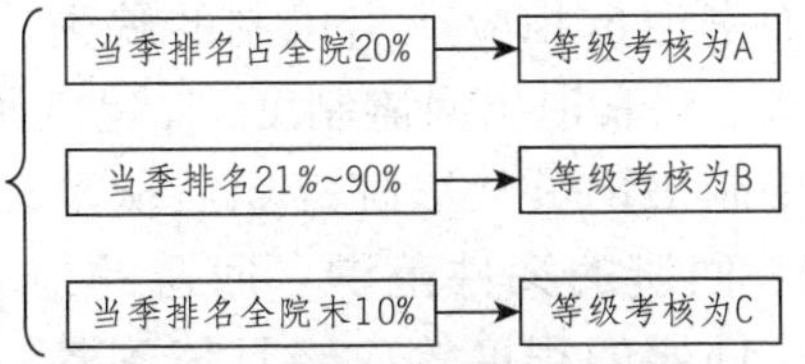

图表 13　聘用制书记员考评机制

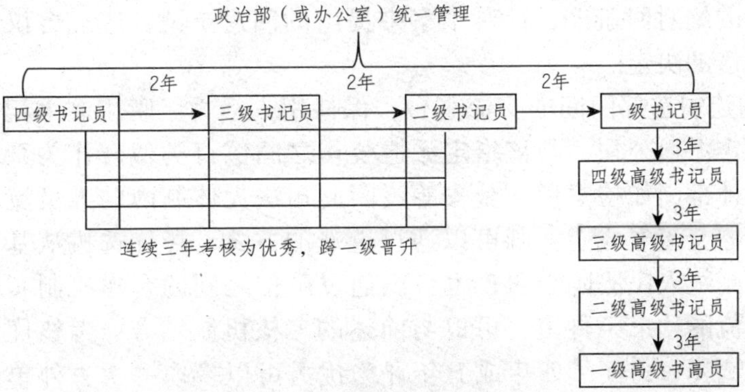

图表 14　聘用制书记员晋升渠道

3. 建立长效的技能培训和轮岗制度。书记员技能培训应立足于对司法理念的构建，形成一套以技能培训为主，人文素养、政治素养共同提高的体系。培训内容应针对专业技能的提升（包括庭审记录、归档、文书校对、智能系统的运用等）；轮岗制度，应设计为三年至五年轮换一个庭室，每一名书记员在入职时都应优先分配至业务部门，与上述的考评相结合，连续三年考核优秀的书记员可以向政治部申请提前轮换岗位或者换取一次业务培训的机会。

4. 提高薪酬待遇，完善职业保障机制。讨论职业保障到位，绕不开福利待遇。首先要让聘用制书记员有一个明确的身份。介于体制内公务员编制短时间内无法扩容，即使扩编，它的体量也很难满足现阶段突增的书记员人数，可以转变思路，争取当地组织部和人事部门的支持，对于招聘的聘用制书记员采用事业单位编制，享受与其相同的福利待遇，特别是体检、加班调休、带薪休假等。从法院层面，应当“尽快将聘用制书记员经费列入法院年度预算”，[①] 争取专款专用于各法院聘用制书记员的奖金和各项福利保障，并配套动态薪资调整机制，结合质效考核，将工资差额落实到个人。

（三）灵活管理：聘用制书记员进退机制的良好循环

1. 完善退出回避制度，维护司法公正。书记员从事的审判辅助工作，与司法权的运行紧密相关。进入有门槛而退出无约束，一定程度上造成聘用制书记员的流失，而书记员相应退出机制的缺失，也隐约带来了司法公正的信任危机。可以参照法官退出回避制度，[②] 建立属于聘用制书记员的退出回避制度，明确聘用制书记员从法院辞职后从事相关法律职业的回避规定，包括回避的时间、回避的案件范围、回避的地域范围等。本文认为，具体回避的案件类型、回避的程度等应当具体到各法院自身。建议从事律师执业的前书记员与其曾搭档的法官之间绝对回避，与其任职的法院应当存在两年的绝对回避期，针对个案中提出的回避申请，应经合议庭评议作出是否回避的决定。

2. 构建司法部门间的交流平台，保持用人活力。聘用制书记员的劳动关系在指定派遣公司，与该指定派遣公司之间签订类似合作关系的除了法院还有其他部门如检察院、公安等，因此司法大体制内的人员流动较容易实现。具体交流方式上：既可以通过遴选的方式，择优选拔从基层法院调至中级、高级人民法院学习，也可以通过单位之间的合作机制实现人才流动；在交流的约束条件上，可以与前述的考核机制结合，考核优秀的人员享有优先选择权，连续四年或五年评为优秀可以换取一次去外单位学习甚至推荐进修学习的机会。

3. 探索外部激励政策，拓宽职业前景。优化聘用制书记员管理体制，其实是以一种良性的互动促进相互发展。既要让他们自觉热爱本职工作，又可以让他们在法院工作中有所收获，特别是对未来择业有所帮助。根据问卷1的调查显示，聘用制书记员离职，选择律师工作的41.67%，选择企事业单位的50%。建议激励政策向这方面倾斜：法院工作背景在重新就业时在法律相关事业单位招录优先考虑，研究生考试加分等；法院工作年限可以转换为一年律师实习期；专设聘用制书记员公务员录取额度等。

---

① 李宗诚：《徐家新在全国法院聘用制书记员管理制度改革动员部署会上强调以改革为动力优化人力配置　着力建设专业化职业化聘用制书记员队伍》，载《人民法院报》2017年5月26日第4版。

② 《法官法》第三十六条规定：法官从人民法院离任后两年内，不得以律师身份担任诉讼代理人或者辩护人。法官从人民法院离任后，不得担任原任职法院办理案件的诉讼代理人或者辩护人，但是作为当事人的监护人或者近亲属代理诉讼或者进行辩护的除外。法官被开除后，不得担任诉讼代理人或者辩护人，但是作为当事人的监护人或者近亲属代理诉讼或者进行辩护的除外。

结 语

审判权的行使，离不开书记员的推动。聘用制书记员管理体制的优化，符合现阶段司法体制改革的要求。本文以125份调查问卷和S市F区法院的45名文员为样本研究，着眼于聘用制书记员与法院整体建设之间共同成长，互相依靠的良性循环，以期实现聘用制书记员队伍的专业化、职业化，为深化司法体制综合配套改革助力！

对法官员额动态调整的现实思考

——以 Y 省为切入视角

廖永兵*

一、影响法官员额动态调整的因素

法官员额动态调整机制是对法官员额制的补充和完善，通过运用“杠杆作用”，及时科学的修正法官员额比例的不足。从实践意义上来讲，法官员额制度，与法官选任制度、法官助理制度、法官职业保障制度等共同构成了法官管理制度，而法官员额制度是这一系列制度的总领，是法官管理制度的首要和基础，可把它称为司法改革的“牛鼻子”。法官员额管理中存在的问题直接关系和影响到法官员额动态调整机制的科学建立。

（一）员额比例测算难以做到科学合理

法官员额的比例应当如何确定，都需要考虑哪些因素，什么样的比例才是最合理的，这些问题都是员额制动态调整的一个关键内容。有的法院存在不少机关工勤编制和事业编制人员，在确定员额比例的基数时，能否把法院的这些编制纳入省级统筹测算的基数？这都是值得研究的问题。从目前各地区的实践来看，一种是采用“先根据一定的计算方法得出法官员额，再根据法院总人数换算为法官员额比例。另一种是直接设定法官员额比例，再根据法院总人数得到法官员额”,① 但不论哪种，法官员额的确定都具有极大的不确定性和可控性。

（二）员额比例核定难以做到平衡兼顾

Y 省系边疆民族地区，在经济较为发达、人口和案件数量较为密集的中心城市，原有法官所占中央政法专项编制的比例较高，特别是实行立案登记制改革后，法院受理案件数量又有较大幅度增长，案多人少矛盾仍将持续存在，法官工作强度大幅加，所需员额比例相对较高。而地处边疆的民

---

* 作者单位：云南省高级人民法院。

① 刘煜辉：《法官员额制试行现状及应对策略》，载《江明学院报》2016 年第 6 期。

族欠发达地区法院案件数量虽然相对少，但考虑到法官单独职务序列职数比例的多少直接与法官个人利益挂钩，而且，若员额比例过低，艰苦边远地区法院在吸引人才方面又不具竞争力，法官流失问题将进一步加剧。因此，Y 省法官员额核定工作既要兼顾利益得失又要稳定法官队伍，处于两难之中。

（三）法官员额制改革整体协同推进不够

法官员额制改革采取分期分批试点的方式以及顶层设计与基层探索相结合的方式进行，无成功经验可供参考。此次改革从表面上看只是法院内部三类人员的比例问题，但根本上它是一个牵一发而动全身的变革，是一项系统庞杂的工程。如何科学合理的确定三类人员的比例是本次改革的核心问题，这个问题解决不好，将会影响队伍稳定和审判质效。因此，法官员额制改革不仅需要各级党委、政府的支持，也需要改革的配套政策。员额制改革后现行一部分法官退出法官队伍所面临的分流问题，这涉及法官队伍的稳定；法官员额制改革后法官与司法辅助人员的各自的职责以及配合模式问题，这涉及司法效率；主审法官依法独立行使审判权，这涉及法官员额制实行的前提；法官的遴选问题，这涉及法官的切身利益；员额制背景之下，法院运行的配套措施，这涉及法院的良性运行。[①] 以上，都给法官员额动态调整机制的科学建立增加了难度。

二、法官员额动态调整制度构建

（一）Y 省法官员额的核定

Y 省按照“以案定额、按岗定员、总量控制、省级统筹”的原则，在员额核定过程中主要运用数据定量分析法，测算全省三级法院法官员额比例，使员额配置建立在精确量化的基础上，以保证法官员额配置更加科学、合理、符合实际。按不同审级、不同地区法院案件类型和数量、人员配置以及辖区内经济社会发展状况、人口数量、辖区面积等因素，核定全省 149 家法院法官员额比例。其中三年结案数、人均结案数、辖区人口数、地域面积四项指标作为核定法官员额测算的重要依据，尝试在结案总数、人均结案数、人口密度、地域面积四项指标与中级法院和基层法院法官工作量、办案成本等司法工作需求相结合。第一批 6 家试点法院法官员额总量控制在编制总数的 25% 以内，第二、三批 143 家试点法院控制在 34% 以内，预留 5% 的员额待后续增补。Y 省是多民族边疆省份，少数民族人口超过全省总人口的三分之一，民族自治地方面积占全省总国土面积的 70%，大量案件

---

① 寇博潭：《论我国的法官员额制》，华东政法大学 2015 年硕士学位论文。

的审判执行需要法官精通少数民族语言、熟悉民族风俗习惯，Y 省对民族地区法院实行定额制，给予适当倾斜，保证有适当数量的主体少数民族法官入额。Y 省法院从原来的 7280 名法官中遴选产生 4060 名员额法官，实有 3934 名。其中，少数民族 1111 名，占全省入额法官的 27.36%，平均年龄 41 岁。年富力强、经验丰富的审判员成为员额法官的主流。通过这项改革，实现了 85% 以上法院人员向办案一线集中，资源配置更加合理，审判质效持续提升。

（二）科学确定法官员额的动态调整

按照中央关于推进法官员额制改革的要求，39% 的员额比例是针对各省、自治区、直辖市法院的中央政法专项编制而言，可以在不同审级、地域进行调剂，不是要求每个法院的法官员额比例都必须是 39%。考虑到员额比例相对稳定的问题，员额的统筹调配必须遵循司法的特性和规律，按照"以案定额""省级统筹""有减有增"的原则，区分不同审级、地域，并设定一个动态调整的期间值。"一旦影响员额职数的各项指标都发生了显著变化，超出了设定的期间值，就应启动相应调整程序对员额比例进行调节"。[①] 确保员额调控符合本地司法工作实际和法院队伍现状。为科学核定、动态调整 Y 省法官员额，笔者赴 K 法院、Z 法院、C 法院、D 法院等 4 家中级法院、12 家基层法院进行了实地调研，通过召开座谈会、问卷调查、表格统计分析及点面结合等形式，对 Y 省法官员额核定、动态调整进行探索研究。通过分析归纳各方意见建议，形成了《法官员额核定/动态调整表样》（以下简称《表样》），为构建法官员额动态调整机制提供参考模式。

表 1　　法官员额核定/动态调整表样

<table>
<tr><th rowspan="3">单位</th><th colspan="4">近三年人均结案数</th><th rowspan="3">近三年年均案件增长率 10%</th><th rowspan="3">人口数（含流动人口）中院 15% 基层院 5%</th><th rowspan="3">地域面积 中院 5% 基层院 10%</th><th rowspan="3">GDP 中院 10% 基层院 5%</th><th rowspan="3">减刑假释案件 3000 : 1 配备</th><th rowspan="3">员额核定数</th><th rowspan="3">微调数 ±5%</th></tr>
<tr><th colspan="2">中级法院院 60%</th><th colspan="2">基层法院 70%</th></tr>
<tr><th>院领导 15%</th><th>一线法官 45%</th><th>院领导 20%</th><th>一线法官 50%</th></tr>
<tr><td>1</td><td></td><td></td><td></td><td></td><td></td><td></td><td></td><td></td><td></td><td></td><td></td></tr>
<tr><td>2</td><td></td><td></td><td></td><td></td><td></td><td></td><td></td><td></td><td></td><td></td><td></td></tr>
<tr><td>3</td><td></td><td></td><td></td><td></td><td></td><td></td><td></td><td></td><td></td><td></td><td></td></tr>
<tr><td>4</td><td></td><td></td><td></td><td></td><td></td><td></td><td></td><td></td><td></td><td></td><td></td></tr>
</table>

《表样》将人均结案数、年均案件增长率、辖区人口数、地域面积、GDP 等 5 个要素作为核定法官员额的主要依据，原则上法官数量与以上要素存在正

① 刘水：《法官员额制度研究》，哈尔滨商业大学 2017 年硕士学位论文。

比例关系，当《表样》数据发生显著变化，员额比例也应随之科学增减。

1. 人均结案数。案多人少与人多案少关乎司法权的正常运行。从某种意义上说，案件数量更直接关系法官人数的确定，由于法官工作量的直接量化形式就是案件数量，因此，案件数量是确定法官员额的一个硬指标。而人均结案数是衡量法官办案工作量和工作饱和度的关键要素之一，也是员额动态调整的"晴雨表"。核定一个法官应当办案的基本数量，其核心必须测算一个法官能够承担的工作量（或者说1件案件需要耗费法官多少工作时间），既要满负荷，又不能超负荷，才能实现法官数量与案件数量相匹配。以江苏省南京市玄武区人民法院关于基层法院民事法官年合理结案数量的实证研究为例，该法院通过对民事法官办案时间的问卷调查，结合判决、调解与撤诉的数量比例以及不同结案形式所大概花费的时间，并考虑法官可持续发展所需的学习和休息时间，认为基层民事法官一年合理的结案数为138～214件。[①] 广东省江门市蓬江区法院的调研则指出，根据案件的疑难复杂程度，员额法官的办案极限为每年97～178件。[②] 因此，人均结案数是法官员额核定、动态调整的关键因素。

2. 案件增长率。案件增长率是统计学相关概念，也叫复合增长率，是衡量案件增长速度的一个定量指标，指在一定年限内，平均每年案件增长的速度。通过测算年均案件增长率，可以预判一地区的案件数量和人均结案数。当前，我国正处于案件量高速增长期，案件量呈"井喷式增长"。以Y省法院为例，2015年全省中、基层法院收案267699件，2016年收案529211件，2017年收案564999件，年均增长率45.28%，办案压力较大。因此，案件增长率是员额核定和动态调整必须要予以考虑的要素之一。

3. 辖区人口、面积和GDP（生产总值）。由于Y省人口不同区域之间分布极为不均，城乡之间、区域之间经济发展不平衡，不同法院之间案件也极不均衡，政法编制和审判资源配置还不够科学合理。而这些因素又直接影响审判工作量，只有将这些因素纳入员额核定和动态调整之中，员额核定、调整才能尽可能的科学合理。通过对Y省16个州（市）近三年的地区生产总值和案件情况的相关性分析，可以发现辖区经济社会发展状况、人口数量与案件数量存在明显的正比关系。社会发展水平越高，经济活动与人员流动就越频繁，从而引发的案件量就越大，员额比例的核定也应随

---

① 周迅、李伟：《关于基层民事法官年合理结案数量的思考——基于正常条件下的实证研究》，载搜狐民事审判参考 http://www.sohu.com/a/206713689_169411，最后访问时间：2020年5月9日。

② 钟菁、陈华：《关于法官合理工作量的调研——以江门基层法院年度工作量为切入点》，载 http://www.360doc.com/content/17/0621/13/542605_665199249.shtml，最后访问时间：2020年5月9日。

之动态调整。

表 2　　Y 省各州（市）人口数、生产总值与收案数对比统计表

地区	2017 年人口数（万人）	2015 年		2016 年		2017 年		三年 GDP/收案数平均增长率
		生产总值（亿元）	收案总数（件）	生产总值（亿元）	收案总数（件）	生产总值（亿元）	收案总数（件）	
KM	672.8	3970	77560	4300.43	162908	4857.64	164312	10.64%/55.45%
ZT	547.5	709.2	20462	768.23	38114	832.45	43572	8.34%/50.29%
QJ	608.4	1630.3	29326	1775.11	56958	1941.12	59455	9.12%/49.30%
HH	464.5	1222.3	20736	1336.79	41890	1478.57	42563	9.99%/51.81%
YX	237.5	1245.7	15131	1311.88	28865	1415.14	30326	6.59%/47.91%
DL	360.53	901.1	13289	974.2	25164	1066.55	30555	8.80%/55.39%
CX	273.9	763.17	13688	847.12	32045	937.37	35583	10.83%/72.58%
BS	259.7	551.96	14280	613.4	24778	678.94	25840	10.91%/38.90%
LJ	128.5	290	6178	310.18	12355	339.48	14496	8.20%/58.66%
DH	129.4	292.32	5851	320.99	18251	356.97	16290	10.51%/100.59%
PE	261.7	514.01	12919	568.04	21522	624.59	24385	10.23%/39.95%
WS	362.1	670.8	16192	735.88	27877	809.11	30013	9.83%/39.91%
NJ	54.4	114.44	2296	126.46	2856	141.50	3808	11.20%/28.86%
DQ	41	161.1	1782	180.58	2753	198.65	3597	11.05%/42.57%
BN	116.3	335.91	8812	366.03	17216	393.84	18252	8.28%/50.69%
LC	252	502.13	8605	552.36	14754	604.06	18177	9.68%/47.33%

（三）测算方法

法官员额一经确定，一般不允许更改，只有法官因提拔、调离法院、退休等原因，出现永久性或暂时性（1 年以上）空缺时，才可以进行差额补选。同时，为更好适应新形势、新环境对法官的需求，还应当定期调整法官员额（至少以 3 年或 5 年为一周期）。《表样》在计算中，为使“人均结案数”“年均案件增长率”“辖区人口数”“地域面积”“辖区 GDP”等五项指标数据进行权重计算，建立百分数综合评价指标体系，对全省三级法院分别按审级进行评价，再对应员额比例区间值，建立评价分值与法官员额比例的线性关系函数，以分别得出每一家法院的法官员额比例，最后再乘以各法院政法专项编制数，即核定出该法院法官员额数。

其中，把最能体现法官工作量的“人均结案数”作为一个重要指标，考虑到法院 80% 的案件集中在基层，区分审判层级和法院领导与一线法官人均结案数的权重，中级法院人均结案数院领导和一线法官权重分别为 15%、

45%，基层法院分别为20%、50%；为区分中级法院与基层法院审级、案件难易等的不同，“辖区人口数”“辖区GDP”中级法院按15%、10%权重，基层法院均按5%权重；为区分中级法院与基层法院及基层法院之间办案成本、司法保障等的不同，主要考虑辖区面积对办理案件所耗时间的影响较大，且也能校正主要依据案件数量核定员额的不足，“地域面积”中级法院按5%权重，基层法院按10%权重；对有减刑假释案件的中级法院，按每3000件配备一名员额法官。为避免搞“一刀切”，合理配置法官员额，对是否是省、州（市）所在地法院以及政法专项编制基数较少、民族地区“双语法官”不足等问题，核定±5%（中院）及（+6.5%、-5%）（基层院）的微调数，探索建立法官员额动态管理机制。

（四）各级法院具体计算方法

1. 中级法院

（1）法官员额数=单位核定法官员额比例×单位政法专项编制数+减刑假释案件核定员额数

（2）法官员额比例公式：

$$\begin{cases} p_i = \dfrac{5\%}{b_{max} - 60} \times (b_i - 60) + \bar{p}, b_i \geqslant 60; \\ p_i = \dfrac{5\%\ 12}{b_{min} - 60} \times (60 - b_i) + \bar{p}, b_i < 60。\end{cases}$$

其中，设法官员额比例为pi，单位评价分值为bi。

（3）单位评价分值=院领导近三年年均人均办案数×15%+一线法官近三年年均人均办案数×45%+近三年年均案件增长率×10%+单位所在辖区人口数×15%+单位所在辖区地域面积×5%+单位所在地区GDP×10%。

其中，评价百分数公式：

$$b_i = 60 + (a_i - \frac{1}{n}\sum_{i=1}^{n} a_i) \Big/ (10 \times \sqrt{\frac{1}{n-1}\sum_{i=1}^{n}(a_i - \frac{1}{n}\sum_{i=1}^{n} a_i)^2}) \times 100$$

（设bi为各类指标评价分值，ai为各指标原始数值。）

（4）近三年平均案件增长率：

其中，设qi为单位近三年平均案件增长率，设d为法院近三年中各年均结案数，d1为起始年结案数，dn为第n年结案数，n=3。

（5）减刑假释案件核定法官员额数=单位近三年减刑假释案件数平均值÷4000

2. 基层法院

（1）法官员额数=单位核定法官员额比例×单位政法专项编制数

（2）法官员额比例公式：

$$\begin{cases} p_i = \dfrac{6.5\%}{b_{max} - 60} \times (b_i - 60) + \bar{p}, b_i \geqslant 60; \\ p_i = \dfrac{5\%}{b_{min} - 60} \times (60 - b_i) + \bar{p}, b_i < 60。\end{cases}$$

其中，设法官员额比例为 pi，单位评价分值为 bi。

（3）单位评价分值 = 院领导近三年年均人均办案数 ×20% + 一线法官近三年年均人均办案数 ×50% + 近三年年均案件增长率 ×10% + 单位所在辖区人口数 ×5% + 单位所在辖区地域面积 ×10% + 单位所在地区 GDP ×5%

其中，评价百分数公式：

$$b_i = 60 + (a_i - \frac{1}{n}\sum_{i=1}^{n} a_i) \Big/ (10 \times \sqrt{\frac{1}{n-1}\sum_{i=1}^{n}(a_i - \frac{1}{n}\sum_{i=1}^{n} a_i)^2}) \times 100$$

（设 bi 为各类指标评价分值，ai 为各指标原始数值。）

（4）近三年平均案件增长率：

$$q_i - ((\frac{d_n}{d_1}) \wedge (\frac{1}{n-1}) - 1) \times 100\%$$

其中，设 qi 为单位近三年平均案件增长率，设 d 为法院近三年中各年均结案数，d1 为起始年结案数，dn 为第 n 年结案数，n = 3。

三、Y 省法官员额动态调整情况、成效及配套制度

（一）Y 省法官员额动态调整情况

经调研统计，K 市中级人民法院、KT 中级法院和 22 家基层法院人案矛盾较为突出，应当对其员额比例进行调整。云南昆明市中级人民法院人均结案 82 件，远高于其他中级法院，拟核定员额比例 43.65%，增加员额 20 名。22 家基层法院主要集中在 K 市主城区和部分州（市）所在地法院，人均结案 154 件，最多的是 X 区法院 248 件，拟核定员额比例 44.50%。上调后 22 家法院员额比例平均为 40.87%，增加员额 86 名，人均结案 136 件。

（二）Y 省法官员额制改革成效

一是审判资源更加优化。严格法官遴选条件、标准和程序，按照“考核 + 考试”的方式，把助理审判员与审判员置于同一遴选平台进行遴选，最大限度地减少论资排辈因素的影响，确保了法官遴选的公开、公平、公正，真正把能办案、会办案、办好案的业务骨干遴选出来。同时把优秀的审判资源配置到了审判一线，审判资源配置更加优化和合理，85% 以上的司法人力资源配置到办案一线。坚持院、庭长“入额必办案”，建立院、庭长办案刚性约束和监督保障机制，院领导带头办理重大、疑难、复杂案件已趋于常态。

二是审判效率明显提高。法官员额制改革以来，案件审理周期缩短，人均办案量明显增加，当庭裁判率大幅提高，审限内结案率、服判息诉率等反映司法公正的主要审判质效指标明显提升。改革前全省法院一线法官为5710名，年人均结案64.5件（以2015年结案数测算）；改革后员额法官为4060名，年人均结案117.6件、176件（以2017年、2018年结案数测算）。K市主城区人均结案数相对更高，X、G、CQ区等法院年人均结案300件以上。

三是审判质量明显提升。2016年，第一批试点法院一审结案共计上诉1899件，同比下降1.06%；改判187件，同比下降39.87%；发回重审91件，同比下降18.68%。全省法院信访形势逐年好转，信访总量逐年下降。

（三）法官员额动态调整机制的配套制度建设

1. 完善辅助人员配套制度。确保司法辅助人员能够足额足量的配备到位。司法辅助人员是协助法官办案的重要支柱，是影响法官办案效率的一个重要因素。确保足额足量配备司法辅助人员有利于提高法官办案效率，将法官从一些行政性事务中解放出来。其次要完善司法辅助人员的管理机制和保障机制。完善这两个机制有利于保障司法辅助人员的权益，激发司法辅助人员的工作热情，有利于司法辅助工作人员的相对稳定，从而保障法官的办案质量和效率。在一定程度上缓解员额法官的工作压力，通过这些措施也可以在一定程度上缓解法官员额动态调整过程中，导致一些地方法官员额不足的问题。

2. 建立法官员额退出机制。法官员额制改革的目的在于打造正规化、职业化、专业化的法官队伍，如果员额法官群体的素质和能力与原来相比没有差别，或者允许员额法官躺在法官花名册上睡大觉，就背离了法官员额制改革的初衷，要让碌碌无为，侥幸入额或者不思进取的法官退出审判台，让有能力和有抱负的法官助理顶替其员额。[①] 因此，建立有进有出、能上能下的员额常态化动态调控机制，倒逼员额法官提升能力素质、多办案办好案，拓宽未入额法官的晋升空间。从全国法院遴选出的法官看，绝大多数的员额法官是优秀的，但不排除极少数员额法官还没有达到应有的能力水平，对于不能独立办案、办案质效较差、完不成核定工作量的员额法官，要研究如何通过科学考核、依法追责，使其有序退出员额的办法。[②]

3. 加强空编员额统一管理。一是建立空编员额省级统管机制。对各法院的空编员额收归统一管理，以3年为一个调整周期进行核定调整。二是建立政法专项编制的调整机制。对每一名员额编制，近3年人均结案数低于同

---

① 郭朝午：《我国法官员额制研究》，海南大学2017年硕士学位论文。

② 李少平：《人民法院深化司法体制改革的理论与实践》，载《中国应用法学》2017年第9期。

行政区域内同级法院平均值一定比例以上的，可适当核减政法编制，高于平均值一定比例以上的，可申请适当增加政法编制，探索构建政法编制与员额编制“双轨动态调整”体系。三是开展员额比例执行情况的评估反馈。对已核定的员额比例执行情况进行调查、评估，重点跟踪了解员额比例是否按规并督促纠正执行过程中存在的问题。①

4. 强力推进法院信息化建设。科学技术是第一生产力。信息化能创造生产力、解放生产力。我们身处信息化时代，互联网及大数据、云计算等信息技术迭代发展，深刻影响着社会生活的方方面面，也对法院工作产生了深刻的影响。要满足人民群众日益增长的司法需求，要实现人民法院的自身发展，单纯依靠增加人员编制，单纯依靠法官加班加点是没有出路的。在司法改革大背景下，法官人数减少是必然趋势，依靠信息技术解放法院生产力、创造法官生产力，是人民法院实现自身发展的最优选择。实践证明，信息化应用越深入、越有效、越全面，审判工作就越减负、越高效、越有质量，帮助法官从繁琐的事务性工作中解放出来，助力审判、助力法官、保障司法公正、提高司法公信力。

结　语

法官员额动态调整机制的构建，不仅需要坚持正确的改革方向，更需要科学严谨的态度，才能实现司法资源的优化配置。“努力让人民群众在每一个司法案件中感受到公平正义”是习近平总书记对司法机关在新时代下提出的要求和目标，司法机关必须紧紧围绕这个目标要求进行全面改革，重点解决司法体制设置不合理、司法公信力不高和司法效率较低等体制机制性问题。对人民法院而言，就是要通过法官员额制改革不断提升法官自身的业务素质和办案能力，将每一个案件都办成铁案，经得起历史的检验。法官员额动态调整机制作为员额管理工作的一部分，是其重点、难点和“硬骨头”，既要遵循司法规律，借鉴国外的经验做法，也要从国情省情出发，科学测算、动态调整，才能实现法官员额“1 +1 >2”的效果，从而进一步提升审判质效和维护司法权威。

① 贺晓敏：《机构编制动态管理机制的思考》，载《机构与行政》2013 年第 7 期。

破茧成蝶：司法改革新时期政法编法官助理的职业瓶颈与出路

——以524份政法编法官助理调查问卷为样本

张志慧[*] 孟 思[**]

法官助理制度改革意义深远，它既是司法改革成败的关键一环，又是落实法官员额制及精英化的重要保障。政法编法官助理是具有公务员身份，法律专业知识扎实，通过司法考试的高素质法律人才。[①] 司法改革对法官助理的影响不容小觑，当前政法编法官助理存在职务职级晋升慢、等待入额时间长等诸多现实问题，影响着政法编法官助理成长和法院队伍稳定性。本文从524份政法编法官助理思想状况调查问卷出发，通过列举典型案例，剖析政法编法官助理职业之瓶颈，探究瓶颈之缘由，最终提出政法编法官助理成长的进阶之路。

一、样本探析：司改新时期政法编法官助理思想之现状

（一）特征现状：政法编法官助理思想之特点

为了解政法编法官助理的思想状况，发现成长困惑、职业瓶颈、期盼渴望等，笔者通过制作面向政法编法官助理的电子调查问卷，依托各类法官助理交流群、微信朋友圈、实地交流走访等多种手段，从21个问题入手，对政法编法官助理的思想状况进行收集整理。经甄别，共获取524份调查问卷，形成如下结论：

1. 政法编法官助理队伍年轻化。参与调查的政法编法官助理来自全国各级法院，以基层法院居多。参与者的性别以男性居多，84%的法官助理年龄集中在30～40岁，其中30岁以下法官助理人数占总人数的45%（见图

* 作者单位：青海省格尔木市人民法院。

** 作者单位：北京市顺义区人民法院。

① 当前，法官助理的来源可分为“内生型”和“外源型”两大类。“内生型”是指未入额法官、司法行政人员等转为法官助理。“外源型”包括以公务员统一招考、聘用制或社会公开招聘等形式招录的法官助理。本文研究重点是中央政法编法官助理，即通过公务员统一招录考试进入法院的法官助理，与聘用制法官助理相区别。

1)。86%的参与者具有5年以下法官助理工作经验。从法官助理类别看，工作时间不满5年，无法入额的法官助理人数最多（见图2），所占比例高达54%。89%的法官助理的职务等级为副科、科员及以下职务。

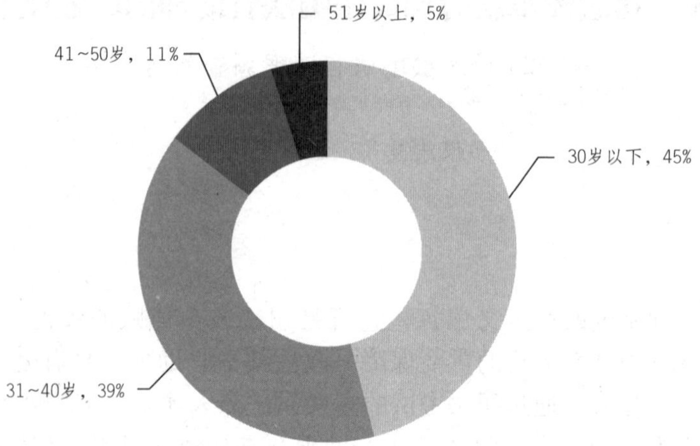

图1　政法编法官助理年龄构成

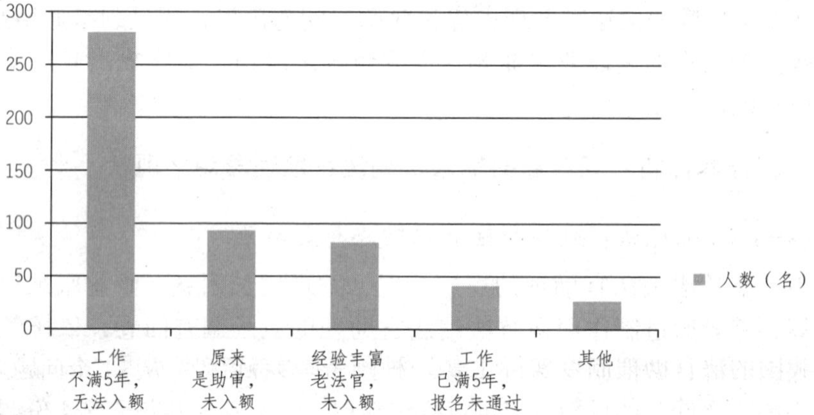

图2　政法编法官助理类型

2. 政法编法官助理压力大、加班时间长、有些人有离职倾向是当前政法编法官助理的三大状态。大部分人认为工作有些压力，经常感到疲倦，甚至少部分人认为压力很大，影响了正常生活。压力来源相对集中，繁多琐碎的事务性工作，对自身发展的迷茫和缺少入额、调岗、轮岗、遴选机会是三大主要压力来源。71%的参与者认为司法改革后加班时间有所增加。此外，政法编法官助理的离职倾向较为突出，59%的参与者有离职打算。离职原因包括薪酬待遇较低、入额时间较长、审判辅助—压力较大等。

员额法官审判压力大、职业风险高，待遇提高与责任增加不成正比，是一些政法编法官助理不想入额的原因。此外，有19%的参与者有明确的远、中、近期目标，46%的参与者设立了大概的职业目标，35%的参与者未设立或说不清是否设立职业目标。另外，只有46%的参与者喜欢当前工作。在是否愿意调动到其他法院或本院其他部门的两个问题上，均有一半以上的人选择了愿意调动。目前政法编法官助理的主要问题包括职务职级晋升慢、对未来没有方向、经济拮据、心理压力较大等。

3. 政法编法官助理期盼较高。59%的参与者对入额持积极态度，渴望入额。在看重因素上，薪酬、提高自己能力的机会和舞台、良好的工作环境、工作的成就感、公平、广阔的成长路径等，都是政法编法官助理的殷切期盼。在职业保障上，提高工资待遇水平，减少调动遴选限制、增加调岗和调动机会，落实体检、休假、疗养制度及成立法官助理成长和权益保障委员会是期盼度较高的四项内容。此外，完善表彰制度、加强心理疏导也是法官助理重点关注的问题。

（二）典型现状：政法编法官助理职业发展之难题

政法编法官助理是法官的后备军，是法院队伍稳定的重要一环。他们能否满怀入额希望、踏实做好辅助工作，能否经受诱惑，努力提高司法业务技能，能否释放压力，调整情绪舒心工作，这既依赖于政法编法官助理自身，又离不开法院对政法编法官助理的关注和培养。审视当前司法改革，诸多因素的不确定、政策的不完善，让有的政法编法官助理倍感迷茫和无助，导致有人存在焦虑情绪，甚至考虑离开。

二、困境之因：政法编法官助理职业瓶颈之缘由

（一）司改关注不够，政策有待跟进

我国的法官助理制度实际上是一种预备或候选法官制度，法官助理即为预备役法官或候补法官。① 当前，法官助理各项政策制度有待完善。2019年修订的《法官法》及相关司改文件对法官助理的审判辅助内容进行了简要列举式规定，② 但随着社会发展及新型审判系统的试用及运行，新型审判辅助或审判事务性工作应由谁完成，列举式规定不能涵盖。③ 提高效率必然

---

① 万毅：《法官助理，何去何从?》，载《四川法制报》2017年3月30日第5版。

② 《法官法》第六十七条规定：人民法院的法官助理在法官指导下负责审查案件材料、草拟法律文书等审判辅助事务。

③ 尤文军、郑冬梅、谭志华：《基层法院法官助理履职情况的调研》，载《中国应用法学》2018年第4期。

要求分工细化和专业化提升。[①] 按照司改精神，法官助理负责审判辅助，书记员负责审判事务。但因法官助理的职权定位不清，履责范围不明，上述两个概念并没有明确界定。又因法官不放心、不放手，当事人不认可、不信任及法官助理来源不足、人员不稳定等诸多因素影响，[②] 实践中很多政法编法官助理承担了诸多琐碎的事务性工作，法官助理“书记员化”问题突出。

我国对法官助理制度确实进行过很多有益探索（见表1）。[③] 然而，多次的探索和试点工作并未在全国形成统一规范的法官助理制度，全国各地法院对政法编法官助理的招录条件、考核标准、工作职责划分和管理模式等也不尽相同，导致司法实践缺乏有效指引。政法编法官助理受司法改革的影响很大。司改前，在从事两三年审判辅助工作后，政法编法官助理就能成为助理审判员，而后转为正式法官。司改后，政法编法官助理至少需要从事审判辅助工作满五年，而后根据法院退出员额情况、院内排位情况等，通过一系列笔试和面试后，才有可能入额，入额时间被拉长。当前员额制改革已顺利完成，但针对政法编法官助理的各项政策却并未精准落地，关注度也有待提升。

表1　　法官助理制度相关文件

发布时间	发布机关	文件名称
1999年	最高人民法院	《人民法院第一个五年改革纲要（1999—2003）》
2002年	最高人民法院	《关于加强法官队伍职业化建设的若干意见》
2005年	最高人民法院	《人民法院第二个五年改革纲要（2004—2008）》
2007年	最高人民法院	《关于在西部地区部分基层人民法院开展法官助理制度试点、缓解法官短缺问题的意见》
2009年	最高人民法院	《人民法院第三个五年改革纲要》（2009—2013）
2013年	中国共产党第十八届中央委员会第三次会议	《中共中央关于全面深化改革若干重大问题的决定》
2015年	最高人民法院	《人民法院第四个五个改革纲要》（2014—2018）
2015年	最高人民法院	《关于完善人民法院司法责任制的若干意见》

① ［英］托马斯·霍布斯：《哲学家与英格兰法律家的对话》，姚中秋译，上海三联书店出版社2006年版，第203页。

② 最高人民法院司法改革领导小组办公室：《新时代深化司法体制综合配套改革前沿问题研究》，人民法院出版社2018年版，第206页。

③ 陈雅丽、徐前权：《编制内法官助理职能定位研究》，载《长江大学学报（社会科学版）》2018年第3期。

续上表

发布时间	发布机关	文件名称
2017 年	最高人民法院	《关于认真学习贯彻习近平总书记重要讲话精神　推进理论联系实际　加强法治人才培养的意见》
2018 年	中华人民共和国主席令第十一号	《中华人民共和国人民法院组织法》
2018 年	最高人民法院	《关于进一步全面落实司法责任制的实施意见》
2019 年	最高人民法院	《人民法院第五个五年改革纲要》(2019—2023)
2019 年	中华人民共和国主席令第二十七号	《中华人民共和国法官法》

（二）心理疏导欠缺，压力排解不足

司改后，政法编法官助理面临诸多压力，主要包括：（1）理想和现实的压力。坐上审判台，手握法槌，释法明理，守护正义，是每一个报考法院的政法编法官助理的初衷和梦想。员额制改革让他们的法官梦变得久远，理想和现实的冲突导致内心泛起波澜。（2）审判辅助压力大。法院案多人少矛盾突出已成共识，尤其是在民事审判庭，案件数量繁多，当事人素质也参差不齐。"优雅工作，悠闲生活"其实是法院人的理想工作状态。现实情况是很多庭（室）并未配齐"1 名法官 +1 名法官助理 +1 名书记员"的审判团队，常常是一名法官助理身兼数职，既是法官助理，又是书记员，还有可能是内勤。繁重琐碎的工作使其压力倍增。有的庭（室）虽然配置了"1 +1 +1"的标准化审判团队，但在实际工作中，法官助理与书记员的职责仍有待明确，二者之间因职责不清而互相推诿的情况时有发生。（3）经济压力大。这点在男性政法编法官助理身上表现尤为突出。对他们而言，三十岁一般已经成家，上有老，下有小，而他很可能还是没有入额的小助理。工资在家人生病时显得捉襟见肘，入不敷出。同龄人或已成为律所合伙人、法务总监等，其地位和财富也会让政法编法官助理心里产生落差。此外，还有来自人才竞争的压力、人际关系的压力、社会的压力等。

（三）奖惩晋升不完善，工作缺乏能动性

当前，政法编法官助理的考核机制和绩效评价体系已有雏形，但考核方法和绩效体系的规定比较模糊，主观性较强，对法官助理辅助工作的数量、质量无法定量考核，"干多或干少、干好或干坏"缺乏清晰客观的评价和记录。[①] 又如，在审判庭（室）优秀指标非常有限的情况下，评优一般是法官的，法官助理最多获得嘉奖。再如，司改后，政法编法官助理的晋升路径包括择优晋升和按期晋升，但在按资排辈观念较强的法院，何为优秀，如何择优，都需考量。为保证法官助理队伍的稳定性，按照工作年限入额已成常态，择优晋升缺乏政策指引和可操作性，这导致入职时间较晚的法官助理焦急无助。此外，助理审判员转为法官助理后，一般只是协助办案，风险意识和责任意识较之前也明显降低。奖惩机制不完善，晋升路径不明晰，影响着政法编法官助理履职的积极性，主观能动性无法得到充分发挥。

（四）调岗调动不灵活，意愿表达受限

法院一般通过公务员考试，从法学院应届毕业生中统一招录政法编法官助理。在报考时，法律毕业生一般也会选择自己所心仪的法院和岗位。若没有考上心仪法院，本地区法院系统内部可能会进行调剂，考生可以申请调剂到其他法院。

受阅历增长、地域变动、家庭因素、成长需要等影响，政法编法官助理的思想状态可能会随着时间发生变化。若法院不心仪，政法编法官助理可能希望能够实现法院之间的调动。若岗位不心仪，政法编法官助理可能希望调整至其他工作岗位。而不同法院之间的调动和同一法院内部的岗位调动，因涉及人事变动、最低服务年限等诸多因素，需要各级领导之间的沟通协调。出于保证法院队伍稳定的需要，调岗调动困难重重。这使得一些很多政法编法官助理无奈离开法院，导致人才流失。

三、先决问题：政法编法官助理职业瓶颈突破之思路

培养政法编法官助理实质就是对人进行管理。如何打破政法编法官助理的职业瓶颈，既留得住、管得好、又用得好，需要认真思考。管理学和心理学中有很多知识给我们有益启示。

① 尤文军、郑冬梅、谭志华：《基层法院法官助理履职情况的调研》，载《中国应用法学》2018 年第 4 期。

（一）科学管理，是突破职业瓶颈的逻辑起点

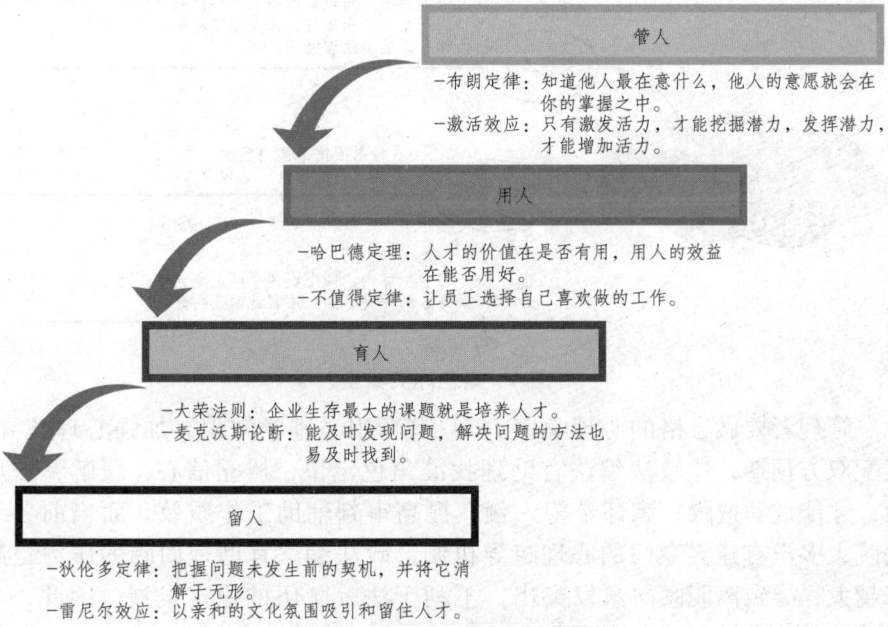

图3 可借鉴的管理学定律

图3中的管人、用人、育人、留人的管理学定律和法则，为法院系统决策和法官助理培养提供了很多操作性强的建议。① 司改过程中，要避免单纯以管理者、领导者的身份去决策，在制定政策制度之前，应注意倾听，走进政法编法官助理内心，了解其所思所想，所忧所盼，才能真正制定出好的政策和制度。政策制度方能接地气、顺人心，受到拥护和赞成。心理疏导、奖惩措施和调动政策等均要从政法编法官助理的切身需要出发，注重提高工作积极性，打破调动壁垒，不断完善职业保障。只有实现人性化、科学化管理，才能使政法编法官助理免去后顾之忧，在舒心地点，舒心工作、舒心生活，真正实现留住、管好、用好法官助理的目标。

（二）心理疏导，是突破职业瓶颈的内在需求

大部分政法编法官助理都处于担忧状态。这种担忧使政法编法官助理出现了角色失调，主要包括：角色不清、角色中断和角色冲突（见图4）。政法编法官助理未获得当事人的认可和信任，属于角色不清。原来的助理审判员因未入额转为法官助理，属于法官角色中断。身兼数职、身份多样的政法编法官助理在工作中则容易发生角色冲突。此外，法官助理与法院之间也存在心照不宣的约定，构成了心理契约。该约定规定了一方对于另

① 可借鉴的管理学定律和法则是笔者从多本管理学著作和相关网络资料中总结提炼得出。

一方的取舍预期。[①] 双方预期的匹配和错配时有发生。

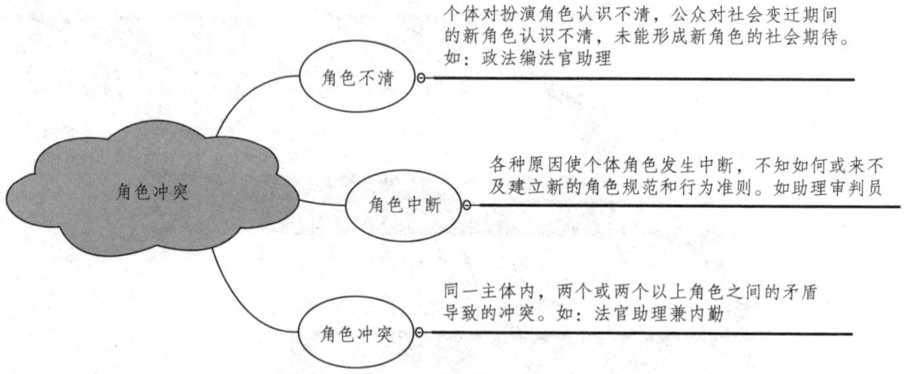

图4　角色冲突类型

管理者要做合格的心理学家。[②] 只有巧用心理学知识，加强心理疏导，匹配双方预期，让政法编法官助理找准角色定位，树立信心，缓解释放压力，才能戒骄戒躁，满怀希望入额，提高审判辅助工作质效。而当前各级法院大多没有建立专门的心理疏导机制，政法编法官助理面临的压力也越来越大，导致离职倾向愈发突出，不利于法院队伍的稳定发展。因此，加强政法编法官助理的心理疏导迫在眉睫。

（三）加强保障，是突破职业瓶颈的关键步骤

近年来，全国各级法院对政法编法官助理的需求不断上升，但招录形势却日益严峻，招录名额多，实际招不满的现象时有发生。增编加人不是根本手段，招进来、留得住更为关键。笔者又以问卷的形式对170名已从法院离职的政法编法官助理进行调查发现，84%的法官助理是在司法改革后离职。[③] 由此可见司法改革对政法编法官助理的影响较大。在离职人员的特点上，基层法院民事审判庭的男性政法编法官助理是离职的主要群体，这也是当前司改应当重点关注的群体。政法编法官助理是未来的法官，其重要性不言而喻。如何给打算进入法院工作的法律人以认同感和归属感，如何给已经入职的政法编法官助理以尊荣感和幸福感，如何加强职业保障，无论是在政治上、理想信念和价值追求上还是在待遇上、人文关怀上，法院都应有所作为。

---

① John Paul Kotter, "The Psychological Contract: Managing the Joining - Up Process", California Management Review 15 (Spring 1973): 91 ~ 99.

② 肖祥银：《管理心理学》，天津科学技术出版社2018年版，第65页。

③ 为深入了解已经离职的政法编法官助理的具体情况，笔者从19个问题出发，另行制作了《政法编法官助理离职情况调查问卷》，共获取170份调查问卷。

（四）满足需求，是突破职业瓶颈的重要环节

政法编法官助理的业务技能和综合素养的高低关系到法院的长远发展和审判质效的提升。面对奖惩不公、缺乏尊荣、无法调动、职责不清等现实窘境，尽力考虑和满足政法编法官助理的需求成为必须。美国心理学家马斯洛将人类需求划分为五个层次：生理需求、安全需求、社交需求、尊重需求和自我实现需求（见图5）。[①] 被信任、被寄予厚望、被重视和被重用是员工的四大需求。[②] 此外，一切内心要争取的条件、希望、愿望、动力等都构成了对人的激励。[③] 在制定政法编法官助理的各项政策制度时，应充分参照上述需求和激励理论，了解其内心真实想法，才能充分调动法官助理工作的积极性、主动性和创造性。

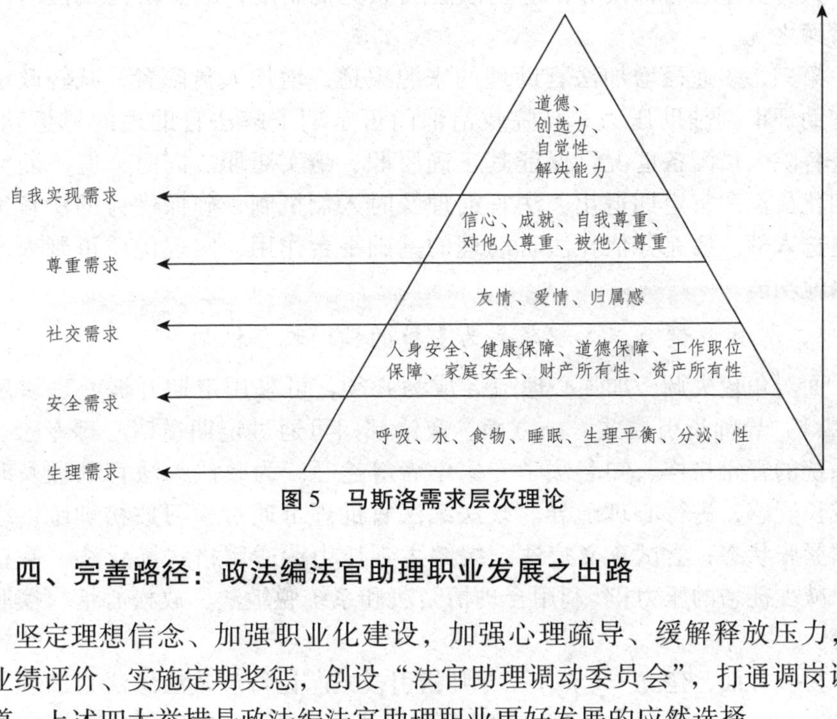

图5　马斯洛需求层次理论

四、完善路径：政法编法官助理职业发展之出路

坚定理想信念、加强职业化建设，加强心理疏导、缓解释放压力，完善业绩评价、实施定期奖惩，创设“法官助理调动委员会”，打通调岗调动通道，上述四大举措是政法编法官助理职业更好发展的应然选择。

（一）建立健全以职业化建设为前提的保障管理机制

当前法官助理制度改革处于过渡期，虽然面临困难和问题，但只要坚

① 董克用：《人力资源管理概论（第四版）》，中国人民大学出版社2015年版，第48页。

② ［美］利·布拉纳姆：《留住好员工——解开员工流失的7大隐秘》，王育伟译，中信出版集团2017年版，第35页。

③ ［美］小詹姆斯等：《管理学基础》，李柱流等译，中国人民大学出版社1982年版，第195页。

定理想信念，加以妥善解决，仍有光明未来。政法编法官助理需要依法定位，在法律保障、待遇保障和工作保障上都要不断探索和创新。

第一，以立法或司法解释的形式，明文规定政法编法官助理的职能定位、工作职责、任职资格评定和职务晋升等，完善法官助理单独职务序列管理。出台《法官助理管理办法》和《法官助理岗位说明书》，在全国范围内明确履职内容，角色进入、退出机制、招录、任免和奖惩办法等，提升政法编法官助理的职业认同感和职业尊荣感，提高社会公众的认可度。

第二，结合当地经济发展水平，提高政法编法官助理的工资水平。多途径增加教育培训和学习机会，解决入托、入学、就医等后顾之忧。要深入落实体检、休假、疗养制度，依法加强维护干警及近亲属的个人信息安全、人身安全、名誉权等，建立依法履职免责制度，减少政法编法官助理的后顾之忧。

第三，多途径增加法官助理的来源渠道，增加人员配置，减轻政法编法官助理审判辅助压力。高院政治部门可定期了解法官助理的思想动态，督查各院人员配备情况，保证其正确履职、踏实履职。同时，应不断完善和细化员额法官定期退出、法官助理及时入额机制，确保优秀的法官助理能遴选入额。要充分依托法官助理的基础平台作用，实现优质审判人才的蓄水池功能。①

（二）建立健全以心理疏导为支撑的辅助配套机制

面对角色失调，加强心理疏导成为必须，可采用定期开展心理讲座和“1帮1”导师指引模式。一方面，政治部门可通过定期邀请心理专家、法院系统的青年榜样、知名法学专家学者等途径，为政法编法官助理及时解答成长疑惑，进行心理疏导。政法编法官助理可通过学习放松训练，缓解身体紧张状态；尝试意义疗法，缓解主观压力；适用格式塔疗法，修正认识，减少徒增的压力；② 利用合理情绪法和系统脱敏法，放松心情，摆脱压力等。

另一方面，建立“1帮1”导师指引模式。让每位政法编法官助理与院内外法官、青年榜样或心理专家相互对接。若工作和生活中出现困惑，情绪出现波动，政法编法官助理可请前辈、心理专家或青年榜样给予成长指引和解惑答疑。人性化的心理疏导机制，才能缓解心理压力，激发法官助理对职业发展的正向期盼，提升职业荣誉感和使命感，真正留住并用好法

---

① 郝绍彬、姜效禹：《让法官助理有明确职业预期》，载《人民法院报》2017年5月7日第2版。

② 李秋菊：《现代员工的压力管理与心理调适》，企业管理出版社2017年版，第5页。

官助理。①

（三）建立健全以业绩评价为抓手的奖惩晋升机制

政法编法官助理在从事审判辅助、调研宣传等工作中会留下一些记载工作业绩的文件，可将上述文件留存和利用，建立《法官助理业绩档案》。②业绩档案用于记载政法编法官助理的审判辅助业绩、调研水平、综合素质等。文字、图表、音像、证书等都能作为业绩档案的证明形式。笔者草拟了《法官助理业绩评价办法》（建议稿），制作了法官助理业绩档案表格。司法实践中，可根据评价办法中的具体评分细则，由政法编法官助理和部门负责人共同填写业绩档案，定期记录法官助理工作情况。《法官助理业绩档案》的主要内容见表2。

表2 《法官助理业绩档案》内容

业绩档案内容	指标分类	具体内容	填写主体
共性指标	"德"指标	思想政治素养情况	部门负责人
	"能"指标	司法业务技能	
	"勤"指标	考勤情况	
	"廉"指标	廉洁情况	
个性指标	"数量"指标	辅助审结案件的质量、效率、效果情况	政法编法官助理
	"质量""效率""效果"指标	辅助审结案件的质量、效率、效果情况	
	"附加"指标	工作奖励、调研宣传奖励、教育培训情况等。	

《法官助理业绩档案》实行季度上报机制。政法编法官助理在每季度末将业绩档案填写完毕后，把材料上报至本部门内勤。内勤统一收集后，报送至法院考评委员会秘书。秘书负责业绩档案的收集、整理、记分等工作，并将材料上报考评委员会复核确认。季度结束后，在院内公布政法编法官助理的分数和排名情况。对被评为季度优秀的政法编法官助理进行物质奖励和精神表彰，物质奖励数额可设置为月工资的10%，在下季度工资中一并发放。通过定期评比和奖励，既能调动政法编法官助理的工作积极性，为考核提供参照，又能提醒和鞭策落后的政法编法官助理积极履职。

① 徐向华：《我国司法改革的地方试点经验——贵州法院蓝本》，法律出版社2019年版，第216页。

② 《法官助理业绩档案》的填写主体既可以是政法编法官助理，也可以是聘用制或其他类型的法官助理。

（四）建立健全以调动委员会为依托的调岗调动机制

法院政治部门一般负责人员分配、岗位调整等工作，但考虑到政法编法官助理的特殊性及与外部法院沟通交流的需要，可尝试在法院内部创设“法官助理调动委员会”。该委员会的关注对象主要是政法编法官助理，聘用制或其他类型的法官助理的调动也可以此为参照。“法官助理调动委员会”的人员构成见图6。

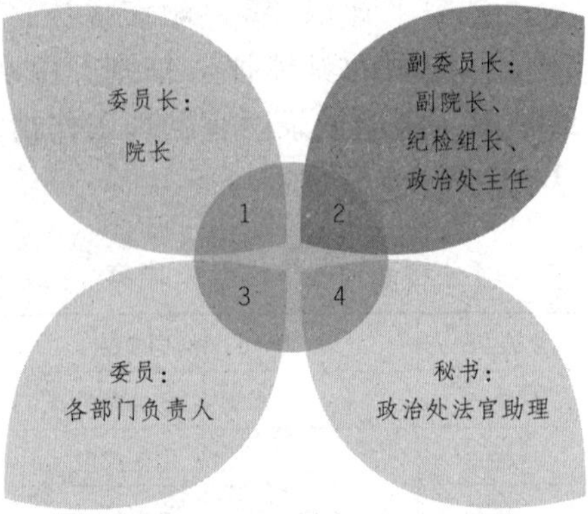

图6　法官助理调动委员会人员构成

“法官助理调动委员会”具有四大工作职能：

1. 新入职法官助理的岗位分配。秘书采集新入职法官助理的入职年份、姓名、性别、学历、专业、意向部门等基本信息，制作入职法官助理信息清单。同时联络各部门负责人，掌握各部门对法官助理的类型、数量、专业、性别等具体需求，制作法官助理需求汇总表。新入职法官助理分配岗位前，秘书将上述清单和需求汇总表上报委员会集体讨论。

2. 已入职法官助理的岗位调整。法官助理入职一年后，若出于兴趣需要、长远发展等因素考量，希望更换庭室，可向“法官助理调动委员会”申请调岗。每年6月初和12月初，秘书接收近半年的法官助理调岗申请。在6月中旬和12月中旬，秘书将调岗申请情况上报至政治处。政治处负责法官助理调岗考核工作，“法官助理调动委员会”负责调岗讨论工作，具体流程见图7。

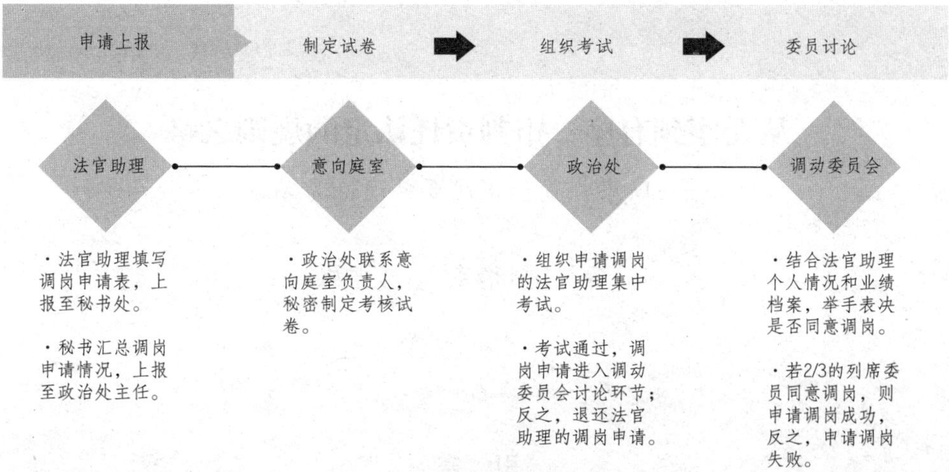

图7　内部调岗流程

3. 离职法官助理的原因考察。法官助理提出离职后，由政治处主任牵头，部门领导、主管副院长等与申请离职的法官助理进行深入交谈。制作制式调查问卷及意见建议模板，邀请离职法官助理填写。及时总结法官助理离职原因、离职阶段等重要信息，为今后法官助理的培养提供决策参考。

结　语

孙中山先生曾言：人能尽其才则百事兴。政法编法官助理是法官的后备军，是司法改革至关重要的一环。在员额制改革完成的大背景下，加强对政法编法官助理的关注和培养迫在眉睫。只有通过科学化和人性化的管理，明确职业预期，加强心理疏导，完善奖惩机制，打破调动壁垒，才能实现拴心留人、广聚人才、人尽其才和才尽其用，有益于真正打造一支革命化、正规化、专业化、职业化的法院队伍。

从无序到有序：审判责任认定的规则之路

——以审判责任构成要件理论为基础

伍　涛[*]　刘雅璠[**]　刘吉旭[***]

引　言

如果将审判权的整体运行看做一个生命有机体，那么审判责任认定就好比免疫系统，一旦出现功能紊乱，要么可能干扰审判权的正常行使，要么可能导致审判权的恣意妄为，从而影响新型审判权运行机制的有效运行。"让审理者裁判、由裁判者负责，是司法规律的客观要求，也是深化司法体制改革的核心内容。"① 裁判者在审理裁判过程中究竟因何担责、担什么责？法官问责应当具备哪些要件？审判责任的认定能否构建一套统一的规则体系，还是只能基于个案判断？这些实践难题目前在不同地区甚至同一地区都有不同的理解和处理方式。因此，在这种情况下，对于审判责任问题框架性的外围研讨以及粗线条的域外借鉴已不能满足当前司法责任制改革的目的和要求，也不能满足司法体制综合配套改革深化推进的现实需要。如何让裁判者合理地对其审判行为及审判结果负责，从而达到最能够契合法官角色的行为效果，有待更充分、更实质的研究和论证。

一、审判责任认定之理论辨析

（一）追根溯源——审判责任的构成要件

法律责任构成要件理论作为一种责任认定工具模型，其基本机制在于对现实生活处于动态变化中的事实现象进行人为的抽象概括，并作为预设的静态标准规定在法律规范之中，为责任的认定提供匹配、判断的对象和要素。

---

* 作者单位：北京市第一中级人民法院。

** 作者单位：北京市第一中级人民法院。

*** 作者单位：甘肃省高级人民法院。

① 最高人民法院编：《中国法院的司法改革（2013－2018）》，人民法院出版社 2019 年版。

审判责任认定需要构成要件理论发挥自身的类似“罪刑法定”的理论机能，即责任构成要件成为可苛责性的实体性根据，只有满足责任构成要件，法官才能被追责。通过适用法律责任构成要件理论、启动构成要件模型，有助于“细化当前审判责任的宏大而原则的样貌”①，为实践中的审判责任认定提供遵循法律符合规律的思维路径，从而让审判责任认定过程更加科学、规范。

1. 审判责任以审判组织为主体。审判责任承担主体应当是代表法院行使审判权的主体，不仅因其具备相应的责任能力，也符合权责相一致的原则。能够依法行使审判权的主体应以独任法官、合议庭及审判委员会等法定审判组织为单位。对于只追究主审法官审判责任的现象及观念应当予以纠正。实务中大部分案件由独任法官、合议庭行使审判权进行审理，审判委员会虽不直接行使审判权，但其对合议庭提交讨论的重大、疑难、复杂案件具有讨论决定权，该种权力对合议庭直接产生法律效力，需要将其纳入审判责任的主体范围。

2. 审判责任以违反法定职责为前提。客观行为作为审判责任构成中的外观环节，表现为对法定审判职责的违反。笔者结合现有规范将审判职责细化为不同效力的审判规则，对审判行为规则进行类型化区分。

（1）违反强制性审判规则。强制性审判规则对法官如何进行审判设定了不仅是法定而且是强制性的要求。这些规则背后，体现了立法者对不同价值或立法目标的权衡考量。法官在具体案件中，针对与这些规则相应的事项，应当强制性地进行适用，不存在自由裁量的空间。

表1

<table>
<tr><th></th><th colspan="3">情形</th><th>释例</th></tr>
<tr><td rowspan="2">违反强制性审判规则</td><td rowspan="2">实体</td><td>事实认定</td><td>主要体现为对证据的法定种类和条件限制规定的违反，包括对不符合诉讼法规定的法定证据种类的材料、对不满足形式要件的证据、对应当予以排除的证据予以采信并作为认定事实的依据</td><td>*测谎仪作出的鉴定结论
*擅自将窃听器安装到他人住处进行窃听获取的证据
*法院采信了与原件核对不一致的复印件、副本</td></tr>
<tr><td>法律适用</td><td>违反强制性法律适用规范，主要包括对法律适用的基本规范（时间、空间、效力）的违反，以及对一般法律冲突解决规则的违反</td><td>*援引已经失效的法律或位阶上不应援引的法律意见；地方性法规用于超出本行政区域范围的案件
*对同一事项的上下位阶法律规范之间有所冲突，适用了下位法</td></tr>
</table>

① 樊传明：《追究法官审判责任的限度——现行责任制体系内的解释学研究》，载《法制与社会发展》2018年第1期。

续上表

		情形	释例
违反强制性审判规则	程序	严重破坏司法公正和司法权威的严重违反法定程序的情形	*我国三大诉讼法对发回案件的规定
		我国诉讼制度中义务性程序规则的违反	*在诉讼法中通常体现为带有“应当”“必须”“不得”表述的规则。例如《民事诉讼法》第四十四条规定的应当回避的情形，审判中若出现应当回避而未回避的，就是对强制性程序规则的违反

（2）违反指导性审判规则。指导性审判规则只是对法官处理案件过程中的指引、提醒或告诫，不具有刚性约束力。

表2

			情形	释例
违反指导性审判规则	实体	事实认定	是指除了对证据的刚性要求之外，对事实认定指引性规定的违反。典型的有：(1) 证据的证明力规则。(2) 指引对证据的审查判断方法的规则	例如原始证据的证明力一般大于传来证据；公证文书的证明力一般大于视听资料或证人证言
		法律适用	包括对特殊法律冲突解决机制的违反，此外，还包括对法律解释原则的违反	例如当调整同一事项的新的一般规定与旧的特别规定不一致时，从《立法法》的规定来看，并不当然得出适用新法优于旧法、特别法优于普通法的法律适用原则的结论 即个案中应该首选文义解释，在文义解释不能解决问题时，可以采取其他解释方法
	程序		是指法官违反有一定选择空间的程序规则，主要包括带有指引性质的授权性程序规则，诉讼法中以“可以”“一般”作为描述性词语	例如《刑事诉讼法》第二百七十九条规定，法院办理未成年人刑事案件，根据情况可以对未成年犯罪嫌疑人、被告人的成长经历、犯罪原因，监护教育等情况进行调查。法院在审理未成年人刑事案件中，如果未对上述规定因素进行调查，则违反了指导性程序规则

（3）明显违反经验常识。上述客观行为的描述并不能完全涵盖所有审判规则，实践中还有比指导性规则更为“柔性”的审判规则，例如在事实认定环节法官内心的自由心证、审判程序中法官的自由裁量等，这些规则具有更为自由的支配度，只要法官最终的裁判符合逻辑和一般常理，即履

行了“运用逻辑推理和日常生活经验”的职责。

3. 审判责任以存在主观过错为依据。审判责任的构成应对主体主观心理状态有所要求。法官还应在主观上存在故意或重大过失才能被追责，《法官法》及《最高人民法院关于完善人民法院司法责任制的若干意见》（以下简称《意见》）中也均有此规定。随着法律责任构成要件理论的发展，对主观过错的判断一般也通过相对客观的标准，即从客观行为来进行认定。

（1）违反强制性审判规则的心理状态。无论是实体还是程序上，都属于最基本最应掌握且效力最高的审判规则，是法官根据其职务要求应当熟练掌握和正确适用的内容。因此，违反这些规则的行为应当衍生出主观过错推定效力。但能否直接推定法官具有主观故意？例如，法官以不满足形式要件的证据为依据认定了某事实作出裁判的，我们很难直接推定法官是故意的。因此，法官违反强制性规则推定为主观上有重大过失为宜。只有以其他方式证明了法官对于规则的违反存在故意心态，才能追究法官的审判责任，如存在贪污受贿、私自办案等《意见》第二十六条中规定的明显带有主观恶意、实质性影响案件审理的行为。

（2）违反指导性审判规则的心理状态。违反指导性规则的情形下只能考虑责任主体是否存在重大过失。笔者认为，不宜直接推定为重大过失，因无法体现与强制性规则的效力差异，既然指导性规则不排斥法官在个案中的自由裁量，那么就不应将法官对这些规则的违背一律推定为重大过失。此时应考量法官是否存在合理解释、裁判文书中是否进行了合理说明等因素来判断。如法官因医疗鉴定报告存在形式瑕疵或明显的逻辑错误，选择采信一般书证而非医疗鉴定报告并在裁判文书中对此进行说理。此种情形，不能认定法官存在重大过失。

4. 审判责任以造成负面后果为参照标准。依照《意见》及有关规定，对主观上存在重大过失情形的主体还要求“导致裁判错误并造成严重后果”才能对其进行审判责任追究。对于故意违反法律法规的不作此要求，是因为对于具备法学素养的法官，在审判中故意违反审判职责的行为本身已损害到法律所保护的利益和秩序，因此无论是否造成行为后果，都应承担审判责任。如法官故意违反重大程序，应回避而未回避的，即使裁判结果在实体上正确，因主观故意明显，也应承担审判责任。对于裁判错误的理解，应当更多地从实体层面判断后果的严重性，通过因错误受侵害的权利性质、损失数额、实际社会影响等因素，进行一定的量化设定。

（二）正本清源——审判责任认定的基本属性

1. 审判责任认定本质上是对判断权的再判断。正如医疗鉴定是专业的鉴定机构对医护人员是否有过失、诊疗行为是否合乎医疗规范一样，审判责任认定是以业内人的专业技能，局外人的视角眼光，聚焦法官最根本、最核心的专业性活动，通过一种“更高级的审判行为”审视并剖析审判组织及其法官的审判活动，并最终作出认定。司法审判是带有主观性、带有价值衡量的判断过程，审判责任认定本质上是对法官判断行为的再次判断。

2. 审判责任认定权性质上是特殊司法权，属于中央事权范畴。准确定位司法权属于中央事权是本次司法改革的重要成果。各级人民法院是代表国家行使审判权的国家审判机关，审判权本质上属于中央事权。而对于审判责任的认定权，作为对于审判行为的再次判断权，从根本上说也应当属于中央事权。

3. 审判责任认定程序是法官惩戒的前置性程序。针对与审判责任密切相关的惩戒机制，笔者认为，惩戒机制应当坚持责任认定先行，必须首先厘清审判责任认定的基准与路径。审判责任认定思维路径的科学化以及逻辑上的合理化是保证法官惩戒的公正性和有效性的先决条件和必要环节。

4. 审判责任认定结果是法官责任豁免的必要条件。豁免是指免除，在法律责任视野下即指某种责任已经成立，但由于行为的主体因素或其他特殊情形，对责任予以免除，与免责的含义相近。责任认定是从正面厘定责任追究的范围。豁免，是从反面划定责任追究的界限。[①] 因此，从逻辑上，审判责任的认定既是启动法官责任豁免制度的前提，也是体现与法官豁免制度自洽的必经之路。[②]

（三）纲举目张——审判责任认定的基本要素

1. 要确立基本原则。一项工作客观上必然存在一定理论上的概括与基本指导思想，审判责任认定关涉法官安身立命之根本，进而影响到整个司法的运行，更要确立基本原则，从宏观上对责任认定进行指导和统摄。

2. 要区分不同形态。鉴于当前审判责任认定的无序样态，有必要将认定方式转向类型化分析。从人们认识事物的方式及实务中操作的便利来看，以类型化的方式区分不同审判责任形态，将使得审判责任更清晰，同时也更有利于建立统一识别体系，达成认知上的统一。

---

① 周长军：《司法责任制改革中的法官问责——兼评〈关于完善人民法院司法责任制的若干意见〉》，载《法学家》2016 年第 3 期。

② 针对法官豁免制度，《法官法》中采用了“法官依法履行职责，受法律保护”的原则性表述，《意见》第二十八条规定了不得作为错案进行责任追究的 7 种情形，这被普遍认为是对我国法官豁免制度的规定。笔者认为，将《意见》第二十八条理解为豁免制度值得商榷，因条文所述情形，或未满足主观要件不存在主观过错，或未满足客观要件（未违反法定职责或未引发严重后果），从构成要件理论出发，上述情形因未满足构成要件而不构成审判责任，因此谈不上豁免（免责）与否。只有在形式上满足了审判责任构成要件，但基于某些特殊事由对法官予以免责，才是真正意义上的法官豁免。

3. 要建立规则体系。审判责任认定是一个专业化判断过程，需要规则拟制与个案判断并行。如果说审判责任认定原则是宏观上的指导，那么微观的规则体系，便是如何具体落实，构建一种“依法裁判的程度性指标和标准”①，以科学的责任认定规则实现消解责任追究与履职保障之间的紧张关系。

4. 要统一思维模式。思维就是承载规则的系统，静态的认定规则需要好的系统去容纳和驾驭，统一审判责任认定的思维模式有助于提升责任认定的逻辑性、严密性和平衡性，并且能够有效地避开一些行政化思维模式的陷阱。

二、审判责任认定之规则建立

（一）审判责任认定的基本原则

1. 审判责任法定原则。审判责任作为一种法律责任，其责任类型、构成要件、认定规则等均须通过法律规定予以明确，法无明文规定不为“罪”是对法官职业的基本保障，这也与审判权作为中央事权的法律地位相匹配。

2. 主客观相统一原则。主观过错与客观行为必须同时满足才能追责，法官依法行使审判权，没有违反法定审判职责，即使出现错误裁判或负面后果，亦不应追究审判责任。

3. 无责推定原则。在审判责任认定过程中应当坚持无责推定，即如果没有证据证明法官的审判行为符合审判责任构成要件情形的，应当推定法官的审判行为不构成审判责任。

4. 遵循司法规律原则。审判责任认定应当体现审判权的判断权属性，保护法官的独立判断精神，注重追责的合理性，重视特定职责在致错问题上的合理行为。②

（二）审判责任认定的程序规则

未经法定程序，不能启动或实施审判责任的认定，更不能追究法官的责任。我国《法官法》规定，“非因法定事由、非经法定程序”不被给予任何处分。司法权的运行与行政权的运行不同，在问责时也应有所区分，为顺应司法规律，增强公正性和说服力，法官责任制理应在独立与责任的平衡中严守正当程序③。构建审判责任认定规则，应当强化程序的法定性与参与性，突出审判责任认定的诉讼化构造，以一种准审判程序的姿态进行呈现，以使得审判责任的“启动—认定—追责”构造上更加完满。

1. 谁来启动：《意见》第三十四条规定，审判责任追究程序应当由法院

① 高冠宇、江国华：《法官责任的理论构建》，载《学术论坛》2018 年第 3 期。

② 龙宗智：《审判管理：功效、局限及界限把握》，载《法学研究》2011 年第 4 期。

③ 孔祥承：《法官责任制逻辑之重构》，载《法学研究》2018 年第 2 期。

监察部门启动。在此之前，一般由院长、审判监督部门或者审判管理部门提出初步意见，院长委托审判监督部门审查或提请审判委员会进行讨论。如果相关案件已经经过审判委员会讨论作出结果，那么初步审查阶段只能由院长委托审判监督部门审查。除自查外，还有当事人、代理人等向案件所在法院法官惩戒委员会“自诉”法官违法审判事实及依据的情形，对此可由审判监督部门审查或提请审判委员会进行讨论并将结果通报惩戒委员会。

2. 谁来认定：由法院监察部门调查，由法官惩戒委员会审议，作为对于审判行为的再次判断，如何判断法官的“判断”、认识法官的“认识”具有很大的难度，因此法官惩戒委员会的构成应当保证大部分具有法律专业背景且必须要有专业法官的加入且数量不低于50%[①]，为此才能保证审判责任认定主体的专业性和认定行为的合理性。

3. 如何认定：惩戒委员会在进行责任认定时，应以有关人民法院提供的当事法官涉嫌违反审判职责的事实和证据为依据，以审判责任认定规则为准绳，就相关人员是否构成审判责任作出判断。除对个别案情简单、情节清晰可进行书面审查外，惩戒委员会应当对当事法官进行询问并制作笔录，对责任认定的过程及意见，应当全程留痕。最终须经全体委员的2/3以上的多数通过处理意见。

4. 权利保障：当事法官在“诉讼”过程中，有权进行陈述、举证、辩解、申请复议和申诉，以实现责任认定的程序正义。

（三）审判责任认定的实体规则

笔者以构成要件理论为基础，根据是否满足构成要件（成立条件）以及满足构成要件后的要件程度不同（程度条件），对责任认定进行类型化分析，构建了审判责任认定的四种基本形态。

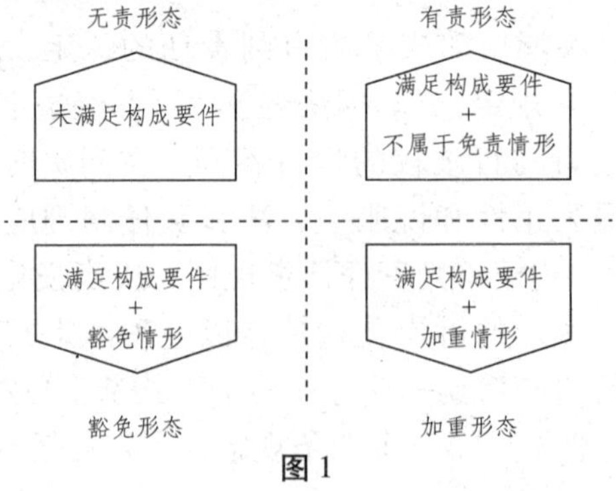

图1

① 中央全面深化改革领导小组2016年7月22日发布《关于建立法官、检察官惩戒制度的意见（试行）》，该意见中要求法官在惩戒委员会中的所占比重。

在四种形态内部，根据审判责任构成要件可细化为如下具体规则：

1. 未满足构成要件，不构成审判责任（无责形态）

规则一：审判组织未违反审判规则即使裁判结果错误或者产生严重后果的——无责认定

未违反审判规则 + 裁判结果错误或产生严重后果→无责认定

例 1：双方当事人对鉴定意见提出异议并申请鉴定人出庭，合议庭依法通知鉴定人出庭，但鉴定人拒不出庭，法官以此为由排除该鉴定意见并作出判决，后经再审认为法官事实认定错误并改判，此时法官无责。

例 2：法官未违反审判规则进行裁判，败诉当事人自杀，法官不承担审判责任。

规则二：审判组织因重大过失违反强制性审判规则但未导致裁判结果错误或造成严重后果的——无责认定

重大过失违反强制性审判规则 + 未导致裁判结果错误或造成严重后果→无责认定

例 1：因工作疏漏，对未经质证的证据予以采信并作出裁判，或民事二审案件中当事人提交新证据或新理由应当开庭审理而未开庭的，但未导致裁判结果错误或产生严重后果，不承担审判责任。

规则三：审判组织违反指导性审判规则但未导致裁判结果错误或造成严重后果的——无责认定

违反指导性审判规则 + 未导致裁判结果错误或造成严重后果→无责认定

例 1：医疗纠纷中，法官未采信司法鉴定意见而是结合专家辅助人、证人证言等其他形成证据链条的证据认定了案件事实，未出现裁判错误或造成严重后果的情形，法官不承担审判责任。

规则四：审判组织违反指导性审判规则导致裁判结果错误或导致严重后果但是能够提供合理解释的——无责认定

违反指导性审判规则 + 导致裁判结果错误或造成严重后果 + 能够提供合理解释→无责认定

例 1：在身体权纠纷中，法官在新法已经开始实施后，仍适用旧法进行裁判，但法官在文书中写明，虽然案件争议发生在新法实施后，但侵权行为发生在新法生效之前旧法实施期间，因此适用旧法作出裁判。

2. 已满足构成要件，但属于免责情形（豁免形态）

规则五：满足审判责任构成要件的审判组织，持正确意见的法官或审判委员会委员——免责认定

满足审判责任构成要件 + 持正确意见的法官或审判委员会委员→免责认定

例 1：因重大过失对不符合形式要件的证据予以采信并以此认定事实错

误，导致判决结果错误且后果严重。此时，以少数服从多数原则作出裁判的合议庭成员中，持正确意见的法官应予以豁免。

规则六：非法官自主状态构成审判责任的，依据情节部分豁免或免责

满足审判责任构成要件 + 非法官自主原因造成→部分免责认定

例 1：对于有证据能够证明，法官迫于上级领导过问案件压力或第三方违法插手案件审理，以及处于被胁迫、被欺诈等非自主状态作出的违法审判行为，如果构成审判责任，对该法官应予以部分免责。

3. 已满足构成要件，不属于免责情形（有责形态）

规则七：审判组织故意违反强制性审判规则即使未导致裁判结果错误或造成严重后果的——有责认定

故意违反强制性审判规则 + 未导致裁判结果错误或造成严重后果→有责认定

例 1：收受当事人贿赂，故意对不满足形式要件的证据予以采信并以此作为认定事实的依据，或对应当回避的情形故意不回避进行审理，此时法官有责。

例 2：《意见》第二十六条规定的贪污受贿、徇私舞弊、枉法裁判及明显带有主观故意的情形，即使裁判结果正确，仍然要追究审判责任，构成犯罪的，依法追究刑事责任。

规则八：审判组织因重大过失违反强制性审判规则导致裁判结果错误并造成严重后果的——有责认定

重大过失违反强制性审判规则 + 导致裁判结果错误 + 造成严重后果→有责认定

例 1：法官因重大过失适用已失效法律或援引不应当援引的低位阶的规范，导致裁判错误并造成严重后果，应认定有责。

规则九：审判组织违反指导性审判规则导致裁判结果错误并造成严重后果且不能提供合理解释的——有责认定

违反指导性审判规则 + 导致裁判结果错误 + 造成严重后果 + 不能提供合理解释→有责认定

例 1：机动车交通事故责任纠纷中，法官对责任比例未采信交管部门出具的交通事故认定书，而是采信了与之相反的证人证言，导致裁判结果错误且受害人因得不到赔偿款无法进行医治病情严重恶化。法官不能提供合理解释的，存在重大过失，应承担审判责任。

规则十：审判组织明显违反基本生活常识、显著违背一般逻辑导致裁判结果错误或造成严重后果且不能提供合理解释的——有责认定

明显违反基本生活常识违背一般逻辑 + 导致裁判结果错误 + 造成严重后果→有责认定

例 1：在一起机动车交通事故责任纠纷中，受害人因为车辆撞击导致重伤死亡，法官以未进行车速鉴定为由判决被告只承担 10% 的责任，受害人母亲因该判决结果自杀。后该案再审改判，认为交通事故造成受害人重伤死亡的严重后果，说明被告车速未减至安全时速，这是普通人根据日常生活经验即可判断的事实，无需进行车速鉴定。因此，法官作出明显违反基本生活常识的错误判断并导致严重后果，应承担审判责任。

4. 已满足构成要件，且属于加重情形（加重形态）

规则十一：审判组织故意违反强制性审判规则导致裁判结果错误或造成严重后果的——加重责任

故意违反强制性审判规则 + 导致裁判结果错误或造成严重后果→加重责任

例 1：法官贪污受贿、徇私舞弊、枉法裁判；涂改、隐匿、伪造、偷换和故意损毁证据材料；向合议庭、审判委员会汇报案情时隐瞒主要证据、重要情节和故意提供虚假材料；故意违背合议庭评议结果、审判委员会决定制作裁判文书等故意违反强制性规则导致裁判结果错误或严重后果的，应承担审判责任并且加重处罚。

三、审判责任认定之思维路径及案例演示

（一）审判责任认定的思维路径

1. 思维模式：遵循司法三段论的演绎推理过程。司法三段论是从“大前提（法律规范）——小前提（案件事实）——结论（裁判）”的推演过程，而审判责任认定是以通过规范抽象表述出的构成要件为出发点，考查法官行使审判权的事实是否与其相符合的过程，即“大前提（构成要件）——小前提（案件事实）——结论（判断）”的思维路径。

2. 认定对象：将免责事由作为责任构成的必要判断要素。法律理论中构成要件的主要作用在于判断责任是否成立，而对行为人是否具有免责事由，应免除或减轻责任则无法仅依靠构成要件予以判断。笔者认为，此种构成要件理论体系不能解决责任的最终认定问题，不宜用构成要件作为认定审判责任的完整理论模型。审判责任的认定路径中除构成要件理论外，还需进一步涵盖责任免除要素，即“大前提（构成要件 + 免责事由）——小前提（案件事实）——结论（判断）。

3. 逻辑顺序：先客观后主观。责任认定过程中，在构成要件模型基础上还需考虑各要件认定逻辑次序问题，以避免认定内容的重复和认定次序的颠倒。进行认定的横向思维中，应先判断客观行为，只有客观上存在违反审判职责的行为，才有讨论主观过错的必要。如果主观上构成了重大过

失，则需进一步判断行为后果。因此，在横向构造中应遵循“客观行为——主观过错——行为后果”的认定顺序。实践中，问责程序的启动往往来源于对裁判结果的审查，不仅如此，裁判结果也是责任类型后续甄别的重要参考①，这体现出审判责任认定静态构造与动态运行相交织的立体思维，但仍要以客观行为的考察为核心。当裁判出现错误时，应先判断客观行为，满足该要件是判断主观过错的基础，当构成重大过失时，最后再进行裁判后果的量化。此时逻辑次序为“裁判结果——客观行为——主观过错——后果量化”。

（二）审判责任认定的案例演示

1. 无责情形。案例一：甲乙系夫妻，某电视台以“疑罪从无”视角报道了一起故意杀人案，案件受害人系甲乙二人之女，后甲乙以电视台侵犯其二人肖像权及名誉权为由诉至法院。法院认为，新闻单位将采访内容进行公开是一种行业惯例。本案中，电视台在采访前已经取得甲乙二人许可，采访本身亦包含公开播放之意。因该报道行为并未造成原告名誉损害事实，故不能认定构成侵犯原告名誉权和肖像权。假定甲乙二人在判决作出后，精神崩溃服毒自杀。

认定过程及结果：根据审判责任认定思维规则，本案应先考查法官是否满足审判责任的构成四要件，且应根据先客观后主观的逻辑次序进行认定。首先，客观行为上无论实体还是程序中本案合议庭均未违反相应的审判职责，“客观行为——主观过错——行为后果”的认定顺序在第一个环节即告终结，也即未满足审判责任构成中的客观行为要件，不构成审判责任（规则一）。尽管存在严重后果，根据审判责任法定及无责推定的原则，不能仅依据后果便追究审判责任。

2. 豁免情形。案例二：在医疗纠纷中，法官未采信鉴定报告中对医疗机构无过错的认定，而是采信了患者聘请的专家辅助人对医院过错的陈述。另外两位合议庭成员甲乙，甲同意主审法官意见，乙认为专家意见不足以推翻鉴定意见。最终该案以少数服从多数判决医院承担赔偿责任，主治医师因该案被医院追责和辞退。后该案经再审程序改判。该法院某领导多次过问该案，向主审法官暗示裁判结果，主审法官对此进行留痕记录。

认定过程及结果：根据先客观后主观的逻辑次序，应首先考查客观行为要件，本案中法官选择采信证明力低于鉴定意见的专家意见，违反了指导性规则，推定为存在重大过失。在后果上，该案裁判错误并且引发了较为严重的后果，因此在无相反证据的情况下，可认定合议庭审判责任成立

① 方乐：《法官责任制度的司法化改造》，载《法学》2019 年第 2 期。

（规则九）。值得注意的是，在认定过程中，应允许法官进行辩解并举证，主审法官通过留痕记录等证明该案存在领导干预审判的情形。据此，在追责环节，主审法官能够证明其受迫于领导过问压力非自主意愿，对其部分免责（规则六）。对于其他合议庭成员而言，甲法官因未尽审查义务持错误意见，承担次要责任；乙法官因持正确意见予以免责（规则五）。

3. 有责情形。案例三：在某离婚纠纷中，男方律师为主审法官的大学同班同学，但在案件审理过程中法官并没有回避，最终该案适用独任制作出离婚并进行财产分割的裁判。判决作出后，当事人反映裁判结果错误且法官与一方当事人存在利害关系应当回避。法院监督部门审查后认为该案裁判错误且存在程序违法的情形。

认定过程及结果：程序上，本案属于当事人“自诉”的情形，审判监督部门认为有依据的，应将调查意见报惩戒委员会，惩戒委员会以事实为依据、以认定规则为标准进行认定。本案首先在客观上，法官与当事人及其诉讼代理人之间存在可能影响案件公正审理的利害关系，因此法官应当自行回避。该条属于法官违反了应当回避而未回避的强制性程序规则，在无其他证据予以推翻的情况下，推定法官主观上存在重大过失，同时该案裁判错误导致女方的财产遭受重大损失。因此，本案满足审判责任构成要件（规则八），作为独任制审理的当事法官，应当承担审判责任。

4. 加重情形。案例四：如某刑事案件中，主审法官收受贿赂，在审理过程中篡改、伪造核心证据，判决被告犯故意杀人罪，判处无期徒刑。被告人家属精神崩溃自杀，后经再审程序改判被告人无罪。该法院在案件评查过程中发现该案主审法官存在向合议庭汇报案情时故意提供虚假材料、隐瞒重要案情的情形，院长委托审判监督部门审查后认为该案应当启动审判责任追究程序，该法官辩解称案件审理期间受到某领导胁迫。

认定过程及结果：客观行为上，本案法官收受贿赂并且篡改、伪造核心证据，明显违反强制性规则并且具备主观故意。依照程序规则，本案进入惩戒委员会审议后，当事法官有权提出辩解并进行举证，其称受到领导胁迫，应对此举证予以证明。如果能够证明其受胁迫，则根据过错程度酌情减轻其责任。如不能举证证明，则按照相应审判规则处理。本案在客观结果上错误并引发当事人家属自杀的严重后果，属于审判责任的加重情形（规则十一）。此外，由于主审法官在向合议庭汇报案情时故意提供虚假材料、隐瞒重要案情，其他合议庭成员尽到审查义务并且持正确意见的，应予以责任豁免；没有尽到审查义务持错误意见的，根据过错程度予以部分免责（规则五）。

结 语

思维从来不是单向度的，个案复杂性以及对法官审判再判断的复杂性，都决定了审判责任认定规则难以成为一个超完满的、无懈可击的体系。但审判责任关涉每一位法官的切身利益，也涉及司法改革中的风险化解，标准化的构成和认定规则能够让法官们有迹可循，能为实现严肃追责与履职保障的高度统一提供方向，能为构建责权利平衡机制提供基础，能为最终全面落实司法责任制提供保障。

五、智慧法院建设篇

人工智能介入司法的实践检视与风险防范

——以江浙沪冀黔五省市的司法实践为样本

常　鑫[*]　张祥龙[**]

全面深化司法改革、全面推进信息化建设，是人民司法事业发展的“车之两轮、鸟之双翼”，而人工智能作为新一轮科技革命的最新成果，日益展示出成为法院信息化建设的重要引擎和强大动力的潜质。近年来，在最高人民法院的统筹和指导下，各地法院在推动“人工智能+司法”方面不遗余力，人工智能介入司法的广度和深度不断加强。虽然人工智能的兴起对提升审判质效、革新审判方式、助力司法改革裨益良多。但智能司法由文字向数据的逻辑转向，同时给司法带来了巨大挑战与未知风险。在此背景下，全面考察人工智能在司法领域的应用现状，并通过恰当的制度安排降低技术移植给司法领域带来的风险，对司法人工智能的发展具有重要意义。

一、以智赋能：人工智能介入司法的实践图景

随着法院信息化建设的深入推进，各地法院“人工智能+司法”的尝试方兴未艾，一批智能化辅助办案系统面世并得到推广应用，这些智能成果既是法院信息化建设的结晶，也是我们研究人工智能介入司法的典型样本。本文选取江苏、上海、河北、浙江、贵州等省市的实践为样本（详见

* 作者单位：江苏省常州经济开发区人民法院。

** 作者单位：江苏省常州经济开发区人民法院。

下图)，从不同维度分析人工智能介入司法的现状。①

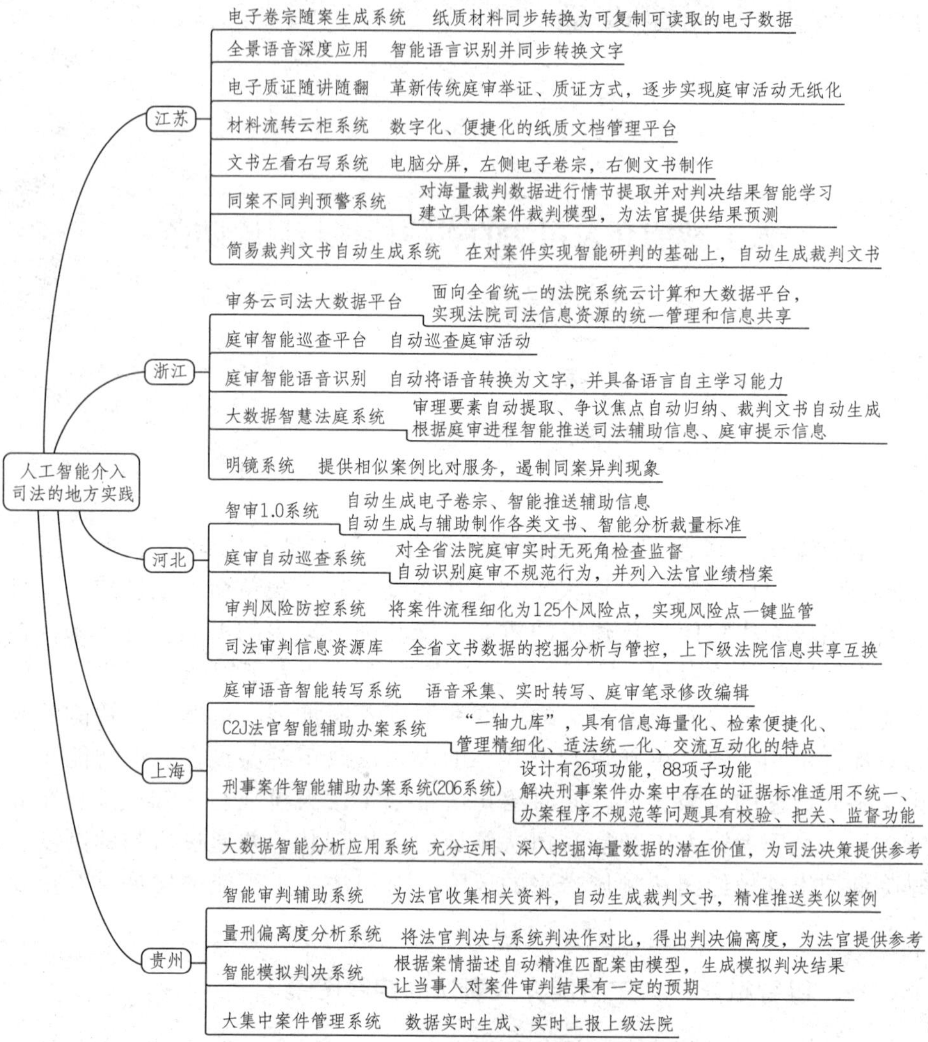

图　人工智能介入司法的地方实践图

(一) 类型维度分析

从上述样本可以看出，目前人工智能在司法领域的应用大致可分为以下几种类型：

一是信息的采集与转换。即通过技术手段，收集并将诉讼信息转换为

① 样本来源大致分为三类：一是《法治蓝皮书·中国法院信息化发展报告 NO.1（2018）》中关于地方法院信息化实践的调研报告；二是各地法院对本地区司法人工智能发展的经验介绍；三是通过百度搜索引擎获取的各种智能应用实例。样本涵盖了东中西部地区，经济发达地区与欠发达地区，具有代表性，基本可以反映我国司法人工智能发展的全貌。

电子数据。如电子卷宗随案生成，利用 OCR 自动识别、信息项智能回填等技术实现纸质卷宗的电子化。庭审语音识别系统利用自然语言处理技术（NPL），可以区分诉讼各方角色，抓取各方陈述内容并自动转换成文字。[①]

二是审判决策支持。即通过人工智能对海量裁判数据的情节提取与结果分析，挖掘隐藏的司法规律，实现类似案件的精准推送、实体裁判的预测，为审判决策提供支持。例如，贵州法院的量刑偏离度分析系统，通过将法官判决与系统判决作对比，对法官裁判的偏离度进行分析。河北法院的智审 1.0 系统具有法条、案例自动推送，类案比对和文书一键生成等功能。

三是审判监督管理。监督既包括实体性的，也包含程序性的。如江苏南京法院的“同案不同判”预警系统，支持裁判结果预测、计算偏离度并自动进行预警；河北法院的审判风险防控系统，将案件流程细分为 125 个风险点并进行自动监测，全省超审限案件由 8000 余件减少到 200 余件。[②]

（二）功能维度分析

一是提高司法效率。人工智能介入司法的一项重要使命与基本功能，就是利用自身模式化、自主化的技术优势，降低包括立案、审理、裁判在内的整个诉讼流程的单位时间及资源消耗，减少法官非审判核心事务负担与案件研判、决策时间，从而实现司法效率的提高。如河北法院的智审系统截至 2018 年 4 月，累计帮助法官办理案件超过 76 万件，生成各类文书 510 余万件，法官案头工作减少近 30%。[③]

二是提升审判质量。司法人工智能在官方的逻辑中是保证司法审判质量功能的替代物。[④] 目前，人工智能在司法领域可以协助裁判者进行证据审查、理解适用法律；通过构建裁判纠偏机制，统一裁判尺度；合理确定案件裁量基准，为法官恰当行使自由裁量权提供指引等，其功能就在于审判质量的提升。如上海法院的刑事案件智能辅助办案系统，在投入使用的 1 个多月时间里，点击量达到 5.6 万次，提供证据指引 2600 余次，发现瑕疵证据 48 个。[⑤]

三是规范办案流程。通过庭审自动巡查、同案异判预警、案件管理等

---

① 如苏州法院利用庭审语音识别系统普通话庭审笔录完整度接近 100%，带有口音的普通话语音识别正确率达到 90%。

② 《河北高院全面推进智慧法院建设纪实》，载 https://www.chinacourt.org/article/detail/2018/04/id/32657.shtml，最后访问时间：2019 年 6 月 20 日。

③ 同注②。

④ 钱大军：《司法人工智能的中国进程：功能替代与结构强化》，载《法学评论》2018 年第 5 期。

⑤ 严剑漪：《揭秘“206 工程”：法院未来的人工智能图景》，载《上海人大月刊》2017 年第 8 期。

系统支持，法官在办案过程中的不规范问题得到改善，同时，审判管理趋于自动化、流程化、智能化，司法者被监管的直观感受不断钝化，因被监管而产生的潜在抵触情绪得到缓解。比如浙江法院的庭审智能巡查平台，2017 年累计评查案件庭审 20 余万件，对于规范法官庭审行为起到了积极作用。

（三）技术维度分析

一是数据的基础性。司法大数据和人工智能技术的实质是建立了一种基于海量数据挖掘的认知范式,[①] 从样本的开发与使用过程来看，目前人工智能在司法领域的应用延续了其固有技术特点，表现出对海量数据的高度依赖性，数据构成了一切活动的前提与基础。例如，裁判结果预测与偏离度预警，其工作原理就在于在大量占有、分析数据的基础上，发现特定情境组合的判决逻辑与内在规律，为目标案件提供预测。值得注意的是，目前各地法院数据的横向互通还相对较少，不同系统、应用之间基本处于相互隔绝与断联的状态。

二是算法的核心性。算法，是计算机解决问题所使用的清晰指令与策略机制。样本的运行机理表明，算法构成了人工智能在司法领域应用的核心驱动力，其主要作用就在于认识、总结、提炼人类决策规律，归纳人类决策模型，从而为司法裁判提供预测。以类案推荐为例，影响推送精确度的关键就在于相似度算法，如果嵌入的算法无法将目标案件情节与数据仓中案件的情节进行准确比对，那么这一应用工具就是低效的甚至错误百出。值得指出的是，从司法实践来看，无论是基于保护商业秘密的考量，抑或是算法本身的复杂性，技术的开发者很少对使用者说明算法的运行原理，而法院对算法的关注度也不够，很少会去研究结论背后的依据。

二、现实隐忧：人工智能介入司法的风险透视

现代社会的种种风险总是与技术存在不同程度的关联，曾经被认为是社会发展决定因素和根本动力的现代科学技术，正在成为当代最大的风险源。[②] 在司法领域，人工智能的介入给司法带来了巨大挑战与多重风险。

（一）法理层面：技术智能化与司法现代化之间的内在张力难以调和

技术与人的理性具有天然的契合性，二者的联姻最终融合为技术理性。[③] 就其典型特征而言，技术理性是一种追求规范性、有效性、功能性的

---

① 王禄生：《司法大数据与人工智能技术应用的风险及伦理规制》，载《法商研究》2019 年第 2 期。

② 刘铁光：《风险社会中技术规制基础的范式转换》，载《现代法学》2011 年第 4 期。

③ 徐骏：《智慧法院的法理审思》，载《法学》2017 年第 3 期。

人类智慧与能力，它注重效率、讲求效益，却极少关注人文精神与价值理性。人工智能是技术理性的典型代表，它通过模仿司法者的逻辑思维与判案过程来实现审判效率的提高，但是，司法裁判不仅是一种理性思维过程，它还需要以人的经验、心性和德行结合法理、情理、常识对法律进行有益的修正和必要的创新，在法律适用与情理考量、社会正义与个别正义之间，需要法官审判经验的捏合和舒张。[①] 而人工智能对人类智性的简单模仿，难以保证个案裁判一定合乎情理、令人信服，其对裁判的格式化与标准化很容易遮蔽条文背后的法律精神与人文情怀，使法律蜕变为僵死的教条，使司法沦为生产法律产品的流水线。

现代司法的一项重要功能在于，它可以将人们分散在社会中的不满和抱怨通过一个个具体的、分散的诉讼释放出来。[②] 由于缺乏价值判断与价值关怀的固有缺陷，人工智能介入司法可能会剪断公民与司法进行互动的纽带，堵塞这种疏通渠道，因为公民不可能与一个无法表达自己的系统、程序对话，公民在诉讼中的情感需求和非理性需求也不可能得到满足。面对机器冷冰冰的判断说理，即便我们告诉每个公民，裁判结论是准确的、无可挑剔的，公民在情感和心理上未必就会接受。而这种情感上的失落与参与感的缺失将解构司法的疏导功能，进而影响公民对司法实现公平正义的感知。

缺乏透明性是人工智能技术的一个显著缺陷。由于模型的高度复杂性以及因数据驱动导致的数据加工与信息处理的复杂过程，即便是程序的设计者也无法判断和解释经过海量数据训练及迭代的算法会带来什么结果、为什么会带来这些结果，人工智能的运行机理由此呈现出复杂性、封闭性和不可解释性的特征。而在司法领域，公开透明是现代司法的一项重要原则，法院不仅要向当事人公开裁判结果，还要公开法官的证据审查与事实认定过程、法律理解与适用过程，以及法官的心证过程。人工智能决策过程的无法公开、不可解释的缺陷，使其与司法的透明性存在内在冲突。

智能技术的过度应用还可能会侵蚀法官的法律技艺。法官在审理案件时，大可按照技术所提供的便利按图索骥、照本宣科，无需再像以前大费周章、绞尽脑汁地研究案情。[③] 司法活动变为纯粹的数学运算，其所带来的便利性将使法官沦为技术的附庸，使司法裁决贬值为廉价产品，使司法丧失权威构建基础。技术逆转了目的与手段的关系，并在实质意义上终结司

---

① 潘庸鲁：《人工智能介入司法领域路径分析》，载《东方法学》2018 年第 3 期。

② 强世功：《法律人的城邦》，上海三联书店 2003 年版，第 23 页。

③ 实践中，司法人工智能侵蚀法官技艺的迹象已有显现，一些裁判文书按照推送的类似案件照搬照抄、一字不改；对类案推荐、偏离预警等盲目认同，无视个案情景差异，导致裁判效果欠佳等。

法，这是人工智能与司法融合的最大悖论。

（二）实践层面：人工智能介入司法隐含着消解司法改革功能的可能性

1. 人工智能介入司法可能淡化司法改革的体制性特征。如果认真考察我国司法改革的历史沿革，我们就必须承认，受制于各种客观因素与历史局限，我国的司法改革长期以来遵循聚焦于中、微观机制与程序的技术性调整而非触及体制机制的改良路线，由于改革方案只是局部调整，所以很多问题无法从根本上得到解决。基于这一现状，今天的司法改革着力从解决影响司法公正、制约司法能力的体制性、机制性、保障性障碍入手，通过体制改革祛除司法运行中的顽疾与弊端。而人工智能与司法的结合，却使司法体制改革面临一种新的风险。

具体而言，司法体制改革原本是一项复杂的系统性工程，但是在现代科技的驱动下，改革所面临的一些难题与瓶颈可能会通过“技术”的方式而非体制变革的方式解决，改革的复杂性、系统性、体制性将可能会趋于弱化。虽然目前人工智能有助于解决司法改革面临的一些难题，但是从长远来看，这种技术主义的路径选择可能无法为司法体制改革提供完整的解决方案，司法改革有可能失去整体推进的布局，陷入局部切入，体制与机制改革中的难点问题被替换为通过“细枝末节”的技术设计来调试工作机制和改进工作方法。[①] 当改革所面临的问题通过技术而非体制变革来解决与回应时，司法改革的体制性、系统性特征可能会有所淡化。

2. 人工智能介入司法与原有体制机制的亲和性。新一轮司法体制改革是一场深刻触及制约司法公正和司法能力的体制机制问题的，系统性、全方位、深层次改革，而人工智能在解决具体问题的过程中，却体现出与部分原有体制结构的某种亲和性，二者的联姻有可能使司法改革的功能被消解、削弱。

在审判权运行机制方面，目前一些人工智能应用已经具备了裁判偏离度分析及预警能力，如果法官作出的裁判与系统的预测结果发生重大偏离，系统将自动预警并将相关信息推送至院庭长管理平台，由院庭长视情节询问、催办或要求法官提交法官专业会议讨论。虽然这种方式有助于院庭长监督权的行使，但客观地说，人工智能对案件的智能化监管方式，与司法改革所欲破除的层层审批式的审判权运行方式，具有一定的相似性，过去是庭长逐案审批，现在是系统静默审查，庭长以前行使的权力现在让渡给了技术，法官在行使审判权时仍然存在受到过度干预的可能性，以往行政化的审判权运行机制也可能通过技术被重新构建起来，只不过这种方式更

① 王禄生：《司法大数据与人工智能技术应用的风险及伦理规制》，载《法商研究》2019 年第 2 期。

为隐蔽、更不易被察觉。

在上下级法院关系方面，目前全国法院已通过专网实现了互联互通，数据的关联将彻底打破以往各个法院信息系统独立运行、各自为政的局面，实现从上至下对法院内部业务子系统的可视化、综合化管理，[①] 不同法院之间的对比、审判数据的排名也更加容易实现。在数据的刺激下，上级法院不可避免地会产生管理冲动，以数据排名、指标公开等方式，在事实上强化对下级法院的领导与控制，加剧法院系统内部的行政化。[②]

在法院的外部组织结构方面，一些智能系统试图打通公检法的办案平台，将统一的证据规则和法律适用标准嵌入公检法刑事办案系统之中。虽然这种方式有助于提升办案质量、防范冤假错案发生，但通过人工智能将证据统一规范化，可能会忽视人的经验判断、思维逻辑以及良知在证据判断中的作用，使办案人员对证据的认定趋于机械化，从而导致法定证据制度的复活。[③] 同时，侦检机关在证据和犯罪定性上对审判机关思维方式的模仿，一方面使证据的收集因机械对照裁判要求而失去完整性，另一方面使侦查结论比以前更加顽固和难以推翻，庭审过程可能因此虚化为对证据真实性的校验和是否符合标准的审核，而非对案件事实的再发现。此外，三部门适用统一证据标准所形成的合力使刑事追诉呈现一体化倾向，“流水作业”式的线性结构可能因此进一步固化。

3. 人工智能介入司法对司法责任制的冲击。司法责任制是司法体制改革的基石，其要义在于坚持“让审理者裁判，由裁判者负责”，而人工智能的介入使司法责任制面临一个新的问题：当人工智能辅助、参与乃至主导裁判时，出了问题，谁来负责？

实践中，一些智能系统已经成为法官裁判不可或缺的帮手、工具，它们在很大程度上影响乃至决定着裁判的最终结果，当案件由于智能系统提供了错误信息而出现错判或其他负面结果时，法官可能提出责任应归咎于信息的提供者的辩解理由。虽然在目前弱司法人工智能阶段，案件的裁判过程主要还是由法官主导，因而上述辩解理由还无法开脱法官应承担的责任，但科技发展日新月异，“机器责任”[④] 对审判责任理论的挑战已经近在

---

① 徐骏：《智慧法院的法理审思》，载《法学》2017 年第 3 期。

② 以笔者所在省份的法院为例，江苏省高级人民法院目前还在定期公布各个市、区法院的核心指标、数据，虽然这种公布并未进行排名。

③ 法定证据制度由法律预先机械地规定证据的证明力，司法者须依法定条件去判断证据来认定事实，排斥司法者的主观判断。人工智能对证据的运用与法定证据制度非常相似，其对权利保障、天理人情之类等价值判断的排斥，就如同法定证据制度对法官的“自由心证”的排除。

④ 有学者将因智能机器工作失误所导致的审判瑕疵甚至错判而产生的责任称为“机器责任”，参见周尚君、伍茜：《人工智能司法决策的可能与限度》，载《华东政法大学学报》2019 年第 1 期。

咫尺，对于人工智能对司法责任的冲击保持警惕并非杞人忧天。

（三）技术层面：弱人工智能阶段的优质数据匮乏与核心算法缺陷

在数据方面，虽然目前司法人工智能研发的主要数据库——中国裁判文书网已公开了体量庞大的文书，但就相对数量而言，其可能只占到审结数的50%左右，[①] 这意味着还有大量的法律数据没有进入公开渠道，我们所接触到的数据是部分的、当下的，而不是全部的、历史的。如果再剔除那些适用法律陈旧、不具参考意义的文书，有效数据的总量将进一步下降。其次，从数据的范围来看，目前法律数据的采集还无法涵盖审判的全流程、全节点。比如审前程序、庭后评议等，数据采集范围的有限性使数据呈现出片段化特征，如果将这些缺乏系统性、整体性、连续性的数据交给算法进行训练，其提供给我们的很可能是一个残缺的甚至虚假的司法决策图景模式。[②] 最后，也是更为重要的是，很多真正影响法律决策过程的关键因素，并不会以直观的形式披露出来。如裁判效果的判断、外部环境考量、集体讨论过程、法官心证过程等信息，都极少体现于可见的裁判之中，而这些实质信息对提高预测模型的精确性具有重要价值，它们的缺失将不可避免地加剧样本不足的困境。

在算法方面，虽然当下几乎所有的科技公司都宣称采用了较为先进的神经网络深度学习算法，但实际上，能够真正掌握并成功应用到司法领域中的并不算多。[③] 就实际使用效果来看，深度学习取得长足进步的领域，如图像、语音、文字识别等，都是人类大脑神经感知外部世界最常见的领域。在最能体现智能水平的理解能力和推理能力以及从海量数据中学习的能力方面，人工智能的表现与人类智能相比还有非常大的差距。正因为如此，目前一些智能工具辅助裁判的准确度不高、智能化水平欠佳，实际效果与预设目标还存在不少差距。这也说明目前主流算法存在很大的局限性，算法的性能还有提升空间。在算法的规范性方面，由于算法自身的复杂性、自我训练和自我学习过程的封闭性，以及代码指令与人类表达能力的脱离，算法面临着不可解释、难以审查的难题。同时，算法以历史数据预测未来裁判的基本原理和以整体数据预测个体行为的策略，也使自身存在歧视与偏见的缺陷，并可能在使用中陷入自我强化的恶性循环。

---

① 马超、于晓虹、何海波：《大数据分析：中国司法裁判文书上网公开报告》，载《中国法律评论》2016年第4期。

② 这正如人工智能领域流传的一句老话："Garbage in，garbage out"（"垃圾进，垃圾出"），即无用的数据产生无用的结论。

③ 左卫民：《对于法律人工智能在中国运用前景的若干思考》，载《清华法学》2018年第2期。

三、鼎新之路：人工智能介入司法的风险防范探析

（一）确立法官终审原则，在全面发展与辅助定位之间寻求平衡

如前所述，人工智能介入司法所引发的法理层面的风险一直是困扰其自身发展的难题，基于对司法人工智能的警惕态度和保守立场，目前司法实务界与理论界普遍认为，人工智能的发展应坚持“辅助定位”、采取“有限智能化”的策略推进，[①] 但另一方面，最高人民法院在《关于加快建设智慧法院的意见》中指出，智慧法院建设要“支持全业务网上办理、全流程依法公开、全方位智能服务”，周强院长在全国法院第五次网络安全和信息化工作会议中强调，要紧紧抓住新一轮科技革命带来的重大战略机遇，把智慧法院推向全面建设的新格局。这意味着，按照智慧法院的建设要求，包括人工智能在内的科学技术应当全面融入司法。这就造成司法人工智能的“全面发展”与“辅助定位”之间存在一种紧张关系，人们既期望智能司法能够发挥更大作用，但又基于怀疑和担忧采取限制的方式防止人工智能全面介入司法工作。

我们认为，人工智能技术代表着现代科技的最新方向，具有广阔的应用前景和巨大的发展潜力，我们不能作茧自缚、因噎废食，试图通过阉割人工智能的功能、劣化人工智能水平来保证技术的可控性，这样只会拖累而非促进法院信息化进程；另一方面，也不能只看到司法人工智能的诱人前景，而忽视对潜在问题的研究和防控。在“全面发展”与“辅助定位”之间，一种可能的途径是，在加速推动人工智能与司法深度融合的同时，赋予包括法官在内的司法者以终审权，以人类智能矫正人工智能可能出现的偏差。一方面，我们需要以更加务实的态度，开发、推广那些能够直击司法痛点、解决现实需求、符合司法规律的智能应用，推动“人工智能+司法”取得实效；另一方面，又要坚持法官的主体地位，让法官来监督、管理和判断司法人工智能的工作过程与成果，把技术的最终决定权交由司法者行使。未来无论人工智能在司法领域进化到何种程度，包括将来司法人工智能裁判的实现，只要技术的最终决定权掌握在人的手中，“全面发展”与“辅助定位”就不会出现根本性的冲突，就可以实现一种平衡。

（二）尊重司法固有属性，抑制人工智能对司法体制改革的负面效应

一是在体制改革的框架内运用技术，防止“体制性”改革蜕变为“技

---

① 左卫民：《对于法律人工智能在中国运用前景的若干思考》，载《清华法学》2018 年第 2 期；潘庸鲁：《人工智能介入司法的价值与定位》，载《探索与争鸣》2017 年第 10 期；涂永前、于涵：《司法审判中人工智能的介入式演进》，载《西南政法大学学报》2018 年第 3 期。

术型”改革。“体制性”构成了本轮司改的鲜明特征，要避免改革向“技术型”的偏移，就应当以体制改革为前提推动司法与人工智能的融合。我们应当认识到，司法人工智能的应用不等于司法改革本身，不能将司法改革面临的问题与矛盾当作简单的技术性问题加以解决，人工智能技术只能在体制改革的总体框架内发挥作用，应当避免以技术之名缓解甚至回避改革中的压力与难题，使体制性改革重回局部技术性调整的老路。

二是保持司法人工智能与改革对象的绝缘，使技术应用符合司法规律。如前所述，人工智能在解决具体问题的过程中，可能因与原有体制结构的某种亲和性，而消解司法体制改革功能。要避免这种情况，就应当注重技术应用与体制框架的兼容性，以司法的逻辑、整体的观念和全局的视角来理解和使用技术。应减少通过技术手段干扰司法者依法独立行使完整司法权的几率，避免对行政化审判权运行机制的复制，防止智能应用对新型审判权运行机制的侵蚀。在法院内部关系上，上级法院面对海量的审判数据，不能再回到“指标统计、分析、评估、通报”的老路，应警惕并遏制大数据带来的管理冲动，抑制司法行政化倾向。在外部关系上，智能应用应尊重司法规律，防止司法机关因机械适用证据指引、标准而使法定证据制度死灰复燃，同时，要驱除智能应用“统一”“标准化”给公检法机关带来的配合色彩，抑制“流水作业”式的线性结构。

三是明确责任主体与归责原则，防止司法责任制的落空。人工智能技术并非尽善尽美，出现工作失误不可避免，[①] 对于因人工智能工作失误所导致的审判瑕疵甚至错判，相应责任应由法官优先承担，以过错推定为归责原则。原因在于，在目前弱人工智能阶段，案件的审判过程及裁判的最终决定权掌握在法官手中，人工智能的运行始终处于法官的监督控制之下，将法官作为首要的责任主体，既体现了权责统一的原则，防止因法官推卸责任而使司法责任制落空，同时，又有利于督促法官加强对人工智能工作过程与结果的审核与监督。当然，如果确有证据证明法官对损害后果并无过错，而是由人工智能的关联方比如技术公司造成，则应当免除法官的责任。

（三）遵循智能司法的逻辑转向，从算法与数据入手优化司法人工智能生态

在算法优化方面。首先应提高算法的准确度，无论人工智能采取何种算法，首先要确保判断结果的正确性，即任意一个合法的输入经过执行之后，算法能够给出正确的结果，这是对算法最基本也是最重要的要求。其

---

① 人工智能的失误大致可分为两种类型，一种是不涉及案件实体判断的失误，比如电子卷宗生成错误、语音识别瑕疵，一种是涉及实体判断的错误，如偏离预警不准确、量刑预测有偏差等。

次，要提高算法的透明性。司法机关在进行技术外包时，应当与外包公司签订协议，要求对方记录模型、算法、数据和具体决策并承担必要的技术说明义务，同时在尊重对方商业秘密的前提下，向社会公开算法决策过程并接受公众监督。再次，要防范算法的歧视性。应从技术角度出发，深入算法内部，完善算法运行方式，按照风险防范而非纠纷解决的思路，动态调整算法运行规则，消除因算法歧视所带来的风险。

在算法审查方面。可以考虑成立由职能部门、技术专家、法律专家、公益团体等组成的算法审查专业委员会，将审查贯穿于算法设计、应用的全过程。事前，可以要求算法设计者说明设计原理、运行机制和决策依据；事中，加强对算法运行的随机抽查，定期进行审查检验，对发现的错误决策及时进行纠正；事后，接受公众对算法的监督，畅通公众反馈渠道，回应公众对算法决策的疑问，必要时按照有关规定进行追溯问责。

在数据质与量的提升方面。要拓宽优质数据来源。一方面，应做好裁判文书上网工作，严格按照规定及时、规范报送裁判文书，增加“结果数据”的供给。另一方面，要扩大数据采集范围，积极利用庭审笔录、合议庭笔录、法官专业会议讨论过程等能够反映审判决策过程的信息，丰富数据库多样性，向司法人工智能提供更多的“过程数据”。要提高训练数据的质量。对于裁判文书，要严把质量关，防止“带病出门”，同时对训练数据进行筛选，挑选能够真正影响法律决策过程的实质信息进行模型训练。

结　语

技术正在深刻地改变着这个世界的面貌，我们无力抗拒也不应当抗拒技术与司法的结合。面对人工智能介入司法可能引发的各种风险与问题，我们需要以一种科学态度、问题意识和发展眼光，通过恰当的制度设计加以妥善解决。本文所做的正是这样一种努力，改革研究之路还远未走到尽头。

（本文获一等奖）

区块链司法存证技术的检视与规制
——以1088份裁判文书、289份调查问卷为分析样本

刘 洋[*] 彭 林[**]

引 言

随着大数据时代的到来，电子证据在世界各国司法活动中的作用日益突出。中国人民大学法学院何家弘教授认为："就司法证明方式的历史而言，人类曾从'神证'时代走入'人证'时代，又从'人证'时代走入'物证'时代。也许，我们即将步入另一个新的司法证明时代，即电子证据时代。"[①] 然而，不同于其他证据类型，司法实践中电子证据的取证、存证依然存在一定的困难，司法人员对电子证据的采信水平也不尽人意。《最高人民法院关于互联网法院审理案件若干问题的规定》[②] 首次规定了在互联网法院审理案件中，当事人可以提交通过区块链技术存证的电子数据，这标志着区块链司法存证技术得到司法解释的认可。但是目前司法实践中，区块链司法存证技术的发展仍然存在着法律依据不健全、资质准入不严格、证据审查不规范等障碍，严重制约了区块链司法存证技术的推广应用。本文在实证考察我国区块链司法存证技术应用现状的基础上，检视其发展障碍，解读其体系难题，从而规制区块链司法存证技术在我国的发展。

一、实证检视：区块链司法存证技术应用现状分析

为了解区块链司法存证技术的应用现状，笔者通过中国裁判文书网随

* 作者单位：安徽省马鞍山市雨山区人民法院。

** 作者单位：安徽省马鞍山市雨山区人民法院。

① 何家弘：《电子证据法研究》，法律出版社2002年版，第142页。

② 为方便本文论述，以下简称《互联网法院审理案件的规定》。

机抽取的1088份裁判文书为样本，并对152名法院工作人员、137名律师①进行了电话访谈。综合以上抽取样本及访谈资料，结论如下。

（一）应用背景：电子数据采信率低

自三大诉讼法确立了电子数据在证据体系中的独立地位后，其在刑事侦查以及民事举证中发挥着重要作用。笔者分别以“电子数据”“电子证据”为关键词在中国裁判文书网②随机抽取了合计524份裁判文书，并分析归纳了524份裁判文书对电子数据的采信态度，发现其中绝大多数裁判文书未对当事人提交的电子数据作出是否采信的分析论断，③ 仅54份文书明确作出是否采信的分析论断，在该54份裁判文书中，20份为予以采信，基本表述为“在被告没有相反证据的情况下，本院认可其具有完整性和可靠性”，④ 34份为不采信，基本表述为“真实性难以确定，本院不予采信”⑤（见图1）。

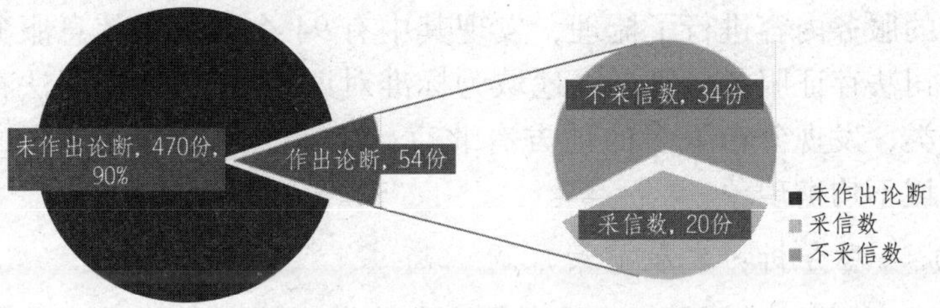

图1 裁判文书中“电子证据”采信情况

（二）总体概况：案件数量快速递增

为了解区块链司法存证技术近三年来的应用情况，笔者分别以“IP360取证”“易保全”“保全网”“司法联盟链”⑥ 为关键词在中国裁判文书网⑦随机抽取了895份裁判文书，并筛选出涉及区块链司法存证的裁判文书共计564份。笔者以裁判日期为标准对该564份裁判文书进行了梳理，明显能够看出，近三年来，涉及区块链司法存证的裁判文书数量呈现快速上升态势，说明区块链司法存证技术在司法证明活动中发挥的作用越来越大（见图2）。

---

① 该289位访谈对象工作地点分别位于北京、上海、广州、宁夏、安徽、湖南，数据具有代表性。访谈的问题有：（1）是否了解区块链；（2）是否了解区块链司法存证技术；（3）是否运用过区块链司法存证技术。访谈方式：直接电话联系或间接电话联系。

② 参见中国裁判文书网，www. wenshu. court. gov. cn，最后访问时间：2019年6月27日。

③ 参见福建省厦门市思明区人民法院（2018）闽0203民初5647号民事判决书。

④ 参见天津市滨海新区人民法院（2018）津0116民初702号民事判决书。

⑤ 参见广州知识产权法院（2015）粤知法专民初字第2479号民事判决书

⑥ 笔者通过百度、中国裁判文书网搜索，发现“IP360取证”“易保全”“保全网”“司法联盟链”均为目前互联网上应用比较普遍的区块链司法存证平台。

⑦ 参见中国裁判文书网，www. wenshu. court. gov. cn，最后访问时间：2019年6月27日。

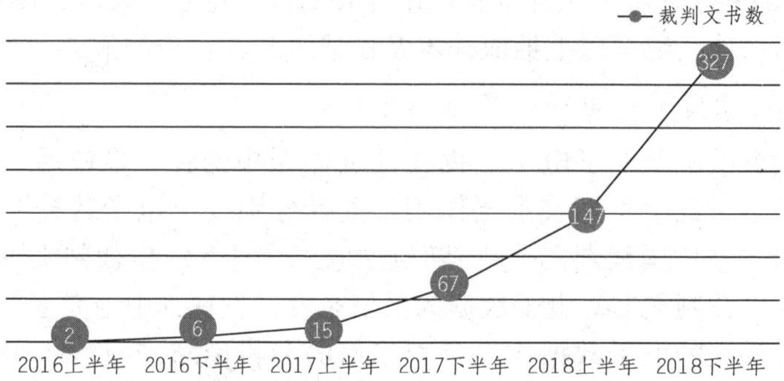

图2　裁判文书网涉区块链司法存证技术文书数（单位：份）

（三）区域差异：存证平台分布不均

2019年3月30日，国家互联网信息办公室公布了197个区块链信息服务名称及备案编号。笔者通过百度等搜索引擎对该197个区块链信息服务平台所提供的服务内容进行了梳理，发现其中有94个区块链信息服务平台提供区块链司法存证服务。笔者以地域为标准对该94个区块链司法存证平台进行了分类，发现分布最多的地方有北京、广东、以及浙江地区，呈现出明显的区域不均衡现象。

（四）类型分析：发展前景广阔

为了解应用区块链司法存证技术的案件类型情况，笔者以案由为标准对梳理出的564份涉及区块链司法存证技术的裁判文书进行再分类。通过分类发现，大部分裁判文书的案由均为知识产权与反不正当竞争纠纷类，少数裁判文书的案由属于合同纠纷、劳动争议纠纷类（见图3）。究其原因，知识产权与反不正当竞争纠纷类案件所需证明事实大部分发生在区块链司法存证技术进行取证过程中。同时，涉区块链司法存证平台应用案件类型的多样化趋向，能够反映我国区块链司法存证技术正在从陌生走向熟悉，在未来的司法证明活动中有着广阔的发展前景。

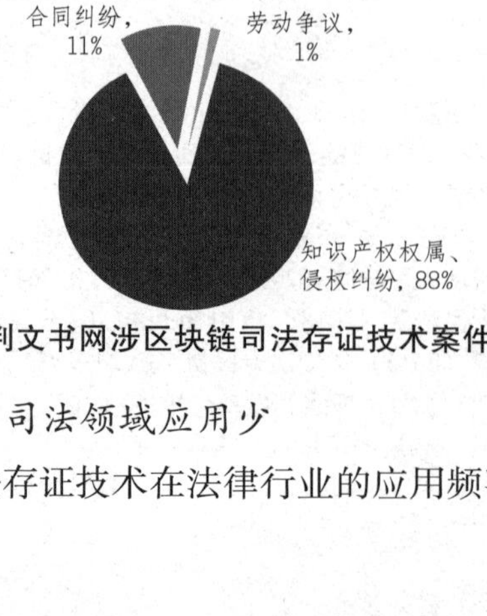

图3　裁判文书网涉区块链司法存证技术案件案由情况

（五）使用频次：司法领域应用少

为了解区块链司法存证技术在法律行业的应用频次情况，笔者对152名法院工作人员、137 名律师进行了电话访谈。通过访谈结果能够看出：在司法工作领域，84.78%的法院工作人员或律师对区块链技术没有了解。在了解区块链技术的少数人中，仅有北京、上海、广州的极少部分法院工作人员、律师了解区块链司法存证技术，占比仅为 8.65%。被访谈的 289 人中，无一人曾经使用过区块链司法存证技术（见图 4）。究其原因：第一，广大法律工作者没有充分的电子证据意识；第二，区块链司法存证技术的法律依据少，适用范围小，多数人对区块链司法存证技术仍然持审慎态度。

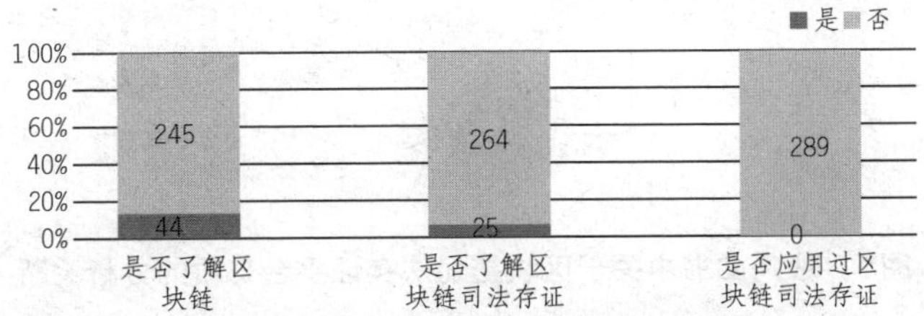

图 4　对法院工作人员、律师关于区块链司法存证电话访谈情况（单位：人）

二、运行困境：区块链司法存证技术发展之障碍

从上文实证分析中能看出，区块链司法存证技术的出现顺应了司法证明方式的发展趋势，将给传统证明方式带来巨大变化。但检视我国区块链司法存证技术的应用现状，其未来的发展仍然面临着一定的障碍。

（一）平台管理：资质准入机制不健全

作为担负司法证明作用的重要平台，目前，中央网信办及最高人民法院等机关并未单独或者联合对区块链司法存证平台进行任何形式的资质限定。笔者通过梳理涉及区块链司法存证的裁判文书发现，所有文书中对区块链证据效力认定与否的前提均是对区块链司法存证平台的资质情况进行分析论断。认可区块链司法存证平台资质的法院往往从“时间戳”“有相关部门认证”等角度进行肯定，不认可区块链司法存证平台资质的文书一般从“无相关部门认证”“有利害关系”等角度进行否定（见图 5）。不同法院对区块链司法存证平台是否具有存证资质以及如何判定有无存证资质没有明确的标准。因此，不同法院对同一区块链司法存证平台的资质可能存在不同的认定态度，导致同案异判现象的出现，一定程度上影响司法公信力。

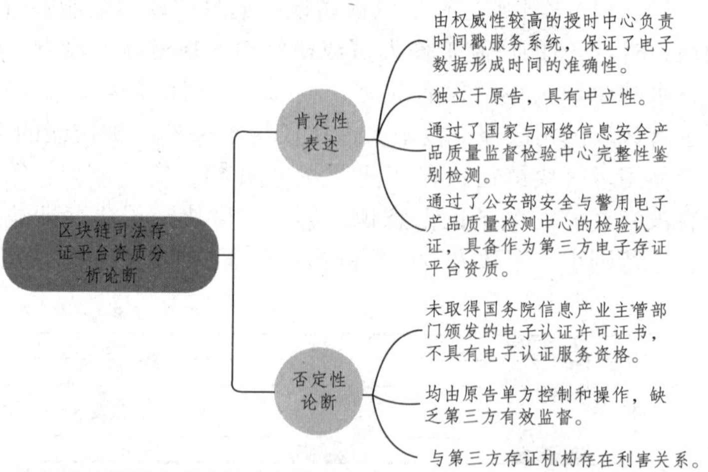

图5　裁判文书中关于区块链司法存证平台资质的分析论断

（二）司法应用：证据审查规则不统一

2018年6月28日，杭州互联网法院对一起侵害作品信息网络传播权纠纷案进行宣判，该案从电子数据来源的真实性、电子数据存储的可靠性、电子数据内容的完整性、电子证据与其他证据相互印证的关联度四个方面对案件中电子证据的法律效力进行分析认定。《2018年中国区块链产业白皮书》指出："区块链因其本身不可篡改、可追溯特征，极适合与电子存证相结合"。[①] 但司法实践中，情况并非如此"完美"，区块链司法存证并非"全能"。诚然，区块链技术特有的不可篡改、不可抵赖、多方参与等特性，与电子数据存证的需求天然契合。[②] 但这与司法审判过程中认定证据所要求的"准确无误"仍有较大的差距。第一，区块链天然"去中心化"的属性要求自己的源代码向链上的所有节点公开，加大了区块链受到攻击的风险。第二，共识机制在一定条件下也是可以攻破的。典型的如"拜占庭将军"问题，区块链系统在一定情形下的安全性就难以得到保证。第三，并非所有的密码算法都是安全的，随着技术的发展，当前安全的密码算法未来可能存在较大风险，相关的数据都有可能被替换。基于此，区块链司法存证在"存"证能力上有公认的可信度，但电子证据从"取"证到"存"证再到"质"证是一个不可或缺的整体，且独立的电子数据无法直接证明客观事实，因此需对区块链司法存证技术中下链的"质"证过程设置严谨的审查规则，不能一概的认定只要是区块链司法存证中的证据都具有司法证明力。

---

① 工业和信息化部信息中心：《2018年中国区块链产业白皮书》，2018年5月，第68页。

② 可信区块链推进计划：《区块链司法存证应用白皮书（1.0版）》，2019年6月，第3页。

（三）立法进度：配套法律法规不完善

2012 年之前，在我国的司法证明活动中，电子数据不能作为独立证据参与诉讼。2012 年修改的《民事诉讼法》第六十三条、《刑事诉讼法》第四十八条以及 2014 年修改的《行政诉讼法》第三十三条均将电子数据作为一种新的证据种类纳入到立法中。2015 年《最高人民法院关于适用〈中华人民共和国民事诉讼法〉的解释》、2019 年公安部《公安机关办理刑事案件电子数据取证规则》就电子证据的取证方式及取证条件进行了规定。2019 年修订的《电子签名法》中第五条明确了满足法律、法规规定的电子数据原件的形式以及第八条明确了审查电子数据真实性的考虑因素。2018 年《互联网法院审理案件的规定》首次肯定了经区块链存在的电子数据可以在互联网案件中举证。虽然区块链司法存证技术经司法解释予以确认，但迄今并没有完整的区块链司法存证规则，传统的证据审查模式已经很难适应区块链时代的电子数据认定。区块链司法存证平台的诉讼地位、区块链司法存证技术的诉讼定位、区块链司法存证内容的法律属性、区块链司法存证的证据的审查规则均缺失相关法律依据。

三、理论探索：区块链司法存证技术发展之理论解读

（一）与传统证据理论的博弈

1. 区块链司法存证技术之证据资格分析。根据《最高人民法院关于适用〈中华人民共和国民事诉讼法〉的解释》第一百零四条的规定，区块链司法存证技术的证据资格应当接受真实性、关联性、合法性理论的检验。关于证据的真实性，按照证据法学的基本理论，电子证据的真实性包括电子证据内容的真实性、电子数据的真实性以及电子证据载体的真实性。基于区块链司法存证的智能合约技术，能够自动抓取侵权页面，电子证据内容的真实性基本能够保证。同时，区块链的去中心化、不可篡改亦能保证电子数据的真实性以及电子证据载体的真实性，所以，基于区块链司法存证技术的证据基本符合证据的真实性要求。关于证据的关联性，是指“证据对其所要求证明的事实具有的必要的最小限度的证明能力”。[①] 区块链技术的不可篡改及时间戳功能相比其他网络截图、信息打印件等电子证据形式具备更高的证明力，具有“补强现有证据证明力”的功能，所以，基于区块链司法存证技术的证据符合证据的关联性要求。关于证据的合法性，一般认为，证据的合法性认定包括取证主体合法性、证据形式的合法性、

① ［日］我妻荣：《新法律辞典》，董璠舆译，中国政法大学出版社 1991 年版，第 249 页。

取证程序的合法性以及证据保全与运用方式合法性四个方面。[①] 证据的合法性无关于案件事实，而与法律规定密切相关，区块链司法存证技术并非是违背伦理的科技发明。所以，基于区块链司法存证技术的证据符合证据的合法性要求。综上，区块链司法存证技术的证据能够获得相应的证据资格。但是，这并不意味着基于区块链司法存证技术的证据均为合格的证据。即使区块链技术有着得天独厚的优势，司法审判中都应当审查区块链证据的真实性、关联性，从而确保区块链存证数据的真实性，这也是区块链司法存证技术自身面临的难题。

2. 区块链司法存证技术之证据性质分析。关于通过区块链司法存证技术所存证据属于原件还是复制件问题，司法实践中存在不同的观点。原件论者认为，只要区块链司法存证技术将证据内容完整记录下来，应当视为电子证据原件。复制件论者认为，电子信息的生成、传播、修改和储存都是以肉眼无法识别的方式进行的，书证化的电子证据其本质已经是复本，而非原件。[②] 尽管我国司法机关一定程度上承认电子证据复制件的法律效力，但司法实践中仍然始终坚持对电子证据的原件审查。因此，即使区块链司法存证技术具有强大的证明力，证据提供方仍然要通过技术公证与资质审查的方式验证电子证据复制件的真实性。

（二）对现行公证制度的冲击

区块链司法存证在整个“电子证据”存证、取证、举证、质证过程中担负着“公证处”角色，但是区块链的去中心化、不可篡改的优势与公证制度的公益性、中立性等特点有着明显差距（见表1）。多年来，我国电子证据的采信非常困难，电子证据的证明力往往与公证紧密联系，并严重依赖公证机构的公证效力，一定程度上削弱了电子证据的司法效力。在2018年6月28日杭州互联网法院审理的一起侵害作品信息网络传播权纠纷案件中，[③] 当事人一方面通过区块链司法存证技术将证据打包计算SHA256值并上传至FACTOM区块链、比特币区块链；另一方面，通过浙江千麦司法鉴定中心，对取证工具“puppeteer”程序和“curl”程序的技术功能进行司法鉴定并确认。前者为该案件的核心证据，用于印证侵权行为的真实性，属于“技术自证”，后者为该案件的次要证据，通过信用背书证明区块链司法存证技术前置手段的真实性，属于“国家公证”。因此，该案中“技术自

① 刘方权：《双重视野下的证据合法性证明问题》，载《中国刑事法杂志》2015年第4期。

② 刘哲玮：《民事电子证据：从法条独立到实质独立》，载《证据科学》2015年第6期。

③ 王春、吴巍：《杭州互联网法院首次确立区块链电子存证的法律审查方式》，载法制网，http://www.legaldaily.com.cn/index/content/2018-06/29/content_7581930.htm，最后访问时间：2019年7月26日。

证”与“国家公证”的有效结合，共同支持了原告的诉讼请求。《互联网法院审理案件的规定》区别对待区块链证据与其他电子证据的证明力，肯定了区块链司法存证技术证据不同于其他电子证据的证明力，强调了区块链司法存证技术证据的普遍可接受性。同时也证明，我国的电子证据证明体系正在从“国家公证”向“技术自证”转变。这一转化过程可能长期且曲折，却是电子证据实质化的必然之路。①

表1　　区块链司法存证技术与公证制度的比较

	主体要求	程序规定	服务对象	标准要求	法律效力
区块链司法存证技术	无明确要求	无程序规定	任何电子数据	无标准	无法律效力
公证制度	专职法律人员	严格法律程序	法律行为、法律事实	真实合法	具有特殊法律效力

四、完善路径：区块链司法存证技术的规制

尽管区块链司法存证技术在发展应用过程中面临着诸多的障碍，但该技术未来必将会对我国证据学领域产生颠覆性的影响，笔者认为应该从以下几个方面予以规制。

（一）事前：严格平台资质准入

关于对区块链司法存证平台的管理，目前我国司法机关及网信部门并没有出台任何形式的规章制度。笔者认为，区块链司法存证平台的科学规范发展是区块链司法存证技术得以发挥作用的重要前提。基于以上分析解读，笔者认为应该从以下方面进行严格限定：

1. 人员素质：必备的法律知识及专业技术。笔者认为，区块链司法存证平台作为一种新型的“去中心化”的存证机构，不管其背后的运营公司还是其正面的服务对象都希望其存证效力能不断接近甚至等同于公证的司法效力，但缘于其自身的特殊性，无法对其作出与公证部门同样的准入标准，亦不能要求其运营人员与公证人员具备同样的条件，但其运营人员应当具备相应的法律知识和专业技术。

2. 技术标准：“完全去中心化”的公链。区块链技术自诞生以来，其所具有的“去中心化”特征是其备受技术公司青睐以及得到飞速发展的重要原因。但是随着科技的快速发展、多元化的市场需求，区块链技术的发展也出现了三种不同的形态：一是以比特币或以太网为代表的“完全去中心

① 张玉洁：《区块链技术的司法适用、体系难题与证据法革新》，载《东方法学》2019年第3期。

化”的公链；二是“部分去中心化”的联盟链；三是完全背离“去中心化”初衷的私有链。笔者对上述三类形态进行了对比（见表2）。能够看出，虽然“公链”具有明显的、无法克服的缺点，但其所具有的“完全去中心化”“无法篡改”的优点契合了司法证明活动中对证据的最基本要求，且目前我国已经有技术公司突破了公链所存在的“吞吐量低、交易缓慢”的技术壁垒。[①] 因此，区块链司法存证平台的区块链技术形态应当是“公链”。

表2　不同区块链技术形态的对比

	公链	联盟链	私链
读写权限	所有人	加入联盟节点开放	某个节点控制
记账人	所有参与者	联盟约定	自定
中心化程度	完全去中心化	部分去中心化	中心化
优点	交易公开、无法篡改	安全高于公链；可信高于私链	速度快；成本低；不易攻击；保护隐私
缺点	吞吐最低、交易缓慢	安全低于私链；可信低于公链	失去“去中心化”的核心价值
适用领域	虚拟货币	交易结算	数据管理、审计

3. 运营模式：不应以营利为主要目的。目前，我国的区块链司法存证平台的运营模式基本都为公司企业形式，企业的盈利性势必会涉及“利益影响”“利害冲突”等问题。当资金投入达到一定程度，企业经过一定的利益衡量后，完全有可能篡改区块链以阻止新交易的验证或逆转先前确认的交易。因此，避免区块链司法存证平台以盈利为主要目标，才能在技术标准和可信规范上有突破，并且最大程度减少存证平台盈利性下的技术作恶可能或垄断经营冲突。

4. 授时要求：具有专业的时间戳服务。在司法证明活动中，时间节点对证据效力的认定起着重要的作用，有时甚至是“致命”的，如在侵害作品信息网络传播权纠纷案件中，侵权时间的固定对侵权事实的认定起着关键的作用。[②] 1997年，哈伯和斯托尼塔提出了一个时间戳的方法来保证数字文件安全的协议。用时间戳的方式表达文件创建的先后顺序，协议要求在文件创建后，其时间戳不能改动，这就使得文件被篡改的可能性为零。如果当每条数据都携带有科学的时间戳后，时间戳的造假行为就难以实现。

① CelerNetwork 技术社区：《利用链下扩容解决方案突破公链的吞吐量瓶颈》，载 http://www.qukuaiwang.com.cn/news/16836.html，最后访问时间：2019年7月23日。

② 详见北京知识产权法院（2018）京73民终187号民事判决书。

因此，区块链司法存证平台应由权威较高的授时中心提供科学的时间戳服务，确保区块链的时间戳得到有效的认可。

5. 权威介入：公证机构的适当参与。截至目前，我国尚未对区块链司法存证技术的诉讼定位予以明确界定，但根据区块链司法存证平台所起的固定、储存、核验证据的功能性来看，将区块链司法存证平台定性为证人身份更为妥当。作为证人身份，区块链司法存证应当注重其本身的中立性。而保持中立性非常关键的三点在于：相对成熟的程序规范、较高的社会信赖以及纯粹的工作目标。① 因此，区块链司法存证平台如果想要受到业界更为广泛的认可，其较为便捷的路径一般是选择联合公证机构提供司法存证服务，将区块链的"技术自证"与公证制度的"国家公证"巧妙的结合。但"国家公证"应当仅仅是适当的参与，从而确保区块链司法存证技术能够充分发挥其"技术自证"的独特优势。

综上，笔者认为，当区块链司法存证平台满足以上条件时（见图6)，其方能有效利用自己完全去中心化、不可篡改、不可抵赖的"技术自证"优势，充分发挥其应有的司法存证的重要作用。

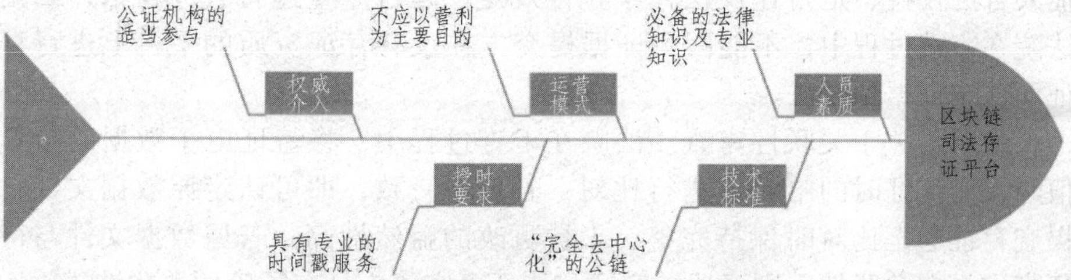

图6　区块链司法存证平台准入资质图示

（二）事后：统一证据审查方式

美国佛蒙特州是目前美国唯一对区块链司法存证的证据审查规则进行单独立法的地区，对我国区块链司法存证证据审查规则的设立具有一定的借鉴意义。美国佛蒙特州将"区块链"定义为"通过互联网、对等网络或其他交互方式维护的、安全被加密的、以时间为顺序的、去中心化的一致分类账或一致数据库"，将"区块链"技术定义为"利用或启用区块链的计算机软件、硬件、计算机软件或硬件的集合，或两者兼而有之"。② 佛蒙特州并未在立法中确定区块链司法存证具有"不可篡改"的特性，而仅是在强调数据的一致性。为此，佛蒙特州确立了以下证据规则：（1）区块链鉴真规则：在区块链中以电子方式记录的数字记录，在一定条件下可进行自

① 童丰：《公证介入区块链技术司法运用体系初探》，载《中国公证》2018年第9期。

② 施鹏鹏、叶蓓：《区块链技术的证据法价值》，载《检察日报》2019年4月17日第33版。

我鉴真，而无需外来证据；[①]（2）区块链传闻证据规则：区块链中以电子方式记录的数字证据的材料来源或材料准备缺乏可信度时，适用传闻证据规则；（3）区块链的推定规则：区块链技术记录的真实性不能推定内容具有司法证明力。将我国《互联网法院审理案件的规定》同佛蒙特州关于区块链的立法进行对比能看出，佛蒙特州的区块链司法存证证据审查规则有两大特点：一方面承认区块链司法存证的“可篡改”性；另一方面，也是较具特色的，佛蒙特州更青睐“技术自证”，而不依赖于公证处、司法鉴定中心以及第三方电子认证机构的“公证证明”。[②] 笔者认为，我国在区块链司法存证应设立以下证据规则：

1. 第一步：证据三性审查

首先，关于真实性审查。一是审查证据提交方证据使用的区块链司法存证平台是否具有存证资质，是否与其有法律上的利害关系；二是电子证据的取证、存证是否符合科学、可靠的规范要求，不会因操作人员的原因而有被篡改的可能。

其次，关于合法性审查。一是审查电子证据的取证过程是否严重侵害他人合法权益、是否违反法律禁止性规定、是否严重违背公序良俗；二是法院在审查过程中，不能因为证据提交方在没有存证资质的平台上进行存证而认定证据不合法。

最后，关于关联性审查。法院在审查过程中，将待证电子数据的哈希值与提交存证时的哈希值进行比对。若比对一致，即可认定原数据文件自提交存证起至比对时保持完整、未被更改的盖然性高。若原数据文件与待证事实具有关联性，则区块链存证与待证事实也应具有同等的关联性。[③]

2. 第二步：分配证明责任

根据证明责任分配的一般规则，凡主张权利的当事人，对权利发生或要件事实承担证明责任。因此，当事人向法院提交通过区块链司法存证技术存证的证据时，法官对证据的真实性及证明效力无法形成内心确信时，该方当事人仍然需要举证证明该区块链司法存证平台具有存证资质、取证方式规范合法、保存过程安全可靠。若一方当事人在承认对方请求权存在的基础上提出权利抗辩时，证明责任的分配需要结合请求权类型和抗辩的内容，依据“谁主张，谁举证”的一般规则、法定情形下的证明责任倒置规则、特殊情形下的证明责任衡平规则之中的一种进行确定。[④]

---

① 施鹏鹏、叶蓓：《区块链技术的证据法价值》，载《检察日报》2019 年 4 月 17 日第 33 版。

② 同注①。

③ 雷蕾：《从时间戳到区块链：网络著作权纠纷中电子存证的抗辩事由与司法审查》，载《出版广角》2018 年第 15 期。

④ 同注③。

3. 第三步：适用推定法则

在涉及区块链司法存证案件审理过程中，当事人通过区块链司法存证技术取证并提交法院以证明其诉求，且已经穷尽举证手段的情况下。若另一方当事人完全否认该事实。法院可以公平原则为基础，同时为了避免诉讼迟延及司法诉累，依法适用证明责任免除规则中的推定法则，依据区块链司法存证平台正常运行情况下具有的去中心化、不可篡改，不可抵赖的特点，推定案涉区块链司法存证平台存证的真实性、可靠性较高，进一步认定待证事实的成立具有高度的盖然性。但是，如果被告提供证据证明用于存证的区块链系统不稳定、易篡改，比如该区块链系统在保全本案证据期间曾遭到较大规模的攻击，或者存在其他严重影响其可靠性的系统漏洞等，那么存证的真实性则存在疑问，侵权事实成立的盖然性将大大降低，原告应就其主张之成立进一步举证证明。①

综上，统一区块链司法存证技术的证据审查规则（见图7），能够充分保障当事人双方的诉讼权利，进一步提高司法效率。

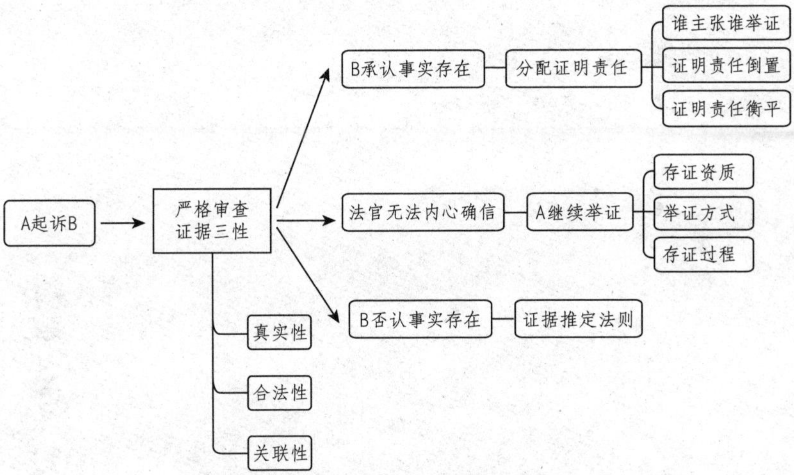

图7　区块链司法存证证据审查规则

（三）制度保障：完善配套法律法规

综合上文的分析论述，笔者认为有必要健全完善区块链司法存证技术配套法律法规。区块链司法存证过程的规范应该从以下角度予以考虑：取证时环境要求、存证中安全保障、示证时技术支持。

① 雷蕾：《从时间戳到区块链：网络著作权纠纷中电子存证的抗辩事由与司法审查》，载《出版广角》2018年第15期。

结　语

区块链技术给我们生活带来了巨大的变化，区块链司法存证技术在司法领域也展现出了其强大的潜力。只有构建科学的区块链司法存证模式，进一步提高电子证据的采信程度，充分发挥其应有的功能，我们才能享受电子证据所带来的司法便利，实现从“物证”时代到“电子证据”时代的顺利转变。

“技治”与“法治”

——区块链在法院电子卷宗建设中的适用性分析与法律风险探索

程文辉*　杜英翔**

随着司法改革向纵深化方向的推进发展，人民法院积极开展司法公开，向诉讼当事人和社会公开诉讼全流程、案件全要素成为本轮司法改革的新要求。司法公开的深化离不开智慧法院建设，而电子卷宗又是智慧法院的重要基础。然而在电子卷宗深度应用实践中也暴露出诸多问题，如：电子诉讼程序难固定、信息更新不及时、电子数据难溯源、信息安全保障性差等，这些问题亟待解决。

一、法院电子卷宗建设的现状及困难

（一）法院电子卷宗建设的现状

在最高人民法院网络安全与信息化领导小组的大力推动下，全国各级法院积极推动电子卷宗建设。2019 年 3 月 1 日，由中国社会科学院法学研究所撰写的《法治蓝皮书·中国法院信息化发展报告》指出“全国受评估的法院，其中 2824 家法院支持电子卷宗同步生成，实现率达 80.46%，2951 家法院开展电子送达，占比 84.07%”。

以 TZ 中级人民法院为例，2017 年该院启动电子卷宗随案同步生成工作，积极探索案件材料的实时扫描、及时成卷、多方共享和深度应用，在此基础上，将电子卷宗覆盖到审判执行的各个环节，基本构建起涵盖自助立案、移动阅卷、电子送达、信息回填、辅助办案、智能庭审、一键归档的智能、便捷、高效的智慧法院一体化办案模式。2019 年 1 到 6 月，电子卷宗随案生成 51438 件，随案生成率为 81.3%，电子转档案件 51023 件，电子转档率 80.6%，智能语音庭审识别率 90% 以上，纸质卷宗归档量减少 70%，为全国法院电子卷宗建设提供了样板，电子卷宗试点工作获最高人民

---

* 作者单位：湖北省襄阳高新技术产业开发区人民法院。

** 作者单位：湖北省襄阳高新技术产业开发区人民法院。

法院周强院长批示肯定。

（二）法院电子卷宗建设面临的问题

1. 电子送达的有效性问题。电子文书送达是电子卷宗深度应用的重要功能。以TZ中级人民法院为列，该院将电子卷宗和电子送达结合，2019年1到6月，依托电子送达TZ两级法院公告送达率同比下降6.2%，在一定程度上缓解了“送达难”，但也面临电子送达的有效性问题。《民事诉讼法》对电子送达已有相关规定，[①] 但在电子送达的实践中，受送达人否认人民法院已经送达的事情时有发生，如：江苏省沭阳县人民法院审理的（2019）苏1322民初2311号民间借贷纠纷一案，法院工作人员通过电子送达平台对被告发送诉讼文书，通过电话告知开庭地点、时间，开庭当日被告以未收到通知为由，未到庭参加诉讼。在此类事件中要证明对其有效送达存在一定难度，主要表现在以下两个方面：（1）如何确保受送达人对电子送达内容“收悉”，如何确认受送达人对送达内容“知晓”；（2）如何对电子送达进行不可篡改的全程留痕，如何对电子送达回证生成和固定。

针对以上问题各地法院纷纷给出解决方案，主要有以下四种解决方案。

表1

序号	法院	送达方式
1	YZ法院	先利用微博、新浪邮箱、支付宝等三款活跃度较高的实名制软件进行找人，再通过电子送达平台将诉讼文书送达至受送达人，平台记录电子文书的接收、阅读状态，平台根据回执信息将状态更新为“已送达”。
2	无锡法院	1. 直接送达。在有受送达人手机号码的情况下，利用诉讼文书模板生成电子文书，送达平台一键发送；运营商通过司法专用号码“051012368”以短信的形式发送给受送达人，发送时间、接收时间等信息状态自动回传至送达平台。
		2. 查号送达。如果仅有受送达人姓名、户籍等初步信息，法院工作人员通过公安授权专线对其身份证号码进行查询，在运营商大数据平台中提交身份证号码和送达内容，自动查询身份证号码下的实名制手机号码，并自动送达、即刻回传。
3	杭州互联网法院	根据立案时当事人的姓名、身份证号等基础信息，自动检索其名下所有手机号码、绑定的宽带地址、电商账号等常用电子地址，完成送达。设置了弹屏短信，无法被拦截，须“点开”短信才能继续使用手机。
4	南昌东湖法院	发送12368手机短信给被送达人，被送达人可通过身份证号和短信提供的密码进入司法送达微信公众平台或者司法文书送达网进行签收，被送达人点击签收的同时系统会自动收到阅读回执，并生成送达回证。

① 《民事诉讼法》第八十七条规定：“经受送达人同意，人民法院可以采用传真、电子邮件等能够确认其收悉的方式送达诉讼文书，但判决书、裁定书、调解书除外。采用前款方式送达的，以传真、电子邮件等到达受送达人特定系统的日期为送达日期。”

经过对以上四种解决方案的研究，受送达人对电子送达内容是否“收悉和知晓”的问题，通过现有信息技术手段和推定原则可以得到解决。电子送达回证生成和固定的问题，虽然通过信息技术能够自动生成送达回证，但缺乏可信、不可篡改的信息技术手段对其进行固定、存证，其效力受到现行《民事诉讼法》第八十四条制约，① 因此电子送达的固定问题未能得到很好解决。

2. 裁判文书的及时性问题。裁判文书智能辅助生成是电子卷宗随案同步生成的重要应用。以TZ中级人民法院为列，2019年1到6月，TZ两级法院依托电子卷宗随同步生成共自动生成各类文书85249份，其中裁判文书59754份，虽然取得较好成效，但也面临裁判文书的及时性问题。2018年12月10日中国社会科学院法学研究所发布的《全国法院司法公开第三方评估报告》指出，② 在抽样裁判文书中有19.96%的文书未按规定时间通过互联网公布。主要原因表现在以下两个方面：（1）裁判文书上网不及时，裁判文书上网需要人工上传，无法实现生效文书自动上网，部分裁判文书生效后并已送达给当事人，由于裁判文书“线上线下”不同步，给“一案两判”提供操作空间；（2）裁判文书修改不及时，撤销和修改需要严格审批，有的法院仍采用线下审批模式，程序繁琐影响挂网文书的修改更换，“问题”文书长期挂网“发现即舆情”的案例屡见不鲜。

针对以上问题最高人民法院已经出台相关规定，③ 从制度和技术层面提出相关要求。

表2

<table>
<tr><th>序号</th><th>制度方面</th><th>技术方面</th></tr>
<tr><td>1</td><td>内部监督：明确裁判文书的首要责任人为承办法官，对审判团队、所在部门和分管领导的职责进行划分和明确。</td><td rowspan="3">发挥裁判文书智能辅助生成、智能纠错、电子卷宗随案同步生成等软件作用，将智能纠错与人工审核有机结合。</td></tr>
<tr><td>2</td><td>管理问责：审判管理部门对裁判文书质量进行常态化管理，纪检监察部门对因低级错误文书造成不良社会影响的相关人员严肃问责。</td></tr>
<tr><td>3</td><td>规章制度：填补管理漏洞，完善裁判文书从起草到公开等各环节校核工作的责任制。</td></tr>
</table>

---

① 《民事诉讼法》第八十四条规定：“送达诉讼文书必须有送达回证，由受送达人在送达回证上记明收到日期，签名或者盖章”。

② 2018年12月10日中国社会科学院法学研究所发布的《全国法院司法公开第三方评估报告》指出，“在所提取的523939件文书中，上网时间与裁判文书落款时间间隔在30天以内的裁判文书有104604件，占19.96%。”

③ 《最高人民法院关于全面提升裁判文书质量切实防止低级错误反复发生的紧急通知》。

经过对以上方案的研究，针对裁判文书上网不及时的问题，通过制度优化和技术创新取得了一定效果，但涉及法院专网和互联网跨网交互，裁判文书并不能实时上网，因此裁判文书上网不及时的问题未能彻底解决。裁判文书修改不及时的问题，通过信息化的审批模式，可以提高挂网文书修改效率，预防舆情发生，修改不及时的问题可以得到解决。

3. 存储数据的安全性问题。存储数据的安全是电子卷宗建设的重要指标。目前人民法院对电子卷宗采用集中存储和异地备份两种方式，集中存储具有一定优势，同时也面临诸多问题。[①] 在实践中电子卷宗安全形势不容乐观，主要表现在以下两个方面：（1）数据的安全性，2018 年 8 月 21 日，全国法院系统多地发生勒索病毒，攻击者在突破边界防御后，利用黑客工具进行内网渗透，并选择高价值目标服务器人工投放勒索病毒，此次事件影响范围之广、损失之重近年罕见；（2）隐私的安全性，2016 年 7 月 26 日至 8 月底，陕西洛川县辅警王昕超利用公安数字认证书，通过公安内网违规查询公民信息两千余条，这是全国首例公安机关工作人员倒卖个人信息被刑事拘留的案件。

针对以上问题各地法院给出安全方案，主要从硬件设备和安全保密机制两个方面进行保护。

表 3

序号	安全保护	硬件设备	安全保密机制
1	数据安全	异地备份、云存储、防火墙、单向光闸以及安全设备	单点防御体系
2	隐私安全	秘钥、动态码	分级授权机制

经过对以上安全方案的研究，针对存储数据的安全性问题，以单点防御为主的防御体系对数据安全保护效果有限，存在数据安全风险，如：单点沦陷即服务器沦陷。隐私安全问题，分级授权机制对隐私安全保护效果不高，存在隐私泄露风险，如：高权限账号沦陷即权限下数据泄露。因此电子卷宗数据存储的安全性问题并未彻底解决。

目前各地积极推动公检法司跨机构、跨网络“电子卷宗数据共享平台”建设，势必对电子卷宗安全性、保密性、及时性提出更高要求。因此，电子卷宗的安全、可信、保密、溯源、及时、不可篡改显得尤为重要，区块链凭借去中心化的信任机制、智能合约、不可篡改和可溯源的技术优势，

① 集中式存储虽然给信息的储存带来方便，提高了档案的便携性，但是对储存的环境要求也相当的高，有时候一杯水，或者一次断电都会带来不可挽回的数据损失，一旦出现存储设备故障，就可能导致很多电子档案的信息变成乱码、破损甚至丢失。参见刘国华、刘卫华：《电子档案安全管理模式研究》，载《兰台世界》2010 年第 11 期。

为电子卷宗建设指明了新的方向。

二、区块链在电子卷宗建设中的技术适用性

区块链（Blockchain）是一种基于可信任时间戳由区块按时间顺序组合起来的链式数据结构，区块是基本单元，[①] 分布式数据库、链式数据结构、信用共识机制、可信任时间戳是主要技术特征，可以建立一个真实、安全、可信、共享、不可篡改、可验证、可溯源的网络系统。根据区块链的类型及去中心化程度不同分为公有链、私有链、联盟（行业）链。

公有链[②]是完全去中心化的非许可区块链，具有访问门槛低、所有数据公开、用户不受开发者控制的特点。主要应用场景为比特币等虚拟货币及智能合约。

私有链[③]是部分去中心化的许可区块链，具有安全性能高、速度快、读取权限受限、管理成本低的特点。主要价值是能够提供安全、不可篡改、可溯源、自动执行的运算平台，同时防范内部和外部对数据的安全攻击。主要应用场景为 Linux 基金会、金融机构。

联盟链是部分去中心化的许可区块链，允许某个群体和有限的第三方对数据进行读写和发送、共同参与和管理的区块链。具有隐私保护程度高、成本低、效率高、互联互通、数据共享的特点。主要应用场景为不同实体机构之间的交易系统、杭州互联网法院司法链。

笔者认为联盟链和法院电子卷宗建设的需求高度契合，因此本文接下来讨论的区块链特指联盟链。

（一）区块链在电子卷宗建设中的技术优势

技术特征决定区块链在电子卷宗建设中的优势，将为电子卷宗建设提供有力支撑，体现在以下三个方面。

1. 区块链在电子卷宗业务应用方面优势明显。针对上文提到的电子送达的有效性问题和裁判文书的及时性问题，可以通过区块链技术解决。电子送达的有效性问题，将区块链加入相应规则使其支持实名制，对电子送

---

① 区块是指数据的集合，相关信息和记录都包括在区块里，是形成区块链的基本单元。参见张宁、王毅、康重庆：《能源互联网中的区块链技术：研究框架与典型应用初探》，载《中国电机工程学报》2016 年第 15 期。

② 公有链指面向全网公开，任何人都可以读取、发送交易且交易能够获得有效确认的，无用户授权机制的，任何人可以参与共识过程的区块链。参见林小新：《区块链是怎么工作的》，载《计算机与网络》2018 年第 18 期。

③ 私有链指写入权限由一个组织控制，读取权限受组织规定，对外开放进行了一定程度访问限制的区块链。参见马天龙：《区块链技术及国库应用场景——基于国家金库工程建设的考量》，载《地方财政研究》2017 年第 12 期。

达平台全程留痕上链存证无法篡改，送达和签收可及时确认无法抵赖。裁判文书的及时性问题，根据区块链信息更新的实时性特征，可以实现裁判文书信息在各个节点之间同步更新，将裁判文书上网时间压缩到最短。

除此之外，区块链还可以在电子卷宗其他深度应用方面有所作为，将诉讼活动中的电子卷宗材料、业务数据、用户信息通过数学算法转换成哈希值上链存证固定，确保诉讼全流程安全可信；将诉讼活动中的程序性电子文书，如：送达地址确认书、庭审笔录、送达回执等上链存证，随时验证、可溯源，确保电子文书的唯一性、真实性。

2. 区块链在电子卷宗信息安全方面优势突出。针对上文中提到的存储数据的安全性问题，可以通过区块链技术解决。（1）存储安全方面，将数据存储在区块链的分布式节点上，即使部分节点受到黑客攻击或者部分节点数据遭到销毁，也无法对区块链数据完整性、数据真实性造成影响；（2）隐私安全方面，将电子卷宗数据转化为哈希值无法直接读取，通过特有的隐私模型在不同安全级别、范围内实现隐私分享，为诉讼参与人提供隐私保护；（3）权限管理方面，将诉讼参与人进行区分，案件关联的诉讼参与人定义为可信，案件非关联的诉讼参与人定义为非可信，案件信息对可信参与人可见，对非可信参与人不可见，可信参与人还需要提交 CA 证书，并通过审核后方可进行操作，使电子卷宗具有双重权限保护。

3. 区块链在电子卷宗跨链交互方面得天独厚。基于区块链构建的公检法司“电子卷宗数据共享平台”，通过在各机构设立区块链节点，为跨部门案件数据、电子材料提供全流程上链固证、全流程上链留痕、安全可信防篡改、线上防伪验证及可视化数据分析服务。通过数据互认的高透明度，共同监督、共同管理区上链电子数据，极大提升跨链交互、协同办案效率。

（二）区块链在电子卷宗建设中的技术制约

作为新兴技术，区块链技术与传统信息技术差别较大，其优势也可能成为应用上的制约，因此不能忽视其可能带来的风险和隐患。

1. 区块链在电子卷宗建设中面临技术标准不统一的制约。学者程华提到“任何技术的成熟和应用都必须以技术标准、行业标准的先行为基础”。[①] 目前司法区块链技术标准欠缺，国家和行业标准中仅有一个立项标准[②]、四

① 程华、杨云志：《区块链发展趋势与商业银行应对策略研究》，载《金融监管研究》2016年第6期。

② 2017年5月16日，工信部电子标准院发布了《区块链参考架构》标准。

个团体标准[①]，国家标准正在编制。如果在电子卷宗建设中采用不同的区块链技术标准，就会存在不兼容的风险，就会制约区块链在电子卷宗中的应用。

2. 区块链在电子卷宗建设中面临数据长期保存的制约。截至 2019 年 8 月 7 日，中国裁判文书网多达 74241946 份裁判文书，裁判文书仅为电子卷宗的很小一部分，若将电子卷宗上链，也就意味着区块链记录着电子卷宗生成、传输、存储、交互、应用的整个环节的信息。这些信息是诉讼参与人参与诉讼活动的重要凭证，涉及大量隐私、审判秘密，需要长期妥善保管。在实践中，如何对数据进行鉴定、长期保存、发现错误信息时如何销毁和修改等问题没有明确的解决方案。

3. 区块链在电子卷宗建设中面临技术监管缺失的制约。2019 年 2 月 15 日，我国第一部区块链相关内容的法规施行，[②] 规定将管理范围限定于区块链信息服务提供者，未对区块链程序开发者、维护者、使用者、生产者的相关责任和义务进行明确。由于未对区块链技术进行说明，将面临监管对象难定位、监管尺度难统一、备案主体不明确、监管实操性不强等难题。

三、区块链在电子卷宗建设中的法律风险探索

苏力在《法律与科技问题的法理学重构》中提到科技的发展会影响人们原有的生活和社会制度。由于法律制度具有滞后性的特征，作为一项新技术客观上给现有法律制度带来严峻挑战，将面临诸多法律风险。

（一）面临法律主体概念不清晰的风险

在中心化的网络结构中，根据节点的数据汇聚、重要程度进行分级分类管理，设有专门的信息安全管理机构，权利和义务是明确的。在去中心化网络结构中，由于分布式存储的节点众多，且各个节点之间是对等关系。众所周知任何技术都不是完美的、安全的，近些年关于区块链的重大安全事故频发，仅 2018 年造成的经济损失就高达 22.38 亿美元，暴露出其网络安全主体责任的缺位，尽管《区块链信息服务管理规定》（以下简称“规定”）已于 2019 年 2 月 15 日起实施，但其中一些问题还需要进一步明确。

《规定》中相关概念定义不清晰、不明确的问题突出，《规定》虽然试图对“区块链信息服务”、“区块链信息服务提供者”进行明确，[③] 但没有

---

① 2019 年 12 月 18 日，第三届区块链开发大会在上海举办，由 4 位行业专家发布了四项区块链团体标准：《区块链隐私保护规范》《区块链智能合约实施规范》《区块链存证应用指南》以及《区块链技术安全通用规范》。

② 2019 年 1 月 10 日，国家互联网信息办公室发布第 3 号令，《区块链信息服务管理规定》经国家互联网信息办公室室务会议审议通过，自 2019 年 2 月 15 日起施行。

③ 《区块链信息服务管理规定》第二条：“区块链信息服务提供者，是指向社会公众提供区块链信息服务的主体或者节点，以及为区块链信息服务的主体提供技术支持的机构或者组织”。

对区块链技术或系统进行说明。目前仅有工业和信息化部指导编写的相关文件[①]对区块链进行定义，但是该文件本身并不具备法律效力。同时《规定》对“区块链信息服务的主体”、“节点”、“技术支持”未作出明确定义。

首先，“节点”如何成为承担责任的法律主体？学者张光杰认为，法律关系主体为能够享有权利和承担义务的人。[②] 在网络中，“节点”是指连接网络的各种设备，可以是服务器、交换机、计算机、移动终端等。从传统观念来看区块链节点指物而非人，试想如何让一台区块链服务器成为法律主体来承担责任？也有学者认为，区块链节点是法律关系主体的其中一种形式，参照《公司法》实际控制人条款，[③]“节点”的法律主体可以是实际控制人。笔者认为如果“节点”是法律主体的其中一种形式，那么“主体”和“节点”理应是包含与被包含关系，而非“或者”所表述的并列关系，两者是不同场景所呈现出的不同属性。

其次，“技术支持”一词表述过于笼统，并未就何种类型、方式的技术支持进行明确定义。在区块链技术支持体系中有诸多参与者，有通信协议制定者、软件程序开发者、网络运行维护者、网络传输提供者、终端设备制造者、内容运营者等，是否都能成为区块链的法律主体承担主体责任？因此在区块链中各参与者应该承担何种法律责任需要进一步明确。

（二）面临不可篡改性与删除权的矛盾

最高人民法院《关于全面提升裁判文书质量切实防止低级错误反复发生的紧急通知》指出“个别法院个别裁判文书存在明显低级错误”说明了裁判文书低级错误问题依旧严峻，如：2018 年，陕西省某基层法院出现一份“父亲比儿子大两岁”的判决书，存在近十处错误引发网友围观；2017 年，湖南省某基层法院出现一页纸内存在 7 处文字差错的裁判文书引发大众热议；2017 年，四川省某基层法院出现一份错别字、标点符号错误、语法错误等诸多问题竟达 68 处之多的判决书引发网络舆论；2016 年，海南省某基层法院出现一份文字表述错误多达 12 处的判决书引发媒体关注。

“错误文书”错的是裁判文书，伤的是法律尊严，理应予以及时更正删

① 《中国区块链技术和应用发展白皮书（2016）》将区块链定义为：“狭义来讲，区块链是一种按照时间顺序将数据区块以顺序相连的方式组合成的一种链式数据结构，并以密码学方式保证的不可篡改和不可伪造的分布式账本。广义来讲，区块链技术是利用块链式数据结构来验证与存储数据、利用分布式节点共识算法来生成和更新数据、利用密码学的方式保证数据传输和访问的安全、利用由自动化脚本代码组成的智能合约来编程和操作数据的一种全新的分布式基础架构与计算范式。”

② 张光杰：《中国法律概论》，复旦大学出版社 2006 年版，第 46 页。

③ 《公司法》第二百一十六条第三项规定：“实际控制人，是指虽不是公司的股东，但通过投资关系、协议或者其他安排，能够实际支配公司行为的人。”

除，以保障公民的合法权益。《网络安全法》对公民删除权有明确规定，[①]《区块链信息服务管理规定》第十六条规定“对违法信息内容应及时采取相应的处理措施”，在去中心化的网络结构中，由于区块链的不可篡改性，导致数据一旦被写入就难以删除或更正，给公民行使删除权带来障碍。因此区块链的不可篡改性，将给人民法院履行“错误文书”的删除义务带来技术障碍。

（三）面临合同法与“智能合约”的冲突

智能合约是在区块链环境中，根据共识协议条款，自动谈判、履行和执行的区块链应用技术，合约签订即不可篡改、不可撤销、自动执行，具有当事人无法违约的技术特征。在国内司法领域已有应用，如：在“仲裁链”中数据上链后，通过智能合约形成证据链。在国外司法领域也有先行者，外媒报道：“迪拜的区块链法庭，将由迪拜国际金融中心（DIFC）与智能迪拜（Smart Dubai）建立联合工作组共同完成。他们将采用智能合约技术，来解决现有的一些繁琐的司法程序，消除文件重复，让整个过程变得简单、直观、透明、可追溯，以提高迪拜法律生态系统的效率”。

从法律角度看，智能合约的本质是一段数字代码，缺乏合同形式及相关法律条款，不具备合同的一般要件，并非法律意义上的合约。《合同法》规定了合同的订立、履行、变更和转让、权利义务终止、违约责任等条款，合同关系较清晰。学者周梅丽认为“在智能合约中，合同条款以数据代码形式写入区块链的分布式账本，便直接生效、无法干预”。[②] 如果将智能合约应用到电子卷宗建设中，一旦失误写入了违反当事人真实意愿的内容，系统也依然会执行。因此《合同法》将面临智能合约带来的新的挑战。

四、区块链在电子卷宗建设中的重点工作

（一）区块链在电子卷宗中的技术建设

人民法院在电子卷宗建设时，不能过度依赖区块链技术，而是通过建立标准规范、监管机制和制度、技术融合来保障。

1. 推动规范标准的统一。2019 年 8 月 12 日，最高人民法院在杭州举办的“司法区块链平台建设应用研讨会”上指出“将牵头制定《司法区块链技术要求》《司法区块链管理规范》，用以指导规范全国法院数据上链工

---

① 《网络安全法》第四十三条规定：“个人发现网络运营者违反法律、行政法规的规定或者双方的约定收集、使用其个人信息的，有权要求网络运营者删除其个人信息；发现网络运营者收集、存储的其个人信息有错误的，有权要求网络运营者予以更正。网络运营者应当采取措施予以删除或者更正。”

② 周梅丽、顾成杰、黎敏：《区块链金融法律问题研究》，载《金融纵横》2017 年第 8 期。

作”，可见规范标准的统一是区块链在电子卷宗建设中的首要任务。规范标准的统一能打通应用通道、防范应用风险、提升应用效果；将技术术语、管理架构、应用指南等进行规范，有助于指导人民法院电子卷宗建设，避免重复建设、数据孤岛。因此，应推动区块链在电子卷宗建设中规范标准的统一。

2. 推动监管机制的健全。人民法院需要对电子卷宗区块链的接入标准进行明确，形成接入技术规范，明确接入流程，为后期新节点扩充打下良好基础。建立事前审查备案制度，进行等级保护为主的系统安全测评，测评结果备案，并建立定期检查制度。在账本的发布、维护、使用、回收或长期保存的整个过程中，都需要通过配套管理制度来明确活动方式、职责分工以及容错纠正等关键问题。因此，应推动区块链在电子卷宗建设中监管机制的健全。

3. 推动区块链 + 人工智能融合发展。人民法院在电子卷宗建设中应该考虑多种技术融合发展，目前区块链和人工智能通过优势互补或许能产生重大机遇，主要表现在算力成本、数据获取成本两个方面：（1）区块链可以为人工智能提供算力汇聚，通过调用闲置算力，实现算力共享，从而降低算力成本；（2）区块链技术为人工智能提供充足的数据支持，使数据所有权、使用权分离，实现数据自由流通同时又保护数据隐私，数据获取成本将极大降低。

（二）区块链在电子卷宗中的法律建设

1. 解决重点问题，确定法律主体。电子卷宗和网络空间一样，不应是法外之地。需要对区块链在电子卷宗建设中的“区块链信息服务”“区块链信息服务提供者”进行定义，对“区块链信息服务的主体”“节点”“技术支持”作出说明，对区块链参与者责任和义务进行区分和界定。即使“节点”不具备人的属性，有的甚至没有真实的物理地址，但这些节点资产的所有者是真实存在的。建议分析现有相关法律，研究与区块链相似的法律条款，对条款的适用范围进行拓展，将属人管辖原则的适用范围扩展至电子卷宗的区块链领域。

2. 等待立法时机，加强顶层规划。区块链在电子卷宗建设中如果相关法律缺失，则必然给监管带来压力。有学者建议将区块链纳入《民事诉讼法》制定特别条款，更有学者认为《电子诉讼法》的立法问题应该提上日程。笔者认为就目前而言，区块链技术的标准处在不断制定、完善的阶段，技术形态已经历区块链 1.0、区块链 2.0、区块链 3.0 并且还在不断迭代演进，因此将区块链纳入《民事诉讼法》制定专门条款的时机尚不具备。建议加强顶层规划，进一步整体研究、逐步细化。现阶段以人民法院内部规章制度的形式对区块链在电子卷宗建设和应用进行监管，待区块链技术成熟后，适时为其制定专门法律条款。

3. 转变固有思维，节约监管资源。区块链的智能合约技术在电子卷宗建设中具有重要地位，必然要求人民法院的信息化建设思维作出相应调整。有学者指出，可以通过智能合约将法律条款转为基于代码的技术规则，由智能合约自动执行，如：道交类案件，当客观事实得到认定，则系统自动对案件流程进行执行。此时技术规则承担的作用和功能将越来越趋同于法律规则，这将为法院电子卷宗建设提供新启示、新思维。建议将部分法律条款转换为不受第三方干预的数据代码，部署在电子卷宗区块链上自动执行，其可控性将大大提高，通过控制区块链代码规则，形成区块链在电子卷宗中的部分治理，实现“技治”与“法治”的融合，节约审判资源。

结 语

目前，区块链技术还处于初级阶段，根据其在司法领域的应用来看，区块链和电子卷宗深度融合将会成为必然趋势。正如笔者所言，人们原有的生活方式和法律制度，将会随着新技术的出现而发生巨大变革。尽管区块链技术在电子卷宗建设中的适用性有待进一步检验，所面临的法律风险也需要提前做好防范。但是本轮司法改革的中心任务是让审理者裁判、由裁判者负责，还原法官的主体地位。① 根据上述研究，表明区块链在电子卷宗建设中具有独特优势，能够为实现法官的审判主体地位提供有力保障。

---

① 《中共中央关于全面深化改革若干重大问题的决定》指出，“改革审判委员会制度，完善主审法官、合议庭办案责任制，让审理者裁判、由裁判者负责。”

“智慧法院”办案场景下的可视化工具：原理、路径与功能

朱丽梅* 陈大林**

引　言

《人民法院第四个五年改革纲要（2014—2018）》实行以来，人民法院信息化建设从基础设施建设、司法数据统计的初期①开始转向“智慧法院”建设的深化阶段，涉及审判管理、诉讼服务、司法公开、审判业务、审判执行等方面。②

在过去的五年（2014～2018 年），为了满足审判业务信息化应用的迫切需求，流程化管理是各法院审判辅助系统设计的逻辑重点，这一思路所呼应的正是法院在长期司法改革中加强审判管理的“管理学”逻辑。但是在系统层面缺少对技术工具的关注，使得法官在具体审判业务中的办案需求无法得到满足，亦是智慧法院建设中的短板所在。《人民法院第五个五年改革纲要（2019—2023）》指出“法院专网全网业务应用和审判支持系统服务法官辅助办案能力仍很欠缺”，滚动修订后的《人民法院信息化建设五年发展规划（2019—2023）》中也要求强化审判支持服务，加强智能辅助办案系统建设，要求“建设完善线索发现、案件情节判断、法言法语智能推送、法规与案件融合等审判支持应用，无缝集成到审判业务系统”。

如何以工具化的思维去理解法官的办案需求、描述案件的基本样态、预测裁判的大致结果、评价法官的审判质效？现有研究更加偏向于宏观意

* 作者单位：宁夏回族自治区高级人民法院。

** 作者单位：北京市第一中级人民法院。

① 1996 年 5 月最高人民法院召开“全国法院通信及计算机工作会议”，直至《人民法院第三个五年改革纲要（2009－2013）》，应当被定义为信息化建设初期，参见芦露：《中国法院的信息化：数据、技术与管理》，载《法律和社会科学》第 15 卷第 2 辑。

② 胡昌明：《中国智慧法院建设的成就与展望——以审判管理的信息化建设为视角》，载《中国应用法学》2018 年第 2 期。

义上的制度设计，着重阐述其价值和影响，① 缺少了一种应用视角。少数学者关注了微观层面的技术工具，但是主要针对某些具体问题的方法介绍，② 缺少了系统层面的设计思考，亦未关注到工具应用与法律理性的连接点。本文试图在审判实践场景中分析法官办案的实际需求，充分挖掘智能工具在审判办案中的应用潜力，通过可视化工具的原理介绍及在智慧办案系统中的设计来展现工具应用对法律理性形塑的可能性，从而构建以事实认定和法律适用为核心的人工智能辅助决策体系。

一、“有限理性”之问题：法官办案的痛点

理性法官的预设要求办案人基于一定的信息能够输出确定的结果，但是作为“个体”的法官，不是单一的数据存储和产品输出机器。经济学家桑斯坦、泰勒等将这种个体并非按照理性模型开展行为的现象称之为“有限理性”，③ 其核心思想是人只有有限的计算能力或技巧，并且记忆常常存在错误。借用经济学上的概念，理性法官并非真实办案场景中裁判者的样态，“有限理性”是在进行制度设计时不得不考虑的因素。在司法审判领域，包括证据判断、事实判断以及法律适用判断等大部分司法判断之任务都需由法官通过“脑力”完成。鉴于法官在日常的法院组织中承担着其他诸多事务性工作，更重要的是，案件信息之收集、整理与传递缺乏一定的方法和工具，对法官的“脑力”产生了巨大负荷，要求法官保持高度理性并稳定输出不符合现实。对于法官理性产生挑战的因素主要体现在事实认定困难和法律适用模糊上。

（一）事实认定难的主客观追溯

1. 案件事实的交叉、断点和渐变。面对目前法院案多人少的实际情况，在现实审判环境中，单个法官需要同时处理数量庞大的案件，基于审判效率的考量，法官往往采用流水线操作，即先通过阅卷和庭审固定案件的基本事实，形成初步裁判思路，并统一时间召集合议庭进行合议，最后进行裁判主文的撰写。但是该种操作方法不可避免地导致不同案件的事实产生思路上的交叉，通过时间的稀释，造成案情在法官脑中的混淆杂糅，更别说大量串案中相似事实导致的思路混乱。其次，在案件审理过程中，当事

---

① 王禄生：《大数据时代智慧司法建设功能价值与挑战》，载《检察日报》2018 年 4 月 2 日第 3 版。

② 相关研究参见蔡一博、高富平：《事实认定三步法的可视化研究——以民事案件的事实演算为例》，载《晋阳学刊》2017 年第 6 期；刘铭：《“证据视图”评析—— 一种面向侦查阶段的证据分析可视化尝试》，载《中国人民公安大学学报（社会科学版）》2017 年第 2 期。

③ Christine Jolls，Cass R. Sunstein，and Richard Thaler. “A Behavioral Approach to Law and Economics.” Stan. L. Rev. 50（1998）：1477 ~ 1479.

人基于某种诉讼不确定下的心理因素，不断提出包括回避申请、举证申请、调取证据申请在内的各种申请，这些诉讼行为都造成法官对既定基本事实的思维切断，造成事实认定的断点。最后，由于案件审理往往时间跨度较大，案件基本事实随着时间的推移和庭审的推进，不断产生变化，导致争议焦点问题的转移，这种渐变对于法官的判断产生影响，同时消耗着法官对于案件的记忆存储。

总体上，事实认定的交叉、断点和渐变都会造成信息传递过程中的失真，如何确保案件信息在终端裁判作出前呈现完整的状态以供法官随时调用，是对事实认定难的核心追问，也是法官在办案中的实际需求。

2. 两套系统、前见效应、锚定效应。卡尼曼在《思考，快与慢》一书中指出，人存在两套思维模式，系统一主要负责逻辑部分，系统二主要是负责情感和直觉。① 理性逻辑需要耗费大量的认知资源，即使是经过专业训练的法官，在面对信息数据的极大增长时，心理因素对于法官决策的影响也不可避免，其中比较典型的是前见效应和锚定效应。

所谓法官前见，是指由法官的知识背景、社会经验、法律见解等各种因素综合而成的潜在认知。② 法律之外的非理性因素，如法官的职业经验、教育背景、成长经历、个性特点等，会形成一定的思维定式，进而直接影响其对案件的判断。③ 面对纷繁复杂的案情时，如何通过一定的技术设计来重新调用法官的逻辑理论而非前见系统是需要思考的问题

所谓"锚定效应"，是指在"不确定情境下，判断与决策的结果或目标值向初始信息或初始值即'锚'的方向过度接近而产生估计偏差的现象"。④ 法官接触大量的案例，比如在某些赔偿损失案件中，先前的判决中关于责任的比例分配、赔偿金额等数据已经构成"锚"，很容易决定法官对于责任比例的最终倾向。法官在运用自由裁量权的时候，如果受到锚定效应的影响而非从案件事实进行逻辑推理，那么很难说结果会实现个案正义。

当然，除了上述两类典型主观效应外，法官个体素养、庭审过程流畅度、案件事实复杂度等因素均对法官认定事实产生影响。从立案到最终裁判的过程中，这些客观因素导致的思维波动都有可能对裁判结果产生影响。在案件审理过程中，法官实际办案需求在于：期望能够通过一定的思维方法和标准流程固定住符合法律构成要件的事实，最大程度克服认知缺陷。

---

① ［美］丹尼尔·卡尼曼：《思考，快与慢》，胡晓姣等译，中信出版社 2012 年版。

② 资琳：《案件事实认定中法官前见偏差的修正及控制》，载《法商研究》2018 年第 4 期。

③ ［美］理查德·波斯纳：《法官如何思考》，苏力译，北京大学出版社 2008 年版，第 10 页。

④ 徐倩：《国内外锚定效应研究综述》，载《合作经济与科技》2015 年第 10 期。

（二）法官"找法"的实际需求

我国的法律渊源体系繁杂，法律、司法解释、行政法规、地方性法规、规章及国际公约、条约等均属于法律发现的目标范围。目前法律发现过程中存在：（1）找法范围不周延，遗漏了相关法律规范；（2）找法步骤跳跃，违反了先后顺序；（3）找法思维僵化，忽视了法律法规之间的连接；（4）变找法为造法；（5）法律突袭等失范现象。[①] 在很大程度上，上述失范现象属于技术原因，多归因于法律检索技术不全面和审判系统中法律条文展现规则的混乱。法律适用的实际需求主要表现在案由分类、位阶效力、法律检索和法律文本解释上，而以往的模式往往是法官固定案件事实后，通过经验或者通过法律目录寻找适用的法律条文或者裁判依据，此种方法重复性工作多、法律之间的联系缺失、容易产生遗漏。

在目前的技术条件和逻辑算法下，所谓的智能法条和类案推荐仅仅是进阶版的检索技术，要求多轮互动和反馈才能提供较为准确的结果，有时候甚至降低了法官的找法效率。从目前来看，法官进行法律发现和法律适用的能力是无法被替代的，提高"找法"效率的方法并不是"代替法官"而是"提供路径"。在案件审理过程中，法官找法的实际需求在于：通过一定的路径清晰地发现法律的位阶、法律条文之间的相互衔接、条文规范要件以及相关问题的法律全面性。

二、工具理性之方法：可视化的运用原理

所谓工具理性，是指通过可操作性程序和技术进行逻辑分析、预测功能的思维范式，工具理性以可预测、可重复、可置换性为基本特征。[②] 在智慧法院建构的过程中，通过一定的工具设计可以对法官进行思维定型，并表现出裁判思路可预测、可重复、可置换的特点，体现了工具理性的价值。本部分以可视化工具为例，展现工具理性在审判实践中的具体表达。

（一）可视化的内涵和规范要件

诉讼可视化指以一定规则和逻辑将事实、法律问题通过图表来清晰化呈现的一种表达方法。可视化方法是将传统的文字记载方式转化为图表结构，运用线条、色彩、距离等方式对信息维度进行相应的扩充，从而弥补了文字叙述单一维度表达的不足，使法官对案件的信息理解更方便。[③] 诉讼

① 具体分析参见余德厚、程立武：《法官如何"找法"：法律发现的失范与规制》，载《法律适用》2016年第3期。

② 徐骏：《智慧法院的法理审思》，载《法学》2017年第3期。

③ 阳娇娆、蒋崇辉：《诉讼可视化在民事诉讼中的运用》，载《广西教育学院学报》2017年第4期。

可视化并不是新兴的工具方法，在律师界，诉讼可视化的实践已经在展开，形成工具方法论。[①] 在法院，可视化方法也引起法院领导和法官的关注，[②] 但是可视化作为一种工具被利用的程度有限，更遑论作为一种思维方法使得法官自觉适用。

首先，可视化工具的根本逻辑在于将法律要素以图表化的形式表达出来，这种表达方式并非简单的思维脑图，运用可视化工具应把握以下几个操作规范：（1）应明确案件中所呈现的法律核心要素，主要包括时间、关系、数据等。（2）应选择恰当的图形结构，主要包括轴线图、树状图、曲线图等；（3）应做好数据的整合和细节的描述。

其次，可视化通过添加色彩、线条、距离等维度扩充信息载体的表达力，增加信息表达的维度，就技术操作方面应当把握以下几个因素：（1）线条用来构建主体、事件之间的关系，勾画案件中重要的法律关系、资金流向等信息，通过线条的粗细、箭头的增加以及辅助文字方式增加信息维度；（2）颜色用来标明不同主体的不同行为，也可以用不同的颜色区分法律关系，通过颜色的深浅来表明案件的重点；（3）框架用来标注案件当事人和案件事实，通过边框的实线和虚线来表明事实的真伪状态；此外，还应当利用轴线图的横向和纵向空间，展现对案件事实的对比和分层关系。[③]

（二）案例分析：可视化的具体表达

结合上述关于可视化的技术规范，本部分以案例形式[④]具体展现各类图表的选择以及运用原理。

案例：2013 年 7 月 1 日，经销商 A 与贸易商 B 签订委托代理进口订货协议，A 委托 B 代理其签订进口商品合同，代理进口某型号车。2013 年 10 月 24 日，贸易商 B 办结涉诉车的进口手续。2013 年 10 月 10 日，经销商 A 与经销商 C 签订合同，将涉诉车卖给经销商 C，约定价款 65 万。经销商 C 于 2013 年 10 月 30 日左右对涉诉车改装后将涉诉车辆卖给了黄某，约定价款 70 万，并于 2014 年 1 月 10 日交付，但黄某提交的交易凭证（POS 机）显示收款方为经销商 D，D 将价款当日转交经销商 C 的工作人员。

2014 年 1 月 14 日，贸易商 B 与黄某签订质保合约，约定车辆质保期。贸易商 B 收取质保费。

---

① 天同律师事务所致力于推动诉讼可视化，icourt 等诉讼可视化培训机构亦是在大规模培训律师群体使用该方法。

② 《最高法知产法庭　诉讼可视化助力知识产权审判》，载 https：//www. chinacourt. org/article/detail/2019/04/id/3851370. shtml，最后访问时间：2019 年 5 月 17 日。

③ 蒋勇主编：《诉讼可视化》，法律出版社 2017 年版，第 128～129 页。

④ 本文探讨主要以民事案件为例，案例以真实案件为基础，作适当演化。

2014 年 3 月 4 日，案外人张某驾驶涉诉车辆时发生自燃，车辆烧毁。2014 年 10 月 1 日，公安消防支队出具了火灾事故认定书，认定起火部位在发动机左前方，起火原因为电气故障。

2014 年 11 月 20 日，黄某与陶某签订协议，约定就涉诉车辆的所有权归陶某所有，并就债权转移通知了经销商 ACD 和贸易商 B。陶某以产品责任纠纷起诉经销商 ACD 和贸易商 B，要求赔偿车辆损失。

1. 时间图的选取适用于案情流程较长、案件核心要素是时间的案件，比如合同纠纷。面对复杂的案件，将各方主体的行为按照时间顺序平铺展开。通过这种方法探知各方行为背后的真实意义。该图表既可以庭前整理事实、固定庭审争点，亦可以在合议时清晰展现事情的来龙去脉，避免冗余的案情介绍，同时可以在庭后保证裁判思考的连续性。以本案为例，因时间跨度较大，可作时间图（图 1）以明晰：

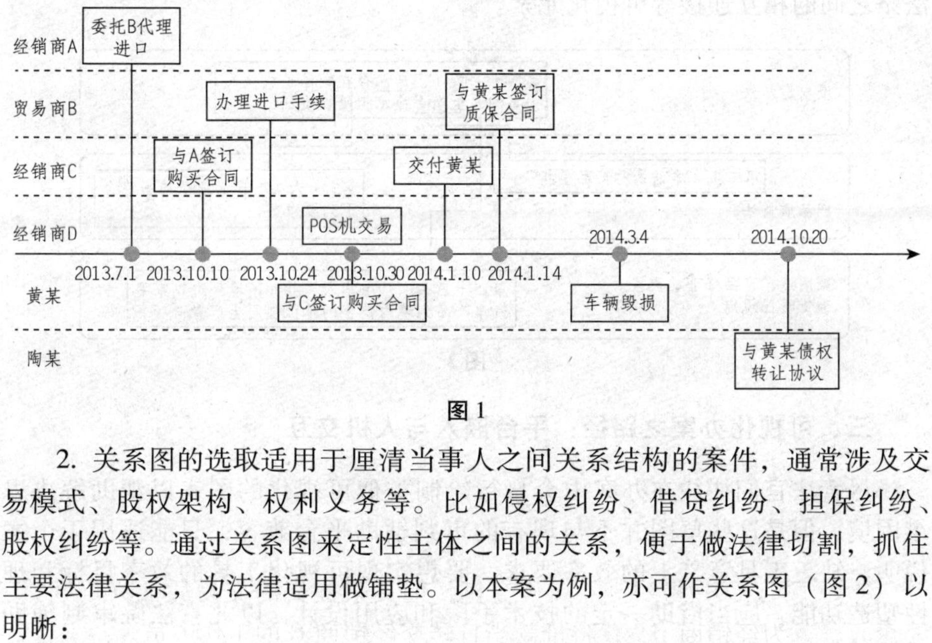

图 1

2. 关系图的选取适用于厘清当事人之间关系结构的案件，通常涉及交易模式、股权架构、权利义务等。比如侵权纠纷、借贷纠纷、担保纠纷、股权纠纷等。通过关系图来定性主体之间的关系，便于做法律切割，抓住主要法律关系，为法律适用做铺垫。以本案为例，亦可作关系图（图 2）以明晰：

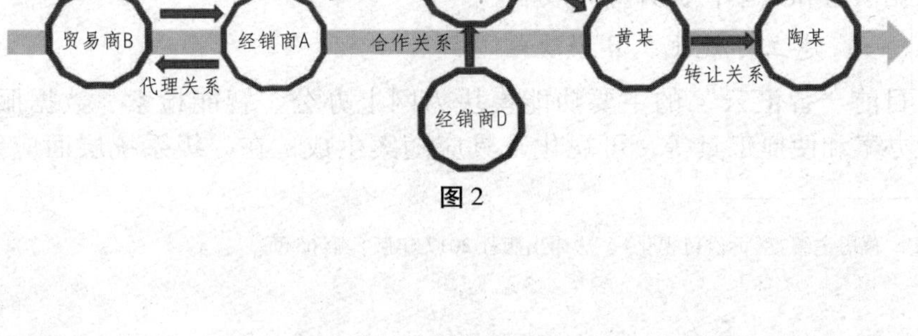

图 2

3. 数据图的选取。有些案件的核心争议焦点，既非某些行为发生的时间或先后顺序，也非各主体之间的法律关系，而是隐藏在案件事实中的数据要素。[①] 比如股东出资纠纷中出资额的认定。适用于数据量大、数据变动频繁的案件，我们通常可以使用表格对数据要素进行归纳和整理，或者通过折线图来呈现数据变动。有些数据图反映了与案件相关的经济社会背景，还可以作为法官思考的背景资料。

4. 法律发现图的架构。在通过案由确定涉及的法律范围后，通过核心法条的关键词去寻求其他法律规定。可视化的工具可以通过案由分类的法律位阶图和条文关键词的超链接来解决法律适用的实际需求。本案当中，根据《侵权责任法》第四十一条，其中“产品”“缺陷”“生产者”等规范意义需要进一步明确，从外延的产品质量法以及相关规定中去寻找适用本案的定义，如法律发现图（图 3）中简略展现了法律位阶（效力）、案由、法条之间的相互连接等可视化元素。

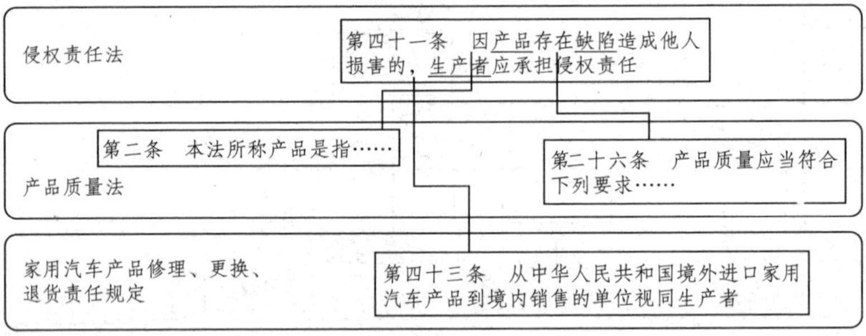

图 3

三、可视化办案之路径：平台嵌入与人机交互

尽管法官们往往在办案中会自行绘制类似可视化的图表以帮助解决思维困境，但是这些草图并不与现有的审判辅助平台兼容，只能适用于个案说明，缺乏工具意义上的效率要求。要想实现可视化工具的效率目标和理性塑造功能，应当借助一定的技术手段和应用设计。以北京法院审判辅助系统“智汇云”为例，本部分试图建立可视化工具应用的基本架构，描述可视化工具嵌入办案系统的路径，并借力各大数据资源库和人工智能，形成数据联通和共享，提升应用效能。

（一）建立可视化工具模块组

目前“智汇云”的主要功能模块为网上办公、智能检索、数据服务、网上办案和便捷工具等，可视化工具应随案生成，在一级系统层面应编入

① 蒋勇主编：《诉讼可视化》，法律出版社 2017 年版，第 65 页。

网上办案功能模块。在二级网上办案系统中，增设可视化工具模块组，可以适用于所有待办案件。

该工具组模块应当预设构建可视化图表的各个元素，包括线条、颜色、框架等，这些元素均可自定义，并可自由组合。同时，该工具组模块应当提供可视化图表展示窗口，方便法官随时修改并起到实时提醒法官案件进展情况和事实变化的作用。在各类案情信息的研究基础上，提取共性，为适合可视化的案由纠纷，比如借款合同纠纷、票据纠纷、建设工程合同纠纷、与公司股权相关纠纷等，预设一些常用的可视化图表结构模板以便法官调用。

此外，在律师界已经规模性使用可视化图表的环境下，在可视化工具模块中为律师开放接口，以便于律师利用统一的标准向法官上传他们的案情整理和辩护思路，帮助法官进行争议焦点问题的思考，从而实现法官与律师的良性互动。

（二）可视化工具在审判系统中的嵌入

目前“智汇云”已经大部分实现当事人信息、证据、卷宗电子化，并构建法律法规司法解释库、裁判文书库、北京法院案件库、案例库、法院公报库等资源库，形成以审判进度管理轴为中心，多种数据资源库支持的智慧办案格局。但目前各数据库入口复杂、数据和信息利用率不高。虽然数据库的丰富程度在增加，但是提供的办案增益有限。可视化工具可以有效盘活既有资源，将沉寂的数据、信息展现在法官面前。

在事实认定方面，基于图像识别技术等，各信息都可以被抓取用于构建可视化图表，比如当事人信息可以自动填充，通过可视化模组即可调用已经形成电子卷宗的证据材料、庭审材料，提取关键信息以构建时间图、关系图，帮助法官确定相关法律事实。有些案件需要用到的数据图，可以与国家统计部门以及其他相关部门的最新数据库对接以供调用，自动生成折线图、饼状图等背景资料以帮助法官进行思考。

在法律发现方面，以往检索过程中，法官均需明确自己的需求，分别进入不同的资源库中检索需要的资料，既要不断细化筛选条件，又要对输出结果进行反馈，修正检索参数。可视化工具嵌入后，以案由为类目进行法律汇总，深度整合既有的法律法规司法解释库（提供最新最全的法律法规、司法解释）、条文释义库（提供由最高人民法院、高级人民法院及相关专业部门对法律条文的诠释与解读）、理解与适用类文件库（提供最高人民法院指导性文件、高级人民法院审判指导与参考等内容），按照位阶、相关度等因素排序，并根据案件类型自动筛选相关法律法规范围并显示，然后通过超链接的方式连接核心条文规范要件与其他法律条文中的定义及解释，更进一步，该些超链接可以直接运用于时间图、关系图、数据图中的关键词，比如图 1 中“经销商 A”，通过点击该关键词（已赋值超链接）就可以直达有关“生产者”定义与解释的法律法规，以便于法官在凝视可视化图表时进行事实和规范之间往来穿梭思考。

（三）大数据、智能化与人机交互

本部分以基本的应用视角介绍了可视化工具，但是该些操作的顺畅程度仍有赖于人工智能和大数据的发展。实际上，大数据、人工智能和工具应用是智慧法院建设的一体多面。随着系统级的大数据分析和机器深度学习的发展，文本中的语义信息可以被挖掘，案件的知识要素可以被识别，从而有效地解决数据融合过程中的语义理解问题，实现案情的演化分析。至此，系统可以在准确解析分离案件事实的基础上，推荐类型化的可视图表，并智能提取案件信息填充图表，避免法官的重复性劳动。在法律适用方面，通过类案推荐、智能法条等技术，系统可以精确推荐适用的法律，结合可视化的法律发现图，形成完备的法律发现图谱。

可视化工具功能的发挥依赖于大数据和人工智能的深度发展，更重要的是，可视化的智能表现有赖于法官与工具的交互和反馈，法官需要提炼可视化的共性规则，并给数据打上标签，或是作为训练集，交给大数据和人工智能去“跑”算法，再通过法律人反馈进行修正，实现机器的“深度”学习。所以，可视化的系统路径中应当为人机交互留有接口，通过数以万计的专业人士（办案法官）的标签集来推动程序和应用的智慧表现。

四、法律理性之效果：可视化工具的形塑功能

马克思·韦伯运用形式与实质、理性与非理性两组概念对法律形态作出了不同的划分。其中，形式理性在司法裁判中体现为“三段论”的要求，法律根据作为大前提，从生活事实中分离出的法律事实作为小前提，针对法律事实，法官寻找法律根据，继而作出法律决定。① 从韦伯理想型法律分类的框架来看，形式理性具有可外在观察的特征和确定的评价标准，亦是本文所述的法律理性的主要意涵。在司法实践中，法律理性具体表现为法官关于生活事实向法律事实的抽象、关于法律事实与法律规则之间的判断和推理等方面。

（一）法律理性的培育难题

在理想意义上，我们要求所有法官的专业素质能够达到职业共同体的标准，即具有相当的法律理性，但在目前的司法职业领域，法官的专业素质参差不齐。单从运用法律的过程看，由于规则本身不可能精确地规定所

① 陈皓：《马克斯·韦伯：法治的“理想型”》，载《人民法院报》2016 年 10 月 14 日第 6 版。

有案件的事实细节，故在规则与其适用之间仍然存在缝隙，约瑟夫·拉兹将其称作“规范缝隙”。[①] 缝隙产生的原因总结有：法官在事实整理过程中因为缺乏一定的方法而导致混乱，无法建立生活事实与法律事实的对接，或者法官在抽象出法律事实后，因法律发现过程中的无序，无法建立法律规则与法律事实之间的涵摄等。

传统上，法官依靠长年累月的经验积累来填补这些“规范缝隙”，是在不断的试错中总结出的一套先验标准来找到事实和规范之间的连接点。法官还必须在漫长的审判生涯中有意识地适用、总结各种司法知识和司法技术并形成自己的法律理性，这使得培养一个拥有法律理性的优秀法官成为一个不可预测的概率事件。

实践中，大多数裁判结果最终还是由一个并不具有丰富经验的法官借助稚嫩的审判直觉和损耗的案件记忆（并夹杂些许法律思维）作出——形成裁判的过程既不具有可重复性也不能在事后检视，我们认为依靠直觉或经验并不是一种有效的法律思维培养路径，不能起到法律理性培育的效果，而可视化工具为解决这一难题提供了有益的思路。

（二）通过可视化的形塑

在通常情况下，法官的思考方式和裁判思维的实质并不在于纯粹地、可预知地从大前提到小前提的推论，也不局限于“规范与事实之间的往返顾盼”，而是法官如何自主浮动地处理特定案例的事实、法律规范的要件、一定结论、现实社会变化四者之间关系并进行选择、修饰、配对的过程。[②] 基于审判过程的考量，这种思维模式可以用图四表达如下：

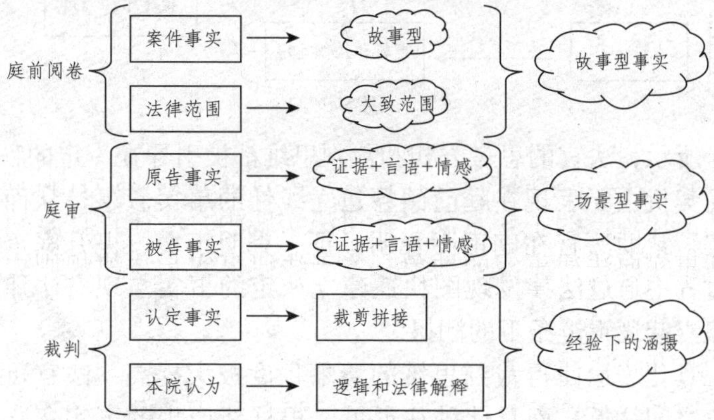

图4

① 雷磊：《从经验中“苗生”的法律理性——以魏因瑞伯的类推理论为中心》，载《河南大学学报（社会科学版）》2018年第5期。

② 白小莉：《裁判的软实力——法官“涵摄”思维的微观透析》，载《司法体制改革与民商事法律适用问题研究：全国法院第二十六届学术讨论会论文集》，人民法院出版社2015年版，第900页。

在阅卷、庭审的过程中，无论是法官自己思考的故事型事实还是原被告建立的场景型事实，由于缺乏工具的指引，都无法“一砖一瓦”构建事实大厦，这种思维由于缺乏精确性和清晰性，也无法建立事实和规范之间的对接，并未生成法律理性。在最终的裁判部分，法官凭借自己的记忆、技巧和经验对事实进行裁剪，并通过法律解释来验证，最终构建三段论的逻辑基础。如前所述，这种思维过程受到个人、外界的太多影响而不能被称之为有效的法律理性培育。

引入可视化的工具后，法官在处理案例事实、法律规范的要件时均具有了清晰的路径和边界，不再是混乱杂糅的思绪流了，这种思维模式可用图五表示如下：

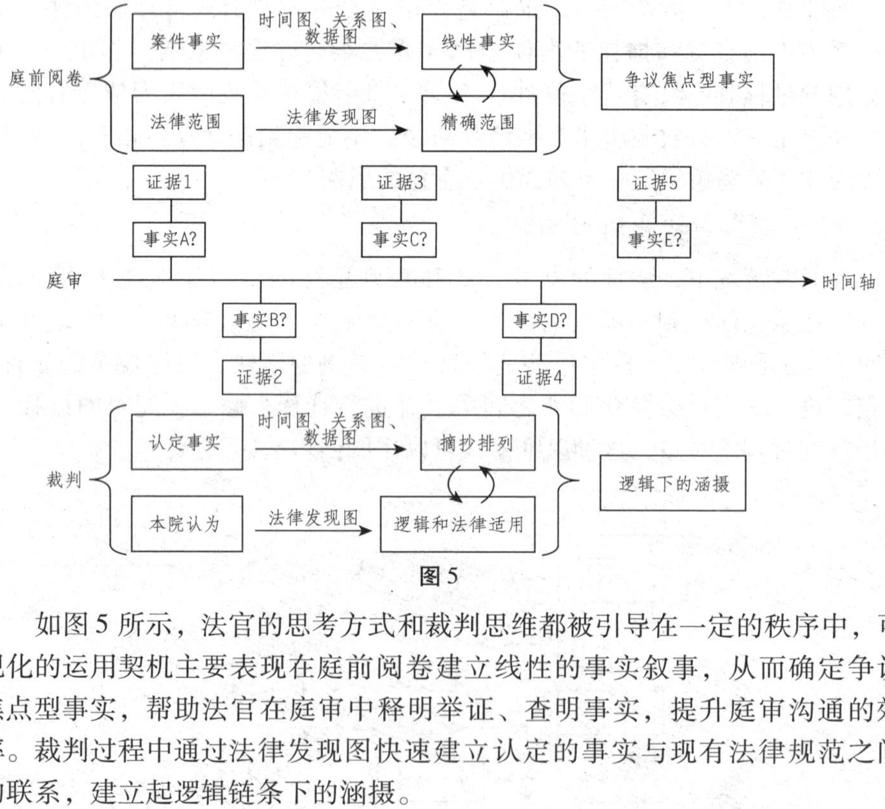

图5

如图5所示，法官的思考方式和裁判思维都被引导在一定的秩序中，可视化的运用契机主要表现在庭前阅卷建立线性的事实叙事，从而确定争议焦点型事实，帮助法官在庭审中释明举证、查明事实，提升庭审沟通的效率。裁判过程中通过法律发现图快速建立认定的事实与现有法律规范之间的联系，建立起逻辑链条下的涵摄。

这种工具化表达使得裁判思维的清晰程度极大提高，法官可以多次在事实与规范之间往返，而且此种往返可以根据新产生的事实变化进行重复演算、多次检验，也把合议庭成员拉到同一沟通平台，减少沟通成本，并能够为法院管理者所检视和监督，这种多方面、多层次的法律训练催生了法律理性，形成法律理性的良性发展通道。

结 语

本文基于实践中的办案需求介绍了可视化工具的应用设计，更多是在介绍一种办案工具而非该项工具的智能化前景。实际上，在当前的技术条件和算法基础上，“第一要务还是辅助和服务法官办案，而不是替代司法裁决、淘汰办案法官。”[①] 法院的智慧来源于法官而非“人工智能”，深耕于审判实践中的办案场景，回应法官办案的实际需求，在工具意义上提供标准化方法，构建形塑法律理性的通道，仍然是促进司法能力和司法品质进步的重要方向。但不可否认的是，大数据、机器学习和人工智能为工具化应用提供了未来的发展方向，可以预见的是，作为思维框架的工具应用和作为内容供应的人工智能将是构建智慧法院的重要抓手。

① 何帆：《我们离“阿尔法法官”还有多远》，载《方圆》2017 年第 2 期。

增效与便民：智能客服助推构建法院现代化诉讼服务体系

——基于对T法院法官电话接待情况的实证考察

徐廷杰[*] 张 培[**] 侯济平[***]

引 言

办公区此起彼伏的电话铃声，让法官应接不暇。一方面，繁重的电话接待工作占用了法官大量的工作时间和精力，法官处理案件的思路也因一次次的电话打断而受影响；另一方面，法官开庭、开会不在工位，当事人呼入电话经常漏接，也降低了人民群众对司法的满意度。笔者聚焦痛点，畅通工作堵点，主张在法院诉讼服务工作中，引入智能客服，提升人民法院诉讼服务智能化水平，推动人民法院诉讼服务体系现代化和诉讼服务能力现代化，并结合司法实践特点，分析其可行性及实现路径。

一、由表及里：T法院法官日电话接待情况的实证考察①及分析

（一）“四多”现象：电话数量多、占用时间多、漏接次数多、需求类型多

T法院是某省内案件数量多、人均结案率名列前茅的基层法院。为全面摸底T法院法官电话接待情况，笔者从业务类型和业务数量两个维度展开调研。在业务类型层面上，通过实时工作记录②、调查问卷方式，对T法院法官的电话接待情况进行统计分析；在业务数量层面上，通过对随机抽取

---

* 作者单位：北京市通州区人民法院。

** 作者单位：北京市通州区人民法院。

*** 作者单位：山西省孝义市人民法院。

① 因数据庞大，考察以日及平均日为单位，对反映的情况不尽全面，但在一定程度上能反应T法院在电话接待方面的问题和场景。

② 笔者所在的团队共有三部电话（电话A、B、C），随机记录了样本日电话接待情况，三部电话样本日呼入次数43次、呼出次数25次、呼入时间约81分钟、呼出时间约51分钟。呼入内容上查询类最多共有19次、请求类12次、咨询类8次；呼出电话通知类最多，共有20次。

的5个连续工作日T法院电话交换机日志进行数据整理的方式，对全院平均每日的电话接待数据进行整理，并相应建立不同的模型进行统计分析。

1. 业务类型维度上法官的电话接待情况。笔者收集了法官团队样本日电话接待实时工作记录，按照呼叫模式和业务类型进行分类和整理。

图表1　　团队电话业务类型分类表

呼叫模式	业务类型	举例
呼入	查询	查询案件信息和案件流程
	咨询	咨询手续办理类问题、咨询法律知识
	请求	请求调查取证
	内部	法院部门内部之间沟通
	其他	广告电话、骚扰电话等
呼出	通知	通知领取开庭传票
	询问	询问当事人意见

通过统计分析，发现法官的日常电话接待存在4个特点：

（1）电话数量多、占用时间多。法官团队一天处理68次电话接待，累计132分钟，其中呼入电话数量多于呼出电话，呼入电话占时也多于呼出电话。

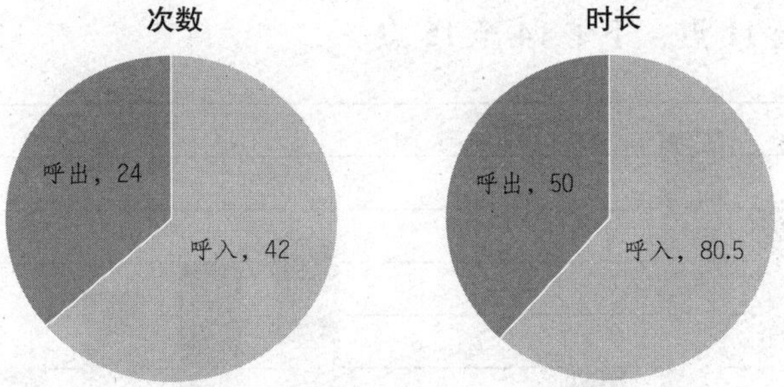

图表2　团队电话呼入呼出日统计

（2）业务类型多。法官团队一天的电话接待全部覆盖到呼入的5种业务类型和呼出的2种业务类型。在呼入电话中查询类型数量最多，共有19次，占呼入总次数的45%，其次是咨询、请求类型。在呼出电话中通知类型数量最多，共有20次，占呼出电话总次数的80%。

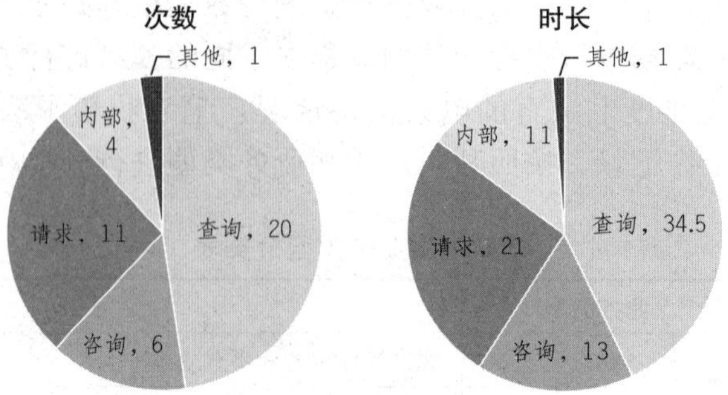

图表3　团队电话呼入类型统计

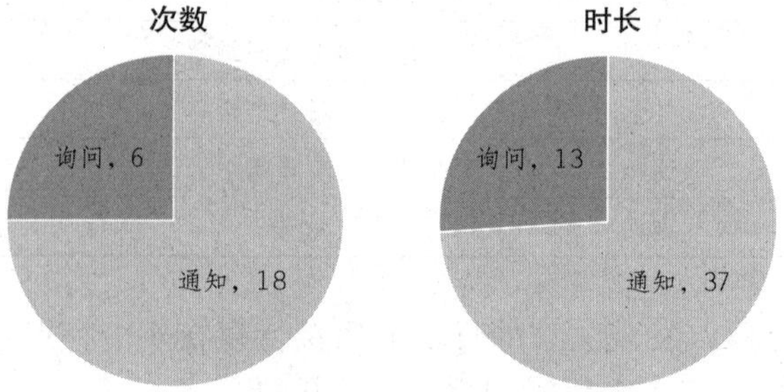

图表4　团队电话呼出类型统计

（3）呼入电话分布较集中。呼入电话发生在工作日中除12至13点的全部时刻，但上午的呼入电话频率比下午更集中，一天最密集时间段出现在上午的10至11点，下午14至15点。

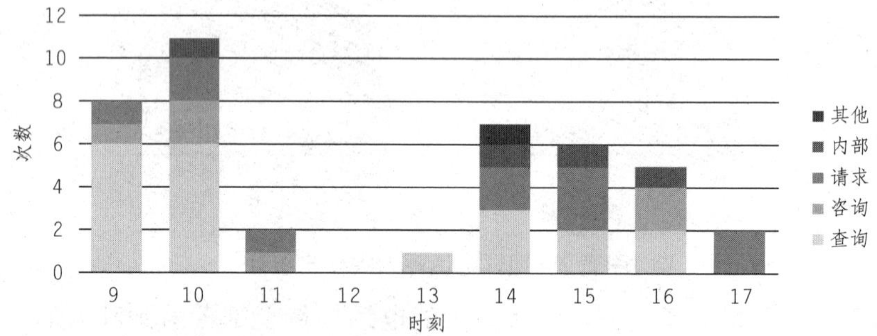

图表5　团队电话呼入次数时刻统计

（4）呼出电话分布较平均。呼出电话在时间分布上具有平均的特点，主要集中在上午10至12点和下午13至17点两个时间段，和法官的工作习惯，以及司法审判的实践做法是吻合的。

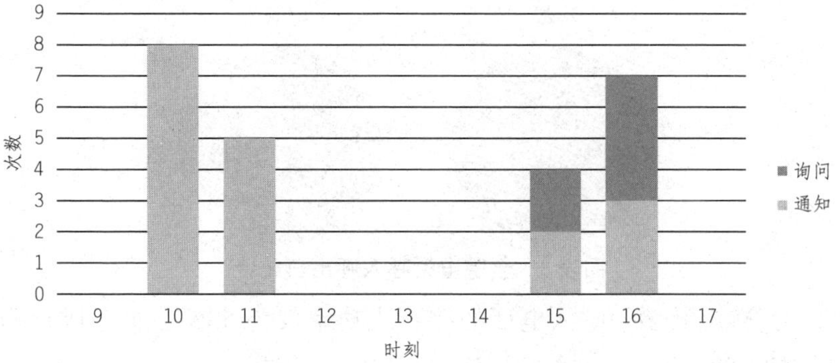

图表 6　团队电话呼出次数时刻统计

另外笔者还制作了调查问卷①，在 T 法院业务庭室进行不记名征集，共收到调查问卷 50 份。经过整理，调查问卷结果和实时工作记录的数据特点是相同的，反映出了法官们在电话接待工作方面的共性问题。

2. 业务数量维度上全院的电话接待情况。笔者随机抽取了连续 5 个工作日 T 法院电话交换机的日志数据，剔除内部电话后，共整理出呼入电话 14985 条、呼出电话 9005 条电话接待信息。② 通过统计分析，发现全院日均电话接待存在三个特点：

（1）电话数量多，占用时间多。全院日均共发生 4798 次电话接待，累计 4838 分钟。其中呼入电话 2997 次，累计 2475 分钟，在数量上远多于呼出电话。

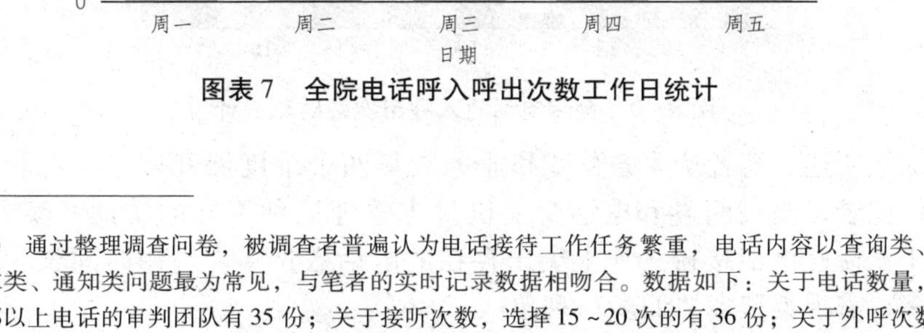

图表 7　全院电话呼入呼出次数工作日统计

---

① 通过整理调查问卷，被调查者普遍认为电话接待工作任务繁重，电话内容以查询类、咨询和请求类、通知类问题最为常见，与笔者的实时记录数据相吻合。数据如下：关于电话数量，选择有 2 部以上电话的审判团队有 35 份；关于接听次数，选择 15 ~ 20 次的有 36 份；关于外呼次数，选择 5 ~ 10 次的有 23 份，选择 10 ~ 15 次的有 21 份；关于接听以及外呼占用时间，选择 1 ~ 2 个小时的 21 份，选择 1 个小时的 13 份；关于呼入问题集中度，查询类居多的有 38 份；关于呼出问题集中度，选择通知类、询问类案件都有的有 36 份。

② 随机选取连续 5 天电话交换机的数据，并以平均日为单位进行分析说明。

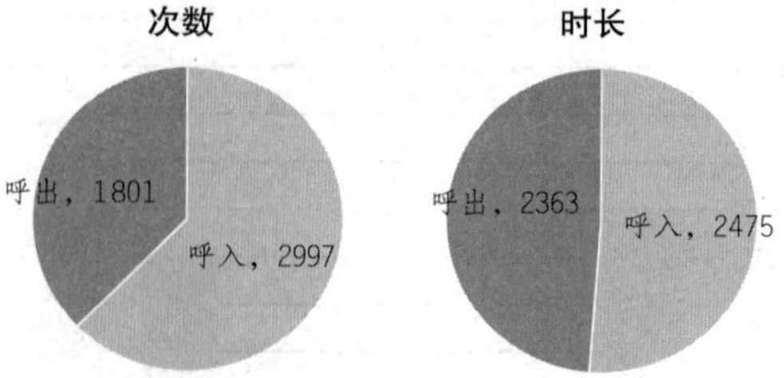

图表 8　全院电话呼入呼出日统计

（2）漏接电话多。呼入电话的接听成功率仅为 53%，低于呼出电话的 62% 接听成功率。

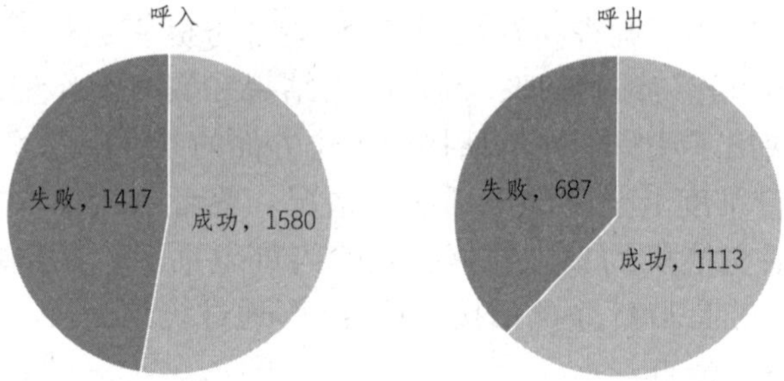

图表 9　全院电话呼入呼出成功率统计

（3）呼入电话分布较集中，呼出电话分布较平均。呼入电话在上午 9 至 10 点和下午 14 至 15 点有两个小高峰，但是呼出电话在剔除中午时间段后，各时间段的发生频率是基本稳定的。

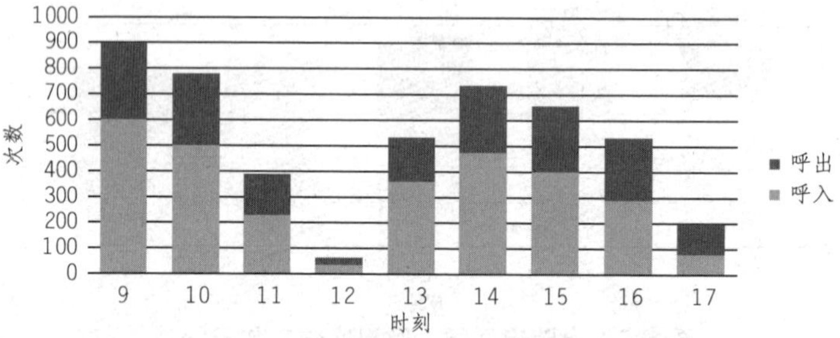

图表 10　全院电话呼入呼出次数时刻统计

综上所述，笔者从业务类型和业务数量两个维度展开调研，采取了实时工作记录、调查问卷和电话交换机日志整理三种不同的实证考察方式，发现 T 法院在电话接待工作上突出存在的电话数量多、占用时间长、漏接次数多、需求类型多“四多”现象。

（二）透过现象探究本质：两个矛盾

T 法院法官电话接待工作中存在的“四多”现象，凸显两个矛盾：

1. 处理繁杂事务与审判效率之间的矛盾。人民法院“努力让人民群众在每一个司法案件中感受到公平正义”的同时，更要兼顾效率，确保案件得到准确、科学、及时的审理。司法实践中，电话接待、答疑、协调各方做工作等消耗了法官大量精力，承担太多与其角色不适的工作。另外，此起彼伏的电话铃声经常性的打乱法官工作安排，不能全身心聚焦司法裁判。

2. 人民群众多元司法需求与诉讼服务能力不足之间的矛盾。诉讼当事人拨打法官电话，希望得到某种慰藉，或希望提供帮助，或希望陈述意见，或希望早日解决纠纷。当其拨打法官办公电话因法官开庭等原因无人接听，就必然降低其对法院工作的满意度，甚而担忧自身权益能否获取司法救济。

综上所述，两个矛盾对内制约审判效率的提高，对外制约人民群众对司法的满意度，客观上反映出人民法院诉讼服务体系和诉讼服务能力现代化的不足。

二、革故鼎新：智能客服的引入及可行性分析

随着人工智能技术的不断发展，智能客服已经在银行、电信、零售、保险等面向消费者行业获得越来越多的应用，能有效辅助甚至在部分业务场景上替代人工客服。

（一）释义：什么是智能客服

智能客服是传统人工客服模式的技术转型升级，是利用语音合成、自然语言处理、知识图谱、深度学习、知识库等人工智能技术所形成的创新业务模式，简而言之就是在原有客服系统中搭建人工智能处理模块来替代原有的人工处理功能。①

智能客服与传统人工客服的主要区别：

图表 11　　智能客服与传统人工客服区别表

类型	定义	优点	缺点
智能客服	用户与能理解自然语言和意图的机器人对话	节约人力成本、扩展服务时长、改善用户体验、构建全新的竞争优势	意图识别效果会受用户的用语习惯、语音语速等因素的影响
传统人工客服	用户通过文字交互或打热线与人工坐席员沟通	人与人直接交流，容易理解，亲切	人工成本高，客服人员流失严重，线路繁忙

（二）可行性分析：“天时”“地利”“人和”

智能客服在法院的应用顺应了国家人工智能发展的潮流，也契合人民

① 赵涛等：《基于深度学习的人机语音交互平台》，载《电信科学》2018 年第 12 期。

法院构建现代化诉讼服务体系重要决策的内在要求。

1. 天时：顺应法院信息化建设转型升级的时代背景。2019 年 7 月，最高人民法院召开全国法院现代化诉讼服务体系建设工作部署会，其中提出“一站式诉讼服务中心强调诉讼服务的立体化集约化信息化”，要求集约高效、多元解纷、便民利民、智慧精准、开放互动、交融共享。智能客服兼具服务法官、服务当事人、服务审判功能，是人民法院构建全流程诉讼服务体系过程中的勇敢尝试，更是推动法院信息化建设转型升级的积极探索。

2. 地利：法院信息化建设的有益成果提供了有力支撑。一方面，法院系统的“12368”语音诉讼服务平台自建成以来，在诉讼咨询、联系法官、查询案件、投诉举报和意见建议方面发挥了重要的作用，积累了宝贵的运营经验和问答数据库资源。另一方面，智能客服在银行、电信、零售、保险等行业的广泛应用和推广，也为智能客服的法院应用提供了建设思路和成熟方案的支撑。

3. 人和：为法官减负，为人民群众提供便利。一方面，智能客服得到了基层法官的期待。基层法院长期面临案多人少的压力已是老生常谈，司法体制改革的目的是将法官从各种繁杂的工作中解放出来，让法官为裁判负责。智能客服的应用将会大大减少法官的电话接待工作，节约司法资源，提高司法效率。另一方面，智能客服作为畅通民意的渠道，让人民群众的所思所想能及时被发现和解决，也必将是司法便民的重要举措。

三、循序渐进：智能客服在法院应用的实现路径之探索

目前智能客服在法院系统出现南北两个探索案例，一个是北京互联网法院的“北互 E 法官”（虚拟法官）和杭州互联网法院的司法智能语音助手系统“杭小互”。

北京互联网法院的“北互 E 法官”在互联网客户端针对当事人提出的问题，进行实时解答。目前，该系统只将访客的各类知识类问题进行识别后，后台推送相关知识指引导航。杭州互联网法院的“杭小互”，是协助法官或法官助理拨打当事人电话，将案件信息告知当事人的一个智能法官辅助工具，节省法官、书记员、法官助理在通知类、信息确认类、基础操作指导类电话通知环节的时间成本和工作效能。

“E 法官”或“杭小互”，均未解决当事人找法官难的问题，不具备收集汇聚当事人诉求功能，更无处理个案涉诉事务的能力，即没有畅通诉讼服务最后一米的堵点。

笔者认为，唯有采用方法论来指引智能客服在法院应用，即通过智能客服来提高法院诉讼服务工作中的发现问题、分析问题和解决问题的能力，才能使业务需求、技术需求和实际应用之间形成闭环。

（一）理念先行：法院智能客服系统顶层设计

1. 梳理应用需求及顶层建模构建法院智能客服是一项多学科多专业复合型开发建设工作，涉及通讯、语音识别、数据库和人工智能算法等新兴前沿技术，必须秉持理念先行顶层设计原则。

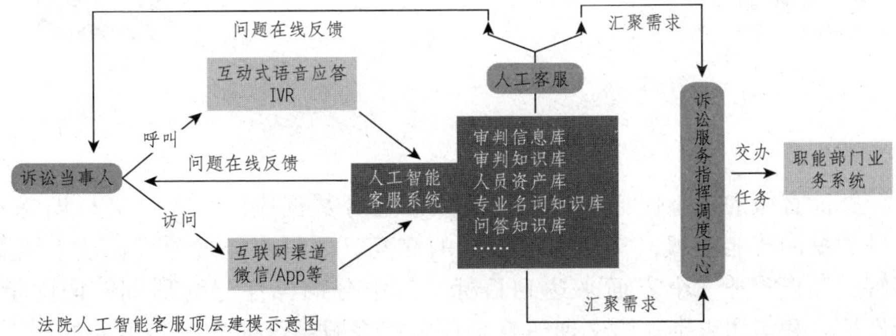

法院人工智能客服顶层建模示意图

上图为顶层设计建模拓扑图，当事人可以通过拨打办公电话或互联网渠道两种途径进入法院的客服系统，即通过拨打电话方式，由 IVR（互动式语音应答）引导其在线接受智能客服系统对其业务接待；通过互联网渠道（网站、微信/APP 客户端），当事人可在线输入其诉求并得到智能客服系统接待。

智能客服在线反馈诉讼当事人（经后台智能处理结果），完成一项接待工作；如其不能解决的转人工坐席（或法官），由接线员（或法官）接听并答复。两种客服方式均担负收集事务，并汇聚信息推送到诉讼服务指挥调度中心，由中心生成任务清单调派人员完成任务。

2. 将应用需求转化为技术需求并分工部署。要将应用需求转化为技术需求，必须坚持问题导向，分解工作流程所需技术支撑，并邀请相关专业公司承担不同任务。法院智能客服需要通讯公司提供 IVR 技术、需要语音识别技术公司提供 ASR 语音转写服务，需要人工智能大数据公司建设对话管理机制生成答案文本，需要语音合成公司提供 TTS 服务，将文本转化为自然语音对话交互。

3. 拟定技术难点及攻关方向。智能客服在人民法院中落地的关键在于当事人电话语音是否能精准辨析，只有将当事人的语音以最短时间、最佳辨析转化为文字，才能为人工智能去各类知识库匹配相关知识，生成答案文本创造条件。目前国内几大公司如科大讯飞、阿里、腾讯的语音识别技术在不断进步，但精准率还尚待提高。

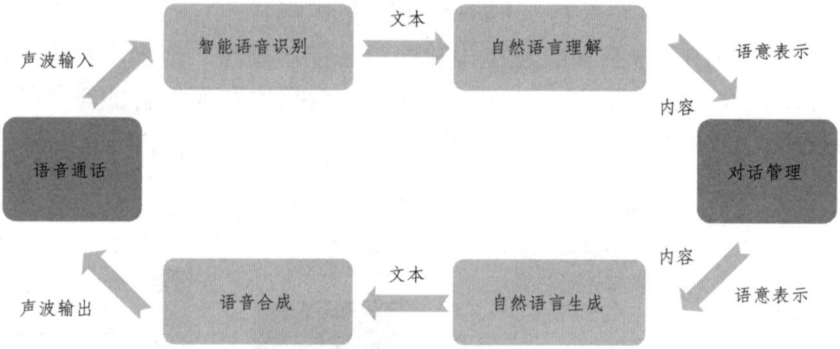

智能客服的核心任务为语料库建设和业务数据应用，经过语料训练和业务数据的智能学习，实现和当事人的交互。语料库经过分词标注、语义理解、知识管理三个方面来达到目标，其中分词标注分为分词、词向量、词性标注和实体识别；语义理解就是让智能客服系统能理解当事人的语义，要达到这个目标，需要上下文句式分析、容错去噪、词义泛化、指代消解、相似度计算、上下文理解、意图识别、知识图谱来实现；知识管理就是对意图库、问答库、聊天库的管理，使得智能客服能够更多适应不同的场景语义，提高服务效率。

（二）检验标准：建立法院智能客服的评价体系

笔者结合法院业务场景，提出满足人民法院诉讼服务工作的智能客服六个维度①的评价体系。

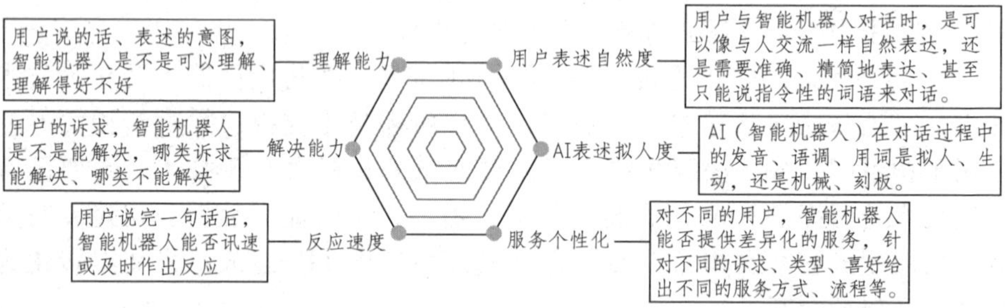

1. 对法言法语的理解能力。通用的智能客服听不懂法院的专业词语，法院应用的专业化要求智能客服能够精准解析法言法语。

2. 对当事人的表述自然度。表达自然度是指在交流过程中，可以自由的表达需求，而不固化的表达。对此笔者归纳了 7 个角度：

（1）意图的澄清。例如询问开庭时间，有的问“我的开庭时间是什么”，有的问“近期是否开庭”，对于不同的表达，智能客服能分辨出当事

① 参考百度、科大讯飞对外公开的人工智能语音 IVR 产品介绍，以及产品宣讲材料。

人意图是询问开庭时间。

（2）意图的自由切换。例如当事人在询问开庭时间时，突然切换到询问承办法官是谁，智能客服能区分出当事人切换了意图，并就新意图进行回答。

（3）意图的自由终止。当事人可以随时终止对话，智能客服能识别终止而无需再进行回答。

（4）长语句的表达。能从用户长语句表达中分析出当事人表达意图。例如当事人接通电话，说了很多与案件无关的语言，智能客服能分辨出当事人询问什么，并针对回答。

（5）自动挂断。能分析出当事人自由意图已经终止，或者在需要自动挂断场景时能自动挂断电话。

（6）对话打断。智能客服能分辨出正在进行的对话被打断，并停止回答上一个问题，转而分析当事人的新意图。例如，当事人询问如何准备委托手续，智能客服在回答问题的时候，用户突然打断该对话，并要求查询案件的开庭时间，此时智能客服能分析出对话被打断。

（7）基础聊天。智能客服具备基础聊天的能力。

3. 解决问题的能力。当事人打电话的目的是解决问题。智能客服除了简单查询功能外，还包括咨询解答、请求办理、多轮会话高级能力。咨询解答是能回答简单的咨询类问题，例如，当事人打电话咨询如何办理委托手续，智能客服能分辨出什么问题，有针对性的回答；请求办理是能分辨出当事人发出的请求内容，提供对应的帮助；多轮会话是在当事人意图描述不清晰时，能主动多轮提问以获取必要信息，最终得到明确的当事人意图。

4. 表述的拟人度。表述的拟人度是当事人的主观感受，智能客服在与当事人交流过程中的语音、语调、语速以及用词是否拟人。一方面，智能客服在与当事人交互中，其语音、语调、语速尽可能的真实；另一方面，智能客服的表述合理专业，能被当事人理解，感觉像和法官在沟通。

5. 反应速度。如果智能客服反应速度慢，会影响当事人的判断及情绪。因此，智能客服尽可能缩短与当事人每轮交互的间隔时间，提高反应速度。

6. 服务的个性化。服务的个性化是智能客服“智能”方面的重要体现。根据法院电话接待业务的需求，制定个性化的服务，提升客服服务质量。例如智能客服转人工后仍无人接听电话，智能客服能自动转回响应当事人，并记录来电信息反馈给法官。

综上所述，如果智能客服同时满足以上6个维度的要求，那么它将是个胜任法院客服业务、能大规模推广的成熟系统。

(三) 攻关重点：构建智能知识库，为提升智能客服能力提供基础性材料

知识库是一个基于问答和同义词及概念的知识体系，存储并管理着对应传统人工客服各项客服业务的模型化表达。智能知识库除具备传统知识库各项要素外，其使得智能客服具备如下能力：逻辑推理能力，即运用概率论和经济学的方法推理，处理不完整不确定的信息；自动规划能力，即根据前提确定一个目标，然后加以执行；自主学习能力，即通过经验智能客服自己改进自己的算法。在法院智能客服建设过程中，构建面向法院客服业务的智能知识库，提升智能客服诸多能力，使之像法官一样，逐渐准确理解和当事人交流中的业务意图，并提供专业准确的服务反馈。

针对调研中法官电话接待工作占时最多的电话呼入场景，特别是查询、请求、咨询等电话呼入类型进行分析，笔者按照知识模型表达方式不同和应用场景不同，将建设智能客服的知识库系统划分为5个部分。①

1. 专业名词知识库。建设法言法语关联常规表述对照知识库。常规表述为通常情况下用户的口语化表达，通过建立专业名词知识库，可以显著提高当事人的意图理解和智能客服的应答率。例如法律专业名词“财产保全”，对应的常规描述是“查封、冻结财产”等。

2. FAQ② 问答知识库。建设针对咨询业务类型，以问题和答案形式存储的知识库。咨询业务类型的呼入电话往往涉及程序性问题，有对应的法律规定或者实践经验。例如当事人咨询“如何办理委托手续”，对此民事诉讼法作出了详细规定，对如何准备委托材料也有相应要求，可以回复当事人“按照民事诉讼法的规定，可以委托律师或者近亲属参加诉讼，需要提交双方签字确认的委托书等”的标准答案。

另外，同一咨询业务类型可能有多种不同表达方式。以咨询如何提交委托手续为例，有当事人问“我要委托我父亲代我参加诉讼，请问需要什么手续”，有当事人问“我因为有事无法参加庭审，请问如何委托诉讼代理人”，上述表达方式不一样，但都属于咨询委托手续时如何办理的流程问题，对此FAQ问答知识库建立了多对一模式的问题答案思维导图，系统会自动从知识库多个思维导图中选择对应的导图模型。

3. 动态知识库。建设针对查询业务类型的法院案件信息知识库。查询业务类型的呼入电话往往是当事人想了解案件的实时信息，但查询结果是动态变化的。例如当事人第一次电话询问开庭时间时，案件流程还没有确定开庭时间，故告知当事人耐心等待法院通知，当事人第二次电话查询开

① 参考百度官网云秘智能客服CVCA产品介绍。

② FAQ是Frequently Asked Questions的简写，意为常见问题解答。

庭时间时，案件已经进入待开庭状态，所以可以查询到开庭时间。动态知识库的建设方式主要是集成法院已有审判信息化系统，能够按照输入的文字或电话语音实现数据库的动态检索，查询相关信息，并把结果及时返回。

4. 多轮会话知识库。建立针对查询、要求和咨询业务类型，以会话树形式存储的知识库。多轮会话是指多个轮次的人机对话交互，在多轮对话中，需要明确用户意图，并获取必要信息，最终得到明确的用户指令或用户意图。由于当事人的法律知识素养参差不齐，需要智能客服主动和当事人进行多轮交谈，逐渐引导用户沟通，从而理解并识别出最终目的，并将其转换为查询业务类型或咨询业务类型。

当事人在第一次对话中没有完整的描述需求内容，会话知识库主动向当事人提问，从而经过多次会话逐渐补全需求内容，最终在FAQ问答知识库或动态知识库中寻找到正确答案。如果多次会话后仍然无法解决当事人问题，会话知识库可以自动转换为人工客服模式。

5. 调度策略知识库。建设智能客服的“大脑”，负责在当事人文字输入或电话呼入时，基于调度策略知识，动态判断出业务类型是查询、咨询、要求还是内部业务类型，判断出需求内容是否完整，从而自动选择合适的知识库进行匹配和查询。如果需求内容不完整，则根据多轮会话知识库配置的规则，进入相应的会话流；如果呼入的是咨询类型，则回复用户匹配到的问答答案；如果发现呼入电话号码是法院内部电话或者白名单号码，则自动转为人工客服模式；如果发现呼入电话长时间没有响应，则会主动提醒，等待一段时间仍无响应后自动结束。

另外，建立能够合理完善的表达法院客服业务的知识库模型是个不断迭代的过程。在建设初期，知识来源除了记录和整理法官电话接待的交流信息外，还可以参考人工诉讼服务平台中已有的知识和经验。在试运行中，如果人机交流并没有成功匹配到正确的知识库，或者当事人的体验反馈较差时，智能客服会自动记录日志，并不断更新新的知识到知识库里；在法院流程修改和审判信息化系统升级后，知识库也需要及时调整。

（四）路线设计：以分层次、分场景的建设部署描绘智能客服在法院的应用和推广的蓝图

1. 从技术难度角度，智能客服可以先从文本交互模式的文字客服开始试点，遵循从易到难，从简到繁，从局部到整体的原则逐步推进。

2. 从具体功能角度，先解决查询业务类型或咨询类型的需求，再到解决业务类型需求，逐步升级到外呼智能客服、智能客服和诉讼服务支撑联动等更复杂的应用场景。

3. 从应用场景角度，智能客服在法院应用初期，可以适度降低对智能

客服智能化和自主化的要求，只要求其能够配合法官共同完成日常电话接待工作，优先解决调研中普遍存在的电话漏接问题，预设其辅助法官完成日常电话接待工作，优先解决电话漏接问题，并辅助减轻法官电话接待工作量。

（1）法官不在工位的场景。法官电话响铃10秒以上，自动转到人工智能客服，通过调度策略，多轮对话，识别当事人的意图，从知识库中找到答案，回答当事人问题。如果无法回答或者当事人不满意回答时，通过留言方式将当事人的请求记录下来，再反馈到法官的智能办案系统。

（2）法官在工位的场景。法官接到电话后，引导当事人说出姓名、案件信息以及完整意图，整个对话过程被后台记录，人工智能客服自动搜索答案，在搜索完成后电话会有滴声提示，此时法官有自主选择权，可以通过按键方式让人工智能客服回答，也可以法官自行回答。

（五）人工智能与法院诉讼服务工作融合的瓶颈

目前法院智能客服面临的困难是自然语言处理、语音识别、语义识别、云计算等辅助技术的不成熟，以及推理能力不足。建立在知识图谱和大数据技术基础上的知识推理和数据推理，不能解决复杂问题，仅能做到提高效率、减少重复工作和简单推理。从智能检索、文档生成到类案推送、法律法规查询等诸方面，人工智能对法院各项工作渗透的范围不断延伸，但融合程度还是存在巨大障碍，数据处理是一个难题，我国司法领域里还有海量司法案件资源未转化为结构化数据，当数据量不充足的时候，智能客服的准确度也会降低。此外，智能客服在向当事人提供服务时，也很难像法官一样兼顾人文关怀、道德伦理。因此，在现有人工智能的技术水平下，智能客服还仅仅扮演的是助手的角色，辅助日常工作，还未发展到取代法官的程度。

结　语

诉讼服务是人民法院工作的重要组成部分，既服务人民群众、又助力审判执行工作，是提升司法公信力的前沿动力。如何通过科学规范、卓有成效的诉讼服务，引导并改善人民群众的诉讼能力和诉讼体验，使人民群众切实感受到司法的公正和效率，是诉讼服务工作肩负的重要任务。

智能客服通过当事人来电或访问互联网渠道业务，接收、分析和处理相关信息并生成答案回馈当事人，开创“人机融合”服务的新局面，在为当事人提供便捷、自然的多渠道交互服务的同时，又改善法官繁重的电话接待工作。我们可以看到智能客服必将在构建现代化诉讼服务体系中发挥增效和便民功能，即通过疏导答疑当事人询问，收集整理当事人诉求，汇聚流转数据至诉讼服务调度指挥中心，生成任务清单，指派人员完成涉诉事务，从而让涉诉群众感受到法院为其提供全方位、一体化的诉讼服务。

智能客服通过线上线下互联互通、严谨准确的答案反馈，必将全方位、多层次、广视域地改变当事人参与诉讼的形式和体验。通过对智能客服的实证考察，我们展望在人民法院构建全流程覆盖、协调互动、便捷高效、保障有力的现代化诉讼服务体系的现实需求中，人工智能必将发挥重要的作用。

检视与探索：远程庭审规范化发展的困境与解局

聂小兰*

引 言

网络信息技术迅猛发展，互联网已渗透进人们生活的方方面面，司法系统也不例外，"在线"司法成为越来越多人的选择。自互联网法庭的概念提出以来，全国各地开始试点探索，目前试点初见成效，现阶段我国已建立三大互联网法院，分别为杭州互联网法院、北京互联网法院、广州互联网法院。互联网法院以及互联网法庭的设立不仅是法院组织系统的一次变革，更是对诉讼法的重大挑战。互联网法院不仅要面对现有技术手段的制约，还要面对现有诉讼法的限制以及诉讼文化的挑战。[①] 但是，在"区块链"概念不断成熟的今天，"互联网＋审判"的结合不再是新奇事物，采用远程方式进行庭审的案件也越来越多。

一、实证考察：远程庭审在司法实践中的运行态势

有学者认为，"电子诉讼是信息通讯技术应用于民事诉讼而产生的民事诉讼方法，主要包括网上起诉、网上立案、电子送达、远程作证等方式。"[②] 笔者认为，电子诉讼不应仅仅局限于民事诉讼领域，而应应用于整个诉讼法领域，将电子信息技术与传统诉讼模式相结合，形成新的审判模式，具体涵盖起诉、立案、庭审、送达等全流程在线的审判模式。按照电子信息技术运用于诉讼活动的具体阶段，可以将电子诉讼分为两种模式：一类为"阶段性模式"，另一类为"全程性模式"。[③] 本文重点探讨的是阶段性模式中电子信息技术与庭审的结合，即运用互联网法庭中的远程模式开庭审理案件的功能在实践中出现的困境与出路。

---

* 作者单位：上海铁路运输法院。

① 冯琳：《电子法庭审判模式的法理学思考》，载《法治论丛》2008 年第 3 期。

② 刘敏：《电子诉讼潮流与我国民事诉讼法的应对》，载《当代法学》2016 年第 5 期。

③ 侯学宾：《我国电子诉讼的实践发展与立法应对》，载《当代法学》2016 年第 5 期。

（一）以部分法院互联网法庭远程庭审现状为样本的调查

2015 年 5 月 28 日浙江法院电子商务法庭第一案在杭州市余杭区人民法院开庭，① 这标志着浙江法院“互联网 + 审判”电子商务网上法庭正式启动。2017 年 8 月 18 日杭州互联网法院正式挂牌成立，各地法院也纷纷开始了对互联网法庭的探索和试点。经收集统计，对部分具有代表性的互联网法庭与杭州互联网法院在远程庭审方面的情况进行列表对比（见表 1）。

表 1　**互联网法庭远程庭审比对表**

法院名称	法庭名称	开设时间	借助平台	受理范围	在线功能	笔录录入
杭州互联网法院②	互联网法院	2017. 8. 18	互联网法院诉讼平台	涉互联网民商、行政案件③	全流程在线	语音录入
四川省成都市郫都区人民法院④	互联网法庭	2018. 6. 22	智慧庭审 APP 微信小程序	涉互联网民商事案件	立案、缴费、送达、开庭等	手动输入
福建省三明市宁化县人民法院⑤	微信法庭	2018. 10. 16	微信群视频功能	当事人在外地（具体未明确）	立案、缴费、送达、开庭等	手动输入
福建省厦门市湖里区人民法院⑥	“全在线”诉讼平台	2018. 7. 11	PC 端五大诉讼平台	涉互联网纠纷、金融类案件及涉自贸区案件	送达、质证、庭审等	语音录入
山西省朔州市朔城区人民法院⑦	云上法庭	2018. 8. 15	智能庭审系统	全类别案件	法律术语在线解析、AI 识别	语音录入

---

① 《互联网法院开启网络维权新时代》，载 http：//mip. youth. cn/jsxw/201706/t2017062 9_10187353. htm，最后访问时间：2019 年 6 月 16 日。

② 《全国首家互联网法院设立一年多：线下办事大厅总是“静悄悄”》，载 http：//m. baidu. com/sf_ baijiahao/s？ id = 1616634053181547994&wfr = spider&for = pc，最后访问时间：2019 年 6 月 16 日。

③ 《互联网法院网上怎么审案？附审理规程》，载 http：//share. iclient. ifeng. com/shareNews？aid = 74082011&fromType = vampire，最后访问时间：2019 年 6 月 16 日。

④ 《足不出户就能打官司！西部首个互联网法庭在成都郫都法院成立》，载 http：//m. baidu. com/sf_ baijiahao/s？ id = 1603955658483293176&wfr = spider&for = pc，最后访问时间：2019 年 6 月 16 日。

⑤ 《宁化法院“互联网法庭“正式投入使用》，载 http：//m. sohu. com/a/259851996 _100218218，最后访问时间：2019 年 6 月 16 日。

⑥ 《湖里区法院启动互联网法庭“全在线”诉讼平台》，载 https：//xw. qq. com/fj/20180711047530/FJC2018071104753000，最后访问时间：2019 年 6 月 16 日。

⑦ 《朔城区法院：“云上法庭”上线啦！审判利器了解一下》，载 http：//m. baidu. com/sf_baijiahao/s？ id = 1608946352535586094&wfr = spider&for = pc，最后访问时间：2019 年 6 月 16 日

续上表

法院名称	法庭名称	开设时间	借助平台	受理范围	在线功能	笔录录入
河北省石家庄市裕华区人民法院①	互联网法庭	2017. 12. 13	河北省高级人民法院互联网庭审软件	当事人在外地（具体未明确）	庭审	语音录入
S 市 T 法院	互联网法庭	2016. 6	“云法院—智慧庭审”平台	民事（涉互联网）、部分行政案件	庭审	手动输入
上海浦东自贸区法庭②	数字法庭	2018. 6	“上海自贸区数字法庭”系统	涉外商事、知识产权案件	全流程在线	语音录入

上述表格列举了八个法院运用互联网进行远程庭审的基本情况。从表中可知，除山西省朔州市朔城区人民法院外，其余七家法院都采用了远程开庭的模式，这足以表明，发现并解决远程庭审案件模式困境的迫切性和必要性。同时，根据（表 1）也发现互联网法庭在远程庭审方面存在的问题。

1. 法庭名称，统一性有待加强。查询结果显示，共有五种称呼方式，由此可见法庭名称不统一（见图 1），不利于普通民众对于该系统的理解，也不利于当事人接受使用该系统，对于后续展开的审判活动不利，也会让当事人产生我国法院审判系统混乱的错觉，因此，笔者认为有必要将各法院互联网法庭名称进行统一，便于司法对外统一，同时也为当事人提供更加便利的诉讼服务。

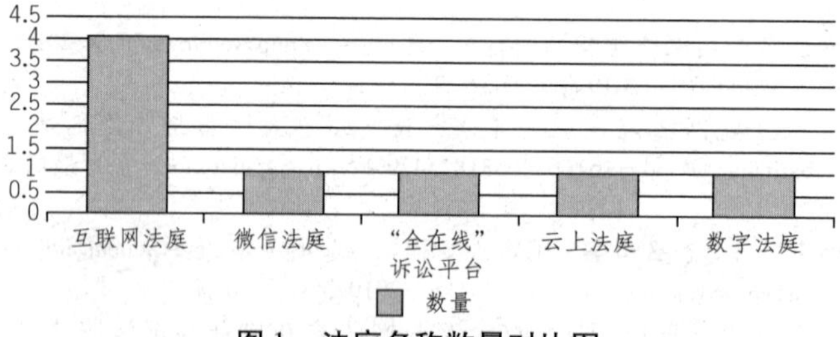

图 1　法庭名称数量对比图

2. 远程庭审借助平台，安全性有待提高。从表中可得，开展远程庭审

---

① 《石家庄市裕华区法院在河北省率先启用互联网法庭》，载 http：//baijiahao. baidu. com/s? id = 1586668128882623723&wfr = spider&for = pc&isFailFlag = 1，最后访问时间：2019 年 6 月 16 日。

② 《浦东法院打造自贸区数字法庭》，载 http：//www. pudong. gov. cn/shpd/news/201816/006001_ 50bb5ce3 – 3642 – 4925 – 95dd – ceea080a7cb2. htm，最后访问时间：2019 年 6 月 16 日。

借助的平台各式各样，除使用各地高级人民法院开发的庭审系统外，有部分基层法院采用自行开发的庭审系统；另有法院借助第三方通讯 APP，行使其中部分或全部功能完成线上庭审；也有部分法院将法院内部系统与第三方 APP 进行结合，共同完成远程庭审（见图2）。

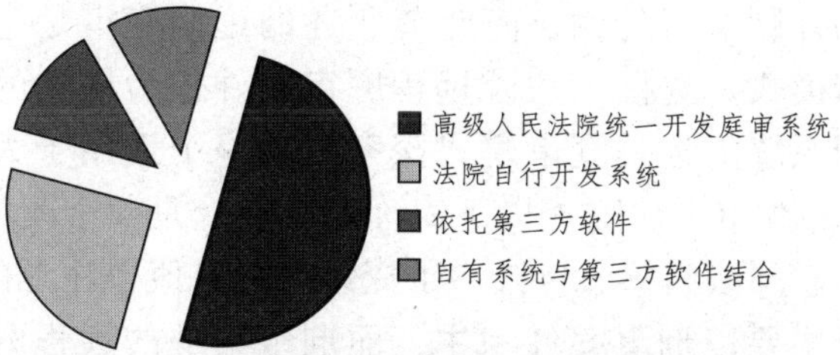

图2　远程庭审借助平台占比图

3. 远程庭审案件受理类型不同，范围有待扩大。最早挂牌成立的杭州互联网法院受理的案件范围包含有互联网购物、服务、小额金融借款等合同纠纷；互联网著作权权属、侵权纠纷；利用互联网侵害他人人格权纠纷；互联网购物产品责任侵权纠纷；互联网域名纠纷；因互联网行政管理引发的行政纠纷以及上级人民法院指定管辖的其他涉互联网民事、行政案件。可见，互联网法院审理的案件仅为与互联网相关的民商事案件以及小部分行政案件。其余几家法院能够使用互联网法庭的基本也是与互联网相关的案件类别，且大多是民商事案件，小部分法院以距离衡量是否采用远程庭审（见图3）。

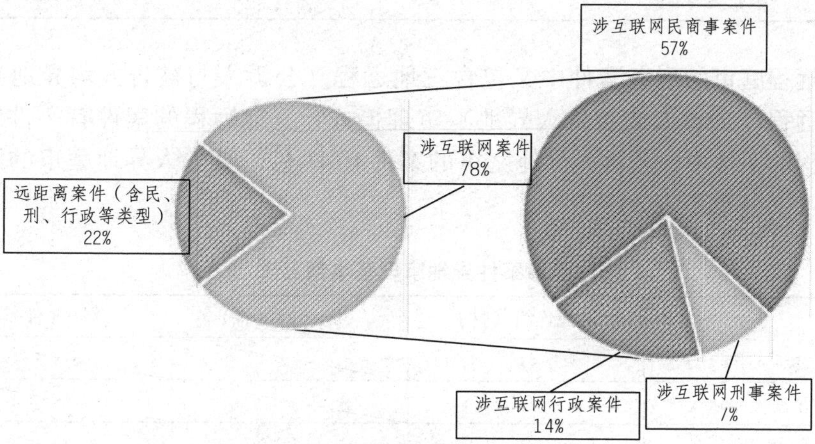

图3　远程庭审案件类型分布表

说明各个法院在远程审理案件的类型上存在差异，且绝大部分法院对其适用案件类型作保守规定，非涉网案件大多被排除适用。

（二）以S市T法院远程庭审案件为样本的调查

此处涉及的“远程庭审”为广义的概念，即地理位置上的远，强调空间上的距离，与前述互联网法庭中适用的线上审理存在区别。互联网法庭中涉及的线上审理是指运用互联网进行的、不限地点的在线审理，使用的是与内网对应的外网进行传输，而此节所述的远程庭审是包含外网和内网在内的远程庭审模式。选择T法院远程庭审案件作为样本的原因是笔者期望通过借鉴内网系统的远程庭审模式探索建立一个适用于大部分案件类型的远程庭审模型。S市T法院（以下简称T法院）是一个改革中的法院，其在电子审判、互联网法庭领域也开启了探索之路。值得注意的是，T法院远程庭审的案件中主要以刑事案件为主，而刑事案件的远程庭审是通过内网进行的。通过内网系统对T法院远程庭审模式进行梳理得出以下数据：[①] 自2018年1月1日至2019年4月30日，运用远程技术审理的案件总数为101件，其中刑事案件88件，占比87.1%，民事案件4件，占比4%，行政案件6件，占比5.9%，破产案件3件，占比3%（见表2）。

表2　S市T法院远程庭审分布表

案件类型	案件数（件）	占比
刑事案件	88	87.1%
民事案件	4	4%
行政案件	6	5.9%
破产案件	3	3%

远程庭审的刑事案件中又包含三地远程（公诉人与被告人均异地）和两地远程（公诉人或被告人异地）审理模式，三地远程的案件有7件，两地远程的案件中，公诉人异地庭审的案件有41件，被告人异地庭审的案件有40件，（见下表3）：

表3　刑事案件异地审理基本情况表

	两地连线（件）	三地组网（件）	总计（件）
公诉人异地	41		
被告人异地	40		
总计	81	7	88

① 文章中所有数据均系笔者通过内网审判管理系统，设定前提条件，包含时间段、开庭地点搜索后，在结果中一一筛选，并加以整理所得。

运用内网进行远程庭审的案件为 88 件（全部为刑事案件），运用外网互联网进行远程庭审的案件为 13 件（除刑事案件外的其他案件类型）。

因此，T 法院采用远程庭审的案件有以下几个特点：（1）案情简单，事实清楚的案件适合使用远程庭审。（2）民事案件中仅网络购物合同纠纷案件使用过远程庭审。（3）行政案件中仅被告行政机关采用远程庭审的方式参与庭审，未扩大至原告。（4）刑事案件中公诉人与被告人均可采用远程庭审的方式参与诉讼。

（三）经访谈对远程庭审使用意愿及问题的梳理

以访谈形式与部分使用远程庭审方式审理过案件的法官，以及随机选取了部分律师及当事人就使用远程方式参与庭审的意愿进行了调查，梳理了部分运用网络以实时视频的方式审理案件的基本情况和存在的问题。首先就采访的15位法官、15 位律师以及 20 位当事人就适用远程庭审系统进行庭审的意愿进行了调查。(详见表4)。

表 4　　使用远程庭审意愿调查表

接受满意度／对象	法官	律师	当事人
非常满意，接受度高	1	4	0
基本满意，部分优化	10	9	4
不太满意，还需提升	3	2	8
难以接受，不愿使用	1	0	8

由上表可知，大部分法官及律师对于远程庭审的态度都是可接受的，但当事人对于远程庭审的态度却不太乐观。以下整理了现阶段使用远程庭审系统时存在的诸多需要改正的问题：

1. 网络稳定性差。网络的滞后性导致审判席与当事人出现沟通不畅的情况，双方可能出现因未收到对方回应而不断重复对话的现象。由此导致庭审难以正常进行，庭审效果不尽如人意。

2. 举证、质证困难。远程庭审导致法官无法面对面对证据进行审查，当事人也无法在远程的情况下对证据真实性进行质证，除电子数据证据可在线审查外，其他实物证据的审查难题还未解决。

3. 外网安全性低。对于一些民事涉密案件以及大多数刑事案件而言，采用外网进行远程庭审会增加黑客攻击的概率，可能存在泄密的风险。

4. 系统对接存在问题。刑事案件中采用内网专线进行远程庭审，通过法院与看守所对接以及法院与检察院对接，选择同一时间开庭，因为各方系统不同，法院确定开庭时间后，可能出现看守所及检察院在同一时间没有空闲的远程庭审场所进行庭审，三方协调可能会浪费大量时间。

5. 前期准备时间过长。在正式进行一场远程庭审之前，法院运维必须事先对线路和画面进行调试，对网络运行情况进行把握。实践中出现开庭前运维需提前一小时进行调试，开庭过程持续了二十分钟结束后，运维仍需耗费半小时对设备进行收纳的情形。

6. 庭后笔录确认签字困难。因远程审判，笔录生成后只能以电子方式进行确认，但电子阅签系统需要特殊设备方可进行，目前仅法院配备相应设备，检察院及其他当事人无法进行网上阅签。若通过庭审系统进行确认，也可能出现当事人庭审结束后拒绝确认庭审笔录的情况，尤其在民事案件中，若当事人对最终判决不满，极有可能拒绝确认笔录。

7. 庭审纪律难以保证。远程庭审的案件中尤其是民事案件，当事人通过互联网参与庭审，因环境与地点选择的开放性，当事人对于庭审的庄严肃穆无法把握，可能出现在庭审的过程中，因不满庭审中相关问题的认定或出现情绪的巨大波动而自行关闭远程系统，中断开庭，且当事人所处环境开放可能人员庞杂，影响庭审的正常开展。

二、追根溯源：当前实践下远程庭审发展不成熟之原因检视

各地为响应建立“智慧法院”号召，纷纷开始探索在审判领域与互联网的结合，“互联网 + 审判”成为各地凸显本地特色的突破口，由此导致在全国范围内互联网法庭的实践虽然功能相差无几，但呈现出五花八门的名称。远程庭审技术确实还处于不成熟的阶段，出现上述问题的原因主要有两方面：

（一）主观原因

1. 理论层面的冲突，难以调和。理论层面的冲突主要表现在远程庭审对于直接言词原则以及辩论原则的突破。

首先，直接言词原则是现代民事诉讼法的基本原则，是指法院审理、裁决民事案件，必须由受诉法院的法官审理、亲自听取当事人和其他诉讼参与人的言词陈述及辩论，并采用言词方式审查证据及其他相关资料，最后依法作出判决的原则。[①] 有学者认为，远程庭审操作是对直接言词原则最彻底的突破。直接言词原则分为直接原则和言词原则（见图 4）。直接原则又称直接审理原则，是指只有经过法官直接审核、采信的证据才能作为定案的依据，强调法官的亲历性和证据的原始性。[②] 直接审理原则包含三层含

① 田平安：《民事诉讼法原理》，厦门大学出版社 2005 年版，第 181 ~ 182 页。

② 姜玉卿：《略议直接言词原则的内在诉讼价值》，载《法治丛论》2004 年第 19 期。

义：第一，在场原则，第二，直接采证原则，第三，直接裁判原则。① 言词原则是指只有经过当事人口头辩论的内容才有可能作为裁判的依据。远程庭审时，当事人远在千里之外，通过远程技术实现在线参与庭审，这与直接言词原则中的“在场原则”存在矛盾关系。笔者认为，直接言词原则强调的是法官的亲历性和证据的原始性，并经当事人口头辩论，而非“在场”。通过远程庭审，法官的亲历性与证据的原始性并不因此受到影响，当事人的口头辩论权也得以保障。

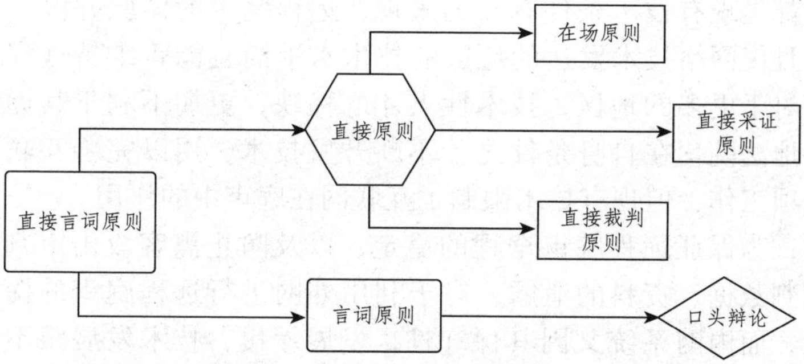

图4　直接言词原则拆解图

其次，辩论原则是指“诉争双方以口头或者书面的形式就纠纷的产生、经过、结果与正义的焦点，以及诉求，通过攻与守的方式，由一方提出主张，另一方进行认可或对抗，以此保障诉权和利益。”② 因此，有学者认为辩论原则要求的是交流方式的同步性，“当事人以‘亲口说出’的方式进行意思表示，法官以‘亲耳听到’的方式听取当事人的陈述。”③ 笔者认为远程庭审与辩论原则并不矛盾，所谓“亲口说出”与“亲耳听到”并不是辩论原则的核心，所有能够使当事人无障碍的表达诉请及意愿的行为都符合辩论的原则。

2. 固化的思维模式，难以突破。传统的审判习惯在短时间内难以改变，通过调研可以发现，虽然很多法院在审判方式上不断创新，尝试将互联网与审判相结合，但是，很多结合实际上并没有发挥互联网的作用，主要表现在互联网法庭受理的案件类型，互联网与审判的结合程度、证据的质证手段等。三大互联网法院受理案件类型基本属于涉互联网民商事案件及小部分与互联网相关的行政案件，只有极少数基层法院在实践中运用远程庭审方式审理其他非涉互联网案件。人们在庭审方式层面已经跨出了第一步，但固化的思维模式依旧束缚了审判实践发展的脚步，对当事人而言，未踏

① 滑冰清：《电子法庭与传统民事诉讼法理的冲突与协调》，复旦大学2014年硕士学位论文。

② 章武生、段厚省：《民事诉讼法学原理》，上海人民出版社2005年版，第127页。

③ 曾曼琴：《电子诉讼与传统民事诉讼的冲突与协调》，上海师范大学2018年硕士学位论文。

入法庭区域便不受约束，采用远程方式进行庭审并不能最佳表达自己的诉求，相对视频交流方式，人们还是更加倾向于选择“面对面”交流。要真正让远程庭审发挥其应有的作用，首先应当改变普通大众对于远程庭审的看法，接受此种庭审模式。

（二）客观原因

1. 技术条件不成熟，力不从心。“远程诉讼的物质保障就在于网络技术和网络设备。”① 远程庭审的过程中出现网络卡顿、视屏画面模糊、网络迟延等问题都是现有技术条件有限的表现，远程庭审的体验并没有当初设想的顺利。且仅网络技术发达的地区的技术水平尚且能否维持远程庭审的正常进行，对于更多的地区，技术性人才的稀缺，更加不利于其远程法庭的建设。各地法院均在自身条件之下不断开发技术，用以完善互联网与审判结合的各项工作，但现有技术限制了互联网在庭审中的作用。

同时，为保证远程庭审全程的稳定，以及防止黑客攻击审判系统，避免出现审判数据、资料的泄露，对于利用外网进行远程庭审的探索还处于保守阶段，而内网系统又因其保守性，发展缓慢，技术发展跟不上现实中人们对于远程庭审的需求。因此，现阶段远程庭审的发展囿于技术条件的发展。

2. 硬件设施匮乏，各地资源不均。运用远程审判系统审理案件必须配备专业的远程庭审设备，其不仅对技术有特殊要求，同时也对网络稳定以及专业设备均有较高要求。我国经济发展水平整体呈现“南高北低，东高西低”的特点，全国范围内仅小部分省市能够在辖区内的法院配备齐全的设施，方便进行远程庭审，而绝大多数地区，尤其是地广人稀的大西北地区，要求每个法院配备这样专业的庭审设备可能性很小。因此，大部分地方法院因硬件设施缺乏，无法进行远程庭审，只能借助外部系统，例如微信小程序等，进行庭审等一系列工作。庭审的随意性导致庭审泄密风险加大，审判行为的权威性难以维持，不利于树立法院庄严形象，更不利于最终的服判息诉。

3. 系统各自为政，互不相通。现阶段，我国各法院系统、检察系统、公安系统以及政府系统相互之间并没有专线连通，无法在全国范围内构建远程庭审的沟通信息网，导致远程庭审在实践中也出现各式各样的问题。在行政诉讼中，发生纠纷需要开庭时，负责人往往无暇参与庭审，尤其在行政诉讼负责人出庭制要求下，该制度难以落实，若在行政机关设置与法院连接的专线，那么行政机关负责人则可以在办公室参与庭审，节省往返

① 何军兵、黄敏、周斌：《论远程诉讼——以能动司法为视角》，载《政治与法律》2012 年第 12 期。

时间，同时也可以更好地解决与百姓之间的矛盾。

据了解，T法院在这一方面作出了较为突出的贡献。其在运用远程系统审理案件时，尤其是刑事案件，与各远郊看守所、检察院存在远程审理的必要，因此在三个系统之间设立了专门的、不同于外部网络和各系统内网的专线，专用于远程庭审的召开，这满足了各系统内部保密的需要，也满足了远程庭审的需求，值得借鉴。

三、对策研究：迈向统一规范常态化远程庭审的解局

通过对各地互联网法院及法庭的考察，以及S市T法院远程庭审深入剖析，找出了现阶段我国远程庭审在实践中存在的各种问题与局限，为化解上述困境，应从以下几个方面进行改善，逐渐使远程庭审走上统一规范常态化的道路。

（一）扩大远程庭审案件类型及主体范围

1. 民事案件应扩大远程庭审适用案件类型。“‘互联网+审判’是法院变革的大势所趋，远程庭审覆盖全类别案件是今后法院发展的方向，我们必须要打破传统诉讼法的模式，打破固化的思维方式，只有观念革新才能带来制度的变迁。”① 确立互联网管辖范围时，主要考虑依托互联网发生纠纷的案件，证据的产生和存储也在互联网之中，因此在线审理存在天然的便利性。笔者认为，远程庭审的初衷之一在于便利当事人，节约当事人往返开庭浪费的时间和金钱，在“互联网+”大背景下，纠纷双方当事人的相对距离也越来越远，在此背景之下，远程庭审技术运用的需求也越来越多。韩国在1995年就制定了《韩国远程网络审判规则》，当时互联网的发展尚未达到现在的标准，其初衷在于对居住在交通不便地区的当事人试行远程审理。② 如果还将远程庭审的案件类型局限于涉互联网案件，将远远不能满足现实需求，也不符合设立初衷。

2. 行政案件远程庭审主体扩大至诉讼参与人。实践中发现，当前行政案件中采用远程庭审系统时，仅被告即行政机关可远程参与庭审，原告及其他诉讼参与人尚未尝试使用远程方式参与庭审，若当事人处于关押状态时，采取法官上门开庭的方式审理，则会增加审判人员的难度，同时时间成本也会增加。行政案件中的原、被告虽处于不平等地位，但从法律的角度而言，两者地位平等，法院居中裁判，与民事案件相比并无不同。因此，

---

① 张峰、滑冰清：《电子法庭与传统民事诉讼法理的冲突与协调》，载《河南师范大学学报（哲学社会科学版）》2013年第1期。

② 包冰峰：《程序选择契约视角下的民事诉讼和解制度研究——以纠纷解决制度的强化与扩充为中心》，厦门大学出版社2016年版，第138页。

正如民事案件诉讼参与人均可采用远程庭审的模式，行政案件的诉讼参与人也应如此。

3. 刑事案件远程审判地点选择应慎重。刑事案件的审判因涉及可能对被告人身自由以及生命权的剥夺，在适用远程庭审案件时应充分听取被告人的意见，相较于传统的庭审模式，远程庭审案件缺乏线下当庭庭审的威严性，不利于被告人认罪伏法。对被告人而言，陌生的庭审形式也不利于其表达自己的真实意愿，尤其处于羁押状态的当事人，不脱离羁押场所不利于其表达自己的真实意思，也不利于查清相关事实，极有可能出现被告人出于害怕而认罪。这也给“刑讯逼供”提供了生存的土壤。因此，刑事案件远程审判的地点选择也应慎重，尽量避免被告人在羁押场所参与庭审。对于公诉人的远程参审地点选择以在检察院为主，不得脱离工作场所。

（二）建立全国范围内法院协助配合机制

1. 设立专门的远程庭审场所。由于各地发展水平不均，许多贫困地区硬件设备缺乏，尤其是偏远的山区小镇，发生纠纷案件时，若当事人到法院开庭，将会增加当事人的诉讼成本。若在上述地区法院设立一定数量的内网法庭，并在开庭时派驻一名或两名法官助理、书记员或法警在现场维护庭审秩序，同时派驻一名信息化管理专业人员在场，确保庭审的正常进行。由此可以解决使用外网庭审可能出现的泄密风险，其次对保证庭审纪律也有一定作用，虽然不在现场参与庭审，但处于法庭之中，仍能感受法院的威严，另外也尽量减少了因路途遥远参与庭审而额外支出的费用。

2. 尽快制定统一的远程庭审操作规程。远程庭审是远程审判的其中一部分，制定统一的远程审判操作规程，一是便利各地法院相互之间合作，另外，规范远程庭审的操作规程，也可保证庭审的有序进行。总体来说，一份合格的远程庭审操作规程应主要包含六个方面（见图5），其中电子阅签在实践中已有法院在庭审结束之后由书记员将笔录展示给当事人，确认无误后，使用手机扫描二维码进行签字确认。[①] 在设计电子阅签系统时可以借鉴现阶段实践中的做法。

---

① 参见《互联网法庭开庭审理“5个榴莲案” 路远当事人家中参审减少开支和累诉》，载《北京日报》2018年4月13日第6版。

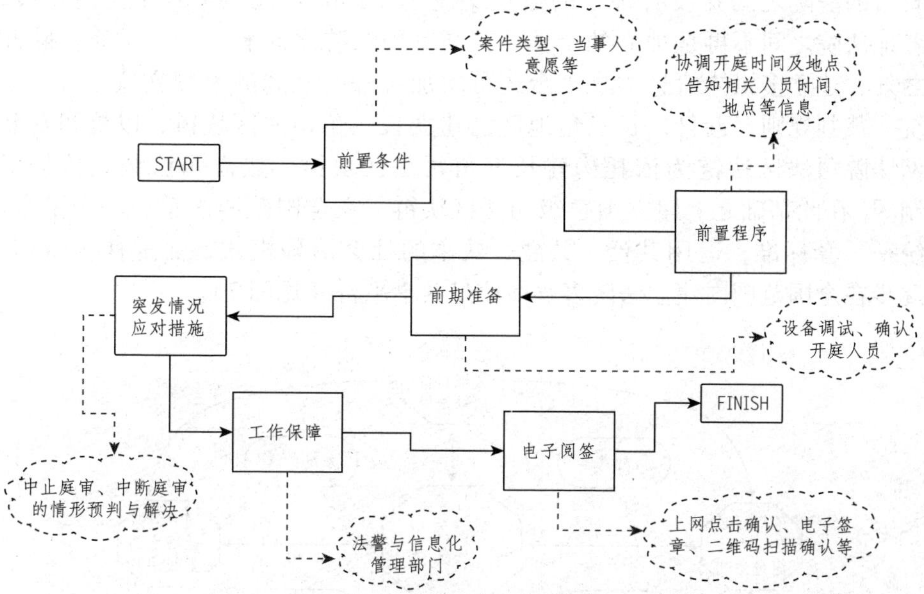

图5　远程庭审操作流程图

3. 设立全国法院远程庭审交流平台。因远程审判模式将全国各法院连成一张庭审网，任何一个法院都有可能与其他法院存在协助配合关系，为更加便利地完成远程庭审工作，建立全国法院远程庭审交流平台，将各个法院远程庭审场所的使用情况进行公示，便于各法院在需要时查看并作出恰当安排，也便于各地法院交流使用远程庭审时出现的问题，及时对问题进行排除。

（三）建立全国范围内公检法系统多媒体信息共享平台

1. 法院与检察院、公安之间。T法院在此方面已走在前列，2018年6月已与T检察院建立多媒体信息共享平台，实现工作交流零距离。建立法院与检察院、公安之间的交流主要是便于刑事案件审理，包括庭审对接系统，两边无缝衔接，促进庭审顺利进行。在全国范围内，按辖区划分，法院与检察院、公安一一对应，相互之间建立信息共享平台，便于工作交流（见图6）。需要注意的是，多媒体信息共享平台交流范围应在限度之内，避免过于密切的交流影响案件审判的公正性。

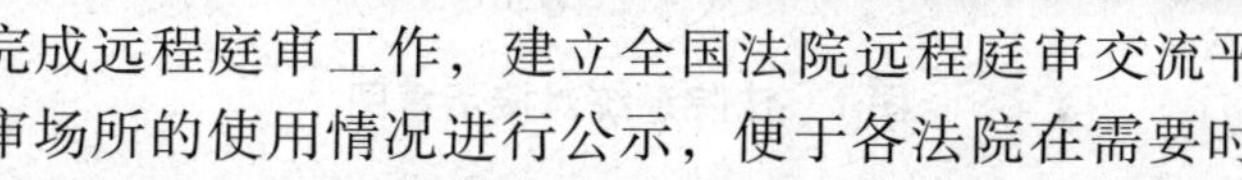

图6　法检系统对接示意图

2. 法院与法院之间。除上下级法院之间存在便利的信息共享平台，跨省市的法院之间并没有统一的信息交流平台，随着远程审判系统的发展，各地法院之间不再是独立的个体，其与其他法院之间有了合作关系。除此之外，建立多媒体信息共享平台还可增加各法院之间的审判交流，有利于统一裁判规则。近日，长三角地区已建立长三角司法区块链，以杭州互联网法院司法区块链为依托构建长三角司法区块链，建立司法级别信任机制。① 在此基础之上建立国家级司法区块链，在全国范围内整合一个平台、统一一套标准，运用共治、共建、共享的社会治理模式，促进社会诚信，逐步在全国范围内建立法院多媒体信息共享平台（见图7）。

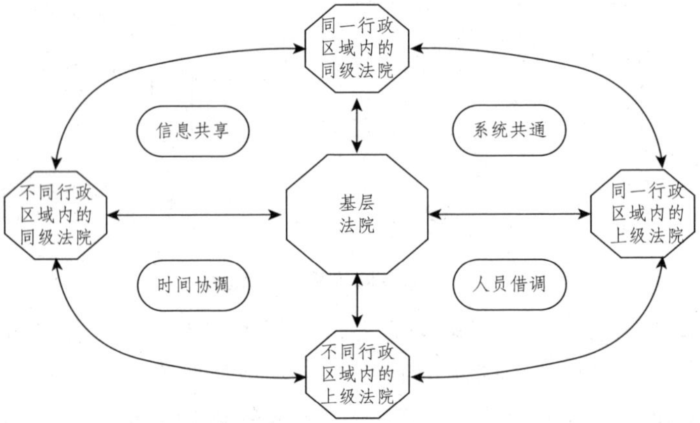

图7　法院系统对接示意图

（四）创新电子化的举证、质证方式

一直以来，证据的举证质证都是远程审判的一大难题，包括三大互联网法院在内，对于电子数据证据以外的证据类型，其举证质证尚未有符合要求的标准做法。我们已处于信息化时代，任何实体物品都能转化为互联网上的一串代码，所有称之为证据的有形物体，都可以以视频、照片、甚至以一串数字的形态表现于电子介质之中，而这些也恰恰可以流通于网络，展现于任何地方的电子屏中，无异于面对面质证。此种方式称为证据的电子采集。福建省厦门市海沧区人民法院设立的涉台法庭，已采用集语音、数字、图像处理为一体，综合运用数据库技术、网络技术、自动控制技术的多媒体系统，有效实现了各类证据的可视化展示。②

开庭前针对证据对当事人双方进行询问，有对证据真实性存疑的，可

---

① 《权威发布：长三角司法链今日建立》，载 https：//mp. weixin. qq. com/s/fZS_ DUEQ a_ 4QA - Dxvoc8cA，最后访问时间：2019 年 6 月 16 日。

② 厦门市海沧区人民法院课题组：《优化营商环境之司法创新探索——以海沧法院涉台司法创新为样本》，载《东南司法评论》2016 年卷。

以考虑启动异地电子取证程序（见图8）。已有法院将证据提交给当事人所在地法院，由当地法院工作人员进行拍摄和取证，记录相关信息，[①] 在开庭时，当庭进行展示，用以质证。

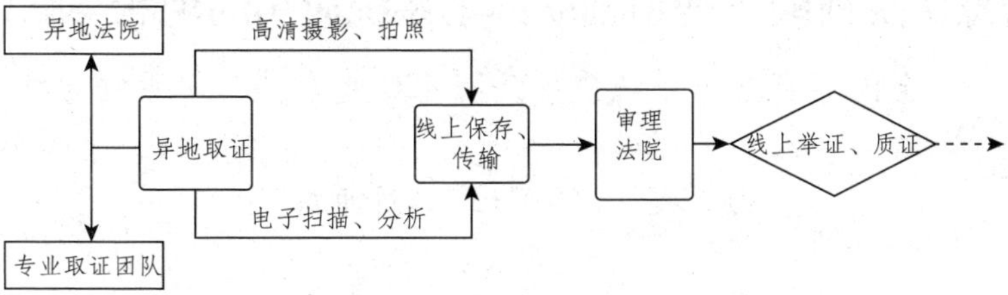

图8　电子取证示意图

结　语

在远程会议、视屏通话越来越普遍的今天，跨越时间和距离的通话成为我们日常生活的一部分，远程庭审也不过是司法领域的远距离对话，它的实质是对传统庭审方式形式上的突破。许多我们曾经以为不可能的事，在今天已经全部实现，所以，远程庭审模式今天遇到的问题，在科技发展的未来，思想进步的未来，也将不再成为问题。

① 李婷：《电子法庭中的证据问题研究》，复旦大学2014年硕士学位论文。

智慧法院视阈下智审辅助办案系统应用的现状与瞻望

——以全国七家智审系统应用法院420起案件应用数据为样本

杨长坡* 智亚利** 刘帅杰***

引 言

“智慧法院”一词，最早见于2012年中国审判新闻半月刊报道的上海市第二中级人民法院C2J法官智能辅助办案系统，[①] 周强院长在最高人民法院信息化建设工作领导小组2016年第一次全体会议上强调坚持需求和问题导向，破解难题补齐短板，推进人民法院信息化建设转型升级，明确提出建设立足于时代前沿的“智慧法院”。[②]

在智慧法院建设中，智审辅助办案系统是实现司法审判、诉讼服务和司法管理现代化的重要尝试，它通过利用大数据分析技术实现关联案件、参考案例、法律法规等信息的推送服务，为立案法官自动生成司法文书，为办案法官自动生成裁判文书，通过提供个性化、精细化、智能化服务，为审判体系和审判能力现代化提供技术支撑，是实现“人民司法事业发展‘车之两轮、鸟之双翼’”[③] 的重要成果。智审辅助办案系统自2017年投入运行以来，已陆续在全国法院系统部署11省，极大方便了当事人立案，辅助法官团队办案。然而，目前关于智审辅助办案系统的实践运用情况却少有研究者涉足，除《人民法院报》简明扼要介绍了在石家庄桥西区[④]和河南

* 作者单位：河南省汝州市人民法院。

** 作者单位：河南省汝州市人民法院。

*** 作者单位：河南省汝州市人民法院。

① 高绍安、吴玲：《上海二中院：推出C2J系统 打造智慧法院》，载《中国审判》2012年第4期。

② 周强：《坚持需求和问题导向 破解难题补齐短板 推进人民法院信息化建设转型升级》，载《人民法院报》2016年第30期。

③ 周强：《司法改革和信息化是司法事业车之两轮》，载中国新闻网2015年7月。

④ 敬亮、彦哲：《石家庄桥西智审上线法官工作减量》，载《人民法院报》2017年9月25日第5版。

省汝州市[①]的实践经验外，中国知网、万方、维普等知名数据库中无专门研究性论文加以总结。

为此，本文根据地域、级别等方面的不同着重选取全国七家智审系统应用法院[②]为研究对象，从七家法院中提取2019年5月智审系统应用数据，[③] 并对5月结案的420起案件[④]智审系统应用数据进行对标实测，科学评价、客观审视智审辅助办案系统在案件立案、审理、结案中的实践运用，认为其在推动审判管理智能化上有较高的科学性、操作性和可推广性，但也存在功能定位与实际需求有偏差、智能化水平与实际需要有偏差、卷宗归目水平与归档化要求有偏差等不足。为此，智审系统需加强由审判管理向审判服务延伸、审判服务向个性化需求延伸、信息孤岛向深度应用延伸，扩展功能模块、完善数据库建设、优化系统和功能配置。

一、智审辅助办案系统应用的成效

2019年5月，七家法院员额法官智审系统总登录人数474人，平均登录率94.54%，[⑤] 总登录次数850次，人均登录次数2.06次，[⑥] 各法院员额法官登录率详见图1。可见，智审辅助办案系统已深入应用在七家法院各法官团队立案、审案和结案的日常工作中。

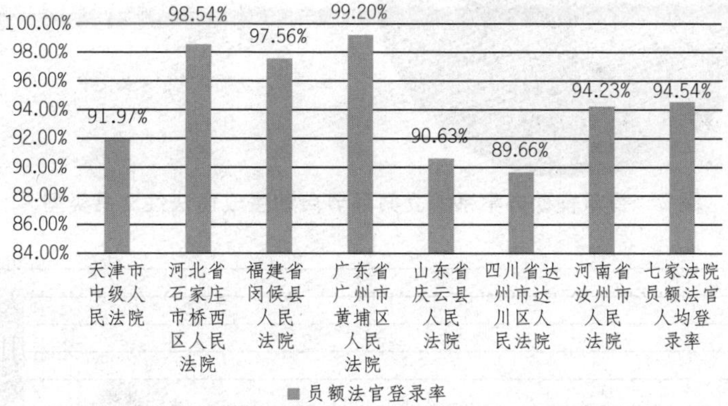

图1　全国七家智审系统应用法院员额法官登录率

① 杨长坡：《智能化辅助实现全流程无纸化办案》，载《人民法院报》2018年12月27日第4版。

② 七家智审系统应用法院分别为：天津市中级人民法院、河北省石家庄桥西区人民法院、福建省闽侯县人民法院、广东省广州市黄埔区人民法院、山东省庆云县人民法院、四川省达州市达州区人民法院和河南省汝州市人民法院。

③ 数据由智审辅助办案系统供应商北京经舆典公司提供。

④ 420起案件由七家智审系统应用法院2019年5月已结案民事、行政、刑事各抽取20件汇总而成。

⑤ 平均登录率=七家法院智审系统登录总人数/员额法官总人数。

⑥ 人均登录次数=七家法院智审系统登录总次数/员额法官总人数。其中，天津中院人均登录次数1.57次、桥西区法院2.08次、闽侯县法院2.33次、广州黄埔区法院2.91次、山东庆云县法院2.07次、四川达州市达州区法院2.08次、河南省汝州市法院2.08次，七家法院人均登录次数2.06次。

（一）立案：文书自动生成回填辅助立案

“立案通常被看作法院诉讼活动的起点”，[①] 传统的立案工作模式以手工操作为主，手续繁琐、环节分散、效率低下。通过在立案环节引入智审辅助办案系统，立案法官接收诉讼材料，分拣材料扫描，可实现一键编制案号、数据回填，自动生成立案范围及违法滥诉风险告知书、权利义务告知书、财产保全告知书、案件受理费通知书、地址确认书等司法文书，并将其推送到电子签名终端，由当事人进行电子签名、指纹录入，极大提高立案效率，方便当事人办理立案手续。

从 2019 年 5 月七家智审应用法院在立案环节生成文书数据来看，智审系统不仅支持一般性过程性司法文书自动生成，还可根据每个法院自身需求，制作相应的文书模板（见图 2），并加盖本院电子印章。5 月，全国七家智审系统应用法院共计生成司法性文书 11875 件（见图 3）。

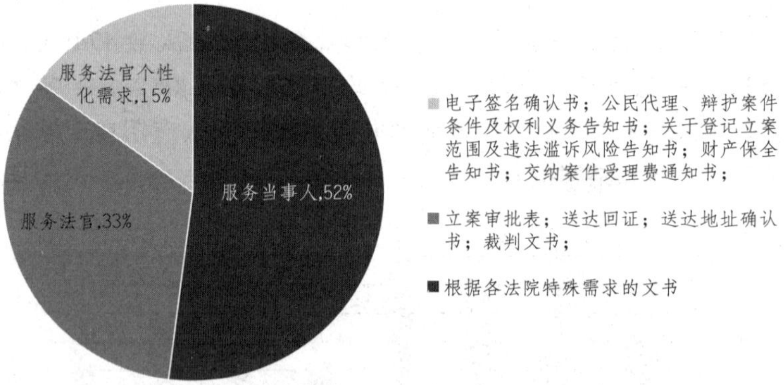

图 2　智审辅助办案系统立案环节自动生成司法性文书类型

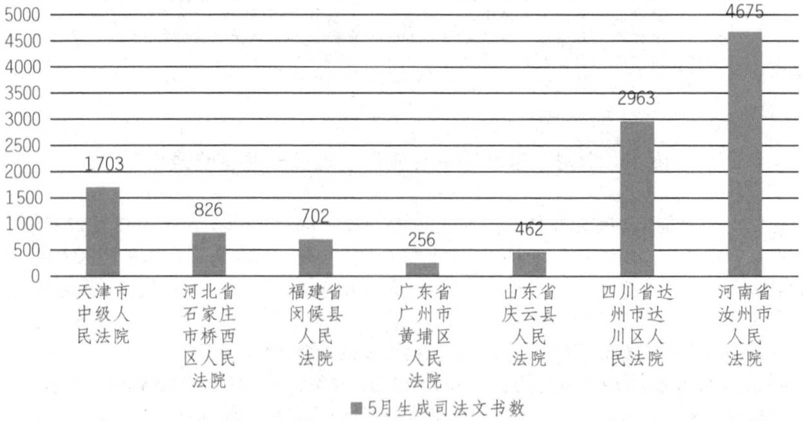

图 3　各智审系统应用法院 5 月生成司法文书数据详情

① 耿翔：《民事立案制度研究——以起诉受理为中心》，武汉大学 2017 年博士学位论文，第 8 页。

从七家法院5月结案的420起案件立案数据来看，民事案件中立案数据回填成功率100%，原告文书送达率96.75%，被告文书送达率46.34%；行政案件[①]立案数据回填成功率100%，原告文书送达率97.78%，被告文书送达率87.56%；刑事案件中立案数据回填成功率100%，公诉机关文书送达率100%，取保候审和监视居住的被告文书[②]送达率12.34%（见图4）。

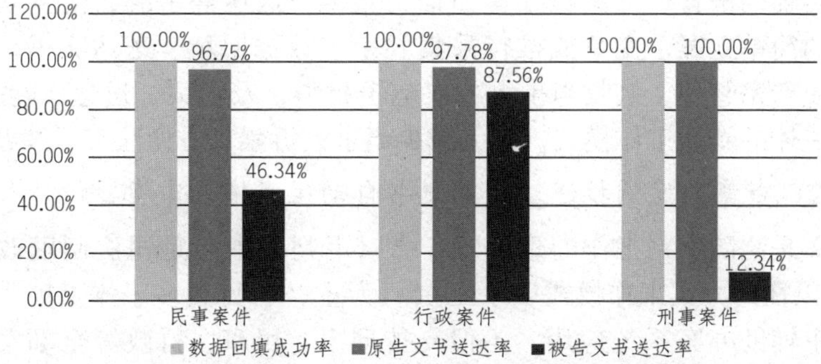

图4 七家法院5月已结案三类案件立案数据统计

再以H省R市法院为例，R市法院2019年5月新立案1096件，其中民事913件、行政115件、刑事68件。其中民事案件中立案数据回填成功率100%，原告文书送达率100%，被告文书送达率46.34%；行政案件立案数据回填成功率100%，原告文书送达率100%，被告文书送达率98.12%；刑事案件中立案数据回填成功率100%，公诉机关文书送达率100%，取保候审和监视居住的被告文书[③]送达率3.16%（见图5）。

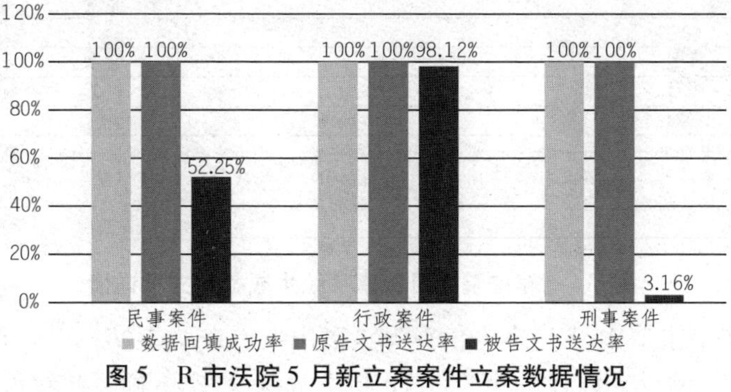

图5 R市法院5月新立案案件立案数据情况

由此，在立案环节引入智审辅助办案系统，自动生成、回填过程性司

① 所抽查行政案件样本中不包括非诉行审案件。

② 所抽查120起刑事案件中，涉及被告取保候审和监视居住的案件仅有11件，故该项数据统计以此11件为统计基数。

③ 68起刑事案件，涉及被告人取保候审案件2起，监视居住案件1起，该项数据以此为统计基数。

法文书，有效改革了诉讼服务中心职能，创新了工作模式。一方面，将采集卷宗、送达文书、纸质卷宗管理、制卷归档等审判辅助业务从审判业务庭剥离给诉讼服务中心，配置自助立案一体机、智能卷宗存储柜、特快专递专用打印机、卷宗整理机自动装订机、指纹采集识读机等设备，重塑诉讼服务中心智能和工作模式。另一方面，在每个诉服窗口配置一名立案法官和一名辅助法官，全流程办理扫描、立案、送达等手续，使得立案工作由原来的简单立案，变革成推行采集卷宗、数据回填、送达文书、电子签收、纸质卷宗管理、接收当事人二次电子材料，及立案、送达、卷宗保管、归档为一体的新型工作模式。极大减少当事人诉累，方便法官后续办案。

（二）审案：案例推送、裁判文书自动生成辅助审案

审案是法院审判工作的重头戏，“以审判为中心是司法制度改革的方向”,[①] 以往的办案工作模式以手工撰写为主，名目繁多、体量庞大。通过引入智审辅助办案系统应用，不但支持刑事、民事、行政等全部案件类型的司法文书智能辅助生成，还通过“针对争议焦点的类案推送、法条推送”和“刑事案情分析、推理、长文本生成”等技术，为法官的“审”和“判”提供更强有力的智力辅助服务。2019 年 5 月，全国七家智审系统应用法院生成裁判文书总数 5017 件（见图 6）。

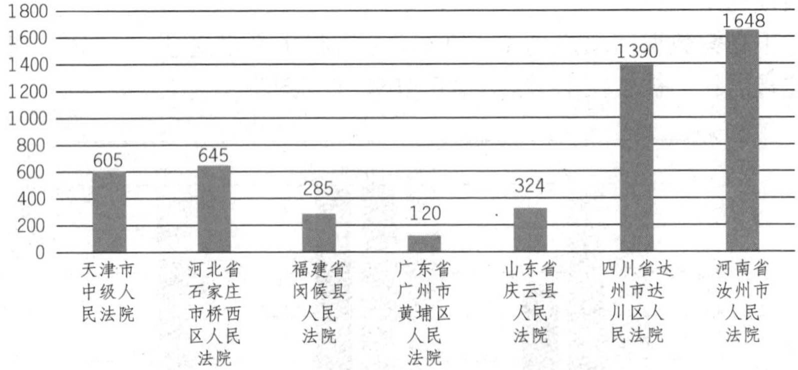

图 6　七家法院 5 月智审系统生成裁判文书详情

裁判文书主要由“当事人信息”“案由”“查明事实”“本院认为”和“附录法条”构成，以往的审判实践中“裁判文书普遍存在着说理不充分、释法说理不到位、裁判文书逻辑论证不足等问题”[②]，引入的智审辅助办案系统可支持从当事人起诉状、补充事实等材料中自动提取当事人信息、查明事实等情况，支持从本级法院、上级法院和全国法院进行类案推送、法

① 张能全：《论以审判为中心的刑事司法改革》，载《社会科学战线》2015 年第 10 期。

② 王伟光：《法官科学论证裁判文书的可行性研究》，山东政法学院 2019 年硕士学位论文。

条推送。七家法院 5 月所抽取已结案件 420 件，智审系统推送本级法院案例 9352 件，上级法院 2482 件，全国类似案件 700934 件。分别对所抽取 5 月已结民事、行政、刑事案件部分案件统计得知，民事 140 起案件中智审系统推送本级法院案例 4876 件，上级法院 1289 件，全国类似案例 543987 件；行政案件推送本级法院案例 2535 件，上级法院 768 件，全国类似案例 105639 件；刑事案件推送本级法院案例 1981 件，上级法院 425 件，全国类似案例 51308 件（见图 7）。

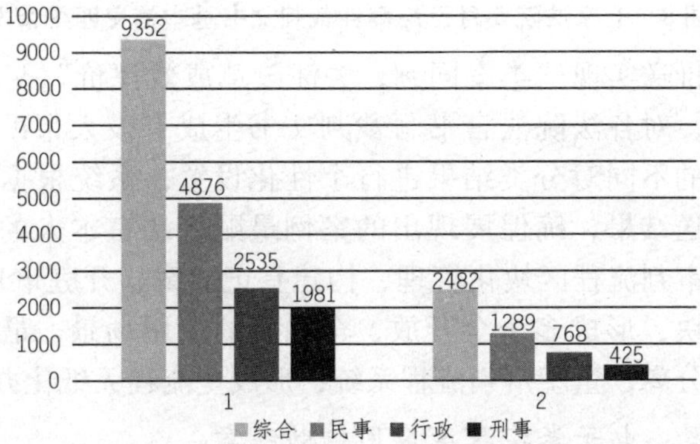

图 7　七家法院 5 月已结案件类案推送情况统计①

将最终的裁判文书，与智审自动生成裁判文书进行比对，“当事人信息”匹配率② 96.25%，“查明事实部分”匹配率 65.34%，附录法条与所实际使用法条比为 456.73%，“本院认为”部分匹配率 27.55%。其中，民事案件“当事人信息”匹配率 95.34%，“查明事实部分”匹配率 78.57%，附录法条与所实际使用法条率比为 578.73%，“本院认为”部分匹配率 38.35%；行政案件“当事人信息”匹配率 98.23%，“查明事实部分”匹配率 55.37%，附录法条与所实际使用法条率比为 376.45%，“本院认为”部分匹配率 17.89%；刑事案件“当事人信息”匹配率 95.18%，“查明事实部分”匹配率 62.18%，附录法条与所实际使用法条率比为 415.01%，“本院认为”部分匹配率 26.41%（见图 8）。

① 该图表数据统计不含全国法院类似案例数据。

② 这里的“匹配率”主要指内容吻合情况，“查明事实”和“本院认为”部分先将内容划分成段，然后考察各段落内容事实吻合情况，“当事人信息”和“附录法条与所实际使用法条比”可直接考察该段落事实吻合情况。

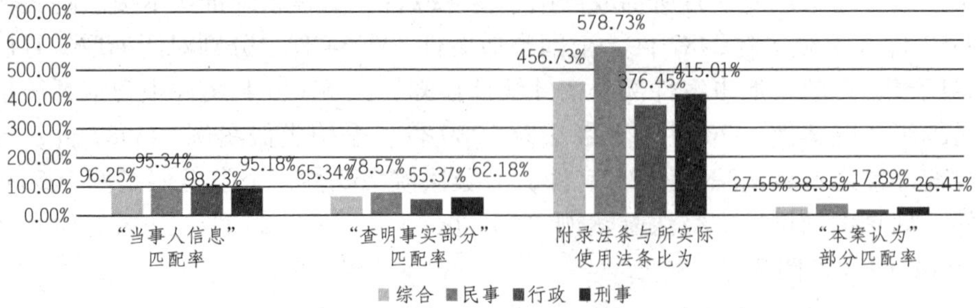

图 8　七家法院 5 月已结案件裁判文书基本信息匹配情况

通过类案推送实现"类案同判，关注改革成效评价"，[①] 尤其是本院类案数据库推送，对各法院法官书写裁判文书生成有极大帮助，法官可以根据本人关注点的不同对分类结果进行个性化设置，系统根据法官设置的优先级别调整推送结果，确保展现出的案例最贴合法官本人的办案需要。而且有助于推行审判流程区块化管理，构建登记立案、开庭审理、文书制作、审限预警等区块，形成多个全开放、全融合的应用场景，最大化将员额法官事务性工作分离，重塑审判流程系统，形成全流程无纸化办案的新模式。

（三）结案：电子卷宗深度应用辅助结案

结案是法院审判工作的最后一环，"'结案率'是对法院、审判庭乃至法官的审判工作进行考核的重要指标"。[②] 传统的结案模式大多是手工作业，结案时对卷宗材料需再次扫描入档，效率低，有时还因材料缺失需当事人重复提交材料。通过引入智审辅助办案系统，可实现电子卷宗随案生成，避免二次扫描重复劳动，还可实现卷宗自动归目，自动编码，有效避免了以往结案归档时手写页码，以及补充材料后重复再编码的问题。

通过对七家法院 2019 年 5 月所抽取的 420 起案件卷宗自动归目情况统计可知，420 起案件卷宗共计 26952 页[③]，归目成功共 22438 页，整体归目成功率 83.25%，七家法院归目成功率见图 9。其中，民事 140 起案件卷宗 7445 页，归目成功数 6936 页，归目成功率 93.16%；行政 140 起案件卷宗 7382 页，归目成功数 6815 页，归目成功率 92.32%；刑事 140 起案件卷宗 12125 页，归目成功数 8687 页，归目成功率 71.65%（见图 10）。

---

① 陈琨：《类案推送嵌入"智慧法院"办案场景的原理和路径》，载《中国应用法学》2018 年第 4 期。

② 王玲芳：《绩效考核忙，四看"结案率"》，载《人民法院报》2019 年 1 月 21 日第 2 版。

③ 七家法院中山东省庆云县人民法院、河南省汝州市法院刑事端口尚未对接完成，无法实现自动归目，但统计中仍包含两家法院 40 起刑事案件 2056 页卷宗。

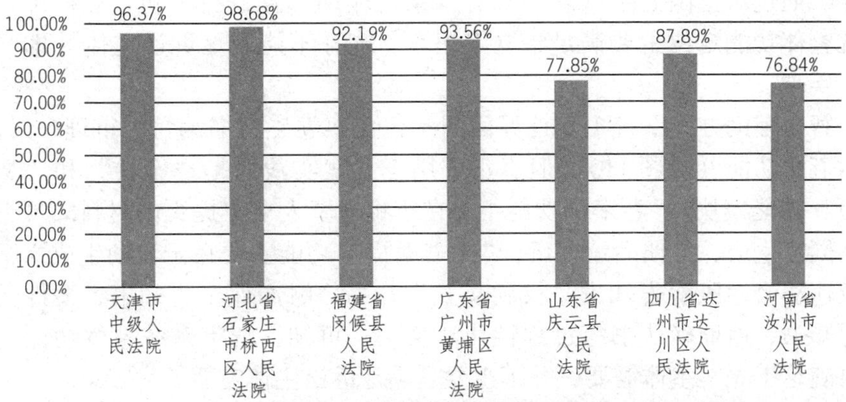

图 9　七家法院所抽取案件归目成功率

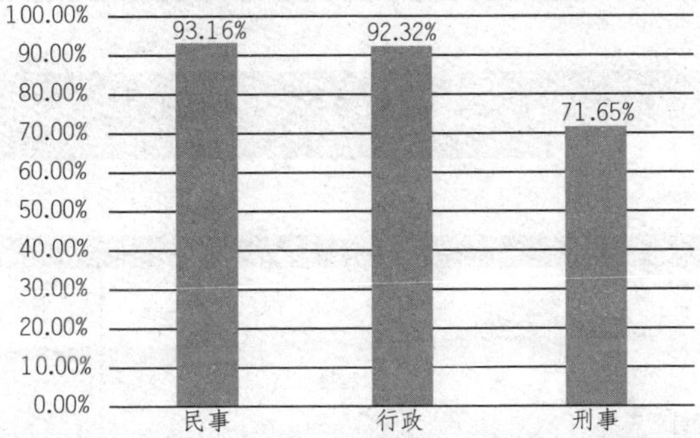

图 10　民事、行政、刑事案件归目成功率详情

智审辅助办案系统应用于案件结案，不仅有效避免了二次扫描以及重复编码问题，而且其配套的自助阅卷机、云柜、卷宗整理机器等设备，也为当事人和办案法官提供便利。当事人可通过自动阅卷机了解案情及案情进展；办案法官即可直接调阅电子卷宗，对于疑难案件，还可通过云柜借阅纸质卷宗，提高办案效率；归档员可通过卷宗整理机、自动装订机等设备实现卷宗自动排序、装订，提高归档效率。

二、智审辅助办案系统应用的问题

通过对全国七家智审系统应用试点法院进行对标实测，认为智审辅助办案系统在推动审判智能化方面有较高的操作性和可推广性，但在立案、审案和结案的实践运用中，也存在功能定位与实际需求有偏差、智能化水平与实际需要有偏差、卷宗归目能力与归档化要求有偏差等不足。

（一）立案：功能定位与实际需求有偏差

立案是一项综合工作，智审辅助办案系统致力于建设智慧诉讼，为当事人提供诉讼便利，通过司法公开让当事人深入了解诉讼流程，建立司法信心。通过对全国七家试点法院智审系统应用数据进行分析，可得出智审系统整体功能定位主要满足于立案法官，却并不能满足诉讼主体（即当事人）需要。

智审辅助办案系统 1.0 首界面图示包含案卷、文书编写、审理、讨论、检索五大功能（见图 11），但真正应用于立案实践的是“案卷”和“文书编写”功能模块。“卷宗”功能主要在于将当事人立案提交的材料实现卷宗随案同步生成，方便后续办案；“文书编写”功能主要在于自动生成立案范围及违法滥诉风险告知书、权利义务告知书、财产保全告知书、案件受理费通知书、地址确认书等过程性司法文书。可知，智审系统整体功能定位主要满足于立案主体需要，并不主要是满足诉讼主体需要。

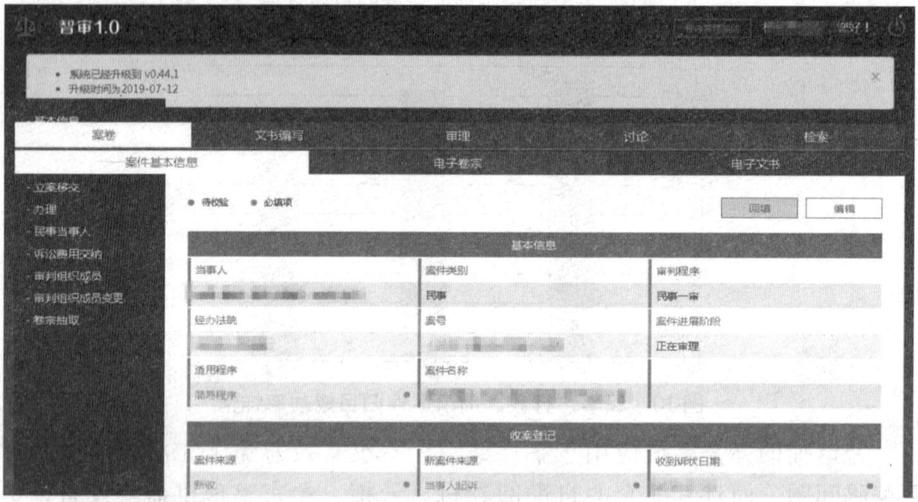

图 11　智审辅助办案系统首界面图示

因此，智审辅助办案系统在服务于立案实践上功能定位模糊，需要从诉讼主体的立场上拓展功能。再者，智审辅助办案系统中致力于立案实践的“卷宗”和“文书编写”功能，卷宗自动归目和文书都需要由本系统定稿后发起，再回填到审判系统中，不仅手续繁琐，有时还存在回传后信息丢失的情况。

（二）审案：智能化水平与实际需要有偏差

审案是一项系统工程，需要办案法官从繁杂的证据材料中厘清事实线索，又需要从法律法规库中找出相关适用法条，“查明事实”和“法条推送”是审案的重中之重。

通过对全国七家试点法院智审系统应用数据进行对标实测，得知智审系统自动生成的裁判文书“查明事实匹配率”为 65.34%，“附录法条与实际运用法条比”为 456.73%，“本院认为”部分与最终裁判文书该部分匹配率只有 27.55%（见图 12），再对"查明事实匹配率"进行民事、行政、刑事的细分，民事"本院认为"部分匹配率为 38.35%，行政"本院认为"部分匹配率 26.41%，刑事"本院认为"部分匹配率仅有 17.89%。说明智审辅助办案系统自动生成的裁判文书整体匹配情况，尤其是"本院认为"部分，智能化水平还有较大提升空间。

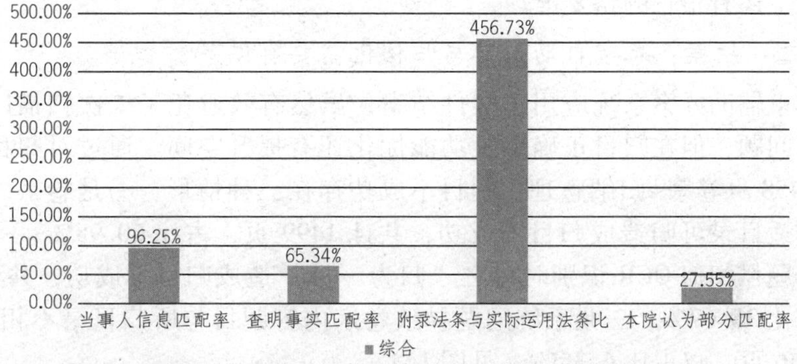

图 12 所抽检 420 起已结案件裁判文书基本信息整体匹配情况

通过对所抽取的民事、行政、刑事案件不同案由裁判文书进行细分，不同案由裁判文书匹配情况各不相同。以所抽取的 140 起民事案件为例，民间借贷纠纷 50 起，金融合同纠纷 38 起，婚姻纠纷 23 起，侵权责任纠纷 15 起，赡养纠纷 12 起，确认劳动关系纠纷 2 起。以被抽取数量较多、有相对代表性的民间借贷纠纷、金融合同纠纷以及婚姻纠纷为例，民间借贷纠纷"当事人信息"匹配率 96.45%，"查明事实部分"匹配率 85.27%，附录法条与所实际使用法条比为 479.36%，"本院认为"部分匹配率 48.52%；金融合同纠纷案件"当事人信息"匹配率 97.23%，"查明事实部分"匹配率 46.27%，附录法条与所实际使用法条比为 456.45%，"本院认为"部分匹配率 22.39%；婚姻纠纷案件"当事人信息"匹配率 94.98%，"查明事实部分"匹配率 58.68%，附录法条与所实际使用法条比为 395.01%，"本院认为"部分匹配率 45.42%（见图 13）。

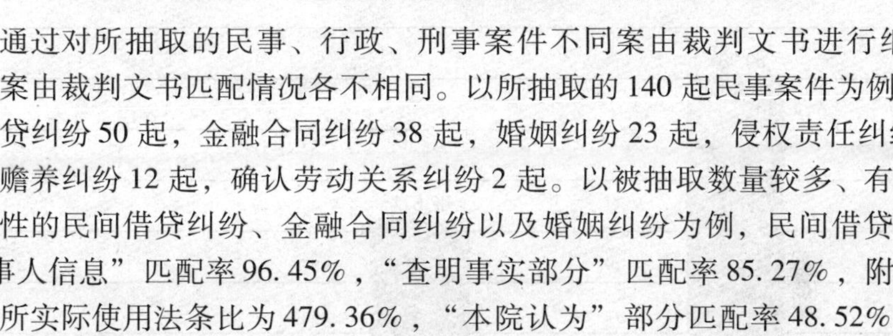

图 13 民间借贷、金融合同及婚姻纠纷裁判文书基本信息匹配情况

可知，数量较多、数据库较充实的“民间借贷纠纷”“金融合同纠纷”及“婚姻纠纷”裁判文书基本信息匹配情况尚有较大提升空间，其他不同案由的民事案件和同一案由个案差距较大的行政、刑事案件在智能化水平实现上与理想状态差距更大。“查明事实率”低，“附录法条与实际运用法条匹配比”高，反映了智审辅助办案系统在生成裁判文书精细化、准确化的实现上还有很长的路要走。

（三）结案：卷宗自动归目与归档化需要有偏差

智审辅助办案系统应用于案件结案，虽然有效避免了二次扫描以及重复编码问题，但在归目正确率及功能优化还有提升空间。通过对归目不成功的 2458 页卷宗[①]归纳整理，归目不成功存在三种情形：一是卷宗内容题目无合适目录可归造成归目不成功，共计 1499 页，占比 60.98%；一是卷宗内容题目相似 OCR 识别时将之“归为一目”造成归目不成功，共计 803 页，占比 32.67%；三是系统问题导致卷宗内容题目与所归目录不相符合，共计 156 页，仅占比 6.35%（见图 14）。

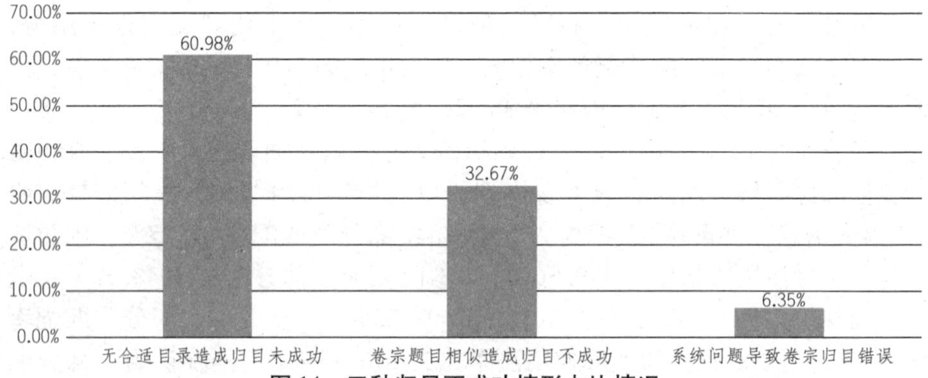

图 14　三种归目不成功情形占比情况

三、智审辅助办案系统应用的瞻望

智审辅助办案系统在推动审判管理智能化上卓有成效，但也存在整体功能定位与办案实际需求有偏差等不足，为推动审判智能化水平，加强智审辅助办案系统由审判管理向审判服务延伸、审判服务向个性化需求延伸、信息孤岛向深度应用延伸，需要拓展功能模块、完善数据库建设、优化系统和功能配置。

（一）立案：拓展功能模块，服务诉讼主体

对于诉讼主体，尤其是基层法院的诉讼主体而言，通过智能诉讼引导

① 不含山东省庆云县人民法院、H 省 R 市法院未归目成功的刑事共计 2056 页卷宗。

实现“一站式诉讼”，最大化为当事人提供便利，有利于重塑人民群众司法信心，实现司法为民的根本宗旨。为此，智审辅助办案系统应从辅助诉讼主体入手，拓展功能模块。

从全国七家智审系统应用法院智能诉讼服务情况配置来看，智慧诉讼功能平均建成比例基本超过全国法院平均值（见表1），为此智审辅助办案系统应避免重复建设，可结合各院收案案由实际，注重拓展符合各地法院立案实际需求的功能。

表1　　全国七家智审系统应用法院智能诉讼服务情况建设率①

智慧诉讼功能	七家法院平均建设率	全国法院建设率
网站链接有效性	100%	91.15%
12368 热线	100%	87.50%
12368 短信平台＊②	100%	71.88%
智能诉讼引导	100%	72.54%
网上立案	100%	91.15%
网上证据交换	14.29%	38.75%
网上联系法官＊	28.57%	87.50%
网上调节	14.29%	31.38%
网上开庭	0	29.09%
远程接访＊	0	0
科技法庭＊＊	85.71%	66.76%

以H省R市法院为例，R市法院2018年全年受理案件21187件，其中民事13414件，占比63.31%，行政676件，占比3.19%，刑事1078件，占比5.09%，其余为非诉保全、执行、国家赔偿与司法救助等案件。民事案件主要集中在民间借贷纠纷6432件，占比47.95%，合同纠纷3425，占比25.53%，股权转让纠纷2464件，占比18.37%。为此，智审辅助办案系统落地R市法院诉讼服务一体机时，即可增设“起诉状”功能模块，又可根据全年案情分析，自动推送民事、行政、刑事、执行起诉状模版，还可对民事案件进行细分，推送民间借贷纠纷模版、合同纠纷模板、股权转让

① 中国社会科学院法学研究所、国家法治指数研究中心、法治指数创新工程项目组：《中国法院信息化第三方评估报告》，中国社会科学出版社2016年版，第133页。

② 注：全国法院建设率数据来源于《中国法院信息化第三方评估报告》附表，＊项目表示该项只评测了各地的32所高级法院，并不是涵盖所有3445家法院，＊＊项表示该项数据直接有最高人民法院法眼平台网站自动检测，目前可监测法院总数为2498家。其他未标注项目表示全国法院都有相关数据。

纠纷模版等。

（二）审案：完善数据库建设，实现精准推送

案件审理工作承上启下，裁判文书作为法官审判工作的核心成果，智审辅助办案系统建立的初衷就是为法官自动高质量制作裁判文书，以大数据、人工智能辅助人力，真正减轻办案压力。提高裁判文书质量，需要各方协作，不断完善数据库建设。

深圳市盐田区人民法院首创的JEC模式①提出，智慧法院有三个参与主体，“J”是法官（Judge），“E”是法院工程师（Engineer），“C”是信息服务公司（Company）。法官负责从业务需求角度出发，确定信息服务公司研制的功能和操作习惯，这中间以法院工程师作为衔接，一方面从法官需求中提炼问题，修补需求，形成可实施的技术实施路径图，另一方面通过与信息服务公司协作，将法官的个性及共性需求，以技术化的语言与信息服务公司展开合作。三者相互协作，从而使得所研制的系统避免与实际需求脱节，真正解决一线法官、一线书记员的工作痛点与难点，实现人民法院的业务需求与系统开发和应用快速、无缝对接。为此，智审辅助办案系统的推广也可利用JEC模式，实现系统功能与法官需求无缝对接。

从七家智审系统应用法院运行实践来看，各法院已经初步形成智审系统技术与业务的JEC上下互通制度，不断实现法官需求与系统功能衔接、完善。以H省R市法院为例，R市法院2018年11月引入智审系统，目前智审系统已深入应用到全院各业务庭，而且由信息化团队作为中枢“E”，发挥着法官与信息服务公司沟通的桥梁作用，智审系统最新系统优化便是依据对2019年5月法官应用问题的回应（见表2）。

表2　　R市法院2019年5月智审系统问题征集及改善建议

序号	法官（J）团队使用问题征集	法院工程师（E）问题改善建议
1	扫描上传的时候速度过慢	提高该环节效率
2	缴纳费用通知书定稿速度过慢	提高该环节效率
3	跳转步骤及页面过多，复杂	简化该环节操作步骤
4	诉状识别有错误，无法提取笔录	优化该环节提取质量
5	刑事案件部分无智审系统	完善审判与智审系统端口对接
6	当案件存在第三人时，只能提取其名称，诉讼地位无法显现	优化后可在审判系统中显示

① 深圳市盐田区人民法院调研课题组：《以法官需求为主导的法院信息化建设——以深圳市盐田区“智慧法院”建设为样本》，载《法治蓝皮书》2018年版，第3页。

续上表

7	当案件涉及公司，只能提取到名称信息和法定代表人，地址和信用社会代码无法提取到	完善数据库，优化后能提取相关信息
8	民事普通程序判决书落款处只有审判长	自动生成裁判文书添加审判员、人民陪审员信息
9	在文书编写中没有格式调整功能，不能调整对齐方式，首行缩进等功能	文书编写中添加段落编辑功能
10	文书编写成功后无预览功能，导致打印的文书格式等比较混乱	建议添加预览功能
11	制作文书文档的编辑功能太少	建议内置 Word 软件
12	扫描文件转化为文字文档后，排版均为左对齐	完善自动排版
13	不能从智审系统中自动打开庭审笔录电子版	将庭审笔录电子版与智审系统建立链接
14	推送案例裁判文书质量需提高	建议从承办人案例库推送
15	裁判文书自动生成后可否植入语音转换文字功能	建议植入语音转文字编辑功能

（三）结案：优化系统和功能配置，提高结案效率

智审辅助办案系统通过电子卷宗深度应用及自动归目，有效避免了卷宗二次扫描和重复编码问题，但其存在的卷宗内容题目无合适目录可归、卷宗内容题目相似 OCR 识别时将其“归为一目”和系统问题导致卷宗内容题目与所归目录不相符合等造成归目不成功，说明在系统优化和功能设置上还有较大提升空间。

一是优化系统。对于卷宗内容无适合目录可归的，可通过丰富个性化模板配置的方式解决，如 H 省 R 市法院对于民事案件根据案由、适用程序、裁判方式等条件的不同设置了 33 个目录模板，书记员在上传卷宗时可根据民间借贷或者离婚纠纷等不同案由，根据普通或者简易适用程序，根据撤诉、调解或者判决等不同裁判方式选择模板进行上传，这样极大方便法官团队卷宗上传，提高工作效率。对于卷宗内容题目相似 OCR 识别时将其归为一目导致归目不成功的，可细化目录模板，如归目错误中的“回证”，即可配置送达回证，又可详细配置其他回证。对于系统问题导致卷宗内容题目识别错误导致归目不成功的，可通过优化系统，提高 OCR 识别技术的方式解决，由法院工程师（E）反馈到信息服务公司（C），整理、归纳识别错误的卷宗，由研发公司有针对性地维护。

二是改变思路。南京市雨花台区法院的卷宗自动归目为智审辅助办案系统提供了新思路，它是一种通过建立庞大的目录数据库，由系统根据卷宗题目内容自动提取所需目录，并置卷宗于相应目录下。如此，只要目录数据库足够完善、分类足够精细，将极大提高电子卷宗归目效率，提高结案效率。智审辅助办案系统研发公司可在此方向上改变思路，优化功能设置。

最后，客观审视智审辅助办案系统在推动审判管理智能化上的卓越成效，其确有较高的科学性、操作性和可推广性，对于存在功能定位与实际需求有偏差、智能化水平与实际需要有偏差、卷宗归目水平与归档化要求有偏差等不足，也可一一解决。除此之外，对于智审辅助办案系统还应从宏观上进行审视，不断加强智审系统由审判管理向审判服务延伸、审判服务向个性化需求延伸、信息孤岛向深度应用延伸。

一是审判管理向审判服务延伸。“审判管理的目的不在于管理，而在于服务”，[①] 最大程度发挥法官的能动性，促使审判权在法定范围内发挥最大的功效。为实现审判管理智能化，应逐步实现由管理向服务转变，加大对法官审判工作的帮助，避免增添审判负担。为此，应深入一线法官、书记员，了解真实需求，设计和改进智审辅助办案系统各项功能，整合信息，弱化对审判的控制和管理，提高审判自动化水平。二是审判服务向个性化需求延伸。注重业务与技术融合，一方面通过数据分析技术实现类案推送、法律法规推送，实现生成文书的信息能够自动回填、纠错，将要办理的事项及时提醒；另一方面从服务审判工作、了解法官真实需求出发，技术部门与审判业务配合，充分调研，充分举证，校对和优化现有系统，使系统设置能私人订制，真正服务于一线法官、书记员。三是信息孤岛向深度应用延伸。一方面加强对现有应用系统的整合，“实现审判信息资源的深度开发与运用”。[②] 如对于智审辅助办案系统，最高人民法院可建设成贯穿四级法院的应用系统，统一接口规范和标准，实现数据上下联动、互联互通；另一方面，加大电子卷宗的利用深度和广度，通过建立电子卷宗档案化，保证卷宗同步生成，还能供给法官办案、合议庭合议、审委会评议、裁判文书制作、案件评查、上级法院调阅等工作使用，这项工作在部分法院试点过程中卓有成效，可在全国法院全面铺开。

---

① 胡昌明：《中国智慧法院建设的成就与展望——以审判管理的信息化建设为视角》，载《中国应用法学》2018 年第 2 期。

② 薄冰：《法院信息化的理论与实践探析》，山东大学 2013 年硕士学位论文。

结　语

智审辅助办案系统是实现司法审判、诉讼服务和司法管理现代化的重要尝试，在推动审判管理智能化上有着自身的成效、问题，通过全面深入调研智审系统实践现状，以智审系统之“点”，带全国四级法院审判管理智能化建设之“面”，提供为实现审判管理智能化的可能性，为推动全国四级法院信息化建设和智慧法院建设探路。

智能审判的量化与精确

——基于金融借款合同纠纷案件的模拟研究

赵 鑫* 李 攀**

引 言

2018年4月25日，周强院长在传达贯彻习近平总书记在全国网络安全和信息化工作会议上的重要讲话精神时提出“要深入把握信息革命的机遇和挑战，推动互联网、大数据、人工智能和人民法院工作的深度融合，加快推进智慧法院建设，在审判执行、诉讼服务、司法公开、司法管理等方面全面发力，推进审判体系和审判能力现代化”的司法目标，强调将人工智能融入司法审判的必然要求，注重通过人工智能服务审执工作提质增效。[①] 2018年5月，在最高人民法院关于全国法院审判执行工作运行态势分析会议上，周强院长再次强调“要加强信息化建设，集成最新科研成果，积极推进司法人工智能运用，为审判执行工作插上科技的翅膀”。[②] 将智慧思维和人工智能技术注入司法研究领域，让审判工作简案量产化、繁案精细化、流程智能化、结果精准化，使司法制度在发现审判规律、统一审判标准、提高审判管理的智慧、提高决策的科学性、提高审判预测能力等方面不断提升。

当前以科大讯飞、华宇信息等人工智能应用开发群体推出了人工智能技术的庭审过程智能巡查系统、民事法官智能办案系统、智能诉讼辅助平台、辅助智能法院的建设。同时在视频检测、繁简分流、相似案例推送等

---

* 作者单位：重庆市大足区人民法院。

** 作者单位：重庆市大足区人民法院。

① 韩振文：《司法裁判的人工智能化反思》，载《中国社会科学报》2017年11月8日。

② 周强：《深化司法改革　加强信息化建设　促进审判质效不断提升》，载《人民法院报》2018年5月3日。

模块均采用算法技术。其中视频检测模块在 TensorFlow[①] 平台上实现 Yolo2 目标检测算法，使用 Word2Vec[②] 构建司法领域词向量以及 BiLSTM 深度神经网络提取案例特征，实现类案的精确推送。目前在青海全省、北京地区、长春中院、内蒙古部分地区等多地部署智能巡查系统和民事法官智能办案系统等，而且最高人民法院运行的“智慧法院导航系统”和“类案智能推送系统”便是人工智能技术运用与司法的成功案例。

一、首要问题：人工智能本质及司法人工智能研究利用现状

（一）融合性技术——人工智能本质及其思维模式

人工智能（Artificial Intelligence，简称 AI）是一门交叉学科，根据中国人工智能协会和罗兰贝格发布的最新报告，人工智能是计算机用于模拟人类智能行为科学的统称。它涵盖了对计算机的培训，使其能够完成自主学习、判断和决策等人类行为。其特点是：

1. 工具——不断进化的思维模式。智能审判、科技辅助其实自 1986 年在我国便开始萌芽并不断发展，[③] 且实践中也予以运用，但长期以来它的开发及运用程度、领域、效果并不理想。随着社会发展，人工智能技术已经成为推动社会发展的科技利器，社会各领域都极其的重视。

2. “工具”之上——人工智能“三化”

（1）大数据化——全域、全时、全形态数据聚合。人工智能研判的数据基础是大数据集，研究对象是全域、全时和全形态数据。而传统数据分析业态多以定样研究为主，其原因是算法技术限制，云计算技术、动态分析技术、智能监控技术、集群分析技术等新技术在人工智能时代的应用已发布了该算法的真实强度。[④]

（2）云计算化——智能分析数据，科学布局，精准对接需求。传统计

---

① 2015 年，Google 推出深度学习开源框架 TensorFlow，它是在 DistBelief 的基础上研发的第二代人工智能学习系统。目前被广泛应用于语音、图像识别、异构设备分布式数据计算、大数据聚类分析等多项机器学习和深度学习领域。

② 2013 年，Google 推出人工智能开源工具 Word2Vec，该工具利用深度学习的思想，通过训练将每个词映射成 K 维实数向量，把对文本内容的处理简化为 K 维向量空间中的向量运算。该工具被广泛运用于聚类、找同义词、言辞分析、语言重组等，由于其高效性和准确性，广受欢迎。

③ 1986 年 11 月，朱华荣、肖开权主持的《量刑综合平衡与电脑辅助量刑专家系统研究》课题获批国家社科规划“七五”重点立项，开启人工智能辅助审判的雏形，其后在 1993 年武汉大学赵廷光教授主持开发的《实用刑法专家系统》，该系统在 PC 机上运行，具有检索各种刑法知识和对刑事个案进行推理判断的功能，使人工智能得到更远的发展。

④ 郭玉：《让数据发声：司法领域数据应用效用前瞻——基于信用卡透支纠纷案件的模拟研究》，载《尊重司法规律与刑事法律适用研究（下）——全国法院第二十七届学术讨论会获奖论文集》，人民法院出版社 2016 年版。

算主要依赖于结构化查询语言（SQL 语言），[①] 云计算关注的是数据的规律排列，通过分析事务频点进行趋势预测、自动分析等，云计算技术不再受限于数据结构化、要素化的桎梏，并可以根据查询数据进行结果推介、情况收集和资源保存，实现智能识别和计算储存。

（3）深度融合化——避免思维的固化性，实现“思维共享”。传统分析研究多以“导入设定—结果导出”目标性模式为主。然而人工智能技术进行的是立体化研究，通过大数据分析、云计算等，即从纵向上寻找事物发展的前因后果，也从横向上分析导致因果的关联性因子，实现“大数据”的全面解剖。抛弃以往“前提—数据—结论”的固化模式，避免分析结论的不严谨和不科学性。

表 1　传统数据分析 vs 人工智能数据分析

传统数据分析 VS 人工智能数据分析		
样本模式	结构化、要素化样本研究	云数据全系研究
研究数据要求	以高精准度为要求	不受限制
研究目的	因果关系认定	因果关系、关联度、需求规律等
主导思维	“假设 - 实验 - 证实” 研究	立体化、开放式研究
数据库	结构化	无限制，所有数据
分析工具	SQL 语言	所有人工智能数据分析源件

（二）亟待深入——人工智能在司法领域利用现状

当前人工智能在法院、检察院等司法系统运用中多以辅助性、参考性工具出现，主要为法官、检察官等司法工作者提供行动参考。但是当前也有很多法院在不断地探索，不断促进人工智能与司法审判之间的深度融合，以真正实现司法“生产力”的解放。[②] 比如：最高人民法院、最高人民检察院分别提出了“知识产权法院”和“智能检验”后，一些法院启动了自己的人工智能和司法审判深度融合模板，如北京法院的“核心法官”智能研究与决策系统、上海法院刑事案件智能辅助案例处理系统，苏州法院以电子文件 + 审判语音 + 智能服务为主要内容，以苏州模式和重庆法院“4 + 1 重庆智能法院”新生态为主要内容，[③] 便是大胆的创新和实践。目前，人工

① 结构化查询语言，是一种数据库查询和程序设计语言，用于存取数据以及查询、更新和管理关系数据库系统。1986 年 10 月，美国国家标准协会对 SQL 进行规范后，以此作为关系式数据库管理系统的标准语言（ANSI X3. 135 - 1986）；在人工智能领域的数据检索第四代软件开发工具中嵌入了 SQL 语言的运用。

② 何帆在 2017 年 7 月杭州“法律 + 科技领军者峰会”上的演讲。

③ 左卫民：《司法人工智能尚需实践探索》，载《人民日报》2018 年 7 月 11 日第 7 版。

智能在司法领域的应用主要体现在以下三个方面：

第一，司法资料的智能生成。为了进一步促进人工智能在司法领域的应用，通过技术手段提出了纸质文件的数据等。

第二，文件的智能制作。为了提高办案效率，需要根据法律要素对法律文件进行结构化管理，协助法官完成法律文件。

第三，辅助裁判情报。在法官处理案件时，智能辅助系统依靠自己的审判信息资源库，自动推送案件分析、法律条款、类似案件、判决参考等信息，为法官提供统一、全面的审判标准和案件处理指导。

二、智能数据分析建模：以金融借款合同纠纷为蓝本

当前人工智能应用于司法实践尚有很多亟待克服的困难，为更好发挥人工智能促进公正司法、提高司法效能的有益作用，还需处理好数据、算法、人才等方面的核心问题。

人工智能兴起的基础在于数据的成倍式“爆发”，有高质量的大数据，才有人工智能。[①] 目前，虽然我们在司法实践中做了大量的司法信息资料化工作，但与深入运用人工智能的技术要求相比，我们仍然处于数据相对匮乏的状态，司法数据的质量和数量仍然不足。此外，使用人工智能的重要前提是数据具有可识别的特性。对人工智能而言，识别社会语言已较为困难，识别专业法律术语更是困难重重。这就需要我们建立起法律知识图谱，促进司法数据结构化。[②]

本文通过对C市D区法院司法数据样本进行“智能分析”研究，力争还原智能分析技术服务司法审判的模式解构。

（一）数据透析——人工智能对数据的分析

本文以金融贷款合同纠纷为研究范围，数据分析以C市D区法院近五年的数据为基础，它由两部分组成：第一部分，审判管理系统统计的案件数据；第二部分，根据现实数据，结合研究模型评估的数据。我们用这些数据作为模拟估值。

---

① 刘全、章宗长、钟珊、周倩、章鹏、徐进：《深度强化学习综述》，载《计算机学报》2018年第1期。

② 徐增林、盛泳潘、贺丽荣、王雅芳：《知识图谱技术综述》，载《电子科技大学学报》2016年第4期。

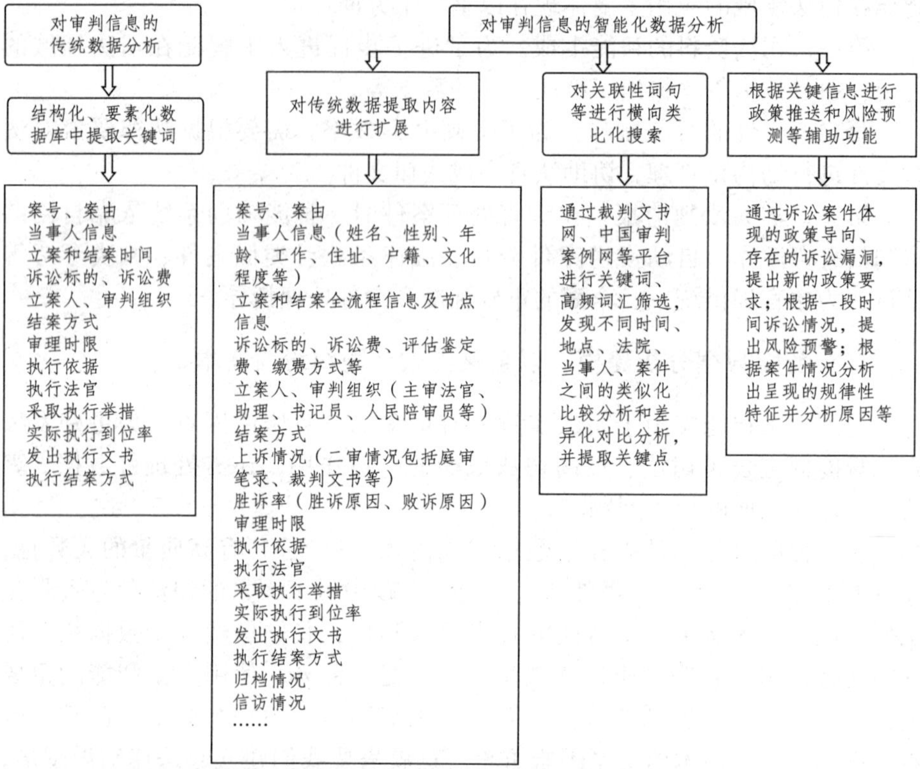

图 1　审判信息的传统数据分析 vs 审判信息的智能化数据分析

（二）拟制模型——智能化数据分析突破技术壁垒

本文从案件执行及处理效果①出发分析金融借款合同纠纷案件诉讼特点，对此类纠纷现状和诉讼情况进行解剖式研究。有三个半模型②通过传统数据分析技术能够突破，但其余六个模型亟待智能化数据技术分析才能完成。

---

① 本文统计数据以第一次诉讼或执行情况、结果为基数，不包含二次诉讼或恢复执行的情况及结果。

② 三个可以依赖传统数据技术实现的模型是指模型一、模型二、模型三，所谓另外“半个模型”是指模型八，虽然用传统数据技术可以实现，但因数据范围局限在某个法院而效用将大打折扣。

1. 基础数据——通过关键词检索提取案件基本情况

模型一：收案情况、立案标的额及结案情况等

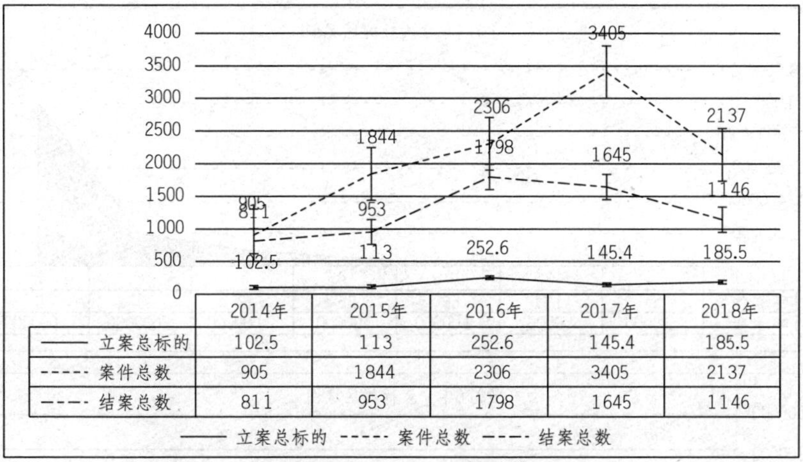

图2 金融借款案件数及立案标的（单位：万）

表2 金融借款合同执行案件立案、结案标的及回收率

年份	执行立案标的额	执行结案标的额	全款回收率
2014	10251221. 25	1940966. 25	18. 934%
2015	11301251. 5	2893685. 42	25. 605%
2016	25265571. 63	16048943. 83	63. 521%
2017	145378110. 5	51700817. 41	35. 563%
2018	185455762. 37	43596940. 61	23. 508%

表3 金融借款合同执行案件结案方式

年份	案件数	自动履行	强制执行（全款执结）	强制执行（部分执结）	终结本次执行	撤回执行申请
2014	905	2	11	9	874	9
2015	1844	8	23	35	1767	11
2016	2306	11	51	72	2155	17
2017	3405	42	95	125	3118	25
2018	2137	25	101	135	1841	35

分析上述图表可知目前金融借款合同纠纷案件存在以下特征：（1）从总体运行态势而言，金融借款合同纠纷在2015年后呈现“火箭”式增长，但是诉讼案件的高峰值应该已过，但由于营商需要和政策原因等，总体纠纷数量仍然呈现稳中有增的趋势；（2）全款回收的概率不高、总体徘徊在20%～

40%之间，胜诉后自动履行率极低，大量案件以终本来结束“行程”。

模型二：贷款金额趋势对比

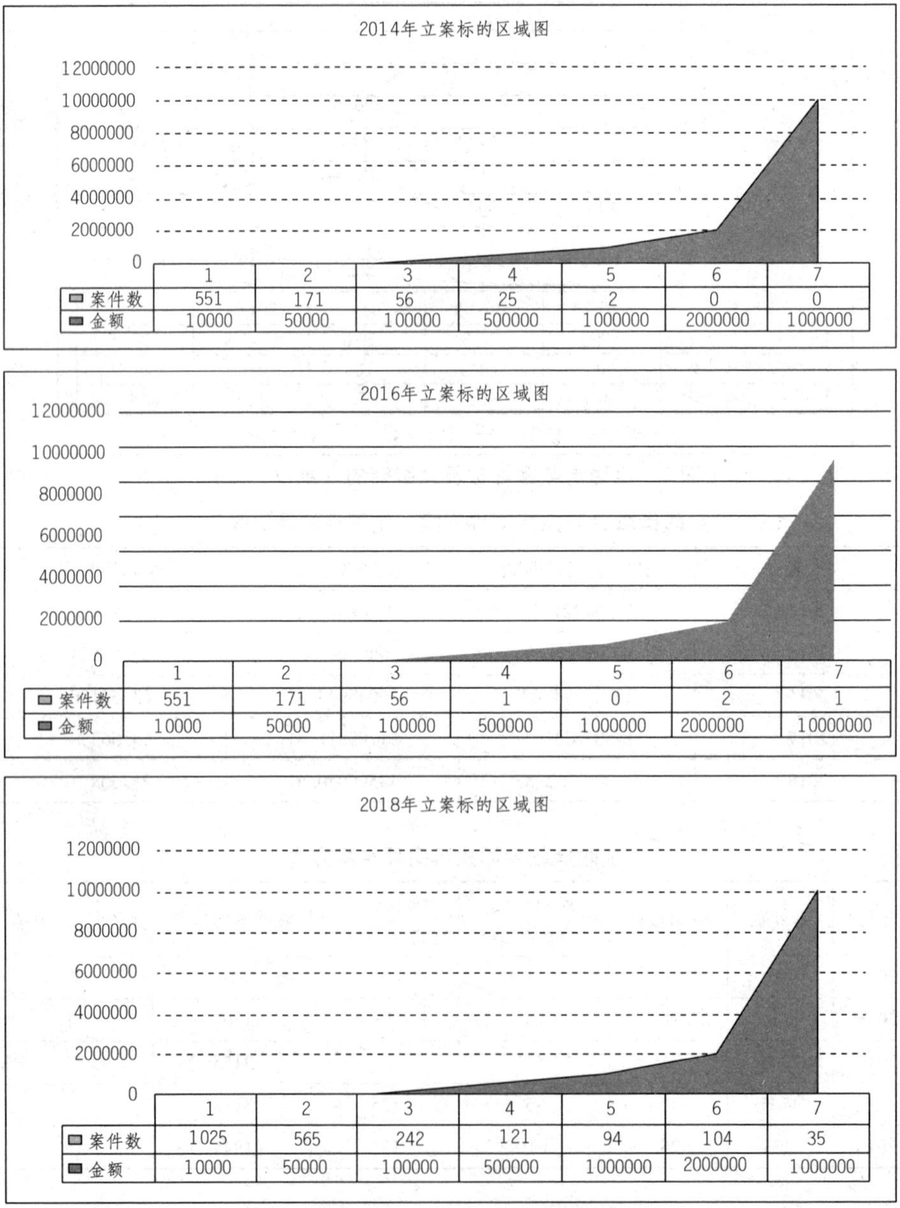

图3　金融借款合同纠纷执行金额趋势图

从上述数字可以看出，近几年来，我国金融贷款合同金额一直居高不下，金融贷款合同的分配规律逐渐向大金额倾斜。上图3显示，2018年金融贷款合同纠纷数量下降近37.24%，银行贷款总额增长27.57%，问题就在于单笔贷款金额越来越大，且贷款政策加紧收缩。

模型三：申请执行人基本情况研究

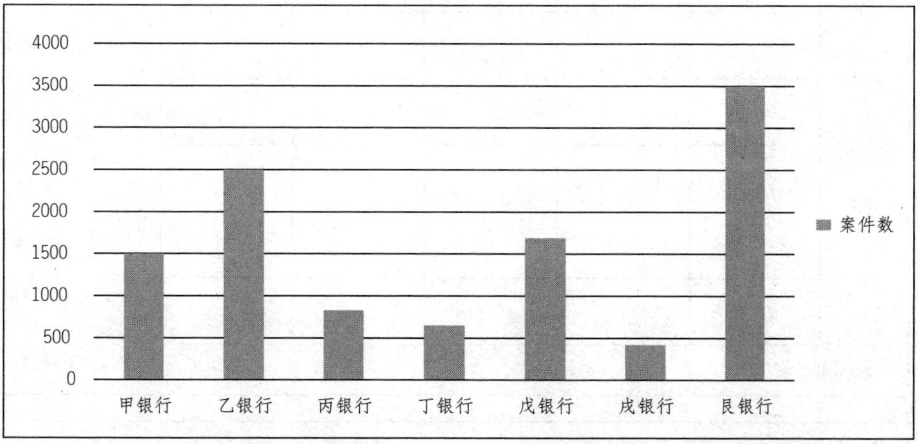

图4 C市D区金融借款合同纠纷在各大银行分布情况（根据估值模拟）

本项数据为不完全统计数据基础上进行的估算值，原因是受系统技术影响。从地域管辖角度而言，某个法院仅受理辖区或其他相关银行部分案件，为确保分析数据的可参考性，采用全系模拟数据（至少参考中级人民法院统计的数据量为基础），进行全数据分析。通过上述研究能够详细了解不同银行涉案情况以及款项回收状态，而且可以借此分析款项状态原因。

2. 深度解析——通过关键词检索形成有价值的分析

关键词检索是智能数据分析工具借助数据库平台，采用纵横向关键词搜索方法，对平台所有法律文书进行概率比对，并与其他案件类型的数据库进行比较，对出现频率较高的关键词进行过滤，为研究者提供深度分析。在金融借款合同纠纷中，可从以下角度分析。

模型四：被执行人身份情况研究

本文通过裁判文书网智能搜索C市D区法院金融借款合同纠纷判决书时发现关于被告的两个规律：第一，大部分欠款人为从商的企业贷款或个人购房按揭贷款，且大部分以工业聚集镇或乡、镇、村甚至偏远地区为主，属于本地城市人口的欠款是少数；第二，大金额贷款以企业为主，最高的达到5000万左右，30万元以下的小额贷款以乡镇村的购房按揭贷款主。原因是城镇居民收入稳定，例如生活消费、抵押贷款、医学教育等，城市居民不可能受到信用的侵害。据此，可以向银行提出风险值不同的诉讼群体情况及贷款风险的技术建议。

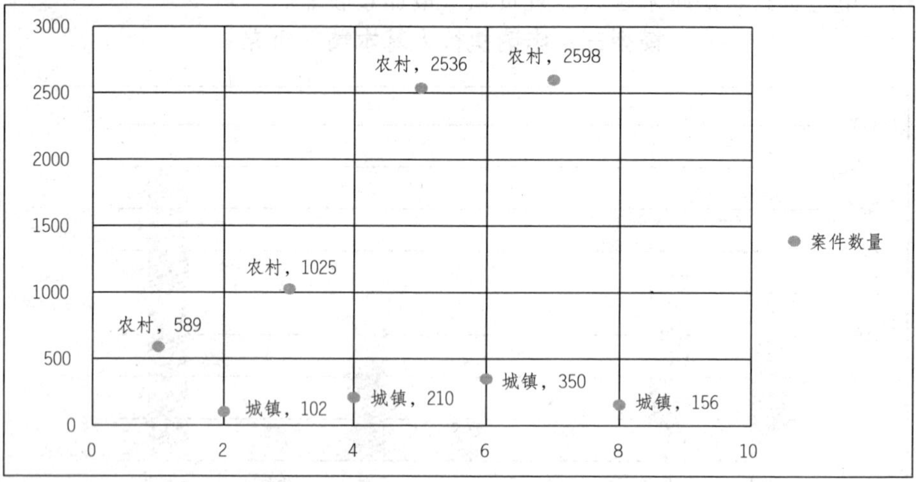

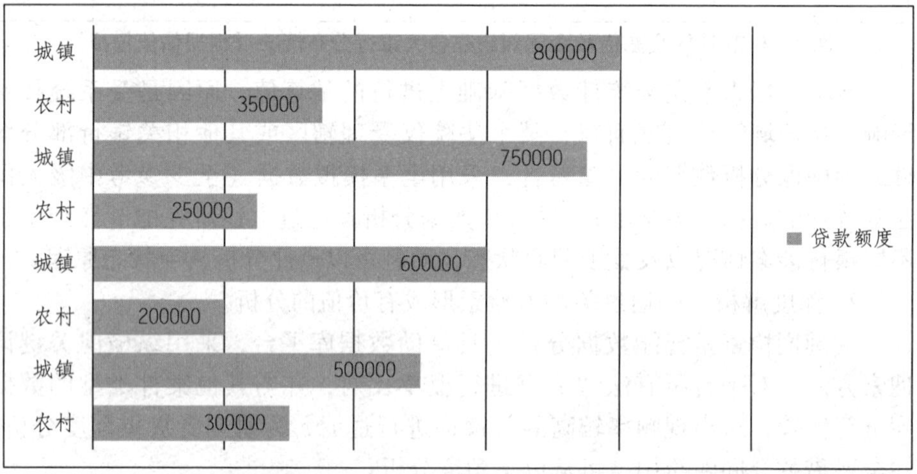

图 5　城乡诉讼纠纷及贷款额度柱状图（根据估值模拟）

模型五：被告、被执行人到庭情况研究

此项模拟为概算值，基于审判业务部分估值。从审判和执行阶段的分析来看，被告和被执行人在法庭上的形象都很差。当事人不出庭的情形有两种：（1）无力偿还，认为应诉无益；（2）无法联系，不能应诉。在此基础上，可以看出，在如此大规模的情况下，被告的缺席以及此人无法联系的情况表明，在审查贷款对象时，银行不够谨慎，金融借款合同回收率低由此而来（此类案件虽有抵押或担保等，但可能涉及的债权债务较多，财产变现或执行周期较长，甚至存在无法变现的情况）。

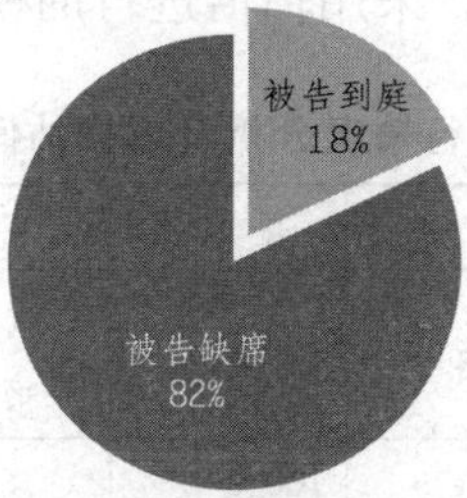

图 6　诉讼阶段被告出庭情况（根据估值模拟）

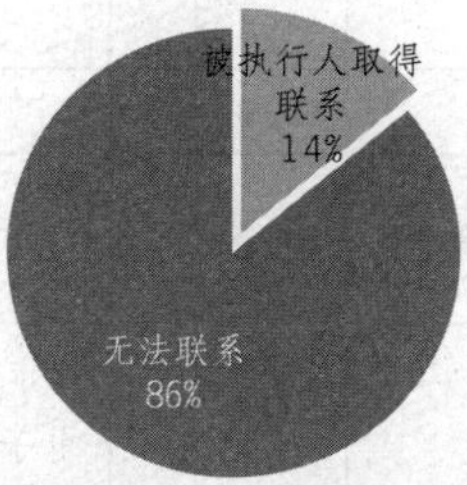

图 7　执行阶段被执行人到庭情况（根据估值模拟）

模型六：诉讼结果分析

智能数据技术可以实现诉讼结果精准分析和服务审判全面性的目的。目前，这项技术已受到法律服务单位的高度欢迎。例如，华宇信息公司设立的智能司法服务中心对某些类型案件的诉讼结果进行了统计分析，甚至可以直接对法官的判决进行分析，得到国内某些律所的关注。金融借款合同纠纷由于证据充分，判决结果多为银行胜诉。根据 C 市 D 区法院近五年案件统计情况，使用模拟图表示：

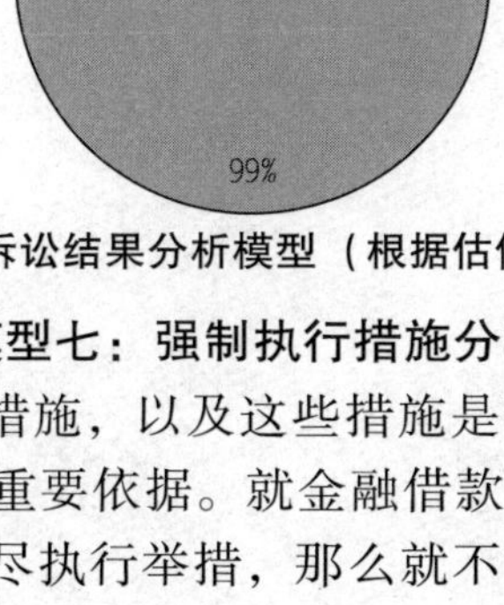

图 8　诉讼结果分析模型（根据估值模拟）

模型七：强制执行措施分析

法院采取了哪些执行措施，以及这些措施是否得到严格执行，是衡量法院执行部门尽责程度的重要依据。就金融借款合同案件而言，即使执行到位率底，但法院确已穷尽执行举措，那么就不能将贷款回收率低的责任归咎于法院。限于技术原因，采用估值进行的模拟。

表4　　强制执行情况分析（根据估值模拟）

采取强制措施	是	否	备注
是否按照申请人提供线索联系被执行人	100%		C市D区法院与通信、税务等建立信息查询机制
是否进行存款查询、冻结	100%		
是否进行不动产、厂房、设备、车辆等查封	100%		
是否进行搜查	100%		
是否进行限高、纳入黑名单、限乘等	100%		C市D区法院进入执行阶段必纳入黑名单
是否进行电子账户查询	100%		C市D区法院强制检索微信、支付宝等电子账户明细
是否进行依法拘留、拒执罪处罚等	100%		
……			

模型八：诉讼规律分析

金融借款合同纠纷由于政策和银行内部制度考核等原因在诉讼中存在规律性特点：虽然贷款人、贷款时间、还款时间等各不相同，但却存在集中立案或批量诉讼情况。本文选取了甲、戊银行为例，都存在批量诉讼情况。甲银行在2017年7月1日至9月30日的3个月内提出的案件占全年案件总数的90.5%，而戊银行较为集中，全年仅在9月份出庭，全年45起案件一次性立案。

研究价值：（1）批量诉讼情况突出，可能表明银行贷款回收机制有待改进，可针对性提出司法建议；（2）法院可以根据历年立案规律作出收案预判，提前制定应变举措。

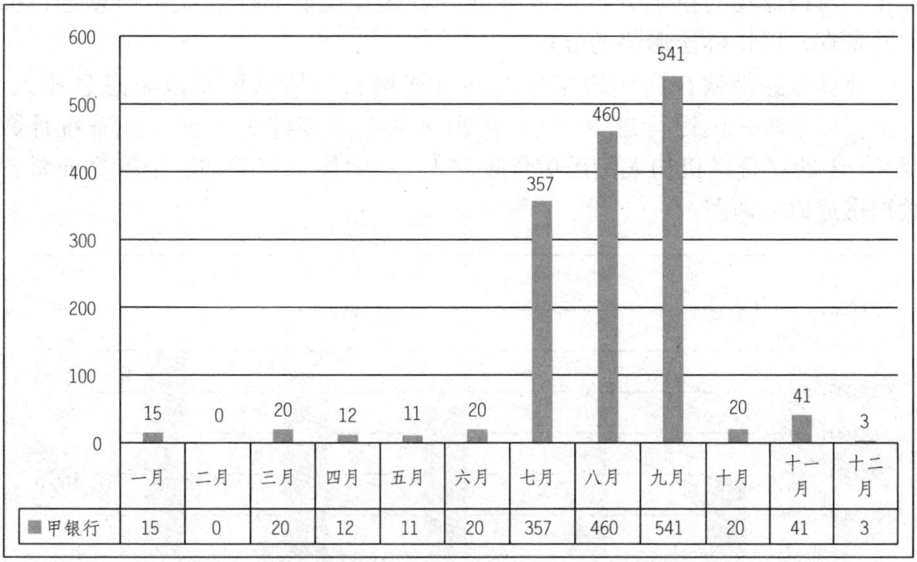

图 9　甲银行起诉密集度柱状图（2017 年全年数据）

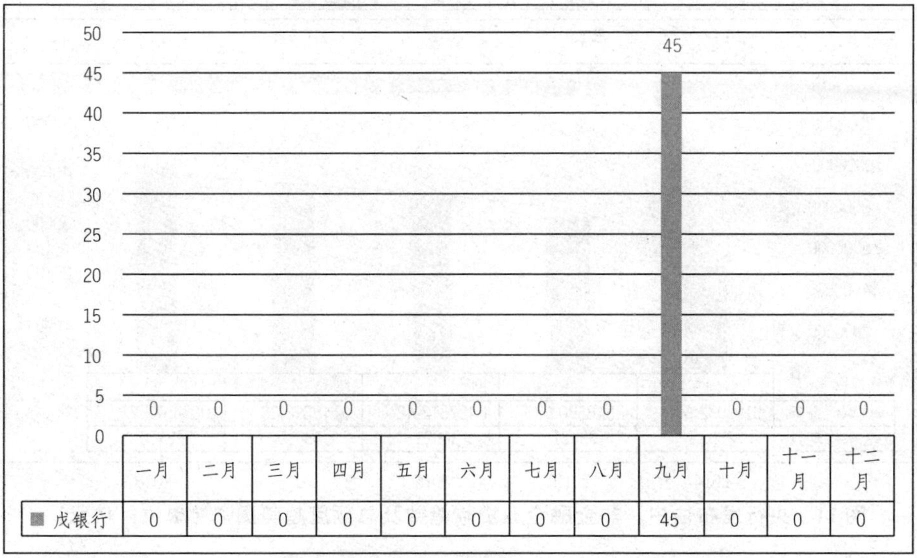

图 10　戊银行起诉密集度柱状图（2017 年全年数据）

3. 拓展研究——其他关联情况探索

模型九：关联因子及政策导向

相关因素和以政策为导向的模式主要用于判断形成的原因：第一，情况判断；第二，诉讼预测。目前对这一板块利用不多且效果不理想，且如果缺乏专业知识背景和政治敏感度，对这个板块的研究不但无利反而有可能适得其反。建议在智能化数据技术下，依托专业化机构或人才，制作精准化、可操作性的技术分析抓取系统，对重要政策文件及关键信息进行标注并备存，以供诉讼形势的分析。

比如金融借款合同纠纷案件的递进式增长与国家信贷政策息息相关。本文提取中国人民银行自2014年至2018年每年年终公布的《调查统计数据》[①] 中的“金融机构人民币信贷收支表”[②] 中住户贷款和非金融企业贷款数据做成以下两图。

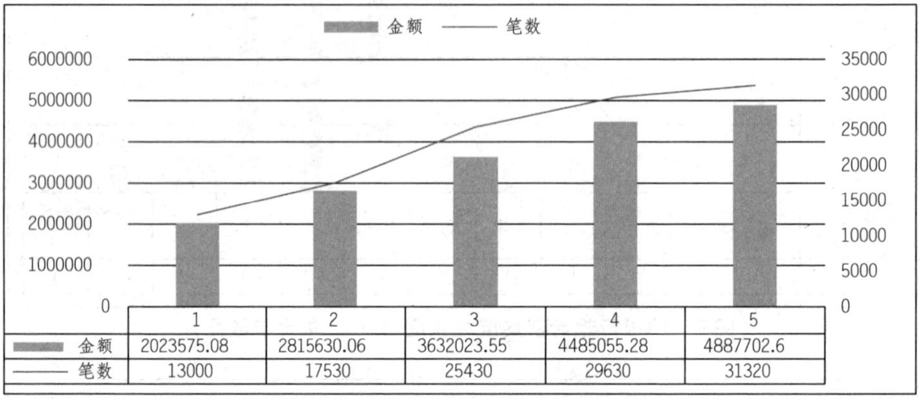

	1	2	3	4	5
金额	2023575.08	2815630.06	3632023.55	4485055.28	4887702.6
笔数	13000	17530	25430	29630	31320
	2014	2015	2016	2017	2018

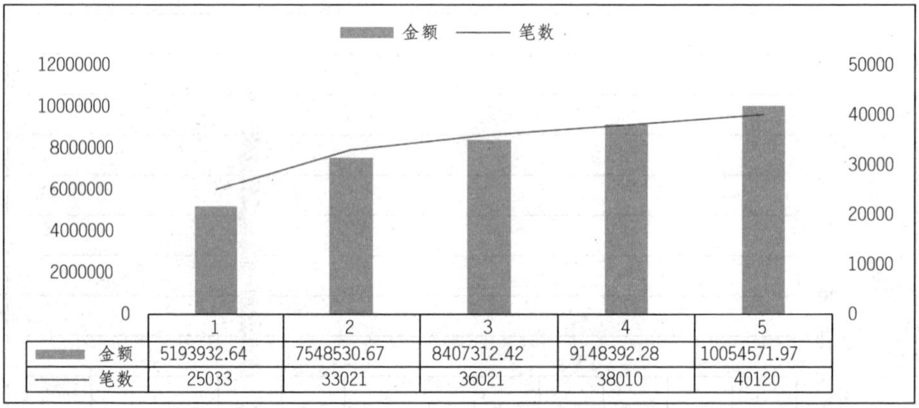

	1	2	3	4	5
金额	5193932.64	7548530.67	8407312.42	9148392.28	10054571.97
笔数	25033	33021	36021	38010	40120
	2014	2015	2016	2017	2018

图11 央行发布住户、非金融企业贷款笔数及总额度趋势图[③]（单位：亿元）

① 数据来源于中国人民银行每年的《调查统计数据》，载中国人民银行官网 http://www.pbc.gov.cn/eportal/filedir/defaultcursite/resource/cms/2016/01/2016011818543399609_.html，最后访问时间：2019年4月30日。

② 金融机构人民币信贷收支表包括境内贷款（住户贷款、短期贷款、中长期贷款、消费贷款、经营贷款），非金融企业及机关团体贷款（短期贷款、中长期贷款、票据融资、融资租赁、各项垫资），非银行金融机构贷款，境外贷款，债券投资，股权及其他投资，黄金占款，外汇买卖，在国际金融机构资产等。

③ 同注②。

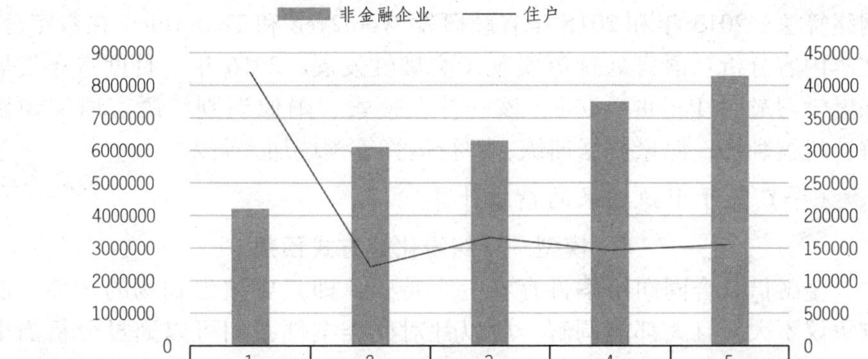

	1	2	3	4	5
非金融企业	4207084.92	6110309.3	6305490	7500511.34	8285011.51
住户	420038.75	121571.8	166151.7	146848.4	155679.2
	2014	2015	2016	2017	2018

图 12　央行发布贷款逾期半年未偿额度情况（单位：亿元）

三、算法建模：大数据分析的技术支撑

为了系统研究国外人工智能算法源技术和分析我国发展路径，2018 年 3 月 5 日工业和信息化部信息化和软件服务司印发了《关于支持成立“中国人工智能开源软件发展联盟”的复函（工信软函〔2018〕255 号）。当然人工智能源技术（其中就包括算法技术）也经历了漫长的发展历程，2012 年后随着深度学习爆发期 GPU 算力的提高，越来越多的企业、高校、组织进入这片领域，大批成功的人工智能源技术不断涌现，[①] 这其中就不乏高效实用的算法技术。比如：2007 年数据科学家 David Cournapeau 发起了人工智能源技术学习项目 Scikit - learn，它是基于 Python 语言的简单高效的数据挖掘和数据分析工具而来，包含了几乎所有常见的机器学习算法和模型；[②] 2010 年，构建在 Apache Spark 之上的智能源机器学习项目 MLlib 问世，将 Spark 的分布式计算应用到计算机学习领域，可以与 Spark SQL、GraphX、Spark

① 人工智能源技术是指以 GPU 算力为基础，人工智能运用领域包括语音识别、自然语言处理、计算机视觉、无人驾驶、深度运用、人机互动等的技术服务包。

② Scikit - learn 是随着机器学习日益重要在 2007 年被数据科学家 David Cournapeau 研发，它是一种十分强大和广泛使用的 Python（中文名：蟒蛇，是一种面向对象、解释型计算机程序设计语言）机器学习工具包，主要有以下六个方面的功能：分类（Classification）、回归（Regression）、聚类（Clustering）、数据降维（Dimensionality）、模型选择（Modle selection）和数据预处理（Preprocessing）。

Streaming 无缝集成;① 当然，随后在 2012 年 Hinton 课题组研发的 CNN 神经网络算法，2013 年和 2015 年谷歌研发 Word2vec 和 TensorFlow 在数字分析、文本内容分析、语言处理等实现了突破性发展；2016 年，百度宣布发展其深度学习软件 PaddlePaddle，该软件在搜索、图像识别、语言语义识别理解、机器翻译、海量数据训练、并行运算等领域加大研发。②

(一) 关于审执结果的精准计算

模型一：纠纷化解方式预判

金融借款合同纠纷案件存在一个特点：即只要被告到场的案件一般双方争议不大，且大都能调解。所以针对此类案件我们可以通过分析当事人身份信息（包括工作情况、收入情况、心理状态、是否存在其他诉讼等）、还款心理期待、不同调解方案兑现率等计算出哪种纠纷解决方式更适合本案的处理，能够达到审判与执行效果的最高效率。

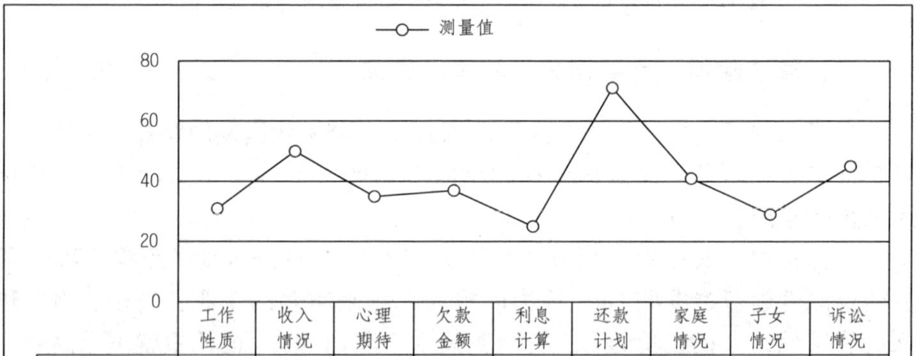

	工作性质	收入情况	心理期待	欠款金额	利息计算	还款计划	家庭情况	子女情况	诉讼情况
测量值	31	50	35	37	25	71	41	29	45

图 13　纠纷解决方式测量图表

（注：关于纠纷解决方式的测算，假设峰值为 100，根据 100 件类案分析不同案件结案方式的因子，以及调解结案影响因子峰值大小确定调解方案，由于统计数量有限，上表采取估值进行测量）

① Mllib 是一种机器学习库，旨在简化机器学习的工程实践工作，并方便扩展到更大规模，它由一些通用的学习算法和工具组成，包括分类、回归、聚类、协同过滤、降维等，同时还包括底层优化原语和高层的管道 API，它十分强调算法、经验和性能。具体包括以下几个方面：算法工具，特征化选择（特征提取、转化等），管道学习（构建模型、评估和调整），持久性（保存和加载算法），实用工具（线性代数、统计数据处理等）。

② 赵亚洲：《智能＋：AR、VR、AI、IW 正在颠覆每个行业的新商业浪潮》，北京联合出版社 2017 年版，第 3 页。

模型二：庭审问题及思路的精准推送

不同的案件在审理思路、问题询问、开庭技巧等方面均有不同的侧重点，我们通过对样本案件的庭审笔录进行详细分解，发现不同类型案件庭审技巧运用不同效果均有差异，进行计算成功率、推送类案比较适用的诉讼策略和庭审思路等。

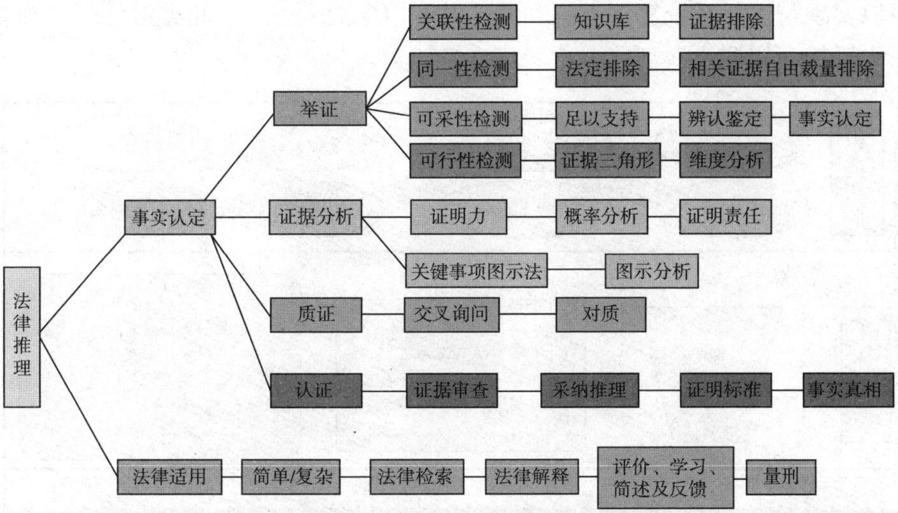

图 14　庭审问题及思路各环节展示

（注：不同诉讼环节和阶段，针对不同的策略重点均可推送相应的方案进行选择）

模型三：裁判理由及结果推送

裁判文书是展现审判工作成果的"出厂产品"，如何实现裁判文书高品质、高要求、高效率的产出，是智能审判重点解决的难题，为此，我们可以通过对大量裁判文书抽样的方式，形成类案裁判文书词频概率和裁判结果推送（裁判文书抽样的样本建议以指导案例或优秀案例为蓝本），在类案裁判文书的制作过程中，通过对庭审笔录及证据的智能搜索，进行智能计算和科学预测，根据法律用词的频率和结果预判，自动生成高质量裁判文书，将大大节省法官办案时间，提高办案效率。

表 5　部分高频词汇智能生成辅助文书制作

民事诉讼	合同关系转换	利益最大化	行为保全	审慎审查
刑事诉讼	非法证据	刑法谦抑性	认罪认罚	正当防卫
行政诉讼	执法行为合理	严格审查	处罚的正当性	规范
执行诉讼	标的异议	执行和解	评估拍卖	竞价合理

（二）关于利息、罚息和违约金等准确计算

模型一：数据和算法的共享

银行业有着自己特有的数据资源和算法源件，针对此类案件，审理过程中往往法院很难对利息、罚息、违约金等进行详细的核算，因此类案件一旦涉及多次、部分还款或分期计算利息、罚息等，计算量很大、难度高，所以实现与银行系统算法数据和载体共享（算法核实），此类案件的处理将更为轻松、便捷。

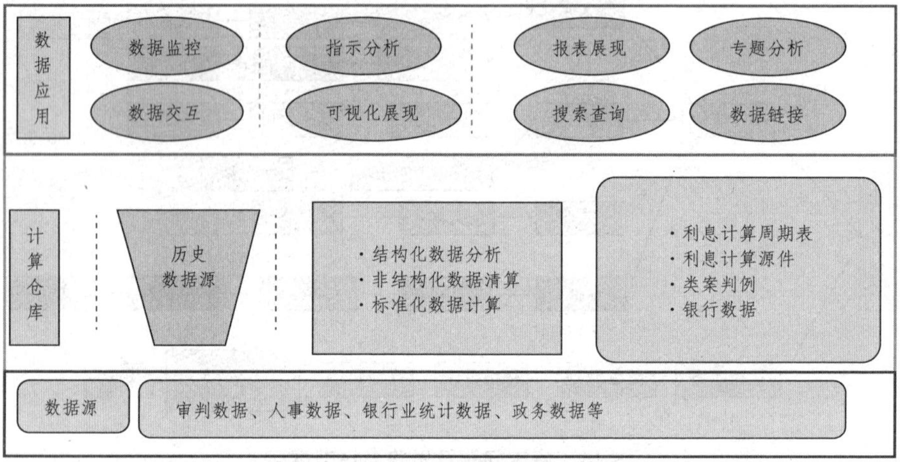

图15　华宇信息公司实验的某法院与银行数据与算法共享模式

模型二：算法工具的选择

就法院自身而言，也需配置适合审判需要的算法工具，当前知名的算法源件有 Crunchers、Guides、Advisors、Predictors 等，[①] 针对银行金融借款合同纠纷涉及需要计算的项目主要是利息、罚息、滞纳金等，特别是反复断断续续还钱的纠纷，如何选择一项适宜的算法源件，对于此类案件的数据核实具有重要影响。

四、效用导出：人工智能对金融借款合同纠纷案件进行分析的效用展望

效用一：成因渗透——“执行难、执行久”。金融借款合同纠纷的执行到位率较差。当事人普遍将执行难、执行时间久的问题归因于法院，媒体的报道、甚至一些不明缘由的兄弟单位也误解法院“判而不执”，然而法院只要穷尽执行手段，便已完成诉讼程序。如果进入诉讼的案件本身是“死

① George F. Luger：《人工智能：复杂问题求解的结构和策略》，史忠植、张银奎等译，机械工业出版社 2017 年版。

亡案件”（如遗嘱执行人的失踪、死亡、执行公司的破产等）、“呆滞案件”（仅有担保财产或其他财产，但涉及评估、评估或其他参与分配），法院无论如何都不能及时收回或处理。

效用二：工作思路的转换——让被告最大程度现身。部分当事人诉讼阶段下落不明、不来应诉，执行中通过黑名单、限制高消费、限乘等措施，反而快速现身。究其原因一方面是这类人流动性大，通讯号码、住址及就业地等信息更换频繁，另一方面是诉讼威慑力不够，不足以引起其重视。法院内部是否有可行的方法实现与当事人之间的有效对接？我们以 C 市 D 区法院为例。

表 6　　部分当事人信息查询机制（建立在被告身份信息唯一性基础上）

通信查询	移动	电信	联通
税务 APP 查询	税务局	个人税务中心	企业税务平台
网信办查询	电子注册账户	QQ、微信等平台确认	钉钉、学习强国平台等

效用三：破解执行难题——诚信网络建设，信用体系促执。法院应该如何增强执行力？建立全国性诚信网络，这需要海量数据和机制的建立。

制约法院强制执行力的现实因素：第一，信息共享机制未建立；第二，法院系统授权受限；第三，全域执行的问题。

而解决上述问题根本之法就是建立全国性诚信机制，只有建立全国法院之间立案、调取档案、查询信息、协助执行的全域配合，才能破解当前的执行难题。

效用四：审判预测——收案规律、审执结果、风险防范。第一，案件量的预测。金融借款合同纠纷在 2019 年至 2020 年或更久应该还居高位运行。第二，审判及执行情况的预测。该模拟表明银行继续有很高的裁判成功率，但执行率和低回收率会持续一段时间。第三，收案规律的预测，做好银行集中立案时间段的人员和工作调剂。第四，舆情风险预测，个别极端案件可能暗藏负面舆情和缠讼可能。

效用五：司法建议——为社会管理建言。人工智能时代，社会管理最依赖数据和统计分析，而不是个人经验或长官意志。① 在我国，法院根据审判中发现的问题提出相应司法建议是司法延伸社会职能的积极回应。

---

① 郭玉：《让数据发声：司法领域数据应用效用前瞻——基于信用卡透支纠纷案件的模拟研究》，载《尊重司法规律与刑事法律适用研究（下）——全国法院第二十七届学术讨论会获奖论文集》，人民法院出版社 2016 年版。

五、困境与提升：疏通智能数据分析节点和采用高效的算法模型

（一）智能数据分析的再定位

1. 洗牌：打破传统观念

（1）以全系数据观审视人工智能。全数据时代亟需我们打破传统思维模式的桎梏。[①] 云计算、智能数据分析等让一些行业率先迈入人工智能大运用时代，先一步行动并发挥海量数据的应用价值——促使这些行业先取得成功的不是先进的管理、强大的人力资源、而是思维模式的转换。[②] 人民法院作为国家机关也急需主动拥抱，善于、敢于、勇于利用人工智能、区块链等现代信息技术。

（2）打通数据运用的“任督二脉”。强化智能数据分析技术，创新审判管理，而解决这个问题的关键在于数据的基础处理和深度运用：一是海量数据储存技术，二是智能数据分析人才配置。当前法院系统，存在的主要困难就是数据资源充足但缺乏智能分析人才。人民法院应该建立起智能数据分析研究中心，通过技术培训、人才跟进、设备配置，加强与科研机构、高等院校等合作，如华宇信息技术研究中心等，合作开发智能数据分析大平台，并打造成人民法院服务审判管理的“第二只手”。

2. 再造：更新旧有制度

（1）数据网的铺设——从数据点到数据面。人工智能时代，大数据网络的建立将为今后的司法统计分析、审判管理和社会运行提供强大的基础支撑。这个数据网络不仅包含了传统的结构化和必要的审判信息，而且还包括各种记录数据的媒体，如审判笔录、裁判文件、政策文件、视频图片和音频材料。[③] 同时要加强不同法院之间，法院与其他兄弟单位、企事业单位、国有企业甚至一些大型民营企业之间的数据共享。

（2）建立多样化数据分析资料库。根据审判需要和诉讼规律，结合当前司法数据进行大量的数据统计和分析，建立起不同类型案件多样化的诉讼特征归纳，既要对当前热点案件涉及的司法数据进行建库，也要对将来可能成为热点或难点的问题进行分析，服务司法审判研究的事前预判和基础工作准备，形成一套结构完备、涵盖详实、层次明确的资料库。

---

① 江必新：《大数据时代背景下人民法院司法统计的科学发展》，载《人民法院报》2013 年 8 月 16 日第 4 版。

② ［美］罗素、诺维格：《人工智能——一种现代的方法》，殷建平、祝恩、刘越、陈跃新译，清华大学出版社 2013 年版，第 159 页。

③ 齐奇：《大数据时代司法统计在审判管理中的应用与发展》，载《人民法院报》2013 年 8 月 19 日第 4 版。

（二）人工智能算法源件的精准选择

1. 合理估量：因地制宜选择计算方式

（1）改变办案模式。坚持因案施策，合理选择算法源件，最大限度和可能提升智能审判的效率值，① 确保各个环节都能做到智能化，缓解司法审判的量累，避免低级错误。

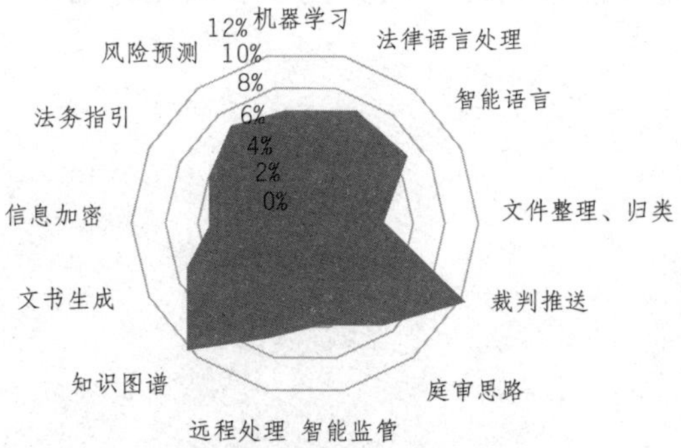

图 16　智能审判服务项目

（注：智能审判可以根据案件的具体情况，从立案到结案的各个环节，合理选择算法源件，达到审判的准确化。上述图表根据估值仅列举部分服务项目）

（2）计算管理。确保数据安全和调度计算是人工智能计算的基础，也是 AI 服务司法审判的前提，人工智能计算对数据资源的需求量越大，相应的计算源件的稳定性和安全性要求越高，这就需要专门的管理部门（例如：技术部或外包单位进行运营维护）进行管理。②

2. 有效监督：数据与算法的过滤机制。人工智能需要算法作为重要支撑，该算法的功能是正确理解、提炼和总结法律决策规律，总结人类法律决策模型和采用概率，特别是成功模型和概率，为司法决策提供参考和智能帮助，使用何种算法和人工智能是决定司法人工智能效果的关键。目前，在国内司法人工智能算法和源件开发中，还处于一种“初现端倪”的状态。由于算法及其来源一般都是科技公司的核心技术成果，公众对算法的认识往往比较浅，而且不清楚科技公司所采用的是哪种算法，以及该算法的实际效果是什么，而我国的司法人员并没有专业的能力去研究、识别这些复杂的算法和来源。因此，该算法是否科学、正确、高效、成熟，是否排除了不公平的歧视和偏见，是否存在程序漏洞，需要形成有效的监测机制。

① 漆桂林、高恒、吴天星：《知识图谱研究进展》，载《情报工程》2017 年第 1 期。

② 北京大学法律人工智能实验室：《研究中心带来科技新效能》，载新华网，最后访问时间：2020 年 5 月 9 日。

结　语

在大数据、云计算时代，人工智能的发展日益成熟，而随着司法数据的采集和积累，AI 技术有望在短时间内在海量文书处理、快速给出新案件处理思路、认定罪名、刑期、庭审策略、裁判结果、法律适用推送等任务中大显身手，实现智能审判的大数据化和准确化，这都有待司法实践中不断地探索和努力。

六、多元化纠纷解决机制改革篇

多元纠纷解决机制的法经济学分析

——以汽车销售合同纠纷类案为例

赵春晓*

一、问题的提出

近年来，与消费者权益保护有关的汽车销售合同纠纷频发，并受到广泛关注。西安奔驰车引擎盖上的哭泣引发舆论热议，被认为是消费者长期以来对豪车店店大欺客不满的总爆发；杭州中升之星奔驰“退一赔三”合同赔偿案被选为中国法学会案例研究会主办的2018年度“中国十大影响性诉讼”；张莉诉北京合力华通汽车服务有限公司买卖合同纠纷案被最高人民法院作为第17号指导案例；2018年，杨代宝与贵州新贵兴汽车销售服务有限责任公司、大众汽车（中国）销售有限公司买卖合同纠纷案由最高人民法院二审。

社会在关注热点案件的同时，对通过何种方式可以实现消费者权益的最大保护形成了不同观点。有的观点认为：从纠纷解决过程看，“私了”简单，诉讼麻烦，在现今维权意识增强、各类纠纷频发、法院案多人少的情况下，要多“私了”少诉讼，经济实惠。有的观点认为：“私了”就是和稀泥，太便宜无良商家，再麻烦也要“打官司”“讨说法”，通过法院判决惩罚汽车行业的不诚信行为，加大对消费者的保护力度，对强势商家起到震慑警示作用。

本文尝试运用法经济学成本收益的分析方法，通过对几起案件进行梳理，以期展现不同纠纷解决机制下当事人的成本收益，探寻多元纠纷解决机制共存的合理性。

---

* 作者单位：吉林大学法学院。

二、案情梳理

（一）案例一

2019 年 2 月 25 日，陕西西安一女子与西安利之星汽车有限公司签订购买奔驰汽车的购车合同，3 月 27 日，提车后因认为发动机存在问题与销售商自行协商退换车辆未果。双方反复交涉，销售方告知其无法退款也不能换车，只能根据国家“三包”规定免费更换发动机，车主不同意解决方案。2019 年 4 月 9 日，车主到 4S 店继续协商，并要求销售商签订退车退款书面协议，4 月 11 日，车主坐在引擎盖上哭诉讨说法的视频在网上流传引发关注。4 月 16 日，西安市场监管部门、税务机关介入调查。16 日晚，双方达成换车补偿和解协议，更换同款奔驰新车、退还车主金融服务费、支付交通补偿费及参观德国奔驰造车工厂、VIP 售后服务、补办生日等。[①]

（二）案例二

2007 年 2 月 28 日，张莉与北京合力华通汽车服务有限公司（以下简称合力华通公司）签订《汽车销售合同》购买雪佛兰景程汽车一台。2007 年 5 月 13 日张莉到该公司进行车辆保养时发现该车在 2007 年 1 月 17 日有维修记录。合力华通公司承认对汽车在交付之前曾进行过维修，但认为在车辆交付前已将此情况告知张莉，对此张莉不予认可，双方多次协商未果，张莉遂提起诉讼，要求撤销销售合同，返还车款并加倍赔偿。北京市朝阳区人民法院一审认为，张莉购买车辆系因生活需要自用，购车行为属于生活消费，应适用《消费者权益保护法》。因无证据证明合力华通公司将销售前的维修情况进行了告知，认定合力华通公司在销售时隐瞒车辆存在的瑕疵，构成对张莉的欺诈。故判决撤销双方签订的《汽车销售合同》，合力华通公司退还购车款并加倍赔偿。合力华通公司不服提起上诉，北京市第二中级人民法院二审驳回上诉维持原判。该案被最高人民法院选为 17 号指导案例。[②]

（三）案例三

2017 年 2 月 26 日，王亚君与杭州中升之星汽车销售服务有限公司（以下简称中升之星公司）签订了汽车销售合同购买一辆奔驰轿车，售价 658000 元。2017 年 3 月 15 日，王亚君按合同支付费用，中升之星公司交付一辆白色奔驰 CLS320 轿车，交付时车辆的轮毂及轮胎型号为 18 寸。而中升之星公司向王亚君交付的《货物进出口证明书》《中华人民共和国出入境

---

① 西安“哭诉维权”事件。

② 颜茂坤：《中国案例指导》（总第 2 辑），法律出版社 2015 年版，第 84 页。

检验检疫进口机动车随车检验单》及《车辆一致性证书》显示，案涉车辆适配轮毂及轮胎应为19寸。王亚君因此无法验车上牌，与中升之星公司协商不成，遂提起诉讼，要求撤销合同，返还车款，并要求按照购车款三倍赔偿。杭州市滨江区法院一审认为，王亚君购买车辆属于生活消费。中升之星公司隐瞒曾更换轮毂及轮胎，且更换的型号与原车辆不符的情况，主观故意明显，构成欺诈，故判决解除合同，中升之星公司返还购车款并按照购车款658000元的三倍支付赔偿金计1974000元。[①] 中升之星公司不服提起上诉，杭州市中级人民法院二审驳回上诉，维持原判。此案被中国法学会案例法学研究会评为2018年度“中国十大影响性诉讼”。[②]

（四）案例四

2014年6月24日，杨代宝与贵州新贵兴汽车销售服务有限责任公司（以下简称新贵兴公司）签订汽车销售合同购买尊贵版宾利慕尚汽车一台，并承诺车辆为全新英国原装进口车。预计交付日期为2014年7月30日，以杨代宝全部车款到达新贵兴公司账户为前提，最终交车日期以新贵兴公司的通知为准，车辆交接书的签订视为车辆的正式交付，其后一切风险责任由杨代宝承担。2014年10月14日，杨代宝取得贵州省出入境检验检疫局出具的《中华人民共和国机动车辆检验检疫证明》，10月30日，杨代宝为该车办理了机动车登记手续。2016年5月31日，杨代宝通过车鉴定网查询到新贵兴公司在2014年7月30日通过抛光打蜡对所购车辆左前门下的漆面损伤进行过清除，在2014年10月8日更换过汽车右后窗帘总成，遂以新贵兴公司和大众汽车销售公司构成欺诈为由提起诉讼。贵州省高级人民法院认为，新贵兴公司不能证明其在车辆交付之前已告知杨代宝有关车辆瑕疵处理和维修的情况，判定撤销《销售合同》，新贵兴公司构成欺诈，按照《消费者权益保护法》相关规定退还购车款并支付三倍赔偿金，大众公司不承担连带责任。

新贵兴公司不服上诉，要求撤销原判，改判驳回杨代宝的全部诉讼请求，并由杨代宝承担本案全部诉讼费用。最高人民法院二审判决撤销一审

① 需要说明的问题，原《消费者权益保护法》第四十九条规定“经营者提供商品或服务有欺诈行为的，应当按照消费者的要求增加赔偿其受到的损失，增加赔偿的金额为消费者购买商品的价款或者接受服务的费用的一倍”，《消费者权益保护法》于2013年10月25日进行了修改，新法于2014年3月15日实施，原法第四十九条修改为第五十五条第一款：“经营者提供商品或者服务有欺诈行为的，应当按照消费者的要求增加赔偿其受到的损失，增加赔偿的金额为消费者购买商品的价款或者接受服务的费用的三倍；增加赔偿的金额不足五百元的，为五百元。法律另有规定的，依照其规定。”所以案例二和案例三适用不同的法律规定。

② 《2018年度“中国十大影响性诉讼”权威发布 用公正裁判弘扬社会主义核心价值观》，最高人民法院司法案例研究院微信公众号，2019年4月20日。

判决，新贵兴公司赔偿杨代宝人民币 110000 元，驳回杨代宝的其他诉讼请求，一审案件受理费 154150. 40 元，由杨代宝负担 153395. 40 元，新贵兴公司负担 755 元，诉讼保全费 5000 元，由杨代宝负担 4975 元，新贵兴公司负担 25 元，二审案件受理费 154150. 40 元，由杨代宝负担 153395. 40 元，新贵兴公司负担 755 元。①

三、法经济学对纠纷解决机制的成本收益分析

法经济学以个人理性和个人主义作为其研究方法的基础，以效率作为其核心的衡量标准，以成本—收益及效用最大化作为基本分析工具。② 在法经济学的分析视野里，每一个纠纷解决当事人被假定为理性的经济人，其选择纠纷解决机制标准是实现个人利益最大化，所以纠纷解决成本收益的高低是其选择纠纷解决机制的主要依据。

社会纠纷解决的成本是指纠纷解决机制运作的全部费用支出。具体包括当事人通过某种纠纷解决机制实现权利履行义务所耗费的人力、物力、财力和时间资源的总和。“司法投入不仅包括当事人的投入，而且包括国家、社会的投入，不仅包括物质方面的投入，也包括精神方面的投入，不仅包括经济方面的成本，而且包括政治、伦理等大量的外部成本，不仅包括直接投入，而且包括间接投入。”③

本文限定在纠纷当事人层面，按照货币成本、时间精力成本、机会成本、风险成本的顺序对四个案例进行分析，以期展现对于汽车销售合同纠纷，当事人在不同纠纷解决机制中的成本收益。

（一）货币成本

纠纷的发生意味着利益的冲突，纠纷解决机制通过对利益格局的调整达到纠纷解决的目的。调整利益格局的外化形式之一就表现在当事人付出的货币成本和得到的货币收益上。追求货币成本最小化或货币收益最大化是当事人选择纠纷解决机制时考虑的重要因素。通过诉讼程序解决纠纷需要支付一系列费用，相比之下，非诉讼纠纷解决机制比诉讼纠纷解决机制当事人费用支出要低。

在上述 4 个案例中，仅以纠纷解决文本显示货币支出来看，案例一，西安奔驰车主支出为零，西安利之星汽车有限公司支出交通补偿费 10000 元及承担举办生日会费用并邀请车主前往奔驰厂家参观。案例二，张莉不承担诉讼费用，合力华通公司承担诉讼费 9012 元，退还购车款并加倍赔偿。案

---

① 载中国裁判文书网。

② 魏建、黄立君、李振宁：《法经济学：基础与比较》，人民出版社 2004 年版。

③ 阿江：《司法改革应当关注司法效益》，载《法律适用》2000 年第 6 期。

例三，王亚君承担诉讼费用5172元，杭州中升之星公司承担诉讼费14302元，退还购车款并三倍赔偿。案例四，杨代宝承担诉讼费用311765.8元，新贵兴公司承担诉讼费用1535元并赔偿杨代宝110000元。

表1　　货币成本对比（以纠纷解决文本显示货币支出来看）

	纠纷解决方式	消费者	销售者
案例一	非诉讼	0元	10000元+生日会+赴德国参观
案例二	诉讼	0元	9012元+退购车款+加倍赔偿
案例三	诉讼	5172元	14302元+退购车款+三倍赔偿
案例四	诉讼	311765.8元	1535元+110000元

由此可见，对于纠纷当事人双方来说，非诉讼纠纷解决机制的货币成本最低，诉讼纠纷解决机制的货币成本具有不确定性。

（二）时间、精力成本

无论选择何种纠纷解决机制，当事人都要花费时间、精力。每个人的时间和精力都是有限的。时间和精力投入到纠纷解决上多一些，在其他更有效率的生产性活动上投入的就会相应的少一些，从而降低了其他方式所能获得的收益和产出，所以时间和精力也是一种成本。以我国民事诉讼法对案件审理时限的规定为例，《民事诉讼法》第一百六十一条规定："人民法院适用简易程序的审理案件，应当在立案之日起3个月内审结。"第一百四十九条规定："人民法院适用普通程序审理的案件，应当在立案之日起6个月内审结。有特殊情况需要延长的，由本院院长批准，可以延长6个月，还需要延长的，报请上级人民法院批准。"案件审理的时间越长，意味着双方当事人投入的时间和精力越多。若收益总额不变，也就意味着纠纷解决成本提高，收益率下降。

以当事人与纠纷有关的第一次接触时间为起算点，以纠纷解决的文本生效时间为截止点，来分析各种纠纷解决方式所投入的时间精力成本。案例一，双方签订销售合同时间是2019年2月25日，达成和解协议时间是2019年4月16日，时间跨度不到2个月。案例二，双方签订销售合同时间是2007年2月28日，二审判决生效时间是2008年3月13日，时间跨度超过1年。案例三，双方签订销售合同时间是2017年2月26日，二审判决生效时间是2018年8月3日，时间跨度超过1年。案例四，双方签订销售合同时间是2014年6月24日，二审判决生效时间是2018年11月22日，时间跨度超过4年。

表 2　　时间、精力成本对比

	纠纷解决方式	签订合同	判决生效/和解达成	时间跨度
案例一	非诉讼	2019. 2. 25	2019. 4. 16	<2 个月
案例二	诉讼	2007. 2. 28	2008. 3. 13	>1 年
案例三	诉讼	2017. 2. 26	2018. 8. 3	>1 年
案例四	诉讼	2014. 6. 24	2018. 11. 22	>4 年

据有关媒体报道，西安奔驰维权事件由于受到媒体广泛关注，对车主的各种猜测纷纷滋生，严重影响了车主的生活和工作，西安奔驰事件的车主事后称“引擎盖毁了我的一生”，很后悔通过这种方式维权。

由此可见，诉讼纠纷解决机制在时间成本上要比非诉讼纠纷解决机制高。相应地，当事人所花费的精力成本随之增加。但与此同时，由于司法裁决代表国家意志，具有高度权威性，并有国家强制力保障实施，定纷止争后增加隐形精力成本的概率比非诉讼纠纷解决方式的要小。

（三）机会成本

在特定的时空领域当事人只能选择一种纠纷解决方式，而不同的纠纷解决方式导致纠纷解决目标的实现程度不同，在这种情况下，衡量利弊得失而作出的选择所要付出的成本就是机会成本。人们面对环境的不确定性，信息的不对称性以及自身认识能力的有限性在制度选择上会有不同反应，纠纷解决机制选择过程中必然会产生机会成本。

案例一的当事人选择了非诉讼纠纷解决方式，双方在得到非诉讼纠纷解决机制货币、时间成本低，效率较高的同时也失去了诉讼纠纷解决机制对其权利给予更充分更有力保障的可能。案例二、三、四的当事人选择了诉讼纠纷解决方式，虽然获得了通过法院对双方权利义务进行权威认定的机会，但也失去了非诉讼纠纷解决机制中当事人对权利义务拥有更大自由协商的可能。

表 3　　机会成本对比

	诉讼纠纷解决机制	非诉讼纠纷解决机制
案例一	-	+
案例二	+	-
案例三	+	-
案例四	+	-

由此可见，对于诉讼纠纷解决方式和非诉讼纠纷解决方式而言，两者的机会成本基本上是等量的。

（四）风险成本

风险成本是实际结果和预期效用的比率。影响纠纷解决机制成本的因素很多，风险成本的衡量是以当事人对所处社会秩序信任的基础上，就各类纠纷解决方式可能产生的后果的一种预测。当然，当事人对纠纷的实际结果和预期效用具有强烈的主观性，很大程度上受到当事人偏好影响，比如相对于货币成本的高低，当事人更在意时间精力的投入，相对于财富获得，当事人更在意声誉，相对于明辨是非，当事人更愿意以和为贵，相对于对过往经验的信赖，当事人更相信事物都是发展变化的，等等。

以比较容易量化的货币成本为例，因案例中采用诉讼纠纷解决方式有 3 例，采用非诉讼纠纷解决方式有 1 例，所以，我们每组只选择最大值和最小值通过方差公式来计算风险值。在采用诉讼纠纷解决方式的情况下，消费者一方最好的情况是收入 2682506. 27 元，最坏的情况是支出 201765 元。在选择非诉讼纠纷解决方式的情况下，消费者一方最好的情况收入 10000 元，最差的情况收入 0 元。此时若用方差大小来表示风险的大小，则这两种方案的风险值分别是 2079755204158. 2 元和 2500000 元。由此可知，对于消费者来说诉讼纠纷解决方式的风险远大于非诉讼纠纷解决方式的风险。

纠纷进入诉讼后，纠纷解决的过程从以当事人为中心转变为以法院、法官为中心，无论是纠纷解决进度、解决方向、解决程度，都以法院、法官为主导。在这个过程中，法官本人的职业能力和素质都将成为一种不可预计的风险。

综上，按照法经济学成本—收益理论，对 4 个案例进行货币成本、时间精力成本、机会成本、风险成本分析，可知非诉讼纠纷解决机制具有成本低、效率高、双方自由协商度大的特点，诉讼纠纷解决机制具有纠纷结果权威度高，权利义务界定和保障更为明确的特点。

四、多元纠纷解决机制合理共存的理论认识

法是调整社会关系的重要规范，但不是唯一的规范，司法是解决纠纷的重要方法，但不是唯一的方法。在众多的社会规范和纠纷解决方法中，司法也不一定是成本最低的方法。各类纠纷解决方式有各自的优势和特点，并适配于不同的人群和不同的纠纷。正是由于社会群体、利益关系的多样性，决定了各类纠纷解决机制共存的合理性。

（一）社会治理现代化要求纠纷解决机制多元化

我国目前处于发展的重要战略机遇期，也是社会矛盾凸显期，经济体制改革的深入发展，各方利益统筹难度加大。各类社会组织快速增多，涉及领域广泛，力量日益强大，成为新的权力源，与政府组织分享权力，形

成多元权利中心。① 人民群众的权利意识不断增强，利益诉求不断增多。善于运用法治思维、法治方法、法律制度治理社会，把中国特色社会主义各方面的制度优势转化为治理社会的效能，是社会治理现代化的要求。② 通过提高社会治理现代化水平，最大限度地减少社会问题，及时化解社会矛盾，确保社会安定有序。社会利益的多元化、社会矛盾的复杂化，需要纠纷解决机制的多元化。

波斯纳曾说："人是其自利的理性的最大化者。"这一概念暗示：人们会对激励作出反应，即，如果一个人的环境发生变化，而他通过改变其行为就能增加他的满足，那他就会这样去做。③ 纠纷解决过程中，一个理性经济人必然会去选择对他有利的纠纷解决机制。通过制度创新，搭建多元纠纷解决机制格局，增大纠纷解决机制的可选择度，满足对纠纷解决机制多样性的需求，让不同的社会主体在不同的纠纷发生后都有与之需求相匹配的纠纷解决机制，使得各类纠纷都能够通过一定途径得到解决。避免发生因纠纷不能及时化解而累积形成的社会戾气，进而成为影响社会稳定的风险。

（二）社会控制手段的多样化，使创建多元化纠纷解决机制成为可能

任何社会都需要社会控制，从广义上来讲，社会控制是社会或其中的群体为达到维持社会秩序而采取的手段。从狭义上来讲，社会控制是社会或其群体对偏离社会规范的离轨（越轨）行为所采取的限制措施和限制过程。既指整个社会或社会中的群体、组织对其成员的指导、约束或制裁，也指社会成员相互影响、相互监督、相互批评。④ 任何社会的控制手段都不是单一的，只有充分利用各种社会控制手段，才能实现社会控制的目的，促进社会的发展稳定。

纠纷的产生是利益关系失衡的表现，而纠纷能够得到解决，是社会控制手段对失衡状态进行有效调整的结果。社会控制手段有很多种，比如法律、行政、道德、习惯、舆论等，各类社会控制手段都有其独特性和针对性。法律只是社会控制手段的一种，法律作为社会控制手段对社会不稳定关系进行调整时，可以从法律的制定、法律的实施等多个方面进行，司法仅仅是其中的一环。司法是正义的最后一道防线，但不是正义的唯一一道防线。通过创建与各类社会控制手段相衔接的纠纷解决机制，充分发挥各

---

① 马长山：《国家、市民社会与法治》，商务印书馆2003年版，第161页。

② 徐猛：《社会治理现代化的科学内涵、价值取向及实现路径》，载《学术探索》2014年第5期。

③ ［美］波斯纳：《法律的经济分析》，蒋兆康译，林毅夫校，大百科全书出版社2002年版，第4页。

④ 潘允康：《试论社会控制手段的多样性和综合性》，载《杭州师范学院学报（社会科学版）》2002年第6期。

类社会控制手段的优势，形成纠纷解决合力，满足化解各类纠纷，消除社会戾气，防范社会重大风险的需要。

（三）理性经济人对纠纷解决高效率的共同追求和不同风险偏好的实际存在决定纠纷解决机制多元化的必然性

波斯纳曾指出："正义的第二种涵义——也许是最普通的涵义——是效率。"效率是指从一个给定的投入量中获得最大的产出，即以最少的资源消耗取得同样多的效果，或以同样的资源消耗取得最大的效果。① 从上文对案例的分析来看，无论是非诉讼纠纷解决机制还是诉讼纠纷解决机制，当事人都要承担一定的交易费用。当事人选择纠纷解决机制的过程也是寻找高效率高收益解决纠纷的过程。即以最可靠、最安全、最简单的手续，以最少的时间、精力和物质消耗，达到预期的纠纷解决目标。

虽然当事人都会希望纠纷解决交易费用低效率高，但当事人会因不同的风险偏好选择不同的纠纷解决机制。风险偏好受纠纷标的、当事人个人状况、当事人所处社会的经济、文化、制度环境以及对纠纷解决的传统习惯的影响。当事人对风险偏好的强烈主观化色彩和纠纷解决机制选择的自主性可能，决定了纠纷解决机制多元化共存的必然性。

（四）人们对秩序的需求决定了诉讼纠纷解决机制高成本运行是非诉讼纠纷解决机制低成本运行的保障

正如马斯洛所指出的："我们社会中的大多数成年者，一般都倾向于安全的、有序的、可预见的、合法的和有组织的世界；这种世界是他所能依赖的，而且在他所倾向的这种世界里，出乎意料的、难以控制的、混乱的以及其他诸如此类的危险事情都不会发生"。② 法律的规范作用能够为人们的相互行为提供一种预测、评价和指引，使得纠纷当事人对纠纷解决有明确的、稳定的预期，从而使纠纷解决机制成本收益分析成为可能，继而以此确定行为决策，最大限度地减少交易费用。无论是从当事人个人层面还是从国家社会层面看，虽然诉讼纠纷解决机制运行成本较高，但却是社会秩序值得信任的重要载体，是非诉讼纠纷解决机制得以低成本运行的可靠保障。

例如，在案例一西安奔驰事件双方当事人在解决纠纷的过程中，2019年4月15日，最高人民法院案例研究院官微曝出一则消息，二审判决：杭州中升之星奔驰"退一赔三"赔偿车主270多万元。4月16日，西安奔驰事件双方即达成和解协议，"超额"满足车主诉求。我们没有当事人处理该纠纷直接受其影响的证据，不能臆断杭州法院的判决对西安事件的影响，但

① 张文显：《法理学》（第五版），高等教育出版社2018年版，第332页。

② Maslow, Motivation and Personality, 2nd ed. (New York, 1970), p. 41.

可以断定，车主在多次沟通未果，经销商强势抛出解决方案的情况下，仍据理力争，并最终达成和解协议，其背后的底气是法律规定，是类似纠纷的司法裁决。与此同时，经销商也会以法律规定和类似纠纷的过往处理来权衡“对簿公堂”和“私了”的成本，最终作出成本最小、收益最大的选择。

（五）法律对利益评价的僵化性决定了多元纠纷解决机制并存的合理性

利益冲突是纠纷的本源和基础。法律的主要作用之一就是调整及调和种种相互冲突的利益，无论是个人利益还是社会利益。[①] 对相互冲突的利益进行调整以及对它们的先后顺序予以安排，往往是依靠立法手段来实现的。然而，由于立法是一般性的和指向未来的，一项成文法规可能会不足以解决一起已经发生利益冲突的具体案件。面对具体纠纷，司法的特性决定了在诉讼纠纷解决机制中法院必须对纠纷双方的诉求作出明确答复，对同样需要得到鼓励和增进但又相互冲突的利益做出价值判断。

案例中汽车合同纠纷涉及到两种利益的冲突，一个是交易安全，一个是消费者权益。交易安全关系到社会经济进步利益，消费者权益关系到私有财产利益，同样都需要保护。案例二和案例三的解决方案倾向于对消费者权益的保护先于对交易安全的保护，并且要实现对消费者权益保护程度的最大化。案例四的解决方案倾向于在保护消费者权益的前提下，适度考虑到保护交易安全，并以双方诉讼费用的承担作了最好的表态。司法裁决对权利义务的分配，是多方利益博弈的结果。法官依据法律规定进行裁判的同时，还要通过对个案权利义务的分配找到裁决正当性的基础。人们的正义观要求法律具有稳定性、连续性、法律适用标准统一性，而立法的滞后性又导致法律供给不足、法律资源稀缺。这使得依法裁判和个案正义之间并非永远和谐，法律供给与个案公平之间矛盾一直存在。而诉讼外纠纷解决方式不需对冲突利益的先后位序表态，只需对纠纷双方的具体需求给以满足，协商形式灵活，协商内容自愿，满足程度自由，为发挥个人积极性留下足够的空间。面对千姿百态、不断变化的社会生活，非诉讼纠纷解决机制对利益冲突调处的灵活自由有力弥补了诉讼纠纷解决机制中因法律特质而导致的尴尬。

五、多元纠纷解决机制有效共存的实践路径

（一）关注诉讼前信息披露规则制定，提高非诉讼纠纷解决机制的有效和解率

非诉讼纠纷解决机制能够在纠纷化解中发挥实实在在的作用，而不仅

---

① ［美］E. 博登海默：《法理学：法律哲学与法律方法》，邓正来译，中国政法大学出版社1998年版，第414页。

仅是走走过场，需要进一步完善相关制度。通过对文中案例的分析，我们可知，不同的纠纷化解机制给当事人带来不同的成本收益。虽然作为理性经济人，在主观上会选择低成本高收益的纠纷解决机制，但在多种因素的影响下，特别是在信息获取不全面的情况下，其主观认识和客观实际会有很大出入。对此，笔者建议关注诉讼前信息披露规则制定，提高非诉讼纠纷解决机制的有效和解率。只有掌握真实全面的信息，当事人对各类纠纷解决机制的成本收益才能有客观的认识，从而作出有效率的选择。实践中，当非诉讼纠纷解决行不通时，当事人会将纠纷诉诸法庭，而在法庭上出其不意的信息披露是赢得诉讼的一项策略。所以，在诉讼前协商谈判阶段，大家虽然宣称要拿出最大的诚意，但都会为一旦谈判不成走上法庭对簿公堂留上一手。针对这种情况，关注诉讼前信息披露规则制定，由行业协会或其他社会第三方组织界定纠纷解决信息披露的内容和形式并进行监督，由法律作出在没有特殊情况下法庭上采信的信息必须在和解谈判时已经予以披露的规定，会在一定程度上减少因双方故意隐瞒信息而造成的诉讼前和解走过场的情形发生，提高非诉讼纠纷解决机制下和解成功率，降低纠纷解决成本，切实发挥非诉讼纠纷解决机制的作用。

（二）优化各类法律规则组合方式，增加有效率规则运用，降低纠纷发生数量，降低诉讼比率

社会规则是由权威部门颁行的或社会习俗包含的关于人们行为的准则、标准、规定等。社会的各种规则形成一个有序的规则体系，是社会秩序的维系力量，也是个体权利的保障力量。在法治社会里，法律规则具有最高或最终的效力，法治社会的规则以主体权利为导向。法律规则是规定法律上的权利、义务、责任的准则、标准，或是赋予某种事实状态以法律意义的指示、规定。①

发生纠纷意味着一方当事人认为其合法权益受到了侵犯，法律对该权益的救济方式也即法律规则对权利、义务、责任的规定对当事人选择纠纷的解决途径有很大影响。“卡—梅框架”从法律后果的角度对法律规则提出了财产规则、责任规则和禁易规则的类型划分。对需要保护的权益适用不同规则，实质上是国家权力不同程度介入权益保护的制度呈现。选择哪种规则被认为更有效率，不同的观念有不同的标准。针对目前社会诉求增多、权利意识增强、诉讼爆炸、纠纷频发的现实，笔者认为，从纠纷化解的角度看，有利于纠纷实质化解，有利于纠纷化解成本减少，有利于社会经济稳定发展，有利于满足人民对美好生活期待的规则就是有效率的规则。立

① 张文显：《法理学》（第五版），高等教育出版社 2018 年版，第 115 ~ 116 页。

法过程中，优化各类法律规则组合方式，增加有效率规则运用，降低纠纷发生数量，降低诉讼比率，引导纠纷适用非诉讼方式解决。

（三）防止“权利打折”现象发生，发挥司法规范引领作用

正义是一个社会得以存续的底线。波斯纳曾说过：“我所界定的效率就是一个足够正义的概念。”① 罗尔斯在《正义论》中指出：一个社会，无论效益多高，多大，如果它缺乏公平，则我们不会认为它就比效益较差但较公平的社会更理想。② 纠纷解决高效率不能以公平正义低水平为代价，对当事人处分权的充分尊重不能以削弱对社会公平正义观的引导为牺牲，实现纠纷化解合力和司法最后定局相依存，让正义始终是各类纠纷化解机制的共同追求。

纠纷解决的过程也是利益双方谈判的过程。谈判能够成功，必然存在一个双方均认可的协议，协议包含一个双方权衡成本收益后使其利益最大化的价格。否则，谈判就会失败。③ 谈判的过程也是双方博弈的过程，谈判能力的大小很大程度上影响博弈的结果。谈判能力包括当事人的信息获取能力、谈判策略能力以及纠纷解决的预期收益对当事人的影响力。当事人的信息获取能力小、谈判策略能力弱、预期收益对当事人影响大，那么当事人就处于博弈的弱势方。比如对于一个经济困难的人，或者急需用钱的人，如果谈判成功这笔钱现在就能到手，如果谈判失败通过诉讼方式需要花费更多的时间才能到手，在钱财的现实价值比远期价值大的情况下，当事人很可能接受对其明显不公平的和谈协议。又假如一方当事人的时间精力很有限，如果他不同意对其显失公平的协议，就会被对方拖入耗时耗力的诉讼中，权衡成本收益，他接受不平等协议的可能性就很大。

在这种情况下，为防止弱势方“权利打折”，影响正义实现，国家力量就需要介入。比如通过界定滥诉行为的标准制定对滥诉行为的惩罚措施，通过确立科学的诉讼费用分担制度使得司法可以接近，通过优化诉讼程序设计等减少诉讼成本，通过信息化手段提高诉讼效率，通过司法审查对显失公平的和解协议进行矫正，通过司法确认保障调解成果等。通过一系列的制度设计，发挥司法的规范引领作用，防止非诉讼纠纷解决机制成为弱肉强食的温床，有力保障公平正义的实现。

（本文获一等奖）

---

① ［美］波斯纳：《正义司法的经济学》，苏力译，中国政法大学出版社2002年版，第56页。

② ［美］罗尔斯：《正义论》，谢廷光译，上海译文出版社1991年版，第95~96页。

③ ［美］波斯纳：《法律的经济分析》，蒋兆康译，林毅夫校，中国大百科全书出版社2002年版，第724页。

组织管理学视域下诉前调解激励机制的现状简示与制度构建

——以 A 省 16 地市 125 家法院近三年案件数据为样本

尤 昊* 谢 娟**

为深入贯彻习近平总书记全面依法治国新理念新思想新战略，全面贯彻落实党的十九大和十九届二中、三中全会精神，进一步深化新时代人民法院各项改革，最高人民法院制定了《关于深化人民法院司法体制综合配套改革的意见》，并将之作为《人民法院第五个五年改革纲要（2019—2023)》贯彻实施。其中指出“完善调解、仲裁、行政裁决、行政复议、诉讼等有机衔接、相互协调的多元化纠纷解决体系，促进共建共治共享的社会治理格局建设。”

正所谓“兵马未动，粮草先行”，要建立多元化纠纷解决体系，必须首先建立起对应的经费保障机制，对于法院而言，则是建立诉前调解激励机制。但全国法院的多元化纠纷解决机制工作推进已有数年，却仍未做到“兵马未动，粮草先行”，各地建立诉前调解激励机制的法院仍不多，多数法院激励的手段也较为单一，对诉前调解激励机制的管理较为粗放。本文以 A 省 16 地市 125 家法院近三年以来的诉前调解案件数、调解成功率、诉前调解率为样本，结合 A 省法院建立的诉前调解激励机制基本情况，从组织管理学的角度对诉前调解激励机制的现状、问题进行分析，对构建全国性诉前调解激励机制提出意见建议。

一、法院诉前调解激励机制现状简示

所谓激励机制是指在组织系统中，激励主体系统运用多种激励手段并使之规范化和相对固定化，而与激励客体相互作用、相互制约的结构、方式、关系及演变规律的总和。① 具体到法院诉前调解工作中，激励机制就是法院通过多种形式的激励手段，用以激励特邀调解员，从而有效推进法院

---

* 作者单位：安徽省宿州市中级人民法院。

** 作者单位：安徽省高级人民法院。

① 韩松：《激励机制对企业发展的重要性分析》，载《经贸实践》2017 年第 3 期。

诉前调解工作的方法。

（一）诉前调解激励机制建立情况

A 省法院共有 16 个地市，共计 125 个法院，其建立的诉前调解激励机制主要包含五种类型：A、值班补助，B、固定工资，C、调解失败补助，D、静态调解成功补助，E、动态调解成功补助。

A 省没有建立激励机制的法院有 58 家，建立激励机制的法院有 67 家，其中包括 A 型激励机制 6 家、B 型激励机制 28 家，C 型激励机制 12 家，D 型激励机制 31 家，E 型激励机制 28 家，综合型补助激励机制 33 家。

图 1　A 省法院诉前调解激励机制建立情况

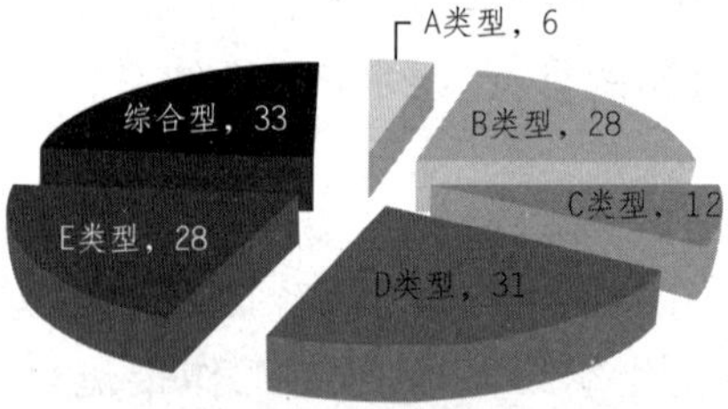

图 2　A 省法院诉前调解激励机制类型

（二）诉前调解案件与诉前调解激励机制联动分析

1. 诉前调解激励机制与诉前调解率关系分析

A 省采取诉前调解激励机制的法院共有 7 个地市、67 家法院，其诉前调解案件率在全省排名中分别处于中上游。2016 到 2018 年，7 个地市在全省法院诉前调解率排名中，在 1 至 5 名中分别占据 3、4、4 个名额，6 至 10 名中分别占据 2、2、3 个名额，11 至 16 名中 2、1、0 个名额。

表 1　建立诉前调解激励机制法院全省排名

法院	2016 年全省排名		2017 年全省排名		2018 年全省排名	
	诉前调解数	诉前调解率	诉前调解数	诉前调解率	诉前调解数	诉前调解率
A 市法院	6	13	5	12	1	8
D 市法院	2	2	2	1	3	1
F 市法院	3	1	10	6	7	4
J 市法院	1	3	4	4	2	2

续上表

法院	2016 年全省排名		2017 年全省排名		2018 年全省排名	
	诉前调解数	诉前调解率	诉前调解数	诉前调解率	诉前调解数	诉前调解率
P 市法院	13	12	1	2	4	3
K 市法院	5	7	3	5	5	7
C 市法院	11	6	8	8	10	9

从采取诉前调解激励机制的法院在全省法院排名可以看出，建立诉前调解激励机制的法院在诉前调解率方面的优势较之没有建立诉前调解激励机制的法院是比较明显的。

2. 诉前调解激励机制建立前后案件数据对比

P 市法院于 2017 年建立诉前调解激励机制，其诉前调解案件数 1288 件，调解成功 861 件。2017 年诉前调解案件数 15669 件，调解成功 5956 件。

对比得出，诉前调解激励机制建立后的诉前调解案件数为之前的 12. 17 倍，调解成功数为 6. 92 倍，诉前调解率为 4. 8 倍。

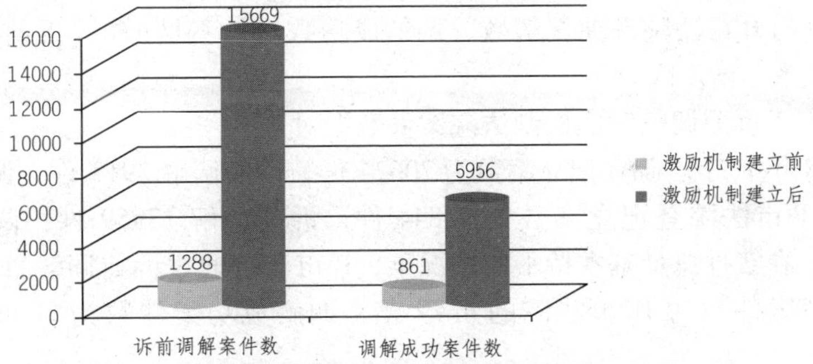

图 3　P 市法院诉前调解激励机制建立前后案件数据对比

B 市法院至 2018 年尚未建立诉前调解激励机制，其 2017 年登记立案数 74220 件，诉前调解案件数 6746 件，调解成功 4862 件。2018 年登记立案数 87819 件，诉前调解案件数 6679 件，调解成功 4901 件。

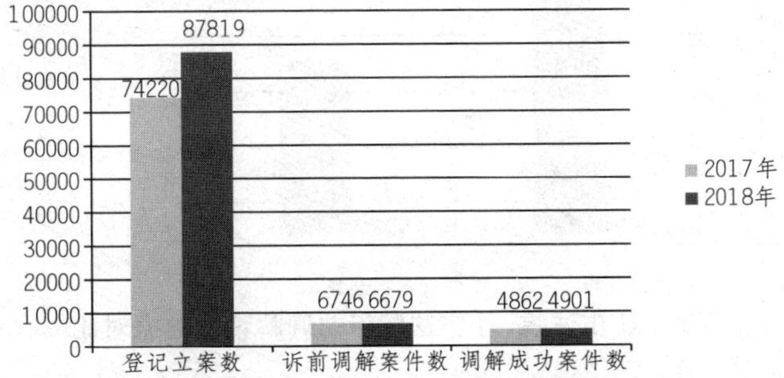

图 4　B 市法院 2017 年～2018 年案件数据对比

B 市法院 2018 年较 2017 年登记立案数增长 18.32%，诉前调解案件数反而减少 1%，调解成功数仅增长 0.8%，诉前调解率不升反降，自 9.09% 降至 7.6%。

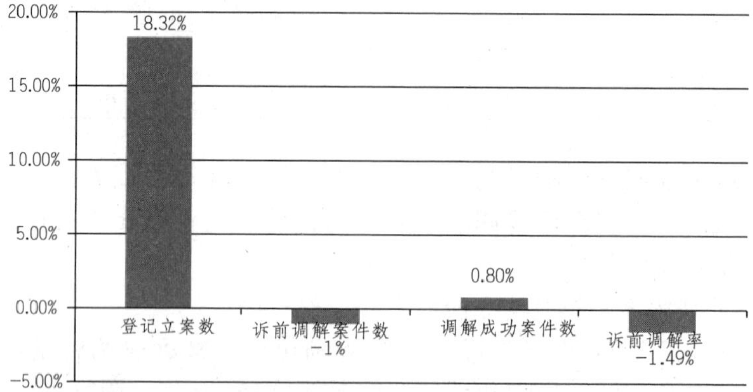

图 5 B 市法院 2017 年 ~2018 年案件数据增长情况

从 P 市法院与 B 市法院的案件数据增长情况比较，可以得出，建立了诉前调解激励机制的 P 市法院各项案件数据增长明显，而未建立诉前调解激励机制的 B 市法院诉前调解数、调解成功数增长不足 1%，诉前调解率、调解成功率不增反降。

3. 有无诉前调解激励机制法院案件数据对比

2018 年 H 市法院登记立案数为 70624 件，诉前调解 2913 件，调解成功 951 件。P 市法院登记立案数为 70844 件，诉前调解 13959 件，调解成功 5705 件。在案件总量基本持平的情况下，P 市法院通过诉前调解激励机制，诉前调解案件数为 H 市法院的 4.79 倍，调解成功案件数为 H 市法院的 6 倍。

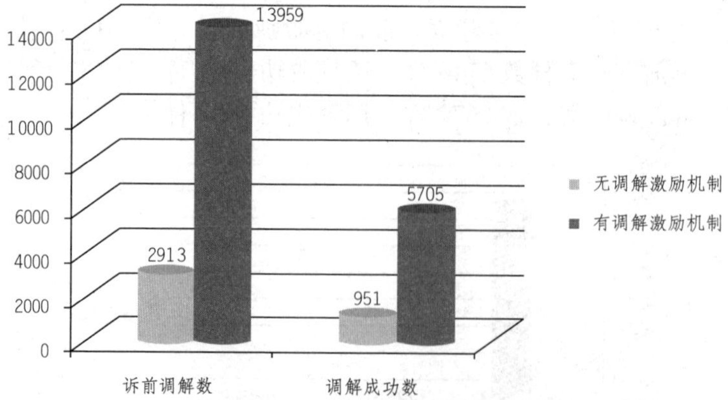

图 6 H 市法院、J 市法院诉前调解案件数据对比

4. 静态激励机制激励作用与动态激励机制激励作用对比

A 市法院采取的是静态激励机制，D 市法院采取的是动态激励机制。2018 年 A 市法院登记立案数为 181883 件，诉前调解 21058 件，调解成功 8090 件，诉前调解率 15.58%，调解成功率 38.4%。D 市法院登记立案数为 59571 件，诉前调解 15789 件，调解成功 6987 件，诉前调解率 26.5%，调解成功率 44.3%。

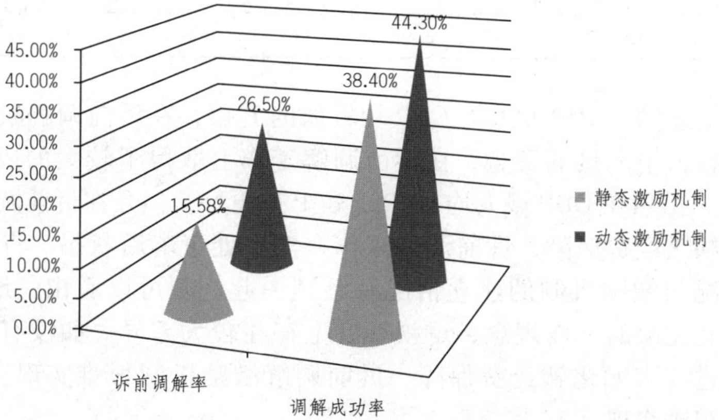

图 7　A 市法院、J 市法院诉前调解案件数据对比

二、诉前调解激励机制存在问题与面临困境

从 A 省法院诉前调解案件数据与诉前调解激励机制联动分析中可以看出，诉前调解激励机制对于诉前调解、多元化解的作用是显而易见的。但是在工作实践中，尤其是在基层法院，想要建立一个合理的诉前调解激励机制，存在着诸多的困难。

（一）机制建立依据不明确，各地选择性推进

《最高人民法院关于人民法院进一步深化多元化纠纷解决机制改革的意见》第三十七条规定："各级人民法院要主动争取党委和政府的支持，将纠纷解决经费纳入财政专项预算之中。"但此规定只是一种原则性的指导意见，并未指明如何操作。涉及到财政拨款和党政部门之间的协调问题，并不是一两条规定就可以解决的。再加上各地党委、政府工作理念、重视程度不同，各地法院据此向政府申请专项经费，很难得到支持。

以 G、J、L、P 四地市为例，四地市 2018 年 GDP 分别为 1222.4 亿元、1801.6 亿元、1631.7 亿元、1280 亿元；人均 GDP 分别为 7.6 万元、4.42 万元、2.88 万元、2.47 万元；其法院诉前调解激励机制规定，特邀调解员每调解成功一个案件，最高限额补助分别为 100 元、1200 元、0 元、1000 元。

表 2　　G、J、L、P 四市 GDP、激励标准、诉前调解率对比

地市	2018 年 GDP（亿元）	2018 年人均 GDP（万元）	诉前调解激励标准最高额（元）	2018 年全省诉前调解率排名
G 市	1222.4	7.6	100	12
J 市	1801.6	4.42	1200	2
L 市	1631.7	2.88	0	10
P 市	1280	2.47	1000	3

从数据显示，GDP 和人均 GDP 均较低的 P 市，在诉前调解激励机制方面，反而投入了大量的资金，在诉前调解工作上取得了较大的成果。而 L 市与 G 市，虽然在 GDP 或人均 GDP 上较 P 市更好，但是在诉前调解激励机制方面则缺乏经费保障，诉前调解工作在全省处于落后状态。将这四地市的财政情况与激励机制的建立情况联系到一起，则可以看出，地方党委、政府在多元化解的工作理念、重视程度上存在较大差异。如没有自上而下的全面推进、多元化解经费保障、诉前调解激励机制很难实现全面铺开，激励效果很难实现。

（二）激励补助标准不统一

最高人民法院的改革意见作为纲领性文件，对于经费如何保障，激励机制如何确定，标准如何确定并未作出统一规定。各地在制定诉前调解激励机制的激励标准时，没有相应的参照标准和参考依据，只能是摸着石头过河，这使得各地法院的诉前调解激励标准差异较大。

如，P 市法院将矛盾纠纷分为三个等级，然后按照调解不成功、调解成功一般纠纷、复杂纠纷、重大疑难纠纷，分别补助 100 到 1000 元。而 G 市法院则没有区分案件难度，而是按照调解成功 100 元，调解不成功 30 元一件进行补助。除此之外，A 市某区法院则是每月给予 2000 元补助，调解成功一定数额后，再按照每件 100 元进行补助。N 市某县法院则是按照调解成功 50 元，调解不成功 30 元给予补助。

表 3　　P、G、A、N 市诉前调解激励标准、诉前调解率对比

地市	固定补助	调解失败补助	调解成功补助	2018 年全省诉前调解率排名
P 市	0	100	500 – 1000	3
G 市	0	30	100	12
A 市	2000	0	100	8
N 市	0	30	50	13

整体来看，诉前调解激励的标准不明确，差异显著。全省调解成功最高补助 1200 元，最低补助 50 元，差异达到 24 倍之多，而半数地市法院，还在靠着协调对接、义务劳动来推进特邀调解工作，未有任何激励机制。由于诉前调解激励标准的不同，产生的激励效果也是差异较大。

（三）诉调对接供求失衡，特邀调解队伍良莠不齐

多元化纠纷解决机制建立的时间尚短，各项机制尚不完善，各个调解组织、对接单位对此缺乏足够的理解，对于多元化解工作缺乏动力，没有工作积极性。而法院由于“案多人少”的巨大压力，则迫切的需要多元力量加入到矛盾纠纷的化解之中，于是工作实践中法院与对接单位、特邀调解员之间便出现了一种畸形的供求关系：法院调解需求 > 外部调解供给。

图 8　法院调解需求与外部调解供给关系

由于这种畸形的供求关系，各地在吸纳特邀调解员的时候，在吸纳标准上就不那么严格，入册门槛设置低，审核不严谨，吸纳的特邀调解员业务素质良莠不齐，大量不具备法律知识的人员进入特邀调解员队伍。

以 L 市法院 2015 年选聘的 54 名特邀调解员为例，其中律师事务所 8 人、侨联 4 人、法律援助中心、工商联、医院、司法所各 3 人、人民调解委员会、团委、学校、消费者权益保护委员会各 2 人、司法局、旅游局、统战部、纪委、物价局、人武部、统计局、出版局、邮政局、教育局、村委会、文化站、监察局、卫计委、妇联、公安局、人大代表、总工会、企业厂长各 1 人。

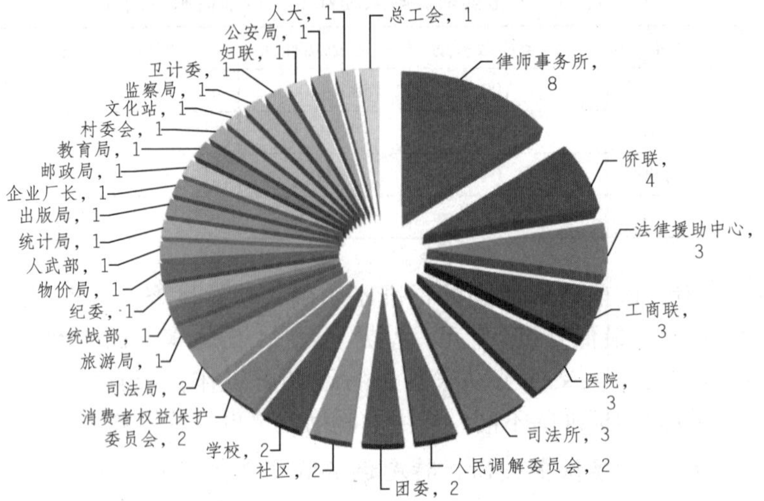

图9　L市法院2015年54名特邀调解员人员分类

其中律师事务所、司法局、公安局等拥有法律知识的特邀调解员占31.48%，其余国家机关单位人员与事业单位人员占53.7%，学校、医院人员占9.26%，人大代表、村委会、企业人员各占1.85%。

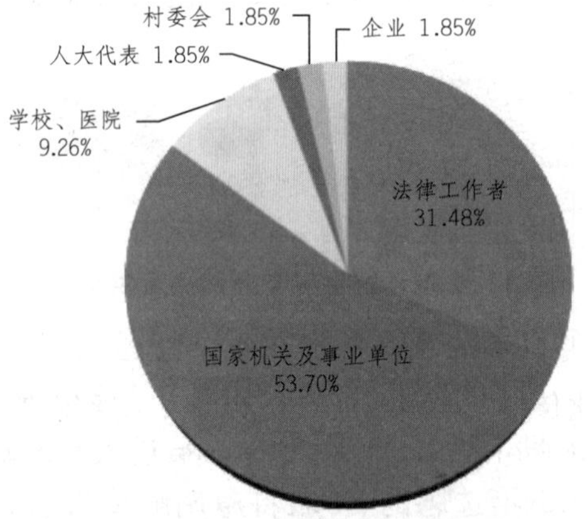

图10　L市法院2015年54名特邀调解员比例分析

从以上数据显示，具有专业法律知识的调解员仅占31.48%，除此之外的其他人员，虽然可能具有丰富的矛盾化解经验，但是他们对于各种法律知识，尤其是民事诉讼法及民事诉讼程序等方面的知识了解不深。实践中，调解成功率低、调解程序混乱、调解方法不规范、调解后无法进行司法确认等问题层出不穷。但由于法院迫切的需要多元调解力量，所以各地法院对能力不足的特邀调解员的处理极为谨慎，甚至存在制度上的缺失。如A省人大颁布的《A省多元化解纠纷促进条例》第五十条规定特邀调解员可以免职或者解聘的七种情形，对于特邀调解员调解能力与调解水平未作出任何要求。工作实践中，也完全没有因为调解成功率低，取消特邀调解员资格的情况。

三、构建诉前调解激励机制的意见与建议

多元化纠纷解决机制工作，其本身不以经济效益为先，而是在执行国家公共权力的基础上，管理社会公共事务，以公共利益为目标，[①]“其产出的是，维持社会存在与发展的公共物品、公共秩序与安全、社会价值的分配”。[②]虽然投入到多元化纠纷解决机制中的精力、经费，很难得到具体、实际的反馈，但是正因为如此，我们才更应该建立公正、合理的激励机制，以注重公平、效率、强化、引导的激励机制，取代权力本位或亲情本位，充分尊重并满足调解人员自我发展的需要、参与的需要、个人成就感的需要，促进人力资源的优化配置，提高人力资源的利用效率，推动整个多元化纠纷解决机制事业的发展。

（一）“层级理论”——分档定级原则

层级理论是激励理论的一种，指的是基于对环境变化，通过对需求的分析、比较和评价，从而满足需求的过程。[③]层级理论认为，激励的前提是对环境的分析，其次是对需求的分析。人的需求是随着环境的变化而发生变化的，那么对人的需求的满足，必然要对人所处的环境进行综合的评估，从而得出其需求的水平，以此来确定激励的手段。

以现有情况来看，想要建立有效的诉前调解激励机制，就需要自上而下的推进。那么在建立全国性诉前调解激励机制的时候，就需要对全国各地的特邀调解员所处环境、需求进行综合评估，并根据其环境、需求的不同，进行分档定级。

分档定级不能完全参照GDP水平，而是应当对当地的政治、经济、文化、社会稳定、文化传统等因素进行综合评估。近年来，第一财经·新一线城市研究所收集了170个主流消费品牌的商业门店数据和18家各领域头部互联网公司的用户行为数据和数据机构的城市大数据，按照商业资源集聚度、城市枢纽性、城市人活跃度、生活方式多样性和未来可塑性五大维度指数，[④]通过超过100个指标来评估337个中国地级及以上城市，最终综

---

① 鞠伟：《论激励机制在公共人力资源开发中的运用》，吉林大学2007年硕士学位论文。

② 王长城：《论公共部门人力资源开发的转型与创新》，载《上海行政学院学报》2007年第3期。

③ 冯朝军：《层级激励模式构建及其在高校中的应用》，载《中小企业管理与科技》2008年第12期。

④ 吴信训、王敏：《数据新闻在智慧城市建设中的应用现状、局限及优化研究》，载《新闻与写作》2018年第8期。

合新一线城市研究所专家委员会打分的方式及主成分分析法综合得出最终结果，将全国城市分为五级：

表四　　全国城市分级结论

城市分级	定义	示例城市
一线城市	在全国政治、经济等社会活动中处于重要地位并具有主导作用和辐射带动能力的大都市	北京、上海
二线城市	多为省会城市、东部地区的经济强市或经济发达的区域性中心城市	合肥、福州
三线城市	根据城市规模、人口数量、经济发展水平和GDP总量等多个指标综合评估的具有战略意义、经济较发达、经济总量较大的大中城市	唐山、泰州
四线城市	多数是城市规模、经济社会发展水平以及交通建设较为普通的中等城市或个别省份的自治州	六安、枣庄
五线城市	多数为西部地区的经济欠发达的地级行政区，同时还有少量中东部地区的中小城市	萍乡、雅安

第一财经·新一线城市研究所的城市分级结论虽然带有一定的商业色彩，但是其通过大数据搜集数据，100余项指标综合评估的评估方法是十分合理的，具有较高的可信度，全国各地对其城市分级的结论认可度也较高。在对诉前调解激励机制进行分档定级时，可以直接参照其分析结果，或参照其搜集数据、评估方法，自行评估，将全国特邀调解员调解案件补助分为五个补助档次，依此确定全国范围内的诉前调解激励标准。

（二）公平理论——动态激励原则

公平理论是组织管理学里的一种理论，它认为人们有一种需要保持分配上的公平感，这种公平感是一种普遍存在的心理现象。[①] 主要指的就是个人在组织中完成属于自己的某项工作之后，不仅仅关注自己在此项工作中获得的报酬是多少，还需要了解到自己周边其他人员的工作内容以及工作的报酬，并且将自己与他人进行对比。[②]

在诉前调解工作中，在对调解人员给予的激励如果有不公平现象产生，如大锅饭、平均主义、多劳者少得等问题，调解人员会产生强烈的不公平感，从而对调解人员的工作积极性造成重大的打击。当一个人产生较强的不公平感时，可能会采取以下六种措施中的一种或几种：（1）改变自己的投入；（2）改变自己的产出；（3）改变自我认知；（4）改变对他人投入和

① 蒋云根：《组织行为的心理分析》，东华大学出版社2003年版，第180页。
② 李毅：《薪酬激励与工作绩效的关系研究》，安徽财经大学2018年硕士学位论文。

所得的看法；（5）选择另一个不同的参照对象；（6）离开工作场所。①

根据“公平理论”，可以模拟出不同调解激励机制下，调解人员的三种工作发展情况：

一是当一天和尚撞一天钟。按照静态激励机制，所有人同等收入，但工作量必然有多有少，工作质量必然有高有低，假设A调解案件较B更多，调解成功率更高，但是获得报酬相同，这时A将感受到自己吃亏了的不公平感，那么根据现实经验，A一般就会出现消极反映，对于工作开展缺乏动力，缺乏积极性，比如消极怠工、向上申诉、发牢骚或者离职等方式。

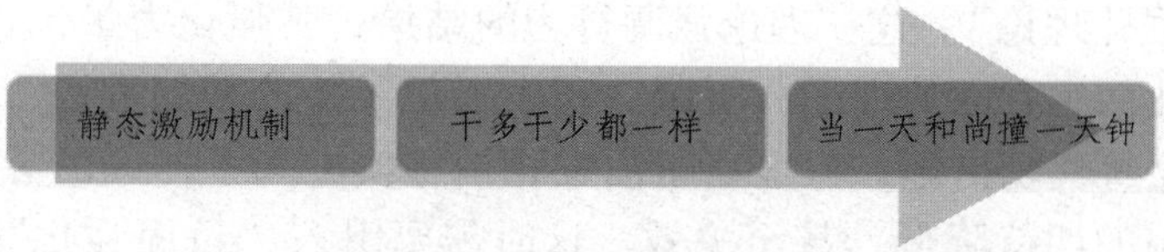

图11 静态激励机制下调解人员工作发展情况

二是拈轻怕重、避重就轻。按照削弱版动态激励机制，假设A调解案件数量与调解成功率比B低，因此报酬较B低，但A调解的案件中多为标的额较大、案件涉及人数较多的复杂案件，B调解的案件多为案件事实清楚、标的额较小的简易案件，这时对于A来说，其付出了更多的精力，但是取得的报酬却不如B，那么很大概率A接下来会追求调解案件数量，同时乐于调解简易案件，避免高难度案件。

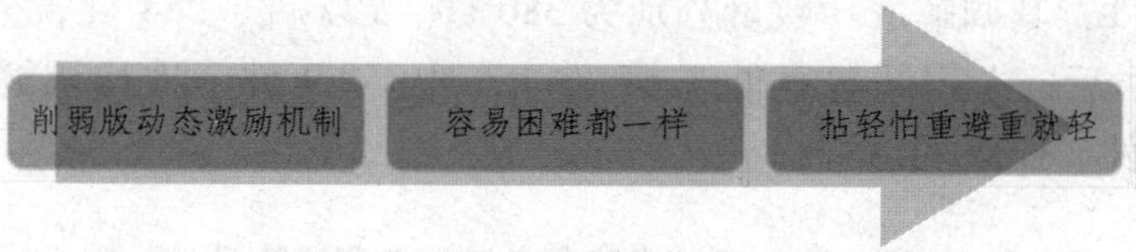

图12 削弱版动态激励机制下调解人员工作发展情况

三是一分耕耘一分收获。按照典型性动态激励机制，假设A调解成功数量与B相同，但A调解成功的案件中多为标的额较大、案件涉及人数较多的复杂案件，B调解成功的案件多为案件事实清楚、标的额较小的简易案件，故A调解成功1件案件与B调解成功3件报酬一致，最终A报酬高于B，此时很大程度上，A、B均会感受到公平。

图13 典型性动态激励机制下调解人员工作发展情况

① 郭惠容：《激励力量综述》，载《企业经济》2001年第6期。

小结：从以上三种模拟情形中，可以看出，无论是静态激励机制还是削弱版动态激励机制，都会使调解人员在工作开展中产生不公平感，从而导致调解人员产生心理失衡，影响调解工作开展。因此，合理的激励机制，应该将补助水平与个人努力、个人能力、任务难度结合起来，实现动态激励，达到“正相关”的关系，实现良性目标引导。

（三）强化理论——负面强化原则

强化原本是生理学中的概念，它是指加强或削弱人的行为或反应的一种刺激，后期才将它引入了人力资源管理的激励理论当中，形成了组织管理学的“强化理论”。这一理论强调行为的结果，其强化力量包含正面强化与负面强化两个方面的理论，所谓“正面强化”指的是如表扬、荣誉称号、提薪、奖金等奖励措施，但是当正面强化措施实施久了，人民会习以为常，对奖励措施的期待降低，甚至失效。这时需要引入“负面强化”措施，即减少奖酬、罚款、批评和降级、辞退等惩罚措施。

由于法院对于多元力量参与矛盾纠纷化解的迫切需求，使得多数法院在制定诉前调解激励机制的时候，很少会适用“负面强化”原则，这必然导致特邀调解工作出现人浮于事的问题。

以S县法院为例，其在多元化解工作开展之初，全力推进，广泛对接，共计选聘特邀调解人员230名。但由于经费保障机制不健全，多元化解工作推进缓慢。2016年至2018年全年的诉前调解案件数量分别为798件、690件、1117件，其调解成功数量分别为380件、127件、264件，分摊到全体特邀调解员后，人均调解案件3.47件、3件、4.9件，人均调解成功1.65件、0.55件、1.15件。

表五　　2016年～2018年S县法院诉前调解数据

年份	诉前调解案件数	调解成功案件数	调解案件数	人均调解成功数
2016年	798	380	3.47	1.65
2017年	690	127	3	0.55
2018年	1117	264	4.9	1.15

人均数据显示特邀调解员工作量极低，但实际情况是S县法院所办理的诉前调解案件，均是由少数几个特邀调解员在办理，其余二百余名特邀调解员，从未调解过任何纠纷，而个别参与调解的特邀调解员，由于自身在调解专业能力方面的欠缺，调解成功率也不高。但是法院在对待此类特邀调解员时，仍然不愿意对其采取“负面强化”措施，特邀调解员名册中仍然是230名特邀调解员。

为了能建立更为专业、有效的特邀调解队伍，就需要引入“负面强化机制”。鉴于特邀调解员与法院之间并没有劳动关系、劳务关系，也不存在管理与被管理的关系，那么能对特邀调解员产生“负面强化”作用的措施，便仅有取消特邀调解资格一种方式。所以，法院应当对特邀调解员的案件调解数量、调解成功率进行一定的规范，以L市正在建立的诉前调解激励机制中规定的，如特邀调解员当年调解案件少于20件或调解成功率低于20%，即取消其下一年申报特邀调解员资格。通过此种“负面强化”措施，可以更好的激励特邀调解员推进其调解工作。

（四）边际效用递减理论——边际效用最大化原则

所谓“边际效用递减理论”指的是在其他条件不变的情况下，如果一种投入要素连续地更量增加，增加到一定产值后所提供的产品的增量就会下降，即可变要素的边际产量会递减。当消费者消费某一物品的总数量越来越多时，其新增加的最后一单位物品的消费所获得的效用（即边际效用），通常会呈现越来越少的现象。① 通俗的说，开始的时候，收益值很高，越到后来，收益值就越少。

落实到激励机制中，便会发现，调解补助标准并非越高越好，毕竟每个人的精力是有限的，各个案件的具体情况也不一样，在补助标准达到一定的水平时，继续提高补助标准，对提高调解成功率是没有帮助的。

以P市法院为例，现假设P市法院2018年有调解员100名，调解员A其调解案件数、调解案件难度、调解成功率均为全市平均值，即全年调解案件139件，其中成功案件57件，调解成功的一般纠纷、复杂纠纷、重大疑难纠纷各19件，平均补助金额为X = 750元。那么其全年收入Y = （139 - 57）100 + （57 * X） = 50950（元），全年收入与补助标准之间的函数为Y = 8200 + 57X。

此时，在其他条件不变的情况下，如果补助标准连续地更量增加，增加到一定产值后所提供的产品的增量就会下降，即可变要素的边际产量会递减。

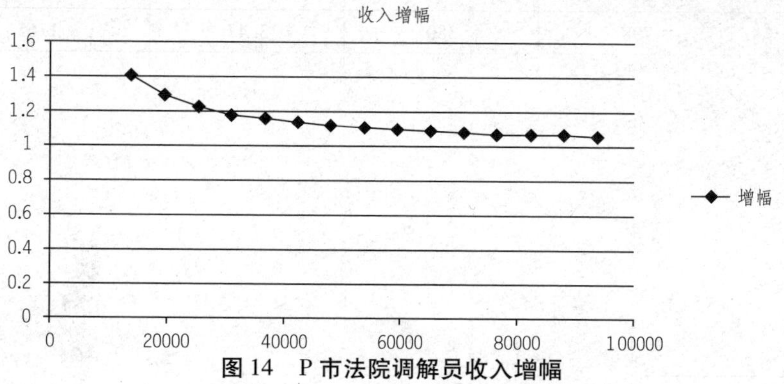

图14　P市法院调解员收入增幅

---

① 杨树勋、金荣：《现代西方经济学》，云南大学出版社1995年版，第125页。

从全年收入与补助标准之间的函数 Y = 8200 + 57X 与增幅数据线对比可知，随着补助标准的增加，每增加 100 元，全年收入均速增长，而收入增幅则是随着补助标准的增长而下降，从补助标准从 100 元增至 200 元时，收入增幅为 41%，而当补助标准从 1600 元增至 1700 元时，收入增幅为 5.7%。此时虽然收入的增长绝对值是相同的，但是增长幅度已经大大下降，增长的收入对于调解人员的激励性已经大大地削弱了。那么为了追求边际效用的最大化，就需要将补助标准、全年收入，调解案件数、调解成功数等综合到一起，按照边际效用最大化公式，计算出最佳结合点，并以此确定补助标准，从而实现边际效用最大化。

结 语

马克思在《神圣家族》中指出“思想一旦离开利益，就一定会使自己出丑，”① 同时在《第六届莱茵省议会的辩论》中说道“人民的奋斗所争取的一切都同他们的利益有关。”②

缺乏合理的诉前调解激励机制，会影响特邀调解的长久运行，要想保持特邀调解制度的有效运行，必须要建立其与之相当的激励机制。

确定激励标准时不能扭扭捏捏。一味的高标准和一味的低标准都不利于特邀调解工作的开展，法院应当充分调研，向企业取经，建立起动态、综合、最优化的诉前调解激励机制，利用物质手段，充分调动特邀调解员的积极性，有力发挥诉前调解激励机制的杠杆作用。

（本文获一等奖）

---

① 马克思、恩格斯：《马克思恩格斯全集》（第 1 卷），人民出版社 1956 年版，第 82 页。

② 马克思、恩格斯：《马克思恩格斯全集》（第 2 卷），人民出版社 1956 年版，第 103 页。

退休法官参与诉前调解的现状检视和完善方向

姚钟平月*

引 言

随着经济社会的不断发展和公民法律意识的不断增强，以及立案登记制的实施，近年来诉讼案件快速增长，2018 年地方各级法院受理案件 2800 万件，同比上升 8.8%，案多人少的矛盾日益突出。面对这样的办案压力，探索多元化纠纷解决方式，实现案件分流，是法院面临的迫切现实问题。《最高人民法院关于人民法院进一步深化多元化纠纷解决机制改革的意见》中指出，充分发挥“五老人员”（老党员、老干部、老教师、老知识分子、老政法干警）等参与纠纷解决的作用。这为当下探索多元化纠纷解决机制提供了思路，本文从退休法官参与诉前调解的现实调查入手，分析其优势和面临的困难，探索完善调解职能实质化的制度建构，以期对诉前纠纷的解决有所裨益。

一、退休法官参与诉前调解的实证考察

退休返聘是个体达到所在国家法定退休年龄和领取养老金后，继续以人力资源在劳动力市场获取报酬的状态。① 退休法官参与诉前调解，是以返聘的方式继续参与法院的调解工作，以此来将矛盾化解于诉讼前，缓解法院的办案压力。其制度核心在于“退休法官”，诉前调解职能实质化的关键在于退休法官的实质参与的应用。为探索退休法官参与诉前调解这一方式的实施情况，笔者通过设计的调查问卷在全国范围内对法院在职人员、退休法官以及社会人士进行线上调查，了解法院在职人员、退休法官以及社会人士对这一方式的评价，以此来分析这一制度的运行情况以及存在的问题。问卷调查涉及区域包括湖南、浙江、上海、重庆、四川等地，回收量

---

* 作者单位：湖南省法学会。

① 赵琛徽、程志辉：《退休返聘的研究述评与展望》，载《中国人力资源开发》2016 年第 8 期。

480 份，回收率 66%。此外，笔者对参与诉前调解的退休法官进行了访谈，以此直观了解这一制度的有关情况。

（一）退休法官参与诉前调解的适用情况

接受调查的法院在职人员表示，法院有诉前调解制度实践的占比为 51.5%，诉前调解制度的运用在全国范围内尚未形成普遍趋势，仍然有将近一半比例的法院还尚未进行诉前调解制度的探索。在已经进行诉前调解制度探索的法院中，调解方式还是倾向于传统的人民调解员参与，法院的员额法官仍然发挥诉前调解的主力作用，退休法官虽然相对于人民调解员和员额法官占比不够高，但调解的成效还是较为明显的。如 H 省 X 法院，1 名退休法官调解案件数量占总调解案件数的 38%；H 省 Y 法院，3 名退休法官调解案件数量占全院调解案件数量的 42%；J 省 Q 法院，5 名退休法官调解案件数量占全院调解案件数量的 28%。

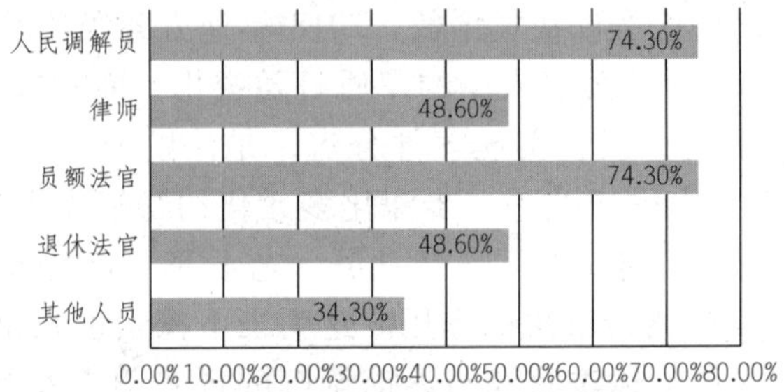

图 1　参与诉前调解组成人员情况

（二）退休法官参与诉前调解的意愿评价

通过对法院在职人员关于退休后参与诉前调解意愿的问卷调查，过半数的法院在职人员表示退休后愿意参与诉前调解，较少比例的在职人员明确表示退休后不再愿意接受返聘，同时还有近半数的人表示要视情况而定。具体的情况，则主要包括身体的健康情况、自身意愿、家庭成员的支持力度以及薪酬待遇。最为主要的影响因素还是自身想返聘参与诉前调解的意愿，待遇情况反而影响相对较低。

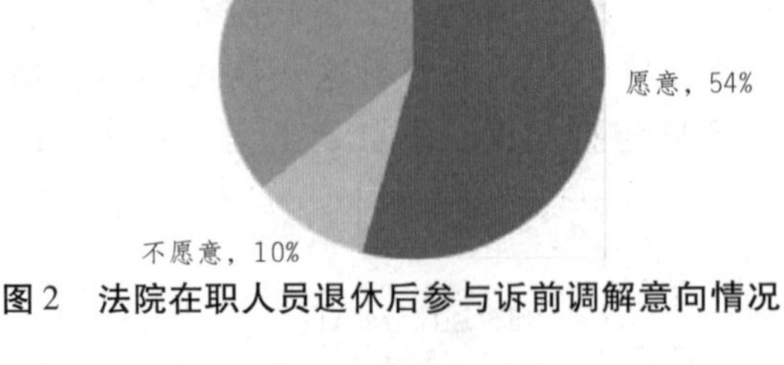

图 2　法院在职人员退休后参与诉前调解意向情况

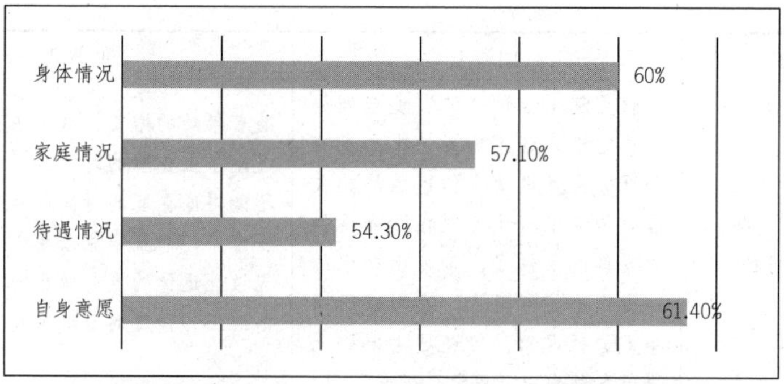

图3　影响法院在职人员退休后参与诉前调解意向的因素

为了更为深入了解退休法官对诉前调解的看法，笔者联系了2名不同性别、不同年龄的退休法官进行了访谈。

表1　与2名退休法官的访谈内容

问题	回答1	回答2
被采访人基本情况	A法官，男，62周岁	B法官，女，69周岁
是否参与诉前调解	参与了，退休之后和院里沟通后决定在诉调对接中心进行调解	没有，虽然我知道现在有相关的尝试，但我没有参与
愿意\拒绝参与诉前调解的原因	一是退休之后的生活有些不适应，习惯之前的工作状态；二是办案的满足感和职业尊崇感让人满足，再加上院里主动联系我参与诉前调解，是对我工作能力的认可；三是家人的支持	虽然法官这个职业我很喜欢，但我也为此牺牲了很多，比如和家人陪伴的时光，还有很多自己想尝试的事情也一直没做。现在退休了，终于有属于自己的时间，我更想去做我自己想做的事情，而且家庭还需要照顾
参与诉前调解的待遇\退休后的经济压力情况	经济报酬这方面，我享有退休金，每月5000元左右，所以对待遇不是特别看重，但还能补贴家用也是好的，目前院里是每月给我1500元的工资，另外成功调解的案子每件再奖励200元	我现在的退休金每月有4000~5000，再加上还有一些存款，自己的花销足够了，虽然也想多些收入来减轻子女的负担，但年纪大了，身体情况不如以前，经济压力也没有很大，没必要再去拼身体
哪些案子容易达成调解	家事类的纠纷是比较容易调解的，这类纠纷的调解依靠经验，而且我年纪比较大，他们也觉得我经验丰富，愿意听我的建议。还有就是一些争议不大的案子，比如交通事故，这些都是比较好调解的	根据我的办案经验，离婚纠纷、民间借贷纠纷这类的纠纷发生在熟人之间，调解的基础较好。还有一些事实清楚的侵权纠纷因为争议较小，是比较容易达成调解协议的

续上表

问题	回答1	回答2
参与诉前调解面临的问题	我认为院里让退休法官参与调解工作的模式还不成熟，比如没有公开的文件说明退休返聘的相关流程和要求。还有现在互联网的发展真的太快了，学习新知识的速度比不得年轻人。我可以跟当事人进行调解，但还要去电脑上进行各种操作，我觉得挺难	随着年龄的增长，退休法官的身体状况比不上在职的时候，所以退休法官不能再像在职的时候还有那么繁重的压力了，而且毕竟已经退休了，还是应该让退休的人有休息的时间，退休前的工作强度对于退休人员来说还是有点大

从访谈中可看出，影响法官退休返聘因素主要包括：

1. 身体因素。身体健康是退休法官决定是否接受返聘的前提，没有健康的身体，退休返聘的意愿就不会很强。

2. 心理因素。职业荣誉带来的心理满足是退休法官愿意参与诉前调解的重要原因，职业荣誉感若优先于其他考虑因素，退休法官则接受返聘的可能性较大。

3. 家庭因素。家人的支持是退休法官接受返聘的助力，这一点在女性退休法官身上体现得较为明显，在考虑是否接受返聘这件事上，女性退休法官更多地考虑家庭的平衡和晚辈的需求。

4. 工作因素。退休法官因其已到退休年龄，即使返聘回岗位继续工作，也不希望工作强度继续和在职状态一样，故返聘后的工作量亦会影响退休法官的返聘意愿。

5. 组织因素。法院对待职工的态度是退休法官是否愿意继续在原单位工作的重要原因，法官在原组织工作时有较强的归属感，则在退休后有较强意愿返聘回原组织。

（三）退休法官参与诉前调解的态度评价

退休法官参与诉前调解制度设置的初衷在于退休法官利用自己多年丰富的审判经验和调解经验，将社会矛盾尽量在诉讼之前化解，既降低了当事人的诉讼成本，又起到了“节流阀”的作用，减轻了法院的收案压力，同时，退休法官通过参与诉前调解，在获得一定的物质回报的同时，也实现了自我价值。所以，对于这一制度的评价，应从退休法官、法院在职人员以及社会人士三方面来考量。

对于退休法官参与诉前调解这一制度的态度，绝大部分的退休法官、法院在职人员和社会人士都表示了支持。可见整个社会对退休法官在诉前调解中能发挥的作用还是抱有极大期待的，尤其是法院在职人员，因为同在法院工作，都对案多人少的压力有着强烈感触，能有更强的认同感，而对于社会人士而言，更多关注点在于纠纷能否得到有效解决，退休法官的专业水平和调解能力相较于其他人民调解员处于领先优势，故对退休法官参与诉前调解大部分还是抱着积极的态度。退休法官本身通过返聘继续参与诉前调解的工作，一方面能继续获得一定的经济报酬，另一方面也是自我价值的体现，故参与意愿也较为强烈。支持退休法官参与诉前调解的理由，主要还是缓解案多人少的压力，以及由退休法官进行调解，专业水平高、调解效果会比较理想。

仍然有占比较低的样本表示反对退休法官参与诉前调解，具体的原因主要是现在就业压力本来就较大，退休法官仍然继续工作会挤占适龄劳动力的工作岗位，这也是经济下行压力较大的大环境下一些人对于退休人员接受返聘的担忧。

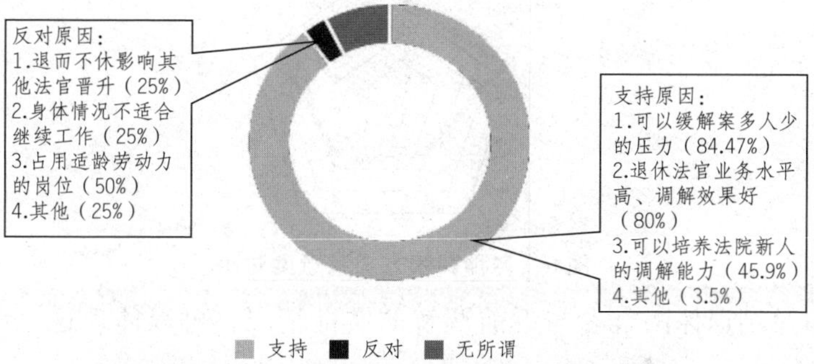

图4　关于退休法官参与诉前调解的态度及原因

（四）退休法官参与诉前调解的效果评价

退休法官参与诉前调解这一探索是否值得推广，还是要依据当事人是否对其进行调解的结果满意。故笔者针对社会人士，就退休法官的调解效果、调解结果、调解执行情况和与其他调解方式对比满意度进行了问卷调查，从结果来看，退休法官调解的案件当事人满意度较高，执行情况也较好。H省Y市X县法院表示，退休法官诉前调解案件的类型，主要集中在家事纠纷、民间借贷、物权纠纷和小额侵权类纠纷，家事纠纷调解成功率最高，因该类纠纷调解基础较强，且退休法官年龄较大既有亲和力也有德高望重的第一印象，再加上退休法官办案经验丰富，对于家事纠纷的处理也得心应手，故这类纠纷调解成率较高。

图5　退休法官诉前调解相关情况满意度

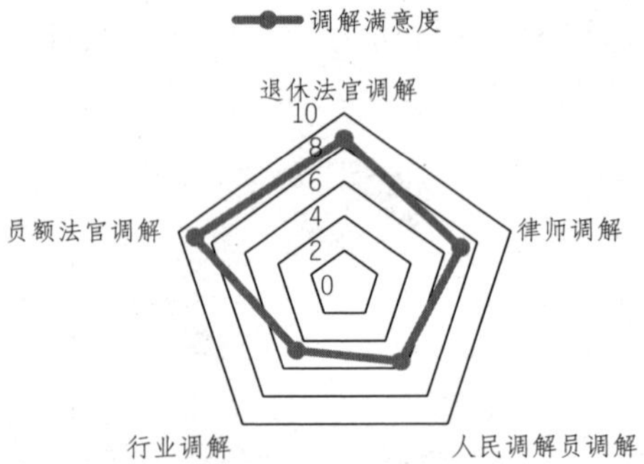

图6　多种调解方式满意度对比

通过总结退休法官参与诉前调解的实证情况，可以体现这一制度的一些特点：

1. 退休法官参与诉前调解是多元化纠纷解决不可或缺的方式。从社会对退休法官参与诉前调解的态度以及当事人对于退休法官参与诉前调解效果的反馈来看，退休法官参与诉前调解的实施效果还是比较理想的，退休法官因其独特的优势在诉前调解中发挥着不可替代的作用，未来的诉前调解退休法官将扮演越来越重要的角色。

2. 目前，退休法官参与诉前调解这一制度还没有得到推广。虽然该制度的优势较为明显，但法院在实际操作中返聘退休法官的实例并不多，在诉前调解中占大部分比例的仍然是员额法官和传统的人民调解员。这其中有经费保障不足的原因，亦有法官个人意愿的原因，在职法官是否愿意退休后返聘参与诉前调解，很大比例的态度是处于观望状态和倾向于愿意参与，这为未来扩大退休法官的调解队伍提供了可能。

3. 亟待顶层设计规范返聘退休法官参与诉前调解的行为。从与退休法官的访谈中可以了解到，目前返聘退休法官还没有相应的程序规范，退休法官的准入、考核、奖惩激励等都没有具体的规定，返聘经费来源也没有顶层设计来保障，都是法院自行探索，需要相应的机制来完善。

4. 通过对案件性质的分类来确定退休法官适合诉前调解的案件。基于案件性质和节约司法资源等的综合考虑，某些类型的案件如家事纠纷、不动产纠纷、交通事故纠纷、医疗纠纷等案件可以由退休法官进行诉前调解。

二、退休法官参与诉前调解的优势

（一）退休法官的公信力优势

司法公信力，是司法机构依据其职能而获得社会公众的信任和尊重的程度，是司法机关对社会公众的一种信用，同时也是社会公众对司法程序的认同与信服程度。[①] 而法官的角色与司法公信力有着密切联系，当事人基于对法院公信力的认可，更倾向于选择由退休法官主持调解。

1. 退休法官的专业水准高。退休法官作为在审判一线上工作多年的老法官，相较于其他的调解主体，扮演着“中立协调”与“积极说服”的角色。在调解活动中，借助语言修辞技巧，使语言表达与其当时扮演的角色相适应，完成其扮演的角色任务，兼具权威性和灵活性，[②] 因为法律专业性强，对较为复杂的纠纷有更多的处理经验，这能更好应对市场经济的发展和陌生人社会的形成对传统人民调解的挑战，[③] 打破了一般的在人民调解模式下只能处理一些较为简单的纠纷和案件类型相对单一的僵局，[④] 且可以通过自己的专业知识和多年接触过的案件预测判决的趋势，而有过调解经验的人知道，这种预判很可能是达成调解的临门一脚，从而帮助当事人之间形成合意，解决纠纷，[⑤] 故通过退休法官进行诉前调解，因具有司法公信力，当事人认可度较高。

2. 由退休法官组成的调解队伍稳定性强。从组织行为学的角度来看，角色理论强调了角色丧失或角色转换过程的重要性。依据角色理论的观点，组织承诺中的情感承诺、继续承诺、规范承诺维度反映了个体的心态以及离职的可能性。组织承诺越高，员工对组织的依赖就越大，离职倾向就越低；一旦老年员工对目前组织有较高的组织承诺（特别是情感承诺），则很

---

① 肖沛权：《司法公信力若干问题之探讨——以刑事审判为视角》，载《法学杂志》2015 年第 4 期。

② 侯学勇：《司法调解中的法官修辞及其对司法公信力的影响》，载《法律科学（西北政法大学学报）》2014 年第 1 期。

③ 郑杭生、黄家亮：《论现代社会中人民调解制度的合法性危机及其重塑——基于深圳市城市社区实地调查的社会学分析》，载《思想战线》2018 年第 6 期。

④ 宁波市宁海县人民法院：《退休法官来“坐堂”，诉前调解效率高》，载宁海法院网，http：//www. nhfy. gov. cn/art/2016/5/23/art_ 4297_ 227745. html，最后访问时间：2019 年 8 月 27 日。

⑤ 韦盈盈：《律师调解：多元纠纷解决机制的“新动力”——浅谈律师调解助力诉前调解的路径和制度构想》，载《司法前沿》2019 年第 6 期。

可能把回到组织工作视为返聘的优先选择。[①] 对于退休法官而言，在原法院多年的工作带来的职业荣誉感和集体归属感，使退休法官对原工作法院产生了较强的情感承诺，故他们若是决定接受返聘继续工作，则有极大可能性继续回归原组织。连续理论强调个体习惯于对环境保持惯性，从工作过渡到完全退休的阶段需要逐步适应。连续理论认为，在相同组织中返聘为老年工作者提供了一种维持生活一致性的模式。这意味着，组织承诺较强的情况下，同组织返聘将成为他们希望去维持的一种模式。法院返聘退休法官可为其提供与之前生活维持一致的模式，所以，一旦退休法官同意返聘继续在法院工作，就不容易有变更行业或组织的行为，由这些退休法官组成的调解队伍稳定性更强，稳定的队伍有利于使诉前调解的相关制度得到有效实施，亦是公信力的重要体现。

（二）纠纷解决成本降低的优势

波斯纳提出："最大限度地减少法律实施过程中的经济耗费是评价和设计法律程序时所应考虑的重要价值。"对于当事人而言，纠纷解决的直接成本主要包括物质性的货币成本和非物质性的时间成本、精力成本等。退休法官参与诉前调解，其物质性成本以及非物质性的成本相较于诉讼要低很多，[②] 当事人的诉讼成本降低，则更倾向于选择此类纠纷解决方式，心理认同感更强。而对于公共成本而言，诉前调解的程序设计统筹考虑了整个纠纷解决机制的社会公共成本，[③] 退休法官作为调解人员参与诉前调解，本身就已经具备了相应的司法业务基础，在调解技巧以及法律业务上的专业培训所耗费的成本大大降低，公共成本亦比聘请其他调解人员更低。

（三）退休法官的余热优势

马斯洛在《人类激励理论》中提出，人的需求层次可以分为生理需求、安全需求、爱和归属感需求、尊重需求和自我实现需求五类，这些需求共同决定着人的行为，在不同的时期，这些需求中的某一种需求会占据主导地位。不同层次的需求在不同时期表现出来的迫切程度也不同，一般来说，人们会首先追求较低层次的需求，当较低层次的需求得以满足后便会追求

---

① 高鸿纲、赵琛徽：《退休返聘行为及管理策略研究：基于承诺的分析》，载《中国人力资源开发》2016年第8期。

② 诉讼的物质性成本包括诉讼费、鉴定费、保全费、执行费、律师费等费用，而调解的案子一般只是少量收取案件受理费或减半收取诉讼费；关于非物质成本，包括时间成本、精力成本等。一般而言纠纷解决程序越正式，当事人用于采集证据、鉴定、公证等过程的时间、精力成本越多。调解程序可以更多地简化甚至省略繁杂的程序性事项，调解可以为双方当事人节省更多的时间与精力。

③ 吕世伦，陶菁：《审判前夜的调解——调解与审判关系的法经济学思考》，载《求是学刊》第39卷第5期。

更高层次的需求。[①] 退休法官作为已经退休的人员，本身就享受国家相应的退休政策，具有一定的经济基础，受到物质条件制约的可能性较小，退休法官参与诉前调解，更多的是精神层面上的追求，为了实现自身价值而达到精神上的满足，如江西省某基层法院退休法官就参与诉前调解表示："想趁着有生之年为我热爱的司法事业多尽点力。"[②] 所以出于这种目的参与诉前调解，给予其精神激励的效果尤为明显，远大于其他正值壮年需要一定的物质保障来维持生活的调解人员，完善退休法官参与诉前调解也是帮助老年人实现自我价值的途径。

三、退休法官实质化参与诉前调解的制度建构

"每一个社会都有其广泛的选择，以应付由个人纠纷引发的冲突……它们显示出，人们是希望回避还是鼓励冲突，是压制还是温和地解决这一冲突。最终，社会最基本的价值观在纠纷解决中被揭示出来。"[③] 退休法官参与诉前调解既反映了"司法为民"的理念，又是司法机关以审判外的方式参与社会治理、对社会机制进行管理和促进，承担社会责任[④]的"能动司法"的体现，要想退休法官参与诉前调解的制度能不断完善，真正发挥退休法官的调解职能，需要国家、政府、法院以及家庭和个人的参与和支持。

（一）确定返聘程序，借鉴医疗行业返聘规则

退休法官要发挥实质化的诉前调解作用需要加强国家导向，制定一般性的调解规范，实现诉讼、仲裁之外的另一条解决纠纷模式的成熟发展。在立法层面为非诉讼调解提供法律保障，为促进非诉讼调解的发展，明确市场空间。同时，在总结各地探索经验的基础上，自下而上，自上而下，做好顶层设计，建立科学的配套机制体系，明确返聘退休法官的程序。在程序的设计上可以参考医疗行业的返聘程序，因两者颇具相似之处，医疗行业和法律行业都具备知识密集和培养周期长的特点，[⑤] 这样的现实情况决定了退休人员在人力资源配置中的不可替代性，故医疗行业的成功经验可以成为法院探索返聘退休法官制度的重要参考。笔者参考医院返聘退休医

---

① 邢玥：《退休医务人员返聘状况及影响因素的实证研究——基于 BK 医院的调查数据》，首都经济贸易大学 2018 年硕士学位论文。

② 张艳青、陈素贞：《于都：退休法官诉前调解发挥余热》，载江西省高级人民法院官网，http：//jxfy. chinacourt. gov. cn/article/detail/2018/09/id/3483882. shtml，最后访问时间：2019 年 7 月 24 日。

③ ［美］博西格诺等：《法律之门》，邓子滨译，华夏出版社 2002 年版，第 627 页。

④ 范愉：《诉前调解与法院的社会责任》，载《法律适用》2007 年第 11 期。

⑤ 刘亚军、刘钢等：《基于返聘退休医学专家管理的社区卫生人力资源 SWOT 分析》，载《Chinese General Practice》2012 年 8 月，第十五卷第 8A 期。

生的程序方案，尝试对退休法官的返聘进行程序规范：

1. 申请：根据法院案件数额及业务发展的需要，考虑退休法官个人意愿，身体健康的退休法官可向法院申请返聘。

2. 审核：每年年底由立案庭召集人民调解委员会研究审核退休法官的身体状况、心理状态、工作情况，确认返聘人选，返聘的退休法官不能完成相关的考核工作，下一年度原则上不再返聘，审核通过后报法院院务会。

3. 协商：返聘工作时限为一年，人选审核通过后由法院与退休法官协商待遇、工作时间等问题。退休法官的工资实行绩效工资，除享受退休工资外，由诉前调解专项资金发放返聘工资，另外根据调解的效果还可享受奖金。

4. 批准：返聘人选和方案通过后，由法院院党组批准决定后生效。

（二）推进诉源治理，完善团队配置

要推进“诉源治理”，畅通矛盾纠纷分流渠道，需创新“枫桥经验”，结合本地区的实际情况，加强法院和其他职能部门的联动，将退休法官这一解纷资源下沉到社区网格，融入“大联动·微治理”的格局，搭建“一站式”纠纷联动预防化解平台，让退休法官和其他调解资源共同解纷，发挥其专业指导作用。还需规范相应的诉前调解程序，设计相应的程序步骤。在诉前调解程序的进入方面，可以采用“强制＋自愿”的模式，对于家庭纠纷、相邻关系、小额标的、人身损害赔偿、民间借贷和其他权利义务关系清楚的六类纠纷，[①] 在立案前应进行诉前调解，其他类型的案件可以征求当事人的意见，同意诉前调解的进行诉前调解。在退休法官的诉前调解与法院立案之间建立绿色通道，对于退休法官无法调解的案件，快速立案，转入诉讼程序。

在团队配置方面，可以参考英国的社区法官配备书记官负责协助治安法官处理纠纷和文字处理工作的做法，采用“退休法官＋法官助理”或“退休法官＋聘用制书记员”的模式，一方面可以提高工作效率，让退休法官专注于和当事人进行调解，还可以起到“以老带新”的作用，提高法官助理和聘用制书记员的调解能力。另一方面也可以弥补退休法官在新科技适用上的劣势，由年轻的法官助理和书记员进行线上调解等新科技的操作更为合理。

（三）设立专项资金，加强财政投入

2004 年，日本针对高龄社会的五项对策，总预算 123910 亿日元，其中

① 李政：《关于新修订民事诉讼法“先行调解”的若干探讨——以陕西丹凤县法院“诉调对接”为例》，载《甘肃政法学院学报》2013 年第 1 期。

“就业所得”57705亿日元，占五项对策中的46.57%，主要用于支付退休返聘制度（继续雇佣制度）中各项政府帮扶措施的开支。在日本政府的支持下，日本各公共部门和企业单位也开始踊跃返聘老龄特别是高龄退休人员。① 我国也可以参考日本的做法，加大对退休返聘的经费投入。退休法官参与诉前调解虽然相较于其他调解人员所要求的经济成本较低，但仍需要经费保障其队伍的质量和人员的积极性。鉴于诉前调解已经成为多元化解决纠纷的一种重要途径，保证有充足的调解人员参与诉前调解是缓解案多人少压力的重要前提。对此，法院和地方政府可共同考虑设立诉前调解专项资金，从财政支出中确定一定比例的资金拨付用以鼓励返聘退休法官参与诉前调解制度的运作，经费得到保障有利于调动退休法官的积极性。

（四）建立长效机制，探索发挥退休法官高级智力资源的管理模式

为发挥诉前调解实质化的职能，应组建一支由退休法官组成的调解队伍，退休法官参与诉前调解的优势主要在于他们的专业知识和丰富的调解经验，要发挥退休法官的积极性、主动性和创造性，就需要建立长效管理机制。

1. 制定科学的工作考核与评价标准体系。可以根据服务、案件类型、复杂程度、所需时间、退休法官的身体情况以及当地一般标准制定考核与评价标准体系。对于退休法官的考核，要综合调解效果、风险防范和对新人的培养方面因素，凸显调解经验运用的综合性，避免出现仅以调解案件个数作为考核标准的情况。要制定统一的规章制度，对退休法官的工作职责、工作程序、工作纪律等提出明确的要求。对积极参与调解且认真履职的退休法官，在考核评价程序中予以名誉奖励，并以其为典型榜样进行人物宣传；在工资发放方面，绩效工资制会优于固定工资制。在固定工资制下，退休法官的工资与其投入到工作中的时间（即努力程度）没有关联，因此作为一个理性的经济人，退休法官所作出的努力只是刚好满足聘用的标准，其余的时间和精力会用于非工作的事项，这并不符合法院返聘退休法官的期待，而在绩效工资制下，退休法官在总效用最大化的前提下会尽量努力工作以获取较高工资。绩效工资的结构可设为低于市场平均水平的基本工资加浮动工资。浮动工资除了激励作用外，还具有筛选的作用。② 较低调解能力的法官如果认为自己难以获得浮动工资，则放弃应聘，拥有较高办案能力的法官则认为获得浮动工资较为容易，会前来应聘，对于法院

---

① 朱正威、刘慧君、肖群鹰：《中国退休返聘公共政策环境分析》，载《西安交通大学学报（社会科学版）》第25卷第2期。

② 李春华、陈伟：《高校返聘教师道德风险行为的动因研究》，载《数学的实践与认识》第48卷第14期。

而言，这实际完成了人才的筛选。

2. 适用弹性工作制度。考虑到退休法官的精神需求和身体情况，在安排调解工作时要提供更为方便的工作环境和工作时间，适用弹性工作制度更加适应退休法官的实际情况，对于返聘多名退休法官的法院，可以采用轮班制，使工作时间更为灵活，对于返聘1名退休法官的法院，可以采用非连续工作制，通过将调解案件集中安排在不连续的工作日进行处理来合理调配退休法官的工作时间，并结合智慧法院平台的运用，在不加重退休法官工作压力的情况下提高诉前调解的效率。

（五）加强情感联系，稳定人员结构

对于愿意接受返聘的退休法官而言，对法院和法官职业的深厚情感是忠实返聘者选择返聘的理由，故可以通过满足他们对情感的依赖性，采取强化情感联系、给予其“德高望重”的地位与社会荣誉的方式进行管理。具体而言，在诉前调解的团队中让其发挥家长式的作用，通过在诉前调解中的家长地位参与决策，减少因经验不足带来的调解失误的风险，此外还应发挥“导师”的引领作用，帮助调解经验尚缺的新人进行技能培养，如深圳市罗湖区开展人民调解指导员制度，由区法院选派经验丰富、业务水平高的资深法官担任街道人民调解委员会指导员进行业务培训。再者，退休法官不同于其他调解员需要丰厚的经济回报，其是否愿意接受返聘，也与其能否与法院缔结家庭式心理契约有关系。法院应加强对退休法官的情感关心，如通过定期的老年聚会、组织健康体检、提供医疗和保险福利等让他们感受到与法院的关系是一种不随时间减弱的亲情关系，增强他们的归属感，形成以法院为家的聘用关系。

结　语

探索多元化纠纷解决已成为趋势，社会对于退休法官参与诉前调解赋予了更多的期待，面对多样化的纠纷，法院、政府部门等相关机构应共同努力，充分发挥退休人员的余热，为推动退休法官参与调解职能实质化营造良好的法律环境和市场空间，让退休法官更好地发挥自己的专业优势，积极为解决社会矛盾贡献力量。

论多元解纷机制中法院引导功能的发挥

——以当事人解纷选择权为视角

娄　晶*

引　言

全面深化多元化纠纷解决机制改革，是人民法院贯彻中央改革部署，深化司法改革，实现司法为民公正司法的重要举措，是提升社会治理水平，发挥司法资源最大效能的有效途径。① 然而，多元化纠纷解决机制的运行现状如何，法院作为重要的解纷主体，在深化多元化纠纷解决机制改革中有着怎样的功能定位，法院的功能与作用又将如何进一步得到发挥？本文以民事纠纷中当事人的解纷方式选择权为视角，就以上问题展开探讨。

一、现实困境：法院由纠纷化解的“最后一道防线”被迫演变为“前线”

（一）现有解纷方式与当事人解纷选择权

1. 现有解纷方式概览

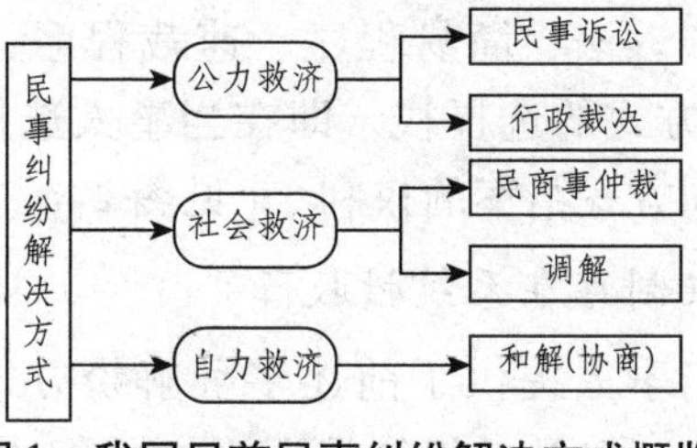

图1　我国目前民事纠纷解决方式概览

* 作者单位：湖北省黄石市中级人民法院。

① 胡仕浩、龙飞：《深化多元解纷机制改革提升社会治理法治水平——对〈最高人民法院关于人民法院进一步深化多元化纠纷解决机制改革的意见〉的解读》，载《人民法院报》2016 年 6 月 30 日第 5 版。

民事纠纷解决方式，是指在一定社会中实行的，用以缓解、消除民事纠纷的一整套制度和方法。[①] 纠纷的解决既可以通过纠纷各方当事人之间自主协商的方式进行，也可以通过第三方的协助，如通过民间力量、社会组织、政府机构、法院诉讼等机构加以解决。目前，我国实践中适用较多的解纷方式主要包括和解（协商）、调解[②]、民商事仲裁、行政裁决及民事诉讼。(见图1)

2. 当事人的解纷选择权

在多种解纷方式并存的前提下，为满足当事人的个性化的利益需要，就要赋予当事人解纷方式选择权。解纷选择权，包括实体上的选择权和程序上的选择权，本文中就程序上的解纷选择权进行分析。

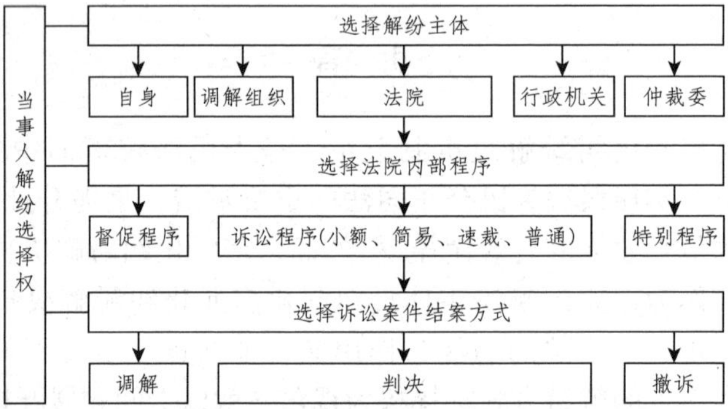

图2　当事人解纷选择权

解纷选择权，是指当事人在法律规定的范围内，选择解纷方式，在诉讼过程中选择有关程序及与程序有关事项的权利。[③] 我国立法赋予当事人一定程度的解纷选择权，主要包括如下方面[④]：(1) 解纷主体的选择权，即当事人可选择不同的解纷主体，通过和解、调解、仲裁、诉讼等方式解决纠纷。(2) 法院内部解纷程序的选择权，即当事人选择法院作为解纷主体后，可通过督促程序、小额诉讼、简易程序、速裁程序、特别程序等各类程序解决纠纷。(3) 结案方式的选择权，即在当事人选择诉讼后，有选择以调解、撤诉、判决等不同方式结案的权利。(见图2)

(二) 现有解纷机制存在系统性故障

虽然目前已经为当事人提供了前述多种解纷方式，也赋予了当事人一定程度上的解纷选择权。但是过于依赖诉讼方式解决纠纷的现状没有改变，

① 齐树洁：《民事诉讼法》，中国人民大学出版社 2015 年版，第 5 页。

② 此处调解不包括司法调解。

③ 左卫民、谢鸿飞：《论民事程序选择权》，载《法律科学》1998 年第 6 期。

④ 本文仅选取了“纠纷解决选择权”中与民事多元解纠纷机制有直接关系的内容进行阐述。

也没有形成各种解纷方式之间协调统一、功能互补、程序衔接、良性互动的有效机制。这导致了多数纠纷没有经过调解、仲裁、行政裁决等非诉程序而直接进入到诉讼程序。同时，由于诉讼长期以来处于纠纷化解的主导地位，在某种程度上又影响和阻碍了其他解纷方式的发展，导致解纷机制单一、结构不合理、比例严重失衡等问题长期存在。

1. 过分依赖通过法院解决纠纷

根据最高人民法院在新浪微博上发起的“多元解纷小问答”的投票结果，可以发现，法院是最受当事人青睐的纠纷解决主体。(见图3)

图3 当事人解纷方式的选择倾向

就世界范围来看，实现纠纷解决多元化良性互动的国家，较为理想的模型是“金字塔”式。但我国现行解纷机制在体系运行上，过分强调了法院化解纠纷的工具性功能，弱化了法院在法治进程中应有的更高层次的规制、引导功能，导致解纷系统层次单薄和纠纷流向引导的制度性不平衡，现有解纷机制呈现出“倒金字塔”式，大量本不应进入法院的矛盾纠纷成为诉讼案件。一方面，法院受案剧增，有的法院已不堪重负。“案多人少”的窘境明显。另一方面，其他解纷方式不同程度出现制度失灵，甚至局部出现了公民自治化解启动难、社会组织化解推动难、行政化解落实难、仲裁等准司法化解功能发挥难的尴尬局面。

2. 法院解纷过程中内部程序选择单一

当事人选择通过法院解决纠纷后，除诉讼程序外，还可以选择适用实现担保物权等特别程序或是督促程序；在选择诉讼程序后，又面临着小额程序、简易程序、速裁程序、普通程序等的选择；待选定具体诉讼程序后，又可选择以调解、撤诉或裁判方式结案。目前，督促程序、小额诉讼程序等在使用过程中普遍存在适用率低的问题，以撤诉、调解为结案方式的案件所占比例也同样较低，大多数当事人还是倾向选择通过诉讼裁判的方式来解决纠纷。

（三）解纷方式选择的影响因素

为什么在诸多解纷方式中，通过法院解决纠纷更能得到更多当事人的青睐？基于理性人的假说，当事人对解纷方式的选择，是其自身基于利益权衡、理性判断的结果。（见图4）

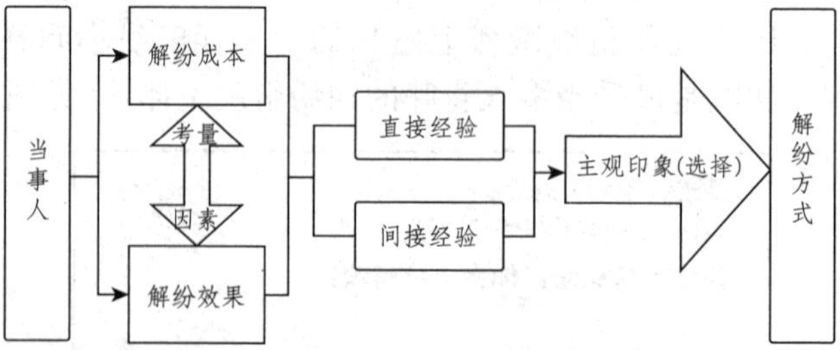

图4 当事人解纷方式的选择过程

当事人选择解纷方式时主要考虑以下两方面因素：（1）解纷方式的成本问题。成本不仅仅是指经济上的付出，而是多方面的，包括金钱、时间、精力，还包括精神、情感上的因素等。（2）解纷方式的效果问题。当事人寻求纠纷的解决，主要目的就在于使自身从纠纷困境中脱身而出。

但当事人对上述两方面因素的考虑并不是客观的，而是基于主观判断的结果。也就是说，当事人对解纷方式的主观印象，极大影响了其对解纷方式的选择。当事人对解纷方式的主观印象主要来源于直接或间接经验以及其所在社会群体对解纷方式的观念。关于各种解纷方式，只有极少数人有过相关的经验，社会群体的传统观念和来自社会媒体的信息成为当事人判断此种解纷方式是否值得选择的主要标准。

二、成因分析：对非诉解纷方式的认知、认同度不高

（一）当事人对非诉解纷方式的认知度较差

很多当事人对非诉解纷方式的认知度有限，对非诉解纷方式不甚了解，有的当事人即使知道有这么一种解纷方式或程序，但是对选择这种解纷方式或程序后将面临何种结果，即解纷的成本与效果也不是很清楚。造成这一现象的原因主要在于：

1. 多元解纷宣传不够。当前法制宣传和舆论引导并不到位，不能为多元解纷机制提供舆论支撑和良好的社会氛围。社会公众对多元解纷机制不够熟悉、对非诉解纷方式尤其是社会救济和行政裁决方式认知不高，科学理性的多元解纷意识并未树立。

2. 纠纷分流渠道不畅。面对错综复杂的纠纷及多种解纷方式，当事人

在决定采用何种解纷方式时，必将面临艰难抉择。实践中，缺乏统一性和权威性的机构，来引导当事人在面对各种不同形式的纠纷时，根据自己的个性和需求来选择最合适、最有效的解纷途径。因此，在选择解纷主体和方式时，当事人往往会感到不知所措，[①] 只能凭借主观感受进行选择，从而使纠纷无法得到有效的分流。

（二）当事人对非诉解纷方式的认同度较低

如前所述，影响当事人对解纷方式认同度的两个主要因素是解纷成本和解纷效果。相对于通过法院解决纠纷，尤其是通过诉讼方式，其他解纷方式的成本一般相对较低。但大量当事人仍选择通过法院来解决纠纷，多是出于对其他解纷方式解纷效果的不信任。造成这一现象的原因主要如下：

1. 当事人思想观念及认识偏差。随着法制教育和法律宣传的不断加强，人们的法律意识和法治观念不断增强。“法律至上”理念的深入人心，认为只有法院才是权威的解纷机构、只有诉讼才是有效的解纷方式。而其他解纷方式不具有终局性，是非正式的、非权威的。与此同时，法院围绕“司法为民”工作主线，不断加强自身建设，降低诉讼门槛，方便群众诉讼。在法律功能备受推崇的情势下，管理者把化解纠纷的责任推向法院，而当事人遇到纠纷时也自觉或不自觉地视诉讼为第一甚至唯一选择。[②] 这样就导致当事人在纠纷产生后过分依赖诉讼方式来解决纠纷，而很少考虑运用其他解纷方式。

2. 非诉解纷方式自身不健全。在不断深化多元化纠纷解决机制改革的背景下，非诉解纷方式取得了一定的成效，但仍存在不少问题。部分非诉解纷方式由于在程序上不规范、制度不健全、随意性很大，导致其效力低、难以保证其解决结果的终局性和执行力。以调解方式为例，部分调解组织和调解员调处纠纷的能力和水平有限，直接影响了化解纠纷的效果。

3. 非诉解纷方式非终局性、非权威性的影响。由于非诉解纷方式存在非终局性、非权威性等特点，当事人宁可选择复杂的诉讼程序，也不愿选择带有不确定性的非诉解纷方式。虽然，在实际的纠纷解决过程中，非诉解纷方式的确可以以迅速和简化引起当事人的兴趣；但是，对于纠纷解决的整体性过程而言，这种迅速和简化或许只是一种可能性。诉讼作为纠纷的“最终解决”途径，当事人可以利用诉讼程序提出上诉、申请再审，但是，绝不可以再次提出诉讼。而非诉解纷方式则不同，或许当事人选择和

---

① 郑福余：《社会矛盾纠纷多元化解决机制研究——以杭州市西湖区为例》，浙江工业大学2019年硕士学位论文。

② 杨良胜：《多元化纠纷解决机制改革的创新发展——基于马鞍山实践探索的思考》，载《法律适用》2016年第10期。

解、调解只是一种尝试；即使是仲裁，如果符合法律规定的情形，还有可能寻求诉讼的救济。如此一来，非诉解纷方式的迅速、简化的优势便有可能走向反面，被不确定性和非规范性所抵消。[①] 以调解为例，由于调解协议没有法律的强制性，调解协议得不到保证，当事人可以任意反悔选择不予执行调解结果，造成了当事人对调解方式丧失信心，进而造成了对调解方式选择的冷淡。

三、功能定位：多元解纷机制中法院的作用

（一）以解决纠纷为基础的引导功能

1. 法院的基础功能。作为多元解纷机制中解纷方式之一，解决纠纷是法院所具有的基础性、普遍性的没有争议的功能。法院所具有的其他功能，都是以解决纠纷功能为基础。

2. 法院的衍生功能。法院对解决纠纷所作的贡献，远不应止于其对具体、个别纠纷的直接解决。法院解决纠纷的途径（直接的或间接的）有以下几种：（1）对私下解决纠纷产生影响，并明确所能控制的范围；（2）认可私下解决结果，并保证当事人服从解决结果；（3）作为当事人可以正式解决纠纷的成本，使私下解决纠纷的可能性增加；（4）为当事人提供相互了解对方主张的方法，从而增加私下解决纠纷的可能性；（5）法院全体工作人员应作为促使纠纷得到合理解决的中介者而采取行动；（6）适当地引导当事人合理地解决分歧；（7）当事人不满时，应根据权威性的审判得以解决。[②] 法院作为相对受当事人青睐的解纷主体，其在多元解纷机制中的功能不仅是直接化解纠纷，还应凭借自身的经验、能力和权威优势，指导其他解纷方式的作用发挥，引领其他解纷方式的健康发展，提升当事人对非诉解纷方式的认知、认同度，引导当事人选择合适的纠纷解决方式。

（二）法院发挥引导功能的必要性分析

由于司法资源存在有限性，不是所有的纠纷都能及时被解决，也不是所有的纠纷都适合通过司法途径来解决，因此需要其他解纷方式来弥补司法资源的局限性。

1. 诉讼资源不堪重负。现阶段社会矛盾急剧增多，而司法资源毕竟是有限的，如果纠纷全部由法院予以处理或者以法院处理为主导必然会给法院造成极大的压力，而纠纷的处理不当或不及时必然使纠纷进一步恶化，

---

① 赵旭东：《纠纷解决机制及其“多元化”与“替代性”之辨析》，载《法学杂志》2009 年第 11 期。

② ［意］莫诺·卡佩莱蒂：《福利国家与接近正义》，刘俊祥等译，法律出版社 2000 年版，第 132 页。

影响到社会的稳定。

2. 诉讼方式固有的局限性。诉讼作为重要解纷方式，但绝非唯一的或最好的方式。与其他解纷方式相比，诉讼具有其固有的局限性：程序复杂、费用高昂、耗时过长、浪费精力财力；具有一定的风险性，在经历复杂和长时间的诉讼程序后，结果未必达其所愿，法官、法院的公信力受到一定程度的质疑，进而加剧国家法与民间法的矛盾冲突。[①] 不同的纠纷有不同的解决方式，解决纠纷没有最好的方式，只有最合适的方式。有些纠纷需要通过诉讼程序、适用规范的证据规则及辩论方法加以解决，而有些纠纷对于司法程序而言却完全不能适应，过于正规的司法程序不仅不能迅速、合理地解决纠纷，反而成为当事人的一种额外负担。[②] 而司法鞭长莫及力有不逮之处，往往正是其他解纷方式能够着力之地。[③]

（三）法院发挥引导功能的可行性分析

1. 基于受青睐的解纷方式

（1）引导作用范围广。从纠纷受理范围来看，法院解纷方式具有普适性，即法院有权受理和处置广泛发生于社会生活中的大多数纠纷，社会中少有法院不能涉及的领域。从纠纷受理数量来看，法院作为受当事人青睐的纠纷解决主体，成为大量纠纷的聚集地。法院可以利用当事人前往法院寻求解决纠纷的契机，提升当事人对非诉解纷方式的认同度，引导当事人选择适合的解纷方式。越多当事人倾向于向法院寻求解决纠纷，法院引导功能的范围就越广。在当事人过于依赖法院作为解纷主体的现实困境下，法院引导功能的范围反而更加广泛。

（2）引导作用效果好。法院作为受当事人青睐的纠纷解决主体，一定程度上表明了在当事人认知范围内对法院解决纠纷或法院的认同度相对较高的。法院可以利用当事人的主观认同度，向当事人传递可以通过非诉方式公正解决纠纷的信息、强化社会公众选择非诉解纷方式的意识和观念，[④] 提升当事人对非诉解纷方式的信任度。

2. 基于专职性、专业性和权威性的解纷方式

（1）为非诉解纷方式提供参照和借鉴。法治社会中的多元解纷机制，所有解纷方式均被纳入法治框架内。如和解必须遵循合法原则，和解的过

---

① 范愉：《以多元化纠纷解决机制保证社会的可持续发展》，载《法律适用》2005 年第 2 期。

② 赵旭东：《纠纷解决机制及其“多元化”与“替代性”之辨析》，载《法学杂志》2009 年第 11 期。

③ 陆永棣：《从立案审查到立案登记：法院在社会转型中的司法角色》，载《中国法学》2016 年 2 期。

④ 王振清：《多元化纠纷解决机制与纠纷解决资源》，载《法律适用》2005 年第 2 期。

程和内容不得违背法律的禁止性规定和社会公共利益；仲裁必须以最低限度的合法性为原则，仲裁的民间性、自治性并不能完全排除由当事人选定或法律规定必须适用的仲裁程序法和民事实体法，尤其不得排除强行法的适用；调解及行政裁决也需要受到法律的约束。法院作为国家司法审判机关，可以通过司法活动具有独特的知识性、技术性，专业性的法官、专业化的程序、专门性的文书，为其他解纷方式提供参照和借鉴。

（2）对非诉解纷方式运行进行司法审查。基于“司法最终解决”原则，经过非诉解纷方式处理的纠纷在当事人提起诉请的情形下，一般都可以得到司法的再处理。法院通过对非诉解纷方式运行的合法性、有效性进行司法审查施以监督，客观形成了对非诉解纷方式运行的指导作用。法院可由此引导非诉解纷方式有效运行，强化非诉解纷方式的解纷效果。

（3）通过案件裁判输出规则。法院解决纠纷即个案裁判的过程本身既是对特定的纠纷当事人提供法律服务，又是对社会提供公共产品的过程。一方面，法院通过裁判向社会传递、输送明确的解纷规则信息；为非诉解纷方式提供明确的法律导向和规则依靠；当事人亦可据此去预测自身待解决纠纷的法律解决效果，为当事人选择解纷方式提供引导。另一方面，法院通过对案件进行法律评判，对某种行为在法律上作出肯定或否定性评价，引导人们对司法公正和公平正义的认同，对类似纠纷的发生起到预防作用。

四、途径探索：多元解纷机制中法院引导功能的发挥

当事人对非诉解纷方式的认知度、认同度阻碍了其对非诉解纷方式的选择，从而阻碍了多元解纷机制的有效运行。法院在多元解纷机制中引导功能的发挥，要着重于提升当事人对非诉解纷方式的认知度、认同度，引导当事人合理行使解纷选择权。（见图5）

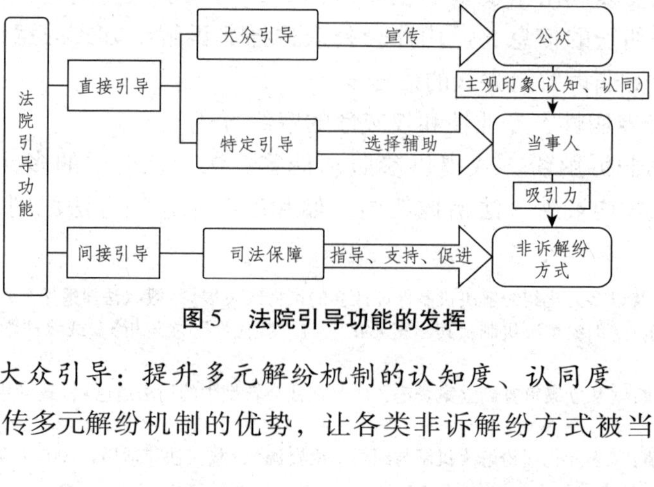

图5 法院引导功能的发挥

（一）大众引导：提升多元解纷机制的认知度、认同度

大力宣传多元解纷机制的优势，让各类非诉解纷方式被当事人知晓，

为当事人选择适用各类解纷方式提供基础：（1）从普及多元解纷的观念入手，引导树立和谐的解纷理念。鼓励当事人通过协商、谈判、第三方斡旋、调解等非诉讼的方式解决纠纷，而不再把诉讼作为解决纠纷的唯一选择或第一选择，将诉讼作为最后的选择。（2）把握关键节点，注重宣传效果。在当事人选择解纷方式的过程中进行引导，在诉讼引导时向当事人发放多元解纷机制宣传资料。在立案时向诉讼群众宣讲多元解纷机制，使群众对多元解纷机制有深刻感知。（3）善用宣传媒介，扩大宣传范围。充分发挥报纸、电视、广播等传统媒体功能，高度重视微博、微信、直播等自媒体，借助展板、普法手册、小视频等多种形式，将多元解纷专业性强、效率高、成本低、方法活的优势讲清楚，将相关平台和路径讲透彻，让纠纷当事人知晓，自觉作出理性选择。①

（二）特定引导：辅助当事人选择最合适的解纷方式

1. 多元解纷方式选择的引导。向当事人提供解纷方式的选择辅助服务，为当事人提供解纷方法、心理咨询、诉讼常识等方面的释明和辅导，帮助当事人选择最为合适的解纷方式。

首先，主动告知当事人各类解纷方式的特点、优点、适用范围等。其次，根据当事人的具体描述或有关材料，分析纠纷类型，从而为当事人提供选择何种解纷方式的建议。在尊重纠纷当事人程序选择权与法定程序刚性原则的基础上，充分兼顾纠纷处理程序的灵活性、融通性与效率性，可以考虑针对不同类型与发生领域的纠纷采取不同导向的纠纷处理策略。② 如涉及到某些专门知识和技术的部分，引导当事人选择行业性调解或民商仲裁，既有可能克服有关法院在处理这些案件过程中存在知识局限性的缺陷，也有利于矛盾和纠纷的有效和及时解决。如熟人之间、日常生活中的债务、邻里关系、婚姻家庭纠纷，涉及较多的伦理人情因素，当事人在主张自身权利的同时，往往顾忌双方之间既有人际关系的修复，可以引导当事人选择和解或调解方式来解决纠纷。最后，根据当事人的需求，向当事人提供已经登记备案的所有适合的解纷组织的具体资料、联系方式、地址等。

2. 法院内部程序选择的引导。当事人选择法院作为纠纷解决主体后，引导当事人通过内部程序选择权的行使，扩大适用小额诉讼程序、简易程序、督促程序、依法适用实现担保物权案件特别程序，实现法院内部程序分流。一方面是启用督促程序分流，过滤无争议纠纷。对当事人符合申请支付令条件的，法官应主动予以释明，引导当事人提起督促程序。另一方

---

① 周陈华：《把好关键关口推进多元解纷机制建设》，载《人民法院报》2019 年 7 月 11 日第 2 版。

② 左卫民：《诉讼爆炸”的中国应对：基于 W 区法院近三十年审判实践的实证分析》，载《中国法学》2018 年第 4 期。

面是诉讼程序内部的分流，选择纠纷适宜的程序。在受理案件后，根据案件事实、法律适用、社会影响等因素，引导当事人选择适当的审理程序，做到繁简分流、轻重分离、快慢分道。

3. 案件结案方式选择的引导。把调解工作贯穿于审判、执行的全过程，强化诉前调解、诉中调解、执行和解等各阶段的工作衔接。一方面，利用法院解纷优势进行引导。在审理案件过程中，通过总结当事人争议焦点、整理与初步审查判断证据，并结合案件具体情况及相关法律适用进行阐释和提示，主动与当事人进行引导、沟通，使双方当事人能够掌握案件的全面信息，并对案件的可能判处结果有一个较为准确、集中的预判，促成当事人的和解。[①] 另一方面，针对特定的类型案件进行引导。对于适宜以调解方式结案的案件，要着重引导当事人选择。这类案件主要包括：案件事实真伪不明，当事人对自己的主张均无法完全履行好举证责任的；案件法律关系较为复杂，当事人对纠纷的形成均有过错的；案件事实清楚，但如果依法裁判可能出现合法不合理结果的；案件当事人关系较为密切，所发生的争议无原则性差别的；案件标的不大而诉讼的时间及经济成本均较大的；案件当事人间地位较为悬殊，劣势一方愿意通过经济补偿实现和解的。[②]

（三）司法保障：提升多元解纷机制的吸引力

通过强化法院维护社会公平正义最后一道防线作用，加强对非诉讼解纷力量的培训指导，支持优先通过非诉方式解决纠纷。

1. 对和解、调解的司法保障。落实司法确认制度、司法救济启动制度，为和解、调解提供司法保障，引导当事人选择和解、调解方式解决纠纷。

（1）化解结果的保障。对和解、调解协议的效力及当事人是否遵守和履行和解、调解协议提供司法的保护屏障。一方面，发挥直接的司法保障作用，对通过和解、调解等方式化解纠纷成功的，及时通过司法确认、督促程序、债权文书公证等形式保障和解、调解协议效力，使合法的协议得到遵守和履行，使不合法的协议也能通过司法救济渠道得到纠正。另一方面，发挥间接的司法保障作用，即为和解、调解活动及和解、调解协议的权威性提供司法后盾支持，预防产生协议纠纷。[③]

（2）监督救济的保障。畅通程序对接，当非诉解纷方式化解纠纷失败或者是无法化解纠纷，当事人寻求法院救济时，保障纠纷得以及时、顺利

① 左卫民、谢鸿飞：《论民事程序选择权》，载《法律科学》1998 年第 6 期。

② 耿宝建：《“定分止争”莫忘“定分”——对“调解热”的冷思考》，载《法学》2005 年第 8 期。

③ 陈绍斌：《小议调解协议的司法保障》，http：//cqfy. chinacourt. gov. cn/article/detail/2010/01/id/636395. shtml，最后访问时间：2019 年 7 月 31 日。

的进入司法程序进行最后的救济。

（3）培训指导的保障。加强调解员培训工作，通过专门培训、法治讲堂、庭审观摩、示范调解等形式不断提升调解员法律素养和调解技能。

2. 对民商事仲裁的司法保障。通过对仲裁提供支持与协助，对仲裁裁决在内容上和程序上进行审查、监督，引导当事人选择仲裁方式解决纠纷。

（1）支持协助的保障。法院对仲裁的支持与协助，主要表现以下两方面：①法院依仲裁委员会提交的当事人提出的财产、证据保全申请予以作出裁定并予实施。②法院依法执行仲裁生效文书，包括仲裁裁决书与调解书。法院在法律规定范围内，加大对仲裁的支持、协助力度，进一步畅通保全与执行的启动程序、缩短保全与执行的办理周期等。

（2）监督救济的保障。当事人可以通过向法院申请确认仲裁协议效力、撤销仲裁裁决或不予执行仲裁裁决，来启动对仲裁程序的监督。根据当事人的申请，法院对仲裁裁决进行及时、有效、适度的监督，一方面可以为当事人提供救济，打消"一裁终局"制度下，当事人在选择仲裁时的顾虑；另一方面可以督促仲裁机构合法、公正地裁决纠纷，提升仲裁裁决的质量。

3. 优化法院内部程序衔接机制。

（1）设置非讼与诉讼程序之间的合理转换机制。非讼程序的合理适用，可以预防纠纷，即通过预防纠纷的发生从而减少可能进入诉讼程序的潜在纠纷数量；可以过滤纠纷，即通过非讼程序快速解决不具有真正争议的纠纷，只有在非讼程序中发现真正争议的纠纷，才转由诉讼程序处理；可以解决纠纷，即基于纠纷解决的迅速化要求或者合目的性的要求，通过非讼程序解决部分具有实质权益争议的案件。[①] 通过设置督促程序、申请支付令等程序与诉讼程序的合理转换机制，打消当事人权利保障不到位、程序流转时间过长等顾虑，引导当事人对非讼程序的选择。

（2）设置诉讼程序之间的合理转换机制。通过设置小额程序、简易程序、速裁程序、普通程序等程序之间的转换机制，为程序转化提供便利，保障纠纷采用最合适的程序进行处理。

（3）设置调判之间的合理转换机制。根据个案的性质、具体情况和当事人的诉求，科学把握运用调解或者裁判方式处理案件的基础和条件。对于有调解可能的，要尽最大可能促成调解；对于没有调解可能的、法律规定不得调解的案件，要尽快裁判，充分发挥调解与裁判两种手段的作用。[②]

---

① 庞小菊：《司法体制改革背景下的诉讼分流——以非讼程序的诉讼分流功能为视角》，载《清华法学》2016 年第 5 期。

② 《最高人民法院关于进一步贯彻"调解优先、调判结合"工作原则的若干意见》。

结 语

解纷方式的使用者，决定着某一解纷方式的生存和发展。法院可从解纷方式的使用者即当事人的纠纷解决选择权出发，发挥自身在多元解纷机制中的引导功能，与非诉解纷当事人形成合力，各就其位、各得其所、各取所长、各尽所能，为当事人提供更加灵活多元的解纷方式。

信息不对称环境下在线调解制度的风险与防范

张经伟[*]　谭云鹏[**]

在线调解制度出现于我国的时间虽短，却给中国特色调解文化注入了新元素，各界给予了较高的评价。然而，在线调解制度并不当然地产生应然的效果，虽然自诞生起便被寄予了良好的期待，同时被赋予了三层应然意义：便捷个体维权，确保公平正义的微观价值；拓展司法功能，确保经济发展的中观价值；筑牢社会稳定，维护长治久安的宏观价值，但在线调解制度的应然效果与实然表现之间有一定差距。实然状态的在线调解制度同其他制度一样，面临诸多因素的考量，充满了不确定性，进而导致其在运行中也面临各种风险。为了让在线调解制度发挥应然效果，缩小实然与应然之间的差距，有必要对其进行全面审视，尽量减少、规避风险。

一、实然中的三种风险：在线调解制度的实践表现

随着社会经济、科技的发展，在线调解制度不但包括了传统 ODR 中的在线非诉调解，还囊括了在线诉讼调解。作为运行于信息社会中的一种“互联网 + 调解”的新机制，在信息不对称环境下，其在实际的运行中依然有着不合理之处，其实然表现与应然效果之间存在差距，在线调解制度面临着不少风险。

（一）在线虚假调解风险

基于逃避债务、转移财产等的在线虚假调解目的风险。“2014 年淘宝解决了 710 多万纠纷”,①《淘宝平台争议处理规则》第二十七条专门规定了虚假交易情形下，淘宝有权不予受理，而虚假的争议事实更容易引发虚假调解，可知生活中不可避免且调解平台也不愿涉足。在线非诉调解制度等 ODR 的存在能极大的缓解解纷压力，若缺位则会导致矛盾纠纷多元化解机

* 作者单位：湖南省衡阳市中级人民法院。
** 作者单位：湖南省衡阳市中级人民法院。

① 龙飞：《大数据时代纠纷解决模式之变革》，载《人民法院报》2016 年 11 月 2 日第 8 版。

制积重难返。[①] 同样，在广州互联网法院同某平台签订的《在线纠纷多元化解合作协议书》中也约定“双方共同加大对虚假诉讼的防控力度”。笔者通过访谈了解到，某起继承纠纷案件中，原告与被告均为已故老人的继承人，法院受理案件后双方快速申请调解，法官在调解过程中发现双方对遗产的继承没有分歧，这起诉讼其实质是为了规避继承财产的众多手续或所需花费的某些手续费用，以方便将已故老人的财产快速并低成本地转移出来，从案例中可以看到在线虚假调解风险的存在。

表1　各平台的身份验证相关规则和证据相关规则

规则 平台	身份验证相关规则	证据相关规则
淘宝	按要求完成实名认证；已认证会员通过定期或不定期复核的方式验证信息的真实有效性	买卖双方应自行对证据的真实性、关联性、完整性、准确性和及时性负责
京东	提供的注册资料真实、准确、完整、合法有效，变动即更新；基于电话号码的真实身份信息认证	自行对证据的真实性、完整性、准确性和及时性负责，并承担不能举证的后果
当当	未找到具体实名认证规则	适用中华人民共和国的法律
在线矛盾纠纷多元化解平台	未要求用户进行实名认证，建议用真实信息，并提交资质和真实姓名后申请认证；自行判断对方信息真伪	自己对所发布的信息承担全部责任；自行判断对方信息的真伪
众信网	单位等须在确认书上加盖公章并经法定代表人或负责人签名；自然人须在确认书（附身份证复印件）上签名并摁手印	对自己提交的证据材料的真实性、合法性、关联性负责。律师、调解员全面审查证据材料的真实性、合法性、关联性

在线调解制度运行中的信息造假风险，主要是身份信息造假和证据信息造假。如表1所示，通过查证电商平台的内部ODR规则和多元纠纷化解聚合平台的规则，可以发现各平台的身份验证相关规则差异较大，有的要求实名认证，有的未作要求，给身份信息造假留下了极大空间；就证据相关规则而言，则普遍倾向于“自己对证据负责”，也给证据信息造假留下了空间。

近年，广受关注的网络交易身份信息造假事件“京东白条案”，汪某等冒充在校大学生申请京东白条并获得授信，通过网购销赃等手段诈骗京东110万元，给京东和其他被冒充者造成了巨大损失。此前已曝光的京东白条漏洞显

① 程琥：《在线纠纷解决机制与我国矛盾纠纷多元化解机制的衔接》，载《法律适用》2016年第2期。

示"无需本人实名认证、绑定银行卡"，该案当事人又利用了京东所采用的行业通用身份验证规则的做法——用户申请、人工核身验证等流程，虽然在事件发生后，京东已对验证规则进行了升级，但从表1可以看到，不少具有在线调解功能的平台仍存在类似漏洞。因在线纠纷的多发性与在线调解运用的普遍性，若不弥补漏洞，类似在线身份信息造假事件的发生很难避免。

（二）纠纷化解拖延风险

迟来的正义非正义。提出管辖权异议等纠纷化解拖延方法并不罕见，在线调解也一样，可能沦为他人拖延纠纷解决的工具。某起网购手机纠纷中，李某在某商城购买了一手机，不久因手机出现故障而要求退货，但商家不同意，于是李某申请某ODR平台介入，商家以需要时间对质量问题检测为由拖延纠纷的化解，导致纠纷迟迟得不到解决，经调解平台多次努力，双方才最终协商处理并达成调解。从该案中可以看到，受利益驱动的商家采用了"拖"字诀对待顾客，因信息的不对称，这种拖字诀让很多当事人处于无奈之境，他们无法区分"处理中"和"拖"，这延缓了纠纷的化解，达到了某方的拖延目的，且在现今庞大的在线纠纷基数下，类似事情的发生会越来越多。纠纷化解拖延容易导致司法资源的浪费，阻碍了经济的发展。①

（三）在线调解结果的不能履行风险

结果不能履行对于调解当事人来说可能会前功尽弃。② 在线非诉调解被电商平台广泛采用，以助更快地化解B2C之间的纠纷，若结果未履行，难免会对希望迅速开拓电子商务市场的交易平台产生冲击。③

表2　**各平台的履行保障机制**

内容 / 平台	自身履行保障机制	其他履行保障机制
淘宝	通知支付宝公司操作相应的交易款项和（或）保证金等	卖家账户余额不足致使无法退款或赔付买家的，由买卖双方自行协商或通过其他途径解决
京东	采取警告等市场管理措施；先行赔付机制；扣除消费者款项；自商家结算款或保证金中扣减等	未找到

① 齐树洁、许林波：《域外调解制度发展趋势述评》，载《人民司法（应用）》2018年第1期。

② 胡晓霞：《我国在线纠纷解决机制发展的现实困境与未来出路》，载《法学论坛》2017年第3期。

③ 李峰：《在线纠纷解决民间规则与程序法之互动——以〈淘宝争议处理规则〉为例》，载《民间法》2017年第1期。

续上表

内容 平台	自身履行保障机制	其他履行保障机制
当当	未找到	未找到
在线矛盾纠纷多元化解平台	未找到	有权采取其他争议处理途径解决争议；平台配合有权机关作出的决定
众信网	自愿履行或执行	通过公证处、仲裁机构、人民法院，对其法律效力进行确认，赋予其可强制执行力

本文在众多内部 ODR 和外部 ODR 平台中挑选了部分具有代表性的平台，对他们的履行保障机制进行了对比，如表 2，其中较为完善的当属淘宝，其利用了“交易款项和（或）保证金”保障履行，但若账户余额不足则仍然陷入“当事人自救”的境地。其他平台相比前者，保障履行的机制更差。在某起网购纠纷中，李某通过某平台从张某处购买了某设备配件，到货后发现与平台宣传不一致，因此产生纠纷，李某申请第三方介入，经调解达成协议后，张某反悔而不愿履约，最终李某只能另寻他法维权。作为众多类似纠纷中的一员，该起不履行调解结果的事件反映了目前我国普遍存在的诉外调解结果不能履行的无奈境地。

二、实然背后的深层解读：风险成因的解构和反思

信息不对称环境下在线调解制度面临的风险更多是由参与者基本信息、纠纷事实、帮助查清事实的证据等各种信息在流转中所引发，因而需要对其进行多重解构和反思。

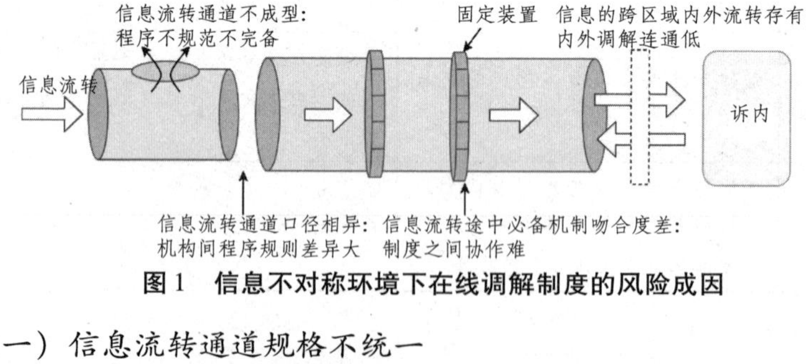

图 1　信息不对称环境下在线调解制度的风险成因

（一）信息流转通道规格不统一

在线调解运行中各种信息的流转必然遵循信息流转通道——各种程序规则，程序规则不规范和不完备——通道不成型易导致各点所享信息量不同，进而引发信息不对称。淘宝平台拥有较完善的内部 ODR 机制，“其具

有创新性和典型性”,[①] 如《淘宝平台争议处理规则》等，但部分平台则相反，“ODR 机制的程序规范混乱”,[②] 如当当、京东等其他平台在身份验证、送达、回避、举证质证、各种期限限定方面未规定或存在模糊性。未保障在线调解的程序正义，会加剧主体间的信息不对称，导致诉讼拖延风险和不能履行风险的增加。

目前，诉外诉内各机构的程序规则差异大，机构之间存在信息不对称，呈现“信息孤岛化”，换言之，各机构的信息流转通道规格相异，对调解运行的管束不到位。诉外在线调解机构之间的程序规则差异较大，如淘宝与当当之间、淘宝与众信网之间的程序规则明显相异。就诉讼内在线调解而言，目前我国在少数地区的法院开展了在线诉内调解，已试点的法院之间也各有差异，如在线矛盾纠纷多元化解平台和广州互联网法院在线纠纷多元化解平台存在一定的差异。B2C 纠纷中，经营者更精通所涉及不同平台的规则，如下文图 2 所示，笔者通过调查部分淘宝买家，发现他们鲜有这种规则意识，即孤岛化导致各机构之间程序规则差异化，无形中加剧了“实力雄厚”的一方与弱势方的信息不对称。

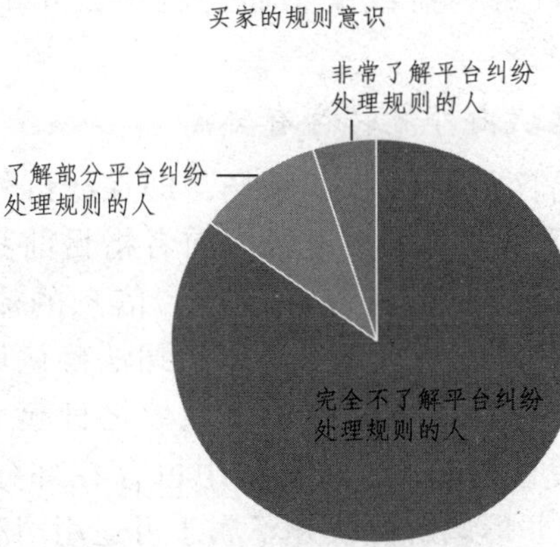

图 2　淘宝平台买家的规则意识

（二）信息流转途中协调机制不健全

在线调解信息的流转不但需要“管道”还需要各种协调机制的保障运行，当前电子证据制度和内外监管制度的不健全易导致漏洞的产生，进而可能被恶意利用而导致主体间信息不对称，引发各种风险。

1. 电子证据制度与在线调解制度吻合度差。制度之间的不吻合会导致

---

① 周翔：《描述与解释：淘宝纠纷解决机制——ODR 的中国经验观察》，载《上海交通大学学报（哲学社会科学版）》2018 年第 3 期。

② 郑世保：《在线纠纷解决机制的困境和对策》，载《法律科学（西北政法大学学报）》2013 年第 6 期。

规则漏洞的出现，若被有心人利用可能导致主体间信息不对称，具有信息优势的纠纷主体可能攫取更多利益。在线调解中一般通过网络查明事实，证据通常以电子形式外显。虽然《民事诉讼法》及其司法解释对电子证据已有初步规定，但对电子证据的形成、保存、固定并不成熟，给法官在证据的认定上带来较大的难度。《电子签名法》《电子商务法》亦未能很好地解决在线调解中关于电子证据合法性、客观性和关联性的认定问题。

2. 内外监管制度与在线调解制度匹配性差。信息具有无限传播性，若同监管制度匹配性差，相当于缺乏了缰绳的合理制约，流转中易被他人所获取，引发调解主持者与纠纷主体间的信息不对称，进而导致潜在“内部交易”风险的增加。就在线诉外调解而言，调解平台对调解监管并不到位，并且也未发现其提供的监督渠道。其大部分信息是不公开的，虽有隐私权因素的影响，但部分机构对调解员的基本信息、选择等也未公开，无形中提高了个体监督的难度。另外第三方机构监管在线调解主持者及调解过程的制度几乎处于空白状态。孟德斯鸠曾说过：“一切有权力的人都会滥用权力，这是万古不易的经验。要防止滥用权力，就必须以权力制约权力。”网络交易平台可能基于自身利益或懈怠而进行不公正的调解，损害各方的利益。[①]

（三）信息的跨区域内外流转存有樊篱

信息在诉内诉外跨区域流转并不顺畅，即在线诉外调解与诉内机制衔接和在线诉内调解与诉外机制衔接不畅。前者指目前我国的司法实践中在线诉外调解结果同诉讼程序衔接存在问题，信息的流入存有阻碍，虽然《民事诉讼法》第一百九十四条规定：“申请司法确认调解协议，由双方当事人依照人民调解法等法律，自调解协议生效之日起三十日内，共同向调解组织所在地基层人民法院提出。”实践中也存在部分在线“确认调解协议”的案例，[②] 但大量非诉调解协议并不属于可适用司法确认程序的范围，[③] 即司法确认程序对非诉纠纷解决渠道的支撑力度还很不够，信息优势方可基于已有信息判断履行与否的利弊，并通过这种区域信息流转不畅逼迫相对方重新选择诉讼途径，导致在线调解协议难以得到履行，亦拖延了纠纷的解决。

---

① 罗秀兰：《网络交易的纠纷解决机制探析——基于民间法与国家法互补的视角》，载《河北法学》2010 年第 8 期。

② 如杭州市上城区人民法院法官参与化解一起跨国纠纷中实现了在线调解和确认程序的衔接。来源于在线矛盾纠纷多元化解平台 https：//yundr. gov. cn/jsp/index/news. html，最后访问时间：2019 年 7 月 9 日。

③ 刘加良：《非诉调解协议司法确认程序的实践误区及其矫正》，载《政治与法律》2018 年第 6 期。

在线诉内调解的过程或结果的履行，与诉外机制衔接不畅。（1）适用在线调解的多数纠纷产生于电子商务领域，电子商务平台相比司法机关、当事人拥有较大的信息优势，而这些信息流入司法机关通常存有阻碍，最终电子商务平台与当事人、司法机关之间掌握的信息并不对称。（2）虽然法律赋予了在线诉内调解结果的可强制执行力，但“老赖”等执行难的风险依然存在，部分原因是信息不对称环境下司法机关拥有的信息相比涉案第三方平台更少，以致不能“击中”不履行调解结果的当事人的痛点。

三、实然向应然的靠近：在线调解制度的完善之路

在线调解制度由应然到实然的实现过程中，不可避免会产生一系列风险，但可以通过改变信息不对称环境，让实然状态向应然愿景靠近，以尽量避免、甚至规避风险。

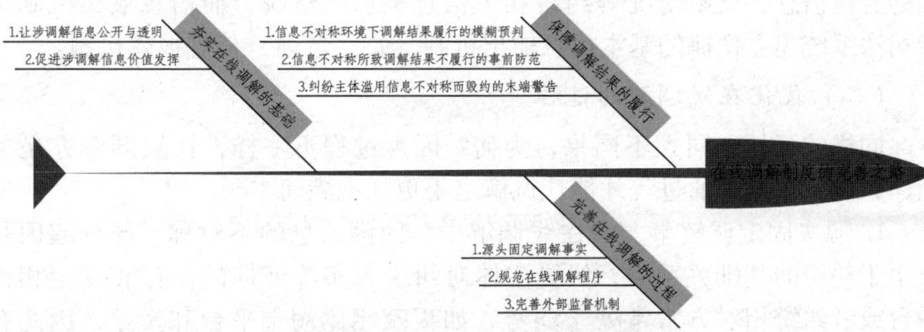

图3 在线调解制度的完善之路

（一）夯实在线调解的基础

保障当事人的知情权与帮助调解主持者查清纠纷事实都离不开信息这个基础，夯实基础对逆转信息不对称的环境举足轻重。

1. 让涉调解信息公开与透明。在线调解更多地被适用于网络中的纠纷化解，此种情况下，消费者与商家、消费者与平台之间的信息是不对称的，因此应进行必要的披露，让涉在线调解的信息处于阳光下。（1）信息披露的积极义务，包含了商家的积极义务和平台的积极义务。商家的积极义务要求其应当向消费者提供最低限度且足够多的关于自身清晰、准确的信息，包括但不限于：真实身份信息、联系方式、售后和争议解决程序。电商平台的积极义务要求其在消费者与商家发生纠纷时，向消费者和商家等提供必要的解决纠纷所需的身份信息、纠纷事实信息等。若电商平台存在包括在线调解在内的ODR程序，那么还负有下述积极义务，即公布在线调解所适用的程序性规范、实体性规范、调解参与者的基本信息、不侵犯隐私权下的调解结果。（2）信息披露的消极义务，要求应对某些信息和调解事例

保密或有保留的公开，注意平衡纠纷主体的调解保密权和公众知情权。[①] 在这里，可以借鉴诉讼领域中的规定，对于某些纠纷，如家事调解、涉商业秘密的调解等可以不公开；对于其他纠纷，在尊重当事人选择的前提下，删除身份证、自然人住址、银行卡等敏感信息，替换个人信息如张三换成张某等措施后公开。

2. 促进涉调解信息价值发挥。流动起来的信息才能价值最大化，信息互通、共享不失为一种方法。正如前述“孤岛化”现象，这是对社会资源的浪费。实现信息沟通和共享是在线调解良好发展的重要保障。在线调解下信息的互通机制应当包含但不限于下述内容：信息互通平台，即各个涉调解平台联合搭建系统集成、集约高效、信息共享的平台；[②] 内外联通渠道，包括诉外信息掌握者对司法系统的信息输入机制和司法系统对诉外在线调解主体的信息输出机制，其中信息输入机制包含淘宝等中立平台将掌握的身份信息、交易情况等纠纷相关信息提供至法院，而信息输出机制是指司法系统建立便捷的基本信息输出机制，如“老赖”信息披露机制。

（二）优化在线调解的过程

同样的开始，同人不同果，为何？因为过程不一样，在线调解亦是如此，只有完善调解的过程才能让调解之果更加饱满而丰硕。

1. 源头固定调解事实。在线调解中，回溯信息的不对称，部分起因是产生于纠纷的基础关系中，纠纷主体对纠纷事实等证据的保存和固定相比平台或者纠纷相对方常常处于弱势，如买家相比淘宝平台和卖家，因此有必要平衡这种信息不对称，从源头上对必要信息固定和保存，给予弱势方获得必要信息的渠道。就平台而言，政府机构或司法部门可以同阿里云等云服务机构建立证据保存固定平台，当有关主体通过平台认证后，可以开放数据端口，让该主体将一些有价值的且可能涉及纠纷风险的信息保存到该平台固定，并发放对应的“证据身份证”。当纠纷产生后，只要提供“证据身份证”，调解主持者凭该编号证明就可以提取并查看相应的信息。针对处于弱势的纠纷主体，有必要进一步健全电子公证、第三方可信时间戳服务等电子认证配套机制，以助当事人对证据进行保存和固定。

2. 规范在线调解程序。在线调解的解纷过程，对于实体规范的援引和说理同诉讼领域的法源并无实质性区别，但其程序性规范相比诉讼程序还存在待完善之处，尤其是在线诉讼外调解。程序是法治和恣意而治的分水岭，在线调解程序的完备是其良好运行的前提。在线诉讼外调解的程序性规范还需要进一步完善，重点在以下几方面：（1）管辖的确定，包括合同

① 周建华：《美国联邦法院附设调解的困境分析》，载《湖北社会科学》2019 年第 2 期。
② 胡仕浩：《多元化纠纷解决机制的“中国方案”》，载《中国应用法学》2017 年第 3 期。

事先约定、事后双方合意、一方申请另一方行为默许、“通知—反馈规则”;[①]（2）期限的严定，包括送达、举证、调解时间等；（3）证据的转化和认可，一般情形下纠纷主体提供的证据形式应当以或转化成电子数据的形式提供；（4）结果的认可，应明确何种情形达成的合意可以出具调解协议，包括在线当场认可、一方明示而另一方默认等。

3. 完善外部监督机制。通过外部手段威慑信息不对称环境下的在线调解参与者，让其不敢和不能利用信息优势达到不合法的目的。外部制止手段即监督主要针对ODR下的在线调解，根据主体的不同可以分为自然人监督机制和机构监督机制。对于自然人监督机制，在线调解机构应当为自然人构建完善的“举报-处理”机制，如在线调解机构提供举报电话、电子邮箱、地址和举报处理结果的及时公示与反馈，披露有关调解员必要的基本信息。对于机构监督机制，应进一步加强行业协会、司法机关等对于在线调解的监督，如行业协会可进一步完善其章程，注重对调解员职业道德和调解纪律的教育、检查和监督；司法机关可在处理涉在线调解案件中，通过审查调解过程和结果的自愿及合法性来实现对在线调解的监督。

（三）保障调解结果的履行

努力调解后，调解结果不能得到履行费时费财费力，让调有所果，果有所获，才是民众所盼，因而保障履行是关键。

1. 信息不对称环境下调解结果履行的模糊预判。深处信息不对称环境，在线调解结果的履行变成了一个不确定答案，而履行恰是纠纷主体最关心的，若有机制可事前模糊预判履行的可能性，那势必能减弱信息不对称所带来的不平衡。配套信用保障机制不失为一种方法，具体如下：（1）“信赖标志”,[②] 一种对信用良好的经营者所颁发的便于消费者识别的标识，在电子商务领域，商业信誉直接影响其商贸行为。（2）“网络多边声誉机制”,[③] 即买卖双方在交易完成后相互进行评价和反馈。（3）保证制度，①保证金制度，即事先要求经营者向平台缴纳一定的保证金以在纠纷发生时具有一定的履行能力；②信用保证保险,[④] 即经营者向保险公司缴纳一定的保险费以在履行不能时保证纠纷的履行。（4）信用共享机制，①平台间的信用共享即商务平台、调解平台等之间的关于某纠纷主体信用的共享，起到帮助事前判断履行风险的作用；②诉外平台同司法机构的信用共享，帮助在线

---

① 参见Sarah Rudolph Cole; Kristen M. Blankley, Online Mediation: Where We Have Been, Where We Are Now, and Where We Should Be, 38U. TOL. L. REV. 2006.

② 高薇：《非约束性网上仲裁解决电子商务争端的法律分析》，载《中州学刊》2012年第2期。

③ 高薇：《网络交易中的私人纠纷解决：类型与特性》，载《政法论坛》2013年第5期。

④ 刘铭卿：《论电子商务信用法律机制之完善》，载《东方法学》2019年第2期。

诉内调解者判断对方履行能力及可能性。

2. 信息不对称所致调解结果不履行的事前防范。对于调解结果的不履行风险，可通过事前准备来增加履行成功的可能性——通过合同防范风险机制这种事前约定方式降低纠纷相对方利用信息优势达到不合理目的的可能性。合同防范风险机制要求在调解结果中设置一些条款来降低调解结果不履行的风险。一方面，根据我国的规范性文件，在线非诉调解协议具有合同属性，因此可以在调解结果中加入违约条款性质的约定去降低合同不履行风险，在线诉讼调解协议中同样可以如此。另一方面，针对在线非诉调解协议可以设置“调解——仲裁”条款，将调解协议衔接到仲裁程序，把在线非诉调解协议转化成具有执行力的仲裁裁决书。

3. 纠纷主体滥用信息不对称而毁约的末端警告。若信息优势方通过判断不履行的收益大于履行的收益而选择毁约，那么可以采用一种“末端警告”的方式促使其履约，如借鉴美国的做法，引入“诉讼费用”帮助履行，[①] 即通过法律规定，当事人一方在调解结束后反悔而不愿意履行进入诉讼程序，假若当事人没有获得比调解协议更有利的审判结果，那么该方当事人应当支付相应的诉讼费用，“切实发挥诉讼费的杠杆作用”。[②] 针对诉讼费用的具体承担，法院可以从当事人的诉前诉中行为、特定诉讼请求合理性、申诉或抗辩行为以及胜诉方是否夸大诉讼请求等予以判断。[③]

结 语

诉讼洪潮加剧了司法资源的紧张程度，人们渴望快、好、省的解纷方式，在线调解恰好符合要求。深处信息社会，各种因素都可能导致信息的不对称，从而引发在线调解制度的各种风险，进而影响在线调解制度的良好运行。因此需平衡这种信息不对称的环境，进而降低甚至规避在线调解制度风险的存在。我们有理由期待，防范在线调解制度的风险，会促使其更健康地运行，满足人们的多元化解纷需求、拓展司法功能、维护社会稳定。

① 白绿铉：《美国民事诉讼法》，经济日报出版社1996年版，第116页。

② 胡仕浩、龙飞、马骁：《多元化纠纷解决机制的中国趋势》，载《人民司法（应用）》2018年第1期。

③ 齐树洁、许林波：《域外调解制度发展趋势述评》，载《人民司法（应用）》2018年第1期。

商会调解机制的实践检视与完善初探

——基于行业自治与公力救济互补的视角

王新龙*

引 子

商会调解的“芦淞经验”助力民营企业维权避险。① 株洲市芦淞区作为江南最大的物流中心之一，经贸繁荣，商贾云集。目前，芦淞区有株洲江西商会、株洲福建商会、株洲温州商会和株洲台州商会等四家主要商会，据不完全统计，商会会员已达4000多人（家），直接或间接关联着在株经商各界人士近2万人，在留居株洲的8万多浙、闽、赣籍人员中发挥着无可替代的聚合作用。为了服务于当地市场的和谐稳定和发挥商会组织在化解矛盾纠纷中的巨大潜力，自2011年起，四家主要商会在芦淞区司法行政部门的指导下，先后成立了商会调解机构，基本做到了“五有”基础保障，包括有稳定的团队、固定的场所、健全的制度和保障的经费。另外，为确保调解质量，商会调解机构明确了受案范围、操作流程和调解员培训制度等。经过几年的实践，商会调解员逐步总结出了讲真情、讲法情、讲行情、讲乡情和讲友情的“五情”矛盾调解法，统称为商会调解的“芦淞模式”或“芦淞经验”。据统计，自株洲几家商会调解机构成立以来，共调处涉及民营企业各类矛盾纠纷2650多起，涉及金额8.3亿多元，为芦淞区市场和全区和谐稳定发展作出了突出贡献。

一、具有中国特色的商会调解制度：概念、特征和实践意义

（一）商会调解概念的界定

商会，是指民营经济主体自发基于合法、自愿、平等等价值理念，按

* 作者单位：湖南省郴州市苏仙区人民法院。

① 湖南省株洲市司法局：《建立商会调解组织 用人民调解化解行业纠纷》，载《人民调解》2014年第11期。

照契约精神结成的专业性非营利社会团体组织。① 商会一般都会在其《商会章程》中对其成立宗旨进行明确，如株洲福建商会就在其《商会章程》第三条具体写明了成立宗旨。② 商会具有四大法律特征（见表1）。

表1　　　　商会的四大法律特征③

序号	法律特征	具体表现
1	公益性	承担着服务社会和社会团体的使命，引领及树立社会诚信道德的义务和责任
2	民间性	商会是商事主体基于自愿、平等价值理念自发组织成立的专业性非营利组织
3	自律性	行业自律是商会的一项重要组织功能，如定期开展行业自查和评级认证等
4	法人性	从诞生之初到《商会法》的颁布，均赋予商会法人资格，具备商事仲裁职责

结合商会的“四大法律特征”，尤其是其公益性和法人性，突出表现就是其具有商事仲裁和调解纠纷的强大功能。关于商会解纷性质，学界也存在“三大争论”（见表2），但不论是仲裁、调解，还是“第三制度”，其目的都是试图将商会解纷行为置于现有解纷体系中来评判，那么存在的共同问题就是忽略了商会解纷的实践运作和其特殊性。本文通过案例实证分析，认为商会解纷存在多种形式，但主要是纠纷调解，故而以商会调解为主题展开讨论和研究。

① 卢炳宏：《我国商会调解制度研究》，吉林大学2017年硕士学位论文。

② 即“团结福建籍的工商业界人士，遵守宪法、法律和国家政策，遵守社会道德；加强联系，增进友谊，提供服务，互通信息，互相扶持，促进合作；加速发展，发挥本会的优势和作用，为加快株洲市物质文明和精神文明建设，为振兴中华贡献一定的力量”。

③ 铝镁：《商会的四个法律特征体现》，载《中华工商时报》2019年3月14日第5版。

表 2　　**商会解纷性质的三大争论**①

“三大争论”	商会解纷性质	论据
观点一	仲裁性质②	①根据 1904 年清商部颁行的《奏定商会简明章程》所载，商会接受商人解纷申请后，应“秉公理论，从众公断”；②1913 年颁布的《司法工商部令商事公断处章程》第二条：“公断处对于商人间商事之争议，立于仲裁地位，以息诉和解为主旨”；③当代仲裁法中“公断即仲裁”概念
观点二	调解性质③	①根据调解与仲裁的概念界定，商会解纷并不具备现代意义上“一裁终局”的法律效能；②解纷效力不严肃、不稳定
观点三	介于仲裁与调解间的“第三制度”④	①商会解纷形式类似西方仲裁，但内容又贴合中国传统调解；②商会解纷的准司法特征明显，难以非此即彼地判定商会解纷的性质

具体到概念而言，商会调解是指商会调解机构作为居中调解人，对受理的矛盾纠纷在合法的前提下根据双方或多方当事人平等、自愿等基本原则，采取合理灵活的调解模式，以最终达成和解或调解协议的方式调处纠纷、化解矛盾的一种解纷机制。⑤ 这一机制因具有专业高效性而备受关注。

（二）商会调解的基本特征

商会调解的基本特征有四，总结如下（见表3）：

表 3　　**商会调解的基本特征**

序号	基本特征	主要表现
1	调解主体是内设专门机构	①内设专门调解机构负责调解事宜；②调解组织的人员构成一般来自内部工作人员，还包括一些法律顾问、律师等；③调解权限来自商会章程和具有内部约束力的规章制度等；④调解组织不受行政机关、商会和个人的干涉，相对独立行事
2	调解对象比较多元	从目前商会调解的具体案例情况来看，商会调解不仅服务于会员企业之间的商事纠纷，还包括诸如会员企业与消费者之间的纠纷、劳资双方之间的纠纷等

① 赵珊：《塑造与运作：天津商会解纷机制的半正式实践》，载于中国人民大学历史与社会高等研究所召开的一年一度论文工作坊。

② 虞和平：《清末民初商会的商事仲裁制度建设》，载《学术月刊》2004 年第 4 期。

③ 王兰：《中国传统商会纠纷解决机制之功能分析——以调解为视角》，载《仲裁研究》2007 年第 2 期。

④ 张松：《从公议到公断：清末民初商事公断制度研究》，法律出版社 2016 年版，第 214 页。

⑤ 卢炳宏：《我国商会调解制度研究》，吉林大学 2017 年硕士学位论文。

续上表

序号	基本特征	主要表现
3	调解方式灵活多样	基于意思自治，对调解场所、调解员、调解方式以及调解程序等，均是服从、服务于纠纷的高效化解
4	具有不公开和保密性	商会调解的过程和达成的调解协议均有可能涉及当事人的商业秘密，故商会调解的不公开和保密性是调解的前提和基础

（三）商会调解的实践意义

商会是建立在我国社会主义市场经济基础之上的工商业社会团体组织，是当前施行全面依法治国的关键团体组织之一。① 因此，我们务必健全和完善我国的商会制度，尤其是商会调解机制，使其在我们的法治国家建设和民营经济高质量发展中发挥更积极和重要的促进作用。商会调解的现实意义有三，总结如下（见表4②）：

表4　　商会调解的实践意义

序号	实践意义	主要表现
1	优化司法权力配置和节约司法资源	由于纠纷一般比较复杂，专业性较强，在司法实践中给法院法官带来了巨大压力，而商会往往对行业纠纷比较熟悉，加之国家对一些行业缺乏相关立法和标准指导，因此商会调解员的专业性和调解技巧是司法人员不具备的
2	构建和谐有序的经济发展竞争环境	①低成本高效率的商会调解可以使当事人迅速恢复到原来的经营状态；②可以联合其他部门构建行业预防措施，比如协定行业规范和标准来弥补国家法律上的缺位；③构建多元纠纷化解机制，对形成公平有序的良好市场竞争环境具有重要现实意义
3	与商会发展互利共生	①商会调解机制与整个商会组织的发展是互利共生关系；②树立商会组织在民营经济和社会公众中的权威形象；③商会组织不断壮大，必然引起政府部门高度重视，这对提升民营经济地位和提高其话语权具有重要意义

① 蒋晓伟：《具有中国特色的商会应该在法治社会建设中发挥重要作用》，载《北方论丛》2019年第2期。

② 谢经荣、范愉：《商会调解的理论与实践》，法律出版社2013年版，第96页。

二、实践与困境：商会调解的不足及其原因探究

（一）商会调解的不足之处

1. 调解机制利用率较低。一方面，民营经济解决纠纷的主要手段仍然是诉讼。从芦淞区四家主要商会调解机构的受案情况来看，民营经济选择商会调解的积极性不高，多数纠纷依附于诉调对接机制下法院诉前委派和委托调解[①]（见图1），可见，商会调解的主动性不强，实用性有限。另一方面，商会调解数量的增加主要是来自法院的分流。这从侧面说明，民营经济对商会调解的认知和认可度均不高，制度供给与制度需求之间存在较大偏差。

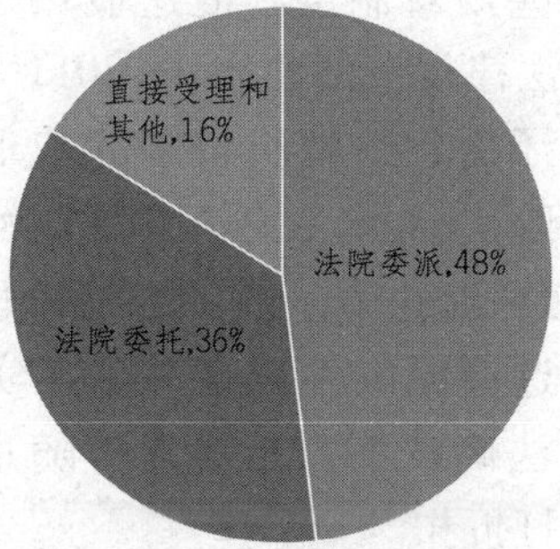

图1　商会调解的案件来源

2. 商会调解的中立性备受质疑。中立性是调解工作最核心的要求，作为商会调解的主体，商会的中立性一直备受组织内外质疑。（1）商会的性质异化。商会成立最初目的之一就是抵御行政部门的干预，[②] 但其基础是在工业生产和商品流通部门的体制改革中分化产生，所以其自治性和独立性均先天不足。商会调解往往难以超脱政府意志，协调社会经济关系和保护国有企业利益等成为其化解矛盾纠纷的政策性考量，从而忽视对民营经济个体权益的充分保护。（2）利益趋同的排他性。尽管商会本身并非营利主体，但由于民营经济等会员企业追逐利润的商业本质，反使商会允诺承载的责任与授权主体的利益期待之间发生勾连。在这种情形下，商会组织的私人属性与其应展现的中立性之间产生悖论。

3. 商会调解的公信力不足。我国商会等自治组织的一大特点就是“官民二重性”，如株洲福建商会在其《商会章程》总则第四条明确了指导、监管部门，即业务指导部门是株洲市工商业联合会，监管部门是株洲市民政

① 吴晓松：《发挥商会调解优势促进民营经济产权保护》，载《法制周报》2017年5月9日。

② 鲁篱：《行业协会经济自治权研究》，西南政法大学2002年硕士学位论文。

局。[①] 类似这种半行政化的监管模式，一方面让民营经济对商会的认同感下降；另一方面也使得商会对其会员的约束力大大降低。根据商会调解的社会属性，其本应以市场化的方式进行运作，但因缺乏市场化基础而导致运行实践杂乱无章。加之，民营经济作为经济实体，更侧重于对利益的执着追求，其对利益和效率均有较高要求，如此自然加大了矛盾纠纷的复杂性，也直接加大了调解员的调解难度，最终因调解质量而影响到商会调解的公信力严重不足。[②]

（二）商会调解存在不足的原因

1. 立法未赋予商会调解与其功能相匹配的法律地位。长期以来，商会调解被定位于人民调解，导致其法律渊源混同于人民调解。尽管部分商会组织对商会调解制定了一些规章制度，但这显然是内部自治规范，属于某种契约行为，完全不具备法律规范的性质。[③] 2011 年，在原有《关于建立健全诉讼与非诉讼相衔接的矛盾纠纷解决机制的若干意见》确立的司法确认制度基础上，最高人民法院出台了《关于人民调解协议司法确认程序的若干规定》，标志着诉调对接机制进入了新的发展阶段，商会调解等调解机制的效力有了明文规定，但这些原则性规定并未在实质上让商会调解的效力发生改变，在共同申请司法确认前，当事人可随意反悔，这就使得民营经济对商会调解的积极性大打折扣。

2. 商会调解的统一规则缺位。（1）受案范围不一致。如陕西、安徽等地部分商会只受理简单民商事纠纷，湖南、山东等地部分商会对所有民商事纠纷均受理，浙江、广东等地部分商会对受案范围则没有具体明确。[④]（2）调解模式不同。有的直接采用人民调解模式，有的采用调解与仲裁相结合的混合模式，即规定达到一定条件的纠纷对当事人均有强制执行力，在模式的程序终止方面也有差异，有些允许单方随时可终止调解程序，但诸如上海等地商会则要求当事人必须合意才能终止调解程序。（3）调解效力大小不一。如采用调解与仲裁相结合的混合模式，其调解效力必然较高，但多数商会调解则被认为只有类似民事契约的效力。（4）调解程序完备程度不同。多地商会主要参照《人民调解法》及其司法解释来完善调解程序，但其合理合法性显然存在争议，从某种程度上来说，我国商会调解尚处于程序虚无主义的境地。

3. 商会调解的配套措施不足。配套措施不足主要表现在两个方面：

① 参见《株洲闽商》（株洲市福建商会会刊）2018 年第 1 期。

② 廖永安：《论我国调解职业化发展的困境与出路》，载《湘潭大学学报》2016 年第 6 期。

③ 宋朝武：《调解立法研究》，中国政法大学出版社 2008 年版，第 124 页。

④ 穆旭：《近现代以来我国商会调解制度研究》，河南大学 2016 年硕士学位论文。

（1）专业调解员紧缺。大多是以商会工作人员兼职，较少聘用律师、经济师和注册会计师等业务专家，其来源结构十分单一，加之利益关联方密切，严重影响调解的公信力和中立性，且商会调解往往涉及一些较为专业的行业或法律知识，现有商会调解人员显然不足以应付如此复杂的局面。（2）经费筹措难也制约着商会调解工作的长效运行。实践中，商会调解大多采用人民调解不收费的义务服务方式来维持调解工作，基本运行经费主要来自商会会费，经费不足问题严重影响着调解员的积极性，最终也使得涉事民营经济因调解质量而逐渐远离商会调解。

三、借鉴与改革：商会调解的域外经验与重构的理论阐述

（一）商会调解的域外经验借鉴

域外国家普遍在经济产业中设有调解中心，只是各自名称有所不同，区别在于大陆法系国家主要围绕实体法领域的专门化问题展开，而英美法系国家的商会调解则主要集中在程序方面，比较而言，大陆法系的相关制度和研究更具有借鉴意义。

国际贸易法委员会曾试图在《调解示范法》中对商会等行业调解协议的效力作出明确规定，但由于各国（地区）对这一问题争议较大，难以达成共识，故示范法不得不将这一问题交由各国（地区）自行规制。各国（地区）在这一问题上采取了几种不同的做法，但直接规定调解协议具有强制力的不在少数，如澳大利亚法律明确规定，法院可以根据商会等行业作出的调解协议发布命令，这些命令等同于法院支付令，当事人必须遵守并严格执行；《德国著作权和发现法》第14条和第16条规定，行业调解协议的效力大于普通合同效力，双方若不能达成一致履行意见，则由仲裁机构提出一个履行方案，在规定期限内当事人不提任何异议，则该履行方案取得了强制执行力；香港特别行政区仲裁法令和高等法院规则第10条第73号法令分别规定，初审法院可将当事人达成的行业调解协议作出裁决并予以强制执行。[①] 可见，域外国家和地区已经出现了将行业调解协议归口为执行依据的立法先例。

日本商会调解的特点：（1）高度自律，在纠纷解决中完全起主导作用；（2）采用“商会自律＋行政监督”的模式，即商会调解机构一方面充分发挥自治性能，高质高效解决纠纷，采用非对抗的平和手段保护经济主体利益。另一方面，在纠纷解决中发现经济运行问题，为行政机关提供风险防控点，起到协助调控经济的作用，而行政机关的监督则能更好地保护经济

① 雄跃敏：《我国行业调解的困境及其突破》，载《政法论坛》2016年第3期。

主体的利益和维护商会等行业组织的中立性和公信力。[①] 与此相类似的监督模式还有意大利，如在意大利银行协会（ABI）中专门设置一个监督机构负责受理当事人对调解协议的不满投诉和协助当事人向法院提起解约诉讼。[②] 可见，商会等行业调解的自律与监督同等重要，已普遍受到国际社会重视和大力推广。

（二）重构商会调解的理论阐述

1. 商会调解的基本原则。根据上文研究总结，可知商会调解的基本原则至少应包括五项（见表5）。

表5　　商会调解的基本原则[③]

序号	基本原则	包括内容
1	自愿原则	包括调解程序的启动、调解员的选任、调解场所、时间、协议内容的确定等，无不建立在当事人自愿的基础之上，这是商会调解的优势和原则所在
2	独立原则	调解机构和调解员保持完全中立与独立，它们不隶属于任何行政机关和司法机关，调解过程不受任何不相关干涉
3	平等和公平原则	平等是指参与调解的三方主体地位平等，公平代表的则是调解结果的要求
4	合理原则	（1）调解程序必须合理，如场所、时间、调解议项和结果等必须在当事人自愿自治的范围内做到合理有效；（2）合理原则是自愿原则的衍生
5	保密原则	《国际贸易法委员会国际商事调解示范法》和《中国国际贸易促进委员会、中国国际商会调解中心调解规则》等国际、国内相关法律法规均对商业秘密的严格保护有明文规定，这就要求商会调解过程中和调解结束后，务必采取恰当方式防范商业秘密的泄露和非法营运

在这里，还要特别说明一个观点，就是合法性原则是否应当列入商会调解的基本原则中，本文持保留态度。从法理的角度来分析，法律规范可以分为强制性规范和任意性（非强制）规范，本文认为调解协议的形式、内容和结果是绝对不能违反强制性规范的，但对任意性（非强制）规范当事人可以基于自愿原则作出对己方有利的变通。

商会调解中必然会出现一些存在“法律缺位”的新型疑难复杂矛盾纠纷，这时若强行要求“合法”则显得强人所难，故只能根据国际惯例或者

① 陶建国：《日本损害保险协会纠纷解决制度及其启示》，载《上海保险》2012年第1期。
② 张凯：《行业调解的法社会学研究》，安徽大学2016年硕士学位论文。
③ 宋朝武：《调解立法研究》，中国政法大学出版社2008年版，第42～43页。

行业习惯，有时甚至包括人情世故等“软法”加以解决。所以，本文认为商会调解在坚守法律强制性规范的“红线”下，外加不违反公序良俗，只要调解协议具备合理性即可，无需刻意追求合法性。

2. 商会调解的效力。通过上文可知，商会调解的效力问题是其被人诟病的最大“痛处”，因其直接关系到调解机制的功能发挥和“生命力”，所以务必解决之。有这样两个法律规定可以作为参考：(1)《人民调解法》第三十一条规定，人民调解委员会调解达成的调解协议具有法律约束力，当事人应当按照约定履行。这一法条有两点信息，调解协议可以具有法律约束力和约束力类似于民事合同效力。(2)《关于建立健全诉讼与非诉讼相衔接的矛盾纠纷解决机制的若干意见》第十条规定，经具有调解职能的组织调解后达成的具有民事权利义务内容的调解协议，经双方当事人签字或者盖章后，具有民事合同性质。根据已有的具体实践可知，商会调解协议的效力基本等同于民事合同的约束力这一观点应无争议。那么，若一方不依调解协议履行或者履行有瑕疵，则对方自然有权提起违约之诉。① 但显然的问题是，商会调解不具备国家强制执行力，这一点严格区别于法院调解和仲裁调解。为什么会出现这种情况，本文认为主要是因为目前的商会调解机制不健全、尚未得到广泛认可和国家立法机关未充分重视有关。

由于商会调解无强制执行力，那么达成的调解协议在某种程度上就是一纸空文。某些出于不良动机的当事人抓住当前我国社会诚信体系尚未健全的漏洞，以“假调解”为目的，实施自己的“真拖延”，甚至即使合意达成了调解协议也视若无物，白白浪费社会资源。若一旦提起违约之诉，那么之前所做的调解工作就全部失去了价值和意义。因此，强化商会调解协议的效力势在必行，其对发挥商会调解功能和构建矛盾纠纷多元化解机制具有重大的理论和实践意义。②

四、商会调解服务民营经济发展的路径完善

（一）内生动力：商会自治权的充分运用

1. 积极争取立法支持。国外立法普遍给予了商会调解协议的强制执行力，如德国的《促进调解及其他诉讼外冲突解决程序法》就直接援引了该国《民事诉讼法》的相关规定，即前法明确指出调解协议具有法律约束力，一方不履行或者履行有瑕疵，则另一方依法取得申请强制执行权，这就表明该国的调解协议等同于法院判决。③ 同为大陆法系的意大利也有类似立法规定，即

① 穆子历：《论中国商事调解机制之构建》，对外经济贸易大学2006年博士学位论文。

② 徐伟、杨华中：《商事纠纷调解实务》，清华大学出版社2013年版，第148页。

③ 张明强、刘明风：《德国民事调解制度的发展与启示》，载《中国司法》2012年第5期。

“附带协议书的调解报告，若得到调解机构主席的签字认可，则该协议书就可以被强制执行”。[①] 基于目前我国商会调解的发展现状，国家尚未对该制度进行立法确认，但随着该制度的逐渐成熟完善和民众的逐步认可，立法也是必然趋势，我们要做的就是积极推动这一制度早日得到立法支持。

2. 扩大商会调解的社会影响力。一方面，通过商会内部渠道或者借助外媒广泛宣传商会调解的优势和实践意义，比如选取诸如本文引子部分这类成功的商会调解典型模式在电视新闻、行业专刊等进行专题报道，积极举办商会调解学术论坛和专家讲座等，扩大其社会影响力和影响范围，建立起一个从内到外、从点到面的网格化覆盖模式，让商事主体、民营经济和普通民众实实在在地认识到商会调解为人民服务的理念。另一方面，建立健全商会内部诚信评价和监督机制，对不履行调解协议的当事人给以相应的惩罚措施，若是会员企业，可以降低诚信评价或者商会除名；对于非会员企业，可以采取降低诚信评价并公之于众的方式来迫使其积极履约。总之，扩大商会调解的影响力可以直接或间接强化商会调解的效力。

3. 推动调解员的职业化保障。商会需要配备专职调解员来满足商会调解日常工作的需要。对于专职人才队伍，可以采取培养社工的模式来培养商会调解从业人员，诸如向高校招聘优秀毕业生，先充实到基础性岗位，再从中选拔专职调解员。此外，可以设置一定招聘条件向律所、仲裁机构等招聘年富力强的专职、兼职法律从业人员直接从事调解员工作。部分特殊纠纷，还可以临时向社会购买专家服务，以此来提高商会调解的质量和效率。关于商会调解的经费保障问题，（1）全面施行劳动合同制度；（2）要积极承接政府职能转移来获得财政支持；（3）通过提高调解质量，尝试“以奖代补、以案定补”的方式收取一定合规费用；（4）接受行业和社会资助。[②] 另外，笔者认为，商会完全具备自行建立调解员名册制度的条件，设定任职资格并严格筛选，以此保证商会调解的高质性、专业性和权威性。

（二）外生动力：商会调解与司法机关的有机联动

1. 商会调解 + 司法确认模式。这种模式就是在传统商会调解的基础上，当事人为提高调解协议的效力，自愿到人民法院申请司法确认的过程。人民法院受理申请后，依法审查决定是否确认该调解协议的效力，一旦确认效力，则该调解协议就具有了强制执行力，义务方必须履行，否则权利方可依法申请强制执行。[③] 具体流程见图2。

---

① ［意］Elena consigliore：《意大利调解制度的新发展》，李叶丹译，厦门大学出版社2013年版，第429页。

② 雄跃敏：《我国行业调解的困境及其突破》，载《政法论坛》2016年第3期。

③ 姚小琳：《司法确认的诉调对接试验及其法治完善》，载《法治研究》2010年第8期。

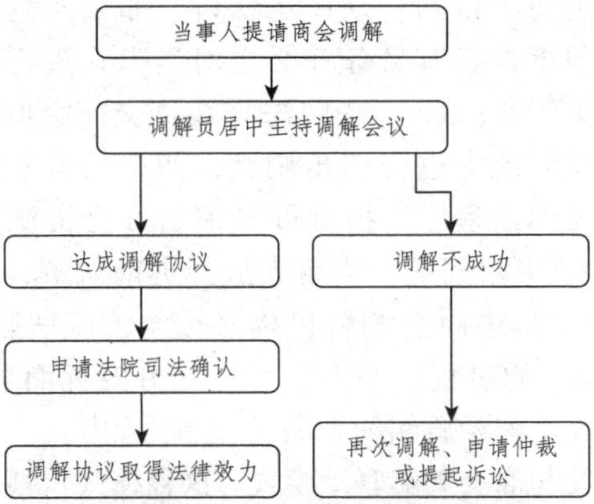

图2　商会调解＋司法确认模式流程图

根据已有的实践案例来看，关于这一模式并无具体的程序规定，当事人既可以向作出调解协议地的基层法院申请司法确认，也可以在调解协议中约定法院进行司法确认，类似于合同纠纷中确定管辖法院。若调解协议中涉及的标的额较大、影响较广、涉及的当事人较多或者有涉外等特殊情况，则建议由具有管辖权的中级人民法院或者高级人民法院进行司法确认。通过司法确认，可以大大提高商会调解协议的效力，保证协议内容得到履行，促进纠纷得以圆满解决。

2. 诉前商会调解前置模式。这种模式是为了优化和节约司法资源，在诉前将案件多元分流，从而减轻司法压力的一种变通模式。主要做法是，在法院立案登记前，由立案庭或者诉讼服务中心根据案件性质，取得当事人的同意后将符合条件的案件移交商会调解机构先行调解。具体流程见图3。

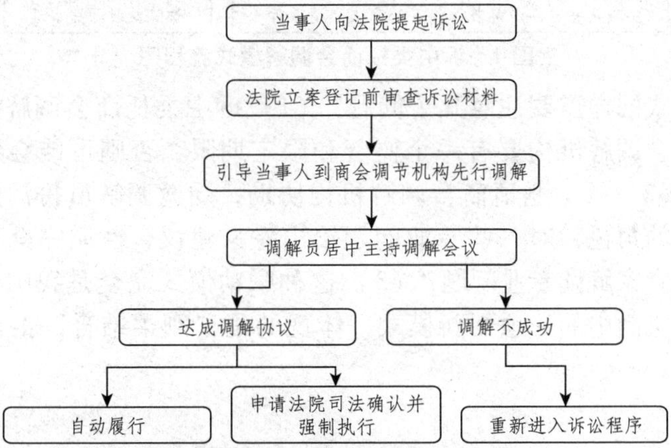

图3　诉前商会调解前置模式流程图

诉前商会调解前置模式必须注意几个问题：（1）必须经当事人自愿同意，否则强行启动就是违法的，这样的效果肯定也是不好的；（2）基于当前我国商会调解机制尚未得到公众广泛认可，那么法院法官出于有利于矛盾纠纷快速化解的角度，就有义务和必要对当事人进行专门解释，引导他们自愿接受商会专业调解；（3）法院法官在移交商会调解之前，必须对当事人的诚信问题和履约能力进行初步调查，调查后若发现该案不适合诉前调解，则应立即进入诉讼程序，拖延即是浪费社会资源和纵容当事人不守信用；（4）诉讼时效中断问题。当事人选择诉前调解，则诉讼时效自然依法中断；（5）诉前调解中商会调解机构必须与法院法官紧密联系和沟通。这是一个“1 +1 >2”的过程，一方面可以充分发挥商会调解的业务专长，另一方面也可以高效化解矛盾纠纷和服务当事人。①

3. 诉中审判机关与商会调解联动模式。这种模式包括两种情形：（1）诉中审判机关委托商会调解，区别于诉前商会调解前置模式，具体流程见图4；（2）诉中审判机关邀请商会调解机构作为行业专家协助审判，区别于商会调解主导模式。

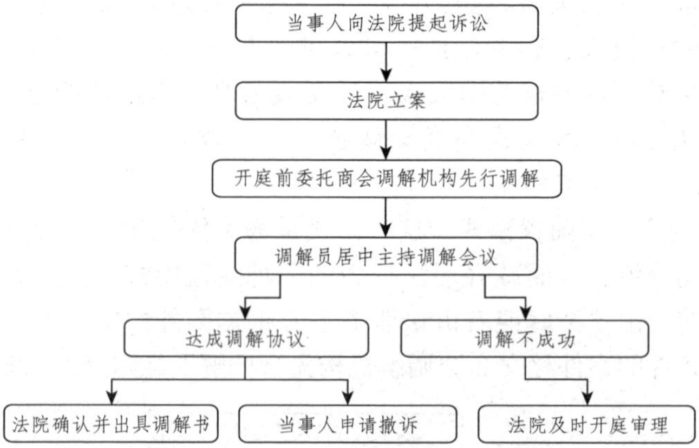

图4　诉中委托商会调解模式流程图

这种模式同样需要注意几个问题：（1）诉中委托商会调解的审限扣除问题。对商会调解机构要有一个监督和限定期限，否则可能会影响诉讼的尽快解决；（2）诉中邀请商会调解机构协助，受邀调解员扮演的仅仅是类似聘请专家的角色，对一些专业问题给出专家建议，性质完全类似于一般审判中邀请专家解读专业问题；（3）这种联动模式完全是我国构建矛盾纠纷多元化解机制中的一项创新模式，体现的是“刚柔结合”的新型纠纷调处司法理念。

① 卢炳宏：《我国商会调解制度研究》，吉林大学2017年硕士学位论文。

结　语

改革开放40年来，我国民营经济从无到有、从小到大，不管是在数量规模，还是在扩大就业和财税贡献方面均在国民经济中占据了举足轻重的地位。但是，民营经济的健康发展无论是在外部环境，还是在内部治理，仍然存在诸多现实的法治保障问题。塑造与运作民营经济商会调解机制，构建民营经济领域纠纷多元化解体系，既对进一步提升其法治保障水平和促进其持续健康发展具有重要意义，也对加快民营经济治理法治和现代化具有重大的现实和历史意义。本文关于商会调解的研究还不全面，很多见解还不成熟，笔者必将持续之、努力之。

第三方平台介入社会治理化解群体性消费纠纷之探索

——以预付费消费合同纠纷为例

严 曦*

引 言

当前，中国特色社会主义进入新时代，社会主要矛盾发生转化，群众对美好生活的需要促使消费、服务模式不断升级，新形势下新问题必然会不断涌现，群众对公平正义的法治需求也日益高涨，群体性消费纠纷频发，社会治理面临诸多新难题、新风险、新挑战，必须有效利用司法资源，充分发挥司法能动性，实现司法推进现代化社会治理模式创新。

以预付费消费过程中诸多纠纷问题为例，随着现代消费经营模式不断变革，在我国居民消费主要行业中，预付费消费方式已逐渐被经营者与消费者所接受，在几乎所有居民商品、服务消费行业预付费消费成为常态。但其带来的问题亦尤为突出，预付式消费成维权重灾区①，消费者权益难以保障，多次导致严重群体性社会纠纷矛盾，引发大众舆论热议，消费者消费信心严重受损，阻碍我国经济发展升级，社会治理模式迫切需要改革创新。

一、问题现状：预付费消费纠纷问题严峻

（一）各类预付费消费纠纷频发

从共享单车“小黄车”押金难退，到教育培训行业的“星空琴行”关门，再到身边大大小小健身房、美容店卖完会员卡即跑路，消费者权益屡屡受到侵害，预付费消费纠纷频发。据统计，以预付式消费为关键词，2016

---

* 作者单位：湖北省武汉经济技术开发区人民法院。

① 中国消费者协会：《2017 年全国消协组织受理投诉情况分析》，2018 年 1 月 29 日发布，详见 http://www.cca.org.cn/tsdh/detail/27876.html，最后访问时间：2018 年 8 月 4 日。

~2018 年度的相关舆情信息总量增长率分别为 67.4% 和 14.1%。①

中国消费者协会将"共享单车押金难退""预付式消费成维权重灾区"作为 2017 年度投诉热点专门进行分析；② 2018 年度，中国消费者协会又将"预付式消费与金融信贷捆绑"作为年度投诉热点进行分析；③ 2019 年 3 月 15 日，其又发布《预付式消费舆情报告》介绍并分析了预付费消费舆情、问题、变化及原因。由此可见预付费消费纠纷矛盾涉及面之广、问题之多、矛盾之严峻，纠纷维权舆情不断。而此类受害预付费消费者常为数量可观的群体，常采取集体维权的方式，对其处理稍有不当之处，极可能产生严重的群体性社会问题。

（二）当前预付费消费纠纷诉讼指数增加

现实消费场景中，因相关法律法规相对滞后、监管缺失与漏洞等问题，预付费消费中存在着诸多问题和风险隐患致使此类消费纠纷数量逐年大幅增加。以健身服务合同纠纷一审判决数量为例，④ 共计搜索出 11514 个结果，对该结果从 2013 年度~2018 年度一审判决数量进行趋势分析，⑤ 可以直观发现，此类纠纷的一审判决数量几乎年年翻倍，成指数上升趋势。预付费消费导致的纠纷问题形势之严峻，由此可见一斑。如何合理、科学地解决好相关预付费消费所致纠纷，成为法院必须面对的问题之一。

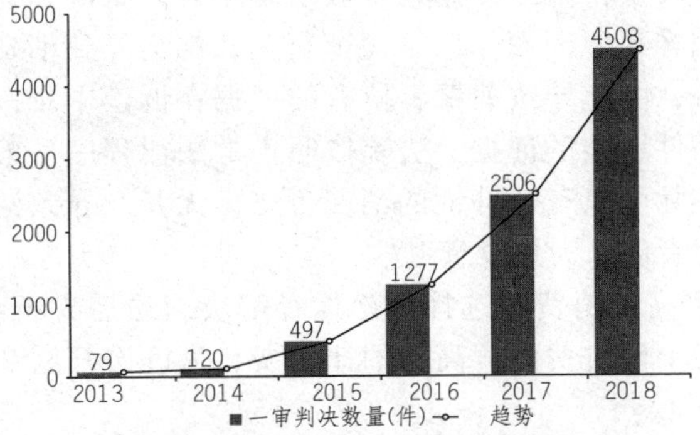

图 1 健身类服务合同纠纷一审判决数量趋势图

① 大河网：《中消协发布预付式舆情报告 四举措应对消费痛点》，2019 年 3 月 19 日发布，详见 https://dhh.dahe.cn/con/0319072431，最后访问时间：2018 年 8 月 4 日。

② 中国消费者协会：《2017 年全国消协组织受理投诉情况分析》，2018 年 1 月 29 日发布，详见 http://www.cca.org.cn/tsdh/detail/27876.html，最后访问时间：2018 年 8 月 4 日。

③ 中国消费者协会：《2018 年全国消协组织受理投诉情况分析》，2019 年 1 月 23 日发布，详见 http://www.cca.org.cn/tsdh/detail/28383.html，最后访问时间：2018 年 8 月 4 日。

④ 2019 年 7 月 10 日检索于中国裁判文书网，检索条件：案由，服务合同纠纷；审判程序，一审；文书类型，判决书；全文检索，健身、会员。

⑤ 因 2010 年度、2011 年度及 2012 年度数据均为 1 件，而 2019 年数据非全年度数据，故均未纳入趋势图内进行分析。

二、症结审视：预付费消费纠纷问题现状解析

预付费消费模式本身是对市场经济有促进作用的，企业可通过出售会员卡、储值卡或收取押金等形式加速资金回笼，提高经营运作效率，稳定客源，而消费者预支消费款项，则可以享受消费折扣或增值服务，实现双赢，有利于市场经济的发展。① 但实际消费与经营环节中，预付费收取企业各类问题频发，消费纠纷问题层出不穷，而消费者诉讼维权又困难重重。

（一）消费者诉讼维权现状解析

1. 取证举证难。即使法律在面对保障消费者权益的问题上会有适当倾向性，但是其亦不会过分的增加经营者负担，基于“谁主张谁举证”的基本法律理念，消费者在诉讼维权中仍须尽到必要的举证责任。

一方面，多数消费者法律意识不足，常无妥善留存相关证据的观念，相关合同、票据及支付凭证等关键证据一旦缺失，消费者仍会面临因证据不足以支持其诉请导致败诉的结果。

另一方面，预付费企业经营者对各项数据、信息拥有绝对控制权，处于绝对主导地位，可轻易地脱离监管的视线自行篡改数据信息，交给消费者的材料亦由其自行制作和出具。经营者还会故意不提供书面合同、发票及收据，他人代收预付款或使用现金收费等不规范情况。无论经营者是主观故意亦或是因客观原因而作出不规范行为，都会导致消费者所持有的证据本身存在瑕疵，由此导致消费者持有的证据在诉讼中难以成为可被法院采用作为认定案件事实的证据。法院按照正常法律程序一般会要求消费者进行补证，但实际可以有效补证的消费者寥寥无几，导致法院要求补证的行为常会被消费者误认为是故意刁难。

2. 维权成本高。消费者选择诉讼途径解决纠纷需先行垫付诉讼费用，并承担诸如相对于预付费而言高昂的律师费、为诉讼开庭和取证所支出的交通费等。

此外，消费者还必须付出难以用金钱量化的时间成本。而经营者常故意跑路躲避、企业已经不再经营导致法院难以向其送达相应文书、传票等材料，导致消费者还需要垫付公告费，并必须额外等待因公告而额外增加的数个月公告期间才可拿到生效的法律文书。众多维权消费者由此主观认定法院工作效率低下。

3. 赔偿标准低。依据《消费者权益保护法》，经营者不能履行约定提供商品或者服务的，预付费消费者主张赔偿的标准依据有二：（1）依据该法

① 胡家强、孙骥韬：《基于法经济学视角的商业预付费交易制度：共赢模式与风险防范》，载《齐齐哈尔大学学报》（哲学社会科学版）2016 年第 2 期。

第五十三条之规定要求经营者退回预付款并应当承担预付款的利息、消费者必须支付的合理费用；（2）依据该法第五十五条之规定获得三倍赔偿，但消费者需要举证证实经营者向其提供商品或者服务有欺诈行为才可适用。

诉讼实践中，消费者取证能力有限，举证证明企业向其提供商品或者服务有欺诈行为困难。而该法第五十三条规定的消费者必须支付的合理费用标准模糊，各地区实际判决支持标准均较保守，与消费者维权实际投入成本差距明显。

此外，消费者受其法律知识所限，在起诉时诉讼请求常仅依据合同法之规定主张未消费的预付款部分，未提出惩罚性赔偿或补偿损失的诉讼请求。

再次以健身服务合同纠纷为例，在健身服务合同纠纷 11514 个一审判决中增加全文检索中华人民共和国消费者权益保护法①，检索出共计 1703 个结果，即在相关纠纷中提及《消费者权益保护法》的判决仅占比 14.8%，实际依据《消费者权益保护法》而作出判决结果的数量及比例将远低于此。

正因如此，导致绝大部分消费者即便胜诉，判决赔偿标准一般也仅以预付费的剩余金额为限。而消费者实际预付费的金额一般不高，金额较高的通常不过数千元，金额较低的几十元亦属常态，实际判决赔付金额必然不足以弥补消费者诉讼成本。而相对的违法违规经营者即便败诉，也仅是退还其违法违规所得的一小部分，毫无违法违规成本可言。

4. 执行落实难。此外，预付费消费纠纷发生时，通常经营者已携款跑路、企业已停业，处于资不抵债的状态，部分取得胜诉结果的消费者会因判决仅企业承担责任，而企业已成空壳、实际经营者逍遥法外。消费者难以实际拿到赔偿款项，拿到手的判决书形同废纸。

基于前述情况，消费者的权益在现实情况下通过诉讼途径难以得到保障，法院成为无力挥动利剑的手，使得违法违规者逍遥法外，成为最终的获利者。实际选择诉讼途径解决纠纷的消费者少之又少。

由此还常导致消费者在诉讼维权过程中认为法院不维护公平正义，刁难消费者，纵容违法者，对法院工作产生误解。更有甚者将对违法经营者的不满转移至法院，在各类网络、媒体上散播贬损法院言论，损毁法院形象，让法院身处风口浪尖。

（二）现行社会治理模式问题之审视

纵观前述消费者诉讼维权之困局，虽法院备受非议，但其根源实际应当归咎于当前社会治理模式所存在的缺陷所致。

① 2019 年 7 月 10 日检索于中国裁判文书网，检索条件：案由，服务合同纠纷；审判程序，一审；文书类型，判决书；全文检索，健身、会员、中华人民共和国消费者权益保护法。

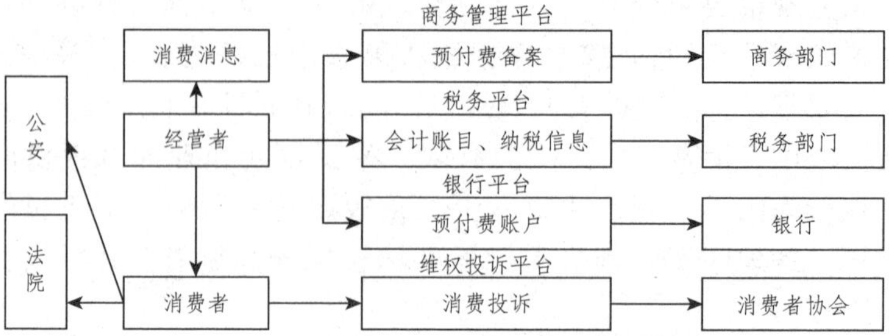

图 2　预付费消费监管现状示意图

1. 行政监管难落实。当前，对企业预收费经营行为进行规制的法律法规较少，最主要的就是商务部于 2012 年发布和实施的《单用途商业预付卡管理办法（试行）》。按照该办法规定，开展预收费经营行为的企业应当在开展业务之日起 30 日内至相应商务主管部门办理备案。作为备案条件之一，企业必须确定一个商业银行账户作为资金存管账户，并与存管银行签订资金存管协议。

但实际情况是各部门职责不明、相关监管责任范围过广、缺少监管细则、执法人员不足、业务工作繁重等原因，只能被动监管，很少主动执法。预付费消费领域存在诸多监管盲区，少有企业主动接受监管，开展预付费收费实则无门槛，经营者自行采取预收费方式经营成为常态。

另外，商务部门、税务部门、银行等政府部门或机构平台相互独立，大部分功能仅限于本部门、机构内部工作，数据公开度低，查询、核实企业相关预付费备案信息的途径、方法常不被消费者所熟知。

而在预付费领域的准入门槛如同虚设、缺乏有效监管的情况下，若无政府部门主动强制，企业经营者必然不可能自觉主动开办并使用预付款资金存管账户并与存管银行签订资金存管协议。

2. 违规难定处罚低。企业的经营、消费及纳税等所有数据均由经营者自行制作后分别提供给各职能部门的数据平台。而各政府部门与职能机构的数据平台之间缺少关联性，留下了让经营者可以肆意编造、篡改数据的漏洞。相关部门即使怀疑其存在账目造假，进行精确核查仍困难，需要经过较长时间、耗费大量人力和物力才能作出认定。

而且行政主管单位依据管理办法，在企业违法、违规进行预收费经营活动被发现、确认后，逾期不整改的最高仅可处罚 3 万元，相关行政处罚达不到应有的惩罚性、震慑性效果。这与经营者的违规经营金额不相匹配，经营者的违法、违规代价低，变相纵容经营者违法违规。

3. 违法犯罪难立案。公安机关对于一般的非暴力性的经济违法问题，是否需要刑事立案的判断标准通常较为谨慎。对于消费者以已收取预付费的企业关门停业、店面转售等为由到公安机关报案时，若消费者无法提供企业经营者确切的违法犯罪证据，公安机关一般以企业经营不善为由将此类消费者报案事由作为民事纠纷，建议消费者采取去法院起诉的方式解决纠纷。

三、解析破局：构建社会治理新模式破解困局

（一）第三方平台介入社会治理模式之构建

1. 社会治理新模式之迫切需求。正因前文已述之原因，我们能查找到的相关判决数量仅仅只是诸多此类纠纷的冰山一角，消费者陷入维权难困局后常导致群体性社会问题，对政府公信力、司法公平正义、经济发展与消费信心等方面均产生负面影响，预防此类群体性纠纷风险的新机制构建迫在眉睫。

但过往简单增加监管单位职责或过多限制经营者经营行为的社会治理模式明显不符合现代化社会治理的要求。若要构建在有限的政府资源下足以保护消费者权益，亦能兼顾消费者和经营者利益的现代化社会治理的新模式，应当拓展思路，接纳并发挥政府之外的社会力量介入并协同推进社会治理现代化。

而第三方数据平台是重要的社会治理力量之一，相较于政府构建和使用的平台，其具有众多优势：（1）例如支付宝、微信、美团等平台使用者众多，将数据服务功能融入其中更易被群众接纳和使用；（2）大多数第三方平台已构建成熟，足以承受数以亿计的客户同时使用，极少出现部分政府平台会因登录人数过多而宕机的情况；（3）在已成熟的第三方平台中增加数据服务功能的投入大大低于政府独立构建的新数据平台的投入；（4）第三方平台可利用流量实现盈利，额外提供更多基础服务功能不但不会增加第三方平台负担，反而可以有利于平台吸引更多客户使用。

合理借助第三方平台的力量介入的现代化社会治理方式实现对消费者和经营者有效管控和服务，从而营造一个既让消费者可以放心支付预付款又让经营者可以规范有效地利用预付款促进经营的消费新环境的构思，符合我国新时代社会治理现代化理念。

2. 第三方平台介入社会治理模式概述。第三方平台介入社会治理模式，不是简单的由第三方平台建立一个整体性数据平台，而是需要其与相关政府平台有效对接，将原本分散在各平台的工商、税务、银行账户等信息及企业经营数据等全部整合融入，企业经营者通过企业入口在平台进行信息录入，消费者通过平台进行数据查询，实现政府部门、机构、经营者、消费者等各方在第三方平台中“面对面”，破除我国当前各类政府平台信息及

经营者所持信息碎片化、条块化问题，[①] 彻底改变经营者与消费者信息地位不对等的现状。

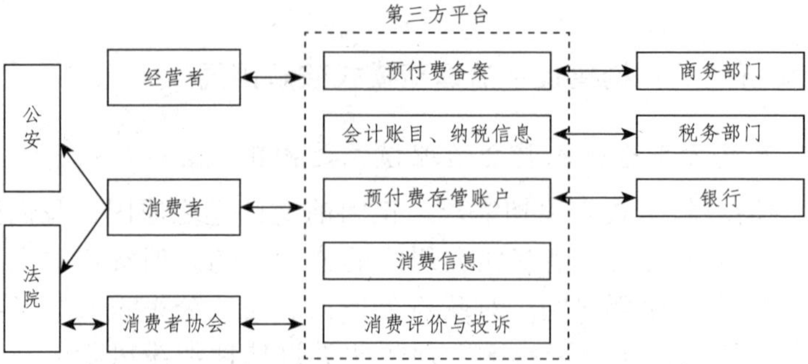

图3　第三方平台介入社会治理模式构建示意图

对于整个预付费消费的关键点——预付费款，所有消费者的每一笔消费必须经由第三方平台监督下，转入指定存管账户，消费信息变动自动录入第三方平台数据库，并向消费者实时推送消费变动信息。消费者可在线查询自己的合同内容及全部消费数据等信息，并可在线对消费情况进行评价，对问题进行反映、投诉。

各管理部门、机构的原数据平台可通过专用入口关联、核对第三方平台数据，还可在第三方平台直接开启例如备案、纳税等业务的网上办理入口。消费者协会可通过第三方平台对评价情况和投诉问题进行数据分析，必要时可以及时协助消费者进行维权。

（二）新模式下预付费消费纠纷诉讼困境实现破局

1. 有效协同易监管，数据准确难篡改。预付费消费纠纷问题，一两个部门出面难以解决问题，需要多个部门联合起来，[②] 而第三方平台成为各方联系到一处的桥梁，为问题解决提供新路径。

政府部门、机构数据平台可仅保留最基础数据、功能及涉密部分，确保其监管责任及服务功能不受影响的前提下，将其余数据及功能部分划归第三方平台负责。商务主管部门的备案信息、税务部门的会计账目及税务核查信息、银行等金融机构的预付费账户的存管资金信息、消费者的账单信息等各方数据通过第三方平台整合和关联，以最便捷的方式实现各政府部门、机构数据共享，根据各方职能与实际需要，更有效利用政府资源，通过第三方平台权限设置实现向不同群体提供不同功能全方位服务，使监管工作更加高效便捷。

---

① 江必新：《以党的十九大精神为指导加强和创新社会治理》，载《国家行政学院学报》2018年第1期。

② 庄雪莉：《预付费制消费卡纠纷的解决机制》，载《湖北广播电视大学学报》2014年34期。

所有底层基础数据在第三方平台和各部门机构的数据库中均有备份，消费数据的所有新增、变更和删除过程均有不可抹去的记录，接受各相关政府部门、机构监管。第三方平台和各部门机构直接可利用人工智能功能相互核验、校对，篡改、虚假信息将会立即被发现并向相关职能部门发出警报。故当第三方平台介入后，平台内的数据准确可靠度极高，难以篡改、造假。

2. 消费者维权不再难，权益有保障：

（1）诉讼维权举证易、成本低。在第三方平台介入后，平台内的消费信息数据可靠性极高。一旦消费者就预付费消费产生纠纷需要诉讼之时，其不再需要到处寻找纸质合同、发票、收据或开具各类证明，可直接使用第三方平台数据作为证据，实现零成本取证。

（2）判决结果有保障。基于经营者与银行预付款账户存管协议，企业收取的一定比例预付款必须作为存管资金，待消费者实际使用时，相应的款项才会允许企业支取和使用。因银行所监管的预付款账户与经营者会计账目、预付款消费账单、税务部门税务账目等各相应数据关联，数据一旦出现矛盾和异常将可第一时间被发觉，企业经营者试图通过违法、违规途径提取预付款存管资金，如同在玻璃房中进行盗窃，预付款账户及存管资金可有效实现监管和控制。当消费者拿到生效判决时，企业经营者若不履行判决，消费者可直接申请执行预付款账户中的存管资金。

3. 规范与服务经营者，营造健康消费环境。市场准入制度是规制预付费消费市场的有效方式，企业经营者若想开展预收费业务则必须将企业的各类数据均如实录入第三方平台，达不到收取预付费准入门槛的企业直接被拒之门外。企业的经营数据同时与多个政府部门、机构平台关联，会计账目和预付费消费清单接受多个部门监管，经营者一旦有违法、违规行为可快速被发现，相关部门可第一时间作出相应的行政处罚决定、执行惩罚措施，达到增加经营者违法违规的直接成本的目的。

同时，因相关处罚在第三方平台公示，将导致消费者失去对企业的信任，对经营产生负面影响，增加经营者违法违规的间接成本。企业经营者违法、违规难以取得收益时，可有效消除其违法、违规动机。

此外，第三方平台通过企业数据分析，还可指导、规范和优化企业经营管理，防范风险于未然，避免预付费消费群体性纠纷的产生，协助企业提供更优质服务，增强消费者进行消费的信心，有效促进经营与消费环境健康稳步发展。

四、模式拓展：第三方平台介入模式下，司法联动推进社会治理现代化

司法的作用除审理裁判外，还应当积极发挥司法的能动性、联动性，

利用现有司法资源主动探索和推进社会治理现代化改进和创新，及时发现和预防问题萌芽，主动控制和防范事态激化，有效处理和化解矛盾纠纷。

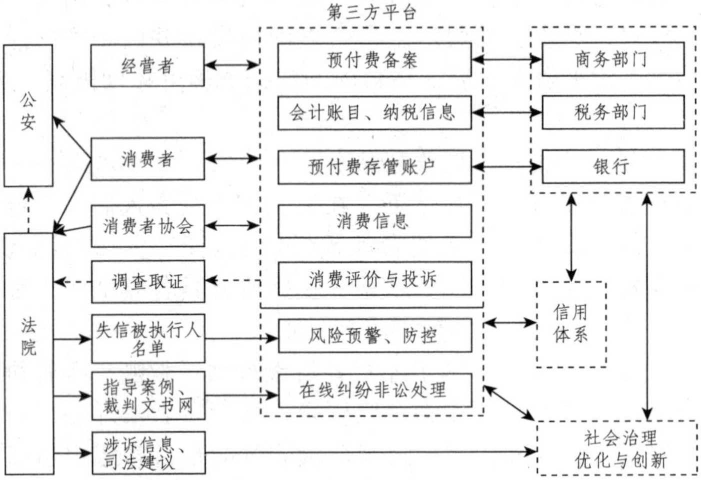

图4　司法推进现代化社会治理模式创新示意图

（一）履行调查职责，洞晰案件事实，依法公正裁判

在新模式下，消费者的消费数据可直接从第三方平台所记录的消费信息中调取，但结合消费者在消费环境中所处的地位考量，其举证证实经营者是否存在欺诈或诈骗等违法违规行为仍可能存在困难。

对此，若消费者维权群体之一已证实经营者有相关违法违规事实的，法院即可主动依职权将该证据调取用于案件事实基本一致、诉讼请求类同的相关案件之中。即使消费者诉讼维权群体均未能证实经营者有欺诈或诈骗行为，但案件事实不能排除经营者有欺诈或诈骗的可能的情况下，若经营者拒不到庭或拒不举证亦或其证据不足以证实其经营期间未涉嫌欺诈或诈骗时，法院可依据消费者申请要求第三方平台提供相关数据协助调查。

依据调查情况，实现法官对案件事实更清晰更准确的认定，并最终依据认定的事实，挥动司法裁决利剑，作出公正的裁判。若经营者涉嫌欺诈的即给予三倍的惩罚性赔偿判决，若发现涉嫌诈骗等犯罪事实的在民事赔偿判决之后仍将犯罪线索移送公安机关，让违法犯罪者付出应有之代价。以上司法举措可有效提高相关违规、违法成本，让经营者望而却步，自觉依法依规进行经营。

（二）拓展失信被执行人员名单影响面，推进信用体系完善

1. 失信被执行人员名单影响可拓展。目前，被执行人履行生效法律文书所确定的义务或人民法院已执行完毕履行相关生效文书所确定的义务后即可将其信息从失信被执行人员名单中删除，相关惩罚措施自其退出名单

即终止。自其列入失信被执行人名单时，其信息即向征信机构通报，并由征信机构在其征信系统中记录，成为我国现代信用体系之重要组成部分。[①]故失信的影响并不止于其信息从名单中删除之时，在部分经济活动领域仍应有相应征信规则对其进行相应规制和惩戒。

2. 预付费领域拓展失信被执行人员名单影响之构想。合理的机制体系是权力者手中的长鞭，依据违法违规者的特点作出相应的惩戒对策，可让违法违规者记忆深刻。

而失信被执行人员名单正是司法手中的长鞭，基于前文我们所列预付费领域经营者违法违规门槛低、代价小之特点，故应利用好失信被执行人员名单适当提高预付费领域准入门槛、加大经营者违法违规成本达到防范其重操旧业的目的，同时亦应给予其改过自新、重新合法经营的机会。

据此考量，预付费领域可根据其从失信被执行人名单中退出时间之远近进行分级，根据不同级别对其采取准入特别限制或失信信息强制性披露等分级惩戒措施，并可依托第三方平台数据信息功能予以实现。例如：（1）尚在名单中或退出名单未满 1 年的失信企业，限制其不得进行任何收取预付费的行为，第三方平台界面中关闭其所有相关预付费收费渠道；（2）失信企业退出名单 1 年以上但未满 2 年的列为“高风险企业”，第三方平台须在失信企业所有界面处予以标注、提示；（3）失信企业退出名单 2 年以上但未满 3 年的列为“风险企业”，第三方平台须在失信企业首页、企业信息页面、预付费消费支付界面等处予以标注、提示；（4）失信企业退出名单 3 年以上但未满 5 年的列为“曾失信企业”，第三方平台须在失信企业的企业信息页面中注明曾列入失信被执行人名单。因失信尚在名单中或曾被列入名单的个人，由其作为法定代表人、董事、监事、高级管理人员的企业及吸纳其为股东的非上市公司列为失信关联企业，对失信关联企业可根据其与失信人员的关联程度适当调减惩罚期限幅度或直接参照执行。

通过在各经济活动领域内构建此类制度，有效拓展和发挥失信被执行人员名单影响力，实现司法推进社会治理中信用体系的完善，引领社会迈入更注重诚信的经济大环境。

（三）完善第三方平台在线处理消费纠纷功能，拓展人工智能断案功能，促进纠纷多元化解决机制完善

当前，我国法院受理案件数量逐年快速攀升，经济发达地区的人案比畸高，审判压力大，若众多纠纷可直接通过非讼纠纷处理功能予以解决，将大幅降低法院的工作压力。

---

① 《最高人民法院关于公布失信被执行人名单信息的若干规定》，中国法律年鉴社 2018 年版，第 599 ~ 600 页。

第三方平台承载大量消费运作，其必须具备在线纠纷解决能力。我国目前虽已有 ODR 企业 4037 家，[①] 但我国在线处理消费纠纷机制仍处在不断探索阶段。应充分利用丰富的司法实践数据资源与第三方平台在互联网新科技方面强大的技术优势结合，探索拓展司法功能与大数据、AI 智能等互联网新科技融合的方式，发挥在线纠纷非讼处理功能，由此可大幅减小司法审判压力，并降低当事人的诉讼成本，有效促进纠纷多元化解决机制完善。

例如，可利用司法指导案例、裁判文书网、司法诉讼数据等大数据资源，通过 AI 智能深度学习模式不断拓展、深化智能断案功能，实现部分纠纷案件，可通过简单的电子举证和在线 AI 审查方式，即可不通过诉讼程序快速地拿到接近于审判结果的建议性处理意见，有效降低消费者维权成本、节约司法资源。

（四）发挥司法指导性作用，构建多方协同推进社会治理新机制

涉诉信息是风险防控化解的重要数据来源。法院可通过司法建议等方式，协调各相关部门进行研判讨论，合理有效利用涉诉数据，制定出相应对策措施，及时发现和预防问题萌芽，主动控制和防范事态激化，有效处理和化解矛盾纠纷。

同时，还可以发现问题后主动依据法律基础原则和司法工作经验提出一些司法建议，例如在预付费备案信息中强制性要求填写企业及其法定代表人的送达地址，并明确该送达地址的法律效力的解决方案，再将该方案交由各相关部门进行可行性研究。

借由此协同机制，司法在审判职能外可以积极负担起对社会治理规范的指导性作用，主动与多方协同配合，共同推进社会治理改进和创新。

结　语

在第三方平台介入社会治理模式下，多方协同实现预付费消费维权困局破解，同时司法工作也拥有了更多施展空间推进社会治理现代化创新。但与此相对应的，新模式的运行必然也会产生各种各样的新问题，继续主动发挥司法能动性，及时发现和预防问题萌芽，主动控制和防范事态激化，有效处理和化解矛盾纠纷，积累改革和创新经验，逐步完善立法，真正实现有中国特色的现代化社会治理模式。

---

① 数据来源全国 12315 互联网平台，详见 http：//www. 12315. cn/corperation/odrindex，最后访问时间：2018 年 8 月 5 日。

创新型多元化纠纷解决机制的构建与完善

——以在线纠纷解决机制的应用探索为视角

王进东*

引 言

一般而言，多元的矛盾纠纷解决机制主要包括两个构成部分：一是诉讼纠纷解决机制，二是非诉讼纠纷解决机制。双方各有所长，长期以来，共同发挥着解决纠纷的作用。随着互联网的迅猛发展，社会产生了大量的网络纠纷。对于诸多此类案件，传统的诉讼解决机制对这些纠纷争议和矛盾的解决存在挑战和困难。但各国的政府机构以及社会上的商业组织也意识到新兴信息技术既可以产生纠纷，同时也可以提供工具来解决纠纷，在这种思维引领下（ODR）应运而生。在目前案多人少的司法环境下，不能仅利用法院一元化的诉讼机制来应对纷繁复杂的社会纠纷，通过多元化纠纷解决机制分担其压力才是必然的选择。① 习近平总书记在2019年1月的中央政法工作会议上就讲到“要坚持把非诉讼纠纷解决机制挺在前面”。②

一、现状考察：在线纠纷解决机制在我国的实践现状

（一）在线纠纷解决机制在我国的具体应用

我国现行的纠纷解决机制主要是以法院的判决和调解为主，非诉纠纷解决机制主要包括协商、调解和仲裁，特殊程序主要是劳动争议、消费者纠纷、交通事故纠纷、医疗纠纷、物业纠纷处理机制，还包括现在依赖互联网的发展所出现的在线纠纷解决机制，它们共同组成我国矛盾和纠纷解

* 作者单位：山西省大宁县人民法院。

① 范愉：《以多元化纠纷解决机制保证社会的可持续发展》，载《法律适用》2005年第2期。

② 习近平：《不断谱写政法事业发展新篇章》，载《人民日报》2019年1月17日第1版。

决体系。[①] 我国的在线纠纷解决机制的运行模式主要包括自助式和交互式在线争议解决机制模式。[②] 它的发展虽还处于起步阶段，但互联网发展的科技条件已经完备且网民规模和基数大，[③] 在线时间长，社会环境也日趋成熟，为 ODR 的实际运行提供了良好的技术支撑。

为建立完善多元化纠纷解决机制，推广现代信息技术在多元化纠纷解决机制中的运用，中央及最高人民法院进行了一系列改革，这在多个改革文件中[④]均有体现。在法院实践层面，为适应网络时代发展，法院开始创新建立智慧法院，探索将互联网、大数据、云计算及人工智能等信息技术在纠纷解决领域运用，并建立一系列的在线诉调对接纠纷解决平台，如北京、上海、浙江、河北、安徽、四川高级人民法院现都在试点统一的省级在线调解平台。[⑤] 在此基础上，并开始着手尝试建设网上法庭。2015 年浙江省高级人民法院和阿里巴巴集团联合在杭州市中级人民法院和杭州西湖区法院、滨江区法院、余杭区法院建立电子商务网上法庭，[⑥] 打通了阿里巴巴数据平台和法院的通道，2017 年我国已逐步在杭州、广州及北京建立互联网法院，全部环节，包括起诉、立案、举证、开庭、判决、执行已全部实现在线化。

在互联网企业内部，其自治机制主要有阿里巴巴和新浪成立的大众评审团及店小二模式，京东、苏宁易购等电商通过电子邮件、在线聊天等客服投诉途径解决纠纷。[⑦] 其外部的网上纠纷处理平台主要有中国国际经济贸易仲裁委员会域名纠纷解决中心、中国调解网、众信网、中国在线争议解决中心、中国国际经济贸易仲裁委员网上仲裁机构等，不仅处理线上的各

---

① 代永富：《调解与仲裁相结合的法理基础与制度构建》，上海交通大学 2012 年硕士学位论文。

② 孙晴：《网络时代下消费纠纷在线争议解决机制研究》，广西民族大学 2016 年硕士学位论文。

③ 中国互联网络信息中心（CNNIC）正式发布第 42 次《中国互联网络发展状况统计报告》。截至 2018 年 6 月，我国网民规模为 8.02 亿，上半年新增网民 2968 万人，较 2017 年末增加 3.8%，互联网普及率达 57.7%，网民中使用手机上网人群的占比达 98.3%。

④ 2004 年，《人民法院第二个五年改革纲要》，正式提出多元化纠纷解决机制；2007 年，最高人民法院确定了第一批多元化纠纷解决机制试点单位，包括廊坊中院、甘肃定西法院等 9 家法院；2008 年，中央把多元化纠纷解决机制改革纳入国家司法改革部署；2009 年，最高人民法院出台《关于建立健全诉讼与非诉讼相衔接的矛盾纠纷解决机制的若干意见》；2015 年，中央全面深化改革领导小组审议通过了《关于完善矛盾纠纷多元化解机制的意见》；2018 年，最高人民法院在《关于人民法院进一步深化多元化纠纷解决机制改革的意见》，推广现代信息技术在多元化纠纷解决机制中的运用。

⑤ 胡晓霞：《我国在线纠纷解决机制发展的现实困境与未来出路》，载《法学论坛》2017 年第 3 期。

⑥ 孟焕良：《浙江法院电子商务网上法庭开庭》，载《人民法院报》2015 年 5 月 31 日第 2 版。

⑦ 胡晓霞：《电子商务争议在线解决机制的科学构建》，载《人民法治》2018 年第 20 期。

类纠纷，而且现在已经延审到处理部分线下纠纷。①

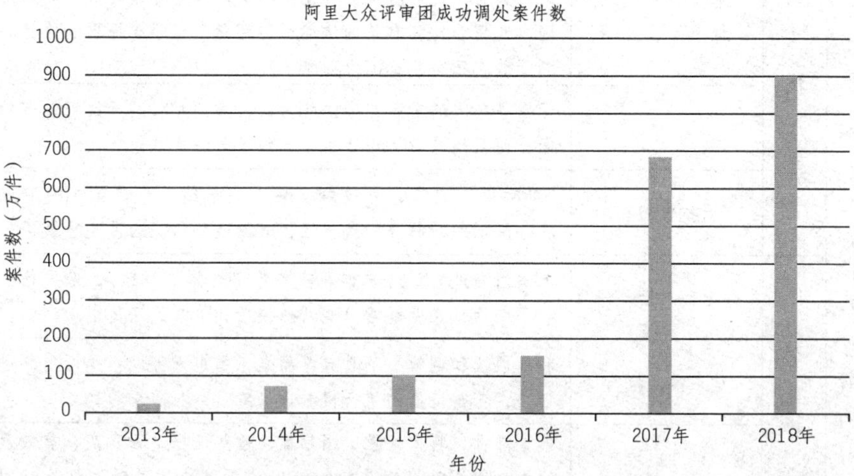

图表1　阿里大众评审团历年成功调处案件数

就阿里巴巴内部的大众评审来说，从2012年上线至今，大众评审已完成超过1亿次纠纷判定，仅2017年大众评审就成功处理矛盾纠纷685万余件，这在一定程度上减少了法院和其他社会纠纷处理机构的调处压力，也足以证明在线纠纷解决机制等非诉纠纷解决方式对诉讼在案件分流方面重要性和必要性（见图表1）。

（二）在线争议解决机制的优劣评析

在线纠纷解决机制基于互联网和大数据的技术发展，它具有互联网本身所具有的优势，同时它也存在互联网本身所具备的一些缺点和劣势（见图表2），只有对其优劣势进行精准分析，才能在后续的瓶颈探析及路径探寻上找准切入点和落脚点。

① 胡晓霞：《我国在线纠纷解决机制发展的现实困境与未来出路》，载《法学论坛》2017年第3期。

图表 2　　在线纠纷解决机制的优劣评析图

在线纠纷解决机制	优势	程序灵活便捷	网络具有一定的虚拟性和无国界性，双方可以灵活指定解纷规则，避免管辖和有关的法律适用问题，程序选择更加灵活，更利于数字正义目标①的实现
		成本低、效率高	无需当事人通过所在地法院诉讼，依托互联网不仅可以节约时间，而且还减少诉讼费用，节约了司法资源
		对抗性减弱	“屏对屏”交流，可缓解当事人的情绪，冷却双方的尖锐态度，降低纠纷解决的对抗性，有效避免纠纷的再度升级②
	劣势	缺乏面对面交流	无法清晰地看到对方非语言信息（肢体、面部），造成信息接收不全面，且调解的一些特殊技巧和策略无法运用
		结果难以执行	和解协议和调解书不具有终局性，当事人可以拒绝履行，进行诉讼，仍需良好的执行机制作保障
		电子证据证明力确定困难	电子邮件、聊天记录、图片等，这些证据是否真实、有效及证明力如何认定等都是纠纷得以公正解决的关键，且长时间存储难

二、瓶颈探析：我国在线纠纷解决机制的运行困境及原因探究

当在线纠纷解决机制在我国迅速发展的同时，也应正视我国在在线纠纷解决机制发展中的诸多问题和不足。在凯什和 Rifkin 所写的《在线纠纷解决：网络空间的争议解决机制》中，作者提出了任何成功的纠纷解决机制都可以“纠纷解决三角形”表述（见图表 3）。③ 作者认为所有成功的纠纷解决机制都离不开这三个要点，即方便快捷、专业知识和相互信任，但各个要素之间的重要程度都不相同。我们过去一直把重点放在了“方便快捷”这一要素上，现在我们要做的就是加强三角形的另外两个边，即“专业知识”和“相互信任”两个要素，故在运行困境和构建的具体路径上应对此予以着重考虑。

---

① 数字正义由伊森·凯什与奥娜·拉比诺维奇·艾尼在其所著《数字正义——当纠纷解决遇见互联网科技》一书中提出，他认为法律和程序均可以代码化，在线纠纷解决以及互联网法院不仅改变了生产正义的方式，而且也推动了现代正义理念的发展，程序正义以及传统正义理论应当与时俱进，我们应当研究数字正义，并且为实现数字正义而努力。

② 孙希荣：《在线纠纷解决机制（ODR）法律问题研究》，黑龙江大学 2017 年硕士学位论文。

③ 赵蕾、赵精武、曹建峰：《数字正义：当纠纷遇见互联网科技》，法律出版社 2018 年版，第 50 页。

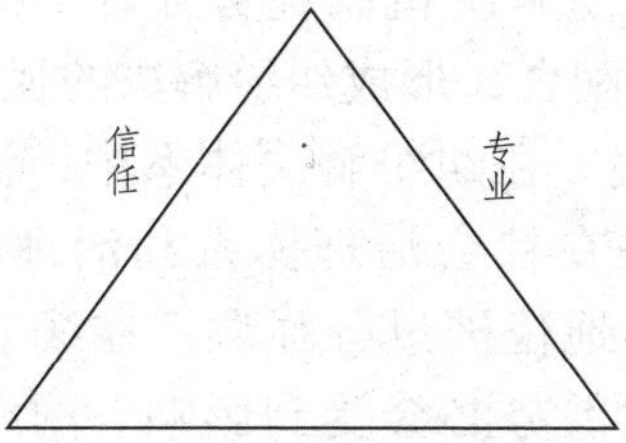

图表3 在线纠纷解决机制的三角模型图

（一）在线纠纷解决机制的运行困境

1. 立法的缺失。随着互联网的普及应用，在线沟通的方式由原来的面对面变成了屏对屏，人们的交易行为由原来的现实处理开始变得虚拟，省去了原来的纸质签协议和合同，变成了签署电子协议及合同。这造成了在现行的法律框架下解决在线纠纷，仍存在一定的困难：首先，在线纠纷解决机制中当事人确认只能从双方提交上传的各种文件或者图片中去确定，这个环节离不开双方当事人诚实守信的优良品质。但我国现阶段的诚信机制的树立还存在不小的困难和挑战。其次在线纠纷解决网站的设立标准、从业人员的资格、应遵守的程序和实体方面的规则及平台收费标准、相关网站欺诈、违约、侵权的法律责任等[①]问题，也需通过立法进行明确。

2. 保障性的缺乏。第一，缺乏物质保障，日前电商企业中规模较大的企业都构建了一套自己的纠纷解决体系，用于解决在平台内交易而引发的纠纷。而大部分的中小电商由于没有足够的资金支持在线纠纷解决的运转，仍需企业外部具有社会性质的在线机构介入，同时国家对在线纠纷解决提供更多的支持保障。第二，缺乏机制保障。我国在线纠纷解决发展起步晚，平台少，且各平台间相互分立，在平台建设、运行机制等方面缺乏统筹，导致各层次、各部门无法形成整体合力，影响整体效能的发挥。保障机制的缺乏，导致不管是企业、行业内部的自治纠纷处理的互联网平台还是社会外部提供纠纷处理服务的互联网平台都相对较少，平台智能化的开发力度仍有不足，功能也比较单一。

3. 与司法审判执行程序的衔接不够紧密。通过在线纠纷解决机制的协议书法律效力低，存在纠纷反复率高的现象，由于我国没有建立在线纠纷解决协议的审查机制和执行保障细则，从而造成了在线纠纷解决机制和司法审判执行在一定程度上的割裂。[②] 我们应优化在线纠纷解决纠纷的结果和法院审查执行的流程衔接，打造顺畅的程序链条，优化“诉讼替代”的外

① 徐继强：《在线纠纷解决机制的兴起与我国的应对》，载《甘肃政法学院学报》2001年第6期。

② 赵莹：《在线纠纷解决机制及在中国的发展探析》，兰州大学2014年硕士学位论文。

部环境，让诉讼和非诉纠纷解决机制优势互补，共同发挥解决纠纷的职能和作用，多元参与、衔接配合，形成纠纷解决的强大合力。

4. 存在内生性的缺陷。在纠纷解决体系中，诉讼具有权威性、终局性和强制性等优势，尤其是在社会治理体系和治理能力现代化的初级阶段，诉讼对于纠纷解决的中心地位被过分强调，在线非诉纠纷解决作为多元化纠纷解决中的一元，其发展势必会受到影响。网络环境下仅通过屏幕，借助文字等信息的交换来进行纠纷的解决，但是由于没有面对面的压力和身份的束缚，同时缺乏司法场所的尊严性及仪式感，使得网络环境真假信息互相掺杂，当事人对于网络环境整体存在不信任感，进一步影响着在线纠纷解决的权威属性。达成协议后，是否能够使纠纷得到真正解决，尚存在不确定性，当事人选择在线纠纷解决机制解决纠纷的热情并不是很高，最终导致纠纷的解决仍然依赖于司法确认，依赖于司法途径。

（二）在线纠纷解决机制运行困境的原因探求

从上述我国在线纠纷解决机制的应用现状及运行困境来看，在线纠纷解决机制应用探索并未达预期效果，司法、社会调处组织以及社会大众都应剖析自身的问题及原因。笔者认为，造成上述现状和问题的原因如下：

1. 公众层面：缺乏在线解决纠纷的意识，对诉讼过分推崇。现实中，人们对诉讼的功能过分的推崇，认为法治和诉讼是一回事，将二者等同起来。且法学界对法律和程序的价值及功能过分的弘扬，而对其弊端则提及的很少。人们由过去对法律的真诚而深切的尊崇和热爱演变为对诉讼过度的偏好和对法律的滥用，通常作为解决问题最后手段的司法手段变成了第一甚至是唯一的手段。[①] 据统计，自20世纪80年代初至今，全国人民调解委员会受理的案件量与法院受理的一审民事案件量，已由17∶1降至约1.7∶1。[②] 这种过分推崇诉讼的结果就是使其他纠纷解决机制所占的比重逐渐缩小甚至消除，发挥不到应有的作用和功能，这也是导致诉讼爆炸的一个重要原因，因为缺少分流机制，法院诉讼成了解决纠纷的唯一“泄洪出口”，法官的案件审理压力不言而喻。

2. 司法层面：包揽诸多角色，超越自身职责范围。在线纠纷解决机制的构建是一个系统性的工程，需要政府各部门、社会调处组织及司法机关等多方的共同努力和联动才能完成，仅依靠司法机关独自完成是不可能实现的。但我国纠纷解决机制的具体发展实践中，从在线纠纷解决机制平台的建立、人员的培训以及经费的支出几乎全部由司法机关来完成。司法机

① 马雅清：《法律至上精神的嬗变与美国的“诉讼爆炸”》，载《内蒙古大学学报》2000年第1期。

② 陈开存：《诉讼机制与非诉讼纠纷机制的协调》，厦门大学2006年硕士学位论文。

关由推动者和配合者发展成为主导者和实施者，包揽太多的角色，有的甚至超越了本身的职责范围。① 而司法机关本身的资源和能力有限，对于在线纠纷解决机制的建立和发展不可能面面俱到。部分行政机关有时处于观望和消极的状态，使得真正处于主导地位的组织没有发挥应有的组织和协调职能，造成在线纠纷解决机制实际运行不畅，具体执行过程中权责不明。

3. 社会组织机构层面：专业性和保障性的缺乏，信任度难以真正建立。社会组织机构也在积极参与到多元化纠纷解决机制的建立和发展之中，但是由于没有统一性的可适用规则和专业调解人员的水平良莠不齐，以及保障机制的缺乏，造成社会大众对其在线纠纷调解平台的信任度和难以真正建立。由于社会组织的在线纠纷解决平台作出的各项调处建议没有具体的审查机制和执行保障，造成其权威也难以真正建立，最终使得社会大众放弃其在线纠纷解决平台，不管纠纷的特点和类型，都选择通过诉讼渠道来解决。

三、进路探寻：在线纠纷解决机制应用探索路径的具体构建

通过前文的分析可以看出，在我国矛盾多元化纠纷解决的体系中，在线纠纷解决机制仍然属于新鲜事物，发展速度也较为迟缓，存在诸多的问题。故我国在推进在线纠纷解决机制的构建、发展和完善方面仍有广阔的空间。

（一）借助信息化建设具有集约化、数据化的在线纠纷解决平台

从国家综合治理的层面来讲，党委应当面向社会建立统一的在线非诉纠纷解决平台，来加强对非诉讼纠纷解决方式的鼓励及支持。首先，由国家综治组织建立的在线纠纷解决平台能够解决民间在线纠纷解决平台所存在的权威性不足的问题。因为，国家层面建立的在线非诉纠纷解决平台更容易获得纠纷当事人的理解和信任，提高纠纷双方当事人使用这个平台的热情和积极性。可以借鉴在线法院“司法公开平台”、加强诉讼服务中心建设、推进“12368”公益服务等方面建设的智慧成果。

其次，平台的集约化更加容易促进解纷资源整合，充分聚合全国性的调解资源，同时注重对大量的案件信息的数据检索和采集功能。根据法院现有案例数据库，确定不同案件类型化明显的特征，将赔偿的流程、理由、项目、标准等内容进行细化统一，形成要素化、结构化的纠纷处理模式，作为非诉纠纷调解或仲裁时的参考。② 在数据收集能力提升的前提下，将矛盾纠纷的整体情况和发展趋势进行一定程度的分析处理，形成在线纠纷解

① 王斌、王倩：《互联网背景下的多元纠纷解决机制》，载中国法院网 2018 年 1 月 5 日。

② 陈国猛：《大力推进在线纠纷解决机制建设》，载《人民法院报》2016 年 12 月 28 日第 5 版。

决的预防机制，强化大数据对矛盾风险态势发展的评估和预测预警作用，提前防控化解重大矛盾风险。[①] 同时也可防止出现对同类型的矛盾纠纷，处理结果差距很大的局面。

最后，集约化的在线非诉纠纷解决平台更容易实现与在线法院的对接，形成诉讼与非诉跨界融合的在线纠纷解决平台，集咨询、协商、谈判、调解、仲裁、诉讼、执行等纠纷解决方式于一体，可以实现纠纷解决的统一标准，可以真正满足人民大众的多种需求。[②] 当然平台的集约化并不排斥平台的个性化，在一些具有专业领域方面如知识产权、海商海事、医疗交通等纠纷处理方面，国家应当鼓励民间专业组织建立在线纠纷解决机制。

（二）建立在线非诉纠纷解决机制的保障措施

1. 推动立法。在线纠纷解决机制在其发展的进程中还存在一些难以逾越的法律障碍。在线纠纷解决机制的规则分为实体性规则和程序性规则。实体性规则的确立较为容易，法律便是任何人从事任何行为最基本的规则。因此在线纠纷解决机制需要以法律作为其运行的第一准则，而在非诉纠纷解决机制中，除法律规则之外，社会公序良俗、行业准则、交易规则及当事人之间的约定都可以作为纠纷化解的规则。作为在线纠纷解决机制平台的网站的设立规定，资格标准应当如何规定，确定标准的依据是什么，应当由谁来确定，都需要法律进行进一步的明确规定。

在线非诉纠纷解决机制在程序规则方面：一是确立保护当事人信息安全性的规则，由于互联网存在许多的安全风险，比如在病毒、黑客攻击等，因此需要对在线仲裁、调解网站具有的信息安全防范能力，以及在线平台软件、硬件设备与解纷人员的保密条件等规则作出规定；二是确立合法性、合理性的在线证据规则。在线纠纷解决平台具有虚拟性，这样当事人很容易会提供虚假的当事人陈述和证人证言。而这些虚假内容仅仅依据互联网的网络环境还很难揭露出来。[③] 一些书面证据、物证或者视听资料经过信息技术工具伪造、变造以后就很难辨认出真假了，极易改变事实真相，而揭露这些虚假证据需要很高的成本，因此在采取技术手段规避上述行为的同时，需要确立提供虚假证据的责任规则。[④] 三是确立与诉讼制度的衔接规则，在线非诉纠纷解决如果不能有效地和诉讼制度衔接则有可能造成当事人拖延给付、恶意取得信息优势的手段。

2. 建立司法对非诉解纷结果的审查机制。对非诉纠纷处理结果的司法

① 陈国猛：《大力推进在线纠纷解决机制建设》，载《人民法院报》2016 年 12 月 28 日第 5 版。

② 吕宗澄：《民事纠纷在线解决机制研究》，湘潭大学 2017 年博士学位论文。

③ 郑世保：《在线纠纷解决机制的困境和对策》，载《西北政法大学学报》2013 年第 6 期。

④ 王斌、王倩：《互联网背景下的多元纠纷解决机制》，载中国法院网 2018 年 1 月 5 日。

审查，一方面形成了对在线纠纷处理机制的司法监督程序，另一方面从长远效果考察可以规范在线纠纷处理机制的健康发展，逐渐获得人民大众的广泛信任。我国当前的在线非诉纠纷解决机制还没有形成统一的规范和足够的行业自律，为保障在线纠纷解决机制在程序上和实体上符合正义的最低要求，必要的司法审查机制是必不可少的，它可以防止纠纷解决过程中的恣意。基于诉讼外纠纷解决的“合意的二重获得原则”，即纠纷处理方式的“选择合意”及解决方案的“达成合意”，而司法审查正是法院对诉讼外纠纷解决机关获得“合意形成过程”的审查。[①] 对于仲裁，应主要审查“选择合意”和解纷程序的合法性，如是否存在选择仲裁的协议、仲裁程序是否合法等；对于和解、调解，则应着重审查“达成合意”，避免因片面追求效率而将解纷结果“和稀泥”地强加于当事人。以司法审查促进司法监督，能够消解在线纠纷解决机制权威性缺失和信任性不足的弱势。

3. 构建在线解纷结果的执行保障。法律的生命力在于实施，法律的权威也在于实施，在互联网时代，“互联网 + 执行”已经成为当下破解执行难问题的有效途径。近年来，各地各级法院纷纷建成辖区内执行指挥中心，实现对执行工作“大数据、大格局、大服务”的要求。对于在线诉讼结果的执行力度自不待言，但应当考虑将网络化的福利延伸到执行程序的启动上。对在线非诉纠纷解决机制而言，其生命力和权威性亦在于解纷结果能够得以实现。以互联网为平台的在线纠纷解决机制中，可以考虑将执行实施权与在线非诉解纷机制进行融合，对在线非诉纠纷较为普遍的案件类型中赋予解纷机构一定的执行权，这表现在电子商务纠纷、网络名誉权侵权纠纷和网络域名方面，当事人对非诉解纷结果未另行提起诉讼的条件下，由在线解纷机构执行调解或仲裁结果，更能够体现纠纷解决的高效，节约司法资源。同样，对于诉讼纠纷，通过在线机制更有益于诉讼结果执行的，司法机关可以建议或者依据当事人的申请，将执行实施权授权委托给在线解纷机构，建立司法执行和在线执行的合作平台，只有这样，在线纠纷解决机制的处理结果才能真正付诸执行，才能真正克服在线纠纷解决机制权威性不足的问题，才能在更大程度上发挥在线纠纷解决机制作为非诉纠纷处理机制的分流作用。

（三）建立在线解纷的文化氛围及行业自律规范

1. 唤醒公众在线解决纠纷的意识和诚信意识。在支持在线纠纷解决机制的统一原则下，我们要通过互联网、报纸、电视等多种宣传媒介，加大对它的宣传和报道力度，采取多种措施和手段鼓励在线非诉纠纷解决的使

---

① ［日］棚懒孝雄：《纠纷的解决与审判制度》，王亚新译，中国政法大学出版社 2002 年版，第 47 ~56 页。

用和发展，以缓解司法诉讼当前面临的巨大的审判压力，加大对企业和消费者的宣传教育，使其认识到在线纠纷解决机制的效果和重要性，并对提供在线非诉纠纷解决服务的企业或者机构在政策上或相关方面给予一定的支持或扶持。① 另网络诚信体系建设作为一个基础性的工作，我国在线纠纷解决机制的实际运行能不能实现，以及实现的程度、实现的质量，和诚信体系建设有直接关系②，我们应该努力提高诚信意识和信用水平，但这并不是一蹴而就的，需要一代人甚至几代人的努力。

2. 建立示范工程，推动在线非诉解纷行业自治。对于企业内部及社会上的自治组织，应建立在线非诉纠纷解决的规范和标准，这样可以有一个统一的规则适用，防止纠纷平台主体出现良莠不齐的现象。如国外的一些国家，在线纠纷解决机制平台的服务提供商通过向所适用的企业一方，授予信任标记③的方式来促进企业组织自律和增强消费者对电子商务的认识和信心。同时应加强行业间自治规范建设，行政机关加强引导和实时监督，确保行业自治起到应有作用，对发现的违法行业自律的行为主动责令其改正，以促进行业自律的自觉性和主动性。基于上述思路，设计一套能够科学测度并深度应用的在线纠纷解决机制运行体系（见图表4），保证其应有功能的发挥。

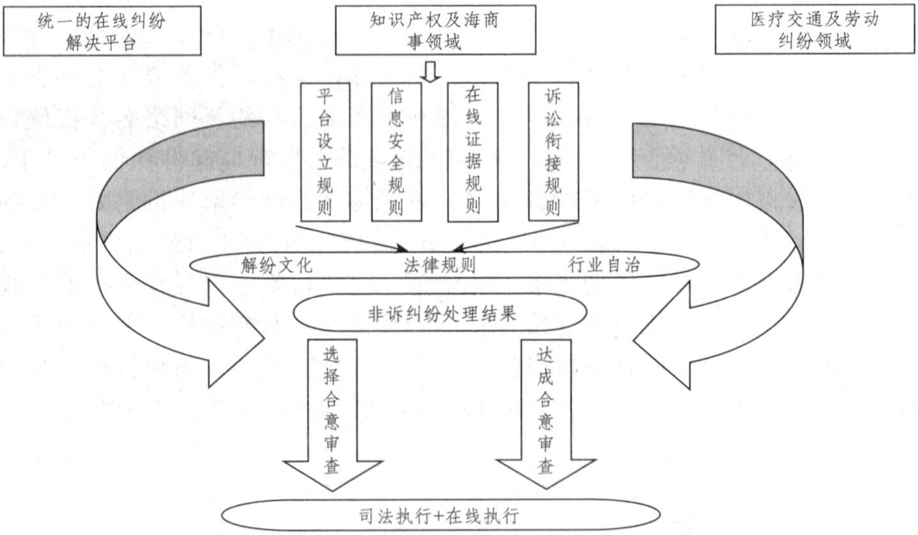

图表4　在线纠纷解决机制具体应用探索的构建思路

① 王伟涛：《我国电子商务在线纠纷解决机制研究》，吉林大学2015年硕士学位论文。

② 王四新：《网络诚信体系构建与诚信文化培育》，载《新华网》2018年7月4日。

③ 信任标记，是显示于贸易商网站上的一种徽标，该标识向顾客表明，该贸易商系经过认证和值得信赖的网络交易者，其承诺遵守某些质量标准或最佳商业惯例，包括承诺将争议提交给某种ODR救济机制，并保证遵守ODR程序中产生的所有的协议、建议或裁决。

结 语

在线纠纷解决机制的应用探索，可以让非诉讼纠纷解决机制合理而充分有效地发挥其对诉讼机制的补充及分流作用，让多元化纠纷解决机制的内部有效地统一起来，对我国互联网时代下多元纠纷解决机制的完善乃至社会的和谐发展都具有不可或缺的重大意义。[①] 故笔者主要着眼于保障在线纠纷解决机制应用的几个关键要素，比如集约化、数据化的纠纷解决平台建设，在线纠纷解决结果的审查机制、执行保障及在线解纷的文化氛围和诚信意识建设及行业自治规范，提出再造的方案，达到可操作、可实践目的，以期对实践有所裨益。

① 陈开存：《诉讼机制与非诉讼纠纷机制的协调》，厦门大学2006年硕士学位论文。

先行调解中当事人行为选择偏好分析及其运用

——以促调解效果最佳化的法经济学角度透视

张文敏[*]　杨　轩[**]　黄丹丹[***]

一、画像：先行调解中当事人行为选择呈现明显偏好

2018年初，J区法院试行立案前先行调解，运行至今取得了一定成效，故将其作为分析样本。当事人的选择主要呈现以下特征：

（一）先行调解选择率不尽如人意

J区法院2018年至2019年上半年受理先行调解案件情况如下图：

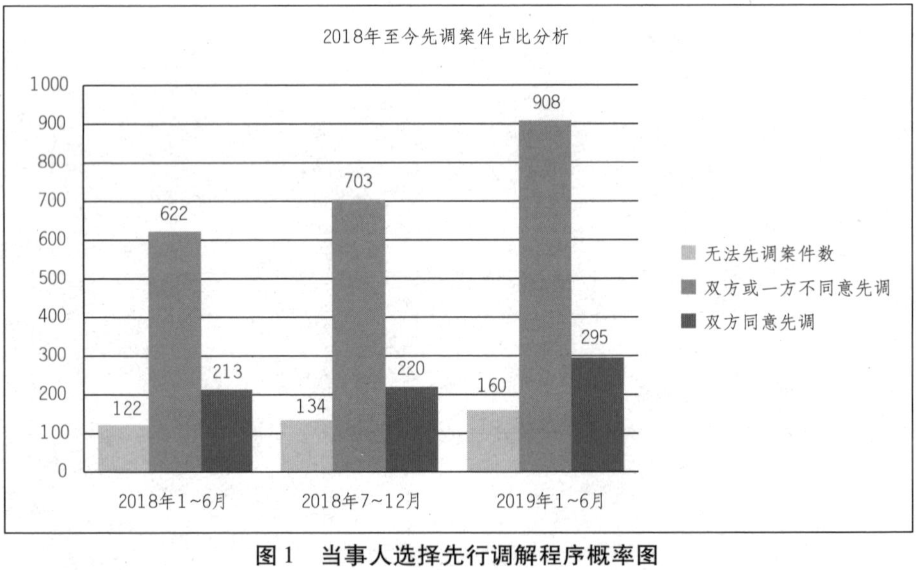

图1　当事人选择先行调解程序概率图

J区法院规定了“只要在立案时一方当事人不拒绝先行调解的，自动进

* 作者单位：四川省德阳市中级人民法院。
** 作者单位：四川省德阳市中级人民法院。
*** 作者单位：四川省德阳市中级人民法院。

入先行调解程序”，但依然有63%的案件由于当事人明示或者案件本身不适合等主客观原因无法进入先行调解程序。即便进入先调程序，也可能出现诉讼相对方直接拒绝或消极抵制的情况。

（二）先行调解中当事人更愿意选择法官主持调解

J区人民法院的先行调解有三种模式供当事人选择：人民调解组织、律师调解室、审判团队。通过数据分析发现，在先行调解成功的案件中主体多为法官（见图2）。

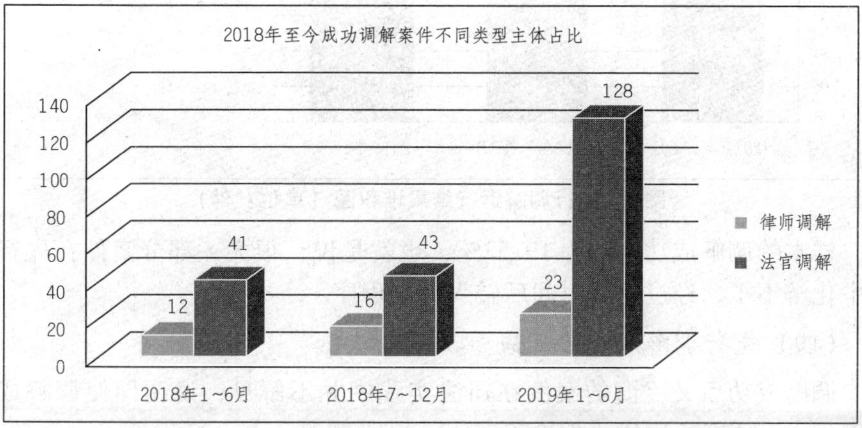

图2　2018年1月至2019年6月先行调解成功案件占比图

实践中运行的只有律师调解和审判团队调解两种，且以后者为主。当事人极少选择第三方调解，法院送达的《委托调解函》并无法律强制性，第三方调解组织接受委托调解的概率极低。在律师调解中，派驻法院负责先行调解的5名律师均为35岁以下的年轻律师，其有的律师的工作动机在于扩展案源，对于促成调解的积极性并不高。

这种现象导致审判团队除了正常审判工作之外，还承担着审查案件是否进入先行调解程序，审查律师出具的先行调解协议，主持先行调解等工作，普遍反映工作量加大。

（三）先行调解效果不甚理想

2018年至2019年上半年调解成功数对比先行调解案件总数的情况如下：

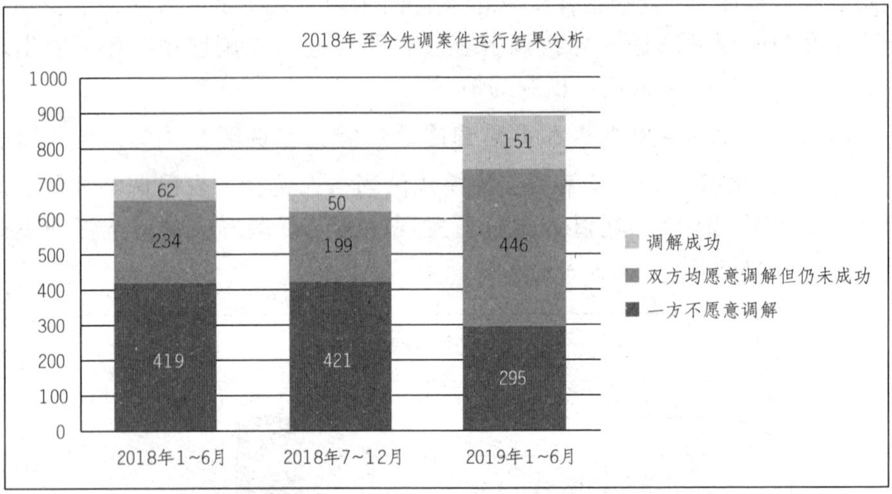

图3 先行调解运行结果堆积图（单位：件）

样本的调解成功率约为19.52%，也就是说，很大一部分案件在先行调解中化解不了，经过一段时间后转入诉讼程序。

（四）先行调解成功后反悔率较高

调解成功后又反悔的案例在司法实践中并不鲜见，说明即使调解成功的案件也可能会再次进入诉讼程序。

案例：吴某驾驶肖某所有的小型轿车撞伤谢某（六周岁），造成谢某骨折。[①] 吴某与谢某母亲在诉前达成调解书，愿意赔偿谢某的各项损失44421元。此后，吴某及承保该车的保险公司拒绝赔偿，谢某起诉至法院要求赔偿。该案经过两审诉讼程序，最终法院判决吴某和保险公司分别对谢某进行赔偿。

可见，一旦有当事人撕毁协议，前期为调解付出的努力即归于无效。

为了考察以上问题是否在全国范围内具有典型性，笔者继续收集分析了2018年东、中部地区部分法院先调案件的数据，如表1、图4：

表1 东部地区六基层法院先行调解情况统计表（单位：件）

基层法院	一审新收民商事案件数	进入先行调解案件数	进入先调案件占民商事案件比	先行调解成功数	先行调解成功率	先行调解成功数占民商事案件比
A法院	2834	488	17.2%	153	31.4%	5.4%
B法院	2066	651	31.5%	264	40.6%	12.8%
C法院	2591	868	33.5%	431	49.7%	16.6%

① 详见（2014）旌民初字第480号。

续上表

基层法院	一审新收民商事案件数	进入先行调解案件数	进入先调案件占民商事案件比	先行调解成功数	先行调解成功率	先行调解成功数占民商事案件比
D 法院	2813	338	12%	157	46.4%	5.6%
E 法院	3532	658	18.6%	216	32.8%	6.1%
F 法院	2946	274	9.3%	120	35.1%	4.1%
合计	16782	3277	19.5%	1341	40.9%	8.0%

图4 中部某县法院2014年至2018年先调案件占民商事案件总数比例图

结合以上三地区的先行调解案件数量和成功率可以看出，当事人的诉讼偏好在全国范围内具有一定普遍性。

总结：先行调解是化解社会矛盾的一剂良药，但当事人在程序运行过程中体现出来的诉讼选择偏好是其广泛长期稳定适用的一大梗阻，下一部分就集中从法经济学角度分析这种选择偏好的成因。

二、透视：当事人倾向于选择诉讼程序的法经济学分析

艾克曼曾说过："只要不把经济学作为唯一的评价原则加以误用，而是理智的运用它，就不难抓住藏在法律背后的真正价值。"① 本文拟以法经济学的视角，运用影响和解与判决决策的法经济学模型、成本—收益理论、溢出效应理论等工具对当事人的偏好进行分析。

① 艾克曼：《财产法的经济基础》，转引自张文显：《当代西方法哲学》，吉林大学出版社1987年版，第263～264页。

（一）诉讼预期差距与草率诉讼导致先调程序选择率低

1. 诉讼预期差距造成诉讼选择偏好。乐观模型[①]认为当事人之所以选择了判决而不是和解，是因为当事人对自己胜诉有较强乐观预期。[②] 其分析基础是基于以下不等式：

$$PpD - Cp \leqslant S \leqslant PdD + Cd$$[③] 也即 $$PpD - Cp \leqslant PdD + Cd$$

（Pp = 维权方对自己胜诉的概率判断，Pd = 侵权方对维权方胜诉的概率判断，D = 维权方的起诉额，Cp = 维权方的诉讼成本；Cd = 侵权方的诉讼成本；S = 调解出价。）

易言之，当维权方的诉讼效益（诉讼收益 - 诉讼成本）小于或等于侵权方的诉讼成本时，双方会达成调解。

暂不分析我国诉讼费分担办法的影响，该公式表达的是一种双方偏向风险中性的选择，但在实践中，维权方和侵权方作为"理性经济人"，会最大化自己的期望效用。[④] 双方均明知一旦进入诉讼，对方需要付出较大的诉讼成本，故在调解的时候，精明的当事人均不希望将未发生的诉讼成本计算在自己名下，甚至期待对方能够把他的诉讼成本让渡给自己。据此，本文提出乐观模型的续造：

$$PpD \leqslant PdD \text{ 也即：} D\,(Pp - Pd) \leqslant 0$$

举例说明，甲起诉乙要求其支付 1000 元，双方均预期甲赢率为 50%，诉讼费用为 50 元（假设无其他诉讼成本，也不考虑诉讼费用分担问题）按照经典乐观模型理论，此时在 450 元至 550 元范围内双方均能达成调解。但在实践中，甲可能想要 550 元（1000 × 50% + 50），而乙只愿意支付 450 元（1000 × 50% - 50），双方无法达成调解。

续造模型告诉我们，能否达成调解与诉讼预期差距有关，在当事人都追求效用最大化时，能否达成调解对预期差距要求更严格了。在实践中，由于信息不对称、法律知识欠缺以及对法律理解不同、证据掌握的充分程度、利己主义的存在等原因，双方都认为自己掌握更全面的信息，维权方预期赢率很难小于侵权方的预期输率，造成大家倾向于选择诉讼而非先行调解。

2. 草率诉讼增加诉讼选择。通常理性维权者会仔细权衡诉讼收益、不

① 该模型最先由 Landes（1971）、后来的 Gould（1973）提出的，后来又经过 Shavell（1982）、Cooter 和 Rubinfeld（1989）、Baird、Gertner 和 Picker（1994）发展而成熟。

② 李珂、叶竹梅：《法经济学基础理论研究》，中国政法大学出版社 2013 年版，第 236 页。

③ 李珂、叶竹梅：《法经济学基础理论研究》，中国政法大学出版社 2013 年版，第 237 页。

④ ［英］约翰·伊特韦尔等：《新帕尔格雷夫经济学大辞典》，陈岱孙等编译，经济科学出版社 1996 年版。

良后果与胜诉几率，但仍然可能产生不理性的诉讼即“草率诉讼”,[①] 包含以下几种情况：

一是负值诉讼，是指从表面上看原告提起的预期收益低于诉讼成本的诉讼。例如，维权方通过诉讼向对方施压以获赔，当侵权方的诉讼成本高于维权方的诉讼成本时，侵权方将选择和解来解决这个没有价值的诉讼。[②] 有的负值诉讼可有效威慑侵权者的侵害行为，但有的只是造成财富从被告向原告转移，不产生社会收益。

二是负气诉讼，指维权方仅希望通过诉讼发泄不满。例如，双方当事人存在积怨，一方希望通过诉讼给对方一点教训，如出现在农村地区的相邻关系纠纷上。负气诉讼可能无法让维权方获得任何收益，还会带来社会成本的浪费。

三是合意诉讼，维权方通过诉讼来达到诉讼预期的趋同，增加双方达成协议的可能。合意诉讼也需要花费大量社会成本。[③]

草率诉讼加剧了当事人的诉讼选择偏好，但也为我们设计替代制度，例如先行调解来减少诉讼提供了可能。

（二）法院调解的刚性溢出效应导致当事人倾向选择法官

所谓溢出效应，是指一个组织在进行某项活动时，不仅会产生活动所预期的效果，而且会对组织之外的人或社会产生影响。[④] 因为多年以来法院调解的传统导致法院调解实际上占据主导地位，同时也潜移默化地向当事人灌输这样一种认知——调解仅在法院主持下才有效力（例如执行效力），其他调解协议费时费力最终还是要回归到法院，不然只是一纸空文。正是法院调解的溢出效应导致了当事人对于民间各类调解的不信任，包括对调解本身的权威性和公正性、调解协议效力的不信任。

（三）规避损失的心理导致先行调解成功率低

行为经济学模型提出,[⑤] 人类具有规避损失的心理偏好，当面对的是收益时，人们愿意选择确定性更高的收益；当面临损失时，人们愿意选择不确定性更高的损失。由于在纠纷解决过程中，侵权方是面临损失（即支付赔偿）的一方，故侵权方更可能在调解中提出要求维权方让渡其因无法达

---

① 李珂、叶竹梅：《法经济学基础理论研究》，中国政法大学出版社 2013 年版，第 241 页。

② 李珂、叶竹梅：《法经济学基础理论研究》，中国政法大学出版社 2013 年版，第 242 页。

③ 赵晓微：《民事诉讼当事人博弈及成本优化——以“理性经纪人”为视角》，《湘潭大学学报》2018 年第 1 期。

④ 毕玉谦、唐俊：《审判与调解程序保障机制研究》，中国政法大学出版社 2015 年版，第 108 页。

⑤ Jeff Rachlinski, Gains, Losses, and the Psychology of Liligation, South California Law Review, 1996, p. 70.

成调解协议而将付出的诉讼成本。上文所述的乐观模型会变成：

$$PpD \leqslant PdD - Cp \text{ 也即 } D（Pd - Pp）\geqslant Cp$$

第一，行为经济学模型解释了为什么调解难以达成，因为调解要求侵权方认为维权方的胜诉概率显著高于己方。

第二，诉讼过程中更易达成调解，而先行调解不具备这种优势。一审中，原告较被告有更强的动力去达成调解，但如果一审原告完全胜诉，进入二审后，上诉人（被告）面临收益（二审改判降低一审确定的支出）不确定，此时上诉人调解意愿增加，被上诉人调解意愿降低，从而缩小双方的预期差距。

第三，从上式可以看出，当维权方的期望值小于侵权方时，诉讼标的额越大越容易调解。但大标的额争议要通过调解解决，需要满足的条件是：一是维权方的期望值小于侵权方这一特定条件；二是需要更多时间，这是因为此时当事人心理上更为谨慎，客观上也需要通过更多时间来获取信息。

（四）成本——收益理论分析先行调解反悔率高的原因

反悔率高可从成本—收益理论得到解释。一方面，毁弃调解协议带来的成本较小，先行调解协议不具有强制执行效力，通常做法均认为先行调解协议仅具合同效力，这种效力导向使得当事人反悔时不用付出任何成本。现实中调解协议未获当事人自愿履行，最终进入司法审判程序和执行程序的并不鲜见。另一方面，先调程序的收益由于其本身缺陷难以得到保障。除法院调解外，其他调解主体专业水平有限，专业知识参差不齐，作出的调解协议可能会因各种原因被确认无效或者无法履行。

三、进路：提炼选择偏好的影响要素引导偏好转向

（一）引导当事人先行调解的基本方法

自愿是调解应有之意，引导这种偏好自然转向是调解制度能够独立于诉讼的关键所在。[①] 从上文分析可提炼出诉讼预期差距、权威缺乏、规避损失的心理、成本收益比四大影响要素，下面将从这四大要素入手进行偏好锚定与纠正。

1. 多角度平衡当事人的诉求预期差距。当事人诉讼预期差距主要由当事人信息交换不充分、同案不同判等因素引发。

（1）加强信息交换。虽然有学者认为在调解中查清事实和分清是非会

---

① Milan Zenleny, Multiple Criteria Decision Making, McGraw - Hill Book Company, 1982: 115.

导致法院调解率下降,[①] 但从乐观模型可以看出，当事人预期的趋同能促进调解，故在调解中加强信息交换是有必要的。

第一，促成自愿交换不被打扰的完成。对于不利于对方的信息，当事人基于理性判断大多自愿交换。调解员只需为当事人提供一个面对面交换意见不被打断的场合，并及时引导当事人高效、规范地进行信息交换。目的是让各方第一次听到对方完全的观点陈述，正视不利于自己的信息，使他们认识到作出部分让步是必要且合理的。

第二，“穿梭外交”加强非自愿交换。当事人对于己不利的和本人难以证明的信息缺乏自愿交换的激励,[②] 此时调解员可通过私人会见的方式与各方谈话，告知双方隐瞒信息可能带来的不利法律后果，并通过自身专业知识和法律经验从双方不便公开交换的信息中寻求调解可能性。

（2）选择固定参照点。为当事人选择固定参照点，探索类案工作总结机制，达到以案去案的效果。一是对刑事、民事、商事、行政的主要类型案件进行类型化梳理，将具有同类特征要素的案件进行归并整理，建立数据库，并在诉讼服务大厅通过多媒体向当事人展示，当事人在进行程序选择前可以自行查阅相关案件处理标准；二是对于侵权案件、劳动争议和民间借贷等案件中涉及的计算问题可以制作计算要素和公式，方便当事人自行计算，让当事人对裁判结果做到心中有数，从而缩小当事人预期差距。

2. 重构调解权威抑制法院刚性调解溢出效应。基于效率和经济的逻辑起点，法院主导的调解在所有调解类型中取得了最为醒目的成绩。然而，将调解置于审判程序框架下的设计使得法官调解成为一种刚性制度的弹性替代物，事实上在获得效率的同时贬损了正义，也使得体制外的调解近乎当然地失去了野蛮生长的能力。正如最高人民法院强调的那样，推广和适用调解并不仅为了解决案多人少的矛盾，而是要真正发展出一种独立于诉讼的非诉纠纷解决机制。

（1）调审分离是必由之路。调解作为与仲裁并列的“非诉讼纠纷解决机制”，成为与法院程序相互独立而非依附的一环是其应有之义。也就是说，要放弃目前法院调解与民间调解多种形式并立的分割体系，以建立单一调解制度为目标，致力于发现一条平行且独立于诉讼、仲裁的第三种社会化纠纷解决路径。具体而言就是调审程序分离，人员分离。如此，才能保证法律权威，同时激发调解的内生活力。

（2）以专业性打造权威性。中国传统社会的差序格局决定了传统调解

① 肖建华、杨兵：《论我国诉讼调解原则体系之重构——兼评〈关于人民法院民事调解工作若干问题的规定〉相关规定》，载《政法论丛》2005 年第 1 期。

② 李珂、叶竹梅：《法经济学基础理论研究》，中国政法大学出版社 2013 年版，第 249 页。

方式的道德性，而随着社会经济发展，中国社会尤其是城市社会渐渐转化成团体格局社会。[①] 目前实践中所谓的“五老调解”“乡贤调解”实际是过去“长老调解”的延续，在农村地区可能运行良好，但这一套在城市缺乏适用土壤。比起道德说教，现代都市人更相信专业资质和专业管理。要想在城市中推进非诉纠纷解决机制，应当在新的社会格局中寻找新的权威。因此，调解权威的重塑需要改变现在多种调解方式并存的局面，用专业、优质、高效的服务来吸引当事人选择。

3. 区分合意型与强制型调解抑制规避损失心理。不论是草率诉讼还是当事人规避损失的心理，都是客观存在的，区分和筛选这些纠纷有必要将纠纷类型分为合意型与强制型两类。除开那些不适合调解的纠纷类型，先行调解也应当区分为合意型与强制型两种。

强制型先行调解不损害自愿性，此处强制仅指调解的启动，而非在调解程序中强迫进行调解。强制型先行调解仅仅适用于特殊类型的民事纠纷，并非所有民事纠纷都能进入，避免将纠纷不加区别纳入先行调解，造成拖延办案。强制型先行调解应具有法定性，《民事诉讼法》第一百二十二条规定的先行调解赋予了当事人程序异议权，属于自愿调解。因此，应在民事诉讼法先行调解制度中增加强制启动案件类型的相关条文，在适用程序上也应添加严格限制。

4. 利用诉讼费用的杠杆作用引导当事人行为选择。诉讼费用制度是调节与控制判决成本的重要部分，通过发挥诉讼费用的杠杆作用，可以影响人们选择诉讼还是和解。《美国民事程序联邦法》第 68 条规定采用了这种做法：“拒绝了被告正式和解出价的原告，如果在后来的判决中得到的结果不好于和解出价，必须支付被告在和解出价后的诉讼费用。”最高人民法院在《关于进一步深化多元化纠纷解决机制改革的意见》中亦规定了诉讼费调整方案。我国先行调解中亦可引入此种思路，以此推动维权方认真考虑侵权方的和解出价，节省判决成本。

（二）“双开门制度”的概念提出与基本构架

1. 概念。根据以上四个引导偏好转向的基本方法，本文创造性地提出一种有助于实现调解效果最佳化的“双开门制度”。

门[②]的概念是形象地将“仲裁”“调解”“小额速裁”等不同程序作为通往正义结果的独立程序与普通诉讼程序并列，当事人可以通过选择恰当的程序解决纠纷，而不是经过不同程序但最终都通往诉讼。双开门制度通

① 费孝通：《乡土中国》，江苏凤凰文艺出版社 2017 年版，第 24～63 页。

② ［美］斯蒂芬·B·戈尔德堡等：《纠纷解决——谈判、调解和其他机制》，蔡彦敏等译，中国政法大学出版社 2004 年版，第 7 页。

过自始以维护公正追求正义为圭臬，将先行调解制度定位于独立于诉讼程序之外“接近正义”① 的一扇门，与“诉讼”“仲裁”诸程序并列。简言之，调解双开门制度指的是一种独立于诉讼制度之外的，调审分离，合意与强制并行的先行调解制度。

2. 基本构架。本文立足于明确先行调解在立法上的模糊之处，整合实务中多种实践样本，建构一种平行且独立于诉讼、仲裁之外的第三种社会化纠纷解决路径。

先行调解制度应当在当事人起诉之前启动，依据启动方式可以分为合意型与强制型两类。先行调解制度作为一个独立完整的制度，包括先行调解中心的确立、调解员资质、调解启动、调解庭组成，开庭程序以及调解效力的执行与拒绝调解的惩罚等部分，细节问题将在下一章中详细说明。

四、设计：为实现调解效果最佳化目标的“双开门”模式

先行调解“双开门”制度具体从以下四个方面展开：

（一）主体——调解员资质与管理

先行调解中的调审分离首先应做到人员分离，案件统一归入社会化调解中心调解，不再有法官参与，以此抑制当事人的法官选择偏好。

1. 建立统一的调解员资格准入和认证体系。在政府主导的调解中心基础上进一步优化，建立调解中心调解员统一的资格准入制度。参照公证员和仲裁员，调解员管理归口司法局，要求通过国家统一资格考试，持证上岗。早期调解员可从基层法律服务者、初级律师以及退休司法从业人员中产生，后期应进一步提升专业化水平，加入资深律师和高校法学工作者。调解中心建立统一调解员名册归口管理。

2. 调解员责任与义务。调解员不是裁判者，而是协助当事人达成合法自愿协议的服务提供者。因此，调解员应恪守保密、忠实、中立以及及时终结程序的义务。除当事人同意外，不得披露调解中获取的信息，调解员与调解结果产生直接利害关系时应回避，此外，调解员有义务如实向当事人告知自身专业资质和从业经验；② 调解员应在调解时限到达或当事人确定无法达成一致时及时终结程序，并告知救济手段。

3. 调解员惩罚。司法局应出台相关规章制度完善调解的职业道德和职业纪律规范。对于违反该规章的调解员，由司法局统一给予警告处分，三次以上则吊销执业证书，触犯法律的移交有司。

---

① 《欧盟关于在民商事法领域适用 ADR 的绿皮书》第 1.2 部分。

② 方俊：《俄罗斯调解法之评析》，载《人民法院报》2013 年 12 月 13 日第 8 版。

（二）入口——合意型与强制型案件筛选机制

借鉴学者提出的三分法，将案件分为：一、强制先行调解类案件；二、合意先行调解类案件；三、不适合先行调解类案件。[①] 具体区分方法如下：

1. 强制型先行调解

案由：有些案件当事人因事件性质、居住环境或一定情谊特别需要维持彼此之间和谐关系，天然适合调解，[②] 如家事纠纷、相邻关系纠纷、合伙纠纷。

标的额：根据费用相当性原则，适用小额诉讼程序审理的纠纷应进入先行调解。

繁简程度：使用简易程序审理的案件，或者在进行繁简分流的法院，简案先行调解。

当事人人数：有的案件各方当事人人数过多又缺乏统一委托诉讼代理人的，不便于组织调解，不宜先进行调解。区分标准应以 3 人为宜。

2. 合意型先行调解的纠纷

案由：劳动争议纠纷、交通事故纠纷、具有行业协会的行业类纠纷如旅游、医疗类纠纷、消费者权益保护纠纷、一般合同纠纷等案件。

标的额：在侵权责任纠纷中，标的额越大说明维权方损失越惨重，双方矛盾冲突激烈，不宜进入先行调解。标的额大的合同纠纷，应结合其案由和繁简程度进行审查，且此类纠纷可以经当事人申请适当延长调解时间。

当事人人数：人数大于 3 人时，应考虑当事人是否愿意进入诉讼。

3. 不适合先行调解应直接立案的纠纷

第一，不符合法院受理条件的。第二，适用特别程序、督促程序、公示催告程序、破产还债程序的案件，婚姻关系、身份关系确认案件，其他依案件性质不能进行调解的民事案件。第三，当事人申请保全的、当事人一方联系不上的。

（三）过程——程序流畅

针对以上不同类型的案件，设定不同的流程：

1. 调解启动程序

（1）强制型先行调解。先不予立案，立案庭当场向原告告知应先行调解，同时将立案材料移交先行调解中心。

（2）合意型先行调解。立案庭当场向原告送达先行调解建议书内，原告明确表示反对的，应进行立案登记。原告同意进入先行调解的，应在 3 个工作日向被告送达通知，被告可口头或书面拒绝，法院应在收到被告拒绝当日立

---

① 李浩：《先行调解制度研究》，载《江海学刊》2013 年第 3 期。

② 陈计男：《民事诉讼法论（下）》，我国台湾地区三民书局 2000 年版，第 183 页。

案。被告默示视为同意。双方明示或默示同意的案件移交先行调解中心。

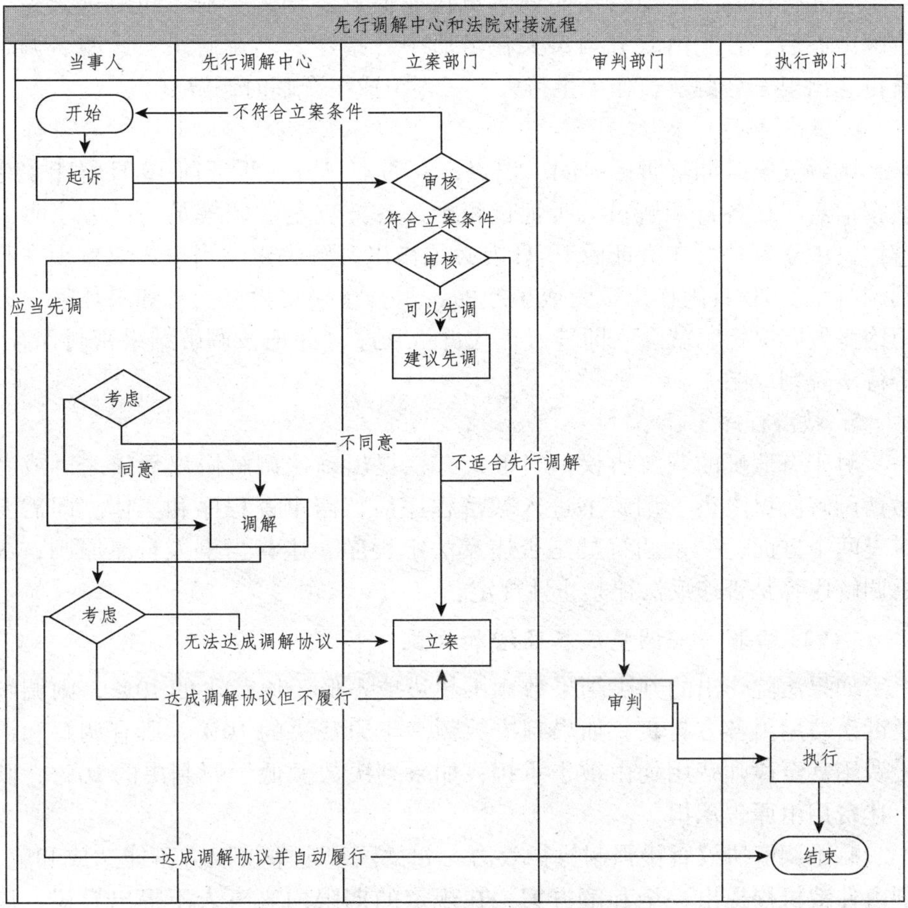

图5　先行调解中心和法院对接流程图

直接向调解中心提出的，参照以上程序，只是不需要从法院立案部门转入。

2. 调解期限

原则上确认先行调解期限为30天。针对特殊案件例如标的较大等类型案件，经当事人书面申请，可延长期限。

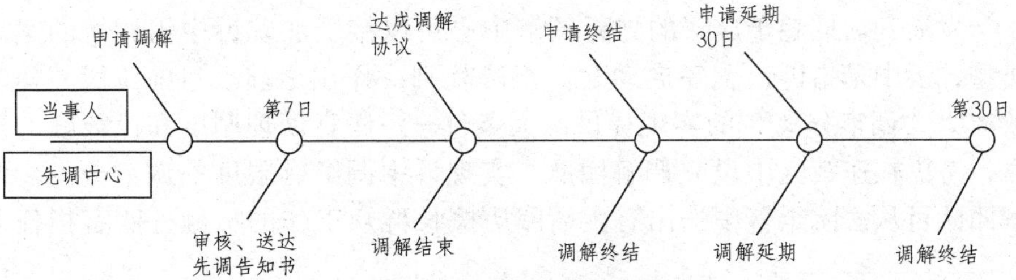

图6　先行调解流程图

3. 调解庭组成程序

各先行调解中心均有注明调解员执业信息的调解手册。纠纷进入先行调解中心后，首先由双方当事人在名册中各指定一名调解员，这两名调解员再选出第三名调解员作为主持人，三人组成一个临时调解庭。

4. 调解程序

调解庭安排调解听证时间、地点，并通知双方在听证前10日将相关待披露信息提交各自调解员。听证过程中，各方选定的调解员为己方当事人辩护，中立调解员在听证后10日内必须作出调解决定，当事人双方须在收到调解结果20日内作出接受或拒绝的表示，逾期视为接受。如果任何一方拒绝该调解决定，就会立即进入正式诉讼程序，并把该调解结果密封保存，等待法院判决结果。

5. 救济程序

对于有瑕疵的调解协议，当事人有权提出确认调解协议无效之诉或者撤销调解协议之诉。调解书进入救济程序后，需审查程序和实体。即需要审查两个方面，一是调解员是否违反法定程序，违背当事人自愿原则；二是调解内容是否违反法律禁止性规定。

（四）结果——调整成本及增加收益

如果法院作出的判决结果数额不超过或不低于原裁决的10%，则调解及诉讼费用由各方自负；如果判决数额高于原裁决的10%，所有调解和诉讼费用甚至律师费用均由被告承担；如果判决数额低于原判决的10%，则上述费用由原告承担。

赋予调解协议直接强制执行效力。如德国规定争议双方不能达成和解，则由仲裁机构提出一个和解方案，在规定的期限内当事人不提出异议，该和解方案具有强制执行力；[①] 香港特别行政仲裁法令也有类似规定，可见将和解协议作为执行依据已有立法先例。在未来调解制度完备的情况下，调解中心作出的先行调解协议理论上更为规范，亦能有效避免当事人相互串通损害第三人利益的可能，可通过修改立法赋予其强制执行效力。

（五）展望——将诉中调解纳入调审分离的轨道

发展到后期趋于成熟的先行调解中心可以接受法院诉中需调解的案件类型，诉中是指诉讼程序启动之后至法院判决作出之前。目前阶段，司法改革为“调审分离”的实现提供两大条件——法官助理制度和速裁庭的建立，考虑在速裁庭中设立调解团队，实现诉中调解有限度的调审分离。调解团队可从法院干警中选出有生活阅历擅长群众工作的员额外法官担任调

① 熊跃敏、周杨：《我国行业调解的困境及其突破》，载《政法论丛》2016年第3期。

解员。以这种机制作为过渡，当社会化调解中心成长到类似仲裁机构的独立程序时，则可将在审判中发现的需要调解的案件直接交给调解中心。

结 语

由于调审分离的观点已经逐渐被理论界和实务界接受，故建立一个与审判并行的调解“双开门”已具有一定理论基础。笔者认为应从先行调解制度入手实现有条件的“调审分离”“合意与强制并行”，再逐步建立一个完整有效的私人自治性解纷模式。希望通过该模式真正引导当事人对诉讼的选择偏好向其他解纷模式的转变，实现纠纷的多元化治理。

道交纠纷诉前调解机制实证研究和制度完善

——以 903 件 P 市 H 区道交纠纷诉前调解案件为样本

徐　哲[*]　陈忠生[**]　张娟娟[***]

随着经济发展和机动车逐渐普及，道路交通事故纠纷大幅增加。但互联网的高速发展，以及 5G 技术的日臻成熟，为解决法院系统案多人少的困境，提供了创新矛盾纠纷多元化解机制的新模式，最高人民法院、公安部、司法部、中国保险监督管理委员会联合运用大数据加强预防和化解社会矛盾机制建设，在全国开展道路交通事故损害赔偿纠纷“网上数据一体化处理”改革试点工作（以下简称道交纠纷一体化改革），2018 年 P 市 H 区法院被确定为道交纠纷一体化改革试点法院，P 市 H 区法院在道交纠纷类案专业化审理的前提下，道交纠纷诉调对接机制的基础上，探索道交纠纷一体化改革新路径，本文以该法院 903 件道交纠纷诉前调解案件为分析样本，探索分析道交纠纷诉前调解机制实行的背景条件、全面呈现其运行模式和现状，深入思考该机制运行中的问题，探究实践困境存在的内外因素，并在此基础上尝试提出完善道交纠纷诉前调解机制的建议。

一、价值分析：道交纠纷诉前调解的实践基础

目前道路交通事故责任纠纷案件包含保险合同、侵权、雇佣、挂靠合同等多种法律关系，历经公安责任认定、行政调解、鉴定评估、保险理赔、法院审判执行等多部门多环节。近年来道交纠纷案件具有以下特点。

（一）案件数量多，占民事案件比例较大

P 市 H 区地处中原交通枢纽要道，公路网发达，国道省道相互交融，交通状况复杂，道路交通事故责任纠纷案件量居高不下。近五年，H 区法院机动车交通事故责任纠纷类案件共计 9827 件，占全部民事案件比例为

* 作者单位：河南省濮阳市中级人民法院。
** 作者单位：河南省濮阳市中级人民法院。
*** 作者单位：河南省濮阳市中级人民法院。

18.12%（见表1）。

表1　H区法院道交纠纷案件审结情况

年份	道交纠纷案件数（件）	民事案件总数（件）	道交纠纷案件占民事案件比例（%）
2014	2162	7425	29.12
2015	1987	9263	21.45
2016	1966	11598	16.95
2017	2100	13158	15.96
2018	1612	12792	12.60
共计	9827	54236	18.12

（二）案件大多数涉及保险公司

2007年交强险制度实施后，道交纠纷案件增加了涉案车辆交强险投保保险公司。2012年《最高人民法院关于审理道路交通事故损害赔偿案件适用法律若干问题的解释》出台后，涉案车辆商业三者险保险公司也纳入了道交案件诉讼主体范围。在道交案件中保险公司作为赔偿责任承担者参与诉讼，近五年来，H区法院涉及保险公司案件占道交纠纷案件比例在90%左右（见表2），保险调解具有得天独厚的优势。保险行业调解本质上属于市场系统内部的一种自我修复、自我矫正的机制。①

表2　H区法院涉及保险公司案件情况

年份	涉保险公司案件数（件）	道交纠纷案件数（件）	涉保险公司案件占道交纠纷案件比例
2014	2059	2162	95.23
2015	1868	1987	94.01
2016	1777	1966	90.39
2017	1861	2100	88.62
2018	1505	1612	93.36

（三）诉前调解先行条件较好

2012年，H区法院实行类案化审理，集中审理道路交通事故责任纠纷案件，赔偿项目赔偿标准相对统一，近五年道交案件量稳中有降，2018年道交案件量较2014年减少550件（见表1）。同时，P市保险诉调对接中心自2012年成立以来，P市保险行业协会针对涉当地保险公司案件进行诉前调解，调解成功案件年均300件左右，当事人对保险行业调解接受度较高。

① 高磊：《"大调解"格局中我国行业调解定位及发展路径》，载《法制与经济》2013年第3期。

二、成果展示：道交纠纷诉前调解的运行模式和成效

道交纠纷一体化改革，即运用大数据构建人民法院与公安、司法、保险协会、鉴定机构的相互衔接、协调联动的多元化纠纷解决机制，实现理赔计算、调解、鉴定、诉讼、理赔等业务的信息共享和在线处理。该项改革是认真落实习近平总书记提出的把“非诉讼纠纷解决机制挺在前面”的重要举措，道交纠纷诉前调解是决定改革成败的关键一环。

（一）道交纠纷诉前调解前置的运作主体

P市法院会同公安、司法、保险行业协会外出实地考察学习先进经验和做法，并于2019年3月21日联合出台了《关于建立全市道路交通事故损害赔偿纠纷“网上数据一体化处理”试点工作机制的实施意见》，按照意见要求，组成“一个法官为核心，两类调解并行”的道交纠纷一体化专业团队（见图1）。

1. 调配资深法官统筹全局。道交纠纷一体化改革工作多部门多环节，法院作为牵头部门，需要把握改革方向，加强业务指导，统一调解标准，严把调解、鉴定、理赔等各环节时间点，H区法院综合考量审判业务能力、人际协调能力等，调配熟知道交纠纷各环节的资深法官1名，统筹道交纠纷一体化中心审判、管理工作。为了做好网上调解平台案件引导运行、信息录入、司法确认衔接、档案归档、数据统计和日常服务工作，派驻司法辅助人员5名参与道交一体化中心工作。

2. 强化调解力量提高效率。按照四部门意见要求，P市H区各相关单位积极落实道交纠纷调解组织建设。设立道交纠纷人民调解委员会、保险行业调解委员会，H区法院和司法局设置调解员选任门槛，规范调解员的聘任程序，已经选聘人民调解员2名。保险行业调解委员会除了从保险行业协会选调专业保险调解员2名外，根据本辖区道交纠纷案件数量等具体情况，从保险公司选调18名辅助保险调解员，辅助保险调解员由各保险公司从具有专业法律知识和调解技能的员工中推荐，实行轮班制，专门调处涉及其保险公司案件。

3. 特邀法律援助律师保障权益。除不适宜诉前调解的外，引导当事人在立案前先行适用道交纠纷一体化平台进行调解。为了保障当事人合法权益，法院和司法部门在道交一体化中心设立法律援助中心，每天至少安排1名律师值班，援助律师为经济困难当事人提供无偿法律服务，同时协助不会使用道交一体化平台的当事人进行网上身份信息、证据材料上传等事务性工作。

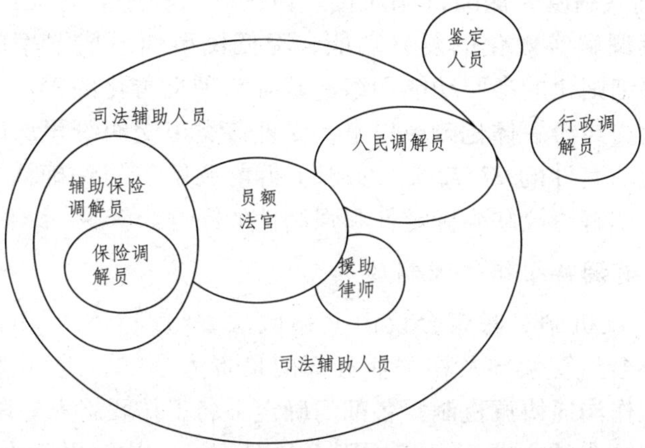

图1　H区法院道交一体化团队结构图

（二）道交纠纷一体化诉前调解程序

1. 明确受案范围，实现案件分流。道交纠纷诉前调解目前主要依靠人民调解前置机制和保险调解前置机制。除下列情形外，道交纠纷案件进入诉讼程序之前，必须由H区人民调解委员会和保险调解委员会先行调解：一是侵权人涉嫌刑事犯罪的，二是侵权人无明确联系方式或下落不明的，三是发生重大伤亡交通事故按规定启动重大伤亡快处机制的。① 在此基础上，涉及当地保险公司的案件由保险调解委员会进行调解，涉及外地保险公司以及不涉及保险公司的案件由人民调解委员会进行调解。H区法院道交纠纷一体化平台建立以来人民调解、保险调解前置案件占比（见图2）。

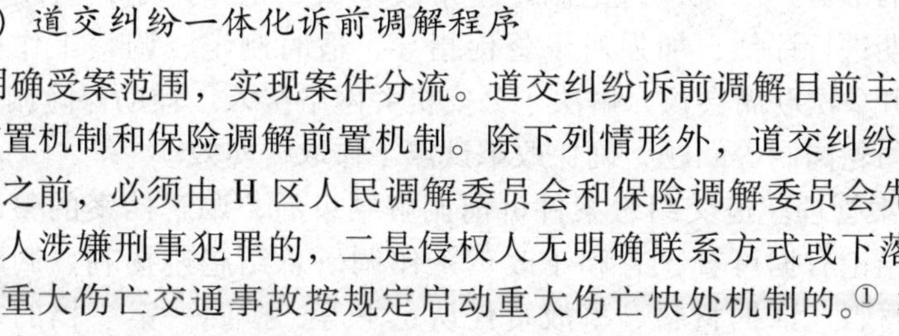

图2

2. 前置鉴定程序，提高调解质效。H区法院适用道交平台调解成功案件共计351件，其中司法鉴定程序前置案件为163件，占调解成功案件总量的46.43%。在调解案件过程中鉴定程序前置，有利于更准确地评定损伤，提高调解成功率。

① 《河南省高级人民法院、河南省公安厅、河南省司法厅、河南省银保监局筹备组关于建立全省道路交通事故损害赔偿纠纷“网上数据一体化处理”试点工作机制的意见》第12条规定。

3. 司法确认制度，保障诉调对接。司法确认程序具有促进包含人民调解在内的非诉调解实效化的复兴功能、降低民事纠纷成案率的减压功能、助力行政调解细则化的参照功能和缔造基础治理良善化的善治功能。[①] H区法院自实行道交纠纷一体化改革以来，受理该类道交纠纷司法确认案件343件，占调解成功案件的97.72%，实现了诉前调解与司法确认的无缝对接，进一步解决了调解协议缺少确定性和强制性的问题。

（三）诉前调解组织管理制度

1. 联席会议机制。联席会议由P市政法委组织召开，市法院、公安、司法和保险协会门管领导及相关业务部门负责人参加，进行道交纠纷网上一体化处理工作沟通协调机制。各部门确定1名工作联络人。联席会议按照定期、不定期结合的方式召开，原则上每月召开一次，及时分析改革试点工作面临的形势、困难，讨论制定全市改革试点工作计划，对改革试点工作成效定期进行评估，加强对下督促指导，适时制定、调整工作措施，目前共计召开2次联席会议，解决了公安机关网络接入、辅助保险调解员调配和保险公司轮岗制等问题，确保改革试点工作取得实效。

2. 档案管理。道交纠纷案件诉前调解结束后，调解档案的整理、保管使得调解结论有据可查，有利于改革工作调研总结趋避扬利。调解员将该案的文书材料、证据材料、事故责任认定书等，按照一案一档的规定进行归档，电子档案与书面档案同时进行保存。

（四）搭建道交纠纷一体化平台的成效

道交纠纷诉前调解机制实施以来，为当事人搭建了“互联网+诉前多元化解纠纷处理”的新平台，法院、公安、司法、鉴定、保险协会一体化办公，351件道交纠纷在诉讼前得到成功调解。破解案多人少、保险理赔难、赔偿时间长等道交纠纷难题。

1. “互联网+诉前多元化解纠纷处理”的新平台。道交纠纷诉前调解不同于传统诉前调解，为当事人提供了人民调解、行政调解、保险调解三种不同的多元化调解选择，且依托全国法院道路交通事故赔偿纠纷诉前调解平台，为当事人提供异地申请调解、远距离证据交换质证、快速获赔等提供了坚强的技术支撑。道交纠纷一体化改革充分运用互联网大数据分析，通过平台公开透明的精准预判功能和一键理赔功能，引导各方当事人形成合理、一致的赔偿预期，将大量的道交纠纷化解在诉前，满足了群众多元化的司法需求。

2. 办案时间大幅缩短。2018年H区法院受理机动车交通事故纠纷案件

---

① 刘加良：《非诉调解司法确认程序的实践误区及其矫正》，载《政治与法律》2018年第6期。

1623 件、占民事案件的 12. 36%，加上公安交警部门单独处理的事故纠纷，案件数量更大。经公安、调解、鉴定、审判程序，道交纠纷解决周期平均为半年以上。道交纠纷一体化改革后，案情清楚简单的案件当日即可实现理赔，案情稍微复杂的纠纷一周内也可办结，疑难复杂纠纷办案周期至少能缩短至 60 天以内，道交纠纷诉前调解将办案周期缩短至 21. 8 天。

3. 法院司法资源得到释放。道交纠纷案件涉及多个部门，各部门道交赔偿标准不统一是导致大量道交纠纷案件进入诉讼阶段的重要原因。河南省法院、公安、司法和银保监局筹备组四部门联合下发的《河南省道路交通事故损害赔偿项目计算标准和主要情形损害赔偿责任比例（试行)》，全省统一的损害赔偿标准固化了当事人赔偿预期，促使保险公司主动与受害人协商解决赔偿，大量纠纷在诉前调解平台快速化解，实现类案效应，减少了公安交警部门在纠纷初期“单打独斗”的工作投入，缓解警力不足的压力。提高了道交纠纷调解成功率，法院受理的机动车交通事故责任纠纷案件数量明显减少，道交纠纷调解数量明显增多（见图 3)，减轻了法官的工作压力，节省了法院司法资源。

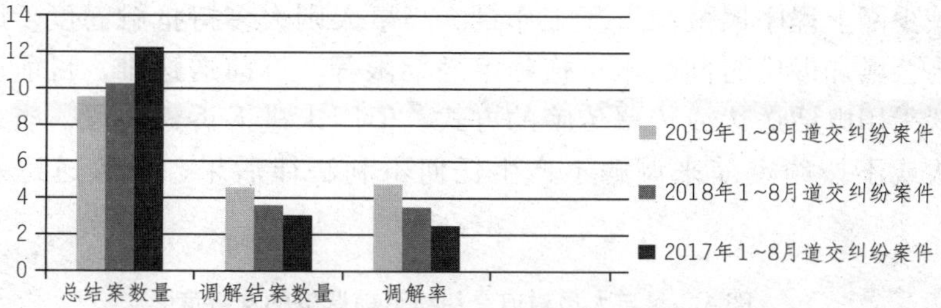

图 3 近三年 H 区道交纠纷案件调解量、调解率对比图

4. 社会治理成本明显降低。道交一体化改革将大部分道交纠纷通过诉前调解解决，保险行业将是此项改革试点的直接受益者，保险公司节约了大量的诉讼费和律师费。H 区道交一体化中心于 2019 年 4 月正式挂牌以来，3 个月时间已调解结案 301 余起，调解成功 210 起，成功率为 69. 77%；起诉金额 1264. 33 万，调解支付 903. 26 万元，减损 361. 07 万元，减损率为 28. 56%。同时，道交一体化也节约了当事人的诉讼费 69 万余元，减省了鉴定费和纠纷解决时间成本，节约了社会治理成本。道交纠纷网上诉前调解有利于实现调审分离，且有学者认为审判介入调解则会影响当事人合意的形成，造成“合意的贫困化”。[①] 道交纠纷网上诉前调解能很大程度上维护当事人的真实意思，是坚持以人民为中心发展思想的切实体现。

① 蒋明洁、张博：《诉与非诉：法院主导的诉前调解若干问题的思辨——从能动司法的角度》，载《法制与社会》2016 年第 35 期。

三、原因探究：道交纠纷诉前调解的实践困境

道交纠纷诉前调解机制自运行以来取得了阶段性突破，但通过调查发现，道交纠纷诉前调解仍面临着很多瓶颈与困难，如多部门参与合力作用未达到预期，部分案件办案周期长，当事人诉权未能有效保障等，道交纠纷诉前调解中出现以上问题的原因是复杂多样的，本文主要从内外因两个方面进行深入剖析。

（一）内在因素：诉前调解参与者分析

1. 参与各方认知偏差。各方参与者对道交纠纷诉前调解机制的价值认同程度决定了其对程序适用的基本态度，也决定着道交纠纷多元化解的实效。通过对H区法院工作人员、调解人员、当事人[①]进行了随机性书面问卷调查，调查结果显示：有近40%法院工作人员对道交纠纷诉前调解机制不了解，其中法官助理和书记员近56%表示对诉前调解的具体流程不熟悉，而在当事人群体中高达80%以上对其持反对或怀疑态度（见图4）。支持度方面，员额法官对诉前调解持谨慎态度，法官助理、调解员和书记员更倾向于减少网上程序累赘和重复工作量。当事人则大多持抵触态度，原因大多认为会增加诉讼时间成本、拖延审理期限等。诉前送达难，目前诉前调解一般采用电话送达或传票传唤的方式，但因未进入诉讼阶段，当事人拒绝签收或不按约定前来调解不产生任何不利法律后果，导致送达效果不理想。

图4 参与人员对道交纠纷诉前调解的支持度

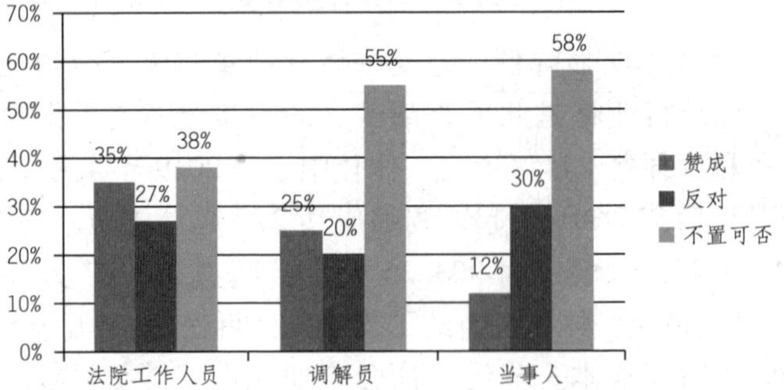

2. 诉前调解组织效用尚未最大化。2019年1月H区实行道交纠纷一体化诉前调解机制以来，诉前成功调解351件，诉前调解取得了初步成效。但

① 本次调查对象包括法院工作人员52人（其中员额法官16人、法官助理16人、书记员20人）、调解员40人、当事人50人，调查问卷回收率100%。

仍存在以下原因：一是调解员专业性和薪资待遇有待进一步提升。保险调解员和人民调解员均是临时选调的，大部分缺少专业业务培训；另外调解员均是依靠政府财政核发的固定工资，薪资较低，固定工资不利于激发调解员积极性。二是保险调解中立性问题。辅助保险调解员大多是自保险公司员工，调解其本公司案件较多，难免缺乏调解人的绝对中立性。三是保险行业调解效用尚待加强。保险调解人20名，占调解人员数量的90.9%，保险调解成功案件仅为115件，占总成功调解量的32.76%，调解成功率较低。

（二）外在因素：诉前调解规范和标准尚不完善

1. 部门间数据壁垒尚未完全打破。道交纠纷线下一体化到线上数据一体化改革过程中，目前仅仅实现了全国法院道路交通事故赔偿纠纷诉前调解平台与法院内网、保险、鉴定三个网上模块，实现了保险调解、人民调解前置到司法确认、民事审判的数据对接、共享与管理。但与公安交警、司法鉴定两大模块尚未实现数据有效对接。公安部门数据如车辆信息、事故责任认定书等不能在调解平台共享，鉴定前置在诉前调解阶段已经实现，但未通过网上一体化平台实现与司法部门的对接，无法在一体化平台上直接进行鉴定机构的选定、鉴定材料的审查等功能，增加了重复录入工作，影响了鉴定质效，加大了诉前调解难度。

2. 赔偿标准不统一。道交纠纷赔偿标准的统一是道交纠纷一体化改革的基本前提。目前省内已经统一营养费、交通费等部分赔偿标准，但由于城镇居民标准和农村居民标准相差悬殊，依据最高法司法解释作出的判决，虽然在法律依据上并无不当，但是客观上形成的“同命不同价、同伤不同赔”的赔偿标准，① 不利于化解纠纷。精神损害抚慰金、残疾辅助器具费用以及误工费、护理费、营养费赔偿时间等一系列认定条件，调解员之间、各部门之间均未达成统一意见。

3. 操作流程尚未规范化。在线纠纷解决机制（Online Dispute Resolution，简称“ODR”）是一种将计算机信息处理功能与便利的通信网络相结合的诉讼外争议解决模式，是替代性纠纷解决方式（ADR）在网络空间的运用。② 道交纠纷线上诉前调解程序尚不成熟，（1）诉前送达难问题。符合条件的案件均被引入网上诉前调解程序，未考虑案件数量是否与当前调解力量相适应，导致部分案件被挤压在诉前。H区申请调解案件1038件，已

① 冯建、李朝霞：《关于机动车交通事故责任纠纷案件的调研报告》，载《山东审判》2013年第6期。

② 范筱静：《电子商务中在线纠纷解决机制初探——以信息技术应用和消费者保护为视角》，载《科技与法律》2012年第4期。

接收调解案件为903件，调解完成521件，尚有135件未进入调解程序，382件在调解中。(2)“已结不立”的问题。诉前调解不成功的案件报结无需形成单独的卷宗材料，该类案件是否进入诉讼程序仍取决于当事人的意思表示，无任何文件规定调解不成功案件必须在一定时间内转立案，正式立案前这段时间缺乏监督，侵害了当事人的诉权。(3)证据质证、线上鉴定等流程有待进一步规范。当事人上传的证据材料清晰度较低、证据不完整调解不成功案件的证据材料清晰度问题不能在立案阶段直接采用等未能得到解决。

四、出路探析：道交纠纷诉前调解机制的完善建议

(一) 发挥调解组织效用最大化

1. 优化调解员配置结构。调解员由保险协会调解员和人民调解员构成，两种类型的调解员各有优势和不足。保险协会调解员了解当地保险公司运作模式，熟知当地保险公司理赔或法务人员联系方式和调解习惯，道交纠纷诉前调解案件均涉及保险公司，尝试引入政府购买社会服务机制可以增加保险调解人员力量。改变以往辅助保险调解员仅仅调解其本公司案件的状况，实行18位辅助保险调解员真正的轮岗服务，调解值班当天所有案件，并实行跟踪负责制，确保调解的中立性和持续性。人民调解员在道交纠纷诉前调解架构内，由于其立场中立，受害人更加愿意选择该调解方式，选择人民调解员应坚持择优选聘和专兼结合的原则。调解员工作绩效突出的可以选入法院特邀调解员名册，由法院颁发特邀调解员证书。

2. 规范诉前调解流程管理。(1) 制定完整的制度规范。不断总结分析诉前调解的问题与成效，充实道交纠纷诉前调解的规则体系，实现从确认调解立案、调解送达、调解期限、鉴定前置、档案管理等全流程有章可循。(2) 加强流程管理。发挥调解委员会的作用，落实专人责任制，加强诉前调解的节点管理、规范调解过程，保障当事人权益。

3. 完善考核退出机制。诉前调解已初步建立起调解人员绩效考核机制，但尚不足以适应道交纠纷一体化改革调解前置机制发展的需求。应分别建立专业调解员与兼职调解员的日常考评、年终考评机制，尤其要争取以“以奖代补”机制平衡不同类型调解员的收入情况，提升调解人员的积极性。调解员在调解过程中有索取收受财物、泄露当事人个人隐私、商业秘密等行为的，可以由调解委员会予以教育批评、责令改正，情节严重的，推选或聘任单位可以罢免或者解聘，有怠于履行工作职责造成恶劣社会影响或身体原因无法正常履职的，推选或聘任单位也可以罢免或者解聘。

(二) 实现全程数据共享

目前在线视频调解、在线视频庭审、司法鉴定、司法确认、保险理赔

已成功并入系统，为道交纠纷一体化改革工作实现前端、后端全闭环网上处理。

1. 建立协作工作机制。加强与公安机关、司法机关、保险协会之间的沟通合作，在联席会议的基础上，建立疑难问题专题研讨、调解经验座谈会多种形式的联系机制，宣传平台成果，发布典型案例，做好事故发生后的调解平台引导机制，扩大道交纠纷一体化平台的社会认知与部门认可度。

2. 探索线上鉴定前置程序。四部门应规范操作、理顺程序，为司法鉴定并入网上一体化处理平台奠定坚实的基础。（1）编制鉴定机构名册，鉴定机构资质要从严审查；组织受害人、侵权人、保险公司三方在诉前调解过程中，通过网上调解系统共同参与确定鉴定机构，由调解中心或法院技术处对外委托鉴定。（2）各方当事人对鉴定事项进行审查并组织当事人对检材发表质证意见。由调解组织或法院向鉴定机构发送鉴定委托书、鉴定材料或组织现场鉴定。（3）鉴定后未调解成功，通过线上鉴定前置程序得出的鉴定意见，当事人在诉讼程序中没有足以反驳的相反证据或不存在重新鉴定的法定情形，当事人在诉讼阶段申请重新鉴定，法院应当不予准许。

（三）科学有序推进系列标准统一

交通事故损害赔偿标准的统一是大势所趋。如果各方当事人对未来可能的诉讼结果得出的预测结果基本一致，就会在“法律的阴影下”主动和解，打消付诸诉讼的冲动。①

1. 应由法院主导。英国著名法官G·休厄特说过：“法官不仅要主持正义，而且要让人们明确无误地、毫不怀疑地看到在主持正义。这一点不仅是重要的，而且是极为重要的。”道交纠纷处理规范标准化涉及责任认定、保险理赔、诉前调解和法院裁判等多个环节，从职责和专业程度来讲，道交纠纷处理规范标准化应当由法院主导统一、推动，因为一切道交纠纷哪怕涉及环节、部门再多，最终都终结于法院的审理判决，法院具有最终的话语权。②

2. 逐步扩充损害赔偿标准内容。根据当地经济发展水平及以往道路交通事故纠纷处理的实际情况，全面统计，科学分析，逐步实现伤残（死亡）赔偿金农村、城镇标准认定条件，尤其是农村居民经常居住地为城镇的证据认定规则。我国精神损害抚慰金适用的是酌定赔偿法，但法官因个人阅历、社会经验和价值判断不同，对精神损害赔偿的数额认定也就不同，笔

---

① Cf. J. Mark Ramseyer and Minoru Nakazato," The Rational Litigation: Settlement Amounts and Verdicts Rate in Japan"（1989）18 Tne Journal of Legal Studiesn264～270.

② 余凌云：《论道路交通事故处理规范的标准化——以日本的实践为借鉴》，载《政治与法律》2016年第5期。

者建议按照伤残等级对精神损害赔偿标准量化。误工、护理、营养期间的赔偿时间、赔偿标准，后续治疗费，残疾辅助器具费用等一系列标准的统一。

3. 标准适用公开化、统一化。(1) 除扩充统一标准的内容以外，在标准的适用上也应逐步统一。只要是参与到诉前调解机制中的调解员均应适用相同的标准，而且这个标准要与法院诉讼调解、审理标准相一致。(2) 在大数据、"互联网+"时代，在全国道交纠纷一体化平台上利用"理赔计算器"，将具体案件事实输入，便能查询出具体赔偿数额。通过发放典型案例等方式，向公众公开同一地区损害赔偿标准，避免信息不对称，更容易平息纠纷，迅速结案。

（四）完善在线道交纠纷诉前调解制度建设

《最高人民法院关于适用〈中华人民共和国民事诉讼法〉的解释》第二百五十九条明确规定："经当事人双方同意，可以采用视听传输技术等方式开庭。"从法律规范角度讲，网上视频调解、网上视频开庭具有合法性，但在道交纠纷一体化平台运行过程中，仍存在证据核对、时间节点等问题，为保证当事人程序正义，应从以下几方面进行规范。

1. 明确调解前置立法。美国、德国以及我国台湾地区已经明确将调解前置制度写入法律，其中我国台湾地区"民事诉讼法"第403条以列举的形式规定了道路交通事故纠纷的调解前置程序。[①] 目前最高人民法院和各省高级人民法院出台了道路交通事故损害赔偿纠纷"网上数据一体化处理"工作规范或实施意见，且道交纠纷诉前调解经过多次试点改革赔偿标准已趋于统一。解决"案多人少"的对策之一就是扩大多元化纠纷解决机制的使用以分流案件，对部分适宜调解的案件类型设置调解前置程序，避免在社会性纠纷解决渠道不畅的情况下，"司法是正义的最后一道防线"被置换为"司法是正义的唯一一道防线"。[②] 进行全面调解前置制度改革的条件已经成熟。通过立法形式确立道路交通事故纠纷调解前置程序，赋予其较高的法律位阶保障势在必行。

2. 规范诉前调解时间。道交一体化中心工作人员在收到当事人调解申请后，经初步审查符合道交一体化诉前调解范围的纠纷，应在5日内确认调解收案；并按照人民调解、保险调解受案范围进行分流，在3日内确认具体承办调解员。诉前调解时间不应超过30日，根据纠纷难易程度和调解进程

---

① 龙飞：《多元化纠纷解决机制立法的定位与路径思考——以四个地方条例的比较为视角》，载《华东政法大学学报》2017年第2期。

② 苏力：《审判管理与社会管理——法院如何有效回应"案多人少"?》，载《中国法学》2010年第6期。

经双方当事人同意可以适当延长，但延长期间不应超过 30 日。调解成功的案件申请进行司法确认的，应在 7 日内进行司法确认，实现先行调解与司法确认的无缝对接；诉前调解不成功的案件应及时转诉讼，并在 7 日内将调解不成功案件转法院内网进行立案。

3. 确保证据质证程序。《民事诉讼法》第六十四条第三款规定："人民法院应当按照法定程序，全面地、客观地审查核实证据。"网上诉前调解过程中，应保证各方当事人证据质证的诉权，并通过电子视频或调解笔录的形式予以确认。当事人不能达成调解协议的，调解人员在征得各方当事人后，可以采用书面形式记载双方无争议的事实部分，由双方当事人签字盖章后记录在卷，在庭审过程中这部分签字记录可以作为证据使用。

结　语

道交纠纷诉前调解机制依托于道交纠纷一体化改革，P 市 H 区作为我国首批道交纠纷一体化的先导者，目前改革取得了很大的成效，但也有其局限性。道交纠纷诉前调解是改革成败的关键环节，本文所论各个具体问题既是该区改革难点，也是全国试点法院必须面对和克服的问题。通过进一步剖析原因，完善道交纠纷诉前调解规范，运用大数据化解社会矛盾，其先进性、系统性、科学性、可行性都会在不久的将来有大踏步的发展。因此，道交纠纷诉前调解机制构建过程中，应当具备前瞻性的立法思维，尊重和体现规律，科学合理地设计好各项制度，才能实现理想与现实、创新与可行的统一。

七、立案登记篇

立案登记背景下司法风险的识别与防控

——以L市两级人民法院为分析样本

王乔金* 谢 雄**

为解决立案难问题，《中共中央关于全面推进依法治国若干重大问题的决定》（以下简称《决定》）提出立案登记制改革。2015年5月1日，《中央全面深化改革领导小组关于人民法院推行立案登记制改革的意见》（以下简称《意见》）和《最高人民法院关于人民法院登记立案若干问题的规定》（以下简称《规定》）正式实施，标志着立案登记制改革正式落地。

诉权是当事人请求法院行使审判权以保护其合法权益的权利，是当事人进行诉讼的基本权能。① 贯彻和树立诉权保障理念，是立案登记制度的出发点和归宿。② 按照人民法院诉讼流程和架构，纠纷的“诉化”流程是通过立案节点将当事人“诉请”转化为诉权的。在“诉化”流程中，登记环节的实效直接影响诉权的保障。笔者通过对立案登记制运行现状的实务观察，从诉权保障的视角，识别和分析立案登记制运行的风险点，进而从观念确立、制度构建和法律规制等层面提出风险防范化解应对措施。

一、现实观察：立案登记制带来的司法实务变化

立案登记制改革的初衷是回应群众司法诉求，保障当事人诉讼权利，降低案件受理“门槛”，使诉讼更加亲民、更接地气。笔者以L市两级法院数据为样本，对立案登记前后四年相关情况进行分析。

---

* 作者单位：福建省龙岩市中级人民法院。

** 作者单位：福建省龙岩市中级人民法院。

① 李德恩：《民事立案制度之重构》，载《上海政法学院学报》2012年第6期。

② 蔡虹、李棠洁：《民事立案登记制度的法理省思》，载《法学论坛》2016年第4期。

（一）人民法院受理案件数明显增加

近五年来，全国法院受理案件数在2015年上升迅速，其后逐步放缓，但体量仍增加明显。

表1　全国法院近五年案件受理情况①

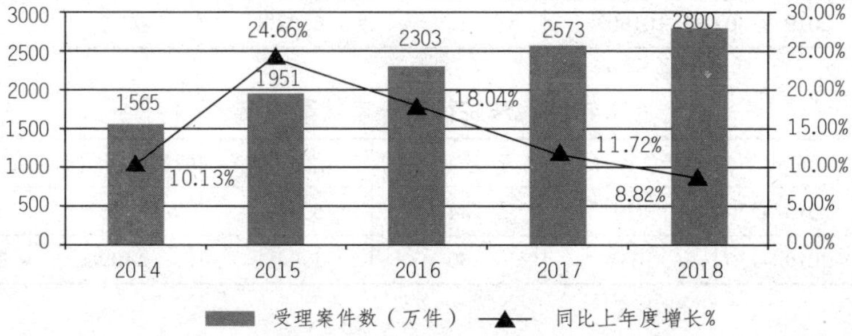

表2　L市两级人民法院一审民事、行政案件收案情况

年份	民事一审收案数（件）	同比增长（%）	行政一审收案数（件）	同比增长（%）
2014	23513	-1.30%	269	41.57%
2015	25227	7.29%	329	22.30%
2016	24667	-2.21%	470	42.85%
2017	24092	-2.33%	354	-2.47%
2018	25167	4.46%	406	14.89%

从表1、表2可看出，2015年从全国法院到地方法院，无论是民事一审还是行政一审收案数，都呈现放量激增态势，2015年全国案件增幅为24.66%，2016年以后每年增幅分别为18.04%、11.72%和8.82%，与2014年的10.13%比，基本维持在10%左右。L市两级法院一审民事、行政收案在2016～2017年间甚至出现短期回落。

（二）起诉要件审查重心后移

在立案审查制下，不予受理和驳回起诉有不同适用阶段和条件，立案部门通过对起诉的审查，认为符合起诉条件的予以立案，不符合的则裁定不予受理。移交业务庭后，在审理过程中发现不符合起诉条件的，裁定驳回起诉。立案登记后，由于《意见》和《规定》均要求符合规定的起诉当场予以登记立案，不予受理的适用空间受到限缩，仅留下当场无法判断是否符合条件的，留待立案部门在法定期限内进行审查，且《规定》还要求，在法定期限内确实无法判断是否符合起诉条件的应当先行立案。这种情况

① 数据来源于最高人民法院各年度工作报告。

下，表现为不予受理消减、驳回起诉增多，呈现此消彼长情形。

表 3　　L 市两级法院民事一审结案情况

起止时间	结案总数（件）	不予受理（件）	比例（%）	驳回起诉（件）	比例（%）
2011/5/1 -2015/4/30	92756	39	0.04%	371	0.40%
2015/5/1 -2019/9/30	101903	67	0.07%	732	0.72%

表 4　　L 市两级法院行政一审结案情况

起止时间	结案总数（件）	不予受理（件）	比例（%）	驳回起诉（件）	比例（%）
2011/5/1 -2015/4/30	829	44	5.31%	126	16.20%
2015/5/1 -2019/4/30	1634	30	1.94%	409	25.03%

从表 3、表 4 可看出，2015 年 5 月 1 日以后，L 市两级法院民事一审、行政一审结案案件中，驳回起诉明显增多，其中民事案件驳回起诉增幅 97.3%，行政案件驳回起诉增幅 224%；驳回起诉结案占比，民事和行政分别从 0.4% 增至 0.7%、15.2% 增至 25.03%；而不予受理（不予立案）结案占比基本没有变化，行政案件不予立案结案占比甚至从 5.31% 下滑至 1.84%。

从另一个维度看，立案登记制前，在民事一审结案中，不予受理与驳回起诉合计在结案中占比 0.44%；在行政一审结案中占比 20.51%。立案登记制后，在民事一审结案中，不予受理与驳回起诉合计在结案中占比 0.79%；在行政一审结案中占比 26.87%。由此可见，立案登记制后，因不符合起诉要件而结案的比例明显增大。换言之，立案登记制后，经过审查，民事和行政未纳入法院审理的比例分别上升 0.35% 和 6.36%。

（三）立案审查重点为法院受案范围

法院受案机制虽由立案审查制变为立案登记制，但这并不意味着法院对起诉无需审查。[①] 在现有的法律框架下，登记≠立案，登记针对的是诉状，立案针对的则是当事人的起诉。当然，在当场立案情形下，登记和立案是同时完成的，在非当场立案情况下，审查的表象会更明显一些。笔者通过对 L 市两级法院立案登记制实施前后四年民事 106 份不予受理裁定书和行政 74 份不予立案裁定书的对比分析，立案审查事由发生了变化。

① 最高人民法院立案登记制改革课题组：《立案登记制改革问题研究》，载《人民司法》2015 年第 9 期。

表 5　　L 市两级法院民事一审结案不予受理情形统计（单位：件）

起止时间	不予受理数	不予受理事由						
		原告不适格	不属于民事诉讼受案范围	不属于受诉法院管辖	重复起诉	在法定不得起诉期限内起诉	无具体诉讼请求及事实和理由	诉状不符合要求
2011/5/1 – 2015/4/30	39	7	19	5	6	2	0	0
2015/5/1 – 2019/4/30	67	5	26	15	14	4	1	2

表 6　　L 市两级法院行政一审结案不予受理情形统计（单位：件）

起止时间	不予受理数	不予受理事由							
		原告不适格	不属于行政诉讼受案范围	不属于受诉法院管辖	重复起诉	超过期限起诉	被告不明确	无具体诉讼请求及事实和理由	诉状不符合要求
2011/5/1 – 2015/4/30	44	5	22	9	1	6	1	0	0
2015/5/1 – 2019/4/30	30	5	13	4	2	3	1	1	1

统计显示，是否属于民事（行政）受案范围一直是立案审查重点，其中民事诉讼领域不属于受案范围占不予受理总数的 42.45%，行政占 47.3%。从时间轴纵向看，法院对是否受案范围的审查已有所减少，民事案件从立案登记制前的 48.72% 降至之后的 38.81%，行政案件从 50% 降至 43.33%。从具体类型看，民事领域不属于受案范围事由主要包括：（1）属于行政主管事项；（2）属于村民自治决定事项；（3）政府主导的企业改制纠纷；（4）政策性历史遗留问题等。行政诉讼领域主要包括：（1）对起诉人不产生实际影响的行为；（2）属于单位内部管理活动；（3）属村民自治决定范畴；（4）属刑事侦查行为；（5）属于党内政治制度。

从不予受理事由看，涉及实体审查类事由主要包括原告是否适格、是否受诉法院主管、管辖，这三项事由分别占民事和行政案件类型 72.64% 和 78.37%。

（四）虚假诉讼和疑似滥诉案件频发

《刑法修正案（九）》（以下简称《刑九》）新增“虚假诉讼罪”。从司法实务看，L 市两级法院共判决生效 4 起虚假诉讼案件。其中，王某兴、王某福劳动仲裁执行虚假诉讼监督案件入选最高人民检察院指导性案例。

与此同时，在民事和行政诉讼领域出现了一批起诉较为集中频繁的当事人。通过走访办案法官，结合大数据分析，将2015年以来在L市两级法院涉诉较多当事人案件作简要梳理。

表7　　部分当事人案件统计　　（单位：件）

姓名	起诉案件数	一审民事案件	民事案件被裁定不予受理、驳回起诉	一审行政案件	行政案件被不予立案、驳回起诉
丘某	56	12	6	25	15
黄某	35	4	0	12	9
缪某	20	4	0	7	5
石某	16	2	0	4	3

分析前述四位当事人所涉案件，大致为两类：丘某和黄某属第一种类型，所诉多为地方一级政府及其部门，主要诉求申请政府信息公开或履行法定职责。缪某和石某为第二种类型，所诉案件多由一“源头案件”引发，当事人把处理“源头案件”的相关部门作为进一步起诉对象，引发系列关联诉讼。

二、剖析省思：立案登记实务变化引起的司法风险识断

立案登记制是一项深刻的诉讼制度改革。立案登记制的实施拓展和规范了人民法院立案活动，强化了公民诉权保障，一定程度缓解了“门难进、脸难看、事难办、案难立”的困局。[①] 但如前所述，由于立案登记制下立案“门槛”降低，立案“过滤”功能减弱，带来了诉讼量剧增和滥诉，加上内部衔接不畅的掣肘，隐藏在这些变化背后的风险必须予以正视。

（一）诉源扩张与司法有限引起的司法供需失衡风险

在立案登记制背景下，法院诉源扩张的主要表现，一是一审诉讼案件收案量连年增加，行政案件尤甚；二是纠纷从社会进入司法的程序加快，纠纷“诉化”程序更加便捷，主要体现在起诉要件审查重心后移，适用“不予受理”比例明显减少，如L市两级法院行政一审案件不予立案结案占比从5.31%降至1.84%。

1. 诉源扩张冲击有限的司法权能。司法的权能是指司法的权力范围和功能。司法是化解纠纷的最后手段，但并非唯一方式，也非最佳选择。一个国家纠纷解决机制受历史、传统、体制等各方面因素影响。中国特色社会主义建设过程中，一些特殊纠纷“法院对超出其解纷能力的案件作出判

---

① 王建国：《法治中国视野下立案登记制的回顾与展望》，载《河北法学》2016年第12期。

决，对纠纷本身的解决并无实益，反而会减损法院的公信力。”①

2. 诉源扩张挑战有限的司法资源。司法资源包括司法机构的设置、人员和经费投入等。“人案矛盾”的现实问题在法官员额制改革后表现更为明显。以L市两级法院为例，2017年来新收案件数增幅度为5.49%，但法官人数一直维持在330人左右，年人均办案数从157件增加到185件。据统计，2015年上海、江苏、浙江三地法官人均办案数分别达到187件、167件、218件。② 同时，还存在司法辅助人员配备不足的问题，如L市中级法院目前只能以3名员额法官+1名法官助理+2名书记员组成审判团队。此外，司法实践中还有大量辅助事务性工作没有从审判职权中剥离进行集约化社会化处理，也进一步耗损了司法资源，让“事多人少”矛盾凸显。

（二）诉权越界行使与“过滤”功能减弱增大了滥诉风险

《意见》强调，惩治和打击虚假诉讼、恶意诉讼和滥用诉权行为，是与立案登记制度共生的一项制度。滥诉不仅侵害审判权，浪费司法资源，也剥夺了其他权利人合法诉权，甚至将他人牵扯进不当诉讼中，不堪其扰。

立案登记制后滥诉行为呈现新特征，破坏性和风险系数增大。首先，滥诉行为更加隐秘，针对立案登记下起诉形式要件更严的要求，有的行为人会从一开始就会“按图索骥”准备所谓符合登记立案的证据材料，一旦通过立案关口，便会堂而皇之进行庭审，乃至获得裁判后申请强制执行。其次，由于起诉审查重心总体后移，对滥诉行为审查发现时间更晚，滥诉行为通过立案登记形式审查而进入实体审理程序的概率就更高，滥诉行为对诉讼制度的破坏以及对无辜当事人权益的侵害也就更大。最后，行为人主观随意性增大，滥诉行为发生变得更加不确定。囿于对登记即立案的狭隘认识，行为人以各种“奇葩”理由要求登记立案，以博眼球。如某影视明星瞪眼案、某童星微博未予回复案等。

三、处理应对：立案登记制运行风险的立体防控

司法参与社会治理，最主要的方式是司法介入纠纷处理，即通过立案受理来完成纠纷的“诉化”。应对立案登记制下的司法风险，主要需厘清三种关系：一是由立案登记所启动的诉讼程序与外部社会治理体系的关系；二是诉讼程序内部立案登记、立案审查前后承转关系；三是诉讼程序所指向的诉权行使本身的自洽。

（一）内与外的平衡：明确司法介入纠纷时能动与克制的界限

司法有其固有的局限，司法面对某些特定领域，比如政治权力运行领

① 杨会新：《从诉之位阶看民事案件受理机制》，载《比较法研究》2016年第3期。

② 数据来源于2016年上海、江苏、浙江三地高级人民法院的工作报告。

域以及社会自治领域，总保持谦抑和克制。[①] 但是，司法谦抑并非等于司法消极。[②] 人民法院主动参与并积极融入社会治理是现代化诉讼服务体系的必然要求。司法有限和克制只是司法对自身权力边界的客观认知，司法能动才是对积极融入社会治理体系的应有态度。

1. 司法介入纠纷的逻辑起点：起诉条件的修正

（1）修正的内容。根据《决定》规定，在立案登记制下，当事人起诉到法院的案件，符合受理条件的，应做到“有案必立，有诉必理”。起诉是原告实施的要求法院启动审判程序，审理裁判自己特定诉讼请求的诉讼行为。[③] 起诉作为当事人的单方行为，能否启动诉讼程序，重要在于法院对起诉的态度。按照现有规定，须符合受理（起诉）条件。这样的制度设计，“根本问题在于设定了过高的起诉条件，将实体判决要件（诉讼要件）不适当地植入起诉条件中”[④]。起诉条件中既包含了形式要件，又包含了实质要件，以民事诉讼为例，民事起诉条件既有形式要件，又有实质要件。在诉讼理论中，立案登记对象是诉状，法院对登记之审查即对诉状审查设定条件。在原告起诉后，诉状送达给被告之前，起诉法律关系仅存在于法院和原告之间，由于尚未形成原告、法院、被告三方诉的关系，尚未形成审的结构，此时，法院对诉状之审查不应涉及实体的基于抗辩方可探知的内容，而应仅限于程序性的形式要件审查。换言之，应将目前起诉条件中涉及实体判断的内容剥离出来，仅留存程序事项，具体而言，起诉条件应为：①起诉主体是否明确；②起诉对象是否明确；③起诉的请求是否明确；④起诉是否有基本事实和理由；⑤在诉讼费预缴制度下，是否缴纳足额诉讼费。

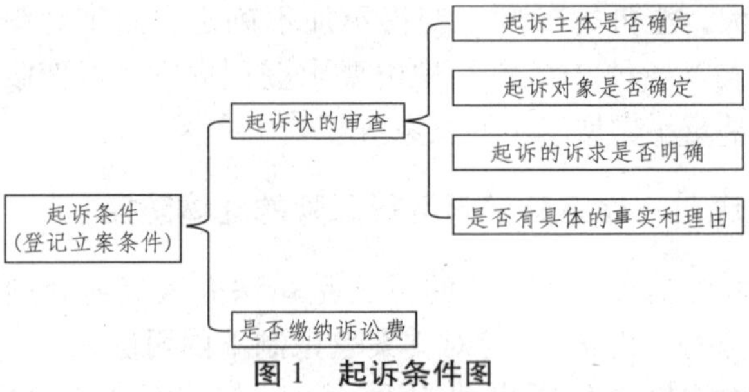

图 1　起诉条件图

（2）修正后的功能。对起诉条件作这样的修正，使立案登记制保障诉

① 孙笑侠：《论司法多元功能的逻辑关系》，载《清华法学》2016 年第 6 期。

② 石春雷：《立案登记制改革：理论基础、运行困境与路径优化》，载《重庆大学学报（社会科学版）》2018 年第 25 期。

③ 张卫平：《民事诉讼法》，法律出版社 2013 年版，第 284 页。

④ 张卫平：《民事案件受理制度的反思与重构》，载《法商研究》2015 年第 3 期。

权的功能得到最大化实现，立案登记仅审查形式要件，而不审查实体要件，从而彻底解决“立案难”问题，司法参与和主动融入社会治理也有了基本的程序安排和制度保障。

2. 司法介入纠纷的限度标准：诉讼要件的厘定

（1）概念。在诉讼原理上，一般将诉讼的程序条件分为“诉讼成立要件”（起诉条件）和“诉讼要件”（本案审理及判决要件）。[①] 诉讼要件是评价起诉是否合法的要件。无论是出于对司法资源的调配考虑，还是对诉讼制度设立的目的和利益安排，或者是对被告程序利益的考量，各国都会对诉讼要件作出规定。也就是说，进入法院的起诉并不必然引起诉讼程序，只有符合法定要件的起诉，法院方能启动案件审理。法律规定的判断起诉是否构成诉的条件即是诉讼要件。

（2）分类。诉讼要件，按照其内容大体可以分为两类：一是积极要件，如起诉要件中原告是否适格；是否属于法院主管；是否属于受案法院管辖等。二是消极要件，即法律法规及其司法解释明确列举法律规定禁止进入法院受理范围的事项，在《意见》第二项和《规定》第十条，均对不予登记立案等情形进行了列举，但部分内容还仍需进一步细化，如“不属于人民法院主管”“违法起诉”，对是否属于法院主管范围，应紧密结合司法实践变化，作出规范指引，如涉及村民自治、国企改制、历史遗留问题等，应纳入禁止范围。对是否属于违法起诉，则应从行为人主观上是否存在故意或者重大过失、是否违反范围起诉或者越权起诉、是否造成严重后果等进行确定。

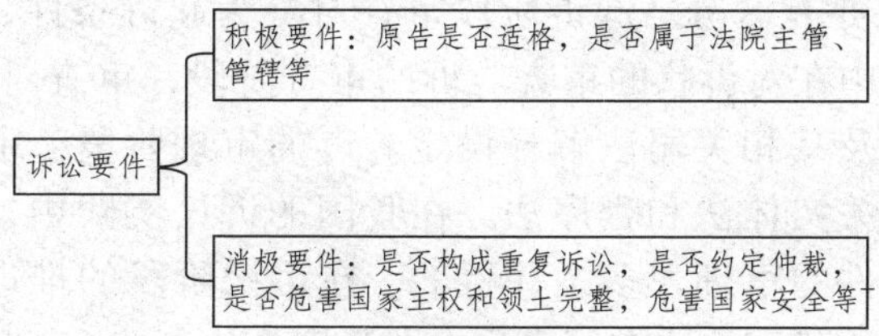

图 2　诉讼要件图

（3）功能。司法介入纠纷的限度标准以诉讼要件审查为必要。立案登记制下从不排斥司法对起诉合法性的审查。诉讼要件之厘定即是对司法权边界的界定，通过在纠纷“诉化”的通道中设立一道阀门，约束司法权自主扩张和任意收缩，利于诉权保障，也能积极引导民众规范行使诉权，倡导理性诉讼。

---

① ［日］秋山干男、伊藤真等：《评注民事诉讼法》（第 3 卷），日本评论社 2013 年版，第 10 页，转引自唐力：《民事诉讼立审程序结构再认识》，载《法学评论》第 3 期。

（二）前与后的衔接：理顺诉讼过程中登记、审查与审理的关系

立案登记制改革后，对立案阶段是否还存在审查，是否需要审查，若需要审查，审查到什么程度、由谁审查等问题困扰实践。为此，应理清起诉、登记、立案、受理以及审理等在诉讼流程构造中的关系，再造符合立案登记制度要求和契合诉讼程序原理的正确范式。

1. 立案登记制下的诉讼流程再造

（1）阶段的构造。诉是一种取效性的诉讼行为，法官对其评价必须遵循相应规律，即分为成立、合法、有理三个阶段，且层层递进。[①] 第一阶段为起诉阶段，即原告向法院提起诉状至诉状送达被告之前，诉讼关系发生于原告和法院之间，这一阶段的任务在于法院对诉状的审查。第二阶段为诉的审查阶段，即自诉状送达被告至案件进入实体审理之前，由于诉状送达后被告的加入，原告、法院、被告三者之间诉讼关系形成。这一阶段的任务是对诉的合法性进行审查，符合诉讼要件的起诉直接进入诉的审理，不符合的，依法裁定程序驳回起诉。第三阶段为诉讼审理阶段，即法院依照法定程序对当事人的诉求进行实体审理阶段。在大陆法系的民事诉讼理论中，又称“本案”问题审理阶段，即对案件涉及的实体权利义务关系或者实体法律问题进行审理的过程。[②] 通过对诉的审理，法院得依据实体法和程序法作出裁断。概言之，立案登记制下，诉讼流程的构造为：起诉阶段→诉的审查阶段→诉的审理阶段。

（2）要件的设定。不同的诉讼阶段由于参与主体不同，形成了不同的诉讼法律关系，各阶段法律关系所指向的对象也不同，各阶段所设定的审查（审理）要件亦有区分。起诉阶段审查对象为起诉条件，即登记立案审查要件，主要集中在对诉状的审查。诉的审查阶段，审查对象为诉讼要件，诉讼要件由法律及其相关司法解释设定。诉的审理阶段，审查对象为本案要件，即案涉相关实体法和程序法。在我国的诉讼实践中，对诉讼要件的审理和对本案要件的审理大多是并行的，在诉讼阶段的推进上并没有前后界分，驳回起诉的裁定往往在庭审后由业务庭作出。

（3）程序的救济。不同的阶段对不同审查（审理）对象依据不同的要件，就会产生不同的评价结果。在起诉阶段，针对起诉要件的审查，在审查结果表现为诉的成立与否，符合起诉要件的，予以登记立案；经审查不符合的，法院须一次性告知原告在法定的期限内补正起诉状或者补充起诉材料，对告知后在法定期限内未予补正或仍不符合起诉条件的，决定不予受理。以“决定”形式裁断主要基于两点考虑，一是修正后的起诉要件均

① 段文波：《起诉程序的理论基础与制度前景》，载《中外法学》2015 年第 4 期。
② 张卫平：《民事案件受理制度的反思与重构》，载《法商研究》2015 年第 3 期。

为程序要件，针对程序要件的审查结论以决定的方式作出符合诉讼法的规定，二是“决定”程序快速、便捷的特点，贴近立案登记诉权保障的功能。对法院不予受理决定不服的，可以借鉴日本“即时抗告”制度[①]，允许当事人向本院申请复议，这样既有利于保障当事人诉权，又兼顾了效率。在诉的审查阶段，法院根据对诉讼要件的审查，在审查结果上表现为诉的合法与否，经审查符合诉讼要件的，继续诉的审理，经审查，不符合诉讼要件的，裁定驳回起诉。对驳回起诉裁定不服的，当事人可向上一级法院提起上诉。需要说明的是，这种制度安排的审查，类似于现行民事和行政诉讼程序中，在案件审理阶段发现不符合其起诉条件的审查，在审查结果和救济程序上并没有区别，本文旨在对其进行梳理和规整。在诉的审理阶段，法院得依据实体法和程序法的规定作出相应的裁断，裁断的形式一般分为两种，即判决驳回诉讼请求或者判决支持诉讼请求。对判决结果，依据程序法的规定，当事人可以提出上诉。

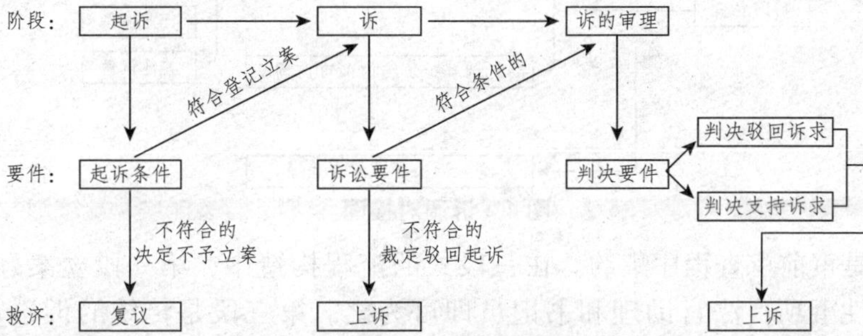

图3　诉讼流程位阶图

（4）程序再造的价值。一是程序安定和程序引导功能，摒弃立案登记制前立案即受理、受理即审理的观念，给社会公众于程序的心理预期，利于引导公众对司法程序运用规定理性识断。二是保留审查“过滤”功能，保持立案登记、审查和审判分立的诉讼架构，而且有利于立案部门将重心从原来的审查过渡到案件的分流功能，将更多的精力投入到诉调的对接上来。三是递进式的阶段构造更符合诉讼程序逻辑，当事人和法官均可依据程序信赖选择最优的路径而为裁断，节约审判资源。

2.“分调裁审”机制改革中的审前程序优化

在当前社会转型利益冲突多样化现实条件下，“人们愈来愈多地运用调解或者仲裁裁决方式，而这可以减少因法律僵化性质而导致的一些弊端”[②]。

① 张卫平：《民事案件受理制度的反思与重构》，载《法商研究》2015年第3期。

② ［美］E. 博登海默：《法理学：法律哲学与法律方法》，邓正来译，中国政法大学出版社2004年版，第424页。

在立案登记制情境下，对诉讼流程的再造中，结合“分调裁审”机制改革，可从两个维度优化审前程序：

一是诉前多元解纷衔接。在立案登记后诉讼要件审查之前，虽然案件登记进入法院，但法院尚未启动对案件的实体审查，此时进行诉非对接，非常契合国家治理体系现代化要求，《人民法院第五个五年改革纲要》亦作了部署。在理念上，要从传统横向的对接推动形成由党委牵头的一体化一站式纠纷解决机制；在方式上，推动党委政法委牵头成立涵盖人民调解、行政调解、行业调解、仲裁、公证等一体化的矛盾纠纷解决中心，可以挂靠政法综治部门或者法院诉讼服务中心；在程序上，可分类对各种纠纷设置委派调解前置或诉前征询适用仲裁或者公证程序等。

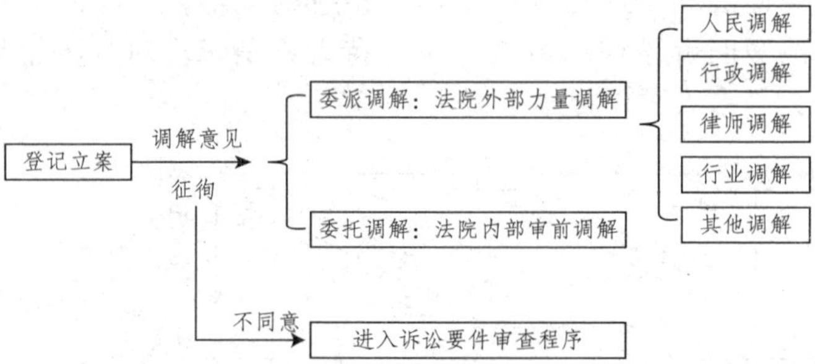

图4　诉调对接图

二是审前审查程序集约。在三段式的流程构造中，第一段立案登记因无裁断性事项，法官助理和书记员即可为之。第三段是传统的诉讼审理，依据诉讼程序构造以及司法改革要求进行即可。关键是第二阶段，对诉讼要件的审查，如何在“分调裁审”改革中予以集约。笔者认为可遵循以下路径：（1）分流，根据诉讼要件对案件进行初筛，对涉及可能对诉讼要件否定性评价的案件导入立案速裁团队。（2）速裁，由立案速裁团队对分流的涉及诉讼要件审查的案件进行裁断，原则上不设置开庭程序，可就争议问题进行询问。（3）并行审理，对无法分流判断和速裁案件，在诉的审理程序中并行审理，并依法作出裁定。

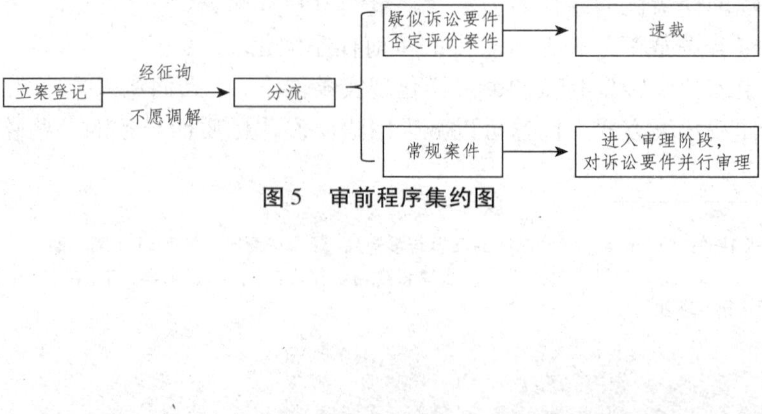

图5　审前程序集约图

（三）正与反的自洽：构建正当导向下的诉权滥用惩戒机制

诉权保护是立案登记制的核心价值。① 立案登记制所保护的诉权必须是符合法律规范的在正当目的导向下的诉权。因此，规制滥用诉权本身就是对诉权最好的保护。诉权的正当行使和对滥诉的打击规制，一正一反自洽于诉权保护体系中。

立案登记制背景下，滥诉风险产生甚至增大。鉴于此，应从以下几个方面做好滥诉风险的防范和应对：

1. 建立防范滥诉分制规则。滥用诉权行为的构成要件包括：第一，主观上具有过错，即行为人主观方面存在故意或重大过失；第二，不具备诉权行使条件或缺乏诉讼理由却行使了诉权。② 根据这个标准，结合《刑九》对虚假诉讼罪的规定，可以将滥诉行为区分为虚假诉讼行为和恶意诉讼行为。对于虚假诉讼行为，刑法已经有了规定，适用刑事制裁规则。对恶意诉讼行为，因主观方面存在故意或重大过失，同时侵犯司法秩序和对方当事人权利两种法益，应科以法律责任上的双重制裁，一方面得适用司法强制措施进行惩戒，另一方面可引入侵权责任规则，由受害当事人根据具体的侵权事实向行为人主张民事侵权责任。

2. 建立防范滥诉运用机制。滥诉从根本上讲是对诚信诉讼原则的违反。民事诉讼诚信原则的主要内容之一就当事人及其诉讼参与人真实陈述事实和主张义务。③ 但目前《民事诉讼法》尚未对“真实陈述事实和主张义务”诚信要求作出具体规定，可在立案阶段对诚信诉讼制度予以细化。一是在立案登记阶段建立诉讼诚信承诺制度，当事人向法院提交诉状时得向法院签署《诚信诉讼承诺书》，以善意之宣誓，形成精神乃至行为上的约束力。二是建立以记载滥诉当事人信息为内容的失信诉讼当事人名单。凡是构成刑法上的虚假诉讼以及因违反诚信诉讼制度而被认定为滥诉行为人，均纳入失信诉讼当事人名单，法院将失信诉讼当事人名单推送“信用中国”信息公开网（即国家信息中心“信用中国”官网），纳入失信“黑名单”归集范围，以实现对失信信息联合惩戒，推动诚信社会建设。

3. 完善防范滥诉配套机制。防范滥诉，除了正面确定规制规则并加以运用，还需要构建有效防范滥诉风险发生的配套机制，以实现滥诉风险尽早发现和准确规制，防患于未然。一是建立滥诉行为大数据分析识别机制，即在法院司法信息运用系统中根据疑似滥诉行为特征信息进行数据归集分

---

① 王二环：《登记立案制度之构建与完善》，载《政法论坛》2019 年第 2 期。

② 李二桃：《论对我国民事起诉权的法律保护》，载《前沿》2009 年第 9 期。

③ 参见最高人民法院民事诉讼法修改研究小组编著：《〈中华人民共和国民事诉讼法〉修改条文理解与适用》，人民法院出版社 2012 年版，第 22 页。

析后判断滥诉风险等级，如同一起诉主体同一类型案件信息、数量关联、重复起诉预警、高发案由（如申请政府信息公开）提示等。二是建立滥诉行为人费用负担机制，目前的诉讼费用承担规则为败诉方承担，可在此基础上建立滥诉费用负担机制，即在滥诉行为发生的情况下，由滥诉行为引起的一切费用，主要包括受害对方当事人因参与诉讼而产生的交通费、律师费、鉴定费等，均由滥诉行为人负担。三是完善滥诉行为审查机制，在审查起诉的否定性要件中加入滥诉行为，对审查认定为滥诉行为的，裁定不予受理或驳回起诉。江苏省南通市港闸区人民法院在“陆红霞不服被告南通市发展和改革委员会政府信息公开案”中提供了可参考的司法实践。

结　语

立案登记制改革是党的十八大以来司法领域的一项重大改革举措，是人民法院贯彻落实全面依法治国战略的重要抓手，为解决特定历史条件下的立案难问题起到了重大作用。当前，在司法改革不断深化的大背景下，本文从实证分析的角度探知立案登记制实施以来的司法风险，并提出风险防范控制的对策，以期司法者在实践中予以审慎关注和对待，亦期望能够为未来的改革提供一些参考，让立案登记制的优势进一步发挥和完善。

论民事诉讼立案在线化的实现进路

廖惠敏[*] 高碧青[**] 肖安定[***]

2019 年 6 月 13 日，最高人民法院院长周强在全国高级法院院长座谈会上要求到 2020 年全国各地区在线立案开通率要达到 100%，同时要求在充分保障当事人诉权基础上推进多元化纠纷解决机制建设。[①] 本文尝试论述人民法院如何借助互联网科技，利用在线立案环节的信息优势，统筹公共法律服务与社会解纷资源，保障诉权，提高在线立案智能化水平，构建协同型在线诉讼模式的实现路径。

一、在线立案制度的价值定位

自 2002 年深圳市中级人民法院推出在线立案服务以来，[②] 各级法院不断开展在线立案的实务与理论探索。上海、江苏、北京、浙江等地先后出台在线预约立案或在线直接立案规定。杭州、北京、广州三地互联网法院集中在线审理涉网案件，开启了互网联司法新模式探索。最高人民法院也不断出台在线立案的相关规定（主要内容见表 1）。但上述规定大多将在线立案定位为司法便民措施，没有充分体现在线立案作为互联网时代新型司法模式开端的价值，对在线立案司法实践的指导作用不够明显。

---

* 作者单位：福建省厦门市中级人民法院。
** 作者单位：福建省厦门市湖里区人民法院。
*** 作者单位：福建省厦门市湖里区人民法院。

① 澎湃新闻：《2020 年全国各地实现网上立案和跨域立案》，载新浪网 http：//news. sina. com. cn/sf/news/fzrd/2019 - 06 - 14/doc - ihvhiqay5564291. shtml，访问日期：2019 年 8 月 21 日。

② 陈阳阳：《“电子诉状”不敌“白纸黑字”深圳市中院网上立案无人问津》，载《江南时报》2002 年 3 月 15 日第三版。

表 1　　最高人民法院近年来出台的在线立案相关文件

出台时间	文件名称	在线立案相关内容
2003 年 12 月 30 日	《最高人民法院关于落实司法为民要求做好司法行政工作若干问题的意见》	要通过在线立案、电子签单、远程诉讼等方面的应用，将司法为民落实到实处
2009 年 2 月 18 日	《最高人民法院关于进一步加强司法便民工作的若干意见》	基层人民法院可以采取网络预约立案的方式方便当事人诉讼
2014 年 11 月 20 日	《最高人民法院关于进一步做好司法便民利民工作的意见》	各级法院要因地制宜推行在线立案、网上办公、电子送达等便民措施
2019 年 8 月 1 日	《最高人民法院关于建设一站式多元解纷机制、一站式诉讼服务中心的意见》	打造中国特色纠纷解决和诉讼服务新模式，为当事人提供线上一站式解决纠纷服务

（一）在线立案标志着智慧法院建设重心由内向外的转变

国外有学者认为，司法科技发展有三个阶段：内部管理阶段、信息公开阶段和在线诉讼阶段。[①] 与之相对应，我国智慧法院建设也经历了三个阶段：第一阶段是以司法案件管理系统为代表的数据统计阶段，该阶段的目标在于为司法决策提供数据支持；第二阶段是以人民法院三大信息公开平台（裁判文书、执行信息和案件流程）为代表的信息公开阶段，该阶段的目标在于为当事人提供更多司法信息；第三阶段是以三大互联网法院及众多在线诉讼平台为代表的在线法院建设阶段，其目标在于让当事人得以全流程在线完成所有诉讼活动。我国智慧法院建设目前已进行到了第三阶段的初期，各地法院诉讼平台的功能还在不断完善中。

表 2　　法院应用数字技术的三个阶段

	应用场景	主要功能	主要服务对象	代表性项目
第一阶段	法院内部	案件管理	司法机关管理者	司法案件管理信息系统
第二阶段	电子政务	信息公开与监督	法官	裁判、执行、审判流程三大信息公开平台
第三阶段	在线法院	在线诉讼	当事人/代理人	三大互联网法院及各地互联网法庭在线诉讼系统

国内外已有在线立案较为成功的经验。美国非营利组织奥兰治县法律援助协会与加利福尼亚州高等法院合作开发在线诉讼平台，用户能够通过

① ［美］伊森·凯什、［以色列］奥娜·拉比诺维奇·艾尼：《数字正义：当纠纷解决遇见互联网科技》，赵蕾、赵精武、曹建峰译，法律出版社 2019 年版，第 230 页。

多项选择和填空方式，在没有代理人的情况下由平台智能生成诉讼文书，并利用平台来检查文书的完整性。[①] 我国杭州互联网法院采用智能技术对法院立案过程实行全程自动化。对于符合立案审查标准的起诉，系统进行自动审查后立案，对于无法作出准确判断的起诉，系统会自动标注无法判断的问题，并自动推送给立案法官，帮助立案法官快速定位问题，提高立案效率。[②]

人民法院以内部办案信息化为手段提升司法效率的空间已十分有限，为进一步提高司法便民度与司法效率，应加强面向公众提供司法服务的在线法院建设。

（二）*在线立案是确保当事人诉权、防范社会风险的制度和技术保障*

诉权既是纠纷当事人向法院请求裁判的权利权，也是宪法所保障的公民基本权利之一。[③] 为防范社会风险，引导广大人民群众依法维权，中央先后在诉讼费管理、立案登记制等方面作重大改革举措，极大地便利了当事人诉讼，法院案件数量高速增长。

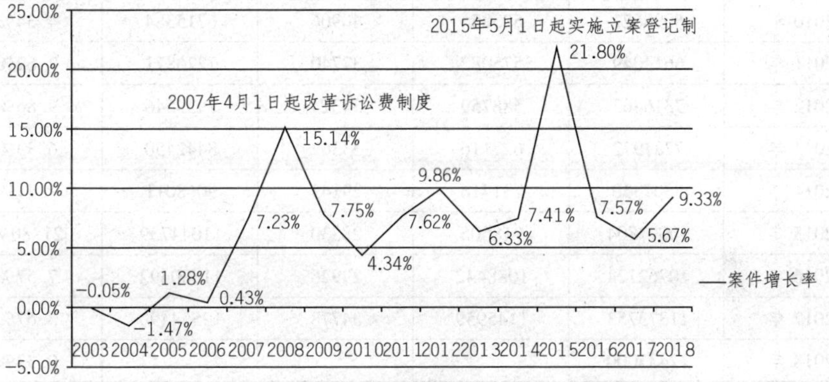

图 1　2003～2018 年全国法院民事案件收案增长率

2007 年 4 月 1 日起实行的《人民法院诉讼费用交纳办法》大幅降低人民法院诉讼费收费标准，并改革了退费机制，[④] 全国法院受理的民商事案件增长率从 2006 年前长期在 1% 左右增长到 2007 年的 7.23%，并在 2008 年达到 15.14%。2015 年 5 月 1 日，中央全面深化改革领导小组第十一次会议审议通

---

① See James E. Cabral et al.，“Using Technology to Enhance Access to Justice”，Harvard Journal of Law and Technology 26，2012，p. 241，p. 278，pp. 251～252，访问日期：2019 年 8 月 28 日.

② 《杭州互联网法院“智能立案”系统上线啦!》，载杭州市中级人民法院院微信公众号 2017 年 12 月 27 日，访问日期：2019 年 8 月 28 日。

③ 江伟等：《民事诉权研究》，法律出版社 2002 年版，第 3 页。

④ 以一个标的为 5 万元的财产案件为例，按 1989 年的《诉讼收费办法》原告需预缴诉讼费 2050 元，如胜诉需在诉讼费执行到位后方可退还。而按 2007 年的规定，原告只需预缴诉讼费 1050 元，且应在判决生效后 15 日内退还。

过的《关于人民法院推行立案登记制改革的意见》正式施行。立案登记制客观上扩大了受案的范围，[①] 司法机构将不再有选择地受理和解决纠纷。[②] 当年全国法院受理的民商事案件增长率即从2014年的7.41%上升至21.80%。

表3　　全国法院受理民商事案件增长情况[③]　　（单位：件）

年份	一审	二审	再审	合计	增长率
2002年	4420123	361697	48180	4830000	—
2003年	4410236	371323	46150	4827709	-0.05%
2004年	4332727	378631	45205	4756563	-1.47%
2005年	4380095	394629	42737	4817461	1.28%
2006年	4385732	409295	43140	4838167	0.43%
2007年	4724440	425654	37766	5187860	7.23%
2008年	5412591	525282	35246	5973119	15.14%
2009年	5800144	598760	37429	6436333	7.75%
2010年	6090622	583856	40906	6715384	4.34%
2011年	6614049	575082	37740	7226871	7.62%
2012年	7316463	588759	34324	7939546	9.86%
2013年	7781972	627116	33362	8442450	6.33%
2014年	8307450	731416	29145	9068011	7.41%
2015年	10097804	918605	28330	11044739	21.80%
2016年	10762124	1088442	29926	11880492	7.57%
2017年	11373753	1145959	34778	12554490	5.67%
2018年	12435000				9.33%

由于案件增长过快，各地法院普遍存在案多人少矛盾，为应对考核，一些法院存在年底只收件不立案的现象。大多数基层法院所采用的“网上立案”就其性质而言仅仅是网上预约立案。[④] 有必要加强监督，统一将当事人与法院的首次接触即以在线方式自动记录，并为当事人在线提供诉讼文

① 《最高法：推行立案登记制改革　有案必立有诉必理》，最高人民法院副院长景汉朝接受中央广播网采访时的讲话，载网易 http：//money. 163. com/15/0415/10/AN827DC900254TI5. html，访问日期：2019年5月30日。

② 高鸿钧：《德沃金法律理论评析》，载《清华法学》2015年第2期。

③ 数据来源：《最高人民法院司法统计公报》，载 http：//gongbao. court. gov. cn/QueryArticle. html? title = % E5%8F% B8% E6% B3% 95% E7% BB% 9F% E8% AE% A1&content = &document_ number = &serial_ no = -1&year = -1&number = -1。2018年案件数据来源于网络：《2019年最高人民法院工作报告》，载 https：//baike. baidu. com。访问日期：2019年8月22日。

④ 王琦：《法院网上立案的实践检视及路径研究》，载《法学杂志》2016年第11期。

书样本材料等在线诉讼指引服务，确保当事人诉权的实现。

（三）在线立案是构建新型协同诉讼模式的关键节点

在民事诉讼的法律关系群中，最基本和最主要的诉讼法律关系当数法院或法官与当事人之间的法律关系。① 长期以来，一些当事人、代理人存在只要法院受理了案件，剩余的事情就由法院处理的思想。部分法院立案人员对立案登记制存在错误理解，没有与当事人进行有效沟通的能力和意愿，不利于纠纷的迅速化解。一些当事人难以准确理解立案要求，多次往返法院，既增加了当事人立案、补件的诉累，也增加法院个案咨询指导的工作量。

在线立案是人民法院借助司法科技力量构建协同诉讼模式的关键节点，当事人、代理人在申请立案时即可以按照法院要求的格式录入案件要素信息，以便法院在后续立案审查、审判、执行工作中重复利用。人民法院也可以及时将审执工作中形成的规范性要求以在线方式提供给当事人参考，以提高诉讼协同效率。

二、在线立案实施过程中面临的困境及原因

在促进更多的当事人将其案件诉诸法院方面，在线程序是一个重大的决定因素。② 但在实施在线立案过程中也存在过度诉讼、社会组织自我解纷能力下降、在线立案平台智能化程度不高、司法科技投入模式不合理等问题。

（一）在线立案易引发过度诉讼，不利于纠纷快速化解

1. 便捷的在线立案程序易引发滥诉行为。以韩国为例，该国于2011年5月2日开始实施电子诉讼制度，当事人通过网络将电子文书提交给法院，法院的各种通告和文书也通过电子邮件的方式对外发布，而且收费比正常官司便宜10%，因此电子诉讼制度一开始施行就得到迅速普及，一年内电子诉讼案件就占全国民商事案件的24.6%，并引发了一些当事人的滥诉行为。③

2. 大机构以诉代收挤占司法资源。银行、物业等用户众多的机构，即使存在很小的违约率也会产生大量纠纷。这些机构为了控制风险，使用风险评估控制体系与催收机制，对违约率进行管控。在立案登记制下，一些大机构减少了诉前催收与协调力度，用户一旦违约即直接委托律师、提起

① 张卫平：《诉讼构架与程式：民事诉讼的法理分析》，清华大学出版社2000年版，第6页。

② See Lorelei Laird, “J. J. Prescott: Go to Court Without Leaving Home”, ABA J., Sep. 7, 2016, http://www.abajournal.com/legalrebels/article/jj_prescott_profile.，访问日期：2019年8月28日。

③ 王刚：《韩国社会呈现滥诉怪象　总理牵头商讨应对策略》，载环球网 http://world.huanqiu.com/hot/2012-05/2700331.html?agt=15438，访问日期：2019年8月27日。

诉讼。造成了大机构对诉讼资源的挤占现象。以F省X市H法院为例，其自2018年4月起以金融案件与涉网案件作为试点，逐步开放在线立案功能。由于立案变得更加容易，银行等大机构减少了诉前催收、协商的力度，金融案件立案数量迅速增加。该院2019年1~6月，共受理金融类案件立案申请1406件，较上一年同期增长37.44%。立案量最多的两家机构占同期全院民商事案件17.3%。

3. 率先实行在线立案的法院存在管辖“凹地”现象。由于各地法院推进在线立案的进程不一，部分需异地诉讼的当事人为减少诉讼成本，故意制造案件联结点，以争取能在易于立案的“凹地”法院立案。以下即为案例之一：C公司是已实现在线立案的H法院辖区内一家世界500强企业。A先生向B公司购买了标志为C公司的电子产品，后A先生通过C公司的维修站得知其购买的产品为假冒产品。虽然A先生与B公司住所地及合同履行地均不在H法院辖区，但A先生为了能够在H法院在线诉讼平台立案，却将C公司也列为共同被告，增加了C公司的诉累与H法院的立案及后续审查工作。

4. 社会组织自我矛盾化解能力下降。意大利思想家安东尼奥·葛兰西认为：政府制造同意时，必然在经济上对民众作出让步。[①] 为了推进法治社会建设，不断降低司法门槛，但是因为法院立案更容易了，出现了劳动仲裁机构不予仲裁的案件增多，公安交警部门对轻微交通事故纠纷的调解力度下降等社会组织解纷能力下降的现象。

（二）现有在线立案平台科技含量不足，无法满足司法实践需求

2015年1月，英国民事司法委员会下属的ODR咨询小组发布了一份由理查德·萨金斯教授领衔起草的报告，该报告建议成立女王陛下在线法院（Her Majesty's Online Court，HMOC），负责处理标的额不超过25000英镑的民事纠纷。设想的在线法院程序包括三个阶段：在线评估、在线协助以及在线裁判。在线评估阶段包括问题诊断及以帮助当事人理解其问题和选择正确的解纷途径。这一阶段的目标是在事态演变为完全的法律问题之前，让当事人能更好地理解其处境，这就能更好地解决其矛盾。如果问题没有在第一阶段被解决，当事人就会进入在线协助阶段。经验丰富的解纷人员和自动化的协商工具一起帮助当事人通过非对抗的程序达成和解协议。最后，对于在协助阶段仍未能解决纠纷的当事人，在线法院为其提供第三阶段的在线裁判服务。此类在线作出的裁判和传统的法院判决一样具有约束

① 安晨曦：《电子诉讼形塑的中国策略》，载《湖北社会科学》2017年第8期。

力和强制执行力。[①] 英国司法部已为此划拨了7.3亿英镑，并计划于2020年4月正式推出在线法院。

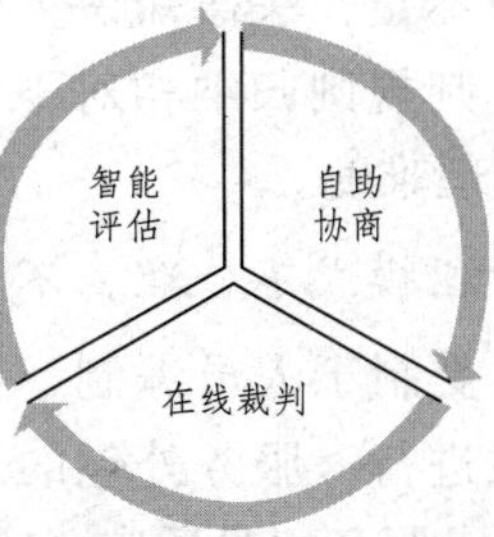

图2　在线法院诉讼的三个阶段

与国外计划周期长、投资额巨大的在线法院项目相比，国内在线法院建设存在如下缺陷：

1. 北、广、杭互联网法院建设经验难以简单复制推广。北京、广州、杭州三地互联网法院目前仅审理网络购物、网络服务、网络金融、网络著作权、网络侵权、网络公益诉讼、网络行政纠纷等涉网案件。以杭州互联网法院为例，其建院一年（2017年8月～2018年8月）共审理案件10646件，[②] 而杭州市两级法院2018年审结案件347023件，占比为3.07%。其诉讼平台功能相对简单，无法简单地推广适用到普通法院。

2. 智慧法院项目对核心关键技术（如智能评估系统）投入不足。没有对当事人诉求的智能分析，就难以真正帮助当事人解决纠纷。如果只是以在线平台照搬传统诉讼方式、传输文本信息的，往往难以发挥提高效率的作用。

3. 个案化风险提示与法律指引功能缺失。当事人的要求首先是快速解决纠纷，而非获得纸面上的程序权利保障。实行立案登记制后，“先将当事人请进来，再请出去”，先立案登记再裁定驳回起诉，加大了程序耗费，反而不利于原告诉权的保护。员额制后对立案法律指引工作认识不足，也导致法院在立案环节个案化法律指引功能有所倒退。

4. 公共法律服务领域智能化水平不高。目前我国司法部门已经建成的公共法律服务“三大平台”，包括实体、热线和网络平台，已经初步完成了平台体系建设的雏形，但是实际运行过程仍然遇到了应用不够和效果不明

① See Richard Susskind, “Online Dispute Resolution: For Low Value Civel Claims: Online Dispute Resolution Advisory Group”, CIV. JUST. COUNCIL, February 2015, https://www.judiciary.gov.uk/wp-content/uploads/2015/02/Online-Dispute-Resolution-Final-Web-Versionl.pdf (Susskind Report). 访问日期：2019年8月28日。

② 祝婷兰摘编：《市人大听取杭州互联网法院试点工作情况报告》，载杭州市政府网 http://www.hangzhou.gov.cn/art/2018/9/12/art_812255_21042674.html，访问日期：2019年8月26日。

显的内容缺失缺位问题。[①] 现有计算机技术虽然可以快速实现裁判文书的结构化处理，并根据当事人诉求中的标签，实现类案推送。但由于我国长期以来对案例的指导作用重视不足，法律知识主要停留在法律概念与法律文本检索阶段。案例检索与裁判规则归纳相对不足。公共法律知识服务智能化程度不高，加大了释法说理难度。

（三）司法科技投入管理模式不合理，不利于整体效率提高

司法系统的信息化项目受制于人员编制、预算等原因，大多只能采取分批采购、服务外包的方式进行。服务外包的采购人员往往并非审判部门人员。这可能导致采购的技术服务很难适应一线审判部门的要求。

1. 一些体量较小、投入要求不高的电子诉讼项目重复建设严重。各地法院互联网法庭平台大多在形式上照搬互联网法院模式，不能真正发挥在线平台效率，且重复建设严重。

2. 各自为政的地方法院诉前案件管理平台缺乏统一监管。一种真正现代的司法裁判制度的基本特征之一必须是司法能有效地为所有人接近，而不仅仅是在理论上对所是有人可以接近。[②] 各地法院自行建设的立案平台中诉前的案件无法进行有效管理、监督，不利于当事人诉权的保护。

3. 在线法院建设缺乏复合型人才队伍支撑。20 世纪 80 年代已有法律界的学者指出几乎所有法学领域的课题都是用自然语言的形式表现出来的，这就需要创造和使用其他手段加工符号信息，使之变成“机器语言”，并将系统程序用于实践。这些工作仅仅依靠计算机专家是不能完成的，必须和懂得计算机技术的法律专家共同进行。[③] 但直至今日，具备计算机与法学双重学科背景的法律或者计算机专家仍是凤毛麟角。在线法院建设是对传统法院的颠覆性变革，需要具备全新的视野的开拓性人才指导实施在线法院建设。

三、在线立案的配套机制与司法效率提升路径

所有现代化改革和努力，如果只停留在形式化的追求上，未免过于保守、固执和谨小慎微，甚至恰恰因此错过了发起内核上改革的契机。[④] 人民法院应当充分利用以人工智能、大数据、云计算为代表的互联网科技带来的技术推动力，努力构建新型诉讼制度，拓展司法科技应用场景。

---

① 杨凯：《加快推进现代公共法律服务体系建设》，载《中国党政干部论坛》2019 年第 8 期。

② ［意］莫诺·卡佩莱蒂：《当事人基本程序保障权与未来的民事诉讼》，徐昕译，法律出版社 2000 年版，第 40 页。

③ 龚祥瑞、李克强：《法律工作的计算机化》，载《法学杂志》1983 年第 3 期。

④ 参见［德］Peter Gilles：《德国民事诉讼程序电子化及其合法化与“E—民事诉讼法”之特殊规则》，张陈果译。

（一）以在线化思维构建多元纠纷化解机制

1. 将在线立案工作与基层组织多元纠纷化解相结合，促进社会矛盾自我化解与法院诉讼指导良性循环。为提高在线立案的适用性与便利性，线下的人工咨询与推广工作尤其重要。人民法院受到可支配资源的限制，无法承担过多的线下咨询指导工作，应在社区、行业机构（如消协、妇联等）、产业园区管委会等基层组织设立网上立案服务台，由经过法院培训的人员协助当事人开展在线立案工作。在线立案后，一些适宜诉前调解的案件可由法院委派基层组织开展调解工作。基层组织对于一些辖区内、行业内不宜调解的纠纷，也可以利用在线立案服务台指导当事人进行在线立案，以达到构建社会矛盾自我化解与法院诉讼指导共同提升的良性循环的目标。

2. 以类案指引制度提高立案信息精准度以构建裁判文书自动组装系统。银行等大型机构的案件具有批量化、格式化特点。如果按照一般案件的立案、审判流程，以自由文本方式提供立案信息，不但徒增法院与当事人核对诉状、笔录与文书的工作量，也易引发诉讼拖延。在线立案平台应当为类型化案件实行要素式、批量化立案机制，针对类型化案件当事人设计交互式表格，以自动化的文件组装系统生成诉状、笔录与文书，以提高诉讼效率，真正实现让少量法官审理大量简单案件，让大量法官主要审理疑难复杂案件[①]的目的。

3. 以在线立案环节的电子材料开展在线诉前调解工作，降低诉前强制调解制度风险。伴随着替代性纠纷解决机制（Alternative Dispute Resolution，以下简称 ADR）的发展，无论在英美法系还是在大陆法系国家，ADR 都出现强制化的倾向。[②] 当事人在将其特定类型纠纷诉诸法院前，先行调解有利于提高解纷效率，也与我国“无讼”的传统价值取向相符。一些法院利用《中华人民共和国民事诉讼法》规定的七天立案审查期限[③]开展诉前调解工作，在此期间双方当事人同意延期立案的，可以暂缓立案。但由于纸质材料送达费时费力，传统 ADR 效率难以提高。在线立案实施后，诉前调解平台可将原告上传的起诉材料即时向被告进行电子送达，以提高解纷效率，减少当事人对诉前调解制度的抵触情绪。以浙江省在线多元纠纷化解平台为例，自 2017 年 3 月在杭州市西湖区试运行起至 2018 年 12 月 29 日，平台已调解案件 382966 例。网上调解案件量逐步上升，法院受案数开始下降。[④]

---

① 见《最高人民法院关于建设一站式多元解纷机制一站式诉讼服务中心的意见》第六条内容。

② 肖建国、黄忠顺：《诉前强制调解论纲》，载《法学论坛》2010 年第 6 期。

③ 见《中华人民共和国民事诉讼法》第一百二十三条规定。

④《陈辽敏：在线矛盾纠纷多元化解平台　焕发线上化解强大生命力》，载搜狐网 http：//www. sohu. com/a/288966072_ 770303，访问日期：2019 年 5 月 31 日。

（二）以智能化标准重塑立案环节的法律指引功能

当事人需要的法律帮助与诉讼指引需要社会公共法律服务与各司法部门的密切配合，也需要更为个案化、人性化、智能化的在线法律指引。

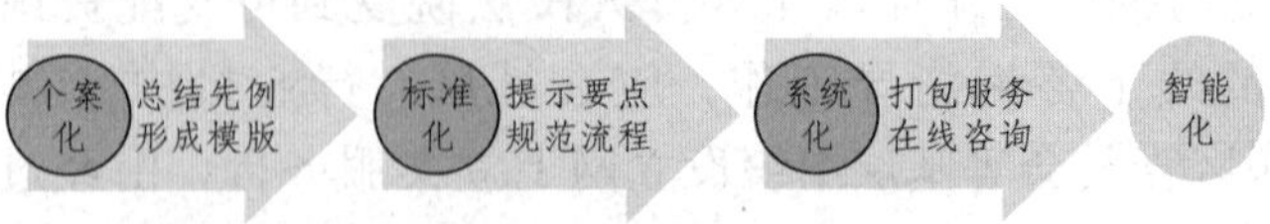

图3　立案指引智能化路线图

首先是个案化阶段。在线立案平台初期，可能出现各种业务或技术问题，此时试点的法院或部门应以个案化、量身定制的传统方式保障在线立案功能的实现。在此期间，电话、邮件、微信乃至线下直接沟通等交流方式也是确保在线立案实现的必要措施。

第二阶段是标准化阶段。标准化内容的数据一部分来源于传统立案的格式性文书，另一部分则来源于前一阶段的问题总结。例如：对于双方当事人住所地均不在本院辖区的案件，系统可提示当事人填写管辖依据内容；对当事人容易出错的地方进行条件限制与智能提示等。

第三阶段为系统化阶段。当标准化的表格工具能囊括立案过程中发生的绝大部分问题时，即可将在线咨询工作外包至社会服务机构，以在线方式提供答复。

最后是智能化阶段。在这一段阶，初次使用平台进行立案的当事人在系统的指导下毫无困难地完成全部立案工作，系统能以自动化的方式自动回复当事人的大部分疑问。立案系统看起来就具备某种智能化的形式。

（三）以规范化文件制定惩戒措施，维护在线立案诚信机制

罗马法中已有诉讼法领域的诚信原则，并通过金钱制裁等手段，打击诉讼欺诈，抑制草率诉讼。[①] 大量在线诉讼环节并非法院亲历，诉讼诚信尤为重要，必须对在线诉讼中虚假诉讼与不诚信诉讼行为给予相应制裁，才能确保在线司法制度的良好运转。

1. 用大数据技术为当事人画像，规制不当诉讼行为。系统可以利用裁判文书网、全国执行信息网以及法院内部电子卷宗系统信息数据，并与公安、民政、工商等部门打通数据交互接口，利用大数据技术为当事人画像，为法院认定职业打假人、职业放贷人、信访人等特殊诉讼人群提供帮助。针对性地为不同案件当事人提供风险提示、诚信承诺等特殊服务，防止损害司法公信力的事件发生。

2. 采取“资格罚”的方式，提高不诚信诉讼当事人的失信成本。在线

① 徐国栋：《优士丁尼法学阶梯评注》，北京大学出版社2011年版，第566页。

立案目前作为人民法院提供的附加便民措施，如果有当事人或代理人利用在线立案的便利，恶意诉讼或者发表污辱性言论屡教不改的，可以对其实名账户予以冻结，限制其在一定期限内使用在线立案功能。

3. 改革在线立案诉讼费用制度并建立恶意诉讼罚款制度。在线案件的诉讼费可以采取分阶段收取的模式。对于在诉前在线调解阶段解决纠纷的当事人不收取诉讼费。对于当事人、代理人不负责任、草率立案，造成案件反复补充证据，在诉讼费负担方面给予相应的惩罚措施。对于恶意诉讼给他人造成损害或对在线立案平台的便利性、权威性造成损害的当事人，可以处以一定数量罚款。

（四）以互利化模式建立法院与科技企业之间协同创新机制

在互联网时代，软件开发模式已不再是传统的“需求——开发——验收——付款”模式。一个好的软件，是一整套工作模式、工作经验和智慧方案的结晶。软件初始使用者与科技企业更像是合作关系，而非委托定制关系。软件可以通过网络以极低的成本向无限多的用户提供服务。科技公司对软件系统的开发成本完全可以通过向后续使用者收费的方式来弥补。法院与科技公司分别在司法业务规则与技术能力方面各具所长，应当以协同创新方式，共创司法科技成果。以下案例可资借鉴：H法院作为在线诉讼改革先行者与Z科技公司紧密合作，共同打造在线诉讼平台。经过近一年的合作，H法院以较低成本提高了司法效率，Z公司则在司法科技领域站稳了脚跟，并开拓了外地服务市场。平台的建设不但没有加重当地财政的负担，反而为地方互联网企业发展提供了智力支持。

结 语

在线立案是智慧法院由法院内部电子化阶段进入在线诉讼服务阶段的标志，也是人民法院在互联网时代保障当事人诉权、防范社会风险的必由之路，有利于构建包括诉讼参与人、法院及相关纠纷化解组织在内的新型协同诉讼关系。与在线立案伴随而来的案件增长、诉讼模式变革、在线立案平台初期智能化程度不高等问题需要通过在制度设计与技术革新两个方面采取措施来解决。人民法院应当以建设一站式纠纷解决平台为契机，积极引入社会科技资源与基层解纷力量，创新司法科技研发投入模式，逐步实现类案指导、智能评估、自助协商、诉前社会调解等功能，以科技推动司法现代化，努力让人民群众在每一个司法案件中感受到公平正义。

（本文获一等奖）

论审判公共法律服务体系建构

——以法院诉讼服务中心功能续造为中心视角

陈　琳*

2019年1月中央政法工作会议上，习近平总书记强调“政法机关承担着大量公共服务职能”。①2019年7月中共中央办公厅、国务院办公厅印发《关于加快推进公共法律服务体系建设的意见》，进一步明确法院应发挥审判职能和资源优势推进公共法律服务。②党中央已多次指出审判机关具有公共法律服务职能，但各界对此尚无理论和实践研究。区别于“诉讼服务”的功能定位，审判公共法律服务要求法院跳出“诉讼事务”的服务范畴，把触角延伸至“纠纷前”，面向全社会提供包括诉讼服务、多元解纷、公共法律服务等功能在内的全业务、全流程的现代化审判公共法律服务。拓宽法律服务的力度和广度，以“浸润式”③的法律服务，提高群众在法律框架下自我解纷的能力，实现社会风险的防范、化解，促进国家治理体系和治理能力现代化。为此，本文从政策、理论、需求、实践四个维度，论证构建审判公共法律服务体系的正当性、必要性、紧迫性、可行性，并通过考察诉讼服务中心的基础优势和目标差距，从基本理念、功能定位、平台布局、制度架构四个方面提出构建现代化审判公共法律服务体系的可操作、可复制方案。

---

* 作者单位：福建省泉州市中级人民法院。

① 新华社：《习近平出席中央政法工作会议并发表重要讲话》，载 http：//www. gov. cn/xinwen/2019 -01/16/content_ 5358414. htm，最后访问时间：2019年6月3日。

② 新华社：《中共中央办公厅　国务院办公厅印发〈关于加快推进公共法律服务体系建设的意见〉》，载 http：//www. gov. cn/xinwen/2019 -07/10/content_ 5408010. htm，最后访问时间：2019年7月10日。

③ “浸润式”法律服务从“浸润式”教学延伸而来，“浸润式”教学采纳的是一种润物细无声的方式，来潜移默化地改变学生积极参加学习，而不是传统的灌输式和填鸭式。通过创设相应的情境，使学习对象加深感知，不仅能够收获文本中的知识，还能够体会其中的思想内涵，从而加以运用。

一、构建审判公共法律服务体系的正当性与必要性

党的十八大以来，以习近平同志为核心的党中央高度重视、积极推进公共法律服务体系建设（表1），司法部也配套出台了相应规定。

表1　　中央及司法部推进公共法律服务体系建设的政策、文件

中共决策部署	司法部文件
2014年，习近平总书记对司法行政工作作出重要指示，明确要求要紧紧围绕经济社会发展的实际需要，努力做好公共法律服务体系建设	2014年2月司法部发布《司法部关于推进公共法律服务体系建设的意见》贯彻中央决策部署，适应新时代人民群众对公共法律服务的新需求
（2014年10月）党的十八届四中全会从推进全面依法治国的战略高度，提出要“建设完备的法律服务体系，推进覆盖城乡居民的公共法律服务体系建设”	2017年以来，司法部确定建设公共法律服务体系的工作思路。2017年8月，《司法部关于印发〈12348中国法网（中国公共法律服务网）建设指南〉的通知》
（2017年1月）国务院《“十三五”推进基本公共服务均等化规划》对推进公共法律服务体系建设提出明确要求	2017年9月司法部出台《关于推进公共法律服务平台建设的意见》，大力推进公共法律服务实体、热线、网络平台建设
（2017年10月）党的十九大及时回应新时代社会主要矛盾发生的历史性转变，作出完善公共服务体系、加快推进基本公共服务均等化的决策部署	（2018年1月）《司法部关于加快推进司法行政改革的意见》对建设完备的公共法律服务体系进行整体规划、全面部署
（2018年2月）十九届三中全会提出要加强和优化政府法律服务职能，推动公共法律服务主体多元化、提供方式多样化。十三届全国人大一次会议通过《政府工作报告》提出完善公共法律服务体系	2018年3月以来，重新组建后的司法部加速推进公共法律服务体系建设，各地结合实际进行深入实践探索，产生一系列新经验新做法，进一步提升了广大人民群众的获得感和满意度
2019年1月，习近平总书记在中央政法工作会议上关于深化公共法律服务体系建设的重要指示，发出了加快公共法律服务体系建设的动员令	2019年2月，司法部召开第一次全国公共法律服务工作会议，提出要在2020年基本建成覆盖全业务、全时空的法律服务网络的目标

检索资料发现，学术界、实务界对法院参与公共法律服务体系建设的研究不多：（1）以“审判公共法律服务”为主题，“公共法律服务”“审判”为并含关键词在cnki法律总库检索，结果均为0；（2）以“审判公共法律服务”为关键词在百度搜索，结果均为司法部门“公共法律服务”的新闻报道，未见审判公共法律服务内容；（3）以“公共法律服务”为主题在cnki法律总库检索，出现1270条检索结果，其中834条为法律报纸，361条为法律期刊，且检索结果的发表年度集中在2014年之后。① 发表机构集

① 2014年，习近平总书记对司法行政机关明确提出做好公共服务体系建设的重要指示。

中在司法局，期刊类司法局占59.8%，高校31.1%，律协、律所3.3%，政府3.3%，法院2.5%。报纸类司法局占79.2%，高校11.3%，政府9.5%，法院及律所均为0。

表2　　　　“审判公共法律服务”检索结果

主题/关键词	CNKI检索	互联网搜索
审判公共法律服务	0	0
审判、公共法律服务	0	0
公共法律服务	1270条	相关结果约2420万个

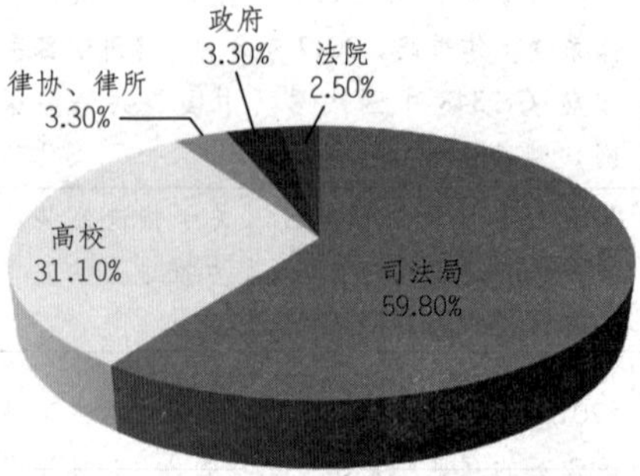

图1　公共法律服务期刊发表机构

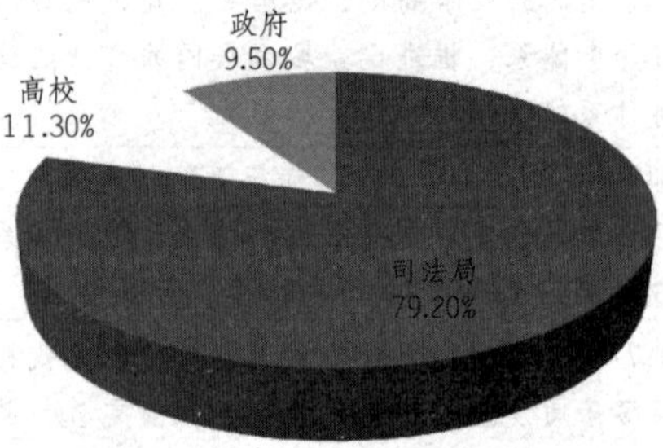

图2　公共法律服务新闻报道

然而，中国特色社会主义公共法律服务体系的建构，离不开以法院为主体的审判公共法律服务体系供给，更离不开法院公共服务职能的发挥。法院参与公共法律服务，具备理论基础和现实基础，既正当又必不可少且势在必行。

（一）政策依据

2019年1月中央政法工作会议上，习近平总书记强调，“政法机关承担着大量公共服务职能，要努力提供普惠均等、便捷高效、智能精准的公共服务”。① 2019年7月中共中央办公厅、国务院办公厅印发《关于加快推进公共法律服务体系建设的意见》，明确法院应充分发挥职能作用和资源优势，健全与公共法律服务的对接机制，实现公共法律服务资源整合和互联互通。②

在党中央的决策部署下，法院应积极推进内设机构改革，充分发挥审

① 新华社：《习近平出席中央政法工作会议并发表重要讲话》，载 http：//www.gov.cn/xinwen/2019－01/16/content_ 5358414.htm，最后访问时间：2019年6月3日。

② 新华社：《中共中央办公厅　国务院办公厅印发〈关于加快推进公共法律服务体系建设的意见〉》，载 http：//www.gov.cn/xinwen/2019－07/10/content_ 5408010.htm，最后访问时间：2019年7月10日。

判公共法律服务体系的作用，与各部门统筹力量共同推进公共法律服务体系建设，推进国家治理能力和治理水平现代化。

（二）理论证成

审判公共法律服务是法院职能的应有之义。根据现代服务型法院理论，现代化法院是功能多元的法院。审判职能与公共法律服务功能相结合，能够回应政府和社会、群众的期待，实现法律效果、政治效果与社会效果的辩证统一。例如，法院在行使审判权的过程中，通过审判，掌握纠纷类型变化，洞悉社会风险和矛盾态势，了解法律产品供给是否充足，[①] 进而开展司法调研、提出司法建议、向社会发布典型案例，防范化解社会风险，实现审判职能向公共法律服务职能的转化。

审判公共法律服务是法院社会责任的必然承担。“法院作为国家公权力部门，完成自身审判工作的同时，必然承担着部分社会职能”。[②] 法官进社区、送法下乡、模拟法庭等普法活动，人民陪审员、专家调解等多元化解、诉调对接，司法救助、志愿者服务等法律咨询，法院既有承担社会责任的实践基础，又有创新服务方式的渠道和能力，能够从审判角度持续发力，扩充公共法律服务效应。

（三）社会需求

“任何司法活动都是在特定的语境和时空下进行的，都应当与社会形势、社会需求结合起来”。[③]

审判公共法律服务体系建构是对群众需求的回应。随着中国特色社会主义进入新时代，社会风险增多，群众对法律服务需求的增长与法院案多人少、法律产品供给不充分存在矛盾。面对群众更愿意在法院解决纠纷的实际需求，[④] 通过审判公共法律服务体系建构，提供给群众高效率、高质量、低成本的多种类解纷方式及各类法律服务产品，能够及时回应群众美好生活需要的期待，增强其获得感、幸福感、安全感。

审判公共法律服务体系建构符合法院工作的需求。当前法院面临沉重的审判压力，法官加班加点的工作方式成为常态，身心健康堪忧。2019 年最高人民法院工作报告显示，2018 年全国法院受理案件 2800 万件，审结执

---

① 梁平、陈焘：《我国法院职能转型过程中的法理探究》，载《河北大学学报（哲学社会科学版）》2012 年第 6 期。

② 李少平：《人民法院诉讼服务理论与实践研究》，法律出版社 2015 年版，第 199 页。

③ 胡玉鸿：《司法公正的理论根基》，社会科学文献出版社 2006 年版。

④ 《〈最高人民法院关于建设一站式多元解纷机制、一站式诉讼服务中心的意见〉新闻发布会全文实录》，载中国法院网 https://www.chinacourt.org/article/detail/2019/07/id/4234267.shtml，最后访问时间：2019 年 8 月 22 日。

结2516.8万件，同比分别上升8.8%和10.6%；[①] 2018年两会报告中，周强院长表示，过去五年来，85名法官积劳成疾或遭受暴力伤害因公牺牲。[②]案件逐年增加，员额法官准入门槛抬高，法官外流、年龄断层、报考人数急剧减少等问题加剧案多人少的矛盾。加上结案指标等要求，法官疲于应对，高质量审判难以持续实现，司法公信力下降。即便推出多元解纷、繁简分流、诉调对接等机制，调解工作仍以法官为主，挤占审判时间和精力。而公共法律服务具有消解社会纠纷的功能，既提供多种解纷方式供群众选择，也以法律服务的精准渗透，提升群众的风险防范意识和法治能力，把矛盾消解在纠纷前，把纠纷化解在诉讼前，层层过滤，回归法院“维护社会公平正义最后一道防线”的本位，让法官能集中精力办好案，提高审判质效，更好地服务群众。

（四）现实基础

目前，全国法院诉讼服务中心的既有功能，为审判公共法律服务体系的构建打下良好基础。尤其是对比近五年来（2014年至2019年）国家在公共法律服务推进工作上的成效，法院诉讼服务中心各项功能的延展，为与公共法律服务衔接奠定坚实基础。本文以全国18个省份涵盖三级法院的26个法院诉讼服务中心为样本作如下归纳：

表3　以全国26个法院诉讼服务中心为样本归纳的现有审判服务功能

窗口服务类型（23个）	立案登记、材料收转、导诉分流、案件查询、联系法官、综合服务、诉前调解、法律咨询、法律援助、公告办理、信访接待、诉讼风险评估、执行服务、诉讼费缴纳、公证办理*、释法答疑、司法公开、诉讼衔接、执法互动、诉调对接、静态证据调查、保全办理、跨域立案	*公证办理：广州法院公证处接待室可对微信证据公证书送达；厦门思明区法院与厦门鹭江公证处合作开展公证送达 *二维码导诉条：北京西城法院：当事人在导览屏刷二维码之后，可以进行案件查询、开庭法庭查询，并清晰地看到诉讼服务大厅各窗口及法院各个法庭的电子地图，根据自己办理事项的内容，快速找准诉讼服务点；在导览屏上输入文字、语音，甚至是现场录像等方式，还可以联系承办法官，法官会及时收到短信提示，并通过诉服一体化平台问复留言当事人

① 《2018年人民法院受理案件2800万件　创历史新高》，载搜狐网 http://m.sohu.com/a/289791327_362042，最后访问时间：2019年8月22日。

② 《周强：过去五年85名法官因公牺牲》，载中国网 http://www.china.com.cn/lianghui/news/2018-03/09/content_50691153.shtml?f=pad&a=true，最后访问时间：2019年8月22日。

续上表

<table>
<tr><td>自助服务终端（19类）</td><td>人脸识别、证件识别快速进入法院的电子通道、二维码导诉条*、智能导览屏*、自助服务一体机、诉状辅助自动生成终端*、“24小时自助法院”*、云柜系统*、法律法规查询机、人工智能导诉机器人*、智能庭审系统、3D寻路导航系统终端、24小时自助司法服务中心、智能送达终端、信息自动推送、电子卷宗查阅、诉讼智能评估终端*、立案信息自助填报系统*、诉讼费计算</td><td rowspan="6">*诉状辅助自动生成终端：河南洛阳中院及北京西城法院均推出诉状自动生成功能。通过在机器上的调查问卷，当事人只需要一项项填写自己的个人信息、纠纷发生时间、地点等基本元素，最终可自动生成格式标准的诉状，然后现场打印出来，甚至在生成诉状的同时，设备还为这个诉状生成一个专属二维码，当事人扫码并可将自己的诉状带走
*24小时自助法院：浙江绍兴越城法院、福建三明中院及福建泉州丰泽法院均具备此功能，诉讼材料可在设备上实现自助收转、自助立案、自助送达、自助查询、诉讼风险评估、给法官留言等功能
*云柜系统：浙江南浔法院、福建泉州中院、福建厦门思明法院均有云柜，类似快递自助收件箱的法院材料流转终端，当事人可以在24小时内的任何时间，通过收到的短信密码开启收件箱收取材料
*人工智能导诉机器人：装载10万余条法律法规和3万个典型案例数据，能够回答5万个常见法律问题，并能引用法条、分析案情并作出逻辑推理判断，涉及的法律类型涵盖民法、商法、刑法、行政法、知识产权等多个领域
*诉讼智能评估终端：浙江东丽法院、河南洛阳中院、福建泉州丰泽法院的当事人根据自己的真实情况如实填写十几道题的问卷，终端设备就能够预判诉讼风险，帮助当事人权衡利弊，理性诉讼
*立案信息自助填报系统：当事人根据提示，填写立案身份、案件类别、添加诉讼人信息、现场拍摄并提交诉讼材料、选择送达地址等便可完成自助立案
*身份信息唯一码诉讼服务平台：江西萍乡中院开通全国首个身份信息唯一码诉讼服务平台，能够避免同案不同判，快速查询被执行人的诉讼状态
*移动微法院：泉州微法院微信立案、微信查询案件、在线送达、转接材料、执行悬赏外，还能提交执行线索、查看开庭公告、执行公告以及文书模板等流程性事务；广州微法院“刷脸查案”、手机立案、在线叫号、线上缴费、阅卷、举报执行线索、在线开庭
*“法智云端”1秒立案、在线调解、在线司法确认、在线申请执行、类案推送
*引入社会力量：社会力量主要负责心理疏导、矛盾化解、代理申诉等服务
*法律服务志愿者：主要提供法律咨询、法律宣传、法律援助等公益服务诉讼文书制作的指导、代书等
*公益律师：江苏无锡法院通过法律服务志愿者接待、答疑、释明，为当事人消除诉讼障碍、节约其诉讼成本；参与化解涉诉矛盾提供了渠道，有助于志愿者充分发挥职业能力、提升整体形象；为法院立案窗口分流了工作压力，由第三方对当事人就法律法规作出的解读，获得了当事人对立案工作的理解和支持。</td></tr>
<tr><td>网上服务（8类）</td><td>网上立案、网上送达、在线调解、网上速裁、视频庭审、视频接访、律师服务网络平台、身份信息唯一码诉讼服务平台*</td></tr>
<tr><td>手机终端服务（10个）</td><td>移动微法院*、智慧法院APP、“诉服通”手机智能APP、掌上立案功能、微导诉、“巨鲸智平台”“融平台”“智平台”“慧平台”“法智云端”*</td></tr>
<tr><td>12368诉讼服务热线</td><td>联系法官、案件查询、诉讼咨询、投诉举报、涉诉信访和意见建议</td></tr>
<tr><td>引入社会力量*（11类）</td><td>法律服务志愿者*、公益律师*、心理咨询师、婚姻家庭咨询师值班、与党委政府信息对接共享、法庭义工、人民陪审员、提供法言法语和群众土话的翻译服务、专家学者、退休法官、社区调解委员会</td></tr>
<tr><td>辅助审判功能（12项）</td><td>简案速裁中心、电子文档中心*、诉讼材料智能流转E中心*、无纸化办公*、“随案扫描”、程序性文书的自动生成和复杂文书的辅助撰写、组建专业化审判团队、邮政业务办理、民商事案件流程化、集约化管理（集中保全、集中送达、集中排期）</td></tr>
</table>

续上表

搭建第三方调解平台（9类）	与维稳中心、消费者委员会、医疗争议调解委员会、交通事故调解中心、银行协会、律师协会、检察院、司法局（所）等机构联系，引导当事人选择多元解纷渠道，降低诉讼成本，将矛盾纠纷化解在源头	*电子文档中心：福建泉州中院只要获取一个二维码就能够实现网上阅卷，集中办理法院所有的民事行政案件裁判文书的送达，并对全市法院的委托送达工作实施动态管理。上海高院实现了该项功能 *诉讼材料智能流转正中心：将原本分散的诉讼材料登记、扫描、流转等工作，进行集约化管理，有效解决了材料递交难、跟踪难和送达难。利用 OCR 自动识别和回填、诉讼材料智能流转、程序性文书一键生成等先进的信息技术，立案过程节省 35%，法官事务性工作减少 40%，书记员工作效率提高 50%。江西部分地区法院及福建泉州中院正在完善该项功能 *无纸化办公：福建泉州中院、厦门思明法院在立案、分案、审理、裁判到结案、归档等各个环节依托在线立案平台、电子卷宗系统、智慧办案系统等智能系统进行网上办理业务，电子卷宗材料随案同步生成网上流转，办案全流程网上留痕
监督机制（7种）	评价考核及监督机制，采用视频、电话抽查、明察暗访等方式，强化监督检查，跟踪标准实施状况	

而现阶段公共法律服务的基本内容主要包括法律援助、人民调解、公证办理、律师服务等，诉讼服务中心的既有功能均有涉及。

二、构建审判公共法律服务体系之实然考察

2019 年 8 月 1 日，最高人民法院发布《关于建设一站式多元解纷机制、一站式诉讼服务中心的意见》（以下简称《意见》），并指出《意见》系贯彻习近平总书记“完善政法公共服务体系”的重要指示精神和中央改革部署的重要举措。[①] 可见，以诉讼服务中心为基础推进审判公共法律服务是未来的发展思路。

（一）基础优势

自 2015 年 11 月 24 日全国法院诉讼服务中心建设推进会后，全国各法院诉讼服务中心，从理念到硬件进行全方位改革。2019 年 6 月全国高级人民法院院长座谈会上，32 位高院院长分享了各省诉讼服务中心的实践经验。[②] 结合资料检索，可发现诉讼服务中心已取得跨越式发展，为审判公共法律服务体系建构奠定了良好基础：

1. 平台基础。线上、线下同步拓展，为植入审判公共法律服务产品提供渠道。80% 的法院开通诉讼服务网、12368 诉讼服务热线，广东、福建等地法院开通手机移动终端 APP、微信小程序，将线下功能向线上同步推出，

① 《最高人民法院就〈最高人民法院关于建设一站式多元解纷机制、一站式诉讼服务中心的意见〉举行发布会》，载中国网 http://www.china.com.cn/zhibo/content_ 75052472.htm，最后访问时间：2019 年 8 月 20 日。

② 《全国高院院长齐聚江西　为了一件事！》，载新浪网 http://jx.sina.com.cn/news/b/2019-06-14/detail-ihvhiqay5684793.shtml，最后访问时间：2019 年 8 月 20 日。

深圳宝安、浙江绍兴24小时自助法院、江苏徐州24小时社区自助法院、福建泉州24小时司法自助服务区等，为群众随时、随地享有更全面的法律服务提供了媒介平台。

2. 功能基础。诉讼服务中心除既有诉讼功能外，创新服务方式过程中，与公证、司法局、高校、志愿者等公共法律服务资源合作衔接，为审判公共法律服务体系建构奠定了实践基础和服务资源。例如，上海普陀区法院与公证处、司法局、高校签订合作协议，由公证窗口分流纠纷，值班律师提供咨询，在校学生担任助理；广州法院公证处接待室可对微信证据公证，并参与送达、调解、保全、取证、执行等司法辅助事务工作；江苏无锡法院通过法律服务志愿者为当事人释法答疑、节约其诉讼成本；河北石家庄市桥西区法院公益律师咨询、疑难解答、判后答疑；福建泉州中院下设社会服务中心，提供律师法律援助、公证云、知识产权侵权实物比对普法、矛盾纠纷多元化解中心20个联动部门的调解窗口等。从诉讼服务到公共法律服务，既有实践经验，又有资源衔接，只需在原有基础上扩容，升级优化。

3. 效率基础。审判公共法律服务同时也包含审判各环节的普法。诉讼服务中心“分调裁审”机制和送达、保全、鉴定等辅助事务集约化，减轻法官压力，释放审判活力，让法官得以将精力转向加大审判各环节的普法力度，例如，可充分发挥庭审实质化的引领作用，“有理讲在庭上、有理辩在庭上”，让当事人和旁听群众不需要等到判决才明白，而是庭审就明白；又如，裁判文书的证据说理、判决说理，指导案例、典型案例的发布和撰写。

4. 社会基础。从家门口诉讼的跨域立案到立案登记制，群众发生纠纷第一个想到的就是法院。最高人民法院微博曾做微博投票调查，“和他人有纠纷，你会上哪解决”，微博用户中57.3%选择“法院”，可见社会认知仍以法院解决纠纷为主。因而以法院诉讼服务中心为基础构建审判公共法律服务体系，具有社会认知基础和宣传优势，能将审判公共法律服务的效应最大化。

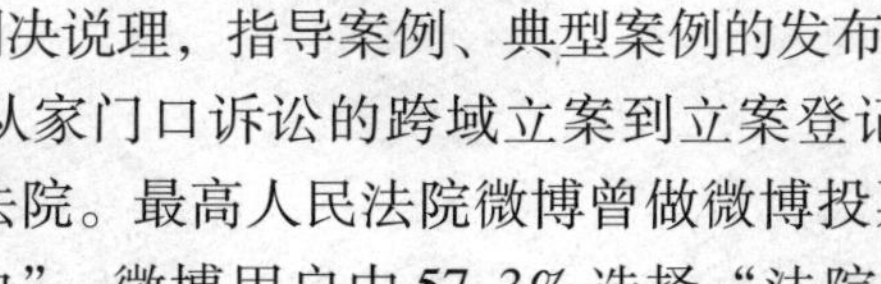

图3 最高人民法院微博就纠纷解决方式调查的投票结果

（二）目标差距

虽然诉讼服务中心具有基础优势，但对比审判公共法律服务的要求，在服务功能、对象、形式、层次、内容上均需拓展。

1. 拓展功能定位。将功能定位前移至纠纷前，突出由服务当事人到服务社会公众、服务诉讼到预防纠纷的转变。以提高群众的法治能力、法律自觉为目标，加大审判各环节的普法力度，拓展公共法律服务事项。

2. 统一布局建制。诉讼服务中心运行格局不同，依据与立案庭关系，可分为依附模式、交叉并存模式、独立建制模式，各模式功能定位差异大，续造基础不同，将影响审判公共法律服务体系建构的统一性。

3. 扩展服务对象。现有诉讼服务中心的法律服务主要围绕便利当事人诉讼展开。然而，审判公共法律服务的对象是整个社会，可拓展到五个层面：诉讼当事人，全体社会公众，法院党组，同级党委、政府，法院内部工作人员。例如，面对案件纠纷类型的升涨变化，掌握社会矛盾态势，研判潜在风险后，应同时（1）通报院党组，以优化审判力量配置，加强类案研讨；（2）通报同级党委、政府，作为其科学决策的参考；（3）制成热点案例的法律风险提示，以微信等媒介推送给社会公众，提前预警，防范、化解社会风险；（4）加强诉讼当事人引导；（5）法院内部统一裁判尺度。

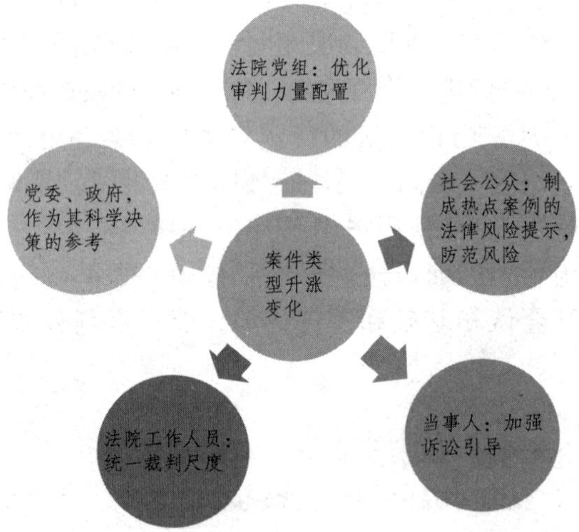

图4　审判公共法律服务产品的供给对象示例

4. 提升服务层次。目前的诉讼服务产品，一站式服务、网上立案、自助立案、智能导诉等，均围绕便捷高效展开。然而公共法律服务的根本功能，是以“浸润式”① 法律服务，传输法律思维、法律知识，培养法律自觉、风险防范意识，提升法治能力，最终实现纠纷的自治与防控。正所谓，授之以鱼不如授之以渔。但各地法院均未引起重视，仍将服务举措落脚在便捷高效，服务效果停留在“治标不治本”层面。

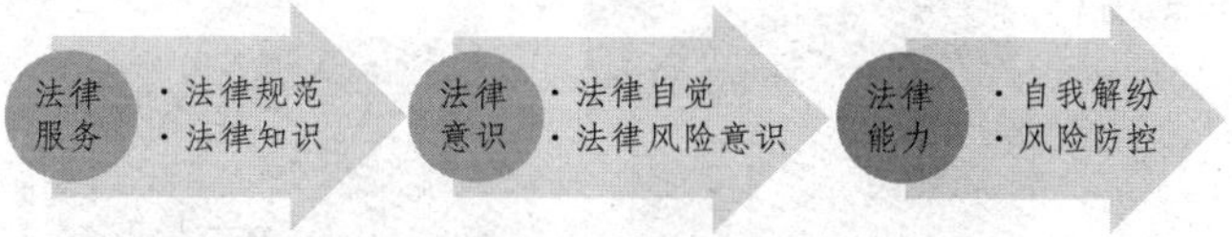

图5 “浸润式”法律服务过程图示

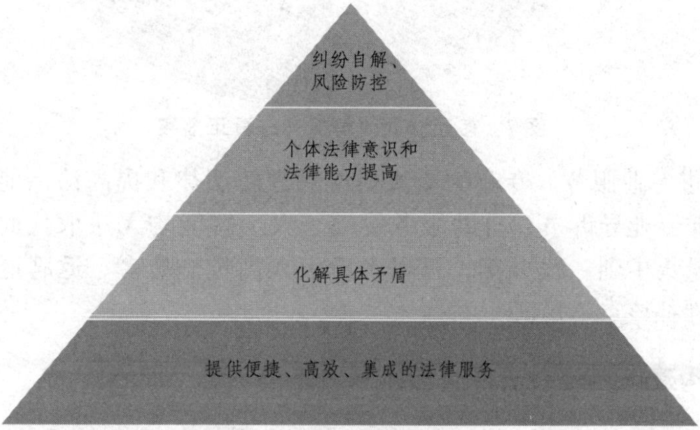

图6 法律服务功能的层次

5. 细化服务产品。应注意区分服务受众能力，例如，自助服务终端、导诉机器人、线上服务功能虽为便利群众而推广，但对于年纪大或文化程度不高的群众，并非便捷的方式。相反，面对面的交流辅导才能达到法律服务的效果。故应细化产品，以回应复杂、多样的服务需求。

6. 精准供给服务。应充分挖掘大数据资源，如群众法律需求、类型、主体特征等，制定针对性的法律产品以回应需求、研判风险，杜绝“头痛医头，脚痛医脚”的浅层服务。

7. 落实协同服务。目前调解工作仍以法官为主体，相关单位、调解组织和人员参与积极性不高，且所涉机构办公地点与法院彼此独立，群众若愿意选择其他解纷方式则要“多跑路”（图7），若不愿意则就地选择向法院起诉，多元联动化解机制并未真正发挥作用。

① “浸润式”教学是指通过创设相应的情境，使学习对象能够更加深入感知文本内容，不仅能够收获文本中的知识，还能够体会其中的思想内涵，从而获得内在享受与体验。

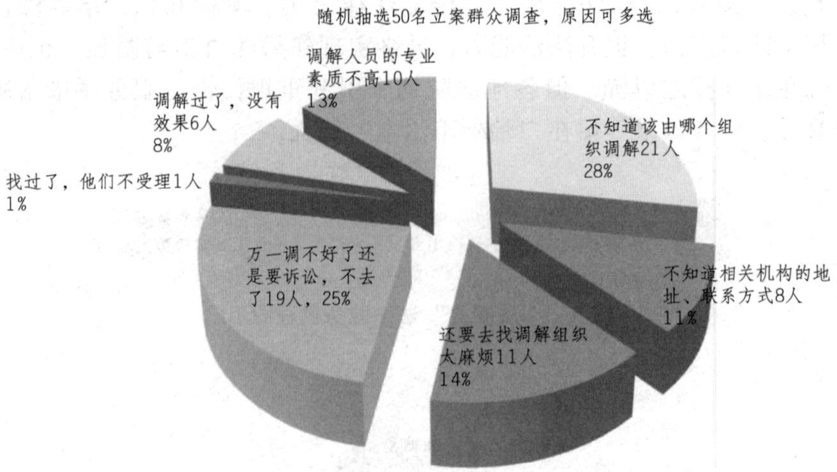

图7　多元协同化解机制未真正落实

8. 引进专业服务。专业的交流指导是理解法律和提高法治能力最有效的方式，非专业导诉员、自助服务终端、人工智能均无法取代此功效。由于审判力量集中到一线办案，可以考虑引入高校志愿者、返聘退休法官等专业人员弥补该点不足。

三、构建审判公共法律服务体系之基本理念

“发展理念是发展行动的先导”。审判公共法律服务体系的全面构建，需要正确理念的引领。因此，要先从理念这个“管全局、管根本、管长远”的着力点出发。

（一）坚守司法底线

审判公共法律服务，首先要面对服务需求主动性与司法被动性的矛盾：要求法官为当事人提供法律服务时，保持客观中立，不带倾向性；要求法院依法独立行使审判权，不受行政机关、社会团体和个人的干涉。

构建审判公共法律服务体系、履行服务过程中，必然与人民群众、司法行政机关等各类主体产生联系。为此，在衔接公共法律服务机制时，应注意与司法行政部门、律师团体的尺度把握，谨言慎行；面对群众咨询涉及法律实体问题时，务必婉拒释明，引导理解法院定位。

（二）深化功能认知

“理解是为了更好地行动”，正确的理解能促进事物的发展。审判公共法律服务是新时代下党中央对审判机关提出的新要求，审判机关应转变认识，将深度普及群众法律知识、法律规范、法律意识，提高其在法律框架下自我解纷的能力，作为兼顾审判工作的第一要务。应当认识到公共法律

服务对社会矛盾纠纷治理的深层功效，对比既有的服务模式，查差距、促落实。

应当通过召开会议、组织专题学习、加大宣传力度等形式，普及审判公共法律服务的政策背景、功能要求，提升对其重要性的认识；通过将审判公共法律服务工作纳入法院审判质效指标、“一岗双责”等考核机制，倒逼法院重视；纳入干警个人绩效考核，加大激励机制，推动个体对审判公共法律服务的重视、落实。

（三）确保多元联动

“参与也是一种价值”，根据罗伯特·登哈特的新公共服务理论，当社会各方力量和协同部门都参与到审判公共法律服务中时，能充分调动参与的积极性，确保提供服务的过程中满足最广大人民的需求，并保证服务供给的质量和数量，减轻供给主体的压力，使其有更多的精力来关注更为重要的事情。

为此，审判公共法律服务体系构建过程中，应坚持全员参与、全民参与、全社会参与的大公共法律服务概念，搭建平台吸引其他各方公共法律服务力量参与。例如公证、仲裁、法律援助中心等相关职能部门，志愿服务者、心理辅导师、高校法学院的专家、学者等，激发社会服务组织、专业机构、人才的社会责任意识，形成多层次、多领域、多渠道的审判公共法律服务供给机制。

（四）智能精准服务

在群众日益多元的法律服务需求背景下，审判公共法律服务产品的内容、形式需要不断更新。借助科技力量可以提升审判公共法律服务精准度，依托大数据、云计算、人工智能、区块链等信息技术对群众需求进行分析、整理、提取，明确变化和服务方向，提升服务精准度。譬如，北京互联网法院推出的AI虚拟法官智能导诉服务，利用智能识别技术从当事人立案、应诉、调解、法律咨询、技术操作中归纳出120个常见问题，而后对当事人提供针对性的解答，就取得良好效果。

（五）提供制度保障

审判公共法律服务是公益性法律服务产品，具备不排他、非竞争的特性，因而需要纳入顶层设计，通过制度约束而不仅靠自律来提高供给水平。目前，法院内部关于审判公共法律服务的政策文件缺位，但既有的诉讼服务中心已经提供良好的硬件设施和软件基础，应在此基础上充分改造使用，统一制定审判公共法律服务的质量标准，健全配套制度。同时，注重跟踪质量检查，积极开展服务评查、定期通报检查结果，确保审判公共法律服务质量。只有审判公共法律服务的质量上去了，群众才会认可；只有认可度高了，才会有更多的人志愿投身审判公共法律服务。

四、构建审判公共法律服务体系之应然图景

诉讼服务中心虽为审判公共法律服务体系构建提供了良好的基础，但如前所述，由于各地法院建设理念、标准的不统一，导致其格局各异、功能各异、发展各异。为更好地发挥审判公共法律服务的作用，统一对诉讼服务中心功能续造不失为一种好的路径。

（一）功能定位

最高人民法院周强院长曾指出，“审判就是服务，司法裁判就是法院的‘产品’，诉讼服务就是围绕这一‘产品’向社会提供的特殊公共服务”。随着社会的发展，国家政策和群众需求的变化，法院应由仅提供诉讼服务这种“特殊公共服务”扩大到提供包含诉讼服务在内的“一般公共服务”。

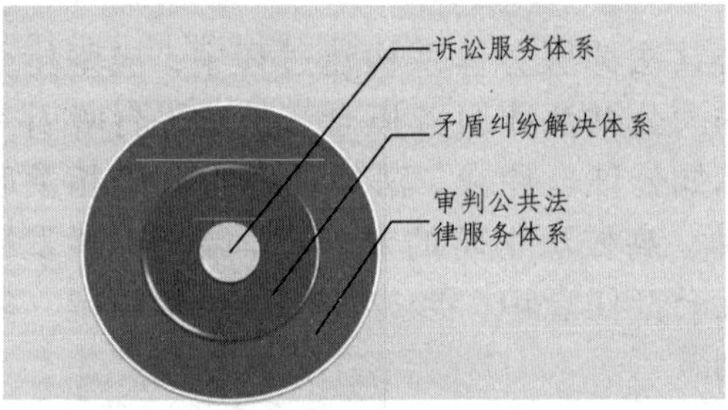

图8　审判公共法律服务体系外延

1. 体系外延。审判公共法律服务体系，是以法院诉讼服务中心为基础，将其打造为同时包含诉讼服务功能、矛盾纠纷解决功能、审判公共法律服务功能的多层次、多领域、一站式、全业务的法律服务综合体。其外延要大于现有的诉讼服务体系。

2. 功能内涵。广义的审判公共法律服务包含诉讼服务、多元解纷、公共法律服务。狭义的审判公共法律服务，是指贯彻于审判各环节的普法服务，及通过法治宣传、法律援助、案例发布、多元调解、部门协作、司法建议、司法保护等向全社会提供的公共法律服务。

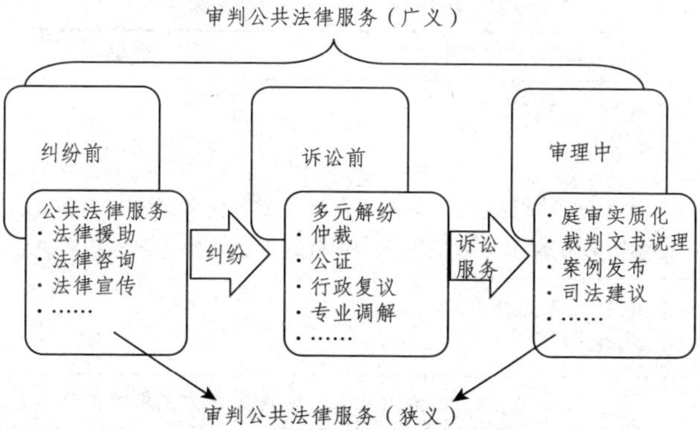

图 9　审判公共法律服务功能

诉讼服务功能[①]包括全方位诉讼服务、涉诉信访、网上立案、跨域立案功能，及集约化、信息化、社会化服务和内外联动协作机制。

矛盾解纷功能[②]包括诉源治理、诉前多元解纷、诉调对接、“分调裁审”、在线调解功能等。

3. 功能续造。由于最高人民法院 2019 年 8 月发布的《意见》，对诉讼服务中心功能定位仍是诉讼服务及诉前解纷，因此，应对诉讼服务中心进行狭义上的审判公共法律服务功能续造。此处的续造，既包括原有功能基础上加大精准普法的力度，如最高人民法院开设官方微博与广大微博用户互动，以微博调查问卷投票形式，为群众普及法律小常识；加强庭审实质化及裁判文书说理的普法功能，通过微信公众号向群众推送热点法律风险，举办公益讲座讲解举证责任分配及如何存证、举证等。也包括单独拓展的公共法律服务功能举措，如内蒙古乌拉特前旗图书馆在法院设立图书分馆、广东省深圳市南山区图书馆在南山法院设立公众法律分馆，向社会公众开放，通过举办公益性讲座、提供文献信息查询、借阅图书，推广法治宣传教育等公共法律服务，扩充社会公益效应；又如，福建泉州中院创设法院社会服务中心，构建以党委为领导、法院牵头组织、部门行业共建、社会公众参与的公共法律服务体系；福建泉州市鲤城区法院与华侨大学法学院合作研究，共同探索家事诉讼完整示范证据清单，在微信公众号上分批定期发布，详尽地示范如何举证，方便公众浏览查阅、学习理解。

---

① 此处根据最高人民法院 2019 年 8 月 1 日发布的两个“一站式”《意见》修订，本文成稿时《意见》尚未出台。

② 此处根据最高人民法院 2019 年 8 月 1 日发布的两个“一站式”《意见》修订，本文成稿时《意见》尚未出台。

表 4　　　　审判公共法律服务实践探索类型

实践探索	举措	效果
内蒙古自治区乌拉特前旗法院	旗图书馆在法院设立图书分馆	举办公益性讲座、提供文献信息查询、借阅图书，推广法治宣传教育等公共法律服务，扩充社会公益效应
黑龙江省高级人民法院	省图书馆在省法院设立图书分馆	
广东省深圳市南山区人民法院	南山法院设立公众法律分馆	
	南山法律文化博物馆	全国首家以法律文化为主题的博物馆，除了刻有宪法全文的白色墙面，馆内还展有包含《苏格拉底之死》的内在高仿精品雕塑，在学习法律知识的同时，参观者甚至可以通过观摩法庭直接感受审判过程
福建省泉州市鲤城区人民法院	家事诉讼完整示范证据清单	微信公众号上分批定期发布，详尽地示范如何举证，方便公众浏览查阅、学习理解
福建省泉州市中级人民法院	公证云平台、司法区块链平台	为群众提供便捷、高效的取证工具，实现证据全流程固定，仅需通过扫描二维码进行相应页面进行取证、存证
	律师工作中心	提供法律援助
	知识产权保护展示中心侵权产品对比	生动直接普及知识产权侵权知识
	公共法律服务触摸一体机	能够提供法治宣传、法律援助、律所律师、社区矫正、公证服务、司法鉴定等咨询异引和自助服务，特别是可以一键生成婚姻家庭、劳动纠纷、借贷纠纷、刑期预测、诉讼费计算等智慧法律服务解决方案，手机扫码，下载打印
最高人民法院	新浪微博设计问卷调查投票	调动微博网友积极性，普及法律小常识
全国各省各地区法院	微信公众号推出案例普法	生动、活泼、有趣，普及法律知识
	微信公众号向社会公布失信被执行人	了解法院执行工作，建立守法尊崇，不做失信人

（二）平台设想

实践中，因诉讼服务中心经历了充足的发展，虽然建制、格局不尽相同，但绝大多数已具备了对内辅助审判、对外服务诉讼的功能及稳定格局，因此建议设独立部门，专门负责推出审判公共法律服务产品，同步推进线上、线下功能，监督个审判各环节的公共法律服务质量，使审判的公共法律服务落到实处。

第一，诉讼服务大厅应根据《意见》进一步完善功能。还需增强诉讼服务的实效性，尽量以专业辅导方式提升群众的诉讼能力、法律理解力。可招纳公益律师、法律服务志愿者、方言翻译志愿者、法律院校志愿生、退休法官提供代书或讲解服务等，配备专门的工作区或值班窗口，在群众有需求时能够获得及时回应，实现真正的“让群众少跑腿”。

第二，可统一设立材料收转中心负责辅助事务的集约化管理，如统一送达、材料流转、扫描；设立电子文档中心负责司法公开、12368 热线、微法院、网上立案、无纸化办案、电子卷宗随案生成等线上应用或信息技术模块。

第三，建议增设数字中心，专门负责收集、分析数据，研制法律服务产品，精准回应需求。以 12368 热线数据为例，通过统计来电地区、时段、通话时长、办结率等，研判某段时间内群众集中反映的问题，分析诉求背后的社会共性、倾向性等，制定相应的法律服务措施及产品，并通报给同级党委、政府，以更加科学、敏锐地为政府决策提供参考，防范、化解社会风险。

第四，成立审判公共法律服务中心，与公共法律服务体系衔接，借助政法委统筹，引入仲裁、公证、法律援助中心、司法鉴定部门等公共法律服务机构入驻中心。另设矛盾纠纷多元化解中心，提供相关职能部门的预约调解、值班轮岗服务，将多元协同机制和多元纠纷化解机制落到实处。还可设社会服务对接中心，与行政服务中心衔接，提供征信查询、工商查询、办证预约等公共服务。

此外，还需有统一对的外协调机构、监督机构，协调与职能部门的统筹，监督法律服务的质量。对于法律服务志愿者和公益律师，可建立“正能量榜单”激励机制，加大对提供志愿服务和公益服务人员的宣传，弘扬志愿服务的正能量，激励更多的法律背景专业人员加入。

（三）制度架构

审判公共服务体系的构建离不开制度的保障，审判公共法律服务的质量，离不开相应制度的约束。

1. 制定规范性文件。目前国家层面尚无公共法律服务的立法及法律规范性文件，制约了法院探索构建审判公共法律服务体系的步伐。应由最高人民法院制定《关于推进审判公共法律服务体系建设》的指导意见，明确要求以法院诉讼服务中心为基础，建构现代化的审判公共法律服务体系，为法院的公共法律服务建设提供依据及路径。由于各地法院探索实践不同，地区发展情况及群众需求不同，具体标准可由各省高院细化。也可指定试点法院开展，取得经验成效后总体推进。

2. 保障人、财、物。审判公共法律服务属于公共法律体系建设的组成部分，应与当地政法委、司法局等部门协同推进，取得人、财、物的支持保障。虽然诉讼服务中心既有的平台体系无需过大的资金投入，但其下设的多元解纷中心、公共法律服务对接中心、行政服务对接中心的平台建设、社会服务购买、人力资源成本，均应列入公共法律服务项目的财政预算体系，由同级财政部门专项拨款至法院，专款专用。并发挥政法委统筹调配相关职能部门派员入驻中心的职能，确保定人定岗，定期开展专业培训，切实保障服务质量。例如，福建泉州中院矛盾化解纠纷中心，入驻20个职能部门窗口，其人、财、物均得到市政法委全力支持。

表5 制度架构范例

<table>
<tr><th>制度类型</th><th>制度内容</th><th>依据</th></tr>
<tr><td rowspan="4">监督类规范</td><td>《全市法院诉讼服务中心督查工作规程》</td><td rowspan="4">《关于人民法院推行立案登记制改革的意见》《人民法院审务督察工作指引》《全省法院诉讼服务中心运行规范》《F省多元化解纠纷条例》等</td></tr>
<tr><td>《诉讼服务文明规范》</td></tr>
<tr><td>审务督察条例、廉政监督</td></tr>
<tr><td>《信访投诉举报工作制度》、投诉电话、邮箱、地址</td></tr>
<tr><td rowspan="6">信息公开类规范</td><td>申请法律援助范围/所需材料</td><td>《F省法律援助条例》</td></tr>
<tr><td>律师收费标准参考</td><td>《律师服务收费管理办法（2006）》</td></tr>
<tr><td>裁判文书公开平台介绍及网址、工作制度介绍</td><td></td></tr>
<tr><td>庭审直接平台介绍及网址、工作制度介绍</td><td></td></tr>
<tr><td>事务集约管理具体项目介绍</td><td></td></tr>
<tr><td>跨域诉讼服务项目清单</td><td></td></tr>
<tr><td rowspan="6">操作流程类</td><td>跨域诉讼服务操作规程
平台操作流程简述</td><td rowspan="6"></td></tr>
<tr><td>纸质档案查询指南（查阅手续等）</td></tr>
<tr><td>12368服务热线工作流程</td></tr>
<tr><td>律师在线服务平台操作介绍</td></tr>
<tr><td>微法院使用指南</td></tr>
<tr><td>司法公开服务网操作流程</td></tr>
</table>

续上表

<table>
<tr><th>制度类型</th><th>制度内容</th><th>依据</th></tr>
<tr><td rowspan="9">工作
制度类</td><td>《立案工作具体规程》
《立案登记若干问题的规定》（各类案件受理审查范围）</td><td rowspan="6">《关于远程视频接访工作的规定（试行）》
《关于人民法院推行立案登记制改革的意见》
《全省法院诉讼服务中心运行规范》</td></tr>
<tr><td>《关于在全市法院开展跨域庭审、跨域调解工作的实施方案（试行）》</td></tr>
<tr><td>《分调裁机制及具体操作规程》</td></tr>
<tr><td>《卷宗材料流转规范》</td></tr>
<tr><td>电子文档中心工作职责</td></tr>
<tr><td>司法公开管理机制介绍</td></tr>
<tr><td>统一送达管理机制介绍</td><td>《关于委托当事人或代理律师送达的规定（试行）》</td></tr>
<tr><td>12368 法院服务热线工作职责</td><td rowspan="2"></td></tr>
<tr><td>《矛盾纠纷多元化解中心工作制度》</td></tr>
</table>

3. 制定评估体系。评估体系包括服务操作流程、服务质量标准、监督条例、评价机制。审判公共法律服务体系包含了现代化诉讼服务体系、矛盾纠纷化解体系的全部职能及公共法律服务体系的部分职能，功能繁多，需分条列目，逐项明确岗位责任、流程规范、质量标准，予以公示，作为各岗位履职依据和群众的质量评估、监督标准。制定操作流程及标准中，尤应注重将服务量化、细化至如何转化为提高群众法律思维、法律政策、法律精神、法律风险、法律规范的标准。

结　语

“伟大的工作，并不是用力量而是用耐心去完成的。”构建审判公共法律服务体系最长远的意义是赋予群众以法律意识、法律思维自我捍卫的法律能力，实现法律框架下的纠纷自治与预防，将审判职能“向前推进一百公里”，使社会风险得以防控，法治与社会治理融为一体，国家治理能力和法治核心竞争力得到显著提升。法院虽然是维护社会公平正义最后一道防线，却往往是群众解决纠纷时第一个寻求帮助的对象，为了这份信任，承担起构建审判公共法律服务体系的职能，更是责无旁贷。为此，本文创造性地提出构建现代化审判公共法律服务体系的理论和可操作、可复制方案，以期回应新时代下党和国家的新要求，满足群众对美好生活的向往和期待。

司法体制综合配套改革中重大风险防范与化解（下）

——全国法院第31届学术讨论会获奖论文集

主编　马世忠

人民法院出版社

目　录

下　册

八、行政诉讼篇

九、刑事诉讼篇

十、民事诉讼篇

十一、执行篇

八、行政诉讼篇

行政裁判中指正表述的实证考察及进路探索

——以A省347份行政裁判文书为样本

李炳彤*

行政裁判文书中长久以来存在着这样一类表述："某行为确有不当，本院予以指正"、"一审裁判不当，特此指出"、"应当指出，某文书存在笔误现象"……此类表述即本文所述"指正表述"，本文拟在实证考察的基础上，探索如何去芜存菁、彰显其固有价值。

一、何为指正：从共性提取到本质定位

所谓指正，从文义上来讲，即指出并改正，而以裁判文书为载体时，改正之主体并非显而易见，此时"正"则颇有使动意味，即"使之正"。同时，"指出"一词同样应用较广，尽管从词义上来看"指正"更加富含了完善之义，但在实践中裁判文书应用时并未将二者区分，故本文将其统称为"指正表述"。

（一）外在：显著化共性

本文借助中国裁判文书网，查找统计了A省近五年含有指正表述的行政裁判文书，初始样本为519份。[①] 经过剔除重复样本、无用样本，重置错误分类，最终获取有效样本347份。考虑到近年来行政案件基数的增长，对数量和占比情况结合分析（图1），含有指正表述的行政裁判文书在适用上呈稳增势态。

---

* 作者单位：安徽省阜阳市中级人民法院。

① 样本选取于2019年5月12日。样本筛选关键词："指正""予以指出""应予指出""应当指出""亦予指出"。

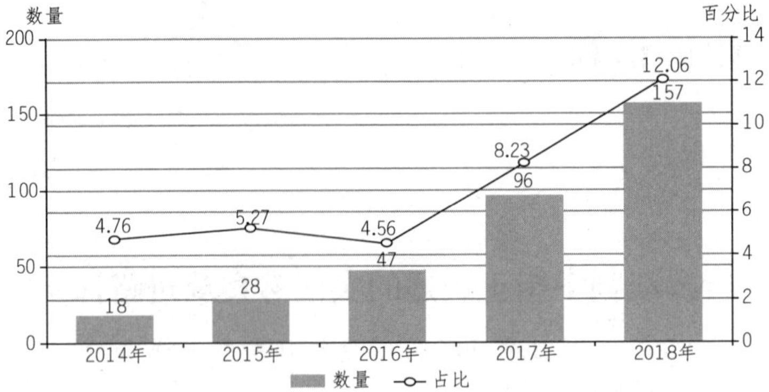

图1 含有指正表述的行政裁判文书数量及占比情况

1. 指正内容的复杂性。纵观样本，裁判文书之所以作出指正表述，绝大多数系因行为存在合法性或者合理性问题。同时对于一些行政机关未尽审慎义务的行为，部分裁判文书在予以指正的同时提醒行政机关再为类似行为时需付诸合理注意。此外，也有裁判文书对于已决定维持的行政行为仍提出建设性、原则性的方向和意见。

2. 法官应用的自发性。无任何法律、法规或者规章表明法官在作出行政裁判的过程中应当对何种行为、在何种情况下进行指正，亦无任何针对指正表述的禁止性规定，可以说法官在裁判文书中作出指正表述完全源于实践中的灵活运用，而无成文法根基。

3. 裁判结果的稳定性。对样本中裁判结果进行统计（图2），可以看出作出指正表述的裁判文书大体上多作出驳回裁判结果。进一步细究上述判决确认违法、撤销的案件可以发现，这些案件之所以作出此种裁判结果，大多并非缘于所指正的事由，而系它因所致。

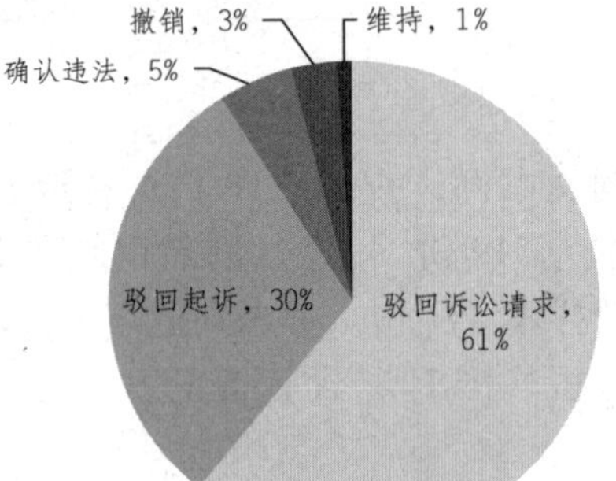

图2 裁判结果分布

（二）内在：否定性评价

指正的性质是告诫性而非惩戒性的，其目的在于要求受指正者再次从事其他同类活动时防范类似违法或不当情形的发生。① 指正表述还通常带有一丝指导性，运用“教育型言辞”②，意在防止相同问题再度发生。本文之所以采取“指正表述”而未采取“指正裁判”的表达，主要是为了避免“裁判”二字可能引起的误解，指正尽管出现在裁判文书内容之中，但并不具有裁判的外在表现，也不具有执行力，更多的是一种司法判断，作为裁判理由的辅助，事实上成为一种否定性评价。而这种评价本身的价值也存在不确定性——或是基于对以往问题的既往不咎，或是着眼于尚未发生问题的下不为例。

二、何以指正：从样本分类到倾向探究

（一）样本扫描：基于指正对象的分类

以指正对象为基础可将样本中的指正表述分为以下几种类型（分布如图3）：

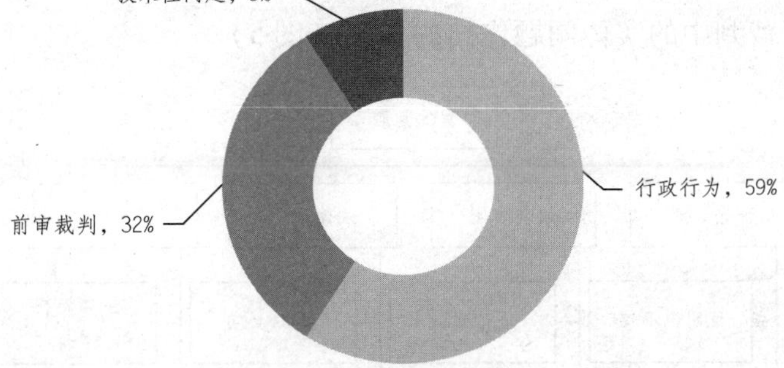

图3 指正对象分布

1. 行政行为。一个完整的行政行为中既包含内容事项也包含程序事项，在学理上也有学者将其划分为程序行政行为和实体行政行为③，为了区分行政行为本身与其环节和过程，本文仍将其称之为内容与程序。对行政行为内容事项作出指正往往系因行政行为不够彻底、明确或者依据不够充分等，作为行政行为的载体，行政文书的制作也通常因其不完整、不规范以及文实不符等被指正。样本中对程序事项作出指正存在的典型形态如图4所示。

---

① 杨登峰：《行政行为程序瑕疵的指正》，载《法学研究》2017年第1期。

② 孙海龙：《“充分说理”如何得以实现——以行政裁判文书说理为考察对象》，载《法律适用》2018年第21期。

③ 应松年、朱维究：《行政法与行政诉讼法教程》，中国政法大学出版社1985年版，第125页。

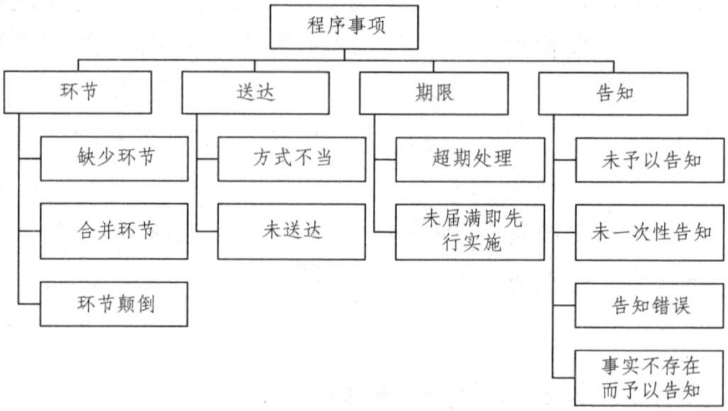

图4

2. 前审裁判。以审判程序为指正对象的表述通常存在两种类型，其一是对前审程序存在的不当进行指正，如未书面告知合议庭成员、未组织质证等；其二是对当事人在前审中存在而前审法院并未指出的问题进行指正，如被告应当应诉而未应诉、被告仅委托律师应诉等。此外，样本中也大量存在对一审裁判中的实体问题作出的指正（图5）。

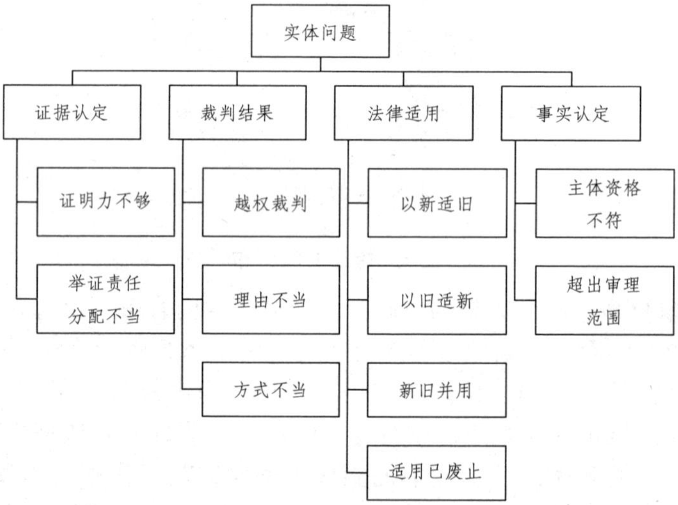

图5

3. 技术性问题。由于技术性问题的特殊性和普遍性，研究对技术性问题进行指正时所指向的对象并无实证意义，且技术性问题的发生通常不会发生较大争议，仅仅反映出行为的粗放化，外化为公信力的缺失，是“将正确的裁判内容作出了错误的宣示”①，具体表现如图6。

① 胡夏冰：《裁判表述错误及其补正》，载《法律适用》2009年第10期。

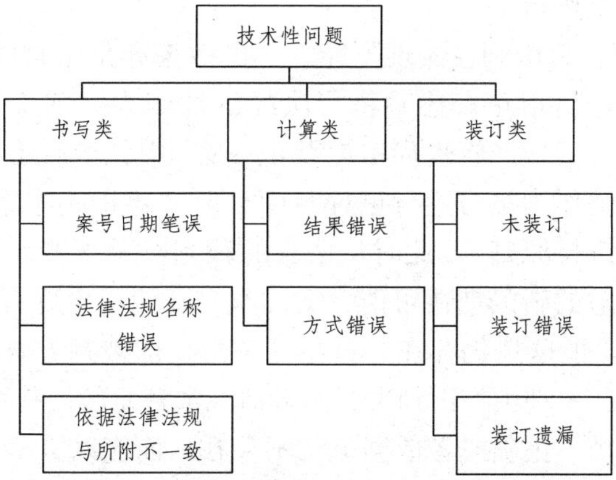

图6

（二）法官倾向：何时指正

本文拟从347份样本裁判文书中提炼法官在裁判时的思路模式，探究在何种情况下法官倾向于作出指正表述。

1. 基本角度：评价方式。样本中大体存在三种评价形态：（1）概括评价。通常表述为“……欠妥”、“……确有不当”。由于此种表述仅整体指出不规范之处并加以“予以指正”字样，因此具有普适性。（2）程度评价。指正对象为行政行为时，通常表述为“……基本合法”、“不足以认定违法”、“难以作出负面评价”。指正对象为前审审理程序时，理由往往表述为“……尚未达到撤销一审裁判的程度”。（3）实体评价。主要着眼于实际影响和实体结果，表述为“对权利义务不产生实际影响”、“尽管……但并不影响结果的正确性”。在指正前审审理程序时则注重对当事人诉权的影响，说明“并不影响其另行起诉的权利”或者“并未剥夺其相关诉讼权利”。

2. 殊途同归：变更裁判已无必要。样本中还存在一种形态，与前述实体评价有一定的共同之处，但并非因行政行为或者前审裁判过程存在问题而认定对裁判结果未产生实质影响，而是先指出先前在实体上存在的错误，对行政行为（多为行政复议）或者前审裁判结果所依据的理由一一进行驳斥，并重新说理，而由于依据新的理由拟作出的行为或者裁判在结果上与先前并无差别，从而仅作指正表述。此时体现为对先前实体认定的否定和思路的修整，但由于最终达到殊途同归的效果，法官倾向于认为已无变更具体裁判的必要。以冯某某诉当涂县人民政府土地征收行政赔偿一案①为例，二审法院认定为重复起诉，故对于“一审法院以超过起诉期限为由驳回起诉”予以指正，由于二审法院以重复起诉为由作出裁判的结果同样为

① 详见：安徽省高级人民法院（2018）皖行赔终155号行政裁定书。

驳回起诉，故而仅作指正。

3. 诉累考量：诉讼利益实现不能。诉讼效率亦是法官的考量因素之一，不少裁判文书在作出指正表述时将司法经济性作为一项重要考虑。如许某某诉黄山市徽州区房地产管理局房屋登记一案①中，行政主体机关职能变更后仍以原行政机关作为被告进行审理裁判，但“不影响本案实体问题处理，为避免诉累……维持原判”。此时从法官的裁判经验来看，当事人已经不具有实现其诉之利益的新的期待可能，案件本身即使不出现需指正内容，裁判结果也一致无二。但这里仍存在一种特殊情形，即裁判方式改变问题，模式如下：前审法院以 A 理由作出判决驳回诉请（或裁定驳回起诉），后审法院经审查，认为 A 理由不正确或者依据事实不存在，而应以 B 理由作出裁定驳回起诉（或判决驳回诉请）。如郑某某诉中国人民银行六安市中心支行不履行法定职责一案②，二审法院认为“理应判决驳回诉讼请求”，对“一审裁定驳回起诉”予以指正。但考虑到当事人诉累，该案“没有作出指令一审法院继续审理的必要”。

三、刚柔并济：质变与量变的因素考量

以行政行为作为指正对象时，指正表述与不利裁判结果在客观上形成了择一的模式，故下文主要对行政行为的指正进行探讨，逐一进行因素考量，分析指正表述的支点何在。

（一）刚性——仅作指正的合法性考察

为有效避免同类案件出现一指正一判决的情形，必须厘清行政行为存在的问题是否可以仅作指正。从表 1 来看，样本中对于行政行为的指正大致可以分为八种情形，下文将逐步分析不同情况下仅作指正的正当性。

表 1

<table>
<tr><th colspan="2">指正对象</th><th>相关法律规定</th></tr>
<tr><td rowspan="4">内容</td><td>证据不充分</td><td>《行政诉讼法》第七十条第（一）项：主要证据不足的，判决撤销或者部分撤销，并可以判决被告重新作出行政行为</td></tr>
<tr><td>适法不规范</td><td>《行政诉讼法》第七十条第（二）项：适用法律、法规错误的，判决撤销或者部分撤销，并可以判决被告重新作出行政行为</td></tr>
<tr><td>认定不恰当</td><td rowspan="2">《行政诉讼法》第七十条第（六）项：明显不当的，判决撤销或者部分撤销，并可以判决被告重新作出行政行为</td></tr>
<tr><td>文书不审慎</td></tr>
</table>

① 详见：安徽省黄山市中级人民法院（2018）皖 10 行终 60 号行政判决书。

② 详见：安徽省六安市中级人民法院（2018）皖 15 行终 2 号行政裁定书。

续上表

指正对象		相关法律规定
程序	明显违法	《行政诉讼法》第七十条第（三）项：违反法定程序的，判决撤销或者部分撤销，并可以判决被告重新作出行政行为
	轻微违法	《行政诉讼法》第七十四条第（二）项：行政行为程序轻微违法，但对原告权利不产生实际影响的。人民法院判决确认违法，但不撤销行政行为。 《行政诉讼法解释》第九十六条：有下列情形之一，且对原告依法享有的听证、陈述、申辩等重要程序性权利不产生实质损害的，属于行政诉讼法第七十四条第一款第二项规定的“程序轻微违法”：（一）处理期限轻微违法；（二）通知、送达等程序轻微违法；（三）其他程序轻微违法的情形
	明显不当	《行政诉讼法》第七十条第（六）项：明显不当的，人民法院判决撤销或者部分撤销，并可以判决被告重新作出行政行为。
	轻微不当	无

1. 内容指正。结合表1及相关法律规定来看，可指正内容与法定应作出撤销判决的范围存在一定的交叉，二者的区别体现在程度上，如证据不充分必须是主要证据不足、适法不规范要达到错误的程度等，否则达不到应作撤销判决的标准。以某公司诉铜陵市公共资源交易监督管理局投诉处理决定一案[①]为例，被告依职权进行调查后未对相关事实直接予以认定，而是建议原告向有关管理部门投诉，该行为显然并未达到明显不当的程度。

2. 程序指正。从表1可以看出，但凡程序违法，不可仅作指正。指正范围事实上仅限于“轻微不当”的情形，乍看之间似乎非常明了，但是玄机在于如何将轻微违法与轻微不当区分开来——为防止边缘滑落，更需要首先厘清如何认定“轻微违法”。

现已废止的《最高人民法院关于执行〈中华人民共和国行政诉讼法〉若干问题的解释》第五十六条第（四）项设立了“其他应当裁决驳回诉讼请求的情形”的兜底条款，此前许多裁判文书作出指正表述后引用该项规定进行裁判。新《行政诉讼法解释》于第九十六条对“程序轻微违法”作出规定，[②]“处理期限轻微违法”以及“通知、送达等程序轻微违法”属于“程序轻微违法”，由于处理期限、通知、送达本身便属于程序性事项，且第（三）项为“其他程序轻微违法的情形”的兜底条款，所以该条实质上仅为列举而未作出进一步解释。不过，明确了对“重要程序性权利不产生

---

① 详见：安徽省铜陵市铜官区人民法院（2018）皖0705行初53号行政判决书。

② 该条规定：“有下列情形之一，且对原告依法享有的听证、陈述、申辩等重要程序性权利不产生实质损害的，属于行政诉讼法第七十四条第一款第二项规定的“程序轻微违法”：（一）处理期限轻微违法；（二）通知、送达等程序轻微违法；（三）其他程序轻微违法的情形。”

实质损害”似可作为“轻微”的考量因素。

关键点在于“重要程序性权利”以及“实质损害”。该条列举了“听证、陈述、申辩等”为重要程序性权利，此类权利即为学者所称“参与权”,[①] 能够使相对人及相关人参与过程并影响结果，行政程序中参与原则的法律价值即使行政相对人在行政程序中成为具有独立人格的主体，而不致成为行政权随意支配的客体。[②] 具体来说，重要程序性权利有以下特点：其一，权利的行使具有不可忽略的程序价值，一旦行使将使结果产生不可预测性；其二，权利的行使能够产生排斥某种结果的阻力，而无论这种阻力最终在客观上能否避免该结果。至于“实质损害”，落脚点在“实质”二字。是否对重要程序性权利产生实质上的损害，则需要看行使权利的效果是否已经达到。如行政机关作出行政行为时，虽未举行听证，但已经充分听取了当事人的意见，在事实上便已经不能看出实质损害所在。

“轻微不当”与“轻微违法”之间，是质变的过程，由于前者不具有规范性支撑，往往可据后者反向界定。而“轻微不当”与“明显不当”之间，则是度的权衡，这就与对内容指正时的程度考量类似，需要柔性因素的具体判断。

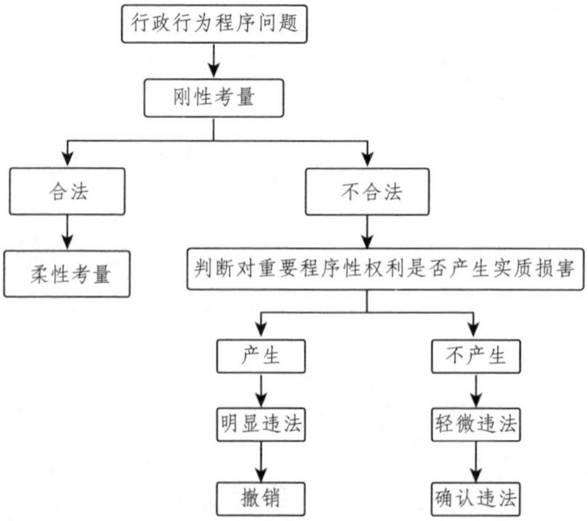

图 7

（二）柔性——合法性基础之上的再判断

1. 是否产生实际影响。实际影响是一种不利的损害，[③] 通常可分为直接影响和间接影响，直接影响意味着能够引起结果的直接变动，而间接影响则通常是效率方面的影响。此外还有期待性影响，如文书中对于某一事实

---

① 肖金明、李卫华：《行政程序性权利研究》，载《政法论丛》2007 年第 6 期。

② 应松年：《行政法与行政诉讼法学》，法律出版社 2009 年版，第 359 页。

③ 江必新、梁凤云：《行政诉讼法理论与实务》，北京大学出版社 2009 年版，第 282 页。

的认定不恰当，而相对人在可期待的将来发生的法律关系可能将以该文书为依据，间接影响在一般情况下便可直接归入可指正范围。柔性考量的重要标准之一便是行政行为是否对当事人的权利义务不产生实际影响。此时又可作两种解释：其一，对于已发生的个案在客观上未产生实际影响。如金某某诉肥西县桃花镇人民政府政府信息公开一案，① 该人民政府对于信息公开申请答复称不属于其制作和保存，但法院推定其“应当知晓该信息的制作或保存机关，故应当予以告知该信息的制作或保存机关的名称、联系方式等信息”。同时，由于金某某在另案中已获取相应信息，本案则在客观上未产生实际影响。其二，不可能产生实际影响。如汪某某诉含山县盐务管理局行政处罚及含山县人民政府行政复议一案②中，该局所作行政处罚决定书中，在未作出罚款处罚决定的情况下，却交代了如何缴纳罚款及不履行的法律后果。

2. 目的是否已获实现。以目的作为考量对象本质上也是一种必要性考量。即在行政法律关系存续过程中，相对人的目的已经实现，如申请获取的政府信息已经全部知悉、针对行政机关不作为要求履行监督义务但被监督机关已作为。以郑某某诉淮北市人民政府不履行政府信息公开法定职责一案③为例，该人民政府收到申请后，次日即由政务公开办公室转交市国土资源局办理，虽未通知郑某某，但市国土资源局在法定期限内作出书面答复并送达郑某某，其获取信息的目的已完全实现。

3. 相对人是否已予认可。即行政行为确有不当之处，但相对人明确表示认可。相对人的认可大体上基于两种考虑：其一，行政行为虽有不当，但该不当之处在实际上产生了对相对人有利的影响。如行政机关对申请人的信息公开申请理解有误，不仅提供了申请人要求提供的信息，还提供了其实际上未要求的信息。其二，相对人认为行政行为的不当之处未造成负面影响，主动予以认可。如行政机关将不存在顺序性的复杂环节予以合并、同时进行，相对人不持异议。

四、进路探索：修正与补正的内外并进

发挥指正表述的内在价值，既要从表述本身入手，由内强化说理，又要寻求外在作用的补强。

（一）修正表述：注重指正说理

尽管新《行政诉讼法解释》已将可仅作指正的行政行为限于轻微不当

① 详见：安徽省合肥市中级人民法院（2017）皖01行终300号行政判决书。
② 详见：安徽省马鞍山市中级人民法院（2018）皖05行终32号行政判决书。
③ 详见：安徽省高级人民法院（2017）皖行终184号行政裁定书。

的情形，但指正表述规避败诉的工具属性仍然在样本中存在，本文从中选取三例涉及超期处理的案件予以对比分析（表2）。

表2

案例		相关案情	裁判表述及结果
1	徐某某诉临泉县防汛抗旱指挥部、临泉县陶老乡人民政府房屋强制拆除一案①	临泉县防汛抗旱指挥部对徐某某作出强制执行催告书，给予其三日的陈述申辩期限，但期限未届满即拆除了涉案房屋	“程序存在瑕疵，予以指正”且“程序基本合法”。判决驳回诉讼请求
2	某公司诉合肥市包河区安全生产监督管理局行政处罚及合肥市安全生产监督管理局行政复议一案②	包河区安全生产监督管理局所作行政处罚决定超出法定办理期限	“因未影响相对人在行政程序中依法享有的各项权利，该程序瑕疵予以指正”。判决驳回诉讼请求
3	侯某某诉临泉县公安局治安管理处罚一案③	临泉县公安局受案时间是2018年1月19日，其于2018年4月20日作出行政处罚决定，明显超出办案期限	“该违法行为对原告权利义务不产生实际影响，不足以作为撤销的依据，在此予以指正”。判决驳回诉讼请求

裁判文书是法律关系双方最终所得结果的载体，是司法公信力的体现。为了使指正表述在健康轨道运行，既不失其质，又修之以文，可以考虑采取强化说理的思维路径——

1. 从笼而统之到对象针对化。即就指正对象而言，具有针对性地指出其何处不当，避免“该行政行为确有不当之处”的笼统式表达、“某行政机关依照法律程序进行了……，在法定期限内完成了……，其行为过程中部分细节欠妥”的迂回式表达，而应具体到行为的某一环节、方式，如“某行政机关认定某事实发生日期与实际不符”、“某行政机关在某事实发生现场以某方式制止不力”。

2. 从避而不谈到支点明确化。明确行政行为的合法性。合法性的确定系指正表述本身的支点，含有指正表述的裁判文书通常未涉及此部分内容（案例2）。本文所选取的样本中仅有8份裁判文书略带性对此提及，但也依然存在已明确否定合法性而仍予以指正的情形（案例3）。应在妥善分析行政行为合法性的前提下逐一进行因素考量，厘清合法性与合理性，从而尽量避免指正表述与具体裁判的混同。如以“某行为不符合行政诉讼法第七

① 详见：安徽省临泉县人民法院（2018）皖1221行初81号行政判决书。
② 详见：合肥市蜀山区人民法院（2018）皖0104行初50号行政判决书。
③ 详见：安徽省临泉县人民法院（2018）皖1221行初64号行政判决书。

十条规定的撤销情形”或者“某行为尚未达到违法程度但在某环节存在不当之处”而仅作指正。

3. 从模棱两可到语言精准化。即语言表达以及用词修辞的精准性，应当避免意在强化一些事实、淡化一些事实的“修辞性技巧”① 的运用，如“基本合法”（案例 1）、“基本不产生影响”等模棱两可的描述，所谓“基本”，便意味着不完全，“基本合法”与“合法”有着质的区别，“基本不产生影响”也意味着造成了（尽管基于一些原因法官认为可以忽略）影响，而这种影响究竟为何，以及是否已经由其他方式消除，仍需进一步作出说明。

（二）补正探索：实际作用补强

针对确有不当的行政行为，仅仅作出表述往往显得不够——行政审判关心诉之利益的实现——这就需要探索如何对这种作用力进行补强，如何“使之正”。学界对于行政行为的补正问题，主要认为补正“使行为回复到程序完满状态”②，但“必须以不构成无效的程度为前提，方有挽救的可能”③，有学者根据补正主体的不同，将补正分为两种：一是积极补正，即作出行政行为的原行政主体、复议机关及行政相对人所作补正；二是消极补正，即客观条件的变化使行为违法性自然消除。④ 但以上关于补正的讨论基本局限于违法（尤其是程序违法）行政行为的体系中，而鲜有对不当行政行为的补正讨论。

表 3

《中华人民共和国行政诉讼法》	第七十六条	人民法院判决确认违法或者无效的，可以同时判决责令被告采取补救措施
	第七十八条	被告不依法履行、未按照约定履行或者违法变更、解除本法第十二条第一款第十一项规定的协议的，人民法院判决被告承担继续履行、采取补救措施或者赔偿损失等责任
《最高人民法院关于行政诉讼撤诉若干问题的规定》	第一条	人民法院经审查认为被诉具体行政行为违法或者不当，可以在宣告判决前或者裁定前，建议被告改变其所作的具体行政行为

从现有法律规范来看，行政审判对于行政行为补正的推动力非常有限，

① 洪浩、陈虎：《论判决的修辞》，载《北大法律评论》2003 年第 5 卷，第 428 页。

② 石贤平：《行政行为程序违法情形下的补正制度构建》，载《法学研究》2015 年第 10 期。

③ 陈新民：《中国行政法学原理》，中国政法大学出版社 2002 年版，第 171 页。

④ 张峰振：《论违法行政行为的治愈》，载《政治与法律》2007 年第 6 期。

"我国行政立法的基本态度是否定治愈的"。① 从表3中可以看出，现行《行政诉讼法》第七十六条、第七十八条对采取补救措施作出了规定，但前者需以判决确认违法或者无效为前提，后者针对特定对象，且二者均系"从判决"。② 而《最高人民法院关于行政诉讼撤诉若干问题的规定》第一条的规定则可视为行政行为在裁判前的补正，不仅明确包含不当行政行为，更有"建议"二字，充分体现司法权对行政权的尊重。责令补救与建议改变不同，前者致力于扭转不利益状态，③ 在实际上成为具有强制力的裁判内容，后者应归于司法建议的一种，旨在降低违法行为的损害后果。④

图8

事实上，仅作"予以指正"的表述很难在实效层面体现其潜在价值。行政裁判在作出指正表述的同时，亦可视案件情况建议补正，对于不可补正者，可在指正时同时作出督促性表述，即采取"指正+督促"模式；而对于可补正者，实际上大可发挥司法建议权的行使，建议行政机关自行予以补正，即采取"指正+建议补正"模式。前述"建议改变"模式系判前补正，"指正+督促"模式、"指正+建议补正"模式系嗣后补正，且上述补正模式均系期待性补正，而非现实补正，下文将予以详述。

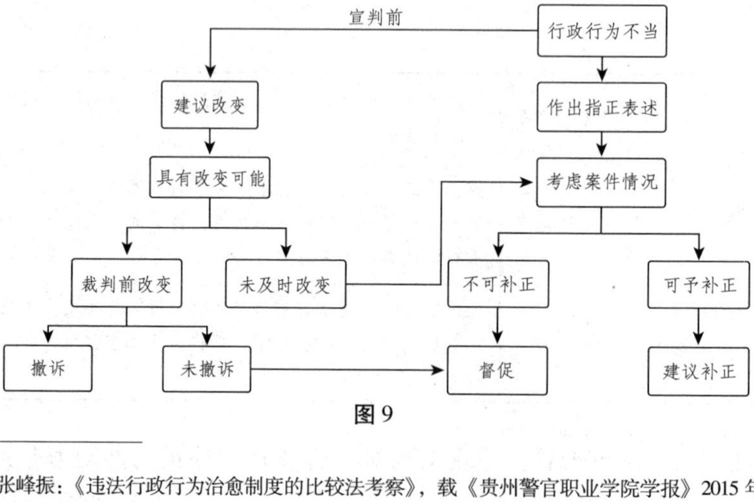

图9

① 张峰振：《违法行政行为治愈制度的比较法考察》，载《贵州警官职业学院学报》2015年6期。

② 陈思融：《论行政诉讼补救判决的适用——基于104份行政裁判文书的统计分析》，载《中国法学》2015年第2期。

③ 陈思融：《行政诉讼补救判决——一种"新"的行政诉讼判决方式》，载《法治社会》2016年第1期。

④ 吴敏：《论行政诉讼中的"程序轻微违法"——基于与"程序瑕疵"的区分》，载《福建行政学院学报》2018年第5期。

1. “建议改变”模式。此种模式近于“先正后指”，即裁判前建议行政机关改变其所作行为不当之处，而非必然改变行为结果，如改变其认定的事实和证据，但前提是被诉行政行为仍存在改变的可能。相对于其他两种模式而言，“建议改变”模式更具及时性，且这种模式侧重于实质性化解行政争议——如果行政机关选择在裁判前改变其行政行为，原告则有较大的撤诉可能，此时实际上将形成“先正后撤”的情形。另一方面，如果行政机关在裁判前并未及时改变，则仍然可以根据案件情况采取嗣后补正。

2. “指正＋建议补正”模式。此种模式近于“先指后正”，实际上是一种司法建议。采用这种模式必须首先满足一个前置条件，即行政行为的不当之处具有补正可能。具体而言，该模式可适用于以下两种情形：其一，行为可继续，不当之处可消除。以张某某诉合肥市人力资源和社会保障局行政复议一案①为例，被告以证据不足为由撤销了蜀山区人社局作出的工伤认定决定，但未责令该局重新作出。但凡行为不彻底便同时意味着有进一步实施行为的空间，该案中便可视该局是否已主动着手作出认定，决定是否在指正的同时建议行政机关进一步完善行为。其二，行为已完毕，不当之处可另行补正。以肖峰某诉灵璧县公安局治安行政处罚及宿州市公安局行政复议一案②为例，该局在制作询问笔录时未了解被询问人与其他被侵害人、其他证人、违法嫌疑人之间的关系。尽管并非所有的细节不当者均可建议补正，但不存在争议、具有稳定状态的细节则完全具备了补正可能。该案中笔录内容所欠缺的系客观存在的关系，故可以通过嗣后补正进行。

3. “指正＋督促”模式。此种模式在个案效果上几乎近于“只指不正”，因在裁判时对于不当行政行为予以指出后，仅仅作出“行政机关下次再为类似行为时应付诸合理注意”“应杜绝此类情形再次发生”等督促性表述，对所裁判的个案并不产生明显救济。尽管效力不及其他存在可期待性改变的模式，但这种表述本身仍然不失为一种否定评价，且在不同情形下往往已具备了补正效果。该模式主要适用于三种情形：其一，业已进行补正。如果行政机关在裁判前已经主动改变或者经建议改变其不当行为，当事人依然坚持不撤回起诉，那么裁判时则只能作出督促性表述。其二，现实补正不能。具有紧迫性的情形、不应为而已为之的情形往往难以补正，以田某某等人诉长丰县公安局不履行法定职责一案③为例，该局履行了出警职责，但对拆除行为制止不力，拆除行为业已结束，嗣后建议补正则失去了现实可能性。其三，已无补正必要。这种情形在行政复议案件、政府信

---

① 详见：安徽省合肥市蜀山区人民法院（2017）皖0104行初17号行政判决书。

② 详见：安徽省宿州市中级人民法院（2017）皖13行终143号行政判决书。

③ 详见：安徽省合肥市中级人民法院（2018）皖01行终316号行政判决书。

息公开案件中较为常见，行政机关在认定事实方面以及说理、答复部分通常选择性地逃避，往往不直接作出明确认定。以杨某某诉宿州市人民政府行政复议一案[①]为例，被告作出的行政复议决定尽管结果正确，但对杨某某提出的部分理由均未予以回应。但值得注意的是，此种情形下通常不能选择“指正＋建议补正”的模式，原因在于行政案件进入实体审理程序之后，到裁判环节时已必须理清行政机关所逃避的内容，譬如前述案件中，法院在肯定复议结果正确时必已充分说明了裁判理由，裁判理由则业已对当事人所提出而未得回应的问题作出了一一说明，此时在实际上已经达到“替代补正”的效果，若在指正后再建议行政机关补正其回避说理的行为，则失去了意义。因而指正时也只能选择“指正＋督促”的模式。不过，在这类案件中，裁判前“建议改变”的模式仍然具有可利用价值。

结　语

修辞立其诚。指正表述成为行政裁判中愈发常见的语言表达，其在实践应用中的问题也愈发值得关注，不仅要避免对不利裁判结果的曲线式回避，更要探索如何在实效层面发挥指正表述的内在价值。

（本文获一等奖）

① 详见：安徽省宿州市中级人民法院（2018）皖13行初110号行政判决书。

从“附属事务”到“独立分流”：诉讼经济视域下行政预审程序之构架与程式

——以“三维功能定位”为进路

王叶萍 [*]　王晨安 [**]

引　言

“并非所有的行政争议都必须在法庭解决”，无疑是对行政预审程序这一探索的最好注脚。立案登记制实施以来，行政诉讼案件数量激增，涉诉信访随之增加，成为法院防范化解重大风险的顽疾。从结案方式看，行政诉讼以裁定驳回起诉结案的案件占比不容小觑，不禁发人深思。《人民法院第五个五年改革纲要（2019—2023）》中明确要求：“推进行政诉讼制度改革。……优化行政审判资源配置”。① 正视登记制改革后行政诉讼面临的现实困境，理性确定行政预审程序的价值目标，确立科学适当的诉讼构架与程式，是笔者对行政诉讼程序的冷思考。行政预审程序之构建，不仅是一场行政诉讼程序之再造，亦是行政诉讼纠纷化解理念之重塑。本文通过考察行政诉讼的实务现状及行政审判管理之困境，证成构建行政诉讼预审程序之必要性；其次，对预审程序进行成本—收益进路演示，并确立缓冲带—分流器—减压阀三维立体之功能定位；再次，检视我国现有行政诉讼庭前程序之规定，并深入考察法国行政预审程序之先进经验；最后，提出行政预审程序之构架和程式，希冀对我国最终构建科学化、体系化的行政预审程序略尽萤蚁之力。

一、制度土壤：行政诉讼预审程序之必要性证成

行政诉讼预审程序，亦称“行政诉讼审前程序”或“行政诉讼审前准

---

* 作者单位：福建省厦门市思明区人民法院。

** 作者单位：福建省厦门市思明区人民法院。

① 详见《最高人民法院关于深化人民法院司法体制综合配套改革的意见——人民法院第五个五年改革纲要（2019—2023）》“主要任务”第四十二条。

备程序”。学界的不同称谓，体现出对其不同的功能定位。目前有关诉讼审前程序之研究，主要集中在刑事和民事领域之庭前程序优化，对行政诉讼预审程序之研究则相对薄弱。但司法实践又彰显出其制度建构的必要性。本文首先从内因外因分析夹裹行政诉讼之“不经济”因素，以证成行政诉讼预审程序之生成逻辑。

（一）外因之束：诉讼经济之结构失衡

随着行政诉讼案件的日益增加，加之缺乏必要的繁简分流程序，造成了行政诉讼程序之外部“不经济”。立案登记制之冲击与滥诉行为之丛生，成为制约行政诉讼的外部因素。

1. 立案登记开放性与司法资源有限性之冲突。2013 年 11 月，《中共中央关于全面深化改革若干重大问题的决定》首次提出变立案审查制为立案登记制。[①] 由此，全国法院拉开了“有案必立、有诉必理”的立案登记制改革帷幕。2015 年 5 月 1 日起施行的《行政诉讼法》首次从法律层面肯定了立案登记制。

一方面，《行政诉讼法》的修改扩大了行政诉讼的受案范围，与立案登记制保障诉权的初衷吻合，但客观上肇始行政案件激增。以 × 区基层法院为例，登记制以来的行政受案数及结案数较以往出现大幅增长（图 1）。另一方面，与之相形见绌的是，案多人少矛盾日益突出，正如有学者观察到，公民通过法院保护其权益的机会越多，实质受保护的结果反而越少。[②] 行政审判资源匮乏下“负重前行”，反而减损登记制改革的实效。

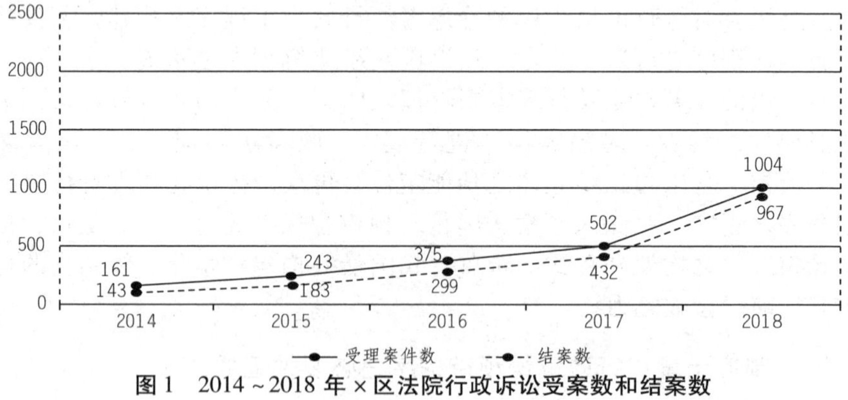

图 1　2014～2018 年 × 区法院行政诉讼受案数和结案数

---

① 《中共中央关于全面深化改革若干重大问题的决定》，载人民网 http：//politics. people. com. cn/n/2013/1116/c1001 －23560979. html，最后访问时间：2019 年 5 月 4 日。

② 蔡志芳：《行政诉讼经济制度之研究》，载《行政救济与行政法学（二）》，我国台湾地区三民书局 1993 年版。

2. 诉权保护扩张性与滥诉行为任意性之矛盾。埃德加·博登海默说过："任何自由都容易被肆无忌惮的个人和群体所滥用，因此，为了社会福利，自由就必须受到某些限制。如果对自由不加限制，那么任何人都会成为滥用自由的受害者。"① 滥用诉权，简称滥诉。行政滥诉行为是指起诉人明知无诉权或者缺乏合理依据的情况下故意提起行政诉讼，纠缠法院和行政机关，从而达到不法目的或者不当结果的行为。

行政滥诉在信息公开和征地拆迁纠纷领域较为突出。其中，政府信息公开案件中表现为当事人无诉的利益、恶意的、反复多次提起政府信息公开申请进而提起众多的行政诉讼；在征地拆迁案件中，表现为当事人针对征地拆迁行政行为中的内部行政行为和程序提起行政诉讼。立案登记制改革实施后，行政滥诉问题亦随之丛生。以×区基层法院为例，近五年间，法院裁定不予立案和驳回起诉的一审行政案件数量占比可观（图2）；此外，大量以原告撤诉及按撤诉处理结案的案件亦隐含着滥诉的种子。换言之，一审审结的案件中有近半数以裁定方式结案，并未进入实体审理。因此，预审程序对于划分诉权保护与惩治行政滥诉行为之间的分水岭至关重要。

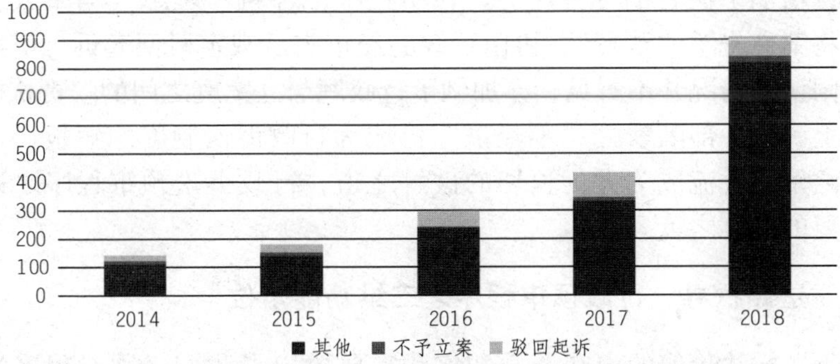

图2　2014～2018年×区法院行政诉讼裁定驳回情况

（二）内因之唤：审判管理之囚徒困境

在司法资源尚未调试至最优状态下，行政审判管理之困境，造成了行政诉讼程序之内部不经济。

1. 立案管理：行政庭与立案庭之角色尴尬。在坚持立案登记入口畅达的同时，仍需在立案环节对当事人提起的行政诉讼是否符合起诉条件进行把握。实践中，各地方法院均由立案庭承担着包括刑事、民事、行政、执行在内的立案工作。当事人来起诉后，卷宗材料在立案庭与行政庭之间进行流转往复，再由立案庭对当事人作出决定并负责释明。一方面增加了卷

---

① ［美］E. 博登海默：《法理学：法律哲学与法律方法》，邓正来译，中国政法大学出版社2004年版，第302页。

宗内部流转的时间及管理成本，亦徒增与当事人的沟通成本；另一方面凸显出行政案件收案审查的专业性与立案庭立案审查的综合性之关系失调。立案庭通常不轻易作出不予立案或驳回起诉裁定，行政庭又无法在最前端进行介入裁决，造成了两庭室对于行政立案审查权责划分的尴尬。

2. 分案管理：行政庭内部之分工不均。行政庭通常由员额法官平行负责该院所有行政案件的审理。除庭室负责人因承担行政管理工作减少分案比例外，其他法官原则上按照绝对值进行平均分案。但因缺乏行政案件的前期筛查机制，导致法官之间工作量“形式均而实质不均”之局面愈演愈烈。有的法官手中的案件经过初步审查后可以径行裁决，而有的法官手中的案件较为复杂，甚至需经不止一次开庭审理，需要承办法官投入大量时间和精力。反之，若所有行政案件，未区分轻重一律收到同样周到程序之保护，导致司法资源之浪费，亦非正途。[①]

3. 涉诉信访：风险防控之关口错位。目前，通常由立案庭负责统筹全院的涉诉信访工作。若立案庭在立案环节对行政案件把握不严，任由行政争议大量涌入，行政庭在承担办案工作之外，亦要相应承担大量的信访化解工作，增加了法官的办案压力。在实践中，若遇“难缠”当事人，立案庭选择将案件先予“放行”，再由行政庭经审查后裁定驳回起诉，引发当事人缠访闹访的情况并不鲜见，亦加剧了行政庭与立案庭之间的权责推搡。

综上，内外部因素之“不经济”已成为行政诉讼制度的短板，行政诉讼程序之繁简分流成为尤为迫切的破解之道，行政诉讼预审程序之设计系其中重要的应有之策。

二、进路探寻：行政预审程序之三维功能定位

当下，司法价值的内在矛盾和实践需要决定了我们必须对程序运作的实际现状作出选择，要审慎地平衡公正与效率价值、不同诉讼程序之间的关系。不顾司法资源的充足程度而盲目追求审判公正，最终将导致审判形式主义盛行，极易引发新的诉讼风险。因此，预审程序之功能亟待审视定位。

（一）破解之窗：行政预审程序之经济学分析

使预审程序符合诉讼经济之原理，系其功能定位之基础。一向以乐于诉讼著称的美国，实际上只有不足5%的法律纠纷是通过庭审审判解决的。如前所述，法律程序存在资源供求的矛盾，因此，必须考量程序性制度是否符合程序经济的原则，以论证构建行政预审程序之可行性。

① 洪家殷：《行政诉讼中使用建议诉讼程序轻微处分概念之探讨——兼论我国简易诉讼程序之检讨》，载我国台湾地区《台北大学法学论丛》2015年第94期。

法律程序的目标系最小化社会成本。[①] 假设社会成本的度量用SC表示，管理成本用Ca表示，错误成本用c（e）表示，程序法的经济目标就是最小化管理成本和错误成本之和：Min SC = Ca + c（e）。管理成本Ca是牵涉诉讼各方在历经不同法律程序阶段的所有成本耗费的总和，比如，权利主张的成本、各方交换信息的成本、为了达成调解的谈判成本、提起诉讼的成本、上诉的成本等。错误成本c（e）是指因法院错误的裁判而产生的成本，相较于管理成本，错误成本难以度量。但假设法院的经过庭审最终的裁判结果与在预审程序作出的纠纷解决方式一致（比如达成行政调解、原告撤诉等），那么诉讼的错误成本等于调解成本，但调解的管理成本远低于经过庭审诉讼的管理成本，因此，审前化解纠纷节约了社会成本，预审程序的设置符合法律经济学的基本逻辑。总体而言，调和利益的成本比决定谁是谁非的成本要低，而决定谁是谁非的成本又比决定谁更有权力的成本要低。[②] 以简化的司法资源配置模型进行分析，假设：

1. 某院行政庭共计5名法官，现分出2名法官专门负责预审程序；

2. 全年共计受理案件100件，其中30件不予立案或驳回起诉结案，30件以原告撤诉或调解结案，其余40件经过庭审程序后结案；

3. 预审程序平均审理期限为20天，经过庭审程序平均审理期限120天。

原审理总天数 = 100/5 * 120天 = 2400天

现审理总天数 = 60/2 * 20天 + 40/3 * 120天 = 2200天

不难看出，若行政预审程序能发挥解决行政纠纷的实质化功能，将大大降低行政诉讼的成本。在假设收益同等的情况下，预审程序凸显其制度优势。

（二）踟蹰之声：行政预审程序之关系厘清

行政预审程序之功能定位，决定了对其制度设计的方向。首先，应当厘清其所处地位及与现有行政诉讼程序之关系。

1. 单一功能抑或复合功能之争。多数法院对行政审前程序的定位认识不清、定义模糊，导致行政预审程序之功能未能“物尽其用”。纵观关于其功能定位之观点，主要有以下两种主流派别：

第一种主流观点认为，行政预审程序应当承载多重复合的功能，包括以下内容：（1）审查起诉的条件，决定是否立案受理；（2）明确原告诉讼

---

① ［美］罗伯特·考特等：《法和经济学》，史晋川等译，上海人民出版社2010年版，第390～391页。

② 斯蒂芬·B. 戈尔德堡等：《纠纷解决——谈判、调解和其他机制》，蔡彦敏等译，中国政法大学出版社2004年版，第6页。

请求，整理并固定争议焦点；（3）解决当事人的程序性申请，诸如证据保全、调查取证、管辖权异议、中止执行等；（4）作出终局性裁判，如不予立案、驳回起诉等。[①] 第二种观点认为，行政预审程序的功能仅是为了开庭做好事务性的充分准备，让审判得以顺利进行，为审判的顺利高效创造条件。若赋予行政预审程序过多的职能，一方面会导致其"僭越"了庭审的核心功能，另一方面会导致制度设计华而不实，缺乏可操作性。

上述两种观点一是对行政预审程序最大限度的功能诠释，代表着对新兴制度寄予的期许和厚望；另一则是秉承着"精而专"的制度理念，不愿看到预审程序因承载过多的负累而举步维艰。为了厘清行政预审程序之功能定位，有必要进一步从其与现有审判程序之间的关联和区别两方面进行解透。

2. 与其他诉讼程序之关联和区别。《行政诉讼法》增设了简易程序，为便利当事人诉讼、提升行政审判效率提供了重要的制度和规范空间。相对于普通程序，简易程序具有程序简便、结案快速的特点。

表 1　　预审程序、简易程序与普通程序之关系

	预审程序	简易程序	普通程序
性质	庭审的前置程序	独立的诉讼程序	与简易程序并行
审限	并无规定	45 天	6 个月
审判人员	并无规定	一人独任	三人以上的单数合议
属性	必经性	可选择性	系统性
结果	阶段性或终局性	终局性	终局性

预审程序相较于行政简易程序、普通程序，定位上各居一隅。简易程序是提高诉讼效率的一种有效方法，是在诉讼正义、诉讼效率、诉讼成本和案件的复杂程度之间寻找一种平衡。[②] 但由于其中最重要的庭审程序依然保留，所以程序上之节省相当有限，并不能真正实现诉讼经济之目的。而预审程序的处理结果可能是终局性的定分止争，亦可能转入庭审程序，故对其审限设置应当更严苛；另外，经过预审程序固定争议焦点的过滤，可以更加明确每个案件应当适用简易程序或普通程序。综上，行政预审程序，既体现出与现有行政诉讼程序的协调衔接，同时，亦找到其制度的自足之处。

① 参见张显伟：《论行政诉讼预审程序的功能及其实现》，载《湖北社会科学》2010 年第 4 期。
② 张卫平：《诉讼构架与程式：民事诉讼的法理分析》，清华大学出版社 2000 年版，第 127 页。

（三）应循之道：行政预审程序功能之三维定位

在以裁判为本位的庭审中心主义下，审前程序成为了庭审前的一道加工工序，不被赋予独立实现诉讼目的和价值的功能。[①] 但实际上，从诉讼效率来看，开庭审理应当是各方当事人及司法资源投入最大的阶段，若能避免启动这一程序，使得纠纷在此之前得到化解，才能最大限度地充分利用现有司法资源。行政预审程序的功能定位，应当采用三维立体模式的路径，并非仅仅在行政诉讼的某一个特定阶段发挥其功能，其功能是承前启后并贯穿行政诉讼始终的。

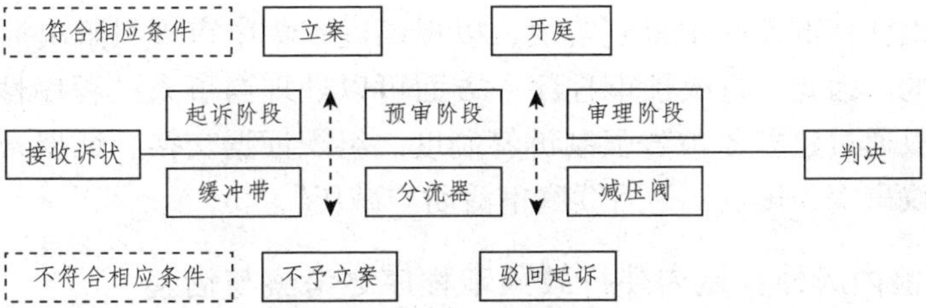

图3 行政预审程序之三维功能定位图

1. 第一维度：缓冲带功能。首先，立案庭对行政诉讼案件仅负责接收起诉材料并进行登记，由预审团队负责行政案件立案的初审工作。在法定的7日内，由预审团队对原告起诉是否符合法定条件进行判断，对符合立案条件的，交由立案庭予以立案；对需要补充材料的，预审团队直接联系当事人并进行书面指导和释明，一次性全面告知当事人需要补正的内容、补充的材料及期限；对原告拒绝补正或者经补正仍不符合起诉条件但原告仍然坚持起诉的，由预审团队负责裁定不予立案。通过减少程序空转，将行政预审程序的"缓冲"功能端口前移。

2. 第二维度：分流器功能。应当在庭审之前建立过滤机制，筛选出真正存在争议且需要庭审解决争议的案件，法院只需对这些必须通过庭审才能解决争议的案件进行集中审理。不需要庭审的案件可以分为两大类：一是实质上不符合行政诉讼的条件但在起诉阶段难以甄别的案件。例如被告不适格原告又不同意变更、不属于行政诉讼受案范围、超过法定起诉期限等情形，法官通过预审程序的诉辩及证据交换，可以作出进一步判断，并根据《最高人民法院关于适用〈中华人民共和国行政诉讼法〉的解释》第六十九条之规定径行裁定驳回起诉；另一类案件，符合行政诉讼的法定条件，但相关争议可以通过行政相对人与行政机关进行有效性沟通和交流后，行政诉讼通过原告撤诉等更为高效的方式得以化解。在预审阶段，可以构

① 参见韩康：《刑事起诉审查制度改革探析》，载《行政与法》2016年第8期。

建起调解等相互协调的多元化解纠纷解决体系，以切实起到对行政诉讼繁简分流的作用。

3. 第三维度：减压阀功能。长期以来，囿于庭前准备程序的流于形式化，导致行政诉讼案件在开庭审理阶段时尚未达到一种可以审判的状态，庭审的效率大打折扣。首先，在庭审之前，部分行政案件有当事人的程序性申请需要处理，例如管辖权、证据保全申请、中止行政执行等。其次，现有的庭审裁判主义导致的后果往往是由于片面理解一步到庭，强调直接开庭，导致庭前准备不足，一个案件需要在庭后完成许多庭前就应当完成的事项。例如实地勘察现场或补充调查取证，致使案件二次开庭或更多不必要的浪费。上述内容都可以在预审程序中得到解决，以提高庭审集中审理只解决原被告争议焦点的目的。因此，行政预审程序一方面可以处理当事人的程序性事项，另一方面可以通过建立原被告强制诉答制度、组织证据交换、证据开示等环节固定无争议事实和焦点，为后续庭审活动“减压”。

三、检内汲外：域内外行政预审程序之考察与借鉴

通过诉讼经济之基础原理，划定预审程序在三个维度的应有之义，作为行政预审程序设计之靶心。在现有立法下，有必要理性地设定既符合我国实践需要也符合国际经验做法的行政预审程序范式。

（一）立法之基：我国行政审前程序之制度现状

目前《行政诉讼法》并未专门规定“预审程序”或“庭前准备程序”，关于行政诉讼庭前程序的相关法律条文主要集中在“证据”相关的规定，包括证据时效、证据交换制度、起诉答辩送达材料等内容。不难看出，我国现有的行政诉讼在审前环节之立法仅限于部分事务性工作，并未深挖其制度价值，立法基础较为薄弱，主要原因如下：

1. 庭审中心理念之羁束。在20世纪90年代，广泛推行“一步到庭”的审判方式，实际上更加忽视了审前程序的价值。[①] 此后，对于行政诉讼繁简分流的程序性改革措施，在实践中一直层出不穷，在简易程序下许多法院均创设了行政速裁程序，然而大多数只是将目光集中于各个具体规则的构建和如何提高庭审效率方面，很少注意到审前程序具有的实质性化解纠纷之作用。因此，许多改革措施反而人为增加了案件的流转环节，使整体的诉讼效率有所降低，导致行政程序改革步履维艰。

2. 程序性质定位之偏差。要真正实现行政预审程序之程序地位，首先要满足两点基本要求：一是独立性。预审程序与“庭前准备工作”有很大

① 江必新、梁凤云：《行政诉讼法理论与实务（第二版）下卷》，北京大学出版社2011年版，第779页。

不同。庭前准备工作是和开庭审理一体的，不可分割的，一般情况下，庭前准备工作后就有庭审活动，否则准备工作的意义即丧失。但预审程序之后则不必然有庭审活动。二是自足性。独立性是预审程序的外在要求，自足性则是其内在应有之义。一个程序制度，若能不依附其他程序独立完成诉讼任务，其中的价值效用才能最大化。

（二）他山之石：法国行政诉讼程序之评鉴

作为行政法院母国的法国，其行政预审程序之制度已相对成熟，且经历几次改革，其预审程序之掣肘亦逐渐得以消弭。[①] 目前国内学者现有的比较学研究成果，主要专注于对法国预审程序进行单项考察，包括法国行政预审程序的基本报告流程等（图4），这种横向考察断裂式地呈现出法国行政预审程序的面貌，但借鉴价值有限。对其考察范围扩大至行政诉讼之整体框架，从中汲取先进的程序设置和规则设计，进而斟酌是否可以为我国所吸纳。

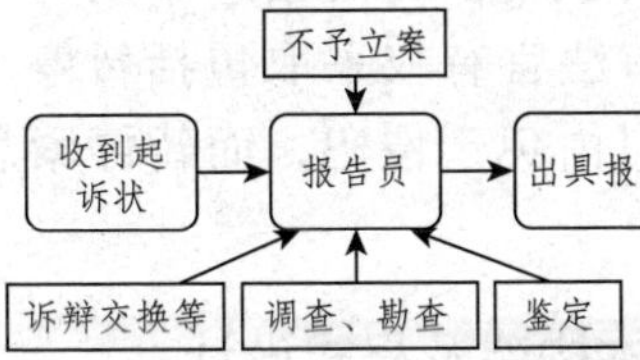

图4　法国行政预审程序之基本流程图[②]

法国行政诉讼体系追求的“公正”不仅意味着保障公民权益和基本权利，而有着更为丰富的内涵。[③] 正如一位大法官所言：“法国行政诉讼制度仍然没有将保障基本权利的逻辑置于行政诉讼的核心。当我们承认行政诉讼的任务是在法律认可的范围内保障权利、对抗公权力时，我们仍然希望法官能够在基本权利和公共利益之间作出裁判。”[④] 法国的行政诉讼改革者们力图在保障行政审判公正性的前提下，提高行政审判的效率。其中有几个程序设计颇有新意可供借鉴：

1. “法庭之友”制度。[⑤] 顾名思义，法庭之友系对审判工作有所助益之人。首先，负责案件预审的法官可以邀请具有相关知识的任何人参与到诉

---

① 王黎黎：《法国行政诉讼预审制度对我国的启示和借鉴》，载《传承》2010年第3期。

② 参见王名扬：《法国行政法》，北京大学出版社2007年版，第647页。

③ 参见James W. Garner：French Administrative Law，the Yale Law Journal Company，Inc.；April，1924。

④ 参见Jean－Bernard Auby，Le droit administratif francais vu du droit comparé，AJDA2013 p.407。

⑤ 陈天昊：《公正、效率与传统理念——21世纪法国行政诉讼的改革之路》，载《清华法学》2013年4期。

讼中来，对预审法官所提出的特定问题给出意见。其次，“法庭之友”可以以书面形式参与诉讼，也可直接出席庭审。与我国的专家鉴定不同，法庭之友旨在寻找到解决行政争议的最优路径，专家鉴定则主要为了查明事实问题。换言之，法庭之友主要关注法律问题，可以直接就某一个法律问题为法庭提供参考意见。

2. 建议第三人制度。法国的“建议第三人”是指由某位在职或已经退休的公务员，对在办案件而言，其地位中立，能够对该争议独立地作出判断、提出建议，但其建议对案涉行政机关并无约束力。建议第三人制度的优势在于：一方面通过引入的第三人对行政相对人进行释明，能够更好地理解行政机关的决定；另一方面有助于行政机关进行反思与修正，建议第三人给予行政机关自己的中立意见，对行政机关发现并更恰当地解决行政争议有所启发。

3. 紧急审理制度。① 自由紧急审和暂停紧急审系法国紧急审理的两种类型。暂停紧急审则是为了暂停行政行为的执行，自由紧急审是为保障当事人基本自由免受行政权侵犯。自由紧急审法官有权采取包括暂停涉案行政行为的执行等各种措施以保护当事人的自由免于侵犯，而暂停紧急审法官仅有权要求行政行为暂停执行。

四、刃迎缕解：行政预审程序之基本构架及程式设计

本文在对法国行政诉讼考察的基础上，结合我国的实际，从基本原则和具体规则设计两个层面提出我国行政预审程序之构建路径。

（一）立身之魂：预审程序之基本立法原则

1. 以当事人主义为主，法院职权主义为辅。英美法系国家的行政预审程序，往往带有较为浓厚的职权主义色彩。② 法官在预审程序中的角色甚至比庭审中更为积极主动，法官依据职权处理问题，主导预审程序的进行，让法官有充足的能力和手段查清案件事实。背后逻辑是行政原被告双方诉讼能力不平等，当法院本身变得积极能动时，这种积极能动实际上就补偿了原告的法律地位。而在我国的行政诉讼实践中，法官已经承担了较多的主导作用，原被告双方往往较为被动。在预审程序中，应当增加当事人之间的诉讼参与度，建立例如强制诉答程序等制度，若当事人在法定期限内不进行答辩或未提交证据，则视为认可对方的主张。从行政诉讼一开始就让与案件有利害关系的人平等地参与到程序中来，法官只负责协调运作。

---

① ［英］L. 赖维乐·布朗等：《法国行政法》，高秦伟、王锴译，中国人民大学出版社 2006 年版，第 111 页。

② 刘天来：《俄罗斯行政诉讼审前程序研究》，中国政法大学 2018 年博士学位论文。

2. 以追求效率为主，兼顾公平为辅。公正一直都是诉讼程序所要追求的首要和最高的价值目标。在行政相对人选择行政复议抑或行政诉讼作为救济渠道时，往往会考虑行政复议在效率上的优势，但出现不公平的可能性更大；行政诉讼较之行政复议更为公正，但在效率上往往不及行政复议。行政预审程序与简易程序或普通程序不同，其创设本身系为了提高效率。若预审程序得以运行良好，在带来行政诉讼效率提高的同时，亦不会造成对公正的贬损。在庭前将部分证据和事实加以固定，增加庭审的对抗性，同时，避免重复开庭和诉讼冗长，亦是对程序公正价值的最好回应。

3. 以书面审理为主，预审会议为辅。在行政预审程序中，应当奉行书面审理原则。首先，双方当事人提交书面的诉状及答辩状等，预审程序的负责人通过书面审查的方式判定案件的初步走向。其次，所有程序性申请亦应当以书面方式提出。最后，预审负责人无论最后作出终局性裁判或者移交下一环节，均应当以书面形式作出。若案件有需要召集原被告的情形，应当召开预审会议，预审会议区别于庭审活动，应当以不公开为原则。在预审会议中，当事人可以达成调解、可以进行证据交换、质证或由预审程序组织者固定案件无争议事实和焦点，形成书面的争点记录。

（二）间架之骨：预审程序之具体设计

1. 组织构架："1+2"工作模式。如前所述，法国等国家有设置专门的预审法官，并经过改革成为预审合议庭，经过一系列调查结束后，由负责的预审法官将报告提交给政府官员，政府官员再做进一步决断。在我国现有行政审判资源匮乏的情况下，单设一名员额法官负责预审已经较为不易，更毋庸组成预审法官合议庭。因此，笔者认为，鉴于预审程序相对不复杂，在现有的条件下，应当采用"1+2"组织机构模式，即一名员额法官带领两名法官助理负责行政预审程序的工作，具体运作模式如下：

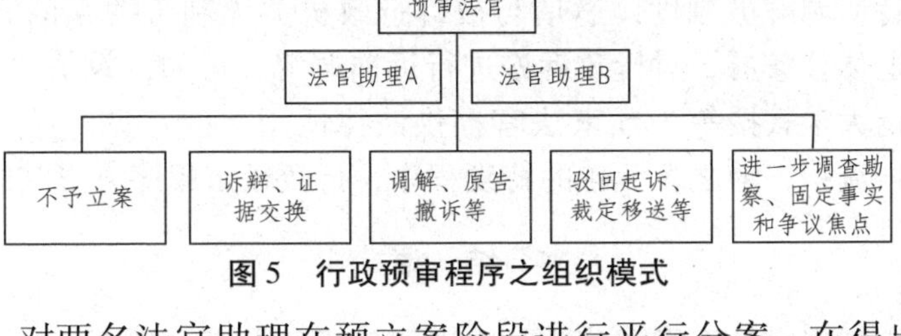

图5　行政预审程序之组织模式

首先，对两名法官助理在预立案阶段进行平行分案，在得出结论前，均由法官助理负责所有预审程序工作；根据案件进展，由法官助理向员额法官报告，若需出具裁判文书，由员额法官负责对外签发裁判文书；若需要进入其他诉讼程序，法官助理提交调查报告，由员额法官作出下一步决定后，出具最终的预审结论书并移交审判庭。值得一提的是，为避免法官主观上先入为主，预审法官应当施行“岗位分离”，负责预审程序的法官不宜在后续负责该案件的进一步审理工作。

2. 基本程式：以“替代性纠纷解决机制”为核心。所有行政诉讼案件，均应当先行进入预审程序。行政预审程序的基本流程，从行政案件进入法院开始便启动；以预审法官作出裁判或移交行政审判庭作为程序的终结，这一系列动作并非流水线型的操作，而是根据需要交叉进行的。其中，应当包括基本的证据时效、证据交换等，同时，作为化解行政纠纷的重要一环，在预审阶段进行多元化的纠纷解决方式探索应成为其制度核心。与对抗性的纠纷处理方法相比，调解具备明显的优势：更为经济、快捷，更倾向于那些更周全考虑当事人非物质利益的独特解决方案。[①] 通过引入第三方调解，原告得以实现诉求，选择撤诉或者与行政机关达成调解等方式，真正实现定分止争的目的，更彰显了行政预审程序之独立性和自足性。

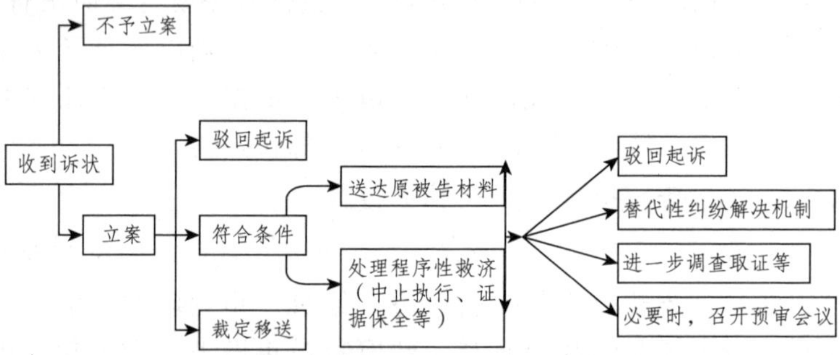

图6 行政预审程序之基本范式

3. 特别程序：行政预审程序之配套制度。行政预审程序不应当是线性流水线式的审理模式，在遵循一般的工作流程运行范式外，应当设置必要的特别程序以使得该制度更加丰满立体。首先，应当对在预审中发现的滥诉行为建立相应的惩戒机制；其次，可以效仿法国“建议第三人”，建立预审程序的特邀调解员制度，邀请与被诉行政机关无利害关系的其他机关公职律师或退休公务员，对行政诉讼进行诉前调解。再如，效仿“法庭之友”制度，聘请大学教授等为预审法官提供法律适用上的意见。通过建立预审程序的基本流程，辅之多元化的特别程序，行政预审程序方显其制度优势。

结　语

行政审判程序是否需要分流、应当如何进行分流，既是一个理论问题，亦具有很强的实践性。理论上，法律的作用和任务，在于以最小限度的阻

① 斯蒂芬·B. 戈尔德堡等：《纠纷解决——谈判、调解和其他机制》，蔡彦敏等译，中国政法大学出版社2004年版，第160页。

碍和浪费来尽可能满足各种相互冲突的利益。① 提倡和实行“简约的法律”，是现代法律回应社会日益复杂化的必然趋势。② 是故，在现有行政诉讼框架下设置预审程序，既符合我国法治本土化要求，亦符合法治现代化要求。实践中，预审程序之设计，应当以繁案精审为主旨，以缓冲—分流—减压三维功能定位为其价值目的，以“三个立法原则”为其构架，以“三个制度安排”为其基本程式，以实现行政审判资源配置之帕累托状态。本文对行政预审程序之构建提出自己的初步见解，以期对行政诉讼制度改革有所裨益。

① ［美］本杰明·N. 卡多佐：《法律的成长——法律科学的悖论》，董炯、彭冰译，中国法制出版社 2002 年版，第 268 页。

② ［美］理查德·爱泼斯坦：《简约法律的力量》，刘星译，中国政法大学出版社 2004 年版，第 29 页。

要素式快审法优化行政案件审理路径探索

——以G省J区法院集中管辖1630件行政案件为样本

廖杰华* 孙嘉宇** 张鹏坤***

引言

行政争议是“官民矛盾”的反映，虽然双方在诉讼中的权利义务是平等的，但在行政管理程序中却是不对等的。由于行政案件的特殊性，简易程序在行政法律制度建立之初并没有被考虑，2014年修法时虽然引入了简易程序，但适用条件和范围都比较严格、有限。从当前司法实践看，群体性行政争议较为突出，占行政争议的比例增大；涉及城市建设、资源环境、劳动和社会保障等方面的行政争议大量增加，涉及受教育权、劳动权、选举权等复杂的行政争议不断出现。从总体上看，行政争议呈现多发纷繁的趋势，表现出社会利益格局日益多元化和复杂化以及群众依法维权的意识不断提高等特征。较之刑事、民事甚至执行部门，现还处于配置相对弱势的行政审判力量，显然无法满足经济社会发展需要以及老百姓日益增长的维权意识及行政争议实际化解需求。审判实务中有必要探索一种既能科学调配和高效运用审判资源，以较小的司法成本取得较好的法律效果与社会效果的有机统一，又符合行政争议化解科学发展规律以及新时代社会治理先进模式发展方向的创新审理模式，为行政案件的审理路径优化提供积累更多鲜活的素材与样本。

一、检视：行政案件简案快审的政策背景及当前实践操作之缺陷

（一）政策背景

近年来，随着全面推进法治国家、法治政府、法治社会建设，加上立

* 作者单位：广东省江门市江海区人民法院。
** 作者单位：黑龙江省齐齐哈尔市中级人民法院。
*** 作者单位：黑龙江省牡丹江市中级人民法院。

案登记制实施的叠加效应下，行政案件数量急剧增加，全国行政案件员额法官供给侧结构性矛盾较为突出。以其中G省J市J区法院为例，其为该市集中管辖基层法院，行政案件目前年均可超1000件（含诉讼案件以及行政非诉审查案件）并以每年20%以上的比例迅猛增长，但其2018年主要办案员额行政法官仅有3名，该法院2015～2018年人均办结行政案分别为119.28件、153.28件、202件、330件。以该地区基层法院行政法官办案基数每人每年80件的工作量予以计算，明显已远超正常负荷，加上集中管辖附随而来的异地送达、调查、协调、巡回审判等工作，个案工作量明显增加，按照2014年行政诉讼案件数为基数分配的法官员额数已远远无法满足行政审判办案需要，在现有人员消化案件的能力已达到峰值、审理期限无法与案件的难易程度一一匹配案件等情况下，为破解制约行政审判质效提升的深层次矛盾，必须通过司法改革在诉讼体系构建方面有所突破。2014年《人民法院第四个五年改革纲要（2014—2018）》，载明根据不同审级和案件类型，实现裁判文书的繁简分流、简案快审；探索推广信息化条件下的电子送达等方式，提高送达效率。2016年《最高人民法院关于进一步推进案件繁简分流优化司法资源配置的若干意见》从识别标准、送达程序、示范诉讼、庭审方式、裁判文书简化、专业化审判等方面提出了22项框架性改革意见，力争科学调配和高效运用审判资源。繁简分流、简案快审从提出伊始，即成为该轮司法改革中审判机制改革、司法便民利民机制改革的重要内容。2019年《人民法院第五个五年改革纲要（2019—2023）》，载明进一步完善案件繁简分流机制，健全完善立体化、多元化、精细化的诉讼程序，推进案件繁简分流、轻重分离、快慢分道。繁简分流、简案快审继续成为该轮深化司法体制综合配套改革中健全顺应时代进步和科技发展的诉讼制度体系的重要内容。

（二）当前行政案件简易程序的规则供给不足

《行政诉讼法》设置了普通程序、简易程序，奠定了行政案件繁简分流、简案快审工作的基本框架。[①] 该法第八十二条至第八十四条共三个条文规定了简易程序，适用于"事实清楚、权利义务关系明确、争议不大的（1）被诉行政行为是依法当场作出的；（2）案件涉及款额二千元以下的；（3）属于政府信息公开案件的；（4）除前述（1）至（3）项以外的，当事人各方签名或者捺印确认同意适用简易程序，并经法院审查同意"等案件。虽现行《行政诉讼法》对简易程序的适用范围、审判组织形态、审理过程、审理时限等问题进行了规定。同时，按照《行政诉讼法》第一百零一条的

① 常晓云、章玉洁：《我国行政诉讼简易程序优化探析》，载《聊城大学学报（社会科学版）》2017年第5期。

规定，人民法院审理行政案件，关于简易程序本法没有规定的，适用《民事诉讼法》的相关规定。但由于行政诉讼与民事诉讼在部分规则适用方面上还是存在一定区别，由于简案快审程序的探索不能突破基本法律框架，必须遵循司法规律，并以法定简易程序为基础进行操作运行。故实践中关于简案快审的探索仍存在严重制度供给不足的问题。其中，最重要的问题是，法定三种适用简易程序的情形是否行政审判最常见的案件类型，是否能够在全国范围内具有普适性，起到消化相当数量行政案件的效果，值得商榷。其次，在没有任何审理指引及成熟审理思路归纳的情况下，何种审理模式以及其具体操作方式能真正起到简化行政案件审理程序的作用，开庭流程如何更简便，简易程序文书怎样简化等，都未有一套完整的明确规则。

二、寻径：提炼占比较重行政案件快审审理要素分析

通过统计案件研究样本，分析提炼其审判要素是简案快审的必要前提路径。

（一）集中管辖以来G省J市J区法院行政审判实践常见多发类型基本情况

G省J市J区法院是该省第一个实施行政案件集中管辖的法院，全市的一审行政案统一集中在该法院管辖，其案件数量占全市的一审行政案件数量的90%以上，以该法院近4年（2015年开始集中管辖）行政审判诉讼案件（不含行政非诉审查案件）共1630件为研究样本，数量最多的类型案件见下表：

表　　G省J市J区法院2015～2018年行政案件最常见类型基本情况统计

年份	请求履行法定职责类	农村集体经济组织成员资格类	工伤认定类	驳回起诉类	合计	占年总案件量比重
2015年	32件	30件	46件	59件	167件	56.2%
2016年	46件	33件	63件	64件	206件	58.1%
2017年	26件	90件	63件	62件	241件	61%
2018年	37件	151件	84件	103件	375件	64.3%

由上表可知，该法院近4年行政审判诉讼案件数量最多的类型分别为请求履行法定职责类、农村集体经济组织成员资格类、工伤认定类、驳回起诉类案，且该几类案件单年总案件数占比由2015年的56.2%提升至2018年的64.3%，集中程度逐年攀升。而确保争取大部分案件均能通过快审、简易程序“消化”审理，是实现司法资源优化配置的关键所在。

（二）常见多发行政案件类型审理要素的提炼分析

面对收案量大幅上升的态势，各地方法院积极探索，采取各种举措，推进繁简分流。要素式审判法作为解决繁简分流的重要途径，正是在这样的时代背景下应运而生的。所谓“要素式审判法”，是指围绕案件的基本要素进行庭审并制作裁判文书的一种审判方法。① “案件要素”是指解决案件争议涉及的要件事实和法律适用要点。具体来说就是在案件审理的过程中，通过归纳同类型案件的特点对一些能够概括出固定案情要素的案件，进行要素提炼，并对双方当事人就案件中各种要素是否存在争议进行归纳，简化双方无异议的要素，重点审查双方当事人存在异议的要素，并围绕特定要素制作裁判文书。但要素式审判需要相应行政案件要件事实相对固定，以前述常见多发案件类型为基础，分析提炼其审判要素如下：

1. 请求履行法定职责纠纷类案件审理要素。这类型案件主要依据《中华人民共和国行政诉讼法》第四十七条“公民、法人或者其他组织申请行政机关履行保护其人身权、财产权等合法权益的法定职责，行政机关在接到申请之日起两个月内不履行的，公民、法人或者其他组织可以向人民法院提起诉讼”及其他法律法规对各部门职责的规定进行审查，主要审理的逻辑思路是按照“原告申请——被告是否有法定职责——（如有）被告是否履职——（如有）被告是否及时全面妥当履职”的路径来查明认定。通过分析前述141件案件除去撤诉情形外，提炼其出现频率最高的审理要素并结合其常规审理思路如下（括号内为涉及该审理要素的案件数量）：一是原告是否有申请行政机关履行保护人身权、财产权等合法权益法定职责（133件）；二是原告申请履行法定职责的时间（127件）；三是被告对原告的申请事项是否具有法定职责（127件）；四是被告是否有履行法定职责以及履行法定职责的概况（即是否全面、妥当履行法定职责）（119件）；五是被告履行法定职责时间（112件）。

2. 农村集体经济组织成员资格类案件审理要素。在该地区这类型案件主要依据该省《农村集体经济组织管理规定》第十五条等规定以及各地地方政府规范性文件进行审查，该类案件在该省司法实践中主要通过“成员申请——镇政府或街道办事处就当事人是否确认为农村集体经济组织成员资格以及其取得成员资格分红分配数额的多少作出行政处理决定——申请行政复议或提起行政诉讼”的方式救济，由于该类案件多为农村妇女出嫁后的成员资格问题，又俗称“农村出嫁女权益”类案件②。按照规定，当事

① 庞闻淙、何建：《推进案件繁简分流　正当其时》，载《人民法院报》2016年8月4日。

② 梁文生：《农村集体经济组织成员权纠纷类型分析——基于广东省中山市的现状分析》，载《广播电视大学学报（哲学社会科学版）》2016年第4期。

人取得农村集体经济组织成员资格最常见的方式是户口一直保留所在村的“原始取得”及户口迁入迁出所在村的“加入取得”，其中“原始取得”主要是围绕“户口+履行村义务”的情况对其成员资格问题进行审查，“加入取得”主要是围绕“成员大会表决确定”的情况对其成员资格问题进行审查，通过分析前述304件案件除去撤诉情形外，提炼其出现频率最高的审理要素并结合其常规审理思路如下（括号内为涉及该审理要素的案件数量）：一是成员户口保留在农村集体经济组织所在地或迁入迁出的情况（292件）；二是成员是否有履行法律法规和农村组织章程规定义务的情况（264件）；三是成员是否经社委会或者理事会审查和成员大会表决确定其成员资格及其情况（176件）；四是农村集体经济组织村规民约、成员大会表决内容是否合法（例如是否与宪法、法律、法规和国家的政策相抵触、是否违反“男女平等”等法定原则）的情况（118件）。

3. 工伤认定类案件审理要素。这类型案件主要依据《工伤保险条例》第十四条“在工作时间和工作场所内，因工作原因受到事故伤害”等应当认定为工伤、第十五条“视同工伤”情形以及第十九条第二款“职工或者其近亲属认为是工伤，用人单位不认为是工伤的，由用人单位承担举证责任”等规定的情形进行审查，主要审理思路是以用人单位承担举证责任为主要原则审查职工是否应当认定为工伤或视同工伤且没有法定除外情形，通过分析前述256件案件除去撤诉情形外，提炼其出现频率最高的审理要素并结合其常规审理思路如下（括号内为涉及该审理要素的案件数量）：一是职工是否用人单位员工或用人单位是否承担工伤保险责任的适格主体（234件）；二是用人单位在涉案工伤认定行政程序中的举证情况（227件）；三是职工涉案受伤情形是否符合《工伤保险条例》第十四条、第十五条等情形（218件）；四是职工是否具有《工伤保险条例》第十六条规定的不得认定为工伤或者视同工伤的情形（193件）。

4. 驳回起诉类案件审理要素。这类型案件主要依据《最高人民法院关于适用〈中华人民共和国行政诉讼法〉的解释》第一条第二款中关于不属于行政诉讼的受案范围及第六十九条关于超过法定起诉期限、行政行为对合法权益明显不产生实际影响、诉讼标的已为生效裁判所羁束等应当驳回起诉情形的规定进行审查，虽然经统计，驳回起诉类型案件涉及房屋登记、土地登记、环保管理、公安管理、镇政府行政处理等不同行政管理范畴，但通过分析前述288件案件除去撤诉情形外，提炼其出现频率最高的审理要素并结合其常规审理思路，径行审查清楚原告起诉是否符合法定起诉条件的基本事实即可完成裁判审查，其他审理要素基本未构成裁判关键要素。

综上所述，以上案件已形成较为成熟的审理思路且数量众多，事实比较清楚、审理要素相对固定，根据案件事实、法律适用、社会影响等因素，具有实行要素式快审的基础前提条件。

三、探路：行政案件标准化快审要素表及规范化简化裁判文书模板构建

（一）行政快审案件标准化诉讼要素表模板构建

要实现行政案件快审要素式审判，就要针对各项审理要素，设计出行政案件审理要素表。开庭前，由当事人填写相关要素表，以确定当事人有争议的要素和无争议的要素，归纳案件争议焦点；庭审中，审判人员对当事人无异议的要素不再组织举证、质证，仅针对有异议的要素进行重点审查，从而简化庭审，提高效率，达到庭审实质化；文书制作时，对没有争议的要素事实概括陈述，围绕各方当事人争议的要素充分阐述裁判理由，从而实现裁判文书的繁简适当。以前述请求履行法定职责类纠纷案件中提炼的审理要素为例子，诉讼要素表构建模板如下：

G省J市J区人民法院

诉讼要素表

（适用于请求履行法定职责类案件）

（20××）××行初×号

请填写与案件相关的以下内容：

一、原告是否有申请行政机关履行保护人身权、财产权等合法权益以及保护何种权益；

二、原告申请履行何种法定职责的方式及其时间；

三、被告对原告的申请事项是否具有法定职责；

四、被告是否有履行法定职责以及履行法定职责的概况；

五、被告履行法定职责时间；

六、需要说明的其他事项或实际诉求；

请对上述内容真实性负责并核对，如作虚假陈述及举证，你方需承担相应法律后果，确认后签名：

原告/被告签名盖章：

年　月　日

在审理请求履行法定职责类案件中，前述第一项要素，是基于在起诉被告不履行法定职责的案件中，原告应当提供其在行政程序中曾经提出申请的证据材料，否则即不符合起诉要件而设定的，若原告未有提出前述申请，除

部分法定情形外，便可驳回起诉。前述第二项及第五项审理要素，是基于行政机关在接到申请之日起法定期限内不履行的，行政相对人可以在六个月的起诉期限内向人民法院提起诉讼的审理规则设定的，主要审查行政相对人是否超期起诉（裁判结果是驳回起诉）、行政机关履行法定职责是否超过法定期限（裁判结果是撤销行政行为或确认行政行为违法）或是否在存在接到该申请之日起法定期限内拒绝履行或不予答复的行为（裁判结果是责令履职）。前述第三项审理要素，是基于审查被告是否对该申请事项负有法律明确规定的行政管理职责的审理规则而设定的。前述第四项审理要素是基于被告是否有履行法定职责以及是否全面妥当履行法定职责而设定的，前述审理要素表基本涵盖该类案件的主要审理要素。其中第三、四项审理要素均为实体处理要素，其他类型案件亦可参考该例子构建审理要素表模板，如农村集体经济组织成员资格类案件围绕“户口”＋“义务”＋“表决”等审理要素构建案件诉讼要素表模板；工伤认定类案件围绕“工作时间”＋“工作场所”＋“工作原因”等审理要素构建案件诉讼要素表模板。由于在行政审查中除了实体审查行政行为是否合法外，还要审查其程序合法性，前述第一、二、五审理要素均为程序性要素，农村集体经济组织成员资格类案件及工伤认定类案件均可以法定处理期限为主要程序审理要素设置相应要素表。至于驳回起诉类案件只要围绕“起诉期限”或“实际影响”或“生效羁束”等法定起诉要素构建模板。通过要素表确定当事人有争议的要素和无争议的要素，归纳案件争议焦点，达到庭审实质化以及案件快速审理的效果。最后一项要素设置“实际诉求”，为实质化解行政争议作基础，其他类型案件诉讼要素表模板可见另附文后。

另，《诉讼要素表》还应附填写提示，并在法院的官方网站和立案窗口进行公布，供诉讼当事人及其代理人下载、使用。在向各方当事人送达起诉状副本时应一并送达《诉讼要素表》，要求被告、第三人针对原告提交的《诉讼要素表》内容填写并于答辩期满前提交。被告、第三人在填写《诉讼要素表》时需对原告填写的《诉讼要素表》内容逐项作承认或否认的表示；对于否认的要素部分，应当写明所依据的事实、法律和证据。

（二）行政案件规范化要素式裁判文书模板构建

简化文书较之普通裁判文书，简化查明事实、浓缩法律论证，节约裁判文书草拟、校对等环节时间。通过前述用提取公因式的方式对常见多发案件进行审理要素提炼后，相应地对能够概括出固定要素的快审案件，应以要素式裁判文书构建主要文书模板，并紧紧围绕特定要素，融合简要陈述当事人意见、相关证据以及法院认定的理由、依据和裁判主文，不严格区分事实查明及裁判理由部分等，精写行政法律关系分析，为同类争议焦点提供模块化论理参考版本。另，基于行政机关负责人出庭应诉情况在行政诉讼中的重要性及必要性，即使是快审案件其判决书尾部一律附行政机关负责人出庭应诉情况，文书模板以及相应说面如下：

G省J市J区人民法院
行政判决书

（请求履行法定职责类案件用）

（20××）××行初×号

原告：×。

被告：×。

原告×与被告×不履行法定职责纠纷一案，原告于×年×月×日向法院提起诉讼，诉清：1. ……；2. ……；3. ……。本院受理后，依法适用×程序，于×年×月×日公开（不公开）开庭进行审理，现已审理终结。

（该部分可融合“本院查明”和“本院认为”部分）双方无争议的事项为下列第×项、第×项，本院经审查后予以确认：

一、原告是否有申请行政机关履行保护。人身权、财产权等合法权益法定职责的事实（简要写明原告申请的主要内容和诉求。如无证据显示原告已申请，则撰写到此项止便可作出裁判），如有则是用何种方式以及何种权益保护申请；

二、原告申请履行法定职责时间：×年×月×日（如超过起诉期限，则撰写到此项止便可作出裁判）；

三、原告申请被告履行何种法定职责；

四、被告对原告的申请是否具有法定职责（如无证据显示被告对原告申请具有法定职责，则撰写到此项止便可作出裁判）；

五、被告是否有履行法定职责，如有则履行法定职责的概况（包括是否作出不予答复、拒绝性决定或不完全履行，简要写明作出相应行政行为的主要理由和处理结果）；

六、被告履行法定职责时间：×年×月×日（是否超过两个月或法定履行期限拖延履行）；

七、需要查明的对判决结果有实质影响作用的其他关键性事实；

对双方有争议的事项以及其他事项法院认定及理由：

……

简要概述被告对原告的申请是否构成不履行法定职责的认定（如构成不履行法定职责，则简要概述是否应径行判决被告履行特定法定职责或判决被告重新作出处理或是否因无法履行或履行已无实际意义判决确认被告不履行法定职责违法等简要理由）。依照《中华人民共和国行政诉讼法》第×条第×款之规定，判决如下：

一、……；

二、……。

案件受理费×元，由×负担。

如不服本判决，可在判决书送达之日起十五日内，向本院递交上诉状，并按对方当事人的人数提出副本，上诉于G省J市中级人民法院。

审判员×

二〇××年×月×日

法官助理×

书记员×

附：行政机关负责人出庭应诉情况

前述要素式裁判文书，适用请求履行法定职责类案件（但不适用于被告依职权主动履行法定职责类案件），同时适用请求撤销、变更行政行为类中的工伤认定类案件、农村集体经济组织成员资格类案件、驳回起诉类（裁定书）等，其他类型案件要素式文书简化模板可见另附文后。通过简化裁判文书，减少法官、法官助理草拟裁判文书的工作量，使得裁判文书的撰写、校对、文印、送达等周期大幅缩短，极大提高审判效率。

四、添翼：科学合理完善简案快审配套措施

（一）解决制约审判效率提高的“甄别粗”问题——科学化界定

前述几类案件类型已形成较为成熟的审理思路且数量众多，审理要素相对固定，诉讼要素表及简化裁判文书亦能构建起科学合理的模板，以其作为简案快审范围具有必要性及可行性。[①] 结合《行政诉讼法》第八十二条的规定，简案范围可设置为：事实清楚、权利义务关系明确、争议不大的下列行政案件，适用简案快审程序：（1）法律规定的简易程序行政案件；（2）不涉及死亡情节的工伤认定案件；（3）不履行法定职责案件；（4）农村集体经济组织成员资格类案件；（5）不符合法定起诉条件的案件。“事实清楚、权利义务关系明确、争议不大”的标准可通过指引原告填写《诉讼要素表》的情况进行初步甄别，但必须把部分如涉及重大公共利益或者可能引发群体性事件、行政协议、对规范性文件一并进行审查、一并解决民事争议等重大、疑难、复杂情形列入简案快审程序的除外范围并设置相应

① 葛先园：《新〈行政诉讼法〉第82条第1款适用问题研究》，载《学习与探索》2016年第7期。

的程序转换规定。

（二）解决制约审判效率提高的“送达难”问题——“简捷式送达”

由于该类案件经提炼后要素少且相对集中，探索引导双方当事人尤其是行政机关简化举证、缩短举证答辩期，通知当事人开庭不受开庭三日前等规定限制。除裁判文书以外的其他文书，探索通过购买社会服务工作模式，充分利用信息化技术以及行政诉讼被告是行政机关的送达优势，进一步拓展公证机构参与法院工作的业务领域，利用其权威第三方的定位，以诉讼服务平台为依托，与互联网技术深度融合，采取与大型门户网站、通信运营商合作的方式，通过专门的电子邮箱、传真、实名登记的通信号码、微信公众号、具有录音功能的电话等简便快捷方式送达或告知当事人，通过公证机构保全传真发送确认单、电子邮件发送成功网页、短信微信截图、电话录音等初步证据存卷备查，通过互联送达及凭证保全的创新方式，着力提高送达质量、效率及其合法有效性。

（三）解决制约审判效率提高的“庭审冗”问题——要素式庭审

推行要素式庭审，庭前一次性书面告知法庭纪律和当事人权利义务，围绕《诉讼要素表》对双方无争议的要素予以审查确认并记入庭审笔录；对于双方有争议要素涉及的要件事实和法律适用要点应当重点审查，引导当事人举证和质证，直接根据双方争议焦点同步合并进行法庭调查和法庭辩论，采用录音录像记录、智能语音识别技术及远程视频技术提高庭审效率。结合前述简化判决书模板，充分利用办案智能系统生成、校对、纠错判决书，当庭宣判并送达，并实行集中排期、开庭、宣判，由同一审判组织在同一时段内对多个类案案件连续审理。由于该类案件经提炼后要素少且相对集中，审理思路成熟可复制，法官配置无论是专门团队集中模式还是分散团队办案模式，均能快速胜任。[①] 特别需要注意的是，对于已立案但经审查认为明显不符合法定起诉条件的案件，要充分利用快审程序，通过阅卷、调查、询问后径行裁定驳回起诉，不再开庭审理。

（四）解决制约审判效率提高的单一性问题——多元化解纠

繁简分流、简案快审机制改革是一项涉及审判流程再造的系统性改革创新工作，不能仅靠法院独力支撑。[②] 探索设立法院主导的行政争议多元调处中心，邀请具有行政法理论基础或相应诉讼经验的专家学者、律师、退

---

① 梁君瑜：《行政诉讼阶段化构造改良论——基于程序正义与诉讼经济之双重价值诉求》，载《广西社会科学》2017 年第 3 期。

② 莫于川：《复议机关做行政诉讼被告的制度变化及其理据分析——我国〈行政诉讼法〉首次修改中的一个争议点检讨》，载《南都学坛》2016 年第 1 期。

休法官、人民调解员以及取得法律职业资格的行政复议人员等受聘担任调处委员，联动行政争议多发的行政机关及其复议机关建立跨部门大数据办案平台，实现办案系统互联互通、数据自动推送、资源共享共用。尤其是在涉及多个部门联合执法、矛盾成因复杂、政策法律规定不明确、纠纷无法一次性解决等争议，以《诉讼要素表》为基础，以原行政行为机关的本级人民政府或上一级主管部门的复议纠正功能为保障监督，针对各方争议焦点、原告实际诉求进行协调，对行政行为存在的瑕疵及错误予以指正的同时注意绕开表面的争议引导、指明当事人进行案外调解并循其他法定途径解决，达成调解方案后由进驻该中心的案涉行政机关工作人员依法当场进行行政处理或纠错，并由法院进行司法确认，实现调解、仲裁、行政裁决、行政复议、诉讼等有机衔接、相互协调，形成化解行政争议的社会合力。同时将“类似案例类似处理”规则纳入行政快审案件审理程序，选取各级法院已生效指导性案例制度，对其裁判规则予以说明和公示，告知当事人并经庭审阶段说理展示，在裁判文书中部分引述所列举案例的裁判规则，通过“示范诉讼”，推进办案标准化建设，推进裁判尺度统一，通过个案示范处理带动批量案件当事人合理评估诉讼风险、诚信理性诉讼，促使行政争议的高效实质解决，解放和发展行政审判司法生产力，以更高质量的司法服务人民、服务于高质量发展、推进依法治国。

结　语

满眼生机转化钧，天工人巧日争新。改革要从挑战最艰巨、需求最迫切的领域寻找突破口，当中国社会主要矛盾渐渐发生转变，为回应新时代的召唤，各级法院均正在推动行政案件的繁简分流改革走向深入。繁出精品、简出效率，实现公正与效率的统一，是不断推进这项改革的价值追求。展望未来，没有繁简分流改革，行政审判就不能解开枷锁，在公正高效之路上轻装前进。如今，繁简分流改革不仅是历史的回声，更是时代在见证。在这条改革之路上，行政审判将永远奋勇向前。

行政协议补救判决适用的类型化构建

——从诉判关系的统一出发

周 瑶*

2014年《行政诉讼法》及其司法解释有关行政协议的规定非常有限，针对补救判决在行政协议中的适用规定更是寥寥无几，但司法实践多样化的纠纷与立法形成鲜明的对比。下文笔者将以诉判关系统一为视角，试图分析补救判决在行政协议中适用的现状及问题、原因以及如何构建补救判决在行政协议中类型化的适用。

一、检视：行政协议补救判决适用现状及发现的问题

（一）样本介绍

通过中国裁判文书网检索，时间设定为2014年《行政诉讼法》施行以来2015年5月1日至2019年5月1日，以“行政协议”为关键词，文书类型为“判决书”，得到1000余份判决书，再以“补救措施”为关键词在上述判决文书裁判结果中检索，剔除重复无效的判决书后得到90份有效的行政协议补救判决样本。如果将行政协议的案件类型按照有无法律明文规定的标准分为土地、房屋征收补偿协议及政府特许经营协议这一类“有名协议”和其他未明文规定的“无名协议”，通过对该90份样本进行分析，发现该样本中土地、房屋征收补偿协议类适用补救判决的占比达90%。同时，样本涉及一审、二审，覆盖我国大部分省份，基本可以代表新行政诉讼法修改以来补救判决在行政协议中适用的司法实践现状。

* 作者单位：湖北省武汉市江夏区人民法院。

表 1　　90 份样本判决书情况简介

情况分布	类型	数量
案件类型分布	土地、房屋征收补偿协议	81
	政府特许经营协议	2
	其他无名协议	7
案件地域分布	华北	14
	华东	21
	华南	5
	西南	20
	华中	20
	西北	5
	东北	5
案件审级分布	一审	64
	二审	26

（二）基于样本发现的问题

通过对上述 90 份样本判决书仔细研读分析，笔者发现补救判决在行政协议案件中的适用主要存在如下几类问题：

1. 法律依据不统一，适用边界不清晰。在《最高人民法院关于执行〈中华人民共和国行政诉讼法〉若干问题的解释》（以下简称《执行解释》）赋予补救判决最初的法定地位后，2015 年 5 月 1 日修改后的《行政诉讼法》第七十六条明确了补救判决作为行政案件判决方式的正式地位①，此外，第七十八条亦附带对补救判决的适用作了相应规定。② 基于行政协议的行政性与契约性双重属性，在补救判决的法律依据上，也同样可以参照《中华人民共和国合同法》第九十七条③。由表 2 可知，在调研的 90 份判决书中法律适用混乱，依据第七十六条、第七十八条适用补救判决的案件占绝大多数；但同时也有依据第七十四条判决；还有依据《最高人民法院关于适用〈行政诉讼法〉若干问题的解释》（以下简称《适用解释》）第十五条第一

① 《行政诉讼法》第七十六条规定，人民法院判决确认违法或者无效的，可以同时判决责令被告采取补救措施；给原告造成损失的，依法判决被告承担赔偿责任。

② 《行政诉讼法》第七十八条规定，被告不依法履行、未按照约定履行或者违法变更、解除本法第十二条第一款第十一项规定的协议的，人民法院判决被告承担继续履行、采取补救措施或者赔偿损失等责任。被告变更、解除本法第十二条第一款第十一项规定的协议合法，但未依法给予补偿的，人民法院判决给予补偿。

③ 《合同法》第九十七条规定，合同解除后，尚未履行的，终止履行；已经履行的，根据履行情况和合同性质，当事人可以要求恢复原状、采取其他补救措施，并有权要求赔偿损失。

款、第二款规定判决，更有同时将上述几个条款交叉适用。同时在上述样本中，除了第七十六条明文规定的确认违法和无效判决中适用补救判决，还有在撤销判决中适用补救判决的情况。很明显，补救判决的适用边界已经超出了法定的几类情形。

表 2　　补救判决的适用法律依据及各类情形占比

法律条文	具体情形	数量	比例
《行政诉讼法》第七十四条第二款第一项	行政行为虽违法，但不具有可撤销内容	2	2.20%
《行政诉讼法》第七十四条第一款第二项	行政行为轻微违法，但不具有可撤销内容	2	2.20%
《行政诉讼法》第七十六条	行政协议违法或无效	44	48.90%
《行政诉讼法》第七十八条第一款	不依法履行、未按照约定履行或者违法变更解除协议的	37	41.20%
《适用解释》第十五条第一款、第二款	不依法履行、未按约定履行协议或者单方变更、解除协议违法	5	5.50%

2. 补救内容不具体，补救期限不明确。由表 3 可知，66.6% 的判决书判项中直接采用“法条表述”——“责令被告采取相应措施”，但对补救措施的期限，补救措施的主客体，补救措施的具体内容，并没有明确具体的阐述。而在补救措施不确定的判决中，稍微明确的也仅仅是加上“限期”一词，但限期具体是多久时，也没有明确表述。相反，通过对另外 33.4% 的补救措施内容明确具体判决书的研究，可以发现该类判决对补救期限、主客体、具体补救措施等都有明确的表述。

表 3　　补救措施内容分类及典型表述

类型	典型案例	数量	占比
补救措施内容明确	责令被告延吉市征收局采取补救措施，即于 2019 年 12 月 30 日之前向原告钦某交付产权调换房屋即棚户区改造 B23 标段电梯楼 5 号楼 × 单元 × 室、建筑面积 86 平方米的住宅——（2018）吉 2401 行初 49 号	30	33.40%
补救措施内容不明确	责令被告张家口市万全区人民政府采取补救措施——（2018）冀 07 行初 107 号	60	66.60%

3. 补救判决标准异化，适用前提不统一。行政协议中补救判决适用的请求权基础是原告提出相应的诉讼请求，但在司法实践中，大多数原告并未提出请求被告采取补救措施的请求，法官为了维护公共秩序和保障原告

合法权益通常会依职权作出补救判决。通过调研的数据，由表4可知，在行政协议的司法实践中直接提出“补救措施”请求的只有15份，而未有一份判决书仅就“被告采取补救措施”提出单独的诉讼请求。由此可见，大多数原告并非单独提出“责令被告采取补救措施”的诉讼请求，而是在确认行政协议无效或者可撤销、确认签订行政协议行为违法的同时，请求被告消除危害、排除妨碍或者补偿受侵害的权益等。同时，也从侧面反映，大多数法官适用补救判决时并不严格以原告诉讼请求为依据，而是基于事实的判断，如基于维护公共秩序的客观需要或保障原告合法权需要，仍然会依职权适用补救判决。

表4　诉讼请求分类

<table>
<tr><th colspan="3">诉讼请求类型</th><th>数量</th></tr>
<tr><td rowspan="3">签订类争议</td><td colspan="2">确认协议无效</td><td>12</td></tr>
<tr><td colspan="2">确认协议有效+继续履行</td><td>19</td></tr>
<tr><td colspan="2">确认签订行为违法、无效撤销+赔偿损失</td><td>6</td></tr>
<tr><td rowspan="5">履行类纠纷</td><td rowspan="2">确认未依法履行协议违法</td><td>继续履行</td><td>12</td></tr>
<tr><td>继续履行+违约金</td><td>4</td></tr>
<tr><td>确认未依约履行协议违法</td><td>继续履行+补救措施</td><td>15</td></tr>
<tr><td rowspan="2">解除协议</td><td>赔偿损失</td><td>5</td></tr>
<tr><td>继续履行+违约金+赔偿损失</td><td>6</td></tr>
<tr><td rowspan="2">单方变更或解除类纠纷</td><td colspan="2">确认单方变更、解除无效/违法+继续履行</td><td>5</td></tr>
<tr><td colspan="2">确认单方变更、解除无效/违法+继续履行+赔偿损失</td><td>5</td></tr>
<tr><td>赔偿类纠纷</td><td colspan="2">赔偿损失</td><td>1</td></tr>
</table>

4. 诉判不一致，裁判尺度不统一。法官审理行政协议案件中确认了行政协议违法或无效的同时，在适用补救判决时，是否应严格按照诉判一致的裁判思路？通过实证研究发现，表4归纳了行政协议纠纷的几种诉讼请求类型，主要有签订类纠纷、履行类纠纷、单方变更或解除类纠纷、赔偿类纠纷。而在90个样本中仅在履行类争议中有15个案例原告在诉讼请求中提到过“请求被告采取补救措施”，由此可见，大多数案件并未严格按照诉判一致的裁判思路。由表5可知，在行政协议中单独适用补救判决的仅有4份，绝大多数补救判决都是与其他确认判决并用。同时也存在同样诉讼请求适用补救判决时并用的主判决不一致的情况。

表 5　　行政协议补救判决的适用情况

判决类型			数量
驳回判决	驳回请求 + 补救措施 + 赔偿损失		6
	驳回请求 + 补救措施		5
确认判决	确认协议效力	确认有效 + 补救措施	1
		确认无效 + 补救措施	8
		确认无效 + 补救措施 + 驳回诉请	6
		确认协议解除 + 补救措施	8
	确认行为违法	确认签订为违法 + 补救措施	25
		确认未依法履行违法 + 补救措施	2
		确认未依法履行违法 + 补救措施	20
履行判决	继续履行 + 补救措施		5
补救判决	仅责令补救		4

二、探析：问题产生的原因

无论是法律适用不统一还是补救措施内容不完善，归根结底都是由于诉判关系不统一的表现。但行政协议中补救判决的诉讼请求大相径庭，裁判尺度不统一，究其原因可从客观原因、主观原因、主体原因三个层面进行分析。其中客观原因包括司法制度设计层面、双重诉讼模式并存的矛盾；主观原因主要是指法官裁判价值方面的冲突；主体原因包括行政协议的相对人与行政机关双方主体的原因。

（一）司法制度设计层面的原因

一方面，随着行政协议纠纷的多样性发展，行政协议的立法已明显滞后，法官在法律依据上面临着适用困扰；另一方面，在我国当前制度构建中体现出处分主义与职权主义诉讼模式并存色彩，法官根据不同的诉讼模式审理会得出不同的裁判结果。

1. 立法滞后性与司法实践多样性的矛盾。《行政诉讼法》关于行政协议的判决规则包括补救措施的适用仅在第七十八条有所提及。根据第七十八条的语义表述，行政机关仅在不依法履行、违法变更或解除行政协议两种情形下，法院可以适用补救判决。但由于行政协议具有双重属性，在司法实践中，从行政协议的签订、履行、变更、解除、赔偿、执行等阶段皆有可能发生争议，而不仅仅局限于第七十八条列举的几种行政协议行为方式引发的纠纷。同样，法官在适用补救判决时也面临同样的困扰。第七十六条虽为“法定的”补救判决，但由于第七十八条对行政协议有特殊的规定，因而司法实践中，对该两条的适用具有极大的任意性，上述表2已有统计，更有适用该两条之外的其他法条，这样将直接导致补救判决法律依据不统一，适用边界不清晰。

2. 处分主义与职权主义诉讼模式并存的冲突。诉判分离或是诉判一致？还是两者并存？对于诉判关系的讨论应该结合德国行政诉讼法的“处分主义”进行分析。《德国行政诉讼法》上的“处分主义”宗旨在于法院通常只能依据原告的诉讼请求进行裁判，不能对被未请求的事项作出裁判，否则法院存在瑕疵。① 而与处分主义相对的则是职权主义，即法院可依职权对争议事项作出裁判。与处分主义的消极被动原则不同，职权主义倾向于推进诉讼程序的发展。职权主义旨在维护客观秩序而不必拘束于原告提出的诉讼请求。在我国目前的行政诉讼审判制度中，存在处分主义与职权主义两种不同诉讼模式并存的构造。② 一方面，在处分主义的诉讼模式下，法官在审理案件会更注重保护原告主观诉求，严格按照诉判一致的规则进行裁判；另一方面，在职权主义的诉讼模式下，基于维护客观秩序的需要，法官会突破诉判一致的规则，直接导致在判决中出现诉判分离的情形。同样，在补救判决的适用方面，在处分主义的诉讼模式下，法官偏向于按照原告诉讼请求来适用补救判决，而在职权主义诉讼模式的下法官会更倾向于事实的认定，即使原告并未主张采取补救措施，而基于维护公共秩序的需要和保障原告合法权益的需要，法官同样会适用补救判决。③ 两种诉讼模式的冲突将直接导致补救判决在司法实践中诉判分离或是诉判一致两种不同的适用情形。

（二）法官裁判价值的冲突

法官在追求司法公正上具有共性，但在面临个案的个性时其裁判价值会产生冲突，在不同价值导向下则自然会得出不同的裁判结果。

1. 保护职能与监督职能的价值冲突。行政协议的双重属性决定了法官在审理行政案件时既要担任“保护者”的角色即保护行政相对人的合法权益，又要担当“监督者”的角色即监督行政机关行使职权的合法性。④ 传统观念认为法官对行政机关的监督职能是最重要的职能，而无论行政相对人

① ［德］佛里德赫尔穆·胡芬：《行政诉讼法（第5版）》，莫光华译，法律出版社2003版，第545页。

② 薛刚凌、杨欣：《论我国行政诉讼构造：“主观诉讼”抑或“客观诉讼”?》，载《行政法学研究》2013年第4期。

③ 邓刚宏：《行政诉判关系的逻辑及其制度建构——以民事诉讼比较为视角》，武汉大学2009年博士论文。

④ 彭涛：《论行政诉讼的功能》，载《法律科学》2010年第4期。

在诉讼请求中是否提出明确的补救措施请求。[①] 在注重监督职能这一观念的影响下，法官对行政协议审查的重点即行政机关签订协议的合法性或者单方变更或解除协议的合法性，反而忽视了对相对人行政诉讼请求的审查或释明、引导其应该提出正确的补救措施。理所当然地认为审查重点是监督行政机关行为是否违法，如果经审理确认行为违法后，重点是判决确认违法或撤销行政行为，而附属的补救判决是否应该作出显得不那么重要，作出何种具体的补救措施从某种程度上而言则属于行政机关自主决定的范畴，因而是否在判决书中明确补救措施的内容相较之下显得并不重要。[②]

2. 注重形式合理与追求实质正义的价值冲突。同案不同判，裁判尺度为何得不到统一？在同一案件中，法官选择追求形式上的合理或追求实质正义，在两种不同的价值导向下会得出不同的裁判结果。注重形式合理的法官更倾向于裁判结果形式合理即可，[③] 严格按照法律条文进行演绎推理，从而得出最终判决，因而在最终判决中即严格按照法律条文中规定的责令被告采取补救措施进行具体判项表述；而追求实质正义的法官更注重裁判结果的合理性与可执行性，在审理具体个案中运用实证主义裁判思维，结合案件事实考虑当事人合理诉求，明确具体补救措施的主体、期限及内容。两种不同的价值追求直接影响补救判决中措施内容的明确与否，这也是导致同案不同判的重要原因。

（三）诉讼主体的双方原因

行政协议的契约性赋予行政相对人在权益保护上不仅具有行政法上的权益而且具有合同法上的权益，因而行政协议的相对人提出的诉讼请求各不相同；行政协议的行政性赋予行政机关享有行政优益权，但行政机关滥用优益权则会导致法官在审理时处于被动状态。双方的原因共同导致了实践中补救判决在行政协议中适用的混乱状况。

1. 不规范的诉请导致补救判决多样化。行政协议的争议纠纷贯穿于协议签订、履行、执行的全过程，因而实践中关于行政协议纠纷的诉讼请求也大相径庭。前述已经探讨了法官在不同的诉讼模式与价值导向的情况下裁判结果会有所不同，但判决首要依据的请求基础依然是原告的诉讼请求，诉讼请求不规范，在相同的价值导向、诉讼模式下也可能会得出不同的裁判结果，因而规范的诉讼请求是统一补救判决裁判尺度的第一步，显得至关重要。

---

① 庄静：《行政诉讼补救判决制度研究》，华中科技大学硕士论文。

② 刘君瑜、肖慧：《在规制与自由之间：行政补救判决的透视与完善——以原告诉讼请求的引入为视角》，载《全国法院第28届学术讨论会获奖论文集》，人民法院出版社2017年版。

③ 孙良国：《从形式主义到实质主义》，载《华东政法大学学报》2007年第5期。

2. 滥用行政优益权导致补救措施无法明确。行政优益权，是指行政机关在与行政相对人签订行政协议后，在协议履行过程中，行政机关可基于公共利益的需要单方解除或变更行政协议。① 在行政协议案件中，如果行政机关滥用行政优益权，法官则应判决撤销、确认变更解除行为违法或采取补救措施、赔偿损失等。但在司法实践中，存在很多类似案例，行政机关在违法变更与解除协议后导致相对人的合法权益无法实现，此时法官理应判决补救措施，但鉴于该补救措施无法明确具体，此种情形下，法官则不得已采取抽象处理，采取“责令被告采取补救措施”的判决予以平衡各方利益。

三、完善：基于统一裁判尺度的类型化建构

行政协议补救判决裁判尺度的统一不仅有待于立法层面法律法规的明确与完善，最为根本的是解决在双重诉讼模式冲突、法官价值冲突时如何回归统一的裁判思路，如何构建诉判一致的类型化体系。

（一）法官价值层面：横向价值与纵向价值的统一回归

补救判决作为一种新的判决形式被赋予“法定地位”，必然具有其独有的价值功能。无论是法官保护职能与监督职能的价值冲突还是注重形式合理与实质公正的价值冲突，归根结底都是法官为了在合法的范围内实现补救判决横向价值，即保护相对人权利救济与纵向价值定分止争的统一。

补救判决的纵向价值功能即定分止争，前文已经分析过在职权主义诉讼模式的影响下法官往往会忽视原告诉讼请求，容易出现诉判不一致的情形。而从补救判决定分止争的价值角度而言，只有明确补救措施的具体内容，确定行政相对人的具体的救济形式，才能避免补救判决“有补无救”的形式化，真正实现定分止争的价值功能。补救判决的横向价值功能即实现原告合法权利的充分救济。补救判决通常在确认违法或无效后予以附加适用的一种判决形式，而保障权利的有效实现是其横向价值功能。② 因而对补救措施明确而具体的表述是实现其价值的首要前提。由此可见，无论是基于补救判决横向价值功能或是纵向价值功能的选择，都要求对补救措施的明确具体，避免补救判决“形同虚设”，实现不了其应有的价值。

---

① 程琥：《审理行政协议案件若干疑难问题研究》，载《法律适用》2016 年第 12 期。

② 陈思融：《论行政诉讼补救判决的功能》，载《四川师范法学学报（社会科学版）》第 42 卷第 5 期。

（二）司法制度设计层面：行政协议补救判决的统一规范

1. 明确补救判决适用条件。虽然2014年《行政诉讼法》第七十八条赋予补救判决在行政协议适用的“法定地位”，但在具体适用条件、方式上并未作出具体的细化规定。根据前文表5补救判决在行政协议中的适用情况可知，补救判决作为独立判决很少，多数依附于其他判决并列适用，在行政协议中驳回判决、确认判决、履行判决中皆有同时适用补救判决的，[①] 那么实践中何时应当适用补救判决？何时可以适用补救判决？司法实践涌现的大量问题急需行政协议司法解释的出台予以明确。在立法中应明确补救判决适用的法律依据、应该作出补救措施的几类情形以及可以作出补救措施的几类情形。

笔者认为在当前立法不甚完善与明确的情况下判断是否应当适用补救判决应首先考虑原告是否享有请求补救措施的请求权基础。鉴于行政协议的双重属性，行政协议中原告享有的请求权应包含合同法上的请求权与行政法上的请求权，归纳起来主要有如下几类：给付请求权、损害赔偿请求权、排除妨碍请求权、结果去除请求权、补偿请求权。[②] 在行政机关未依法或依约签订、履行、赔偿行政协议的情形下，原告只要享有其中之一的请求权，此种情形下即应当适用补救判决。[③] 基于此，笔者根据《行政诉讼法》第七十八条的规定并结合表4中归纳的几类行政协议争议总结出在行政协议中应当或可以作出补救判决的类型化分析，详见表6。

表6　　行政协议补救判决类型化

行政协议类型	适用条件	是否享有请求权	应当适用	可以适用
签订类争议	行政机关程序违法、超越职权导致签订行为违法或行政协议无效	是	是	
	请求确认协议有效，要求继续履行	是		是
履行类纠纷	确认行政机关未依法、未依约履行协议违法	是	是	
单方变更或解除类纠纷	行政机关单方变更、解除无效或违法	是	是	
赔偿类纠纷	原告请求赔偿损失理由成立	是	是	

2. 明确补救措施主体、期限、责任、具体内容。补救判决中实施补救

① 陈思融：《论行政协议诉讼各类判决方式之关系》，载《政治与法律》2017年第8期。
② 陈思融：《论行政诉讼补救判决的请求权基础》，载《中外法学》2016年第1期。
③ 陈思融：《论行政诉讼补救判决的适用条件》，载《政治与法律》2016年第1期。

措施的主体一般是被告，但根据实践案例，补救措施的实施主体并没有严格限定为违法的被告，在补救措施中明确补救措施的实施主体为违法的被告或者第三人与被告共同承担补救责任有利于补救措施的实现。[①] 补救措施期限的可根据不同的行政行为设定长短不同的期限，针对赔偿类、财产类的补救措施可设置 15 日、30 日等短期期限，针对行为类的补救措施可设定 3 个月、6 个月等中长期期限，期限应明确自判决生效之日起开始计算，以保证补救措施得以实现其补救效果。责任不具体明确，补救措施往往会形同虚设，因而明确行政机关超期实施补救措施或实施不到位的责任至关重要。如行政机关可以作为而不作为故意超期实施补救措施或者实施不到位，此时法院可以根据具体情况追究行政机关不依法履行判决的责任。[②] 具体补救措施明的内容应结合个案而定，但至少立法规范应明确基本的期限、主客体、范围。笔者将上述建议归纳至表 7：补救措施需明确的具体事项。

表 7　　补救措施需明确的具体事项

分类	具体内容
补救主体	被告或被告与其他第三人
补救范围	明确补救措施实施程度
补救期限	财产类：15 日、30 日；行为类：3 个月、6 个月；期限自判决生效之日起计算
补救责任	行政机关超过期限未采取补救措施或补救措施不到位，法院可以根据情况追究行政机关不依法履行判决的责任

（三）司法制度运行层面：双重诉讼模式下补救判决的统一回归

鉴于在处分主义与职权主义的不同诉讼模式下会得出不同的裁判结果，笔者试图从处分主义与职权主义两种不同的维度探讨如何统一补救判决的适用。结合行政协议纠纷的多样性，笔者根据行政协议的签订、履行、单方变更与解除、赔偿等不同阶段构建类型化的诉讼请求，详见图 1：行政协议补救措施诉讼请求类型化构建。从处分主义的诉讼模式出发，即遵循原告请求的原则，严格依据原告的诉讼请求作出裁判。显然，在处分主义诉讼模式下适用补救判决的前提是原告已经提出了补救请求，依据图 1 构建的类型化请求，法官在审理行政协议时首先应重点审查原告诉讼请求是否规范，引导原告补救措施诉讼请求规范化、类型化，然后依照处分主义的裁

① 陈思融：《论行政诉讼补救判决的适用——基于 104 份行政裁判文书的统计分析》，载《中国法学》2015 年第 10 期。

② 张雨梅、高宏亮：《行政诉讼补救判决的厘正与型构——以诉判关系统一为视角》，载《行政执法与行政审判》第 72 辑。

判原则，补救判决实现诉判一致自是水到渠成。

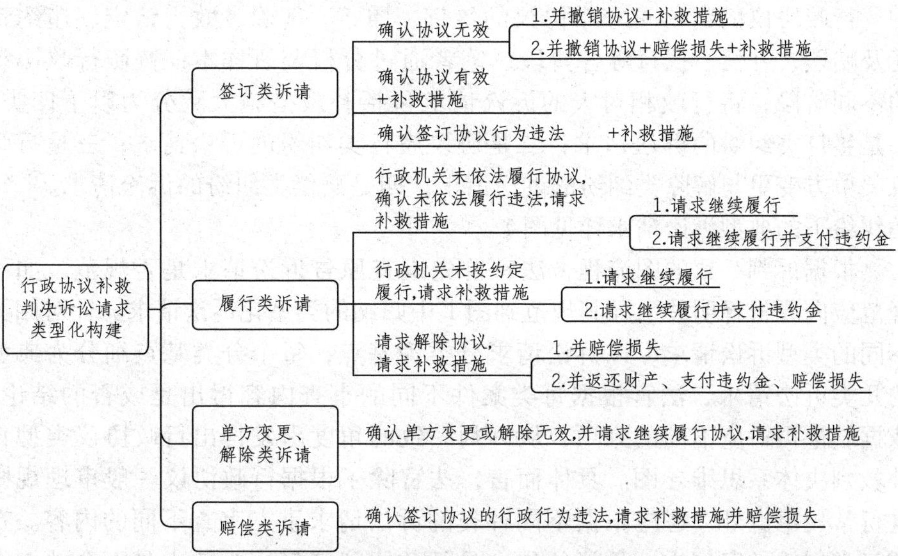

图1　行政协议补救措施诉讼请求类型化构建

从职权主义的诉讼模式出发，法官审查的重点本应是案件事实与理由，即便原告未提出补救请求，但法官基于维护客观秩序需要或保障原告合法权益的需要而仍可采取补救判决。但在此类案件中，法官也应主动对原告诉讼请求予以初步审查，如原告未提出相应的补救请求，仍然应该主动向原告进行补救理由释明，补救方向引导，使原告完善诉讼请求，明确诉讼请求类型，回到图1中总结的类型化诉讼请求，回归与处分主义诉讼模式下一致的裁判方向，最终实现诉判一致。详见诉判统一流程图。

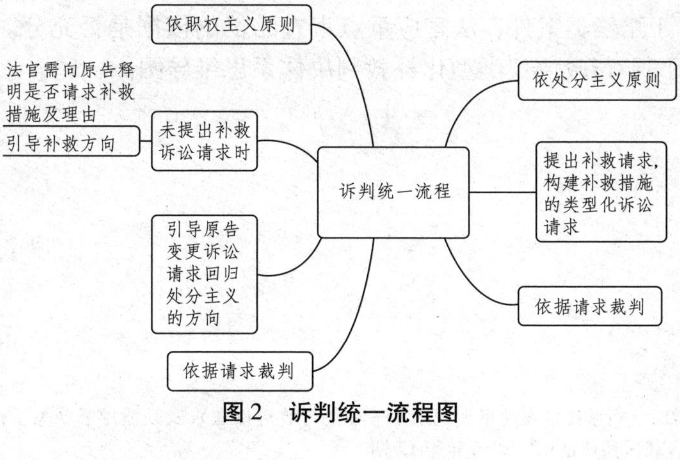

图2　诉判统一流程图

（四）诉判一致：行政协议类型化判决体系思维导图的构建

行政协议的纠纷贯穿于协议的签订、履行、解除、效力认定、违约责任及赔偿、补偿、执行等各阶段，笔者通过分析调研样本，按照行政协议的不同阶段，将行政相对人的诉讼请求包括补救措施大致分为以下四类：一是签订类纠纷的诉讼请求；二是协议履行类纠纷的诉讼请求；三是行政机关单方变更与解除类纠纷的诉讼请求；四是赔偿类纠纷的诉讼请求。[①] 每类纠纷下的典型诉讼请求详见图1。

根据诉判一致的图流程，法官首先审查原告诉讼请求是否规范，如不规范应向原告释明并引导其规范到图1中归纳的类型化诉讼请求。针对四类不同的类型诉讼请求，以诉讼请求分类为基点，每个分类基点细分为典型的几类诉讼请求，法官根据每类案件不同的审查内容得出是或否的结论，依据结论再对应不同的判项，从诉判一致的角度出发得出行政协议类型化补救判决体系思维导图。具体而言，法官除了根据行政协议一般审理规则进行常规审查外，还应根据不同种类的诉讼请求重点审查不同的内容。在签订类纠纷的案例中，争议的焦点是行政协议签订行为效力是否合法，审查重点应是签订行为的效力以及行政协议的效力，如果原告诉讼请求没有事实与法律依据，则应采取驳回判决；如果原告诉请的理由成立，则根据其每一项不同的请求作出相应判决。在履行类纠纷的案例中，争议焦点是行政机关不履行法定或约定职责是否违法，审查重点是行政协议的效力、行政机关全面履行协议的职责义务。在单方变更、解除协议类纠纷案件中，行政机关作出单方变更、解除行为是否符合法律规定、协议约定即法官重点审查对象。在赔偿类纠纷案件中，通常有两种诉讼请求，一种是确定行政行为违法后直接请求行政赔偿，另一种是请求确认行政行为违法并赔偿损失。[②] 对于赔偿类案件，法官应重点审查赔偿的依据是否充分。上述思维过程详见图3：行政协议类型化补救判决体系思维导图。

---

① 郭修江：《行政协议案件审理规则——对〈行政诉讼法〉及其适用解释关于行政协议案件规定的理解》，载《法律适用》2016年第12期。

② 郭修江：《行政协议案件审理规则——对〈行政诉讼法〉及其适用解释关于行政协议案件规定的理解》，载《法律适用》2016年第12期。

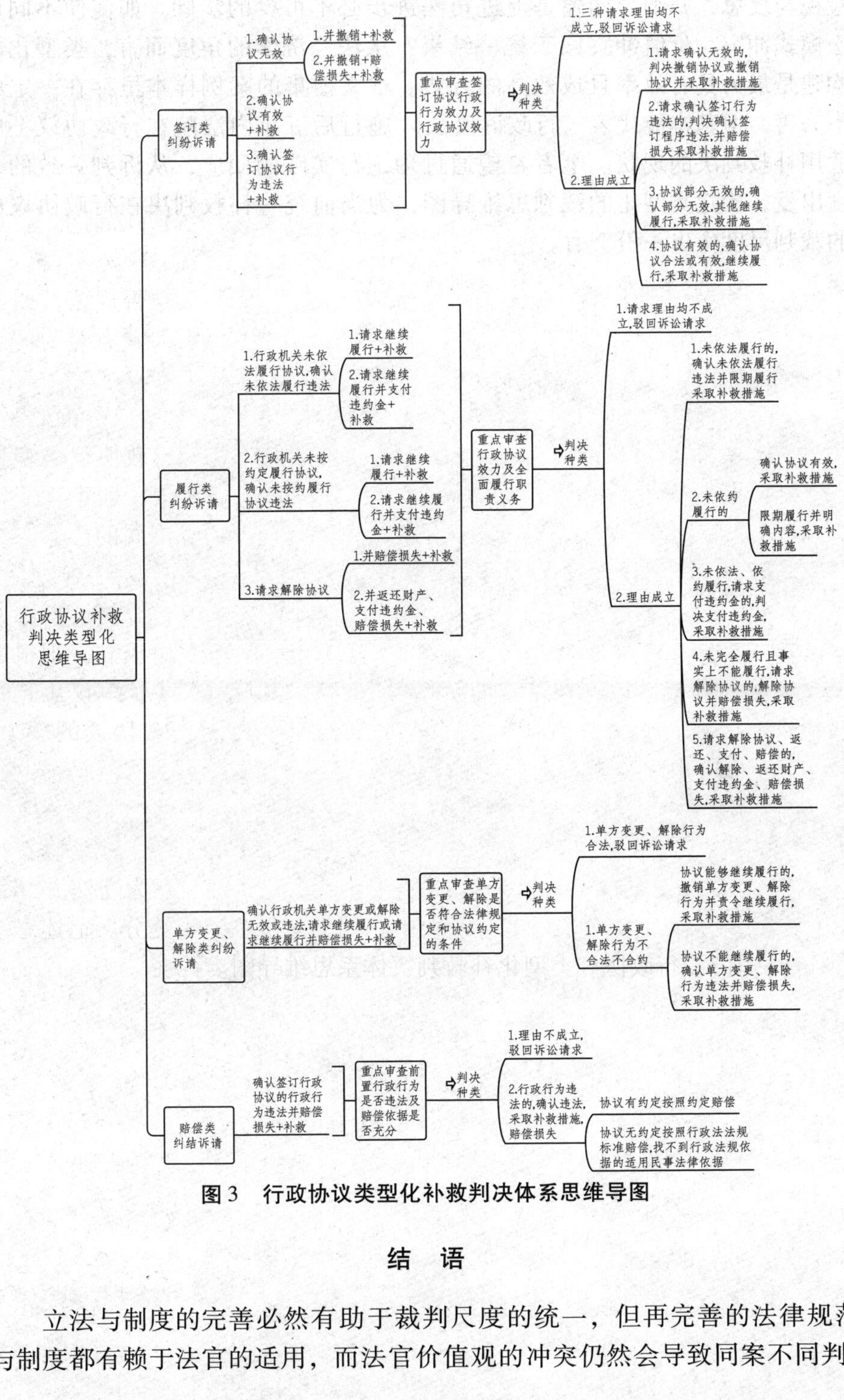

图3　行政协议类型化补救判决体系思维导图

结　语

立法与制度的完善必然有助于裁判尺度的统一，但再完善的法律规范与制度都有赖于法官的适用，而法官价值观的冲突仍然会导致同案不同判。

检视与反思，归纳与构建是促进司法进步必不可少的步骤。如何使不同诉讼模式冲突、价值冲突归于统一结果？从法经济学的角度而言，类型化的构建是最为具有效率且成效高的方式。本文搜集的案例样本虽存在一定的不完善，但基本能代表《行政诉讼法》施行后五年内法院在行政协议补中适用补救判决的现状。笔者希望通过理论与实践的回应，从诉判一致的角度出发，构建类型化的裁判思维导图，为当前统一补救判决在行政协议中的裁判尺度作出一份努力。

行政诉讼信访化趋势及其应对分析

姜昊昂* 赵 云** 温 清***

引 言

我国信访案件多涉及“官民纠纷”，其与行政诉讼解决问题的一致性，决定了二者关系紧密。十八届四中全会明确提出“把信访纳入法治化轨道”，新行政诉讼法①及立案登记制度落地推进。行政诉讼“立案难”的问题得到解决，行政诉讼信访化趋势却越来越突出。以B市法院2013年至2018年审结的行政诉讼案件为样本，我们可以直观地看到这一点。而对该问题，如不及时加以重视、调整，必将阻碍行政审判良性运转及信访法治化改革的推进，消解多元矛盾化解机制和社会综合治理格局取得的成效。

一、行政诉讼信访化趋势表征及解析

信访与行政诉讼关系十分密切，理论界对于信访制度的研究多是放在行政救济制度中进行讨论和研究的，② 龚祥瑞教授更是认为信访是行政诉讼的前历史。③ 实践中，涉及行政争议的信访确实也在信访总量中占比很大。因此行政诉讼在一定程度上可以作为信访生态的晴雨表。

2013年至2018年，B市行政案件都呈现快速增长态势，但解析具体分项数据，可以看出行政诉讼信访化趋势凸显。本文所称行政诉讼信访化趋

---

* 作者单位：江西省赣州市中级人民法院。

** 作者单位：北京市海淀区人民法院。

*** 作者单位：江西省赣州市章贡区人民法院。

① 新行政诉讼法指的是2014年11月1日全国人大常委会审议通过的《中华人民共和国行政诉讼法》，为行文方便，全文统称新行政诉讼法。B市为北方一线城市，近五年行政案件万人人口比始终位居全国第一位，本文数据的采集基本以中国裁判文书网机法院审判系统为载体，可能与实际存有差异。

② 姜明安主编：《行政法学与行政诉讼法》（第二版），北京大学出版社、高等教育出版社2005年版，第406～407页；韩春晖：《现代公法救济机制的整合》，北京大学出版社2009年版，第158～204页。

③ 龚祥瑞：《比较宪法与行政法》，法律出版社2003年版，第335页。

势，是指当事人诉访不分，主观上仅将行政诉讼作为信访新渠道，行政诉讼失去其实质性解决争议、保障当事人权益的效果，诉讼程序成为当事人表达诉讼标的外请求或谋求诉讼标的外利益的工具。从其外延上看，既包括本不应进入诉讼程序的信访案件，也包括当事人的信访化诉求以政府信息公开、不履责等“包装”的诉访交叉案件。其具体表现为如下方面：

（一）行政诉讼收案量与裁定驳回起诉率高企，信访与诉讼功能混同

2013 年至 2018 年，B 市共受理各类行政案件（含知识产权行政案件）167578 件，案件分别同比增长 360%。收案数快速上升，在一定方面反映出当事人依法维权意识不断提高，B 市法治环境整体优化；但解析具体分项数据，可以看出行政诉讼信访化趋势凸显。

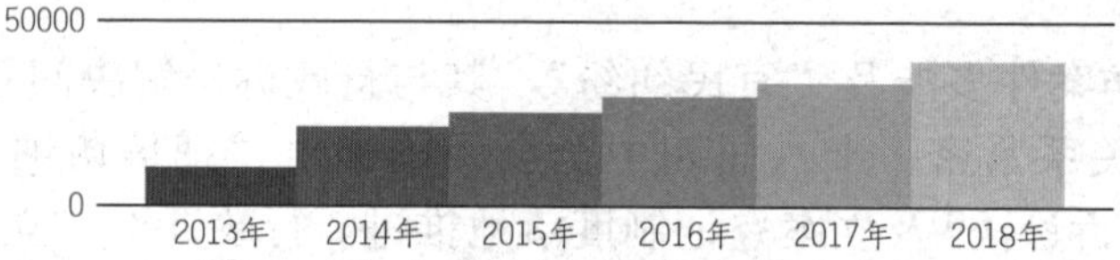

图 1　六年来 B 市行政诉讼案件收案量

B 市法院 2015 年以来一审行政案件年均裁定驳回起诉率为 41%，而 2012～2014 年一审行政案件的年均裁定驳回率为 27.97%。裁定驳回起诉率高企不下，很大程度上就是因为当事人诉访不分，信访事项不加区别的进入行政诉讼。以 B 市 H 区法院 2018 年裁定驳回起诉的 568 件案件①为例，以“不属于行政诉讼受案范围”“原告起诉不具备事实根据”“对当事人合法权益明显不产生实际影响”“驳回当事人对行政行为提起申诉的重复处理行为”为由作出的，分别占比 27%、19%、21%、11%。

这反映出信访与诉讼功能开始混同，如不满经适房摇号政策要求某建委直接履行分房职责、要求某教委建立信访接待日的案件等。以上案件当事人谋求的都是诉争标的之外的利益。当事人选择行政诉讼，不是出于对法律的偏好等理性考虑，只是基于成本或者投机等因素下的一种实用主义，即于当事人而言两种争议解决通道系趋近、混同的。

① B 市 H 区法院 2018 年收结案数位居 B 市基层法院第一，共审结行案件 1218 年，裁定驳回起诉 568 件，裁定驳回率为 46.6%。

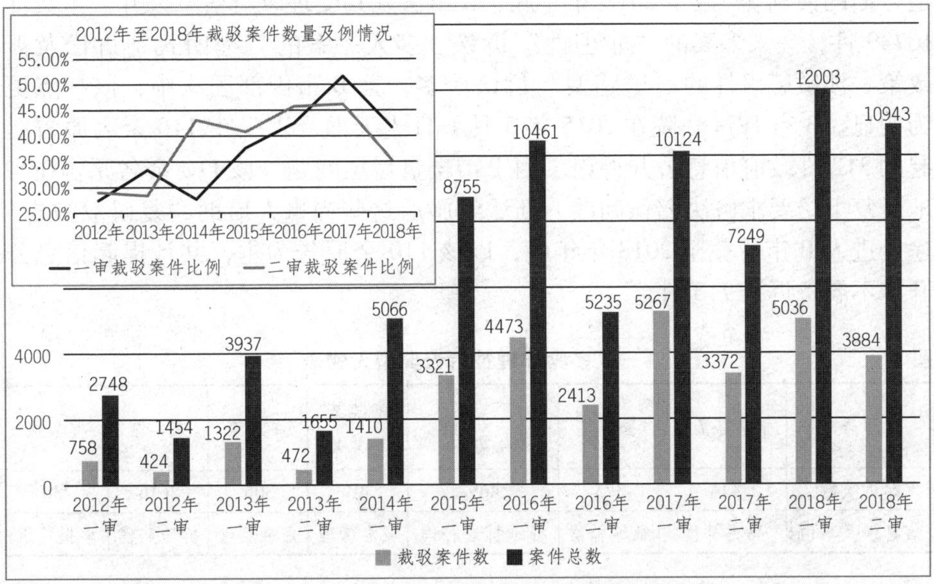

图 2　2012～2018 年 B 市法院裁定驳回起诉行政案件数量及比例情况

（二）案件类型单一，重复性诉讼增多，信息公开等案件类型成为“信访替代方案”

由于行政机关执法活动的广泛性，行政诉讼涉及 50 余个行政管理领域，但案件类型却呈现单一化趋势。2013 年至 2018 年 B 市受理的政府信息公开、不履责、举报投诉类案件受案数量都逐年攀升。B 市某中院辖区，该三类案件约占全部行政案件的 47.3%。因这三类案件起诉门槛较低，而成为最经济的“信访替代方案”。而涉诉当事人亦基本沿用信访思维，偏好针对同一事项、针对不同行政机关，变化诉讼请求反复提起复议、诉讼，其诉讼途径和上访路径雷同，个别明显存在滥用诉权的情形。

新行政诉讼法将行政诉讼目的调整为“解决争议、保障当事人权利、监督行政机关依法行政”。但在诉访不分的背景下，上述三类案件大部分达不到解决实质争议、救济实体权利的效果。根据《信访条例》等法规的规定，信访答复本身不可诉；行政诉讼法本身亦设定了起诉条件的限制。大量纠纷从信访程序直接进入诉讼程序时，当事人无法针对涉及其核心利益的事项直接提起诉讼，转而通过政府信息公开、不履责等“间接诉讼”向行政机关施压，而法院囿于司法审查范围又无法审查这些诉讼背后的利益需求。

（三）诉讼主体呈现“职业化”，非理性诉讼、“抱团式”诉讼居多

政府信息公开这种问计于民的行政行为方式为信访人提供了信息与渠

道方面的便利。[①] 截至2018年年底，B市法院共受理政府信息公开一审案件16739件，一人多案的“非理性”诉讼、多人一案的“抱团式”诉讼及涉政策、涉敏感事件的“敏感型”诉讼居多，且B市因部委集中，该特点更为明显。B市H区法院在2015年5月1日当天即受理T市110余名原告提起的312件政府信息公开诉讼。因T市楼盘烂尾问题，该110余名原告在当地反复上访要求解决赔偿问题，新法实施后这些当事人借助“复议双被告”途径进入B市。截至2018年年底，以该110余原告为主，共计提起信息公开、不履责诉讼713件。

图3　　一人多案非理性诉讼典型人物表

原告	张某等7人	崔某某	丁某某 吴某某	郑某某 莫某某	许某某	宋某某	贾某某
起诉次数	414	375	469	391	306	2616	730
信息涉及事由	腾退补偿	征地补偿	征地拆迁补偿	域名管理	金融监管	拆违赔偿	举报投诉

B市各法院都有一批老诉讼户，为实现自己的利益诉求，围绕相同事项，变换诉讼请求，反复提起行政诉讼，且多数当事人选择信访、复议、诉讼同时进行。该类主体所涉行政诉讼带有群体性、组织性和长期缠诉性等特点。由于该部分当事人追求的是诉争事项之外的利益，对于裁判结果呈现胜败皆不服态度，不论裁判结果是否会满足其权利诉求，均逐一穷尽所有救济途径，“复议—一审—二审—再审—重回信访—再行复议、起诉”，对公共资源和司法资源造成了巨大浪费。

（四）案件缺乏诉的利益和正当目的，信访化诉求明显

裁驳案件中有较大比例的案件缺乏诉的利益和正当目的，行政诉讼只是部分当事人解决其实质问题的一块敲门砖，工具性色彩浓重，信访化趋势明显。如部分当事人提起诉讼的目的只是为要求见行政机关负责人，如开庭时行政机关负责人不出庭则借此提出回避、要求延期开庭等。以B市H区法院为例，2018年共计123起案件原告庭前提出要求责令行政机关负责人出庭应诉申请书；共计142件案件原告当庭因行政机关负责人不出庭要求合议庭回避，并有35%的原告要求延期开庭。

又如原告并不具有值得救济的合法权益，但总是一次性提起多项信息公开申请并批量提起诉讼，选择请求公开信息的行政机关亦具有任意性。上述非正常申请主体占比不到10%，但提起的案件量占比达23%。这些纠纷虽然均进入法院诉讼程序，但由于当事人缺乏诉的利益或与被诉行政行

① 廖秀建：《信访法治化研究》，中国法制出版社2017年版，第2页。

为没有利害关系而未进入纠纷的实质解决程序，不当行使诉权特征突出，且该部分当事人多系有意为之，诉讼引导对其无效。

二、行政诉讼信访化趋势的影响分析

司法行政体制改革与信访改革同属构建科学社会综合治理体系。信访制度是在我国行政权与司法权的长期不对称中产生的，但其从20世纪80年代中期以来就在纠纷解决方面扮演着极为重要的角色。因此，对于行政诉讼中出现的信访化趋势我们必须辩证看待，既要着眼于当前司法审判，又要放在国家治理体系和治理能力现代化及社会主义法治化进程的大局中。

（一）行政诉讼信访化趋势的良性影响分析

1. 推动信访法治化进程，行政诉讼重要性提升，有利于法治政府建设的推进。本轮信访法治化改革实质上是限缩了信访的受理范围。与信访相联动的行政诉讼则基本解决了立案难的问题。曾经由于立案难、不得不以信访形式解决的纠纷得以回归理性解决的正途，行政诉讼程序本身的价值得以进一步发挥。即使是裁定驳回起诉的案件，因其起诉主体和涉案领域的集中性，亦可以反映出行政执法中带有普遍性的问题和执法“高危”领域所在。这对于行政机关执法端口前移，提高执法水平，推进法治政府建设具有重要意义。

2. 促使信访制度逐步回归合理位置，构建合理行政争议救济格局。信访的法律依据在于《中华人民共和国宪法》第二十七条所规定的公民监督权。在一个应然的状态下，信访制度的主要功能应当为监督与导向，司法救济为社会救济的终局方式。本轮信访法治化改革的目的就是在争议化解功能上逐步让信访制度回归其补充的职能。[①] 行政诉讼信访化趋势中，当事人的纠纷、诉求在行政诉讼中，不论是直接体现还是间接体现，对于促使信访回归其本来定位，构建以行政复议、行政诉讼为主，信访制度为辅的权利救济格局都具有推动作用。

3. 培养公民法律意识与法律信仰，反哺信访改革与司法行政体制综合配套改革。信访作为一种争议解决方式，其相较于诉讼，成本高、效率低且规则模糊。而公民在两种程序之间的选择，既有“职业化”信访人的相对理性，又有一般民众法律意识和规则意识的不足。然而不论是哪种情况，通过行政诉讼程序的过滤与转化，确立相对明确的程序与实体裁判标准，对于当事人预期利益管理、情绪平复及矛盾消解都有着积极作用。更进一步说，行政诉讼信访化的趋势，在挑战行政审判的同时，也全方位、深层

---

① 应星：《作为特别行政救济的信访救济》，载《法学研究》2004年第3期。

次拓展了行政审判救济权利的广度和深度，[①] 促使越来越多的人选择通过法律渠道保障自身权益，对于培育公民的理性维权意识和法律信仰，提升社会治理水平，化解社会风险，促进社会稳定具有重要意义。

（二）行政诉讼信访化趋势的不利影响分析

1. 浪费司法资源，影响行政诉讼良性发展，不利于行政争议实质性化解。司法资源具有有限性。面对行政诉讼案件逐年上涨现状，法院案多人少矛盾突出，有限行政审判力量却需集中于某些特定案件及当事人上，这实质上是司法资源的不均衡利用与浪费。信访化行政案件的审理及其注定的裁定驳回的结果与新《行政诉讼法》的价值追求亦矛盾，消解了司法审判的功能。当事人胜败皆不服还会将此种认知波纹式传导，致使社会公众对行政审判社会价值的评价降低；行政审判呈现“程序空转”，对行政审判专业化建设亦造成负面影响，不利于行政审判队伍的可持续发展。

2. 增加行政机关诉累，浪费行政执法资源，不利于法治政府建设的推进。信访化行政诉讼在大量占用司法资源的同时，也对行政机关形成了滋扰。比如上述以某部委为被告的312件案件，当事人要求每案必须人手一份证据，工作量非常之大。毕竟很多行政机关长期存在法制工作人员数量较少的问题。大量不能解决实质争议的信访化行政案件启动诉讼程序，给行政机关增加了工作负担，大量占用行政执法资源，影响行政执法力量的规划配置和执法节奏。比如政府信息公开，其既有助于推动行政执法的透明，但如果界线把握不好，也容易影响行政管理和执法的正常秩序。而投诉举报类案件，则更容易成为个别当事人为个人利益而占用公共行政资源，使得行政机关被动作出个案调整而不利于法治政府的建设。

3. 司法反馈功能失灵，损害司法权威与公信力。行政诉讼信访化趋势的一个集中映射就是行政诉讼程序空转，且不仅限于裁定驳回类案件，在实体审查的诉访交叉案件中亦存在，如以征收、拆迁补偿为背景的政府信息公开案件，诉讼本身的裁判并不能解决实质的争议。这种情况冲淡了司法对实质违法的纠察、反馈，使司法监督虽呈现表象良好趋势，但对行政的反馈趋于失灵。且一旦把握不好信访与诉讼的衔接及转化，行政执法和行政审判之间形成紧张关系，不利于司法与行政的良性互动。同时，行政诉讼信访化趋势中的当事人，遵循信访思维，不尊重程序与既定规则，要求弹性处理，要求法律救济之外的特殊救济，也将破坏司法公正，[②] 消解法律权威。

4. 影响信访法治化改革，稀释信访改革成效，造成信访回流。行政诉

① 刘行：《涉法行政信访诉讼化与行政审判职能定位》，载《法律适用》第2017年第12期。
② 廖秀健：《信访法治化研究》，中国法制出版社2017年版，第21页。

讼信访化之下，“官民纠纷”无法得到实质性解决，当事人诉讼背后的权益在行政诉讼程序中也得不到救济，二审甚至再审后依然会“案结事未了”。面对不利的诉讼结果，当事人仍然会认为行政审判不能有效救济其权利，必然导致其重新回归信访领域，造成信访法治化改革的倒退与案件回流。而此时法律救济的最后性被打破，原有矛盾甚至产生新的涉诉矛盾，造成由访到诉、再由诉到访的恶性循环，从而稀释信访法治化改革成效。

三、行政诉讼信访化趋势原因分析及应对反思

（一）长期以来“强信访，弱司法”的观念影响及当事人对于立案登记制存在的误解

从古代的“直诉制度”[①]“告御状”到现在的“进京访”，信访制度作为一种本土化的制度，有着深厚的群众基础。在我国法治建设相对落后于民众心理需求，诉讼程序更注重追求程序正义，而我国民众更喜欢“求快”、偏好追求实质正义等多种因素的影响下，信访制度的纠纷解决功能反而跃居成其最主要功能。而因其相较于行政诉讼，不具有时限等起诉条件的要求，对当事人的要求也相对较低，加之个别因信访而“获利”案例的不当示范效应，由此在行政纠纷救济上逐渐形成“强信访，弱司法”的格局，并不断得到强化。

这种思维惯性使纠纷转到诉讼后，直接呈现出诉讼信访化状态。相当一部分当事人对于立案登记制存在误解，认为信访法治化改革与立案登记制就是鼓励诉讼，所有的争议均可以到法院立案，通过诉讼途径解决。[②] 因此很多当事人一方面诉访不分，针对很多信访事项提起诉讼；另一方面则无视“一事不再理”的司法限定，偏好就同一行政行为从不同侧面针对不同行政机关提出不同申请和诉讼，严重干扰了审判权的正常运行。

（二）行政诉讼繁简分流改革滞后，案件流转不畅，未能充分发挥司法的引导、示范效应

行政审判对本轮信访化趋势的识别、应对不够及时，行政诉讼繁简分流机制改革的滞后。新行政诉讼法对简易程序的规定较为笼统、抽象，简易程序适用率不高。2016 年，B 市 H 区法院在高院支持下，开始试点行政速裁机制的改革，主要的改革措施包括：成立专门的速裁小组；明确案件适用范围包括政府信息公开案件、特定的可以径行裁定驳回起诉的案件；

---

① 王青：《法治化视域下基层信访工作的困境与出路》，陕西师范大学 2013 年学术论文。

② 姬亚平、张雪婷：《立案登记制实施的实证分析——以 A 市中级人民法院行政案件立案情况为主要研究样本》，载《山东法官培训学院学报》2018 年第 1 期。

明确庭审准备程序及庭审程序均可相应简化；适用表格化格式文书。但从两年多的实践效果来看，仅有表格式文书的适用和庭审程序的相应简化充分发挥了其效用。因案件适用范围过窄、二审程序同质化严重、未形成制度性的案件识别分流机制，B 市 H 区法院行政速裁机制的试点未充分解决案件流转僵滞、出口不畅的问题。

（三）未建立起信访与行政诉讼的有效联动机制，诉源治理及滥诉规制等配套机制不健全

学界及实务界对于信访制度和行政诉讼制度的研究、关注都非常多，但是对二者的联动研究却非常少。信访制度与行政审判制度的改革应是“收放结合”的。但因未建立起与信访制度“就地解决争议”相配套的诉源治理机制及建立滥诉识别、规制机制，二者的联动机制实际上未能有效衔接。信访只解决了“收”的问题，行政诉讼只解决了“放”的问题，这样就无法有效应对目前的行政诉讼信访化趋势。

四、出路：基于信访法治化与行政诉讼的良性共进

如上分析，从信访的尾大不掉，到行政诉讼信访化趋势及司法的应对不利，实际上是制度竞合方面难以协调。① 因此，构建信访与行政诉讼的有序衔接模式是解决目前信访及行政诉讼制度困境的最好“解药”。而要构建这个模式，笔者认为必须从宏观层面上“达成一个共识”，从微观侧面上则要法院与各机关协同构建“三个机制”。

（一）达成一个共识：以法治为坐标体系构建信访法治化与行政诉讼良性共进模式

对于信访与行政诉讼的关系，我们必须达成一个共识，即全面依法治国背景下，信访制度与行政诉讼制度必将在很长一段的时间共存，但改革的方向应该是信访中的救济功能逐步转化为司法救济功能。因此，我们应以法治为坐标体系构建信访法治化与行政诉讼良性共进模式，而这个模式的完善需要信访与行政诉讼制度都不断完善。

本轮信访法治化改革以诉访分离为目标，构建涉法涉诉信访终结制度，涉法行政事项诉讼化程度提高。党的十八届四中全会明确提出立案登记制，要求法院“对应当受理的案件，做到有案必立、有诉必理，保障当事人诉权”。现在行政机关基本是以信访人诉讼请求内容及诉讼程序是否终结两个

---

① 廖秀健：《信访法治化研究》，中国法制出版社 2017 年版，第 22 页。

标准来区分诉类事项、访类事项。[①] 但法院对起诉条件的审查是以当场能够识别、判断的程度为标准的。[②] 笔者建议以信息化建设为契机，打破各机关各部门间信息壁垒、实现信息共享和跨部门协同，共享重点涉案事项、信访人员的信息，为法院立案及其他机关甄别诉访事项提供统一依据，“守住入口”，避免行政诉讼成为信访替代方案。

（二）以繁简分流为抓手，构建三个机制

1. 以构建行政速裁机制为核心。以B市H区法院的试点经验为借鉴，笔者认为行政诉讼信访化趋势下，应重点完善如下四项举措：

（1）明确案件繁简分流标准，扩大行政诉讼速裁程序案件适用范围。结合新行政诉讼法对简易程序的规定，笔者认为繁简标准的确定应采用概况式规定，综合考虑案件复杂程度、社会影响力大小、纠纷争议程度、案件类型等因素来相对确定。对于案件适用范围应采用列举式加排除式规定，比如规定适用简易程序作出的行政处罚、信访答复等案件一般适用速裁程序，行政强制、发回重审等的案件等则不能适用。

（2）设立速裁团队，完善诉裁程序，保证简案快审。法院不仅可以解决纠纷，还可以预防纠纷、加剧纠纷、转移纠纷和改变纠纷。[③] 对于明显带有信访化倾向的案件，简化流程、高效审结，有利于更加合理配置司法资源，突出行政审判的核心功能。因此，对于举证期限的缩短、电子送达方式的适用、庭审环节的简化等都应设置具有可操作性的规定，保证信访化案件快审快结，一定程度上削弱程序上当事人的主动权，发挥司法救济的示范、指引作用。

（3）将行政诉讼速裁程序延伸至二审。行政诉讼审级制度一直存在程序同质化的问题，[④] 一审二审乃至再审都是围绕被诉行政行为作出的适用法律、事实依据及程序等方面进行审查。实践中，对于一审适用速裁程序审结的案件，二审需要适用普通程序重新进行法律和事实的审查，这样反而导致一审的速裁程序流于形式。因此，笔者建议对于一审适用简易速裁程序审结的案件，二审应区分案件情形简化庭审程序乃至采用书面审理方式，为信访化诉讼案件的“快审快结”构建严密的制度体系。

（4）推进表格式裁判文书的适用。裁判文书亦需繁简分流，实践中主

① 唐震：《“诉”“访”分离机制的正当性建构——基于经验事实和法律规范的双重视角》，载《法律适用》2011年第5期。

② 北京市第四中级人民法院课题组：《关于行政诉讼立案登记的调查研究》。

③ ［意］莫诺·卡佩莱蒂：《福利国家与接近正义》，刘祥俊等译，法律出版社2000年版，第136页。

④ 程琥：《行政诉讼繁简分流程序构造》，载《人民法治》2016年第10期。

要有要素式、令状式、表格式三类简化裁判文书。从内容针对性及类型化裁判文书角度考虑，笔者认为表格式裁判文书更适用于行政诉讼，其特点在于采用问题选项的模式，将某类裁判理由相同的案件统一在同一文书内，重复利用率较高。B 市 H 区法院自试点开始，已发出600 余份表格式裁判文书，对于提高审判效率发挥了重大作用。

2. 以建立滥诉案件识别、规制机制为保障。行政诉讼自身尚不具备解决各种社会矛盾的能力,[①] 对于所有信访案件的全盘接纳，于诉讼参与双方及法院均无益处。因此，我们应在尊重司法规律，保障当事人诉权的同时，明确滥诉识别标准与规制机制，对滥用诉权提起的诉讼在立案之初即进行甄别、分流，避免当事人“公器私用”，保证有限的司法资源聚焦于行政争议实质性化解。

（1）从严把握滥诉识别标准。2017 年 8 月 31 日，最高人民法院印发的《关于进一步保护和规范当事人依法行使行政诉权的若干意见》第十七条规定“从严掌握标准，从当事人提起诉讼的数量、周期、目的以及是否具有正当利益等角度，审查其是否具有滥用诉权、恶意诉讼的主观故意”。该条实际上即规定了滥诉的识别标准。笔者认为可先在上文所述三个案件领域内，加强审查力度，比如政府信息公开领域，应结合当事人提起信息公开申请的次数、频率、反复程度等，审查其是否明显违背信息公开制度立法目的；举报投诉领域，则应加强对当事人是否具有诉的利益的审查。笔者建议通过发布典型案例、指导案例等形式，发挥司法审判的示范作用。

（2）建立滥诉行为的规制机制。对于一旦确立为滥诉行为的案件，应探索适当的惩戒措施，比如直接裁定驳回起诉的，剥夺当事人对裁定的上诉权；或者直接采用书面告知书的形式；建立滥诉黑名单制度，设立累进诉讼费制度等，引导当事人理性诉讼。

3. 以建立党委主导的诉源治理机制为增量。目前，多元化解纷机制蓬勃发展，独立于司法机关的社会调解力量在民商事领域案件分流、处理中发挥巨大作用，但诉前调解并未延展至行政审判领域。与之对应的，一是新《行政诉讼法》第六十条确立了有限调解原则，但当事人调解意愿不强烈，调解员无法有效与行政机关对接，调解行政案件能力受限；二是在信访制度的探索与实践中，甘肃天祝、上海杨浦等地对于律师、社区、非政府组织参与信访、尤其是信访前期预防与就地化解发挥作用，已经积累了大量行之有效的经验。故而取法于两者，基于“官民纠纷”集中于基层治理领域的特点，笔者建议引入第三方力量，由区党委统筹建设覆盖全区的

① 姬亚平、张雪婷：《立案登记制实施的实证分析——以 A 市中级人民法院行政案件立案情况为主要研究样本》，载《山东法官培训学院学报》2018 年第 1 期。

诉源治理工作格局，借鉴枫桥经验，以村居型调解组织建设为点，构建多元化、类型化的调解组织网络，推进司法与多元主体的良性互动，建立矛盾分级分类机制，形成社会协同、公众参与、法制保障、科技支撑的诉源治理工作格局。①

结 语

“改革是由问题倒逼而产生，又在不断解决问题中而深化。”行政诉讼信访化趋势，虽然从表象上是司法的微观问题，但其背后隐藏、体现的是信访法治化改革及国家治理体系的结构调整与升级。面对这样的现状与挑战，司法需要远瞻的目光、担当的勇气与科学的研判、精准的操作；唯其如此，行政审判与信访法治化之现实问题，与矛盾化解格局的远忧，方能彻底解决。

① 基于B市C区法院《诉源治理显成效 C区法院民商事案件收案量近年首次下降》，来源于“京法网事公众号”，访问日期：2019年8月23日。

行政诉讼起诉“高阶化”现象之反思

殷　勤*

立案登记制实施以来，行政诉讼起诉难的问题得到有效解决，[①] 却不能掩盖起诉难破解之后新的判决难。据统计，近年来全国行政诉讼一审年收案约25万~28万件，除裁定准予撤诉和移送管辖等以外，裁定不予立案和驳回起诉约8万件，占比30%，判决结案占比不足40%。

敞开收案的当然逻辑是在诉讼之内有效解决纠纷，但全国平均30%的裁定率却表明，接近1/3的行政纠纷在登记立案后又被“还回去”了，这些原告仍然徘徊在“法的门前”。行政诉讼脱胎于民事诉讼，大陆法系民事诉讼理论中有“起诉要件”“诉讼要件”概念的分置，起诉要件是诉讼开始的要件，诉讼要件是对本案实体权利义务争议进行判决的要件，不具备诉讼要件就不能对实体权利义务争议作出判决，但不影响诉讼成立和法院对案件审理的开始。[②]《行政诉讼法》没有规定诉讼要件，实践中对诉讼要件的审查一并归于对起诉条件的审查，但易于混淆程序开始要件与实体判决要件，将后者前移至起诉阶段严格审查，抬高起诉门槛，登记立案仍以满足“高阶化”的起诉条件为前提。行政诉讼起诉条件的“高阶化”，是造成起诉难破解之后新的判决难的一大病灶。

一、起诉条件成为“高阶门槛”的表现

考虑到行政诉讼中原被告诉讼能力和法律地位的不对等，大陆法系国家一般对起诉条件设定较低的标准，仅作宽松的形式审查。实践来看，我国法院对行政诉讼开始的条件普遍采严格的实质审查标准。从Alpha案例库检索发现，有效案例（520件）中以起诉条件为争议焦点的占49.8%。

---

* 作者单位：江苏省南通市中级人民法院。

① 耿宝建：《新行政诉讼法实施一年回顾与展望》，载《法律适用》2016年第8期。

② 张卫平：《起诉条件与实体判决要件》，载《法学研究》2004年第6期。

表1　Alpha案例库检索最高人民法院行政案例高频争议焦点分析①

高频争议焦点	案件数	占比
是否超过起诉期限	76件	14.6%
是否超出受案范围	61件	11.7%
诉讼主体是否适格	53件	10.2%
是否符合起诉条件	46件	8.8%
行政机关是否实施被诉行为	23件	4.4%
合计	259件	49.8%
高频法条依次为：《行政诉讼法》第四十九条起诉条件、第二十五条原告资格、第十二条受案范围、第四十六条起诉期限、第二十六条被告资格、第十三条受案范围的排除、第二条诉权		

（一）扩大行政行为不可诉的范围

【案例1】杨某系某改制学校教师，某县商务局以杨某犯重婚罪为由将其开除，法院认为所涉争议系行政机关内部人事争议，裁定不予立案。②

【案例2】葛某的房屋未经补偿被强制拆除，某土地储备中心在诉讼中出具书面意见愿承担民事责任，法院认为拆除发生在征补条例实施以前、所涉争议属民事纠纷，裁定驳回起诉。③

【案例3】廖某诉某区政府对未经登记建筑的调查认定行为违法，法院认为所诉行为系房屋征收决定的前置行为、未直接设定权利义务，裁定不予立案。④

《行政诉讼法》将“具体行政行为”修改为“行政行为”，将“人身权、财产权”修改为“人身权、财产权等合法权益”，扩大受案范围的意图十分明显，但实践中则通过排除受案范围、认为属于民事争议、对权利义务不产生影响等，对当事人提交的争议拒绝审理。案例1将行政处罚决定归入行政机关内部的人事任免决定；案例2将拆迁人实施的拆迁归入民事争议；案例3将房屋补偿面积认定行为扩大解释为对权利义务不产生影响的程序中间行为。

（二）限缩原、被告主体适格的范围

【案例4】关某认为某住建厅作出的垃圾焚烧站选址意见书侵犯其环境权提起行政诉讼，原审法院认为意见书对关某的合法利益不产生影响；再

① 魏乾、张安怀：《最高人民法院2018年度再审行政诉讼案件大数据分析报告》，载“树人律师”微信号。

② （2018）苏0691号355号裁定书。

③ （2016）苏09行初75号裁定书。

④ （2017）沪行终153号裁定书。

审法院以关某不能证明环境利益有受到行政行为侵害的可能性以及行政机关作出行为时应当考虑其环境利益为由，驳回关某的再审申请。①

【案例5】某宾馆认为所租赁的房屋被征收但未取得补偿，要求确认某区政府与房屋所有权人签订的补偿协议无效，终审法院认为该宾馆与协议没有利害关系，裁定驳回起诉。②

【案例6】刘某诉某县政府强拆违法，法院认为刘某在起诉状中陈述房屋系拆迁公司和村委会拆除，不能证明由政府实施，裁定驳回起诉。③

《行政诉讼法》吸收了“与行政行为有法律上利害关系的公民、法人或者其他组织有权提起行政诉讼”的规定，并将“法律上利害关系”修改为“利害关系”，意在拓宽原告的范围。实践中将“合法权益”缩小解释为“法律明确规定的权利”，窄化了对“利害关系”的理解，同时对被告资格严格审查。案例4认为原告不能充分举证即不认可相邻权人对垃圾焚烧站选址行为的起诉资格；案例5认为只有房屋所有权人是被征收人，但忽视了实际使用人的添附和经营性损失等财产权利；案例6认为拆迁公司等非法定主体实施的强拆不是行政行为，但没有考虑行政委托的情形。

（三）加重原告对起诉事实的证明负担

【案例7】杨某向某区政府同时提出三起行政复议申请，在邮封上分别标注被申请复议行为的文号，复议机关对其中一起申请作出复议决定。杨某认为复议机关不作为，法院认为杨某不能证明信封中确有所主张的复议申请书，裁定驳回起诉。④

【案例8】闻某诉某区政府强制拆除房屋违法，法院认为拆除行为系依生效裁定实施，闻某起诉时没有证明政府违法采取措施或扩大执行范围，裁定不予立案。⑤

《行政诉讼法》明确规定被告对行政行为是否合法承担举证责任，这意味着被告在行政诉讼中承担客观举证责任，原告只承担推进程序进行的主观证明责任。案例7中原告举证证明邮封标注的信件信息即完成举证义务，法院要求原告进一步证明信件与邮封标注一致；案例8则要求原告对行政行为违法承担举证责任。

（四）有具体的诉讼请求被解释为“一案一诉”

【案例9】陈某等诉某县政府征地违法，法院认为土地征收有多个环节，

---

① （2017）最高法行申4361号裁定书。

② （2019）鲁行终112号裁定书。

③ （2015）盐行初字第00070号裁定书。

④ （2018）沪行终179号裁定书。

⑤ （2016）沪02行初494号裁定书。

无法明确原告针对的具体环节，裁定驳回起诉。[①]

【案例 10】刘某诉某区政府强征土地违法并赔偿，法院认为刘某既要求确认强征土地违法，又要求确认强拆房屋违法，不符合“一案一诉”，裁定驳回起诉。[②]

原告围绕同一法律关系提出多项诉讼请求，一般不会影响人民法院对案件的审理。行政诉讼主要以行政行为为审查对象，《行政诉讼法》第四十九条“有具体的诉讼请求”，可以解释为围绕行政行为的合法性提出诉讼请求，但不能解释为“一案一诉”。现阶段对土地征收中可诉行政行为的区辩尚有较大分歧，[③] 而案例 9、10 要求被征地农民“一案一诉”不符合法治现实。

（五）排除诉的事由绝对化

【案例 11】王某于 2013 年起诉政府强拆违法，但法院“不立不裁”；当地实施行政案件集中管辖后，王某于 2016 年再诉并提供了 2013 年起诉的证据，法院以超过起诉期限驳回起诉。[④]

【案例 12】朱某认为某县政府强征土地违法要求行政赔偿，法院虽在其他案件中确认政府的行为违法，但认为该诉讼与朱某无关，朱某不符合行政赔偿起诉条件，裁定驳回起诉。[⑤]

是否排除诉、否定诉的利益，应当以当事人主张的权利是否值得保护为必要。理论上，排除诉的事由属于在审理阶段由被告提出并举证证明的事实。案例 11 将起诉期限绝对化；案例 12 则将行政先行处理绝对化。

二、起诉“高阶化”背后的两个观念误区

起诉“高阶化”会窄化诉权和受案范围，这一现象的背后是深层次的法观念上的误区。

（一）国家行政优于个人的观念长期占统治地位

传统观点认为，行政行为是行政机关代表国家作出的具有公定力的法律行为，社会主体应当充分尊重和服从。不少裁判不仅高度关注公共利益，在个人利益与公共利益冲突时往往牺牲个人利益；而且在审查起诉条件时固守秩序思维，将严格审查起诉条件等置于维护客观法秩序。

---

① （2015）宁行初字第 132 号裁定书。

② （2017）鄂行终 488 号裁定书。

③ 耿宝建、殷勤：《集体土地征收与补偿过程中可诉行政行为的判定与审查》，载《法律适用》2019 年第 1 期。

④ （2016）闽行终 764 号裁定书。

⑤ （2016）闽 09 行赔初 13－1 号裁定书。

但是，将行政视为国家的统治、认为行政行为具有先验优越性的观念已经被修正，《行政诉讼法》修改后也删除了“维护行政机关依法行政”的规定。程序法公定力理论认为，行政行为的公定力并不具有实定法上的根据。“公定力，只是赋予特定机关依据特定程序排除行政行为的效果。”[①] 绝对化行政权的观念，导致实践中不仅将起诉条件前置审查，而且频繁由法院主动审查；不仅审查起诉形式是否完备，而且对包括受案范围、原被告资格、诉讼请求、起诉事实、起诉期限、重复起诉、诉讼标的羁束等实施细密审查；不仅是行为意义的审查，更是结果意义上的审查。如果法院认为原告不符合起诉条件（之一），无论事实上可能被侵害的是基本权利、财产性利益抑或反射利益，都认为不再具有进入实体审理的必要。这种不区分诉因、绝对前置起诉条件审查的思维倾向，已远远超越了为本案审理提供必要保障的程度。

（二）行政诉讼主观诉讼构造的观念客观上限制了原告诉权

《行政诉讼法》修改后，主流观点认为我国行政诉讼属于主观诉讼，法院的审理应当围绕原告是否受到侵害以及如何救济展开。[②] 但是，如果不考虑原被告双方在诉讼手段和诉讼权利上的不对等、在实体法律地位上的悬殊，不对原告诉讼权利进行倾斜性配置，片面强调主观诉讼并没有意义。

我国由于贯彻行政行为合法性审查原则，主要围绕撤销诉讼建构审理体系，也没有引入法律关系审查，法院的审理活动难以完全围绕私权保护进行。但过于强调诉讼请求的主观性，主观诉讼构造理论在起诉审查阶段容易异化为要求原告“依法”正确主张权利和负担起诉证明责任，对原告不能提出权利损害的证据和依据的，不承认具有利害关系。据统计，仅就“没有权利保护必要”这一项理由，就有不适时保护、低效保护、保护放弃、不正当保护、无益保护、保护必要性消灭、重复保护等多重标准。[③] 有学者指出，“由于存在诉讼请求主观性与法院审判客观性的矛盾，行政诉讼在构造上呈现为扭曲的内错裂状态”。[④] 相反在客观诉讼结构中，原告只要与被诉行政行为有一定的关联利益，即属于“诉追适格”，而不必采严格的权利受害标准。

三、为什么“高阶化”——进一步思考

法的有效性有社会学、法教义学和伦理学三个理解维度，它们各自关

① 王贵松：《行政行为的违法性继承》，载《中国法学》2015 年第 3 期。

② 马怀德：《保护公民、法人和其他组织的权益应成为行政诉讼的根本目的》，载《行政法学研究》2012 年第 2 期。

③ 王贵松：《论行政诉讼的权利保护必要性》，载《法制与社会发展》2018 年第 1 期。

④ 薛刚凌、杨欣：《论我国行政诉讼构造》，载《行政法学研究》2013 年第 4 期。

注法的实际效果、形式合理和内容正确。[①] 前述分析是基于教义学视角的初步思考，以下借助“法的类型模式”讨论行政诉讼为什么以及是如何“高阶化”的。

（一）法的三种类型模式及其立场

从法与社会相互依存和对立紧张关系的视角，法可以划分为普遍主义型法、管理型法和自治型法。普遍主义型法是近代立宪主义一般化和抽象化的产物，在法的空间中处于中枢地位，包括四个层面的内容：通过一般法规则规制权利义务关系，立法和司法的原理性区分以及自立公正的法院，独有的法律适用技术，自律性的职业群体。[②] 管理型法和自治型法属扩大的法类型，前者是国家为实现特定的社会政治、经济政策目标的手段性工具；后者借助社会规范和一般正义价值而存在。[③] 法的三种类型对应着三种基本立场：重视普遍主义型法和“要件—效果”模式解决问题；重视管理型法和“目的—手段”模式解决问题；重视自治型法和妥协性、非正式调整模式，自发或分权地解决问题。

表 2　法的三种类型模式

	管理型法	普遍主义型法	自治型法
基本特质	实现特定政策目标的手段	一般性/自立性/形式性	非正式性/自生性
思考与决定方式	目的—手段模式	要件—效果模式	妥协性调整模式
法的过程	行政过程	审判过程	私的交涉过程
法的关系	垂直关系	三角关系（traid）	水平关系
应对战略	法工具主义	法治主义	非正式主义

（二）“高阶化”对普遍主义型法的否定

管理型法和自治型法主要是为填补普遍主义型法应对现代社会法需求的不足、作为补充性装置而存在的。但过于强调法的结构和调整方式的灵活性，可能招致法体系核心的空洞化。对普遍主义型法的否定主要有两种倾向：（1）强的意义上的否定，即意图停留或游离于法的空间之外；（2）是弱的意义上的否定，即意图偏离司法原理和程序，弱化法的自立性、一般性和形式性。[④]

实践中上述两种否定倾向都不同程度存在。以市、县政府为被告的行

---

① 郑永流：《法的有效性与有效的法》，载《法制与社会发展》2002 年第 2 期。

② ［日］田中成明：《现代社会与审判》，郝振江译，北京大学出版社 2016 年版，第 27～28 页。

③ 同上注，第 28～29 页。

④ 同上注，第 30～32 页。

政案件主要集中在征地拆迁领域，这些案件反映出行政机关一般会运用管理型法的行政过程和自治型法的交涉过程解决争议，只在最后阶段才正式运用法律手段，但这会形成“久拖不决”的问题，并且有时也会放弃法律而直接诉诸强制。[①] 另一方面，法院并不总以“要件—效果”模式作出一个合法/违法的判决，而经常“转介”起诉条款回避作出判决。由于法院倾向于由原告对符合起诉条件完全举证以及依职权作出决定，正式的“诉—辩—审”三角结构转化为非正式的“诉—审”垂直结构，在这个过程中，法院更类似于依职权对当事人的申请作出一项驳回命令，而非居中对权利归属作出裁决。由于法院并不评价行政行为的合法性，行政机关可以“合法”地隐藏其违法之处，但这是原告不能接受的。这种审查模式不触及纠纷的实质和原告的实体诉求，比如认定原告超过起诉期限，无论行政行为是否违法，原告都将直接丧失对权利的救济。

（三）普遍主义型法对“高阶化”的包装

案件不符合起诉条件即无需实体审理，这会“诱使”法官优先审查起诉条件。在手头案件较多或遇到“难办”案件时，法官更易于先决定不立案或驳回起诉，之后再“寻找”法律上正当的理由。这时，法官实际上是以否定普遍主义型法的思维倾向决定案件，但又以符合普遍主义型法的方式“包装”决定。

这种“名—实”分离，会使个案以及起诉“高阶化”这一现象的正当性或正义性被人们所忽视。比如“刘广明案”以来，[②] 保护规范理论被实践迅速接受。笔者以该案裁定中“是否要求行政机关考虑、尊重和保护原告诉请保护的权利”为关键词，在中国裁判文书网检索到有效文书 123 份，涉及商品房预售许可、建设规划、房屋登记、食品安全、环境保护等多个领域。这些裁定书的逻辑是：复制“刘案”裁判“公法上利害关系”论述→罗列法律条文以表明没有保护原告权利的规定→认定原告不具有利害关系。显然，保护规范理论只充当了正当化决定的作用。据统计，立案登记制实施前的 2010 ~ 2014 年，全国行政一审收案年均 12 万件，驳回起诉年均 1 万件；2015 年以来，全国行政一审收案年均增长到 25 万件，增长了 2 倍，驳回起诉年均增长到 6 万件，增长了 6 倍。[③] 大量案件只在程序上获得立案和裁判，这些裁判文书所援引的理论也对解决纠纷不起作用；原告也不会自动停止上诉、申诉和重新起诉，反过来又形成“一事多诉”“一人多案”。

---

① 南通市中级人民法院课题组：《市行政机关行政败诉情况的调研报告》，未刊稿。

② （2017）最高法行申 169 号裁定书。

③ 数据来源于“全国行政审判工作座谈会暨第六届行政审判优秀业务成果评选经验交流会”上部分代表的发言。

表 3　　　　Alpha 案例库检索最高人民法院行政案例结果分析[①]

有效案例	改变下级法院裁判	占比	维持下级法院裁判	占比
2511 件	21 件	0.84%	2490 件	99.16%

四、"去高阶化"与行政纠纷解决

"若有权利必有救济"（Where there is a right, there is a remedy），行政诉讼起诉"高阶化"则阻碍了对权利的救济。审视其形成原因，不重视普遍主义型法和"要件—效果"裁判模式，相反重视管理型法和"目的—手段"控制模式，更倾向于有效率地"解决案件"而不是公正地"解决纠纷"，是重要内因。"行政诉讼应当在确保权利救济有效性、促进诉讼效果最大化方面发挥更积极的作用"，[②]"去高阶化"势在必行。

（一）在观念上确立一次性解决纠纷的审理理念

二战以来，各国普遍强调将"一次性全面解决纠纷"作为民事诉讼的主要目标，要求使一个判决尽可能在更大范围内发挥定分止争的作用。[③] 新《行政诉讼法》将"解决行政争议"作为主要目标，即意在要求一个诉讼中尽可能把有关的纷争一次而且统一地予以解决。显然，这需要当事人与法院共同努力。原告应集中、适时提出诉讼资料，除非有正当理由，应在一次诉讼中提出与本案有关联的所有诉讼请求，"全盘托出，不留后手"；被告作出行政行为时即应教示救济途径，重在对行政行为合法性提供证据，支持、配合法院对实体问题进行审理和作出判决；法院应将审判重心放在第一审程序，加强规范释明工作，引导、提示当事人在一审中提出完全、充分、适当的诉讼请求。现代制度设计的一般原理是，越靠近塔顶的程序在制定政策和服务公共目的方面的功能越强，越靠近塔基的程序在解决纠纷和服务个体权利方面的功能越强。[④] 应当重构各级法院在审级结构中的功能定位，即一审法院重点诉讼引导和事实认定，提高实体判决比例，定分止争；二审法院既审查事实和法律适用问题，也准确回应上诉请求，力争两审终审；再审法院依法纠错，统一裁判标准；最高人民法院"择案而审"，保证法律正确实施。

---

① 魏乾、张安怀：《最高人民法院 2018 年度再审行政诉讼案件大数据分析报告》，载"树人律师"微信号。

② 江必新：《完善行政诉讼制度的若干思考》，载《中国法学》2013 年第 1 期。

③ 王杏飞：《对我国民事诉判关系的再思考》，载《中国法学》2019 年第 2 期。

④ 傅郁林：《民事司法制度的功能与结构》，北京大学出版社 2006 年版，第 5 页。

（二）在审理体系上独立诉讼要件审查

诉从成立到请求被支持（驳回）依次包含三个阶段构成要件的审查：（1）起诉要件审查，即审查原告在诉状中是否明确被告、诉讼请求、事实和理由等形式要素；（2）诉讼要件审查，即审查是否具备司法审查权行使的界限、正当当事人、审理必要性、特殊情况下排除诉的障碍等诉讼法律关系成立的要件；（3）本案要件审查，即审查原告的诉讼请求能否得到支持。① 独立诉讼要件阶段审查，可以结合特定的社会环境将未成熟的权利或利益界定为具备诉的利益，适时扩大司法保护的范围。行政诉讼中的受案范围、原被告资格、起诉期限等均为诉讼法律关系成立要件，应当归入诉讼要件并通过对席审判的方式加以审查。同时，可以将《行政诉讼法》第四十九条规定的起诉条件归入起诉要件，并尽量“低阶化”或“无阶化”。经审查不符合起诉要件的，以裁定“驳回起诉”；经审查不符合诉讼要件的，以判决“驳回诉”；经审查不符合本案要件的，以判决“驳回诉讼请求”。

（三）在审查方式上结合主、客观两方面界定诉判关系

行政诉讼既保障权利又监督权力，应当兼有主、客观两方面构造的特点。强调主观诉讼构造，有利于纠正以往过于偏重发挥秩序维护的功能，转向对私权的保护，但仍应顾及当事人诉讼能力的差异，不能对原告设置过高门槛。行政诉讼客观诉讼构造理论有“形式当事人”的概念，即并不在“系争法律关系的权利归属意义上确定当事人”，而是“基于是否有必要纠正官厅的活动依职权进行”。② 现阶段，可以在“程序审”即审查是否符合起诉条件（诉讼要件）时立足于客观诉讼构造，原告仅负担推进诉讼程序进行的证明责任，只要原告主张的权益值得裁判保护，即认定具有诉的利益。同时，在“实体审”即审查本案要件时立足于主观诉讼构造，重点围绕原告的核心权利主张、结合行政行为的合法性与效力进行审理和裁判，注重化解“纠纷”和解决“事”，防止将一次诉讼、一并解决的问题分割成多个行为、多起纠纷、多件诉讼。

（四）在裁判过程中提升亲历性和沟通功能

以诉权为基础构建的司法结构，必然是一个包含诉权与审判权商谈机制的结构。③ 完整的诉讼程序结构包含起诉和受理→准备→口头辩论期日开庭审理→判决宣告等要素。在起诉和受理阶段即需要分解起诉审查的对象，

① 张卫平：《诉的利益：内涵、功用与制度设计》，载《法学评论》2017 年第 4 期。

② ［日］小早川光郎：《行政诉讼的构造分析》，王天华译，中国政法大学出版社 2014 年版，第 16 页。

③ 吴英姿：《论诉权的人权属性》，载《中国社会科学》2015 年第 6 期。

其中的形式要件在起诉时形式审查，实质要件在日后庭审中实质审理。“行政诉讼的发展史，也是行政诉讼受案范围、原告资格不断扩张的历史。”① 行政诉讼应当呈现根据社会发展不断开放的态度，并使原告的正当利益转化为权利。对是否纳入受案范围、具有利害关系、延误起诉期限等如有疑问，都应当引入对抗程序，只要原告值得保护，或者（形式上）违法的行政行为应当纠正，就具备实体审理的条件。同时在判断诉讼要件存否之前已经明确原告诉无理由时，仍应当先驳回诉，而不能驳回诉讼请求，以旨在维持诉讼要件作为本案判决前提要件的理论基础。②

（五）在效果上吸纳自治型法的补充作用

自治型法强调纠纷解决的非正式性、自生性和妥协性。适用自治型法的过程，也是法院居中促成当事人对等交涉的过程，虽然主要为当事人之间的水平关系，同时也有“诉—辩—审”三角关系的意味。妥协和交涉往往需要在个案之外寻找争议的根源，这有利于彻底解决纠纷，实现“诉源同治”。行政诉讼中引入多元纠纷解决机制的另一原因在于，数量众多的行政案件都涉及征地拆迁，这类纠纷前后延续的行政行为多样、纠纷周期长、法律规定较为原则、社会关注度高，并且公益征收项目对迅速化审判的要求较高，因而不完全适用封闭的诉讼程序和“对抗与判决”的审理结构。同时，结合《行政诉讼法》有关“原行为与复议行为一体化”“不改变原行为的复议机关为共同被告”等诉讼、复议衔接规定，应将更多行政争议前置由行政复议程序处理，更充分地发挥复议纠错和瑕疵治愈的功能。

五、结论：认真对待行政诉判关系

“诉讼程式”（form of action）是罗马法“程式诉讼制度”（formulary system）的核心，在程式诉讼制度下，只有原告提出的请求符合法庭认可的程式之一时，法庭才会着手处理该项请求。③ 行政诉讼起诉“高阶化”与罗马程式诉讼有着相当程度的相似性。

现阶段，将实体判决要件前移至起诉阶段严格审查，对经审查认为不符合起诉条件的裁定不予立案或驳回起诉，而不再审查行政行为合法性，是较为常见的裁判思路，登记立案仍以满足“高阶化”的起诉条件为前提。审视“高阶化”的根源，除了存在国家行政优于个人等认识误区以外，不注重普遍主义型法和运用“要件—效果”模式公正地“把案件解决好”；相

---

① 何海波：《行政诉讼受案范围：一页司法权的实践史》，载《北大法律评论》2001年第4卷第2辑。

② 段文波：《起诉程序的理论基础与制度前景》，载《中外法学》2015年第4期。

③ ［澳］彼得·凯恩：《侵权法解剖》，汪志刚译，北京大学出版社2010年版，第4~5页。

反重视管理型法和运用“目的—手段”模式便利地“把案件解决掉”，强调工具主义，是重要内因。由于不充分关注纠纷的实质和原告诉求，“高阶化”的行政诉讼既难以“向后”解决纠纷，也难以“向前”预防纠纷，难以有效“撬动”行政法并拓展权利的范围。

“如此多的诉讼遭到驳回无外乎表明，既有的处分已经背离了国民欲以诉讼纠正行政违法的期待，而这绝非令人欣喜的现象。”①“去高阶化”应当重新审视行政诉判关系，确立一次性解决纠纷的审理理念，在审理体系上独立诉讼要件审查，在审查方式上汲取主、客观诉讼结构的各自优势，适度体现“诉”与“判”相对应。同时，在裁判过程中提升亲历性，提升对席审判在诉讼要件审查中的比重，在效果上注意吸纳自治型法的补充作用。当然，我国并不采取纯粹的当事人主义，而是当事人主义与职权主义要素相混合，因此有必要利用职权指挥加快审理进度，重点应当是对起诉事由、诉讼请求的规范、引导和合理解释，以及职权进行主义等程序性事项。

---

① ［日］原田尚彦：《诉的利益》，石龙潭译，中国政法大学出版社2014年版，第164页。

量与质的衡平：行政机关负责人有限度出庭机制构建

——以推进法治政府建设效果为视角

崔兆在*

引　言

法院是社会治理的重要参与者和推动者，肩负推动法治政府建设的使命。行政负责人出庭应诉制度的建立成为法院参与社会治理，推进法治政府建设的重要路径。

《行政诉讼法》修订后实施以来，行政机关负责人出庭应诉制度是否真正发挥了其应有的功能，需要以行政机关负责人出庭应诉的实效性为基准，基于负责人出庭应诉的司法实践，来审视行政机关负责人出庭应诉制度的运行情况，还原制度运行的真实面貌。

一、现状解构：行政机关负责人出庭制度推进法治政府建设的审视与反思

行政机关负责人出庭应诉制度的功能定位主要是推进法治政府建设，制度功能的实现应该从哪些维度和过程去分析和解释？从理论上，可以根据结构功能主义理论进行分析。结构功能主义认为价值、制度、角色是政治系统的基本要素，并将价值、制度、角色作为结构—功能分析的基本框架。①

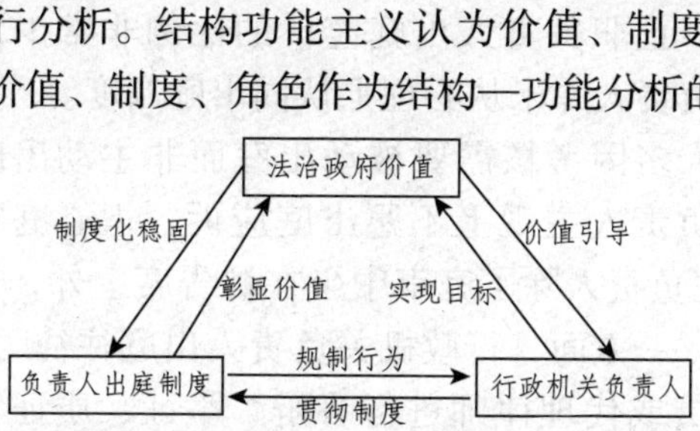

图1　行政机关负责人出庭应诉制度的分析框架

* 作者单位：山东省诸城市人民法院。

① 参见潘博、王立峰：《新时代党的政治建设面临的突出问题及其治理进路——以结构—功能主义为分析视角》，载《社会主义研究》2018 年第 4 期。

（一）制度不足：忽视法治政府价值实现的制度选择

从实证角度，各地颁布的负责人出庭应诉文本数量不胜枚举，但该制度的实践运作，主要依赖各级政府的自我重视程度，依靠数字化的指标考核，这种考核，多注重应诉量的提升，而对涉诉行政争议化解力度不够。行政诉讼的重要目的是有效化解行政争议，程序设计也较为偏重于“纠纷解决型的法律过程”，这是行政机关负责人出庭应诉制度赖以生存的系统环境的追求，也是该制度自身的首要功能预设。① 追求负责人高出庭率而忽视出庭的实质意义、忽略制度的价值内涵的负责人出庭形式化现象，值得反思。这一点可以从负责人出庭应诉案件中矛盾纠纷化解情况得到验证。

表1　　某基层法院近三年行政机关负责人出庭应诉案件情况

年度	案件数	负责人出庭率	负责人身份情况	上诉率	和解率
2016	45	88.9%	副职	42%	40%
2017	31	90%	副职	48%	25.8%
2018	46	97.8%	副职及分管负责人	52%	28%

分析上表，行政机关负责人应诉率虽提升，但因考核制度的安排并未体现实质性化解行政争议的要求，无法从源头上预防和化解行政争议，表现在司法个案层面，就出现了行政机关负责人出庭应诉率提高，而案件的上诉率、和解率并未因出庭率提高而上升，矛盾化解效果并未显著改善的情况。

（二）理念束缚：行政机关负责人出庭的角色认同度不高

行政机关负责人作为制度运行的基本单元，在应然层面上，应当以促进法治政府建设的价值功能实现作为自身的行动指引。行政机关负责人能否按照角色定位与规范的要求来扮演自身角色对于制度功能的实现起重要作用。从实践来看，正职负责人出庭应诉的比例非常少，基本上委派副职负责人出庭，机关负责人并未从心理上认同出庭制度。

行政机关负责人多因考核需要被动出庭而非主动出庭应诉，从庭审表现来看，行政机关负责人主观上不愿出庭应诉，担心庭审表现不佳，出庭应诉压力大。② 出庭负责人除了庭审中坐在被告席上外，很少主动与对方当事人沟通，表现在：一方面，行政机关负责人出庭往往“出庭不出声”，由一起出庭的工作人员或代理律师进行答辩、举证、质证和陈述，导致原告

① 喻少如：《功能主义视阈下的行政机关负责人出庭应诉制度》，载《法学评论》2016年第5期。

② 杨如冰、郭喜珂：《关于行政机关负责人出庭应诉情况的调研报告》，载《山东审判》2016年第4期。

感觉庭审地位不平等，争议更为复杂化。另一方面，庭审参与程度低，开庭过程中基本处于观看或者聆听状态，对案件情况、法律法规、证据运用等，不能很好发表意见。开庭发言仅仅只是宣读一下答辩状和作最后陈述，不能针对性回答原告或法院的提问，庭审效果不理想。

（三）实践错位：行政机关负责人出庭负功能显现

一是出庭的成本与收益失衡。在个案层面，重大复杂、影响力大的案件，负责人出庭应诉对于矛盾的化解、行政执法水平的提升等具有作用，取得的收益可能大于成本。而那些简单案件、当事人无理缠讼案件，行政机关负责人出庭应诉成本要大于收益。第一，时间成本。行政机关负责人行政公务较为繁忙，为了开庭需在庭前了解案情以及其他有关情况，庭审时间一般也要半天，时间是一项较大的成本。第二，物质成本。行政机关负责人出庭还要安排车辆、组织人员等，需要增加物质成本。行政机关负责人出庭应诉付出的成本从表面上看是负责人个人或者被诉行政机关的，但实际占用的却是公共资源，社会可能为此付出极高的成本。①

二是出庭不当，影响司法效率。一些案件的当事人特别是土地征收、涉诉信访案件的当事人，认为庭审中需要见到负责人或者必须见到想见的负责人，即使负责人不能出庭有法定事由或者由其他负责人出庭也不例外。基于这种诉讼心理和认知，有些当事人常常以出庭负责人不合法为由申请回避或拒绝继续庭审，出现"闹庭现象"，导致反复休庭、缠讼，导致诉讼资源浪费、效率低下。②

二、理论证成：行政机关负责人有限度出庭的正当性解读

行政机关负责人出庭应诉制度的选择，应考虑制度的实效性，即该制度在实践中能否达到制度设计所要实现的功能。行政机关负责人出庭的实质是要求行政机关负责人参与案件审理，化解矛盾纠纷，提升法治水平。目前，行政机关负责人出庭应诉制度稳步推进，但出庭率虽有提高而实际效果不明显等问题需从该制度的立法原意以及实践需求角度进行反思和考量。

（一）基于功能实现角度的逻辑推演

行政机关负责人出庭应诉制度的功能定位主要在于推进法治政府建设，"该制度的研究并不能止步于规范性功能层面，而是应结合衍生该制度的系

---

① 刘羽梅、张祺炜：《行政机关负责人出庭应诉制度之完善——兼议对行政诉讼法第三条第三款的理解与适用》，载《人民司法（应用）》2016年第28期。

② 喻少如：《功能主义视阈下的行政机关负责人出庭应诉制度》，载《法学评论》2016年第5期。

统整体即行政诉讼框架及庭审实践来描绘制度运作图景，在这幅图景中，功能实现的考察则显得至关重要，也是检验这味解药灵验度的最佳方案。”①结构功能主义的代表人物帕斯森认为，社会系统之所以能保持有序的维持，是由于其各个组成部分以有序的方式相互关联，并对社会整体发挥着必要的功能。② 社会系统的维持和延续需要满足四个功能性条件（简称 AGIL 模型）。③ 第一是“适应”功能。④ 第二是“目标达成”功能。⑤ 第三是“整合”功能。⑥ 第四是“潜在的模式维持”功能。⑦ 根据结构功能主义的社会理论，行政机关负责人出庭应诉制度的功能实现需要以下条件：第一，与当前政治、经济、文化等系统相容并得到其他系统的支持；第二、制度内在结构完善有助于推进目标实现；第三，行政机关负责人的充分参与；第四，控制出现的负功能；第五，运用共同价值规范处置和消除参与者内在紧张和张力。

从功能主义视角，需要根据案件的不同特点，选择契合当下的有限度出庭机制。《行政诉讼法》第三条以及《最高人民法院关于适用〈中华人民共和国行政诉讼法〉的解释》第一百二十八条、第一百二十九条规定了行政机关负责人应当出庭，但也同时规定了不能出庭的，应当委托相应工作人员出庭。解读这些条文，可以发现“并非所有案件均需行政机关负责人出庭应诉”，而是根据现实情况，选择合适的出庭负责人。

（二）基于效益、成本考量的制度选择

行政机关负责人出庭应诉制度的良性运行，需要经济、政治、文化等各种要素的支撑，其中起基础决定作用的是经济因素，行政机关负责人出庭应诉制度的建构需要追求社会效益的最大化。根据成本最小化的原理，成本约束的价值定位必然归结到效率上。⑧ 制度效益最大化原则要求制度的选择和安排要以最小的投入，获得最大收益。基于社会成本效益的考量，要求行政机关负责人在所有案件中均出庭既不现实也无必要，而且增加了社会成本的支出，导致国家行政资源的浪费。而根据案件的类型、案件的

---

① 喻少如：《功能主义视阈下的行政机关负责人出庭应诉制度》，载《法学评论》2016 年第 5 期。

② 李欣红、叶伶俐：《结构功能主义视阈下民事执行权配置路径探析》，载《山东审判》2016 年第 4 期。

③ 参见王杨：《结构功能主义视角下党组织嵌入社会组织的功能实现机制——对社会组织党建的个案研究》，载《社会主义研究》2017 年第 2 期。

④ 适应功能指社会系统从外部获得资源和能力，并将其在系统中进行配置。

⑤ 目标达成功能指社会系统具有的有助于实现目标，并通过激发和调动系统内的力量从而实现目标的功能。

⑥ 整合功能指社会系统保持内部连贯性和一体化的维持能力。

⑦ 潜在的模式维持功能指运用符号、价值等文化供应而实现模式维持。

⑧ 关保英：《行政法的价值定位》，中国政法大学出版社 1997 年版，第 64 页。

影响力、辐射力等因素，筛选出行政机关负责人有必要出庭的案件，并根据案件审理的需要选择恰当的出庭负责人，将有助于节省成本，实现效益的最大化。

（三）基于国情角度的现实合理性分析

行政机关负责人出庭应诉制度的良性运行需要契合当前的政治、经济、社会和文化系统，才能实现该制度所承载的功能。当下，行政机关负责人出庭应诉虽得到了立法确认，并由政府自身强力推行，法院积极推动，但是法律与语言、文化一样根植于一个民族的传统之中，是特定地域生活和民族精神的展现。行政机关负责人出庭应诉的运转中，会受到社会文化价值理念的支持与规制双重影响。当前，行政机关负责人对出庭应诉在心理上并不认同，强制推进负责人出庭全覆盖，导致出庭形式化，无助于负责人出庭制度的功能实现。根据目前的国情，根据案件的类型、特点推进负责人有限度出庭，能够逐步提高负责人出庭的角色认同，实现制度设计的功能预期。

三、路径选择：以出庭应诉实效性为核心的有限度出庭机制的建构

行政机关负责人出庭应诉制度的价值在于推进法治政府建设，立足功能实现，筛选出有必要负责人出庭的案件，增加负责人出庭案件的实效性，才能实现制度设计的价值追求。

（一）完善有限度出庭的规则体系，提升负责人出庭制度的实效性

目前，《行政诉讼法》、最高人民法院的司法解释及行政机关自行制定的规范性文件构成了负责人出庭应诉的制度体系，这些规定虽然在一定程度上明晰了负责人的范围、不出庭的后果、出庭案件类型等，有正面促进作用，但实际操作中规定本身约束不足，操作性不强。以实效性为核心的有限度出庭应诉制度的构建，推进法治政府建设，法院需从以下几个方面积极推动：

1. 共签文件：完善案件繁简分流机制和出庭考评机制。一是案件繁简分流。由法院与地方政府共签规范性文件，根据案件类型、影响力、辐射力等因素，筛选出行政机关负责人有必要出庭的案件，并根据案件审理的需要选择恰当的出庭负责人。第一，正职负责人出庭案件清单。主要包括社会关注度高、涉及重大公共利益或者可能引发群体性事件的案件、对行政机关行政执法可能产生重大影响或者涉及行政赔偿数额较大的、公益诉讼案件以及人民法院书面通知出庭的案件。上述案件从一审到再审程序，行政机关正职负责人应当出庭应诉。第二，对于争议不大、案情相对简单等案件，可以由一般工作人员出庭。主要包括：适用简易程序的案件、工

伤认定案件和程序审查的案件等。除上述案件外其余的案件可以由其他负责人出庭应诉，出庭负责人的具体确定可以由行政机关与法院共同协商。

表 2　　行政机关负责人出庭案件清单

案件类型	出庭应诉负责人	出庭要求
复杂案件：房屋及土地征收、重大安全事故、环境资源保护等引发，社会关注度高、社会影响重大的群体诉讼案件；重大涉外案件；本级政府或者上级主管部门及人民法院要求正职负责人出庭应诉的案件；公益诉讼案件；信访积案当事人寻求司法途径化解行政争议，社会影响重大的案件	正职负责人应出庭，发现案情相对简单或者出现正职负责人因重要公务活动、出国出境、生病住院或者不可抗力事件导致不能出庭的，可以委托本机关副职负责人出庭	正职负责人应出庭应诉，出现不可抗力时可以委托本机关副职负责人出庭，但不得仅委托其他参与分管的负责人或者一般工作人员出庭
简单案件：适用简易程序的案件、工伤认定案件和程序审查案件	可以仅委托一般工作人员出庭	一般工作人员应出庭应诉，不能仅委托律师出庭
一般案件：复杂案件及简单案件外的其他案件	副职或分管负责人	副职或分管负责人应出庭，不能仅委托一般工作人员出庭

二是完善负责人出庭的考评规则。现行考评体系多注重对出庭率的考核，忽视出庭效果的考核，故此需要完善内部绩效考核指标体系，对于行政机关负责人出庭效果进行综合考评，法院与地方政府联合制定考评细则，主要包括激励规则和惩罚规则。法院针对个案制作负责人出庭评价表，政府根据评价表，对负责人出庭情况进行积分制管理，并根据最终的积分情况决定给予的奖励和惩戒。对积极出庭化解纠纷的负责人及时予以表彰，树立榜样典型，报送组织部门，建议在提拔使用中优先考虑。对于不积极出庭的负责人依据《行政诉讼法》《公务员法》及《行政机关公务员处分条例》予以处分。

2. 规范流程：形成法院、政府法制部门、行政机关三方互动的工作机制。法院受理案件后，根据案件的审查情况，对于需要出庭的案件，由法院向政府法制部门及被诉行政机关发送负责人出庭应诉通知，由政府法制部门备案，案件结束后，法院向政府法制部门发送出庭负责人司法评价表，由政府法制部门进行考核，确保负责人出庭的实效性。

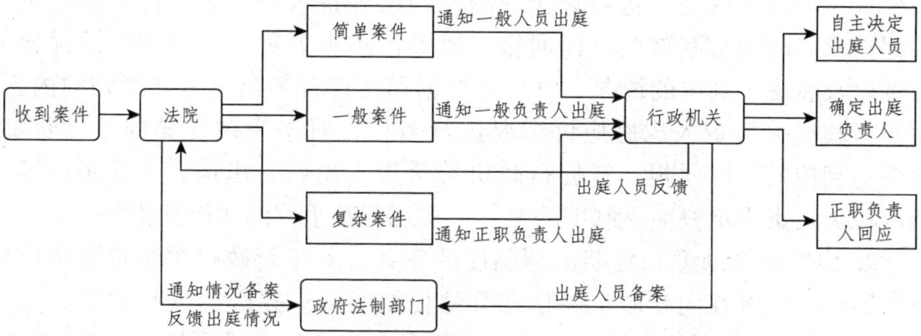

图2　法院、政府法制部门、行政机关三方互动流程图

（二）构建多维平台，促进负责人角色价值的正向回归

1. 建立负责人法治培训课堂和邀请旁听制度。法院与政府法制部门联合举办法治培训课堂，就出庭应诉的程序、举证内容、举证方法等进行有针对性的讲解。同时，法院针对负责人出庭应诉的典型案件可以定期邀请各行政机关负责人旁听案件审理，使其进一步了解庭审程序，减少案件的准备成本，帮助负责人解决不会出庭、不敢出庭问题，提升庭审参与度。

2. 建立庭前、庭后和解平台。为促进法治政府建设，实质性化解争议，可以依托S省探索建立的审前和解中心这一平台，[①] 促使行政机关负责人就被诉行政行为一旦被确认违法或者撤销，将给国家利益、公共利益或者他人合法权益造成重大损失的案件以及其他通过和解方式处理更有利于实质性化解行政争议的案件与行政相对人进行沟通交流，发挥行政机关负责人政治站位高、政治敏锐性强，组织协调能力突出、做群众工作本领强等独特优势，实现纠纷的实质性化解。

3. 建立负责人出庭特别庭审程序。在庭审中，在举证、质证及总结陈述等庭审程序中设置负责人独立发言环节，由法官引导行政机关负责人就案件所涉及的事实和法律问题发表意见，增强负责人参与庭审的意识，避免出庭不出声，出声不出效果。

通过上述制度的安排，明确行政负责人的角色定位，形成有效的角色认同，变被动出庭为主动出庭。微观上，实现矛盾纠纷的实质性化解，中观上，发现行政管理过程中存在的漏洞和风险，宏观上，发挥行政机关负责人对法治政府建设的引领作用，从而推进法治政府和法治国家建设进程。

（三）完善出庭的配套机制，形成促进负责人有效出庭的合力

1. 负责人出庭应诉司法评价机制的构建。法院在每个案件中对行政机

① 根据S省出台的指导意见设立行政争议审前和解中心，影响社会稳定及涉及公共利益等案件可以审前和解。

关负责人出庭应诉情况进行评价，制作司法评价表，司法评价表在庭审后根据需要向政府法制部门反馈通报，通报行政机关负责人出庭应诉优异的案例以及表现不到位的情况。由政府根据司法评价表以及考评规则的内容，对于行政机关负责人出庭应诉情况进行考核，对于表现优异的予以奖励，表现不到位的予以通报，督促行政机关负责人出庭、出声、出效果，推动行政机关负责人出庭应诉制度的完善，实现行政争议的实质性化解。

2. 出庭通知制度和延期审理制度的完善。对于行政机关负责人出庭应诉的案件，法院在向行政机关送达开庭传票时，一并送达《行政机关负责人出庭通知书》，对社会高度关注、涉及重大公共利益或可能引发群体性事件的案件，要求行政机关负责人必须参加诉讼。被诉行政机关负责人想出庭应诉，但因特殊情况暂不能应诉的，应在开庭前三日内说明理由，法院经审查行政机关负责人无法出庭的事由属于确因客观原因无法出庭的情况，可酌情延期开庭。

3. 立法、行政、司法监督互动机制的构建。立法、行政、司法等部门的相互配合、良性互动才能推动行政机关负责人出庭应诉制度功能的有效发挥。笔者所在法院探索的立法、行政、司法三方良性互动机制，促进了负责人出庭应诉制度的落实。人大专项听取法院和政府关于行政审判工作情况的报告，对于负责人出庭应诉情况进行监督。政府制定负责人出庭应诉规则，并将出庭应诉情况纳入年度考核。法院积极推动负责人出庭应诉工作。通过法治培训、行政案件司法审查年度报告制度、出庭应诉信息共享机制等，促进了负责人出庭应诉制度的落实。

结　语

法治兴则国兴，法治强则国强。公法的脆弱性要求掌权者奉法守法，法治国家需要政府先行。[①] 作为关键少数的行政机关负责人出庭应诉有利于化解矛盾，增强领导的责任意识，提高依法行政水平。实践中，为发挥行政机关负责人出庭制度推进法治政府建设的功能，从现阶段来看，要防止急于求成思想，基于现实国情的考量，需要从制度实效性的角度，完善有限度出庭规则，细化负责人出庭应诉的刚性约束，让真正有必要出庭的负责人出庭应诉，实质性解决争议、推进法治政府建设。同时，从本土司法实践出发，注重总结实践中有益的经验做法，使该制度在实践中获得延续的生命力。

---

① 刘铮：《法治国家需政府先行》，载《中国审判》2015 年第 10 期。

行政诉讼管辖规则创制及其结构功能主义价值

赵贵龙*

“行政诉讼管辖是指人民法院之间受理第一审行政案件的分工和权限，也即一审行政案件在上下级法院以及同级法院之间分配的法律制度。”① 本文立足于我国司法改革实践，借鉴结构功能主义分析方法，对行政诉讼管辖规则创制及其结构功能问题作一探讨。

一、诉讼结构语境下的行政诉讼管辖规则创制

1. 结构与功能。“结构是功能的基础，而功能又使结构从一般的存在变成具体的存在。”② 结构功能主义社会学家帕森斯认为，“把结构定义为一个社会体系的各种成分的稳定布局，它不受外界强加于它的变动的影响。”“至于功能，则被认为是在结构对外部环境进行适应时起作用的。”③ 另一位结构功能主义大师默顿认为，“某一组织的社会功能有助于确定结构，正如这种结构有助于确定实现这些功能的有效性一样。”总之，“结构影响功能，功能影响结构。”④

2. 诉讼结构类型。基于诉讼制度的演变，可将我国诉讼结构抽象为三种历史模型：（1）行政结构主义诉讼模式。在中国几千年的传统诉讼模式中，司法职能与行政职能相融合，诉讼结构没有独立存在的空间。笔者称其为“融合性结构”，它在中国传统政治架构中发挥着“统治型治理功能”。（2）政法结构主义诉讼模式。这是一种诉讼从属于政法体制的“从属性结构”，发挥着涉及行政、司法与社会诸领域的多元型治理功能。（3）司法结构主义诉讼模式。指以公平正义为价值追求、以审判中心主义为制度特征、以

* 作者单位：山东省济宁市中级人民法院。

① 最高人民法院行政审判庭编著：《行政诉讼跨区划管辖改革实践与探索》，人民法院出版社2018年版，第1页。

② ［法］高宣扬：《结构主义》，上海交通大学出版社2017年版，第71~74页。

③ ［瑞士］皮亚杰：《结构主义》，倪连生、王琳译，商务印书馆2009年版，第86~88页。

④ ［美］罗伯特·K. 默顿：《社会理论和社会结构》，唐少杰、齐心等译，译林出版社2015年版，第195页。

法官员额制为集体依托的诉讼模式。亦即以审判为中心诉讼制度改革的目标模式。笔者称其为“独立性诉讼结构”，它在现代国家政治架构中发挥着“中立型治理功能”。[①]

3. 行政诉讼管辖规则创制与诉讼结构转型。1989 年《行政诉讼法》的颁布和施行，标志着我国司法审查制度正式建立。这一制度的建立对诉讼结构转型形成巨大影响，并从不同方面标志着诉讼结构初次转型的制度化。[②] 其中，行政诉讼管辖规则创制的地位和作用突出。

行政审判体制问题被称为《中华人民共和国行政诉讼法》（以下简称《行政诉讼法》）修改的“1 号问题”。[③] 原因在于行政审判体制问题直接影响到司法权与行政权的监督制约关系，是一种国家权力制衡的博弈。学界主张设立行政法院的呼声甚高，但是建立行政法院涉及法院体制的重大改革，仅靠修改《行政诉讼法》难以解决问题。2014 年《行政诉讼法》从提级管辖和跨行政区域管辖两个方面解决司法地方化问题。修法以后，建议设立行政法院的热度降低，但学术界与司法界仍坚持不懈持续发声。[④] 而循序渐进地推动行政诉讼管辖制度改革，长期以来成为探索行政审判体制改革的可行性路径，尽管这项改革被称为“夹缝中的变革”。[⑤] 也因此，行政诉讼管辖规则创制成为司法审查领域的一个重要问题。

司法改革必然涉及规则创制。有学者认为，“司法规则是指面对具体个案的法院，在穷尽现行法源之后，如果仍然不能找到解决纠纷的法律规范时，依据一定的原理和程序所创制的、用以裁判当前案件和此后同类案件的实体性规则与程序性规则。”[⑥] 笔者认为这并非司法规则的全部，因为它并未将立法性的司法规则——如司法解释中所体现出的司法规则包括在内。本文探讨的范畴显然包括二者在内，因为二者共同构成行政诉讼管辖规则创制的整体，并且具有同等重要的价值。

从历时态视角分析，我国行政诉讼管辖规则创制经历了从地方经验到司法政策再到国家顶层设计三个阶段。

---

① 赵贵龙：《迈向司法结构主义：以审判为中心诉讼结构的形成》，载《中国应用法学》2019 年第 3 期。

② 赵贵龙：《迈向司法结构主义：以审判为中心诉讼结构的形成》，载《中国应用法学》2019 年第 3 期。

③ 何海波：《行政审判体制改革刍议》，载《中国法律评论》2014 年第 1 期。

④ 参见《法律适用》2015 年第 2 期、《中国法律评论》2019 年第 2 期专栏文章。

⑤ 何才林：《夹缝中的变革——以行政审判管辖权为视角的叙事》，载《北大法律评论》2009 年第 10 卷第 2 辑。

⑥ 王杏飞：《司法规则制定权研究》，社会科学文献出版社 2013 年版，第 18 页。

二、地方经验：多元化管辖规则创制

1989 年《行政诉讼法》在管辖制度设计上受民事诉讼模式影响，也确定为原告就被告。但是，与民事诉讼不同，行政诉讼的被告是拥有行政权力的机关和组织，原告就被告难免会使行政诉讼受到地方行政干预。因此，最高人民法院于 2008 年 1 月颁布《最高人民法院关于行政案件管辖若干问题的规定》（以下简称《行政案件管辖规定》），以司法解释形式对指定管辖、提级管辖等作出规定。此后，全国部分法院对行政诉讼管辖制度改革进行不同形式探索，并在管辖规则创制领域呈现出自发的多元化色彩。

（一）提级管辖

1. 柔性提级与浙江模式。《最高人民法院关于执行〈中华人民共和国行政诉讼法〉若干问题的解释》（以下简称《执行行政诉讼法若干解释》）第八条对“本辖区内重大、复杂的案件”解释为四种情形。学界认为：“《执行行政诉讼法若干解释》一定意义上实现了中级人民法院管辖权的革命性扩张，一举将以县级以上政府为被告的案件有条件地囊括在内”。不过，“在级别管辖的变动问题上，这一‘可以’但不是‘必须’提升级别的管辖方式，不妨可以概括为‘柔性提级模式’。”[①]

柔性提级模式最有代表性的是浙江省法院的改革实践。浙江省高级人民法院（以下简称浙江高院）于 2003 年 3 月到 2004 年 5 月在辖区法院开展了一年多的行政诉讼提级管辖改革，两年之后对改革情况进行的评估总结引起了学界的关注。[②] 2004 年 5 月浙江高院下发《关于进一步完善行政案件级别管辖的通知》，恢复了基层法院主导管辖的机制，标志着提级管辖尝试基本结束。[③]

2. 刚性提级与广东模式。《行政案件管辖规定》将《执行行政诉讼法若干解释》中“被告为县级以上人民政府，且基层人民法院不适宜审理的案件”变更为：“被告为县级以上人民政府的案件，但以县级人民政府名义办理不动产物权登记的案件可以除外”。这一调整的规则创制意义在于：一方面限缩了基层法院的司法裁量权，另一方面打消了地方行政干涉的预期。“与‘2000 年解释’所采取的柔性提级模式不同，‘2008 年解释’直接建构

① 何才林：《夹缝中的变革——以行政审判管辖权为视角的叙事》，载《北大法律评论》2009 年第 10 卷第 2 辑。

② 叶赞平：《行政诉讼管辖制度改革研究》，法律出版社 2014 年版，第 66 ~ 67 页。

③ 浙江高院课题组：《行政案件管辖问题的调研报告》，载《法律适用》2007 年第 1 期。

了级别管辖上的‘刚性提级模式’。”①

“刚性提级模式”的代表是广东法院改革。2012 年 1 月 1 日开始，广东省高级人民法院（以下简称广东高院）决定以中直驻粤厅局级行政机关、省直厅局级行政机关和县、区人民政府为被告的案件一律由中级人民法院一审。三类案件中有两类超出了《行政案件管辖规定》确定的提级管辖范围，是一种新的探索。数据显示，广东高院 2012 年新收“三类”二审案件 168 件，较上年的 32 件上升 81%；2013 年 1 ~5 月新收二审案件 241 件，同期增长 239. 4%。这说明广东省法院的提级管辖改革幅度是比较大的，广东高院新收二审案件的数量超过了浙江省改革试点时的数量。②

（二）异地管辖

1. 济宁模式。在浙江台州之前，山东济宁市中级人民法院（以下简称济宁中院）自 2001 年起即进行行政案件管辖制度改革试点，2003 年起在全市法院全面推广。③ 2005 年 8 月 9 日，济宁中院审判委员会通过《关于一审行政案件异地审理制度的规定》。2006 年年底，济宁中院总结形成调研报告。“这份调研报告是目前行政诉讼异地管辖改革探索比较深入和全面的一份资料。”④济宁模式对异地管辖改革的概念化表述是“行政案件个案异地审理制度”。⑤

2. 台州经验。台州市中级人民法院自 2002 年起试行行政案件管辖制度改革，将政府为被告的案件和当事人为 10 人以上的群体性诉讼案件交由异地基层法院管辖。2006 年 4 月开始进一步扩大异地管辖案件的范围，并赋予原告管辖选择权。2009 年开始进一步深化异地管辖改革成果。⑥ 台州各基层法院自 2002 年 7 月至 2005 年 6 月共审结一审异地管辖案件 424 件。其中政府败诉 149 件，败诉率为 35. 14%；上诉 114 件，上诉率为 26. 89%。⑦

“济宁模式”与“台州经验”得到《行政案件管辖规定》的认可。就规则创制意义而言，《行政案件管辖规定》规定的 4 种提起异地管辖的情形，不是按照案件性质，而是按照提起异地管辖的不同主体和方式加以界定的。“这一规定突破了以前各地改革试点中以案件类型、复杂重大程度以及裁判难易

① 何才林：《夹缝中的变革——以行政审判管辖权为视角的叙事》，载《北大法律评论》2009 年第 10 卷第 2 辑。

② 叶赞平：《行政诉讼管辖制度改革研究》，法律出版社 2014 年版，第 70 ~72 页。

③ 叶赞平：《行政诉讼管辖制度改革研究》，法律出版社 2014 年版，第 83 页。

④ 叶赞平：《行政诉讼管辖制度改革研究》，法律出版社 2014 年版，第 83 页。

⑤ 刘继祥、李良品、孙振庆：《对济宁中院行政案件异地审理制的调研》，载《人民司法 · 应用》2007 年第 15 期。

⑥ 危辉星、马良骥：《探索管辖制度改革　杜绝地方行政干预——浙江高院关于行政案件管辖改革试点的调研报告》，载《人民法院报》2012 年 7 月 26 日第 8 版。

⑦ 浙江高院课题组：《行政案件管辖问题的调研报告》，载《法律适用》2007 年第 1 期。

程度来决定是否指定异地审判的局限，实际上把异地管辖的范围扩大到基层人民法院管辖的所有一审行政案件上来。这是一个很大的改革突破，实际上把异地管辖确定为基层人民法院一审行政案件的常规管辖模式。”①

此外，自2007年开始，浙江丽水法院试行行政诉讼案件相对集中指定管辖制度改革，后被最高人民法院上升为司法政策予以推广。

三、司法政策：相对集中管辖规则创制

2013年1月4日，最高人民法院下发《关于开展行政案件相对集中管辖试点工作的通知》，决定在全国部分中级人民法院开展行政案件相对集中管辖试点工作。相对集中管辖改革从地方经验正式上升为全国试点推行的司法政策。

（一）最高人民法院司法政策的规则创制

最高人民法院对相对集中管辖的定义是：“行政案件相对集中管辖，就是将部分基层人民法院管辖的一审行政案件，通过上级人民法院统一指定的方式，交由其他基层人民法院集中管辖的制度。”②

行政案件集中管辖试点体现出能够减少行政干预、统一裁判标准、促进依法行政等优势，但同时可能存在审判力量难以统一整合、非集中管辖法院司法审查职能退化、信访主体责任分工不明等问题。“从长远看，集中管辖应当是基层法院受理一审行政案件之一般管辖的补充，而不应当是取而代之成为一般管辖。”③ 或者说，集中管辖“某种意义上更可能是在本轮司法体制改革前现行法律框架内的一个过渡性的政策措施”。④

（二）S省法院相对集中管辖试点实践

2013年，S省高院下发通知，决定在所辖济宁、枣庄两市试点行政案件相对集中管辖。济宁、枣庄试点改革值得关注之处是两项机制的建构：一是形成了集中管辖法院与非集中管辖法院之间、集中管辖法院的行政庭和立案庭之间十分密切的“司法衔接机制”，二是针对现阶段“嵌入式司法”的现状，强调非集中管辖法院会同当地党委、政府做好涉诉信访维稳工作、建立多元化和解机制的重要性，注重在诉讼各个阶段全方位构建“嵌入式纠纷解决机制”。

但是，相对集中管辖试点改革并没有达到预想的效果。笔者对济宁市法院相对集中管辖试点前后各三年（即2010～2012年；2013～2015年）的

---

① 叶赞平：《行政诉讼管辖制度改革研究》，法律出版社2014年版，第90页。

② 《最高人民法院关于开展行政案件相对集中管辖试点工作的通知》（法〔2013〕3号）。

③ 杨建顺：《行政诉讼集中管辖的悖论及其克服》，载《行政法学研究》2014年第4期。

④ 郭修江：《行政诉讼集中管辖问题研究——〈关于开展行政案件相对集中管辖试点工作的通知〉的理解与实践》，载《法律适用》2014年第5期。

司法统计数据作了比对分析，发现试点成效并不明显。

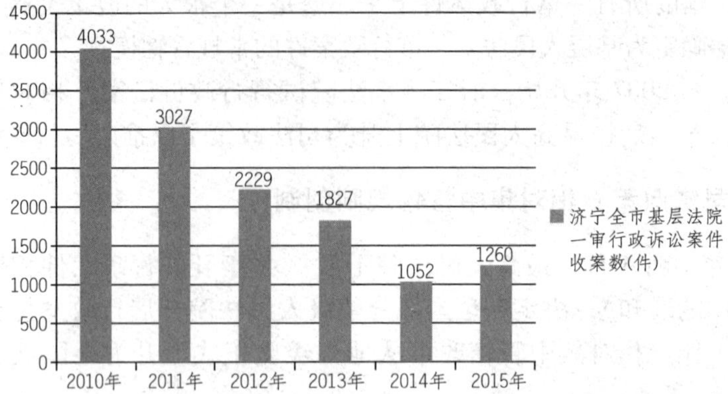

图 1　2010 ~ 2015 年济宁市基层法院一审行政诉讼案件受案情况①

表 1　　2010 ~ 2015 年济宁市四个集中管辖法院一审行政诉讼案件收案数对比

	法院 / 年份	曲阜	邹城	嘉祥	高新区②	合计
集中管辖前	2010	171	211	177	0	559
	2011	205	1273	208	0	1686
	2012	189	490	312	9	1000
	年均收案	188.33	658.00	232.33	3.00	1081.67
集中管辖后	2013	385	678	319	182	1564
	2014	378	204	273	155	1010
	2015	303	386	368	198	1255
	年均收案	355.33	422.67	320.00	178.33	1276.33

从图 1、表 1 可以看出，2010 ~ 2015 年 6 年来，全市法院行政案件收案呈下降趋势，从 2010 年的 4033 件锐减至 2014 年的 1052 件，在 2015 年回升至 1260 件（和 2015 年开始的立案登记制改革有很大关系），显然 2013 年开始的相对集中管辖制度也没有改变这一趋势。这主要是因为 2010 年以后，全市的城市化进程大幅放缓，造成原来占收案比重很大的土地征收、房屋拆迁类案件数量剧减。从 4 个集中管辖法院的各自情况看，集中管辖前后收案基本呈增长趋势，集中管辖前后三年的年均收案，曲阜法院和嘉祥法院分别增长了 88.67%、37.74%，邹城法院略有回调。

① 数据来源于济宁市中级人民法院研究室司法统计报表。

② 济宁市高新技术产业开发区人民法院行政审判庭于 2012 年经批准设立，故 2010 年、2011 年无收案。

表 2　　2010～2015 年济宁市基层法院行政诉讼案件上诉和二审改发情况

	年份	基层法院一审收案数（件）	基层法院一审结案数（件）	二审收案数（件）	基层法院上诉率	二审结案数（件）	二审改判数（件）	二审发回重审（件）	二审改判发回重审率
集中管辖前	2010 年	4033	4014	205	5.11%	205	8	4	5.85%
	2011 年	3027	3016	234	7.76%	234	16	1	7.26%
	2012 年	2229	2194	130	5.93%	130	1	1	1.54%
集中管辖后	2013 年	1827	1721	161	9.36%	149	18	3	14.09%
	2014 年	1052	790	468	59.24%	434	10	12	5.07%
	2015 年	1260	1182	300	25.38%	286	14	10	8.39%

从表 2 可以看出，集中管辖前三年，基层法院上诉率分别为 5.11%、7.76%、5.93%，集中管辖后上诉率从原来的个位数骤然升高，2013～2015 年分别为 9.36%、59.24%、25.38%。发回改判率也有升高趋势，2013 年为极值 14.09%，而后两年回落到 5.07%、8.39%。结合上诉率和发回改判率可以看出，集中管辖后，基层法院一审行政诉讼案件在审判质效方面没有呈现正向效应，反而有所下降。这一方面是因为集中管辖后，受理的很多原来被本地法院拒之门外的“骨头案”，非常难以处理，上诉率很高；另一方面案多人少的压力，对案件质效也有很大影响。

四、顶层设计：跨行政区域管辖规则创制

1. 顶层设计。跨行政区域管辖制度改革是从顶层设计开始的。2013 年，中央的顶层设计是倡导建立与行政区划“适当分离”的司法管辖制度；① 2014 年，中央明确提出设立跨行政区划法院的设想，② 随即通过了相应的试点方案。③ 立法对改革设计的表述则相应宽泛一些，使用的语词是“可以”“确定”若干法院跨行政区域管辖行政案件。④ 至此，从中央政策到立法跟进，跨行政区划管辖制度改革的顶层设计基本完成，为司法规则的创制限定了方向。

① 2013 年 11 月党的十八届三中全会通过的《中共中央关于全面深化改革若干重大问题的决定》提出：“探索建立与行政区划适当分离的司法管辖制度。”

② 2014 年 10 月党的十八届四中全会通过的《中共中央关于全面推进依法治国若干重大问题的决定》提出：“探索设立跨行政区划的人民法院和人民检察院，办理跨地区案件。”

③ 2014 年 12 月中央全面深化改革领导小组第七次会议审议通过《设立跨行政区划人民法院、人民检察院试点方案》。

④ 2014 年 11 月 1 日全国人大常委会修订的《行政诉讼法》第十八条第二款规定：“经最高人民法院批准，高级人民法院可以根据审判工作的实际情况，确定若干人民法院跨行政区域管辖行政案件。”

2. 司法政策。最高人民法院调整跨行政区域管辖改革的司法政策是从铁路法院开始的。[①] 2014 年 12 月，最高人民法院出台《关于北京、上海跨行政区划人民法院组建工作指导意见》。随后，上海三中院、北京四中院分别依托两地铁路中院挂牌设立。2015 年 2 月，最高人民法院“四五改革纲要”提出“构建普通类型案件在行政区划法院受理、特殊类型案件在跨行政区划法院受理的诉讼格局”。2015 年 6 月，最高人民法院印发《关于人民法院跨行政区域集中管辖行政案件的指导意见》，“标志着全国行政诉讼管辖改革由相对集中管辖迈入跨行政区域集中管辖的新阶段”。[②]

3. S 省经验。2015 年下半年，S 省开始全面总结相对集中管辖试点工作经验，经过反复论证，形成了新的改革方案。2015 年 12 月 7 日，S 省高院向最高人民法院报送了《关于济宁、枣庄中院行政案件相对集中管辖试点工作情况及下一步深化改革意见的报告》，在全国首先提出“以当事人选择管辖”为核心的一审行政案件跨行政区域管辖改进方案。2016 年 2 月 22 日，最高人民法院批复同意。此后，S 省先后在枣庄、济宁、临沂启动改革试点。截至 2018 年 10 月 31 日，枣庄、济宁、临沂三试点单位共受理一审行政诉讼案件 4356 件，跨区域管辖 1060 件，异地管辖比例为 24.3%；实体裁判率由试点前的 44.9% 提高到 45.4%，行政机关败诉率由试点前的 13.1% 提高到 20.7%，服判息诉率提高到 55.9%。当事人选择跨区域管辖的案件主要集中在城市房屋征收拆迁、集体土地征收、环境保护、行政处罚、社会保障、履行法定职责等类型案件。[③]

自 2018 年 6 月起，S 省高院统一部署安排在全省法院整体推进以“当事人选择管辖”为核心的跨行政区划管辖行政案件试点工作。2018 年下半年，全省范围内除青岛、济南地区之外的 15 个地市已经全部在基层法院推开“以当事人选择管辖”为核心的行政案件管辖试点改革。从 2016 年个别试点到 2018 年全面试点，截至 2018 年 10 月 31 日，全省试点单位共受理一审行政诉讼案件 6850 件，跨区域管辖 1472 件，异地管辖比例为 21.5%；实体裁判率达到 46.6%，行政机关败诉率达到 21.4%，服判息诉率达到 54.5%。全面推开试点以来的运行数据指标与枣庄、济宁、临沂试点两年多

---

① 2014 年 10 月，最高人民法院下发《关于开展铁路运输法院管辖改革工作的通知》。

② 江必新：《从跨区划管辖到跨区划法院——兼论新型诉讼格局之构建》，载《人民司法·应用》2017 年第 31 期。

③ 张成武、李会勋等：《行政案件跨区域选择管辖改革研究》，2017 年度山东省社会科学规划项目（17CSPJ11）课题报告。统计数据截至 2018 年 10 月 31 日，对比数据来源于 2017 年全省法院行政案件司法审查报告。

的运行数据指标基本持平。①

2018年11月27日，S省高院印发《关于深化行政案件跨行政区划管辖改革试点工作有关问题的通知》（鲁高法〔2018〕92号），确定济南、青岛、济宁、临沂、德州、聊城、菏泽等7个市的法院深入开展当事人选择异地基层法院管辖改革试点工作。

“在行政诉讼的法权结构中，原告权利应当处于基础性的地位。”② 我国行政诉讼管辖制度改革的初衷是排除行政干预，提高司法公信力。但由于现阶段由司法管理权主导的集中管辖制度改革普遍呈现出相对固定的管辖模式，管辖法院难免会受到新的干扰。“S省模式”赋予当事人管辖选择权，在打消当事人顾虑和排除行政干扰方面体现出改革的力度。试点表明，在被赋予管辖选择权的情况下，仍然有近80%的当事人选择了本地法院管辖，选择跨行政区划管辖的案件主要集中在行政强制、违建查处、违法拆迁等矛盾对抗激烈且当事人顾忌行政干预的领域。S省以“当事人选择管辖”为核心的跨行政区划管辖行政案件试点方案，适合改革实际，“是在目前法律框架范围内较为科学、理想的优化过渡方案”。③

笔者认为，行政诉讼管辖制度改革毕竟是阶段性的权宜之计，其最终走向必然涉及行政审判体制改革。如前所述，设立行政法院短期内难以实现，建议可试行设立最高人民法院行政分院，地方行政审判体制暂保留现行模式。随着社会主义法治进程的推进和完善，再适时建立完整的中国特色行政法院体系。

五、行政诉讼管辖规则创制的结构功能主义价值

“结构有三个要素：整体性、具有转换规律或法则、自身调整性；所以结构就是由具有整体性的若干转换规律组成的一个有自身调整性质的图式体系。”④ 司法结构主义同样具有上述要素特征。借助于结构功能主义分析方法，放在构建司法结构主义的大背景下思考，行政诉讼管辖规则创制具有十分独特的价值。

---

① 张成武、李会勋等：《行政案件跨区域选择管辖改革研究》，2017年度山东省社会科学规划项目（17CSPJ11）课题报告。统计数据截至2018年10月31日，对比数据来源于2017年全省法院行政案件司法审查报告。

② 葛先园：《人民法院跨行政区域管辖行政案件路径探索——以新〈行政诉讼法〉第18条第2款为中心》，载《苏州法学学报（哲学社会科学版）》2015年第2期。

③ 刘白鸽：《以当事人管辖选择权为视角探析行政案件跨区域管辖改革路径之完善——兼论山东法院改革方案的具体构建》，载《山东法官培训学院学报》2018年第5期。

④ ［瑞士］皮亚杰：《结构主义》，倪连生、王琳译，商务印书馆2009年版，第3页。

（一）行政诉讼管辖规则创制的结构功能主义特征

行政诉讼管辖规则创制的目标模式是迈向司法结构主义，不同改革阶段又体现出不同的结构功能主义特征。

——多元化管辖规则创制阶段。无论是提级管辖还是异地管辖，目的均在于强化司法对行政的制衡能力，是迈向司法结构主义的有益探索。但这一阶段的改革具有明显的自下而上、自行摸索、缺乏统一规范的特征，是一种司法改革的地方经验。从对诉讼结构的冲击而言，其影响只能是局部性、启发式、循序渐进型的，尚不足以动摇国家诉讼结构的根基。不过就改革地区而言，行政诉讼管辖规则创制已较大程度改变着司法审查的权力制衡结构，使得司法制衡行政的功能加以彰显。这一阶段改革的结构功能价值体现于启蒙与示范作用层面。

——相对集中管辖规则创制阶段。这一阶段的改革行动由地方性经验上升为最高人民法院的司法政策。最高人民法院创制的“统一指定管辖”规则和“司法审查权再分配”规则，以司法政策的形式宣示着通过调整诉讼结构增强司法制衡能力的可行性，从而为司法审查功能的发挥营造了良好的司法政策环境。

——跨行政区域管辖规则创制阶段。中央顶层设计表明管辖制度改革得到了国家层面的认可，通过调整管辖领域的诉讼结构以保证国家法律统一正确实施成为政治共识。跨行政区划人民法院的设立、若干法院跨行政区划管辖行政案件制度的建立、以“当事人选择管辖”为核心的跨行政区划管辖行政案件试点等，标志着行政诉讼管辖制度改革进入深水区，在司法审查领域奠定了迈向司法结构主义的重要制度基础。

（二）行政诉讼管辖规则创制的功能结构

帕森斯将社会系统结构划分为三个层次：（1）价值层次；（2）制度层次；（3）集体层次。[①] 借助这一分析模型可以看出，行政诉讼管辖规则创制循序渐进地改变着行政诉讼结构，致使司法审查功能沿着司法结构主义形成路径发生着潜移默化的转型。

——价值结构：以公平正义为追求。自我国行政诉讼制度建立以来，受“政法模式”的影响，在诉讼结构领域存在明显的工具主义特征。司法结构主义下的行政诉讼制度改革则将公平正义作为价值追求。回顾行政诉讼管辖制度改革历程，无论是提级管辖、异地管辖的地方经验阶段，还是相对集中管辖的司法政策推动阶段，抑或是跨行政区域管辖的顶层设计体

---

① ［美］T. 帕森斯：《现代社会的结构与过程》，梁向阳译，光明日报出版社 1988 年版，第 139～140 页。

制改革阶段，无不体现着从工具主义向公平正义价值追求的转变。当前的管辖制度改革应注重摒弃工具主义理念下的多元化治理模式，合理构建独立性的行政诉讼结构，理性塑造以公平正义为核心的司法审查价值体系，培育并实现中立型的司法审查治理功能。

——制度结构：以审判中心主义为基础。审判中心主义的形成，在行政诉讼领域，是法院承载中立型司法审查治理功能的制度基础。帕森斯指出："制度是规范的模式，不过，这些模式所处的层次较具体；它们的分化与情境的迫切需要和系统的结构细分有关。"① B. 盖伊·彼得斯指出："一个制度的最重要因素是，它在某种程度上是一个社会和/或政体的结构性特征。"② 可见，制度与结构之间存在着某种相互依存的关系。应当说，近年来的行政诉讼管辖制度改革，要么为审判中心主义的形成奠定了必要基础，要么是以审判为中心诉讼制度改革不可分割的组成部分，是法院通过完善行政诉讼结构更好实现司法审查治理功能的重要体现。

——集体结构：以法官员额制改革为依托。司法审查的治理功能需要由职业化的法官群体来完成，因为司法的治理最终要体现为通过审判的治理。在行政诉讼管辖制度改革的关键时期，法官员额制改革全面推开，从而为改革的深入推进奠定了坚实的集体基础。以此为契机，经过较长时间的积累和磨砺，法官群体必然占据司法审查的舞台，从而构建起法院实现中立型司法审查治理功能的集体依托。

当然，任何一项改革都不会一帆风顺，行政诉讼管辖制度改革也不例外。按照历史制度主义的"路径依赖"理论，"当一个政府项目或组织开始沿着某一条路径发展，那些最初选择的政策就会按照一种惯性趋势一直持续下去。那条路径可能会被改变，但是需要很大的政治压力才能产生那种改变。"③ 推而广之，路径依赖同样适用于国家司法层面的制度、习惯甚至传统。因此，在行政诉讼管辖制度改革领域，同样要注意克服对行政结构主义、政法模式和传统诉讼制度的路径依赖，使其沿着迈向司法结构主义的改革路径顺利前行。

---

① ［美］T. 帕森斯：《现代社会的结构与过程》，梁向阳译，光明日报出版社 1988 年版，第 139～140 页。

② ［美］B. 盖伊·彼得斯：《政治科学中的制度理论："新制度主义"》，王向民、段红伟译，上海人民出版社 2011 年版，第 18 页、第 69 页。

③ ［美］B. 盖伊·彼得斯：《政治科学中的制度理论："新制度主义"》，王向民、段红伟译，上海人民出版社 2011 年版，第 18 页、第 69 页。

行政审判中法院指正机制的检视与修正

——以狭义行政瑕疵指正为研究视角

张　杰*

行政瑕疵，字面意思是行政行为存在瑕疵，不符合“完美”行政行为的要求，而这些瑕疵可能导致不同的法律后果。对行政行为的司法审查，根据行政行为存在瑕疵的严重程度，形成了二分法的构架，即针对一般违法和明显不当的撤销判决（部分为确认违法判决），针对轻微违法的确认判决。但是在行政审判实践中，考察行政判决书会发现对一些存在瑕疵的行政行为，法院并未全盘否定，并未将其直接界定为违法或不当，而是以指出或者指正的方式将该行政行为的瑕疵之处予以明确，但对其责任却不予追究，也即本文的研究对象，狭义的行政行为瑕疵法院指正机制。

法院对行政瑕疵的指正在我国法律法规中并未出现相关规定，其是否具有法理的正当性，适用范围究竟如何界分，是否应设定一定法律后果，以及其与撤销、确认违法的判决方式的界限该如何厘清，目前都需要明确。本文以中国裁判文书网 2013～2019 年 S 省法院公开的行政判决书为考察样本，考察法院对狭义行政行为瑕疵予以指正的司法状况。此后本文出现的行政行为瑕疵在不特别指明的情况下，均指向狭义行政行为瑕疵。

一、实证考察：S 省 184 份行政行为瑕疵指正判决书

（一）行政行为瑕疵指正判决书的特点

“指正”有指出错误或缺点，以便改正之意，行政审判中法院对行政行为瑕疵通过指正的方式处理，目的在于其一承认其不违法性，二对其在形式、程序与程度上没有完全符合要求、不规范之处予以指出，提示行政机关予以改正之意。

在中国裁判文书网，以判决书理由部分有“指正”“指出”“纠正”为关键字共搜索到 S 省公开的判决中包含了二审法院对原审法院审判程序及裁

* 作者单位：山东省青岛市中级人民法院。

判结果的指正、复议机关对原行政行为的指正以及法院对被诉行政行为瑕疵之处的指正，其中第三种指正判决即本文的考察对象，共计184份。[①]

法院对行政行为瑕疵指正的历史难以明确，本文S省样本案例中时间最早的裁判文书出现在2013年，共有两则。[②] 考虑到彼时新《中华人民共和国行政诉讼法》（以下简称《行政诉讼法》）第七十四条第一款第二项关于程序瑕疵被确认违法的规定尚未出台，法院对存在问题但不至于被确认无效的行政行为的处理方式只有撤销与驳回原告诉讼请求两种，故而笔者推测，这种指正方式判决的出现是被诉问题行政行为尚达不到应予撤销的程度，但法官又不能不列明被诉行政行为的确有不尽如人意之处的产物。

通过对样本案例的裁判文书进行归纳梳理，总结出以下特点：（1）对行政瑕疵予以指正的判决书数量大体上呈逐年攀升趋势，尤以2016年增速最快；（2）对行政瑕疵予以指正的判决相对集中在中级人民法院，但基层法院和高级人民法院相对而言数量只是略少，相差不大；（3）被指正瑕疵多表现为小的错误，对整个案件事实定性不产生影响，多集中在对行政程序瑕疵的指正，少数体现在事实情况、引用法条误写等情形；（4）对行政瑕疵予以指正的判决多对应驳回原告诉讼请求，这一点也多被原告所诟病，法院既然将瑕疵之处予以指正或者指出，但是对被评价的行政行为又未施加其他影响，这种评价的意义究竟体现在何处，如此一来造成高瑕疵指正率与高上诉率的尴尬正相关性的局面。

---

① 在“中国裁判文书网”上，以“指正”“指出”“纠正”为理由部分的关键词对S省法院行政判决书进行检索，可以发现有184份判决采用指正的方式来处理相关瑕疵（最后登录检索日期：2019年8月20日）。

② 一是某装饰材料公司与某县人社局、徐某某工伤行政认定纠纷一案，该案中法院对该县人社局超过工伤认定法定申请期限仍受理申请的行为予以指正，认为即使该县人社局当时不受理该公司提出工伤认定的申请，受伤职工徐某某或其直系亲属均可以在事故发生之日起1年内提出工伤认定申请，也不超过法定时效。虽然受理程序存在瑕疵，但不足以此撤销被诉工伤认定决定书，最终驳回原告诉讼请求。二是吕某某与某市公安局分局治安行政处罚纠纷一案，法院经审理认为虽然根据《中华人民共和国治安管理处罚法》第九十九条的规定，被告超过了办案期限，属于被告执法程序中存在瑕疵，但不能以被告执法程序上的瑕疵而认定其作出的行政行为违法，最终判决驳回原告诉讼请求。以上二则案例均是对行政机关超过法定期限作出行政行为界定为瑕疵并予以指正，且未撤销该行为。

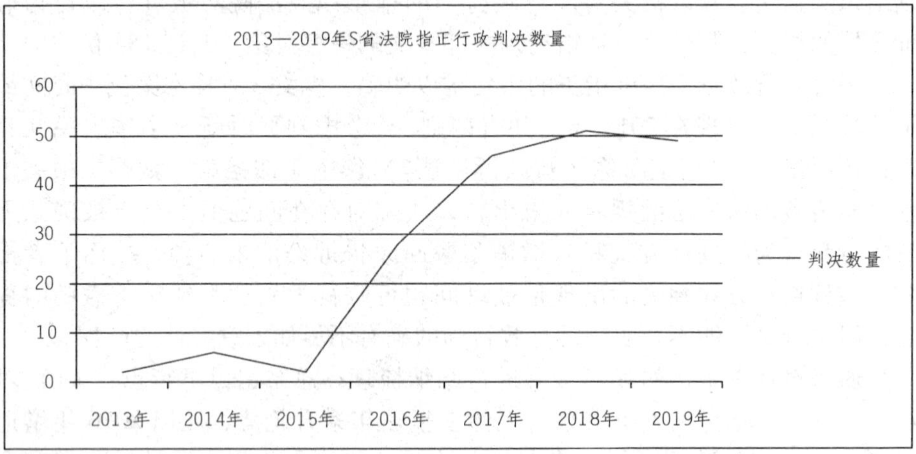

现行《行政诉讼法》第七十四条第一款第二项明确指出，程序轻微违法，但对原告权利不产生实际影响的，应当判决确认违法，但不撤销行政行为，在该条规定出台后，程序轻微违法的行政行为被确认为违法，以及《最高人民法院关于适用〈中华人民共和国行政诉讼法〉的解释》第九十六条[①]对程序轻微违法作出了细化规定。笔者原以为该部分被确认违法判决进行分流后，法院对瑕疵行为予以指正判决的数量应有所回落，但如前所述，法院指正判决的数量有增无减，这也说明法院指正判决在逐渐占领一席之地。

（二）行政行为瑕疵指正的类型化分析

广义的行政行为瑕疵已涵盖除无效行政行为以外的其他情形，调查样本显示，法院对行政行为瑕疵予以指正的情形不尽相同，且不乏存在应予确认违法而被指正的情形。从法院对行政行为司法审查的要素入手，可将被指正的行政行为瑕疵类型化，主要有事实瑕疵指正，程序瑕疵指正，及法律适用瑕疵指正。

1. 事实瑕疵[②]指正：主要体现是对事实部分非关键要素认定或者记载错误的指正，是指对行政行为所认定事实部分内容或要素不正确，但对这些事实内容或要素的错误认定没有或不会对行政行为的实体内容产生影响，

---

① 《最高人民法院关于适用〈中华人民共和国行政诉讼法〉的解释》第九十六条规定：有下列情形之一，且对原告依法享有的听证、陈述、申辩等重要程序性权利不产生实质损害的，属于行政诉讼法第七十四条第一款第二项规定的“程序轻微违法”：（一）处理期限轻微违法；（二）通知、送达等程序轻微违法；（三）其他程序轻微违法的情形。

② 有学者主张事实记载及法律适用的瑕疵属于行政程序瑕疵的范畴，参见杨登峰：《行政行为程序瑕疵的指正》，载《法学研究》2017 年第 1 期。

法院从而对其予以指正的情形，也有学者将其归为行政错误。[①] 如，某饲料公司诉某市人社局与王某工伤行政确认一案[②]中，法院认为，《工伤认定决定》中将事故发生时间书写成了9时许（实际是晚上9时许即21时许）属表述错误，对此应予以指正。

2. 程序瑕疵指正：主要体现在行政行为程序并未违反法律法规的相关强制性规定，但在某些环节出现不完善或者不合理的因素，此处所述不合理因素并非程序轻微违法之处，因若系程序轻微违法之处依法应确认违法而非仅仅指正，故应区别于《行政诉讼法》第七十四条第一款第二项规定的“程序轻微违法”情形。司法实践中法院对程序瑕疵的指正散见于不同的情形中，但不乏应确认违法却仅以指正方式处理的：

对告知、公告错误或不完善的指正，如焦某某诉某市公安分局信息公开答复一案，[③] 法院认为，被上诉人某市公安分局关于提起行政诉讼法定起诉期限的告知错误，虽然该瑕疵对被上诉人行政行为的合法性以及上诉人的权利义务并不产生实际影响，但应予指正，最终判决驳回原告诉讼请求。

对行为方式不符合要求的指正，如兰某某诉某区人社局工伤行政确认一案，[④] 法院认为，该区人社局将不予认定工伤决定书由申请人转交给死亡职工家属，属程序瑕疵，但并未影响原告诉权等权利，法院予以指正，本案判决驳回原告的诉讼请求。

对超过法定期限的指正，如刘某某诉某市人民政府行政复议一案[⑤]中，法院认为，该市人民政府于2016年7月11日收到复议申请，于2016年9月12日作出复议决定，超过了法定的办理期限，也没有依法延长办案期限。鉴于超期时间较短，且该行为对原告权利义务不产生实际影响，法院认定该超期行为是复议程序中的瑕疵，在此予以指正，最终判决驳回原告诉讼请求。

3. 法律适用瑕疵：是指行政机关因不慎出现的，不属于事实认定或者法律适用上的非法律错误。[⑥] 实践中大量的问题适法行为是被当作瑕疵处理，主要涵盖对法律理由说明不完备、未写明引用法律法规具体条款，引用法律条款错误，过程已适法但结果未载明等情形。

---

① 叶必丰：《行政行为的治愈——具体行政行为错误的更正和瑕疵的补正》，载《政府法制研究》2014年第2期。

② 详见：山东省泰安市中级人民法院（2014）泰行终字第7号行政判决书。

③ 详见：山东省临沂市中级人民法院（2017）鲁13行终185号行政判决书。

④ 详见：山东省威海市中级人民法院（2016）鲁10行终122号行政判决书。

⑤ 详见：山东省高级人民法院（2017）鲁行终1333号行政判决书。

⑥ 何海波：《行政行为的合法要件——兼议行政行为司法审查根据的重构》，载《中国法学》2009年第4期。

如，张某某诉某区司法局行政处理一案，[①] 被告作出的该《投诉处理答复书》中第一项和第三项引用的相关法律依据不准确，与其认定意见没有完全对应，法院对此予以指正，最终判决驳回原告的诉讼请求；某汽车销售公司诉某县人社局工伤行政确认一案，[②] 法院认为，涉案工伤认定书认定王某2系工伤的结论正确，但适用《工伤保险条例》第十四条一项的规定，属适用法律错误，法院予以指正，最终判决驳回原告诉讼请求。

综合以上类型化分析，法院多以尽管行政行为存在瑕疵，但该瑕疵不足以影响整个案件事实，不足以影响行政行为的正确性、合法性、有效性，不足以影响处理结果的正确性，未影响到原告权利的行使或者未对相对人及利害关系人产生实际影响为由，将其仅认定为瑕疵予以指正，从而不作撤销或者确认违法判决。但同时也因法院对行政行为瑕疵予以指正的适用明显不够规范，标准不明，该指正方式存在被滥用的危险，易成为回避行政机关程序违法的借口。

二、行政行为瑕疵指正的待决问题

在依法审判原理之下，法院必须在制定法框架（行政法范围）内裁判行政案件。但是，在现代行政法中，司法裁判因具有能动性而被赋予了拓宽制定法框架的功能。[③] 本文所研究的法院指正机制的法理依据是构建在既有的法律框架内抑或是司法能动性的拓宽需进一步分析。作为并未被法律法规明确予以羁束的处理方式，法院对行政行为瑕疵予以指正目前不在少数，该指正行为目前处于亟需规范状态。

（一）法理依据或正当性阐述不够

我国行政法学界对瑕疵行政行为的研究主要从广义层面入手，其中主流理解包含行政违法与行政不当两个方面。[④] 也有学者对行政瑕疵分为三类，同时单列行政错误。[⑤] 学界目前对瑕疵行政行为的研究与司法审查中对瑕疵行政行为的定性并非完全契合对应，即便是对于狭义的瑕疵行政行为，学界也将其首先限定为一种轻微的违法行政行为，这与目前司法审查中将行政瑕疵界定为合法但欠缺的性质有明显不同，所以目前尚存在司法审查

---

① 详见：山东省青岛市中级人民法院（2017）鲁02行终249号行政判决书。

② 详见：山东省临沂市中级人民法院（2018）鲁13行终12号行政判决书。

③ 章剑生：《现代行政法专题》，清华大学出版社2014年版，第54页。

④ 张焕光、胡建淼：《行政法学原理》，劳动人事出版社1989年版，第7页。

⑤ 详见叶必丰：《行政行为的治愈——具体行政行为错误的更正和瑕疵的补正》，载《政府法制研究》2014年第2期，载明"承袭德国法适用的瑕疵概念或我国最高法院关于瑕疵的倾向性态度，并按瑕疵的程度将其分为明显轻微的瑕疵、一般瑕疵和重大而明显的瑕疵三类，同时单列具体行政行为的错误"。

与学界研究错位的区域，司法审查中法院对行政瑕疵予以指正的法理依据有待考究。

（二）与其他判决方式适用界限不清

尽管《行政诉讼法》第七十条、第七十四条对可撤销判决、确认违法判决的适用情形作出了规定，但是予以指正的瑕疵行为与可撤销或者被确认违法的行政行为实为一线之隔。

如问题适法情形具体应属于可撤销判决、违法判决还是仅仅予以指正的判决驳回原告诉讼请求？如，某市公安分局、庄某某公安行政管理一案[①]中，被诉不予行政处罚决定适用的依据应当为《中华人民共和国治安管理处罚法》（以下简称《治安管理处罚法》）第九十五条第二项，但该公安分局适用的依据实际为第九十五条第二款，适用法律存在问题。综合考量条文体例和决定内容两个方面的因素，该问题并不会引人误解，当事人可以对该公安分局适用法律条文的真实意思表示有正确的理解和清晰的判断。因此，被告适用法律方面存在的问题，属于可以补正的文书瑕疵范畴，而非适用法律错误，应予指正，但不宜据此撤销不予行政处罚决定。法院认为，上述问题系表述瑕疵，程序轻微违法，应确认违法。这与前述的法律适用瑕疵被指正且驳回原告诉讼请求的案例产生了重叠与分歧。

实践中不仅仅这一类存在重叠，除此之外，如对超过法定期限作出行政行为或者送达行政文书，程序顺序颠倒或合并，行政行为方式不符合法律规定等程序性瑕疵情形，均易产生重叠情形。对于其他程序轻微违法，但是对原告依法享有的听证、陈述、申辩等重要程序性权利不产生实质损害的情形仍需要法官代为适法。在适法过程中，对可指正瑕疵与司法解释第九十六条第三项中所载“其他程序轻微违法的情形”的界限划分难度更大。

上述重叠情形凸显出司法审查认定标准的不统一，同时也表明进一步探究对行政行为瑕疵予以指正的法理基础以及其与其他判决方式尤其是轻微程序违法确认判决的界限予以廓清是十分有必要的。

（三）法院指正判后社会效果不佳

行政相对人或者利害关系人在面对存在瑕疵的行政行为时，极易受“晕轮效应”的影响，最大的特点就是容易先入为主，以偏概全。行政行为的瑕疵容易被放大到行政机关作出整个行政行为合法性的否决，而法院仅仅以指正方式对瑕疵行为指出，但并不责令行政机关承担责任，这种方式反而会进一步激化原告对行政瑕疵的不满，甚至连带对法院司法公正性产

① 详见：山东省临沂市中级人民法院（2017）鲁13行终196号行政判决书。

生质疑，更不易服判息诉，故而出现高瑕疵认定率与高上诉率并存的境地。针对存在瑕疵的行政行为，原告一般在诉讼过程中将主要意见集中在瑕疵之处，当法院仅认定其为瑕疵而予以指正后，上诉意见则多对原审法院仅将行政行为问题认定为瑕疵予以指正不服。

三、对行政瑕疵行为予以指正的正当性与合理性阐述

（一）法理基础：行政行为以符合合法性原则为前提

尽管现有的法律法规未对法院运用指正判决作出任何明确具体规定，但是从更广义的层面上讲，其法律基础其实也是建立在既有的《行政诉讼法》及司法解释之上的，具体而言即《行政诉讼法》第六十九条。法院适用合法性审查原则对行政行为进行审查，只要行政行为同时满足“证据确凿”“适用法律、法规正确”“符合法定程序”三个条件以及不存在“超越职权、滥用职权、明显不当”的情形才能判决驳回原告诉讼请求。也就是法院经审查认定该瑕疵之处不足以影响该三项条件，则法院仅是将其指正，这也被视为指正判决的法律基础。也即法院对行政瑕疵指正适用的前提是被诉行政行为符合合法有效行政行为的给构成要件。

或者换一个角度看，对于一个行政行为，如果我们既可以进行合法性判断，也可以进行效力判断，最终将形成某种对应状态，这是比较普遍的情况。但特定情况下，行政行为的合法性与效力之间可能无法形成任何一种对应状态，这就是“对应不能”。[①] 那么对存在瑕疵的行政行为的合法性与否判断，符合常态的对应状态抑或是对应不能状态，首先确定的是可指正的行政行为前提是合法行政行为，效力判断层面应系有效的行政行为。如此从合法性判断及效力性判断上，即探寻到法院对行政瑕疵予以指正的法理依据。但是上述法理依据仍不能明晰指正的具体适用情形，仍需要法官在法律适用中予以界分。

（二）价值取向：指正与程序工具主义没有必然联系

有学者主张，法院对行政行为瑕疵的指正，尤其是行政行为程序瑕疵的指正系对行政程序的轻视，折射出程序工具主义的影子，对程序本位主义者而言，对程序瑕疵的指正被视为对程序瑕疵的视而不见，实质忽略了程序的内在价值。对于行政程序的重要性毋庸讳言，早在20世纪八九十年代，行政法学开始起步的时候，学者们就意识到正当程序的必要性，只要中国继续保持国家主导型的变革模式，那么要想避免可能出现的剧烈的社

① 江必新：《行政行为效力判断之基准与规则》，载《法学研究》2009年第5期。

会动荡，就必须关注和解决程序合理性和程序正义问题。[①] 但法院指正判决与程序本位主义并不冲突，相反，法院指正判决的出现正是因为经审查发现被诉行政行为符合正当程序原则，除外存在的一些非关键性、辅助性的要素存在问题，但该问题并未危及到程序的独立内在价值，法官秉持着追求完美程序的要求，故而将存在的问题予以指正。

（三）功能定位：指正体现司法权对行政权的纠偏与矫正

法院指正的功能定位应将其放置在广义层面瑕疵矫正方法框架内来探寻，对广义瑕疵而言，对于不同程度瑕疵行为给予不同的法律后果，采取相应的矫正方式，这也是我国行政诉讼法从最开始出台到修订所一直贯彻的。1989 年制定的《行政诉讼法》就已经初步体现了法律后果的多元化倾向，修订后的行政诉讼法更是在原撤销和变更判决的基础之上，增加了确认无效、确认违法等多种判决形式，再次对多元化矫正予以发展。法院指正是对行政行为的一种效力评价和矫正，[②] 即言明该行政行为的法律效力为合法，但又同时对存在的问题予以指出。这种指出可以说是对既有的被诉行政行为不施加法律责任，但对该行为进行了司法评价，且提醒行政机关在此后的行为中注意避免出现类似错误，具有对行政机关的后续行为矫正与预防的功能。例如，闻某某与某市国土资源局土地行政管理一案[③]中，法院对被告将“拟征收土地补偿安置方案”文字表述为“土地征收补偿安置方案”存在不当的瑕疵予以指出后，告诫行政机关在今后的工作中应更加严谨、细致，避免类似行为的发生。

（四）司法效果：指正是法院对行政行为合法性审查外的瑕疵问题的积极回应

我国行政法学界对法院对行政行为的司法审查的权限仍有争议，有学者认为法院对行政行为的审查“以合法性审查为原则、以合理性审查为例外”；[④] 另一种观点认为滥用职权与显失公正是同一问题的两个方面，前者着眼于主体和行为，后者着眼于行为结果，都属于行政主体不当行使裁量权且达到一定程度的违法行为。[⑤] 尽管存在上述司法审查权限的争议，但其实，两种观点的共识即都认可法院对行政行为以合法性审查为主，行政裁量的合理性有一定的审查权，只是对司法干预行政裁量的程度认识不同。

---

① 季卫东：《法律程序的意义——对中国法制建设的另一种思考》，载《中国社会科学》，1993 年第 1 期。

② 杨登峰：《行政行为程序瑕疵的指正》，载《法学研究》2017 年第 1 期。

③ 详见：山东省淄博市张店区人民法院（2017）鲁 0303 行初 74 号行政判决书。

④ 参见应松年主编：《行政诉讼法学》，中国政法大学出版社 1999 年版，第 59 页。

⑤ 胡建淼主编：《行政法学》，法律出版社 2015 年版，第 658 页。

法院作为司法机关不能审查或主要不能审查具体行政行为的合理性，已成为学术界的共识，亦符合司法权的界限。①

而在此基础上的法院对行政瑕疵指正的判决实为法院对行政行为合法性审查之外对行政瑕疵问题的积极回应。实际上，法官对于被诉行政行为的瑕疵并无指正的法定义务，以行政行为合法为由直接驳回原告诉讼请求即可。因该类瑕疵问题不能被纳入合法性审查范围内，有些问题也并非合理性审查范围内，但是对这些瑕疵问题又不能不予回应，任凭瑕疵问题的存在，故法院对此予以指正不但不是法院对瑕疵问题的视而不见，相反却是法官对瑕疵问题的积极回应。实践中有一审判决即未指出行政瑕疵，但二审判决在维持一审判决结果的基础上予以指出，使得审查内容更为全面。

四、构建可指正行政行为瑕疵司法审查的新体系

（一）厘定可指正行政行为瑕疵的认定标准

可指正行政行为瑕疵应包括行政错误和行政程序不当，如前文所述，可指正的行政行为瑕疵有事实瑕疵、程序瑕疵及法律适用瑕疵三种，事实瑕疵大多对应行政错误，程序瑕疵主要体现在程序不当、不合理，法律适用瑕疵主要是问题适法。

行政错误的判断比较容易，其构成要件应包括行政机关主观上的粗心、大意等导致的内心意思与所表达意思不一致，且其表示错误极为明显。例如行政文书中的拼写错误造成笔误，计算错误、语法逻辑错误等技术型错误。严格讲，这些错误不属于法的范畴，不宜因此而被纳入可撤销或确认违法的范畴。实践中，大多行政机关对这种行政错误有自认的自觉性，且多会在行政行为作出后进行一定情况的补正，在司法审查中也相应给予指正、更正或补正等措施。而程序瑕疵的认定标准则极易产生模糊性，也很难总结出极为精准的认定标准放之四海而皆准。如前所述，行政程序中有法定的主要程序，保障原告依法享有的听证、陈述、申辩等重要程序性权利，但同时也存在辅助性、非关键程序。程序瑕疵未影响行政行为的实体内容、未影响利害关系人的权利、权利人予以认可和谅解等并非指正的根本特征和前提，虽然指正也具备这样的特征或可以以其为前提条件之一部分。而实际上，指正的根本特征和前提应当是程序瑕疵尚不构成违法，或者程序裁量权之行使尚达不到滥用和明显的程度。② 法律适用瑕疵的判断需要综合整个行政行为来看，如文书中法条条款数与内容不相对应、其他文书中已有正确条款内容等均可判断属于瑕疵之列。

---

① 胡锦光：《我国行政行为司法审查的演进与问题》，载《华东政法学报》2009 年第 6 期。

② 杨登峰：《行政行为程序瑕疵的指正》，载《法学研究》2017 年第 1 期。

（二）行政程序问题的分层体系的构建与完善

针对行政程序瑕疵的指正，应将其放置在问题行政程序体系中看待，按照属性和严重程度，行政程序问题可分为程序轻微违法、一般违法和重大且明显违法三类，并且分别对应确认违法、可撤销和确认无效三种法律后果。针对程序违法程度较为轻微且对原告重要程序性权利无实质影响的行为采用确认违法判决，既对行政行为作出否定评价，让行政机关承担败诉的法律后果，又不撤销被诉的行政行为，避免撤销未对原告权利产生实际影响的行为而导致的程序空转，保障行政效率。针对行政程序细微瑕疵的指正其实与此有异曲同工之妙，只不过指正的效力评价更加微弱，针对除上述三类问题行政程序之外的程序不合理之处通过指正手段予以救济，既体现对程序公正的维护，对被诉行政行为给予负面的评价，又能不因此而影响行政效率。

（三）行政瑕疵行为的更正、补正制度之引入与衔接

针对行政行为瑕疵，除法院予以指正外，有必要引入更正、补正制度予以补充，毕竟法院的指正对被诉行政行为所施加的负面评价效力微弱且对被诉行政行为也不能再次变更，通过补正制度修正瑕疵之处则弥补了指正的缺陷。在我国，《湖南省行政程序规定》第一百六十四条、《山东省行政程序规定》第一百二十九条将文字表述错误、未载明作出日期等瑕疵列为补正或者更正的情形。[①] 补正制度与《行政诉讼法》第七十六条所规定的法院判决责令被告采取补救措施不同，补救措施所针对的是法院判决确认违法或者无效的行政行为，而补正措施则针对的是判决驳回原告诉讼请求的行政行为确有存在一定的瑕疵，在指正的基础之上，可以责令被告采取一定的补正措施。

五、回应司法实践：行政瑕疵行为指正判决的修正

（一）明晰可指正的行政瑕疵行为其他判决的界限

对事实记载的瑕疵，除了前述的笔误、技术性错误等行政错误外，属于事实的非关键性要素的问题或者组成要素，对案件的基本事实不产生实质性影响的，不足以构成证据不足的可撤销判决。如前所述的，某饲料公

---

① 补正制度最早规定于《湖南省行政程序规定》第一百六十四条。该条规定："具有下列情形之一的，行政执法行为应当予以补正或者更正：（一）未说明理由且事后补充说明理由，当事人、利害关系人没有异议的；（二）文字表述错误或者计算错误的；（三）未载明决定作出日期的；（四）程序上存在其他轻微瑕疵或者遗漏，未侵犯公民、法人或者其他组织合法权利的。"后来《江苏省行政程序规定》第七十五条、《山东省行政程序规定》第一百二十九条和《西安市行政程序规定》第二十九条也做了类似规定。

司诉某市人社局与王某工伤行政确认一案，事故发生时间实际是晚上9点，《工伤认定决定》中将时间书写成了9时许，各方当事人对事故发生时间都是知晓，工伤认定决定中的9时明显是晚上9时的笔误，再因此而判决撤销责令重作，没有实际意义，法院采用指正的方式指出，足以使工伤认定决定的错误得以纠正。

在可指正的行政瑕疵行为与被确认违法的程序违法之间确定一个界限的话，只能是寻找一个大致的标准，具体的认定还需要法官根据该原则进行个案分析。即行政行为所存在的程序问题非法定性的主要程序，且对整个行政基本程序没有造成实质性损害，则该辅助性程序的瑕疵不构成违法，可通过确认为狭义上的行政行为瑕疵的方式予以指正或责令补正。如某机械公司、某区人社局工伤行政确认一案，[①] 人社局在法定期限内先后送达了两份内容不同的举证通知书，且第一次送达的举证通知书内容上存在错误，但该机械公司在举证期限内提出了相关异议和证据材料，公司的陈述权、申辩权得到了充分保障，两次送达举证通知书并未对公司的权利产生实际影响，故法院认为不应认定人社局作出工伤认定程序违法。

对行政行为援引法律的瑕疵的认定，笔者主张应掌握从严的原则，行政机关所作法律文书适用的法律条款应明确具体到所引用的条、款，且适用正确。因为正确的适法是法学和法律的核心内容，对行政行为适用法律进行司法审查的目的是为行政机关适用法律提供一套标准规范。[②] 对于司法实践中法院动辄以瑕疵为由认定行政机关援引法律条文不全面、不具体或者张冠李戴的行为，实为对行政机关随意适法的纵容。如果出现引用条款与其后法条规定的内容不一致的情形的，或者通过其他相关行政法律文书载明的法律规定能够明晰具体法律规定的，则可以纳入法院可指正的范围内。

（二）为法院所指正但应确认为违法的瑕疵之修正

针对本文所考察的样本案例，几种为法院所指正的行为但应依法被确认为违法的行为应作如下明确：

1. 超期行政行为。我国相关法律法规对行政机关作出行政行为的法定期限及送达的期限已作出明确规定，《最高人民法院关于适用〈中华人民共和国行政诉讼法〉的解释》第九十六条也明确规定了处理期限轻微违法的情形属于应被确认为“程序轻微违法”的情形，但该条规定出台后，仍有法院将行政机关超出法定期限作出或者送达的行为认定为瑕疵，而未确认违法，如某交通运输公司与某市人社局工伤行政确认一案。[③] 在上述法律法

---

① 详见：山东省泰安市中级人民法院（2018）鲁09行终40号行政判决书。

② ［德］伯恩·魏德士：《法理学》，丁小春、吴越译，法律出版社2003年版，第70页。

③ 详见：山东省济南市中级人民法院（2018）鲁01行终686号行政判决书。

规强制性规定的前提下，法院对超期作出超期送达的行政行为仅予以指正而未进行违法确认实为不妥。

2. 行政行为不符合要求。行政行为不符合要求的情形包括不符合法律规定的形式、不符合当事人要求的形式。如《中华人民共和国政府信息公开条例》第二十六条规定，行政机关依申请公开政府信息，应当按照申请人要求的形式予以提供。在申请人提出的信息公开申请时，已明确要求行政机关在法定期限内以“纸面”方式提供信息，但行政机关仅在法定期限内以电话的形式向申请人进行答复政府信息不存在，不符合上述法律规定，属未依法履行政府信息公开职责的行为，依法应确认为违法。

3. 过程性程序要素缺失。过程性的程序要素一般可能是辅助性的程序环节，但不排除有些情况下在个案中称为关键性程序的可能性，所以需要法官根据案情审时度势。如在张某诉某市公安分局治安行政处罚一案[①]中，被告检查张明手机时未依法制作检查笔录违反相关程序性规定，其所作的行政处罚决定所依据的违反《治安管理处罚法》的情形又是通过检查手机内容所认定的，故而法院判决确认被诉行政处罚决定违法。

4. 援引法律条款不具体、不全面或者错误。对于行政机关适用法律时出现的引用法律条款不具体、不全面或者张冠李戴导致错误的，判断该瑕疵是否达到未说明理由的程度。如果行政机关仅言明根据某部法律法规，但未标明是哪一条、哪一款，通过前后文内容也不能明晰其所引用的条文的，应视为未说明理由，应排除在可指正的瑕疵之外。

结　语

美国法官休厄特曾说过：“（法官）不仅要主持正义，而且要人民明白无误地、毫不怀疑地看到是在主持正义，这一点不仅是重要的，而且是极为重要的。”法院对行政瑕疵的指正目前正是亟需做到这一点的，不仅要恪守瑕疵认定的边界，还要说理充分，向原告释明认定为瑕疵予以指正的理由，让人民群众在行政审判中明白无误地、毫不怀疑地看到法官是在主持正义。

---

① 详见：山东省青岛市中级人民法院（2019）鲁02行终71号行政判决书。

困境与出路：以行政裁决解决土地征收安置补偿纠纷路径构建

徐 哲[*] 贾向阳[**] 张志启[***]

一、调研：土地征收安置补偿纠纷解决实证调研

（一）土地征收安置补偿纠纷诉讼与非诉处理实证

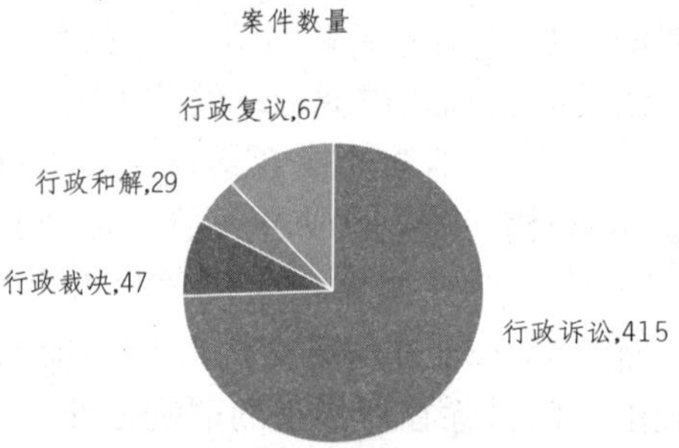

图1　2016年至2019年6月1日A市土地征收案件处理案件量平均值

通过A市行政庭2016~2019年度截至2019年6月1日前平均立案数，在审行政案件内，存在裁决、复议、和解程序比例数。上述案件比例数可以看出，安置补偿纠纷处理方式选择过程中，选择行政诉讼占比近80%多，也就是说土地征收过程中，选择复议程序仅有几件，基本都是涉及土地征收相关信息公开、违法拆除举报类，这些案件并未触及土地征收解决案件实质性争议的问题。数据也显示选择行政裁决案件比例不高，其中在诉讼前作出裁决决定书年均3件以内，虽然选择相对其他非诉解决纠纷方式，行政裁决比例较大，但由于征地部门及政府划定权限实施部门的行政裁决谁为主体差别不同，行政裁决效果并不理想。

数据也反映另外一种现象，土地权利人在土地征收过程中，一旦出现争议，并没有从村委会及镇政府进行化解，而是趋向于向更高层次的或者

* 作者单位：河南省濮阳市中级人民法院。
** 作者单位：河南省濮阳市中级人民法院。
*** 作者单位：河南省濮阳市中级人民法院。

依赖上级政府及政府部门解决问题，突出的是通过行政诉讼追加上级政府为被告、提升安置补偿诉求数额提升安置补偿案审级以期望获得影响及关注。土地权利人不选择行政裁决原因是征地实施部门往往是县级自然资源局及镇政府、办事处，选择非诉形式裁决，对于解决土地征收纠纷期望值偏低。

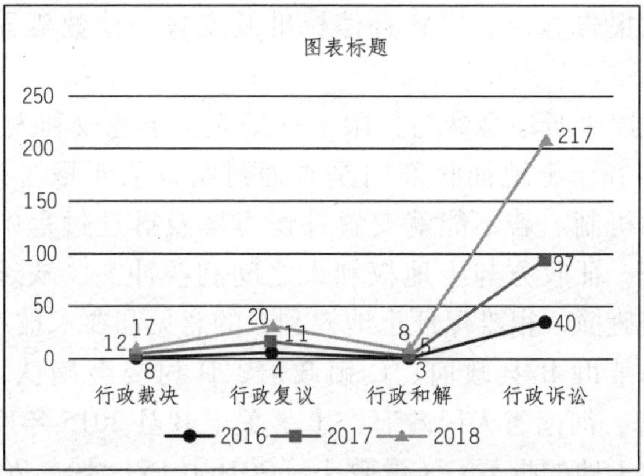

图 2　2016 年至 2018 年 6 月 1 日 A 市非诉及诉讼案件年均值递升图表

图 2 可以显示通过行政复议、行政和解、行政裁决解决问题的数量递增上，土地征收安置补偿纠纷解决方式单一的趋势并没太大变化。同一类土地征收安置补偿纠纷处理方式，行政裁决其处理纠纷的地位值并没有太大凸显。在相对稳定的政府环境与法院处理纠纷方式下，土地权利人选择化解矛盾方式上没有大的改观，更加趋向于通过诉讼解决问题。特别是诸如土地审批阶段及土地被批准征收后，出现审批违法违规报批项目，没有良好的处理渠道。①

案例一：齐某某诉 A 县人民政府拆迁补偿案。2018 年 2 月 8 日，被告作出《A 县人民政府关于〈A 县南关（二期）东片区改造房屋征收补偿方案〉征求意见稿的公告》，该公告附件为《A 县南关（二期）东片区改造房屋征收补偿方案》（征求意见稿）。该方案载明了征收时间、征收范围、房屋征收主体与土地权利人、房屋征收对象、产权调换及补偿内容等其他规定、争议的解决等内容。至诉讼时，齐某某诉称该村委会及土地权利人对土地审批征收程序一概不知，征地部门张贴公告，未经听证异议任何程序，紧接着就是拨付补偿款、拆迁，导致征地方与土地权利人矛盾激化。②

① 据《中国监察报》对河南的不完全统计，“自 2007 年以来，仅该省国土资源系统便有 110 多名官员因贪污、受贿等被追究刑事责任，其中不乏一些窝案串案。”

② 详见：濮阳市中级人民法院（2019）豫 09 行赔初 7 号行政判决书。

（二）土地征地安置补偿阶段缺乏纠纷化解疏通

征地安置补偿机制中设置了公告、听证、协调、复议和裁决等程序性内容，这些都是为妥善解决征地拆迁安置补偿问题。特别是土地权利人财产登记、清点、评估时，土地权利人应有发表意见及提出异议的权利。安置补偿方案通过后，听证程序是保障土地权利人权益必须程序，对于财产登记异议、评估报告异议、安置补偿标准及安置补偿数额异议，均可以采取听证方式。

土地征收程序中听证会参与方限于征地人、土地权利人及其他参与人，人员成分参差不齐，土地征收部门是否通过听证会听取土地权利人意见，缺乏实质性制约机制。若不能就安置补偿方案及拆迁过程中产生分歧进行充分辩论和质证，征收方与土地权利人之间利益冲突，缺乏土地相关利益蛋糕的切割直接碰撞，很难保证土地权利人的意见和要求被考虑。①

案例二：马某诉 B 县政府、C 镇政府、D 村委会确认为征地违法案。2016 年 3 月 8 日，河南省人民政府作出《关于 B 县 2015 年度第七批城乡挂钩试点项目征收土地的批复》（豫政土〔2016〕159 号）。2016 年 4 月 1 日将 B 县国土资源局《征地补偿安置方案公告》张贴于 C 村公示栏。2016 年 4 月 25 日，B 县政府同意按照《征地补偿安置方案》拨付征地补偿费用。2016 年 9 月 24 日，C 镇政府通过 B 县农村信用社向被征地户包括马某拨付了征地补偿款。该案中，安置补偿未征求土地权利人意见，矛盾发生后，未经过听证程序，征地方直接将安置补偿款发放到位，土地权利人长时间不认可不领取，导致拆除矛盾进一步激化。②

（三）土地安置补偿纠纷中未设置中止条件

根据《中华人民共和国土地管理法实施条例》第二十五条第三款的规定，征地补偿、安置争议不影响征收土地方案的实施。据此征收土地安置补偿形成纠纷，作为土地征收部门强制征地，土地权利人对财产登记清点、

---

① 根据《中华人民共和国行政许可法》《中华人民共和国土地管理法》及《征用土地公告办法》《国土资源听证规定》之规定，2015 年农村集体土地征地补偿、安置方案的听证程序是：（1）被征地农村集体经济组织、农村村民或者其他权利人对征地补偿、安置方案有不同意见的或者要求举行听证会，应当在征地补偿、安置方案公告之日起十个工作日内向土地行政主管部门提出；（2）对当事人要求听证的，应当举行听证会。土地行政主管部门应当研究被征地农村集体经济组织、农村村民或者其他权利人对征地补偿、安置方案的不同意见。确需修改征地补偿、安置方案的，应当依照有关法律、法规和批准的征用土地方案进行修改意见；（3）有关土地行政主管部门将征地补偿、安置方案报市、县人民政府审批时，应当附具被征地农村集体经济组织、农村村民或者其他权利人的意见及采纳情况，举行听证会的，还应当附具听证笔录；（4）听证会的组织应按照《国土资源听证规定》执行。

② 详见：濮阳市中级人民法院（2019）豫 09 行初 105 号行政裁定书。

评估、安置补偿标准、补偿款数额有异议，在行政裁决未作出合理处理阶段，一方面异议意见未得到表达，知情权、财产权未得到保障，又要面临强制拆除危险。土地权利人采取非常手段维护自身利益，极易引发严重威胁社会稳定的暴力冲突事件。① 安置补偿阶段矛盾纠纷化解制度设计缺陷，导致在土地权利人财产清点、登记、评估与土地移交阶段缺乏相应预防措施左支右绌。② 一般情况下，安置补偿标准中依据的地价是由省政府、市政府制定的，部分征地项目本身就是省政府投资，但不能因此剥夺土地权利人对补偿标准的异议。③

案例三：牛某诉 A 市人民政府、B 区人民政府、C 街道办事处、D 村民委员会请求履行补偿职责一案。1998 年牛某租赁集体土地，建养猪场一处。2012 年 9 月 10 日，某省人民政府决定对包括牛某养猪场在内的集体土地进行征收。经征收土地方案公告、《征收土地补偿安置方案》公告。期间，2017 年 7 月 3 日，B 区政府将牛某养猪场所在区域划为禁养区，禁养区内取缔畜牧养殖场。2017 年 7 月 4 日，B 区政府及 B 区畜牧局、C 街道办事处工作人员对牛某养猪场母猪和商品猪存栏量进行清点、评估、评估款项拨付。该案中，牛某对土地征收、禁养规定多次异议，异议程序一直未停止，但禁养区政策实施，搬迁工作未有停止，导致矛盾激化。④

（四）安置补偿款数额异议及补偿款发放缺乏限制条件

土地征收进入补偿安置、发放补偿款阶段，缺乏实质性限制机制。政府城市建设扩建扩张政策，房地产暴利催生盲目扩大的投资规模与招商引资及政府自有资金轮转，导致开发商资金断链时有发生，最终财产损失还要转嫁给土地权利人。法律缺乏明确对安置补偿款的时限性规定，地方政府财政赤字，房地产开发走软，经济下滑，地方政府拖欠、挪用安置补偿款项时有发生。若土地征收部门委托第三方村委会支付，村委会也存在挪用、侵吞土地权利人安置补偿款的发生。

土地权利人对安置补偿标准、补偿款数额存在异议，理应由土地征收部门进行先行处理，在得不到及时处理及合理答复前，不接受、不领取安

---

① 2013 年国土资源部的紧急通知再次强调：不得强行实施征地，杜绝暴力征地。

② 公安部颁发的《2011 年公安机关党风廉政建设和反腐败工作意见》明确规定，公安机关严禁参与征地拆迁等非警务活动。

③ 《中华人民共和国土地管理法实施条例》第二十五条第三款规定："对补偿标准有争议的，由县级以上地方人民政府协调；协调不成的，由批准征用土地的人民政府裁决。"《最高人民法院关于审理涉及农村集体土地行政案件若干问题的规定》第十条规定："土地权利人对土地管理部门组织实施过程中确定的土地补偿有异议，直接向人民法院提起诉讼的，人民法院不予受理，但应当告知土地权利人先申请行政机关裁决。"

④ 详见：濮阳市中级人民法院（2019）豫 09 行终 103 号行政判决书。

置补偿款普遍存在。接受安置补偿方案的土地权利人无法按时得到补偿款，对未接受安置补偿方案的土地权利人产生负面影响巨大。安置补偿款发放拖延导致失地群众无法购买新的房屋或者转移安置，长期居住过渡房，也加剧社会矛盾冲突。① 土地征收纠纷土地权利人即使通过行政诉讼胜诉，执行到安置补偿款也困难重重。

案例四：郭某诉政府支付征地补偿款案。2016 年 11 月 15 日，A 省人民政府作出《关于 A 县人民政府 2016 年度第五批城市建设用地的批复》（豫政土［2016］973 号），原告的 3. 125 亩土地位于本次公告确定的范围之内。2016 年 11 月 8 日，对原告地上附属物进行了评估，作出正诚评字（2016）第 1611105 号评估报告，原告对评估报告不服，请求评估公司对该报告进行说明，评估公司拖延不予答复，导致安置补偿矛盾激化。对于原告提出附属物清点后，评估标准及评估数额，评估公司应该作出说明，土地征收部门在此过程中，未作出任何解释，亦未进行听证。②

二、分析：行政裁决解决土地征收安置补偿纠纷存在的问题

（一）行政裁决途径解决土地征收安置补偿纠纷梗阻问题

土地征收安置补偿阶段土地权利人有异议及申辩权利，对自身权利拥有知情权、财产权、异议权。当前土地征收安置补偿纠纷解决机制中，召开听证会系主要形式。纠纷不能通过听证，协商进行解决，表达权利渠道出现梗阻，纠纷就会被动推送到法院，一定程度上导致行政审理案件的激增。缺乏矛盾疏导机制，矛盾进一步激化，不仅加大诉讼解决难度，土地权利人选择非诉解决方式就更加困难（图 3）。土地权利人利益诉求差异本应根据权利侵害内容的不同有不同的处理方式，征地部门应引导安置补偿纠纷通过非诉手段化解，征地部门不作为与土地权利人过高期望偏差，引发安置补偿纠纷多元化化解渠道梗阻成为矛盾不能化解甚至激化主要问题。

---

① 河池市宜州区城区教学资源紧缺，建设西屏学校是利国利民的大好事。西屏学校最终选址在宜州区庆远镇龙塘社区福龙屯的土地，村民们当初都感到高兴，都赞成，毕竟今后子孙后代能够就近入学了。但是，2015 年 4 月 13 日宜州市福龙房地产开发有限责任公司（以下简称福龙房产公司）与福龙村民小组签订投资联营建设协议书，2015 年 5 月 4 日宜州市国土资源局与福龙村民小组签订征收土地协议书后，本来皆大欢喜的大好事却成了群众烦心、政府忧心的烫手山芋，西屏学校建设停滞不前。究其原因，主要在于征地补偿款在 2015 年 5 月 20 日被原村民小组私自转入福龙房产公司账户，许多被征地的村民没有得到征地补偿款，而福龙房产公司承诺的安置宅基地也一直没有着落。详见 http：//www. 25yz. com/thread－757913－1－1. html. 最后访问日期：2018 年 5 月 23 日。

② 详见：濮阳市中级人民法院（2017）豫 09 行初 307 号行政判决书。

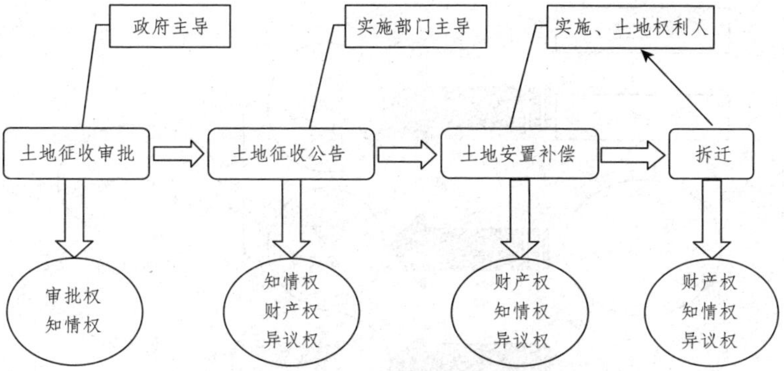

图3　土地征收过程中权利及介入阶段与方式

（二）诉讼解决与非诉讼解决选择依赖问题

土地纠纷发生后，土地权利人可以选择非诉途径，也可以选择诉讼途径。人民法院从客观上来讲，不能限制当事人的诉权，但法院对解决纠纷也不是万能的，特别是涉及土地征收类案件，人民法院面临土地权利人和政府、土地征收实施部门，案件未必能办到息诉罢访的程度（参见图4）。虽然现有法律规定了对补偿标准有争议，由县级政府协调，协调不成，由批准征收土地的人民政府裁决。该原则性规定不能从根本上解决具体安置补偿纠纷。

1. 该规定并未具体规定补偿标准的范围。一般情况下，征地补偿标准是由市级人民政府根据具体情况制定，省人民政府、国务院对于特殊类财产也有标准，该标准从第一次县级政府审核不具有合理性。

2. 该规定指出由批准征地人民政府裁决，一般情况下，土地征收批复人民政府为省人民政府，省人民政府对于此类应该如何裁决，裁决应依据何种程序，裁决应在什么期限作出等有一些列问题。

3. 行政诉讼成本低廉，加之人民法院相对可信度与公信力较大，土地权利人规避非诉途径合情合理。一旦各级人民政府未能在合理预期期限答复土地权利人，选择行政诉讼可能就是最佳选择。

4. 可以处理两类争议征地补偿、安置争议，是否应该包括补偿数额争议，补偿数额争议是否也应参照此类程序进行解决，缺乏必要法律规定限制。

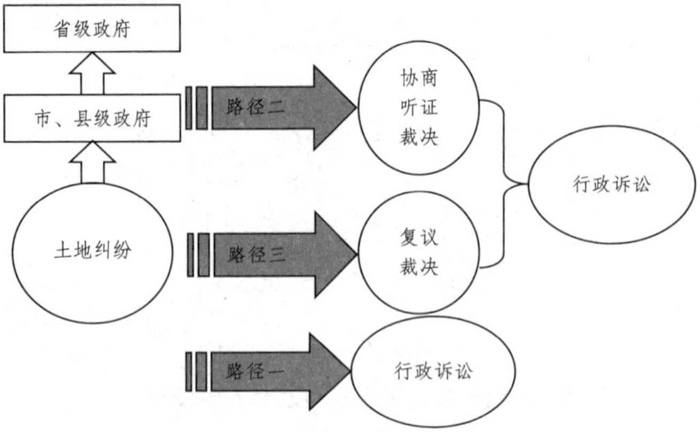

图4 诉讼途径与非诉途径解决土地纠纷路径依赖

（三）行政裁决设置系统风险问题

1. 行政裁决立法规定有待完善。土地安置补偿纠纷对行政裁决程序限制欠缺，给土地征收过程中纠纷化解带来很大的不便。行政法规及部门规章及其他政府出台的规范性文件处于较低位阶，适用范围有限，也不全面，规范性文件之间甚至存在矛盾之处，特别是土地征收安置补偿程序每一环节并无对应的处理措施，造成无法可依的行政裁决更加混乱。[①] 行政裁决法律规制的虚无化，也违背有权利必有救济的根本法治原则。

一般行政裁决程序规定一共有三类：第一类处理[②]、裁决[③]、裁定[④]；第二类停止侵害，赔偿损失[⑤]；裁决赔偿损失[⑥]；责令恢复[⑦]；责令采取补救措施[⑧]。行政裁决法律适用困难相对弱化行政裁决文书公信力，导致行政

① 《中华人民共和国土地管理法》第十六条规定：土地所有权和使用权争议，由当事人协商解决；协商不成的，由人民政府处理。单位之间的争议，由县级以上人民政府处理；个人之间、个人与单位之间的争议，由乡级人民政府或者县级以上人民政府处理。当事人对有关人民政府的处理决定不服的，可以自接到处理决定通知之日起三十日内，向人民法院起诉。在土地所有权和使用权争议解决前，任何一方不得改变土地利用现状。

② 《中华人民共和国土地管理法》第十三条规定：土地所有权和使用权争议，由当事人协商，协商不成的由人民政府处理。

③ 《中华人民共和国治安管理处罚条例》第三十三条规定：对违反治安管理行为的处罚，由县、市公安局、公安分局或者相当于县一级的公安机关裁决……

④ 如《中华人民共和国商标法》第四十一条规定：对已经注册的商标有争议的，可以自该商标经核准注册5年内，向商标评审委员会申请裁定……

⑤ 《中华人民共和国土地管理法》第五十三条规定：侵犯土地的所有权或者使用权的，由县级以上地方人民政府土地管理部门责令停止侵害、赔偿损失……

⑥ 《中华人民共和国治安管理处罚法》第三十八条规定：被裁决赔偿损失或者医疗费用的……

⑦ 《中华人民共和国草原法》第十九条、第二十条均有责令恢复植被的规定。

⑧ 《中华人民共和国水法》第四十七条、《中华人民共和国水土保持法》第三十二条均有同样的规定。

相对人特别是在土地征收安置补偿纠纷，不选择行政处理程序，大大降低了行政裁决的效果。

当前的问题是针对土地征收安置补偿纠纷中，财产清点评估、依据安置补偿标准异议、安置补偿款发放的规定过于宽泛，加上行政裁决程序没有严格规定，导致解决这些问题无法可依的现状。另外，现在人民法院有针对性此类案件办案司法解释及办案依据，然而土地征收部门没有具体处理规范性文件，导致即使人民法院及时提醒土地权利人，仍旧无法达到化解矛盾的目的。再者，《中华人民共和国土地管理法实施条例》《国有土地上房屋征收与补偿条例》《最高人民法院关于审理涉及农村集体土地行政案件若干问题的规定》规定之间衔接不甚完美，给通过行政裁决化解此类纠纷带来困难。

2. 行政裁决程序规定存在的问题。行政裁决法律规定的差异，也使得行政裁决的内涵与外延比较模糊，这种裁决程序和法律名称的不统一，直接影响这种非诉纠纷处理机制效果。从这些规定也可以看出，行政裁决受理申请的范围还是比较小的，如将土地征收安置补偿纠纷纳入行政裁决解决，如何解决、能否解决成为问题的关键。行政裁决程序设置的门槛直接决定行政裁决效果。[①] 对行政裁决的规定的模糊性与赋予当事人可以在行政裁决、行政复议或者行政诉讼方面自有选择相互矛盾，导致土地安置补偿纠纷原本可以通过行政裁决化解而无法解决。客观上增加法院诉讼案件量，也不利于矛盾解决，如何发挥行政裁决的优势应通过流程系统深入分析。(见图5)。

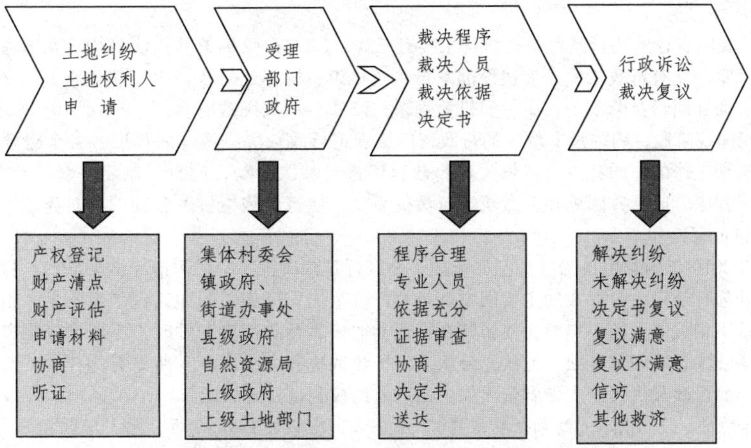

图5　行政裁决程序事项及事项是否完备分析

① 罗豪才、湛中乐：《行政法学》，北京大学出版社2006年版，第260页。

3. 行政裁决未明确专门机关及人员。我国当前缺乏处理行政裁决的具体机关，行政机关同时肩负行政裁决与行政管理的双重职能。[①] 也就是作为土地征收主体同时也是土地征收纠纷的裁决者，这为有效解决土地纠纷设置了障碍。土地征收安置补偿纠纷的行政裁决可能与土地征收程序运用同一批人马或近似相同的处理程序，缺乏专业性的土地征收行政裁决团队也不可能作出让土地权利人及其他利益相关方满意的裁决结果。[②]

行政机关缺乏对土地征收安置补偿性质缺乏充分认识，处理此类纠纷在缺乏明确法律规定的情况下，存在较大随意性。[③] 行政裁决人员缺乏服务意识，不重视土地征收各方合法权利，甚至在行政裁决中剥夺土地权利人辩论权、知情权、申辩权。行政裁决公正性和专业性的缺失，使得行政裁决无法实现高效运转。行政裁决不可避免的制度设计缺陷与缺乏专业性部门与人才，使得行政裁决程序解决问题大打折扣。

（四）土地权利人权利救济机制缺失问题

一方面土地征收安置补偿纠纷非诉讼纠纷解决方式缺乏专门的部门及纠纷解决机构不能很好地解决此类纠纷，另一方面非专业化解决土地征收安置补偿纠纷新政裁决缺乏中立性、程序不完善，无法充分发挥作用。[④] 比如协调解决虽然体现征地各方自愿真实意思，但达成协议缺乏反制措施，特别是像安置补偿款纠纷，适用范围过于狭窄。[⑤] 行政复议主体缺乏中立性，行政复议程序繁杂，征收行政机关自我纠错反而会引起矛盾的升级。[⑥] 行政协调与裁决的程序方式，土地权利人有更强的参与感，但协调更强的

---

① 在我国有权解决行政裁决的机构主要有三类：（1）行政机关的执法机构。我国通过一些行政法规、规章设立有行政裁决，如建设部发布的《城市房屋拆迁行政裁决工作规程》；（2）专门机关。专利、商标纠纷及劳动争议由专门机关管辖；（3）各级人民政府。

② 我国现阶段，国内没有统一的行政程序法规定行政裁决应遵守的程序，各个行政机关依据具体行政管理工作的不同特点，或依一般行政程序进行裁决活动，或自行制定一套行政裁决程序，或借鉴司法程序，或借鉴国外相关做法进行裁决活动，使行政裁决机关各部门各自为政，直接影响依法行政的实施效力。

③ 以2016年内蒙古自治区法制办梳理了全区行政裁决程序的适用情况结果显示：目前阶段行政机关在处理行政裁决中存在的主要问题就是对行政裁决程序相关问题认识严重不足，由于行政机关对行政裁决相关概念的不熟悉，使得其在处理土地权属行政裁决案件时，不能准确把握裁决程序各步骤中需要注意的问题事项，无法充分认识到行政裁决程序中当事人所享有的权利，要让行政机关在土地权属行政裁决程序中做到全面保护当事人的权利也就无从谈起。

④ 程燎原、王人博：《权利及其救济》，山东人民出版社1998年版，第370页。

⑤ 我国目前关于征地纠纷的解决机制的行政法规仅限于《中华人民共和国土地管理法实施条例》第二十五条有极其简单的规定，即"对补偿标准有争议的，由县级以上地方人民政府协调；协调不成的，由批准征收土地的人民政府裁决"，实施条例的这一规定在实践中被理解为裁决前置的情况居多，土地权利人对补偿有异议，先要经过裁决程序才能提起行政诉讼。

⑥ 季金华：《司法权威论》，山东人民出版社2004年版，第237页。

行政色彩增加其中复杂性，主体缺乏中立性，造成协调结果的可信度与执行力不足。

非诉纠纷解决机制的缺失与渠道梗堵，导致土地权利人采取信访的方式解决。[①] 土地征收安置补偿阶段，可以选择行政诉讼及可以通过行政裁决解决征地、安置补偿数额、违法征收前置程序。实践中，征收人与土地权利人之间行政的土地征收安置补偿纠纷，也使得司法救济相形见绌。[②] 征收土地安置补偿阶段，司法途径也很难迫使行政机关完全受案与合理解决。

当前，行政裁决的救济途径主要是民事诉讼和行政诉讼。[③] 行政裁决法律适用的列举式规定，与行政复议、行政诉讼受案范围不完全重合，甚至大于后者范围。[④] 行政裁决作出后没有明确救济制度，也就造成土地征收安置补偿纠纷相关方不选择行政裁决的原因。“司法救济相对于其他救济方式而言，具有无可替代的地位。司法审查的公正性、中立性和正当性，是司法审查在解决土地征收征用争议纠纷方面权威性和终局性的重要保障。要以司法体制为中心解决土地征收征用纠纷，必须确立法院在解决纠纷争议中的权威性和终局性。”[⑤] 法院所拥有的权力是司法监督和司法审查。法院是担当解决纠纷的最后一道防线这一重任的。[⑥]

三、构建：行政裁决解决土地征收安置补偿纠纷出路

（一）立法：授予土地权利人对非诉纠纷选择权

在土地征收过程中，如何保障土地权利人的诉权，首先要理顺行政复

---

① 信访是土地权利人向有关部门反映集体土地征收情况，提出意见建议或投诉诉求，由有关行政机关处理的活动。

② 《最高人民法院关于审理涉及农村集体土地行政案件若干问题的规定》：土地权利人对征收人确定的征地补偿标准、补偿方式有异议提请行政裁决后对行政裁决不服的；土地权利人对征收人认定的土地的地类、等级有异议；土地权利人对征收人认定的人均耕地面积有异议；土地权利人对征收人确定的被征地的前三年平均产值有异议；土地权利人对征收人确定的被征地地价或年产值的标准有异议；土地权利人对征收人确定的被征地的补偿费倍数有异议；土地权利人对征收人的安置方式有异议；土地权利人对征收人确定的社会保障费用有异议等8类纠纷，土地权利人可以向法院提起行政诉讼。

③ 《中华人民共和国土地管理法》第十六条、《中华人民共和国森林法》第十四条和《民间纠纷处理办法》第六条和第二十一条。《最高人民法院关于执行工作若干问题的解释》把行政裁决中的对赔偿的裁决、对补偿的裁决和对权属的裁决（行政确权）列入了行政诉讼的范围。

④ 经济观察报：《行政复议正在萎缩的制度》，2003年10月13日。

⑤ 肖磊、王宗正：《土地征收征用纠纷解决机制的解析与建构——基于系统机构分析方法的研究》，载《江汉论坛》2008年第3期。

⑥ 沈开举：《法院只是最后一道防线》，载《民主与法制》2007年第15期。

议、行政诉讼和协调裁决之间的关系，满足土地权利人提供选择权。[①]《中华人民共和国土地管理法实施条例》规定相对宽泛，土地权利人对安置补偿标准有异议，也可以选择协调、裁决，也可以不经协调、裁决直接提起行政复议、行政诉讼。[②] 土地征收行政裁决与非诉处理部门应优先考虑将矛盾点化解在市、县两级，减轻省、中央级别的压力，特别是非诉纠纷处理机制。[③]

1. 通过立法形式，在保障土地权利人针对安置补偿纠纷中财产登记、财产评估、评估报告异议、安置补偿补偿标准、安置补偿款有选择处理方式权力。

2. 针对上述安置补偿各类纠纷，进行行政裁决，应该考虑行政裁决程序化完善、行政裁决结果及送达、行政证据审查以及专业性行政人员参与的限制。

3. 若对上述争议选择行政复议，复议后应选择行政裁决的，时间上作进一步限制。特别是安置补偿款数额不符，可进行补偿部门的先行处理。对于财产评估有异议，应该择由作出评估公司进行说明，并限定日期。

4. 扩大行政裁决的范围。土地征收安置补偿纠纷主要的分歧点在财产清点评估、安置补偿方案、安置补偿标准、安置补偿款数额争议。根据现有规定，应该增加针对每一环节节点的行政裁决事项，做到有法可依。特别是对于安置补偿标准、安置补偿数额争议，现有的国有土地及集体土地征收补偿办法并无具体可操作性规定，应明确新的立法方向最低涵盖此类内容。

---

① 《中华人民共和国行政复议法》第三十条第一款规定：公民、法人或者其他组织认为行政机关的具体行政行为侵犯其已经依法取得的土地、矿藏、水流、森林、山岭、草原、荒地、滩涂、海域等自然资源的所有权或者使用权的，应当先申请行政复议对行政复议决定不服的，可以依法向人民法院提起行政诉讼。

② 《中华人民共和国土地管理法实施条例》第二十五条规定：征收土地方案经依法批准后，由被征收土地所在地的市、县人民政府组织实施，并将批准征地机关、批准文号、征收土地的用途、范围、面积以及征地补偿标准、农业人员安置办法和办理征地补偿的期限等，在被征收土地所在地的乡（镇）、村予以公告。被征收土地的所有权人、使用权人应当在公告规定的期限内，持土地权属证书到公告指定的人民政府土地行政主管部门办理征地补偿登记。市、县人民政府土地行政主管部门根据经批准的征收土地方案，会同有关部门拟订征地补偿、安置方案，在被征收土地所在地的乡（镇）、村予以公告，听取被征收土地的农村集体经济组织和农民的意见。征地补偿、安置方案报市、县人民政府批准后，由市、县人民政府土地行政主管部门组织实施。对补偿标准有争议的，由县级以上地方人民政府协调；协调不成的，由批准征收土地的人民政府裁决。征地补偿、安置争议不影响征收土地方案的实施。征收土地的各项费用应当自征地补偿、安置方案批准之日起3个月内全额支付。

③ 从法理角度看，省级政府和国务院的征地审批作为具体行政行为可能对农民土地权利造成损害，应该可以提起行政诉讼，但《中华人民共和国土地管理法》及其实施条例都没有明确规定，地方法院也不愿对高层政府的决定进行审理。

（二）协调：筑牢征地纠纷非诉化解的基础

行政机关作出的征地行为与土地权利人之间利益冲突，没有平等协商的前提，即使构建完备的争议非诉机制，也很难有良好的社会效果。[①] 当前的土地征收安置补偿一个大的问题，就是安置补偿标准应区分国有土地与集体建设用地之间差异，并且安置补偿标准应随着社会发展及时更新。只有区分被征收土地的性质不同，选择采取不同的安置补偿标准，才能更好地解决土地征收问题。[②] 实践中应区分国有土地、集体土地、集体建设用地，国有土地再区分出让地与划拨地。[③]

经营性建设用地争议处理，安置补偿纠纷可以通过征地单位与被征收方应该按照平等协商的方式进行，对各方利益在平等协商的基础上完成征地流程。这样协商在前，土地权利人与用地机关才不会激化更大的矛盾冲突。一方面将安置补偿纠纷争议转化成面对面的协商，另一方面解决土地征收安置补偿争议化解中行政裁决的统一。依照各地情况，因地制宜增加安置补偿纠纷协商程序的份额，淡化矛盾，降低土地权利人维权成本，逐步完善冲突预防与化解机制。

（三）中止：建立安置补偿裁决期间征地程序中止制度

我国当前土地征收之所以矛盾冲突比较严重，在于程序上规定的缺陷，特别是《中华人民共和国土地管理法实施条例》第二十五条“征地补偿、安置争议不影响征收土地方案的实施”，将土地权利人可以通过程序保障自身权益设置较大障碍。行政裁决程序上不设定中止机制，就无法避免矛盾冲突升级，时间是导致安置补偿纠纷矛盾激化的催化剂。

建议涉及土地征收安置补偿纠纷制定统一的行政裁决程序机制，改变争议处理期间不中止的现有规定，避免仅考虑征地效率而忽视实体公平。从根本上讲，不建立土地征收安置补偿纠纷行政裁决中止制度，就无法从根本上保障土地权利人的合法权益，也不符合严密的立法逻辑思维。土地征收安置补偿纠纷行政裁决中止制度，一方面可以通过中止为土地权利人提供程序上便利，另一方面也给征收机关纠错机会，避免强制拆除的发生。

---

① 但实践中，超过95%的征地案件最后并没有经过法庭审判，而是庭外和解。

② 只有事先与农民就征地补偿水平进行了协商，那些征地补偿水平较高的村农民对征地的满意度才显著更高。

③ 2008年党的十七届三中全会明确提出“改革征地制度，严格界定公益性与经营性建设用地，逐步缩小征地范围”。2009年《政府工作报告》指出“土地承包经营权流转必须坚持依法自愿有偿的原则。坚持和落实最严格的耕地保护制度和最严格的节约用地制度”。2010年时任温家宝总理在《政府工作报告》中强调“城乡建设都要坚持最严格的耕地保护制度和最严格的节约用地制度，切实保护农民合法权益”“依法治理土地和房屋征收征用中的侵害群众利益问题”。

（四）审查：构建征地安置补偿程序行政裁决审查机制

一个亟待解决的问题，行政裁决作出机关往往是本级人民政府，土地征收实施征收部门往往是县级政府部门，选择市、县级人民政府为协调裁决的机关，将大大弱化行政裁决结果的效力。按照规定，选择安置补偿标准批准机关及土地征收批准省级人民政府，层级提高也未必能达到预期效果。如何解决土地征收安置补偿行政裁决解决问题的质量，应加大司法权对行政裁决过程的保障与监督，这样才能有更多的土地权利人选择非诉来解决问题，完善提升裁决结果的可信度制度设计。这要求两个重要的内容：一是要承认非诉机制所作出结果的效力，二是要审查土地征收安置补偿争议纠纷裁决救济程序整个程序过程。①

1. 从行政裁决主体资格上审查。要注重行政裁决人员是否存在行政裁决的权限问题。一般认为存在法律、法规授权是存在行政裁决主体资格前提，若无此权力，土地征收安置补偿裁决方就不能作为行政诉讼适格被告，也不能针对安置补偿争议作出判断。②

2. 从裁决程序上审查。因缺乏统一行政裁决法，应参照行政诉讼的程序，行政复议、行政监察等行政程序性规定。行政裁决时应充分考虑土地权利人及相关各方协商、调解、回避、陈述、申辩等各项权利。行政裁决处理土地征收安置补偿争议的过程应充分考虑各方程序上应有权利，特别是对土地权利人权利保障，应作为审查行政裁决结论重点所在。行政裁决的公信力提升关键在于各个环节权利保障。

3. 从行政裁决作出的证据上审查。审查证据的关键是举证责任分配问题，同时参考行政诉讼举证相关规定进行。土地征收安置补偿争议类证据主要制作或存放于征地实施部门。审查行政裁决是否过多让土地权利人承担过多的责任。

4. 从行政裁决处理法律上审查。审查关键在于法律、行政法规都是作出行政裁决的重要依据。对行政裁决适用法律问题应从实体法到程序法都应该考虑。行政裁决处理土地征收虽是非诉程序，法律适用也应严格把握各种法律、法规的适用问题。

---

① 叶建平、陈锋：《从权利到救济完善我国农地征收纠纷解决机制的思考与建议》，载《法治研究》2007年第11期。

② 《城市房屋拆迁裁决工作规程》第三条规定：市、县人民政府城市房屋拆迁管理部门负责本行政区域内城市房屋拆迁行政裁决工作。房屋拆迁管理部门及其工作人员应当按照有关法律、法规规定，依法履行行政裁决职责。第十六条规定：当事人对行政裁决不服的，可以依法申请行政复议或者向人民法院起诉。

（五）建议：通过立法途径向行政裁决分流

通过以上系统分析与实证调研，结合《中华人民共和国土地法》《中华人民共和国土地管理法实施条例》《国有土地上房屋征收与补偿条例》《最高人民法院关于审理涉及农村集体土地行政案件若干问题的规定》等规定具体内容，根据我国现在的土地性质区分，集体土地与国有土地应该采用区分标准，按照土地性质的不同，正确引导增加非诉途径解决的可能（参见图6）。

通过法律手段，规范土地征收安置补偿案件分流机制，完善行政裁决入口机制、然后通过选择、协商、中止、审查等手段，提升行政裁决的可信性、有效性，从而发挥非诉纠纷处理机制的优点，又可减少土地权利人诉累。

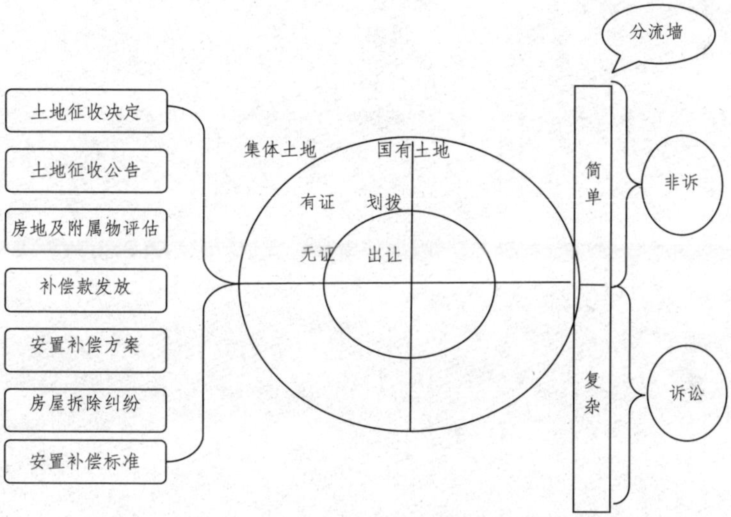

图6 土地征收纠纷非诉解决渠道阻断分流示意图

结 语

通过完善行政裁决的手段解决土地征收安置补偿纠纷，首先，应解决当前立法宽泛带来具体行政裁决无法可依的问题，保证土地权利人争议纠纷路径的选择权。土地征收过程中安置补偿争议出现时，要建立预防和化解纠纷的预防机制，构建非诉手段解决此类纠纷的途径。其次，应切实保障土地权利人的权利，建立争议纠纷行政裁决分段中止机制、选择机制、协商机制，创造良好协商、平等沟通的环境。

土地征收行政机关应提供更多机会增进土地权利人的话语权，特别是土地权利人的土地及房屋被征收状态下，争议解决应缓和而又有效果。为提升行政裁决的法律与社会效果，应完善监督与审查程序，拓宽处理征地征收安置补偿类纠纷方面的救济渠道。确保土地征收安置补偿争议纠纷能够能够通过市、县级政府及相关政府部门的密切配合，妥善解决。应鼓励土地征收安置补偿类纠纷选择非诉纠纷解决方式，降低土地权利人维权成本，让土地权利人在面对安置补偿纠纷时求权有望、维权有助。展望征地征收安置补偿纠纷解决机制的未来，通过这些举措的不断完善与实施，我国的土地征收行政也定能够实现“阳光征地”。

九、刑事诉讼篇

刑事二审处理方式的价值修正与司法续造

——以《刑事诉讼法》第二百三十六条第一款为中心展开

宋喜萍[*]　王旭东[**]

刑事二审程序作为一审程序的监督与救济程序，对原判决可以作出以下几种处理方式：裁定维持原判、改判、裁定发回重审。《中华人民共和国刑事诉讼法》（以下简称《刑事诉讼法》）第二百三十六条第一款设定了上述三种处理方式的具体适用条件，但从其语义考察，这一过于刚性的规则预设在一定程度上缺乏了相应的延展性与灵活性，与实践选择存在明显的割裂与背离，而对于改判与发回重审界定与区分的模糊亦进一步揭示了该条在适用上的现实困境。“大部分的法律漏洞，并非涉及个别法条的不圆满性，毋宁是整个规则的不圆满性”，① 如何有效地解决这一司法技术性与制度结构性的双重难题，更好地防范化解审判工作中可能涉及的重大风险，已成为实务中亟待回应的问题。本文即试图通过实证考察、逻辑分析等论证方法，对刑事二审处理方式的理念修正与路径构建展开研究。

一、检视：刑事二审处理方式的实践偏失

在审判实践中，刑事二审处理方式存在以下突出问题：

（一）维持原判的名不副实

二审认为一审部分法律适用或事实认定存在错误，并进行了纠正，因对裁判结果没有影响，故根据《刑事诉讼法》第二百三十六条第一款第一项裁定维持原判，但该项适用的前提要件“原判决认定事实和适用法律正确”并

---

* 作者单位：安徽省芜湖市中级人民法院。

** 作者单位：安徽省芜湖市中级人民法院。

① ［德］卡尔·拉伦茨：《法学方法论》，陈爱娥译，商务印书馆2003年版，第251页。

不能成立，裁定结果明显违反法律规定（见表1案例1）。而当一审部分法律适用或事实认定上的错误足以导致整个法律推理的大小前提发生变化时，即使裁判结果在实现具体权利义务过程中相同，其裁判的正当性也会大大削弱，二审裁判极有可能演变成一种缺乏逻辑的“误判”。更甚者，一审基于存在明显有害错误的事实认定或法律适用而作出了错误的裁判结果，但基于上诉不加刑原则，二审援引《刑事诉讼法》第二百三十六条第一款第一项规定裁定维持原判（见表1案例2），然而当事人甚至普通公众往往会对这种生搬硬套的做法产生疑惑，一定程度上会认为二审法院放弃了程序正义的要求，[①] 进而可能导致作为权威性司法行为的法院裁判丧失公信力。且在该种类型的维持原判中，其一审裁判实质上已经构成了“错判”，如果对这类错判不予区分和界定，将会欠缺对其有效规制的正当性基础。

表1　维持原判的名实不副型案件

序号	失范类型	案由	主要案情	裁判经过
1	维持原判的名实不符型	田某利用邪教组织破坏法律设施罪案[②]	田某在车站、小区等多处粘贴邪教宣传标语，后被公安机关抓获，并从其住处查获用于传播邪教的宣传书籍等。	一审认定田某构成利用邪教组织破坏法律实施罪（犯罪预备）；二审认为田某属犯罪既遂，原判适用法律不当，但定罪准确，量刑适当，故适用《刑事诉讼法》第二百二十五条第一款第（一）项，裁定维持原判。
2		柳某、周某等非法拘禁罪案[③]	柳某伙同周某等以樊某动了汽车GPS，违反了其签订的个人汽车消费贷款担保合同，需支付汽车售价30%的违约金为由，将樊某非法拘禁长达28小时多，期间，柳某将樊某鼻子打伤，后柳某等被公安局现场抓获。樊某出具书面谅解书，表示对柳某等予以谅解。	一审认为柳某、周某等五人当庭自愿认罪并取得谅解、被害人有一定过错，在量刑时酌情予以了从轻处罚；二审认为被害人不具有刑法意义上的过错，原判对此认定错误，但基于上诉不加刑原则不再调整各上诉人的量刑，故适用《刑事诉讼法》第二百二十五条第一款第（一）项裁定维持原判。
备注：《刑事诉讼法》于2018年10月26日修改后，原第二百二十五条变更为第二百三十六条，条文内容未作调整，上表及下表三选取的案例裁判日期均在新《刑事诉讼法》修改之前，故适用的是原条款。				

① 沈德咏主编：《最高人民法院民事诉讼法司法解释理解与适用（下）》，人民法院出版社2015年版，第880页。

② 详见：贵州省贵阳市中级人民法院（2018）黔01刑终70号刑事裁定书。

③ 详见：四川省成都市中级人民法院（2018）川01刑终206号刑事裁定书。

如上表所示，在“名不副实”的维持类案件中一审判决存在的错误根据其性质及严重程度依次可以划分为无害错误、不明显有害错误、明显有害错误，笔者认为存在明显有害错误的一审判决实质上已符合“错案”的特征，应当对其予以明确界分并纳入法官考核的考评范围，为避免刑事诉讼中的上诉不加刑原则成为一审法官投机钻空的“保护伞”，以司法责任制的落实规制其中可能涉及的人为因素实为必要。

表 2

“名不副实”的维持类案件中一审判决存在的主要错误类型分析表（N＝200）

<table>
<tr><th>具体错误</th><th>错误类型</th><th>错误定性</th><th>所占比例</th><th>维持原判原因</th></tr>
<tr><td>犯罪对象表述错误、部分非重要犯罪细节认定有误</td><td>事实认定错误</td><td rowspan="3">无害错误</td><td rowspan="3">21.5%</td><td rowspan="6">对定罪量刑没有影响</td></tr>
<tr><td>漏引法条</td><td>法律适用错误</td></tr>
<tr><td>笔误</td><td>技术性瑕疵或失误</td></tr>
<tr><td>刑期起止点计算有误、犯罪期间认定错误、到案时间认定有误、对被逮捕的日期认定错误等</td><td>事实认定错误</td><td>不明显有害错误</td><td>37.5%</td></tr>
<tr><td>犯罪数额认定有误或其他部分重要犯罪细节认定有误</td><td>事实认定错误</td><td rowspan="3">明显有害错误</td><td rowspan="3">41%</td></tr>
<tr><td>对在缓刑考验期内犯新罪认定不当，犯罪形态认定错误，自首情节认定错误，主、从犯认定错误等</td><td>法律适用错误</td></tr>
<tr><td>对被害人有一定过错认定有误</td><td>事实认定错误</td><td>上诉不加刑原则</td></tr>
<tr><td colspan="5">备注：分析样本系通过中国裁判文书网以裁判结果为维持原判、裁判理由关键字为“错误”、裁判日期为2018年1月1日至2019年1月1日检索后随机选取的刑事二审裁定书200份，表中错误类型占比分析因选取样本不同具有一定的随机性。</td></tr>
</table>

（二）改判的“憋屈”与无据

情形之一：一审认定事实清楚、适用法律正确、量刑适当，在二审审理期间出现了新的证据或产生了新的事实，以致对案件审查的情境发生了变化，二审依据《刑事诉讼法》第二百三十六条第一款第二项或第三项进行了改判，但其适用的前提要素“适用法律错误或量刑不当”“事实不清楚或证据不足”无法成立（见表3案例1）。在这种类型的改判中，一审的裁判结果置于其审理的客观情境下是没有任何不当的，二审之所以改判则是基于案件审理的客观情境的改变，但其在法律适用上与真正意义上的“错案”却未作区分，由此而带来的负面效应不仅及于公众对法院裁判的“误读”，也因现行并无明确规定将此种类型的改判剔除出改判案件的考评范围而必然波及至一审法院以及办案法官自身的工作考核。这与《人民法院第五个五年改革纲要（2019—2023年）》中所提倡的建立科学合理的审判绩效考核办法，切实为基层减负、为干警减压的理念是相滞后的。

情形之二：一审认定事实错误，且该错误对定罪量刑产生了影响，二审理应改判，但却无程序法依据（见表3案例2），使得真正意义上的“错案”因缺乏清晰的界定而成为法律规定之下的漏网之鱼。

表3 二审改判的两种类型

序号	失范类型	案由	主要案情	裁判经过
1	改判的憋屈型	赵某故意伤害罪案①	赵某因琐事与陈某发生纠纷，后赵某伙同他人对陈某进行殴打，陈某身体所受损伤程度构成轻伤二级。	一审判决赵某犯故意伤害罪，判处有期徒刑一年；二审中，赵某得到被害人的谅解，二审认为原判认定事实和适用法律正确，量刑得当，但同时也支持了赵某的上诉请求对其依法从轻处罚，适用《刑事诉讼法》第二百二十五条第一款第（二）项予以改判。
2	改判的无法可依型	杜某、王某、范某走私、贩卖、运输、制造毒品罪案②	杜某为牟取非法利益，贩卖毒品甲基苯丙胺50克以上，王某贩卖甲基苯丙胺10克以上，不满50克，范某明知杜某、王某实施毒品犯罪，为牟取车资利益，居间介绍杨某购买甲基苯丙胺10克。	一审认定杜某、王某、范某构成贩卖毒品罪，属共同犯罪，杜某、王某系主犯，范某系从犯；二审认为范某应与杨某（非本案被告）构成共同犯罪，一审对该部分事实认定错误，并引用《刑事诉讼法》第二百二十五条第一款第（二）项对原判进行了改判，但该项的适用前提是“原判决认定事实没有错误”。

（三）发回重审的界定模糊

根据《刑事诉讼法》第二百三十六条第一款第（三）项规定，在原判决事实不清楚或证据不足的情况下，改判与发回重审可以无差别的适用其一，这种混合式的标准设立，一方面必然会导致裁判方式与纠错类型无法形成清晰对应，进而影响其内在的逻辑协调性，另一方面也使得法官自由

① 详见：北京市第三中级人民法院（2018）京03刑终71号刑事判决书。

② 详见：江西省宜春市中级人民法院（2018）赣09刑终128号刑事判决书。

裁量权的任意性增强，增加了审判工作中的风险。较之改判，发回重审作为案件办理陷入僵局时的“冷处理”或是回避矛盾的“挡箭牌”，呈现出扩大趋势，[①] 但在一定程度上却加大了一审的审判压力，增加了诉讼成本。

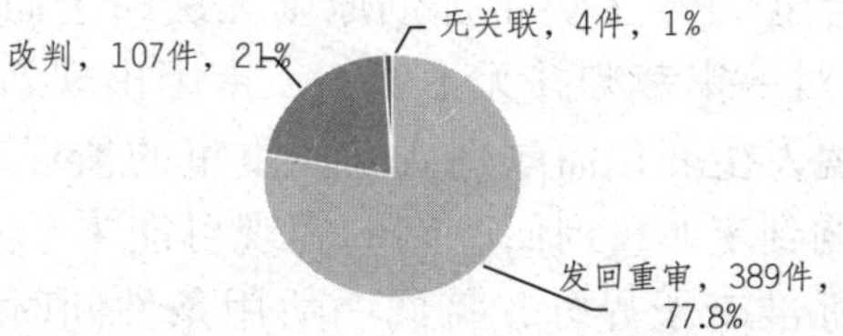

图1　以“原判决事实不清、证据不足”裁判的案件随机抽样情况分析图（N＝500）

注：分析样本系在中国裁判文书网上以法律依据为“《刑事诉讼法》第二百二十五条第一款第（三）项”，判决理由部分关键字为“《刑事诉讼法》第二百二十五条第一款第（三）项”检索出的裁判日期在2017年5月1日至2018年5月1日（未选取2018年5月1日之后的文书系为排除新《刑事诉讼法》修改后条款变更可能造成的检索上的混乱）的5414份刑事二审裁判文书（其中裁定书4233份，判决书1181份）中参照裁定书与判决书的比例随机选取的500份裁判文书

二、剖析：刑事二审处理方式失范的反思

在对刑事二审处理方式失范现象进行实证分析的基础上，要实现纠正刑事二审处理方式失范的目的，首先应当厘清其成因。

（一）刑事二审处理方式失范的成因溯源

针对刑事二审处理方式失范的成因这一议题，笔者对A省W市两级法院50名刑事法官进行了调查访谈，50名法官均接受调查访谈。

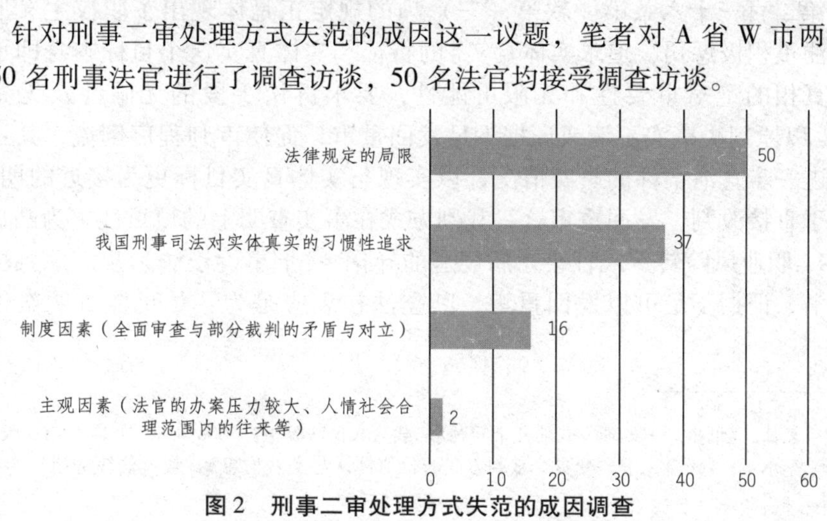

图2　刑事二审处理方式失范的成因调查

---

① 陈卫东、李奋飞：《刑事二审“发回重审”制度之重构》，载《法学研究》2004年第1期。

1.《刑事诉讼法》在二审处理方式规定上的局限。《刑事诉讼法》在二审处理方式规定上的局限主要体现在以下五个方面：（1）对事实认定或是法律适用存在错误但因不影响定罪量刑而裁定维持原判的情形未予考虑；[①]（2）对裁判结果不当但基于上诉不加刑原则无法纠正而裁定维持原判的情形未予考虑；（3）对一审裁判并无不当，二审因出现新事实、新证据致使案件审理的客观情境发生变化而改判或发回重审的情形未予考虑；（4）对因事实认定错误影响到定罪量刑而改判的客观可能未予考虑；（5）对改判与发回重审的适用标准未予界分，将同一适用条件同时适用于不同的裁判方式，模糊了不同裁判方式之间的区别和界限。[②]

2. 全面审查原则与部分裁判规则的对立。我国现行《刑事诉讼法》确立了全面审查原则，即“第二审人民法院应当就第一审判决认定的事实和适用法律进行全面审查，不受上诉或者抗诉范围的限制”，全面审查原则要求二审法院不能被动应付，孤立地就事论事，而应该充分发挥能动性、积极性，对整个案件的事实、证据、定罪量刑和一审程序等问题进行综合审查、全面考虑，[③] 对于全面审查的结果也应当在裁判中全面体现。但《刑事诉讼法》规定的二审处理方式实质针对的仅是原判决的定罪和量刑，对定罪量刑不产生影响的事实认定与法律适用方面的审查，在二审裁判中通常无法体现。全面审查原则与部分裁判规则内在的矛盾性是造成二审处理方式失范的制度性障碍。

3. 实体真实主义根深蒂固的影响。我国刑事司法一直秉承以事实为依据的准则，注重事实审查的实体真实主义具有根深蒂固的影响。《刑事诉讼法》第二百三十六条第一款第（三）项的规定正是体现出了职权主义刑事诉讼注重积极惩罚，追求实体真实[④]的特征。实体真实这个目标本身即承认查明真相的绝对重要性和无限可能性，要求诉讼手段的无限性及无条件性，[⑤] 以原判决事实不清或证据不足发回重审，促使审判程序倒流，其目的在于进一步查清案件的真实情况，以实现与实体真实目标更为接近的期待，较之于直接改判，发回重审这一裁判方式在事实查明上的慎重性更为凸显。

4. 职业风险转嫁或社会矛盾规避的异化。《刑事诉讼法》规定原判决事实不清，证据不足可以发回重审，其立法初衷应是为了尽可能查明案件事

① 夏伟：《刑事二审处理方式的几个问题》，载《人民法院报》2008 年 12 月 24 日第 6 版。

② 李承运：《民事二审“变更”裁判方式的价值体认与实践构想》，载《法律适用》2015 年第 2 期。

③ 陈光中、徐静村：《刑事诉讼法学》，中国政法大学出版社 1999 年版，第 382 页。

④ 谢佑平：《刑事程序法哲学》，中国检察出版社 2010 年版，第 80 页。

⑤ 左为民：《刑事程序问题研究》，中国政法大学出版社 1999 年版，第 16 页。

实真相，维护案件的实体公正，[①] 以实现上诉程序的救济与监督功能，[②] 但因为立法规定的语焉不详以及法律适用者对其价值定位的误读，致使在司法实践中被严重异化和扩大化，尤其是在实行错案责任追究制度后，发回重审愈加成为了二审法院减轻责任、回避矛盾、转移职业风险的一种缓冲方式。程序的实质是管理和决定的非人情化，其一切布置都是为了限制恣意、专断和过度的裁量，[③] 发回重审这一裁判方式在实际适用中的随意性显然与前述精神相背离。

（二）刑事二审处理方式的失范违背刑事程序的理性价值

审判程序的运作应符合理性的要求，[④] 这是刑事程序理性价值的基本内涵。刑事程序的理性价值是刑事程序目的价值的首要表现，理性是隐藏在诉讼规范和诉讼行为背后的实质，诉讼规范和诉讼行为则是理性的外在表现。[⑤] 刑事二审处理方式的失范其本质即是作为理性外在表现的诉讼规范与诉讼行为的失范。理性价值要求诉讼规范必须具有自身的严密性和内在的逻辑性，刑事二审处理方式的失范在很大程度即是因为不周全的规范预设而造成实践中适用与选择的混乱。再者，严谨地适用法律，理性地作出裁判，同样是刑事程序理性价值的题中应有之义。法律适用上缺乏严谨性和准确性，是刑事二审处理方式失范最为直接的外在表现。在排除立法缺位这一客观因素后，过分注重于裁判结论的对应性，而忽视大前提与小前提匹配上的现实合理性，则是致使这一失范现象产生的主观原因。

三、修正：刑事二审处理方式的价值理念重塑

刑事二审处理方式规范化构建的价值目标是为了纠正二审处理方式适用与归类的结构性错位，消除司法实践中的失范现象，最终实现裁判结果的实质合理。为更好实现这一价值目标，针对实践中出现的问题，有必要对刑事二审处理方式的价值理念进行修正。

（一）从追求形式合理向实现实质合理转变

囿于现行《刑事诉讼法》在刑事二审处理方式规定上的局限性，削足适履式地适用法律条文，为裁判结论寻求一个外观看似合理的程序法依据，

---

① 陈光中、曾新华：《刑事诉讼法再修改视野下的二审程序改革》，载《中国法学》2011 年第 5 期。

② 王超：《刑事二审发回重审制度的功能异化：从救济到惩罚》，载《政治与法律》2011 年第 11 期。

③ 季卫东：《法治秩序的构建》，中国政法大学出版社 1999 年版，第 57 页。

④ 锁正杰：《刑事程序的法哲学原理》，中国人民公安大学出版社 2002 年版，第 187 页。

⑤ 刘晓兵：《刑事程序价值论》，中国检察出版社 2009 年版，第 101 页。

已成为法官在个案裁判中的惯常做法，但这种做法过于片面地追求裁判方式形式上的合理性，而忽视了其实质上的合理性。实质合理表明案件裁判方式的名实相符，既未割裂亦未偏离。普通民众对于案件的评判往往不是基于法理而是基于常理，二审维持原判，便会认为一审判决正确；二审改判或是发回重审，便会认为一审判决错误，甚至连一些法院自身亦是如此认为。形式合理但实质不合理的裁判不仅会误导公众的认知，也会引发公众对司法公信力的质疑，在现行严格审视案件发改率的审判质效考核框架下，对一审承办法官亦不公平。无疑，立法的救济是根本路径，但立法救济毕竟存在一定的滞后性，法官也不能习惯于将一切问题交由立法者来解决，“造法”虽是受到绝对排斥的司法权的僭越行为，但裁判技巧的适度创新却是值得鼓励的。法官在个案的裁判中不能仅着眼于裁判方式的形式合理，还要注重实质合理，要从简单的断章取义式地适用法律条文向兼重个案的差异化考量转变，充分发挥裁判说理的添补作用。

（二）从单一的部分裁判思维向兼重全面审查转变

部分裁判思维的形成一方面是因为立法技术与制度结构上的局限，另一方面则是缘于法官在主观上对原有裁判习惯存在严重的路径依赖。在部分裁判思维下，定罪与量刑是裁判的核心要素，对于不影响定罪、量刑的事实认定及法律适用的审查在裁判中通常并不能得到体现。从表面上看，这与《刑事诉讼法》规定的全面审查原则是相悖的，但部分裁判与全面审查又并非截然对立不能兼容的。全面审查在一定程度上是部分裁判的延伸与补充，是为了弥补部分裁判思维方式不足而采取的一种实践理性，全面审查的思维方式能够弥合法律规范与司法实践之间的路径断裂，缓和形式合理与实质合理之间的内在紧张。当然，全面并不是没有章法、没有条理，全面应是指全面而有重点，全面而有倾向，重点是上诉或抗诉提出的问题，倾向是有利于被告人的内容。此外，全面审查也可以借助于类型化演绎的方法来评定审查内容的关联程度。全面审查的落实及其与部分裁判的内在衔接一方面需借助于立法上的突破，另一方面则需要法官在个案的裁判中审慎权衡，对案件当中存在的问题进行甄别与评定，在兼顾和平衡主旨要素与其他要素的基础上进行裁判，将全面审查的结果尽可能地在裁判说理中予以客观体现。

（三）从实体真实的绝对恪守向实体真实的相对缓和转变

实体真实是指在刑事诉讼中运用证据所认定的案件事实符合案件发生的客观真实情况，是主观符合客观的真实。① 在传统的刑事诉讼目的“严厉

---

① 吴宏耀、魏晓娜：《诉讼证明原理》，法律出版社 2002 年版，第 12 页。

打击”“惩罚犯罪”的影响下，追求实体真实，乃至绝对真实[①]一度被认为是实现诉讼目的的必然路径。发回重审这一裁判方式在事实不清、证据不足的案件中的扩大化适用，在本质上体现出的是对实体真实的追求，而注重惩罚有罪，这一长期的司法习惯则从另一层面凸显出了实体真实主义的绝对化倾向。但实体的真实，并非实体法意义上的确凿事实，它只能是“尽可能接近于真相的事实”[②]，且“受制度之限制，人力之限度，欲达成绝对的客观的真实势所难能”，[③] 对于绝对真实主义的一味追求也可能会导致诉讼中的穷追猛打和不择手段，与法的秩序价值相悖。探究案件事实真相，是重在无枉还是重在无纵，这是一个价值选择的问题，实践证明，“不可遗漏有罪者”的绝对实体真实主义饱受诟病，而“避免误罚无辜者”的相对实体真实主义却更加与现行的刑事诉讼价值理念相契合。相对实体真实主义即要求对于引起程序倒流的发回重审的适用标准予以审慎界定，合理寻求发现真实与保障人权的平衡点，尽可能避免或减少循环追诉的发生。

（四）从自由裁量权的恣意行使向正当化合理规范转变

《刑事诉讼法》第二百三十六条第一款第（三）项规定赋予了法官对于改判或发回重审选择上的自由裁量权，但在司法实践中，这一裁量过程中的自由几乎异化为了单一倾向性的选择，表现出了对于发回重审的过度偏爱，发回重审成为了部分法官规避矛盾、转移职业风险、减轻责任的“护身符”。发回重审被泛用，自由裁量陷入误区，不仅降低了刑事诉讼的效率，也在很大程度上削弱了上诉程序的纠错功能。法官裁量的自由是有限度的、相对的，不能游离于审判权之外，更不能背离审判权确立的初衷，法官应当始终围绕法律正义精神，独立地对实践中案件存在的各种情况进行酌定处理。[④] 因此，法官行使自由裁量权，首先应当尽可能排除一切干扰因素，将自身置于一个中立的地位；其次，应当在法定精神和法定幅度范围内寻找两者的契合点，实现两者的融合。对于原判事实不清、证据不足的案件，法官在运用自由裁量权裁量案件是应发回重审还是直接改判时，应把握好自由裁量的度，注重裁量的适当性与独立性，增强审判的风险防控意识，尽可能降低法官的个性化因素以及其他干扰因素在裁判过程中的消极影响，罗斯科·庞德即认为自由裁判所需要的是“受到培养的理性思

---

① 樊崇义：《实体真实的相对性——修改后〈刑事诉讼法〉第五十三条证明标准的理解和适用》，载《人民检察》2013 年第 7 期。

② ［日］田口守一：《刑事诉讼法》，刘迪等译，中国政法大学出版社 2010 年版，第 14～15 页。

③ 张建伟：《从积极到消极的实质真实发现主义》，载《中国法学》2006 年第 4 期。

④ 张素莲：《论法官的自由裁量权——侧重从刑事审判的角度》，中国人民公安大学出版社 2004 年版，第 23 页。

维和经过训练的判断能力”。[①]

四、续造：刑事二审处理方式的规范化框架

实现刑事二审处理方式规范化的目标，价值理念上的修正实为必要，但立法上的突破更是根本。

（一）初步设想：构建刑事二审处理方式规范化的基本框架

1. 扩充要素包罗新矛盾。《刑事诉讼法》第二百三十六条第一款对维持类裁判的适用条件规定为“原判决认定事实和适用法律正确、量刑适当”，这一适用前提包含三方面的评判要素，即事实认定要素、法律适用要素及量刑要素，但对这三方面要素的正向评判并不能涵盖维持类裁判的所有类型，司法实务中存在原判决事实认定或法律适用存在瑕疵但仍予以维持原判的情况。面对适用对象与法定的裁判方式不相对应的现实困境，实践中长期以来的做法即是以一审判决结果是否正确作为裁判方式选择的依据，这种做法虽较为粗疏与直接，但其也具有广泛的接受性基础。因此，建议引入“裁判结果正确”这一要素，重新设定维持类案件的适用条件，裁判结果正确实际上涵括了定罪准确与量刑适当这两者意思，故对量刑要素可不再独列。建议对维持类裁判的适用条件作如下修改：原判决认定事实和适用法律正确，裁判结果与一审相同的，应当裁定驳回上诉或者抗诉，维持原判；原判决认定事实不清、错误或者适用法律错误，但裁判结果与一审相同的，应当裁定驳回上诉或者抗诉，维持原判。另，一审裁判结果不当，但基于上诉不加刑原则，二审维持原判的，应明确该类裁判维持的仅系量刑部分，定罪部分不当的，可以合并适用改判这一处理方式予以纠正。

2. 增补规定针对新情况：

（1）针对情形之一：二审客观情境的变化。在一审判决之后、二审审理期间发生了客观情境的变化，如当事人和解等，二审基于出现了新的量刑情节确需改判的，很难将一审判决归入认定事实不清、适用法律错误、量刑不当的范围之内，一审判决系基于一审的客观情境作出的，不能以二审情境的变化来评判一审情境的正当性与合理性，一审判决在本质上仍属于正确与合法的范畴。故建议在《刑事诉讼法》第二百三十六条第一款中增设一项“原判决认定事实和适用法律正确、裁判结果适当，但因出现了新事实或新证据，人民法院认为确需改判的，应当改判。”

（2）针对情形之二：事实认定错误的适用尴尬。原判决认定事实错误影响到定罪量刑的，这一事实认定上的错误理应作为二审改判的理由，但

① ［美］罗斯科·庞德：《法理学》（第二卷），封丽霞译，法律出版社2007年版，第362、364页。

《刑事诉讼法》却未予规定，三大诉讼法中也唯有《刑事诉讼法》对此没有规定。故建议将《刑事诉讼法》第二百三十六条第一款第（二）项修改为“原判决认定事实错误或者适用法律错误，裁判结果与一审不同的，应当改判。”

3. 区分标准划定新界限。《刑事诉讼法》第二百三十六条第一款第（三）项规定“原判决事实不清楚或证据不足”这一适用条件可以同时适用于改判和发回重审这两种不同的裁判方式，在一定程度上模糊了两者的界限，不可避免地会造成司法适用上的随意与混乱，因此建议对这种杂糅的立法模式予以修正，依据改判与发回重审适用的客观情形和现实功能的不同，重新划定两者适用的对象。

（1）概念的厘清：事实不清楚与事实认定错误。在语义上，事实不清楚是一个带有较强不确定性色彩的概念，事实认定错误则是一个确定性的概念，两者并不是同一层涵义，刑事诉讼中虽对两者未作界分，但在民事诉讼中有这样的规定“原判决认定事实错误的，上级人民法院不得以基本事实不清为由裁定发回重审”，[①] 也就是说事实认定错误的案件不能发回重审，其基于的逻辑是：既然二审能够发现一审存在的错误并作出定性，那么必定已经形成了一个正向的评判标准，依据该标准直接予以纠正具有现实可行性。刑事诉讼亦是如此，但在审判实务中，二审在裁定理由部分表述为“原判决认定（部分）事实错误”，并适用《刑事诉讼法》第二百三十六条第一款第（三）项规定将案件发回重审的现象依然存在，[②] 因此，有必要厘清上述两者的关系，避免两者的混淆适用。

（2）原则的把握：证据不足与发回重审。“证据不足”作为发回重审的理由，缺乏一定的正当性，《刑事诉讼法》明确规定“证据不足，不能认定被告人有罪的，应当作出证据不足、指控的犯罪不能成立的无罪判决”，二审程序是对一审程序的审查与监督，当发现一审判决证据不足，不能够认定被告人有罪的，理应直接改判无罪。如果将案件倒流回一审法院，显然不仅与“疑罪从无”的理念背道而驰，亦与刑事证明责任基本原理相冲突。依据证明责任原理，在公诉案件中，当检察机关对被告人有罪的主张不能证明到法定标准时，其应当承担败诉的风险，[③] 被告人没有义务为检察机关的举证不能买单，从而使自身陷入再次审判的危险。而法院自始至终应当扮演的是消极的居中裁判者的角色，而非积极的追诉者的角色。此外，“证

① 《最高人民法院关于民事审判监督程序严格依法适用指令再审和发回重审若干问题的规定》第四条。

② 详见：河南省三门峡市中级人民法院（2016）豫12刑终6号刑事附带民事裁定书、山东省日照市中级人民法院（2017）鲁11刑终94号刑事裁定书等。

③ 汪海燕：《论刑事程序倒流》，载《法学研究》2008年第5期。

据不足”不仅指证据不充分，据以定罪的证据存在矛盾、疑问，证据虚假、违法取得、违法采信等致使基本事实不清的亦属于“证据不足”的范畴。

（3）标准的界定：发回重审的适用情形。原判决事实不清，是改判还是发回重审，立法上并未确定统一的标准，现仅能查找到广东省高级人民法院和河南省高级人民法院对原判决事实不清的案件发回重审的适用标准制定过试行规定或出台过试行指导意见，两者既有共通之处，也有明显区别，对此分析如下表所示。

表4　　广东与河南两省高级人民法院指导意见的对比

广东省高级人民法院关于刑事案件改判和发回重审若干问题的指导意见（试行）	对比分析	河南省高级人民法院关于刑事案件发回重审若干问题的规定（试行）
1. 犯罪构成要件事实缺乏必要的证据予以证明的； 2. 据以定罪的证据存在矛盾、疑问，无法查清或不能排除其他可能性、得出唯一结论的； 3. 被告人是否属于共用犯罪及其在共同犯罪中的地位认定不清或错误，且二审不便于或不能查清的； 4. 据以定罪的证据虚假、违法取得、违法采信，导致案件基本事实不清或错误的； 5. 按照法律、司法解释规定应当进行司法鉴定而没有进行鉴定或鉴定不符合要求，造成原判事实不清、证据不足的； 6. 其他事实不清或者证据不足的。	两者明显区别：（1）较之于河南省，广东省对发回重审适用情形的规定实质上主要围绕“证据不足”展开；（2）广东省将认定事实错误作为发回重审的理由，而河南省则将其排除在外。	1. 犯罪构成的部分要件事实缺乏必要的证据予以证明的； 2. 被告人在共同犯罪中的地位认定不清或存在漏犯可能的； 3. 被告人被指挥的部分犯罪事实未经审判的； 4. 被告人在一、二审审理期间又犯新罪的； 5. 发现被告人有漏罪，公安、检察机关同意发回重审后并案处理的； 6. 被告人的重要共同作案人质归案，并案审理有利于实现公正处理的； 7. 据以定罪的证据存在矛盾、疑问，不能排除其他可能性得出唯一结论的； 8. 据以定罪的关键证据虚假或系非法取得，导致案件基本事实不清的； 9. 按照法律、司法解释规定应当进行司法鉴定而没有进行鉴定或者鉴定不符合要求，造成原判事实不清、证据不足的； 10. 原审判处被告人死刑立即执行不当，且未认真开展民事调解工作的； 11. 其他对被告人量刑有重要影响的事实不清或者证据不足的。

结合上述内容，改判与发回重审适用条件的区分应当考虑原判决存在的错误、瑕疵或是新出现的证据、事实对当事人权益的影响程度以及对实体公正的冲击幅度等多重因素，应遵循尽可能避免“使被告人处于更加危险的境地”① 这一原则，基于此，笔者建议将发回重审的具体适用情形初步

① 汪海燕：《论刑事程序倒流》，载《法学研究》2008年第5期。

界定如下图所示。

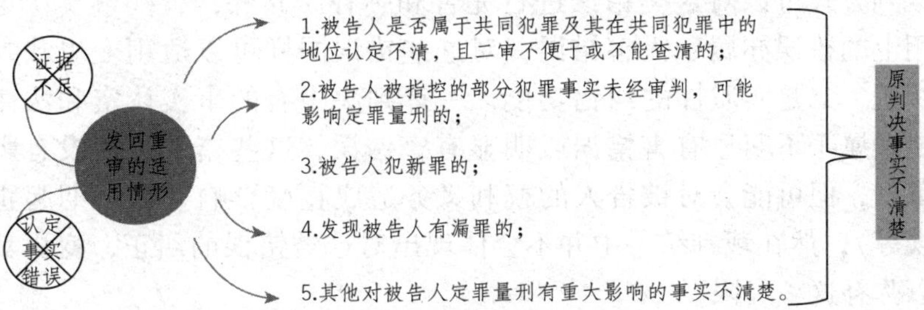

图3　发回重审的适用情形

（二）实践突破：变更裁判方式在刑事二审中适用的可行性探析

变更裁判方式是《民事诉讼法》和《行政诉讼法》中规定的一种二审裁判方式，但该两大诉讼法皆没有对其涵义、对象和适用条件予以界定，也没有赋予其独立性，但正是因为如此，“变更”才更加具有了立法上的可塑性，能够最大化地避免移植适用中的水土不服。因此，将变更裁判方式适用于刑事二审并无融合上的现实障碍，且其最大的益处在于可以弥合全面审查原则与二审裁判类型不足的冲突，进而实现过渡衔接、漏洞填补的功能。

表5　　变更裁判方式在民事诉讼、行政诉讼中的适用分析

类型	适用条件	适用范围	适用方式
民事诉讼	一审判决、裁定认定事实错误或适用法律错误	1. 立法上：未明确； 2. 司法上：适用于对裁判主文存在的部分错误的纠正，包括笔误、表述不当、金额计算错误、利息等起止时间计算错误等	1. 立法上：笼统规定以判决、裁定的方式； 2. 司法上：对判决的上诉→判决变更；对裁定的上诉→裁定变更
行政诉讼	一审判决、裁定认定事实错误或适用法律、法规错误	1. 立法上：未明确；2. 司法上：同民事诉讼，错误类型还包括不予立案与不予受理的表述混淆错误、对当事人诉求概括不准确等	立法上未明确；实践做法与民事诉讼相同
共同点	将变更与改判、撤销一并规定，设定相同的适用条件，皆未赋予变更裁判相应的独立性	变更裁判的适用范围相对较窄，皆限于对裁判结果存在错误的纠正	变更裁判适用方式的选择具有附随性

对于变更裁判方式功能定位的实践构想主要包括以下两方面：一是形式性的补正功能，一审判决存在的错误除了事实认定错误和法律适用错误外，还有一种是技术性瑕疵或失误，即通常所说的笔误，此类错误一般属

于无害错误，并不涵盖在事实认定和法律适用错误这两种类型之中，通过变更裁判方式可以对这类错误进行完善和弥补。此外，有些事实认定和法律适用上的错误亦属于无害错误，对这些错误同样可以适用变更裁判方式予以纠正；二是实质性的纠错功能，一审判决中有的事实认定和法律适用上的错误属于不明显有害错误或明显有害错误，这些错误虽然没有影响到定罪量刑，但可能会对被告人的权利义务造成直接影响（如刑期起止点计算错误等），然在裁判结果中并不会体现出对这类错误的纠正，变更裁判方式可以弥补这一局限。

“变更裁判方式”与“维持原判”如何套叠适用，这是一个值得探讨的问题。对此，笔者初步的设想是：首先，出于对内在协调性的考虑，“变更”依然适用裁定方式；其次，在裁判文书的表达上，裁定结果的第一项写明变更内容，即“原审××（具体错误）变更为××”，第二项表述为“驳回上诉（抗诉），维持原判”。有观点提出不应再表述为“维持原判”，而应在“驳回上诉（抗诉）”后紧跟着写明一审的判决结果。[①] 但这便意味着维持是针对全案作出的，而不是针对一审判决结果作出的，即与其他条款的设置理念存在出入。

结　语

刑事二审处理方式的失范是价值偏失、立法缺位上的一种自我异化，这一现象的规制需诉诸于价值理念的进一步修正以及法律规范的深度完善。对刑事二审处理方式失范的矫正能够有效地防范和化解审判工作中可能涉及的重大风险，为科学合理的司法责任制的构建提供支撑。

（本文获一等奖）

---

① 李承运：《民事二审“变更”裁判方式的价值体认与实践构想》，载《法律适用》2015 年第 2 期。

法院如何回应：监察机关从宽处罚建议的诉讼支持

——以355份刑事判决书为样本

贠彦强*

徒法不足以自行。《监察法》规定监察机关可以对符合特定条件的被调查人和涉案人员提出从宽处罚建议。① 该规定能否发挥出良好效果，有赖于后续诉讼程序的衔接和支持。

一、分析与调查：从宽处罚建议在诉讼阶段的适用现状

（一）分析结论：从宽处罚建议在诉讼阶段被虚置

1. 样本来源

总样本：以2019年6月30日为截止日，从中国裁判文书网、中国司法大数据研究院类案智能推送平台筛选各地监察机关办理的刑事案件判决书，去重处理后获得有效样本355件。

分样本：从总样本中筛选出“监察机关提出了从宽处罚建议”的案件共89件，作为分样本。

根据《监察法》的规定以及分样本对从宽处罚建议的表述，可知从宽处罚建议包括两部分：前半部分是被调查人“配合”② 监察机关的事实，即“从宽理由”；后半部分是监察机关基于从宽理由建议对被调查人从宽处罚，即“从宽建议”。从宽理由与几个法定、酌定量刑情节③相对应。

---

* 作者单位：河北省南和县人民法院。

① 本文中，“从宽处罚建议”，特指监察机关依照《监察法》第三十一条、第三十二条提出的从宽处罚建议，不包括公诉机关、辩护人提出的量刑建议。“被调查人”合指第三十一条所称“被调查人”和第三十二条所称“涉案人员”，二者与监察机关都是调查和被调查的关系。

② 本文的配合监察机关泛指被调查人在调查中与监察机关呈合作而非对立的状态，包括自动投案、如实供述、积极退赃、立功等。

③ 本文所指法定、酌定量刑情节，是已经纳入《刑法》《刑事诉讼法》或为司法实践普遍接受的量刑情节，如自首、积极退赃等，不包括从宽处罚建议本身。其与从宽理由的对应关系见下文。

2. 结论详情

从宽处罚建议在诉讼阶段被虚置的详情是：

（1）在判决论理部分，均认定和评价了从宽理由所对应的法定、酌定量刑事实，但大部分未对是否采纳从宽处罚建议作出正面回应。

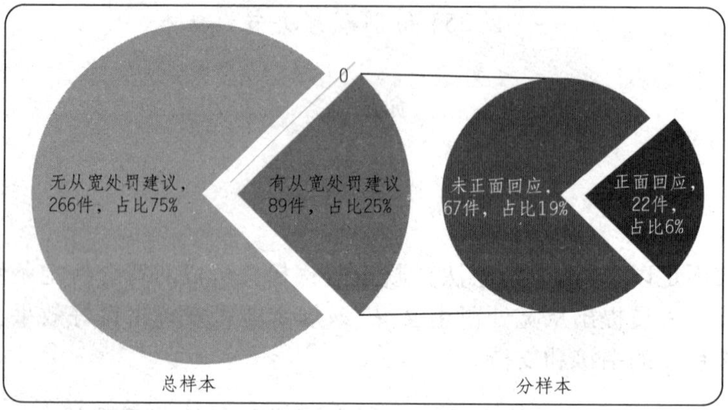

图1　从宽处罚建议案件比例及正面回应比例

（2）从总、分样本中筛选部分定罪、量刑情节相似的案件，发现提出或采纳了从宽处罚建议的案件，在量刑结果上并不必然轻于未建议的案件。

表1　　**部分情节相似案件的判决结果**

案号	定罪情节	简要量刑情节	是否采纳从宽处罚建议	量刑结果
(2018) 陕 1002 刑初 138 号	贪污 30.79 万	坦白 全部退赃	采纳	有期徒刑三年，罚金 20 万
(2018) 皖 1226 刑初刑初号	贪污 28.1633 万	坦白 部分退赃	未建议	有期徒刑三年，罚金 20 万
(2019) 川 19 刑初 1 号	受贿 75 万元	自首 重大立功 全部退赃	有建议但未说明是否采纳	有期徒刑二年六个月缓刑三年，罚金 10 万
(2018) 津 0104 刑初 724 号	受贿 69.2 万	自首 认罪认罚 全部退赃	未建议	有期徒刑一年六个月，罚金 20 万
(2018) 赣 0981 刑初 428 号	受贿 150.54 万	自首 全部退赃 立功	有建议但未说明是否采纳	有期徒刑三年缓刑四年，罚金 20 万
(2018) 云 3102 刑初 190 号	受贿 162 万	自首 全部退赃	未建议	有期徒刑一年六个月，罚金 10 万

续上表

案号	定罪情节	简要量刑情节	是否采纳从宽处罚建议	量刑结果
（2018）闽 0681 刑初 247 号	贪污 5.694 万	坦白 积极退赃 主动认罪认罚	采纳	有期徒刑九个月，罚金 10 万
（2018）豫 0238 刑初 100 号	贪污 7.1339 万	坦白 全部退赃	未建议	有期徒刑七个月，缓刑一年，罚金 10 万

（3）判决是否回应依赖于起诉内容。审判机关是否回应从宽处罚建议，有赖于公诉机关的起诉行为。审判机关一般很少自行主动回应。

（二）寻根溯源：针对样本分析结论的调查

为探究出现上述现象的原因，作者对 52 名刑事法官进行了走访调查。调查结果中，每名法官提出一个原因记为 1 人/次。

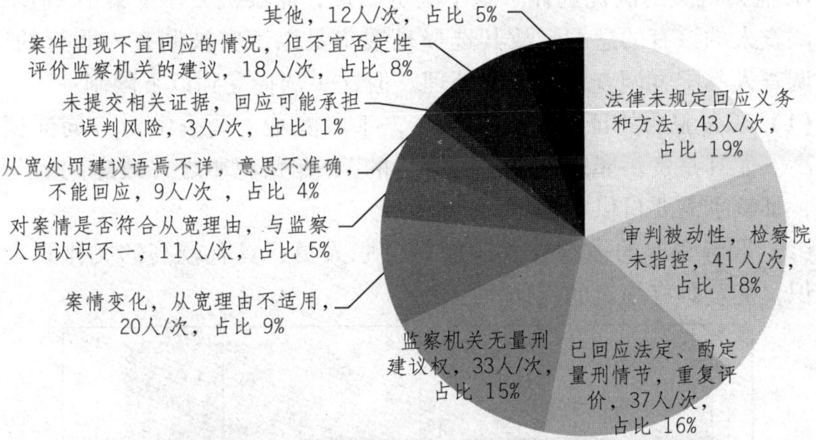

图 2　审判机关不回应从宽处罚建议的原因（共计 227 人/次）

综上，出现上述现象的原因有：

1. 从宽处罚建议被提出后，缺乏相应诉讼程序衔接。当前诉讼程序并未明确从宽处罚建议被提出后，公诉机关、审判机关应当如何应对。因为缺乏程序支持和规则指引，司法机关多采取保守不回应的态度。

2. 监察机关是否有量刑建议权存在争议。部分法官认为审判阶段的量刑建议权属于公诉权，只能以公诉机关的名义提出。监察机关在此阶段并非量刑建议的提出主体。

3. 从宽处罚建议是否采纳缺乏法律依据。对从宽处罚建议，如何从宽、从宽到什么程度、怎样解决该建议与现有量刑情节的关系、如何防范重复评价，均缺乏相应的法律依据。

4. 从宽处罚建议对案情变化的适应性较差。从宽处罚建议前置于审判程序。但案件从调查到审判是动态的过程，从宽理由一旦变化，如被告人对部分事实当庭翻供，则是否仍采纳从宽处罚建议陷入两难。

5. 监审双方对个别从宽理由的认识不一。从宽理由存在价值判断，[①] 当审判人员对监察机关所提从宽理由持不同意见时，可能会按照自己的判断不采纳从宽建议，顾及监察机关的权威性，就没有直接反驳。

二、博弈与决策：回应从宽处罚建议的价值

监察被赋予从宽处罚建议提出权的原因较多，本文仅从案件调查策略的视角予以分析。

（一）次优选择：监察机关和被调查人的需求分析

案件调查实为监察机关和被调查人的博弈。本文假设博弈双方均为理性经济人。[②]

1. 监察机关的次优选择。基于法定职责，监察机关在个案中[③]追求的是对被调查人的该有的惩罚。故其选择是搜集足以证实被调查人罪行的证据，且被调查人不配合调查不被从宽处理。但这一选择受到以下限制：

（1）职务犯罪的证据形式较单一，手段隐蔽，调查中对言词证据的依赖性高。尤其是贪污罪之“非法占有目的”、贿赂犯罪之“攻守同盟”的瓦解等，都特别需要口供等证据的支持。[④]

（2）职务犯罪的被调查人一般是公职人员，具有较高的文化程度和法律知识，甚至具有一定的反侦察能力。

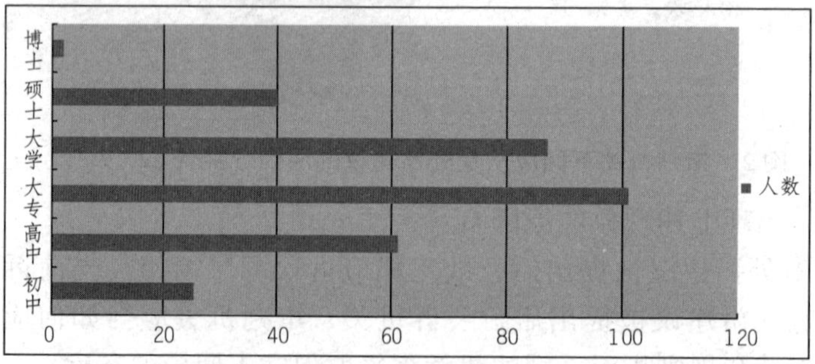

图3　总样本中被告人文化程度构成图（总316人）

---

① 如怎样才算自动投案、积极退赃？需要利用个人的社会经验、法律认识进行判断。

② 经济学的一个基本假设，即假定人都追求自己的最大利益，在面临两种以上选择时，总会选择对自己更有利的方案。参见钱宏道：《法律的经济分析》，清华大学出版社2006年版。

③ 在“串案”中，考虑系列案件的整体破获，可能不追求个案的最优利益。

④ 刘艳红：《职务犯罪案件非法证据的审查与排除——以〈监察法〉与〈刑事诉讼法〉之衔接为背景》，载《法学评论（双月刊）》2019年第1期。

（3）客观取证困难。被调查人不配合调查时，一方面，指向性、针对性证据较难取得，调查工作量倍增，调查效率降低，调查所用平均办案天数明显上升。

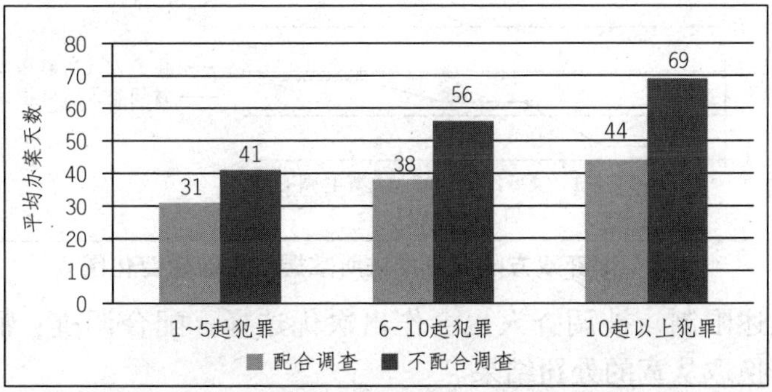

图4　总样本中平均办案天数统计

另一方面，证据具有时效性，部分关键证据可能随时间推移而灭失。

（4）监察资源的有限性决定了监察机关必须合理配置其调查资源。其一，如果不谋求被调查人的配合，调查失败的风险同样增大。其二，由于调查资源倾向于个案，其他案件可能错失调查时机。而如果调查人员配合，积极检举揭发他人犯罪，监察机关可以从整体上弥补个案所损失的利益。基于此，监察机关更倾向于作出次优选择：要求被调查人配合调查，并承诺为其提出从宽处罚建议。

2. 被调查人的次优选择。被调查人追求的是不被追究和惩罚，故其最优选择是隐瞒罪行、不配合调查，但这个最优选择同样受到限制。

（1）囚徒困境的存在。在对向犯罪、共同犯罪、上下游犯罪中，被调查人存在着囚徒困境。①

（2）信息不对称的存在。留置措施隔断了被调查人的信息获取渠道，而监察机关可以随调查不断获取信息。② 此时，被调查人不知道自己被掌握了多少犯罪事实，无法理性选择供述内容。一旦其不如实供述的事实为监察机关所掌握，其承担的不利后果将远大于如实供述。

① 详见下例，该例设计参见欧林波：《博弈论在职务犯罪审讯中的应用》，载《中国检察官》2014 年第 10 期。

② 获取被调查人信息唯二渠道：（1）监察人员为调查有选择的透露；（2）根据监察人员对其调查的问题推测。

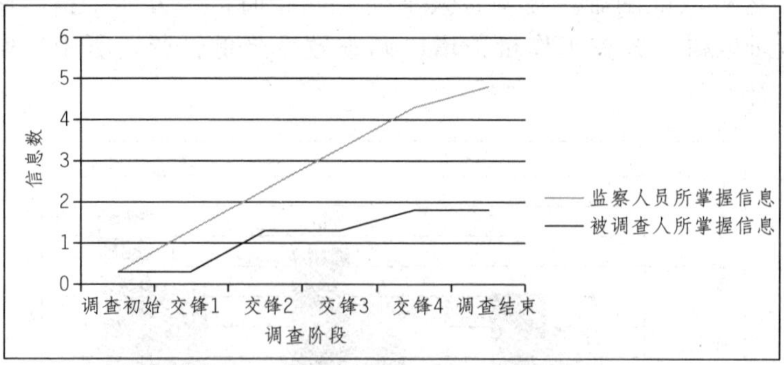

图5 博弈双方随调查推进所掌握信息数量变化图

囿于上述限制，被调查人也会作出次优选择：配合调查，牺牲不被追究的可能，换取从宽的处罚结果。

（二）应然之举：从宽处罚建议的独立价值及回应意义

1. 独立价值，从宽处罚建议则进一步促成了上述次优选择

（1）从宽处罚建议的独立价值：增加次优选择的可信赖性。被调查人次优选择时，难免担心其配合调查的“收益”不能被兑现。而从宽处罚建议是监察机关以书面形式和国家机关名义出具的合法文件，可信赖性很高，促使被调查人放下顾虑。

（2）从宽建议的独立价值：扩大监察机关的优势。正如上文，从宽处罚建议的事实基础——从宽理由对应了法定、酌定量刑情节。而按照规定，监察机关本来就应当就这些量刑情节出具说明材料和提供证据。亦即，单纯有权说明从宽理由并不足以完全确立监察机关在博弈中的优势地位。此时，监察机关被赋予从宽建议提出权，有权对被调查人的配合态度进行肯定性、奖励性评价，通过为被调查人“求情”来增加博弈筹码。

因此，从宽建议本身也有其独立价值：其是监察机关对被调查人配合态度的额外“奖励”。故从宽建议本身也应在诉讼中得到程序的回应和实体的从宽。

2. 回应意义

（1）次优选择的延续。一方面，从宽处罚建议是监察机关向被调查人作出的“承诺”。当条件允许时，审判机关应当对该承诺予以兑现，以保证公权力的诚信。

另一方面，随着案件进入审判阶段，部分被告人既担心监察机关的承诺难以实现，又因为囚徒困境和信息不平衡被打破，有可能会选择“翻供”，影响了案件的法律效果和社会效果。回应从宽处罚建议，可以在一定程度上纾解被告人顾虑，稳定其次优选择。

（2）判决明确性的要求。明确性是重要司法原则。判决书只有明确，

才能够充分发挥行为规范与法治教育的作用。①

一方面，从宽处罚建议承载的是案件的重要事实，是否采纳理应被明确的回应，而不能含混不清，引发当事人对判决公正性的质疑。

另一方面，“法律不是靠明确的条文来表现，而是在一个个案件的判决中清晰地展示出来”。② 回应从宽处罚建议，能够发挥法律教育引导作用，加大监察机关思想工作的力度，鼓励被调查人改过自新、将功折罪、积极配合监察机关的调查工作，实现司法和监察资源优化配置。③

三、配合与制约：从宽处罚建议的诉讼程序回应

司法机关和监察机关除了相互配合，也有相互制约。在回应从宽处罚建议时，应当充分考虑这一关系，确保权力的平衡和良好运行。

（一）补续链条，明确司法机关如何作为

1. 设立正面回应义务，司法机关应当对从宽处罚建议正面表态和回应。即公诉机关应当在起诉书中列明监察机关提出从宽处罚建议的事实，并对是否采纳该建议予以正面回应；审判机关应查明相应事实，并正面回应是否采纳该建议及理由；如果公诉机没有起诉上述内容，审判机关可以自行查明并要求公诉机关正面回应。

2. 建议修改权。对从宽处罚建议的回应前提是该建议符合法定或规定要件，能够进行回应。如果从宽处罚建议不符合相关要求，司法机关可以要求其进行调整和修改。监察机关应当进行相应的修改。

3. 不公开审理的建议权和决定权。对于监察机关提出从宽建议的刑事案件，合议庭有权根据具体案情决定不公开审理。例如：监察机关以“案件涉及重大国家利益”为由提出从宽处罚建议，可以同时建议对该事实不公开审理。审判机关认为确有必要的，可以决定不公开审理，并在判决书中对相关当事人作隐名处理。

（二）有效衔接，积极适用认罪认罚从宽制度

认罪认罚从宽制度是坦白从宽刑事政策的具体化和制度化。④ 从宽处罚建议的规定富有前瞻性地与该制度进行了衔接。⑤

---

① 张明楷：《明确性原则在刑事司法中的贯彻》，载《吉林大学社会科学学报》2015 年第 4 期。

② ［美］安东尼·刘易斯：《言论的边界》，徐爽译，法律出版社 2010 年版。

③ 中央纪委国家监察委法规室编：《〈中华人民共和国监察法〉释义》，中国方正出版社 2018 年版。王卓：《他们，为什么选择自首?》，载《中国纪检监察报》2018 年 10 月 13 日。

④ 胡云腾主编：《认罪认罚从宽制度的理解与适用》，人民法院出版社 2018 年版，第 5 页。

⑤ 具体而言，从宽处罚建议当时与最高人民法院、最高人民检察院、公安部、国家安全部、司法部于 2016 年印发的《关于在部分地区开展刑事案件认罪认罚从宽制度试点工作的办法》作了衔接。

认罪认罚从宽制度要求被告人自愿如实供述自己的罪行，承认指控的犯罪事实，愿意接受处罚。这与从宽处罚建议具有内在的一致性，应当将两者有效桥接。

1. 积极引导：（1）对于从宽理由中包含认罪认罚行为的被告人，积极引导其在诉讼阶段保持供述的如实性和一致性，继续认罪认罚。（2）对于从宽理由中没有或者只有一部分认罪认罚行为的被告人，积极引导其认罪认罚。

2. 全力保障：（1）积极做好认罪认罚的程序性工作，如做好值班律师的参与、对被告人的行为告知、签署具结悔过书等。（2）全面保障被告人认罪认罚所享受的权利，如实现审判程序的简化，优先适用速裁或简易程序；将被告人认罪认罚情况作为再犯可能性的考量因素，强制措施适用相对宽缓化等。

3. 严格退出：对于提出从宽处罚建议，经认真讨论研究，确实不适用认罪认罚从宽处罚制度的，才可以不适用该制度。

为保障被告人权利，此时要对其他从宽理由的予以评价。如被告人在调查阶段认罪认罚并重大立功，获得从宽处罚建议，但在诉讼阶段翻供。此时，可以不采纳认罪认罚部分，但重大立功部分应当查明、采纳。[①]

（三）依法采信，确定证据审查标准

1. 从宽处罚建议的证据规则。分样本中，均将从宽处罚建议作为证据使用。本文同意该做法并提请注意：

（1）从宽理由承载了被告人的到案经过、认罪悔罪、退赃、立功等案件事实，具有证据属性，应按刑事诉讼法中的证据适用规则进行审查、适用。同时，与立功、自首等办案说明类似，从宽理由所述事实需由其他证据证实。

（2）从宽建议具有“奖励性”评价的主观成分。因此，从宽处罚建议虽属证明被告人无罪或罪轻的证据，但如果监察机关不提出，审判机关无权要求其提出。[②]

2. 从宽处罚建议的证据出示。

（1）证据移送。审判机关有权力、有义务对证据进行实质审查。[③] 对于从宽处罚建议，监察机关应当提供相关证据，并由公诉机关移交。如不移交，审判机关有权要求移交。

---

① 具体如何实现两部分的分别评价，见下文。

② 当然，此时审判机关可以要求监察机关针对自首、立功等案件情况出具办案说明并提供相应证据。

③ 樊崇义：《庭审实质化与证据制度的完善》，载《证据科学》2016 年第 3 期。

（2）举证质证。公诉机关应当将从宽处罚建议作为证据出示，并当庭表明态度、举证支持。如公诉机关不同意从宽处罚建议，也应当对该建议进行举证、质证，并说明不同意理由。审判机关如果认为该建议应当采纳，也可以径直查明相关事实并采纳该建议。

（3）补充证据。监察机关应当全面、客观、及时地收集证据。[①] 监察机关提出从宽处罚建议但相应证据不足时，应该按照上述原则收集和补充证据。

（四）打消顾虑，明确否决权的适用情形

从宽处罚建议既然是建议，那司法机关就有权不采纳。

1. 从宽理由证伪时否决。从宽处罚建议以从宽理由为事实依据，一旦从宽理由不成立，则应予否决。如出现从宽理由不是监察法规定的情形、相关证据证实从宽理由不属实、案情变化致使从宽理由不存在等情形。

2. 假案错案时否决。要防范以出具从宽处罚建议为交易条件，诱使被调查人虚假供述形成假案错案的情况。特别是被告人翻供的案件，审判机关应核查被告人提供的相关线索，必要时可以要求办案人员出庭作证。[②] 如果确认系假案错案，应当否决从宽处罚建议并依法处理。

四、规范与平衡，从宽处罚建议的实体结果回应

判决结果的从宽处罚体现为从轻、减轻、免除处罚，以及刑罚执行方式上的轻缓，如宣告缓刑。[③] 其中，减少刑期是实现从宽处罚的最主要形式，也是本文研究的着眼点。

（一）灵活适应：对从宽处罚建议进行分项评价

1. 从宽理由与法定、酌定量刑情节的杂糅关系。从宽理由不是一个单独的量刑情节，而是与现有法定、酌定情节呈杂糅关系。

这种杂糅关系造成了量刑的复杂：为避免重复评价，从宽处罚建议与法定、酌定量刑情节只能择一评价，但二者又非一一对应的关系。当评价从宽处罚建议时，可能同时评价多个法定、酌定量刑情节（或其中的要素）；当评价法定、酌定量刑情节时，又不足以评价出从宽处罚建议的全部要素，或者同时评价了多个从宽处罚建议的要素。

2. 回应模式探究。针对上述杂糅关系，本文探究以下几种回应模式：

---

① 全面要求既要收集被调查人罪重的证据，也要收集其罪轻或无罪的证据；客观要求收集证据时应当尊重客观事实；及时要求提高收集证据的效率。参见吴建雄、王友武：《监察与司法衔接的价值基础、核心要素与规则构建》，载《国家行政学院学报》2018 年第 4 期。

② 在刑事诉讼活动中，监察机关必然要遵守刑事诉讼法律制度，理应按要求出庭作证。张云霄：《〈监察法〉与〈刑事诉讼法〉衔接探析》，载《法学杂志》2019 年第 1 期。

③ 臧德胜：《法官如此裁判：刑事审判要点解析》，中国法制出版社 2019 年版，第 193 ~ 194 页。

模式一：整体评价。

即给从宽处罚建议设立一个单独的量刑评价。如规定：采纳从宽处罚建议的，可以减少刑期的10% ~50%。这种模式实不足取：

（1）引发量刑选择的悖论。为避免重复评价，从宽处罚建议被评价，对应的法定、酌定量刑情节就不能再被评价。这在客观上造成了《监察法》优先于《刑法》《刑事诉讼法》的局面，显然不妥。① 而如果用法定、酌定量刑情节调整量刑，又会导致从宽处罚建议被再次虚置。

（2）出现了量刑的不均衡。从宽理由所对应的法定、酌定量刑情节在减刑程度上有差异。从量刑规范化的规定②可见一斑：

表 2　　**量刑规范化对相关量刑情节的简要评价**

法定、酌定量刑情节	具体情节	减少刑期
自首	办案机关未发觉，自动投案	40% 以下
	办案机关已发觉，未受调查，自动投案	30% 以下
	如实供述办案机关未掌握不同种犯罪	30% 以下
如实供述办案机关未掌握的	同种较重	20% 以下
	同种较轻	10% 以下
主动退赃、减少损失		30% 以下
一般立功		20% 以下
重大立功		20% ~50%
	犯罪较轻的	50% 以上或免除处罚
真诚悔罪悔过		无规定
案件涉及国家重大利益		无规定

这种差异的根源在于：不同法定、酌定量刑情节或从宽理由反映出的被告人主观恶性以及对被侵害法益的弥补程度是不同的。主观恶性越小、弥补程度越大，从宽比例就应该越大。从宽建议以从宽理由为基础，某个从宽理由减刑越多，与之对应的从宽建议的减刑也理应越多。不区分从宽理由而对从宽建议冠以相同的减刑比例，是不妥当的。

① 理论界一般认为，单就刑事诉讼过程而言，监察法的法律位阶不高于刑法和刑事诉讼法。参见姜涛：《国家监察法与刑事诉讼法衔接的重大问题研究》，载《南京师大学报》2018 年第 6 期。张能全：《监察法与刑事诉讼法的位阶对接和法法衔接问题研究》，载《黑龙江社会科学》2019 年第 1 期。

② 虽然职务犯罪尚未纳入到量刑规范化之中，但从宽理由中杂糅的自首、立功等量刑情节在量刑规范化中有所规定。故量刑规范化对职务犯罪的科学、精细量刑具有参考价值。本文以下关于量刑规范化的规定，均参见《H 省高级人民法院〈关于常见犯罪的量刑指导意见〉实施细则》。

模式二：分项评价。

即在现有法定、酌定量刑情节的款项中，分别增设量刑情形。如增设：被告人自动投案，如实供述办案机关未掌握的犯罪事实，并且真诚悔罪悔过，得到监察机关从宽处罚建议的，可以减轻刑罚的45%；主动退赃、减少损失，并取得监察机关从宽处罚建议的，可以减少刑期的35%……[①]如此，既协调了《刑法》与《监察法》的关系，也适应了不同量刑情节之间的评价差异。但也导致了量刑规定的烦琐。

模式三：分别评价从宽建议和从宽理由。

即将从宽理由并入法定、酌定量刑情节中进行评价，再对从宽建议进行单独评价。如规定：取得监察机关从宽处罚建议的，可以在原有量刑情节的基础上再减少刑期的20%。

此模式实现了量刑规定的简单化。但必须为从宽建议设定一个较高的减刑比例：

（1）从宽建议具有独立的价值，如果设置的减刑比例较小，则对被告人"奖励不足"。

（2）如果出现多个从宽理由，从宽建议减刑比例较小，则不能充分调整被告人配合态度。因为被告人满足一个从宽理由和同时满足多个从宽理由，配合态度显然不同，如只能在较小的比例内减少刑期，区分度显然不够。但如此，又会导致法官自由裁量权过大：不同法官对从宽建议的价值判断和裁判标准不一，有的法官可能对只有一个从宽理由的从宽建议选取较高的减刑量，而有的法官可能对符合多个从宽理由的从宽建议选取较低的减刑量。

当然，对模式三可以进一步修正，即规定：在出现一个从宽理由时减少刑期的10%，出现两个从宽理由时减少刑期的20%……但相较于模式二，如此规定并没有简化太多，也没有反映出不同从宽理由在法律评价上的差异。

综上，选取模式二作为"次优选择"。

（二）对模式二的应有补充

1. 减刑比例。鉴于从宽建议的独立价值，必须要考虑：在相同法定、酌定量刑情节下，是否取得从宽处罚建议在量刑上要有所差距；因从宽建议本身不是被告人对社会危害的实质弥补行为，为防范同案不同判，又不能使差距过大。

为确定具体减刑期比例，本文选取了量刑规范化中行为方式有递增关

① 注意：较之于上表，相同情形下，被告人因获得从宽处罚建议而减少刑期幅度有所增加。

系的量刑情节进行研究：

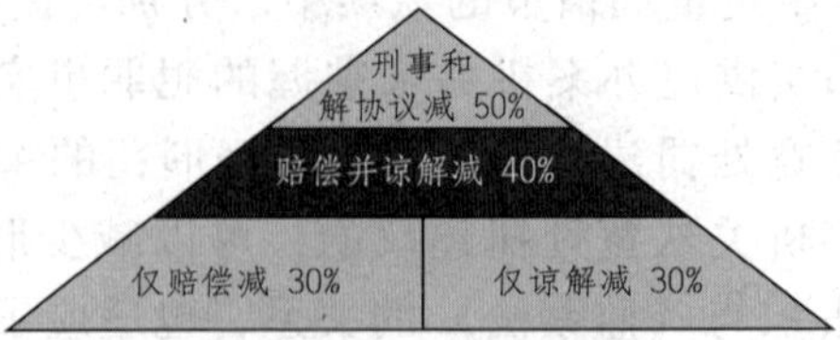

由此，在原量刑情节的基础上，每递增一个情节，一般再减少刑期的10%。本文也考虑在对每个从宽理由进行评价的基础上，再减少10%左右的刑期。当然，考虑到不同从宽理由减刑比例的差异，其对应的从宽建议的减刑比例也应有所区分。① 同时，通过减刑比例的累加，也实现了有多个从宽理由时的量刑均衡。

2. 从宽处罚建议的规范格式。分样本中从宽处罚建议一致表述为：从宽理由+法律依据+提出从宽建议。其中所有从宽理由均罗列在一起。这种表述有所不足：

其一，表述不精确。监察机关是基于其中的每一个情节分别建议从宽；还是考虑了所有的从宽理由后才建议从宽，仅有一个理由不足以从宽。

其二，适用不灵活。在多个从宽理由中，假如其中一个从宽理由因案情变化不再适用，将不能明确是否还应从宽。

因此，要对从宽处罚建议进行分项表述，针对每一个从宽理由分别提出从宽建议。即“从宽理由一+法律依据+建议从宽处罚；从宽理由二+法律依据+建议从宽处罚”……这就便于逐一评述从宽处罚建议，也对应了模式二的分项评价方式。

3. 回应的规范用语。裁判文书的释法说理，阐明了裁判结论的形成过程和正当性理由，提高裁判的可接受性，体现出裁判的公正性和透明度。② 在对从宽处罚建议的释法说理上，要做到用语规范，既全面、正面回应，又不重复评价。

分样本中，回应主要采取了“《刑法》《刑事诉讼法》+《监察法》”的方式，即先评价法定、酌定量刑情节，再追评从宽处罚建议。本文认可这种评价方式，并作如下讨论：

(1) 从宽理由均为不跨量刑幅度的量刑情节时，可对每个量刑情节分别评价，再予追评。

例：甲有两个量刑情节：其一，如实供述监察机关未掌握的同种犯罪，监察机关提出第一条从宽处罚建议；其二，主动退赃，减少损失，监察机

① 如：提出从宽建议的原因为自首时，可以再减刑15%；为坦白时，可以再减刑10%。

② 参见《最高人民法院关于加强和规范裁判文书释法说理的指导意见》。

关提出第二条从宽处罚建议。最终决定对甲从轻处罚。

建议用语为："甲如实供述自己的罪行，可以从轻处罚；其主动退赃，减少损失，可以酌情从轻处罚。对监察机关提出的第一、二条从宽处罚建议予以采纳，对甲从轻处罚。"

(2) 从宽理由杂糅了跨量刑 + 幅度的量刑情节时，应综述所有量刑情节，再评述从宽处罚建议。

例：甲具有两个量刑情节：其一，重大立功，监察机关提出第一条从宽处罚建议，审判机关决定减轻处罚；其二，主动退赃，减少损失，监察机关提出第二条从宽处罚建议。最终，决定对甲减轻处罚。

建议用语为："甲具有重大立功情节，综合考虑其兼有主动退赃，减少损失的情节，可以对其减轻处罚。对监察机关提出的第一、二条从宽处罚建议予以采纳。"

(3) 多量刑情节中存在投案型自首情节时的语言表述。

投案型自首分为两部分：自动投案 + 如实供述自己的罪行。而"自动投案 + 真诚认罪悔罪""如实供述办案机关未掌握的同种犯罪"分属两个从宽理由。此时，应先评价自首，再说明有无"真诚认罪悔罪"，追评是否采纳从宽处罚建议。

例：甲在被调查期间自动投案，如实供述监察机关未掌握的同种犯罪事实，能够真诚悔罪认罪，监察机关提出从宽处罚建议。

可以评价为："甲自动投案，如实供述自己的罪行，系自首，可以从轻处罚，考虑其真诚悔罪悔过，对监察机关的从宽处罚建议予以采纳。"

结　语

从宽处罚建议的诉讼支持，有赖于《刑事诉讼法》与《监察法》的顺畅衔接。这是我国反腐败法治建设宏大的场域下的一个重要命题，是构建和完善反腐败法治体系理论、促进反腐败法治体系和法治能力现代化的必然之选。

（本文获一等奖）

大数据量刑法律问题研究

商 雨[*]

引 言

2015 年最高人民法院院长周强在第十二届全国人民代表大会第三次会议上首次提出了“审判大数据”的概念，由此我国司法审判领域拉开了“大数据在司法审判中运用”的探索实践大幕。近年来，大数据在量刑领域如火如荼地发展，全国各级法院也将研发的大数据量刑系统投入使用，取得了不少成果。但是，大数据量刑的学理进程还处在初期研究阶段，大数据量刑在司法实践中的弊端也逐渐显现：量刑预测结果过于刚性，阻碍个案正义的实现；系统准确度参差不齐，甚至给出错误的量刑预测。要深度剖析上述问题的形成原因，需要先从大数据量刑的特性、模式和技术原理入手，找到司法与大数据契合的技术节点。另外，大数据量刑在司法实践中的使用还诱发以下现象：法官过度依赖量刑系统，遏制了法官的能动性和创造力、加重了被告人刑事量刑辩护权的风险、削弱了法庭对抗性等。要找到规避上述问题的出路，需要总结借鉴世界各国在定量分析量刑方法探索之路上的实践经验与理念更迭，构建大数据量刑配套制度，推动司法体制改革，从而使得大数据技术更大限度地在司法领域发挥积极作用。

一、大数据量刑应用现状

在司法实务中，我国一些地方法院顺应大数据司法的发展趋势，在大数据量刑研究上已经取得不少成果。例如，2006 年，山东省淄川区人民法院研究建立了我国首个“刑法常用百种罪名电脑辅助量刑系统”；2011 年，福建省龙文区检察院研究开发了“量刑建议管理系统”；2016 年，贵州法院在全国法院中率先运用大数据思维、借助大数据工具，研究开发大数据量刑系统。2017 年，上海法院作为首批司法改革试点单位之一，成功研发了

* 作者单位：黑龙江省高级人民法院。

大数据审判辅助体系，推进上海法院审判体系和审判能力现代化。①

诚然，大数据在量刑领域的应用得到了广泛的关注。但是该研究目前还处在探索阶段，系统构建技术不成熟，运用过程中也会产生一系列法律问题：一是大数据量刑存在机械化倾向，可能忽略个案公正和量刑社会性功能；二是大数据量刑辅助性法律地位不明确，某种程度上遏制了法官的能动性和创造力；三是加重被告人刑事量刑辩护权的风险，削弱了法庭对抗性；四是大数据量刑系统的精确度参差不齐，错误预测反而可能会削弱司法公信力；五是缺乏大数据量刑专业研发与维护团队，缺乏科学的技术标准。

为构建配套制度规避上述大数据量刑在实践中日益凸显的法律问题，需从原理出发，深入剖析。

二、什么是大数据量刑

与传统经验量刑法相比，大数据量刑是一种量化分析方法，排除了量刑活动中非法律因素对量刑结果的影响，提高了裁判的可预测性。实践中存在一些对于大数据量刑的误解，在这里需要着重解释一下。首先，大数据量刑的主体不是电脑，所谓“大数据量刑意味着电脑取代法官”的说法是错误的。大数据量刑提供的量刑预测是基于裁判实践，反映的是过往审判实践中法官的集体经验，所以大数据量刑并不是电脑取代法官量刑，而是为法官提供参考，最终量刑结果还需要办案人员考虑其他因素加以修正。其次，大数据量刑并不意味着其为没有能动性和创造性的法律机器。大数据量刑基于的裁判文书正是法官能动性和创造性的成果，量刑预测也是对法官过往量刑经验的总结。因此，大数据量刑并不是机械地运算，而是指以大量的以往各地各级法院审理并依法公开的真实裁判文书为样本，通过将裁判文书碎片化、类型化或者利用计算机程序直接抓取信息的方式，将量刑情节进行编码，然后借助计算机关系分析、透视的科学方法（如多元线性回归方法）来呈现量刑结果与多个量刑情节之间的相关关系，进而预测其他未决案件的量刑结果的一种量刑方法。大数据量刑与传统经验量刑相比有以下三个特性：

1. 量刑自动化。将未决案件的实际量刑情节代入到系统的数学模型中，便可迅速得到该案件的预测刑期。这一过程自动、高效。马克斯·韦博曾用“自动售货机”来形象地比喻法律形式主义，进而讽刺批评那些将法官看成一部法律加工机器的做法。② 尽管大数据量刑自动化，也不可以称其为

---

① 参见辛红：《大数据人工智能助理司法改革》，载《法制日报》2017年9月18日。

② ［德］马克斯·韦伯：《论经济与社会中的法律》，张乃根译，中国大百科全书出版社1998年版，第355页。

没有能动性和创造性的法律机器。因为，大数据量刑系统是对法官集体基于巨量具体案件中的具体问题而适用法律的经验归纳。在这个意义上，大数据量刑系统不是完全被动地进行量刑规则的机械运算，而是运用法律能动地解决每个案件中的具体量刑问题。

2. 量刑准确度相对性。大数据量刑得到量刑预测的准确性是相对的。这是因为，大数据量刑系统的样本是已决案件的裁判文书，文书的质量决定了量刑系统的准确性。具体而言，写进裁判文书的法定量刑因素与量刑结果有密切关系，但是另一部分非法律因素，如法官的某些价值取向、实践经验等，没有写进判决书，但事实上却与量刑结果有密切关系。案件信息的完整性是相对的，因此量刑预测的准确性也是相对的。裁判文书信息的缺失，让大数据量刑的运用实际上变成了裁剪掉部分实然公正后所作出的量刑结果预测。①

3. 系统动态优化性。大数据量刑系统的核心是量刑数学模型，值得注意的是，该模型需要后续不断更新和优化。因为，大数据量刑系统的样本库会随着时间不断充实，为了得到更加准确的量刑预测，我们需要将新的案件情况和新的量刑情节的组合补充进现有的量刑模型中，从而得到更优化、更准确的量刑模型。因此，大数据量刑系统要实现建模、预测、再优化三个步骤的循环往复。尽管我们永远不都会得到百分之百确定的量刑预测，但可以让准确率逐渐无限接近百分之百。

三、大数据量刑模式与原理

（一）类大数据量刑模式与原理

在现有的大数据量刑系统研究成果中，以澳大利亚司法信息研究系统、我国台湾地区量刑资讯系统和我国一些省份的大数据量刑成果为典型。值得注意的是，在大数据时代到来之前，传统定量分析的量刑模式对其作用不容忽视。美国联邦量刑指南、武汉大学电脑辅助量刑系统等，它们不是真正意义上的大数据量刑系统，却已经初步崭露出了大数据思想，也即尊重经验，情节量化，预测结果，为大数据量刑的发展奠定了技术和思想方面的基础。因此，本文以大数据量刑的思想和原理为切入点，将其归纳为类大数据量刑模式。

大数据量刑模式和类大数据量刑模式两者都是定量分析量刑方法，并在总结以往量刑实践经验的基础上，形成量刑模型，预测未决案件的量刑结果，从而推动量刑公正和规范化。两者的不同在于以下两点：第一，以往量刑经验的数据化和比例。大数据量刑依据数据化的已决案件裁判文书

① 白建军：《法律大数据时代裁判预测的可能与限度》，载《时事观察》2017 年第 10 期。

并且采取全样本；然而，类大数据量刑依据的是文本化的已决案件裁判文书并且抽取部分样本。两者差异的原因在于数据化的裁判文书处理由具有高速计算能力的计算机完成，而文本化的裁判文书多依靠人工来输入和分类。第二，量化分析方法。前者采取的是相关关系回归分析法，利用计算机关系分析、透视的科学方法计算量刑情节与量刑结果的相关系数；然而，后者采取的分析方法不尽相同，受限于当时技术发展，多采用概率分析和数值统计，例如，划分犯罪基准等级体系、① 划分法定刑空间等，② 得到的是量刑情节与量刑结果的一一对应关系。

（二）大数据量刑模式与原理

建立大数据量刑系统可以划分为四个阶段：样本获得、设置变量、信息抽取、回归分析。整个流程的关系如下图所示。

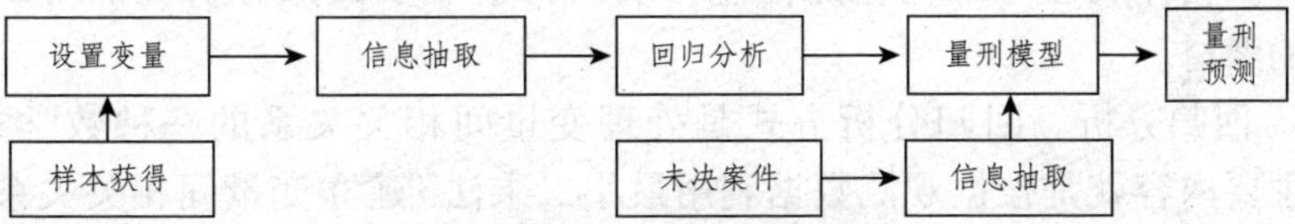

图1　建立大数据量刑的流程

1. 样本获得。大数据量刑以大量以往各地各级法院审理并依法公开的真实裁判文书为样本。2013 年中国裁判文书网面向大众开放，目前其中所包含的全国法院公开生效的裁判文书已到 4000 万篇，为大数据量刑系统的构建提供了丰富的材料和资源。建立大数据量刑系统需要的样本分为两种：（1）全样本；（2）大样本。虽然两种样本在数量绝对值的大小上有区别，但是都必须具有总体代表性。③

2. 自变量和因变量。通常假设法定量刑情节是影响量刑结果的主要因素。这是因为，非法律因素对量刑结果的影响规律难以把握，其对量刑结果的影响程度也随着法官价值取向和形势政策的改变而改变；以法定量刑情节作为自变量，建立大数据量刑模型，正是尊重依法量刑规律。④ 但是，在实践中，不少大数据量刑系统也将与量刑结果可能具有相关性的非法律因素考虑在内，从而提升了量刑预测结果的精确度。例如，我国台湾地区量刑资讯系统将自变量设置为法定量刑因子和进阶量刑因子。⑤

---

① 彭文华：《美国联邦量刑指南的历史、现状与量刑改革新动向》，载《比较法研究》2015 年第 6 期。

② 赵廷光：《论电脑量刑的基本原理》，载《湖北警官学院学报》2007 年第 2 期。

③ 白建军：《大数据对法学研究的些许影响》，载《中外法学》2015 年第 1 期。

④ 白建军：《基于法官集体经验的量刑预测研究》，载《法学研究》2016 年第 6 期。

⑤ 法定量刑因子指的是所犯法条和法定加重、减轻事由；进阶量刑因子指的是法官视情况斟酌从重或减轻量刑的事由。

大数据量刑模型的因变量是量刑结果。量刑结果是在各个量刑因素的共同作用下得出的，通过计算机关系分析、透视的科学方法，计算每个自变量对因变量的相关系数，从而得出数学量刑模型。

3. 文本挖掘和信息抽取。尽管裁判文书网依法公开了接近全部的裁判文书，完成海量裁判文书数据化这一巨大的任务。但是，由于裁判文书属于非结构化数据，所以需要用特殊的方法对数据进行处理和集成，将其转变成为统一标准的数据格式，从而方便以后的数据分析。[①] 其中，信息抽取技术是文本挖掘技术的一种重要技术，在从裁判文书中抽取量刑情节信息和量刑结果信息上起到了关键的作用。

信息抽取的任务就是从结构化或半结构化文档中抽取结构化的信息。也就是说，信息抽取涉及从非结构化数据中自动地提取实体、实体之间的关系以及实体属性等结构化的信息，从而为下一步回归分析提供可以直接利用的素材。

4. 回归分析。回归分析方式是处理变量间相关关系的一种数学方法，它的主要内容就是根据观测数据利用最小二乘法[②]建立变量间相关关系的近似数学表达式，也即经验公式；利用相关性逆向检验所建立的数学表达式的有效性；最后应用数学表达式进行预测和控制。实践中证明，运用回归分析方法可以更科学地认识自变量与因变量之间的关系，为掌握规律、预测控制提供了行之有效的科学方法。

大数据量刑系统的数学量刑模型就是表示量刑情节与量刑结果之间相关关系的数学表达式。实践中最常用的两种回归分析方式是多元线性回归分析和 Logistic 回归分析。通过多元线性回归分析得出多元线性回归方程，用来描述一个因变量和多个自变量之间的线性依存关系。当因变量为分类变量时，要研究该分类因变量与一些自变量之间的相关关系时，可以用logistic回归分析的方法。[③]

（三）大数据量刑实证研究成果示例

1. “北大法宝”智能定罪与量刑系统。大数据智能定罪与量刑系统，通过运用数据挖掘技术和数学统计、分析处理对庞大数量的已决案件数据进行持续的类型化、段落分析，得到量刑参数和算法数据库，从而对未决个案的量刑提供参考，努力实现“同案同判”的平等原则。该系统具体量刑原理如下：

① 刘智慧、张泉灵：《大数据技术研究综述》，载《浙江大学学报（工学版）》2014 年第 6 期。

② 最小二乘法是一种数据优化技术。它通过最小化误差的平方和寻找数据的最佳函数匹配。

③ 李涛、李曼：《多元线性回归与 logistic 回归分析的正确应用》，载《临床荟萃》2008 年第 15 期。

首先，在系统入口处录入犯罪事实描述。

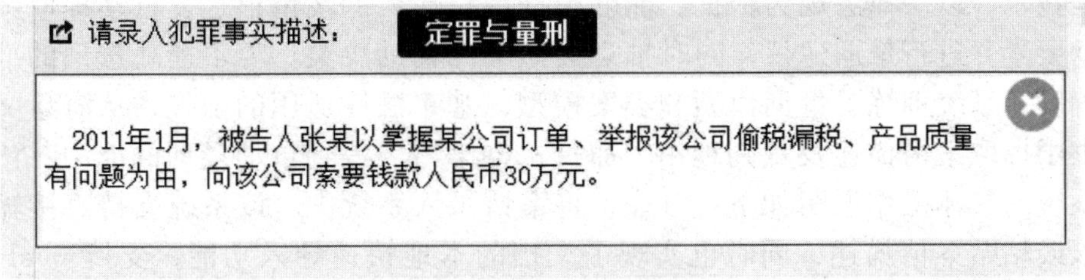

图 2　录入犯罪事实描述

其次，系统会将其自动识别分类为基本犯罪构成事实，如可量化的犯罪数额、次数和后果等；和犯罪构成事实之外的事实情况，如年龄，性别，自首，累犯等。然后，将基本犯罪构成事实经过自然语言处理，依据《常见犯罪量刑指导意见》，确定法定刑幅度，在相应的法定刑幅度内确定量刑起点，并在确定量刑起点的基础之上，据其影响犯罪构成的犯罪事实确定基准刑。

最后，将犯罪构成事实之外的事实情况经过自然语言处理，根据《刑法》及有关规定，初步确定法定情节和酌定情节，再根据统计得来的量刑数学方程确定量刑情节的幅度值。最后，将量刑情节的幅度值和确定的基准刑相结合，输出最终的量刑结果。① 与此同时，该系统还会推送相关法律法规、刑期分布图以及刑期与量刑情节关系图。

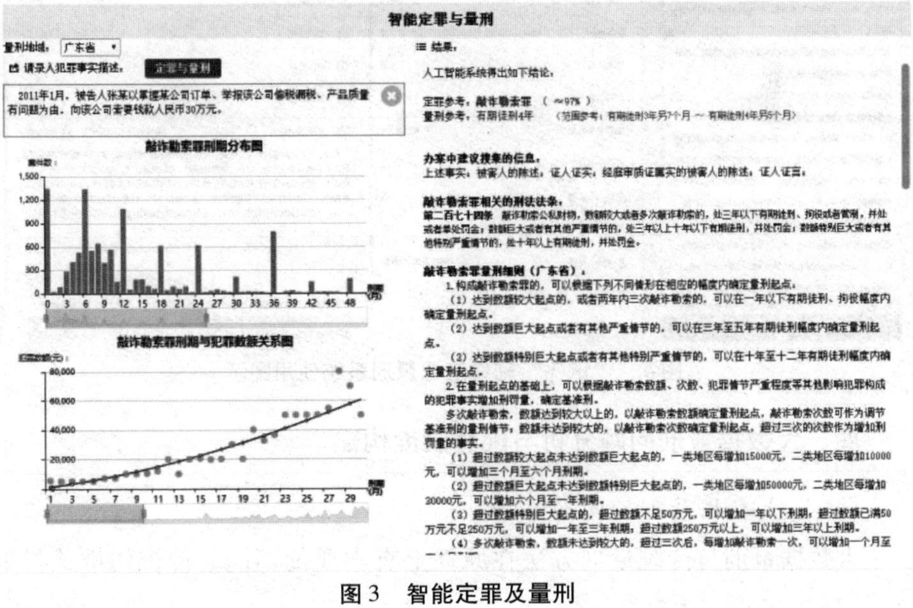

图 3　智能定罪及量刑

① 参见北大法宝官网，http：//www. pkulaw. com/help/product - laws - and - regulations. html，最后访问时间：2018 年 2 月 20 日。

2. “讯飞”辅助定性量刑系统。“讯飞”辅助定性量刑系统依托于大数据技术，以法律法规为依据，能够根据用户输入的案情描述，自动提取案情要素并进行量刑建议，同时推送类似案件辅助决策。为了提高量刑的准确度，系统训练了量刑模型和类案模型，基于法律适用的前提，从海量文书中提取案情描述及裁判理由，通过机器学习，得到自动量刑的能力。该系统的具体操作说明如下：首先，将案情录入系统中。该系统支持直接输入或粘贴案情描述，同时也实现了文档的本地快速导入功能，支持 word、wps 制式的文档，文档秒传至服务端并在线解析显示。[①] 其次，系统对案情进行智能分析，自动提取情形要素：犯罪事实，包含：犯罪基本信息（犯罪人、犯罪时间、犯罪地点）；案情事实（举例危险驾驶罪：醉酒情况、承担责任、是否无证驾驶等）；其他情节（年龄段、自首、谅解、赔偿等）。最后，系统根据案情要素，结合法律法规，同步给出量刑建议，包含：建议罪名、建议主刑、附加刑、参考法律。另外，该系统默认推送本地近 3 年相似案情的法院判决书，推送案例的默认判决地、默认判决时间可自行配置。下图为“讯飞”辅助定罪量刑系统的使用图示。

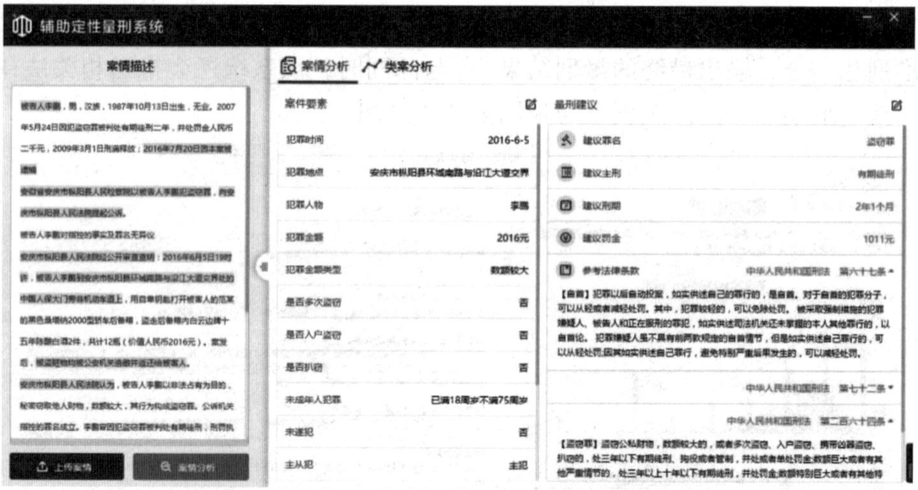

图 4 “讯飞”辅助定罪量刑系统使用图示

四、大数据量刑问题分析与配套制度构建

（一）大数据量刑的问题分析

大数据量刑与传统量刑方法在原理上有本质的不同。传统估堆式量刑

---

① 文件范围支持：检察院审查报告或已审查的犯罪事实、公安起诉意见书、法院判决书等。

方法依靠法官参照过往司法经验，大致估量刑罚结果。[①] 前者是定量分析，后者是定性分析。诚然，传统量刑方法在司法实践中存在很多问题，例如法官不重视量刑，主观随意性较大；无法正确地估量量刑情节对刑罚产生的影响；量刑辩护空间狭小等，此处不作赘述。本文主要根据大数据量刑原理，分析其相对于传统量刑方法产生的新问题。

1. 大数据量刑机械化倾向。大数据量刑关注的焦点过多集中于量刑统一化。早在 1987 年，美国联邦量刑指南由于量刑过于刚性，在适用中就暴露出了罪刑失衡的问题。过分强调量刑统一便会忽略个案公正。[②] 另外，大数据量刑机械化倾向有时会限制法官的自由裁量权，使其过度依赖大数据量刑系统，遏制了法官能动性和创造力；大数据量刑机械化有时会给被告人刑事量刑辩护权带来风险，还可能会降低被害人行使量刑参与权的效果。

大数据量刑机械化倾向的实质原因是对量刑个别化的忽视。所谓量刑个别化包括两个方面的内容：第一，以量刑统一化为前提，也即对任何人和任何案情都适用统一的法律；[③] 第二，量刑个别化立足于个案正义的实现，要求刑罚能够反映具体犯罪的社会危害性与犯罪人的人身危险性，而不是跟抽象个罪中的罪刑相适应。这就意味着，量刑个别化的追求并不停留在抽象意义上的“同案同判”，而是关注于具体案件。[④] 大数据量刑重视对过往司法经验的运用，但是受科学技术和人类认知所限，由个案抽象出的数学量刑模型无法穷尽现实中的具体情况，使得其失去了必要的弹性，如若不及时采取措施规避这一问题，某种程度上会阻碍对个案正义的实现。

大数据量刑机械化倾向的根本原因是其有时会对量刑情节评价失当，由于量刑情节自身的属性特征和运行机制，导致大数据量刑系统没有对其作出合理恰当的评价。首先，就量刑情节的处罚功能而言，其具有从宽处罚和从严处罚两种功能，量刑情节具有相对性，是一个不可否认的事实。[⑤] 对量刑情节两面性的判断无法用统一的规则确定，所以计算机分析方法也无法作出统一化的处理，这部分离不开法官的自由裁量权。其次，并非所有量刑情节都能够被量化，一些量刑情节是无法进行量化的，例如“情节严重”“影响巨大”“主观恶性”等概括性语言。试图量化一切情节的做法就是机械化看待量刑，忽略了量刑社会性功能。量刑情节制度本身承担着展现刑法人文关怀的职责，这种根源于人性的人文关怀不是能够量化的。[⑥]

---

① 白云飞：《规范化量刑方法研究》，中国政法大学出版社 2015 年版，第 100 页。

② 周光权：《量刑规范化：可行性与难题》，载《法律适用》2004 年第 4 期。

③ 石经海：《量刑个别化的基本原理》，法律出版社 2010 年版，第 63 页。

④ 白云飞：《规范量刑方法研究》，中国政法大学出版社 2015 年版，第 135 页。

⑤ 周光权：《量刑程序改革的实体法支撑》，载《法学家》2010 年第 2 期。

⑥ 白云飞：《规范量刑方法研究》，中国政法大学出版社 2015 年版，第 144 页。

因此，面对这些无法被量化的量刑情节，大数据量刑系统就变得局限，依据其得到的量刑结果就会变得机械化。

2. 大数据量刑构建规范有待完善。目前，我国各地法院、检察院以及一些法律信息服务平台相继研发出了大数据量刑系统，面向司法人员，甚至社会大众开放使用。然而，系统的精确度有时参差不齐，大数据量刑其实是一种理想量刑，所谓理想量刑是指基准刑、量刑情节等量刑事实与刑法量之间的合理对应关系。① 那么，量刑情节与刑法量之间能否建立起科学的对应关系，目前，我国大数据量刑还在探索阶段，量刑系统的合格标准没有出台，对系统运行的监管有待进一步加强，这一问题不容忽视。

影响大数据量刑系统准确性的两大因素：样本与变量。

样本是统计分析的信息来源，样本的质量决定了分析结果的准确性。实践中，样本缺陷分为两种：先天样本缺陷和后天样本缺陷。先天样本缺陷指的是已决案件裁判文书本身存在瑕疵。首先，绝大多数公开的裁判文书中，对案件量刑结果有显著影响的因素未必都写进去了，例如，一个时期特有的司法政策，法官自身长期审判积累的经验和价值取向等。其次，有些裁判文书书写不规范，案件信息不完整，这也会影响裁判预测的准确性。最后，不可否认在司法实务中存在一些已决案件的裁判文书，其本身存在违背法律事实的暗箱操作，量刑结果畸轻畸重。后天样本缺陷是指收集的样本不具有总体代表性，无法从个别案件归纳出一般规律。基于全样本得出的规律更加可靠、准确。但是，要基于大量样本得到相对准确的规律，需要筛选出具有全体代表性的有效样本，确定一个科学合理的抽样框架显得至关重要。如果收集的大量样本不具有总体代表性，就算其数量绝对值很大，也无法得出准确的量刑结果。

构建大数据量刑系统需要设置变量，自变量是影响量刑结果的量刑情节，因变量是量刑结果。在现有大数据量刑系统和大数据量刑实证研究中，对量刑情节的考虑有不同的情况：有的只考虑法定量刑情节，例如白建军教授的交通肇事罪量刑预测实证研究；② 有的将法定量刑情节和非法律因素同时考虑进去，例如文姬教授的醉酒型危险驾驶罪量刑影响因素实证研究。③ 前者实证研究的假设是，交通肇事罪的法定量刑情节是其量刑结果的

---

① 白云飞：《规范量刑方法研究》，中国政法大学出版社 2015 年版，第 140 页。

② 白建军教授在交通肇事罪量刑预测实证研究中，将下列法定量刑情节设置为自变量：自首、累犯、死亡人数、重伤人数、事故责任、财产损失、酒驾、毒驾、无证驾驶、安全装置不全、无牌证驾驶、严重超载、肇事逃逸等。

③ 文姬教授在醉酒型危险驾驶罪量刑影响因素实证研究中，将下列法定量刑因素和非法律因素设置为自变量：案例名、地区、同类违法行为、车型、合法拍照、血液酒精含量、交通事故发生程度、赔偿态度、自首坦白及认罪态度、拘役天数、缓刑情况、罚金数额、其他从重或从轻情节。

主要解释因素；后者实证研究的假设是，醉酒型危险驾驶罪的法定量刑情节和非法律因素是其量刑结果的主要解释因素。无论采取哪种研究假设，都必须要在该假设的基础上尽可能全面地找到影响量刑结果的各种因素。设置自变量的方式可以依据现行法律法规和相关司法解释，可以根据已决案件裁判文书中记载的内容，也可以邀请专家和资深法官共同探讨决定。但是，在构建大数据量刑系统的实践中，量刑因素的缺失和不全面导致量刑预测结果不准确，量刑数学回归方程不能很好地解释量刑差异，给法官提供不准确、甚至错误的参考意见，影响量刑公正的实现。

（二）大数据量刑的配套制度构建

1. 权利保障制度构建。法官的自由裁量权指的是法官在法律事实要件确定的情况下，在法律授权范围内，依据立法目的和公正、合理原则，对案件酌情作出决定的权利。法官裁判，首要的意义是为了实现由法律规则确定的统一秩序；① 另外，法官要保证公民在每一起案件中都能感受到公平正义。②因此，法官的自由裁量权对于处在法治建设探索阶段的中国来说尤为重要。

此外，大数据量刑能够自动得出量刑预测结果，这样势必会形成审判主体的双重结构和决定者的复数化。一旦审判主体和决定者难以特定，那么权力边界也就会变得模糊不清，司法问责制就无法落到实处，推卸责任的可能性就会增大。在司法实践中，法官承担着受理案件数量多和法定审理期限刚性的双重压力，又因为人的思考惰性，所以法官过度依赖大数据量刑系统的现象可能会发生。一旦这样的情况成为主流，计算机算法“独裁”就会无法避免。更为严重的是，大数据会使既有裁判中存在的失误和问题被固定化，限制了通过法官的自由裁量推动个案合法权利、规范创新和制度进化的动态机制。③

大数据量刑系统通过对已决案件裁判文书的数据分析、归纳，预测未决个案的量刑结果。实质上，大数据量刑系统得出的量刑预测仅仅只能作为一种参考，最终的量刑结果还需要具体的办案人员考虑其他因素后加以修正。因此，保障法官的自由裁量权可以从以下两个方面作为切入点构建配套保障制度。

第一，明确大数据量刑辅助性地位。任何大数据量刑系统都只是提供参考资讯来协助司法审判，而不是让电脑量刑。换一种说法，大数据量刑系统只是“法官有用的仆人，不是决定个案量刑的主人”。④ 美国联邦量刑

① 林孝文：《法官自由裁量权的非法律控制》，载《理论月刊》2003 年第 8 期。

② 张恒山：《法理要论》，北京大学出版社 2002 年版，第 344 页。

③ 季卫东：《人工智能时代的司法权之变》，载《东方法学》2018 年第 1 期。

④ 白建军：《基于法官集体经验的量刑预测研究》，载《法学研究》2016 年第 6 期。

指南曾强制性实施，不仅未能消除量刑偏差，而且因为量刑过于刚性而导致罪刑失衡，我们可以以此为诫。明确大数据量刑辅助性地位，法官在司法实践中不仅可以充分运用自己的自由裁量权和酌定量刑情节，而且可以参考大数据量刑提供的相关信息。经过两者的平衡和折中，法官的自由裁量权受制于大数据量刑的约束变得理性，大数据量刑又因为法官的能动性和灵活性变得不再武断和机械化。

第二，限制大数据量刑预测量刑结果的功能。正如澳大利亚新南威尔士州的大数据量刑资讯系统和我国台湾地区量刑资讯系统并不为法官直接提供量刑预测结果，也不直接指导法官量刑的过程，只是为法官提供类似已决案件的最低量刑和最高量刑，所以最终的自由裁量权始终由法官保留在自己手里。[①] 但是，需要明确的是，尽管大数据量刑对法官没有强制力，却有实质的影响力，要求法官的量刑要落点在建议范围内。如果脱离了大数据量刑系统的通常落点，判得太重或者太轻，就需要法官在判决理由中将自己考量的因素交代清楚，从而实现量刑个案的公正。所以，要激发法官的主观能动性和创造性，就要明确量刑预测的参考性地位而非强制性地位，从而保障法官的自由裁量权，维护司法的权威，最终实现公正量刑。

随着推进量刑规范化改革，诉讼活动中当事人量刑话语权变得越来越重要。[②] 首先，保障被告人的量刑辩护权，可以强化法庭控辩对抗，有利于实现罪刑均衡原则。被告人参与量刑决策过程，可以为审判提供更多裁判依据，又可以监督法官行使自由裁量权。[③] 其次，在量刑阶段赋予被害人量刑参与权，有利于实现量刑公开，使被害人更好地接受量刑结果，有利于增强裁判权威性。[④]

大数据量刑系统根据未决案件的量刑情节自动地给出量刑预测结果，并相应推送类似案件的裁判文书和相关法律规定，为法官量刑提供了极大的便利，提高了司法效率，但与此同时也降低了法庭的对抗性。大数据量刑系统给出的量刑预测，降低了被害人行使量刑参与权的效果，使法庭对抗性大为降低。[⑤] 大数据量刑系统开发之前，被告人和被害人在定罪后仍可以行使各自的量刑辩护权和量刑建议权影响法官最终的宣告刑。但是，量

---

① 罗灿、刘平：《大数据时代下构建量刑资讯系统的若干设想》，载《人民法院报》2014 年 8 月 1 日第 5 版。

② 2010 年最高人民法院、最高人民检察院、公安部、国家安全部、司法部联合签发的《关于规范量刑程序若干问题的意见》第四条规定："在诉讼过程中，当事人和辩护人、诉讼代理人可以提出量刑意见，并说明理由。"

③ 李莎莎：《论被告人量刑话语权》，载《刑法论丛》2014 年第 1 卷。

④ 赵其林：《公诉案件被害人量刑参与权研究》，西南政法大学 2012 年硕士学位论文。

⑤ 彭文华：《美国联邦量刑指南的历史、现状与量刑改革新动向》，载《比较法研究》2015 年第 6 期。

刑预测结果使得回旋空间也十分有限，降低了法庭对抗性，不利于法官最终根据法律事实作出公正、权威的量刑结果。

因此，应当强调量刑程序的独立性，完善刑事诉讼程序，保障被告人量刑辩护权和被害人量刑参与权的行使。这不仅保障了被告人和被害人诉讼主体的地位，并且让法官在这种平等的量刑辩论机制中，全面衡量各方与量刑有关的事实和因素，对个案作出公正、公平的量刑裁判。

2. 程序保障制度构建。量刑是一个独立性的程序。① 2014 年出台的《最高人民法院关于常见犯罪的量刑指导意见》中，没有系统、独立的量刑程序规制。在量刑过程中，只有司法程序得到保障才能真正实现实体公正。② 虽然我国最高人民法院和最高人民检察院等五部门颁布的《关于规范量刑程序若干问题的意见（试行）》规定了一些与量刑有关的程序要求，但是总体而言不具体也不系统，缺乏配套的程序保障制度。③

建立系统、独立的量刑程序，可以让法官在量刑程序中获取更多的量刑信息，而不是重复地将定罪信息作为最终量刑结果的依据。另外，可以充分保障被告人量刑辩护权和被害人量刑参与权的行使，对争议事实进行当庭的质证和辩论，限制法官的自由裁量权，使法官能够全面衡量，从而得出公平的量刑结果。在系统、独立的量刑程序规制下，也有利于大数据量刑系统更好地发挥量刑辅助工具的作用，更好地在法官身边扮演辅助者的角色，而不是一方独大的垄断角色。

3. 系统运行制度构建。各国在司法实践中都设立了专门机构负责大数据量刑系统的研发和监管。例如，美国的量刑委员会，澳大利亚新南威尔士司法委员会等。遗憾的是，我国从推行量刑规范化改革至今的十余年来，从未设立与量刑相关的专门负责机构。2017 年 9 月 26 日最高人民法院刑事审判第三庭和信息中心召开了推进量刑规范化智能辅助系统建设座谈会，并正式决定立项开发建设量刑智能辅助系统。④ 值得注意的是，立法机关和司法机关并不是大数据量刑专门负责机构的最佳人选。虽然我国最高人民法院刑事审判第三庭之前在量刑改革上取得了显著的成效，但是从其职能、人员组成以及专业化程度来说，都无法担负大数据量刑专门负责机构的重任。⑤

---

① 2012 年《刑事诉讼法》第一百九十三条规定：“法庭审理过程中，对与定罪、量刑有关的事实、证据都应当进行调查、辩论。经审判长许可，公诉人、当事人和辩护人、诉讼代理人可以对证据和案件情况发表意见并且可以互相辩论。”这是量刑程序独立存在的法律依据。

② 张月满：《量刑程序论》，载《法学家》2011 年第 4 期。

③ 李玉萍：《中国法院的量刑程序改革》，载《法学家》2010 年第 2 期。

④ 陈学勇：《最高人民法院立项开发建设量刑智能辅助系统》，载《人民法院报》2017 年。

⑤ 彭文华：《美国联邦量刑指南的历史、现状与量刑改革新动向》，载《比较法研究》2015 年第 6 期。

美国的量刑改革经验就证明了这一观点，美国的立法机关通常没有实力胜任量刑改革工作，因为国会没有时间或者专业知识研究制定量刑指南本身。①

大数据量刑专门负责机构的职责就是维护和更新大数据管控系统，也即大数据运用的中枢和“司令部”。大数据量刑是一个系统工程，必然存在一个持续更新、逐步完善的过程。在司法大数据运用中，建立对案件要素数据模型的定向分析和反向检测制度，制定量刑系统的合格鉴定标准，加强系统运行监管。具体而言，深入研究法律因素和非法律因素与量刑结果之间的相关关系，计算单独一个自变量对因变量所产生的影响，从而优化大数据量刑系统；完善法律知识的数据库；尽量采取全样本研究；优化计算机分析技术，使机器学习更加精确。因此，在大数据量刑专门负责机构的带领下，将会建立起与司法实务需求更加贴合的大数据量刑系统。

大数据量刑系统就像裁判文书一样，应当被视为一种公共资源，其适用主体除了包括法官、检察官以外，还应包括辩护人和当事人以及社会公众。法官、检察官、辩护律师与诉讼当事人等均可以通过大数据量刑系统，掌握各量刑因素对最终量刑结果的影响因素。只要在系统中输入相关案情事实或者量刑情节就可以查询到量刑预测结果、平行刑度、最高刑度、最低刑度、相似案件的裁判文书以及相关法律法规，为诉讼当事人提供更加准确和客观的量刑预测信息，掌握可能刑量的范围，并以此作为量刑辩论的重要依据。大数据量刑系统面向社会公众开放，不仅提高司法透明度，有助于减少公众对司法的质疑，提高司法公信力，也从另一方面加大了公众对司法公正的监督，促进量刑公正。②

结　语

大数据量刑作为大数据司法的一个缩影，反映了大数据时代司法改革应该注意规避的问题。信息化发展是一个持续的、渐进的过程，不可能毕其功于一役。深入研究大数据量刑，构建大数据量刑完整的知识体系，不仅需要法律知识还需要跨越不同的学科领域，将计算机、统计学和数学等融会贯通。本人有幸在导师的带领下，接触到了大数据司法领域，并对大数据量刑这一具体运用产生了浓厚的兴趣。本文对大数据量刑的研究难免有疏漏之处，祈盼各界专业人士的批评指正，不胜感激。

（本文获一等奖）

① Geoffrey P · Miller：Separation of Powers and the Sentencing Commission，Preview of United States Supreme Court Cases，1988.

② 谢治东：《台湾地区量刑资讯系统的构建经验及其启示》，载《海峡法学》2016 年第 6 期。

刑事裁判文书说理改革视域中的通说运用

——以规范化为中心

江珞伊*

裁判文书说理改革是新时代司法改革背景下的一项机制性改革，其两条主线是以强化论证提高说服力，以繁简分流提升效率。2018 年 6 月 13 日施行的《关于加强和规范裁判文书释法说理的指导意见》（以下简称《意见》）第十三条明确规定“通行学术观点”，即“通说”可以作为论证裁判理由的论据。而司法中，对于无明确法律规范的理论争议问题的说理，通说援引规范的缺失引发不良循环，有违裁判文书说理改革之目标（如图 1）。在刑事司法中，理论争议问题较为普遍，故笔者从相关刑事裁判文书入手，立足通说特性，探索说理规范。

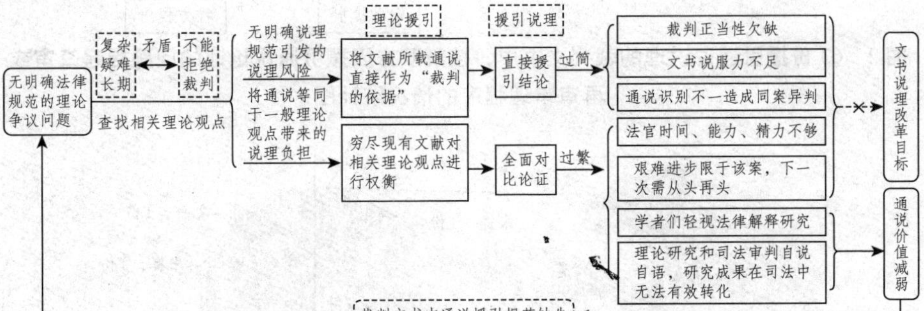

图 1　裁判文书中缓引通说说理规范缺失引发问题概括图

一、实践反思：援引通说说理现状检视

笔者通过中国裁判文书网、无讼案例、威科先行·法律信息库，分别以“通说”“通行观点”和“通行学术观点”为关键词，选择“刑事”案

---

* 作者单位：北京市第四中级人民法院。

由，检索出82份裁判文书，[①] 其中法官援引通说说理的63份（援引通说64个），控辩双方援引通说的19份。过程中笔者发现存在大量实际适用通说结论但未明确表述者，样本中援引通说最多的牵连犯认定处罚问题的说理论据普遍为理论观点，故笔者以“牵连犯”为关键词，在中国裁判文书网中检索出裁判文书2251份，通过系统抽样获得文书45份。[②] 两个样本中2份文书重合，共得样本125份。同时，通过纸质和网上问卷向具有撰写裁判文书经验的法官和助理发放，回收有效问卷175份。

样本文书中因援引通说论证的问题和牵连犯问题提起二审或再审的数量较多（如图2、3），部分案件的上诉理由中明确提出援引学界理论缺乏正当性。[③] 通过样本整理，笔者认为上述争议主要源于现阶段援引通说说理存在的“六不”问题。

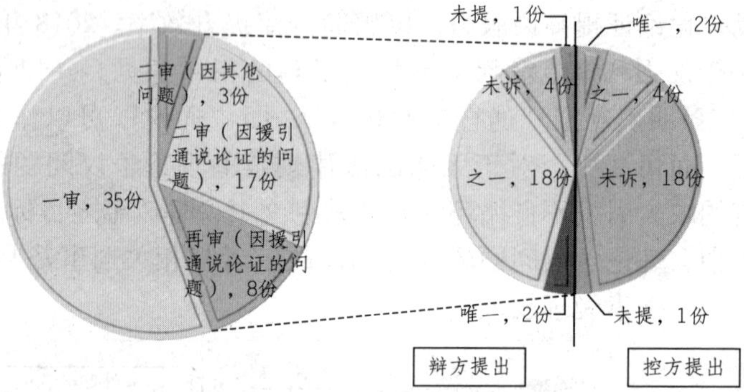

图2　63份援引通说说理的裁判文书中，控辩双方因援引通说论证的问题提起二审或再审审理程序的情况统计图

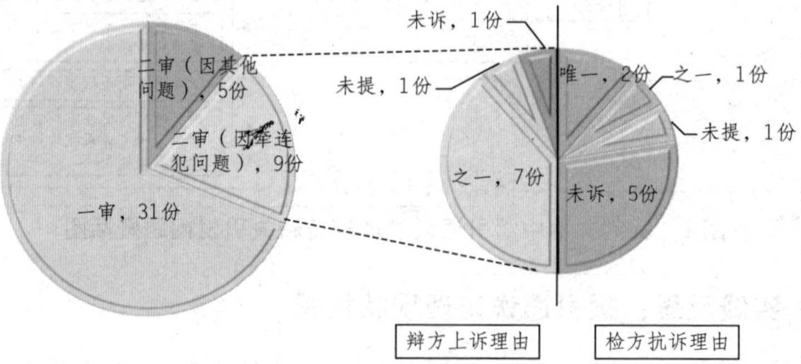

图3　45份牵连犯相关裁判文书中，控辩双方因牵连犯的认定或处罚问题提起二审程序的情况统计图

① 中国裁判文书网中检索出文书353份，无讼案例中495份，威科先行中565份，去除无关及重复文书，共得82份。

② 系统抽样中起始编号为2，分段间隔为50。

③ 参见（2017）粤12刑终168号判决书。

注：1. 唯一：援引通说论证的问题或牵连犯问题为该方提起二审或再审的唯一理由。

2. 之一：援引通说论证的问题或牵连犯问题为该方提起二审或再审的理由之一。

3. 未诉：对方因援引通说论证的问题或牵连犯问题提起二审或再审，该方未提起。

4. 未提：对方因援引通说论证的问题或牵连犯问题提起二审或再审，该方虽提起二审或再审但并未提及该问题。

（一）援引通说说理失范问题

1. 适用不当。样本中72%的文书援引通说作为论证某一裁判要素的唯一论据，但大多仅说明通说内容、本案情况和处理结论，在无说理或简单说理后直接影响定罪量刑，实际上将通说等同于法律规范，而通说本质上为理论学说，说理缺乏正当性（如图4）。

事实 + 通说 = 结论

说理结构	通说个数
通说内容+本案情况+处理结论	34
本案情况+通说内容+处理结论	7
本案情况+通说内容+通说来源+通说适用形式原因+处理结论	1
本案情况+通说适用实质原因+通说内容+处理结论	1
通说内容+通说来源+本案情况+处理结论	1
本案情况+无法律规范+通说内容+处理结论	1
通说内容+处理结论	1

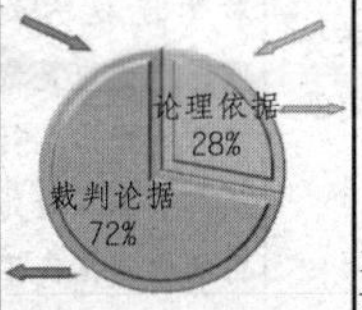

注：本文中“裁判论据”是指说理论据中论证某一裁判要素的唯一论据，直接或间接影响定罪量刑
“论理依据”是指说理论据中论证某一裁判要素的论据之一，与其他论据共同影响定罪量刑

事实 + 通说+其他论据（包括法规）/以适用通说作为一般情况论述特殊性 = 结论

论据种类		说理结构	通说个数
支持论据	观点论据	通说内容+其他论据+本案情况+处理结论	3
		本案情况+通说内容+其他论据+处理结论	2
		其他论据+本案情况+通说内容+处理结论	2
		其他论据+通说内容+本案情况+处理结论	2
		通说内容+本案情况+其他论理+处理结论	1
		本案情况+其他论据+通说内容+处理结论	1
		通说内容+相关规定观点+本案情况+处理结论	1
	原则概念论据	通说内容（概念）+规定分析+本案情况+处理结论	1
		法律规定+通说内容（原则）+本案情况+处理结论	1
		通说内容（原则）+本案情况符合规定+处理结论	1
		通说内容（原则）+本案情况+其他论据+处理结论	1
反对论据		按照通说处理存在问题+处理结论	1
标准论据		其他论据+本案行为+处理结论（虽未达到既遂通说条件，但可以认定为既遂）	1

图4　裁判文书缓引通说说理的说理结构分类图

2. 识别不一。对同一问题，存在援引通说内容不一致、甚至矛盾的现象，如对盗窃罪既遂的判断，有的采“控制”说，有的采“控制+失控”说；对牵连犯的处罚，有的采“从一重罪”，有的采“从一重罪从重”（如表1）。

表 1　　裁判文书中针对同一问题援引通说内容对比表

问题	案号	审判阶段	涉及罪名	解决问题	通说内容	论证结论	通说来源	说理结构	通说作用
盗窃罪既遂	（2016）辽0181刑初502号	一审	盗窃罪	使用微信转账的方式窃取他人财物，因24小时未领取而被操作系统退回原账户的属于既遂还是未遂	通说认为，应以被告人是否已经获得对被盗财产的实际控制为标准	未遂	无	通说内容+本案情况+处理结论	裁判论据
	（2016）浙0303刑初910号	一审	盗窃罪	盗窃车辆后隐匿但无法打开车门的是否为既遂	理论通说一般认为，盗窃罪的既遂标准为“控制加失控”	既遂	无	通说内容+本案情况+处理结论	裁判论据
	（2017）浙0105刑初273号	一审	盗窃罪	被告人辩解其盗窃他人支付宝中财产转移到自己支付宝内，因支付宝账户被冻结，剩余44100元未转出，属于盗窃罪未遂	按照盗窃罪既遂通说失控+控制说的观点	既遂	无	本案情况+通说内容+处理结论	裁判论据
牵连犯处罚	（2017）湘1224刑初368号	一审	滥用职权罪和私分国有资产罪	私分滥用职权所获资金的行为如何认定及处罚	目前的刑法理论通说认为，关于对牵连犯的处理，牵连犯是裁判的一罪，实行从一重罪从重处罚的原则，而不是实行数罪并罚	从一重罪从重处罚	无	本案情况+通说内容+处理结论	裁判论据
	（2017）年08刑终59号	二审	单位受贿罪与徇私舞弊拒不移交刑事案件罪	无明文规定的牵连犯的如何处罚	对牵连犯如何处理，我国刑法典总则没有规定，刑法理论上通说认为，对牵引犯的处理不实行数罪并罚，而应从一重罪处罚	从一重罪处罚	无	通说内容+本案情况+处理结论	裁判论据

3. 前提不明。存在“根据通说及相关规定”“无论根据法律条文还是通说观点”等表述（如表2），将通说与规范混合、于规范之前或与之择一适用，未厘清通说与法律规范之间的序位关系。

表 2　　裁判文书中援引通说说理的部分表述列举表

案号	涉及问题	说理部分
(2016) 粤刑申 261 号	同时犯走私、贩卖、运输、制造、持有毒品的罪数问题	根据我国刑法理论通说及相关规定，有证据能够证明被告人已构成走私、贩卖、运输、制造、窝藏毒品罪中任何一种罪，即以该罪论处，不再认定非法持有毒品罪。
(2017) 粤刑申 80 号	同时走私、贩卖、运输、制造、持有毒品的罪数问题	根据我国刑法理论通说及司法实践规定，有证据能够确认行为人已构成走私、贩卖、运输、制造毒品罪中的任何一罪，即以该罪论处，不再认定非法持有毒品罪。
(2016) 京 01 刑初 134 号	聚众斗殴转化故意伤害的认定问题	无论根据法律条文还是法学理论界的通说观点，对于参与组织、策划、指挥的聚众斗殴首要分子，如对斗殴过程中可能致人死亡、重伤有概括性故意，应转化为故意杀人、故意伤害罪；如果能够证明在组织、指挥过程申明确要求其他积极参加者不能造成他人伤亡，或是其他积极参加者明显超出共同故意范围的实行过限行为造成他人伤亡的，对于首要分子仍应定聚众斗殴罪。

表 3　　裁判文书中援引通说说理表述情况分类统计表

单独援引还是结合援引	表述关键词	援引通说时的具体表述	援引通说个数
单独援引通说	通说	按照/通说理解/是/认为/标准是/未达到通说要求	10
		按照/某一方面通说认为	6
	理论 + 通说	根据/按照/从（我国）学界/（刑法）理论通说来看/（一般）认为/是/普通赞成	25
		依据刑法通说理论	1
		理论关于某一问题的通说	1
	理论 + 通说 + 沿革	理论通说及理论沿革	1
	实务/法律/刑法 + 通说	司法实务中通说是/从司法通行观点来讲	2
		依照现行法律的通说观点	1
		根据刑法理论和刑法通说认为	1

续上表

单独援引还是结合援引	表述关键词	援引通说时的具体表述	援引通说个数
援引通说时与其他结合	理论通说 + 司法实践	根据/（刑法）（相关）理论通说和司法（审判）实践	5
		根据我国刑法理论某一问题通说和司法实践	1
		刑法理论界和实务界通说认为/根据我国刑法理论通说和司法实践通行做法	2
	理论通说 + 法律规定	根据刑法条文及刑法通说/通说及相关规定/通说及相关司法解释	3
		根据某一条文和刑法理论通说	2
		根据刑法理论通说及司法实践规定	1
		按照现行法律规定以及通说采取的某种观点	1
		无论是根据法律条文还是法学理论界的通说观点	1

4. 界定不清。第一，存在“司法通行观点”“现行法律的通说观点”等表述（如表3）。一般认为通说是指法学理论中争议问题的通行观点，司法中是否存在通说存在争议，而现行法律不存在通说，对法律的理解可能存在通说。第二，部分文书将无争议的法律原则或概念作为通说援引（如图4）。第三，有的将理论界尚未形成通说或存在相矛盾通说的观点认定为通说，如牵连犯的处罚问题。①

5. 说理不足。一是说理简单，仅个别文书论及通说来源、适用原因等问题（如图5）。二是内容赘余，如文书中标注该通说与某学者观点一致，而该标注无法证明援引的观点为通说。② 三是混合说理，在说理时将通说与司法实践、法律规定等内容混合，难以区分（如表3）。四是回应不足，对于控辩双方意见中援引的通说，约37%的文书未回应或无说理（如图6）。

---

① 理论认为，对无明文规定的牵连犯应从一重处罚或从一重从重处罚。过去通说认为应从一重处罚，当前较多学者支持从一重从重，尚未形成通说。参见张明楷：《刑法学》，法律出版社2016年版，第491页。

② 参见法院（2017）粤刑申73号判决书。

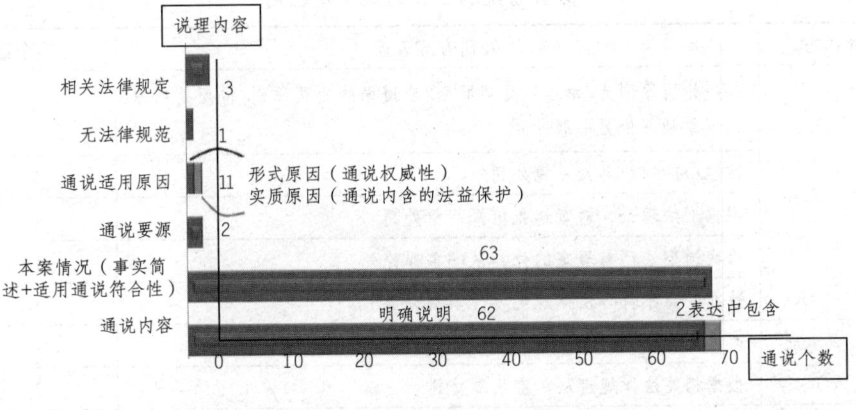

图5 裁判文书中援引通说说理内容统计图

图6 19份控辩双方援引通说发表意见的裁判文书回应说理情况统计图

6. 援引不注。文书中“显性”援引，即明确表明援引通说的为少数，大部分文书通过直接适用结论或将通说作为处断原则等“隐性”方式援引。牵连犯相关文书中，19份有牵连犯处罚问题的表述，其中仅有3份明确提及刑罚理论，7份将从一重罪作为牵连犯处罚原则适用，6份无其他说明直接从一重罪处罚（如表4）。

表 4　　援引通说的处罚方式样本数量

处罚方式	处罚方式表述	样本个数
从一重罪	一般处罚原则为/牵连犯处罚原则/应遵循的处罚原则/按照处断原则不单独评价另一罪	7
	按照/应当以/并从一重处罚	5
	根据刑法理论，对牵连犯应择一重处罚	1
	除我国刑法已有规定的外，从一重罪论处	1
	数罪并罚不符合法律规定（无具体法条）	1
从一重罪从重	通说认为（从一重从重）	1
	根据相关法律规定从一重从重处罚	2
从一重或从一重从重	刑法理论一般认为对牵连犯从一重处罚，或者从一重从重处罚	1

（二）援引通说说理失范原因

1. 根本原因：理论研究应用司法路径之缺失。《意见》第十三条虽对通说援引作了原则性规定，但因无明确规范，法官难以把握通说“证明力”和说理程度；同时未涉及非通说理论观点援引，难以应对未形成通说的理论争议问题。而现有的专家论证争议较大，效力未明，理论研究成果难以应用于司法实践（如图 7）。这不仅使学者缺少从事法律解释研究的动力，研究越来越“不接地气”；也使其研究时缺乏“求同存异”的意识，难形通说。法官需援引理论观点时，要花费大量精力梳理选择，越发认为理论“无用”而予以排斥，从而引发不良循环。

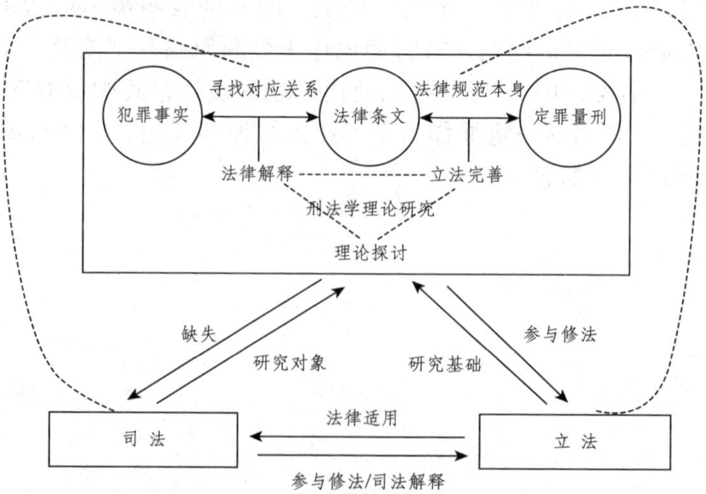

图 7　立法、司法和理论研究关联图

2. 实质原因：援引需求与风险之矛盾。法律规范起源于法学理论，对于理论争议问题，法官有援引理论观点的需求（如图8），具体而言：一是因知识的无限广泛性和个体的思维局限性，有必要参考现有理论成果；二是涉及概念界定、基础理论、价值理念等问题或全面论证较为复杂、个案篇幅难以涵盖时需要援引；三是援引理论观点比较选择时的“沟通式说理”较直述法官观点的“独白式说理”更为充分，同时现有研究成果可以过滤适用性不足的观点，突出争议焦点。而理论观点中通说具有相对合理性和普遍认可性，且基于法官选拔制度及我国法学教育方式，通说很多情况下已根深蒂固于法官思维之中。

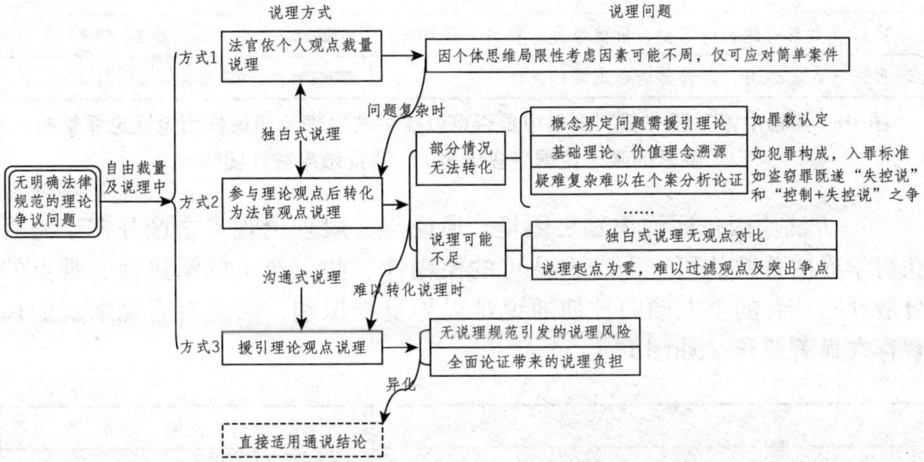

图8　裁判文书援引理论观点说理需求说明图

而与援引需求相对的是无正当依据和无明确规范带来的风险（如图9），故大量裁判文书通过直接适用结论或将通说作为司法处断原则等“隐性”方式援引。

选项	比例
否	0%
是（援引通说说理无正当依据的风险）	74.29%
是（无明确规范导致的说理不当风险）	48.57%
是（说理不充分的风险）	37.14%
是（当事人不认可的风险）	54.29%
是（其他风险）	14.29%

图9　问卷中第4题“裁判文书中缓引通说进行说理的，是否存在风险及存在何种风险（多选题）”调查结果统计图

3. 认识原因：通说定位之分歧。文书中广泛存在的在无说理的情况下将通说作为裁判论据的问题，主要源于法官对通说的认识及定位不一（如图10）。样本文书中有的认为通说等于法律原则或法学理论，有的将其视为司法处断原则，有的在适用中实际将其等同于法律规范，援引通说的说理要素及说理程度也各不相同。

选项	比例
可以	45.71%
不可以（如果能够说明该通说受到大部分学者支持，则可以）	14.29%
不可以（如果对通说的缘由、价值等进行释明，则可以）	28.57%
不可以（无论如何，通说只能起到辅助说理作用）	25.71%

图10 问卷中第8题“裁判文书中是否可以援引法学理论通说作为论证定罪量刑要素的唯一论据（多选题）”调查结果统计图

4. 方法原因：通说识别之困境。通说与一般理论观点之区分在于是否获得学界的普遍认可，而普遍认可的模糊性、共识产生的渐进性、观点的分散性、作者的个人倾向性使通说难以界定与识别，法官对通说来源的理解存在显著差异（如图11）。

选项	比例
知名法学教材中明确载明该理论为通说	54.29%
知名学者认可为通说观点	20%
知名教材或学者的观点	20%
法学教育中老师所讲授的观点	8.57%
没有不同意见或不同意见极少的观点	25.71%
多数学者所持的观点	45.71%
多种争议观点中重叠或交叉的部分	22.86%
其他判决中曾认定为通说的理论（对判决的辖区或级别存在限制）	28.57%
其他判决中认定为通说的理论（判决范围无限制）	20%
大多数判决适用的理论	48.57%

图11 问卷中第5题“您认为满足何种条件可以认定某一理论观点为通说（多选题）”调查结果统计图

上述“六不”问题有违文书说理原则和裁判文书说理改革目标（如图12）。为此，笔者试通过规范援引通说说理初步构建理论应用司法之路径，以期应对上述问题，缓解理论争议问题的说理难题。

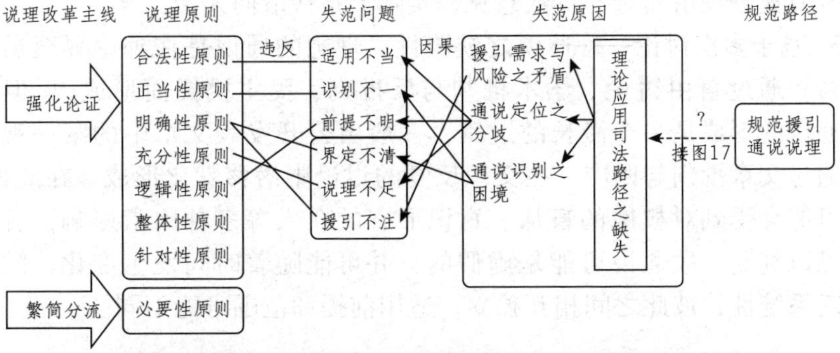

图12　裁判文书援引通说说理失范问题、失范原因和说理原则对应图

二、属性梳理：通说概念释明与理论观点分级

通说源于德国法概念“herrschende Meinung”（主导性意见），《现代汉语词典》中含义为“普遍的说法”，[①] 结合法学研究中“通说”的使用语境，笔者认为通说是对某一法学理论上存在观点分歧的法律问题，在理论界形成的具有普遍共识、占主导地位的观点或系统理论。有意见认为通说包括司法判决中的普遍做法，但鉴于理论通说强调平等论辩进而形成共识，而判决的统一可能在上级司法机关的指导下形成，[②] 且可归属于判例制度研究的内容，故本文讨论的为理论通说。

（一）本质属性：通说之“三多”与“三性”

法学中的通说，并非法哲学意义上的通说，其立足于法律实践需要，是事实判断与价值判断的融合。当某种理论观点符合个体的判断标准，获得学术认同，当个体认同达到多数并占据主导地位时即产生普遍共识。通说的主导性来自其内含的理性和基于普遍共识的民主性：

1. 经过多次检验——通说之理性。每个认同都代表着一次检验，通过多次检验表明通说具有客观解释力（解释现象、解释法律、解释对应关系）和说服力，这是通说理性之所在。具体而言，一是通说具有逻辑自洽性，即不违反法律规范，论证能够支持其结论。二是通说具有判断符合性，即在法律判断和价值判断上与多数人相符合。三是通说具有适用有效性，即能够合理有效地解决问题，并可以反复适用。

2. 获得多人认可——通说之民主性。多人认可的价值不在于人数的多少，而在于其所包含的基于学术自由的民主性。当然真理也可能掌握在少

① 罗竹凤主编：《现代汉语词典》，汉语大辞典出版社2000年版，第1768页。

② 参见张志坡：《通说的用语·概念·作用域》，载《法律方法》2015年第17卷。

数人手中，但如同成文法一样，虽有不可克服的局限，但其内含了民主性，如果没有充分理由而选择少数意见，实际上是在滑向人治。

3. 基于多次讨论——通说之缺陷性。理想的通说是在理论界全员参与的平台，通过自由讨论、学术批判与反批判、民主抉择而形成。[①] 但实际上，通说的形成是一个漫长的过程，一般由公开发表文章中的某一观点引发，通过文章批判与回应，在交织反复的讨论中潜移默化形成。在此期间，通说可能会受到对权威的盲从、意识形态的介入等多种因素影响，且普遍共识难以判断，故通说可能是虚假的，并可能随着时间发生变化，同时通说缺乏系统性，彼此之间相互独立，适用前提和范围可能不同。

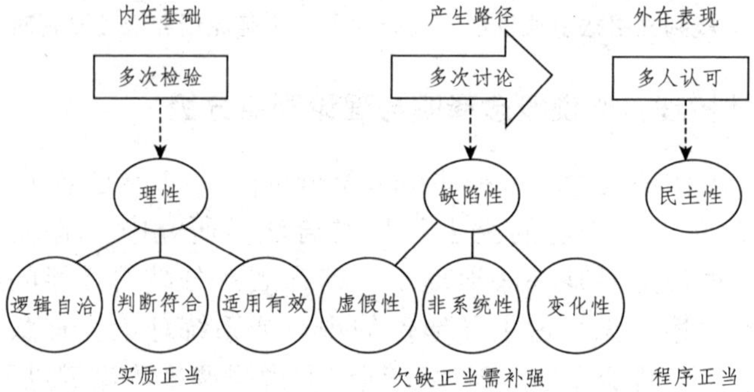

图 13　通说本质属性说明图

（二）适用属性：源于自由裁量的限制

援引通说说理实质上是以法律解释和漏洞补充为基础的自由裁量，法官可以选择是否援引及援引何种理论观点，但裁量中"自由"存在多重限制：

1. 内在限制：援引通说说理的正当性来源。约束力是制度的力量，说服力是理性的力量。自由裁量是法官担负社会责任的理性决策，其理性基础在于裁量时所秉承的法律之安定与理想：一方面，罪刑法定原则下，需在法律文义范围内进行逻辑分析，以保法之安定；另一方面，法律应用于实际问题，如单以逻辑则流于所谓概念法学，裁量中要时刻秉承法之正义（平等、人权）与合目的性（社会福祉）[②]，可谓法之理想，在《刑法》中主要表现为罪责刑相适应。

"在人类社会生活中，隐隐之间，有一规范性质存在，以使人类社会生活之生成发展，有其潜在的秩序，称为'第一次规范'，所谓成文法系'第

① 参见姜涛：《法学通说：一个初步的分析框架》，载《北大法律评论》2011 年第 2 期。

② ［德］拉德布鲁赫：《法律的不法与超法律的法》，舒国滢译，载《法哲学与法社会学论丛》2001 年。

二次规范’。成文法无非择‘社会的惯性’中必须遵守者为明文，而第一次规范居于指导地位，据以论断成文法之善恶。”① 援引通说说理的正当性来源于通过解释和补充使成文法在适用中无限趋近第一次规范，实现法的正义与合目的性之理想。而为了法之安定，法律解释应严格遵循文义的“预测可能性”，存在多种可能的通过论理解释或社会学解释等方法裁量；漏洞补充仅限于对现有规定的目的性限缩（出罪或从轻、减轻等）。

传统法律适用三段论认为，大前提为法律规范，小前提为案件事实，如果 M→P（具备法律要件 M 时，可以推出法律效果 P），S = M（案件事实 S 符合法律要件 M），则 S→P（该案件事实适用法律效果 P）。而在法律规范不明确时，上述三段论无法适用，为此，笔者引入法的理想 V，在有明确法律规范时，V 通过立法包含于规范之中；法律规范不明确时，需依据 V 通过合理方法进行法律解释或漏洞补充（如图 14）。

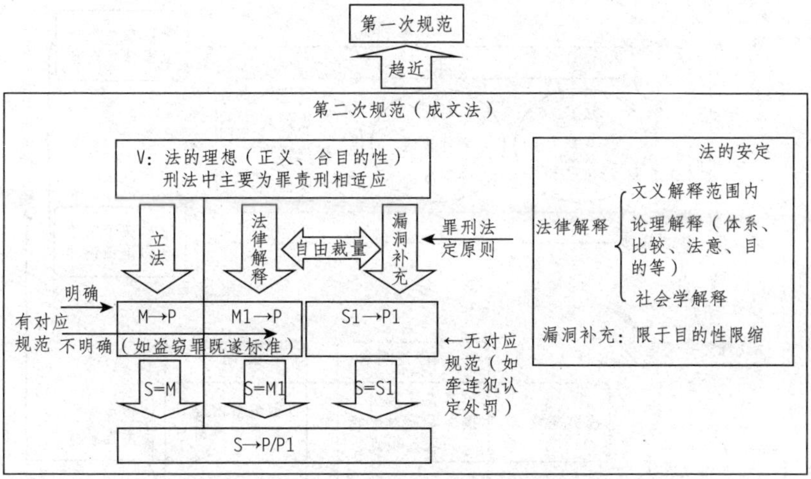

图 14　自由裁量内在限制说明图

基于此，援引通说说理存在三个限制：第一，通说属于理论观点，未经法定程序不具有法律效力，说理时法律规范优先，通说可以作为辅助论据，无明确规范的方可援引通说作为论证裁判要素的唯一论据或主要论据。第二，援引通说进行法律解释和漏洞补充时，需秉持法的正义和合目的性，采用合理的解释或补充方法进行推理和论证。第三，立法的过程实际上是抽象的法的理想具体化的过程，该过程经合法程序确认，无需在文书中论述。而通说未经此过程，说理时应完整反映法官通过法律解释或补充方法具体化法的理想的过程，说明个案中援引通说的合理性。

2. 外在限制：通说对裁量正当性的补强。自由裁量中理性的前提是法

① 杨仁寿：《法学方法论》，中国政法大学出版社 2013 年版，第 131 页。

官对争议问题的理解，但基于有限理性，限于知识结构、案件审限、问题疑难等原因，法官有时难以在个案中穷尽争议问题的相关因素，进行细致的分析和论证，此时裁量的正当性欠缺。

对此，笔者认为可通过通说内含的理性和民主性补强自由裁量的正当性，即援引理论观点裁决争议问题时，区分通说与一般理论观点：一方面，法官在个案中难以对争议问题进行全面分析时，可在说明合理性的情况下不进行观点对比直接援引通说，但当事人明确提出其他不同理论观点时，需对比通说与该理论观点；另一方面，说理上通说较一般理论观点可以更为简略（如图 15）。也就是说，通说之主导性不是表现在改变少数意见的立场，而在于少数意见者为解决具体法律问题提供裁判理由时，需要承担更多的论证工作，即说理中"通说"二字内含了证明力。

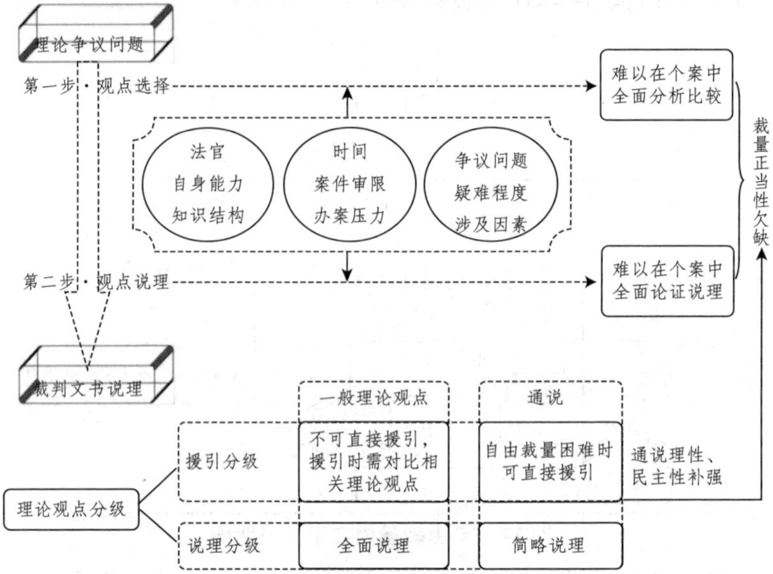

图 15　理论观点分级构想说明图

（三）价值属性：理论观点分级之动因

1. 内在动因：（1）通说与法律规范目标的一致性。虽然法律没有确定的真值，但通说代表了当下理论研究的最优成果和对法律的认知程度。通说的目标与法律规范相似，都是寻找"唯一正解"。（2）通说与法律规范价值的一致性。法学是带有价值判断的系统理论，法律条文实际上是法的理想（正义和合目的性）在某一领域的具体化。学者对通说的多次检验，也是基于法的理想的多次判断，通说和法律规范的形成过程都是法的理想的具体化。（3）通说与法律规范程序的相似性。"现行法是到目前为止人们在价值判断问题上所能达成的最大妥协和共识。”[①] 通说与法律规范相似，产生于一种基于学术自由的民主程序，形成的多人认同不仅与通说的解释力呈正相关，也与其“权威性”呈正相关。

2. 外在动因：（1）从立法惯性到规范适用。我国的法学研究一直存在较重的立法倾向，但成文法的滞后性、文字的不确定性无可避免，频繁的立法会影响法律的稳定、立法者的权威，也无法解决当下个案中法官每天都可能面对的“无法可依”的难题。实际上，我们的立法已经足够，只是缺乏积攒法律规范适用经验的机制，通过理论观点分级，赋予通说省略对比和简化说理的法定“效力”，引导法官运用理论解释规范，促使学者重视法律解释，并结合援引中的问题改良观点，使规范的适用在二者交互中不断积累与革新；（2）从“隐性”援引到说理优化。现阶段大多数通说通过隐性方式援引，法官们“想用而不敢言”，而通过理论观点分级，以通说之理性和民主性为法官在裁量困难时提供简易选项，可以缓解无法可依的难题，同时有助于实质正义，增加论证信服力，也减轻了论证负担；（3）从“自说自话”到解释共同体。现阶段理论研究重创新轻共识少交锋，成果应用于司法的路径缺失，实践与理论及理论研究内部“各自为政”。而人类的认识是在学科的分立与融合的矛盾中获得发展的，法学研究亦需要共识作为一个阶段的研究成果和下个阶段的研究基础。通说正是在这个意义上发挥其“桥梁”作用，引导理论研究形成合力，同时以理论研究填补规范适用缺口，形成“解释共同体”。

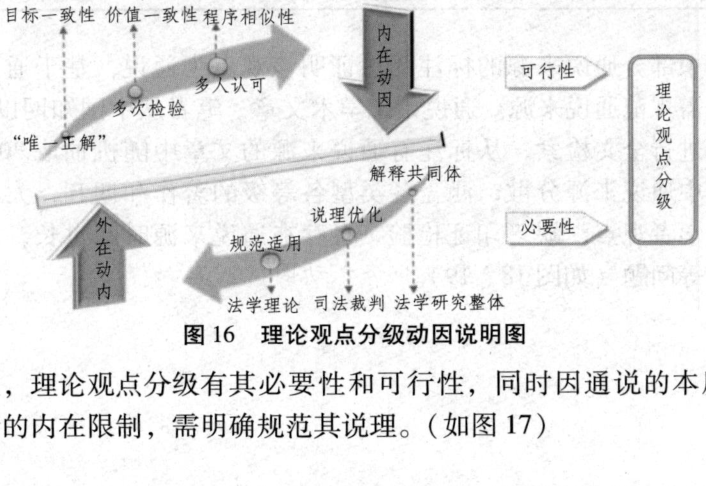

图 16　理论观点分级动因说明图

综上，理论观点分级有其必要性和可行性，同时因通说的本质缺陷和自由裁量的内在限制，需明确规范其说理。（如图 17）

① 许德风：《论法教义学与价值判断》，载《中外法学》2008 年第 2 期。

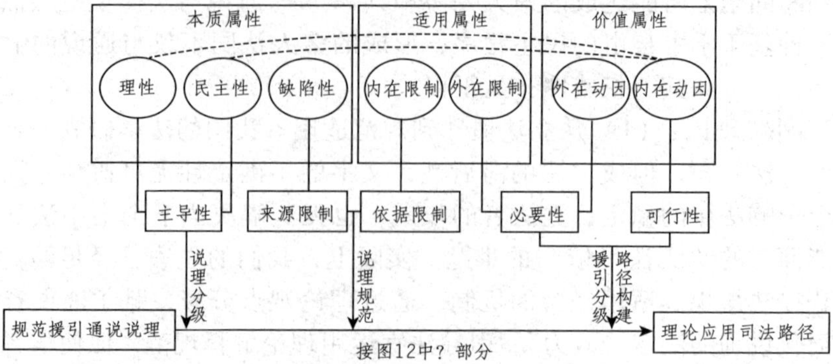

图 17　基于通说“三属性”通过理论观点援引分级、说理分级及说理规范构建理论应用司法路径说明图

三、进路探索：构建“一二三四五六七八”型通说说理规范

在通说属性及理论观点分级的基础上，援引通说说理可以分为识通说、定要素、理思路三步。

（一）通说识别

1. 形式识别：通说来源四要件

案例 1　（2017）粤刑申 73 号说理部分：关于被骗的财物。本院认为，根据我国刑法理论通说（与张明楷教授观点一致），我国刑法第五章规定的侵犯财产中的“财物”，不仅指……还包括……本案中……	问题：与某学者观点一致无法论证该观点为通说。

文书中部分通说来源的标注无法证明该观点为通说，基于通说的缺陷性，首先需规范通说来源。通说始于学术文章，笔者从中国知网以“通说”为关键词进行全文检索，从标注有通说来源的文章中随机抽取 30 篇发现，样本文章中通说来源分散，涵盖各类型各等级的著作和期刊，大部分仅来源于某一学者观点，缺乏印证检验，且存在通说来源时间过长，不是援引时最新版等问题（如图 18、19）。

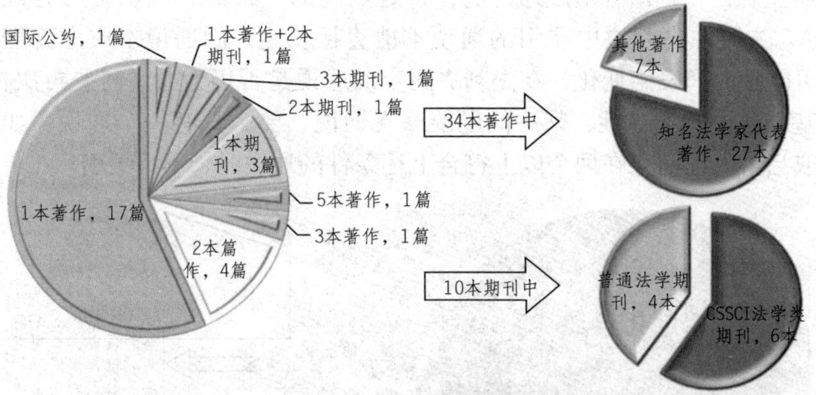

图 18　样本学术文章中通说来源情况统计图

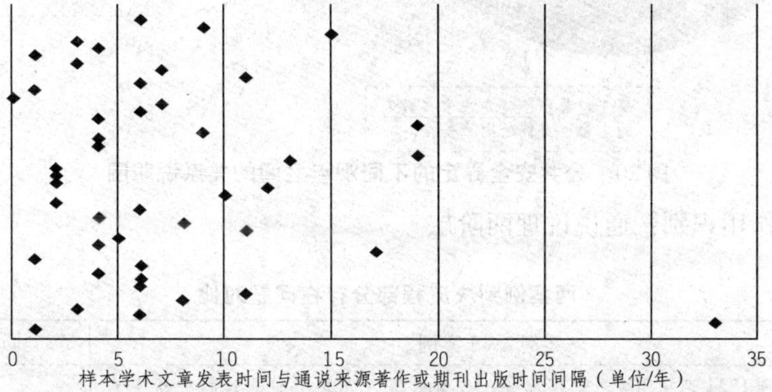

图 19　样本学术文章发表时间与通说来源出版时间间隔情况统计图

而司法中援引通说可能直接影响当事人的权益，故较之理论研究，其来源应进行严格明确的限定。结合上述数据和问卷调查情况，笔者认为裁判文书中援引的通说应同时具备以下条件：

（1）一般限于针对我国现行法律适用问题的理论观点，即司法论意义上的通说；在法律规范之外探讨应然层面法律完善的立法论意义上的通说不能援引，针对其他国家或地区法律适用的通说只有在援引其法律或该通说已由学者转化为适用我国现行法律的通说时方可援引。

（2）应援引自有一定知名度和影响力的著作或期刊中表述或意为通说的观点。著作中知名学者的代表著作和知名教科书受众较广，经过较长时间检验，优先于其他著作；期刊中属 CSSCI、中文核心等权威性较高的期刊优先于普通期刊。

（3）应有两本以上、不同作者的著作或期刊相互印证。

（4）作为通说来源的著作或期刊出版时间一般应在 10 年以内，著作需为最新版，且从出版到援引期间通说论据未因修法而改变。

需注意：一则尚未形成通说的，各观点间的一致部分可认定为通说（如图20）。二则在先判决中援引的通说不能直接认定，因通说本质上为理论观点，可能随时间发生变化，在先判决固定的通说是否仍为通说需要再次检验。三则基于通说的主导性，某一问题要么无通说，要么只有一个通说，如法官发现或当事人证明存在两个以上符合上述条件的通说时，不可援引。

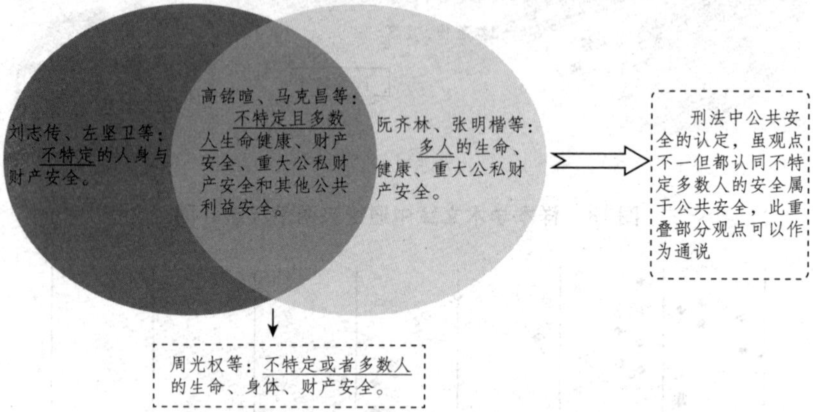

图20　公共安全界定的不同观点之间的关系说明图

2. 作用识别：通说说理两阶层

表5　两案例判决流程部分存在问题对比

案例2 VS 案例3	问题
（2017）湘1224刑初368号说理部分：被告人等人在整个犯罪过程中所实施的滥用职权行为和私分资金行为具有目的与手段的关系，分别触犯了不同的罪名，其行为符合牵连犯的构成要件，是牵连犯。关于对牵连犯的处理，目前的刑法理论通说认为牵连犯是裁判的一罪，实行从一重罪从重处断的原则，而不是实行数罪并罚，因此，对三被告人的处罚亦应按此原则处断。	作为裁判论据的说理简
（2015）安刑初字第217号说理部分：牵连犯是指犯罪的手段行为或者结果行为，与目的行为或者原因行为，分别触犯不同罪名的情况，即在犯罪行为可分为手段行为与目的行为时，如手段行为与目的行为分别触犯不同的罪名，便成立牵连犯：在犯罪行为可分为原因行为与结果行为时，若原因行为与结果行为分别触犯不同的罪名，也成立牵连犯。牵连犯具有以下三个特征：……（3）……一般来说，在刑法没有特别规定的情况下，对牵连犯实行从一重处罚的原则。……根据《最高人民法院、最高人民检察院关于办理盗窃刑事案件适用法律若干问题的解释》第十一条规定……因本起盗窃无果，但故意毁坏财物的案值13456元已达到该罪刑事案件立案标准起点，根据实行从一重处罚的原则，故应以故意毁坏财物罪追究被告人汤晋杰刑事责任。	作为论理依据的说理繁

文书援引通说说理存在繁简不当的问题，对此应根据通说作用不同区分说理程度。一般而言，通说说理可以分为：（1）通说内容作为论证某一

裁判要素的唯一论据，直接或间接影响定罪量刑的属裁判论据；作为论据之一，与其他论据共同论证某一裁判要素，包括将通说作为一般情况论述个案特殊性的，属论理依据。（2）根据援引通说是直接论述法官观点还是回应控辩双方观点，可分为直述通说和回应通说。（3）根据内容不同可分为实体问题通说、程序问题通说、事实认定通说和非法律问题通说。

在此基础上，（1）根据通说对定罪量刑影响力的不同，说理程度可以分为完整说理和部分说理（如图21）。（2）直述通说需全面说明相关问题，而回应通说只需针对控辩双方意见中的问题说理即可。（3）事实认定问题中，有观点认为通说不能违反存疑时有利于被告人原则。对此笔者认为存疑时有利于被告人原则针对的是证据不足时某一事实能否认定，而通说一般说明的是理论上证据达到何种标准可以认定所证事实，两者不在一个层面上，不受其影响。

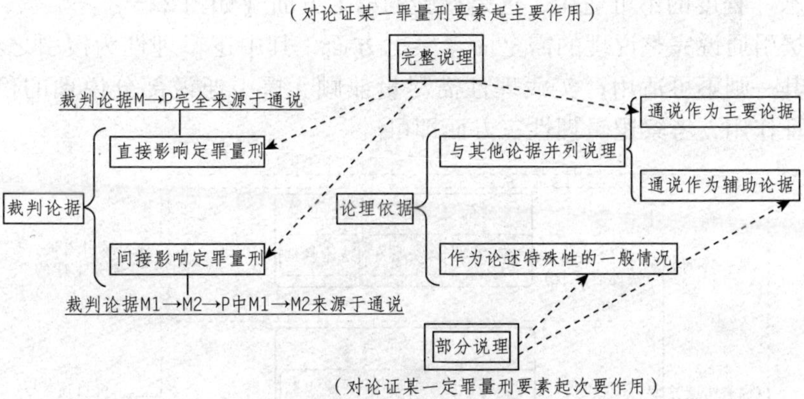

图21　通说说理两阶层说明图

3. 实质识别：通说合理性检验七方面

表6　　三案例说理部分通说引用存在的问题

案例4　（2017）辽74刑终11号说理部分：一行为触犯两个罪名，属于想象竞合，依据刑法通说理论，应择一重罪定罪处罚，保险诈骗罪重于滥用职权罪，对范兴军应按保险诈骗罪追究刑事责任。	问题：只援引结论，而无方法和论证
案例5　（2007）深宝法刑初字第2582号说理部分：按照刑法理论的通说，绑架罪以是否实际控制人质、将其置于自己实际支配之下为既、未遂的标准。本案王武军等三人及二被告人已经将被害人控制多日，且向其勒索钱财，构成绑架罪的既遂。	
案例6　（2016）浙0303刑初910号说理部分：理论通说一般认为，盗窃罪的既遂标准为"控制加失控"，本案中……综上，上述意见不予采纳。	

援引通说说理，重要的不是结论，而是其方法和论证，形式识别出的通说不具备直接适用结论的正当性，是否适用于个案需进一步检验并说理。

如上所述，援引通说说理之理性基础在于秉持法的安定和理想，一则要在罪刑法定原则下遵循逻辑进行推理和论证；二则需以法的正义和合目的性检验个案援引通说之结论。

具体而言，法的安定要求通说逻辑自洽、主张合法、论证合理，同时通说与文书中其他观点的前提和范围不相矛盾，法的正义要求个案援引该通说之结论合理、符合逻辑（刑事中主要是罪刑相当），此三项检验基于法的客观性，属逻辑理性。而法的合目的性需要检验通说适用是否与社会发展中沉淀的传统道德观念和风俗习惯等相违背，通说结论在个案中的适用效果（包括当事人和民众的认可度），及裁判结果对未来民众行为的指引三个方面，此三项基于法的主观性（主观之间可借由某一标准期臻一致），属实践理性。而当实践理性之间或逻辑理性与实践理性之间出现冲突，需进一步解释或修正通说，若逻辑理性结论严重违反某一实践理性，达到“不能容忍”程度的不可适用，这是检验的第七方面（如图22）。

援引通说完整说理的需全面考察七方面，其中逻辑理性为援引之必要，违反其一则不可适用；实践理性需尽量兼顾。援引通说部分说理的仅起辅助论证作用，考察逻辑理性三方面即可。

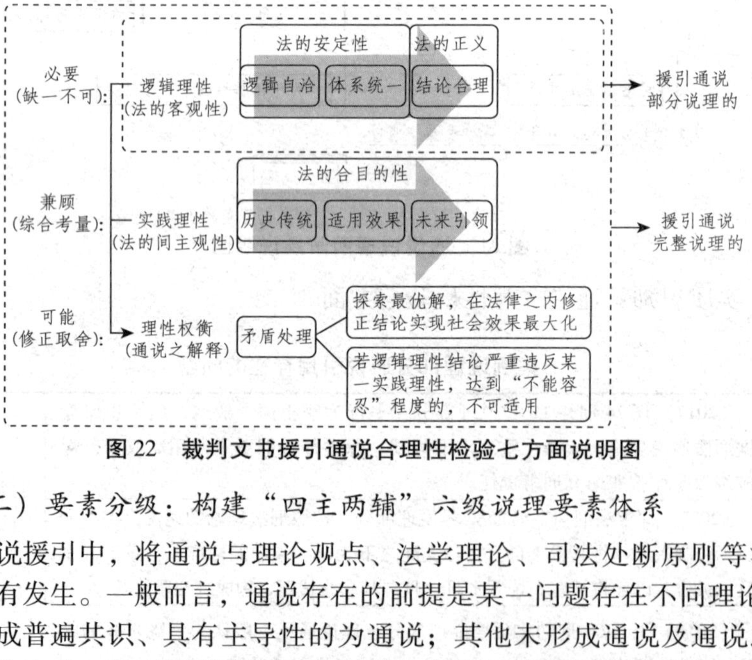

图22　裁判文书援引通说合理性检验七方面说明图

（二）要素分级：构建“四主两辅”六级说理要素体系

通说援引中，将通说与理论观点、法学理论、司法处断原则等混用的现象时有发生。一般而言，通说存在的前提是某一问题存在不同理论观点，其中达成普遍共识、具有主导性的为通说；其他未形成通说及通说之外的观点可称之为一般理论观点；如果对某一问题理论界观点达成统一，该观点实际上已成为法学理论的一部分，可以称之为法学理论；而司法处断原则这一称谓并不准确，一般指代司法惯例，是指司法中对某一问题的通常做法。基于此，笔者以通说“三属性”对应说理要素，以上述概念与通说的区分为修正，构建“四主两辅”六级说理要素体系：

表 7　　“四主两辅”六级说理要素体系说明表

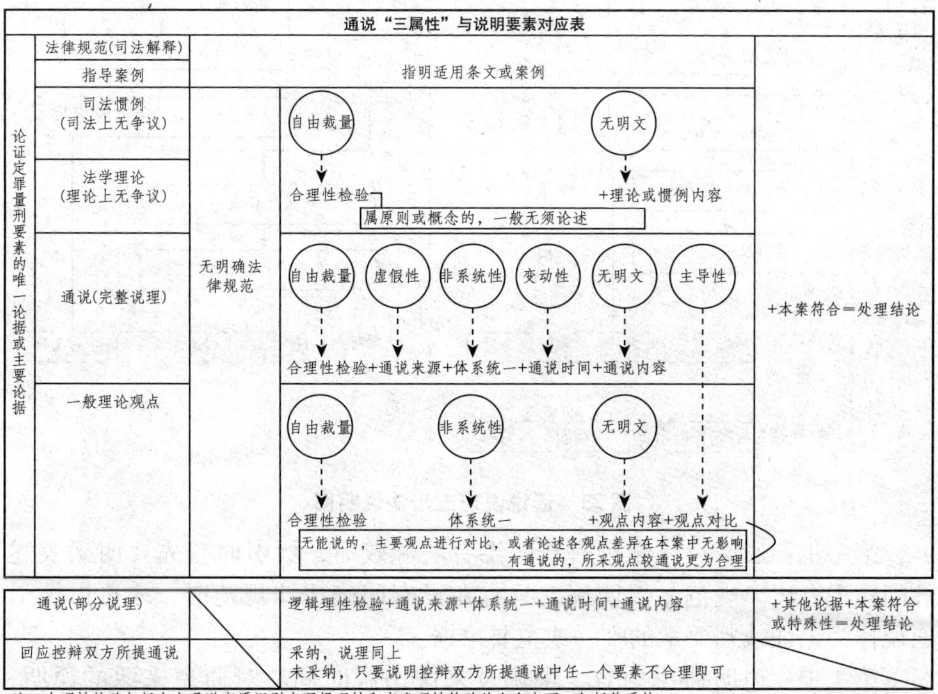

注：合理性检验包括上文通说实质识别中逻辑理性和实践理性检验的七个方面，包括体系统一。

“四主两辅”说理要素汇总表

唯一或主要论据	法律规范(司法解释)	指明适用条文或案例+本案符合=处理结论
	指导案例	
	司法惯例	无法律规范+理论或惯例内容+合理性检验+本案符合=处理结论
	法学理论	
	通说(完整说理)	无法律规范+通说来源+通说时间+通说内容+合理性检验+本案符合=处理结论
	一般理论观点	无法律规范+观点内容+合理性检验+观点对比+本案符合=处理结论
其他	通说(部分说理)	通说来源+通说时间+通说内容+逻辑理性检验+其他论据+本案符合或特殊性=处理结论
	回应控辩双方所提通说(控辩双方明确提出某观点为通说，且该问题对案件定罪量刑有影响的)	采纳：说理同上 未采纳：现有规范冲突/不属通说/不适用本案/事实不符/其他观点更适宜 (直接回应、间接回应皆可，直接回应需明确说明未采纳理由；间接回应包括否认通说援引基础、证明与之矛盾的结论等)

（三）逻辑归纳：通说说理五步法

基于通说特性，笔者以传统法律适用三段论为基础，对于援引通说完整说理的，引入明确法律规范 L，法的安定、正义和合目的性 V，构建通说说理五步法。援引通说部分说理的，在此基础上简化（如图 23）。

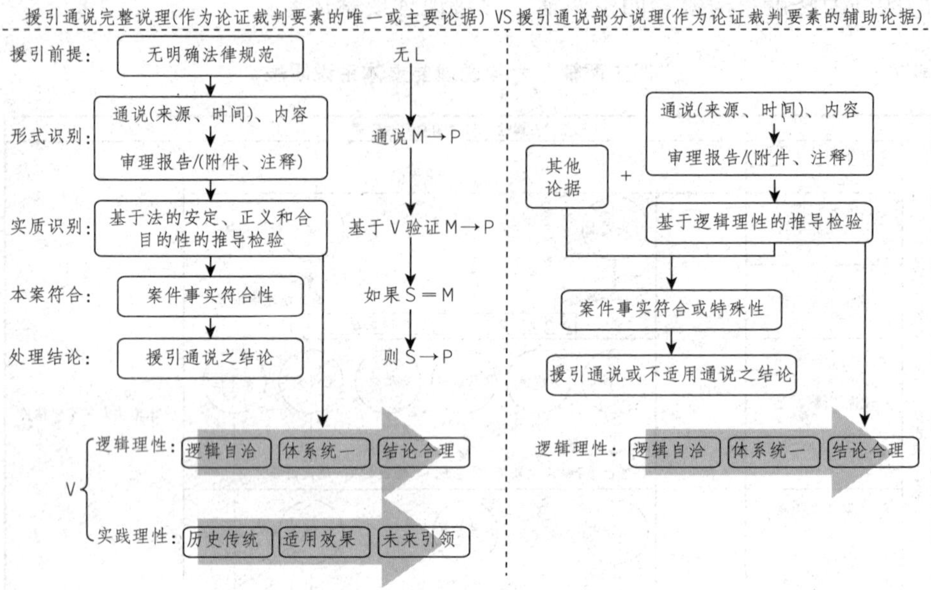

图23　通说说理五步法说明图

第一步：通说只是学理解释，没有法源效力，援引时首先要明确表述该问题现有法律规范是否明确，只有在没有明确法律规范时，才可以援引通说作为论证裁判要素的唯一或主要论据。

第二步：说明通说内容、来源及来源出版时间。对通说来源的说明，笔者认为通说源于学界的普遍认可，来源的限制只是对通说的验证，而非对观点作者的探寻，且“指名道姓地引用学术观点后，可能会引起其他学者的意见，导致不必要的争议”,① 故目前不宜在文书正文中指明来源，可考虑在审理报告中载明，便于二审或再审时核查。同时，当通说如此普遍，以致业内人士皆知，也可省略对来源的说明。

第三步：说明个案援引合理性，对上述实质识别中的七方面逐一考察，有必要的需明确说理，这是说理的核心内容。属部分说理的，只需检验逻辑理性中的三方面。

第四步：裁剪出用以涵摄、符合通说援引前提的事实。

第五步：明确表述个案援引通说之结论。

（四）规范优化：八项说理辅助措施

1. 来源说明之改良。如上所述，通说来源不宜放在文书正文中，为使当事人了解通说来源，进一步深化文书说理，现阶段可将通说来源文章作

---

① 胡仕浩、刘树德：《新时代裁判文书释法说理的制度构建与规范诠释（下）》，载《法律适用》2018年第18期。

为附件与裁判文书一并送达。如未来规范明确文书中可以添加注释，法官也可通过注释说明通说来源。

2. 通说提交之规范。样本文书中控辩双方援引通说发表意见较为简略，法官有时难以查证进而导致回应不足。对此，可于庭前发放提示书，控辩双方可以填写汇总表并附上来源文章。

3. 援引表述之统一。在案例库中检索“通说”的结果较多，但有效文书很少，大量检索结果为“沟通说”“某通（人名）说”。而文书中援引通说论证的问题可以反映法律适用中的难题，为提高检索效率，便于理论研究、法官参考及难题汇总，在援引通说时应采统一表述，如在“理论通说认为”“通说观点是”等表述中择一规范。

4. 非法律通说援引之修正。文书中援引通说论证的除实体、程序等法律问题外，也包括与法律适用相关、但需借助其他领域知识判断的非法律问题，如“皮内出血”是否属于“挫伤”，进而是否认定为故意伤害罪的问题。[①] 鉴于此类问题超出法学领域，需要相应专业知识，故需在前述通说来源的条件之外，由相应领域专家提供该观点为通说的证明。

5. 大数据之辅助。可在案例库中增加通说汇总功能，对通说进行抓取，按照通说论证的问题分类，每个类别下按援引次数排序。(1) 供法官参考，(2) 检验援引的通说是否矛盾，(3) 为今后修法提供焦点和思路。

6. 法律评注之汇总。在德国，法官们查询某一问题的理论观点，主要是通过法律评注对制定法的逐条解释，内容包括立法背景、基础概念、制度及其意义、法条疑难词语的学理解释和司法解释。其中学理解释是对学界意见作体系化梳理，尽可能辨析出通说和一般理论观点。[②] 基于上述通说识别中的难题及司法中的援引需求（如图 24），笔者认为可以参照德国法律评注，由理论界和实务界一同针对现有法律规范适用中争议问题的学理解释和司法惯例进行梳理，并定期更新。

选项	比例
有必要	85.71%
没有必要	14.29%

图 24　问卷第 13 题“是否有必要定期对通说进行梳理（单选题）”调查结果统计图

7. 优秀文书之指导。基于现阶段法官普遍缺乏援引理论观点说理的经验，且说理难度较高，故在上述规范适用之初，各级法院应当收集、整理

① 参见（2015）宁少刑终字第 19 号判决书。

② 黄卉：《法学通说与法学方法》，中国法制出版社 2015 年版，第 84 页。

辖区内具有指导意义的优秀裁判文书，及时汇总、上报和发布以供参照。

8. 试点推广之分级。鉴于审级、程序、类型、争议不同的案件难易程度不同，在相关规范的试点和推广中，可在上述构想的基础上，根据法院审级、程序类别、案件类型、争议焦点区分援引理论观点的说理程度，进一步贯彻繁简分流。

四、小结

（一）“一二三四五六七八”型通说说理规范说明

1. 说理规范内容汇总图

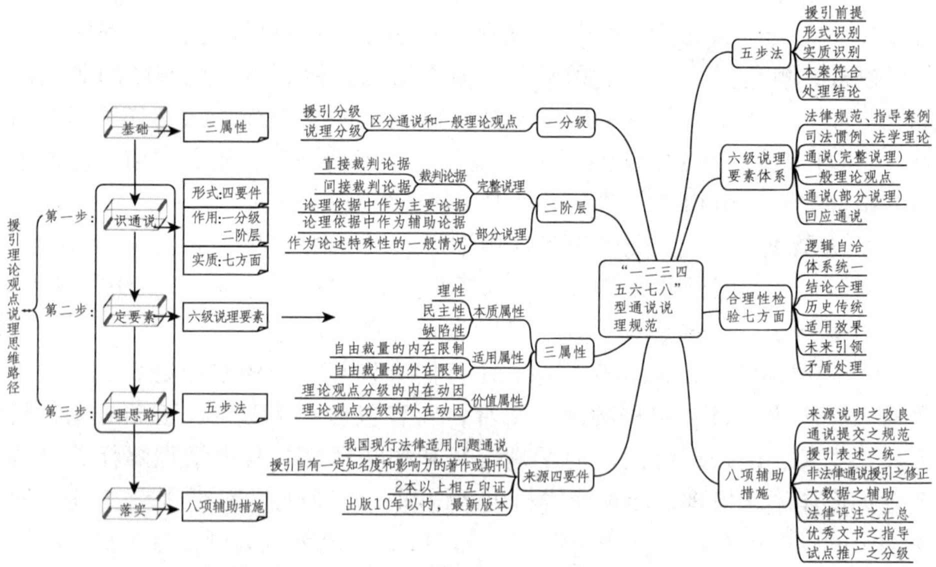

2. 说理规范、说理原则和说理问题对应关系说明图

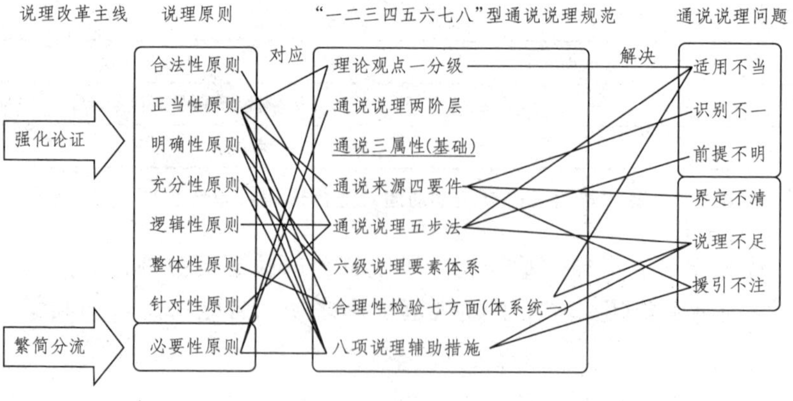

（二）以牵连犯认定处罚问题为例之说理对比

表 8　　以牵连犯认定处罚问题为例之说理对比表

认定事实（简述）：参见（2015）前刑初字 303 号判决书 2015 年 4 月，被告人铁永伙同被告人铁金涛，多次以毁坏被害人刘树奇耕种的承包地相要挟，向其索要现金 28 万，刘树奇未给付。4 月初，被告人铁金涛到社主任毕红专家用广播喇叭召集村民将刘树奇耕种的地垄毁坏。4 月 28 日，被告人铁永、铁金涛再次组织村民将刘树奇已经施肥的地垄毁坏，经鉴定给被害人造成经济损失 27220 元。		
现有判决说理： 本院认为，被告人铁永、铁金涛……，构成敲诈勒索罪未遂，不构成破坏生产经营罪，原因是：本案是一起牵连犯，牵连犯是指出于一个犯罪目的，实施数个犯罪行为。数个行为之间存在着目的与手段或者原因与结果的牵连关系，并分别触犯数个罪名的情形。本案中，被告人铁永、铁金涛勒索钱财是目的，毁坏耕地是手段，即你不给我钱，我就毁坏你的地，目的行为与手段行为之间存在着牵连关系，因而成立牵连犯。	规范适用后说理： 本院认为，被告人铁永、铁金涛……分别符合敲诈勒索罪未遂和破坏生产经营罪的构成要件。 关于本案中是否成立牵连犯的问题：（1）无明确法律规范；（2）（审理报告中，牵连犯认定通说来源：①高铭暄、马克昌主编：《刑法学》，北京大学出版社，高等教育大学出版社 2017 年版，第 194 页；②张明楷：《刑法学》，法律出版社 2016 年版，第 490 页）。刑法理论通说认为，牵连犯是指以实施一个犯罪为目的，其方法行为或结果行为又触犯其他罪名的犯罪形态；（3）（从实质识别七方面对本案中通说的适用进行检验，有必要的需明确说理）因行为人的犯罪目的只有一个，从行为人心理的恶性程度而言，其与本来有数个犯罪目的不同，故不认定为数罪；（4）本案中，被告人铁永、铁金涛以破坏生产经营的方式对被害人刘树奇实施敲诈勒索，其中，破坏生产经营为手段行为，敲诈勒索为目的行为，破坏生产经营行为属于敲诈勒索的通常手段；（5）故被告人铁永、铁金涛构成敲诈勒索罪未遂和破坏生产经营罪的牵连犯。	说理要素： 援引通说： （1）无明确法律规范 （2）（通说来源、时间）内容 （3）（合理性检验）援引合理性 （4）本案符合 （5）结论 理论观点分级
牵连犯的处罚原则是择一重罪，因此对二被告人应当以敲诈勒索罪（未遂）定罪处罚。	对于本案中牵连犯的处罚问题，（1）无明确法律规范；（2）（审理报告中，牵连犯处罚理论观点来源：张明楷：《刑法学》，法律出版社 2016 年版，第 491 页。）刑法理论上主要存在从一重处罚和从一重从重处罚两种理论观点；（3）因从客观上来看，牵连犯数个犯罪行为侵害的法益数量比单纯一罪多，客观上的社会危害结果也比数罪中的任何一罪严重，故从一重从重处罚更为适宜；（4）从实质识别七方面对本案中理论观点的适用进行检验，有必要的需明确说明；（5）本案中，敲诈勒索罪未遂为重罪；（6）应在此基础上从重处罚。	援引一般理论观点： （1）无明确法律规范 （2）（观点来源、时间）内容 （3）观点对比 （4）（合理性检验） （5）本案符合 （6）结论

结 语

援引通说说理不仅是文书说理的规范问题，也是对法官在法律解释和漏洞补充中如何裁量，如何将法学理论应用于实践的反思。一方面要正确识别通说、遵照逻辑规律，运用通说从实质上解决司法难题；另一方面，要区分观点等级、列明说理要素、论证裁判理由，使当事人理解裁判因果，实质性深化司法公开。在适用中检验通说，以通说援引带动法律解释研究，以期形成研究合力，实现理论界与实务界的良性互动。

“有力辩护”：指定辩护质量标准的构建

——反思被高估的“有效辩护”理论

谢韵静*

在刑事案件律师辩护全覆盖的背景下，指定辩护制度又一次成了司法改革聚光灯下的焦点。随着2019年初全覆盖试点范围进一步扩至全国，刑事辩护的普及化可谓指日可待。当前更艰巨的任务是，如何实现由有辩护到高质量辩护的突破。为此，不少学者基于洋为中用的原则，主张在中国引入国外的有效辩护理论。不可否认，有效辩护是我国刑事辩护制度未来发展的方向，但有效辩护标准是否具有普适价值，我们所憧憬的目标是否适于指引现阶段发展，指定辩护与委托辩护的要求当否一致，应如何规制律师辩护不力的行为。下文将对前述问题展开论证。

一、实证探究：指定辩护制度的现状考察

本文以G市两级法院为分析样本。G市法院所在省是全覆盖首轮改革试点的八个省份之一，当前律师辩护模式已趋成熟，可作为反映指定辩护效用的窗口。本文采取将客观评估与主观评价相结合、以过程效用与结果效用为核心的评价指标体系（见图1）。① 因律师辩护案件数量庞大，仅选取离撰稿日最近的2019年5月为统计时间段。

---

* 作者单位：广东省广州市中级人民法院。

① 参见马静华：《辩护律师作用实证研究》，载《南京大学法律评论》2012年第1期。

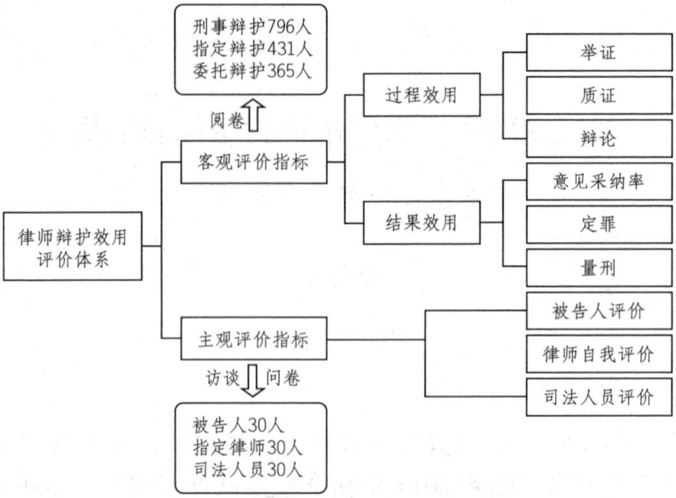

图 1　律师辩护效用评价指标体系

（一）过程效用评价

在举证方面，指定辩护律师举证率总体偏低，内容倾向于量刑证据，方式相对简化，对证据内容的说明较为简略；在质证方面，质证行为很少发生，且通常将焦点置于证据客观性上，对证据关联性、证据资格问题关注度低；在辩护方面，虽然案均辩护意见不少，但量刑辩护特别是酌定量刑情节辩护占比高。总体而言，指定辩护律师甚少在庭审过程中通过举证、质证展开辩护活动，发表综合性辩护意见尤其庭后提交书面辩护意见已成为普遍方式。这反映了庭审中控辩双方对抗的激烈程度较弱，指定辩护整体处于消极、疲软的状态。

表 1　　指定辩护举证情况

统计项目 \ 辩护类型				指定辩护	委托辩护（对照组）
举证情况	举证频率	举证率		11%（49 人/431 人）	45%（166 人/365 人）
		人均举证率		0.16 份/人（69 份/431 人）	0.93 份/人（339 份/365 人）
	举证内容	定性证据	无罪证据	0（0 份/79 份）	18%（61 份/339 份）
			轻罪证据	0（0 份/79 份）	0.9%（3 份/339 份）

续上表

统计项目			辩护类型	指定辩护	委托辩护（对照组）
举证情况	举证内容	量刑证据	法定从轻证据	71%（56 份/79 份）	77%（261 份/339 份）
			酌定从轻证据	29%（23 份/79 份）	77%（14 份/339 份）
	举证方式		全面宣读，出示	10%（8 份/79 份）	31%（106 份/339 份）
			简要说明证据名称和内容	60%（47 份/79 份）	26%（89 份/339 份）
			说明证据名称但未说明证据内容	30%（24 份/79 份）	42%（144 份/339 份）
质证情况	质证频率		质证率	2%（9 人/431 人）	31%（113 人/365 人）
			人均质证率	0.05 次/人（20 次/431 人）	0.73 次/人（315 次/431 人）
	质证内容		证据客观性	90%（18 次/20 次）	50%（158 次/315 次）
			证据相关性	0（0 次/20 次）	24%（75 次/315 次）
			证据资格	10%（2 次/20 次）	26%（82 次/315 次）
辩护情况	辩护频率		最多意见数	5 个	11 个
			人均辩护率	3.1 个/人（1336 个/431 人）	4.3 个/人（1570 个/365 人）
	辩护意见内容	定性辩护	指挥证据不足，指控罪名不成立	3%（39 个/1336 个）	8%（125 个/1570 个）
			有证据证明被告人无犯罪事实	0%（0 个/1336 个）	4%（62 个/1570 个）
			基本事实成立，但依法不构成犯罪	1%（14 个/1336 个）	2%（37 个/1570 个）
			基本事实成立，但构成轻罪	0（0 个/1336 个）	0.83%（13 个/1570 个）
		量刑辩护	法定从宽情节	33%（444 个/1336 个）	18%（283 个/1570 个）
			酌定从宽情节	63%（837 个/1336 个）	67%（1048 个/1570 个）
		程序辩护	取证程序违法	0.15%（2 个/1336 个）	0.64%（10 个/1570 个）

（二）结果效用评价：多量刑影响、少定性影响

在辩护意见的采纳上，指定辩护中过半的量刑意见被采纳，远高于定罪意见采纳率。在被告人的定罪上，指定辩护案件无罪率比委托辩护低，但对比被告人自我辩护则有所提升。[①] 在被告人的量刑上，虽然指定辩护案件低刑率比委托辩护高，但因未考虑案件严重性的重要因素，故不能据此认为指定辩护效果优于委托辩护。综合看来，指定辩护对量刑的影响更为显著。

表 2　　　　指定辩护辩护意见采纳率、定罪、量刑情况

统计项目 \ 辩护类型			指定辩护	委托辩护（对照组）
辩护意见采纳率	定性辩护	指控证据不足，指控罪名不成立	0.5%（2 人/39 个）	5%（6 个/125 人）
		有证据证明被告人无犯罪事实	/	0（0 个/62 个）
		基本事实成立，但依法不构成犯罪	0（0 个/14 个）	3%（1 个/37 个）
		基本事实成立，但构成轻罪	/	15%（2 个/13 个）
	量刑辩护	法定从宽情节	63%（280 个/444 个）	61%（173 个/283 个）
		酌定从宽情节	67%（560 个/837 个）	70%（734 个/1048 个）
	程序辩护	取证违法	0（0 个/2 个）	0（0 个/10 个）
定罪情况	无罪率		0.46%（2 人/431 人）	2.3%（7 人/304 人）
	全部无罪		0（0/431 人）	0.33%（1 人/304 人）
	部分无罪		0.46%（2 人/431 人）	1.97%（6 人/304 人）
量刑情况	死刑、无期徒刑、10 年以上有期徒刑		1%（17 人/431 人）	5%（14 人/304 人）
	3～10 年（包括 10 年）		8%（34 人/431 人）	25%（75 人/304 人）
	3 年以下（包括 3 年）		41%（177 人/431 人）	25%（76 人/304 人）
	拘役、管制		1.9%（8 人/431 人）	4%（12 人/304 人）
	缓刑		45%（193 人/431 人）	40%（123 人/304 人）

① 2016 年 G 市两级法院被告人自我辩护的无罪率仅为 0.04%。

（三）诉讼主体评价：形式作用大，实质效果小

被告人对指定辩护的总体评价中等，认为律师更多在心理方面提供支持；司法人员的评价则优劣参半，主要意见是律师促进形式公正的作用大于影响审理结果，这与被告人的评价大体一致。相较而言，受访律师则几乎一致认为辩护效果较好，体现在影响证据和事实的认定、案件定罪量刑等。客观来看，被告人对辩护质量有着最直观的感受，司法人员相对中肯，由此可以得出指定辩护的形式作用大于实质效果的结论。

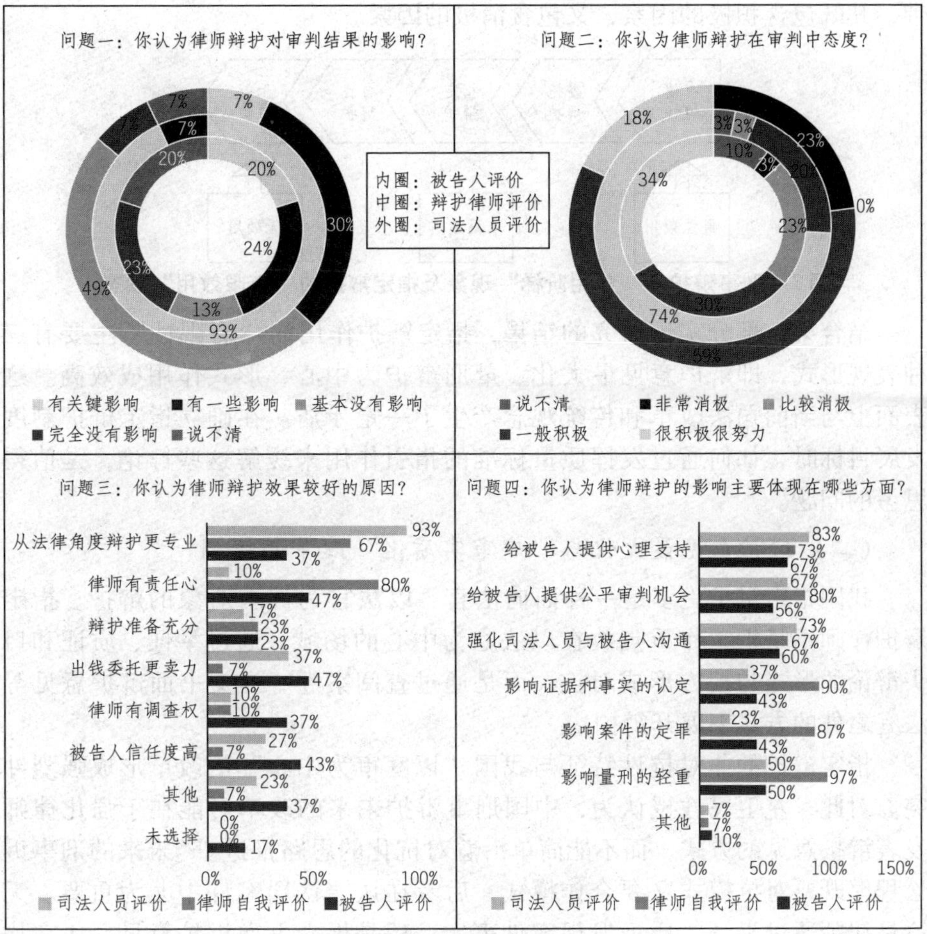

图2　诉讼主体评价调查结果

二、现实定位：关于指定辩护“有限效用”的再认识

（一）指定辩护的“有限效用”及三种表现形式：

司法实践中，指定辩护在大多情况下并未实现实质辩护或全面辩护的预期效果，但又在特定方面实实在在地产生着一定的效用。有学者将此现象称为“作用阶梯”,① 即委托辩护、指定辩护、自我辩护的作用效果存在“阶梯式”差别。若以指定辩护本身为研究对象，我国指定辩护处于“有限效用”的状态，即在作用效力上位于“最优效用”和“无效用”的中间地带，其既包含积极的因素，又包含消极的因素。

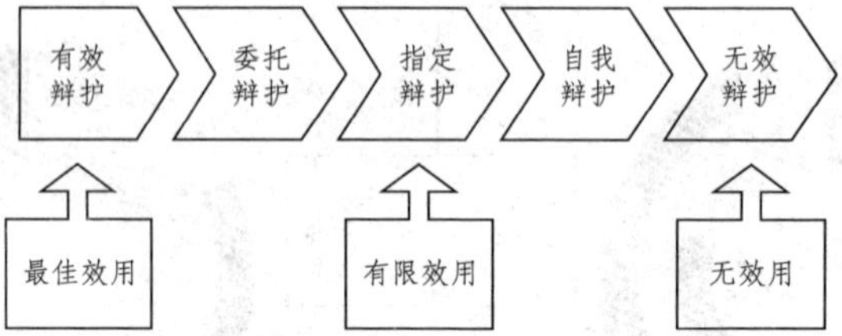

图3　刑事辩护的“作用阶梯”现象及指定辩护的“有限效用”状态

结合第一部分实证研究的结果，指定辩护作用的“有限性”主要有三种表现形式，即辩护意见最大化、量刑辩护为中心、形式作用成效高。这表面上与当前司法改革和传统观念产生了一定矛盾。在确立指定辩护制度发展目标时，如何通过发挥质量标准的指引作用来缓解这些悖论，是值得思考的问题。

（二）辩护意见最大化与“庭审实质化”改革的协调

我国指定辩护更多是一种面向法官、以法官为诉求对象的辩护。指定辩护律师不是把工作重点放在以法庭为中心的场域，通过举证、质证和口头辩论的形式与控方形成对抗，而是通过查阅案卷、提交书面辩护意见等法庭之外的方式来展开辩护。

指定辩护的非对抗性特征与我国“以庭审为中心”的改革形成强烈冲突。对此，左卫民教授认为，中国刑事辩护未来的改革可能在于强化律师发表辩护意见的方式，而不能简单沿着对抗化的思路推进。② 未来的刑事诉讼程序既要对抗模式又要合作模式，后者在认罪认罚案件中尤为重要。无论是律师通过举证、质证发现案件事实，还是提交书面辩护意见，法官均应充分回应。

---

① 马静华：《指定辩护律师作用之实证研究》，载《现代法学》2010 年第 7 期。

② 左卫民：《效果与悖论：中国刑事辩护作用机制实证研究》，载《政法论坛》2012 年第 2 期。

（三）量刑辩护为中心对“重无罪、轻量刑”辩护观念的修正

我国律师界长期存在“重无罪辩护、轻量刑辩护”的传统观念，不仅认为量刑辩护不如罪行辩护成效显著，即便在量刑辩护中也较少提出新的量刑情节，“认罪态度”“偶犯”“退赃”等量刑情节和“从轻或减轻处罚”的量刑请求容易千篇一律。

随着我国量刑规范化改革的深入，量刑辩护实际已然成为一种更为常见、得到法官更多认同、实际上更为有效的方式。故有必要强化量刑辩护，探索将其作为一种独立的辩护形态。[①] 律师也应提高对量刑证据收集、遴选、提出、反驳的意识和能力。

（四）促进形式公正与实现实质正义的统一

指定辩护对促进形式公正的作用主要有以下方面：一是增强被告人的心理安全感，二是担任被告人与家属、司法机关间沟通的桥梁，三是为被告人提供专业的法律咨询，四是保障被告人及时了解和行使各项诉讼权利，五是确保认罪悔罪自愿且真实。

就何为高质量的辩护，时任最高人民法院胡云腾大法官认为，我国律师很多时候不是表现在能帮当事人多大的忙，而是要给当事人以力量、支持和保护。[②] 尤其在指定辩护领域，辩护的意义非常重要。我们不能简单以经济学方式计算辩护在定罪量刑上起了多少效果，更应考量其对被告人权利保障、刑事诉讼顺利进行、司法公正维护的重要意义，并通过被告人的主观感受来评价。

三、方向探索：我国指定辩护发展路径的确定

要充分发挥指定辩护的作用，我们有必要优先确定发展的路径：是移植国外有效辩护制度这一舶来品，抑或借鉴现行与委托辩护相同的标准，还是另辟蹊径？

（一）我国不宜直接引入国外的有效辩护标准

何谓有效辩护，联合国 UNODC 的《刑事法律援助质量保障手册》明确为“勤勉、及时和有效”。[③] 系统的阐释则为《欧洲四国有效刑事辩护》提出的“三角模式”（见图4）。[④]

---

① 陈瑞华：《论量刑程序的独立性》，载《中国法学》2009 年第 1 期。

② 胡云腾：《为刑事辩护制度健康发展提供有力司法保障》，载《法制日报》2019 年 4 月 17 日。

③ 联合国 UNODC：《刑事法律援助质量保障手册》。

④ Ed Cape：《欧洲四国有效刑事辩护研究》，丁鹏等译，法律出版社 2012 年版，第 22 页。

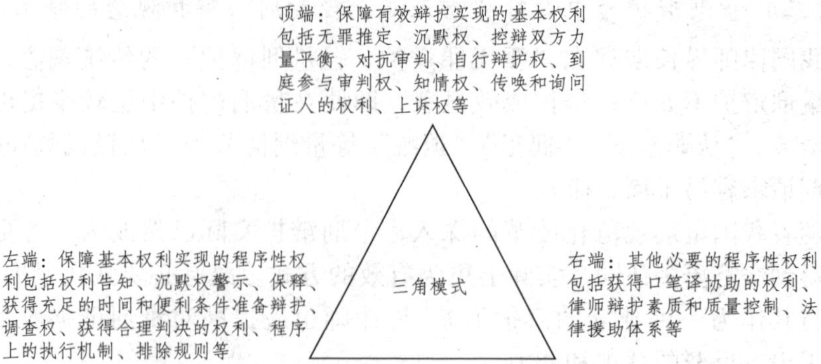

图4　欧洲作为评价有效辩护标准的三角模式

考虑到我国指定辩护存在不尽如人意之处，部分发达国家又建立了成体系的有效辩护理论，不少学者提出了在我国建立有效辩护制度的改革建议。然而，该制度能否洋为中用，还须审慎比较。

1. 诉讼结构与辩护功能的差异。有效辩护通常建立在对抗制模式之上，并有保障其实现的基本权利，如位于欧洲“三角模式”顶端的无罪推定、沉默权等。其中，律师的作用就是用尽一切合法手段来隐瞒“全部事实”。[①]我国的诉讼模式则为纠问式，律师必须实事求是地进行辩护，较于对抗制也会受到更多限制。

2. 援助模式和服务主体的差异。外国指定辩护主要有公设辩护人、私人律师、合同制三种模式。公设辩护人具有公职身份，为全职辩护律师且精通刑事辩护业务。我国从事指定辩护的则几乎全为社会律师，加上准入机制缺失等原因，实践中从事指定辩护工作的多是资历较浅的律师，服务主体素质难以保证。

3. 质量监管体系的差异。西方发达国家通常为指定辩护设置了较为完善的质量监管体系。如英国，法律服务委员会设计了一整套专家评分标准，律师协会制定了质量考核规定，律师事务所建立了专门的听取报告制度等。在刑事辩护制度改革初期，我国更关注被告人是否获得律师辩护，对辩护效果则缺乏必要监督。

4. 经费投入力度的差异。指定辩护制度的发展直接受制于国家财政投入。与法治发达的国家和地区相比，我国在法律援助财政投入所占的比例较低。[②]

5. 小结。通过对比可以发现，我国指定辩护制度的发展仍处于初始阶

① ［美］艾伦·德肖维茨：《最好的辩护》，唐交东译，法律出版社2014年版，第6页。

② 陈光中、张益南：《推进刑事辩护法律援助全覆盖问题之探讨》，载《法学杂志》2018年第3期。

段，无论是观念上对律师辩护价值的重视程度，还是制度上关于援助模式和监管机制的设计，抑或是人财物力的供给，均与国外存在一定程度的差距。在可预见的未来，引入“有效辩护”标准可以说是一种理想化追求。在资源供给无法短时间增长、现有制度模式无法即刻调整的情况下，更为现实的需求是，寻找切合实际的质量标准，以为当前指定辩护的发展提供恰当指引。

（二）应区分指定辩护与委托辩护的质量标准

我国对指定辩护和委托辩护在辩护质量的要求上并无二致。然而，作为两种不同的辩护类型，指定辩护与委托辩护在现实中存在着不容忽视的差别。

1. 服务产品属性的差别。指定辩护源于法院指定或政府委派，是一种公共产品，要求满足公众的最基本需求；委托辩护则基于被告人或其亲属与律师之间的契约，是一种私人产品，必须符合契约对方的个性化需要。

2. 市场竞争性的差别。指定辩护作为国家强制供给的产品，被告人目前不具有自由选择的权利；委托辩护则是市场机制配置的产品，被告人及亲属可以“货比三家”。指定辩护在缺少市场竞争和优胜劣汰风险的环境下，发展动力远不如委托辩护。

3. 成本与收益的差别。当前法律援助还停留在“政府强制律师做慈善”的状态，指定辩护律师的报酬微乎其微。这些律师缺乏足够的为社会弱者提供服务的热情，假如再对他们提出更高的辩护质量要求，或对不尽职的指定辩护律师施加较严厉的惩罚，势必会“吓退”那些原本还想从事法律援助的律师。

4. 小结。虽然在理想状态下，从权利保障角度出发，被告人需要得到同等的法律帮助，指定辩护与委托辩护应适用统一的质量标准，但是上述三方面因素交互作用，致使指定辩护的实际效果远不及委托辩护，已成为不争的事实。不切实际地要求两者必须达到相同标准，显然是具有理想主义色彩的想法。从当前专门以刑事法律援助制度为对象，单独制定地方和全国标准的做法来看，区分指定辩护与委托辩护的质量标准亦是大势所趋。①

四、正向构建：“有力辩护”质量标准的确立与适用

（一）“有力辩护”质量标准的内涵和特征

基于现实主义的视角，我国应建立“有力辩护”的质量标准。“有力辩护”质量标准主要用于评价指定辩护律师的工作是否给被告人以信赖、支

---

① 2016 年至 2018 年，山东、福建、安徽等地分别制定了地方性的刑事法律援助质量标准；2019 年 3 月，司法部出台了《全国刑事法律援助服务规范》。

持、力量和保护，保障被告人充分行使各项诉讼权利，以帮助被告人顺利度过刑事诉讼。

1. “有力辩护”标准是一种最低质量标准。国外通常将指定辩护标准设立为最低或中等限度的标准，如加拿大认为法律援助应是中等收入者所能购买的服务。参考他国做法，与委托辩护追求卓越高效不同，指定辩护应满足被告人最基本的法律需求，保障最根本的诉讼权利，实现最基础的公平正义。以律师发现事实义务为例，指定辩护律师承担“消极的真实义务”，既无须主动寻找有利于被告人的证据和线索，又可以对不利于被告人的证据和事实保持沉默，但不应通过积极行为来毁灭证据、伪造事实，阻止司法人员发现真相。①

2. “有力辩护”标准侧重辩护的过程效用。纵观西方国家的指定辩护质量标准体系，均体现出一种以程序性控制为核心的监督机制。“有效辩护”的本义应是有效果辩护，② 在一定程度上强调了结果的实效性。“有力辩护”标准则以辩护的过程效用为主，以结果效用为辅，要求不能单纯以结果论胜败，只要让被告人在诉讼过程中受到公正对待，在诉讼结果中罚当其罪，就应被评价为高质量的辩护。

3. “有力辩护”标准强调辩护的合意性。“有力辩护”标准弱化了辩护的对抗式特征，强化了辩护的合意性。主要体现在：（1）降低了对律师提出新证据、发现新事实的要求，提高了对辩护观点的重视度；（2）降低了对罪行辩护的要求，强调了量刑辩护的实际效用；（3）降低了对实质辩护的要求，加强了对被告人诉讼权利的保障。尤其认罪认罚案件中，实质辩护的意义是为了保证诉讼合意的自愿性、真实性、合法性。

4. “有力辩护”标准重视诉讼主体的主观评价。“有力辩护”质量标准将诉讼主体的感受作为评价辩护质量的指标之一。由于指定辩护律师的辩护工作关涉被告人的切身权利，加之整个辩护过程由被告人亲身经历，根据被告人直接感受和满意程度进行评价的辩护标准设置，具有一定的科学性。司法人员的评价则侧重于辩护的规范性和对审判的影响，更为客观、中立，信息来源也更全面，故评价的可信度较高。

5. “有力辩护”标准兼顾具体性与概括性。详细的质量标准带来精密的评判制度，促使案件办理更接近于实现公正、保障权利的目的，但也会消耗更多成本。以英国为例，完善的指定辩护质量标准体系造成了英国指定辩护全世界人均成本最高的事实，政府不得不连续多年调低指定辩护的

---

① 陈瑞华：《论辩护律师的忠诚义务》，载《吉林大学社会科学学报》2016 年第 3 期。

② 左卫民：《有效辩护还是有效果辩护》，载《法学评论》2019 年第 1 期。

预算。[①] 故我国在制定质量标准时，既要其考虑精细程度，以便于实际操作和全面评估，又要避免过于详尽带来巨额耗费。

（二）“有力辩护”质量标准的构成要素

借鉴国际质量标准理、PZB服务质量模型和陈瑞华教授关于有效辩护的理论，可以得出制定“有力辩护”标准可供参考的基本特性（见表4）。

表3　“有力辩护”质量标准构成要素所参考的相关理论与模型

参考理论	质量特性	质量特性的具体含义
国际质量标准理论关于服务质量六个特性	功能性	办理效果和所发挥的作用，是否最大限度维护了被告人的合法权益
	经济性	支出的经费和费用是否合理
	安全性	是否有效地避免了被告人的诉讼风险
	时间性	是否做到了及时、准时、省时
	舒适性	是否便利被告人
	文明性	服务态度如何，是否热情、尊重和重视被告人的意见和诉求
PZB服务质量模型的五个维度	可靠性	是否具备可靠地、准确地履行服务承诺的能力
	响应性	是否具有帮助被告人并迅速提高服务水平的意思
	保证性	是否具有知识、礼节以及表达出自信与可信的能力
	移情性	是否设身处地站在被告人角度提供个性化服务
	有形性	是否具有提供服务的设施、设备以及人员
陈瑞华教授提出有效辩护活动的四个特征	有理	辩护观点在法理上是否能够成立
	有据	辩护观点是否有足够的证据加以支持
	精准	辩护观点是否契合本案的具体情况
	及时	辩护工作是否存在明显的迟延

笔者认为，“有力辩护”标准主要包含六项构成要素，即“合法、有理、有据、准确、及时、有力”。

1. 合法，是指辩护工作既要符合法律法规，又要符合国家标准和行业标准，既要符合程序法，又要符合实体法。如同一律所律师在同案中为被告人及被害人辩护，违规或私自收费，伪造职业资格证，帮助被告人隐藏证据、伪造证据等，均违背合法性要求。

2. 有理，是指辩护观点必须在法理和逻辑上成立。一要立足事实证据说理，确保辩护主张有充分的事实证据支撑；二要立足法律规定说理，确保诉求符合法律精神；三要立足社情民意说理，确保诉求符合群众的公平正义观念；四要立足常识常理说理，确保观点能为人所接受。

① 高贞等：《英国法律援助制度及借鉴意义》，载《中国司法》2012年第2期。

3. 有据，是指辩护的论证必须有足够的证据和法律依据支持。律师应运用法官接受的法律理论来表达辩护观点，如援引先前的权威判决、最高人民法院的理论观点、上级法院的裁判理由等。实践中个别律师故意将品格证据等无关证据作为关键证据，试图利用煽情话语或公众舆论影响裁判等，都有违质量要求。

4. 准确，是指辩护的内容必须契合本案的实际情况，提出有针对性的具体意见。在进行量刑辩护时，律师不应笼统地提出“建议从轻或减轻处罚”的量刑请求，而应将辩护意见细化为较为具体的量刑种类和幅度，并结合案情深入论证。

5. 及时，是指辩护工作必须在法定期限范围内尽快进行，避免错过最佳时机。律师应在案件受理后及时阅卷了解基本案情，及时会见被告人了解其诉求，发现有新证据时及时收集并向法庭提交，开庭后及时提交辩护词以使案件在审限内审结。

6. 有力，是指辩护工作应当给被告人以心理和情感上的力量、支持和保护。当案件在事实或法律问题上存在争议时，律师应为被告人争取可争取的利益；在无争议时，律师应以自己的经验和专业为被告人提供建议和帮助，维护被告人的尊严，让被告人享有应有的权利，受到该有的惩罚。

（三）“有力辩护”标准与委托辩护质量标准的区分

与指定辩护相比，委托辩护更侧重全方位和个性化的服务，其构成要素有“依法、专业、精准、协同、高效、有效”。分别指委托辩护律师必须依照法律法规和行业规范，有足够的经验提供专业且娴熟的辩护服务，对案情有深入的理解并能针对焦点问题提出强有力的辩护意见，与委托人经过充分协商和讨论形成协调一致的辩护思路和辩护合力，在较短时间内高质量地完成辩护工作，通过提出新证据或充分说理，尽最大努力让法官接受己方观点。虽然指定辩护与委托辩护的标准难以精确区分，但这种“差别化”标准理念具有积极意义，在未来制定指定辩护的相关法律法规时应有所考量。

（四）指定辩护质量评估指标的构建

质量评估指标不同于质量标准，前者是可操作、可监督的量化指标；后者为纲领性、原则性的要求，是前者制定的依据。在制定评估指标时，应将“有力辩护”标准贯穿其中。以刑事案件审判阶段为例，本文设置了三级评估项目、加分项和否定项。加分项旨在鼓励指定辩护律师尽可能完成，不作强制要求；否定项则为当律师存在严重违反法律法规或职业道德的行为时，实行直接否决。

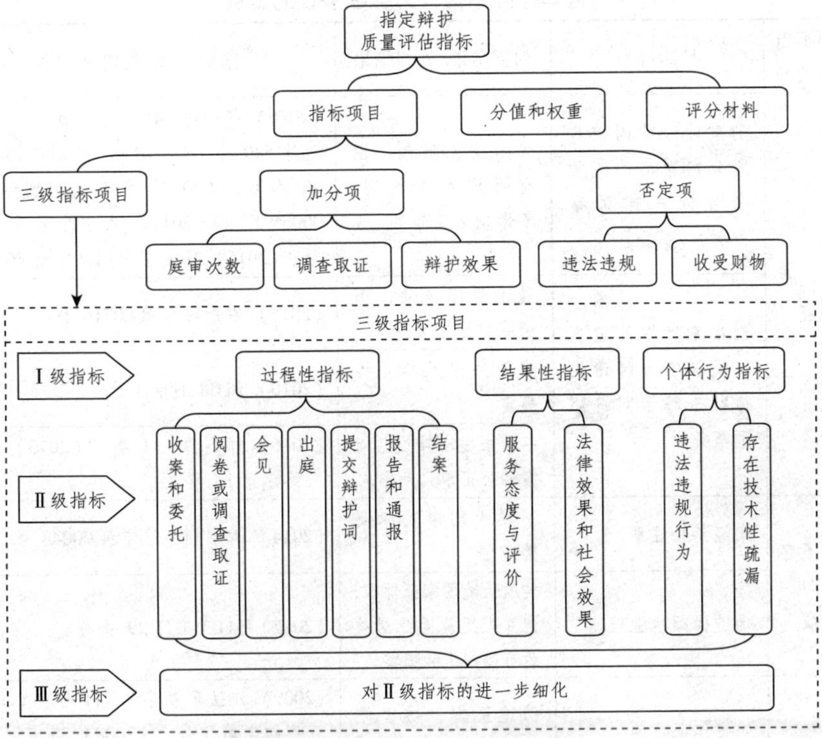

图5　指定辩护质量评估指标体系

五、负向否定：对建立“无效辩护”制度的质疑

通过确立“有力辩护”质量标准，对指定辩护律师的职业底线作出了限制。进而需要思考的是，当指定辩护律师违反这一标准，即出现辩护不力甚至不当行为时，应如何规制。

（一）实践缺少对律师辩护不力行为的有效规制

笔者整理了近年律师辩护不力的案例（见表5）。在案例中，律师行为的类型大部分是破坏审判程序的违规违纪行为，并未真正探讨律师是否为被告人提供了合格的辩护。即使是律师来源于相同的律师事务所，存在利益冲突的极大可能，法院也通常不认为律师的行为会破坏案件的公正性。此外，对于相似的案件事实，不同法院的判决也不尽相同，这反映了目前我国尚未就律师辩护不当行为的标准达成共识。

表 4 近年律师不当行为存在争议的案例

律师不当行为类型	具体行为	判决结果/处罚结果	案例/行政处罚决定书
存在利益冲突	刑事诉讼共同被告所分别聘请的律师来自同一律师事务所	律师法无限制、没有明显利益冲突、不影响公正审判	（2016）鄂刑终145号、（2017）甘01刑终549号、（2013）西刑一终字第00189号、（2015）鄂襄阳中刑终字第00065号、（2011）张中刑监字第31号、（2015）鄂咸宁中刑终字第76号
	刑事案件中的被告以及被害人聘请的律师来源于同一律师事务所	属于程序违法，撤销原判发回重审	（2015）石刑终字第00716号
		相关法律无禁止性规定	（2016）湘08刑申4号
		一审未提出异议且对案件公正审判无影响	（2016）鄂刑终134号、（2015）甘刑三终字第18号
律师不存在相应资质	未经年检注册	不属于刑事法律调整范围	（2014）渭中刑一终字第00048号
	伪造律师执业证	构成伪造国家证件罪，但并未提及由此对被告可能产生的损害	（2017）湘03刑终29号
律师存在违法违规或不当行为	妨害作证行为	伪造证据、妨害作证罪	（2009）江法刑初字第711号、（2008）五刑初字第5号、（2008）海南刑终字第77号
	对公诉机关的职务行为作臆测性评价	律师应当根据事实和法律，维护被告合法权益，不应当对被告进行误导	（2014）穗增法刑初字第983号
	私自收费，违规收费	警告、罚款、停止执业	东司罚决字（2018）第001号、穗司行罚（2017）7号、南司罚决定（2017）第01号
律师与被告人沟通不畅	辩护律师和被告人的意见自身便相互矛盾	辩护律师的辩护意见直接被当事人的供述所否认	（2015）黔南刑初字第51号刑事判决

（二）对移植国外“无效辩护”制度的质疑

当前我国未建立“无效辩护”制度，对于律师在一审程序中没有尽职甚至存在重大辩护缺陷的行为，《刑事诉讼法》并未要求二审法院撤销原判、发回重审。关于应否移植国外的“无效辩护”制度，赞同和反对参半。笔者持否定意见，原因如下：

1. 司法观念方面。此为最关键因素。我国法院更关注案件是否依法得到公正审理，对律师在案件审理过程中所起的作用尚未深入挖掘。在绝大部分法官看来，律师的作用仅限于为其提供参考的证据、事实和法律意见，查明案件真实和正确适用法律的关键还在于法官自身。即便律师提供了“不着边际”的辩护意见，只要法官足够尽心尽责，也可以发现事实真相，作出公正裁判。故单纯因律师辩护不力的行为而撤销一审判决的可能性极低。

2. 诉讼结构方面。我国为职权主义诉讼模式，律师虽然拥有会见、阅卷、调查取证等权利，但起主导作用的是司法机关，实践中也存在因司法机关违法干预导致辩护不力的情形。在权利保障尚未充分的情况下，试图通过引入“无效辩护”制度对律师的辩护行为进行规制，只是一种将外部责任转嫁于律师的做法。

3. 人才供给方面。我国律师执业准入制度相对宽松，难以保证执业律师具有精湛的法律知识和辩护技巧。尤其在指定辩护领域，在低收入低激励作用下，律师辩护的充分程度更低。此时贸然引进“无效辩护”制度，不仅治标不治本，而且会让指定辩护律师更加如履薄冰，起到束缚律师积极辩护的反效果。

（三）规制律师辩护不力行为的具体方案

在我国司法语境下，应根据律师辩护不力行为的类型及产生原因，运用解释学的方法，在现有制度框架内寻求解决方案。

1. 对于律师因司法机关违法干预造成辩护不力的情形，可以直接以司法机关“剥夺或者限制当事人的法定诉讼权利”为由撤销原判、发回重审，而不必纳入“无效辩护”制度之中。有些情形下，律师辩护不力的行为是由司法机关违法干预造成的。如司法机关违法限制律师会见、阅卷，无理由拒绝召开庭前会议，拒绝传唤证人出庭作证，甚至通过威逼利诱手段要求被告人解除对其律师的委托等。这都严重侵犯了被告人辩护权的充分行使，可列为“剥夺或者限制了当事人的法定诉讼权利”。二审法院可以此撤销原判、发回重审，为被剥夺辩护机会的被告人提供一种程序补救，而没必要纳入“无效辩护”制度中。

2. 对于律师因自身原因造成辩护不力，当同时违反法定程序时，应对“违反法律规定的诉讼程序”作扩大解释，使其包含一审法院消极不作为的程序违法。从解释学的角度，审理程序违法不仅包括作为的违法，也包括不作为的违法。在陈瑞华教授列举的案例中，[①] 原审法院对律师辩护中利益冲突的情形没有加以纠正，是一种不作为的程序违法。最高人民法院在死刑复核程序中，以原审程序违法为由撤销了原判并将案件发回重审。根据这一裁判思路，对于消极不作为的程序违法，也可以以程序违法进行规制。实践中，律师担任同案两名被告人的辩护人，同时担任两个有利益关系案件的被告人的辩护人，将在执业活动中获知的对被告人不利的情况报告司法机关导致对被

① 陈瑞华：《刑事辩护的艺术》，北京大学出版社2018年版，第327页。

告人更加不利的追诉等，一审法院都应该对律师的违法行为加以纠正，否则属于不作为的程序违法，二审法院可以就此撤销原判、发回重审。

3. 对于律师因自身原因造成辩护不力，导致案件事实不清、证据不足时，二审法院应以“原判决事实不清楚或者证据不足”为由，可以撤销原判、发回重审或庭外调查核实。若律师存在不尽职的行为，但案件事实仍能查清，二审法院通常不会将该不尽职行为作为撤销原判的理由。然而，一旦律师的不尽职行为导致事实认定不清，那么二审法院就会因此撤销原判、发回重审，或对事实问题进行庭外调查核实后予以改判。

4. 对于律师没有提出任何有价值辩护意见，但既没有违反法定程序，也不存在事实认定不清、证据不足的情况时，则可以通过民事赔偿、职业惩戒等方式进行责任追究。关于民事赔偿，律师因自身原因辩护不力属于违反委托合同义务的情况，民法上对这种违约行为规定了赔偿性的实体救济。关于职业惩戒，律师为当事人进行充分辩护是“称职”的基本要求，应根据辩护不力行为违反职业伦理的严重程度给予相应惩罚。同时，还可以考虑编制“辩护不力律师名册”并对外公开，以防范因律师的拙劣表现而损害被告人辩护权的情形。

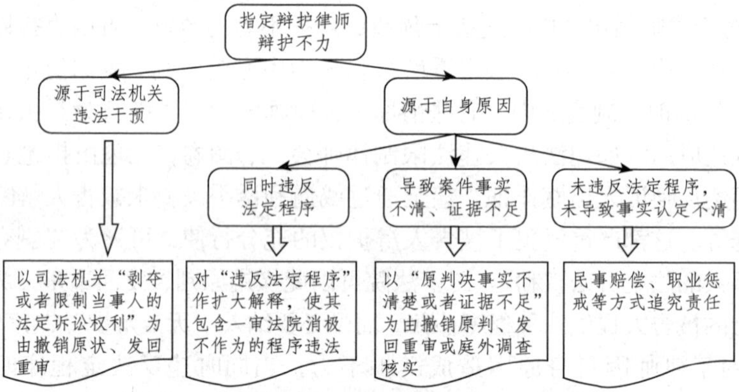

图6 我国司法语境下规制律师辩护不力行为的具体方案

结 语

或许本文的主张会被批评为是对现实的妥协，毕竟有效辩护是指定辩护制度未来发展的必然方向。但实际上，笔者只是指出有效辩护研究中过于理想化的认识和追求，强调从现实层面对指定辩护进行考察具有的重要意义。本文以期通过“有力辩护”质量标准的构建，以及指定辩护与委托辩护“差别化”标准理念的提出，为未来制定“法律援助法”或相关法律法规时提供有益的参考，为实现指定辩护的高质量发展、维护被告人合法权益贡献绵薄之力。

刑事判决书量刑说理问题实证研究

——以中国裁判文书网200份判决书为样本

孙 青[*] 李慧娅[**] 高 阳[***]

一、现状扫描：由表及里查刑事判决书量刑说理现状

B市法院作为全国法院系统中各方面工作比较突出的法院，其司法数据具有一定的代表性。笔者在中国裁判文书网上以“B市法院”“刑事案件”“判决书”“一审”“2017－11－01至2018－04－30”为检索条件，共检索到5225件判决书，涉及的罪名较为广泛。由于检索结果范围较广，笔者通过随机抽样的方式抽取200份判决书作为研究样本，并就其中的问题进行分析。

图1 随机抽样抽取200份判决书

（一）形式上的问题

被抽取的200份刑事判决书说理在量刑说理形式上主要呈现出两个特点：一是在量刑说理结构上，仅有一篇将量刑说理部分单独成段，其他判决书均将定罪说理和量刑说理杂糅在一段中，多数未能体现出量刑说理的独立性；二是在量刑说理方式上，套用格式化语言进行说理，不同案件的

* 作者单位：北京市大兴区人民法院。

** 作者单位：北京市大兴区人民法院。

*** 作者单位：黑龙江省佳木斯市中级人民法院。

量刑情节不可能完全相同，同一案件不同被告人的量刑情节和个人具体情况也存在差异，格式化语言使得个案的特点无法全面呈现。具体的量刑说理方式主要分为以下几种类型：

表 1　　量刑说理方式

刑罚	量刑说理的典型格式
主刑	公诉机关量刑建议适当，予以采纳，依照《中些人民共和国刑法》第××条之规定．判决如下：……
	辩护人的相关辩护意见，本院酌定/予以采纳，依照《中些人民共和国刑法》第××条之规定，判决如下：……
	具有××情节，可依法从轻/减轻处罚，依照《中华人民共和国刑法》第××条之规定，判决如下：……
	具有××情节，可依法从轻/减轻处罚，本院根据被告人××犯罪的事实、性质及情节，依照《中华人民共和国刑法》第××条之规定，判决如下：……
缓刑	具有××情节，积极赔偿被害人的经济损失并获得谅解，本院对其所犯罪行依法从轻处罚并适用缓刑。

（二）内容上的问题

刑事判决书对定罪说理一般均能做到详尽，但对于量刑说理的重视程度低于定罪说理，未突出量刑说理的重要性。经调查，刑事裁判庭目前对包含量刑计算方法、规则等在内的量刑过程一般不在裁判文书中写明，对个案量刑过程的处理方式一般分为以下三种：

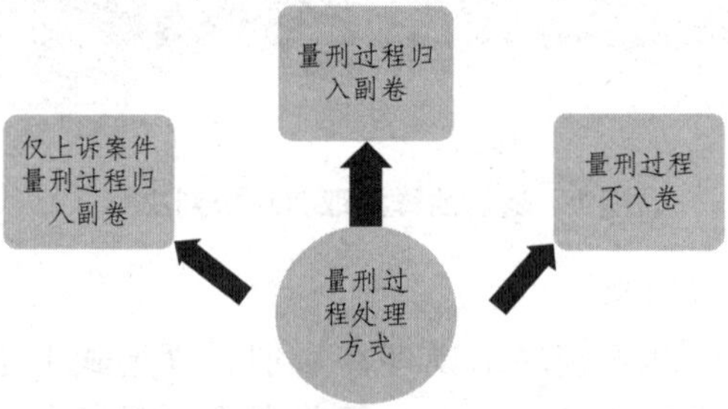

图 2　个案量刑过程的处理方式

除上述量刑过程的隐秘性特点外，样本数据中刑事判决书“本院认为”部分关于量刑说理呈现出类型化特点。

1. 重主刑说理，轻附加刑说理。样本数据中，74% 的刑事判决书有进行不同程度的主刑量刑说理，但仍有 26% 的刑事判决书完全不说理。部分简易程序的刑事案件判决书的定罪量刑部分多为“本院认为：公诉机关指控被告人××犯××罪的事实清楚，证据确实、充分，指控罪名成立，量刑建议适当，应予采纳。依照《中华人民共和国刑法》第××条的规定，判决如下：……”没有进行任何量刑说理，危险驾驶罪的判决书中出现该类完全不说理情形的概率极高。总体上，刑事判决书的主刑说理所占比例较大。

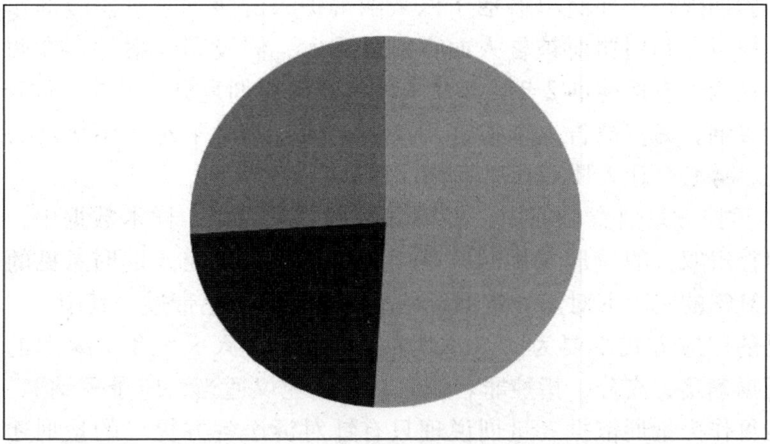

图3　主刑说理程度的分布

附加刑包括罚金、剥夺政治权利和没收三种，既可附加适用也可单独适用。相较于主刑说理74%的分布情况，附加刑说理的情况却难如人意。被抽取的200份刑事判决书中，适用附加刑的共132件案件，但该132件刑事判决书无一例外对附加刑适用理由均未进行说理。以适用比例最高的罚金刑为例，“本院认为”部分未提及适用附加刑的理由、幅度、适用规则及方法。对于“所处罚金是如何计算而来”的情节处理不当，不仅会削弱个案的警示作用，也有可能使社会公众产生对“花钱买刑”的质疑，影响司法公信力。

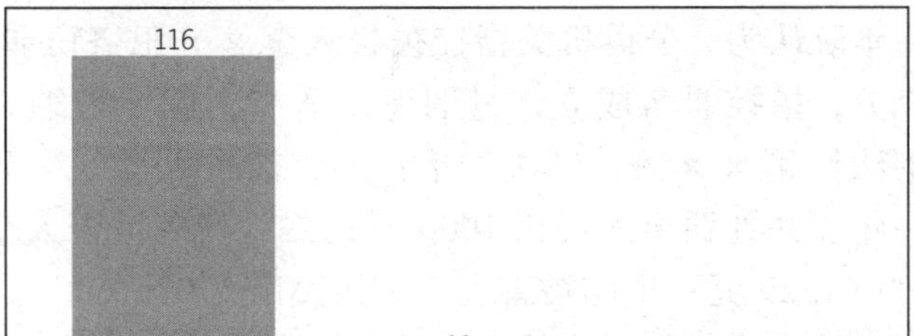

图4　适用附加刑的类型分布

2. 重实刑说理，轻缓刑说理。我国《刑法》第七十二条规定适用缓刑的条件有四种：（1）犯罪情节较轻；（2）有悔罪表现；（3）没有再犯的危险；（4）宣告缓刑对所居住社区没有重大不良影响。样本数据中，涉及缓刑共46件案件，但对适用缓刑进行说理的仅24件，约占适用缓刑案件的52%，仅有2件对缓刑适用条件进行详细说理，其余的均只满足其中两或者三个条件。

不进行说理的情形分两种：一种是完全不说理，直接在刑期后面加上缓刑考验期限；一种简单概括予以采纳辩护人的缓刑意见。缓刑作为附条件地不执行原判刑罚对被告人而言意义重大，假设同一案件存在两名被告人同样被判处有期徒刑2年，辩护人均提出过缓刑意见，最终一被告人被宣告适用缓刑，另一被告人未被适用缓刑，如若此时不对适用缓刑的原因进行论证，势必会让人质疑司法不公。

3. 重控方量刑意见回应，轻辩方量刑意见回应。样本数据中，刑事判决书对控辩双方的量刑意见回应程度有所不同，对控方量刑意见的回应度极高，31%的判决书对辩方量刑意见不回应或者一笔带过。其中，对控方量刑意见的回应方式主要为："公诉机关指控被告人××犯××罪的事实清楚、证据确实、充分，指控罪名成立，量刑建议适当，应予采纳"，直接将量刑意见作为量刑依据。量刑说理只有针对诉讼各方提出的量刑建议和意见进行分析论证，才能避免出现"你控你的，他辩他的，我判我的"的现象，法院的量刑结论才能被诉讼各方接受。①

（三）论证上的问题

案例一：被告人李某在共同犯罪中起主要作用，系主犯。被告人王某某、董某某在共同犯罪中起次要作用，系从犯，故本院对被告人王某某、董某某予以从轻处罚。依照《中华人民共和国刑法》第××条，判决如下：一、被告人李毅犯非法拘禁罪，判处有期徒刑十一个月。二、被告人王庆国犯非法拘禁罪，判处有期徒刑七个月。三、被告人董××犯非法拘禁罪，判处有期徒刑六个月。

案例二：本院认为，公诉机关指控被告人李××犯盗窃罪的事实清楚，证据确实、充分，指控罪名成立，量刑建议适当，应予采纳。依照《中华人民共和国刑法》第××条，判决如下：一、被告人李××犯盗窃罪，判处有期徒刑一年，并处罚金人民币1000元；二、责令被告人李××退赔被害人侯×人民币1329元；退赔被害人王×人民币570元。

案例三：本院认为，公诉机关指控被告人朱建强犯盗窃罪的事实清楚，证据确实、充分，指控罪名成立，量刑建议适当，应予采纳。依照《中华人民共和国刑法》第××条，判决如下：一、被告人朱××犯盗窃罪，判

① 焦悦勤：《刑事判决书量刑说理现状调查及改革路径研究》，载《河北法学》第34卷。

处有期徒刑一年，罚金人民币5000元。二、责令被告人朱××退赔被害人彭某人民币6299.04元，退赔被害人邓×人民币3521.13元。

说理应以证据来论证法律事实的认定，以法律事实来论证法律的具体适用，以准确适用法律来充分阐述判决结果的理由，上述三个案例取自样本刑事判决书中。案例一量刑部分未提及两名从犯因何缘由所判刑罚不同；案例二和案例三在“本院认为”部分对量刑也未进行说理，案例二涉及的盗窃数额为1899元，案例三涉及的盗窃金额为9820.17元，两被告盗窃数额差距较大，主刑却相同。之所以造成刑罚不同根源在于量刑事实信息未完整论证，存在“具有坦白情节”的情形存在。另外，量刑说理是采用如“具有坦白情节”“具有悔罪表现”“认罪态度较好”等格式化语言屡见不鲜，部分判决书量刑说理只是将这些情节进行简单罗列，极易造成“同案不同判”的情形出现，简化刑事裁判文书不能以简化裁判文书量刑说理为代价。

二、直击问题：追本溯源寻刑事判决书量刑说理被忽视的根源

对于裁判文书说理的原因，学术界讨论较多，传统观点有监管缺乏说、司法裁判行政化说、积极法民关系说[①]与法官防卫心理说。司法体制改革推进过程中，上述观点虽有合理之处但也存在不合理之处。

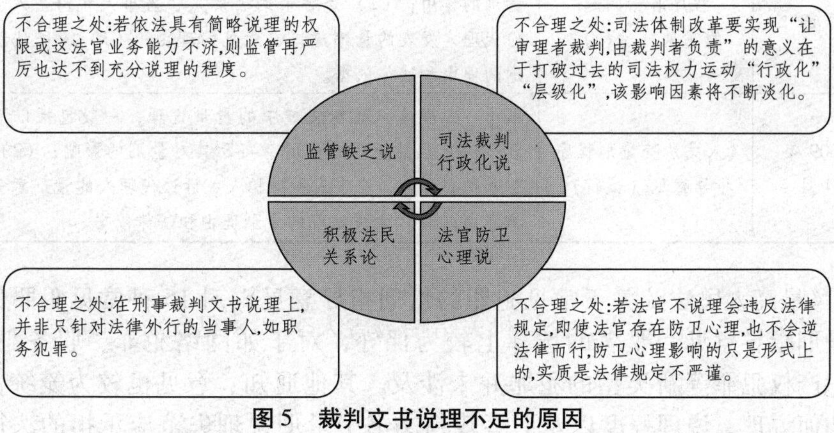

图5 裁判文书说理不足的原因

对于量刑说理不足的原因，学术界研究较少。裁判文书说理包含定罪说理和量刑说理，不能简单地将裁判文书说理不足的原因直接移植到量刑说理不足上，量刑说理有其自身复杂化、多样化的特性，应当与定罪说理分离，单独进行细化研究。

① 凌斌：《法官如何说理：中国经验与普遍原理》，载《中国法学》2015年第5期。

（一）量刑规范：少而不细

尽管在量刑规范化改革的推进中，刑罚裁量权已有具体规范进行规制，但仍为法官留有一定的裁量幅度。量刑作为法官行使自由裁量权的重要裁判活动，在裁判文书公开制度背景下，其论证过程势必要得到社会公众的舆论检验。虽然我国《刑事诉讼法》对量刑说理没有作出具体严格的规定，但最高人民法院历来重视量刑说理，多次以通知、意见等形式要求各级法院加强量刑说理。

表2　　最高人民法院发布的刑事判决书量刑说理文件及相关内容

制定时间	文件名称	内容
2017年3月9日	《关于常见犯罪的量刑指导意见》	15种常见犯罪的量刑指导意见
2013年12月23日	《关于实施量刑规范化工作的通知》	第五条第三款规定：关于裁判说理。裁判文书要充分说明量刑理由。但不要将具体量刑步骤、量刑建议以及量刑情节的调节幅度和调节过程在裁判文书中表述。可针对控辩双方所提量刑情节采纳与否及从重、从轻处罚的理由进行阐述。宣判后，可根据是否上诉、抗诉等情况，在庭后释明量刑过程。
2010年9月13日	《关于规范量刑程序若干问题的意见（试行）》	第十六条规定：人民法院的刑事裁判文书中应当说明量刑理由。量刑理由主要包括：（1）已经查明的量刑事实及其对量刑的作用；（2）是否采纳公诉人、当事人和辩护人、诉讼代理人发表的量刑建议、意见的理由；（3）人民法院量刑的理由和法律依据。
2009年4月	《人民法院量刑程序指导意见（试行）》	第十一条规定：裁判文书中的量刑说理，一般包括以下内容：（1）已经查明的量刑事实及其对量刑的影响；（2）是否采纳公诉人、当事人和辩护人、诉讼代理人的量刑意见及其理由；（3）人民法院的量刑理由和法律依据。

《最高人民法院关于常见犯罪的量刑指导意见》对15种常见犯罪作出了量刑指导意见，罪名的选择上较为保守，对于如网络犯罪、职务犯罪、知识产权犯罪等新类型的犯罪并未涉及。其他通知、意见也较为笼统，对于如何说理、说理程度以及刑事裁判文书中量刑说理失范应承担的法律后果等缺乏可操作性的具体规定。[①] 案多人少的矛盾、法官员额制的推行带来的审判压力让部分法官不愿主动耗费精力对量刑过程进行详细论证说明，只是形式上的原因，量刑规范不完善才是量刑说理不足的核心原因。

① 蔡日升：《司法公信视角下刑事裁判文书的深层表达——以刑事审判中强化量刑说理为切入》，载《现代法治研究》2016年第2期。

（二）司法传统思维：大处着墨

以英美法系的代表国家美国为例，刑事裁判文书呈现出的是论证性、对话性，并且不同意见在裁判中会出现，体现出选择性裁判的特点。基于判例法体制，美国法官经常撰写篇幅宏大而复杂、论点扩展而详尽的刑事裁判文书，在刑事判决中公开讨论价值问题，公开展示不同意见。[①] 我国司法体制具有大陆法系的特征，主要运用三段论的推理方式以及标准化格式、语言进行论证，受到思维传统的影响，整体上对说理要求不高，这是造成量刑说理不足的关键原因。

1. 偏向宏观的思维方式。因中国传统思维方式带来的特定法律价值观的差异。中国哲人崇尚自然之道带来的精神产物，注重大写意、大智慧，不同于西方哲学的理性的逻辑论证。因此，基于内心冥证的思维方式，中国人更偏向于从宏观把握问题。[②] 反映在刑事司法审判领域，社会大众的关注度主要集中于对被告的定罪程序，只要明确了被告的罪名，具体的刑罚处罚不是舆论监督的主要对象。

2. 重点关注定罪程序的司法传统。目前，在刑事案件定罪量刑合一的审判程序下，“定罪中心主义”的影响还未彻底消除，刑事审判过程依旧侧重于定罪问题，控辩双方的质证、辩论过程也主要围绕罪名是否成立、被告是否有罪以及所犯何罪上。辩方对量刑问题很少或者几乎不提出自己的意见去影响法官的量刑决定，以及法官对量刑问题的重视度低于定罪问题，这是造成量刑说理不足的重要原因。量刑规范化改革在全国范围开展后，量刑说理问题虽然有所改善，但就笔者随机抽取的裁判文书，多数案件的法官主要着墨点仍旧在定罪说理上，对量刑说理仅是为了满足规范文件中的格式要求，深层次的说明论述不足，量刑程序独立性和重要性的观念还未完全深入人心。

（三）量刑说理过程：纷繁复杂

量刑说理过程并不是对各种量刑情节的简单罗列，而是在量刑情节与法律规范之间循环进行说理与论证，最终形成经得起推敲的量刑结论，量刑说理难度大也是造成量刑说理不足的重要原因。

1. 量刑情节多样化。从分类上看，无论是以刑法理论区分的法定量刑情节与酌定量刑情节，还是以实质分类区分的加重量刑情节、减轻量刑情节与免除量刑情节，各种量刑情节因犯罪主体、犯罪手段、犯罪场景等因

---

① 张慧清、关俭科：《从两大法系判决释理谈我国裁判文书改革》，载《佛山科学技术学院学报（社会科学版）》2006 年第 5 期。

② 袁贵仁、梁家峰：《中西法律价值观比较的哲学反思》，载《北京师范大学学报（人文社会科学版）》2000 年第 3 期。

素的不同而复杂多样。从处罚方式上看，既有主刑又有附加刑，既有实刑又有缓刑，[①] 对同一被告可能同时适用几种不同的刑罚方式。从发生时间上看，量刑情节可能存在于犯罪预备、犯罪实行、犯罪结束后等各个犯罪阶段，是整体评价还是分阶段评价，不同国家和地区采用的适用规则不尽相同。[②] 从获知的范围上看，量刑情节是否全面还与被害人的参与度有关。由此可知，量刑情节的多样性造成认定本身就具有一定的挑战性。

2. 量刑说理的烦琐性。演绎推理的三段论推理是司法裁判适用法律说理最根本的方法，在运用到刑事案件量刑过程中时并非那么简单。根据三段论推理：

大前提：《刑法》第二百三十二条规定故意杀人的，判处死刑，无期徒刑或十年以上有期徒刑；情节较轻的，处三年以上十年以下有期徒刑；

小前提：被告人实施了故意杀人行为。

结论：被告人应当被判处死刑、无期徒刑或十年以上有期徒刑。

上述推理看似简单，但只看到这样的推演是没有意义的，从规范到宣告之间需要实现很大程度的跨越。在大前提中，法定刑跨越了从固定的自由刑、终身自由刑直至生命刑的幅度。[③] 相较于论证是否满足犯罪构成要件的定罪说理过程，量刑说理过程的复杂程度更高，三段论只是量刑说理逻辑论证与推理的起点，并非量刑说理的全部内涵，法官需要进行更为严谨的推理，并依据自身的价值判断和经验判断来确定具体的宣告刑，至于宣告刑选择的道理也就很难详细说明。

三、建议：内外并重探加强刑事判决书量刑说理的路径

量刑说理是刑事裁判说理的重要组成部分，是满足司法活动公开性、民主性需求的重要手段。针对我国当下刑事判决书量刑说理不足的现状，笔者认为，应从以下几方面予以加强：

（一）结构上：优化刑事判决书定罪量刑说理格式

目前，刑事判决书中定罪说理与量刑说理杂糅在一段，可将刑事判决书中的“本院认为”部分细化为定罪说理和量刑说理两段，体现量刑说理的独立性。量刑说理独立成段，不仅仅是要达到形式上的独立，更应从实

① 彭文华：《量刑说理：现实问题、逻辑进路与技术规制》，载《法制与社会发展》2017 年第 1 期。

② 皮勇、刘胜超：《海峡两岸量刑规定比较研究》，载《武汉大学学报（哲学社会科学版）》2014 年第 4 期。

③ 孙万怀：《公开固然重要，说理更显公正——“公开三大平台”中刑事裁判文书公开之局限》，载《现代法学》2014 年第 2 期。

质上扭转现阶段说理不充分或者不说理的局面。

构建新的量刑说理结构，将量刑说理时需要论证的各种情节按照既定步骤进行论证，对遏制现阶段刑事判决书量刑说理出现的说理不充分或者不说理的现象有重要意义。实质上的量刑说理主要进行三个层次的论证：第一，阐明已查明的量刑事实及其对量刑的影响；第二，对控辩双方的量刑意见进行分析论证，表明是否采纳及其理由；第三，阐明法院的量刑理由及法律依据。将上述三个层次细化并设定既定步骤，"本院认为"部分的格式如下：

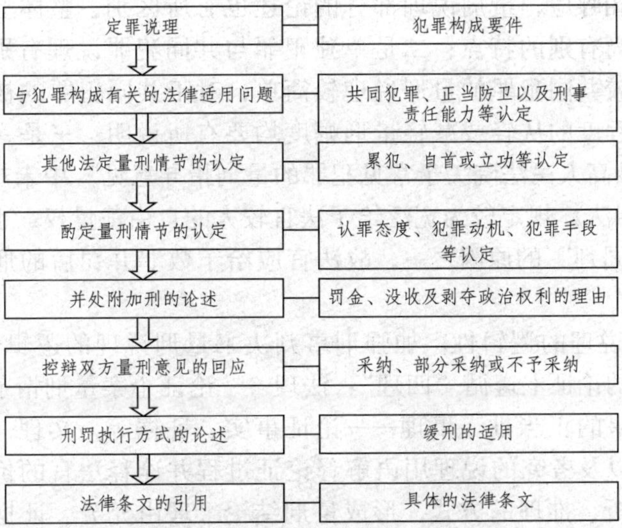

图6　"本院认为"部分的格式

（二）内容上：设定刑事判决书量刑说理标准

整个量刑说理过程按照既定步骤进行但不能是多个量刑情节的简单罗列汇总。立足于现阶段量刑说理的不足，优化的量刑说理模式需明确量刑说理的标准：

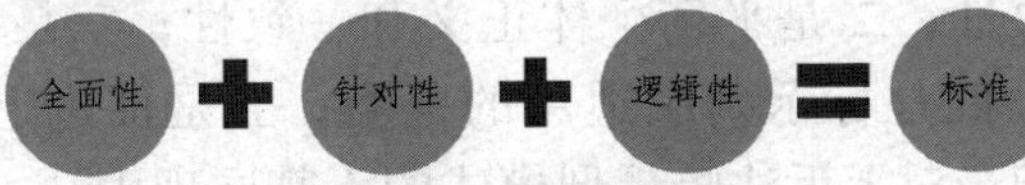

图7　量刑说理标准的构成

1. 量刑说理的全面性。丰富刑事判决书量刑说理，从主体维度上，法官除应综合考虑控辩双方的意见以及其所依据的事实与理由，通过对话式回应双方意见采纳程度及原因，体现"兼听则明"的要义外，还需加强对被害人的量刑意见进行对话与回应，使被害人真正参与到量刑过程中去。刑事裁判文书量刑说理的深层表达为有效解决国家、被告人、被害人三者长期存在的价值目标冲突、利益结果冲突、权利保障与诉讼效益之冲突提供了一条便捷的通道。[①] 从刑罚维度上，改变“重实刑说理，轻附加刑、缓刑说理”的现状，应明确附加刑确定标准，改变附加刑完全不说理的“特色”局面，将财产刑与犯罪金额或主刑刑期挂钩以减少“花钱买刑”的质疑；缓刑作为一种附条件地不执行原判刑罚制度对被告人而言意义重大，论证应当全面、具体且深入，避免片面、抽象或简略。

2. 量刑说理的针对性。刑事案件情况纷繁复杂，无法对所有案件设定“放之四海而皆准”的范本，这就需要法官在量刑说理上体现出个案的特点。一是简易程序案件与普通程序案件说理有别，简易案件与应审判程序的繁简分流相呼应，量刑说理部分的论述也有所区别，整体上要反映出简案简写、繁简有别的特点；二是单独犯罪与共同犯罪说理有别，单独犯罪的量刑说理较共同犯罪的量刑说理较简单，对于共同犯罪的被告人何种情节适应何种程度的从轻或减轻量刑幅度均要有所说明；三是一罪与数罪说理有别，《最高人民法院关于常见犯罪的量刑指导意见》中未规定数罪量刑的问题，《刑法》规定较为宽泛给予法官较大的自由裁量权，也是造成实践中“同案不同判”的原因之一，故法官应给予数罪并罚后的刑罚适当的解释说明。

3. 量刑说理的逻辑性。加强刑事判决书量刑说理的逻辑性，在事实、证据、法律的论证上遵循“四理”：法理——论证个案量刑情节，情理——论证量刑结果的正当性，事理——论证事实、证据等，文理——运用对话式回应方式以及考究的说理用语解释论证过程并诠释法官的价值判断，通过归纳、分析、推理的方式，形成量刑结论。理由充分、证据确凿、论证完整的刑事判决使得法官量刑的合法性与合理性更经得起各方及社会公众的审查与监督，接受和认可量刑结论，确保司法公信力。

（三）技术上：构建量刑类案检索数据库

在推进量刑说理规范化的过程中，域外经验具有一定的借鉴价值，英美法系国家构建了量刑判例信息库系统，对该数据库定位为六大功能：一是提高判决的一致性；二是平衡个体正义和一致性；三是提升量刑裁决的利用率和透明度；四是标示判决适用的范畴；五是促进上诉审查和监督；六是如果合适，记录对上诉法院量刑模式的不赞同理由[②]。目前，我国的指导性案例所发挥的作用有限，顺应司法改革中类案检索机制完善的契机，从中构建量刑类案检索数据库，侧重收录量刑说理充分的判决书。该数据

① 蔡日升：《司法公信视角下刑事裁判文书的深层表达——以刑事审判中强化量刑说理为切入》，载《现代法学研究》2016 年第 2 期。

② 彭文华：《量刑说理：现实问题、逻辑进路与技术规制》，载《法制与社会发展》2017 年第 1 期。

库的构建主要是为法官在个案量刑说理上提供参考，以及通过学习该数据库中判决书的量刑说理的经验方法提升自身的技能水平。

（四）制度上：实施激励机制

优化刑事判决书量刑说理质量，除了从说理形式上和法官主体上着手，还需要外部制度推动支撑。要确保法官在刑事判决书中对量刑结论进行充分的论证说理，提高量刑的社会认同，离不开激励机制的保障。建立激励机制的目的在于提高法官量刑说理的积极性，从整体上提高裁判文书的制作水平，使判决书真正成为向社会公众展示司法公正的载体。要达到量刑说理充分透彻的目标，对说理主体的法官就不仅仅需要金钱等物质方面的激励，更需要荣誉、社会美誉度等精神方面的激励，让法官感觉到撰写说理充分的刑事裁判文书的成就感。

近年来，部分地区法院不断重视裁判文书的质量，并开展优秀裁判文书的评选活动，旨在规范裁判文书质量管理以及提升案例研究水平。然而，各地法院对优秀裁判文书评选标准并不统一，评价参数各不相同，对于刑事裁判文书也未能体现刑事案件的特点。笔者建议可以区分业务口设置单独具有业务口特征的评价参数，对于刑事业务口的优秀裁判文书的评价参数，将量刑说理单独作为一个评价板块并细化为各个具体的评价参数。

结　语

随着司法体制改革的推进，法制观念深入人心，刑事裁判文书说理越来越受到社会公众的关注。刑事判决书定罪说理与量刑说理的重要程度不分伯仲，但司法实践中，量刑说理的独立性、重要性被忽略，笔者结合法律适用的相关理论，从量刑规范、司法传统思维、量刑说理过程三方面入手，对刑事判决书量刑说理不足的原因进行探究。进而以优化刑事判决书定罪量刑说理格式、设定刑事判决书量刑说理标准、构建量刑类案检索数据库、实施激励机制之四方面相结合，以期能有效应对量刑说理的现状，确保量刑准确、公开，增强司法公信力。

驳与证的逻辑推演：辩护意见回应之说理范式研究

——以88份优秀刑事裁判文书为样本

钱　岩*

引　言

随着律师辩护全覆盖工作纵深推进，刑事案件法律服务扩容提质。但与此同时，视角多元、风格多样、立场内容多极的辩护意见纷至沓来。如何在有力回应中彰显司法的公平正义，时代对文书释法提出了更高要求。研究裁判理由的逻辑进路，并据此形成说理范式，能强化反驳论证自觉性，对于引导理性思考、提升审判质效具有理论价值与实践意义。

一、现象检视：辩护意见蕴藏的实务风险

辩护意见对保障人权、公正司法发挥了重要作用，但也常存在认知盲点和思维误区。若剖析不准、辨识不清以致未予回应或回应不当，可能导致小案件发酵成大事件，从而引发舆情风险。

（一）辩护观点与类型化思维谬误

本文撷取的88份文书样本，或源自《最高人民法院公报》，① 《刑事审判参考》，② 或入选优秀裁判范例，③ 或承载重大社会关切，均具典型权威性。其中辩点共262处，“本院”支持21处、反驳241处；中有歧义性谬误④54处、占比22.4%，相关性谬误⑤100处、占比41.5%，证据不足型谬

* 作者单位：天津市高级人民法院。

① 《最高人民法院公报》第74期至第266期，涉刑事案例25个。

② 《刑事审判参考》第3辑至第112辑，裁判文书选登23份。

③ 最高人民法院第3号至第112号指导性案例，涉刑事案例17个；参见杨万明、马岩编：《示范性刑事裁判文书评析》，人民法院出版社2018年版，其中涉刑事案例18个。

④ 因语言歧义导致无效推理。

⑤ 因论点、论据不相关导致虚假推理。

误[①] 87 处、占比 36.1%。

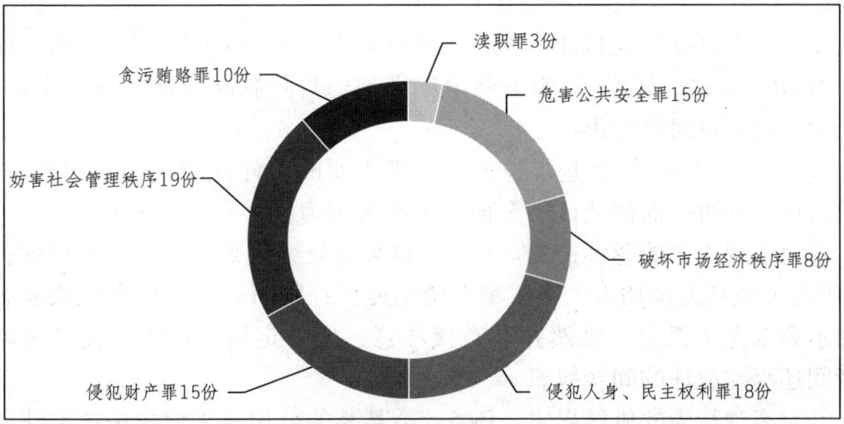

图 1　样本罪名分布

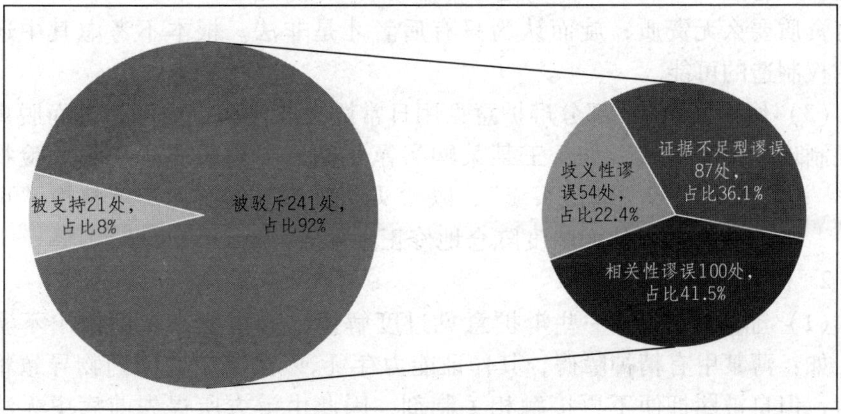

图 2　辩护意见采纳情况

1. 歧义性谬误

（1）歪曲原意。[②] 一些辩护意见曲解控方论据、刊改指控论点，进而虚树标靶、自说自话。主要表现为：

①对要件含义以偏概全。例 1：薄某某因支持地方经济帮助某集团公司，并非为唐某某谋利，不构成受贿罪。[③] 辩方将受贿罪的客观要件谋取利益片面解读成谋取个人利益，继而以没有私人互惠反驳指控。

②对法条内容断章取义。例 2：胡某某暴力程度不强，无需强制医疗。[④] 辩方脱离“精神病人”这一强制医疗程序启动的法律语境，将“继续危害

① 因论点缺乏充足理由支持导致片面推理。
② 将原论题 A 伪冒成 B，并对不存在的论题 B 展开批驳。
③ 参见山东省济南市中级人民法院（2013）济刑二初字第 8 号刑事判决。
④ 参见广东省东莞市第一人民法院（2013）东一法刑初字第 348 号刑事判决。

社会”的认定标准孤立聚焦于行为，因而认为否认暴力程度即否定强制必要。

③对在案证据移花接木。例3：该苹果电脑系2005年生产，不可能在2002年用于播放幻灯片。[①] 辩方将电脑存储幻灯片臆断成前者播放了后者，进而以于理不符对抗控诉。

（2）极端思考。[②] 某些辩护意见无视犯罪的多样性而错误适用排中律，极端地认为证否一面便能证实全面。主要表现为：

①对主观犯意的感性揣测。例4：黎某某与梁某某是世交，不可能去撞他。[③] 辩方先从人情切入，否定黎希望梁死亡；既而认为对危害结果要么积极追求要么完全否定，既然并非直接故意，便一定属于过失。完全忽略了二者间还存在放任的间接故意。

②对客观行为的机械界定。例5：金某某的公司是工商机关核准注册的爆竹生产企业，不构成非法制造爆炸物罪。[④] 辩方将生产行为刻板归类成要么有资质要么无资质；旋而认为只有后者才是非法。根本不考虑其中还存在越权制造的可能。

（3）偷换概念。[⑤] 部分辩护意见用日常语义取代法定内涵，进而脱离刑法规制理解犯罪构成。如：王某某购买氰化钠，不构成非法买卖危险物质罪。[⑥] 辩方限制解释“非法买卖”，以“买卖兼备”的字面寓意替换“可具其一”的立法本意，从而暗度陈仓地修正了本罪。

2. 相关性谬误

（1）虚假相关。[⑦] 一些辩护意见过度解读已知事实，从而得出不实结论。如：薄某甲有精神障碍，其作证能力存疑。[⑧] 薄某甲曾因药物导致精神障碍，但自被羁押便不再接触相关制剂，因此由辩方所提先前病史无法自然推出作证时能力缺失。

（2）诉诸无知。[⑨] 一些辩护意见常摆出“证据不足”事实、宣讲证据裁判道理，以无知即无罪否定指控。如：不能确定起获的4台服务器为快播公司管理。[⑩] 辩方将不由快播管控的免责主张建立在“不能确定”之上，认

① 参见山东省高级人民法院（2013）鲁刑二终字第110号刑事裁定。

② 对不止两种可能的事物仅设定两种对立的可能。

③ 参见广东省高级人民法院（2009）粤高法刑一终字第131－1号刑事判决。

④ 参见黑龙江省伊春市中级人民法院（2012）伊刑一初字第1号刑事附带民事判决。

⑤ 在同一思维中将不同概念等同并相互替代。

⑥ 参见浙江省绍兴市越城区人民法院（2011）绍越刑初字第205号刑事判决。

⑦ 将不真正相关的事物误认为密切相关。

⑧ 参见山东省济南市中级人民法院（2013）济刑二初字第8号刑事判决。

⑨ 确认是真仅因其未被证否，确定为假仅因其未被证实。

⑩ 参见北京市海淀区人民法院（2015）海初刑字第512号刑事判决。

为因不能确证“是”，所以一定“不是”。

3. 论据不足型谬误

（1）虚假论据。[①] 部分辩护意见为支持论点而提出与在案证据指向相反的论据，以致从起点一错到底。如：王某索贿事实不清。[②] 辩方无视王某索贿据确凿，而主观臆断所谓出罪根据，最终得出错误结论。

（2）不当类比。[③] 一些辩护意见停留在事实浅表，认为某行为局部符合构成要件，其整体就该当此犯罪构成。如：臧某某骗取305000元，应构成诈骗罪。[④] 辩方强调臧某某制作虚假链接，进而以“虚构事实、隐瞒真相”类比定罪；却忽略被害人仅自愿支付1元，剩余304999元实是窃取、与被骗无关。

（二）辩护方式与典型化认识偏差

1. 先声夺人下的思维定式误导。为削弱指控，常有辩护意见逾越证明环节自拟事实，并以此为据支持辩解。如：王某某收取的130多万元用于发放奖金，应从受贿数额中扣减。[⑤] “奖金说”本无实证，但是被辩方首次提出，难免先入为主；同时直接用作论据，常引导关注重点后移，其本身似乎不证自明。若裁判回应不当，往往误导公众，难起示范教育之效。

2. 情感渲染中的表象因素干扰。为减轻罪责，曾有意见放大被告缺陷、一味示弱，并以此为引博取同情。如：陈某某有生理缺陷没有接触过女人，兴奋之情不能用正常标准判断，其错将黎某鼻孔捂住，是过失杀人。[⑥] 辩方强调先天不足并加以引申，将陈塑造成无法正常思维的弱势群体，借以增添辩解与判断的感性成分。若司法批驳不准，反陷道德质疑，难起规范评价之效。

3. 避实就虚内的要件事实弱化。为架空控诉，实有意见突出介入因素、淡化危害，并以此为由瓦解事实认定。如：被害人被送往人民医院而非距离更近的中医医院，系延误救治导致死亡。[⑦] 辩方对于某伤人避之不谈，反集中论述被害人死亡另有他因，进而主张于某没有杀人。类似问题还有被害人过错等，均须专业鉴定、理性分析。若文书回击不实，可能反成标靶，难起行为指引之效。

4. 以小博大下的认知偏见羁束。为反守为攻，确有辩护意见抓住取证

① 用不真实的论据证明论点。
② 参见北京市第一中级人民法院（2010）一中刑初字第355号刑事判决。
③ 将两个表面相仿的概念简单比较后，便断定其本质相同。
④ 参见浙江省杭州市中级人民法院（2011）浙杭刑初字第91号刑事判决。
⑤ 参见广西壮族自治区高级人民法院（2013）桂刑经终字第5号刑事裁定。
⑥ 参见广东省高级人民法院（2013）粤高法刑四终字第38号刑事判决。
⑦ 参见山东省高级人民法院（2017）鲁刑终151号刑事附带民事判决。

瑕疵大做文章，并以此为基全盘否定证据。如：徐某没有某单位车证，徐某关于薄某某在某单位要求其对购买别墅保密的证言不应采信。[①] 辩方从车证不在案切进，进而否定徐某全部陈述。程序无小事，若说理阐释不周，可能催生偏见、累及实体，难收人权保障之效。

5. 似是而非中的字面含义局限。为于法有据，更有辩护意见仅凭字面含义臆测概念，并以此为辞作无罪、罪轻辩护。如：250 万以借条形式存在，陈某未实际获取，应从受贿财产中扣除。[②] 辩方根据表层语义限制解释非法占有，将其等同于直接占有，却遗漏占有改定等间接占有形式。要件内涵尤须明确，若释法回应不全，难收预测预防之效。

6. 言之无物里的强词夺理隐患。还有辩护意见言简意少，虽不乏观点可取却缺少论据支持。如：认定缪某某杀人证据不足。[③] 原审判决事实认定确存疑点，但是定罪证据如何不足辩方没有说明。无罪裁判引发多方关切，若论证理由不详，难收公众认同之效。

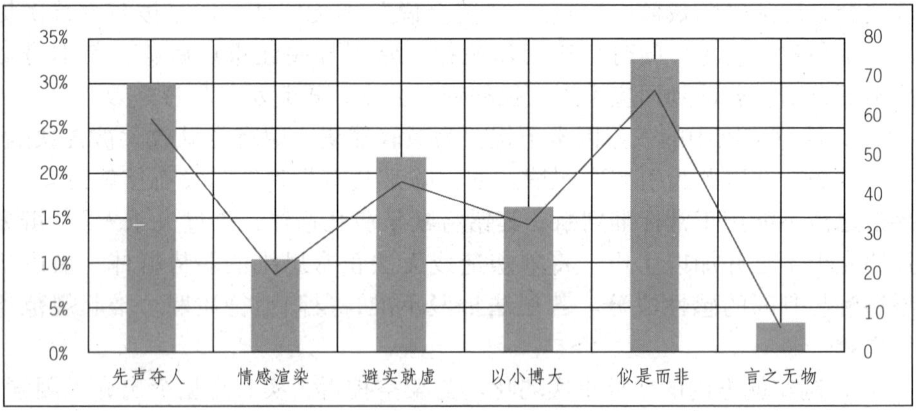

图 3　辩护方式分布情况

二、情势研判：说理回应背后的理性思考

上述问题本质上是对法理、情理、事理、文理把握不准、适用不当。若将庭审视作控辩双方说服法官的诉讼过程，裁判便是法官取信控辩、引导公众的心证历程。而理由是判决的灵魂。[④] 作为司法回应个案的理性思考，明情解义、释法纠偏正是文书说理的核心要义。

---

① 参见山东省济南市中级人民法院（2017）济刑二初字第 8 号刑事判决。

② 参见江苏省高级人民法院（2009）苏刑二终字第 0028 号刑事裁定。

③ 参见福建省高级人民法院（2017）闽刑再 4 号刑事附带民事判决。

④ ［法］勒内·达维德：《当代主要法律体系》，漆竹生译，上海译文出版社 1984 年版，第 132 页。

（一）法无明文之法理释明

法是“理”与“力”的结合。① 它常彰显是什么与一般怎样办，却未作答为什么及特例如何判；常体现力的普适性，却难免表述抽象、文义模糊。当刑法不足以自明时，应以法理探求背后的价值。

1. 阐释刑法机能。如薄某某受贿案。《刑法》规定了受贿罪构成要件，却未明确“牟取利益”的特定内涵；薄某某能否因未为个人谋利而出罪，关键在于如何正确解读要件语素。一审判决立足犯罪客体，首先指明受贿罪的本质是侵犯公务行为廉洁性；继而指出权钱交易背离公职宗旨、破坏政府形象，具有严重的社会危害；因而认为只要收受财物后承诺谋利，无论指向个人还是单位，均构成本罪。由此，既申述规范价值，又回应出入罪质疑，充分阐释了刑法保护社会、保障人权的双重机能。

2. 论述入罪依据。如彭某故意杀人案。② 彭吸毒后杀人，辩方主张其无辨认及控制能力，不应负刑责。《刑法》规定犯罪构成，却未明示入罪原因。彭某杀人时确有神智异常，但这能否成为免责事由，罪与非罪关键在于如何理解犯罪本源。③ 二审裁定围绕“原因自由行为”梳理犯罪脉络，认为彭某明知摇头丸致幻仍自愿服食，是主动身陷精神障碍；既已自由选择行为前因，就应对后续结果承担责任。由此阐述意志自由，清晰表达犯罪是自觉作恶、可禁不禁的刑法立场。

（二）法不徒行之情理讲明

在刑法的面容中，包含着被害人父母、兄弟的悲伤和愤怒，也包含对犯人的怜悯。④ 法不容私情，该当犯罪构成即已具备形式违法；又不外乎人情，期待可能性常阻却责任，追求规范的实质理性。当刑法不足以自行时，定罪量刑间“必须含有法官的泪水”。⑤

1. 综合认定主观恶性。如于某故意伤害案。于某捅刺四人致一死三伤，防卫明显过限造成重大损害。但辩方提出被害人侮辱于母，对于某应从轻处罚。二审判决拓展被害人过错外延，认为辱母与犯罪虽间隔较长，但后者难免受前影响，应作为对于某有利情节重点考虑；同时引入伦理观念、进行价值判断，认为辱母亵渎人伦、情节恶劣，对于某过当防卫应减轻处罚。由此，在犯意认定上遵循世风民情，凸显人性关怀。

---

① 孙国华、黄金华：《法是“理”与“力”的结合》，载《法学》1996 年第 1 期。

② 参见福建省高级人民法院（2006）闽刑终字第 367 号刑事裁定。

③ 陈兴良认为，在犯罪存在的本源问题上，存在着意志自由论和行为决定论之争，由此形成犯罪观基本内容。参见陈兴良：《刑法法理的三重语境》，载《中国法律评论》2019 年第 3 期。

④ ［日］西原春夫：《刑法的根基与哲学》，顾肖荣等译，法律出版社 2004 年版，第 138 页。

⑤ ［日］西原春夫：《刑法的根基与哲学》，顾肖荣等译，法律出版社 2004 年版，第 139 页。

2. 全面分析社会危害。如金某某故意杀人、包庇案。[①] 金某某明知其弟杀害三名儿童，仍用汽油焚尸灭迹。辩方提出金某某仅是包庇犯罪，请求从轻处罚。二审裁定立足公序良俗和未成年人保护，从犯罪手段与对象切入、综合评价全案情节，进而指出金某某手段残忍、情节严重，对其从重并无不当。

（三）法当定罪之事理阐明

法院判处有罪的标准是确信无疑。[②] 但内心确信的程度没有量化，合理怀疑的范畴也常因案而异。面对无罪和罪轻辩护意见，文书说理无论正面回应、反面批驳，均应重点阐述事实认定依据。

1. 秉持证据裁判原则。如王某受贿案。辩方否认索贿；认定王某主动求财需有确凿证据。判决首先列举王甲李某证言、在案书证物证及王某供述，指出各证据相互印证衔接，能初步证实指控。其次，分析供述系自愿作出，不存在刑讯逼供；证人间无串证行为，也没有栽赃动机；取证及时合法，可排除伪供伪证嫌疑。最后得出索贿结论。从而坚持证据裁判，既说明驳辩事理又展示心证进路。

2. 适用经验逻辑规则。如快播案。证实快播公司管控在案服务器是定罪关键。一审判决运用经验法则与逻辑规则逐层论证。首先，指出光通公司与快播签订服务器托管协议，阐证法定义务；其次，点明快播为服务器安装系统软件、进行远程控制，确证技术能力；最后，证实服务器系统日志检索的远端操作 IP 地址系快播专用，佐证实际行为。进而认定快播对淫秽视频负有监管职责。

（四）法有定论之文理说明

日本学者加藤一郎说，法律规范的事项若在框之中心，最为明确；愈趋四周愈为模糊。[③] 边缘语义的含混性一定程度影响着司法认知。但在罪刑法定原则下，要件语素的文字射程必须契合文理解释。

如金某某非法制造爆炸物案。非法制造爆炸物罪采用简明罪状，并未明文规定“非法”内涵，涉案公司能否因具有生产资质规避刑责。根据体系解释和文理要义，本罪客观要件须与非法制造用于骗取出口退税发票罪内涵同一，而后者的入罪行为涵括擅自制造。由此，金朝相等本应生产爆竹却违规出品礼花弹，该擅自加工属于非法制造，已构成本罪。

---

① 参见河南省高级人民法院（2000）豫法刑二终字第 65 号刑事裁定。

② 房保国：《刑事诉讼规则实证研究》，中国人民大学出版社 2010 年版，第 239 页。

③ 杨仁寿：《法学方法论》，中国政法大学出版社 2013 年版，第 128 页。

三、范式构建：驳与证推演的逻辑进路

“正义不仅要实现，而且要以看得见的方式和步骤去实现。”[①] 回应辩护意见讲求立场正确，更注重论理缜密，无论证实采纳还是驳复纠偏，均应遵循逻辑进路。而科学的思维范式不仅规范审判释法，而且增进文书说理；不仅使法官敢说会说，而且让公众听懂弄通，将在强化反驳论证中不断提升公众的司法认同。

（一）通过批驳直接回应

一些意见或是论点、论据失当，或是论证方式欠妥，其中谬误比较明确、单一。此时可通过批驳直接回应。

1. 用归谬法否定论点。归谬法即通过反向证明间接判定真伪。以此回驳辩点，有以下两种进路：其一，证明对立面正确，从而迂回证否论点。其恪守排中律，主张同一思维中命题与否命题具有矛盾关系，若后者为真，则前者必假。如魏某故意伤害案，[②] 辩方认为魏从未伤害保姆蔡某某。对此，二审判决从社会关系入手，证实蔡某某由河南老家至广东打工五年间，没有与魏以外的其他人深入接触；并列举鉴定意见，证明蔡某某面部毁容、牙齿脱落、肋骨十级伤残等严重损伤系被长期施暴所致；后根据生活经验排除他人作案可能。既然“是魏”为真，则“非魏”是假，辩点不攻自破。

其二，假设论点正确，由此得出荒谬结论，进而回溯证否论点。其遵循真理融贯论，主张命题之间应和谐统一，若所作推断自相矛盾或与其他真理性认识相左，则该命题必假。

2. 用简单判断[③]规则否定论据：

（1）性质判断。性质判断即断定对象有或没有某种属性；涵括全称肯定（所有S都是P）、全称否定（所有S都不是P）、特称肯定（有的S是P）、特称否定（有的S不是P）四种形式。以此回击论据，主要有三种进路。其一，若全称肯定是真，则特称肯定是真，但是由后者为真不能倒推前者亦真。如陈某受贿案。辩方提出陈退赃且配合追缴，应当从轻处罚。但减轻社会危害作为酌定情节，仅能影响部分量刑，并不具有普适性。二审裁定立足全案事实，论证“有些可以”不能推出“所有应当”；进而认为陈受贿数额特别巨大、情节特别严重，虽主动弥补仍不足以从轻。以此诘驳意见。

其二，若全称肯定是真，则特称否定是假。如王某某等非法买卖、储

---

① ［英］丹宁勋爵：《法律的正当程序》，李克强等译，法律出版社1999年版，第1页。

② 参见广东省高级人民法院（2007）粤高法刑三终字第53号刑事判决。

③ 判断是对对象有所断定的思维形式。简单判断是不包含其他判断的判断，分为性质判断与关系判断。

存危险物质案。辩方认为氰化钠属限用性剧毒化学品，不是《刑法》规定的毒害性物质。就此，判决首先枚举氰化钠重大损害实例，指出所有剧毒化学品都是法所禁止的危害性物质；其次论证“所有是”为真则“有的不是”是假。由此纠驳意见。

其三，若特称肯定是真，则特称否定可能是真、也可能是假。如马某利用非公开信息交易案。[①] 辩方提出利用未公开信息交易罪只有情节严重，目前所有判决均照此量刑，因此指控本案情节特别严重违反了罪刑法定原则。最高人民法院判决指出，辩方所举的有限案例仅可证实“有的行为情节严重”，并未证否“有的行为不是”，更无法否定本案情节特别严重。因此批驳意见。

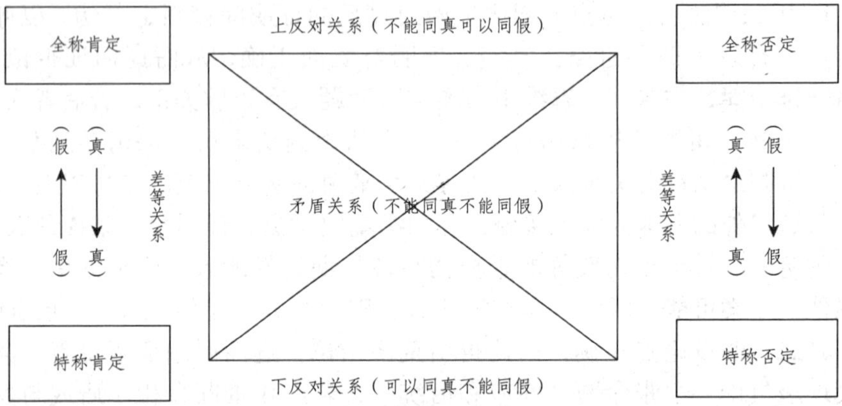

图4　推理规则图

（2）关系判断。关系判断即断定对象之间有或没有某种关系。以此回击论据，主要有两种进路：

其一，区分对称、反对称关系，避免将二者等同。一些辩护意见在犯意认定上，关注他人对被告的影响，却忽略后者对前者的呼应，从而错将双维对称关系等同于单维反对称。如栾某某贩卖毒品案。[②] 辩方认为范某在侦查监控下向栾购毒，存在犯意引诱。就此，判决指出：交易前栾既已收购100克冰毒待售，因此范、栾自始具有共同犯意，并不存在一方有意图而他方无故意的时间节点。进而驳斥系引诱导致贩卖的意见。

对称关系：

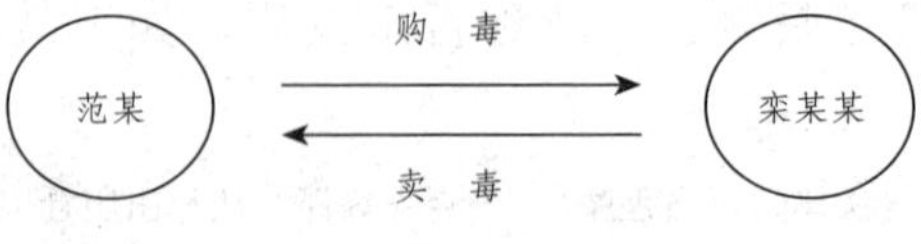

① 参见最高人民法院（2015）刑抗字第1号刑事判决。

② 参见黑龙江省齐齐哈尔市中级人民法院（2013）齐刑一初字第44号刑事判决。

其二，区分传递、反传递关系，防止将二者混同。一些意见在责任认定上，割裂联系纽带，将主体、行为一脉相承的传递关系误认为是双方只对中间项负责而互不相关的反传递关系。如聂某组织、领导、参加黑社会性质组织等案。[①] 辩方认为部分行为聂某没有实施，不应承担刑责。对此，一审判决指出：聂某是组织领导者，应对组织负责；组织为自身利益实施犯罪，应对所有行为负责；因此，聂某虽未直接参与，仍应承担责任。

传递关系：

3. 用复合判断[②]规则否定论证：

（1）联言判断。联言判断即断定若干情况同时并存，否定任何一种便否定判断本身。量刑情节包涵多项要素，一些辩护意见却仅强调其一，进而得出从轻、减轻结论。此时应罗列该情节所有要件，并结合案情逐项核实；若不能悉数符合，辩点便不成立。如陈某受贿案。辩方认为陈某检举他人犯罪，构成立功。而立功的法定条件是提供重要线索并得以侦破其他案件。二审裁定据此指出，被检举人落网与陈某检举行为间没有因果关系，不能认定“得以侦破”。从而反驳“立功论”。

（2）选言判断。选言判断即断定若干情况至少存在一种，否定所有可能才否定判断本身。犯罪构成涵括多重要件，一些辩护意见却只证否其一，进而作出无罪辩解。此时须枚举入罪主客观等所有方面，并结合案情逐一排除；若不能全部否定，辩点便不成立。如陈某某黑社会组织性质犯罪案。[③] 辩方认为涉案企业合法经营，无涉黑经济特征。而“黑经济”要么以黑护商、要么以商养黑，所谓合法经营仅能证否前者。判决就此指出，该企业支持组织发展属以商养黑，是黑商勾结典型表征，从而批驳“无黑论”。

（二）经由论证间接回应

一些辩护意见或者臆测因果关系，以生活判断取代专业分析，具有较强迷惑性；或者照搬法律条文，将简单类比适用论据与论证，具有较广弥散性；或者扼要提出论点，用“是什么”消解“为什么”，欠缺深入说服力。此时均可通过论证说理间接回应。

1. 由因导果综合法。综合法即从已知条件归纳结论；其典型进路为由因导果。以此回应辩护意见，适用两种情形。其一，借表面现象掩盖真实

① 参见山东省青岛市中级人民法院（2011）青刑一初字第48号刑事附带民事判决。

② 由两个以上简单判断组成，包括联言、选言、假言与负判断。

③ 参见广东省深圳市中级人民法院（2012）深中法刑一初字第227号刑事附带民事判决。

情况，进而得出错误结论的。如足球腐败案。[①]辩方认为甲球队向乙俱乐部行贿，不构成犯罪。对此，判决梳理乙俱乐部教练左某某受贿成因，列举其进款要求（须是现金，不同意转账到单位）、提款方式（让外甥取回）与分款范围（仅与王某分赃）；概括得出左系个人受贿。由此认定陈某某等构成向非国家工作人员行贿罪。

其二，认为事实认定证据不足，从而直接否定指控的。如杨某某故意杀人案。[②]辩方提出郑某某尸体尚未找到，认定死亡事实不清。就此，判决整合郑某某被害外因，枚举杀人手段、处理方式、间隔时间及杳无音讯的情况；归纳得出郑某某已无生存可能。由此确证杀人事实。

2. 执果索因分析法。分析法即从结论探求原因，直至对接已知条件；其典型进路为执果索因。以此回应辩护意见，主要有三种方式：

其一，执构成要件之果，索个案事实之因。如前述聂某案。辩方提出聂团伙无组织特征，不是黑社会性质组织。一审判决围绕组织特征展开说理。首先，具备组织特征应结构稳定、人数较多、有明确的领导者并骨干成员固定；其次，结构稳定需一定层级及纪律规约，人数较多需 3 人以上且比较固定，明确的领导者需绝对权威与一致认可，骨干成员一般有金字塔式命令传导机制；最后，上述诸点被同案人证言、被害人陈述及被告人供述等一一证实。因此，涉案组织具备组织特征。

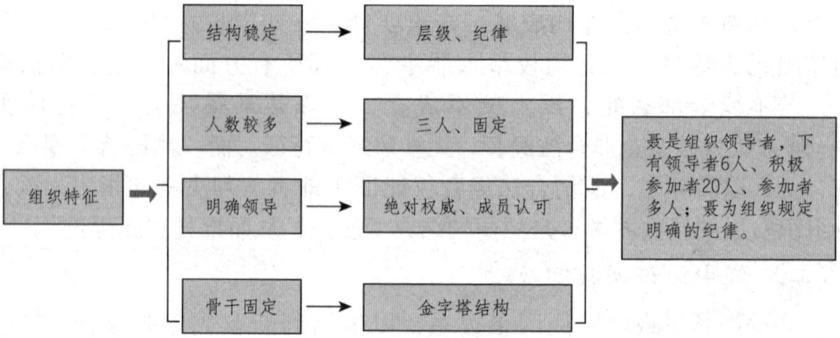

图 5 组织特征构成

其二，执量刑情节之果，索个案事实之因。如乔某某故意伤害案。[③]辩方认为乔不是主犯。对此，二审裁定从主犯内涵出发，认为：本案主犯须在共同犯罪中起主要作用，主要作用常表现为组织、策划、指挥。而乔某某提起伤害被害人的犯意并与乔某甲等密谋，纠集吕某某、胡某某将被害

① 参见辽宁省铁岭市中级人民法院（2011）铁刑二初字第 00001 号刑事判决。
② 参见浙江省温州市中级人民法院（1999）温刑初字第 157 号刑事判决。
③ 参见广东省广州市中级人民法院（2003）穗中法刑一初字第 134 号刑事判决。

人调换房间隔离，指使李海婴等实施殴打；这些分别体现了策划、组织与指挥。因此乔是主犯。

其三，执法律事实之果，索在案证据之因。如黎某某以危险方法危害公共安全案。辩方提出黎不具备以危险方法危害公共安全罪主观要件。而二审判决认为：本罪主观要件可由间接故意构成，间接故意是对死亡结果持放任心态，而放任是明知危害结果可能发生却听之任之。在案勘查笔录、车辆痕迹检验报告、证人证言等均证实，当时车窗开启，黎某某可辨认外部环境；车右后轮碾压被害人，黎某某正调头转弯、能控制自身行为。黎某某能为而不为、放任死亡结果发生，因此构成本罪。

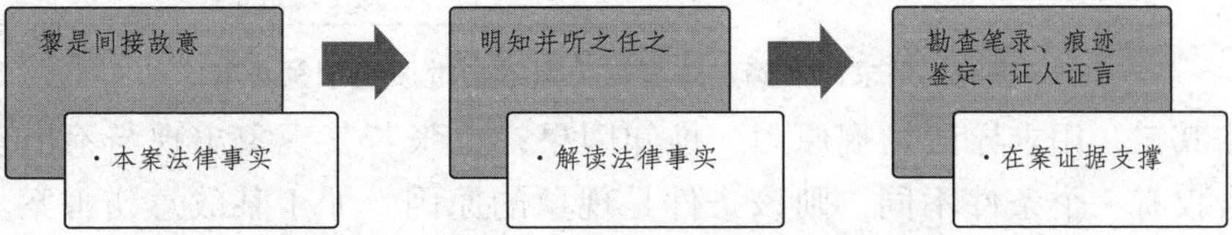

图6　黎某某以危险方法危害公共安全案二审法院判决逻辑

3. 因果关联穆勒法。穆勒法即确定现象间因果联系的逻辑方法。以此回应意见，主要有三种进路：

其一，用共变法固定原因、凸显因果；主张若某现象发生变化，另现象随之变化，则前是后的原因。如陈某某黑社会性质组织犯罪案。辩方认为陈没有为组织设立企业，各企业也未向组织上缴过款项，因此不存在黑社会性质组织经济特征。二审判决以涉案企业成长节点为分析抓手，指出：在初创期，陈等违法犯罪垄断暴利行业，为经营划分势力范围；在壮大期，陈等寻衅、摆场打击外部竞争，给牟利提供非法保护；在扩张期，陈以老大身份调解纠纷，替资本铺平发展道路。因此，企业发展与组织行为休戚相关。本案以黑护商表征明显，已具备黑社会性质组织经济特征。

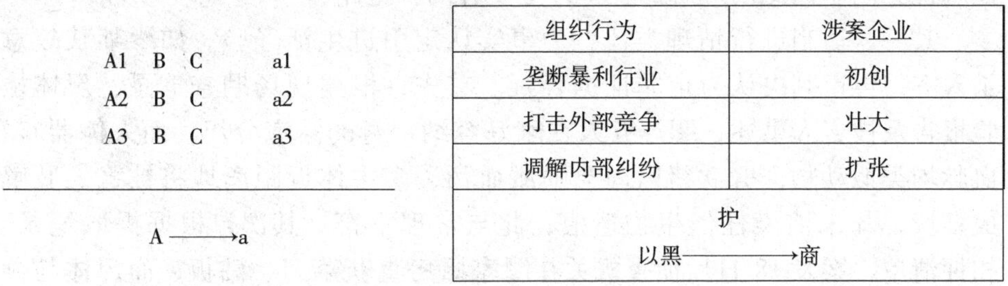

图7　用穆勒法确定黑社会性质组织经济特征

其二，用求同法归纳原因、暴露因果；主张若某现象出现的不同场合仅有一个条件相同，则该条件是现象的原因。如陈某某黑社会性质组织犯罪案。辩方提出一审认定陈某某为黑组织领导者证据不足。对此，二审判决列举骨干成员供述、一般参加者交代与当地群众证言，说明陈某某不仅决定组织策划，而且指挥组织行动，同时成为组织扬名的旗号；从而由各层面反复证实，在组织出现的不同场合陈某某均参与其中。因此陈某某就是组织领导者。

A B C a
A D E a
A F G a

A ——→a

人物行为	场合
陈与骨干分子决定	组织策划
陈指挥一般参加者	组织行动
成员打着陈的旗号	组织扬名
陈是组织领导者	

图8 用求同法确定陈某某为黑社会性质组织领导者

其三，用求异法发掘原因、推知因果；主张若某现象出现与不出现的场合仅有一个条件不同，则该条件是现象的原因。如于某故意伤害案。辩方认为受害人死亡并非于某所致。就此，判决首先证实，该受害人受伤后虽未去最近处救治，却即被送往最好的医院，并未延误诊疗；进而指出，如果没有于某先前捅刺，受害人便不会死亡。因此两相比对，于某行为是致死根源。

A B C a
—BC— —

A ——→a

场合	现象
送往非最近医院	受害人不会死亡
于某捅刺＋送往非最近医院	受害人死亡
于某捅刺————→受害人死亡	

图9 用求异法推知受害人死亡原因

4. 由此及彼类比法。类比法指因两对象某些属性相同，而判断二者其他属性亦同。以此回应辩护意见，主要有两种进路：

其一，适当进行情理类比，为事实认定引进生活经验。如缪某某故意杀人案，再审判决认为定罪证据存疑。首先，根据现场勘查笔录、尸体检验报告及被告人供述，缪等五人在刚好容纳尸身的浴室分尸；而人体器官、血脉均类似动物，劈砍猪肉尚会喷溅血污，多主体近距离地将被害人肢解成多块，却未沾染任何生物遗痕，此与常理不符。其次，根据提取笔录、扣押清单，案发18日后侦查机关在缪家厨房查获菜刀、砧板；而尸体与分尸工具都是作案证据且为人忌惮，前者早已隐秘处置，后者却长期地公然摆放，此与常情相悖。

其二，避免机械法理类比，使罪名认定全面该当犯罪构成。如臧某某盗窃、诈骗案。臧以网售女装为名诱骗金某点击虚假链接，辩方认为构成诈骗罪。但本案与诈骗犯罪仅在虚构事实、隐瞒真相等边际事实上类似，无法据以推出臧某某行为完全该当此犯罪构成。一审判决强调指出，金某被骗打开的是一元支付网页，其仅自愿转账一元；而涉案大额款项皆由臧某某通过植入程序秘密转入提前注册的“Kissa123”账户，对此金既不明知也非情愿。因此，本案行为全面符合盗窃罪犯罪构成，应当构成盗窃罪。

结 语

文书说理范式规范“四理”引入进路、强化意见回应效果，对于提升裁判质量具有积极意义。但是，正义有着一张普罗透斯似的脸。[①] 个案情况复杂，辩点不断创新，文书释法如何更好地契合司法价值、符合审判需要，仍须进一步探索。大数据时代，整合海量案例并建构说理数模，将实现论证、反驳由定性向定量的跨越，进而不断增进回应精准度。抽象出逻辑指标、并设置“四理”权重可成为深化研究的方向。

---

① ［美］E·博登海默《法理学：法律哲学与法律方法》，邓正来译，中国政法大学出版社2017年版，第273页。

当前认罪认罚从宽实践运行中错案风险与防范机制

——以重塑认罪认罚速裁庭审程序为防范切入

李遵礼* 詹勤艳**

轻罪案件的错案尚未像重大冤假错案那样受到关注，但数量繁多的轻罪案件是人民群众感受公平正义更为敏锐和直接的地方，也是编织国家治理法治化网络的重要组成。当前认罪认罚从宽制度的运转体系尚待成熟，庭审方式简化放任，无法有效“防止无辜者被迫认罪和权权交易、权钱交易等”。错案风险可能隐藏在认罪认罚的自愿性中难以察觉，冲击制度改革效果，钝化人民群众感受公平正义，影响国家治理能力现代化。本文在分析认罪认罚实践运行中错案风险基础上，着重重塑认罪认罚速裁庭审程序，以实质化庭审方式预防错案。由于认罪认罚案件大都采用速裁程序，本文研究范围为认罪认罚速裁案件，其他认罪认罚案件可参照适用本文观点。

一、缘起：三个认罪认罚从宽刑事个案引发的思考

表 1　　法官助理制度相关文件

【案例 1：基于法律认识错误而认罪认罚】王某故意伤害罪一案中，王某自愿认罪认罚，并签署《认罪认罚具结书》。法院适用认罪认罚从宽速裁程序审理后，判决王某有期徒刑一年两个月，王某未提出上诉。但一审判决生效后，王某提起申诉称其行为应属正当防卫，他文化水平低，不懂法律，之前在公安机关、检察院、法院一审的时候只知道自己确实拿棍子打了人，但不知道也从来没有听过正当防卫，之后与狱友交流才知道，请求再审改判。再审法院经审理发回重审，一审法院经再审审理查明被告人确属防卫，但防卫过当，改判有期徒刑六个月。

* 作者单位：重庆市第一中级人民法院。

** 作者单位：重庆市第一中级人民法院。

续上表

【案例2：基于尽快获得自由而认罪认罚】刘某非法持有毒品罪一案，法院适用认罪认罚从宽速裁程序审理后，判决刘某有期徒刑十个月，缓刑一年。在之后的调研走访中，刘某坦言被公安机关从家里搜出的5小包共计19.78克毒品，其实有2小包不是他自己的，但在司法人员向其阐明了认罪认罚从宽的相关刑事政策后，他并不想辩解。因为只要悔过态度好，自愿认罪认罚，这件事可以从轻从快解决，可以取保候审，法院在检察院的建议下一般也会判缓刑。他想早点出来，不想折腾，所以就按照办案机关认罪认罚从宽的流程走下去就行。
【案例3：基于替人顶包而认罪认罚】秦某危险驾驶罪一案中，秦某驾车发生交通事故后打电话报警，并同时电话通知刘某来替自己"顶包"，两人对相关案件情况做好了串通。公安局民警到达现场后，刘某坚称是其驾车发生事故并报警，其表示愿意接受法律处罚，愿意积极赔偿被害人。民警发现刘某声音与报警人声音不一致，遂对其深入询问。经过反复追问释明，刘某才说明实情并带领民警抓获秦某。经鉴定，被告人秦某静脉血乙醇含量为188.5ml/100ml。秦某认罪认罚，自愿签署《认罪认罚具结书》，法院经速裁程序审理后，判决秦某拘役三个月。

案例1中被告人主观认识错误，对自己行为性质的理解不甚清楚，基于法律认识错误而认罪；案例2中被告人基于现实利益考虑，为了避免漫长的诉讼、长期的羁押以及较重刑期，两害相权取其轻，被告人自愿认罪认罚以尽快摆脱监禁；案例3中刘某基于现实功利性因素，为了帮助真正的罪犯逃避刑罚，以自己较轻责任掩盖被告人较重的醉驾罪行，所幸被民警敏锐发现。[①] 以上3个案例从不同视角展示了认罪认罚从宽制度下可能发生的刑事错案。在认罪认罚速裁案件中，各诉讼程序从简从快，法庭调查和辩论被省略，科学的认罪认罚庭审程序又尚未建立，在提高效率的功利导向下，认罪认罚案件出现错案的风险大为提高。

二、当前认罪认罚从宽实践运行中错案风险的类型分析

（一）非自愿认罪的错案风险

1. 基于审讯策略方法的非自愿认罪。我国《刑事诉讼法》规定，犯罪嫌疑人应当如实回答侦查人员的提问，有权拒绝回答与本案无关的问题，因此，我国法律没有赋予犯罪嫌疑人沉默权。"不得强迫任何人证实自己有罪"原则主要是防范对犯罪嫌疑人的"刑讯逼供"，而并非保障犯罪嫌疑人供述的自愿性。[②] 换言之，犯罪嫌疑人的供述并非建立在自愿的标准上。在认罪认罚从宽案件中，《刑事诉讼法》规定不得采用威胁、引诱、欺骗等非法方式，但带有一定诱导色彩的欺骗因素的审讯策略和方法经常在实践中

① 事实上，顶罪在实践中比我们现象的更为严重。笔者仅以危险驾驶罪为例，在裁判文书网中输入"顶包"，就检索出近5年有601件裁判文书涉及顶罪。

② 史立梅：《认罪认罚从宽程序中的潜在风险及其防范》，载《当代法学》2017年第5期。

运用，这种适度审讯策略方法也得到理论界的认可。[①] 因此，为了提高办案效率，压缩办案时间，办案人员可能以法外不当利益、虚假利益、不实信息等诱导被追诉人作出认罪认罚。

2. 基于证据先悉权缺失的非自愿认罪。控辩双方天然悬殊的实力差距，需赋予辩方证据先悉权，使辩方提前充分了解公诉机关所掌握的定罪证据，才能在庭审中处于平等对抗地位。我国《刑事诉讼法》规定了辩护人在审查起诉和审判阶段的阅卷权，但在认罪认罚案件中，仅规定值班律师在场权，值班律师并不当然是辩护人，并不享有阅卷权，而被告人自己也不属于阅卷权主体范围。另一方面，认罪认罚从宽制度也适用于侦查阶段，而侦查阶段因保密原因没有阅卷权，《刑事诉讼法》也没有规定追诉机关有主动披露证据的义务。这样导致辩方无法得知控方掌握哪些定罪证据和罪轻证据，无法对案件结果进行合理预测，为追诉机关夸大案件性质而迫使被告人认罪以获得从宽处理提供空间，从而产生非自愿认罪风险。

（二）自愿但错误认罪的错案风险

1. 基于主观认识错误的自愿认罪。刑法体系具有较强专业性和复杂性，被追诉人可能出现对犯罪的主观认识错误而自愿认罪，包括对犯罪事实的认识错误、对行为评价的认识错误，以及对犯罪情节的认识错误。前者如在醉酒状态下将不是自己所为的犯罪事实误认为是自己所为，中者如本属抢夺罪误认为是抢劫罪、本属正当防卫误认为是故意伤害，后者如误以为被害人过错不可减轻自己罪责、误以为有人报警原地等待不属自首等。基于主观认识错误而自愿认罪者一般对自己可能无罪或者罪轻没有明确认识，只要追诉机关采取一定的审讯策略或者许诺一定量刑优惠，被追诉人往往愿意认罪认罚以获得从轻处理。而实践中认罪认罚速裁庭审环节大大简化，法庭调查与法庭辩论被省略，一个庭审仅仅持续几分钟即告完成，可能无法发现错案的发生。

2. 基于顶包等功利性因素的自愿认罪。被追诉人可能基于某种现实功利性考虑自愿自我归罪，现实功利性因素包括替人顶罪以帮助或保护真正犯罪的人逃避刑罚制裁，包括承认轻罪以掩饰自己所犯其他重罪，甚至包括利用司法惩罚系统以获得监所照料、居住等个人目的情形。其中前两者在我国认罪认罚从宽案件出现的可能性较高，尤其是交通肇事罪和危险驾驶罪中替人顶罪的现象不可小觑。有调查显示，[②] 35%的受访者认为“被告人出于某种目的自愿为他人顶罪”最难以察觉，仅次于60%的刑讯逼供。自愿顶罪可分为情感型自愿和获利型自愿，但无论哪种顶罪，因为缺乏内

① 龙宗智：《威胁、引诱、欺骗的审讯是否违法》，载《法学》2000年第3期。

② 何家弘等：《刑事错案中的证据问题：实证研究与经济分析》，载《政法论坛》2008年第2期。

生监督纠错动力，使得错案风险发生最为隐蔽并难以发现。

3. 基于心理环境因素的自愿认罪。认罪认罚案件被追诉人处于追诉机关的强大震慑之下，紧张激烈的心理感知与情绪，加上陌生压抑的临场环境，事情似乎变得未知和不可预测，与正常情况下的态度和行为有着明显的差异。在这种条件下，当对自己所犯事实和行为的法律性质不甚了解，加上追诉机关实践中有时采用的具有一定诱导色彩的欺骗因素的审讯策略和方法，在自利性心理激励下，被追诉人往往自愿认罪认罚，以换取程序上宽松和实体上从轻处理。

三、错案风险在认罪认罚从宽制度实践运行中的产生原因

笔者以C市Y中院辖区10个基层法院认罪认罚从宽速裁案件为考察对象（如表2），分析制度运行中错案风险的发生原因如下。

表2　　　　C市Y中院辖区认罪认罚案件数相关统计表

法院	刑事案件总量	认罪认罚从宽案件数	认罪认罚速裁案件数
C市J区法院	878	299	255
C市S区法院	1028	365	322
C市B区法院	505	182	157
C市C区法院	372	125	113
C市Y区法院	1122	405	361
C市H区法院	525	114	99
C市T区法院	307	127	115
C市E区法院	321	117	106
C市D区法院	364	175	156
C市K区法院	340	96	84
总计	5762	2005	1768
备注：统计从新《刑事诉讼法》实施之日的2018年10月26日起，截至2019年6月25日的数据，单位（件）			

（一）制度自身存在的错案风险

1. 片面理解效率为改革目的。实践中大多认为认罪认罚从宽制度的改革目的是提高效率，但忽略“节约司法资源，提高司法效率”是建立在“坚守司法公正的前提下”。[①] 效率并不是制度改革的唯一或主要目的，至多属于附随从属目标。有效落实对被告人从宽权利供给，使宽严相济的刑事

① 孟建柱：《完善司法管理体制和司法权力运行机制》，载《人民日报》2014年11月7日第6版。

政策通过正式程序机制在实践中落地发展，同时，填补抚慰被害人，修复社会关系也是改革重要目标。[①] 首先，“认罪认罚从宽”名称中并无效率含义，而“从宽”有明确制度位置。其次，当前我国刑事诉讼程序已具有较高的效率性和经济性，认罪认罚从宽应考虑权利保障，一味从简从快将增加错案风险。

2. 自愿真实与客观真实的现实偏差。自愿认罪与客观真实具有天然紧张关系，从经济理性人角度看，认罪认罚是对自我不利的承认，自愿认罪认罚并非内心真实意义上的自愿，而是从宽预期利益大于抗拒代价经济分析后法律意义上的自愿。这样自愿真实与客观真实可能存在一定的偏差和冲突，为错案埋下隐患。[②] 但这本身是制度改革的逻辑起点，通过对被追诉人在程序上和实体上的从宽处理，激励被追诉人自愿主动认罪认罚，以减小办案成本，提高诉讼效率，这是制度的实践生命力所在。因此，法律意义上自愿真实有时候与案件客观真实或多或少存在偏差，这是认罪认罚从宽制度本身的特质，为刑事错案的发生带来了潜在风险。

3. 控辩审三足鼎立格局的实践弱化。普通刑事案件中，控辩审三方各司其职，公诉权与辩护权在平等地位下展开对抗，由司法权居中裁判。然而，认罪认罚从宽案件中控辩双方在审查起诉阶段已通过协商自愿达成了协商一致的协议，此时他们双方目标变得一致，就是顺利通过法院这一关。当案件来到法庭审理中，控辩双方基本不存在对抗，法院也就可能顺水推舟。另一方面，认罪认罚案件中公诉机关拥有强大的量刑建议权，且《刑事诉讼法》规定法院一般应当接受，实践考察中96%以上的绝大多数案件，甚至有的法院100%的案件采纳了检察机关的量刑建议。发现案件真实、保障被告人权利的诉讼构造可能失灵，从而出现冤假错案的风险。

4. 被架空的被害人监督。认罪认罚以吸引被告人认罪而设立的量刑协商是改革重要环节，但往往忽略了被害人的诉讼利益和实体权利。在实践考察中，量刑协商主体是检察机关和被告方，法院庭审也看不到被害人的身影。当被告人与检察机关就认罪认罚达成协议实现双赢效果时，被害人承担着最有力的监督者角色。但在实践中被害人无法参与认罪认罚程序，无法对量刑建议和庭审发表意见，被害人监督被架空。认罪认罚协商并非完全意思自洽，权益的决断应当产生于全体利益相关者的合意，被害人参与既促进矛盾化解和关系修复，也形成相互牵制监督作用。[③] 赋予被害人对被告人被免于起诉、适用缓刑、从轻处罚等量刑协商的知悉权和出庭发表

① 左卫民：《认罪认罚何以从宽：误区与正解》，载《法学研究》2017年第3期。

② 施鹏鹏：《认罪认罚从宽制度的限制》，载《中国社会科学报》2016年7月6日第5版。

③ 郭雨城：《刑事协商制度的理论反思》，载《中国检察官》2017年第11期。

异议权，则可以有效减少花钱买刑、姑息犯罪、权钱交易的风险。

（二）控辩量刑协商过程存在的错案风险

1. 协商过程不透明。控辩双方协商是认罪认罚从宽制度发动和运行的轴力，但在实证考察中，除了签署的格式化《认罪认罚具结书》确认双方协商结果外，基本没有同步客观记录协商过程供事后检视。相较于审判程序，这一环节完全处于封闭状态，被告人基于什么背景条件认罪认罚，公诉机关根据哪些因素确定量刑建议，双方是如何协商一致等均属于“暗箱操作”。被告人是否受到人身精神压制，公诉机关是否为了达成协商姑息犯罪、承诺不当利益等也无从得知。[①] 协商过程的透明性不足，一方面无法杜绝法外私下协商现象，存在办案人员以虚假或不正当利益诱使被告人达成协议的风险；另一方面无法消除办案人员为了提高办案率和结案率，通过给被告人施加一定的压力迫使被告人达成和解。

2. 量刑协商缺乏司法审查制约。在实证考察中，检察机关与被告人的协商过程基本不受法院审查，法院只审查双方协商的结果，即审查被告人是否自愿签署《认罪认罚具结书》，是否实施了所指控的犯罪事实。对于控辩双方协商过程、协商内容、协商策略等缺乏实质性审查。即使在发达国家，仅仅要求检察官自我约束是远远不够的，要通过法官对交易的某些过程和结果进行制约，这种制约是通过司法审查来完成的。[②] 量刑协商过程缺乏司法实质审查，可能导致协商内容不符法律规定，滥用检察权力，协商策略违反道德等，从而产生错案风险。

3. 量刑建议可能与罪责不相适应。被告人自愿认罪认罚可以获得一定的量刑优惠，但在实践考察中，量刑优惠欠缺标准化和规范化，检察官有时根据工作经验自发确定量刑优惠幅度。量刑建议缺乏统一、精细、规范化的操作标准，所有量刑情节是否全部考虑进去，量刑建议是否超出事实和法律依据，量刑建议是否与罪责相适应等问题，将导致错案风险增加。再加上检察官在量刑建议上具有主导地位，法官一般应当采纳，模糊了《宪法》分配的求刑权与量刑权界限，冲击司法结构，可能产生检察官利用量刑建议权进行不正当交易的错案风险。

4. 值班律师虚化导致协商能力不对等。在实践考察中，被告人大多文化水平较低，他们往往并不能深刻理解某些术语和行为的法律性质和所产生的后果，协商处于弱势地位。案例 1 被告不了解正当防卫的法律性质和后果，实践中还有对自首立功、共同犯罪等不了解。另一方面，法律只规定值班律师签署具结书的在场权，尚未赋予辩护人地位，无法实质参与协商

① 刘方权：《认罪认罚从宽制度的建设路径》，载《中国刑事法杂志》2017 年第 3 期。

② 姚莉：《刑事审前协商程序的司法控制》，载《中国法学》2010 年第 4 期。

过程，仅提供法律咨询帮助。且当前值班律师覆盖面较窄，律师独立阅卷权、单独会见权等尚不明确，难以获得实质化律师帮助，被告人协商能力未能通过律师帮助有效补强。这样一来，与公诉机关相比力量天然悬殊，完全不在同一个对抗水平，对抗格局基本丧失，公诉机关“一方独大”的局面比较容易带来错案的风险。

（三）法院审理阶段存在的错案风险

1. 法庭审理对象忽视案件事实审查。实践考察中，认罪认罚速裁程序在省略法庭调查和辩论后，庭审基本不涉及案件事实认定，通常只是讯问被告人“对公诉机关指控的事实有什么意见”，被告人回答“属实”即完成对案件事实的认定。通过访谈，法官认为被告人自愿认罪认罚，且经过检察院把关，双方达成协商，通过庭前阅卷一般就足以认定案件事实基础，无需深入调查。但是，犯罪事实是自愿认罪认罚的前提和基础，也是与域外诉辩交易制度的本质区别。简化的速裁程序并不意味着省略对相关案件事实的审查，只不过可以视情况简化。事实认定依赖庭前书面审查，缺乏庭审程序审查，将增大被迫认罪、顶包替罪、权钱交易等风险。

2. 以“无异议”作为检验自愿性的审查。在实践考察中，大部分认罪认罚速裁庭审采取集中式逐个开庭审理，庭审时间大多只有几分钟。庭审对象则主要审查被告人自愿性的问题，且仅形式上讯问被告人“是否清楚法律后果”“是否自愿签署具结书”“有无律师在场”。在得到肯定回答后，自愿性审查随即完成，庭审程序也就基本结束。自愿性是要建立在明知性的基础上，即被告人认识到自己行为与事实相符，认识到行为构成犯罪，且有证据支撑，同时还认识到认罪认罚所产生的实体后果和程序后果。在明知性的基础上，没有受到强迫、威胁、欺骗等，完全遵从自己内心自愿认罪认罚，这样才构成完整闭合的自愿性逻辑体系。庭审程序也应该按此逻辑，审查检察机关是否履行告知义务，被告人是否真正理解自己的犯罪行为性质，是否明白认罪认罚的法律后果，是否出于内心自愿等。否则仅仅以“有无异议”“是否自愿”简单替代自愿性审查，将无法洞察隐藏在非自愿认罪、自愿但错误认罪背后的冤假错案。

3. 缺失相对独立的量刑程序。在我国当前庭审程序设计中，主要解决的是罪与非罪的问题，没有专门量刑程序，呈现“量刑依附定罪”格局，导致量刑处于“隐形化”。然而，在认罪认罚从宽案件中，量刑问题应当作为相对独立的庭审环节进行重点审查，理由是：（1）量刑优惠是被告人认罪认罚的逻辑起点，以自愿认罪认罚换取一定量刑优惠，量刑环节作为制度的重要维度，应当重点审查；（2）控辩双方对定罪问题基本不存在分歧，如果有分歧也会转回普通程序审理，庭审关注的焦点自然应当落到量刑上；

(3) 检察机关拥有强大的量刑建议权，法院一般情况下应采纳，这种超然的且本属法院的量刑地位，再加上检察机关量刑协商过程的不透明，迫切需要独立的庭审量刑程序予以审查平衡。但是，当前认罪认罚案件审理程序与传统审理程序一样，没有专门的量刑程序，使得从宽量刑是如何作出的，是否科学合理，有无不正当因素干扰等均无法进行庭审审查，可能“带病”的量刑建议进入法院审查后缺乏程序“筛查诊断”，冤假错案就有可能发生。

4. 证明标准在实际运用中隐性降低。在实证调研中，相当部分法官承认《刑事诉讼法》第二百二十二条已经规定认罪认罚案件证明标准是“案件事实清楚，证据确实充分”，但基于效率优先的价值导向，实践中对案件证据的搜集和审查并不像普通案件以及疑难重大案件那样烦琐、全面。实践考察中，司法人员内心确信与证据确实充分并不总是同步产生，对案件的判断也并非总是根据当前证据，还融合着以往办案经验。认罪认罚案件与其他案件并无本质区别，举证责任的减轻和证明模式的简化并不等于证明标准降低。在自愿认罪认罚的口供掩护下，怀疑的认知和合理判断都容易因自愿认罪被选择性忽略，从而形成一套符合逻辑体系的心证链条，并在侦查、起诉、审判的程序中流转，这实际上是证明标准的隐性降低。[①] 证明标准的隐性降低，进一步使冤假错案在认罪口供和书面审理的温床上慢慢滋长。

5. 部分案件上诉权被压制。在实践考察中，经速裁程序的认罪认罚案件上诉率较低，为3.21%。实证中98%法官、81%公诉人、72%律师认为速裁认罪认罚案件属于简单轻罪，且自愿达成协议，应当不允许上诉，否则有违制度初衷。为了压制被告人上诉权，实践中有的检察院同时提起抗诉以对抗被告人的上诉，有的检察院在协商中直接要求自愿放弃上诉。当前法律规范并未限制或取消被告人的上诉权，认罪认罚案件也有权通过上诉机制纠偏纠错，只不过具体上诉程序有进一步合理优化的空间。实践中被压制的上诉权，可能使冤假错案直接突破最后一道救济防线出现在现实中。

四、重塑认罪认罚速裁庭审对象和庭审程序的防范机制构建

由上所述，错案风险在案件流转中层层扩大，防范机制却尚未建立。兼顾制度效率，重塑庭审程序，以简化但不简约的标准化庭审程序对认罪认罚案件全流程进行检视把关，严防错案风险发生。

---

① 王戬：《认罪认罚从宽的程序性推进》，载《华东政法大学学报》2017年第4期。

（一）诉讼理念的重新锚定：效率优先→权利供给与效率平衡

诉讼理念指引着诉讼方式和诉讼程序，在片面追求效率优先的诉讼理念下，案件办理从快从简，否则就认为是与改革目的相违背，导致所认之罪与客观事实和构成要件可能偏离，所认之罚与罪责可能不相适应，产生冤假错案风险。在追求效率的同时，也应该重点保障被追诉人认罪认罚后的实体权利和程序权利供给，即兑现被追诉人认罪认罚后获得“从宽”以落实宽严相济，保证认罪认罚符合客观事实和真实意思表示，积极促进与被害人和解，修复社会关系。因此，转变效率优先的诉讼理念，同时考虑保障坦白从宽政策落地发展，修复社会关系，全面把握制度改革目的，从而更准确指导认罪认罚从宽案件的庭审程序。

（二）庭审对象的重新定位：事实基础＋自愿性＋量刑三维审查

经上分析，认罪认罚案件庭审对象并非仅仅从形式上粗略审查被告人自愿性即可，而应对案件基础事实、自愿性、量刑三方面进行逐一递进式实质审查。案件事实是认罪认罚的基础和前提，被告人自愿认罪认罚并非当然意味着他是真正罪犯，他的供述也并非当然是客观真实，设置事实基础审查程序，构建第一道错案防范屏障。在案件事实成立的基础上，设置自愿性审查程序，多层次深入审查核实，确保被告人在明知性基础上，没有受到其他因素逼迫和干扰，完全遵从自己的意愿认罪认罚，形成第二道错案防范屏障。最后，还需要设置相对独立的量刑审查程序，对量刑协商过程、量刑优惠、量刑建议等进行实质审查，形成三阶次递进庭审方式，同时也要基于诉讼效率的考虑简化相应程序。

（三）诉讼参与人的重新确定：值班律师辩护＋被害人适度参与

1. 值班律师：从“见证人”向“辩护人”职能转变。诉辩交易、认罪答辩程序等域外类似诉讼机制，十分注重律师实质参与作用，不少国家明文规定律师参与是程序启动的法定前提。律师参与庭审发表意见是保障庭审实质化，帮助法官发现案件事实，发现冤假错案的重要保障。首先，应当保障认罪认罚案件律师全流程帮助权，即当被追诉人表达认罪认罚意愿时，公检法机关都应及时为其指定值班援助律师。其次，赋予值班律师辩护权能，值班律师不仅是提供普通咨询和签字在场权等，还有权阅卷和调查取证，有权会见当事人，参加协商谈判，申诉控告程序违法等。最后，值班律师有权参加庭审，作为辩护人角色发表庭审意见，从见证人转变为辩护人角色。

2. 被害人适度参与：知悉权＋异议时申请参加庭审权。受害人是案件发生的亲历者，对案发情况有较为全面充分的了解，同时也是人身财产受损方，对处理结果有着利益权衡，对预防冤假错案发挥重要作用。法庭开庭前应当将起诉书和控辩双方达成的《认罪认罚具结书》送达被害人，保障被害人的知情权。同时告知，若对案件事实、量刑协商、庭审程序等有异议，有权申请参加庭审发表意见，一般情况下法庭应当准许。如若法官认为事实审查、量刑审理等程序需听取被害人陈述，也可请被害人出庭陈述。

（四）庭审方式的重新优化：三层次递进式庭审方式

1. 事实基础审查程序：法官讯问为主 + 被害人校检 + 关键证据核查。在提高诉讼效率和发现真实的平衡考虑下，事实基础审查可以省略法庭调查和法庭辩论环节，改为“法官讯问为准 + 被害人校检 + 关键证据核查”的审理模式。首先，法官庭前充分阅卷，对侦查卷宗和审查起诉卷宗深入研析，归纳整理出案件的核心证据、疑点问题、需要进一步查明问题等。其次，庭审中以法官讯问为主：（1）讯问被告人对被指控的犯罪和罪名简要发表意见；（2）被告人用自己语言简述案发时候事实情况；（3）询问被害人对案发事实情况有什么异议简要发表意见。最后，关键证据核查：（1）法官询问检察机关是否在被告人认罪认罚之前进行了证据开示，并向被告人核实；（2）由检察机关对法官提出的关键证据、疑点问题等简要说明，被告人发表证据意见，同时听取律师的意见。如果对案件事实或证据有争议的，法庭可以进一步调查。经过上述审理程序，法官如果认为事实基础成立，则进入下一步自愿性审查程序；如果认为事实不清楚，不能接受该认罪认罚的，应当将案件转换成普通程序。

2. 自愿性审查程序：正反双向 + 多层次审查。目前司法实践中自愿性审查主要通过正面审查，即通过讯问被告人是否自愿进行审查，难以真正保证被告人的自愿性。认罪认罚协商具有一定双向性和合意性，被告人有单方面撤销具结书的权利，在庭审中法官应直接发问“被告人现在是否要撤销”进行反向发问审查。这样不仅可以保证被告人自愿性的真实性和有效性，还可以倒逼办案机关规范办理认罪认罚案件。而在正面审查中则由“是否”改为“哪些”进行发问，达到实质审查目的。同时，自愿性是建立在明知性为基础上，需要对明知性、自愿性进行多层次综合审查。庭审中法官按以下顺序进行发问审查：（1）权利告知审查：讯问被告人检察机关在协商过程中告知过哪些相关权利。（2）罪行明知审查：讯问其所犯罪行的性质以及承担的法律后果是什么。（3）自认明知审查：讯问被告人认罪认罚将会产生哪些实体和程序后果。（4）律师帮助审查：讯问被告人律师提供了哪些帮助，履行了哪些说明释法职责。（5）自愿性审查：签署《认罪认罚具结书》的过程中，办案机关是否进行过逼迫、引诱、欺骗、承诺其他特别事项等行为。（6）反向审查：法官明确向被告人释明其现在有权单方面撤销《认罪认罚具结书》，撤销后适用普通程序进行审理，在之前协商中所作的有罪供述不会作为定罪的依据，询问是否要撤销。通过以上多层次审查和正反双向审理，如果自愿性还无法确定，则须由检察机关举示更多的证据进行证明。若经全面审查仍无法确定，或确定被告人非内心自愿或基于认识错误等，则应当转为普通程序审理；若经审查被告人自愿确属真实有效，则进入下一步量刑审查程序。

3. 量刑审查程序：单线性审查→多边性审查。在审查事实基础和自愿性问题后，设立单独专门程序对量刑问题进行审查，使认罪认罚从宽案件中极为重要的量刑维度可以经过庭审审查，有效提高量刑的准确性、合理性、合法性。同时，建立由法官、检察机关、被告人、辩护人和受害人多方共同参与的多边审查量刑程序，避免了量刑建议在法院和检察院之间反复流转造成的诉讼效率降低，增强了包括受害人在内的多边监督带来的可接受性，同时也回归了法官专属的司法裁判职能。量刑审查采取以下程序进行：(1) 法官讯问被告人是否知悉所涉罪名的法定最低刑、最高刑以及可能判处的刑罚，并对量刑建议简要发表意见。(2) 由检察机关简要说明量刑协商作出的过程、理由和依据等。(3) 由辩护人对量刑建议简要发表意见。(4) 由被害人对量刑建议简要发表意见。(5) 被告人最后陈述。(6) 法官根据被告人悔罪表现、犯罪情节、量刑指导意见、协商情况、被害人等各方意见等，综合评议量刑建议是否符合罪责相适应。若认为符合，则应采纳量刑建议，如认为不相符合的，应及时向检察机关说明理由且要求其变更量刑建议，当庭作出宣判。

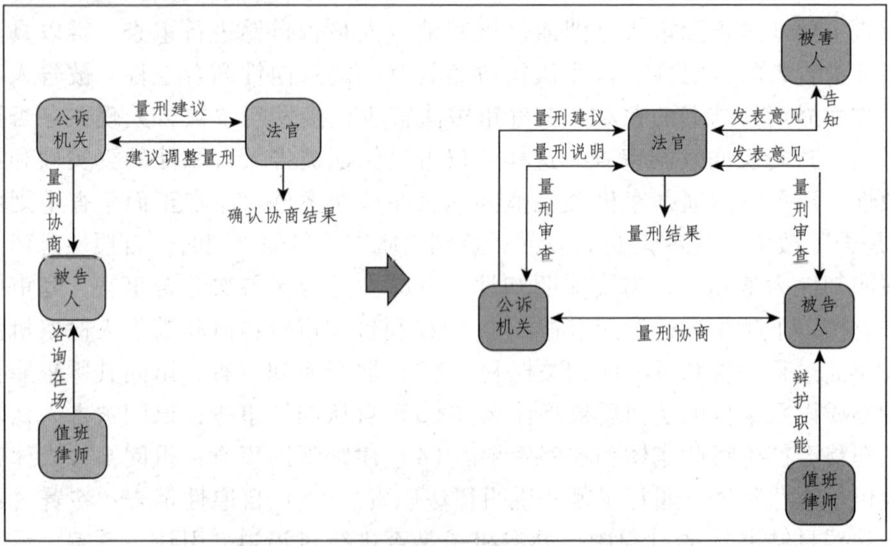

图1　从单线性到多边性的量刑审查程序

4. 证明标准与上诉机制。认罪认罚案件证据应采取“证明标准不变、方式差异化”的思路。认罪认罚归根结底是被追诉人悔罪态度问题，被追诉人态度不能动摇证明标准。实践中认罪认罚案件对抗情绪小使得证据搜集难度和成本降低，证明标准仍应坚持“事实清楚、证据确实充分”。但是审查方式可以有差异地进行程序简化，并不要求对所有证据逐一举证质证，而组织双方对关键证据进行说明和辩解，同时通过被告人口头当庭简述案发情况，再听取被害人有无异议进行事实校检，防止降格处理、替人顶罪等情况发生。另一方面，应当保障被告人的上诉权。被告人仅以量刑过重为由上诉的，二审可以直接采取书面审理。若被告人以事实认定不属实、量刑协商非自愿、程序违法等原因提起上诉，二审应当适用普通程序开庭审理，查明真相，依法判决。

刑事裁判权在法官与陪审员之间的分配模式及路径选择

——兼论刑事七人合议庭中事实问题与法律问题的区分

余 剑* 吴亚安**

《中华人民共和国人民陪审员法》（以下简称《陪审员法》）将我国的刑事陪审方式区分为普通合议庭与七人合议庭。七人合议庭将参审制下陪审员与法官“同职同权”职权分配方式调整为陪审员与法官共同裁决事实问题和法官独享法律适用权限的“分职分权”模式。相关改革举措的确强化了陪审员在刑事案件事实认定上的关键作用，但《陪审员法》及《最高人民法院关于适用〈中华人民共和国人民陪审员法〉若干问题的解释》（以下简称《陪审员法司法解释》）的相关规定较为原则，作为刑事裁判权分配基准的事实问题与法律问题的区分标准并不明确，导致实务部门在实践中的具体做法多种多样，削弱了刑事陪审员在审判中的实质作用。① 因此，需进一步对七人合议庭的运行规则及其机理进行探讨。

一、问题的提出

《陪审员法》及其《陪审员法司法解释》虽然确定七人合议庭以事实和法律为标准在陪审员与法官之间分配裁判权，但其规定具有原则性和抽象性，在刑事审判中仍然存在三个突出问题：

（一）事实问题与法律问题的区分标准不明确

既有规定并未明确事实问题与法律问题的区分标准。《陪审员法》规定“人民陪审员参加七人合议庭审判案件，对事实认定，独立发表意见，并与法官共同表决；对法律适用，可以发表意见，但不参加表决。”②《陪审员法

---

* 作者单位：上海市第一中级人民法院。

** 作者单位：上海市第一中级人民法院。

① 改革进程中陪审员参审案件数量在急速增加，但陪审员在相关案件事实审理中是否发挥了机制所预设的实质作用仍然存在疑问。施鹏鹏：《人民陪审员制度的改革历程及后续发展》，载《中国应用法学》2018 年第 4 期。

② 《陪审员法》第二十二条。

司法解释》进一步规定“七人合议庭开庭前，应当制作事实认定问题清单，根据案件具体情况，区分事实认定问题与法律适用问题，对争议事实问题逐项列举，供人民陪审员在庭审时参考。事实认定问题和法律适用问题难以区分的，视为事实认定问题。”① 上述规定均将事实问题与法律问题的区分作为适用前提，单纯将事实与法律的区分职责赋予法官，通过由法官根据案件具体情况及司法经验制作问题清单的立法方式，回避了如何对事实问题与法律问题进行区分的法律适用基础，无法形成规范化的区分标准。

1. 欠缺区分标准易导致问题清单的制作具有随意性。问题清单制度在之前的改革试点中，曾经由多个地区进行过积极探索，但在《陪审员法》的立法中并没有纳入该规定，原因在于“理论界尚未提供足够成熟的智力支撑，且各试点单位的做法又大相径庭，实施效果一般。”②《陪审员法司法解释》重新纳入事实问题清单制度，但未明确问题清单应包含的内容、清单问题的形成过程、清单问题产生争议时的处理方式等内容，这些问题仍需在实践中进行探索。③ 在缺乏事实问题与法律问题区分的规范性标准时，事实问题的选定会高度依赖主审法官的经验判断，欠缺对事实问题选定的规范性和指导性。

表 1　　问题清单在实践和理论中的主要类型

主要的问题清单模式	问题类型
类型一：事实问题+综合认定	事实认定：依照法律规定和犯罪构成理论，将案件细化分解成一定数量的具体问题，如主观形态故意还是过失，犯罪时间、地点，被害人人数、伤情，赃款物名称、数量、价值，既遂还是未遂等。 综合评价：要求陪审员对被告人是否构成犯罪以及应否予以刑事处罚等问题进行回答。
类型二：事实问题+量刑问题	犯罪事实：指控行为是否成立，指控该行为的具体证据是否可以采纳（如不采纳是因为真实性、合法性、关联性中何种要素不足），事实应全部认定、部分认定、不予认定。 量刑事实：以自首为例，认定自主投案和如实供述主要罪行的事实是否存在，相关证据是否可被采纳（如不采纳是因为真实性、合法性、关联性中何种要素不足），事实应全部认定、部分认定、不予认定。
类型三：事实问题+证据清单	事实问题：被告人身份、犯罪构成要件、罪责要件、犯罪形态、共同犯罪、免责事由、特殊构成要件等事实要素均应包含在内。 证据清单：列明证明上述要素的证据清单供陪审员选择是否采信。

① 《陪审员法司法解释》第九条。

② 徐昕、黄艳好：《中国司法改革年度报告（2018）》，载《上海大学学报（社会科学版）》2019 年第 2 期。

③ 表 1 中不同类型分别提炼于北京市密云区人民法院、上海市第二中级人民法院和学者的观点。

2. 将存疑问题均视为事实问题易突破陪审员的裁判能力。《陪审员法司法解释》将存在争议的问题统一规定为事实问题，会导致突破陪审员的认知限度造成事实认定错误。刑事案件存在诸多规范性构成要件要素，虽然该类要素的用语来自生活用语，但其内涵经过规范性限定后突破了生活用语的内涵范围，对其评判需要以规范性认知为前提，该类要素的含义与事实性认知相比会根据罪名的立法目的进行扩大、缩小、重构等，例如《刑法》中的"枪支""信用卡"等要素与生活用语相比进行了扩大解释，财产犯罪中"他人"等要素进行了缩小解释，"非法占有目的"等要素进行了"排他意思+利用意思"的规范性重构，当该类要素存在争议时，一律作为事实问题进行处理会造成规范性构成要件要素概念的解体，削弱构成要件的罪刑法定保障机能。

（二）刑事审判权在陪审员与法官之间的分配标准不明确

《陪审员法》及其司法解释尚未明确刑事裁判权在陪审员与法官之间的具体分配标准。

1. 刑事裁判权的分配标准需进一步细化。实践中容易导致两种不合理的司法倾向：（1）事实与法律的区分被转化为认定能力的区分。即将刑事裁判权的分配模式异化为该事项更符合哪一主体进行裁判的判断和分配。[①] 在重视实体真实的司法传统下，欠缺规范标准制约的实用主义分配模式将会导致诸多存在争议的事项被法官独占，陪审员的参审范围会被不当限缩。（2）事实与法律的区分被简化为定罪问题和量刑问题的区分，将与定罪有关的事项交由陪审员和法官共同处理，将与量刑有关的事项交由法官处理。但事实问题、法律问题与定罪、量刑并非截然对应，在定罪中存在规范认定的事项（如违法阻却事由等），在量刑过程中同样存在事实问题的认定（如自首、坦白等量刑事实是否存在等）。

2. 刑事审判中陪审员的程序权易被忽视。事实问题与法律问题均为实体事项。强调以事实和法律为分权依据意味着刑事裁判权中的程序性权力由法官独占。程序性权力是"对庭审进程的控制权，包含宣布开庭，宣布法庭调查程序、法庭辩论阶段的开始、结束，宣布休庭等。"[②] 该权力是查明事实的程序性保障，制度设计在将该项权力赋予审判长的同时，也应重视陪审员的权利保障，否则在陪审员尚未消除对事实问题的疑惑即转入下一阶段时，将无法实现对事实问题的正确查明和认定。

① 高翔：《陪审员参审民事案件中事实问题与法律问题的区分》，载《法律科学》2018年第3期。

② 刘奕君：《模式、依据与冲突：人民陪审员参审职权研究》，载《法学杂志》2018年第9期。

表 2 **特殊事项的分配问题**

七人合议庭典型案例	个案争议问题	裁判权分配中的问题	
(2019) 川 1826 刑初 29 号	被告称所销售的药品外包装包含了所有合法药品的要素，且发现本案药品为假药的不是普通患者，而是医务工作者，被告没有认知确为假药的能力	假药的认定	规范的构成要件要素能否由陪审员认定
(2019) 湘 1281 刑初 23 号	被告作为专业人员，其对利用职务便利私自截留并销售爆炸物的行为的结果具有高度认识，主观恶性是否更大	主观恶性的认定	需以行为人行业标准为基准确定的要素能否由陪审员认定
(2018) 沪 01 刑初 47 号	案发时间与被告人归案时间间隔较长，身份证明材料较少，被告人拒不承认自己系指控对象	被告人身份的认定	证据证明力的认定能否由陪审员独自完成

（三）陪审员与法官之间权力的运行规则不明确

目前相关规定对事实审与法律审进行区分后，尚未对分权后的权力运行规则进行明确，具体表现出以下几个问题。

其一，需明确陪审员和法官分权后如何进行共同评议和表决。《陪审员法司法解释》将事实问题清单制度纳入规定，但未明确对清单问题的回答与评议、表决的关系，最终导致无法确定陪审员和法官之间共同履行职权的具体方式。如陪审员对清单问题的回答是否等同于评议，在清单问题之外陪审员是否还需说明其他事实问题，法官是否需对清单问题作出回答，评议与表决是否分阶段、分条件进行，陪审员对清单问题的结论是否对法官后续表决具有拘束力等，对这些问题的回答离不开陪审员与法官共同行权的具体规则。

其二，需明确陪审员作出事实认定结论对法官的效力。在陪审员全体意见与法官意见发生冲突时，是否均可以“合议庭组成人员意见有重大分歧”为由提交审委会讨论。上级法院是否可以对陪审员作出的事实认定进行审查。这些问题也需在理论上予以澄清。

表 3　　　　　　　　　　裁判权行权方式的争议

<table>
<tr><th colspan="2">理论模型</th><th>具体行权模式</th></tr>
<tr><td rowspan="2">连续合议</td><td>共同合议</td><td>事实问题：采用法官与陪审员共同表决的多数意见
法律问题：采用法官表决的多数意见</td></tr>
<tr><td>共同合议
（例外规定）</td><td>事实问题：采用法官与陪审员共同表决的多数意见
（法官意见与陪审员意见冲突时提交审委会讨论决定）
法律问题：采用法官表决的多数意见</td></tr>
<tr><td rowspan="3">分段合议</td><td rowspan="2">事实问题
分段合议</td><td>事实问题：陪审员先表决清单问题
法律问题：清单问题全部得到肯定回答后方启动法官对法律问题的表决</td></tr>
<tr><td>事实问题：陪审员表决清单上的问题
陪审员和法官以上述表决为基础共同表决是否构成犯罪
法律问题：采用法官表决的多数意见</td></tr>
<tr><td>法律问题
分段合议</td><td>事实问题：采用法官与陪审员共同表决的多数意见
法律问题：陪审员先表决形成多数意见
陪审员的多数意见与法官意见共同表决后形成最终的多数意见</td></tr>
<tr><td>分组合议</td><td>事实问题
分组合议</td><td>事实问题：法官分为一组表决、陪审员分为一组表决
形成各组多数意见后交换意见再表决，采用绝对多数意见
法律问题：采用法官表决的多数意见</td></tr>
</table>

二、刑事裁判中事实问题与法律问题的区分标准

确定规范性、明确性和可操作性的事实问题与法律问题的区分标准是在案件中配置刑事裁判权的基础。下文将尝试对二者区分的具体标准进行探讨。

（一）既有分类标准及评析：规范主义与实用主义的区分

目前对事实问题与法律问题区分标准的讨论可以归纳为两种类型：其一为规范标准。该类观点认为应当构建具有逻辑性和明确性的区分标准，以此为司法实践中事实审与法律审的区分作出具体指导。论者以三段论的逻辑推理为基准，将司法裁判作出过程中的小前提作为事实问题，将大前提和结论作为法律问题。① 具体而言，将“探寻案件中发生过或将要发生的行为、事件、行为人的主观意愿或其他心理状态时所产生的问题”视为事实问题；将“对已认定的事实按照法律规范作出何种评价的问题”视为法

① 舒志喜：《陪审制度中法律审与事实审分离机制分析——以“要件审判九步法”的嵌入为视角》，载《山东法官培训学院学报（山东审判）》2016 年第 2 期。

律问题。[①] 其二为实用标准。该观点认为事实问题具有法律性，法律问题也兼具事实性，因此，难以在理论上寻找清晰、明确的区分二者的规范性标准，合理的选择是以满足司法实践需求为目标，通过程序机制设定（一般裁定或问题清单机制）区分陪审员和法官各自的职责。[②] 有观点认为在概念分析难以引出二者区分标准之时，应当以履行司法任务为目标，借鉴域外实践经验构建经验性标准，从裁判者能力、司法政策偏好、法律价值实现时点、司法控制案件符合需求等视角对相关事项进行判断。

规范标准试图在本体概念上对事实问题与法律问题作出区分，这种欲构建清晰明确标准的意图具有高度合理性，但以三段论要素为依据对事实问题和法律问题进行的本体区分通常难以在具体案件中精确适用，核心原因在于事实问题与法律问题具有高度交融性，单纯从本体上进行区分无法得出合理结论。规范标准的缺陷主要表现在两个方面：一是会肯定程序事实属于事实问题。程序事实作为程序法的评价对象理应被视为程序法适用的小前提，该标准将回避事由等程序事项作为事实问题并应由陪审员确定的结论往往既与实践不符，也不具可操作性。二是无法对证据规则进行合理定位。如果认为证据规则不是法律规范，那么法官对证据规则的指引将是丧失中立性的指引应被禁止，在缺乏证据规则指引下的事实认定将丧失正确性。如果认为证据规则属于法律规范，那么就无法回答为何经过证据规则评价的事实认定属于事实问题，如果肯定从证据推导事实的法律性便会否定陪审员对事实认定的核心职权，从根本上否定了陪审制度的合理性。

实用标准正视了“法律向下滋生进事实的根部，而事实持续不断地向上延伸进法律”[③] 的现状，这一现状决定了事实与法律无法在本体上实现完全分离，论者试图在二者混同问题上从实用主义视角为难以辨别之要素贴上事实问题或法律问题的标签，论者所选取的诸多分类标准之中的核心依据仍是法之目的，裁判者能力等其他标准在与法律目的相冲突时仍会以法律目的为标准。事实问题与法律问题的区分完全倚重法之目的时，在欠缺规范指引的前提下，更易滋生为达目的不择手段的司法擅断弊端：一方面刑法规范目的具有多元性，对某一罪名立法价值的不同选择会导致对同一要素进行完全不同的解读，形式违法性与实质违法性的争论导致对同一构成要件要素作相反解释的情形便是例证；另一方面完全放弃从本体概念上对事实和法律问题进行区分，以立法目的为基准对刑事案件各要素进行评价的结论是，可在法益保护和犯罪预防的目的下，根据司法经验和认知能

① 参见陈杭平：《论“事实问题”与“法律问题”的区分》，载《中外法学》2011 年第 2 期。
② 参见陈学权：《刑事陪审中法律问题与事实问题的区分》，载《中国法学》2017 年第 1 期。
③ 参见陈杭平：《论“事实问题”与“法律问题”的区分》，载《中外法学》2011 年第 2 期。

力来分配相关要素的认定主体和识别标准，这无疑会对构成要件所预设的违法行为类型造成极大冲击，瓦解其罪刑法定保障功能。

（二）三段式分配标准的倡导：本体、认识、方法

在我国采用以法规、概念、逻辑为核心的愈发精密的刑事立法和司法的趋势下，完全放弃从本体上对事实问题和法律问题进行区分，并不符合当前司法实践的需求；单纯采用实用主义的区分标准也易导致事实问题与法律问题的区分走向不确定性，致使司法者侵入立法者之权限，即本该由立法者进行的法益价值评估被司法者所普遍适用。我们认为应当采用“本体+认识+方法”的三段式区分标准，在本体论区分的基础上首先析出刑事案件中最基本的法律问题，再通过事实的认知规律排除不属于事实问题的事项，最后通过方法论识别出基本事实问题。

刑事案件的裁判过程可以归纳为以下流程：

1. 在定罪阶段体现为：生活事实经证据规则评价后转化为证据事实，证据事实经刑法规范（假定规范）评价后转化为构成要件事实，构成要件事实经刑法规范（制裁规范）评价后，确定具体罪名，具体包含构成犯罪或排除犯罪，构成此罪或彼罪，构成一罪或数罪。

2. 在量刑阶段体现为：生活事实经证据规则评价后转化为证据事实，证据事实经刑罚规范（假定规范）评价后转化为量刑事实，量刑事实经过量刑规则（制裁规范）评价后确定具体的刑罚适用，包括法定刑确定、是否适用数罪并罚等。

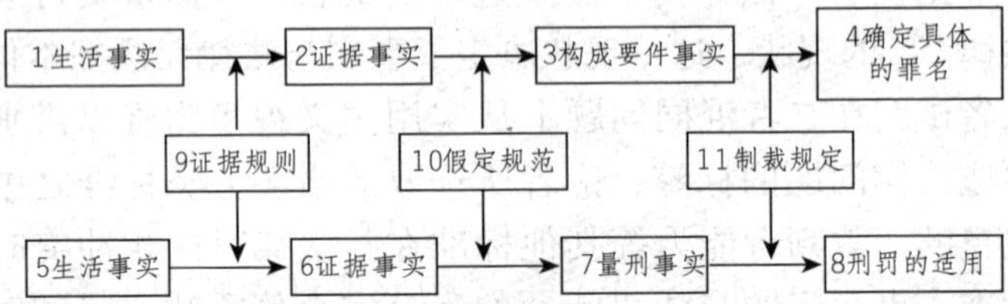

图1　刑事案件裁判过程

结合上述裁判过程和裁判要素，可根据以下步骤确定法律问题和事实问题的范围。

其一，从本体上首先析出基础法律问题。法律问题与事实问题在本体上体现为评价依据、评价结论同评价对象的区别。首先析出法律问题的原因在于，在制定法中作为裁判依据的大前提和裁判追求的结论相对明确，即相关法律依据和定罪、量刑问题，这些问题属于法律问题。法律问题本质是针对个案所确定的事实应当基于何种实体法律规范对其进行评价的问题，评价结论体现为具有价值导向的“对或错”，因此，法律问题的内容应当同时包含选定实体法律规范和基于该法律规范作出价值性评价。基于此，

上图中作为裁判前提的证据规则、假定规范和制裁规范均属于法律问题；被内含价值选择的制裁规范所评价后形成的确定罪名和确定刑罚的结论也属法律问题。需明确的是证据事实和构成要件事实虽然也是经证据规则和假定规范评价后形成的结论，但该种评价并非对或错的价值性评价：证据事实是在证据规则的指导下，裁判者凭借自由心证和一般经验作出的存在与否的事实性评价；构成要件事实是裁判者根据构成要件指示对证据事实作出取舍、排序的类型化过程，也未作出对或错的评价，因此二者均不属于法律问题。

其二，事实问题的认识规律决定了生活事实不属于事实问题。裁判过程中的事实问题是确定法律评价的对象，即三段论推理中的小前提，本质是对相关事实作出存在与否的评价后构建完整的待评价事实，裁判者凭借司法资源之外的一般经验和理性把个别偶然的自然事实裁剪修正为由类型化要素组成的待评价事实，[①] 即法律中的事实问题不是自然形成的，而是人为造成的。未经一般经验和理性筛选的生活事实，只是客观事实的初始载体，不是法律评价的对象和小前提，不能视为事实问题。另外，在事实问题中也应排除程序性事实，该类事实存在与否只影响程序进程，且其判断并非凭借一般经验和理性，故不应视为单纯的事实问题。

其三，事实认定的逆向叙事性决定了证据事实也非事实问题。刑事案件中的事实问题认定应经过证据规则和假定规则双重检验。事实的认定过程是对客观事实进行的逆向复盘，一方面根据双方提供的在案证据复原人、时、事、地、物、原因、结果等要素，另一方面在假定规范的指引下将确定的支离破碎的证据事实复原为类型化事实。因此，作为法律评价对象的事实问题是裁判者对客观事实作出的双层选择，在证据规则指导下筛选生活事实形成证据事实，再在假定规范的指引下将证据事实进行取舍和排列，此时形成的事实拼图才是法律评价对象。故而单纯经过证据规则筛选的证据事实并非法律评价的对象，只有经过构成要件规则和量刑规则还原的构成要件事实和量刑事实才是刑事法律评价的对象。

---

① See Geoffrey C. Harzard, Jr., Preclusion as to Issues of Law: the Legal System's Interest. 70 Iowa LawReview 88 (1984)，转引自陈杭平：《论"事实问题"与"法律问题"的区分》，载《中外法学》2011 年第 2 期。

表 4　　事实与法律问题的区分流程

<table>
<tr><td rowspan="6">待决事项</td><td colspan="2">评价结论</td><td colspan="2"></td><td colspan="2"></td></tr>
<tr><td colspan="2">评价依据</td><td colspan="2"></td><td colspan="2"></td></tr>
<tr><td colspan="2" rowspan="4">评价对象</td><td colspan="2">生活事实</td><td colspan="2"></td></tr>
<tr><td colspan="2" rowspan="3">法律事实</td><td colspan="2">证据事实</td></tr>
<tr><td colspan="2">构成事实</td></tr>
<tr><td colspan="2">量刑事实</td></tr>
<tr><td>区分方法</td><td>本体论</td><td>评价依据、评价结论属于法律问题。</td><td>认识论</td><td>是否经一般经验和理性筛选。</td><td>方法论</td><td>是否经由证据规则和假定规范双层检验</td></tr>
<tr><td>结　论</td><td colspan="2">·证据规则、假定规范、制裁规范、定罪量刑属于法律问题
·其他要素需进一步识别</td><td colspan="2">·事实问题排除生活事实
·事实问题排除程序事实</td><td colspan="2">·事实问题排除证据事实
·事实问题包括构成事实和量刑事实</td></tr>
</table>

综上，“裁判过程是根据生活事实探求与之最为接近的法律规范并剖析要件，来回穿梭于规范与事实之间，当要件事实完全该当于所有实体法构成要件时，方可适用法律”。[①] 这一过程中作为实体性价值评价对象的事项是事实问题，作为实体依据和价值评价结论的事项是法律问题，在“本体 + 认识 + 方法”的界定标准下，刑事审判中事实问题的内涵只能是实体法律评价的对象，且应当限定为构成要件事实和量刑事实；[②] 法律问题应当同时包含实体法评价依据和具有价值内涵的评价结论，即上述证据规则、假定规范、制裁规范、确定具体的罪名和刑罚的适用等。

（三）法律与事实混合问题的界定规则：应视为事实问题

《陪审员法司法解释》规定“事实认定问题和法律适用问题难以区分的，视为事实认定问题。”[③] 对这一规定的理解应当作限缩解释，即事实问题与法律问题难以区分应当指相关事项的事实特征和规范特征难以明确的情形，对事实特征明显或规范特征明显的事项，即使存在争议，也应当按照其核心特征进行分类。以下对存在争议的若干要素进行探讨。

1. 规范的构成要件要素。规范的构成要件要素虽属于构成要件要素的范畴，但其认定应当视为法律问题。规范的构成要件要素具有极强的规范

① 高翔：《陪审员参与民事案件事实认定研究》，西南政法大学 2017 年博士学位论文。

② 实践中构成要件事实的认定会表现为证据事实的认定，如问题列表由法官根据构成要件制定，对其回答表面是认定证据事实，本质是认定构成要件事实；一般裁定中陪审团最终回答罪或非罪，实际仍是对是否符合犯罪构成作出判断。

③ 《陪审员法司法解释》第九条。

属性，裁判者对其进行判断时，仅凭法律规定尚无法得出明确结论，仍需就具体的事实关系进行判断和评价，通常作为参考的规范性依据包含行政法规、交易习惯、道德礼仪等。[①] 对该类要素的评价主要凭借的依据并非一般经验和理性，而是杂糅的规范标准，因此宜作为法律问题，例如在气枪打气球案中，相关涉案“气枪”是否构成刑法上的“枪支”应当根据相关行政法概念予以确定，难以凭一般经验作出正确回答。

2. 修正的构成要件要素。修正的构成要件要素也应视为法律问题。犯罪的未完成形态与共犯的处罚分别是对构成要件预设行为类型所作的横向和纵向修正，在本质上是对处罚范围的规范性扩张。在既未遂的判断中，着手、不能犯及未得逞等要素的认定高度依赖规范性的危险概念；在正犯与共犯的判断中，犯罪整体性及共同引起（共同正犯的情况）或间接引起（教唆、帮助的情况）结果的事实判断也无法凭借一般经验作出认定，因此也需将其作为法律问题进行认定，不应将其纳入事实清单的范围。

3. 客观的处罚条件。客观处罚条件如“多次”“首要分子”“违法所得数额”等要素通常被视为与违法和责任无关的中立性要素，即该类要素与违法不存在正负相关性，相关要素的减少不意味违法性必然减小，其也非行为人的主观认识对象，只需对其客观存在与否进行判断即可，鉴于此，有学者认为该类要素的认定应为事实问题。我们认为上述客观处罚条件所涵盖要素属于法律问题。客观处罚条件的判断并非单纯的是否存在问题，其蕴含着“实质可罚性”的规范性判断，在消极责任主义观念下，无责任则无刑罚，但有责任并非一定有刑罚，即不法和责任不是刑罚的充分条件，立法者在设定该类要素时存在着对实质可罚性的衡量，相关要素的含义也被赋予了规范内涵（如多次通常被认定为特定时间段内 3 次以上），因此裁判者仍需凭借规范内涵对相关要素进行认定。

三、刑事裁判权在法官与陪审员之间的分配规则

在确定刑事裁判中的事实问题与法律问题的内容之后，尚需进一步明确相关问题应当如何在陪审员和法官之间分配，以及不同职权主体间的具体行权规则。

（一）理论模型与司法实践的矛盾

通常认为，采取陪审制国家中，刑事裁判权在陪审员在法官之间依据事实问题与法律问题的区分进行分配，即陪审员处理事实问题，法官处理法律问题，基本逻辑在于陪审员在一般经验的运用上较之于专业化的法官

---

① 参见张明楷：《刑法学》，法律出版社 2007 年版，第 110 ~ 111 页。

具有优势，因此较宜处理依凭一般经验与理性作出判断的事实问题；法官对法律规范的熟稔使其具有优秀逻辑思维，更宜处理法律问题。

但各国的具体实践与上述理论模型之间存在较大差异。在以美国为代表的分权模式中既体现出陪审团的权力从事实认定向法律适用扩张，也体现出法官的权力向事实扩张。[①] 如陪审团对事实问题的回答采用一般裁定的方式进行时，实际上是通过认可是否有罪来确定法律适用方式，以此完成事实认定过程且不需对该过程进行说明；同时部分州的陪审团也具有死刑或重罪的适用权；法官对于陪审团作出的有罪裁决，也有权审查证据的充分性，使有罪裁决改变为无罪。[②] 在从参审制转向陪审制的俄罗斯和西班牙，事实问题和法律问题也不必然是法官和陪审员区分职权的标准。在俄罗斯，当陪审团作出有罪裁定后，如果法官认为存在明显错误可以直接改变结论或解散陪审团；[③] 在西班牙，陪审团的事实认定权被进一步限缩，即法官认为陪审团作出的裁决与事实明显违背时，不论其是有罪还是无罪裁决，法官均可以要求陪审团予以纠正。[④]

（二）刑事裁判权在分配中发生偏移的主要考量因素

从上述实行参审制国家的具体实践可知，刑事裁判权的分配虽然以事实和法律的区分为基准，但在实践中对具体的权限分配作出了符合各自实践的调整，在调整中主要考量以下因素：

其一，考量各国固有的司法传统。追求极致的程序正义是英美国家历来的司法传统，通常认为只要正当程序原则得以遵守，那么裁判得出的结论也具有正当性。在该种理念之下，陪审制度体现的司法民主和制约裁判权的功能将会得到极大重视，陪审员权力会呈现出极端扩张的情形，且陪审员与法官之间会存在互相制约的行权模式，司法效率不是制度追求的主要目标。在重视实体正义的俄罗斯和西班牙，追求事实认定的准确性是制度设计的主要价值目标，陪审员与法官之间虽然存在分权，但以共同正确认定事实为核心目的并实行合作行权，因此两国普遍赋予和适时扩大法官对陪审员错误裁定的修正权。

其二，考量不同主体的裁判能力。在英美模式中对事实问题和法律问题的区分标准主要采用实用标准，其中不同裁判者司法能力的比较是其重

---

① 即法官和陪审员分别负责事实与法律问题是一种假象，参见周长军、马勇：《人民陪审员制度改革与犯罪构成体系的修正》，载《政治与法律》2016 第 7 期。

② 参见陈杭平：《论“事实问题”与“法律问题”的区分》，载《中外法学》2011 年第 2 期。

③ 俄罗斯相关规定参见米铁男：《俄罗斯刑事陪审团制度刍议》，载《中国刑事法杂志》2011 年第 5 期。

④ 西班牙相关规定参见施鹏鹏：《陪审制研究》，西南政法大学 2007 年博士学位论文。

要考量因素，事实问题与法律问题的区别通常被转化为这一问题更适合陪审员审理还是法官审理，例如对过失的认定的标准被转化为如果其主要依赖于日常经验和社区共识，那么将其视为事实问题，如果需对过失的界定牵涉行业标准等因素，则属于法律问题。[①] 在俄罗斯和西班牙的规定中，鉴于法官对构成要件事实具备精确的认知，通常会在双方参与下由法官主导形成事实问题清单，且根据案情决定是否需要增加问题。裁判者的能力是刑事裁判权分配的关键考量因素。

其三，考量陪审机制设立的主要目的。不同国家选取陪审制时侧重的机制目标也存在差异。美国最初选用陪审制的原因在于对英国设置法庭的不信任，为了制约法官权力，最初的陪审团不仅具有事实认定权，也具有广泛的法律适用权；在法官职业性和中立性得到信赖时，美国联邦最高法院虽然限制了陪审团的法律适用权，但分权制约观念依旧决定着刑事裁判权的分配。在俄国和西班牙等传统大陆法系国家，公民对法官的信任度较高，陪审机制设立的目标主要在于正确查证事实，因此对被告的定罪权普遍归于法官所有，陪审团仅需对事实问题作答即可。

（三）刑事裁判权分配的一般规则

上述各国的实践为我国构建刑事裁判权的分配模式提供了核心思路，即以事实问题和法律问题的区分为基准，将事实问题赋予陪审员和法官共同认定，将法律问题赋予法官行使，同时根据各自裁判能力和制度目标做修正，具体分工如下：

其一，以事实问题与法律问题作为分工的一般规则。陪审员负责基础构成要件事实和量刑事实的认定；在认定中采用以实体公正为导向的事实问题清单模式，该种模式相较于英美式的一般裁定模式具有心证公开完整、逻辑推理明确等特征，更易于正确认定案件事实。主审法官在争点整理完毕、证据清单制定后制作事实问题清单，并在庭审时公布，清单包含主体、行为、结果、责任等基础构成要件事实，量刑情节事实及对应证据等；陪审员通过自由心证判断是否采信证据认定相关事实；并可对非死刑及其他法律适用提出建议。

法官负责庭审主持、程序事实认定和实体法律适用等问题。法官在庭审主持中转换庭审程序时应征求陪审员意见；对程序事实独立作出决定；对非法证据进行排除；对证据规则和法律问题作出指引；对规范性构成要件要素、修正构成要件要素和客观处罚条件独立作出认定；对定罪和非死刑的量刑问题作出判断等。

---

① 参见陈杭平：《论“事实问题”与“法律问题”的区分》，载《中外法学》2011 年第 2 期。

其二，以裁判能力为基准对陪审员职权作适度扩张。应当赋予陪审员对死刑的表决权，是否适用死刑的评价与一般社会认知和经验判断有着紧密联系，具有极强的事实要素，完全排除陪审员对死刑适用的表决权并不合适，尤其在社会对死刑判决提出极高抗压性的同时，应当赋予陪审员决定是否适用死刑的法律适用权。在对是否适用死刑进行判断时，并不要求对行为作出精确的量刑建议，而是对量刑轻重作出的盖然性评估，其本质是对结果与刑罚是否匹配作出的事实判断，这一判断离不开社会共识和一般经验，陪审员可以根据社会经验独立作出判断。

其三，陪审员与法官应采用分权合作的行权规则。我国对陪审制的改革方向为“拓宽人民群众有序参与司法的渠道”，其制度目标为“推进司法为民和公正司法”。正确认定案件事实是我国特色陪审制度的核心追求，因此陪审员与法官之间的权力分配应当为分权合作模式，在事实认定问题上陪审员和法官共同作出决定，在法律适用问题上由法官作出决定，陪审员可提出参考意见。在事实认定中，分权的目的在于保障陪审员积极独立行使职权，合作的目的在于确保共同正确查明案件事实。基于此，事实认定中的评议和表决不应割裂，不应构建将陪审员评议和表决达到特定条件后方启动共同表决程序的分阶段事实评议模式，在这种分离模式下，法官对事实的认定权限会被架空。陪审员回答法官制定的事实问题清单就是对事实问题的表决，陪审员与法官一起对清单各问题进行回答，在形成多数意见的基础上，法官独立进行定罪和量刑。

从逻辑判断到价值判断：刑事裁判思维形式化倾向的风险防范

——以拉德布鲁赫公式为镜鉴

李 杨*

2019年1月，习近平总书记在防范化解重大风险专题研讨班上指出，坚持底线思维，增强忧患意识，提高防控能力，着力防范化解重大风险。在经济新常态下，社会矛盾纠纷增加，法院成了各类纠纷的“聚集地”和“暴风眼”，稍有不慎将会引发重大风险。近年来，一些刑事个案的裁判结果引发公众热议。从表面上看，这些案件都是“从规范出发”的思维模式，但实质上，是刑事裁判思维形式化倾向的表现。为促进裁判结果更加符合主流的价值观念，应当以拉德布鲁赫公式为镜鉴，构建价值相对主义的裁判思维路径。

多数刑事案件在正向裁判思维（三段论推理）下，法律效果与社会效果可以兼得。但一些典型案件，若严格按照演绎三段论的模式进行推理论证，尽管考虑了一些特殊因素，但仍然与人民群众普遍期待的正义感受存在落差。这些案件背后的裁判思维绝非单纯地将案件事实涵摄于法律规范之下，经由“三段论”单向推导而来，究竟如何剥茧抽丝，从宏观的“法律效果与社会效果相统一”的命题转向规范法官的裁判思维与方法，需要探寻理论之源。

一、理论之源：拉德布鲁赫公式的价值相对论

（一）缘起：拉德布鲁赫的法哲学观

1946年，国际著名法学家拉德布鲁赫在其发表的《制定法的不法与超制定法的法》一文中提出：“正义与法的安定性之间的冲突应当如此解决，即通过制定规则和权力确保的实证法具有优先地位，只有在制定法和正义

* 作者单位：天津市第一中级人民法院。

之间的矛盾达到了如此不能忍受的地步，以至于该制定法应当向正义屈服。”① 该论点被德国学者汉斯—乌尔里希·艾弗斯（Hans - Ulrich Evers）命名为“拉德布鲁赫公式”（die Radbtuchsche Formel），② 并得到了广泛的流传。

拉德布鲁赫提出的公式，实质上是一个辩证思考的公式，在这个命题里，法的安定性与正义性之间存在辩证的关系，前者作为形式原则，要求司法裁判应当受到制定法的约束；后者作为实质原则，要求裁判结果符合正义的价值观念，满足社会的公共福祉。通常情况下，法的安定性具有初步的优先性，只有达到“不能容忍”的门槛——机械维系法的安定性原则将会对社会正义的价值追求、公共福祉造成不成比例的损害时，法官应当进行实质推理、采用价值判断、法律解释、漏洞填补等方式，平衡普遍正义与个案正义。

拉氏哲学的核心，在于矛盾论或者说“价值相对主义”的观点，与“价值绝对主义”不同，拉氏的法哲学思想是一个“开放的体系”，既非实证法学派盲目维护制定法的形式逻辑，亦非自然法学派忽视法的安定性追求朴素的道德正义观念，而是强调实然与应然并重的二元方法论体系。在一些典型刑事个案，如赵春华案、王立军案的裁判逻辑中，一审往往严格地按照“法条”裁判，体现的是“价值绝对主义”的观点，而二审融入了利益衡量、价值判断等“价值相对主义”的理念，在维护法的安定性的同时，将“道德、社会政策及法的实效”等因素予以考量，取得了良好的社会效果，与拉氏哲学的核心一脉相承。

（二）镜鉴：拉德布鲁赫公式的思维逻辑

虽然拉德布鲁赫公式起源于“特定的历史情境”，而且我国刑事立法整体上并未出现“制定法的不法”极端情形，但机械适用制定法，导致“合法不合理”的现象时有发生。该公式对于一些特殊刑事案件的启发在于：（1）法的安定性（制定法）具有天然的优先性，禁止向一般条款逃逸；（2）若简单机械地依照条款裁判会带来明显的不正义，应当联系案件的特殊事实，基于社会主流价值进行权衡和取舍，对条文作出符合社会实际和立法精神的解读，以平衡普遍正义与个案正义。

这种方法论映射到裁判思维之中，表现为法的安定性（演绎推理）优先，对于绝大多数坐落于法律规范核心区的刑事案件而言，遵循形式逻辑，

---

① G·Radbruch," GesetzlichesUnrecht und ubergesetzlichesRecht", in G Radbruch, Gesamtaus - gabe, inA. Kaufmann (ed.), Heidelberg, C F Muller, 1990, vol. 3, p. 89. 拉德布鲁赫的这一名为篇首发于1946年《南德意志法学家报》(第一卷)，第105～108页。

② Hans - Ulrich Evers, Der Richter und das unsittlicheGesetz, de Rruyter, 1956, S. 78f.

维护法的一贯性、客观性和安定性，即可得出妥当的结论。然而，个别案件中（如前文例证），运用演绎推理所得出的结论，与社会的主流价值、公众的朴素正义观念不符，当这种冲突达到“不能容忍”的门槛时，法官需要通过价值判断进行实质解释，形成假设性的结果并进行回溯推理，反思事实要素是否全面提取、裁判规范是否适用恰当，量刑情节是否考虑周全并在确认事实的行为与法律评断的行为间相互穿透、往返流转，[①] 进行“诠释学意义上的循环”，直到结论的妥当性得到验证，最后回到“三段论”的演绎逻辑中进行实质解释，形成裁判文书的说理论证。

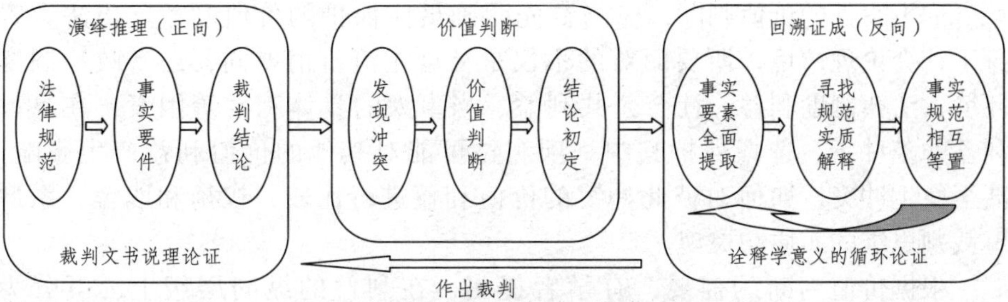

图1　拉德布鲁赫公式裁判思维逻辑图

二、心证之维：裁判思维引入价值判断的路径探寻

裁判中，法官必须受到制定法的约束，但并不意味着毫无作为——机械地适用法律，毕竟，法官对法条不是一种盲目的服从，而是一种“思考的服从”。[②] 这种思考的服从应当符合拉德布鲁赫公式的思维逻辑——从实证规范初步优先⇨机械适用导致冲突⇨价值判断结论初定⇨法律解释回溯证成⇨到书面论证形成裁判，这种从演绎到证成的思维脉络，追求形式推理与实质推理的有机统一，是破解形式推理与社会主流价值发生偏差的一剂良方。

（一）发现冲突——从形式推理到伦理情境的场域转换

拉德布鲁赫公式适用的前提，在于法的安定性与正义、合目的性之间存在冲突，且达到“不能容忍”的程度，在一些典型刑事个案中，往往在一审宣判后，受到了舆论的普遍关注，出现了裁判结论与公众的法感情的“落差”。对于法官而言，若能将冲突的发现前置，及时从形式逻辑的思维切换到伦理情境的场域，系实现“两个效果”统一的关键所在。

这种思维的转换，要求法官在参与者的视角下，遵循法的实践理性，

---

① Scheuerle，Rechtsanwendung. S. 15. 转引自［德］卡尔·拉伦茨：《法学方法论》，陈爱娥译，商务印书馆2003年版，第162页。

② 吴从周：《概念法学、利益法学与价值法学》，中国法制出版社2011年版，第274页。

并时刻保持对价值判断的必要敏感。“刑法作为一部沟通之法，其目的在于表达规范命令的可贯彻性，以及稳定一般社会大众继续信赖法规范的有效性。”① 故法官的裁判思维应当遵循刑法体系的开放性，置身于社会伦理情境，以社会公众的主流价值观念，反思形式逻辑所得出之裁判结论，是否能被公众认同与尊重，这种从“司法者”到“守法者”的场域转换，系发现“冲突”的必要前提，至于是否达到“不能容忍”的程度，需要对价值判断进行深入分析。

（二）价值判断——从伦理情境到结论初定的裁判预测

刑事案件的价值判断，应当首先明确最应保护的价值利益。当法官置身于社会伦理情境，所要面对的不仅是社会主流价值取向，还有政治制度环境、法律制度利益、社会公共利益、当事人的具体利益等因素，在复数利益的条件下，选择保护其中一项利益可能对其他的价值利益产生影响，甚至发生冲突，如何对彼此冲突的价值利益进行比较、权衡和取舍，系刑事裁判思维的实质与灵魂。

根据价值判断的需要，有学者提出，在利益的纵向层级上，可分为“当事人具体利益”“群体利益”“法律制度利益”和“社会公共利益”，依次形成一个由具体到抽象、包容与被包容的层次结构。其中，当事人具体利益由财产利益、自由利益、和生命健康利益组成，且位阶依次提高。群体利益则是类似案件中，对类似被告或被害人作相似判决所带来的利益影响。刑法的制度利益系预防并惩罚犯罪，以达到保护公民人身和民主权利、保护财产、维护社会经济秩序的目的。社会公共利益包括公序良俗、社会公德以及公平正义等基本价值理念。②

在每一个纵向利益的层级上，横向展开为支持诉方或辩方的利益，体现在定罪量刑方面，具体为有罪、无罪及罪轻、罪重的结论假设。为克服主观恣意，对利益的衡量分析应当满足纵横两个维度，在纵向上，以当事人的利益为起点，考量同类案件的群体利益和法律制度利益，最终衡量是否符合社会基本价值理念；在横向上，对诉辩双方的利益进行铺陈与解构，形成定罪量刑的初步结论，对应纵向各层级的利益进行博弈分析，进而得出妥当的裁判结论。

以赵春华案为例，在纵向层级上，当事人的具体利益体现为赵春华的自由和财产利益。法律制度利益具体表现为《刑法》第一百二十八条，即维护国家的枪支管理秩序，进而为不特定多数人营造不存在枪支弹药的安全的公共生活环境。社会公共利益即社会公众的主流价值取向或伦理道德

① 古承宗：《风险社会与现代刑法的象征性》，载《科技法学评论》2013 年第 1 期。

② 梁上上：《价值判断论》，法律出版社 2016 年版，第 121 页。

观念，表现为多数人的“正义观”。在横向层级上，对诉辩双方的利益诉求进行解构，可分为支持诉方（实刑）、部分支持（缓刑）和支持辩方（无罪）三层进行分析，经过纵向对比，显然部分支持（缓刑）可最大程度上达到各方利益的平衡，进而形成相对妥当的初步结论。

表1　　　　赵春华非法持枪案价值判断分析表

横向层级	纵向层级					
	当事人利益（被告人）			群体利益	制度利益	社会公共利益
	财产利益	自由利益	生命利益	类似涉抢案件被告人的利益	维护国家枪支管理秩序，保障公共安全	公平、正义、风俗、道德伦理等基本价值理念
支持诉方（实刑）	○	×	○	×	√	×
部分支持（缓刑）	○	√	○	√	√	√
支持辩方（无罪）	○	√	○	√	×	√

（三）回溯证成——从结论初定到实质解释的反向验证

所谓价值判断，并非各种利益设定的简单排序，而是一种理性思考的方式，通过对多元利益的识别、表达与评判，尽可能展现兼容并蓄、理性决策的过程，进而得出相对妥当之结论。在形成案件的初步结论后，法官不能仅凭价值判断作出裁判，而是要将目光往返于事实与规范之间，全面提取事实要素、寻找规范实质解释，对初定之结论进行反向验证，通过不断的试错与检讨，最终形成案件的裁判结论。

1. 全面提取事实要素。对于案件事实的客观认定，是法律适用的重要前提。在“三段论”的形式逻辑下，法官通过提炼、甄别、归纳、整理，将案件事实涵摄、归入到刑法构成要件之中，然而这种涵摄的过程，若没有价值目标的指引，极易落入概念法学的窠臼——剪裁掉此类案件的特殊情节，造成裁判结论与社会常识的冲突背离。因此，对于初步结论是否符合刑法构成要件的反向验证，应当以案件基础性事实与细节性事实的全面提取为首要。比如赵春华案件中，适用缓刑的关键在于涉案枪支的致伤力刚刚达到标准、赵春华具有较好的认罪、悔罪态度，持有枪支系从事经营，主观恶性、人身危险性相对较低，然而一审中并未全面认定，出现了法律效果与社会效果的偏离。

2. 寻找规范实质解释。在对案件事实要素全面提取后，应当往返逡顾于刑法规范之间，识别并寻找关联度最密切的法条，将具有鲜明特点的个案事实与特定犯罪的构成要件形成“链接”，并通过从事实到规范，又从规范到事实的比较、分析与权衡，进而形成个案事实与要件事实的彼此对应。在这个过程中，法官应以价值判断所得出的实质判断为指引，通过目的解释、体系解释、当然解释或社会学解释等方法，最终形成事实与规范的等置。

然而，寻找并选择裁判规范，是一个非常复杂、模糊的过程，这个过程要不断地试错与检讨，同时要不断地进行解释与论证，直到案件事实与裁判规范交互融合，实质解释能够得出初步结论，此时结论的妥当性得到充分的验证。但若案件的事实要素已经提取穷尽，仍未找到充分的法律依据，此时应当对结论的妥当性进行检讨，或对法律规范进行适当的变通或补充，尽可能地平衡普遍正义与个案正义。①

（四）形成裁判——从实质解释到逻辑三段论的说理论证

“论证是法律活动的中心。”尽管法官的心证历程经历了发现冲突、价值判断、回溯证成的复杂过程，且经过不断的假设与验证，形成了相对妥当的裁判结论，然而，这个过程却无须反映到裁判文书之中。文书的释法说理应与演绎三段论的形式逻辑相对应：

首先是小前提的建构，即阐明事理，从审查判断证据说理、认定事实说理的角度，对案件事实进行全面认定和表述，既包括关乎案件定性的关键事实、核心事实，也包括可能影响量刑的案件前因后果等方面的关联事实、边际事实，为客观、准确地认定案件性质并适当量刑奠定基础。②

其次是大前提的建构，即释明法理，在聚焦法律争议焦点的基础上，对相关的刑法规范详加阐释、论证，并紧密结合案件事实、证据、法理、逻辑对各方意见进行公正评判，做到层层剖析、抽丝剥茧、辨法析理，使法律条款通过个案事实由抽象变为具体。

最后是裁判结论的推导，应融入情理，既要将法律事实与裁判规范等置融合，展示裁判论证的正当性，又要尊重社会公众的主流价值理念和基本道德诉求，展现价值判断和价值判断的妥当性，实现裁判说理从威权主义向释法说理转变，进一步增强判决的正当性与可接受性，防止价值判断的主观与恣意。

三、规则之治：价值判断融入刑事裁判的适用规制

“唯与正义相连，并朝向正义方向的法，方具有法的品质。”③ 拉德布鲁

① 刘峥：《司法裁判中的法律效果与社会效果》，载《人民法院报》2018 年 1 月 8 日第 2 版。

② 于同志：《论热点刑事案件裁判文书的制作——以于欢故意伤害案二审判决书为例》，载《人民司法》2018 年第 4 期。

③ ［德］考夫曼·哈斯默尔：《当代法哲学和法律理论导论》，郑永流译，法律出版社 2001 年版，第 129 页。

赫公式为处于法的安定性与正义、合目的性之间作两难选择的法官，提供了可以参考的思维路径。然而，在法律适用从演绎三段论的形式逻辑转向价值判断的实质推理的过程中，如何克服法官的恣意是横亘在研究者心中的隐忧，正如加藤一郎所言：“价值判断应当注意节制的必要性。”[①] 尤其是价值判断极易落入法官个人的“性情倾向系统”、解释论证又容易陷入“明希豪森的三重困境”，[②] 故价值判断应纳入规则之治，明确适用的标准、范围和程序，确保法律适用的统一。

（一）适用前提——以裁判的妥适性为标准

在个案正义与普遍正义发生冲突的场合，即严格依循法条主义裁判将造成个案明显不公的情况下，方有价值判断适用的前提和必要，正如拉德布鲁赫“不能容忍公式”所描述的“正义与法的安定性之间的冲突”，而如何判断这种冲突是否达到“不能容忍”的地步，将取决于如下标准：首先，对于多数案件事实清楚，法律规定明确的案件，遵循法的形式逻辑，所得出之结论能够满足法律效果与社会效果的统一，法官断无使用价值判断的必要；其次，对于案件事实无法完全坐落于刑事规范核心区域，或者存在多条规范适用冲突的场合下，应当运用价值判断选择联系最为密切的刑法规范；最后，对于案件所适用的刑法规范具有一定的滞后性或模糊性，不考虑情理与否机械适用将导致实质不合理或不正义的裁判结果，即裁判的妥适性与合理性无法满足的情况下，具有适用价值判断的必要。

（二）适用范围——以刑事法律规范为界碑

拉德布鲁赫公式提出，制定法的“不法”要让位于实质正义，然而，在刑事司法领域，往往是由于裁判者对于法条的片面理解和机械适用，出现了刑法规范在适用中的“不妥”。因此，法官有适用价值判断进行判断之必要，但任何裁判方法均有适用的边界，价值判断亦应在一定的时空范围内进行。对于刑事司法领域的价值判断而言，应当以罪刑法定原则为界碑，在现有的刑事法律规范和司法解释的范围内发挥其作用。一是严格限制在价值判断领域，对于刑事裁判中的事实、证据问题，应当坚持证据裁判原则，严禁有罪推定；二是严格限制于刑法分则的罪名之中，若刑法分则未明确规定某种罪名，则法官不能创设某种罪名予以定罪处罚；三是主要适用于酌定量刑情节，对于法定量刑情节的适用应当保持必要的克制，并严

---

① 梁上上：《价值判断的界碑》，载《政法论坛》2006 年第 5 期。

② “明希豪森三重困境”是指，任何科学命题都可能遇到“为什么”之无穷追问的挑战，直到出现三种结果：第一是无穷的递归，第二是循环论证，第三是在某个主观选择的点上终止论证，由于找不到知识的生成之根，极易演变成“公说公有理、婆说婆有理”的尴尬局面。Hans Albert，Traktatuberkritische Vernunft，Aufl. 3. Tubingen 1975，s. 13.

格遵循法定程序进行。

（三）适用程序——以充分论证说理为必要

诚然，适用拉德布鲁赫公式进行价值判断的过程，多发生在法官的自由心证之中，尽管严格限制了适用的标准和范围，但仍然难免受到法官个人的情感、偏好、个性等因素的影响，唯有严格限制价值判断适用的程序，经过充分的论证说理，方能提升法官的内心确信。一是内部研讨论证，价值判断的案件往往系新类型或疑难、复杂之案件，常常形成新的裁判尺度或改变原有同类案件的裁判尺度，应当撰写类案检索报告并提交专业法官会议研究，甚至呈交审判委员会讨论，确保经过充分论证。二是引入第三方研讨论证，可邀请人大代表、政协委员、法律专家等对疑难案件进行论证，提升裁判结论的妥当性和说服力。三是加强判决说理，通过裁判文书充分的说理论证，展示价值判断的过程和理性，防止裁判的主观和恣意，提升裁判的正当性和可接受性，进而提高司法公信力。

十、民事诉讼篇

飞跃上诉：民事诉讼审级改革新视野

王成全[*]　林常红[**]　商梦莹[***]

引　言

最高人民法院院长周强强调："坚持问题导向，推动司法改革向纵深发展。"① 司法体制改革是全面依法治国的重点任务，是全面深化改革的关键环节，是防范化解重大风险的重要抓手，是建设社会主义现代化强国的重要保障。现行四级两审终审体制下，存在部分终审法院级别偏低、审判效率低下；循环诉讼、终审不终现象突出；上下级法院关系行政化氛围浓厚，请示制度不规范；最高人民法院引领司法、统一裁判职能弱化等症结日益凸显。种种衍生弊端犹如"达摩克利斯之剑"高悬，不仅破坏审级制度预设的功能，束缚司法体制运行，更积蓄社会矛盾的负能量，滋生触发重大风险的隐患。公平与效率于预设的终审目的实现而言似乎是不可逾越的囚徒困境，二者的平衡亦成为审级改革的"阿喀琉斯之踵"，民事诉讼审级改革不断被推向司法改革的风口浪尖。完整的审级制度应包含审级体制、审级功能界定及审级运作机制三个层面，学界及实务界的讨论多停留在三审终审的必要性以及改变管辖标准提高审级上，多忽视匡正各级法院定位和职能分工、合理界定受案范围的应有之义，审级改革是故常陷入停滞不前的窠臼。

2019 年 1 月 1 日，我国对"飞跃上诉"的探索率先在知识产权审判领

* 作者单位：福建省厦门市中级人民法院。
** 作者单位：福建省厦门市中级人民法院。
*** 作者单位：福建省厦门市中级人民法院。

① 中国法院网：周强院长在最高人民法院司法改革领导小组 2019 年第二次会议上的讲话，2019 年 4 月 10 日。

域破冰。知识产权案件管辖布局迎来重大变革，专利等技术性较强的上诉案件在最高司法层面统一审理，国家层面知识产权案件上诉审理机制建立形成。[①] 最高人民法院越过省高级人民法院，集中管辖全国范围内不服第一审技术性强的技术类等知识产权案件裁判提起的上诉。中国特色知识产权"飞跃上诉"创造性地在现有审级框架内为推动以审判为中心的诉讼制度改革、为保障案件审理的公正与效率开辟了新路径，为民事诉讼审级改革拓展了新视野，为推动国家治理体系和治理能力现代化[②]的伟大实践及重大社会风险防范化解提供了新思路。

一、"破茧而出"——中国特色"飞跃上诉"的建立

"飞跃上诉"，指允许当事人一定条件下越过上一级法院，向更高级别法院提起跨越法院层级的上诉。该制度在英美法系中多以当事人达成协议为前提，英国称为"跳背上诉"（Leapfrog Appeal）。许多国家还以法院许可为限制，又称"飞跃许可上诉"。本文仅限于"飞跃"至最高人民法院的语境。

（一）瞄准"一幅图"——"飞跃上诉"在中国的产生背景

"飞跃上诉"在知识产权领域破冰形成绝非偶然。从外部环境看，经济全球化、世界多极化和新一轮科技革命迅猛发展深刻调整变革全球治理体系和规则。知识产权成为国际竞争的核心资源，各国纷纷争取知识产权国际规则以期重构主导权。从内部环境看，完善知识产权保护制度和促进科技成果转化的体制机制[③]是加快创新型国家建设及营造一流营商环境的迫切需要。通过知识产权审判服务经济发展新常态是知识产权保护最有效、最根本、最权威的手段。[④] 然而，司法实践存在以下诸多困境：

1. 下"热"上"冷"——案件终审级别偏低之"困"。近十年基层人民法院、中级人民法院、高级人民法院及最高人民法院审理的知识产权案件分别占比41.06%、51.01%、7.42%及0.51%。大量案件集中在中级、基层人民法院，案多人少矛盾突出。二审案件九成以上由中级、高级人民法院受理。形式上效率有余，但再审程序频繁被开启，导致司法终局性受损，形式上的效率也并未实现。终审级别偏低与知识产权司法作为对接创新驱动发展战略，

---

① 罗东川：《建立国家层面知识产权案件上诉审理机制　开辟新时代知识产权司法保护工作新境界——最高人民法院知识产权法庭的职责使命与实践创新》，载《知识产权》2019年第7期。

② 习近平：《决胜全面建成小康社会　夺取新时代中国特色社会主义伟大胜利》，载《中国共产党第十九次全国代表大会上的报告》（单行本），人民出版社2017年版，第29页。

③ 《中共中央关于全面推进依法治国若干重大问题的决定》，载中国共产党新闻网，http：//cpc. people. com. cn，最后访问时间：2014年10月29日。

④ 《最高人民法院知识产权司法保障科技创新研究（上海）基地在上海知识产权法院成立——陶凯元为研究基地揭牌》，载中国法院网，最后访问时间：2017年9月15日。

建设知识产权强国和世界科技强国重器①的高度定位并不匹配。

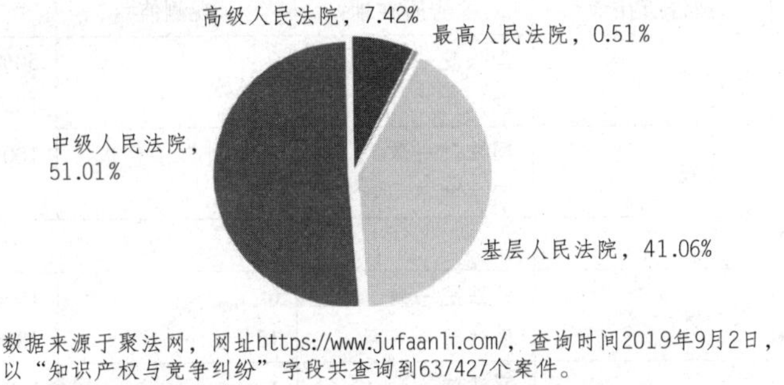

图1　近十年各级人民法院审理知识产权案件比例图

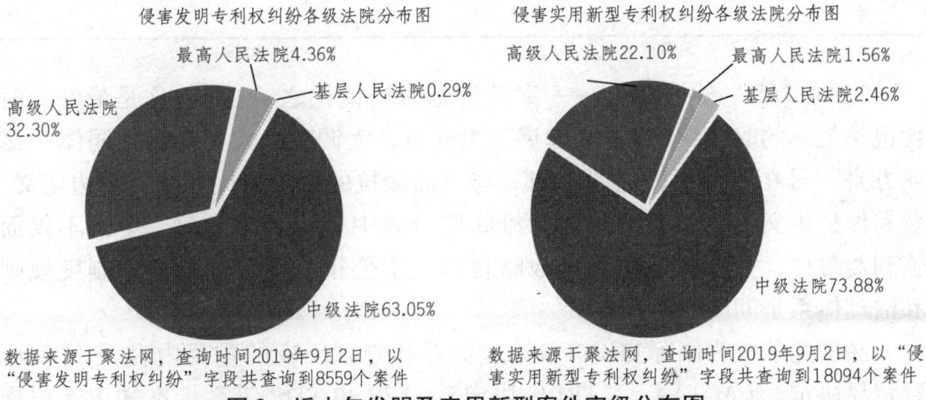

图2　近十年发明及实用新型案件审级分布图

2. 不患“寡”而患不“均”——同案不同判之“忧”。裁判尺度不统一及突出的地方保护严重损害司法公信力。据《最高人民法院公报》1985年至2010年收录的102件知识产权案例的实证研究发现：一审原被告都在法院所在地时原告胜诉的比例为71.11%，而原被告只有被告所在地在法院当地时下降到了60%。②

据2016—2018年近3年《最高人民法院公报》收录的20件知识产权案例统计分析得出：一审原被告都在法院所在地时原告胜诉的比例为50%，而原被告只有被告所在地在法院当地时下降到了18.75%。③ 原告在一审中胜诉率和原告所在地与一审法院所在地相同呈较强的正相关，表明地方保护主义导致的裁判不统一一定程度上仍存在。

① 刘春田：《知识产权司法的大国重器》，载《法律适用》2019年第3期。

② 龙小宁、王俊：《中国司法地方保护主义：基于知识产权案例的研究》，载《中国经济问题》2014年第3期。

③ 数据来源于2016年~2018年《最高人民法院公报》。

表1　原被告所在地与原告胜诉率统计图

审级	被告所在地	原告所在地	观测值	原告胜诉率
一审	同法院一致	同法院一致	2	50%
		同法院不一致	16	18.75%
	同法院不一致	同法院一致	2	100%
		同法院不一致		
总计	20			
二审	同法院一致	同法院一致	6	16.67%
		同法院不一致	13	38.46%
	同法院不一致	同法院一致	1	100%
		同法院不一致		
总计	20			

3. 内“忧”外“患”——案件管辖布局优化之“迫”。这是最好的时代也是最坏的时代,[①] 世界大发展、大变革、大调整，人类命运共同体“诺亚方舟”号在“阿里巴巴的山洞”与“潘多拉的盒子”间飘摇。单边主义、贸易保护主义抬头，逆全球化思维膨胀。以中美贸易战为例，中国不仅面临利益敲诈，更有技术遏制和战略打压，不公正、不合理的全球制度规则和治理体系是问题症结所在。

制度竞争成为国际知识产权治理体系和规则巨变的重要内容。[②]《反假冒贸易协定》(ACTA)、《TRIPS 协定》、TPP 和 TTIP 等高标准知识产权规则不断涌现、持续升级。积极融入、深度参与、贡献方案是历史的召唤、时代的使命。最高审判机关集中优势审判资源，全面提升知识产权司法保护效果成为刚需。

然而现行审级制度一定程度上束缚着我国知识产权大保护、快保护、强保护平等保护的机制的建立，尤其是再审频繁开启及其实际功能的异化导致的诉讼效率低下。

(二) 统筹“一盘棋”——“飞跃上诉”在中国的发展

1. 历史沿革：知识产权案件“飞跃上诉”的体系构建。2014 年，北上广破冰分设知识产权法院。2017 年起，最高人民法院先后批准设立 21 家知产法庭，跨省内行政区集中管辖有关案件。2019 年 1 月 1 日，最高人民法院知识产权法庭揭牌及《最高人民法院关于知识产权法庭若干问题的规定》，标志着“飞跃上诉”正式建立，在知识产权司法保护和中国法治发展

① ［英］查尔斯·狄更斯：《双城记》，张玲、张扬译，上海译文出版社 2012 年版，第 2 页。
② 王闯：《打造国际知识产权司法保护新高地》，载《人民法院报》2019 年 4 月 25 日。

进程中写下了浓墨重彩的一笔。

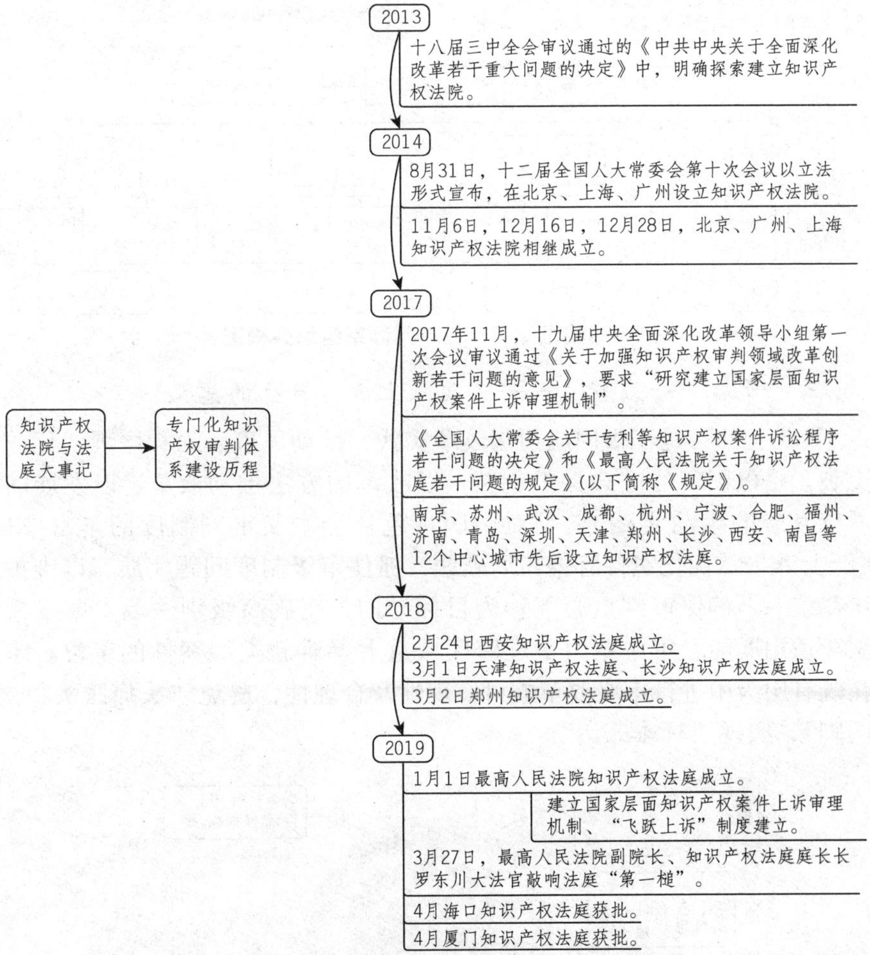

图 3　我国专门化知识产权审判体系建设历程图

2. 运行基础：知识产权案件“飞跃上诉”的组织架构。目前，我国已形成“最高人民法院知识产权法庭＋北上广知识产权法院＋地方专门知识产权法庭＋地方其他知识产权审判庭”知识产权专门化审判体系架构，管辖布局优化为新制度创设运行奠定了良好基础。中级人民法院级别一审的技术类知识产权案件飞跃上诉至最高人民法院后，由最高人民法院知识产权审判庭行使审判监督职能。

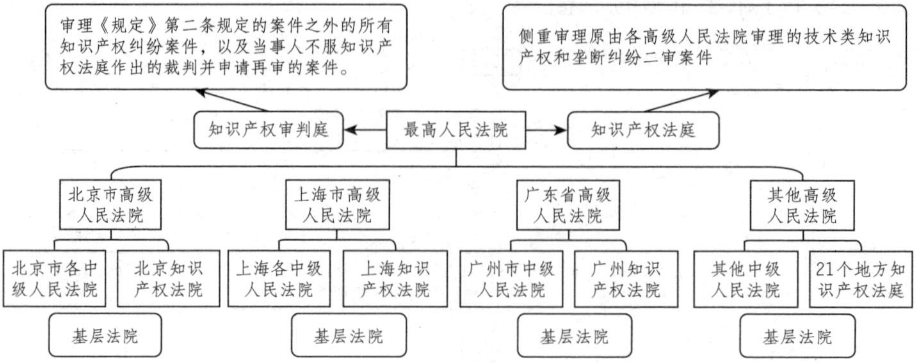

图4　我国知识产权审判体系组织架构图

(三) 开启"一扇窗"——"飞跃上诉"产生的意义

"飞跃上诉"是积极回应司法改革实践、推动民事诉讼程序现代化的重大突破，是以创新的方式保护创新，以改革的方法推动改革，以发展的眼光看待发展的生动实践,[①] 是对中国特色社会主义审判制度的丰富发展。"飞跃上诉"从优化案件管辖布局破题，抓住审级制度问题实质，以维护国家法律统一、确保审判重心下移为目标导向，明确高级别法院主要发挥统一法律适用职能、集中精力审理跨区域重大疑难新类型案件的定位。印证了在既有层级中进行审级改革的可实现性及合理性，避免"头痛医头""脚痛医脚"，实现"标本兼治"。

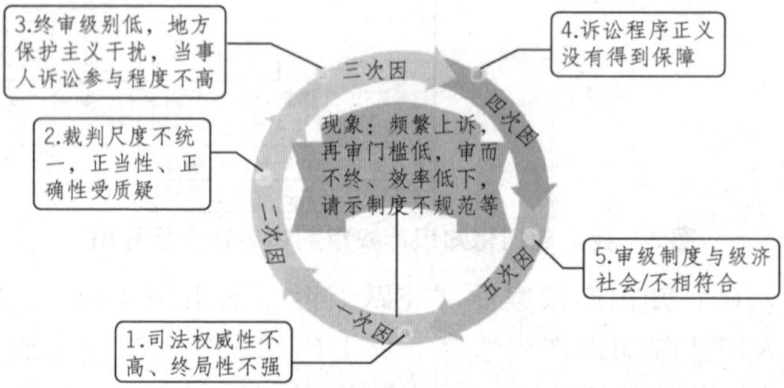

图5　审级制度困境5Why分析图

二、"抽丝剥茧"——知识产权案件"飞跃上诉"的剖析

审级制度是诉讼程序的基础，体现了不同国家法治历史及文化沉淀，

① 新华社：《用创新的方式保护创新　以改革的思维解决难题》，最高人民法院副院长、知识产权法庭庭长罗东川2018年12月29日于国务院新闻办公室新闻发布会上介绍。

目标是保障司法的统一性、权威性、正当性、正确性及终局性。[①] 审级改革每一项举措都需有坚实的理论基础，并综合内外部条件及制约稳步推进：根植于特有的经济社会土壤，把握好改革的节奏和力度，发挥法律制度对经济社会的改良引领作用，达到两者互相促进、螺旋上升、实现诉讼程序保障公平效率的效果。运用 SWOT 优劣势分析模型不难看出我国民事诉讼审级改革目前的方位。

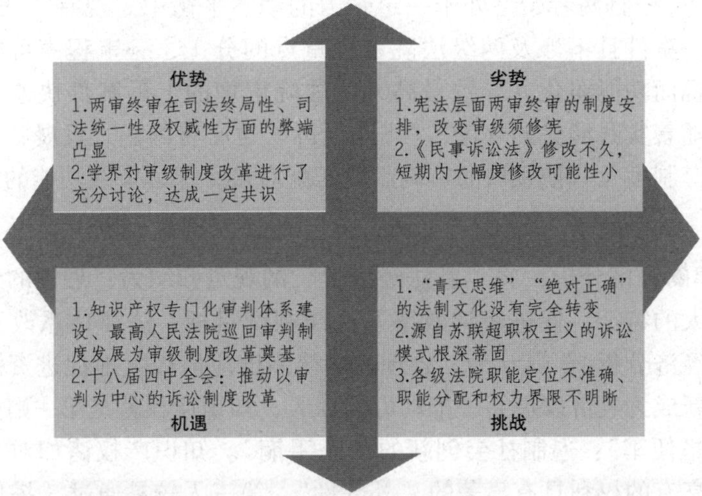

图6 现阶段我国审级制度改革面临的内外部条件及制约— SWOT 矩证分析图

（一）上下求索——“飞跃上诉”的法哲学剖析

马克思主义唯物辩证法认为，正确的认识都是同具体时间、地点、条件下的实践及客观对象相符合、一致，都是一定历史条件的产物。法的本质是社会生活、特别是经济发展的客观需要。[②] 法律作为规范、调整人们行为的一个子系统不仅需要与整个社会调整系统相协调，其自身内部也要各有分工、互相配合、协调一致。

1. 改革的起点：“形而下”的社会条件及司法实践。改革的起点并非“形而上”的绝对真理。三审终审虽然在理论界有一定共识，但其须建立在各级审判机构职责分工及互相制约的基础之上，否则只是简单地增加了一个审级，无助于司法统一性及权威性建立，反而使诉讼效率愈加低下。目前我国“飞跃上诉”采用“事实审 + 法律审”的模式，不以当事人达成合意为前提，并严格限定适用案件类型。一方面，没有违宪改变现有审级框架；另一方面，在可承受范围内打通了最高人民法院审理典型案件的障碍，

① 傅郁林：《审级制度的建构原理》，载《中国社会科学》2002 年第 4 期。

② 孙国华、朱景文：《法理学》（第二版），中国人民大学出版社 2004 年版，第 40 页。

提高了终审级别及司法权威性，为最高人民法院发挥统一全国法律适用、维护法治统一的功能提供了制度保障。

2. 改革的终点：顺时应势，永无止境。改革需要在实践中不断发展、完善。因理性认识的有限性和社会生活的不断变化，制度本身并非一个自给自足的系统，不能解决一切问题，需要其他改革配套跟进。

审级制度源于其本身“不完善的程序正义”的属性，包含公正和诉讼效率的矛盾，[①] 且两者始终处于一定张力的动态平衡中。现有“飞跃上诉”仅限于知产案件且不涉及两级法院审理重点的分工，一审程序可能因当事人的不重视而功能弱化并导致最高人民法院审理的上诉案件快速激增而不堪重负。随着实践形势的变化，“飞跃上诉”也必将内涵式发展、外延式扩张，与配套制度及其他领域的审判制度匹配对接，保证审级功能的实现。

（二）公平效率——对“飞跃上诉”的法经济学剖析

《法律的经济分析》将“新法经济学”的观点归纳为：理性的最大化是法律行为人的特征；促进经济效率乃法律制度目标；法律体系改革方案的设计需要经济分析。[②] 其认为，合理的法律制度应能极大地促进资源有效配置。在创新成为经济发展第一推动力的今天，知识产权就是第一财产权。[③]

1. “搭便车”：遏制社会创新的“杀手锏”。知识产权诸如对各种智力创造成果享有的权利具有显著的“外部性”，第三人较易通过“搭便车”行为无偿获得外部收益，并强加给权利人以外部成本。这就要求知识产权法律制度及体系能高效地对权利人施以保护，否则理性人都会选择“搭便车”，放弃创新活动，最终导致整个社会创新土壤贫瘠、创新能力匮乏。

2. “司法质效”：经济社会发展的“定盘星”。“飞跃上诉”有效提高了裁判的权威性、统一性及司法效率，为市场主体提供稳定的市场预期，从而降低交易成本，促进经济运行效率。此外，最高人民法院集中管辖特定类型知识产权案件进而阐明法律适用规则，有效降低了因成文法的制定修改滞后性给经济社会关系调整带来的时间、机会成本，利于突破成文法的天然局限，发挥司法的法律续造功能，符合法律统一适用的本质要求，对促进司法统一、稳定社会预期、建设创新型国家意义重大。

如“飞跃上诉”第一案[④]的审理阐明了“行为禁令”和“先行判决”

---

① 杨荣新、乔欣：《重构我国民事诉讼审级制度的探讨》，载《中国法学》2001 年第 5 期。

② [美] 理查德·波斯纳：《法律的经济分析（第 7 版）（中文第 2 版）》，蒋兆康译，法律出版社 2012 年版，第 5 ~16 页。

③ 刘春田：《我国民法典设立〈知识产权编〉的合理性》，载《知识产权》2018 年第 9 期。

④ 张晨：《缩短纠纷解决周期——统一司法裁判标准，以创新方式保护创新 最高法知识产权法庭运行状况调查》，载法制网，最后访问时间：2019 年 7 月 4 日。

是可以同时适用的两个制度，为类似案件的法律适用给予了指导，也给经济活动主体以明确的预期。

3. “飞跃上诉”：法治经济效率的“助推器”。

表 2　近 5 年最高人民法院全年新收各类知识产权案件分布（2013 年 ~2018 年）

案件类型	2013	2014	2015	2016	2017	2018	合计
专利案件	186	192	257	227	336	684	1882
植物新品种案件	6	8	3	1	9	0	27
商标案件	141	148	325	337	395	711	2057
著作权案件	176	56	83	64	29	50	458
集成电路布图设计案件	0	0	3	2	1	0	6
垄断案件	1	3	3	2	4	1	14
商业秘密案件	8	9	9	12	11	0	49
其他不正当竞争案件	9	16	14	23	14	0	76
知识产权合同案件	24	26	34	38	57	35	214
其他案件（主要涉及知识产权审判管理事务）	43	23	28	18	41	30	183
案件合计	594	481	759	724	897	1562	5017

（表 2 数据来源于 2013 年 ~2018 年中国知识产权司法保护状况白皮书）

技术类案件在我国知产案件中占比不高，大量技术性不强的网络、商标侵权案件无需由最高人民法院审理。① “飞跃上诉”第一案于 2016 年立案，后经管辖权异议、管辖权异议上诉、技术特征多次比对，两被告还另案提起案涉专利的无效诉讼，耗费了大量时间。若无“飞跃上诉”制度，该案上诉应由高级人民法院管辖，进入再审程序可能性大，纠纷处理将旷日持久，当事人的合法权益不能及时得到保护。将与创新联系更为紧密的高新技术、电子、机械、人工智能等案件集中上诉管辖以最低成本实现了法治自身经济效率最大化。可从三个维度考量：

表 3　法治经济效率最大化维度考量图

1. 投入产出角度	即使通过设立地方知识产权法庭，相对提高一审专业性，该类案件二审仍主要由高级人民法院管辖，裁判尺度不统一、地方保护主义的干扰等情况不能避免。“飞跃上诉制度”是现确弥补传统管辖不足，加强二审统一性的最有效途径，符合制度设计需要遵循经济规律的要求，能够在既定成本投入的前提下，高效率地产出相对正确的判决。

① 国务院新闻办公室：《国新办举行最高人民法院知识产权法庭有关情况发布会 最高人民法院相关负责人介绍最高人民法院知识产权法庭有关情况，并答记者问》。

续上表

2. 审判效率角度	由于知识产权案件“三审合一”的特殊性，通过“飞跃上诉制度”将相关民事、行政上诉案件一并收归最高人民法院管辖，实现相关技术类实现专利民事侵权诉讼与专利授权确权行政诉讼无缝对接，能有效解决专利案件诉讼程序复杂、审理周期长的问题。
3. 成本效益角度	民事诉讼效率要求实现个案成本与社会总体诉讼数量的平衡，基本前提是成本最优配置，即诉讼数量与诉讼投入的产出最大化。上诉程序完善重点在于提升筛选错误案件准确性的同时降低社会成本。知识产权“飞跃上诉”将案件类型限定在发明专利、实用新型专利、植物新品种、集成电路布图设计、技术秘密、计算机软件、垄断，融合了成本效益对比、合理控制上诉规模、实现飞跃上诉功能的考量。

（三）“活法”探究——“飞跃上诉”的法社会学剖析

1. 动力之源：“飞跃上诉”利益最大化的现实土壤。《法律社会学基本原理》指出，“法律发展的重心在社会本身，而非立法、法律或判决”。① 埃利希将“法以外在现实生活中实际上起法的作用的那些类法规则”② 归纳为“活法”，只有根植于“活法”的法律才能达到社会利益最大化。审级改革既不能“闭门造车”，又要处理好法律借鉴与本土化的关系。

当代中国法治文化与儒家传统文化契合，与西方司法哲学冲突。③ 要正视职权主义较重的法制文化土壤，不宜完全照搬“当事人主义”诉讼模式及严格区分“法律审”及“事实审”的精巧审级职责安排；又不能瞻前顾后、故步自封。从司法实践最受诟病的统一性、权威性不足出发，在对国家战略有重大意义及有一定组织载体准备的知识产权领域率先施行“飞跃上诉”，体现了法社会学社会效益最大化的要求。

2. 重心下移：最高人民法院司法职能强化的审判路径拓展。同样吸引公众眼球的另一份文件提出“合理定位四级法院民事审判职能，促进矛盾纠纷化解重心下移”，④ 将中级人民法院管辖一审民事案件的诉讼标的额上限调整为原则上为50亿元，高级人民法院管辖诉讼标的额50亿元以上或者其他在本辖区有重大影响的一审民事案件。知识产权民事案件除《规定》第二条所涉“飞跃上诉”案件外亦适用。

---

① 吕世伦：《西方法学思潮与流派》，法律出版社2005年版，第58页。

② 赵震江：《法律社会学》，北京大学出版社1998年版，第14页。

③ 杨凯：《寻找从现实生活中出发的民商事审判方法》，载《探索社会主义司法规律与完善民商事法律制度研究》，人民法院出版社2011年版，第752页。

④ 《最高人民法院关于调整高级人民法院和中级人民法院管辖第一审民事案件标准的通知》，法发〔2019〕14号。

表 4　　一般民商案件级别管辖表

	中级人民法院	高级人民法院
北京、上海、江苏、浙江、广东	直辖市中级人民法院以及省会城市、计划单列市、经济特区所在地的中级人民法院管辖诉讼标的额人民币 2000 万元以上的第一审涉外民商事案件	50 亿以上
	其他中级人民法院管辖诉讼标的额人民币 1000 万元以上的第一审涉外民商事案件	
天津、河北、山西、内蒙古、辽宁、安徽、福建、山东、河南、湖北、湖南、广西、海南、四川、重庆	直辖市中级人民法院以及省会城市、计划单列市、经济特区所在地的中级人民法院管辖诉讼标的额人民币 1000 万元以上的第一审涉外民商事案件	
	其他中级人民法院管辖诉讼标的额人民币 500 万元以上的第一审涉外民商事案件	
吉林、黑龙江、江西、云南、陕西、新疆	省会城市、计划单列市、经济特区所在地的中级人民法院管辖诉讼标的额人民币 500 万元以上的第一审涉外民商事案件	
	其他中级人民法院管辖诉讼标的额人民币 200 万元以上的第一审涉外民商事案件	
贵州、西藏、甘肃、青海、宁夏	省会城市、计划单列市、经济特区所在地的中级人民法院管辖诉讼标的额人民币 200 万元以上的第一审涉外民商事案件	
	其他中级人民法院管辖诉讼标的额人民币 100 万元以上的第一审涉外民商事案件	

“飞跃上诉”是逆“审判重心下移”的潮流行进抑或是与之有异曲同工之妙？笔者认为是后者。调整案件管辖标准只是审判重心下移的一种而非全部表现形式，对特定案件实施“飞跃管辖”，是立足于最高人民法院职能定位宏观指导型而采用的另一种形式。

表5　　知识产权案件一审法院级别管辖、标的额一览表

	基层人民法院	知识产权法院	高级人民法院
北京	管辖诉讼标的额在1亿元以下且当事人住所地均在本市的，以及诉讼标的额在5000万元以下，且当事人一方住所地不在本市或者涉外、涉港澳台的著作权、商标、技术合同、不正当竞争、特许经营合同等第一审知识产权案件	诉讼标的额在2亿元以下且当事人住所地均在本市的，以及诉讼标的额在1亿元以下且当事人一方住所地不在本市或者涉外、涉港澳台的专利、植物新品种、集成电路布图设计、技术秘密、计算机软件、垄断以及涉及驰名商标认定的第一审知识产权民事案件诉讼标的额在1亿元以上、2亿元以下且当事人住所地均在本市的，以及诉讼标的额在5000万元以上、1亿元以下且当事人一方住所地不在本市或者涉外、涉港澳台的著作权、商标、技术合同、不正当竞争、特许经营合同等第一审知识产权民事案件 本市有重大影响的其他第一审知识产权民事案件	50亿元以上
上海	管辖著作权、商标、技术合同、不正当竞争、特许经营合同等第一审知识产权案件	诉讼标的额在1亿元以下且当事人一方住所地不在本市或者涉外、涉港澳台的，以及诉讼标的额在2亿元以下且当事人住所地均在本市的专利、植物新品种、集成电路布图设计、技术秘密、计算机软件、垄断等第一审民事案件，以及涉及驰名商标认定的第一审民事案件	
广州	第一审知识产权民事案件除法律和司法解释规定应由知识产权法院管辖外由基层人民法院管辖	广州市辖区内第一审垄断民事纠纷案件 专利、植物新品种、集成电路布图设计、技术秘密、计算机软件等第一审民事案件 涉及驰名商标认定的第一审民事案件	
其他地区	最高人民法院制定的各类第一审知识产权案件	应当由经最高人民法院指定具有一般知识产权民事案件管辖权的基层人民法院管辖的以外案件	

现行审级下，原有案件管辖标准一方面案件数量过快增长给最高人民法院造成很大压力。《最高人民法院工作报告》公布的数据显示，2018年，最高人民法院受理案件34794件，审结31883件，同比分别上升22.1%和23.5%。[①]一方面，最高人民法院二审的典型案件数量有限，有“偏向于行政、业务方面的管理和指导……”的趋势。[②]在这种背景下，调整案件受理标准定位最高人民法院职能刻不容缓，限定技术类案件“飞跃上诉”恰是“审判重心下移”的另一种途径。

① 2019年度《最高人民法院工作报告（摘要）》，载中国政府网，http://www.gov.cn，最后访问时间：2019年3月13日。

② 刘斌、杨国平：《最高人民法院职能之探讨》，载《东南司法评论》2016年。

三、“以镜为鉴”——“飞跃上诉”对民事诉讼审级改革的示范效应

民事案件是经济社会关系的晴雨表。全国民事案件已经连续多年保持高增长势头，经济新常态下，价值取向日趋多元，社会风险形态各样，人民对法治完善越来越向往。“飞跃上诉”通过在现有体制下审级改革倒逼配套机制协调推进、打开了司法改革的突破口，不断促进司法程序现代化。在总结经验的基础上，向其他典型民事案件推广势在必行。

（一）杠杆撬动：加强实证研究推动司法机制创新

一直以来，审级改革都是学界和实务界热点讨论的话题，然而“形而上”的理论分析较多，“形而下”的实证分析不足。将问题归结于四级两审终审制度，认为需要改为三级终审的观点居多。四级两审终审制度在司法实践中的局限固然存在，但其也有法律文化、社会治理体制等客观基础。法院审级制度担负着多样化的司法功能，需要平衡与取舍不同价值目标。

任何改革都必须在宪法轨道上进行，之前许多呼声建议在全国设立 2 ~ 3 个知识产权上诉法院。最终落地建立最高人民法院知识产权法庭，笔者认为是基于司法改革必须遵循合宪性原则。2018 年《宪法修正案》保持了最高人民法院、地方各级法院和专门法院三种法院类型。短期内将跨区法院增设为独立的法院类型并不现实，既不利于司法改革的方向前进，也不利于后续对跨区法院具体制度的建设。

“飞跃上诉”既没有突破现有宪法框架，保持最高人民法院职能定位、两审终审制度、法院组织体系均不变，又为今后制度发展完善留有余地。知识产权“飞跃上诉”的组织机构、管辖布局及运作机制符合统一知识产权审判标准主要在二审的内在要求。“飞跃上诉”的知识产权案件仍可以申请再审。若今后三审终审制施行，“飞跃上诉”中现有的知识产权专门审判体系架构亦可以与彼时作为第三审的“上诉法院”无缝对接。这样的制度创新保持了改革的连续性和稳定性，有效开辟了审级改革新蓝海。

民事审级改革应结合现实特点和审判规律，在合宪前提下拓展高级别法院“促进矛盾纠纷化解重心下移”新渠道——通过直接审理重大、疑难、复杂、新类型案件，直接做出更具规范性、权威性的判决，解决涉及重要、典型、具有普遍指导意义的法律问题，总结提炼更规范、细致的规则，强化对下指导审判、统一法律适用。

（二）乘数效应：“职权＋当事人”主义推动民事诉讼程序现代化

1. 职权主导：以组织架构变化拓展内生动力。“飞跃上诉”的意义并非仅停留在组织架构和管辖集中的表现形式上，以审判体系现代化“倒逼”案件审判机制创新及技术优化，推动民事诉讼程序现代化是另一亮点。

借鉴“飞跃上诉”在案件审理过程中阐明法律适用的方式，通过协调司法解释制度与案例指导制度的分歧，以推动法律发展为导向，建立清晰、准确、完善的案例体系。在最高人民法院直接审理典型案件的基础上探索建立具有我国特色的案例指导制度，以凝聚业界共识、细化法律适用规则的方式将最高人民法院在具体案件中的法律适用原理作为广义的法律渊源，并与提级管辖制度、发布指导案例等方式互为补充，逐步直至取消个案请示，提升司法权威和司法公信。

2. 当事人为中心：“程序正义”的前提。公平正义是司法活动的生命线，包括实体正义及程序正义。从某种程度说，程序上的不公正更能激起对司法公信力的质疑。我国民事司法实践重实体轻程序，职权主义色彩较重，庭审过程“空洞化”，突出表现在法官可以超越当事人举证证明的范围之外认定案件事实并陷入合法程序外不正当干扰裁判的窠臼。程序本位主义者认为，程序正义是可以把握的、刚性的、可理解的，实体正义因为认识能力的有限性及真理的相对性具有或然性。① 程序正义高于实体正义，有使结果正当化、体现对程序主体充分尊重的独立价值。② 程序正义要求充分发挥当事人在庭审过程中的主导地位，法官居中裁判，不仅法官判断的对象受当事人主张的限制，且法官判断的依据只能来源于当事人，以避免法官因职权主动调查案情而陷入无法自证清白的陷阱，保护当事人程序权益、从而实现化解矛盾、案结事了、服判息诉。

3. 求同存异：职权主义与当事人主义在“飞跃上诉”中的融合。我国民事诉讼制度脱胎于苏联模式，初始具有极强的职权主义色彩。2007 年以来历次的《民事诉讼法》修改及司法解释的颁布，职权主义色彩有所淡化。未来《民事诉讼法》修改应吸收当事人主义的精华，构建具有中国特色的民事诉讼制度。主要表现为：通过职权主义发挥司法机关管理诉讼程序、限制当事人违反诚实信用原则滥用诉权、③ 推动诉讼程序现代化、提高司法公信力的职能作用；通过以当事人为中心的当事人主义实现公平正义，不断增强人民群众获得感、幸福感、满足感。

“飞跃上诉”第一案中，最高人民法院通过对侵权判定问题先行作出部分判决，允许当事人对此单独上诉，节省司法资源，提高审判效率；通过具体案件释明制度并存的适用条件和规则。此外，通过常态化诉讼服务体系建设，推进人工智能司法运用、建设典型案例数据库等一连串机制链条

① 汤维建：《论民事诉讼法修改的指导思想》，载 https：//www. docin. com/p－1273562927. html，最后访问时间：2019 年 8 月 29 日。

② 张卫平：《诉讼架构与程式：民事诉讼的范式分析》，清华大学出版社 2002 年版，第 102 页。

③ 张卫平：《民事司法制度的新发展》，载《检察日报》2012 年 9 月 7 日。

创新，有力推动审判质效提升，加快民事诉讼体系现代化。

（三）以梦为马——民事案件“飞跃上诉”门槛设定及载体设想

1. 门槛设定：助力重大风险防范。知识产权案件“飞跃上诉”综合考虑了我国法院的职能、编制、人员以及知识产权案件的分类、特点、数量、典型意义等因素，[①] 体现国家意志的同时实现了法律的社会控制功能。其他民事案件“飞跃管辖”在组织设定、案件类别筛选上应当有所区别，重点考虑案件类型新颖度、典型性、适法难易、社会效果、风险防范等因素，综合以下标准进行：一是要以人民为中心，回应群众关切，提升司法公信力及满意度；二是符合司法规律，发挥最高人民法院统一司法适用、引领司法实践的职能定位。三是对接国家战略，发挥最高司法机关的政治功能，为推动经济社会发展提供坚强保障。“三大攻坚战”是我国跨越关口的迫切需要，其中金融、生态风险是防范化解重大风险的重要方面。系统性金融风险严重威胁现代化经济体系建设，主要包括：银行、保险、证券、信托等中大型金融机构的信用风险和县级以上地方政府无法偿付到期债务。诱发银行、信托公司等金融机构破产案件、县级以上地方政府债务风险案件。重大环境污染案件数量不多，但事关生态文明建设和民生福祉，影响重大，建议采用“飞跃上诉”，由最高人民法院统一受理二审案件，充分发挥最高人民法院防范化解重大风险司法职能。

地方保护主义“毒瘤”极易催生区域性风险，为维护市场经济及国内统一市场形成秩序，建议在跨省级行政区域的民事案件中选择性适用“飞跃上诉”，赋予当事人合意选择“飞跃上诉”的权利，同时为防止当事人滥用诉权，由最高人民法院评估案件的典型意义及重大影响并裁定是否允许。

2. 载体设想：拓展巡回法庭职能。十八届四中全会作出重大部署，最高人民法院设立巡回法庭，涵盖全国26个省市自治区，形成“审理一案指导一片”的司法新格局。主要审理跨行政区域重大行政和民事案件，判决为终审判决。受案范围上各巡回法庭因地制宜，各有侧重，形成了独特的司法“大数据”。2018年上半年，各巡回法庭共计新收案件7873件，占最高人民法院新收相应类型案件总数的68.5%，[②] 最高人民法院审判工作重心下移、便利群众诉讼效果进一步显现。

综合前述诉讼效率成本、“职权+当事人”主义优势及制度衔接考量，笔者认为可以巡回法庭布局和巡回区为载体推广“飞跃上诉”。尽管知识产

---

① 《最高人民法院院长周强在十三届全国人大常委会第六次会议全体会议上〈关于专利等案件诉讼程序若干问题的决定草案作说明〉》，载《法制日报》2018年10月23日。

② 赵春晓：《中国特色司法文明建设的探索与实践——以最高人民法院第二巡回法庭的改革实践为视角》，载《法律适用》2019年第1期。

权专门审判机构分布与6个巡回法庭并无联系，但从制度设计看，二者在合理调配审判资源、节约法院经费、避免地方保护主义干扰，保证案件审判更加公平公正、便利当事人诉讼等方面有重合之处。最高人民法院知识产权法庭已于7月23日首次开展巡回审判，至此，最高人民法院知识产权法庭实质发挥了“第七巡回法庭”功能。

表6

知识产权专门审理机构与巡回法庭在区位设定对比表

巡回法庭	辖区	辖区特点	辖区内知识产权法庭、知识产权法院分布情况
一巡	华南	创新要素活跃，通过新类型案件审理加强对经济社会发展态势研判	广州知识产权法院、深圳知识产权法庭、海口知识产权法庭
二巡	东北	需要优质司法服务传导个案示范效应，助力东北老工业基地全面振兴	长春知识产权法庭
三巡	华东	经济发达、商业交易模式新型多样，借贷关系较为普遍，股权转让、票据、期货、破产清算、证券、保理等新类型案件多	上海知识产权法院、南京知识产权法庭、苏州知识产权法庭、杭州知识产权法庭、宁波知识产权法庭、福州知识产权法庭、厦门知识产权法庭
四巡	华中	“一带一路”建设、区域协调发展、长江经济带发展战略核心区域，新型、疑难、复杂案件多，对裁判尺度统一需求迫切	武汉知识产权审判庭、成都知识产权审判庭、合肥知识产权法庭、长沙知识产权法庭、西安知识产权法庭、郑州知识产权法庭
五巡 六巡	西南、 西北	幅员辽阔、位置偏远、经济社会发展相对落后、少数民族聚集，社会风险防范化解需求较大	兰州知识产权法庭、长春知识产权法庭、乌鲁木齐知识产权法庭
无	华北	有以最高人民法院为核心的地缘优势	北京知识产权法院、济南知识产权法庭、青岛知识产权法庭、天津知识产权法庭

推广“飞跃上诉”，除考虑各巡回法庭区域覆盖范围外，可根据各巡回法庭功能侧重点实施跨区域案件审理。如第三巡回法庭，下辖四省一市为我国生态保护重镇，下辖福建、江苏较早试点生态环境保护“三合一”专门审判模式，具有较好的专业化审判基础。建议由其集中审理重大生态环境保护飞跃上诉案件，以破解我国环保司法领域地方保护主义突出、裁判不统一、公益诉讼机制不完善等弊端。

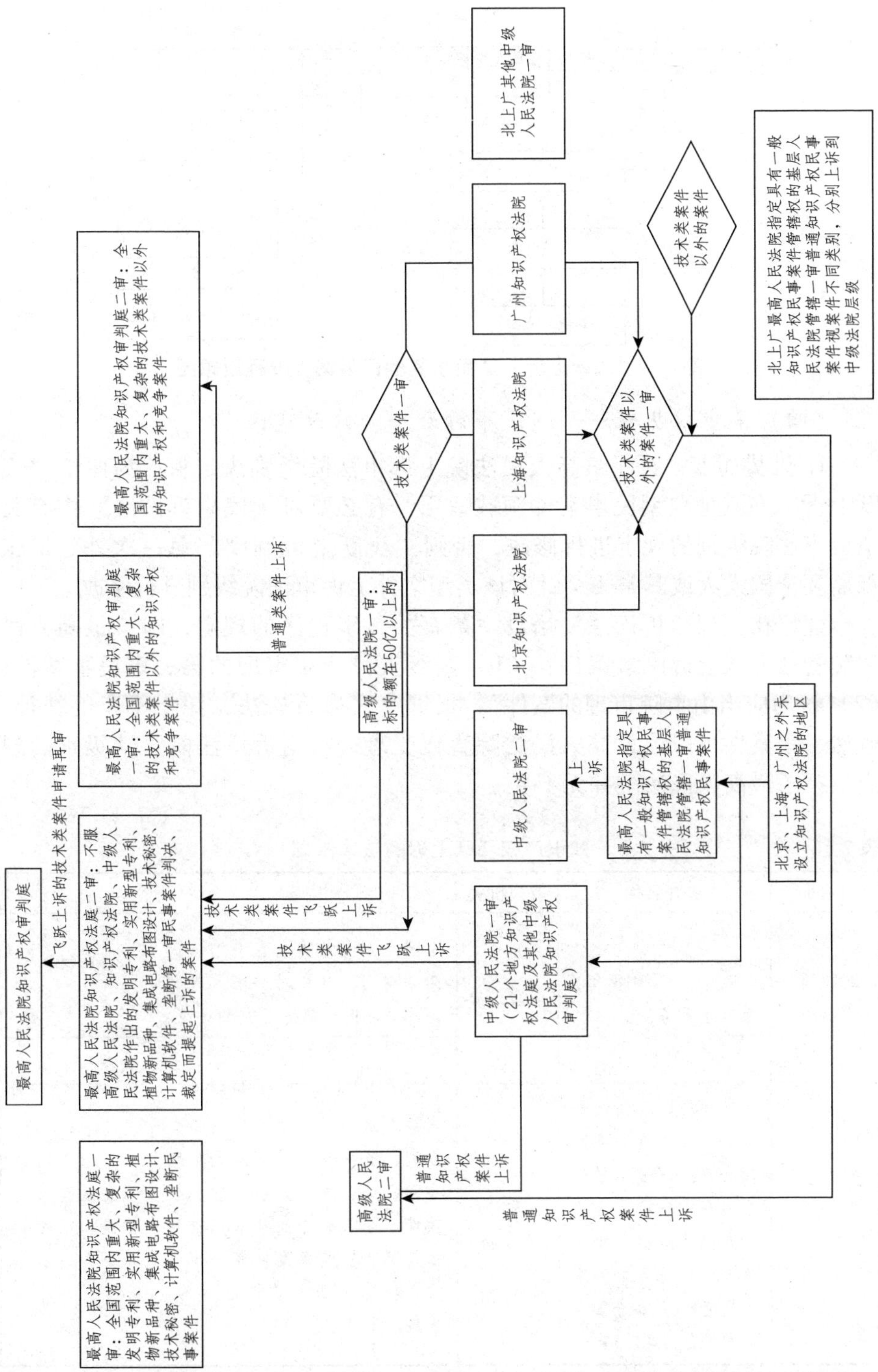

图7　知识产权案件飞跃上诉流程图（本图仅注明“飞跃上诉”案件申请再审情形）

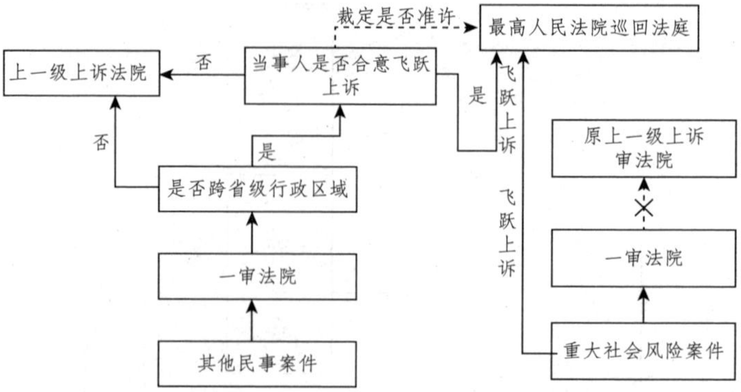

图 8 “飞跃上诉”适用于其他民事案件流程设想图

（四）举重以明轻——《民事诉讼法》修改建议

1. 因势而变：授予最高人民法院上诉审法院级别决定权。为便于“飞跃上诉”在其他典型民事案件领域适用，有必要对《民事诉讼法》中有关上诉审法院级别的规定进行修改，否则“飞跃上诉制度”每一次外延扩张都需要全国人大或其常委会针对该类型案件上诉审法院级别进行修改。

建议在《民事诉讼法》增设一条有关二审程序的规定，即“最高人民法院管辖下列上诉民事案件：（1）高级人民法院审理的第一审民事案件；（2）认为应当由本院审理的案件”。根据《民事诉讼法》第二十条的精神，既然一审案件可以由最高人民法院直接受理，将上诉审法院管辖级别的规定权授予最高人民法院并无不妥。

表 7　　知识产权飞跃上诉的法律依据

时间	法规名称	有权机关	内容	意义
2018 年 3 月 11 日	《宪法》（2018 年）第六十七条	全国人大	全国人大会常委会在全国人大闭会期间，有权对全国人大制定的法律进行部分补充和修改，不得同该法律基本原则相抵触。	全国人大常委会授权最高人民法院管辖二审上诉案件的依据
2018 年 10 月 26 日	十三届全国人民代表大会常务委员会第六次会议:《全国人民代表大会常务委员会关于专利等知识产权案件诉讼程序若干问题的规定》（简称全国人大常委会《规定》）	全国人大常委会	当事人对发明专利、实用新型专利、植物新品种、集成电路布图设计、技术秘密、计算机软件、垄断等专业技术性较强的知识产权民事案件第一审判决、裁定不服，提起上诉的，由最高人民法院审理	调整最高人民法院二审受案范围

续上表

时间	法规名称	有权机关	内容	意义
2018 年 10 月 26 日	《关于修改〈中华人民共和国人民法院组织法〉的决定（第三次）》（十三届人民代表大会常务委员会第六次会议通过）	全国人大常委会	最高人民法院设立知识产权法庭，主要审理专利等专业技术性较强的知识产权上诉案件，并对案件类型进行明确	专门化知识产权审判体系组织架构合法性来源
2018 年 12 月 3 日	《最高人民法院关于知识产权法庭若干问题的规定》（简称最高人民法院《规定》）（最高人民法院审判委员会第 1756 次会议通过）	最高人民法院	对发明专利等知识产权上诉案件由最高人民法院知识产权法庭审理及作出具体规定。	据有关法律规定，结合审判工作实际，就最高人民法院知识产权法庭相关问题作出规定。
2019 年 1 月 1 日	1. 《人民法院组织法》（2018 年修订）生效 2. 《最高人民法院关于知识产权法庭若干问题的规定》生效	1. 全国人大及常委会 2. 最高人民法院	同上	国家层面知识产权飞跃上升制度正式建立

2. 因时而变：协调推进配套制度改革。为发挥审级制度应有的作用，应适时改变我国现有四级审判机构在职权设置上的圆柱形结构。建议删除“法院可以依职权主动调查收集证据”的规定，将裁判依据的事实限定在经过当事人质证证据证明的范围内，取消人民法院发动再审的权力。如此，强化一审程序查明案件事实、二审程序纠正错误、最高人民法院统一司法的功能，并避免两级法院对同一案件事实反复认定损及司法权威性，通过科学设置不同审级审判机构的职权，形成各有侧重、分工明确、互相制约的金字塔形结构。

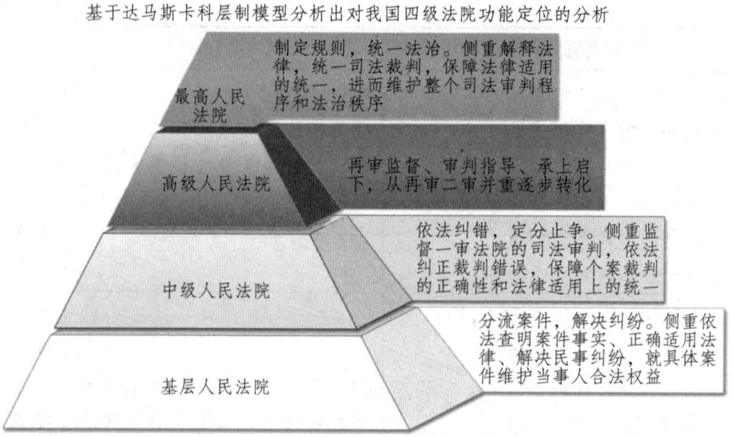

图 9　审级制度改革中法院功能定位的达马斯卡科层制模型分析图

结　语

正所谓：沉舟侧畔千帆过。站在新时代的历史坐标上，妥善处置、高效切断重大社会风险是建设现代化经济体系和跨越关口的迫切要求。转变经济发展方式、优化经济结构、转换增长动力、呼唤公正高效权威的社会主义司法制度。

司法改革是一项以审判服务经济社会发展新常态、保障经济持续健康发展和社会大局稳定为目标导向的系统工程，重点是诉讼程序改革及诉讼程序现代化。审级制度作为可以承载司法统一性、权威性、正当性、正确性及终局性多重价值目标的基本诉讼制度，堪称司法改革的关键。具有坚实法哲学、法经济学及法社会学基础的“飞跃上诉”制度巧妙回避几审终审的理论争议，拓展了从司法程序切入更好发挥最高人民法院司法职能、推进司法程序现代化的全新视野，为审级改革提供了一条可行的“新路子”。是在既有司法框架内回应司法实践、推进司法改革的绝佳范式，应充分吸收知识产权“飞跃上诉”应对新情况新问题新案件的积极因素，不断尝试机制创新“新法子”，结出司法改革“金果子”，更好提升司法质效，提升人民群众对司法的信任感和满意度，为实现民事审判体系和能力现代化奠定坚实基础，为社会主义现代化建设提供坚强保证。

诉的客观预备合并的需求语境与回应路径

陆朝举* 甄雪皓**

引 言

《最高人民法院关于深化人民法院司法体制综合配套改革的意见——人民法院第五个五年改革纲要（2019—2023 年）》要求“健全完善立体化、多元化、精细化的诉讼程序”。诉的合并制度作为民事诉讼的一项重要制度，在德国、日本以及我国台湾地区等大陆法系国家和地区的理论和审判实务中都有精细化的研究与实践，但我国民事诉讼体系对于包括客观预备合并之诉①在内的诉的合并的研究多限于对域外法的介绍或理论证成。在纷繁复杂的民事纠纷面前，当事人难以判断何种诉讼请求最为恰当，但又希望能够一次性解决纠纷，诉的客观预备合并不失为一个良好的方案。基于诉讼经济、保持裁判统一、尊重当事人的程序处分权等维度考量，诉的客观预备合并制度在理论与实践中具有正当性。司法实践中也在现实需求的推动下出现对于预备合并之诉适用的积极探索，但受制于规则缺失与理论繁杂，对于能否适用及如何适用争议较大。在此背景下，探索诉的客观预备合并的法律构造、需求及规则构建有现实意义。

一、司法实践中对于诉的客观预备合并的适用

客观的诉之预备合并（又称顺位合并、假定合并），通常是指在同一诉讼程序中，原告针对相同被告提起主位（或先位）之诉，同时提起或者追加提起备位（或后位）之诉，原告请求若主位之诉败诉则对备位之诉作出判决，若主位之诉胜诉，则备位之诉无须审判。②

---

* 作者单位：西藏自治区拉萨市中级人民法院。

** 作者单位：广东省广州市中级人民法院。

① 诉的预备合并分为诉的主观预备合并与诉的客观预备合并，对于诉的主观预备合并争议较大，本文不作探讨，以下内容所提及的诉的预备合并均指向诉的客观预备合并。

② 江伟：《民事诉讼法》，中国人民大学出版社 2013 年版，第 36 页。

（一）对于诉的客观预备合并适用的司法尝试

除却学者的理论研究外，司法实践中对诉的客观预备合并亦偶有阐释与适用，我们可以从具体的案例中窥之一二。

表 1　诉的客观预备合并适用的典型案例

类型	审理法院及案号案由	诉讼请求	法院观点
违约责任的不同承担方式	浙江省湖州市中级人民法院（2014）浙湖商终字第185号买卖合同纠纷	（1）确认乙公司单方解除合同的行为无效，双方继续履行买卖合同；（2）乙公司向甲公司支付解除合同的违约金104000元。	该两项诉讼请求内容上存在相互排斥关系，理论上属于预备合并之诉。所谓预备合并之诉，是指原告在提起主位诉讼的同时，于同一诉讼程序中提起预备诉讼，以备在主位诉讼无理由时，可以就其预备诉讼申请法院审判的诉讼合并形态。对于预备合并之诉，法院得就两项诉请合并受理后依次进行审理。
不同合同效力认识下的不同诉讼请求	江苏省徐州市中级人民法院（2018）苏03民终590号房屋买卖合同纠纷	（1）确认甲公司与乙银行之间关于涉案土地转让及房屋买卖合同无效；（2）如上述合同有效，则请求法院判决解除该合同；（3）判决乙银行向甲公司返还支付的本金及利息损失。	本案甲公司的起诉中，确认其与乙银行之间合同无效为主位之诉，如合同有效，请求法院判决解除合同为后位之诉。
同一行为的不同责任承担方式	江苏省睢宁县人民法院（2018）苏0324民初3428号房屋买卖合同纠纷	判令乙将涉案房屋交付甲；如法院不能支持甲的前述诉讼请求，则请求法院判令乙连带赔偿乙前述房产的价款损失293832元及其利息。	由于原告的诉讼请求为预备合并之诉，在原告要求被告交付房屋的诉讼请求法院不予支持的情况下，原告要求被告给付出售房屋价款损失的诉讼请求，法院予以支持。
有牵连关系的不同法律关系	湖北省黄石市中级人民法院（2017）鄂02民终1204号债权人撤销权纠纷、机动车交通事故责任纠纷	要求依法撤销乙与其达成赔偿46500元的协议，并主张由乙、丙与丁公司共同赔偿其医疗费、误工费、护理费、交通费、残疾赔偿金、后续治疗费、鉴定费、精神损害抚慰金等共计125139.3元。	本案当事人所提交通事故赔偿问题虽然涉及撤销之诉和侵权之诉两个不同法律关系的诉讼，但两者是有牵连关系的诉。其中的赔偿协议撤销之诉是侵权之诉的先决问题，此为诉的预备合并，法院则应先审理该诉，然后才有可能进一步审理侵权之诉。

以上四个案例中，法院认可原告的起诉构成诉的预备合并。案例一的两项诉讼请求是对于违约责任的不同承担方式，继续履行合同为主位请求，解除合同并支付违约金作为备位请求；案例二在对合同效力存有异议的情况下以合同无效作为主位请求，以解除合同作为备位请求；案例三以给付内容作为主位请求，以不能给付情形下的损失赔偿为备位请求；案例四将先决问题作为主位请求，将先决关系成立下的侵权损害赔偿问题作为备位请求。拆解来看，其实法院对于诉的预备合并的理解并不统一，案例一中原告诉讼请求中并未明确先后请求之间的顺位，但法院将其解释具有先后顺序的诉的预备合并；案例四中前后诉讼请求并非相斥的关系，法院亦将其理解为诉的预备合并。①

除司法裁判中对于诉的客观预备合并的积极探索之外，重庆市高级人民法院早在2007年就于其《关于当前民事审判若干法律问题的指导意见》②中对于诉的预备合并出具了指导意见。

表2　　重庆市高级人民法院对于诉的客观预备合并的指导意见

文件名称	具体意见
《关于当前民事审判若干法律问题的指导意见》	关于补充性诉讼请求的处理。补充性诉讼请求，又称预备性诉讼请求，是指当事人提出两个或两个以上的诉讼请求，为了防止第一位的主要请求不被承认，事先就提出如果第一位的主要请求不被承认就要求审理第二位次要请求，如果第一位的主要请求被承认就不用审理第二位次要请求的情形。人民法院应当允许当事人提出补充性诉讼请求，在未评议确定第一个请求能否支持前，对当事人的多个请求均应予以审理。诉讼中不必要求原告必须选择一个请求提交法院审判，但判决必须确定具体。

（二）诉的客观预备合并适用受限的现实因素

从上述司法裁判及指导意见可以看出，司法实务界对于诉的客观预备合并制度早有关注，也尝试了积极探索与适用，但此种诉讼请求的构造模式在司法实践中适用并不广泛。究其原因主要有三点：

其一，《民事诉讼法》中未对此种诉的合并类型作出明确规定，对于作为诉的合并制度基础的诉讼标的理论研究亦存在诸多分歧，司法实务界往往采取比较保守的做法，依赖以前形成的路径，不愿对诉的合并作过多涉及。

其二，受制于以案件数量为核心指标的传统审判绩效考核方式，相较于从整体上提高诉讼效益与倡导纠纷的一次性解决，法官从心理上倾向于

---

① 这种情形比较类似于德国法中的非固有之预备合并，具体在本文第二部分会作出说明。

② 检索自北大法宝，【法宝引证码】CLI. 13. 259648。

通过诉的分离增加案件数量，或简化法律关系降低审判难度。

其三，《民事诉讼法》中要求当事人提出明确与具体的诉讼请求，当事人提出的递进式请求很可能被认定为诉讼请求不明确被不予受理抑或被直接驳回起诉，或者被释明要求明确诉讼请求，以至最终进入到实体审判中的预备合并之诉的数量并不多，表 3 中的案例反映出司法实务中的此种倾向。

表 3　对于诉的客观预备合并持否定态度的案例

审理法院及案号案由	诉讼请求	法院观点
福建省莆田市秀屿区人民法院（2017）闽 0305 民初 4514 号民间借贷纠纷	（1）判令甲与乙公司签订《商品房买卖合同》，并为甲办理《商品房买卖合同》的备案登记和商品房预告登记手续，交付房屋；（2）判令乙公司无法履行上述义务的情况下，立即偿还甲借款 2000 万元及该款自起诉之日起至实际还清之日止按年利率 6%计算的利息。	甲既诉求乙公司依约履行商品房合同，交付房屋，又诉求乙公司在商品无法履行时偿还借款 2000 万元及利息，属于选择性请求，诉讼请求不明确，不具体，不符合法院受理案件的条件。

二、诉的客观预备合并的特征及价值

诉的客观预备合并在德国、日本和我国台湾地区理论研究和司法实务中较为成熟，但是也没有将诉的客观预备合并在民事诉讼法中进行明确规定，而是通过学界的理论成果和大量的司法判例逐步发展成熟。各国对于诉的客观预备合并的适用最主要的区别在于主位请求与备位请求之间的关系，本部分将简要厘清诉的客观预备合并的主要特征及价值。

（一）诉的客观预备合并的特征解构

考察以上国家和地区民事诉讼中诉的客观预备合并的具体形态，可解构出以下基本特征。

1. 主位请求与备位请求之间的关联性。日本及我国台湾地区的通说主张前后请求需要相互排斥，才能构成诉的预备合并。德国现在的学说不再坚持预备合并之诉必须以主位请求和备位请求相互排斥为条件，甚至扩张至将互不相干的主位请求和备位请求合并起诉，也纳入诉的预备合并的范围。此外，德国亦承认非固有的诉的客观预备合并，即在主位请求成立时，备位请求可能成立；在主位请求不成立时，备位请求不成立。在主位请求不成立情形下，法院不需审查备位请求；在主位请求成立场合下，需要就备位请求进行裁判。①

① 刘玉田：《诉之预备合并的比较与借鉴》，载《环球法律评论》2004 年第 2 期。

2. 主位请求与备位请求之间的顺序性。在诉的预备合并中，主位请求和备位请求有先后次序，原告将主位请求作为首要之选，在主位请求被认定无理由的情形下，才选择请求法院就备位请求进行裁判，这也是诉的客观预备合并与诉的选择性合并的本质区别。

3. 备位请求的附条件性。备位之诉系附条件的起诉，是以主位之诉有理由判决确定，为预备之诉系属的解除条件，而以主位之诉的不合法或无理由判决，为请求法院审判备位请求的成就条件。基于诉讼关系的明确与安定，诉讼行为原则上不得附条件，惟诉之客观预备合并因所附条件属于诉讼内部条件，实务上一贯允许为之。①

（二）诉的客观预备合并的程序与实体价值

诉的客观预备合并使相同当事人间的民事纠纷通过一个诉讼程序进行辩论、裁判，节省当事人及法院的成本，扩展当事人程序选择空间，符合诉讼经济原则，同时也具备避免发生矛盾判决之功用。

1. 诉讼经济：实现程序扩容。诉讼经济原则强调减少成本以及纠纷解决的一次性，为当事人提供迅速而便利的权利保护，避免不必要的诉讼程序，透过顺畅的程序解决纠纷。与其他类型的诉的合并相同，诉的客观预备合并可通过节约时间及经济成本来实现程序扩容，实现诉讼效益。若不认可诉的客观预备合并，当事人无法同时提起主位之诉与备位之诉，当事人的诉讼请求若不成立，很大概率上需要另行提起诉讼。前后两个诉讼的审理期限与诉讼费用都需单独计算，立案、答辩、庭审举证、质证等程序亦有所重复，与诉讼经济原则相悖。诉的客观预备合并运用一个程序解决相同当事人之间的纠纷，同一诉讼的司法投入成本被复合后的诉讼分摊，诉的单位成本得以降低，诉讼效益得以整体提升，符合诉讼量剧增背景下社会对司法效率及其经济性的要求。②

2. 实质正义：保证裁判的统一性。裁判的统一性是司法权威的重要保障。为确保裁判结果的一致性，理想化的状态是遵循"一个事实，一个程序，一个评判"的逻辑。③ 多个程序对同一事实进行评价容易形成矛盾裁判，无法实现保证裁判统一的程序价值。既判力虽可在一定限度上防止不同程序就同一事实或纠纷作出矛盾判决，但"既判力所表现出来的防止相互矛盾判决的确定力往往只是理论性的，由不同的审判组织甚至不同的法院分别审理几个有联系的案件时，基于诉讼信息的可能不对称，或者基于

---

① 陈启垂：《诉之预备合并》，载我国台湾地区《月旦法学教室》第14期。

② 徐吉平、黄鹏：《诉讼效益实现新论——对现代型民事诉讼的法经济学观察》，载《内蒙古社会科学（汉文版）》2014年第6期。

③ 黄鹏：《诉之合并制度及其合并规则初探》，载《云南大学学报法学版》2015年第6期。

法官对法律的不同理解和认识，都可能导致相互矛盾的判决产生”。[①] 诉的客观预备合并对裁判统一性的要求有着良好的制度回应，运用该制度可达成自然事实的内在关联同一性向诉讼程序外在形式同一性的转化，将关联事实尽量置于一个大的诉讼框架之内，[②] 全面获取有关特定事实的信息，避免相同事实在不同案件中被给予重复评价，降低矛盾判决发生的概率，保证司法裁判的统一性。

3. 意思自治：尊重当事人处分权。对于诉的合并的形态尽量予以认可，与民事诉讼赋予当事人适时裁判请求权的理念相契合，也是民事诉讼处分权主义的内在要求。立法者在设计诉讼制度时，应致力于赋予当事人有平衡追求程序利益与实体利益的机会，尤其是程序选择权与程序处分权之保障，应赋予当事人有优先追求程序利益，以达成迅速而经济裁判的机会。[③] 预备合并之诉的制度安排允许原告按照自己的想法选择有利于自身的灵活诉讼策略，本身即彰显了对原告处分权的尊重。若一定要求当事人只能选择其中一项或一组诉讼请求向法院起诉，当事人会感觉诉讼程序对其保护的不周全，权利的行使途径不够顺畅，容易产生抵触心理。

三、诉的客观预备合并的现实需求语境

诉的预备合并制度尚未得到我国立法与司法实践的普遍认同，对于原告在起诉状中提出的假定性的主张，在实务中很可能被以“请求不明确”为由驳回。[④] 民事诉讼法上虽无明确承认预备合并之诉，但该种诉讼请求的安排符合程序法上处分权主义和纠纷一次除尽的价值理念，该种安排也未被民事诉讼明确禁止，且司法实践也进行了有益尝试。从现实角度考察，诉的客观预备合并对于解决我国目前司法实践中存在的请求权竞合难题、重复诉讼困境可提供良好的解决思路。

（一）为请求权竞合难题提供可行解决路径

在历史演进过程中，诉讼标的的争论就是关于如何解决请求权竞合导致诉讼标的为复数的争论。[⑤] 在请求权竞合语境下，当事人选择了一种请求权之后，在其损害得到赔偿的场合，另外一种请求权归于消灭，对此争议

---

① 张晋红：《诉的合并有关问题的思考——兼论提高民事诉讼效率的有效途径》，载《广东商学院学报》2002 年第 4 期。

② 黄鹂：《诉之合并制度及其合并规则初探》，载《云南大学学报法学版》2015 年第 6 期。

③ 吴从周：《初探诉讼经济原则——一个法律继受的后设描述》，载《兴大法学》2010 年第 5 期。

④ 纪格非：《“真实”的保障与限度——我国民事诉讼中当事人真实陈述义务之重构》，载《法大民商经济法评论（第十二卷）》，人民法院出版社 2016 年版，第 167 页。

⑤ 董少谋、王蓓：《诉讼标的论的新视角——创设预备性合并制度的思考》，载《西安财经学院学报》2011 年第 1 期。

不大。但由于不同请求权的成立要件、举证责任、赔偿范围、诉讼时效、责任方式等方面存在诸多差异，如果当事人选择了一种请求权因未能满足其要件而致该请求权未获实现，是否允许当事人行使另外一种选择权？《合同法司法解释（一）》[①] 将违约责任与侵权责任的选择权的时点限定于“起诉时”，否定了当事人在请求权未得到满足时选择另一种请求权的机会。但是如果当事人因为所选择的请求权不恰当而未获支持，应允许当事人选择其他请求权来实现自身权利，否则会违背请求权竞合的设计初衷。“诉讼维度中，请求权竞合是动态的演变过程，始于原告的竞合主张，终于法官对数项权利的实体判断，而这一终点才是实体维度与诉讼维度的衔接点，只有在程序终点而非起点，让受让人行使选择权，才是请求权竞合的应有之义。”[②] 请求权竞合的实体属性与民事诉讼程序的对接过程因为司法解释的规定出现异化与错位。[③] 在不触动现有请求权体系和传统诉讼标的理论的基础上，[④] 诉的客观预备合并为请求权竞合难题提供了一个有效的解决方案。

（二）与法官释明权实现良性互动

在当事人对合同效力或合同性质不确定的情况下，当事人可采用提出主位之诉和备位之诉的诉讼策略。需明确的是，法官可以通过行使释明权引导原告变更诉讼请求实现与诉的客观预备合并的相似效果，是否有必要打破原有框架确立诉的客观预备合并？对此答案应当是肯定的。我国对于释明权相关的系统及专门化的规范仍处于缺位状态，且审判人员对于释明权的把握亦不能完全避免出现差错，一旦界限把握不当或释明错误，可能会违背法官中立原则，超越处分原则限度，又可能影响诉讼格局。[⑤] 且诉的客观预备合并并非对释明权的绝对排斥，而是在起诉阶段赋予当事人以选择权，有利于保证后续诉讼程序的有序性，对于现有的释明权制度起到补强的效果。法官在行使释明权的过程中，当事人变更诉讼请求的模式多为“如果法院认定……则变更诉讼请求为……”，其本质上与诉的客观预备合并无异。让当事人附条件地变更诉讼请求，可以避免法官释明错误导致当事人错误变更诉讼请求的风险，实现诉的预备合并与法官释明权的良性互动。

---

① 即《最高人民法院关于适用〈中华人民共和国合同法〉若干问题的解释（一）》（此处简称为《合同法司法解释（一）》）第三十条。

② 董少谋、王蓓：《诉讼标的论的新视角——创设预备性合并制度的思考》，载《西安财经学院学报》2011 年第 1 期。

③ 袁琳：《基于“同一事实”的诉的客观合并》，载《法学家》2018 年第 21 期。

④ 李磊：《请求权竞合解决新论——以客观预备合并之诉为解决途径》，载《烟台大学学报（哲学社会科学版）》2016 年第 7 期。

⑤ ［日］新堂幸司：《新民事诉讼法》，林剑锋译，法律出版社 2008 年版，第 219 页。

（三）突破基于同一生活事实重复起诉的困境

由于当事人举证能力的有限以及对法律效果判断可能存在的偏差，当事人有时无法正确提出能够得到支持的诉讼请求，为实现自身实体权利，当事人基于同一事实重复起诉的现象屡见不鲜，司法对此处理态度不一，形成诸多困扰。此种现象在三种情形下表现得尤为明显。

1. 当事人在基础关系诉讼中的请求未获支持，转而以其他基础关系就同一事实提出诉讼。此类情形以民间借贷纠纷为典型。在民间纠纷借贷案件中，一方在无法提供充分证据证明存在借贷关系的意思表示时，存有将借贷关系转化为不当得利的诉讼请求的可能，司法实践中对此类案件的处理思路并不固定，主要有三种：（1）不向当事人释明变更诉讼请求，若判决认定借贷关系不成立，如另行以不当得利关系提起诉讼，则予以受理；（2）不向当事人释明变更诉讼请求，若判决认定借贷关系不成立，如另行以不当得利关系提起诉讼，以“一事不再理”为由裁定不予受理或驳回起诉；（3）若法院认为借贷关系不成立，向当事人释明变更诉讼请求，则直接以不当得利进行裁判。

表4　　民间借贷转化为不当得利的司法裁判态度示例

前案案由	后案案由	后案审理法院及案号	是否认定为重复诉讼	处理方式
民间借贷纠纷	不当得利纠纷	云南省昆明市中级人民法院（2018）云01民终2684号	否	对是否构成不当得利进行实体审理
		浙江省杭州市中级人民法院（2016）浙01民终2179号	否	因不当得利主张与前案中原告主张的民间借贷关系相矛盾，故对于原告主张不当得利的请求不予支持
		山东省德州市中级人民法院（2018）鲁14民终3144号	是	驳回起诉

2. 基于同一事实产生同一责任，但有不同的责任承担方式。以买卖合同纠纷等合同纠纷为例，一方当事人违约，另一方当事人可主张继续履行、补救措施或赔偿损失等形态的违约责任，若当事人主张继续履行，但法院认定合同不适宜继续履行或违约方没有履行能力等，守约方若未在法定期限内变更诉讼请求，只能承担败诉的后果，通过再次起诉主张其他形式的违约责任。

3. 当事人提出的请求所依据的法律关系不成立，转向寻求法律关系不成立情形下的责任承担方式。以商标侵权纠纷为例，在商标侵权案件中，在先使用抗辩作为一种抗辩权，旨在对抗请求权，原告的诉讼请求多为请求判令被告停止侵害、消除影响并赔偿损失，而不包含请求被告附加区别标识。[①] 如果被告在先使用的抗辩成立，不构成侵权，法院若判决驳回原告诉讼请求，则原告只得另诉要求被告附加区别标识，导致诉累；若直接判决附加区别标识，又有超出诉讼请求的嫌疑，两种方案均无法达到最优结果。

四、诉的客观预备合并的规则构思

当事人基于同一纷争事实，往往可主张不同法律效果，或基于不同构成要件事实而为同一法律效果请求。基于胜诉的考量、举证的难易度、请求范围的多寡，原告势必穷尽法律上各种可能的主张，甚至主张相互矛盾构成要件事实以求胜诉。如果不允许预备合并之诉的存在，当事人一旦诉讼请求策略选择错误，可能要重新提起诉讼，或接受一事不再理而无法保护自己合法权益的不利后果。立法上的缺失与空白导致适用的无序、司法资源的重复浪费和当事人的诉累。[②] 针对这种现状，确立诉的客观预备合并具有必要性，而推动诉的客观预备合并制度的发展需要以具体可操作的适用规则为支撑。

（一）以限缩的立场确定诉的客观预备合并的适用情形

诉的客观预备合并在不同国家与地区的内涵虽基本相同，但扩张与限缩的程度有差异，其中德国对于该项制度的适用最为宽泛。德国的选择是在司法实践中不断探索与尝试中形成，对于我国具有一定的指引性与前瞻性，这是否意味着我国应采取与德国相同的态度？本文认为，我国现阶段不宜采取与德国相同的模式，我国在选择上应严格保持主位请求与备位请求的相互排斥性。具体可从以下现实因素考量：

首先，从诉的客观预备合并的价值属性出发，主位请求与备位请求之间实体法上的不相容性与序位性是诉的客观预备合并与其他诉的合并形式的本质区别，否定这种不相容关系将使得诉的客观预备合并的价值大打折扣。并且在主位请求与备位请求不具有互斥性之场合，并不需要借助诉的客观预备合并这一工具。

其次，对于诉的客观预备合并的基本理论尚未形成统一认同，加上传统的审判绩效考核系以案件数量为决定因素，法院更倾向于通过诉的分离增加案件数量，简化法律关系，而非通过诉的合并一次性化解纠纷。司法

---

① 《商标法》第五十九条第三款。

② 邱星美：《客观的预备的诉之合并——一个立法需要填写的空白》，载《法学杂志》2014年第2期。

理念中对诉之合并秉承着紧缩、限制甚至排斥的内生趋势。[①] 如果过度扩张诉的客观预备合并的适用，有可能出现宏大并具有前瞻性的规范，却无法契合具体的司法环境，反而可能将制度架空。

最后，如果采取过于宽容的立场，赋予当事人最大的自由，可能导致一个诉讼的程序过于臃肿与复杂，反而有损于诉讼效率，背离诉的客观预备合并的诉讼经济价值。

基于以上考虑，为避免过度增加诉的复杂性，在法律关系的简化与当事人权利的一体救济之间取得平衡，最大程度发挥诉的客观预备合并的制度功用，在现阶段应当对于能够适用诉的客观预备合并的情形进行列举式限制。当事人提出预备请求的情形可限定于：

（1）同一责任类型的不可并存的承担方式；

（2）基于同一事实之不同责任产生的数个不可并存的请求权；

（3）当事人对法律关系的性质或法律行为的成立、效力提出异议，同时又基于某种法律关系的存在，法律行为的成立或有效而要求对方承担责任；

（4）其他适宜采用诉的客观预备合并进行审理的。

对于前三项情形，当事人如果分别提出主位请求与备位请求，法院不应要求当事人必须明确其中一项请求提交审判。在第四种情形中，应由法院决定是否适合采用诉的预备客观合并进行审理，如法院认为不适宜，则可要求当事人明确或变更诉讼请求，如当事人拒绝变更的，可不予受理或驳回起诉。此外，当事人提出的诉讼请求应有明确顺序，如果原告经法官释明拒绝明确顺序的，裁定不予受理或驳回起诉。

（二）诉的客观预备合并的一审审理规则厘定

在一审审理程序中，存有争议的主要问题是备位请求的审理时机。备位请求应当在认定主位请求不成立之后开始审理，还是应与主位请求进行共同审理？本文倾向于后者。如果将诉的预备合并严格限定在第一部分所确定的几类情景之下，那么主位请求与备位请求之间逻辑上会存在紧密关联。从审判思维的角度，尽管两诉在裁判的角度上有先后顺序差异，但由于前后诉讼请求所依据的基本事实素材并无实质差异，即使无需对备位请求作出裁判，也会对主位请求与备位请求进行推理与判断，同时审理符合审判思维和认知规律。预备合并之诉的“预备”仅对于裁判结果有限制，对法官的审理思维及推理顺序不应产生限制。如果将主位请求与备位请求分开审理，何时启动备位请求的审理，在实务操作上很难把握。

---

① 王晓玲：《客观预备合并之诉的本土建构》，载《西华师范大学学报（哲学社会科学版）》2018 年第 1 期。

关于诉讼费的负担，原告请求法院就两项诉讼请求中的一项判决胜诉，其经济利益、诉讼利益为其中的一项，诉讼标的额应以其中价额最高计算，不应合并计算。在原告就主位请求或备位请求之一胜诉时，诉讼费由被告负担。

（三）诉的客观预备合并的二审审理规则厘定

一审法院针对原告的主位之诉和备位之诉的实体处理的可能情况包括：（1）认为主位请求成立；（2）认为主位请求不成立，备位请求成立；（3）认为主位请求与备位请求均不成立。在这三种情形下，需要分别理清上诉主体以及二审审理规则、诉讼费的负担情况。

1. 一审法院支持原告的主位请求的上诉情形。此情形下原告的诉讼请求得到支持，并无上诉必要，如果被告提出上诉，需要讨论的是若二审法院认为原告的主位请求无理由，能否直接就备位请求进行裁判的问题，也就是有无必要保护当事人就备位请求的审级利益问题。对此有两种不同的观点：第一种观点认为备位请求与主位请求之间系附条件关系，备位请求附随在主位请求之上，在生效判决作出前，这种关系始终存在，因此备位请求可以直接作为二审的裁判对象。第二种观点认为备位请求仍系属于一审法院，不发生移审的效力；若二审法院认为被告的上诉请求成立，不应当直接就备位请求进行审理，而应当撤销一审判决，由一审法院就备位请求进行审理。

本文赞成第一种观点。正如前文所述，一审法院原则上应当同时就主位请求和备位请求进行实质审理，在二审法院认为先位之诉无理由时直接就备位请求进行裁判，并未损害当事人的审级利益。如果仍要求一审法院重新进行审理裁判，反而会造成不必要的程序浪费，与诉的客观预备合并的制度功能相悖。

此情景下的诉讼费负担规则，应按照主位请求的标的额计算预缴金额。如果二审法院认为主位请求无理由，备位请求有理由时，此时诉讼费仍应由被告负担，一方面是因原告并未就备位请求上诉，另一方面既然备位请求当然发生移审效力，原告自然无需就备位请求缴纳二审案件受理费。①

2. 一审法院支持原告的备位请求的上诉情形。此情形下首先需要讨论原告是否具有上诉利益。原告的主位请求不被认可，备位请求被支持时，虽然从形式上看仍属于原告胜诉的判决，但是因为否定了原告的主位请求，判决对原告、被告均属不利，当事人双方均享有上诉利益。② 此时原告的上诉利益表现为一种序位利益。③ 在原告上诉理由成立的情况下，备位请求成

① 吴光陆：《客观预备合并诉讼之裁判费》，载我国台湾地区《月旦法学教室》2012 年第 113 期。

② 刘文勇：《民事一审裁判上诉利益的判断》，载《法律适用》2019 年第 5 期。

③ 占善刚、胡辉：《民事司法的理论与实务》，中国政法大学出版社 2016 年版，第 326 页。

就条件就解除，二审法院应改判支持主位请求，驳回备位请求。

若只有原告上诉，上诉费用按照主位请求的标的额计算，依照胜败诉情况由原被告分担。若只有被告上诉，上诉费用按照备位请求计算，依照胜败诉情况由原被告分担。在原被告双方同时上诉的场合，若法院认为原告上诉有理由，被告上诉无理由时，法院应当改判支持原告的主位请求，驳回原告的备位请求，此时诉讼费应由被告负担，诉讼费金额按照主位请求和备位请求中较高者计算。若法院认为原告上诉无理由，被告上诉有理由，诉讼费应由原告负担，诉讼费金额亦应按照主位请求和备位请求中较高者计算。若原被告的上诉请求均不成立，诉讼费由原被告分别按照主位请求与备位请求的标的额计算。

3. 一审法院同时驳回主位请求与备位请求的上诉情形。此种请求下，原告提出上诉的方式分为：（1）仅针对主位请求提出上诉，此时应尊重原告的处分权，仅针对主位请求进行处理，无需对备位请求进行处理，诉讼费按照主位请求的标的额计算收取；（2）仅针对备位请求提出上诉，此时亦应尊重原告的处分权，仅针对备位请求进行审理，诉讼费按照备位请求的标的额计算收取；（3）同时针对主位请求和备位请求提出上诉，此时二审法院处理思路与一审法院无异，即先审查原告的主位请求是否成立；若主位请求不成立，再审查备位请求是否成立。此种情形下，诉讼费按照主位请求和备位请求中较高者收取，最终由败诉方负担。

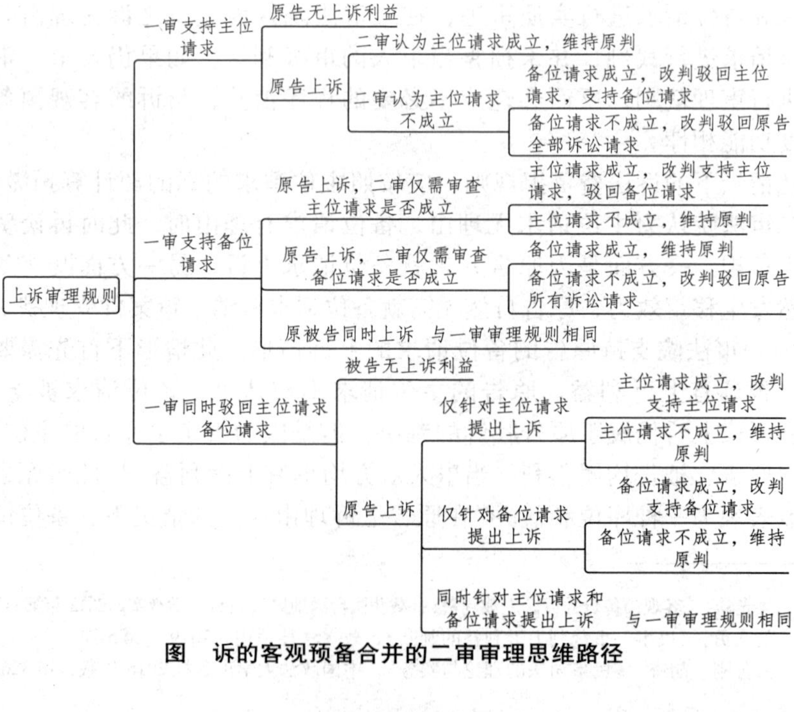

图　诉的客观预备合并的二审审理思维路径

结 语

法律的生命不在于逻辑，而在于经验。客观的诉的预备合并制度虽未在我国《民事诉讼法》中进行明确规定，但其适用并不违反民事诉讼程序禁止规定，并因现实需求而在司法实践中有着积极的探索与尝试。基于诉讼经济、保持裁判统一、减轻当事人讼累等程序及实体功用，诉的客观预备合并制度在理论与实践中具有正当性。考虑到我国对诉的合并的理论研究存在诸多分歧且我国司法实践对于诉的合并限缩适用的内生趋势，应采取循序渐进的方式，先将诉的预备合并限定于特定情形并确定具体的运行规则，通过实践中的调试以及纠偏，再赋予该制度更大的适用空间。

（本文获一等奖）

第三人撤销之诉与执行分配方案异议之诉合并审理进路

——以虚假债权纠纷为例

王燕军* 陈公照**

引 言

《西游记》曾记载：王母娘娘每年都会召开蟠桃盛会。因为蟠桃珍稀无比，只能邀请部分神仙参加，但不得不面临一个问题：如何既不让受邀众仙吃亏，又不让弄虚作假、浑水摸鱼之辈得逞？执行分配同样如此：不仅要按照既定规则公平合理分配，而且要有效识别和防范虚假债权参与分配。大部分提起执行分配方案异议之诉（以下简称分配之诉）的当事人往往困惑于："明明这个案件是假的，为何不能一并主张，还要另外提起第三人撤销之诉（以下简称撤销之诉），万一参与的案件增多，损失该由谁承担?"的确，分配之诉当事人一并主张存在虚假债权具有逻辑合理性，且符合人之常情，但法官往往以不可动摇分配之诉的根基——执行依据业已确定——为由拒绝审查执行依据。当事人只能另行提起撤销之诉或申请再审，致使分配方案确定时间的迟延，从而引起当事人的不满。正如德国慕尼黑大学彼得·施罗塞尔教授所说："执行分配是"更高一层、更抽象、涉及整个'个别强制执行法'最棘手的问题。"① 本文开创性地以诉之合并方式实现分配之诉和撤销之诉的必要合并审理，期以最快的速度固定分配方案，实现参与分配的债权人快乐地分食新鲜而又珍贵的"蟠桃"。

一、实然考察：分配之诉审理之实践混沌

在分配之诉的审判实践中，一般认为不能对执行依据的真实合法性进

---

* 作者单位：福建省晋江市人民法院。

** 作者单位：福建省德化县人民法院。

① ［德］彼得·施罗塞尔：《关于强制执行法草案中几个问题的思考》，载《强制执行法起草与论证》（第二册），中国人民公安大学出版社 2004 年版，第 101 页。

行审查，但当事人认为存在虚假诉讼的却有此种司法需求，加之制度供给不足、规定混乱、理论研究未形成统一认识等问题，加重了制度设计与当事人司法需求之间存在失衡现象，应引起立法者的重视。

（一）问题引出：分配之诉不审查执行依据

案例：A 法院拍卖了被执行人 B 的房产，因涉及债权人 C、D、E、F 参与分配，A 法院制作了分配方案，其中 C 最终以 D 对 B 的债权系虚假债权为由不同意该方案，并向 A 法院提起分配之诉，诉求有两项：一是认定 D 与 B 之间的债权是虚假债权；二是撤销本分配方案。A 法院告知应另行提起撤销之诉，因此 C 另行向调解书作出的 G 中院提起撤销之诉。同时，E 向 H 高院申请再审要求撤销调解书。随后，A 法院驳回 C 的诉求，G 中院判决撤销调解书，H 高院裁定指定 G 中院再审。

上述案例由一个执行分配方案引发分配之诉、撤销之诉及再审等三个诉讼程序，笔者思考的问题有：第一，分配之诉中原告能否主张撤销虚假债权？第二，如何通过现行多头的事后救济方式保障第三人的合法权益？

（二）实证剖析：制度供给与需求的失衡

基于“大数据”的样本分析法，笔者在中国裁判文书网中检索出 100 个案例，并对相关内容进行剖析。①

1. 诉求多样，缺乏统一认识。分配之诉与撤销之诉在诉求、事实主张上存在胶着的关系（见表 1），例如撤销分配方案等诉求的理由既可以是存在虚假债权，也可以是分配比例错误等。产生的原因有：第一，分配之诉的理论定性模糊。目前学界存在五种代表性学说：一是形成之诉说，二是确认之诉说，三是命令之诉说，四是救济之诉说，② 五是新形成之诉说，即依争点效理论，当事人不得再以先决的事实法律关系另行起诉。③ 采取不同的学说将出现不同的诉讼主张，相应的诉讼结果也会不一致。第二，分配之诉的法律规定模糊。尽管《最高人民法院关于适用〈中华人民共和国民事诉讼法〉的解释》（以下简称《民事诉讼法解释》）第五百一十二条第二款规定了分配之诉制度，但也仅限于此，缺少诉求主张、审理对象等细致规定。

---

① 检索日期：2019 年 4 月 20 日，检索条件案由：执行分配方案异议之诉；法院层级：基层法院；案件类型：民事案件；审判程序：一审；文书类型：判决书；全文检索：虚假。结果为 100 份。

② 王娣、王德新：《民事执行参与分配的救济机制之完善》，载《强制执行的理论与制度创新——“中国执行论坛”优秀论文集》。

③ 江必新主编：《强制执行法理论与实务》，中国法制出版社 2014 年版，第 719 页。

表 1 虚假诉讼的诉求类型情况表

诉讼请求类型	案件数量（件）
撤销分配方案	52
无权参与分配	12
重新（制作）分配方案	10
请求更正方案	5
查明真实性和合法性	4
终（中）止分配	4
确认有权参与分配	4
驳回分配请求	3
认定为虚假诉讼	2
确认法律关系无效	2
剥夺（取消）分配权	2

2. 审理范围不清，形成事实合并。笔者对争议焦点以及判决理由内容的甄别筛选（见表2），可得出以下结论：其一，绝大多数案件认为超过审理范围，故而驳回该项诉讼请求；其二，形成事实合并审理。部分案件根据《最高人民法院关于民事诉讼证据的若干规定》第九条关于免证事实的但书规定，以“未提供证据证明不予采信”及“已提供证据但不足以证明”等理由驳回撤销诉求，实际已形成诉的合并。

此外，有两件不仅已认定债权的真实合法性，而且审理了执行分配方案的合法性。[①] 该两个案件的特殊之处在于按照规定，优先债权可直接参与分配。由此不得不思考：学界争论不断的“否定说”“肯定说”[②] 并不具有现实价值，实务界应当坚持纠纷的全面、实质解决的理念。

表 2 “本院认为”部分的相关内容情况表

“本院认为”相关内容（表达）	案件数量（件）
超出（不属于）审理范围	39
未经法定程序前效力必然存在	12
未提供证据且不属于审理范围（债权合法）	6
未提供证据证明不予采信	10
已提供证据但不足以证明	2

① 详见（2016）浙0881民初5418号及（2016）浙0784民初1072号民事判决书。

② 李杨、刘建发、罗彬：《执行分配方案异议之诉的虚假债权参与分配问题研究》，载《全国法院第二十六届学术讨论会论文集》2011年第8期。

续上表

"本院认为"相关内容（表达）	案件数量（件）
认证债权存在（真实）	2
依审监程度或另行起诉	6
另寻其他途径解决	5

3. 多头救济并行，易产生矛盾裁判。执行法院如认定虚假债权已超出审理范围，则告知另行申请再审、提起撤销之诉等。由此可见实务界对具体的救济程序也未十分明确，以致陷入多头救济的困境。背后的原因有：一方面，再审与撤销之诉的程序功能存在重叠。再审程序既是对裁判错误的更正与既判力维护的权衡，也是在于对错案的全面纠正，① 而撤销之诉则是一个全新的诉讼，目的在于撤销原生效裁判。由此可见两者的目的都在于否认生效裁判的效力，也因此导致上述案例中不同债权人选择不同的救济程序。另一方面，两者适用顺序存疑。有学者主张，应当优先适用再审程序，撤销之诉只能作为最后的救济程序；也有学者主张，撤销之诉尽管是一个特殊之诉，但更易立案受理，而再审程序的启动则没那么容易，而且按照《民事诉讼法解释》第三百零一条的规定，如遇到虚假债权，应先行审理撤销之诉，并中止再审诉讼。总而言之，救济路径的不统一，将引起前后诉判决矛盾的现象愈加严重。

（三）逻辑归整：形成合并审理的逻辑前提

本文题旨得以证成需要解决两个前提性问题：一是普通债权人能否提起撤销之诉，这决定着普通债权人的诉讼主体资格的问题；二是分配之诉能否直接审查生效法律文书的真实合法性，这关系到合并审是否符合逻辑的问题。

1. 普通债权人可以提起撤销之诉。普通债权人是否属于《民事诉讼法》第五十六条规定的"第三人"在实务界存在很大的争议。主要存在否定论和肯定论两种观点。持否定论者认为，分配方案中的他案债权人并不是严格意义上的第三人，与被诉的债权债务关系并无直接关联。而持肯定论者认为，虽然表面上看债权人与被诉的债权债务关系无直接关联，但这种闭合的债权债务关系在分配环节将被打开，即如果债权债务关系是虚构的，那么必然对其他债权人造成实质意义上的损害，故应赋予其他债权人提起

① 蒋李：《撤销之诉与再审程序适用范围之协调——以当事人适格为中心》，载《司法改革论评》2017 年第 1 辑。

撤销之诉的诉权。[①] 此外，部分省市针对该问题也已出台相关的意见，均支持有限定条件下允许普通债权人提出第三人撤销之诉（详见表3）。

笔者认为，基于以下原因应当赋予普通债权人提起撤销之诉的权利：一是现行多头救济难以实际给予有效救济；二是虚假诉讼难以被发现，但应当严厉打击，否则将严重损害司法权威；三是出于预防和化解重大风险的需要。虚假诉讼的治理手段十分有限，如果不允许普通债权人提起撤销之诉，极易引起多个普通债权人“抱团”上访信访的风险，影响社会稳定。

2. 分配之诉不得审查执行依据：

（1）诉讼目的不能扩大。分配之诉以实体法上的权利义务关系为基础，请求法院变更分配方案，并阻止原分配方案发生效力，因而，受诉法院仅能就分配数额、比例、顺序及优先受偿等问题进行审查。退而言之，如果分配之诉可对执行名义进行合法性审查，那么是否意味着所有进入执行程序的执行案件在执行前都必须再次进行真实合法性审查？答案显而易见。

（2）既判力具有遮断效力。从既判力的角度来看，“在前诉辩论结束前已存在但未主张的事由，当事人在后诉中不得再主张，只有在前诉中存在合理原因而不知道事实的存在时，对该事实的主张才可以不受既判力的遮断。”[②] 对此，当事人可选择再审或撤销之诉以排除执行依据的既判力；同样，在分配之诉中，执行名义的真实合法性不得作为审查对象，唯有通过再审或者撤销之诉才可审查。

综上，普通债权人可以提出撤销之诉，且分配之诉不得审查执行依据的真实合法性，但是如果当事人对此提出诉求，为强化公众对司法制度发自内心的信任与价值的肯定以及在行动上的遵从与维护，[③] 必须赋予另一诉的名义——撤销之诉，并以此实现必要合并审理。

---

① 李杨、刘建发、罗彬：《执行分配方案异议之诉的虚假债权参与分配问题研究》，载《全国法院第二十六届学术讨论会论文集》2011年第8期。

② 楼常青、楼晋：《论民事执行程序中分配方案异议之诉的运作》，载《上海政法学院学报》2012年第1期。

③ 参见吴英姿：《论司法认同：危机与重建》，载《中国法学》2016年第3期。

表 3　　部分意见或纪要关于撤销之诉的规定情况表

意见或纪要 内容	《广东省高级人民法院关于审理第三人撤销之诉案件疑难问题的解答》	《北京市高级人民法院关于审理第三人撤销之诉案件适用法律若干问题的研讨纪要》	《全国法院民商事审判工作会议纪要（征求意见稿）》
民事权益	所有权、用益物权和担保物权、股权等	所有权、用益物权和担保物权、股权等	无
普通债权人的起诉资格	原则上不适用，但有证据证明虚假诉讼的可受理	以金钱债权受到侵害提起撤销之诉的，一般驳回，除非原当事人利用诉讼转移财产、逃避执行以致金钱债权人无法行使撤销权	第三人有证据证明内容虚假的债权可以提起撤销之诉
审查范围	因果关系	以诉求为依据，不得超出范围	无
撤销之诉与再审的关系	撤销请求不成立的可再审	提起撤销之诉后发现曾申请再审，法院以实体性理由驳回，则应驳回起诉	无
和解或调解处理	不出调解书，准予撤诉后告知第三人不得再次提起撤销之诉	可调解，但应在调解书中表述原诉当事人放弃申请对原裁判的执行，但不能表述为撤销	无
合并审理	可合并，但有例外	应当合并处理，但有例外	无
有无认定参加诉讼及过错内容	有	无	无
案由、诉讼请求的确定	无	有表述规范	无
保全程序的适用	无	应予准许	无
主文理由表述	无	区分情形处理	无
制裁规定	适用《民事诉讼法》第一百一十二条规定，赔偿损失	适用《民事诉讼法》第一百一十二条规定，赔偿损失	无

二、正当性证立：合并审理的理论机理与现实可行性

诚如上文所述，笔者将以撤销之诉与分配之诉的合并审理定性为必要合并，这与强制合并并非属于同一概念，强制合并是基于当事人不同意合并或者未主张合并，直接由法院依职权决定合并的；而必要合并则是尊重当事人提出认定虚假债权的诉讼处分权，并由法院决定必要合并，体现法院回应当事人潜意识里自觉或者不自觉需要合并审理的程序性请求。

（一）必要合并审理的理论基础

基于“同一事实”的强制合并，是法官无意识地适用“同一事实”的诉讼标的识别标准。[①] 必要合并同样是基于存在虚假债权这一当事人认为的事实所引起分配之诉和撤销之诉的合并，但这种合并并不是法院依职权提出并决定，而是由当事人提出，再由法院作出必要合并的决定。其中主要的独特性理论机理有：

1. 首要原则：提高执行效率。分配之诉发源于执行程序中的分配环节，因而相比于普通的诉讼程序，其被附加了另一个程序要求——提高审判效率。在波斯纳的法伦理体系中，效率是能够使作为整体的社会价值达到最大化的资源配置方式。[②] 如果行为符合财富最大化的原则促进了效率，达成了资源的有效配置，那么该行为是正义的。撤销之诉与分配之诉的合并审理有利于提高诉讼效率。一方面是同等收益的情况下尽可能减少支出。如果对撤销之诉另行启动诉讼程序，则国家在审判上的人力和物力的总投入必然高于只启动一个诉讼程序的投入。同理，当事人往返于不同法院进行两个诉讼程序，其诉讼成本总量也必然增加。另一方面是同等支出情形下尽可能提高收益。利用同一个诉讼程序以及利用原有程序中的资源来审理和解决有牵连关系的撤销之诉，与启动单独的撤销诉讼程序分别进行审判相比较，前者的收益显然高于后者。更为重要的是，形成合并审理，相比于分别在两个独立的审理程序中，更有利于在最大程度上杜绝裁判结果的互相矛盾，即有利于降低错误成本。

2. 程序本质：回应公众司法需求。“民事诉讼是为当事人而设的”，这一命题的普适性早已超越了大陆法系德国、日本等国家的范围，成为近代以来法治国家的共识。[③] 我国民事诉讼也不例外。美国比较法学家达玛什卡为我们提供了政策实施型与司法回应型（能动型）等两种司法模式。前者具有行政主义色彩，与职权主义相吻合，而后者侧重于当事人的程序主体性价值，着重程序自治。程序自治决定了当事人是民事诉讼的主人，有权按照他所乐意的方式来展开程序行动，甚至包括选择程序形式。[④] 肖建国教授认为：我国民事诉讼制度的定位应当从政策实施型向司法回应型转变，因为民事程序是为了解决纠纷而设立，因而其本质归根结底是为当事人服务。笔者对此予以赞同，两诉的立法规定可以瞥见制度安排上已回应了当

① 袁琳：《基于“同一事实”的诉的客观合并》，载《法学家》2018 年第 2 期。

② Richard A Posner，Economic Analysis of Law，5Edition，New York，1998. P63。

③ 肖建国：《回应型司法下的程序选择与程序分类——民事诉讼程序建构与立法理论反思》，载《中国人民大学学报》2012 年第 4 期。

④ 李浩：《民事程序选择权：法理分析与制度完善》，载《中国法学》2007 年第 6 期。

事人的司法需求，即从程序内部设计来看，撤销之诉较再审程序更简易，启动要求更低，更有利于保障第三人的程序权利，后者又不同于执行异议之诉，无需先行启动执行异议程序。更进一步讲，本文题旨亦在于此，即回应当事人自觉的或者不自觉的合并审理诉请，以诉的合并方式实现合并审理。

3. 内在要义：禁止拒绝裁判。“法官不得拒绝裁判”不仅是古老的法谚，而且还是一项基本的司法义务及法定原则。“任何法律秩序都不能容忍有责任的审判员拒绝审判，因为这种拒绝将使未解决的冲突变成公开的对抗。”[①] 但是司法实践中不乏以不属于本案争议范围及不属于法院审判权行使的范围等理由拒绝裁判的现象。诚然，在坚持生效文书不得成为分配之诉的审理对象的否定论者看来，执行依据的确定性作为分配之诉的根基不可动摇。但不可忽略的是，债权人提出撤销执行依据的主张并未违反《民事诉讼法》及《民事诉讼法解释》的规定，而且撤销执行依据与执行分配方案异议存在天然的牵连关系。合并审理背后的法律系统的运作方式实际上暗含了法官需要创设此类必要合并审理的程序法规范，以更好地解决当事人之间的纠纷。“‘禁止拒绝裁判’就是用来服务这个核心概念，意味着司法要针对法律规则漏洞和法律文本与生活实践不相适应的情况，以法律方法来完成创设裁判规则的任务。”[②]

（二）合并审理的现实可行性

应当在同一个诉讼程序中尽可能多地解决纠纷，从宏观上降低解决纠纷的社会司法资源的投入。[③] 促成诉的合并至少需要解决：诉的合并应当由谁提出、谁来决定、合并的考量因素及是否需要强化释明权等。[④]

1. 考量因素：满足诉之合并：

（1）两诉具有牵连关系。尽管大部分案件判决认为撤销生效文书不属于分配之诉的审理范围，但不可否认的是，撤销之诉的审判结果能够对分配之诉产生先决作用，即如果撤销之诉原告胜诉，那么分配方案得予以撤销，取消虚假债权参与分配，重新制作分配方案；如果撤销之诉原告败诉，则该债权仍然有权参与分配。

（2）受诉法院具有管辖权。《民事诉讼法解释》第二百九十二条规定了第三人应向作出生效判决、裁定、调解书的法院提起撤销之诉，同时该解

---

① ［美］埃尔曼：《比较法律文化》，高鸿钧译，清华大学出版社2002年版，第139页。

② 陈肇新：《“禁止决绝裁判”悖论之意蕴——以房屋买卖合同纠纷的裁判解读为例》，载《社会科学》2018年第7期。

③ 张永泉：《民事之诉合并研究》，北京大学出版社2009年版，第8页。

④ 张晋红：《诉的合并之程序规则研究》，载《暨南大学学报（哲学社会科学版）》2012年第8期。

释第五百一十三条规定了分配之诉应当向执行法院提起。一般而言，由于全国法院大数据网络的不健全，大部分参与分配的案件均是执行法院本院的案件，因而该两条规定的受诉法院具有重叠性。但同时也会遇到其他法院参与分配的债权被其他债权人认为是虚假的情形，对此笔者将在下文详述合并管辖制度，在此不再赘述。

2. 诉之性质：均是普通之诉。任何一个诉讼都具有闭合性，即仅局限于在双方当事人之间产生拘束力，而无法对未能参加诉讼的第三人产生效力，此为既判力的相对性。立法确立了撤销之诉的直接原因是解决虚假诉讼中第三人权益保障的问题，因此，在第三人撤销诉讼的适用范围上又有所扩展。① 从《民事诉讼法》相关的体例编排及《民事诉讼法解释》第三百条的规定来看，其仍然是一个基于发现虚假债权的事实主张撤销裁判而形成的一个新的普通之诉。

3. 送达便利：缩短送达周期。因撤销之诉有别于已生效裁判之诉，原审案卷送达地址确认书无法再使用，加上已生效裁判当事人变更住所地或者故意躲避送达，导致撤销之诉存在送达难、审理周期长的弊病。但是在执行分配场域，被提起撤销之诉的当事人（尤其是债权人）必然会配合执行法院送达分配方案等材料，故实现两诉的合并审理，能够降低送达难度，从而缩短审理期限。

三、对策提出：合并审理及制度融合性的规制与进路

（一）合并审理的制度性规范

诉的合并审理是一项系统工程，必须有完善的制度作为基本保障，否则难以实现合并的价值最大化。

1. 明确诉的必要合并性质。如上文所述，笔者赞同分配之诉不得对生效法律文书的真实性、合法性进行审理，但将撤销之诉合并至分配之诉中审理后，该问题即随之消失，不过应当明确两者合并的性质及类型。从类型上来看，撤销之诉的合并性质更倾向于诉的任意合并，属于可分之诉。但从合并的程序规制上来看，撤销之诉必须在同一个诉讼程序上进行合并审理，否则容易造成前后诉判决不一致以及因执行回转损害司法权威的后果，故而从程序法理论及意义上而言，撤销之诉的合并应当属于必要合并性质的范畴。

2. 增加合并管辖制度的立法。两诉受理法院不一致时，应将撤销之诉合并至执行法院进行审理。笔者认为《民事诉讼法解释》第二百九十二条

---

① 张卫平：《第三人撤销判决制度的分析与评估》，载《比较法研究》2012 年第 5 期。

的规定不具有科学性，理由有：（1）撤销之诉并不依赖原受诉法院的审理及审判组织以及对案件的熟知度。由作出生效法律文书之外的其他法院审理不仅有利于强化突破地方保护主义的外观，而且有利于突破前诉的审理思维局限。（2）违背级别管辖制度。按照该条规定，如果作出生效裁决的法院是高级人民法院的，则撤销之诉上诉至最高人民法院，这显然破坏了原有管辖制度的初衷，有滥用司法资源的嫌疑。为此，笔者主张立法应当形成一个概括性的合并管辖制度，为诉之合并提供管辖权的程序保障并阻却当事人提出管辖权异议。

3. 增加制裁规则及救济制度。“有权必有责”。既然立法赋予了法官必要合并审理的审判权，那么就意味着一旦违反规定，就必须承担相应的法律责任。因此，立法应同时规定：如果审理法院违反了必要合并审理的规定，未实现合并审理并判决的，则应当承担相应的司法责任。笔者建议将违反合并审理规定的案件纳入主审法官的法官级别晋升、日常考核等管理制度体系中。此外，也应当赋予当事人对受理法院未合并审理的异议权，若不服不予合并审理的裁定的，可向作出法院申请复议。

（二）行为规范层面

除了在制度层面上进行规范外，相应的诉讼行为也应加强规范，实现合并之后的司法行为与制度的相得益彰。

1. 明确诉状格式及案由。“一个案件审理一个法律关系”早已成为历史，现代民事诉讼程序更加关注通过一个诉讼程序尽量解决更多的纠纷。根据上述实证分析结果来看，即使已有少数案件实现了合并审理，但是立案的案由仍是“分配之诉”，难免给当事人带来诉争法律关系不清引发的争论，为此，根据《最高人民法院关于印发修改后〈民事案件案由规定〉的通知》第三部分第三条的规定，在裁定合并审理之时，应当将案由改为两诉的并列案由。此外，诉状格式应当有所区别，例如应明示选择撤销之诉作为救济路径同时放弃再审救济等。

2. 遵循合并审理的特殊规则：

（1）审理及说理应分先后顺序。由于撤销之诉的诉讼目的是要推翻已生效的法律文书，因此在事实、证据采纳和认定上要远比分配之诉的审理更为复杂，故在审理之时应当做到“先难后易”，先行审理撤销之诉，视其结果再处理分配之诉。此外，为便于说理以及方便当事人理解接受，在判决说理也应当坚持审理上的先后顺序，即先后分别理顺两诉的法律关系、事实认定及法律适用等内容（详见图1）。

（2）允许中间确认判决。撤销之诉在合并审理中对分配之诉具有先决性。所谓先决，是指某一判决所确认或判决的结果具有要求对另一与其有关案件的事实认定或判决结果不得与其相矛盾的作用。① 在合并审理之时，为了使庭审秩序更加有序，提高审理效率，法官有必要依职权先行作出中间判决以确认争点，再行审理分配之诉。

（3）确定统一裁判形式。《民事诉讼法》并未规定改变或者撤销原判决、裁定、调解书的裁判文书形式。为此，笔者建议，改变或者撤销原判决、调解书、裁定均应当使用判决。在撤销之诉中，不论是何种裁判方式，改变或者撤销的都是基于对原判决认定的实体权利和义务，由于撤销之诉已经改变了原来实体问题的认定，并重新对所涉实体权利义务作出实质性认定，按照裁判的法理规则，应当适用终局性裁决——判决。对撤销裁定而言，这与再审裁判方式不同，"对于可再审的裁定，如不予受理、驳回起诉等的裁定，再审审理后不论驳回再审请求，还是撤销原裁定，使用的裁判方式都是适用裁定而非判决。"②

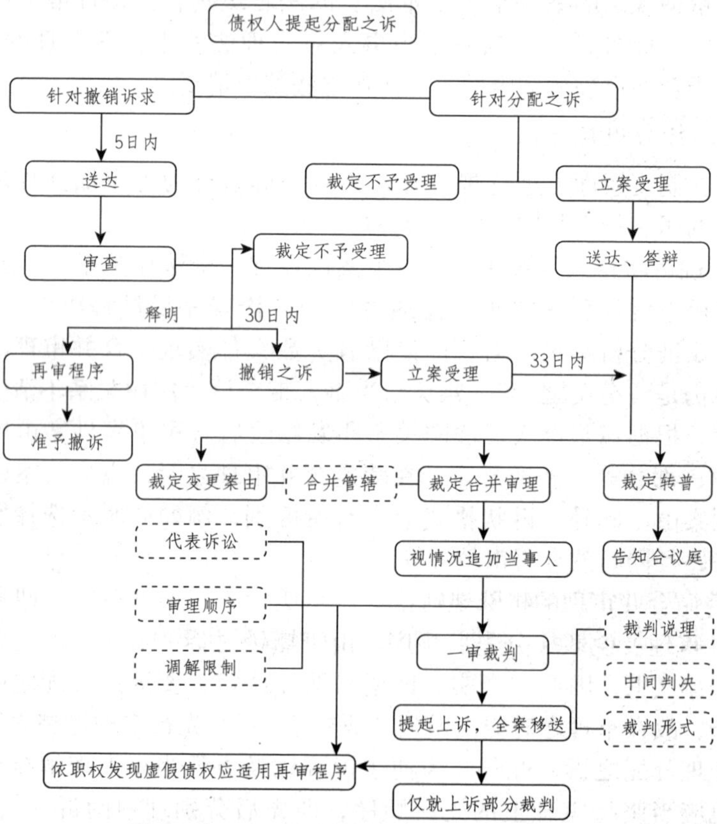

图1　分配之诉与撤销之诉合并审理流程图

① 张晋红：《关于中间确认判决制度的立法思考》，载《中国法学》2002年第5期。

② 张卫平：《中国第三人撤销之诉的制度构成与适用》，载《中外法学》2013年第1期。

（三）完善制度融合性建构

尽管两诉都是普通之诉，但在具体的程序规制上仍有些许不同。

1. 强化法院释明权。释明权在合并审理中发挥的作用主要体现在促成诉形成合并审理。但是，当涉及当事人可选择法定程序之时，应当予以充分保障。如上文所述，再审与撤销之诉在谁者优先适用的争论上形成了“再审优先说”[①] 及“撤销之诉优先说”[②] 两种观点。

笔者认为，实际上立法已经给出了答案，即撤销之诉优先应当优先适用。主要理由在于：撤销之诉主要通过发挥当事人的力量来发现虚假债权，而再审则是更加侧重于通过国家公权力的形式来发现虚假债权，显然后者具有滞后性，且受理条件要比前者严格。为此，从保障当事人的角度出发，在合并之前，执行法院应当作出充分释明，引导当事人作出选择：（1）告知两者的立案受理条件及区别，引导提起撤销之诉；（2）告知必要合并审理的优点，以尽量实现一次性解决更多的纠纷；（3）告知必要合并审理的管辖制度，不得提起管辖权异议；（4）选择任意一种救济途径意味着放弃另一种；（5）告知所有分配方案债权人限期提起撤销之诉，但如果存在恶意提起的，则应当接受司法制裁。

2. 协调融洽当事人制度：

（1）两诉应限制调解。撤销之诉的结果要么是发现确实存在虚假诉讼依法撤销；要么不存在虚假诉讼不予撤销。第一种情形显然是不能调解不撤销裁判的。而第二种情形则未必，如果和解的内容不会减损分配方案其他债权人应分得的份额时，则允许进行调解，不仅有利于快速审结分配之诉，而且能够有效避免引起新的分配之诉。因此分配之诉也应当限制调解，如果所有的债权人都是当事人的话，则允许调解；否则只有在不损害未参加诉讼债权人合法债权份额的前提之下可适当调解。

（2）融洽其他诉讼制度。其一，当存在多个债权人对同一个参与分配案件的当事人提起撤销之诉时，可由共同原告推选代表人进行诉讼，并实现与分配之诉的必要合并审理；其二，当存在多个债权人对不同参与分配方案的当事人提起撤销之诉时，亦有必要进行合并审理。

3. 不得依职权提起撤销之诉。诉之提起及决定主体应当符合诉讼原理，即诉之提出主体应是当事人，而决定主体则应当是受理法院。为此审理法官发现未被提起撤销之诉的参与分配案件存在虚假债权的嫌疑，不得主动提起撤销之诉并合并审理。从撤销之诉的称谓来看，应当由第三人占据主导地位，并由其自己决定是否提起撤销之诉，审理法官不得违反“不告不

① 王福华：《撤销之诉的制度逻辑》，载《环球法律评论》2014 年第 4 期。

② 张卫平、任重：《案外第三人权益程序保障体系研究》，载《法律科学》2014 年第 6 期。

理”的诉讼原则以职权代为提起撤销之诉并强行合并审理。笔者认为，如经审理发现存在虚假诉讼嫌疑的，则应当通过再审机制进行处理。

值得注意的是，如果债权人在提起分配之诉之前，就已对同一案件当事人提起再审或者撤销之诉的，则实现合并审理的对同一案件当事人提起的其他撤销之诉不应中止审理。

结　语

由执行领域引起的诉讼与原始诉讼在处理方式上有很大的不同，执行领域引起的诉讼被附加了提高执行效率的原则价值，因而此类诉讼更应注重提高审判效率，以此提升执行效率，但同时存在特异性制度供给不足、疑难问题迭出、审判效率低以及难以一次性满足当事人的程序及实体性诉求等问题。理论与实务当中不乏对两诉的讨论，但笔墨多集中在各自诉的领域，极少将两诉结合在一起探讨研究，但实践中在提起分配之诉时，常常遇到一并请求审查执行依据的情形，又因为理论与实务反对审查执行依据认识的高度一致与固化，导致看似原本不是问题的问题也就成了实际问题，也因此成了笔者研究的起点。在将来的立法与研究中，应当倾向于实现不同制度之间的融合性发展，特别是由执行领域之诉引起的与其他制度之间的冲突与缝隙弥合。

诉源治理视野下诉讼费罚则在保险交通事故案件诉调中的嵌入研究

——以H省X县法院五年司法实践为样本的分析

李卫东* 杨雪飞**

引 言

2019年2月“诉源治理”被最高人民法院“五五改革纲要”所吸纳，将其列为今后5年人民法院非常重要的一项改革任务。同年7月31日最高人民法院出台《关于建设一站式多元解纷机制一站式诉讼服务中心的意见》指出“主动融入党委和政府领导的诉源治理机制建设”。最高人民法院与中国保监会发布《关于全面推进保险纠纷诉讼与调解对接机制建设的意见》、最高人民法院会同四部门发布《道路交通事故损害赔偿纠纷“网上数据一体化处理”工作规范（试行）》，试图通过诉调对接对保险交通事故类案进行诉源治理，各地法院亦开始了该类案的实践探索。不可否认司法实践的探索为该类案的诉源治理顶层设计提供了脚本、积累了经验，① 但该实践探索局限于诉前的ADR，并未延伸至二审治理，而理论界对此关注亦严重不足，② 且聚焦于诉前ADR解纷的机制设计或实践操作问题如何完善，忽视了诉源治理的“功效”需求，即诉源治理需达到何种要求以及怎样达到该要求。为此本文从实证的角度出发，明确现行保险交通事故类案诉调行为存在的问题。同时考察诉讼费罚则对该类案诉调效果的规制功效，立足需求构建一种能真正填补保险交通事故类案治理制度性空缺的“功效规制机制”。

---

* 作者单位：湖南省湘阴县人民法院。

** 作者单位：湖南省湘阴县人民法院。

① 杭州市余杭区人民法院课题组：《保险行业调解机制的实证探析——以余杭法院道路交通事故纠纷“网上数据一体化处理”综合改革为例》，载《中国应用法学》2017年第2期。

② 笔者在中国知网检索“诉源治理”，仅得到11篇文献，且有4篇文献内容相差无几，数量明显偏少。

一、问题的提出：机会主义驱动下的保险人滥诉滥调

为理性判断保险交通事故类案的诉调行为，笔者从 H 省 X 县法院内网抽取 5 年来 1634 件[①]有效应用案例为分析样本，从保险人角度出发，试图对保险交通事故类案诉调行为进行全方位考察。

（一）保险诉调案件上诉率逐年攀升，二审维持率高

从一审诉源整体来看，该县法院近 5 年来保险交通事故数量较大，占该法院民商事案件的 12.8%，成为该县法院继民间借贷、离婚纠纷案件后的第三大案件数量类型（见图 1）。同时，保险交通事故中以保险人为被告的诉调案件约占该类案件的 91.68%，这从一定程度上反映了该县人民期望自己通过投入一定的保费，在发生不确定事故时其人身及财产安全即可得到保障。

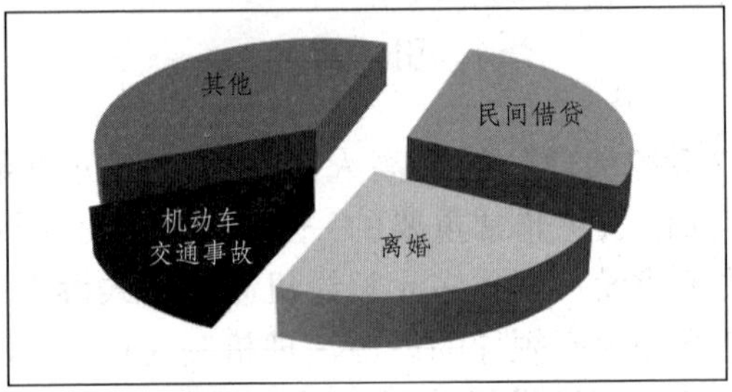

图 1　H 省 X 县法院民商事案件数量结构图

从时间的推移看出，2014 年至 2018 年交通事故案件上诉率[②]呈现出较高趋势，在案件数量相对较少的情形下，上诉率是离婚案件的近 10 倍、是民间借贷纠纷案件 4 倍、是民商事案件的 2 倍，直接拉低民商事案件的总体服判息诉率（见图 2）。

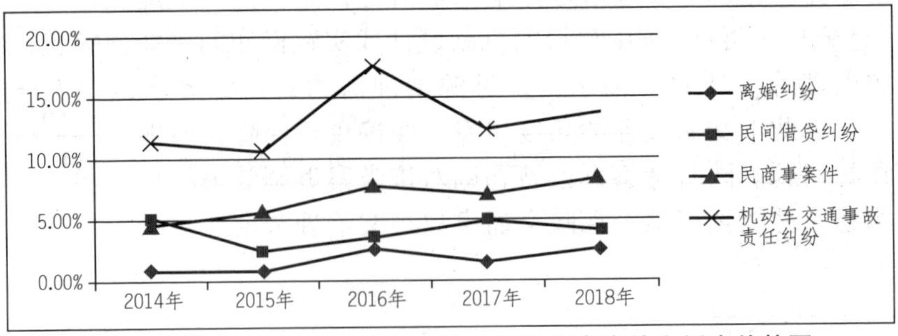

图 2　H 省 X 县法院 2014 年～2018 年民商事案件上诉率趋势图

---

① 笔者于 2019 年 7 月 2 日以“机动车交通事故责任纠纷”为案由，以“2014 年 1 月 1 日”“2018 年 12 月 31 日”为时间起止，通过在 H 省 X 县法院内网系统进行数据收集，结果显示 1634 件案件，其中以保险人为被告的交通事故案件为 1498 件。

② 交通事故上诉率计算以交通事故所有案件为底数，含调撤案件数。

与此相悖的是（见表1），保险人较高的上诉率并未换来发改率的同时上升，数据显示二审维持率居高不下，基本在88%左右徘徊。二审审理结果中，调撤案件数占据近半数比例，根据笔者对案卷的整理及索赔方的回访，表明保险人选择撤诉或索赔方选择与保险人调解大都建立在索赔方放弃一定数额理赔金以交换保险人尽快支付赔偿款，与一审案件审理结果无关联。同时，近5年来数据表明，该县法院无保险交通事故案件发回重审，这也反映了该类案审判质效相对较高。

表1　　保险交通事故案件二审裁判情况表（单位：件）

	上诉案件	二审结果						
		重审	改判	发改率	调解	撤诉	维持	维持率
2014年	21	0	3	14.28%	8	2	8	85.72%
2015年	33	0	4	14.12%	13	1	15	87.88%
2016年	45	0	6	13.33%	15	2	22	86.67%
2017年	42	0	5	11.90%	15	1	21	88.1%
2018年	39	0	4	10.52%	13	1	21	89.48%

（二）以保险人上诉为主且以交纳小额上诉费为二审启动方式

从二审诉源来看（见表2），近5年来该类案上诉案件数占判决结案数的25%左右，2015年达到29.8%，意味着每判决3个案件就有1个案件上诉；同时该类案中保险人为上诉主体，平均达到96%以上，可见保险人成为启动二审的主要群体，扮演着程序的主导者角色。

表2　　机动车交通事故案件保险人上诉情况表（单位：件）

年份	上诉案件	判决案件	上诉案件占判决案件比例（%）	上诉人	
				保险人（率%）	其他（率%）
2014	21	109	19.26	20（95.23）	1（4.77）
2015	33	132	25	32（96.97）	1（3.03）
2016	45	151	29.8	43（95.56）	2（4.44）
2017	42	162	25.92	40（95.23）	2（4.77）
2018	39	153	25.49	38（97.43）	1（2.57）

通过梳理判决发现，部分保险人在一审判决后并未直接履行，而针对标的额中极小部分交纳较少上诉费提出上诉（见图3、4），上诉标的额在5万元以下约为87.53%，甚至33.37%的案件未超过1000元，约59.26%的案件上

诉费为1000元以下；从诉讼成本以及司法资源来看（见表3），保险人无论采取何种诉调行为，其诉讼成本远低于被拖入不必要的诉讼中的索赔方。

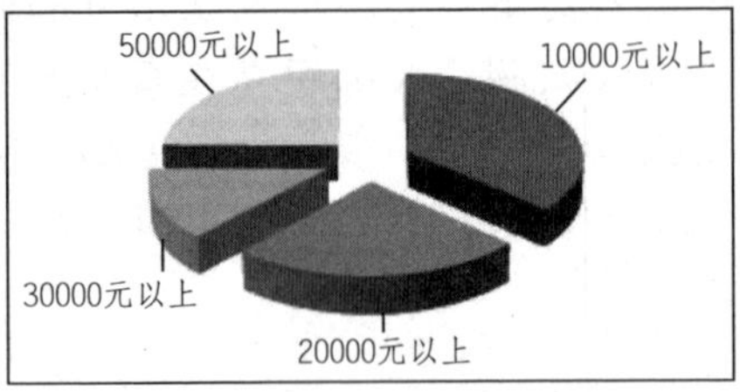

图3 保险人上诉标的情况

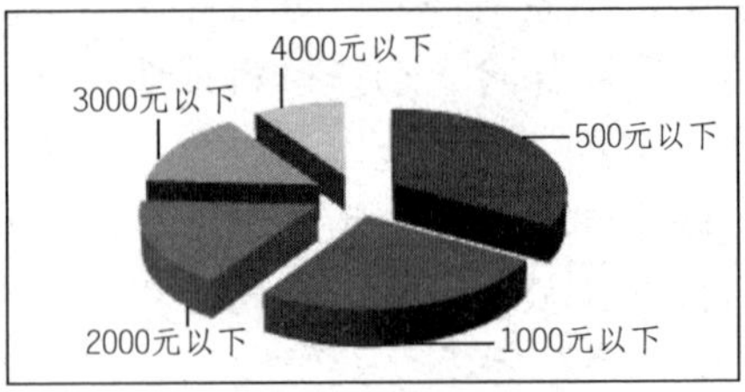

图4 保险人上诉费交纳情况

表3 诉讼成本一览表

成本 / 类别	律师费	诉讼费	差旅费	鉴定费	其他					
	A	B	A	B	A	B	A	B	A	B
一审	×	√	×	√	√	√	×	√	×	√
二审	×	√	√	√	√	√	×	√	×	√

A = 保险人　B = 索赔方

（三）争议焦点相对集中，调解效果尚待提升

通过诉辩理由与判决结果对比（见表4），发现当事人各方主要围绕免赔事由、赔偿范围、计算标准等方面进行争议，主要体现在车辆未年检，逃逸、疲劳驾驶、索赔方主张的单项或各项费用过高等。上述争议内容凸显出保险人诉调行为具有滥用诉调权性质，其外在表现呈现出随意的形态，主要体现为诉调行为缺乏法律、事实依据等。从另一方面来看，该类案争议焦点相对集中，具有良好的调解基础。

表4 机动车交通事故纠纷争议焦点对照表

内容 / 形式	免责事由	赔偿范围	计算标准	其　他
保险人主张	①车辆转移，保险不转移。 ②车辆未年检。 ③逃逸、疲劳驾驶。 ④约定格式条款免责。 ⑤对评估费、鉴定费等必要、合理费用。 ⑥其他。	①主张的单项或各项费用过高。 ②某项或几项费用不予理赔。 ③其他。	①按农村或城镇标准计算残疾赔偿金。 ②农村户口按农林牧渔业计算误工费用。 ③护理人员为农村户口按农林牧渔业计算护理费。 ④其他。	①未及时定损。 ②消极应诉。 ③迫使调解。 ④否认事故的真实性。 ⑤保险人未按要求提供理赔资料。 ⑥其他。

续上表

内容 形式	免责事由	赔偿范围	计算标准	其　他
被保险人或被侵权人主张	保险事故已经发生，保险人应当按照保险合同约定予以赔偿或主张买了保险，必须赔偿。			
法院判决	①保险随车辆转移。 ②年检与发生损害无因果关系。 ③交强险不免赔。 ④需尽告知义务。 ⑤必要费用需承担。 ⑥其他。	根据法律以确定赔偿项目。	①根据原告居住及生活来源以确定。 ②农民生活来源于城镇等，误工按行业标准。 ③护理费按行业标准。 ④其他	①未及时定损或未按要求提供理赔材料非拒赔因素。 ②消极应诉的法律后果由自身承担。 ③调查核实相关事实。 ④其他。
总结	缺乏法律正当性	缺乏法律正当性	缺乏法律、事实正当性	缺乏事实正当性

然而保险交通事故调解效果不尽人意（见表5）。2014 年至2018 年一审平均调解率仅为30%，二审调解中，索赔方牺牲一定利益换取的调解率仅在35%左右。2018 年该县法院积极整合资源，开展保险交通事故诉调对接工作，调解率提升17 个百分点，仍与二审88%高维持率相差较大距离，因此保险交通事故诉源治理尚有较大提升空间。

表5　　机动车交通事故案件调解情况表　　（单位：件）

	2014 年	2015 年	2016 年	2017 年	2018 年
一审调解数	55	62	74	79	137
一审调解率	29. 89%	29. 24%	31. 22%	27. 81%	44. 77%
二审调解数	8	13	15	15	13
二审调解率	38. 10%	39. 39%	33. 33%	35. 71%	33. 33%

保险人非侵权人但作为一方主体加入保险交通事故案件处理中，无论调解与否，其在一审中均不承担诉讼费，甚至通过交纳极少的上诉费即可轻易启动二审程序。保险人随意采取滥用诉调权行为，通过牺牲理赔方合法权益以获得自身利益，其行为本质为机会主义行为，即利用诉讼费规制的疏漏，违反应有的善意诉调义务，从而获取不当利益。正是由于延期或降低赔付有助于提升保险人利润，保险人滥诉滥调行为将普遍蔓延。

二、当前的困境：诉讼费罚则的缺失与滥用诉调权的抑制乏力

（一）对现行诉讼费机制立法情况的反思

我国现行保险交通事故诉调诉讼费制度，虽具有一定的合理性，但也存在诸多短板。（见表6）

1. 规则过于笼统。例如《关于进一步深化多元化纠纷解决机制改革意见》（以下简称《多元化解意见》）第三十八条规定过于原则化，诉前保险交通事故类案诉前经过法院委托调解不成的，是否需要收取案件受理费？委托调解达成协议如何收取？难免做法不一。

2. 规则不够明确。例如，对于恶意诉调等非诚信诉讼，应发挥诉讼费用、律师费用调节当事人诉讼行为的杠杆作用。到底如何调节？是在本案中予以处理还是告知当事人另行起诉？法官往往“一头雾水”。

3. 规则部分缺失。诉前自行和解撤诉的，诉讼费予以免交，但诉前自行和解申请司法确认的或诉前经过法院特邀调解的，诉讼费是否收取以及如何收取等，法律并未规定。

表6 人民法院保险交通事故诉调诉讼费负担情况表

年份	法律法规及司法解释等	条款	适用情形	内容
2007年4月1日	《诉讼费用交纳办法》	第二十九条第一款	原则性规定	由败诉方负担，胜诉方自愿承担的除外。
2007年4月1日	《诉讼费用交纳办法》	第二十九条第二款	部分胜诉、部分败诉的案件	人民法院根据案件的具体情况决定当事人各自负负担的诉讼费用数额。
2007年4月1日	《诉讼费用交纳办法》	第二十九条第三款	共同诉讼	人民法院根据其对诉讼标的的利害关系，决定当事人各自负担的诉讼费用数额。
2007年4月1日	《诉讼费用交纳办法》	第三十一条	调解结案	由双方当事人协商解决；协商不成的，由人民法院决定。
2007年4月1日	《诉讼费用交纳办法》	第十二条	鉴定费、勘验费、公告费、评估费、翻译费等	人民法院根据谁主张、谁负担的原则，决定由当事人直接支付给有关单位或机构。

续上表

年份	法律法规及司法解释等	条款	适用情形	内　容
2016年6月28日	《最高人民法院关于进一步深化多元化纠纷解决机制改革意见》	第三十八条	自行和解后申请撤诉、接受法院委托调解、不参与调解、不履行调解协议、故意拖延诉讼	免交案件受理费、适当减免诉讼费、酌情增加诉讼费
2016年9月21日	《最高人民法院关于进一步推进案件繁简分流优化司法资源配置的若干意见》	第二十二条	虚假诉讼、恶意诉讼等非诚信诉讼	发挥诉讼费用、律师费用调解当事人诉讼行为的杠杆作用。

（二）对现行诉调诉讼费机制的缺陷审视

我国现行的诉讼费机制在“建立调解激励机制上尤其在减轻当事人的诉讼成本方面明显滞后”,[①] 导致设立保险交通事故诉调机制的效果与计划之间产生一定距离。

1. 激励问题。我国法律及其司法解释规定案件经调解即可减半收取诉讼费，然而对以判决方式结案的，却仍然适用由败诉方承担的规则。因此，现行规定仅鼓励肇事司机参与调解，而在调解未能前置的情形下，非侵权方的保险人无论调解成功与否，均无需承担诉讼费，因而保险人没有动力积极参与调解。

2. 惩戒问题。“一旦进入诉讼，每个程序利用主体的追求目标，均为尽可能投入最小诉讼成本以获取最大诉讼效益。”[②] 不论调解方案是否合理，保险人均予以拒绝，有利于其节省诉讼成本而获取不当利益。诉讼费罚则的缺失使得诉讼费制度对保险人假意参与调解、拒绝合理调解方案显得无能为力，使得调解有浪费资源之嫌。

3. 威慑问题。尽管现行诉讼费制度对滥诉滥调行为规定了处罚方式，但对于个案的保险人滥诉滥调却显得无能为力。一方面对于保险人在个案

---

① 郭晓珍：《英国调解程序中的诉讼费罚则》，载《东南司法评论》2012 年卷；郭晓珍：《诉讼调解激励机制之诉讼费罚则》，厦门大学 2014 年硕士学位论文。

② 王菁华：《促进诉讼与促进和解：当事人诉讼费用负担机制的博弈分析》，南京师范大学 2003 年硕士学位论文。

中以对调解方案有异议、上诉权等合法手段达到其滥诉滥调的目的,[①] 索赔者难以举证证明其主观恶意;另一方面即使滥诉滥调成立,索赔者需通过复杂的程序及较长的时间才能获得较少数额的赔偿,因此索赔者对其通过诉讼再次主张权利较为消极。

三、经验的借鉴:诉讼费罚则对于滥诉滥调行为规制的实践

诉讼费罚则意味着对行为人无正当理由拒绝调解导致增加诉讼成本时,无论输赢,法院均判决其承担诉讼费。[②] 具体而言,诉讼费罚则对滥诉滥调的规制功效主要体现在引导、惩罚与威慑三个方面。

(一)正向激励:引导当事人诚信与理性诉调

诉讼费制度与当事人的切身利益密切关联,从而对诉讼的提起与进行产生着较大影响。[③] 诉讼费罚则引导保险交通事故各方当事人诚信使用诉讼程序,充分发挥程序效率与效益作用。

1. Why——为何需要引导。一方面保险人拥有丰富的诉讼经验及法律资源,"其即使在案件理赔中铤而走险,败诉时所需付出的代价也只是应当赔付的保险金加上部分诉讼费。"[④],因而保险人宁愿选择滥用诉调权的"硬汉"行为,亦不愿正当诉调;另一方面索赔方大都无诉讼经验,拥有的法律资源亦寥寥无几,因而其倘若进入保险交通事故的诉调,即将面临耗费大量精力与金钱。因此,通过诉讼费罚则积极引导当事人参与诉前调解、诚信且理性诉调成为保险交通事故案件诉源治理的最佳策略。

2. How——怎样引导。(1)通过法律规定予以引导。例如《英国民事诉讼规则》为使当事人精准了解其若不诚信诉讼所需付出的代价,制定预测性更确定的诉讼费规制。[⑤](2)通过诉调全程予以引导。如罗某等交通事故责任纠纷一案,[⑥] 庭审前双方当事人无法达成一致调解意见,庭审中罗某某在法官明示该案诉讼费金额为4300元,调解结案收取2150元,随即同意选择调解方式结案。(3)通过效益予以引导。对保险交通事故中部分小额

---

① 余向阳、黄薇:《机动车保险人滥用上诉权的利益考量和制度反思——以P市中院近五年交通事故案件为分析样本》,载《时代法学》2018年第5期。

② See Katie Bradford, Commercial Mediation: A Comparative Review 2013, 载 http://www.linklaters.com,最后访问时间:2019年7月21日。

③ 廖永安:《诉讼费研究——以当事人诉权保护为分析视角》,中国政法大学出版社2006年版,第7页。

④ 黄丽娟:《保险人恶意不当理赔的法律规制——从违约责任到侵权责任》,载《法商研究》2016年第5期。

⑤ 毛玲:《英国民事诉讼的演进与发展》,中国政法大学出版社2006年版,第37页。

⑥ 湖南省湘阴县人民法院(2017)湘0624民初387号民事调解书。

诉讼案件的各方当事人来讲，虽然诉讼费较少，但诉调过程越长，其花费的费用将越多，最后可能导致“为了追回一只鸡而杀了一头牛”。[①] 因此，为实现其可得效益的最大化，调解或速裁成为其最优选择。

（二）反向规制：惩戒滥诉滥调与不诚信诉调

保险人基于保险合同参与到诉讼中，然而在合同法视野中，违反双方意思自治的合同义务，通常认为是一种并非严重的违反社会规范行为。[②] 因而保险人以“程序换时间”极少受到关注，演变成为行业顽疾。通过惩戒功能以强化部分诉讼成本，对滥诉滥调及浪费资源的不诚信行为予以反向规制。[③]

1. Why——为何需要惩戒。投保人期望保险交通事故发生后，迅速恢复其生活、工作秩序，以实现其经济保障与内心安宁的投保目的[④]，然而实现该目的却依赖于保险人在事故发生后是否能够积极理赔。前述实践表明保险人滥用诉调权使得理赔方被拖入不必要的诉讼中，为维权迫不得已支付诉讼费、差旅费、律师费等。受制于“非侵权人不承担一审诉讼费”的局限，理赔人不得不与保险人“奉陪到底”，而这与投保人投保目的相悖离。

2. How——怎样惩戒。保险人滥用诉调权行为本质已具有不法性，属于应受苛责的行为。[⑤] 为弥补现行诉讼费法律法规的规制乏力，通过引入诉讼费罚则，借助其具有的司法评判力量检视保险人滥用诉调权行为，通过判决其承担一定诉讼费甚至律师费的方式，从顶层司法设计的高度使其在实际财富与社会评价方面遭受双重损失，以惩戒其滥用诉调权。

（三）全面覆盖：从具体威慑到一般威慑

1. Why——为何需要威慑。虽然保险人的滥用诉调权行为造成了损失且应承担这一负面责任，但司法实践中，保险人却并未承担责任，甚至有可能规避责任。首先，保险人外在形式上是“正当行使上诉与调解权利”，而索赔方对其滥诉滥调行为亦难以举证证明。其次，理赔人的诉求是否能获

---

① 肖舒楠：《超五成消费者认为消费维权时间成本高》，载 http：//finance. sina. com. cn/consume/20110316/07419538710. shtml，最后访问时间：2019 年 8 月 20 日。

② See P Keeton，WL Prosser，Prosser and Keeton on The Law of Torts，West Pub. Co.，c 1984 5th ed.，92，pp. 656 - 657. 转引自 Frank J. Cavico，Jr.，Punitive Damages for Breach of Contract—A Principled Approach，Saint Mary's Law Journal，1990，22（2），p. 368.

③ 王明辉：《诉讼费制度调控功能的修复与强化》，载《人民司法》2016 年第 16 期。

④ See Charles M. Louderback&Thomas W. Jurika，Standards for Limiting the Tortof Bad Faith Breach of Contract，University of San Francisco Law Review，1982，16（2），p. 189.

⑤ See Restatement（Second）of Contracts 352 comment a，p. 144. 转引自 Frank J. Cavico，Jr.，Punitive Damages for Breach of Contract——A Principled Approach，Saint Mary' s Law Journal，1990，22（2），p. 370.

得支持尚且未知，特别是在小额诉讼情形下，低微的预期审判结果与高昂的预期维权成本必然导致索赔人“理性”考量。最后，保险人容易利用所处的优势地位妨碍索赔方取得理赔证据、材料、信息等，索赔方因此难以发现并证明保险人存在滥诉滥调行为。

2. How——从具体威慑到一般威慑。“一个案例胜过一沓文件。”保险人滥诉滥调行为所带来的利益损失将由于广泛的交易客户，而分散给众多不确定的索赔人，其给处于弱势地位的索赔方带来的损失较为明显，因而可以通过具体威慑以遏制保险人重蹈覆辙；一般威慑是指通过对滥诉滥调行为的诉讼费罚则判决威慑力，影响行为保险人，扩及并覆盖到整个保险行业，最终在整个保险行业对滥诉滥调行为产生遏制效果。

四、未来的设想：诉讼费罚则在保险交通事故案件诉调中的嵌入

司法实践中已有效印证了保险人滥诉滥调行为的策略性、系统化与套路化，同时该行为亦被域外形容为“腐烂到核心”。① 为了遏制该趋势蔓延，有必要在保险交通事故案件诉调中嵌入诉讼费罚则机制，以惩罚、威慑滥诉滥调行为，从而引导诚信、理性诉讼。

（一）诉讼费罚则的嵌入前提

1. 立法上确立前置调解机制。前置调解意为在法院立案前进行调解。我国立法关于“先行调解”“前置调解”早有规定（见表7），但“前置调解”在我国属于立法“雾”区，立法目的与表达未能完全一致。笔者认为在现行法律框架下一方面宜在《民事诉讼法》第八章关于“调解”的规定中，增加条款正式确立其前置调解的法律地位；另一方面在立法条件尚未成熟前，可暂通过对《民事诉讼法》第一百二十二条“先行调解”的含义与适用作出司法解释，使保险交通事故纠纷的处理具备前置调解的内核。

表7　　　　先行或前置调解法律规范一览表

年份	法律法规及司法解释	条款	内　容	阶段	性质
2003年12月1日	最高人民法院《关于适用简易程序审理民事案件的若干规定》	第十四条	开庭审理时，应当先行调解：……交通事故和工伤事故引起的权利义务关系较为明确的损害赔偿纠纷……	简易程序开庭审理前	诉讼调解

① See Kenneth S. Abraham, Liability for Bad Faith and the Principle Without a Name (Yet), Connecticut Insurance Law Journal, 2012, 19 (1), p. 4.

续上表

2012 年 8 月 31 日	《民事诉讼法》	第一百二十二条	当事人起诉到人民法院的民事纠纷，适宜调解的，先行调解，但当事人拒绝调解的除外	立案后、诉讼中	以自愿为前提，不具有前置性
2016 年 6 月 28 日	《最高人民法院关于进一步深化多元化纠纷解决机制改革意见》	第二十七条	探索民事案件前置调解……在征求当事人意愿的基础上，引导当事人……先行调解	诉前调解	探索前置调解
2018 年 10 月 1 日	《道路交通事故损害赔偿纠纷“网上数据一体化处理”工作规范（试行）》	第十条	……建立先行调解机制。……根据当事人一致申请……未一致申请的……可以引导……	诉前调解	以自愿为前提，前置调解
2019 年 7 月 31 日	《最高人民法院关于建设一站式多元解纷机制一站式诉讼服务中心的意见》	第十条	……对适宜调解且当事人同意的，开展立案前先行调解	诉前调解	以自愿为前提，前置调解

2. 规则上限定适用范围。尽管调解在多元解纷中发挥着积极重要的作用，但并非“所有适宜调解的民事案件均可适用诉讼费罚则。英国实践表明诉讼费罚则的适用需满足以下条件：调解具有成功可能性；调解费用与纠纷争议标的比例符合；纠纷具有可调解性。”[①] 前述实践证明保险交通事故类案的诉调完美契合诉讼费罚则，但亦存在下列情况使得调解没有成功可能性而应予剔除：被告涉嫌刑事犯罪被限制人身自由且商业险拒赔的（如酒驾、毒驾、利用交通工具故意犯罪等）；可能需要承担责任的被告下落不明的（如雇佣、挂靠等）；其他不宜调解的情形。

3. 司法上建立调审分离的法院附设 ADR。[②] 英国经验表明法院适用诉讼费罚则的重要前提是诉讼法官本身不参与调解，因而不会形成先入为主的偏见。[③] 诉讼费罚则嵌入我国当前调判结合司法实践中，可能成为法官促使当事人接受调解结果的强制性因素，这显然与当事人意思自治相悖。因

① 郭晓珍：《英国调解程序中的诉讼费罚则》，载《东南司法评论》2012 年卷；郭晓珍：《诉讼调解激励机制之诉讼费罚则》，厦门大学 2014 年硕士学位论文。

② 肖建国：《从立法论走向解释论：〈民事诉讼法〉修改的实务应对》，载《法律适用》2012 年第 10 期。

③ 郭晓珍：《诉讼调解激励机制之诉讼费罚则——以英国诉讼费罚则为分析基础》，厦门大学 2014 年硕士学位论文。

此，调审分离的法院附设 ADR 模式成为保险交通事故案件前置调解重要前提，通过分离调解与诉讼法官，以保障当事人在诉调的程序选择中不受变相强制调解。

（二）诉讼费罚则的具体适用

1. 诉讼费罚则在保险交通事故案件中的再定义。诉讼费罚则源于英国 Dunnett v. Railtrack 一案的判决，其确立诉讼费罚则后对调解解决纠纷发挥了积极作用。2012 年英国在案件数量剧增的情形下调解率达到 80%，比 2004 年提高 20%，[①] 其制度随着案例的增多而不断完善，但对何以界定“不合理拒绝调解”在实践中难以把握，若我国司法实践完全照搬，可能难以“消化”。

根据我国司法实践及诉源治理的目的，诉讼费罚则宜定义为：诉前调解的，不收取诉讼费用；当事人一方无正当理由不参与调解或拒绝、拖延调解、诉讼的，人民法院可以酌情增加其负担诉讼费用；当事人一方不接受调解组织根据法官咨询意见提供的调解方案，在后续诉讼中法院判决结果与该调解方案相近的，由拒绝一方当事人承担诉讼费用；[②] 当事人一方不接受调解组织根据法官咨询意见提供的调解方案，在后续诉讼中调撤的，由拒绝一方当事人承担诉讼费用、调解费用或撤诉费用；当事人在诉调过程中提供虚假证据等进行虚假诉讼的，由过错方承担诉讼费及无过错方合理范围内的律师费，构成犯罪的，依法移送司法机关。

2. 诉讼费罚则的数额考量。诉讼费罚则功能有效发挥的关键是数额，世界各国目前对于诉讼费罚则数额主要采取了一定范围内的弹性模式。例如在英国，当违反诉前议定书时，法官可判决剥夺或支付原赔偿额一定期间的利息。[③] 我国《多元化解意见》第三十八条、《繁简分流意见》第二十二条为诉讼费罚则的数额确定奠定了基础。我国宜从考量诚信、理性方当事人被滥用诉调权方拖入诉讼而花费的成本出发确定诉讼费罚则数额标准（详见表 8）。如下表中诉前当事人一方不同意调解组织根据调解法官或法官咨询意见提供的调解方案，在后续诉讼中一审法院判决金额小于或大于该调解方案 5% 以内的，视为与调解方案相近，由拒绝一方当事人承担一审诉讼费用。

---

① See PGF II SA V. OMFS Co.，EWCA 1288（Civ），2013.

② 此处诉讼费用为广义，根据案件审理持续程度而确定，含案件受理费、调解费、律师费等。

③ 沈明达、冀宗儒：《1999 年英国〈民事诉讼规则〉诠释》，中国法制出版社 2005 年版，第 29～30 页。

表8　　诉讼费罚则数额考量情况表

类型	考量因素	判断标准	负担方	数额
诉前调解	是否达成协议	协议内容是否实际履行	无	免收
拒绝参与调解	是否有正当理由	否	拒绝方	全部诉讼费
		存在免赔或有重大争议事实等正当理由	无	按照法律规定负担
诉前不同意调解方案	一审判决结果与调解方案相近	Y（1－5%）≤X≤Y（1＋5%）	拒绝方	一审诉讼费
		X非上述区间	无	按照法律规定负担
一审诉中调撤	意思表示是否真实	协议内容实际履行	拒绝方 肇事方	1/2诉讼费
		撤诉裁定送达	拒绝方	1/2诉讼费
上诉后调撤	意思表示是否真实	二审判决前达成调解或申请撤诉的	上诉方	一审确定的诉讼费及二审减半上诉费
上诉后判决	二审判决结果与一审判决结果相近	X（1－5%）≤Z≤X（1＋5%）	上诉方	全部诉讼费及合理范围内的律师费
		Z未在上述区间	无	按照法律规定承担
		发回重审	无	按照法律规定承担
诉调行为评价	消极调解行为	迟到、拖延报告调解方案等	有过失方	视情节确定，一般情形下承担诉讼费的1/3，严重承担全部诉讼费。
诉调行为评价	虚假诉讼	提供虚假证据、虚构事实等	过错方	视情节确定，不构成犯罪的承担全部诉讼费以及合理范围内的律师费，构成犯罪的移送司法机关。
备注：X＝一审判决结果　Y＝调解方案　Z＝二审判决结果				

3. 诉讼费罚则的嵌入流程。诉讼费罚则基本贯穿了整个保险交通事故诉调过程，有必要借助流程化思维进行分析以展现该类案诉源治理程序。诉讼费罚则的流程化演绎（见图5）是以已发生事故的涉保险交通事故类案为基点，由当事人各方根据自己的诉辩意见填写《保险交通事故纠纷要素表》，由调解组织组织调解，调解组织调解案件应当制作《保险道交纠纷要素表》以及调解笔录，载明当事人主要争议焦点、无争议事实、调解建议方案、调解情况及调解不成的原因等。经调解组织主持调解达成具有民事

合同性质的调解协议，调解组织引导各方当事人向法院依法申请司法确认。对于调解不成的案件，及时引导登记立案，根据《保险道交纠纷要素表》采用要素式进行裁判。

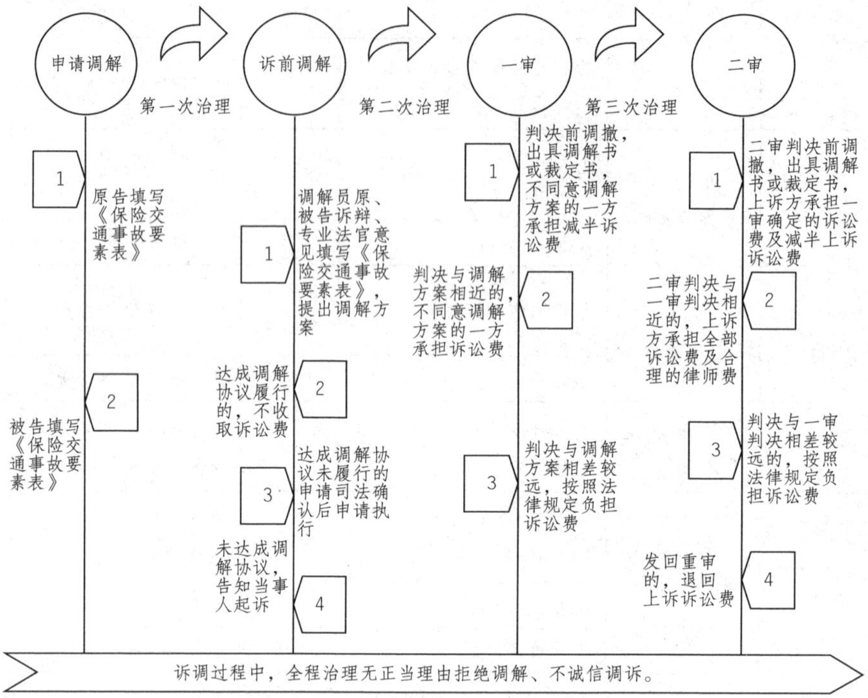

图5 诉讼费罚则的流程化演绎

（三）嵌入诉讼费罚则配套机制

1. 需建立专业法官咨询机制。保险交通事故涉及三方当事人，同时涉及保险及侵权等专业判断，具有一定的复杂性。为避免诉讼费罚则被非善意的当事人逼迫对方当事人接受调解而成为诉讼策略，[①] 保险交通事故类案诉调必须提高专业性、权威性。前置调解需建立专业法官咨询制度，组建保险交通事故纠纷调解咨询专家库，为调解组织调解中遇到的疑难问题及涉及的法律适用问题以及调解方案提供专业咨询及业务指导。

2. 需建立鉴定先行机制。诉讼费罚则能否顺利嵌入取决于交通事故的各项赔偿是否确定。当交通事故造成人身损害构成伤残时，必然需通过司法鉴定以确定其赔偿范围，否则案件将不具有调解可能性，而诉讼费罚则也无法嵌入。因此，调解组织需引导当事人采取共同委托或者申请调解组织、人民法院委托的方式在调解前进行鉴定，以确定赔偿范围。

① 张永红：《英国判例法对调解的规范和引导》，载《法律适用》2010 年第 2 期、第 3 期。

3. 需建立裁判救济机制。(1) 建立法官诉讼费罚则裁判说理机制，要求法官对诉调过程中诉讼费承担方式的裁判进行说理，以限制法官在裁判诉讼费承担时的自由裁量权；(2) 建立诉讼费罚则诉前告知机制，要求调解员在保险交通事故诉前就诉讼费罚则的适用方式及具体数额明确向当事人告知，以使当事人对即将进行的诉调行为具有预判性；(3) 建立诉讼费负担复议机制，要求当事人一方仅就诉讼费负担问题存在异议的通过复议予以解决，以保障当事人的合法权益。

结 语

从诉讼费罚则缺失到诉讼费罚则嵌入，是立足保险交通事故类案诉源治理功效上的实质化探索与创新。通过诉讼费罚则机制特有的引导、惩戒与威慑功能来约束该类案当事人的滥诉滥调行为，为该类案诉源治理提供了有益应对之策。值得注意的是，建立保险交通事故类案前置调解、调诉分离的法院附设型 ADR、明确案件适用类型是诉讼费罚则得以介入到该类案诉源治理的前提条件所在。因此，诉讼费罚则为发挥其对滥诉滥调行为规制效用将全程嵌入该类案的诉调，其适用关键是在司法可能性层面明确诉讼费罚则适用的起点与边界，以达到既能有效惩戒又不过度威慑的理想效果。

民事判项给付内容不明解决机制的理性思辨与路径构建

——基于“审执衔接三元法”的分析

陈　斯*　谢　奕**

引　言

民事判项应有明确的给付内容，此为审执分离改革实质条件。民事判项不明问题一旦出现则久拖难执，损害当事人权利且难寻救济，易发信访及群体性事件，危害判决稳定性和司法公信力，隐含巨大执行风险。执行机构对此承受重压、耗费大量资源，出现个别“以执代审”现象。《最高人民法院关于深化人民法院司法体制综合配套改革的意见——人民法院第五个五年改革纲要（2019—2023年）》提出要健全切实解决执行难源头治理机制，建立执行内容不明确处理机制，足见此系涉及司法体制综合配套改革的系统性问题，而非单纯执行问题。

问题核心在于如何界定范围、弥补执行力并保障当事人救济权利。判项不明现象难以彻底根除，不应为求执行效率牺牲实体公正、放弃审执分离，“立审执衔接”是有效解决机制之一。《最高人民法院关于人民法院立案、审判与执行工作协调运行的意见》（以下简称《立审执协调意见》）首次在司法规范性文件层面规定了审执征询答复、补正裁定等解决机制，但意见层级较低，可操作性不足，未明确当事人救济保障。本文以正当程序理论、司法责任制为根基，参考法律和合同解释方法及繁简分流方法、吸取案外人异议制度优点、借鉴大陆法系补充判决概念，拟构建“执行解释——主文明确性认定执行裁定——补充判决”的“审执衔接三元法”，以期深化审执实质分离和审执衔接。

一、范围界定：判项不明的类型化分析与问题综述

界定判项给付内容不明的概念应从给付的类型划分出发。司法实践对

* 作者单位：广东省惠州市中级人民法院。
** 作者单位：广东省东莞市第一人民法院。

不明判项主要有四种执行处理结果和数种解决模式，下文将逐一分析。

（一）认知局限：列举法与排除法

执行力实质要件包括需有给付的表示、给付的内容需为确定等。[①] “判项给付内容不明”并非严格法律概念，其为生效法律文书主文给付内容明确性要求的反面。鉴于经验理性局限，难寻一种可穷尽的单一判断标准，宜采列举法讨论易发案件类型及表现形式，再以排除法剔除近似概念。

笔者在中国裁判文书网上选取了涉判项不明的执行裁定书300份。[②] 经总结分析，判项给付内容不明概念可总结为：金钱给付具体数额或计算方法不明，交付特定物不明确或无法确定，行为履行标准和对象范围不明，继续履行合同的标准方式期限不明等，从而导致判决缺乏执行力（详见图1）。[③]

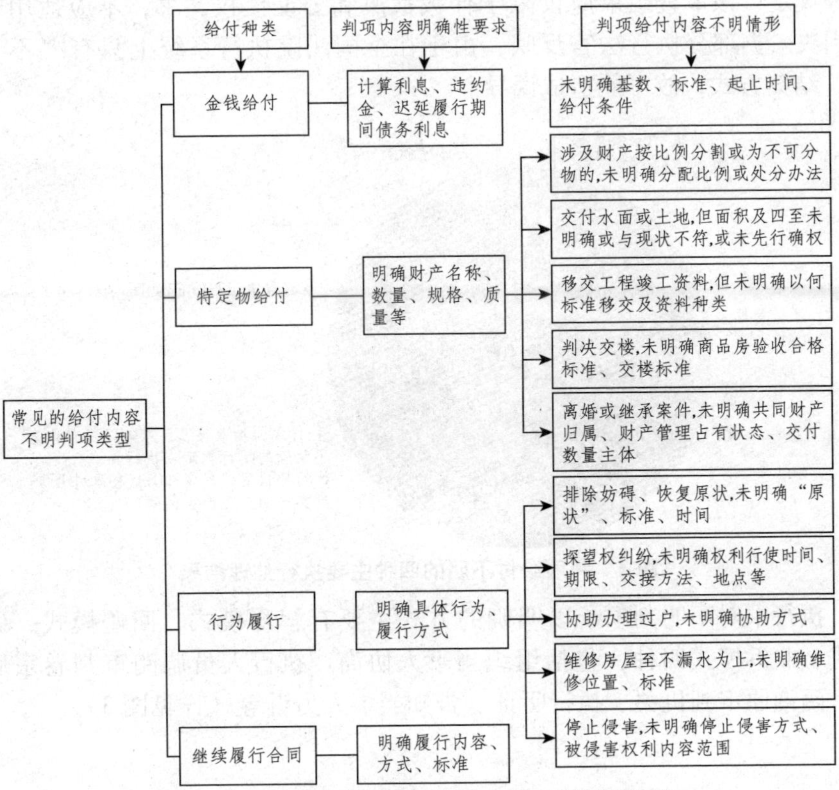

图1 司法实践中常见的给付内容不明判项类型

① 吴光陆：《强制执行法》，我国台湾地区三民书局2012年版，第41～43页。

② 因涉及给付内容不明的文书多援引《最高人民法院关于适用〈中华人民共和国民事诉讼法〉的解释》（以下简称《民事诉讼法解释》）第四百六十三条，故以“第四百六十三条、执行裁定”为关键词、检索范围设置2016年1月1日至2019年8月2日，在中国裁判文书网检索出7000余个结果，包括执行实施、异议复议、监督程序裁定。

③ 此处参考《最高人民法院办理仲裁裁决执行案件若干问题规定》《立审执协调意见》等。

同时，判项不明应区别于以下情形：笔误、执行内容尚待明确、① 无给付内容、执行标的不适宜执行或已灭失、给付内容存在选择性而涉及客观的诉的预备合并、② 执行依据冲突竞合、具有广义执行力的确权判决、③ 漏审漏判、既判力基准时后发生新的事实，以及对待给付执行、附条件附期限执行中，相关期限是否届至、执行条件是否满足等。

（二）裁量失衡：执行处理结果与解决模式

根据裁定样本，司法实践中对于不明判项主要有四种执行处理结果：不予受理、驳回执行申请、不予执行、终结执行（详见图2）。或是由执行法官主动在执行中审查判项明确性问题，或是由当事人针对执行依据明确性问题提执行异议。其中，对于不予执行据《民事诉讼法》第一百五十四条等规定，该审查结果应仅限于仲裁裁决和公证债权文书，不应适用于民事判决。据部分执行法官反映，由于在全国法院执行系统上只有"不予执行"结案方式，故可能造成误导。

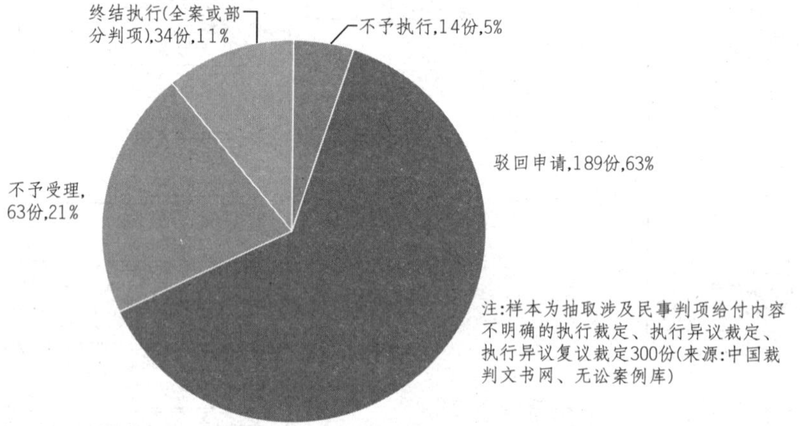

图2 判项给付不明的四种主要执行处理结果

执行中对不明判项予以明确的方式主要有解释模式、回避模式、诉讼模式、非诉模式四种，包括组织当事人协商、执行人员调阅审判卷宗后解释、函询原审判机关、执行听证、告知当事人另诉等（详见图3）。

① 以欠付工程款问题为例，判决当事人在欠付工程款范围内承担清偿责任时，判项往往不写明是否欠付工程款、欠付多少工程款，是因工程尚未结算或仍在建，是否欠付工程款及金额尚待查明。详见张家界市中级人民法院（2016）湘08执复31号执行裁定等。

② 邱星美等：《执行依据主文不明的识别与救济配套机制》，载《人民法院报》2019年7月25日第5版。

③ 广义执行力指通过强制执行以外的方法，可实现与判决内容相应状态的性质，例如基于确权判决申请变更登记。参见［日］新堂幸司：《新民事诉讼法》，林剑锋译，法律出版社2008年版，第508页。

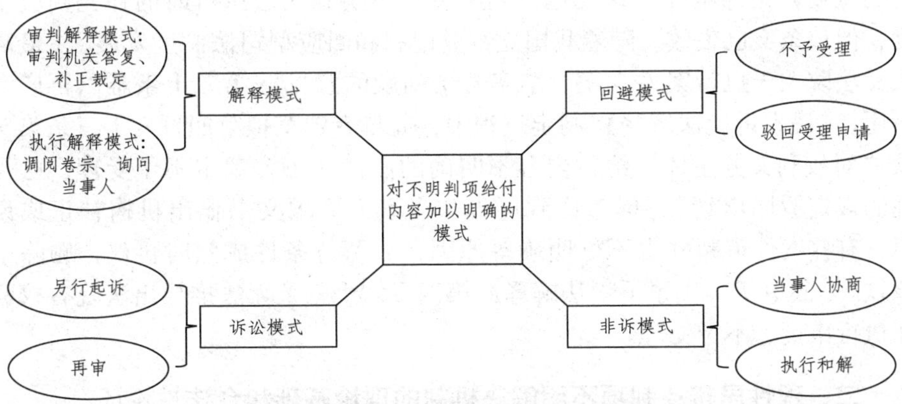

图3　目前司法实践中判项不明的四类解决模式

凡此种种，反映出规范缺失操作混乱。虽然司法解释规定执行异议不停止执行，但相关执行处理路径也让当事人背负程序负担，隐含执行行为撤销或执行回转风险（详见图4）。

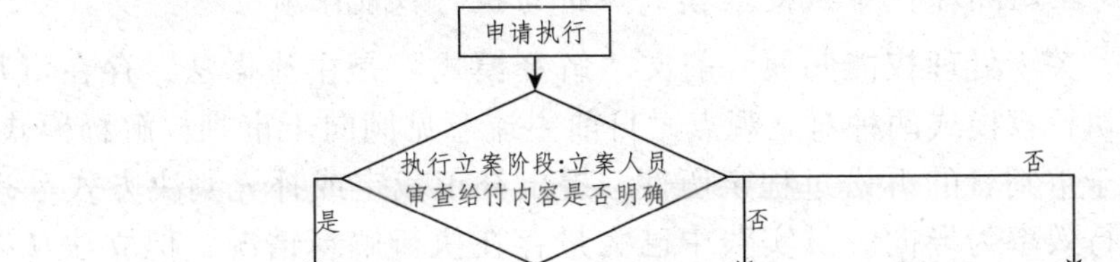

图4　我国司法实践中对给付内容不明判项的执行路径

（三）规范供给不足：解决机制及当事人救济机制缺失

1984年《最高人民法院关于贯彻执行〈民事诉讼法（试行）〉若干问

题的意见》第四十九条曾规定了判决主文不明确无法执行时的补充判决制度，但该条文已失效。随着我国立案登记制和回应型司法制度发展，《最高人民法院关于执行案件立案、结案若干问题的意见》第二十条难以再广泛适用。《民事诉讼法解释》制定过程中，起草者曾草拟第四百六十三条第三款“对权利义务主体、给付内容不明确的法律文书，裁定不予受理；已受理的裁定驳回申请”，但考虑到可告知当事人要求文书作出机构补正或说明，有些案件审判庭也不好明确等原因，故留待条件成熟时再议，删除了该款。[①] 故单从《民事诉讼法解释》第四百六十三条无法推导出法院有权驳回执行申请、不予受理。

二、理性思辨：判项不明解决机制的理论基础和合法性论证

审执分离在于兼顾审判公正与执行效率价值。审执权能界限、民事执行权配置是解决判项不明问题的理论根基。对于目前实践做法和理论界观点，应结合诉讼法理和正当程序理论进行合法性分析。

（一）理论溯源：审执处理模式辨析与执行权能配置

首先，关于处理权能归属。前文“解释模式”是主流做法，存在审判权模式与执行权模式两种对立观点，目前主流意见倾向于审判权解释模式。前者立足于审判者的诉讼过程亲历性，提出补正裁定或补充判决方式等，[②] 后者以执行效率为导向。虽实践中已大量存在执行解释情况，但立法从未明确指引执行权是否有权解释、如何解释、解释到何种程度，这也是我国执行机构内设模式极易引起的误解。单一的解释处理模式均不可取，两种模式应合理衔接。

其次，关于执行权能配置。《最高人民法院关于执行权合理配置和科学运行的若干意见》将执行权分为执行实施权和执行审查权两项权能，均未包含对执行依据的审查。有观点认为应将对执行依据的审查作为“执行司法审查权”的内容纳入我国强制执行立法，[③] 或认为“执行解释权约略与执行命令权和执行裁判权相对应”。[④] 鉴于判项不明问题客观上难以根除，建议在强制执行立法中增加该项权能配置。

---

① 沈德咏主编：《最高人民法院民事诉讼法司法解释理解与适用（下）》，人民法院出版社2015年版，第1238页。

② 杨荣鑫、邱星美：《执行权与审判权的界限》，载刘贵祥、宋朝武主编：《强制执行的理论与制度创新》，中国政法大学出版社2017年版，第19页。

③ 葛行军：《论制定一部民事强制执行法之必要》，载刘贵祥、宋朝武主编：《强制执行的理论与制度创新》，中国政法大学出版社2017年版，第3页。

④ 雷运龙：《执行解释初论》，载《法学杂志》2002年第5期。

(二) 制度导向：正当程序理论、执行力审查机构设置

首先，明确正当程序保障导向。司法责任制背景下，似乎审判者解释更符合判决原意，但若无程序保障，仍有权力寻租、突破既判力风险。应借鉴正当程序理论，赋予当事人审级利益保障，完整配置救济权利机制，同时在执行审查、执行实施中兼顾正当程序保障，方可有效深化审执衔接。

其次，完善执行力审查机构设置。目前，立案庭与执行部门均对执行内容明确性进行审查，有程序重复之嫌。立案登记制实施后，要求立案庭快速准确判断并不现实。“除明显无执行内容的，如单纯身份关系的确认、形成判决，或全部驳回原告诉讼请求的判决，其他裁判文书都有可能进入执行阶段。”[①] 故于执行实施开始前，可在执行实施、裁决部门外专设执行审查团队。

德日韩的执行文制度，系由专门机关审查执行力要件后启动执行程序，立案形式要件与执行力要件审查相分离，当事人享有执行文付与之诉等救济权。[②] 这类制度精密复杂，建立中国特色执行文制度未为不可，但与我国现行民事诉讼制度及执行体制衔接的制度成本不低，也需设立执行文付与机关（司法事务官、书记官等）进行审查。我国台湾地区的许可执行制度及配套救济制度，[③] 也难以直接有效地解决判项不明问题。当务之急是构建符合诉讼法理、我国国情且改革成本较低的执行力纠纷处理及救济机制。

(三) 方式排除：待商榷的实践做法及理论观点

第一，裁定不予受理与驳回执行申请。该两种方式不符合“有权利即有救济”现代法治原则，均隐含巨大社会风险和执行风险，不应广泛适用。且现行立法缺乏救济明确规定，并未规定驳回执行申请能否申请复议或上诉。

第二，当事人自行协商与执行和解。如果允许当事人自行协商判项，将对判决的终局性、权威性带来极大损害，也易出现恶意串通。若当事人不履行执行和解协议而需恢复执行的，则仍要明确判项内容，问题并未得以实质解决。

第三，审判答复解释与补正裁定。征询原审判组织意见已有较多司法实践，但立法并未明确其与生效法律文书具有同等法律效力；即使有同等效力，是否须经合议、当事人能否对裁定单独上诉等亦不明确。虽能促使执行推进，但无正当程序保障，不可将其理想化。我国补正裁定仅限于笔误等轻微情形，

---

① 杨凯、李婷：《民事生效裁判文书可执行性争议化解机制的建构路径》，载《法治论坛》2018 年第 3 期。

② 江必新：《比较强制执行法》，中国法制出版社 2014 年版，第 153 页、第 225 页、第 287 页。

③ 杨与龄：《强制执行法论》，中国政法大学出版社 2002 年版，第 125 页、第 128 页。

并无明文规定如何解释判项，也难以在效力上与原判决衔接。

第四，另提确认之诉。有学者认为可借鉴德国法以新的确认之诉明确执行依据给付内容。[①] 但德国法中执行依据的既判力和执行力分别发生，执行依据的执行力需经专门机关审查确定后方发生，“这样的确认之诉并不对抗需要解释的判决的实质既判力，因为仅涉及准确表达判决的内容”。[②] 我国为判决既判力和执行力同时发生，另提确认之诉的裁判文书既判力将与原判决既判力冲突，与民事诉讼法理不符。

第五，执行听证制度。在执行中组织当事人举证、质证及辩论固然能实现事实认定，但存在“以执代审”风险，类审判程序的构造也难保执行效率。

第六，执行异议之诉。有观点提出可借鉴德国和我国台湾地区的许可执行之诉、签发执行正本之诉，将执行异议之诉适用对象扩张至《民事诉讼法》第二百二十五条部分内容。[③] 但执行异议之诉在于解决案外人私权性实体救济，将给付内容不明情况纳入该类诉讼缺乏理论基础，将造成执行救济程序混乱。

三、路径构建：判项不明解决机制的“审执衔接三元法”

给付内容不明问题的解决必然涉及对实体权利义务的判断，但与一般诉讼结果相比，并不涉及“是与否”的判定，而是一种探究判项真意和应然状态的过程。鉴于判项不明情形难以穷尽，故不宜以案件类型来划定解决方法。建议以不明情形对判项实体权利义务明确性的影响程度、既判力基准时、能否形式审查等因素为基础，构建类似繁简分流的“执行解释——主文明确性认定执行裁定——补充判决”的三元法路径并辅以配套机制，对当事人予以“实体 + 程序”双重救济保障，深化审执衔接下的审执实质分离。

（一）“三元法”之一：执行解释

司法实践中已大量存在执行解释，《强制执行法草案（第六稿）》第二十一条亦将其纳入立法考量。

其一，解释主体与适用情形。由执行法官依职权进行，仅限于一种情

---

① 百晓锋、董少谋：《生效法律文书内容不明问题之处理》，载《人民法院报》2016 年 3 月 23 日第 8 版。

② ［德］汉斯·约阿希姆、穆泽拉克：《德国民事诉讼法基础教程》，周翠译，中国政法大学出版社 2005 年版，第 357 页。

③ 马家曦：《执行内容确定之程序展开——以“执行依据不明”的解释及应对为中心》，载《甘肃政法学院学报》2019 年第 3 期。

形：判项存在文义性不明，但判决的事实查明与说理部分均有充分论述，不需要对实体权利义务重新定性，主文不明对判项实体权利义务明确性影响程度较轻。“不仅以主文所载为范围，即主文有遗漏或不明了而据其所附理由，苟已判断明晰，与主文不相抵触，亦应依照执行。”①

其二，解释方法。以书面形式审查为原则，结合判决全文，综合运用文义解释、体系解释、目的解释和历史解释等解释方法。如最高人民法院（2015）执申字第52号执行裁定，将当事人真实意思解释为交付采挖出的矿石并变更权属登记，即为目的解释。但解释不等于修补，不应适用限缩解释或扩张解释。

第三，方法局限性。有观点认为我国台湾地区同样没有执行文制度，可借鉴其“强制执行法”第八条由执行法官调阅卷宗进行执行解释，即可解决问题。但该方式还包括“若解释仍无法明确，执行法官驳回执行声请，债权人基于同一请求原因可再提给付之诉”。② 再提给付之诉又与我国《民事诉讼法》禁止重复起诉不符，故单一的执行解释制度无法解决全部判项不明问题。由于执行解释可体现于具体执行行为，当事人事后仅得提起执行行为异议。

（二）“三元法”之二：主文明确性认定执行裁定

作为“三元法”中最重要的一环，主文明确性认定执行裁定系在遵循审执分原则基础上的灵活变通，本文该设计借鉴了案外人执行异议制度，③以期使判项尽快明确，发挥快速审查过滤功能。至于能否确实起到繁简分流过滤功能、减轻诉累、节约司法资源等作用，还需实践论证，本文拟尝试进行制度设计。

其一，功能定位。目前我国案外人执行异议程序既无法对实体权利进行终局性判断，也不具有既判力，似乎异化成影响执行效率的重新程序而广受质疑。为避免类似问题，应明确主文明确性裁定的功能定位——虽不具有最终明确实体权利义务的机能，但旨在过滤简单的判项不明情形，从而快速推动执行、严格限定中止执行、赋予当事人救济程序保障，降低消极执行风险。作为补充判决制度的前置程序，避免补充判决滥用。

其二，适用情形。（1）执行法官仅能根据判决本身、原审卷宗等能辅

---

① 郑兢毅：《强制执行法释义》，商务印书馆2014年版，第35页。

② 张登科：《强制执行法》，我国台湾地区三民书局有限公司2012年版，第74～75页。

③ 在执行异议和执行异议之诉的关系问题上，曾有竞合肯定说和否定说两种观点，我国《民事诉讼法》第二百二十七条则采取了竞合肯定说下的“法定顺序主义”。肖建国：《〈民事诉讼法〉执行编修改的若干问题探讨——以民事强制执行救济制度的适用为中心》，载《法律适用》2008年第4期。

助判断实体权利的依据对不明判项作出判断。对执行依据涉及的实体权利不明程度较轻、当事人存在争议，通过调阅卷宗、商情审判机构解释等可初步明确判项的，可以通过该裁定予以明确。与执行解释类似，主文明确性认定执行裁定可综合运用法律和合同解释方法。例如判项仅确定继续履行而未明确具体内容的，可通过调取原案卷宗中的合同，对涉及是否有给付内容作出判断。[①]（2）对于实体权利不明程度较重、当事人争议较大的，在调卷、审判机构解释仍无法确定的，应由执行法官对无法明确的情形、原因进行分析。

其三，启动与受理。可由执行法官依职权作出裁定，也可由当事人提交解释判项书面申请。（1）执行法官应于7日内审查申请并给予是否受理的意见。如相关判项确有不明情形，则书面通知当事人受理解释申请，并以书面形式通知其他方当事人。（2）可参考关于财产保全与先予执行的规定，当事人可申请复议一次，复议期间不停止执行。法院应当在收到复议申请后10日内审查。

其四，中止执行情形。为防止消极执行或当事人滥用该裁定妨碍执行进程，审查期间不得中止原生效判决其他可执行判项的执行（如有）。以下情形除外：裁定审查过程中发现实体权利存在重大不明，继续执行严重损害当事人权益和社会公共利益的，可立即裁定中止执行，待补充判决生效后再恢复执行。

其五，审查原则、期限及方式。（1）以合议制、书面审理方式为主。可调取原案诉讼卷宗或征询原审判机构，但仅限于判断的辅助手段。函询原审判机构的规程可参照最高院《立审执协调意见》第十五条规定。（2）应设置较短审限，在15日内审查完毕。案情复杂情况可延期一次，可启动执行听证。

其六，审查结果。执行法官应作出判项“明确与否”以及“明确的情况下，给付内容是什么”的认定。（1）如认定“判项不明”，则表明判项不明情形难以通过执行解释、阅卷等方式作出形式判断，对实体权利影响较大，可在后续补充判决程序中查清。该裁定生效后应中止执行，待补充判决生效后继续执行；（2）如认定“判项明确”，则应在执行裁定项中明确判项的给付内容，继续执行。

其七，救济途径。主文明确性认定执行裁定并不涉及对实体权利的修改补充，可扩大解释为一种执行行为，故可将该类执行裁定的救济纳入《民事诉讼法》第二百二十五条执行行为异议救济体系内。（1）当事人有权

---

① 《强制执行法草案（第六稿）》第四十二条、最高人民法院（2009）执监字第217号函以及（2016）最高法执监446号执行裁定等。

在收到主文明确性裁定之日起15日内提执行异议；（2）如果执行异议复议结果不认可判项明确性裁定的结论，可以撤销该裁定（类似中止执行行为、撤销执行行为通知书或裁定书），由执行实施法官重新作出明确性认定。

其八，执行处理方式与后续程序衔接。（1）对于“判项明确”裁定。法院按明确后的主文内容继续执行，当事人还可之后针对具体执行行为提执行异议。（2）对于“判项不明”裁定。赋予当事人启动补充判决的选择权：①如当事人在收到主文明确性裁定之日起15日内未向原生效判决作出法院申请补充判决的，则继续执行，当事人可之后提出执行行为异议；②如当事人在15日内向法院申请补充判决申请的，则中止执行，类似我国“案外人对执行标的提出确有理由的异议”的中止执行情形。

（三）“三元法”之三：补充判决

大陆法系实行针对漏审漏判情形的补充判决制度，① 本文借用此概念，将其定位为主文明确性认定执行裁定生效后，消除执行力障碍的终局诉讼手段，补充判决审理期间中止执行，同时应区别于漏审漏判的再审程序以及部分先行判决。

其一，功能定位。由当事人决定是否申请补充判决，以充分尊重处分权。判决既判力的时间范围体现为基准时，即事实审法庭辩论终结时。② 补充判决针对原诉讼标的进行查明，性质上属于原判决的组成部分，不属于对原判决既判力的突破，与原判决有同等法律效力，可在原判案号后加“补”字以区别。

其二，适用情形。适用于不明情形对实体权利义务影响程度较重、当事人对抗激烈、涉及重大利益等情形，具体为：（1）执行法官无法通过判决原文作出执行解释；（2）执行法官无法通过调取卷宗、函询原审判机关等直接参考方式认定实体权利义务；（3）未在判项中明确的诉讼标的之争议事由发生在一审法庭辩论终结前。

其三，与主文明确性认定执行裁定的衔接。（1）法院作出主文不明的认定执行裁定后，当事人未在裁定送达之日起15日提出补充判决申请的，法院应在该15日届满后的7日内裁定恢复执行。（2）补充判决的判项需对主文明确性认定执行裁定的裁定结果进行评价，若补充判决之认定与主文明确性裁定不一致，主文明确性裁定失效。（3）若当事人未提补充判决申请，不启动补充判决将对当事人权利义务、社会公共利益产生较大影响的，由执行法官书面报请院长审查处理是否启动补充判决。

---

① 曹志勋：《论民事一审漏判的更正》，载《法学》2017年第7期。

② 在一审判决基准时之前存在的事由，当事人如不适时辩论或举证提出，则会被既判力所遮断，不得重复主张。参见翁晓斌：《我国民事判决既判力的范围研究》，载《现代法学》2004年第6期。

其四，受理法院、审判程序与审理组织。由作出生效判决的法院受理补充判决申请，如果执行法院与原生效判决审理法院位于不同地区，鼓励当事人使用“移动微法院”APP 实行补充判决跨域立案。当事人诉讼地位与原生效判决一致。补充判决与原生效判决适用相同诉讼程序，原则上应由原审判组织作出，如原审判组织变动，由院长指定原审判部门其他人员审理。

其五，申请条件。应当具备下列条件：（1）已由生效的主文明确性裁定认定为“确属不明”；（2）有指向不明判项的解释请求；（3）自主文明确性执行裁定生效之日起 15 日内提起。人民法院应当在 7 日内决定是否立案。

其六，审理对象与方式。（1）以未在判项中明确的诉讼标的为审理对象。补充判决不得变更原生效判决认定的事实，但可以围绕未明确的“要件事实”进一步查明。（2）未明确的诉讼请求、法律关系、诉讼标的、损害结果、意思表示和行为目的等均有助于进一步明确要件事实。（3）为保障与原判诉讼程序的相当性，应以公开开庭审理为原则，当事人享有辩论权、举证质证权等。（4）补充判决判项应列明与原生效判决判项的关联对应关系。

其七，审限与审理原则。（1）不适用调解原则。此原则旨在避免当事人变成裁判者、维护生效判决的稳定性，同时防止与执行和解程序重复。（2）为兼顾执行效率，防止补充判决变成另一“新判决”，应设置较短审限，以 1 个月为宜。如确属疑难复杂，可酌情延期。（3）鉴于补充判决性质，不宜另收取诉讼费用。

其八，救济程序。由于补充判决对实体权益产生直接影响，故应有审级保障，赋予当事人上诉或申请再审权，其上诉和申请再审期间应与原裁判分别计算。审理范围与上诉请求范围应仅限于补充判决范围，二审审限同一审审限。

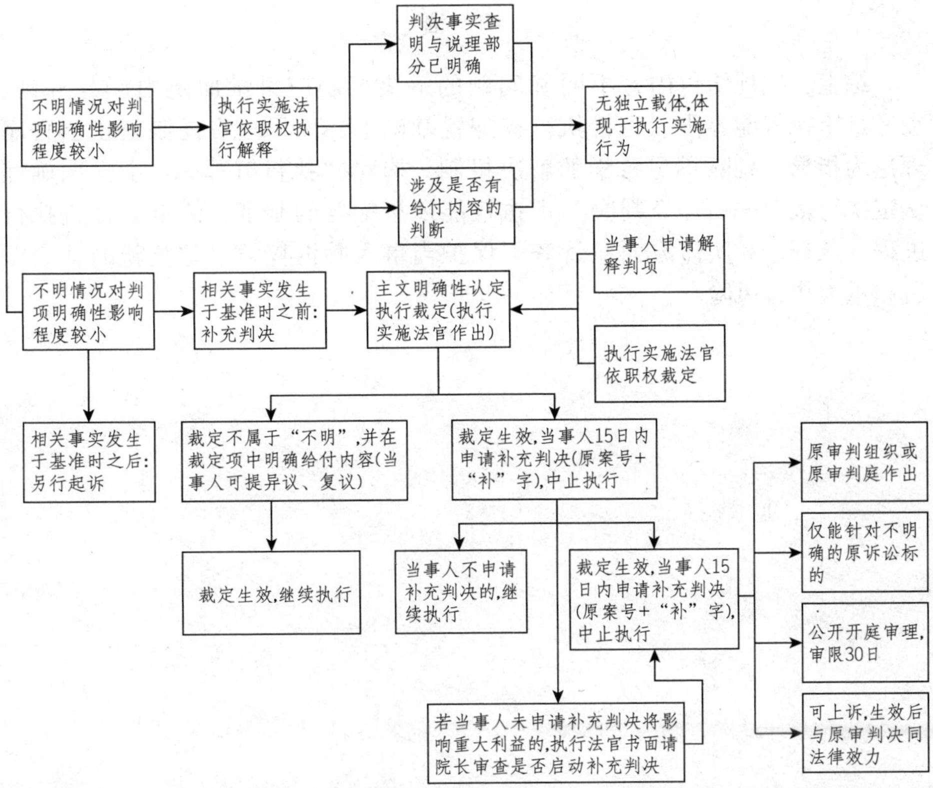

图5 “执行解释——主文明确性认定执行裁定——补充判决”三元法路径图

(四)配套机制:执行力的其他救济手段

其一,再审与另行起诉。基准时前发生事由,如果通过上述“三元法”仍无法明确主文内容的,可证明其事实认定或法律适用存在重大瑕疵,应依法启动再审程序。既判力基准时后发生的争议事由导致难以执行的客观障碍的,不应在执行程序中直接认定,应裁定驳回执行申请或终结执行,另行起诉。①

其二,源头治理与深化考核问责。引导原告明确诉讼请求,在立案、审判环节依法及时释明。加强立案、审判人员的执行衔接意识,可细化常见案由判项明确方法。为深化执行改革、健全解决执行难长效机制,应将裁判内容可执行性纳入案件质效、工作绩效考核的重要因素。

其三,纳入强制执行立法。强制执行法作为胜诉权益兑现的根本法,承担起解决其他部门法尚未解决的,但又在执行程序中出现的判项不明确体制性问题,从而具有重要现实意义。

---

① 详见最高人民法院(2016)执行申字第382号执行裁定、(2014)执监字第80号执行裁定等。

结　语

综上，判项给付内容不明确问题的解决机制应科学厘定内涵与外延。在考量审执权能界限、完善执行权配置基础上，以司法责任制与正当程序理论为指导，剔除不尽科学的解决机制，构建“执行解释——主文明确性认定执行裁定——补充判决”审执权能衔接配合的制度，能有效推进执行进程，从程序和实体方面双管齐下保护当事人胜诉权益，防范新的社会矛盾和重大执行风险。

区际送达制度之困境与突破

——“分级送达体系＋二维审查模式”重构区际送达规则

黄　叶*

引　言

域外送达历来被认为是“一个连接当事人各方相当冗长的、昂贵的，而且纠缠不清的存在致命缺陷的程序。”① 随着大量跨法域民商事纠纷的增长，对区际民商事审判程序的供给提出更高的要求，其中诉讼信息的高效传递显得尤为迫切。司法实践中，区际民商事司法文书的送达难、周期长、效率低一直制约着涉港澳台民商事审判质效的提升。关于区际民事送达程序的改革研究，还未脱离以主权论与效率论对域外送达方式进行规范性评述，置于司法协助模式论视域下对区际司法文书送达的研究，② 也并未触及区际送达在民事审判中的痛点。

一、扫视：区际送达在民事审判中的多重困境

为从宏观层面整体揭示区际送达程序与涉港澳台民商事司法审判的种种勾连，以裁判经验事实为切口，窥视区际送制度运行的实然状态，笔者从中国裁判文书网、无讼案例网检索了152宗相关案例，对上述案例逐一筛选后，着重分析96宗涉港澳台案件的送达程序。③ 获取的具体结论如下：

---

* 作者单位：广东省珠海市斗门区人民法院。

① 何其生：《域外送达制度研究》，北京大学出版社2006年版，第1页。

② 相关主要文献可参见涂广建：《我国涉外民事诉讼送达制度之考问及续造》，载《国际法研究》2017年第3期；向明华：《域外“送达难”困局之破解》，载《法学家》2012年第6期；何其生：《我国域外送达机制的困境与选择》，载《法学研究》2005年第2期；于飞：《我国不同区际司法协助模式下的区际送达》，载《河北法学》2017年第8期。

③ 样本涉及的案件类型：涉港案件33宗、涉澳案件6宗、涉台案件57宗，其中适用一审程序58宗、二审程序26宗、再审程序12宗。

(一) 规避滥用的送达方式

为考察各类送达方式的适用情况，笔者对样本案件的送达途径进行了分类统计（见图1）。呈现如下具体面向：

1. 公告送达与邮寄送达为主的送达格局。样本数据显示，在涉港澳民商事案件中，43%的案件适用公告送达程序，30%的案件通过邮寄送达，少量案件适用直接送达、留置送达以及司法协助委托送达等方式。从程序保障的角度来看，公告送达作为一种拟制通知，是法院保障当事人参与诉讼所作出的妥协，其适用条件应当极其严苛。而司法实践中，公告送达却成为了区际送达的主要途径，大量的公告送达不仅会导致当事人频繁启动二审与再审程序，甚至将影响判决的承认与执行。

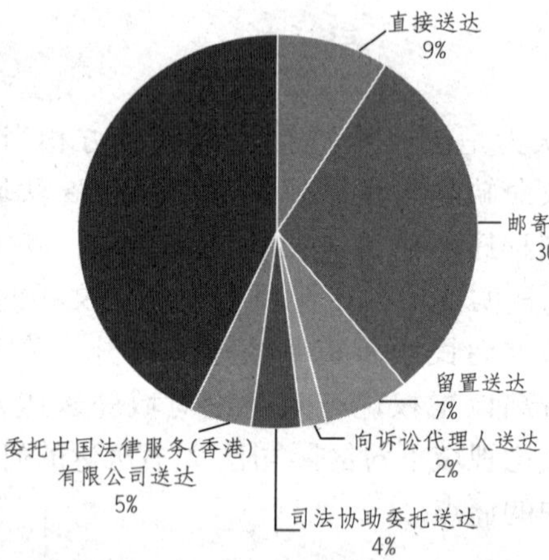

图1 区际司法文书送达方式的适用情况

2. 被规避与选择的司法协助送达。在域外送达领域，若存在共同的条约或司法协助安排，且有中央机关合作送达的情况下，这种送达方式的合法性与可被接受性便有充分的保障。① 作为主要的官方途径，司法协助送达在司法实践中处于避而不用的尴尬状态。统计样本中，只有4%的涉港澳台案件采取了司法协助送达途径，即便是19宗经公告送达程序的案件，也只有2宗案件“穷尽”司法协助送达。在不同法域以及纠纷类型上，司法协助送达途径还呈现明显的选择性偏向，在笔者收集的71宗通过司法协助委托送达的案件中，有56宗案件属于涉台民商事纠纷，其中52宗属于离婚案件。

(二) 频繁消费的送达抗辩

合理化的送达制度增强了缺席裁判案件的程序合法性，是民事裁判正

① 张文亮：《外国判决承认与执行语境下“送达抗辩”研究》，载《当代法学》2019年第2期。

当性评价的标准之一。[①] 送达抗辩聚焦于缺席审理的被告能否在充分的时间内且以使能够准备抗辩的方式收到相关的诉讼文书。司法实践中，当事人往往以送达程序违法等问题提起上诉或申请再审，在笔者检索的38宗涉港澳台的二审与再审案件中，当事人以未收到一审诉讼材料、公告送达程序违法、未通过司法协助途径送达、代收人未经授权、邮寄地址错误等事由提出的“送达抗辩”屡见不鲜（见表1）。在各类抗辩事由中，64%的案件主要针对公告送达程序的适用问题主张程序违法，其中8宗案件经二审与再审认定程序违法，4宗案件因送达程序严重违法发回重审。

表1　　　　二审与再审送达抗辩事由一览表

送达抗辩事由	案件数（件）	比例
一审程序违法，未收到一审法院送达的诉讼材料	14	37%
一审法院未采用各种送达方式而适用公告送达，程序违法	6	16%
公告期错误、公告内容不完整、未在香港公开发行的报刊上刊登	4	11%
未参照涉外送达程序、内港送达安排送达	5	13%
应诉材料由未经授权的人代收，不能认定已履行送达程序	5	13%
未在内地设立分支机构、送达地址错误、签收人不符合法律规定	2	5%
其他	2	5%

（三）逻辑杂糅的程序审查

在司法协助语境下，送达的程序审查是判决承认与执行的先决条件。可见，域外送达程序正当性审查的重要性不言而喻。从民事裁判的基本逻辑来说，无论是一审法院或是二审法院，无论是针对诉讼请求还是上诉请求，抑或针对实体主张还是程序性主张，作出裁判都必须援引具体的法律规范。在事实、法律与结论之间形成“事实（小前提）→法律（大前提）→判决（结论）”环环相扣的逻辑链条。[②] 笔者对二审与再审的涉港澳台案件进行深入分析，发现区际送达程序的审查存在如下问题：

1. 送达要件事实的证明权责不清。送达作为程序性事项究竟属于当事人证明抑或法院查明的事实，在相关法律规定中并未明确。根据被上诉人与被申请人针对送达程序违法的抗辩态度（见图2），6%的当事人主张送达程序由二审或再审法院认定，55%当事人以案件事实作为抗辩理由（只有少数提交了证据），39%的当事人未予回应。司法实践中，送达要件事实的

---

① 王福华：《民事送达制度正当化原理》，载《法商研究》2003年第4期。

② 傅郁林：《民事裁判思维与方法——一宗涉及外国法查明的判决解析》，载《政法论坛》2017年第5期。

证明模式常常游离于辩论主义与职权主义之间。

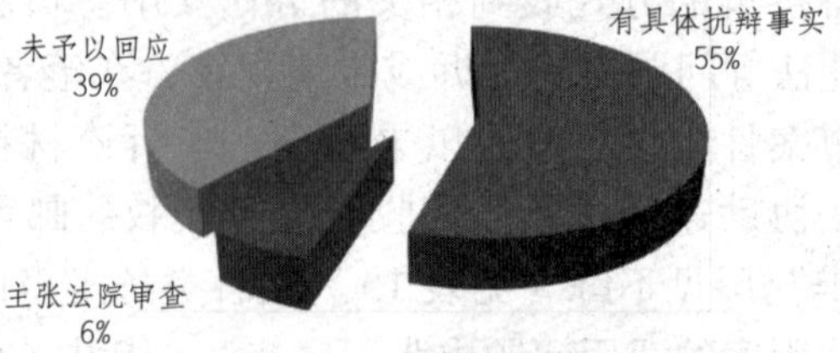

图2 当事人对送达抗辩的回应

2. 论证链条的断裂与异化。样本分析显示，二审与再审法院在送达程序审查中，从事实到法律再到结论的逻辑链条，法律规则在涵摄过程中出现了断层，74%的案件未援引具体的法律规范作出了认定结论（见图3）。

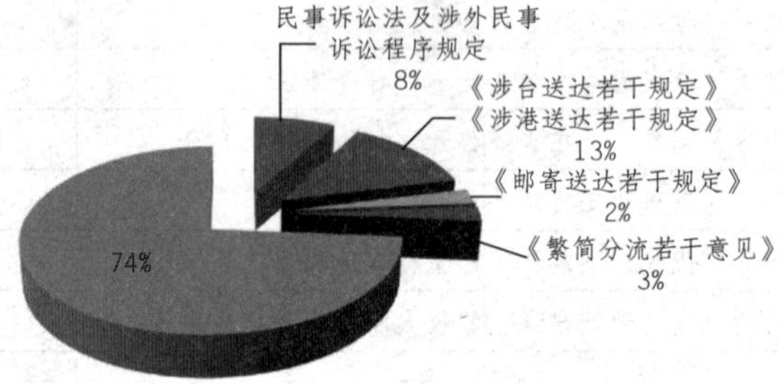

图3 区际送达程序审查中的法律适用

即便是经援引的法律规范与要件事实也存在一定程度的分离，导致结果认定过于粗疏笼统：（1）将涉港澳台案件当事人在内地有送达地址的情形，直接等同于域内送达。（2）关于公告送达程序违法的抗辩事由，常常以“直接→邮寄→公告送达”的事实链条，笼统推定送达程序合法，忽视具体的抗辩主张以及区际送达的异质性（见表2）。

表2 区际民事送达抗辩的审查认定①

裁判类型	抗辩事由	审查结论
内地有送达地址→视为域内送达	一审送达程序不符合《民事诉讼法》等规定，在一审开庭前未收到一审送达的诉讼材料	李月美在内地有住所，对其送达诉讼文书可以按照《民事诉讼法》第七章第二节“送达”的规定进行
	常年在香港居住，仅凭当年留给泉州农商行的内地公司的地址送达，没有按照《内地与香港送达安排》送达，也没有公告送达	该地址系纠纷发生之前当事人约定的送达地址，人民法院可以将该地址作为送达诉讼文书的确认地址，送达程序合法

① 相关案件来源：（2016）粤06民终7526号、（2018）闽民终868号、（2016）鄂民终1096号、（2014）闽民终字第1382号、（2014）佛中法审监民提字第14号。

续上表

裁判类型	抗辩事由	审查结论
公告送达的粗疏认定	一审法院没有依法送达诉状、开庭传票，黄子如虽是香港永久性居民，但经常往返于香港、广州两地，一审法院有多种方式可以送达诉状及开庭传票给黄子如	一审法院在通过特快专递送达、直接送达等其他方式无法送达的情况下，依法以在《人民法院报》刊登公告的方式送达有关法律文书，符合法律规定
	邮寄地址并不是黄峥嵘的法定地址，签收人是门卫，与黄峥嵘没有亲属关系，故原审法院的送达方式明显违法	原审法院按身份证记载的地址送达被退回后，且无法向黄峥嵘送达诉讼材料的情况下，依法向黄峥嵘、黄祥伟公告送达相关诉讼材料，并无不当
	一审法院适用公告送达的方式不合理	因多次前往欧阳广源、罗小明居住地均未能找到欧阳广源、罗小明，故一审法院适用公告送达并无不妥

二、深描：区际司法文书送达的个案场域

个案研究从小环境或微观层面理解人与人之间的复杂互动，可以发现宏观层面无法看到的有意思的现象。[①] 以下笔者将区际送达置于个案的司法场域，从微观、动态的视阈，描述区际送达程序的实施过程。

（一）送达效率：漫长的送达周期

何某起诉郭某所有权确认纠纷一案，该案被告系香港户籍居民。案件受理后，根据原告提供的地址信息，受案法院以邮寄送达的方式向被告寄送应诉材料，三次邮寄均未妥投成功。由于通过其他送达途径无法向被告人送达诉讼文书，从2016年8月至2018年4月，受案法院四次请求省高级人民法院委托香港高等法院送达司法文书，总耗时472天，平均委托送达周期为118天（见表3）。

表3　　一宗涉港案件委托送达流程节点周期表

次数＼流程	受案法院—省高级人民法院	省高级人民法院—香港高等法院	香港高等法院—省高级人民法院	送达完成周期
第一次	26天	57天	30天	113天
第二次	3天	128天	22天	153天
第三次	6天	44天	46天	96天
第四次	4天	63天	43天	110天

① 周尚君、尚海明主编：《法学研究中的定量与定性》，北京大学出版社2017年版，第9页。

（二）送达的内嵌性：层层流转的委托程序

笔者将四次协助送达文书在内地法院流转的周期与实际送达的周期进行了对照（见图4），司法文书在内地法院转送的周期均长于香港高等法院实际送达的周期，尤其是第二次委托送达，内地法院转送的期间长达128天，占该次送达时长的86%，而香港高等法院完成送达只耗费了22天，平均周期基本上维持在35天左右。司法协助送达的周期，很大程度上消耗在人民法院内部转送、审查、流转的过程中，层层报备、层层流转的办理流程会人为地降低司法协助的效率以及相关诉讼的审理进程。①

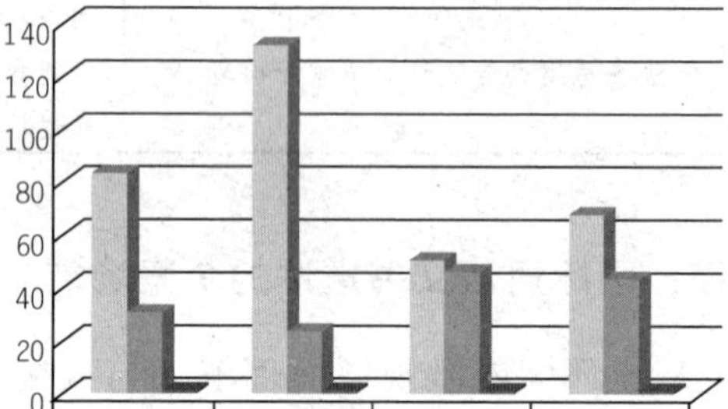

	第一次	第二次	第三次	第四次
内地法院转送(天)	83	131	50	67
香港法院实施送达	30	22	46	43
转送消耗比	73%	86%	52%	61%

图4　司法协助委托送达转送周期消耗比

（三）送达的异质性：负担不均的协助送达

受委托法院送达过程是司法协助委托送达中关键的一环，送达成功与否关系到请求方案件的审理预期。实践中，协助送达的方式和过程呈现不同的法域差异，并因被请求方所在地法律获得程序上的正当性。上述个案中，香港高等法院协助送达过程简述如下：

① 厦门市中级人民法院课题组：《厦门涉台审判机制改革及两岸法院司法互助研究报告》，载齐树洁主编：《东南司法评论》，厦门大学出版社2014年版，第28页。

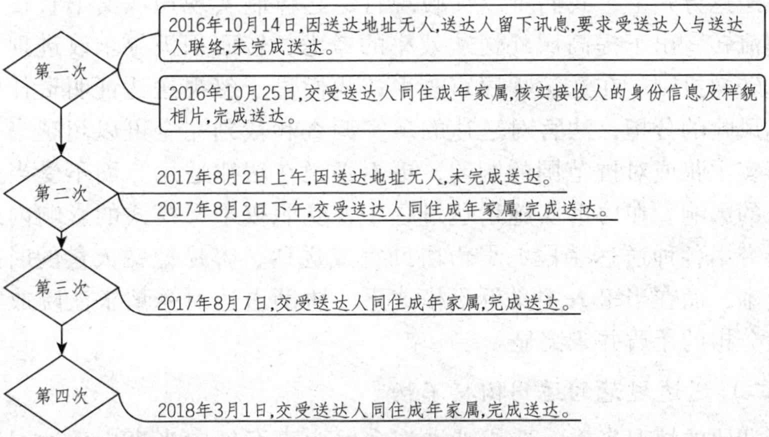

图5　香港高等法院协助送达过程

内地法院协助送达一般遵循“及时原则”“优先处理原则”“尽力协助原则”，实践中由于请求方提供的信息不全，按请求方提供的受送达人地址，无法送达的情况下，内地法院经常为了送达一份材料需要花费多天时间或寻找多个部门。与内地法院不同的是，香港高等法院、我国台湾地区法院在按请求方提供的受送达地址无法送达的情况下，有的法院直接退回，协助实施送达义务相对“洒脱”。

三、钩沉：区际送达在制度与行为之间的追问

通过定量研究与定性分析，笔者分别从宏观与微观的视角剖析了区际民事送达程序中的诸多问题，其产生的原因和背景是什么，以下笔者从区际送达所涉及的制度、规范、行为三个层面进一步探究。

（一）送达性质与诉讼模式的结构性制约

传统上大陆法系国家的诉讼模式具有浓厚的职权主义色彩，倾向于将送达定性为公权力行为，由法院依职权主导并完成；普通法系国家采取当事人主义诉讼模式，送达被看成是当事人或其律师的行为，具有私人性质。① 不同的诉讼模式在当事人与法官之间的权限配置方面的特点和差异，构成了各国配置送达方式、权限、责任和风险分担的基础和底色。由于我国民事诉讼模式基本上尚未超越职权主义模式，法官在事实调查方式和事实调查权限方面还未完全形成辩论主义的意识或理念。②

① 廖永安：《在理想与现实之间：对我国民事送达制度改革的再思考》，载《中国法学》2010年第4期。

② 傅郁林：《民事裁判思维与方法——一宗涉及外国法查明的判决解析》，载《政法论坛》2017年第5期。

在送达方式上，我们难以突破现行送达体制实现司法文书直接在当事人之间流转，出于提高域外送达效率的考虑，转而积极寻求改进现有的文书送达转递机制。在送达程序审查上，我们过于忽视送达证明责任的分配与送达风险的分担，法官对送达的事实调查和裁判完全可以超越当事人双方的事实主张或对抗范围的制约，更不必说在法律适用方面不受当事人法律主张的影响。在协助实施送达过程中，受职权主义模式的影响内地法院强调要穷尽各种送达手段、尽力协助完成送达，容易耗费大量的时间、精力、成本，而在当事人主义诉讼模式下，协助送达对受请求法院成本消耗与风险分担的矛盾并未突显。

（二）送达规范的适用衔接不畅

从调研的情况来看，造成涉港澳台民商事案件向当事人送达司法文书难的一个重要原因就是有关司法文书方面的法律法规、司法解释不完备，缺乏系统性、连贯性，有些送达的具体程序缺乏相应的法律规定。①

现阶段，关于我国区际司法文书送达的规范，散见于涉港澳送达安排、两岸司法互助协议以及若干司法解释。人民法院向内地没有住所的港澳当事人送达司法文书既可以按照司法协助方式送达，也可按照《关于涉港澳民商事司法文书送达问题若干规定》规定的直接、邮寄、传真、电子邮件等方式送达，由于在不同规范之间、甚至同一规范的内部并未有效协调各类送达方式的适用位阶问题，这使得“内地与港澳特区间业已达成的《送达安排》处于非常尴尬的境地，在多数情况下将面临被弃之不用的境地。更可能在送达合法性方面出现瑕疵甚至是问题，影响到下一步可能的域外认可与执行”。②

诚如在一宗涉港案件二审法院判决书中认定：“我国《民事诉讼法》规定了多种送达方式，人民法院可以根据案件的具体情况选择有效的送达方式。内地与香港送达安排并没有规定所有涉港的民商事司法文书都必须按照该安排送达，只是表明如果要通过香港高等法院送达，可以按安排的规定办理。”③

此外，涉港澳与涉台送达规定，在司法协助送达方式的适用上，也存在差异。根据《关于人民法院办理海峡两岸送达文书和调查取证司法互助案件的规定》第七条的精神，司法互助方式为向我国台湾地区送达司法文

---

① 任雪峰：《〈关于涉港澳民商事案件司法文书送达问题若干规定〉的理解与适用》，载《人民司法》2009 年第 7 期。

② 张宪初：《澳门对中国民商事区际司法协助发展的贡献及其特色》，载《比较法研究》2010 年第 3 期。

③ （2004）粤高法民三终字第 152 号。

书之首要选择，对于民事司法文书的送达，至少首次要采用司法互助方式，而且不允许法院未经司法互助方式即行公告。[1] 因此，从司法效果而言，两岸司法协助送达的落实比内港澳显得更为积极、有效。

（三）科层结构的送达管理运行僵化

科层制的组织结构有着非常严格的规章制度及层级制度，而制度环境要求组织服从合法性机制，采用那些在制度环境下广为接受的组织形式和做法，而不管这些形式和做法对组织和内部运作是否有效率。[2] 我国的区际司法协助送达程序与国际司法协助送达程序如出一辙，遵循着科层组织结构下的运作模式，通过设立专项管理部门、专门负责的工作人员、严苛的审查程序与期限规则，建构了非常规整的层层报备、审查、流转的送达管理机制。一个委托送达请求及其司法文书的发出，需经由请求送达法院至省高级人民法院乃至最高人民法院（国际司法协助）等多个部门来回流转，实践证明，70%的司法协助送达周期消耗在人民法院内部的流转过程中。

为了更加具象化的表达科层结构下送达运行机制对送达效率的直接影响，以我国台湾地区法院请求内地法院委托送达的程序规定为例，一宗案件的委托送达即便严格遵守程序规则，在应然层面的规范周期耗时也将近3个月（见表4）。而在司法实践中，根据广东省高级人民法院外事办的统计，广东地区向港澳请求协助送达的平均回复周期分别是4个月、5个月。涉台案件从申请寄出到收到我国台湾地区完成材料耗时均在3～4个月左右。[3] 可见，受制于层层转送的科层送达结构，想要从根本上提升司法协助委托送达的效率并非易事。

表4　　涉台委托送达规范周期一览表

审查期（工作日）	立案期（工作日）	受委托法院协助送达期	受委托法院转送期（工作日）	高院审查期（工作日）	合计
≤7天	≤5天	≤2个月	≤7天	≤7天	86天

四、突破：区际送达规则建构的实践指引

如前文所述，我国区际民事送达的程序改革受制于诉讼模式、送达规范、管理机制等因素影响，为提升区际送达效率，我们有必要从制度环境

① 胡云腾：《关于人民法院办理海峡两岸送达文书和调查取证司法互助案件、司法互助案件文书样式（试行）两个司法解释的理解与适用》，载《人民司法》2011年第13期。

② 周雪光：《组织社会学十讲》，社会科学文献出版社2003年版，第73页。

③ 李桦、王思思：《两岸民商事司法文书送达问题探析——从厦门法院的实践出发》，载《海峡法学》2013年第3期。

去考究送达所承载的价值期待，各类送达方式与程序审查的机理，有效建构我国区际民事送达规则。

（一）价值协调：区际送达的程序保障与效率平衡

当代司法体制中，严格的法律程序在实现程序公正价值的同时，也暴露出其阻滞诉讼效率实现的一面。诉讼价值的内在冲突在我国改革送达措施过程中明显地暴露出来。[①] 在送达程序的改革过程中，我们必须科学定位区际送达的功能，合理协调程序公正与诉讼效率之间内在的矛盾。具体而言：

1. 程序理念从法院本位到当事人本位转变。在职权主义诉讼模式下，送达的功能在于层层推进以法院主导的诉讼程序，而忽视了以保障“与程序结果有利害关系的人，有权参加该程序并得到提出有利于自己的主张和证据以及反驳之机会”。[②] 送达的程序保障功能，要求我们破除职权主义模式下法院对送达权责的垄断地位，体现当事人的主体参与、风险分担。即便奉行职权主义诉讼模式的德、日等国民事诉讼中，送达并不完全是法院的职责，当事人也有送达诉讼文书的责任，而且诉讼的开始往往与送达行为有关。[③] 在程序审查上，法院对送达程序合法性审查也应当强调当事人证明责任的承担。

2. 程序规则的设置向效率倾斜。区际送达虽然不涉及国家主权因素，但在委托送达环节与涉外送达的繁杂趋同。在程序设计上，我们似乎过于强调法域之间的异质性，试图以更高层级的审查主体来保障程序的安定性，忽视程序本应具有的简便、高效。有别于涉外案件的协助送达规则，在内地与港澳台之间，我们是否可以尝试减少委托送达环节，从而提高委托送达的效率与诉讼预期。

（二）效力整合：官方路径与民间途径的有效整合

由于我国区际送达规范缺乏系统性、连贯性，送达安排、互助协议以及司法解释的适用未能有效弥合，司法解释内部各类送达方式缺乏效力性规制，导致实践中存在选择送达、规避送达的乱象。因此，有必要整合送达规范，厘清各类送达方式的效力位阶，严格限制适用条件，构建分级送达体系。

1. 以居住状态为标准的分级送达体系。受送达人的居住状态，在内地

---

① 王福华：《民事送达制度正当化原理》，载《法商研究》2003 年第 4 期。

② ［日］谷口安平：《程序的正义与诉讼》，王亚新、刘荣军译，中国政法大学出版社 2002 年版，第 11 页。

③ 谭秋桂：《德、日、法、美四国民事诉讼送达制度的比较分析》，载《比较法研究》2011 年第 4 期。

有无居所决定着送达方式的适用导向。笔者以受送达人的居住状态为标准，对各类送达方式的适用位阶进行了厘定（见图6）：一是受送达人在内地或在内地有居住地的情况下，直接送达优先。受送达人为自然人的，向受送达人或其同住成年家属送达；受送达人为法人的，向法定代表人、主要负责人送达，法人的代表机构或有授权的分支机构、业务代表人送达。无论是自然人还是法人，都可以向其指定代收人或诉讼代理人送达。直接送达拒绝签收的，适用留置送达。二是受送达人不在内地或在内地没有居所的情况下，有明确送达地址的，适用邮寄送达或者电子送达。通过邮寄送达被拒收、退回或无回应的，应当及时通过司法协助途径委托送达。

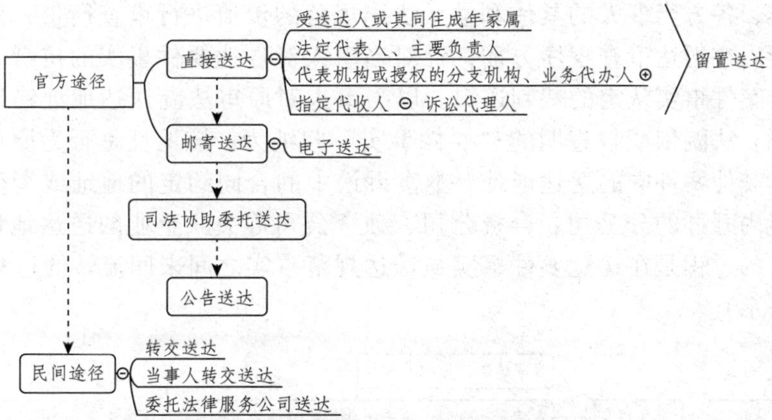

图6　区际民商事司法文书分级送达体系

2. 邮寄→司法协助→公告送达的否定性效力模式。实践证明，由于司法协助委托送达缺乏强制性、优先性，导致很多案件未经司法协助送达而径直公告送达，在二审与再审程序中频发“送达抗辩”。在分级送达体系下，有必要强化司法协助送达的效力模式，即在无法直接送达的情况下，以“邮寄→司法协助→公告”的送达模式对送达程序进行效力评价，原则上未经司法协助委托途径不得公告送达。

3. 整合民间送达资源，探索多渠道送达。无论在历史上还是现实中，司法文书流通都存在着显性或隐性的民间因素，民间途径一定程度上构成了区际送达的“增长点”，弥补了官方途径的弹性不足与司法资源的有限性。因此，尝试以当事人为主体的多渠道送达很有必要，如通过境内居住的亲友、同事、关联案件诉讼代理人，向受送达人转交程序性诉讼文书，委托中国法律服务（香港）公司送达。深圳前海法院在涉港案件中已经探索建立了当事人、律师转交送达制度，由原告或律师向被告送达法律程序性文件或相关法律文书，努力破解涉外案件送达难问题。[①]

（三）结果导向：合法性审查的二维进路

实践中，法院与当事人之间有关送达之负担及风险的分配并未形成明确、可预期的规则体系，更未达成具有正当性的新制度均衡。[②] 司法实践中，送达审查程序以法院“职权型”模式为主导，认定结论过于粗疏，忽视了当事人证明责任的承担。笔者在类案裁判的基础上，对送达要件事实的证明进行分流，提炼出两种审查路径，为均衡法院与当事人之间的风险责任，提供可预期的裁判规则。

1. 实质主义裁判思维——综合认定法。实质主义裁判思维强调结合个案事实、各方当事人的具体利益、法律规范的价值进行审查衡量，作出实质判断。在送达审查程序方面，针对当事人对送达要件事实的抗辩，体现为综合案件事实认定的裁判逻辑。以当事人对原审法院送达地址错误的抗辩为例，法院依职权查明的“要件事实”归纳为：该地址是否为原审法院受理的其他案件中的送达地址，本案诉讼中的合同约定的地址或者受送达人在境内开办的分公司、合资公司、独资公司等关联企业的送达地址。法律适用的过程是在送达要件事实与送达规范事实之间来回流转的过程（如图 7 所示）。

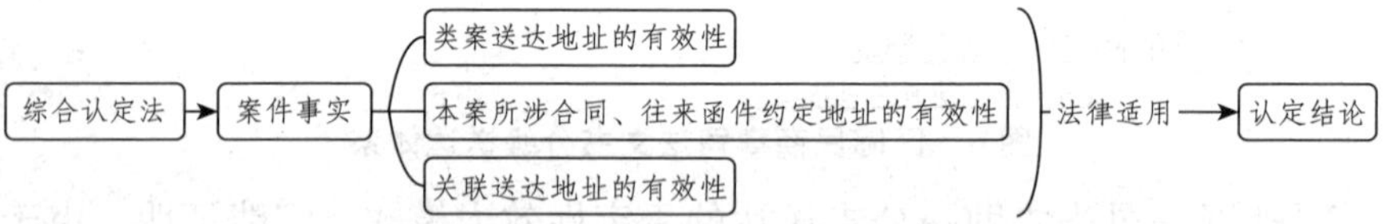

图 7 送达程序审查的实质主义逻辑

2. 形式主义裁判思维——证明责任法。形式主义裁判思维，采用推论模式，通过证明责任的分配规则，来决定案件事实真伪不明时的抗辩风险。从判决承认与执行的角度来说，送达应当被设定为被申请人可予以主张的抗辩事由，而非申请人证明的前提条件，以更好地实现举证责任的合理分担、促进判决的承认与执行。[③] 在域外送达领域，送达程序的正当性审查应当强化当事人对抗辩事由的证明责任。司法实践中，针对当事人常见的具体抗辩事项如送达地址已变更、受送达人与同住成年家属关系变化、代收人无签收资格等，法院应当结合当事人是否能提供证据证明，通过证明责

① 参见《深圳前海合作区人民法院全面深化涉外涉港澳台案件审判机制改革》，载 http：//www. sohu. com/a/147237176_ 162522，最后访问时间：2019 年 6 月 22 日。

② 陈杭平：《“职权主义”与“当事人主义”再考察：以“送达难”为中心》，载《中国法学》2014 年第 4 期。

③ 张文亮：《外国判决承认与执行语境下“送达抗辩”研究》，载《当代法学》2019 年第 2 期。

任的承担来判定送达的合法性（如图8演绎）。

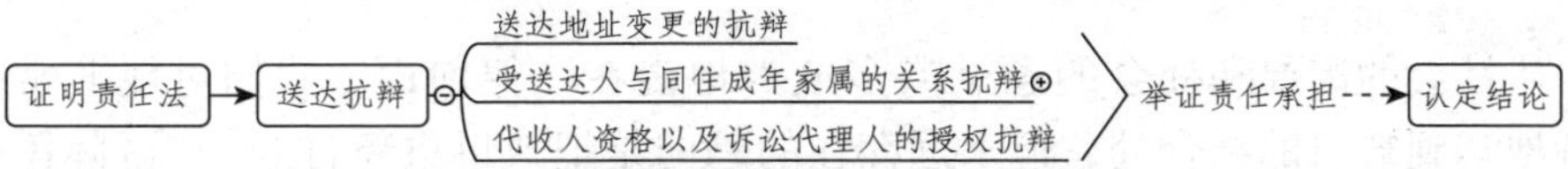

图8　送达程序审查的形式主义逻辑

（四）去制度化：正式结构与送达日常运作的分离

从组织社会学的角度来说，制度规则并不总是理性选择的结果或是经验的积累总结，组织制度与适应能力之间存在着深刻的矛盾。具体到送达管理机制而言，司法协助委托送达程序的繁冗与诉讼对送达行为的高效性、可预期性难以匹配。因此，有必要简化区际司法协助送达流程，将司法协助委托送达从人民法院内部层层审查流转的组织结构中剥离，提高送达日常运作效率。具体而言，可作如下尝试：

1. 内部提速——建立"院对院"沟通联络机制。针对烦琐的委托送达中间环节，我们可以考虑下放审查权限、减少转送主体，在部分集中管辖涉港澳台民商事案件的法院试点，打通直接联系渠道，实现试点法院与港澳台地区法院之间"院对院"对接。作为上级窗口法院主要负责定期统计业务办理情况，与港澳台地区法院协调沟通并确立委托送达的操作标准（如图9所示）。"院对院"对口协助送达运作模式，将有效缩短司法文书在法院内部的流转周期，直接沟通联络也有助于及时交换送达信息，提升送达成功率。

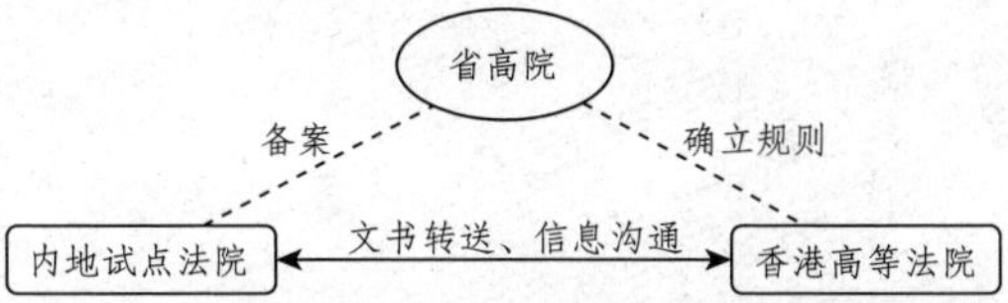

图9　委托送达"院对院"沟通联络机制

2. 外在制约——开通委托送达查询平台。由于司法协助委托送达中间环节流转时间长，导致涉港澳台案件对请求协助送达的司法文书，一般预留了不少于6个月的送达期间。既有的区际司法协助案件信息管理系统仅能粗略显示司法文书停留的阶段，缺乏详细的可查询平台，请求送达法院只能消极等待送达结果，无法及时预测和变更开庭时间或采取其他送达方式。因此，内地法院有必要与港澳台地区法院联合开通委托送达查询平台，提高诉讼预期。

结 语

社会的需要和社会的意见或多或少地走在法律前面。我们可能非常接近地达到缺口的结合处，但永远存在的趋向是把缺口重新打开。[①] 区际民事送达的程序改革既面临着送达问题所呈现的同构性，又需要对送达效率与程序正当性给予特殊关照。尝试以构建分级送达体系，合理配置送达责任风险，并将司法协助从科层结构中剥离的改革路径，一定程度上能缓解区际民商事交往与诉讼信息高效传递带来的制度紧张。

① ［英］亨利·梅因：《古代法》，沈景一译，商务印书馆1983年版，第15页。

民事诉讼中对生效刑事判决确认事实的效力认定问题研究

肖新征*

一、宽泛扩张：刑事判决效力在民事诉讼中的优越地位

（一）免证事实模式下刑事判决效力的强化

关于生效刑事判决对其后民事诉讼的效力，《刑事诉讼法》并无具体规定。一直以来，对该问题的处理主要依赖2002年出台的《最高人民法院关于民事诉讼证据的若干规定》第九条和2015年出台的《最高人民法院关于适用〈中华人民共和国民事诉讼法〉的解释》（以下简称《民事诉讼法解释》）第九十三条，这两个条文内容高度一致，均明确“已为人民法院发生法律效力的裁判所确认的事实”“当事人无需举证证明”。将刑事判决认定的事实作为一种免于证明的事实，从理论上看，能够有助于维护裁判统一，提升司法权威，也符合诉讼经济的要求。[①] 从实践上看，我国长期存在的“先刑后民”观念，潜在地强化了生效刑事判决对其后民事诉讼的优越性。虽然上述条款中均明确“当事人有相反证据足以推翻的除外”，但司法实践中却少有被推翻的情况。笔者通过中国裁判文书网、无讼案例等以“已为人民法院发生法律效力的裁判所确认的事实”“刑事判决”为关键词在民事案件类别中进行检索，剔除掉无效、重复的文书，共有1680份裁判文书涉及对刑事判决事实效力的论证，其中法院采纳刑事判决事实认定结论的案件比例超过95%。在这些文书中，有相当比例的案件当事人质疑刑事判决认定事实的正确性并提交有证据，但裁判常以“该事实已经经过法院生效判决认定”为由简单予以否认，而不会对这些相反证据进行详细分析。出现这种情况的原因主要基于裁判者对刑事诉讼中严格的证明程序与较高的证明标准的概括性认识，同时受制于当事人对刑事判决认定事实有限的举证否定能力。同时，司法裁判对同案同判的重视，使裁判者也倾向于认可

---

* 作者单位：河南省南阳高新技术产业开发区人民法院。

① 李哲：《刑事裁判的既判力研究》，北京大学出版社2008年版，第3～7页。

刑事判决效力以提高效率，避免产生引发争议的判决，获得一种相对安全的裁判结果。

（二）免证事实模式下确认刑事判决效力情形的宽泛与随意

确认刑事判决效力的裁判基本都以《民事诉讼法解释》第九十三条（《民事证据规定》第九条）为依据，但由于该条款既没有限制效力所及的刑事判决事实范围，也没有限制效力所指的主体范围，因此，其在客观范围上囊括了刑事判决认定的所有事实，在主体范围上包括了非特定的所有人。这种宽泛性导致裁判中各种性质截然不同的情形并存、混杂的局面，且说理随意，各不统一。以下述四个案例为例：

【案例一】在（2013）青羊刑初字第632号诈骗罪案件中，罗某冒用苏某之名与杨某签订车辆《买卖协议》，将杨某支付的购车款取走，罗某被定罪，并判令将该款退赔杨某。后杨某向苏某提起民事诉讼，要求确认买卖合同合法有效，苏某应配合其办理车辆过户。法院认为，《民事证据规定》第九条之所以确定裁决预决的事实不必证明，其归根结底在于生效裁判的既判力，既判力禁止就确定判决的既判事项为相异主张或矛盾判决，杨某提起民事诉讼违反了“一事不再理”的诉讼原则，遂驳回了杨某的起诉。①

【案例二】（2009）马刑初字第101号故意伤害罪案件中，钟某在遭受围殴中防卫过当，致人死亡，以故意伤害罪定罪。后死者家属谢某提起民事诉讼，认为钟某行为不属防卫过当，应承担全部赔偿责任。法院认为，谢某主张显然有悖于生效刑事判决确定的钟某防卫过当的既判事项，最终判决钟某按损失的20%承担民事责任。②

【案例三】（2013）东刑初字第626号妨害公务罪案件中，许某因办理户籍业务发生争执，辱骂、推搡值班民警管某，造成管某多部位受伤，许某被以妨害公务罪定罪。后管某提起民事诉讼，要求许某赔偿医疗费等相关费用。法院认为，根据《民事证据规定》第九条，该事实已为人民法院发生法律效力的裁判所确认，管某无需再举证证明，据此支持了其民事诉请。③

【案例四】（2016）鲁0281刑初463号故意伤害罪案件中，王某因琐事与某小区保安梁某发生口角，将其打伤，被以故意伤害罪定罪。后梁某起诉青岛某物业管理公司，要求确认劳动关系，支付相关费用。法院认为，物业公司对刑事判决真实性无异议，且没有提供证据推翻该生效判决认定的“小区保安梁某”的事实，据此确认了双方存在劳动关系。④

① ［案例］详见：成都市中级人民法院（2014）成民终字第1749号民事判决。
② ［案例］详见：南宁市中级人民法院（2011）南市民一终字第883号民事判决。
③ ［案例］详见：北京市第二中级人民法院（2015）二中民终字第02137号民事判决。
④ ［案例］详见：青岛市中级人民法院（2017）鲁02民终7236号民事判决。

上述四个案例，在裁判文书中均载明了对《民事证据规定》第九条的适用，但在判决效力认定上存在不同的差异，案例一、二从既判力角度展开分析。案例一中效力范围及于判决主文，但出现了对未参加刑事程序主体的适用。案例二前后两诉主体相同，但认为既判力效力及于相关裁判理由。案例三、四则严格按照条款释义，从预决力角度展开分析。案例三前后两诉主体相同，对定罪主要事实的认定，形成了对后诉的损害赔偿证据效力。案例四前后两诉主体不同，对认定犯罪的非基础性事实在后诉中也以证据效力的形式得以确认。从整体的观感上看，上诉四个案例较集中地展现出当前司法裁判中对刑事判决效力确认范围和主体的宽泛，对既判力、预决力等判决效力概念运用的随意和无序。

（三）免证事实模式下刑事判决效力的比较法评价

就刑事判决在民事诉讼中的效力问题，不同国家在实践中形成了不同的做法。英美法主要适用间接禁反言规则调整，对刑事判决涉及事实争点的认定对于其后民事诉讼法院具有拘束力。这种拘束力在英国局限在前后两案当事人一致，在美国则不限于当事人一致，但要求刑事判决结果只对参与过刑事诉讼程序的当事人发生单向的拘束力。为了扩大刑事判决的适用效果，美国、英国也尝试将一些刑事判决中“罪名”认定部分作为证据在民事诉讼中使用，但对刑事判决所依据的基础性事实仍然没有被赋予同等效力。[①] 大陆法主要通过既判力理论解决判决效力的问题，但传统的既判力理论要求十分严格，不仅要求当事人同一，而且要求诉讼标的、请求均要一致。同时，其既判力的效力范围仅及于判决的主文，不包括在判决理由中对事实的认定。后来，法国法发展了一套专门的规则，认为刑事裁判中所确认的具有刑事性质的、确定的、必要的事实，对于具有明显牵连关系的民事案件具有既判力。[②] 这就将效力范围扩展到了事实认定部分，主体扩展到了没有参加刑事程序的当事人。德国、日本没有像法国那样创设规则，而是在证据制度中扩张了公文书效力，赋予刑事判决的事实认定结论以较高的证明力。[③]

我国的免证事实模式比较接近德日法，但从上述的案例中，我们可以发现裁判者并没有完全受其文义束缚，在说理时对各国判决效力理论也在有意无意地借鉴。案例一按照传统的既判力效力范围，认为判决主文内容具有既判力。案例二则有些类似法国法的特殊规则，将对刑事判决影响重

---

① 纪格非：《论刑事判决在民事诉讼中的预决力》，载《当代法学》2015年第4期。

② ［法］斯特法尼：《法国刑事诉讼法精义（第2卷）》，罗结珍译，中国法制出版社1999年版，第885~890页。

③ 纪格非：《论刑事判决在民事诉讼中的预决力》，载《当代法学》2015年第4期。

大的防卫过当裁判理由纳入了既判力范畴。这种积极的运用，在实践中能够更加全面地维护刑事判决权威，对一些明显否定刑事判决主体内容的民事诉请起到较强阻却作用。同时，从上述四个案例裁判者依据相同法条的自主裁判中，可以看出刑事判决效力的影响程度逐步递减，从案例一对刑事判决的主文效力，到案例二对裁判理由的效力，到案例三推搡致伤这一基础性事实，再到案例四小区保安身份的非基础性事实，随着刑事判决效力稳定性的下降，裁判者更乐意于严格按照证据效力来进行认定，案例三、四都是以预决力来说理论证的。这种差异就导致出现了一个问题，就是在我国现有规则体系下是否能够推导出既判力的结论，既判力与预决力之间是替代关系还是并存关系？同时，案例四对非基础性事实简单以预决力来进行认定，是否合适，本文将在下文中作进一步探讨。

二、限缩探索：民事诉讼对刑事判决效力的审慎认定

一方面，我们认可刑事判决效力具有十分重大的作用，期待其效力得到充分、有效的利用。另一方面，我们也存有刑事判决对民事诉讼独立性的干预和程序公正的担心，这在相关国家对判决效力范围的审慎态度中可见一斑。因此，虽然我国在免证事实模式下刑事判决效力得到较大扩张，但少数裁判者也在这种理论的空白中积极的探索刑事判决效力的边界，笔者通过收集的案例，发现对于刑事判决效力尤其是预决力方面存在以下两个方向的限制性思考。

（一）对非定罪量刑基础性事实的效力限制

【案例五】（2011）津二中刑终字第267号刑事判决中，褚某因无力归还所欠银行的150万元贷款，由作为担保人的某羊毛衫厂代其归还了全部贷款。公诉机关以羊毛衫厂厂长徐某挪用单位资金归还个人贷款，以挪用资金罪提起公诉，刑事判决认定，“褚某于2005年4月至2008年3月份多次陆续将150万元归还给羊毛衫厂”，最终徐某被判无罪。后徐某称其替褚某向羊毛衫厂偿还了部分担保款39.4万元，将褚某诉至法院主张返还此款项。褚某以刑事判决认定事实抗辩，对此法院认为，“刑事判决书中虽认定了褚某已陆续将款项归还给羊毛衫厂，但该认定系针对羊毛衫厂与褚某间的债权债务关系而作出的，对于是否由他人代褚某向羊毛衫厂进行偿还未予以涉及。”在综合当事人提交的其他证据后，判令褚某返还徐某欠款39.4万元。[①]

【案例六】（2006）桂刑经终字第18号刑事判决中，李某为达到承包某建设工程的目的，私刻广西某建筑公司印章，假冒该公司名义与北海中信

---

① ［案例］详见：天津市第二中级人民法院（2014）二中民二终字第209号民事判决。

公司签订施工合同。经某工程预结算事务所审核，工程实际造价为559万元，最终李某以伪造公司印章罪被定罪。后李某以刑事判决认定559万元为依据，提起民事诉讼要求北海中信公司归还差额工程款20万元及滞纳金。法院认为，虽然刑事判决对涉案工程造价确认为559万元，但该刑事判决只是对李某是否犯罪作出的最后有效认定，该判决对某些事实的表述不一定是民事案件认定事实效力的必然证据。结合涉案工程是李某采用欺骗手段由其个人承建，而且其中有虚增项目，故涉案工程的造价只能参照合同约定进行结算，最终驳回了李某的诉请。①

【案例七】（2003）渝一中刑初字第406号刑事判决中，刘某为某信托公司总经理，为填补其先前某银行工作时造成的亏空，以迪奥公司名义与某银行忠县支行签订《借券承诺书》融资1000万元，再加上其他挪用款项，最终以挪用资金罪定罪；该刑事判决认为，刘某以某信托公司名义对外融资，其挪用的本单位资金包含忠县支行所涉的1000万元。后忠县支行就迪奥公司所欠1000万元提起民事诉讼，并基于该刑事判决理由要求某信托公司承担连带责任。法院认为，刑事判决关于刘某以某信托公司名义进行融资的认定并无相应的事实基础，对涉及本案1000万元资金的融资过程，该判决在查明事实部分明确认定刘某系以迪奥公司的名义向忠县支行融资，最终驳回其要求信托公司承担连带责任的诉请。②

这三个案例都涉及案件事实预决力的审查。案例五认为，刑事判决记载的事实不确定，需要实质审查确定其含义和范围。刑事判决着意于挪用款是否以褚某名义归还，而不在意于是褚某还是其家人、朋友替其归还，故该刑事判决对该事实的表述事实上是不确定的，只有通过对刑事判决的内容进行实质审查，才能确定事实的具体、准确内容。案例六认为，刑事判决认定的非基础性事实只有较弱的预决力。工程审计认定的造价与李某伪造公司印章罪定罪量刑关联不大，不属于刑事判决的主要事实或基础性事实，其在刑事审判中往往难以作为争议的焦点，得不到充分辩论。故对其后民事诉讼只有较弱的预决力，应允许作出不同于刑事判决的认定。案例七认为，刑事判决的裁判理由并不必然成为另案预决事实，只有涉及定罪量刑的裁判理由才有判决效力。其他相关的裁判理由，需要结合整个刑事案件的事实以及民事、刑事不同的审理重点所带来的差异来综合认定，不必然具有预决力。总之，虽然我们概括地认为刑事诉讼具有较高的证明力，但如果对照证据确实、充分的标准，会发现这仅限于与定罪量刑有关的事实，而难以涵盖案件的全部事实。在实践中，根本不可能对刑事案件

① ［案例］详见：北海市中级人民法院（2011）北民一终字第43号民事判决。

② ［案例］详见：最高人民法院（2011）民提字第68号民事判决。

全部事实细节都实现唯一的证明标准。因此，对于在刑事裁判中的非基础事实，如果是适用较低的证明标准认定的，那么就不应简单地赋予其在后诉民事诉讼中的免证效力。

（二）对自然事实的法律评价差异引致的效力限制

【案例八】（2002）莲刑初字第170号刑事判决中，陈某驾驶朱某所有的轿车发生交通事故，造成一人死亡，一人重伤，陈某在事故后驾车离开事故现场。后陈某被以交通肇事罪定罪，刑事判决认定陈某行为不构成法律意义上的逃逸。朱某赔偿后向保险公司理赔时，保险公司以交警部门的责任认定书认定陈某“肇事后逃逸”为合同免责事由拒赔，遂引起民事诉讼。法院认为，在法律文本中，同一语词在不同语境下可能具有不同的含义。刑法上的逃逸较之《道路交通事故处理办法》上的逃逸，外延更小。生效裁判确认陈某行为不构成刑法意义上的逃逸，并不等同于确认陈某行为不构成《道路交通事故处理办法》上的逃逸。交警部门所认定肇事逃逸的事实，有《当事人自述事故经过》对同一事实予以佐证，最终判决驳回了朱某的诉请。①

【案例九】（2009）湛中法刑二终字第143号刑事附带民事裁定中，叶某借王某等人高利贷赌博，后无法偿还，王某等人将叶某胁迫到一树林里逼债，期间殴打使其多处软组织挫伤，最终迫使叶某同意次日还钱。第二天早上叶某被发现上吊自杀，经鉴定叶某身体损伤程度为轻伤，王某等人被认定为故意伤害罪。法院认为，王某等的恫吓、伤害行为，是促使被害人自杀最直接、最主要的原因，王某应对被害人死亡的损失承担赔偿责任，而不能仅以伤害来承担民事责任，最终确定王某承担70%的赔偿责任。②

在对同一事实认定没有异议的情况下，由于刑事、民事等法律思维的差异，依然会导致对相同的事实产生不同的评价，进而对刑事判决事实效力产生影响。案例八显示了逃逸在刑法与行政法上的差异。对逃逸而言，刑法不仅审查行为的客观情状，还看行为人是否具有逃避法律责任的主观罪过，目的在于确定行为人的刑事责任。而《道路交通事故处理办法》判断行为是否构成逃逸，包含可能构成刑事、民事、行政责任等多种责任承担形式。机动车驾驶属于高度危险作业，其侵权责任归责原则是无过错责任原则，交警部门在作出责任认定时并不必须追究行为人的主观故意或过失，相比之下，刑法认定逃逸的标准更为严格，进而导致对适用保险条款作出了截然不同的评价。案例九则较清楚地展示了刑事审判与民事审判在因果关系评价上关注点的差异。刑事审判评价的犯罪事实是王某以暴力手

---

① ［案例］详见：浙江省丽水市莲都区人民法院（2003）莲民初字第955号民事判决。

② 吴海涛：《民刑交叉案件中的民事侵权行为归责》，载《人民司法》2011年第4期。

段追逼赌债致叶某轻伤，叶某自杀的情节只属于量刑酌定情节。民事审判评价的法律事实是王某为讨赌债恫吓、伤害叶某，使其感到没有活路而选择自杀，审理的重点在于王某恫吓伤害行为、叶某自杀的结果以及之间的因果关系。因此，刑事审判受到罪刑法定原则的约束，只能就伤害情形追究责任，而民事审判中，根据刑事部分查明的事实，侵权行为与被害人的自杀有直接的因果关联。侵权实行行为虽然停止，但其影响力仍然持续，最终导致被害人选择自杀，因此在民事责任承担上必须从导致自杀的赔偿责任角度来进行民事评价才是公允客观的。

三、失衡之困：刑事判决效力认定现象折射出的规则弊端

我国从证据角度出发的判决效力规则在诉讼经济和程序正当的考量中明显偏向前者，这导致了民事诉讼认定评价的失衡，裁判背离了应有的价值，虽然存在着个案裁判的纠偏，但这种纠偏因缺乏机制上的支持而显得突兀和凌乱，进而增加了受众对裁判混乱的体认。具体来看，这种规则失衡主要体现在以下方面：

（一）若不区分既判力和预决力将影响刑事判决稳定性

从理论上看，既判力具有较高的稳定性。一般而言，由于其要求前诉与后诉同一性因素较多，其适用的结果将导致后诉的完全禁止，具有遮断效果。同时，既判力的对象是法律适用问题，对法官的约束极其严格。对于涉及既判力的事项，法官没有自由裁量的余地，必须作出同一认定。除非提起再审，既判力事项绝对不允许推翻。① 而我国现行的免证事实模式体现的主要是预决力，其并不禁止当事人在后诉中提起，而且允许法官自由裁量和当事人举证推翻，其效力没有既判力稳定。可以类比的是，如果对于经过严肃缜密程序认定的刑事判决主文涉及的定罪量刑等关键事实，仅以预决力来允许曾参与刑事诉讼的当事人举证推翻，这样会对刑事判决稳定性造成很大危害。

（二）若不区分程序参与将影响案外主体的权利保护

按照判决效力理论的通说，判决效力只影响参加诉讼程序的当事人，没有参加程序的当事人不受判决的拘束。② 而免证事实模式则不限制主体范围，其效力能对所有人发生约束，这忽略了民事主体的程序参与权，也就是说在刑事诉讼中对一些案件事实的认定可能会对案外人产生实体影响，但刑事诉讼中却没有案外人能参加诉讼的制度安排，其并不能通过合法的

---

① 江伟、常廷彬：《论已确认事实的预决力》，载《中国法学》2008 年第 3 期。

② 常廷彬：《民事判决既判力主观范围研究》，中国人民公安大学出版社 2010 年版，第 9～11 页。

程序表达自身在刑事诉讼中的利益，但却让其对未参加的刑事诉讼认定事实承担后果或提出证据推翻，这显然加大了刑事案件案外主体的负担，也是不符合程序正义的。

（三）若不区分事实性质将影响客观真实事实的查明

既有的免证事实模式对已生效刑事判决认定的所有事实均具有免证效力，既不区分裁判主文和裁判理由，也不区分基础性事实和非基础性事实，必然导致对案件事实效力认定的滥用，影响事实的查明。同时，免证事实模式虽然赋予了当事人推翻刑事判决事实认定结论的可能，但是由于受长期的重刑思想影响，刑事程序中对被告人、被害人程序性权利保障尚有不足，相关主体在阅卷、接触证据、调查取证等方面都还存在一些障碍，结果是其很难掌握案件的关键证据。同时，审理刑事案件的法院也没有法定义务向审理民事案件的法官提供证据，这就使得民事案件当事人很少能成功挑战刑事判决的事实认定结果。[①] 如果不从预决力效力本身来进行区分，在举证责任分配上进行公平分配，对相关事实的查明将存在巨大障碍。

（四）若不区分民刑差异将影响裁判的专业性独立性

由于刑事诉讼和民事诉讼活动二者所依据的实体法基础、保护法益、诉讼目的、诉讼参加人等方面均存在明显差别，且刑事案件审理重点是解决的罪与非罪的问题，而民事案件审理要解决的是相关当事人之间的法律关系性质、行为效力及民事责任承担，因此在案件事实认定强度上也存在着一些差异，免证事实模式并不区分事实在不同审判领域的价值判断差异，不注重区分民事审判的独立性和专业性，单纯僵化地把刑事认定的事实作为免证事实，会造成权利保护的严重失衡。

四、衡平有据：刑事判决在民事诉讼中效力规则的重构

现实的需求要求必须对判决效力规则进行重构。重构要立足于扩大其应用效果与程序正当考量相统一，一方面，要进一步提升刑事判决效力稳定性；另一方面，要避免刑事判决对民事裁判的倾轧，在这之中寻求平衡点。

（一）确立既判力和预决力的边界与衔接

不管理论争执的细节如何，总体上看，生效裁判的既判力和预决力都属于判决效力的范畴，对后诉具有相似的影响，两者都可以避免矛盾裁判的发生，同时又可以节约诉讼成本、提高诉讼效率。虽然存在共性，但既判力与预决力存在本质的不同，在我国现有的制度体系内，两者应该相互

① 纪格非：《刑事判决预决力的研究视角反思》，载《中国社会科学报》2017年8月30日。

结合共同完善判决效力理论体系。一是明确确立刑事生效判决既判力规则。既判力具有禁止重复起诉的消极作用和禁止矛盾裁判的积极作用，明确具有既判力的事项，能够最大程度保障刑事判决的权威性。二是严格界定既判力的适用对象。只有科学合理设定范围才能使既判力作用发挥恰当，可以结合预决力范围来实现有效衔接，其中的区分主要从事实认定和法律适用两方面展开。司法裁判的事实认定由裁判者依据经验法则对诉讼中的证据、信息等进行分析判断，并在此基础上得出要件事实，这属于裁判者主观性的认知活动。基于自由心证主义，在裁判者从证据、信息推导出要件事实的过程中，一般不对裁判者附以规则性的束缚，以保证其认定的事实与常识和理性相符合，因此事实认定部分一般应由预决力来统辖。法律适用部分主要是指对于生效裁判既判力客观范围所覆盖的诉讼请求以及相关事项的判断，这属于对争议法律关系的确认。对于裁判者而言，法律适用受到严格的规范性约束，这部分应由既判力来规范。三是准确区分既判力在裁判文书中的位置。传统的既判力通常只涵盖裁判主文，笔者建议在特殊情形下可扩展至裁判理由对主要争点的认定。主要争点是确定其是否构成犯罪以及所涉罪名具有决定性影响的内容，证明标准较高，作为对判决主文的解释、延伸，与判决结果具有一致性。同时，如果不允许当事人质疑刑事判决书认定的被告人的罪名，却允许其质疑确定罪名的裁判理由，在逻辑上也无法自圆其说。四是既判力应拥有对世权。从《民事诉讼法解释》第二百四十七条规定看，当前我国民事既判力的主体范围仅及于参加过诉讼程序的当事人，但刑事诉讼与民事诉讼当事人多数情况下并不相同，经由上述设计，刑事判决既判力范围已经被限制在一个必要的幅度中，因此将其放宽到所有人具有合理性和经济性。并且如果主体对既判力持有异议还可通过提起再审程序进行救济。

（二）案件事实预决力规则的构建

1. 对涉及定罪量刑基础性事实应作为预决力的免证事实。要区分刑事判决事实中的基础性事实和非基础性事实，对于支撑有罪判决的基础性事实，可以作为免证事实。这类事实在裁判文书中既可以体现在认定事实部分，也可以体现在裁判理由部分。其中，对于无罪判决则需要区分无罪原因，对于情节显著轻微、危害不大而不认为是犯罪的无罪判决，该事实对民事案件具有拘束力。如果因证据不足的疑罪从无判决所认定的事实，并不能作为证明被告人没有实施侵害行为的免证事实。

2. 对案外人程序性参与给予更充分保障。关于非参加刑事程序的主体受到免证事实模式限制一直广受诟病，在笔者提出的既判力效力对世权如果能够实现后，这种矛盾对立会有一定程度下降。近年来，有日本学者提出，可基于诚实信用原则的考量，不允许当事人对前诉中已经认定的事项在后诉中再行争执。[①] 我们能否借鉴这一思路，对参与过刑事诉讼的主体，如被告人、被害人、检察机关等都应受到在先刑事判决事实认定结论的拘束，在其后的民事诉讼中不能提出矛盾的主张，而没有参与刑事诉讼程序的民事诉讼主体则不需要受到在先判决的拘束。这样设计既能够体现程序公正，维护相关主体权利，又能有效利用刑事审判成果，节约司法资源。

3. 对非基础事实仍存在证明责任，仅作为一种有“说服力”的证据使用。关于对非涉及定罪量刑的一些细节性、辅助性事实，即使重新评价也不会影响刑事判决稳定性，故不必对其效力作僵硬的认定。民事法官应赋予原被告在涉及刑事判决非基础事实方面平等的诉讼地位，允许将其作为待证事项由双方举证、质证予以推翻或强化，当待证事实处于真伪不明时，按照举证责任分配规则，由负客观举证责任的一方承担不利后果。同时，赋予民事案件的法官对非基础事实更广泛的调查取证权，对当事人提交的证据和事实主张作实质性的审查，以更好地查明事实，维护司法正义。

（三）对刑事判决认定事实重新评价和认定

在自然事实认识一致情况下，对于后诉民事案件的裁判，要坚持民事审判独立性和专业性，真正实现其应有的民事价值。一般而言，需要对刑事判决认定事实重新评价的主要有以下情况：

一是刑民法律对某些事实评价认定含义不同。由于刑事、民事法律体系差异，其运用的一些术语、概念虽然名称相同，但内涵存在差异。如案例八中所述的逃逸以及故意、过失等的不同理解，都导致在对自然事实没有异议的情况下对事实的评价效果出现较大偏差。此时应坚持民事案件本身的价值导向，运用民事思维来重新认定事实。

二是刑民法律对损害后果的因果关系认定范围不同。刑法上因果关系的关注重点是要确认主体的特定行为是否是造成犯罪结果的原因，而民法上因果关系的关注重点是损害后果由哪些因素造成。[②] 同时，刑法上的原因关注的是犯罪主体一个人的行为，民法上则关注的是双方的行为。刑事诉讼采用较严格的证明标准，民事诉讼则依据相对较低的证明标准。有可能依照相同证据，刑事判决与民事判决对因果关系和损害结果的认定却会出现不一致的情况。

三是刑民法律对受害人过错认定不同。虽然刑事审判中也有查明被害人过错的情况，但对被害人过错的关注点在于其行为本身违法性或与犯罪

---

① 骆永家：《既判力之研究》，我国台湾地区三民书局 1999 年版，第 116 页。

② 纪格非：《我国刑事判决在民事诉讼中预决力规则的反思与重构》，载《法学杂志》2017 年第 3 期。

行为的关联性，且这仅是量刑的酌定情节，法官对此查明一般并不投入太多的精力，证明标准也达不到排除合理怀疑的程度。而在民事诉讼中，减轻甚至免除当事人责任的法定理由是受害人过错，过错及其程度直接影响损害结果、因果关系以及责任范围，对最终的判决结果至关重要。因此，对于受害人过错应允许在民事诉讼中予以重新认定。

总之，我国刑事判决在民事诉讼中的效力问题具有丰富的理论内容和迫切的实践需求，对它的规则重构能够更有效地处理好司法效率和程序公正的关系，进一步维护司法的统一与权威。当然，本文的探索还很初步，完善的刑事判决效力制度的建设还有待于理论与实践的进一步深化。

繁简分流下民事难案精审方法论构建

——以要件事实勾勒三阶十步审判法

蒙秋仲*

引 子 繁简分流的繁如何破解？

自最高人民法院于2016年9月提出“实现简案快审、繁案精审”的意见以来，各地法院对“简案快审”的探索成效显著，但“繁案精审”相对而言着力不足。实行立案登记制之后，基层法院案多人少矛盾较为突出。速裁庭等快审部门分走简案后，分至业务庭的大量案件审理难度升级。笔者认为，繁简分流的重点在于“繁”，化解人案矛盾的关键在于实现“难案精审”，故更应在难案如何精审上下真功夫。基层法院绝大部分“难案”难在事实认定，故应围绕事实问题寻找出路。学者撰写的裁判方法大多关注法律解释、静态案例分析等法律适用问题，源于实务的要件审判九步法致力于司法三段论的整体运行过程，对事实问题均缺少关注。而要件事实论从诉讼行为视角研究事实证成过程，是融合实体和程序的动态、立体、综合民事诉讼思维，完美契合“难案精审”的实践需求。如何以要件事实为中心构建有效破解民商事难案的审判方法，亟待一线法官深入研究。

一、难案破解：以要件事实构建三阶十步审判法

正如拉伦茨所言：“事实上，法律适用的重心不在最终的涵摄，毋宁在于：就案件事实的个别部分，判断其是否符合构成要件中的各种要素。”①大部分难案之“难”在于案件事实复杂，审理的重心亦在于事实认定部分。欲治愈“难案粗审”弊病，实现“难案精审”，靠短期内增加法官数量显然不切实际，唯有探索行之有效的审判方法。

---

* 作者单位：广东省珠海市香洲区人民法院。

① ［德］卡尔·拉伦茨：《法学方法论》，陈爱娥译，商务印书馆2003年版，第165页。

（一）要件事实的借鉴和核心要义

我国民事诉讼模式已由职权主义转向当事人主义，诉讼中事实和证据均由当事人提出。① 而要件事实论源于日本司法研修所的要件事实教育，是当事人主义诉讼模式下的审判方法。其以德国的证明责任理论为原型，以辩论主义为背景，以司法三段论为基础，是一种融合实体法和程序法、基于当事人视角、侧重事实问题的“精密化”民事诉讼思维，呈现综合、立体、动态的理论样态，具有鲜明的实践品格。②

要件事实，是与发生某一法律效果（权利的发生、妨碍、消灭、阻止）所必须的法律要件之构成要素相对应的具体事实。其在实体法上为法律事实，在诉讼法上为主要事实。③ 要件事实使民事实体法和诉讼法巧妙交融，成为二者在诉讼中共同作用的法的空间。伊藤滋夫指出，要件事实论是一种“在明确要件事实法律性质的基础上，对民法内容与结构以及民事诉讼审理和判断结构进行思考的理论”。④

要件事实必须是能够被证明的具体生活事实，但它不是呈现于案件的全部事实，而是该当于实体法构成要件（事实性要件或评价性要件）的事实。至于何为该当于构成要件的事实，则需要借助民法解释学加以识别。在辩论主义模式下，要件事实须由当事人主张和举证证明，而法官则负责认定事实和进行价值评判。当事人所主张的要件事实，一方面必须是可以评价为能够导致某一法律效果发生的事实，且该事实引发的法律效果是单一的。另一方面，要件事实必须具体化和特定化，但具体化和特定化的标准和程度无法统一，应当考虑要件事实在个案中发挥的作用，由法官在个案中评判。此外，不同的要件事实在生活逻辑上可以同时存在，互不排斥。

（二）要件事实在审判实践中的误用

要件事实在我国法律中并无明文，其经由学者的研究得以在审判实践中生根发芽。在数量不多的使用“要件事实”说理的裁判文书中：一是概念混淆，将要件事实完全等同于法律构成要件；二是标准模糊，将要件事实抽象化，未赋予具体化、特定化事实样貌；三是定性错误，将要件事实混同于法律定性。

---

① 段文波：《庭审中心视域下的民事审前准备程序研究》，载《中国法学》2017 年第 6 期。

② 章恒筑：《要件事实原论》，四川大学 2006 年博士学位论文。

③ 许可：《民事审判方法——要件事实引论》，法律出版社 2009 年版，第 40 ~ 41 页。

④ ［日］伊藤滋夫：《要件事实的基础》，日本有斐阁 2000 年版，转引自许可：《当事人主义诉讼体制下法官审判方法的基础——要件事实概说》，载《国际关系学院学报》2008 年第 1 期。

（三）三阶十步审判法的构建和优势

要件事实论完美契合辩论主义诉讼模式和我国民事诉讼实践需要，故以要件事实为中心构建审判方法是破解民商事难案的绝佳路径。不同于英美法系从事实到法律的裁判逻辑，我国为大陆法系从规范到事实的裁判逻辑，[①] 故构建的审判方法应遵循“确定权利基础规范→分解法律要件＋识别要件事实→查明要件事实→认定要件事实→归入基础规范”的裁判进路。三阶十步审判法，以要件事实为中心，以当事人诉讼行为（攻击防御）和法官诉讼指挥权的相互协作为视角，以司法三段论为主线，遵循诉讼程序，以庭前、庭中、庭后三阶段为时间轴，列出不同审理期间法官应完成的审理作业清单，试图为法官审理民商事难案描绘一条比较清晰的思维路径，法官只需按图索骥即可厘清复杂案件的“千头万绪”，不至于迷失在事实和证据的丛林中。

三阶十步审判法并非要件审判九步法的复制或翻版，也并非仅比其多一步，而是在九步法基础上的“改良版”。三阶十步法聚焦事实认定，以特定诉讼标的框定审理范围，以要件事实识别缩小事实查明范围，以争点整理固定指明审理重点，具有明晰审理思路的审判指引作用。相比于绝大多数法官运用的传统审判方法（历史审理方法），三阶十步法从规范出发，在分解权利基础规范构成要件的基础上识别要件事实，再与当事人主张的事实进行比对，可防止漏查、乱查事实，让事实审查更为有序、顺畅、完整。而传统审判方法从事实出发，按纠纷发生的时间顺序依次审查案件事实，不仅容易导致审理范围宽泛、案情复杂化、审理思路混乱等弊端，且某一事实查明不畅时容易导致案件审理阻滞、拖延。

① 刘益：《规范出发型民事审判方法的理论与实践》，华东政法大学博士学位论文。

表1　　　　　　　　　　　三种审判方法对比

名称	三阶十步法	要件审判九步法	传统审判方法
裁判逻辑	规范→事实→规范	规范→事实→规范	事实→规范
思维路径	第一阶段：庭前要件事实解构（1. 固定诉讼请求＋稳定诉讼标的→2. 寻找权利请求规范＋权利抗辩规范→3. 分解法律要件＋解析要件事实→4. 争点预整理） 第二阶段：庭中要件事实查明（5. 以举证质证开展首轮攻防→6. 争点的调整固定→7. 以要件式法庭询问探究待证事实→8. 以证明责任分配穷尽证明手段） 第三阶段：庭后要件事实认定（9. 以补充质证开展最后攻防→10. 对照证据规则认定要件事实）	第一步：固定权利请求 第二步：确定权利请求基础规范 第三步：确定抗辩权基础规范 第四步：基础规范构成要件分析 第五步：诉讼主张的检索 第六步：争点整理 第七步：要件事实证明 第八件：事实认定 第九步：要件归入作出裁判	事实1 ↓ 事实2 ↓ 事实3 ↓ 事实4 ↓ 事实5 ↓ …… ↓ 找法＋要件归入
审理重点	事实认定	大前提、小前提、涵摄同样重要	重点不突出
庭前	庭前要件事实解构（固定诉讼请求＋特定诉讼标的→寻找权利请求规范＋权利抗辩规范→分解法律要件＋解析要件事实→争点预整理）	不明晰	不明晰
庭中	庭中要件事实查明（以举证质证开展首轮攻防→争点的调整固定→以要件式法庭询问探究待证事实→以证明责任分配穷尽证明手段）	不明晰	不明晰
庭后	庭后要件事实认定（以补充质证开展最后攻防→对照证据规则认定要件事实）	第六步：争点整理 第九步：要件归入作出裁判	补查事实 找法＋要件归入
小结	聚焦事实认定，明晰庭前、庭中、庭后审理作业范围，争点整理分两步走并在庭中调整固定，十步间环环相扣、逻辑严密	未指明哪一步为审理重点，未明晰每一步在何时完成。平均用力，强调随时整理争点，九步间逻辑关系似未理顺	审理范围宽泛、审理思路较模糊、没有主线，事实查明容易卡壳、更依赖经验

三、方法解析：三阶十步法实现“难案精审”的裁判路径

三阶十步法以要件事实为主线，指出法官庭前、庭中、庭后三阶段的

审理作业清单，具体裁判路径如下：

（一）第一阶段：庭前要件事实解构

1. 第一步：固定诉讼请求＋特定诉讼标的。诉讼标的指原告针对被告提出的特定权利主张。[①] 其不是实体法上之请求权和实体法请求权基础，亦不能将之与诉讼请求和诉讼请求所依据的实体法律关系画等号。诉讼标的是民事诉讼的核心，是当事人攻击和防御的重点，决定法院审理对象和裁判范围，故在诉讼之初必须予以特定或识别。关于诉讼标的的识别标准，学界争论较多，按实务界和要件事实论者坚持的旧实体法学说，实体法请求权数量决定诉讼标的个数，若仅依一个实体请求权提出权利主张，则诉讼标的为一个。通过原告的诉讼请求和最低限度的必要事实可以特定诉讼标的。实体权利的性质不同，诉讼标的的特定方法亦有所差别。根据权利主体和权利内容足以特定绝对权对应的诉讼标的，但因相同主体间可同时成立多个相同内容的债权，相对权对应的诉讼标的则以权利内容和发生原因来特定。

原告有责任特定诉讼标的，在诉状中记载诉讼请求和特定诉讼请求的必要事实。我国诉讼法虽未对此明文规定，但一般通过诉状的诉讼请求和事实理由也可以特定诉讼标的。因“当事人提出的诉讼请求是诉讼标的的外在表现，诉讼标的是诉讼请求的内在原因”。[②] 故特定诉讼标的的前提是固定诉讼请求。此时法官的作业目标有四：一是明确含义不清的诉讼请求的真实意思。二是剔除不合理、荒谬或错误的诉讼请求。三是看诉讼请求是否有遗漏，是否应当补充。四是若多种诉讼请求存在矛盾，应如何让当事人作出选择。为达致上述目标，首先应通读一遍诉状，对原告的诉讼请求和请求原因事实作整体了解。其次，精读诉状内容，整理诉讼请求、事实和理由部分载明的事实主张。最后，将要求原告明确或选择的问题列入问题清单，待开庭时通过询问的方式让原告对其诉讼请求加以固定。

2. 第二步：寻找权利请求规范＋权利抗辩规范。权利请求规范是原告向被告提出诉讼请求所依据的法律规范，权利抗辩规范则指被告用以妨碍或消灭原告提起诉讼所欲达到的法律效果所依据的法律规范。请求权和抗辩权是相对立的一对概念，二者最终均指向法律条文。[③] 有论者认为，事实未查明就直接审查其权利的法律规范基础及构成要件会造成“误审”，从而导致“误判”。[④] 这其实是一种误解，因为原告起诉时须在诉状中写明诉讼

---

① 江伟、傅郁林编：《民事诉讼法学》，北京大学出版社 2015 年版，第 22 页。

② 李龙：《民事诉讼标的的基本概念与民事诉讼的基本理念》，载《现代法学》1999 年第 1 期。

③ 邹碧华：《要件审判九步法》，法律出版社 2010 年版，第 83 页。

④ 吴永科：《“要件审判九步法”的证成与完善》，载《法律方法》2015 年第 2 期。

请求和事实理由，而理由需要结合事实和法律依据。原告在起诉前必须先进行初步的法律检索，找到的法律规范不一定非常具体精确，但至少能明确大概的范围，以使法官可以根据其所主张的事实，在审理案件之初，就可以很快地在其所寻找到的法律的范围内确定适用于该事实的具体的法律规范。①

法律发现是一个由“宽泛”到“具体”逐步限缩的过程。② 首先，法官结合法律知识和前见阅读案件事实，剔除无法律意义的事实，以有法律意义的事实构建“故事梗概”，这是法官找法的起点。其次，依据诉讼请求和“故事梗概”归纳案由。案由确定后，适用案件的法律依据也就相应确定，从无名案由到有名案由的过程，预示着某一种或某一类案件的类型化，案由的确定有利于法官正确适用法律。③ 实践中基层法院由立案庭合同制职员立案，流动性大，专业性欠缺，所立案由时常出错，或范围宽泛，对找法指引不佳。业务庭法官拿到案卷后应注意主动概括案由，为下一步找法限缩指向。最后，由案由定位至相应部门法，在部门法下查找到符合案情的具体法律规范。法官发现法律大致经历了从部门法向章、节、条、款、项（目）逐步缩小范围，获得裁判规范的过程。④

3. 第三步：分解法律要件 + 解析要件事实。法官找到的权利请求规范或权利抗辩规范必须是一个包含法律效果和构成要件的完全性法条。⑤ 然而，法律通常包含的多数法条，其未必均是完全法条，有些法条用来规定完全法条的构成要件、构成要件要素或法效果，有些则将特定案件类型排除于另一法条的适用范围之外，借此限制起初适用范围界定过宽的法条，再有一些法条，他们或就构成要件，或就法效果的部分，指示参照另一法条。这些不完全法条，只有与其他法条相结合，才能开展共同创设法效果的力量。⑥ 找到的权利基础规范为完全性法条时，从假设部分提炼的构成要素即为法律构成要件，可以用公式表示为：若 A1 + A2 + A3 + …… = B，B 为法律效果，A1、A2、A3……则为不同的构成要件。若基础规范为非完全性法条时，还需要结合其他法条作分析。此外，分解法律要件还要注意补充隐含性要件，且法律要件的分解很可能存在多个层次。

要件事实为该当于法律要件要素的具体生活事实，每一法律要件要素

① 段厚省：《论民事案件裁判方法——在事实和法律之间探寻》，载《法律适用》2006 年第 5 期。

② 赵玉增、王海霞：《法律发现：法官“找法”的路径分析》，载《法律方法》第 18 卷。

③ 孙佑海、吴兆祥、黄建中：《2011 年修改后的〈民事案件案由规定〉的理解与适用》，载《人民司法》2011 年第 9 期。

④ 陈增宝、李安：《裁判的形成——法官断案的心理机制》，法律出版社 2007 年版，第 104 页。

⑤ 王泽鉴：《民法思维——请求权基础理论体系》，北京大学出版社 2009 年版，第 46 页。

⑥ ［德］卡尔·拉伦茨：《法学方法论》，陈爱娥译，商务印书馆 2003 年版，第 137 ~ 138 页。

对应的要件事实可能为一个或多个，但其绝不是当事人呈现于诉讼过程的所有事实，法官需要根据分解得出的法律要件要素进行“裁剪”或“补充”。按记载内容抽象程度，法律要件分为可作事实问题处理的事实性要件和包含价值判断不可直接作为事实问题主张的评价性要件，后者需主张其基础事实。如案例一中不当得利的“他人没有法律根据”要件为评价性要件，其对应的要件事实应为更为具体的基础事实，如原告非债清偿或支付款项超过应付数额等。庭前准备阶段，法官通过阅读案卷材料大致可知哪些事实无法律意义，哪些事实应主张却有所遗漏，开庭时应充分释明以促使当事人主张。

4. 第四步：争点预整理。争点是案件审理的重点，是两造攻击防御的靶向，故民事案件审理须以争点整理为“主线”。争点整理工作的目标是确认待证事实，以便庭审集中开展证据调查。因《民事诉讼法》第六十五条和《最高人民法院关于适用〈中华人民共和国民事诉讼法〉的解释》第一百零一条、第一百零二条关于逾期提供证据的规定，司法实践中当事人无视举证期、逾期提供证据的情况愈演愈烈，当庭提交证据十分普遍，庭前答辩和提交证据的却寥寥无几。因庭前缺少被告的答辩和证据，只能根据类案审判经验，按原告的诉状和证据作争点预整理。即便被告庭前提交答辩状和证据，其也很可能当庭又提出新的主张和证据，故庭前争点整理只能预估范围，不可能完全固定。虽只能预估，但此步不可省略。因为此步可助法官庭前了解双方事实争点，以便庭审时胸有成竹、有的放矢。

争点预整理应围绕要件事实进行，概括的争点不能过大也不能过细，过大相当于没有争点，过细不利于事实查明。争点问题必须达到非此即彼的封闭程度，而不是以六个 W 疑问词提问的开放型问题；争点问题只能限定在当事人的诉辩意见范围之内，并且直接针对原审裁判文书的记述内容，而不是法官自己头脑中的问题；争点之间必须有严密的逻辑性及与案件本身的具体针对性。[①] 争点整理，首先应梳理两造事实主张，明晰原告的事实主张，概括被告的事实主张。其次，将权利请求规范分解的法律要件与原告的主张事实进行对应，排除非要件事实主张。再次，将权利抗辩规范分解的法律要件与被告的主张事实进行涵摄，排除非要件事实主张。最后，将过滤之后的双方要件事实主张进行比对，排除双方自认的主张，剩余双方有争议的主张即为事实争点。

---

① 冯文生：《做好争点整理　提升审判质效》，载《人民法院报》2018 年 12 月 16 日。

表 2　　**争点整理要素表**

<table>
<tr><td colspan="3">原告</td><td colspan="3">被告</td></tr>
<tr><td rowspan="5">比对结果：排除与法律要件无法对应的A4、A5，剩下主张事实A1、A2、A3</td><td>主张事实A1</td><td>法律要件B1</td><td>主张事实C1</td><td>法律要件D1</td><td rowspan="5">比对结果：排除与法律要件无法对应的C5，剩下主张事实C1、C2、C3、C4。</td></tr>
<tr><td>主张事实A2</td><td>法律要件B2</td><td>主张事实C2</td><td>法律要件D2</td></tr>
<tr><td>主张事实A3</td><td>法律要件B3</td><td>主张事实C3</td><td>法律要件D3</td></tr>
<tr><td>主张事实A4</td><td></td><td>主张事实C4</td><td>法律要件D4</td></tr>
<tr><td>主张事实A5</td><td></td><td>主张事实C5</td><td></td></tr>
<tr><td colspan="6">对比A1、A2、A3与C1、C2、C3、C4，排除内容一致（自认）的A1、A2、C1、C3，剩余A3、C2、C4为双方事实争点，即待证事实。</td></tr>
</table>

（二）第二阶段：庭中要件事实查明

庭审中，根据前述庭前准备工作列出的庭审提纲，围绕预整理的事实争点，集中开展证据调查。

1. 第五步：以举证质证开展首轮攻防。在辩论主义诉讼模式下，法官在诉讼中直接面对当事人的攻击和防御，而案件事实在两造的攻击和防御背后若隐若现。当事人通过提交诉讼资料进行攻防，而主张和证据为攻防方法的核心。当事人的攻防体系结构为“请求原因→抗辩→再抗辩→复再抗辩→复再再抗辩……”的多轮对决。在该体系下，当事人须就要件事实（主要事实）进行主张，间接事实和辅助事实则无需主张。原告须就权利请求规范对应的要件事实提出主张，被告若提出抗辩，则需就权利抗辩规范（权利妨碍规范 + 权利阻止规范 + 权利消灭规范 + 抗辩权规范）对应的要件事实进行主张。根据主张互通原则，原告没有主张其应主张的事实，而被告却提出主张，法官可就该项主张进行审查。若有要件事实未被主张，则由应提出该主张的一方承担主张责任。若被告对原告提出的主张予以认可，则原告无需提供证据证明，若存有异议，则原告需提供证据证明，在被告提出抗辩的场合亦然。

庭审中，原告通过诉状、被告通过答辩提出事实主张。若原告的诉讼请求和请求原因需进一步修正或明确，此时法官应根据庭前固定诉讼请求阶段整理的庭审要点，要求原告予以明确或作出选择。若被告当庭答辩，法官需认真听取答辩意见，识别其抗辩主张，并快速与原告的主张进行比对。若双方遗漏主张，则应充分行使释明权，让当事人补充提出主张。在举证质证阶段，应引导双方围绕预整理的争点开展首轮攻防。当事人提交的部分证据可能与待证要件事实无关联，但基于对抗的主体地位及对诉讼后果的担忧，两造均极容易对对方所提交的证据不加区别地猛烈攻击，此时法官应通过询问或释明等方式将双方的攻防拉回待证要件事实，减少无谓争论。

2. 第六步：争点的调整固定。在被告答辩和双方举证质证之后，双方关于案件的主张和观点基本已展示完毕，此时应及时调整庭前预整理的争点并加以固定。整理事实争点时，须对原告的陈述作一贯性审查，若原告的事实主张不够明确，或遗漏要件事实主张，法官应通过询问方式行使释明权使其补充事实。对被告争执的事实，应作重要性审查。若有争议的事实为要件事实或重要的间接事实，法官要加强释明，使被告的陈述清楚、具体、完整。根据《民事诉讼法司法解释》第二百二十六条的规定，归纳争议焦点须征求当事人的意见。故法官初步归纳争点后须在听取当事人意见之基础上再对争点进行修正，待当事人无异议之后固定争点并记入庭审笔录。紧接着法官围绕固定的事实争点对案件事实展开调查询问，引导当事人开展第二轮攻防。

3. 第七步：以要件式法庭询问探究待证事实。法庭询问阶段，法官按照庭前准备的问题清单，就待证要件事实涉及的各种间接事实、证据形式和内容、纠纷的原委等展开询问。法官应根据此前听取的意见和双方展示的证据，围绕固定的事实争点适时调整庭前准备的问题，灵活使用直截了当或隐晦迂回的询问方式，引导当事人还原纠纷原貌。通过简单发问，固定双方无争议的事实。若当事人陈述事实不够清晰具体，应通过发问进一步明确事实主张。对于应释明事项，亦可通过发问方式引导。法庭询问并非都要待质证完毕才集中进行，有时出于担心一方了解对方证据和证明目的之后会对虚假陈述或有所保留，有些关键问题可适当提前至诉答环节。问题的大小应灵活掌握，若担心当事人猜到法官的意图还可适当扩大问题的范围。问题的设置还应环环相扣，前后对应，注重细节。若问题设置足够巧妙，当事人能通过庭审预估诉讼风险，进而理性选择最佳方案，达成调解。

4. 第八步：以证明责任分配穷尽证明手段。基于实践中当庭答辩和举证的普遍性，原告易遭主张突袭和证据突袭。原告对此提出再抗辩，需要提交补充证据证明。另外，囿于诉讼能力，庭审中常有当事人提出关键证据或主张，但却未予举证。基于查明案件事实和保障程序权利的需要，法官不得不在庭审中分配证明责任和重新指定举证期限，指令双方在庭审结束后一定期限内提交证据。若略过此步骤，当事人上诉时再拿出新证据，则案件极大可能会因事实不清被发回重审。

证明责任包括主观证明责任和客观证明责任。主观证明责任即提出证据的责任，其功能主要在于促使当事人举证，其如何在当事人间进行分配（诉讼开始阶段除外）基本上属于法官根据诉讼进程所形成的心证状态进行自由裁量的领域。主观证明责任发生转移的标准为“已经提供了必要且充分的证据”，而对该标准进行判断的主体是法官。[①] 客观证明责任即待证事实限于真伪不明时，由责任人承担不利后果。当法律未明确规定要件事实的证明责任分配时，应首先根据实体法条文的形式构造来区分权利发生规范、权利障碍规范和权利消灭规范。本文部分和原则性规定属于权利发生规范，一般由主张权利者对其指向的要件事实负担主张证明责任，但书部分和例外规定则属于权利障碍规范，由义务人就其指向的要件事实承担证明责任。只有在根据前述标准分配证明责任会导致不公时，才应再斟酌公平、效率及政策等实质性考量因素后决定。

（三）第三阶段：庭后要件事实认定

1. 第九步：以补充质证开展最后攻防。当事人按照庭审中的要求再次举证后，法官须再次组织双方质证。此时亦应围绕庭审时固定的事实争点，指挥当事人开展最后一轮攻防，尽最大努力证明待证事实。

2. 第十步：对照证据规则认定要件事实。最后一轮攻防结束，当事人已穷尽证明手段，此时法官应依照证据规则，先对争议证据采纳与否进行分析论证，其次排除无关证据和不予采纳的争议证据，逐一认定要件事实。若待证要件事实证明无法达到法律所要求的高度盖然性或排除合理怀疑标准，则陷于真伪不明，此时应大胆根据上述证明责任分配规则，由负担客观证明责任的当事人承担不利后果。至此，要件事实已经审查认定完毕，案件的小前提得以确定。最后根据已检索确定的权利请求规范和抗辩规范，逐一将本案要件事实和法律要件进行涵摄，若要件事实充分法律要件齐全，则法律效果发生，反之则不发生。此时，裁判结果即可确定。

结语

公正和效率是司法永恒的追求，审判方法的构建在于缓解二者的紧张关系。以理论和实践为基础的审判方法需具有可操作性，才能反哺于实践。适用者除了反复练习，还应警惕“可操作性”在法律思维中的标签化蔓延，以致丧失司法能动性。三阶十步法看似烦琐，实则描绘法官审理民商事案件的精细化思维过程，习得后每一步皆可迅速完成，正所谓“化有形于无形”。

---

① 许可：《要件事实论的实体法基础：证明责任理论》，载《民事程序法研究》2008 年第 4 辑。

引公入私：环境民事公益诉讼的司法协同路径

——以“排污标准”形塑“等置—涵摄”二阶裁判构造为例

杨佩霞* 余煜刚**

引 言

社会治理现代化要求针对生态环境等领域存在的执法不严等问题，充分发挥执法与司法规范社会行为的重要作用。① 环境民事公益诉讼是为弥补行政执法不足而创制的特殊司法机制，具备“民事诉讼”和“公益保护”双重本质，这为环境案件司法裁判和行政执法的协同预留了广阔空间，此种协同也可视为优化审判权运行机制的切入点。

在环境民事公益诉讼中，常见的司法协同方式有行政机关提供法律咨询、提交书面意见、协助调查取证等，本文所指的另一种协同路径可称为“引公入私”——将公法标准如污染物排放标准（以下简称排污标准）引入私法裁判中。此种“引公入私”理论上是否可能、实践中是否可行有待深究；其如何形塑实用的裁判构造、实现高效的司法协同也值得深思。

本文以司法方法论搭建分析框架、以实证数据铺陈分析素材、以法经济学理论作为分析工具，尝试回答上述“引公入私”的诸多难题，也希冀以此回应如何有效化解环境污染风险的社会关切。

一、环境民事公益诉讼中的司法协同：在应然与实然之间

置于法经济学的框架，“引公入私”实际涉及的是具公法属性的管制规则与具私法属性的责任规则能否互动，能否作为环境民事公益诉讼司法协同路径的问题，这须在应然与实然两个层面考察。

---

* 作者单位：广东省广州市海珠区人民法院。

** 作者单位：广州大学。

① 参见陈一新：《加快推进社会治理现代化》，载《人民日报》2019 年 5 月 21 日第 13 版。

（一）应然可能：管制规则与责任规则的效率互补

从法经济学的视角看，无论选择何种环境污染风险治理工具，都不可避免要对工具选择进行效率比较，以最优的工具（或组合）实现治理目标。法经济学的“卡－梅框架”及其拓展①是基于法律后果对法律规则作出的逻辑分类，是规则效率比较的有益框架。按照该框架的“规则清单”，国家治理环境污染风险有五种策略选择（表1）。

表1“卡－梅框架”及其拓展的“规则清单”与国家治理环境污染风险的“策略选择”

“卡—梅框架”及其拓展的“规则清单”	国家治理环境污染风险的“策略选择”
无为规则	置之不理
禁易规则	停产停业
财产规则	排污交易
责任规则	公益诉讼
管制规则	行政管制

置之不理的无为规则片面追求经济效益，牺牲环境权益，降低社会福

① 表 **“卡－梅框架”及其拓展的具体内容**

规则渊源	规则类型	规则释义
法经济学耶鲁学派代表人物卡拉布雷西和梅拉米德提出的“卡－梅框架”包括财产规则、责任规则、禁易规则三类规则	财产规则	要想从拥有者那里得到相应权益，必须通过自愿交易，也就是从拥有者那里以卖方同意的权益价格加以购买
	责任规则	只要支付一个客观确定的价值，就可消灭一个初始权益，通常是由法院在具体案件的审判中适用，即通过司法定价促成“强制交易”
	禁易规则	在明确权益归属的同时，不许在即使是自愿的买卖双方之间转让相应权益，旨在取缔特定市场。为了将法律规则的丰富类型及其多重影响尽可能纳入分析框架
我国学者凌斌教授对“卡－梅框架”进行拓展，引入管制规则和无为规则	管制规则	要想成为特定权益的拥有者，必须符合法律限制的相应标准，一般为行政机关所制定
	无为规则	法律没有将相关权益赋予任何一方，没有提供权益保护的法律保护

拓展后的“卡－梅框架”如下图所示：

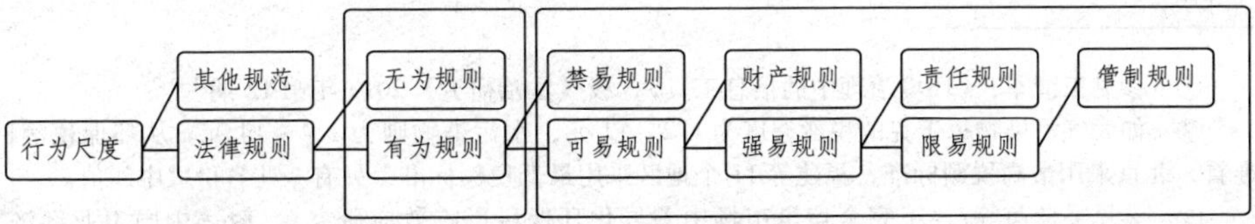

see Guido Calabresi and Douglas Melamed, Property Rules, Liability Rules and Inalienability: One View of the Cathedral, 85 Harvard Law Review 1089 (1972). 另参见凌斌：《法律救济的规则选择：财产规则、责任规则与卡梅框架的法律经济学重构》，载《中国法学》2012年第6期。

利，且随着“用最严格制度、最严密法治保护生态环境”的政策落实，显然不合时宜。停产停业“一刀切”的禁易规则影响民生和经济发展，也应摒弃。至于财产规则，以排污权交易为例，其主要包括排放总量控制、排污权初始分配、排污权交易三个过程。但该制度的问题如下：一是制定排放总量目标成本巨大；二是排污权初始分配给新进入者带来准入壁垒；三是排污者缺乏治污的内在动力；四是排污权在道德层面存在争议。[①] 因此，前述三种规则并非当前主要的治理工具。

管制规则主要采取征收环保税、行政处罚等行政管制措施，因执行这些措施须建立在以一定的标准认定事实的基础上，也可称为“标准规制”。我国现行环保税具以下显著特征：在不同地区、对不同污染物设置差异化税额标准，[②] 故当污染物具有较强外溢性时（如大气污染物），这种差异将造成不同地区的不公平。此外，因环保税不考虑同类型企业间的成本异质性，[③] 故当环保税额低于治污成本时，排污者将丧失清洁生产的内在动力。而在生态修复问题上，有最高额限制的行政罚款对排污者的威慑程度也有限，导致排污行为的“负外部性”无法完全消弭。此时引入责任规则，通过环境民事公益诉讼使“负外部性内部化”——由排污者承担治污成本便尤为必要。

责任规则通过公益诉讼可把外部成本转为排污者的内部成本，倒逼排污者采取有效预防措施。但公益诉讼也有成本：其一，因“侵权不确定性”给排污者带来的成本。环境侵权的过程可概括为：生产产生污染物→排放污染物→污染物进入环境要素（如大气、水体、土壤）→进入受害人领域→造成受害人损害。[④] 其中任一环节都具有不确定性，导致侵权结果也具不可预测性，即在法院裁判前无法确定排污行为是否构成侵权，排污者若想杜绝侵权将付出巨额成本。其二，法院裁判的成本。司法权本质上是判断权。[⑤] 不同于立法和行政机关，法院不直接参与行为准则的制定，因此若无既定标准，法院的判断成本（如鉴定费）将十分昂贵。而在责任规则（公益诉讼）中引入管制规则（排污标准），一是可帮助排污者预判排污是否合法，降低侵权不确定性成本；二是法院的中立性要求其必须遵循既定裁判标准，通过权利重新配置建立新平衡，而“这种新的平衡必须是建立

---

① 参见王清军：《环境治理中的信息工具》，载《法治研究》2013 年第 12 期。

② 如大气污染物每千克的税额幅度为 1.2～12 元，水污染物则为 1.4～14 元。从环保税额标准看，北京采用最高税额标准，福建等 11 个地区采用最低税额标准，另有一些省份取中间值。

③ 参见吴茵茵等：《不完全竞争市场中差异化环保税影响效应研究》，载《中国工业经济》2019 年第 5 期。

④ 张梓太：《环境法律责任研究》，商务印书馆 2004 年版，第 67 页。

⑤ 参见孙笑侠：《司法权的本质是判断权》，载《法学》1998 年第 8 期。

在已有平衡的基础上的，它不是也不可能是对已有秩序的彻底破坏”。① 排污标准便是“已有的平衡”，旨在规定排污者的行为义务，而环境民事公益诉讼通过评价排污行为确定侵权责任，因此，排污标准作为行为规范就具备了衡量环境侵权责任的可能。

综上，管制规则与责任规则各有效率的优劣得失，故能互补相契，为其在环境污染风险治理的组合运用上奠定基础。

（二）实然症结：管制规则与责任规则的组合短缺

由应然转入实然，管制规则和责任规则在实践中互动如何？法院审理环境民事公益诉讼会否运用排污标准？在“法信网”检索2013年至今环境民事公益诉讼引用“排放标准”说理的情况，统计得表2。为更充分探讨“排放标准”在一般环境侵权案件中的运用情况，统计得表3。

表2　2013年至今我国环境民事公益诉讼案件引用“排放标准”说理的情况统计

案由	案件总数（件）	引用“排放标准”说理的案件数（件）	引用“排放标准”的案件数占案件总数的比例（%）
环境法律责任纠纷	115	15	13.04
大气法律责任纠纷	8	1	12.5
水污染责任纠纷	19	3	15.79
土壤污染责任纠纷	7	1	14.29
总计	149	20	13.42

注：（1）因环境民事公益诉讼制度自2013年1月1日起施行，故统计期间为2013年1月1日～2019年8月19日。

（2）因“法信网”无独立的环境民事公益诉讼案由，故本统计系从环境污染责任纠纷等案由中筛选出环境民事公益诉讼案件。

表3　2013年至今我国环境侵权案件引用“排放标准”说理的情况统计

案由	案件总数（件）	引用“排放标准”说理的案件数（件）	引用“排放标准”的案件数占案件总数的比例（%）
环境污染责任纠纷	5725	369	6.45
大气污染责任纠纷	209	20	9.57
水污染责任纠纷	868	46	5.30
噪声污染责任纠纷	805	205	25.47
放射性污染责任纠纷	6	1	16.67
土壤污染责任纠纷	170	3	1.76

① 吕忠梅：《环境法新视野》，中国政法大学出版社2000年版，第133页。

续上表

案由	案件总数（件）	引用“排放标准”说理的案件数（件）	引用“排放标准”的案件数占案件总数的比例（%）
固体废物污染责任纠纷	28	0	0
电子废物污染责任纠纷	0	0	0
总计	7811	644	8.24

注：统计期间为2013年1月1日~2019年8月19日

统计结果表明：第一，引用“排放标准”说理的环境侵权案件比例不足一成，司法现状未与理论预设相契合。第二，噪声污染和放射性污染案件的引用比例明显较高。这是因为《环境噪声污染防治法》《放射性污染防治法》均明确地将超过排放标准作为认定构成噪声污染和放射性污染的要件，但比例绝对值也不高。第三，虽然环境民事公益诉讼的引用比例要普遍高于一般环境侵权案件（图1），但环境民事公益诉讼的引用比例也只有13.42%，这与环境民事公益诉讼强调司法权与行政权相互支持的旨趣也不相匹配。由此可知，理论上可降低裁判成本的排污标准在实践中并未获得最优运用。

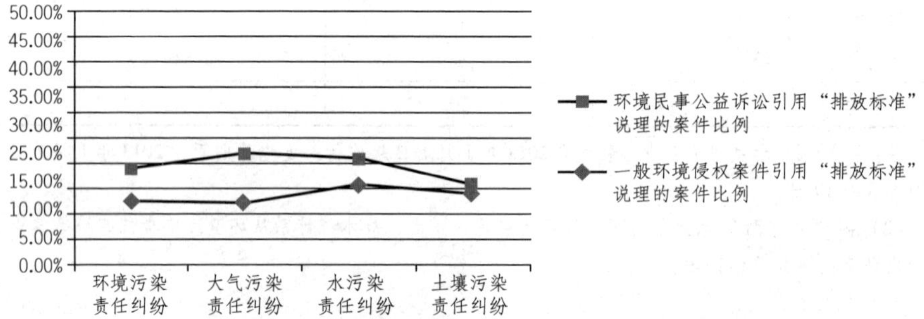

图1 环境民事公益诉讼和一般环境侵权案件引用“排放标准”说理的案件比例情况

（三）引公入私：应然与实然的对接路径

管制规则与责任规则在实践中的组合短缺问题，实质上可能源于当前司法对二者如何有效接轨缺乏统一认知。为规范司法适用，有必要建立起如何在环境民事公益诉讼中运用排污标准的“等置——涵摄”二阶裁判构造。

裁判实际上是“确定法效果的三段论法”，[①] 遵循的是“规范＋事实→法效果”的裁判逻辑。其中“规范”和“事实”属于“要件判断”，“法效

① ［德］卡尔·拉伦茨：《法学方法论》，陈爱娥译，商务印书馆2005年版，第150页。

果”属于“效果判断”。裁判构造的初阶是要件判断，即让规范和事实“等置”。因为疑难案件中的规范和事实不对称，所以在通过涵摄得出判断前，先要将规范与事实进行等置：一方面将事实抽象化，将个案向规范提升；另一方面将规范具体化，使规范向个案下延，这是在两者之间来回审视，螺旋式向上发展的过程。[①] 裁判构造的进阶是从要件判断到效果判断的“涵摄”，即通过三段论推导出法效果。简言之，所谓“等置——涵摄”二阶裁判构造就是以等置的方式重构大、小前提，让事实与规范相向靠近，为涵摄提供相互适应的“作为大前提的规范”与“作为小前提的事实”，再通过演绎推理获得结论（法效果）。

具体到环境民事公益诉讼中，“等置——涵摄”的二阶裁判构造是适切的，因诸多环境污染案件要么法律规定不明，要么事实认定不清，这导致在规范与事实之间不可避免须先等置，而后涵摄。在此之中，排污标准对形塑裁判构造的作用在于：第一，要件判断中，作为枢纽沟通事实与规范，实现等置；第二，效果判断中，根据排污者对排污标准的遵守程度确定如何承担责任（图2）。

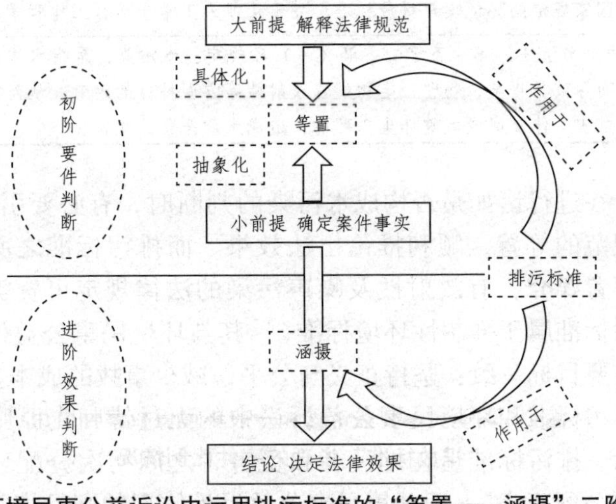

图2 在环境民事公益诉讼中运用排污标准的“等置——涵摄”二阶裁判构造

这种将公法标准引入私法裁判而形成的裁判构造在司法方法论上逻辑自洽，在法经济学分析上也圆融通达，为环境民事公益诉讼司法协同的应然可能与实然症结之矛盾提供化解之策。

二、裁判构造之初阶：排污标准在“要件判断”等置中的运用

审判中，原告为追求一定的法效果，必须向法院主张符合规范的“构

① 参见郑永流：《法律判断形成的模式》，载《法学研究》2004年第1期。

成性事实”，被告为阻止该法效果，也会提出“阻却性事实”，与此相应地，法院在“要件判断”中就存在“构成性判断”和“阻却性判断”。无论是构成性还是阻却性判断，事实和规范如何等置以重构大小前提，都是法律运用的最困难之处。[①] 而运用排污标准将在一定程度上使该困难迎刃而解。

（一）“超标排污”在“构成性判断”中的等置

1. 法理基础。理论上，如果规范清晰到以客观量化标准为要件，法院则可直接适用推导出结论，如法律规定超标排放噪声构成噪声污染。但也存在规范模糊情形，如《水污染防治法》对水污染的定义是由概括性、描述性的要素组成，由于“人们无法将未经加工的案件涵摄于未经加工的规范之下”,[②] 此时法院难以直接推理（表4）。

表4　　环境污染案件中“规范清晰”与“规范模糊”示例

规范清晰	《放射性污染防治法》第六十二条第（一）项规定：放射性污染，是指由于人类活动造成物料、人体、场所、环境介质表面或者内部出现超过国家标准的放射性物质或射线
	《环境噪声污染防治法》第二条第二款规定：环境噪声污染，是指所产生的环境噪声超过国家规定的环境噪声排放标准，并干扰他人正常生活、工作和学习的现象
规范模糊	《水污染防治法》第一百零二条第（一）项规定：水污染，是指水体因某种物质的介入，而导致其化学、物理、生物或者放射性等方面特性的改变，从而影响水的有效利用，危害人体健康或者破坏生态环境，造成水质恶化的现象

鉴于此，在进行诸如是否构成水污染的判断时，有必要引入排污标准，实现事实与规范的等置，顺利推论出法效果。而排污标准之所以可作为构成性判断的等置媒介，有放射性及噪声污染的法律规定可资类比，本质上则是因为排污标准属于强制性环境标准,[③] 其与环境民事公益诉讼控制环境污染风险的首要目标一致：坚持正义与公平，减少事故的成本。[④]

其一，排污标准和环境民事公益诉讼中的无过错归责原则均体现了公平正义的理念。排污标准是在排污者和受害者之间初次分配环境污染风险的工具，系“分配正义”。而环境民事公益诉讼体现的则是恢复失衡法益的“矫正正义”。没有最初的“分配正义”就无后来的“矫正正义”，这种正义的内在阶层构造使以“超标排污”证成环境污染侵权具有理念正当基础。

其二，排污标准和环境民事公益诉讼均以寻求“负外部性内部化”为

---

① 参见郑永流：《法律判断形成的模式》，载《法学研究》2004 年第 1 期。

② ［德］考夫曼：《法律获取的程序》，雷磊译，中国政法大学出版社 2015 年版，第 158 页。

③ 《环境标准管理办法》第五条。

④ 参见［美］卡拉布雷西：《事故的成本：法律与经济的分析》，毕竞悦等译，北京大学出版社 2008 年版，第 22 页。

目标。排污标准是政府设置的第一道门槛，其可督促排污者采取措施减少生产带来的外部成本，但因排污标准给定的只是一个最低而非最高限度的安全阀，① 当排污者越过安全阀超标排污时就必然产生负外部性，这时环境民事公益诉讼可为环境保护加上第二道门槛。而第二道门槛可建立在第一道门槛基础之上的理由在于：第一道门槛设置的高低本身就隐含了行政机关的专业技术判断，而环境损害涉及大量技术问题，对于损害是否发生、损害达到何种程度等均须动用大量科学资源，以避免事实认定错误。在环境民事公益诉讼中，对于涉及复杂科学技术问题的环境损害，司法机关首先必须获取相应的科学技术支持，否则根本无法进行法律适用。②

2. 证立路径。理论上，"超标排污"可证成环境侵权，但实践中，这种证成必须借助具体规范的具体要件。经案例检索，大致有三种证立路径：一是通过"损害行为"要件，即只要超标排污即认定存在损害行为；二是通过"损害结果"要件，即超标排污可推定产生损害事实；三是通过"关联性"要件，即超标排污可推定污染结果同排污行为存在关联性（表5）。

表5　　以"超标排污"证成环境侵权的论证路径实践

论证路径	裁判理由	裁判法院及裁判文书
通过"损害行为"要件	企业事业单位和其他生产经营者超过污染物排放标准或者重点污染物排放总量控制指标排放污染物的行为可以视为是具有损害社会公共利益重大风险的行为	山东省德州市中级人民法院（2015）德中环公民初字第1号一审民事判决书
通过"损害结果"要件	长期处于噪声污染排放超标的环境下，身心健康势必受到一定程度损害也是公众所普遍认可的	江苏省常熟市人民法院（2016）苏0581民初5740号一审民事判决书
通过"关联性"要件	鱼塘中含磷远超标准，富养水的形成与水质污染有关	四川省高级人民法院（2014）川民申字第286号再审民事裁定书

而无论经由何种路径，引入排污标准主要都是为了"打通事实与法律之间的屏障，解决案件事实能否归属于法律规则构成要件之下的说理难题"。③ 排污标准可为证明是否具有不利环境影响提供科学支撑，有助于认定环境侵权的损害行为和损害结果要件；排污标准的高低与污染的严重性总体也呈现正相关关系，因此超标排污更可能造成环境污染，超标程度越高，其

① 参见宋华琳：《论行政规则对司法的规范效应》，载《中国法学》2006年第6期。

② 参见王明远：《论我国环境公益诉讼的发展方向》，载《中国法学》2016年第1期。

③ 黄泽敏：《案件事实的归属论证》，载《法学研究》2017年第5期。

损害结果也可能更严重。故基于环境污染风险规制目标的一致性，当排污者违反排污标准为其所设定的注意义务时，便可初步判断构成环境侵权。

（二）达标排污在阻却性判断中的等置

理想情况下，如果排污标准能体现生态环境保护的终极目标，则是否遵守排污标准应与是否构成环境侵权处于一一映射的关系。但现实中，排污标准仅以阶段性控制为目标，且兼顾考虑执行成本，故其并非最优环境标准。因此，“达标排污”能否在阻却性判断中实现有效等置不能一概而论。

1. 实践迷思。关于达标排污是否构成环境侵权阻却性事由，实践有三种情况：第一，基本在所有的水污染、土壤污染案件中，法院均认为达标排污不是阻却性事由。第二，在放射性污染案件中，法院认为达标排污是阻却性事由。第三，在噪声、大气污染案件中，关于达标排污是否为阻却性事由，出现了矛盾判决（表6）。

表6　　达标排污是否构成环境侵权阻却性事由的司法实践

污染类型	阻却实例	不阻却实例
水污染	/	达标并不等同于对周围环境必然不产生影响、必然不产生污染。［江苏省徐州市中级人民法院（2017）苏03民终3441号二审民事裁定书］
土壤污染	/	排污达标并不能免除其应承担的民事责任。［广东省广州市中级人民法院（2016）粤01民终12096号二审民事判决书］
放射性污染	所涉小灵通基站输出功率远远低于《电磁辐射防护标准》设定的安全标准，不会对人体造成损害。［贵州省贵阳市中级人民法院（2015）筑环保民终字第1号二审民事判决书］	/
噪声污染	达标排污不构成噪声污染。［广东省韶关市中级人民法院（2017）粤02民终442号二审民事判决书］	高速公路管理中心辩称其噪声排放未超过国家标准，不应承担赔偿责任的意见不能成立，本院不予支持。［江苏省南京市中级人民法院（2016）苏01民终2715号二审民事判决书］
大气污染	达标排污不能认定为污染行为，除非有相反证据可以证明。［江苏省海门市人民法院（2014）门环民初字第00001号一审民事判决书］	即使低于国家标准的排放亦不免除赔偿责任。［辽宁省沈阳市中级人民法院（2015）沈中民一终字第1870号二审民事判决书］

再观立法，也有两种截然不同的态度，《环境噪声污染防治法》《放射

性污染防治法》均规定达标排污不构成污染；而原国家环保局复函和《最高人民法院关于审理环境侵权责任纠纷案件适用法律若干问题的解释》则认为排污达标与否不影响环境侵权成立（表7）。

表7 “达标排污”是否影响环境侵权成立

达标排污能否阻却侵权成立	相关规定
阻却	《环境噪声污染防治法》第二条第二款规定：本法所称环境噪声污染，是指所产生的环境噪声超过国家规定的环境噪声排放标准，并干扰他人正常生活、工作和学习的现象。
	《放射性污染防治法》第六十二条第（一）项规定：放射性污染，是指由于人类活动造成物料、人体、场所、环境介质表面或者内部出现超过国家标标准的放射性物质或者射线。
不阻却	原国家环保局［91］环法函字第104号《关于确定环境污染损害赔偿问题的复函》规定：……现有法律法规并未将有无过错以及污染物的排放是否超过标准，作为确定排污单位是否承担赔偿责任的条件。至于国家或者地方规定的污染物排放标准，只是环保部门决定排污单位是否需要缴纳超标排污费和进行环境管理的依据，而不是确定排污单位是否承担赔偿责任的界限。
	《最高人民法院关于审理环境侵权责任纠纷案件适用法律若干问题的解释》第一条第一款规定：因污染环境造成损害，不论污染者有无过错，污染者应当承担侵权责任。污染者以排污符合国家或者地方污染物排放标准为由主张不承担责任的，人民法院不予支持。

由上可知，达标排污能否阻却环境侵权，即能否作为阻却性判断的等置媒介，无论在立法还是司法层面均未取得共识，甚至相互抵牾。鉴于此，有必要廓清认识迷雾，重筑理论基础，形塑“裁判构造”。

2. 区分适用。在回答前述问题之前，有必要首先引入德国法上“不可量物侵害”的概念。不可量物侵害指致害人以光、噪音、气味等无形介质为媒介对他人的财产或人身进行的侵害。① 大气、噪声、放射性污染均可归入“不可量物污染”，而水、土壤、电子废物和固体废物污染可划入“可量物污染”。对于研究“达标排污是否构成环境侵权阻却性事由”的问题，如此区分污染类别具有法经济学意义。

针对“可量物污染”而言：首先，排污标准只是最低限度的安全阀，而并非将环境污染风险削减为零的边界线。违反排污标准当然被推定为忍受限度之外，却不能说只要遵守了排污标准就没有责任。基于“成本与收

① 参见张平华：《不可量物侵害的私法救济》，载《法学杂志》2006年第11期。

益相平衡”的风险管理原则，排污者仍应对遵守排污标准却产生“剩余风险”的行为买单。其次，由于公法对达标排污的情形缺乏有效救济，如果承认达标排污可阻却环境污染侵权，则意味着“致害行为的环境成本由他人承担而又未通过市场得到补偿”,[①] 排污者由于无须承担生产外部成本当然不会有实施清洁生产的内在动力，故唯有承认达标排污不是阻却事由才符合效率和激励原则。

针对“不可量物污染”而言，其具有三个特征：一是主观性，不同的人在不同的时间、地点可能会对是否造成侵害产生不同的感受；二是潜伏性，侵害结果往往不能及时显现，且受害人难以举证证明；三是不确定性，无论是当事人还是法院，均难以判断损害行为与侵害结果间的因果关系。在过去，通常是以“超出一般人的容忍义务程度”为标准来判断是否构成不可量物侵害，后来为了避免这种主观判断带来的侵权不确定性问题，《德国联邦污染防治法》第 48 条授权政府制定环境保护标准，并规定若遵守这些极限值或标准值的规定，则该侵害一般为非重大的妨害，推定不构成侵害,[②] 即达标排污可阻却“不可量物污染”侵权。在“不可量物污染”领域，达标排污之所以阻却环境侵权，是因为该类型污染物的排放标准所设置的注意义务与侵权法上的注意义务大致相同，遵守了排污标准往往被视为不会对环境造成损害。

综上，无论是承认还是否认“达标排污”的阻却性效力，关键在于评估环境污染风险（损失）的难易程度，这也是进行“阻却性判断”的脉门。排污标准并非各污染领域治理规制的最优标准，其无法整齐划一地与环境侵权画上等号，因此有必要在“达标排污的侵权阻却效力”问题上实施类型化的认定规则，并通过此认定规则将环境污染风险治理成本降到最低。具言之，现阶段因对“不可量物污染”带来的损害尚缺乏科学共识，且因果关系难以判断，此时尊重行政基准，推定“达标排污”不构成环境侵权应更为经济效率。而对“可量物污染”所造成的损失、与损害结果间的因果关系等的判断相对容易，此时认为“达标排污”不能阻却环境侵权也同样符合效率原则。易言之，在前一种情形下，“达标排污”可作为“阻却性判断”的等置媒介，在后一种情形下则不可。

三、裁判构造之进阶：排污标准在“效果判断”涵摄中的运用

“等置——涵摄”裁判构造的进阶是从要件判断到效果判断的“涵摄”过程。环境侵权责任虽然适用无过错责任原则，但在环境民事公益诉讼中

① 汪劲：《环境法学》，北京大学出版社 2014 年版，第 10 页。
② ［德］鲍尔等：《德国物权法（上）》，法律出版社 2004 年版，第 544 页。

以是否遵守排污标准来讨论“过错”要件并非毫无意义，此种意义集中体现于“效果判断”中惩罚性赔偿责任的判定。

（一）实证考察：“效果判断”涵摄中惩罚性赔偿的阙如

《民法总则》第一百七十九条第二款规定，法律规定惩罚性赔偿的，依照其规定。《侵权责任法》除在产品责任领域设置惩罚性赔偿，其在环境污染责任领域并未规定惩罚性赔偿。2014 年发布的《最高人民法院关于环境民事公益诉讼司法解释（征求意见稿）》第二十条首次规定在环境民事公益诉讼中可适用惩罚性赔偿,[①] 但该规定在 2015 年正式通过的《最高人民法院关于审理环境民事公益诉讼案件适用法律若干问题的解释》中被删去。2018 年 12 月 23 日，全国人大常委会审议的《民法典侵权责任编（草案·二次审议稿）》第一千零八条规定了生态环境侵权惩罚性赔偿制度（表 8）。此外，其他环境污染单行法、司法解释等均未对环境侵权案件能否适用惩罚性赔偿的问题作出规定。

表 8　　关于环境污染侵权案件适用“惩罚性赔偿”的规定

法律法规	相关规定
《民法总则》	/
《民法典侵权责任编》（草案·二次审议稿）	第一千零八条　侵权人故意违反国家规定损害生态环境造成严重后果的，被侵权人有权请求相应的惩罚性赔偿
《最高人民法院关于环境民事公益诉讼司法解释（征求意见稿）》	第二十一条　污染者有《环境保护法》第六十三条规定的行为之一，尚不构成犯罪，或者因污染环境、破坏生态行为被追究刑事责任，原告请求其承担生态环境修复费用一倍以下赔偿责任的，人民法院要予以支持
《最高人民法院关于审理环境民事公益诉讼案件适用法律若干问题的解释》	/
《最高人民法院关于审理环境侵权责任纠纷案件适用法律若干问题的解释》	/

关于环境侵权案件是否适用惩罚性赔偿，司法实践则采取了不置可否的态度，例如在“原告中华环保联合会与被告德州晶华集团振华有限公司

---

① 参见最高人民法院官网，载 http：//www. court. gov. cn/zixun - xiangqing - 6748. html，最后访问时间：2019 年 8 月 23 日。

大气环境污染责任纠纷公益诉讼”案[①]中，关于中华环保联合会要求振华公司赔偿因超标排污造成的损失780万元的问题，法院认为“环境民事公益诉讼司法解释中并未规定惩罚性赔偿，故原告中华环保联合会该项诉讼请求法律依据不足，本院不予支持”。[②]

综上，无论立法还是司法均未正面肯定环境民事公益诉讼可适用惩罚性赔偿。

（二）模型建构：“排污标准”为适用惩罚性赔偿之判准

联合国统计委员会“环境和经济综合核算的附属体系”中，环境费用包括两部分：一是生产中为防止和消除对环境的负面影响而实际支付的环保费用；二是生产造成的资源耗减和环境降级的虚拟环境费用。[③] 第一部分费用主要是环保税、清洁生产投入费用等，第二部分费用主要是生态损害赔偿费，这两部分费用都是排污者应负担的生产成本。针对同一类型企业而言，达标排污要比超标排污承担更多的第一部分费用，因此如果不论排污是否达标，对第二部分费用均采用同样的赔偿原则，则会陷入成本悖论——达标排污将比超标排污承担更多的环境成本。照此，现有的环境损害赔偿模式容易对排污者产生负向激励效果，且无法彻底实现排污成本内部化的目的。而生态环境补偿究其本质是环境成本问题，[④] 为改善当前这种收益与成本不成比例的扭曲现象，应在环境民事公益诉讼中引入惩罚性赔偿，外部成本内部化是惩罚性赔偿在环境民事公益诉讼中实现威慑功能的根本运行机理。

惩罚性赔偿因具有高于受害人实际损害的赔偿标准和主观故意的主观归责特征，既具有补偿的功能，又具有制裁和预防的功能。对于主观上具有恶意的环境民事侵权案件，应该适用惩罚性赔偿。[⑤] 一方面，如何判断排污者主观上具有恶意是一个价值判断的问题，但为了尽可能减少侵权不确定性带来的负外部性，必须将价值判断尽可能客观化。另一方面，惩罚性赔偿是为了威慑、抑制污染行为，但过度威慑也可能抑制经济自由，导致威慑成本大于威慑收益，因此，合理可行的威慑应是适度的，即应努力探求成本与收益之间的最佳平衡，具体到环境民事公益诉讼中，这个最佳平衡点便是“排污标准”。

---

① 该案例被评为十大环境公益诉讼典型案例、2016年人民法院十大民事行政案件，具有代表性和典型性。

② 山东省德州市中级人民法院（2015）德中环公民初字第1号一审民事判决书。

③ 参见杨翠红等：《综合环境费用的概念与计算方法研究》，载《系统工程理论与实践》2001年第6期。

④ 参见袁广达：《我国工业行业生态环境成本补偿标准设计》，载《会计研究》2014年第8期。

⑤ 参见高利红等：《环境民事侵权适用惩罚性赔偿原则之探究》，载《法学》2003年第3期。

本文中，我们建构一个阐明“排污标准”与惩罚性赔偿适用关系的法经济学模型（图3），其中X轴表示“注意义务程度”，Y轴表示“费用”，L_1表示“预防成本”，L_2表示“预期损失”。L_1及L_2的意义是：随着排污者的注意义务程度越来越高，其付出的治理环境污染的预防成本越来越高，而其预估的对环境造成的污染损失也随之越来越少。当排污者的注意义务达到“排污标准”的要求时，即国家为其预设的合法行为标准时，其预防成本与预期损失应当是相同的，即L_1与L_2的相交点C。从该模型可看出，在C点对应的“排污标准”左侧，即注意义务尚未达到排污标准时，预期损失高于预防成本，而在C点对应的“排污标准”右侧，即注意义务高于排污标准时，预期损失低于预防成本。

因此可得出两个结论：第一，如果注意义务低于排污标准，排污者对环境污染的预防成本低于其对损失的预估，可以推定排污者主观上对损害结果具有过错，因此可对其施加惩罚性赔偿。第二，如果注意义务高于排污标准，即排污者通过提高预防成本降低造成环境污染的预期损失，其在主观上缺乏可责难性，此种情况便不应对其施加惩罚性赔偿。简言之，虽然环境侵权采取无过错归责原则，但对于是否有过错以及过错程度轻重有所不同的侵权人，在最终的责任承担方面应当区别对待。[①] 而通过分析，关于何时可以适用惩罚性赔偿的问题可以简化为：当排污者超标排污时视为恶意排污，应适用惩罚性赔偿。

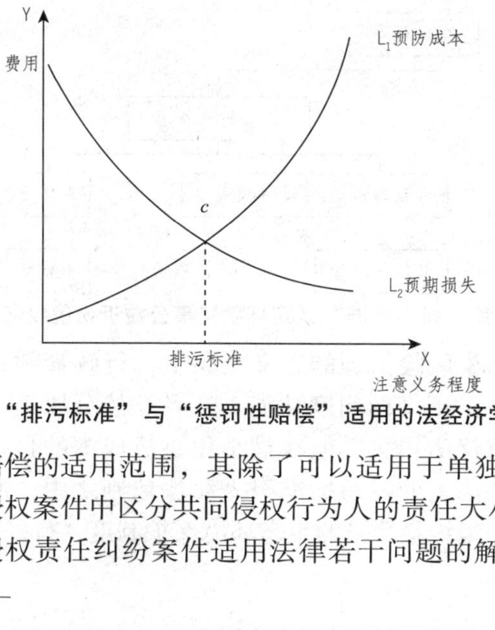

图3 “排污标准”与“惩罚性赔偿”适用的法经济学模型

关于惩罚性赔偿的适用范围，其除了可以适用于单独侵权案件外，也可适用于在共同侵权案件中区分共同侵权行为人的责任大小，《最高人民法院关于审理环境侵权责任纠纷案件适用法律若干问题的解释》为此提供了

① 参见杨立新等：《生态环境侵权惩罚性赔偿责任之构建》，载《河南财经政法大学学报》2019年第3期。

法律依据。该解释第四条规定："两个以上污染者污染环境，对污染者承担责任的大小，人民法院应当根据污染物的种类、排放量、危害性以及有无排污许可证、是否超过污染物排放标准、是否超过重点污染物排放总量控制指标等因素确定。"由此可知，根据是否超标排污可以区分共同侵权行为人的责任大小，对共同侵权行为人区别适用惩罚性赔偿并不违背立法精神。另外，须注意的是，在侵权连带赔偿责任中，连带责任的范围应仅限于补偿性赔偿，对超标排污单独判处的惩罚性赔偿不能连带，这也是惩罚性赔偿只惩罚故意为之的排污者的制度本意。

结　论

行文至此，以"排污标准"形塑"等置——涵摄"的二阶裁判构造基本形成：在初阶的"等置"，超标排污可作为环境侵权构成性判断的媒介，但达标排污可否实现阻却性判断则需区分适用；在进阶的"涵摄"，根据建构的法经济学模型，"排污标准"可作为应否适用惩罚性赔偿的判准。理论上的裁判构造可生成实践中的裁判逻辑：首先判断排污行为是否符合排污标准，如果不符合，则可推定环境侵权成立，进而适用惩罚性赔偿；如果符合，在"可量物污染"领域，仍然推定环境侵权成立，但只能适用补偿性赔偿；在"不可量物污染"领域，推定环境侵权不成立，案件审理结束（图4）。

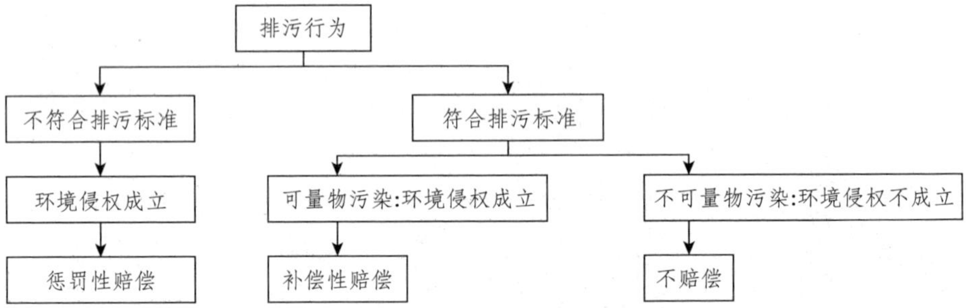

图4　运用"排污标准"认定环境民事公益诉讼侵权责任流程图

在通往环境污染风险治理的正义之路上，行政管制和公益诉讼分别发挥了分配正义与矫正正义的制度功能。二者虽然分属正义的不同范畴，在治理效率上也各有优劣得失，但在最小化事故成本的目标上不谋而合，故可引公入私，将公法上的排污标准引入私法裁判之中，形成环境民事公益诉讼的司法协同，编织最严格的生态环境保护制度，打好污染防治攻坚战。

论生态环境损害民事追偿程序双轨制规范进路

秦传熙* 王中义**

引 言

根据《民事诉讼法》《环境保护法》《生态环境损害赔偿制度改革方案》（以下简称《方案》）的规定，我国的生态环境损害民事追偿程序，①实行的是环境民事公益诉讼（以下简称环境公益诉讼）和生态环境损害赔偿诉讼（以下简称损害赔偿诉讼）双轨制，即法律规定的机关、社会组织（检察院）和地市级以上人民政府及其指定部门，可对同一生态环境公共利益损害事实提出基本相同的民事诉讼请求。囿于对法理基础的认识误区，实体权利的立法缺失，法律和政策的不尽协调，二类制度的效用重叠、职能趋同、适用冲突、程序脱节及环境公益诉讼之实体请求权被实际架空等问题因之而生。实际上，我国生态环境损害民事追偿双轨制的构建，有其内在动因和正当性基础。它弥合了行政处理边界和司法有限性的矛盾，实现对行政权力和环境公益诉讼原告的自由处分权的双向制约。通过明确实体权利、重构诉讼规则，双轨制可如“鸟之两翼、车之两轮”，② 共同维护和推动我国生态环境损害民事追偿程序沐以理性光辉。

一、制度解构——当前双轨制的尴尬与遗缺

现代生态环境保护法律政策的主线，是推动实现污染环境、破坏生态的负外部性行为内部化以及环境资源的生态功能价值的可视化、可量化，以解决“公地悲剧”问题。因生态环境公共利益损害的受害者不能具体确

---

* 作者单位：福建省高级人民法院。

** 作者单位：福建省厦门市中级人民法院。

① 生态环境损害民事追偿程序在本文中系指因污染环境、破坏生态造成生态环境公共利益损害，由法律政策规定的主体向损害者主张赔偿的制度，包括环境民事公益诉讼制度和生态环境损害赔偿制度。为便于和生态环境损害赔偿制度相区分，本文创设生态环境损害民事追偿程序的概念。

② 参见习近平总书记在庆祝中国共产党成立 95 周年大会上的讲话，载 http://news.china.com.cn/2016-07/01/content_38789656.htm，最后访问时间：2019 年 8 月 21 日。

定，损害填补的量价和方式不可自由处分、私自和解，必须由法律政策合理设定追偿主体和追偿程序。对此，欧盟采取受损害的公民或社会组织监督执法机关对环境损害案件采取行动的模式；[①] 美国的公民诉讼制度在实践中形成环保组织、公民个人按顺位进行的环境公益诉讼模式；南美的巴西则是采取检察机关主导模式。[②] 我国的生态环境损害民事追偿双轨制模式实际上是国外相关制度的杂糅，政府部门、检察机关、社会组织多头并进，无职能区分，致出现一定程度的混乱现象。

（一）追偿主体制度缺乏系统性

2009年7月	我国首例由社团组织作为原告提起的环境公益诉讼案获准立案，即原告中华环保联合会、朱正茂诉被告江苏江阴港集装箱有限公司环境污染侵权纠纷案。
2012年8月	《民事诉讼法》第五十五条规定：对污染环境、侵害众多消费者合法权益等损害社会公共利益的行为，法律规定的机关和有关组织可以向人民法院提起诉讼。
2014年4月	《环境保护法》第五十八条规定：对污染环境、破坏生态，损害社会公共利益的行为，符合条件的社会组织可以向人民法院提起诉讼。
2015年1月	《最高人民法院关于审理环境民事公益诉讼案件适用法律若干问题的解释》规定了社会组织等提起环境公益诉讼的具体细则和检察机关、行政机关可以支持起诉等。
2017年6月	《民事诉讼法》第五十五条新增第二款，规定人民检察院在没有前款规定的机关和组织提起诉讼的情况下，可以向人民法院提起环境民事公益诉讼。
2017年8月	中共中央办公厅、国务院办公厅印发《生态环境损害赔偿制度改革方案》，规定市地级以上人民政府及其指定部门可以作为赔偿权利人对生态环境损害启动民事追偿。
2019年6月	《最高人民法院关于审理生态环境损害赔偿案件的若干规定（试行）》规定：同时提起损害赔偿诉讼和环境公益诉讼的，应先裁定环境公益诉讼中止审理。

图 1[③] 我国生态环境损害民事追偿法律政策的制定路径

1. 法律规定的机关具体指向不明。现行法律不但未对作为诉讼标的的环境公益与“法律规定的机关”之间应具的关系作出考量，[④] 且《民事诉讼法》第五十五条关于“法律规定的机关”的具体指向也不甚明了。2017 年

---

① 陈爱武、姚震宇：《环境公益诉讼若干问题研究——以生态环境损害赔偿制度为对象的分析》，载《法律适用》2019 年第 1 期。

② 颜运秋：《生态环境公益诉讼的司法模式与司法组织探讨》，载《法治研究》2019 年第 1 期。

③ 原告中华环保联合会、朱正茂诉被告江苏江阴港集装箱有限公司环境污染侵权纠纷案，载 http：//env. people. com. cn/GB/9616734. html，最后访问时间：2019 年 6 月 6 日。《最高人民法院关于审理环境民事公益诉讼案件适用法律若干问题的解释》，以下简称《环境公益诉讼解释》。《最高人民法院关于审理生态环境损害赔偿案件的若干规定（试行）》，以下简称《生态环境损害赔偿规定》。省级、市地级政府，以下或称“损害赔偿权利人”。

④ 蔡守秋、张文松：《检察机关在突破环境民事公益诉讼难局中的法律困境与规则建构——基于公益诉讼改革试点方案的思考》，载《中国地质大学学报（社会科学版）》2016 年第 3 期。

《民事诉讼法》将检察机关排除在“法律规定的机关”之外。根据《方案》规定，之前司法实践将环境资源保护行政主管部门等视为“法律规定的机关”的做法，今后亦应归为生态环境损害赔偿范畴。即除《海洋环境保护法》外，[①] 法律规定的机关并无明确的指向。

2. 追偿主体缺乏实体法依据。司法权作用的核心在于确定是否有权利，并给予权利以适当的救济。[②]《宪法》《环境保护法》均没有规定相关主体对生态环境公共利益享有权利或者可以代表公众对生态环境享有相关实体权利。根据《民法总则》《侵权责任法》，单纯的污染环境本身不构成民事责任。[③]《民事诉讼法》《环境保护法》系对追偿主体诉讼实施权的规定，对实体法依据均语焉不详。

3. 指定部门或机构提起损害赔偿诉讼时的当事人适格问题存疑。《方案》规定国务院授权省级、市地级政府作为损害赔偿权利人。《生态环境损害赔偿规定》规定省级、市地级政府指定的部门或机构可以直接作为原告提起损害赔偿诉讼。根据原告适格直接利害关系说，指定部门或机构并非赔偿权利人，以原告身份提起损害赔偿诉讼面临当事人适格难题。

（二）环境公益诉讼适用空间被挤压

图2可见，我国环境公益诉讼尤其是社会组织提起的环境公益诉讼规模较小的状况显著。

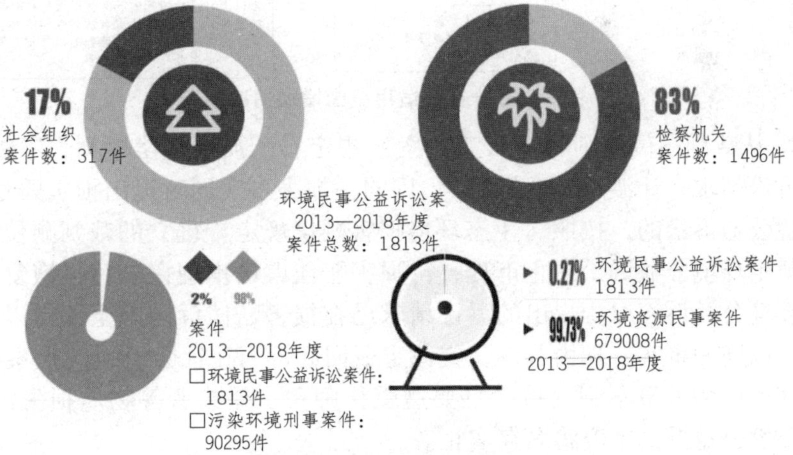

图2　环境资源案件分析对照图（2013－2018）

① 《海洋环境保护法》第八十九条第二款规定：“对破坏海洋生态、海洋水产资源、海洋保护区，给国家造成重大损失的，由依照本法规定行使海洋环境监督管理权的部门代表国家对责任者提出损害赔偿要求。”

② ［日］竹下守夫：《民事诉讼法的目的与司法的作用》，载《现代法学》1997年第3期。

③ 王旭光：《环境权益的民法表达——基于民法典编纂“绿色化”的思考》，载《人民法治》2016年第3期。

双轨制实际施行后，环境公益诉讼单独适用的空间范围将进一步被压缩。表现在：

1. 从《方案》适用的地域范围看。目前，国家重点生态功能区占国土面积的53%，国家禁止开发区占全国陆地面积的12.5%。[①] 即在近70%的国土面积上发生的污染环境、破坏生态事件，均属《方案》适用范围。

2. 从《方案》适用的事件范围看。各省、市在制定《方案》的实施方案时，均在不同程度上扩大《方案》的适用范围，且在认定标准上采取模糊态度，《方案》适用弹性将进一步增加（见图3）。

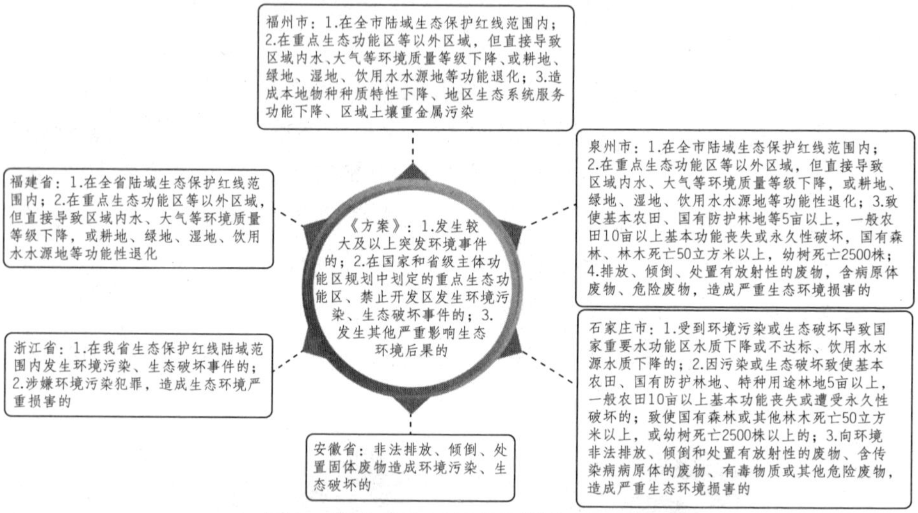

图3 部分省市适用范围增加情况图

3. 从裁判顺位规则看。从《方案》规定看，损害赔偿权利人不能主动放弃诉讼请求，让渡给社会组织。[②] 因同一损害事实同时提出损害赔偿诉讼和环境公益诉讼的，按照《生态环境损害赔偿规定》确立的裁判顺位规则，应先裁定环境公益诉讼中止审理，待损害赔偿诉讼审理完毕后再恢复审理。由于环境公益诉讼原告提出的诉讼请求已在损害赔偿诉讼中全部得以评判，应系又以同一事实、理由起诉，应裁定驳回起诉。在社会组织（检察机关）明知其诉讼请求得不到支持，且要遭受律师费、差旅费等物质损失的情况下，环境公益诉讼制度将名存实亡。

---

① 《全国主体功能区规划》，载 http://www.china.com.cn/policy/txt/2011-06/13/content_22768278_10.htm，最后访问时间：2019年6月6日。

② 根据《方案》第四点第（二）项“违反法律法规，造成生态环境损害的单位或个人，应当承担生态环境损害赔偿责任，做到应赔尽赔”的规定，生态环境损害赔偿权利人并不得放弃赔偿请求。

（三）资源浪费、程序拖延与追偿范围短板并存

以国内三起有一定影响的案件为例，对比分析如下：

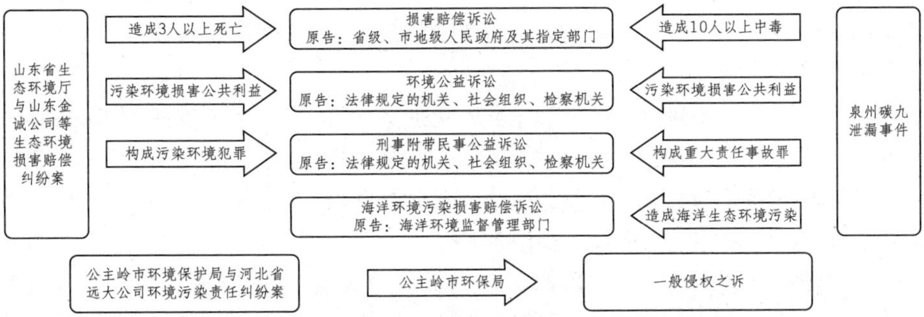

图4　追偿程序情况图

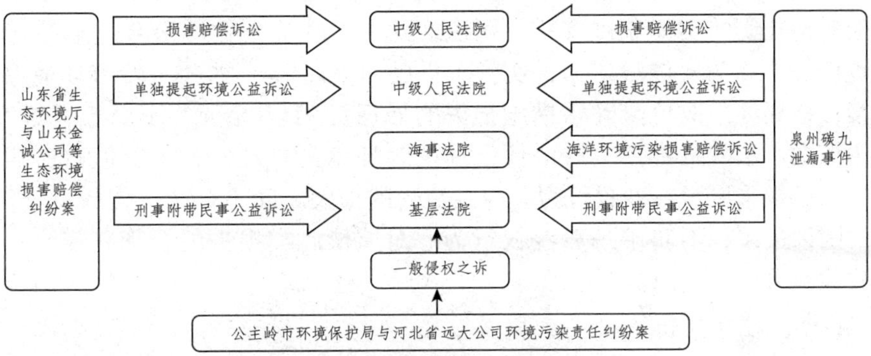

图5　管辖法院情况图

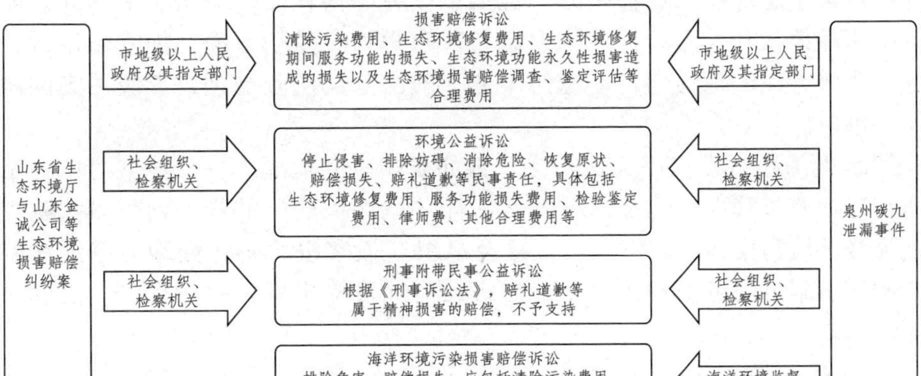

图6　赔偿范围情况图

1. 浪费资源，延宕程序。如在山东省生态环境厅等生态环境损害赔偿纠纷案、[①] 福建泉州碳九泄漏事件引发的案件[②]中，根据前述裁判顺位规则，若提起环境公益诉讼必将是结果无效诉讼，实质上在浪费司法资源。再如公主岭市环保局提起的环境污染责任纠纷案，[③] 如果存在生态服务功能损失费等，社会组织等可提出环境公益诉讼。但按照《环境公益诉讼解释》第十条规定，[④] 该局不能和社会组织等共同提起诉讼，但又可支持环境民事公益诉讼。在上述二个类型的案件中，被告均承担二次应诉义务，公主岭市环保局还要分别以原告、公益诉讼支持人的身份二次参加诉讼，增加了被告和法院的负担，违背了诉讼经济原则。

2. 追偿范围仍存短板。最高人民法院江必新副院长指出："环境污染责任则受到《侵权责任法》第二条的规制，仅适用于污染环境、破坏生态导致人身、财产损害的情形，不涉及环境公共利益的保护，难以为环境公益诉讼建构扎实的实体制度安排。司法实践中，环境公益诉讼普遍援引《侵权责任法》作为实体法依据，实为不得已而为之"。[⑤] 如公主岭市环境保护局案，该局为采取抢险除污措施损失的处理费 91 万余元，不属于《方案》适用范围。法院虽将公主岭市环保局视为环境污染被侵权人，但政府职能部门依职权采取紧急处置行为，与其遭受的损失之间不存在《侵权责任法》上的因果关系，不属于一般侵权行为。对追偿此类损失的合理路径，目前的法律政策仍有空白。

（四）程序的协调性尚需完善

1. 与刑事诉讼程序不协调。如浙江省实施方案规定"涉嫌环境污染犯罪，造成生态环境严重损害的"应启动损害赔偿程序，但司法解释并未明确损害赔偿权利人可否提起刑事附带民事诉讼。另一方面，损害赔偿诉讼应由中级人民法院管辖，环境污染罪一般由基层法院受理，审级冲突问题亟待解决。

2. 与海事诉讼程序无法衔接。再如泉州碳九泄漏事件，该案可由行使海洋环境监督管理权的部门根据《海洋环境保护法》的规定向海事法院提起海洋环境污染损害赔偿诉讼，社会组织（检察机关）等向地方基层法院提起刑事附带民事公益诉讼，地市级政府又可提出损害赔偿诉讼。因同一

---

① 参见中国裁判文书网，http://wenshu. court. gov. cn，最后访问时间：2019 年 6 月 6 日。

② 11·4 福建泉港碳九泄漏事故，载 https://baike. baidu. com/item//23136075，最后访问时间：2019 年 6 月 6 日。

③ 参见中国裁判文书网，http://wenshu. court. gov. cn，最后访问时间：2019 年 6 月 6 日。

④ 《环境公益诉讼解释》第十条第三款规定："公民、法人和其他组织以人身、财产受到损害为由申请参加诉讼的，告知其另行起诉。"

⑤ 江必新：《中国环境公益诉讼的实践发展及制度完善》，载《法律适用》2019 年第 1 期。

生态环境公益损害行为，三类主体可以在三个法院分别提起三种类型的赔偿诉讼，势必造成程序拖沓、裁判不一等。

3. 诉前程序互相脱节。《方案》《环境公益诉讼解释》《人民法院审理人民检察院提起公益诉讼案件试点工作实施办法》分别规定了诉前磋商程序、诉前督促程序等，但并未设计诉前程序协调共参共享机制，实践中会产生诸多问题，如：已达成磋商结果的，社会组织不知情又提起环境公益诉讼；没有赔偿权利人的参与，人民法院无法甄别是否属于《方案》适用范围；社会组织不认同损害赔偿磋商结果等。从而造成组织隔膜与对立，徒增生态损害事件发生后本就风声鹤唳的社会风险。

二、拨云见日——当前双轨制的法理逻辑需重新检视

上述问题其实是双轨制“成长中的烦恼”，究其根本在于对其法理基础及制度架构之整体性、系统性辨析不够。表现在：

（一）基础权利的系统解析不足

1. 双轨制的基础权利存在争议。关于环境公益诉讼制度的基础权利，实体法依据方面，有公共利益说、[①] 环境权说[②]等；程序法依据方面，有直接利害关系说[③]、法定诉讼担当说[④]等。关于损害赔偿制度的基础权利，原环境保护部有关负责人在《方案》出台后的答记者问中明确“政府侧重于对国有自然资源的损害提起索赔”。即间接认可了损害赔偿制度的法理基础是国务院自然资源国家所有权，并依《侵权责任法》取得赔偿请求权。[⑤] 此观点也有理论研究者的认同，如王树义、王灿发教授均认为国家提出损害赔偿诉讼的权利源于自然资源国家所有权。[⑥] 但并非没有争议，如有观点认为，国家实际上无法感知和享有生态服务功能，特定主体并不能独自占有

---

① 段厚省：《环境民事公益诉讼基本理论思考》，载《中外法学》2016年第4期。

② 梁平：《环境公益诉讼的理论分析、司法运行与具体完善——基于〈民事诉讼法〉第55条而展开》，载《山东社会科学》2019年第1期。

③ 直接利害关系说认为，环境公共利益受损，抽象来说，全体国民皆受其害；具体来说，与该环境公共利益直接相关之国民均为直接受害者。因此，若与该公共利益直接相关的国民愿意为维护遭受损害的公共利益而提起诉讼，国家没有任何理由来禁止；而与该公共利益有抽象关联者愿意为维护遭受损害的公共利益而提起诉讼，国家亦无任何法理上依据来禁止。

④ 依据法定诉讼担当理论，环境民事公益诉讼担当人获得实体管理权并行使诉讼实施权是基于法律的明确授权而当然发生。

⑤ 郭海蓝、陈德敏：《省级政府提起生态环境损害赔偿诉讼的制度困境与规范路径》，载《中国人口·资源与环境》2018年第3期。

⑥ 参见程多威、王灿发：《生态环境损害赔偿制度的体系定位与完善路径》，载《国家行政学院学报》2016年第5期。王树义、李华琪：《论我国生态环境损害赔偿诉讼》，载《学习与实践》2018年第11期。

和享用生态服务功能。从财产权视角和生态服务功能自身属性方面，都不能将生态服务功能列入国有范畴。[①]

2. 双轨制的基础权利应当具有同一性。实际上无论是损害赔偿诉讼还是环境公益诉讼的实体权利基础，均是演绎而来，我国现行法律并未直接规定。以诉讼追偿目的和利益归属的不同，如果依据自然资源国家所有权理论，损害赔偿诉讼应划入“私益”范畴，环境公益诉讼则属于公益范畴。[②] 但正如吕忠梅教授所言，生态环境损害所涉权益是私益与公益两种不同性质权益的“复合”。[③] 依据自然资源国家所有权理论提出的主张，必然包含保护公共利益的成分；环境公益诉讼提出的主张，必定要依附于国家所有的自然资源，二者是统一辩证关系。试图将二者的基础权利予以独立建构的主张，势必导致实践操作陷入不周延的困境。

3. 公民环境权是双轨制的基础权利。“环境问题”被构建成为社会共识后，解决环境问题的法律路径同样需要得到“构建”，在这个意义上环境权才是环境法的基石。[④] 公民环境权亦应成为双轨制的基础权利和逻辑起点。我国《宪法》《物权法》对自然资源国家所有权的规定，是基于我国基本经济制度而言的，是我国社会主义生产资料分配关系的政治宣告和法律保障。双轨制保护的权利客体的生态功能，是公民最基本的生命安全保障，国家没有必要、客观上也不可能排他性地享有权利。如果承认国家对生态功能享有民事实体权利，那么基于民事权利义务对等关系，其也应当负有民事义务。因生态环境质量下降，公民应可直接向国家主张民事赔偿。综上，国家自然资源所有权理论并无坚实的法理基础，是将自然资源所有权和依附于自然资源的生态功能为内容的民事权利混为一谈表现。二者的权利基础应当同为全体公民共同享有的环境权益。

（二）追偿权的逻辑自洽不畅

1. 性质的自我冲突。基于自然资源国家所有权理论，损害赔偿追偿权应属权利人对所有权的自由处分。但从《方案》看，实属国家行政权的范畴，是国家环境保护行政管理职责的延伸，并不可自由处分。损害赔偿制度的实质是现代国家借用私法方式完成公法目标的新型行政模式，并以平等协商等私法精神对现代社会广泛存在的管制“萎靡”现象进行纠偏的行

① 参见吴惟予：《生态环境损害赔偿中的利益代表机制研究——以社会公共利益与国家利益为分析工具》，载《河北法学》2019 年第 3 期。

② 参见黄锡生、谢玲：《环境公益诉讼制度的类型界分与功能定位——以对环境公益诉讼“二分法”否定观点的反思为进路》，载《现代法学》2015 年第 6 期。

③ 参见吕忠梅：《论环境侵权纠纷的复合性》，载《人民法院报》2014 年 11 月 12 日。

④ 转引自吕忠梅：《环境权入宪的理路与设想》，载《法学杂志》2018 年第 1 期。

政协商制度,[①] 本质上是国家生态环境行政管理权私法化的表现。

2. 内部应属补苴关系。当前法律将环境公益诉讼原告设定为“可以型”而非“应当型”法定诉讼担当人。单靠社会组织等的自由行为，生态环境公益权利主体虚化现象仍不可避免。如在司法实践中，以有重大环境污染、生态破坏风险为由提起环境公益诉讼的案例极少,[②] 与相关强制制度的缺位不无关系。只有将损害赔偿追偿权设定为准行政权，强制其在特定范围内代表全体公民行使追偿权，从而与环境公益诉讼形成互补关系，才能常态激活生态环境公益权利主体的休眠状态。

3. 诉讼地位应同等化。基于双轨制的法理基础统一为全体公民环境权的分析判断，损害赔偿权利人和环境公益诉讼原告的诉讼实施权均系基于公共信托，由法律政策明确授予，职能均在于代表公众向加害人主张赔偿，二者具有同等的诉讼地位。前述裁判顺位规则割裂了这一认识，实质上架空了环境公益诉讼原告的法定求偿权。

（三）民事权益二元化会困扰司法实践

1. 当前双轨制所保护的民事权益具有二元性。关于双轨制保护救济的民事权益，一般认为环境公益诉讼保护的是生态环境公共利益。损害赔偿制度保护的民事权益，法律政策虽未明确解读，但可以得出是自然资源国家所有权的结论。理由如下：首先，符合《生态环境损害赔偿规定》确立的裁判顺位规则的逻辑结构。损害赔偿诉讼是国家在处分自然资源所有权，符合传统民事诉讼直接利害关系原理，而环境公益诉讼的原告与诉讼客体无直接利害关系。因此，损害赔偿诉讼应享有优先顺位。[③] 社会组织等提起环境公益诉讼系法律明确授权，又基于“一事不再理”规则，《生态环境损害赔偿规定》不得不在允许同时提起环境公益诉讼后，又规定中止审理和裁判顺位规则。其次，有理论观点支撑。如有学者认为，相较环境公益诉讼而言，政府对于生态环境损害案件应当有优先提起赔偿之诉的权利。[④]

2. 基于二元化路径的裁判顺位规则之适当性存疑。基于对当前双轨制所保护民事权益的二元化认识，《生态环境损害赔偿规定》设定了裁判顺位规则。但在二类主体同时提出追偿请求的情况下，法院合并审理并一同判决，既符合法律政策表面意思，也不会造成操作难题。“图 6”可以体现，

---

① 参见黄锡生、韩英夫：《生态损害赔偿磋商制度的解释论分析》，载《政法论丛》2017 年第 1 期。

② 前述笔者随机从中国裁判文书网下载的 33 份检察机关、社会组织提起的环境公益诉讼中，只有 1 件系社会组织以有重大环境污染、生态破坏风险为由提起。

③ 牛颖秀：《生态环境损害赔偿诉讼与环境民事公益诉讼辨析——以诉讼标的为切入的分析》，载《新疆大学学报（哲学·人文社会科学版）》2019 年第 1 期。

④ 黄虞、张梓太：《生态环境损害赔偿之诉与环境公益诉讼》，载《中华环境》2018 年第 6 期。

二类主体就同一损害事实，提出的赔偿请求范围基本一致。追偿所得的生态功能损失费、修复资金等也均由国库统一收取或作为鉴定评估资金等，即追偿所得的归属对象是同一的。在此情形下，完全可参照财产共同共有权人处理模式，设计裁判规则。

3. 作同一性理解，便于司法判断。在我国当前双轨制的实体法依据缺位的情况下，对于因同一侵权行为所致的同一生态环境公益损害后果，司法应将其作为同一民事权益予以保护，否则必然遇到左顾右盼、不得周全的尴尬。如果将损害赔偿诉讼归属于国家利益，环境公益诉讼归属于公共利益，从而建构独立运行的诉讼程序和裁判规则，只能始于理论探讨，终于实践不能。因为国家利益、公共利益概念作为不确定概念在适用时本身就需要法官进行价值判断，[①] 在国家利益与公共利益互相交织重叠的情况下，要求法官作出恰如其分的判断是不切实际的。将双轨制保护的民事权益统一设定为公民环境权益，既满足逻辑自洽，又便于实践操作。

三、正本清源——双轨制的正当性探析

以生态功能为内容的实体权利具有国家利益、公共利益和公民生存权三重要素，仅由损害赔偿权利人单独行使，无法保证权利分配的整体公正和权利行使的充分有效。为贯彻生态环境法治公众参与原则，社会组织（检察机关）提起环境公益诉讼的权利已由法律明确授予。给予每个人以其应得的东西的意愿乃是正义概念的一个重要的和普遍有效的组成部分。[②] 当前法律政策搭建的双轨制框架，有其正当性基础。

（一）行政处理边界之所补

"行政强制等传统秩序法意义上的行政手段隐含着行为与后果之间的确定性因果关系，并通过行政合法性与合理性原则对行政权力加以控制。这就表现为立法中对行政处罚量化标准的明确规定。在生态环境损害中，行为与后果之间并不存在明确的因果关系，具体的受损数额及生态修复费用难以得到确定标准和准确计算，要通过技术方法予以评估。"[③] 所以，对于生态环境损害的有效追偿和合法追偿，不能通过行政手段直接处理，需要通过民事诉讼程序解决。

但基于司法的有限性，对于可以通过行政处罚、行政强制、行政命令

---

① 王利明：《论征收制度中的公共利益》，载《政法论坛》2009 年第 2 期。

② ［美］E·博登海默：《法理学——法律哲学与法律方法》，邓正来译，中国政法大学出版社 1998 年版，第 277 页。

③ 陈海嵩：《生态环境损害赔偿制度的反思与重构——宪法解释的视角》，载《东方法学》2018 年第 6 期。

等行政手段解决的，不应通过生态环境损害民事追偿程序解决。如在国家重点生态功能区内发生的轻微生态破坏，如零星的违法砍伐、违法取土等对生态功能影响甚微，生态系统可以在较短时间内自我修复的，应通过罚款、劝诫等行政处罚手段来处理。再如前述公主岭市环境保护局案，如未造成生态功能损害，则系确定性关系，将该局的处置行为定性为系与相对人之间的行政法律关系更为妥当。可在《环境保护法》中增设应对条款，规定行政机关可以责令相对人支付污染处置费用，以提高处理效率，节约司法资源。

（二）行政权力制约之所需

基于生态功能的整体性、非排他性、享有主体不特定性等性状特征，[①]损害赔偿权利人和环境公益诉讼原告均不享有生态环境实体权益，而是依据公共信托理论，通过法律政策的授权取得诉讼实施权。国务院及地方政府因具有生态环境保护行政管理职责，需要承担生态环境保护的主体责任，其更直接也更便于代表全体公民提出生态环境损害赔偿。为促使其更好地实现生态环境保护行政管理目标，故法律应选择特定的范围强制赋予其诉讼实施权。该特定范围应由法律、行政法规、地方性法规予以明确，以便于社会公众监督和依法进行绩效考核，同时也应纳入环保督察范围。

另一方面，考虑到行政权力在执行过程中可能存在的扩张、滥用、私用等问题，单独依靠政府部门的自觉行动和司法部门的中立裁决，无法有效防止。应建立符合生态环境损害民事追偿程序特点的监督制约机制。为贯彻环境法治公众参与原则，突出检察机关监督职能，法律可赋予社会组织（检察机关）主张赔偿请求权，从而建立公众参与权和检察监督权对行政权的监督制约机制，以保障生态环境损害赔偿制度良性发展。但社会组织（检察机关）的追偿权是自由的，而赔偿权利人的追偿权应是其法定职责。

（三）“滥讼”风险防范之所宜

环境公益诉讼司法实践中经常出现的“滥讼”倾向亟待一种适当的力量纠偏。如在常州毒地案中，二审法院生效判决驳回原告要求企业承担环境治理费用的请求；[②] 在福建省环保志愿者协会与叶清露环境污染责任纠纷公益诉讼案中，[③] 针对原告一审提出的150万元的诉讼请求，二审法院生效

---

① 吕忠梅：《“生态环境损害赔偿”的法律辨析》，载《法学论坛》2017年第3期。

② 李铁柱：《常州毒地案宣判：污染并不能全归为历史原因 需向公众道歉》，载https：//baijiahao. baidu. com/s? id = 1621068822600546816&wfr = spider&for = pc，最后访问时间：2019年6月6日。

③ 参见中国裁判文书网，http：//wenshu. court. gov. cn，最后访问时间：2019年6月6日。

判决仅支持34万余元。环境公益诉讼原告的诉讼请求与生效判决支持的赔偿金额之间存在巨大差距，究其原因，与环境公益诉讼案件的诉讼费用减免、鉴定评估费用减缓，以及社会组织对环境损害事实的信息相对于行政主管部门掌握得不够全面、充分等不无关系。

基于现行法律规定的生态环境行政主管部门、检察机关支持环境公益诉讼制度在司法实践中效果甚微，行政主管部门参与积极性不高等现状，对发生在法律（目前为《方案》）规定范围内的生态环境损害，如社会组织、检察机关提起环境公益诉讼的，地市级以上人民政府及其指定部门应同时启动损害赔偿程序，以支持、制约环境公益诉讼，不失为矫正环境公益诉讼原告“诉讼冲动”的守全之策。

四、规则扬弃——平衡有序的双轨制之规范路径

创设一种适当的平衡，乃是有关正义的主要考虑之一。[①] 基于生态环境利益主体的多元性、权利内容的复杂性和我国基本经济和行政管理制度特色，双轨制的修正完善路径，应当坚持“保障公众参与、实现监督制约、程序协调有力”的原则进行设计。

（一）追偿程序法定

1. 保护的民事权益入法。对侵害环境权益的行为进行责任追究，是公众环境权益实体正义的重要方面，[②] 是设置双轨制的前提和基础。双轨制追偿程序所保护的公民环境权不是健康权，也不是每个公民个体权利的总和，属于现行法律尚未设定的权利类型。遮阳伞是在其下乘凉的人们的共同利益，但这个共同利益并不是每人从遮阳伞上扯一块伞布，完整的遮阳伞才是大家的利益。[③] 随着我国环境权理论研究的不断臻备，生态文明建设的不断推进，公民环境权入法已经有了坚实的理论支撑和实践基础。法律应适时升华党的十八大以来的生态文明建设实践，明确规定全体公民（包括下一代人）享有在优美生态环境中生存和发展的权利。关于环境权的立法模式，鉴于宪法司法化的争议，从务实的角度，可以在环境保护基本法中予以规定。

2. 诉讼实施权入法。目前，社会组织（检察机关）代表全体公民要求侵害人承担赔偿责任的诉讼实施权，已由法律明确规定。国务院及其授权

---

① 参见［美］E·博登海默：《法理学——法律哲学与法律方法》，邓正来译，中国政法大学出版社1999年版，第323～324页。

② 秦天宝：《程序正义：公众环境权益保障新理念——〈环境保护公众参与办法〉解读》，载《环境保护》2015年第20期。

③ 徐祥民：《环境权论——人权发展历史分期的视角》，载《中国社会科学》2004年第4期。

的省级、市地级政府及其指定部门的诉讼实施权是由《方案》授予的。《方案》作为党和国家的政策属于我国的法律渊源，但司法判决一般不直接援引，前述山东省生态环境厅案的民事判决书即可见一斑。此外，《方案》系对生态环境损害赔偿制度和追偿程序的规定，应属法律保留事项，在条件成熟时应当制定为法律。未来的“生态环境损害赔偿法”，应明确规定国务院及其授权的省级、市地级政府应对特定范围内的生态环境公益损害履行追偿职责，而非享有追偿权利，指定的部门或机构应当以省级、市地级政府为原告提起民事诉讼。修订《民事诉讼法》第五十五条，将法律规定的机关明确为国务院及其授权的省级、市地级政府。为区别二种诉讼制度，可以将社会组织（检察机关）提起的追偿诉讼称之为“环境民事公益诉讼”，将法律规定的机关（即省级、市地级政府）提起的追偿诉讼称之为“生态环境损害赔偿诉讼”。

3. 地方实施方案的法律化。“生态环境损害赔偿法”应规定，省级政府及有地方立法权的市地级政府，可以结合本地区对大气、水、海洋、土地、矿藏、森林、草原、湿地、野生生物、自然遗迹、人文遗迹、自然保护区、风景名胜区等环境因素的特殊保护需要，确定应当由省级、市地级政府启动生态环境损害赔偿程序的适用范围，经地方立法程序表决通过后向社会公布。

（二）协调共参的诉前程序

1. 诉前甄别。社会组织（检察机关）向法院提起环境公益诉讼，人民法院受理后，应当及时告知赔偿权利人。赔偿权利人对涉及的环境污染、生态破坏以及存在此类重大风险的行为，就是否能够通过行政手段解决、是否属于损害赔偿适用范围等进行书面答复。

2. 磋商共参。经环境保护行政主管部门甄别，认为属于损害赔偿适用范围的，损害赔偿权利人应启动损害赔偿程序。在损害赔偿磋商阶段，法院应先裁定环境公益诉讼中止审理，并引导提起诉讼的社会组织（检察机关）参与磋商程序。赔偿权利人自主启动的损害赔偿磋商程序，也应当邀请社会组织（检察机关）参与。赔偿权利人提起损害赔偿诉讼的，应当说明其已穷尽行政手段，包括其和赔偿义务人磋商的情况、在磋商阶段已向社会公告的情况，社会组织（检察机关）参与损害赔偿磋商情况。

3. 诉前公告。赔偿权利人提起损害赔偿诉讼的，参与磋商的社会组织（检察机关）一般应共同提起环境公益诉讼。参与磋商的社会组织（检察机关）不愿意共同提起环境公益诉讼的，赔偿权利人应当另行公告。经公告，没有社会组织共同提起环境公益诉讼的，检察机关一般应共同提起环境公益诉讼。

4. 行政建议。赔偿权利人在履行行政管理职责过程中发现可能有造成环境污染、生态破坏重大风险或已经造成生态环境损害，但不属于生态环境损害赔偿范围的，可向社会公告，建议社会组织（检察机关）提起环境公益诉讼。

（三）互持互制的诉讼程序

1. 同诉同判。人民法院审理损害赔偿诉讼案件，社会组织（检察机关）同时提起环境公益诉讼的，应当将损害赔偿权利人和社会组织（检察机关）列为共同原告，并由同一审判组织经同一审判程序依法进行审理。

2. 支持起诉。社会组织或者检察机关单独提起环境公益诉讼的，人民法院可以通知赔偿权利人或检察机关出庭支持起诉。赔偿权利人或检察机关应当派员出庭。赔偿权利人也可以指派相关行政管理部门派员出庭。

3. 程序协调。污染环境、破坏生态的行为构成犯罪的，损害赔偿权利人、社会组织（检察机关）可以向审理该刑事案件的人民法院提起附带民事诉讼。对于既造成海洋生态损害，又造成陆域生态损害的，应当由高级人民法院或最高人民法院指定海事法院统一管辖，并适时建立规范有序的指定管辖制度。

（四）平衡有节的裁判规则

1. 同等处理。对于损害赔偿权利人和环境公益诉讼原告就同一赔偿事项提出的诉讼请求，应作出同等的处理，如同等地支持诉讼请求或同等地驳回诉讼请求。对于判决支持损害赔偿权利人和环境公益诉讼原告诉讼请求的，裁判文书应载明接受被告支付相关赔偿金、修复金等的专用资金账户及律师代理费、评估鉴定费、差旅费等的支付对象。

2. 防止“滥讼”。对于环境公益诉讼原告提出的诉讼请求，支持起诉的赔偿权利人及其指定部门、检察机关提出不同意见的，或者与共同提起损害赔偿诉讼的权利人的诉讼请求差异较大的，或者生态环境行政主管部门明确该生态环境损害可以通过行政手段处理或正在处理的，人民法院可以建议环境公益诉讼原告变更诉讼请求或撤回起诉。环境公益诉讼原告拒绝接受的，人民法院可责令其缴纳诉讼费、鉴定评估费、保全费等。

3. 制约权力。环境公益诉讼原告认为赔偿权利人与义务人达成的磋商结果或提出的诉讼请求，不能填补全部生态环境损失，或者修复措施不能达到修复效果，或者行政处理不能、不当，而独立提出的诉讼主张，有事实和法律根据的，人民法院应予支持。

结 语

我国的生态文明建设正处于压力叠加、负重前行的关键期。[①] 建立合理有序的生态环境损害民事追偿程序，充分发挥制度的损害填补和惩罚教育作用，是加快生态文明制度创新，增加生态文明制度供给的需要，是推动绿色发展，有效防范生态环境风险的有力途径，是用最严格制度、最严密法治保护生态环境的根本要求。当前独立建构的双轨制模式，在公民环境权益之外另辟国家自然资源所有权理论，与现代国家权利本位的法律制度特征不符，与《方案》的根本精神不符。生态环境损害民事追偿程序应当统一以公民环境权益为基础权利和逻辑起点进行建构，以权利和权力的相互制约为主线设立权利、制定规则。

① 习近平：《推动我国生态文明建设迈上新台阶》，载《求是》2019年第3期。

环境民事审判中生态修复责任的规范适用

苏丽蓉[*] 翁伯明[**]

生态修复责任是一种以保护生态利益为目的的责任方式，旨在通过一定的措施使受损生态环境的生态功能恢复，以达到生态环境再生，从而实现生态利益的填补或续造。① 生态修复性司法是指法院以实现环境修复和社会修复双重目标为己任，通过运用司法手段对受损害生态环境进行法律救济。② 近年来，各地法院为贯彻落实中央关于生态文明建设和生态修复制度的一系列决策部署，坚持系统保护思维和恢复性司法理念，根据本地环境特色，充分发挥司法智慧，逐渐探索出一批成熟可复制的生态修复措施，如补种复绿、增殖放流、公益劳动等，成果斐然。然而，上述生态修复措施最早来源于环境刑事司法，或者将行政责任转化为民事责任。目前理论界、学术界对生态修复责任的概念、性质众说纷纭、莫衷一是。由于缺乏对法律问题的实证考察和经验研究，可能会造成对经验和实践意义上法律问题的凝练、运作状态的描述、解决方案的设计等回应不足。③ 鉴于此，笔者采用实证分析法，通过定量描述司法裁判现状，发掘客观规律，准确分析症结，提出破解之道。

一、实证扫描：生态修复责任的民事审判样态及表征

笔者通过考察51个抽样案例，详细分析生态修复责任在环境民事司法实践中的适用现状。

（一）生态修复责任的承担方式

样本显示，生态修复责任的承担方式可细分为四种（详见附件二、三、

---

* 作者单位：福建省石狮市人民法院。

** 作者单位：福建省泉州市中级人民法院。

① 康京涛：《生态修复责任：一种新型的环境责任形式》，载《青海社会科学》2017年第4期。

② 任洪涛、严永灵：《论我国生态修复性司法模式的实践与完善》，载《西南政法大学学报》2017年第4期。

③ 张忠民：《生态破坏的司法救济——基于5792份环境裁判文书样本的分析》，载《法学》2016年第10期。

四、五)，四种类型又可概括为行为责任和经济责任两种。[①] 在51起案例中共29起直接判决支付生态修复费用，反映了司法实践中鉴于被告普遍缺乏修复生态环境的能力或者生态环境的不可修复性，法院倾向于判决经济责任。

（二）生态修复费用的管理模式

51起案例中共40起案例确定生态修复费用金额，有37起案例明确支付账户（详见表1）。这反映了生态修复费用的管理模式不同，但是无论何种管理模式均涉及生态修复费用管理、使用质效问题，如环境公益基金管理模式面临着资金使用透明和监督问题；检察院管理模式则与检察院职能不符；财政或国库管理模式则存在回拨时程序复杂的问题。

表1　　　　40个案例中生态修复费用支付账户情况统计

生态修复费用支付账户	法院指定账户	专项基金账户	检察院专用账户	环境公益诉讼基金账户	国库	财政局环保专项账户	未明确账户	市人民政策专项账户	环境保护厅账户
案件数	11	2	2	15	4	1	3	1	1

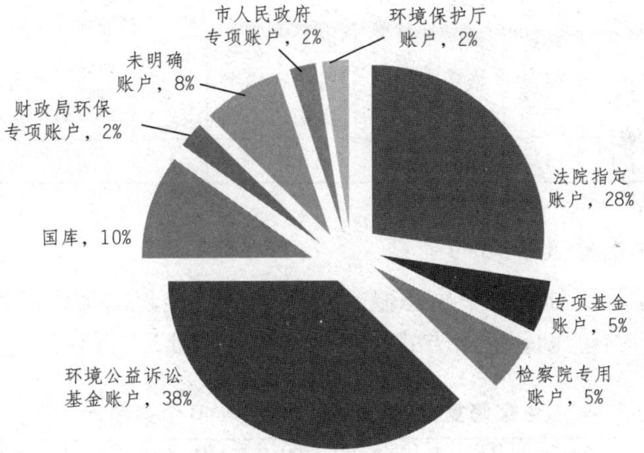

图1　40个案例中生态修复费用的支付账户情况统计

（三）生态修复费用的确定

样本显示，在40起明确生态修复费用金额的案例中，共有27起委托鉴定，9起委托专家出具意见，2起由环保局出具实施意见或调查报告，2起未委托鉴定或专家出具意见（详见表2）。由于环境侵权案件专业性较强，涉及生态环境遭受损害类型、污染的范围、因果关系、治理成本等技术问

---

① 李挚萍：《环境修复的司法裁量》，载《中国地质大学学报（社会科学版）》2014年第4期。

题，需专业鉴定机构或具有专门知识的人来判断，法院也倾向于“照单全收”鉴定机构或专家的意见，减少判决的不确定性。

表 2 确定生态修复费用金额的委托鉴定情况（40 个案例）

类型	委托鉴定机构鉴定	委托专家出具意见	实施意见	调查报告	没有委托
案件数	27	9	1	1	2

（四）生态修复责任的表述

样本显示，生态修复责任的表述较为不规范，词汇使用混乱，与生态恢复、环境修复、恢复原状等民事责任承担方式常常混同使用（详见表 3）。但是这些责任形式均存在一定区别，不能混为一谈。[①] 尤其是生态修复在救济权利、救济利益、救济范围等方面不同于恢复原状。[②] 词语使用的混乱既不利于贯彻司法统一性原则，也反映了法官对生态修复责任的认识仍存在偏差。

表 3 生态修复费用的词汇使用情况统计 （单位：件）

词汇表述	生态环境损害费用	生态修复费用	生态环境修复费用	环境替代修复费用	环境修复费用	赔偿损失用于修复	恢复费用	生态损害修复费用	治理恢复费	环境修复赔偿金	修复费用	生态环境损害费用
案件数	2	4	11	1	10	4	1	1	1	1	3	1

（五）生态修复费用的金额

样本显示，部分判决中生态修复费用金额已经超出被告的经济能力（详见表 4）。如果不能创新履行方式，将导致执行困难，“空判”的可能性较大。

表 4 生态修复费用金额统计情况（40 个案例）

生态修复费用金额	50 万元以下	50 万元至 100 万元以下	100 万元至 150 万元以下	150 万元至 200 万元以下	200 万元至 300 万元以下	300 万元至 500 万元以下	500 万元至 800 万元以下	800 万元以上 1500 万元以下	1500 万元以上
案件数	16	5	3	3	3	3	1	1	5

① 参见李挚萍：《环境修复法律制度探析》，载《法学评论》2013 年第 2 期。

② 李挚萍：《生态环境修复责任法律性质辨析》，载《中国地质大学学报（社会科学版）》2018 年第 2 期。

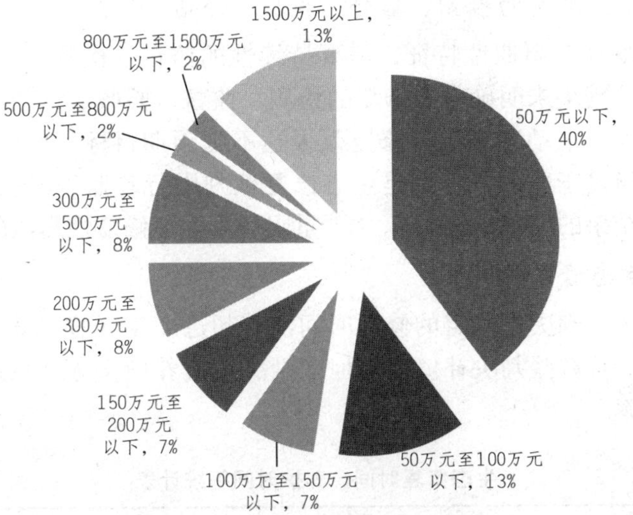

图2　生态修复费用金额统计情况

（六）生态修复的标准

样本显示，绝大部分判决未明确生态修复标准，或者确定的修复标准不易判断（详见表5），且没有具体修复要求。样本中，一般要求将被破坏或污染的环境恢复到未受污染或破坏前的状态或者恢复到比原来更好的状态。[①] 然而，恢复原状是一种“理想主义”的做法，从科学技术角度看，它不仅不切实际而且会造成“恢复资源”的浪费，也无法解决背后隐藏的社会问题。[②]

表5　　关于生态修复标准的表述统计表

污染类型	修复标准的表述
关于水体污染修复标准的表述	水质至地表水第Ⅲ类标准；恢复原状；污染损害发生之前的状态和功能；水质到地表水第Ⅴ类水标准；达到保护生态环境社会公共利益标准：修复至《地表水环境质量标准》（GB3838—2002）Ⅱ类标准。
关于土壤修复标准的表述	土壤第Ⅲ类标准；恢复原状；环保要求；按照环保部门制定的相关标准执行；达到保护生态环境社会公共利益标准；恢复土地的种植功能。
关于林地修复标准的表述	按照《造林技术规程》（DB35/T84—2005）标准并结合当地林业行政部门人工造林技术要求。

① 王慧：《环境民事公益诉讼案件执行程序专门化之探讨》，载《甘肃政法学院学报》2018年第1期。

② 参见吴鹏：《最高法院司法解释对生态修复制度的误解与矫正》，载《中国地质大学学报（社会科学版）》2015年第4期。

（七）生态修复的检测、监督、验收、评估

生态修复具有周期性特征，需要持续性的监督、检测，但经调研样本显示，大部分判决未明确生态修复的检测、监督、验收、评估主体和程序，导致监督、评估未动态跟上，修复效果达不到预期目标。但仅依靠法院一家的力量显得过于薄弱，特别是生态修复裁判中行政监管机关的角色缺位将导致裁判结果的“软弱无力”，“严重阻碍了生态修复性司法的实践”。①

（八）生态修复的时间

样本显示，判决中确定的修复时间没有超过1年（详见表6），没有考虑修复成效。且有些判决补植复绿但未判决植被养护义务，只追求补植率，不考虑成活率。

表6　**生态修复时间、养护时间等统计表**

类型	修复时间	案件数（件）
生态修复时间	一个柏树周期内	1
	30日内	3
	90日内	1
	3个月内	9
	5个月内	1
	180日内	3
	6个月内	3
柏被养护时间	3年	2
	5件	1
巡河义务	3年	1

理想图景中，法院应通过个案的裁判确立环境参与规则，指引环境参与主体依法行为，最终达到一般预防的效果，有力保障生态建设的顺利推进。② 然而，从上述案例可以看出，生态修复责任的裁判大多基于本地实践探索，尚未有完整的适用规范指引。上述案例真实反映当前环境民事审判中生态修复责任的适用存在较多不规范现象，折射出司法裁判者对该责任性质的陌生，对如何适用该责任形式存在较多的疑惑，缺乏统一裁判思路、

① 任洪涛、严永灵：《论我国生态修复性司法模式的实践与完善》，载《西南政法大学学报》2017年第4期。

② 参见何帆：《论上下级法院的职权配置——以四级法院职能定位为视角》，载《法律适用》2012年第8期。

标准和规则。[①]

二、现象归因：生态修复责任适用不规范的成因剖析

作为一种新型的环境侵权责任承担方式，司法裁判必须遵循现有的法律规则，如果规则缺失将可能导致司法活动出现畏缩现象。由于生态修复责任相关法律规范的匮乏以及环境资源典型案例功能的失灵，导致其在环境民事审判中适用的标准、方式及尺度不一，这严重影响了司法的权威性、公正性、统一性。

（一）生态修复责任的立法匮乏

目前我国环境部门法、司法解释均有涉及生态修复责任的规定。

1. 生态修复责任的立法现状。生态修复责任的立法较为分散，散见在各个环境部门法律法规、规章中。这些规定在环境法律体系中占比微乎其微，且多为原则性规定，它是根据“谁破坏，谁修复”的原则来确定污染者的生态修复责任，这倾向于是一种行政责任而非民事责任。

首次将生态修复责任作为环境民事侵权的责任承担方式源于2015年最高人民法院出台的两个司法解释。[②] 第三个司法解释则首次将“修复生态环境”作为生态环境损害赔偿责任方式。[③]（详见表7）

表7　　司法解释关于生态修复责任的规定

司法解释名称	条文	法条内容
《最高人民法院关于审理环境民事公益诉讼案件适用法律若干问题的解释》（自2015年1月7日起施行）	第十八条、第二十条	第十八条　对污染环境、破坏生态，已经损害社会公共利益或者具有损害社会公共利益重大风险的行为，原告可以请求被告承担停止侵害、排除妨碍、消除危险、恢复原状、赔偿损失、赔礼道歉等民事责任。 第二十条　原告请求恢复原状的，人民法院可以依法判决被告将生态环境修复到损害发生之前的状态和功能。无法完全修复的，可以准许采用替代性修复方式。 人民法院可以在判决被告修复生态环境的同时，确定被告不履行修复义务时应承担的生态环境修复费用；也可以直接判决被告承担生态环境修复费用。 生态环境修复费用包括制定、实施修复方案的费用和监测、监管等费用。

① 参见吕忠梅、窦海阳：《修复生态环境责任的实证解析》，载《法学研究》2017年第3期。

② 吕忠梅、窦海阳：《修复生态环境责任的实证解析》，载《法学研究》2017年第3期。

③ 最高人民法院发布司法解释首次将“修复生态环境”作为生态环境损害赔偿责任方式，载《互联网资源库（http：//k. sina. com. cn/art）》，最后访问时间：2019年8月20日。

续上表

司法解释名称	条文	法条内容
《最高人民法院关于审理环境侵权责任纠纷案件适用法律若干问题的解释》（自 2015 年 6 月 3 日起施行）	第十三条、第十四条	人民法院应当根据被侵权人的诉讼请求以及具体案情，合理判定污染者承担停止侵害、排除妨碍、消除危险、恢复原状、赔礼道歉、赔偿损失等民事责任。 第十四条　被侵权人请求恢复原状的，人民法院可以依法裁判污染者承担环境修复责任，并同时确定被告不履行环境修复义务时应当承担的环境修复费用。污染者在生效裁判确定的期限内未履行环境修复义务的，人民法院可以委托其他人进行环境修复，所需费用由污染者承担。
《最高人民法院关于审理生态环境损害赔偿案件的若干规定》（自 2019 年 6 月 5 日起施行）	第十一条、第十二条、第十三条	第十一条　被告违反法律法规污染环境、破坏生态的，人民法院应当根据原告的诉讼请求以及具体案情，合理判决被告承担修复生态环境、赔偿损失、停止侵害、排除妨碍、消除危险、赔礼道歉等民事责任。 第十二条　受损生态环境能够修复的，人民法院应当依法判决被告承担修复责任，并同时确定被告不履行修复义务时应承担的生态环境修复费用。 生态环境修复费用包括制定、实施修复方案的费用，修复期间的监测、监管费用，以及修复完成后的验收费用、修复效果后评估费用等。 原告请求被告赔偿生态环境受到损害至修复完成期间服务功能损失的，人民法院根据具体案情予以判决。 第十三条　受损生态环境无法修复或者无法完全修复，原告请求被告赔偿生态环境功能永久性损害造成的损失的，人民法院根据具体案情予以判决。 第十五条　人民法院判决被告承担的生态环境服务功能损失赔偿资金、生态环境功能永久性损害造成的损失赔偿资金，以及被告不履行生态环境修复义务时所应承担的修复费用，应当依照法律、法规、规章予以缴纳、管理和使用。

综上，虽然立法及司法解释均有涉及生态修复责任的相关内容，但目前尚未建立系统的生态修复法律制度。

2. 立法不足的表现。虽然环境部门法及司法解释已经有多个条文涉及生态修复责任的规定，但是由于“法律规则既具有‘开放性结构’又有‘意思中心’，‘开放性结构’是语言的外延涵盖具有的不肯定的边缘区域，‘意思中心’是语言的外延涵盖具有的明确的中心区域。”① 而语言本身的“开放性”决定涉及生态修复责任的法律规范用语可能存在模糊和歧义，以及鉴于我国环境立法活动多为“应急性”立法，囿于立法者本身的有限理

① ［英］哈特：《法律的概念》，许家馨、李冠宜译，法律出版社 2011 年版，第 124 页。

性，导致生态修复责任的法律法规存在较多的空白、漏洞。其表现如下：

（1）生态修复责任的表述混乱。“概念乃是解决问题所必需的必不可少的工具。没有限定的专门概念，我们便不能清楚地和理智地思考法律问题。没有概念，我们便无法将我们对法律的思考转变为语言，也无法以一种易懂明了的方式把这些思考传达给他人。”① 目前我国生态修复责任的相关概念表述较为混乱，各环境部门法使用不同的概念，导致司法实践中生态修复责任的表述存在混乱、不一致的现象。即便是司法解释均使用“生态环境修复”一词，但司法实践中仍未统一。本文则采用生态修复责任的表述。

（2）生态修复责任适用前提条件不明。生态修复责任是近年来才在环境民事侵权案例中广泛适用的，作为一种新型且十分严厉的责任承担方式，目前尚未明确其适用的情形。但是不是所有生态环境污染或破坏均要适用该种责任形式进行追责，立法尚未明确，导致司法裁判者无所适从。而且生态修复责任中行为责任和经济责任的适用情形、适用顺序不明。

（3）生态修复的标准不明。我国目前尚未出台相对应的技术参考标准，导致生态修复的标准很难确定。而且由于生态环境损害的复杂性、系统性、潜伏性等特质，确定修复标准较为困难，造成司法裁判中未明确修复标准，或者确定的修复标准不可实现或较难实现，且在表述上缺乏科学性、针对性、规范性。

（4）生态修复的方式或措施不明。我国的环境法律体系是以生态分类为基础建立起来的，② 各环境单行法都在不同程度上规定生态修复方式或措施。目前司法实践已经形成了几种较为成熟的修复方式或措施，如针对破坏植被的“补植复绿”，但是否所有的破坏植被均可适用补植复绿，是否有其他更为有效的修复措施，能否根据技术的不断发展选择不同的修复措施，尚未明确。

（5）生态修复责任的检测、监管、验收、评估程序和主体不明。生态修复具有周期性，为确保修复成效，需定期进行监管、检测。而验收、评估程序是对被告修复成果的检验、评估。因立法未能明确监督、检测、验收、评估的程序和主体，导致司法裁判中一般未明确该项内容，导致执行困难。且受制于我国环境管理体制的“分散＋统一”模式，即不同类型环境污染的修复工作由不同环保部门负责。而大部分环境污染属混合性污染，这就面临着行政监督管理主体的职权、职责的交叉、重叠问题，导致监管主体难确定。

（6）生态修复裁判的具体内容未明确。目前司法实践广泛适用的生态修复措施具有一定的科学性和易于操作性，可为类似案例的裁判方法或裁

① ［美］博登海默：《法理学：法哲学及其方法》，姬敬武、邓正来译，华夏出版社 1987 年版，第 645 页。

② 刘超：《生态空间管制的环境法律表达》，载《法学杂志》2014 年第 5 期。

判内容提供指引。但是其他涉及水体、土壤、大气等污染类型案件，囿于法官自身知识限制以及生态修复技术的专业性等因素，裁判中如何确定具体修复内容难度较大，而这恰恰是生态修复裁判的重点，由于缺乏具体可适用的规范，导致生态修复责任的判决内容缺乏可执行性。

可见，我国目前生态修复责任的法律规范中仍然存在较多立法空白、漏洞。

（二）环境资源典型案例的功能失灵

技术性、专业性、复合性是环境纠纷案件的重要特征，这导致其在归责原则、举证责任分配、损害确定等方面均具有不同于传统民事侵权纠纷的裁判规则。加上环境诉讼的公益性、环境权益的复合性，也进一步增强了环境纠纷案件解决的复杂性。为了提高环境审判水平，总结环境审判的特殊规则，促进裁判尺度的统一，最高人民法院通过发布典型案例，满足环境审判案件在事实认定、法律适用的客观需求，为环境案件的审理起到示范和指导作用，实现类似案件类似审判的目的。①

1. 典型案例的公布情况。自 2014 年以来，最高人民法院先后公布 15 批共 135 个环境资源典型案例（案例类型详见表 8）。

表 8　　最高人民法院公布的环境资源典型案例分类统计表

案件类型	刑事案例	民事案例	行政案例	公益诉讼案例	生态环境损害赔偿诉讼案例
案件数（件）	25	37	27	40	6
表格制作说明：该数据系从中国环境网统计的最高人民法院公布环境资源典型案例进行整理归纳。					

经归类整理，其中只有 20 个案例是判决被告承担生态修复责任。其中 40 个公益诉讼案例中共 23 个为环境民事公益诉讼案例，其中有 16 个判决承担生态修复责任；37 个环境民事案例中共有 21 个为环境民事侵权纠纷，但仅 1 个判决承担生态修复责任；6 个生态环境损害赔偿诉讼案例中共 3 个判决承担生态修复责任。

20 个典型案例涉及水体、土壤、大气污染或环境破坏等类型（详见表 9）。

表 9　　20 个典型案例中环境污染类型统计表

污染类型	水体污染	土壤污染	大气污染	土壤和水体污染	破坏林地
案件数	7	4	2	5	2

① 参见张骐：《论类似案件应当类似审判》，载《环球法律评论》2014 年第 3 期。

不同的污染类型以及同一种污染类型中生态修复责任的承担方式也存在区别（详见表10）。

表10　不同污染类型中生态修复责任承担方式的统计表　（单位：个）

污染类型	赔偿生态修复费用	在期限内实施生态修复行为同时判令未修复时需承担生态修复费用	在期限内实施生态修复行为同时判令未修复时需支付代履行费用（费用未明确）	实施生态修复行为
水体污染	6		1	
土壤污染	2	1	1	
大气污染	2			
土壤和水体污染	2	2	1	
破坏林地		2（1个原地补柏复绿和1个异地补柏）		

上述典型案例中共8个判决承担生态修复行为责任，其中仅1个典型案例的判决内容较为全面，其他案例的判决内容不全面，无法为类似案件在判决内容的确定上提供指引或借鉴。

2. 典型案例的功能失灵。典型案例旨在统一裁判标准、审理规则，发挥司法的指引和评价作用。但从上述表格可以看出，最高人民法院公布的环境资源典型案例对生态修复责任的指导性功能较弱。原因有：(1) 涉及生态修复责任适用的案例有限。在135个典型案例只有20个判决承担生态修复责任，占比14.81%，且仅有8个案例是判决生态修复行为责任，占比5.93%，其在指导生态修复责任的规范适用方面作用有限。(2) 典型案例可参考的内容有限。上述发布的20个典型案例涉及事实认定、证据采信、法律适用、诉讼程序等，囊括了环境民事司法审判难点主要方面，实用性强，但是针对生态修复责任判决内容的规范表述几乎没有，借鉴意义不大。(3) 载体过于简化。受到篇幅的限制，上述典型案例并未全文刊载裁判文书，对于事实认定和裁判理由也极力浓缩。但过于精简的表达不利于法官充分了解案件事实及推理过程，无法充分汲取案例作者的裁判思路和裁判方法，典型案例的参考价值大打折扣。

三、路径探索：生态修复责任规范适用的具体思路

环境侵权不仅包含个体层面上受害人利益的受损，更包含了社会整体层面上环境公共利益的受损，具有明显的二元性。① 恢复生态系统与环境原

① 参见吕忠梅：《论环境侵权的二元性》，载《人民法院报》2014年10月29日。

貌是解决生态与环境问题的终极目标。生态修复责任作为一种新型的环境责任承担方式，不仅预示着环境责任体系的革新，也预示着环境司法审判理念的变革。针对生态修复责任的立法空白、漏洞以及典型案例功能失灵的现状，司法裁判者应当在制定法框架内，充分发挥主观能动性，规范适用生态修复责任，以弥补环境立法的缺陷，达到环境司法正义的目标。

笔者认为，生态修复责任的规范适用首先应当明确行为责任与经济责任的适用顺序。环境民事审判中应该高度关注生态环境的有效修复，凡是可以采取生态修复措施，均应当判决承担生态修复行为责任，即司法裁判者应该更加注重和强调发挥司法的威慑和预防功能，应该摒弃“一赔了之”（经济责任）的传统审判方式，树牢生态修复的审判理念，在判决中优先适用行为责任，突出对生态修复的重视，使司法审判转化为护航绿水青山的“再生动力”。

司法裁判者如何规范适用生态修复行为责任与经济责任，详见下文分解。

（一）生态修复行为责任的规范适用

行为责任是指判决被告实施一定的生态修复措施以恢复被侵害的生态环境。

1. 行为责任适用的情形。行为责任主要适用于生态环境修复具备可行性、可操作性、经济性，行为人具备修复能力以及生态环境尚未被修复。行为责任方式一般可分为原地修复和异地修复。原地修复是指在原被污染或破坏的环境上采取一定的修复措施恢复其生态功能，司法实践中一般适用于动、植物资源减损型的环境损害类型上。原地修复主要针对修复措施简单、当事人易操作、技术要求不高的环境侵权类型。异地修复是指在原被破坏的环境不宜原地修复，可确定其他生态脆弱又亟需维护的一定区域进行异地修复，如被破坏的植被已无法修复或不宜修复就可异地补植复绿。

2. 生态修复措施的确定。法律的生命不是逻辑，而是经验，但单纯的经验又是无价值的，只有从经验中抽象出来的理性——经验理性才是有价值的。[①] 目前通过各地不断地实践，已经形成几种较为成熟的生态修复措施，如针对破坏森林、地上植被的补种复绿；如针对过度捕捞水产品而采取的人工投放鱼苗、增殖放流措施等。这些修复措施均是经验理性的体现，可为同类型的污染案件提供裁判指引。但是随着科学技术的发展，针对不同种类环境污染的修复技术也处在不断更新中，司法裁判者应当与时俱进，吸收各地成熟、可复制的修复方式、措施，增加判决的可执行性。如针对

① 柯华庆：《法律中的经验、理性与逻辑——对霍姆斯两个命题的解读》，载《清华法律评论》2011 年第 1 期。

非法采矿等导致的水污染、水土流失等，可以采取建设挡墙、填土、清渣、清污、除危；减少地表径流，控制水土流失；复绿增加山体植被覆盖度等生物措施和工程措施相结合进行修复，保护矿山地质环境。

3. 检测、监督、验收、评估主体的确定。生态修复责任的判决只需"一锤定音"，但修复过程却很漫长，为确保修复成效，需要强化生态修复全程检测、监督，并确定验收、评估程序。法院作为审判机关，其主要职能在定分止争，其不具备环境监测、监督、评估、验收能力和技术，且缺乏环境专业人员和执法人员，故必须依靠第三方的力量。关于检测、监督主体的确定。生态修复一般需在环保部门的监督下进行，而且生态修复方式和措施也需要在环境部门的指导下按照一定的标准和要求进行，因此，应当充分发挥环保部门的行业优势使其参与到生态修复判决执行监督中来，确保生态修复效果。另外，在环境公益诉讼纠纷中，环境公益组织或者检察院亦可作为监督主体。总之，法院应加强与公安、检察、司法行政和生态行政职能部门的配合与协作，不定期地组织回访考察和监督监管，做好生态修复成果的监测评价工作，督促检查生态修复判决的履行情况及生态修复的实际效果，形成相互配合、相互支持、共同推进的生态修复格局。此外，法院还应与被破坏生态环境资源区域所在乡镇政府、村、居两委加强联系，建立多元化社区共管机制，协助监督被告履行生态修复判决。关于验收、评估主体的确定。由于验收、评估亦需要专业技术，所以应当确定由具备专业技术能力的环保部门或者由法院委托专业机构或者专家顾问开展验收、评估工作。此外，法院亦可会同相关行政职能部门组织技术人员或有资质的单位并邀请专家顾问参与开展检查验收工作。

4. 生态修复责任的保障形式。生态修复责任作为环境民事侵权的责任承担方式已是大势所趋，为确保侵权人积极履行生态修复义务，有必要建立健全的保障形式，以确保生态修复之实现。比如可以通过交纳保证金的方式或者提供一定财产担保的方式，督促侵权人履行义务。保证金数额由人民法院根据案情确定。若被告全面履行生态修复义务，或者经检查验收合格后，保证金予以全额退还。若被告未履行生态修复义务，或者经检查验收不合格或者部分合格后，保证金则作为法院选择第三方履行机构的代履行费用，法院视情况多退少补。另，法院应通过招投标的方式选择有资质的第三方代履行机构。

5. 判决主文的内容。判决主文就是裁判结果，是法院对当事人争议的权利义务关系作出的实体性处理决定。[1] 为提高生态修复判决的可执行性，判决主文的内容应当包括修复的范围、时间、标准、检测、监督、验收、

① 王松：《民事判决书主文的表述方法》，载《法律适用》2009 年第 9 期。

评估等内容。以判决被告实施补种复绿措施为例，应当明确补植的位置(受损地或异处)、补植的面积、施工方式、补植树种、苗木规格、造林密度、补植的林木成活率、抚育管理责任、检测、监督、验收、评估等内容。

6. 判决主文的表达。裁判文书的表述，内容上应简洁精练、明确具体、方便执行，语言上应准确、逻辑严密、与事实及说理部分在内在逻辑上具有一致性。可见，裁判文书的表述具有鲜明的特点，对其规范性要求较高，特别是判决主文的表述更具简洁、精炼、法言法语程度高的特征。鉴于生态修复行为责任的判决主文的内容比较多，如果全部在判决主文中详细表述，将导致整个判决主文冗长啰唆，不符合判决主文语言表述规范性要求。鉴于此，笔者认为可以在判决主文中简略表述为："判决被告承担环境修复责任"。而具体的修复内容可通过在判决书后以附表、附图等方式辅助表达，使得生态修复责任判决内容的表述上更加具体、详细，提高判决的可执行性。

（二）生态修复经济责任的规范适用

经济责任是指法院判决侵权人支付生态环境修复费用用于修复被其损害的生态环境。

1. 经济责任的适用情形。有些生态环境污染或破坏后在现有技术条件下无法修复，如核泄漏、海洋油污染等事故。有些损害可修复，但修复成本巨大，甚至连政府都无力承担，此时适用行为责任显然不合适，即当被告客观上确无能力或条件开展修复工作时，可以判决被告承担经济责任。实践中，法院判决被告承担经济责任可能是基于被告不愿自行履行修复义务。笔者认为，针对被告不愿履行自行修复义务的情形，仍然应当先判断是否符合适用行为责任的情形，若符合仍应当判决其承担行为责任，同时判决其不履行修复义务或履行不到位时，由法院委托专业机构进行修复，并由被告承担代履行费用。

2. 履行方式的创新。生态修复费用一般比较高昂，有些被告不具备支付能力，或者短期内不具备一次性履行的能力。鉴于此，有必要创新生态环境修复费用的履行方式或者替代方式。他山之石，可以攻玉，目前司法实践中已经有不少创新生态修复责任的履行方式可供借鉴。例如泰州案中考虑到被告短期内不具备支付1.6亿元的巨额生态环境修复费用的能力，二审法院创新部分延期履行及有条件抵扣的履行方式，实现司法效果、社会效果与环境效果的统一；有些法院考虑到被告无能力支付生态修复费用，在被告主动提出以劳动代偿时，判决被告以公益劳动方式折抵修复费用。[①]

① 连云港市赣榆区环境保护协会与王升杰环境污染损害赔偿一案中，由于被告无能力支付赔偿费用，提出以劳动代偿的方式，法院判决其提供公益劳动，并且由环境局进行监督。

因此，司法裁判者应当充分发挥司法智慧，创新生态环境修复费用的履行方式或替代方式，如对非法捕猎野生动物、采伐和毁坏植被行为，在无力支付生态修复费用时，判决其在特定时期、特定区域提供巡山、巡河、管护、宣传等维护自然环境的公益劳动以折抵生态修复费用。

3. 生态修复费用支付账户的确定。为确保专款专用应当在判决中明确生态修复费用的支付账户，且支付账户应当有所区别。首先，若当地已经建立环境公益诉讼专项基金账户，则修复费用支付至该账户；若未设立，则支付至法院指定的账户。这是法院秉持生态修复理念主动发挥“能动司法”的体现。因每一起环境纠纷所涉及的环境损害不同，为了确保该案被告所支付的生态修复费用能够切实用于修复被其损害或破坏的环境，应当由法院针对每起案件设立专门账户，由被告将生态修复费用汇入该账户。若是法院委托第三方代为修复则将该费用支付给第三方，若无法通过第三方修复则将修复费用汇入国库。法院主动介入保障了生态修复费用的管理、使用，促进生态修复的进程，亦可杜绝生态修复费用被地方政府挪作他用的现象发生。

4. 判决主文的表述。鉴于最高人民法院公布的 3 个司法解释均已经明确使用“生态环境修复费用”一词，那么在以后的裁判文书中，均应当使用该词汇，规范表述为“被告××于判决生效后××日内支付××生态环境修复费用至××账户”。如果是判决被告提供公益劳动以抵扣生态环境修复费用，则判决主文中需明确公益劳动的方式、地点、范围、期限、报告义务、监督主体等内容。

结　语

生态修复责任的适用是法院运用司法的力量直接参与生态文明建设的重要体现，是利用司法手段参与环境治理特别是基层环境治理的有效方式。鉴于环境案件的特殊性，以及严峻的环境问题引发的社会公众对法院或者环境审判的角色期待，环境司法作为环境保护的末端纠纷解决的重要手段，不同于一般意义上的民事司法，环境审判具有较强的政策形成功能，这决定了法院角色应当处于主动状态。[①] 即作为环境保护的最后一道有力屏障，面对环境纠纷背后所涉及的各类主体的复杂利益冲突，司法裁判者必须树牢环境司法的主动性理念，在现有法律规则下，发挥主动性和创造性，规范适用生态修复责任，衡平环境纠纷中各利益主体背后的法律、政治、道德、民俗等不同价值或规则之间的冲突，以实现司法的社会效果。这是有

① 参见李云鹤：《环境资源审判中职权主义之必要与实现》，最高人民法院重大审判理论课题“环境司法专门化研究”（项目批准号：2014SPZDO11）。

效弥补环境立法、行政供给不足的现实需要，也是应对环境救济手段特殊性的需要。

“一江碧水，两岸青山”既是古人眼中的美景，也是现代人所憧憬的现实。孟子曰：“行之而不著，习矣而不察，终身由之而不知其道者，众也。”虽然自2014年最高人民法院成立环境资源审判庭以来，我国环境司法审判取得不俗的成绩，修复性司法理念也已经深入贯彻落实到司法实践中，但我们不应沾沾自喜，对存在的问题“习矣不察”，而是应对问题紧盯不放，努力探索生态司法保护和修复新模式，发挥司法审判在生态环境保护中的指引、评价和导向作用——正所谓“不忘初心，方得始终”。唯有如此才能全面修复受损害的环境资源，才能推动我国生态文明建设迈上新台阶，才能实现蓝天白云、繁星闪烁、清水绿岸、鱼翔浅底等美好愿景。

在形式与实质之间：环境影响评价司法审查机制的反思与构建

——基于环评邻人诉讼的实证研究

吴芝仪*

引　言

糅合了环境理性、经济理性和程序理性的环境影响评价司法审查（以下简称环评司法审查），① 以权利救济和违法审查为己任，承载着拦截环境风险的功能，是建设美丽中国的重要一环。但长期以来，法院在环评司法审查中应如何适切扮演自己的角色，并未得到应有的关注。本文以已公开的 101 件环评邻人诉讼为研究对象，② 观察当前我国环评司法审查实务中存在的问题与面临的困境，结合美国经验，澄清环评司法审查的应然走向，尝试构建我国环评司法审查机制。

一、观察：环评司法审查的实然运作

笔者对所获取的 101 份裁判文书进行梳理和分析，发现各地法院在环评司法审查中呈现出审查方式上的两个“一致”和审查准据上的两个“分歧”。

（一）“一致”之一：程序流程式审查之下，环评审批决定合法性的充足性存疑

从案例样本来看，面对利害关系人的环评审批合法性挑战，法官埋头于形式理性中进行合法与不合法的二值运算。将环评审批流程和相关程序性规定一一对照，只要没有发现相互抵触之处，就认为环评审批决定合法。

---

* 作者单位：广东省惠州市中级人民法院。

① 环评司法审查，还包括了行政相对人不服不予审批决定提起的行政诉讼，限于篇幅，本文所研究的环评司法审查仅指利害关系人提起的环评邻人诉讼。

② 本文所选取的 101 份样本文书是以“案件类型”为“行政案件”“事实”和“理由”的关键词为“环境影响评价”“案由”为“环境保护行政管理（环保）”，在中国裁判文书网检索得来，并剔除了未评先建或污染环境的行政处罚案件、单纯申请环评信息公开的案件、因拆迁或征收而原告主体不适格的案件。

如表 1 所示，在案例 1① 中，法院以“法定职权 + 编制资质 + 两阶段公示”得出“环评许可程序合法”；在案例 2② 中，法院以“编制资质 + 环评内容完整 + 公众调查 + 法定职权”得出“环评批复合法”；在案例 3③ 中，法院以“审批职权 + 申请资料完整性 + 公众参与程序 + 编制资质”得出“批复程序符合法律规定”。

表 1　　典型案例整理

案件名称	诉讼请求	裁判理由	处理结果
案例 1：赵五益不服杭州市萧山区环境保护局环保行政许可案	环评审批决定不合法 + 应予撤销	被告具有法定职权，环评单位具备相应资质，编制过程经过公众参与程序，被告受理申请并进行公示后作出行政许可程序合法。	驳回诉讼请求
案例 2：余汉文等与株洲市环境保护局、湖南省生态环境厅行政许可案		环评书的编制机构具有甲级建设项目环评资质，环评书内容符合《环境影响评价法》第十七条的规定，环评书编制过程中进行了公众调查，被告依职权审查后在法定时间内作出环评批复合法。	驳回上诉
案例 3：柏燕飞与湖北省环境保护厅、湖北省人民政府环境行政批准案		湖北省环境保护厅具有审批职权，且批复依据的材料符合法律规定；批复作出前经过了专家论证、公众参与、网上公示等方法和环节，编制单位省环科院亦具有相应的环评资质，故批复的程序亦符合法律规定。	驳回再审申请

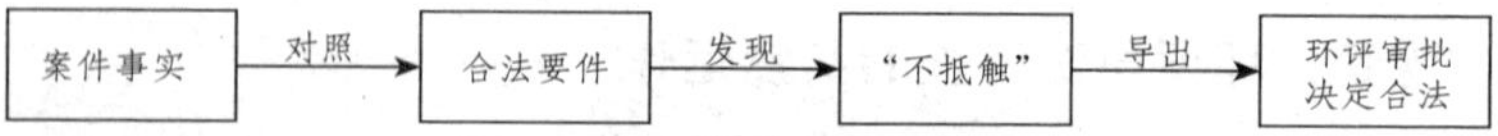

图 1　法官的论证架构解析

现行法律规范没有为环评司法审查提供要件——效果规定。司法实务中，普遍确立以环评文件编制机构资质、环评文件编制类型、环评文件内容的完整性、环评文件编制环节的公众参与程序以及审批职权、环评审批环节的公众参与程序作为认定环评审批决定合法与否的构成要素，回应利害关系人的“违法 + 撤销”主张，形成现阶段我国环评司法审查的程序流程式审查模式。

此种程序流程式审查囿于行政行为的形式框架，仅关注行政机关的程序性义务，实质是对行政机关的专业判断进行的盲目遵从式审查。因循此一审查方式，无法透视环评程序在现实中是否遭空洞化。因为，即使行政

① 案例 1 详见杭州市萧山区人民法院（2018）浙 0109 行初 41 号判决书。
② 案例 2 详见湖南省株洲市中级人民法院（2019）湘 02 行终 3 号判决书。
③ 案例 3 详见湖北省高级人民法院（2016）鄂行申 445 号裁定书。

机关遵循了每一项法定程序，仍有可能对公众意见置若罔闻，也无法排除审批决定可能存在的实质错误，环评审批决定的合法性是否充足亦不无疑问。

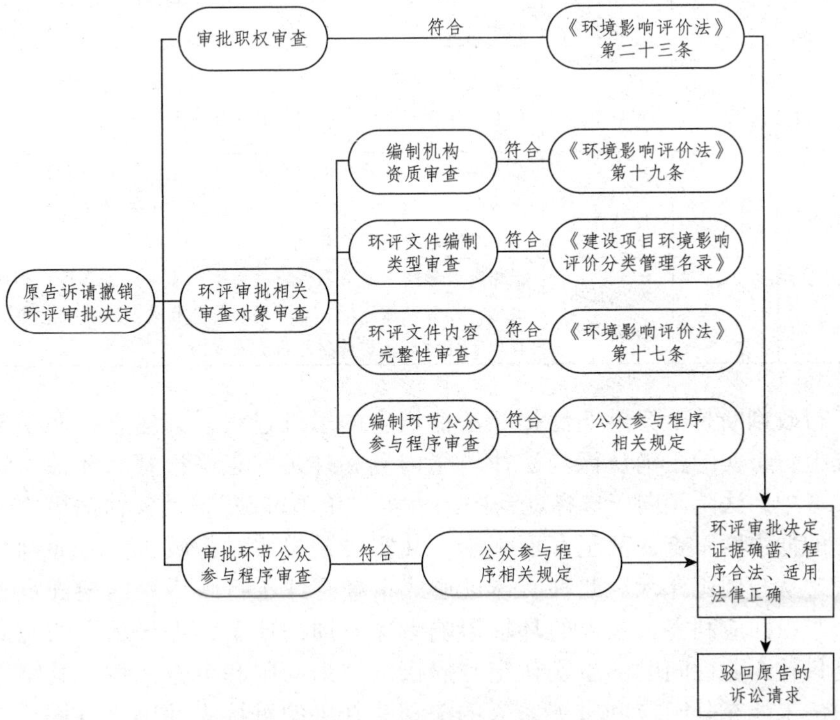

图2　法官裁判路径解构

（二）"一致"之二：实体逃避式审查之下，环境利益关照的周延性存疑

从案例样本观察，在原告以遭受环境不利影响为理由之一主张撤销环评审批决定的89件案件中，存在不同程度的逃避对环境影响进行审查的现象。其中，仅以程序合法推定实体正确的案件占比63%，如案例4；[①] 认为环境影响不属于审查范围的案件占比12%，如案例5；[②] 认定程序违法但不回应实体争议的案件占比6%，如案例6；[③] 对照技术标准审查的案件占比19%，如案例7。[④]

---

① 案例4详见北京市朝阳区人民法院（2018）京0105行初333号判决书。

② 案例5详见江苏省扬州市中级人民法院（2017）苏10行终101号判决书。

③ 案例6详见湖北省荆门市掇刀区人民法院（2017）鄂0804行初50号判决书。

④ 案例7详见北京市第一中级人民法院（2017）京01行初877号判决书。

表 2　　样本文书中对"环境不利影响"的审查情况

诉讼缘由	典型案例	实体审查	说理摘要
遭受环境不利影响	案例 4	以程序合法推定实体正确	被告结合材料审查、事实调查、现场检查及专家论证等情况作出被诉《批复》，对行政机关就专业问题所作的判断，法院予以尊重
	案例 5	不属于审查范围	上诉人黎明房地产公司诉该项目会产生的苯类、甲醛等污染问题，不属于本案审查范围，不予理析
	案例 6	不回应实体争议	公示早于第三人提出的审批申请且未依法做到公示期不得少于 10 日，审批决定程序违法当予撤销（未审查污水处理站是否危害原告的居住环境）
	案例 7	对照技术标准审查	根据环境影响报告书及专家技术验收意见，线路运行时周围敏感目标的电磁环境、声环境均符合相关环境保护标准，被告作了被诉批复未侵犯原告合法权益

行政判断是个案事实涵摄于法律概念的思维过程，其建立在两项基本前提上：事实的正确认识与法律概念内涵和外延的正确诠释。环评司法审查实务中，法院倾向于选择就程序法事实"单项突破"，就实体法事实保持僵化的低强度审查，甚至存而不论。其实质是司法对行政机关专业判断的高度遵从与回避介入。此种实体逃避式审查有悖于行政诉讼的全面审查原则，难以回应利害关系人的环境影响考虑不周的质疑，也显示了法院对于高度科技专业性问题的事实认定与涵摄的知识局限和审查困境。其结果一是司法未能充分回应利害关系人的关切，判决的可接受性困于谷底；二是司法审查作为正确性控制机制徒具形式，环境利益很容易被忽略、被牺牲。

（三）"分歧"之一：对公告期限不足的瑕疵界分宽严不一

我国现行法律并未明确环评审批信息公开的时效利益是否属于具有构成性价值的程序权利，致使在判断公告期不足的违法程度及其法律效果上，司法实务存在标准把握上的宽严不一。如表 3 所示，在案例 8① 中，法院认为公告期不足的程序瑕疵不足以影响被诉具体行政行为的合法性，作出"指正判决"；在案例 9② 中，法院认为公告期不足确有不当，但不影响原告的实体权益，作出"驳回判决"；在案例 10③ 中，法院认为公告期不足不符合法定程序，作出"撤销判决"。同一程序瑕疵，却导致不同的裁判结果。这是因为缺乏统一的审查尺度，致使案件的裁判结果较为混乱。

① 案例 8 详见陕西省西安市中级人民法院（2014）西中行终字第 00115 号判决书。
② 案例 9 详见浙江省温州市鹿城区人民法院（2017）浙 0302 行初 311 号判决书。
③ 案例 10 详见广东省潮州市中级人民法院（2017）粤 51 行终 21 号判决书。

表 3　　公告期限不足的法律效果的不同判断

案件	案件事实	法院认定	瑕疵归类	标准把握
案例 8	省环保厅的受理公告及拟审批公告期限少于《环评公众参与暂行办法》规定的 10 日	应予指正，但属于程序瑕疵，并不足以影响被诉具体行政行为的合法性	轻微不当	宽松
案例 9	环评机构第二次环评公告实际公示 9 个工作日，与公示中注明“公众提出意见的起止时间为公示之日起共 10 个工作日”不符	确有不当，但未侵犯原告的实体权益，故认定为瑕疵	轻微违法	较宽松
案例 10	环保局在其网站上的公示期间为 2016 年 6 月 2 日至 6 月 8 日的审批前公示，不符合“环境保护主管部门公告的期限不得少于 10 日”的规定	公示期间不符合法定程序，属程序违法，原审判决撤销环评批复并无不当	违法	严格

（四）“分歧”之二：对未告知听证权的法律适用各执一端

《环境影响评价公众参与办法》（以下简称《环评公众参与办法》）仅适用于规划项目和应当编制环境影响评价报告书的建设项目。因此，该《环评公众参与办法》所规定的生态环境主管部门应当告知利害关系人享有要求听证的权利并不适用于可能造成轻度环境影响、应编制环境影响评价报告表的建设项目。但《行政许可法》第四十七条规定，直接涉及申请人与他人之间重大利益关系的，行政机关在作出行政许可决定前，应当告知利害关系人享有要求听证的权利。基于对上述法规范的差异解读，法官对可能造成轻度环境影响的建设项目，因行政机关未告知利害关系人享有要求听证权利而引发的争议，呈现出三种法律适用方法，衍生出三种论证逻辑，形成两种审查方法，得到两种裁判结果。

表 4　　**未告知听证权利引发争议的案件处理情况**

案件名称	争议焦点	法律适用	观点摘要	裁判结果
案例11：许瑞元与莆田市环境保护局环保行政许可案①	未告知享有要求听证的权利，程序是否违法	《环境影响评价公众参与暂行办法》	根据《环评公众参与暂行办法》第二条规定，该建设项目不要求公众参与，公众参与不是被告作出审批的必备条件	不违法
案例12：王培明等与昆山市环境保护局环保行政许可案②		排除适用《行政许可法》	本案所涉建设项目仅需编制环境影响报告表，可直接推断出该项目属于可能造成轻度环境影响的建设项目，相关行政许可当然不必适用《行政许可法》第四十七条	
案例13：夏春官与东台市环境保护局环保行政许可案③		《行政许可法》	我国现行法律法规对“重大利益关系”虽无具体规定，但涉及民生利益问题，不应排除在“重大利益关系”之外。被告在作出《审批意见》前应当告知原告享有要求听证的权利	违法

如表 4 所示，在案例 11 中，法院径行以《环境影响评价公众参与暂行办法》未要求可能造成轻度环境影响的建设项目进行公众参与程序为由，认定未告知听证权利不违法；在案例 12 中，法院推定可能造成轻度环境影响的建设项目中，申请人与他人之间不存在重大利益关系，因此不适用《行政许可法》第四十七条，未告知听证权利不违法；在案例 13 中，法院判定存在“重大利益关系”后，适用《行政许可法》第四十七条认定未告知听证权利属于程序违法。

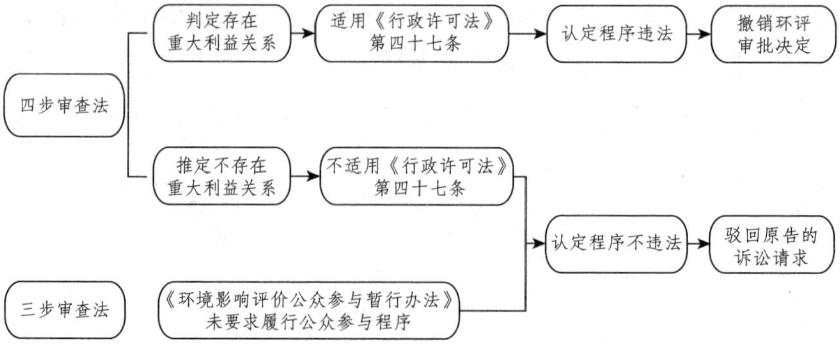

图 3　未告知听证权利所引发争议的论证逻辑分化

① 案例 11 详见福建省莆田市城厢区人民法院（2014）城行初字第 6 号判决书。

② 案例 12 详见江苏省昆山市人民法院（2014）昆环行初字第 0002 号判决书。

③ 案例 13 详见浙江省台州市人民法院（2013）东行初字第 0060 号判决书。

二、思辨：环评司法审查的应然走向

我国当前环评司法审查的困境在于过分依赖形式化的合法性分析技术，法院角色定位不清，实体审查无从着力，程序把握混乱不一。要构建审查机制，首先须回答法院如何定位，是否审查实体问题，如何审查实体问题以及审查的界限在哪里。为此，笔者拟结合美国经验，引他山之石，对上述问题及我国司法实务中出现的两个分歧予以澄清。

（一）定位角色：坚守谦抑抑或积极回应

如果一个轻率的、单方的环境影响结论能够得到司法的百般维护，环评法的目标等同于自始即不存在。美国法院在其环评法制定之初即彰显出司法积极主义；我国台湾地区法院在对环评审查结论是否为行政处分的回答由否定转为肯定后，法院在环评司法审查中的功能发挥逐渐从消极转为积极；保守的英国司法近年来也在环境事务中一改 Fisher v. English Nature 案[①]所确立的“相对不干涉”原则，转而采取“干涉主义”的姿态。[②]

笔者认为，环境风险集合了不确定性、复杂性与不可逆性，与受影响者的生命、身体、健康和财产权益息息相关。而受影响者无论是与建设单位、还是与行政机关之间在经济社会地位、科学知识方面均具有明显的“不对等性”，在诉讼过程中处于明显劣势地位。因此，法院在环评邻人诉讼中的角色定位必须关照环境行政领域的公平性危机，突破司法谦抑性传统，将自身置于整体决策过程的一环，承担起环境行政无法实现的那部分治理功能。[③] 如果法院在司法审查中对原告的实体质疑保持沉默、对程序瑕疵过于宽待，无异于将环评司法审查虚置化，而为“便宜行事”或“监管俘获”大开方便之门，造成环评制度的“失守”。

（二）选取方式：形式审查抑或实质审查

实务界对于环评司法审查是否介入实体事项以及介入的方式不无争议。对环评法加诸行政机关的义务的不同认识，产生了“仅审程序”和“也审实体”的分化：美国联邦最高法院 Rehnquist 法官认为环评法蕴含实质目标但施加于行政机关的义务基本上是程序性的，因而环评司法审查应限于法律明文规定的程序；[④] 美国哥伦比亚特区上诉法院 Bazelon 法官则认为，环

---

① ［2004］EWCA Civ 663.

② Justine Thornton, Twenty－five Years of Domestic Case Law, Journal of Environmental Law 253, 2013, pp. 531～546.

③ 杜辉：《环境司法的公共治理面向——基于环境司法中国模式的建构》，载《法学评论》2015 年第 4 期。

④ 435 U. S. 519, 1978.

评法是将实体信息包裹在了一个程序性信封里，① 因而法院须对实体事项进行审查。对法官专业能力的忧虑或乐观，产生了“程序实质审查”与“实体实质审查”的分化：美国哥伦比亚特区上诉法院 Leventhal 法官认为对行政机关的专业事项进行实质审查是法官作为监督者的职责所在，不得因能力不足而怠惰；Bazelon 法官则认为法官欠缺专业知识，没有能力对实体内容进行审查，应通过强化程序监督来检视专业事项，不宜进行实质审查。

理论争鸣的目的不在于划分派别，而在于提出切合实际的解决问题之道。笔者认为，法官若拘泥于程序审查，而回避实体判断，使实体争点成为“司法之无人之境”，无异于放弃了司法审查权，司法因而无法真正担当起为环境把关的职责。因此，司法的光线应当照进环评审批的实体层面。但面对充满技术语言的环境行政，作为外行的法官确实有不知如何审理的困扰。因此，在介入方式上，法官既不应止步于宽松的形式审查而成为“大漏斗”，亦不应过度介入力不能及的实质审查而成为“超级行政机关”，但可以从 Bazelon 法官所主张的通过程序性措施担保行政决定正确性的审查进路中获得启发。

（三）划定界限：盲目遵从抑或理性遵从

环评邻人诉讼中权利救济的特殊性，要求司法不应再以立法授权与专家功能为由全面退让而对行政决定盲目遵从。但司法与行政各有分工，行政的专业优势亦不容忽视。诚如 Rehnquist 大法官在 Vermont Yankee Nuclear Power Corp. v. NRDC 案中②所秉持的“法院在环评司法审查中的角色重要但受限”。③ 环评司法审查应以此认识为基石，确立审查标准和审查模式，为司法划定界限，做到有所为、有所不为。我国环评制度舶来于美国，笔者拟以美国环评司法审查的探索为借鉴，引出我国法院在环评司法审查中应谨守的界限。

美国法院对环评实体问题的司法审查并非自产生之日起即一成不变，而是经过了实体严格检视模式、程序合法性检视模式和程序严格检视模式的历史演变。其中，实体严格检视模式，以 Greater Boston Television Corp. v. FCC 案④为代表。该案主张适用实质证据标准⑤深入审查行政机关的

---

① David L. Bazelon, The Impact of the Courts on Public Administration, 52, IDN. L. J. 101, 107, 1976.

② 435 U. S. 519, 1978.

③ Thomas E. Shea, The Judicial Standard for Review of Environmental Impact Statement Threshold Decisions, 9 B. C. ENVTL. AFF. L. REV. 63, 102, 1980.

④ 444 F 2d. 841, 1978.

⑤ 实证性证据标准，要求行政机关提供据以作出决策的行政卷宗，且行政卷宗能够为其决策提供合理证据支持。

实体判断，严格审查行政决策在程序上是否充足、行政机关是否严格检视了所涉及的显著问题以及是否善意地进行合理决策。程序合法性检视模式，以 Vermont Yankee Nuclear Power Corp. v. NRDC 案①为代表。主笔该案判决的 Rehnquist 大法官主张按照法定程序标准对行政决策进行审查，因为《美国国家环境政策法》附加于行政机关的义务基本上都是程序性的，资料充足性并非判断程序义务的关键。程序严格检视模式，以 Sierra Club v. Robert Van Antwerp 案②为代表，该案适用专断恣意严格检视标准，审查行政机关在决策过程中是否落实严格检视原则，要求行政机关的决定具有说服力和回应性。具体如表 5 所示。

表 5　　美国法院不同时期的三种实体审查态度

法院	时期	典型案例	审查标准	具体要求	合法充足要求	对待实体问题
哥伦比亚特区上诉巡回法院	20 世纪 60 年代 ~ 70 年代	Greater Boston Television Corp. v. FCC	实质证据标准 + 严格检视原则	行政机关应提供作出决策的行政记录，且该记录能够为其决策提供合理证据支持，一般理性人能得出同行政机关相同的结论	善意合理	深入审查
联邦最高法院	20 世纪 70 年代末	Vermont Yankee Nuclear Power Crorp. v. NRDC	法定程序标准	行政机关决定符合行政程序法及其他相关法律的要求	充分知情 + 深思熟虑	低度审查
哥伦比亚特区上诉巡回法院	20 世纪 80 年代至今	Sierra Club v. Robert Van Antwerp	专断恣意严格检视标准	行政决定必须正确识别出相关环境问题，将相关因素纳入考量，不得基于立法未予考量的因素，不应有明显错误，所提供的解释不得与相关证据不相符，不得因非归因于专业观点的不同而极不具有说服力	令人信服 + 有告知性	中度审查

美国环评司法审查中的实体严格检视模式因造成诉讼中的法官与当事人消耗巨大，难以为继；程序合法性检视模式在实践中屡屡被规避，渐渐

---

① 435U. S. 519C，1978。

② U. S. Court of Appeals for the District of Columbia（No. 10－5284）（Nov. 2011）.

退出历史；程序严格检视模式则为多数法院所采并趋于成熟。此种模式被美国著名行政法学家 Gary Lawson 概括为探索决定者思维过程的“推理过程审查”,[①] 是对 Bazelon 法官以强化程序检视控制实体正当性的理念的发展。但不同于 Bazelon 法官所主张的仅通过公众参与程序确保行政决定的论理充分，程序严格检视模式更强调行政决定的实质合法性。其中，至少有两点经验值得我们借鉴：一是在审查方式和审查边界上，透过决策过程，而非割裂每一道程序、亦非直接介入实体判断，展开深度的形式审查和中度的实质审查。既尊重了行政机关的判断余地，也回应了利害关系人的风险质疑。二是在环评结论合法性、充足性的要求上，对环评结论进行合法性判断的同时兼顾了合理性审查。既避开了法官不擅长的环境专业术语，又适度关照了利害关系人的环境感受，同时达到了监督和规范行政的效果。

（四）规范解读：“耦合式”抑或“并列式”抑或“竞合式”

法律适用的实践偏差与裁判逻辑的各行其是源于法律诠释的莫衷一是。实务界对未告知听证权利所引发争议的法律适用与裁判结果的歧见，源于法官对《环评公众参与办法》和《行政许可法》规范之间关系的不同解读。

观点之一，以《环评公众参与办法》未要求告知听证权利而推定不存在《行政许可法》第四十七条所载的“重大利益关系”，因此行政机关无须告知利害关系人享有要求听证的权利。此种法规范之间互为诠释的观点，实际是对两者的耦合式解读。观点之二，认为《环评公众参与办法》虽未就是否应告知听证权利有所规定，但仍应检视是否存在《行政许可法》第四十七条所载的“重大利益关系”后再行判断未告知听证权利的法律效果。此种法规范之间并行不悖的观点，实际为对两者的并列式解读。观点之三，认为应适用《环评公众参与办法》而不适用《行政许可法》。此种法规定之间互相排斥的观点，实际是对两者的竞合式解读。

笔者认为，《环评公众参与办法》与《行政许可法》并非特别法与一般法的关系，竞合式解读是一种误读。而耦合式解读与并列式解读相较之下，后者更强调程序保障、更重视民众的环境风险感受和风险沟通。合法性的本质在于可接受性。[②] 在当下环评程序被屡屡质疑“失守”而成为“大漏斗”的情况下，告知听证权的门槛宜就高不就低，应取“并列式”舍“耦合式”以强化程序瑕疵效果，提升实体决定的正当性。

（五）统一标准：“不拘小节”抑或“锱铢必较”

我国环评司法审查中，对环评审批公告期限不足存在瑕疵归类和效果

---

① Gary Lawson, Outcome, Procedure and Process: Agency Duties of Explanation for Legal Conclusion, 48 Rutgers L. Rev. 318, 1996.

② 沈岿：《公法变迁与合法性》，法律出版社 2010 年版，第 10 ~ 19 页。

认定上的不一。其背后是法官的程序理念分歧。之所以作出“指正判决”或“驳回判决”，是因为法官对程序的价值预设为程序为服务于实体合法性而存在，认为应采相对宽松的审查标准，此为程序工具论的观点。之所以作出“撤销判决”，是因为法官对程序的价值预设为程序本身是行政行为正当性的构成要素，认为应采严格的审查标准，此为程序本体论的观点。

笔者认为，以环境保护为取向的环评程序是一套形成实体决定的方式和步骤，强调正当程序的规范力度、提高决断于未知的信度，同时深化司法控制的强度。程序瑕疵的宽严控制程度是环评制度成败的关键所在。况且，环评审批信息公开的意义在于保障民众的有效参与。而有效参与是听证、陈述、申辩等权利的种概念，亦构成一项重要的程序性权利，本身具有构成性价值。因此，笔者认为，应以是否实质损害利害关系人的有效参与作为界分，若公告期限不足对利害关系人的有效参与造成实质损害，则应按照《最高人民法院关于适用〈中华人民共和国行政诉讼法〉的解释》第九十六条的规定，公告期不足即使不影响原告的实体权利，也应当撤销据此作出的环评审批决定；如公告期不足未对利害关系人的有效参与造成实质损害，则应按照《行政诉讼法》第七十四条的规定，确认环评审批决定违法。

三、构建：编织环评司法审查的着力点

（一）厘清前提：环评审批决定的合法性要件重述

法院必须对行政机关的决定予以遵从的前提是，行政决策谨守立法及正当程序所赋予的义务。我国《环境影响评价法》既规定了环评审批的方式和流程，也规定了环评审批的目标和内容。方式和流程主要涉及环评审批的程序性义务，目标和内容主要涉及环评审批的实体性义务。但正如Bazelon法官所观察到的“实体包裹在程序里”，行政机关的部分审查义务具有实体—程序双重属性。据此，笔者将《环境影响评价法》对行政机关的要求对应为司法审查的十个审查要素，分属程序性要素、实体性要素和实体—程序性要素三个类别，构成环评司法审查“合法性十要素”。在审查标准上，程序性要素奉行法定主义；实体性要素适用专断恣意标准；实体—程序性要素，《环境影响评价法》授权国务院环境保护行政主管部门认定，故亦奉行法定主义。由此，形成环评司法审查模型为：环评审批 = 法律的程序性要求 + 实体性要求→法院的程序合法性检视 + 程序严格检视。具体如表6所示。

表 6　　环评实质合法性审查“十要件”+“两标准”

要素分类	合法要素	审查模式	审查标准	具体内容
程序性要素	行政管辖权	程序合法性检视	法定主义	具备审批职权
	环评文件编制阶段公众参与程序			信息公开
				征求有关单位、专家和公众的意见
	环评审批阶段公众参与程序			信息公开
				告知听证权利、举行听证
	环评单位：专业资质			具备相应的环境影响评价技术能力
	环评单位：中立性			与审批单位不存在利益关系
	环评文件内容的完整性			建设项目概况
				建设项目周围环境现状
				对环境可能造成影响的分析、预测和评估
				环境保护措施及其技术、经济论证
				对环境影响的经济损益分析
				对建设项目实施环境监测的建议
				环境影响评价的结论
实体—程序性要素	环评文件类型			可能造成重大环境影响的，应编制环境影响报告书
				可能造成轻度环境影响的，应编制环境影响报告表
				对环境影响很小、不需要进行环境影响评价的，应当填报环境影响登记表
实体性要素	建设项目的环境可行性	程序严格检视	专断恣意标准	是否存在明显错误；是否基于立法之外或者无关的考量作出判断；是否背离事实和社会经验；对审批决定提供的解释是否符合相关证据；是否不正当地轻视或无视本应重视的相关要素或价值；是否遵循正当程序；事实与结论之间能否建立合理联系；是否符合平等原则、公益原则及比例原则等。
	环境影响分析预测评估的可靠性			
	环境保护措施的有效性			
	环境影响评价结论的科学性			

（二）分步审查——“先程序后实体”五步审查法

第一步：原告主体资格审查。首先，辨别原告是否在环境影响预测范围内居住或经营，如是，则再查明原告居住或经营所在的建筑物是否明确属于拆迁征收的范围，如是，则驳回起诉；如否，则进入下一阶段。

第二步：程序合法性审查。在本阶段，审查被告是否有权作出环评审批决定、环评文件编制类型是否符合《建设项目环境影响评价分类管理名录》、环评文件内容结构是否符合《环境影响评价法》第十七条、环评文件编制过程和审批过程的公众参与程序是否符合相关环评公众参与规范。如存在程序瑕疵，则判别受损的程序权利是否属构成性程序权利，如是，则撤销环评审批决定；如否，则再识别程序瑕疵是否影响原告的实际权利，如是，则撤销环评审批决定；如否，则确认环评审批决定违法。如上述程序合法性要件全部得到满足，则推定环评审批决定合法，进入下一阶段。

第三步：举证责任分配。本阶段针对原告提出的环境影响质疑，分配举证责任。一般由原告就其环境不利影响主张承担推进举证责任，证明被告在环评审批过程中存在专断恣意之处；如环评相关资料均由被告保管，则举证责任转移至被告一方，被告应证明环评审批过程中不存在专断恣意之处。

第四步：推理过程重构。在本阶段，根据原告的举证和陈述或被告的举证和答辩，对环评审批决定的事实理由和法律理由进行重构，包括：得出环评审批结论的直接理由，被告在审批过程中考量的因素，所考量因素与审批结论之间的逻辑关系，被告进行相关因素取舍的依据及该等依据对审批结论产生的不同影响等。

第五步：正当性评价。综合运用价值衡量、经验判断等实质理性的方式，比照专断恣意标准的具体内容，判断行政机关在环评审批过程中有无明显不当，足以使法官对环评审批决定的正当性产生重大疑虑。如有，则撤销环评审批决定；如无，则认定环评审批决定合法。

（三）案例推演

本文所构建的环评审批结论证立的方法，为从程序到实体的递进式审查。即满足程序合法性要件具有推定环评审批决定合法的效果，在推定之上，通过重构审批过程，检视环评审批决定的理由与结论之间是否存在缝隙，最终得出环评审批决定合法性是否充足的判断。现以较好地融合了“程序合法性检视＋程序严格检视”的案例，即“彭泽友等与湖南省环境保护厅环境管理行政许可案”① 来说明环评司法审查过程。

表7　　彭泽友等与湖南省环境保护厅环境管理行政许可案

基本事实	湖南省环境保护厅作出《关于对长沙荣湾110KV输变电工程环境影响评价报告表的审批意见》：同意该工程在报建的站址与路径上建设
原告意见	建设项目距红叶山小区约40米，对原告造成电磁、无线电干扰等环境影响，请求撤销该环评审批意见

① 详见湖南省长沙市雨花区人民法院（2014）雨行初字第00006号判决书。

续上表

原告举证	《商品房买卖合同》
被告答辩	本案环评审批认定事实清楚，程序合法，符合法律法规及相关政策规定
被告举证	(1) 湘环评表（2008）197号《环境影响报告表》、2013年2月《环境影响报告表》、2013年9月《环境影响报告表》 (2) 输变电工程用地选址相关请示、意见及批复材料 (3)《建设项目环境影响评价分类管理名录》 (4) 建设单位环境影响评价公众意见调查 (5) 审批单位张贴、发放、网上公示环评审批事项的图片
原告资格审查	原告所居住的红叶山庄小区，在输变电工程环境影响预测范围内，且该小区不属于项目拆迁征收范围，原告系本案利害关系人。
程序合法性审查	(1) 被告为省级环保机关，具有对本案变电工程进行环评审批的职权 (2) 本案《环境影响报告表》内容完整 (3) 湖南省电力公司科学研究院具有编制本案环评文件的资质 (4) 根据《建设项目环境影响评价分类管理名录》，本案输变电工程应编制环境影响报告表，环评文件编制类型适当 (5) 环评单位与被告没有利益关联，符合中立性要求 (6) 建设单位在相关街道办事处、相邻小区等多地公开环评信息，对站址所在地及线路经过地的周边居民进行了随机问卷调查，环评编制阶段的公众参与程序合法 (7) 被告张贴、发放、网上公示环评审批事项，符合《行政许可法》的规定，环评审批阶段的公众参与程序合法
程序审查结论	推定环评审批决定合法
原告举证	《环境影响报告表》，证明：项目建设单位与评价单位均为湖南省电力公司的直属二级机构或分公司，属关联单位，环评报告缺乏公正性、客观性、合理性
被告反证	湖南省环境监测中心湘环令监（2013）6号监测报告，证明：类比监测值符合标准，变电站辐射环境安全
重构	被告在环评审批过程中，委托湖南省环境监测中心站进行辐射、无线电干扰等监测，监测结果显示该输变电工程项目的工频电磁场、声环境、无线电干扰值等在建成后均小于国家标准限值，符合国家要求的标准限值，从而认定该建设项目不会对周边的环境和居民造成辐射影响
正当性评价	根据《环境影响评价法》第十九条规定，建设单位尚且可以自行编制环评文件，其委托有技术资质的关联单位编制环评文件，当然不违反正当程序，被告不因同意建设单位的关联单位编制的环评文件而构成专断恣意，且被告委托湖南省环境监测中心站监测取得监测报告能合理得出其审核结论，故认定环评审批决定合法

结　语

环境影响评价司法审查被赋予守护“生态阈限”的使命。但当前我国法院所坚守的审查姿态和审查方式，导致环评实体事项基本从司法规制中豁免，环评审批决定往往轻易通过司法审查，以至于司法救济人权与规制公权的功能孱弱。这是由于法院的目光聚集在环评审批行为的形式合法性上，而对环境实质正义失焦。但可以庆幸的是，使命已经开始，并在环境司法专门化的浪潮中不断改进与完善。正如纪伯伦的诗篇“当你们搭建沙塔时，大海又将更多的沙子带到海滩”。

框架性合同争议的仲裁协议效力扩张规则研究

赵　旭[*]　刘建奇[**]

一、问题提出：框架性合同争议的仲裁问题

私法上的纷争除通过民事诉讼解决外，可由法院外的其他途径替代加以解决（ADR），其中，仲裁作为一种纠纷解决处理机制，与法院的生效裁判相似，不为当事人意思的拘束，属于非自治的纠纷解决方式。仲裁在近些年来有相当快速的发展，尤其在商业活动中，仲裁被认为是一国诉讼程序制度外，花费相对较小、时间相对快速、私密性强的一种程序。

在仲裁程序中，经当事人间的合意才可将纠纷交由仲裁进行裁决，是各国法及国际条约的通行规则。① 该规则下，仲裁协议一方面仅对协议当事人具有约束力；另一方面，仲裁庭应就协议约定的争议事项行使仲裁权，未约定争议事项不得进行仲裁。由此可以看出，传统仲裁机制是以双方当事人间达成的某一合同为基础，辅之仲裁的意思合意，以解决因该合同履行而产生的纠纷，但随着经济与多元化商业模式的发展，在现代交易中，当事人依据私法自治、契约自由，发展出各种不同类型的新型合同，这些合同变化之大及种类之新颖，已难以利用传统合同法中单一合同进行调控，此也为单一合同规划下传统仲裁合意规则提出了挑战，其中，框架性合同的仲裁正面临此问题。

相关案例：甲企业为采购某汽车零部件，与乙企业签订产品开发及采购合同，约定由乙企业按照甲企业要求开发特定零部件，当产品开发达到甲企业设计标准时，乙企业按照甲企业年采购计划需求进行量产供应，并逐年签订年采购合同。双方同时在产品开发及采购合同中约定，今后签订

* 作者单位：天津市第二中级人民法院。

** 作者单位：天津市第二中级人民法院。

① 相关国际公约与示范法可以参见 1958 年《承认与执行外国仲裁裁决公约》（以下简称《纽约公约》）第 2 条、1975 年《美洲国际商事仲裁公约》（以下简称《美洲仲裁公约》）第 1 条、1961 年《欧洲国际商事仲裁公约》（以下简称《欧洲仲裁公约》）第 1 条以及 1976 年《联合国国际贸易法委员会国际商事仲裁示范法》第 2 章。

的年采购合同中未约定事项按照本合同约定执行，如发生争议提交 A 仲裁委进行仲裁。后乙企业成功开发出产品，甲企业开始向乙企业进行采购并逐年签订年采购合同，但年采购合同并未约定仲裁。因采购过程中发生的质量问题，甲企业持年采购合同向法院提起诉讼，要求乙企业承担违约责任，乙企业在答辩时主张该争议应提交 A 仲裁委进行仲裁，而甲企业反驳称该争议为年采购合同项下争议，年采购合同为独立合同，不应受产品开发及采购合同仲裁条款约束。

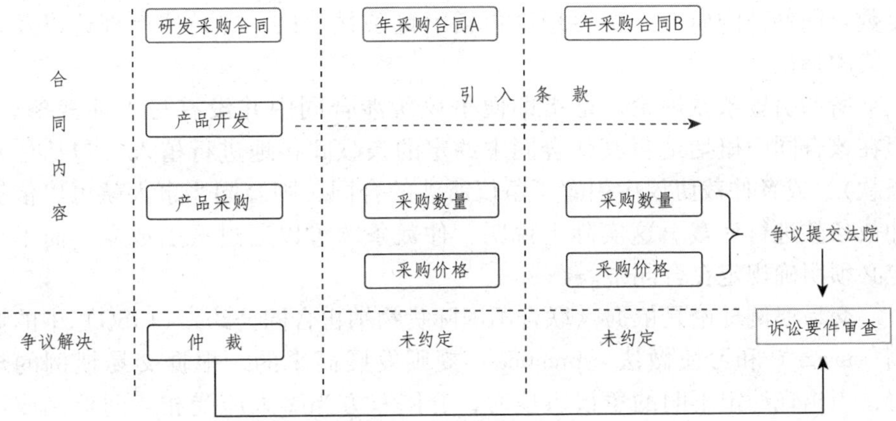

图1 前文问题示意图

上述案例即为框架性合同争议的仲裁问题典型。所谓框架性合同（Frame contract，Rahmenvertrag），是指为双方当事人之间签订的同一类型合同（个别合同），提供基本框架（架构）和基本条件的合同。[①] 该种合同是由于交易双方存在长期的交易合作关系，为简化缔约流程，对将来可能缔结的同一类型合同，而提供今后合同中可能普遍使用的内容而缔结的基本框架约定。在此种合同履行过程中，如当事人间发生争议，并基于一份含有仲裁约定的合同（框架合同）提交仲裁进行裁决，仲裁机构就可能需要面临是否可以对其他不存在仲裁约定的系列合同（执行合同）进行仲裁，此时，如框架合同中的仲裁协议能否对所有合同产生拘束力，即为问题。

仲裁协议有仲裁条款、仲裁协议书、其他文件（信函、电报、邮件及其他书面文件往来）存在形式，因仲裁协议书为独立协议，不可能包含在框架合同中，而其他文件系根据纽约公约而产生仲裁效力，本文研究范围

① 黄立：《民法债编总论》，中国政法大学出版社 2002 年版，第 57 页。从提到框架合同的中文资料来看，大部分都是引用的黄立教授的定义，如崔建远：《合同法总论（上卷）》（第二版），中国人民大学出版社 2012 年版，第 90 页；高蔚卿：《长期合同问题研究》，载王利明主编：《合同法评论》（2004 年第 2 辑），人民法院出版社 2004 年版，第 132 页；屈茂辉、张红：《继续性合同：基于合同法法理与立法技术的多重考量》，载《中国法学》2010 年第 4 期。

只讨论仲裁条款在框架合同的一种情形。[①]

二、现状检视：仲裁协议效力扩张理论及实务现状

（一）当前理论上的观点

所要说明的问题是，框架性合同仲裁并非是多方当事人仲裁或合并仲裁程序问题，而是关于个别合同中未约定仲裁时，当事人可否引用框架合同中的仲裁条款申请仲裁的问题，也即复数合同仲裁问题。当前理论界对复数合同仲裁的研究，主要理论包括引置条款理论、交易惯例理论以及合同集团理论。

所谓引置条款理论，是指即便争议所涉合同中并没有写入仲裁条款，但在该合同中概括地将其他合同中约定的条款间接地进行植入（包括仲裁条款），或者仲裁协议中引置了争议所涉的合同，则合同当事人就可以依据仲裁条款进行仲裁。这实际上说明，仲裁条款可以通过援引成立，而不一定必须明确规定在合同中。[②]

交易惯例理论是依据《联合国国际货物销售合同公约》（CISG）中的惯例（usage）和习惯做法（practice）规则发展而来的，根据交易惯例的规定，当出现约定不明的争议事项时，合同双方当事人应受相互间惯例或习惯做法的约束，此惯例或习惯不仅包括合同实体内容，也同样指向程序性争端解决方式，包括仲裁。[③]

合同集团理论，是指当事人的争议中存在着关联的两个或两个以上合同的体系。当在相同的当事人订立的数个合同中，其中一个合同包含有仲裁条款时，如果这些合同之间存在一定的内在关联，并达到一定程度，其他合同也应同样受到仲裁条款的约束。该理论是基于当事人仲裁意思自主的基础上，根据当事人缔结的多个合同之间的关联性来推论当事人对于这些没有包含仲裁条款的合同同样存在受仲裁条款拘束的意思。[④]

（二）实务中对仲裁协议效力扩张的态度

关于实务中对合同中未约定仲裁可否仲裁的问题，远比理论界的情况要复杂，因为现实中争议所涉及的多种合同关系千奇百怪，通过总结，依照合同关系划分，大体可以分成纵向合同关系和横向合同关系两种争议，

---

① 1958 年《承认及执行外国仲裁裁决公约》Article II 2：The term "agreement in writing" shall include an arbitral clause in a contract or an arbitration agreement, signed by the parties or contained in an exchange of letters or telegrams.

②③ 池漫郊：《多方多合同仲裁的挑战与对策——仲裁条款拓展与合并仲裁研究》，厦门大学 2004 年博士学位论文。

④ 石育斌：《国际商事仲裁第三人制度比较研究》，华东政法大学 2007 年博士学位论文。

其中，纵向合同关系又可以进一步细分为主从合同效力问题以及层级合同效力问题。具体情况如下：

表 1　　纵向合同关系中主从合同仲裁条款扩张案例①

纵向合同关系之主从合同：主同合仲裁条款是否可以扩张到从合同问题	
（1）国际商会仲裁院第 6149 号案件	
裁判要点	一方当事人为确保买卖合同债务的履行而签订的保证合同中，虽然没有仲裁约定，但买卖双方在缔结买卖合同的仲裁时，就应考虑到与买卖合同相关的一切争议都将提交仲裁，这就意味着保证合同争议也必须提交仲裁。
（2）最高人民法院（2013）民二终字第 69 号案件	
裁判要点	买卖合同中约定的仲裁条款仅约束合同当事人，对保证人并无约束力，中航公司可依据买卖合同对瑞祥公司提起仲裁，也可基于担保关系对高科公司提起诉讼，高科公司以买卖合同中存在仲裁约定为由进行抗辩缺乏依据。
（3）最高人民法院（2013）民四他字第 9 号案件	
裁判要点	《最高人民法院关于成都优邦文具有限公司、王国建申请撤销深圳仲裁委员会（2011）深仲裁字第 601 号仲裁裁决一案的请示的复函》中指出担保合同作为从合同应当受到主合同中仲裁条款约束的意见缺乏法律依据。
（4）最高人民法院（2006）民四他字第 24 号案件	
裁判要点	裁判要点：《最高人民法院关于玉林市中级人民法院报请对东迅投资有限公司涉外仲裁一案不予执行的请示的复函》广西玉林市政府（担保人）和路劲公司均不是合作合同（主合同）的当事人，合作合同（主合同）中的仲裁条款不能约束玉林市政府（担保人）。仲裁庭依据合作合同（主合同）中的仲裁条款受理本案，就涉及玉林市政府（担保人）的担保纠纷而言，仲裁裁决已经超出了仲裁协议的范围。
（5）最高人民法院（2007）民二终字第 66 号案件	
裁判要点	裁判要点：主合同和担保合同选择管辖的法院不一致的，应当根据主合同确定案件管辖。该规定应适用于主合同与担保合同均为法院管辖情况，不包括有仲裁协议情形。本案中，抵押合同约定了仲裁条款，故本案不应适用前述司法解释规定。
（6）最高人民法院（2001）民二终字第 177 号案件	
裁判要点	裁判要点：本案系履约担保纠纷，与债权人和债务人之间的承包工程合同纠纷系两个不同的民事关系，债权人与惠州市人民政府之间形成的履约担保民事关系不受债权人与债务人在承包合同中约定的仲裁条款的约束，双方当事人在所签订的《履约确认书》中并未选择仲裁方式解决纠纷。

① 国际商会仲裁院第 6149 号案件源自：http：//cisgw3. law. pace. edu/cases/906149i1. html，最后访问时间：2019 年 6 月 2 日。

表 2　　纵向合同关系中层级合同仲裁条款扩张案例①

纵向合同关系之层级合同：高级合同仲裁条款是否可以扩张到低级合同问题	
（1）国际投资争端解决中心（ICsID）仲裁“西非建筑公司诉塞内加尔共和国”案	
裁判要点	房屋合同与建厂合同为同一项交易项目的两个关系密切的部分，其中一部分（建厂合同）是另一部分（房屋合同）的技术前提。因此，与两份合同的执行所引起的争议属于建厂合同仲裁条款的范围，仲裁庭有管辖权。
（2）最高人民法院（2013）执监字第 204 号裁定	
裁判要点	裁判要点：框架合同仲裁条款适用范围，应优先适用文义解释——对仲裁条款的解释，应综合考虑主合同、子合同等相关文件予以解释。当存在两种可能解释时，文义解释应优先。
（3）最高人民法院（2015）执申字第 33 号裁定	
裁判要点	裁判要点：主合同约定仲裁条款，补充协议未约定，如补充协议系对主合同内容的补充，须依附于主合同，而不能独立于主合同存在，则主合同所约定的争议解决条款亦适用于补充协议。
（4）最高人民法院（2006）民四他字第 24 号裁定	
裁判要点	裁判要点：《最高人民法院关于玉林市中级人民法院报请对东迅投资有限公司涉外仲裁一案不予执行的请示的复函》广西玉林市政府（担保人）和路劲公司均不是合作合同（主合同）的当事人，合作合同（主合同）中的仲裁条款不能约束玉林市政府（担保人）。仲裁庭依据合作合同（主合同）中的仲裁条款受理本案，就涉及玉林市政府（担保人）的担保纠纷而言，仲裁裁决已经超出了仲裁协议的范围。
（5）最高人民法院（2010）民提字第 10 号裁定	
裁判要点	裁判要点：为达成合作目的，当事人签订了多个合同，但仅在一个合同中约定了仲裁条款，涉及该合同的仲裁裁决生效后，又因其他未约定仲裁条款的合同争议形成诉讼，一方当事人仅以仲裁裁决已生效为由主张人民法院无管辖权的，人民法院不予支持。

表 3　　横向合同关系仲裁条款扩张案例

横向合同关系：关联合同仲裁条款是否可以扩张问题	
（1）最高人民法院（2006）民二终字第 2 号裁定	
裁判要点	当事人之间所签订的多份关联但又各自独立的合同，仲裁条款只在达成仲裁协议的当事人之间产生法律约束效力。
（2）最高人民法院（2007）民二终字第 99 号裁定	
裁判要点	当事人并未明确约定案涉借款合同相互关系，从各个借款合同内容及特征来看，借款金额及履行行为亦分别独立，并不能看出各个合同之间的关联性。当事人签订的数份借款合同分别约定了仲裁管辖和法院管辖的，应视为当事人真实意思表示，管辖约定均有效。

① 国际投资争端解决中心（ICsID）仲裁“西非建筑公司诉塞内加尔共和国”案源自陈安：《国际投资争端案例精选》，复旦大学出版社 2001 年版，第 497～507 页。

通过对上述裁判的总结可以发现，实务中在处理仲裁约定可否应用于未约定的相关合同的问题时，可分成如下几种观点：第一，担保类主从合同关系中，主合同仲裁条款不得扩张到从合同之上；第二，如合同之间存在明显的支配关系，一般可以将上级合同仲裁条款扩张到低级别合同中；第三，如合同之间存在继受关系，一般可以将原合同仲裁条款扩张到补充合同中；第四，在合同间无支配或继受关系时，即便这些合同联系再密切也不可相互扩张。

表 4　　复数合同关系仲裁条款扩张案例总结

<table>
<tr><th>合同类型</th><th>特征</th><th>结果</th><th>相关判例</th><th>结论</th></tr>
<tr><td rowspan="11">纵向关系</td><td rowspan="6">主从合同</td><td>支持</td><td>国际商会仲裁院第 6149 号案件</td><td rowspan="6">主合同仲裁条款不得扩张到从合同之上</td></tr>
<tr><td rowspan="5">不支持</td><td>最高人民法院（2013）民二终字第 69 号</td></tr>
<tr><td>最高人民法院（2013）民四他字第 9 号</td></tr>
<tr><td>最高人民法院（2006）民他字第 24 号</td></tr>
<tr><td>最高人民法院（2007）民二终字第 66 号</td></tr>
<tr><td>最高人民法院（2001）民二终字第 177 号</td></tr>
<tr><td rowspan="5">层级合同</td><td rowspan="5">支持</td><td>（ICsID）仲裁“西非建筑公司诉塞内加尔共和国”案</td><td rowspan="5">如合同之间存在明显的支配或继受关系，可将高级合同仲裁条款向低级合同扩张</td></tr>
<tr><td>最高人民法院（2013）执监第 204 号</td></tr>
<tr><td>最高人民法院（2015）执申字第 33 号</td></tr>
<tr><td>最高人民法院（2010）民提字第 10 号</td></tr>
<tr><td></td></tr>
<tr><td rowspan="2">横向关系</td><td rowspan="2">关联合同</td><td rowspan="2">不支持</td><td>最高人民法院（2006）民二终字第 2 号</td><td rowspan="2">无支配合同关系，不可相互扩张</td></tr>
<tr><td>最高人民法院（2007）民二终字第 99 号</td></tr>
</table>

三、理论剖析：框架性合同仲裁条款效力扩张之价值分析

（一）基于框架性合同特征的扩张理由

1. 框架性合同对个别合同具有支配关系。“框架性合同”是由德国法经实务逐步发展出的概念，最早官方提出“框架性合同”是在德国联邦最高法院裁判的出版合同纠纷一案中（1967 年），其特指一系列个别合同之上的总的受约束的协议。此后，美国、法国等国的法院先后在判决中提及这一概念。因该合同缔约简易、应用方便快捷，被多数国家广泛使用，如国际法国际贸易委员会，就将其纳入《公共采购示范法》加以推广。在我国，框架性合同实际上已经在商业交易中大量的使用，如企业与企业间业务磋商（B2B）中的加盟合同、OEM 委托原厂生产，企业经营者向消费者出售商品或提供服务（B2C）中的股票交易合同、保险合同、银行开户合同等。

此类合同的架构特点在于其并非一时性合同，而是为发挥某种目的而长期存在的合同，并在合同有效期内长久约束缔约双方当事人，其最大的特色在于将往后用于大量交易的一般条款预先设立在框架合同中，而这些约定的内容即作为日后交易关系的基本框架，往后的个别合同都将在此预先成立的框架合同中，并且该框架合同中的条款将被自动订入个别合同中（Einbeziehung in den Vertrgen），成为个别合同的一部分。①

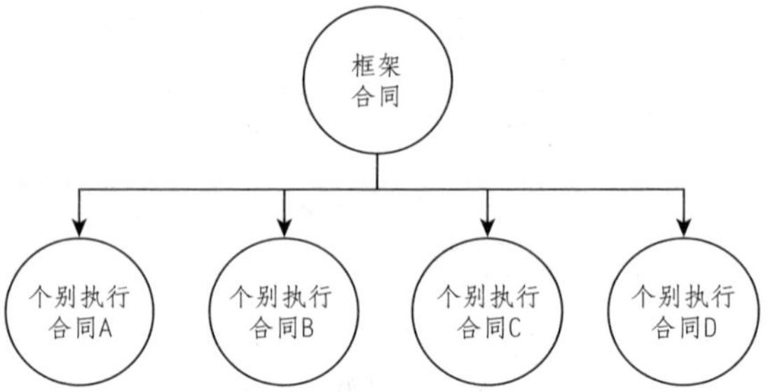

图 2　框架性合同效力关系图

框架性合同构建了特定交易模式。合同法的基本原理是除强制性规定不能违反外，大体以当事人间意思自治为主线，只有在当事人间存有未约定事项或争议时，才有合同法适用的余地。但合同法毕竟是根据传统社会频繁大量出现的单纯合同而归纳出来的成文法，如买卖互换、承揽加工、委托代理等，而在当今社会，随着交易类型越发复杂化，传统的单一合同形态已经无法适用于一些特殊交易架构，以合作关系的角度观察，合同缔约双方的关联性可以从松散到紧密依次排列：偶然个别交易、重复多次交易、长期稳定交易、上下游合作关系、战略同盟关系。缔约当事人选择何种交易模式原则上是以其个别需求为交易取向，再建立所需的合作模式关系。以 OEM 委托原厂生产关系为例，OEM 全称为 Original equipment manufacture，其系为了满足自身产品需要而订购他人产品，而建立一种长期制造—供应—采购的关系，一般当事人双方会在订购产品前先就价格、结算、品名、质量标准等进行总体框架性约定，再根据此框架规则进行个别交易。如此，在此后的每笔 OEM 交易中，个别合同中可以免去大部分条款的磋商过程，以此前商定的总体框架合同为规范性协议，简便快捷地缔结合同，以取代传统合同法中单一合同缔约模式的不足。框架合同提供给缔约双方一个类似于合同法自治的空间，在今后的长期交易过程中，交易双方可以在约定好的规则范围内，再自行商议、调整每一笔具体的交易细节，此时，框架合同具有构建特定交易模式规则的功能。

① 陈进：《德国法上框架合同理论的演变及其启示》，载《政治与法律》2013 年第 3 期。

框架性合同建立了稳定合作关系。采用框架性合同进行缔约时，虽然仍属于交易双方建立合作关系的初始阶段，但由于合作关系中的一些细节内容已经在框架合同中明确约定，这些约定内容相较于签署备忘录或战略意向书具有一定的法律约束力，双方在今后的合作中有义务按照框架合同约定的内容履行，从合作程度上看，使用框架合同已经远超备忘录或意向书等形式的合作稳定性。再有，虽然框架合同已经成立生效，但在今后交易时如需对个别事项进行调整，可以在个别执行合同中再行磋商，将两份合同结合完成一次交易，此点又比长期交易合同的僵化约定更具有灵活性，上述两点使得交易双方可利用框架合同建立稳定的合作关系，而框架合同与个别合同间属于支配合同关系。

2. 框架性合同条款具有自动引入和向后约束效力。虽然框架合同在促成某交易时具有如此多的优势，但在个别合同达成一致前，交易双方仍然是一个互动磋商的过程，有可能会出现后面的个别执行合同与最初约定的框架合同不同的情形，在理想状态下，意欲改变最初约定的一方，应向对方进行必要的提醒并进行磋商，但仍难免出现盲点造成两合同约定矛盾，此时，两者间效力关系如何即为问题，而赋予框架合同一定的效力甚为关键，此也是框架合同理论之核心问题。

一是向后约束效力，此为框架合同的优先机制。所谓框架合同向后约束力是指框架合同所约定的条款对于此后的每一个个别合同均具有约束力。当框架合同的条款与个别合同条款发生冲突时，原则上仍然优先以框架合同约定条款内容为准。因为从合同的订立上看，往往是框架合同订立在先，依照意思表示的顺序判定，框架合同的效力应随着时间向后延伸，同时，从整体缔约模式角度观察，以框架合同为核心进行优先解释也符合当事人表示的真意。

二是补充解释效力，此为框架合同条款自动引入机制。从框架合同具有对个别合同的优先约束力角度进一步探讨，框架合同又可以产生补充解释效力，因为当个别合同约定完成时，框架合同对其发生效力的途径是将框架合同所约定的条款内容直接订入个别合同中，而对之后每一个个别合同加以拘束。也就是说，个别合同中不需要另行约定引入条款，即可将框架合同的内容自动订入个别合同中，如此自动引入机制，便形成框架合同对个别合同的补充解释效力。[①]

由此，框架合同作为一种长期存在的契约关系，可为双方当事人间将来缔结同一类型合同提供基本架构，为交易双方未来产生某种需求提供法律保障，赋予框架合同较高约束力可以保障合同履行，巩固合作，促成交

① 陈进：《德国法上框架合同理论的演变及其启示》，载《政治与法律》2013 年第 3 期。

易。在合同关系上，框架合同与个别合同属于上下级别合同关系，当框架合同与个别合同发生冲突时，框架合同具有约束效力及补充解释效力，个别合同未约定的内容可以援用框架合同的规定。

3. 框架合同中效力规则可适用于仲裁条款。然而，约定仲裁协议条款作为解决当事人间实体权利义务争议的一种方法，毕竟与一般以实体权利义务处置为内容的民商事合同不同。一方面，仲裁约定的对象不是权利义务本身，而是解决实体权利义务争议的方式，其功能在于授权第三方处理争议；另一方面，仲裁协议以排除当事人行使诉权为目的（具有防诉抗辩效力），属于当事人对诉讼权利的一种处分，实际就是由当事人行使处分诉权的协议，[①] 那么从本文研究的问题上来看，规范程序问题的仲裁条款是否也可同样适用框架合同实体条文规则又成为问题。

首先，并不能因上述特征而得出仲裁协议即为程序性质契约的结论，因为，仲裁的存在价值在于其可以在不违背社会公共利益的前提下消除当事人间的争执，此价值的核心是国家要允许当事人就仲裁与否自主决策，保障当事人充分行使意思自治，不可妄加干涉，此点与其他实体契约的特征一致。同时，仲裁协议仅是解决当事人纷争方法的约定，但这一约定内容并不代表约定契约的法律性质本身，要判断法律属性还是要取决于契约形成条件及其约束效力，此点也不是说明仲裁约定就等同于仲裁程序。而且，仲裁约定还具有其他一些实体特征，首先，就仲裁制度的创设目的而言，仲裁制度是根据私法上契约自治原则而设计的私法纷争自主解决制度，创设这一制度的目的在于使当事人对私法上的权利义务争执可以自力解决。如仲裁协议仅为诉讼程序属性，公法上的强制干预要求无法保障当事人可充分行使自主权，此明显违背仲裁制度的初衷及本意。

其次，与其说当事人通过仲裁协议处分的是诉权，还不如说是间接地、附条件地处置了实体权。只不过这种处置不是当事人对其实体权利义务的直接处置，而是由第三方仲裁根据其授权来进行间接处置。仲裁程序也不同于法院依职权的活动，其是依当事人意思通过仲裁协议而表达的自律活动。由此，仲裁行为实际就是在仲裁人的参加下当事人之间进行的实体法律行为，此时，作为这种实体法律行为前提基础的仲裁协议也就具有私法性质，而约定仲裁也具有了私法行为的实体属性。承认仲裁具有实体属性的观点在西方学界占据主流地位，日本、美国及意大利等国仲裁制度及实务发展也均得到认可。[②]

---

① 侯登华：《仲裁协议制度研究》，中国政法大学 2004 年博士学位论文。

② 何志扬：《论仲裁协议之效力——兼评我国台湾地区司法主管机关台上字第 2398 号民事判决》，我国台湾地区台北大学 2006 年硕士学位论文。

综上，虽然因立法技术问题，仲裁多规定于诉讼法或仲裁法中，但不可忽略仲裁条款的实体属性，其也属于一种私法行为，属于当事人私法自治的范畴。有关仲裁协议的主体资格、约定的一般原则、形式及法律效力问题，都要适用民商事法律中有关法律行为、合同制度的一般规定，因为，框架合同与个别合同间的合同要素具有高度紧密性和相似性。从当事人缔约的主观方面看，虽然框架性交易采用分别签订框架合同与个别合同的形式，但都是源于一个交易，当事人签订个别合同仍是在遵从框架合同的约定，两份合同在促成交易的效果上是具有层次性、补充性的，当发生争议时，两份合同可以视为具有一体性。而从合同履行内容的客观方面看，框架合同是个别合同的履行基础，框架合同与个别合同之间互相结合、互为补充，在权利义务上存在足够的联系，如果在框架合同中约定仲裁条款不能适用于个别合同，在争议发生时会发生管辖权的冲突，即框架合同的争议由双方当事人进行仲裁，而个别合同的争议则由民事诉讼程序解决。因此，在采用框架合同进行交易的模式中，框架合同中的仲裁条款可以涵盖其项下的个别合同。[①] 而前文所述的框架合同效力规则也可适用于其中的仲裁条款。如果框架合同中规定了仲裁条款，那么个别合同就应遵从该条款的仲裁约定。

（二）基于仲裁规则特征的扩张理由

除基于框架合同自身特征可得出仲裁条款扩张效力外，框架性合同仲裁条款效力扩张在仲裁程序角度也具有独立的价值：

1. 仲裁利于有效性原则的解释。从仲裁条款的实体属性分析，仲裁约定属于合同的一种，解释上也应依照合同的解释原则。我国《合同法》第一百二十五条规定，当事人对合同条款的理解有争议的，应当按照合同所使用的词句、合同的有关条款、合同的目的、交易习惯以及诚实信用原则，确定该条款的真实意思。因此在解释仲裁条款时，应当在兼顾主观与客观因素的前提下，从一个诚实且理性的商人角度予以解释，此为国际通行之仲裁善意原则。根据善意原则，如仲裁合意实质上存在，而当事人仍就仲裁条款的形式作争辩，企图排除仲裁程序，属于非善意行为，不应得到支持，依照善意原则解释当事人的意思，尽量确保仲裁条款的存在及有效性。而且当仲裁条款或仲裁协议出现瑕疵时，参考国际立法及理论上的通说，有“利于有效性原则”“排除严格解释原则”等方法来解决这些仲裁“病态条款”。也即，原则上如双方当事人间有仲裁条款之约定，除非有排斥性的约定以外，在解释上就应该作存在性或有效性的认定。因此，基于框架合同中存在仲裁条款，就可以推定出当事人对于个别合同争议解决具有相同

① 池漫郊：《多方多合同仲裁的挑战与对策——仲裁条款拓展与合并仲裁研究》，厦门大学2004年博士论文。

的意思。①

2. 程序要求一次性解决的解释。若将框架合同与个别合同独立看待，而分别用不同方式（仲裁或诉讼）处理争议时，即便基于相同的事实也可能出现不同的认定，此时会产生密切联系的同一交易类型事件，而裁判结果认定矛盾以及处理争议经济效益不利益的问题。此时，如能在同一程序中一次性解决争端，则会呈现如下程序性优势：首先，避免关联或同一事实的矛盾认定，此为质量优势。将框架合同与个别合同的争议分别进行审理，即便每一个案件均按照公正的程序进行审理，也难免会发生裁判认定相异的结果，甚至会产生矛盾认定。而将关联争议交由同一机构进行认定，不仅使得裁决机构有机会对案件有全面的了解，减少审理者在裁决案件时出现错误进而衍生出不公正的情形。再有，经济、时间等资源的节省，即效率优势。便捷高效是仲裁相较诉讼的一大特征，如果将框架合同与个别合同的争议一并交由同一仲裁庭进行审理，无疑会很好地发挥仲裁的自身优势。

由此，关于在框架性合同缔约的模式中，因框架合同与个别合同间具有足够的关联性，框架合同与个别合同间为上下级合同关系，即便个别合同中未约定仲裁，但在框架合同中进行了约定时，双方间的仲裁条款可以进行扩展。

四、实践出路：框架性合同争议的仲裁扩张具体应用

（一）域外复数合同仲裁模式之借鉴

对于复数合同可否仲裁，各国仲裁机构新近所修订的仲裁规则中，逐步出现复数合同仲裁的程序规定，此可看出各国立法沿革和国际发展的大体趋势。

表5　　国际商会仲裁中复数合同仲裁规则②

2017年国际商会仲裁规则第9条	备注
第9条（复数契约）：以遵守第6条第（3）至（7）款和第23条第（4）款的规定为前提，因复数契约引起的或与复数契约有关的仲裁请求，可以在单次仲裁中提出，无论该请求是依据仲裁规则项下一份仲裁协定还是多份仲裁协定提出。	2017年新修条文

① 侯登华：《仲裁协议制度研究》，中国政法大学2004年博士学位论文。

② 参见 https：//iccwbo. org/dispute – resolution – services/arbitration/rules – of – arbitration/#article_ 9，最后访问时间：2019年7月2日。

表 6　**香港国际仲裁中心复数合同仲裁规则①**

2018 年香港国际仲裁中心机构仲裁规则第二十九条	备注
第二十九条　多份合同下启动单个仲裁 源于或涉及多于一份的合同的请求可在单个仲裁中提出，但须满足以下条件： 导致仲裁的各仲裁协议涉及共同的法律或事实问题；且 请求救济的权利均涉及或源于同一交易或一系列相关联的交易；且 请求所依据的各仲裁协议彼此兼容。	2013 年新修条文

表 7　**我国台湾地区仲裁协会复数合同仲裁规则**

2017 年我国台湾地区仲裁协会国际仲裁规则第九条	备注
第九条（复数契约之单一仲裁程序）：1. 当事人得依第 7 条之规定，就因复数契约而生或与之相关之争议，向本中心提交单一仲裁声请书，合并提起单一仲裁程序。此等仲裁声请书应包括声明，说明涉及争议之各契约及仲裁协议，并述明其声请已符合第 9.2 条之规定。 2. 有下列各款情形之一，且本中心认为适当且合宜者，本中心得决定进行单一仲裁程序：(a) 当事人同意进行单一仲裁程序。(b) 仲裁之请求系依相同仲裁协议提出。(c) 仲裁请求系源自相同或相关当事人间之复数且相容之仲裁协议，涉及共同之法律或事实问题，且请求之救济系因相同或相同系列交易所生。 3. 如本中心决定不进行单一仲裁程序时，当事人嗣后得另就各份契约提交各别仲裁声请书，并声请依第 28 条之规定将部分仲裁程序合并。	2017 年新修条文

表 8　**新加坡仲裁中心复数合同仲裁规则②**

2016 年新加坡仲裁中心仲裁规则第 6 条	备注
6　复数契约 6.1　如果案件之争议事项系由复数契约引起或者与复数契约有关，声请人可以： a. 就援引的每一份仲裁协议分别提交一份仲裁通知书，并同时按照第 8.1 条之规定声请合并该仲裁案件；或者 b. 就援引之所有仲裁协议仅提交一份仲裁通知书，但仲裁通知书中应包括对每份契约和其分别援引之仲裁协议之陈述以及对是否已经满足了第 8.1 条所规定之适用条件之说明。若如此为之，则声请人应被视为是开始了多个仲裁程序（每个仲裁协议对应一个仲裁程序），根据第 6.1.b 条所提交之仲裁通知书应被视为是根据第 8.1 条提出的将所有该些仲裁程序进行合并审理之声请。	

① 参见 https://www.hkiac.org/zh-hans/arbitration/rules-practice-notes/administered-arbitration-rules/hkiac-administered-2018-1#29，最后访问时间：2019 年 7 月 2 日。

② 参见 http://www.siac.org.sg/images/stories/articles/rules/2016/SIAC%20Rules%202016_Chinese_Final.pdf，最后访问时间：2019 年 7 月 2 日。

续上表

2016 年新加坡仲裁中心仲裁规则第 6 条	备注
6.2　当声请人根据 第 6.1.a 条提交了两份或两份以上之仲裁通知书时，对于拟合并之各种仲裁程序而言，书记人员应根据本规则仅收取一份案件登记费。若仲裁法院全部或部分驳回合并仲裁之声请，声请人应当为没有被合并之个案支付本规则规定之案件登记费。 6.3　当声请人根据第 6.1.b 条仅提交了一份仲裁通知书时，而仲裁院全部或部分驳回了合并仲裁之声请时，则声请人应当针对未被合并之个案分别提交仲裁通知书，并且为未被合并之个案分别支付本规则规定之案件登记费。	2016 年新修条文

（二）我国框架性合同争议的仲裁扩张模式选择

结合域外仲裁机构关于复数合同的仲裁规则，当遇有框架合同包含有仲裁条款，而个别合同中未含有相同仲裁约定时，如争议事项符合以下条件，则当事人可以在申请开启仲裁程序时，主动将个别合同产生的争议提交仲裁解决：

1. 时间要件：框架合同具体签订时间要早于或等于个别合同，同时，需要考察合同是否均在有效期内；

2. 主体要件：合同的当事人相同，也即含有仲裁条款的框架合同上签名的当事人同时也是个别合同的签约主体，不涉及第三人；

3. 客体要件：两合同的签订目的上需要为了共同一项长期性交易，个别合同的履行是基于框架合同的存在（前提和条件），两合同间的履行内容具有延续性；

4. 内容要件：两合同间在条款设计上有相同的内容或存在相互援引效力的情形。

另外，相对于传统合同，框架合同适用的范围是合同相对人间日后的每一个合同关系，这样的状况下，框架合同条款实际上起到了桥梁的作用，将框架合同当中的部分条款与个别合同予以联结，此为框架合同条款向后拘束力及补充解释力的理论基础，也同样是为仲裁条款得以向个别合同扩张的主要理由，然而，框架合同与个别合同间的效力关系不可套用于个别合同与个别合同间，因为，个别合同与个别合同间仍是独立的协议，相互间并不存在像框架合同与个别合同之间的紧密关联关系，不能仅因相同当事人间缔结的个别合同都在一个框架合同项下，而推论当事人对于这些没有包含仲裁条款的合同同样存在受仲裁条款拘束的意图，因此，个别合同之间的仲裁条款同样不可进行扩张。

（三）框架性合同争议的仲裁扩张规则的例外

虽然本文从实体及程序多角度对框架合同中仲裁条款向个别执行合同

扩展进行可行性分析，但都是基于推定当事人在框架合同及今后个别合同中都具备共同的仲裁意图，从而在不违背当事人意思自治原则的情况下，将仲裁条款进行拓展，也即框架合同中的仲裁仍需要遵循经当事人合意的裁决通行规则。然而，考虑到框架合同自身的特征，从框架合同到个别合同，长期间会发生某些框架条款自动引入个别合同的效果，形成双方间数次同类的交易法律关系，此时，框架合同的条款自动引入机制会形成数次缔约中多次重复适用的效果，造成框架合同缔约模式与格式合同缔约相似的状况，进而在框架缔约的双方当事人交易时产生一定不利影响，故应设定相关例外规则予以修正：

1. 成本收益原理的例外：扩张时要防止一方滥用相对优势地位。从交易关系的磋商过程观察，虽然缔约双方会因自身主观因素而在谈判能力上具有一定差异，但法律也会通过对缔约规则的间接调控，将交易双方拉回到一个相对均等的地位上来，然而，格式合同的出现，使这种根据彼此利益条件互换的缔约程序被打乱，开始出现无须磋商的状况，以至于在判定格式合同效力时，实务中常常会以一方的相对优势地位作为判断显失公平的要件。毕竟，在重视彼此和谐信赖关系的交易中，对于双方合作的信任关系若有所减损，将会使合作之效益大打折扣，而相对优势地位的滥用将特别显现出来。当然，框架性合同与格式合同间仍具有较大区别，不过鉴于采用架构合同的交易往往都具有长期性，在面对许多长时期不能预测的风险时，具有相对优势的经济关系地位尤其容易展现出来（滥用其地位而订立对其单方有利的合同条款可在个别合同中反复适用），进而此种可能滥用其经济优势地位的行为仍有规范的必要。

框架合同经常会多次在所有个别合同中自动植入条款，成为长期性类格式合同。此多为企业经营者所用于商事行为（B2B），或用于与多数消费者订立的服务合同中（B2C），对于这些可能会因优势地位、成本、信息不对称的市场失灵现象，在利用框架合同调控未来的交易关系时，需要控制自动订入的条款的内容及程度，对引入条款要严格审查其公平性，避免被一方当事人滥用这样的条款营造出一个长期间不利于他方的合同条件。而这种调控方法也同样应适用于框架合同中的仲裁条款，即当非提供框架合同一方主张不可扩张时，应作出有利于非合同起草一方的解释，以保证契约自由与公平正义间的平衡。

2. 意思自治的例外：扩张时要防止信息不对称侵害意思表示。此外，根据古典经济学理论，格式条款在利用标准化缔约节约交易成本的同时，因优势一方需要面临激烈的市场竞争，在追求最大利益、避免可能风险的目的下，设定条款时会经常出现对其本身有利但却不利于他方的显失公平的约定，因缔约双方的信息并不总是对等，会产生一方使用格式条款进行投机或劣币驱逐良币（Bad money drives out good）的逆向选择现象，进而造成市场失灵。[①] 此也是立法时依强制力规定确保格式合同条款具有一定限度的实质公平要求的主要原因。而在框架性合同缔约中，借由一个引入条款，可以多次在所有个别合同中完成条款植入，形成双方间数次同类交易法律关系中都会引用某一预先约定的条款，这时也可能存在这一问题。

框架合同创造了缔约双方的特殊私法关系，既调控当事人间日后特定来往的长期交易及商业关系，又为双方缔约提供了一套交易治理的原则规范。然而，基于契约自由的精神，双方的私法关系仍需由双方自行决定，此点要求在约定仲裁事项时尤为突显，当个别合同中如具有不同于框架合同的其他仲裁约定或诉讼管辖约定时，当事人不得引用框架合同中的仲裁条款主张管辖，因为为了尽量合理公正地对仲裁条款作出解释，仍需要探究当事人间真正的仲裁意图，当出现框架合同与个别合同中仲裁约定矛盾时，不能依照框架合同向后拘束力规则，推定当事人间仲裁意思，而是应理解为当事人在个别合同中有新的约定。

所以，对于同时拥有长期约束及类格式化约定特征的框架合同而言，不论是以其具有长期约束效力特征分析，而导致极可能发生的相对优势地位的滥用，抑或是从其具有类格式化条款的角度观察，具有交易成本及信息不对称状态，均有可能造成合同显失公平。因此，在设计仲裁条款进行的拓展规则时，需要将相对优势地位、交易成本及信息不对称等不利因素一并予以考虑，从而确保意思自治、诚实信用、实质公平等重要价值得以体现。

结　语

框架性合同作为一种突破传统单一合同模式的特别构造合同，在框架合同与个别合同间形成了上级合同与低级别合同的支配关系，在面临仲裁时，可借助复数合同仲裁理论对其部分合同中的仲裁约定向未约定仲裁的合同进行效力扩张，但毕竟框架合同中条款的自动引入功能具有类格式化条款特征，此点容易被具有谈判相对优势地位的一方滥用，使得合同相对方丧失谈判磋商机会，进而造成显失公平或侵害缔约自由的情形，故在允许仲裁条款扩张的同时，也应给予必要的限制，以保证框架性合同的公平性及当事人间的契约自由。

---

① 马辉：《格式条款信息规制论》，载《法学家》2014 年第 4 期。

审级功能视角下民事案件二审独任制的理性构建

张子杰[*]　张　科[**]　杨　超[***]

引　言

最高人民法院于2016年9月12日发布《关于进一步推进案件繁简分流优化司法资源配置的若干意见》提出，要遵循司法规律推进繁简分流，科学调配和高效运用审判资源，依法快速审理简单案件，严格规范审理复杂案件，努力以较小的司法成本取得较好的法律效果，对于进一步推进案件繁简分流机制改革进行了纲领性的规定和指导。

从推进情况来看，基层法院案件繁简分流以及速裁制度运行顺畅，较好地实现了司法资源的有效利用，但是在二审程序中则缺乏相对应的制度。对于一审速裁案件、适用简易程序案件以及当事人仅为拖延诉讼或将上诉作为履职凭证（如保险公司的部分上诉案件）的案件，进入到二审程序之后，却仍然要按照普通程序由合议庭审理，导致一些二审民事案件淤积，可能部分抵消了基层法院案件繁简分流以及速裁制度的功效。繁简程度不同的案件配给相同的审判资源和审判力量，有时可能会造成一定程度上的浪费；疑难复杂案件、新类型案件的资源受到挤占，难以保证个案质量，进而使得正确性降低，导致整体审判效益下降的后果。因此，有必要对目前二审程序的运行情况予以检视，结合现实出现的失范情况，根据《最高人民法院关于深化人民法院司法体制综合配套改革的意见——人民法院第五个五年改革纲要(2019—2023)》关于“推进民事诉讼制度改革，探索推动扩大独任制适用范围”的要求，改革民事二审合议制普通程序，构建二审独任制简易程序。

一、价值冲突与回归：民事二审独任制的合理性分析

日本法学家中村英郎先生指出二审（上诉）制度的价值有两点：“第

* 作者单位：天津市第二中级人民法院。
** 作者单位：北京市第二中级人民法院。
*** 作者单位：北京市第二中级人民法院。

一，通过反复审理，以确保给当事人恰当且公正的权利保护，同时还给诉讼当事人一个充分陈述的机会，以便作出一个让当事人能够接受的判决。第二，通过上级裁判所的裁判，以实现法律解释和适用上的统一，这是建立上诉制度最基本的目的。”① 即司法以解决私人纠纷为基本功能，同时具有维护法律秩序和创制规则之公共目的。②

（一）司法资源的稀缺性与分配的不正义

无论是作为物质资源还是作为制度资源，司法资源本身具有稀缺性。

在学理上，尽管通说认为当事人提出上诉请求需同时满足形式与实质两方面的要件，但纵观我国《民事诉讼法》具体条文，并未有诸如“上诉许可”之类的限制制度的明文规定。③ 这意味着上诉权是一项普惠的、当然的权利；任何案件，不论诉讼标的额的大小，不论案件是否复杂，也不论当事人是出于何种目的，都可以因一方当事人递交上诉状而引起二审程序，由上级法院对该案件进行第二次审理。④ 这一规定存在两方面的弊端：一方面，导致争议或诉讼标的较小的简单案件无法通过一审程序得以终结；另一方面，还会导致那些真正需要通过二审来寻求个案正义的当事人付出更多的经济和时间成本，以获得迟到的正义。这可能违反了争议解决方式应当与所解决争议的性质相适应，即手段与目的相当的程序设计原理，有悖于根据事件类型需求的不同，分别选择其所适宜的程序保障内容，承认多样化的程序保障方式的立法潮流。⑤

（二）合议制功能的现实偏差

合议制作为集体决策的一种形式能够在容易出现错误的地方进行更多的检验和校正，且更能防止司法腐败，保证裁判结果的公正，当然能够较好地完成二审制度的价值设定。较之独任制，案件通过合议制进行审判具有天然的法理优势，但该项优势得以发挥的基本前提是国家对司法资源的供给和相应投入与案件数量和审判力量能够保持匹配。此外，具体案件的繁简程度亦应当作为审判组织的重要考量因素，简单案件通常由一名法官即可以作出正确裁决，而疑难复杂案件或者新类型案件则需要汇集更多审判人员的司法智慧和经验，通过共同合议作出合理的裁决。这种对应关系

---

① ［日］中村英郎：《新民事诉讼法讲义》，陈刚等译，法律出版社2001年版，第150页。

② ［日］棚濑孝雄：《纠纷的解决与审判制度》，王亚新译，中国政法大学出版社1996年版，第237页。

③ 2015年颁行的《最高人民法院关于适用〈中华人民共和国民事诉讼法〉的解释》对一审终审的小额诉讼程序作了进一步的立法规定，但一些小额诉讼程序在实践中存在适用率低下、适用案件类型过于集中和适用小额诉讼以判决方式结案数量不足这一系列问题。

④ 刘玉民、刘乃毓：《民事诉讼审级制度之检讨与重构》，载《人民法院报》2002年6月25日。

⑤ 邱联恭：《程序选择权论》，台湾地区三民书局2000年版，第8页。

的内在规律，应是合理定位独任制与合议制适用范围的基本依据。[①] 而且，对于某些简单或常规性的案件而言，审判的正确率并不与法庭组成人数成正比，相反，从更大范围而言，当法官个人的工作总量因参审案件的增加而增加、投入自己承办案件的时间和精力相应减少时，案件总体的正确率反而会因此降低。[②]

因此，在我国并未建立上诉权限制审查制度前，不可避免地会有大量的简单或常规性案件进入二审程序，对于这类案件可以由一个法官独任审理，因此，必须进行改革，使得绝大部分简单案件能够通过独任制予以审结，保障合议制可以在重大、复杂、疑难的案件中发挥真正的作用。

（三）公平与效率的抵牾

公正与效率，是现代司法的应有之义，是民事诉讼的两大价值目标，二审既相互统一，亦存在独立。因此，不能将公正与效率绝然对立抑或舍此取彼。在兼顾诉讼公正的同时，如何谋求诉讼的经济化，甚至在某些场合优先考虑诉讼经济，已经成为各国司法制度改革的重要指向。[③] 如何在审判力量有限的前提下，既能够在合理审限内高质量审结日益激增的案件数量，又能够保证在国家的司法资源投入在其可承受范围内确保当事人息诉服判，是新时代民事诉讼程序改革的应然目标。正如波斯纳所言："案件负担增长的压力导致法院体系发生简化或俭省。"[④] 这种简化可能是整个法院自发的也可能是单个法官个体自发的，通过适用独任制和简易程序提升工作效率。长期以来，二审案件无法适用独任制可能加剧了司法供给不足与司法需求不断增长的紧张关系。与其"放任自流"不如"主动管制"，应重视独任制在审理案件过程中所能达到的效率和对诉讼资源的节约，在二审民事程序中引入独任制，构建更为科学的民事审判组织和程序，使其更加适应我国司法现状，更具备操作性，从而更好地满足人民群众不断增长的司法要求。

（四）法官素质的大幅提升

制度的形成是社会历史传承的产物，也是特定时期变革创新构建的结果，其构建必须基于既存现实。我国《民事诉讼法》所表达的对合议制的尊崇和对于独任制的限制，说明了立法者对于法官素质的担忧，但随着目前司法改革的推进，此种担忧已经基本消失。不断提升法官履职能力，推

---

① 张晋红、赵虎：《民事诉讼独任制适用范围研究》，载《广东社会科学》2004 年第 4 期。

② 傅郁林：《繁简分流与程序保障》，载《法学研究》2003 年第 1 期。

③ 林剑锋、陈中晔：《合议制与独任制》，载《人民法院报》2016 年 4 月 14 日。

④ ［美］理查德·A·波斯纳：《联邦法院：挑战与改革》，邓海平译，中国政法大学出版社 2002 年版，第 189 页。

动法官职业化专业化建设，打造一支革命化、正规化、专业化、职业化的法官队伍是法官员额制改革追求的直接目标。员额制、司法责任制的推进使得我国现在法官素质大幅提升。此轮司法改革对法官的专业能力、职业素养、业务水平提出了高要求。

二、进路探寻：民事二审独任制的理论预设

（一）独任制改革路径的选取

司法体制改革是一项关乎全局的重大改革，在全面深化改革、全面依法治国中居于重要地位。选取正确的改革路径，是决定改革能否顺利进行、效果是否显著，能否真正形成具有中国特色的司法体制的关键性因素。

二审独任制虽然在司法界和学术界已经有过很多的讨论，但是讨论仍不够充分、争议依旧很大，反对的声音依然存在；而我国中级人民法院覆盖地域广泛，各地区的经济水平、司法水平有差别也是客观的现实状况。如果允许各地区法院自行地探索改革，很容易出现较强的多样性和随意性，同时伴随系统性与科学性不足的问题，从而导致难以统合、难以总结出普遍的规律，进而难以在全国范围内推广。因此，简单依靠各地方逐步探索、积累、总结经验，进而自下而上完成二审独任制改革的路径行不通。二审独任制作为审判组织改革的一个重要组成部分，应该坚持顶层设计，加强统一部署。建议由最高人民法院会同中央有关部门，制定发布关于二审独任制改革的指导意见；并争取全国人大常委会进行授权，分别选取不同地区、不同经济发展水平的中级人民法院正式开展二审独任制改革试点。在充分实践后，对改革试点情况进行全盘考量、充分论证，进而在立法层面构建起全面、系统、完善的二审独任制度。

（二）民事二审独任制应适用简易程序

“程序，不是纯粹的形式，它是各种矛盾的交汇点，是国家政策的接合处，是人类思想碰撞的火花。”① 独任制与合议制、简易程序与普通程序系两类不同的相对应概念。审判组织的配置既要满足实现诉讼价值的需要，也要满足及时审结案件的司法效率需要；而不同诉讼程序对审判流程的完整度、期限限制以及当事人所享有的权利和需履行的义务有较大的差异。二者不能简单地混淆、对接，其之间的联系不应绝对化，连接方式应当具有一定的灵活性。

民事诉讼程序能否顺利推进，案件能否得到及时彻底的处理，民事诉

---

① ［意］莫诺·卡佩莱蒂等：《当事人基本程序保障与未来的民事诉讼》，徐昕译，法律出版社2000年版，第143页。

讼目的能否完全实现，与程序本身的设置、运行是否合理、科学呈正相关。对于繁简程度、复杂程度不同的案件分配不同的资源供给，真正实现“简案快审、繁案精审”，是二审独任制的目标，那么民事诉讼程序的优化也应该紧紧围绕这一目标来实现。

《民事诉讼法》第一百五十七条关于简易程序适用范围的规定不利于民事二审程序适用简易程序的开展。但是司法体制改革应该尊重并遵循司法规律，秉持实事求是的精神，不能遇到问题就绕着走，不能简单地认为适用了独任制就必须通过适用普通程序来提供更详尽的程序保障，否则就会牺牲公正，重新回到审判组织形式与诉讼程序捆绑的老路。

普通程序的体系完整性对于案件事实清晰、争议不大的案件或者对有快速解决纠纷特殊需求的当事人来说，显得繁琐；而民事简易程序则以普通程序为基础对诉讼过程进行了简化，体现了诉讼程序由繁到简的过程，具备较好的诉讼便利性和争端解决的便捷性。如前所述，适用民事二审独任制审理的案件基本为简单案件。这类案件在经历了一审诉讼程序之后，案件的基本事实和法律关系已经基本明确，若如在二审中仍然按照严格的普通程序再次对案件的事实和法律关系进行全面的梳理可能会造成司法资源的浪费，《民事诉讼法》第一百六十九条关于二审可以不开庭审理的规定已经就此进行了考量。因此，民事二审独任制适用简易程序进行审理符合司法规律，具有一定的现实基础。

（三）民事二审独任制仅适用于中级人民法院

根据我国《人民法院组织法》的规定，除中级人民法院以外，最高人民法院、高级人民法院均可以审理上诉案件，即均可能成为二审法院。但根据我国目前司法体制现状，二审独任制宜应仅适用于中级人民法院，高级以上的法院不得适用独任制。

就案件标的而言，高级人民法院管辖诉讼标的额 50 亿元以上（包含本数）；《最高人民法院关于调整高级人民法院和中级人民法院管辖第一审民商事案件标准的通知》（法发［2015］7 号）规定，即便在贵州、西藏等经济欠发达地区，中级人民法院管辖诉讼标的额 500 万元以上一审民商事案件，而北京、上海等发达地区的标的额为 1 亿元。单纯从诉讼标的额来讲，高级人民法院以及最高人民法院审理的二审案件标的额相当巨大，已经不具备适用二审独任制的基础。

从职权的限定和审级的角度考虑，最高人民法院及高级人民法院受理的案件范围为全国性或本辖区内有重大影响的案件，即便其案情并不复杂，而合议制较独任制更重要的功能便是利用集体的智慧来保障司法裁判的正确性，通过多人的合议庭设置体现决策的群体化、民主化，从而加大裁判结果的可接受度。即便高级以上法院受理的案件仅仅依据案情可以适用独任制审理，为彰显司法权威，使得裁判取得法律效果、社会效果和政治效果的有机统一，适用合议制更为合理。

（四）案件范围的适度性

扩大独任制的适用范围有其必要性和可行性。但是，独任制适用范围的扩大必须首先坚持维护民事诉讼对公正的基本价值追求，即独任制的适用范围必须是适度的，因为决定案件审判组织形式适用范围的本质因素并非案件数量，而是具体案情和程序需要。不能将独任制作为缓解甚至解决二审民事案件激增的主要路径。否则，其结果可能将以“判决质量出现显著的恶化”和增加判决的“推翻率”指标为代价，进而使为提高司法效率的“辛勤努力最终可能徒劳无益”。[①] 更进一步，上诉、再审、申诉等诉讼救济程序的频繁启动，可能导致独任制在整体上不如合议制审判更有效率。

（五）当事人程序选择权的适当规制

当代民事诉讼程序的民主性创造了当事人的程序选择权。尽管案件本身的复杂程度是决定其适用何种诉讼制度进行审理的主要因素，但如若当事人希望纠纷快速解决或希望降低诉讼成本而获取更多的实体性权益，并自愿放弃一定程序性权利以求得此种效果，那么法院也充分尊重当事人的程序选择权。

但是，从国家视角看，国家设立民事诉讼的决定因素之一是认识到民事纠纷在当事人之间造成了交易秩序的破坏，使得当事人因权益受损而起纷争，无法安心于生产生活，甚至会转向刑事侵害，进而影响到社会，危及或可能危及统治阶级的秩序和利益。[②] 因此，当代民事诉讼程序更需要的是理性，其必须以合理的内容和形式予以展现，[③] 赋予当事人程序选择权的前提是不能损害诉讼制度的设立目的。

（六）预期改革成果

1. 二审合议制全部开庭审理。《民事诉讼法》第一百六十九条规定：“第二审人民法院对上诉案件，应当组成合议庭，开庭审理。经过阅卷、调查和询问当事人，对没有提出新的事实、证据或者理由，合议庭认为不需要开庭审理的，可以不开庭审理。”从上述法律规定的立法原意来看，二审审理应以开庭审理为原则，不开庭审理为补充，其目的在于“倡导尽可能

① ［美］理查德·A·波斯纳：《联邦法院：挑战与改革》，邓海平译，中国政法大学出版社2002年版，第189页。

② ［日］谷口安平：《程序的正义与诉讼》，王亚新、刘荣军译，中国政法大学出版社1996年版，第48页。

③ 张晋红：《关于独任制与合议制适用范围的立法依据与建议——兼评当事人程序选择权之客体》，载《法学家》2004年第3期。

公开审理，最大限度保障当事人的诉讼权利，提高二审裁判的透明度”。[①]而在二审独任制全面推进实施后，“没有提出新的事实、证据或者理由”基本可以纳入二审独任制审理的范围内，“诉讼效益”基本得到实现；那么“程序正义”的价值应由合议制给予充分保障，合议庭进行审理的案件应全部开庭审理，从而在寻求或需要正义的人们中公正地分配资源，确保个案能够获得适当的审理时间和注意力的分配，实现程序收益与其对价相适应。

2. 审级与审判组织良好呼应。在二审中适用独任制，就是为了将海量的二审案件在合议庭和独任法官之间进行合理分配，将简单的案件交由独任法官来处理。如此，便可以使得合议庭成员从常规工作中解放出来，投身到亟待合议庭群策群力发挥作用的案件中。真正实现合议庭在司法承担确定政策、创制规则、维护秩序、司法审查的职能时保证能够代表不同群体利益或不同意见，经过充分民主讨论使得决策正确的作用。独任制在扩展至二审程序后其适用于法院层级呈反比关系，而合议制在相应限缩后应与法院层级呈正比关系。

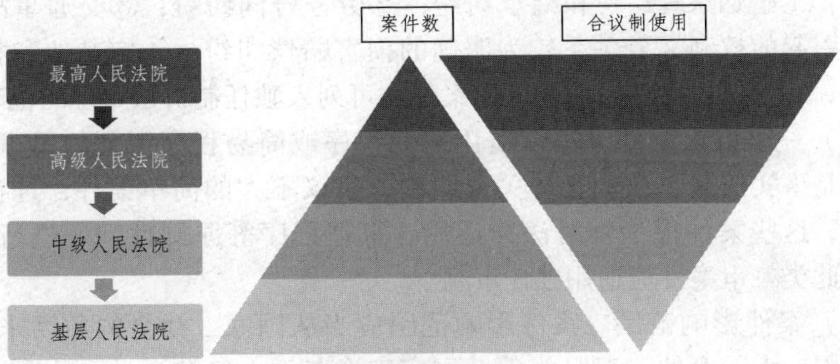

图1　改革预期目标

三、体系建构：民事二审独任制的具体设定

（一）案件的界定

1. 受案范围的具体限定。如前述，合理界定案件范围是二审独任制能够顺利实施的关键环节。在民事案件立案之后，对民事案件进行合理分流，建立对应的诉讼程序，可以加快诉讼案件的效率。横观各国或地区立法及司法实践，可以看出对于独任制的适用标准存在多样化的模式选择，一般存在诉讼标的额模式、案件类型列举式两种模式。以诉讼标的额为标准，操作性强，但仅凭此来确定能否适用独任制，容易忽略诸如案件性质、事

① 李相波：《关于〈民事诉讼法〉司法解释第二审程序修改内容的理解与适用》，载《法律适用》2015年第4期。

实或法律关系复杂程度等因素；采列举式，虽很少引起争议，但往往因不能穷尽所有的案件，导致独任制适用范围过窄。故，单纯依靠单一方法不可能实现案件范围的合理界定，应结合我国司法审判工作的实际情况予以确定。因目前一审速裁制度已经全面推开适用，一审在适用此程序时已根据案件的标的进行了一定的繁简分流，故在二审独任制案件范围中不宜再单独就诉讼标的进行区分。根据上述分析，是否试用二审独任制管辖的判断标准可细化为：案由、一审诉讼程序、案件影响范围三项指标，并设置兜底条款，采“列举+兜底”式的方式进行类型化归纳。

（1）案由界定。案由是人民法院对诉讼案件所涉及的法律关系的性质进行概括后形成的案件名称，能够基本反映案件的繁简程度。通过案由列举的方式，将某些案件直接确定为民事二审独任制的适用范围，便于立案、分案的实际操作。

关于案由的类别，可以借鉴《最高人民法院关于适用简易程序审理民事案件的若干规定》第十四条关于人民法院应先行调解的案件范围进行确定，即：①婚姻家庭纠纷和继承纠纷；②劳务合同纠纷；③交通事故和工伤事故引起的权利义务关系较为明确的损害赔偿纠纷；④宅基地和相邻关系纠纷；⑤合伙协议纠纷等。上述案件均可列入独任制诉讼审理的范畴。

（2）一审诉讼程序。一审适用速裁程序或简易程序审理的民事案件，一般都是事实清楚、权利义务关系明确、争议不大的简单案件，且在司法实践中，这些案件很少针对法律适用、审理程序等原则性问题进行上诉，因此，此类二审案件应适用独任审判。

（3）案件影响范围。案件影响范围应当从国家、社会的角度来理解。影响范围较大的案件一般是指涉及国家安全、重大经济活动、社会稳定或者众多不特定被害人人身、财产、利益的案件。案件影响的范围往往是在案件审理过程中逐步显现的，如果在审理过程中发现案件影响范围较大，亦应转为合议制进行审理。

（4）兜底条款。司法实践中案件的多样性是任何文字都不能详细描述的，也不是任何现实理性所能完全预料的，即便是事无巨细地详细列举，也不能将二审独任制案件与其他案件完全划分开来。因此，有必要设定兜底条款，将具体性与抽象性进行结合，克服制度设计的不周延性和滞后性，更好地实现二审独任制的功效，使更多的案件能够通过此种更经济的方式审结，建议将“案件不具有事实上或法律适用特殊困难的”作为规定民事二审独任制案件范围条款的兜底条款。

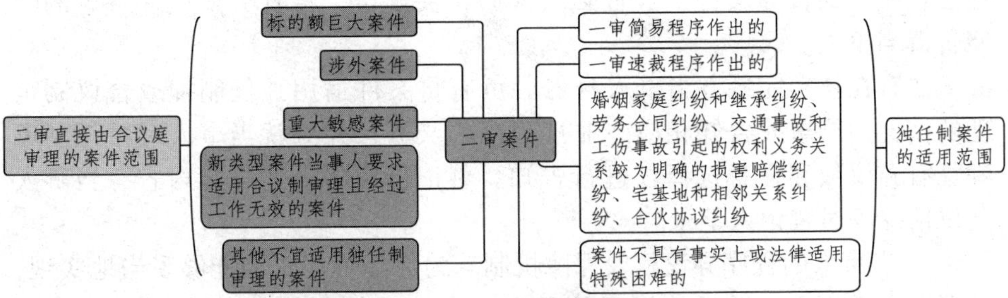

图2　民事二审独任制案件适用范围

2. 案件的智能化分配、提示。2017 年、2018 年最高人民法院先后发布《关于落实司法责任制完善审判监督管理机制的意见（试行）》《关于进一步全面落实司法责任制的实施意见》，强调“完善案件分配机制”，明确各级人民法院应当健全随机分案为主、指定分案为辅的案件分配机制。在民事二审独任制的建立和实施中，立案分配作为进口端，作用不容小觑，应采用系统智能分流、人工辅助分流，先通过随机分案系统对于基层法院移送的属于应适用独任制审理范围的案件直接分配至承办法官系统，并在立案信息登记表的相应位置进行明确标识。同时，应在法官审判系统内进行显示，提示承办法官该案件应适用独任制进行审理。

（二）当事人程序选择权具体设定

1. 当事人可合意选择由合议制转为独任制。民事诉讼程序效率化改革需建立在对案件进行一定限度的强制分流和尊重当事人程序选择权的共同理念之上。程序选择权有助于当事人对二审独任制处理结果的认可度，增强当事人对简化程序的信赖感和接近程度，能够更好地解决纠纷和实现诉讼目的，从而提高诉讼效率。在二审独任制中应赋予当事人一定的程序选择权。

2. 当事人不可合意决定由独任制转为合议制。随着社会纠纷的日益增多，我国司法资源不足已成为新时代审判形势的体现之一，诉讼制度设计上低成本、快速解决纠纷被提高到一定程度。如果赋予当事人合意决定案件可以由独任制转为合议制，则可能会重新回到原来的道路，损害民事二审独任制审判在通过制度改革实现低成本、快速解决纠纷和防止大量诉讼累积的目的。因此，不应允许当事人通过合议将应该由独任制审理的民事二审案件转为合议制审理。

（三）审理程序的优化设置

1. 程序告知义务。虽然诉讼制度是以具有完全能力的理性人为标准而构建，但其仍具有高度的专业性，进入诉讼过程中的当事人往往难以凭借通常的理性思维与生活经验轻松驾驭。为了保障当事人的合法权益，应规定法官相应的告知义务，法官必须依据相关规定，将有关事项在特定的时间告诉当事人。

法官在核实完各方当事人身份后负有将案件适用独任制抑或合议制审理的情况向当事人告知相应专业性程序的义务，并应就当事人对独任制审理享有异议权和合意选择权进行告知。书记员应将上述告知内容、当事人异议情况等过程记入笔录。

2. 当事人的程序异议权及保障机制。为保障程序正当能够妥当地实现，各国民事诉讼立法除明确设置给予当事人事后救济的上诉、再审制度外，一般还明确承认当事人享有在诉讼程序中指责诉讼主体实施的诉讼行为违法进而主张其无效的权利，该项权利即为程序异议权。[①] 程序异议权指的是一方当事人在诉讼过程中指责法院或者对方当事人实施的诉讼行为违反诉讼程序，目的在于排除违法的诉讼行为，进而保障自己合法的诉讼程序利益的权利。因而，程序异议权在性质上属于对诉讼程序的监督权。

（1）申请独任制转为合议制。审判组织形式的确定涉及当事人的切身诉讼程序权益，自然应赋予当事人一定异议权，即对于法院直接决定案件适用独任制审理的，当事人可以提出异议。

但需要强调的是，独任制的设立更多的是为了司法的利益，即实现司法资源的合理配置，而不仅仅是为了保护当事人的利益。为维护诉讼程序的安定性，防止当事人利用异议权恶意拖延诉讼，当事人行使程序异议权应受到严格的时间阶段上的规制，具体到独任制程序异议中，应限定当事人必须在案件宣告审判组织形式时提出，并应当说明理由。

对于当事人提出的异议，独任法官应向合议庭进行汇报，合议庭应在申请提出之日起三日内作出决定。异议成立的，应当将案件转由合议制开庭审理，并告知当事人；异议不成立的，口头告知当事人。同时，为保障案件审判的流畅性，保证案件的审判效率，在合议庭作出决定前，不暂停独任审判工作。

（2）复议权。申请复议是我国《民事诉讼法》赋予当事人的一项特有权利，当事人对法院就程序事项所作的决定或裁定不服，有权要求法院对该决定或裁定进行审查并重新作出处理，[②] 是对程序事项的二次救济措施。申请人对上述决定不服的，可以在接到决定时申请复议一次。独任制法官所在庭室的庭长应当在三日内对复议申请作出复议决定，并通知复议申请人。

（3）申请再审。根据我国两审终审制的基本制度构建及现行法律规定，

① 占善刚：《民事诉讼中的程序异议权研究》，载《法学研究》2017 年第 2 期。

② 刘敏：《保障当事人程序权提升民众对司法的信赖度》，载《人民司法》2005 年第 11 期。

民事二审独任制程序作出的判决、裁定即发生法律效力，当事人认为有错误的，有申请再审的权利。但是司法制度的设计和建立必须有科学性和系统性，民事二审独任制的设立就是为了应对日益增多的诉讼，在兼顾诉讼公正的同时，谋求诉讼的经济化，甚至优先考虑诉讼经济，以期通过制度创新低成本、快速解决部分纠纷。而我国现行再审程序的最大缺陷，就是在启动方面存在着极为严重的任意化和随机性问题。① 如果对于以二审独任制程序作出的判决、裁定的再审程序启动仍然按照现行法律规定进行，则必然会减损二审独任制的功能。

因此，在设置二审独任制再审程序时，应当重点突出再审制度审判监督补正个案瑕疵、恢复整体司法公正的公共目的，适当弱化其纠纷解决、权利救济的私人目的，采取相对弱化的救济措施，限定再审申请的事由仅能为严重侵犯当事人的程序性权利或适用法律错误。

3. 一次庭审程序终结。根据案件性质以及制度设立的本意，适用独任制审理的民事二审案件原则上应由独任法官按照简易程序一次性开庭审结，以免增加当事人诉累和减损独任制程序的效率。

但司法实践的多样性往往超出制度设计的人为理性，如果案件确实存在一定的复杂性，独任法官认为确有必要的可以再次谈话。同时，为保障独任制审理工作的进行，对于案件是否一次性开庭审结在案件评查及绩效考核中应设立相应指标，以提升独任法官一次性审结案件的积极性。

（四）独任制的转移与接管

因在立案阶段立案庭只能通过已经设定的案由范围对案件是否应适用独任制还是合议制进行分配，仅仅是对案件初步的了解和判断，而对于那些非案由范围之外的案件地难易复杂程度无法进行有效甄别，案件的具体情况（包括事实的审查和法律关系的核实）等都需要独任法官在详细阅卷、组织庭审等过程中一步一步地厘清。那么必然会出现表面简单而实质复杂或表面复杂而实质简单的案件，因此，应赋予作为诉讼程序参与人的法官和当事人一定的程序性权利，并根据法官、当事人提出的请求，根据案件的性质和类型建立独任法官与合议庭之间的“转移－接管”机制。

1. 当事人提议。（1）当事人异议转移。当事人一方或者双方就适用独任制提出异议后，人民法院应当进行审查，并按下列情形分别处理：①异议成立的，应当将案件转入合议庭按照普通程序进行审理，并将合议庭的组成人员及相关事项以书面形式通知双方当事人；②异议不成立的，口头告知双方当事人，并将上述内容记入笔录。民事案件的审理期限自人民法

① 陈瑞华：《刑事再审程序研究》，载《政法论坛》2000 年第 6 期。

院立案的次日起开始计算。

（2）当事人合意转移。当事人各方自愿合意选择适用独任制的，应在法庭核实双方当事人身份之前提出，经合议庭审查同意的，可以适用独任制进行审理。

2. 独任法官提议。（1）提议由合议制转为独任制。承办人阅卷后认为案件符合独任制的适用范围并决定由其独任审理时，应在卷宗分配之日起三日内提请合议庭进行复核，合议庭应在三日内及时作出决定。

（2）提议由独任制转为合议制。在独任法官提出案件转移申请后，合议庭应在三日内作出是否接管的决定，同时，该决定应采取书面的形式作出，并卷宗副卷以备查阅。为节约司法资源，合议庭接管案件经过实际审理后发现案件不复杂亦不宜再转为独任制审理，而应该由合议庭及时合议后直接作出裁决。

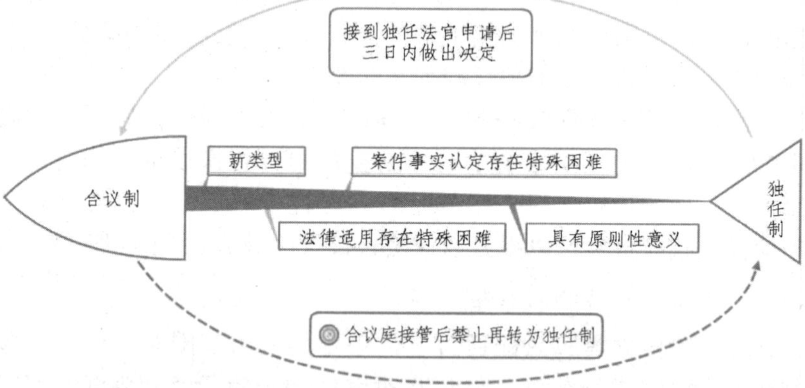

图3　民事二审独任制的转移与接管

（五）其他制度配套

1. 裁判文书简易制作。裁判文书至少有纠纷解决、参与社会治理和公开法官权利运行这三个功能，且裁判文书的功能主要靠说理来实现。[①]《最高人民法院关于进一步推进案件繁简分流优化司法资源配置的若干意见》第十五条明确提出："推行裁判文书繁简分流。根据法院审级、案件类型、庭审情况等对裁判文书的体例结构及说理进行繁简分流。复杂案件的裁判文书应当围绕争议焦点进行有针对性地说理。新类型、具有指导意义的简单案件，加强说理；其他简单案件可以使用令状式、要素式、表格式等简式裁判文书，简化说理。当庭宣判的案件，裁判文书可以适当简化。当庭即时履行的民事案件，经征得各方当事人同意，可以在法庭笔录中记录相

① 谢进杰：《判决功能的阐释：纠纷解决与社会治理》，载《学术研究》2014年第1期。

关情况后不再出具裁判文书。”

二审独任制作为案件繁简分流优化司法资源配置的一种方式，在裁判文书制作上亦应按照上述意见提出的理念进行裁判文书的适当简化，同时，应在裁判文书中注明案件适用独任制审理的情况。

2. 诉讼费减半收取。诉讼费具有程序引导、案件调节等作用，诉讼费在推进案件繁简分流、二审独任制设立等改革措施中的作用应该得到重视，相应的诉讼费改革措施应该鼓励当事人尽量选择减少司法资源消耗的程序。《诉讼费用交纳办法》第十六条规定，适用简易程序审理的案件减半交纳案件受理费。考虑到《民事诉讼法》实际采用的是合议制与普通程序、独任制与简易程序捆绑的立法模式，独任程序就是简易程序，二审中多数当事人对于诉讼费的收取具有高度敏感性，以及一审简易程序审理的案件进入二审后按照上述制度安排亦一般会采取独任制进行审理，因此，建议规定二审适用独任制审判的案件减半交纳案件受理费。

（六）考核、监督管理

1. 分类考核。二审独任制与目前推行的司法责任制改革下案件承办人制度高度契合。二审程序中也可以实现真正的案件按人分配，责任到人，使承办人成为案件的绝对行为主体。

“欲使责任有效，责任就是明确且有限度的，而且无论从感情上讲还是从智识上讲，它必须与人的能力所及者相适应。”① 审判管理部门应根据各地区、法院的审判实际情况对于独任制和合议制程序的考核进行合理区分，对于法官的绩效考核进行科学化设定。通过构建科学的考核机制使得案件承办的数量和办理状况与承办人的薪金、升迁、奖惩等实际利益密切相连，从而促进二审独任制的良性发展。

2. 加强监督管理。二审独任制全面推开后，在二审法院就会存在独任制审判和合议制审判两种审理模式，法官既可能作为独任法官审理案件也可能作为合议庭成员审理案件，所对应的工作考核的项目应有所不同，对于办案数量、办案质量、办案效率和办案效果等业绩评价体系亦应区分构建。同时，应合理设计独任制审理案件和合议制审理案件的管理指标，定期对适用独任制程序审理的案件进行评查、评比，使独任制能够真正地在正常轨道前行，发挥更大的作用。

一个被授予权力的人，总是面临着滥用权力的诱惑，面临着逾越正义与道德界限的诱惑。人们可以将它比作附在权力上的一种咒语——它是不

① ［英］弗里德利希·哈耶克：《自由秩序原理》，邓正来译，生活·读书·新知三联书店1997年版，第99页。

可抵抗的。[①] 独任法官的权力不受其他法官的监督，又没有来自普通程序规范和当事人主义诉讼模式的严格限制，那么，大量案件的程序正当性就会处于一种空前的危境，[②] 则会导致“效率性高而公信力低”的悖论现象，出现时任最高人民法院常务副院长沈德咏所述的“虽然我们付出了艰辛的努力，但司法的行为及其结果却往往得不到社会的理解和认同”的现象。为避免这些现象的出现，必须建立健全法官责任的分解、落实、留痕、督查与追责，努力构建有权必有责、用权必担责、失职必问责、滥权必追责的审判权“闭环”运行体系，推动司法责任制精准落地。

结　语

我国目前正处于社会转型时期，党的十九大报告指出，当今社会的主要矛盾是人民日益增长的美好生活的需要和不平衡不充分的发展之间的矛盾，这其中包含了司法发展与人民司法需求间的矛盾。因此，必须要更加深入分析把握新阶段司法体制改革的规律特点，敢于涉险滩、闯难关，真正推动改革不断取得突破性进展。独任制扩张是顺应诉讼爆炸时代的到来而作出的积极回应，系审判组织制度改革的一部分，势必牵一发而动全身，因此，只有大胆假设、小心求证、真抓实干才能保证公正地将其与合议制等其他制度的改革有效地结合起来，充分发挥制度优点，为实现中华民族伟大复兴的中国梦保驾护航。

---

① ［美］E·博登海默：《法理学——法哲学及其方法》，邓正来译，华夏出版社 1987 版，第 235 页。

② 傅郁林：《繁简分流与程序保障》，载《法学研究》2003 年第 1 期。

确认之诉“中间化”现象的反思与矫正

——以合同纠纷一次性解决为视角

沈 宸*

引 言

纠纷一次性解决，是指通过一次诉讼全盘、彻底解决当事人之间的纠纷，从而实现案结事了的实际效果。① 如果纠纷无法一次性解决，意味着同一纠纷引发数次诉讼。一审二审，一诉再诉，案结事不了，当事人一次次奔波，却无法从真正意义上解决争议；诉讼程序一次次启动，也给法院原本沉重的审判压力再添负担。

合同是市场化配置资源的主要方式，合同纠纷也是民商事纠纷的主要类型。然而，在当前的司法实践中，合同纠纷无法一次性解决的问题尤为突出。2019 年公布的《全国法院民商事审判工作会议纪要》中，明确提出：法院在审理合同纠纷案件过程中，应适度发挥司法的能动性，尽可能一次性解决纠纷。

鉴于此，本文尝试对当前司法实践中合同纠纷无法一次性解决的现象作一考察，分析这一现象出现的原因，并在此基础上对合同纠纷一次性解决目标的实现进行初步思考。

一、检视：合同纠纷无法一次性解决的类型化观察

纠纷无法一次性解决，意味着基于同一事实产生的纠纷需要通过至少两次诉讼解决。通过对合同纠纷案由项下同一纠纷经二次诉讼解决的案例进行检索和梳理，以下将合同纠纷无法一次性解决的情形分为四类，针对

---

* 作者单位：上海市第二中级人民法院。

① 孙国鸣、黄海涛、宋少源、王湘羽：《关于建立民事审判“纠纷一次性解决机制”的调研报告》，载《法律适用》2013 年第 1 期。

每一类型列举典型案例供后文讨论。[①]

1. 类型一：当事人对合同效力的判断与法院认定不一致，但未变更诉讼请求，法院仅判决确认合同效力。

[案例一]：甲与乙签订《房屋买卖协议》，将其名下的责任田和菜园地转让给乙。

乙起诉请求确认《房屋买卖协议》有效，并要求甲配合办理案涉土地的流转手续。法院认为：甲并非案涉土地承包方，不具备流转案涉土地承包经营权的主体资格，判决：《房屋买卖协议》中关于案涉土地部分无效，对乙其余诉讼请求不予支持。后乙再次起诉，要求甲赔偿因《房屋买卖协议》无效造成的损失。

2. 类型二：当事人对合同效力的判断与法院认定一致，但诉讼请求未涉及后续给付内容，法院仅判决确认合同效力。

[案例二]：甲与乙签订《商品房认购书》，认购乙公司开发的房屋。

甲起诉请求确认《商品房认购书》无效，法院认为，乙公司未取得商品房预售许可证明与甲签订《商品房认购书》，《商品房认购书》具备商品房预售合同的主要内容，应当认定为商品房预售合同，判决：确认《商品房认购书》无效。后甲再次起诉，要求乙公司双倍返还其已支付的定金。

3. 类型三：当事人对合同效力的判断与法院认定一致，但给付请求尚未成熟，法院仅判决确认合同效力。

[案例三]：甲与乙公司签订《房屋改造拆迁回迁安置合同》，约定甲以其房产证现有的建筑面积为准，每一平方米置换乙公司开发的房屋一平方米。

甲起诉请求确认《房屋改造拆迁回迁安置合同》有效，同时要求乙公司按约支付超出合同约定拆迁过渡期限的临时住房安置费。法院认为：《房屋改造拆迁回迁安置合同》有效，但住房安置费支付标准尚不明确，安置期限亦未最终确定，判决：确认《房屋改造拆迁回迁安置合同》有效，对甲其余诉讼请求不予支持。

后甲死亡，其继承人再次起诉，要求乙公司依据《房屋改造拆迁回迁安置合同》交付安置房屋并支付临时住房安置费。

4. 类型四：当事人对合同效力的判断与法院认定一致，但明确不主张合同无效的后果，法院判决确认合同无效，根据恢复原状原则就财产相互返还事宜作出处理

[案例四]：甲公司与乙公司签订《房屋所有权、土地使用权有偿转让合同》，将其名下的土地转让给乙公司，并负责办理土地过户手续。后甲公

① 以下案例均根据“中国裁判文书网”公开裁判文书编写，为便于讨论，案情已作必要简化。

司依约交付土地，乙公司支付部分转让价款。

因办理土地过户手续时受阻，且该地块遇征收，甲公司起诉请求确认《房屋所有权、土地使用权有偿转让合同》无效。审理中，甲、乙两公司均明确表示不要求在本案中处理合同无效造成的损失。法院认为：案涉土地为农村集体土地，未办理相关转让手续，判决：确认《房屋所有权、土地使用权有偿转让合同》无效；甲公司返还乙公司已支付的转让价款；乙公司返还案涉土地。后乙公司再次起诉，要求甲公司赔偿因《房屋所有权、土地使用权有偿转让合同》无效造成的损失。

通过上述案例可以发现，合同纠纷无法一次性解决往往源于合同效力的争议：如果当事人对合同效力的判断错误，则意味着其提出的后续给付请求法院无法处理，此时法院一般会向当事人释明，要求其变更诉讼请求；如果当事人拒不变更其诉讼请求，则法院只能就合同效力作出确认判决，后续给付请求需要留待第二次诉讼处理。而前述会议纪要条文也正是针对此类情况提出的。

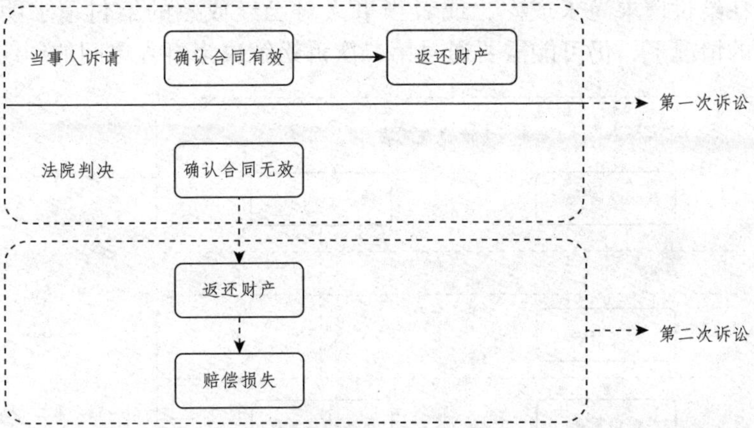

图 1　当事人对合同效力的判断错误（合同实为无效）致多次诉讼示意图

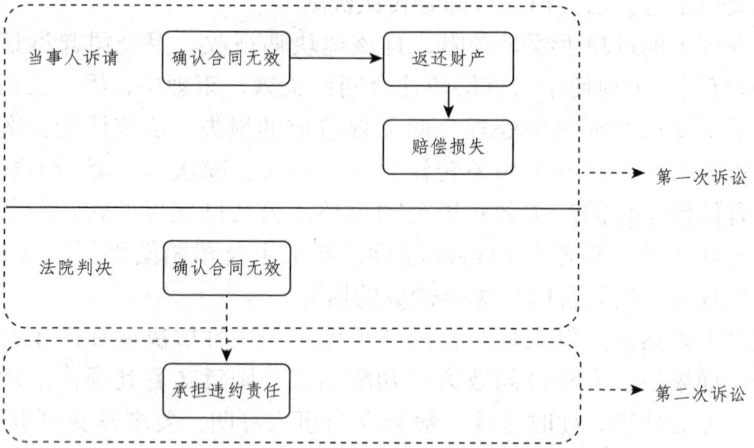

图2　当事人对合同效力的判断错误（合同实为有效）致多次诉讼示意图

然而，即便当事人对合同效力的判断与法院认定一致，由于单独提起确认合同效力的请求也可以构成一起诉讼（以下简称确认合同效力之诉），因此，在给付请求尚未成熟，或者当事人对已经成熟的给付请求明确不进行主张的情况下，仍可能需要通过第二次诉讼解决当事人之间的纠纷。

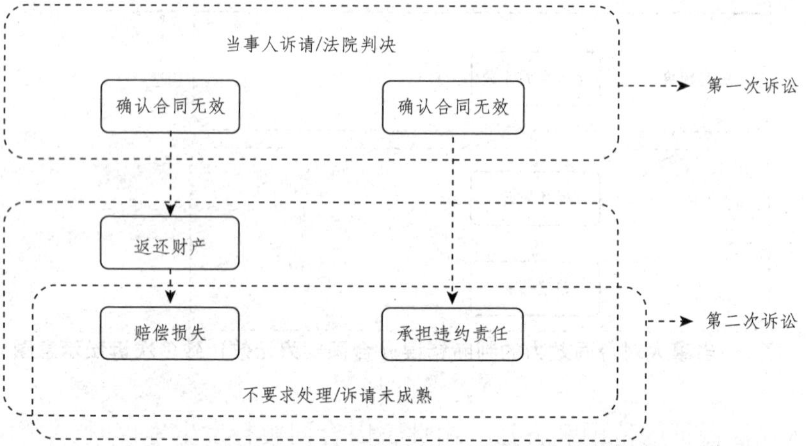

图3　当事人对合同效力的判断正确仍无法一次性解决纠纷示意图

二、解构：合同纠纷无法一次性解决的成因透视

合同纠纷无法一次性解决，是主客观方面多重因素叠加的结果。对现象背后的成因进行充分的解构和剖析，是解决合同纠纷无法一次性解决之困境的必由之路。

（一）理论层面：外在约束的缺位

1. 诉讼标的理论与重复起诉约束的缺位。如果当事人之间的纠纷本可以通过一次诉讼解决，却人为拆分成多次诉讼，将增加对方当事人和法院的讼累。从民事诉讼法学的角度说，如果当事人行使诉权的行为给他人、法院和社会整体增加了不应有的成本，就构成了诉权的滥用，应当加以规制。[①] 诉权滥用的规制一般通过禁止重复起诉制度实现。

就重复起诉的认定而言，我国的实务态度较为保守，《最高人民法院关于适用〈中华人民共和国民事诉讼法〉的解释》第二百四十七条关于重复起诉的规定仍倾向于“旧实体法说”的诉讼标的理论，要求“后诉与前诉的诉讼请求相同，或者后诉的诉讼请求实质上否定前诉裁判结果”。由于确认合同效力请求与后续给付请求之间存在实质性的差异，并且后诉正是基于前诉的裁判结果展开的，因此，这一规定并不适用于当事人将确认合同效力请求与后续给付请求人为拆分后在两次诉讼中分别提出的情形。

2. 诉的利益理论与确认利益约束的缺位。大陆法系国家一般认为，只有存在“确认利益”的情况下才能够提起确认之诉。具体而言，确认利益是否存在可以从方法选择的妥当性、对象选择的妥当性、被告选择的妥当性和纠纷的现实性四个角度判断。[②] 依据这一观点，前述案例二和案例四中，当事人明确仅要求确认合同效力而不要求处理给付请求，不符合方法选择的妥当性要求，应直接提起给付之诉，在给付之诉中一并提出关于合同效力的主张；[③] 而案例三中，给付请求尚不明确，单独提出确认合同效力请求不符合纠纷的现实性要求，应在给付请求成熟后直接提起给付之诉。

我国目前尚不存在“确认利益”的成文规则，理论上也缺乏全面探讨。即便是其上位概念“诉的利益”也仅存在于民事诉讼理论中，《民事诉讼法》上并没有明文规定。司法实践中，对于合同有效且当事人对此不存在实质性争议的案件，法官仍需援引诚实信用原则作为裁判依据。[④]

（二）制度层面：私法自治的土壤

我国《民事诉讼》法奉行处分原则，允许当事人在法律规定的范围内处分自己的权利。就实体权利的处分而言，当事人在起诉时可以自由地确定请求司法保护的范围和方法。由此，因合同履行发生争议时，当事人可以起诉要求继续履行或解除合同，也可以一并要求对方当事人承担违约责

---

① 段厚省：《各类型民事诉讼的诉讼标的和识别标准》，载陈光中、江伟主编《诉讼法论丛》第8卷，法律出版社2013年版。

② ［日］新堂幸司：《新民事诉讼法》，林剑锋译，法律出版社2008年版，第194～202页。

③ 需明确的是，前述案例四中，法院在确认合同无效后对财产相互返还事宜作出处理，但财产返还是为了将双方的权利义务关系恢复到合同成立前的状态，也即恢复原状，这是合同无效的应有之义。除此之外，对于订立无效合同负有过错的当事人还应当承担相应的民事责任，此时才构成对受侵害权利的实质性救济，因而在本文的语境下，仍将案例四的第一次诉讼归为确认之诉。

④ 邬砚：《确认之诉中诉的利益的内涵》，载《人民司法》2014年第12期。

任；在合同效力存在争议的情况下，可以单独请求确认合同效力，也可以一并要求处理合同无效时的赔偿责任、合同有效时的违约责任等。

当事人的诉讼请求划定了审判权行使的范围，法院不能超出当事人的诉讼请求进行裁判，由此，当事人处分权的行使构成了对审判权的制约：如果当事人仅要求法院对合同效力作出认定，不要求对后续责任进行认定，则法院不能超出其诉讼请求对确认合同有效或无效后的民事责任进行裁判。同时，诉讼请求也为当事人划定了攻击防御的范围，如果当事人不主张后续责任的承担，则对方也仅需就合同效力问题进行相应的抗辩和防御，无需涉及后续责任问题，如实际损失的举证和质证。此时，即便法院希望发挥能动作用，在认定返还财产和赔偿责任时也可能面临无源之水的困境。

（三）主体层面：双向交织的合力

1. 当事人角度：诉讼策略上的利弊权衡。无论当事人是否提出确认合同效力的请求，法院在审理合同纠纷案件的过程中均应当先行认定合同的效力，因为合同效力决定了合同能否履行，是一切合同纠纷案件中的先决性问题。只有在合同有效的情况下，当事人才能依据合同相关约定主张相应法律后果。如果法院认为合同绝对无效，则当事人只能主张合同无效的法律后果，即返还财产和赔偿损失，而不能要求对方继续履行合同义务、承担违约责任等，也不能要求撤销或解除合同。因此，法院对合同效力的判断直接影响到当事人的具体诉讼请求能否获得支持。

基于禁反言的原则，当事人在诉讼中提出的诉辩主张和攻击防御方法，必须与其对合同效力的主张保持逻辑一致。因此，在合同效力尚存争议的情况下，当事人将难以确定其在诉讼中的具体诉辩主张和攻击防御方法。针对这一问题，《最高人民法院关于民事诉讼证据的若干规定》第三十五条允许法院先行对民事行为的效力作出认定，以便当事人明确自己的诉讼请求。然而，在“认定+告知”模式下，当事人的程序权利难以得到保障：一方面，是认定效力存在不确定性，如果法院不受这一认定的约束，可能发生审理中的认定与裁判结果不一致的情况；另一方面，是当事人无法就认定单独提起上诉，如果一审法院的认定与二审法院不一致，将导致案件发回重审，增加讼累。[①] 而独立提起确认合同效力之诉，可以通过判决的形式明确合同效力，从而避免上述问题。因此，排除纯粹拖延诉讼进程的恶意滥诉情形，当事人单独提起确认合同效力之诉可能源于诉讼策略上的利弊权衡。

2. 法官角度：人案矛盾下的无奈选择。当前各地法院案多人少的矛盾

① 傅郁林：《先决问题与中间裁判》，载《中国法学》2008 年第 6 期。

突出，法院对审限内结案率的考核也较为严格。结案压力无形中导致法官以结案为首要目标，尽量避免程序的拖延。如果一起案件中包含的诉讼请求增加，往往意味着法官查明事实的范围也需作出相应扩展，导致案件审理的进程减缓。合同纠纷中，如果当事人要求确认合同效力，则法官只需要查明合同是否具备有效要件即可；进一步认定后续民事责任，则意味着还需要查明合同的履行情况、当事人的实际损失等。因此，如果当事人仅要求确认合同效力，而不要求处理后续责任问题，在不会影响当事人实体权利的情况下，法官往往也乐见其成。

三、思辨：纠纷一次性解决目标下确认之诉的价值回归

通过前文分析可以发现，合同纠纷无法一次性解决，主要原因在于确认合同效力之诉成为纠纷解决的中间环节。然而，确认之诉有着自身的独立价值，纠纷解决的中间环节不应成为确认之诉的常态。

（一）异化困境：确认之诉的滥用之过

1. 诉讼程序空转。就确认合同效力之诉而言，确认判决本身只是一种宣告性的判决，并未明确后续民事责任。如果当事人之间无法协商一致，则需要再次提起诉讼，由法院进行裁断。虽然后诉的裁判对象已经发生了变化，但实践中法官往往需要在综合全案事实、衡平各方利益的基础上进行裁判，因而，两次诉讼中法官面对的应是同样的基本事实。在前述案例四中，后诉的法官仍需全面了解合同订立的经过、土地使用权转让的办理情况等，以便衡量双方的过错程度。

由此可见，确认之诉虽然在形式上构成了一次诉讼，但对于当事人而言，确认判决并未对当事人间的权利义务关系进行实质性调整；对于法院而言，事实查明的工作量也并未实质性减轻，事实上就构成了一次“程序空转”。

2. 纠纷进程延宕。确认合同效力之诉是否受诉讼时效期间的限制，理论上或存争议，实务态度已经趋于明确：依据最高人民法院的观点，当事人请求确认合同无效不受诉讼时效期间的限制。[①] 由此带来的问题是，后续给付之诉的诉讼时效应当如何计算。就司法实践来看，实务中法院的态度较为宽容：合同被确认无效时，当事人再次起诉请求返还原物、赔偿损失，法院倾向于以合同被确认无效之日起算诉讼时效；[②] 即便确认合同无效的请

---

① 最高人民法院民事审判第二庭：《最高人民法院关于民事案件诉讼时效司法解释理解与适用》，人民法院出版社2008年版，第16～17页。

② 陈敏、杨惠玲：《确认合同无效之诉与诉讼时效的适用》，载《人民法院报》2014年6月18日；案例详见最高人民法院（2005）民一终字第104号民事判决书。

求被驳回，法院也倾向于认为确认之诉引发了诉讼时效的中断。①

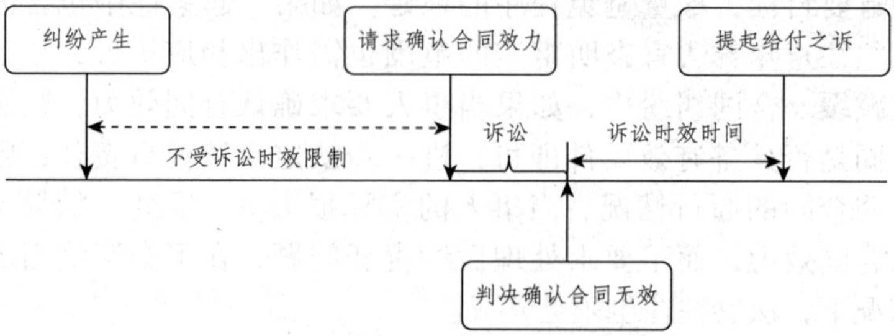

图4　合同无效情况下的纠纷进程示意图

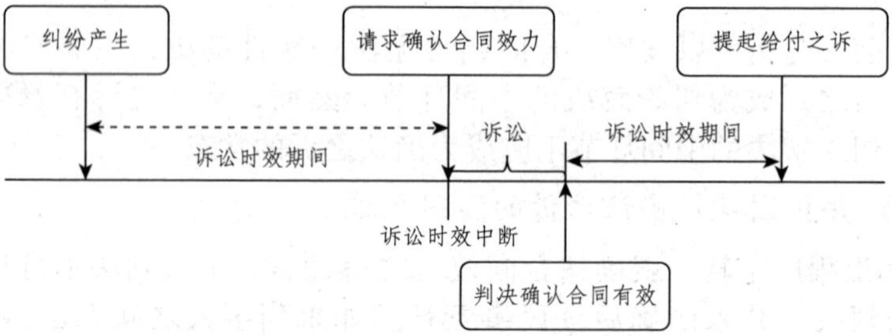

图5　合同有效情况下的纠纷进程示意图

由此可见，确认之诉成为纠纷解决的中间环节，将导致诉讼时效制度处于失灵状态，拖延纠纷进程，当事人之间的权利义务关系也将长期处于不稳定状态。

3. 证据事实湮灭。确认之诉成为纠纷解决的中间环节，导致纠纷进程延宕，也进一步增加了事实查明的难度。在前述案例三中，当事人去世、案涉工程项目有关权利和义务被整体转让，导致第二次诉讼查明合同签订相关事实变得更为困难。而在前述案例四中，案涉土地上的房屋已于第二次诉讼前被全部拆除，导致通过司法鉴定程序评估损失不再具有现实可能性，法院不得不依据乙公司单方提供的评估报告进行认定。

民事诉讼中的证据事实固然难以再现客观事实，但证据的湮灭将导致证据事实在更大程度上偏离客观事实，造成实体公正的减损。在“当事人主义”的诉讼模式下，举证责任由当事人承担，如果当事人一方为后续诉讼保全了对己方有利的证据，将导致当事人的诉讼地位失衡，据此作出的裁判结果也难以真正令对方当事人信服。

4. 判项不当分离。当合同被确认为无效时，当事人可以根据恢复原状原则请求返还因合同取得的财产。由此带来的问题是如果涉及房屋或股权等价值波动较大的财产，合同被确认无效时相较于合同订立时的增值或贬

① 案例详见最高人民法院（2013）民申字第519、546号民事裁定书。

值部分应如何处理。最高人民法院在《全国法院民商事审判工作会议纪要》（向社会公开征求意见稿）倾向于认为：法院应当根据诚实信用原则，在当事人间合理分配或者分担责任。① 此时，财产返还与损害赔偿的范围出现了重合。如果法院在确认合同效力之诉中就财产返还进行了处理，当事人又再次提起损害赔偿之诉，则财产价值波动因素将被重复考虑，导致一方当事人因无效合同而获利。

事实上，民事责任的认定应当是综合全案事实进行的裁量，基于同一事实产生的请求权应当是彼此关联的，有关联就需讲协调。诉讼请求的不当分离将导致判项的不当分离，进而导致裁判无法实现整体协调，也背离了实体公正的目标。

（二）定位回溯：确认之诉的应然之用

1. 确认之诉的补充性。从民事诉讼的演进历程来看，诉的三大类型并非同步出现。大陆法系民事诉讼法学界一般认为，给付之诉是自罗马法以来就存在的"诉之本来形态"。确认之诉和形成之诉则是对给付之诉的补充。就确认之诉与给付之诉的关系来看，一方面，确认判决没有对应的强制执行内容，因而确认之诉解决纠纷和实现权利的能力弱于给付之诉；另一方面，确认之诉控制着法律关系的根基，因而其相较于给付之诉有着"观念上的纠纷解决之范围较为广泛"的优点。②

进一步从适用场景来看，日本学者认为，给付之诉是对利益支配现状不满意者，积极主张变更现状，并通过强制执行实现其目的的诉；而确认之诉则是对利益支配现状满意者，主张无需变更现状，并通过裁判来对现状予以确定之诉。③ 由此可见，确认之诉的补充性体现在其与给付之诉适用于不同的场景，发挥着不同的制度功能和纠纷解决价值。

2. 确认之诉的预防性。确认之诉的目的在于对法律关系进行权威性确定，在起诉主体上没有特别的限制，由此极大程度上扩展了当事人启动确认之诉的可能。为此，大陆法系国家将"确认利益"作为提起确认之诉的必要条件。具体而言，德国学者认为，"确认利益"意味着"权利或者权利状况面对现存的不确定危险，该危险又能够通过确认之诉克服"。"现存的不确定危险"包括权利人的权利受到否认（权利享有者提起积极确认之诉），或潜在权利人主张权利受到侵害（义务承担者提起消极确认之诉）；

---

① 《全国法院民商事审判工作会议纪要（最高人民法院民二庭向社会公开征求意见稿）》，载 http：//www. court. gov. cn/zixun - xiangqing - 175272. html，最后访问时间：2019 年 9 月 4 日。

② ［日］高桥宏志：《民事诉讼法：制度与理论的深层分析》，林剑锋译，法律出版社 2003 年版，第 60 页。

③ ［日］新堂幸司：《新民事诉讼法》，林剑锋译，法律出版社 2008 年版，第 148 页。

而“该危险能够通过确认之诉克服”，意味着如果在确认之诉之外还需其他纠纷解决方式介入，如需要提起后续给付之诉，则不应舍近求远地提起确认之诉。①

由此可见，确认之诉的功能应当且仅应当定位为预防性功能，也即避免权利受到侵害的危险转化为现实：一方面，要求确认之诉的提起以权利处于现实的不安与危险状态为前提；另一方面，强调确认之诉相较于给付之诉的补充性质，也即不适用于权利已受侵害的情形。

四、探索：合同纠纷一次性解决目标的实现路径

确认之诉背离其应然定位，确认合同效力之诉成为纠纷解决中间环节，是主客观多重因素影响下的结果。因此，在探索合同纠纷一次性解决目标的实现路径时，也应当发挥制度间的协同作用。

（一）宏观设计：实体公正与程序效率之衡平

1. 正向引导。激活先行判决制度。先行判决，也称为部分判决，是指在诉讼过程中，法院对一诉中可分的数个请求或实体请求的一部分所作出的判决。② 在合同纠纷中，确认合同效力请求独立于后续给付请求，因而法院对于确认合同效力请求可以作出先行判决。以先行判决取代目前的“认定+告知”模式，目的在于保障当事人的程序权利：一方面，将合同效力问题明确为一种实体性争议可以确保当事人进行充分的举证质证和法庭辩论，允许当事人就部分判决单独提起上诉，也可以避免因一审法院和二审法院对合同效力的认定不一致，导致后续攻击防御成为浪费；另一方面，以判决形式对合同效力进行明确，在固定后续程序的审理对象的同时，也对裁判者产生约束力，避免法院的裁判结果与其在诉讼过程中作出的认定出现冲突。

先行判决制度在我国《民事诉讼法》上已有规定，但由于缺乏明确的适用场景，目前实务中较少使用。通过激活先行判决制度，可以避免当事人通过单独提起确认合同效力之诉保障自身程序权利，引导其尽可能地在一次诉讼中解决纠纷。

2. 反向规制。设置确认利益门槛。对确认之诉的适用场景进行限缩，可考虑的路径有“诉讼标的”路径和“确认利益”路径。

就“诉讼标的”路径而言，可能面临理论和实务上的较大障碍。一方面，目前理论界关于诉讼标的界定主要存在“旧实体法说”“诉讼法说”和“新实体法说”三种主流观点，而我国的实务态度仍倾向于最为保守的“旧

---

① 曹志勋：《论我国法上确认之诉的认定》，载《法学》2018 年第 11 期。

② 江伟主编：《民事诉讼法（第四版）》，高等教育出版社 2013 年版，第 357 页。

实体法说”，通过“诉讼标的”路径对确认之诉进行规制将面临多重理论的隔阂。另一方面，结合诉讼标的理论的演进历程看，这些理论本质上都是为给付之诉服务的，用于规制确认之诉也存在先天不足。

相较而言，“确认利益”路径应优于“诉讼标的”路径。一方面，“确认利益”路径是大陆法系国家规制确认之诉的传统路径，相关的理论研究已经较为成熟。另一方面，“确认利益”在我国实务界并非新鲜事物，虽然没有在裁判文书中明确援引，但部分法官已经开始有意识地将“确认利益”作为分析工具。[①] 因此，通过设置“确认利益”门槛，实现确认之诉的价值回归，避免确认之诉成为纠纷解决的中间环节，应是推动合同纠纷一次性解决的可行路径。

3. 配套举措。强调法官释明义务。一般而言，释明权被认为是法官的诉讼指挥权，是指法官有针对性地向当事人发问，提醒当事人作出充分完备的陈述及主张，并提供支持其主张的证据。为了避免当事人主义的诉讼模式造成实质性的不平等，弥补当事人诉讼能力的不足，大陆法系国家将释明权同时也定位为法官的一项义务。[②]

民事诉讼，一方面，追求对公民权利的完备性保护，实现实体公正；另一方面，也要求尽可能地实现纠纷的一次性解决，提高程序效率。为了在最大程度上实现实体公正与程序效率的统一，在设置“确认利益”门槛限制当事人提起确认之诉的同时，也有必要强调法官在诉讼中的释明义务。具体而言，当事人单独提起确认合同效力之诉时，法官应主动审查相关纠纷是否具备直接提起给付之诉的条件，在条件成熟的情况下，应主动进行释明，引导当事人提出完整、适当的给付请求，而非简单地以缺乏确认利益为由驳回起诉。

（二）微观实现：案例指引与制度完善之配合

1. 发挥典型案例指引作用。目前我国尚没有关于“诉的利益”或“确认利益”的成文规则，但这并未影响实务中法官将其作为分析工具。在最高人民法院的裁判文书中，也明确出现了“诉的利益”和“确认利益”的表述。[③] 因此，可以借鉴同样没有明文规定，却依托司法实务扎实建立起

---

① 邬砚：《确认之诉中诉的利益的内涵》，载《人民司法》2014 年第 12 期；郝绍彬：《确认之诉中诉的利益及其裁判考量》，载《人民法院报》2016 年 9 月 28 日。

② 毕玉谦：《对民事诉讼中法官阐明权的基本解读》，载《法学家》2006 年第 6 期。

③ 案例详见最高人民法院（2011）民申字第 777 号民事裁定书、最高人民法院（2009）民二终字第 119 号民事判决书。

"确认利益"理论的日本,[①] 通过发挥典型案例的指引作用逐步明确"确认利益"的内涵。

事实上，最高人民法院的裁判文书中曾出现如下表述："确认不侵权之诉，通过确定权利人与被指控侵权人之间侵权法律关系的存在与否，防止权利人滥发侵权警告函等滥用权利的行为给被指控侵权人合法权益造成损害，平衡权利人与被指控侵权人的程序利益。"[②] 该论断几乎已经揭示了"确认利益"的内涵和确认之诉的预防性功能，但并未明确与"确认利益"联系在一起。为此，应进一步加强对相关案例的研判，充实"确认利益"的理论内涵，并适时将相关案例上升为典型案例，待案例研究成熟时上升为裁判规则。

2. 完善民事案件案由规定。目前最高人民法院《民事案件案由规定》中列举的确认之诉三级案由共11种，四级案由共22种。[③]

《民事案件案由规定》中明确将"确认合同效力纠纷"列为三级案由，项下包含"确认合同有效纠纷"和"确认合同无效纠纷"两个四级案由，对确认合同效力之诉完全敞开大门。实践中，案由规定对当事人起诉发挥着实质性的引导作用，为此有必要加以完善。

结合确认之诉的预防性功能定位，应参考侵权责任纠纷中将确认之诉限定为知识产权领域各类确认不侵权之诉的规定，将合同纠纷中确认之诉的案由也限定为消极确认之诉，对债权的积极确认可以直接并入给付之诉。进一步考虑到确认合同无效请求应与合同无效的法律后果一并主张，应将合同纠纷中的确认之诉案由明确为"确认债务不存在纠纷"。[④]

表1　　确认之诉案由分布情况

	三级案由	四级案由
21	收养关系纠纷	(1) 确认收养关系纠纷
32	物权确认纠纷	(1) 所有权确认纠纷; (2) 用益物权确认纠纷; (3) 担保物权确认纠纷
48	共有纠纷	(1) 共有权确认纠纷

① 新堂幸司在其教科书中，结合《日本最高裁判所民事判例集》二十余个判例，详细分析了确认利益的判断方法。[日] 新堂幸司:《新民事诉讼法》，林剑锋译，法律出版社2008年版，第194~202页。

② 案例详见最高人民法院（2015）民申字第628号民事裁定书。

③ 参见《最高人民法院关于修改〈民事案件案由规定〉的决定》（法〔2011〕41号）、《最高人民法院关于补充增加民事案件案由的通知》（法〔2018〕364号）。

④ 刘哲玮:《确认之诉的限缩及其路径》，载《法学研究》2018年第1期。

续上表

	三级案由	四级案由
55	土地承包经营权纠纷	(1) 土地承包经营权确认纠纷
67	确认合同效力纠纷	(1) 确认合同有效纠纷；(2) 确认合同无效纠纷
127	请求确认人民调解协议效力	
153	确认不侵害知识产权纠纷	(1) 确认不侵害专利权纠纷； (2) 确认不侵害商标权纠纷； (3) 确认不侵害著作权纠纷； (4) 确认不侵害植物新品种权纠纷； (5) 确认不侵害集成电路布图设计专用权纠纷； (6) 确认不侵害计算机软件著作权纠纷
169	劳动合同纠纷	(1) 确认劳动关系纠纷
228	企业出资人权益确认纠纷	
242	股东资格确认纠纷	
250	公司决议纠纷	(1) 公司决议效力确认纠纷
274	请求确认债务人行为无效纠纷	
279	破产债权确认纠纷	(1) 职工破产债权确认纠纷； (2) 普通破产债权确认纠纷
286	证券权利确认纠纷	(1) 股票权利确认纠纷； (2) 公司债券权利确认纠纷； (3) 国债权利确认纠纷； (4) 证券投资基金权利确认纠纷
332	确认票据无效纠纷	
402	申请确认仲裁协议效力	

3. 确立合同纠纷裁判模式。合同效力是一切合同纠纷中的先决性问题，因而法院在审理合同纠纷时，应当首先对合同效力进行初步认定。

(1) 当法院认定与原告的诉请不一致时，应向双方当事人进行释明，如果原、被告对法院的认定均不持异议，可以引导原告变更给付请求，在此基础上径行裁判；如果原告或被告对此持有异议，则应当引导其提出确认合同效力请求，并允许双方当事人充分发表意见，在此基础上就合同效力争议作出先行判决。

(2) 当法院认定与原告的诉请一致时，也应听取被告关于合同效力的意见。同样，如果被告不持异议，法院可径行裁判。如果被告持有异议，则应引导其通过反诉提出确认合同效力请求，并作出先行判决。对先行判决应赋予当事人上诉权，上诉程序可参照管辖权异议上诉程序进行规定。

(3) 当事人仅要求确认合同效力，而未穷尽给付请求的，应当向其释明，要求其一并提出已经成熟的给付请求，如给付请求未成熟或当事人明确不予主张，则应当以缺乏确认利益为由驳回起诉，此时案件并未进入实质性审理，故可以适用程序性裁定，当事人后续再次起诉不构成重复起诉。

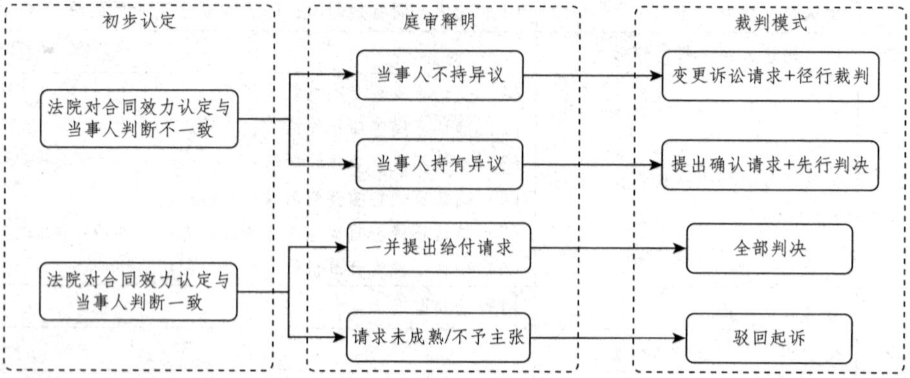

图 6　合同纠纷司法裁判模式示意图

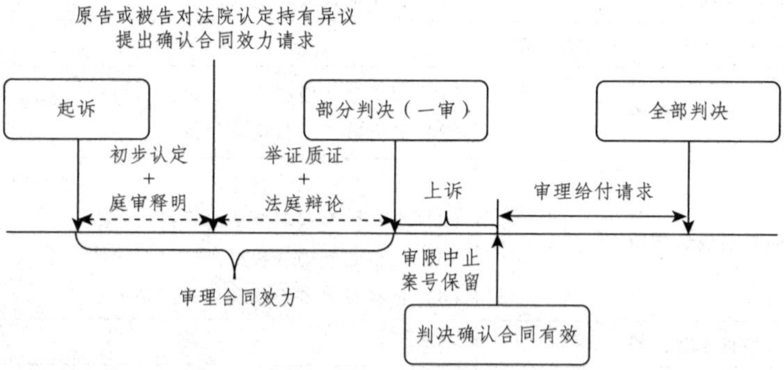

图 7　合同纠纷适用先行判决流程图

结　语

我国诉的类型的确立是法律移植的产物，而非历史演进的结果，由此导致三者的功能定位并不清晰。司法实践中，确认合同效力之诉也越来越多地成为纠纷解决的中间环节。探寻现象背后的成因，进而厘清规则、构建体系，促进制度之间的良性互动，才能真正发挥制度的规范功能，回应社会的现实需要。

反思与重构：个人债务清理路径探究

——基于S市近五年分配方案异议之诉的实证分析

沈　洁*

引　言

执行分配，附之以作为配套救济程序的执行分配方案异议及诉讼程序，是我国现行以强制执行为中心的个人债务清理制度的核心环节。然而，在司法实践中，此项债务清理模式的运转出现一些普遍性的问题，并反映于执行分配方案异议诉讼中。《人民法院第五个五年改革纲要（2019—2023)》，以及《人民法院执行工作纲要（2019—2023)》均将推动建立个人破产制度部署为一项重要任务。而新制度的立法设计，无疑是在既往实践基础上作出的更优选择。在此个人债务清理模式根本性改革的背景下，结合实践明晰现行个人债务清理模式的运转及亟待改进之点，显得更为重要。本文通过实证研究的方法，以S市2014年~2018年审结的72件执行分配方案异议之诉案件为样本①，分析执行分配制度的现实困境与衍生性消极影响，厘清执行与破产功能界限，探寻二者协同的个人债务清理路径及阶段性尝试，以期为改革的推进提供一点有益的思路。

一、问题的提出：执行分配方案异议之诉审理概况

（一）近五成分配方案异议之诉案件未进入实体审查

2014年~2018年，S市审结的72件执行分配方案异议之诉案件中，被执行人为自然人的为52件，被执行人为企业的为20件。从结案方式看，撤回起诉或调解结案32件，占44.44%；裁定驳回起诉6件，占8.33%；裁定发回重审或指令审理3件，占4.17%。仅有31件案件作出实体判决，案

* 作者单位：上海市第二中级人民法院。

① S市审判管理系统显示，2014年~2018年期间，S市共计审结执行分配方案异议之诉为118件，去除财产保全案件，以及同一案件经过一、二审抑或再审程序的，计为一件，统计为此处的72件。

件进入实体审查比例为43.06%，未进入实体审查比例为56.94%。

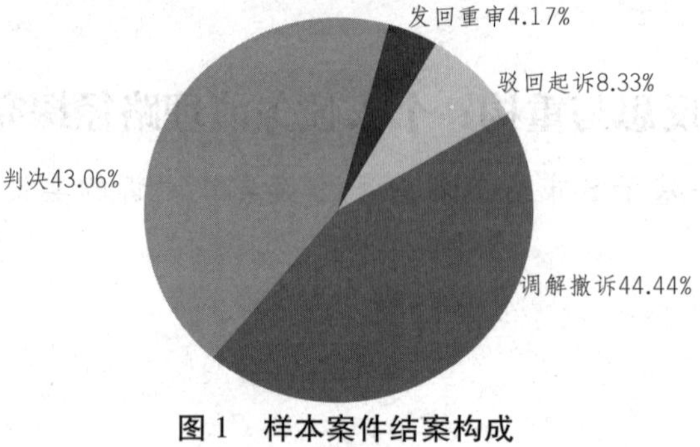

图1　样本案件结案构成

（二）分配方案异议之诉异议类型分布

72件分配方案异议之诉案件中，原告就分配方案提出的异议可归纳为以下六类：（1）优先受偿权相关异议，包括有无优先受偿权、受偿范围等22件，占30.56%；（2）参与分配主体资格异议，主要表现为债权人申请参与分配21件，占29.17%；（3）先查封债权人主张优先受偿，包括要求按照查封先后顺序进行分配、享有一定比例优先受偿等9件，占12.5%；（4）本金先行分配异议6件，占8.33%；（5）可分配财产范围异议，包括被执行人生活必需财产份额预留、撤销分配前的个案执行以纳入以扩大分配财产范围等8件，占11.11%；（6）其他关于分配顺序及金额的异议6件，占8.33%。

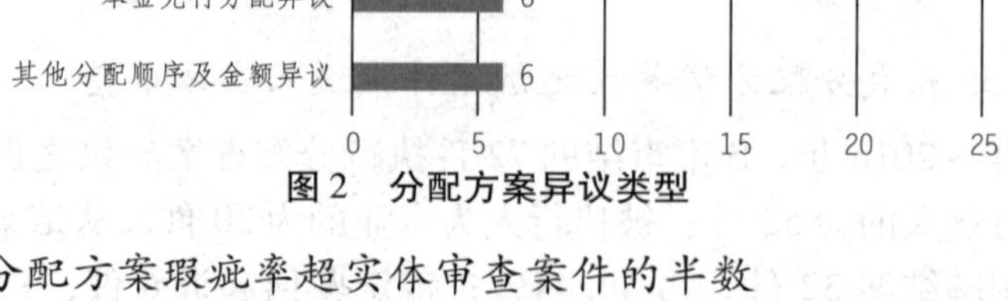

图2　分配方案异议类型

（三）分配方案瑕疵率超实体审查案件的半数

在实体判决的31件案件中，判决驳回原告诉请为15件，占48.39%；判决撤销执行分配方案或确认原告相应债权受偿数额的为16件，占51.61%。被撤销的16件分配方案瑕疵类型表现为：

表 1　　　　　　　　　　　　**执行分配方案瑕疵类型**

序号	瑕疵类型	数量
1	执行依据明确债权人优先受偿范围包括债权本金、利息及实现担保物的费用，分配方案仍将优先权范围限定于本金	6
2	分配方案就债权本金（或包括借款期内利息）进行先行分配	3
3	未将抵押物拍卖税费、评估费等作为实现债权费用先行扣除，不当地纳入债权人依受偿比例可得分配的金额中	2
4	错误认定债权人放弃对利息的权利主张，将该债权人参与分配债权范围限定为本金	1
5	债权人与被执行人达成和解协议，款项已到法院处于待发放状态。就该笔款项制作执行分配方案，纳入其他债权人参与分配	1
6	债权人可就另外的财产获得清偿，不符合“发现被执行人的财产不能清偿所有债权”条件，分配方案此类债权人纳入分配	1
7	出资不实股东以其对公司债权参与分配，分配方案未将此类债权作劣后于一般债权人的处理	1
8	遗漏依法有权申请参与分配的债权人	1

（四）分配方案异议之诉所涉执行、分配、诉讼周期分布

提起分配方案异议之诉的原告，在一定程度上反映了各参与分配债权人个案执行及参与分配样貌。故此处选取原告申请参与分配执行依据作为基准，分析实体判决的31件案件所涉执行依据生效时间、执行分配方案作出时间、执行分配方案异议之诉判决生效时间关系，归纳如下：

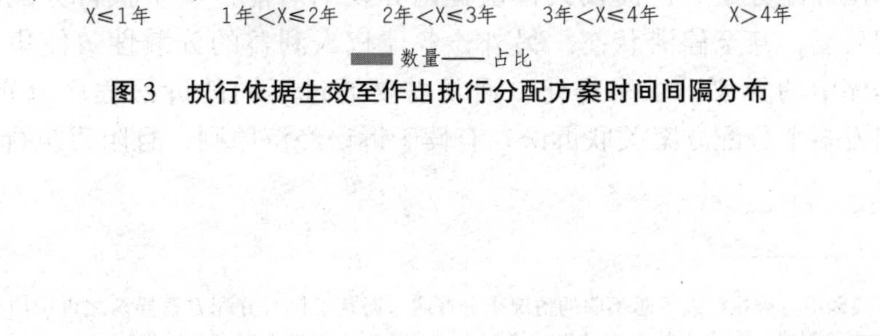

图3　执行依据生效至作出执行分配方案时间间隔分布

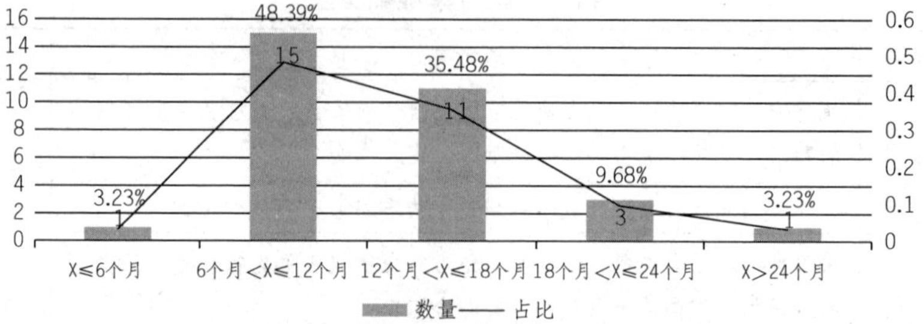

图4　执行分配方案作出至终审判决生效时间间隔分布

（五）同一分配方案引发关联案件情况

72件样本案件，共涉及40个执行分配方案，近半数案件涉及数个债权人就同一执行分配方案提起关联诉讼。其中，32件案件根源于10个执行分配方案，平均每个分配方案引发3.2件执行分配方案异议诉讼。引发案件最多的执行分配方案，共计引起12件执行分配方案异议诉讼，异议理由均为申请参与分配。

（六）小结

前述分配方案执行异议之诉的审理概况可以看出，分配方案异议诉讼进入实体审查的比例较低，实际对参与分配债权人权益保障效用十分有限；而实体审查案件所反映出的分配方案高瑕疵率，则意味着在实践中，分配方案在分配范围、顺序等方面的不当操作较为普遍。

原告提起执行分配异议的理由呈现类型化特点，主要集中于优先受偿权、分配主体资格。以原告执行依据为样本的执行周期数据显示，债权人从获得执行依据到参与分配，通常已经历很长的执行时间，而在分配方案作出直至进入诉讼，因分配方案异议诉讼当事人众多、被执行人下落不明涉及公告送达①等特殊性，诉讼周期也普遍较长。即便在诉讼周期结束后，债权人间的分配争议也不一定得到实质性解决。在判决撤销分配方案的案件中，仅有2件案件对原告的诉请予以正面确认，多数案件仅判决撤销分配方案，未确认原告的权利范围。在现行法律未作明确禁止的情况下，存在重新作出分配方案后，债权人再次提出异议的可能，整个执行分配程序可能出现反复，甚至停滞状态。另外，各债权人利益的分散性致使集中参与分配程序中的异议诉求多样化，通常需要通过不同的诉讼程序分别认定，由此引发多个分配方案关联诉讼，有悖于诉讼经济原则，且阻碍执行进程。

① 实践中，被执行人下落不明的情况十分普遍，而其于执行分配方案异议之诉中应处于何种诉讼地位亦不明确，存在将其列为被告、第三人或是不列为当事人等多种操作。

二、检视：以强制执行为中心个人债务清理模式

样本案件实证分析显示，无论是从分配方案的实体合理性，还是从执行效率、诉讼成本方面考量，参与分配的制度目的——各债权人在同一执行程序中获得清偿，节约执行时间和执行费用，[①] 并未有很好的实现。执行分配制度的非良性运转，会在何种程度上影响其债务清理的制度功能，非良性运转根源于何处，又该如何弥补等此类问题，成为执行分配实践所引发的一系列思考。定位执行分配的制度角色是答案探寻的第一步。

（一）我国个人债务清理模式下的执行分配

我国目前尚未建立个人破产制度，个人债务清理单一承载于个案的强制执行。在此模式下，个人整体债务清理由数个平行的个案执行子集构成，执行分配构成个案执行间的连接，执行程序的最终退出与否也以个案执行为单位。

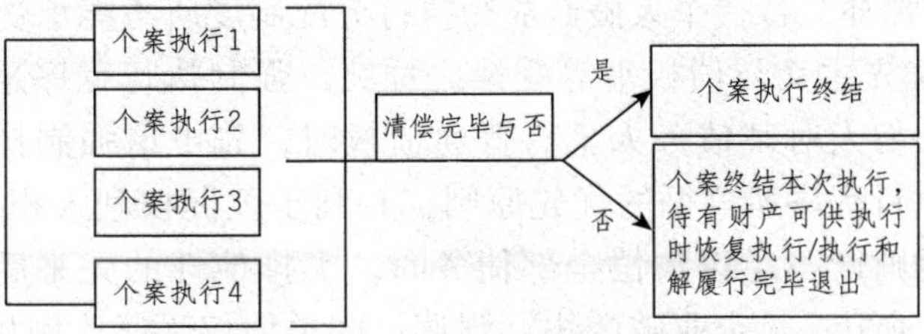

图5　执行中心化个人债务整体清理模式

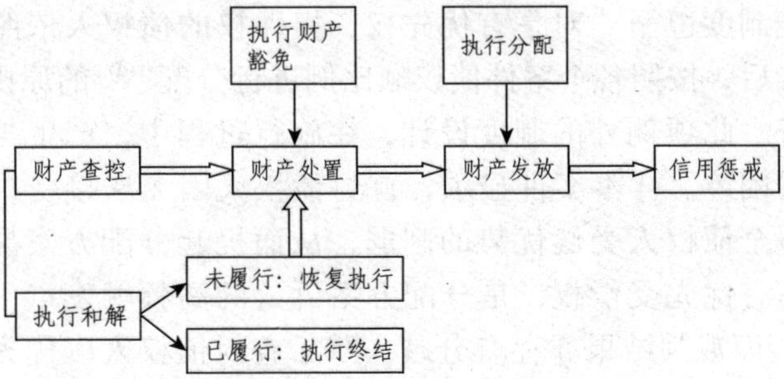

图6　个案执行模式

在个案执行模式下，有相似的制度设计以实现个人破产相同的目的。比如，对被执行人生存必须财产的执行豁免，类似于《企业破产法》中的自由财产制度。信用惩戒，对应于破产失权制度中的行为限制。同样，作为债务清理核心的执行分配制度，在我国则被赋予“准破产”制度的作用。执行分配制度失灵，将导致个案执行间丧失连接机制，个人债务整体清偿

---

① 江伟主编：《中国民事诉讼法专论》，中国政法大学出版社1999年版，第294页。

机制缺失。那么，为什么作为个人破产替代的执行分配制度，难以较好地完成个人债务整体清偿的制度目的？这成为接下来需要回答的问题。

（二）为什么执行分配不适合处理破产问题

执行分配程序设计之初，旨在利用同一程序清偿数个债权，节约执行成本，适用于特定执行标的变价额不足以清偿参与分配程序的各债权人之债权，不以“债务人财产不足以清偿全部债务”为前提。因此，在执行分配程序中无法实现的债权，仍有可能在债务人其他财产上得到清偿。[①] 而我国引入执行分配制度则用于处理债务人陷于支付不能时的财产分配。笔者认为，这种适用情形的改变，导致执行分配制度目标从执行效率化转变为债权实现公平性，是执行分配在我国非良性运行的根源。执行分配的各项制度系在其原本旨下所作设计，一旦移植于处理破产事项，无疑会产生种种问题，如参与分配前提苛刻、主客体范围狭窄、必要财产维护制度缺失等。[②] 而执行、破产两种制度的原则性差异，又使得目标异变引起的所谓“缺陷”难以弥补，替代个人破产成为执行分配制度所不能承受之重。

1. 执行优先主义与债权平等受偿之冲突。强制执行程序采优先主义原则，即多个债权人对某债务人享有普通债权时，先申请强制执行者先获得清偿。个别执行程序所遵循的优先原则，有利于敦促权利人积极行使权利。但在债务人的财产不足以清偿全部债务时，无排他性的先来后到原则凸显出成本负担。所以，《企业破产法》强调：同类债权受偿比例相同，排除单个债权人谋求个别强制执行。

执行分配制度遵循“对享有优先权、担保权的债权人依照法律规定的顺序优先受偿后，按照各个案件债权额比例进行分配”[③] 的原则，是执行优先原则的例外。此项例外的制度设计，在施行过程中，产生与执行优先主义无法调和的困境。样本案件显示，首封债权人因无法接受执行分配平等规则对财产保全债权人受偿优势的削弱，从而提起分配方案异议，要求在执行分配中享有优先受偿权，是分配方案诉讼的高频触发点，占据样本案件的12.5%。而裁判结果亦存有分歧，赋予查封债权人以优先权，势必有悖于执行分配期以实现的平等理念，反之，又可能导致部分债权人坐享执行保全债权人辛苦执行的成果，对执行保全债权人不公。有学者提出，可以在对普通债权人原则上实现平等主义的前提下，进一步平衡先查封债权

---

① 刘颖：《分配方案异议之诉研究》，载《当代法学》2019年第1期。

② 赵万一、高达：《论我国个人破产制度的构建》，载《法商研究》2014年第3期；尹伟民：《民事执行程序中的参与分配制度》，载《当代法学》2003年第12期。

③ 《最高人民法院关于人民法院执行工作若干问题的规定（试行）》第十一章。

人与后加入债权人间的利益，给予先查封债权人一定受偿优势。[①] 笔者认为，对已经处于执行优先例外范畴的执行分配，再通过设置例外的方式恢复其部分执行优先属性，无疑会复杂化参与分配规则，造成新的适用困难，也难以实现执行分配与财产保全在现行制度体系下的逻辑自恰。

2. 执行强制与债权人自治之冲突。债权人自治是破产法的重要属性，在债务人重组、债务规制、清偿方案确定、债权申报和核查等方面发挥重要作用。[②] 而执行分配的强制执行法属性决定了其具有更多的“强制”色彩。在执行分配中，执行法官着手处理破产核心事务：多个债权人的协调或集体行动问题，对参与分配主体、分配顺序、受偿比例具有主导权。作为受偿利益方的债权人不参与执行分配方案制定过程，[③] 仅在分配方案作出之后，享有一定时间内的异议权。前期意见表达机制的缺失，导致矛盾整体转移于分配方案作出之后，由此产生大量分配方案异议及分配方案异议之诉。换言之，债权人意见的表达需要通过司法途径来实现，需要耗费很高的时间、司法成本。另外，样本案件反映的执行分配方案的高瑕疵率，也难以得出执行法官主导的财产分配在结果合理性方面较债权人自治更为优化的结论。

3. 执行个体化与整体清偿之冲突。债务人财产不足以满足清偿所有债权时，多个强制执行程序间的竞争不可避免。如前文图 5 显示，执行单一模式下的债务整体清偿由单个执行案件形成。假设执行分配在个案执行 1 中进行，个案执行 2、3、4 的债权人要参与到分配中，都需各自花费精力去全面发现个案执行 1 中的分配事项。一方面，重复性信息发现的资源浪费十分可观，另一方面，执行竞争促使处于分配程序中的债权人有封锁信息的动力。样本案件显示，高达 29.17% 的案件涉及参与分配主体资格争议，多表现为执行分配完毕后，债权人以未知晓分配事项为由请求参与分配，或是债权人互相间参与分配资格的否认。另外，每个债权人信息发现存在时间差，且分配程序终结前可以随时参与分配，导致分配方案需要不断调整，甚至重新制作。样本案件显示，执行法院在分配方案前期已征得所有债权人同意，确立本金先行分配的原则（权利人对自己权利进行的处分），后因新参与分配人加入，对本金先行分配方式提出异议，导致原执行分配方案被撤销。

另外，执行分配限定于特定财产的分配，且参与分配不影响个案清偿

① 丁亮华：《参与分配：分析与检讨》，载《法学家》2015 年第 5 期。

② 自然人破产处理工作小组：《世界银行自然人破产问题处理报告》，殷慧芬、张达译，中国政法大学出版社 2016 年版，第 85 ~ 90 页。

③ 部分执行案件中，法院会在作出分配方案前征询债权人意见，但法院有最终的决策权，债权人意见仅处于决策参考地位，对分配方案的影响十分有限。

程序的同步进行。由此，个案执行 1 中的参与分配与个案执行 2、3、4 并存，债权人在个案执行 2、3、4 程序中可就债务人其他财产获得清偿的程度亦会影响参与分配适格与否，执行法官需要对每个参与分配者的执行情况作全面了解并作出判断，此类司法判断较为困难且容易引发争议。样本案件显示，债权人常常诉请要求撤销个案执行程序的和解与清偿，或是以参与分配债权其他担保形式保障可得清偿为由，要求排除该债权的参与分配资格。

（三）社会治理层面的衍生性消极影响

执行分配制度的失灵，根本上影响以执行为中心个人债务清理模式有效运转，直接的消极影响是财产分配的非效率化。债权人花费了大量成本，包括前期的参与分配申请，后期的分配方案诉讼，仍可能无法实现债权的及时公平清偿。除此之外，还会引发更为宏观的、社会治理层面的消极影响。

1. 引发社会稳定性风险。从债权人层面看，样本案件显示，债权人在参与执行分配前，通常经过 2 年 ~3 年，甚至是 4 年以上漫长的执行周期，大部分参与分配债权人将执行分配作为其债权实现的唯一途径，一旦通过诉讼途径无法达到其预期结果，可能诉诸不当的私力救济，引发社会稳定性风险。

从债务人层面看，最高人民法院于 2016 年 3 月发布的《人民法院执行工作报告》白皮书指出，相当数量的交通事故、人身伤害赔偿等涉民生执行案件，加害人大多经济条件差，除了维持生计的生活必需品之外，往往没有其他财产可供执行。换言之，很大一部分执行不能案件的自然人被执行人有救助需求。而执行分配制度对个人破产替代的重心在于债权清偿，无涉于债务人更生与免责。过度负债的债务人为逃避无止尽的债务追索以及失信惩戒，常选择不正面应对执行。而债务负担带来的精神压力也会妨碍其以负责任的态度管理财务困境，由此陷入恶性循环①，逐渐演变为社会不安定因素。

2. 执行不能案件退出障碍。执行分配制度设计仅限于财产的公平分配，这种非终局的债务清理模式，导致个案执行退出机制空缺。《全国法院司法统计公报》的数据显示，无财产或财产不清终结本次执行案件的比例常年高居不下，2014 年为 22.4%，2015 年为 31.14%，占据了大量执行司法资

① 自然人破产处理工作小组：《世界银行自然人破产问题处理报告》，殷慧芬、张达译，中国政法大学出版社 2016 年版，第 32 页。

源。[①] 而执行不能属于当事人应当承担的商业风险、法律风险、社会风险范畴，应通过个人破产、社会救助等制度机制予以解决，不属于申请执行的范围，不能进入执行程序。[②] 客观上执行案件退出障碍，导致债权人应负风险不当转嫁于法院的“执行不力”，对司法公信力造成负面影响。

三、化解：执行分配本位回归与个人债务清理模式重构

如前文所述，执行分配运行失灵根源于制度角色的失位。如果通过制度细节修改的方式以契合新的价值目标，如调整参与分配主客体、增加分配公告程序、补充财产维护制度等，不但在成本上无异于新制度的构建，而且也难以从根本上调和价值层面的冲突。笔者认为，遵循执行分配归于本位的逻辑，引入个人破产作为个人整体债务清偿程序，是化解执行单一债务清理模式困境的可行路径。

（一）执行与破产协同个人债务清理模式

在协同债务清理模式下，执行、破产各司其职。强制执行与特定执行标的的参与分配承担债务人未陷入支付不能时的债务清理任务，一旦债务人处于财产不足以清偿所有债务的状态，则纳入破产法的范畴，排除个别执行程序项下的个案债权满足。二者互相独立，必要时可实现互通转化。

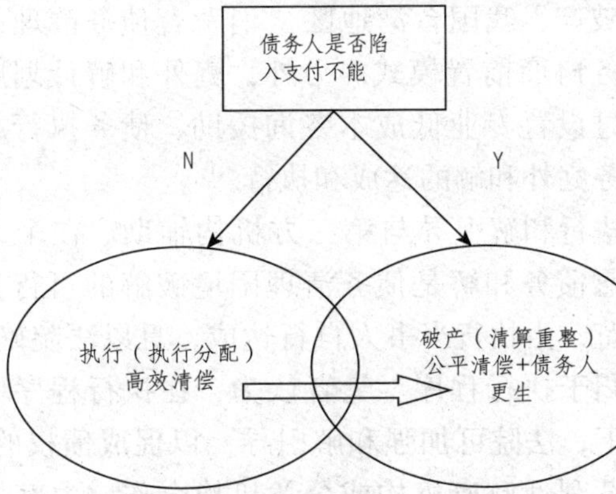

图7　执行与破产协同个人债务清理模式

最大化债务人财产价值以实现最大限度债权清偿是协同个人债务清理模式的核心目标，也是我国现阶段债务清理制度改革所要解决的首要问题，包括个案执行程序的高效便捷，以及破产程序中债权人公平有效的集体清

---

① 详见最高人民法院官网 http：//www. court. gov. cn/fabu－gengduo－21. html? page＝2，最后访问时间：2019 年 6 月 30 日。

② 参见周强院长在十三届全国人大常委会第六次会议作的《最高人民法院关于人民法院解决“执行难”工作情况的报告》。

偿，缩减对于无意义、破坏性的债务追偿。

债务人救济、引导成为协同模式下引入的另一制度目标。债务清理本身便包含着对债务人自身财务状况的整合，让债务人对处境有更清晰的认识，引导债务人进行积极的财务管理。同时，通过重整程序和剩余债务免除制度，重振债务人的自立能力。

（二）个人破产法律框架选择与阶段性尝试

受法律体系、信贷状况、社会保障制度、文化背景等影响，域外个人破产具体模式存在差异。我国个人破产制度的建构，也应在考量既有法律制度和社会背景的情况下，作适当选择和本土化改进。以下，就我国个人破产法律框架建构、过渡期功能替代性机制的选择提几点设想。

1. 前置性庭外债务清理。作为破产制度的有益补充，大多数国家都将庭外非正式债务清理机制纳入立法计划，如日本的法庭外个人债务清理程序、马来西亚的自愿偿还计划，包含债务咨询、和解、偿还计划的达成等功能。在具体路径上，有庭外债务清理前置，庭外债务清理与破产平行选择两种模式。笔者认为，出于防止债务人轻易破产、高效低成本债务清偿、案件过滤等考量，此类庭外债务清理程序前置值得借鉴。如德国破产法第305条第1款第1项规定，债务人于破产申请前6个月内与债权人庭外和解失败，才可以申请破产；我国台湾地区“消费者债务清理条例”第151条亦采取金融机构债务协商前置模式。另外，庭外和解计划应具有一定的准司法性质，同时通过设置专业低成本咨询援助、债务执行威胁的免除等辅助制度，以促进债务庭外和解的达成和执行。[①]

阶段性尝试：执行和解引导与第三方机构辅助。在个人破产法出台前的过渡期，促进自愿债务和解是债务清理困境破解的可行方式。现行的执行和解制度较为严苛，由执行当事人自行达成，且以法院确认为必要，[②] 在不能履行时，亦复归于执行程序。笔者认为，在执行程序中，尤其是涉及多个债权人的情况下，法院可加强和解引导，以促成债权的集体有效清偿。同时，可考量与非营利性政府机构或公益机构合作，由庭外第三方提供债务咨询、偿还计划制定等服务，赋予达成的协议以一定的司法效力。

2. 债务人更生程序。前置性债务清理失败，进入破产程序，首先要考量

① 根据世界银行国际破产经验的总结，无论是在企业破产还是自然人破产领域，都有类似的制度设计以实现庭外和解的高效实现。参见《世界银行关于有效破产与债权人/债务人制度的准则》，载《中国应用法学》2019年第2期；自然人破产处理工作小组：《世界银行自然人破产问题处理报告》，殷慧芬、张达译，中国政法大学出版社2016年版，第61页。

② 区别于审判阶段的调解，执行和解的主体只有当事人，法院作为执行机构不参与和解。参见张卫平：《民事诉讼法》（第四版），法律出版社2016年版，第496页。

的便是债务人更生，表现为以债务人将来一段期间收入为基础的偿债规划。如我国台湾地区“消费者债务清理条例”规定，由债务人提出最长八年，至少每三个月清偿一次的更生方案。《德国破产法》也要求债务人向法院提交偿债计划，并设置必要情形下的计划强制通过机制。笔者认为，基于契约必须予以恪守理念在我国文化中的重要含义以及信贷体系有待加强的社会背景，债务免除制度在我国《个人破产法》设计初期应采取严格限制的态度，设计重点应置于债务人更生程序。可考虑将更生程序作为免责的前提，并将激励机制与更生方案结合。如《德国破产法》规定，在债务人清偿程序费用及其他破产债务，并在破产程序启动3年内达到破产债权35%的最低额度，将基于申请给债务人提前发布剩余债务免除。[①] 此类将清偿比例与债务免除关联的形式，有助于激励债务人积极履行清偿计划，亦值得借鉴。

阶段性尝试：信用惩戒与清偿激励并存。我国现行强制执行法项下失信被执行人惩戒体系已十分完善且取得了较好效果。但失信惩戒与个人破产存在一定的理念差异。在个人破产领域，破产对债务人的道德贬抑日益削弱，普通人超出个人能力的投资和经营不再被认为有违诚信，破产制度对“诚实而不幸”债务人的保护，被逐渐放宽至对因误判或不节俭而陷入困境者。[②] 破产失权以主体宣告破产为前提，而失信惩戒较为宽泛，更多表现为对未能清偿债务被执行人的惩戒，不乏存在未清偿债务就构成失信的理解。就客观上清偿能力不足者且未有失信行为者而言，失信惩戒导致的行为失权可能成为该债务人重新生活和清偿能力习得的阻碍。由此，可以考量限缩信用惩戒适用对象，对确无清偿能力且未失信者谨慎适用信用惩戒。同时，结合执行工作实际，在惩戒的同时加入激励因素，探索建立守信激励以及失信被执行人信用修复制度，给予更多债务人更生的机会。

3. 严格的剩余债务免除程序。在我国是否应建立个人破产制度的漫长论争中，债务免除制度一直居于争议的核心，债务免除可能引起的道德风险成为持反对意见者最大的担忧。从域外个人破产法发展历程看，均对债务免除设置较长的行为考验期限，鼓励诚实履约，督促债务人尽可能偿债，2014年的《德国破产法》修改中，也对债务免除设置了更多的限定。[③] 笔者认为，我国在建立个人破产制度之初，也应当采取较为严格的剩余债务免除制度。在债务免除一般性限定基础上，建立以“必要的计划清偿期+

① ［德］马丁·阿伦斯：《德国自然人破产法改革》，李步先译，载《中德法学论坛》2016年13辑。

② 许德风：《破产法论——解释与功能比较的视角》，北京大学出版社2015年版，第517~518页。

③ ［德］马丁·阿伦斯：《德国自然人破产法改革》，李步先译，载《中德法学论坛》2016年13辑。

许可免责”为核心的债务免除制度。一般性限制包括特定债务不允许免除、免责申请周期限制、诚信行为要求等。债务人应先履行更生方案确定期限的清偿计划，在偿还计划完成后，由法院依据具体的偿还情况进行综合判定是否进行剩余债务免除。

阶段性尝试：债务免除试点。个人债务免除在我国处于立法空白，部分地方法院基于实践需要已经作出了一些有益的尝试。如浙江省台州市中级人民法院的债务免除模式：经管理人调查和法院审理后，认定债务人无失信行为，且在执行及债务清理阶段遵守规定，在下达行为保全令的基础上，实质性终结案件执行。[①] 浙江省丽水市中级人民法院的终本案件退出机制：案件终本后五年内，每六个月对被执行人财产情况进行调查，符合丧失劳动能力又无收入来源、确无可供执行财产等退出终本管理条件的，由公证机关公证确认，办理退出手续。[②] 笔者认为，在秉持严格债务免除理念的基础上，可以考量开展差异化的债务免除试点，发挥公证机关、调查机构等第三方机构在债务免除机制中的作用，观察债务免除实效及产生的问题，以便立法制定更为契合实践所需，也有利于个人破产免责理念有更为广泛的社会化基础。

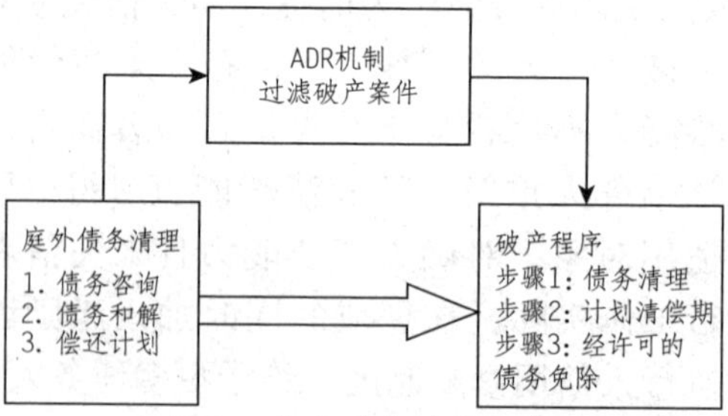

图8　个人破产法律框架

结　语

新的模式建构，必然涉及既有制度的融入，以及配套机制的协同。公正高效地实现债权人权益，并保障个人陷入经济困境时的基本尊严和更生希望，是个人债务清理制度需要回答的，也是社会治理所提出的本质问题。而平衡利益的实现无疑需要一项项更为精细的立法安排，附之以司法实践的不断反馈完善。于此而言，本文提出的思路只是答案的起点。

---

① 参见浙江省台州市中级人民法院2019年5月发布的《执行程序转个人债务清理程序审理规程（暂行）》。

② 参见浙江省丽水市中级人民法院2019年7月发布的《关于进一步完善“终本案件有序退出管理机制”的通知》。

自由型抑或效能型法治：管辖权审查制度的耗时考量

——基于提升我国营商环境的法律视角

赵海峰* 尚卫民** 张雪婷***

世界银行营商环境评价指标有一项与司法密切相关，即“执行合同”，① 该指标考察的是法院解决一审商业纠纷的时间、成本及司法程序的质量。据测，我国解决商业纠纷需时在400天以上，远长于新加坡等营商环境良好的经济体。② 为了解我国部分城市诉讼程序耗时情况，笔者以A市两级法院为样本，考察管辖权审查对民商事案件诉讼时长的影响。

管辖是不同级别或同一级别法院在审理民商事一审案件上的分工。③ 本文讨论范围是立案后为进一步确定受理法院管辖权，法律为当事人和法院配备的制度总和。包括当事人提出的管辖异议，还包括受理法院的移送管辖裁定、与管辖相关的请示、受移送法院提出涉及管辖权的协商和请示等。文章从广义角度，全面讨论管辖权制度对司法程序的影响。

一、“时间去哪了”：管辖权制度程序投入与正义产出不匹配

样本城市为西部省会城市，七成人口居住城镇，民商事纠纷频发。笔者从司法实践中最耗时环节入手调研，到管辖权案件增量、进而分析管辖权案件审理情况，最后对典型个案解剖，层层递进分析管辖权对诉讼时长的重大影响。

（一）直观感受：管辖权问题对诉讼程序的影响

笔者对A市D区法院77名员额法官开展调研，让法官列出办案过程中

---

* 作者单位：陕西省西安市中级人民法院。

** 作者单位：陕西省西安市中级人民法院。

*** 作者单位：陕西省西安市中级人民法院。

① 《营商环境报告》是世界银行针对190个经济体商业监管法规及其执行情况的测评，其中与司法密切相关的有三个指标，即执行合同、保护中小投资者及办理破产。

② 《营商环境报告》显示，上海解决商事纠纷用时为485天，北京为510天，而中国香港地区则为385天，而新加坡仅为164天，另外，该天数计算包含产生争议到彻底解决的全部耗时。

③ 柴发邦：《民事诉讼法学》（修订本），北京大学出版社1992年版，第105页。

耗时最多的环节，得出结果如下：

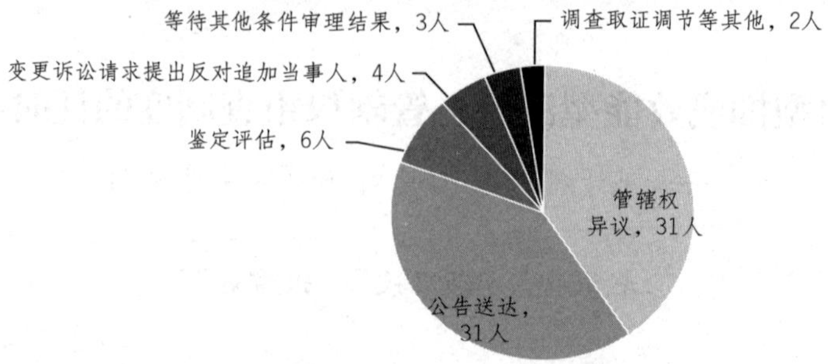

图 1　法官眼中司法程序耗时排名

显然，在法官看来，管辖权制度在耗时程序排名中名列前茅。甚至在调研中笔者发现，相对于公告送达、鉴定评估等环节，管辖权其实最让法官头疼，源于其作为先决事项，一旦有异议，整个审判工作就得停止，等待管辖权处理结果，管辖权异议裁定又可单独上诉，更增加了时间消耗，从这点上管辖权对诉讼时长影响更甚于其他耗时环节。

（二）样本分析：A 市中院管辖权案件逐年递增

与原告诉权对应，管辖权异议是司法赋予被告对法院的羁束予以抗辩的权利，而移送管辖和请示则是法院对其是否具有管辖权的自省，两大制度构成现有的管辖权制度。为考察实务中管辖权制度运行，笔者对 5 年来 A 市中院管辖权案件审理情况进行分析。①

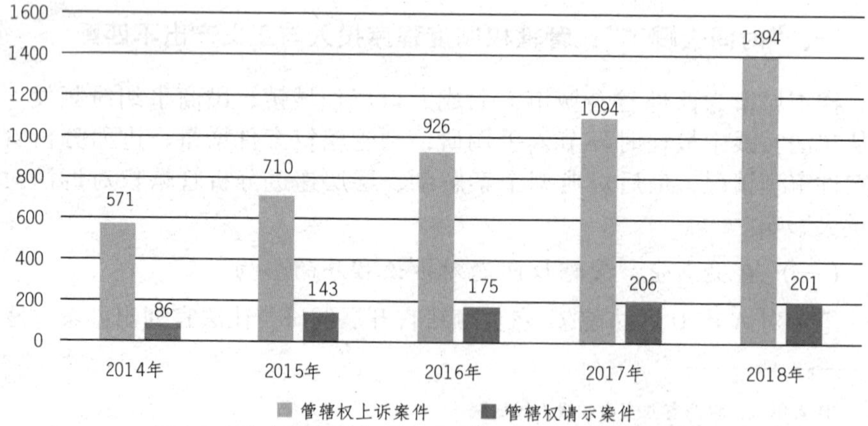

图 2　A 市中院管辖权上诉及请示案件受理情况（件）

2014 年～2018 年，A 市中院管辖权异议上诉、请示案件逐年增长，趋

① 样本为 A 市 13 个基层法院的管辖权异议上诉、请示案件，不包含 A 市中级人民法院受理的一审民商案件。

势愈快，管辖权案件增速甚至高于普通案件增速。这个趋势不止在A市出现，有数据显示，立案登记制后，最高人民法院受理的对管辖权异议不服上诉案件增幅达到了85%，而同一时期民商事案件的受案增幅为25%。[①]

（三）类案研究：目前管辖权制度的运行价值

从诉讼经济角度讲，若确定管辖权是为了达到公正裁判目标必须付出的消耗，那么尽管耗时过长也应当被容忍。为进一步讨论管辖权制度的运行价值，笔者对A市中院管辖权案件审理结果作了统计：

图3　　2016年—2018年管辖权案件的审理结果

年份	管辖权案件数量（件）		上诉请求及请示目的（件）		处理结果（件）	
2016年	上诉案件	926	移送其他法院	865	原受理法院审理	892
			提级审理	54	移送其他法院	33
			请求仲裁及其他	7	驳回起诉及其他	11
	请示案件	175	移送其他法院	118	原受理法院审理	151
			提级审理	55	移送其他法院	22
			请求仲裁及其他	2	与同级法院协商	2
					仲裁及其他	0
2017年	上诉案件	1094	移送其他法院	1017	原受理法院审理	1027
			提级审理	53	移送其他法院	54
			仲裁及其他	24	驳回起诉及其他	13
	请示案件	206	移送其他法院	191	原受理法院审理	191
			提级审理	11	移送其他法院	9
			仲裁及其他	4	与同级法院协商	4
					仲裁及其他	2
2018年	上诉案件	1394	移送其他法院	1297	原受理法院审理	1344
			提级审理	69	移送其他法院	48
			仲裁及其他	28	驳回起诉及其他	17
	请示案件	200	移送其他法院	186	原受理法院审理	187
			提级审理	10	移送其他法院	8
			仲裁及其他	4	与同级法院协商	2
					仲裁及其他	3

考察三年管辖权争议可见，当事人管辖权异议案件胜诉率极低。2016

① 万挺：《管辖权异议之诉附带审查要件问题研究——以遏制滥诉为目标》，载《法律适用》2018年第1期。

年～2018年A市中级人民法院审理的管辖权异议上诉案件维持率达到95.57%，而移送其他法院审理、向省法院请示、与同级法院协商和驳回起诉的案件总计不过189件，这其中还包括上级法院认为归原审法院审理，以及受移送法院认为归原受理法院审理的情况。

既然经过二审能获支持的管辖权案件如此之少，那么对管辖权异议不加限制、允许单独上诉、就管辖权问题反复请示，无限拖长诉讼程序的价值则值得我们认真考量。

二、现实困境：管辖权制度运行现象对正义追求的消减

在上文中，笔者不厌其烦讨论了管辖权制度耗时与正义追求不匹配，考量目前管辖权制度的设计。接下来，笔者继续对管辖权制度运行中存在的现象进行分析，以阐明目前该制度可能会出现消减正义的情况。

（一）当事人滥用管辖权异议制度

1. 滥用管辖权异议表现。滥用管辖权异议如何定义，学者从主观要件、客观要件、结果要件、制裁手段等方面颇多论述。[①] 2018年，南京市江宁区法院认为27起商品房预售合同纠纷被告滥用管辖权，并对其罚款，因为该院此前就同类案件作出处理，当事人提出上诉被驳回，此次被告又就同一情况提出管辖异议，被驳回后又上诉[②]，被法院认定为滥用管辖权。受此启发，笔者从实践入手，列举常见滥用管辖权异议情形：一是虚构事实质疑管辖权，如仅以双方有口头协议否定受诉法院管辖权。二是明知受理法院有管辖权故意提出异议，如合同纠纷当事人，明知法院是合同履行地的情况下申请将案件移送被告住所地法院管辖。三是捏造连接点提出管辖权异议，常见的有捏造合同履行地，甚至捏造侵权行为地的案件。四是对管辖权异议裁定一律上诉，滥用制度的人往往希望延长案件审理时间，故而对于原审法院裁定一律上诉，一再推迟案件进入实体审理时间，以达到其诉讼外的目的。五是以同类案件不停提管辖权异议，常见的如商品房买卖合同，知识产权侵权纠纷等成批量案件，当事人反复提管辖权异议。

2. 滥用管辖权异议制度成因。管辖权异议制度近年来之所以被诟病，在于其提起门槛低，成本小，随意性强，故而被人用来达到拖延诉讼，转移财产，或仅是为给原告添堵，有些律师也经常用该制度炫耀其所谓的诉讼技巧。我国法律仅规定当事人在答辩期间提出管辖权异议，但是对于提起原因、证据材料、提出形式、提出请求均未具体规定，当事人仅需一纸

---

① 周超：《论滥用管辖权异议的司法规制》，载《法制博览》2014年第2期。

② 《江宁法院依法处罚滥用管辖权异议的行为》，载http：//www.jnqfy.gov.cn/www/jnfy/xwzx_mb_a39180212145.htm，最后访问时间：2019年7月6日。

异议就可启动程序，质疑受诉法院管辖权，导致案件中断审理。加之，管辖权异议案件成本少，败诉方无实质损害，故司法实务中当事人提起管辖权异议问题乱象丛生。

（二）管辖权制度规定及审查方式缺陷

1. 制度规定缺陷导致当事人在管辖权问题上不断纠缠。D 区法院受理了一例建设工程合同纠纷，原告是该院审判大楼承包方，被告是装修工程的分包方，由于案件与该院密切联系，D 区法院报请中级人民法院将案件移送其他法院管辖，中级人民法院裁定将案件移送 F 区法院管辖，而被告竟对 F 区法院提出管辖异议，F 区法院裁定驳回，被告又上诉到 A 市中级人民法院，导致中级人民法院对其指定管辖的案件再行审查管辖权。

上述案例在实践中并不少见，由于管辖权审查并无类似“一事不再理”的规定，笔者曾见当事人对发回重审或者再审的案件、上级法院指定管辖的案件、其他法院裁定移送的案件、执行法院的执行异议案件和生效裁判文书的法院受理的第三人撤销之诉案件提出管辖权异议，法院对管辖权异议驳回后，被告又提起上诉，拖延审理时间。

2. 审查方式不明导致法院在管辖权问题上趋向实体审判。法律对管辖权的审查方式、范围和程序规定不明晰，不少法官也未认识到管辖权仅仅是程序性审查，将管辖权案件比照普通民事诉讼进行审理。笔者曾见律师在法院审查管辖权时提出调取证据申请、司法鉴定申请，至于法院方面，以 A 市中级人民法院为例，在审查管辖权异议上诉时如需改一审法院裁定，要和一审承办法官交换意见，如承办法官不同意则就该案提交专业法官会议。还有对于被告认为由仲裁机构受理的案件，如当事人申请确认仲裁协议效力，那么该管辖权异议的审查必须中止，等待仲裁协议效力确认案件的结果出来再行审查。这都是实体审判案件的办理程序，用于管辖权异议审查显然过于冗长。

综上，管辖权制度在实践中乱象丛生，无论是当事人还是法院都基于各种考量在正义之外滥用。探本溯源，有法律规定不统一，程序法和实体法的衔接罅隙，也有法律架构粗糙、不明晰、可操作性低，还有对管辖权制度滥用的约束少、制裁不足，以及滥用管辖权赔偿制度欠缺等。种种因素形成合力导致程序冗长繁杂，影响司法的效率，在管辖权问题上不停纠缠也导致营商环境不理想，争议迟迟悬而未决，对实力相对薄弱、融资能力较差、追求尽快解决争议投入生产流通的中小型企业、民营企业而言，显然成为“无法承受之重”。

三、自由型或效能型法治：管辖权制度理论基础与正义价值偏差

（一）自由型法治：管辖权制度的传统理论

管辖权异议是法律赋予“当事人认为受诉法院对案件没有管辖权，而向受诉法院提出的不服该院管辖的主张”,[①] 而移送管辖和请示制度则是法院对个案受理权限的自省。该制度首次出现在1991年颁布的《民事诉讼法》中，嗣后2012年《民事诉讼法》、2015年《民事诉讼法》均作出明确规定，普遍认为管辖权制度设立的理论基础有以下三种：

首先，管辖权制度是程序正义的天然追求。所谓程序正义即“看得见的正义”，是现代法治的重要标志，是当事人通过法律本身得到与实体结果无关的正义。[②] 管辖权制度承载着法律对于程序正义的追求，当事人可以通过提出管辖权异议排除不合法的司法机关对其羁束，保障其程序的参与性，促使法院合法行使审判权。

其次，管辖权制度是诉权和审判权相互制约的现实需求。审判权作为国家权力天然应当受到监督和约束，当事人行使诉权即是对审判权的有效监督。当前，法院和地方政府之间联系千丝万缕，司法机关财政供给受制于地方，法院参与地方保护主义屡见不鲜,[③] 根据“原告就被告原则”，管辖权异议制度能够提醒原告斟酌起诉，使被告免于地方保护主义的侵害，得到公正的司法裁判，而移送管辖和请示制度则是法院对不属于其管辖的案件得以拒绝的权利，促使原告慎重选择管辖法院。

最后，管辖权制度是衡平当事人诉讼权利的必然要求。当事人诉讼权利在法律上都应对等，这是一种动态的对等，在当事人接近司法获得正义的过程中，双方拿到的法律筹码基本相等。具体到管辖权异议，原告有自由选择法院得以起诉的权利，被告自然应当具有就原告的选择提出异议的权利，这样双方才能处于平等对抗舞台，将自己的争议交给法院公正裁决。

综上，管辖权制度设置初衷是权利和自由，管辖权异议赋予被告拒绝法院不当羁束的权利，而移送管辖赋予法院拒绝裁判的权利，这都是自由型法治的要求。

（二）效能型法治：管辖权制度理论的新考量

传统理论追求当事人的自由意志，根据理论推导出的制度主要是为了

① 胡晓霞：《民事诉讼管辖制度新变革——以法解释论为视角》，载《社会科学研究》2014年第2期。

② 张卫平：《管辖权异议：回归原点与制度修正》，载《法学研究》2006年第4期。

③ 王喜萍：《民事诉讼中争夺管辖权的表现方式及限制》，载《北京电力高等专科学校学报》2010年第8期。

保障当事人自由对抗的权利。然而，没有漫无边际随心所欲的自由，如上文所述，管辖权制度一再被滥用，甚至被当作玩弄诉讼技巧的手段，频繁受到冲击，故该制度从理论和设置上亟待修正。笔者认为就目前管辖权制度而言，效能才是更应追求的法律价值，在制度设置上，效能是限制自由，甚至是高于自由的追求。

正义不应当只与自由和权利相结合，也应当与效率和司法能力寻求共通之处。“迟来的正义非正义”，任何程序均不应当被无限拖长，程序的及时终结也是程序正义的应有之意。管辖权制度设置过于追求自由，追求赋予当事人平等对抗的砝码，而忽略了程序效能，导致冗长的程序最终伤害了正义，使对方当事人和法官都深受其扰。故管辖权制度应当既能保护当事人权利，也能促使司法能力提升，提高司法效率，催促正义尽快实现，尤其是当下民营企业融资经营，中小投资者收回投资，效率显得尤为重要，当事人诉诸司法并非为了体验繁芜丛杂的程序正义，而是想让实体正义尽快衍生，将争议正确快速解决。故将管辖权相关制度与司法效能相结合是本文寻求解决之策的理论基础。

四、革故鼎新：管辖权制度与效能型法治结合路径探析

承接上文，结合管辖权制度的实践困境和理论偏差，笔者认为该制度亟待从各角度破旧立新。如何推动？自由和效率的博弈又成为制度设计的关键考量。

（一）现有文献关于管辖权制度改革路径的思考

“他山之石，可以攻玉”，笔者首先作了文献梳理，发现关注管辖制度改革的文献主要聚焦在管辖权异议滥用上，[①] 关注点较窄。而其提出的解决之策，主要集中在以下几个方面：[②]

一是完善立法，完善提出管辖异议理由和证据标准，简化审查方式，管辖权异议审查不涉及实体。二是增加成本，增加案件收费，明确被驳回异议的费用承担，遏制当事人随意提起管辖异议。三是提高技术，专业合议庭审查管辖权案件，加强上下级法院沟通，统一裁判尺度，提高管辖权异议审查能力。四是补救措施，对滥用管辖权异议的人课以处罚。比照英美法系，将滥用管辖权视为侵权行为，受侵害当事人可单独对此诉讼。[③] 五是上诉通道，畅通上诉渠道，缩短审理周期，避免拖延时间。六是社会诚信，加强律师职业道德建设，将滥用管辖权列入失信人名单公示。

---

① 徐尤佳：《我国民事诉讼中管辖权异议的滥用问题研究》，安徽财经大学2018年硕士学位论文。

② 胡余嘉：《民事诉讼管辖权异议制度的研究》，广西师范大学2018年硕士学位论文。

③ 汤维建：《民事诉讼法全面修改专题研究》，北京大学出版社2008年版，第200页。

（二）本文对提高管辖权制度效能的新思考

现有研究固然对处理管辖权案件有裨益，但其针对的仅为当事人提出的管辖权异议，笔者在此基础上提出以下思考，以期望提高管辖权案件的处理效能，减少程序耗时，从司法角度助力营商环境的改善。

1. 以智慧法院建设提升管辖权案件处理效率。管辖权案件全面电子审查，案卷电子流转。管辖权异议在答辩时提出，未进入庭审，故而案件材料较少，相对固定，以原告起诉材料和被告初步答辩材料为主，适合电子化审理，可将管辖权案件审理与智慧法院建设结合，一方面，以智慧法院建设促进管辖权案件的审理工作。另一方面，用管辖权案件作为智慧法院建设的“排头兵”和“试验田”，为全面铺开电子案卷流转和无纸化审理案件积累经验。

另外，近年来，各级法院均力图构建统一、标准、信息、智能的现代化诉讼服务体系，具体到管辖案件，在电子流转的基础上，如果法官认为需要纸质卷宗，可通过诉讼服务中心将该工作外包行使，避免法院在人力资源拮据的情况下，拖延案卷材料移送，导致司法流程过长、无序运转。

2. 以跨域立案理论拓展受理权和管辖权的“双跨域”。跨域立案是诉讼服务新模式，具体指受理权和管辖权分开，当事人可就近选择法院起诉，受诉法院受理案件后移送至有管辖权的法院。[①] 笔者认为可将该制度进一步延伸，在一定区域内实现受理权和管辖权的双跨域，不再泾渭分明强调地域管辖，在一定区域内模糊处理管辖问题。

以 A 市为例，A 市主城区建筑分布非常紧凑，由于历史和行政区划原因，常出现一个小区横跨两个行政区划，一家公司两个办公地址在不同行政区划范围内，更有高新区、经济技术开发区等经济区划和行政区划不一致的情况，随着经济社会发展，行政区划还在不断更改，不但当事人若堕烟海，法院也经常云里雾里。笔者认为在 A 市城区讨论管辖权，将案件来回移转意义不大，如允许原告跨管辖立案，选取案件量少的法院起诉，也可在一定程度上缓解审判压力失衡。[②]

至于有人担心一方当事人在某一法院的优势关系，或者侵权案件原告担心不同法院的赔偿标准不统一问题均可在实体上诉时，由共同上级，即 A 市中级人民法院予以纠正。且严格的地域管辖其实也不能避免诉讼两端的某一方在法院的优势关系，这本来也不是一个法律范围内探讨的问题。

---

① 时任最高人民法院副院长景汉朝在全国法院跨域立案诉讼服务试点工作会上称该制度开创了“跨地域、跨法院、跨层级”的诉讼服务新格局。

② A 市各基层法院受案量差别极大，2018 年案件量多的法院超 4 万件，而同一城市部分法院仅有不到 3000 个案子。

3. 以“不予受理”和“一事不再理”规制管辖权随意性。普遍认为“不予受理”和“一事不再理”适用于实体处理范畴，对于管辖权这类程序案件不适用，可是如上文述，经常出现当事人毫无缘由的管辖权异议，以及上级法院指定审理的案件，当事人还提管辖异议，一审法院处理后当事人还上诉，上级法院再就同一案件重复审查问题。故笔者认为可将“不予受理”“一事不再理”理论引入管辖权审查，探索对没有明确请求、事实理由的异议基于“不予受理”理论，对其不予审查。

同样的，对于法院曾就同类情况作出处理的案件，对上级法院指令的案件、发回重审和再审的案件、执行异议和第三人撤销之诉等案件的管辖问题，基于“一事不再理”理论不予审查。不予审查同时约束法院和当事人，如果当事人提出的异议属于不予审查的范围，可向当事人释明并记入笔录，不再出具裁定。

4. 以取消管辖权裁定独立上诉制度缩短案件处理时间。传统观点认为管辖权问题是先决事项，管辖权既定才能进入审判。但是，基于“审判公正假定”①，受理法院在处理当事人的争议时应当推定其有管辖权。参照行政处罚，被处罚人自然可以对行政处罚提出异议，但法律上先认可行政处罚的合法性，被处罚人应当先履行处罚决定，再通过行政复议或行政诉讼予以推翻。同理，基于管辖权案件极低的改判率，笔者认为对于个案应当首先推定受诉人民法院拥有管辖权，如果当事人认为受诉法院没有管辖权可同实体争议一并上诉，在上诉程序中由二审法院斟酌处理。

5. 以废除移送管辖、请示管辖制度限制法院滥用管辖权。法院的移送管辖或请示其实比当事人的管辖权异议更耗时，何况这两种制度经叠加行使。笔者跟踪了四个案件的流转，如图所示：

图 4　**移送管辖案件耗时情况（单位：天）**

案件	（2018）X01 民辖 26 号	（2018）X01 民辖 37 号	（2018）X0 民辖 69 号	（2018）X01 民辖 114 号
案由	民间借贷	管理人责任	买卖合同	劳动争议
请示理由	受移送法院认为受理法院有管辖权。	受理法院认为自己不便行使管辖权	认为外省法院移送错误	认为同省其他市县法院移送错误

① 陈云瞿：《程序正义与衡平：民事诉讼中地域管辖的实证分析——以当事人“规避管辖”为视角》，载《政治与法律》2019 年 3 月。

续上表

一审耗时（从立案到卷宗移送二审）	52	36	54	47
二审处理结果	指令原受理法院审理	受理法院审理	与同级法院协商	报请共同上级指定管辖
二审耗时（从立案到退卷）	41	28	23	31
协商、报请上级或其他情况	无	当事人又提异议	原受理法院审理	报请共同上级法院
协商、报请或其他耗时	无	63	69	126
卷宗返还一审耗时	17	14	13	11
总耗时	110	141	159	215

以上案件是笔者随机选取，客观说A市法院的案件流转处理速度不算慢，由于移送和请示案件都不算审限，许多此类案件要进入实体审理动辄半年，甚至一年半载也不鲜见，实务中如果案件出现移送管辖和请示的情况，法官基本就将该案搁置了。如果管辖争议跨省则要逐级上报协商，甚至需要两个省高级人民法院协商乃至报请最高人民法院指定管辖，程序可能将延长，加之移送管辖日渐被法官当成完成结案任务的做法，案件要进入实体审理时间不确定。

故笔者认为，建议废除移送管辖及管辖权请示制度，理由有三：第一，如果法院认为对案件没有管辖权，可径行驳回起诉，并告知当事人向有管辖权的法院起诉，按照常理，当事人是其权利的最佳捍卫者和利益的最佳考量者，如果受理法院驳回起诉，当事人应会尽快上诉或直接按照法院的释明向有管辖权的法院起诉。第二，请示案件除基层法院和中级人民法院外，可能涉及高级人民法院和最高人民法院，直接驳回起诉能避免程序无限拉长，引起当事人对各级司法机关，尤其是上级法院的不满。第三，基于应诉管辖制度，如果被告对原告的起诉应诉，则视为默示承认法院管辖权，法院径行移送和当事人的意思自治相悖，故笔者认为移送管辖和请示制度弊大于利，可考虑取消。

结　语

“迟延诉讼或积案实际上等于拒绝审判”。营商环境评价体系考察的一项重要指标就是程序耗时，面临管辖权异议处理程序冗长的情况，法院应当革故鼎新，积极作为，为营商主体提供公平、透明、可预期的司法服务和有温度、有力度、加速度的司法保障，催促正义尽快从繁芜丛杂的程序中衍生出来，才能兑现法治是最好的营商环境的铿锵承诺。

技术调查官的角色错位及矫正

——以“辅助审判”和“隐性审判”对比分析为视角

陈颖澍*

引　言

技术类知识产权案件审理的要点和难点在于技术事实查明与认定，技术调查官制度作为技术事实查明的重要机制，核心和价值在于“辅助审判”。然而脱离辅助性质造成的角色错位，偏离了技术调查官制度的应有之义，造成了司法裁判权让渡。因此，如何准确定位技术调查官角色，发现隐性审判的现状，剖析错位的缘由，预防司法裁判权让渡，是亟待厘清的问题。

一、应然之义：辅助审判的角色定位

2014年北京、上海、广州3家知识产权法院建立，2017年15个知识产权庭陆续设立，① 知识产权审理机制不断完善。从综合性法院中剥离出来的知识产权法院抑或是法庭都集中审理专利、植物新品种、集成电路布图设计、技术秘密、计算机软件、垄断纠纷等技术类知识产权案件。② 为了满足此类案件审理需求，技术调查官制度应运而生，并在实践中不断丰富、完善。该制度的建立和完善所依托的顶层设立见表1。从《最高人民法院关于

* 作者单位：江西省萍乡市中级人民法院。

① 《最高人民法院关于同意南京市、苏州市、武汉市、成都市中级人民法院内设专门审判机构并跨区域管辖部分知识产权案件的批复》（法〔2017〕2号）；《最高人民法院关于同意杭州市、宁波市、合肥市、福州市、济南市、青岛市中级人民法院内设专门审判机构并跨区域管辖部分知识产权案件的批复》（法〔2017〕236号）；《最高人民法院关于同意深圳市中级人民法院内设专门审判机构并分别集中管辖部分知识产权、金融案件的批复》（法〔2017〕352号）；《关于同意天津市第三中级人民法院和郑州市、长沙市、西安市中级人民法院内设专门审判机构并跨区域管辖部分知识产权案件的批复》（法〔2018〕46号）；《江西省高级人民法院关于南昌知识产权法庭跨区域管辖部门知识产权案件的通知》（赣高法〔2018〕196号）。

② 《最高人民法院关于技术调查官参与知识产权案件诉讼活动的若干规定》（法释〔2019〕2号）。

技术调查官参与知识产权案件诉讼活动的暂行规定》到《最高人民法院关于技术调查官参与知识产权案件诉讼活动的规定》，技术调查官从“司法辅助人员”进一步明确为“审判辅助人员”，要实现该制度的设立初衷和目的，必须从技术调查官角色定位的应然状态出发，明确其身份和能力定位。

表 1　技术调查官制度的建立和完善

日期	机构	名称	文号	简称	内容
2014 年	最高人民法院	《关于知识产权法院技术调查官参与诉讼活动若干问题的暂行规定》	法〔2014〕360 号	《暂行规定》	对技术审查官身份、参与诉讼程序方式、职责、效力等作出具体规定
2017 年	最高人民法院	《知识产权法院技术调查官选任工作指导意见（试行）》	法发〔2017〕24 号	《选任工作指导意见》	对技术审查官的来源、类型、任职资格、任职期限、薪酬待遇等作了具体规定
2019 年	最高人民法院	《最高人民法院关于技术调查官参与知识产权案件诉讼活动的若干规定》	法释〔2019〕2 号	《规定》	适用范围从法院扩大至法庭，内容上对技术调查官的署名、追责、调派等作出新规定

（一）专业性：技术领域的专业人士

随着科技的迅猛发展，专业技术领域分工不断精细化，交叉领域复杂化，技术类知识产权案件审理所面临的技术事实查明挑战不断增加。作为审判辅助人员的技术调查官，要高效地助力审判工作，具备专业化的技术能力是前提基础。从现在各个国家或地区有关的技术调查人员来源看（见表 2），均要求至少 5 年以上的专业技术工作从业经验，或者在专业领域具有突出成就。我国技术调查官和韩国、日本一样，都是辅助人员。目前，我国技术调查官任职资格是具有理工科专业本科以上学历；具有中级以上专业技术资格；5 年以上有关专业技术工作经验。①

① 《知识产权法院技术调查官选任工作指导意见（试行）》第五条。

表 2　　　　各个国家或地区有关技术调查人员的任职规定①②③

国家/地区	人员	任职规定
德国	技术法官	德国或欧盟境内的大学、技术学校或相关科研机构毕业，同时要求通过技术或自然科学相关方面的国家级或学院级考试，且至少有5年以上的工作经历。或从专利商标局中的资深技术审查员挑选
韩国	技术审查官	具有5年以上经验的知识产权局审查员；具有5年以上法官经验的；或具有7年以上科技工作经验且为5级及以上公务员资格的；科学技术领域获得博士学位的，科技领域获得硕士学位且从事经营研究活动满10年的；通过相关技术资格考试的人员中选拔等
日本	技术调查官	来自特许厅的审查员或复审员，少数是专利律师，审查员或复审员大多拥有20多年的专利审查经验
我国台湾地区	技术审查官	担任专利审查官或商标审查官合计3年以上；硕士以上学位，担任专利或商标审查官助理审查官合计6年以上；现任或曾任公立或立案之私立大学、独立学院相关系所讲师六年以上，助理教授、副教授、教授合计3年以上或公、私立专业研究机构研究人员6年以上，有知识产权类专门著作并具证明者，等等

技术调查官制度的核心在于专业性、中立性、公开性，而专业性是一切的基础。实践中，除了要求学历条件、教育背景、技能资质等硬性条件，因部分技术事实工作与生产实践密切相关，故要求技术调查官具有相应的生产、科研经验。截至2018年4月，北京知识产权法院技术调查室在编5人，其他类型基本情况见表3。在第二批兼职技术调查官中，41%来源于北京审协，46%来源科研机构、大专院校、国有企业大型股份公司。同样，截至2018年4月，广州知识产法院技术调查官团队，吸纳29名来自高校、科研机构、企事业单位等各个领域专家。这些来自各个领域，尤其生产科研、高校教学的一线专业人才，使得技术调查官基于其专业性更好地发挥辅助审判作用，提升技术类知识产权案件审理质效。

① 郭寿康、李剑：《我国知识产权审判组织专门化问题研究——以德国联邦专利法院为视角》，载《法学家》2008年第6期。

② 马浛菲、韩元牧：《简述技术事实之审查——从我国知识产权法院设立技术调查官制度谈起》，载《中国发明与专利》2015年第5期。

③ 黄光辉、彭静：《台湾地区智慧财产法院的设立及运作机制评析——兼论对我国大陆设立知识产权法院的启示》，载《山东科技大学学报（社会科学版）》2015年第17卷第1期。

表3　北京知识产权法院技术调查官基本情况

类型	人数	具体来源	选任方式	薪酬待遇
正式编制	5		法院自主进行选拔招录	
聘用	无		法院面向社会公开自主进行招聘	签订劳务合同，约定组织人事关系、薪酬待遇等问题
交流	5	分别来自：国家知识产权局专利局、专利复审委员会、专利审查协作北京中心和天津中心	国家机关、行业协会、大专院校、科研机构、企事业单位等向法院派驻	组织人事关系不变动，薪酬待遇由原单位保障
兼职	39	22名来自专利审查协作中心，16名来自企事业单位、高等院校或科研机构，3名来自专利代理机构	法院通过单位推荐、自我推荐等形式，从相关领域的技术人员中选择聘用	

（二）中立性：诉讼活动的参与者

专业性是技术调查官发挥作用的基础，而中立性是其内在要求。司法实践中，技术调查官几乎全程参与诉讼活动，指引技术事实审查方向，梳理案件的争议焦点，提出技术调查意见。这就要求技术调查官在诉讼活动的参与过程中，保持其中立性，不偏不倚、公正履职，客观地提供技术调查意见。具体而言，在庭前准备阶段，帮助审判员收集涉及技术方面的资料，为接下来的庭审做好知识储备。在庭审过程中，加强审判员对于技术问题的理解和认识，促进庭审实质化。庭审后，对技术调查意见进行补充完善，完成案件的技术事实查明工作。具体情况如图1。

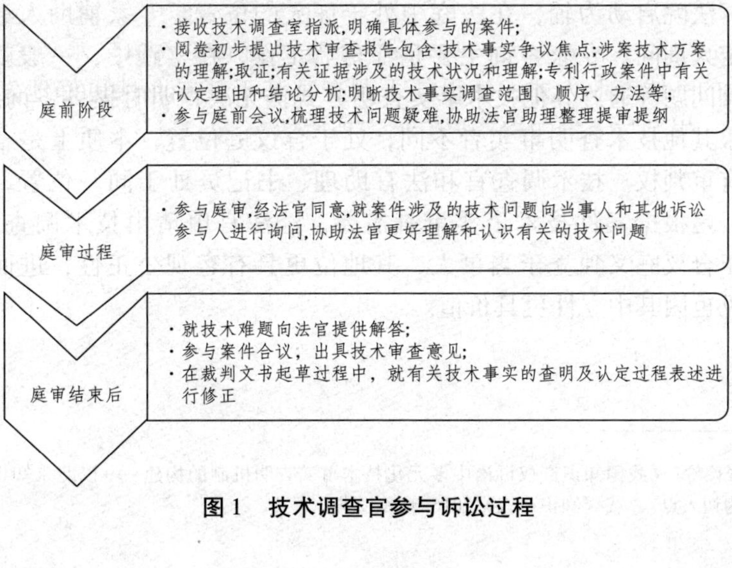

图1　技术调查官参与诉讼过程

作为合议庭认定事实的技术助手，根据案件审理需要参与到诉讼活动中。由于各方诉讼参与人法律地位不同，技术事实查明立场不同，背后代表的利益需求不同，对于案件实质审理产生的作用不同。此时，技术调查官的中立性显得更为重要。进一步而言，技术类知识产权案件审理实践中，为了使合议庭"兼听则明"，更好地对技术事实进行查明和认定，采用多元化技术事实查明机制：专家陪审员、专家辅助人（或"具有专门知识的人"）、司法鉴定、技术调查官、专家咨询等。这些技术事实的查明者，其在法庭上座位不同（如图2），代表的诉讼地位不同。

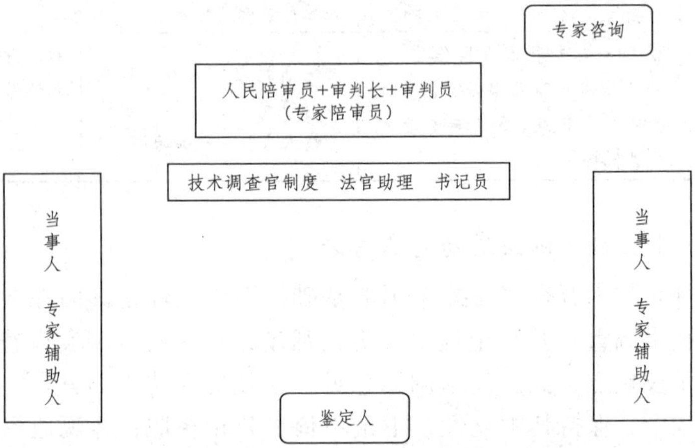

图2　技术事实查明的诉讼参加人庭审位置

从图可见，专家辅助人和当事人处于同一位置，由当事人申请，经法庭准许后，出庭代表当事人就涉及的专业知识发表意见。该意见具有倾向性。相比之下，鉴定人和专家咨询更为中立。鉴定人启动方式以当事人申请为主，法院启动为辅，在法庭中处于证人的位置，专家辅助人经允许可以对鉴定人询问。专家咨询主要是在幕后工作，在实践中，一般就较重大复杂疑难问题等通过其他技术事实查明方式仍无法查明时提供咨询。[①] 专家陪审员跟其他技术查明事实者不同，处于合议庭位置，本质上是合议庭成员，拥有审判权。技术调查官和法官助理、书记员处于同一位置，均为辅助审判。是根据案件技术事实审查需要，经法官申请由技术调查室指派，既独立于合议庭又独立于当事人，其地位更具有客观公正性，进而技术官调查意见也因其中立性更具价值。

① 张玲玲：《我国知识产权诉讼中多元化技术事实查明机制的构建——以北京知识产权法院司法实践为切入点》，载《知识产权》2016年第12期。

（三）辅助性：案件审理的技术助手

技术调查官的专业性和中立性，均为保障其更好地发挥辅助审判功能。明确其审判辅助性质，重要的是要明确其不等同于审判员本身。技术调查官可以履行自己的职责，发挥自己的专业特长，对技术事实进行调查，帮助审判人员和当事人梳理案件争议焦点，提出专业意见等。如："PTC 加热器"实用新型专利侵权纠纷案中，对于隐含技术特征是否属于专利权利要求 2 的保护范围，以及"陆风越野车"外观设计专利权无效行政纠纷案中，涉案专利与对比设计在汽车外观不同部分的设计特征所产生的整体视觉效果如何衡量问题，对于案件的实体公正十分重要，此时需要技术调查官对技术特征进行分析并提出意见。①

但其本质上仍是技术事实查明，而非直接进行审判。审判权法定，法官可以依法对法规进行解释，对案件进行公正地自由裁量，行使审判权。但其他人员不能越俎代庖、甚至取而代之，否则便是司法裁判权让渡。其他国家有专门的技术法官，如德国，有出身于自然科学的技术法官，并具备一定的法律知识。其设立这种专门的技术法官源于德国自身特殊的历史原因：一方面，是为了解决专利局内部的技术人员和法律人员冲突问题，更为重要的一方面，是为了解决专利局的决定不受司法审查的违宪问题。②这和我国国情不同，我国法律明确规定技术调查官的性质是"辅助审判人员"，不能简单地将技术调查官等同于技术法官，将审判辅助人员等同于审判人员。

二、错位之因：个别案件"辅助"异化"审判"的缘由

技术调查官本应是"辅助审判人员"，作为技术领域的专业人士，中立地参与诉讼活动，为审判人员进行事实认定、法律适用提供技术辅助。然而实践中，个别案件以"技术调查意见"代"审"，技术调查官变成了技术事实的直接认定者，异化为"隐性审判人员"。加之，"技术调查意见的不对外公开性"③，使得这种隐性审判现状遁迹潜形，值得注意。

---

① 《关于印发 2018 年中国法院 10 大知识产权案件和 50 件典型知识产权案例的通知》（法办〔2019〕113 号），其中十大知识产权案件：无锡国威陶瓷电器有限公司、蒋国屏与常熟市林芝电热器件有限公司、苏宁易购集团股份有限公司侵害实用新型专利权纠纷案［最高人民法院（2018）最高法民再 111 号民事判决书］和江铃控股有限公司与国家知识产权局专利复审委员会、捷豹路虎有限公司、杰拉德·加布里埃尔·麦戈文外观设计专利权无效行政纠纷案［北京市高级人民法院（2018）京行终 4169 号行政判决书］。

② 杜颖、李晨瑶：《技术调查官定位及其作用分析》，载《知识产权》2016 年第 1 期。

③ 《最高人民法院关于技术调查官参与知识产权案件诉讼活动的若干规定》第九条。

(一) 权力支配导致认知偏差

在社会科学领域，对于权力与知识的关系见解不同。米歇尔·福柯认为权力和知识之间是有直接联系的，二者的运作领域并不区分：构建一种知识领域就会产生权力关系，构建权力关系就存在知识。任何事物包括知识要得以产生，离不开权力的作用，这种知识产生的过程在无形中就是一种权力内化的过程。而在这种权力与知识相互交错的过程中，会形成两种关系："支配与被支配关系"或"互动关系"。

技术事实查明认定是在技术类知识领域运作。正所谓术业有专攻，在这个领域内，技术调查官、专家辅助人、鉴定人等都是具有这方面知识的专业人士，而大多数当事人和法官则缺乏这方面的专业知识。在我国现行的教育体系下，法官的任职条件是具有法律专业知识，具备法律职业资格，大多数法官不具备此类工科专业的知识背景。此时，技术调查官依托其专业性在技术查明机制中发挥了主力作用，帮助审判人员和当事人梳理案件争议焦点，提出技术调查意见等，在权力和知识关系中，具有"支配优势"。

进一步而言，法官的法律知识并没有超过法官的知识范畴，基于自身法律专业知识，当法官进行法律事实审查时，能够自信从容地对案件进行主观性和能动性审查判断，在权力与知识关系中，是一种平等的"互动关系"。但是，技术方面的专业知识对于法官所产生的权力影响却是显著的。面对知识的不平等性，法官对于技术事实的认定，更多是形式上的审查，而非实质上审查，通过向技术调查官等专业人士寻求帮助以弥补自身知识的不足。这种在支配关系中所寻求的庇护，本质上是被支配的一种方式。另外，缺乏专业知识的法官，不仅很容易受到专业知识影响，也容易受到技术调查官的语势、眼神等所形成的知识轨迹的影响，从而形成"支配与被支配"关系。造成技术调查官偏离"辅助"性质，法官形成认知偏差。

(二) 技术与法律之间的融合障碍

从认知科学视角而言，大脑运行是一个复杂系统，有不同的领域模块，负责完成不同的任务。在运作时，将捕捉到的外界信息与现有的认识相连接，并通过现有的信息轨迹对其进行补充，因此，大脑主要是巩固和完善现有的知识储备。① 法官不具备工科专业知识背景，技术类专业知识又是一个全新领域。当这些知识进入人脑后，很难与原有的法律知识融合并进行整合评估，导致法官无法对技术调查意见的实质内容进行有效判断。

技术类知识产权案件审理所需要的知识不局限于专业的法律知识，用

① 〔德〕阿克赛尔·文德勒、赫尔穆特·霍夫曼：《审判中询问的技巧与策略》，丁强、高莉译，中国政法大学出版社2012年版，第190页。

以法律适用，还应当具有专业技术类这种非法律知识，用以技术事实查明认定。在进行审判时，法官可能受到权力运作的影响，被非法律知识所支配，导致认知偏差。一种可能就是受到先行评价和判断的影响，即一种司法预设。一旦事先形成了这种预设，那么在进行审判时，易受到原有知识轨迹影响进行认知，而技术类专业知识无法被法官吸收采纳。法官也并非圣人或者道德巨人，其作出的裁判并非完完全全处于慎思，也有可能是基于直觉、策略等，[①] 这种情况很难被人们所理解和接受。此时，如果可以将法律知识与技术知识相融合，提升法官本身的知识，则可以减少偏见认知。

中立审判、辨明是非、定分止争是法官的职责所在，将技术问题转化为法律问题从而来行使司法裁判权亦是法官义务所在。如果简单地将技术事实查明等同于法律适用，只关注技术调查官意见，而非“原理与方法”，长此以往势必导致司法裁判权让渡和技术调查官制度异化。

（三）技术调查官追责方式笼统化

“有权必有责，失责受追究。”与法官如何行使法定审判权相对应的是技术调查官如何准确定位“辅助”这一角色。在技术事实查明认定过程中，技术调查官理应成为也实际成为法官的“左膀右臂”，辅助法官对涉案技术事实进行自由心证。然而技术调查意见只是作为法官认定技术事实的参考，故法官应当就技术事实认定结论依法承担责任。[②] 这种责任的承担无可非议，且法官的追责机制，我国现有法律中已有体系规定，不再赘述。但对于技术调查官的追责方式笼统化，本文认为应当引起重视。

技术调查官对于技术类知识产权审理工作越重要，发挥的作用越大，意味着风险越高。其失责直接影响到案件技术事实认定，继而影响到案件实体处理结果的公正性，有损司法公信力。加之，法官的认知偏差、技术与法律之间的融合障碍，仅规定法官的责任，无法从根本上解决问题。此外，技术调查意见的不公开性，[③] 加重对该意见是否中立、客观、科学，能否有效接受公众监督的质疑。而目前，对于技术调查官失责行为规定的较为笼统，仅有《规定》第十三条，指出违反有关规定应当追究法律责任，构成犯罪应当追究刑事责任。而其中的有关规定指向不明，再者责任承担方式单一不明确。

---

① 〔美〕理查德·波斯纳：《法官如何思考》，苏力译，北京大学出版社2009年版，第1～13页。

② 《最高人民法院关于技术调查官参与知识产权案件诉讼活动的若干规定》（法释〔2019〕2号）。

③ 《最高人民法院关于技术调查官参与知识产权案件诉讼活动的若干规定》（法释〔2019〕2号）第九条。

四、矫正之路：预防司法裁判权让渡

（一）多元化技术事实查明机制均衡发展

法官对于技术调查意见的采纳，更多关注于其程序上、形式上是否存在瑕疵，然而技术事实查明的正确性与否，往往取决于技术事实的实质内容。立法者设立技术调查官制度目的在于通过双方当事人就技术事实的平等对抗，以及对鉴定意见在法庭上进行质证，再听取技术调查官的意见，从而达到“兼听则明”的效果，形成知识之间的“互动关系”，助力审判员对技术事实进行查明。

每项技术查明机制有其自身特点。专家陪审员作为审判人员，可以对技术事实进行审判，但数量有限，很多技术人员无法实际参与到审判工作中，且数量远远无法满足现在的审理需求。专家辅助人，代表当事人利益，费用由当事人承担，节约了司法成本。但明显的利益倾向，使得其客观中立性极大降低。鉴定专家的鉴定意见具有一定的客观性和较强的专业性，但其只在证据调查阶段与质证阶段参与诉讼活动，且鉴定内容成本高、工作量大，耗时长，比较固定不能实时对法官需要查明的技术事实进行回复。专家咨询，作为备选途径的技术事实查明方式，成本高，且适用案件的范围有限，推广性不佳。

权力支配导致的认知偏差，实质在于过度依赖技术审查意见。从技术调查官制度实际运行来看，其重要性和实践取得的成效毋庸置疑，但要形成权力和知识的互动性，就一定要建立联动的技术事实查明机制，将每项机制串联起来，相互制衡又相互促进技术事实的查明，而非听取一家之言。一方面，明确各项机制特点，使其相互配合互促互助。对于一些高难复杂的案件，邀请相关领域专家进行查明。在技术调查官人数有限的时候，灵活选任特定领域的专家审判员。完善鉴定人出庭制度，使得其鉴定意见接受质证。根据专家辅助人代表当事人利益等诉讼地位、身份性质，考虑其参与诉讼的阶段从庭审延伸至庭前。另一方面，明确各位事实查明者的责任和查明结论的效力顺位。技术调查官作为技术事实查明的主力军，其意见效力高于鉴定意见、专家证人证言、专家咨询意见等。加强技术调查官和其他事实查明者的工作衔接和组织，尊重当事人申请的专家辅助人意见，并与鉴定人意见相互制约，同时有益探索专家审判员，视情况补充专家咨询意见。

（二）明确职责划分丰富不同角色的知识内涵

技术调查官和法官分别处于技术和法律融合障碍的两端。为了进一步消除这种隔阂，一方面，要各司其职，强调技术调查官的“有限参与”，法官依法行使审判权；另一方面，两者要相互交流，不断提升自身的知识水平和认知能力。

技术调查官要严格遵守有限参与原则，止于事实认定的边界，避免越俎代庖，同时也要发挥自身的独立性及能动性。如在出具技术调查意见时，不直接给出是否构成侵权、是否纳入保护范围等具体结论，而是针对这种涉案技术争议焦点进行分析梳理，如只是在进行技术对比时，就某个技术特征作出认定。其最终结论由合议庭结合庭审所有的技术事实查明情况，综合判定。法官要主导和决定整个案件审理，根据案件涉及技术事实的技术领域、复杂程度，来确定其诉讼资源的分配：技术调查官的来源类型、选派人数等。同时，拒绝庸政懒政，不可将只要涉及技术类问题就一股脑扔给技术调查官，在裁判文书中技术事实方面直接引用技术调查意见，认为自身不懂技术类问题，便不去思考技术问题。应当时刻牢记自身是审判者，勇于担当，而非推诿责任。

各司其职是基础，互相学习提升才是加强技术和法律之间融合的重要方式。提升法官的专业技术素养和技术事实查明能力，有意识地培养法律和技术复合知识人才，培育擅长解决专业问题的法官。同时加强技术调查官有关法律法规的学习培养。此外，要明确法官与技术调查官合作方式和工作衔接机制，提升二者的配合默契度。在不同的阶段，组织法官和资深技术调查官就各自合作心得体会、疑问进行面对面交流，进一步明确自身职责，加强相互学习。

（三）防范风险构建诚信评价管理机制

防范技术调查官隐性审判风险，除规范技术调查官的职权行使，提升法官审判观念，还需对技术调查官的追责方式进一步细化，以便从外部进行约束。

从制度层面上明确技术调查官追责机制。《规定》新增了其在裁判文书上署名方式，对不实技术调查意见追究法律责任，进一步强调技术调查官责任。① 但仍需要进一步具体明确技术调查官年度考核方案等有关管理制度，制定考核方式，量化考核指标，使得追责行为有据可循，落实责任追究制。一方面，根据技术调查官的来源以及类型不同进一步加强管理。对于在编技术调查官按照公务员考核管理办法进行；对于聘用制技术调查官参照聘任制公务员管理办法和专业技术类公务员管理办法综合考量；对于挂职交流和兼职的技术调查官进行原行业和法院双重管理。另一方面，采用量化考评为主的方式，注重质量考评管理。考察其出庭次数，进行调查

① 《最高人民法院关于技术调查官参与知识产权案件诉讼活动的若干规定》（法释〔2019〕2号）第十二条、第十三条。

取证、勘验、保全的次数，提出的技术调查意见被采用的比率等实绩，同时对其参与技术类知识产权案件的难度进行全方位平衡，并综合考虑法官、当事人、其他技术事实查明者的评价。

引入诚信评价管理机制。“人无信不立，业无信不兴，国无信则衰。”在诚信社会建设中，引入诚信评价管理机制十分必要。一方面，构建诚信指标体系，对于技术调查官的日常履职行为进行诚信评价，根据其失职情况进行负面诚信评价，结合社会诚信体系建设，予以失信惩戒；另一方面，根据技术调查官类型和来源的不同进行诚信管理。对于在编和聘用制公务员，按照《公务员法》等有关规定追责。对于挂职交流和兼职的技术调查官，可以参照董监高的禁止性任职条件，进一步细化禁止性任职条件。此外，除去“不得担任技术调查官”，可以对其在专业领域的任职和发展予以限制性规定，如不得从事专利申请的审查工作，不得从事专利代理工作等，从而进一步防范风险，发挥技术调查官的助审作用。

结　语

技术官调查制度是健全技术类知识产权案件审理机制潮流中的一抹亮色。作为审判辅助人员，一旦脱离“辅助性质”则异化成“隐性审判”。因此，清晰明确技术调查官的角色定位，实乃夯实制度的基石，只有在这个基础上，才能准确发挥技术调查官制度的作用，助力审判，提升审判质效，保障案件公平公正。

论错误申请财产保全损害的弥补及标准

——以补偿责任与赔偿责任的二分为视角

何健宏*

一、错误申请财产保全嗣后弥补的困境

（一）问题的提出：基于对“三只麻雀”的解剖

案例一：错误冻结账户造成被申请人银行存款利息损失案。A公司起诉B公司并申请财产保全，B公司的3400万存款被冻结两年有余。后A公司的诉讼请求被终审法院全部驳回，B公司遂起诉要求A公司赔偿因错误财产保全而产生的各项损失1800万元。一审法院以A公司申请财产保全没有故意或重大过失为由，驳回了B公司的全部诉讼请求；但二审法院以A公司对造成错误保全具有一般过失为由，改判A公司应当向B公司赔偿利息损失208万余元（以3400万元为基数，以同期同档存款基准利率减去活期存款利率后的利率差计算）。后该案被再审，再审法院又以A公司申请财产保全系正常行使权利，不存在故意或重大过失为由，再改判驳回B公司的全部诉讼请求。①

案例二：错误查封在售房屋造成被申请人定金损失案。C认为D欠其借款60万元，遂向法院起诉，并在明知D正在出售房屋的情形下仍申请查封该在售房屋。因房屋被查封，D无法履行房屋买卖合同，故向买受人赔偿了定金10万元。后因证据不足等原因，C的诉讼请求被全部驳回。于是，D起诉C要求赔偿定金损失10万元。一、二审法院均认为，C系依程序申请财产保全，并无故意、重大过失等滥用诉权的情形，故申请行为不存在错误，无需承担任何赔偿责任。②

案例三：明知缺乏实体权利基础仍不申请解封造成被申请人支出高额

* 作者单位：江苏省常州经济开发区人民法院。

① 最高人民法院（2018）最高法民再314号判决书。

② 天津市第一中级人民法院（2018）津01民终1516号判决书。

借款利息案。乙公司明知甲公司已进入破产重整程序仍在获知甲公司账上有存款300余万元后申请财产保全。次日，破产管理人、破产案件承办人即联系乙公司及实施保全行为的法院进行协调，并明确告知乙公司：根据相关法律规定，不能对破产重整企业实施财产保全措施。但乙公司仍不申请解除保全措施。后该案件被依职权移送至破产案件受理地法院，账户才得以解封，乙公司也撤回了起诉。在账户被冻结的6个多月里，甲公司为推进破产重整，不得不以36%的年利率借款300万元，支出利息40余万元，甲公司遂起诉乙公司要求赔偿利息损失40万元。一审法院对此予以了支持，但终审法院认为，该损失与乙公司的保全申请行为之间没有因果关系，遂改判驳回甲公司的全部诉讼请求。①

申请财产保全是申请人最终实现实体权利的一条重要途径，是权利人的一项重要诉权。在申请财产保全的案件中，申请人的诉讼请求基本上会全部或大部分被生效判决支持②，即错误申请的比例较低。然而，这并不代表着错误申请（即申请人没有实体权利基础或实体权利状况与保全申请数额之间存在明显偏差）不会发生，恰恰相反，错误申请已经成为民商事案件审理阶段最主要的风险节点之一。在发生错误申请后，被申请人如何获得嗣后救济，是法学理论和司法实践上的一个难题。在保证申请人行使保全申请权的基础上，通过嗣后救济因错误保全而遭受损害的被申请人，从而实现两者之间的平衡，是控制和弥补这一风险节点的重要途径，如何优化这一途径，值得我们思考。

（二）以点看面：错误申请财产保全中被申请人损失弥补的难题及出路

1. 错误保全所致损害的复杂性造成救济边界划定难。保全行为仅限制了被保全财产的使用、处分权能，而对其权属状态及物理性状并不会造成改变，故错误保全所造成的损害也具有特殊性，这些损失一般均为间接损失与纯粹经济利益损失，如利息损失、租金损失、替代性损失、无法履行合同造成的违约金损失、合同履行利润损失、被查封财产的降价损失等。这些损失中，大部分不仅内容多样，范围宽泛，而且与保全行为在因果链上也较远。故对于这些损失，应当以何种方式，在何种情况下，在多大范围内予以填补，才能较好地平衡申请人保全申请自由与被申请人权益保护之间的平衡，已经引起了一定的关注，亦是实践中的难题。如全国人大第5054号建议就向最高人民法院提出了“进一步完善司法解释或出台指导意见，明确错误保全或超额申请保全的具体赔偿标准，对过错应体现惩罚性原则”的建议，最高人民法院对此也进行了较为详尽的答复，明确指出最

① 江苏省常州市中级人民法院（2017）苏04民终2072号。

② 万鄂湘、公丕祥、杜万华：《民商事审判实务教程》，中国法制出版社2012年版，第887页。

高人民法院应当通过制度设计平衡各方权益，探索既要降低保全门槛又要保障损害赔偿到位的办法，但同时认为，司法实践中错误保全申请的认定与损害赔偿的确定较为复杂多变，如到底应当“适用损害补偿的归责原则还是侵权责任的归责原则，赔偿直接损失，还是包括赔偿间接损失”等，则还需要区分情况深入探讨。

2. 立法条文的含糊与司法实践的多样性。在依申请保全之场合，因保全行为系法院根据程序要求依申请人的申请而被动作出，法院采取保全行为具有“不得不为”的特点，[①] 故错误申请引发的损害赔偿属于民事责任的观点已成共识。但在如何赔偿的问题上，《民事诉讼法》第一百零五条在条文表述上却一反常态，并未采用侵权责任法所常用的过错、故意或重大过失、无论有无过错均应承担侵权责任等表明归责原则类型的表述，而是表述为“申请错误”。该一反常态的术语，为错误申请保全之归责原则的解读，提供了多重解读空间：（1）故意或重大过失说。认为保全申请系程序权利，保全错误是指程序错误，只要申请人依程序行使权利，即使申请错误造成损失的，申请人也可免责，只有申请人滥用该权利，才能构成“申请错误”，[②] 故申请人在主观上必须是故意或重大过失。[③] （2）无过错说。认为只要保全范围与实体权利之间在客观上具有较大差距的，即构成“申请错误”，而无需考虑申请人的主观状态；[④] （3）过失说。认为“申请错误”是指申请人主观上具有过失。[⑤] 多重的解释空间可能造成法律适用上的混乱及同案不同判。以驳回原告全部诉讼请求型的错误保全申请案件为例，该三种观点在司法实践中均有应用。

然而，上述解读均存在着共同的思维进路，即在不区分损害类型的前提下，统一探讨错误保全损害赔偿的构成问题。然而，错误保全所致损害的复杂及因果链远近的多样，必然决定了该“统一论”进路系法律思维上的误区。有的损害边界较为明确，且与错误保全行为之间的因果链也较近；而有的损害，要么因果链较远，要么损害的边界极为模糊而难以合理确定。该两类损害在值得保护的程度，如若保护会对申请人保全申请自由造成的限制程度等方面均具有不同的影响，故“统一论”思维运用到司法实践中往往便是一概提高救济门槛，将被申请人的利益置于司法保护的门外，或

---

① 肖建华：《民事诉讼法学》，厦门大学出版社 2011 年版，第 249 页。

② 天津市第一中级人民法院（2018）津 01 民终 1516 号判决书。

③ 最高人民法院（2018）最高法民申 2027 号裁定书，载《最高人民法院公报》2018 年第 9 期。

④ 蔡维力、吴晓静：《论现行财产保全制度的三大缺陷及其弊害》，载《甘肃社会科学》2012 年第 2 期。

⑤ 肖建国、张宝成：《论民事保全错误损害赔偿责任的归责原则》，载《法律适用》2016 年第 1 期。

者一概降低救济门槛，加大了申请人的赔偿风险，从而对保全申请自由增加了隐性限制。

3. “区分论”是合理平衡申请人保全申请自由与被申请人权益保护的合理进路。错误保全所致损失的复杂性决定了“统一论”的局限性，因此，从损害的类型化入手，再针对不同类型的损害设置不同的救济条件，从而形成宽严有别且相济的损害弥补体系，形成保全申请自由与权益保护之间的平衡。

二、区分论：补偿责任、侵权赔偿责任之划分

（一）正当的保全申请系违法阻却事由

申请人在申请财产保全时即能预见其行为会造成被申请人财产权益受到限制与侵害却仍然实施申请行为，该行为在外观上与侵权行为无异。然而，“如果行为人的行为是合乎法律规定的行为，那么，即使这种行为给他人造成了损害，行为人也不需要承担赔偿责任”，① 即行为人基于法律的规定作出的某些行为因符合法秩序的要求而排除了法律对该行为的否定性评价，即使给他人造成了损害也不会受到法律的非难，这便是违法阻却事由。② 保全申请权是权利人最终实现其实体权利的重要程序性权利，故只要正当行使，即具有免责的效力。

（二）错误申请财产保全的违法性认定标准选择——兼论侵权损害赔偿救济之不足

违法性是指某行为因违反了法律规范、法律精神与宗旨，破坏了法律秩序，从而受到法律的否定性评价，违法性是侵权行为的本质属性，是构成侵权责任的前提。③ 那么，保全申请行为违法的判断标准到底应当是“违反程序要求”还是“不具有相当的实体权益基础”，前者为程序标准，后者为实体标准。前者认为，只要申请人依程序申请保全，便符合法律秩序的要求，即使实体权利状态嗣后被证明与保全范围存在不合理差距的，也不能因此而认定申请行为违法，其核心为申请人在申请保全时是否以保障其实体权利的最终实现为目的，只要以此为主要目的，保全申请便没有错误，只有滥用该权利，申请行为才具有违法性，从而才具备损害赔偿的基础。而后者认为，如果被申请人的实体权利状态嗣后被证明与保全范围存在不合理差距的，且保全行为侵害了被申请人的财产权益，依此客观事实，便

---

① 杨立新：《侵权责任法》（第二版），法律出版社 2012 年版，第 77 页。

② 郑玉波、陈荣隆：《民法债编总论》，中国政法大学出版社 2004 年版，第 125 ~ 126 页。

③ 张金海：《侵权行为违法性研究》，法律出版社 2012 年版，第 91 页。

应认定申请行为具有违法性，进而可构成侵权赔偿责任。

申请财产保全是当事人一项重要的诉权，对其行使也有特定的程序要求，故对其正当性的判断，应以程序标准为宜。具体而言，只要申请人以保障日后生效裁判的实现为目的而提出保全申请，并提供相应的担保，且经法院审查（实践中一般为形式审查），便可认为申请人已按程序要求行使该权利，[①] 申请行为即没有违法性，从而难以构成侵权赔偿责任。只有当申请人对实体权利欠缺的事实系明知或因重大过失而未知，却仍然申请保全从而构成权利滥用时，才能认定申请行为违法，进而构成侵权责任。由此可见，通过侵权赔偿让因错误保全而遭受损害的被申请人获得救济极为困难。

（三）对错误申请财产保全造成之损害予以补偿的正当性证成兼论错误申请的认定标准

申请人的保全申请权与被申请人的财产权均属正当权利，当两者发生冲突时，该如何化解？基于错误保全的比例较低、程序优先性原则等因素的考量，保全申请权的保障更具有紧迫性与优先性，当两者发生冲突时，应当优先保护前者，此时被申请人负有容忍义务。但是尊重保全申请权并不意味着被申请人财产权的废除或消灭，而是在承认双方权益正当性的前提下，根据实际状况让保全申请权优先行使。当申请人的实体权利在嗣后被证明是与保全范围基本相当时，则申请行为系申请人就其实体权利寻求国家强制力保护的正当手段；但当申请人的实体权利状态嗣后被证明与保全范围存在不合理差距时，则被申请人的容忍义务便失去了基础。此时，本着风险与利益并存原则，被申请人作为正当权利被超越的一方，因其权利被限制而造成的损失，应予适当的补偿，[②] 以彰显其权利受保护的正当属性。故只要在客观上，被申请人的实体权利状态嗣后被证明与保全范围存在不合理差距的，就可认为存在“错误申请”，申请人就应当对由此引发的某些损失负补偿责任。这类由于权利冲突而产生的补偿责任，既非侵权行为所致，也非权利滥用所引起，而是根据公平原则，为了化解双方权利行使中的僵局，由一方作出让步所必然带来的利益减损。[③]

申请人承担补偿责任是否具有解释论上的基础呢？其实，补偿责任在立法上并非没有体现，如我国《物权法》第八十八条与第九十二条便规定，不动产权利人因铺设电线、电缆、水管等必须利用相邻土地、建筑物的，

---

① 万鄂湘、公丕祥、杜万华：《民商事审判实务教程》，中国法制出版社 2012 年版，第 887～888 页。

② 周翠：《中外民事临时救济制度比较研究》，清华大学出版社 2014 年版，第 199 页。

③ 彭诚信、苏昊：《论权利冲突的规范本质及化解路径》，载《法制与社会发展》2019 年第 2 期。

该土地、建筑物的权利人应当提供必要的便利，不动产权利人应当尽量避免对相邻不动产权利人造成损害，造成损害的，应当给予赔偿。该处虽用“赔偿”一词，但理论与实践均认为，该“赔偿”即为“补偿”，其成立不以铺设方具有过错及铺设行为具有违法性为要件，而是在利益冲突下，为实现相邻各物总体效益的最大化从而让相邻土地、建筑物的权利人负担容忍义务，作为弥补，铺设方应当承担相应的补偿责任，[①] 以实现相互冲突的权利之间的平衡。那么，《民事诉讼法》第一百零五条所规定的“申请有错误的，申请人应当赔偿被申请人因保全所遭受的损失”，该“赔偿”可否理解为补偿责任？本文持肯定见解，理由如下：（1）在文义上，被申请人可获“赔偿”的前提为“申请有错误”，而错误不同于过错，其只能从客观结果上进行评判，而与申请人主观状态无关，也与申请人是否滥用保全申请权从而具有违法性无关；（2）在利益享受与风险承担的匹配上，申请人享受财产保全预先保护实体权利之便利的同时，[②] 自然应承担错误保全引发损失的风险，故只有让申请人承担补偿责任，才能实现风险与利益的一致；（3）在权利冲突的弥合上，申请人只有就错误申请保全向被申请人予以相应补偿，才能平衡双方之间的权利保护。因此，《民事诉讼法》第一百零五条并非是对一般侵权责任的简单重述，而是通过提供补偿责任为被申请人设置了一种特殊的保护。

当然，如果被申请人的行为也是造成错误保全及损害之原因的，则应根据原因力的大小，相应减轻申请人的补偿责任。如案例一，最高人民法院以申请人不存在故意或重大过失为由，再审改判申请人无需承担任何责任，是否公平，实值斟酌。如果法院认为被申请人的行为也是引发错误申请之原因的，完全可以根据原因力大小由双方分担损失，而让被申请人独自承担全部巨额损失，显有不公。

三、限制论：补偿责任、侵权赔偿责任与损害弥补标准

（一）补偿责任之范围认定

1. 补偿责任的补偿范围应予适当限制。损害弥补范围的扩张意味着对他人行为自由限制的扩张[③]，就错误申请保全所造成的损失，申请人应当在多大范围内承担补偿责任，值得探讨。错误保全限制了被保全财产的使用功能，造成了使用中断损失，其所致损失一般为间接损失、纯粹经济利益

① 王利民：《民法上的利益位阶及其考量》，载《法学家》2014 年第 1 期。

② 范卫国：《法院财产保全错误：发生机理及救济路径》，载《河北法学》2016 年第 6 期。

③ ［奥］H. 考茨欧主编：《侵权法的统一——违法性》，张家勇译，法律出版社 2009 年版，第 19 页。

损失，即使为直接损失，在因果链上一般也较远。故其弥补范围，虽不能如有学者所主张，“如果物本身并未发生物理性的变化，即损失是物的功能丧失导致的使用中断损失，一般不应认可该损失具有可赔偿性”，[①] 但如果就全部损失一概予以补偿，则申请人的责任范围亦有失宽泛，容易造成申请人因负担过重而对保全申请望而却步，从而过于限制保全申请自由，且即使是适用门槛更高的侵权赔偿责任，这些损失也难以一概予以平等保护。因此，只有通过对补偿的范围进行相应限制，才能实现保全申请自由与财产权益保护之间的合理平衡。

2. 确定补偿范围应予考虑的因素分析。补偿责任的范围该如何划定呢？确定某项损失是否值得救济及其救济条件的设置，应当综合考量因果关系的远近、损害范围的可预见性及稳定性、被侵害权益的公示性及遭受损害的程度、是否会对行为人的行为自由造成过分限制等因素。[②] 错误保全补偿责任范围的划定也不例外。具体而言，可从以下三个因素着眼：（1）该损失是否具有通常的计算价格；（2）该损失在申请保全时能否通过理性人标准予以合理预见；（3）该损失是否为保全行为所直接引起。只有同时满足这三个因素的损失，才能纳入补偿的范围。因此，就间接损失，只有那些在通常情况下如果不被错误保全就必然或极有可能获得的利益才能获得补偿，且其补偿价格应参照同等财物正常发挥效益的平均值来计算；就直接损失，只有那些按照通常的标准而必须支付的合理费用才能纳入补偿的范围；这些损失一般有被保全财产可产生的法定利息、按照通常市场行情所计算的租金等孳息，以及经营性财产的直接经营损失等。

3. 几类主要的可补偿损失的具体确定方法。就法定利息损失，一般应以同期同档贷款基准利率与活期存款利率之差（资金被冻结期间仍有活期存款利息）作为利率标准来计算。同期，应以账户被冻结的时间长短来确定；同档，应以被实际冻结的资金金额来确定。按照通常市场行情所计算的租金损失则较容易确定，难以确定时可通过评估形成参考。

经营性财产的直接经营损失，是指经营性财产因保全行为被限制了使用权而产生的直接经营收入未能获得所造成的损失，其与租金损失的主要区别在于，后者系采用市场标准予以客观确认，而前者与经营者的个体经营能力相关，该损失的大小受主客观双重因素的影响，但其计算方法依然是客观的，因为在经营性财产被保全期间，该财产并未实际上被投入使用，故只能依靠往期的经营业绩并通过比对本期与往期所处行业的利润率等因

---

① 王军：《侵权损害赔偿制度比较研究——我国侵权损害赔偿制度的构建》，法律出版社 2011 年版，第 360 页。

② 曹昌伟：《侵权法上的违法性研究》，中国政法大学出版社 2017 年版，第 113 ~ 114 页。

素予以客观确定。至于往期的参照时间，可以视该经营性财产被实际限制使用的期限而定。至于直接经营收入，是指被保全财产本身所能获得的经营利润。例如，从事物流的货车因被扣押而限制了六个月的使用权，其直接经营损失的计算方法为，如果在查封期间该类市场的利润率较为平稳，则可直接参照该货车在查封前的六个月内所产生的经营利润予以确认；但如果该货车与其他货车组成一个车队，因缺了一辆货车造成无法承担大型运输任务而产生的损失，则不在补偿范围之内。当按照通常市场行情所计算的租金损失与直接经营损失产生重合时，被申请人可择一主张。

（二）侵权赔偿责任之构成要件认定

1. 侵权赔偿责任的构成要件应予严格限定。因侵害了缺乏明确的外在公示方式或边界较为含糊的法益而产生之损失，若要将其纳入《侵权责任法》的保护范围，则必须严格其构成要件。[①] 不能通过补偿责任予以弥补的损失，如账户被冻结后被申请人以较高利率借款所产生的利息损失、房屋被查封后因难以履行生效房屋买卖合同而产生的违约金损失、股票被查封后产生的降价损失等损失，即具有缺乏公示性或边界含糊的特点，故其虽可通过《侵权责任法》第六条第一款所确定的一般侵权责任予以救济，但应通过严格的构成要件对赔偿责任的成立予以限制。具体而言，侵权赔偿责任的成立，不仅需要存在错误申请行为、损失及过错，而且在因果关系与违法性的认定上应采主观标准。

2. 违法性与因果关系的具体认定。某行为是否具有违法性，实际上经常涉及价值判断与利益衡量，难免有法律政策判断的色彩。[②] 就侵权赔偿责任，因其弥补范围极为宽泛，故在违法性的认定上应以申请人滥用申请权为标准，以作合理限制。具体而言，应以整个诉讼过程为时间视角，考察申请人申请保全的目的、对实体权利状况的知晓程度等主观因素予以确定。如果申请人提起保全申请以损害被申请人利益为主要目的，或者对实体权利状态不足的事实系明知或因重大过失而未知的，则可认为滥用了保全申请权，从而具有违法性。

就因果关系的认定，需同时具备事实上的因果关系与法律上的因果关系，前者为客观上的因果律判断，后者深受利益衡量的影响。[③] 只能通过侵权赔偿责任予以救济的损害，其边界往往较为模糊、宽泛，因果链也较远，且被侵害权益的公示程度较低，较难被一般社会参与者所能预见。而损害

---

① 朱岩：《侵权责任法通论》，法律出版社 2011 年版，第 126 页。

② 陈聪富：《侵权归责原则与损害赔偿》，北京大学出版社 2005 年版，第 58 页。

③ 陈聪富：《因果关系与损害赔偿》，北京大学出版社 2006 年版，第 141 页。

的可预见程度系法律上因果关系成立的决定性因素之一，[①] 对于可预见性的判断，应以一般社会经验和行为人的智识水平并掺杂着法律政策、社会政策、当事人之间权利义务的平衡等因素为综合标准。[②] 基于需通过侵权赔偿责任获得弥补之损失的上述特殊性，应提高因果关系的认定标准以限制赔偿责任。具体而言，错误申请行为与损失之间既要具有客观上的相当关联性，还要申请人对该类损失的存在系明知或非因重大过失即可预知的主观要件。如案例二，申请人明知被申请人正在出售房屋仍申请查封，从而造成被申请人支出违约金，故申请行为与损害结果之间具有因果关系，如果同时具备违法性等要件的，则被申请人可就该损失获得赔偿；但就案例三，高额利息损失系被申请人自身信用较差与申请人滥用保全申请权共同作用的结果，故应当根据两者之间的原因力大小予以适当分配。

结　语

民法的魅力在于其丰富多彩，在于其能够在统一性与多样性之间实现平衡，错误保全损害之弥补亦不例外。嗣后弥补虽不是保障被申请人免受错误保全侵害的唯一路径，但无疑是最后一道保障，如果运用得当，不仅可以在一定程度上弥补被申请人的损失，而且还可以在不过分限制申请人保全申请权的前提下倒逼其通过注意审查以降低错误申请的概率，以防范民商事审判中的风险。从损害的类型化切入，对不同的损害，通过分别适用《民事诉讼法》第一百零五条以及《侵权责任法》第六条进行宽严相济的救济思路，希望能成为实现嗣后弥补路径合理化的有益尝试。

---

① 于雪锋：《侵权法可预见性规则研究——以法律因果关系为视角》，北京大学出版社 2017 年版，第 153 页。

② 史尚宽：《债法总论》，法律出版社 2004 年版，第 153 页。

要素式标准：担保物权实现程序审查机制重构

——以“金融 + 司法”协同创新审理模式改革实践为视角

王成全* 郭福全** 王丽菊***

引 言

防范和化解金融风险是党的十九大提出的三大攻坚战的重要内容。低成本、高效率的担保物权实现程序是金融机构快速清收、提高风险防控水平的最佳司法路径。该程序自 2012 年通过《中华人民共和国民事诉讼法》(以下简称《民事诉讼法》) 确立以来，是否如人们期待满足债权人高效变现的司法需求？能否在司法实务中发挥其制度优势，成为调节市场经济和防控金融风险的重要工具？本文以 16437 个担保物权实现裁判文书为样本，客观呈现担保物权实现程序已难以承担这份“期待”，甚至趋于消亡命运的现状；从立法规范、司法适用、债权主体、送达程序四个维度分析该程序陷入困境的成因；紧扣金融风险防范主题，以“金融 + 司法”协同创新审理模式为视角，创设担保物权实现程序要素式审查规则，力求实现金融债权的效率和安全的最优。最终，将“金融 + 司法”协同前置型要素式审查机制的实践经验转化成专项司法规范性文件，并对《最高人民法院关于适用〈中华人民共和国民事诉讼法〉的解释》(以下简称《民事诉讼法解释》) 第三百七十二条的规定提出修改建议，“激活”该制度的适用，使其重新承担起这份“使命”，保障债权快速变现和金融资金安全，构建良性循环的营商环境。

一、司法供给不足：金融风险与担保物权实现程序困境

“规范并非借解释由原则中发现的，毋宁是借裁判的统合过程被创造出

* 作者单位：福建省厦门市中级人民法院。
** 作者单位：福建省厦门市中级人民法院。
*** 作者单位：福建省厦门市中级人民法院。

来的。只有判例法才能告诉我们，什么是真正的法。”① 本文以全国法院16437份已公开的以银行为申请人的担保物权实现民事裁定书为样本分析该制度的适用情况，② 同时实证调研金融机构对担保物权实现程序的司法需求，呈现该制度司法供需矛盾严重的客观现状。

（一）风险与防控：金融债权清偿的司法效率需求

在现代经济体系中，金融承担重要的中介职能，③ 一旦产生金融风险，将传导到整个市场，引起系统性风险，故防控金融风险对于构建良性营商环境是基础。防范金融风险的首要前提是确保资金安全，④ 而担保物权又是资金安全的重要保障，因此，培育担保变现市场和健全担保相关制度尤为重要，⑤ 担保物权的实现效率直接影响金融资金的防控程度。在我国，《民事诉讼法》增设实现担保物权特别程序之前，担保物权大多通过诉讼途径实现。下面从银行视角，分析担保物权实现的诉讼程序与非讼程序对于银行资金的运营差别，揭示当下银行为主的金融机构的真正司法需求。

从普通民事诉讼来看，根据《民事诉讼法》及司法解释的规定，银行申请实现担保物权的一审案件审理期限最长可达15个月，二审审理期限最长可达6个月，即一份生效判决最长审理期限可达21个月。从特别程序来看，根据规定应在立案之后的30日内审结，特殊情况，经批准可延长30日，即该程序最长的审限是60日。事实上，担保物权实现的特别程序即使是超大标的额的复杂案件也大多能在30日内审结，如某法院审结的M国有商业银行申请实现担保物权案，涉案标的额约4亿元，用一个月的时间作出了准许拍卖、变卖的裁定，⑥ 因此，该程序受到了银行为主的金融机构的极大欢迎。

从银行资金运营来看，两个程序审限差最长可达19个月，直接影响银行当年的不良资产率。清偿实现时间越长，不良资产率越高，根据资本充足率指标要求，银行可放贷款资金就越少，势必影响银行业务的开展，甚至陷入资金断裂的恶性循环。因此，高效、低成本的担保物权实现程序是

---

① ［德］卡尔·拉伦茨：《法学方法论》，陈爱娥译，商务印书馆2003年版，第19页。

② 本文中16437个裁定文书的样本来源于中国裁判文书网，时间跨度为2013年~2019年5月31日，按照案号为特字号，案由为担保合同纠纷和申请人为银行为要件检索而成。虽然这些样本不能形成全样本数据，但可大致观察该类程序在司法实践中的客观现状。此外，以下图1~5数据均来源于此。

③ 何帆、朱鹤：《防风险的两个不等式》，载《中国金融》2018年第24期。

④ 高圣平：《物权担保新制度新问题理解与适用》，人民法院出版社2013年版，第5页。

⑤ 曹士兵、李琦主编：《金融审判与银行债权保护》，法律出版社2006年版，第134页。

⑥ 唐梦、孙楠、卢柱平：《涉案金额近4亿元1个月审结——南海法院发出佛山首份实现担保物权民事裁定》，载《南方日报》2013年5月27日。

银行防控金融风险的最佳司法路径。

（二）期待与失落：担保物权实现程序适用困境实证分析

为了更好地展现和分析担保物权实现程序在实践中的客观现状，本文以上述 16437 份民事裁定书为样本，并据此进行统计和分析。总体而言，此类程序在实践中呈现以下趋势：

1. 收案：高开低走。裁判文书的数量可以客观反映一个法律规则被权利人选择和青睐的频率。如图 1 所示，在这 16437 案件中，制度确立之初的"实践元年"2013 年①作出裁定书 604 份，此后案件量逐年上升，至 2016 年达到最高值 4148 件，近两年来案件量迅速下降，2018 年甚至只有 1641 件，仅为 2016 年案件量的 40%（2019 年截至 5 月 31 日收案量共计 246 件，依此类推，全年共计约 590 件，仅为 2018 年的 36%）。这样一个高开低走的抛物线表明，权利人对担保物权实现程序在确立之初抱有极高的期待，所以前几年案件数量呈直线增长，然而在 2016 年之后，对该程序适用的积极性却又迅速"冷却"。担保物权实现程序或已难以承载担保财产快速变现"绿色通道"的期待和重任。

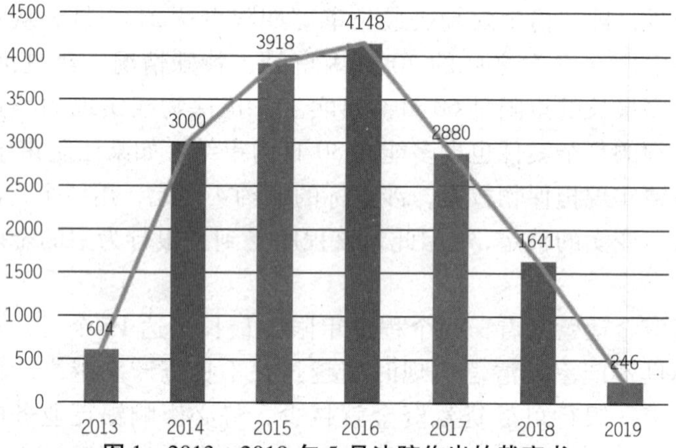

图 1　2013—2019 年 5 月法院作出的裁定书

2. 增幅：出现拐点。从图 1 可知，2016 年系收案抛物线的顶点，以该年为时间轴，前后案件量的增幅形成了巨大的反差。如图 2 所示，从 2013 年开始，收案在暴增一年之后，呈平稳上升趋势，2016 年之后急剧下降，2019 年增幅仅为 -85%。这表明在 2016 年前后出现的一些客观因素影响了权利人对该制度的信心，追溯立法脉络得知，《民事诉讼法解释》在 2015 年出台，说明司法机关对该解释的适用态度打击了债权人的积极性。

① 《民事诉讼法》于 2012 年 8 月修改，自 2013 年 1 月 1 日起施行，故以 2013 年作为担保物权实现程序的"实践元年"。

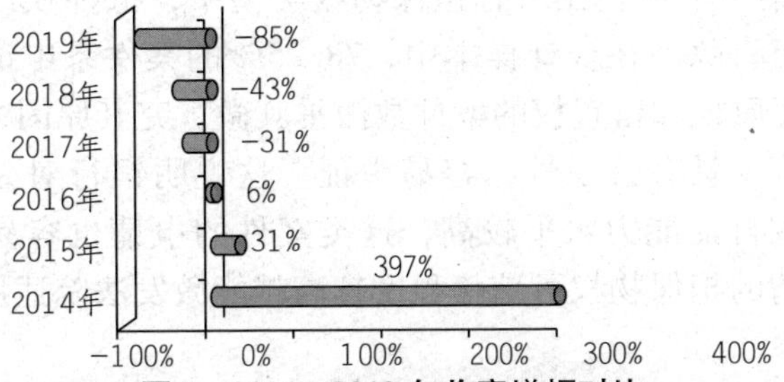

图 2　2014—2019 年收案增幅对比

3. 区域：分布失衡。从样本所在法院的区域分布来看，呈现失衡的特点。如图 3 所示，总量排名第一的浙江省作出的裁定书多达 6312 份，排名第二的江苏省也有 2413 份，两个省份裁定书总数量超过总样本数的 50%，与之形成鲜明对比的是，天津只有 1 件。这样一个客观现象难以用区域经济发展水平来评判，如图 3 所示，排名前十的区域与经济总量前十的地区并不完全吻合，北京、上海、广东三个地区的经济总量并不亚于浙江、江苏，但来自这三个地区的样本量显然不足以匹配其经济水平。从背后的因素来看，一方面，与金融机构主动运用该程序的意识有关；另一方面，也和地方司法机关对该程序适用的开放态度密切相关。例如，排名第一的浙江高院在 2012 年底即出台《浙江省高级人民法院关于审理实现担保物权案件的意见》，提供了较为细致的实操指引。①

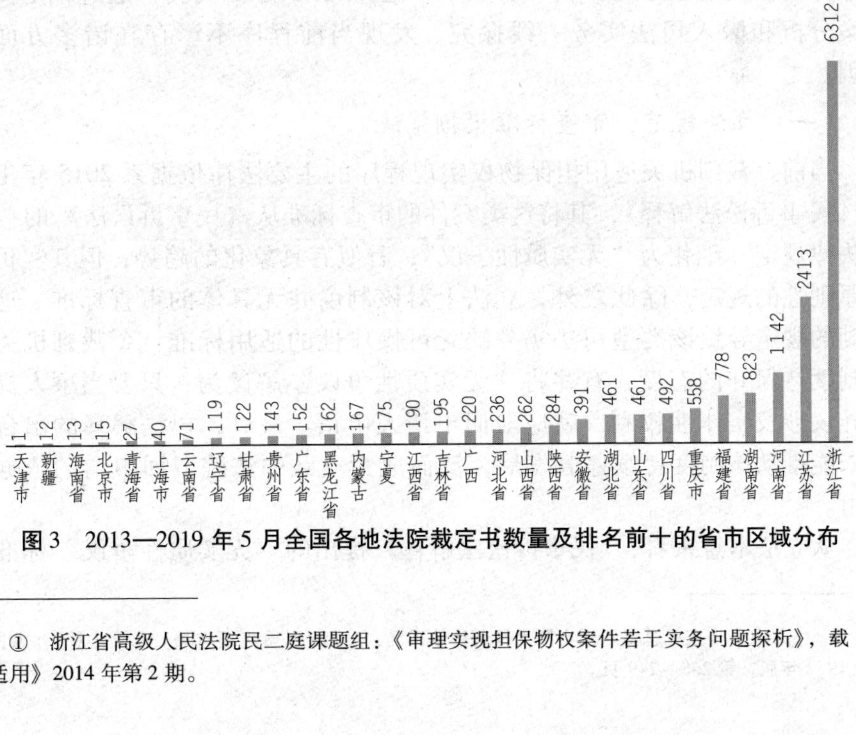

图 3　2013—2019 年 5 月全国各地法院裁定书数量及排名前十的省市区域分布

① 浙江省高级人民法院民二庭课题组：《审理实现担保物权案件若干实务问题探析》，载《法律适用》2014 年第 2 期。

4. 类型：集中单一。在所有担保物权类型中，抵押权以其价值高、公示性强最受银行青睐。在统计样本中，78.25%的案件系申请抵押权的实现（详见图4），而质权和留置权的案件数微乎其微。究其原因，主要是抵押物大多要经过登记，具有公示性，容易举证。这说明银行对公示性、证明力较强的担保物权自证能力水平较高，这类案件的申请也容易得到法院的支持。可见，申请的担保物权可信赖程度越高越能激发法院适用的积极性。

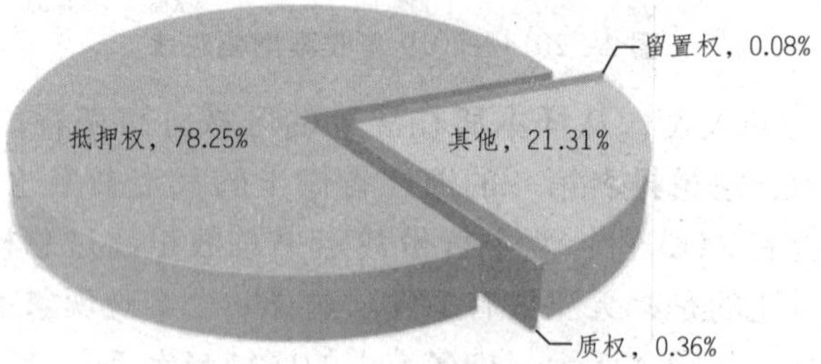

图4　担保物权类型分布情况

二、现状探源：担保物权实现程序适用困境的成因分析

担保物权实现程序制度是反映社会经济发展需求的法律形式，[①] 为权利人提供了快速处置担保财产的绿色通道，因此，对于银行等权利人而言，有足够的动力充分运用这一程序来维护自身的权益。然而，现实表明，当前担保物权实现程序逐步被市场主体“抛弃”，其原因为何？通过裁定文书个案分析和深入司法实务一线探究，发现当前程序不彰存在诸多方面的原因。

（一）立法规范：审查标准模糊笼统

当前，裁判机关适用担保物权实现程序的主要法律依据系2015年出台的《民事诉讼法解释》，其将这类案件的审查标准从《民事诉讼法》的“符合法律规定”细化为“无实质性争议”，看似有具象化的趋势，但其实仍属于原则性的规定，除此之外，立法上对该制度并无具体的审查标准。这种模糊的规定导致该类型司法实务缺乏可操作性的适用标准，令裁判机关对该制度持保守的态度，有些将“无实质性争议”解读为：只要当事人提出的异议涉及实体性权利，就应驳回申请人申请。最终，司法解释的出台不仅未能推动该制度持续蓬勃发展，反而成为实践中法院驳回申请的依据和理由。

从立法本意来看，《民事诉讼法解释》提出的“无实质性争议”标准虽

---

① 中共中央马克思恩格斯列宁斯大林著作编译局：《马克思恩格斯选集》（第4卷），人民出版社1972年版，第248~249页。

然并未延续《民事诉讼法》确立的“符合法律规定”标准，但结合前后立法的连续性和这一制度的立法初衷，司法解释旨在平衡债权人和债务人的利益保护，约束法院在非讼程序中认定实体性权利义务关系的裁量空间，而非限缩法院支持请求担保物权实现的可能范围。可惜，司法解释对审查标准的笼统宽泛规定及模糊表述，难以对司法实务作出具体明确的指引，可能减损裁判机关适用的积极性。

（二）司法裁判：实务适用守成观望

因该程序适用标准模糊不明确，基于对司法风险的防范、执行回转难及当事人信访风险等考虑，裁判机关对这一法律适用开放程度不高，持观望保守的态度，这点从样本中被驳回的裁定书内容可见一斑。

在上述样本中，有1623件被法院驳回申请，根据区域大致比例随机抽取2018年~2019年期间的138份裁定书对法院驳回的理由和当事人的抗辩情况进行分类总结。其中，法院以当事人对主债权、担保物有异议即实体权利有争议为由驳回的案件数有86件，占62%；因送达不到位被法院驳回的案件达40件，占29%。（详见表1）

表1 **裁定驳回申请理由一览表**

在1623份驳回申请的裁定书中根据区域大致比例随机抽取2018年~2019年期间、各地区法院共计138份进行分析，对法院驳回的理由分类总结，具体如下：		
裁定驳回的理由类型	具体理由	裁定书数量（部分案件同时存在两个或多个驳回事由）
当事人对担保是否成立有争议	当事人对担保合同的效力有争议	10
	当事人对担保是否经担保物共有人同意有争议	2
	当事人对担保是否依法登记有争议	3
	担保物在担保设立前已出租给第三方	1
	抵押了土地，但土地上的房产未抵押	1
裁定驳回的理由类型	具体理由	裁定书数量（部分案件同时存在两个或多个驳回事由）
当事人对担保物有争议	担保物有权属争议	6
	当事人未提供证据证明担保物的状况	1
	担保物已被查封/拍卖/变卖	6

续上表

当事人对主债权有争议	当事人对主债权金额有争议	16
	当事人对是否违约有争议	1
	当事人对主债权利息有争议	7
	当事人对主债权期限有争议	3
	债权未届期，申请人未提供有权要求债务人提前还款的证据	20
	当事人对主债权合同效力有争议	6
	当事人对主债权是否已消灭有争议	3
送达、制度等程序性问题	无法送达申请材料	40
	当事人未到庭	3
诉讼时效问题	超诉讼时效	1
其他	实现担保物权会损害第三人合法权益	

当事人异议的理由主要可以分为三类：第一类是实体性异议，如债权和抵押无效、债务人已经还款、提出先履行抗辩等；① 第二类是程序性异议，包括管辖权异议和当事人缺席等；② 第三类是不具实质理由的异议，如希望继续履行义务或者存在侵害第三人利益情况等。③ 从裁定文书内容可知，这些异议在司法实践中往往都是仅凭当事人单方陈述而没有任何证据佐证，并无实质意义。无奈的是，当事人提出异议之后，多数法院依据“无实质性争议”标准作出驳回裁定。毫无疑问，裁判机关对“无实质性争议”标准的保守态度加剧了担保物权实现程序的日趋萎缩。

（三）送达程序：认定标准严苛守旧

在银行申请的实现担保物权中，很多债务人处于“失踪”状态，对于这种情况，法院是否要进行公告后再审查？由于司法解释也没有对这一问题明确答案，法院面对这种情况时做法不一。但大多法院认为，因涉及当

① 详见：江苏省徐州市泉山区人民法院（2018）苏0311民特2号民事裁定书、山西省临猗县人民法院（2018）晋0821民特1号民事裁定书、甘肃省白银市白银区人民法院（2018）甘0402民特73号民事裁定书，载中国裁判文书网 http：//wenshu. court. gov. cn/，最后访问时间：2019年5月31日。

② 详见：辽宁省锦州市义县人民法院（2018）辽0727民特3号民事裁定书、河南省郑州高新技术产业开发人民法院（2018）豫0191民特53号民事裁定书，载中国裁判文书网，最后访问时间：2019年5月31日。

③ 详见：甘肃省白银市白银区人民法院（2018）甘0402民特73号民事裁定书、辽宁省本溪市平山区人民法院（2017）辽0502民特53号民事裁定书，载中国裁判文书网 http：//wenshu. court. gov. cn/，最后访问时间：2019年5月31日。

事人的权利处分和标的物处分，应给予当事人充分的陈述权，面对债务人“消失”时，应依照普通民事程序公告或者裁定驳回申请。[①] 而在司法解释“无实质性争议”标准确立之后，这一严格送达的程序思路有不断扩大的倾向，因为裁判机关认为“无实质性争议”标准所隐含的一个前提就是在双方在场情形下的无异议，如此，在实践中便进一步限制了担保物权实现程序在被申请人下落不明情形下的适用条件。

（四）风险防范：债权主体意识淡薄

经调研发现，如果回到对担保物权实现程序掌握主动权的权利主体视角，或许即便不存在司法解释与适用、送达标准等因素，因部分银行等债权主体对业务的风险防控意识不强、业务操作不规范等问题，担保物权实现程序仍难以发挥其制度优势。

1. 债权：无法覆盖。由于银行对担保财产评估价值不准确或者担保物价值受市场影响大，经常出现担保物无法完全覆盖债权的情况；更有甚者，有些银行业务员为了提高信贷业务量，串通债务人抬高担保物的价值，导致部分金融债权无法被覆盖，[②] 所以即使法院裁定准许银行拍卖、变卖担保物，对于无法覆盖的债权部分，银行依然要通过普通民事诉讼确定这部分的债权，导致银行最后实现债权耗时更长。从效率和成本上来说，银行更愿意选择通过普通民事诉讼来一次性变现。

2. 变现：难以执行。实务中，银行等债权人对抵押物主要是形式审查，难以对抵押物的现状和将来的状态作出判断审核，为担保物权的实现埋下了隐患。如银行办理的抵押物是土地使用权，债务到期时，土地上已有厂房或者房产，土地上的附属物不属于抵押财产，由此陷入拍卖附属物没有直接的法律依据，而不拍卖附属物又贬损抵押财产价值的两难境地。因此，对于这类无法拍卖的担保财产，因无法实际执行到位，申请人选择特别程序没有任何意义。

3. 防控：怠于管控。由于部分银行防控意识薄弱，业务管控不严，导致其举证难而无法实现担保物权：随着市场经济的下行，债务人的偿还能力差，银行又疏忽了对债务人资信能力的核查，很多到期的债权，经常面临着债务人已处于停止经营、销户的状态；在办理业务时，仅注重主债权合同的签订，而忽视对担保物权的有效性的审查，对于法定登记的担保物权却没有办理登记，无法在特别程序中提供主债权、担保合同合法有效的

① 详见：河北省廊坊市广阳区人民法院（2018）冀1003民特9号民事裁定书，载中国裁判文书网 http：//wenshu. court. gov. cn/，最后访问时间：2019年5月31日。

② 张成：《金融案件“执行难”的原因及对策》，载《河北金融》2010年第3期。

证据；[①] 银行业务操作不规范还体现在合同签订上，如没有债务人签字盖章等，成为了被申请人异议的理由。

三、规则重构：建构“金融+司法”协同前置型要素式审查机制

科学的法律制度设计和优化的程序，可以降低社会经济的沟通和交易成本。担保物权实现程序符合大众对诉讼案件非讼化以疏减讼源的期待。[②] 但当前担保物权实现程序的适用率越来越低，若不采取有效的措施，这一制度将慢慢进入“休眠”状态。在当今防范和化解金融风险以及打造国际一流营商环境的大背景下，发挥司法引领作用，设计“化繁为简”的要素式标准审查规则，融入“金融+司法”协同前置防控体系或可成为下一步担保物权实现程序完善的路径选择。

（一）司法审查：担保物权实现的要素式审查规则

在法律诉讼中，如何进行资源配置实现效益最大化是决定性问题，当市场决定的费用可能高于法律决定的费用的情况下，它应由法律制度来决定。[③] 根据奥卡姆的威廉提出的“奥卡姆剃刀原理”，简单性原则是最有效的管理方法。但《民事诉讼法》和《民事诉讼法解释》对担保物权实现程序的适用却缺乏简明可对标的审查标准，大大增加了制度运行成本。因此，建构简单有效的审查规则是改变担保物权实现程序适用困境的唯一突破口。

要素式标准的审查规则正是这样一种“以简御繁”、操作性强的审理机制。将担保物权实现程序审查标准进行要素化，形成高质高效的办案流程，这是立法目的所需，也是非讼程序的性质所要求的。[④] 但是，简单高效的审查规则并不能从心理上消除裁判机关的不确定性顾虑，故提高申请人的信赖度尤为必要。据此，建议依据新《民事诉讼法》第十三条的“诚实信用原则”规定，[⑤] 引入申请人“承诺”机制，即申请人向法院申请担保物权实现时应提交由金融监管机构审核盖章的承诺书，对申请权利真实有效性作出保证并对其产生的后果承担责任。

审理程序的繁简分流是司法资源优化配置的结果，该简则简，才能体

---

① 胡绍来：《金融案件执行难的成因及对策》，载《现代金融》2003 年第 4 期。

② 高圣平：《物权担保新制度新问题理解与适用》，人民法院出版社 2013 年版。

③ 王亚新：《我国新民事诉讼法与诚实信用原则——以日本民事诉讼立法经过及司法实务为参照》，载《比较法研究》2012 年第 5 期。

④ 李林启主编：《实现担保物权实证研究》，中国政法大学出版社 2018 年版，第 106 页。

⑤ 王亚新：《我国新民事诉讼法与诚实信用原则——以日本民事诉讼立法经过及司法实务为参照》，载《比较法研究》2012 年第 5 期。

现司法改革要义,① 构建简单明确的要素式审查规则就是一种司法资源的优化配置，该规则应以高效率、操作性强为基本原则。根据《民事诉讼法》《民事诉讼司法解释》对担保物权实现程序的相关规定及判例实证总结，本文总结出以下包括主债权、担保物权合法有效等八大要素式标准，基本能涵盖司法适用该程序的审查要件（详见表2），在此基础上形成要素式审查规则流程（详见图5）。同时，建议裁判机关将这一规则转化成具有实操性的指引规范，形成担保物权实现程序的立、审、执流程规定及证据材料提交要素指引，真正实现担保物权实现程序的“简单有效”管理。

表2　　担保物权实现的八大要素式标准

序号	要素式	要素标准	审查要点
1	承诺保证	申请人申请实现担保物权的应提交经金融监管机构盖章的承诺书，保证其申请的权利真实合法有效，举证材料真实合法，愿意为虚假或者不合法申请行为承担法律后果。	承诺书应经金融监管机构审查盖章。
2	提出申请	提供当事人基本信息及被申请人的具体下落、可送达文书的地址或者合同及其他往来函件中约定的有效力的送达地址。	约定债务人的送达地址无需公告程序。
3	债权合法有效	主合同有签字盖章等足以显示合同当事人真实意思表示；主合同约定明确的债权债务；内容没有违背法律强制性规定；明确债务履行方式、期限，对于分期履行的，约定每一期起止点。	主合同系当事人真实签字、基本条款完整明确。
4	债务已到期	主合同对债务内容及履行的约定；债权人已按照合同约定履行义务的证明；债务人未履行债务及债权人催促履行的证明。	债务约定期限明确；债权人已履行先履约义务。
5	担保合法有效	对担保财产、担保范围等有明确规定的担保合同；担保物的描述具体、明确，并与真实一致；存在反担保情形的，债权人应对整个流转过程的担保物权情况进行完整举证。	担保物描述与实物一致；未登记的动产及浮动抵押，要着重核查担保合同及抵押物描述的真实性。
6	担保物权成立	担保财产不违背法律的强制性规定，系可担保的财产；担保物权的登记证明、占有证明；未经登记未经占有的担保物权的真实性证明。	法定登记的担保物权经登记才能成立。
7	担保财产合法真实	担保财产的现状描述、与签订担保合同时状态的变化；可能涉及到的第三人利益情况如抵押物出租、占有等情况说明。	抵押物或被第三人占有，应审查担保物权的合法性，申请人应提前举证。

① 胡仕浩、刘树德、罗灿:《全面深入推进符合司法规律的繁简分流改革》，载《人民法治》2016年第10期。

续上表

8	未侵害他人利益	申请人应对申请实现担保物权是否涉及到第三人利益或者损害公共利益进行说明；根据特别程序职权主义原则，即使没有第三人提出异议，法院也应该主动核查担保物权的实现是否涉及到他人利益。	申请人对担保物情况特别是涉及第三人利益情况说明。
注：1. 八大要素式标准系司法审查的“标尺”，但具体的审查材料内容可结合《民事诉讼法解释》第三百六十七条规定予以认定；2. 若登记抵押的主债权履行期同时进行登记的。应以登记的履行期限为准；① 3. 对于约定担保物权要审查担保合同的合法性，是否存在违背法律的强制性规定等无效情形，如抵押财产是否属于《中华人民共和国物权法》第一百八十四条和《中华人民共和国担保法》第三十七条规定的不得抵押财产；② 4. 股权让与担保是新出现的让与担保的一种，目前法律上没有规定包括股权让与担保在内的让与担保，但也没有禁止该种担保方式，所以股权让与担保应是合法受保护的③，其也是以完成股权变更登记为前提。			

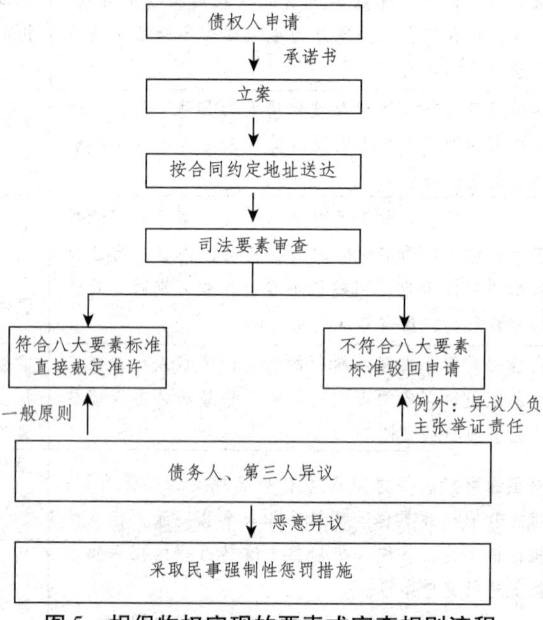

图5 担保物权实现的要素式审查规则流程

（二）金融协同：法律风险的前置型防控机制

“把主动防范化解系统性金融风险放在更加重要的位置”是第五次全国

① 谢在金：《民法物权论》，中国政法大学出版社1999年版，第634页。

② 毋爱斌：《“解释论”语境下担保物权实现的特别程序——兼评〈民事诉讼法〉第196、197条》，载《比较法研究》2015年第2期。

③ 载蚂蚁法律微信公众号，2019年7月3日刘贵祥在全国民商事审判工作会议上的讲话，最后访问时间：2019年7月7日。

金融工作会议提出的战略部署，但司法对金融行业更多的是事后调整和规范，难以达到主动性防范金融风险的目标。近几年金融监管虽然逐步增强，但是缺乏司法引导，容易出现前述的业务不规范和行业系统性风险。所以，只有将司法和金融协同起来，才能形成最佳合力防控效应，实现金融效率和安全的最优。金融监管把安全的追求理念放在更重要的位置，而基于特定经济金融发展需要的担保物权[①]却是效率理念的价值共识，将上述担保物权实现程序要素式审查规则融入“金融＋司法”协同体系，不但能减少担保物权实现程序因快速变现而产生的隐患，还有助于金融主体高效清收、降低行业不良资产率，最大化发挥风险防控的功能。

“示范诉讼”必在“金融＋司法”协同审理模式中成为一种趋势，因为金融案件类型化和系列案件多，司法机关作出的结论或解决方案就可能为之后处理相类似的众多案件带来示范效应。[②] 故司法机关对金融行业特别是银行的引导和规范作用更有效。建议将法院审理担保物权实现程序的要素式标准通过“金融＋司法”平台，转化为风险防控提示书，向银行发布，引导银行自我规范业务管理，提升自证能力。

风险防控提示书由人民法院向所在市的人民银行中心支行、银保监会及各银行机构发布。主要内容系依据要素式审查规则，提炼担保物权实现程序的要素标准内容及主要风险点，规范银行业务操作。随着这项制度在司法实践的运用总结，提示书应不断增加新的要素，司法和金融之间达成常态化信息共享，以适应新常态金融市场的需求。

（三）利益平衡：债务人或第三人“异议”的认定

发现案件真相，实现正义是司法的功能但绝对不是当事人诉讼行为的功能和价值目标，[③] 不能为了过于追求诉讼公正和司法正义而放纵当事人恶意滥用权利。[④] 如何平衡程序公正和效率价值之间的法益，认定债务人或第三人的异议是该制度设计需考虑的另一个问题。本文认为，要素式标准审查规则系一种简单高效的流程机制，故原则上申请人完成了实现担保物权的要素式举证责任，即可裁定准许实现担保物权，但债务人或第三人提出附有高度盖然性优势证据的异议（司法实务一般认为送达不到位系“变相异议”）的除外。

1. 异议：明确门槛。担保物权实现程序在流程细节方面的规定是缺失

① 党亚娥：《融资性担保公司的风险机理分析》，载《河南工程学院学报》2011 年第 4 期。

② 刘树德：《“各行其是”还是“双向互动”？——读〈中国民事诉讼法重点讲义〉有感》，载《人民法治》2017 年第 7 期。

③ 陈界融译：《美国联邦证据规则（2004）》，中国人民大学出版社 2005 年版，第 20 页。

④ 张永泉：《书证制度的内在机理及外化规则研究》，载《中国法学》2008 年第 5 期。

的，如法院受理后是否需要通知债务人等。[①] 根据对《民事诉讼法解释》第三百七十二条规定的理解，提出异议成立的即认定存在“实质性争议”，那么异议的证明标准就应达到普通民事实体权利要求的高度盖然性优势，实务中主要有：一是当事人无民事权利能力；[②] 二是合同无效或解除；[③] 三是合同约定由诉讼程序解决纠纷。[④] 其实，即使案件已进入执行阶段了，债务人或第三人仍可以按照执行异议制度提出执行异议，若提供充分担保，可以申请法院中止执行。[⑤]

2. 送达：灵活高效。担保物权实现程序作为特别程序是一种不需要法律技巧的简易程序，[⑥] 效率是这个制度的主要价值导向。因此，根据最高人民法院相关规定的精神，邮件送达、传真送达或者张贴公告结合电话录音等方式应视为有效的送达方式。但前置型风险防控应引导银行提前在相关合同中约定送达地址，按照《最高人民法院关于进一步加强民事送达工作的若干意见》的规定，主合同系有效合法的，根据合同上地址送达的即视为已完成送达。

3. 制裁：防范恶意。没有制裁，没有责任，“法律”就失去了作为行为规范的意义，[⑦] 对于违背法律，恶意异议的被申请人或第三人应予以相应制裁。只有在立法上对恶意异议行为给予强制性惩罚，增加其滥用诉权的成本，才能使该制度的适用具有可持续性。

综上，建议在上述要素式标准审查规则及“金融 + 司法”协同实践探索的基础上，总结有益经验成果，对《民事诉讼法解释》第三百七十二条的规定予以完善。

结　语

在当前我国金融行业深化发展和改革时期，提高防控水平是打好防范和化解金融风险攻坚战的基石。担保物权实现程序对于金融机构增强防控能力、实现快速清偿具有不可替代的制度功能。该制度在司法实务适用中

---

① 刘贵祥主编：《新民事诉讼法条文例解与法律适用》，人民法院出版社 2012 年版，第 234 页。

② 详见新疆乌鲁木齐市水磨沟区人民法院（2018）新 0105 民特 6 号民事裁定书。载中国裁判文书网，最后访问日期：2019 年 5 月 31 日。

③ 详见：湖南省怀化市沅陵县人民法院（2014）沅民商特字第 3 号民事裁定书。载中国裁判文书网 http：//wenshu. court. gov. cn/，最后访问时间：2019 年 5 月 31 日。

④ 详见河南省辉县市人民法院（2014）辉民特字第 2 号民事裁定书。载中国裁判文书网 http：//wenshu. court. gov. cn/，最后访问时间：2019 年 5 月 31 日。

⑤ 肖建国、陈文涛：《论抵押权实现的非讼程序构建》，载《北京科技大学学报》2011 年第 27 卷第 1 期。

⑥ 刘敏：《论非讼法理在小额诉讼程序中的适用》，载《清华法学》2011 年第 3 期。

⑦ 杜万华：《〈民法总则〉基本规定的八大亮点》，载《中国应用法学》2017 年第 4 期。

的日趋萎缩现象应予以重视和反思，亟需通过机制重构来扭转适用难的困局。聚焦该制度适用困境的立法规范、司法适用及其他主客观方面成因，本文以“金融＋司法”协同防控体系为支点，以创设要素式标准审查规则为突破口，利用“奥卡姆剃刀原理”重新发挥担保物权实现程序的效率价值，并通过金融协同寻求安全价值的最大化。在此基础上，草拟担保物权实现程序要素式审查模式、证据审查规则和举证要素指引等规范性文件，并对《民事诉讼法解释》第三百七十二条的规定提出修改建议，以期“激活”快进入“休眠”状态的该特别程序，尽绵薄之力，实现改进金融生态环境，助力营造良性营商环境的目标。

论诉的合并纳入民商事办案量评价机制的路径与方法

——以 B 市法院为例

马超雄* 霍红光** 王 贺***

一、逻辑起点：诉的合并作为评价要素的现状及价值

（一）现状考察：以 B 市法院为样本

在本轮司法体制改革中，多地高级人民法院都制定了本辖区法官业绩考核/评价办法。笔者尝试在互联网上检索相关文件以作为研究样本，发现因此类文件属于内部资料，相关报道仅对文件名称或内容进行概要性介绍，① 无法获取完整文本。鉴于取得外部资料存在困难，为确保本文研究的针对性和实践性，本文以笔者所在地区 B 市法院相关办法作为考察对象。

从笔者掌握的有限资料来看，至少可以得出以下结论：当前民商事案件工作量评价机制中尚未将诉的合并作为独立要素加以科学全面地考虑。

（二）价值剖析：基于风险防范视角的观察

防范和化解风险是党中央对当前我国经济社会发展稳定所作的战略性决策。人民法院既要服务于防范化解风险，又要避免自身在司法体制改革进程中发生的各项风险。从防范化解风险视角出发，作为评价要素的诉的合并具有两个不同面向的价值。

图 1 诉的合并的考核价值

* 作者单位：北京市大兴区人民法院。

** 作者单位：黑龙江省佳木斯市中级人民法院。

*** 作者单位：黑龙江省绥化市中级人民法院。

① 相关报道有：上海法院首创案件权重系数测算法官工作量、天津法院研发法官审判业绩评价系统等。

1. 直接价值：健全法官办案工作量评价机制。法官办案工作量评价机制的难点是如何全面科学合理地提炼和设定“量化”因素。[①] 在完善评价机制时，不能忽略诉的合并对法官办案工作量的影响。否则，无法全面地发挥评价机制激发法官积极性、准确评价审判绩效、奖勤罚懒的重要作用，无助于防范司法改革中的激励风险。

2. 间接价值：促进实现诉的合并的制度功能。我国法律对诉的合并条件未作体系化规定，除必要共同诉讼外，更多地依赖于法官的裁量权。[②] 若评价机制不能反映诉的合并因素，法官会更有动机拒绝以诉的合并形式来审理案件，进而有碍于实现诉的合并之实现裁判统一性、避免矛盾裁判、提升诉讼效率、减轻当事人讼累的功能。

（三）小结

当前民商事办案量评价机制对诉的合并，或付之阙如，或只言片语。评价机制作为司改配套制度，本应发挥防范和化解司改风险之功能，但诉的合并的缺位，不仅会消解评价机制的应有功能，而且会间接地阻碍诉的合并作为重要诉讼制度的功能发挥。在办案量评价机制中将诉的合并纳入其中并全面设定评价规则，势在必行。

二、切入正题：不同合并样态对办案工作量的影响

（一）诉的合并的理论图景

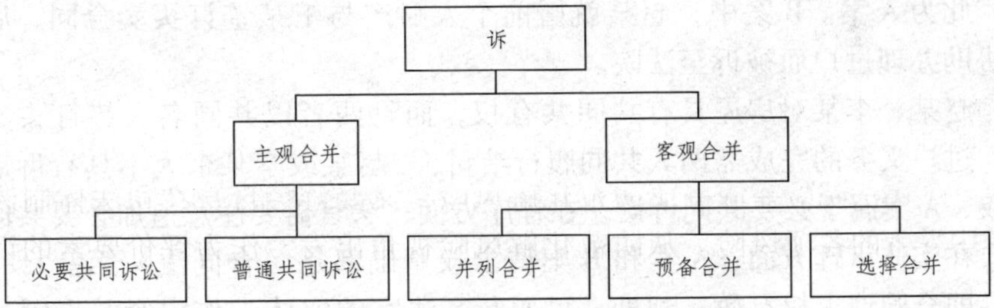

图2　诉的合并的理论图景

在民事诉讼理论中，“诉”是原告向法院提出的请求就特定的法律关系或权利主张进行裁判的诉讼行为。[③] 从诉的请求内容来看，区分为确认之诉、形成之诉和给付之诉。从诉的主体和诉的客体的数量来观察，相应地产生了简单之诉和合并之诉的区别。简单之诉是一个原告以一个被告为对

---

① 驼锦勇：《完善法官业绩考核评价机制》，载《人民法院报》2018年1月11日。

② 《最高人民法院关于适用〈中华人民共和国民事诉讼法〉的解释》第二百二十一条规定：“基于同一事实发生的纠纷，当事人分别向同一人民法院起诉的，人民法院可以合并审理。”

③ 张卫平：《民事诉讼法学》，中国人民大学出版社2013年版，第130页。

方当事人，并对其提出一个请求之诉，是最单纯形态的诉。合并之诉，是由简单之诉合成的诉，既包括单个原告针对单个被告提出数个请求（诉的客观合并或请求的合并），也包括数个原告针对单个被告、单个原告针对数个被告、数个原告针对数个被告提起单个请求（诉的主观合并或共同诉讼）。[①] 因此，诉的合并形态可以划分为：诉的主观合并；诉的客观合并；诉的主客观合并。

（二）不同合并形态对办案量的影响

以下通过设定案例来比较不同合并形态下法官办案量的差异。

1. 主观合并与办案工作量

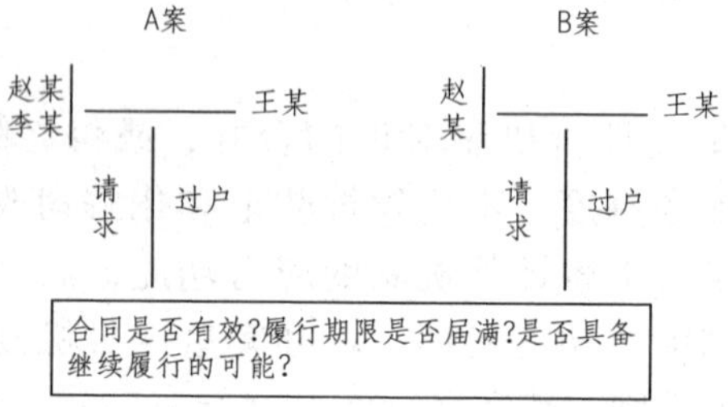

图 3　办案量比较：主观合并与简单之诉

图 3：赵某、李某系夫妻关系，双方共同共有 1 套商品房。赵某、李某作为甲方与乙方王某签订房屋买卖合同。因楼市价格大涨，二人提出增加房款但遭王某拒绝后，不予办理过户。王某诉至法院要求二人履行过户义务，此为 A 案。B 案中，赵某就婚前个人财产与王某签订买卖合同，后拒绝协助办理过户而被诉至法院。

赵某、李某对房屋具有共同共有权，而且两者以共同名义签订买卖合同，过户义务的完成需两人共同履行给付，[②] 赵某或李某个人不具有诉讼实施权，A 案属于必要共同诉讼。在程序方面，法官需要注意追加必要共同被告。在实体审理方面，A 案和 B 案请求权基础都是《合同法》第一百一十条，即合同请求权有效、到期、可履行。法官的实体工作内容并未因主体增加而有所差异。

2. 客观合并与办案工作量

诉的客观合并情形较多，以下介绍其中最常见的 3 种。

---

① ［日］新堂幸司：《新民事诉讼法》，林剑锋译，法律出版社 2008 年版，第 146 页。

② 王洪亮：《债法总论》，北京大学出版社 2016 年版，第 503 页。

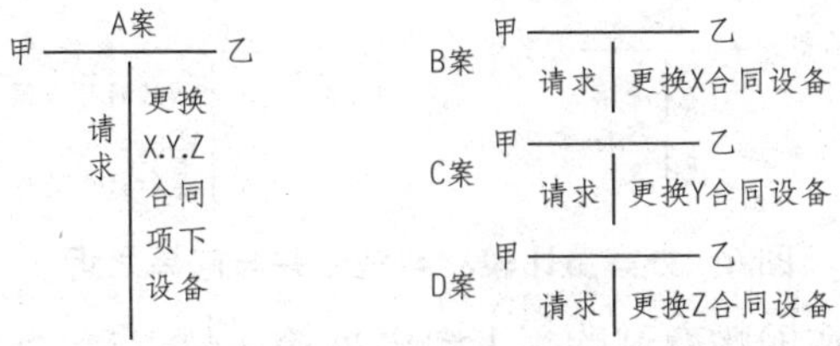

图4　办案量比较：客观合并与简单之诉

图4：甲与乙在3年内先后签订X、Y、Z三份设备购销合同。因出现质量问题，甲提起A案要求乙对三份合同项下的全部设备予以更换。后甲撤回起诉，分别就每份合同起诉要求更换设备，形成B案、C案、D案。

更换设备属于物的瑕疵担保责任的承担方式，其构成要件之一为买受人须在异议期间内履行瑕疵通知义务。[①] 鉴于设备归属于不同日期签订的合同，瑕疵通知义务的判断应依每份合同实际履行情况单独判断。在A案中法官需分别审查X、Y、Z三份合同的效力以及物的瑕疵担保责任的构成要件是否满足。在B案、C案、D案中，法官仅需对单个合同予以审查。

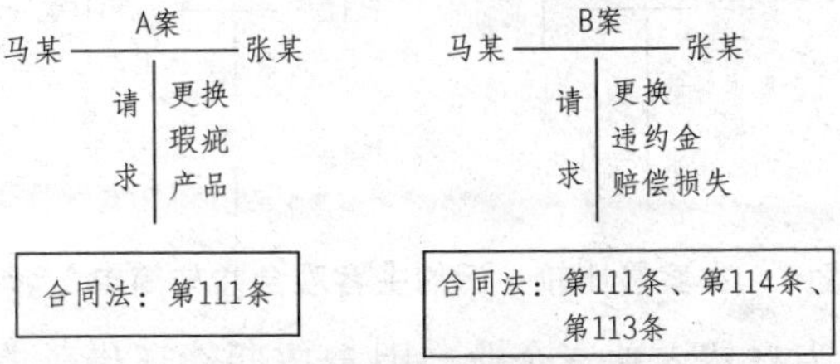

图5　办案量比较：客观合并与简单之诉

图5：在A案中，马某购买张某的水龙头，因使用中发现漏水，要求张某对瑕疵产品予以更换。诉讼中，马某楼下邻居房屋受漏水影响要求马某赔偿，马某在法庭辩论终结前增加违约金和赔偿损失两项诉讼请求，此为B案。

更换瑕疵产品的法律依据为《合同法》第一百一十一条，法官应就该条构成要件事实是否满足进行审理。A案因增加诉讼请求成为B案后，法官还需要对《合同法》第一百一十四条（违约金）和第一百一十三条（损失的确定）的要件事实加以审理。

① 最高人民法院民事审判第二庭编著：《最高人民法院关于买卖合同司法解释理解与适用》，人民法院出版社2012年版，第272页。

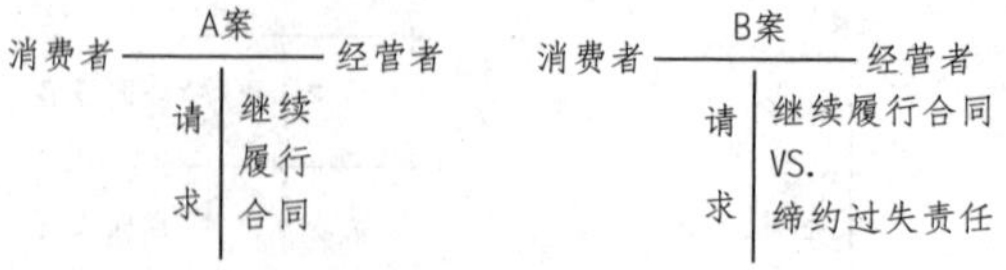

图 6　办案量比较：客观合并与简单之诉

图 6：消费者在网购商城购买 1 台电冰箱。付款后，经营者以价格错误拒不发货。消费者起诉要求对方继续履行合同，此为 A 案。经营者辩称依会员规则未发货时合同不成立，消费者遂将诉请变更为继续履行合同，或在合同不成立时承担缔约过失责任，此为 B 案。

在 A 案中，法官依据《合同法》第一百一十条的规定审查合同成立、效力、期限以及履行可能性，任一条件不符合即可作出实体判决。在 B 案中，即使法官认定合同不成立，亦不能直接驳回原告诉讼请求，而应进一步审理缔约过失责任要件是否满足以及赔偿范围。

3. 主客观合并与办案工作量

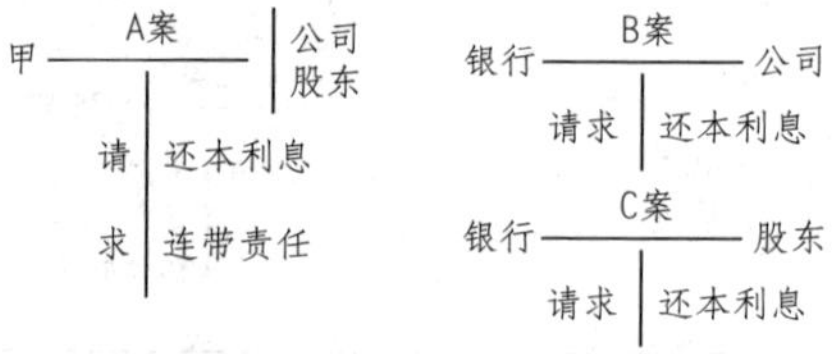

图 7　办案量比较：诉的主客观合并与简单之诉

图 7：某公司为自然人独资企业。因未按期偿还借款本息，被银行以 A 案诉至法院。同时，银行以股东不能证明个人财产独立于公司财产要求股东承担连带责任。因股东下落不明需要公告送达，为加快诉讼进度，银行撤回起诉后分别起诉了公司（C 案）和股东个人（D 案）。

A 案中公司和股东承担责任的法律依据不同，并非必须在同一程序中处理，系普通共同诉讼。法官在审理时，先依据《合同法》审理银行与公司之间借款合同关系，尔后审理股东是否对借款本息承担连带责任。在 B 案中，法官仅需审查借款关系。在 C 案中，在 B 案作出生效判决时，法院只审查连带责任是否成立。B 案未作出生效裁判的，法官需对借款关系和连带责任的相关要件均予审理。

（三）小结

诉的主观合并（即必要共同诉讼）不会影响办案工作量。在诉的客观合并和主客观合并（即普通共同诉讼）情形下，法官的办案工作量会不同程度增加。

三、宏观设计：诉的合并纳入办案量评价的路径选择

在构建具体的评价规则前，先从宏观层面探讨路径选择。

（一）考核方法：从主观评价走向客观评价

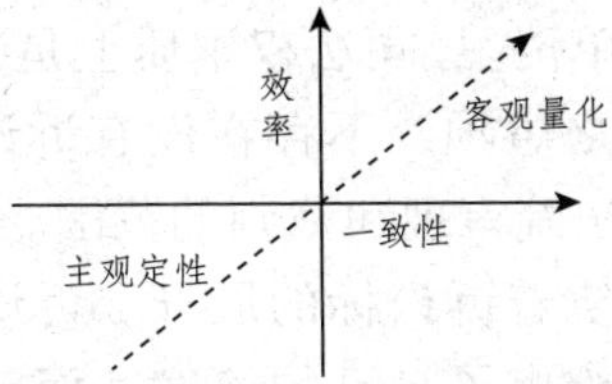

图8 不同评价方法的特征

1. 当前诉的合并的考核方法。法官办案工作量考评有主观评价和客观评价两种方法。主观评价主要用于无法或者不宜以数据指标方式反映实际工作量的案件。当前考评办法中未将诉的合并作为一项独立评价要素加以考量，若法官所承办民商事案件因诉的合并而显著地增加了办案工作量，只能通过将其纳入“重大疑难复杂案件或其他特殊情况”以进行主观评价。

2. 未来诉的合并的考核方法。考核作为一项评价活动，对其本身至少存在两个评价维度：一致性和效率性。一致性强调对于同一考评对象的评价结果不因时因人而异；效率性，是指完成考评所需要投入的时间等成本越低越好。主观评价能够顾及个案的特殊性，但天然地具有“仁者见仁智者见智”的特征，不能保证考评结果的一致性，而且主观评价需要经过研究、讨论才能确定考核结果，亦不具有效率性。相反，客观评价通过将评价要素量化，从而具有较高的一致性和效率性。笔者认为，诉的合并广泛地存在于各类民商事案件中，是民商事案件的常态而非个例。以主观评价方式加以考评，不仅无法保证考评结果的一致性，而且势必大幅度增加考评工作量，使得考评机制不够简便易行，应采客观评价作为诉的合并的考评方式。

（二）评价指标：从诉讼标的走向诉讼请求

实现客观评价的基本前提是，在诉的合并与客观评价之间探索出将两者关联起来的量化要素。这种量化要素一方面应存在于所有民商事案件中，另一方面经过简单判断而不是讨论研究即可确定。笔者认为，可资利用的要素是民事诉讼中的“诉讼标的”。

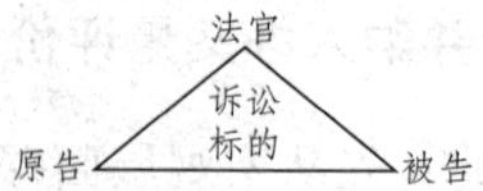

图9　作为审理活动中心的诉讼标的

1. 诉讼标的影响工作量。诉讼标的是指在本案判决主文中，应当被作出判断之事项的基本最小单位。① 司法权本质上是判断权，司法活动启动和开展的前提是提出待判断之事项，不存在没有诉讼标的的民事诉讼。诉讼标的的制度功能是限定了法院审理和裁判的范围。② 原告和被告的攻击防御以及法官的调查判断都围绕着诉讼标的展开。诉讼标的就像是一道待解的题目，原告提出了问题并给出了自己的答案，而整个诉讼程序都是寻找题目的最终回答。诉讼标的的概念和功能清晰地反映出其与法官办案工作量之间的密切关系：无诉讼标的，无裁判对象；诉讼标的越多，裁判工作量越重。诉的客观合并和主客观合并的共同特征在于都存在复数的诉讼标的。本质上，诉的合并对办案量的影响源自诉讼标的的数量的多寡。因此，诉讼标的数量的判断为将诉的合并以客观量化方式纳入办案工作量评价提供了抓手。关于诉讼标的的判断，民事诉讼理论中存在三种基本观点：实体法说、一肢说和二肢说。迄今，民事诉讼理论关于诉讼标的的识别尚未形成统一标准，造成了直接以诉讼标的数量作为考评要素或对象存在较大困难，必须转变思路，找到可替代指标。

2. 诉讼请求替代诉讼标的。诉讼请求是原告在案件中提出的具体权利主张。依照法律规定，当事人起诉时递交的起诉状，或者因口头起诉而制作的笔录中，都应当记明其所提出的诉讼请求。相较于诉讼标的，诉讼请求的数量识别更加直观简便，这弥补了诉讼标的数量判断上的困难。此外，诉讼请求数量与诉讼标的数量具有一定关联性。在不同诉讼标的理论下，虽然诉讼标的数量不必然等同于诉讼请求数量，但绝不会低于诉讼请求的数量。实际上，在许多学者的认识中诉讼标的与诉讼请求是等值的。③ 鉴于诉讼请求与诉讼标的的近似等值关系以及诉讼请求识别的直观性，应以诉讼请求替代诉讼标的作为评价诉的合并的具体指标。

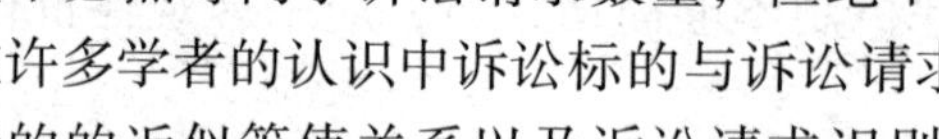

图10　诉讼标的与诉讼请求比较

① ［日］高桥宏志：《民事诉讼制度与理论的深层分析》，林前锋译，法律出版社2003年版，第22页。

② 彭世忠：《论民事诉讼标的的定性与识别》，载《诉讼法论丛》，法律出版社1999年版，第346～349页。

③ 张卫平：《论诉讼标的及识别标准》，载《法学研究》1997年第4期。

（三）小结

诉的合并在民商事案件中的广泛性，决定了必须采取具有较高一致性和效率性的客观评价方法。在考评指标的选择上，基于诉讼请求与诉讼标的的近似等值关系以及诉讼请求的明晰性，应以诉讼请求作为诉的合并的具体评价指标或要素。

四、微观建构：诉的合并纳入办案量评价的具体方法

下面探讨以诉讼请求为考评指标或要素将诉的合并纳入民商事办案量评价的具体方法。

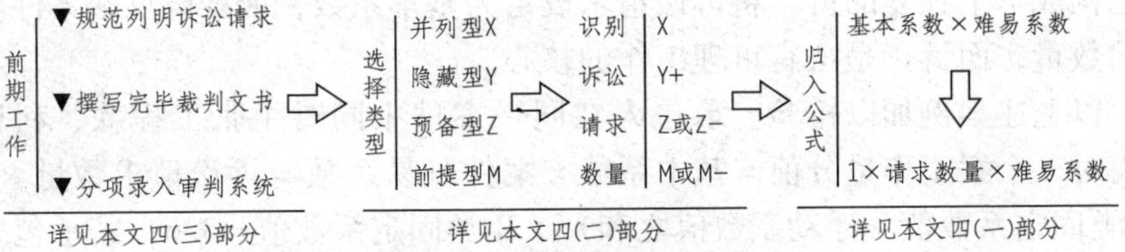

图 11　诉的合并考评流程

（一）将诉讼请求指标正确纳入考核公式

办案工作量是通过特定公式计算得出。对于诉的合并的评价，不仅要将诉讼请求作为指标纳入考核公式中，而且要正确地设定该指标在考核公式中的位置。

1. 诉讼请求不宜设定为案件难易系数。如上所述，个案工作量分值 = 1 × 案件难易系数 = 1 ×（A 类固定系数值 + 浮动系数值之和）× B 类固定系数值。按照该公式，诉讼请求指标只能设定为案件难易系数。如此，是否可得出合理考核结果呢？鉴于大部分民商事案件都是复数诉讼请求，本文假设将诉讼请求指标设定为固定系数，且将单个诉讼请求数值设定为 1。下面以具体案例检验考核结果。

案例：承包人诉请判令发包人支付工程款、利息、赔偿停工窝工损失，审理中法官对损失委托司法鉴定，该案以判决结案。

独任法官个人工作量 = 1 ×（诉讼请求指标数值 + 结案方式指标数值 + 司法鉴定指标数值）× 1 = 4.2。如果孤立地看待该评价结果，似乎并无不妥。但是，诉的客观合并或主客观合并都可以提起独立之诉，即数个诉讼请求原则上可分别起诉。因此，进一步假设原告针对 3 项诉讼请求分别起诉，则个案工作量为：工程款 1 ×（1 + 1）× 1 = 2，利息 1 ×（1 + 1）× 1 = 2，停工窝工损失 1 ×（1 + 1 + 0.2）× 1 = 2.2，总计 6.2。可见相同纠纷，当事人采取不同诉讼形式会造成不同的评价结果，这就可能产生考核不公甚至对法官产生逆向激励。

2. 将诉讼请求作为考核公式的基本系数。为了防止以上情况发生，笔者认为应当将诉讼请求指标作为考核公式中的基本系数（见图12）。即单个诉讼请求的系数值为1，基本系数的分值取决于诉讼请求的分值之和。

个案工作量分值=1×案件难易系数

⇩

个案工作量分值=基本系数×案件难易系数

⇩

1×诉讼请求数量

图12　诉讼请求指标在考核公式中的位置

如上所述，正是由于数个诉讼请求原则上可分别起诉，那么1个请求实质上构成1个独立的诉，将诉讼请求设定为基本系数，能准确反映案件所涉诉的数量，而诉正是法官审理工作的核心。

以上述案例加以检验。承包人在同一案件中同时主张工程款、利息和损失时，个案工作量分值 = 基本系数 × 案件难易系数 = 诉讼请求数量 ×1 ×（A 类固定系数值 + 浮动系数值之和） ×B 类固定系数值 =3.6；若承包人分别起诉，则工程款 1 ×1 × （1 +0） ×1 =1，利息 1 ×1 × （1 +0） ×1 =1，损失 1 ×1 × （1 +0.2） ×1 =1.2，总计 3.2 分。两种方式下虽然得分并不完全相同，原因在于合并起诉时重复计算了司法鉴定的分值，但已经非常接近。

（二）科学设定诉讼请求数量的识别规则

诉讼请求数量直接决定了个案工作量考核公式中的基本系数分值，正确设定诉讼请求数量的识别规则，是确保评价结果正当性的基本前提。

1. 诉讼请求数量与办案量之间的偏差。以诉讼请求数量作为考核指标是一种技术性安排。正如“法律技术有时将会走向其所追求的终极目的的反面”。① 囿于实践中不同类型案件中诉讼请求表达方式的多样性和差异性，简单地以起诉状或笔录中载明的诉讼请求数量（或称形式上的诉讼请求数量）作为考核依据，会产生不同程度的考核偏差。

案例：银行将借款人马某以及连带责任保证人张某诉至法院，要求二者连带偿还借款本金及利息。经法官释明，银行将请求变更为“马某偿还借款本息；张某承担连带责任”。

本案属于诉的主客观合并，银行分别对马某和张某享有不同的请求权基础，诉讼标的为复数。但是，基于银行在起诉状中将诉讼请求表述为“判令马某、张某连带偿还借款本息”，故诉讼请求为1项。经释明变更后，诉讼请求为2项。但诉请变更前后法官的办案量并无变化。该案是请求数量

① ［法］雅克·盖斯旦等：《法国民法总论》，陈鹏等译，法律出版社2004年版，第700页。

不同、工作量相同的典型情形。此外，还有请求数量相同、工作量不同的情形，此不再举例。因此，形式上的诉讼请求数量并不总是能准确反映法官办案工作量。

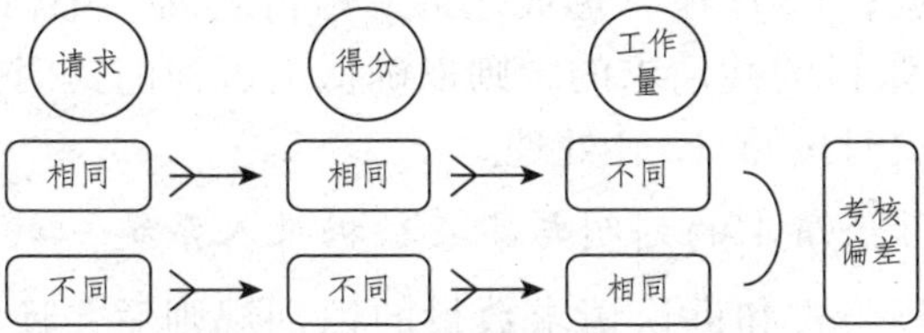

图 13　请求数量与办案量偏差

2. 不同请求类型中的识别规则。笔者认为，出现上述问题的原因之一是忽略了诉讼请求之间的实质联系。在设定诉讼请求数量的识别规则时，不能直接以形式上的诉讼请求数量作为评价依据，而应对诉讼请求之间的关系进行实质性考量。下面本文针对不同请求类型，分别论述作为计算基本系数分值的请求数量的识别规则。

——并列型请求。数个诉讼请求间完全独立，单个诉讼请求是否成立，按照不同的法律要件加以判断，不受其他诉讼请求是否成立的影响。这是典型的诉的客观合并的形态。并列型请求在法律要件和案件事实方面的独立性决定请求愈多，法官办案工作量愈大。因此，并列型请求案件中，直接以形式数量为依据计算基本系数分值。

——隐藏型请求。某个诉讼请求实质上是数个不同法律关系的杂糅，致使在表观上只有 1 个诉讼请求。隐藏型请求的认定在于"法律关系"是否具有独立性。比如，诉讼请求是"对 20 份合同项下产品履行维修义务"的案件中，涉及 20 个不同的买卖关系。又如，诉讼请求是"判令买受人、保证人连带支付货款 10 万元"时，涉及买卖和保证两个独立法律关系。对于隐藏型请求，应以诉讼请求中所包含的法律关系数量为考评依据计算基数系数分值。

——预备型请求。数个诉讼请求之间具有顺位关系，第一顺位请求权（或主请求权）不成立的情况下，主张另一请求权（预备性请求权）。[①] 预备型诉讼请求间具有互相排斥的关系，法院应按照当事人列明的顺序予以审理。在主请求权不成立时，继续审理预备性请求权。在主请求权成立的情况下，实际审理的诉讼请求数量少于书面记载的诉讼请求数量。故，应以程序终结时法官实际审理的诉讼请求数量为准计算基本系数分值。

——前提型请求。前一请求（即确认之诉或形成之诉）得到支持时后

① ［德］罗森贝克等：《德国民事诉讼法（下）》，李大雪译，中国法制出版社 2007 年版，第 709 页。

一请求（即给付之诉）才能被支持的情形。[①] 从功能而言，在先请求为手段性请求，后请求为目的性请求。（1）仅主张手段性请求，以该请求为评价依据。同时主张两个请求，则（2）“确认有效/无效+给付之诉”中以给付之诉作为评价依据；（3）在“形成之诉+给付之诉”中，两者均作为评价依据。（4）仅主张目的性请求的，则以确认之诉为前提时按照（2）处理，以形成之诉为前提时按照（3）处理。

（三）规范诉讼请求的列明与完善数据录入系统

正确设定考核公式和诉讼请求数量的识别规则后，还至少需要做好以下两项辅助性工作，才能顺利实现对诉的合并的评价目标。

1. 规范诉讼请求的列明。《民事诉讼法》规定诉讼请求应当具体明确，但未对诉讼请求的具体表述方式作出要求。实践中，囿于当事人的法律水平甚至文字水平，再加上法院在立案时的把关和指导不充分，常常出现诉讼请求内容杂糅、关系混乱、表述不妥等问题。笔者认为，“具体、明确”是法律对诉讼请求最低限度的实质性要求，是诉讼得以开展的基本前提。但是，从聚焦审判对象、明确争议焦点、理清逻辑关系来说，对诉讼请求的表述形式作出要求，亦具有相当合理性。尤其是将诉讼请求数量作为办案工作量评价系数的情况下，只有将不同的请求单独成文，提高请求的辨识性和清晰度，才能为后续考核规则的适用奠定基础。而且，客观化的工作量评价以考核系统自动生成考评结果为方式。诉讼请求不规范，系统将无法准确提取数据和作出判断。所以，应提高诉讼请求表述的规范化，尽量做到“一事一项”。为此，法官在收到案件后，应检查起诉状中列明的诉讼请求是否规范，最迟应在法庭辩论终结前指导或释明原告规范列明诉讼请求。

2. 增加审判系统相关模块。在目前审判系统中，结案方式、是否涉及鉴定等大部分考核要素均已作为结案填写事项。对于诉的合并，为实现系统自动提取数据的功能，应在审判系统中增加“诉讼请求”模块。法官在撰写完毕判决后，将已经规范列明的诉讼请求分项复制至该模块。此外，诉讼请求区分为并列型、隐藏型、预备型和前提型四种基本类型，不同类型下请求数量的识别规则并不相同，由于系统无法自动识别诉讼请求的类型，该工作仍需要由承办法官完成，故在“诉讼请求”模块中还应当设置“请求类型”子模块，由法官根据个案具体情况选择确定：（1）选择并列型请求的，系统自动以列明的请求数量计算基本系数分值；（2）选择隐藏型请求的，应增加“请求数量”选项由法官填写诉讼请求中所包含的法律关

---

① 有学者称为重叠性合并，参见［日］中村英朗：《新民事诉讼法讲义》，陈刚译，法律出版社2001年版，第126页。

系数量并按前述规则计算基本系数分值。（3）选择预备型请求的，应提供“是否审理预备请求”的选项。如选择“是”，则系统按照列明的全部请求数量计算基本系数分值；反之，则以主请求数量为准。（4）选择前提型请求的，提供“在先请求类型”（确认之诉 VS. 形成之诉）和“在后请求类型”两个选项，填写后由系统按照前述规则确定基本系数分值。

（四）评价规则在二审和再审中的适用

以上探讨以一审程序为模范，能否适用于民商事二审案件和再审案件，以下作简要探讨。

1. 二审案件的适用。民事二审程序有复审制、事后审制、续审制。我国民事诉讼二审程序实行续审制，二审程序是一审程序的继续和发展，有条件地允许当事人提出新的诉讼资料（包括事实资料和证据资料）。[①] 在二审程序中，法官仍以一审诉讼标的为审理范围，只不过受制于处分主义，原则上围绕上诉请求所针对的诉讼标的展开。[②] 正因为二审法官的审理活动是对一审法官审理活动的“继续”，而且二审中不允许变更诉讼请求，二审法官的审理工作量不可能超出一审法官，故应按照当事人不服的诉讼请求数量考核二审法官工作量，对数个诉讼标的不服的，注意识别请求类型加以修正。

2. 再审案件的适用。对于再审案件的审理程序，如果生效裁判是由第一审法院作出的，按照第一审程序审理；如果生效裁判是第二审法院作出的，按照第二审程序审理。如果是上级法院提审的，也适用第二审程序。因此，再审案件中的诉的合并应分别按照一审或二审案件加以考评。

① 江伟主编：《民事诉讼法》，中国人民大学出版社 2008 年版，第 329 页。

② 《最高人民法院关于适用〈中华人民共和国民事诉讼法〉的解释》第三百二十三条。

司法决策技术与案件社会结构之间：基层民事法官的多元角色

——基于一起人身损害赔偿案件的法社会学分析

胡成伟*

从倪征燠到马锡五再到宋鱼水，不同年代的人对法官角色的定位和传承，都深深烙上了时代的印记，为我们提供了一个个有趣的样本。赞扬或批评，都是我们不断进步的源泉。在法院深入推进司法体制改革的大背景下，基层民事法官对自身角色的认知和表达是怎样的？角色冲突后又是如何选择？选择中又经历过哪些挣扎？挣扎后对未来又有哪些期许？本文以Y县法院一名普通民事法官审理案件的司法场景为研究样本。① 或许你要问具有代表性么？这是对个案研究难以周延的诘问。为了回应这个问题，文章确有必要进行实证分析后，再经过逻辑层面的理论解读，才具有说服力。为此，本文对该法官的司法样式做了一番梳理，透过对办案细节的法社会学分析，探讨基层民事法官角色如何转换，试图找出基层民事法官角色塑造的方案。

一、审理脉络：透过司法场景看基层民事法官的角色转换

让我们从一起人身损害赔偿案件的审理情景再现切入。

表1 案件基本情况及审理流程

案由	生命权、健康权、身体权纠纷	
当事人	原告	原告甲是Y县Z村年逾七十的村民
	被告	被告乙丙是Y县某小学的学生，被告丁戊是被告乙的父母，被告己庚是被告丙的父母，被告丁己是Y县市属国有企业的中层干部

* 作者单位：江西省永修县人民法院。

① 2017年5月Y县法院经过员额制选拔含承办法官在内的25人入额。承办法官从2017年5月~2019年5月共办理480余件民事案件，每年平均办理240余件，其中离婚、人身损害、民间借贷等民事案件占比约79.1%。

续上表

案由			生命权、健康权、身体权纠纷
基本案情			2018 年 9 月 9 日晚上，被告乙丙在 Y 县某小区广场东南角和一群小孩玩冲城游戏，被告乙所在的守城方在防守被告丙所在的冲城方时，被告乙双手用力将被告丙推出防守圈，将路过被告丙背后约 0.5 米远的原告撞倒在地，原告被送往 Y 县医院接受治疗，花去医疗费 41265.72 元。原告伤情经诊断为右股骨颈骨折，后经司法鉴定中心评定为九级伤残。另查，原告经过被告乙丙玩游戏的区域与停放自行车的位置之间的空间宽仅 1 米左右。事发后，原告向 Y 县法院起诉被告丁戊已庚共同赔偿各项损失 108794.72 元。
司法场景	序号	情景	具体内容
	1	初步阅卷	1 月 29 日收到案件后，初步阅卷发现本案的争议焦点在于过错的认定以及被告乙丙是否构成共同侵权。
	2	法条分析	2 月 15 日原告的请求权基础是基于《侵权责任法》第八条，依据该条，除具备一般侵权行为的构成要件外，共同侵权还必须具备以下特殊构成要件：复数性、加害行为的协作性、主观意思的共同性与损害结果的统一性。围绕这个问题，应查明：被告乙丙在冲城游戏中的攻守行为导致原告受伤是否属于共同侵权；原告经过被告乙丙游戏的区域与停放自行车的位置宽仅约 1 米左右的空间是否已经尽到了谨慎义务。
	3	寻找学说	2 月 12 日从网上搜索到了王利明教授的论文《共同侵权行为的概念和本质》，对于判定被告乙丙是否构成共同侵权可供参考。
	4	开庭审理	2 月 18 日依归纳的争议焦点进行了审理。发现事发时监控较为模糊，为了查明事实，决定择期通知当事人勘查现场并对监控呈现的画面进行现场模拟。
	5	勘查现场	2 月 21 日到事发现场，根据监控模拟事发过程，原告可以选择其他方向经过，有轻度过失。
	6	收集判例	3 月 1 日从中国裁判文书网上查找到上级法院的两个案例，为三学生放学后在学校门口玩游戏导致他人受伤引发的人身损害赔偿案件，认为小孩一起游戏导致他人受伤构成共同侵权。这两个案例的裁判主旨，在确定被告乙丙的责任可以提供参考。
	7	主审法官会议讨论	3 月 4 日提交主审法官会议。向审判团队长请示本案，团队长建议提交主审法官会议进行讨论。讨论中，多数法官认为玩游戏是小孩的天性，在已经明确具体侵权人的情况下，不应追加其他参与游戏的小孩为本案共同被告。同时被告乙丙在游戏中的攻守行为应认定为共同侵权行为，其责任由其监护人承担。
	8	探求原告意见	3 月 8 日会见原告律师，告知其收集的案例，间接探求原告对各方应承担责任比例的意见。原告律师认可原告亦应承担部分责任的观点。
	9	听取小区居民意见	3 月 15 日到小区业主委员会与居民交流，居民认为小区广场是他们休闲娱乐场所，原告在固定区域活动被人撞到受伤，如果还要自行承担责任，就失去了广场设置的意义。

续上表

案由			生命权、健康权、身体权纠纷
司法场景	序号	情景	具体内容
	10	调解工作	3月中旬多次与六被告及律师联系，建议拟定调解方案，但迟迟没有答复。只好联系四被告的领导，但以被告是企业员工子女为由不便插手拒绝协助，调解工作只好结束。
	11	拟定判决书	4月9日采纳主审法官会议意见，依原被告过错大小及原因力，确定原告负次要责任，被告乙丙负主要责任。因被告乙丙为无民事行为能力人，其责任由监护人丁戊己庚共同承担，承责比例为80%。签发判决。
	12	送达判决书	4月10日六被告领取判决书5天后不服上诉至上级法院。

（一）法条主义的规则适用者

承办法官最初的工作就是收集法条、学说与民间习惯。有学者曾生动地把它比喻成“春蚕化蛹”，即承办法官将收集到的法条、学说和民间习惯作为“蚕丝”编织成“茧壳”，使自己变成为“蚕蛹”置身于“茧壳”之中。[①] 让我们将情景再现到1，承办法官初步阅卷后注视到原告诉请的请求权基础：《侵权责任法》第八条。该条规定了共同侵权行为的构成要件以及责任承担方式。原告的诉请欲成立，除了遵循一般侵权行为的构成要件之外，还必须满足“共同侵权的特殊构成要件：加害主体的复数性、加害行为的协作性、主观意思的共同性、损害结果的统一性。”[②] 在法律规范与要件事实进行连接后，承办法官发现，该案的法律争点在于被告乙丙玩冲城游戏的攻守行为是否构成共同侵权以及责任如何承担。此法律争点可以具体细化以下事实争点：（1）原告是否必须经过被告乙丙玩冲城游戏的区域与停放自行车的位置之间宽仅约1米左右的空间（查明原告是否具有过错以及过错程度）；（2）被告乙丙玩冲城游戏中的攻守行为是否触碰到原告导致其受伤（查明被告乙丙是否具有过错以及过错程度）。以上的逻辑推理过程，就是承办法官从大提前 $T \rightarrow R$、小前提 $S=T$ 所得出的推论：$S \rightarrow R$，即从原告诉状中列明的事实为起点，在法律规范与事实要件进行连接后，逐步转化为案件事实。[③] 此为承办法官逻辑推论的过程，对规则的表述和适用更加远离于生活的细节，趋向于逻辑法条主义的规则适用者。而承办法官

① 黄湧：《基层民事法官如何办案——从一则案件的审理看法官角色混同》，载《法律适用》2007年第1期。

② 最高人民法院侵权责任法研究小组：《〈中华人民共和国侵权责法〉条文理解与适用》，人民法院出版社2016年版，第68~70页。

③ ［德］卡尔·拉伦茨：《法学方法论》，陈爱娥译，商务印书馆2004年版，第11页。

逻辑推论的大前提 T→R，其中 T 表示共同侵权的构成要件，R 表示共同侵权的法律后果，要找出这个法律规则并非简单的数学问题，还要确定它的意义内容、适用范围、构成要件、法律效果等。[①] 此时会运用到学说。在情景 2，承办法官就参考了王利明教授的论文。王利明教授认为，共同过失亦可构成共同侵权，各个行为人可以共同预见损害结果的发生，但因疏忽或过于自信的原因造成同一损害后果，[②] 对确定被告乙丙是否构成共同侵权行为起到了重要参考作用。通过对被告乙丙玩冲城游戏中攻守行为的危险性分析，考虑到被告乙丙年龄、能力以及当时所处环境的因素，承办法官认定他们对损害的发生预见能力不足，最后认定被告乙丙要承担事故的主要责任。事实上，除了运用学说，在情景 6，承办法官通过中国裁判文书网发现上级法院已经生效的类似判决，双方责任比例大小的确定，对案件最后作出判决亦产生了重要影响。虽然承办法官不得直接援引判例作出判决，但并不说明，上级法院的判决就不会发生影响。

（二）实用主义的民意沟通者

基层民事法官不是生活在真空中，他们的生活需要和情感需求仍受制于社会。承办法官出生于 Y 县 W 村，这个村以刘姓居多，其家族人员 800 人左右，约占全村总人口的 79%。刘氏家族至今已经繁衍 13 代，从人名的字辈分长幼，字辈诗是："子嘉迪曰，春龙尧克"，刘氏家族的大本营位于修河入鄱阳湖冲击的三角丘上，正中央是刘氏祠堂，供奉祖先画像和族谱。从乡村的社会结构来看，该村属于"南方团结型村庄"，其典型特征是聚族而居，由同一个祖先繁衍生成而来，血缘和地缘重合，使得宗族具有强大的力量。[③] 即使在现代化和市场经济的冲击下，宗族血缘关系虽然受到了很大影响，但宗族仍然具有一定的认同和一致的行动能力。在村子里，诚如"宁拆十座庙、不毁一桩婚""父债子还、子债父不问"等舆论压力发挥很大的作用。承办法官从中专毕业后接受国家分配到 Y 县法院上班，虽然早已经搬进了县城，但是传统文化和意识融入他的血脉中，反映在审判工作上他自然以村民的感受为基准，怕裁判超出村民的认知。当你看到情景 8，你可能发现，承办法官在打听原告对结果的意见，想要了解原告对判决的预期底线。或许你会觉得很奇怪？然而，基层民事法官案件裁判的首要标尺就是："如何更为妥当地解决纠纷，如何最大限度地消除不稳定因素和避

① 梁慧星：《裁判的方法》，法律出版社 2017 年版，第 117 页。

② 王利明：《共同侵权行为的概念和本质》，载《判解研究》2004 年第 3 辑。

③ 朱战辉：《农村彩礼性质的区域比较研究》，载《当代青年研究》2017 年第 4 期。

免可能发生的冲突”,[①] 而不仅仅是严格执行已有的法律规则。这种结果导向的实用主义理念受到基层民事法官的推崇。在情景9，承办法官主动进入小区听取居民的意见，虽然小区居民是小范围的民意，但仍然可以从中寻找到一般民众朴素的认知，逐渐形成案件裁判的脉络。

（三）科层式权力体系内的受制者

让我们快退到情景7，承办法官曾就案件的审理情况向审判团队长汇报是否提交主审法官会议讨论。长期以来，普通法官已经习惯认为自己是在院庭长的指挥下工作，在一些比较重要的审判或非审判问题上，他们习惯于请示汇报。[②] 新一轮司改后，民事案件实行随机分案为主、指定分案为辅的机制，独任法官直接签署独任审判案件的法律文书，承办人员、合议庭其他成员、审判长依次签署合议庭审判案件的法律文书。院庭长有权要求独任法官或合议庭就四类案件报告案件的进展和评议结果，也可以决定提交主审法官会议讨论；独任法官或合议庭可以将七类案件提请主审法官会议讨论；主审法官会议讨论形成的意见由独任法官或合议庭自行决定是否采用，经合议庭复议后未采纳主审法官会议意见的案件，院庭长可以提交审判委员会讨论。[③] 某种程度上，该制度已经出现“案件请示制度”的端倪。多数基层民事法官渴望让审理者裁判，可以享受独立思考以及独立判断的权力。这也是一柄“双刃剑”：一方面，与民事案件相关的《民法总则》《合同法》《婚姻法》等法律供给不足，无法适应经济社会快速发展的需要，产生大量法律漏洞，而基层民事法官束手无策；另一方面，由裁判者负责的错案责任终身追究制度的实施，虽然让审理者裁判给了基层民事法官独立裁判的空间，但同时又失去了案件请示制度的庇护。在某些时候，提交主审法官会议讨论成为基层民事法官的“避风港”。让我们退到情景6，承办法官收集上级法院已经生效的类似判决，而现有立法以及相关制度设计，仅规定在处理与指导案例相似案件时要遵照指导案例的裁判尺度和裁判标准，[④] 并没有要求下级法院必须服从上级法院的判决意见，诚如发回重审案件中的内部指导函，基层民事法官会自觉接受指导函的意见限制案件裁判的空间，对基层民事法官限制裁判空间产生了相当的作用。

---

① 裴大明：《品质延续历史——海事法院审判委员会制度的功能结构》，载《法律适用》2010年第5期。

② 苏力：《送法下乡——中国基层司法制度研究》，北京大学出版社2011年版，第534页。

③ 《最高人民法院关于完善人民法院司法责任制的若干意见》第四、五、六、二十四条的规定；《最高人民法院关于健全完善人民法院主审法官会议工作机制的指导意见（试行）》第四、九条的规定。

④ 胡云腾于2010年11月26日就最高人民法院《关于案例指导工作的规定》答记者问。

二、逐渐占据主导地位的技术性决策：审理中不可忽视的因素

可以看到，基层民事法官案件裁判时会循环转换不同的角色，哪怕角色是冲突的。对于其产生的原因，有学者认为是我国司法权依附于行政权制约和影响了法官的审判活动。[①] 除了体制原因之外，是否还有更深层次的原因？美国耶鲁大学教授达玛什卡在其著作《司法和国家权力的多种面孔》中称之为“决策的技术性标准”提供一个新的解释视角，决策的技术性标准可以区分为两种基本进路：（1）技术官主义的取向，法官对不同处理方案可能引发的后果进行预先评估，然后选择一种实现给定组织目标最有益的方案，这种决策的正当性来自从中产生可以追求的结果，进而发展出后果导向的形式化技术；（2）法条主义进路，如果案件事实可以根据法律规范而纳入某一特殊类型，法官应作出相应的类型化决策，这种决策的妥当性仅根据是否忠实可以适用的标准评估，但并非不关心法官行为所导致的结果，而是期待创造标准的人进行必要的功利性计算后设计出可以实现组织目标的标准。[②] 在民事诉讼中，基层民事法官预设结果，才去寻找是否符合结果的法律依据，将适合的法律规则导入既有裁判结果进行解释和论证。并非运用逻辑三段论，穿梭于法律规范与事实之间，确定合适的法律规范与案件事实后，最终得出推论。[③] 以离婚案为例，我国对于法律上构成离婚的反应是一个从1950年婚姻法起至今就要保持家庭相对稳定的连续体。男方或女方首次向法院起诉离婚，另一方以威胁恐吓的方式拒绝离婚，法官对判离或判不离的后果预先评估，如果认为判离的风险高就会选择判不离。即使在男方或女方第二次或更多次向法院起诉，法官常常拒绝在相似情况下判决离婚，特别是当以自杀自残或伤害他人方式不同意离婚的案件更是如此。另一个极端是部分缠访闹访的人，介于判离或判不离的两种可能判决，法官可能会毫不犹豫地选择判不离。我们还可以在继承纠纷、人格权纠纷、物权纠纷、合同纠纷、侵权责任纠纷等其他民事案件中观察到：基层民事法官对不同处理方案的“社会后果”进行预先评估，然后慎重选择一种对实现社会稳定这一组织目标最有益的方案。[④]

2000年以来，大量农民进入城市务工或经商，收入来源多元化，农村基本的社会结构变得更加开放，以血缘关系为基础的宗族结构、家庭结构等基本的社会结构逐渐解体，取代的将是以地缘关系为基础、以利益为中

---

① 瞿琨：《论法官角色与公正司法》，载《学术界（双月刊）》2006年第1期。

② ［美］米尔伊安·R·达玛什卡：《司法和国家权力的多种面孔》，郑戈译，中国政法大学出版社2004年版，第31～32页。

③ 王泽鉴：《民法思维：请求权基础理论体系》，北京大学出版社2009年版，第30页。

④ 吴英姿：《法官角色与司法行为》，中国大百科全书出版社2008年版，第248页。

心的契约型社会秩序。这一过程存在一种半熟人社会的社会形态。在这样的社会里，乡村多元化和异质性增加，人与人之间的关系日益生疏，过去的地方性共识逐渐瓦解，传统的价值和规范难以制约村民的行为，此外信息不对称衍生的搭便车行为，加速了乡村内生秩序功能的丧失，同时村民对乡村的主体感慢慢在消失，乡村已经无法依靠内部力量维持基本的生产生活秩序。[①] 然而，现代法治秩序在乡村社会尚未建立，传统乡村共同体却逐步瓦解。面对如此庞大的小群体，基层组织的治理能力明显不足，致使国家权力在乡村社会处于“技术悬浮”的状态。很多观点认为，国外司法制度在乡村社会移植过程中出现的各种乱象是一种法律的语言混乱。但是其实之所以出现法律的语言混乱，最主要的原因是乡村社会结构的混乱，[②] 乡村的法律实践已经由政府主导的“送法下乡”进阶到村民依据自身需要的“迎法下乡”。然而现实是“当我需要你的时候你却不在”，使得村民需要借助外部的力量认识和理解法律，而一些基层组织可能没有能力提供这种援助，更不愿意介入纠纷的解决中去，如果传统价值和规范的权威丧失，乡村生活将更加陷入社会结构混乱的状态。在法律规则明确但实际处理极为复杂的案件上，基层民事法官已经越发倚重后果导向的形式化技术。比如“南京彭宇案”，一审判决运用经验法则推定“扶人者即撞人者”，造成社会质疑，虽然二审已经有了新的证据，但仍然进行庭前调解，而具有法律指引、评价、预测、教育作用的事实认定和法律适用就此退出法官的视野，转而选择更具有预测性的和解撤诉结案。此时，更多考虑的是决定如何贯彻落实而不是如何更公正更符合规则，以某种与法律规则又和法官角色不相符但实际上可以解决纠纷的方式解决。[③]

由此，基层民事法官的角色不再是法条主义的规则适用者，说明结果导向的形式化技术导致基层民事法官扮演不同的角色，哪怕角色是冲突的。

三、深层分析：影响基层民事法官角色的案件社会结构

通过对基层民事法官的司法样式进行解构后，笔者发现，司法决策的技术性特征并不完全决定基层民事法官的角色。谁起诉谁，谁审理这一案件，每一案件至少包括原告以及被告，并且还可能包括原告或者被告的律师以及法官。他们的社会性质构成案件的社会结构，这一结构可以区分与法律量变化有关的对手效应、律师效应和第三方效应，对于相同或相似案

① 贺雪峰：《未来农村社会形态：“半熟人社会”》，载《中国社会科学报》2013 年 4 月 19 日。

② 董磊明：《宋村的调解：巨变时代的权威与秩序》，法律出版社 2008 年版，第 24 页。

③ 刘靖、刘振华：《回归本真：从全国模范法官评选看法官角色定位与合理转型——基于 312 位全国模范法官的考察》，载《深化司法改革与行政审判实践研究（上）——全国法院第 28 届学术讨论会获奖论文集》人民法院出版社 2007 年版，第 401 页。

件的法律变异是关键的。① 让我们再倒回文章的案件部分，通过对案件社会结构的适度解读，试图找出影响基层民事法官角色的因素。

（一）对手效应——透过对立双方的社会性质可以预测案件的处理

谁起诉谁？对立双方有怎样的社会地位？被告的社会地位本身无法告知基层民事法官如何审理案件，必须同时考虑原被告相对的社会地位。当前乡村社会已经发生巨大的分化，据贺雪峰教授的调查，乡村社会主要有进城户、半工半耕户、中坚农民以及老弱病残户四种代表性的农户。而老弱病残户是农村真正的弱势群体，除耕种自家的承包地之外，不再有其他重要的收入来源。② 原告是Y县Z村年逾七十的村民，唯一的收入来源就是政府提供的农村低保，是老弱病残户。被告丁已从农村考上大学，大学毕业后应聘到Y县市属国有企业上班，在城里有房有车和体面的工作，属于进城户。由此，被告的社会地位相比原告的社会地位明显处于优势。在情景9，被告丁已找到企业领导，他们领导通过在企业挂职锻炼的胡某找到承办法官，从案卷笔录中发现承办法官虽然组织双方调解的赔偿金额远低于最终判决的赔偿金额，但胡某认为调解的赔偿金额过高，甚至给承办法官一句话“如果你判决的金额太高，他们会上诉”。如此，社会地位较高的人造成社会地位较低的人的优势时，与社会地位较高的人的相关优势才会显现出来；社会地位较低的人造成低于对方社会地位的劣势时，与社会地位较低的人的劣势才会表现出来。如图1所示，不同的社会地位按照法律量的变化进行排序，原告的社会地位比被告的社会地位低，所引起法律量的变化最少。因此，在情景12，原告在Y县法院送达判决书后没有上诉。

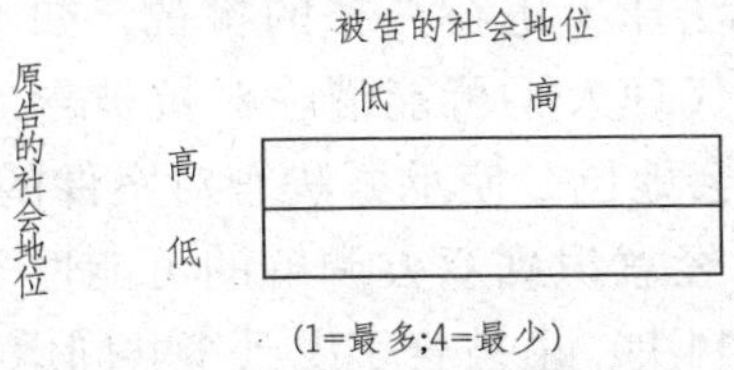

图1 社会地位结构与对法律量的相对关系

原告与被告是否系同一家庭成员、朋友、同事、邻居，或者完全是陌生人？他们的关系距离也是预测法律行为最有效的因素之一。关系距离越近，介入他们事务的法律越少，相较于发生在关系距离较远或者陌生人之间的纠纷，法律介入关系距离较近的亲戚朋友之间的纠纷会少些。以Y县法院为例，笔者随机选取了2018年受理的200件民事案件，经研究发现：原被告是亲戚朋友关系的案件有67件，服判息诉率约97%；原被告是陌生

① ［美］唐·布莱克：《社会学视野中的司法》，郭星华等译，法律出版社2002年版，第5~6页。

② 贺雪峰：《农村社会结构已发生重要变化》，载《新重庆》2016年第2期。

人的案件有123件，服判息诉率约81.2%。从案件的服判息诉率可以观察到，如果我们知道原被告的社会距离后，就可以预测谁会引起更多的法律量，例如管辖权异议、撤诉、调解、上诉等。此外，原被告的文化距离、互相依赖性、组织程度等变数也是法律量变化的社会因素。只有当法官知道原被告的社会性质，才能预测案件如何处理，在情景11，承办法官知道原告与被告是不同的社会阶层，又完全是陌生人，他们的社会距离比较大，多次组织双方调解未果后，虽然已经意识到被告会上诉，仍然参照上级法院类似判例作出判决。

（二）律师效应——提升地位较低的当事人社会地位使裁判均质化和平等化

谁支持谁？律师的社会特征与原被告的社会特征具有相同的影响模式，但是律师影响的力度在于参与案件的程度。原告代理人是Y县司法局退休的干部戴某，自退休后就在当地法律服务所从事法律服务；被告代理人是J省某知名律师事务所的高级合伙人肖某，曾连续三年获得“J省优秀律师”的称号。戴某在荣誉上虽然比不过肖某，但在Y县司法局工作了30多年，比在Y县没有任何地缘或血缘关系的肖某，更能融入Y县社区，更能赢得当地人信任。此时，对法律的影响取决于律师的当事人。尽管由律师代理的当事人可以提高获胜的机会，社会地位较低比社会地位较高的当事人从中受益更多。对于原告而言，此次事故的发生是自己的不幸，如能够得到赔偿就心满意足了；如不能，小孩的家长至少应分担部分医疗费。在情景10，原告代理人戴某不仅积极地提出自己的调解方案，对被告及其代理人曾某提出的和解方案也在法律上进行严格的检视，如不符合己方的利益，就会断然拒绝。虽然原告代理人不可能消除对抗被告的所有不利因素，仍然可以通过提升原告的社会地位，使承办法官对案件的裁判均质化和平等化。在情景11，承办法官已经意识到双方调解的可能性不存在，就参考上级法院类似的判例依法作出判决，由被告丁戊己庚共同承担80%的赔偿责任。

（三）第三方效应——部分法官更会选择折中的方法作出判决

谁是法官？他们是男人还是女人、老人还是年轻人、已婚还是未婚、汉族还是少数民族？他们在承办案件之前是否认识原被告或者律师？什么人审理案件会影响案件的处理方式。部分法官可能更偏向于保守套用法律条文且不考虑后果去选择一个获胜方，并不是折中给各方一些利益。一些法官更为体谅原被告，一般不会作出完全有利于一方的判决。而权威程度取决于法官的社会特征，与原被告及他们支持者的社会地位相比，法官的社会地位与其权威程度成正比。由于我国乡村社会结构存在区域差异，不同区域对现代化的回应方式及程度有所不同，在南方地区和华北乡村，传统性的结构力量在市场经济冲击下并没有彻底消失，在村民的观念层面仍然发挥作用，而长江流域的传统性结构力量已经瓦解，村民的现代化程度很高，自主的空间大。[①] 此外，法官的权威还取决于法官的关系结构。现有立法以及相关制度设计上，法官与原被告在社会距离上是等距离的，形成一个等腰三角形。这一三角形揭示了与原被告的关系距离越远，法官的权威越高。正如前文所述，我国乡村社会是半熟人社会，即熟人加上部分陌生人的状态，法官与原被告的关系距离更多地表现为不等边三角形，法官的行为或决定就少些权威（如图2）。但是与原被告关系距离近的法官比陌生人社会不认识原被告的法官更能发现案件的有利因素，并寻求一个折中的方法。让我们再把眼光聚焦到承办法官，他与原告代理人戴某、在Y县市属国有企业挂职锻炼的胡某都是县里的干部，彼此有业务的往来，互相之间较为熟悉。承办法官通过戴某打听到原告对判决的意见后，又透过胡某取得被告对结果的看法，在此基础上，形成了案件的裁判思路。

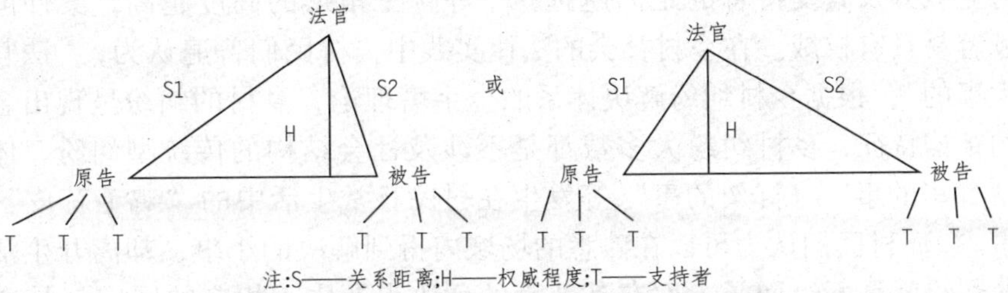

图2 现实中法官的关系结构以及权威程度

四、角色塑造：问题导向下的坚守与超越

当改革进入深水区时，而我们需要的，或力所能及的就是遵循体制所设定的法官角色。笔者拟从以下几个方面对基层民事法官角色塑造提出建议。

（一）以案件的社会结构为切入点：重塑基层民事法官与对立双方之间等腰三角形的关系

以“郑州电梯劝烟案”为例。一审判决以公平原则酌定杨某补偿老人家属1.5万元，二审法院认为杨某劝阻吸烟的行为与老人死亡之间没有必然的因果关系，驳回了老人家属的诉讼请求。[②] 以上案件涉及到公共场所禁烟的事情，在乡村社会，守法者与违法者时常发生口角，因而引起的纷争往往酿成民事纠纷，甚至刑事案件。事实上，公共场所禁烟是全民的共识，

① 贺雪峰：《论中国农村的区域差异：村庄社会结构的视角》，载《开放时代》2012年第10期。

② 郑州市中级人民法院（2017）豫01民终14848号民事判决书。

劝阻公共场所吸烟是公民应尽的义务。法律设定公平原则的初衷，就是维护与弘扬社会的公义。一审判决折中给各方一些利益的方式试图让杨某和老人家属都可以接受裁判结果，致使守法者失利。二审法院认定正当行使权利的人不应当承担责任。法官的司法活动首先是社会对国家的反馈，其次才是国家对社会的供给，而不是单向的“国家——社会”公共产品供给，只有如此往复，司法才有内生动力，国家与社会、司法与人民才能达成默契。[①] 新一轮司改的语境下，“让审理者裁判，由裁判者负责”打破过去审判权运行机制的“层级化”的问题，让法官有职有权、权责统一，排除非审判组织对裁判权的干预，突出了法官的地位，有权对案件事实和法律适用发表独立意见。换句话说，法官是站在等腰三角形的顶点，对立双方及其支持者处于等腰三角形的底端（如图 3）。重塑基层民事法官与对立双方及其支持者等腰三角形关系的出发点，即从案件的社会结构找准切入点，重申与对立双方及其支持者在社会距离上是等距离的。作为基层民事法官，与对立双方及其支持者的距离越远——等腰三角形的高度越高，案件的解决越容易具有权威。在乡村社会的法律实践中，村民们普遍认为，“法官是管大事的”，根据乡村纠纷解决体系的金字塔理论，乡村的纠纷呈现出金字塔的结构特征，乡村纠纷大多数都是不涉及社会结构的传统型纠纷，体现为“邻里的事”“打架的事”等发生在村民日常生活中的“鸡毛蒜皮”的小事。[②] 而村民们认为可以在熟悉的场域内得到解决的小事，却离开生活场景谈纠纷就是不给面子，而在其熟悉的话语表达中，相应的回应就是“撕破脸。法律界定了关系，但是其权威却得不到认可。判决过程中传统话语从法律场景中的脱嵌使之失去了获得人民认同的合法性基础。”[③] 因此，基层民事法官角色重塑的方式包括：正确处理基层民事法官各角色之间的关系，形成具有层次性和差异性的角色体系，以规则适用者为主角色，并以社会民意作检验标准，在两者严重冲突时，以社会民意对案件裁判作必要修正，构建社会民意与案件裁判之间的良性互动机制；同时，要充分发挥案例指导制度、主审法官会议制度以及审委会的作用，获取判例或审判经验对法官裁判的支持，规范法官自由裁量权，形成正向引领效应。其二是正视各角色之间的差异性，对于可能产生社会影响的案件，要把规则适用与民意统一起来，在实现法官依法行使审判权的同时正确履行民意沟通者

① 卢祖新、娄必县：《从法庭到村庄：法院参与乡村治理的路径、危机与对策——兼评农村便民诉讼网络建设的意义》，载《法律适用》2012 年第 1 期。

② 温丙村、陈霄：《农村纠纷解决体系的金字塔——新型城镇化背景下的个案分析》，载《中国农村观察》2016 年第 3 期。

③ 李佩繁：《乡村司法的实践困境及其产生机制——基于冀中 W 法庭的实地调查》，载《社会建设》2018 年第 3 期。

角色的职责。其三是要时刻关注社会动态，了解社会民情，寻找社会的共识，让角色紧张乃至冲突保持在适当程度。

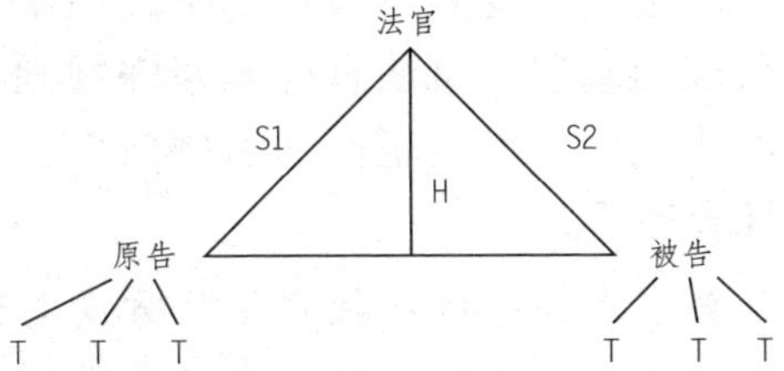

注:S——关系距离;H——权威程度;T——支持者

图3 理想中法官的关系结构以及权威程度

（二）以消除角色冲突为目的：助力基层民事法官各角色之间的和谐统一

一般而言，规则适用者与民意沟通者不会产生冲突，因为法律是因人民的需要而产生，然而，法律滞后于社会发展，抽象的法律无法应对复杂的社会，“纸面上的法律”与“行动上的法律”之间存在沟壑。以Y县某法庭审理的一起民间借贷纠纷为例，刘某于2009年借给他的外孙张某5万元，双方约定2年内还清，张某提出该笔借款已经超过诉讼时效的抗辩，刘某无法提供证据证明时效中止或中断的事由，法官只好找到刘某的父亲劝说，最后迫使双方达成调解协议。很显然，在诉讼时效的问题上，民事诉讼法的运作逻辑与乡村社会的生活逻辑并不相同。而乡村社会的生活逻辑贯穿于纠纷的各个阶段，各种纠纷不是以严格的有组织、有逻辑和单一乡村社会秩序的形式呈现。基层民事法官面对来自乡村社会纠纷往往以整体化的形式出现。从乡村社会矛盾产生的原因、对于矛盾解决目的的认识以及矛盾再产生的路径，都体现了乡村社会交往的内容和形式。村民们对乡村社会矛盾的感性认识和判断，构成了乡村社会矛盾的日常形态。然而，乡村社会矛盾进入法院本质上是从问题的纠纷向案件的纠纷的转化过程，基层民事法官的裁判实质上将当事人的“不满”或“冲突”转化到案件结构进行管理、控制以及纳入法律体系中，并将与此不相关的要素“甩干”。[①] 这就意味着基层民事法官按照法律规则和程序公正优先进行裁判时，很可能背离乡村社会的正义观念。因此，基层民事法官不能漠视乡村社会的正义观念，应当通过修正法律条文以回应乡村社会主流民意的期待。但并不是牺牲法律的基本原则，而是运用解释方法，或依漏洞补充方法、或不确定概念的价值补充方法、或利益衡量、或类推适用与其他法律之阐释方法，

---

① 朱涛：《纠纷格式化——立案过程中的纠纷转化研究》，载《社会学研究》2015年第6期。

科学、合理运用法学方法论正确地理解和适用法律。[①] 新一轮司改建立了员额法官单独职务序列、错案责任终身追究、领导干部干预案件登记等相关制度，以防止法官的司法裁判权受到行政权的不正当干预的侵蚀。然而改革不是一蹴而就，现阶段的基层民事法官应当坚守规则的阵地，在实现司法裁判权的同时维护制度秩序，形成正向的引领效应，也能让基层民事法官角色冲突有舒缓的社会环境。

（三）以法律的社会模式为手段：把握案件方向与预测处理的结果

传统的法理学模式，是法官根据法律规则，对已有的案件事实做出裁判，据此对裁判结果做出解释。即从大前提 T→R，小前提 S＝T 所得出的推论：S→R。对每一案件的处理，都是对法律规则的运用，而且逻辑决定结果。这一模式认为法律是普适的，案件的社会结构完全不重要，甚至认为各方的社会特征影响案件处理时是违背法律的。与此相反，法律的社会学模式把目光直接注视到案件的社会结构上，认为法律是可变的，它会随着各方社会特征的不同而不同，以此预测和解释案件的处理结果。两种模式中法官的视角和目标是不一致的，前一种模式是以参与者的视角做出决定，后一种模式是从观察者的角度做出解释。每一案件的社会结构都存在差异，法律的社会学模式反映案件有关各方的社会特征，对案件的处理决定做出科学的预测和解释。对于如何有效运用法律的社会学模式，最关键是要确定案件的强度。（1）对立双方的社会特征是什么？通过社会特征确定他们的社会地位、关系距离、文化距离等其他变数。（2）明确支持者的影响力度和参与度。（3）法官在了解对立双方以及支持者的社会特征后，根据案件的社会结构，预测案件的处理结果。（4）要对处理结果进行运用，形成两种模式的良性互动机制。

（四）以乡村社会的传统伦理习惯为纽带：实现法律效果与社会效果的统一

乡村社会是一种半熟人社会，实质上从熟人社会向陌生人社会转向的过渡过程，由于传统熟人社会的生活方式、社会秩序和价值观念被社会流动性、现代化与市场化打破，致使传统乡村共同体的认同、以家庭为中心的差序格局以及由熟悉到信任而形成的礼治规范逐渐丧失，但适应现代社会的契约精神、公共精神、法律意识、社会关系秩序尚未建立，加之越来越受到繁杂的外来价值、生活方式的影响，被削减的秩序价值得不到有效弥补，外来价值和生活方式与传统规范和价值相互冲击，由此呈现出生活

① 杨仁寿：《法学方法论》，中国政法大学出版社 1999 年版。

方式、社会秩序、价值观念的混乱状态。① 党的十九大报告中提出“乡村振兴”的国家战略方针，并提出“加强从村基层基础工作，健全‘自治、法治、德治’相结合的乡村治理体系”，成为强调“三治合一”的现实指南。然而，半熟人社会实质上仍是熟人社会。在这样的社会中，秩序的维持是礼治，合乎礼治就被看成是正义的，反之就是非正义的，除表现在“礼治正义”之外，还表现在“追求无讼”和“皇权与绅权”上，也就是尽量避开对簿公堂以民间习惯法解决纠纷，以及地方乡绅扮演权威的仲裁者解决纠纷，这种民间正义观念具体的内容主要包含在解决纠纷中民间判断是非的正义观念得以展示、人与神的交流上以及人民互相交往时的评说和平时的抱怨，三者之间是相互联系且有机组成一起的。② 在乡村社会，我们经常会遇到这样的当事人：“被告是我的亲戚，我向他要很多次都没有还钱，找亲戚朋友作为中间人找他做工作也没有用，他做得太过分，我才向法院起诉”。在这里，为了解决双方的纠纷，原告潜意识上的反应找一个彼此能接受的中间人进行调解。如果不能够获得解决，才会诉诸法院。原告也对纠纷发表评说，提出自己的抱怨，以此使他人产生共鸣和情感上的支持。因此，基层民事法官应当以理性的司法力量对乡村社会关系秩序进行平衡，以法律的名义对乡村社会权利的救济和保护予以有效关注，确保不偏离法治轨道，从而实现法律效果与社会效果的统一。

结 论

在乡村法庭工作的五年里，我们一直朝着认识乡村社会，进而认识乡村司法的目标而努力，获取更丰富的关于乡村治理的经验基础上，力求达到案件法律效果和社会效果的统一。在不同的乡村社会结构，基层民事法官呈现出角色紧张的压力以及冲突程度有所差异，而文章选取的案件发生在南方村庄，可能会引发外界对个案研究无法周延的担忧，毕竟缺乏严密的逻辑推论，更多的是对基层民事法官办案的经验作了一番整理。或许这些研究不够到位，设想也不够具体，需要更深入的论证，而对法官角色塑造的思考，以期对乡村社会治理有所裨益。

---

① 张成果：《“半熟人社会”的乡村治理及其法治化研究》，扬州大学2017年硕士学位论文。

② 王铭铭、王斯福：《乡土社会的秩序、公正与权威》，中国政法大学出版社1997年版，第591～592页。

正义不缺席：缺席审理中法官事实认定偏差及其纠正

——以平等保障当事人合法权益为进路

李新亮[*] 姜广武[**]

前 言

现代民事诉讼结构体现为一种等腰三角形的特征，即法官居于三角形顶端，引导分执于两端的当事人围绕案件争议相互攻防论辩，这不仅需要当事人提供有效证据，更需要法官综合运用推理、演绎甚至经验去伪存真推导出法律拟定事实，最大程度还原事实真相，“从而使整个诉讼活动呈现一种紧密和谐的状态”。① 然而事与愿违，很多案件并不能按照我们设计的理想模式进行，当一方当事人经合法传唤不到庭参加诉讼时，法院就不得不进行缺席审理。相对于对席审理而言，“缺席审理当事人双方攻防对抗状态被打破，只有到庭一方的进攻，没有缺席一方的防御，双方对峙局面无法形成，如何在一方当事人缺席时发现案件真实，实现诉讼公正就显得至关重要”。② 此时，法官如果单纯依据《民事诉讼法》第一百四十四条及其相关规定进行审理，能否始终保持“中立者”角色保证事实认定公平？是否因证据调查不够深入而陷入事实认定盲区、误区，导致缺席审理已经成为缺陷裁判的高发区？以上担心不无道理……

一、缺席审理：一个事实反转频发的司法场域

（一）事实认定吊诡的个案裁判

笔者曾亲身审理这样一起发回重审的交通事故案件，发回重审的原因竟然为原审法院缺席判决依据的事实完全不存在。主要表现为：

---

* 作者单位：北京市大兴区人民法院。

** 作者单位：黑龙江省佳木斯市中级人民法院。

① 陈烨：《民事缺席审判制度证据规则之适用解述》，载《广东法学》2008 年第 5 期。

② 陈烨：《民事缺席审判制度证据规则之适用解述》，载《广东法学》2008 年第 5 期。

首先，事故车辆车牌号错误。肇事车辆 A 为一辆垃圾车，中型货车、无牌号、无保险，交警认定的车牌号竟为肇事司机所在单位的另一车辆 B，小轿车、有牌号、有保险。

其次，保险责任承担者错误。保险公司上诉指出，交警认定错误的事故车辆 B，保险公司自始至终未出险，也没有任何修理记录，且事故现场照片显示并非投保车辆 B，不认可法院判决保险公司承担保险责任。

经审查，出现上述事实颠倒现象的原因有三：

其一，保险公司不知情。原告和肇事司机为同村村民，因肇事车辆 A 没有投保，原告和肇事司机单位协商一致，虚构了该单位另一投保车辆 B 的车牌号，并没有申请保险公司出险。

其二，交警审核不到位。处理此次交通事故的交警没有核对事故车辆，即根据双方的陈述出具了交通事故责任认定书。

其三，法官审查不全面。法官在保险公司没有到庭的情况下，没有尽到完备的审查义务，单纯依照原告提供的且不完善的证据进行裁判。

个案裁判不难看出，缺席审理案件的事实认定处处存在风险，即使法官尽到应有的注意义务，仍难排除缺陷裁判可能。据粗略统计，当前缺席审理案件数量约占到全部案件数的三成以上，① 且呈不断上升态势，疑难复杂案件不在少数。这里面有多少事实颠倒的情况，笔者无法准确统计，但有一点可以肯定，从统计学概率上讲，在办案基数不断增长的司法情势下，如果缺少了被告的陈述、质证和辩论，法官难免陷入事实认定盲区，产生缺陷裁判的可能性大为增加。法院生效裁判的执行性让原告因不良诉讼而不当获利，被告因缺陷裁判而无辜受损，“不可避免地减损了当事人对受诉法院所作缺席判决的可接受性”，② 不仅如此，社会公众也会因法院裁判的随意性对司法权威产生合理怀疑，如不引起足够重视，进行有效的规范和预防，由此对司法制度造成的侵害以及制度修复成本则不可估量。

二、现实考量：缺席审理的裁判误区及其负面效应

（一）法官思维的实践表现

部分法官基于“经济人”的假设，更倾向审理简单案件，被告缺席案件较之对席审理，法官可以在庭审质证和答辩等程序性问题上节省大量时间和精力，但司法实践中，“被告缺席”并不等于“案情简单”，法官在缺席审理过程中难免存在一些误区，笔者分别从个案法官的典型表现和法院整体裁判数据两方面进行了全方位考察，主要表现为：

---

① 孙铭溪：《缺席审判的现实困境与出路》，载《法律适用》2013 年第 10 期。

② 占善刚：《我国民事诉讼中当事人缺席规制之检讨》，载《法商研究》2017 年第 6 期。

误区一：轻装上阵、麻痹大意

1. 审理前的放松。法官开庭审理之前，一旦偶遇被告缺席案件，往往认为遇到了简单案件，在审判压力与日俱增的司法环境下，没有原被告之间的激烈争辩，法官紧张的办案神经不自觉地放松下来，为盲目裁判埋下了隐患。

2. 审理中的疏忽。审判实践中，可能会认为可以根据原告的证据作出对被告不利的裁判结果，从而在证据审查和查明事实时放松要求，甚至可能仅仅依据庭前问话的内容简单认定，在庭审中不再就某一问题深入展开，导致定案结论的证据来源过于单一。

3. 判决中的不严谨。法官如果在审理阶段的问询过于简单，可能会在书写判决的过程中遇到事实模糊和逻辑不清的问题，对此，由于被告没有到庭，法官往往联系原告让其补正材料或作出解释，对于补正和解释的材料可能不再严格审核，更有甚者更是以裁判经验和生活逻辑简单判定。

4. 判决后的解脱。法官对缺席审理的案件判决相对简单，由于缺席审理案件大多无法通知被告，即使判决不公，上诉的情况也不是很多。即使日后产生执行问题，法官可能也会认为案子已经了结。

误区二：先入为主、全盘采纳

为全面了解法官缺席审理的缺陷情况，笔者以所在法院已经归档的缺席判决案件为样本进行了抽样调查和数据分析，发现较多开庭笔录过于简单，且均以当事人陈述为主、法官询问为辅，法官较少针对原告证据提出质疑，判决主文方面也是尽量简化事实认定环节，裁判说理部分均不甚详尽，对于原告诉求支持的比率达到90%以上，较对席判决明显较高。而到了执行阶段，当事人申请再审和执行异议及翻案成功的比率明显高于对席审理案件，对法院缺席判决的满意度逐年下降。

误区三：坐堂问案、调研不足

法官查明事实的渠道除了开庭审理之外，很多情况下还需要法官走出法庭，到事发现场或有关部门走访调查，做到心中有数。然而在调研中，缺席案件中，法官外出调查的比率不到办案总数的10%，遇到需要调查取证时，法官更多课以原告举证义务或以开具协助调查函代之，实践中，绝大多数案件均是通过一次开庭审理即有定案结论，二次或多次开庭的情况极少，法官依职权主动启动司法鉴定等复杂程序的情况更不必说。

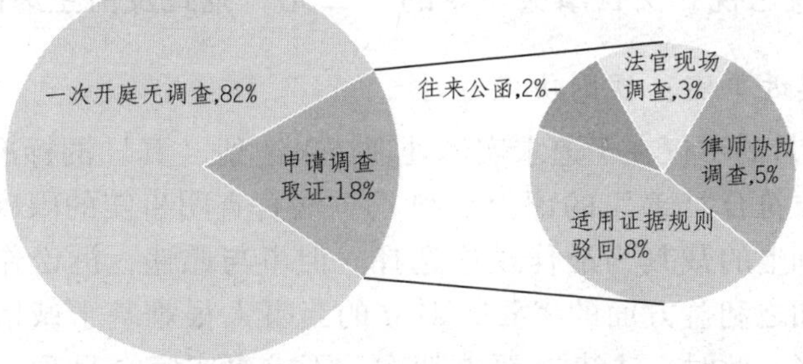

图1　B市D法院缺席审理案件庭外调查取证情况

（二）法院缺陷裁判的负面效应

1. 制度侵蚀性。法院作出缺陷裁判，不仅会给缺席的被告造成损失，更甚者，当事人进而会对法官的职业素养、司法廉洁性等产生怀疑，不理智的当事人因原告不实陈述，甚至还可能和办案法官纠缠不清，造成不良社会影响。

2. 成本叠加性。缺席审理裁判很少经历二审，并可顺利进入执行程序，而执行中当事人只能通过执行异议提出抗辩，此时发现的裁判错误进行再审或重审的可能性大为减小，执行回转可行性难度增大，即使取得有效的救济，当事人因上述一系列救济手段产生的诉讼维权成本较之普通诉讼必然成倍增加。①

3. 不良示范性。缺席审理的原告不断因被告不出庭而获利，由此带来的诉讼利益让追求稳定胜诉可能性的当事人对缺席审理情有独钟，深谙此道的代理人甚至还会利用自己的职业经验帮助当事人出谋划策，通过合法的诉讼程序达到缺席审理和缺席裁判的目的，而这种缺席审理往往夹杂了不良诉讼利益因素。

4. 连锁反应性。缺席审理未经上诉的生效裁判，可作为关联案件的定案依据，但法官在审理关联案件中时常遇到极其尴尬的情形，即被告出庭举证的内容和缺席认定的事实相互矛盾，或者即使被告未出庭，法官查明的事实与缺席审理相悖，缺席生效裁判反而成为审理关联案件的瓶颈。如缺陷判决被发回重审或再审，关联案件还不得不中止审理，带来不必要的麻烦。②

① 敖宇波：《缺席判决制度之探析》，载《中共南宁市委党校学报》2005年第1期。

② 刘善春、毕玉谦、郑旭：《诉讼证据规则研究》，中国法制出版社2000年版，第376页。

三、微观透视：法官事实认定的“二元”范式及衍生风险

（一）接近事实：规则决定秩序

“诉讼的目的不仅在于追求实体处理结果达到‘真’的标准，更在于诉讼程序本身要符合‘善’的评价准则。”① 法官查明事实的限度首选事实还原，在此基础上的裁判为最佳秩序选择。但事与愿违，诉讼作为一种事后救济方式，加之利益方面的考量，对立的当事人很难基于诚信完全承认对方的诉辩主张。此时，法律退而求其次，不求事实完全呈现，而通过众所周知且普遍适用的证据规则，辅之以逻辑推理等质证手段，以达到证据优势并接近事实的程度，即法律拟定事实，② 以解决事实真实和法律真实的现实冲突，平衡当事人的诉讼利益，达到实现社会秩序之目的，此正是诉讼制度产生的正当性本质。

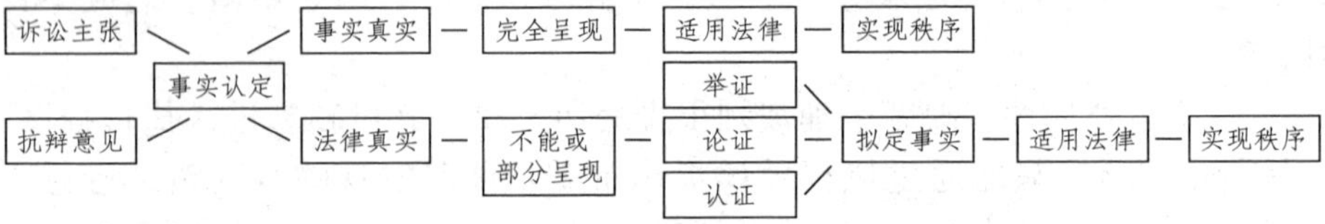

图2　法官查明事实的二元性

（二）认定事实：秩序源于正义

1. 查明事实的“二元”模式。回归诉讼本质，立法者又考虑了两种可能性，即对席审判和缺席审判两种模式。对席判决为传统的审判方式，完全基于当事人之间的诚信诉讼行为，以“两造具备”的辩论主义作为基本架构。③ 然而，司法实践中，当事人可能基于各种原因不能到庭参加诉讼，法律对于原、被告分别辅之以按撤诉处理和缺席审理两种补救手段，从诉讼制度整体而言，立法者对于原、被告不到庭课以的法律后果是公平的，但细化到被告自身角度，却因被告是否到庭呈现两种完全不同的事实查明范式。对此，缺席审理程序同样为法律拟制，在此过程中，以查明事实的过程为主线，可以将以上两种事实认定方式归结为如下图示：

① 刘善春、毕玉谦、郑旭：《诉讼证据规则研究》，中国法制出版社2000年版，第376页。

② 陈桂明：《缺席审判制度研究》，载《中国法学》1998年第4期。

③ 刘燕军：《民事对席审判原则研究》，载《研究生法学》2009年第5期。

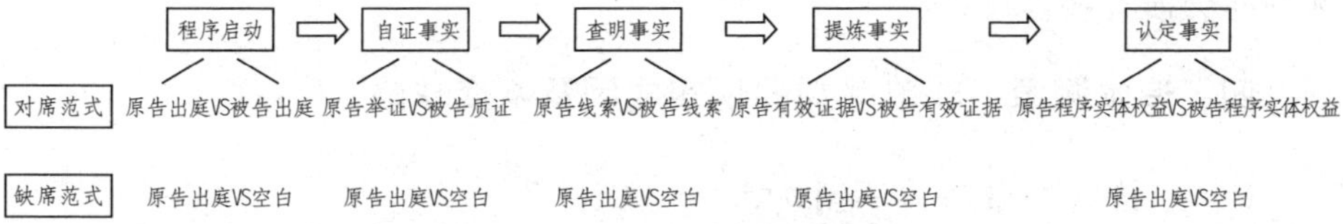

图3　法官认定事实的二元性

2. 事实认定的风险追问

通过缺席审理模式图可以看出，缺席审理在诉讼理念上侧重程序正义和诉讼效率，在审理模式上仅为原告单方审查①，由于被告不到庭，法律拟制其放弃了当庭质证、答辩及最后陈述的权利，这就导致缺席审理范式中存在不少查明事实的空白地带，该空白地带更多依附于原告的证据优势认定以及法官的事后查明，在此过程中，法官作为裁判主体的功能性发挥是否充分成为决定因素。主要体现为：

风险一：定案结论是否接近事实？此为第一个空白地带，也是最为关键的事实认定环节，此环节的风险源头是多方面的，法官在任何一个查明事实环节把握不好，都有可能导致最终的定案结论或多或少地偏离事实。

风险二：推定事实是否符合逻辑？此为第二个空白地带，法官裁判过程的依据主要是原告举证及法官询问、调查的事实，原告能否诚信举证、法官能否做到查明全面深入，以及认定证据能否做到去伪存真，均有可能影响到认定事实的逻辑性。

风险三：法官地位是否保持中立？此为第三个空白地带，法官可能在缺席审理之前，或对被告怀有惩戒心态，或认为对原告询问过多给原告造成法官不中立的误会，或因查明不到位间接损失了事实认定的中立性。可见，法官中立地位虽为软性指标，但其对事实认定结论又最为关键，一旦法官丧失了中立地位，后续的事实查明就会变成无用功。

风险四：程序启动是否符合标准？此为第四个空白地带，缺席审理的启动主要有两种形式：一是被告故意不到庭，二是公告案件。对于以上两类案件，虽然有统一的法律适用标准，但现实中把握却有宽严之分，法律适用标准的降低导致一些缺席审理的启动即是不规范的，相关裁判结果的正当性亦无从谈起。

风险五：案件背后是否另有隐情？此为第五个空白地带，即使以上假设都不成立，法官在此基础上的裁判也未必合乎事实。原因在于原告作为普通自然人，可能因记忆减退无法陈述原始事实，也可能因诉讼利益选择而歪曲事实，这就需要法官具备足够的职业敏感性，否则，在此基础上的

---

① 刘秀明：《立法模式及理念比较：大陆法系和我国的民事缺席审判制度》，载《法商研究》2013年第7期。

裁判亦会损害被告权益。

四、追本溯源：缺陷裁判的现实成因及制度缺陷

（一）执法办案压力不断加大

当前，随着社会经济的迅猛发展，法院尤其是基层法院案件数量呈几何倍数增长已是不争的事实。司法改革初期，团队化建设和配套机制尚不完全成熟，法官面对如此案件数量，即使每天加班加点工作，仍不能满足人民群众不断增长的诉讼需求。法官神经长期处于高压状态，难免在审理缺席审理案件中有所放松，为缺陷裁判的产生瞒下隐患。部分法官本着"能省就省"的思想，将有限的时间和精力集中办理"难办"案件，庭外调查更是无从谈起，庭内调查的广度和深度较对席判决差距明显，有的法官一味追求办案数量，质量好坏无暇顾及，给不良诉讼人以可乘之机。

（二）法律适用尺度跑偏走样

缺席审理案件的启动虽有法律明确的标准，但司法实践中，部分法官对程序瑕疵存在侥幸心理，认为被告不知情、不上诉就可蒙混过关，缺席审理程序启动随意，适用条件过于宽松，更多以"主观认证代替了客观法定标准，对缺席审理的适用条件、适用前的查询认证等疏于审查"①，法定不到庭理由不完全满足。例如，当前法院的送达更多以邮寄送达取代了直接送达，而邮寄送达的地址均由原告提供，可能不够准确，许多情况下，如果邮件被退回，没有进一步直接的送达程序或查明多个住址的情况下即启动公告，而目前公告的途径过窄，通过人民法院报等类似专业报纸，当事人知晓的可能性几乎为零。再如，对于被告故意不到庭案件，也可能存在沟通不到位或家属代收等被告不知情的情况，未出庭并非当事人本意，法官很少做当事人思想工作释明利害关系，而是直接启动缺席程序，工作方法过于简单机械。

（三）法官职业素养有待提升

我们选择的法官专业法律素养毋庸置疑，然而，在漫长的职业生涯当中，并非所有的法官都能保持始终如一、严谨认真的工作态度和工作激情，或多或少产生了职业懈怠，这一方面取决于办案压力的不断增加，另一方面取决于法官自身的职业素养等多种案外因素，有些法官认为程序问题是小事，偶尔一次没关系，有的法官将其归结为法律的规定，片面认为被告不到庭就应该承担不利后果。有的法官对于被告态度蛮横缺少释明，在裁判时掺杂了惩戒被告的个人情感，有的虽然缺席，但日后被告到庭，在能

---

① 董建铁：《公告程序的法律适用》，载《人民司法》2001年第1期。

够进一步查明事实的情况下，法官仍拒绝被告提交证据，避免节外生枝，坚持以庭审为准。此外，部分法官基于绩效考核功利思想，不愿在缺席审理案件中投入过多精力，加之“审执分离”的错误理念，可能成为法官推卸责任的“避风港”。

（四）监督制约机制不甚完善

如前所述，缺席审理单方审查范式中有诸多风险空白地带，法官审理全程负责的诉讼模式和最终裁判者地位，导致程序启动无法事前监督，错误裁判缺乏救济，纠正之后没有惩戒。缺乏监督的权力容易导致司法权力的任意滋生和滥用，部分法官为了完成结案任务，任意简化程序、盲目裁判，不考虑当事人的合法权益和维权成本，甚至牺牲当事人的利益，自已反而没有后顾之忧，甚至因为较高的结案效率获得较好的职业评价和绩效考核。此外，当前法院内部错案追究机制过于人性化，法官惩戒执行标准也是雷声大雨点小，只要不是枉法裁判，最后均会大事化小、小事化了，不了了之，导致不规范裁判现象反有扩大趋势。

五、辩证施治：法官事实认定之路径修正及规范完善

（一）思想认识层面，提升法官事实认定执业理念

1. 提升职业道德理念。法官职业道德建设是社会主义法制建设的重要组成部分，是一个国家司法“软实力”的综合体现，良好法官职业道德的养成和保持对于提升案件质量具有决定作用。基于此，必须从提升整体法官队伍素质入手，逐步拓宽法官职业能力培训的范畴，通过开展专业知识、职业道德、廉政执法等多方面培训，不断增强法官职业的使命感和尊容感，通过开展典型案例专项培训，时刻提醒法官规范办案的重要性，做到警钟长鸣，规范并及时纠正不良司法行为，引导其回归审判工作本真，更好地维护当事人合法权益。

2. 提升规范执法理念。法律面前人人平等，法官必须牢固树立平等保障当事人合法权益的思想，在查明事实过程中适用统一的事实查明标准，摒弃缺席案件即为简单案件的思维误区。相反，缺席案件因存在诸多事实查明真空地带，更需要法官尽到审慎注意义务。针对缺席审理中的职业懈怠现象，从规范办案和统一执法的全局出发，考虑缺席审理制度的特殊性，及时总结实践中的突出矛盾和紧要问题，出台切实可行且普遍适用的办案规范，从审判管理全过程对缺席审理案件加强监管，在全国法院推行，统一适用标准，压缩审判权力的不当行使空间。

（二）具体操作层面，严格法官事实认定办案标准

1. 严格程序启动标准。法官作为缺席审理程序的启动者和把关者，有

义务尽可能消除或减免因过分注重诉讼效率而造成的实体裁判不公。对此，一定要准确理解和适用法律，全方位考察被告缺席条件是否满足：主观上是否故意不到庭、客观上是否具备法定理由，法院传唤手段是否全面到位等，三者缺一不可。对于公告案件，公告之前一定要查明是否具备多个住址且均已送达失效，被告不能送达的原因是否明确，是否具有其他直接送达手段等，避免当事人为了不当诉讼利益滥用公告送达。[①]

2. 严格有效送达标准。针对目前公告送达途径手段单一的情况，为了保证庭审效果，尝试委托村委会、居委会等基层组织或其他法院送达，建立委托送达联动机制，除了公告以外，还要在居住小区、社区公告栏张贴通知、公告等，最大限度拓宽其知情途径，进一步加强公告送达的有效性。同时，优化法院内设机构的功能，发挥诉讼服务办公室的作用，组建专业直接送达团队，解放法官纷繁复杂的程序事务性工作。

3. 严格实体裁判标准。改变缺席审理“重程序、轻实体”的裁判误区，法官裁判之前必须对原告提供的证据和调查取证的事实进行全面实质审查，[②] 统一甚至从严把握事实还原及证据认定标准，对于不符合证据要件、前后矛盾的证据，果断不予采纳，区分主要和次要、正面和反面、法定和推定证据，合理采纳各个证据的证明力，确保作出裁判所依据的每一项证据的证明标准都达到成熟的程度，并经得起推敲和考验，“实现发现真实与促进诉讼的有机平衡”。[③]

（三）能动司法层面，夯实法官事实认定裁判基础

1. 主动扩展查证范围。“缺席判决所依据的证据不应受到原告举证的限制”，[④] 这就要求法官改变坐堂问案固有思维，力求获得第一手资料，减少误判概率。对于当事人申请调查或案件疑点问题，一定要引起充分重视，切勿因为办案惰性或以工作忙、没时间等为由一味推托或盲目敷衍，在必要时更要主动走出法庭，通过“审务前移”或“审务下沉”，全方位、多角度了解案情的来龙去脉，为正确、公正裁判打好基础。

2. 主动完善查证过程。当事人不出庭并非本人意愿且可能面临错判风险时，不应听之任之，尤其对于疑难案件，被告缺席增加了事实认定难度，沟通协调就更不可忽视。因为针对法律基础较弱的当事人，可能会因被诉行为产生愤恨，对于法院送达、开庭等行为存在误解。对此，要主动释明

---

① 廖永安、胡军辉：《试论我国民事公告送达制度的改革与完善》，载《太平洋学报》2007年第11期。

② 刘秀明：《对两大法系“缺席判决主义”本质之思考》，载《现代法学》2010年第5期。

③ 刘秀明：《对两大法系“缺席判决主义”本质之思考》，载《现代法学》2010年第5期。

④ 敖宇波：《缺席判决制度之探析》，载《中共南宁市委党校学报》2005年第1期。

出庭应诉的权利义务等利害关系，避免人为造成当事人不出庭的情况发生，减少因工作不细心、不到位产生瑕疵裁判的可能。

3. 主动延伸查证效果。除当事人提交的基本证据以外，庭审中，对于证据单一无法形成证据链条、证据相互矛盾不能自圆其说的情况，不能仅仅依靠当事人的口头说明，一定要结合原告诉求全面调查核实，增强调查询问的深度和广度，证据不全的责令补正，力求达到完全的事实认定标准，以此增强判决的说理性和正当性；同时，不拘泥于程序规定，一旦被告后续到庭，给予澄清和举证的机会，必要时可进行二次开庭，平等保障双方的合法权益。

（四）规制预防层面，消除法官事实认定“错案”风险

1. 加强“错案”风险提示。“迟来的正义非正义”，将缺席审理风险关口适当前移，变事后纠正为事前预防，制作格式化诚信诉讼承诺书，在立案、送达、审理、执行等各个阶段向当事人释明，告知其提供证据要符合事实和法律，不得作虚假陈述和作伪证，如果提供虚假住址、身份信息导致送达不能和缺陷裁判，自行承担相关法律后果，引导当事人树立诚信诉讼意识，认识到诚信诉讼的严肃性，排除“法院工具论”思想，树立司法权威。

2. 加强“错案”监管考核。既要解决法官办案的“后顾之忧”，又要让法官对办案质量“有所忧虑”。将主审法官“终身负责制”落到实处，以此督促法官对案件审理质效引起高度重视，否则可能因履行职权不到位而受到问责。建立完善的错案追究机制，扩展案件评查的方式和范围，开展交叉评查、匿名评查，确保案件评查不再流于形式，尤其对缺席审理案件加强审查力度，定期发布典型问题风险提示，对于确系疏忽大意、履职不够导致的裁判错误，在评优评先和法官绩效考核中给予否定评价，情节严重构成犯罪的，移送司法机关追究相关的法律责任。

3. 加强“错案”责任追究。缺席审理作为加强司法效率的诉讼手段，绝不能成为不法分子牟利的工具，当事人的不良诉讼行为一经查实，除了撤销案件、执行回转等救济手段以外，还要追究因虚假陈述、提供虚假证据的法律责任，弥补受害人的损失。对于律师、法律援助人员等司法职业人员，鼓动当事人进行上述行为的，除了向有关部门发送司法建议责令整改以外，还要严格追究具体责任人的责任，营造公平公正的司法维权环境，引导当事人理性维权，远离非法和误区。

结 语

毋庸置疑，缺席审理作为与对席审理并行的诉讼制度，在发挥人民法院裁判功能、保障当事人合法权益等方面发挥了积极作用。然而，对于原告权益的过度保障就会使缺席审理裁判结果丧失正当性依托，本文将研究视角投向这一长期被人遗忘的司法领域，从现实审判存在的问题现象及类型、裁判误区及负面效应和风险、现实原因及制度缺陷、路径修正及规范完善方面展开分析，旨在从审判理念和制度运行上找出症结根源，完成从务虚到务实的华丽转身，使得缺席审理制度成为真正公正、高效、可行的纠纷解决方式。

民事案件繁简甄别困境的大数据解决路径

——以G市11个基层法院1000宗案件为样本

刘 侃* 文 琳**

引 言

制定科学合理的甄别机制是推行繁简分流改革的必要条件和首要环节，只有精准高效地区分案件难易，才能发挥繁简分流优化司法资源配置提升审判质效的作用。当前，繁简甄别仍以传统的人工甄别模式为主，案件甄别不当、程序空转的情况时有发生，直接影响繁简分流的改革实效。近年来，随着大数据、人工智能等现代科技与人民法院工作深度融合，智慧法院建设硕果累累，司法大数据应用水平不断加强。《人民法院第五个五年改革纲要（2019—2023)》（以下简称《五五改革纲要》）提出，要完善司法大数据管理和应用机制，丰富扩展司法数据资源，深入开展司法大数据研究，不断提升数据汇聚、分析、应用水平。2019年7月召开的全国法院现代化诉讼服务体系建设工作部署会上，最高人民法院再次提出，要通过运用自动分流软件，建立系统算法加人工识别的分流模式，实现繁简精准分流。因此，利用大数据构建科学高效的自动甄别模式，是进一步完善繁简分流机制、推进智慧法院建设的题中之意和必然要求。本文以G市11个基层法院民事案件繁简甄别机制为研究对象，随机抽取1000件民事案件为样本，运用大数据的研究方式和模糊数学、神经网络学习等科学处理方法，初步建立案件难易程度自动判断模型，以期为全国法院构建更加智能高效的甄别平台提供一种新的路径。

一、实证观察：人工甄别模式的现实困境

近年来，各地法院涌现出很多繁简分流工作机制创新做法，在送达、

* 作者单位：广东省广州市白云区人民法院。

** 作者单位：广东省广州市中级人民法院。

庭审以及文书等审判环节有了重点突破，但在甄别机制方面成效不足。目前，绝大多数法院的繁简甄别仍局限于人工模式，存在甄别主观性强、标准不明确、错误率较高等困境。现以G市11个基层法院民事案件繁简甄别现状为研究对象，对人工甄别下的现实困境进行一一检视。

（一）困境一：甄别主体的有限理性

按照诉讼的逻辑流程，在诉讼的起点将案件按照难易程度分流至快慢车道，有助于缓解审判压力，加快诉讼流程，同时也避免了适用程序方面的随意和拖延。《最高人民法院关于民商事案件繁简分流和调解速裁操作规程（试行）》也规定，人民法院应当指派专职或兼职程序分流员根据案件事实、法律适用、社会影响等因素，确定案件应当适用的程序。但实践中，由于人力资源不足，各法院往往采取如下两种模式加以变通：一是立案法官兼任程序分流员；二是由快审团队挑选简单案件。但这两种甄别主体都依赖于理性人的主观考量，其作出的理性选择并不必然产生集体的理性结果，原本期待资源优化配置产生的繁简分流“帕累托最优”状态并未出现。

（二）困境二：甄别标准的过于单一

无论采用人工甄别还是AI（人工智能）甄别模式，都必然要求甄别标准具有一定的明确性和可操作性。简单案件并不是一个内涵和外延十分清楚的概念，考虑到各地审判实践惯例、法官水平差异、法院所处层级等原因，不同地区法院对甄别标准和分流规则存在较大差别，不能搞“一刀切”。例如，在发达地区已经形成裁判规则的简单案件，在欠发达地区可能还属于新类型的复杂案件，因此，最高人民法院对简单与复杂案件的区分没有统一规定，而是授权地方各级人民法院根据实际情况自行制定实施细则。① 但各地法院在推行繁简分流改革中，对简单案件的认定大多参照《民事诉讼法》中适用简易程序审理的案件标准。② 以G市11个基层法院为例，5家基层法院以简易程序及小额诉讼程序审理案件定义简单案件（正面型识别）；4家基层法院采取定义加排除式认定标准，除将上述简单案件的定义作为认定标准外，还把破产清算、医疗损害责任纠纷等案由以及发回重审、指令再审等案件排除适用（正反面型识别）；2家基层法院以经验法则作为识别标准，规定每年分流的简单案件占案件总数的一定比例（比例型识别）（见图1）。

---

① 《最高人民法院关于进一步推进案件繁简分流优化司法资源配置的若干意见》第2条规定：“地方各级人民法院根据法律规定，科学制定简单案件与复杂案件的区分标准和分流规则”。

② 我国现行《民事诉讼法》将适用简易程序审理的案件定义为“事实清楚、权利义务关系明确、争议不大”。

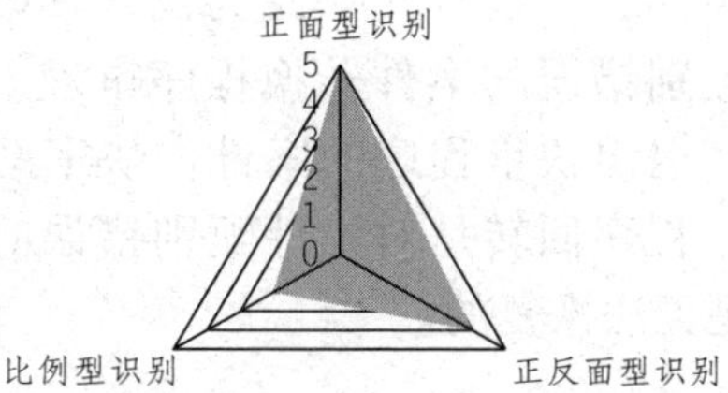

图1　G市11个基层法院案件甄别标准类型分类表

在审判实践中，案件的难易程度取决于争议焦点的多寡和大小，需要在审查归纳争议焦点、证据材料后才能判断。因此，无论是将抽象出的简单案件的表象作为甄别标准，还是人为规定某类案由即为简单案件，或者硬性规定简单案件占比的甄别标准都是不科学的。在没有精准区分案件难易的情况下，人工甄别准确率更低，因此，制定一套客观的、操作性强的甄别标准是解决繁简甄别困境的前提。

（三）困境三：人工甄别的程序损耗

司法资源取之于国民经济和纳税收入，是一种不可再生的资源，[①] 而程序资源则是非常重要的一种司法资源。繁简分流的目的就是通过优化司法程序资源配置，实现公正和效率的平衡。

1. 人工甄别的属性决定司法程序资源难以优化。首先，人工甄别只能解决个案是繁是简的问题，既不能将这种判断类型化，也不能形成可以重复利用的数据化要素，[②] 每次甄别都需要重复进行，让宝贵的司法资源浪费在重复审查上，这无疑是不经济的。其次，人工甄别的精细程度不高，只能做到简单案件和普通案件的划分，对于一般案件、较复杂案件、疑难案件的区分程度不高，致使一些新类型、疑难复杂的案件无法及时交由资深法官或者专业性更强的审判团队办理，资源不能做到优化配置，也不符合繁简分流的初衷。

2. 人工甄别错误率高造成司法程序资源浪费。在甄别标准不明确的情况下，人工甄别不可避免会出现甄别错误的情形，对此，实践中有两种处理方式，一是“程序回转”，将甄别错误的案件转为普通程序交由专业部门审理；另一种是“一次分流定终身”，继续由快审法官审理。无论采用上述何种方式都会不同程度地造成司法程序资源浪费，即程序回转现象频发和审理时长被迫拖延。

---

① 李少平、胡仕浩：《〈最高人民法院关于进一步推进案件繁简分流优化司法资源配置的若干意见〉读本》，人民法院出版社2016年版，第425页。

② 高伟、秦洁：《大数据视野下民事案件繁简分流机制研究》，载《深化司法改革与行政审判实践研究（上）——全国法院第28届学术讨论会获奖论文集》，人民法院出版社2017年版，第539页。

（1）程序回转现象频发。以G市法院为例，其中6家基层法院在繁简分流程序设计上允许甄别错误的案件转换程序审理。这种情况下，有的法院的快审案件退出率（退出快审程序的案件占快审案件收案的比例）竟高达38.66%（见表1）。程序回转是对案件甄别错误的程序救济，但这一过程损耗的司法资源也是无法恢复的。

表1　　2018年G市6个基层法院民事快审案件退出情况

法院	快审案件受理数	退出快审案件数	快审案件退出率
1	11300件	4369件	38.66%
2	637件	147件	23.08%
3	3510件	771件	21.97%
4	1325件	278件	20.98%
5	6011件	941件	15.65%
6	9468件	1385件	14.63%

（2）审理时长被迫拖延。再以G市法院为例，其中5家基层法院规定对于发现甄别错误的案件不转换程序，而是由原快审法官继续审理。经抽样发现，此类案件平均审理时长达144.5天，是G市基层法院快审案件平均审理时长70.3天的两倍多，说明一旦复杂案件被划入“简单案件”范畴，会致使复杂案件占用快审法官的主要精力，导致案件审理时长被迫拖延，与繁简分流要实现案件“快慢分道”的初衷相违背，也在一定程度上影响了人民群众对高效司法的需求。

综上，面对上述困境，运用大数据技术探索制定一套规范化、理性化、精细化和信息化的案件甄别机制，实现“精准式分流”是繁简甄别走出困境的必由路径。

二、另辟蹊径：大数据构建繁简甄别机制

大数据的核心是预测，把数学算法运用到海量的数据上来预测事情发生的可能性，[①] 为科学决策提供依据。而繁简甄别的本质就是预判，即在立案后审理前对案件进行初步分析并判断该案是难是易。大数据思维要求“量化一切”，即把现象转变为可量化的信息，在这种思维模式下，如果我们将影响案件难易程度的要素分解成一个个可以量化和评估的数据指标，那么繁简甄别工作实质就是数据的采集、分析、判断的过程，即对数据的

① ［英］维克托·迈尔·舍恩伯格、肯尼斯·库克耶：《大数据时代：生活、工作与思维的大变革》，盛杨燕、周涛译，浙江人民出版社2017年版，第16页。

研究、甄别。大数据“价值大但密度低”① 的特性与繁简甄别天然吻合，因此，探索利用大数据技术构建案件繁简 AI 甄别机制，将人工甄别所依赖的有限经验和精力转化为大数据的机器深度学习和量化分析，是解决甄别困境的可行路径。

（一）繁简甄别的大数据路径

当前，大数据已经撼动了世界的方方面面，从商业科技到医疗、政府、教育、经济、人文以及社会的其他各个领域。② 法律领域也早已出现利用大数据进行法学研究的现象，法学研究者们常常通过社会学方法收集大量数据来进行统计分析，从而赋予法学研究以大数据色彩。③ 依托人民法院大数据管理和服务平台，司法数据库不断扩充，数据红利使审判工作智能化水平不断提高。

基于大数据技术的数据分析方法，与其他分析方法最大的不同在于：大数据分析关注事物之间“相关关系”的研究，而不是“因果关系”的研究。④ 相关关系的核心是量化两个数据值之间的数理关系⑤，当一个数据值增加时，另一个数据值很可能也随之增加，则两者之间的相关关系强；反之，如果一个数据值增加，对另一个数据值几乎不产生影响时，则二者的相关关系弱。因此，在 AI 甄别机制的构建中，首先要通过分析各类民事案件的特点，找出影响案件难易的“相关关系因素”。对此，我们可参照“要素式审判”⑥ 方式，提炼出影响案件难易的几个重要因素，如“被告是否同意主要事实、主张”“是否提交关键证据”等；其次利用大数据分析各因素的权重，建立案件难易程度判断模型；接下来在立案阶段引导原被告分别填写相关关系因素信息，实现数据采集；最后将新案件的因素代入模型中，自动计算出该案复杂程度得分，与预先定义的案件难易程度评分表比对，即可实现案件难易程度的自动判断。数据处理的可视化流程见图 2。

---

① 很多单独的数据对案件难易的识别主体而言毫无意义，但如果将大量单独的数据放在一起，找出彼此的相关性，那么这种数据就有巨大的价值。

② ［英］维克托·迈尔·舍恩伯格、肯尼斯·库克耶：《大数据时代：生活、工作与思维的大变革》，盛杨燕、周涛译，浙江人民出版社 2017 年版，第 15 页。

③ 钱宁峰：《走向“计算法学”：大数据时代法学研究的选择》，载《东南大学学报（哲学社会科学版）》第 19 卷第 2 期。

④ 高伟、秦洁：《大数据视野下民事案件繁简分流机制研究》，载《深化司法改革与行政审判实践研究（上）——全国法院第 28 届学术讨论会获奖论文集》，人民法院出版社 2017 年版，第 541 页。

⑤ ［英］维克托·迈尔·舍恩伯格、肯尼斯·库克耶：《大数据时代：生活、工作与思维的大变革》，盛杨燕、周涛译，浙江人民出版社 2017 年版，第 71 页。

⑥ 腾威、刘龙：《要素式审判法：庭审方式与裁判文书的创新》，人民法院出版社 2016 年版，第 3 页。即在审理民事案件的过程中，对一些能够概括出固定案情要素的案件，进行要素提炼，并对双方当事人就案件中各种要素是否存在争议进行归纳。

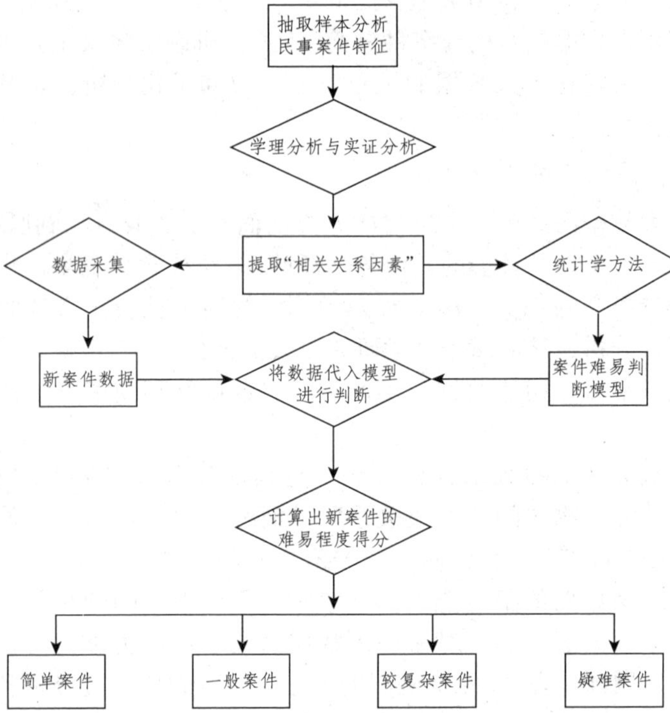

图2 大数据分析平台下数据处理的可视化流程图

（二）“相关关系因素”的提取

提取影响案件难易程度的“相关关系因素”是构建繁简 AI 甄别机制的基础。笔者从实证和学理两个角度分析提取出 14 个“相关关系因素”。

1. “相关关系因素”的学理分析。判断案件简单还是复杂，可以从实体要素和程序要素两个方面分析。通常来说，简单案件是“事实清楚、权利义务关系明确、争议不大”的案件，即包含了三个方面的实体要素。事实清楚是指当事人对争议的事实陈述基本一致，并能提供相应证据，无须法院调查收集证据即可查明事实；权利义务关系明确是指能明确区分谁是责任的承担者，谁是权利的享有者；争议不大是指当事人对案件的是非、责任承担以及诉讼标的的争执无原则分歧。简单案件的程序要素一般包括了诉讼主体的数量、是否都能到庭参加诉讼等方面，上述要素直接影响一个案件的难易程度。

2. “相关关系因素”的实证分析。通过对“简单案件”进行观察、分析，归纳出“简单案件”的特征，是提取“相关关系因素”的一种方式。笔者通过设定审理时长、庭审次数、适用程序、是否经过专业法官会议讨论、是否经过审判委员会讨论等筛选条件，从 G 市 11 个基层法院 2018 年审结的民事案件中抽取了50个“简单案件”①，由于案件简单与否的主观感知性较强，笔者对案件的经办法官进行了回访，以确保所抽取的50个案件确系简单。进而从50个案件的事实、法律适用、社会影响、当事人情况等方面进行归纳，按照实体和程序要素分类，尝试抽象出影响案件难易的“相关关系因素”。

传统的繁简甄别仅考虑原告方面的因素，但被告是否答辩、反诉以及在何种程度答辩、反诉对案件难易程度有着实质性的影响，否则，无论以何种方式、途经或者模型来甄别案件，都必然存在相当数量的搭错车案件。因此，笔者在提取“相关关系因素”时，重点考虑被告所涉的因素对案件难易的影响。综上，笔者提取出了14个在立案阶段可以掌握的“相关关系因素”（见表2）。

表2 **案件难度“相关关系因素”类型表②**

14个影响案件难易程度的相关关系因素		
序号	隶属方面	相关关系因素
1	实体要素	被告是否同意主要事实、主张
2	实体要素	诉讼请求是否都有相应证据
3	实体要素	是否提交要素证据
4	实体要素	诉讼标的是否超过10万
5	实体要素	诉讼请求是否超过3项
6	实体要素	提交证据的数量是否超过10份
7	实体要素	起诉状、答辩状字数是否超过3000字
8	程序要素	是否有诉讼保全
9	程序要素	是否有案外人
10	程序要素	是否申请鉴定
11	程序要素	关联案件是否已经判决
12	程序要素	是否有反诉
13	程序要素	当事人人数是否超过2人
14	程序要素	被告是否到庭

① 此处的简单案件可表述为：审理时长低于60天、经1次开庭、未经过专业法官会议及审委会讨论的简易程序或小额诉讼程序案件。

② 其中“是否提交要素证据”是指对于同一法律性质的案件，在审理过程中重点查明的事实和证据都有着极大的相似之处，因此主要查明的事实对应的相应证据就是要素证据。比如在民间借贷案件中，需要查明的是借贷合意和借贷事实，借贷合意所对应的证据往往是借条、欠条等；借贷事实所对应的证据往往是现金收条、银行转账凭证等。“关联案件是否已经判决”是指同一当事人的相同或类似的诉讼请求已经法院判决，可以作为系列案的示范性判决予以采纳。

（三）案件难易程度判断模型的建立

由于每个案件的情况都不完全相同，所以各“相关关系因素”对案件难易的影响程度也是不一样的，客观地确定每个“相关关系因素”权重值是一件非常困难的事情。为了解决这一问题，笔者首先利用模糊数学方法[①]，利用大数据样本建立案件“相关关系因素”矩阵，然后得出样本权重矩阵。但是鉴于样本的局限性和误差，还需要利用神经网络方法[②]，对提取的样本数据进行数据处理，找出不同“相关关系因素”对案件难易程度评价的客观权重矩阵，进而给出一个能较准确评价案件难易程度的数学模型。

步骤1：建立案件简单或者复杂判断中影响的因素集。通常用表示法院在判断案件复杂性影响因素集，即

$$U = \{u_1, u_2 \cdots u_{14}\}$$

其中，u_i：影响法院在判断案件复杂性程度的第 i 个“相关关系因素”。这些因素通常都具有不同程度的模糊性。

步骤2：建立案件难易程度评价等级。是根据现有评价标准对样本案件作为对象进行评价等级认证（即本文采取的1000宗案件作为样本），通常用 V 表示，即

$$V = \{v_1, v_2, v_3, v_4\}$$

v_1, v_2, v_3, v_4：分别代表简单案件、一般案件、较复杂案件、疑难案件（以审理时长、庭审次数、适用程序、是否经过专业法官会议、审判委员会等作为判断条件）。同时，按照统计学原理定义该信息系统集成中案件难易等级的评分标准：

表3　**案件复杂程度等级评分标准**

影响评语	疑难	较复杂	一般	简单
对应分数	0.75－1	0.5－0.75	0.25－0.5	0－0.25

步骤3：模糊评价。首先从法院在判断案件复杂性影响因素集 U 的单个“相关关系因素”出发进行评价，确定一个“相关关系因素”在四类案件难度等级中比例，得到 14×4 评判矩阵：

---

① 模糊数学又称 Fuzzy 数学，是研究和处理模糊性现象的一种数学理论和方法，是继经典数学、统计数学之后发展起来的新的数学学科。由于案件难易是一个明显的模糊现象，所以传统的数学公式难以做出定量研究，因此就需要利用模糊数学这一工具加以解决。

② 神经网络（Neural Networks，NNs）是一种模仿生物神经网络行为特征，进行分布式并行信息处理的数学算法模型。这种网络依靠系统的复杂程度，通过调整内部大量节点之间相互连接的关系，从而达到处理信息的目的地。神经网络与模糊数学一起，都是大数据技术在数学领域的具体应用。

$$R=\begin{pmatrix} r_{11} & r_{12} & r_{13} & r_{14} \\ r_{21} & r_{22} & r_{23} & r_{24} \\ \vdots & \vdots & \vdots & \ddots \\ r_{141} & r_{142} & r_{143} & r_{144} \end{pmatrix}$$

其中 r_{ij} ：抽样样本中影响案件复杂程度的第 u_i"相关关系因素"的第 v_j 难度等级的比例，即表示 u_i 关于 v_j 的隶属度。

步骤4：建立"相关关系因素"的权重矩阵。一般而言，判断案件复杂程度的"相关关系因素"的重要程度是不一样的。为了反映各因素的重要程度，根据样本分析对各个影响因素的 $u_{k,i}$ 重要性打分，形成 1×14 权重矩阵，其中，各权数 a_i 进行归一化处理并且满足非负条件：

$$A=[a_1,a_2\cdots a_{14}]$$

步骤5：建立样本案件复杂程度判断的模糊评价。

$$B=A^{\circ}R$$

其中 B ：样本案件复杂程度的评价结果。按照最大隶属度原则，B 中最大数值所对应的复杂性等级即为案件复杂程度的评判结果。

步骤6：由于存在取样范围较小、难易程度评价判断偏差等影响案件"相关关系因素"权重值准确性的因素，我们通过上面的模型建立大量的样本数据，然后利用神经网络进行学习，提炼出科学合理的权重值，并得到"相关关系因素"新的权重值的计算公式。

$$I_i=\frac{\sum_{h=1}^{5}v_{ih}\omega_h}{\sum_{i=1}^{14}\sum_{h=1}^{5}v_{ih}\omega_h},i=1,2\cdots14.$$

I_i ：第 i 个"相关关系因素"对案件复杂程度判断的重要性指标。

步骤7：基于新的权重值 $I=[I_1,I_2,\cdots I_{14}]$ 。最终，我们得到任一案件复杂程度的判断模型：

$$C=X^{\circ}I=[x_1,x_2,\cdots x_{14}][I_1,I_2,\cdots I_{14}]^T=\sum_{i=1}^{14}x_i\frac{\sum_{h=1}^{5}v_{ih}\omega_h}{\sum_{i=1}^{14}\sum_{h=1}^{5}v_{ih}\omega_h}。$$

其中C表示案件的复杂度，x_i（i=1，2，...14）表示第i个"相关关系因素"的值。按照最大隶属度原则，C中最大数值所对应"图表5案件复杂程度等级评分标准"的复杂性等级即为案件复杂程度的评判结果（具体应用见图3）。

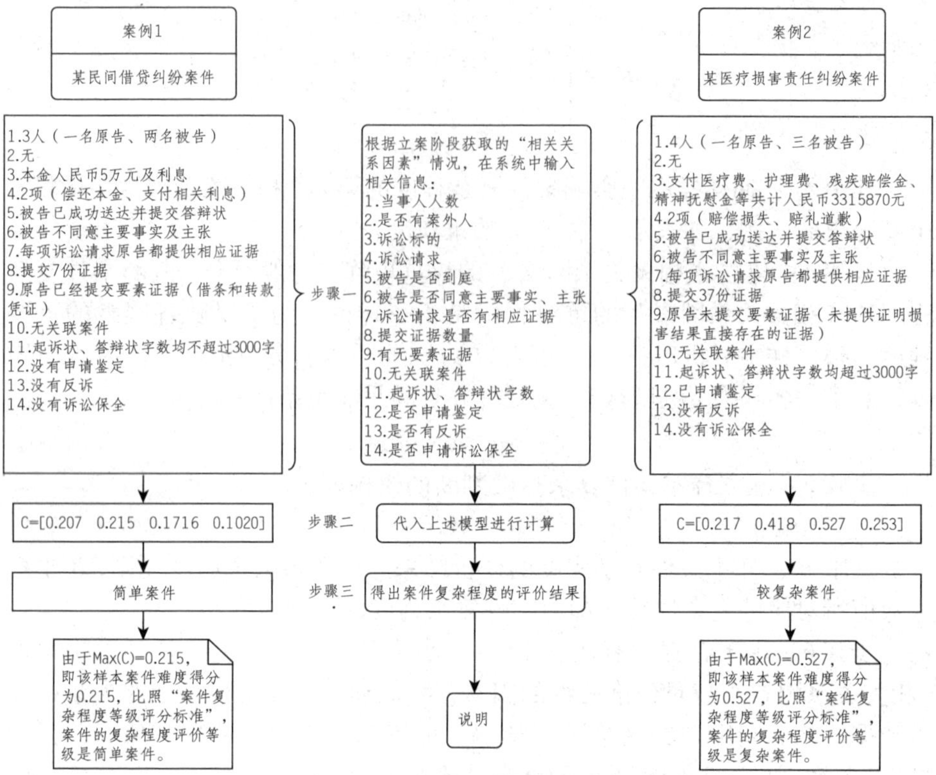

图3 案件复杂程度判断模型的应用可视图

三、实践应用：繁简甄别机制的配套完善

（一）基础准备：扩展信息数据库

没有信息来源的大数据就相当于“无源之水、无本之木”，数据分析中至少70%～80%的时间都花在搜集和准备数据上，仅有20%～30%的时间花在分析本身上。① 虽然笔者选取了1000件案件作为样本并采取神经网络学习的方式尽量减少误差，但与现实中浩如烟海的数据相比，本文研究过程中所选取的样本数可以说是微不足道。为了更加准确地得到案件“相关关系因素”的权重值，扩大样本范围是下一步完善繁简甄别机制的基础工作。可以考虑首先以市为单位，将一定时期内审结的全部民事案件作为大数据样本，计算影响案件难易的因素权重，进而基本可以获得该市案件复杂程度的模型。随着样本的扩大，模型适用范围可以扩大到全省乃至全国。另外，每个案件都存在各不相同的信息，有的信息来源可能不全在司法数

① 徐继华、冯启娜、陈贞汝：《智慧政府：大数据治国时代的来临》，中信出版社2014年版，第90页。

据库，比如“送达信息”，对案件复杂程度也有直接影响，所以，需要相关数据管理部门建立数据共享的云平台，最大限度地实现数据红利。

（二）信息采集：实行“问诊式立案”

在实际应用中要保证“相关关系因素”信息输入的完整性和准确性。随着立案登记制改革成果的不断固化，案件入口更加畅通，但同时一些法院认为立案登记不需要任何指导和要求，这不仅不符合立案登记制设立初衷，也给案件繁简甄别带来困难，是损害诉讼效率和违背审判规律的“偷懒之举”。[①] 对此，可以借鉴域外关于繁简分流、案件管理流程的先进经验，例如美国为了准确分流、确定案件管理模式，要求律师在起诉和答辩时附上“案件信息表”，以使法院得到足够的信息确定相应的案件区别管理模式，使不同的案件进入不同的流程。[②] 根据案件“相关关系因素”，事先在系统中制定科学化、要素化的问卷表格，并设置专门的流程管理人员，在原告立案时以及向被告送达时引导其填写“相关关系因素”的基本信息，进行“问诊式立案”，将信息采集和录入的工作分解到每一个立案的当事人身上，这样既减轻了法院工作人员查找并录入信息的工作量，又为精准分流及管理案件程序提供最基础的数据。

（三）变化应对：不断更新“相关关系因素”

矛盾是对立统一的，在一定条件下会相互转化。新类型案件出现时一般被界定为繁案，但随着裁判规则逐渐形成，则会变成简案；传统案件一般被界定为简案，但随着新情况出现，又可能变为繁案。[③] 究其原因，是由于影响案件繁简的“相关关系因素”会随着情况变化而发生变化，可能是相关性变化，也可能是出现新的因素。所以，案件的繁简划分是一个动态的过程，尤其在大数据时代，任何判断案件复杂程度的模型都不是一成不变的，即使找到一个在当下能较准确判断案件复杂程度的模型，也不是一劳永逸的，需要我们定期对案件“相关关系因素”作出检视。因此，要加强甄别案件难易要素的归纳总结，建立甄别过程中疑难问题、经验总结的多部门会商机制。立案、审判及审管三部门定期会商，推进“相关关系因素”的要素化、标准化、信息化工作；借力信息技术和人工智能，加快案件管理系统的开发和升级，实现案件难易程度信息的自动提取和识别，比

---

① 徐永红：《“问诊式立案”的探索与思考——从“立案登记制”到“繁简分流”》，载《人民法治》2016 年第 10 期。

② 徐永红：《“问诊式立案”的探索与思考——从“立案登记制”到“繁简分流”》，载《人民法治》2016 年第 10 期。

③ 李少平、胡仕浩：《〈最高人民法院关于进一步推进案件繁简分流优化司法资源配置的若干意见〉读本》，人民法院出版社 2016 年版，第 416 ~ 417 页。

如产品责任纠纷自动抓取质量异议、医疗事故纠纷自动抓取对鉴定的意见、建设工程施工合同纠纷自动抓取工程中途退场等常见因素。

（四）救济途径：案件繁简转换与答辩失权的平衡

法院开展案件繁简分流改革的最终目的还是为了促进司法公正，因此，“简”并非无原则的简，绝不能以损害当事人诉讼权利为代价换取效率。大数据技术下的甄别方式也不是绝对准确的，如前述案件繁简是一个动态过程，对于经过系统自动识别的“简单案件”，在审理过程中，可能发现案件确实存在复杂情形，或新情况的出现导致案件性质转化为“复杂”。对此，我们可以将相关因素重新代入案件难易评价模型加以判断，确实属于“疑难”或“较复杂”案件的，则按照简单案件退出机制的相关流程和规定处理。另一方面，鉴于被告答辩对评判案件难易有着至关重要的作用，需尽快在民事诉讼立法中确立被告答辩失权制度。制作相应表格，在送达被告时要求被告依照“相关关系因素”进行答辩，真正提高诉讼效率、进行精准甄别并在民事诉讼中实现程序分流。

结　语

近年来司法改革的一个重要方向就是让普通程序更为正式、充实以便强化程序的权威性，让简易程序更为迅速、便捷以便实现程序的高效性。在这一改革思路下，将大数据、人工智能等高新技术与繁简分流工作融合是时代的选择。本文以G市的民事案件繁简分流改革实践为研究样本，着重研究案件繁简的AI模式的可行性问题。完善案件繁简甄别，是一个从实践到理论再到实践，不断升华的过程，因此，本文初步建立的民事案件繁简AI甄别模型，有待于在实践中检验并不断完善，以期能有效破解繁简分流困境，确保法院的审判工作高效、公正。

破解人民陪审员参审案件中事实问题与法律问题区分之困境

——基于39份环境民事公益诉讼判决书的实证分析

纪 昀*

引 言

人民陪审员制度是社会主义民主政治在司法领域的具体体现，其中的事实审与法律审分离机制是《人民陪审员法》的重大亮点。环境污染防治作为《人民法院第五个五年改革纲要》提出的三大攻坚战之一，环境公益诉讼制度是守护绿水青山的重要司法保障。当这两者相互碰撞时会擦出怎样的火花，《人民陪审员法》给出了答案。其规定环境公益诉讼案件必须由人民陪审员四人和法官三人组成七人合议庭审理，其中人民陪审员享有和法官同等的事实认定权利和对法律适用发表意见的权利。① 2019年5月1日起施行的《最高人民法院关于适用〈中华人民共和国人民陪审员法〉若干问题的解释》（以下简称《人民陪审员法司法解释》）进一步明确事实问题与法律问题难以区分时视为事实问题。② 如何对环境公益诉讼案件中的事实问题与法律问题进行区分，保障人民陪审员充分参与案件的事实审，是司法实践亟待解决的问题。

事实审指对案件事实的认定，法律审是对法律的正确适用，两者相对

* 作者单位：上海市徐汇区人民法院。

① 《人民陪审员法》第十四条规定："人民陪审员和法官组成合议庭审判案件，由法官担任审判长，可以组成三人合议庭，也可以由法官三人与人民陪审员四人组成七人合议庭。"第十六条规定："人民法院审判下列第一审案件，由人民陪审员和法官组成七人合议庭进行：……（二）根据民事诉讼法、行政诉讼法提起的公益诉讼案件；……"第二十二条规定："人民陪审员参加七人合议庭审判案件，对事实认定，独立发表意见，并与法官共同表决；对法律适用，可以发表意见，但不参加表决。"

② 《最高人民法院关于适用〈中华人民共和国人民陪审员法〉若干问题的解释》第九条规定："七人合议庭开庭前，应当制作事实认定问题清单，根据案件具体情况，区分事实认定问题与法律适用问题，对争议事实问题逐项列举，供人民陪审员在庭审时参考。事实认定问题和法律适用问题难以区分的，视为事实认定问题。"

应的即事实问题和法律问题。为更有针对性地研究，本文以其中的环境民事公益诉讼案件为研究对象。笔者在“中国裁判文书网”的民事案件关键词中输入“环境公益”，审判程序选择“一审”（人民陪审员参与案件审理只会出现在一审程序中），文书类型选择“判决书”，同时设置这三个条件，出现判决书45份，[①] 筛选掉无关和重复案件判决书6份，剩余的有效样本39份为本文的实证分析对象。

一、风险透视：从《人民陪审员法司法解释》第九条说起

《人民陪审员法司法解释》第九条规定，事实认定问题和法律适用问题难以区分时视为事实认定问题。该解释出发点是为了充分保障人民陪审员的权利，同时也解决了法官制作事实问题列表碰到模糊不清的问题时如何处理的难题。但是，在环境民事公益诉讼的司法实践中，如果对该条适用不当，直接将某一模糊问题推定为事实问题，某些情况下确实会给整个案件的审理附加额外的司法风险。

（一）法律问题中内嵌事实问题的风险

以原告（环保组织）是否具备主体资格这一问题为例，由于适格原告需要同时满足《环境保护法》第五十八条[②]规定的两个条件，故该问题属于法律问题。但是，该问题项下的分支问题如原告是否符合其中一个条件，对其的判定并不需要适用法律，若直接适用《人民陪审员法司法解释》第九条，推定其为事实问题，由人民陪审员判定，则其判定结果可能会直接影响法律问题的结果。

以中国生物多样性保护与绿色发展基金会（以下简称绿发会）为例。在共计39份判决书中，以绿发会为原告的案件共8起，其中有被告称绿发会2015年年检报告结论为不合格，不符合法律对提起环境公益诉讼主体资格的要求。[③] 也有被告称原告（某环保组织）成立时间尚不满一年，不具有诉讼主体资格。[④] 这些分支问题如年检结论是否合格及原告成立时间，对其判定过程并不涉及法律适用，若认为其属于事实问题或者根据《人民陪审员法司法解释》规定将其归于事实问题范畴，由人民陪审员与法官共同认定，由于人民陪审员人数占优，一旦得出不合格或不满一年的结论，会直

① 45份为2019年5月22日18时30分在“中国裁判文书网”http：//wenshu. court. gov. cn同时设置上述三个条件的检索结果。

② 《环境保护法》第五十八条第一款规定：“对污染环境、破坏生态、损害社会公共利益的行为，符合下列条件的社会组织可以向人民法院提起诉讼：（一）依法在设区的市级以上人民政府民政部门登记；（二）专门从事环境保护公益活动连续五年以上且无违法记录。”

③ 详见云南省昆明市中级人民法院（2018）云01民初32号民事判决书。

④ 详见江苏省泰州市中级人民法院（2014）泰中环公民初字第00001号民事判决书。

接导致原告不适格的法律后果，则法官对“原告是否适格”这一法律问题的认定也即失去意义。

（二）事实问题中掺杂人民陪审员价值判断的风险

以侵权行为与损害后果是否具有因果关系这一问题为例，如果不涉及法律适用，认为其属于事实问题或者根据《人民陪审员法司法解释》第九条推定其为事实问题，人民陪审员也参与认定，则很可能因为人民陪审员自身的价值判断差异，而出现不同的结果。

环境侵权中由于侵权行为实施与损害结果发生间隔的时间往往较长，有些情况下因果关系的表现十分隐蔽。例如，在“常州毒地案”一审判决中，当时三名法官组成合议庭，合议庭认定案涉地块环境污染系数十年来化工生产积累叠加造成，非三被告的行为所致。[①] 后该判决被江苏省高级人民法院改判，认为污染行为不能全归为历史原因。又例如“泰州 1.6 亿元环境公益诉讼案”，被告主张其并非倾倒行为的直接实施人，而是以买卖合同为形式提供被倾倒副产酸的出卖方，对于倾倒副产酸并不知情，故环境污染与其并无法律上的因果关系。[②] 被告主观不知情或者非直接侵权方是否就可斩断其行为与损害结果的因果关系链条，对这一问题的判定结果可能也是见仁见智，判定过程有时会掺杂人民陪审员自身的价值判断，会由于其自身价值理念、经验常识的不同，得出不同结论，进而会直接影响环境侵权的成立与否。

二、实证考察：事实问题与法律问题在司法实践中的范围及表现

（一）事实问题与法律问题的所有分布范围

环境侵权的构成要件包括侵权行为、损害后果及因果关系。[③] 在环境民事公益诉讼案件的司法实践中，从原被告举证责任的分配角度而言，原告需证明侵权行为及损害后果，被告需举证不承担责任或减轻责任或无因果关系。[④] 若被告证明不了则需承担相应的赔偿责任，同时，被告会根据《民事诉讼法》等程序法的规定提出一些问题，例如原告不具备主体资格、法院无管辖权等。从举证责任分配的角度而言，所有原被告围绕其举证责任提出的相关问题都有可能是事实问题或者法律问题。换言之，事实问题和法律问题分布的范围包括原被告在庭审中提出的所有事实与主张，而这些

① 详见江苏省常州市中级人民法院（2016）苏04民初214号民事判决书。

② 详见江苏省泰州市中级人民法院（2014）泰中环公民初字第00001号民事判决书。

③ 《侵权责任法》第六十五条规定：“因污染环境造成损害的，污染者应当承担侵权责任。”

④ 《侵权责任法》第六十六条规定：“因污染环境发生纠纷，污染者应当就法律规定的不承担责任或者减轻责任的情形及其行为与损害之间不存在因果关系承担举证责任。”

事实和主张都是围绕各自的举证责任进行的。详见下图 1：

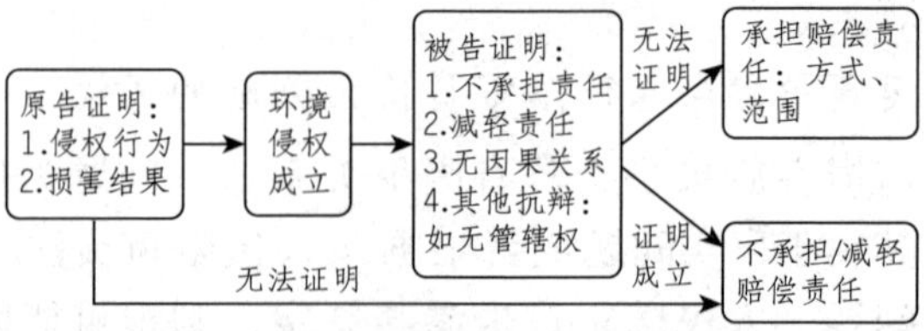

图 1　环境民事公益诉讼中事实问题与法律问题的分布范围

（二）事实问题与法律问题的具体延伸表现

根据原被告提出的问题是否根据程序法的规定所提出的，可以将环境民事公益诉讼中的所有问题分为程序问题和实体问题。

1. 程序问题。程序问题即根据《民事诉讼法》等程序法的规定提出的所有问题。结合环境民事公益诉讼的 39 份判决书中涉及的问题，其中的程序问题主要包括以下几类。详见下表 1：

表 1　　环境民事公益诉讼中程序问题的具体表现及涉及法律

程序问题具体表现	涉及民事判决书案号	判定中涉及的法律
1. 环保组织是否具备主体资格	江苏省常州市中级人民法院（2016）苏 04 民初 214 号	《环境保护法》第五十八条
2. 本院是否有管辖权	山西省武乡县人民法院（2016）晋 0429 民初 264 号	《最高人民法院关于审理环境民事公益诉讼案件适用法律若干问题的解释》第六条
3. 证据不合法：评估意见中的数据采集是单方面提供的，程序不合法	安徽省旌德县人民法院（2018）皖 1825 民初 544 号	《最高人民法院关于民事诉讼证据的若干规定》第六十五条
4. 本案是否应追加共同被告	云南省昆明市中级人民法院（2018）云 01 民初 32 号	《最高人民法院关于适用〈中华人民共和国民事诉讼法〉的解释》第七十三条

由上表可见，程序问题涉及裁判者作出裁判的过程、方式和关系，与实体权利的处理无关，且都是根据程序法的规定来提出的，故程序问题属于法律问题。

2. 实体问题。实体问题即排除了程序问题之外的问题，是关于本案是否构成环境侵权、是否承担法律责任以及承担责任方式的问题。实体问题的具体表现有以下几种。详见下表 2：

表2　　环境民事公益诉讼中实体问题的具体表现

是否构成环境侵权	侵权事实：被告是否存在因非法占用农用地、无证采矿的侵权事实	损害结果：案涉地块周边未检测出污染物质危害，不存在对公共利益的损害事实	因果关系：存在其他污染源，本案镉超标与五被告的倾倒垃圾行为无关系
所涉民事判决书案号	云南省昆明市中级人民法院（2012）昆环保民初字第6号	江苏省常州市中级人民法院（2016）苏04民初214号	广州海事法院（2017）粤72民初541号
是否承担法律责任及责任方式	不承担责任：第三人的过错造成本案污染事实，应由第三人承担责任	减轻责任：已缴纳的10万元罚款应当从被诉的赔偿款中予以扣减	责任方式：在国家级媒体上还是本地媒体向公众赔礼道歉、是否可以以劳务活动抵补其对环境造成的损害
所涉民事判决书案号	湖北省江陵县人民法院（2017）鄂1024民初58号	湖北省十堰市中级人民法院（2018）鄂03民初6号	安徽省马鞍山市中级人民法院（2016）皖05民初113号、江苏省连云港市中级人民法院（2014）连环公民初字第00002号

由上表可见，实体问题表现形式多种多样，既有环境侵权构成要件相关的问题，也有与承担责任相关的问题。这些问题是事实问题还是法律问题不可一概而论。

三、实践困境：事实问题与法律问题在司法实践中的区分难题

我国有学者认为，陪审员在认定事实的同时，实际上无时无刻不在运用法律。[①] 在检索出的39份环境民事公益诉讼判决书中，适用七人合议庭的一审判决书共7份，[②] 所有判决书中只有3份判决书中明确表述“事实（认定）问题”和“法律（适用）问题”，分别是：

案例一：“污染物排放量属事实认定问题……”[③]

① 耿宝建：《在法律与事实之间——司法裁判中事实认定过程的法理分析》，载《河北法学》2008年第1期。

② 7份判决书分别为：浙江省丽水市中级人民法院（2018）浙11民初104号民事判决书、湖北省十堰市中级人民法院（2018）鄂03民初6号民事判决书、重庆市第一中级人民法院（2018）渝01民初669号民事判决书、江苏省省泰州市中级人民法院（2017）苏12民初51号民事判决书、重庆市第三中级人民法院（2018）渝03民初433号民事判决书、云南省昆明市中级人民法院（2018）云01民初32号民事判决书和安徽省旌德县人民法院（2018）皖1825民初544号民事判决书。

③ 详见重庆市第一中级人民法院（2018）渝01民初669号民事判决书。

案例二："双方争议焦点为法律适用问题，即魏多成养猪合作社为减轻其民事赔偿责任的抗辩主张是否成立……"①

案例三："原告北京自然之友主张的被告中国石油吉林石化公司自2015年1月至原告北京自然之友提起本案诉讼期间向大气超标排放烟尘、二氧化硫以及氮氧化物等污染物的事实问题……"②

由此可见，39份判决书中仅有3份判决书写明了事实认定问题和法律适用问题，比例仅为7.7%。确实在环境民事公益诉讼司法实践中，存在事实问题与法律问题难以区分的困境，下面以实体问题中的侵权行为和损害后果为例分别说明。

（一）侵权行为中的事实问题与法律问题

被告是否实施了环境侵权行为，从表面看人民陪审员只需要回答"是"或"否"就可以，实则不然，在回答的过程中其实已经对该事实作出了法律评价。污染环境的行为实施方包括直接实施方和间接实施方，直接实施较易判定，属于事实问题，主要争议焦点在于环境侵权行为的间接实施主体，表现形式有以下几种：

1. 涉及雇主责任。雇员是直接环境侵权实施人，则雇主是否实施了侵权行为。例如，被告称其仅是打工的，根据雇主的指示开展工作，其行为应由其雇主承担相应的责任；③ 又例如，被告称其没有参与废碱液的非法处置，其员工的行为超出了其意思范围。④ 这种情况下直接实施侵权行为的是员工，则其单位是否是实施主体，认定过程必然涉及对职务行为的判定标准，这一问题对于人民陪审员来说可能并不简单。

2. 涉及买卖合同。直接侵权方与被告签订买卖合同，则被告作为出卖方是否实施了侵权行为。例如，"泰州1.6亿元环境公益诉讼案"中的被告并非倾倒行为的直接实施人，而是以买卖合同为形式提供被倾倒副产酸的出卖方⑤，则被告是否实施了污染环境的行为，因涉及买卖合同，判定这种行为需看其是否符合买卖合同的基本特征，对于这一点人民陪审员可能难以判定。

3. 涉及委托合同。例如，被告与直接侵权方就废水处理存在委托服务合同关系，⑥ 又例如被告称其与直接侵权方签订有生活垃圾委托处理协议，

---

① 详见湖北省十堰市中级人民法院（2018）鄂03民初6号民事判决书。
② 详见吉林省吉林市中级人民法院（2016）吉02民初146号民事判决书。
③ 详见广州海事法院（2017）粤72民初541号民事判决书。
④ 详见江苏省泰州市中级人民法院（2017）苏12民初51号民事判决书。
⑤ 详见江苏省泰州市中级人民法院（2014）泰中环公民初字第00001号民事判决书。
⑥ 详见重庆市第一中级人民法院（2017）渝01民初773号民事判决书。

案争环境污染事故是由他方造成，被告不是环境污染事故的侵权主体。① 这种情况下被告未直接实施侵权行为，是否是侵权主体，判定的过程涉及对委托合同如何认定。

4. 涉及其他法律关系。通常间接侵权人与直接侵权人存在某种法律关系，例如，在一起环境污染责任纠纷案中，五被告中除了直接侵权方外，还涉及污染物的场地出租者，将危险废物经营许可证交由直接侵权方使用的许可证所有人，危险废物的直接生产者等主体②，这些主体均未直接实施污染环境的行为，则对其行为如何判定也涉及对共同侵权如何认定的问题，这些都非简单的事实问题。

表 3　　侵权行为中事实问题与法律问题难以区分的具体表现

问题	表现形式	涉及的法律问题
被告是否实施环境侵权行为	1. 被告与直接侵权方系劳动/劳务关系	职务行为的判定标准
	2. 被告与直接侵权方系买卖合同关系	买卖合同的基本特征
	3. 被告与直接侵权方系委托合同关系	委托合同的基本特征
	4. 被告与直接侵权方系租赁、借用等其他法律关系	危险物场地出租者、危险物生产企业的法定义务，共同侵权行为的判定标准

（二）损害结果中的事实问题与法律问题

被告的行为是否产生环境侵权构成要件中的损害事实，即是否已经损害社会公共利益或者具有损害社会公共利益的重大风险，从表面看这一问题也只需回答“是”或“否”就可以解决，然而由于生态环境作为一种公共产品，具有普惠性和共享性，没有直接的受害人，损害具有复杂性、间接性、流动性等特点，对于是否产生损害结果并不容易判定，39 份判决书中关于是否损害公共利益的问题较难判定的有以下几种表现形式：

1. 案涉物品是否属于污染物的问题。例如，被告称其处置的废物不应认定为危险废物，属于一般性固体废物，③ 故没有损害社会公共利益。该物品是否属于污染物是人民陪审员仅凭经验常识所无法判定的，需要根据《国家废物危险名录》来判定。

2. 排污已达地方标准是否不产生损害结果的问题。该问题涉及排污的标准认定。例如在大气环境侵权案件中，被告称其排污未超过《大气污染防治法》规定的排放标准及总量控制指标，不构成《侵权责任法》中的损

① 详见安徽省淮南市中级人民法院（2016）皖 04 民初 73 号民事判决书。

② 详见江苏省常州市中级人民法院（2014）常环公民初字第 2 号民事判决书。

③ 详见江苏省镇江市中级人民法院（2015）镇民公初字第 00003 号民事判决书。

害结果,[①] 达标排放是否就不产生损害事实，其中也必然涉及《大气污染防治法》属于旧法，与新的环境侵权责任相关法律不一致时如何适用的问题，对该问题认定的过程必然包含法律适用。

3. 环境污染损害已经消除是否不产生损害结果的问题。实践中诸如水污染或空气污染往往可以通过环境的自净功能得以恢复，被告称现损害已经消除，案涉地块的周边及地下水也并未检测出污染物质危害，因此案涉地块已不存在对公共利益的损害事实。[②] 即损害已经消除是否认为本案不存在损害社会公共利益的问题，对该问题的判定也包含着对“损害事实”的法律评价。

表 4　　损害结果中事实问题与法律问题难以区分的具体表现

问题	表现形式	涉及法律问题
被告是否损害社会公共利益	1. 案涉物品是否属于污染物的问题	《国家废物危险名录》中的污染物名册
	2. 排污已达地方标准是否不产生损害结果的问题	《大气污染防治法》《最高人民法院关于审理环境侵权责任纠纷案件适用法律若干问题的解释》等新法与旧法的适用问题
	3. 环境污染损害已经消除是否不产生损害结果的问题	对《侵权责任法》第六十五条的理解

由表 3 和表 4 可见，环境民事公益诉讼中仅侵权行为和损害结果的表现形式就多种多样，其中涉及法律关系更是纷繁复杂。这些对于作为普通社会大众的人民陪审员来说，无疑是一道难题。

四、进路探寻：事实问题与法律问题的区分标准

（一）事实问题与法律问题难以区分的原因

为何在环境民事公益诉讼的司法实践中，事实问题与法律问题表现形式多种多样，难以区分。究其原因，一是客观方面，环境民事公益诉讼自身的特殊性和复杂性。它不同于传统侵权有直接的受害人，且因果关系链条较清晰。环境侵权没有直接的受害人，其损害后果往往是很多年后才表现出来，且往往多因一果，造成其因果关系更加难以认定，故环境民事公益诉讼其自身特点导致其中涉及的很多问题并不简单、难以判定。二是主观方面，司法裁判者自身在列明事实问题清单时也缺乏清晰明确的区分标准。不管是其他国家还是我国目前在司法实践中并未就事实问题与法律问

① 详见江西省抚州市中级人民法院（2017）赣 10 民初 142 号民事判决书。

② 详见江苏省常州市中级人民法院（2016）苏 04 民初 214 号民事判决书。

题的区分探索出一条明确可行的区分标准，导致法官在审理该类案件制作事实问题清单时，往往是无源之水无本之木，更多依赖于法官自身价值观念和经验法则进行判断。

（二）事实问题与法律问题区分的标准

有司法实践者认为："在法律事实构成要件认定环节，原则上将回答是与否的问题归入事实问题，将回答对与错的问题归入法律问题。"① 但是在环境民事公益诉讼中，如前所述，事实问题与法律问题的区分远比回答是或否、对或错复杂。在对司法实践中 39 份环境民事公益诉讼判决书所涉及的事实问题与法律问题的实证分析基础上，对两者的区分可以采取"三步区分法"的方法，先行筛选出事实问题，剩下的则为法律问题。

1. 第一步：是否为实体事实问题。人民陪审员认定的事实问题仅限于实体事实问题，而不包括程序问题。

（1）排除程序问题。程序问题的范围本文第二部分论述过，包括原告主体资格、诉讼管辖、回避、证据的合法性、举证责任的分配等。程序问题是根据程序法的规定来提出的，故都属于法律问题。

（2）排除程序问题项下的所有分支问题。一旦某程序问题，例如，某环保组织是否具备原告主体资格被判定为法律问题后，该问题项下的所有分支问题也皆为法律问题，例如，该组织 2015 年年检报告结论为合格还是不合格这一问题也应由法官进行判定，这样就可避免本文第一部分论述的法律问题中内嵌事实问题的司法风险。

2. 第二步：是否为构成要件事实问题。关于民事案件中的事实问题的范围，有学者认为，应仅限于民事责任构成要件事实。② 具体到环境民事公益诉讼这一类型案件，即事实问题限于侵权行为、损害结果和因果关系这三者相关的问题，排除了法律责任相关问题。污染者是否承担责任及承担责任的方式这些问题都是依照《侵权责任法》等相关法律规定来判定的，故法律责任问题属于法律问题。

（1）排除是否承担责任的相关问题。例如被告称第三人的过错造成本案污染事实的存在，属于免责事由；③ 被告称本人及家庭特殊情况是否能够减轻本案赔偿责任的问题；④ 被告以排污符合国家或者地方污染物排放标准

---

① 吴勇辉：《聚焦"陪审案件事实问题与法律问题区分的规则与程序"》，载《人民法院报》2018 年 12 月 12 日。

② 陈学权：《人民陪审员制度改革中事实审与法律审分离的再思考》，载《法律适用》2018 年第 9 期。

③ 详见湖北省江陵县人民法院（2017）鄂 1024 民初 58 号民事判决书。

④ 详见湖北省十堰市中级人民法院（2018）鄂 03 民初 6 号民事判决书。

为由主张不承担责任，[①] 由于这些问题的判定都涉及《最高人民法院关于审理环境侵权责任纠纷案件适用法律若干问题的解释》等相关法律规定，故不属于事实问题。

（2）排除责任的承担方式相关问题。例如，被告应在国家级媒体还是本地媒体向公众赔礼道歉的问题；[②] 是否可以被告的劳务活动抵补其对环境造成的损害的问题；[③] 这些都涉及《侵权责任法》第十五条关于承担侵权责任的方式的适用问题，故不属于事实问题。

3. 第三步：是否涉及实体法律适用。本文第三部分论述过，即便是对侵权事实这一问题的判定，过程中也可能涉及诸多法律问题，区分的关键在于对该问题的判定过程是否涉及实体法律适用，是否仅凭一个普通人的认知和良心即可作出公正裁判。若涉及实体法律规范，则属于法律问题；若不涉及实体法律规范，仅凭一个普通人的认知和良心即可作出裁判，则属于事实问题。例如，雇员实施了环境侵权行为，则雇主是否实施了侵权行为，因判定的过程涉及对职务行为的认定标准，故该问题属于法律问题。“三步区分法”的具体区分步骤，详见下图2：

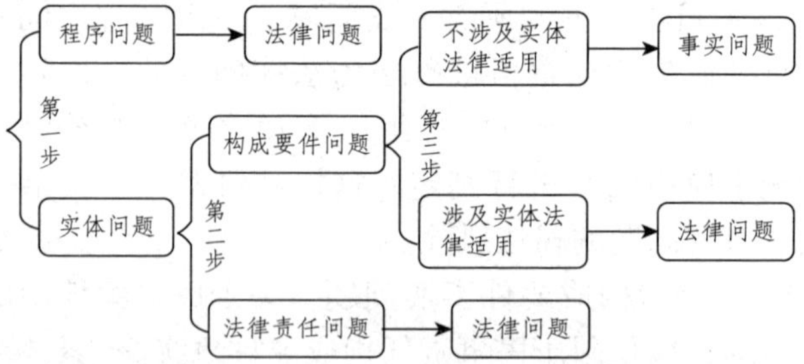

图2　环境民事公益诉讼中事实问题与法律问题“三步区分法”

采用以上“三步区分法”可以区分环境民事公益诉讼中的绝大部分事实问题和法律问题。如果此时还有一些模糊地带问题，既不涉及法律适用，又非单纯的事实认定，这时可以赋予法官自由裁量权来进行判定，可以参照人民陪审员自身价值判断对结论的影响力大小来进行区分。例如，在因果关系这一问题的判定上，只有那些不会因为人民陪审员不同价值判断产生相异结果的因果关系问题才可视为事实问题，否则为法律问题。例如，“浙江平湖师范农场特种养殖场诉嘉兴市五家化工厂排放工业废水污染案”中，被告提供的该水城尚有两名养殖户能够正常养殖的证据，证明工厂的

① 详见江西省抚州市中级人民法院（2017）赣10民初142号民事判决书。

② 详见安徽省马鞍山市中级人民法院（2016）皖05民初113号民事判决书。

③ 详见江苏省连云港市中级人民法院（2014）连环公民初字第00002号民事判决书。

排污行为与原告养殖水城存在青蛙、蝌蚪大量死亡不存在因果关系,① 只有这种非常明确有力的反证才可归为事实问题，否则属于法律问题，采取这种判定标准，就可避免本文第一部分论述的事实问题中掺杂人民陪审员价值判断所带来的司法风险。同时，“三步区分法”不仅可以适用于环境民事公益诉讼这类型案件，同样也可以适用于人民陪审员参与七人合议庭审理的其他类型案件。

结 语

事实审与法律审分离机制是《人民陪审员法》的重大亮点，在环境公益诉讼这一社会影响大、民众关注度高的案件中如何有效实施任重而道远。笔者借《最高人民法院关于适用〈中华人民共和国人民陪审员法〉若干问题的解释》出台之际，从司法风险入手，对司法实践中 39 份环境民事公益诉讼判决书中的事实问题和法律问题进行实证分析，并从实体角度提出区分标准。以期通过本文的研究，能够破解环境民事公益诉讼司法实践中事实问题与法律问题的区分困境，保障公民参审权利、推进司法公开的同时，也让公众通过人民陪审员制度参与对生态环境的审判中去，共同守护我们的绿水青山。

① 详见浙江省高级人民法院（2000）浙法告申民再抗字第 17 号民事判决书。

十一、执行篇

破产法视野下个人执行不能的解决路径分析

史 锐* 吴水兰** 张旭川***

引 言

法院穷尽一切措施，发现被执行人确无财产可供执行的案件，称之为“执行不能”案件①，程序上多以“终结本次执行程序”的方式结案（简称终本案件）。本文研究对象为被执行人为个人的案件，称个人执行不能案件。终本认定被执行人无财产可供执行的状态是暂时的，发现财产后可恢复执行。许多当事人乃至社会公众认为民事执行就是以国家信用给裁判文书作背书，将执行不能等同于执行不力，个人执行不能案件没有退出机制。

金钱给付类执行不能案件的债务人主要包括企业法人和个人。个人指所有法律上或事实上以承担无限财产责任为基础的经济实体（如合伙组织、个体工商户）和自然人②，与个人破产制度的适用主体相对应。目前企业破产和“执转破”工作的推进，为企业债务执行不能的终局性解决打开了一条通道。2017 年《最高人民法院关于执行案件移送破产审查若干问题的指导意见》明确将执转破工作视为健全市场主体救治和退出机制，化解执行积案，贯彻中央供给侧结构性改革部署并服务经济社会发展大局的重要举措和重要任务。自然人、非法人组织同样作为市场主体参与市场行为，个人破产制度却长期缺位，由此带来各种问题亟待解决。

* 作者单位：北京市东城区人民法院。

** 作者单位：北京市东城区人民法院。

*** 作者单位：北京市东城区人民法院。

① 2018 年最高人民法院《关于人民法院解决“执行难”工作情况的报告》。

② 汤维建：《关于建立我国个人破产制度的构想（上）》，载《政法论坛》1995 年第 3 期。

一、个人执行不能的实证分析与司法困境

近三年全国法院每年的终本案件在200万件以上，笔者选取北京市某基层法院为样本，分析个人执行不能案件的特点，揭示法院执行工作面临的困境。

（一）个人执行不能的实证分析——以某基层法院为样本

1. 从数量看。2016～2018年样本法院的终本案件量在全部已结案中的占比持续上升，2018年5月最高人民法院发布《关于进一步规范近期执行工作相关问题的通知》后，也并未对这一趋势产生影响，进一步印证了执行不能的客观性；而个人执行不能的案件量在终本案件中占到了70%以上，远高于企业类。2018年样本法院的首执已结案件中有3714件属于个人执行不能，下文针对这些案件展开分析。

表1　　样本法院2016－2018年首执已结案件情况

统计项	2016年	2017年	2018年
首执已结案件数	6877	9444	8552
首执终本数	2835	5078	5101
被执行人包含个人的终本案件数	2060	4150	3714
终本案件占首执已结案件的比例	41.2%	53.8%	59.6%
个人执行不能案件占终本案件的比例	72.6%	81.7%	72.8%

2. 从案由分布看。信用卡、金融借款合同、民间借贷三类案件的占比达81%，其中前两类就高达62%，交通事故、人身损害赔偿、三费案件不足1%。可见债务人多因消费和投资行为导致执行不能，少数因遭遇不幸而陷入困境（见图一）。这些案件的申请人一般为银行，2018年执行完毕率不足5%，银行本身对不良债务问题难辞其咎，民事执行已成为银行核销呆账坏账或申请退税的手段（见图二）。

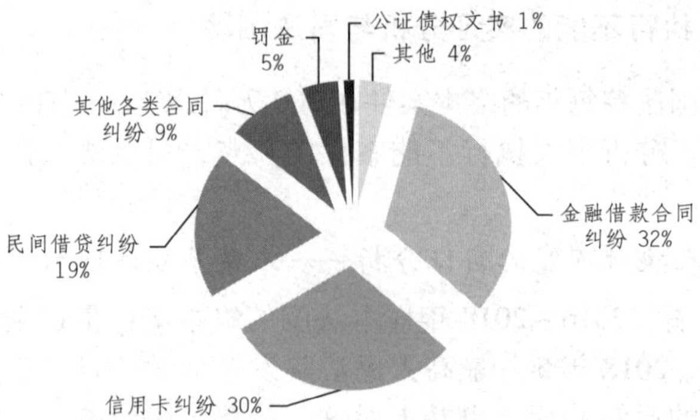

图 1　案由分布情况

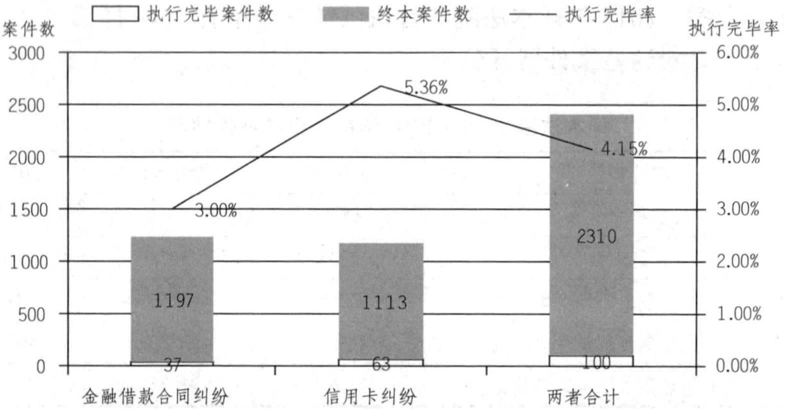

图 2　金融借款合同纠纷、信用卡纠纷案的执行情况

3. 从执行标的分布情况看。这些案件的执行标的总计约 22 亿元，占全部已结案执行标的 63.5%，其中 10 万元以下的案件约占 1/3；10 万元至 100 万元的占比接近 1/2；大标的案件较少，100 万以上的占 1/10，500 万以上占仅 1/100。执行不能并不意味着巨额债务，通过合理设置破产重整和清算门槛，不必担心对经济造成太大冲击。

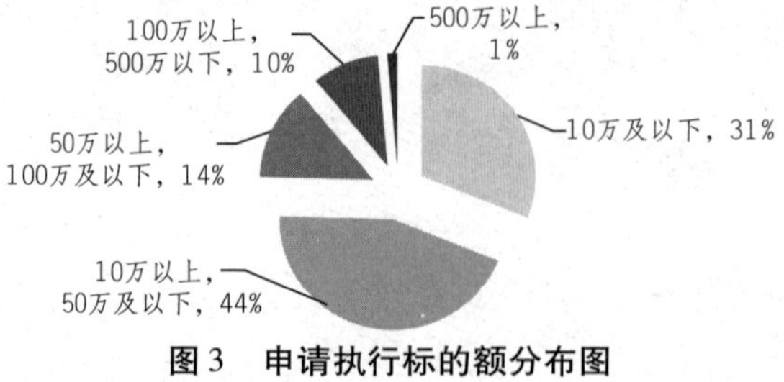

图 3　申请执行标的额分布图

4. 从财产查控情况和执行到位率看。采取查控措施的案件近29%，进入处置程序的很少，原因在于查封标的多为未实际控制的车辆、价值有限的股权，约10%的案件轮候查封了土地、房产，同一被执行人背负多个债务的情形较为普遍（见表2）。有效处置财产少，平均执行到位率仅2%，最高的是标的较小的罚金类案件，民间借贷、公证债权文书、合同纠纷的执行到位率均不足1%（见图4）。

表2　**案件采取的财产查控措施情况**

案由	金融借款	信用卡纠纷	民间借贷	其他合同纠纷	罚金	公证债权文书	其他	合计	占比
扣划措施	67	67	45	17	44	6	19	275	7%
查封财产	382	234	250	112	11	31	40	1060	29%
处置财产	1	0	0	1	0	0	2	4	0%
参与分配	1	0	0	1	0	0	1	3	0%

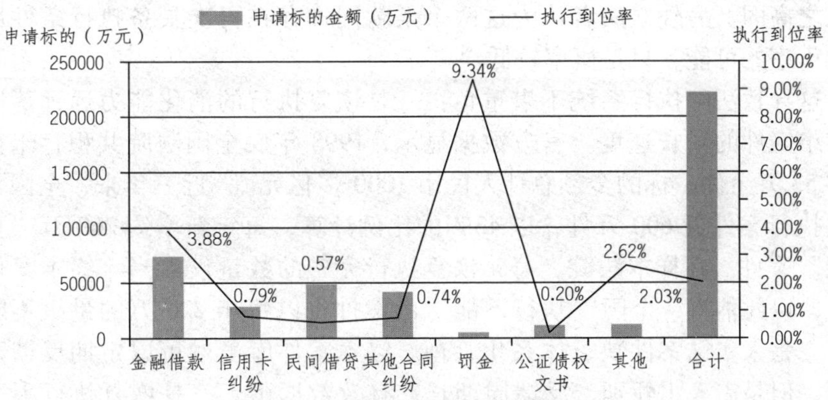

图4　案件执行标的到位情况

5. 从被执行人的年龄分布看。被执行人多为32～53岁之间的中青年，50岁及以下的被执行人占75%，他们是家庭的主要劳动力，终身债务和日趋严格的信用惩戒措施可能使他们放弃投入社会生产。

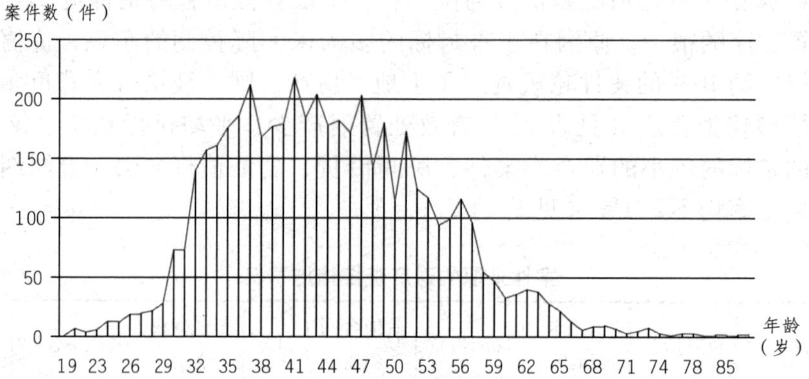

图5　被执行人的年龄分布图

（二）个人执行不能遭遇的司法困境

《民事诉讼法》第二百五十七条第三项“被执行人死亡的”、第（五）项“被执行人因生活困难无力偿还借款，无收入来源，又丧失劳动能力的”规定应当终结执行，第五项认定债务人绝对丧失履行能力是破产程序解决的问题，由执行程序认定缺乏正当性基础，事实上这一条款在实践中几乎被束之高阁。另外立法者认为这两个条款同样存在再次具备执行条件启动执行程序的可能，只是概率较低。①

这导致法院执行系统不堪重负：一是恢复执行的消化能力远远落后于未实结案件的增长速度。官方数据显示，1998 年底全国法院共积存未执行案件 53 万余件，标的金额总计人民币 1000 多亿元。② 近三年来，全国每年新收执行案件近 600 万件，以 43% 的比例计算，每年新增约 260 万“执行不能”案件。在样本法院，每年恢复执行完毕的数量仅占当年终本案件的 15%，以此估算，全国“执行不能”的案件将以每年 220 万的量级不断增长。二是未实结案件缺乏体系化管理。终本案件库虽然可以定期反馈财产线索，但是需人工甄别，反馈周期长、有效数据少。三是恢复执行不采取立案登记制又缺乏明确统一的标准。法院对于当事人自行提供的线索需要进行核实，符合条件的才可恢复执行，因标准不明可能产生的选择性恢复，以及恢复案件在执行办案系统外空转的问题，都成为引发当事人不满的重灾区。

---

① 沈德咏：《最高人民法院民事诉讼法司法解释理解与适用》，人民法院出版社 2015 年版，第 1377 页。

② 《中共中央关于转发〈中共最高人民法院党组关于解决人民法院“执行难”问题的报告〉的通知》（中发〔1999〕11 号）。

二、个人“执行不能”引发的深层问题透视

就金钱给付类纠纷而言，民事执行本质上是公力救济下的债务处理机制，“执行不能”通过终本实现暂时性退出后，无论在解决“执行难”的路径选择上，还是从债权债务人到国家治理层面都要作出进一步抉择。

（一）“执行不能”成为解决“执行难”的逻辑悖论

逻辑上“执行不能”存在客观性，执行效果不好的主要原因在于进入执行程序的案件先天不足，质量不高，[①]“执行不能”虽然不属于解决“执行难”的范畴，却常被混为一谈。这里有三个逻辑悖论：一是执行到位才能实现司法权威，“执行不能”案件可以无限期地多次恢复执行就意味着法院有义务继续执行，自然是需要解决的执行难题；二是法院内部对执行工作的各类考核指标必然要将“执行不能”案件纳入其中，成为执行工作不得不解决的难题；三是企业破产涉及股东、高管承担连带责任或者因企业破产引发股东承担无限责任的情形下，缺少个人破产制度将导致企业破产失败。

（二）债务人背负终身债务无助于提升履行意愿

民事执行采债权人本位原则，以强制力为后盾，对债务人的财产乃至人身施以惩罚，社会舆论极易将进入执行程序的债务人等同于“老赖”，形成一种同仇敌忾的氛围，对债务人不履行义务的具体原因在所不问。

实践中除却主动履行的案件，可将债务人分为三类：一是有履行能力而心存恶意，转移、隐匿财产的；二是直接从正常的经济体系中消失，表现为查无财产、下落不明，无从得知其真实意愿的；三是确有还款意愿但没有还款能力，称之为“诚实而不幸”的债务人。执行程序很难在个案中对三类债务人进行甄别，与下落不明的债务人相比，到庭的债务人可能面临拘留、罚款等更严重的人身惩罚，对不具备履行能力或资不抵债的债务人，惩戒手段要么无益于促进持续履行，要么将使其生活状态更加恶化。由于缺乏激励和免责机制，无论是否具备还款意愿，债务人都将背负终身债务，目前的执行手段可能会导致第三类债务人被迫流向第一、第二类，他们将没有动力再积极地投入生产创造价值，或者为确保不被发现，选择暂时或永久地隐姓埋名，生活在正常的经济体系之外。

（三）债权人面对“悬而未结”的执行结果难言放弃

债权人申请执行无需支付费用，无门槛、低成本。实践中不乏债权人

---

① 唐应茂：《法院执行为什么难——转型国家中的政府、市场与法院》，北京大学出版社 2009 年版，第 140 页。

甚至代理律师认为一纸申请书递交法院即可坐等收钱，至于到庭谈话、提供线索等都与己无关，对“执行不能”的后果，易以“受害人”心态将全部责任归咎于法院执行不力或债务人恶意不还，无法正视债务人确无履行能力的事实，也无法意识到自身的问题和责任。同样不容忽视的是债权人付出的时间和情感成本，不少案件经过 10 年、20 年都无法实现预期利益，有的甚至与债务人一样，终身无法回归正常生活。

（四）国家无法推动不良债务问题进入良性轨道运转

从经济成本角度看，虽然执行程序中债权人不花或少花成本，但是并不意味着社会总成本低，是成本从当事人转移到了政府而已。① 仅在民事执行程序投入巨大成本实现了低门槛、高效率，进而吸收更多质量不高的案件进入执行系统，形成大量的执行积案，参与其中的各方都有不满。

从社会公平角度看，因债权人利益冲突产生的协调成本需由法院自身消化。执行程序追求个案执行效果，对单个债权人、债务人的关注置于社会公共利益之前，导致法院自身成为利益冲突的来源，在跨辖区的债权人之间发生利益冲突时，只得依赖协调处理，无法通过透明的程序体现对社会整体利益的衡平和保护。

从社会治理角度看，其一，当债权人无法通过公力救济实现自身利益时，会产生转向私力救济的可能性，极端情况下会出现“于欢案”这样的恶性事件，目前个人破产和催收法律制度的空白在特定条件下会成为严重社会矛盾的导火索。② 其二，当出现因自然或人为灾害引发的债务核销问题时，因立法缺失，只能借助“国家之手”利用行政手段进行干预，那些无人知晓的灾难应当同举世瞩目的天灾一样得到人道的关怀；其三，随着市场经济全球化进程的加速，民事执行也无法实现对标世界银行营商环境指标的目标。

三、个人“执行不能”的缘由探析

目前的民事执行替代性地实现了破产程序的部分功能，却又无法达到破产的法律效果，这是导致“执行不能”问题无法在执行语境下得到解决的症结所在，建立个人破产制度迫在眉睫。

（一）民事执行程序之越位

很多执行中的难点问题本质上是破产问题，二者有许多相似之处，有

① 齐砺杰：《债务危机、信用体系和中国的个人破产问题》，中国政法大学出版社 2017 年版，第 85 页。

② 齐砺杰：《债务危机、信用体系和中国的个人破产问题》，中国政法大学出版社 2017 年版，第 281 页。

的执行措施系因实践之需产生，除法理性不足外，适用过程也显得“捉襟见肘”。

表 3　　民事执行与个人破产制度相关程序的比较

民事执行	个人破产
参与分配	破产清算
限制消费、信用惩戒	破产失权
必要生活费用的预留、唯一住房处置	自由财产
执行救助	破产免责
执行和解	破产重整
财产申报	财产查明

1. 参与分配对破产清算的替代性。根据《民事诉讼法司法解释》第五百一十六条规定，被执行人的财产不足以清偿所有债权时，若被执行人为企业法人，只能依财产查控的先后顺序获得清偿，迫使债权人选择破产程序实现公平受偿；而被执行人为公民或其他组织的，则适用参与分配程序按比例受偿，功能上部分替代了破产程序，问题在于：一是标准不明，“财产不能清偿所有债权”这一前提如何认定没有统一标准，享有财产处置权的法院适用该程序的裁量权较大、积极性不高；二是门槛较高，能够进入分配程序的债权有限，未取得执行依据的普通债权人被排除在外，已取得执行依据的也需在相关财产执行终结前提出申请，然而获知相关线索已属不易；三是力度有限，参与分配程序无法阻止债务人的个别清偿行为。只有破产法才具备清晰的法律原则：破产程序一旦启动，其他民事审判和执行程序全部停止，保证债务人偿债能力的最大化①，参与分配虽无法实现破产的全部功能，但可将其视为破产制度的铺垫。

2. 执行措施较破产失权的单纯惩罚性。一是由于执行程序缺乏宣示作用，没有公信力，限制消费、纳入失信、限制出入境等联合惩戒措施虽因实践之需产生，有其合理性，但值得探讨的乃是其法理性，只有在债务人被宣告破产并失权后，所有的制裁性措施才具有法理的正当性②；二是惩戒期限模糊，目前所有终本案件都对被执行人无限期地限制消费，失信惩戒是在修改后的司法解释中新增了两年以及特定情形下延长一至三年的规定，但实践中被普遍引用的条款“有履行能力而拒不履行”同样没有期限限制；

① 刘静：《个人破产制度研究——以中国的制度构建为中心》，中国检察出版社2010年版，第105页。

② 汤维建：《〈个人破产法〉的立法研究》，载《山东警察学院学报》2010年第5期。

三是严厉的执行手段单纯强调了对失信者的惩戒，而忽视了对守信者的激励。

3. 执行救济较自由财产制度的暂时性。执行救济包括执行救助制度以及关于预留必要生活费、处置唯一住房时预留5-8年租金的相关规定。执行救助制度目前针对的是生活困难的申请执行人，目前更多依赖政策性安排，解决个案而不具有普惠性价值，对被执行人无免责效果；预留必要生活费、一定期限的租金其实是“自由财产”的初级形态，虽体现了执行的人道关怀，却难免显得简单、粗暴，对债务人及其家庭成员的长远生存问题都欠缺考量。

4. 执行和解较破产重整的不确定性。执行和解制度可以看到个人重整的影子，执行期限只有6个月，当事人之间在审限内达成和解并履行完毕是最理想的状态，而事实上更常见的是和解长期履行（6个月以上）的情形，结案后执行法官不再参与后续履行过程，案件恢复执行率高、实际效果差。与破产程序相比，执行无法强制和解，债务人享受不到免责和激励。

5. 财产申报较破产财产查明的被动性。执行财产申报制度更多起到震慑作用，对发现财产的意义并不大，一个重要原因在于被执行人消极申报所面临的只是潜在的威胁，而破产制度能够以债务履行的全面延迟乃至债务免除为形式提供一种激励，促使债务人自愿申报当前财产信息，换言之，债务人必须主动、充分披露个人财产情况才有可能享受到破产的益处，重新回归正常生活。

（二）个人破产制度之缺位

个人破产制度体系尽管具有种种优势，在我国却长期处于缺位状态，反对者多以社会条件不成熟、信用体系不完善作为理由，逻辑上有本末倒置之嫌。

1. 社会条件。传统观念中“欠债不还”被赋予强烈的道德谴责意味，经济发展也未对个人破产制度产生迫切的需求，如今个人参与市场经济的程度加深，破产需求强烈。从消费角度看，通胀预期的阴影笼罩下，现代消费信贷越来越非人格化，导致信用过度扩张的不可逆转①，房贷车贷导致家庭负债比率畸高。从商主体角度看，民间资本规模相当庞大，因联保互保、“三角债”、借贷不规范、不合法引发的社会问题诸多，随着互联网、自媒体的兴起，个人作为商主体参与市场经营活动越来越便捷、深入，在“大众创业、万众创新”的政策导向下，个人破产制度能为投资失败的风险提供合理预期，激发创业活力。

---

① 齐砺杰：《债务危机、信用体系和中国的个人破产问题》，中国政法大学出版社2017年版，第51页。

2. 制度基础。社会信用体系、个人财产登记体系和社会保障体系不完善曾是反对个人破产的主要原因。纵观世界，现代信用制度体系和个人财产登记体系建立的时间并不长，而个人破产制度却有百年以上的历史，很难说二者是个人破产的前提和基础。[①] 对破产财产的清理可以通过债务人申报和法院、破产管理人查询手段来实现，前置性的个人财产登记制度是否完善与个人破产制度的构建关联性不强；[②] 自18、19世纪开始，债务人不能履行到期债务的法律后果，基于种种历史机缘由严格的人身责任深化成宽容的财产责任，个人破产制度由个人财产制度演化为社会保障制度的一部分。[③] 破产制度不能消极地等待相关配套制度的自行完善，而应同步推进。

信用制度正在迅速建立和发展，以存款、房产、土地、车辆、证券为主的财产登记体系日趋完善，2006年1月人民银行个人信用信息基础数据库开始正式运行，2015年1月发布《关于做好个人征信业务准备工作的通知》，2018年2月全国首张个人征信牌照获批，2019年6月央行表示新版征信系统即将上线，收录了9.9亿自然人信息；全国法院执行案件信息管理系统通过与金融、车辆、房产、工商等部门的信息共享和联动，极大推动了整个国家征信体系的健全和完善。

四、个人破产制度的规则构想

两大法系的破产制度都是从自然人破产入手，然后逐步推广到各类企业[④]，建立个人破产制度，畅通个人"执转破"通道，以执行制度为参照，建立符合我国国情的自由财产、免责和失权复权制度，才能终局性解决"执行不能"问题。

（一）启动与准入

1. 申请破产。个人破产的制度框架应最大限度地减少整体社会成本，包括在确定债务有效性和偿付水平时的误差成本以及债权人、债务人和第三方的成本。[⑤]

破产准入条件将起到一个"阀值"作用，实现案件分流。鉴于目前我国破产审判力量和制度需求之间的不均衡，该"阀值"既不能过低，又要

---

① 齐砺杰：《债务危机、信用体系和中国的个人破产问题》，中国政法大学出版社2017年版，第136页。

② 李帅：《论我国个人破产制度的立法进路——以对个人破产"条件不成熟论"的批判而展开》，载《商业研究》2016年第3期。

③ 许德风：《论个人破产免责制度》，载《中外法学》2011年第4期。

④ 汤维建：《〈个人破产法〉的立法研究》，《山东警察学院学报》2010年第5期。

⑤ 《世界银行自然人破产问题处理报告》，中国政法大学出版社2016版，第66页。

起到分流执行案件的作用。制度设计上：一是设置简易程序，个人破产无论从债权人数量、财产规模还是法律关系上，总体较企业破产简单，在债务人主动申报和管理人全面调查的基础上查明财产、债务情况，简化债权人会议的召集、表决程序；二是发挥互联网技术对破产管理的作用，建立在线破产平台，利用大数据对债务人的预期收入与债务水平进行分析，提供标准化的解决方案；三是探索司法外破产程序作为制度补充的可能性，执行与个人破产并行，源头上实现案件分流。

2. 执行转破产。2019 年 5 月，台州市中级人民法院出台了全国首个专门针对个人债务清理的工作规程《执行程序转个人债务清理程序审理规程（暂行）》，本质上与个人破产无异。适用前提是“债务人出现不能清偿债务原因，且债务违约时间在一年以上并已进入执行程序，或经法院强制执行措施后，财产不足或无财产清偿全部债务的案件”，因赌博、挥霍消费等产生的不良负债、或被执行人存在欺诈等规避执行的不诚信行为的被排除在外。这无疑是一大进步，但目前的适用条件不甚清晰，“债务违约时间在一年以上”涉及违约时点的判断，与执行程序一般以执行依据确定的履行期限届满为前提不一致；法院采取强制措施需以被执行人有财产而不履行为前提，以此作为破产的前提，会将“无产可破者”排除在外；“挥霍消费”的认定缺乏统一标准，更接近主观判断，似将消费者排除在外。个人破产制度缺失，个人执转破工作的试点缺少法律支撑，才显得过于严苛，正式的立法应与企业破产的适用条件保持一致。

执转破宜与个人破产的立法同步推开，一方面，总结企业“执转破”工作的经验教训，企业“执转破”以中院管辖为原则，审判力量不足、移送程序繁琐，建议将个人“执转破”案件的管辖权下放至基层法院，加大基层破产审判力量建设，整合破产审判与执行工作，由破产审判团队和执行裁判团队提前介入协助实施团队完成破产移送的前置性工作；另一方面，充分利用执行财产查控、网络询价拍卖平台，指定管理人迅速完成债权审查和财产调查工作，促使破产流程加速运行。

（二）程序性规则

个人破产经历了从单纯的破产清算到清算与和解程序并行的阶段，继而发展到个人重整程序成为诸多国家用以取代或涵盖和解程序的阶段。①

1. 个人重整。破产和解程序以当事人双方达成一致为前提，与执行和解功能相似，而重整程序不要求债权人的积极参与。建议着力构建个人重整程序，设定合理的清偿方案：一是债务人在申请进入个人重整程序时须

① 刘静：《个人破产制度研究——以中国的制度构建为中心》，中国检察出版社 2010 年版，第 196 页。

主动、诚实地交代其财产状况，配合法院、破产管理人全面查清其资产、负债、收入情况，对履行能力的查明是重整制度的基础；二是清偿方案不必取得全部债权人同意，只需半数以上债权人或者债权额占比达 1/2 以上同意即可提交法院审查；三是依托信息技术和征信数据对债务人财产实现标准化评估、计算债务人的可支配收入、监督清偿方案的履行；四是清偿期限以 3～5 年为宜，不宜超过 7 年，由破产管理人监督方案的实施和清偿款项的分配，不得随意处置财产，债务人仍享有对财产的管理和使用权，不产生“失权”后果，同时将清偿期限、比例与免责制度挂钩，鼓励守信、赏罚分明。清偿期限的设定来源于对样本法院近三年恢复执行案件履行时限的分析：2016～2018 年共有 1679 件恢复执行完毕的案件，首执终本后，九成以上于 7 年内履行完毕，3～5 年的占比最高。

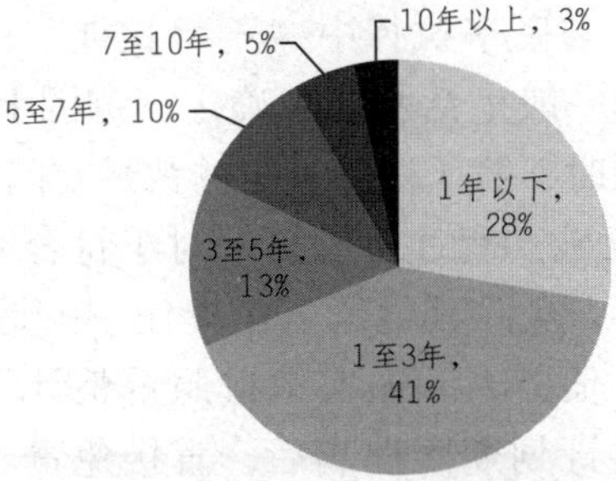

图 6　2016—2018 年所有恢复执行完毕案件的履行时限分布图

2. 破产清算。无法重整或重整方案未获许可时，清算程序通过对债权债务的一揽子处理方式，实现公平有效的清偿目的。宣告破产后设定一定的“考验期”，考验期内债务人将承受“失权”后果，并保持最低生活水准来换取未偿债务的免责，个人破产清算最为关键的三个特殊制度——免责、自由财产和失权复权最为鲜明地标识出传统到现代的嬗变①，本文在实体规则部分讨论。

3. 二者的关系。清算程序承载终极压力，重整程序承载预防破产和财务再建功能②，赋予当事人申请重整或申请清算的选择权，而能否最终清算，需由法院裁定。例如美国《破产法》设置了 100 美元和 167 美元两条基准线，若债务人当前月收入减去合理的月支出的余额，小于等于 100 美元的可直接申请破产免责，大于 167 美元的则只能申请破产重整，余额在 100 美元～167 美元之间的，则要审查五年的余额总和是否能够偿还债权的

① 《世界银行自然人破产问题处理报告》，中国政法大学出版社 2016 版，第 205 页。

② 刘静：《个人破产制度研究—以中国的制度构建为中心》，中国检察出版社 2010 年版，第 198 页。

25%，能够达到该比例的只能进入重整程序。[①] 具备相应情形的可在案件审理过程中申请转化。这里的基准线、收支余额与一定时期内清偿比例即可视为破产制度的“阀值”，与免责制度直接相关，强调重整方案的可实施性。

（三）实体性规则

科学的个人破产制度绝不是简单的自然人资不抵债就宣告破产进而免除其债务的制度，而是建立在对各方利益和各种风险进行了全面考量基础上的有综合配套机制相互配合的一个完善的制度体系。[②]

1. 自由财产制度。为了保护债务人的生存权和发展权，破产清算时由债务人申请保留、法院裁定不得用于清偿分配的财产为自由财产。一般包括维持债务人及其抚（扶）养的亲属生活需要的财产、维系职业需要的财产、专属个人的财产。与民事执行中“不得扣押”的财产类似，具体标准需依据经济发展水平和一般生活水准来确定，范围上更具体，兼具灵活性，给债务人明确预期的同时，赋予法官一定的裁量空间。

2. 免责制度。个人破产程序终结后，对于符合一定条件的债务人未能清偿的部分或全部债务，免除其继续清偿责任。一是适用重整程序的案件，法院通过重整方案后，债务人须诚实地按照重整计划履行清偿义务，达到一定的清偿比例，重整计划期限届满后，直接免责。二是适用清算程序的案件，如在破产宣告时，债务人达到一定的清偿比例，或其破产确因遭遇不幸且几乎没有清偿能力，法院可裁定直接免责；未免责的债务人在破产宣告当时自动失权，在一定的“考验期”内未发生破产欺诈和其他不当行为的，向法院申请免责。三是某些特殊债权不得免责：如一定时期内的税款、罚款、赡养抚养义务等，事后发现未诚实申报财产、隐匿财产、违反失权制度的均不得免责，并可追究其刑事责任。

3. 失权复权制度。失权制度是债务人被宣告破产后，对其担任某些职务的资格、行使某些权利的自由进行限制，是规范破产债务人行为的主要制度，复权制度则是取消对债务人前述限制的制度[③]。失权复权与免责制度密切相关，目的在于宽严相济，确保既能有力惩罚，也能有效保护。重整程序中，原则上法院通过重整计划后债务人并不失权，破产清算后当然免责的，亦不再课以失权。宣告破产时未免责的自动失权，“考验期”过后无

① 许德风：《论个人破产免责制度》，载《中外法学》2011 年第 4 期。

② 李继、许东瑾：《试论完善我国破产制度与化解“执行难”问题》，载《知与行》2018 年第 6 期。

③ 刘静：《个人破产制度研究——以中国的制度构建为中心》，中国检察出版社 2010 年版，第 242 页。

不当行为的可向法院申请免责，同时申请复权。失权的后果比执行惩戒措施更严重，例如只能由破产法院为其开立一张储蓄卡，禁止其使用一定数额的现金，住所地变化的必须及时报告等。对于恶意利用破产程序逃避债务的个人，以破产财产的查明程序为基础，通过破产异议、撤销、无效制度辅之以失权的期限、范围甚至欺诈破产的刑事处罚等手段，实现对债权人的保护。

表 4　**个人重整与破产清算程序的差异**

比较项目	个人重整	破产清算
适用情形	债务人当前具备一定的履行能力或者未来有可预期的固定收入	无预期收入或一定时期内的收支余额远低于破产财产处置后未实现的债务总额
程序效果	债务清偿方案经法院审查通过后实施，无需全部债权人同意	除债务人预留一定的自由财产外，其余财产作为破产财产进行处置并按比例予以分配
自由财产	债务人可保留较多的个人财产	法律明确规定可豁免执行的自由财产的范围，债务人申请破产的同时列出清单申请自由财产
清偿期限/考验期	清偿期限最长不超过 7 年	考验期内债务人除保留自由财产外，所有收入应上缴破产账户用于继续清偿
免责条件	按期履行债务清偿方案，清偿期满后向法院申请免责	对于生活困难无力偿还借款，无收入来源，又丧失劳动能力的，宣告破产后，直接免责；其他情形下"考验期"满后向法院申请免责，免责范围较重整程序更大
免责范围	债务清偿方案约定可免责的部分	"考验期"满后，剩余债务自动免责，但故意侵犯人身权、赡养费、抚养费、罚款、税款等除外
失权	/	宣告破产后，对债务人进行消费限制、出入境限制、收入分配限制、借贷限制、执业资格限制等
复权	/	"考验期"满后向法院申请复权

结　语

跳出执行看执行，执行不能问题的解决依赖于我国破产制度的完善和执转破程序的有效衔接，建立适应我国国情的个人破产制度迫在眉睫，形成完备的破产法体系对提升国家治理水平、促进社会生产、实现公平正义意义重大。

（本文获一等奖）

案外人执行异议权与优先受偿权之诉讼救济路径识别

——以《民事诉讼法》第二百二十七条实践适用为视角

卜洪元[*] 张 继[**] 任莉志[***]

引 言

我国立法对于案外人实体权益的保护针对不同情形设计了三种救济途径，共同形成了实体性执行救济体系。除第三人撤销之诉外，第二百二十七条规定了在执行过程中，案外人对执行标的提出的书面异议被驳回后，可以根据其异议与原判决、裁定之间的关系，依法通过审判监督程序或者提起执行异议之诉维护自身合法权益。然而，对于“生效法律文书确认申请执行人对执行标的享有优先受偿权的情形下，案外人提起执行异议之诉主张实体权益的同时亦对优先受偿权提出异议，裁判者如何应对并提出正当指引”的问题，实践中有不同认识。对于案外人诉讼主张跨越了第二百二十七条“与原判决、裁定是否有关”规则界定的行为，有的法院认为，案外人的两种主张实质是为了排除对执行标的的强制执行，应通过执行异议之诉程序进行评价。也有的法院认为，案外人主张的民事权利指向的标的物与原判决、裁定确定的民事权利义务关系或者该权利义务关系的客体具有同一性，实属认为原判决、裁定错误的情形，应通过审判监督程序寻求权利救济，而非提起执行异议之诉。鉴于此，如何正当适用第二百二十七条合理保障案外人的实体权益，规制案外人的救济路径，本文在实证研究基础上，通过对法律文本的解释，总结出可供实践参考的执行救济体系。

一、审视：适用第二百二十七条解决优先受偿权陷入的逻辑困境

观察当前审判实践中的裁判案例，在“生效法律文书确认申请执行人

* 作者单位：黑龙江省农垦中级人民法院。
** 作者单位：黑龙江省农垦中级人民法院。
*** 作者单位：黑龙江省高级人民法院。

对执行标的享有优先受偿权”语境下，对于如何适用第二百二十七条解决案外人对优先受偿权的异议主张，裁判者已然“趟出”两条岔路。其中，无论是初审裁判者，还是改判裁判者，仅通过审级制度简单而粗暴地向案外人释明的法律路径，尚不能形成逻辑思维自洽，且未周延思考后续程序的可操作性和持续性。

（一）演绎：小业主于司法实践中何去何从

对于“生效法律文书确认申请执行人对执行标的享有优先受偿权”情形，实践中存在建设单位对其建设项目享有建设工程价款优先受偿权，以及金融机构对于案涉项目作为抵押权人享有优先受偿权等诸多情形。本文选取实践中案件量最大、争议主体及权属最具代表性的金融机构的抵押权与小业主的物权期待权对抗之情形，通过案例演绎实践纷争。

【前世】2010 年，A 开发公司因业务需要以其公司开发项目不动产向 B 银行抵押贷款，并依法办理抵押登记。2011 年，C 小业主与 A 开发公司签订《商品房买卖合同》购买上述不动产中房屋一套。2012 年，A 开发公司未如期偿还贷款，B 银行起诉 A 开发公司偿还贷款本息，并请求就抵押物优先受偿。

法院判决：一、A 开发公司偿还 B 银行贷款本息；二、B 银行就抵押不动产享有优先受偿权。

【今生】该案生效后进入执行程序，法院查封了生效判决确认的抵押不动产，C 小业主作为案外人向执行机构提交书面异议被驳回，遂提起案外人执行异议之诉，请求：（1）停止对其购买的房屋强制执行；（2）B 银行就该房屋不享有优先受偿权，并确认其为该房屋所有权人。

在该执行异议之诉案件中，一审法院认为：C 小业主作为案外人的实体权益不足以排除强制执行，对原判决有关优先受偿问题未予评价，遂判决驳回 C 小业主的诉讼请求。C 小业主上诉。二审法院认为：C 小业主对 B 银行抵押权的效力问题提出异议，目的在于否定前述生效判决作为执行依据的合法性，属于其认为原判决、裁定错误的情形，应当依照第二百二十七条规定通过审判监督程序寻求救济，而非提起执行异议之诉，遂裁定撤销一审判决，驳回 C 小业主的起诉。

（二）争鸣：裁判者进路指引的逻辑分歧

上述执行异议之诉案件中，C 小业主的诉请共 2 项：（1）停止执行；（2）确权。但亦夹杂着对前述生效判决关于抵押权优先受偿的否定。本文暂不讨论 C 小业主的确权和停止执行的请求能否得到支持，仅对 C 小业主能否在执行异议之诉中同时对 B 银行的优先受偿权提出异议展开分析讨论。

一审裁判思路侧重点明显，从评价实体权益正当性角度出发，主要围绕小业主对被执行标的的实体权益是否足以排除强制执行进行了审理。虽然一审裁判者漠视或淡化了小业主否定前诉确定的抵押权优先受偿问题，但其亦未对小业主的诉讼进路予以封堵，基本完成了对案涉三方诉讼参与人的权利评价，可遗漏诉请仍然可视为“重大瑕疵”。与此相比，按照二审之裁判逻辑，只要案外人的诉讼请求中否定了执行依据的合法性，即符合“认为原判决、裁定错误的”表述，应按照第二百二十七条规定通过审判监督程序寻求救济。对此，最高审判机关有关案外人否定建设工程价款优先受偿权的裁定书中曾作出如下论述“案外人执行异议之诉针对的是执行行为本身，即案外人主张的民事权益是否足以排除强制执行，而审判监督程序针对的是执行所依据的裁判，即原判决、裁定是否错误。如果案外人主张的民事权利指向的标的物与原判决、裁定确定的民事权利义务关系或者该权利义务关系的客体具有同一性，则属于其认为原判决、裁定错误的情形，其应通过审判监督程序寻求权利救济，而非提起执行异议之诉”。[①] 那么我们顺延此逻辑，C小业主在服从裁判指引下，将以一己之力对作为执行依据的生效判决申请再审，即以其对一套房屋的实体权益否定楼盘全部不动产的抵押效力。暂且不论二种权利对抗与价值衡平的问题，在题设情形下，案涉不动产在出售前，C小业主已经办理合法抵押登记，C小业主必然无成立的再审事由启动再审程序从而阻却执行，且对于其是否对执行标的享有实体权益的审理亦无法完成。简言之，作为执行依据的原生效判决并无错误，C小业主对于实体权益的主张将陷入救济无门之窘境。

概言之，两审裁判者的逻辑分歧在于各自寻求路径实现第二百二十七条的价值，但一审“瑕不掩瑜”裁判者与二审“所虑不周”裁判者均未能形成逻辑思维的自洽，亦未提供周延的法律规范指引。

（三）管窥：社会现象实态之考量

“法学是以法律现象为研究对象的学问。”[②] 法律现象的司法实践来源于社会实践，法律规定的使命和裁判者的任务是要统一社会现象映射出的法律现象规范，从而解决社会现象之实态，并建立有序的社会生活规范体系。上文中法律现象反映的社会现象实则与社会成员息息相关，案例中C小业主可称之为房屋买受人的缩影，其中不仅包括一般房屋买受人，亦不乏消费者买受人。因此，这是物权期待权抑或生存权保护与金钱债权、抵押权实现的衡平问题，更如学者所评“住房问题关系当今中国的人心向背”，是重大社会问题。

实践中，开发公司在开发房地产项目时将不动产抵押给银行后再出售，

---

① 详见最高人民法院（2017）最高法民终512号民事裁定书。

② 梁慧星：《民法解释学》，法律出版社2015年版，第193页。

系业内普遍做法。虽然该做法有利于促进房地产市场的活跃，但对社会生活中的“动的安全”即交易安全亦产生一定影响，必然产生一条经济链上的多方博弈。然而，在这场博弈中，如作为案外人的小业主依上述指引走向案外人申请再审程序，将会形成无数小业主拟撼动本无错误的生效裁判，从而脱离针对执行行为本身的诉讼轨道。如我们所知，小业主们的主攻对象并非生效裁判确定主债权债务关系，这种结果显然与小业主们的救济初衷和终极目的相悖。因此，在房地产市场刚性需求仍然强烈的当下，对该类案件的路径指引，不仅关系到物权期待权的保护，更关系到居住权、生存权之民生问题，值得我们予以重视。如渡边教授所述：“采纳法社会学的方法，依对现实社会关系的观察、分析，从中吸取法规范。”① 社会现象之考量，需要裁判者对法律现象和法律规范予以正确衡量，否则将会导致无数小业主陷入生活窘境。

二、反思：案外人优先受偿权陷入救济窘境的原因探究

第二百二十七条的立法本意系以程序功能为区分而周延保护各方权益，其解决核心问题在于如何对执行行为的合法性和争议的权利义务归属作出正当判断。但对于案外人通过一种途径同时主张两种权益的情形应如何处理，尚存在“功能区分”漏洞。故下文从执行异议之诉和案外人申请再审程序功能旨趣角度展开分析，通过寻找规则漏洞和裁判者的逻辑缝隙，探寻案外人陷入救济窘境的成因。

（一）“和而不同”的救济程序存在规则漏洞

“概念虽然不是最重要的，但不是不重要的。不同的概念会引发不同的论文思路，甚至会得出不同的结果。”② 学术交流与共识形成的前提是，彼此都在同一套概念体系中讨论特定问题，因此，首先有必要对我们的研究对象“执行异议之诉”“案外人申请再审”有一个清晰的功能概念界定。

1. “和”的功能概念。本文题设情形下，对于执行异议之诉和案外人申请再审的程序功能概念而言，二者可以共同包含于民事执行救济制度下，并且列属为实体性执行救济制度，系以程序性执行救济制度为前置条件，通过实体裁判的方式矫正民事执行的实体内容来维护案外人的合法权益。二者于案外人而言，其程序价值都是在帮助案外人阻却执行机关对特定标的物采取执行措施以免妨碍标的物上实体权利之行使，这亦是案外人运用救济手段拟实现的最终诉讼目的。换言之，于案外人而言，无论裁判者如何指引行使救济权利，其终极目的无非是排除执行行为对其实体权益的紧

① 梁慧星：《民法解释学》，法律出版社2015年版，第190页。

② 张根大：《法律效力论》，法律出版社1999年版，第1页。

迫压力，通过诉讼手段运用法律规范来维护自身实体权益不受损失。

2. “不同”的功能概念。

	程序	职责	与原裁判关系
执行异议之诉	普通民事诉讼	排除执行	无直接关联性
案外人申请再审	审判监督	纠错	拟推翻、改变

可以看出，执行异议之诉和案外人申请再审程序在程序、职责、与原裁判关系等方面存在着诸多不同。这些不同，于裁判者执行法律而言至关重要。以第二百二十七条的文字表述，“与原判决、裁定是否有关”成为路径判断的规则和界点，为裁判者划定出两条不同的裁判路径，且两条路径从同一界点相向而行，不能交叉或重合。但于审判实践而言，案外人受迫于强制执行的紧迫压力而为保周全，其诉讼主张往往跨越了“与原判决、裁定是否有关”的规则界定。如前述案外人同时提出对优先受偿权的异议，实则是为保全其实体权益作出的非理性的诉讼主张。然而，第二百二十七条“非黑即白”的路径指引，并未周延此种情形。

3. 法律漏洞的认定。经过上述对第二百二十七条批判的价值评定，我们基本上可以认定该条款存在法律漏洞：其一，案外人的非理性诉讼主张不属于法外空间，该诉求属于应包含和规范事项范围；其二，第二百二十七条对该诉请的处理作了不妥当抑或不完全的规定，致使案外人陷入迷途。综合以上两点我们可以得出结论，第二百二十七条确实存在法律漏洞。换言之，第二百二十七条设置的救济程序规则，区隔出执行异议之诉和案外人申请再审两条救济路径，为案外人提供了选择性程序保障。虽然该法条本身不存在逻辑问题，并提供了清晰的指引，但限于条文篇幅尚未周延全面。因此，对于案外人同时对执行依据确认的优先受偿权提出异议如何规范的法律漏洞，第二百二十七条尚需司法解释加以诠释周延。

（二）裁判者存在思维逻辑缝隙

“诚然，法律必然有漏洞。”① 但于前文案例中，裁判者未必发现了第二百二十七条未对“案外人否定生效法律文书确认申请执行人对执行标的享有优先受偿权”的情形进行规制的法律漏洞。这个问题似乎可以归结为法律的滞后性等客观原因，但案件的“同案不同判”“翻烧饼”的现象也从另一侧面也反映出由于裁判者思维规律认识的不同，以及对同一法条的内涵和外延把握标准不一等主观问题。那么，我们借助前文案例，演绎二审裁判者的逻辑思维过程如下：

① ［德］卡尔·拉罗茨：《法学方法论》，陈爱娥译，商务印书馆2003年版，第246页。

①案外人明确权利请求：(1)停止执行；(2)异议优先受偿权，确权。

↓

②裁判者固定权利请求：(1)停止执行；(2)异议优先受偿权；(3)确权。

↓

③确定请求权基础：固定请求1和3符合执行异议之诉规范；
固定请求2符合案外人申请再审规范。

↓

④要件归入并作出裁判：适用第二百二十七条，驳回对执行异议的起诉。

↓

⑤指引通过审判监督程序需求救济：案外人申请再审

截至于此，我们会发现，案外人的真实意图是要通过确认自身的实体权益来排除强制执行，而裁判者在步骤②固定权利请求时已然出现逻辑缝隙。“固定权利请求包含三层含义：明确当事人诉讼请求的含义，弄清当事人诉讼请求中的模糊含义；剔除当事人诉讼请求中矛盾之处；促使当事人更正明显错误、荒谬或非理性的诉讼请求。”[①] 此亦为固定权利请求的应有逻辑模式。但裁判者并未明确案外人诉讼请求的真实意思表示，而是认为案外人对优先受偿权的异议似乎与适用审判监督程序之条件高度契合，且执行异议之诉程序适用的前提亦为“与原判决、裁定无关”，那么第二百二十七条并不存在漏洞，故不需要运用逻辑判断来填补法律的漏洞，直接将对优先受偿权的异议作为确定请求权基础的连接点进行要件归入，从而致使案外人“误入歧途”。

关于“误入歧途”。如前文所述，审判监督程序亦是保障案外人的救济程序，但该程序是否真正能解决题设问题，我们仍继续以演绎方式展开分析。

⑥案外人再审请求：1.改判不享有优先受偿权；
2.停止执行；
3.确权。

↓

⑦案外人陷入窘境：1.是否享有优先受偿权均不影响执行；
2.审判监督程序无法评价确认之诉。

↓

⑧案外人的再审申请被裁定驳回：执行标的被强制执行。

行文至此，不难看出，案外人的实体权益不仅仅没有得到保障，而是没有经过实体审理。简言之，系两个层面的问题致使案外人陷入救济窘境：第一层面即第二百二十七条所表述的非黑即白的功能区隔存在规则漏洞，

① 邹碧华：《要件审判九步法》，法律出版社2015年版，第27页。

无法周延案外人非理性的诉讼请求。第二层面即裁判者并未发现和填补规则漏洞，简单地以非黑即白逻辑思维将要件归入，致使案外人误入歧途，其自身亦可称之为误入迷途。因此，在以规则填补漏洞尚需时日的当下，面对案外人紧迫的司法需求，首先应促使裁判者对该问题达成正当的共识。

三、裁判者共识：实体权益与优先受偿权的求解脱困路径

"一般认为，法律漏洞是指法律违反计划的不圆满性。法律漏洞又分为开放漏洞与隐藏漏洞。其中，隐藏漏洞是指法律虽然含有得以适用的法条，但是并未考虑特定类型案件的特质，根据立法目的对此适用并不妥当的法律不圆满状态。"① 换言之，隐藏法律漏洞需要裁判者借助于目的性限缩方式予以填补，从而契合立法目的并达成普遍共识。然而，共识的基础则是利益衡量精准和对法律条文解释的精准。"法官要做到裁判只能是法律条文的准确解释。"② 因此，对于本文所探讨的第二百二十七条不圆满状态，裁判者不仅要能够精准地发现和认清法律漏洞，还要从这一点出发作出利益衡量精准的正当裁判。

（一）利益衡量方法的功能优势

对于裁判者而言，司法语境下的利益衡量，应当是运用正确的思维方式求解利益衡量的最佳值，而非简单地将案件涵摄于制定法之下进行最单一和最确定的逻辑推论。"思维方式甚至比他们的专业知识更重要，因为专业知识是有据可查的，而思维方式是靠长期专门训练而成的。"③ 利益衡量的求解路径就是面对法律漏洞如何运用契合立法本意、尊重程序正义、兼顾普遍性又具有独立性的逻辑思维对案件进行解锁的过程。

1. 价值：与概念法学思考方法的不同之处。有人把概念法学思考方法比作"自动售货机"式的思考，将投入硬币的过程设定为自然事实的小前提，外屏显示的分类及价格设定为法律规定作为大前提，然后从下面自动引出结论，且结论是唯一和正确的。这种比喻不无道理，但结果仅适用于"S→M→P"的推理过程。对于前文提到的法律漏洞问题，尤其是隐藏法律漏洞填补问题，显然是不恰当的法学方法。如上引执行异议之诉案例中二审裁判，即是以概念法学三段论方法进行的裁判，并没有实质性解决问题。

诚如庞德所言："在任何法律体系中，不论其规则体是多么的详尽精确，审判都不可能只根据规则而根本不顾及法官的意志以及他在审理所受

① ［德］卡尔·拉罗茨：《法学方法论》，陈爱娥译，商务印书馆 2003 年版，第 251 ~255 页。

② ［法］孟德斯鸠：《论法的精神》（上册），张雁深译，商务印书馆 1963 年版，第 157 页。

③ ［美］鲁格罗·亚狄瑟：《法律的逻辑：法官写给法律人的逻辑指引》，唐欣伟译，法律出版社 2007 年版，第 3 页。

理的案件时所具有的有关应当做什么才能实现公正结果的个人感觉。”① 然而，利益衡量方法恰恰能解决这样的公约性难题，其实质就是裁判者于裁判之中思考如何填补法律漏洞后而作出判断，着重于利益在法律适用中的地位，强调法官在司法审判中的作用。“法院的最后判决依据的不是法律条文，而是利益衡量初步结论加上找到的经过解释的法律条文，所以这种思考方法和概念法学的思考方法正好相反。”②

2. 防止：利益衡量可能导致恣意。虽然“法律并非完美”已成为法学界的共识，“利益衡量是一种妥当解决问题的法学思考方法”得到了部分法学家的认同。但“自由”“弹性”“主观”仍然是利益衡量方法的特有标签。可以说，利益衡量的主观性本质极易造成恣意。因此，正确运用利益衡量方法解决公约性难题的另一个关键问题，就是如何解决好“利益衡量在什么程度上可能是客观的”这一根本问题，以防止裁判者在利益衡量过程中的恣意行为，也就是我们通常所说的自由裁量适当或妥当的问题。

在我国司法改革责任制大背景下，要防止利益衡量的恣意行为和保证利益衡量的客观或实现公平正义之感受，“首先是通过强化法官教育和资格制度，普遍提高法官素质（法律正义感和法学方法），亦即所谓法官的人格是正义的最终保障；其次是审判制度的科学化，即借科学的制度和程序以调和个性、避免恣意，确保解释具有相当程度的客观性；最后是真正的审判独立之保障，以排除行政权力等的影响。”③

诚如梁上上教授所言：“利益衡量的思考方法与重视社会效果的法社会学思考方法是一致的，它有利于解决我国当前社会经济中出现的诸多法律难题。”④

（二）如何运用利益衡量方法求解案件审理最佳值

下面，我们仍以前文案例为脚本，以抽象命题为始，以分析具体情境为载体，通过思维导图演绎上述案例的解锁过程。此中，我们着重考虑裁判时利益衡量的基础是什么、分析各方的具体利益点在哪里，进一步证成是否最终呈现出利益衡量精准的正当裁判。

---

① ［美］罗斯科·庞德：《法理学》（第2卷），邓正来译，法律出版社2007年版，第345～366页。

② 梁上上：《利益衡量论》，法律出版社2016年版，第47页。

③ 梁慧星：《民法解释学》，法律出版社2015年版，第191页。

④ 梁上上：《利益衡量论》，法律出版社2016年版，第114页。

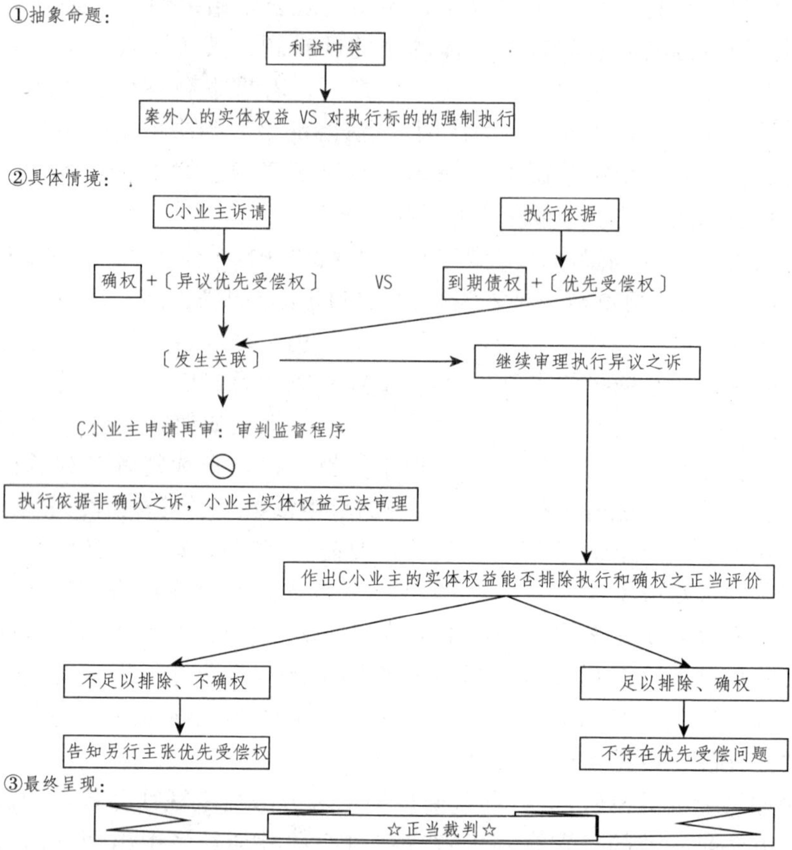

从上图演绎解锁过程可以看出，在题设情境下，利益衡量基础点在于“发生关联”处，即C小业主对于优先受偿权的异议是通过审判监督程序解决，还是在执行异议之诉审理中回应更为恰当，这亦是第二百二十七条之漏洞所在。显然，通过演绎裁判过程，审判监督程序并不能解决利益冲突的主要矛盾，而通过执行异议之诉程序则解决了冲突的根源性问题，即对案外人的实体权益进行了实体审理，并评价了其是否能排除对执行标的的强制执行。虽然利益衡量的过程未对优先受偿权问题进行实体性的评价，但当裁判者面对非理性诉求阻碍正当审判活动时，还是要运用实践理性对冲突的利益通过比较而加以取舍。因为于结果而言，其并不影响正当裁判的呈现，这也正是利益衡量的法学方法解锁案件最佳值以填补法律漏洞之体现。

诚然，如前文所述，利益衡量的填补方法能否达到契合立法目的本意之程度尚需裁判者达成普遍共识。纵观中国裁判文书网呈现出的类案裁判结果，虽然本文观点并非主流，但亦有持本观点的先行者。[①] 笔者亦坚信，对于题设情形应适用执行异议之诉程序的共识，将随着法律适用正当的实践而逐渐形成。

四、规则共识：解决非理性诉求的司法解释条文设想

“大多数人更想被绑在严格、直白的制定法文字之上，因而不需要自己去回答法律问题。因为没有风险！这就是他们的座右铭。”[②] 在裁判者达成普遍共识的基础上，如何将这种意志共识形成具有纲领性的规则共识，从而进一步完善实体性执行救济体系，封堵规则漏洞和逻辑缝隙，供裁判者和案外人等司法实践者直接适用，系司法实践的迫切需求，亦是法律发展之必然。

（一）方法：通过目的性限缩补充第二百二十七条之漏洞

依梁慧星教授所言：“法律漏洞的补充方法可区别为三：其一，依习惯补充；其二，依法理补充；其三，依判例补充。”[③] 于本文研究的问题而言，并无延续前世至今生可遵循之习惯；于我国司法环境而言，判例补充法亦存在些许不妥；故本文试论依法理补充方法之可行性。

如前文所述，第二百二十七条的法律漏洞为隐藏漏洞，需运用目的性限缩方式予以填补。目的性限缩的特征有三，且与本文研究的问题高度契合。其一，目的性限缩的目的为贯彻法律目的，第二百二十七条的法律目的即是为案外人的实体权益救济提供路径指引，本文亦旨在为案外人提出更清晰的指引；其二，目的性限缩属于演绎而非归纳，本文演绎的案例正是剔除一般情形而发生的特殊问题；其三，目的性限缩补充应以法条规范意旨为考量，即应实现法律目的具体化，将模糊的意思表示锁定清晰。因此，遵循上述契合性，对于题设“生效法律文书确认申请执行人对执行标的享有优先受偿权的情形下，案外人提起执行异议之诉主张实体权益的同时亦对优先受偿权提出异议，裁判者如何应对并提出正当指引”的问题，运用目的性限缩方法通过制定司法解释条文，有利于进一步弥补立法者的疏忽，明确第二百二十七条立法之目的。

（二）拟制：以“一个点”开启特殊案外人的救济之门

如前文所得结论，第二百二十七条清晰地将执行异议之诉和案外人申请再审进行了边界划分，但其直白的功能区分，影响其对待非理性诉求的

---

① 详见最高人民法院（2015）民申字第16号民事裁定书。

② ［德］阿图尔·考夫曼：《法律获取的程序：一种理性分析》，雷磊译，中国政法大学出版社2015年版，第62页。

③ 梁慧星：《民法解释学》，法律出版社2015年版，第191页。

应对性，从而制约了实体性执行救济体系的充分发挥。执行异议之诉程序作为实体性执行救济程序，应当是同时解决案外人实体权益异议权与非理性异议权的唯一程序，其程序价值和功能作用不言而喻。但在当下的实体性执行救济体系环境下，有关狭义①执行异议之诉的法律、司法解释仅十余条，且均为程序性规定，散落无序地分布在《民事诉讼法》执行篇和《最高人民法院关于适用〈中华人民共和国民事诉讼法〉的解释》中。至于对案外人实体权益能否排除强制执行的实体性审查，多数裁判者在参照本应执行程序中适用的《最高人民法院关于人民法院办理执行异议和复议案件若干问题的规定》进行说理裁判。因此，在执行异议之诉案件高度攀升的大背景下，执行异议之诉的制度构造亟待充实和完善，无论从程序还是实体方面，均需一部专门的司法解释对相关问题予以规制，以此逐渐形成层次结构更为合理的实体性执行救济体系。

据悉，执行异议之诉司法解释的起草时至征求意见阶段，该司法解释将对完善实体性执行救济体系起到至关重要的作用。笔者认为，该司法解释规定中，对第二百二十七条的补充亦不可少，因其实为本文探讨之案外人的救济之门。故笔者针对题设情形，运用前文所述方法，拟制“一个点”的规则条文，以概言前文述论，金钱债权执行中，作为执行依据的法律文书已经认定申请执行人对于执行标的享有担保物权等优先受偿权，案外人以其对执行标的享有实体权益为由提起执行异议之诉请求排除强制执行，同时又对生效法律文书确认的优先受偿权提出异议的，应按照《民事诉讼法》第二百二十七条规定通过执行异议之诉程序审理案外人对执行标的的实体权益是否足以排除强制执行。对于其他异议请求，人民法院不予审理，并告知其另行主张权利。

结　语

诚如张卫平教授所言：“案外人异议之诉是一种具有特殊性的、相对比较复杂的制度，由于《民事诉讼法》的规定相对简单，还需要相应的司法解释予以规范，而合理科学的司法解释又需要理论研究支持。因此，加强案外人异议之诉的理论研究是当务之急。”② 本文的研究路径，本着“实践——理论——规则”之逻辑，力争从经验事实中发现规律，并抽象为概念规则，从而在共识规则制定中作出“一个点”的贡献。

（本文获一等奖）

① 这里不包括执行分配方案异议之诉。

② 张卫平：《案外人异议之诉的功能与价值》，载《人民法院报》2009 年 3 月 26 日。

案外人异议之诉与关联诉讼“合并—吸收”程序构建

——以预查封房产处置中出售人合同解除之诉为例

吉卓烨*　鲁晓薇**

“基本解决执行难”大背景下，“查物难”“找人难”“变现难”等问题都依托于制度的建设和技术的提高得到了一定的程序解决，但是尚有一种因程序上的不畅通导致的新型“执行难”有待进一步解决。即案外人异议之诉与关联诉讼各自为战，管辖归属不统一、判决内容互相冲突，导致执行程序的拖延，造成新的“执行难”。

如在预查封房产处置过程中，出售人另行诉请解除房屋预售合同，而后持解除合同的判决再提请执行异议、案外人异议之诉，此举不仅使得被执行人责任财产处于不确定之状态，影响执行质效，又使得不同法院就同一法律事实作重复之判决，浪费司法资源，人为地引发法院内部的冲突。本文拟就如何破解法院内部的协调机制，借助“预查封房屋出售人合同解除权之行使”这一特殊情境，以“案外人异议之诉”为中心，根据利益平衡原则，借鉴诉的合并理论，需要梳理各诉之间的关系，从而解决执行中案外人异议程序中多种类型、多方主体之间诉的协调问题。

一、实践剖解：预查封房屋处置中诉之合并的现状分析

（一）立法现状：预查封房屋出售人诉之合并规则缺失

“预查封是指对尚未在登记机关进行物权登记但又履行了一定的批准或者备案等预登记手续、被执行人享有未公示或者预期物权的房屋所采取的控制性措施。”① 2004 年由最高人民法院、国土资源部、建设部联合发布的《关于依法规范人民法院执行和国土资源房地产管理部门协助执行若干问题

---

* 作者单位：北京市大兴区人民法院。

** 作者单位：黑龙江省佳木斯市中级人民法院。

① 葛行军、范向阳：《〈关于人民法院执行和国土资源房地产管理部门协助执行若干问题的通知〉的理解与适用》，载《人民司法》2004 年第 4 期。

的通知》(以下简称《联合通知》)确立了预查封制度。该《联合通知》第十五条对可进行预查封的房屋情形作了规定,(见表1),实务中,预查封房屋的第三种情形因进行了预售合同的备案登记或预告登记,处置中涉及的问题和争议较多,① 故本文主要围绕第三种情形进行讨论。《联合通知》仅对可预查封的房屋情形、预查封与查封的转化做了简单规定,但是关于预查封房屋的处置、处置过程中案外人权利的救济,特别是出售人在房屋被预查封后能否诉请解除合同、解除合同之诉的管辖、诉请解除合同的程序选择及解除合同生效判决与预查封的效力层级等问题,都没有明确的规定。预查封制度已确定十五年之久,但是除了《联合通知》外,目前尚无任何其他法律、法规、司法解释对该制度的运行做进一步的规定和细化。

表1 **可预查封的房屋三种情形**

	申请执行人	被执行人	案外人	房屋预查封条件
1	债权人	开发商	无	已办理了商品房预售许可证且尚未出售的房屋
2	债权人	债务人(买受人)	开发商	已由房地产开发企业办理了房屋权属初始登记的房屋
3	债权人	债务人(买受人)	开发商	办理了商品房预售合同登记备案手续或者商品房预告登记的房屋

现行法规在《最高人民法院关于适用〈中华人民共和国民事诉讼法〉的解释》第三百一十二条中规定,案外人在执行异议之诉中,提出确权之诉的,法院可以一并作出裁决。若是案外人提出的为形成之诉,是否可以合并处理,则并无规定。如在预查封状态下,基于商品房预售合同本身的特性和被执行人怠于履行进行房屋权属登记原因,预查封并非都成转为查封,但因预售商品房尚登记在开发商名下,其作为案外人若是以买受人违约提请法院解除买卖合同,② 则此类案件之管辖规则、解除合同之生效判决与预查封效力之位阶比较、该诉能否并入案外人异议之诉中一并审理目前均无明文之规定。

预查封制度的立法不完备、缺乏体系性,诉之合并程序规则的空白不

---

① 第一种情形由于被执行人即房地产开发企业尚未出售房屋,在开发商作为被执行人之时预查封该房产,并不涉及其他利害关系主体;第二种情形被执行人尚未办理预售或预告登记手续,该预售合同尚不存在对世效力,因而也不涉及其他利害关系主体,故实践中基本不存在复杂的利益平衡问题。

② 结合《联合通知》的立法原意及合同法之基本原则,可明确一条规则:即预查封不影响预售商品房合同当事人行使约定解除权。

仅不利于实现债权人的合法权益，更造成实务中各院做法不一的现象，不利于司法权威的确立。

（二）执行现状：预查封房屋出售人行使诉权之实践梳理

尽管目前理论上对于预查封房屋的处置采取保守态度，但是实务中各地法院处置预查封房产并不鲜见。本文将着力分析在处置预查封房产过程中，出售人提请异议之诉之时，关联诉讼如何处置及具体程序选择问题。在买受人全款买房的情况下，出售人基于买卖合同收取了全部房款，其合同项下的财产权利已经完全实现，其对房屋已经不享有占有、使用、收益和处分的权能，其所有权名义已属“空壳”。[①] 故不存在其利益受损之风险。本文讨论的范围主要限定在按揭购房的情形下，按揭购房中，因房屋尚未建成且未进行权属登记，故无法办理抵押，一般都是由出售人为购房人向银行提供阶段性的担保。在被执行人逾期还贷后，出售人往往需要向银行承担担保责任，导致出售人合同目的落空。而预查封中，涉及的四方利益主体之间存在错综复杂的法律关系，并由此产生各自不同的利益诉求（详见图 1）。

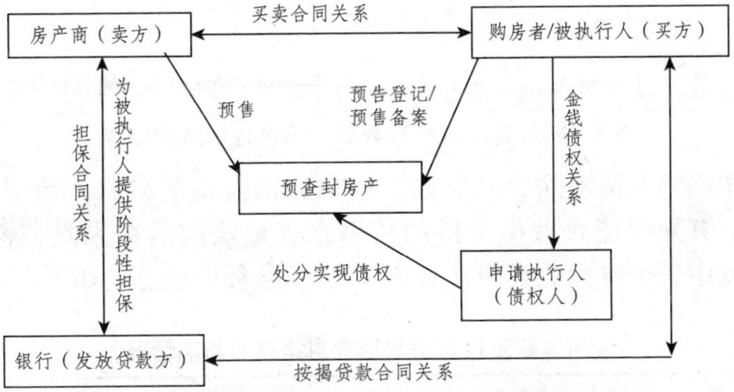

图 1　预查封房产上的各类主体之间的法律关系图

可见，在预查封状态下，合同的解除与否会直接影响到申请执行人的利益，故“以合同自由为法律基础的约定解除，应当受到合同正义的限制与匡正”。[②] 实务中，也有法院认为在预查封期间，不得行使合同解除权。[③] 但该判决后被其上级法院撤销，[④] 最高人民法院于 2013 年发布的指导性案例——江南公司诉孙有英夫妇合同纠纷案中，[⑤] 更是确认了如下裁判规则：

① 梁慧星：《民事解答录》，人民法院出版社 2015 年版，第 60 页。

② 李晓钰：《合同解除制度研究》，中国法制出版社 2018 年版，第 47 页。

③ 参见江苏省昆山市人民法院（2013）昆巴民初字第 0489 号民事判决书。

④ 参见江苏省苏州市中级人民法院（2015）苏中民终字第 00555 号民事判决书。

⑤ 参见江苏省宜兴市人民法院（2013）宜执异字第 0021 号执行裁定书。

预查封不影响预售商品房合同当事人行使约定解除权，上述规则现已经为各地法院之共识。

通过分析检索出售人案外人异议之诉的法律文书，和本院实务中的案例，发现基于同样的法律事实，出售人会选择不同的路径维护自身权利。

1. 直接异议与异议之诉结合。出售人在获知预售房屋被预查封后，在执行程序中直接以房屋所有权人名义提出执行异议，对异议结果不服的，向法院提出执行异议之诉。

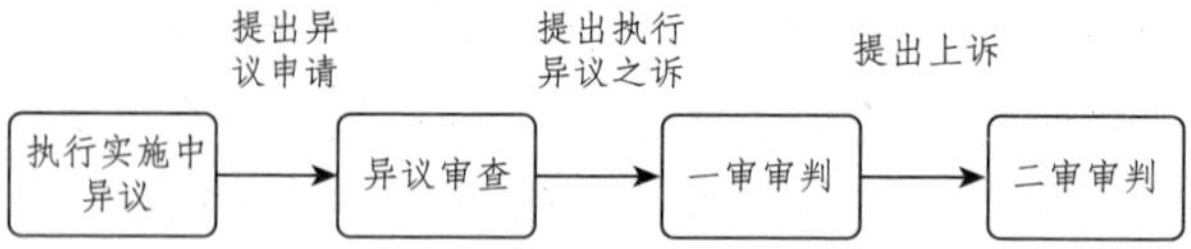

图2　直接异议路径

2. 解除合同与执行异议、异议之诉结合。出售人在房屋被预查封后，以被执行人未如约履行合同，诉请法院（一般为非执行法院）解除买卖合同，之后持生效的解除合同之判决到执行法院提出执行异议，对异议结果不服后，向执行法院提出执行异议之诉。

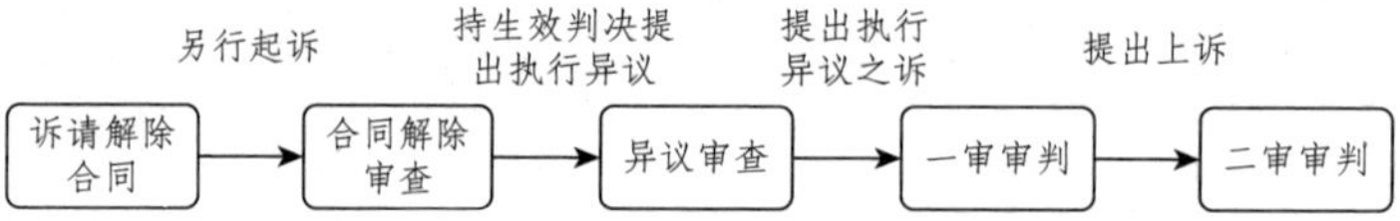

图3　解除合同与执行异议、异议之诉结合路径

实务中出售人持解除合同的判决向执行法院提起异议或要求解除预查封措施时，其异议能否获得支持的结果在各地法院的结果是截然不同的，笔者选取其中三个典型的案例（见表2），将各种做法总结如下。

表2　合同解除生效判决对预查封措施的影响情况

案例	裁决机关	处理结果
（2017）湘0221执异1号	湖南省株洲市人民法院	解除判决在预查封裁定之后，不能产生对抗预查封措施之效力
（2018）皖0826执异5号	安徽省宿松县人民法院	认可合同解除，中止执行，解除预查封措施
（2018）苏02执复1号	江苏省无锡市中级人民法院	认可合同解除，不中止执行，转而查封合同解除后被执行人对开发商享有的债权

第一种做法所依据的是《最高人民法院关于人民法院办理执行异议和

复议案件若干问题的规定》第二十六条第二款之规定，① 但是该款是针对查封的规定，笔者认为其并不当然适用于预查封程序；第二种做法基于判决的社会拘束力，② 在之后的异议程序中遵守在先判决之既判力，但是该做法混淆了在先判决与执行异议程序的诉讼标的，且直接解除预查封，没有充分保护申请执行人的利益，违反利益平衡原则；第三种做法既保证了出售人合同解除权行使的效果，又充分保护了申请人的利益，但是其对预查封之对象认识有所欠缺。预查封房屋的执行对象是被执行人在履行商品房预售合同过程中，取得的可供执行的财产性权益，③ 包括合同项下的债权和物权期待权。④

二、先决问题：案外人异议之诉合并关联诉讼的可行性分析

上述三种做法的前提都是出售人的合同解除权通过另案诉讼而实现，其结果会导致法院就同一事项重复评价，浪费司法资源，也难以防止不同法院就同一事项作出不同之价值判断，不利于司法权威之维护，同时基于上文预查封的法律关系分析，合同之解除直接关系到债权人之利益，在债权人“缺位”的诉讼程序中来判断合同解除与否，变相剥夺了申请人为自己利益辩护之权利，不符合利益平衡之原则。故笔者认为，在案外人异议之诉制度相对完善的情况下，应当依据“诉的合并”之理论，将出售人解除合同之诉纳入案外人异议程序之中，在异议之诉程序中，就合同解除问题进行一并处理。这样既可以节约司法成本，提升执行工作质效，也避免当事人累诉，最大程度保护各方当事人利益。笔者将从理论基础和实践操作的多角度出发，对解除合同之诉纳入案外人异议之诉中一并处理的可行性逐一进行分析：

（一）理论基础：“一理论一原则”

1. 责任财产恒定理论。债务人应当以其财产对其债务负责，是为责任财产。被执行人的责任财产是其承担义务的基础，在预查封措施的执行依据取得之时，被执行人的财产就产生恒定性。预查封在防止责任财产价值

---

① 《最高人民法院关于人民法院办理执行异议和复议案件若干问题的规定》第二十六条：……；金钱债权执行中，案外人依据执行标的被查封、扣押、冻结后作出的另案生效法律文书提出排除执行异议的，人民法院不予支持。

② 常廷彬：《民事判决既判力主观范围研究》，中国人民公安大学出版社2010年版，第32页。

③ 赵建华：《利用仲裁裁决规避对预查封房产执行的审查处理》，载《人民司法（案例版）》2012年6月。

④ 买受人物权期待权是指对于已经签订买卖合同的买受人，在已经履行合同部分义务的情况下，虽然尚未取得合同标的物的物权，但赋予其类似物权人的地位，其对物权的期待权具有排除执行的效力。

贬损上产生与查封同等的效力，被执行人在预售合同项下享有的财产性利益应当包括房产因市场供需变动导致的价格上涨后的增值部分，该增值部分也构成被执行人的责任财产。故贬损该财产价值之合同解除之诉不应绕过执行程序而进行。

2. 禁止重复诉讼原则。该原则又称“一事不再理原则”。由于出售人与被执行人的合同法律关系在诉讼中已经得到确认，出售人在案外人异议之诉中要求解除预查封措施排除执行的基础和前因行为是基于同一法律事实。如果要求出售人就该同一事项在两次诉讼程序中重复举证，提高了出售人的诉讼成本；法官就同一事项重复判断，在现有案多人少的大环境下，增加了无谓的司法成本，不符合程序正义的要求。

（二）价值要求：利益平衡和效率价值的凸显

1. 利益平衡原则的体现。立法过程和司法适用都必须考虑和解决的核心问题，是依照公平正义为核心的一定伦理道德准则保障人民应当享有的各种权利和合理地调节人们之间的各种利益关系。[①] 异议之诉制度中，需要在综合平衡申请人与被执行人之间的利益，申请执行人与案外人之间的利益，当事人、案外人与执行标的受让人之间的利益，使得各方利益在该诉讼程序之中得到合理的优化平衡状态。在预查封状态下解除商品房预售合同，申请执行人与出售人两者之间的个人利益存在着对抗，申请执行人享有对被执行人的债权，出售人享有解除合同之权，两者均属于个人的具体利益，要衡量利益之时的公平正义，就需在利益的层次机构中衡量各方的具体利益。将合同解除之诉并入异议之诉中，符合异议之诉规定的制度价值，能最大限度地体现社会公共利益，包括维持司法权威、节约司法资源、避免裁判之分歧、便利当事人。故要保证各方利益之平衡，需要保证各方都在解除合同这一影响各方权利的事情上保有“发声”之机会，有反驳对方当事人的陈述和诉求、进行答辩的权利，唯有如此，才能实现异议之诉对第三人提供救济、平衡各方利益之目的。

2. 效率价值的体现。效率是执行工作的重要价值追求，及时将被执行人财产变现实现债权人的利益才是硬道理。不论是出售人先异议后另诉解除合同，还是先诉请解除合同，而后持生效判决提请异议，都不可避免导致法院对同一法律事实进行重复评价，拖延执行程序，而将合同解除之诉纳入案外人异议之诉中，既能省去案外人另案起诉的麻烦，又能防止其通过重复诉讼恶意拖延执行进程，缩短权利的实现周期，充分实现执行程序对效率的追求。

---

① 梁上上：《利益衡量论》，法律出版社 2016 年 9 月版，第 119 页。

（三）程序支持："诉的合并"运行之可能

1. 异议之诉的性质打通"诉的合并"之障碍。关于案外人异议之诉的性质，学说林立各不相同，[①] 其中形成之诉为通说，即认为本诉系第三人对执行标的物主张有所有权或其他得阻止物之交付或让与之权利，而请求排除强制执行。[②] 采用形成之诉说，异议之诉的法院判决，只对异议权的存在与否有既判力，而作为异议权存否之先决条件的第三人所主张的实体法律关系，该判决并无既判力，当事人仍得就该实体上法律关系另行起诉，结果是难以避免裁判之分歧。因此，应认为第三人异议之诉的诉讼标的，为当事人主张之实体上法律关系，而非基于该项法律关系所产生之执行程序上的异议权。所以当事人间实体上法律关系之确定及排除强制执行之目的，得在异议之诉程序中一并解决，较为合理。

2. 关联诉讼之目的指向"诉的合并"。根据出售人诉请解除合同的时间，其可以分为在预查封措施之前的解除和预查封措施之后的解除，对于在执行法院采取预查封措施之前，出售人已经获取生效的解除合同之判决的情况，自不存在两诉合并之可能。而对于在执行法院已经采取预查封措施之后，出售人可参照《最高人民法院关于人民法院民事执行中查封、扣押、冻结财产的规定》第十九条，以同意房屋剩余价款从该财产变价款中优先支付的途径实现自己的合同目的。此种情况下仍诉请解除合同，其最终目的乃是对抗预查封措施，解除合同仅为其手段。出售人享有解除合同之自由，但是自由本身具有相对性，不存在没有限制的自由。"在某种意义上，一部合同自由的历史，就是合同如何受到限制，经由修订，而促进实践合同正义的记录。"[③] 若从实体限制出售人之合同解除权，势必违反合同法的基本原则，故只能从程序上进行一定的限制，其基于排除执行之目的，诉请法院确认其实体上之法律关系，可以基于诉的混合合并[④]之理论将其纳入统一程序中。

三、解决之道：案外人异议之诉吸收关联诉的程序构建

为进一步解决案外人异议之诉吸收关联诉的实操问题，本文试图在原有预查封制度、案外人异议之诉制度的基础上，主要围绕程序的启动、程

① 目前主要有给付之诉说、确认之诉说、形成之诉说、命令之诉说、救济之诉说、新形成之诉说等。

② 杨与龄：《强制执行法论》，台湾地区三民书局2007年版，第230页。

③ 王泽鉴：《债法原理》，中国政法大学出版社2001年版，第74页。

④ 根据合并要素的不同，合并之诉可分为客观合并之诉、主观合并之诉及混合合并之诉三种类型。混合合并之诉，又称诉的混合合并或竞合合并，是指在同一诉讼程序中当事人一方或双方及诉讼标的均为多数的诉讼，即在同一诉讼程序中兼有诉的客观合并和诉的主观合并的情形。

序的审查、实体的裁判等问题，对本诉的程序要件和审理裁判行分析和说明。

图4　案外人异议之诉吸收关联诉的程序图

（一）*启动要件*

1. 主体要件。是解决本诉的当事人资格问题，即何人可以提起该诉。其具体判断包含两个因素：当事人能力和当事人适格。[①]

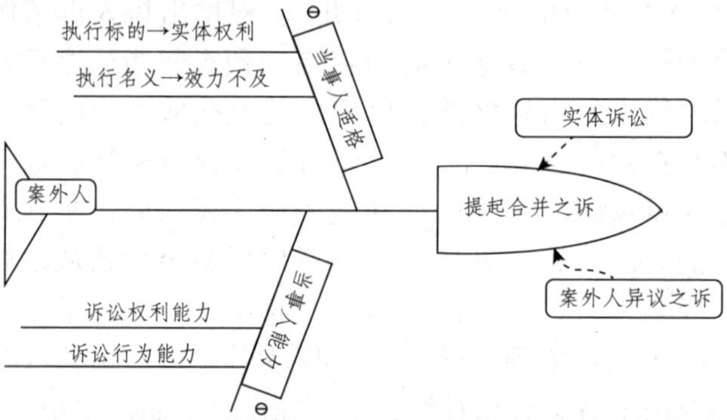

图5　合并之诉的主体要件图

要成为本诉中的适合原告，必须对执行标的享有实体上的权力，同时又不在执行效力辐射范围之内。我国诉讼法中对案外人的利益保护，采取的是异议前置，而后不服异议裁定再提起诉讼的程序设置，其虽能够起到“过滤”作用，避免和减少一些非真正异议之诉的发生，节约司法资源，遏制案外人滥诉的发生，但是执行组织不同于审判组织，异议程序中仅进行形式审查，并无法判断实体权利存在与否。而实务中，案外人在执行异议中诉求得不到支持之时，比如会提起异议之诉，上述前置程序徒增案外人权利救济的程序成本和程序性障碍，反而延迟执行工作，也不利于保护债权人的利益。故在预查封中出售人以解除合同之手段排除执行之目的时，笔者认为应该直接提起案外人异议之诉。开发商不受执行名义效力之所及，其在被执行人违约之情形下，享有足以排除执行之实体权利，故其自然为适格之异议之诉当事人。

① ［日］兼子一、竹下守夫：《民事诉讼法（新版）》，白绿铉译，法律出版社1995年版，第35页。

排除法院基于债权人的执行申请，对执行标的采取的执行措施，是本诉的出发点，因此债权人（申请执行人）或者其权利继受人作为该诉的被告资格毫无异议。关于债务人之诉讼地位，各国及地区之通行做法为，当债务人对案外人主张的权利持反对态度时，应当列为共同被告。此处需要重点说明的是两种情形：一是债务人对案外人之主张不持明确反对态度；二是债务人下落不明，其态度无从查知的状态。笔者认为，在将合同解除之诉纳入之异议之诉程序考量时，在商品房预售合同之中，案外人与债务人为合同之两造当事人，开发商诉请解除合同之时，不论债务人内心之态度为何，其与开发商之合同项下利益都属于相对之双方，故应将其直接列为被告；而在被执行人下落不明之时，可借鉴《北京市高级人民法院关于审理执行异议之诉案件适用法律若干问题的指导意见》之做法，在被执行人因下落不明而无法对案外人的权利主张发表意见的，应当列其为共同被告。

2. 时间要件。时间要件是解决第三人于何时提起异议之诉的问题。异议之诉的目的是排除执行，自然只有在执行程序终结之前才有意义。此处的执行程序的终结是指针对特定执行标的物的执行程序的终结，而非指执行依据的整个执行程序的终结。如出售人就预查封房产的拍卖提出执行异议，其终结之时间节点应在拍卖价款交付债权人之时，在此之前，均可以提出异议之诉。

（二）审理程序

1. 审理方式。异议之诉中往往涉及第三人与执行债权人、执行债务人之间的双重法律关系，因此就涉及到审理方式是合并辩论、审理还是分开辩论、审理。预查封房产处置中，出售人以排除执行之目的提出的撤销或者停止预查封的请求，法院作出的是形成判决，而出售人对债务人提出的解除合同之请求，法院作出的也是形成判决，两者在诉讼标的、诉讼请求、诉讼原因有一定的不同，但是又有很多相同之处，且创设上述合并之诉的程序，目的就是为了让申请执行人基于维护自己的利益之目的参与到合同解除诉讼中来，故笔者认为合并辩论审理更利于维护各方权利。

2. 审理范围。审理范围主要是解决异议之诉程序中案外人的原因权利是否应成为该程序的审理范围。基于上文之分析，出售人排除执行之原因和前提即其行使合同解除权之后，其不再负有将预售房屋之所有权转移登记至被执行人名下，故原因权利是其异议权成立与否的前提，对异议权的审理本身就离不开对原因权利的审查判断，其原因权利本身就构成诉讼请求的一部分，故必然成为异议之诉的审理范围。另，为防止法院的审理范围与判决主文不一致，同时为保障出售人的合同解除权之独立性，防止程序之合并损伤当事人实体权利之行使，笔者认为可以借鉴我国台湾地区的做法，就合同解除之问题（该形成之诉）作出中间判决。中间判决是在审理中为准备作出终局判决而事先解决当事人之间有关本案或诉讼程序的争点的判决，是在诉讼的审理还未达到作出终局判决的阶段作出的判决。[①]

（三）实体裁判

1. 证明责任。可被概括为当某个事实存在与否不明确时，某一方当事人将承担以该事实为要件的、于己有利之法律效果不获认可的危险或不利后果，[②] 包括两个方面（见图 6）。

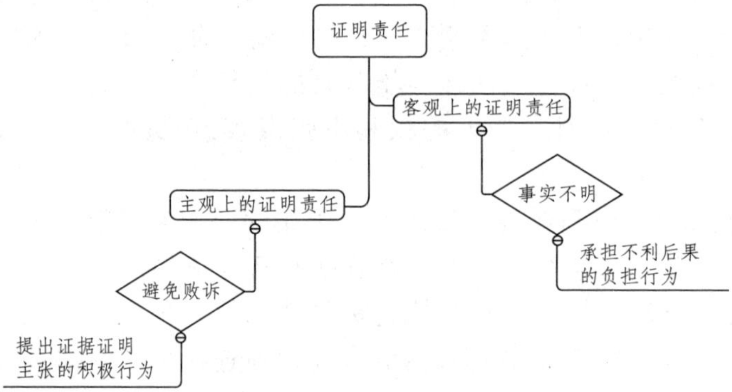

图 6 证明责任之分类图

此处我们讨论的是指客观上的举证责任，而目前大陆法系国家关于责任分派的通行理论为德国法学家罗森贝克的“法律要件分类说”，我国 2015 年出台的《最高人民法院关于适用〈中华人民共和国民事诉讼法〉的解释》就依据上述学说确立了举证责任分配的基本原则。根据该说，出售人主张合同关系应当变更、消灭或受到妨害的，其应当对构成的基本事实承担举证责任，而其依据合同解除之效果来排除强制执行的，也应当对排除之理由承担举证责任，若是该事实之存在与否处于不明的状态，则出售人应当承担相应的不利后果。此处涉及一个重要问题，即对于合同之解除的事实，被执行人如果自认，出售人是否不用再承担举证责任？法律上自认，是指对于对方所主张可以成为诉讼标的权利关系之前提（先决）的法律关系，予以承认。[③] 当事人自认的情况下，可以免除对方当事人的举证责任，法院也无须再耗费精力就当事人自认之法律关系进行审查和认定。自认制度的初衷为降低诉讼成本，提高诉讼效率。笔者认为，在异议之诉中，基于该

① ［日］兼子一、竹下守夫：《民事诉讼法（新版）》，白绿铉译，法律出版社 1995 年版，第 145 页。

② ［日］新堂幸司：《新民事诉讼法》，林剑峰译，法律出版社 2008 年版，第 392 页。

③ 李木贵：《民事诉讼法》，台湾地区元照出版有限公司 2007 年版，第 6～108 页。

诉讼程序的现实考量，被执行人对出售人主张事实的自认并不能免除开发商的证明责任。异议之诉合并关联诉讼之初衷就是为了防止出售人与被执行人恶意合谋，虚假解除合同，损害申请执行人的合法利益。在现如今房价暴涨的大背景下，预查封房屋处置后被执行人的责任财产必然包括因房价上涨后带来的利益，而解除合同后，被执行人之责任财产仅为出售人返还的首付款及银行同期贷款利率，相比之下，前一种情形下明显申请人的利益可以获得更为有利的保护，故即使被执行人自认出售人陈述的关于原因权利的事实，也不当然免除出售人就上述事实的举证责任。

2. 裁判主文判决主文是指法院对原告提出的诉讼请求或诉的声明的判断结果，以及其他应该裁判事项的判断结果。① 该程序中的判决主文就是法院对出售人确认合同解除与否和能够产生排除强制执行的效果进行终局判断。判断结果一般分为裁定和判决两种（见图7）。

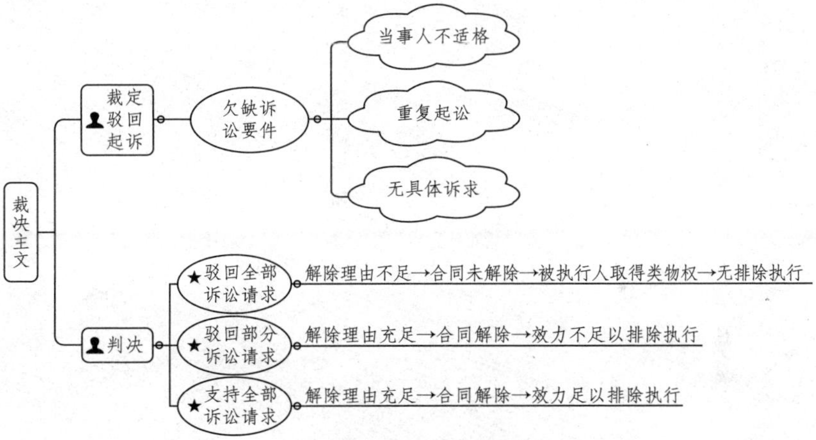

图7 裁决主文类型图

裁定驳回起诉之理由与普通诉讼程序没有区别，即《民事诉讼法》中规定之通常情形。而采用判决之情形，因为程序为合并之诉，故基于对关联诉的判断结果与排除执行之效果判断之不同组合，分为三种判决结果：

（1）如果出售人主张的解除合同之理由不充分，合同不解除，则被执行人基于预售合同进行过登记或预告登记，取得类似于物权之效力，自然其排除执行之诉求无根据，自当判决驳回其全部的诉求。

（2）如出售人的实体权利得到法院支持，获得解除合同之结果，但不足以产生排除执行之效力，则法院可以判定确认其合同解除权之行使，但应驳回停止执行之诉求。

（3）如出售人主张的合同解除权得到支持，也足以产生排除强制执行

① 陈计男：《民事诉讼法（上）》，台湾地区三民书局股份有限公司1994年版，第5~7页。

之效力，则法院应判决支持全部诉求。

结　语

执行程序的效率原则要求我们尽快预查封之房产变现，实现债权人的利益，但是出售人的合法利益也应当保护，为防止出售人与被执行人恶意合谋解除合同，只有将三方引入同一程序中，即案外人异议之诉程序吸收合并关联诉讼，法院在三方当事人充分辩论“发声”后，就原因权利及排除执行之效果作出最终判定，方能凸显司法效率之价值，平衡各方之权益。

（本文获一等奖）

网络执行查控系统的区块链改革

程新桐*

引 言

2019年3月，最高人民法院报告提出，下一步的工作是实现“切实解决执行难”目标，加强区块链在执行工作中的运用，优化升级各类执行信息化系统平台。目前我国法院的网络执行查控系统虽然为达成“基本解决执行难”阶段性目标发挥了重要作用，但也同时存在执行工作还未能完全实现查控自动化、一体化、智能化的困境。为此，笔者尝试引入“区块链”理念来优化升级当前的网络查控系统，为提升执行效能，推动执行信息化提供有力科技支撑。

本文所讲的就是区块链改变网络查控系统后，其所带来理念上的巨大变化，具体落实到操作层面，就是建立“分布式自律型履行”机制。其“分布式”指以区块为单位产生执行所需的电子法律文书、查控结果等电子数据，将其存储在不可篡改和不可伪造的分布式账本当中；其“自律型履行”指在系统中编程和运行“执行智能合约”，以实现网络查控自动化、一体化、智能化。需要说明的是，本文所讨论的网络查控系统“区块链”改革是以执行实施事务已实现标准化为前提。为了便于读者更好地理解区块链，笔者会尽量使用“非技术化”的方式来论述，少用专业术语。

一、现实冲击：网络执行查控系统面临的困境

网络执行查控系统是最高人民法院达成“基本解决执行难”阶段性目标的重要工具，也是最高人民法院通过制度规范、流程设计、机制构建、可视化系统手段完成的执行信息化的最基础性工作。网络执行查控系统的运行为执行工作提供了基本的信息素材，而要想切实解决执行难，则对这一系统的自动化、一体化、智能化提出了更高的要求。

---

* 作者单位：北京市东城区人民法院。

（一）依据繁杂，自动化建设遭遇技术阻碍

网络执行查控系统的自动化是指法院依据各类生效文书自动发出协助执行指令后，能够从系统中自动获取反馈结果，而无需任何人工操作或干涉。

1. 传统的网络查控系统需要逐案（偶有批量操作）根据不同的案情选择不同的协助执行单位，向其发送相关电子法律文书及查控需求。而生效法律文书既有来自法院自身作出的文书，也包括仲裁裁决、公证债权文书、境外法院判决等，且上述动作需要法院人员手工进行点击操作，在案件较多的情况下，甚至会出现法院人员用一天时间在电脑前不断点击鼠标的情况。同样的情形也适用于协查人员，协查人员查询到结果后，需将数据和电子回执点击反馈给执行部门，其中耗费了大量的人力物力，且时效性较差。

2. 部分协查人员收到法院指令后，并不会第一时间反馈查询结果，造成查控系统的“非自动化”。究其原因，是因为协助执行单位需要花费时间判断各法院的指令之间是否会产生冲突，避免其反馈了不应该反馈的个人数据，或划拨了不该划拨的个人财产。因此，除了从立法层面清晰界定协查人员的权利和义务以外，还应当从技术层面上确保法院指令的一致性和标准化，从而降低因为“信息不对称”导致的执行风险。

（二）查控割裂，一体化建设面临技术难题

从执行工作本身进行分解，执行动作既包括查询财产，也包括对财产实施控制，进而对财产采取划拨、拍卖等处置手段，实现申请执行人债权。因此，网络查控系统应当是一套集被执行人财产查询、冻结、扣划、止付、布控等功能为一体的系统。同时，从查询到控制处置时间越短越好，如果不能实现查控动作的一体化，会留给被执行人转移财产的时间和机会。而目前网络查控系统只提供交互界面，法院只能被动等待有关部门、企业掌握的数据信息的公开和共享，查询结果仍需等待相关部门手动反馈，查控动作难以连贯、查控效率难以保证。目前，除了人民银行、支付宝、财付通等互联网银行机构外，其他部门、企业只能提供查询界面，不能实现直接控制、处置效果，仍需执行部门去现场处理；对于被执行人名下的车辆，一般只能进行档案查封，无法对车辆实现实物控制；而且各地网络查控系统的建设呈现出各成体系、程度不一的混乱格局，查控处置的连贯性并不统一。

（三）静态失真，智能化建设陷入技术弊端

网络执行查控系统智能化是指查控系统具有能动地满足执行法官的各种需求的属性。执行法官最核心的需求是，可以随时关注到被执行人的各类信息，一旦存在执行的可能性就立刻实施执行动作。目前网络查控系统的数据依靠法院及协助执行单位的独立维护，数据的更新主要依托于所属系统的自我更新，而上述更新并不会直接同步通知到执行法官。执行法官

需要定期或不定期在系统中自行查询以便获取最新信息。

因此，执行数据存在“静态失真”的情况，无法反映被执行人的真实履行能力。一方面，执行法官只能手动操作查询某一时间节点的被执行人静态财产信息，无法掌握被执行人财产变化的过程，欠缺对某一时间段内被执行人动态信息的综合查询。另一方面，查询权限受限。当“执行不能”案件终本结案后，执行法官无法再通过网络查控系统主动查询，只能被动等待高院每隔一段时间通过 Excel 表格反馈被执行人新的财产线索，导致无法掌握更新被执行人实时信息。

二、升级改造：网络执行查控系统新视角下的机遇

改革网络执行查控系统的目的在于彻底解决执行难，而“执行难”成因往往与被执行人失信问题有关；网络查控系统自身也面临法院与协查部门之间的互信问题，这也是造成查控系统“非自动化、一体化、智能化”的部分原因。伴随着信任问题的出现，一种用技术解决信任的方案开始引人瞩目，这就是“区块链”。

（一）共识机制：分布式查控系统建设的灵魂方法论

狭义的区块链（Block Chain），本质上是一种“分布式记账”，即分散在各个角落的电脑客户端（节点）针对同一事项独立记账，并共同形成一个账本。[①] 它更多的是一种“理念”升级，而非简单的技术升级。

这种“记账模式”摒弃了传统上需要将信息回传给中心节点或中介机构记账的方式，通过去中心化的链式结构将数据不可篡改地存储在分布式账本中（见图 1），该账本可以高效合作并相互印证。同时，通过在区块链上运行加密技术进行对账，以此来保障数据不可篡改，增强了整个链条的安全性。

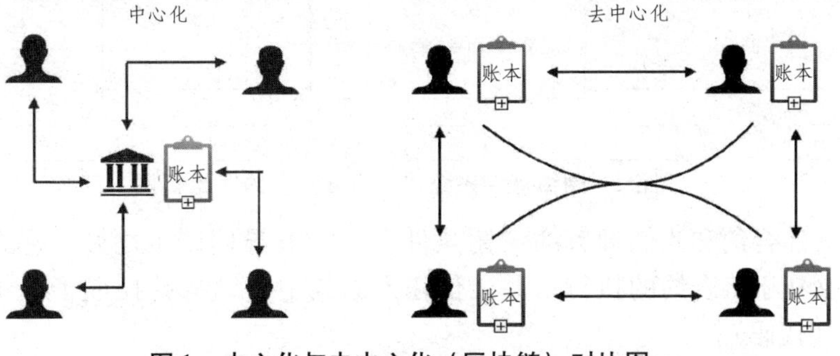

图 1　中心化与去中心化（区块链）对比图

① 蒋勇、文延、嘉文：《白话区块链》，机械工业出版社 2018 年版，第 3 页。

区块链技术还有个精妙的地方在于：由于区块链每个节点相互独立，为了避免无法形成合力创造价值，因此该技术对区块链上的节点进行“立宪”，即所有节点的行为都应当遵循同一套规则体系，而这套规则体系被称为技术上的“共识机制”，它是区块链的灵魂。共识机制可以视为是在区块链系统内，使所有节点独立维护的账本数据保持一致性的方法论，它明确了由哪个节点来更新账本，并且其他节点会将自己的账本同步到该最新的账本页。①

这里有个非常重要的“顾虑”得到了解释，即区块链的“去中心化”并非没有管理组织，不受任何组织约束，相反它仅仅是指在底层架构设计上所有区块具有“去中心化”特点，但最终这个账本的使用范围、使用路径、规则建立仍然可以由中心化机构（如法院）进行权限设置。当前实践中，区块链的运用也通常是在各国政府、法院权限控制下，调动多部门资源同时进行“记账”（信息共享），因此，只要充分了解区块链技术且妥当使用，它并不会出现很多人担心的不以法院为中心的情况。这也让法院建立“联盟链”有了切实的理论基础。

借助于共识机制，每个节点必须在尽可能短的时间内完成分布式数据的记录，做到整个流程安全、明确及不可逆，由此形成一种难以攻破的、不可篡改的、诚实可信的分布式多节点数据记录系统，最终实现对技术的信任。

（二）智能合约：自律型查控系统高效执行的前提

，广义的区块链不仅包括底层架构的去中心化，也包括智能合约的设立，或者换一种理解，狭义的区块链是智能合约实现的基础设施。智能合约是一种在满足一定条件时，就自动执行的计算机程序，也称为“铁面无私合约”②，具体参见图 2。

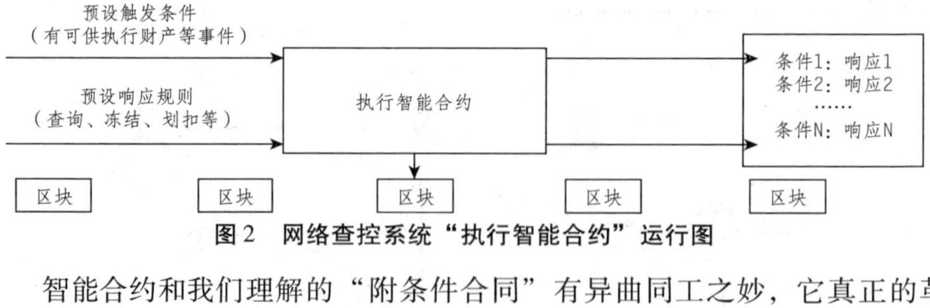

图 2 网络查控系统“执行智能合约”运行图

智能合约和我们理解的“附条件合同”有异曲同工之妙，它真正的革命意义在于将合约的执行由基于信任人品或中介结构替换成了基于信任纯技术（代码）。

---

① 长铗、韩锋等：《区块链：从数字货币到信用社会》，中信出版社 2018 年版，第 47 页。

② 华为区块链技术开发团队：《区块链技术及应用》，清华大学出版社 2019 年版，第 104 页。

举例来讲，商家发布了一个合约，合约里说，我这里有一件商品价值1块钱，你给这个合约打入1块钱，我就把商品发过去，然后你那边确认收货之后，我就收到这1块钱。这里有个信任的问题，发货后一定能收到钱么？给钱后一定能收到货么？为了解决这个问题，中介机构“淘宝”应运而生，大家把钱打到淘宝账户中，由淘宝确认客户收货后再支付给商家。但这种交易成本非常高，需要双方交易人都信任淘宝或在淘宝有相应担保。智能合约突破了此障碍：设置程序，客户交钱后商户必须发货，因此客户打入1块钱，全网的区块就同时且独立记录了此动作，并全网做公示；程序直接执行商家发货动作，全网再次记录并公示。此时无需向任何中介机构提供担保，即可享受到“相互信任”的交易，因为区块和区块之间的“账本”可以随时调取并相互印证，大大提高了交易效率、降低了交易成本。至此，法院通过联盟链实现高效、低成本执行有了理论和技术保障。

同时，智能合约可以较好地融合到网络执行查控系统中，在审判业务和技术上有极强的可操作性：

1. 执行网络查控财产的事务属于执行实施权当中的实施事务权，主要是事务性事项，不需要发布执行命令；且执行标的均指向责任财产，不过是数额不同而已，故金钱债权执行案件具有同质性和可分割性。[①] 因此，向系统中发送指令要求查控财产属于客观性请求，可以集约执行，从而具备条件纳入智能合约中进行判断。另，执行实施事务形成标准化并纳入智能合约的做法也符合诉讼法的“程序安定要求”。[②]

2. 融合了智能合约技术的网络查控系统，能够自动判断并触发各种繁杂的强制执行条件，从而选择相应的下一步执行动作，甚至设置反复触发强制执行条件，从而实现动态可持续的执行；而传统的网络查控系统需要人工判断繁杂的执行条件、人工设置不同的执行动作，在条件判断准确性、及时性等方面均不如智能合约。

（三）用技术解决信任：网络查控系统迎来的重大改革

对于法学家和法律实践者而言，技术本身并不重要，重要的是技术背后的理念，或者说价值。如前文所述，区块链提供了一种“分布式、自律型”的理念和技术支撑，同时有利于网络查控系统顺利完成重大改革转型。

1. 思维转变打破协作壁垒。网络查控系统从表面上看是“中心化”系统，由法院自行编写和维护“被执行人信息”这一账本，但从实质上分析，它更像是一个“非中心化（多中心化）”的系统，由法院、工商、公安、银

① 肖建国、庄诗岳：《论民事执行实施权的优化配置——以我国的集约化执行改革为中心》，载《法律适用》2019年第11期。

② ［日］新堂幸司：《新民事诉讼法》，林剑锋译，法律出版社2008年版，第38页。

行等多机构共同维护账本。该系统需要接入法院与其他协助执行单位的信息和数据，即在一个链条上存在多个节点，各方均需要上传相关查控数据。因此法院系统和其他协助执行单位更像是合作者与合作者，而非指令者与服务者。打破了这个思维壁垒，有利于各单位集体协作共同去维护“账本”的及时性和准确性。

2. 共识机制破解信任孤岛。网络查控系统是顶层设计的结果，存在初始情况下欠缺互信基础的多个参与者建立分布式信任的需求。法院与其他协助单位性质不同、领域不同、互相掌握的信息不同，一些企业为了保护商业利益和竞争优势，对数据开放心存顾虑，或者因为数据归属和法律规定不明确，法院和其他司法或行政机构、企业数据资源双向共享程度低。在欠缺互信基础的前提下要求协助单位无条件协助法院执行存在客观困难，应当参照区块链的共识机制，去探索每个协助执行单位与法院之间的协作机制、流程是什么，最终达成协助共识，以便更高效地推动执行。只有建立起互信机制，才能打破数据信息的条状藩篱现象。

3. 智能合约解决失信危机。执行智能合约能够在满足条件时自动执行被执行人的财产。一方面，减弱了强制执行的意味，增强了按照约定履行或者应该自动履行之感；另一方面，在查控系统布局智能合约，将会极大降低被执行人转移财产、逃避执行的机率，从根本上减少失信被执行人数量。从法理上讲，区块链智能合约技术的革新产生了新的生产力，并通过生产关系决定了法律这一上层建筑的变化发展，因此我们才要构建新的网络查控机制。同时，诚信作为道德的内容之一，法律对道德的作用机制也会反馈在诚信方面。虽然古典自然法学派认为，法律只问外在行为，不问引导行为的动机，道德只是个人内心生活的情事，但道德与法律在起源上便一直纠缠在一起，之后才逐渐演化分离。指导社会之道德价值，在每一个社会里面，多少总在法律上反映出来，[①] 这在我国文化语境下尤其如是。道德与法律在功能上表现为相互促进、相互保障的关系。因此，只有当法律保护、解放和发展了生产力，这样的法律必然也会在相应的道德（诚信）领域方面产生正向激励。

三、风险控制：网络执行查控系统的数据安全防范

作为法院重要的网络系统，对其可能产生的“风险”也需要格外关注。根据梅特卡夫定律，网络价值虽以用户数量的平方速度增长，但同时，风险也在以二次方程式的速度进行扩张。区块链威力巨大，应用它就如打开潘多拉的盒子，风险问题也随之而来。

---

① ［美］博登海默：《博登海默法理学》，潘汉典译，法律出版社 2015 年版，第 65、131 页。

（一）数据篡改风险：51%攻击的可能性

网络查控系统“区块链”改革后，系统上传输的各种数据一旦在全网范围内经过验证并添加至区块链，就很难被修改或者抹除。这虽然能提升数据安全级别，但难以篡改不代表不可篡改，篡改攻击的可能性依然存在。因此，法院应当正视网络查控系统“区块链”改革后的数据篡改风险。

通过上文关于区块链理念的梳理，可知任何一个节点的数据都是一致的，任意节点的摧毁都不会影响整个网络查控系统的安全，也不会造成数据丢失，因此，单个节点的数据篡改是没有意义的，要想篡改网络查控系统中的数据内容，除非能够控制整个系统中的一半以上节点，也就是51%攻击，才能发动对数据的篡改。如果系统的节点越多，攻击者付出的成本就越大。网络查控系统“区块链”改革后，系统上保存了海量的被执行人信息、生效法律文书，如果少数大型机构节点掌握了超过全网51%的算力，并且为了篡改法律文书以逃避履行，从而对网络查控系统发起攻击篡改数据，在理论上是很有可能的。

（二）数据泄密风险：彻底透明度的负累

信息过度开放的可怕程度与信息过度封闭一样。区块链将提供彻底的透明度，因为网络查控系统对接的每个机构都拥有全网数据的备份，同时也可验证数据的真伪，所以共享数据的透明度是很高的。对于每个网络查控系统对接的机构节点来说，完全可以控制整个系统的存储器或磁盘。如果他们想要从自己的系统中阅读信息，通过计算机获取是完全可行的。因此，被执行人的身份信息和财产信息极易被泄密，一旦泄密将会对我国法院执行权威造成损害。

综上，为了避免此类风险，应当缩限非政府机关控制数据（节点）的范围，同时，对链上所有节点进行权限设置能够有效地防控风险。

四、剑指进路：“分布式自律型履行”机制的构建

有了上述理论基础和技术支撑，笔者将分别从基本原则、主体架构、应用场景及操作流程方面构建查控系统的“分布式自律型履行”机制。

（一）基本原则

1. 联盟链架构原则。根据网络范围与节点性质，区块链被分为公有链、联盟链和私有链。公有链更多是对所有人开放，联盟链是对特定人群开放，私有链顾名思义就是只在一个系统内部使用。笔者通过考察三大互联网法院关于区块链的实践成果（见表1），建议采取联盟链的架构模式来保护查控系统的数据安全。

表 1　　　　国内应用区块链技术的三大互联网法院

成立时间	名称	区块链技术应用模式
2017. 8. 18	杭州互联网法院	接入蚂蚁区块链开发的联盟链
2018. 9. 9	北京互联网法院	自主控制部分中心化的天平链
2018. 9. 28	广州互联网法院	全节点为司法机构的网通法链

我国三大互联网法院建立的区块链均属于联盟链，且目前均主要用于区块链存证这一入门级应用。

首先，杭州互联网法院应用的司法区块链，是杭州互联网法院作为节点加入阿里巴巴旗下蚂蚁区块链建立的联盟链。完全由蚂蚁区块链提供技术支持，已接入包括新华社、优酷、阿里巴巴等 19 家机关或企业（见图 3）。

图 3　杭州互联网法院使用的联盟链参与方

其次，北京互联网法院以区块链技术为依托建设了司法区块链“天平链”，该联盟链基于天平链的接入规则面向各类互联网应用提供电子数据存证服务。相较于杭州互联网法院接入由蚂蚁区块链所建立的联盟链，北京互联网法院使用的天平链在架构上不同于一般联盟链，在其中增加了北京互联网法院这一中心化节点，提高了对整个生态的掌控力。

最后，广州互联网法院于 2019 年 3 月上线的“网通法链”电子证据系统是以区块链底层技术为基础，链上节点全都是法院、检察院、司法局、公证处、仲裁委等司法机构。

综上，三大互联网法院全都选择了联盟链架构模式，在节点的选择范围上越来越倾向于司法系统内部，且强化了法院作为管理组织的权限。因此，网络查控系统可以采取联盟链架构模式，接入的节点都是事先选择好的具有协助执行义务的公安、住建委等部门、银行等大型金融机构，上述机构相互的连接状态较好，数据仅在联盟成员内部开放，验证效率较高，只需较低的成本即可维持运行，有很好的扩展性，能够起到很好的数据安全防护效果。

2. 隐私保护原则。由于网络查控系统上节点众多，隐私保护原则要求查控信息、被执行人的身份信息和财产信息不被泄露。“区块链”能够为查控系统带来更多的隐私保护技术，主要包括对链上数据进行加密以及用法院管理组织的身份限制链上节点的权限。

通俗地说，就是网络查控系统里相关节点可以在权限范围内读取有效数据，没有权限的节点只能看到加密后的数据，有可能只是一串毫无意义的乱码。同时，通过“分层设置”节点，调整各节点权限来强化隐私保护的技术力量。比如北京互联网法院开发的“天平链”，是由北京互联网法院作为授权管理节点；由法院、司法鉴定中心、公证处、行业组织承担一级节点，参与天平链共识、数据校验与记录；由大型企业、大型金融机构、大型互联网平台等承担二级节点，不参与天平链共识，仅做数据校验与记录。网络查控系统可以将各级法院作为授权管理节点，设置“共识规则”；司法鉴定中心、公证处、国家金融机构、行业组织设置为一级节点，参与共识机制；将接入的大型民营金融机构、其他企业、互联网平台、主要电子商务平台等民间机构设置为二级节点，不参与共识，只是记录和校验数据，从而最大限度地保证整个系统的隐私性（见图4）。

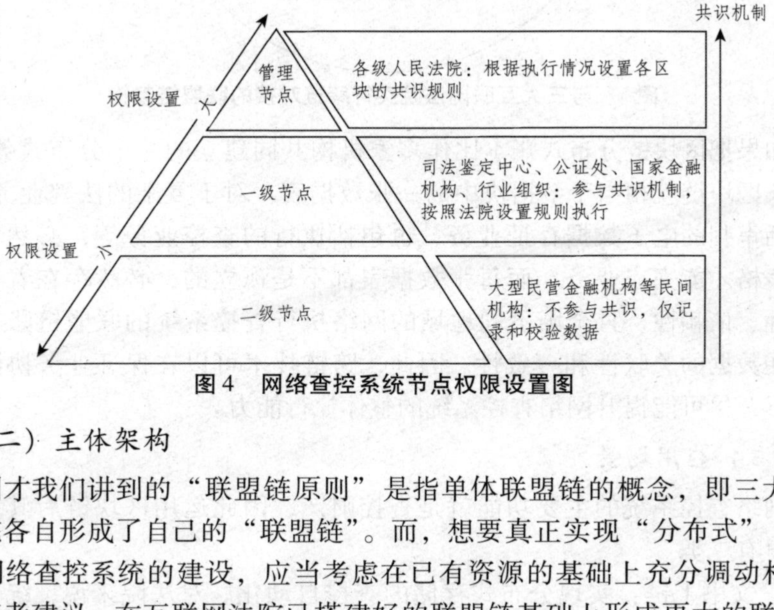

图4　网络查控系统节点权限设置图

（二）主体架构

刚才我们讲到的“联盟链原则”是指单体联盟链的概念，即三大互联网法院各自形成了自己的“联盟链”。而，想要真正实现“分布式”“自律型”网络查控系统的建设，应当考虑在已有资源的基础上充分调动相关力量。笔者建议，在互联网法院已搭建好的联盟链基础上形成更大的联盟链，推动各互联网法院联盟链实现跨链对接。

联盟链为网络查控系统提供了一个完美的数据分布式账本，但多条联盟链实现互联互通也是十分必要的。三大互联网法院的联盟链都是独立的数据网络，无法参与自身之外的信息交互，相当于“信息孤岛”，联盟链上的价值发挥大大受限。因此，网络查控系统有必要以侧链协议①的方式与互联网法院联盟链实现对接。首先，三大互联网法院之间的联盟链实现先期对接；其次，各地网络执行查控系统建立联盟侧链；最后，各地联盟侧链将执行数据锚定到三大互联网法院的联盟主链当中（见图5）。

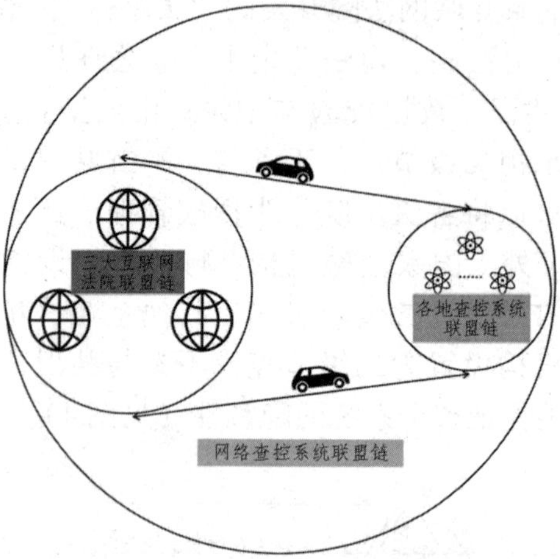

图5　与三大互联网法院实行跨链对接的联盟链架构

如果把区块链分布式账本比作多家机构共同建立的一个分布式数据库，那每条区块链就相当于数据块中的一张数据表。对于复杂的法院业务场景，既包括审判的电子数据存证业务，也包括执行的查控业务等，必然要采用多张表格才能完成业务。而每张数据表都不是孤立的，必然存在着一定的关联性、依赖性，且全国不同地域的网络执行查控系统的联盟链账本之间亦存在数据的关联性和一致性。因此，跨链技术可以在保证业务协同性的情况下，尽可能提升网络查控系统的整体执行能力。

（三）应用场景

网络查控系统的主要功能就是查控财产，因此运用区块链后其应用场景主要有三类。

1. 文书上链：实现分布式存储的查控自动化。对法院来说，统一保管并及时更新所有繁杂的执行依据是极为关键的。迪拜国际金融中心（DIFC）法院正在与智能迪拜开展合作，以成立全球首个区块链法院，双方首先研究的就是如何帮助法院核实对跨境执法的判决。笔者建议分两步走：

第一步，全节点机构工作人员信息上链。法院执行工作人员和协助执

① 侧链，是指遵守侧链协议的所有区块链。侧链协议是指可以让数据从主链转移到其他区块链，又可以从其他区块链安全地返回主链的一种协议。它意味着不同区块链上的数据应用范围和前景会更加广阔。

行节点工作人员信息上链。这样便于网络查控系统中负责协助执行的其他节点识别法院发起者身份，也方便法院准确对接各个节点。

第二步，各类生效法律文书上链。将办理案件的结论性信息，如判决、裁定、调解、命令等上链，使网络查控系统随时自动更新到最新数据状态，以保证可能受到影响的第三人利益。未来还可以将网络查控系统与执行办案系统自动对接，让办案系统已生成的裁判文书、电子卷宗等案件信息自动导入到网络查控系统的区块当中。

2. 自动执行：建立智能合约式查控一体化。为了实现自律型履行机制，智能合约式查控一体化的构建及执行步骤如下（见图6）：

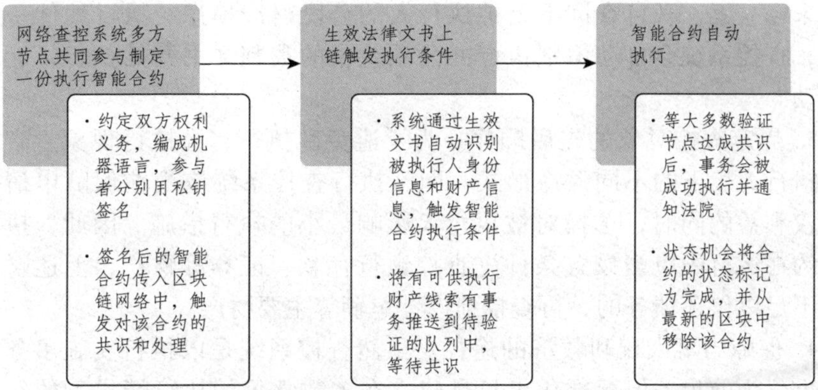

图6　执行智能合约“查控一体化”步骤图

由图所示，查控一体化的关键是制定一份完备的执行智能合约，剩下的就交给系统，它会按照设定自动执行。

3. 反复识别：强化智能合约式查控智能化。为了强化智能合约式查控智能化，必须在执行智能合约中设置反复识别可触发的执行条件，保证被执行人财产信息同步更新（见图7）。

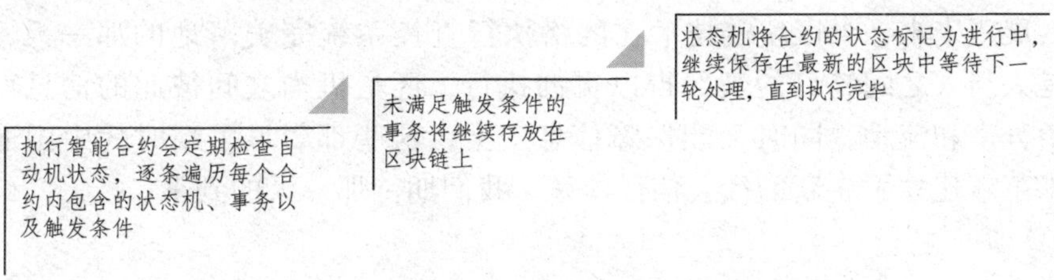

图7　执行智能合约“查控智能化”步骤图

由图可知，只有一次自动执行是不够的，执行智能合约还应当设置反复识别可执行条件，直到执行完毕。综上，整个网络查控都由系统底层内置的执行智能合约在区块链上自动完成，全程透明、不可篡改，从根本上解决了一些财产形式查控非一体化、智能化的问题。

（四）操作流程

现代市场经济要求的不只是更多的法律和制度，还需要更多的具有“形式理性的”法律制度。[①] 改革后的查控系统虽然几乎全程由系统自动运行，但查控系统“分布式自律型履行机制”仍应当明确查控系统的改革主体、启动条件、查控顺序以及当事人的救济途径等操作流程。

1. 明确查控系统的改革主体。全国网络执行查控系统“区块链”改革由最高人民法院负责统领，各省、自治区、直辖市的高级人民法院执行局牵头负责，各地执行局负责具体推进。

2. 限制查控系统的启动条件。执行案件立案以后才能启动查控系统，不能未经立案，私自查询不是被执行人的公民财产信息。执行案件一旦立案后，查控系统会自动识别执行办公系统中的裁判文书开始执行，无需人工启动。

3. 界定查控对象的先后顺序。为了避免乱执行、滥执行现象，必须区分被执行人名下的不同财产形式。网络执行查控系统应当在保障申请执行人债权利益的同时，选择对被执行人影响最小的执行措施。因此，执行智能合约在运行中应当设置条件先查控银行存款、证券等财产，上述财产没有或不足以偿还债务的，再查控地产、车辆等主要财产。

4. 保障当事人权利救济的途径。虽然查控系统是以执行实施事务已实现标准化为前提，但标准化也只是建立在多数常见的执行情景下的经验总结。在判断查控措施合法与否、适当与否的界限时，应当留给当事人或者案外人通过提起执行异议自我救济的技术操作空间。执行智能合约在自动查控的指令动作之间，可以留有一定的间隔期，比如说先冻结被执行人银行里的财产，待异议期或者合理期间结束后再进行自动划扣。

结　语

展望未来，当区块链技术在网络执行查控系统完美落地的那一天，不论是人与人之间签订的契约得以贯彻执行，还是机构之间彼此的信息得以自由分享和流动，同时又能保障信息安全，这些都彰显了新时代中国通过技术革新建立了崭新的社会信任体系。我们期待那一天的到来。

---

① 苏力：《法治及其本土资源》，北京大学出版社 2015 年版，第 85 页。

"僵尸企业"司法处置之"立审执破"一盘棋机制构建

——基于执行合同和办理破产的双维实证检视与渐进决策

袁晓北* 唐 达**

引 言

"僵尸企业"① 应履行到期债务而不履行，应退出市场而不退出，甚至"传染"健康企业，损害营商环境，一直被诟病。2017年初，习总书记指出，坚定不移处置"僵尸企业"。2018年底，国家发改委、工信部等部门再次发布通知，加快"僵尸企业"出清。

破产是企业出清的重要途径，法院作为规范破产程序、公平清理债权债务的司法机关，如何发挥其职能作用一直备受期待。广东、四川等地法院已出台工作指引或办法，规范"僵尸企业"的司法处置，取得一定成效。但为进一步完善"僵尸企业"司法处置机制，根据《人民法院第五个五年改革纲要（2019－2023）》关于优化营商环境的要求，本文认为应统揽全局，立足立、审、执、破各环节及其衔接细节，从执行合同②和办理破产③的双维视角出发，探究司法程序中存在的症结，并结合实际对症下药，做到既解决问题，又不至引发不稳定风险。

一、实证："僵尸企业"司法处置在审、执、破各环节的困境

立案登记制背景下，"僵尸企业"案件进入法院的主要流程为审判、执

---

* 作者单位：北京市门头沟区人民法院。

** 作者单位：北京市门头沟区人民法院。

① 僵尸企业并非法律概念，理论与实务讨论中定义不一，本文所指为已停产或半停产、资不抵债的企业，既包括国有企业，也包括民营企业。

② 执行合同指解决商业纠纷的时间和成本及在履行司法程序时的质量。具体评价指标包括解决争端所需的时间：提交和服务案件的时间、审判和获得判决的时间、执行判决的时间；司法程序解决争端所需的金钱成本：律师费用、庭审费用、执行费用；法院结构和诉讼程序、案件管理、法院自动化、替代性争议解决方案。

③ 办理破产指标体系包括办理破产的时间、成本、结果、回收率以及破产法律框架的力度。

行、破产，本文亦以此逻辑分述：

（一）审判阶段："两多一少"，执行合同效益低

"两多一少"，即为同一"僵尸企业"涉诉案件多，解决纠纷投入多，替代性争议解决方案少。

1. 涉诉案件多：呈现"即时涌入型"和"后续增长型"。资不抵债是"僵尸企业"的显著特征，在审判程序很难显现，但直接体现在执行程序中因无可供执行的财产而终结本次程序上。本文通过B市法院智能检索系统，在企业作为被执行人的终本案件中随机抽取20个企业作为样本：

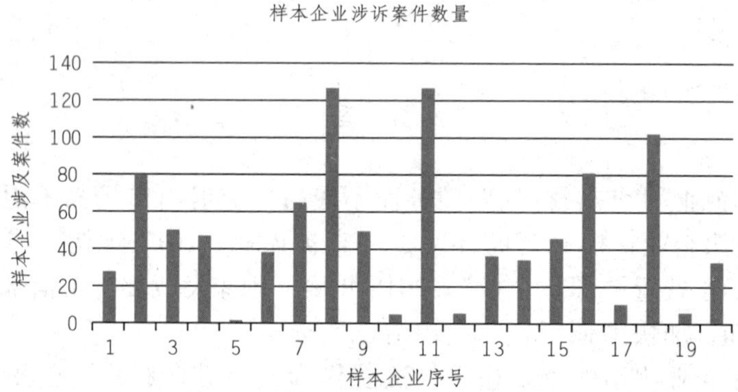

图1 企业涉诉案件数量分布图

发现同一"僵尸企业"涉案较多。分析诉讼时间起点，有6家企业属诉讼案件"即时涌入型"，即相近时段多起类似案件进入审判程序。14家企业呈现"后续增长型"，即先有少量案件进入审判程序，进入执行程序出现部分终本案件后，又有更多案件进入审判程序。

2. 解决纠纷投入多：获得判决时间和金钱成本双重增加。"僵尸企业"的应诉状况基本存在两个极端：一是积极应诉的，比如大部分的国有企业；二是无人应诉的，常见于中小企业。无人应诉时，只能公告送达，法律规定流程如下：

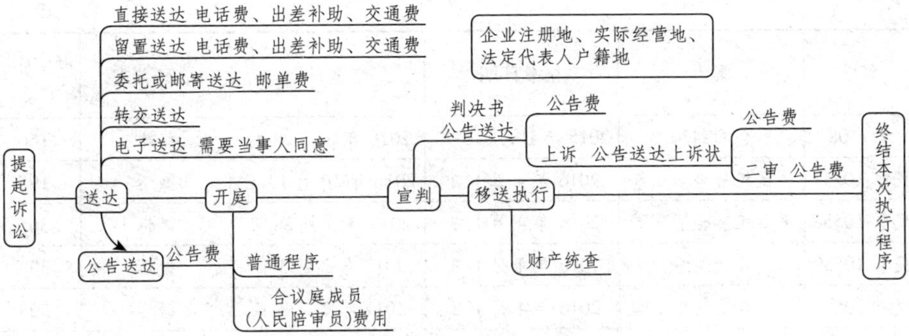

图 2 解决商业纠纷的时间和成本①

公告送达案件的办案成本表现如下：

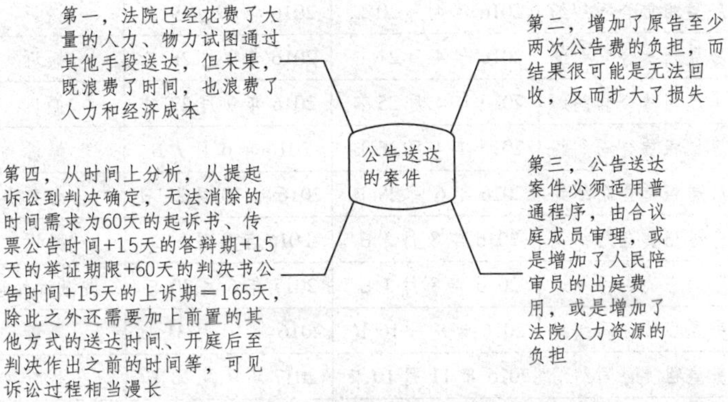

图 3 公告送达案件的时间和成本

虽然《营商环境报告》显示我国在执行合同方面成绩可喜，但僵尸企业纠纷处理在审判阶段表现仍然不佳。

3. 替代方案少：债权人只有“放弃追诉”和“一追到底”两种极端选择：

以 A 企业部分涉诉案件为例：

表 1 A 企业部分涉诉案件统计

案号	案由	立案日期	结案日期	结案方式	诉讼用时（天）
执 13659	合同纠纷	2015 年 9 月 9 日	2015 年 12 月 16 日	终本	98
执 4066	合同纠纷	2015 年 5 月 21 日	2015 年 11 月 6 日	终本	169

① 参见陈瑞华等：《人民法院办案成本研究——以构建办案成本分析模式为切入点》，载《法律适用》2018 年第 13 期。

续上表

案号	案由	立案日期	结案日期	结案方式	诉讼用时（天）
执 7108	合同纠纷	2015 年 10 月 15 日	2016 年 3 月 29 日	终本	166
民初 10341	房屋租赁合同纠纷	2016 年 4 月 1 日	2016 年 10 月 13 日	撤诉	195
民初 10558	房屋租赁合同纠纷	2016 年 4 月 1 日	2017 年 3 月 28 日	撤诉	361
民初 10559	合同纠纷	2016 年 4 月 1 日	2017 年 2 月 3 日	撤诉	308
民初 10554	合同纠纷	2016 年 4 月 1 日	2017 年 2 月 3 日	撤诉	308
民初 21257	房屋租赁合同纠纷	2016 年 4 月 19 日	2016 年 9 月 21 日	撤诉	155
民初 21221	房屋租赁合同纠纷	2016 年 4 月 20 日	2016 年 12 月 9 日	撤诉	233
民初 21406	房屋租赁合同纠纷	2016 年 4 月 20 日	2016 年 12 月 9 日	撤诉	233
民初 21799	房屋租赁合同纠纷	2016 年 4 月 20 日	2016 年 12 月 9 日	撤诉	233
民初 13449	房屋租赁合同纠纷	2016 年 4 月 21 日	2016 年 9 月 28 日	撤诉	160
民初 8511	房屋租赁合同纠纷	2016 年 4 月 25 日	2016 年 9 月 27 日	撤诉	155
民初 8650	房屋租赁合同纠纷	2016 年 4 月 26 日	2016 年 6 月 7 日	撤诉	42
民初 13787	房屋租赁合同纠纷	2016 年 6 月 28 日	2016 年 10 月 27 日	公告判决	121
民初 14833	房屋租赁合同纠纷	2016 年 8 月 2 日	2016 年 9 月 1 日	撤诉	30
民初 27912	合同纠纷	2016 年 8 月 3 日	2017 年 6 月 30 日	按撤诉处理	331
民初 29703	房屋租赁合同纠纷	2016 年 8 月 16 日	2016 年 10 月 31 日	撤诉	76
民初 24514	房屋租赁合同纠纷	2016 年 11 月 10 日	2017 年 9 月 28 日	公告判决	322
民初 8159	房屋租赁合同纠纷	2017 年 2 月 13 日	2017 年 8 月 29 日	撤诉	197
民初 8019	房屋租赁合同纠纷	2017 年 3 月 1 日	2017 年 9 月 26 日	公告判决	209
民初 19556	合同纠纷	2017 年 4 月 13 日	2017 年 11 月 30 日	公告判决	231
民初 25019	房屋租赁合同纠纷	2017 年 5 月 10 日	2018 年 2 月 1 日	公告判决	267
民终 5170	房屋租赁合同纠纷	2017 年 7 月 2 日	2017 年 7 月 27 日	准许撤回上诉	25

该调查结果不仅再次反映了处理无人应诉的“僵尸企业”案件时间较长的特点，也反映出可供债权人选择的替代性争议解决方案有限。债权人要么选择放弃诉讼，要么不惜浪费公告费用的可能而一追到底，前者浪费了时间却并未得到债权的确认，后者有可能增加了本就无法得到偿还的债务，两种选择均属无奈之举。此外，即便是有人应诉的国有僵尸企业，因涉及审计等问题，基本也是以判决的方式结案，替代方案产生的可能性很小。此外，同一“僵尸企业”，类似纠纷多。本文基于对五份判决书的比较发现，案情基本事实相似。

（二）执行阶段："一升两降"，债权实现出现拥塞

债权无法受偿自然影响执行合同效益，执行阶段的时间和金钱成本也是执行合同考虑的指标。除此之外，还存在以下困局：

1. 终本案件量累计上升，债权实现概率下降：

利用B市司法统计系统检索发现：

第一，终本案件基数大。无论是基层法院还是中级人民法院，终结本次执行程序在所有结案方式中的排名大多位列第1或第2。除F法院存在特殊情况外，占比集中在20%～40%。

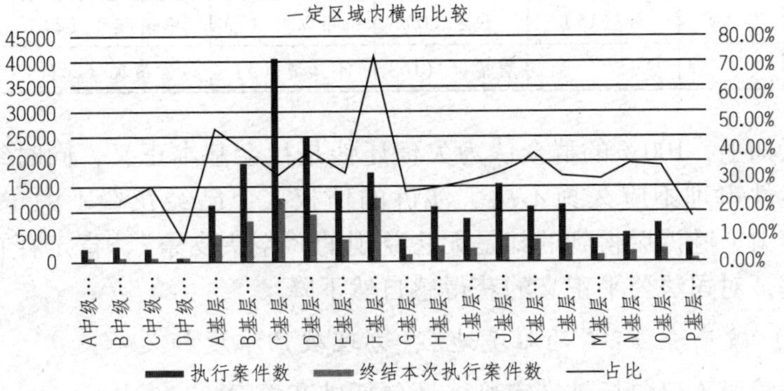

图4　B市法院终本案件数、执行案件数及占比

第二，对M区法院终本案件逐一筛选发现，企业终本案件占30%左右。

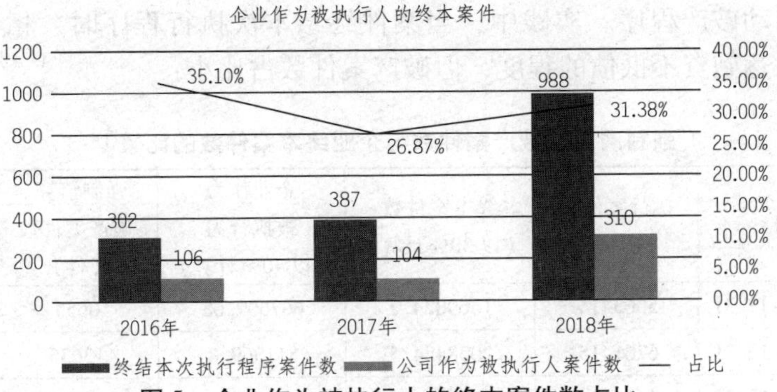

图5　企业作为被执行人的终本案件数占比

第三，企业经营陷入恶性循环，恢复执行案件数量较少。企业系拟制人格，依赖财产运行，对外以财产承担责任。如果企业已经资不抵债，责任能力下降，对外部投资吸引力小，却还需要外部资金流入，与经济规律相悖且极易陷入恶性循环。恢复执行案件少，终本案件量累计上升，债权实现的概率下降。

2. 债权长期无法兑现，群众获得感下降。本文采取问卷调查的方式，向普通群众走访，共回收47份调查问卷，结果如下：

表2　调查问卷结果统计

问题	欠债是否应当还钱？	企业倒闭后是否应由老板还钱？	如果被企业欠钱，是否会提起诉讼？	法院应在多长时间内审结案件？	被告知企业没有财产时，是等待还是申请破产？	法院是否必须执行回财产？
选择答案	是（47）	是（32）	会（31）	半年以内（37）	等待（19）	是（22）
	否（0）	否（15）	不会（0）	一年以内（7）	申请破产（2）	否（25）
			看情况（16）	不知道（3）	看情况（26）	

在认知上，100%的群众认为欠债还钱是社会基本正义，同时绝大部分人认为案件审理不应久拖不决。涉诉的债权人，已经花费了大量的时间、金钱和精力，胜诉后得到的却是无法兑现的“空头支票”，肯定存在一定的心理落差，对司法公平正义的获得感自然下降。

（三）破产阶段：“两难境地”，办理破产难度加大

破产阶段不仅包括破产审判，还包括破产立案。

1. 破产“启动难”，债权人和企业均怠于申请破产。无论是《企业破产法》还是最高人民法院关于执行转破产的规定，法院只能依赖债权人或者企业启动破产程序。实践中，当案件终结本次执行程序时，相当部分企业基本已达到资不抵债的程度，但破产案件数占比小：

表3　强制清算、破产案件数与企业终本案件数的比较①

时间	执行案件数（件）	终本案件数（以30%计算）	企业作为被执行为（以40%计算）	强制清算、破产案件数（件）	占比
2016.1.1－12.31	5563414	1669024.2	667609.68	6655	1.00%
2017.1.1－12.31	6761415	2028424.5	811369.8	13635	1.68%
2018.1.1－12.31	7658016	2297404.8	918961.92	22674	2.47%

即便破产案件数以“企业”为单位进行计算，与终本案件数并非一一对应，但强制清算、破产案件来源不仅包括法院执行案件移送破产审查的案件，还包括法院直接受理的债权人、债务人以及清算组申请破产的案件。

① 数据来源于人民法院大数据管理和服务平台 http://data.court.gov.cn/poges/icdex.html，最后访问时间：2019年5月27日。

相比可见，通过执行程序移送破产的案件数仍然较少，这也成为“僵尸企业”不能顺利出清的主要因素之一。

2. “僵尸企业”“复活难”，办理破产不易。破产程序的时间、成本和结果都是影响回收率的变量，但其中“破产程序的结果”即债务人企业是否会继续经营对回收率的影响最大。①

“僵尸企业”已然资不抵债，需要外部输血，复活概率较低，又由于在执行阶段基本是穷尽手段执行可供执行的财产，企业财产越发减少，所剩财产越少越不利于企业的复活，陷入恶性循环；其次，如果企业长时间停留在终本状态，很可能造成现有的无法执行的财产随着时间的流逝而贬值，企业管理人员也可能逐渐流失，降低企业复活的可能性。

《营商环境报告》还指出，办理破产的时间成本引入受访者对实际操作的一定程度的判断，这恰恰反映了司法实践中确实存在破产案件办理慢、办理难的问题。

二、检视：深挖多重困境背后的掣肘

解决问题的关键在于分析问题。审执破各阶段的困境既有内生因素，也有相互牵制下的外在因素。

（一）“正向流动”＋“反向阻滞”的不良循环，造成案件累积和办理破产难

正向即“审判—执行—破产”的一般流程，反向反之。

第一，如果企业经营不善，大量举债，即使先期没有诉讼，后期难免有案件“即时涌入”法院，涉诉案件数增加，也意味着更多案件有机会进入执行程序。

第二，执行阶段，无财产的，增加终本案件数量；有财产的，因不断被执行，财产总值不断减少至不能再减少，不仅使企业经营陷入恶性循环，债务漏洞变大，带来涉诉案件量的“后续增长”，也会使破产启动难和企业复活难。

第三，破产启动难，终本案件无法分流，逐渐累积，其他债权人也只能先通过审判程序确认债权，反向刺激企业涉诉案件数增加，正向流动再次发生。

（二）“主观认识”＋“客观规范”并存造成执行合同效益低

客观规范上，如图 2、3 所示，无人应诉时，只能适用公告程序送达。

---

① 容红等：《“办理破产”之国际比较——解析世行营商环境评估报告》，载《中国经纪报告》2018 年第 9 期。

根据《民事诉讼法》规定，公告送达需在穷尽其他所有送达方式之后方可适用，必然有更多时间和金钱成本的产生。

主观认识上，适用公告送达的案件，固定用时165天，但实践中因审判组织对“僵尸企业”案件中的企业情况和无人应诉状况识别不及时，实际用时远远超过此限。

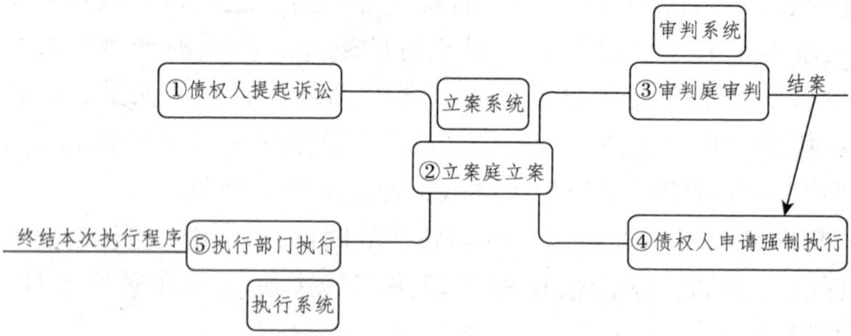

图6　立、审、执部门分工和系统分设

债权人提起诉讼后，案件进入“①—②—③”的审判流程；债权人申请执行的，进入“④—②—⑤”的执行流程。各部门在各自系统下对案件分别进行管理。审判庭受理案件之初，能够有效识别“僵尸企业”的主要途径是有无终本案件，判断企业是否已经资不抵债的可能。但审判和执行两条线基本互不干涉，缺乏信息共通的平台。各审判庭（室）之间亦有独立系统，不同案由的案件由不同庭室管理，对企业涉诉状况难以全面掌握。同一审判庭（室）内，因“随机分案”的限制，各承办团队均独立办案，主观上缺乏对于某一企业是否无人应诉或是否已有终本案件进行交流的意愿。因此，承办人通常运用一般案件审理程序，可能在中途发现企业下落不明或有类案已判，但已经花费了一定的办案成本，或者自始至终不知有类案存在，为了一个已有的案件做了大量无实质意义的工作。

（三）“理性经济人”的选择造成纠纷化解率低及破产启动难

应诉、撤诉以及破产启动主要依赖“僵尸企业”和债权人的选择。他们既是司法程序的参与人，也是理性经济人。在有限条件下，不论是谁，均会衡量利弊做有利于自己的选择。

1. “有限限制”和“自我保护意识”使“僵尸企业”应诉率低且怠于申请破产。僵尸企业作为应诉和申请破产的主体之一，现实状况中，无资产、无账册、无人员的“三无企业”居多。①

审判阶段，缺席审判只是被告人放弃应诉的权利，适用公告送达即可，

① 广州市中级人民法院课题组：《“僵尸企业”司法处置疑难问题研究》，载《法治论坛》第51辑，第322页。

对于故意逃避诉讼的人员几乎没有影响。

执行阶段，限制高消费的对象是法定代表人、主要负责人以及影响债务履行的直接责任人员。但实践中，由于工商、税务等材料缺失以及法院对公司管理方面的知识专业性不够，大多仅对法定代表人采取措施。而法定代表人有可能只是被冒用身份的员工或其他无关紧要的人员，无法真正起到限制作用。

再次，企业实际控制人、高管人员、股东对破产功能的认识不足，认为破产等于程序繁琐的“倒闭”，与欠债还钱的社会公序良俗相违和，有损个人尊严和荣誉，更担心在破产程序中严查出资导致补缴等问题，选择逃避和自我保护，怠于申请破产。

2. “有限财产”和“个人利益最大化”使债权人放弃诉讼且怠于同意破产

审判阶段，当债权人被告知僵尸企业无人应诉且已经无可供执行的财产时，为了防止时间和费用的进一步浪费，及时止损，债权人大多选择撤诉。

当企业资不抵债时，债权人有两条路径可以选择：

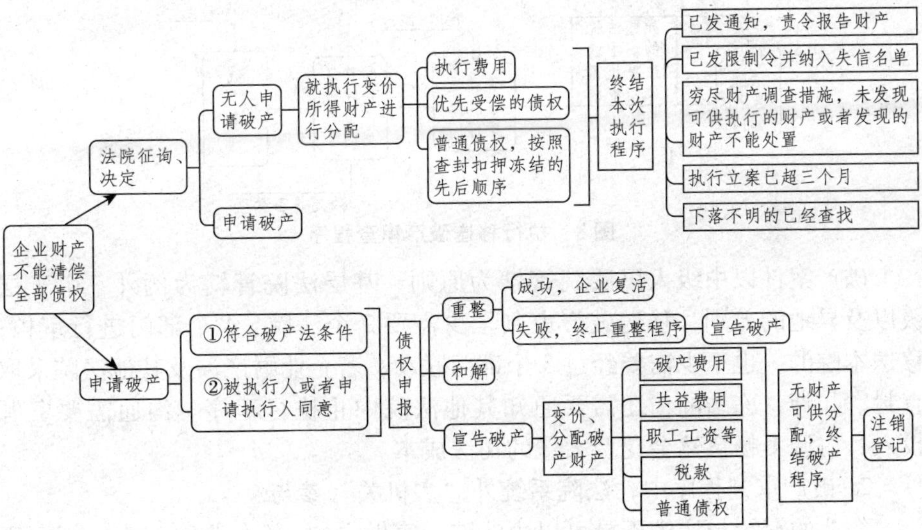

图 7　债权人的两条选择路径

结合“僵尸企业”的财产状况：

当财产 =0 时，企业“复活”的可能性极低，无论是否申请破产都无济于事，而申请破产还需要垫付费用，增加支出，自然无人申请。

当本人债权 ≤ 可供执行的财产 < 全部债权时，毫无疑问选择执行程序更快速获得全部债权。

当 0 < 可供执行的财产 < 本人债权或者可供执行的财产 =0 且不可供执行的财产 >0 时，倾向停留在执行程序：一是信赖自己的受偿顺位，依赖执行的力度；二是存有侥幸心理，即便“僵尸企业”现有财产无法被执行，也期待企业的自我复活或财产消除不能执行的因素；三是保守心理，债权人多认为申请破产会使企业注销，会使本就不大的“蛋糕”要支付破产相关费用，还要与其他债权人一同分享。

此外，有的债权人具有消极心理，多持观望态度。债权人整体利益最大化原则是破产的基本原则，程序启动后，所有债权人都可申报债权。一个人只要不被排斥在分享由他人努力所带来的利益之外，就没有动力为共同利益作贡献，而只会选择做一个搭便车者。[①] 因此，债权人怠于同意破产。

（四）“权力主体多元化”影响办理破产的顺利进行

前文提到，《营商环境报告》访谈结果显示办理破产时间长、破产难，这与破产程序参与主体多元化不无关系。

1. 执行移送破产过程中，法院系统内“多部门”联动

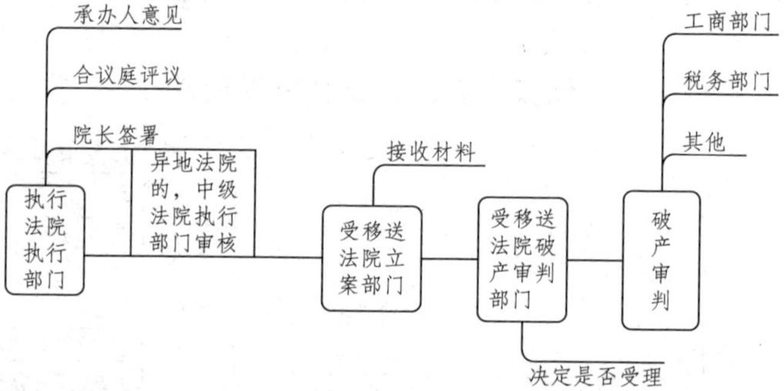

图 8　执行移送破产审查程序

破产案件以中级人民法院管辖为原则、基层法院管辖为例外。由于层级以及异地的差别，移送破产审判至少需要 2 个法院、4 个部门进行审核；移送本院的，也至少需要经过 3 个部门联动；若企业财产涉及其他法院采取查封、扣押、冻结的，还需要通知其他法院中止执行程序。沟通需要资源投入，协调不畅自然会花费大量的司法成本。

2. 破产审判程序中，法院系统外“多机关”参与

企业的存续与注销不是可以由法院一家做主的。《企业破产法》规定管理人可以持终结破产程序的裁定至企业原登记机关注销登记，但《税务征收管理实施细则》规定，纳税人发生破产等其他情形，在办理注销登记前，应持有关证件向原税务登记机关申报办理注销税务登记。可见审理破产案件与工商、税务联合是必不可少的。特殊情况下，还需要其他行政部门的

① ［美］埃莉诺·奥斯特罗姆：《公共事物的治理之道》，余逊达、陈旭东译，上海译文出版社 2012 年版，第 8 页。

参与，比如涉及诸如土地使用权的还需要国资部门的参与。

各部门均有各自的规章制度和执法依据，即便《企业破产法》已尽可能减少行政部门干预，但实践操作中无法避免相互依赖，导致办理破产难度增加。

三、原则：法院破解多重困境时应采渐进决策模式

任何脱离现实的方法论都是空谈，破解困境必须结合现实情况，才能找到正确的方向。

（一）前提：复杂状况下应稳妥前进

第一，法院是司法机关，非立法机关，决策应在善于遵守现有法律规定的前提下进行。现有破产程序的具有终局性、权利主体的多元性、利益博弈的激烈性和程序推进的复杂性等特点。[①]

第二，“僵尸企业”案件基数大，“过分前进”存在一定的风险。特别是在司法改革的进程上，多项措施并行且相辅相成，在保证改革的正确性上，应当追求稳中求进。

第三，从执行合同和办理破产的化解结果看，不能仅用简单的案件数量或者某些数据统计进行衡量，还有参考群众的获得感、社会效果等一系列软指标，这些是在政策实施的过程中不断显露的，很难提前预估。

那么，如何稳中求进，政治学家查尔斯·林德布洛姆的渐进决策理论给予了一些启示。

（二）选择：采渐进决策模式

与之对应的是理性决策模式和有限理性模式。有限理性决策模式更多地从现实出发批判了理性决策模式的不足，强调“满意”代替“最佳”，但“满意”缺少有效的评判标准。复杂情况下，期望决策者运用理性获得一劳永逸的解决问题的方法基本不可能。相反，渐进决策理论则较适宜：

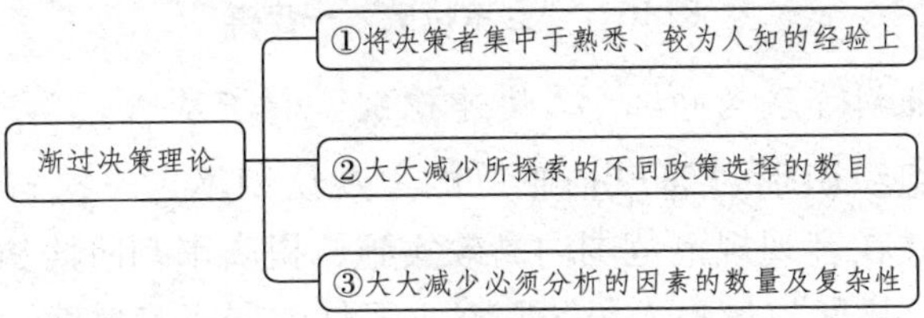

图9　渐进决策理论的主要观点[②]

---

① 陈夏红、许胜锋主编：《破产法信札》，法律出版社2017年版，第12页。

② ［美］查尔斯·林德布洛姆：《决策过程》，竺乾威、胡君芳译，上海译文出版社1988年版，第42页。

其特点在于以历史和现实的态度将事物的运动看作是一个前后衔接的不间断的过程，注重事物变化的量的积累，寻求量变导致质变。

（三）方法：渐进决策模式运用要点的启示

一是各参与主体之间的“合作”。司法程序每个阶段都有不同的主体执行不同的任务，且在每个阶段的某一部分都有一个主角，其余均是配角，比如破产程序启动时债权人和“僵尸企业”是启动的主角。但每个阶段是各角色共同参与的，如果各自独立，程序就不能进行下去。

二是符合被说服者价值观的“说服”。说服是决策者如何进行合作的显而易见的答案。但不是所有的“说辞”都能称之为“说服”，最强有力的说服手段是说服者使他自己所期望作出的政策符合他的说服对象的价值观，做到推己及人。

三是规则和被称为“权威”的规则。规则包括法律上的和法律之外的，之所以被遵守是因为得到了认可。规则的惯常遵守产生了权威，权威者并不一定对所有领域都有权威，但权威可以扩大影响，决策者通常可以利用手中对 A 领域的权威来对他没有权威的 B 领域施加影响。

四、破解：构建立审执破一盘棋机制，保障司法全流程高效运行

立审执破互动如下：

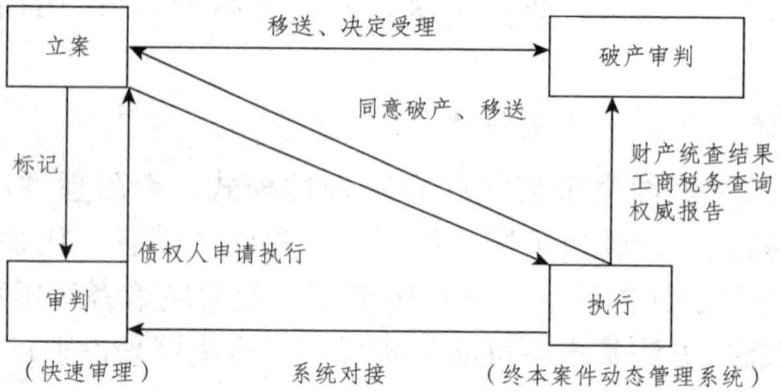

图 10　“立审执破”一盘棋

（一）以审判阶段为中心，“快速识别”僵尸企业

改变审判组织识别“僵尸企业”的主观认识不足，执行部门、立案庭应予以合作，并在客观规范范围内高效实施，提高审判阶段执行合同效益。

1. 平台：“共享”最高人民法院终本案件数据库。目前，最高人民法院已建立终本案件动态管理系统，对统查出的被执行人财产反馈给各院，但是缺乏将信息运用到其他阶段的现实举措。为充分利用该数据，加快“僵尸企业”的识别，各法院应形成独有的终本案件管理平台，对接最高人民法院终本案件管理数据库，实现对本院终本案件的动态管理以及对全国大

数据的利用与互通。

各法院应设专门的终本案件管理团队或人员，对该数据库进行维护和管理。

2. 预警：优化立案统计功能，实现审判“对接”终本案件管理。

第一，立案人员“标记”企业涉诉案件数。经图6可知，无论普通民商事案件，还是执行案件、执恢案件都会经过立案系统，故应充分利用大数据优势，优化立案系统的统计功能，在立案人员输入企业信息时显示企业涉及案件数，并记录在立案信息登记表中，以便提醒承办人识别。

第二，涉诉量大的同一企业，审判庭提前适用“指定”分案。电脑随机分案机制是优化司法职权配置、完善审判管理制度、促进公正廉洁司法、贯彻落实司法改革部署的一项重要举措。[①] 但对于类案，案件事实基本相同，由同一法官或少数法官集中审理有利于裁判尺度的统一，有助于法官快速识别企业目前的状况以及掌握审理要点，减少因生疏造成的司法资源浪费。

第三，实现审判系统与终本案件管理平台的对接，审判人员更加重视僵尸企业识别。在普遍的“1+1+1”的审判团队运行模式下，大多由书记员或者法官助理负责送达，该阶段不仅应当从原告处获得被告企业的经营信息，也应当重视立案庭的标记和系统查询，提早实现对企业经营状态的预判。

3. 辅助：客观规范前提下的高效实施。不能否认，公告送达有效解决了无法送达与保证诉讼活动有序开展之间的困境。[②] 本文认为，虽然公告送达的固定时间难以改变，但可以通过压缩穷尽其他送达手段的时间和成本的方法，提高整个审判流程的效益：

一是借助终本案件中的“下落不明已查找”认定为企业下落不明，直接适用公告送达。经过一轮的审判、执行均无人应诉，故意躲避诉讼和确实无人管理的可能性较大，其他送达手段的穷尽已无必要，且诉讼是连续的，可以直接认证不同诉讼程序的送达成果，既不违背法律规定的精神，也可以节省大量的时间和成本，有利于达到群众对审限的预期。

二是通过网络公告送达代替报纸公告，免除债权人的公告费用，减少诉讼成本。现阶段的公告送达由人民法院报刊登信息，但网络可靠性和查询的便利性的增加，其作用和效率有一定的保证，因此可以采用在同一平

---

① 高敏：《法院电脑随机分案机制的构建与研究》，载重庆法院网 http：//cqfy. chinacourt. gov. cn/index. shtml，最后访问时间：2019年5月27日。

② 唐太飞：《民事诉讼公告送达之透视——以〈民事诉讼法〉司法解释为视角》，载《中北大学学报（社会科学版）》2018年第6期。

台公告送达。

（二）以执行阶段为抓手，“权威挺在前面”与“精准说服并行”增加同意破产概率

执行移送破产审查是“僵尸企业”司法处置工作的重要方式，但需要债权人或“僵尸企业”同意。本文不在此探讨法院是否有资格或者条件依职权移送破产，而考虑在现有规定下如何激发权利人同意。

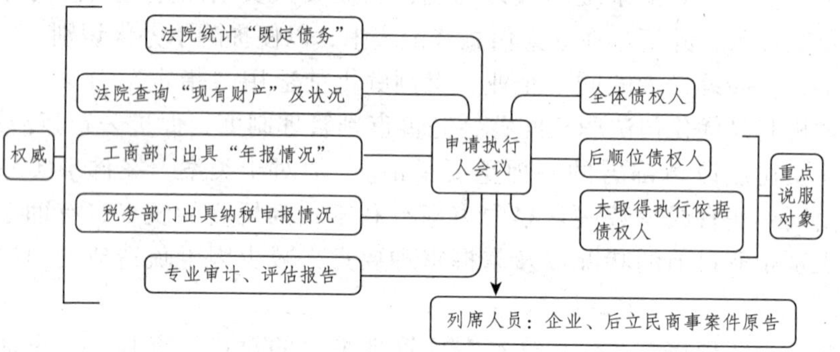

图 11　权威和说服并行

1. 权威挺在前面：工商、税务查询及审计程序前置。工商管理部门、税务部门都是企业经营过程中的监管主体。

第一，调查企业年报和纳税申报情况，增强企业面临破产的说服力。法院作为司法机关，当发现企业的既定债务已经超过其现有财产时，仍不能完全判决企业是否面临破产，还需要结合企业的经营状态予以考量，即判断企业财产有无继续增加的可能。特别是针对“下落不明”的企业，因存在注册地与实际经营地的差异，法院对后者的信息掌握大多来源于原告，穷尽送达手段未实现送达目的并不等于企业一定没有实际经营，将查询程序前置，特别是确认企业是否属经营异常或者已是非正常户，有利于执行法官判断移送破产的必要性。

第二，审计报告前置，全面清查“僵尸企业”财产。对“僵尸企业”资产状况进行全面掌握，法院可以通过购买社会化服务的方式由第三方机构对“僵尸企业”财产状况作出专业的评估、审计，以此为另一个“权威”，为破产工作做准备。

2. 精准说服并行：以利益最大化为导向，取得价值认同：

一是召开“申请执行人”全体会议。执行部门应当突破对个案征询程序的运用，对同一“僵尸企业”，有多个被执行案件或多个终本案件的，由终本案件管理团队或人员及时召开“申请执行人”全体会议。该会议公开“僵尸企业”涉诉情况，公示工商、税务查询结果以及审计、评估权威报告，分析各顺位债权实现可能性，增加债权人对执行不能的预期，也同样

对破产优势给予说明，引导破产程序。

二是根据债权与财产的关系，说服债权人，取得破产价值认同。

表 4　　选择条件、对象及理由

条件	选择对象	理由
0 < 可供执行的财产 < 既定债权	后顺位债权人	1. 不申请破产，债权无法全部受偿； 2. 申请破产，根据债权人整体利益最大化原则，中止执行程序，与先顺位债权人可以平等受偿
既定债权 < 可供执行的财产 < 全部债权	未取得债权确认的债权人（比如审判程序中的原告）	1. 不申请破产，因执行程序仅保护已经取得执行依据的债权人，债权无法受偿； 2. 申请破产，根据债务人财产保值增值原则，可避免企业财产减少，与既定债权取得平等地位
可供执行的财产 =0 且不可供执行的财产 >0	全部债权人	1. 不申请破产，债权无法受偿； 2. 申请破产，企业可能使企业复活。可复活的，自然可清偿债务；不可复活的，亦可在破产程序中通过打包出卖、补偿等形式实现变价

三是前引后推，说服企业。本文认为当企业财产为 0 或不足以支付破产费用时，仍有破产必要，因为终本并非债权实现终局，有案件的企业也不能退出市场。“推”，即充分利用工商档案材料、税务征收材料、案件证据材料以及审计报告，加强对企业法定代表人、股东等能够掌控企业发展方向人员的身份审查，重点审查是否有未出资、抽逃出资、转移资产等行为，可以追加为被执行人的应告知申请人追加，对于逃避责任的负责人应加大惩戒力度，倒逼“僵尸企业”及相关人员同意破产；“引”，即将免责作为引诱力。正如，破产免责才是破产法作为现代法治文明的基础性制度，[①] 对企业应充分发挥免责效用。

3. 经费保障：基金、信托介入且进行案件捆绑处理。“僵尸企业”本就资不抵债，但根据绝对权优先权原则，破产费用、税收等支付在先，不利于债权人、“僵尸企业”同意破产，破产管理人制度与经费也一直被广泛讨论，各地政府及法院也在积极探索基金、信托介入破产管理，本文认为可将有较多财产的企业破产与无财产的企业破产“捆绑”，以此获得无财产或财产较少企业破产费用的来源。

（三）以破产进程为节点：“责任落实”促“权力主体联动”，使破产更容易

最高人民法院对执行移送破产审查的程序已有规定，但实践中还存在

① 陈夏红、许胜峰主编：《破产法信札》，法律出版社 2017 年版，第 115 页。

衔接不畅的现象，渐进决策模式认为涉及多部门权力运行的，应当加强合作和调试，形成规范化、长效化机制。

1. 执行移送破产审查阶段：形成“法院 -”的整体合力：

破产审判是专业的审判，即便是在法院系统内部，也需要层层移送，沟通不畅自然影响破产立案的效率，故应当分情况建立联席会议机制，形成整体合力。为使联席会议长效化，应当紧抓责任落实，用责任促进权力的规范行使。

一是同一法院移送破产审查的成立“部门间联席会议”。法院院长对整体工作负责，各主管副院长为召集人，在执行局设立联席会议办公室，负责破产审判移送的日常工作和监督各部门工作进展。立审执部门人员均为会议成员，有需要提请联席会议研究的事项，报予联席会议办公室，由办公室提请召集人召集。具体构建如下：

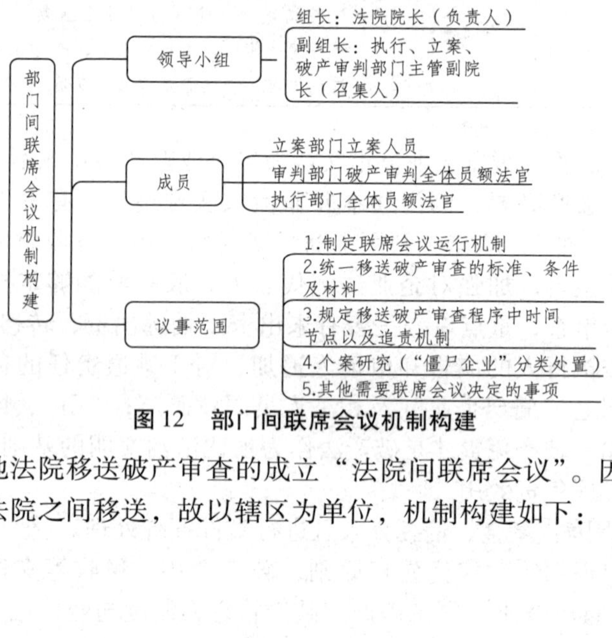

图 12　部门间联席会议机制构建

二是异地法院移送破产审查的成立“法院间联席会议”。因涉及异地且是不同级别法院之间移送，故以辖区为单位，机制构建如下：

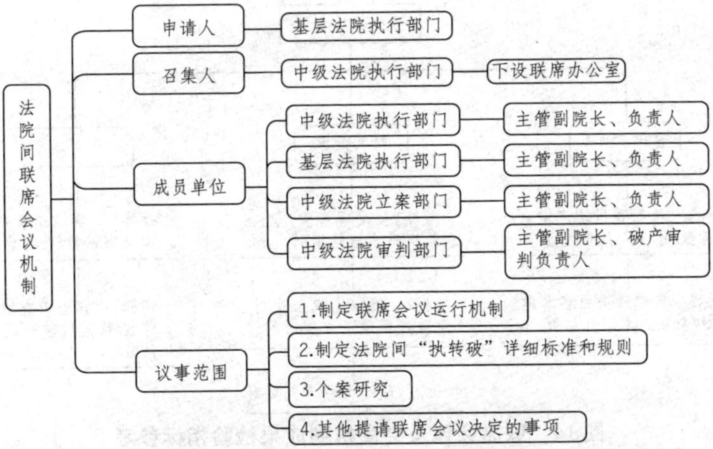

图 13　法院间联席会议机制构建

同理，各法院院长为各院总负责人，协调推进机制运行。

联席会议机制中的个案研究，追求预审提速效果：一是研究是否应当移送破产审查；二是根据现有资料对僵尸企业进行分类、对破产审理进行预判，特别是人数众多、问题较多、财产较少的破产案件提前制定风险防范方案；三是通过分类决定破产适用程序，做到繁简分流、快慢分道。

2. 破产审判阶段：构建“法院 +”的会商机制。僵尸企业的处置，应坚持以政府为主导、司法为保障。从各地先进破产审判经验可知，府院联动无疑是推进破产程序的有力杠杆。但法院应注意：一是推进建立破产审判案件会商长效机制，在省级部门领导下，制定多部门联动及案件会商机制；二是法院对外会商应当由法院院长为责任人，由破产审判部门主管副院长具体推进，庭室负责人、承办人具体实施；三是对每一件破产案件制定风险预案。

3. 督导：定量检验联席会议及会商机制成果。联席会议办公室可采不限于下列指标的方式对联席会议及会商机制成果进行考核，向院长汇报，并提交联席会议讨论，指导下一步工作：

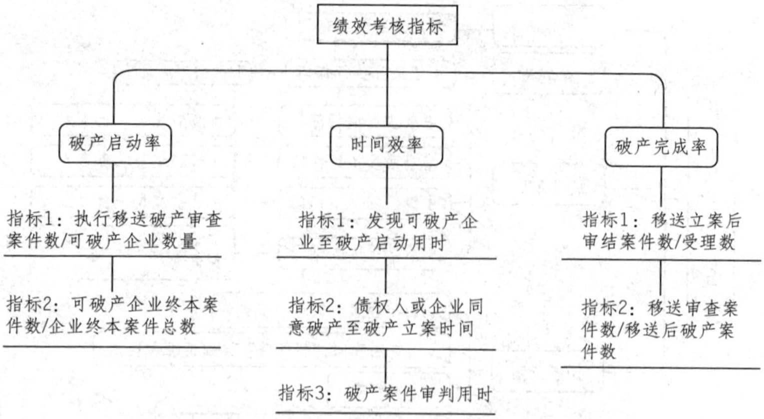

图 14　联席会议及会商机制成果检验指标参考

结　语

僵尸企业司法处置问题涉及执行合同、执行不能案件累积、办理破产等多个问题，虽然复杂，但将注意力集中在各环节中为人熟知的关键环节和主要壁垒，便能将问题简化，逐步转变，并不至引发不稳定风险。本文旨在建立司法程序一盘棋机制，为法院做好僵尸企业司法处置工作提出一些建议。

行为执行中意思表示请求权的执行制度构建

——以执行依据拟制债务人意思表示为执行方式

李思锦*

引 言

在“切实解决执行难”的背景下，执行实践中存在一类以作出一定意思表示为执行标的的执行案件，典型案件如申请执行人向法院申请强制执行，要求被执行人协助其进行房屋过户，即申请执行人要求被执行人作出房屋变更登记申请的意思表示。在强制执行理论中，这类案件被称为意思表示请求权的执行案件，是行为执行案件中的一种重要类型。与其他行为执行案件不同的是，此类案件的执行标的不是具体的行为，而是一定的意思表示，这类案件的执行有意思表示请求权的执行制度作为指导。而实践中，此类案件大量存在，但因存在执行机制性障碍，导致一定程度上存在着浪费司法资源、增加案件当事人成本的弊端，解决此类案件的执行难是“切实解决执行难”的重要一环。

一、考察：内容为作出一定意思表示的执行依据之执行现状

（一）存在于多种案件类型中

在民事诉讼法理论中，根据诉的性质和内容将诉分为确认之诉、给付之诉和形成之诉。根据强制执行法的相关理论，给付之诉才具有进入执行程序的必要，但确认之诉、形成之诉与给付之诉合并的案件，也有进入执行程序的必要。

* 作者单位：北京市大兴区人民法院。

1. 给付之诉：执行依据仅载明以一定意思表示为给付内容

案例一[①]：

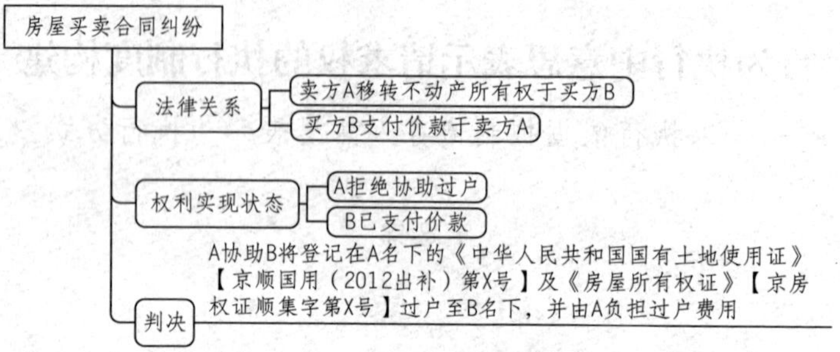

图1　房屋买卖合同纠纷中以作出意思表示为给付内容的执行依据之执行

判决生效后，在履行期内A仍不配合B进行过户，B向人民法院提出强制执行申请，要求A履行判决义务。这一给付之诉的案例中，案件的执行标的为房屋所有权的变更登记申请意思表示，执行目的在于实现债务人作出房屋所有权变更登记申请的法律效果。司法实践中，除了以不动产物权变动登记申请意思表示为给付内容的案件之外，给付之诉中以意思表示为内容的案件类型还包括请求协助特殊动产如机动车等所有权之过户登记、抵押权之变更登记、股东变更登记、股权变更登记、知识产权变更登记等。

2. 确认之诉合并给付之诉：确认法律关系是否存在引发给付之诉

案例二[②]：

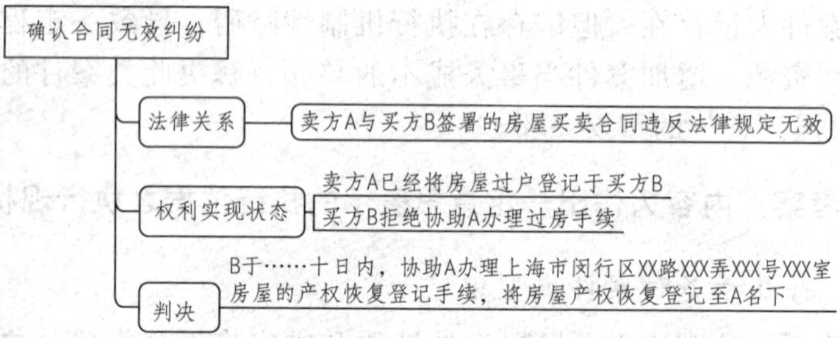

图2　确认合同无效纠纷中以作出意思表示为给付内容的执行依据的执行

上述案件案由为确认合同无效纠纷，这是典型确认之诉的案由。但通过诉的合并，案件仍可能有给付内容，如上述案例，便存在作出产权恢复变更登记申请意思表示的给付内容，从而也属于以意思表示为给付内容的案件，有了进入执行程序的可能。

---

① 北京市第三中级人民法院（2016）京03民终278号判决书。

② 上海市闵行区人民法院（2014）闵民五民（初）字第2234号判决书。

3. 形成之诉合并给付之诉：变动法律关系引发给付之诉

案例三①：

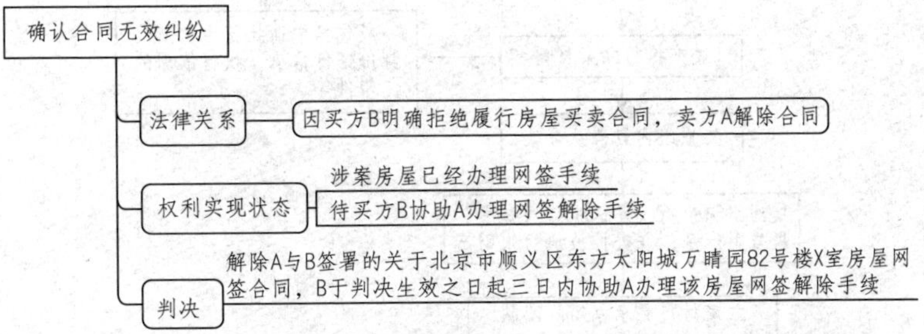

图 3 解除合同纠纷中以作出意思表示为给付内容的执行依据的执行

上述案例是解除合同纠纷，是典型的形成之诉。同样因为诉的合并，此案存在解除房屋网签手续申请意思表示的给付内容，从而也有了进入执行程序的可能。

4. 小结

通过上述案例分析，以作出意思表示为给付内容的案件存在于给付之诉以及与确认之诉、形成之诉发生诉的合并的情况，主要案件类型总结如下：

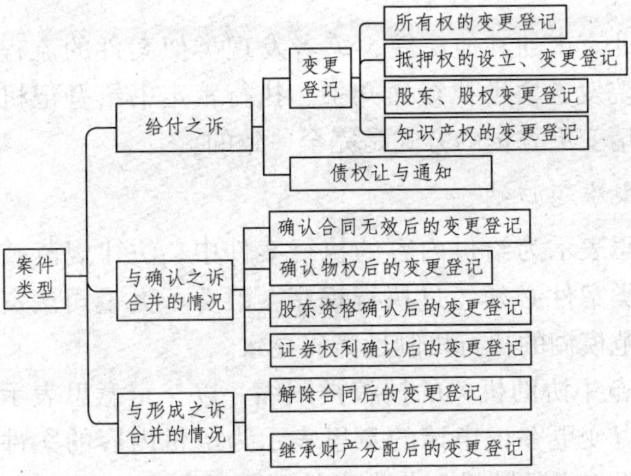

图 4 以作出意思表示为给付内容的案件类型

（二）现行执行机制环节繁琐

实践中，现有意思表示请求权的执行普遍以执行法院的协助执行通知书和裁定书拟制债务人意思表示，执行流程环节繁琐。以房屋变更登记申请意思表示请求权为例，现行司法实践做法（以北京市 D 区法院为例）如

① 北京市第三中级人民法院（2018）京 03 民终 9443 号判决书。

下图5：

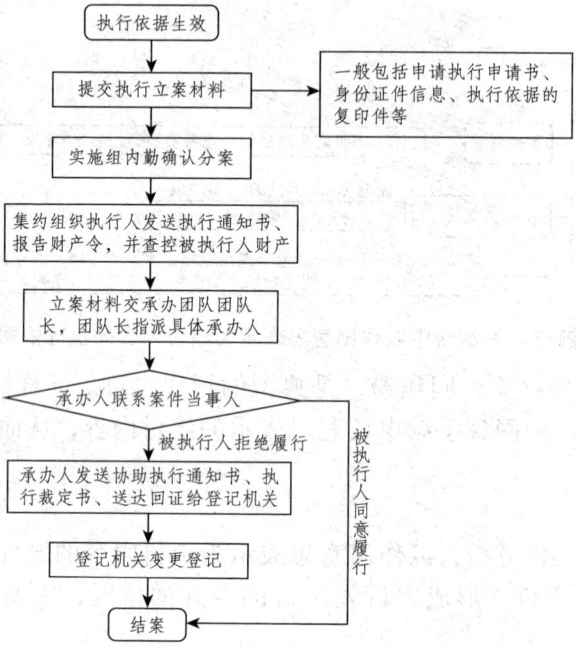

图5　以房屋变更登记申请意思表示为给付内容的执行案件流程

通过调查北京市的其他法院，笔者发现类似案件的流程大多相似，尤其是以人民法院发送协助执行通知书、执行裁定书给登记机关来拟制被执行人亲自去申请变更登记的方式是完全一致的。

（三）实践难题归纳

以一定意思表示为给付内容的执行案件中，法律规范被协助机关限缩解释，导致此类案件必须经过执行程序，浪费了大量司法资源，而诸困境的形成皆由规范模糊的执行机制性障碍导致。

1. 法律规范中协助机关的授权被限缩。以一定意思表示为给付内容的执行案件中，以变更登记申请的意思表示为给付内容的案件最为众多，为达变更登记意思表示的效果，此类案件还需要登记机关的协助。一般认为，《民事诉讼法》第二百五十一条规定的是以意思表示为给付内容的执行。该条规定了"在执行中，需要办理有关财产权证照转移手续的，人民法院可以向有关单位发出协助执行通知书，有关单位必须办理。"此处的"可以"是否可以理解为，法律仅仅是在债权人申请强制执行时，给人民法院请求登记机关协助执行提供了依据，债权人可以不选择申请强制执行。实践中，登记机关普遍将这一规定理解为，其变更登记权力的行使必须有人民法院给登记机关发送协助执行通知书和执行裁定书的授权。笔者认为，这是登记机关在实践中主动限缩解释了这一法律规范的授权。

2. 司法资源未用在刀刃上。目前的司法实践中，以意思表示为给付内容的案件多会进入执行程序。虽然此类案件的执行相对容易、执行周期相对其他类型案件要短，但在执行规范化的要求下，还是耗费了大量的司法资源。而且，此类案件中存在停止执行、执行异议和执行异议之诉的可能，增加了执行机构在此类案件的司法资源消耗。同时，执行中因为多次送达增加了申请执行人很多的时间成本。然而，在执行过程中，执行机构仅仅是作出执行裁定书和协助执行通知书的事务性工作者，司法资源的成本收益率较低，而这种做法的收益却乏善可陈。

3. 相关制度模糊的机制性障碍待破解。以一定意思表示为给付内容的执行案件普遍进入执行程序，耗费大量司法资源，与相关制度设计模糊密切相关。我国的强制执行法一直没有出台，有关执行的规定散见于《民事诉讼法》、司法解释和其他规范性文件中。上文已经论述到，作为国家基本法律的《民事诉讼法》，其第二百五十一条的规定并未明确其适用条件。而司法实践中对该条的解释，不甚合理，限缩了以意思表示为给付内容的执行案件的处理方式，这才造成了此类案件大量占用司法资源，成为“切实解决执行难”的绊脚石。进行司法改革的重要一环便是破除机制性障碍，破除此类执行案件的机制性障碍也是司法改革的应有之义。

二、探析：意思表示请求权破解执行机制性障碍的理性思辨

（一）意思表示请求权的执行制度之理论基础

针对以意思表示请求为给付内容的机制性障碍，执行理论中对应存在以执行依据拟制债务人意思表示的相应执行制度理论。意思表示请求权之执行是指执行依据所载债权人之请求权，以债务人为一定之意思表示为标的，而使其实现之执行而言。[①]

1. 执行依据必须明确具体。意思表示请求权执行中的执行依据，包括生效判决、依法作出的调解书、商事仲裁判断得为执行之裁定等。[②] 根据强制执行的基本理论，执行依据必须明确具体。[③] 如果执行依据不明确，则权

① 杨与龄：《强制执行法论》，台湾地区三民书局2007年版，第648页。

② 杨与龄：《强制执行法论》，台湾地区三民书局2007年版，第650页。

③ 《民事诉讼法司法解释》第四百六十三条第一款规定：“当事人申请人民法院执行的生肖法律文书应当具备下列条件：（一）权利义务主体明确；（二）给付内容明确。”

利人会面临权利不能实现的风险。[①] 具体到意思表示请求权的执行，相关执行依据必须已经具备债务人应为一定意思表示的所有要素。如在债务人需对第三人为一定意思表示时，若第三人未确定，则该法律拟制因为要素欠缺而不能适用。

2. 执行标的是为一定意思表示。意思表示请求权执行的执行标的意思表示，包括发生法律效果之意思表示、准法律行为中的意思表示，但不包括无法律效果的意思表示；包括对第三人的意思表示，但不包括对第三人意思表示的到达；包括无行为能力人的意思表示，但不包括无权利能力人的意思表示；也包括公法上的意思表示，[②] 如变更登记的意思表示。若该意思表示还需经过一定的程序才能发生法律效果，仍需要债权人依照法律规定经过相应程序，才可以实现最终的法律效果。如债权人享有对债务人的转移房屋所有权登记申请的请求权，在执行依据生效之后，拟制债务人已作出相应意思表示，但仍需债权人持该执行依据去登记机关完成变更登记程序后，债权人才取得该案房屋的所有权。

意思表示请求权执行中法律拟制的债务人意思表示是意思表示束[③]，在不违反相应法律规定的前提下，可以根据债权人的意思表示内容而作出相应抽离与合并，即执行依据所载债务人为一定意思表示的部分仅是权利人的权利，而非义务。例如在我国台湾地区的一个案例中，指明原告胜诉后，可以选择判决确定范围内某一部分的土地所有权进行变更登记。[④]

3. 执行方式多采法律拟制的方法。意思表示请求权的执行中，因无需债务人为具体行为，所以替代履行和间接执行措施的适用存有诸多弊端，故各国多采法律拟制的方式。如在日本和我国台湾地区，意思表示请求权执行的方式原则上无需强制债务人为具体行为，也无需执行机构为实现该效果的执行处分，而采以执行依据拟制债务人意思表示的执行方式，判决生效时或其他与生效判决有同一效力的执行依据成立之时，债务人意思表示生效。

同时，为了保护债务人的先履行抗辩权等合法权益，在债权人负有对待给付义务的情形，通常需要债权人提供已履行义务的证明文件，才可发

---

① 《最高人民法院关于执行案件立案、结案若干问题的意见》第二十条规定："不符合《执行规定》第18条受理条件的，可以裁定驳回申请。"广东省高院执行局在2016年3月公布的《对12个执行案件法律适用疑难问题提出的统一解答意见》第6条规定："如果执行依据不明确，应不予受理；已经立案执行的，允许当事人协商一致的情况下，确定执行内容，如果仍无法执行，可裁定终结执行程序。"相关规定还有江苏省高院《关于执行内容不明确如何执行有关问题的通知》。

② 本文中，公法上的意思表示，指对公权力机关作出的具有公法上意义的意思表示。

③ 意思表示束，是一个"总量"和"结构"的概念，可以根据意思表示的内容进行排列组合形成不同的意思表示结构。

④ 杨与龄：《强制执行法论》，台湾地区三民书局2007年版，第655页。

生拟制效力。在日本，此种情况下，债权人需要申请付与执行文，执行文付与时被视为债务人作出了意思表示。[①] 类似的，在我国台湾地区，法律拟制自债权人已提存或执行法院就债权人已为对待给付给予证明书时，或者公证人作出公证时，债务人作出意思表示。不管是付与执行文还是其他证明文件，都仅是将拟制的意思表示生效时点从执行依据生效之时延后到债权人对待给付的证明作出之时。

（二）意思表示请求权执行制度可行性的体系解释

意思表示请求权的执行中，变更登记意思表示请求权的执行数量最为众多。以不动产变更登记为例，通过相关法律规范的体系解释可以得出结论：现行法规未禁止以执行依据拟制债务人意思表示的执行方式。相关法律规范的梳理如下表1：

表1　　现行规范中的不动产物权变动登记执行的相关规定

序号	规范名称	颁布机构	生效日期	规范性质	相关条件
1	《人民法院办理执行案件规范》（以下简称《执行案件规范》）	最高人民法院执行局	2017年	司法解释性质文件	第五百六十五条第二款：国土资源、房地产管理部门在协助人民法院执行土地使用权、房屋时，不对生效法律文书和协助执行通知书进行实体审查……
2	《最高人民法院、国土资源部、建设部关于依法规范人民法院执行和国土资源房地产管理部门协助执行他若干问题的通知》（以下简称《协执通知》）	最高人民法院国土资源部（已撤销）、建设部（已撤销）	2004年3月1日	司法解释性质文件	第一条：人民法院在办理案件时，需要国土资源、房地产管理部门协助执行的，国土资源、房地产管理部门应当按照人民法院的生效法律文书和协助执行通知书办理协助执行事项
					第三条：同《人民法院办理执行案件规范》第五百六十五条

① 《日本民事执行法》第27条第1款规定，对于应由债权人证明事实到来的请求，只有在债权人提出证明事实到来的文书时，方可付与执行签证。日本法上所说的执行文指的是证明并记载债务名义的执行力的现状及范围的文书。付与执行文，即把债权人可依据本债务名义对债务人强制执行的意思附记在债务名义的末尾。见江必新主编：《比较强制执行法》，中国法制出版社2014年版，第217~218页。

续上表

序号	规范名称	颁布机构	生效日期	规范性质	相关条件
3	《不动产登记暂行条例》	国务院	2019 年 3 月 24 日	行政法规	第十四条第二款规定：属于下列情形之一的，可以由当事人单方申请：……（三）人民法院、仲裁委员会生效的法律文书或者人民政府生效的决定等设立、变更、转让、消灭不动产权利的：……

我国《民事诉讼法》第二百五十一条的规定中，“人民法院可以向有关单位发出协助执行通知书”，用词为“可以”，并非“必须”，意即，如执行依据要求债务人变动登记不动产物权时，并非必须经由法院执行程序。这就让以执行依据拟制债务人意思表示的方式具有合法性。而《协执通知》第 1 条仅仅证明了登记机关的协助义务，而并非阻断了债权人直接向登记机关申请的路径。在笔者看来，存在申请人负有对待给付义务的情况下，《协执通知》的这条规定才有适用空间，才有可能需要人民法院启动执行程序，启动执行程序后，就变更登记这一部分之请求的执行，人民法院可以向登记机关发出协助执行通知书，且登记机关无权因没有被执行人的意思表示而拒绝协助。《不动产登记暂行条例》的规定则更加清晰地表明，以执行依据拟制债务人意思表示具有合法性和可行性。

（三）意思表示请求权执行制度可行性的目的解释

强制执行程序的目的在于实现其内容已经确定的权益。① 其完整含义在于由国家授予执行权的机构以强制甚至暴力作后盾，依据有执行力的法律文书对私人间债权债务关系进行清理，发挥的是确保财产权利得以实现、强制相关义务得以履行的功能。② 执行程序功能的发挥，关键在于在债权人自身通过合法方式不能实现其确定的合法权益时，执行机构以国家强制力来保障。换句话说，如果债权人在法律允许的情况下，可以通过自身力量保障权益实现，则执行法院完全没有必要介入。

意思表示请求权的执行中，其执行目的仅在于发生特定法律效果，只需使债权人取得债务人为一定意思表示时的法律效果即可。在我国的不动产物权变动登记的意思表示请求权之执行中，当债权人不负有对待给付义务时，根据法律体系解释的结果，债权人可以直接持执行依据单独向登记

① 江必新：《强制执行法理论与实务》，中国法制出版社 2014 年版，第 3 页。

② 王亚新：《通过强制执行的权利实现——执行程序的实际操作及其功能》，载《当代法学》2018 年第 1 期。

机关进行申请，登记机关不能以无债务人意思表示为由拒绝登记。既然债权人在取得生效判决后，可以通过自身力量完成权益的实现，强制执行程序的启动就显得并不必要。否则启动强制执行程序，可以认为是没有尊重设置强制执行程序的初衷。

（四）构建意思表示请求权执行制度势在必行

构建完善的意思表示请求权执行制度利于实现资源配置的“帕累托效率”：

第一，节约司法资源。以执行依据拟制债务人意思表示的执行方式下，申请人直接向登记机关进行申请，不需耗费执行机构的司法资源。有学者提出，一些地区的登记工作人员会拒绝当事人的单方申请，而当事人如果选择行政诉讼纠正不规范登记行为，并没有降低司法资源的消耗。① 笔者认为，这一观点混淆了应然和实然的区分，不应把登记机关拒绝申请人单方不动产变更登记申请作为理论起点，而应考虑登记机关是否有权拒绝此类申请。《不动产登记暂行条例》第十四条第二款的规定已经明确规范了登记机关不得因单方申请登记而拒绝当事人，规范了登记机关的行为，没有针对此的行政诉讼便谈不上消耗司法资源。

第二，无损当事人利益。就申请人的利益而言，规范登记机关行为后，单独向登记机关申请的方式为其节省了执行程序中耗损的大量时间成本。

就债务人的合法权益而言，两种不同拟制方式下债务人的地位没有差别，因为两种执行方式都无需债务人配合。其正当性都存在于法律文书具有执行力的正当性：在裁决型生效法律文书中，“正当程序保障下的自我归责原则”即为其正当性，在合意型法律文书中，“对心甘情愿者不存在不公平”便说明了其正当性。② 当然，在债务人有对待给付请求权时，需要进行相应的审查，以保障债务人的合法权益，这也是制度构建时需要考虑的重要问题。

第三，未加重登记机关负担。采以执行依据拟制债务人意思表示的方式，最有利益受损之虞的是登记机关，实则非然。现行登记制度下，登记机关的审查主要是形式审查，登记机关只需要审查人民法院作出的协助执行通知书和执行裁定书等法律文书是否生效。而在申请人单独向登记机关申请登记时，只需审查申请人持有的法律文书是否生效和申请人是否负有对待给付义务即可。申请人如果负有对待给付义务，登记机关可以要求申请人出示已经履行义务的证据，如法院提供的证明文件。登记机关在两种不同的执行方式下，都是形式审查义务，审查的文件不同而已。

---

① 参见赵晋山、王赫：《不动产登记样态对强制执行的影响与塑造》，载《法律适用》2018年第15期。

② 黄忠顺：《执行力的正当性基础及其制度展开》，载《国家检察官学院学报》2016年第4期。

综上，意思表示请求权执行中，不同执行方式下各方权益的比较如下表2：

表2　意思表示请求权执行中，不同执行方式下各方权益的比较

	以执行裁定书、协助执行通知书拟制 ——→	以执行依据拟制
执行机构	进入执行程序，浪费司法资源	无需进入执行程序
债权人	经执行机构和登记机关，时间成本高	节省执行时间
债务人	无需其配合，具有正当性	无需其配合，具有正当性
登记机构	形式审查协助执行通知书、执行裁定书	形式审查执行依据；在债权人有对待给付义务时，形式审查证明文件

三、寻径：意思表示请求权执行制度的具体设计

在一些大陆法系国家和地区，意思表示请求权的执行制度已经发展成熟，为实践中的意思表示请求权执行制度的构建提供了有益借鉴。

（一）适用条件：以意思表示为执行内容的特定案件

在日本，意思表示请求权的执行规范适用条件规定在其《日本民法典》第414条第2款“对以法律行为为目的的债务”，同样，我国台湾地区则在其“强制执行法”的第130条也作出了明确规定，即“命债务人为一定之意思表示之判决确定或其他与确定判决有同一效力之执行依据成立者”，它们都是采高度概括的法律进行明确规定。至于其适用的案件类型，多从司法实践总结而来，以我国台湾地区为例，包括但不限于命出典人承诺典物之出卖、命债务人将不动产（房屋、土地所有权）移转登记于债权人或第三人、命出卖人办理电话使用权之过户登记、汽车所有权之过户登记、抵押权之设立登记、户籍登记之变更、继承登记等。①

就实践中意思表示请求权的执行制度构建而言，也应由法律规范明确其适用条件：意思表示请求权的执行，是指执行依据载明权利人得请求义务人为一定意思表示的执行，适用的前提是以一定意思表示为给付内容的执行案件。通过梳理我国的现实司法实践并借鉴域外经验，可以明确意思表示请求权的执行，可能存在于给付之诉以及与确认之诉、形成之诉发生合并的案件中，其中的意思表示包括发生法律效果之意思表示、准法律行为中的意思表示、对第三人的意思表示、无行为能力人的意思表示以及公法上的意思表示。

① 关于我国台湾地区意思表示请求权的司法实践梳理详见附件。

（二）执行方式：以执行依据拟制债务人意思表示

日本和我国台湾地区同样以明确的法律规定规范了意思表示请求权执行案件的执行方式，他们都选择了以执行依据拟制债务人作出意思表示的方式。① 并且如果债权人负有对待给付义务，取得已经履行义务的证明文件之时，债务人的意思表示才生效。②

构建实践中意思表示请求权执行制度时，为保护债务人先履行抗辩权，应区分债务人是否享有先履行抗辩权。在债务人无先履行抗辩权时，生效法律文书或与其有同等效力的文书生效之时即视为债务人作出相应的意思表示；在债务人享有先履行抗辩权时，则债权人提供证明其已完成对待给付义务时，为债务人作出相应意思表示生效的时点。此处的证明，可以是法院作出的证明文书、提存机构的证明文书、公证机构的证明文书等。不同于域外根据债权人是否负有对待给付义务来作区分、而采债务人是否享有先履行抗辩权来作区分的方式，原因在于在实践中，债权人负有对待给付义务的情形，债务人可能享有同时履行抗辩权或先履行抗辩权。在债务人有同时履行抗辩权时，因债权人实现权利不影响债务人主张其基于他种法律关系享有权利而申请执行，所以，在债务人仅有同时履行抗辩时，债权人可以不提供已经履行对待给付义务的证明；相反，要求债权人提供证明会损害债权人的同时履行抗辩权。

（三）债权人的权利：选择执行内容和方式

域外法中，并未明确规定执行依据确定的意思表示请求权仅为债权人的权利，而非债权人的义务，但是在理论上已经达成统一认识，并且在其司法实践中也有体现。

实践中意思表示请求权执行制度的构建中，为使规范更加明确具体，应该指明意思表示请求权的执行中，在执行依据确定的意思表示范围内，债权人可以选择实现部分或者全部意思表示的法律效果，这是对债权人选择权的尊重。同时，鉴于实践中此类案件经法院执行程序由来已久，也必须明确债权人选择经过执行程序或是直接向协助机关/第三人作出意思表示，同样是债权人选择权的内容。当然，从成本——效益出发，如果债权

---

① 《日本民法典》第414条第2款规定：对以法律行为为目的的债务，可以以裁判代替债务人的意思表示。我国台湾地区“强制执行法”第130条第1款规定：命债务人为一定之意思表示之判决确定或其他与确定判决有同一效力之执行依据成立者，视为自其确定或成立时，债务人已为意思表示。

② 《日本民事执行法》第27条第1款规定：对于应由债权人证明事实到来的请求，只有在债权人提出证明事实到来的文书时，方可付与执行签证。我国台湾地区“强制执行法”第130条第2款规定：前项意思表示有待于对待给付者，于债权人已为提存或执行法院就债权人已为对待给付给予证明书时，视为债务人已为意思表示。公证人就债权人已为对待给付予以公证时，亦同。

人向人民法院申请强制执行的，人民法院可以提醒其可以不经执行程序；若债权人坚持选择申请强制执行，人民法院应当尊重债权人的选择权，而无权因此驳回执行申请。

（四）协助机关的义务：协助债权人和形式审查义务

意思表示请求权执行中意思表示包括了公法上的意思表示，而公法上的意思表示一般需要有关机构的协助。以我国台湾地区为例，针对特定案件类型，其会提供相应的特别法规定有关机构对债权人的协助义务。以土地所有权移转为例，我国台湾地区的“土地登记规则”规定：原则上，土地登记应当由权利人及义务人会同申请，但是因法院、行政执行分署或公正第三人拍定、法院判决确定之登记则可以由权利人或登记名义人单独申请。当然，相关机构也有一定的审查义务。如在我国台湾地区，登记机关不仅具有协助登记的义务，同时也具有形式审查义务。如有符合“土地登记规则”第 57 条①规定的情形，则登记机关可以驳回申请人的登记申请。

就实践中此项制度构建而言，也应明确协助机关的义务，包括协助债权人的义务和形式审查义务。当然，相关机构的审查义务可以通过其他特别法进行规定，而无需在执行立法中明确，意思表示请求权执行中出现相关问题时，可以援引相关法律规定解决纠纷。

在相关机构审查过程中，如果债权人申请变更登记的财产权利已经被保全的，需要区别处理：若是债权人在诉讼过程中申请了诉讼保全的，因为保全的目的已经达到，所以有关机构可以通知债权人，由债权人向作出保全措施的法院申请解除保全措施。申请解除保全并非进入实质执行程序，所以也不算启动了执行程序；如果该财产权利是由他案进行了保全，则属于相关行政机构驳回登记申请的正当理由，也属于应由其他特别法规定的事项。

同时，笔者认为，“没有救济就没有权利”，所以不仅要规定此类案件涉及相关机构时，相关机构收到债权人的申请时负有协助义务，也要规定当事人的救济途径，如果相关机构拒绝协助，债权人可以依据《行政诉讼法》《行政复议法》的相关规定提起复议申请或者提起诉讼。

总结而言，现行意思表示请求权的执行与构建后的意思表示请求权执行制度的比较见下表 3：

---

① 我国台湾地区“土地登记规则”第 57 条规定：有下列各款情形之一者，登记机关应以书面叙明理由及法令依据，驳回登记之申请：一、不应受理登记机关管辖；二、依法不应登记；三、登记之权利人、义务人或其与申请登记之法律关系有关之权利关系人之间有争执；四逾期未补正或未照补正事项完全补正。

表 3　　　　意思表示请求权执行的现状与进行机制构建后的对比

		执行现状	机制构建后
立法规范		散见于《民事诉讼法》、司法解释和规范性文件中，规范模糊	有明确的案件操作规范
制度内容	含义	没有意思表示请求权的执行体系化制度概念	明确意思表示请求权执行的含义，案件类型化处理
	执行方式	经过实质执行程序，以执行法院出具的协助执行通知书和执行裁定书拟制债务人意思表示	不进入执行程序，以执行依据拟制债务人意思表示
	债权人有先给付义务时的处理	执行法院形式审查	登记机构形式审查已履行义务的证明文件
	有关机构的协助义务	有关机构有对执行法院的协助执行义务	协助义务的权利主体是债权人

四、指引：意思表示请求权的执行案件操作要点归纳

第一，本要点适用于执行依据载明以债务人作出一定意思表示为给付内容的案件，其中，意思表示包括准法律行为和法律行为中的意思表示。

第二，意思表示请求权执行案件中，债权人向人民法院申请强制执行时，人民法院应当提示其可以直接向协助机关或者第三人作出意思表示。债权人坚持申请强制执行的，人民法院应予受理。

第三，意思表示请求权的执行中，权利人需要有关机构协助才可达到一定法律效果时，有关机构应予协助。有关机构无正当理由拒绝协助时，权利人可以依《行政复议法》《行政诉讼法》等法律提起行政复议或行政诉讼。

第四，在执行依据确定的意思表示范围内，债权人可以选择实现部分或者全部意思表示的法律效果。

第五，意思表示请求权执行案件中，执行依据生效之时，视为债务人作出相应的意思表示。

若债务人享有先履行抗辩权，权利人在取得提存证明文件、法院作出的证明文件或公证处出具的公证文书等能够证明其已经履行对待给付义务的证明时，视为义务人作出相应的意思表示。

第六，意思表示请求权执行的标的已经由意思表示请求权的权利人申请保全的，权利人得向作出保全措施的人民法院申请解除保全，人民法院应予准许。

除意思表示请求权的权利人之外的其他人，已经申请对前项所述标的

采取保全措施的，登记机构应该依照法律规定驳回登记申请。

结 语

意思表示请求权的执行制度在很多大陆法系国家和地区已经发展成熟，并有效应用于司法实践中，为我国的相关司法实践提供了有益借鉴。构建完善的意思表示请求权的执行制度，破除意思表示请求权执行机制性障碍，不仅是司法改革的题中之义，更有利于完善我国强制执行的相关立法，提高类似案件的执行效率，是“切实解决执行难”的一个重要制度保障。

恶意转移财产规避执行的规制探析

——以 184 份执行裁定书为分析样本

杨亚妹[*] 翟国军[**] 陶世栋[***]

引 言

被执行人采取种种手段规避执行是造成“执行难”的原因之一。常见的规避执行手段是恶意向案外人转移财产，使被执行人表面上无财产可供执行。2011 年《最高人民法院关于依法制裁规避执行行为的若干意见》（以下简称《制裁规避行为意见》）第二十条①规定，执行法院可以通过依法变更追加被执行人或者告知申请执行人通过诉讼程序追回被转移的财产。2016 年《最高人民法院关于民事执行中变更、追加当事人若干问题的规定》（以下简称《民事执行变更追加规定》）并未规定恶意转移财产的可以追加被执行人，其他执行的立法和司法解释同样未就如何制裁恶意转移财产行为作出体系化规定，执行实践因此存在一定的混乱。

规避执行行为不仅直接阻碍申请执行人债权的实现，劣化了营商环境，也对司法公信力造成损害，加大对规避执行行为的制裁势在必行。基于《制裁规避行为意见》以及我国执行实践，探讨如何在执行程序中建立反规避执行制度具有现实意义。所谓反规避执行制度，是指在执行程序中对规避执行行为进行调查、认定和制裁的制度。鉴于“财产”是执行和规避执行的关键，本文以被执行人恶意转移财产规避执行为视角，借助实证分析，总结执行实践存在的主要问题并分析原因，在对反规避执行制度进行正当性分析的基础上，提出本文关于建立反规避执行制度的观点，并试图兼顾

* 作者单位：北京市怀柔区人民法院。

** 作者单位：北京市怀柔区人民法院。

*** 作者单位：新疆生产建设兵团第八师中级人民法院。

① 《最高人民法院关于依法制裁规避执行行为的若干意见》第二十条规定：“有充分证据证明被执行人通过离婚析产、不依法清算、改制重组、关联交易、财产混同等方式恶意转移财产规避执行的，执行法院可以通过依法变更追加被执行人或者告知申请执行人通过诉讼程序追回被转移的财产。”

执行权介入实体争议的谦抑性。

一、实证考察：疑似转移财产规避执行案件的现状调查

在中国裁判文书网检索[①]：案件类型“执行案件”；裁判日期“2017 年 1 月 1 日至 2019 年 5 月 27 日”；文书类型“裁定书”；全文包含“转移财产”和“规避执行”；法院级别“中级及以上”。共得到裁定书 320 件，选取争议内容包括“转移财产规避执行”的 184 件裁定书作为分析样本。

（一）争议执行行为的分类和主体特点

样本裁定中，执行异议占 26%，执行复议占 72%，执行监督占 2%，以执行复议案件为主。争议执行行为主要包括追加被执行人，查封、冻结、拍卖财产，限制高消费，强制审计以及在执行程序中确认转让行为无效等。本文将争议执行行为分为两类，一类是追加被执行人行为，占 79%；其余均归入第二类，称为其他执行行为，占 21%。

对被执行人的主体性质进行统计，发现疑似转移财产规避执行案件中，被执行人包含公司的案件达到 78%，该数据与其他学者的研究印证。[②]

（二）申请追加被执行人的情形和处理

1. 被执行人转移财产的方式和时间。在申请追加案外人为被执行人的样本裁定中，申请执行人提出被执行人和案外人转移财产的方式多样，且多数与公司相关，如“关联交易、财产混同”“为逃避债务设立公司”“将公司资金存入个人账户”等，其中“关联交易、财产混同”占申请追加被执行人案件的 45%，如图 1 所示：

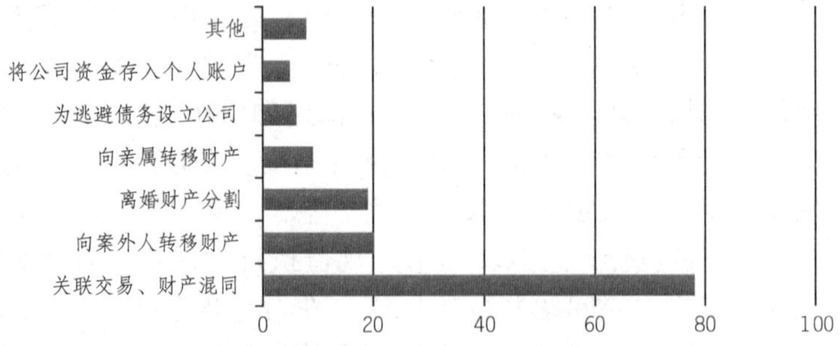

注：“其他”包括替股东偿还未到期债务、股东利用公司独立人格逃避个人债务、重组交易不承担债务、出资不实、被吊销后未组织清算、虚构债务、以债权抵顶出资和家庭财产分割。

图 1　被执行人转移财产的方式

---

① 检索时间：2019 年 5 月 27 日。

② 杜玉勇：《博弈与重构：走出空壳公司的执行之困——以反制规避执行行为的体系化为中心》，载《“强制执行的理论与制度创新”——“中国执行论坛”优秀论文集》，中国政法大学出版社社 2017 年版。

就被执行人转移财产时间而言，申请执行人明确提出转移财产行为发生在诉讼程序开始后的占36%，如图2所示：

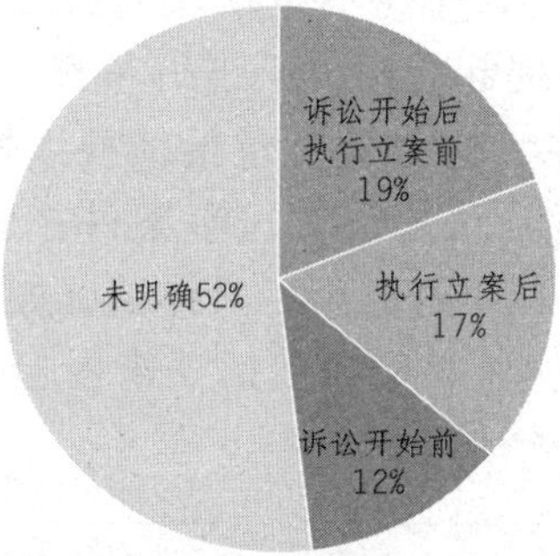

图2　被执行人转移财产的时间

2. 申请追加被执行人的裁定结果及观点。申请追加被执行人的样本裁定中，仅15%的案件最终支持追加被执行人，绝大多数案件未予支持。与此同时，该类案件的撤销、发回重新审查率达34%。可见在疑似转移财产规避执行案件中，对于追加被执行人的申请，存在裁判观点分歧大的问题。不支持追加的主要观点如下所示：

第一，缺乏法律依据，如"《制裁规避行为意见》属于指导性意见，不能直接作为追加被执行人的法律依据，且财产混同并不属于法律、司法解释明确的追加被执行人的情形"。

第二，实体问题不属于执行审查范围。

第三，对各方当事人权利的影响大，不宜在执行程序中认定。

第四，申请执行人未举证证明。

支持追加被执行人的22件案件中，主要情形包括：关联交易、财产混同、离婚财产分割、为逃避债务设立公司和向亲属转移财产，次要情形包括以债权抵顶出资、向案外人转移财产、将公司资金存入个人账户和出资不实。主要情形下支持追加被执行人的观点如下所示：

关联交易、财产混同9件，转让财产时间为执行立案后，被执行人未如实申报财产，受让人为被执行人的股东，在明知公司负有债务的情况下进行关联交易，导致公司无财产可供执行。

离婚财产分割4件，唐某与潘某协议离婚发生在判决之后，双方明知潘某应承担法院判决书确定的还款义务，却仍然协议将夫妻共同财产的全部析产归唐某所有，应视为通过离婚析产，恶意转移财产规避执行。

为逃避债务设立公司3件，（1）属于公司分立，适用《民事执行变更追加规定》第十二条；（2）适用《制裁规避行为意见》第二十条规定的"关联交易、财产混同"情形。

向亲属转移财产2件，转让时间为执行立案后，被执行人未如实申报财产，受让人未实际支付对价且该交易影响了被执行人的偿债能力。

3. 未支持追加被执行人案件的后续诉讼情况。2017年样本裁定中未支持追加被执行人的案件有31件（不包括撤销且发回重新审查案件），对这些案件的申请执行人是否提起后续诉讼进行考察，发现截至统计日，[①] 检索到后续诉讼信息的仅5件，占16%，包括债权人撤销权、股东损害公司债权人利益责任纠纷、执行异议之诉等民事案件，也包括拒不执行判决、裁定罪的刑事自诉案件，但仅1件胜诉，具体情况如图3所示。未检索到后续诉讼信息的有26件，占84%，应当包括“未提起诉讼”和“提起诉讼但裁判尚未作出或上网”两种情形。

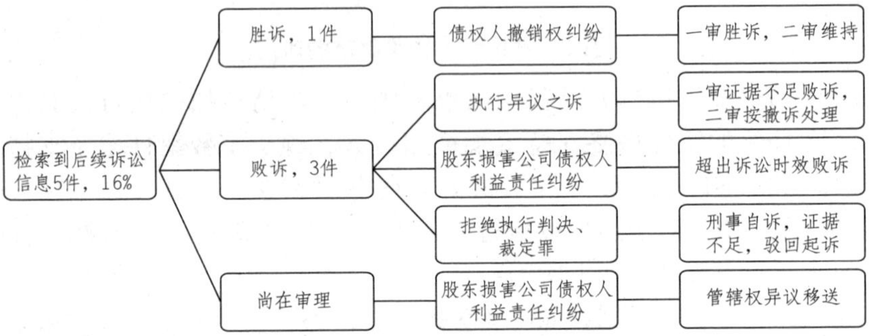

图3 对后续诉讼情况及败诉原因的统计

对后续诉讼的审理用时进行统计，作出实体认定的3件民事案件，从立案到作出终审裁判平均用时1年零1个月。获得胜诉的1件案件为债权人撤销权纠纷，债权人要求撤销执行名义作出后债务人公司无偿转让其专利权的行为，最终二审胜诉。[②]

（三）其他争议执行行为的类型和处理

1. 其他争议执行行为的类型。其他争议执行行为的类型较多，以查封、拍卖房屋和冻结银行账户为主，占69%。另有一件为执行程序中确认被执行人和案外人的财产转让行为无效。如图4所示：

① 检索时间：2019年5月29日，在中国裁判文书网按“当事人姓名/名称”进行全文检索。

② 见（2017）鄂0115民初2360号一审民事判决书，（2018）鄂01民终2552号二审民事判决书。

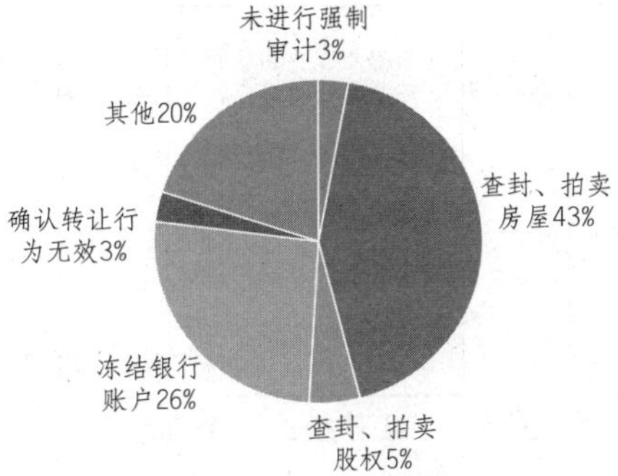

图4　其他争议执行行为的类型①

2. 其他争议执行行为的案外人异议及处理。在38件其他争议执行行为案件中，案外人异议案件有22件，占58%。对案外人异议案件进行分析，在处理结果上，驳回案外人异议的11件，占全部案外人异议案件的50%；支持案外人异议的5件，占23%；发回重新审查的有6件，占27%。

驳回案外人异议情形：（1）对被执行人名下的房产和资金进行查封和冻结，被执行人的前配偶以离婚财产分割提出异议。（2）案外人通过个人账户帮被执行人（公司）走账，冻结案外人账户。（3）以房屋向案外人公司出资入股，又无偿转让股权。

支持案外人异议情形：（1）查封房屋，被执行人的前配偶以离婚财产分割提出异议。（2）被执行人（公司）将资金存入案外人账户，冻结案外人账户。（3）执行期间被执行人（公司）向案外人转让股权。

由上可见，对于涉嫌转移财产规避执行的类似情形，比如公司将资金存入案外人账户，执行机构的处理并不一致。

3. “江苏模式”：执行程序中裁定确认转让行为无效。样本裁定中，有一件为执行程序中裁定确认转让行为无效，② 江苏省其他法院也有类似案件，③ 可将此称为“江苏模式”。援引的法律依据为《合同法》第五十二条第一款第二项、第三项和《江苏省高级人民法院关于认定和处理规避执行行为若干问题的规定》（以下简称《江苏高院规定》），如图5所示：

① 图4中的“其他”包括查封机器设备、不予查封、解除查封、执行到期债权、准予被执行人撤回执行申请、受理执行行为、限制高消费、参与分配等。

② 见（2017）苏03执异2号、3号民事执行裁定书。

③ 见（2017）苏0312执异103号民事执行裁定书。

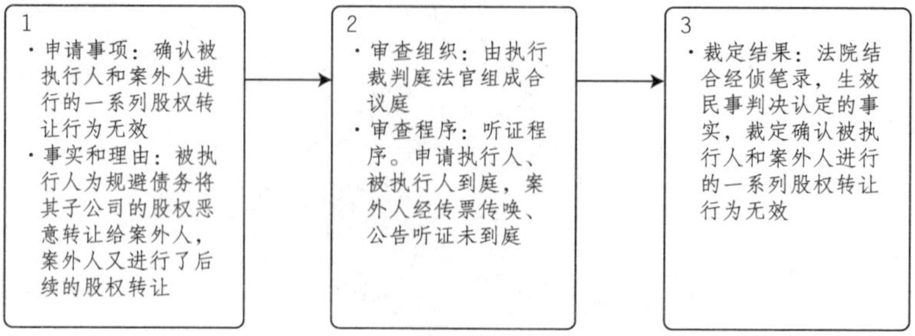

图5 “江苏模式”个案解析

据了解，以上“江苏模式”的建立与其“审执分离”试点相得益彰。江苏法院在全国率先成立执行裁判庭，集中审理执行异议、复议、监督以及执行异议之诉等案件，打击各种对抗和规避执行行为。江苏省高级人民法院和13个设区市法院、1/3基层法院都已成立执行裁判庭；未单设执行裁判庭的基层法院，也全部将执行裁判案件集中由一个审判业务庭负责审理。①

二、问题归因：执行实践反映的突出问题及原因分析

追加被执行人的样本裁定表明，申请人执行人提出被执行人转移财产发生在“诉讼程序开始后”的占36%。结合被执行人转让财产的时间节点、无财产可供执行的现状，以及受让人包括亲属、关联公司、员工的情节，其财产转让行为有可能涉嫌规避执行。但是执行实践处理被执行人恶意转移财产行为存在诸多问题并有其特定原因。

（一）突出问题：执行中的“三大矛盾”

1. 公司涉嫌恶意转移财产规避执行占比高，处理难。不论是样本裁定中被执行人为公司的案件占78%，还是申请执行人提出的转移财产方式中“关联交易、财产混同”占45%，均表明公司涉嫌转移财产规避执行的情况比较突出。相较于自然人的财产，公司财产种类多样，更易于借关联交易“做空”作为被执行人的公司。且公司财务账簿具有专业性，执行人员开展财产调查存在困难。

2. 对恶意转移财产规避执行的处理方式、标准不一。样本裁定表明，对于疑似转移财产规避执行行为，申请执行人往往试图通过追加被执行人解决责任财产流失问题，执行实践倾向于认为不能直接援引非司法解释的《制裁规避行为意见》，多以缺乏法律依据予以驳回。但是该类案件不同级

① 《江苏法院“审执分离”试点一年处理1.6万多起争议案》，载新浪网 http：//k. sina. com. cn/article_ 1653603955_ 628ffe73020004luv. html？from = news&subch = onews，最后访问时间：2019年6月26日。

别法院之间观点分歧大，撤销、发回重新审查率达到34%。与此同时，又存在执行机构对转移至案外人名下的财产积极采取查封、冻结、拍卖等措施，且对案外人异议的驳回率较高。还存在执行程序中将特定交易认定为无效或者予以撤销的“江苏模式”。

3. 现行制度对恶意转移财产规避执行的反规避效果弱。执行程序中除较少案件“另辟蹊径”或者突破现有立法对规避执行行为进行反制外，多数案件均未作出处理，而要求申请执行人另行起诉。本文统计数据表明，驳回追加被执行人申请后，申请执行人提起诉讼的情况并不多且胜诉率很低。这将导致被执行人恶意转移财产后仍得“逍遥法外”，使部分司法裁判成为“法律白条”。

总结以上问题，可以发现执行实践存在“三大矛盾”，即制裁转移财产规避执行行为的现实需要与制度空缺之间的矛盾，被执行人恶意转移财产成本低与申请执行人继续维权成本高之间的矛盾，公司涉嫌恶意转移财产规避执行占比高与制裁难之间的矛盾。

（二）原因分析：制度缺陷和理论困惑

1. 制度缺陷

第一，在执行制度上，一是在查控被执行人责任财产方面，《最高人民法院关于人民法院民事执行中查封、扣押、冻结财产的规定》遵循形式化原则，即只能查控名义上属于被执行人的财产，对于被转移财产的查控缺乏依据。二是在追加被执行人方面，《民事执行变更追加规定》并未对转移财产规避执行行为作出直接规定。① 一旦被执行人进行财产转移则成为实体争议，应当继续通过诉讼程序解决。

第二，在实体法规定上，尽管有债权人撤销权、公司法人人格否认、确认合同无效等实体法制度“托底”，但申请执行人继续通过诉讼程序维权的成本高、结果不明朗，无力继续诉讼，即使选择诉讼也面临举证难问题。债权人撤销权和合同无效针对特定交易行为，其前提是申请执行人掌握了被执行人的交易情况，然而申请执行人很难查证。为了鼓励投资者的积极性，公司法人人格否认制度的适用更为困难和严格。现有制度看似比较完备，实际非常不利于申请执行人，使申请执行人负担被执行人违背诚信的诉讼成本，维权成本过高。

第三，在公司独立人格的保障机制方面，对公司财务规范性的行政监管缺位。公司独立人格以财务独立为前提。随着公司注册门槛降低，个人

① 《民事执行变更追加规定》虽然规定了抽逃出资追加被执行人情形，但是传统意义上的抽逃出资和为规避执行转移公司财产不尽一致，除了个别裁定，绝大多数样本裁定并未将转移公司财产等同于抽逃出资处理。

均得通过成立公司开展商事交易，但不少公司实际缺乏法律要求的记账能力，为了缩减成本和避税，也不会聘请第三方机构实时记账。即使公司报税时需要向税务机关提交报表，其目的仍是保障国家征税权，申报不实或者账册不健全的可由税务机关查账核定。在公司经营过程中，行政机关缺乏对公司财务合规的有效监管和整改。

2. 理论困惑。被执行人的财产尚未被采取查封、扣押、冻结措施就发生了转移，该类财产的物权公示已经发生变更，"审执分离"原则下，该类被转移财产能否作为被执行人的责任财产涉及实体争议，严格地说申请执行人应当在审判程序另行主张，执行程序中不予认定。

不过执行实践正在倒逼改革，《民事执行变更追加规定》已经作出突破，如在执行程序中追加未履行出资义务或抽逃出资的股东为被执行人和追加一人公司股东为被执行人的规定，这两项规定同样涉及前述"实体认定"问题，但《民事执行变更追加规定》明确执行程序中可以先行认定并作出裁定，执行当事人不服的可以提起执行异议之诉。对此并非没有理论争议，有执行法官撰文指出，追加抽逃出资和未实缴出资的股东为被执行人，有违背执行力主观范围扩张原理之嫌。[①]

三、理论分析：反规避执行制度的正当性与谦抑性

在执行程序中建立反规避执行制度，对规避执行行为进行调查、认定和制裁，可在一定程度上解决规避执行行为引起的"执行难"问题。尽管已有反规避执行实践，但是建立反规避执行制度面临的理论问题为：是否意味着赋予执行机构以实体审查权，违背了"审执分离"原则和滥用了执行力主观范围扩张理论。本文认为，建立反规避执行制度会扩张执行权限，应当论证这种扩张的正当性和必要性。

（一）执行力主观范围扩张理论及不足

根据我国学者的观点，执行力属于执行名义所具有的通用效力，是通过强制执行来实现生效法律文书所确定内容的效力。执行力主观范围的扩张，是相对于执行名义所确定的权利义务关系主体而言，在此范围之外，执行力效力及于其他主体。[②] 执行力主观范围扩张，是为了解决执行名义确定后，债权债务关系发生变更，但再次通过诉讼程序予以确认又不必要，为减少当事人诉累，而得重新确定执行当事人，对实践具有很大的积极意义。

---

① 丁亮华：《强制执行的规范解释——在实体法与程序法之间》，中国法制出版社 2011 年版，第 33 页。

② 肖建国：《论执行力主观范围的扩张及其正当性基础》，载《法学论坛》2016 年第 4 期。

执行力主观范围扩张理论，可以很好地解释执行名义确定后，因为债权转让、继承，公司合并、分立等情形而追加、变更执行当事人，对《民事执行变更追加规定》的多数条文都能提供理论支撑。但是该理论不能为执行程序中制裁规避执行行为提供有力的理论支撑，这是因为：其一，执行力主观范围扩张及于“主体”，不能解决未追加被执行人情况下查控和处分被转移财产的问题；其二，发生转移财产行为后，财产的登记、占有等公示状态发生变更，存在财产形式归属和实质归属不一致的实体争议，如套用执行力主观范围扩张理论作为追加案外人为被执行人的理论依据，有些牵强。

（二）反规避执行制度的正当性基础

除了执行力主观范围扩张理论，相关研究提出的理论依据还有撤销权理论。① 本文认为，建立反规避执行制度，主要是指在执行程序中建立此种制度，其核心理论争议为，涉及实体争议的问题能否在执行程序中先行作出处理，即执行权和审判权的分工问题。

尽管民事执行权的性质有不同的学说，比如司法权说、行政权说、复合权说、强制权说②，但本文认为，在执行权未脱离法院之前，它就不能完全脱离司法权的属性。审判权和执行权均属于司法权，两者的分工既要符合一般的司法规律，也要进行调整以适应司法实践的新需要。

第一，从侵害法益的角度，规避执行行为是以逃避生效裁判确定的义务为目的，不仅以其行动阻碍申请执行人债权的实现，更直接对抗司法权威，滋生“空判”现象，因此除了申请执行人有权予以制止，国家司法机关也有权主动予以查证。

第二，从法律公平性的角度，在制度层面，被执行人规避执行成本低与申请执行人继续维权成本高之间的矛盾很显著。法律应当打击失信者，不应使诚信者处于更不利的地位。涉实体争议需要提起诉讼是为了保护正常的交易，不应使规避执行行为借此“钻空子”。

第三，从“审执分离”改革的角度，规避执行行为涉及实体争议不代表该类案件不能在执行程序先行审查。比如江苏法院试点的执行裁判庭对包括对规避执行行为在内的执行争议进行集中审理，使执行实施权和裁决权分离的同时，提高了执行裁决的效率和质量。

第四，从有利于查清事实和执行效率性的角度，对规避执行行为的查证首先应在执行程序中进行，因为执行机构必然调查被执行人的财产状况，

① 董军、谭泽泓：《民事执行中追加被执行人财产之制度构建》，载《全国法院第29届学术讨论会获奖论文集（上）》，人民法院出版社2018年版。

② 杨奕：《民事执行体制改革研究》，清华大学出版社2013年版，第123～131页。

具有查控财产的法定权限和丰富工作经验。如果一味交由审判程序另行进行实体认定，可能因证据转移灭失难以查证，或者因查证困难适用“举证责任”。

（三）执行权介入实体争议的谦抑性

执行权介入实体争议的谦抑性，亦是反规避执行制度正当性的基础。维护交易安全是法律的基本原则，既不能让恶意转移财产行为钻“维护交易安全”的空子，也不能为了打击恶意转移财产行为而危害交易安全。执行权得以对涉及实体争议的问题先行处理，以必要性和可行性为前提。

个别样本裁定表明，执行实践为了制裁规避执行行为，有时会对公司法上的特定概念进行扩大理解，如将转移公司财产的行为等同于抽逃出资。[①] 公司法的专业性较强，有些事实比如是否构成财产混同的认定比较复杂，在设计反规避执行制度时，应当对执行程序能够处理的规避执行行为的范围进行限制，排除一些情形的适用。同时将执行程序与审判程序衔接，使反规避执行制度既能完成诉讼成本向被执行人的转移，也能维护案外人的财产安全。

四、进路探索：建立我国反规避执行制度的路径选择

反规避执行制度包括对恶意转移财产行为的规制，也包括对其他规避执行行为的规制，本文主要讨论的是恶意转移财产行为。构建反规避执行制度，要明确规避执行行为的含义和主要类型，也应当明确认定规避执行行为的程序，执行当事人、案外人进行救济的权利。此外，对被执行人财产的深入调查亦是反规避执行制度不可或缺的一环。

（一）规避执行行为的含义和主要情形

1. 规避执行行为的含义。结合《江苏高院规定》第一条和本文实证分析，本文认为，规避执行行为是指在诉讼程序开始后至执行程序终结前，被执行人为逃避债务履行，故意采取转移财产或者为法院处分财产设置障碍，且对申请执行人造成损害的行为。相较于《江苏高院规定》“执行程序开始前一年”的规定，本文在规避执行行为的时间要件上进行了限缩。

2. 规避执行行为的主要情形为：（1）被执行人将财产无偿、低价或者通过虚假交易方式转移至案外人名下的行为；（2）被执行人与案外人串通，虚设债务的行为；（3）被执行人无法律义务却替案外人偿还债务的行为；（4）被执行人以明显低于市场价格或明显不符交易习惯将房产长期出租的行为；（5）被执行人通过案外人账户隐匿资金的行为；（6）被执行人与关

---

① 见（2019）赣执复 90 号民事执行裁定书。

联企业或者股东进行不正当关联交易的行为。

《江苏高院规定》将“被执行人恶意签订夫妻财产协议，将财产转移至配偶一方的行为”和“被执行人与案外人为规避执行进行虚假诉讼、仲裁行为”规定为执行程序可以先行处理的规避执行行为。结合样本裁定，实践中常见的是疑似通过离婚财产分割以规避执行。本文认为该类案件并非单纯的财产关系还涉及人身关系，往往关涉妇女权益保护，比较适宜通过审判程序予以认定。此外，如果疑似虚假诉讼已经获得生效裁判，则申请执行人只能通过审判监督程序解决，如果尚未作出裁判，则执行机构应当将相关情况及时通知承办法官或仲裁员。

3. 被执行人为公司的反规避执行处理。执行实践存在公司涉嫌规避执行占比高与制裁难之间的矛盾，能否有效制裁公司规避执行行为成为反规避执行制度的关键所在。《人民法院第五个五年改革纲要（2019－2023）》要求“强化公司账簿管理，健全公司交易全程留痕制度，防止随意抽逃公司资产”，但是公司账册的规范化非一日之功，该项职责亦非主要由人民法院承担，对被执行人为公司案件的执行仍需要借助反规避执行机制。

本文认为，对于被执行人为公司的案件，在认定规避执行行为时，仅能够就具体的交易行为作出评价，不能在执行程序中进行人格混同的认定。尽管《民事执行变更追加规定》有追加一人公司股东为被执行人的规定，①使得公司法人人格否认制度在执行程序中得以先行适用。但是设计反规避执行制度时，不论是从公司法人人格否认制度的适用难度、该项制度不得轻易适用的司法原则，还是维护安全的投资环境的角度，都不宜在执行程序中适用。

（二）建立反规避执行财产调查制度

1. 反规避执行财产调查的含义。反规避执行财产调查是指对被执行人、案外人是否存在恶意转移财产规避执行行为的调查。具体为调查“无财产可供执行”的被执行人在诉讼程序开始后的财产转移情况，比如房产、汽车、专利权、土地使用权、特殊经营资质等重要财产是否发生转让，以及大额资金转出情况，尤其关注被执行人与亲属、股东、员工以及关联公司之间的财产流出。

2. 反规避执行财产调查的启动条件。为了让执行案件真正因“执行不能”退出执行，应当强化执行机构的财产调查职责，尤其是对被执行人规避执行行为的主动调查。反规避执行财产调查包括依职权和依申请启动，即执行机构在常规的财产调查后，发现被执行人的财产不足以清偿申请执

---

① 该项制度下立法会倒逼实践，多数公司借助“挂名股东”即可避免此种法律风险，而该制度将更多地适用于国有独资公司。

行人的债权，且被执行人有可能存在规避执行行为的；或者申请执行人提出被执行人转移财产规避执行的初步证据，申请执行机构调查的。

3. 反规避执行财产调查的调查方式。除采取一般财产调查方式，《最高人民法院关于民事执行中财产调查若干问题的规定》明确可以采取审计，但审计费用高，一般案件的适用性差。本文认为执行机构对公司账簿进行调查时，经申请执行人申请并垫付费用，可由具有专业知识的人参与查账，重点调查诉讼程序开始后重要财产的交易和大额资金流出情况。如被执行人确存在规避执行行为，此种调查费用最终应由被执行人负担，在本案中一并予以执行。

考虑到执行工作量，必要情况下可以对申请人执行人委托的律师出具调查令，充分利用申请执行人调查被执行人财产的积极性，由律师调查被执行人的账户流水，查找“可疑资金流动”。出具调查令的，必须要求律师签署保密声明，对于调查过程中知悉的被执行人的财产状况和经营秘密不得对外泄露。

（三）规避执行行为的认定和救济程序

1. 认定转让行为效力的必要性。样本裁定表明，执行被转移的财产存在两种模式：一种是在查明事实的基础上直接予以查控和执行，案外人不服的可以提起执行异议之诉；一种是“江苏模式”，即依申请执行人申请，在执行程序中将特定转让行为认定为无效或者予以撤销。本文认为，“江苏模式”具有可借鉴性，因为当财产转移至案外人名下时，只有确认转让行为无效或予以撤销才能使该财产回归至被执行人的责任财产。

2. 转让行为无效或予以撤销的认定程序①。（1）提出申请。执行程序终结前，申请执行有证据证明被执行人、案外人存在规避执行行为的，有权向负责执行的人民法院提出认定该行为无效或撤销该行为的书面申请。人民法院决定受理的，执行机构②应当组成合议庭并适用听证程序审查。（2）财产保全。申请执行人提出认定规避执行行为的申请后，申请对登记在案外人名下或者由案外人占有的财产采取查封、扣押、冻结等保全措施的，应当提供担保，执行机构应当于申请执行人提供担保后的三日内审查是否予以准许。申请执行人未提供担保的，执行机构不予准许。（3）作出裁定。执行机构除依据反规避执行的特别规定，还可以参照《合同法》第五十二条、第五十四条、第七十五条等规定进行审查。执行机构审查规避执行行为，应当自受理案件之日起三十日内作出裁定。有特殊情况需要延长的，经本院院长批准，可以延长三十日。执行机构审查后应当作出裁定，

① 本文这部分参考了《江苏省高级人民法院关于认定和处理规避执行行为若干问题的规定》。

② 成立执行裁判庭的人民法院，由执行裁判庭负责审查。

对是否属于规避执行行为作出认定。如果属于规避执行行为，应当按照申请执行人的申请裁定认定该行为无效或撤销该行为。如申请执行人申请撤销，但经审查已过除斥期间，执行机构应当向申请执行人释明，是否申请认定该行为无效。（4）提起诉讼。执行当事人、案外人如不服裁定，应在收到裁定书后十五日内向执行机构所在法院提起诉讼。在此期间不能执行被查控的财产，但是也不能解除对财产的查控，被执行人或案外人提供足额担保的除外。如裁定确认转让行为无效或予以撤销，被执行人、案外人未在规定期限内提起诉讼，则裁定生效，执行机构可以执行被转移的财产。

3. 追加被执行人与追加被执行人财产。认定交易行为无效或予以撤销，将使被转移财产回归至被执行人，属于“追加被执行人财产”。[①] 反规避执行制度应当优先适用追加被执行人财产的原因为：第一，相较于追加被执行人，追加被执行人财产仅及于特定财产，对案外人的影响较小；第二，追加被执行人财产以查清财产转移情况为前提，执行中出错的几率较小；第三，追加被执行人案件的撤销、发回重新审查很高，而追加被执行人财产案件的维持率较高，可见追加被执行人财产的法律风险较小。

4. 与反规避执行财产调查的衔接。申请执行人可不必经反规避执行财产调查，而根据自己掌握的证据向执行法院提出认定规避执行行为的申请。在反规避执行财产调查过程中，申请执行人如认为被执行人、案外人有再次转移财产的可能性，也得直接向执行法院提出认定申请，反规避执行财产调查不因为申请执行人提出此种申请而终止。

① 董军、谭泽泓：《民事执行中追加被执行人财产之制度构建》，载《全国法院第29届学术讨论会获奖论文集（上）》，人民法院出版社2018年版。

执行绩效评价良性区间导向管理的实证研究

——以A省24个中级法院为分析对象

洪泉寿*

执行绩效评价并非是一项单一的行为过程，而是由明确评估原则与任务、确立各项评估标准、按照评估标准进行评估、对比评估结果和目标、剖析和报告评估结果、运用评估结果促进执行活动等所构成的行为系统，是一个由众多节点构成的系统的动态过程，是一项以提升人民群众获得感为导向，以提升实际执行效果、增强执行公正为基点展开的评估活动。① 因而，建立单独的执行绩效评价体系，有助于增强执行工作能力，提高执行质效，促进执行管理方式向“可视化、扁平化、集约化”管理转变。

一、融合与独立：执行绩效评价机制之发展

当前，执行绩效评价机制确立已二十余年，历经了三个阶段：

（一）起步（1995～1998年）：管理尝试

肇始于上世纪90年代中后期，法院执行工作绩效管理在法院管理改革中的地位日益凸显，成为法院管理的重要手段。在初期，执行绩效评价主要通过目标管理法，以设定一定数量的量化工作目标，如执结率等，将工作目标的完成情况作为评价的主要依据。不过，工作目标包括但不限于执行质效，还有队伍建设情况，如调研、培训工作、执行干警遵守工作纪律及廉洁守法情况等。然而，在随后几年，执行绩效管理特别是执行绩效评价的核心内容逐渐由工作目标评价转变为执行案件质量评估。

（二）发展（1999～2016年）：坎坷前行

自1999年至2014年，最高人民法院先后发布了四个五年改革纲要，从纲要内容可看出，法院执行绩效评价、执行法官绩效评价日趋成为法院管

* 作者单位：广东省湛江市中级人民法院。

① 李拥军：《“规训”的司法与“被缚”的法官——对法官绩效考核制度困境与误区的深层解读》，载《法律科学》2017年第6期。

理的重要内容。

表1　1999年—2014年最高人民法院颁布的四个五年改革纲要样本分析情况表

四个五年改革纲要	四个五年改革纲要有关执行考核的内容
人民法院第一个五年改革纲要（1999—2003）	2000年底前，最高人民法院完成对各类案件的司法统计指标体系的改革工作。进一步探索建立符合人民法院审判工作管理需要的、具有快速反应和宏观分析能力的现代司法统计工作和管理体系
人民法院第二个五年改革纲要（2004—2008）	建立科学、统一的审判质量和效率评估体系。在确保法官依法独立判案的前提下，确立科学的评估标准，完善评估机制
	改革法官考评制度和人民法院其他工作人员考核制度，发挥法官考评委员会的作用
人民法院第三个五年改革纲要（2009—2013）	建立健全以案件审判质量和效率考核为主要内容的审判质量效率监督控制体系
人民法院第四个五年改革纲要（2014—2018）	完善案件质量评估体系。建立科学合理的案件质量评估体系。废止违反司法规律的考评指标和措施，取消任何形式的排名排序做法
	完善法官业绩评价体系。建立科学合理、客观公正、符合规律的法官业绩评价机制，完善评价标准，将评价结果作为法官等级晋升、择优遴选的重要依据。建立不适任法官的退出机制，完善机关配套措施

与此同时，最高人民法院为加强审判管理，于2008年印发了《关于开展案件质量评估工作的指导意见（试行）》，但关涉执行工作评价的指标较少，仅有执行中止终结率、违法执行率、法官年人均结案数、结案率、平均执行时间与执行期限比、信访投诉率、执行标的到位率、公众满意度等指标。2011年3月，最高人民法院又出台了《关于开展案件质量评估工作的指导意见》，对案件质量评估指标体系作了一定幅度的修正。许多法院随后将案件质量评估体系融入了法官绩效评价内容中，如有的直接将案件质量评估作为执行绩效评价的结果，有的是作为执行绩效评价的主要依据，部分计入执行绩效评估分数。

（三）改革（2017年至今）：制度设计

2017年2月，全国法院执行工作视频会议要求“积极探索符合执行工作特点的考核指标体系”。随后，最高人民法院制发了《2017年最高人民法院执行工作局要点》，明确要求“落实执行单独考核管理要求和相关配套措施”。2017年底，最高人民法院又制发了《关于建立执行考核指标体系的通知》，明确了执行统计指标及执行考核指标体系。通知下发后，各地法院根据通知精神，结合本地基本解决执行难各项工作，制定了实施细则，逐级开展执行考核工作，快速、高效地传导和落实各项管理要求，形成了三级法院逐级考核管理体系。

从执行绩效评价管理实践来看，其成效是显著的：

1. 推动执行工作深度管理。使执行管理贯穿于执行立案、分案、执行期限管理、查找被执行人踪迹、执行裁定等各个环节，转变了执行管理方式，即由模糊性管理向可视化管理、经验性管理向科学性管理、分散性管理向集约化管理、被动性管理向主动性管理、科层式管理向扁平式管理的变化。① 此外，以执行绩效评价指标体系为导向的执行管理辐射到与执行工作紧密关联的法院其他各项工作，执行工作在法院整体工作中的作用和地位也更加突出。

2. 促进执行质效稳步提升。一些中基层法院运用加权算术平均及功效系数等当前绩效评价的主流技术，从而增强了各地法院执行管理工作力度，实现了执行案件质效不断提升甚至大幅提升的状况。

表2　　　　**A省B市法院2018年13项质效指标情况**

序号	项目	
1	B市法院有9项指标值高于全省平均水平，实际执行到位率、法定期限内结案率、终本案件合格率3项指标在全省排名靠前	
2	终本案件合格率	90%以上
3	有财产案件期限内实际执结率	94.16%
4	赴京访案件办结率	100%
5	执行案件结案率	92.13%
注：执行质效的稳步提升也反映在社会公众对法院的积极评价上，近五年来，B市法院的群众安全感满意度和知晓率逐年提升，达至优秀分值		

3. 增强执行规范体系建设。更多法院将行为激励和监督制约的对象由执行部门扩展到执行团队，实现了执行工作、执行部门、执行团队三位一体的监督评价体系。通过定期的绩效排序和统计分析，形成对一个法院执行工作整体状况、执行法官业务素养的外部评价，为执行法院、执行法官提高自身业务水平、自觉规范执行行为提供了参照标准，直接推动了执行法院在各方面的不断自我完善。② 同时，各地法院进一步细化执行案件评查、流程管理、绩效评价、业绩归档等方面的规范性文件，从制度上强化了执行管理的体系化建设。

① 陈忠：《案件质量评估与审判绩效考核衔接机制研究——以重庆法院实践为样本》，载《法律适用》2016年第4期。

② 张建：《法官绩效考评制度的法理基础与变革方向》，载《法学论坛》2018年第2期。

二、应考与应付：执行绩效评价机制之现况

从各地运行状况来看，当前的执行绩效评价机制具有成效快、推动强、起点高及问题显的特性，也即执行绩效评价机制在反思和推进中相互交汇，在成效和问题并存中继续运行。

（一）执行绩效评价运行中存在的问题

1. 片面追求指标引致简单化管理。盲目追求指标值最优化的简单管理，当前一些地方存在着不同程度的片面进行攀高攀比的状况。如大部分执行款项未到账 1 个月内发放且无延迟审批手续，或案件超期 6 个月未结，但卷宗内无审限延长审批手续；再如终本约谈不规范不全面，往往以不符合终本要求的告知书形式进行，或根本没有终本约谈记录；查控到债务人财产后，却延迟采取强制措施；执行立案后，未能在 10 日内发出执行通知书；接近 80% 的执行标的到位率、100% 的执结率、不足 30 天/件的执行案件平均审理天数与社会公认执行难标准不相对称的现象等，均与执行评价管理片面化有一定关联。此外，它还表现在上级法院或本级法院片面分解指标目标，片面将指标平均值作为工作评价的主要依据，执行评价管理趋向片面行政化等。

2. 不正确绩效观引致功利化导向。执行案件质效指标数值的优劣、高低，在某种程度上直接影响到一个法院、一个执行部门、一个执行团队或执行法官执行绩效的优劣，指标数值在很大程度上成了各项评先评优的“标签”。[①] 不过，过于重视和利用执行指标数值也会引致诸多负面问题，可以说，过于重视评估值的高低和指标排名的位序，放任或默许指标背后的弄虚作假和操作不规范等问题，极易使执行绩效评价的监督、制约、激励、引导等功能难以充分有效发挥出来。

3. 失真指标数值引致蔓延化效仿。失真的绩效评价指标蔓延化效仿状况在近些年有所抬头，呈现出普遍化趋势。如执行备案，不执不立，先执后立，程序反复终结，或以实体终结的名义呈报程序终结；再如将查封裁定等文书作为终本案件裁定书发布上网，或终本前 3 个月未进行“总对总”查控，存在有财产未处置即结案等情形，从而使终本裁定书上网率、执结率数值生成不客观；实际未达成长期和解，即以长期和解裁定终结执行，且将实为终本案件作为终结执行结案等。部分法院仍存在这一状况。

4. 强势绩效考评引致增大化质疑。运用最小值、最大值功效系数的绩效评价技术，一旦指标均处于良性区间值时，依然会出现“高指标、大差

---

① 李瑜青：《法官绩效考评制度的功能与反思》，载《华东理工大学学报》2016 年第 5 期。

距、低数值”的状况，由此便引起了部分法院的不理解和不断质疑。如首执案件实际执结率已达到35%，绩效评价仍排名靠后；终本案件合格率已达到了90%，评估分仍落后一截；关键节点平均超期数只有0.15，依然是垫底的。更多法院对缺乏有效制衡盲目攀高执行指标行为的措施心存不满，并不断质疑执行绩效评价片面套用公式计算的合理性，要求和呼唤启用良性区间值进行执行绩效评价。①

（二）执行绩效评价不良运行的危害

1. 执行公信权威有所下降。为了优化执行案件评价指标，前些年一些法院违背执行工作规律，在年底人为阻滞收案；执行案件超期调解，久调不执；年底动员或约谈申请执行人提交终止本次执行申请，然后再启动恢复执行；没有穷尽执行手段，便简单终本案件执行。为提高效率，撰写的执行裁定书内容简单、说理不清；为规避责任，执行异议案件驳回案外人异议申请，由其另行提起执行异议之诉；为提高执结率，以拖压调，应及时拍卖变现财产的案件不启动拍卖手续，调解内容无法兑现等。申请执行人、社会公众由于上述种种表现对执行法官的职业形象、司法裁判的公正性、执行程序的合法性产生了不必要的怀疑，一定程度上降低了司法公信度及法院公正形象。

2. 执行评价功能出现错位。当前的执行绩效评价体系无疑已成为各级法院推动执行管理向“集约化、扁平化、可视化”管理的“牛鼻子”。然而，司法实践中一些法院却忽视了指标价值的定性，片面简单地移植指标值，机械地进行绩效评价及执行管理，致使部分法院盲目追求指标值及排位的提升，从而呈现出指标不断趋好，但却与执行管理初衷相违背的状况，这一状况也与正确的执行管理方向发生偏离。部分法院执行管理以指标值为唯一依循，枉顾执行工作规律，不遵守执行规范，制定并执行不可行、不合理的工作目标，执行管理发生了方向性错位或者说执行管理越俎代庖不在位。

3. 执行决策信息存在误导。以真实客观的指标值为根据，可以准确评价一个法院的执行质量效率，正确判断一个法院的执行工作态势，切实提高各级法院党组、审委会正确科学落实执行工作决策的水平。然而，虚假的不真实的指标值会导致司法决策基础信息的错误，引致出现不明确的工作坐标、不准确的差距查找、不科学且不具有针对性的决策部署的状况。②如当前部分法院实际执结率过高，这一信息可能传递了法院并非真实存在着执行难问题，因而可能使院党组或院领导重新配置或抽调执行资源，从

① 李冬华：《法官审判绩效考核的路径探析》，载《山东审判》2017年第4期。

② 沐润：《法院绩效考核机制的评析及其完善》，载《云南大学学报法学版》2016年第2期。

而引致新的执行问题。

4. 评估价值方向发生偏离。执行绩效评价的根本价值在于保障、规范和促进执行工作；直接目标在于增强执行管理、掌控执行工作全局，推进执行工作管理的规范和科学。不过，为了追求执行绩效评价最大化，攀高指标、盲目攀比，不规范的执行行为争相学习效仿，案件指标值虚高，执行管理方向错位，绩效评价结果的可利用价值削弱，评估价值方向出现了偏离，不能有效地促进和保障执行工作，也不能有力推进执行工作的规范科学管理。

三、解构与建构：执行绩效评价机制之完善

建构执行绩效评价机制应通过管导制疏等多维管理，从统一思想认识、科学建构机制、严谨组织实施、规范机制运行等方面，实现良性评估、良性评比、良性应用及良性管理。

（一）严谨设置指标

1. 严谨设置个体指标。实践中，指标设置不严谨主要表现为：逻辑推理缺乏严密性，外行者对指标值茫然费解，内行者则知其实际是指标设置不严谨造成的结果，况且一些指标也非如上诉率的分子、分母在客观上存在不同步的时间差问题，指标值出现异常着实令人费解。此外，指标值发生异常在转换成考评计分或评估值时，往往也不易被接受。可以说，个体指标设置不严谨会引致诸多不利影响，如经营指标问题，为实现案件执结，年底集中力量将部分不符合终本条件的案件裁定终本执行，导致案件终本率畸高；再如指标的良性区间值难以确定和准确取舍，必然会给考评组织者及考评依赖的软件带来调整设置的困难。所以，严谨设置个体指标，让指标内容及计算规则不留漏洞，无疑对指标良性区间的设置及管理具有重要的意义。但要设置严谨的个体指标至少应从两方面切入：首先，要有严谨的逻辑推理，且将指标放在特定条件或环境下进行反复调整、修正或论证；[①] 其次，指标设置要与普适性认知及执行工作规律相符，如督办案件办结率、执行信访率、信访化解率、约谈次数等具有滞后性，一个案件实际执结后，上述状况难有一个确定的预期，但这与普适性认知及执行工作规律相符，所以与此相关的指标，即便存在异常，也能为大部分社会公众所接受。

2. 严谨设置指标体系

（1）层级指标体系间的互动制衡。其价值在于防止上级法院在绩效评

① 巫国平：《法院绩效考评标准的协调及完善》，载《法律适用》2017 年第 2 期。

价指标上倾向下级法院，或为一方指标优化相互勾兑案件。如执行异议案件结案率，该指标只约束下级法院，对上级法院无任何影响，且案件处理是否合格也不在评估范围，因此出现了执行异议案件几乎一律裁定驳回的状况。新执行绩效指标体系应对执行异议案件结案情况进行分解，从执行异议案件结案率和执行异议案件裁定变更率两个指标进行制衡，执行异议裁定变更率既要下级法院作出高质量的裁定文书，也将上级法院的裁判水平融进指标设计。[①] 对两级法院联动调解行为也应正确引导，下级法院协助上级法院将本该裁定改变的异议案件调解息诉了，看似上级法院执行监督少了一件案件，且执行异议裁定变更指标又少了一件案件，但全面考虑，改变裁定失，裁定变更率得，上下级法院联动调解化解执行争议都存在正向利益。此外，在执行绩效评价指标体系中，信访申诉指标中的信访办结率、涉执信访登记率，队伍建设指标中的执行人员违纪违法率等均是层级指标体系间的相互制衡。

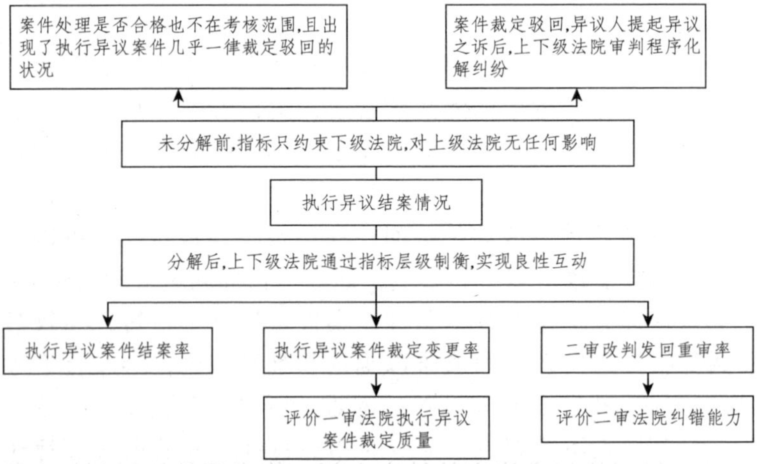

图1 执行异议案件结案率、执行异议案件裁定变更率、二审改判发回重审率相互制衡结构

（2）指标体系间的关联制衡。如实际执结率、执行完毕率与终本率、终本案件合格率，单独设置实际执结率或终本率时，一些法院为盲目攀比指标，多采用严控年末立案量、劝服当事人延迟立案或突击结案等方式提升实际执结率或终本率，使实际执结率达到或超过 100%，终本率超过 60%；年初执行立案高发，执结案件较少，收结案不能良性运行，当事人投诉信访，社会公众对法院执行工作也不会满意。增加执行完毕率及终本案

① 施鹏鹏：《论司法质量的优化与评估——兼论中国案件质量评估体系的改革》，载《法制与社会发展》2018 年第 1 期。

件合格率并相应调高绩效评价权重系数，岁末年初设置立案门槛及集中突击结案必然会导致实际完毕率、终本合格率失分较多。同样，案拍比、执行款发放及时率、关键节点平均超期数指标间的相互制衡，首执案件结案率、首执案件法定期限内结案率、首结案件结案平均用时指标间的相互制衡等都存在类似的制衡机理。

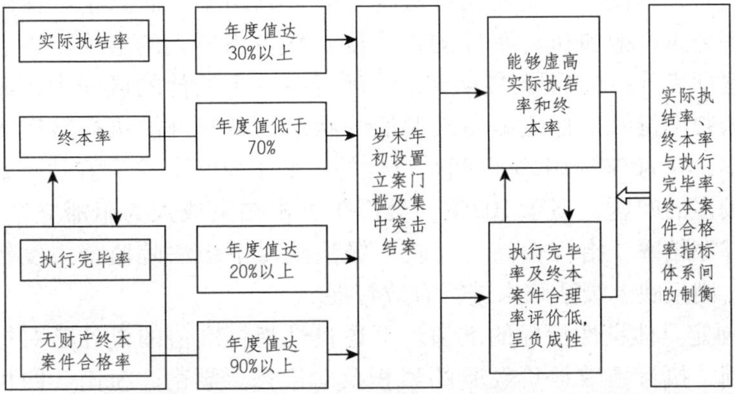

图 2　实际执结率、终本率与执行完毕率、终本案件合格率间相互制衡

（二）厘定良性指标

1. 指标良性区间值获取方式。它由四个步骤构成，即熟悉指标口径，通悉指标间的关联，累积指标历史值，收集一线合理意见。[①] 其中熟悉指标口径是获取良性指标值的前提，这因为即便是同一指标，由于口径存在差异，指标值也会发生较大的变化。如执行到位率，以（强制执行 + 自动履行 + 程序性终结 + 和解执行）的到位金额/［（强制执行 + 自动履行 + 程序性终结 + 和解执行）的申请金额 - 和解放弃金额］为口径，执行到位率就比较高，在 90% ~100% 之间，而以当前的执行案件质效指标为口径，即实际执行到位金额（执行完毕案件结案金额 + 终本案件执行到位金额 + 其他方式结案金额 + 未执结案件已执行到位金额）/首次执行案件申请执行标的总额，则指标在 30% ~60% 之间。通悉上下级法院相互制约的指标及指标体系内存在相互关联、相互影响的指标，如事项委托期限内办结率、涉执舆情办结率、督导案件办结率等关联指标，设置指标良性区间值要综合考虑；涉执行信访登记率、案访比、信访化解率等上下级法院制约的指标，设置良性区间值要综合衡量。累积指标历史值，要根据各级法院某一指标近些年的数值进行集中比对，并以各级法院间、各年度间的众数作为良性指标值的参照值。收集一线合理意见，应当是大量获取执行一线法官对良

① 龙宗智：《试论建立健全司法绩效考核制度》，载《政法论坛》2018 年第 4 期。

性指标值的意见，及时剖析其合理成分，综合衡量其他诸多因素后方设置良性指标值。

2. 良性指标值的划分。按照指标性质，良性指标值一般分为两类：一是目标值，一般要通过保底和封顶来实现，[①] 如保全率，若已达 70%，仍追求 100% 的极限值就不甚合理了；再如执行裁判文书上网率规定保底目标值就较为适宜，不仅可以鼓励执行法院公开裁判结果，而且也可保障执行程序的公平公正，增加执行案件的透明度，减少当事人的上访申诉。二是区间值，也即良性指标的形式为指标值运行在一个最佳的区间中，而不是出现我们未曾期待的指标值偏高或偏低的状况，如有可供执行财产案件期限内执结率，在 80% ~102% 区间是良性的，低于 80%，会存在执行效率偏低及存案较多的问题，高于 102%，会产生突击结案或人为阻滞立案的现象；督导案件办结率，指标偏高，反映上级法院对下级法院监督力度较强，指标偏低，则反映上级法院未进行有效督促。

3. 厘定具体良性指标的准值。下述良性指标准值的设计是对指标值的分析研判、执行绩效评价经验的累积及对广东、湖南、海南、四川、浙江等地执行绩效资料进行全面剖析的基础上获得的相对目标值，它的特点及性质主要是：指标值是动态变化的，是估定的，是作为参照的准值，且兼顾了指标口径及关注理论良性值。[②]

表 3　　**执行绩效分级考核良性指标目标参照值**

编号	指标	类型	中院准值	基层准值	备注
A1	法定期限内保全率	保底准值	不低于 90%	不低于 95%	强化在法定执行期限内保全的意识，明确标准
A2	保全率	区间值	30% ~50%	40% ~60%	
A3	依法发了财产报告令的情况	封顶准值	100%	100%	实现“零容忍”
A4	依法制裁拒不申报或不实申报的情况	保底准值	不低于 30%	不低于 40%	强力打击制裁拒不申报或不实申报财产状况行为
A5	网查期限内发起率	封顶准值	100%	100%	规范网查行为，维护当事人合理利益

① 北京市第二中级人民法院课题组：《司法改革背景下法官绩效考评机制研究》，载《中国应用法学》2018 年第 3 期。

② 张建：《指标最优：法官行动异化的逻辑与反思》，载《北方法学》2017 年第 5 期。

续上表

编号	指标	类型	中院准值	基层准值	备注
A6	案拍比	不宜设置	—	—	客观性指标，不宜设目标准值
A7	执行款发放及时率	保底准值	不低于80%	不低于90%	鼓励及时兑现当事人的利益诉求
A8	失信被执行人名单撤销率	不宜设置	—	—	客观性指标，不宜设目标准值
A9	无财产终本案件合格率	保底准值	不低于90%	不低于90%	规范执行案件终本程序要件
A10	执行（单兵）纪录视频上传率	保底准值	不低于30%	不低于40%	推进执行程序的公开化
A11	信息录入差错率	封顶准值	不高于0.2%	不高于0.4%	
A12	关键节点平均超期数	封顶准值	不高于0.1%	不高于0.3%	
A13	查封、扣押、冻结财产告知被执行人	保底准值	不低于90%	不低于90%	
A14	划拨、拍卖、以物抵债告知被执行人	保底准值	不低于90%	不低于90%	
A15	主要流程节点告知当事人	保底准值	不低于90%	不低于90%	
A16	执行裁判文书上网率	保底准值	不低于40%	不低于60%	
A17	终本裁定书上网率	保底准值	不低于40%	不低于60%	
A18	复议案件办结率	保底准值	不低于80%	—	基层法院不宜设置
A19	协调案件办结率	保底准值	不低于80%	—	基层法院不宜设置
A20	监督案件办结率	保底准值	不低于80%	—	基层法院不宜设置
A21	涉执信访登记率	封顶准值	不高于5%	不高于3%	
A22	案访比	封顶准值	不高于5%	不高于3%	
A23	信访化解率	保底准值	不低于90%	100%	
A24	信访办结率	保底准值	不低于90%	100%	
A25	事项委托期限内办结率	保底准值	不低于80%	不低于90%	
A26	事项委托平均用时	不宜设置	—	—	客观性指标，不宜设
A27	督办事项期限内办结率	保底准值	不低于80%	不低于90%	

续上表

编号	指标	类型	中院准值	基层准值	备注
A28	涉执舆情办结率	封顶准值	100%	100%	
A29	督导案件办结率	保底准值	不低于40%	不低于60%	
A30	网络司法拍卖法院覆盖率	封顶准值	100%	100%	
A31	一案一账户系统执行款收付率	封顶准值	100%	100%	
A32	被最高人民法院、省院通报批评、约谈次数	封顶准值	0	0	实行零容忍
A33	执行人员比例	不宜设置	—	—	
A34	执行员额法官比例	不宜设置	—	—	
A35	22~50岁执行人员比例	区间值	30%~60%	30%~60%	
A36	执行人员违法违纪率	封顶准值	0	0	实现“零容忍”
A37	执行查控	封顶准值	100%	100%	
A38	联合信用惩戒	封顶准值	100%	100%	
A39	执行司法救助	不宜设置	—	—	客观性指标，不宜设目标准值
A40	省级以上人大代表政协委员联络覆盖率	区间值	40%~60%	50%~70%	
A41	执行直播次数	保底准值	不低于300次	不低于500次	
A42	执行不能宣传次数	保底准值	不低于1次	不低于2次	
A43	打击拒执罪或执行兑现新闻发布会场次	保底准值	不低于1次	不低于2次	
A44	实际执结率	区间值	30%~40%	25%~35%	
A45	执行完毕率	区间值	25%~35%	30%~50%	
A46	执行到位率	区间值	20%~40%	20%~40%	
A47	首执案件结案率	保底准值	不低于90%	不低于90%	
A48	首执案件法定期限内结案率	封顶准值	100%	100%	
A49	首执案件结案平均用时	不宜设置	—	—	
A50	首执案件执行完毕平均用时	不宜设置	—	—	

续上表

编号	指标	类型	中院准值	基层准值	备注
A51	执行异议案件结案率	保底准值	不低于90%	不低于90%	
A52	有财产可供执行案件法定期限内实际执结率	保底准值	不低于90%	不低于90%	
A53	涉执国家赔偿率	封顶准值	0	0	
A54	执行异议案件裁判变更率	封顶准值	不高于5%	不高于3%	

(三) 建立科学的评估方法

1. 良性指标值评估方法。当前的良性指标值评估方法往往是通过改造功效系数公式，使用假定函数来实现的。如2018年A省24个中级法院的实际执结率（见表4）。依传统的功效系数计算见“评估值（1）”；按良性区间值评估技术且假设良性指标值为［41，44］，低于41%，依传统的功效系数计算出分值，在41% ~44%区间或高于44%的应记为100分，则技术函数计算出评估值（2）。

表4　　A省24个中级法院实际执结率良性值考评比较

实际执结率	A法院	B法院	C法院	D法院	E法院	F法院	G法院	H法院	I法院	J法院	K法院	L法院
指标值	38.27	44.25	30.91	46.40	40.67	29.63	49.24	47.26	44.93	44.76	46.43	50.33
考核值（1）	76.23	87.69	62.42	91.76	80.91	60	97.14	93.39	88.97	88.68	91.82	99.20
考核值（2）	76.23	100	62.42	100	80.91	60	100	100	100	100	100	100
实际执结率	N法院	M法院	O法院	P法院	Q法院	R法院	S法院	T法院	U法院	V法院	N法院	X法院
指标值	32.93	30.36	50.75	40.66	45.97	39.05	34.41	33.68	35.70	42.24	42.95	—
考核值（1）	66.25	61.38	100	80.89	90.95	77.84	69.05	67.67	71.49	83.88	85.22	—
考核值（2）	66.25	61.38	100	80.89	100	77.84	69.05	67.67	71.49	100	100	—
全省平均值	41.19					假定合理区间值			41 - 44			

评估值 = di（指标值大于41），　［di（指标值小于44，43，42）］，｛［（指标值 - 29.63）/（50.75 - 29.63）］×40 + 60｝

以上良性指标值实际上运用了两段式的计算方法，即实际执行率低于41%的，通过函数计算评估值，进入良性区间［41，44］或高于44%的直接确定一个常值100分。但也存在三段式的计算方法，即低于良性指标值、处于良性指标值及高于良性指标值的分别确定评估值范围及评估函数，并对技术函数（2）进行相应的改造便可。

2. 良性目标值，即保底准值或封顶准值。良性目标值绩效评价存在两种模式：其一，达到目标值便直接确定一个常值，一般给满分，低于目标值应适用功效系数 = ［（指标值 - 最差值）/（最优值 - 最差值）］×40 + 60，进行计算评估；其二，达至目标值适用功效系数 = ［（指标值 - 最差值）/（最优值 - 最差值）］×30 + 70，进行计算评估，低于目标值适用功效系数 = ［（指标值 - 最差值）/（最优值 - 最差值）］×40 + 60，进行计算评估。其不同之处在于当指标达至目标值，基础分从 70 分起算，肯定指标达标后做鼓励性评估，低于目标值，基础分仍为 60 分，即合格分起算。如 2018 年，A 省 24 个中级法院实际执行到位率良性值评估（见表 5）。如果未虑及良性指标区间的绩效评价，那么评估值（1）便是各中院计算所得评估分；如果该指标设定的目标值为 19%，达至 19% 的法院，基础分从 70 分起算，低于 19% 的法院，基础分从 60 分起算，评估值（2）便为计算结果。它的函数公式为：di（指标值大于 19），［（指标值 - 0.95）/（35.94 - 0.95）］×40 + 60，［（指标值 - 0.95）/（35.94 - 0.95）］×30 + 70。

表 5　A 省 24 个中级法院实际执行到位率良性值考评比较

实际执行到位率	A 法院	B 法院	C 法院	D 法院	E 法院	F 法院	G 法院	H 法院	I 法院	J 法院	K 法院	L 法院
指标值	14.05	19.36	20.49	25.53	23.96	15.89	34.65	26.20	25.66	23.55	22.76	19.68
考核值（1）	74.97	81.04	82.33	88.09	86.30	77.07	98.52	88.86	88.24	85.96	84.93	84.41
考核值（2）	81.23	85.78	86.75	91.07	89.72	82.80	98.89	91.64	91.18	89.37	88.69	86.05
指标值	27.35	22.12	27.70	16.53	27.78	35.94	20.13	8.28	26.08	30.79	0.95	—
考核值（1）	90.18	86.61	90.58	77.81	90.67	100	81.92	38.37	88.72	94.11	60	—
考核值（2）	92.63	88.15	92.93	83.35	93	100	86.44	76.28	91.54	95.58	70	—
全省平均值		19.06				假定合理区间值			19 - 24			

从上表可以看出，良性指标区间评价适用的函数公式，只要在以往的绩效评价技术函数即功效系数的前提下，增加“di”假定条件认定函数便可，它的运用具有便捷化、简单化、经济化的特点，是可行且易于操作的。

（四）确立指标权重体系

可借助层次分析建构执行考核指标权重体系，主要步骤为：

1. 形成递阶层次结构。应先将系统问题层次化、条理化，建构一个层次分析的模型结构，然后让模型中复杂问题分解成若干个组成指标，且这些指标应以属性划分成若干组合，从而形成不同层次。同一层次的指标应当为下一层次的某一指标的准则并发挥支配作用，且其也应受到上一层次指标的支配。指标应划分成目标层、准则层、指标层。根据表三确立的指标体系，中基层法院执行绩效评价递阶结构图建构如下：

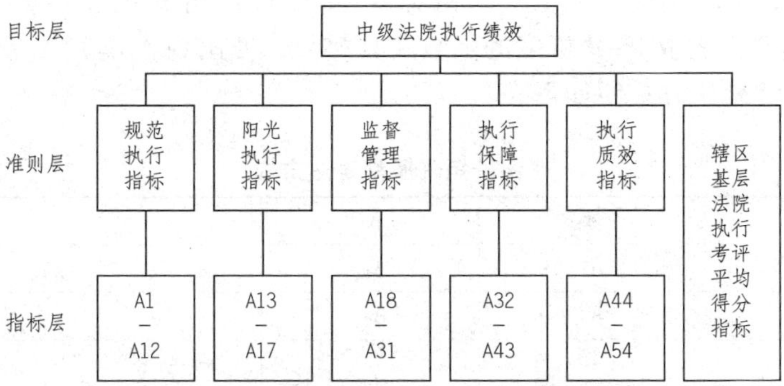

图 3　中级法院执行绩效评价递阶结构图

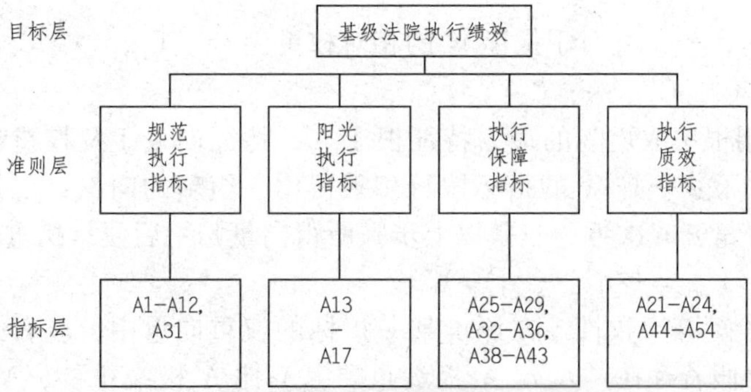

图 4　基层法院执行绩效评价递阶结构图

2. 形成一级指标体系判断矩阵。在上述递阶层次结构中，下一层次的每一个指标对存在逻辑关系的上一层次指标的相对重要性便为权重。若重要性难以直接定量，而仅可定性，那么可采用两两比较法确定指标权重值。即依上一层次某一指标来标度下一层次重要指标有哪些且其重要程度为何，进而根据 1 至 9 比例标度对指标重要性程度赋予具体权重。

表 6　　1 -9 标度事项列举

标度	含义
1	两个指标相比，有同等的重要性
3	两个指标相比，后者比前者重要性稍低
5	两个指标相比，后者比前者重要性明显低
7	两个指标相比，后者比前者重要性强烈低
9	两个指标相比，后者比前者重要性极端低
2，4，6，8	上述相邻评价的中间值
倒数	如果质变 m 与 n 的重要性之比为 f_{mn}，那么指标 n 与 m 重要性之比为 $f_{nm}=1/f_{mn}$

假设评价矩阵中 W_a 为上一层次某一方面指标，A_i 是与 W_a 存在特定逻辑

关系的相邻下一层次指标，A_{ij}是相对 W_a 而言的 A_i 与 A_j 的相对重要性标度。A_{ij}依标度含义表取 1 ~9 标度的倒数及其整数，便出现 $A_{ij}=1/A_{ji}$，那么评价矩阵的通常表达方式便如下表。

表 7　　评价矩阵通常表达方式

W	A_1	A_2	…	A_n
A_1	A_{11}	A_{12}	…	A_{1n}
A_2	A_{21}	A_{22}	…	A_{2n}
…	…	…	…	…
A_n	A_{n1}	A_{n2}	…	A_{nn}

A_1，A_2，…，A_n对于指标 W 的相对权重为 C_1，C_2，…，C_n，其向量公式为 $C=(C_1, C_2, \cdots, C_n)^T$。

3. 运用根法取矩阵的最大特征根 I_{max}，特征向量 J 及权重向量。它的基本步骤如下：一是 W 的指标按行相乘得出一组新的向量；二是将新的向量中每个分量开 n 次方；三是以上步骤所得向量归一后便是权重向量。其计算公式为：$I_{max}=1/n\sum(A_J)_i/W_i$。

4. 检验矩阵一致性。在评价某一指标的权重向量中，极有必要检验指标一致性。假若存在"A_1比 A_2极端重要，A_2比 A_3极端重要，A_3比 A_1极端重要"的评价，那么明显与常识相违背。一个经不起检验的混乱的评价矩阵往往会造成考评的失真，所以应对评价矩阵的一致性进行检验。[①] 其一般程序为：一是获取一致性指标 $PV=(I_{max}-n)/(n-1)$，其中 n 是评价矩阵的阶数；二是寻找对应的平均随机一致性指标 K_1；三是获取相对一致性指标 $PK=PV/K_1$。PK 值越小，评价矩阵一致性便越科学。通常来说，PK 值小于 0.1 时，表示该矩阵一致性是认可的；PK 值大于或等于 0.1 时，意味着必须对评价矩阵进行相应的调整修正。

（五）保障数据客观真实

指标值的准确性和真实性是执行绩效评价指标体系健康运行的生命线。执行绩效评价无论是通过最小值、最大值评估，还是良性区间值评估，准确的指标值都是赖以正常运行的根本条件，在某些层面来看，运用良性区间值评估，指标值的不准确、不真实的危害性更大。确保数值的真实客观，就要从源头上保障指标值准确真实，加强执行流程管理及执行信息数据网络管理，严格依照相关规定掌握好原始值输入的关口，也要严格落实各项检查制度，强化突击检查和例行检查、专项检查和常规检查、被动检查和

① 徐昕、黄艳好：《中国司法改革年度报告（2014）》，载《政法论坛》2015 年第 3 期。

主动检查、审管检核和条线检查，切实强化违规指标值的危机感和曝光率，还要保持严惩虚假值的高压态势，切实做到指标值虚高的要作出负面惩罚性评价，指标值伪造的要坚决严惩，以强有力的保障措施、明确的价值导向，确保执行绩效评价指标值的真实客观。

（六）执行管理导向正确

正确的执行管理导向，不只是推崇指标值，而是关注和重视指标值；正确的执行绩效观，既关注评价结果的反馈，也关注客观规律的引导。[①] 近年来，部分法院未能正确对待执行绩效指标，片面地将各指标排序及高低情况作为执行业绩主要考量依据，致使人为拔高指标值及盲目追求指标排序的现象发生。执行绩效评价管理是一门科学。各级法院及审管部门应强化对各项执行绩效评价指标的意义及其相互关系的深入研究，以确立真正符合执行规律的执行管理导向和执行业绩评价导向。各项执行绩效评价指标之间在某种程度上均有着内在关联，诸指标之间有着相互作用、相互影响的关系；对每一项绩效指标的评价及设定，均需有一个合理限度，而不是越高就越好或越低就越好，否则将会“物极必反”，[②] 使执行管理及绩效评价发生方向偏移。

结　语

我们应正视执行绩效评价运行中的各种问题，尤其是执行绩效指标值偏移良性运行轨道的问题。这并非是片面否定现行执行绩效机制在法院执行管理中的作用，而是让执行绩效管理真正回归制度所期望的目标及确认的原则，并在执行绩效评价管理快速前行的过程中不断修正和完善。

---

① 谢亮、张子谕：《论人民法院法官业绩评价的完善》，载《法律适用》2018 年第 7 期。

② 南京市中级人民法院课题组：《司法体制综合配套改革视野下法官业绩考核评价制度重构》，载《法律适用》2018 年第 7 期。

民事执行与刑事追缴退赔竞合下执行顺序的司法实践考察

——以整体主义为分析方法

陈晓辉[*] 成文武[**]

引 言

《最高人民法院关于刑事裁判涉财产部分执行的若干规定》（以下简称《刑执规定》）第十三条[①]明确了刑事裁判涉财产部分执行顺序的有关问题，如规定民事执行与刑事执行竞合时的执行顺序，以及执行顺序的相关制度。但，关于“排除范围何以界定”“不属于管辖范围的案件何以进行合理的民事程序衔接”“民事诉讼的物权、债权等权益何以分配”等无详细规定，导致司法实践做法不一。作为典型的民刑交叉案件，刑事涉财产部分执行类案件不仅涉及刑事财产执行，还涉及民事物权、债权等财产执行。面对司法实践中出现的新情况新问题，不少学者将目光投向债权优先受偿顺序（如表1所示）。无论是同等顺位说、[②] 担保物权优先说、[③] 劳动债权优先说、[④] 还是超级优先地位说，[⑤] 都旨在突破担保债权优先受偿规定。债权受偿顺序如何确定，及其何时变更，不仅事关理念考量，还涉及规范、技术

* 作者单位：广东省珠海市斗门区人民法院。

** 作者单位：广东省珠海市斗门区人民法院。

① 《最高人民法院关于刑事裁判涉财产部分执行的若干规定》第十三条规定：“被执行人在执行中同时承担刑事责任、民事责任，其财产不足以支付的，按照下列顺序执行：（一）人身损害赔偿中的医疗费用；（二）退赔被害人的损失；（三）其他民事债务；（四）罚金；（五）没收财产。债权人对执行标的依法享有优先受偿权，其主张优先受偿的，人民法院应当在前款第（一）项规定的医疗费用受偿后，予以支持。”

② 康时华、毕婷婷：《人身权的特殊保护——以破产前人身损害侵权债权清偿顺序为视角》，载《改革与开放》2009年第9期。

③ 韩长印、韩永强：《债权受偿顺位省思——基于破产法的考量》，载《中国社会科学》2010年第4期。

④ 康时华、毕婷婷：《人身权的特殊保护——以破产前人身损害侵权债权清偿顺序为视角》，载《改革与开放》2009年第9期。

⑤ 杨立新：《论侵权请求权的优先权保障》，载《法学家》2010年第2期。

等诸多维度权衡。“基于风险分配结果的担保债权优先受偿制度并非绝对、更非完美，而是赖于制度变迁中形成的相对有效平衡”。[①] 在司法实践中，欲打破担保债权优先受偿于劳动债权、侵权债权的制度修补，可运用“整体主义”思维探索完善之路。

表 1　　不同学者观点一览表

同等顺位说	人身侵权之债应当与劳动债权同等顺序清偿
担保物权优先说	坚持担保物权优先受偿原则
劳动债权优先说	劳动债权应优先受偿
超级优先地位说	突破“担保物权优先受偿”原则，强调侵权债权优先于财产债权，主张赋予侵权之债特定额度范围内“超级优先地位”

“执行竞合有民事执行之间、民事执行与刑事执行之间、民事执行与行政执行之间的竞合等多种形态。”[②] 本文仅从执行程序角度来讨论分析民事执行与刑事追缴退赔竞合下执行顺序的处理，简言之，就是在被执行人需同时承担刑事追缴退赔责任和民事责任的案件中，其财产不足以清偿时的债权受偿顺序。

一、管窥：刑事追缴退赔在执行程序中的现状透视

为深入揭示刑事追缴退赔在执行程序中的运行现状，本文以 3 例典型案件和 127 份执行文书为研究对象，从微观、宏观层面分析，深入考察民事执行与刑事追缴退赔竞合下执行顺序的实际情况。

（一）案例管窥：由三则典型案例触发的表层困惑

笔者选取三则典型案例，其最能反映当前制度设置下，民事执行与刑事追缴退赔竞合下内部执行顺序与外部执行顺序之间存在的问题。

① 冯辉：《破产债权受偿顺序的整体主义解释》，载《法学家》2013 年第 2 期。

② 杨与龄：《强制执行法论》，台湾地区三民书局 2007 年版，第 348 页。

表 2　　民事执行与刑事追缴退赔竞合典型案例

序号	基本案情	执行顺序
案例一：李某非法集资案	李某因以包租、固定回报、到期超额回购等承诺，向社会公众非法招揽资金。法院因此对李某及其单位定罪量刑，并判决“责令退赔”。刑事裁判涉财产部分执行时，对被告人控制的公司整体处置后可兑现退赔款20多亿元。李某所控公司的债权人黄某（经生效民事判决）向法院提交刑事被害人合法财产返还申请书，理由是：因李某通过承担债权的方式获取相关财产权利的利用，并继而将其用于实施非法吸收公众存款犯罪活动，最终导致其8000万债权遭受损失，故此黄某从“准备工具、制造条件”的犯罪预备成为刑事被害人，故要求返还其合法财产8000万元，执行法院口头答复黄某不是被害人，不能参与该案执行分配	退赔被害人损失VS一般民事债权
案例二：王某受贿罪案	王某系某国土资源局局长，2003年至2014年期间，利用职务便利，接受他人请托，为他人谋取利益、非法收受请托人财物。2015年7月，王某被南京市中级人民法院以受贿罪判处十年有期徒刑，追缴扣押在案赃款47万元及赃物房产三套。经法院查明，第一套赃物房产系行贿人卞某以104万元购买后送给王某，后因卞某经营需要，在王某同意下，将房屋抵押给不知情的小贷公司。在执行阶段，这套赃物房产拍卖款为190万元	追缴赃物赃款VS善意第三人抵押权
案例三：董某拒不支付劳动报酬案	2016年5月19日，董某作为发包人，与何某签订万威森林园工程砌体劳务分包合同，2018年1月3日，该工程基本竣工，双方约定一个月后支付核算的工程余款2545680元，到期董某未支付。2018年3月13日，董某因拖欠工程款、工人工资等问题被刑事拘留。2018年10月24日，珠海市D法院正式立案，董某涉嫌拒不支付劳动报酬罪，目前案件还在审理阶段，“董某与何某建设工程合同纠纷案件”与“董某与工人劳动报酬纠纷案件”均已进入执行阶段。经查，黑龙江省建上集团有限公司欠付董某工程款，该院执行局已发函提取该笔款项	一般优先受偿权VS特别优先受偿权

1. 困惑一：退赔被害人损失是否绝对优先普通民事债权。在“案例一”① 中，合法借款人黄某已对非法集资人李某及其公司提起了民事诉讼，但因被执行人李某涉嫌集资诈骗罪，基于退赔被害人损失的执行顺序优于普通民事债权的法律规定，便选择绕过民事执行直接以被害人身份参与刑事执行分配。若黄某选择申请民事执行，即便积极配合法院查封、扣押被执行人李某的财产，最终也可能因执行顺序的劣势地位而分配不到任何财产。即便刑事诉讼发生在该民事诉讼之后，被害人的损失亦可基于执行顺序的优势地位优先受偿。此外，根据《最高人民法院、最高人民检察院、

① 详见（2012）泸二中刑初字第15×号刑事判决书、（2013）泸高刑终字第19×号刑事裁定书。

公安部关于办理非法集资刑事案件若干问题的意见》第九条[①]规定，退赔集资参与人的损失一般优先于其他民事债务，由“一般优先”的表述可见，有关部门已意识到这个问题。因此，我们不得不深思：退赔被害人损失绝对优先普通民事债权合理与否？

2. 困惑二：追缴赃物赃款与优先受偿权的顺序问题。在“案例二”[②]中，不知情的小贷公司对第一套赃物房产享有抵押权，属优先受偿权。那么，对于第一套赃款房产的拍卖款，善意第三人的抵押权与追缴赃物赃款之间的执行顺序应该如何？刑事追缴退赔分为两大部分，一是追缴赃物赃款，二是退赔被害人损失。《最高人民法院关于刑事裁判涉财产部分执行的若干规定》第十三条仅规定退赔被害人损失与优先受偿权的执行顺序问题，即优先受偿权优于退赔被害人损失，但未提及追缴赃物赃款与优先受偿权的执行顺序问题。根据《最高人民法院关于刑事裁判涉财产部分执行的若干规定》第十一条[③]规定，若赃物赃款属于善意取得，不予以追缴，但未明确追缴赃物赃款与优先受偿权之间的执行顺序。

3. 困惑三：优先受偿权的内部顺序问题。在“案例三”[④]中，何某的建设工程款属优先受偿权，工人的劳动报酬也属优先受偿权，那么，关于被执行人董某的应收账款，谁优先受偿？《最高人民法院关于刑事裁判涉财产部分执行的若干规定》第十三条仅规定外部的执行顺序，如优先受偿权与普通民事债务、退赔被害人损失的先后关系，但未规定内部的执行顺序，即不同优先权之间应一视同仁抑或有先后之分。

（二）样本管窥：涉追缴退赔执行异议运行情况分析

鉴于本文的研究对象是民事执行与刑事追缴退赔竞合下的执行顺序，而有关执行竞合主要集中在刑事追缴退赔案件，并具体体现在涉刑事追缴

① 《最高人民法院、最高人民检察院、公安部关于办理非法集资刑事案件若干问题的意见》第九条规定：“根据有关规定，查封、扣押、冻结的涉案财物，一般应在诉讼终结后返还集资参与人。涉案财物不足全部返还的，按照集资参与人的集资额比例返还。退赔集资参与人的损失一般优先于其他民事债务以及罚金、没收财产的执行。”

② 详见（2015）宁刑二初字第1×号刑事判决书、（2015）宁执字第32×号执行裁定书、（2017）苏01执恢7×号执行结案通知书。

③ 《最高人民法院关于刑事裁判涉财产部分执行的若干规定》第十一条规定：“被执行人将刑事裁判认定为赃款赃物的涉案财物用于清偿债务、转让或者设置其他权利负担，具有下列情形之一的，人民法院应予追缴：（一）第三人明知是涉案财物而接受的；（二）第三人无偿或者以明显低于市场的价格取得涉案财物的；（三）第三人通过非法债务清偿或者违法犯罪活动取得涉案财物的；（四）第三人通过其他恶意方式取得涉案财物的。第三人善意取得涉案财物的，执行程序中不予追缴。作为原所有人的被害人对该涉案财物主张权利的，人民法院应当告知其通过诉讼程序处理。”

④ 详见（2018）粤0403民初63×号民事判决书、（2018）粤0403民初305×号民事判决书、（2018）粤0403执67×号执行通知书、（2018）粤0403刑初58×号刑事判决书。

退赔的执行异议中。因此，笔者选择以中国裁判文书网上公开的127件执行文书[①]为考察样本，旨在从执行异议中发现追缴、退赔与其他民事债权争议的问题。

1. 异议事由多元化。样本案件中，异议事由集中于赃款认定、主张善意取得、主张优先受偿权等类型。涉及民事执行与刑事追缴执行顺序的异议比例最高，一共43%，其中，主张善意取得占26%，主张优先受偿权占17%。这反映出异议申请人对现有制度下民刑交叉案件执行顺序较高的诉讼意愿。

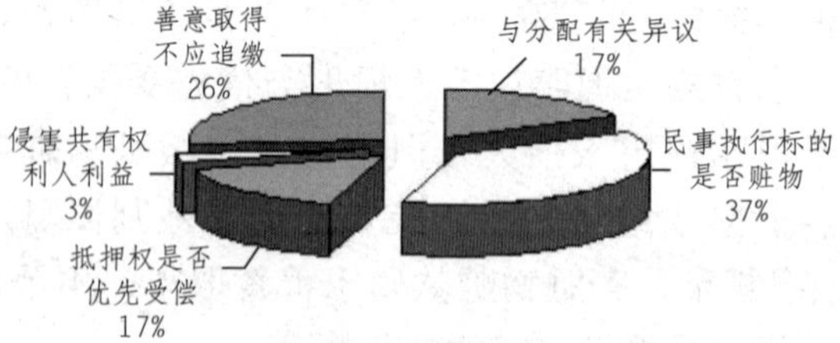

图1　异议内容情况一览表

2. 异议结果异质化。如表3所示，只有善意取得认定（33件）经过了实质审查，听取异议人和异议相对方双方意见后作出裁定。其他异议案件（94件）没有经过实质审查，大部分单独审查异议人意见后作出裁定。这在一定程度上反映了执行异议的处理标准不一。

表3　**异议结果情况一览表**

序号	异议内容	处理结果	有无异议相对方	案件数量
1	与分配有关异议	不能参与其他民事执行分配，应通过追缴予以救济	部分有	22
2	民事执行标的是否为赃物	中止执行或驳回异议	无	47
3	抵押权是否优先受偿	抵押权优先	部分有	21
4	是否侵害共有权利人利益	整体处置	无	4
5	善意取得是否应追缴	实质审查认定是否追缴或驳回异议	有	33

3. 刑事裁判情况严重分化。如图2所示，刑事追缴退赔所涉及的判项有六种，从可执性来看，判项明确具体、具有可执性的案件有64件，如第1、3、5种情形；判项不够明确具体、要结合审理查明事实才具可执行性的

① 本文在中国裁判文书网“执行文书”中以“追缴”“退赔”为关键字，设定时间段“2014年11月6日至2019年5月18日”，分别搜索涉追缴执行文书76936件、涉退赔执行文书59657件、涉追缴退赔执行文书8308件，经人工统计、梳理并抽取涉及被害人财产权的追缴、退赔执行相关争议的裁定书127件，希冀能够“管中窥豹”，有所启发。

案件有50件，如第2、6种情形；判项不明确具体、根本无相应判项、不具可执行性的案件有13件，如第4种情形。从判项可执行性差异可以反映出刑事追缴退赔在执行中的不确定性。

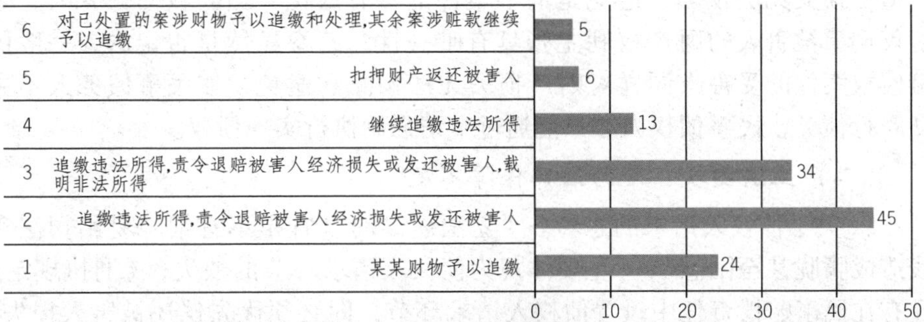

图2　刑事裁判情况

通过上述分析可见，民事执行与刑事追缴退赔竞合下执行顺序矛盾尖锐，而刑事裁判的可执行性差异及相关执行异议审查处理标准不一更是加剧冲突。

二、剥茧：刑事追缴退赔在执行程序中的运行困境

为深入考察民事执行与刑事追缴退赔竞合下执行顺序的司法实践运行情况，需分析刑事追缴退赔在执行程序中与受偿顺序相关的问题，具体如下：

（一）理论困境：追缴退赔的界域模糊

退赔执行顺序、参与分配等问题主要归结于刑事追缴退赔性质界定不清。

1. 追缴退赔与民事救济是否相互冲突。如果执行标的系涉案财物，因被害人选择民事程序救济，而非选择刑事程序追缴，故不具优先受偿权。该种仅以形式上的程序适用来判断被害人相应权利属性，未对追缴退赔本身的性质作实质界定的实务操作，其合理性有待商榷。

2. 退赔义务是否属于债务。现行法律未明确规定被害人是否具备参与民事执行分配的法律地位，但《刑执规定》明确了退赔被害人损失与其他民事债务的执行顺序。该规定显然设想二者可同时执行，亦间接肯定退赔被害人损失应属被执行人债务范畴。实务中排除被害人参与民事执行分配显然不妥，因退赔具有刑事性而排除其侵权之债属性的观点缺乏理论支撑。实务中对刑事退赔款与民事赔偿能否进行抵消的不同审查处理结果，也反映出退赔实质上是否属债务的分歧。

3. 追缴、退赔与民事债务执行顺序混乱。《刑执规定》第十三条明确被

执行人同时承担刑事、民事责任时，“退赔被害人的损失”优先于“其他民事债务”，依据为“刑事案件的被害人无法预测，甚至无法避免侵害事实的发生，由此产生的损害后果只能通过追缴或退赔救济”。[①] 那么，是否对财产遭受损失无法预测、避免是刑事案件的特有属性？当公权力介入时，是否仅刑事被害人的财产权利主张具有唯一性？答案显然是否定的，一般民事侵权案件的受害人同样对财产损失无法预测和避免，如民事债务人不主动履行债务，民事债权人亦只能通过申请强制执行实现债权。

（二）立法困境：现行法律保障不足

1. 关于债权人请求的思考。“立法思维的‘宜粗不宜细’易给司法实践造成朦胧甚至困惑”，[②] 主要体现为债权人请求环节的缺失，《刑执规定》没有在民事赔偿责任中设置债权人请求环节，即必须优先偿还被害人损失。对于其他民事债务，则设有债权人请求的程序，如债权人请求的时间、程序、如何审查、审查时限等，这可能会造成司法实践中做法不一。

2. 关于刑案判处后产生民事债务的思考。《刑执规定》只明确在刑案判处前产生民事债务可以优先于财产刑受偿，但对刑案判处后产生民事债务如何处理并未明确规定。实务中，贪利型犯罪和轻型犯罪刑案多数除伴随着财产刑处罚，还附加于管制、拘役或有期徒刑。囿于我国刑事执行时效制度缺失，财产刑不一定及时执行。在此期间，行为人产生新的民事债务，如何处理，成了法律空白。

3. 关于法律本身不合理规则的思考。我国《企业破产法》关于“担保债权优先于其他债权受偿”的这一规定太绝对，没有考虑到人身损赔害偿债权，这种不合理的制度在司法实践中无法满足人们的理性预期。例如：在将债权受偿顺序推至舆论风口浪尖的三鹿奶粉破产案中，社会各界均未反对三鹿集团在破产前垫付受害婴幼儿的人身损害赔偿金，这体现社会对优先保障人身权利的共识。然而，这一共识最终被“担保债权优先受偿”原则打破，受害婴幼儿人身损害无法获得赔偿，这种理论明显不能被社会认可。

三、解构：刑事追缴退赔执行顺序混乱的因素考量

天下事，于立法不难，于法之必行难。就方法论而言，确认问题点之所在，是为深层次分析问题背后的原因。笔者认为，实务中刑事追缴退赔执行顺序混乱的阻却因素，具体如下：

---

① 刘贵祥、闫燕：《〈关于刑事裁判涉财产部分执行的若干规定〉的理解与适用》，载《人民司法（应用）》2015 年第 1 期。

② 徐向华：《立法应“宜粗不宜细”吗?》，载《解放日报》2007 年 7 月 23 日。

（一）制度内在缺陷凸显

在破产领域，囿于经济社会发展的目标追求，破产法并未更多关注侵权债权，因而出现侵权之债与合同之债平等受偿。即便是2009年底颁布的《侵权责任法》，亦未对侵权债务人破产这一特殊情形的损害赔偿规则进行考量。“三鹿奶粉破产案零清偿普通债权，是基于《企业破产法》规定，赔偿费用（如医疗费、赔偿金）只能作为普通债权，与一般合同之债同等受偿，并位列一般优先权之后。即便债务人临近破产之际，仍不能向特定债权人进行个别清偿行为。”①

一方面，现行立法应适当考量社会需求，重新反思、调整当前债权受偿顺序。人身损害赔偿费用（医疗、伤残、死亡）应优先其他普通债权，这似乎已然成为社会共识。另一方面，就破产财产，我国《破产法》应合理处置不同类型债权人之间的受偿顺序问题。众所周知，整个债法体系是建立在“债务人具有清偿能力”这一假定之上，然而，破产案件的债务人通常缺乏清偿能力。“此种情形，如何合理处置不同类型债权人之间的受偿顺序问题，便留给了破产法。”②

（二）司法效率与社会效果考量失衡

“法律上的惩罚，很多方面与外部群体要求有关，而且法官不得不承认这些外部要求。”③ 司法活动作为社会活动的一部分，也会受社会因素影响，强制执行亦是如此。刑事追缴退赔较一般民事执行有自身特殊性。在民事执行中，人民法院穷尽一切执行手段，仍未发现被执行人有可供执行财产时，可依法终结本次执行程序；在刑事执行中，当被害人及其亲属的赔偿诉求与被执行人无财产可供执行的客观现实重叠时，人民法院在穷尽一切执行手段后，如机械地宣告终结本次执行程序，将会导致被害人及其亲属人财两空，以致助长他们对加害人、司法机关的不满，从而推动被害人走上私力救济之路，如涉诉信访、报复犯罪。诚然，采取法律规定的常规执行方法和手段，虽然可以确保司法效率，但很难取得良好的社会效果。当社会保障机制不够健全时，如何做到司法效率与社会效果的有机统一仍是核心难题。

（三）程序保障缺位

无救济则无权利。由于民事执行与刑事追缴退赔的执行主体不同，因

---

① 王欣新：《破产法》（第3版），中国人民大学出版社2011年版，第213页。

② 韩长印、韩永强：《债权受偿顺位省思——基于破产法的考量》，载《中国社会科学》2010年第4期。

③ ［英］菲利普·本：《惩罚与正义》，载《比较刑法》，中国检察出版社2004年版，第71页。

此，实务中执行效率存在差异。私法债权人在通过诉讼、仲裁等方式取得法律文书后再向法院申请执行，需要经过一个漫长的诉讼周期，而此时刑事追缴退赔的执行主体一般就是作出执行依据的司法机关本身，往往已经迅速地实现了公法债权。再加上追缴退赔没有申请执行问题，超过自动缴纳期就进入强制执行阶段。法院执行局完全有机会先行执行，却难以保障在执行完毕前的民事交易安全。这种落差，容易造成有法可依的债权受偿顺序丧失原本价值，使得法律规定成为一纸空文。

四、破冰：民事执行与刑事追缴退赔竞合下执行顺序的改进路径

《民法总则》第一百八十七条确立了“民贵刑轻”体制，即民事责任优先刑事责任，但其诉讼法的适用条件是“刑贵民轻”体制，即刑事附带民事诉讼体制。该体制下的民事诉讼以刑事诉讼为先决条件。如此，实体法上的“民贵刑轻”可能对抗于程序法上的“刑贵民轻”体制。如何解决此等冲突？执行顺序涉及当事人切身利益，进而左右市场经济中行为人的行为模式。行政力量、市场力量和社会力量均会影响着立法体系和司法实践。因而探索我国民事执行与刑事追缴退赔竞合下执行顺序的未来之路，应有整体主义的分析方法。

（一）整体主义思想的界定

哲学上的整体主义与个体主义是相对的理论和方法，二者对峙源远流长。[①]“只有借助整体，一切个别的东西才能完全理解；反之，只有通过个别，整体才能获得完全理解。”[②] 经济法学、社会法学、管理学、制度经济学等人文社会科学随着实践需求，其理论研究逐渐兴起整体主义研究方法，通过立足大局观、系统论，在权益的执行顺序上，强调考量多重背景、因素，超越执行顺序本身，权衡综合效果最佳的方案。

（二）整体主义思想下的原则

整体主义思想下，民事执行与刑事追缴退赔竞合下执行顺序应有整体主义的基本立场与原则。具体而言，有以下两个方面：

1. 宏观构想：整体考量。立法应当走出执行顺序的零和游戏思维，通过赔偿基金、社会保障、商业保险等制度推行社会化赔偿机制，从而实现非零和游戏。同时，需摒弃保护弱小的狭隘思想，以宏观视角考量债权受偿顺序问题，从整体出发，对各种主体、利益、因素予以全面考量。

2. 微观路径：公私融合。“法律发展的重心既不是立法，亦不是法律科

---

① 刘水林：《经济法基本范畴的整体主义解释》，厦门大学出版社2006年版，第64页。

② ［德］加达默尔：《真理与方法》（上卷），洪汉鼎译，上海译文出版社1999年版，第230页。

学，也不是司法判决，而是社会本身。”① 如今，作为社会利益的当然代表，国家通过投资、管理、监督等方式“嵌入”社会治理，促使各领域公私融合。在民刑竞合下，既想维持公平正义，又想救济弱小，可考虑运用社会和国家力量，构建赔偿机制，如赔偿基金、责任保险、社会保障、执行救助等。只有通过运用契合经济社会发展中公私融合规律治理，方可真正实现损失之弥补、利益之平衡及秩序之维系。②

（三）整体主义思想下的执行顺序

对民事执行与刑事追缴退赔竞合下执行顺序作整体主义思考，包括内部整体主义和外部整体主义。内部整体主义强调整体考虑各类型债权之间受偿顺序的平衡。外部“整体主义”则强调债权受偿顺序应和其他法律制度、政策环境、经济发展等作整体思考。

1. 关于追缴被害人赃物赃款的执行顺序思考。诚然，追缴的对象是赃款赃物，一般而言系被害人的合法财产或通过处置被害人财产而获得的财产，故追缴的对象因具有物权属性，被害人绝对受偿。当被执行人同时承担其他债务时，不能将赃款赃物用于履行债务，此时，刑事追缴绝对优先，但涉及善意第三人的抵押物权时除外。

2. 关于退赔被害人损失的执行顺序思考。被害人损失是指犯罪行为人给被害人带来的民事上的物质侵害，③ 有广义和狭义之分。前者包括物质和精神上的损失，后者仅指被害人民事上的物质损失。单就损失而言，包括物权、侵权、债权损失。就退赔损失而言，根据“退赔”的司法语境，如属物权，则应退；如属侵权，则应赔；如为债，按照《民法通则》一百零八条规定，则应清偿。

整体主义思维下，很难赋予侵权债权人超级优先权，一方面是以银行为主体的有财产担保债权人必然强烈反对，另一方面是理论界和实务界担心对担保制度冲击过大，从而累及市场信用体系。④ 将关乎生存危机的侵权债权置于无财产担保债权第一顺序，既不会冲击担保制度，同时又能较好地保护侵权人利益。⑤ 换言之，如被害人的损失关乎生存危机，应第一顺序执行。鉴于此，应分区被害人的损失类型，涉生存权的应优先执行，属物

① ［美］博登海默：《法理学：法律哲学与法律方法》，邓正来译，中国政法大学出版社 2004 年版，第 148 页。

② 王欣新：《破产法论坛》（第 8 辑），法律出版社 2013 年版，第 56 页。

③ 程凤义、刘伟超：《刑事裁判涉财产部分的执行顺序》，载《人民司法》2016 年第 16 期。

④ 郭丁铭：《企业破产清算程序中的债权人利益保护研究——以〈企业破产法〉的完善为中心》，法律出版社 2013 年版。

⑤ 郭丁铭：《企业破产清算程序中的债权人利益保护研究——以〈企业破产法〉的完善为中心》，法律出版社 2013 年版。

权的应第二顺序执行，属债权的应第三顺序执行。按物权优于债权，债权之间具有相容性的通说，[①] 涉及被害人生存权的，应优先执行保障被害人最低限度生存条件的财产。如果犯罪行为人给被害人造成足以失去生存必要物质保障的损失，应当予以优先执行。[②] 具体而言，可设立赔偿基金、责任保险制度、执行救助等，而不是由政府出资或出权救助。

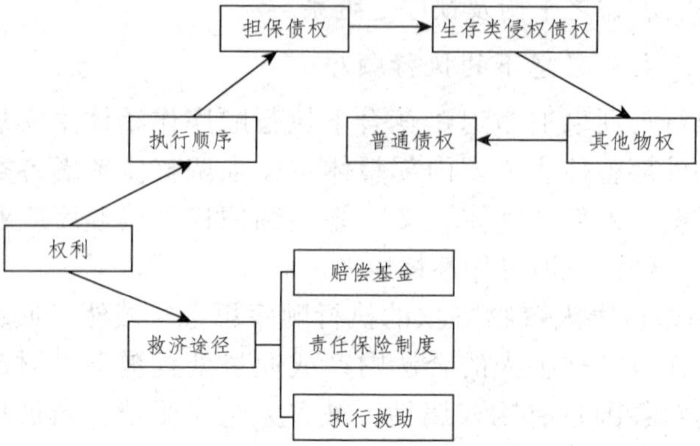

图 3　退赔被害人损失执行顺序一览图

3. 关于优先受偿权的执行顺序思考。《刑执规定》第十三条第二款规定，优先受偿权是劣于人身损害赔偿医疗费用而优先于其他权益的优先权。因篇幅限制，本文不再详述其他类已形成共识的受偿序位的债权，如共益债权。

当被执行人的同一财产发生一般优先权和特别优先权冲突时，一般优先权于特别优先权先受偿。[③] 除此，还应遵循权利优先利益、社会公共利益优先个体财产利益、生命健康权优先一般人格权、人格利益优先财产利益、生存利益优先商业利益、人身损害赔偿优先财产损害赔偿等规则。[④] 如此，优先权的执行顺序应当为：

首先，劳动报酬。关于劳动报酬的优先权，各国立法均赋予了较强的优先效力。劳动债权人具有风险分散能力弱、谈判能力弱、获取信息的能力弱、自我保护能力弱等特点。在我国工会制度不发达，劳动者个体不能借助工会的力量保护自己的利益情况下，一些地方政府以注重保护劳动债权为由，过度干预司法。因而应阻断劳动债权保护与地主政府司法干预的

---

① 梁慧星、王利明、孙宪忠、徐国栋：《中国民法典编纂：历史重任与时代力举》，载《中国法律评论》2015 年第 4 期。

② 程凤义、刘伟超：《刑事裁判涉财产部分的执行顺序》，载《人民司法》2016 年第 16 期。

③ 杨立新：《论侵权请求权的优先权保障》，载《法学家》2010 年第 2 期。

④ 王利明：《民法上的利益位阶及其考量》，载《法学家》2014 年第 1 期。

联系，赋予劳动债权、[1] 有限超级优先权、[2] 增加对企业高管责任的追究力度、建立工资担保基金等方式完善劳动债权受偿顺序。在一般优先权中，劳动报酬仅次于共益费用、债务人必要费用（如必须生活费、疾病治疗费、丧葬费）。因此，为了不冲击有财产担保债权的优先受偿权，出于对生存权的保护原则，对劳动报酬的执行顺序应当在有限范围内优先确定。

其次，建设工程价款。建设工程价款是《合同法》明确规定的法定优先权，《合同法》第二百八十六条[3]的规定涉及到建筑工程款的清偿顺序，赋予了承包人先取特权。[4] 因此，建筑工程款是债权人基于法律规定所享有的优先于一般债权、甚至担保物权清偿的特种债权。但建筑工程款的优先权是一种独立的民事权利，不同于担保物权，从属于主权利。

结 语

民刑交叉案件由来已久，但是关于民事执行与刑事追缴退赔的相关研究较少，没有引起理论界和实务界的广泛关注。本文提出运用整体主义思维来解决民事执行与刑事追缴退赔执行顺序混乱之难题，不仅能降低社会整体交易成本，还能增进社会福祉。碍于笔者理论水平不足的限制，本文中的建议不够严谨完善，但希望能引起理论界和实务界更多的关注与研究，为司法实践提供有益的指引。

---

① 一般而言，劳动债权包括工资、伤残补助、基本养老、医疗、医疗保险费、抚恤费和法律、行政法规规定的补偿金以及其他社保费。

② 规定部分劳动债权具有超级优先权，具体而言：可从时间范围进行限制，如在刑事案件诉讼前一段时间内发生的部分债权可以享有超级优先权；或从数额上进行限制，如规定一定倍数的工资债权可以优先受偿。

③ 《合同法》第二百八十六条规定："发包人未按照约定支付价款的，承包人可以催告发包人在合理期限内支付。发包人逾期不支付的，除按照工程性质不宜折价、拍卖的以外，承包人可以与发包人协议将该工程折价，也可以申请法院将该工程依法拍卖。建设工程的价款就该工程折价或者拍卖的价款优先受偿。"

④ 先取特权源自《日本民法典》的规定，是日本民法对自罗马法以来所确定的优先权制度的特殊贡献，分为一般先取特权、动产先取特权、不动产先取特权三大类，其不动产先取特权的项目有不动产保存先取特权、不动产工事先取特权和不动产买卖先取特权。

足以排除强制执行民事权益的认定标准和完善路径

——以有限责任公司中登记不实股权的执行为中心

倪文怡*

引　言

我国市场经济环境下，民事主体的财产流动性较大，而财产权属登记不统一、社会信用体系尚不健全，使得权属关系愈加复杂，很多时候财产权利外观与权利实际归属并不一致。实践中，执行机构在对标的物采取强制措施时，出于效率原则，一般仅根据外观判断权利归属，将登记在被执行人名下但实际为案外人所有的财产加以查封、冻结或采取其他强制措施，出现侵害案外人实体权益的情况。《民事诉讼法》规定的案外人异议之诉制度为案外人提供了相应的救济。根据《最高人民法院关于适用〈民事诉讼法〉的解释》（以下简称《民事诉讼法解释》）第三百一十二条规定，案外人提起的该诉能否得到支持，取决于案外人对执行标的是否享有足以排除强制执行的民事权益。而该规定确定的裁判规则未作类型化区分，因民事权益的多样性和现实差异，在审判实践中，法院对于认定民事权益的归属以及权益的优先性采取何种标准出现不一致的情况，难免产生一系列争议和问题。对于实际操作经验的调查积累和学术理论研究的深入，有助于完善我国法律制度。本文拟以有限责任公司中登记不实股权的执行作为切入点，对该问题在理论和实践中的司法运用和完善路径问题进行研究。

一、权益争夺：对登记不实股权主张阻却执行的主体

《最高人民法院关于人民法院办理执行异议和复议案件若干问题的规定》（以下简称《异议复议规定》）第二十五条第一款第四项明确规定，对于案外人是否股权权利人，应以工商行政管理机关的登记和企业信用信息公示系统公示的信息为依据，如因当事人某些法律行为造成登记不实，即

* 作者单位：河南省新乡市中级人民法院。

公示信息中并未显示其股权持有状况和股东身份，或公示信息与实际情况不一致，则当事人的该部分权利在执行初始审查中会因不具有权属外观而被过滤。此时案外人如主张对执行股权享有真实、合法的实体权益，可以此为由提起执行异议之诉，请求排除强制执行。结合审判实务中出现的案例，特以以下三种不同模式（图 1）对因股权登记不实而主张阻却执行的主体及事由进行分析：

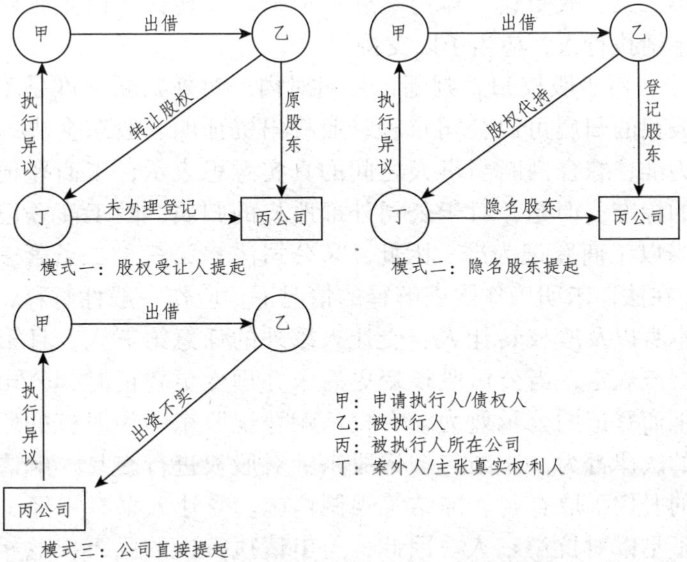

图 1　三种对登记不实股权主张阻却

【模式一】股权受让人主张合法受让

乙欠甲借款未支付，甲在判决生效后申请执行乙的财产，法院在执行过程中依工商登记信息冻结了乙在丙公司持有的股权，丁以其与乙签订了股权转让协议已经合法受让股权，系股权的真实权利人为由提起案外人执行异议之诉。

【实践分析】通过中国裁判文书网以“案外人执行异议之诉”“受让股权”为关键词进行检索，共找到 91 个裁判文书①，此类型案件中造成公示信息登记不实的原因在于股权转让后未经工商登记变更，第三人基于对公示信息的信赖而与登记股权人发生交易，或以此作为登记股权人的财产而申请强制执行。实践中对于股权受让人的权利能否阻却执行存在分歧，主要表现在对《公司法》第三十二条第三款中规定的“第三人”的不同解释。

1. 肯定：受让人根据股权转让合同支付股权转让款后即取得股权，该股权转让未经登记或者变更登记的，只是不得对抗第三人，而非无效，工

① 本文引用数据均截至 2019 年 7 月 9 日。

商登记机关的登记行为仅产生对外效力，而不影响股权转让效力。《公司法》的立法目的是为了维护商事交易安全，而对于商事交易之外的第三人，并不以公司登记公示的权利为交易对象，亦没有对公司登记公示信息产生交易信赖，该类主体主张所谓“商事交易安全”的问题也就不存在。故《公司法》第三十二条第三款所保护的“第三人”，应当仅限于基于对工商登记信息产生交易信赖利益、以登记公示权利为交易对象的特定人员，而非所有的第三人。故受让人作为案外人依据股权转让合同主张对抗非股权交易方的申请执行人，应当予以支持。①

2. 否定：对于股权归属判断，公司对内、对外判断标准是不同的。对公司内部股权的归属可以公司章程、股权出资证明、股东会决议及股东之间的协议为准，综合判断当事人之间的真实意思表示，工商登记不是判断股权归属的标准；但是，对于公司外部股权的归属，因工商登记具有公示效力，应当以工商登记为准。因此，《公司法》第三十二条第三款规定的“第三人”在法律未明确作限缩解释的情况下，应作一般性解释，即理解为除了公司本身以及股权转让人、受让人以外的任意第三人，且第三人应为善意。根据该规定，当公司股权变更后未办理变更登记时，公司之外的第三人基于工商登记的公示效力，有权信赖登记股东即为股权的所有者，并作出相应的法律行为，比如与登记股东针对股权进行交易、申请对登记在股东名下的股权采取查封、冻结等强制措施。受让人享有未经工商登记变更的股权不足以对抗第三人。因此，与申请执行人的民事权益相比，股权受让人所享有的民事权益并不具备优先的效力。②

3. 回避：还有部分法院并未对第三人的范畴作出界定，而是结合股权受让与登记股东达成股权交易的时间、是否签订书面合同、是否完全支付价款以及是否请求公司变更股东、是否记载于股东名册和公司章程、是否由公司签发出资证明书、是否实际参与公司经营管理、行使股东权利等因素，以案外人的证据不足以认定其对被执行股权存有收益、表决、处分等实际控制行为，不能证明其系确实享有股权为由，驳回案外人的诉讼请求。③

【模式二】隐名股东主张实际出资

乙因欠甲借款被法院强制执行，法院根据工商登记信息、股东名册记

---

① 详见：广东省佛山市中级人民法院（2016）粤06民终1582号民事判决书，山东省淄博市中级法院（2013）淄商初字第99号民事判决书。

② 详见：北京市第三中级人民法院（2016）京03民初55号、山东省潍坊市中级人民法院（2015）潍商终字第122号民事判决书。

③ 详见：山东省烟台市牟平区人民法院（2017）鲁0612民撤3号、浙江省衢州市中级人民法院（2017）浙08民终1276号、浙江省台州市中级人民法院（2016）浙10民终1138号民事判决书。

载冻结了乙在丙公司持有的股权，隐名股东丁主张其系该股权的实际出资人，遂以案外人身份提起执行异议之诉。

【实践分析】中国裁判文书网上以“实际出资人”“名义股东”作为关键词在案外人执行异议之诉中出现的裁判文书共93个，与第一种模式区别在于，隐名股东登记不实通常基于自己的主观选择未在工商登记信息和股东名册中显名并公示，而非基于客观原因未进行变更登记。但隐名股东因实际出资并享有投资权益，承担公司经营风险，故其实体权益亦会在强制执行股权时与申请执行人的权利发生对抗。

是否支持优先保护实际出资人权益的法院裁判理由与对股权受让人的权利是否具有优先性的理由基本相同，即肯定说认为非基于上述行为与登记股东发生法律关系的第三人，不产生对执行标的的信赖利益。[①] 否定说则认为在公司对外关系的处理中，隐名股东并不具有公示股东的身份和地位，当外部债权人对登记股东主张合法正当的权利时，隐名股东与登记股东之间的约定系内部约定，不能对外产生对抗效力。[②]

【模式三】公司主张股权瑕疵

乙为丙公司的股东，工商登记信息显示乙占50%股份，但乙未实际出资。乙因拖欠甲款项被判决承担偿还责任，丙申请执行甲在乙公司50%的股份，乙公司在其执行异议被驳回后提起案外人执行异议之诉，主张甲对该股份不享有权利，请求排除对该股权份额的执行。

【实践分析】该类型案例中，公司因股东未实际出资或抽逃出资不能转化为公司财产，未取得实际利益，股东股权被强制执行时，公司认为损害了其实体权益，也会提起案外人执行异议之诉。该种类型案例较少，以河南地区为例，通过中国裁判文书网上以“股权”作为关键词搜索的案由为案外人执行异议之诉的裁判文书共137件，其中高级法院3件、中级法院54件、基层法院80件，以被执行股东所在公司作为原告提起诉讼的仅有2件。审判思路与处理规则也比较统一，认为公司对执行的标的物股权，并没有实体权利，公司对股权并无真正意义上的利害关系，不具有原告资格。[③]

---

① 详见：河南省高级人民法院（2016）豫民终396号、山东省高级人民法院（2015）鲁商终字第307号、吉林省长春市中级人民法院（2014）长民二初字第16号、福建省高级人民法院（2016）闽民终644号民事判决书。

② 详见：最高人民法院（2013）民二终字第111号、山东省高级人民法院（2018）鲁民终1121号、吉林省高级人民法院（2016）吉民终35号、四川省高级人民法院（2017）川民终54号、重庆市高级人民法院（2016）渝民终第2号、安徽省六安市中级人民法院（2016）皖15民终855号、湖南省株洲市中级人民法院（2017）湘02民初112号民事判决书。

③ 详见：河南省三门峡市中级人民法院（2016）豫12民初15号、河南省高级人民法院（2019）豫民终691号民事裁定书。

二、追本溯源：权益对抗效力认定标准的实践分歧及原因

因登记不实的股权被执行导致实体权益受损的案外人，在提起执行异议之诉中，需要证明其对执行标的享有足以排除强制执行的民事权益方可得到实体救济，然而对于如何认定实体权益足以排除强制执行民事权益的问题，司法实践中采取的标准和裁判结果存在分歧，这种争议主要体现在对股权归属的审查、股权优先性的判断和对申请执行人信赖利益的认定等方面，究其原因主要包括以下三种：

（一）程序：特殊的提起条件和步骤导致审查因素复杂化

案外人执行异议之诉最直接的功能在于排除对执行标的的强制执行，具有形成之诉的性质。因案外人所主张的实体法律关系是异议权的先决问题，故同时具有确认案外人所主张的实体权益的功能，兼具确认之诉的性质。[①] 鉴于案外人执行异议之诉的特殊性，《民事诉讼法解释》第三百零五条的规定对案外人执行异议之诉设置了特殊的起诉条件（见表1）。

表1　案外人执行异议的起诉条件

	条件	要点
主体资格	执行当事人以外的，对执行标的主张权利，认为法院对某一项或几项财产的执行侵害其实体法上权利的公民、法人和其他组织。	案外人作为原告与诉讼案件的“直接利害关系”体现在其认为对执行标的享有实体权益，而人民法院的强制执行行为妨害了其所享有的实体权益，至于是否能够证明该事实存在，不影响其原告资格。
前置程序	案外人的执行异议申请已经被人民法院裁定驳回。	区分该条规定与《民事诉讼法》第二百二十五条的规定，判断案外人或利害关系人是对执行行为提出异议还是对执行标的提出异议，如仅是认为执行行为违反法律规定侵害其权益，只能在对裁定不服后申请复议，而不能提起执行异议之诉。
诉讼请求	有明确的排除对执行标的执行的诉讼请求，且诉讼请求与原判决、裁定无关。	案外人还可以就其执行标的所享有的权利同时提起确权之诉，但不能单独提起确权之诉。法院可以对确权之诉在判决中一并作出裁判。 如是针对原判决、裁定提出的诉讼请求，需要案外人提起申请再审之诉，对错误的执行依据进行纠正。
时间限制	自执行异议裁定送达之日起十五日内提起。	十五日是法定不变期间，对于起算点和最后期限不能作扩大解释。

符合条件的诉讼才能进入实体审查，即对案外人对执行标的是否享有

① 沈德咏：《最高人民法院民事诉讼法司法解释理解与适用（下）》，人民法院出版社2015年版，第813～814页。

足以排除强制执行的民事权益进行认定。《民事诉讼法解释》第三百一十二条规定了案外人执行异议之诉的审查规则，无论案外人是否对执行标的提起确权的诉讼请求，法院均需要对案外人对执行标的是否享有实体权益以及权益性质进行审查和判断，确定实体权益归属后，再根据权益性质判断案外人的权益是否具有优先效力。(具体审查步骤见图 2)

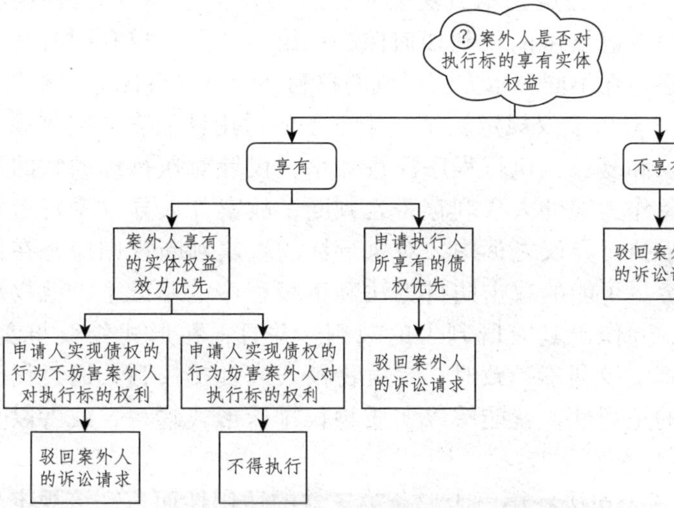

图 2　案外人执行异议之诉的审查步骤

（二）实体：权益归属审查依据混乱导致规范适用不统一

1. 股权的法定公示方法。对于有限公司股权的归属问题，《公司法》第三十二条第二款、第三款规定了两种法定公示方法——股东名册的记载和工商登记。该规定的依据是商法公示主义和权利外观主义原则，同时对股权的权属认定采登记对抗主义。即公司在工商登记文件中的记载信息具有公示公信效力，而股东名册的记载仅系公司的内部文件，两者相较而言，工商登记效力更强。在工商登记与股东名册记载不一致的情况下，应以前者形成的权利表象为先，保护第三人依据工商登记文件记载信息所产生的信赖利益。

因《最高人民法院关于人民法院办理异议和复议案件若干问题的规定》第二十五条中对于股权权利人审查标准的规定与公司法规定的股权公示方法基本一致，实践中存在部分法院直接援引该条款作为执行标的归属的审查依据，有学者对此作法也加以肯定，认为该条是关于权利人确定标准的一般规定，其将静态的权属判断与物权背后的各种交易相区分，辅以“登记”公示之方式来确定财产权属，其适用范围包括动产与不动产。简言之，判断案外人是否系权利人的一般标准为权属变动公示规则。①

2. 股权的非典型公示方法。股权除法定公示方法外，实践中还存在以出资证明、股权转让协议来表征股权的情况。

（1）法定的权利公示方法的不足之处在于：首先，对于没有法定公示方法，但又具财产属性的权利应如何识别；其次，即便有法定公示方法的权利，如果尚未按法定公示方法公示，但又在特定环境下具有权属外观，并为特定对象普遍认可的权利如何保护；第三，同一权利同时并存多个公示方法的，必须在不同公示方法形成的权利外观中进行优劣判断和选择。

（2）就《异议复议规定》第二十五条的适用性而言，因该规定适用范围为执行异议和复议，执行程序注重效率，仅针对执行标的物的形式物权或者权利表象作为案外人权利存否之判断，故案外人异议奉行形式审查原则。而案外人执行异议之诉中，对执行标的权属判断规则应是在遵循程序保障原理、穷尽可能的攻击防御方法和审级程序的基础上，就权利争议作出实质审查，并作出具有既判力的裁判。并且，在形式物权与实质物权、权利表象与真实权利不一致时，实质物权人或真实权利人通过提供证据证明实质权利的正当性，就能够以实质物权排斥形式物权，或者以真实权利排斥权利表象。②

（3）就《公司法》第三十二条第三款的适用性而言，该规定采取的登记对抗主义所保护的“第三人”作何解释法律未予明确，而对于依非典型公示方法表征权利的权利人仅是不能对抗，但仍具有对内效力，即并未否认权利人对股权享有合法的实体权益。可见，权利公示方法法定并不能一揽子解决执行标的实体权属的判断问题，既要承认适当的非典型公示方式形成的权利外观也可以成为执行法官权属判断的标准，又要在不同的公示方法发生冲突时，找到最接近真实权利的权利表征形式作为外观权利的判断依据。③

三、破解之道：权益对抗效力认定标准的统一路径

根据案外人执行异议之诉的特殊运行模式和立法目的，针对执行标的为登记不实股权时“足以排除强制执行”的认定标准，应当结合股权的特殊属性、诉讼中的权益对抗形态和各方主观因素加以考量。

---

① 汤维建、陈爱飞：《“足以排除强制执行民事权益”的类型化分析》，载《苏州大学学报（哲学社会科学版）》2018 年第 2 期。

② 肖建国：《论执行标的的实体权属的判断标准——以案外人异议的审查为中心的研究》，载《政法论坛》2010 年第 3 期。

③ 肖建国：《论执行标的的实体权属的判断标准——以案外人异议的审查为中心的研究》，载《政法论坛》2010 年第 3 期。

（一）一般规则下兼顾股权的特殊性质

1. 权利对抗效力的一般原则：

（1）物权优于债权。所有权是最典型的排除强制执行的民事权益。基于物权的优先效力，案外人对执行标的享有的用益物权、担保物权与申请执行人的债权对抗时均具有优先性。占有，因强制执行有受侵害之虞，故若执行标的非属被执行人所有，占有足以排除强制执行；若属于被执行人所有，则案外人有忍受强制执行之义务。[①]

（2）债权平等原则。合同之债只对特定的当事人具有约束力而并无对世效力，原则上不足以排除强制执行。对于特殊债权，法律规定予以特别保护，足以排除强制执行。[②]

2. 股权[③]的特殊性：

《民法总则》第一百二十五、第一百二十六条将股权和其他投资性权利作为独立的民事权利类型进行列举，确立了股权等独立的民事权利类型的法律地位。即公司享有法人财产权，股东通过向公司出资，取得股权以实现其经济利益。其与一般物权的区别在于：

（1）股权的行使主要体现在以实现自身利益为目的而行使的发给出资证明、股份转让过户、分配股息红利及公司剩余财产的请求权等自益权，和以实现公司利益为目的而行使的出席股东会的表决权、任免董事等公司管理人员的请求权、查阅公司章程的请求权、请求法院宣告股东会决议无效的请求权和对公司董事、监事提起诉讼的权利等共益权。故股权的价值不仅在于其财产性收益，更在于对公司的控制、经营和决策等事务管理性的权利。

（2）股权可以由出资行为及转让行为创设，鉴于股权是一种法律拟制的权利，并非现实存在的特定"物"，股权受让人未经登记的占有及隐名股东的实际控制权却无法在权利外观上进行识别，故在案外人以登记不实股权的真实权利人身份与申请执行人的执行债权进行对抗时，不能简单依据权利对抗的一般原则处理，应从股权内容的多面性对股权是否具有优先性进行判断。

---

① 肖建国、庄诗岳：《论案外人异议之诉中足以排除强制执行的民事权益——以虚假登记财产的执行为中心》，载《法律适用》2018 年第 15 期。

② 如《异议复议规定》第二十八条、第二十九条的规定，对无过错不动产买受人、房屋消费者的债权加以特殊保护。

③ 对于股权的性质采独立民事权利说：股权与公司财产权相伴而生，只有股权独立化才可能产生公司所有权，而公司所有权的产生必然要求股权同时独立化。参见沈德咏：《〈中华人民共和国民法总则〉条文理解与适用（下）》，人民法院出版社 2017 年版，第 854 ~855 页。

（二）针对不同的对抗形态对权益优先性作类型化分析

1. 区分案外人与执行标的关系的性质、支配权范围等因素：

（1）对于股权受让人应当审查其与被执行股东签订股权转让合同的时间、支付价款的情况、是否经股东会决议通过以及是否向公司请求变更股东、是否记载于股东名册和公司章程、是否由公司签发出资证明书、是否实际参与公司经营管理、行使股东权利等方面的证据，以证明受让人是否实际享有股权。

（2）对于隐名股东应审查其与被执行显名股东签订的股权代持协议效力、是否实际履行出资义务、其要求确认股权并显名是否经过公司其他股东半数以上同意等。

2. 区分申请执行依据中的债权性质：

一是债权人与登记股东之间直接针对股权发生交易行为，生效裁判认定债权人享有股权或者享有对股权登记进行变更的期待权；二是债权人基于登记股东的股权公示信息而与其发生一般交易行为，依据生效裁判仅享有普通债权；三是生效裁判认定债权人享有对登记股东的普通债权，在执行过程中债权人根据公示信息要求强制执行登记股东的股权。

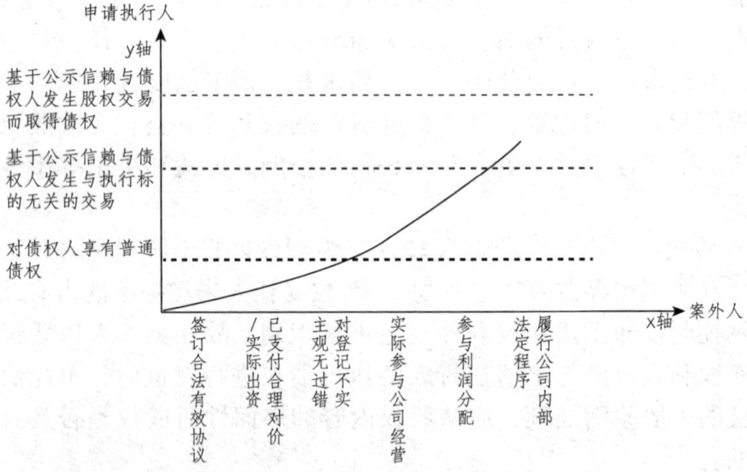

注：x轴表示案外人正向因素，其持有的正向因素越多，则权益对抗效力越强；y轴表示申请执行人正向因素，越向上则权利越优；蓝线与虚线交叉点表示案外人权益能够对抗此类型债权，但始终无法对抗申请执行人享有的最优债权

图3　案外人与申请人的权益对对抗形态及对抗效力类型化分析

（三）充分考虑各方当事人的主观因素

1. 案外人的主观因素：

（1）案外人与被执行人是否存在恶意串通、妨害执行的行为。案外人为规避执行，通过与被执行人之间虚构法律关系，恶意利用案外人执行异

议之诉的救济程序获得利益，同时也增加了申请执行人的维权成本并浪费了司法资源。司法实践中需要对案外人执行异议之诉中的证明责任和证明标准进行严格把控，并合理行使自由裁量权。

（2）案外人与被执行人之间的债权债务关系是否正当合法。比如股权转让合同是否合法有效，隐名股东选择股权代持，是否为了规避市场经济管理政策或公司内部章程、规定。

（3）案外人造成权利外观与权利归属不一致的情况是否系自身过错造成。我国当前的社会经济关系和财产权利公示制度较为复杂，之所以有权利外观与实际权属状况相分离的情况，既可能是在主观方面权利人懈怠，也可能是客观上情势不能。因此，为了避免导致对事实权利人保护不周，甚至严重损害实质正义，不应一律追求公示标准。如果案外人对“名不副实”之情状并不具有过错，即使实际权属状况与权利外观表征不相符，也应当优先保护案外人的实质权利。①

2. 申请执行人的主观因素。基于信赖权利外观而与债务人发生交易的善意第三人属于交易安全维护中受到优先保护的第三人，而申请执行人与此不同，当作为债务人责任财产的执行标的不处于申请执行人的交易链条时，申请执行人的信赖利益并不必然优先于案外人的实际权利。但因申请执行人基于对权利外观的信赖而启动强制执行程序也付出了一定的成本和精力，且在债务人除执行标的外无其他财产可供清偿时，案外人排除强制执行亦使善意的申请执行人遭受到一定损失，故对于申请执行人的信赖利益也应当予以考虑。

四、路径完善：不同主体的处理规则及救济途径

因对于登记对抗主义中第三人的认定并无明文规定，而且仅遵循权属外观对实体权利进行判断，不加区别地保护第三人的利益，则会将“登记对抗主义”变成“登记绝对主义”，与执行程序初始认定、案外人异议前置程序的判断标准和结论亦无异处，设置实体审查的执行异议之诉将失去意义。鉴于是否足以排除强制执行的判断并非单一地考虑申请执行人的信赖利益，况且，股权的特殊性在于其不仅包括财产性利益，还包括股东对公司的管理、经营、表决等一系列权利，故对股权是否具有优先效力应当分情况对待。

（一）股权受让人——勿使“登记对抗”变成“登记绝对”

1. 已履行了股权转让的程序和实体内容，应当对受让人享有股权的事

---

① 王聪：《案外人执行异议之诉中异议事由的类型化研究——以“足以排除强制执行的民事权益”为中心》，载《法治研究》2018 年第 4 期。

实加以认定。受让人在股权被采取强制措施之前已经签订股权转让协议并完全支付了合理对价，并经过《公司法》或公司章程要求的内部程序记载于股东名册，且已经参与了公司的实际经营、实际行使了相关股东权利，应当认定股权转让已经实际完成并且合法有效。

2. 受让人的实体权利更有利于发挥股权的价值，应当优于一般财产性权利。对股权受让人而言，其享有股权不仅在于可依该股权享有财产性收益，更重要的是其作为股东对公司的控制和参与以及对公司未来发展的期待，一旦其因强制执行而失去股权，则会丧失这一系列权利。而对申请执行人而言，如其执行债权的基础权利并非因股权交易产生，其强制执行的目的一般是获取执行标的对价用以弥补财产损失，因被执行人对其已经转让的股权并无支配权利，此时强制执行的标的则是实体权利已经虚化的股东权，对申请执行人仅具有拍卖后的财产价值。

3. 受让人应及时办理变更登记，以保持真实权利和外观权属的一致性。为防止案外人与被执行人恶意串通，在股权被采取执行措施时仍未能办理变更登记的，应由案外人提供证据证明未办理变更登记非因其自身原因造成。在申请执行人能够证明其是基于对工商登记信息的合理信赖而善意地与被执行人发生法律关系的情况下，也应当保护申请执行人的信赖利益。

（二）隐名股东——第三人的信赖利益限于交易相对方

1. 内部标准：涉及公司内部关系时，隐名股东如已经实际履行出资义务，可认定为真实权利人，案外人与申请执行人之间的权益对抗以股权优于债权为准。

2. 外部标准：（1）无论隐名股东是否为真实权利人，均应优先保护以执行标的为交易对象的善意第三人对公示的信赖利益。（2）对于非以执行标的为交易对象的普通债权人，应考虑股权转让内部手续是否已经实际完成、实际出资人是否参与经营、公司及其他股东对股权代持关系是否认可等因素。实际出资人作为公司出资者，承担公司的经营风险，在委托投资合同中表明自己成为股东的明确意愿，如果享有股东权利为公司（其他股东）所认可，就可以被认定为公司的真正股东。这种确认可以产生股权执行程序中止的效果。①

（三）公司——及时、善意行使权利

鉴于瑕疵出资股东的股权被强制执行后可能会导致公司控制体系发生变更，尤其是对于兼具人合性和资合性的有限责任公司来说，当其他股东

---

① 王延川：《执行程序中权利外观优先保护之检讨——以名义股东股权被执行为例》，载《法学杂志》2015 年第 3 期。

无力行使优先购买权时，将会有新的主体进驻公司，产生一系列复杂问题，进而有可能影响公司的正常经营和发展。对于公司而言确实存在一定的风险，因其不具有案外人异议之诉的原告主体资格，为避免公司财产受到损害，应为其提供其他司法救济途径。

1. 公司可依据《公司法》第七十二条的规定，要求其他股东行使优先购买权，以确保投资主体的稳定性。

2. 在人民法院委托评估机构对股权价值进行评估时，公司可以提供相关资料，将股东瑕疵出资的情况等影响评估结果的因素予以说明，法院应引导评估机构作出合理报告。

3. 对于瑕疵出资股权拍卖、变卖或抵偿后，应当赋予公司向原股东、买受人主张补足出资的权利。

对于申请执行人而言，公司有可能为维护自身资本稳定，串通被执行人通过公司内部程序降低股权价值，对公司在协助执行股东股权时的义务也应当加以明确。比如，冻结股权对应的出资额达到一定比例的，公司增加或减少注册资本，导致冻结股权对应的出资额占公司资本总额比例降低或者股权价值严重贬损，明显损害申请执行人合法权益的，应当追究公司相应的法律责任。

结　语

案外人执行异议之诉中，对于案外人是否享有足以排除强制执行，完全遵循权利外观主义对执行标的的归属作出的认定会导致部分案外人权利受损。因登记不实导致权利外观与实体权利不一致的，应当综合案外人与执行标的关系的性质、被执行人对执行标的支配权的范围以及执行标的是否构成交易的信赖、双方主观因素等予以判断。尤其是在针对有限责任公司登记不实股权的执行中，应将股权的特殊性质作为考量范畴，通过立法对能够排除强制执行的特殊情形予以明确。

执行中股东认缴出资期限的加速到期探析

——以债权人利益与股东出资期限利益平衡为视角

王梦薇*

引 言

2013年《公司法》修订时将注册资本实缴登记制改为认缴制。这一变化在降低公司设立成本，改善营商环境等方面具有积极意义。但现实中出现的股东自由设定注册资本上限的“天价出资”，股东自由设定出资期限的“百年期限”、以实缴制为基础构建的法律规范如何适用于认缴制类型案件、债权人利益保护途径等问题引起了广泛的关注和讨论。在股东认缴出资加速到期方面，我国现行制度中仅《企业破产法》第三十五条加以明确规定，但因启动破产程序成本高等原因，理论界与实务界探索引入成本更低的解决机制，其中执行中追加认缴未实缴股东为被执行人，对股东认缴出资加速到期的解决机制已有法院以判例形式予以认可，但判例法理基础和法律依据，与股东出资期限利益的平衡，认缴未实缴出资转让后的法律责任等方面存在争议。本文通过对执行中追加认缴未到期股东为被执行人，加速出资义务到期的三类案件不同法院判决结果和理由的分析，总结出现行此类案件的问题焦点，针对焦点问题提出解决方案，为执行中股东认缴出资的加速到期提供有益探索。

一、实践考察：执行中股东认缴出资期限加速到期的争议与困境

本文以中国裁判文书网公开的案例为基础分析三类案件，第一种为公司资产不能清偿到期债务，公司章程及企业信息公示系统均显示股东未届认缴期限，是否可以在执行中追加该股东为被执行人；第二种为企业信息公示系统登记股东认缴出资已实缴，但公司章程中显示股东的认缴期限未到期，是否可以在执行中追加该股东为被执行人；第三种为股东将未届认

* 作者单位：黑龙江省哈尔滨市中级人民法院。

缴期限且未实缴的股权转让的，转让前的股东和转让后的股东是否可以追加为被执行人。

(一) 股东未届公司章程规定的认缴期限情形下的争议与困境

股东认缴期限记载于公司章程中，公司章程对于股东出资期限的规定是否可以对抗债权人对股东履行出资义务的请求在实践中存在争议。主要困境在于债权人的信赖利益是基于公司注册资本的信赖还是基于对股东公示的出资期限的信赖。实务中有肯定说和否定说，并各具理论及法律依据。

1. 否定说：无法律明文规定，不应“加速到期”。以朱仁诉杭州财丰资产管理有限公司、邵亮委托理财合同纠纷一案①为例，该案进入执行程序后发现被执行人杭州财丰资产管理有限公司、邵亮的财产不足以清偿债务，申请执行人朱仁申请追加被执行人公司股东楼先锋、楼亚琴、沈建兵为被执行人，因法院驳回申请执行人朱仁追加被执行人的申请，朱仁向法院提起执行异议之诉。杭州财丰资产管理有限公司的注册资本为5000万元，自然人股东楼先锋认缴2500万元，1500万元未出资，楼亚琴认缴1250万元，750万元未出资，沈建兵认缴1250万元，750万元未出资，章程规定2031年11月13日前上述股东出资到位。一审法院与二审法院裁判理由和结果相同：《公司法司法解释（三)》第十三条第二款、《最高人民法院关于民事执行中变更、追加当事人若干问题的规定》第十七条规定，是对公司股东应履行出资义务而未履行的情形，并未规定公司出资人认缴出资未届期的出资义务是否可以适用，法院认为只有法律明文规定的情形才加速到期。认为朱仁主张股东出资义务加速到期缺乏法律依据，不予支持。

2. 肯定说：股东违反资本充实义务，应“加速到期”。以金谷公司与浙江优选公司营业信托纠纷一案②为例，该案进入执行程序后，申请执行人金谷公司申请追加浙江优选公司股东许曦文为被执行人。浙江优选公司设立时的公司章程规定，许曦文已实缴200万，剩余300万元出资在2014年10月15日前缴纳完毕。浙江优选公司的公司章程经股东会决议于2014年6月15日修改后，将出资期限变更为2032年10月15日。一审法院认为：追加许曦文为被执行人缺乏法律依据，未支持金谷公司的请求。二审法院认为，股东应履行资本充实义务，在行使变更出资期限等权利时，不得损害公司债权人对公司公示信息及注册资本产生的信赖利益。本案中，浙江优选公司将股东出资期限从2014年10月15日延迟至2032年10月15日，是损害了金谷公司对许曦文出资承诺和浙江优选公司的注册资本的信赖利益，追加许曦文被执行人，在认缴未实缴范围内对被执行人承担清偿责任。

① （案例）详见杭州市中级人民法院（2017）浙01民终6608号民事判决书。

② （案例）详见北京市高级人民法院（2016）京执复106号执行裁定书。

3. 法院裁判结果比较后的路径分析。此类型案件面临的困境需解决三个方面的问题，第一，公司注册资本对于债权人是否具有信赖利益，股东公示的出资期限是否具有信赖的基础；第二，股东出资期限的约定是否具有对外效力，内部对出资期限的约定，是否可以对抗外部第三人对公司注册资本的信赖利益；第三，现行法律制度规范是否具有适用的条件，是否可以通过解释学方法以运用于此类案件中。

（二）企业信息公示系统显示股东认缴出资已实缴，公司章程中体现为认缴期限尚未到期情形下的争议与困境

国务院发布《注册资本登记制度改革方案》《企业信息公示暂行条例》规定通过企业信息公示系统进行实缴资本披露。实务中的争议体现在，当企业信息公示系统的信息与章程中的信息不一致，企业信息公示系统的公示信息作为裁判依据的合理性，以及债权人的信赖基础是基于公示信息还是注册资本。

1. 案情简介：

以黄美良与原审第三人华智茂公司民间借贷纠纷一案①为例，该案进入执行程序后，因华智茂公司没有可供执行的财产，原审法院已裁定终结该次执行程序。黄美良以华智茂公司注册资金为2000万元，实际出资仅500万元股东存在滥用股东权利、逃避债务损害债权人债权的行为，申请追加华智茂公司的股东黄少华、黄友茂为被执行人。一审法院裁定追加黄少华、黄友茂为被执行人。黄少华、黄友茂不服该裁定，提起执行异议之诉。华智茂公司的章程中显示注册资本2000万元，实缴资本为500万元，公司注册资本10年内缴足。深圳市市场监督管理局出具的企业档案信息可知，截至2013年5月22日，黄少华实际出资80万元，黄友茂实际出资50万元，马某某实际出资370万元。华智茂公司在深圳市商事主体信用公示平台网上对外公示的2014年度报告中填报的信息为公司各股东已经足额缴纳其认缴的出资额。

2. 裁判结论及理由：

一审法院认为，根据公司章程，黄少华、黄友茂作为股东的出资额认缴期限尚未届满。公司章程已经公示，债权人明知事实，应承担交易风险。不能适用《最高人民法院关于民事执行中变更、追加当事人若干问题的规定》第十七条的规定，因该规定适用的前提条件之一是股东未缴纳或未足额缴纳出资，而黄少华、黄友茂作为股东的认缴期限尚未届满，不适用该规定。判决不得追加黄少华、黄友茂为被执行人。

---

① （案例）详见深圳市中级人民法院（2018）粤03民终4276号民事判决书。

二审法院认为：华智茂公司的公司章程虽然规定了公司注册资本于公司注册登记之日起十年内分期缴足，即黄少华、黄友茂作为华智茂公司股东的出资期限尚未届满，但华智茂公司在深圳市商事主体信用公示平台网上对外公示的2014年度报告中填报的信息为公司各股东已经足额缴纳其认缴的出资额，该信息一经公示即对企业和相关股东产生法律效力，同时产生对外的公信效力。因黄少华、黄友茂已对外宣告、公示其履行了全额实缴出资义务，出资即从股东对内约定义务转为股东对外法定义务，黄少华、黄友茂未能举证证明其已经履行了全额出资义务，法院认定黄少华、黄友茂存在未如实缴纳注册资本、未全面履行出资义务的行为，该行为违反了公示承诺的出资义务，有违诚实信用原则，损害了公司债权人的利益，构成出资不实，追加黄少华、黄友茂为被执行人。

3. 法院裁判结果比较后的路径分析。此类型案件面临的困境需解决两个方面的问题，第一，《最高人民法院关于民事执行中变更、追加当事人若干问题的规定》第十七条中“未缴纳或未足额缴纳出资的股东”的规定是否可以适用于未届认缴期限未实缴出资的股东。第二，债权人的信赖利益是基于“企业信用信息系统”还是基于“注册资本”抑或公司章程中的出资约定。

（三）股东将未届认缴期限的股权转让的，转让前的股东追加为被执行人的争议与困境

股东将未届认缴期限的股权转让的，转让前的股东被追加为被执行人的是否具有法律依据。在实务中有追加和不追加两种裁判并各具理由。

1. 肯定说认为，可追加转让前股东为被执行人。以国电公司与乐氏公司货物运输合同纠纷一案①为例，该案进入强制执行后，国电公司申请追加乐高群为被执行人。乐氏公司注册资本1千万元，注册资本中货币出资占100%，乐高群认缴出资额1千万元，出资方式货币，出资时间2016年7月20日。后乐氏公司于2016年7月18日修改公司章程，股东姓名、出资额、出资方式及出资比例未变，将出资时间变更为2026年7月20日。2018年1月22日，乐高群与案外人陆金远签订股权转让协议。协议约定，乐高群将持有的乐氏公司1千万元（其中已缴0元）占公司注册资本的100%的股权以0元转让给陆金远。一审、二审法院裁判结果一致：认为被执行人乐氏公司并无财产可供清偿债务，该股东乐高群转让股权前未履行出资义务，应当按照法律规定承担相应责任，裁定追加乐高群为被执行人，在尚未缴纳出资的范围内承担给付责任。

---

① （案例）详见天津市高级人民法院（2018）津民终422号民事判决书。

2. 否定说认为，不可以追加为被执行人。以刘志强诉神龙源公司特许经营合同纠纷一案①为例，该案进入执行程序之后，申请执行人刘志强在被执行人神龙源公司的财产不能以清偿到期债务的情况下，请求追加张卫东为被执行人，要求其在尚未缴纳出资的范围内依法承担责任。神龙源公司于2012年11月12日成立，原注册资本为50万元，2014年6月11日，神龙源公司对股东变更，刘超将公司0.5万元出资转让给张卫东，股权转让后股东出资情况为：张卫东出资额0.5万元，出资方式为货币，出资时间为2013年1月29日。2014年11月6日，神龙源公司将注册资本增加到500万元，张卫东认缴244.5万元，出资时间为2024年11月6日。2015年1月13日，神龙源公司的股东再次变更，张卫东将其持有公司245万元占公司股份的49%转让给韩志民，张卫东退出股东会。一审、二审法院均认为，股东依法获得的分期缴纳出资的期限利益受法律保护，根据国务院《企业信息公示暂行条例》的相关规定，股东认缴的金额、实缴期限等均可通过企业信息公示系统查询，债权人应当知晓，现行法律规范并未明确可以追加在认缴期未至前已转让股权的原股东为被执行人，因此驳回刘志强申请追加张卫东为被执行人的诉讼请求。

3. 法院裁判结果比较后的路径分析。需要解决的争议在于未届认缴期限未实缴出资的股东是否应当允许其转让股权，转让股权后应当承担的责任范围。

通过上述类型案件的整理和分析，需解决的问题有三类：第一，债权人的利益与股东分期缴纳出资期限的利益的关系，以及债权人的信赖利益是基于“企业信用信息系统”还是基于“注册资本”抑或公司章程中的出资约定。第二，《最高人民法院关于适用〈公司法〉若干问题的规定(三)》第十三条第二款中“未履行或者未全面履行出资义务”以及《最高人民法院关于民事执行中变更、追加当事人若干问题的规定》第十七条中“未缴纳或未足额缴纳出资的股东”的规定是否可以适用于未届认缴期限未实缴出资的股东。第三，未届认缴期限未实缴出资的股东是否应当允许其转让股权，转让股权后应当承担的责任范围。

二、利益平衡视角：股东出资期限利益与债权人利益

股东出资期限利益和债权人利益均受到《公司法》保护，“个案中之法益衡量是法的续造的一种方法，它有助于答复一些法律未明定其解决规则之规范冲突问题。”② 在二者出现冲突时运用利益平衡方法可以解决规范之

① 案例详见北京知识产权法院（2018）京73民终1514号民事判决书。
② ［德］卡尔．拉伦茨：《法学方法论》，陈爱娥译，商务印书馆2003年版，第286页。

间的冲突。

（一）股东出资的期限利益

认缴制下，由公司章程规定股东的实缴期限，股东基于章程约定履行出资义务，出资期限利益受到《公司法》保护。有学者认为，对债权人的保护不应导致对股东期限利益的侵害，在出资期限未届满的情形下，债权人不得通过变更执行对象，实质性剥夺股东出资的期限利益。[①] 不应将公司债权人利益理所当然地置于股东期限利益之前。

笔者认为，公司章程中确定的出资期限是属于股东的合法性权利，但权利的行使应当具有合理性。当出资期限偏离实际，股东随意变更出资期限，滥用期限利益损害债权人利益时，股东的出资期限利益具有不正当性。股东的出资期限可以通过修改公司章程进行变更，当股东通过无限次无限期的延后出资期限的方式逃避出资义务时，强调股东出资的期限利益，会对债权人利益、公司资本以及法人的独立地位产生损害。股东出资的期限利益应当是有限度的，股东出资的期限利益仅为内部约定，在公司正常经营时并不产生对股东出资的期限利益的破坏，但当公司财产不能清偿债务时，股东的期限利益要让位于债权人的外部利益。

（二）债权人利益保护

股东认缴的注册资本是保障公司偿债能力的体现，资信状况及责任限度通过注册资本登记对外宣示。注册资本在一定程度上以直观方式彰显股东的诚信状况及公司的资信能力。[②] 作为公司独立财产重要来源的股东出资，当公司作为被执行人，其财产不足以清偿生效法律文书确定的债务时，股东尚未缴纳的出资是公司资产的重要来源和替补，使债权真正获得注册资本范围内的财产保障。[③]

笔者认为，现行工商登记事项只登记认缴资本，不登记实缴资本，基于国务院发布《注册资本登记制度改革方案》《企业信息公示暂行条例》的相关规定，企业实缴资本通过企业信息公示系统进行实缴资本公示，公司章程公示股东之间约定的认缴期限与实缴资本公司章程、企业信息公示系统的认缴资本和期限并不具有信赖基础，企业信息公示系统根据《企业信息公示暂行条例》规定，政府部门和企业均可更正公示信息，公司章程可通过公司内部程序予以变更。债权人的信赖基础不应为债务人可随意变更

---

① 王建文：《再论股东未届期出资义务的履行》，载《法学》第9期。

② 李志刚：《公司资本制度的三维视角及其法律意义——注册资本制的修改与股东出资责任》，载《法律适用》2014年第7期。

③ 赵旭东：《认缴资本制下的股东有限责任——兼论虚报资本、虚假出资和抽逃出资行为的认定》，载《法律适用》2014年第11期。

的事项，债务人为自身利益随意修改认缴期限和数额，债权人的信赖基础应当为确定的，有公示效力的，非经法定程序不得变更的事项，只有公司注册资本具有信赖的基础和前提。现行制度下对于股东未届出资期限的认缴出资应当发挥资本担保的功能。债权人的利益优先于股东出资期限的内部约定。债权人利益保护的基础是基于对公司注册资本的信赖，并非基于企业信息公示系统对实缴资本和出资期限的信赖，也并非对公司章程中公示的股东出资期限和出资时间。

（三）债权人利益优先的理论依据：外观主义优于法人格否认

有学者认为，认缴制下出资未届期股东出资义务的履行责任而言，应当扩大适用法人格否认制度。[①] 笔者认为，股东出资未届期与股东滥用法人独立地位有本质的区别，适用法人人格否认会造成公司人格独立受损，并不具有适用的基础。

前文分析的注册资本作为信赖基础的正当性，公司内部约定不具有外部对抗效力，以外观主义作为理论依据，确定债权人利益和公司股东利益比较的债权人利益优先。外观主义为维护交易安全的重要原则，通过对外观主义构成要件的分析可以解决类型化问题。外观主义适用的三要件：债权人基于对公司注册资本的信赖而实施的行为，真实的股东出资情况与注册资本形成的外观不符，债权人信赖的不可与因，得出债权人的利益优先于股东内部约定的出资期限利益的结论。债权人的利益属于信赖公司资本而产生的外部利益，而公司内部的出资期限属于内部约定，债权人的利益优先是适用外观主义的结论，有利于维护交易安全，提高交易效率，促进市场正常发展。

三、现行法律规定的解释：股东出资义务的履行

在现行法律条文无明确规定是否可对执行中股东认缴出资加速到期的情形下，对法律条文运用法解释学方法加以解释是解决问题的可行性路径。《最高人民法院关于股权强制执行若干问题的规定》（征求意见稿）第十八条中“未届认缴出资期限的股权，人民法院可以依法拍卖、变卖或抵债。”为执行中股东认缴出资加速到期提供了新的思路。

（一）未履行或者未全面履行出资义务的解释方法

有学者认为，对《公司法司法解释（三）》第十三条第二款关于未完全

① 黄耀文：《认缴资本制度下的债权人利益保护》，载《政法论坛》2015 年第 1 期。

履行出资义务的规定作扩张解释，使其适用于未届出资期限的认缴出资。[①]也有学者认为，将此条款扩大适用存在法律依据缺失，因从文义上看，该款将股东的清偿责任范围确定为“未出资本息”，显然是出资期已经届满，否则没有理由要求股东承担利息，据此认为扩张解释路径虽具有实践合理性，但缺乏法律依据。[②]

笔者认为，对“本息范围内”的理解不应当认为是针对已届出资期限的情形，可以适用于未届认缴期限的股东承担出资责任。《公司法》具体规定以实缴制为基础，采用对法律规范的扩张解释，可以解决法律未修订下无法可依的情况。从立法原意，实缴制改为认缴制并非对于股东出资的义务的免除，股东在认缴制下负担出资义务是公司主体设立的必然基础，解决认缴制下股东未尽出资义务的责任承担依据，当新情况发生时，应对现有法律运用合理的解释方法予以适用，以督促认缴未实缴股东积极按期履行出资义务，解决无法可依的困境，保护公司作为主体的独立性，避免股东利用认缴制下规范的缺失而滥用权利、逃避债务、损害债权人利益。实体法中应当对认缴制下股东的出资义务进行明确的规定，现行规范的缺失虽可通过法律解释加以解决，但具体条文适用的障碍仍然存在，因此应对现行实体法在认缴制下作出规范的修正，从法律保护利益的体系下进行具体规则的完善。

（二）未缴纳或未足额缴纳出资的股东的解释方法

《最高人民法院关于民事执行中变更、追加当事人若干问题的规定》第十七条规定，在执行中，公司不能清偿已经生效的裁判文书确定的应对债权人履行的债务时，申请执行人请求法院变更、追加未缴纳出资的股东在未出资范围内承担责任的，应予支持。在该条款中，并未区分“未缴纳出资”是否包括已经未届履行期限的情形。有学者认为，对于该条款的理解应当包括未届缴资期限而“未缴纳出资”的情形[③]。

笔者同意这一观点，对于该条款的解释应当运用目的性解释方法。目的解释之功能，在于维持法律秩序之体系性和安定性，并贯彻立法目的。[④]在执行中追加被执行人履行缴纳出资义务是为了维护债权人对注册资本的信赖，基于对交易安全的维护，无论是实缴制还是认缴制，对于债权人利益保护和交易信赖的基础性原则不应当有所动摇，因此，对于此条款是可以运用于未

① 冯果、南玉梅：《论股东补充赔偿责任及发起人的资本充实责任——以公司法司法解释（三）13条的解释和适用为中心》，载《人民司法（应用）》2016年第16期。

② 王建文：《再论股东未届期出资义务的履行》，载《法学》2017年第9期。

③ 蒋大兴：《论股东出资义务之“加速到期”——认可“非破产加速”之功能价值》，载《社会科学》2019年第2期。

④ 梁慧星：《民法解释学》，中国政法大学出版社2003年版，第230页。

届认缴期未履行出资义务的股东，追加此类型股东为被执行人具有法律依据。

有观点认为，执行中追加被执行人的行为损害了其诉讼利益及“以执代审”。笔者认为，执行异议之诉将被执行人的利益进行了充分的保护，执行异议之诉为诉讼程序，对案件的实体性问题进行解决，并非程序处理，基于对股东出资情况的认定及义务的履行，将未实缴股东追加为被执行人进行债务清偿具有法律依据，股东可基于执行异议之诉行使诉讼权利，并不构成“以执代审”及诉讼利益侵害。在实缴制下股东出资不实、抽逃出资等行为出现，有实体法、程序法对于股东的出资义务进行约束，以保障债权人的利益，在认缴制下股东用期限利益阻却出资义务，损害债权人利益与现有的法律规范整体利益体系相悖。认缴制是活跃市场经济的新型方式探索，并不是对于公司本质属性的否定，出资期限不能成为股东逃避出资义务的盾牌。在现有制度下可运用法律解释进行具体条文的适用，但从长期来看，要建立完善的法律规范以解决认缴制下的股东出资和责任承担问题。

（三）拍卖、变卖或抵债与加速到期之比较

《最高人民法院关于股权强制执行若干问题的规定》（征求意见稿）第十八条中“未届认缴出资期限的股权，人民法院可以依法拍卖、变卖或抵债”为执行中股东认缴出资加速到期提供了新的思路。笔者认为，该条规定对于督促股东履行对债权人的偿债义务具有积极的意义，以人民法院可以对股权进行拍卖、变卖、抵债的方式可以对债权人的利益加以保护。采用此三种方式实质上是在股东不能清偿债务之时，通过剥夺股东资格的方式达到债务清偿的效果。与股东认缴出资期限加速到期相比较具有效果上的不同。股东认缴出资的加速到期维护的是公司资本对债权人的偿债能力，其本质上具有公司资本充实原则的法理基础，在执行中因股东出资期限未届满，并不存在对股东资格的实质性剥夺，而是采用加速到期的方式督促其对债权人清偿债务。二者相比较，采用股东认缴出资的加速到期与我国现行法律规定及原则具有一致性，既保护了股东的权益，也能够维护债权人的利益，运用法解释学方法对现行法律进行解释可以达到解决实际问题的目的。

公司债权人基于对公司注册资本的信赖，享有优先于股东出资的期限利益，因此股东出资期限加速到期是督促股东履行出资义务、公司资本充实义务，在股东不积极履行出资义务之后，采用拍卖、变卖、抵债的方法可以使公司债权人获得权利救济。股权加速到期应当为股权拍卖、变卖、抵债前的前置程序。如不对股东履行义务进行督促，直接剥夺其股东权利，有损于股东的利益。综合平衡两种执行措施的选择，笔者认为股东出资加速到期是平衡股东出资利益与债权人利益的较优选择。

（四）认缴未实缴股权的市场风险与股东权利限制

从市场经济实践而言，如果股东未实缴认缴出资，却可以转让股权，会加重市场风险，加大资产泡沫风险，从而与鼓励投资的立法精神相悖。若股东转让未实缴股权后形成受让股东出资义务，则会因受让股东履责能力欠缺而对债权人利益形成实质性损害，从而与维护交易安全的《公司法》立法原则相冲突。

现行制度设计尚未对股东权利行使标准进行周到的规范，比如表决权、股东会召集权、新增资本优先认缴权、股东分红权等股东权利的行使均未规定以实缴还是认缴为基础，因具体权力行使的缺失，股权转让的程序正当性亦无法保障。若A公司注册资本10万实缴出资10万，B公司注册资本100万，A公司认缴B公司50万，未届期未实缴，当B公司不能履行债务时，即使追加A公司为被执行人后其全部资产也不能履行对B公司的出资义务，对于债权人来说其权利自始就不具有保障。

因此，应对公司认缴资本大于自身实缴资本的行为进行限制或禁止，公司只能在实缴资本的范围内认缴其他公司的资本。对于未实缴认缴出资的股东权利应加以限制，避免认缴制成为资产游戏的工具，应完善法律体系，填补法律漏洞，尽量降低资产泡沫形成的风险。

结　语

执行中追加认缴未届期股东为被执行人的现状，不同法院基于对现行法律规定的不同解释作出不同的裁判结论，这与我国现行的制度设计以实缴制为基础，与认缴制下的实际问题不匹配相关。在现行法律条文无明确规定是否可对执行中股东认缴出资加速到期的情形下，对法律条文运用法解释学方法加以解释是解决问题的可行性路径。

应当对《公司法司法解释（三）》第十三条第二款关于未完全履行出资义务的规定作扩张解释，使其适用于未届出资期限的认缴出资。对《最高人民法院关于民事执行中变更、追加当事人若干问题的规定》第十七条规定，“追加未缴纳出资的股东在未出资范围内承担责任的”，应包括“未缴纳出资”未届履行期限的情形。股权加速到期应当为股权拍卖、变卖、抵债前的前置程序。如不对股东进行督促义务履行，直接剥夺其股东权利，有损于股东的利益。

虽然通过解释学方法可以缓解法律缺失的问题，但从长远上看，需要对实体法、程序法完善认缴制下的法律具体规定，统一裁判标准，为经济的发展提供法律保障。

执行程序中追加未届出资期限股东的风险防控与规则探析

——以谦抑理念下“有限”追加为指向

陈朝毅[*]　周长波[**]

2014 年公司注册资本认缴登记制实施后，公司财产未能清偿债务是“执行难”问题之一，债权人在执行程序中要求追加未届出资期限的公司股东为被执行人，而理论界与实务界对是否可以追加股东均存在较大争议。执行力主观范围存在无序扩张的风险，股东提起承担出资责任存在违背程序正义风险。债权的高效便捷清偿，影响债权人利益与股东期限利益的平衡，全体债权人之间利益平衡的风险考量，诸多因素的冲突与博弈都是司法者需要权衡的问题。本文尝试从谦抑理念视角矫正执行程序替代审判程序对股东权利进行裁判的风险，重申股东出资责任提前到期在非破产情形下应当回归审判程序的原则，并基于司法实践探索构建有限追加股东的特殊规则，以期解决“执行难”问题与发挥认缴制制度价值。

一、风险检视：“追加”与“驳回”裁定思路的对比分析

为研究债权人要求追加未届出资期限的公司股东为被执行人的司法现状，笔者在中国裁判文书网上筛选 163 篇执行裁定书作为分析样本，[①] 是否追加股东为被执行人情况统计详见表 1：

* 作者单位：广东省深圳市中级人民法院。

** 作者单位：广东省深圳市福田区人民法院。

① 笔者在中国裁判文书网以“裁定书”为文书类型，“执行案件”为案件类型，“注册资本”“未缴纳”“追加”“被执行人”为关键词，“2014 年 3 月 ~2019 年 6 月”为裁定时间，检索到 504 篇执行裁定书。其中 2014 年 ~2019 年分别为 1、5、5、144、282、67 篇，由于 2017 年、2018 年样本较多而随机选取部分裁定书，其余年份均全部下载，共下载 200 篇裁定书，将不涉及未届认缴期限情况的裁定书排除，最终保留 163 篇裁定书作为分析样本。

表 1　　样本各年度裁定书是否追加股东为被执行人情况统计

年度	裁定书数量（篇）	追加（篇）	比例	未追加（篇）	比例
2014 年	1	0	0%	1	100%
2015 年	5	2	40%	3	60%
2016 年	5	4	80%	1	20%
2017 年	23	10	43%	13	57%
2018 年	85	44	52%	41	48%
2019 年	44	23	52%	21	48%
总计	163	83	51%	80	49%

注册资本认缴制是 2014 年 3 月 1 日实施，如表 1 所示，2014 年～2016 年追加未届出资期限股东为被执行人的案件较少，分析样本较多的 2017 年至 2019 年度裁定追加的比例在 50% 上下徘徊。如图 1 所示，在总计 163 篇执行裁定书中裁定追加与驳回申请分别是 51% 与 49%，比例接近 1∶1。

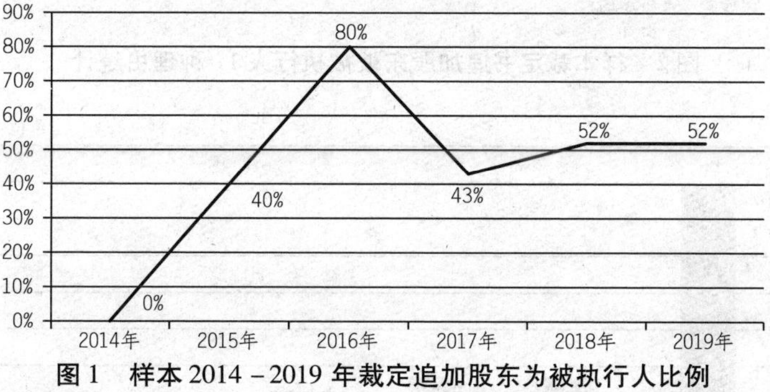

图 1　样本 2014－2019 年裁定追加股东为被执行人比例

从数据分析角度，追加与驳回两种思路伯仲难分，说明全国范围内在执行程序中对是否追加未届出资期限股东存在实质性分歧，存在“追加说”与“驳回说”两种截然不同的裁定思路。

追加股东裁定书审查范围与标准不一，分别从法律规定、公司法原理、合同法原理、股东客观行为、公司资产情况、公司实际运营情况与举证责任等方面进行审查。“追加说”裁定书追加股东为被执行人的理由主要有 11 种（详见图 2），以“公司无财产可供执行”为由追加最多，有 31 篇之多，占追加裁定书 37%。其次是“股东未依法履行出资即转让股权”（13 篇）、“未缴纳的出资包括期限尚未届满的出资”（9 篇）与“内部约定没有对外效力”（9 篇），分别占追加裁定书 16%、11% 与 11%。“驳回说”裁定书驳回追加股东的理由主要有 6 种（详见图 3），以“认缴出资期限尚未届满”为首，有 60 篇，位列第二、第三的是“尚无法律明确规定”（7 篇）与“未证明未足额缴纳出资”（7 篇），分别占不追加裁定书 75%、9% 与 9%。

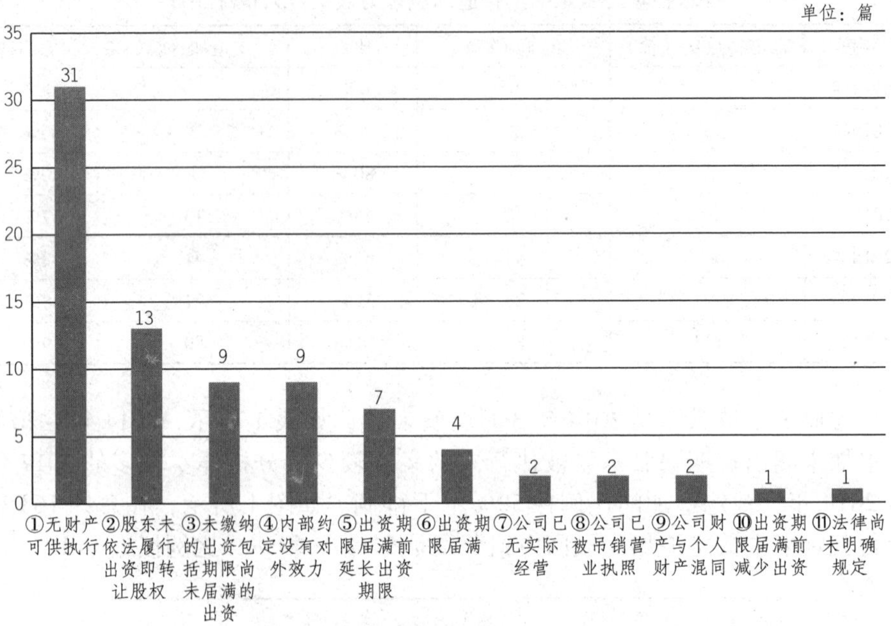

图 2　样本裁定书追加股东被被执行人 11 种理由统计

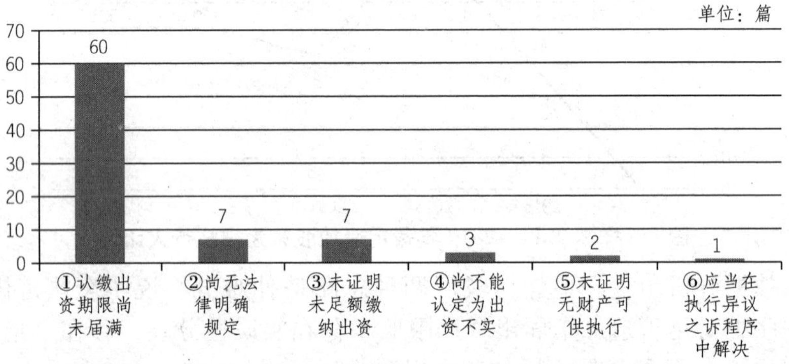

图 3　样本裁定书不追加股东为被执行人 6 种理由统计

笔者对“追加说”与“驳回说”进行详细对比分析，归纳出对法律规定理解、举证责任分配、追加前提条件、执行债权性质与章程对外效力五方面的具体分歧（详见表 2），并逐一分析潜在风险。

表 2　“追加说”与“驳回说”裁定思路的争议焦点问题对比表

争议焦点问题	追　加　说	驳　回　说
未缴纳出资认定	事实上未缴纳	因未届期限未缴纳
举证责任分配	公司股东举证	债权人举证
前提条件	无财产可执行	未证明无财产

续上表

争议焦点问题	追 加 说	驳 回 说
执行债权性质	劳动债权系公司正常运营所需	未考虑劳动债权 与公司正常运营的关系
章程效力范围	内部约定效力	对外公示效力

（一）事实未缴纳抑或未届期限未缴纳

债权人依据《最高人民法院关于民事执行中变更、追加当事人若干问题的规定》（以下简称《追加当事人规定》）第十七条规定要求未足额缴纳出资的股东承担责任，但是“未足额缴纳出资”是否包括未届期限而未足额缴纳出资的情形，“追加说”与“驳回说”对此有不同理解，条文内容模糊存在被任意解释的风险。《公司法》第二十六条仅是原则性规定认缴登记制，股东认缴出资责任是否可以提前到期问题，司法解释仍未予以明确，只能由司法者依据法律与法理进行类推适用。但解释标准不明确，就会造成“一千个读者，就会有一千个哈姆雷特”局面出现。样本中有7篇裁定书采纳“追加说”，以“法律尚无明确规定”为由驳回追加股东申请，认为《追加当事人规定》第十七条规定未足额缴纳出资是事实上未足额缴纳出资。然而有1篇“驳回说”裁定书以“法律尚无明确规定”这一相同理由裁定驳回追加股东申请，却理解为排除未届期限而未足额缴纳出资的情形。“法律尚无明确规定”分别推导出追加或驳回的不同结论，成为相反立场所持的法律依据，说明一些法律规定滞后于经济发展。

（二）内部约定效力抑或对外公信效力

股东认缴出资期限记载于公司章程，认缴出资期限约定的对外效力存在解读不同的风险，“追加说”认为公司章程仅仅是公司与股东、各股东相互之间的内部协议，属于“内部约定没有对外效力”，从而认为股东认缴出资期限届满，有7篇裁定书以此理由裁定追加股东。

而“驳回说”认为公司章程已由公司注册登记机关审查备案公示，对外具有公信效力，公司债权人可查询到股东出资期限，且法律未否定章程中的认缴期限，应认定认缴出资期限尚未届满。

（三）公司股东举证抑或债权人举证

“公司股东未足额缴纳出资”是作出裁定所依据的关键事实，举证责任分配存在差异风险，“追加说”与“驳回说”对此结论不同。债权人提交公司注册登记机关备案出资资料，“追加说”认为此时举证责任已转移到股东，由股东反证该资料不完备或是错漏。

图表3显示有7篇“驳回说”裁定书认为“申请人未证明股东未足额

缴纳出资”，将举证责任分配给债权人。“驳回说”此观点不符合“谁主张谁举证”原则，因为申请人客观上很难举证股东未履行的消极行为，若申请人已提交股东出资备案资料，已在举证能力范围内完成举证。若股东抗辩已出资，举证责任应当转移至股东，由股东承担举证责任。

（四）无财产为前提条件抑或财产状况非前提条件

《追加当事人规定》第十七条明确规定财产不足以清偿债务是追加股东条件之一，存在逻辑理解风险。“追加说”与“驳回说”对此是否为前提条件有分歧。有31篇“追加说”裁定书以“公司无财产可供执行”列为前提条件，然而有20篇“驳回说”裁定书对该事实“未查明”或“未有相关查明内容”，说明“驳回说”不衡量该事实审查结果的影响，未以此为前提条件。

（五）公司运营所需抑或公司运营无关

申请追加股东为被执行人有一个应当引起重视的现象，就是执行债权属于劳动债权占比较高，存在社会稳定潜在风险，图4说明样本裁定书中有27%（44篇）裁定书所审查的债权为员工工资、社保待遇赔偿、工伤赔偿等劳动债权。

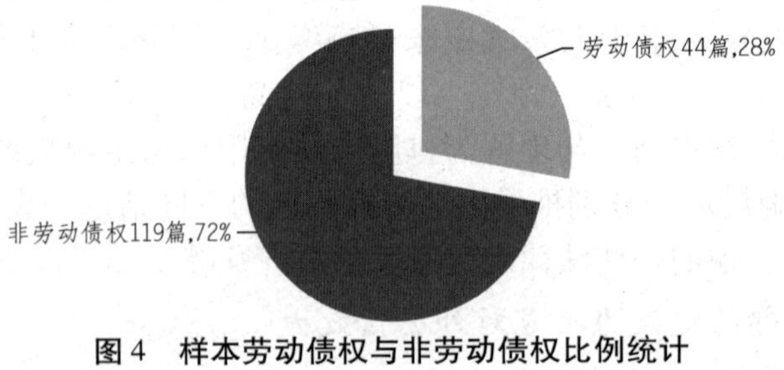

图4 样本劳动债权与非劳动债权比例统计

图5显示57%（25篇）裁定书采纳“追加说”，依据劳动债权与公司正常运营的紧密性而追加股东，查明债权性质为劳动债权，认为支付员工工资是公司日常经营所需，亦是公司正常运行必要条件，股东应当承担公司必需开支。而其余43%（19篇）裁定书持“驳回说”观点，将劳动债权与其他普通债权同等对待，未考虑对公司运营的影响而驳回追加申请。

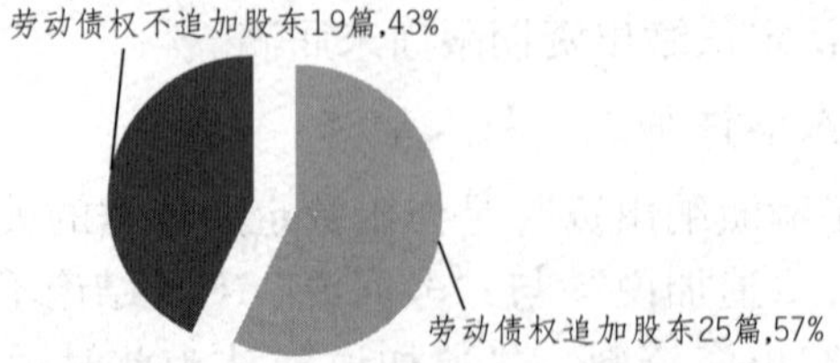

图5 样本因劳动债权裁定追加股东为被执行人比例

二、风险剖析："追加"与"驳回"分歧的制度与理论原因

学者与实务工作者对在执行程序中追加股东为被执行人的边界一直有所争议，认缴制又增加追加股东规则的风险因素，因此有必要探析"追加说"与"驳回说"两种裁定思路所依据的制度与理论原因。

（一）执行力扩张与执行力限制的平衡

从统计结果显示有一半执行裁定书赞同"追加说"，可理解为提高执行效率，快速地保护公司债权人债权，避免诉累，减少司法资源浪费，主张执行力保持扩张立场。执行力主观范围是指执行力相关主体，包括申请强制执行的当事人与强制执行的对象。① 执行力主观范围扩张理论②是《追加当事人规定》第十七条规定追加股东为被执行人的法律效力的理论来源，为提高执行效率，生效判决执行力主观范围可以适当扩张，从生效判决所载明当事人，扩张到原来执行力名义所确定的权利义务关系主体范围之外的相关其他主体。公司注册资本认缴制基本法律与配套制度不完善引发的司法实践中对债权人权益保护不足，是执行力主观范围扩张的制度原因，但是扩张程序如不适当则存在潜在风险。

依据执行理论"执行机关则不为权利存否之判断，而以确定债权人权利之公文书，即确定债务人所负给付义务之内容"③，"驳回说"主张限制执行力主观范围，恪守执行程序与审判程序的边界。两种观点的理由各有合理之处，因此对执行力扩张应保持谦抑态度，尊重与保护《公司法》规定的股东对出资享有期限利益，不能只考虑为解决执行问题而过多地追加股东，仅在股东存在不法事由时方允许适当扩张执行力追加股东。

（二）文义解释与体系解释的分歧

"追加说"与"驳回说"主要分歧源于对《追加当事人规定》第十七条规定内容的不同解释的风险。"追加说"对该条文采用文义解释方法，文义解释方法是指依据法律规范的文义与通常含义来解释法律规范的意旨。④"追加说"认为条文用语"未出资或未足额缴纳出资"理解为事实上未出资即满足追加条件，包括未届期限而未足额缴纳出资的情形，"追加说"认为通常含义上，该规定未明确允许股东以出资期限未满抗辩。

"驳回说"采纳体系解释方法来理解该规范的法意，体系解释方法是指依据法律规范在其体系中的位置、关联规范的法意来探求法律规范意义，

---

① 肖建国、刘文勇：《论执行力主观范围的扩张及其正当性基础》，载《法学论坛》2016 年 7 月。

② 刘学在、王炳乾：《执行当事人之变更、追加的类型化分析》，载《政法学刊》2018 年 4 月。

③ 杨与龄：《强制执行法论》，中国政法大学出版社 2002 年版，第 50 页。

④ 梁慧星：《民法解释学》，中国政法大学出版社 2000 年版，第 210 页。

以保持法律体系统一性。[①]“驳回说”认为应该从《公司法》整体体系角度研究追加条件规定含义，考量公司资本制度历史沿革的相关规定。1998 年《最高人民法院关于人民法院执行工作若干问题的规定（试行）》第八十条规定“开办单位对其开办时投入的注册资金不实，可以裁定追加其开办单位为被执行人”，是基于当时注册资本实缴制背景，因此“驳回说”基于现在公司法体系中认缴制背景认为追加条件不包括未届期限而未足额缴纳出资的情形，体系解释可以规避任意解释的风险。

（三）实体正义与程序正义的决择

“追加说”坚持实体正义原则，关注公司法所要保护的股东权利与义务目标，[②] 认为根据目前法律救济程序（见图 6），即使驳回追加申请债权人仍然会提起执行异议之诉，直接追加股东保护债权人权益有利于实现实体正义。

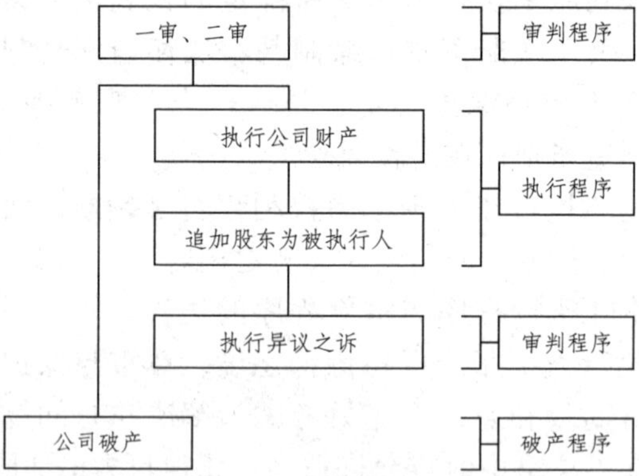

图 6　救济程序导图

而“驳回说”认为应当坚持程序正义原则，应当维护股东充分行使辩护权、获得公平审理与公正裁判理由的权利，[③] 而不是在执行程序中形式审查裁定。股东出资责任是重大实体义务，应当经过一审与二审审判程序充分审理，因为审判程序中送达举证通知书告知举证权利与期限，并进行证据交换、开庭庭审，因此当事人的举证期限、辩论权利均有规范程序保证。法院仅有 60 天审理期限主持听证程序审查追加理由与答辩意见，但是与审判实体审理程序仍有差距。部分裁定书未查明公司是否有财产可供执行，有的未查明股东缴纳出资，正是忽视程序正义的结果。程序正义是股东权

① 梁慧星：《民法解释学》，中国政法大学出版社 2000 年版，第 213 页。

② 刘少军：《通过正当程序实现实体正义》，载《安徽大学法律评论》2005 年第 2 期。

③ ［美］迈克尔・D・贝勒斯：《程序正义——向个人的分配》，邓海平译，高等教育出版社 2005 年版，第 23 页。

利的最大保障，应当从制度上、程序上保证股东的合法辩论权利，防范执行力主观范围扩张缺失制度制约风险。

（四）效率价值与公正价值的权衡

“追加说”追求执行程序的效率价值，提倡在现有法律成本投入下追求法律成果产出的最大化。① 裁判文书所判决的具有法律效力的债权债务履行的高效率以及低成本，是执行力主观范围扩张理论的现实依据。② 2017 年～2019 年执行程序中追加股东案件“井喷”（如表 1 所示），致使部分法院采纳各种追加股东的理由，倾向否定股东的期限利益，以提高执行效率迅速实现债权。

而“驳回说”更为关注公正价值，包括公平与正义。公平即中立而无偏见③，要求追加股东问题回归“执行异议之诉”审判程序（详见图 6）获得审理。罗尔斯正义观是正义理论的基础，其提出的“最大的平等自由原则”和“差异原则”体现了形式正义和实质正义④，强调保护股东的合法期限利益。2014 年实施的注册资本认缴制缺乏具体配套制度，比如未对股东主体资格、认缴期限作必要限制，结果对债权实现带来消极影响，也是债权未获清偿的重要制度原因之一。但是法律制度设计不完善的不良后果全部归责于股东，不符合正义理念，股东有权利在审判程序中得法律的公正审理，应当纠正追求效率而牺牲公正的风险倾向。

三、风险疏解：谦抑理念防范执行力主观范围无序扩张

广义的谦抑理念是指司法谦抑，全称是“司法谦抑（逊、让）与敬意（humility deference）”，是美国哈佛大学法学院詹姆士·塞耶教授首次提出将法院的法律解释权限制到最小范围，指司法机关对于立法权与行政权应有的尊重而产生的司法权的自制与恭谦。⑤。狭义的谦抑理念起源于刑法，日本学者平野龙一认为“刑法谦抑性也是补充性，只有在其他社会统制手段不充分时，或过于强烈有代之以刑罚的必要时，才可以动用刑法”。⑥ 从域外法律文化传入的谦抑理念与我国传统文化具有一致性，《周易》中以

---

① 刘练军：《司法效率的性质》，载《浙江社会科学》2011 年第 11 期。

② 肖建国、刘文勇：《论执行力主观范围的扩张及其正当性基础》，载《法学论坛》2016 年 7 月。

③ ［印度］阿马蒂亚·森：《正义的理念》，王磊、李航译，中国人民大学出版社 2012 年版，第 49 页。

④ ［英］约翰·罗尔斯：《正义论》，何怀宋、何包纲、廖申白译，中国社会科学出版社 1988 年版，第 60～62 页。

⑤ 李蕊佚：《对话式司法审查权——香港特别行政区法院的实践及其前景》，载《当代法学》2017 年第 6 期。

⑥ 张明楷：《论刑法谦抑性》，载《中南政法大学学报》1995 年第 4 期。

“谦”为修身齐家治国平天下的要道，孔子在《彖传》中注解“人道恶盈而好谦。谦，尊而光，卑而不可逾，君子之终也”，亦体现传统文化以谦抑理念作为处理社会关系的内在标准。

谦抑理念已经从《刑法》扩张到《宪法》司法审查、《税法》[①]《行政诉讼法》等公法领域[②]，随后学者不断拓展谦抑理念适用范围，将之运用于《物权法》《婚姻法》《劳动法》与知识产权等民商法私法领域。[③] 适用于各部门法的谦抑理念是司法者行使司法权必须遵守法律规定和权力运行的限制，即使介入市民权利义务关系领域，应保持司法权的自制与恭谦，尊重民事主体的权利与自由，从制度上规制法律强制力无序扩张的风险。

谦抑理念涵盖两个方面内容：一是对市民权利的恭谦，合理划分公权力与市民权利的边界，不任意干预民事权利；二是对公权力的抑制，在法律授权范围内依法行使公权力，权利机关行使权利必须遵守法律授权的边界，只能在职权范围内行使，不能超越职权范围行使权利，也不能行使应当由其他职能机关行使的职权，当公权力机关职权与职责不匹配时，行使该权力是滥用权力。

谦抑理念含义可推导出补充性、经济性、合理性与宽容性价值内涵，执行程序应当遵循谦抑理念把握执行力扩张范围，可依据谦抑理念四大价值内涵审慎确定追加未届出资股东规则防范风险。

（一）补充性价值要求形式审查为主实质审查为辅

谦抑理念的补充性价值[④]是指有关市民权利的事项，只有在其他社会调整手段，如公序良俗、道德谴责等非正式控制或民事规则不能发挥规制作用时，才依靠法律对社会秩序的调整。谦抑理念的补充性要求在公司未足额偿还债务时，鼓励最大程度地发挥现有法律制度的功能与作用。作为公权力的执行力在原有法定范围内运行，应减少执行程序的强制作用对债权人、公司与股东之间的既定权利义务关系干预的风险。在民事制度框架内，已有执行程序、审判程序（一审、二审与执行异议之诉）、破产程序等救济程序，应当尊重现有法律制度与程序的救济功能。

民事执行程序不能裁定民事主体的重大义务，执行权法律属性还是属于行政执行权，并非审判权，应当在谦抑理念下合理运行。对于涉及股东

---

① 王惠：《试论税法谦抑性》，载《税法理论与实务》2011 年第 2 期。

② 陈云生：《论司法谦抑及其在美国司法审查制度中的实践》，载《上海交通大学学报》2005 年第 5 期。

③ 赵敏：《谦抑语境下家庭财产关系的物权法适用——以〈物权法〉与〈婚姻法〉的对接为切入点》，载《西北大学学报（哲学社会科学版）》2011 年第 4 期。

④ 李蕊佚：《对话式司法审查权——香港特别行政区法院的实践及其前景》，载《当代法学》2017 年第 6 期。

出资期限的重大民事实体义务，还是应当回归审判程序判决。执行裁定书出现审查事实缺失、举证责任分配不当等问题，源于程序性质不属于审判程序，执行程序没有严谨的举证与答辩程序，导致诸多问题未查清，源于程序属性的局限性风险。所以股东出资义务是否提前到期应在审判程序中解决，而不是在执行程序中形式审查裁定，所以应当“以形式审查为主”，原则上驳回追加股东申请。“以实质审查为辅”，在股东存在恶意违约或是违反法律规定的特殊条件下方能进行实质审查，核实后裁定追加股东承担出资责任。

（二）宽容性价值保障公司股东的法定期限利益

谦抑理念的宽容性价值，[①] 指要求尊重各方的现有合法权益，抑制法律强制力的扩张适用范围风险，市民权益受到不法侵害时，若现有调整手段未充分发挥，无必要拓展强制力适用范围对社会生活全方位调整。衡量是否追加股东的最重要的因素就是股东出资责任的法定期限利益，却缘于债权人对于公司债权无法受偿的风险因素而在理论与实践两方面均备受争议。

“未到期之债为无债务”，[②]《公司法》第二十六条允许股东对出资额认缴出资，寓意在出资期限届满前，债权人或者公司对于股东出资的请求权无可实现性，股东享有公司法赋予的期限利益抗辩权。股东出资期限利益的法律渊源是全国人大常委会颁布的《公司法》，其法律位阶效力高于行政法规与地方性法律，除非有同等效力的基本法律或者更高位阶的《宪法》修改相关规定，不可被剥夺。最高人民法院认为不可以维护债权人名义剥夺股东期限利益，[③] 宽容性价值的限度是法律规定，不能超出法律规定的实体原则与程序标准，否则法律倡导的期限价值实现存在风险。因此通过执行程序裁定股东出资责任提前到期，应以“不追加股东”为原则，不能违反《公司法》强制性规定与法理，股东责任承担不能超过法定限度，若有违反法律的事由方能“有限度地追加股东”。

（三）经济性价值鼓励现有法律程序救济功能优化

谦抑理念的经济性价值，[④] 即指法律成本与效益最大化，以最小法律资源投入，取得最大法律效益，要求符合“帕累托改进要求”，即社会状态改革前比改革后好，且所有社会成员平均利益改革后不低于改革前，改革后

---

① 李蕊佚：《对话式司法审查权——香港特别行政区法院的实践及其前景》，载《当代法学》2017 年第 6 期。

② 梅仲协：《民法要义》，中国政法大学出版社 2004 年版，第 307 页。

③ 贺小荣主编：《最高人民法院民事审判第二庭法官会议纪要：追寻裁判背后的法理》，人民法院出版社 2018 年版，第 149 页。

④ 陈兴良：《刑法的价值构造》，中国人民大学出版社 1998 年版，第 353 页。

至少有一个社会成员的利益高于改革前的利益，即受益者收益高于受损者损失，而且受损者的利益并无值得保护的理由。[①]

债权人顾虑破产程序的期限较长、成本过高的风险而申请追加股东为被执行人，但是现有救济程序（见图6）能够保障债权人的权利充分实现：一审、二审诉讼程序确认实体债权债务，通过执行程序可以强制执行公司财产，可以依据《追加当事人规定》第三十二条提起执行异议之诉，可以依据《破产法》第三十五条申请公司破产，要求股东不受期限限制缴纳出资。

追加股东损害了股东受保护的期限利益，该利益受法律保护，且改革后债权人与股东的总体利益不变，并不出现社会平均利益增加的后果，因此统一追加股东不符合帕累托改进的要求也不符合经济性价值。股东出现违约或法律规定的特殊条件下股东期限利益已转变成不值得保护的利益，此时追加股东可减少破产程序的成本，社会总体利益改革后高于改革前，故“有限追加股东”规则符合帕累托改进与经济性价值。

（四）合理性价值平衡全体债权人之间利益冲突

谦抑理念的合理性价值[②]认为债权人、公司与股东之间存在不同法律关系与利益冲突（详见图7）。执行程序中追加股东的法律后果是股东仅对个别申请人清偿债务，且可视为股东履行出资义务，则股东对其他债务人不再承担清偿义务，所以追加股东程序价值仅是保护个别债权人，而在破产程序中股东出资提前到期有效降低全体债权人未能获得清偿的风险，才是平等地保护全体债权人。[③] 从长远利益上衡量，若支持个别债权人要求追加股东提前承担出资责任，会引起债权人争相提交追加申请，增加股东资金链断裂可能性，而扩大股东信用风险，不利于债权人长期利益。追加股东承担出资责任，存在其他债权人不知情而没有救济途径的潜在风险；破产程序有公告程序与分配程序可以保证全体债权人的知情权与参与分配权，因此追加股东为执行人应当是个别例外情况。

① 丁建锋：《立法中的损益权衡之道》，载《地方立法研究》2017 年 3 月。

② 李玲：《刑法的活性化与谦抑性——以系列刑法修正案为切入点》，载《福建法学》2018 年第 1 期。

③ 李蕊佚：《对话式司法审查权——香港特别行政区法院的实践及其前景》，载《当代法学》2017 年第 6 期。

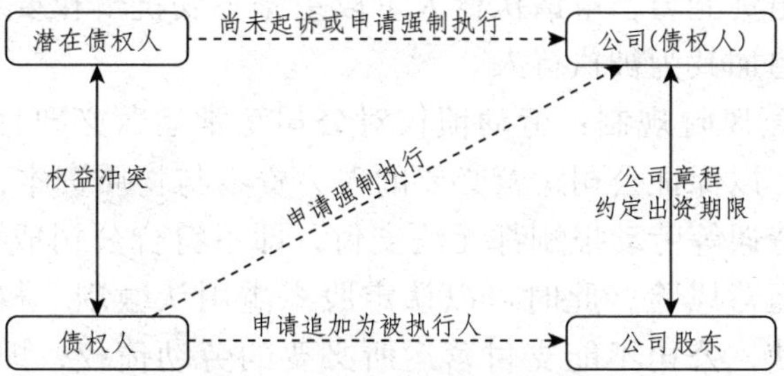

图7　相关主体及法律关系

综上，基于谦抑理念的四大价值内涵，在确定债权人与公司、股东权利时，执行力便捷高效亦应保持恭谦与礼让的姿态，依法仅允许适当扩张有限地追加股东。

四、风险矫治："不追加为原则有限追加为例外"规则体系

在执行程序中追加未届出资期限股东，不能"一刀切"采取单一的"追加说"或"驳回说"思路，要根据具体案情"有限度地追加股东"矫治执行力范围扩张风险，以回应债权人主张公司股东对债权人承担连带责任的现实需求。

（一）宏观原则：不追加未届出资期限股东为原则

"审判员首先应当注意只能根据法律、宪令和惯例进行审判，绝不能违反。"① 根据公示公信原则，公司章程中股东承诺的认缴出资未到期，其期限利益亦受法律保护。若不存在出资责任应当提前到期的特殊条件，不应当追加股东为被执行人，否则违背《公司法》与《企业破产法》基本法律规定。

（二）例外情形：特殊条件下追加未届出资期限股东

符合正当性前提下执行力可以有限度扩张，但是这些高风险特殊条件必须立法解释或司法解释法律位阶以上的法律文件予以明确。根据《公司法》与《合同法》基本原理，下列特殊条件可追加股东为被执行人。

1. 股东信用风险规制：对股东征信异常行使不安抗辩。司法实践出现股东在执行阶段时已年满60周岁，个人收入来源仅仅是社保收入，个人名下也无其他财产，当时距离其完成出资义务还有一定年限。从该名股东的信用风险推断，即使到约定的出资年限，也无法完成认缴出资。此时保护该股东的期限利益没有意义，因为按照客观情况推断，即使出资期限届满

① ［德］罗马查士丁尼：《法学总论——法学阶梯》，张企泰译，商务印书馆1997年版，第237页。

该股东也没有出资能力，申请执行人可以主张不安抗辩权要求追加该股东，此时法院可以追加其为被执行人。

2. 公司运营风险规制：劳动债权对公司正常运营必要性。公司成立应当有独立财产，以保证公司运营必要的人力资本与物质资本，[①] 但公司连员工工资与社保待遇等劳动报酬都无法支付，即不符合公司成立的基本条件，公司存在无法运营风险，此时可以认定股东滥用认缴制。权利要在法律允许的边界内行使，公司不能支付营运所必要的劳动债权，即滥用认缴制赋予的权利，可以视为认缴期限到期。而且，根据《企业破产法》第一百一十三条规定，进入破产程序后劳动债权清偿顺序仅在破产费用与共益债务之后，但优先于社会保险费用与税款、普通债权等，股东就劳动债权承担连带责任也符合进入破产程序之后的清偿顺序。因此对于申请执行职工工资和医疗、伤残补助、抚恤费用、基本养老保险、基本医疗保险费用与补偿金等劳动债权，可以裁定追加未届出资期限股东为被执行人，在股东未完成出资范围内承担责任。

3. 行为风险规制之一：恶意延长出资期限构成违约。股东在公司章程中承诺按照一定年限认缴注册资本，可以视为对公司债权人作出的承诺。股东在认缴期限到期，没有合法正当理由延长认缴期限，即意味着违反其在公司章程中的承诺。根据《合同法》的第四十五条，对于附条件成就的合同，若债务人为自己的利益恶意阻止条件不成就，可以视为条件成就，同理，股东恶意延长出资期限，即是恶意违反公司章程中的承诺，可以视为出资期限提前到期，法院在执行程序中可以追加恶意延长出资期限的股东为被执行人。

4. 行为风险规制之二：恶意减资侵犯债权人权利。公司注册资本是股东对公司所有债权得以受偿的保障，基于公示公信原则，《公司法》规定公司注册资本减资必须履行法定的告知当事人等程序。股东有恶意减少注册资本行为，未按照法律规定经全体债务人同意，即是违反公司章程中的承诺，原来股东期限利益保护的前提已不存在，这种情形下可以视为出资期限提前到期，法院在执行程序中可以追加恶意减少注册资本的股东为被执行人。

（三）微观防控设计：追加未届出资责任股东规则体系构建

笔者以谦抑理念防控执行力主观范围扩张风险，以不追加未届出资责任股东为原则，特殊条件下追加股东为例外的规则归纳成特殊条件下追加股东规则参考表，并考虑股东的主体要件（包括征信情况与年龄是否正

① 官欣荣：《独立董事制度与公司治理——法理和实践》，中国检察出版社 2003 年版，第 20 页。

常)、客体要件（申请执行债权的性质)、股东的行为要件（是否恶意延长认缴期限或恶意减少注册资本）等因素结合来综合考虑，并归纳出四条追加股东的具体规则。

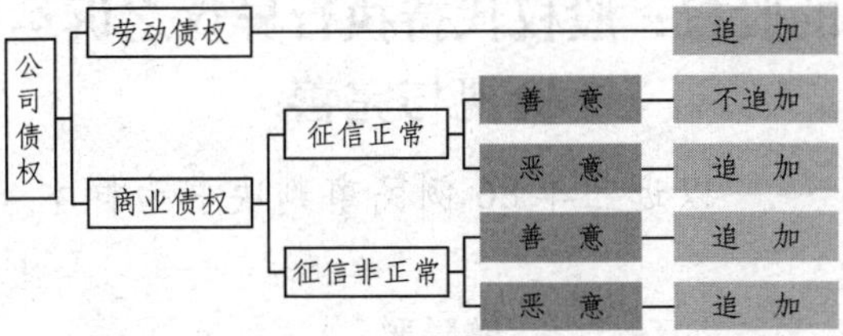

图8 特殊情形下追加股东规则参考表

1. 规则一：申请执行人申请追加未届出资期限的股东为被执行人，人民法院不予支持；但具有特殊条件的除外。

2. 规则二：申请执行人申请追加未届出资期限的股东为被执行人，若该股东征信记录情况异常，人民法院应予支持。

3. 规则三：申请执行人申请追加未届出资期限的股东为被执行人，若该债权为劳动债权的，人民法院应予支持。

4. 规则四：申请执行人申请追加未届出资期限的股东为被执行人，若该股东恶意延长出资期限或未履行法定程序减少注册资本的，人民法院应予支持。

结 语

"法律解释者都希望在法律中寻获其时代问题的答案。"① 本文尝试以谦抑理念疏解执行力范围扩张风险，倡导股东出资期限提前到期问题争议回归实体审判程序，应从民事实体权利关系上定分止争，寻求从源头上从制度设计维度探索解决"执行难"的新思路。执行程序"有限追加股东规则"有利于稳固公司有限责任制基石与发挥注册资本认缴登记制活跃经济作用，这个问题的争议在短期内将不会平息，"路漫漫其修远兮，吾将上下而求索"，法律人对公平正义的信仰不会改变，对债权人与公司股东的权益平衡、市场交易的风险防控、营商环境的提升优化的追求也永不停息。

① ［德］卡尔·拉伦茨：《法学方法论》，陈爱娥译，商务印书馆2005年版，第199页。

谁动了我的股权：股权代持执行异议之诉运行制度的检视与完善

——以近三年86例民事判决书为样本

梁聪聪*

引　言

股权是产权的重要组成部分，民营企业无论是有限责任公司还是股份有限公司，对其股权规范行使和依法保护，不仅涉及多方主体的利益，更是评价营商环境的重要指标。执行作为法人通过诉讼实现自身权利的最后一步，关乎股权的最终归属及价值所在。股权代持引发的执行异议之诉中，股权事实状态与权利外观相分离，有时还与股权转让问题交织，如显名股东在背负大量债务后，与隐名股东签订虚假股权转让协议以躲避债务。① 其中案外人执行异议之诉更是横跨诉讼法与实体法两大领域，且前置程序为执行异议，使情况愈加复杂。此外，执行异议之诉，裁判结构处于“是”与“非”之间，中间不留“缓冲地带”，确定权利归属于某一方，另一方所得基本为零，基本不存在调解可能，更增添审理难度。②

本文所研究的执行异议之诉不局限于案外人执行异议之诉，还包括当事人（主要是申请执行人）执行异议之诉和追加被执行人异议之诉等。一方面，案外人执行异议之诉在实质上是案外人对执行标的所享有的权益与申请执行人在作为执行依据的生效法律文书项下请求权的优先效力纠纷；③ 另一方面，对申请执行人提出的执行异议之诉，案外人就执行标的不享有足以排除强制执行的民事权益的，应当准许执行该执行标的。自2007年我国《民事诉讼法》确立案外人执行异议之诉制度以来，涉及执行异议之诉

* 作者单位：上海市虹口区人民法院。

① （2015）宁商终字第1729号民事判决书。

② 高仁宝等编著：《执行异议之诉法律适用指引》，法律出版社2018年版，第91页。

③ 王家永：《案外人执行异议之诉的诉与审》，载《人民司法·案例》2017年第26期。

尤其是可适用股权代持执行异议之诉的法律法规、司法解释、地方意见甚至指导性案例也开始增多。[①] 但司法实践在适用时存在理解分歧甚至相互矛盾之状况，尤为普遍。针对同一种诉请或争议焦点，哪怕判决结果看似相同，并不代表法官就判决所考量的因素、逻辑和适法是一致的。

一、检视：86 份股权代持执行异议之诉生效判决书的实践困境

为考察执行异议之诉在司法实践中的实际运行情况，针对自 2016 年 6 月 1 日至 2019 年 6 月 1 日生效，以关键词或全文检索代持或隐名股东、限定案由为执行异议之诉的检索条件，在中国裁判文书网等筛选提取样本，得到有效样本 86 个生效判决文书。有人通过人均 GDP 数据分析发现，股权代持案件数与经济发展水平存在紧密关系。[②] 但从检索结果来看该种联结并不明显。可能缘由在于，股权代持纠纷较多地是处理当事人之间的权属争议，而到了执行异议之诉阶段，还牵连着外部债权人、民间借贷、名股实债、以股权形式以物抵债、博弈考量等多种因素。

通过分析样本数据，归纳五种常见诉讼类型（见表 1）。

表 1　　**五种常见诉讼类型**

序号	诉讼类型	内容
1	案外人执行异议之诉	原告：隐名股东或其债权人；申请执行人：显名股东的债权人；申请执行标的：显名股东的股权。此类案件占比较高。[③]
2	案外人执行异议之诉	原告：隐名股东的关联公司；申请执行人：显名股东的债权人；申请执行标的：显名股东的股权。[④] 隐名股东股权经协商一致转让给关联公司，但未变更登记。

① 主要有：《公司法》第三十二、三十三条，《民事诉讼法》第二百二十五条、第二百二十七条；《最高人民法院关于适用〈中华人民共和国民事诉讼法〉执行程序若干问题的解释》（以下简称《执行案件司法解释》），《最高人民法院关于执行权合理配置和科学运用的若干意见》，《最高人民法院关于适用〈中华人民共和国民事诉讼法〉的解释》之第三百零四条至三百一十六条（以下简称《民事诉讼法司法解释》），《最高人民法院关于人民法院办理执行异议和复议案件若干问题的规定》之第二十四、二十五、二十六、二十八、二十九条（以下简称《执行规定》），《最高人民法院关于适用〈中华人民共和国公司法〉若干问题的规定（三）》之第二十四至二十六条（以下简称《公司法司法解释三》）；《上海市高级人民法院关于审理涉及公司诉讼案件若干问题的处理意见（一）》《江苏省高级人民法院关于审理适用公司法案件若干问题的意见（试行）》《浙江省高级人民法院民二庭关于印发〈商事审判若干疑难问题理解〉的通知》《江苏省高级人民法院执行异议以及执行异议之诉案件审理指南（一）》《江苏省高级人民法院关于执行疑难若干问题的解答》《江西省高级人民法院关于执行异议之诉案件的审理指南》等。

② 马乃东、金露萍：《股权代持案件裁判规则的探析与反思——以部分地区法院判例大数据为样本》，载 lexisNexis，最后访问时间：2018 年 1 月 11 日。

③ （2017）皖 1523 民初 652 号民事判决书。

④ （2015）浙甬执异初字第 3 号民事判决书。

续上表

序号	诉讼类型	内容
3	案外人执行异议之诉	原告：隐名股东股权的受让人。原隐名股东债权人申请对原隐名股东原股权的执行。①
4	申请执行人执行异议之诉	两种情形：（1）原告是显名股东，申请执行人申请执行隐名股东的股权；② 原告是股权申请执行人，诉请要求准予执行显名股东的股权。③
5	追加被执行人异议之诉	显名股东被追加为被执行人，公司外部债权人要求显名股东承担连带清偿责任。有如下情况：显名股东抗辩称抽逃出资者为隐名股东，于己不该担责；④ 亦有涉及一人公司与股东财产混同情形时的处理。

（一）法官在说理适法上存在争议

1. 对股权代持性质的认定分歧。有观点认可股权代持属委托性质的法律行为，也有法官在二审中明确否认股权代持的信托性质，认为其本质与我国现行信托法规定的信托法律特征不相符。⑤

2. 对股权代持协议之法律效果理解不一。在案外人执行异议之诉中，大多数对隐名股东作实质审查的法官主要根据股权代持协议作为隐名股东身份确定与否的前提。有不同观点认为合同赋予隐名股东的并非股东身份。⑥ 持类似观点的法官在他案中指出，投资权益与股东权益有异，实际出资人与显名股东可约定实际出资人享有投资权益或只享有收益权。⑦

3. 对隐名股东审查标准的取舍不一。即判断股权权利人的标准在于是否依据商事外观主义，对股东身份只作形式审查抑或进一步作实质审查（见表2）。

---

① （2017）赣10民终458号民事判决书。

② （2015）永民初字第1516号民事判决书。

③ （2017）新23民初105号民事判决书。

④ （2016）鲁1203民初971号民事判决书。

⑤ （2017）浙01民终4658号民事判决书。

⑥ （2016）苏04民初353号民事判决书。

⑦ （2015）永民初字第1516号民事判决书。

表 2　　隐名股东审查标准的观点

<table>
<tr><th>观点</th><th colspan="2">具体内容</th></tr>
<tr><td>形式审查至上</td><td colspan="2">根据商事外观主义，第三人对登记公示体现的权利外观产生信赖，即使真实状况与第三人信赖不符，只要第三人之信赖合理，第三人的民事法律行为效力受法律优先保护，原告不能对抗司法机关所采取的强制措施。① 为此，该类案件多驳回原告诉请，占样本九成比。</td></tr>
<tr><td rowspan="5">实质审查至上</td><td colspan="2">案外人股权确权诉请的判断标准不应依赖于商事外观主义，但理由迥异。</td></tr>
<tr><td>（1）“简单粗暴”派</td><td>将实质审查核心界定为应对实际出资人代持股的“权益”受法律保护，《公司法司法解释三》第二十四条第二款之规定是对显名股东代实际出资人持股的允许，该种权益可以无视登记。②</td></tr>
<tr><td>（2）“证据至上”派</td><td>根据是否具有证明委托持股法律关系及实际出资证据材料直接认定实际股东与否。③</td></tr>
<tr><td>（3）“诉讼价值”派</td><td>进入执行异议之诉阶段，就应当对是否为实际出资人作实质审查，以确保对权利的不恰当处分行为在权利被处分之前得以纠正，唯有如此才能体现执行异议之诉的诉讼价值。④</td></tr>
<tr><td>（4）“深度解读”派</td><td>根据《执行案件司法解释》之规定，依据工商登记和企业信用信息系统公示的信息判断股权权利人的标准仅是人民法院在执行过程中对公司股权权利人的初步判断标准、形式审查，仅适用于执行程序过程中，并不排除人民法院在诉讼中对实体权利争议作出判断后依法确认权利归属。⑤</td></tr>
</table>

4. 对善意第三人的认定标准和依据不一。善意与非善意之认定，是决定法官判断隐名股东所享有股权能否阻却执行的最后一步，认定的差异主要表现为以下形式：

① （2017）津 0103 民初 6617 号民事判决书。

② （2017）陕 08 民终 3663 号民事判决书。

③ （2015）新中民二初字第 23、24、28、29、34、35、40 号民事判决书。

④ （2014）锡商初字第 0084 号民事判决书（一审未生效）。

⑤ （2017）湘 0528 民初 226 号民事判决书。

表 3　　对“善意第三人”之理解

“善意第三人”之理解	具体内容
限缩解读	此种观点认为善意第三人仅限于与显名股东存在股权交易的第三人，但对于法条的理解有差异： a. 结合《公司法》第三十二条第三款之立法目的，认为只有第三人善意无过失时信赖及交易安全才值得保护，因此应有所限缩；① b. 根据《公司法司法解释三》第二十五条之规定，认为商事外观主义的适用范围不包括非交易第三人； c. 除了依据《公司法司法解释三》第二十五条之规定外，结合《物权法》第一百零六条，认为我国对隐名股东实际权益是参照物权利益加以保护，而显名股东债权人寻求保护的是债权请求权，弱于前者保护效力。②
宽泛解读	此种观点认为善意第三人不应仅限于基于登记而与显名股东发生股权交易的第三人。③ 此外，法律、司法解释设置案外人执行异议之诉的立法原旨应是为了保护无过错的实际权利人，而非保护所有实际权利人，隐名股东应自行承担风险。④

关于知情与否对阻却执行的影响。有观点认为外部债权人为善意的条件在于其对于股权代持行为不知情，否则即为非善意。⑤ 即支持案外人股权确权诉请并认可阻却执行，因债权人知情。⑥

5. 股权代持与阻却强制执行的因果关系认定不一。在原告提出股权确权诉请的前提下，有的法官会对股权代持与否作出认定，在认定基础上依据外观公示原则的强效力，再推出阻却执行的结论。⑦ 有法官则不对原告确权诉请作认定，直接驳回原告确权之诉。⑧

6. 隐名股东股权阻却强制执行的判断依据不同。主要存在以下几种情况：（1）案外人执行异议之诉中，在判决主文中不用任何法条，直接用法理解释自己的判断；⑨（2）案外人执行异议之诉中，依据为《公司法》第三十二条、第三十三条，或《公司法司法解释三》等。如在原告诉请中直接要求阻却股权强制执行，未陈述不能阻却强制执行的理由，⑩ 由此推断，

① （2018）鄂 08 民终 288 号民事判决书。
② （2018）苏 06 民终 3587 号民事判决书。
③ （2017）鲁 0481 民初 3355 号民事判决书。
④ （2017）川民终 54 号民事判决书。
⑤ （2017）鄂 0802 民初 2256 号民事判决书。
⑥ （2017）鄂 0802 民初 2255 号民事判决书。
⑦ （2016）苏 10 民终 1777 号民事判决书。
⑧ （2016）沪 0113 民初 3469 号民事判决书。
⑨ （2017）津 0103 民初 6617 号民事判决书。
⑩ （2016）陕 01 民初 1481 号民事判决书。

该种法官将原告是否为股权实际权属人直接映射可否阻却强制执行的法律效果。[①] 其他类型执行异议之诉中，如显名股东是否要对公司债务承担连带清偿责任、在被追加为被执行人的执行异议之诉的判决中，发现有文书将最高人民法院某复函直接作为法律依据之一。[②]

（二）法官对诉讼程序的理解存在分歧

1. 对股权确权之诉与执行异议之诉能否合并审理的判断不一。（1）认可合并审理的理由。尤其是在案外人执行异议之诉中，大部分法官[③]认可的依据在于《民事诉讼法司解释》第三百一十二条规定。（2）否认合并审理的理由。有案件认为，原告诉请确认涉案股份归其所有属于股东资格确认纠纷，与案件非同一法律关系，因此不予处理。[④]

2. 权属认定与启动执行之关系的法理考量迥异。应注意到，有法官认为在当事人未提出股权确权诉请时，法院不能对涉案股权权利人作出认定。[⑤] 相较之下，有的法官在原告未提出确权之诉请时，即对涉案股权权属作出判断、甚至认为不作判断也不影响后续诉请。

3. 对执行异议及执行异议之诉等概念和案由不作区分。如，判决书前半段称案外人执行异议之诉，后半段表述为执行异议之诉。更有甚者，针对《执行规定》第二十五条就为适用执行异议抑或执行异议之诉存在相反认识。如某案件认为《执行规定》第二十五条不适用执行异议案件，仅针对执行异议[⑥]，理由在于该规定前言表述是"为了规范人民法院办理执行异议和复议案件"；有的案件却持相反观点，直接适用该条规定。[⑦]

4. 当事人的诉请范围对裁判的影响效果不同。在案外人执行异议之诉中，大多数原告如有两项以上诉请时，多包括确权诉请或确认股东资格、对股权进行分红或变更登记等。亦有案件原告诉请要求确认股权代持协议的效力而非确权，对此法院在判决主文中仅确认合同有效。[⑧]

（三）其他类型执行异议之诉区别于案外人执行异议之诉的特点

1. 对代持股权性质的理解多样化。一般情形下，大多认为股权是财产

---

① （2018）川0181民初861号民事判决书。该案中，实际股东未登记在册系企业改制原因，法官认为要考虑原告在改制过程中通过职务、职称、贡献、工龄等量化取得股权的过程，此种股权出资与单纯出资设立公司的商事交易行为不同，非一刀切否认实际股权权利权属，这种股权可阻止强制执行。

② （2016）鲁1203民初971号民事判决书。

③ 如（2017）湘02民初109号民事判决书。

④ （2016）豫01民初1953号民事判决书。

⑤ （2018）鄂08民终288号民事判决书。

⑥ （2018）赣民终89号民事判决书。

⑦ （2018）陕07民终394号民事判决书。

⑧ （2017）浙0327民初3236号民事判决书。

性质的现实权利或具有投资权能的期待权。如有案件认为隐名股权的转让是一种债权债务的转移。[①] 当然此案法官认可有限责任公司的人合性仍需维持。

2. 追加被执行人异议之诉对显名股东的责任认定。此类案件多数追加显名股东为被执行人，追加被执行人的前提主要是公司外部债务之清偿主体的确定。有的涉及隐名股东抽逃出资与否对名义股东承担责任的影响，[②] 有的涉及一人有限责任公司财产不足以清偿公司债务时显名股东的责任承担。[③] 大多数法院都认为在此情况下，显名股东仍需对公司债务承担责任。

二、剖析：机制的异化与裁判的偏差

执行异议之诉案件的特点在于，我国《公司法》并未否定隐名股东的持股效力，诉讼中的败诉风险不仅针对隐名股东，也易指向显名股东。[④] 通过前述分析可知，很多案件判决结果可能相同，但法官裁判思路、判决说理及裁判依据大不相同。造成前述现象的主要原因在于以下几个方面：

1. 立法支持的缺失与类案裁判的自相矛盾。（1）细探实体法，不难发现股权本身属性及性质就颇具争议，仅见《公司法司法解释三》对诉讼中股权代持的若干粗略规定，导致实践中对实际出资人、隐名股东、隐名股权的概念内涵、显名股东与隐名股东的地位等认知不一。此外，《公司法司法解释三》规定存在不妥之处，其第二十五条规定名义股东擅自转让股权参照《物权法》善意取得之规定处理，言下之意，名义股东的处分属于无权处分，名义股东不享有股权。但在该法第二十四条第三款却将实际股东取得股权登记的条件按照股权转让的要求进行规定，显然又将名义股东当成了真正享有股权之人。[⑤] 略窥诉讼法，可知《民事诉讼法》《执行案件司法解释》或《执行规定》等并未对执行异议之诉的适用范围、诉讼程序、股权权属的审查、证据认定等作详细统一的规定。（2）各个法院对于股权代持执行异议之诉相关案例的观点有反复。虽然最高人民法院在王仁岐申诉案件[⑥]中，认为实际出资人不得以内部股权代持协议有效为由对抗外部债权人对显名股东的正当权利，且外部债权人不限于基于股权处分的债权人。

---

① （2015）永民初字第 1516 号民事判决书。在该案中，隐名股东债权人要执行隐名股东股权红利或收益的情形之下，原告作为显名股东提起执行异议之诉。对此，法院认为隐名股东股权投资收益已通过以物抵债的形式转让给公司外第三人，支持了原告诉请。

② （2018）苏民终 1150 号民事判决书。

③ （2017）苏 08 民初 106 号民事判决书。

④ 如前述追加被执行人异议之诉中，当隐名股东抽逃出资或瑕疵出资时，显名股东很可能对公司债务承担连带清偿责任。

⑤ 刘凯湘：《股东资格认定规则的反思与重构》，载《国家检察官学院学报》2019 年第 1 期。

⑥ （2016）最高法民申 3132 号民事裁定书。

但该案一审观点及判决与之完全相反，亦不排除最高人民法院观点不断更新。

2. 执行异议前置程序的异化。[①] 作为其前置程序的执行异议的启动阻碍是可能造成股权代持案外人执行异议之诉诉讼数量不如预期多的原因之一。比如，在个别地区法院出现了本应按执行异议处理却被告之不予立案，当事人转而用转办、督办函的形式替代异议等。[②] 加之，股权代持的性质决定了执行异议阶段不作实质审查，执行异议之诉必须对股权权属作实质审查即权属确认，大量针对股权的执行异议之诉的审查与执行异议前置阶段的审查无异时，会加剧对该种诉讼的架空。

3. 法官在“三步走”判断上出现的偏差。股权代持案外人执行异议之诉的三步骤：(1) 案外人（隐名股东）是否是真正股东；(2) 隐名股东所享有的股权是否真实合法；(3) 隐名股东所享有的股权能否阻却执行（阻却申请执行人依据执行所享有的债权）。认定最为关键的是裁判者对代持行为及执行异议之诉性质的认识偏差。很多案件可能先得出结论，如认为实际出资人不得以其实际出资为由排除强制执行，再往前一层层推出“假推论”。

三、完善：股权代持执行异议之诉运行制度的去粗取精

对于涉及股权代持争议的任何一种执行异议之诉，股权在不同情形下代表的究竟为何者的何种权利是该类诉讼进行司法判断的核心。应肯定，无论何种类型的股权代持，只要法律没有明确禁止或取缔，则应允许该类股权代持存在，以尊重投资人的合同自由和投资自由。[③]

（一）股权代持案外人执行异议之诉裁判思路的纠正

首先，在案外人执行异议之诉中无论案外人是否提出确认其股权的诉讼请求，法院均需对股权权属作出认定。

1. 登记非判断股东资格的唯一标准：商事外观主义的限制。对于隐名股东启动案外人执行异议之诉或者显名股东启动追加被执行人异议之诉而言，他们启动诉讼的缘由均在于公司并未将其股东身份登记在册。[④] 一方

---

① 除前述实证分析外，一组上海法院数据可参考：2018 年上海法院新收案外人执行异议案件数量为 1421 件，驳回异议或申请的为 645 件（实际与股权代持真正相关只会更少）。

② 邓建辉、李航、陈明灿：《执行救济程序困境探析及完善路径》，载《司法纵横》2019 年第 2 期。

③ 雷金牛：《论公司中隐名投资的法律规制》，对外经济贸易大学 2014 年博士学位论文。

④ 2018 年 7 月 31 日施行的《最高人民法院关于股权强制执行若干问题的规定（征求意见稿）》（以下简称《股权执行征求意见稿》）第四条规定了股权冻结前的形式判断标准，即公司登记机关的登记信息及企业信用信息公示系统的公示信息，或者股东名册、出资证明书、公司章程等载明被执行人持有股权的情形。从中可知商事外观主义的实践材料。

面，我国《民法总则》第六十五条规定了商事登记的第三人效力，[①] 未明确具体的法律效果，且其他法律和司法解释亦未认可登记的绝对效力。另一方面，案外人执行异议之诉本身就是基于实体权利而提起，如果仅是严格登记制度，则执行异议之诉和执行异议、执行复议的审查标准完全一致，偏离制度设置初衷。由此，在股权代持关系中，如不涉及公司外第三人，股东资格应按照实际出资关系确定，即使涉及公司外第三人，也不得一律根据登记确定股权的权利人。如果对案外人以其系股权实际权利人提起执行异议之诉的情形直接规定为不予支持的话，[②] 则过于一刀切式审理。

此外，股东取得股权是基于其基础行为，可以是出资也可以是转让。在基础行为合法有效前提下，股东需完成两个层面的登记。一是股东名册的登记，股东取得对抗公司的效力；二是在公示机关（工商部门）登记，该登记使得股东取得对抗第三人之效力。但以上均只生对抗效力，股权取得并非以登记为生效要件。实践中，登记与实际不一致的情况占大多数，而法院在审查股东资格时一般都会审查基础行为，因此登记不能成为判断股东资格的唯一标准。[③]

由此，在是否实际缴纳出资成为确定股权权属的实质标准下，法官应围绕原告提交的对被执行股权具有实际出资的证据作综合判断。若第三人善意地不知晓代持关系，从维护交易秩序角度，可以登记作为确定股东权益的标准；但若有证据证明第三人知晓或因重大过失而未知晓，则仍应根据基础关系确定股东权利的归属。

2. 对股权权属之证明责任的分配。在案外人执行异议之诉中，应赋予股权的被执行人一定的证明责任。实体法相关规定是原告承担证明责任的间接参考依据，司法解释需对股权代持执行异议之诉中原被告及第三人作更细化的证据规定。在立法设计上应思考是否有重新分配证明责任的可能。具体如下：

（1）应当在限定情形下增加被执行人的举证责任。限定情况是指在案外人存在证明困难且有证据证明被执行人有足以证明案外人对执行股权享有相应民事权益的情况，诚然此种情况需被执行人列为共同被告时适用。

---

① 《民法总则》第六十五条规定：法人的实际情况与登记的事项不一致的，不得对抗善意相对人。

② 《安徽省高级人民法院关于审理执行异议之诉案件若干问题的会议纪要》第十八条规定，执行标的为股权或合伙份额，案外人以其系执行标的的实际权利人，提起执行异议之诉的，不予支持。安徽省高级人民法院认为，隐名股东与名义股东之间的关系，应属合同债权关系，不具备对抗第三人及人民法院强制执行的效力。

③ 张双根：《论有限责任公司股东资格的认定——以股东名册制度的构建为核心》，载《华东政法大学学报》2014 年第 5 期。

案外人的民事权益往往与被执行人存在某种渊源，且根据证据接近程度来看，仅要求案外人承担证明责任，或是不允许被执行人通过积极举证方式来间接保障案外人权益，不符合公平公正原则。①

（2）增加案外人可免除证明责任的条件。当原案当事人恶意串通，致使股权实际权利人利益受损并导致其举证不利时，必须溯本求源，对执行案件中申请执行人与被执行人采取有力惩戒措施，其中一项就应包括免除原告的举证责任，直接作出不利于申请执行人的判决，维护实质正义。

3. 对阻却执行的判断：谨慎适用善意第三人之规则。首先，股权代持执行异议之诉不适用我国现行《物权法》上的善意取得制度，其并无我国《物权法》所规定的善意取得的适用空间。其次，《公司法司法解释三》仅就两种情形规定参考善意取得，执行案件非其参考适用范围，裁判者不应随意作扩张解释。再者，很多法官直接引用《公司法》第三十二条第三款关于股东未经登记“不得对抗第三人”的规定以驳回原告诉请，太过武断，应限缩适用在诸如登记错误等判断股东资格的情况。最后，在商事登记对内确权和对外扩权之双层结构之下，善意第三人得到保护的必要性在于其合理信赖，同时商事股权登记的可信赖性与不动产登记簿相比并未达到公信力程度。②

（1）申请执行人作为名义股东的一般债权人，其得到保护的前提必须是善意第三人，具体应区分如下情形判断其能否阻却执行：

①申请执行人为非善意时，即申请执行人具有一般故意（知晓）或基于重大过失而不知晓股权代持行为时，隐名股东可以阻却诉讼执行。如原告作为隐名股东却实际参与公司经营管理或属于公司高管人员时，很有可能会发生该类情况。

②申请执行人为善意的，即申请执行人基于一般过失或抽象轻过失而不知晓股权代持行为的，隐名股东无法阻却诉讼执行。就法律规范的表述而言，“善意”的表述宜适用推定之认定方式，即采反面表述，即采取“但申请执行人知道或因重大过失或过失不知道（应当知道）的，非为善意”。

（2）基于前述理由，当申请执行人是隐名股东的债权人时，原则上不允许执行登记在名义股东名下的股权，除非隐名股东的债权人有证据证明代持协议无效。

综上，认定隐名股东阻却执行的基本方法为：以形式特征（显名股东登记在工商登记、股东名册、出资证明书、公司章程等情况）为原则，在

① 邓和军、罗娜：《论案外人执行异议之诉的证明责任》，载《海南大学学报（人文社会科学版）》2018 年第 5 期。

② 石一峰：《论商事登记第三人效力》，载《法商研究》2018 年第 6 期。

个案中通过诉讼以例外的方式，对股东的实质特征（是否出资）进行考察，通过在个案中进行法益衡量，维护实质正义。

（二）程序的具体优化方案

1. 股权代持案外人执行异议之诉审理程序的特殊性规则。

（1）增加执行标的为股权的处理条款。建议未来出台司法解释时，对执行标的为股权的执行异议之诉作规定。具体表述为：对案外人有证据证明登记在名义股东名下的股权，实际出资人与股权登记所有人（被执行人）不一致的，人民法院不宜对该股权采取强制执行措施，已经采取强制执行措施的，应中止对该执行标的的执行。

（2）司法解释应为股东身份的实质审查预留空间。《股权执行征求意见稿》第二十四条关于隐名股东作为案外人所提异议的处理，① 从文义上应当理解为对案外人对执行股权提出的执行异议的情形，而非针对执行异议之诉的处理。此外，该征求意见稿第二十三条虽然是针对股权受让人作的规定，但就执行异议之诉而言，可参照之，并增加一条：案外人提交股东名称、公司章程或其他公司文件，证明案外人为实际出资人的，对于其提出执行异议之诉的请求，可以判决予以支持。

（3）对信访案件内容的有效甄别。针对信访案件的内容进行初步甄别，对于当事人所反映的执行违法事由属于应该通过异议程序解决的，应及时告知当事人直接通过执行异议相关程序予以立案审查。

2. 其他类型执行异议之诉的思考。对于申请执行人执行异议之诉而言，在被执行人同意申请执行人请求的，应当强调，不能免除申请执行人的举证责任，以降低恶意串通案件的发生率。该类争议的本质与案外人执行异议之诉是相对应的。前者是为了启动争议股权的继续执行，后者是为了阻却争议股权的执行。对于追加被执行人异议之诉而言争议较小，法官多依据《公司法司法解释三》第二十六条之规定驳回原告诉请，值得肯定。

3. 类案办案要件指南的引入。最高人民法院可采取牵头组织、以各地法院申报课题的方式汇总类案观点和规则，在实地调研基础上颁布类案办理指南。② 具体内容应包括：（1）执行异议之诉当事人主体审查及管辖审查；（2）诉请的审查；（3）被告抗辩的审查；（4）股权归属的认定及裁判规则；（5）隐名股东权利性质的认定；（6）支持阻却执行与反对阻却执行的核心观点；（7）登记对抗的适用对象。

---

① 该条认为案外人不能阻却执行的理由在于登记公示信息（如股份有限公司，则在于股东名册）载明股权由被执行人持有，并“裁定”驳回异议。

② 上海市高级人民法院2019年5月启动了上海法院类案办案要件指南专项课题的项目。

结 语

股权代持执行异议之诉的核心争议在于谁拥有足以排除强制执行的民事权益，这一高度抽象性的判断标准必须借助法院裁判予以具体化，[①] 必须在当事人启动诉讼之后方可对相关法益进行重新分配。要以商事外观主义为基本原则、以个案深究股权真实权属状况为例外的裁判方法，“遵名而究实”，最大限度平衡隐名股东的实体权益与债权人的强制执行权益，努力以最小的司法成本取得较好的法律效果和社会效果。

① 王聪：《案外人执行异议之诉中异议事由的类型化研究》，载《法治研究》2018 年第 4 期。

附一：

全国法院第三十一届学术讨论会获奖名单

一等奖

行政裁判中指正表述的实证考察及进路探索

——以A省347份行政裁判文书为样本

安徽省阜阳市中级人民法院　李炳彤

以偏求正：探底证明责任分配难题的心证本质

——以信息经济学视角揭示证明过程之信息不对称理性

北京市第二中级人民法院　李俊晔

北京市大兴区人民法院　曹成成

法官业绩考评结果运用“失灵”的困境审视与完善

湖南省永兴县人民法院　李小贵　何伦波

院庭长监督管理“四类案件”边界清单与运行机制完善

——以法院的可视化管理为视角

天津市武清区人民法院　姜　欣

北京市第四中级人民法院　李振凡

参审制下法官指引机制的重塑

——以司法三段论为路径

黑龙江省牡丹江市中级人民法院　张晓行　蒋利龙

刑事二审处理方式的价值修正与司法续造

——以《中华人民共和国刑事诉讼法》第二百三十六条第一款为中心展开

安徽省芜湖市中级人民法院　宋喜萍　王旭东

破产法视野下个人“执行不能”的解决路径分析

北京市东城区人民法院　史　锐　吴水兰　张旭川

案外人执行异议权与优先受偿权之诉讼救济路径识别

——以《民事诉讼法》第227条实践适用为视角

黑龙江省农垦中级法院　卜洪元　张　继

黑龙江省高级人民法院　任莉志

基层法院审判委员会讨论案件范围的检视与廓清

——以基层法院审判委员会的职能厘定为主线

北京市朝阳区人民法院　陈瑛洁

组织管理学视域下诉前调解激励机制的现状简示与制度构建

——以A省16地市125家法院近三年案件数据为样本

安徽省宿州市中级人民法院　尤　昊

安徽省高级人民法院　谢　娟

多元纠纷解决机制的法经济学分析

——以汽车销售合同纠纷类案为例

吉林大学　赵春晓

从示范到常态：速裁案件庭审网络直播当庭宣判的发展路径

——以S市法院的改革实践为样本

广东省深圳市中级人民法院　胡志光　黄振东

诉的客观预备合并的需求语境与回应路径

西藏自治区拉萨市中级人民法院　陆朝举

广东省广州市中级人民法院　甄雪皓

论民事诉讼立案在线化的实现进路

福建省厦门市中级人民法院　廖惠敏

福建省厦门市湖里区人民法院　高碧青　肖安定

案件何以具有普遍法律适用指导意义：要素识别与瞄准路径

湖南省岳阳市云溪区人民法院　袁斯潮

湖南省怀化市中级人民法院　陆银清

人工智能介入司法的实践检视与风险防范

——以江浙沪冀黔五省市的司法实践为样本

江苏省常州经济开发区人民法院　常　鑫　张祥龙

案外人异议之诉与关联诉讼“合并－吸收”程序构建

——以预查封房产处置中出售人合同解除之诉为例

北京市大兴区人民法院　吉卓烨

黑龙江省佳木斯市中级人民法院　鲁晓薇

法院如何回应：监察机关从宽处罚建议的诉讼支持

——以355份刑事判决书为样本

河北省南和县人民法院　贠彦强

大数据量刑法律问题研究

黑龙江省高级人民法院　商　雨

二等奖

从律师和法学专家中公开选拔法官的现状检视与制度完善

北京市第二中级人民法院　马　巍

新型审判团队运行与管理的方法论建构
——以风险防控为视角
北京市密云区人民法院　鲁跃晗

行政案件诉前协调机制的思辨与构建
——以B市法院884件“缠诉案”为切入
北京市海淀区人民法院　刘艳新　陈　晨

网络执行查控系统的区块链改革
北京市东城区人民法院　程新桐

行为执行中意思表示请求权的执行制度构建
——以执行依据拟制债务人意思表示为执行方式
北京市大兴区人民法院　李思锦

各擅其长：陪审制七人合议庭法官指引的二元模式构建
——以个案核心事实与边际事实的差异性考量为视角
北京市门头沟区人民法院　梅　宇　王睿涵

独任庭与合议庭转换的机制构建与选择适用标准
——以中级人民法院民事二审案件适用独任制为切入点
北京市大兴区人民法院　陈　琨

从“宏观指导”到“微观挖潜”：民商事审判流程运行精细管理模式构建
——基于审判权运行可度量模型的分析
北京市丰台区人民法院　钟秋玲　王培松

刑事裁判文书说理改革视域中的通说运用
——以规范化为中心
北京市第四中级人民法院　江珞伊

让公正听得见：法官庭审语言的规范路径研究
——“逻辑语篇－目的语境－策略语用”之融合
北京市第二中级人民法院　孙　盈　姜　源

从“比例原则”到“三阶审查”：财产保全与执行网络查控系统衔接的偏差与修正
北京市丰台区人民法院　宋如超　郑　莉

“僵尸企业”司法处置之“立审执破”一盘棋机制构建
——基于执行合同和办理破产的双维实证检视与渐进决策
北京市门头沟区人民法院　袁晓北　唐　达

驳与证的逻辑推演：辩护意见回应之说理范式研究
——以88份优秀刑事裁判文书为样本
天津市高级人民法院　钱　岩

框架性合同争议的仲裁协议效力扩张规则研究
天津市第二中级人民法院　赵　旭　刘建奇

追寻舆情背后的声音：依法办理与社会共识鸿沟弥合之思考
天津市第二中级人民法院　刘希婧

审级功能视角下民事案件二审独任制的理性构建

天津市第二中级人民法院　张子杰

北京市第二中级人民法院　张　科　杨　超

从逻辑判断到价值判断：刑事裁判思维形式化倾向的风险防范

——以拉德布鲁赫公式为镜鉴

天津市第一中级人民法院　李　杨

创新型多元化纠纷解决机制的构建与完善

——以在线纠纷解决机制的应用探索为视角

山西省大宁县人民法院　王进东

技术类民事案件适用先行判决的正当思辨与规则构建

北京知识产权法院　罗素云

山西省高级人民法院　刘　涌

增效与便民：智能客服助推构建法院现代化诉讼服务体系

——基于对T法院法官电话接待情况的实证考察

北京市通州区人民法院　徐廷杰　张　培

山西省孝义市人民法院　侯济平

司法责任制背景下法官考核评价机制的反思与重构

——以放权与监督困惑中的案件质效问题为切入点

黑龙江省鸡西市鸡冠区人民法院　马宝君

执行中股东认缴出资期限的加速到期探析

——以债权人利益与股东出资期限利益平衡为视角

黑龙江省哈尔滨市中级人民法院　王梦薇

论诉的合并纳入民商事办案量评价机制的路径与方法

——以B市法院为例

北京市大兴区人民法院　马超雄

黑龙江省佳木斯市中级人民法院　霍红光

黑龙江省绥化市中级人民法院　王　贺

刑事判决书量刑说理问题实证研究

——以中国裁判文书网200份判决书为样本

北京市大兴区人民法院　孙　青　李慧娅

黑龙江省佳木斯市中级人民法院　高　阳

寻径、探路与添翼：以要素式快审法优化行政案件审理路径

——以G省J区法院集中管辖1630件行政案件为考察筛选基础上的“要素提炼”样本

广东省江门市江海区人民法院　廖杰华

黑龙江省齐齐哈尔市中级人民法院　孙嘉宇

黑龙江省牡丹江市中级人民法院　张鹏坤

破解人民陪审员参审案件中事实问题与法律问题区分之困境

——基于39份环境民事公益诉讼判决书的实证分析

上海市徐汇区人民法院　纪　昀

论错误申请财产保全损害的弥补及标准

——以补偿责任与赔偿责任的二分为视角

江苏省常州经济开发区人民法院　何健宏

人民法院风险防控机制研究

——基于2005－2018年140个影响性诉讼的实证分析

南京铁路运输法院　李　彬　衣硕朋　刘　颖

陪审实质化：法官指引理性思辨与规则建构

——以“争点主线指引规则”之实证推演为视角

江苏省连云港市赣榆区人民法院　吴　玲　殷　蔚

行政诉讼起诉“高阶化”现象之反思

江苏省南通市中级人民法院　殷　勤

区块链司法存证技术的检视与规制

——以1088份裁判文书、289份调查问卷为分析样本

安徽省马鞍山市雨山区人民法院　刘　洋　彭　林

环境民事审判中生态修复责任的规范适用

福建省石狮市人民法院　苏丽蓉

福建省泉州市中级人民法院　翁伯明

立案登记背景下司法风险的识别与防控

——以L市两级人民法院为分析样本

福建省龙岩市中级人民法院　王乔金　谢　雄

何以“求同”：矩阵范式下类案检索嵌入法官心证过程之检视与重构

——以X市300份法官问卷调查为分析样本

福建省厦门市思明区人民法院　王晨安

论扁平化审判团队综合配套改革优化管理路径

——基于团队管理的实证研究

福建省厦门市中级人民法院　陈平狮　杨璐屹

论生态环境损害民事追偿程序双轨制规范进路

福建省高级人民法院　秦传熙

福建省厦门市中级人民法院　王中义

要素式标准：担保物权实现程序审查机制重构

——以“金融＋司法”协同创新审理模式改革实践为视角

福建省厦门市中级人民法院　王成全　郭福全　王丽菊

“智管模式”：基层法院审判风险防控新路径

——以基层法院审管办职能定位为中心视角

福建省闽侯县人民法院　朱　玲　江　彬　丁秋云

法官荣誉制度的完善

——以法官荣誉仪式的实践为视角

江西省信丰县人民法院　杨　韵　刘远芳

技术调查官的角色错位及矫正

——以“辅助审判”和“隐性审判”对比分析为视角

江西省萍乡市中级人民法院　陈颖澍

行政诉讼信访化趋势及其应对分析

江西省赣州市中级人民法院　姜昊昂

北京市海淀区人民法院　赵　云

江西省赣州市章贡区人民法院　温　清

行政审判中法院指正机制的检视与修正

——以狭义行政瑕疵指正为研究视角

山东省青岛市中级人民法院　张　杰

重大转型时期司法风险防控的发展进路

山东省滨州市中级人民法院　赵海永

量与质的衡平：行政机关负责人有限度出庭机制构建

——以推进法治政府建设效果为视角

山东省诸城市人民法院　崔兆在

权力制衡的博弈：行政诉讼管辖规则创制及其结构功能主义价值

山东省济宁市中级人民法院　赵贵龙

以案定额：基于案件权值法测定员额法官人案配比

河南省郑州市中级人民法院　李志增

河南省郑州市中原区人民法院　赵洪印　王　楠

跨越桎梏：群体性劳动争议风险防控路径

——基于“内卷化”效应的考量

河南省平顶山市中级人民法院　刘士浩　鲁晓辉　潘林青

道交纠纷诉前调解机制实证研究和制度完善

——以903件P市H区道交纠纷诉前调解案件为样本

河南省濮阳市中级人民法院　徐　哲　陈忠生　张娟娟

困境与出路：以行政裁决解决土地征收安置补偿纠纷路径构建

河南省濮阳市中级人民法院　徐　哲　贾向阳　张志启

民事诉讼中对生效刑事判决确认事实的效力认定问题研究

河南省南阳高新技术产业开发区人民法院　肖新征

智慧法院视阈下智审辅助办案系统应用的现状与瞻望

——以全国七家智审系统应用法院420起案件应用数据为样本

河南省汝州市人民法院　杨长坡　智亚利　刘帅杰

跨越塔西佗陷阱：人民法院新闻发言人制度审视与完善路径探析

——以网络舆情应对风险防控为视角

河南省濮阳市中级人民法院　徐哲　张志强　杨雷振

打破循环：程序审查“入门难”的困境与出路

——以行政诉讼驳回起诉适用率过高为视角

河南省平顶山市中级人民法院　刘士浩　颜亚伟

“足以排除强制执行民事权益”的认定标准和完善路径

——以有限责任公司中登记不实股权的执行为中心

河南省新乡市中级人民法院　倪文怡

尊让与规治：厘定司法介入“学术自治”的边界与深度

——基于136份学位授予纠纷行政裁判文书的分析

湖北省武汉市硚口区人民法院　黄文利　李　婷

第三方平台介入社会治理化解群体性消费纠纷之探索

——以预付费消费合同纠纷为例

湖北省武汉经济技术开发区人民法院　严　曦

论多元解纷机制中法院引导功能的发挥

——以当事人解纷选择权为视角

湖北省黄石市中级人民法院　娄　晶

“技治”与“法治”

——区块链在法院电子卷宗建设中适用性分析与法律风险探索

湖北省襄阳高新技术产业开发区人民法院　程文辉　杜英翔

行政协议补救判决适用的类型化构建

——从诉判关系的统一出发

湖北省武汉市江夏区人民法院　周　瑶

框架理论视域下主流媒体司法改革报道的失衡与再平衡

——以《人民日报》（2014－2019年）报道为例

湖南省益阳市中级人民法院　邹　玮

“内外有别”：审委会决定与裁判文书认定的互动分析

——以深度公开为主线

湖南省怀化市中级人民法院　徐远太　陆银清

诉源治理视野下诉讼费罚则在保险交通事故案件诉调中的嵌入研究

——以H省X县法院五年司法实践为样本的分析

湖南省湘阴县人民法院　李卫东　杨雪飞

商会调解机制的实践检视与完善初探

——基于行业自治与公力救济互补的视角

湖南省郴州市苏仙区人民法院　王新龙

刑事司法场域中监察证据适用非法证据排除规则之实效探究

——缺陷、成因、风险与进路探寻

湖南省嘉禾县人民法院　唐　红

湖南省郴州市中级人民法院　李小平

如何办出精品案件：院庭长办案的标准及程序完善

——以知识实践功能为视角

湖南省怀化市中级人民法院　王再忠　张安琪

信息不对称环境下在线调解制度的风险与防范

湖南省衡阳市中级人民法院　张经伟　谭云鹏

民事再审审查程序中独任制的有限适用

——以案件繁简分流为基础的多维证成及程序保障

湖南省高级人民法院　陈　坚　童飞霜

制度“陷阱”还是“失效”：法官惩戒制度运行困境探析

——以27个省级法官惩戒委员会为研究对象

广州海事法院　陈铭强

广州铁路运输法院　黄晓莹

激变与回归：简案快审视野下新型绩效考核模式的重构及应用

——从基层法院速裁团队工作量测算切入

广东省深圳市福田区人民法院　胡许晴

民事判项给付内容不明解决机制的理性思辨与路径构建

——基于“审执衔接三元法”的分析

广东省惠州市中级人民法院　陈　斯

广东省东莞市第一人民法院　谢　奕

区际送达制度之困境与突破

——“分级送达体系+二维审查模式”重构区际送达规则

广东省珠海市斗门区人民法院　黄　叶

法官如何释明：民事诉讼释明制度的乱象、反思与重构

——以317份裁判文书为研究样本

广东省广州市荔湾区人民法院　邓咏诗

引公入私：环境民事公益诉讼的司法协同路径

——以“排污标准”型塑“等置—涵摄”二阶裁判构造为例

广东省广州市海珠区人民法院　杨佩霞

广州大学　余煜刚

执行程序中追加未届出资期限股东的风险防控与规则探析

——以谦抑理念下“有限”追加为指向

广东省深圳市中级人民法院　陈朝毅

广东省深圳市福田区人民法院　周长波

统分结合：重大敏感案件诉讼程序的特殊化配置

——以有效“脱敏”和风险防控为考量

广东省揭阳市中级人民法院　张源宇

越界与碰撞：热点案件司法公信力失范困境解构

广东省广州市荔湾区人民法院　张鸣鸣

“集思”如何“广益”：法官会议讨论规则的优化路径
——以商谈理论为分析视角

广东省广州市越秀区人民法院 谢春晖
广东省广州市白云区人民法院 张剑文

民事案件繁简甄别困境的大数据解决路径
——以G市11个基层法院1000宗案件为样本

广东省广州市白云区人民法院 刘 侃
广东省广州市中级人民法院 文 琳

繁简分流下民事“难案精审”方法论构建
——以要件事实勾勒三阶十步审判法

广东省珠海市香洲区人民法院 蒙秋仲

法官释法的逻辑与维度：“同案不同判”质疑的破局路径
——以知假买假请求惩罚性赔偿金案例为视角

广东省广州市中级人民法院 刘燕槟 钟健东

在形式与实质之间：环境影响评价司法审查机制的反思与构建
——基于环评邻人诉讼的实证研究

广东省惠州市中级人民法院 吴芝仪

“有力辩护”：指定辩护质量标准的构建
——反思被高估的“有效辩护”理论

广东省广州市中级人民法院 谢韵静

执行绩效评价良性区间导向管理的实证研究
——以A省24个中级法院为分析对象

广东省湛江市中级人民法院 洪泉寿

民事执行与刑事追缴退赔竞合下执行顺序的司法实践考察
——以整体主义为分析方法

广东省珠海市斗门区人民法院 陈晓辉 成文武

数据之眼：法官员额比例的逻辑前提与修正完善
——基于政法编制、经济发展、案件数量、人口等数据的多维透视

海南省高级人民法院 余德厚
广东省深圳市中级人民法院 李桂红 秦少斌

从158份“值班信息”看基层人民法院刑事审判重大风险的防范思路

重庆江北区人民法院 刘 懿 王国平

全流程引导：众声喧哗中涉法热点案事件舆情应对检视与修正
——以近2年微博热搜榜174件涉法院案事件为样本

重庆市第一中级人民法院 魏 杰 张志清 黄 晨

智能审判的量化与精确
——基于金融借款合同纠纷案件的模拟研究

重庆市大足区人民法院 赵 鑫 李 攀

当前认罪认罚从宽实践运行中错案风险与防范机制

——以重塑认罪认罚速裁庭审程序为防范切入

重庆市第一中级人民法院　李遵礼　詹勤艳

类案范本指引：法官指引制度实质化运行的实现

四川省成都市武侯区人民法院　唐楠栋

诉权界阀与正当行使：立案登记制下恶意诉讼防范机制构建

——基于实体与程序设置的二维视角

四川省岳池县人民法院　陈芸莹

四川省广安市中级人民法院　戴建军　马　露

法院集团类案件审理中的风险及防控机制建构

——以C市G法院近三年集团类案件审理情况为样本

四川省成都高新技术产业开发区人民法院　徐永红　黄珊珊

改革工具的重新选择：省级统管后法院经费保障机制再造

四川省成都市武侯区人民法院　范丽思

如何塑造“模范法官”：司法荣誉的实践样态与制度改进

四川省巴中市中级人民法院　徐文昌　程德栋

先行调解中当事人行为选择偏好分析及其运用

——以促调解效果最佳化的法经济学角度透视

四川省德阳市中级人民法院　张文敏　杨　轩　黄丹丹

对法官员额动态调整的现实思考

——以Y省为切入视角

云南省高级人民法院　廖永兵

多维重塑：审判委员会决定及理由在刑事裁判文书公开中的缺失与弥合

——以中国裁判文书网公开的912份刑事判决书为样本

北京市顺义区人民法院　王海龙

云南省高级人民法院　孙　熹

北京市顺义区人民检察院　康　云

自由型抑或效能型法治：管辖权审查制度的耗时考量

——基于提升我国营商环境的法律视角

陕西省西安市中级人民法院　赵海峰　尚卫民　张雪婷

从无序到有序：审判责任认定的规则之路

——以审判责任构成要件理论为基础

北京市第一中级人民法院　伍　涛　刘雅璠

甘肃省高级人民法院　刘吉旭

破茧成蝶：司改新时期政法编法官助理的职业瓶颈与出路

——以524份政法编法官助理调查问卷为样本

青海省格尔木市人民法院　张志慧

北京市顺义区人民法院　孟　思

"智慧法院"办案场景下的可视化工具：原理、路径与功能

宁夏回族自治区高级人民法院　朱丽梅

北京市第一中级人民法院　陈大林

恶意转移财产规避执行的规制探析

——以184份执行裁定书为分析样本

北京市怀柔区人民法院　杨亚妹　翟国军

新疆生产建设兵团第八师中级人民法院　陶世栋

清单革命：裁判文书错误规律探源与校核机制重构

——"清单引导+混合分工"注意力资源优化配置为进路

中国政法大学　原　静

中国社会科学院　李俊晔

北京航空航天大学　宁晓栩

法官惩戒事由的再框定

——从侧重"实体结果"转向关注"不当行为"

湘潭大学　谭　姣

退休法官参与诉前调解的现状检视和完善方向

湖南省法学会　姚钟平月

三等奖

区块链智能合约在未来执行中的应用及规则构建

北京互联网法院　伊　然　熊志钢　张乃毓

高层级法院提级审理制度构建的难点与突破

——以具有普遍法律适用意义的案件为研究对象

北京市第二中级人民法院　牛晓煜

农村土地承包经营纠纷仲裁司法审查的乱象与规制

——以审查规范的建构为进路

北京市第三中级人民法院　王苗苗　熊　静

环境公益诉讼中专家意见引入机制的规范与完善

——基于现实引入模式的比较分析

北京市第四中级人民法院　朱　玲

环境公益诉讼中请求权规范适用的检视与回归

——基于对45份生效判决的分析

北京市朝阳区人民法院　丁　楠

"结构-功能"视角：执行案件"分段"实施之探索

——基于全国31家基层法院执行实践的考察

北京市西城区人民法院　樊　创

民商事案件中自行委托鉴定的现状反思与制度构建

——以某省183件案例为分析样本

北京市第三中级人民法院 李迎新 高明正

风险防控视角下司法裁判中的后果考量问题

——基于法条与后果的较量

天津市第二中级人民法院 闫 慧

法治营商环境司法评估的体系建构及现实进路

——以商事主体的司法感知为视角

天津市第二中级人民法院 马凤岗

院庭长办案制度的检视与完善

——以挂名办案为切入点

天津市滨海新区人民法院 齐姗姗

天津市高级人民法院 赵文艳

套路贷案件风险防控路径探究

——以刑民交叉案件的审理冲突为视角

天津市第二中级人民法院 纪文哲

刑事二审新证据的界定与应用规则

天津市第三中级人民法院 路 诚

天津市第二中级人民法院 张春颖

从误解到理解："执行不能"的可接受性问题研究

——以某基层法院300件终本案件为例

天津市东丽区人民法院 齐 越

多元化纠纷解决机制下法院"大调解"模式续造

天津市武清区人民法院 姜 欣

北京市第四中级人民法院 李振凡

检视与完善：案外人申请不予执行仲裁裁决制度实施效果评测

天津市第一中级人民法院 刘翠翠

中国国际贸易促进委员会 孙子良

人民法院新型审务管理体系研究

——以资源配置为视角的观察

河北省邢台市桥西区人民法院 张建颖

行政诉讼裁判时机成熟的认定

——以1个最高院的判例和256份履行法定职责判决书为视角

河北省涿州市人民法院 高 娟

四川省绵阳市安州区人民法院 刘 怡

授之以渔：人民法庭合理布局与功能优化方法论

——以某市区人民法庭的波士顿矩阵实证分析为样本

北京市大兴区人民法院 孙 彪

山西省高级人民法院 白 婕 张 丽

行政审判率先实行有限三审终审制的理性思辨及制度构建

——以统一法律适用和诉讼功能的实现为视角

北京市延庆区人民法院　王　芹

黑龙江省高级人民法院　奚萌萌　鲁　岩

“特别程序＋复议”：司法确认案件中案外人救济现状及程序构建

——程序保障视角下的实证分析

北京市朝阳区人民法院　高世华

黑龙江省哈尔滨市中级人民法院　赵　敏　奚文胜

土地非诉行政执行案件审查标准的反思与重构

黑龙江省牡丹江市爱民区人民法院　王　俭

黑龙江省牡丹江市中级人民法院　蒋利龙

审慎愈治：执行程序瑕疵纠错补正的验检和规制

广东省佛山市南海区人民法院　何　键

黑龙江省哈尔滨市中级人民法院　赵敏　奚文胜

迈向回应型司法：人民法院应对舆情的路径选择

——基于近五年“人民法院十大刑事案件”的考察

上海市黄浦区人民法院　郭延风　贾文超

困境与出路：类案识别的理性建构

——以人民法院审判管理为视角

上海市第一中级人民法院　宋　虹

论我国金融法院的职能定位及职权配置

——以上海金融法院为视角

上海金融法院　葛少帅

法社会学范式下审委会专业委员会表决机制的检视

——基于群体决策理论对16份改革样本的实证分析

上海市第一中级人民法院　徐文进

上海市杨浦区人民法院　姚竞燕

“咨询制度”语境下专业法官会议的价值回归

——以S市1195件专业法官会议为分析蓝本

上海市金山区人民法院　王晓慧

解纷的艺术：法院调解工作中的社会心理探析

——以某直辖市中院诉讼调解实践为样本

上海市第二中级人民法院　王宗光　邱　波

一审行政裁判文书繁简分流的实践检视与路径选择

——以全国法院两类行政裁判文书为分析样本

上海铁路运输法院　孙焕焕

社会主义核心价值观在司法裁判中的运用：反思、证成及规范化路径

江苏省高级人民法院　谢新竹

江苏省昆山市人民法院　陆　昊

欲求与回应：法院干警履职保险制度探索

——以 278 份调查问卷为实证分析

安徽省巢湖市人民法院　司　璐

理性选择：法官流失与司法改革关系之递嬗与省思

——基于 A 省若干典型法院的实证分析

安徽省淮南市谢家集区人民法院　牛　艳

安徽省淮南市中级人民法院　李兆杰

行政诉讼受案范围排除事项的体系建构和司法适用

——以 2018 解释第一条第二款第十项为切入口

安徽省舒城县人民法院　朱亚非

我国“执转破”启动机制的困境与突破

——经济分析法学视域下的应对之策

安徽省宿州市中级人民法院　李　孟

困境与应变：环境行政公益诉讼制度架构的断点修复

——以试点阶段成效分析为引介

安徽省涡阳县人民法院　张泽宇

上海市徐汇区人民检察院　倪文琦

供给侧改革视角下法官惩戒制度的完善

——以法官惩戒委员会的实体化运作为指向

福建省泉州市中级人民法院　张顺发　黄金菊

承启之间：中级法院职能调整与优化进路

福建省厦门市中级人民法院　洪志坚　颜映红　罗仁冰

激发民间智慧：人民陪审员绩效管理模式探析

——以 KPI 绩效管理机制的嵌入为视角

福建省德化县人民法院　黄衍青　杨小蓉

从对抗夫妻到合作父母

——以父母责任为中心的亲子案件审执进深路径探析

福建省厦门市海沧区人民法院　黄冬阳　芦　絮　方　珺

监委调查案件适用认罪认罚从宽制度探析

——以 S 市“监、检、法”三家形成刑事政策适用规则会议纪要为样本

福建省厦门市中级人民法院　李志远　吴成杰

环境行政附带民事公益诉讼模式规则论要

福建省福州市中级人民法院　张志灯

不当行政行为“软”规制路径

——以行政行为明显不当与非明显不当“交叉区域”为切入点

福建省罗源县人民法院　李孝兴

论裁判文书释法说理提升范式转型

——基于全国法院首届“百篇优秀裁判文书”的实证分析

福建省厦门市中级人民法院　吴丽雪　柯雅玲　范亲敏

法官庭审打断之共识与规则建构策论

——基于以审判为中心的刑事庭审实质化改革视角

福建省厦门市中级人民法院　李志远

福建省厦门市海沧区人民法院　付　臻

福建省厦门市中级人民法院　冯元元

“一点四面 + 尾翼”：防范刑民交叉案件司法风险的路径重构

福建省漳州市中级人民法院　蔡红梅

司法直播视域下庭审制度的反思与重构

——以多方博弈为分析视角

江西省宜春市袁州区人民法院　邓永民

法院司法行政事务管理模式之检讨与完善

江西省上饶市中级人民法院　连重波

基层法院一站式诉讼服务中心人力资源管理完善路径

——以J省10个基层法院诉讼服务中心人员现状为样本

江西省石城县人民法院　陈文春　孔繁灵

规范性文件司法审查理性思辨与路径探索

——基于“附带性”审查与“隐性”审查之比较分析

南昌铁路运输中级法院　熊　霓　郑红葛

行政诉讼客观诉合并审理的问题探析

——以336份行政裁判文书为实证分析

江西省景德镇市中级人民法院　董美霞

江西省进贤县人民法院　肖　慧

行政争议实质性化解背景下诉前协调机制的实效分析

——以N铁路运输法院的探索为样本

南昌铁路运输法院　石春芳

谋利型违约诉讼的规制

——基于信号传递模型的分析

江西省进贤县人民法院　熊丽萍　肖　慧

反思性设想：论“其他诉讼费用”的分担规则与风险承担

——以审判与诉讼的二次成本转化为路径

江西省吉安县人民法院　曾佐宸

和而不同：裁判文书少数意见公开的规则建构

——以少数意见类型化为视角

江西省吉安市吉州区人民法院　郑　辉

“切实解决执行难”视野下的执行员再定位

——兼论建立执行官为主体的执行权运行机制

江西省高级人民法院　李　哲

江西省进贤县人民法院　刘利荣

协而不同：法官助理审判辅助工作可视化绩效管理机制探究

山东省日照市岚山区人民法院　张　萌

聘任制法官助理制度的构建

——以解决法官助理身份“双轨制”问题为视角

山东省潍坊市中级人民法院　周　伟

论化解案件激增诉讼风险的进路与方法

——以知识产权技术类案件立案登记制改革实践为视角

山东省高级人民法院　周蓉蓉

信赖利益保护的司法机制探析

——以司法推动社会治理现代化为视角

山东省日照市中级人民法院　王建秀

判决书援引传统文化探究

——基于132份生效裁判文书的实证分析

山东省滨州市中级人民法院　方月伦

“财产性判项”履行的认定困境与破解之道

——以A市法院612件减刑、假释案件为样本

河南省安阳市中级人民法院　邢　霞　刘丽杰

反思与超越：民事二审设置简易程序的理性思辨及其实现进路

——以民事二审不开庭审理实践异化为逻辑起点

河南省平顶山市中级人民法院　刘冠华　李　波　张松鹤

扭曲与归位：行为执行不能案件退出困境的路径突破

河南省郑州市中级人民法院　李志增　李　冰

组织行为学视角下增强法院人才吸引力研究

湖北省武汉市江岸区人民法院　余　敏

从优先到前置：调诉分接的瓶颈突破与规范续造

湖北省武汉市中级人民法院　王兆忠　危永波　吴红兵

要素抓取：大数据视角下审判效率提升路径研究

——以审前准备及诉讼调解为关键环节

湖北省武汉市江岸区人民法院　汪　为　侯立平

刑事附带民事诉讼中赔偿“两金”必要性研究

——以1000份刑事附带民事判决书为样本

湖北省汉江中级人民法院　杨艳荣

纠纷解决机制“两率”背离：调解案件大量进入强制执行程序现象的反思

——以H省Z县法院为样本

湖北省秭归县人民法院　邓　娇　陈　芳　邓颖尹

法院微博文本语言的问题检视与优化

湖南省娄底市中级人民法院　梁成文

粤港澳大湾区司法商谈之路径探索

——一种对话式司法的展开

广东省佛山市中级人民法院　黄燕芝

“本院认为”中的“价值杠杆”：诉讼费用负担的工具理性、实践检验与完善路径

广州互联网法院　林北征

广东省广州市番禺区人民法院　倪丽珠

从“工具理性”到“交往理性”：民事诉讼当事人虚假陈述的司法认定与防治

广东省广州市中级人民法院　唐亚玲

“自我鉴真”还是“法律鉴真”：区块链证据的真实性认定迷局与规则重构

广州互联网法院　段莉琼　吴博雅

探求法院内设机构改革的帕累托改进

——以构建要素式审判团队为中心

广西壮族自治区上思县人民法院　江河媛

“互联网＋诉前联合调解”机制的探索

——用互联网科技续写“枫桥经验”新时代篇章

广西壮族自治区南宁市江南区人民法院　谭小彤

重大复杂破产案件的界定及管理人选任规则适配问题研究

——以G市法院审理的部分类型案件为研究范本

广西壮族自治区高级人民法院　蒋太仁

广东省广州市中级人民法院　李超彬

系统性金融风险防范视角下的逆周期能动司法

——基于S市金融司法实践的实证研究

上海金融法院　练彬彬　程红星

海南省高级人民法院　程　序

“把孤岛连成大陆”：类案检索机制的基准案例库之构建

——以“知识地图＋案例培育”模式为契口

北京市大兴区人民法院　熊诗岚

海南省海口市中级人民法院　刘思其

绩效管理视域下的基层法院专项转移支付资金：域外考察与本土展望

山东省临清市人民法院　郑晓静

海南省陵水县人民法院　谢玉良

“长期未结案”当事人审限监督的模式建构与规范完善

——基于审判监督管理“过程控制型”理念的视角

海南省第二中级人民法院　曹荣刚

重庆市第五中级人民法院　罗响林　徐　良

世行营商环境评估之“执行合同”时间指标的优化路径

重庆市江北区人民法院　曾成峰

民间借贷风险之司法大数据预警机制构建

——基于法院信息化建设的视角

云南省昆明市中级人民法院 夏静良 张 霞

十步法：指导性案例民事审判应用方法实证研究

——以700件民事判决书对指导性案例的应用为考察

广东省广州市荔湾区人民法院 陈小倩

西藏自治区高级人民法院 吕大为

认罪认罚从宽案件中被追诉人反悔上诉问题探析

西藏自治区拉萨市中级人民法院 刘一麟

福建省厦门市中级人民法院 陆启亮

法院附设一站式多元解纷机制的路径选择与制度构建

——从西部某省会市两级法院的试点样本切入

陕西省西安市中级人民法院 杜豫苏 何育凯

“游戏”改变调解

——共享经济视角下《多元化纠纷共享化解平台》模型之构建

陕西省西安市灞桥区人民法院 陈学义 韩萌萌

论刑事判决非法证据排除说理的方式

——以中国裁判文书网308份刑事判决书为分析样本

陕西省西安市未央区人民法院 李社武 马 俊

刑事辩护准入制度构建研究

——以西部某国家中心城市刑事司法改革试点为样本

陕西省西安市中级人民法院 常 鹏

互联网法院与传统法院知识产权案件管辖的确立规则

北京市朝阳区人民法院 田琪雅

陕西省高级人民法院 王琪轩

如何“参照”：生态环境损害赔偿诉讼撤诉请求的司法审查进路探析

甘肃省高级人民法院 刘吉旭

北京市朝阳区人民法院 鞠 仁

环境民事公益诉讼因果关系认定的困境与出路

——因果关系实践和理论再出发

甘肃省高级人民法院 詹王镇

安徽省芜湖市鸠江区人民法院 冯韵东

论司法信任的个案累积

——以热点刑事案件中民意的诉讼内回应为视点

青海省高级人民法院 李 芹

福建省泉州市中级人民法院 林艳

澄滤颓波到底清：不实举报内部澄清保护制度的构建

青海省高级人民法院 廖海峰

北京市东城区人民法院 王 玫 李彦宏

"一带一路"倡议下我国国际商事法庭竞争力提升研究

——以裁判于域外的承认与执行为核心展开

福建省莆田市荔城区人民法院　王　诺
福建省仙游县人民法院　郑　统
新疆生产建设兵团莫索湾垦区人民法院　陈刚

机关法人为被执行人的程序构建

——以企业家合法权益有效实现为视角

新疆生产建设兵团第十二师中级人民法院　舒卫平
湖南省岳阳市云溪区人民法院　闾　敏
湖南省平江县人民法院　胡金谋

军事行政诉讼试点向军纪处分案件拓展的可能与路径

中国人民解放军军事法院　张兴坡　海　娃

内设机构改革背景下基层法院研究室的结构与功能

——基于组织结构的中观研究视角

湘潭大学　李　茜

退休法官返聘制度之构建

——以医生为参照

湘潭大学　匡少娟

非诉讼调解机制在医疗纠纷领域的应用

——以《医疗纠纷预防和处理条例》为基础

湖南省法学会　刘旖旎

二审合议制的突破与限制性重构

——以审判超期上诉案件为视角的思考与探索

湖南省法学会　李连春

专业法官会议前置过滤职能的反思与构建

——以微观动机为视角

湖南省法学会　蒋志强

劳动争议多元化纠纷解决机制的研究和思考

湖南省法学会　胡　蕾

效益法则：专利无效判定案件审理路径探析

——以诉讼程序二元构造优化目标为中心视角

华中师范大学　杨　凯　钟慧敏　林　辉

刑事诉讼涉外司法翻译的困境解决及制度建构

华中师范大学　杨　凯　杨陆平　林晓清

基于非诉讼程序建构的遗产管理模式

——以民事诉讼制度结构性改革之非诉讼纠纷解决机制前置为视角

华中师范大学　杨璐嘉　廖惠敏　叶鑫欣

民事二审发回重审裁定书说理的检视与规制

华中师范大学　杨　凯　李　美　童大标

环境民事公益诉讼中行为保全制度的反思与重构

湖南省法学会 谢思宇

优秀奖

善治传统在法庭参与乡村治理中的继承与创新

——以新时代“枫桥经验”为中心

北京市门头沟区人民法院 张 哲 吕彤儒

刚柔并济：司法建议法律效力的解构与运用

——以法院能动参与社会治理为视角

北京市第三中级人民法院 李春香 熊 静

故事思维：人民法院工作报告的公众认同度检视与提升

北京市东城区人民法院 余亚宇 门 莹 毕晓燕

从“被动满足”到“主动引导”

——智慧法院用户需求管理制度的实践检视及规则构建

北京互联网法院 佘贵清

北京市第二中级人民法院 石 婕

北京互联网法院 孙 伟

权力结构语境下的司法经费分级保障模式研究

北京市第一中级人民法院 仇芳芳 宁 韬

系统之美：探索案件收结调度的深层规律

——案之系统论与人之注意力的融合视角

北京市第二中级人民法院 李俊晔

北京市大兴区人民法院 刘 璨

生态环境损害赔偿范围的限缩与优化

北京市第四中级人民法院 方天皓

民事诉讼中未承担责任的无独立请求权第三人上诉权困境检视与进路探索

——以当事人程序保障及与第三人撤销之诉对接为视角

北京市第一中级人民法院 赵小军

解构与重构：民事诉讼诉前调查令的理性思辨与路径抉择

北京市门头沟区人民法院 王冬琪

继承与变革：法庭调查与法庭辩论合并庭审模式探究

——以B市E中院168件民事案件为分析样本

北京市第二中级人民法院 肖大明 曹 华

以管理人地位中立性原理构建破产网拍规则

——现有“管理人独立发拍模式”改造升级

北京市大兴区人民法院 程 立 熊诗岚

院庭长执行监督管理权能的分离与规制
——以执行实施权配置与监管关系的重构为重心
北京市怀柔区人民法院　朱春涛　毛　琳

新媒体时代人民法院涉法网络舆情应对模式构建
——以信息生命周期理论为视角
天津市红桥区人民法院　马轶婷

新型审判管理监督体制背景下审判监督风险库的构建和运用
——以类案检索的反向推演为切入点
天津市河东区人民法院　孙　伟

外部约束与内在激励：基层法院庭长权力的非正式运作及其超越
天津市滨海新区人民法院　马　越　候华北　魏　星

规则治理与个案补充：新时代人民法院经济功能的定位与展开
——以高级人民法院为样本
天津市第三中级人民法院　姚　强
天津市第二中级人民法院　王丽平

提级审理制度的困境及其破解
——以制度风险归因分析方法为视角
天津市河西区人民法院　孔　倩

供给侧优化：人民陪审制改革背景下法官指引制度的构建与完善
——以T省25家中基层法院法官指引现状为研究样本
天津市高级人民法院　董　扬
北京市通州区人民法院　刘乙璞

诉非衔接机制下律师调解制度的实践困境与突围路径
天津市东丽区人民法院　王立鑫　陈甜甜

司法化解纠纷成本探析
——以机动车交通事故责任纠纷为例
天津市高级人民法院　秦　华
天津市津南区人民法院　鲁一男

商标惩罚性赔偿的司法考察与功能优化
——基于全国334件侵害商标权纠纷的案例研究
天津市高级人民法院　张　楠

生态环境损害赔偿案件类型化下的归责原则适用
天津铁路运输法院　吕显民　褚　宁

国家赔偿精神损害抚慰金酌定方法之构建
——以各项因素的原因力比较为视角
天津市第一中级人民法院　张淑萍

迎合抑或谦抑：法院在泛娱乐化传播语境中的形象塑造

北京市通州区人民法院　余　海
山西省河曲县人民法院　周晓丽

论提升法院司法公信力的困境与出路
——以法官心证公开为视角

山西省临汾市中级人民法院　李坤鹏
北京市丰台区人民法院　罗兆英

放权与监督的博弈：论法官司法责任惩戒制度的可行路径

北京市通州区人民法院　龚　茜　孟　强
山西省太原市中级人民法院　张　宏

类型化纠纷诉调对接模式的因素考量与制度完善
——以精细诉调对接的环节设置为视角

山西省临汾市中级人民法院　苏立强
北京市丰台区人民法院　舒　翔　徐舒扬

诉讼结构视角下刑事速裁程序的检视与完善
——基于对436份速裁二审文书的实证分析

山西省清徐县人民法院　左广强
北京市第一中级人民法院　张宏宇

执行实施法官助理职责范围界定
——以执行实施权五权三级体系为基础

北京市海淀区人民法院　解于申
山西省晋中市中级人民法院　翟国亮

“案多人少”矛盾背景下的诉源治理
——以法院内部案件管理为视角

内蒙古自治区呼伦贝尔市中级人民法院　梁振宇
北京市房山区人民法院　杨瑞强

问题与话题：机械司法的症结及其治理
——以三种裁判思维进路的解构为突破口

内蒙古自治区呼伦贝尔市中级人民法院　栾雪
北京市朝阳区人民法院　程立武

诉讼结构优化视角下我国民事诉讼附带上诉制度的构建

内蒙古自治区呼伦贝尔市中级人民法院　蒋忠顺
北京市房山区人民法院　于晓君

环境行政公益诉讼中不履行法定职责的司法判断标准研究

内蒙古自治区赤峰市中级人民法院　潘永如　孙艳红　李　哲

化解与防控非诚信诉讼行为降低司法裁判公信风险对策研究
——以司法制裁非诚信诉讼行为为视角

内蒙古自治区通辽市中级人民法院　董明华

以行政司法良性互动机制促进法治政府建设研究

内蒙古自治区乌海市中级人民法院　任锦曦

公权侵害法官人身财产名誉权益的防控机制完善

辽宁省沈阳市中级人民法院　冯国超

刑事二审开庭审理方式实证研究

——以L省Y市中院近三年刑事二审案件为样本

辽宁省营口市中级人民法院　李靖宇　孔湘宁

司法改革背景下基层法院内设机构之重构

——基于S市T区法院内设机构改革的实证分析

辽宁省沈阳市铁西区人民法院　林思圻

司法改革背景下智慧法院建设问题研究

——以打造服务型的深度应用系统为研究视角

辽宁省辽河中级人民法院　武越群

司法改革背景下智慧法院和信息化建设问题研究

——以基层法院民事审判法官实际办案为视角

辽宁省大连市西岗区人民法院　李霞南

刑事速裁程序中的效用损失与补偿实现

——以法经济学为研究视角

辽宁省沈阳市沈河区人民法院　张桂宏　孙　陶

冲突中的和谐之道

——大数据背景下法院舆情风险的引导与防控

吉林省长春高新技术产业开发区人民法院　王小磊

司法改革背景下智慧法院和信息化建设问题研究

吉林省白山市中级人民法院　王　哲

四级法院功能定位和职权配置问题研究

吉林省东丰县人民法院　苏　航

法官职业保障的反思

吉林省吉林市丰满区人民法院　孙子涵

制度激励视域下我国法院诉前调解制度的完善路径

吉林省梅河口市人民法院　李冬梅

云计算、大数据、人工智能、物联网等与法院工作融合的机制研究

吉林省长春市绿园区人民法院　刘　昊

检视与完善：基层法院刑事庭前会议制度的新思考

——以H省S市10家法院运行情况为研究样本

黑龙江省安达市人民法院　赵世如

司法责任视角下基层法官助理培养机制探究

黑龙江省佳木斯市向阳区人民法院　刘　静

司法多元化改革视角下公证参与司法辅助事务检视与构造

黑龙江省哈尔滨市道外区人民法院　李　默　吴　旭

数之序也：个人数据权司法保护配套机制的理性建构

——以11件数据权纠纷案件为样本

哈尔滨铁路运输法院 边 杨

刑事裁判文书证据说理范式研究

——基于500篇刑事一审裁判文书

黑龙江省双鸭山市中级人民法院 郭雨晴

土地征收补偿诉讼中原告资格的厘定

——以补偿请求权为基础

黑龙江省牡丹江市中级人民法院 蒋利龙 张晓行

民事诉讼视角下“套路贷”行为的识别与规制

——基于中国裁判文书网2798份民事裁判文书的分析

黑龙江省农垦中级法院 刘星海 侯 洵

黑龙江省九三人民法院 张 爽

刀刃向内视角下执行全流程再造

——从“一人包案”到“分段集约”再到“全流程”的3.0版本

山东省临沭县人民法院 杨维松

黑龙江省高级人民法院 奚萌萌 鲁 岩

刑事裁判公众认同的实现

——以“二阶层”刑事裁判思维为路径

北京市第二中级人民法院 何 朕

黑龙江省高级人民法院 刁克岩 祝婕

智慧法院之法律职业共同体网络协作平台构建

——以刑事案件律师辩护全覆盖为试点领域

山东省威海市中级人民法院 文 博

黑龙江省高级人民法院 刁克岩 祝 婕

理论与实证：民事诉讼附带上诉制度的建构

北京市第三中级人民法院 田 晔

黑龙江省绥化市中级人民法院 王 贺

黑龙江省佳木斯市中级人民法院 霍红光

互联网案件审理模式的一体化建构问题探索

上海市长宁区人民法院 孙海峰 赵琛琛 邓 鑫

人民法院审判关联组织相互关系优化研究

——以科层制与扁平化的平衡为视角

上海市徐汇区人民法院 陈记平

知识产权侵权获利赔偿“断崖式改判”风险与裁量权规范研究

上海市徐汇区人民法院 张 敏

实践与规范：环境修复责任的绿色价值与实现进路

——基于中国裁判文书网497份裁判文书的样本分析

上海铁路运输法院 王亚萌

我国国际商事法庭的实践考察、制度逻辑和体系构建

上海市高级人民法院　叶　锋

论预备性合并之诉的功能与规制

上海市高级人民法院　周　量　徐　驰

《新加坡公约》下我国执行国际商事和解协议路径探索

上海市第一中级人民法院　戴欣媛

防范化解重大风险视阈下平行诉讼制度的反思与完善

——以 90 份裁判文书的实证分析为视角

上海市杨浦区人民法院　姚竞燕

上海市第一中级人民法院　徐文进

行为保全制度的规则确定与机制优化

——以 S 市法院六年来行为保全数据为分析视角

上海市普陀区人民法院　胡　超

回归与延伸：融入社会治理的基层司法运行

——兼论人民法庭的运行现状与职能完善

江苏省泰州市中级人民法院　李　霖

从个案模糊预判到评估机制完善：论重大敏感案件风险评估体系构建

江苏省宿迁市中级人民法院　贾银亮

司法公信力进路解析：论民事案件裁判结果风险评估机制的建构

江苏省宿迁市中级人民法院　程黎明　段　娜

“类案不同判”引发的司法风险点研究

——以《公司法》第 16 条规则的适用演变为视角

江苏省南京市浦口区人民法院　周　超

司法责任制改革后法官审判权事中规制的漏洞及修复

江苏省常州市中级人民法院　龙海阳

法院外部人员参加审判委员会案件讨论程序问题探析

江苏省盐城经济技术开发区人民法院　刘雅男

法官视角下绩效考核制度的定位矫正与制度完善

——以 J 省 X 市两级法院为样本

江苏省徐州市中级人民法院　课题组

平衡与纠偏：司法改革背景下法律适用统一问题的理性思辨与路径选择

江苏省睢宁县人民法院　袁长伟　赵参参

刑事抗辩事由的性质识别及其证明

——论刑事举证责任转换机制的构建

江苏省宿迁市中级人民法院　孙　泳

行政允诺司法审查标准的三阶层构造

江苏省南京市中级人民法院　葛明秀　姚　坤

"热运行"背后的"冷思考"：繁简分流制度的检视和完善

——以"动态差异识别+人案配比优化"为进路

江苏省高级人民法院　张　龑

江苏省南京市中级人民法院　程　财

民事诉讼中禁反言原则的不当运用及司法规制

——以J省1477份裁判文书为分析视角

江苏省淮安市中级人民法院　朱　佩　马玉宝

司法改革视野下"诉源治理"的破局之路

——以非诉讼纠纷解决机制系统建构与优化为视角

浙江省嘉兴市南湖区人民法院　宋　健　陈叶君

论民事审判的竞技主义难题及其纾解

——以舆情风险防范为切入点

浙江省平湖市人民法院　马德志

法院内部组织架构优化的基本逻辑及其展开

——以"审判VS管理"二维权责厘清为视角

浙江省舟山市中级人民法院　房晓娇

人工智能介质下审判路径范式构建透析

——法律知识图谱的模型构建

杭州互联网法院　叶胜男

浙江省高级人民法院　李　波

法院整体回避问题研究

——程序公正视野下从个体回避到整体回避的扩张

浙江省桐庐县人民法院　兰世民

律师协会处分行为之司法救济策论

——以法律职业共同体之行政诉讼化解法律服务风险为视角

浙江省湖州市中级人民法院　赵　龙

司法公信力视角下法院微信公众平台完善路径探讨

——基于网络"爬虫"和文本挖掘的231个样本分析

安徽省滁州市中级人民法院　马　清

司法回应舆论的内在机理：铺展法律沟通的理性之路

——基于对2008－2018年间184件热点案件的分析与展开

安徽省六安市中级人民法院　丁瑞祥

Bug修复：风险防范与化解视角下的法院信息化建设路径完善

——以9家法院实践为分析样本

安徽省淮北市烈山区人民法院　王　强

法官员额消极退出的实践困境与优化路径

——以竞争性绩效考核机制为关注向度

安徽省芜湖市中级人民法院　王旭东　宋喜萍　胡国栋

法官助理助力审判的困境与出路
——基于S县法院法官助理助力民商事审判状况的实证考察
安徽省宿松县人民法院　彭旺鸿

把非诉讼纠纷解决机制挺在前面
——以“主导性纠纷解决机制的建构与思考”为切入
安徽省马鞍山市中级人民法院　方龙彪

环境行政公益诉讼确认违法判决问题研究
安徽省合肥市中级人民法院　潘　攀

民事管辖权异议上诉规则的完善
——以两级法院的样本案例为视角
安徽省黄山市黄山区人民法院　吕贤亮　黄　鑫

执行过程中职务犯罪风险的识别与防范
——以裁判文书网全国2016年以来59篇案例为样本
安徽省涡阳县人民法院　刘　海

外援型司法辅助人员协助办案质效激励机制建构
——以F市G区法院实习法官助理五批次运行经验为例
福建省福州市中级人民法院　苏维海
福建省福州市鼓楼区人民法院　张太洲

审判质量瑕疵责任的认定标准及规则构建限度
——以审判质量保证机制为出发点
福建省厦门市思明区人民法院　刘远萍

“跨域”嵌入诉讼服务之后
——以F省法院跨域实践为样本
福建省泉州市中级人民法院　林美燕

专利确权与侵权交叉案件的程序困境与优化
福建省福州市中级人民法院　陈　琦

论精神病鉴定法庭调查实质化
福建省福州市中级人民法院　李　军

行政协议无效认定审理规则之审视与建构
——以法律适用“体系性思维”为分析视角
福建省泉州市中级人民法院　刘志健
福建省泉州市丰泽区人民法院　周华丽

环境行政罚款与罚金的实体衔接及规则适用
福建省罗源县人民法院　黄宗斌　李瑞钦

公共法律服务体系建设背景下的送达机制改革方向
——以S法院围绕送达主体的十年改革历程为观察样本
福建省厦门市思明区人民法院　张希华

从博弈到共存：执行程序中租赁权的保护范围及限度

——以利益衡量论为视角

江西省宜春市中级人民法院　陈明灿

环境诉讼裁判思维的逻辑程式建构

——以利益衡量的阶段性分析与风险控制为视角

江西省会昌县人民法院　邹桃生　李晓霞

环境民事公益诉讼中数人侵权案件责任分担的司法审理

——以程序与实体互动为视角

江西省南昌市中级人民法院　陈　璇

空转与规制：财产报告制度的实践困局与治理路径

江西省高级人民法院　卢日久

从“单向度”到“多向度”：检察长列席审委会制度的功能转进与规则建构

江西省吉安县人民法院　赖建根

“灰犀牛”风险与法官责任

——谈司法责任制改革后争议案件的风险防控

江西省抚州市中级人民法院　饶辉华

刑事裁判的情理考量与程序规制

——兼论新时代“情理法融合正义观”办案模式之构建

江西理工大学　钟健生

江西省赣州市中级人民法院　肖建国

江西省赣州市赣县区人民法院　龚享福

“一带一路”倡议下外国法查明责任承担规则的完善

——以构建法官与当事人协同关系为指向

江西省南昌市中级人民法院　陈　洁

江西省进贤县人民法院　朱斐倩

广东省深圳市龙岗区人民法院　唐雨蒙

为当事人挂上“专家号”：论案件风险防范化解视角下院领导办案制度的优化

山东省烟台市中级人民法院　李启航

员额法官遴选中置休制度的嵌入

——制度经济学视野下员额增减机制的过渡性安排

山东省枣庄市中级人民法院　金　蕾

中间类型：区分事实审与法律审逻辑建构新探

山东省高级人民法院　周蓉蓉　徐兴军

七人合议庭中事实审与法律审区分规则分析

——以陪审司法解释之再细化为目标

山东省博兴县人民法院　舒志喜

乡村法庭适度增设的结构功能主义分析

——以 GIS 空间可达性为测算工具

山东省青岛市中级人民法院　贯升宗

执行异议之诉受案范围问题研究

——以H省高院裁定驳回起诉的执行异议之诉上诉案件为视角

河南省高级人民法院　王　静

非诉公民司法公正感养成路径探析

——以心理学和传播学为研究视角

湖北省武汉经济技术开发区人民法院　郑灵芝　黄　犇

司法裁判嵌入社会治理的路径探析

——以405份民事判决书为分析样本

湖北省黄冈市中级人民法院　胡美琴　裴廷雪

湖北省英山县人民法院　陈　丹

定位与发展：法治视阈下法院参与基层社会治理的逻辑进路

——基于H省H市89个人民法庭的实证分析

湖北省黄冈市中级人民法院　肖　笛　裴廷雪

湖北省英山县人民法院　陈　丹

接近正义：乡村人民法庭参与社会治理的逻辑进路

湖北省南漳县人民法院　罗华山　何　姗

裂变与重塑：中国乡村法庭公共法律服务职能之构造转型

——以乡土司法参与基层社会治理创新为背景

湖北省大悟县人民法院　刘杨萍　陈阿娟

论我国法官类案检索规则体系的构建

湖北省咸宁市中级人民法院　王洪斌

国家监察体制改革背景下法官惩戒与国家监察的衔接机制研究

湖北省武汉市武昌区人民法院　陈　甜

民事审判监督管理实证图景与理想建构

——基于42份民事枉法裁判罪裁判文书的实证分析

湖北省鄂州市中级人民法院　刘岳鹏

司法改革背景下审判委员会总结审判工作经验职能的回归

——以H省S市两级法院182次审委会记录为样本

湖北省十堰市中级人民法院　张　剑

生态环境损害赔偿证明责任之关联性认定

——“绿色原则”指导下的裁判路径探析

湖北省武汉市洪山区人民法院　李　惠

异化与回归：改革视阙下二审发回改判规则的检视与完善

湖北省黄冈市中级人民法院　倪志勇　熊　静

三步裁判法：“农嫁女”土地补偿的诉讼构造与份额认定

——以《农村土地承包纠纷解释》第24条为视角

湖北省黄冈市中级人民法院　詹光源　姜亚平　李　栋

庭审直播隐性功能的揭示及其实现

湖南省桑植县人民法院　覃恩赐　蒋晓莉

大数据视野下执行查控系统的审视与优化
——以构建资金流分析体系为突破口
广东省广州市越秀区人民法院　黄媛媛

回应型说理：影响性案件裁判说理的实践和走向
——以对公众意见的回应为视角
广东省广州市白云区人民法院　陈思佳
武汉大学　陈佳琳

从压力到动力：法院网络舆情的现实困境与路径突破
——以G市法院近5年134件舆情案例为分析样本
广西壮族自治区平乐县人民法院　赵桂芳　张北平

从任务指令到潜力激发：切片式透析员额法官审判质效提升的良性激励机制
广西壮族自治区高级人民法院　贺利研　杨　钉
广西壮族自治区南宁市兴宁区人民法院　陈龙江

司法公开视野下量刑证据规则的缺陷与修补
——以120份裁判文书为分析样本
广西壮族自治区南宁市武鸣区人民法院　王　攀

法院在专利侵权诉讼中审查专利效力的合理性
——以实证分析和法经济学分析为视角
广西壮族自治区高级人民法院　张　蕾

阻断·连聚：自媒体畛域下司法与舆情深度翕合的路径选择
广西壮族自治区桂平市人民法院　韦宇安

走出“审判阴影”：法治语境下调解机制的再解读
——对非诉讼纠纷解决机制挺在前面的断思
广西壮族自治区河池市宜州区人民法院　韦兰情

规范与探究：“互联网+”时代不动产网络司法拍卖风险防控路径探究
广西壮族自治区玉林市福绵区人民法院　莫　伟　丘耀辉

未成年人审判社会支持体系构建的路径探索
——以共建共治共享社会治理格局为视角
广西壮族自治区全州县人民法院　张龙军
南宁铁路运输中级法院　蒋振军

迈向精英化：西部法官助理储备藩篱的破解之道
——以G省Y市法院为视角
广西壮族自治区玉林市中级人民法院　何厚伟
广西壮族自治区容县人民法院　黄　洁

以案弘道：社会主义核心价值观融入司法裁判的路径
——基于346份裁判文书为研究样本
广西壮族自治区河池市宜州区人民法院　黄　蓉

法院负面舆情应对策略研究

——以广西法院 14 个地级市的 42 件舆情案例为样本

广西壮族自治区南宁市兴宁区人民法院　潘俊秀

基层法院内设机构设置的实践模式和制度优化

——基于西部地区三种改革模式的考察

广西壮族自治区贵港市覃塘区人民法院　陈秋霞

防范“灰犀牛”：构建民商事案件司法管理类型化风险防控体系

广西壮族自治区南宁市兴宁区人民法院　陈龙江

人工智能与法院刑事审判工作融合研究

广西壮族自治区河池市宜州区人民法院　蓝艳逢　黄　浩

VR 技术在智慧法院建设中的优势与限度

——以刑事审判为视角

广西壮族自治区河池市宜州区人民法院　兰柳奕

新《法官法》背景下中级法院法官助理任职初任法官的困境和出路

——以 G 自治区 G 市两级法院为研究样本

广西壮族自治区桂林市中级人民法院　刘劲阳

司法确认案件中利害关系人撤销之诉的构造

——以检视现行异议程序的不足为切入

海南省高级人民法院　佘德厚

北京市大兴区人民法院　贾　薇

软件著作权案件证据保全相关问题探讨

海南省海口市中级人民法院　冯学文

风险社会中生产安全领域业务过失犯罪的司法困境及风险消解

——以 3172 份裁判文书为样本

重庆市第一中级人民法院　刘　璐　杜　伟

行政类网络视频庭审直播困境剖析与制度构建

——以“议程设置”理论为视角

重庆市第一中级人民法院　景　象

民事诉讼档案向社会公开的理论续造与路径建构

——基于当事人隐私权与公众知情权的冲突和协调

重庆市第五中级人民法院　陈　璐

法官员额制改革背景下行政案件集中管辖制度的困境与出路

——基于 C 市 S 中级法院行政案件集中管辖制度运行状况的实证分析

重庆市高级人民法院　王　彦　刘佳佳

“千里之外断案”的隐忧：论我国民事远程审判的实践反思与程序建构

重庆市渝中区人民法院　熊德全　徐　真

破产审判权与破产事务管理权分离研究

——以府院联动机制运行困境为视角

重庆市第一中级人民法院　曹世海　彭海波

司法“触角”的广度和深度：社会治理现代化语境下司法建议制度边界问题的审视与校正

四川省成都市武侯区人民法院　李华勇　关　佩

议程设置理论视域下刑事案件网络舆情的生成逻辑与应对路径

——基于对“呼格案”与“于欢案”两案的层次再分析（AHP）

四川省泸州市中级人民法院　胡浪波

双重改革背景下法官惩戒机制的自洽性风险

——以程序自然法理论为分析轨迹

四川天府新区成都片区人民法院（四川自由贸易试验区人民法院）　张洪亮

从物理变化到化学反应：论基层法院内设机构与审判团队耦合与调适

——以A省178个基层法院为样本

成都铁路运输中级法院　鲁　虎

合并与转型：人民法庭空置问题的差异化解决路径

——以L市45个人民法庭现状为样本

四川省乐山市中级人民法院　孙秀竹

以何高效维系与精准纠偏：有效认罪认罚在二审的识别、约束与突破

——以1400份认罪认罚二审裁判文书为样本的研究

四川省成都市中级人民法院　徐贵勇

国家责任理论下的国家赔偿诉讼化构建及赔偿委员会职能优化

——基于内设机构扁平化与人员专业化发展的启示

四川省高级人民法院　李　萍

诉讼制度结构性改革视野下民事受诉的维纳式“半联动”控制审查研究

——从三类改裁案件的“小”细节和“大”数据切入

四川省高级人民法院　杜　茜

失信被执行人信用惩戒分级机制的探索与构建

——以比例原则为视角寻求惩戒失信和司法公信的平衡

四川省高级人民法院　何文翟　杜玉兰

类案何以类判：类案识别标准与类判尺度统一

——基于关键事实与类推适用的技术路径

贵州省遵义市中级人民法院　陈星宇　朱　桃

民事再审审查诉讼制度的实践检视与完善

贵州省高级人民法院　舒金曦

多元化纠纷解决机制中司法何以可能

——以民诉视角管窥司法推动、引领、保障功能

贵州省修文县人民法院　谢仕成

司法改革背景下人民法院舆情分析

——以探索防范化解人民法院舆情路径为方向

贵州省安顺市西秀区人民法院　董　莉　陈　阳　包　欣

人民法院风险防控与研判机制构建

——对S省人民法院350份调查问卷进行实证分析

陕西省咸阳市中级人民法院 董晓飞

陕西省泾阳县人民法院 段展翔

陕西省旬邑县人民法院 梁 艳

从矛盾纠纷多元化解的角度探索诉讼服务功能重塑之路径

甘肃省高级人民法院 赵立新 任莉莉

新媒体时代下法院舆情应对分析与机制完善

——基于113起涉法舆情案事件的实证分析

甘肃省庆阳市中级人民法院 张克杰

安徽省芜湖市鸠江区人民法院 管静宇

甘肃省永昌县人民法院 张增奎

内设机构改革后基层法院大型庭室治理问题研究

——从庭室管理到庭室治理的转变

甘肃省永昌县人民法院 杨 帆

北京市朝阳区人民法院 陈静竺

甘肃省清水县人民法院 王彦峰

司法责任制下民事审判监督程序的功能续造

——以中级法院审判监督程序为视角

甘肃省高级人民法院 刘吉旭

北京市第一中级人民法院 姚志伟

申请选择管辖

——破解制约跨行政区划案件管辖的思维困局

兰州铁路运输中级法院 孙 英

浅论人民法院司法权力运行机制的完善

甘肃省高级人民法院 詹王镇 李 艳

法律与风险的赛跑：运用司法救助化解“执行不能”问题研究

——以G省法院司法救助案件为样本

甘肃省高级人民法院 龙 鑫

论票据诉讼的程序构建

——基于金融风险防控新视角

青海省西宁市中级人民法院 黄存智

认罪认罚从宽制度中的“认罚自愿性”

——以防范和化解刑事审判领域重大风险为视角

青海省西宁市城中区人民法院 朱晓柳

论基层员额法官司法职业技能的品质要求

——从基层法院研究室职能机构式微与人员疏离说起

青海省高级人民法院 韩珍杰

福建省厦门市集美区人民法院 李 晨

刑事法官阅卷方式的检讨与选择

新疆生产建设兵团第十二师中级人民法院 舒卫平

党政机构改革对行政审判的影响、挑战与应对

——以行政实质审查为视角

四川省北川羌族自治县人民法院 李 林

新疆生产建设兵团第十二师中级人民法院 李新红

国家治理现代化语境下行政审判的本质与路径

北京市第一中级人民法院 肖 克

新疆维吾尔自治区高级人民法院生产建设兵团分院 李 冰

民事诉讼中滥用管辖权异议的反思与规制

——基于中国裁判文书网263份民事裁定书的实证分析

北京市昌平区人民法院 李 强 谢宝石

新疆生产建设兵团第八师中级人民法院 胡少丽

轻刑过失犯罪文书有限公开和记录制度

——以被告人的刑事被遗忘权为切入点

湖南省法学会 许 燕

审判管理视野下民商事一审审限改革研究

北京理工大学 曾 竞

中国政法大学 董洪辰

论涉法官网络舆情处置体系的构建

——以法官权益保障为视角

中央财经大学 戴 国

中国政法大学 周元卿

中国人民大学 李婧怡

知识产权民事纠纷调解前置机制的进路探究

湖南省法学会 王彦平 石瑞婷 王 娟

混合型专业审判团队运行规则探索

——以交叉案件为视角

湖南省法学会 朱 静

夫妻关系存续期间债务认定的司法裁判风险与防控

——一个体系思维的视角

湘潭大学 刘艳辉 阳桂凤 童建荣

刑事裁判文书上网公开的风险与防范研究

湖南省法学会 刘文斌

关联与因果的归位：环境污染侵权证明规则的重构

——以157件民事裁判文书为分析对象

广东省湛江市法学会 洪泉寿

涉众型经济犯罪案件与破产程序交叉时的路径选择

——以风险防控为视角

湖南省法学会 马雷光

附二：

全国法院第三十一届学术讨论会“组织工作先进奖”名单

（一）高级人民法院

福建省高级人民法院
北京市高级人民法院
广东省高级人民法院
上海市高级人民法院
湖南省高级人民法院
江苏省高级人民法院
黑龙江省高级人民法院
江西省高级人民法院
天津市高级人民法院
河南省高级人民法院

（二）中级人民法院

福建省厦门市中级人民法院
天津市第二中级人民法院
湖南省怀化市中级人民法院
北京市第二中级人民法院
重庆市第一中级人民法院
广东省广州市中级人民法院
河南省濮阳市中级人民法院
上海市第二中级人民法院
河南省平顶山市中级人民法院
福建省泉州市中级人民法院
陕西省西安市中级人民法院

黑龙江省牡丹江市中级人民法院
上海市第一中级人民法院
广东省深圳市中级人民法院
黑龙江省佳木斯市中级人民法院

（三）基层人民法院

福建省厦门市思明区人民法院
北京市大兴区人民法院
北京市东城区人民法院
江苏省常州经济开发区人民法院
北京市门头沟区人民法院
北京市朝阳区人民法院
四川省成都市武侯区人民法院
四川省成都高新技术产业开发区人民法院
北京市丰台区人民法院
上海市奉贤区人民法院
福建省闽侯县人民法院
广东省广州市荔湾区人民法院
广东省珠海市斗门区人民法院
广东省深圳市福田区人民法院
上海铁路运输法院